DELIUS KLASING

Joachim Schult

SEGLER LEXIKON

Mit 5500 Stichwörtern
und über 2500 Abbildungen

Delius Klasing Verlag

Folgende von Joachim Schult im Delius Klasing Verlag erschienenen Bücher sind ebenfalls noch lieferbar:

So arbeitet das Segel (Bd. 39)
Segeltechnik leicht gemacht (Bd. 40)
Richtig ankern (Bd. 41)
Notfälle an Bord – was tun? (Bd. 72)
Festkommen und Abbringen – Stranden und Bergen (Bd. 96)
Segler-Wörterbuch Deutsch – Englisch – Französisch (Bd. 103)
Yacht-Wörterbuch Englisch – Deutsch – Deutsch – Englisch (Bd. 109)
Auf Rettung ist nicht immer Verlaß

Die Deutsche Bibliothek – CIP-Einheitsaufnahme

Schult, Joachim:
Segler-Lexikon: mit 5500 Stichwörtern / Joachim Schult.
Bielefeld: Delius Klasing, 1998
ISBN 3-7688-1041-0

10., überarbeitete und erweiterte Auflage
ISBN 3-7688-1041-0

Siekerwall 21, 33602 Bielefeld

Umschlaggestaltung: Ekkehard Schonart
Druck: Kunst- und Werbedruck, Bad Oeynhausen
Printed in Germany 1998

Inhalt

Hinweise zur Benutzung

Alle ca. 6500 Stichwörter erscheinen in halbfetter Schriftart. Dabei wurden aus der umfangreichen Fachsprache des Segelsportes vorrangig jene Begriffe ausgewählt und von Auflage zu Auflage ergänzt, die dem Leserkreis am häufigsten begegnen können. **Die Anordnung der Stichwörter** erfolgte streng nach dem Alphabet. Die Umlaute ä, ö, ü sind wie die nicht umgelauteten Buchstaben eingeordnet, z. B. Löffelbug, Log oder Lüa, Luftdruck, Lüfter.
Übliche Abkürzungen für gängige Begriffe, z. B. Lüa für Länge über alles, oder die Initialen der Namen von Verbänden, Institutionen o. ä., z. B. BSH für Bundesamt für Seeschiffahrt und Hydrographie, sind alphabetisch eingeordnet.
Die englische Vokabel steht hinter jedem deutschen Begriff in Klammern und in einer charakteristischen Kursivschrift. Wenn erforderlich, werden mehrere englische Fachbegriffe für das deutsche Stichwort genannt. In jenen Fällen, in denen die in England bzw. im Englischen benutzten Bezeichnungen von jenen abweichen, die in den USA bzw. im Amerikanischen üblich sind, erfolgte die entsprechende Kennzeichnung durch die vorangestellten Buchstaben e. bzw. engl. und a. bzw. am. Somit ist das Segler-Lexikon gleichzeitig ein deutsch–englisches Fachwörterbuch bzw. A Sailing Dictionary German – English mit ca. 7000 Vokabeln.
Das englisch–deutsche Fachwörterverzeichnis, das bis zur 9. Auflage am Schluß des Buches und auf unterscheidbaren gelben Seiten abgedruckt war, mußte dem um ca. 1000 neue Stichwörter erweiterten Umfang der 10. Auflage weichen. Dafür gibt es seit 1995 mein eigenständiges **Yacht-Wörterbuch Englisch–Deutsch, Deutsch–Englisch,** in dem über den Fachwortschatz dieses Lexikons hinaus ca. 25 000 Fachbegriffe der internationalen Seglersprache schnell und direkt nachgeschlagen werden können.
In dem zu einem Stichwort gehörenden Text wird der erklärte Begriff zur Platzersparnis oft nur mit seinem Initial wiederholt. Im Stichwort „Positionslichter" heißt es z. B. dementsprechend: „Es gibt P. in unterschiedlichen Farben..."
Verweisungen auf andere Stichwörter wurden überall in die Erklärungen eingefügt. Der Benutzer des Lexikons erkennt daher sofort verwandte, unterschiedliche und gegensätzliche Begriffe. Er erhält eine Vorstellung, zu welchem speziellen Fachgebiet dieser Begriff gehört und welche anderen Stichwörter ihm zusätzliche Antworten auf die Fragen geben, die ihn zum Aufschlagen dieses Stichwortes veranlaßt haben.
Die Kennzeichnung der über 50 000 Verweisungen erfolgt mit einem Hinweispfeil. Der Begriff, auf den verwiesen wird, ist zur Unterscheidung kursiv gesetzt. So heißt es z. B. unter **Positionslichter:** „Die mit den →*Positionslaternen* gezeigten →*Lichter,* aus denen man nicht nur die →*Lage,* sondern auch die Art eines →*Fahrzeugs* erkennen kann."

Seglerwissen und Seglersprache

Die Seglersprache ist wohl die älteste Fachsprache der Welt. Denn Segelboote waren die ersten Fahrzeuge und Segelschiffe lange Zeit die einzigen und größten Transportmittel des Menschen. Darum bedienen wir uns auch heute noch zahlreicher sehr alter Begriffe, die schon vor Jahrhunderten für die sichere Bootsführung und den Erfahrungsaustausch der Seeleute unentbehrlich waren. Zu ihnen gesellten sich jedoch zunehmend neue Bezeichnungen, je mehr sich die Baumaterialien wandelten und je größer die Fahrtbereiche von Segelyachten wurden.
Unsere heutige Seglersprache ist auch deshalb so umfassend, weil sie in ihrer traditionsreichen Eigenständigkeit zwischen vielen Teilbereichen anderer fachlicher Disziplinen angesiegelt ist. Mit zunehmender Technisierung wurde nicht nur die Anzahl der Sachgebiete größer. Es wurde auch unumgänglich, tiefer in einige von ihnen einzudringen.
So ist der Segler heutzutage nicht mehr nur der Skipper seiner Yacht, der sich gründlich in Seemannschaft und Navigation, Wetterkunde und Schiffahrtsrecht auskennen muß, wenn er sein Boot sicher führen will. Als Eigner hat er sich beim Neukauf zwischen verschiedenen Bootstypen zu entscheiden, die Yachtkonstrukteure gezeichnet und Werften gebaut haben. Als Käufer auf dem Bootsmarkt muß er über Preis- und Qualitätsunterschiede in der Segelfertigung und Tauwerksherstellung, bei Ausrüstungsteilen und Sicherheitsgeräten informiert sein. Er muß auch handwerkliche Fertigkeiten vom Takler bis zum Mechaniker beherrschen, mit seinem Bootsmotor umgehen können und den Wert seiner elektrischen und elektronischen Bordeinrichtungen kennen, für die er viel Geld ausgibt.
Für alle diese theoretischen Überlegungen und praktischen Tätigkeiten wurden und werden neue Fachwörter entwickelt oder aus anderen Disziplinen entlehnt. Zum einvernehmlichen Erfahrungsaustausch unter Seglern ist daher ein Fachlexikon, wie es auch anderen Bereichen von Technik und Wissenschaft zur Verfügung steht, unverzichtbar. Insbesondere für Charterer von Yachten, die nur gelegentlich mit einem Boot unterwegs sind und dazu noch mit unterschiedlichen Serientypen auf meistens ausländischen und vorher unbekannten Revieren segeln, kann dieses praktische Nachschlagewerk eine wertvolle Hilfe in allen denkbaren Situationen sein.
Von den ursprünglichen 4000 Fachausdrücken in der 1. Auflage ist der Umfang des Segler-Lexikons in seiner 10. Auflage auf nunmehr ca. 6500 Stichwörter angewachsen. Für diese beträchtliche Erweiterung wählte ich nicht nur neue Begriffe aus, die mir im persönlichen Erfahrungsaustausch, in Fachbeiträgen, nautischen Gesetzestexten sowie Bau- oder Führerscheinvorschriften begegneten. Ich nahm auch zusätzliche Fachwörter aus der alten Seemannssprache auf, die bei dem begrenzten Umfang der ersten Auflagen nicht berücksichtigt werden konn-

ten. Ein optisch zuerst kaum auffallender Wert des Textes ist durch die mit einem →*Pfeil* angezeigten und zusätzlich *kursiv* gesetzten Verweisungen gegeben. Das Buch enthält über 50 000 dieser Hinweise. Mit ihnen leitet der Autor den Leser vom aufgesuchten Stichwort zu anderen Begriffen weiter, die in sachlicher Beziehung zu dem Stichwort stehen, von ihm abhängen oder es ergänzen und seinen Sinngehalt vertiefen können. Folgt man diesen Empfehlungen, kann man sich über ein unsichtbares Netzwerk auf unzähligen, vielfältigen und ganz persönlichen Wegen durch alle vielschichtigen Fachgebiete des Segelsportes führen lassen. Dies ist eine ganz eigene Art, neue Kenntnisse zu erwerben oder sein vorhandenes Fachwissen zu vertiefen.
Durch die jedem Stichwort zugeordnete angloamerikanische Bezeichnung bekommt der Leser gleichzeitig Zugang zur internationalen Seglersprache. Somit ist das Segler-Lexikon gleichzeitig ein deutsch–englisches Fachwörterbuch. Über die richtige Übersetzung des gesuchten Fachwortes hinaus erhält der Leser dazu noch eine Erläuterung des aufgefundenen Begriffes, die in dieser Ausführlichkeit von keinem anderen zweisprachigen Wörterbuch geboten werden kann.
Das vorliegende Segler-Lexikon wird dadurch zu einem unentbehrlichen Helfer nicht nur beim Lesen und Übersetzen von Fachbeiträgen oder beim Umgang mit fremden Seekarten, sondern auch bei internationalen Korrespondenzen und Konversationen in ausländischen Häfen und Gewässern, bei der Verkehrsabwicklung im Seefunk, beim Ein- und Ausklarieren sowie beim Erfahrungsaustausch mit ausländischen Seglern.
Im Jahre 1981 erschien die 1. Auflage dieses Segler-Lexikons in der englischen Übersetzung von Barbara Webb als THE SAILING DICTIONARY bei Granada Publishing – Adlard Coles Limited in London, Toronto, Sydney und New York. Die weltweite Verbreitung dieses Buches ist wohl der beste sichtbare Beweis für die internationale Kompetenz, die man ihm auch in den englischsprachigen Ländern einräumt. Die letzte aktuelle Neuausgabe bei Adlard Coles Nautical besorgte 1992 Jeremy Howard-Williams, der zu den angesehensten Publizisten im internationalen Segelsport gehört.
Ich bedanke mich bei den zahlreichen Lesern und Freunden, die mir ihre Vorschläge zur Ergänzung und Verbesserung des Lexikons zugesandt haben. Bitte tragen Sie auch zukünftig dazu bei, daß dieses wichtige Standardwerk für alle Fachgebiete des deutschen Segelsportes auf dem neuesten, aktuellen Stand gehalten werden kann.

Joachim Schult Februar 1998

A

A = Alfa Internationales Buchstabensignal, weiß und blau: Bedeutung: „Ich habe Taucher unten; halten Sie bei langsamer Fahrt gut frei von mir." Morsen: • – (kurz–lang).

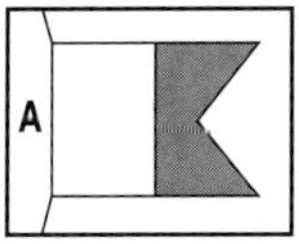

A 1 (Seegebiet A 1) Nach →*GMDSS* offiziell festgelegtes europäisches Seegebiet mit bis zu 30 Seemeilen Abstand von der →*Küste.* Hierin besteht eine Reichweite im →*Sprechfunk* von mindestens einer →*UKW-Küstenfunkstelle,* die ununterbrochen für →*DSC-Notalarme* zur Verfügung steht. Die →*Funkausrüstungspflicht,* z. B. mit →*UKW-DSC-Funkanlage,* →*NAVTEX,* →*SART* und →*EPIRB* bezieht sich auf dieses Fahrtgebiet (Abb.).

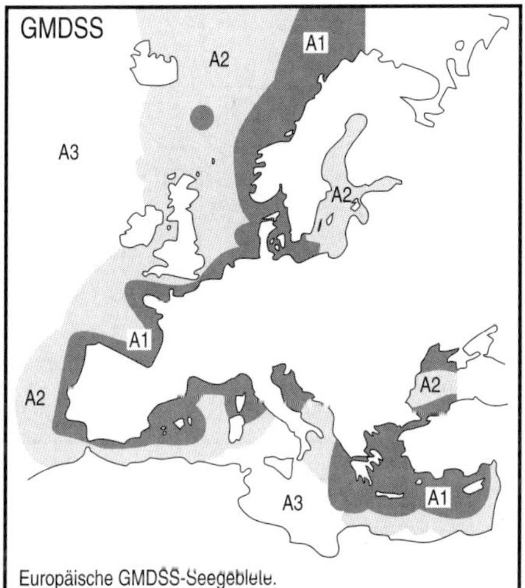

Europäische GMDSS-Seegebiete.
A1 = Küstennähe bis ca. 30sm
A2 = Küstennähe bis ca. 150sm
A3 = gesamte Erde ohne Polkappen

A 1 A Wichtige Abk. für eine →*Sendeart* im →*Seefunk* und →*Wetterfunk.* Sie bedeutet im →*F/T-Dienst:* →*Amplitudenmodulation,* →*Zweiseitenband,* →*Morsetelegrafie* durch Ein- und Austasten eines unmodulierten Trägers und weist damit auf die Nachrichtenübermittlung im →*Morsealphabet* hin (im Gegensatz zu →*J 3 E* im →*R/T-Dienst).*

A 2 (Seegebiet A 2) Ein gegenüber →*A 1* auf 150 sm Abstand von der (europäischen) →*Küste* erweitertes Gebiet, in dem die →*Sprechfunkreichweite* mindestens einer →*Küstenfunkstelle* mit →*Grenzwellenverkehr* gegeben ist, die ununterbrochen für →*DSC-Notalarme* empfangsbereit ist. Für →*funkausrüstungspflichtige Schiffe* werden gegenüber dem Seegebiet A 1 zusätzliche Geräte gefordert.

A 2 A Wichtige Abk. für die →*Sendeart* einer →*Seenotfunkbake* mit →*Morsetelegrafie.* Sie bedeutet: →*Amplitudenmodulation,* →*Zweiseitenband* und Ein-Aus-Tastung eines tonmodulierten Trägers.

A 3 (Seegebiet A 3) Das Seegebiet zwischen ca. 70° nördlicher und 70° südlicher →*Breite,* in dem die geostationären →*Satelliten* (des →*Inmarsat-*Systems) für →*Seenotalarme* im →*GMDSS* empfangsbereit sind. Die →*Ausrüstungspflicht* schließt dafür eine Inmarsat-Anlage ein.

A 4 (Seegebiet A 4) Das Seegebiet in den Polgebieten nördlich von 70° N und südlich von 70° S, in dem z. B. →*Seenotalarme* nur über eine →*COSPAS-SARSAT-EPIRB* ausgelöst werden können.

Abandon Nach dem englischen Text der internationalen →*Wettfahrtregeln (→WR) Segeln* der →*Abbruch einer Wettfahrt.*

Abandon, der; Abandonnierung, die; Abandonnement, das *(abandonment)* Ein Begriff der →*Seeversicherung,* der z. B. bei einem →*Totalverlust* oder in einem →*Seenotfall* benutzt wird und sowohl die Preisgabe oder Aufgabe eines sinkenden Fahrzeuges durch seine Besatzung als auch seine Überlassung an die →*Versicherung* bedeuten kann. Bei einem A. kann der Versicherungsnehmer die Versicherungssumme verlangen, und der Versicherer kann sich durch ihre Zahlung von allen weiteren Verbindlichkeiten,

z. B. der →*Wrackbeseitigung* nach einer →*Strandung*, befreien.

abandonnieren, abandonieren *(to abandon)* Ein Schiff, ein Ausrüstungsteil oder eine Person preisgeben und im Stich lassen ebenso wie ein verlassenes Schiff oder verlorene Teile (z. B. ein Rigg) bei →*Abandon* dem Versicherer überlassen.

Abandonrevers, der; Abandonschein, der; Abandonerklärung, die *(notice of abandonment)* Urkunde über die Rechtsübertragung bei →*Abandon*. Der Versicherungsnehmer ist verpflichtet, seiner →*Versicherung* eine solche Bescheinigung nach Erhalt der Versicherungssumme auszustellen.

abbacken *(to clear the messtable)* Die →*Back* nach dem Essen abräumen, das Backsgeschirr reinigen und einräumen. Arbeit für den →*Backschafter*.

abbrechen *(1. to break off, 2. to cancel)* 1. Ausschlachten und →*Abwracken* eines alten oder durch →*Strandung* oder →*Havarie* verlorengegangenen Bootes. – 2. Eine →*Wettfahrt* kann vorzeitig beendet werden, wenn die gestarteten Boote bei zu wenig Wind eine bestimmte →*Mindestgeschwindigkeit* bei →*Flaute* nicht erreichen, bei →*Sturm* die Sicherheit der Besatzungen gefährdet ist oder andere Gründe vorliegen. Das Abbruchsignal ist die Flagge „N" des →*Internationalen Signalbuches* mit der Bedeutung „Rückkehr zum Startgebiet", das Flaggensignal „N" über „H" mit der Bedeutung „Alle Wettfahrten sind abgebrochen, weitere Signale an Land" und das Abbruchsignal „N" über „A": „Heute keine Wettfahrten mehr".

abbringen *(to get afloat, to bring off)* Ein nach →*Grundberührung* →*festgekommenes* Boot

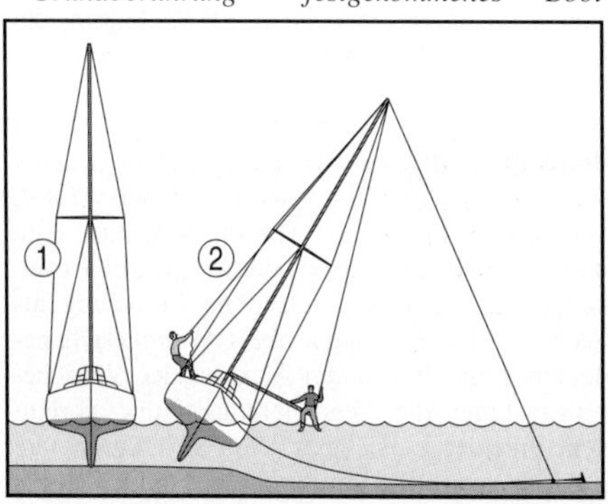

(Abb., 1) mit eigener Kraft durch →*Krängen* (2) und →*Leichtern* oder mit fremder Hilfe durch →*Abschleppen* wieder flottmachen.

ABC-Pulverlöscher, der Ein →*Pulverlöscher*, der für die →*Brandbekämpfung* der →*Brandklassen* A, B und C gleich gut geeignet ist. Er benutzt Kohlendioxid als Treibgas, doch hängt seine (recht kurze) Spritzdauer von der Füllmenge ab: Bei 6 kg 16 – 20 Sekunden mit einer Spritzweite von 5 m; bei 2 kg Füllmenge 10 Sekunden lang und 4 m weit.

abdecken *(to cover, to blanket [a sail])* Ein anderes Boot auf einem →*Vorwindkurs* in den Wind-

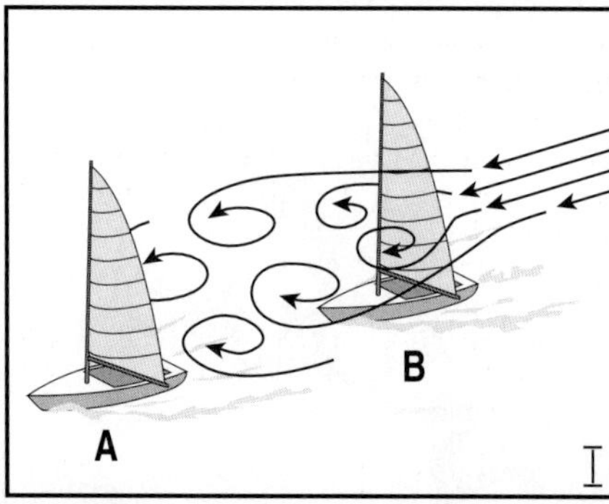

schatten oder auf einem →*Amwindkurs* in den ungünstigen →*Abwind* der eigenen Segel legen

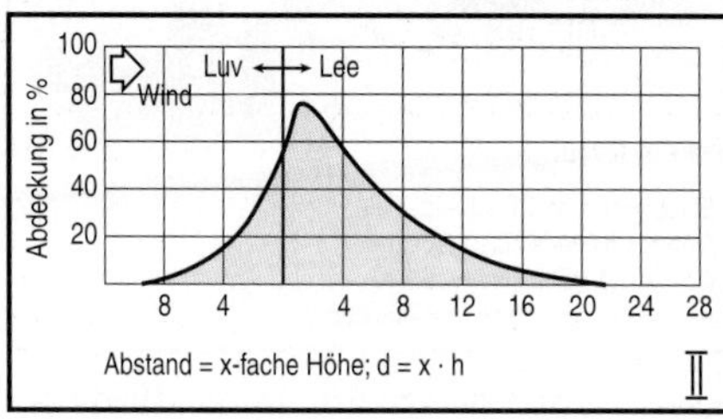

und hier so lange wie möglich halten. Der Gegner kann dadurch eingeholt bzw. zurückgehalten werden. In der Abbildung I ist A das abgedeckte und B das abdeckende Boot. Auch ein Hindernis an Land (Abb. II, Baumreihe, Wald, Berg) kann ein Boot a. Hier liegt der Windschatten nicht nur hinter, sondern auch vor dem Hindernis.

abdichten *(to caulk)* Ein →*Leck* oder eine undichte Stelle im Bootsrumpf wasserdicht machen.

abdrehen *(to pay off, to turn away)* In einer unklaren Situation den →*Kurs* ändern, um sich zum Beispiel von einem →*Hindernis* freizuhalten.

Abdrift, die (auch: Abtrift) *(leeway)* Die durch den →*Wind* verursachte seitliche Bewegung eines

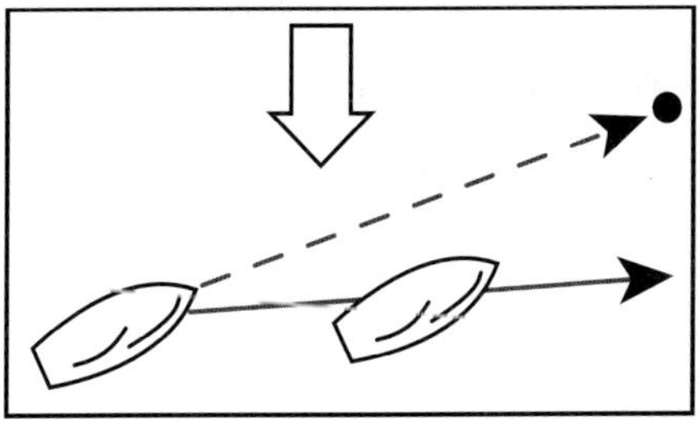

Bootes nach →*Lee.* Die Stärke der A. ist abhängig von der Form des →*Überwasserschiffes* und des →*Lateralplanes* sowie dem →*Kurs* zum Wind und der →*Fahrt.* Sie ist am Winkel zwischen der Richtung des →*Kiels* und des →*Kielwassers* erkennbar und muß in der →*Navigation* berücksichtigt werden, besonders bei einem →*Amwindkurs.* Die Einflüsse des →*Stromes* sind in der A. nicht enthalten; sie werden als →*Stromversetzung* getrennt berücksichtigt.

Abdriftwinkel, der (auch Abtriftwinkel, der) *(drift angle, leeway angle)* Der durch die →*Abdrift* gebildete (sichtbare) Winkel zwischen der

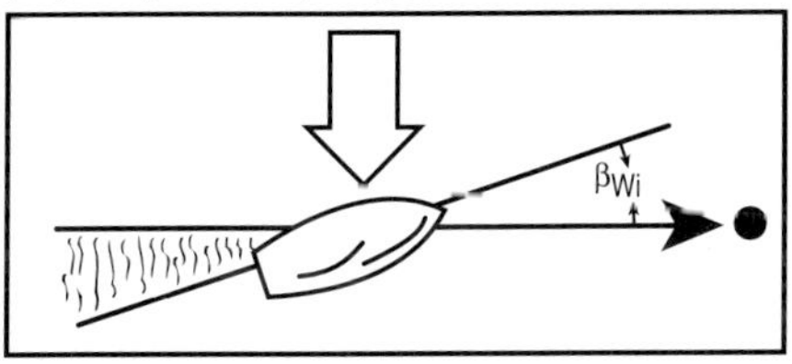

verlängerten →*Kielrichtung* des Schiffes und der →*Kursrichtung* (Abb.). Auf einem →*Amwindkurs* beträgt der A., je nach →*Windstärke,* etwa 3° bis 8°. Er nimmt auf →*raumen Kursen* auf 2° – 3° ab und ist →*vor dem Wind* 0°. In der Praxis läßt sich der A. nur schätzen, und man wird daher der →*Versetzung* durch den Wind mit einem einfachen Vorhaltewinkel begegnen, um anstelle des gesegelten →*Kurses* durch das Wasser den gewünschten →*rechtweisenden Kurs* zu erhalten. In einem Vektordiagramm kann man den A. (nach →*DIN 13312 Navigation)* auch zeichnerisch ermitteln, wenn man zur Eigengeschwindigkeit (der →*Fahrt des Bootes)* und ihrer Richtung die Geschwindigkeit der →*Winddrift* in der Richtung von →*Windset* zeichnet (Abb.). Nur dann erhält man einen genauen Wert für die entsprechende →*Beschickung für Wind* im Rahmen einer →*Kursverwandlung.* Der beim Segeln unvermeidliche und auch vom →*Lateralplan* einer

A

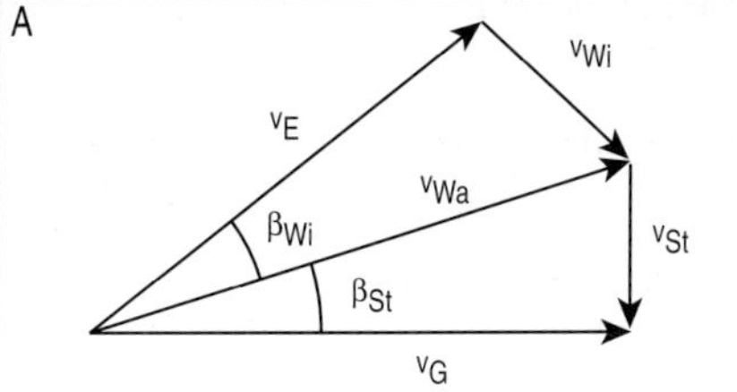

v_E = Fahrt unter Segeln (Eigengeschwindigkeit)
v_{Wi} = Winddrift* (Abdrift)
v_{Wa} = Fahrt durchs Wasser
v_{St} = Stromgeschwindigkeit
v_G = Fahrt über Grund
β_{Wi} = Beschickung für Wind
β_{St} = Beschickung für Strom

* Betrag der Versetzungsgeschwindigkeit d. Wind

Winddrift (Abdriftwinkel)

B

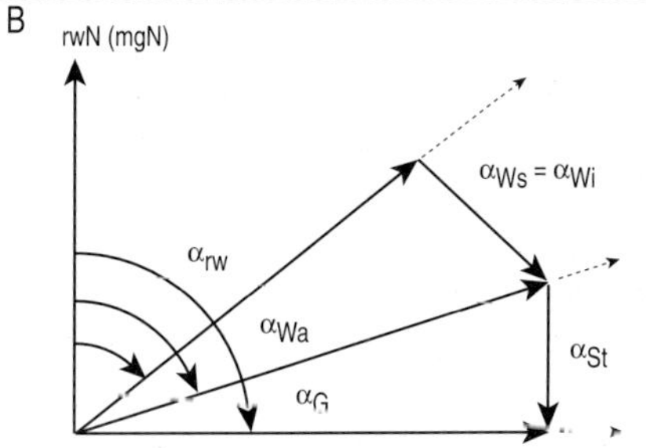

α_{rw} = Kurs unter Segeln (Eigenrichtung)
α_{Ws} = Windset* = α_{Wi}
α_{Wa} = Kurs durchs Wasser
α_{St} = Stromrichtung
α_G = Kurs über Grund
α_{Wi} = Abdrift (-winkel)

* Versetzungsrichtung durch Wind

Abdriftwinkel

Yacht abhängige A. wird in der Praxis auch durch die →*Krängung* beeinflußt. Er hat darüber hinaus eine wichtige Bedeutung für den →*Yachtentwurf.* Vor dem Bau von →*Rennyachten* wird er z. B. mit Modellen unterschiedlicher Unterwasserformen in einem →*Schlepptank* ermittelt und in seinen →*hydrodynamischen* Einflüssen untersucht.

Abend, der *(sunset, evening)* Die Zeitdauer vom (sichtbaren) Sonnenuntergang bis zum Ende der

→*Abenddämmerung* und dem Beginn der →*Nacht.* Mit dem A. verbinden sich Begriffe wie →*Abendrot,* Abendstern und →*Abendwache,* doch reicht der Zeitbegriff „später A.“ oft bis nahe →*Mitternacht.*

Abenddämmerung, die *(dusk, evening twilight)* Die Zeit vom Sonnenuntergang bis zur Position des Sonnenmittelpunktes 18° unter dem wahren →*Horizont.* Man unterscheidet eine →*astronomische,* →*bürgerliche* und →*nautische* A. Die Zeitdauer der A. ist von der geographischen →*Breite* und der Jahreszeit abhängig und in einem Diagramm unter dem Stichwort →*Dämmerung* in Minuten genauer angegeben.

Abendrot, das *(evening glow, sun sky, sunglow)* Farbenprächtige optische Erscheinung über dem →*Horizont* beim Sonnenuntergang. Das A. entsteht durch Lichtzerstreuung an Wasser- und Staubteilchen in der Luft und gilt wie das →*Morgenrot* auch als Vorzeichen einer →*Wetterverschlechterung.* Zur Rotfärbung kommt es durch die starke Absorption blauer Strahlen an den verhältnismäßig großen Teilen von Staub und Wassertropfen in den unteren Schichten der →*Atmosphäre.*

abfallen *(to bear away)* Den →*Kurs* nach →*Lee* ändern. Dabei muß die Segelstellung durch →*Fieren* der →*Schoten* so geändert werden, daß die Segel nach der Kursänderung wieder richtig stehen.

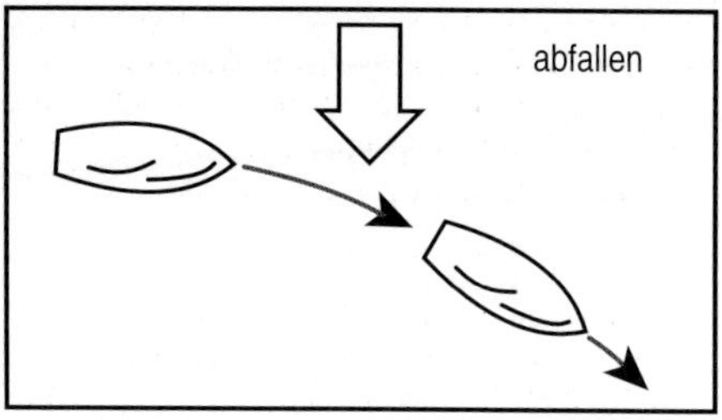

Abflacher, der *(flattening reef, roach reef)* Eine Vorrichtung in Form eines →*Smeerreeps* oder einer →*Talje,* mit deren Hilfe bei →*auffrischendem Wind* die Wölbung des →*Großsegels,* hauptsächlich im unteren Teil, vermindert werden kann. Dies geschieht durch →*Ausholen* und →*Niederholen* der Segelteile und ist bei →*Seekreuzern* eine Vorstufe des →*Reffens* mit →*Bindereff.* Der A. greift dicht über der Baumnock an einer →*Kausch* im →*Achterliek* des Segels an.

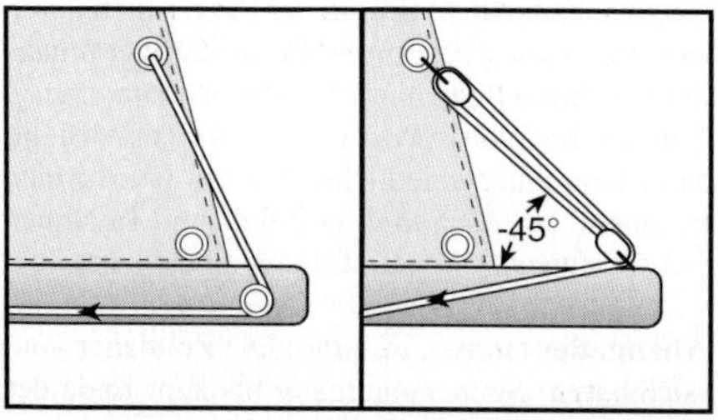

abflauen *(to abate, to calm down)* Der Wind flaut ab, wenn die Luftgeschwindigkeit geringer wird. Das A. des →*Windes* kann auf einem segelnden Boot beim →*Abfallen* trügerisch sein, weil mit einer Änderung des →*Kurses* nach →*Lee* immer eine spürbare Verminderung der →*Windkraft* verbunden ist, ohne daß dabei der →*atmosphärische Wind* nachgelassen haben muß.

abgreifen *(to step off)* Mit dem →*Stechzirkel* anhand der Einteilung der →*Breite* am rechten oder

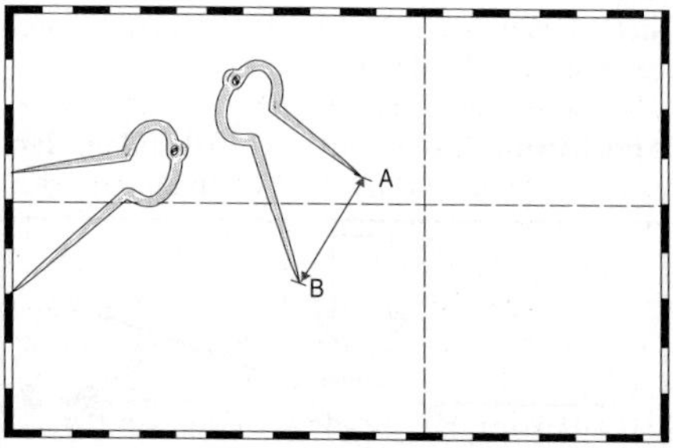

linken Rand der →*Seekarte* eine →*Distanz* messen, die aus der Karte entnommen ist.

abhalten *(to bear off, to keep away)* Den →*Kurs* so festlegen oder ändern, daß er in sicherer Entfernung an einem →*Hindernis* vorbeiführt.

Abkürzungen und Zeichen in der Seekarte, die *(abbreviations and symbols of charts)* Auszug aus →*„Karte 1“* („INT 1“) im Anhang.

ablandig *(offshore [wind])* Der Wind ist a., wenn er vom Land kommt und auf das Wasser weht. Ggt. →*auflandig.*

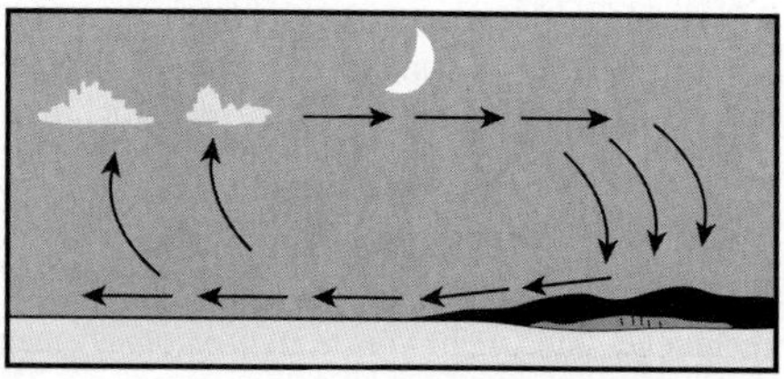

Ablaßkante, die *(trailing edge)* Die hintere oder ablaufende Kante eines Flügelprofils, z. B. das

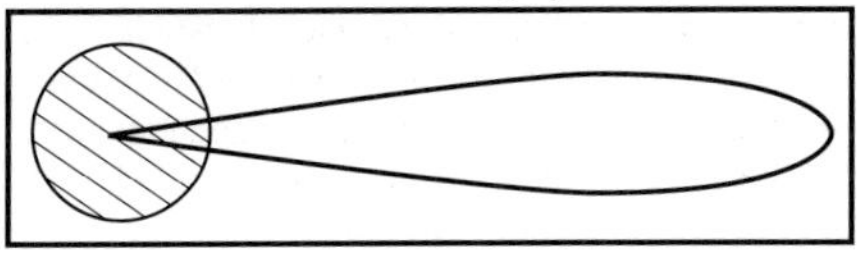

→*Achterliek* des Segels oder die Achterkante des →*Schwertes.* Sie ist im Gegensatz zur →*Anströmkante* weitgehend zugespitzt.

ablaufendes Wasser *(falling tide, outflow of the tide)* Der →*Ebbstrom* in →*Tidengewässern.* Bei a. W. und auslaufendem →*Strom* sinkt der Wasserspiegel.

ablegen *(to leave, to push off)* Die Leinenverbindung eines Bootes zur →*Pier,* →*Brücke* oder →*Boje* lösen und mit eigener Kraft den Liegeplatz verlassen. Unter Segeln kann eine Yacht nur von der →*Leeseite* einer Brücke o. ä. und bei ausreichend freiem Raum in →*Lee* sicher a.

Ablenkung, die *(deviation)* Ein →*Magnetkompaß* wird durch Eisenteile wie Motor, →*Anker* o. ä. in seiner Nähe sowie durch den Eigenmagnetismus des Bootes von der erdmagnetischen Nordrichtung (→*mißweisend Nord)* abgelenkt, so daß er eine eigene Nordrichtung (→*Magnetkompaß-Nord)* anzeigt. Als A. oder →*Deviation* wird der Winkel zwischen beiden Nordrichtungen bezeichnet. Die A. ist auf jedem →*Kurs* verschieden. Große Werte müssen durch →*Kompensieren* vermindert, die Restwerte in einer →*Ablenkungstafel* festgehalten werden. Zur Vermeidung von A. müssen bewegliche Ausrüstungsteile wie →*Funkpeiler,* →*Bordmesser,* Fotoapparate u. ä. vom Kompaß ferngehalten werden.

Ablenkungstafel, die *(deviation table)* Eine →*Deviationstabelle,* in die man mit dem gesteuerten →*Kompaßkurs* geht, um die Werte der →*Ablenkung* für die →*Kursverwandlung* auf den →*mißweisenden Kurs* zu erhalten.

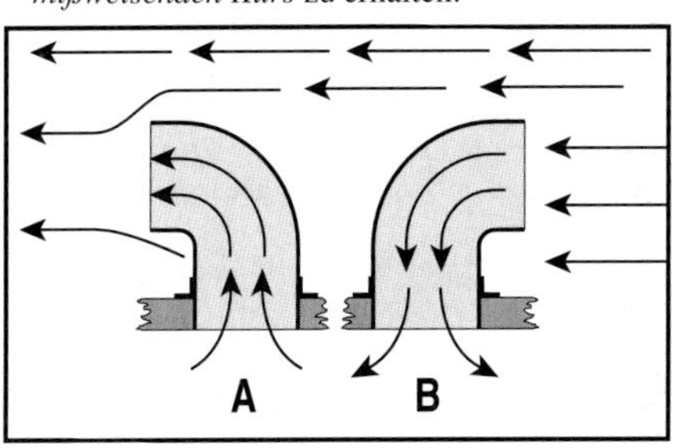

Ablüfter, der *(exhauster)* Er führt Luft aus dem Boot (Abb. A) in Form einer →*Windhutze* heraus, die dabei als →*Sauglüfter* wirkt und auch als →*Venturi-Lüfter* gefertigt sein kann, wenn der Wind beim Lüften hilft. Ein →*Ventilator* entfernt die Luft aus Innenräumen mit elektrischer Energie. Ggt. →*Zulüfter* (Abb. B). Die übliche Stellung von A. und Zulüfter auf See zeigt Abb. C.

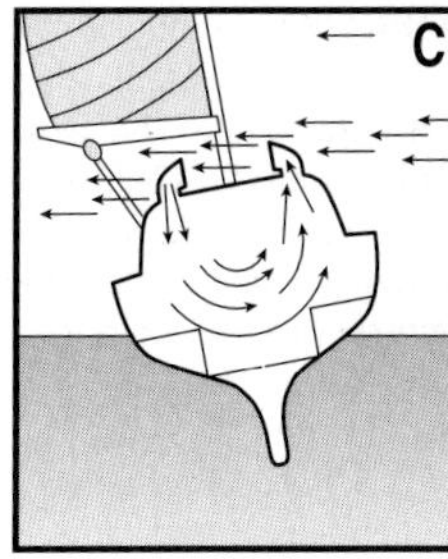

Abmessungen, die *([principal] dimensions)* Die wichtigsten Maße eines Bootes, auch →*Hauptabmessungen,* z. B. →*Länge* über alles (Lüa), Länge in der Wasserlinie, →*Breite* über alles (Büa), →*Tiefgang,* →*Segelfläche,* →*Verdrängung* oder Gewicht. Sie bestimmen die Leistungsfähigkeit eines Bootes und (neben anderen Daten) seinen →*Rennwert.* Die A. werden jetzt meistens nach internationaler Norm in Großbuchstaben und englischen Abkürzungen angegeben, z. B. **LOA** *(length over all)* Bootslänge einschließlich aller nicht lösbarer Rumpfteile und Rumpfanhänge (z. B. →*Bugspriet,* →*Klüverbaum* und →*Heckleiter*); **LOD** *(length over deck)* Länge des (nackten) →*Rumpfes;* **LWL** *(load water line)* = KWL oder CWL Ladewasserlinie als →*Konstruktionswasserlinie;* **B** *(beam)* Breite (über alles); **BWL** *(beam water line)* Breite in der Wasserlinie; **TR** Rumpftiefgang; bei →*Kielbooten* ohne →*Kiel,* bei →*Schwenkkielern* u. a. ohne →*Schwert;* **TK** Tiefgang mit Kiel; **TS** Tiefgang mit Schwert, →*Hubkiel* u. a.

Abordage, die *(1. boarding, 2. collision)* 1. Das →*Borden* oder →*Entern* einer (verdächtigen) →*Yacht* durch Angehörige der →*Marine* oder Polizei zum Zwecke der Durchsuchung auf See, bei dem sich das fremde Fahrzeug →*längsseits* legt und →*festmacht.* – 2. Bezeichnung einer →*Kollision,* bei der sich die Fahrzeuge mit ihrer Außenhaut →*längsschiffs* berühren und dabei →*Bord an Bord* liegen.

abreiten *(to outride [a gale])* Einen →*Sturm* auf See überstehen, entweder vor →*Treibanker* über →*Bug* oder →*Heck,* vor →*Topp und Takel* mit →*Trossen* achteraus oder durch →*Beidrehen* und →*Beiliegen.*

ABS 1. Abkürzung für Acrylnitril-Butadien-Styrol, einen thermoplastischen Kunststoff für die Serienfertigung von Booten (vgl. →*GFK*). – 2. Abkürzung für American Bureau of Shipping, die dem →*Germanischen Lloyd* (GL) vergleichbare amerikanische Klassifikationsgesellschaft für Schiffe (und Yachten).

abscheren *(1. to sheer off [...away], 2. to shave off)* 1. Das Freihalten eines →*längsseits* geschleppten Bootes mit Hilfe des →*Ruders* von seinem Schlepper bzw. das Freihalten von der →*Schlepptrosse,* wenn zwei oder mehr Boote auf beiden Seiten der →*Trosse* festgemacht haben. – 2. Durchtrennen, Abreißen oder Abquetschen eines Ausrüstungsteiles, z. B. eines →*Schäkels* durch Überlastung oder der →*Relingstütze* bei fehlerhaftem Anlegen.

abschlagen *(to unbend [sails])* Ein Segel von einer →*Spiere* oder einem →*Stag* und vom →*Fall* lösen, um es z. B. nach dem Ende einer Fahrt im →*Segelsack* zu verstauen. Ggt.: →*anschlagen.*

abschleppen *(to tow off)* Ein aufgelaufenes Boot vom Grund →*abbringen* und freischleppen oder

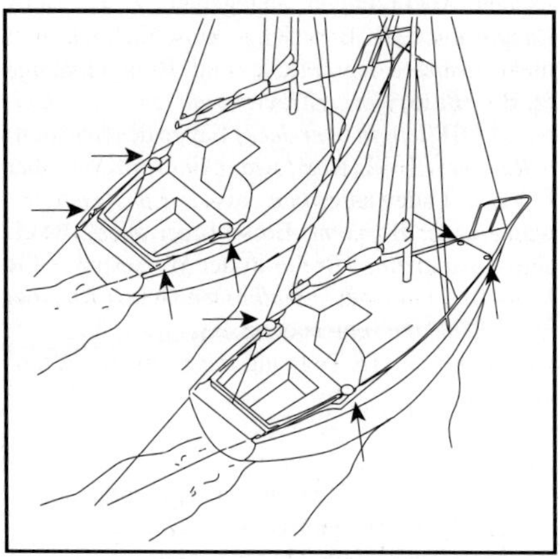

ein →*manövrierunfähiges Boot* (auch bei →*Flaute)* in den nächsten Hafen einschleppen. Aufforderung zum A.: deutliches Hochheben eines →*Tampens.* Die →*Schlepptrosse* muß an →*Deck* (Abb.) besonders sicher →*belegt* werden. Man beachte den (→*seemännischen* wie juristischen) Unterschied zwischen a. und →*schleppen.*

Absegeln, das *(annual fall's cruise)* Letzte Geschwaderfahrt eines Segelklubs am Schluß der Segelsaison.

absegeln *(1. [Fahrt] to get underway, 2. [Strecke] to sail through, 3. [Mast] to carry away)* 1. Das →*Ablegen* unter Segeln. – 2. Das Ablaufen einer bestimmten Strecke, z. B. der →*Bahn* eines →*olympischen Kurses.* – 3. Man „segelt sich den Mast ab", wenn der →*Wind* zu stark ist oder das →*Rigg* die Belastung durch den Wind und →*See* in schwerem Wetter nicht aushält.

absetzen *(1. + 2. to push off, 3. to plot [a course], 4. to set up)* 1. Beim →*Ablegen* das Wegdrücken

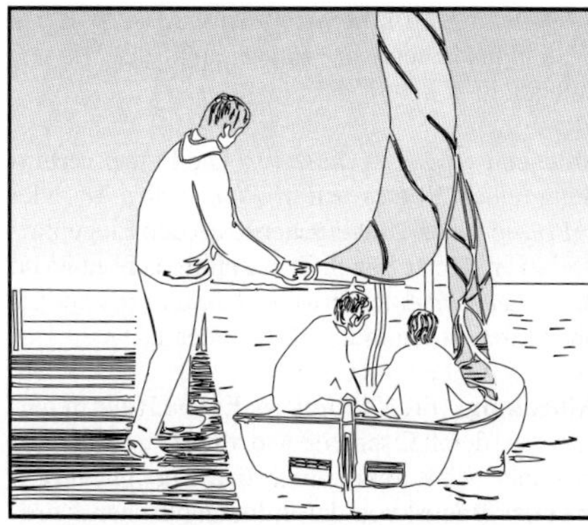

des Bootes mit der Hand (Abb.) oder mit Hilfe des →*Bootshakens.* – 2. Beim →*Anlegen* das Abstoppen der Restfahrt durch Körperkraft. – 3. In der →*Navigation* das Ermitteln und Einzeichnen eines →*Kurses* in der →*Seekarte.* 4. Bei Malerarbeiten an →*Bord* das Anbringen einer sauberen Kante zwischen zwei unterschiedlichen Farbstreifen, z. B. am →*Wasserpaß.*

abslippen *(to slip)* Ein Boot auf einem →*Slip* zu Wasser lassen.

Abspann-Isolator, der *(tension insulator, terminal insulator)* Einfacher →*Isolator* aus Porzellan für die Isolierung eines Teiles des →*Achterstags,* das als Sende- bzw. Empfangsantenne benutzt werden soll. Der Porzellankörper mit hoher Bruchlast wird mit einer →*Augpressung* oder einem →*Augspleiß* am →*Drahttauwerk* befestigt. In seiner →*Keep* kann sich die →*Dirk* vertörnen. Ein →*Kunststoff-Isolator* ist daher praktischer.

abstagen *(to stay)* Einem →*Mast* (Abb.) durch →*Vorstag* (B), →*Achterstag* (A), →*Wanten* (C, D, E) und gegebenenfalls durch →*Backstagen* allseitige Sicherung geben. Ein Mast ist nur richtig abgestagt, wenn alle Wanten und →*Stagen* sicher am Bootsrumpf befestigt sind und die richtige Spannung haben.

abstecken *(to unbend, to unhitch)* Das Lösen zweier miteinander verbundener Enden oder das Losmachen eines mit einem →*Ende* verbundenen Ausrüstungsteiles. Ggt.: →*anstecken.*

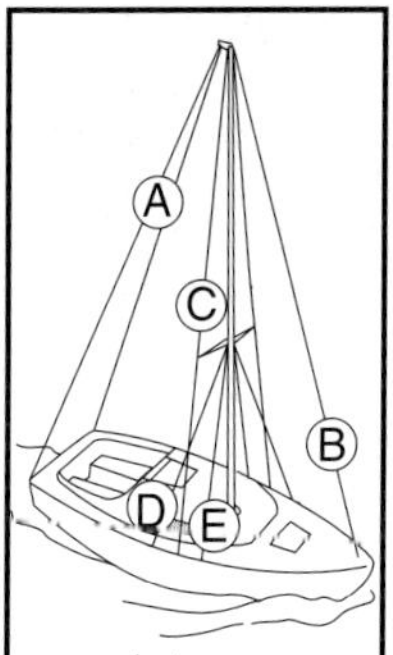

abstagen

abstoppen *(1. + 2. to stop, 3. + 4. to check a rope, to snub)* Mit Bordmitteln eine Bewegung hemmen: 1. Durch →*Aufdrehen,* Festhalten von →*Leinen an Land,* Werfen des →*Ankers* oder hartes Legen des →*Ruders* die Fahrt eines Bootes abbremsen. – 2. Unter Motor durch Einlegen des Rückwärtsganges die →*Fahrt* vermindern. – 3. Das Auslaufen einer →*Leine* mit Hilfe eines →*Törns* um →*Poller* oder →*Klampe* langsam beenden. – 4. Eine belastete Leine oder →*Ankerkette* durch →*Stopperstek,* mit →*Teufelsklau* oder mehrere →*Rundtörns* sicher festhalten, damit diese Leine o. ä. abgenommen und an einem anderen Beschlag →*belegt* werden kann.

abtakeln *(to unrig)* Das →*Abschlagen* des →*stehenden Gutes* und Herausnehmen des →*Mastes,* wenn eine →*Jolle* für den Landtransport auf einem →*Bootsanhänger* vorbereitet wird. Bei großen Booten und vor dem →*Winterlager* ist das A. auch mit dem →*Ausscheren* des →*laufenden Gutes* verbunden. Ggt.: →*auftakeln.*

abtreiben *(to drop to leeward)* Ein Boot treibt ab, wenn es z. B. nach einem mißglückten →*Manöver* zum →*Anlegen* ungewollt durch →*Wind,* →*Seegang* oder →*Strom* weitgehend hilflos in deren Wirkungsrichtung mitgenommen wird.

abwärts *(downwards)* Vertikale seemännische Richtungsbezeichnung „nach unten", z. B. beim →*Entern* benutzt oder zur Bezeichnung eines →*Besens* als →*Toppzeichen* auf einer →*Tonne.*

Abweichung, die (*declination*) siehe →*Deklination.*

abwettern *(to weather out)* Eine schwierige Situation in →*Wind* und →*Seegang* durch richtige Maßnahmen sicher überstehen: in stürmischem Wind →*beidrehen,* mit kleinen Segeln vor dem →*Sturm* →*lenzen,* vor →*Topp und Takel* treiben. Bei örtlich und zeitlich begrenzten starken →*Böen* mit →*killenden Segeln* weiterlaufen, →*reffen,* Segel →*bergen* oder →*ankern.*

Abwind, der *(fool wind, dirty wind)* Die durch das Segel abgelenkte Luftströmung, die besonders auf einem →*Amwindkurs* für ein nachfolgendes Boot (Abb., Pos. B) eine ungünstige Richtung hat und durch die →*Turbulenz* der abgelösten Wirbel von geringem Nutzen ist.

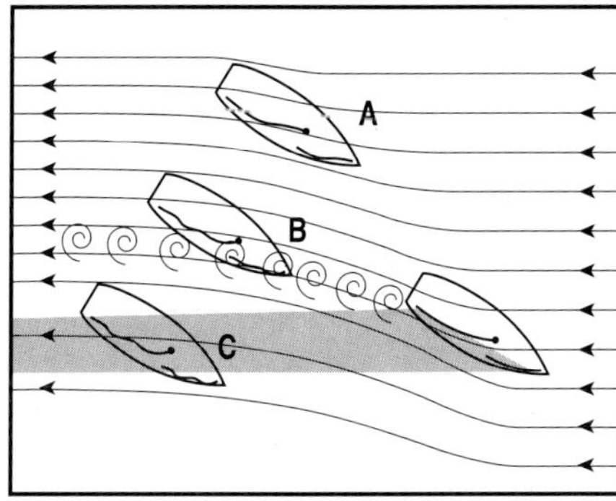

abwracken *(to dismantle)* Ausschlachten und →*Abbrechen* eines →*havarierten,* gestrandeten oder ausgedienten Bootes.

abzweigendes Fahrwasser, das Seit 15.3.1987 eingeführte zusätzliche →*Fahrwasserbezeichnung:* an der →*Backbordseite* des durchgehenden bzw. an der →*Steuerbordseite* des abzwei-

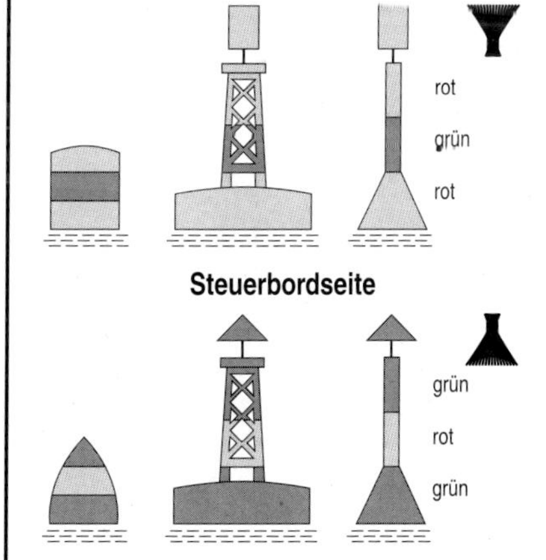

genden oder einmündenden →*Fahrwassers* rote Stumpf-, Leucht- oder Spierentonnen mit waagerechtem grünem Band oder Stangen mit →*Besen* aufwärts und an der Stb-Seite des durchgehenden bzw. Bb-Seite des abzweigenden oder einmündenden Fahrwassers grüne Spitz- oder Leuchttonnen mit waagerechtem rotem Band oder Stangen mit Besen abwärts.

achteraus *(astern)* Alles, was sich hinter einem Boot befindet (Abb.). Die genauere Richtungsbestimmung erfolgt durch Zusätze: in Verlängerung der Kielrichtung →*recht achteraus* (a), im →*achteren* Quadranten auf der →*Backbordseite* →*Backbord achteraus* (b), entsprechend auf →*Steuerbordseite* →*Steuerbord achteraus* (c).

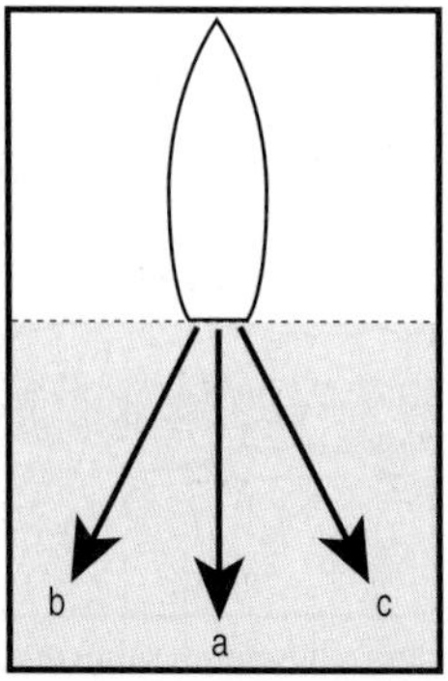

achteraus gehen *(to go astern)* Rückwärts oder über den →*Achtersteven* fahren.

Achterdeck, das *(quarter deck)* Bei einem größeren Boot das →*Deck* des →*Achterschiffs.* Liegt es höher als das normale →*Oberdeck,* nennt man es →*Hüttendeck.*

Achterholer, der *(guy, brace)* Die →*luvseitige* →*Leine* zum →*Trimmen* des →*Spinnakers.* Sie ist am →*Hals* des Segels befestigt und läuft über die →*Nock* des →*Spinnakerbaums* zum →*Vorschotmann* oder auf eine →*Klampe.*

Achterkajüte, die *(after cabin)* Bei Booten mit mehreren Wohnräumen die im →*Achterschiff,* hinter einer →*Mittelplicht* oder unter einem →*Hüttendeck* liegende →*Kajüte.*

achterlastig *(down by the stern, stern heavy)* Ein Boot ist a., wenn es nicht auf seiner →*Konstruktionswasserlinie* schwimmt, sondern →*achtern* tiefer eintaucht als →*vorn.* Auch →*hecklastig* genannt.

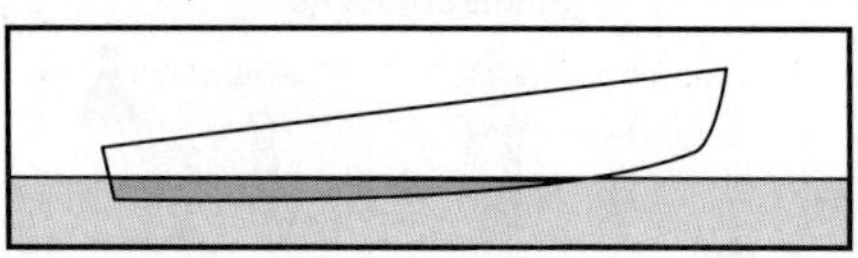

Achterleine, die *(stern rope, stern line)* Die →*Leine,* die beim →*Festmachen* eines Bootes vom →*Heck* schräg nach →*achtern* an Land oder achteraus zu einem Pfahl, einem →*Dalben* oder einer →*Boje* führt, auch Heckleine genannt.

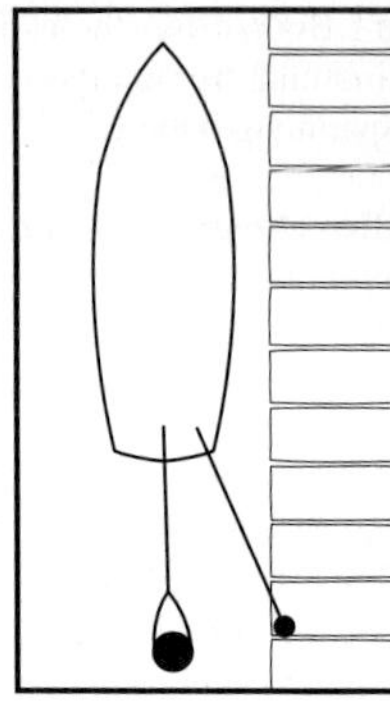

achterlich *(abaft)* Eine Richtungsbezeichnung für den →*achteren* Sektor, der von →*querab* auf der einen über das →*Heck* bis querab auf der anderen Seite eines Bootes reicht. Man segelt z. B. mit achterlichem Wind; der Sektor der →*Positionslaternen* ist mit zwei →*Strich* achterlicher als querab begrenzt.

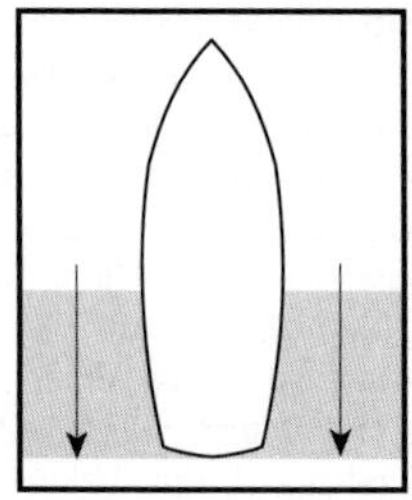

Achterliek, das *(leach, leech)* Die hintere Kante, die →*Ablaßkante* bzw. das →*Leeliek* eines Segels.

Achterlieksrundung, die *(curve of the leach)* Die Rundung des →*Achterlieks,* die z. B. bei einem →*Großsegel* über die gerade Verbindungslinie zwischen →*Kopf* und →*Schothorn* bzw. die entsprechenden Meßmarken an →*Mast* und Baum hinausgeht. Da die A. die →*Segelfläche* vergrößert und die →*Segelwölbung* beeinflußt, ist sie in den Bauvorschriften der meisten →*Klassen* begrenzt.

Achterluk, das *(after hatch)* Ein →*Luk* auf dem →*Achterschiff* bzw. über einer →*Achterkajüte,* das als (durchsichtiges) →*Klappluk* gefertigt und mit →*Vorreibern* wasserdicht verschließbar ist. Liegt ein A. über bewohnbaren Räumen, muß es die Abmessungen einer →*Fluchtluke* haben, d. h. im Gefahrenfalle (z. B. bei einem Brand in der →*Kajüte)* den ungehinderten Durchstieg von Personen erlauben.

achtern, achter- *(astern)* Hinten; in Zusammensetzung mit anderen Wörtern: Hinter-. Ggt.: →*vorn.*

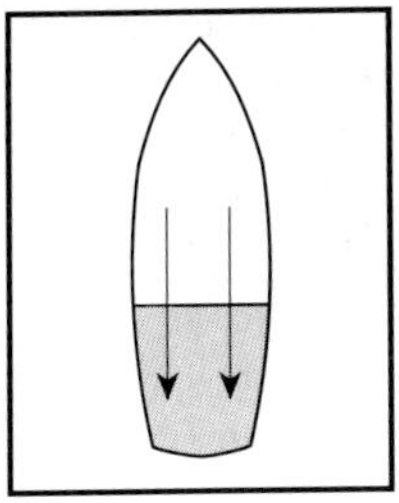

Achterschiff, das *(after body, after quarter)* Der Teil eines Schiffes oder Bootes, der →*achtern,* d. h. hinter →*mittschiffs* liegt. Ggt.: →*Vorschiff.*

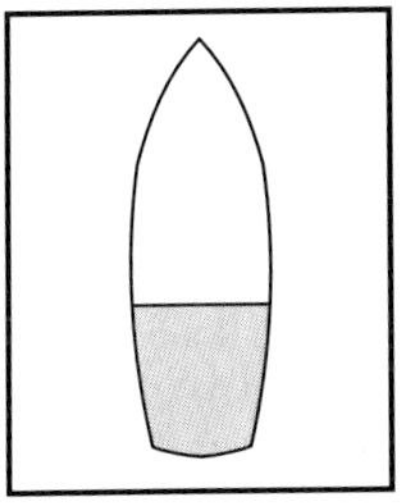

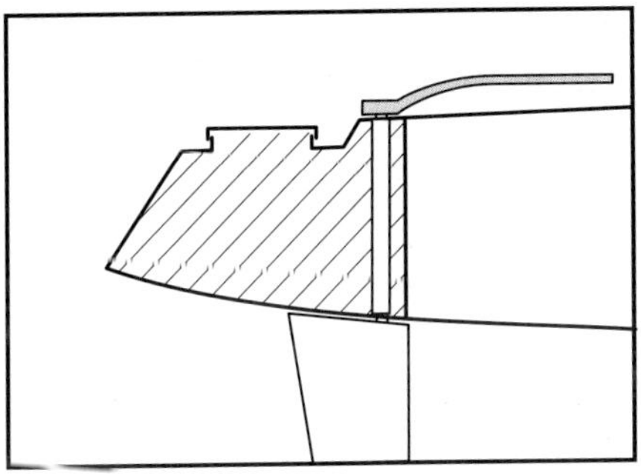

Achterpiek, die *(after peak)* Der →*Stauraum* im →*Achterschiff,* unmittelbar vor dem →*Spiegel* oder →*Achtersteven.* Ggt.: →*Vorpiek.*

Achterspring, die *(after quarter spring)* Die →*Leine,* die beim →*Festmachen* eines Bootes vom →*Heck* nach vorn an Land führt. Sie soll in Verbindung mit der Vorspring dafür sorgen, daß das Boot auch bei ungünstigem →*Wind* und →*Strom* immer parallel zur →*Pier* und im richtigen (Sicherheits-) Abstand liegenbleibt.

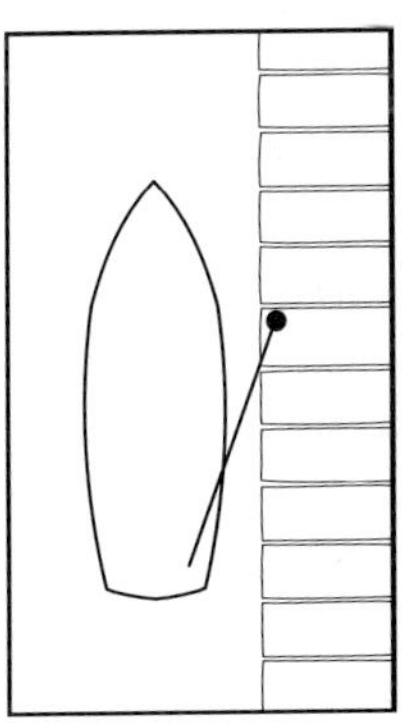

Achterstag, das *(standing backstay)* Ein →*Stag,* das einen →*hochgetakelten* →*Mast* gegen Belastungen von →*achtern* sichert. Es verläuft vom →*Topp* des Mastes zu einem →*Pütting* am →*Heck.* Auch doppelte Achterstagen (ggf. ein A. mit →*Abspann-Isolatoren)* sind üblich.

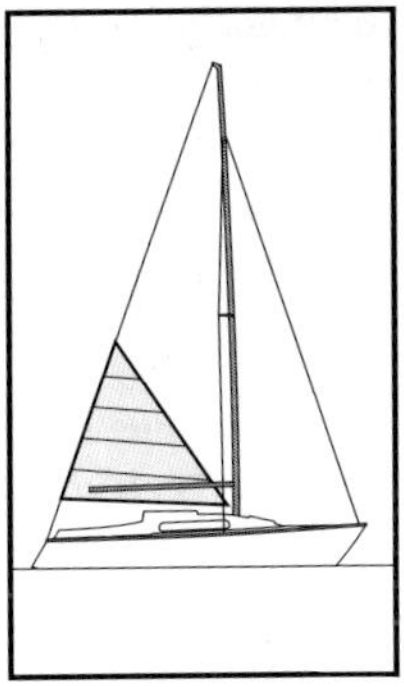

Achterstagsegel, das *(backstaysail)* Auf einer →*Bermuda-Slup* gefahrenes dreieckiges →*Beisegel* für leichtes Wetter und →*raumen Kurs,* dessen →*Kopf* auf ungefähr halber Höhe des →*Achterstags* und dessen →*Hals* in der Nähe des →*Mastes* an →*Deck* angeschlagen werden. Praktisch ein →*Besanstagsegel* ohne →*Besanmast.*

Achterstagspanner, der *(backstay adjuster)* Eine Vorrichtung zum Spannen des →*Achterstags* und damit zum →*Trimmen* des →*Riggs.* Auf →*Jollen* und kleinen →*Yachten* in Form einer →*Spannschraube,* eines Spannhebels oder einer →*Talje,* auf größeren Yachten auch mit Handradspannern (Abb.) oder hydraulischen Spannvorrichtungen, um die Achterstaglänge auch unter Belastung um 100 bis 300 mm zu ändern.

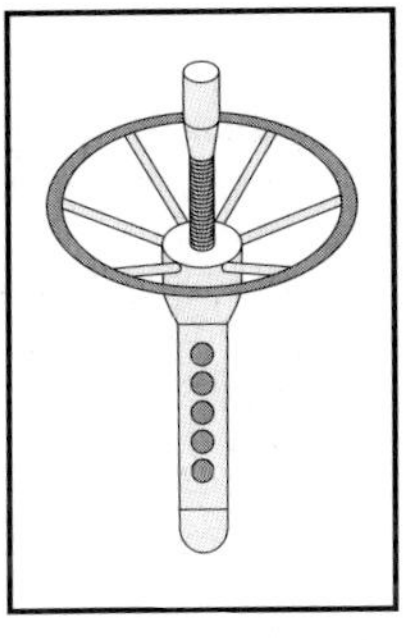

Achtersteven, der *(stern post)* Der →*achtern* abschließende Bauteil des Bootes. Beim →*Spitzgatter* reicht er vom →*Kiel* bis zum →*Deck.* Bei Booten mit →*Yachtheck* oder in →*Plattgatt*-Bauform endet der A. dicht unter oder über der →*Wasserlinie,* während der obere Teil des →*Hecks* als →*Spiegel* gebaut ist. Bei →*Jollen* oder anderen Booten, deren hinterer Abschluß meistens nur ein Spiegel bildet, spricht man vom A. nur sinngemäß. Ggt.: →*Vorsteven.*

acht Glas *(eight bells)* Beim →*Glasen* vier Doppelschläge der Schiffsglocke oder Glasenuhr, die das Ende einer →*Wache,* z. B. um 08.00, 12.00 und 16.00 Uhr anzeigen.

Achtknoten, der *(figure eight knot)* Ein Stopperknoten, der in Form der Ziffer 8 in den →*Tampen* einer →*Leine,* z. B. in →*Schot* oder →*Fall* gemacht wird, um deren →*Ausrauschen* zu verhindern.

A-Division, die *(A-Division)* Die →*Internationale Klasse* der →*A-Katamarane.*

Admiralitätsanker, der *(stock anchor)* Veralteter Name des →*Stockankers.*

Admiral's Cup, der *(Admiral's Cup)* Nach dem „Admiral" des englischen Royal Ocean Racing Club, Sir Myles Wyatt, benannter und vom RORC 1957 gestifteter Nationenpreis für eine aus drei →*Seekreuzern* bestehende →*Mannschaft.* Die →*Regatta* um den A. wird in jedem ungeraden Jahr im Rahmen der englischen Cowes Week ausgesegelt. Jedes Land stellt seit 1995 eine Yacht der Einheitsklasse Mumm 36, eine →*ILC 40* und eine nach →*IMS 44–50* vermessene freie Konstruktion. Es wird in diesen Gruppen ohne Vergütung direkt gepunktet. Gewertet werden 2 Dreieckswettfahrten von 35 sm Bahnlänge mit einfacher Punktwertung, ein Rennen über den Ärmelkanal von 250 sm mit doppelter Punktwertung und das →*Fastnet-Rennen* über 605 sm mit dreifacher Punktwertung. Die Bewertung erfolgt für jede Yacht einzeln, für die Mannschaft durch Addition der erworbenen Punkte. Deutschland gewann den A. C., der seit 1983 die offizielle Bezeichnung (nach seinem Sponsor) „Mumm Champagne Admiral's Cup" trägt, in den Jahren 1973, 1983, 1985 und 1993.

Aerodynamik, die *(aerodynamics)* Ein Teilbereich der Physik, der sich mit den Luftkräften beschäftigt. Ein Segel arbeitet als aerodynamisches →*Profil,* das die Windkraft in Verbindung mit dem Bootsrumpf in Vorschub verwandelt. Die →*Windkraft* wächst dabei mit dem Quadrat der →*Windgeschwindigkeit.* Die Beschäftigung mit der A. ist für jeden Segler empfehlenswert.

aerodynamisch *(aerodynamic)* Die →*Aerodynamik* betreffend. Auf der Lehre von den strömenden Gasen und ihrem Verhalten zu festen Körpern beruhend, z. B. zu einem a. →*Profil.*

Agulhas-Rennen, das *(Agulhas Race)* Jährlich zur Weihnachtszeit in Simonstown (Südafrika) gestartete →*Hochseeregatta* über 500 sm, die um das Kap der Guten Hoffnung und das noch südlicher gelegene Kap Agulhas ostwärts bis in die Mossel Bay und von dort zurück nach Kapstadt führt. Ein →*Kurs* über flache Gebiete (Agulhas-Bank) und in starker Strömung (Agulhas-Strom) entlang einer menschenleeren Küste.

ahoi *(ahoy)* In Verbindung mit dem Namen eines Bootes ein Anruf, z. B.: „Cormoran, ahoi!" Allein benutzt ist „ahoi" kein Gruß für Segler; das glauben nur →*Landratten.*

A-Katamaran, der *(A-Catamaran)* Als →*internationale Klasse* anerkannter →*Katamaran* für einen Mann Besatzung, der als →*Konstruktionsklasse* im Rahmen von →*Grenzmaßen* frei gebaut werden kann. →*Lüa* 5,48 m, →*Büa* 2,28 m, →*Segelfläche* max. 13,90 m², →*Verdrängung* 80 bis 100 kg. Baumaterial →*GFK.* →*Klassenzeichen* Buchstabe A mit Doppelstrich.

Akquisition, die; akquirieren *(acquisition)* Erfassen eines (neuen) aufgehenden Satelliten im →*GPS-Gerät.* Die A. beginnt bei einer →*Elevation* von 5° bis 10°. Nach der A. erfolgt im Empfänger der Übergang zum Verfolgungsbetrieb.

Akronym, das Kunst- oder Kurzwort, das aus den Anfangsbuchstaben mehrerer Fachwörter gebildet ist, z. B. →*RADAR* (Radar), →*GPS,* →*EDV* oder →*NAVSTAR.*

Alhidade, die *(alidade, index arm)* Der bewegliche Zeigerarm des →*Sextanten,* dessen Mittelstrich auf dem →*Limbus* den gemessenen Winkel in Graden anzeigt. Das Ablesen der Minuten erfolgt entweder auf dem →*Nonius* oder beim →*Trommelsextanten* auf einer Ableseschraube.

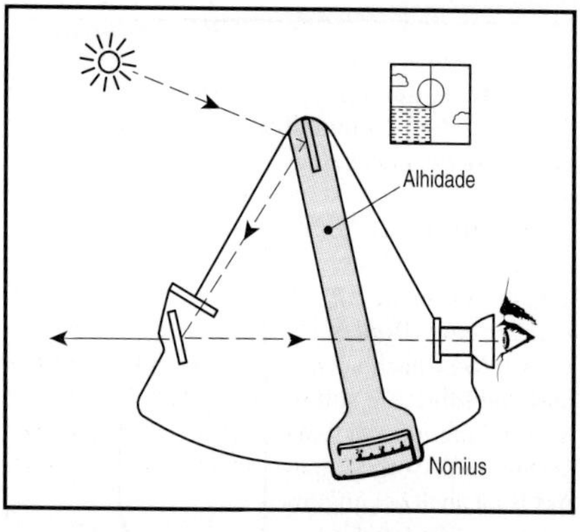

Allgemeines Betriebszeugnis für Funker (Allgemeines Betriebszeugnis) Nach der Verordnung über →*Seefunkzeugnisse* vom 17.6.1992 berechtigt es zum Bedienen aller Sprech-Seefunkstellen und aller Funkeinrichtungen des →*GMDSS.* Dieses Betriebszeugnis schließt das →*Allgemeine Sprechfunkzeugnis* ein.

Allgemeines Gefahr- und Warnsignal, das *(alarm and danger signal, warning signal, precaution signal)* Es ist nach der →*SeeSchStrO* zu geben, wenn ein →*Fahrzeug* ein anderes gefährdet oder selbst durch ein anderes gefährdet wird, und besteht aus dem Schallsignal – • • • • , – • • • • . In internationalen Gewässern wird ein →*Warnsignal* nach dem →*Internationalen Signalbuch* gegeben.

Nr............... Name......................

Bundesrepublik Deutschland

Allgemeines Sprechfunkzeugnis für den Seefunkdienst

General Ship Radiotelephone Operator's Certificate

MUSTER

Allgemeines Sprechfunkzeugnis für den Seefunkdienst, das *(General Ship Radiotelephone Operator's Certificate)* Nach der Verordnung über →*Seefunkzeugnisse* vom 17. 6. 1992 berechtigt das „Allgemeine Sprechfunkzeugnis" (offizielle Kurzform) zum Bedienen aller Telegrafie- und Sprech-Seefunkstellen. Es berechtigt grundsätzlich nicht zum Bedienen der Funkeinrichtungen des →*GMDSS.* Hierzu wird das →*Allgemeine Betriebszeugnis* verlangt.

allgemeine Wetterlage, die *(inference)* Im Seewetterbericht und →*Wetterbericht* die Beschreibung von Luftdruckverteilung, Anordnung der Fronten und Lage der Luftmassen.

Allrounder, der Doppellagige →*Genua* an einer →*Rollreffanlage* mit selbsttragendem →*Profilstag,* die sich auf →*Vorwindkursen* auf doppelte Fläche auseinanderfalten läßt. Je nach Größe aus ca. 2 x 150 g/m² Segeltuch gefertigt, stufenlos reffbar (Abb.) und besonders wirkungsvoll mit →*Teleskopbäumen* eingesetzt.

Almanach, der *(almanac)* In der →*astronomischen Navigation* die Sammlung von Daten über die Bewegung der Sonne, des Mondes und der Planeten sowie von Gestirnsörtern, die z. B. im →*Nautischen Jahrbuch* und den →*Ephemeriden* jährlich veröffentlicht werden. In der →*Satellitennavigation* die gesamte Satellitenkonstellation mit geringerer Genauigkeit der Einzeldaten als in den Ephemeriden.

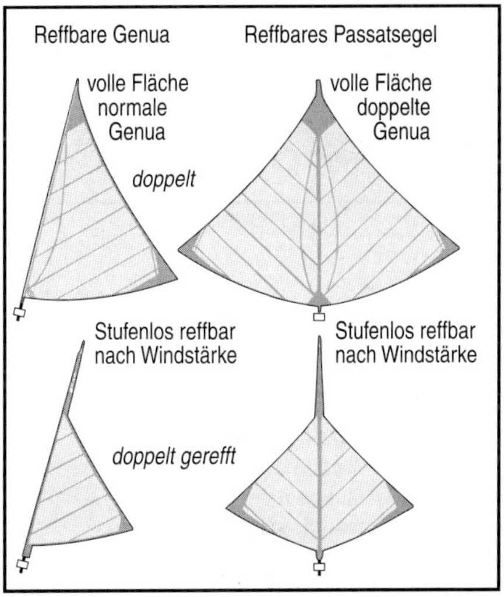

Allrounder

Alter der Gezeit, das *(age of tide, moon's age)* Begriff der →*Gezeitenkunde* für die Zeitspanne, die seit →*Neumond* vergangen ist und aus der man die →*Springverspätung* ermittelt. Das A. d. G. wird auch als →*Mondalter* bezeichnet.

Altersklasse, die *(outclassed [racing] boat)* Wenn eine →*nationale Klasse* des →*Deutschen Segler-Verbandes* (DSV) aus technischen Gründen überholt oder nach sportlichen Gesichtspunkten nicht mehr empfehlenswert ist, wird sie zur A. erklärt. Neubauten werden dann nicht mehr im →*Yachtregister* eingetragen und keine →*Meßbriefe* mehr ausgestellt.

Altersvergütung, die *(grandfathering)* Minderung des →*Rennwertes* einer älteren Yacht, die z. B. nach der (früher benutzten) →*IOR-Formel* gebaut ist und mit →*Vergütung* segelt, um sie gegenüber Neubauten konkurrenzfähig zu erhalten.

Altocumulus *(altocumulus)* Auch →*Schäfchenwolke* genannte, mittelhohe Haufenwolke als Anzeichen einer →*Warmfront.*

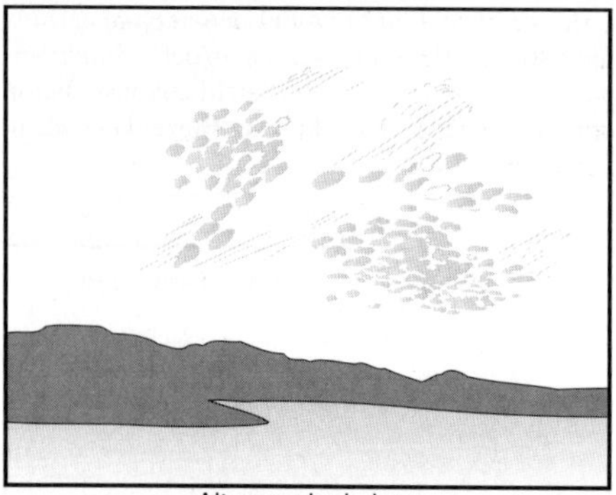

Altocumulonimbus

Altweiberknoten, der *(granny [knot])* Ein falsch gemachter →*Kreuzknoten,* der sich in dickerem →*Tauwerk* bei Belastung löst, in dünnem →*Gut* aber so →*bekneift,* daß er nicht wieder zu lösen ist. Er darf an Bord nicht verwandt werden.

Aluminium, das *(aluminium)* Ein →*Bootsbaumaterial,* das durch hohe Festigkeit bei geringem Gewicht gern zum Bau sowohl von →*Rennyachten* wie Fahrtenyachten benutzt wird. Es kann nicht durch →*Korrosion* leiden, muß jedoch gegen →*Elektrolyse* geschützt werden. A. läßt sich schweißen, doch ist der Bootsbau teurer als bei Benutzung von →*GFK.*

AM Abk. für →*Amplitudenmodulation.*

Ama, der *(ama)* Bezeichnung eines →*Auslegerrumpfes,* d. h. des Schwimmers einer →*Proa* oder →*Prau* sowie der beiden kleineren Rümpfe eines →*Trimarans.*

Amateur, der *(amateur)* Nach den bis 1996 gültigen →*Wettsegelbestimmungen* der damaligen →*IYRU* war ein A. „ein Segler, der das →*Rennsegeln* als Freizeitsport betreibt und damit weder seinen Lebensunterhalt verdient noch dafür eine Vergütung erhält". Weiter hieß es: „Kein Segler verliert seinen Amateurstatus, wenn er seinen Lebensunterhalt mit der Konstruktion von Booten, Bootsteilen, Segeln oder sonstigem Zubehör verdient, in einem mit dem Sport in Beziehung stehenden Beruf arbeitet oder nur für die Wartung (aber nicht für →*Wettfahrten*) zuständig ist". Nach dieser Definition konnte sowohl eine →*bezahlte Hand,* z. B. ein für die Instandsetzung verantwortlicher Bootsmann, als auch ein →*Segelmacher,* der von der Lieferfirma der Segel bezahlt wurde, als A. nicht nur zur →*Crew* gehören, sondern auch als →*Steuermann* an einer →*Wettfahrt* teilnehmen, weil beide nach den Bestimmungen der früheren →*IYRU* nicht als →*Berufssportler* (→*Professionals*) galten. Im modernen, weitgehend bezahlten Leistungssport differenziert man nicht mehr den A., sondern den →*Profi,* z. B. als →*Profi-Crew* oder als →*IMS-Profi-Crew.*

America's Cup („Amerika"-Pokal), der *(America's Cup)* Ältester Wanderpreis des Segelsportes und Beispiel für die Entwicklung des Yachtbaus seit 1851, als der Schuner „America" (Lüa 28,51 m, Büa 6,86 m, Tiefgang 1,74 m, Verdrängung 170 t, Abb. A) die damalige englische Segler-Elite beim Rennen um die Isle of Wight schlug und die von der Königin Victoria gestiftete „bodenlose Kanne" über den Atlantik entführte. Bis auf das Rennen 1983, das die Australier gewannen, schlugen alle Versuche ausländischer Segler fehl, den Pokal zu gewinnen. 1987 ging der A. C. wieder in den amerikanischen Besitz über. Die Rennen wurden bis 1920 mit →*Vergütung* ausgesegelt. Der größte Pokalverteidiger war (1903) die „Reliance" (Abb. B) mit 43,83 m Länge und 1454 m² Segelfläche. Ab 1920 startete man in der J-Klasse (33,55 m Länge und 941 m² Segelfläche) zuerst mit →*Gaffeltakelung* (Abb. C) und dann mit →*Hochtakelung*

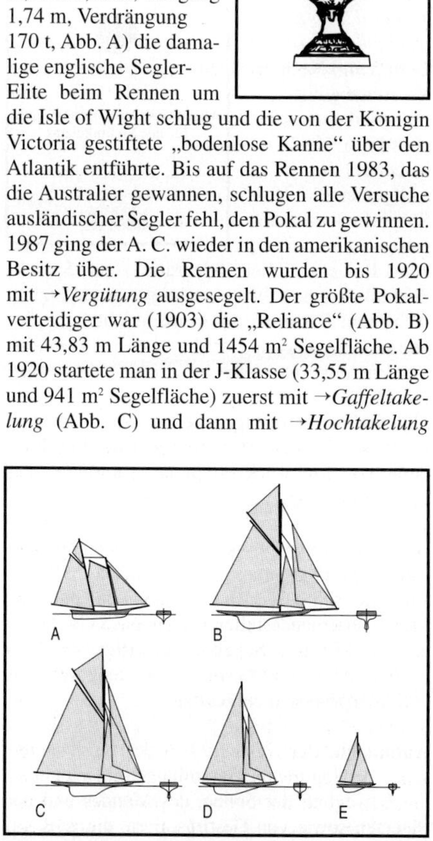

(1937, Abb. D). Von 1962 bis 1987 segelte man in der internationalen →*12-m-R-Klasse* (Abb. E) mit Yachten von ca. 20 m →*Lüa* und ca. 165 m² Segelfläche. Umstritten bleibt der Sieg des 18,3-m-Katamarans „Stars and Stripes" 1988 gegen einen neuseeländischen 37,5-m-Einrumpf-Maxi. Ab 1991 gilt die Formel 23, die Yachten von ca. 23 m Länge und 280 m² Segelfläche erlaubt. Die Rennen werden auf dem Revier des Pokalverteidigers ausgetragen. Sieger ist, wer 4 von 7 Rennen gewinnt. 1992 verteidigte die „America 3" den A. C. gegen die italienische „Il Moro Di Venezia" mit 4:1. 1996 schlug Neuseeland den Pokalverteidiger mit 4:0. Da sich sowohl mehrere internationale Herausforderer melden als auch mehrere nationale Yachten als Verteidiger bewerben können, müssen entsprechende Ausscheidungsregatten gesegelt werden. Den Endkampf um den A. C. als Nationenpreis bestreiten die beiden Sieger der Vorentscheidungen. Diese Art des Zweikampfes von Yachten, die durch den A. C. eingeführt wurde, wird auch →*Match Racing* genannt.

amerikanische Tonne, die *(short ton, abbr. s.t.)* Sie entspricht 2000 lbs (→*englische Pfund*) = 907 kg = 0,907 t (metrische →*Tonne*).

Amplitudenmodulation, die (AM) *(amplitude modulation)* Im Gegensatz zur →*Frequenzmodulation* eine Art der →*Modulation* für die Frequenzbereiche →*Langwellen,* →*Mittelwellen,* →*Grenzwellen* und →*Kurzwellen.* Hierbei werden die Amplituden der Trägerschwingung im Rhythmus der niederfrequenten Sprachschwingungen verändert. Die entsprechenden Sendearten der A. gelten für die →*Einseitenband-Technik.*

Amtliche Sportschiffahrtskarte, die *(official Yachting Chart)* Nach den Unterlagen für die →*Schiffahrt* gefertigte →*Seekarten,* die insbesondere dem Format eines →*Kartentisches* auf einem →*Seekreuzer* angepaßt sind. Die allgemein ca. 60 x 40 cm großen A. S. sind oft zu Kartensätzen in Plastik-Sammelmappen für ein längeres →*Küstengebiet* zusammengefaßt. Sie werden in Deutschland vom →*Bundesamt für Seeschiffahrt und Hydrographie* (→*BSH*), in mehreren anderen europäischen Ländern von den gleichwertigen Schiffahrtsbehörden jährlich neu veröffentlicht. In Deutschland und in anderen Ländern werden auch von weiteren Anbietern qualitativ ebenbürtige →*Sportschiffahrtskarten* bzw. Sportbootkarten (nicht nur für deutsche Segelreviere) ohne Mitwirkung von Behörden hergestellt und verkauft.

amtlicher Führerschein, der Der →*Sportbootführerschein Binnen* und der →*Sportbootführerschein See* sind vom Gesetzgeber verordnete „amtliche Pflichtführerscheine", ohne die ein Sportboot mit mehr als 5 PS Leistung an der Propellerwelle auf deutschen Binnen- bzw. Seeschifffahrtsstraßen nicht geführt werden darf. Sie gelten auch in ausländischen Gewässern als „amtliche Führerscheine". Demgegenüber sind der →*Sportseeschifferschein* und der →*Sporthochseeschifferschein* „freiwillige amtliche" Scheine für Küstenfahrt, Seefahrt und Hochseefahrt. Sie sind keine Pflichtführerscheine, sondern besitzen nur einen amtlichen Standard.

AMVER Abk. für **Automated Mutual-assistance Vessel Rescuesystem,** das weltweite Positionsmeldesystem der Handelsschiffe für Such- und Rettungszwecke. Gerät eine →*Yacht* auf →*hoher See* in →*Seenot,* kann das nächstliegende Schiff, dessen Position durch A. bekannt ist, von einer →*KüFuSt* zur →*Hilfeleistung* beordert werden.

am Wind *(close-hauled)* Eine Yacht segelt a. W., wenn sie so →*hoch* wie möglich →*anliegt,* um vorteilhaft →*aufkreuzen* zu können. Dass. wie →*beim Wind.*

Amwindkurs, der *(close-hauled course)* Der entweder auf →*Backbordbug* oder →*Steuerbordbug*

bestmöglich in Richtung des →*atmosphärischen Windes* gesegelte →*Kurs,* auf dem jedes Segel bei →*optimalem Anstellwinkel* noch gut vollsteht und die →*Schoten* ganz dichtgeholt sind. Diese Fahrt gegen den Wind ist nur durch das aerodynamische →*Profil* des Segels und die →*Abdrift-Gegenwirkung* des →*Lateralplanes* möglich. Man kann auf einem A. zwischen größerer Höhe (mit geringerer Geschwindigkeit) und größerer Geschwindigkeit (bei geringerer Höhe) wählen. Auf →*Jollen* muß die →*Krängung* bei viel Wind durch →*Ausreiten* oder die Arbeit des →*Vorschotmannes* im →*Trapez* ausgeglichen werden. Für den →*Trimm* des →*Großsegels* auf einem A. dienen auch →*Traveller,* →*Barber-Hauler* und andere Vorrichtungen. Durch →*Wenden* wechselnde Amwindkurse zum Ansteuern eines Ziels in →*Luv* nennt man →*Kreuzen.*

Amwindsegelfläche, die *(sail aerea close-hauled)* Die Flächensumme aller Segel, die ein Boot auf einem →*Amwindkurs* trägt. Bei einer →*Vollzeugbrise* ist die A. weitgehend identisch mit der →*vermessenen Segelfläche.*

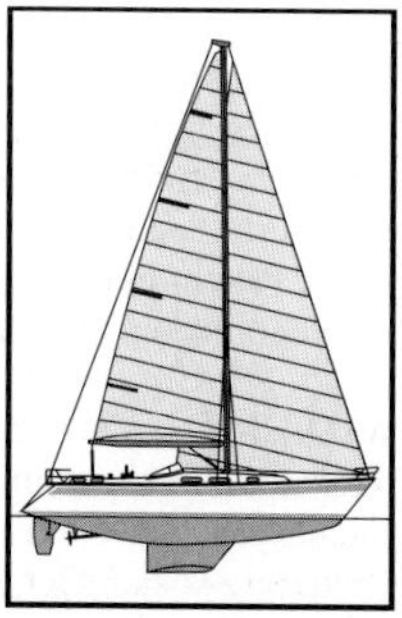

analog *(analog)* Kommt von „Analogie" und heißt soviel wie „es bildet (stetig) nach". Jede →*Analoganzeige* ist im Gegensatz zur →*Digitalanzeige* die Darstellung eines Meßwertes auf einer Skala o. ä., z. B. mit einem Zeiger.

Analoganzeige, die *(analog display)* Abbildung einer gemessenen Größe durch einen ihr →*analogen* physikalischen Effekt: Beim Messen der Wassertiefe mit einem →*Echolot* steht z. B. die Information auf der Leuchtdiode in direkter Zuordnung zu dem gesamten eingestellten Meßbereich. Es wird also nicht wie beim →*Digitalverfahren* die Maßzahl selbst, sondern nur eine analoge Größe angezeigt bzw. verarbeitet.

anbrassen *(to brace up)* Die →*Rahen* eines Großsegels durch Anholen der →*Brassen* in →*Lee* mehr in Längsschiffsrichtung →*trimmen,* um einen →*Rahsegler* höher an den Wind zu bringen. Ggt.: →*aufbrassen.*

an den Wind gehen *(to haul to the wind)* Eine Kursänderung nach →*Luv* mit gleichzeitigem →*Anholen* bzw. →*Trimmen* der →*Schoten.* Dass. wie →*anluven* oder →*höher halten.*

Anderthalbmaster, der *(dandy, one-and-a-half-master)* Ein zweimastiges Segelschiff oder Segelboot, dessen kleinerer →*Mast* →*achtern* steht. Bei Yachten gehört die →*Ketschtakelung* und →*Yawltakelung* zum A.

andirken *(to rig a boom by the topping lift)* Das Durchsetzen der →*Dirk,* um die →*Nock* des →*Großbaums* anzuheben. Der Großbaum wird dann nicht durch das Segel, sondern nur durch die Dirk gehalten. Sinngemäß läßt sich auch ein →*Fockbaum* (mit einer Dirk) *andirken.*

Anemometer, das *(anemometer)* Ein Gerät mit einem auf einer senkrechten Achse rotierenden Schalenkreuz zur Messung der →*Windgeschwindigkeit.* Es ist auf Yachten oft fest am →*Masttopp* montiert und arbeitet dann mit →*Fernanzeige* zur →*Plicht.*

anerkannte ausländische Klasse, die Vom →*DSV* anerkannte →*nationale Klasse* eines anderen Landes, die in seinem Hoheitsbereich die gleiche Verbreitung wie eine deutsche nationale Klasse erreicht hat. Sinngemäß gilt für sie die gleiche Vorschrift der Betreuung. Im allgemeinen ist der Status einer a. a. K. die Vorstufe zur →*internationalen Klasse.* A. a. K. ist z. B. die OK-Jolle, das Nordische Folkeboot und die Moth-Europe.

Aneroidbarometer, das *(aneroid barometer)* Auch →*Dosenbarometer* genanntes Gerät zum Messen des →*Luftdrucks,* das ohne Quecksilber (wie das →*Schiffsbarometer)* oder andere Flüssigkeiten (wie →*Wetterglas* und →*Sturmglas)* arbeitet. Ein A. besteht aus (mehreren) flachen, gewellten Metalldosen aus dünnem Blech, die luftleer gepumpt sind und unter dem Einfluß des äußeren Luftdrucks geringfügig zusammengedrückt oder ausgedehnt werden. Die Bewegungen von Deckel und Boden geben das Maß des Luftdrucks an, gemessen wie bei jedem →*Barometer* heutzutage in →*Hectopascal,* früher in →*Millibar* oder Millimeter. A. werden auch in →*Barographen* benutzt, um ein →*Barogramm* anzufertigen.

Anfangsstabilität, die *(initial stability)* Die Standfestigkeit eines Bootes →*querschiffs* und seine Fähigkeit, einer beginnenden →*Krängungskraft* bei mäßiger seitlicher Neigung entgegenzuwirken. Breite →*Jollen* mit →*Formstabilität* besitzen große A., aber dafür geringe →*Endstabi-*

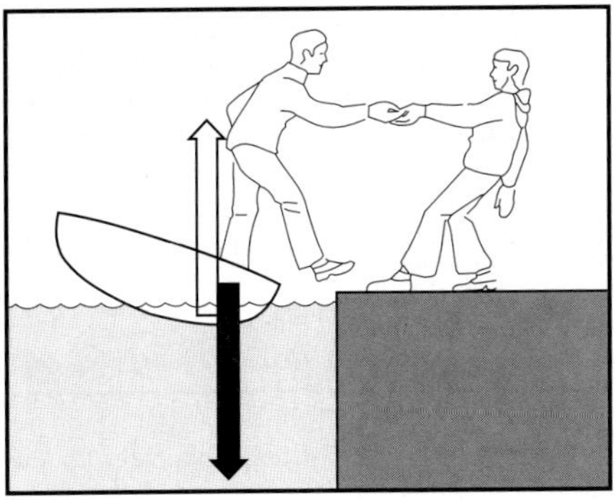

lität. Eine →*Kielyacht* mit tiefliegendem →*Ballast* hat demgegenüber geringe A., aber große Endstabilität. A. ist die →*Stabilität,* die zu Beginn der →*Krängung* wirkt.

angenommener Standort, der *(assumed position)* In der →*astronomischen Navigation* nach der →*Höhenmethode* bzw. den amerikanischen →*H.O.-Tafeln* 249 ein für den Rechnungsbeginn angenommener →*Schiffsort,* der nahe dem →*Koppelort* oder dem →*gegißten Schiffsort* liegt. Für einen a. S. wird die tatsächlich erreichte →*geographische* Breite auf die nächstgelegene ganzzahlige →*Breite* auf- oder abgerundet, so daß man eine günstige →*Rechenbreite* erhält (z. B. 34° 14,6' N auf 34° N oder 23° 48,3' N auf 24° N). Die gegißte →*Länge* setzt man in Beziehung zum →*Greenwicher Stundenwinkel* des Gestirns und verändert die Minutenwerte so, daß die daraus entstehende Rechenlänge einen vollen →*Ortsstundenwinkel* ergibt.

anheuern *(to sign a man on)* Ein Besatzungsmitglied anwerben und aufnehmen: in der Berufsschiffahrt durch Heuervertrag und gegen Bezahlung, als →*Crew* eines Sportbootes aus Freundschaft und mit Handschlag, gegebenenfalls über eine →*Heuerstelle.* (Vgl.: →*anmustern.)*

anholen *(to haul, to sheet in)* Eine →*Leine,* einen →*Festmacher,* eine →*Schot* etwas →*holen* (ziehen), im Gegensatz zum →*Durchholen.* Ggt.: →*schricken,* →*fieren,* →*Lose* geben.

Anker, der *(anchor)* Wichtiges seemännisches Ausrüstungsteil, um ein Boot in Verbindung mit einer →*Ankerleine* oder →*Ankerkette* auf einem →*Ankerplatz* oder bei einer →*Vierkant-Vertäuung* im Hafen an Ort und Stelle zu halten. Ältere A. erzielen ihre Haltekraft mehr durch ihr Gewicht als durch ihre Hakenform, moderne A. besitzen durch

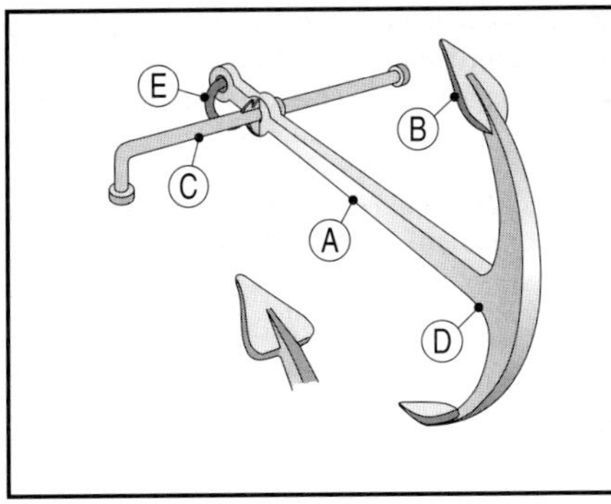

ihre Konstruktion eine überlegene Haltekraft bei geringerem Gewicht. Zu den gebräuchlichsten modernen Arten von A. gehören z. B. der →*Danforth-,* der →*Pflugschar-,* der →*Delta-Anker,* zu den herkömmlichen Typen der →*Stock-* und →*Yacht-,* der →*Schirm-* oder →*Pilz-Anker* und auf Jollen der →*Klappdraggen.* Die Haltekraft eines A. hängt vom Ankergrund ab. Die wichtigsten Teile des A. (Abb.) sind der starre oder bewegliche Schaft (A), die sich in den Grund eingrabenden Flunken (B), der stabilisierende Stock (C), das alle Teile verbindende Kreuz (D) und der Ring (E), an dem Kette oder Trosse →*angesteckt* werden.

ankerauf gehen *(to weigh anchor)* Den →*Anker* →*lichten,* um die Fahrt fortzusetzen oder unter Segel zu gehen.

Ankeraufgehen, das *(act of weighing anchor = anchored in IRCPS)* Nach den →*KVR* gilt ein Boot während aller Tätigkeiten, die mit dem →*Ankerlichten* verbunden sind, und bis zum Aufnehmen der →*Fahrt* zum Verlassen des →*Ankerplatzes* noch als →*Fahrzeug vor Anker,* auch nur →*Ankerlieger* genannt. Ein Boot →*in Fahrt* muß sich vor ihm freihalten. Als sichtbares Kennzeichen dieser Zustandsänderung wird das →*Niederholen* des →*Ankerballs* gewertet.

Anker ausfahren *(to lay the anchor, to bring out the anchor)* Siehe →*ausfahren.*

Ankerball, der *(anchor ball, black ball)* Schwarzer →*Signalball,* der am Tage zur Kennzeichnung eines vor →*Anker* liegenden Bootes gesetzt werden muß.

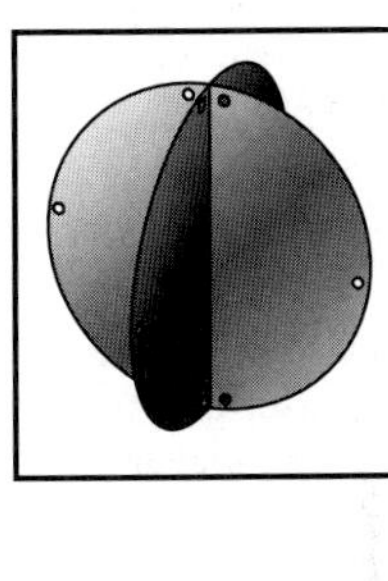

Er soll hoch genug über dem Vorschiff hängen und rundum deutlich sichtbar sein. Nachts wird er durch das →*Ankerlicht* ersetzt.

Ankerboje, die *(anchor buoy)* Schwimmkörper oder →*Boje* am →*Tampen* einer →*Trippleine,* die vom Kreuz des →*Ankers* zur Wasseroberfläche reicht, um die Lage des Ankers zu kennzeichnen, ihn bei Bruch der →*Ankertrosse* zu bergen oder ihn gegebenenfalls entgegen der Zugrichtung der →*Ankerkette* →*lichten* zu können, wenn er an einem Unterwasserhindernis festgekommen ist oder sich auf normalem Wege nicht ausbrechen läßt. Auch für die →*Greifboje* gebräuchlich, die den Tampen einer Ankertrosse an einem verlassenen Ankerplatz oder einer →*Bojenleine* kennzeichnet.

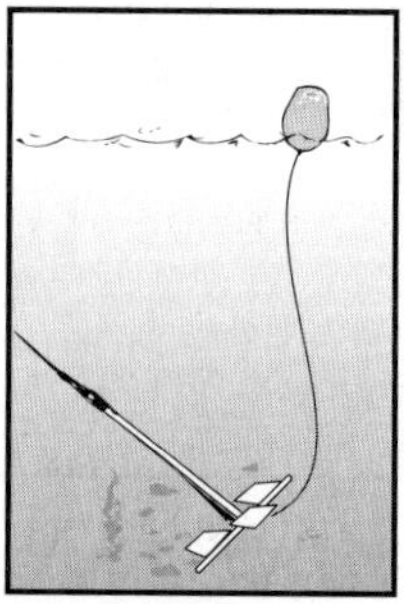

Ankerdavit, der *(anchor davit)* Ein →*Davit* zum →*Katten* eines →*Ankers,* auch →*Kattdavit* oder →*Kranbalken* genannt.

Ankergebiet *(anchorage area)* Zeichen aus →*Karte 1* (INT 1) im Anhang.

Ankergeschirr, das *(ground tackle)* Die Gesamtheit der zum →*Fieren* und →*Einholen* des →*Ankers* an Bord vorhandenen Einrichtungen und Ausrüstungsteile, z. B. →*Ankerleine,* →*Ankerwinde,* →*Ankerboje,* Kettenstopper, Bugrolle u. a.

Ankergewicht, das *(1. weight of the anchor, 2. anchor weight)* 1. Das Gewicht des →*Ankers,* das von der (segelklaren) →*Verdrängung* des Bootes abhängt. Es muß nach den Empfehlungen des →*GL* z. B. bei einem →*Seekreuzer* mit einem Gewicht von 10 t bei Benutzung von Leichtankern mit hoher Haltekraft 23–28 kg für den Erst- und 20–24 kg für den Zweitanker betragen. – 2. Auch →*Gleitgewicht* genannter Ballastkörper aus Eisen oder Blei (Abb.), der durch einen Ring oder →*Schäkel* gleitend mit der →*Ankerkette* verbunden und mit Hilfe einer →*Leine* an dieser entlang bis auf den →*Ankergrund* gefiert werden kann, um die Haltekraft des →*Ankers* zu vergrößern.

Ankergrund, der *(holding ground)* Wichtigste Voraussetzung für ausreichende Haltekraft des →*Ankers* und damit Sicherheit am →*Ankerplatz.*

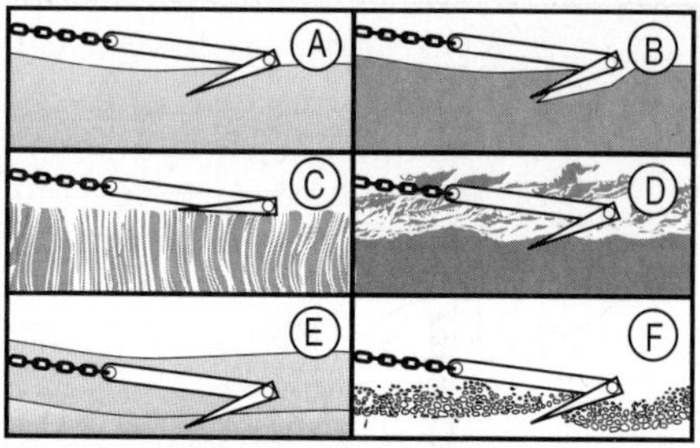

Der A. ist daher mit Buchstabenkürzeln für die Grundbeschaffenheit auf einer →*Seekarte* angegeben. Guter A. ist (Abb.) Sand (A) und Lehm (B), schlechter ist Felsen (C) und Seegras (D). Schlamm (E) und Kiesel (F) liegen meistens über festem A. und bedingen neben guter Form des →*Ankers* auch sein ausreichendes Gewicht.

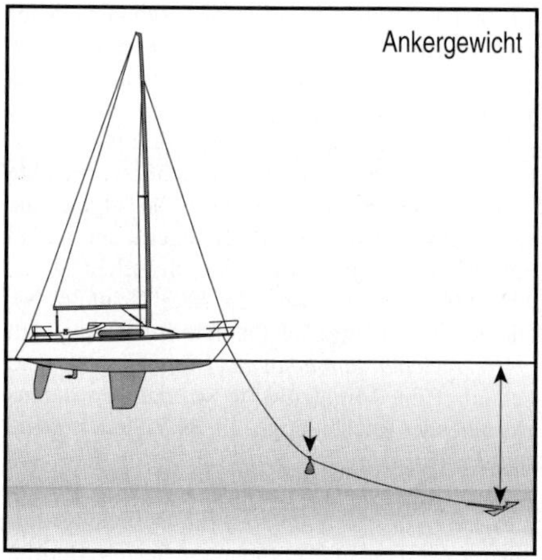

Ankerhalterung, die *(anchor bracket, anchor bed)* Eine meist in Form eines →*Bugspriets* ge-

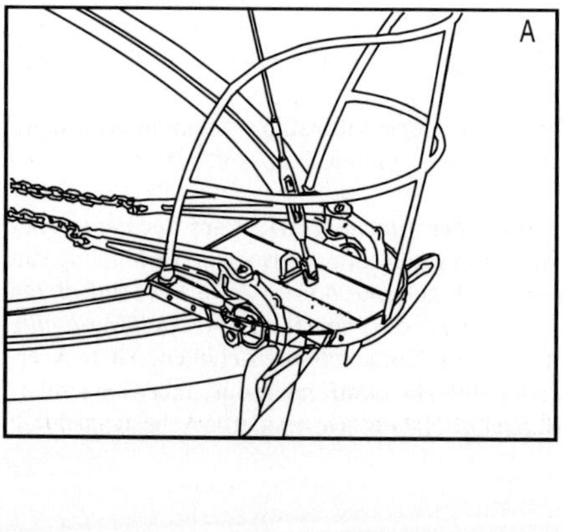

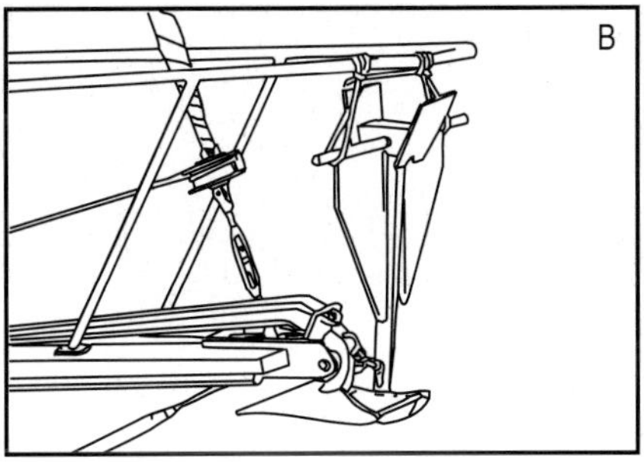

baute, rollengelagerte Halterung für zwei →*Pflugscharanker* nebeneinander (Abb. A) oder eines Pflugschar- und →*Danforth-Ankers* hintereinander (Abb. B).

Ankerkasten, der *(anchor locker)* Ein unmittelbar am →*Bug* eingebauter →*Stauraum,* der neben

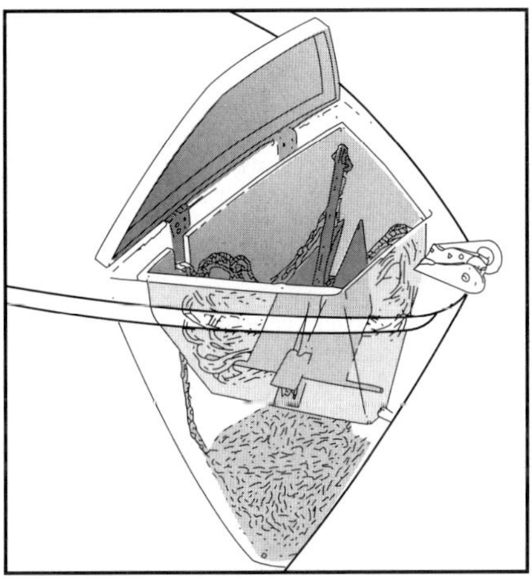

dem →*Anker* auch die →*Ankertrosse* und den (getrennt darunter liegenden) →*Kettenkasten* enthalten kann (Abb.).

Ankerkette, die *(chain, cable)* Verbindung zwischen →*Anker* und →*Boot.* Als Längen der A. und Durchmesser der Kettenglieder werden für seefähige Yachten nach den Vorschriften des →*Germanischen Lloyd* (GL) z. B. für Yachten von ca. 2 t →*Verdrängung* 45 m Länge und 6 mm Dicke mit einem Gewicht von 0,75 kg/m empfohlen. Für →*Seekreuzer* mit 10 t Verdrängung ist demgegenüber eine →*Kettenlänge* von 60 m mit 8 mm Durchmesser der →*Kettenglieder* und einem Gewicht von 1,35 kg/m erforderlich. Das nachteilige Gewicht der A. (im Vergleich zur →*Ankertrosse)* wird durch Vorteile aufgehoben: Bei gleicher Haltekraft günstigeres Verhältnis Wassertiefe : Kettenlänge, z. B. 3:1; weniger Platzbedarf am →*Ankerplatz* durch kleineren Kreis beim →*Schwojen;* keine Bruchgefahr durch →*Schamfilen;* kleinerer Stauraum. Bei der Ausrüstung mit einer A. kann man zwischen Kettengliedern mit und ohne →*Steg* wählen. Mehr über A. unter →*Kette.*

Ankerkettenkurve, die *(catenary)* Siehe →*Kettenkurve.*

Ankerklüse, die *(hawse hole)* Die →*Klüse,* die als äußere Öffnung eines →*Klüsenrohrs* die →*Ankerkette* nach →*außenbords* führt und gegen deren Wulstrand (Klüsenfütterung) sich die →*Flunken* des eingehievten →*Platten-* oder →*Patentankers* legen können. Während früher eine A. nur ein typischer Bauteil eines →*Schiffes* war, sind jetzt auch größere →*Seekreuzer* damit ausgestattet, doch liegt sie dann nicht an einer Seite des →*Bugs,* sondern meistens →*mittschiffs* im →*Vorsteven.*

Ankerlaterne, die *(anchor lantern [lamp])* Gehäuse mit Linsen für die elektrisch oder mit Petroleum betriebene →*Lampe,* die das →*Ankerlicht* ausstrahlt. Eine A. wird meistens am →*Vorstag* angeschäkelt und mit dem →*Fockfall* auf die richtige Höhe →*vorgeheißt.*

Ankerleine, die *(anchor line, anchor rope)* Sinngemäß dasselbe wie →*Ankertrosse,* aber mit geringerem Tauwerkdurchmesser.

Ankerlicht, das *(anchor light)* Ein weißes →*Rundumlicht,* das ein Boot vor →*Anker* bei Nacht mit einer →*Ankerlaterne* (anstelle des →*Ankerballs* bei Tage) zeigen muß. Es soll über den ganzen Horizont mindestens 2 sm sichtbar sein.

Anker lichten *(weighing anchor)* Alle Tätigkeiten an Bord, die zum →*Hieven* des →*Ankers* bis zum Verlassen des →*Ankerplatzes* gehören. Das A. beginnt mit dem →*Segelklarmachen* zum →*Ankeraufgehen,* dem →*Kurzstaghieven* von →*Ankerkette* bzw. →*Ankertrosse* und führt über das →*Setzen* mindestens eines Segels, das →*Ausbrechen,* Hieven und Verstauen des Ankers bis zum →*Aufklaren* des →*Ankergeschirrs.*

Ankerlieger, der; vor Anker liegen *(riding at anchor, mooring at anchor; to lie at anchor)* Ein →*Fahrzeug vor Anker,* das mit seinem →*Ankergeschirr* auf einem →*Ankerplatz* liegt und gemäß →*KVR* nicht →*festgemacht* hat, nicht →*in Fahrt* ist und nicht auf →*Grund* sitzt. Bei Gefahr einer →*Kollision* von zwei Ankerliegern, z. B. beim →*Schwojen* nach einer →*Winddrehung,* muß sich das zuletzt vor →*Anker* gegangene Boot vom anderen A. freihalten.

Anker lichten

Ankermanöver, das *(anchoring manoeuvre)* Alle Tätigkeiten an Bord, die zum →*Ankern* oder →*Ankerlichten* gehören.

ankern *(anchoring [manoeuvre])* Das Aufsuchen eines →*Ankerplatzes* und das sichere Verankern eines Bootes. Dazu gehören das →*Anstecken* des →*Ankers,* das →*Aufschießen* des Bootes und Fallenlassen des Ankers, das Stecken ausreichender →*Kettenlänge,* das Setzen von →*Ankerball* bzw. →*Ankerlicht,* das Nehmen einer →*Ankerpeilung* und die Einteilung der →*Ankerwache.*

Ankern und Fischen verboten *(anchoring and fishing prohibited)* Zeichen aus →*Karte 1* (INT 1) im Anhang.

Ankerpeilung, die *(anchor bearing)* Die nautische Feststellung des →*Ankerplatzes.* Zur A. gehören →*Peilungen* von mindestens 2 Objekten, am besten eine →*Kreuzpeilung.* Sie wird von der →*Ankerwache* überprüft und ins →*Logbuch* eingetragen, um das →*Vertreiben* des Bootes vom Ankerplatz und das →*Schlieren* des →*Ankers* zu erkennen. Gegebenenfalls muß dann ein →*Ankergewicht* nachgesteckt oder der Anker →*gelichtet* werden.

Ankerplatz, der *(anchorage)* Eine geschützte Stelle nahe einer →*Luvküste* mit →*ablandigem*

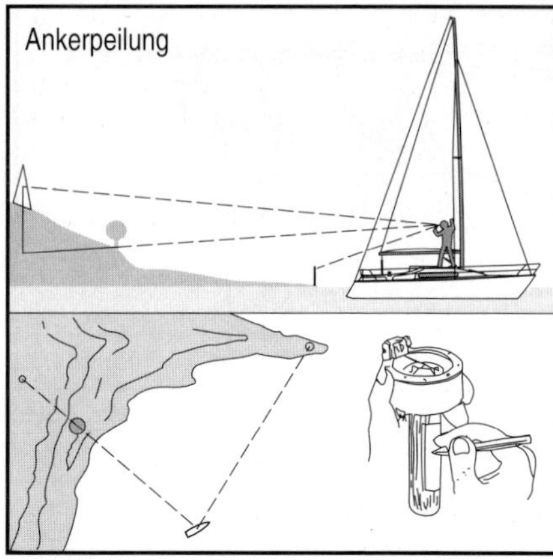

Ankerpeilung

Wind, geringer Wassertiefe, gutem →*Ankergrund* und möglichst ohne →*Strom,* der Objekte für eine →*Ankerpeilung* bietet und zum →*Schwojen* genügend Raum hat. Ein empfohlener A. ist auf der →*Seekarte* durch ein Ankersymbol gekennzeichnet.

(empfohlener) Ankerplatz *(recommended anchorage)* Zeichen aus →*Karte 1* im Anhang.

Ankerspill, das *(capstan, anchor capstan, vertical windlass)* Mechanisch (mit Muskelkraft), elektrisch oder hydraulisch betriebene Vor-

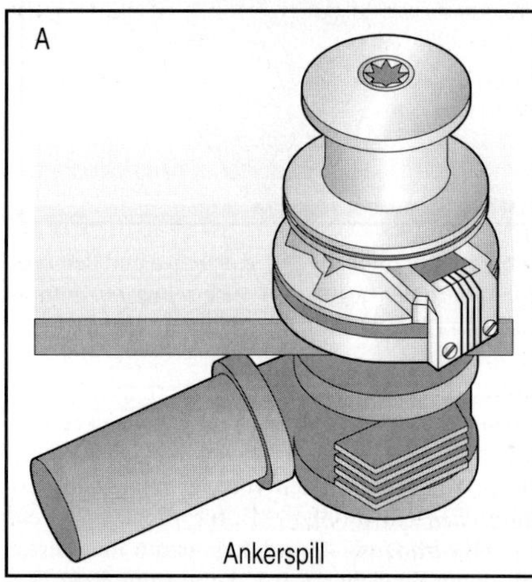

Ankerspill

richtung mit senkrechter Antriebswelle zum →*Ankerlichten* und zum Transport der Kette in den →*Kettenkasten.* Ein A. ist mit einer →*Kettennuß* für die entsprechende →*kalibrierte* →*Ankerkette* und meistens einer darüberliegenden →*Tautrommel* ausgestattet, die beide auch getrennt wirken können, wenn man mit dem A. →*Ankerleinen* holen oder →*Festmacher* →*steifsetzen* will (Abb. A). Ein A. wurde früher auch als →*Gangspill* betrieben, in dessen Kopf →*Spillspaken* gesteckt wurden, damit es die →*Crew* im Rundlauf drehen konnte, oder das man mit Handkurbeln drehte (Abb. B). Ein A. mit waagerechter Welle wurde ursprünglich →*Bratspill* und wird heutzutage zur Unterscheidung vom A. →*Ankerwinde* genannt.

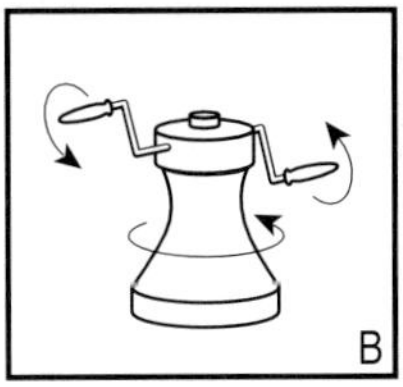

Ankerspring, die *(quarter mooring)* Eine →*Spring,* korrekt eine →*Achterspring,* die auf einem Boot vor Anker vom →*Heck* bis an die →*Ankerleine* geschoren wird, um ein Boot bei widerstreitenden Einflüssen von →*Wind* und →*Strom* konstant in der Richtung der stärkeren Kraft zu halten.

Ankertrosse, die *(anchor cable, rope)* Verbindung zwischen →*Anker* und Boot anstelle einer →*Ankerkette.* Bei gleicher Haltekraft sollte das Verhältnis Wassertiefe : Trossenlänge 1:6 betragen. Eine A. benutzen hauptsächlich Jollen, denn auf →*Seekreuzern* werden Vorteile des geringen Gewichtes durch die Notwendigkeit größeren Trossendurchmessers aus Gründen der Griffigkeit teilweise aufgehoben. Eine A. wird oft in Verbindung mit →*Kettenvorlauf* und →*Gleitgewicht* benutzt.

Ankerwache, die *(anchor watch)* Die →*Wache* nach dem Ende des →*Ankermanövers* bis zum Beginn des →*Ankerlichtens* für die Sicherheit am →*Ankerplatz.* Die A. kontrolliert die →*Ankerpeilung* und steckt Kette oder Trosse nach, wenn der Anker →*schliert* und das Boot zu →*treiben* beginnt und →*wahrschaut* dann die Besatzung.

Ankerwinde, die *(windlass)* Mit Muskelkraft, Handhebel oder elektrischer Energie betriebene Vorrichtung mit waagerechter Antriebswelle zum →*Ankerlichten,* →*Hieven des Ankers,* →*Einholen* von →*Ankerkette* und →*Ankertrosse.* Wertvoll beim →*Ausbrechen* des Ankers. Nützlich auch beim →*Verholen.* Dieselbe Aufgabe erfüllt ein →*Spill* oder →*Ankerspill.*

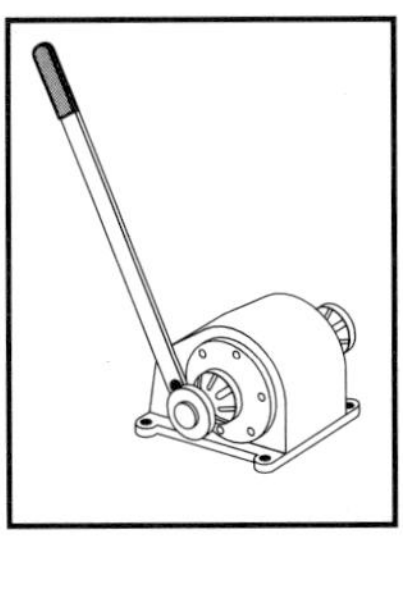

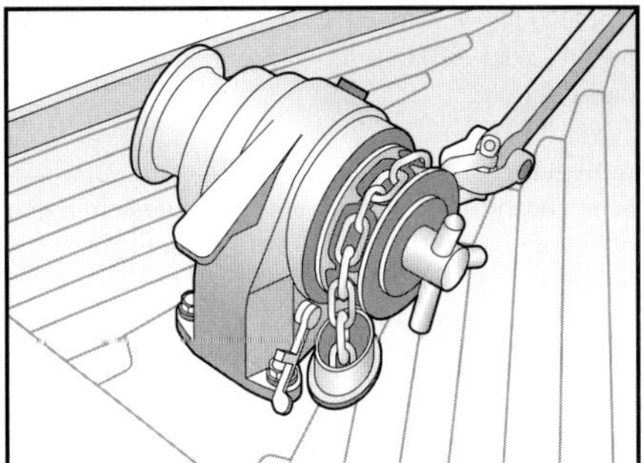

Ankerwinde

Ankündigungssignal, das *(warning signal)* Nach den →*Wettfahrtregeln* wird das A. zehn Minuten vor dem →*Startsignal* entweder durch eine gelbe →*Flagge* bzw. einen →*Signalkörper* gleicher Farbe oder eine Klassenflagge, beide mit einem →*Schallsignal* verbunden, gegeben. Auf das A. folgt das →*Vorbereitungssignal.*

anlanden *(to land, to disembark)* Geräte oder Lebensmittel an einem →*Kai* oder über eine →*Landungsbrücke* an Land bringen. A. von Personen wird korrekter als →*ausbooten* bezeichnet.

anlaufen *(to stand in, to make port)* Annäherung an ein anderes →*Boot* oder an eine →*Küste* und meist kurzzeitiges Einlaufen in einen Hafen.

Anlegefeder, die *(shock absorber)* Auch →*Ruckdämpfer* genannte kräftige Zugfeder, die in einen →*Festmacher* gehängt wird, um die Stoßbelastung im →*Seegang* besser aufzufangen.

Anlegefeder

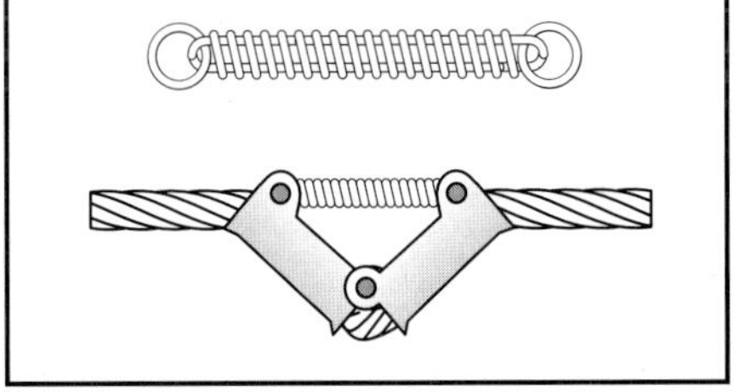

anlegen *(to go alongside, to land)* An einer →*Pier* oder einem anderen →*Liegeplatz* im Hafen nach einem entsprechenden →*Manöver* →*festmachen.*

Anleger, der *(jetty)* Kurze Brücke oder brückenartiges Bauwerk an einer flachen →*Küste,* das vom →*Ufer* in tiefes Wasser reicht und an dem Boote oder Schiffe →*festmachen* können. Über den A. wickelt sich der Verkehr zwischen Boot und Ufer ab.

anliegen *(1. how is the head?, 2. to stand on for)* Einen bestimmten →*Kurs* am →*Kompaß* einhalten oder auf ein sichtbares Ziel auf geradem Wege zuhalten. – 1. Auf die Frage: „Was liegt an?" gibt der →*Rudergänger* sofort die genau anliegende →*Kursrichtung* an. – 2. „Wir können die →*Huk* anliegen", bedeutet, bei der derzeitigen Windrichtung auf einen Punkt (unter Beachtung der →*Abdrift)* direkt zuhalten zu können, ohne z. B. →*kreuzen* zu müssen.

anluven *(to luff)* Kursänderung nach →*Luv,* bei der der →*Bordwind* →*vorlicher einfällt* und die →*Schoten* dichtgeholt werden müssen.

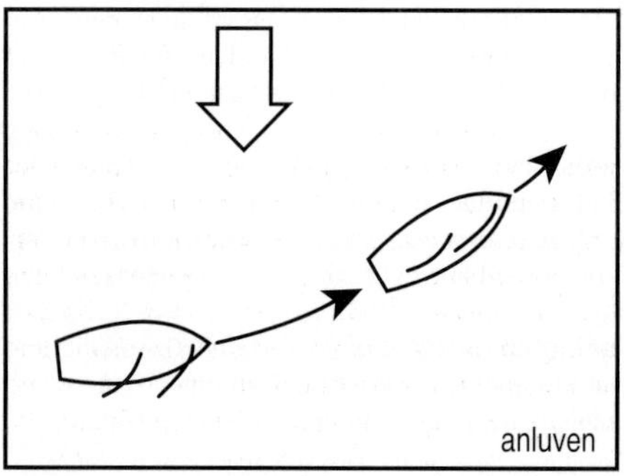

anmustern *(to engage)* Sinngemäß wie →*anheuern,* aber vom Gesichtspunkt des Crewmitgliedes: Ein Segler wird angeheuert oder mustert an.

anpreien *(to hail)* Lautes Anrufen eines anderen Bootes, um Informationen zu erhalten.

anreihen *(to bend, to marl)* Eine →*Leine* mit einem Gegenstand verbinden, z. B. das →*Liek* eines Segels mit einer →*Reihleine* oder →*Marlleine* an einer →*Spiere* befestigen.

anschäkeln *(to shackle on)* Ausrüstungsteile miteinander durch →*Schäkel* verbinden, z. B. ein →*Fall* mit dem Segel, die →*Ankertrosse* mit dem →*Anker* oder das →*Want* mit dem →*Pütting.*

anschlagen *(to bend a sail to)* Ein Segel an einer →*Spiere* befestigen. Z. B. gehört zum A. des →*Großsegels* am →*Großbaum* das Einziehen des →*Unterlieks* in die →*Keep* und die richtige Befestigung von →*Hals* und →*Schothorn.*

Anschlußort, der *(secondary port)* Die Position in einem →*Tidengewässer,* für die Höhe und Zeit von →*Hochwasser* und Niedrigwasser nur über Anschlußwerte eines →*Bezugsortes* ermittelt werden können. In den →*Gezeitentafeln* sind zahlreiche Anschlußorte angegeben.

Anschlußzone, die *(continuous zone)* Das sich →*seewärts* an die →*Hoheitsgewässer* anschließende Meeresgebiet, in dem ein Küstenstaat zum Zwecke der Zoll- und Finanzkontrolle, des Umweltschutzes und der militärischen Sicherheit gemäß internationaler Vereinbarungen bestimmte Sonderrechte hat. Die →*Territorialgewässer* und die A. sollten zusammen eine Breite von 12 sm nicht überschreiten. Nicht zur A. rechnet man →*Fischereizonen* und Wirtschaftszonen.

Ansegeln, das *(annual spring's cruise)* Die erste gemeinsame Fahrt der Segler eines Klubs oder eines Reviers zum Beginn der Segelsaison. Ggt.: →*Absegeln.*

anspringen Der Augenblick plötzlicher schneller Fahrtaufnahme bei leichten →*Jollen,* z. B. durch das →*Dichtholen* der →*Schoten* beim →*Start* oder bei Beginn der →*Gleitfahrt.*

anstecken *(to bend, to hitch, to sling)* Eine →*Leine* mit einem anderen →*Ende* oder mit einem Gegenstand z. B. durch einen →*Stek* seemännisch richtig verbinden.

Anstellwinkel, der *(angle of attack)* Der Winkel, in dem eine Strömung auf eine Fläche trifft. Beim Segeln ist der A. der Winkel zwischen der Richtung des →*Bordwindes* und der Sehne der →*Se-*

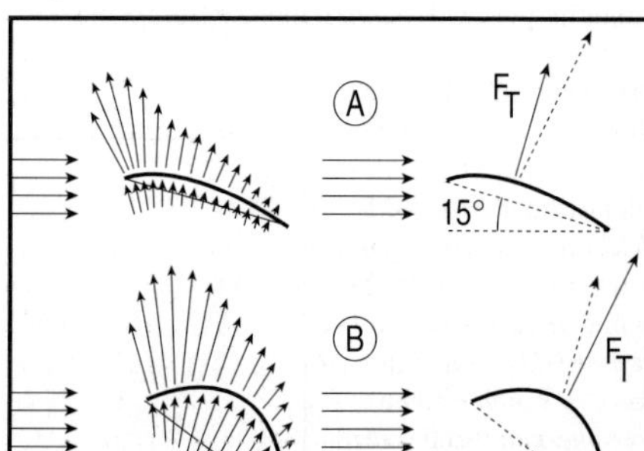

gelwölbung. Jedes →*Segel* hat einen →*optimalen Anstellwinkel,* bei dem es als aerodynamisches →*Profil* die größte Luftkraft erzeugt. Er ist abhängig vom →*Bauch* des Segels. Flachgeschnittene Hauptsegel (Abb. A) haben einen A. von ca. 15 bis 20°, bauchig geschnittene →*Beisegel* wie z. B. der →*Spinnaker* von 25 bis 35° (Abb. B).

ansteuern *(to approach)* Einen markanten, gut sichtbaren Punkt →*anliegen,* z. B. geradewegs auf eine →*Ansteuerungstonne,* ein →*Leuchtfeuer,* eine →*Bake* oder →*Hafeneinfahrt* zuhalten.

Ansteuerungstonne, die *(landfall buoy)* Ein vor der →*Küste* oder einem →*Hafen* ausgelegtes markantes Seezeichen, meistens eine →*Leuchttonne,* die den Beginn des betonnten →*Fahrwassers* kennzeichnet.

Anströmkante, die *(leading edge)* Die Vorderkante eines Tragflügelprofils, die Anschnittkante

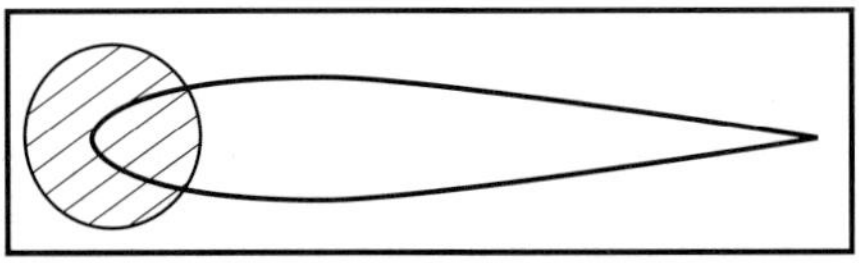

eines →*Profilmastes,* eines →*Profilschwertes,* eines →*Profilsegels* und eines →*Profilstags,* die im Gegensatz zur →*Ablaßkante* abgerundet ist. Sinngemäß ist auch das →*Vorliek* eines Segels dessen A.

Antifouling, die *(antifouling)* Unterwasseranstrich in unterschiedlichen Farben, der den →*Bewuchs* durch Muscheln oder Algen verhindern soll. Die früheren Giftfarben enthielten hauptsächlich Organozinnverbindungen (Tributylzinnoxid, abgek. TBTO) und sind durch die Umweltbelastung mit Schwermetallen jetzt verboten. Die neue A. verwendet Silikon als nichttoxische Bewuchshemmer. Silikon-Erzeugnisse erzeugen eine große Oberflächenspannung, die es jeder Art von Bewuchs schwermacht, sich auf dem Unterwasserschiff anzusiedeln. Zu den Arten der A. gehört die →*Hart-Antifouling.*

Antivibrationsstreifen, der *(anti-vibration device)* Ein ca. 1 bis 2 m langer, mit einem →*Liek* aus →*Tauwerk* versehener ca. 10 cm breiter Segeltuchstreifen, der mit Hilfe des →*Großfalls* in der →*Keep* des →*Mastes* aufgeheißt wird, um störende Windgeräusche zu beseitigen. Sie entstehen z. B., wenn im →*Hafen* ein Wind von ca. 2 bis 4 →*Windstärken* quer zum Mast weht und hierbei Unterdruck auf dessen →*Leeseite* entsteht. Der A., an dessen Stelle auch ein →*Fender* aufgeheißt werden kann, verteilt den Unterdruck ungleichmäßig und beseitigt somit die Lärmquelle.

Antizyklone, die *(anticyclone)* In der →*Wetterkunde* ein →*Hochdruckgebiet.*

Antriebsanlage, Antriebsform, die *(propulsion unit, power system, propelling plant)* Die Anord-

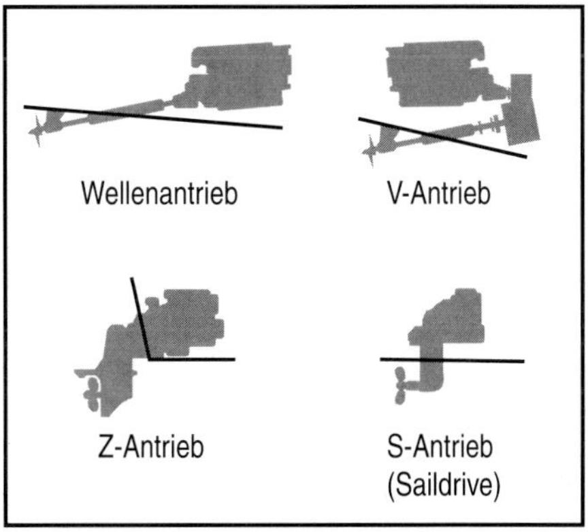

nung von →*Propellerwelle* und Getriebe zum →*Bootsmotor.* Beim →*Einbaumotor* einer →*Segelyacht* kann man als A. zwischen einem normalen →*Wellenantrieb* (Motor und →*Schwanzwelle* in Linie), einem →*V-Antrieb* (das Getriebe ist vorne angeflanscht und lenkt die Kraft nach achtern) und einem →*Segelbootsantrieb* (sail drive) unterscheiden, bei dem Motor, Getriebe und Propelleranlage unter dem Bootsboden eine kompakte Einheit bilden. Diese A. wird mit dem verwandten Z-Antrieb (mit einer Kraftübertragung durch den →*Spiegel,* hauptsächlich bei →*Motorbooten)* auch →*Außenbords-Antrieb* genannt. Bei einem →*Außenbordmotor* ist die gesamte A. außerhalb des →*Rumpfes* entweder außen am →*Heck* oder als →*Schachtmotor* im →*Achterschiff* untergebracht.

Antron *(antron)* Markenname für →*Polyamidfasern* amerikanischer Produktion (Du Pont) zur Herstellung von →*Fasertauwerk.*

Antwortsender, der *(transponder, responder)* Im →*Seefunk* ein automatisches Antwortgerät, das sich fernauslösen oder anreizen läßt, z. B. ein →*Radartransponder* zur →*Zielfahrt* auf ein →*Rettungsfloß.* Ein A. in einer →*EPIRB-Seenotfunkbake* wird auch als →*Wiederholerbake* bezeichnet.

Antwortwimpel, der *(answering pendant)* Senkrecht rot-weiß gestreifter →*Wimpel* nach dem →*Flaggenalphabet,* der beim →*Rennsegeln* nach den →*Wettsegelbestimmungen* die Verschiebung des →*Starts* anzeigt. Er kann dazu mit einem →*Ball* oder →*Signalkörper,* mit einem →*Zahlenwimpel* oder einer anderen →*Signalflagge* gesetzt werden.

Apogäum, das *(apogee)* Größte Erdferne des Mondes auf seiner elliptischen Bahn um die Erde und geringere →*Tideerscheinung.* A. bedeutet auch größte Erdferne künstlicher Satelliten. Ggt. →*Perigäum.*

Äquator, der *(1. equator, 2. „the line")* Soviel wie „Gleicher". 1. Der →*terrestrische* Ä. ist der →*Großkreis* auf der Erdkugel, auf dessen Ebene die Rotationsachse der Erde senkrecht steht. Er ist etwa 21640 →*Seemeilen* oder 40077 km lang, von den Erdpolen gleichweit entfernt, teilt die Erde in eine Nord- und eine Südhalbkugel und ist mit der →*geographischen Breite* 0° Bezugsgröße für das Koordinatensystem auf der Erdoberfläche. Der an die Himmelskugel projizierte Ä. ist der →*Himmelsäquator.* 2. Der Ä. ist auch die →*Äquinoktiallinie* und wird daher unter Seeleuten kurz „die Linie" genannt, bei deren Überquerung die →*Linientaufe* erfolgt. – 3. Sonderformen sind der →*thermische Ä.* oder →*Wärmeäquator* und der →*magnetische Ä.*

Äquatorialregen, die (pl.) *(equatorial rains)* Die zweimal im Jahr vorwiegend im →*Atlantik* zwischen 10° nördlicher und 10° südlicher →*Breite* und in den angrenzenden Erdteilen in der Nähe des →*Äquators* eintretenden Niederschläge zur Zeit des Sonnenhöchststandes, vorwiegend im April und November.

Äquatortaufe, die *(christening of sailors on crossing the line)* Aus der Zeit der Entdeckungsreisen stammendes Zeremoniell für Seeleute, die zum ersten Mal den →*Äquator* überqueren und daher auch →*Linientaufe* genannt. Hierbei kommt Neptun mit Gefolge an Bord und verlangt von den Täuflingen allerlei scherzhafte Mutproben, oft gepaart mit deftigem Schabernak zum Ergötzen der Zuschauer. Dabei wird jeder Deliquent mit Seewasser und Bürsten vom Schmutz der einen Erdhalbkugel befreit, ehe er, so gesäubert, eine Urkunde mit einem neuen Namen aus der Meereswelt und die Erlaubnis zum Überschreiten der →*Linie* erhält.

Äquinoktiallinie, die *(equinoctial line)* Linie der →*Tagundnachtgleiche.* Während der →*Äquator* die Erde in eine nördliche und eine südliche Halbkugel teilt, wird die Ä. auch als der gleiche →*Großkreis* der Erde bezeichnet, der zwischen der nördlichen und südlichen →*Äquinoktialzone* und damit gleichweit von den →*Wendekreisen* entfernt liegt. Auf die Ä. und deren Wortbestandteil „Linie" beziehen sich auch die Seeleute bei ihrer →*Linientaufe,* wie sie die →*Äquatortaufe* nennen.

Äquinoktialpunkt(e), die *(equinoctial points, equinox)* Als Ä. bezeichnet man die Schnittpunkte der Sonnenbahn auf der →*Ekliptik* mit dem →*Himmelsäquator,* die am 21. bzw. 22. März und am 22. bzw. 23. September erreicht werden und an denen →*Tag* und →*Nacht* die gleiche Länge von je 12 Stunden haben. Die Sonne geht zu dieser Zeit genau im →*Osten* auf und im →*Westen* unter.

Äquinoktialstürme, die *(equinoctial storms, line storms)* Von starken Gewittern und heftigem Regen begleitete →*Stürme,* die während der →*Äquinoktien* in der →*Äquinoktialzone* auftreten. Auch →*Linienstürme* genannt.

Äquinoktialzone, die *(equinoctial zone)* Die heißen Gebiete an Land und auf See, die zwischen den →*Wendekreisen* liegen, →*Tropen* genannt werden und in denen ein →*Äquinoktium* vorkommt.
Es verlagert sich dabei auf der Nordhalbkugel vom →*Äquator* zu den →*Wendekreisen* im Jahresgang über die →*Breitenkreise* wie folgt:

am 21.12. ca. 00°–01° N
am 11.01. ca. 01°–02° N
am 21.01. ca. 02°–03° N
am 21.02. ca. 04°–05° N
am 01.03. ca. 05°–07° N
am 11.03. ca. 09°–14° N
am 21.03. ca. 00°–90° N

Die Ä. wird somit bis zum →*Frühlingsanfang* auf der Nordhalbkugel, der gleichzeitig Herbstanfang auf der Südhalbkugel ist, zunehmend breiter, ehe →*nördlich* der →*Wendekreise* vom 21.3. bis zum 22.6. die →*Tage* zunehmend länger als die →*Nacht* werden.
Von der →*Sommersonnenwende* bis zum Herbstanfang auf der Nordhalbkugel am 22.9. setzt die umgekehrte Entwicklung ein:
Die Tage werden kürzer und die Nächte länger, bis das →*Äquinoktium* an allen Punkten der Erde wieder beginnt:

am 23.09. ca. 00°–90° N
am 01.10. ca. 13°–19° N
am 21.10. ca. 04°–05° N
am 01.11. ca. 03°–04° N
am 21.11. ca. 02°–03° N
am 01.12. ca. 01°–02° N
am 21.12. ca. 00°–01° S

Auf der Südhalbkugel ist die Entwicklung insoweit gegensätzlich, weil vom 21.3., dem dortigen Herbstanfang, bis zum 22.6., der dortigen Wintersonnenwende, die Nächte zunehmend länger als die Tage werden, während vom 22.6. bis zum 22.9., dem dortigen Frühlingsanfang, die Nachtdauer ab- und die Tagdauer zunimmt, bis auch hier wieder am 23.9. das Äquinoktium eintritt.

Äquinoktium, das; Äquinoktien, die *(equinox, pl. equinoxes)* Wörtl. „Nachtgleiche", allg. Tagundnachtgleiche genannt. In unseren →*geographischen Breiten* werden nur zweimal im Jahr, am 21. bzw. 22. März und am 22. bzw. 23. September, →*Tag* und →*Nacht* exakt je 12 Stunden und damit gleich lang, während in den →*Äquinoktialgegenden,* den →*Tropen,* dieser Zustand ganzjährig auf verschiedenen →*Breiten* vorkommt.

Aramid, das Aus aromatischem →*Polyamid* hergestellte und z. B. unter den Handelsnamen →*Kevlar* und →*Twaron* eingeführte →*Chemiefaser* zur Herstellung von →*Tauwerk,* →*Segeltuch* und →*Bootsrümpfen* aus →*FVK.* Die →*feinheitsbezogene Reißkraft* von A. ist doppelt so hoch wie die von →*Polyester* und →*Polyamid.* Das →*spezifische Gewicht* liegt mit 1,41 weit unter der →*Glasfaser.*

arbeiten *(to work, to strain)* 1. Ein Boot „arbeitet schwer" in der See, wenn →*Wind* und →*Seegang* starke und ungleichmäßige Bewegungen einzelner Teile mit unterschiedlicher Belastung bewirken. – 2. Hölzerne Bauteile „arbeiten", wenn sie durch Austrocknen bzw. Wasseraufnahme ihre Form verändern (z. B. reißen, wellen, sich wölben).

Arbeitsfock, die *(slave jib, working jib)* Im allg. die →*Fock 1,* ein mittelgroßes robustes →*Vorsegel* mit der Fläche des →*Vorsegeldreiecks,* das nur im unteren Bereich das →*Großsegel* geringfügig →*überlappt.* Dadurch läßt sich die A. auch mit einer kurzen →*Düse* schoten. Das →*Schothorn* der A. ist bis etwa in Höhe des →*Großbaums* angehoben, damit das →*Unterliek* bei starker →*Krängung* nicht Wasser schöpft, nicht auf der →*Reling* →*schamfilt* und der →*Rudergänger* immer einen sicheren Blick nach →*voraus* hat. So geschnitten steht die A. auch bei →*raumen Winden* ruhig und muß nicht →*ausgebaumt* werden. Die A. wird auf allen →*Kursen* und bei →*Windstärken* von 4–7 gefahren.

Arbeitskanal, der *(working channel)* Im →*Seefunkdienst* diejenige →*Frequenz,* auf der eine →*Küstenfunkstelle* gerufen werden muß und auf der sie den Verkehr mit einer →*Seefunkstelle* abwickelt.

Arbeitslast, die *(working load).* Bei einem →*Nutzfaktor* von 4 beträgt die A. etwa 1/4 oder 25 % der →*Bruchlast.*

Arbeitssegel, die (Pl.) *(working sails [pl.])* Die üblichen Segel eines →*Amwindkurses* bei einer →*Vollzeugbrise* (Bft. 4), z. B. →*Großsegel,* →*Fock* und →*Besan,* auch →*Hauptsegel* genannt. Außer den A. können auf allen →*Kursen* und bei gleichen oder anderen →*Windstärken* noch →*Beisegel* gefahren werden.

Arbeitstalje, die *(luff tackle)* Eine →*Talje* mit einem →*einscheibigen* losen und einem zweischeibigen festen →*Block* mit einem Kraft-Last-Verhältnis von 1 : 3. Da man mit einer A. die eingesetzte Körperkraft praktisch verdreifachen kann, wird sie auch →*Dritthandtalje* oder dritte Hand genannt.

Archimedisches Prinzip, das *(Archimedes' principle)* Es besagt, daß jeder in das Wasser getauchte Körper so viel an Gewicht verliert, wie das von ihm verdrängte Wasser wiegt, weil er entsprechenden →*Auftrieb* erhält: 1. Bei einem schwimmenden Boot entspricht sein Gewicht derjenigen Wassermenge, die es mit seinem →*Unterwasserschiff* bis zur jeweiligen →*Schwimmwasserlinie* verdrängt. – 2. Genauer müßte man sagen: Sein →*Gewicht* im Wasser entspricht seiner →*Verdrängung,* d. h. dem Volumen des eingetauchten Bootsrumpfes, multipliziert mit der →*Dichte* des umgebenden Wassers. Durch die unterschiedliche Dichte von →*Seewasser* und →*Frischwasser* taucht dasselbe Boot in verschiedenen Revieren unterschiedlich tief ein; seine Verdrängung ist also nicht überall gleich. Dieser Umstand ist bei einer →*Vermessung* zu beachten.

Argos-Sender, der *(Argos transmitting station)* Ein in Frankreich entwickeltes und ähnlich wie ein →*Seenot-Satelliten-System* mit einem →*So-*

lar-Generator betriebenes Funkgerät, mit dem →*Rennyachten* bei einem →*Transatlantikrennen* oder einer →*Weltregatta* ausgestattet sind. Das meistens auf dem Kajütdach gehalterte Gerät sendet wie eine →*Seenotfunkboje* fortlaufend ein konstantes Signal, das über Satelliten an eine zentrale Bodenstation übertragen wird. Wenn alle Teilnehmer eines wochenlangen Rennens durch die entferntesten Seegebiete mit Argos ausgerüstet sind, kann die →*Wettfahrtleitung* ständig über die von ihnen erreichten Positionen genaue Auskunft erhalten. Sie gibt diese von Zeit zu Zeit gesammelt an alle Yachten weiter, damit auch für diese der Rennverlauf ohne →*Sichten* der Gegner transparent wird. Die →*Besatzung* kann weder die mit Argos gesendeten Informationen beeinflussen, noch kann sie mit dem Gerät Meldungen empfangen. Über einen Alarmknopf kann sie aber im →*Notfall* ein →*Seenotsignal* auslösen.

ARPA Abk. für **Automatic Radar Plotting Aid** Ein Zusatz zum →*Radargerät,* mit dem (auf dem großen Sichtgerät einer →*Radaranlage)* die →*Kurse* und →*Geschwindigkeiten* der als Radarziele erfaßten Schiffe automatisch mitgezeichnet (mitgekoppelt) werden können, so daß eine mögliche →*Kollisionsgefahr* sofort zu erkennen ist.

ARQ Abk. für **Automatic Request** (Automatisches Ersuchen) Mit dem Kurzsignal ARQ wird im →*Funkfernschreibsystem* →*SITOR* z. B. von einem →*Navtex-Empfänger* so lange automatisch die Wiederholung einer Meldung angefordert, bis alle Zeichen fehlerfrei an Bord empfangen sind. ARQ kann nur zwischen zwei Funkstellen durchgeführt werden, wobei beide Seiten eine Sendeanlage und eine Empfangsanlage einsetzen.

A-Schein, der Vom →*Deutschen Segler-Verband* herausgegebener freiwilliger →*Führerschein* für die →*Binnenfahrt.* Die Anerkennung von Prüfungsteilen für den →*Sportbootführerschein Binnen* unter →*Segel* ist nicht möglich. Voraussetzung für die Prüfung ist das vollendete 14. Lebensjahr. Siehe auch →*Führerscheinwesen* im Anhang.

Astrolabium, das *([navigator's] astrolabe)* Einfaches nautisches Gerät, das seit 150 v. Chr. als ältestes wissenschaftliches Instrument zum Messen des →*Höhenwinkels* eines Gestirns und damit zur Bestimmung der Zeit und der geographischen →*Breite* benutzt wurde. Abb. zeigt ein A. aus dem Jahre 1468, das später durch den →*Jakobsstab* und schließlich den →*Sextanten* abgelöst wurde.

Astrolabium

astronomische Dämmerung, die *(astronomical twilight)* Die Zeit der abnehmenden Dunkelheit vor Sonnenaufgang, von einer Tiefe des Sonnenmittelpunktes von 18° unter dem wahren →*Horizont* an bis zum Sonnenaufgang gerechnet. Sinngemäß die Zeit der abnehmenden Helligkeit von Sonnenuntergang bis zu einer Tiefe des Sonnenmittelpunktes von 18° unter dem wahren Horizont. Die a. D. dauert länger als die →*nautische* und →*bürgerliche Dämmerung.* Zeittafel siehe →*Dämmerung.*

astronomische Navigation, die *(celestial navigation)* Schiffsortbestimmung außer Landsicht nach der Stellung der Gestirne mit Hilfe von →*Sextanten,* →*Nautischen Tafeln,* →*Chronometer* und anderen Hilfsmitteln im Gegensatz zur →*technischen Navigation* auf der freien See oder →*terrestrischer Navigation* in Landsicht.

Atlantic Rallye for Cruisers (Abk. ARC) Erstmalig am 29.11.1986 in Las Palmas, Gran Canaria, gestartete Geschwaderfahrt von über 200 →*Seekreuzern* mit Familien-Besatzung zur schnellen Atlantiküberquerung auf der →*Passatroute* mit Ziel Barbados. Teilnahme für Yachten von 7,30 bis 18,90 m →*Lüa.* Bestzeit 1986 13 Tage. Wird seither jährlich im Spätherbst auch zu anderen Zielorten wiederholt.

Atlas der Gezeitenströme, der *(tidal stream atlas).* Siehe →*Gezeitenstrom-Atlas.*

Atmosphäre, die *(atmosphere)* 1. Der unterste Bereich der Lufthülle über der Erde, auch Troposphäre genannt, in dem sich alle Wettervorgänge abspielen und der atmosphärische Wind entsteht.

– 2. Alte physikalische Druckeinheit, die durch das →*Bar* abgelöst ist.

atmosphärischer Wind, der *(atmospheric wind)* Die nach Richtung und Geschwindigkeit auf einen ortsfesten Punkt (an der →*Küste* oder vor →*Anker)* bezogene natürliche Luftbewegung in der →*Atmosphäre* einschließlich aller örtlich und zeitlich begrenzten, thermischen und geographischen Einflüsse. Auf einem fahrenden Boot spürt man demgegenüber den relativen →*Bordwind,* dessen Richtung und Geschwindigkeit sich aus a. W. und dem →*Fahrtwind* bzw. der →*Fahrt* des Bootes bildet.

auf (Redewendungen mit „auf" sind alphabetisch eingeordnet).

aufbacken *(to lay the mess-table)* Den Eßtisch decken und die Speisen auf die →*Back* bringen.

Aufbau, der *(upper work, superstructure)* Der umbaute Raum eines Bootes, der oberhalb des →*Decks* liegt, z. B. →*Kajütaufbau,* →*Deckshaus,* →*Doghouse* u. a.

aufbrassen *(to brace to [in])* Auffieren der →*Brassen* in →*Lee* und Anholen in →*Luv,* um die →*Rahsegel* eines →*Windjammers* mehr →*querschiffs* und für einen →*raumeren* Kurs zu →*trimmen,* vergleichbar dem →*Auffieren* der →*Großschot.*

aufbrisen *(to breeze up [to blow up])* Zunahme der Windgeschwindigkeit. Auf einem segelnden Boot kann eine stärkere →*Brise* auch nur durch eine Änderung des →*Kurses* nach →*Luv* entstehen, weil bei gleichbleibendem →*atmosphärischen Wind* der relative →*Bordwind* beim →*Anluven* immer aufbrist.

aufbrummen *(to pile up)* Scherzhafter Ausdruck für →*auflaufen* oder →*festkommen.*

auf dem Strom liegen, auf den Strom legen *(1. to ride the tide, to ride the current; 2. to lie at the mooring buoy)* 1. In Richtung des →*Stromes* oder →*stromrecht,* im Gegensatz zu →*windrecht.* 2. Aber auch ohne Strömung benutzt, um auszudrücken, daß ein Boot seinen →*Liegeplatz* nicht im →*Hafen,* sondern im freien Wasser davor, →*vor Anker* oder an einer →*Muringboje* hat.

auf dem Wind liegen, auf den Wind legen *(to ride the wind)* In Windrichtung oder →*windrecht* liegen, im Gegensatz zu →*stromrecht* oder →*auf dem Strom* liegen.

auf den anderen Bug (legen, gehen) *(to stay ship, to go around, to put on the other tack)* Um

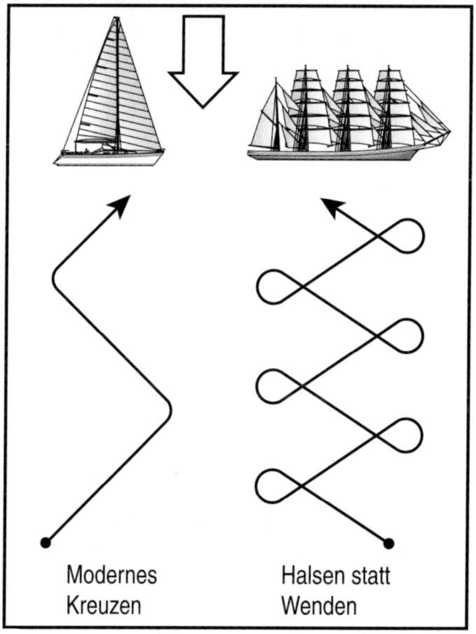

unter Segeln den Wind von der anderen Seite zu nehmen und auf den anderen →*Bug* zu gehen, kann man entweder →*wenden* oder →*halsen.* Auf Kursen nach →*Luv* ist das Wenden (auch auf →*Rahseglern* oder →*Windjammern)* das elegantere und bevorzugte →*Manöver,* weil mit ihm beim →*Aufkreuzen* fast keine Distanz zum Ziel verlorengeht. Muß man hingegen →*halsen statt wenden,* ist ein zeitlich längeres Manöver mit einem geringen Verlust der gesegelten Luvstrecke erforderlich. In hohem →*Seegang* kann es für eine →*Yacht* unmöglich sein, durch Wenden a. d. a. B. zu gehen, und auch Rahschiffe wurden in der Regel nur gewendet, wenn die →*Windstärke* nicht mehr als →*Bft* 6 betrug. Bei größeren Windstärken kommt dann nur das Halsen statt Wenden zur Anwendung, das die Skandinavier schon um 1900 recht treffend als →*Kuhwende* bezeichneten. Dieses Segelmanöver in schwerem →*Wetter,* das auch die Yachtsegler im Norden bis in die Gegenwart übernahmen, wurde in Deutschland lange Zeit falsch interpretiert.

auf der Höhe von *(abreast off, off)* Soviel wie entweder in →*Luv* oder nur →*seewärts* →*querab* von einem angegebenen geographischen Ort sein.

1. „A. d. H. v. Skagen“ kann zum Beispiel bedeuten, daß man aus dem Skagerrak so weit nach →*Osten* aufgekreuzt ist, um das Kap Skagen mit Südkurs sicher umsegeln zu können. – 2. „A. d. H. v. Madeira“ sein heißt (je nach beabsichtigtem Kurs), auf demselben →*Breiten*- oder →*Längengrad* der Insel zu stehen, unabhängig von der Distanz zu ihr.

aufdrehen *(to head up, to round up)* Die Fahrt abstoppen, entweder durch →*Aufschießen* mit dem Boot oder durch einen vollen →*Drehkreis.*

auf ebenem Kiel (schwimmen) *(on even keel, level trim)* Wenn der →*Kiel* parallel zur →*Konstruktionswasserlinie* liegt, schwimmt eine →*Yacht* a. e. K. Sie ist dann weder →*vorlastig* noch →*achterlastig,* sondern gleichlastig.

auf eigenem Kiel (segeln) *(to sail on her own bottom)* Im Gegensatz zu einem Bootstransport auf dem Land- oder Luftweg, „huckepack“ auf einem Frachter oder im →*Schlepp* die Überführung einer →*Yacht* mit eigener Kraft, d. h. mit ihrer →*Crew* an Bord und unter →*Segel* und →*Motor* zu einem Bestimmungsort, insbesondere zum →*Start* einer →*Regatta.*

Auffangleinen, die *(lazy jack[s])* Auch →*Faulenzer* oder (engl.) →*Lazy Jack(s)* genannte, in

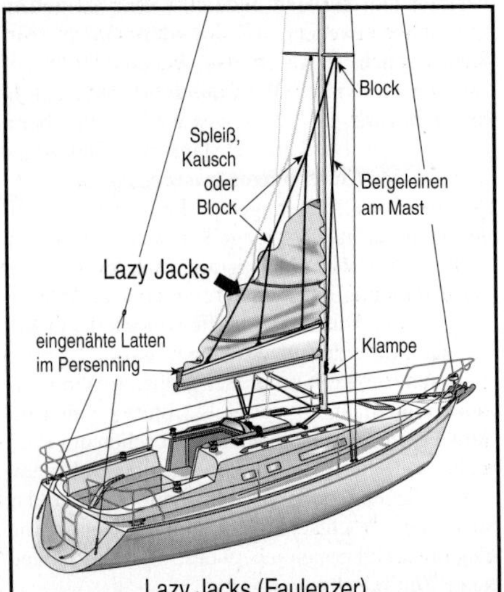

Lazy Jacks (Faulenzer)

→*Hahnepot-Art* verzweigte und beidseitig vom →*Topp* zum →*Großbaum* geschorene dünne Leinen, zwischen denen ein →*durchgelattetes* Großsegel beim →*Reffen* oder →*Bergen* aufgefangen und am Wegwehen gehindert wird.

auffieren *(to ease off, so slack away)* Einer →*Leine* mehr →*Lose* geben, d. h. der (waagerechten) Zugkraft nachgeben. Man fiert z. B. die →*Schoten* auf. Ggt.: →*anholen.*

auffrischen *(to freshen, to breeze up)* Zunahme der →*Windgeschwindigkeit,* siehe →*aufbrisen.*

aufgeben *(1. to abandon – 2. to retire)* 1. Alle Mitglieder der →*Besatzung* verlassen ihre →*Yacht,* um in die →*Rettungsinsel* oder an Bord eines anderen Schiffes zu gehen, weil die Yacht sinkt oder der Aufenthalt an Bord zu gefährlich wird. Bei →*Bergung* einer aufgegebenen Yacht muß →*Bergelohn* gezahlt werden. – 2. Nach den →*Wettfahrtregeln Segeln* gibt eine Yacht das Rennen auf, wenn sie es durch →*Havarie* abbrechen muß oder nach einer Regelverletzung freiwillig ausscheidet.

aufgeien *(to haul up, to clew up)* Ein →*Rahsegel* mit Hilfe der →*Geitaue* unter die →*Rah* aufholen, um es festzumachen.

aufheißen *(to hoist, to haul up)* Einen Gegenstand bis zu seinem Endpunkt hochziehen oder →*heißen,* z. B. den →*Kopf* eines Segels mit dem →*Fall* bis zum →*Masttopp* bringen. Auch als Kommando üblich: „Heiß auf!“

Aufholer, der *(uphaul)* Ein →*Ende* zum (weitgehend) senkrechten Hochnehmen eines beweglichen Ausrüstungsteiles, z. B. des →*Ruderblattes* oder des →*Schwertes.* Ggt.: →*Niederholer.*

Aufkimmung, die *(deadrise)* Im →*Spantenriß* das Ansteigen des Bootsbodens bis zum Bereich

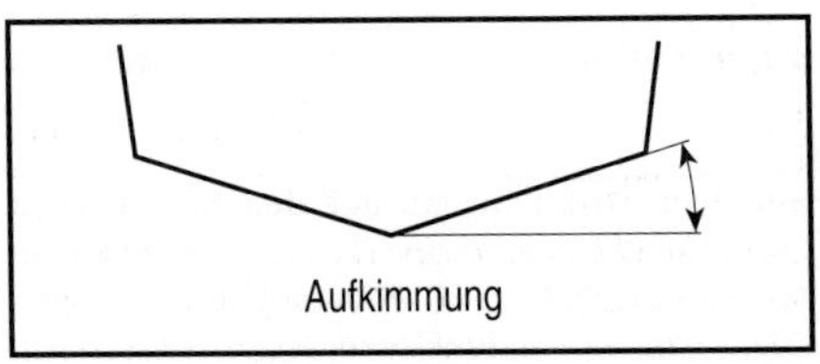
Aufkimmung

der →*Kimm,* von der waagerechten Ebene des →*Kiels* gemessen. Ein Boot mit →*Plattboden* hat keine A., ein Boot mit V-Spant große A.

Aufkimmungswinkel, der *(angle of deadrise)* Der Winkel am →*Kiel,* um den der Bootsboden bis zur →*Kimm* von der Waagerechten ansteigt.

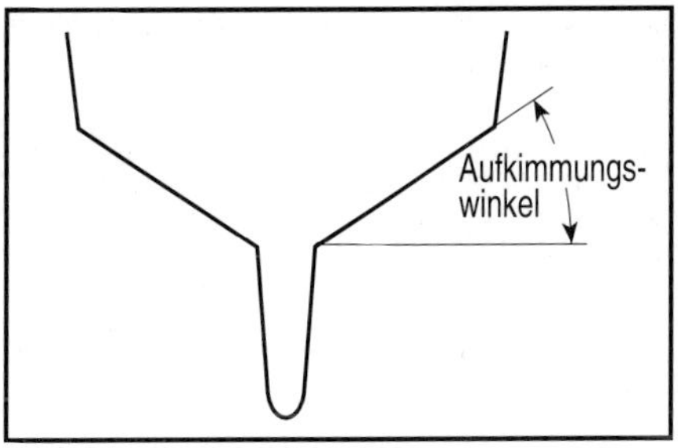

aufklaren *(to clear away [up])* 1. Aufräumen, in Ordnung bringen, einen Arbeitsbereich wieder →*klarmachen.* – 2. Es „klart auf", wenn die Bewölkung abnimmt.

aufkommen *(1. to come up [with another craft], 2. to ease the helm)* 1. Man „kommt auf", wenn man ein vorauslaufendes Boot einholt, d. h. den Abstand zu ihm verringert. – 2. Als Ruderkommando „Komm (langsam) auf", wenn das Ruder nach →*mittschiffs* zurückgelegt werden soll, um auf einen bestimmten →*Kurs* zu gehen oder eine durch →*Ruderlage* eingeleitete Drehbewegung abzufangen.

aufkreuzen *(to beat to windward)* Dass. wie →*Kreuzen* zu einem Ziel auf einer bestimmten →*Kreuzstrecke* durch wechselnde →*Amwindkurse.*

auflandig *(onshore, inshore)* Der Wind weht a., wenn er von der See, vom Wasser kommt und auf die →*Küste,* auf das Land gerichtet ist. Ggt.: →*ablandig.*

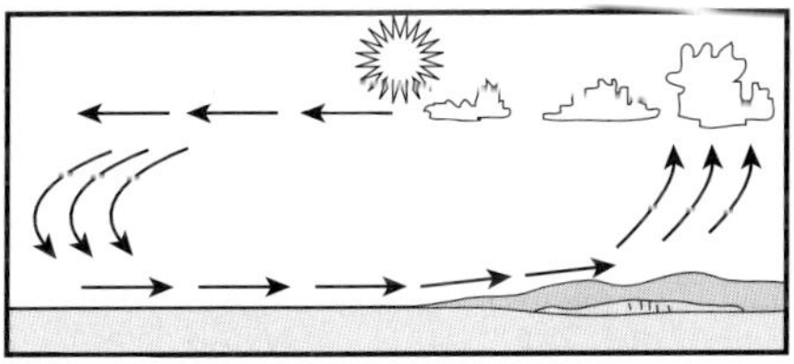

auflaufen *(1. to run aground – 2. to come up with another vessel)* 1. Auf →*Grund* laufen, auf einer →*Untiefe* →*festkommen.* Beim A. auf einem →*Strand* besteht die Gefahr der →*Strandung.* – 2. Einem anderen →*Boot* oder →*Schiff* auf annähernd gleichem →*Kurs* näher kommen und es mit mehr →*Fahrt* einholen.

auflaufendes Wasser, das *(rising tide, [inrunning tide])* Der →*Flutstrom* in →*Tidengewässern.* Bei a. W. steigt der →*Wasserspiegel.* Ggt.: →*ablaufendes Wasser.*

auflegen *(to lay up)* Außerdienststellen eines Bootes für eine bestimmte, begrenzte Zeit, sowohl im Wasser als (bei Yachten üblicher) an Land, z. B. im →*Winterlager.*

aufpicken *(to pick up)* Einen Gegenstand aus dem Wasser an Bord nehmen, z. B. eine →*Boje.*

aufrecht segeln *(to sail upright)* Wichtigste Regel für →*Jollen* und →*Yachten,* auf allen →*Kursen*

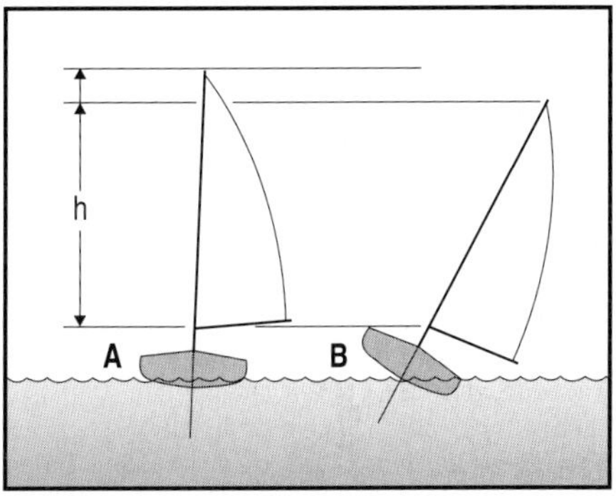

zum Wind eine →*Krängung* bestmöglichst zu vermeiden (A): Dabei wird nicht nur die dem →*Wind* dargebotene Segelfläche verkleinert (B), es wachsen auch die →*Widerstände* am →*Unterwasserschiff,* wenn das Boot nicht aufrecht, d. h. auf seiner normalen →*Wasserlinie* →*querschiffs* gehalten wird.

auf Reede liegen *(to lie in the roads)* Siehe →*Reede.*

aufrichten *(to right [up], to righten)* Eine →*Jolle* nach dem →*Kentern* wieder (mit eigener Kraft) in die normale Schwimmlage bringen (Abb.). Ein A. ist oft nur erfolgreich, wenn die →*Auftriebskörper* richtig angeordnet sind.

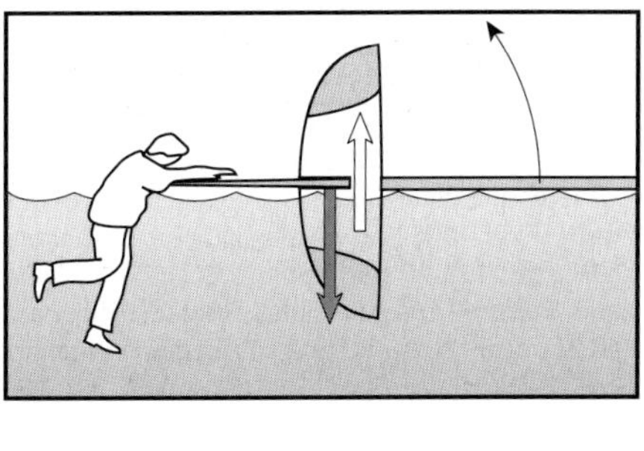

aufrichtendes Moment, das *(righting moment)* Das bei einer →*Jolle* von der →*Formstabilität* des

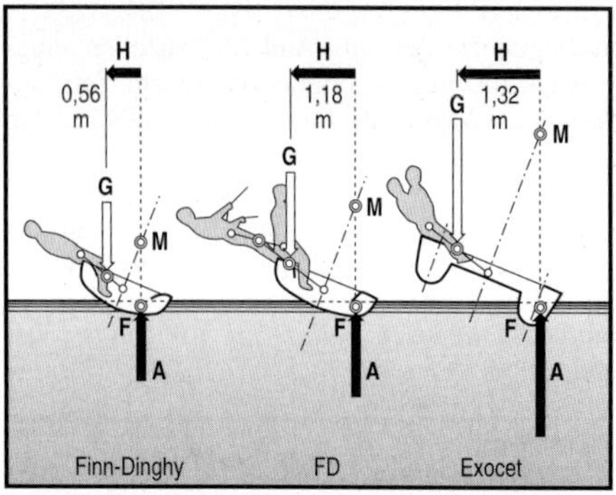

Rumpfes und vom Einsatz des →*lebenden Ballastes* (mit Hilfe von →*Ausreitgurten* und dem →*fliegenden Trapez),* bei einem →*Kielboot* weitgehend von der →*Gewichtsstabilität* abhängige Vermögen, dem →*krängenden Moment* entgegenzuwirken, damit ein Boot weitgehend →*aufrecht segeln* kann. Das a. M. entsteht durch den Hebelarm der →*statischen Stabilität* mal →*Gewicht* der Yacht. (Siehe auch →*Metazentrum.)*

aufriggen *(to rig up)* Das →*Rigg* mit allen Teilen der →*Takelage* aufstellen und betriebsklar herrichten, auch →*auftakeln* genannt.

Aufriß, der *(sheer drawing [sheer draught])* Die Seitenansicht des Bootes in einem →*Linienriß.*

auf Slip legen (eine Leine) *(to pass a mooring line around a bollard or through a ring)* Beim

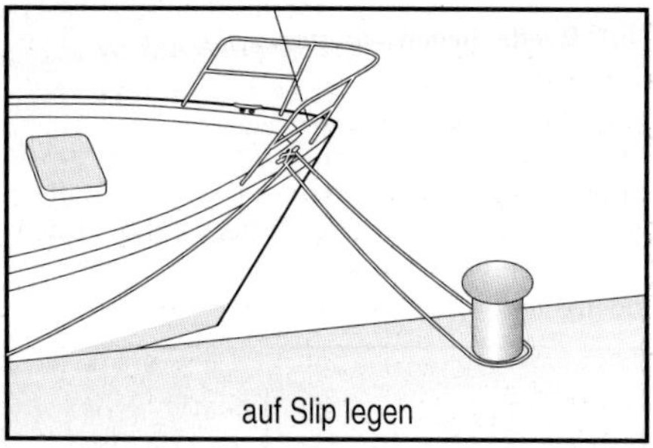
auf Slip legen

→*Anlegen* einen →*Festmacher* so um einen →*Poller* oder durch einen →*Ring* legen, daß er mit zwei →*Parten* geführt wird und beide →*Tampen* an Bord →*belegt* sind. Eine solche →*Slipleine* kann beim →*Ablegen* ohne fremde Hilfe auf →*Pier* oder →*Kai* von Deck aus losgeworfen werden.

aufschießen *(1. to shoot straight into the wind; 2. to coil [down], to loop up)* 1. Mit dem Boot anluven

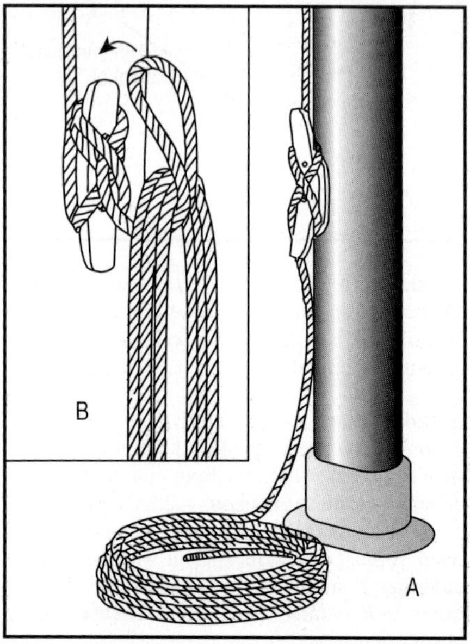

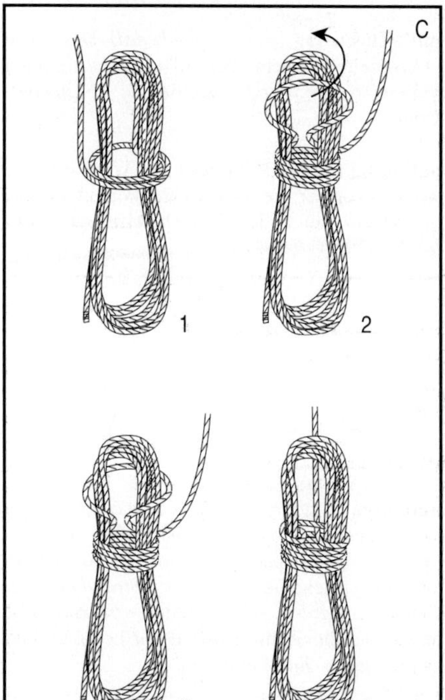

und genau in die Richtung des →*atmosphärischen Windes* drehen, um z. B. beim →*Anlegen,* →*Ankern* oder einem →*Bojenmanöver* die →*Fahrt* abzustoppen. Der →*Aufschießer* benötigt bei →*Verdrängungsbooten* mehr Raum nach →*Luv* als bei →*Gleitjollen.* – 2. Das →*Tauwerk* in →*Buchten* richtig zusammenlegen, entweder „klar zum Laufen" (Abb. A), „klar zum Manöver" (B) oder „klar zum Verstauen" (C). Dabei muß →*rechtsgeschlagenes Tauwerk* immer im Uhrzeigersinn, →*linksgeschlagenes* in entgegengesetzter Richtung aufgeschossen werden.

Aufschießer, der *(shooting head to wind)* Das Manöver des →*Aufschießens* (Abb.).

auf Strand setzen *(to beach, to strand voluntary)* Ein →*Notmanöver,* um den →*Totalverlust* eines Schiffes durch →*Sinken* zu verhindern.

aufslippen *(to haul up, to slip up)* Ein Boot auf einem →*Slip* an Land ziehen.

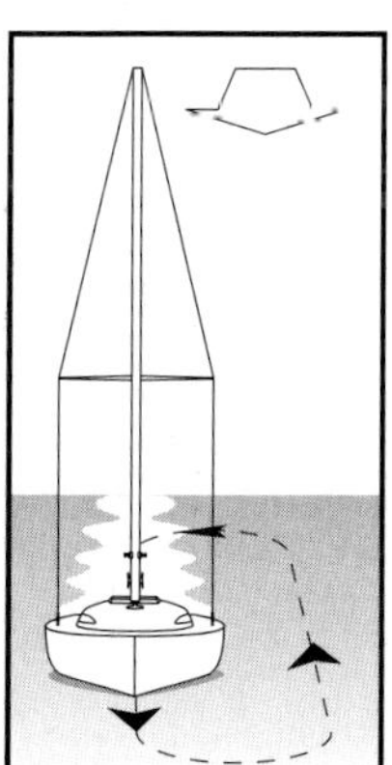

aufstoppen *(to stop)* Ein Boot unter Segeln zum Stehen bringen, entweder durch →*Aufschießen,* durch Auslaufen (auch gegen den →*Strom),* durch einen Vollkreis (mit →*Bergen* der Segel, wenn es →*im Wind* liegt, Abb.), mit Hilfe des →*Ankers* oder mit Motorkraft.

auftakeln *(to rig up)* Nach Landtransport oder →*Winterlager* das Aufstellen des →*Mastes,* Anbringen der →*Spieren,* Befestigen des →*stehenden* und Einziehen des →*laufenden Gutes,* auch →*aufriggen* genannt. (Nicht zu verwechseln mit →*Segel setzen.)*

auftörnen *(to clear a line [rope])* Einen →*Kinken,* einen →*Törn* oder eine andere Eindrehung aus dem benutzten →*Tauwerk* herausbringen und das →*Ende* zu neuem Gebrauch →*klarmachen.*

Auftrieb, der *(1. buoyancy, 2. lift)* 1. Die Kraft, die ein Boot schwimmfähig erhält. Nach dem →*Archimedischen Prinzip* ist der A. gleich dem →*Gewicht* bzw. der →*Verdrängung* des Bootes. Im Ruhezustand und in →*Fahrt* bis zur maximalen →*Rumpffahrt* schwimmt das Boot mit →*hydrostatischem Auftrieb.* Leichte →*Jollen* mit großer →*Segelfläche* und ausreichender →*Querstabilität* können bei größerer →*Windgeschwindigkeit* und →*optimalem Anstellwinkel* ihrer Segel auch →*hydrodynamischen Auftrieb* erhalten. – 2. In der →*Aerodynamik* bezeichnet man als A. auch die Nutzkraft, die ein →*Profil* erzeugt und die senkrecht zur Strömungsrichtung wirkt. Die Luftkraft am Segel kann experimentell nur als Resultante aus A. und →*Widerstand* (in Richtung der Luftströmung) gemessen werden.

Auftriebsarten (für Rettungswesten) *(buoyancy aids for life jackets)* Die nach →*DIN EN* 393, 395, 396 und 399 geforderte Mindestauftriebsmenge (von z. B. 150 N) kann durch das Auftriebsmaterial (z. B. →*PE-Schaum)* einer →*Feststoffweste,* durch Gas- oder Luftaufblasung von Kammern aus (besonders geprüften) beschichteten Geweben oder durch die Kombination beider Möglichkeiten erzeugt werden.

Auftriebskörper, die *(buoyancy bags)* Aufblasbare Schlauchkörper oder Schaumstoffblöcke, die

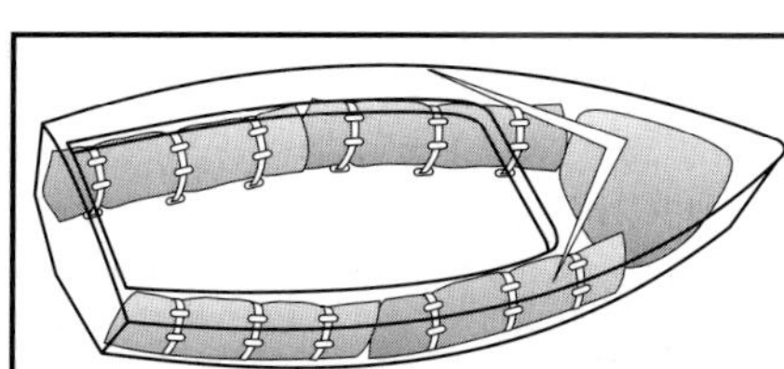

ein Boot →*unsinkbar* machen oder das →*Aufrichten* nach einer →*Kenterung* erleichtern sollen. Allgemein durch →*Auftriebstanks* abgelöst.

Auftriebstanks, die *(buoyancy tanks)* Wasserdichte Abteilungen in einem Bootsrumpf, z. B. unter dem Seitendeck oder →*Vorschiff* einer →*Jolle,* damit sie sich nach dem →*Kentern* bzw. dem →*Durchkentern* wieder in ihre normale Schwimmlage →*aufrichten* lassen kann.

auftuchen *(to fold up, to roll up)* Ein Segel nach dem →*Bergen* oder eine Flagge nach dem →*Einholen* richtig zusammenlegen. Ein →*Großsegel* wird dazu zum →*Achterliek* gestreckt, in Bahnen über den →*Großbaum* gelegt (Abb. A) und mit →*Zeisingen* →*beschlagen.* Ein →*Vorsegel* wird von seinem →*Stag* abgeschlagen, auf dem →*Vordeck* in Bahnen gelegt und schonend zusammengerollt, bevor es im →*Segelsack* verstaut wird. Ein →*Spinnaker* wird vor dem Setzen aufgetucht, indem man ihn mit →*Reißgarn* (Wollfäden, Gummibändchen) umwickelt (Abb. B), das zum Einsatz ausgerissen wird. Heutzutage übernimmt ein →*Spinnakerschlauch* diese Aufgabe. Das A. der Segel zum Einwintern erfolgt auf einer sauberen Rasen- oder Betonfläche (Abb. C–E) mit folgenden Arbeitsgängen: Das Segel glatt ausbreiten, den Kopf festhalten und das →*Unterliek,* vom →*Achterliek* aus, so weit zum →*Hals* legen, wie es zum Einlegen in den Segelsack wünschenswert ist. Das Achterliek über seine ganze Länge strecken und faltenlos auf die verbliebene Segelfläche legen (Abb. C). Vorliek und Achterliek greifen und das glatt gehaltene Tuch in armlangen Bahnen vom Kopf zum Hals zusammenlegen. Dabei wird das →*Vorliek* übereinandergelegt und das →*Achterliek* in Windungen nachgeholt (Abb. D). Das zu einem etwa 1,00 bis 1,50 m breiten Streifen zusammengelegte Segel vom Kopf zum Schothorn (je nach Segelgröße) einmal oder mehrmals falten (Abb. E) und im Segelsack verstauen.

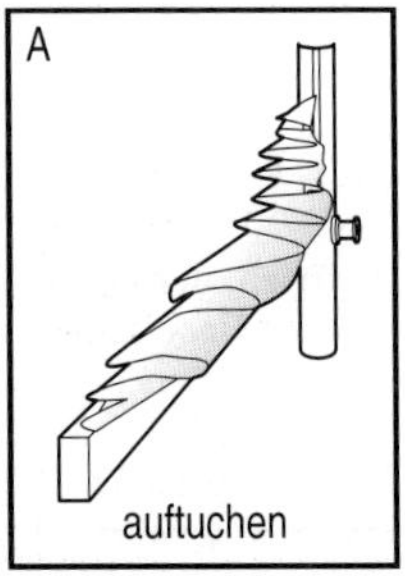

auftuchen

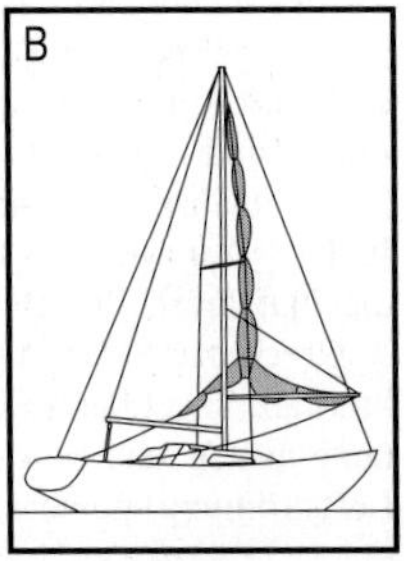

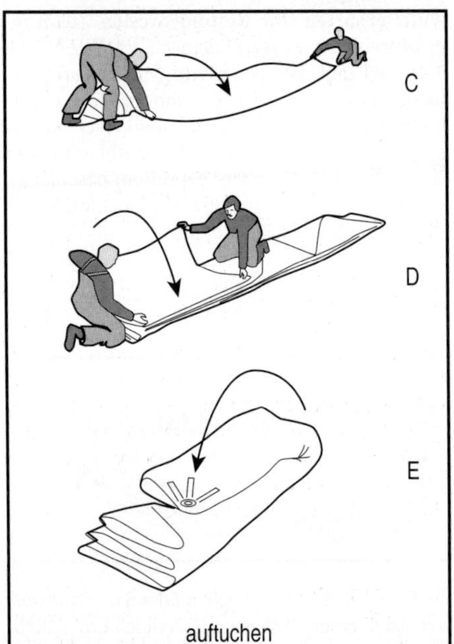

auftuchen

auf und nieder *(apeak)* Soviel wie „senkrecht“: Die →*Ankerkette* kann a. u. n. zeigen, und bei →*Flaute* steht (scherzhaft ausgedrückt) auch der Wind a. u. n.

Auf- und Niederbewegung eines Bootes (in der See) *(lifting or heaving in a seaway)* Auch →*Tauchschwingung* genannte Verschiebungsbewegung eines Bootes in vertikaler Richtung, d. h. eine Tauchbewegung auf einer konstanten (waagerechten) Kielebene, z. B. zwischen →*Wellenberg* und →*Wellental.* Nicht zu verwechseln mit →*Stampfen,* einer Drehbewegung in vertikaler Richtung um die Querachse.

aufwärts *(upwards)* Vertikale seemännische Richtungsbezeichnung „nach oben“, z. B. beim →*Entern* benutzt oder zur Bezeichnung eines →*Besens* als →*Toppzeichen* auf einer →*Tonne.*

Augbolzen, der *(eye-bolt)* Bolzen mit Schraubengewinde und einem →*Auge* an seinem freien Ende. Ein A. dient zum Anschäkeln von →*Blöcken* und →*Umlenkrollen,* zum →*Anstecken* von →*Leinen* und zum →*Zurren.*

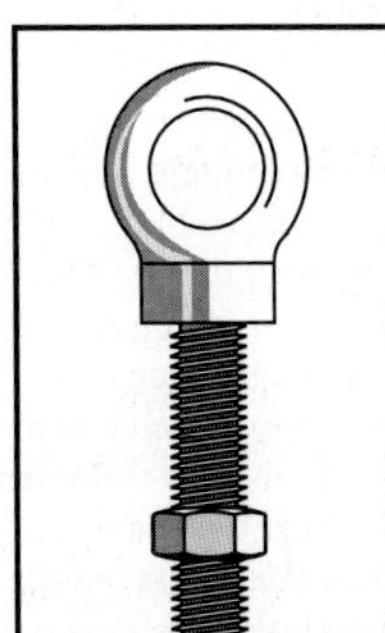

Augbügel, der *(eye-bracket)* Ein →*Beschlag*

mit einem →*Auge,* der im Gegensatz zum →*Augbolzen* nicht durch das *Deck* oder einen anderen Bauteil geführt, sondern nur an diesem befestigt wird.

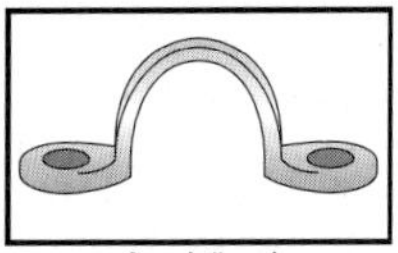

Augbügel

Auge, das *(1. eye, 2. eye of the storm)* 1. Eine einfache Tauwerkschlinge als Ausgangslage vieler →*Knoten* oder Teil eines →*Augbolzens* oder →*Augbügels.* – 2. Das weitgehend windstille und wolkenfreie Zentrum in einem →*Sturm* oder →*Orkan.*

Augenhöhe, die *(eye level)* Die Höhe der beobachtenden Augen über der Wasseroberfläche. Von der A. hängt die →*geographische Sichtweite* ab. Der Rudergänger auf einer →*Jolle* hat eine A. von ca. 1,00 m und damit eine Sichtweite bis zur →*Kimm* von 2,1 sm. Der →*Steuermann* auf →*Yachten* kann bei einer A. von ca. 2,0 m ein 2,9 sm entferntes Objekt in der Kimm sichten, und der stehende →*Navigator* auf dem →*Kajütdach* mit ca. 3,0 m A. sieht die Kimm in einer Entfernung von 3,6 sm. Mit jedem Meter mehr A. erhöht sich die geographische Sichtweite um ca. 0,5 sm. Durch wechselnde A. ist eine einfache Abstandsbestimmung in der →*terrestrischen Navigation* möglich. Die A. wird in der →*astronomischen Navigation* nach DIN 13312 jetzt (wieder) „Augeshöhe" *(observer's heigh of eye)* genannt und als „Augeshöhe eines Beobachters über der Wasser- bzw. Erdoberfläche" definiert. Erst vor wenigen Jahren erfolgte (offiziell) die umgekehrte Änderung, weil der Mensch nicht einäugig ist und man ja auch z. B. „Augenmaß" sagt.

Augplatte, die *(eye plate)* Entsprechend einem →*Augbügel* ein Beschlag aus einer Grundplatte mit einem →*Auge.*

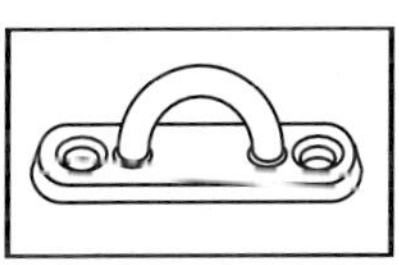

Augpressung, die *(thimble [eye] pressing)* Die →*Pressung* eines →*Auges* in →*Drahttauwerk* mit Hilfe einer →*Seilhülse* aus Kupfer oder Aluminium. Die maschinelle Arbeit läßt sich an Bord nur schwer ausführen und wird von Taklereien vorgenommen.

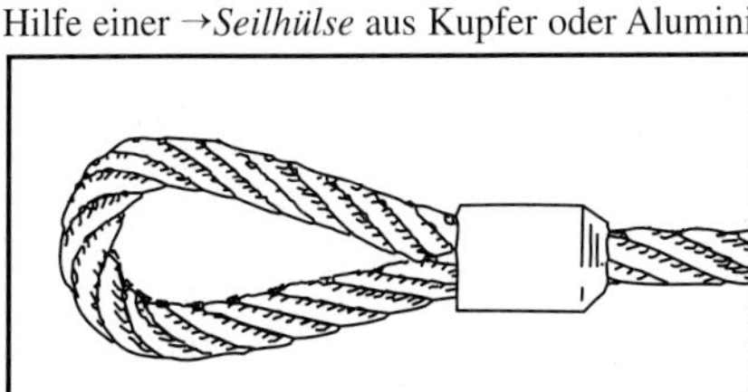

Augspleiß, der *(eye splice)* In den →*Tampen* von →*Fasertauwerk* oder →*Drahttauwerk* durch →*Spleißen* dauerhaft und bruchsicher eingelegtes →*Auge* (Abb. A), um etwas →*anschäkeln* zu können. Oft durch eine →*Kausch* geschützt. Bei →*Naturfasern* soll ein A. mit jedem →*Kardeel* mindestens dreimal (Abb. B), bei →*Chemiefasern* fünfmal verflochten werden. Als →*Drahtspleiß* ist der A. weitgehend durch →*Augpressung* abgelöst worden. In gleicher Weise wird auch ein A. mit einer Leine aus →*Quadratgeflecht* gefertigt (Abb. C). Hier benutzt man vier Litzenpaare, die so im Tauwerkskörper durchgesteckt werden, daß immer zwei (vorher durch Klebeband gesicherte) Z-Litzen unter die gut erkennbaren Z-Stränge und die Tampen der S-Litzen unter S-Stränge kommen.

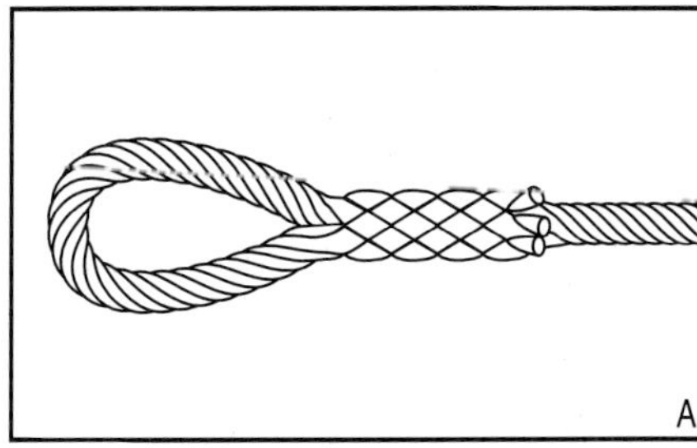

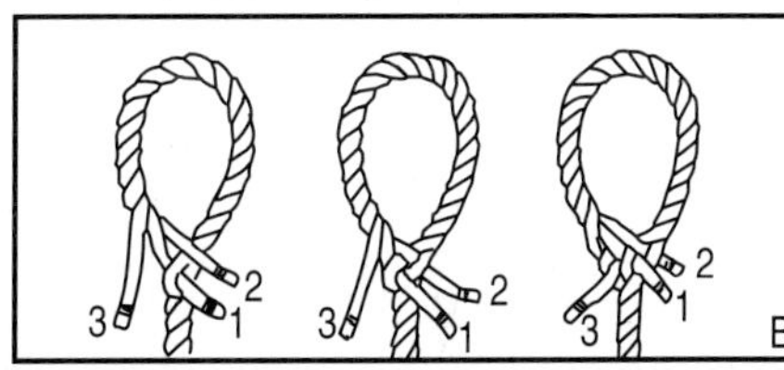

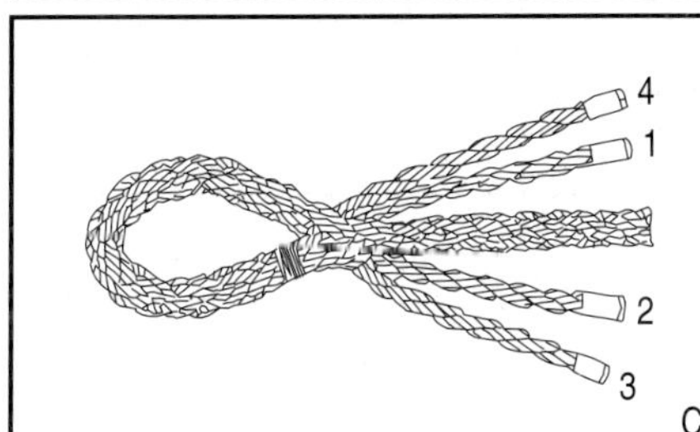

Augstropp, der *(eye strap)* Kurzes →*Ende* aus →*Fasertauwerk* oder →*Drahttauwerk* mit eingespleißten →*Augen* für vielfältige Verwendungen.

Augterminal, das *(eye terminal)* Ein →*Walz-* oder →*Gewindeterminal,* das in ein →*Auge* ausläuft, um daran einen →*Wantenspanner* oder →*Schäkel* zu befestigen.

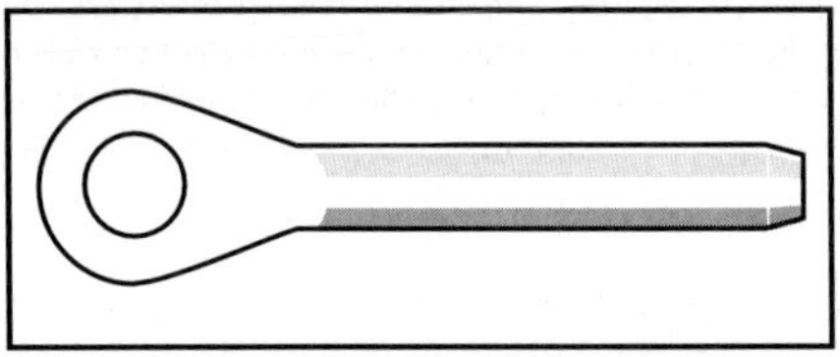

ausbaumen *(to boom out)* Die auf →*Vorwindkurs* durch das →*Großsegel* abgedeckte →*Fock* auf die gegenüberliegende freie →*Luvseite* holen und hier entweder mit dem →*Spinnakerbaum* oder dem →*Bootshaken* weit heraushalten. Auch einfaches Abhalten des →*Schothorns* mit dem ausgestreckten Arm des →*Vorschotmannes* zu einem solchen Schmetterlingssegeln nennt man a.

ausbrechen *(1. to break out, 2. to trip out an anchor)* Das Lösen des eingegrabenen →*Ankers* aus dem →*Grund,* entweder 1. auf dem üblichen Wege durch →*Hieven* mit Hilfe der →*Ankerwinde* oder 2. durch Aufnehmen über die →*Ankerboje* mit dem →*Bojereep* oder der →*Tripleine.*

ausbringen *(1. to bring out an anchor, 2. to give three cheers)* 1. Ein Ausrüstungsteil über das Deck hinaus nach →*außenbords* halten oder dort anbringen, das jedoch fest mit dem Boot verbunden bleibt: z. B. den →*Spinnakerbaum,* die →*Badeleiter* oder die →*Backspiere* ausbringen (unterscheide dazu: →*ausfahren).* – 2. Ein „Hurra" o. ä. auf ein heimkehrendes Boot, einen Sieger o. ä. „ausbringen".

aus dem Ruder laufen *(to run out of the rudder)* Ein Boot „läuft aus dem Ruder", wenn es seinen →*Kurs* nicht hält oder nicht mehr dem →*Rudergänger* gehorcht, bedingt z. B. durch →*achterliche See,* →*Schralen des Windes* auf einem →*Vorwindkurs,* durch →*Strom* oder bei →*Ruderhavarie.*

ausdocken *(to undock)* Ein →*Dock* oder einen →*Dockhafen* wieder verlassen.

ausfahren *(to take a warp off)* Ein Ausrüstungsteil mit Hilfsmitteln oder Helfern über größere Entfernung →*ausbringen,* ohne die Verbindung zum Boot zu verlieren: beim →*Festkommen* den →*Anker* mit →*Beiboot* (Abb.), beim →*Verholen* einen →*Festmacher* ausfahren.

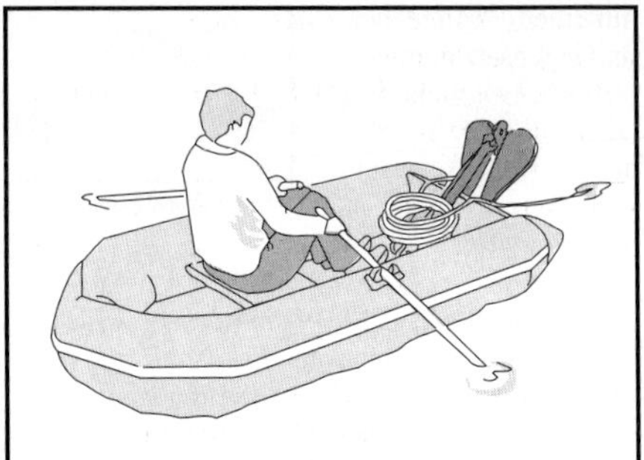

ausfahren

ausgleichen *(to compensate)* Die Leistungen der Besatzungen verschiedener →*Klassen* beim →*Rennsegeln* vergleichend werten, entweder durch →*Zeitvergütung* oder die →*Yardstickzahlen.*

Ausgleicher, der *(handicap yacht)* Alle →*Jollen* und →*Yachten,* die nicht als →*Einheitsklassen* in einer →*Regatta* gegeneinander segeln können, müssen ihre gesegelten Zeiten →*ausgleichen.* Sie erhalten dazu entweder einen →*Rennwert* oder müssen den Zeitausgleich zwischen →*gesegelter* und →*berechneter Zeit* auf andere Weise vornehmen, z. B. nach →*IMS,* →*IOR,* →*JR,* →*Yardstickzahlen* o. ä.

Ausgleichsklasse, die *(handicap class)* In einer A. segeln Boote unterschiedlicher Größe und Konstruktion gegeneinander, die nach einer →*Vergütungsformel* vermessen sind. Derzeit segelt man in Deutschland Ausgleichsklassen nach →*IMS,* →*IOR* und →*Yardstick,* bis 1970 auch nach →*KR* und →*JR.*

Ausguck (Posten), Ausguck (Mann), der *(lookout)* Ein Mann der →*Besatzung* mit der besonderen Aufgabe, →*Ausguck zu halten:* entweder während der →*Wache* auf seinem normalen Arbeitsplatz in der →*Plicht* (als →*Vorschotmann),* bei unsichtigem Wetter oder im Gefahrenfalle am →*Bug* oder mit größerer →*Augenhöhe* im Mast. (Früherer Platz für den A.: →*Krähennest.)*

Ausguck halten *(to keep outlook)* Das sorgfältige Beobachten des umgebenden Wassers, insbesondere des →*vorlichen Sektors* oder des Bereiches →*recht voraus,* um andere Fahrzeuge mit →*Wegerecht* oder deren →*Lichter* bzw. →*Hindernisse,* →*Seezeichen,* →*Feuer* o. ä. frühzeitig und genau erkennen zu können. Nach der →*See-*

straßenordnung muß jederzeit durch Hören, Sehen und mit anderen verfügbaren Mitteln, z. B. →*Radar,* gehöriger A. gehalten werden, auch auf →*Einhandbooten.*

ausholen *(to haul out)* Etwas (waagerecht) recken und strecken, z. B. das →*Unterliek* eines Segels, entweder mit der Hand oder mit besonderen Vorrichtungen wie →*Ausholer.*

Ausholer, der *(outhaul)* Eine →*Leine,* →*Talje* oder mechanische Vorrichtung zum Strecken des →*Unterlieks* eines Segels auf einem →*Großbaum* (Abb. A). Das →*Schothorn* kann dabei mit diesem

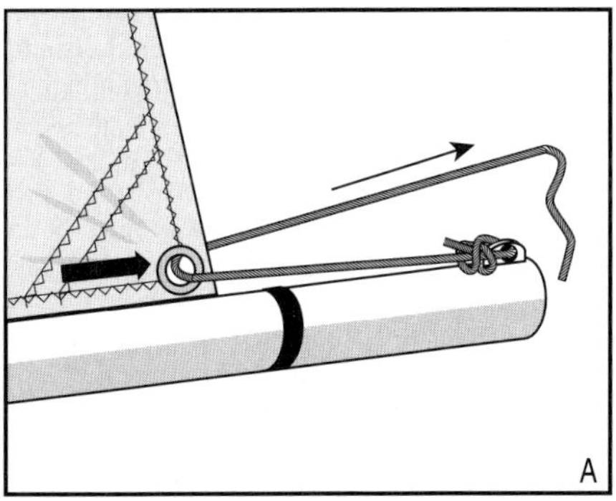

→*Unterliekstrecker* bis zur →*Nock* geholt werden, um es flacher zu →*trimmen,* während der A. beim Entlasten für eine größere →*Segelwölbung* sorgt. Hierzu dient der A. vor allem bei einem →*Großsegel* mit →*Faltfuß* (→*shelffoot).* Bei einem →*Rollgroßsegel* hat er darüber hinaus die Aufgabe, das Segel aus einem →*Hohlkammermast* herauszuziehen oder von dem hinter dem Mast angeordneten Rollreff-Profilrohr abzuwickeln, wenn es gesetzt wird (Abb. B) oder ihm beim →*Reffen* die gewünschte →*Lose* zu geben.

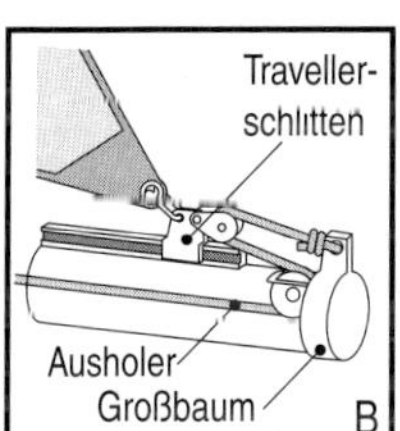

ausklarieren *(to clear out [outward])* Die →*Zollabfertigung* eines Bootes vor dem →*Auslaufen* durch eine →*Zollstelle* und die →*Hafenbehörden,* hauptsächlich bei Auslandsreisen. Ggt.: →*einklarieren.*

auslaufen *(1. to sail [away], 2. to run out)* 1. Einen Hafen seewärts verlassen. Ggt.: →*einlaufen.* – 2. Ein Boot a. lassen bedeutet, die Restfahrt bis zum Stillstand auf geradem Wege aus dem Boot nehmen, z. B. nach dem →*Aufschießen* oder zum →*Aufstoppen.*

Auslaufstrecke, die *(stopway, slowing down length, running down course)* Die Distanz, die ein Boot nach dem Beginn des Abstoppens (nach dem Andrehen zum →*Aufschießen)* bis zum Stillstand benötigt. Sie ist vom Bootstyp, →*Wind,* →*Seegang* u. a. abhängig.

auslegen *(1. to stream buoys – 2. to swing (in and out) a boat boom – 3. to range the chain – 4. to stretch out in rowing – 5. to interpret a law – 6. to lay out)* Ein vielfältig gebrauchter Ausdruck: 1. A. von →*Tonnen* oder →*Bojen,* z. B. für den Kurs einer →*Regatta.* – 2. Eine →*Backspier* zum →*Festmachen* der →*Beiboote* am →*Ankerplatz* a. (und wieder einlegen). – 3. Die →*Ankerkette* an Deck →*klar zum Laufen* a. = ausbreiten. – 4. Beim →*Pullen* den Oberkörper zum Ausgreifen weit nach vorn legen und die →*Riemen* weit in den Rücken holen. – 5. Die Vorschriften, z. B. beim →*Einklarieren,* zu seinen Gunsten a. = verstehen wollen. 6. An der →*Rah* und auf den →*Fußpferden* bis zu ihrer →*Nock* hinausgehen und den Oberkörper auf das Kommando „Leg aus!" so auf der →*Spiere* halten, daß er ohne Anfassen das Gleichgewicht hält.

Ausleger, der; Auslieger, der *(outrigger, spreader, extension, arm, bracket)* Im →*Bootsbau* und in der →*Seemannschaft* allg. eine Vorrichtung, die über die Bordwand hinausreicht, aber fest mit ihr verbunden ist, z. B.: 1. Ein (bewegliches) →*Bugspriet.* – 2. Ein A. am →*Heck* für die Halterung des →*Fußblocks* der →*Besanschot* bei einem →*Anderhalbmaster,* wenn der →*Besanbaum* achtern übersteht. – 3. Seitliche Anbauten am Rumpf, um einen →*Block* für das →*laufende Gut* von der Bordwand freizuhalten. – 4. Auch der →*Großbaum* kann als solcher A. für die →*Genuaschot* dienen. – 5. Ein dreiarmiger Stahlstabträger auf schmalen Ruderbooten zur Halterung einer Ausleger-Dolle. – 6. Vorrichtung zum →*Ausreiten,* z. B. auf einem Ausleger-Skiff *(→49er).* – 7. Der →*Gleitsitz* auf →*Jollen* und Segelkanus. – 8. Sinngemäß wird auch der Seitenrumpf eines →*Trimarans* und der Schwimmer eines →*Auslegerbootes* ebenso wie eine seitliche Verlängerung der →*Pinne* als A. bezeichnet. – Nach den →*WR* gibt es erlaubte und nicht erlaubte A., siehe dort.

Ausleger, der *(outrigger)* Nach den →*Wettfahrtregeln* (→*WR)* ist ein A. jeder →*Beschlag* bzw. jede sonstige Vorrichtung, die so angebracht ist, daß sie einen nach außen gerichteten Druck auf eine →*Schot* oder ein →*Segel* an einem Punkt ausübt, dessen Lotrechte bei →*aufrechter* Lage des Bootes außerhalb des →*Rumpfes* oder der →*Decksbeplankung* fällt. Im Sinne der Regel 50.3 (a) sind →*Schanzkleider,* →*Relinge* und →*Scheuerleisten* kein Teil des Rumpfes oder der Decksbeplankung, und folgende Teile sind keine A.: ein →*Bugspriet,* der zum Sichern des →*Halses* eines gesetzten →*Segels* benutzt wird (z. B. beim →*Laser* und →*Neunundvierziger);* ein →*achterlicher* A., der den →*Baum* eines gesetzten →*Arbeitssegels* schotet (z. B. eines →*Besans)* oder der →*Baum* einer →*Baumfock,* der beim →*Wenden* keine Bedienung erfordert.

Auslegerbaum, der *(whisker pole, spinnaker pole, jib stick)* Allg. eine am →*Mast* angeschlagene und nach →*außenbords* gerichtete →*Spiere* zum →*Ausbaumen* eines Segels, vor allem auf einem →*Vorwindkurs.* Der einfachste A. ist der hierzu benutzte →*Bootshaken.* Der am häufigsten benutzte A. ist der →*Spinnakerbaum.* Ein spezieller A. ist auch der →*Jockeybaum.* Nach den →*WR,* Regel 50.2 darf (außer beim →*Halsen)* nur ein A. benutzt werden. Auch ein →*Vorsegel* darf nach Regel 50.3 mit seinem Schothorn an einem Spinnakerbaum oder A. befestigt werden, sofern kein →*Spinnaker* gesetzt ist.

Auslegerboot, das *(outrigger [boat])* Ein →*Doppelrumpf-* oder →*Mehrrumpfboot,* das die notwendige →*Querstabilität* durch →*Ausleger* erhält. Eine →*Proa* ist ein A. mit einem einzigen →*Auslegerrumpf.* Ein →*Trimaran* besitzt beidseitige Auslegerrümpfe.

Auslegerrumpf, der *(outrigger hull, ama)* Der entweder in →*Luv* oder in →*Lee* liegende Schwimmer einer →*Proa* oder →*Prau,* der kürzer als der eigentliche →*Rumpf* ist, und jeder der Außenrümpfe eines →*Trimarans.* Ein A. wird auch →*Ama* genannt.

ausmachen *(to make out)* Nach dem →*Sichten* das genaue Erkennen eines Bootes oder Schiffes, einer →*Landmarke,* eines →*Seezeichens,* eines →*Feuers* oder irgendeines Gegenstandes auf dem Wasser.

ausösen *(to bail)* Übergekommenes Wasser →*lenzen.* Es mit einer besonderen Schöpfkelle, dem →*Ösfaß,* wieder aus dem Boot herausbringen.

Auspuff-Schalldämpfer, der *(silencer)* Elastisches Zubehörteil aus Neopren, das in die Auspuffleitung eines wassergekühlten Bootsmotors auch nachträglich eingebaut werden kann. Es dehnt sich und pulsiert bei jeder Zylinder-Explo-

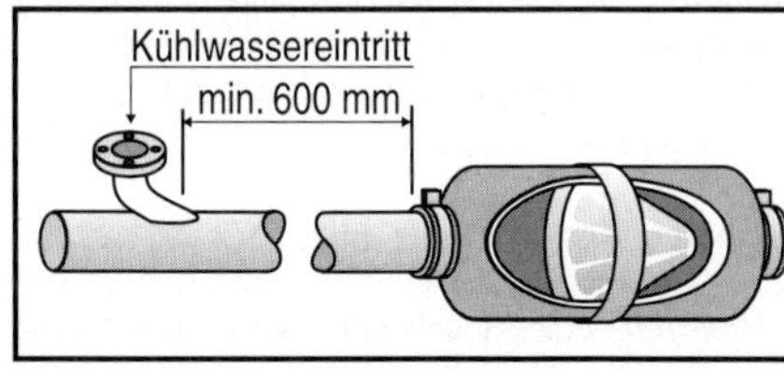

sion, verschluckt das Explosionsgeräusch und dämpft die Lärmbelästigung, ohne die Leistung des Motors bemerkenswert zu beeinträchtigen.

ausrauschen *(to go by the run, to let go)* Zu schnelles, meist unkontrolliertes Auslaufen von →*Leinen,* →*Trossen* oder →*Ketten* aus ihren Führungen: So können z. B. →*Schoten* bei Segelmanövern ausrauschen.

ausrecken *(to stretch out)* Unerwünschte Dehnung von →*Drahttauwerk* nach der ersten Belastung und von →*Fasertauwerk* bei Gebrauch. Man benutzt daher für bestimmte Leinen vorgerecktes Tauwerk. →*Chemiefasern* haben unterschiedlichen →*Reck* und bilden sich nach Belastung durch ihre Elastizität weitgehend in ursprüngliche Länge zurück. Alle →*Naturfasern* bleiben ausgereckt und verlieren dann einen Teil ihrer Zugfestigkeit, weil sich beim A. auch der Durchmesser des Tauwerks verringert.

ausreffen *(to reef out, to shake out)* Ein eingedrehtes oder eingebundenes →*Reff* wieder →*ausschütten* und die Segelfläche wieder vergrößern. Ggt.: einreffen, →*reffen.*

ausreißen *(to break out)* 1. Aufgetuchte und mit →*Reißgarnen* oder →*Reißgummi* eingebundene →*Vorsegel* nach dem Setzen mit Zug an der →*Schot* oder einer besonderen →*Reißleine* zum Stehen bringen. – 2. Auch für →*Flaggen* gebräuchlich, die nur von einem →*Slipstek* mit der →*Flaggleine* gehalten werden.

ausreiten *(to sit out, to hike)* Hinauslehnen des Körpers nach →*Luv,* um in hartem Wetter dem zunehmenden →*Krängungsmoment* des Windes ein größeres →*aufrichtendes Moment* entgegensetzen zu können, damit eine →*Jolle* →*aufrecht segeln* kann. Nur durch →*Ausreitgurte,* mit →*Ausreit-*

handgriffen oder durch einen →*Ausreitklappsitz* kann man ein Boot wirkungsvoll ausreiten.

Ausreitgurt, der *(toe strap [hiking strap])* Längsschiffs und beidseitig in der →*Plicht* einer

→*Jolle* gehalterter Fußgurt, um das →*Ausreiten* durch die →*Crew* zu erleichtern. Diese Hängevorrichtung muß verstellbar sein, damit unterschiedlich große Segler mit guter Kondition die wirksamste Ausreithaltung ohne Ermüdung lange beibehalten können.

Ausreithandgriff, der *(hiking handle)* Ein in das →*Seitendeck* eingelassener handbreiter Beschlag zum Hineinfassen, um den Körper beim →*Ausreiten* auch mit der Hand kräftesparend festhalten zu können.

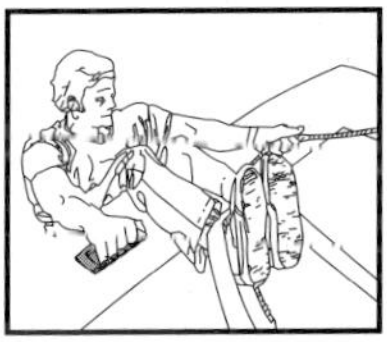

Ausreitklappsitz, der *(tip-up seat for hiking)* Ein klappenförmig aus dem →*Seitendeck* über die Bordwand hinaus aufklappbarer Schalensitz zum →*Ausreiten,* der auf →*Kielyachten* eingeführt ist. Er wird wie ein →*Gleitsitz* auf der jeweiligen →*Luvseite* benutzt und ist eingeklappt in das Seitendeck integriert. In anderen Klassen erfüllen Ausreitbrücken, -balken oder -plattformen einen ähnlichen Zweck. Sinngemäß ist auch ein fest mit dem Rumpf verbundener →*Ausleger* beim →*Neunundvierziger* ein A. und kein Ausleger im Sinne der →*WR,* Regel 50.

Ausrüstung, die *(equipment)* Das gesamte seemännische Zubehör für einen (nackten) Bootsrumpf, z. B. →*Mast* und →*Spieren,* →*stehendes Gut* und →*laufendes Gut,* →*Beschläge,* →*Anker,* →*Leinen* usw. Man unterscheidet z. B. Teile der Decksausrüstung, Kajütausrüstung, →*Sicherheitsausrüstung* u. a. Der Umfang der A. wird durch die Begriffe →*„segelklar“* (mit bescheidener A.), →*„regattaklar“* (mit umfassender A.) o. ä. angegeben.

Ausrüstungspflicht, die (Funkausrüstungspflicht, die) Die private wie die gewerbliche →*Sportschiffahrt* sind von jeglicher A., insbesondere der →*Funkausrüstungspflicht* befreit. Diese A. gilt nur für Fahrgastschiffe (unabhängig von ihrer Größe) und Frachtschiffe (ab einer →*Bruttoraumzahl* 300). Die A. der Berufsschiffahrt basiert international auf den Vereinbarungen der →*IMO,* der Einführung des →*GMDSS* und den →*SOLAS-Bestimmungen* sowie der deutschen Schiffssicherheitsverordnung (SchSV). Für →*Eigner* von Yachten mit →*Seefunkstellen auf nichtausrüstungspflichtigen Schiffen* ist es jedoch nützlich, die technische Entwicklung in der Berufsschiffahrt zu verfolgen und sich deren A. (z. B. mit dem →*DSC-System,* mit →*NAVTEX,* mit →*EPIRB,* mit →*SART* und anderen Geräten) je nach ihrem Fahrtgebiet *(→GMDSS-Seegebiet,* z. B. →*A 1)* bei der Gerätebenutzung anzupassen.

Ausrüstungsvorschriften, die Es gibt keine rechtsverbindlichen und vom Gesetzgeber herausgegebenen A. für →*Yachten* außer denen, die zur Abgabe von →*Sichtzeichen* gemäß der →*Lichterführung* und für →*Schallsignale* sowohl in den →*KVR* und seinen Anlagen als auch in der →*Seeschiffahrtsstraßen-Ordnung* enthalten sind. Alle sonstigen sog. „A.“ oder „Richtlinien“ sind unverbindliche interne Empfehlungen (z. B. des →*BSH,* des →*GL,* des →*DSV* oder der →*Kreuzer-Abteilung)* für den →*Eigner,* der allein über Art und Anzahl der →*Ausrüstung* seiner Yacht fur das betreffende Fahrtgebiet entscheidet. Zur →*Klassifikation* einer Yacht durch den →*Germanischen Lloyd* können jedoch dessen A. ebenso als verbindlich angesehen werden wie die A. eines Veranstalters für die Teilnehmer an einer →*Regatta* oder einer Rallye. Auch bei einer →*Havarie,* die eine →*Seeversicherung* regulieren soll oder vor einem →*Seeamt* verhandelt werden könnte, ist der Nachweis wertvoll, daß die betreffende Yacht elementare Anforderungen an eine A. erfüllt hatte, z. B. in bezug auf →*Lenzeinrichtungen,* →*Rettungswesten* und →*Seenotsignalmittel.* Für die →*Sportschiffahrt* besteht auch keine →*Ausrüstungspflicht* für →*Funkanlagen* an Bord von →*Yachten.*

ausscheiden *(to stop work)* Mit einer seemännischen Arbeit aufhören.

ausscheren *(1. to sheer out of course, 2. to unreeve)* 1. Absichtliche Abweichung vom →*Kurs* (zum →*Ausweichen)* oder unbeabsichtigte Kursänderung durch äußere Einflüsse (wenn das Boot →*aus dem Ruder läuft).* – 2. Herausziehen eines laufenden →*Endes* aus einer →*Leitöse* oder aus dem →*Block* einer →*Talje,* z. B. a. der →*Fockschot* oder →*Großschot.*

ausschießen (des Windes) *(to veer, veering)* Umspringen des Windes im Uhrzeigersinn (auf der Nordhalbkugel), also plötzliche Rechtsdrehung nach dem Durchzug einer →*Kaltfront.*

Ausschießer, der *(veering [hauling] wind)* In der Zeit der Segelschiffahrt die Bezeichnung einer →*Kaltfront,* in der der Wind auf der Nordhalbkugel im Uhrzeigersinn, auf der Südhalbkugel gegen den Uhrzeigersinn dreht.

ausschiffen *(to disembark)* Einen Mitsegler an Land setzen oder in See bzw. auf →*Reede* an ein anderes Boot abgeben.

Ausschreibung, die *(notice of race)* Die detaillierte Bekanntmachung von →*Regatten,* sowohl durch Veröffentlichung in der Fachpresse als auch durch Versenden an →*Eigner* oder Segelklubs. Der Inhalt einer A. muß der Regel 2 der →*Wettsegelbestimmung* entsprechen und u. a. enthalten: Tag und Ort der Regatta; die Startzeit und die →*Klassen,* für die die A. gilt; Meldeanschrift, Datum des Meldeschlusses, Höhe des Meldegeldes; Einzelheiten und Zahl der Preise; Zeit und Ort für die Entgegennahme der →*Segelanweisung* sowie das System der Wertung.

ausschütten (eines Reffs) *(to shake a reef out)* Anderer Ausdruck für →*ausreffen,* insbesondere beim →*Bindereff* und dann benutzt, wenn mehrere →*Reffs* eingebunden sind.

aussegeln Das geglückte →*Überholen* eines Konkurrenten, z. B. in einer →*Wettfahrt.*

Außenballast, der *(outside ballast)* Von außen unter den →*Kiel* gebolzter, oft profilierter Ballastkörper bzw. →*Ballastkiel.* Ggt.: →*Innenballast.*

außenbords *(outboard)* Alles, was sich außen an der Bordwand oder außerhalb der →*Außenhaut* befindet. So sind z. B. Fische die „Außenbordskameraden"; die Badeleiter hängt a., und es ist unseemännisch, die Beine a. baumeln zu lassen. Für Seeregatten, z. B. um den →*Admiral's Cup,* ist diese Art des →*Aussitzens* der →*Crew* auf dem →*Luvdeck* als erlaubte Verteilung von lebendem →*Ballast* jetzt zugelassen. Vgl. →*Außenbordmotor* und →*Außenbord-Antrieb.*

Außenbord-Antrieb, der *(stern-drive, sailboat drive)* Bei Motorbooten auch Z-Antrieb, bei Seekreuzern Segelboot-Antrieb genanntes Unterwasserteil, das Vorteile eines →*Außenbordmotors* mit denen eines Einbaumotors verbindet. Ein A. ist bei Motorbooten mit Propeller, Propellerwelle und Getriebe drehbar am →*Heck,* bei Segelbooten im Bootsboden in der Nähe des →*Gewichtsschwerpunktes* eingebaut.

Außenbordmotor, der *(outboard motor)* Transportabler Zweitakt-Vergasermotor, der als Hilfsmotor kippbar an den →*Spiegel* von →*Yachten* und →*Jollen* gehängt oder auch als Schachtmotor gefahren werden kann.

Außenbordsegel, das *(outboard sail)* Eine Vorrichtung aus →*Mast,* →*Segel,* →*Pinne,* →*Schot* und →*Ruder* (Abb.), die an das →*Heck* eines Kleinbootes gehängt werden kann, um die Windkraft zum Antrieb anstelle eines →*Außenbordmotors* auszunutzen. →*Segelfläche* ca. 4 m².

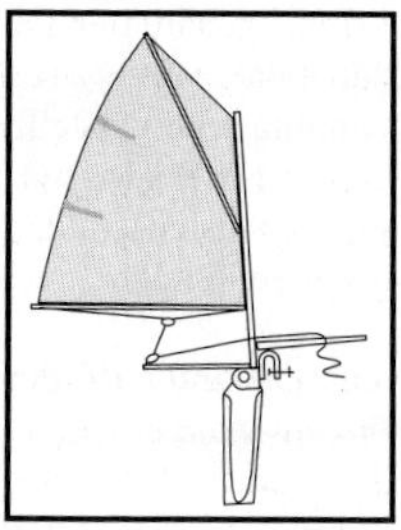

Außenhaut, die *(shell)* Die äußere Bootsschale ohne →*Längs-* und →*Querverbände* sowie des →*Decks.* Die A. kann aus verschiedenen Werkstoffen bestehen (z. B. →*GFK,* →*Aluminium* oder →*Holz),* unterschiedlich gefertigt sein (im GFK z. B. in →*Sandwichbauweise)* und unterschiedliche Oberfläche haben (z. B. →*Karweel* oder →*Klinker).*

Außenhautkühlung, die *(skin-tank cooling)* Eine Sonderform der →*Zweikreiskühlung* nach dem Prinzip der →*Kielkühlung.* Anstatt dort durch die entlang des →*Unterwasserschiffes* geführten Rohre wird das Umlaufkühlwasser hier als →*Frischwasser* in Schlangenlinien durch einen →*außenbords* befestigten, von →*Seewasser* umströmten Kasten gepumpt. Besonders gut für eine A. eignet sich das Innere eines →*Profilruders.* Länge und Durchmesser der Rohre einer A. hängen von der →*Motorisierung* des Bootes ab und müssen berechnet werden. Eine A. ist besonders in verschmutzten Gewässern, auf flachem →*Sandgrund* und in der →*Wattfahrt* vorteilhaft, weil sie auf einen Kühlwasserfilter verzichtet und die →*Kühlwasserpumpe* im inneren Kreislauf arbeitet.

Außenklüver, der *(flying jib)* Das dritte, am weitesten vorn vor dem →*Mast* gesetzte →*Vorsegel,* vor der →*Fock* und dem (Binnen-)Klüver gefahren (s. Anhang).

aussingen *(to sing out)* Beobachtungen (z. B. →*Sichten* von Land) oder Meßergebnisse (z. B. die Tiefen einer fortlaufenden →*Lotung)* laut ausrufen.

ausstecken *(to pay out)* Langsames Auslaufenlassen oder →*Fieren (→Hand über Hand)* von →*Ketten,* →*Trossen* oder →*Leinen,* z. B. eine längere Schlepptrosse ausstecken oder nur „stecken".

ausstraken *(to fair)* Die Kurven eines →*Linienrisses* festlegen und sie mit Hilfe von →*Straklatte* und →*Strakgewichten* so zeichnen, daß sie eine optimale Rundung oder einen „guten Strak" haben.

austörnen *(to clear a turn)* Eine in sich verdrehte geschlagene →*Leine* →*klarieren,* d. h. bei der Arbeit mit dem →*Tauwerk* entstandene →*Kinken* wieder herausbringen und die Leine wieder einsatzklar machen.

auswandern *(to draw ahead [astern])* Die Ortsveränderung eines angepeilten Objektes in einer

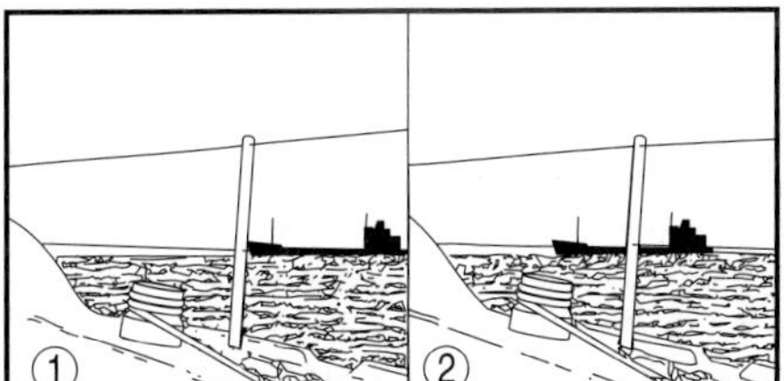

bestimmten Zeit, auf einen konstanten Peilwinkel vom fahrenden Boot aus bezogen. Der in Abb. 1 gepeilte Tanker ist in Abb. 2 nach vorn ausgewandert. Er läuft also schneller. Es besteht keine →*Kollisionsgefahr.*

ausweichen *(to give way, to keep out of way, to alter course)* Ein →*Manöver* zur Verhinderung

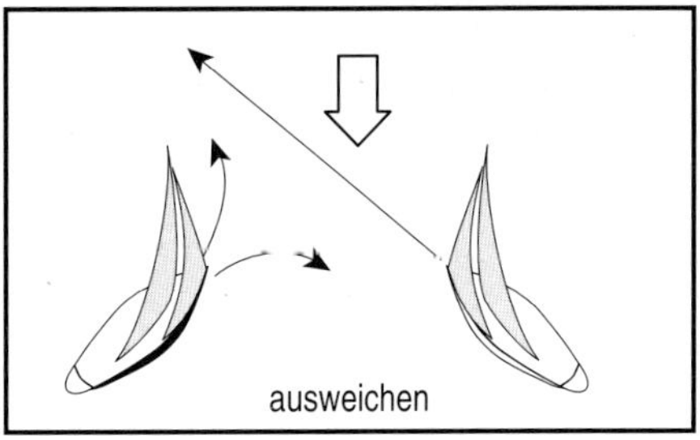

einer →*Kollision* durch das ausweichpflichtige →*Fahrzeug.* A. bedeutet nach den →*KVR:* →*Kurs* ändern oder erforderlichenfalls →*Geschwindigkeit* mindern oder →*stoppen* oder →*rückwärts* gehen. Sinngemäß hat ein Boot sich nach den →*Wettfahrtregeln (→WR)* zu verhalten. Das A. muß so rechtzeitig und deutlich erfolgen, damit das Boot mit →*Wegerecht* nicht behindert wird. In den →*Wettfahrtregeln* benutzt man anstelle von a. das Wort →*freihalten,* wohl um der Tatsache Rechnung zu tragen, daß in einer →*Wettfahrt* ein →*Ausweichmanöver* oft erst im letzten Augenblick und mit einer Annäherung erfolgt, in der eine mögliche →*Berührung* keinen Schaden wie bei einer →*Kollision* anrichten würde.

Ausweichmanöver, das *(avoiding collisions, emergency turn)* Alle →*Manöver* mit →*Segel* und →*Ruder,* die notwendig sind, um →*auszuweichen.* Art und Zeitpunkt des Beginns der A. hängen von den →*Manövriereigenschaften* des Bootes ab.

ausweichpflichtig *(burdened [boat])* Ein Boot ist a., wenn es kein →*Wegerecht* hat und sich entsprechend der →*Ausweichregeln* freihalten muß.

Ausweichregeln, die (Segelboote untereinander) *(Rules of the road, right-of-way-rules)* Die Regeln für das →*Wegerecht* bei Segelbooten untereinander basieren auf dem Grundsatz, daß bei der Begegnung von Booten das unter den ungünstigeren Windverhältnissen segelnde →*Fahrzeug* seinen →*Kurs* halten und das günstiger zum Wind liegende Boot →*ausweichen* oder sich →*freihalten* muß. Die uneingeschränkt geltenden A. sind in den →*KVR* (Regeln 12 und 13) und in den →*Wettfahrtregeln Segeln (→WR)* im Abschnitt A (→*Wegerecht,* Regeln 10 – 13) prinzipiell gleichbedeutend enthalten: Nach den →*KVR* lauten sie:

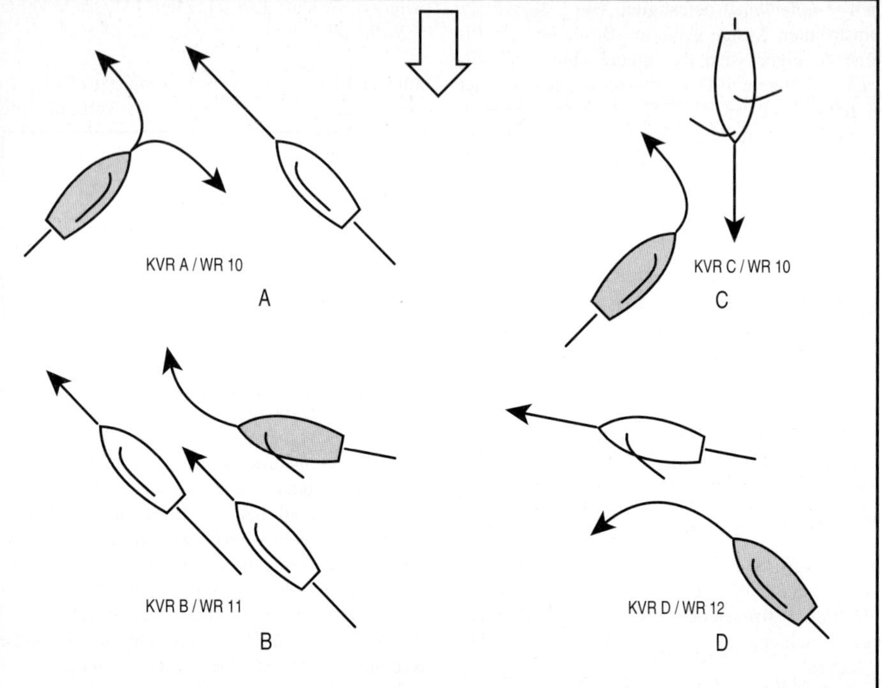

Ausweichregeln

1. Haben →*Segelfahrzeuge* den Wind nicht von derselben Seite, muß das Fahrzeug, das den →*Wind* von →*Backbord* hat, dem anderen →*ausweichen* (Regel 12, a (I), Abb. A).– 2. Haben Segelfahrzeuge den Wind von derselben Seite, muß das →*luvwärtige* dem →*leewärtigen* ausweichen (Regel 12, a (II), Abb. B).– 3. Wenn ein Fahrzeug mit →*Wind von Backbord* ein Fahrzeug in →*Luv* sichtet und nicht mit Sicherheit feststellen kann, ob das andere Fahrzeug den Wind von →*Backbord* oder von →*Steuerbord* hat, muß es dem anderen ausweichen (Regel 12, a (III), Abb. C). – Jedes Fahrzeug muß beim →*Überholen* dem anderen ausweichen (Regel 13, a, Abb. D). Die entsprechenden Formulierungen dieser A. nach den →*WR* siehe Stichwort →*Wegerecht.*

Ausweichregeln, die (Maschinenfahrzeuge und Segelfahrzeuge) Nach Regel 18 a der →*KVR* muß ein →*Maschinenfahrzeug* einem Segelboot ausweichen, außer wenn das Segelboot →*Überholer* ist oder ein →*Fischereifahrzeug,* ein →*manövrierunfähiges* bzw. ein →*manövrierbehindertes* Fahrzeug seinen →*Kurs* kreuzt. In engem →*Fahrwasser,* bei →*tiefgangbehinderten Fahrzeugen* und nach der →*SeeSchStrO* gelten Sonderregelungen, die auch ein Segelboot →*ausweichpflichtig* gegenüber einem Maschinenfahrzeug machen.

Autocutter, der *(auto-cutter)* Internat. Bezeichnung einer computergesteuerten Schneidemaschine eines →*Segelmachers,* um mit Laserstrahlen zahlreiche Lagen →*Segeltuch* (für die Serienfertigung von →*Segeln* gleicher →*Klassen)* in einem einzigen Arbeitsgang zuschneiden zu können.

Automatisches Senderidentifizierungssystem Abk. ATIS. Das System wurde mit seinen Einzelheiten im Bundesgesetzblatt Nr. 8/1990 veröffentlicht und gilt nur für den Rheinfunkdienst. Danach sind die daran teilnehmenden →*Schiffsfunkstellen* (Seefunkstellen) mit einem Code bestückt, der im weitesten Sinne mit dem →*Digitalen Selektivrufsystem* vergleichbar ist, das im →*Seefunkdienst* eingeführt wurde. Der ebenfalls digitale ATIS-Code ist zehnstellig und besteht aus

Informations- und Prüfbits. Genehmigungen zur Benutzung werden vom →*BAPT,* Außenstelle Aktienstraße 1–7, 45473 Mülheim erteilt.

Autopilot, der *(automatic pilot)* Elektronische →*Selbststeueranlage,* mit deren Hilfe ein Boot jeden gewünschten →*Kompaßkurs* oder (in Verbindung mit einer →*Windfahne)* einen →*Kurs* zum →*Bordwind* allein steuern kann. Ein spezieller →*Kompaß* mit einem Sensor vergleicht ständig den →*Sollkurs* mit dem anliegenden Kurs und setzt bei Kursabweichungen mechanische, elektrische oder hydraulische Anlagen zum Bedienen des →*Ruders* in Tätigkeit, um durch →*Wind* oder →*Seegang* verursachte Kursabweichungen zu korrigieren.

Autoplotting, das *(auto-plotting)* Internat. Bezeichnung einer Arbeitsmethode des →*Segelmachers,* mit Computerhilfe Segeltuchbahnen so ökonomisch anzuordnen und aufzuzeichnen, daß beim Zuschneiden (mit dem →*Autocutter)* möglichst wenig Verschnitt entsteht.

„aye" *(„aye")* Im Bordgebrauch übliches halbenglisches Wort für „jawohl", „verstanden", das oft mit einem Handzeichen („Klarzeigen") verbunden wird, wenn man sich in Wind und Seegang verständigen muß.

Azimut, das *(azimuth)* In der →*astronomischen Navigation* die Richtung eines Gestirns, gemes-

sen als Winkel am →*Zenit* zwischen dem Nordmeridian und dem Vertikalkreis eines Gestirns. Das A. wird vom Nordmeridian aus über →*Ost,* →*Süd* und →*West* nach →*Nord* von 0° bis 360° gezählt. Im englischen Sprachgebrauch ist auch eine halbkreisige Zählung üblich. Das A. wird dann als →*Azimutwinkel* angegeben. Abk. Zn. Das A. des Sonnenuntergangs (Abb.) kann man zur →*Kompaßkontrolle* benutzen. In der →*Funknavigation* bedeutet der Begriff →*Funkazimut* dasselbe wie →*rechtweisende Peilung.* In der →*Satelliten-Navigation* ist das A. der Winkel, der durch die →*Standlinie* vom Satelliten zum →*GPS-Empfänger* und →*rechtweisend Nord* gebildet wird.

Azimutwinkel, der *(azimuth angle)* Im englischen Sprachgebrauch und in den entsprechenden →*Nautischen Tafeln (→HO-Tafeln)* halbkreisige Zählweise des →*Azimuts* von 0° bis 180° und von →*Nord* oder →*Süd* aus. Abk. Az.

B

B = Bravo Internationales Buchstabensignal, rot. Bedeutung: „Ich lade, lösche oder befördere gefährliche Güter“. Morsen: – • • • (lang – kurz – kurz – kurz). Bei einer →*Wettfahrt:* Protestsignal. Auf einer Yacht gesetzt bedeutet B: „Ich beabsichtige zu protestieren.“

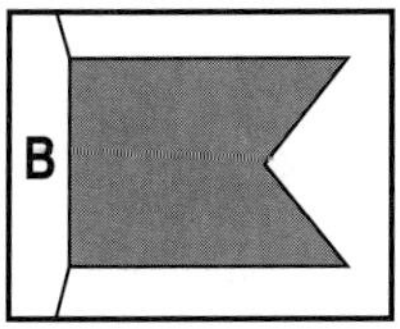

Bb. oder BB Abkürzung für →*Backbord.*

Bft Abkürzung für →*Beaufort.*

Bk. Abkürzung für →*Bake.*

Babystag, das *(baby stay)* Auf →*Seekreuzern* zusätzliches, kurzes →*Vorstag* von der unteren →*Saling* zu einem →*Pütting* auf ungefähr halber Distanz zwischen →*Mast* und →*Bug.* Ein B. dient zum Setzen eines →*Babystagsegels* oder →*Genuastagsegels* bei sehr leichtem Wetter, gegebenenfalls auch einer →*Sturmfock* bei schwerem Wetter und kann Sicherung bzw. Trimmvorrichtung für den Mast gleichermaßen sein.

Babystagsegel, das *(baby staysail)* Kleines →*Vorsegel* aus leichtem Segeltuch, das auf →*Seekreuzern* im vermessenen →*Vorsegeldreieck* an einem →*Babystag* gefahren wird.

Back, die *(1. forecastle, foc's'le, 2. dining table, dinette table, 3. mess trap)* Etymologisch aus „Rücken“ (1), „gekrümmt“ oder „hohl“ (3) bzw. „rückwirkend“, „entgegengesetzt“ (im Sinne von →*back):* 1. Aufbau auf dem →*Vorschiff,* der von einer Bordwand zur anderen reicht und dessen Deck das →*Backdeck* ist. – 2. Der (zusammenklappbare) Eßtisch, auf dem der →*Backschafter* zu den Mahlzeiten →*aufbacken muß.* – 3. Die große Eßschüssel, in der früher die Seeleute einer →*Backschaft* ihre Speisen aus der Kombüse holen mußten.

back *(1. aback, 2. backing)* 1. Ein Segel „steht“ oder „schlägt back“, wenn es den Wind von der falschen Seite erhält. – 2. Man hält oder schotet „die →*Fock back“,* damit der Wind gegen die falsche Seite wehen und damit eine gewünschte Drehung des Bootes auch unter schwierigen Bedingungen einleiten oder beschleunigen kann, z. B. bei einem mißglückten →*Wenden* oder beim →*Beidrehen.*

Backbord, das; backbord *(port)* Links an Bord und links außerhalb vom Boot, von →*achtern* nach →*vorn gesehen* (Abb.). Bei seemännischen Ausrüstungsteilen spricht man z. B. vom B.-Anker, B.-Koje oder B.-Laterne; abgekürzt →*Bb.*

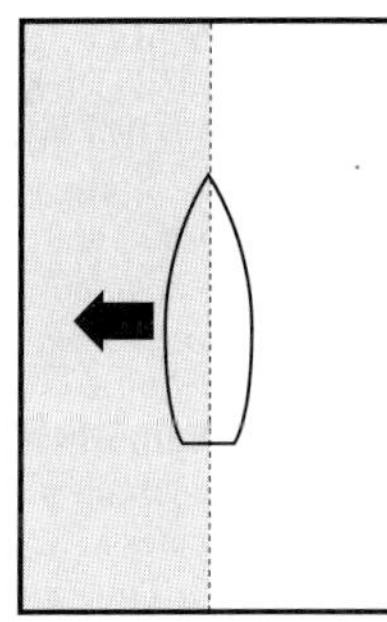

Backbord achteraus *([on the] port quarter)* Richtungsangabe für ein Objekt, das an →*Backbord* im Sektor zwischen 4 →*Strich* achterlicher als →*querab* und →*recht achteraus* liegt.

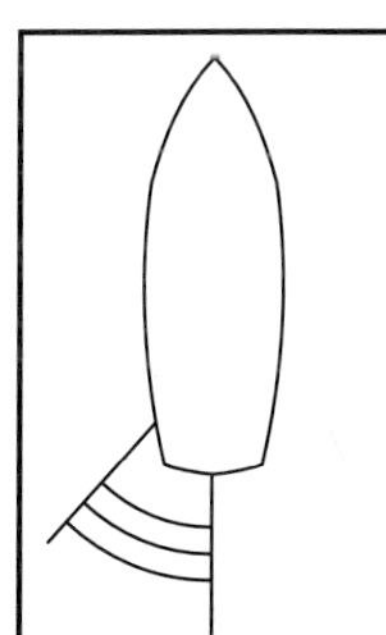

Backbordbug, der *(starboard tack)* Bezeichnung für den →*Kurs* eines Bootes unter Segeln zum Wind. Man segelt über B., wenn die Segel über der →*Backbordseite* stehen und mit →*Backbordschoten* geführt werden. Der →*Bordwind* fällt dann von der entgegengesetzten →*Steuerbordseite* ein, und da der →*Hals* jedes Segels dabei nach →*Steuerbord* gerichtet ist, entspricht B. auch →*Steuerbordhalsen.* Der B. ist der sog. „vornehme →*Bug*“, weil dabei die „vornehme“ Seite, die →*Steuerbordseite,* zu der auf einem →*Windjammer* die Türen der Kapitänskajüte führten, bei entsprechender Segelführung und →*Krängung* auch in hartem Wetter hoch und trocken lag und auch bei Begegnungen mit anderen Seglern auf →*Kollisionskurs* trockenbleiben sollte. In den →*KVR* und den →*WR* wurde der Begriff B. durch →*Wind von Steuerbord* ersetzt.

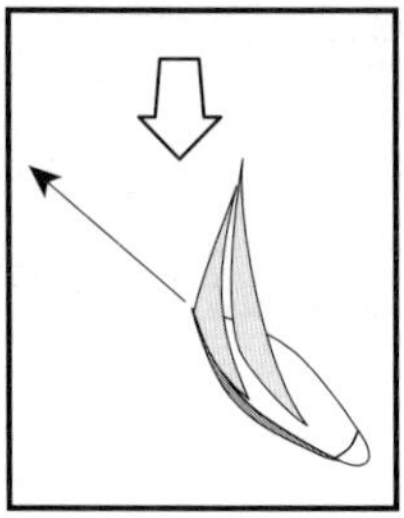

Backbordhalsen, die (Pl.) *(port tack)* Ein Boot segelt mit B., wenn der →*Hals* der Segel nach →*Backbord* zeigt, auf die gleiche Seite, aus der der →*Bordwind* weht. B. ist identisch mit dem Begriff →*Wind von Backbord* sowie mit →*Steuerbordbug* und →*Steuerbordschoten* und darf niemals mit →*Backbordbug* verwechselt werden.

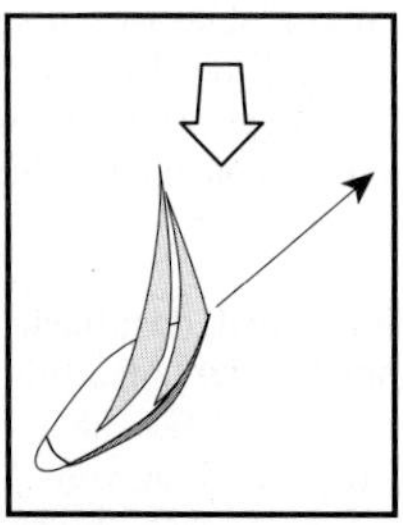

Backbord-Fahrwasserseite, die *(port hand)* Die Seite eines betonnten →*Fahrwassers,* die ein von See einlaufendes Fahrzeug an →*Backbord* hat und auf der nach dem System der →*Seitenbezeichnung* rote →*Seezeichen* mit den entsprechenden →*Toppzeichen* liegen. Als →*Fahrwassertonnen* der B.-F. dienen rote Stumpf-, Baken- oder Spierentonnen, wenn erforderlich mit rotem Zylinder als Toppzeichen, bei Nacht mit rotem Licht beliebiger →*Kennung.*

Backbordlaterne, die *(port lamp)* Die an →*Backbord* gefahrene →*Seitenlaterne,* deren →*Schein* von recht →*voraus* bis zwei →*Strich* →*achterlicher* als →*querab* über einen →*Leuchtwinkel* von 112,5° reicht.

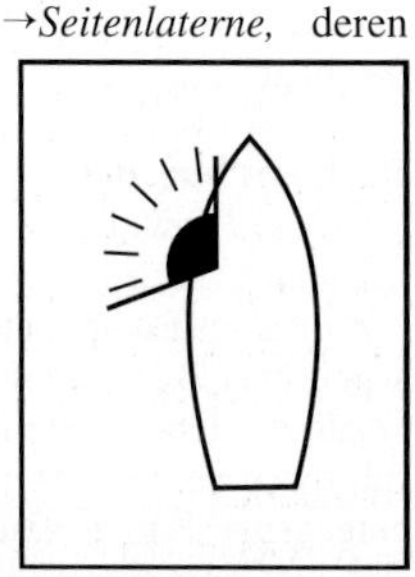

Backbordlicht, das *(port light)* Der mit der →*Backbordlaterne* gezeigte Lichtschein in roter Farbe in einer vorgeschriebenen →*Sichtweite.*

Backbord querab *([on the] port beam)* Richtungsangabe für ein Objekt, das an →*Backbord* und (nahezu) →*querab* liegt.

Backbordschoten, die *(starboard tack)* Bezeichnung für den →*Kurs zum Wind,* wenn man die →*Schoten* über die →*Backbordseite* führt und ein Boot über →*Backbordbug* segelt. Laufen zwei Boote auf entgegengesetztem →*Bug* oder mit verschiedenen Schoten, dann hat das Boot mit B. →*Wegerecht.* Die Bezeichnung „B.“ wird heutzutage nicht mehr benutzt. Sie wurde in den →*KVR* und in den →*WR* durch den Begriff →*Wind von Steuerbord* ersetzt.

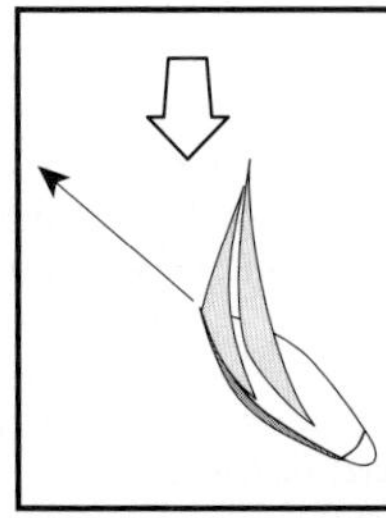

Backbordseite, die *(port side)* In Fahrtrichtung gesehen die linke Bootsseite. Die gegenüberliegende Seite heißt →*Steuerbordseite.*

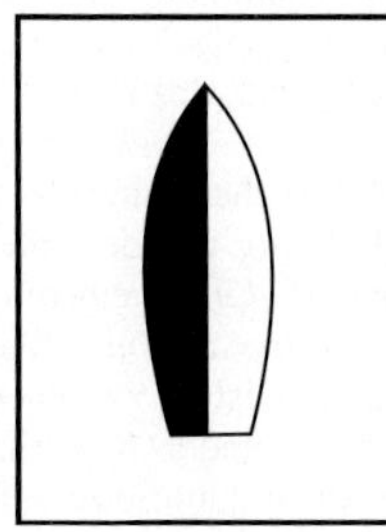

Backbord voraus *([on the] port bow)* Richtungsangabe für ein Objekt, das im Sektor zwischen →*voraus* und 4 →*Strich* oder 45° an →*Backbord* liegt.

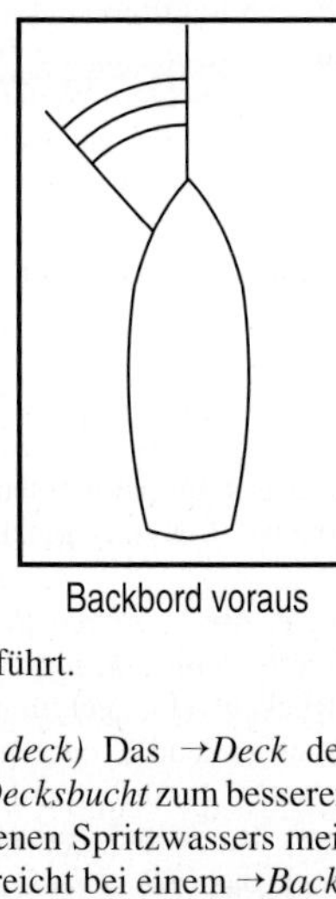

Backbord voraus

backbrassen *(to brace aback)* Auf einem →*Rahsegler* die Rahen so drehen, daß der Wind die Segel von vorn trifft. Das Manöver entspricht dem →*Backsetzen* der Fock auf Kleinbooten und wird z. B. beim →*Wenden,* →*Stoppen* oder →*Ankern* ausgeführt.

Backdeck, das *(raised deck)* Das →*Deck* der →*Back,* das durch die →*Decksbucht* zum besseren Ablauf des übergekommenen Spritzwassers meistens rund gebaut ist. Es reicht bei einem →*Back-*

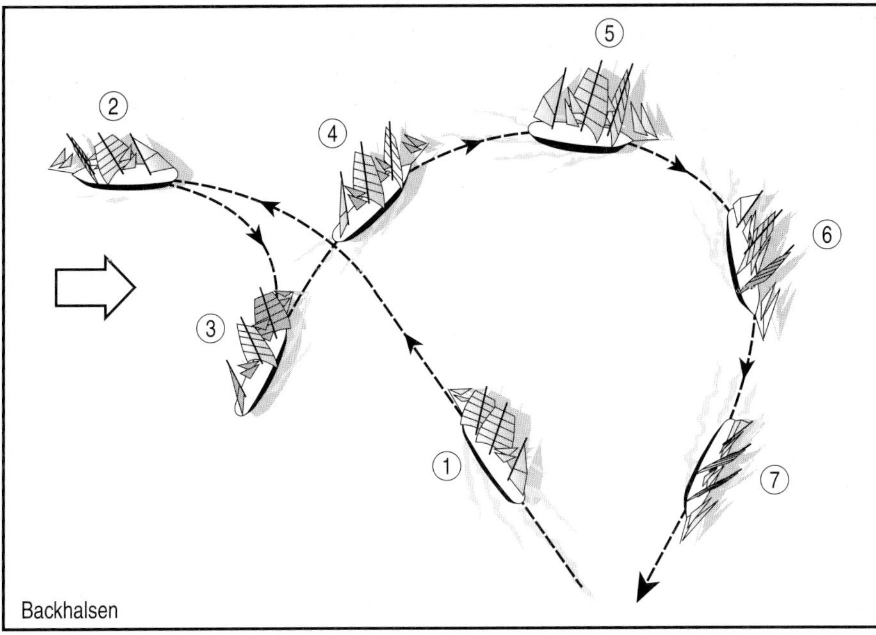

Backhalsen

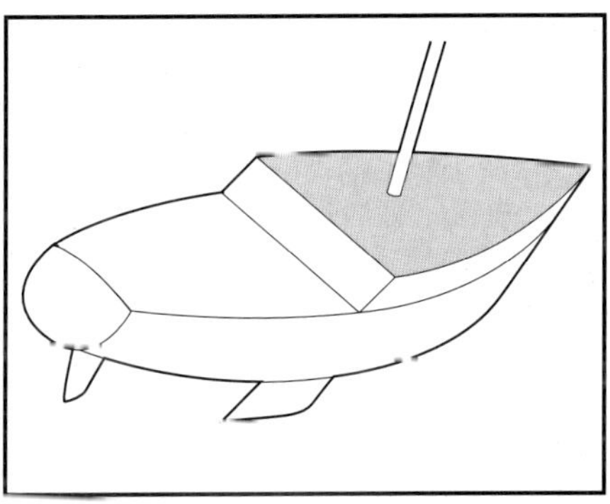

deckkreuzer oder „Backdecker" bis in die Mittschiffsbereiche des Bootes und damit weit über den eigentlichen Bereich der →*Back* hinaus.

Backdeckkreuzer, der *(raised deck cruiser)* Eine →*Yacht,* deren →*Backdeck* von der →*Plicht* längsschiffs bis zum →*Bug* und querschiffs bis zur Außenhaut auf jeder Seite reicht. B. haben den Vorteil einer weiträumigen Kajüte mit bequemer Sitz- bzw. →*Stehhöhe.*

backen und banken *(mess tables and benches)* Marine-Kommando für die Einnahme des Mittagessens.

backhalsen *(to box-haul),* **Backhalsen, das** Ein Manöver des →*Wendens* mit einem →*Rahsegler* bei →*schwerem* Wetter, bei dem das →*Heck* mit →*back* gesetzten Segeln und →*Fahrt achteraus* in den Wind gebracht und dann mit Wiedererlangung von →*Fahrt voraus* (ähnlich wie bei der →*Kuhwende* einer →*Yacht)* die Windseite mit einer →*Halse* gewechselt und der →*Windjammer* sicher auf den neuen →*Bug* gebracht oder gehalst wird. Dabei durchläuft eine →*Dreimastbark* folgende Positionen (Abb.): 1. Amwindkurs über →*Steuerbord-Bug* (mit →*Wind von Backbord).* – 2. Den →*Besan* bergen, →*anluven,* →*backbrassen* Vortopp, →*vierkantbrassen* Großmast, →*Ruder* in →*Luv,* Fahrt achteraus, Drehen des →*Hecks* nach Luv. – 3. Rahen des Großmastes fallen wieder voll, Schiff macht Fahrt voraus, Ruder nach →*Lee.* – 4. Rundbrassen der Rahen am →*Fockmast.* – 5. Besan wieder setzen, Großrahen an den Wind. – 6. Fockrahen an den Wind. – 7. Neuer Amwindkurs auf Backbord-Bug (mit →*Wind von Steuerbord*). – Der →*Seeraum* für das B. ist sehr viel kleiner als für normales →*Halsen,* bei dem das Heck direkt durch den Wind gedreht wird. Dafür dauert das schwierige Manöver länger.

backhalten *(to keep aback [sails])* Seitliches Heraushalten eines (Vor-)Segels, damit der Wind auf die falsche Seite treffen und eine gewünschte Drehbewegung des Bootes einleiten oder beschleunigen kann. Auf →*Jollen* hilft das B. z. B. beim Versagen des →*Wendens.*

backholen *(to trim aback, to haul aback)* Auf eine →*Rah* bezogen eine Drehung mit Hilfe der →*Brassen,* bis das →*Rahsegel* den Wind von der falschen Seite erhält, z. B. bei einer →*Backhalse.* Allg. das Bedienen der Segel und →*Schoten* zum →*Backsetzen.*

backkommen, backschlagen *(to come aback, coming aback)* Die Segel kommen (schlagen) →*back,* wenn sie unfreiwillig (durch unachtsames →*Steuern)* den Wind von der falschen Seite bekommen.

Backschaft, die *([messmates], mess)* Eßgemeinschaft an Bord von →*Segelschiffen* oder →*Marinefahrzeugen.*

Backschafter, der *(mess steward)* Mitglied einer →*Backschaft,* der das Essen aus der →*Kombüse* holt und sowohl für das →*Aufbacken* wie →*Abbacken* verantwortlich ist.

Backschlagen der Segel; die Segel schlagen back *(the sails are caught aback)* Ein ungewolltes Ereignis, wenn sich die →*Segel* durch einen Steuerfehler oder ein →*Schralen* des Windes plötzlich so stellen, daß der Wind gegen die eigentliche →*Leeseite* weht. Diese Gefahr besteht vor allem auf einem →*Vorwindkurs (→platt vor dem Wind),* wenn ein Boot →*tiefer vor dem Wind* bzw. mit →*Wind von Lee* zu segeln beginnt.

backsetzen *(to trim aback, to back)* Ein Segel mit Hilfe seiner →*Schoten* oder anderer Hilfsmittel (→*Bootshaken,* →*Fockbaum)* so stellen, daß der Wind gegen die eigentliche Leeseite des Segels wehen kann. Sinngemäß das →*Backhalten* mit Hilfsmitteln und für eine längere Zeit. Das B. ist auch ein notwendiges Segelmanöver beim →*Beidrehen* bzw. zum →*Beiliegen.*

Backskiste, die *(locker seat)* Durch eine Klappe von oben zugänglicher Kasten in einer Sitzbank (in der →*Plicht,* in der →*Kajüte* oder im Vorschiff) zum Verstauen von persönlichen Gegenständen oder →*Ausrüstungsteilen.*

Backspier(e), die *(swinging boom)* Eine in Höhe der →*Back* querschiffs ausgebrachte →*Spiere,* an der bei einer größeren, vor →*Anker* oder an der →*Boje* liegenden Yacht die zu Wasser gelassenen →*Beiboote* festgemacht werden.

Backstag, das *(running backstay)* Losnehmbares →*Stag,* das in Höhe der oberen →*Saling* angreift und einen hohen →*Mast* schräg nach →*achtern* stützt. Unter Segeln wird ein B. nur auf der jeweiligen →*Luvseite* gefahren und auf der →*Leeseite* losgeworfen, damit es dann nicht die Bewegungen des →*Großbaumes* und die →*Schotführung* behindert. Zum Spannen des B. benutzt man →*Backstagstrecker* oder →*Taljen.*

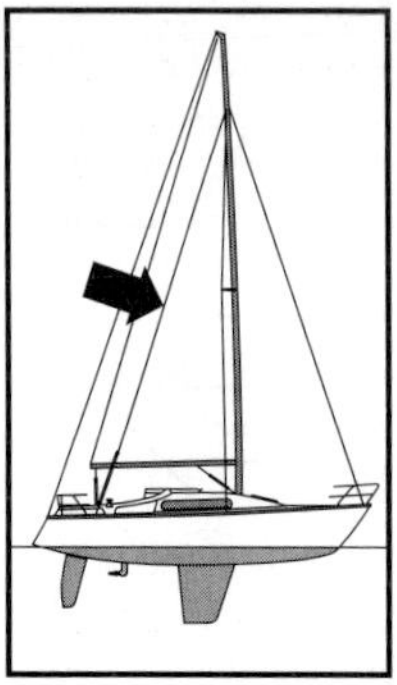

Backstagsbrise, die *(quarter breeze)* Alte Bezeichnung für die Richtung des relativen →*Bordwindes,* wenn er schräg von →*achtern* aus der Richtung des →*Backstags* auf das Segel trifft. Heute →*raum-achterlicher Wind* genannt.

Backstagstrecker, der *(backstay lever)* Hebelvorrichtung zum schnellen und leichten Bedienen der →*Backstagen* beim →*Wenden* oder →*Halsen.*

Backtrack (engl.) Rückweg oder Gegenkurs. Mit einer „Backtrack"-Funktion kann ein →*GPS-Empfänger* ausgestattet sein. Sie erlaubt es, ohne die Eingabe eines →*Wegpunktes* einen Rückweg zum Ausgangspunkt eines (Tages-)Kurses zu steuern oder den direkten Weg dorthin zurückzuverfolgen.

Badegast, der *(fellow sailer)* Freundlich-abwertende Bezeichnung für einen →*Gast,* der an Bord keine (verantwortliche) Tätigkeit ausübt, keine seemännische Erfahrung hat und nur zum Spaß (z. B. zum Baden am →*Ankerplatz)* mitsegelt.

badengehen *(to capsize, to turn-turtle)* Scherzhafter Ausdruck für →*kentern* oder →*durchkentern* beim →*Regattasegeln* mit →*Jollen.*

Badeleiter, die *(boarding ladder)* Eine einfache →*Jakobsleiter,* die als →*Bordleiter* nur zum Baden an die Außenhaut gehängt wird. Bei einem →*Mann-über-Bord-Manöver* kann sie die fest am →*Heck* installierte →*Sicherheitsleiter,* die natürlich auch als B. dienen kann, nur bedingt ersetzen.

Bagger, der *(dredger, dredge)* Schwimmendes Arbeitsgerät zur Vertiefung des →*Fahrwassers.* Ein **Eimerbagger** *(bucket dredger)* oder **Greifbagger** *(grab dredger)* gräbt den →*Grund* aus und entleert das **Baggergut** *(spoil, dredged material)* in eine **Baggerschute** *(hopper barge, mud lighter)*, die es zu einer →*Baggerschüttstelle* transportiert. Ein **Saugbagger** *(suction dredge[r])* nimmt – als **Hopperbagger** *(hopper dredge[r])* – das Baggergut im eigenen Laderaum auf. Ein B. wird meistens mit langen →*Ankerketten* oder Stahltrossen zum →*Ufer* auf seiner Position gehalten und darf daher von einem →*Fahrzeug* nur an der hierzu bezeichneten Seite passiert werden.

Baggerschüttstelle, die *(spoil ground, dumping ground)* In einer →*Seekarte* genau markiertes begrenztes Gebiet vor der →*Küste,* in dem die →*Baggerschuten* eines →*Baggers* ihr →*Baggergut* entleeren.

Bahama-Muring, die *(Bahama mooring)* Die B.-M. entspricht der Art der Verankerung in schma-

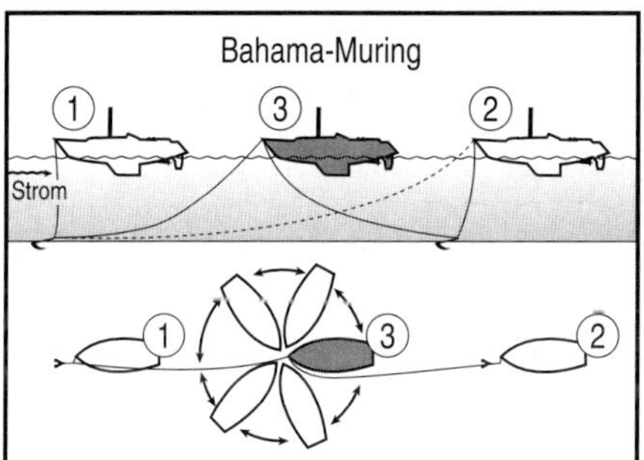

len →*Tidengewässern,* die man auch →*Vermuren* nennt (Abb.): Man läßt in →*Stromluv* einen Buganker fallen (Pos. 1), steckt so viel →*Ankerkette* wie möglich und läßt sich (bis in Pos. 2) →*sacken.* Hier fällt (am →*Bug)* der zweite Anker. Während man die erste Ankerkette →*holt,* gibt man gleichzeitig der zweiten Kette →*Lose,* bis man in Pos. 3 den gewünschten →*Ankerplatz* mit etwa gleichen Kettenlängen eingenommen hat. Hier kann jetzt das Boot frei →*schwojen,* aber der →*Schwojeraum* ist sehr viel begrenzter als bei einer →*Schwojeverankerung.*

Bahn, die *(1. course, 2. cloth, breath)* 1. Beim Rennsegeln die durch →*Bahnmarken* gekennzeichnete Regattastrecke, die entsprechend der →*Segelanweisung* abzusegeln ist. Man bevorzugt z. B. die B. eines →*olympischen Kurses,* bei dem 8 Marken auf einem Kreisbogen in den →*Haupt-*

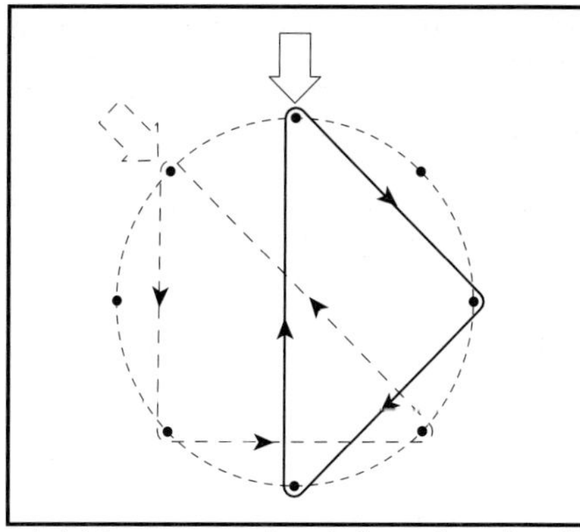

windrichtungen ausgelegt sind, von denen jeweils 3 die B. markieren. Dann erhält man bei jeder Windrichtung ausreichend lange Strecken zum →*Kreuzen* und für →*raumen Wind.* – 2. Die Tuchstreifen, aus denen ein →*Segel* zusammengenäht ist. Synthetisches Segeltuch reckt sich unter Windbelastung unterschiedlich. Man benutzt daher nicht nur Tuche mit verschiedenartigem Aufbau zwischen den →*Schußfäden* und den →*Kettfäden* einer B., sondern ordnet die B. auch entsprechend der besonderen Belastung beim Gebrauch der Segel unterschiedlich an, z. B. im →*Laschenschnitt,* →*Horizontalschnitt,* →*Sternschnitt* u. ä. Durch entsprechendes Übereinandernähen der Bahnkanten erhält man den gewünschten →*Bauch* in einem Segel.

Bahnmarke, die *(mark)* Eine in einer →*Regatta* besonders bezeichnete →*Boje,* →*Tonne* oder →*Marke,* die entsprechend der →*Segelanweisung* in der richtigen Reihenfolge und auf der vorgeschriebenen Seite zu runden oder zu passieren ist (Abb.). Wird eine B. falsch gerundet (A), muß man die begonnene Schleife erst zurücksegeln, ehe man die B. richtig zu runden beginnt (B). Wird eine B. berührt, muß das →*Boot* nach Regel 31.2 der →*WR* entweder das Rennen aufgeben oder den Fehler dadurch wiedergutmachen, daß es sich deutlich von allen anderen Booten freisegelt und unverzüglich zur Strafe eine 360°-Drehung mit einer →*Wende*

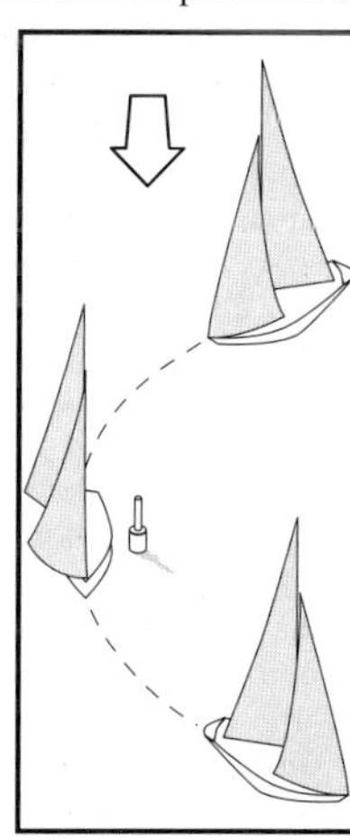

und einer →*Halse* macht, ehe es die →*Wettfahrt* fortsetzt.

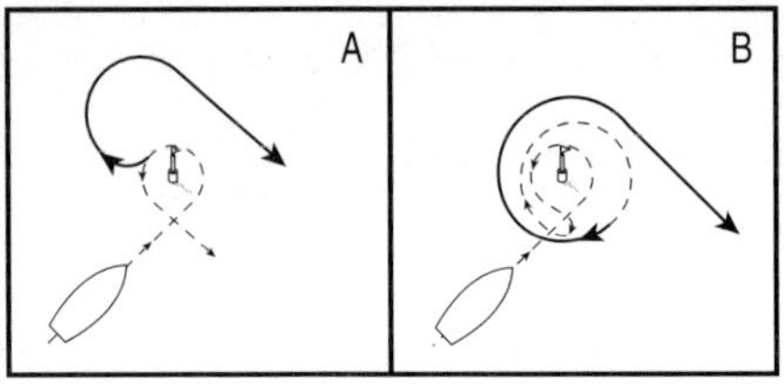

Bahn-Schiedsrichter, der *(umpire)* Mitglied eines →*Schiedsgerichts,* das bei einer →*Wettfahrt,* insbesondere bei →*Match-Wettfahrten* (gemäß Anhang C der →*WR*) und bei →*Team-Wettfahrten* (nach Anhang D der →*WR*) eine sofortige Entscheidung auf dem Wasser trifft. Es arbeiten immer mehrere B.-S. auf einem Schiedrichterboot zusammen. Die von einem B.-S. durch ein optisches →*Signal* verhängte unmittelbare →*Strafe* für eine Verletzung der →*WR* besteht auf einem Kurs zu einer →*Bahnmarke* in →*Luv* aus einem Manöver des →*Halsens* mit anschließender Rückkehr auf einen →*Amwindkurs.* Während des Segelns zu einer Bahnmarke in →*Lee* oder zur →*Ziellinie* muß das Boot dazu auf dem gleichen Bahnschenkel bleiben, sich freisegeln, →*wenden* und auf einen →*Vorwindkurs* zurückkehren. Ein B.-S. kann auch bei einer Verhandlung von →*Protesten* in einem →*Schiedsgericht* oder einer →*Jury* tätig werden.

Bahnverkürzung, die *(shortening course)* Eine Verkürzung der in der →*Segelanweisung* vorgeschriebenen →*Bahn.* Eine B. wird von der →*Wettfahrtleitung* während der →*Regatta* vorgenommen, wenn sie durch →*Flaute,* →*Sturm,* durch Vertreibung einer →*Bahnmarke* oder aus anderen Gründen notwendig ist. Die Bekanntgabe der B. erfolgt durch →*Setzen* der Flagge „S" auf dem Zielschiff sowie auf den Schiedsrichterbooten an den Bahnmarken.

Bake, die *(beacon)* An Land oder in flachem Wasser feststehendes, weithin sichtbares Gerüst, das Fahrzeugen auf See zur Orientierung dient. Eine B. ist durch Bauform oder Toppzeichen (Kreis-, Kreuz- oder Kugelbake) von weitem gut von anderen →*Landmarken* zu unterscheiden und im →*Seehandbuch* mit geographischer Position genau beschrieben. Zwei Baken bezeichnen auch eine →*Deckpeilung.* Abk. für B. in der →*Seekarte:* Bk. (Bn). Für die →*Funknavigation* dienen →*Funkbaken,* beim →*Radarverfahren* →*Radarbaken mit* abweichender Begriffsbestimmung.

Bakentonne, die *(pillar buoy)* Eine Tonne oder →*Boje* mit einem Aufbau, der einer →*Bake*

ähnelt. Eine B. wird häufig als →*Ansteuerungstonne* ausgelegt, die in unsichtigem Wetter ein akustisches Kennzeichen (z. B. mit einer →*Glocke)* gibt und bei Nacht ein →*Licht* mit einer besonderen →*Kennung* zeigt. Eine B. ist oft auch mit einem →*Radarreflektor* bestückt.

Balanceruder, das *(balanced rudder)* Ein →*Schweberuder,* bei dem ein Teil des →*Ruderblattes* vor der Drehachse liegt (und der →*Ruderschaft* nicht, wie bei einem →*Festruder,* an der Stirnseite des Ruderblattes angebracht ist). Dadurch verringert sich das Drehmoment am Ruderschaft und damit auch der Druck an der →*Pinne,* so daß der →*Rudergänger* weniger Muskelkraft zum →*Ruderlegen* aufwenden muß. Ein freistehendes B. (Abb. 1) arbeitet zwar effektiv, wirkt sich aber nervös auf die Pinne aus. Bessere →*Kursstabilität* erhält man mit einem B. hinter einem →*Skeg* (2). Eine solche Vorbalancierung läßt sich auch bei vorhandenen →*Ruderanlagen* nachrüsten. Selbst das →*Festruder* eines →*Langkielers* mit ausreichend großem →*Schraubenbrunnen* (3) oder ein am →*Skeg* aufgehängtes Ruderblatt (4) läßt sich durch eine nachträglich angebrachte Fläche →*vorlich* vom →*Ruderschaft* in ein B. verwandeln.

Balje, die (auch Balge) *(1. channel in the watts, 2. tub)* 1. Breiter und tiefer Wasserlauf im Watt, der auch bei →*Niedrigwasser* noch Wasser führt und als →*Fahrwasser* benutzt werden kann. 2. Hölzernes Wasch- oder Schöpfgefäß.

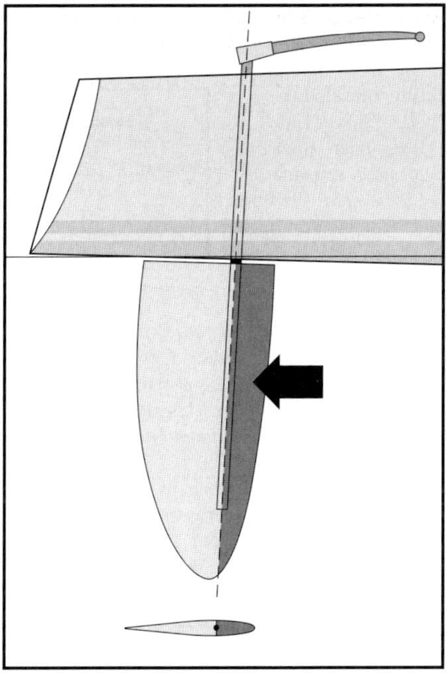

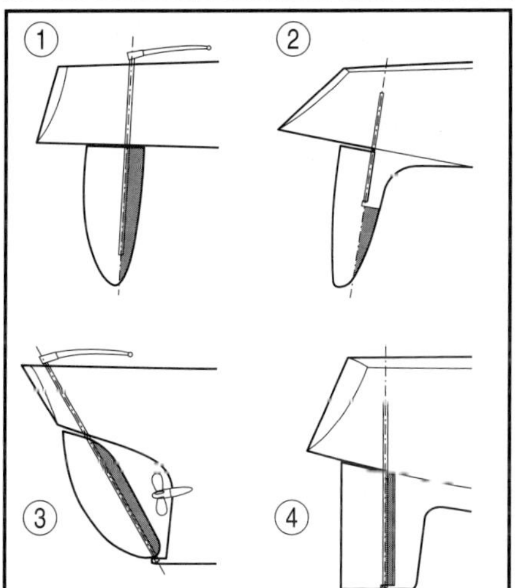

Balanceruder

Balkenbucht, die *(camber of beam)* Das Maß für die Krümmung des →*Decksbalkens* (auf hölzernen Booten), heute als →*Decksbucht* bezeichnet. Die Aufwölbung, die für den Abfluß des Spritzwassers vom →*Deck* wichtig sein kann, wird meistens (wie die →*Segelwölbung)* in Prozenten angegeben und bezieht sich dann auf die →*Breite über alles.*

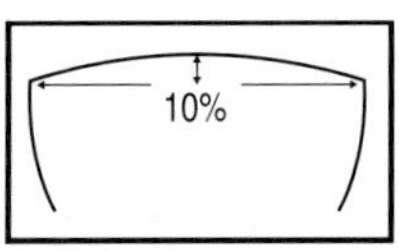

Balkenstek, der *(timber hitch)* Ein einfacher →*Stek* zum →*Anstecken,* z. B. eines Balkens, einer →*Spiere* o. ä., auch →*Zimmermannsstek* genannt (Abb.).

Balkweger, der *(clamp, beam clamp)* Beidseitig parallel zur Oberkante des →*Bootsrumpfes* vom →*Heck* zum →*Bug* verlaufender Balken, der ein Teil des →*Längsverbandes* ist und auf dem im Holzbootsbau die →*Decksbalken* befestigt sind. Im Bootsbau aus →*GFK* wird der B. aus Kernmaterial oder Hohlprofilen gefertigt und einlaminiert.

Ball, der *(black ball)* Kugelförmiger Signalkörper mit einem Durchmesser von 0,60 m (auf

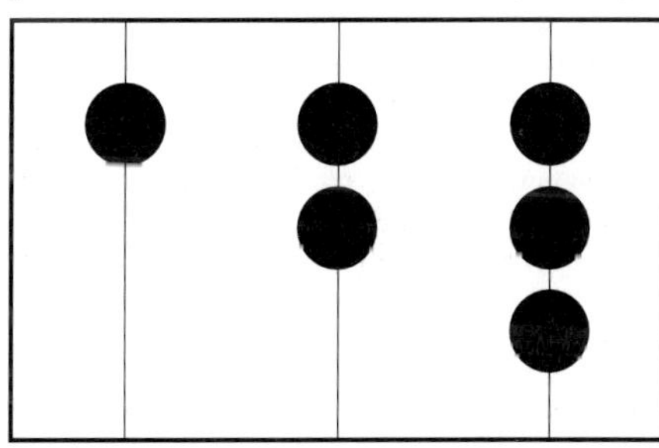

Yachten auch geringer), der einzeln oder mehrfach an Bord gesetzt wird und auch in Kombination mit anderen →*Signalkörpern* zur Bekanntgabe wichtiger Nachrichten dient, z. B. als Kennzeichnung eines Bootes vor →*Anker.* Zwei schwarze Bälle bezeichnen ein manövrierunfähiges Fahrzeug, drei Bälle ein auf Grund geratenes Fahrzeug. Der zur →*Ausrüstung* gehörende B. besteht aus zwei kreisförmigen, zusammenklappbaren Scheiben, die zur Benutzung im rechten Winkel zueinander gestellt werden, damit sie aus jeder Richtung als Rundkörper erscheinen.

Ballast, der *([fixed] ballast)* Zusätzliches Gewicht, das ein Boot mitführt, um die →*Querstabilität* zu vergrößern und damit insbesondere die →*Segeltragfähigkeit* auf einem →*Amwindkurs* zu erhöhen. Der B. ist entweder außen als →*Ballastkiel* oder unter den Bodenbrettern als →*Innenballast* gehaltert. Nach den →*WR (Regel 51)* darf B. nicht zur Veränderung der →*Stabilität* verlagert werden.

Ballastkiel, der *(ballast keel)* Von außen unter den →*Kiel* gebolzter, oft profilierter Ballastkörper, vornehmlich aus Eisen oder Blei, damit ein Boot nicht →*kentern* kann. Bei einem Boot aus →*GFK* ist der →*Ballast* auch von innen bis zur gleichen Wassertiefe eingelegt, gegebenenfalls sogar zum →*Trailern* teilweise zu entfernen. Dieser integrierte B. verzichtet auf Durchbrechungen durch den →*Kiel* und Haltebolzen eines →*Flossenkiels* mit den Gefahren eines →*Lecks* und der →*Korrosion* der Befestigung.

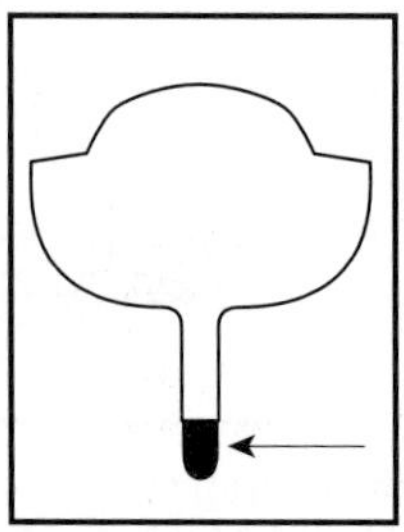

Ballastkleidung, die *(ballast cloth)* Im Rennsegeln kann eine Kleidung, die das Gewicht des Seglers als →*lebender Ballast* vorteilhaft vergrößert, beim →*Ausreiten* einer →*Jolle* für eine größere →*Querstabilität* sorgen. Nach den →*WR (Regel 43)* ist das Gewicht einer möglichen B. auf höchstens 8 kg, nach →*Klassenvorschriften* auf 10 kg begrenzt. Das Wiegen einer B. ist im Anhang J der WR vorgeschrieben.

Ballast-Stabilität, die *(ballast stability)* Eine Form der →*Gewichtsstabilität,* bei der die Lage des →*Ballastes* für die Art des →*Ballastkiels* und den Grad der →*Stabilität* charakteristisch ist. Große B.-S. bei einem →*Kurzkieler* mit Ballast an der außen hängenden Flosse. Geringere B.-S., wenn der gesamte Kielballast in den Rumpf integriert ist.

Ballon, der *(balloon sail, balloon)* Frühere Bezeichnung für ein großflächiges, bauchiges →*Vorsegel,* nach seiner Verwendung als Raumballon oder Kreuzballon bezeichnet. Auch Leichtwettersegel (→*Großsegel)* wurden als B. bezeichnet. Heute wird anstelle von B. ein Segel als →*Genua,* →*Drifter* oder →*Reacher* bezeichnet.

Ballterminal, das *(ball terminal)* Ein →*Walz-* oder →*Gewindeterminal* mit einem →*Endbeschlag* in Form einer Kugel (Abb.), der z. B. bei einem →*Fallriegel* benutzt wird.

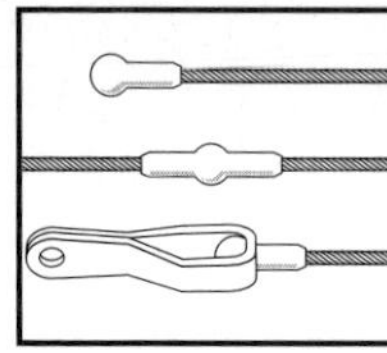

Balsa-Holz, das *(Balsa wood)* Ein südamerikanisches →*Massivholz* mit dem geringen →*spezifischen Gewicht* von 0,20, das als Hirnholz mit quer zum Bauteil verlaufender Maserung als →*Kernmaterial* für →*Balsa-Sandwich* benutzt wird.

Balsa-Sandwich, das *(Balsa sandwich)* In der →*Verbundbauweise* die Verwendung von →*Balsaholz* in Form von →*Hirnholz* als →*Kernmaterial.* B.-S. wird bevorzugt für den →*Serienbau* von →*Decks* benutzt, weil es bei geringen Kosten leichtes →*Gewicht* mit großer →*Festigkeit* verbindet.

Bändsel, das *(lanyard, seizing)* Dünnes und kurzes →*Ende* zum →*Festmachen* und →*Zurren,* z. B. als →*Reffbändsel.* Der Durchmesser beträgt im allgemeinen nicht mehr als 5 mm. Dünneres →*Tauwerk* nennt man →*Garn,* dickeres →*Leine.*

bändseln *(to tie together)* Das →*Festmachen,* →*Zurren* oder →*Beschlagen* mit einem →*Bändsel.*

Bank, die *(bank)* 1. Eine Sandbank, die sich durch abgelagerte Sände als →*Untiefe* gebildet hat. Sie verläuft dann meistens in Verlängerung oder parallel zur Strömungsrichtung, z. B. an Flußmündungen. – 2. Ein großräumiger Bereich mit geringerer Wassertiefe in der freien See, der die Schiffahrt jedoch kaum behindert und vorwiegend als Fischereigebiet dient, z. B. Doggerbank, Neufundlandbank u. a. – 3. Eine deutlich gegen den Himmel abgegrenzte dichte Nebelschwade oder Wolkenwand.

Bankhaken, der *(bench hook)* Ein Werkzeug des →*Segelmachers* zum Spannen von →*Segeltuch* auf einer Segelmacherbank, z. B. beim Nähen einer Naht (Abb.) oder zum Einstanzen einer →*Öse.*

BAPT, das Abk. für →*Bundesamt für Post und Telekommunikation.* Die BAPT-Außenstelle Hamburg, Sachsenstraße 12 – 14, 20097 Ham-

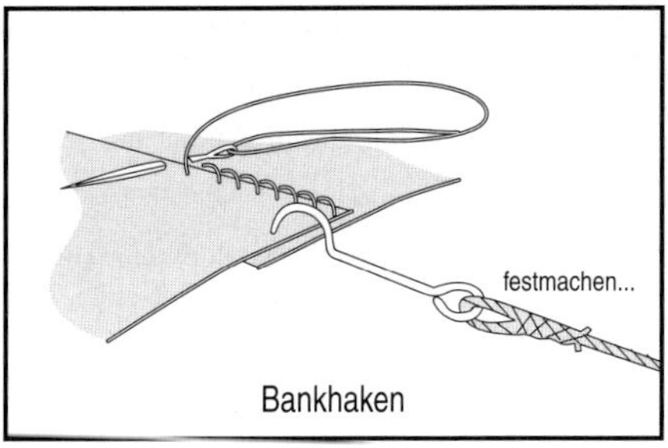

Bankhaken

burg, Tel. (0 40) 2 36 55-0, ist Nachfolgerin vom →*Fernmeldeamt 6 in Hamburg* und zuständig für den gesamten →*Seefunkverkehr.*

Bar, das *(bar)* Maßeinheit des →*Druckes,* früher hauptsächlich für Angaben des →*Luftdrucks* (1 Bar = 1000 mb = 750 mm Quecksilbersäule) in der Meteorologie oder des Wasserdrucks (1 Bar = 10,20 m Wassersäule) benutzt. Jetzt im →*SI-System* meistens durch die abgeleitete Einheit →*Pascal* ersetzt. 1 Bar = 100 000 Pascal oder 1000 →*Hektopascal.*

Barberholer, der *(barber hauler)* Englisches Lehnwort für einen →*Beiholer,* mit dem der Zug-

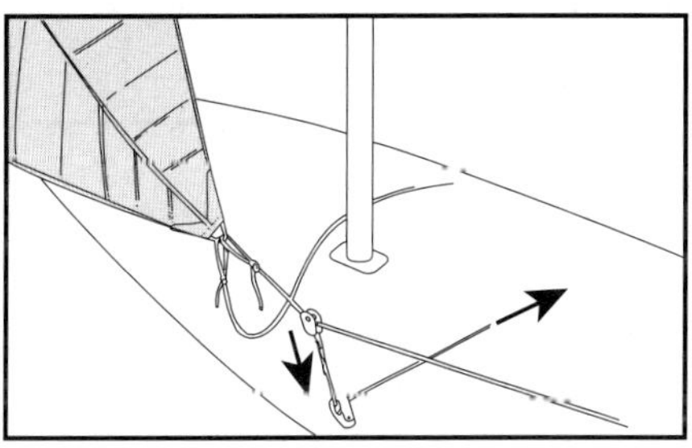

winkel einer →*Schot* (z. B. für →*Fock,* →*Genua* oder →*Blister)* verändert und der →*Segeltrimm* verbessert werden kann. Man hängt einen →*Klappblock* mit einer Trimmleine zwischen →*Holepunkt* und →*Schothorn* in die Schot und führt sie über einen vorlich an der →*Fußreling* befestigten →*Block* bis zur →*Plicht,* wo sie belegt wird. Setzt man den so geschaffenen B. durch, kann – je nach seiner Zugrichtung – das →*Schothorn* zur Seite und/oder nach unten wandern und sich dabei der →*Anstellwinkel* eines Segels oder seine Form vorteilhaft verändern.

Bareboat-Charter *(engl.)* Internat. Fachausdruck beim →*Chartern,* wenn nur das Boot allein und ohne →*bezahlten Skipper* und/oder Crew gemietet wird. „Bare“ bedeutet so viel wie nackt, kahl, leer.

Barisches Windgesetz, das *(Buys Ballot's law)* Das B. W. stellte der holländische Meteorologe

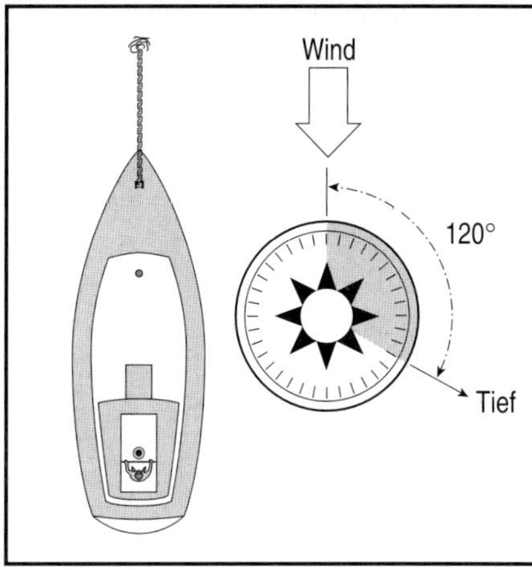

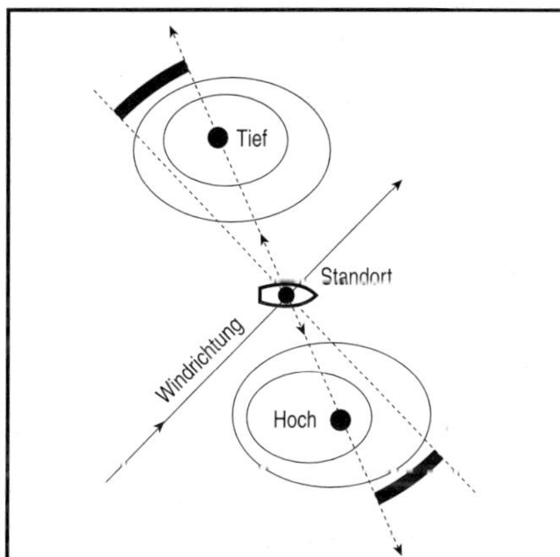

Barisches Windgesetz

Buys Ballot (1817–1890) auf. Durch diese Gesetzmäßigkeit der →*Luftströmungen* aus einem →*Hoch* hinaus und in ein →*Tief* hinein kann man aus der Richtung des →*atmosphärischen Windes* die Lage der Zentren von Hoch- und Tiefdruckgebieten erkennen und daraus Entscheidungen für die Wahl des →*Kurses* o. ä. ziehen. Da der atmosphärische Wind nur an Land oder am →*Ankerplatz* genau erkennbar ist, ist eine Prüfung nach dem B. W. nur auf einem Boot ohne →*Fahrt* oder auf einem →*Vorwindkurs* üblich, wenn der →*wahre Wind* und der relative →*Bordwind* die gleiche Richtung haben. Blickt man am Ankerplatz gegen den Wind, dann liegt nach dem B. W. der Kern eines Tiefs auf ca. 120° →*Seitenpeilung* an →*Steuerbord,* d. h. rechts im Rücken des Beobachters, und der Kern des Hochs in ca. 60° Seitenpeilung an →*Backbord.* Durch mehrere Beobachtungen in zeitlichen Abständen kann man die →*Auswanderung* z. B. eines →*Sturmtiefs* erkennen.

Bark, die *(bark, barque)* Ein Großsegler mit drei →*Masten,* von denen die beiden vorderen, der

Bark

→*Fockmast* und der →*Großmast,* mit →*Rahsegeln* getakelt sind, während der →*Besanmast* →*Schratsegel* trägt. Die „Gorch Fock", das Segelschulschiff der Bundesmarine, ist z. B. als B. geriggt.

Barkasse, die *(longboat, launch)* Robustes, größeres Verkehrsboot mit Motorantrieb für den Hafenverkehr. In der Großschiffahrt auch größtes →*Beiboot* für den Betrieb mit Motor und →*Riemen.*

Barkentine, die (Barkschoner, der) *(barkentine, barquentine)* Ein dreimastiger Großsegler, bei dem im Gegensatz zu einer →*Bark* nur der →*Fockmast* →*vollgetakelt* ist, während die beiden anderen →*Masten* →*Schratsegel* führen.

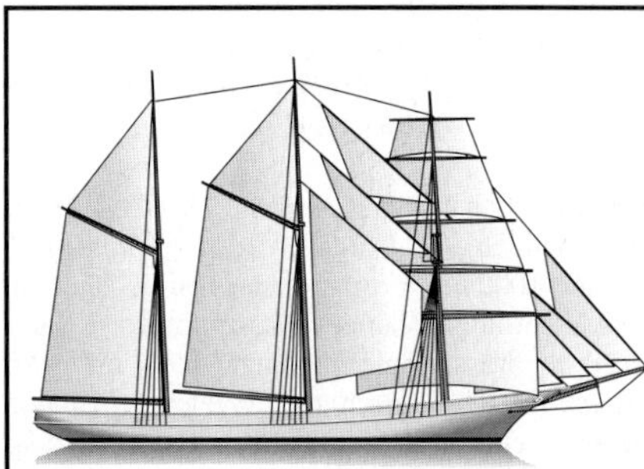

Barkentine

Barogramm, das *(barogram)* Die Aufzeichnung des →*Luftdrucks* auf einem →*Barographen.* Ein

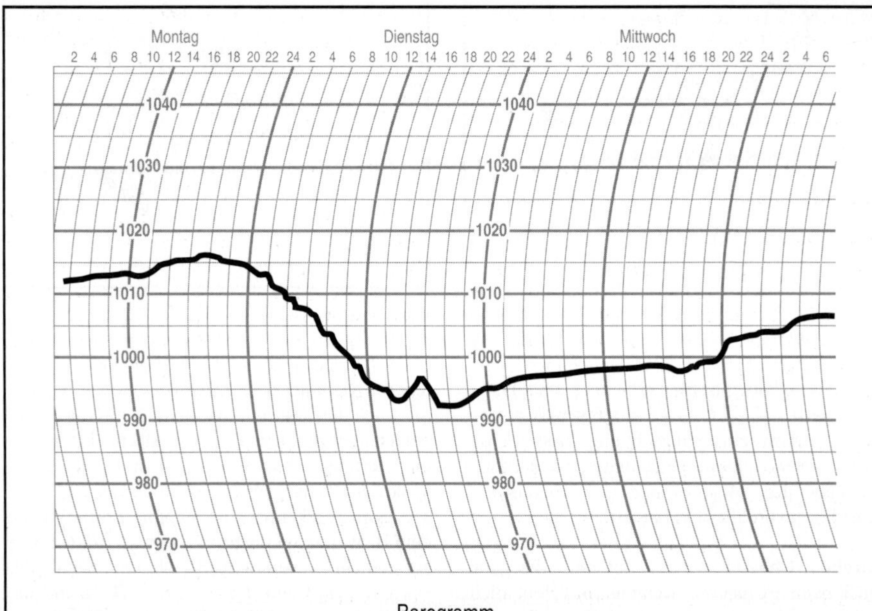

Barogramm

B. vermittelt im allgemeinen die Luftdruckentwicklung für den Zeitraum einer Woche auf einem entsprechenden Papierstreifen (Abb.) oder für einige Tage auf einem Bildschirm und dient damit einer sicheren →*Wetternavigation.*

Barograph, der *(barograph)* Gerät zur selbständigen Aufzeichnung des gemessenen Luftdrucks.

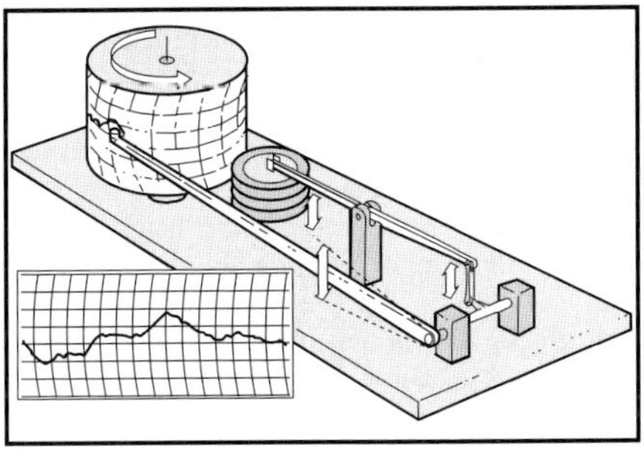

Ein Schreibhebel, der mit einer luftleeren Metalldose (Aneroid-B.) verbunden ist, überträgt die gemessenen Werte fortlaufend auf einen Papierstreifen der sich in 7 Tagen einmal axial drehenden Trommel, so daß man die Tendenz des Steigens oder Fallens des →*Luftdrucks* besser als mit einem →*Barometer* erkennen kann. Der Trommelantrieb erfolgt bei einem modernen B. nicht mehr durch ein Federwerk, sondern durch ein Quartzbatteriewerk, und das →*Barogramm* wird anstelle von Feder und Tinte mit einem Langzeitfaserschreiber gefertigt. Eine vollelektronische Aufzeichnung des →*Luftdrucks* ohne mechanische Elemente erfolgt mit 12-V-Bordnetz- oder Batterie-Modellen, die 365 Tage lang und ohne Papierwechsel arbeiten können. Es sind dann immer die letzten vier Tage im Ablesefeld sichtbar.

Barometer, das *(barometer)* Gerät zum Messen des atmosphärischen →*Luftdrucks* in →*Hektopascal* (früher auch in →*Millibar* und in Millimeter). An Land sind hauptsächlich Quecksilber-Barometer gebräuchlich, die nach dem Prinzip von Toricelli (1644) arbeiten. An Bord benutzt man Dosen- oder Aneroid-Barometer, die den Luftdruck durch →*Analoganzeige* mit Hilfe eines Zeigers registrieren, der die Deformationen einer elastischen, luftleeren Metalldose anzeigt. Ein →*Barograph* ist als Bordwetterstation wertvoller, weil er die Tendenzen des Steigens oder Fallens des Luftdrucks besser darstellt und anschaulicher festhält.

Baroskop, das *(baroscope)* Ursprünglich ein einfaches, von Otto von Guericke (1663) entwickeltes Gerät, um Schwankungen des →*Luftdrucks* mittels einer Waage anzuzeigen. Als B. wurden auch das →*Wetterglas* und das →*Sturmglas* bezeichnet, die keine ablesbaren Meßwerte wie das →*Barometer* liefern. Heutzutage versteht man unter einem B. ein elektronisches Gerät, das auf einem LCD den Luftdruck mit hoher Anzeigegenauigkeit 24 Stunden lang aufzeichnet. Bei diesem Meßverfahren wird zwar jeder Einfluß des →*Rollens* oder →*Schlingerns* ausgeschlossen, aber durch das Fehlen eines Langzeitspeichers im Gerät bleiben alle Werte nur einen Tag in der Anzeige.

Barre, die *(bar)* Eine →*Sandbank,* die sich in kürzerer Entfernung vom Ufer und parallel zum Strand oder auch quer vor einer Flußmündung oder Hafeneinfahrt gebildet hat. Beim Segeln über eine B. in schwerem Wetter kann →*Grundsee* oder →*Brandung* zum →*Unterschneiden* oder →*Kentern* (besonders von →*Jollen)* führen, während für →*Kielboote* die Gefahr der →*Grundberührung* im →*Wellental* groß ist.

Basiseinheit, die; Basisgröße, die *(base unit, System International)* Das →*Internationale Einheitensystem* (System International) verzeichnet 7 Basiseinheiten (SI-Einheiten), aus denen eine Vielzahl von abgeleiteten Einheiten gebildet wird. Die B. für die →*Länge* ist das Meter (m), für das Zeitintervall die →*Sekunde* (s), für die Masse das Kilogramm (kg), für die thermodynamischen Temperaturen das Kelvin (K), für die Lichtstärke die →*Candela* (cd), für die Stärke eines zeitlich unveränderlichen elektrischen Stromes das Ampere (A) und für die Stoffmenge das Mol (mol). Es gibt dazu abgeleitete Einheiten der B. wie für die →*Kraft,* die sich aus den drei Basisgrößen →*Länge, Masse und Zeit* ableitet und in →*Newton* (N) angegeben wird. Eine Zusammenstellung der Basisgrößen und ihre abgeleiteten Einheiten sind unter dem Stichwort →*Internationales Einheitensystem* zusammengefaßt.

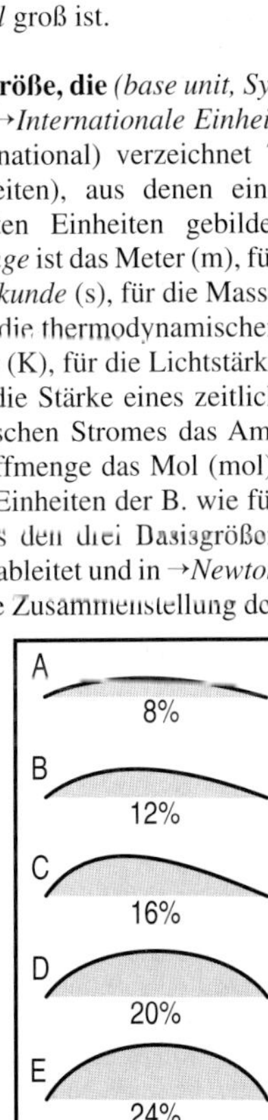

Bauch (eines Segels), der *(fullness of sail, camber, flow)* Die Segelwölbung, die der →*Segelmacher* durch unterschiedliches Übereinandernähen der Kanten der →*Bahnen* und die rund geschnittenen →*Lieken* in ein Segel hineinarbeiten kann. Auf einem →*Amwindkurs* bevorzugt man weniger B., bei leichtem Wetter und auf einem →*raumen Kurs* erzeugt größerer B. mehr Luftkraft. Der B. läßt sich sowohl hinsichtlich der Lage des Scheitelpunktes der Wölbung wie der Wölbungstiefe verändern, z. B. durch einen →*Cunningham-Stropp,* durch →*Schothornausholer* u. a., mit dem Segel verbundene Vorrichtungen. Das Maß des B. wird in Prozenten zur Sehne der Segelwölbung angegeben und beträgt z. B. 8 % (Abb. A) bei einem flach getrimmten Segel, 16 % (Abb. C) bei einem sehr bauchigen →*Großsegel* oder 24 % (Abb. E) bei einem →*Spinnaker.* Der B. bestimmt auch den →*optimalen Anstellwinkel* eines Segels. Je größer der B., desto stärker wird bei →*auffrischendem Wind* die →*Krängung.*

Baud, das, Abk. B *(baud)* Nach dem Franzosen Baudot ab 1874 benannte Einheit der Signalgeschwindigkeit, früher für die Telegraphiergeschwindigkeit und heutzutage für die Datenübertragungsgeschwindigkeit. Die Signalgeschwindigkeit ist die Anzahl der Signalereignisse pro Sekunde. So beträgt die Schrittgeschwindigkeit z. B. bei einer Telegraphierleistung von 400 Zeichen/min etwa 50 Baud, d. h. 20 ms je Schritt. Und der deutsche Korrektursender für →*Differential-GPS* in Wustrow verbreitet z. B. seine Nachrichteneinheiten, die in den entsprechend ausgerüsteten →*GPS-Empfängern* vollautomatisch verarbeitet werden, mit 200 Baud. Andere Geräte der →*elektronischen Navigation* arbeiten üblicherweise mit Datenübertragungsgeschwindigkeiten von 25, 50, 100 und 200 Baud. Wenn jedes Signalereignis nur ein Bit repräsentiert, ist die Baud-Rate gleich der Anzahl Bit/s, auch bps oder bit pro sec geschrieben. Je größer die für ein →*nautisches Gerät* angegebene Nachrichteneinheit pro Sekunde (die Baud-Rate oder der bps-Wert) ist, desto leistungsstärker ist es wohl einzuschätzen.

Bauernnacht, die Seemannsausdruck für ungehindert langen Schlaf in einer →*Nacht* ohne →*Wache,* vorwiegend auf einen Aufenthalt im →*Hafen* oder am →*Ankerplatz* bezogen.

Baum, der *(boom, spar)* 1. Ein längsschiffs fest angebrachtes →*Rundholz* (z. B. der →*Klüverbaum)* oder eine nur einseitig befestigte und schwenkbare →*Spiere* (z. B. ein Ladebaum). – 2. Auf →*Jollen* und →*Yachten* eine einseitig befestigte, bewegliche Spiere, an der das →*Unterliek* eines Segels →*angeschlagen* ist (z. B. →*Großbaum,* →*Besanbaum,* →*Spinnakerbaum* u. a.). Ein B. kann aus →*Aluminium,* →*Holz* oder anderen Werkstoffen gefertigt und mit einer →*Keep* oder einer Schiene für →*Schlitten* oder Rutscher ausgestattet sein.

Baumachterholer, der *(guy, brace)* An der →*Nock* eines →*Baumes* befestigte →*Leine,* die bis zum →*Achterschiff* reicht und das →*Trimmen* (z. B. beim →*Spinnakerbaum)* mehr nach →*vorn* oder →*achtern* erlaubt.

Baumaterial, das *(building material)* Zum Bootsbau wurde früher nur →*Massivholz* benutzt. Heute neben →*Bootsbausperrholz* hauptsächlich →*GFK,* →*Stahl* und →*Aluminium.*

Baumfock, die *(boom jib)* Eine →*Fock,* deren Fläche nicht größer als das →*Vorsegeldreieck* ist.

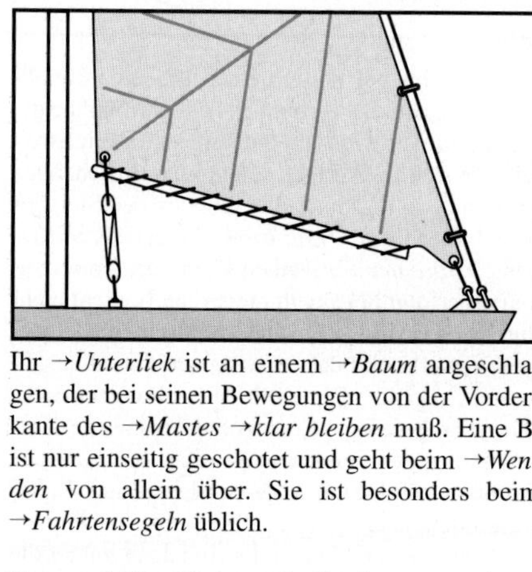

Ihr →*Unterliek* ist an einem →*Baum* angeschlagen, der bei seinen Bewegungen von der Vorderkante des →*Mastes* →*klar bleiben* muß. Eine B. ist nur einseitig geschotet und geht beim →*Wenden* von allein über. Sie ist besonders beim →*Fahrtensegeln* üblich.

Baumgei (Großbaumgei), die *(boom guy, boom vang)* Eine →*Gei,* die das seitliche Schwenken

eines →*Baumes* verhindern soll. Auch wenn der →*Baumniederhalter* nicht zum →*Mastfuß*, sondern zum →*Schandeck* führt, wird er als B. bezeichnet.

Baumniederhalter, der (Baumniederholer, der) *(boom vang, kicking strap)* Kleine, kräftige →*Talje* oder verstellbares Metallband am →*Großbaum,* um ihn auf allen →*Kursen* waagerecht halten zu können. Ein B. greift am Ende des ersten Baumdrittels an und führt in einem Winkel von ca. 45° zum →*Mastfuß,* wo die →*holende Part* befestigt ist. Ein B. sorgt insbesondere dann, wenn auf →*raumen Kursen* die →*Großschot* keinen weitgehend senkrechten Zug mehr ausüben kann, für einen →*optimalen Anstellwinkel* des →*Großsegels* über seine ganze Höhe und verhindert neben einer →*Verwindung* des Segels, daß der Baum auf →*Vorwindkursen* steigt. Es gibt zahlreiche Modelle für einen B., z. B. mit →*Talje* (Abb. A), mit Hebelwippe, mit Handradspanner und Spindel oder als starre Rohrkonstruktion mit innenliegendem Gaskolben, die in Anlehnung an den englischen Begriff auch „Baumkicker" genannt wird. Auf Seekreuzern bewährt hat sich eine Kombination aus B. und →*Bullenstander* (Abb. B) mit Bedienung aus der →*Plicht.*

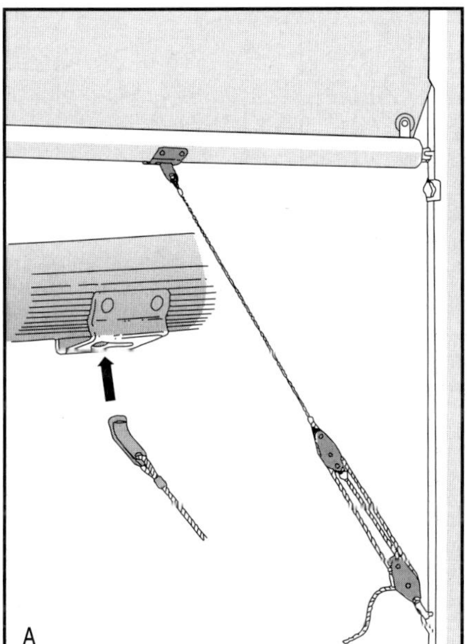

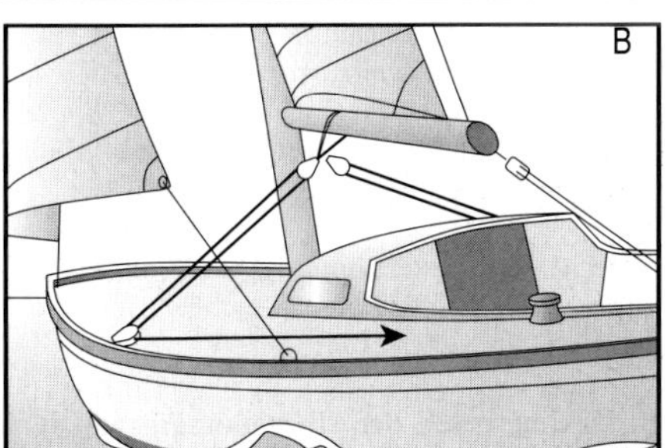

Baumnock, die *(boom head)* Die →*Nock,* d. h. das äußere freie Ende einer →*Spiere,* z. B. die →*Großbaumnock,* →*Fockbaumnock* und →*Spinnakerbaumnock,* an denen meistens ein spezieller →*Nockbeschlag* befestigt ist.

Baumstütze, die *(boom crutch)* Senkrechte, einsteckbare Einzelstütze, feste Querstrebe mit zwei

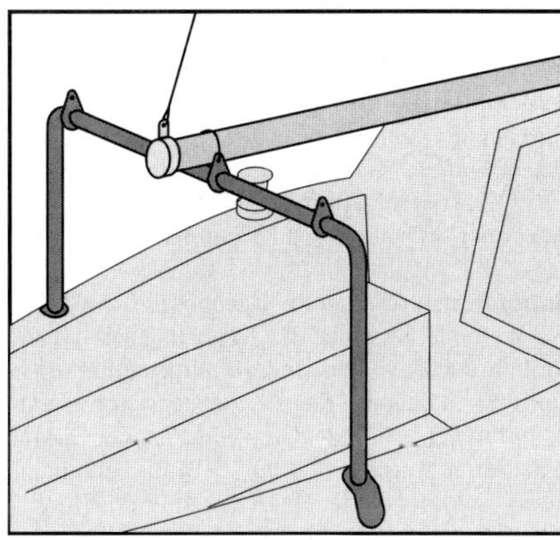

seitlichen Stützen (Abb.), auch „Galgen" genannt, oder scherenartig zusammenklappbarer Bock (Baumschere) als Auflager für den →*Großbaum,* wenn das Segel geborgen ist.

Baumvorholer, der *(boom fore-haul)* Eine von der →*Nock* eines →*Baumes* bis auf das →*Vorschiff* (und von hier meistens weiter zur →*Plicht)* geführte Leine, die das waagerechte Schwenken nach vorn erlaubt. Mit einem B. ist z. B. ein →*Passatsegel* ausgerüstet, aber auch eine →*Bullentalje* ist nichts anderes als ein B.

Baumwolle, die *(cotton);* **Baumwolltuch, das** *(cotton canvas, cotton fabric)* Etwa 14 Mikron hauchdünne Samenfasern eines in feucht-warmem Klima angesäten strauchartigen Gewächses, die in faustgroßen Flocken geerntet und zu festen Fäden versponnen werden. Die längste und feinste Faser lieferte das ägyptische Mako. Das gegenüber →*Leinwand* aus →*Flachs* leichtere, geschmeidigere und festere →*Segeltuch* aus B. begann seinen Siegeszug mit dem Erfolg der „America" 1851 im ersten →*America's Cup.* B. hat zwar eine →*Reißlänge* von 25 km, und B.-Tuch besitzt einen geringeren →*Reibungskoeffizienten* sowie weniger Durchlässigkeit als Flachstuch, aber dafür mehr →*Reck* und (bei Feuchtigkeitseinfluß) eine größere Anfälligkeit gegen Verstocken. Die ein Jahrhundert dominierende B. wurde ab ca. 1950 von den →*synthetischen Fasern* (→*Chemiefasern,* z. B. →*Dacron,* →*Nylon u. a.)* abgelöst.

Baumwolltauwerk, das *(cotton rope)* Aus →*Baumwolle* gefertigtes →*Tauwerk,* das weiß, weich, →*lehnig* und sehr haltbar war und daher bis Anfang der 60er Jahre als →*Naturfasertauwerk* hauptsächlich für →*Schoten* verwendet wurde. Es gab →*geschlagenes* und →*geflochtenes* B., das niemals →*Kinken* bekam, aber lange Zeit brauchte, ehe es bis zum →*Kern* durchgetrocknet war. An die Stelle von B. ist heutzutage Tauwerk aus →*synthetischen* Fasern getreten, für →*Schoten* z. B. 16fach geflochten mit Kern aus →*Polyester* oder →*Dyneema* und Mantel aus →*PES.*

Baunummer, die *(yard number, hull number)* Fortlaufende Nummer des Neubaus einer Werft, ähnlich wie die Motor- oder Fahrgestellnummer eines Kraftwagens. Sie ist meistens auf einem Schild in der →*Plicht* angegeben. Aus der B. läßt sich durch Anfragen in der →*Werft* bei einem Bootskauf aus zweiter Hand das Alter des Bootes o. ä. feststellen. Die B. ist auch bei Reklamationen wichtig.

Bauvorschrift(en), die *(building regulations)* Genaue Einzelangaben über die Abmessungen und Werkstoffe zum Bau von →*Yachten.* Sie werden von der →*ISAF* für →*internationale Klassen,* vom →*DSV* für →*nationale Klassen* oder von einer →*Klassifikationsgesellschaft* für den Bau von →*Seekreuzern* herausgegeben und überwacht.

Beaufort-Skala, die *(Beaufort's scale)* Im Jahre 1806 vom englischen Admiral Sir Francis Beaufort aufgestellte Tabelle, die die Windgeschwindigkeit in 12 geschätzte sogenannte „Stärkegrade" nach der Windwirkung auf See und an Land sowie der entsprechenden möglichen Segelführung einteilt. Die B.-S. wurde 1874 international anerkannt und 1949 bis auf →*Windstärke* 17 erweitert. Heute gibt es für jede Windstärke die dazugehörige →*Windgeschwindigkeit* (Abb.) in

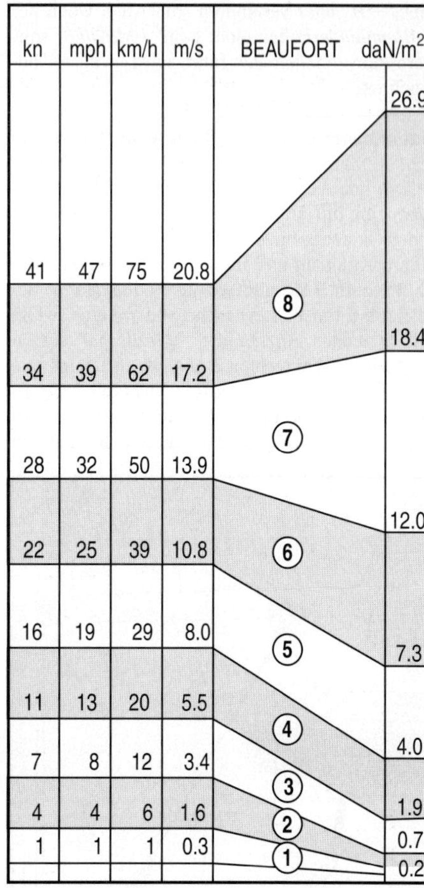

→*Knoten* (kn), →*Meilen* pro Stunde (mph), Kilometer pro Stunde (km/h) und Meter pro Sekunde (m/s), die bei Windmessungen und im →*Wetterbericht* der B.-S. vorgezogen werden. Bei Benutzung der B.-S. muß man beachten, daß die →*Windkraft* mit dem Quadrat der Windgeschwindigkeit wächst und sich z. B. um 100 % erhöht, wenn der Wind von Beaufort (Bft) 4 auf Bft 5 auffrischt. In der →*Wetterkarte* wird die →*Befiederung* entweder nach der B.-S. oder nach →*Knoten* angegeben. Abkürzung →*Bft* (siehe auch Tabelle „Wind und See" im Anhang).

bedeckt *(overcast)* Völlige Bedeckung des gesamten sichtbaren Himmelsgewölbes mit Wolken, d. h. ein →*Bedeckungsgrad* 8/8.

Bedeckungsgrad, der (Bewölkungsgrad, der) *(cloud amount)* In der →*Wetterbeobachtung* der

Anteil der Bewölkungsfläche an der Gesamtfläche des Himmels, in Achteln (z. B. 3/8) angegeben.

B-Division, die *(B Division)* Die →*internationale Klasse* der →*B-Katamarane.*

Befeuerung, die *(lights)* Sammelbegriff für alle der Schiffahrt bei Nacht dienenden festen und schwimmenden →*Leuchtfeuer* eines →*Fahrwassers* bzw. eines Seegebietes.

Befiederung, die *([symbols] barbs on arrows)* Die Kennzeichnung der →*Windstärke* oder →*Windgeschwindigkeit* an einem →*Windpfeil* der →*Wetterkarte* oder →*Monatskarte.* Im deutschen →*Seewetterdienst* wird die B. nach der →*Beaufort-Skala* vorgenommen, d. h. mit einer Fieder für 2 Windstärken und einer halben Fieder für 1 Windstärke (Abb.). International üblich ist die B. nach →*Knoten,* d. h. mit einer Fieder für 10 kn und einer halben Fieder für 5 kn.

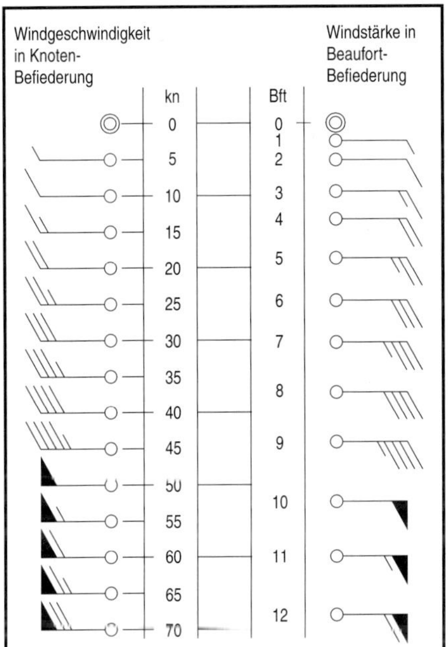

beibändseln, beifangen, beizeisen *(to secure loose gear)* Loses →*Decksgeschirr* →*seefest* →*zurren* oder Teile, die →*beigeholt* sind, durch →*Bändsel* oder →*Zeisinge* sichern.

Beiboot, das *(dinghy, tender)* Ein zur →*Ausrüstung* einer größeren →*Yacht* gehörendes, oft aufblasbares Kleinboot mit einer →*Tragfähigkeit* von 2 bis 3 Personen. Ein B. wird unterwegs auf dem →*Vordeck* oder →*Kajütdach* →*gezurrt.* Es dient an der →*Boje* oder vor →*Anker* zum Verkehr mit dem Land oder für seemännische Arbeiten wie →*Ausfahren* von →*Leinen,* →*Verholen* usw. Ein B. kann zum →*Pullen* und →*Wriggen,* oft auch zum Segeln und für den Betrieb mit einem →*Außenbordmotor* eingerichtet sein.

beidrehen *(to heave to)* Manöver zum kurzzeitigen →*Stoppen* eines Bootes, bei dem der Wind die Segelfläche neutralisiert und das Boot kaum →*Fahrt* durchs Wasser macht. B. wird bei leichtem und schwerem Wetter und auf →*Jollen* und →*Yachten* gleichermaßen benutzt, z. B. um abzuwarten oder etwas zu →*klarieren.* Dauert der Zustand des B. länger an, so spricht man von →*beiliegen.* Zum B. fährt man ein →*Wendemanöver* mit belegter →*Vorschot,* so daß anschließend die →*Fock* zur →*Luvseite* und das →*Großsegel* zur →*Leeseite* →*geschotet* sind; die Fock ist dabei praktisch →*back* gesetzt. Auf einer Jolle wird beim B. das →*Schwert* auf ca. ein Drittel seiner Tiefe aufgeholt.

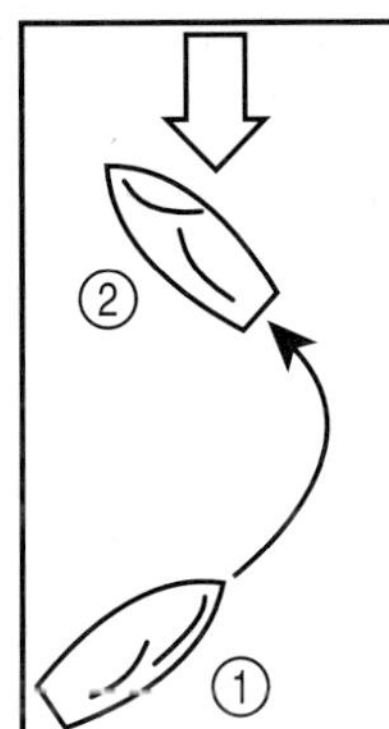

beiholen *(to haul aback, to haul home)* Mit einem →*Beiholer* arbeiten, etwas heranholen, nach innen oder einwärts →*holen,* damit man es gegebenenfalls →*beibändseln* kann.

Beiholer, der *(barber hauler, bull rope)* Kurzes →*Ende,* um eine weitgehend senkrecht →*gescho-*

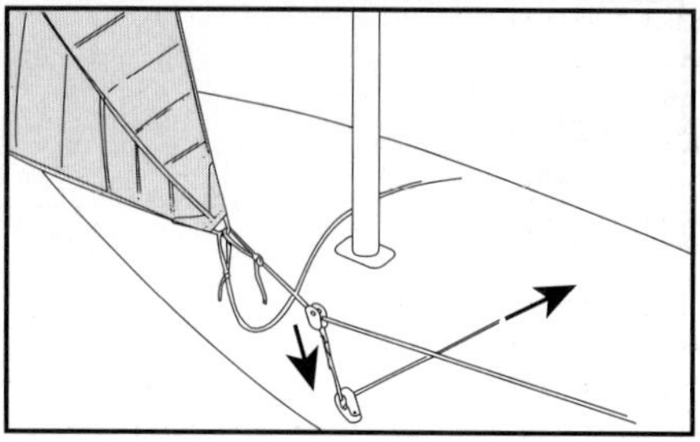

rene →*Leine* oder →*Part* des →*stehenden* oder →*laufenden Gutes* in Querschiffsrichtung heranzuholen oder abzuhalten, z. B. als →*Barberholer* zum besseren →*Trimmen* der →*Fockschot.*

beiliegen *(heaving to, hove to)* Der andauernde Zustand nach dem →*Beidrehen.* Das Boot macht dabei kaum →*Fahrt voraus* und treibt nur langsam nach →*Lee* ab. Dabei liegt es auch im →*Sturm* relativ ruhig, wenn man mit →*Sturmfock* und →*Sturmtrysegel* eine Position halten kann, daß Wind und See ca. 2 →*Strich* vorlicher als →*querab* einkommen, die →*Brecher* in →*Luv* in der durch die →*Drift* entstehenden Balsenbahn kurz vor Erreichen der Bordwand weitgehend verlaufen und ein →*Kielboot* durch seine geringe →*Anfangsstabilität* allen Bewegungen, auch in hohem →*Seegang,* weich folgen kann.

beim Wind *(close hauled)* Ein Boot segelt b. W. oder auf einem →*Amwindkurs,* wenn es so hoch wie möglich →*anliegen* kann, um vorteilhaft →*kreuzen* zu können. Ggt.: →*raumschots.*

Beisegel, das *(light additional sail)* Ein Segel, das nicht zu den →*Hauptsegeln* oder →*Arbeitssegeln* gehört, aus leichterem Tuch gefertigt ist und meistens zur Vergrößerung der Segelfläche auf einem →*raumen Kurs* dient, wenn die →*Windgeschwindigkeit* des relativen →*Bordwindes* und die →*Windkraft* vermindert sind. Als B. gelten →*Tallboy* (Abb.), →*Drifter,* →*Genua,* →*Reacher,* →*Spinnaker,* →*Besanstagsegel* u. a. Die schwergewichtigen Segel →*Sturmfock* und →*Trysegel* werden ebenfalls als B. bezeichnet.

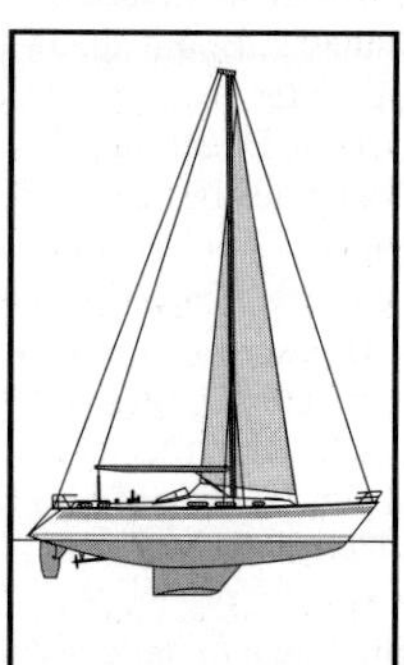

B-Katamaran, der *(B-Catamaran)* Als →*internationale Klasse* anerkannter →*Katamaran* für 2 Mann Besatzung. Länge 6,10 m, Breite 3,05 m, Segelfläche 21,83 m². Ein bekannter B.-K. ist der →*Tornado,* der auch als →*olympische Klasse* segelt.

bekalmen *(to becalm)* Ohne Wind sein. Ein Boot ist bekalmt, wenn es auf der →*Leeseite* eines Hindernisses (Steilküste, Uferstreifen, Dampfer) läuft oder durch ein anderes Segel →*abgedeckt* ist. Im Windschatten herrscht dann weitgehend →*Kalme* oder →*Windstille.*

bekleiden *(to serve, to marl)* Schützendes Umwickeln von →*Tauwerk* mit (eingefetteten) Segel-

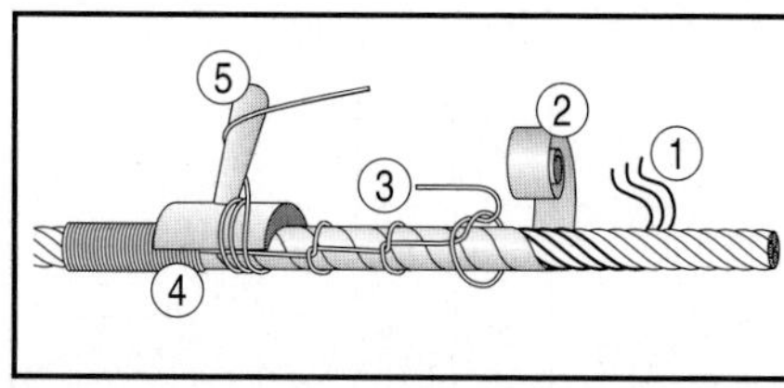

tuchstreifen gegen →*Schamfilen* oder zur Sicherung eines →*Drahtspleißes* gegen sog. „Fleischhaken". Heute wird B. hauptsächlich durch einen enganliegenden Plastikschlauch oder durch mehrere nebeneinanderliegende Törns von →*Takelgarn* vorgenommen. Man bekleidet z. B. die →*Seereling,* den decksnahen Bereich der →*Wanten* und andere Teile des →*stehenden Gutes.* Die Abb. zeigt, wie früher das B. (oder „Bekleeden") (4) mit dem →*Trensen* (1) begonnen und über das →*Schmarten* (2) und →*Marlen* (3) mit Hilfe einer →*Kleidkeule* (oder „Kleedkeule") (5) abgeschlossen wurde.

bekneifen *(to jam)* Die →*Part* einer →*Leine* so übereinander oder in eine →*Schotklemme* oder →*Klemmklampe* legen, daß die Leine ihre Position auch bei einer Zugbelastung nicht verändert. Das B. kann gewollt sein, z. B. beim →*Belegen,* auch mit einem →*Kopfschlag,* aber auch durch Fehler beim Umgang mit →*Tauwerk* verursacht werden.

belegen *(to belay, to make fast)* Eine →*Leine* oder →*Trosse* an einem →*Poller* oder an einer →*Klampe* bzw. einem →*Belegnagel* richtig befestigen. Dazu legt man z. B. an einer Klampe zuerst einen vollen →*Rundtörn* (Abb. A, 1), dann mehrere →*Kreuzschläge* (2) und zuletzt einen →*Kopfschlag* (3), damit sich der →*Tampen* →*bekneifen*

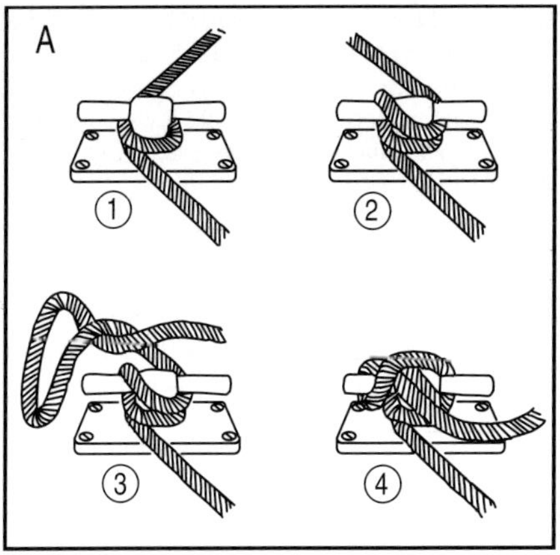

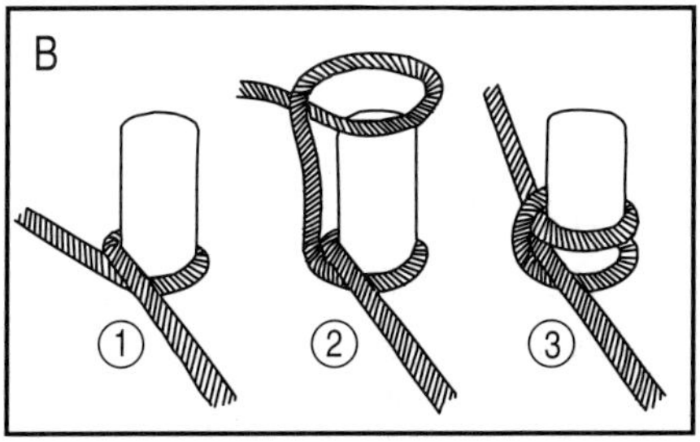

kann. Das B. durch Überwurf von 2 →*Augen* über den Poller (Abb. B, 1–3) ergibt praktisch einen →*Webeleinenstek.*

Belegklampe, die *(cleat)* Eine →*Klampe* zum →*Belegen.* Eine B. ist im Gegensatz zum →*Belegnagel* ein Beschlag, den man waagerecht und senkrecht anordnen kann, z. B. zur Befestigung eines →*Falls* am →*Mast* (Abb.).

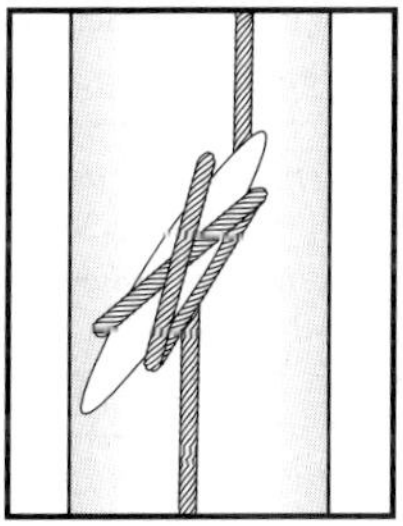

Belegnagel, der *(tack pin)* Senkrechter, oben oft profilierter Pflock in einer →*Nagelbank* zum →*Belegen* von →*Fallen,* →*Flaggleinen* und anderen Teilen des →*laufenden Gutes* (Abb).

beleuchtetes Objekt *(floodlighted object)* Zeichen aus →*Karte 1* im Anhang.

bemusen *(to mouse)* siehe →*musen.*

benetzte Oberfläche, die *(wetted surface)* Der bis zur jeweiligen →*Schwimmwasserlinie* eingetauchte Teil der →*Außenhaut* einschließlich →*Kiel,* →*Schwert* und →*Ruderblatt.* Von der b. O. ist der →*Reibungswiderstand* eines Bootes abhängig, der insbesondere bei leichtem Wetter und geringer →*Fahrt* den größten Anteil am →*Gesamtwiderstand* des Bootsrumpfes hat. Auf →*Jollen* ist die Besatzung bemüht, durch →*Trimmen* mit ihrem Körpergewicht (bei →*Gleitfahrt* nach →*achtern,* bei →*Flaute* nach →*Lee)* die b. O. zu verkleinern oder ihr eine Form zu geben, die aus anderen Gründen vorteilhaft ist, z. B. lang und schmal für den →*Kreuzkurs,* weil →*„Länge läuft".*

Beplankung, die *(planking)* Die Art und Weise, wie die →*Außenhaut* eines →*Bootsrumpfes* aus Holz durch neben- oder übereinanderliegende →*Planken* zusammengefügt ist.

berechnete Zeit, die *(corrected time)* Die zur Wertung einer →*Wettfahrt* unter →*Ausgleichern* aus der →*gesegelten Zeit* und dem →*Zeitberichtigungsfaktor* ermittelte Zeitdauer für das Absegeln einer Bahn, nach der die Bewertung der seglerischen Leistung vorgenommen wird.

Bergegurt, der *(lifting becket)* Ein mindestens 20 mm breiter Gurt, der nach →*DIN* EN 396 und 399 Bestandteil der →*Rettungswesten* 150 N und 275 N sein muß. Er soll aus einem verrottungsbeständigen Werkstoff hergestellt und so ausgestattet sein, daß er sowohl von Hand ergriffen werden als auch zum Befestigen von Hebezeugen dienen kann. Bei einer Erwachsenengröße muß er einer Kraft von 2600 N, bei einer Kindergröße von 1500 N standhalten. Ein B. muß im Bereich der Brustmitte angebracht, von der Farbe der Rettungsweste klar unterscheidbar und deutlich sichtbar sein, wenn der Träger im Wasser treibt. Seine Bergeschlaufe muß mindestens 100 mm lang sein. Ein B. darf nicht mit einem →*Sicherheitsgurt* (nach →*EN 1095)* verwechselt werden, der jedoch unter einer Rettungsweste ohne B. getragen werden kann.

bergen *(1. to furl a sail, 2.–3. to recover, 4. to salvage)* 1. Ein →*gefiertes Segel* zusammennehmen und durch →*Zeisinge* sichern. – 2. Einen im Wasser treibenden Gegenstand an Bord nehmen. – 3. Einen Menschen nach einem →*Mann-über-Bord-Manöver* wieder an →*Deck holen* und in Sicherheit bringen. – 4. Ein →*festgekommenes* oder →*havariertes Fahrzeug* wieder flottmachen.

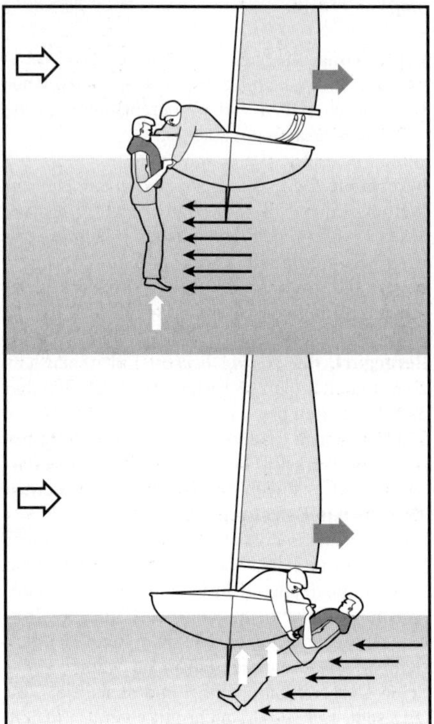

Mann über Bord

Bergung, die *(e.: salvage; a.: wrecking)* Der juristische Begriff der B. mit einem Anspruch auf →*Bergelohn* besteht für eine Besatzung, wenn sie einen (treibenden) Gegenstand →*bergen* konnte, über den der →*Eigner* die Verfügungsgewalt verloren hatte (z. B. Sonden für Forschungsarbeiten, Übungsgeräte der Bundesmarine usw.) oder wenn sie ein von seiner Besatzung →*aufgegebenes* Boot einschleppt, dessen →*Ausrüstung* oder Teile seiner Ladung aufnimmt und an den →*Eigner* zurückgibt. Das Abbergen eines Bootes mit seiner Besatzung an Bord gilt nicht als B., sondern nur als →*Hilfeleistung* in →*Seenot,* aber mit einem Anspruch auf →*Hilfsleistungslohn.*

Bergelohn, der *(salvage money, salvage)* Angemessene Vergütung, die bei einer erfolgreichen →*Bergung* bis zu einem Drittel des in Sicherheit gebrachten Wertes, bei einer →*Hilfeleistung* zum Abbergen mindestens die entstandenen Unkosten einschließlich der durch das →*Bergen* an Bord entstandenen Schäden betragen kann. Nimmt man zum →*Abbringen,* ohne daß man sich in →*Seenot* befindet, die Hilfe eines Fahrzeuges der Berufsschiffahrt in Anspruch, dann vereinbare man vorher einen entsprechenden B. bzw. →*Hilfsleistungslohn* und lasse sich nach Möglichkeit mit eigenen →*Leinen* →*abschleppen.*

Bergeschlauch, der *(reefing sleeve, canvas hose)* Ein →*Spinnakerschlauch,* der zum sicheren →*Einholen* eines →*fliegend* gesetzten →*Vorsegels* mit einer Leine vom →*Kopf* und an den →*Lieken* entlang zum →*Schothorn* geholt wird, bis er das Segel wie eine →*Schlauchpersenning* umhüllt. Auf umgekehrtem Weg erfolgt das Setzen, auch eines →*Blisters.* Notfalls kann ein B. auch als →*Reffschlauch* benutzt werden.

Berichtigungspause, die Von einem Seekarten-Berichtigungs-Institut auf Transparentpapier gedruckte Berichtigungsanweisungen für die wichtigsten, von der Sportschiffahrt genutzten →*Seekarten.* Eine B. enthält die in den →*Nachrichten für Seefahrer* im Verlaufe eines Jahres veröffentlichten Ergänzungen und Berichtigungen der entsprechenden Seekarte, die im jeweiligen Frühjahr einfach auf das zu berichtigende Objekt in der Seekarte gelegt, mit einem Kugelschreiber durchgedrückt und so zeitsparend und vollständig eingetragen werden kann.

Bermuda-Catboot, das *(Bermudan cat)* Ein einmastiges Boot mit →*Hochtakelung* ohne →*Vorsegel.*

Bermuda-Ketsch, die *(Bermudan ketch)* Ein →*Anderthalbmaster* mit →*Hochtakelung.*

Catboot

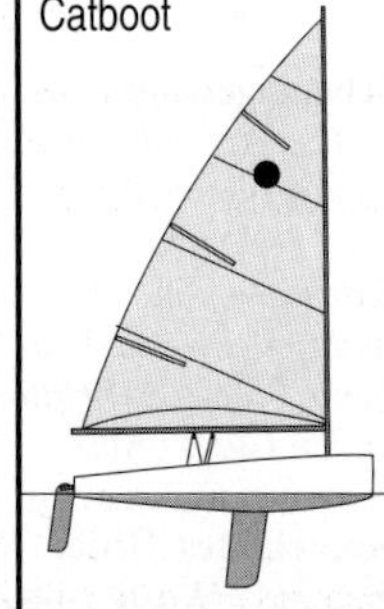

Bermuda-Kutter, der *(Bermudan cutter)* Ein hochgetakelter Einmaster mit 2 →*Vorsegeln* im →*Vorsegeldreieck,* der →*Fock* und dem →*Klüver.*

Bermuda-Rennen, das *(Bermuda Race)* Zum ersten Mal 1906 mit 3 Yachten von weniger als 12 m →*Lüa* von New York zu den Bermuda-Inseln über eine Distanz von 647 sm gesegelte →*Hochseeregatta,* die seit 1923 regelmäßig in jedem ungeraden Jahr vom →*Cruising Club of America* ausgetragen wird. Abgesehen vom unregelmäßig seit 1866 ausgetragenen →*Transatlantik-Rennen* das älteste Hochseerennen der Welt.

Bermuda-Schuner, der *(Bermudan schooner)* Zweimaster mit →*Hochtakelung;* der →*achtere Mast* ist höher als der vordere.

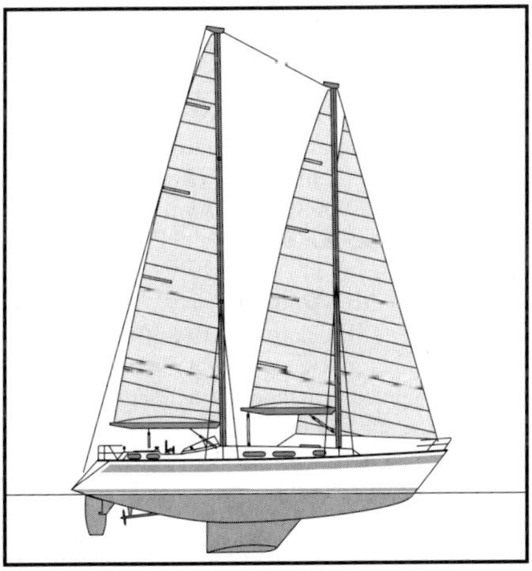

Bermuda-Slup, die *(Bermudan sloop)* Ein Boot mit einem →*Hochsegel* und nur einem →*Vorsegel,* z. B. mit →*Topptakelung.*

Bermuda-Takelung, die *(Bermudian rig)* Bezeichnung für die →*Hochtakelung* nach den Bermuda-Inseln, wo dieses →*Rigg* für Sport- und Fischerboote schon immer benutzt wurde. In Europa löste die B.-T. von 1920 bis 1930 die →*Gaffeltakelung* ab; man nannte sie zuerst wegen der höheren, antennenähnlichen Masten auch →*Marconi-Takelung.*

Bermuda-Yawl, die *(Bermudan yawl)* Ein →*Anderthalbmaster* mit →*Hochtakelung* (Abb.). Von einer B.-Y. spricht man auch, wenn der →*Besan* ein →*Gaffelsegel* und kein →*Hochsegel* führt.

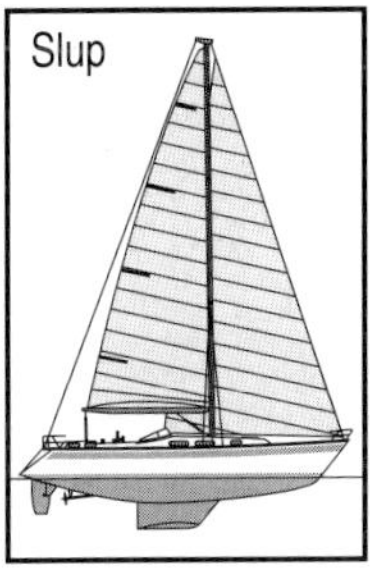

Berufssportler, der *(professional, profi)* Im Gegensatz zum →*Amateur* gilt ein Segler als →*Profi,* wenn er für seine seglerische Leistung in einer →*Regatta* ein Entgelt erhält. Deklariert aber ein →*Sponsor* seine finanziellen Zuwendungen nur für →*Konstruktion, Bau* und →*Ausrüstung* der benutzten →*Yacht* und bezahlt er die persönlichen Leistungen der →*Crew* vor und während eines Rennens als „Wartung", müssen die beteiligten Segler nicht als B. gelten.

Berufung, die *(appeal)* Beim →*Rennsegeln* nach Abschnitt D (Regeln 70, 71) der →*Wettfahrtregeln* (→*WR*) ein Einspruch gegen die Entscheidungen eines →*Schiedsgerichtes.* Die Möglichkeit einer B. ist gegen die Entscheidung einer internationalen →*Jury* nicht mehr gegeben.

Berufungsgericht, das *(appeal's committee)* Ein Gremium von →*Schiedsrichtern,* die als Ausschuß eines Nationalen Verbandes (z. B. →*DSV*) über die Entscheidung eines →*Protestes,* der von einer beteiligten Partei angefochten wird, beraten und endgültig urteilen.

Berufungsverfahren, das *(appeal procedure)* Beim →*Rennsegeln* nach den →*WR* die Möglichkeit einer Partei, gegen die Entscheidung eines →*Schiedsgerichtes* in einem Protestverfahren innerhalb einer bestimmten Frist schriftlich Einspruch einzulegen. Ein →*Berufungsgericht* (eines Nationalen Verbandes, z. B. des →*DSV,* des ÖSV oder des SSV/USY) kann die Entscheidung eines Schiedsgerichtes bestätigen, aufheben oder ändern. Einzelheiten über das B. enthält der entsprechende Anhang F der deutschsprachigen Ausgabe der →*WR*.

Besan, der *(1. mizzen, jigger, 2. mizzen mast, jigger mast)* 1. Das Segel des →*Besanmastes,* auch →*Treiber* genannt. – 2. Der hintere →*Mast* auf einem →*Anderthalbmaster.*

Besanmast, der *(mizzen mast, jigger mast)* Der hintere →*Mast* auf einem →*Anderthalbmaster.*

Besanschot, die *(mizzen sheet)* Die →*Schot* des →*Besans.*

„Besanschot an!" *(„Splice the main sheet!")* Auf einem →*Rahsegler* nach den letzten Handgriffen zum Abschluß des →*Halsens* benanntes Kommando zum Rumempfang für die Besatzung. Sinngemäß auch heute auf →*Yachten* die Einladung der Crew (mit einem entsprechenden Ruf) für einen Drink nach einem guten Manöver oder einer schwierigen seemännischen Arbeit.

Besansegel, das *(mizzen, jigger)* Das Segel am →*Besanmast,* auch einfach nur →*Besan* genannt.

Besanspinnaker, der *(mizzen spinnaker)* Ein kleiner →*Spinnaker,* der bei einer →*Ketsch* oder →*Yawl* auf →*Raumschotskursen* als →*Beisegel* am →*Besan* gesetzt wird.

Besanstagsegel, das *(mizzen staysail)* Auf →*Anderthalbmastern* ein →*Stagsegel,* das vom →*Topp* des →*Besanmastes* bis zum →*Großmast* an →*Deck* geführt wird und den freien Raum zwischen beiden Masten auf →*raumen Kursen* ausfüllt. Das B. überlappt den →*Besan* und wird meistens über den Besanbaum geschotet. Das B. wird von →*Vermessungsvorschriften* nur teilweise erfaßt.

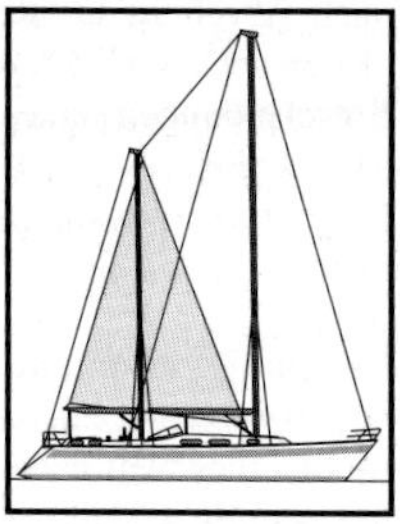

Besatzung, die *(crew)* Die Personen, die zur →*Crew* gehören. Ihre Anzahl ist in den →*Klassenvorschriften* oder der →*Segelanweisung* für die Teilnahme an →*Regatten* durch eine Höchst- oder Mindestanzahl festgelegt, z. B. für →*Einhandboote,* →*Einmannjollen,* →*Zweimannjollen* oder für →*Hochseeregatten.* Juristisch ist eine B. eine freiwillig eingegangene Gefahrengemeinschaft, für die der →*Skipper* als →*Fahrzeugführer* einvernehmlich als Entscheidungsperson bestellt ist. Die B. darf ihm die zur sicheren Führung des Bootes notwendige Unterstützung nicht verweigern.

beschichten Überziehen älterer Boote aus →*Massivholz,* →*Bootsbausperrholz* o. ä. mit wenigen →*Laminaten* aus →*GFK.* Zum B. verwendet man →*Polyesterharz.* Nur bei Stahlyachten und Motorseglern mit starker Vibration durch die Motoren empfiehlt sich das B. mit →*Epoxidharz.*

Beschickung, die *(correction)* Das Anbringen einer notwendigen Berichtigung, um einen abgelegenen, beobachteten oder gemessenen Wert von seinen (bekannten) Fehlern zu befreien. Eine B. ist z. B. die →*Kursberichtigung* durch Anbringen von →*Mißweisung,* →*Ablenkung,* →*Beschickung für Wind* und →*Beschickung für Strom.* In der →*astronomischen Navigation* muß z. B. der gemessene Höhenwinkel eines Gestirns „beschickt" werden. In der →*Funknavigation* gibt es eine Funkbeschickung, beim Segeln in →*Tidengewässern* ist die B. einer →*Lotung* auf die →*Kartentiefe* notwendig.

Beschickung für Strom *(correction for current)* Abk. →*BS.* Genormter Begriff der →*Navigation* als Winkel zwischen der Bewegungsrichtung des Fahrzeugs durchs Wasser und der tatsächlichen oder beabsichtigten Bewegungsrichtung des Fahrzeugs über Grund. Der →*Kurs über Grund* (→*KüG)* ist die Summe aus →*Kurs durchs Wasser* (→*KdW)* und der B.f.S.

Beschickung für Wind, die *(leeway correction)* Abkürzung →*BW.* Genormter Begriff der →*Navigation.* Winkel zwischen der →*Rechtvorausrichtung* des Fahrzeugs und der tatsächlichen oder beabsichtigten Bewegungsrichtung des Fahrzeugs durchs Wasser. Der →*Kurs durchs Wasser* (→*KdW)* ist die Summe aus →*rechtweisendem Kurs* (→*rwK)* und B.f.W. Man bedenke bei der Arbeit mit der B.f.W., z. B. in einer →*Kursverwandlung* vor Fahrtantritt, daß es sich bei ihr um einen empirischen oder Schätzwert handelt und nicht um einen gemessenen Wert wie z. B. für →*Mißweisung* oder →*Ablenkung,* den man aus der →*Seekarte* oder der →*Steuertafel* entnehmen kann.

Beschickung für Wind und Strom, die *(leeway and current correction angle)* Abk. →*BWS.* Ge-

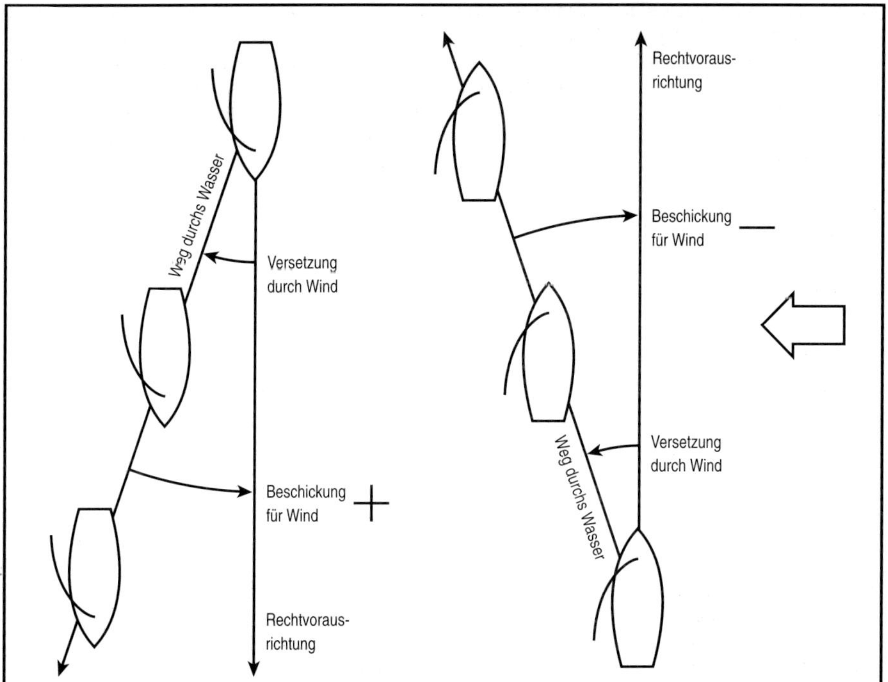

Beschickung für Wind

normter Begriff der →*Navigation* als Winkel zwischen der →*Rechtvorausrichtung* des Fahrzeugs und der tatsächlichen oder beabsichtigten Bewegungsrichtung des Fahrzeugs über Grund.

Beschlag, der *(fitting)* Ursprünglich nur ein schützendes, abschließendes oder verbindendes Bauteil aus Metall, z. B. →*Stevenbeschlag,* →*Ruderbeschlag,* →*Nockbeschlag* u. a. Aus dieser Funktion heraus die Sammelbezeichnung aller fest mit dem Bootsrumpf und der →*Takelage* verbundenen Ausrüstungsteile zur Handhabung des Bootes, die nicht nur aus Metall, sondern auch aus Kunststoff o. ä. gefertigt sind, z. B. →*Klampen,* →*Leitösen,* →*Stevenrolle,* →*Kettendurchlaß* u. a.

beschlagen *(to furl [a sail])* Das windsichere Festmachen eines Segels nach dem →*Bergen* und das →*Auftuchen* mit →*Zeisingen,* →*Bändseln* oder →*Leinen,* gegebenenfalls auch mit Gummistropps (Abb.).

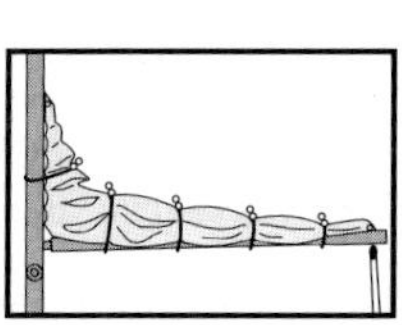

Beschleuniger, der Chemische Substanzen (Kobaltverbindungen oder Amine), die im →*GFK-Bootsbau* die für Kalthärtung bei ca. 50 °C liegende Reaktionstemperatur des →*Katalysators* auf eine Härtung schon bei Raumtemperatur von 15 °C bis 20 °C herabsetzen. Der Zusatz kann Temperaturschwankungen ausgleichen und die →*Topfzeit* verkürzen. Der B. muß mit dem →*Härter* abgestimmt sein. Beide dürfen niemals ineinandergeschüttet werden, da Explosionsgefahr besteht. Sie werden daher im →*Zweitopfsystem* verarbeitet und in getrennte Mischungen von →*Polyesterharz* gegeben.

Beschränkt gültiges Betriebszeugnis für Funker I (UKW-Betriebszeugnis I) Nach der Verordnung über →*Seefunkzeugnisse* vom 17.6.1992 berechtigt es zum Bedienen der Sprech-Seefunkstellen für →*UKW* und der Funkeinrichtungen des →*GMDSS* für UKW in allen →*Seegebieten (→A1,* →*A2,* →*A3).* Die Abwicklung des Funkverkehrs und insbesondere die Abgabe von →*Not-,* →*Dringlichkeits-* und →*Sicherheitsmeldungen* muß dabei in englischer Sprache erfolgen.

Beschränkt gültiges Betriebszeugnis für Funker II (UKW-Betriebszeugnis II) Es berechtigt zum Bedienen der Sprech-Seefunkstellen für →*UKW* und der Funkeinrichtungen des →*GMDSS* für UKW nur in den Gewässern des Bedeckungsplanes der deutschen UKW-Funkstellen (Gebiet →*A 1).*

Beschränkt gültiges Sprechfunkzeugnis für Ultrakurzwellen *(Radio Telephone Operator's Restricted Certificate for Very High Frequencies)* Siehe →*UKW-Sprechfunkzeugnis.*

Besen, der *(broom)* Aus Reisig gefertigtes →*Toppzeichen* für Stangenseezeichen, die ein →*Nebenfahrwasser* bezeichnen. Dabei gibt ein B. →*abwärts* (Spitze oben, Abb. A) nach dem →*Betonnungssystem „A"* die →*Steuerbordseite* an, während ein B. →*aufwärts* (Spitze unten, Abb. B) die →*Backbord-Fahrwasserseite* bezeichnet.

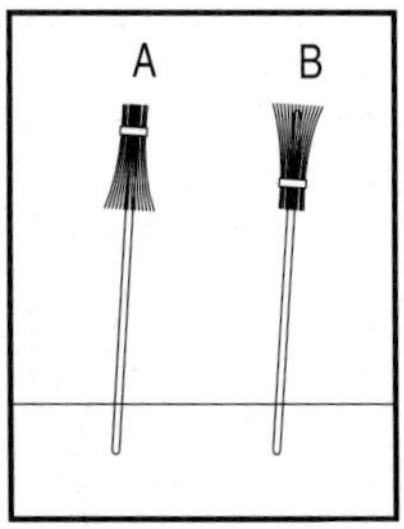

Besichtiger, der *(surveyor)* Ein technisch qualifizierter Fachmann, der im Auftrage des →*Germanischen Lloyd* oder einer anderen →*Klassifikationsgesellschaft* die Bauaufsicht übernimmt, wenn eine Yacht ein →*Klassenzertifikat* oder eine →*Serienbaubescheinigung* erhalten soll.

Besteck, das *(reckoning, fix)* Der nach geographischer Länge und Breite festgehaltene →*Schiffsort.* Man gewinnt ein →*gegißtes B.* entweder durch →*Besteckrechnung* oder durch →*Koppeln* mit dem →*rechtweisenden Kurs* und der zurückgelegten →*Distanz* unter Berücksichtigung einer möglichen →*Besteckversetzung* durch →*Strom* und Windeinflüsse (→*Abdrift).* Das wahre oder beobachtete B. erhält man durch →*Peilungen* und Abstandsbestimmungen von →*Landmarken* und →*Seezeichen (→terrestrisches B.),* durch Funkpeilungen oder durch Gestirnshöhen und Rechnungen (astron. B.).

Besteckrechnung, die *(dead reckoning)* Ermittlung des →*Bestecks* aus den Koordinaten der geographischen →*Länge* und →*Breite* eines vorhergehenden Ortes mit →*Kurs* und →*Distanz* und dem sich daraus ergebenden →*Breiten- und Längenunterschied,* z. B. mit Hilfe einer Gradtafel. Die B. mit der rechnerischen Lösung von Koppelaufgaben ist besonders bei häufigen Kursänderungen außerhalb der Küstensicht und bei Verwendung von →*Seekarten* mit kleineren Maßstäben nützlich.

Besteckversetzung, die *(set)* Die in einer bestimmten Zeit, in einer Richtung und mit ihrer →*Distanz* ermittelte Versetzung eines Bootes, die sich aus dem Unterschied zwischen dem →*gegißten* und dem →*wahren* oder beobachteten →*Besteck* ergibt. Die B. wird in →*rechtweisender Richtung* vom →*Koppelort* zum wahren Ort in →*Seemeilen* angegeben.

betakeln *(to whip, to fit with a tackling)* Sichern der →*Kardeele* eines →*Tampens* durch Abbinden mit →*Takelgarn* und Aufsetzen eines →*Taklings.* Sinngemäß ist auch heute das bevorzugte Verschmelzen der Fäden eines Tampens einer →*Leine* aus →*Chemiefasern* über Feuerzeug oder Kerze eine moderne Art des Betakelns.

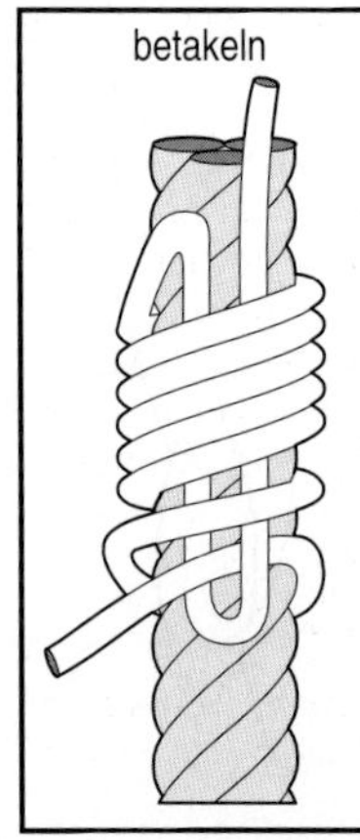

Beting, die *(bitts [pl.])* Der Unterbau unter einem hochbelasteten Beschlag, insbesondere auf dem →*Vorschiff* (z. B. unter der →*Ankerwinsch,* unter einem →*Poller* oder →*Doppelpoller),* an dem die →*Ankerleine* oder →*Schlepptrosse* belegt wird. Der Ausdruck B. wird auch für einen sowohl im →*Deck* wie auf dem →*Vorsteven* gehalterten Poller benutzt, der die starken Horizontalkräfte auf mehrere Bauteile verteilt (Abb.).

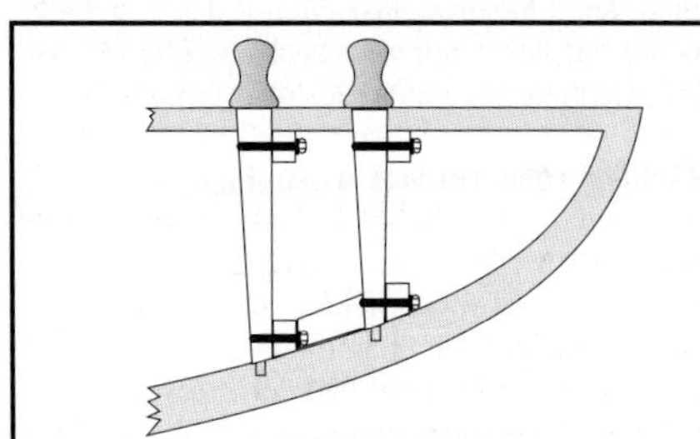

Betonboot, das, Betonyacht, die *(ferro-cement boat, concrete boat)* Ein mit den üblichen Mitteln des Haus- oder Straßenbaus gefertigtes Boot. Zuerst wird die Bootsschale aus Rundeisen und Maschendraht geflochten, ehe sie mit Beton ausgegossen und die →*Außenhaut* glatt verputzt wird. Das erste B. baute der Franzose Lambot 1848. Ein bekanntes B. ist die „Awahnee" von Bob Griffith (Lüa 16,15 m), die zweimal die Welt umsegelte. Vorteil eines B.: keine →*Korrosion,* kein Befall durch Bohrwürmer. Nachteil: bis 10 m Lüa relativ sehr hohes Gewicht. Der auch →*Ferrozement* genannte →*Eisenbeton* besteht etwa je zur Hälfte aus Eisen und Beton. Die Mischung des Mörtels erfolgt üblicherweise aus 30 % Zement, 20 % Wasser und 50 % besonders ausgewählten Füllmaterials (Sand).

Betonnung, die *(buoyage)* Sammelbegriff für die Kennzeichnung eines →*Fahrwassers,* von →*Untiefen* und anderen Gefahrenstellen durch →*Seezeichen,* vor allem →*Tonnen.* Die B. erfolgt nach internationalen, aber nicht in allen Ländern der Welt übereinstimmenden Regeln. In Europa gilt das →*Betonnungssystem „A".* Für die Fahrwasser-B. ist das →*Lateralsystem,* für die Bezeichnung von natürlichen Gefahren und anderen →*Hindernissen* das →*Kardinalsystem* gültig.

Betonnungsrichtung *(direction of buoyage)* Zeichen aus →*Karte 1* im Anhang.

Betonnungssystem „A", das *(Buoyage System „A")* Das kombinierte →*Kardinalsystem* und →*Lateralsystem* „Rot (einlaufend) an →*Backbord"* für die →*Betonnung.* Es wurde vom Internationalen Verband der Seezeichenverwaltungen (IALA) entwickelt und 1977 mit Zustimmung der →*IMO* einheitlich in Europa und anderen Teilen der Welt eingeführt. In Nord- und Südamerika sowie nordpazifischen Ländern gilt das →*Betonnungssystem „B".*

Betonnungssystem „B", das *(Buoyage System „B")* Das in Nord- und Südamerika sowie nordpazifischen Ländern gültige System der →*Betonnung* nach dem Prinzip „Rot (einlaufend) an →*Steuerbord". Sein* →*Lateralsystem* ist dem →*Betonnungssystem „A"* entgegengesetzt.

Betriebszeugnis für Funker Siehe →*Beschränkt gültiges B. f. F.* und →*UKW-Betriebszeugnis* sowie →*Funker.*

bevorzugte Startlinienseite, die *(biased starting line)* Die Seite der →*Startlinie* in einer →*Regatta,* von der aus der kürzere Weg zur →*Luvmarke* zu segeln ist. Eine b. S. ergibt sich nur, wenn die Startlinie nicht genau im rechten Winkel zum

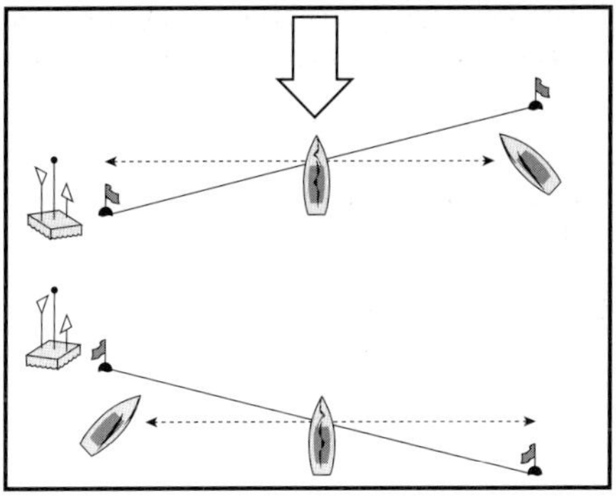

→*atmosphärischen Wind* ausgelegt ist (Abb.). Man erkennt sie durch einen →*Aufschießer* auf der Startlinie vor dem Start und gleichzeitiges →*Peilen* der beiden Begrenzungsbojen.

bewölkt *(cloudy)* Eine nur teilweise Bedeckung der sichtbaren Himmelsfläche mit Wolken; exakt spricht man von b. bei einem →*Bedeckungsgrad* zwischen $^4/_8$ und $^7/_8$.

Bewuchs, der *(marine fouling, barnacles)* Sammelbezeichnung für die Lebensgemeinschaften am →*Unterwasserschiff* und besonders am →*Wasserpaß* aus Seepflanzen (z. B. Grün- und Braunalgen) und Seetieren (z. B. Seepocken, Röhrenwürmer und Miesmuscheln), die sich bei längeren Liegezeiten im Hafen, an der Boje, vor →*Anker* und auch auf See ansiedeln. Der B. setzt die Bootsgeschwindigkeit nach kurzer Zeit um 20 %, nach längerer Zeit sogar um 30 bis 50 % herab und fördert bei Stahlbooten die →*Korrosion.* Das Unterwasserschiff wird daher mit →*Antifouling,* bei an Land gelagerten Booten mit →*Hartantifouling* gegen B. geschützt.

bezahlte Hand, die *(paid hand)* Hierunter verstand (oder versteht) man diejenigen Leute, die ihren Dienst an Bord (z. B. als →*Bootsmann,* →*Steuermann,* →*Koch)* als Beruf ausübten und entsprechend entlohnt wurden – im Gegensatz zum →*Herrensegler,* der ein Amateur war. Beide Begriffe waren bis ca. 1950 in den Bestimmungen der (damaligen) →*IYRU* und ihrer Landesverbände (auch des →*DSV)* genau festgelegt, und die Anzahl der „bezahlten Hände" an Bord war beim →*Rennsegeln* (nach den früheren →*IWB)* und bei →*Hochseeregatten* (durch die Veranstalter) begrenzt. Heutzutage segeln die Besatzungen vieler →*Rennyachten* nur noch gegen Entgelt, praktisch als „bezahlte Hände" der →*Sponsoren* oder →*Eigner,* und auch als →*Schiffer* und →*Navigator* und nicht nur für →*seemännische Handarbeit* an Segeln und Schoten, aber sie unterliegen als →*IMS-Profi-Crew* trotz ihrer Bezahlung anderen Richtlinien, als sie früher galten.

Bezugsort, der *(e.: standard port; a.: reference station)* Ein Ort in →*Tidengewässern,* für den in den →*Gezeitentafeln* die genauen Zeiten und Höhen für das jeweilige →*Hoch- und Niedrigwasser* angegeben sind. Auf einen B. können sich →*Anschlußorte* beziehen.

Bezugssystem, das *(reference datum in charts, reference system)* 1. Wichtige Angabe in einer →*Seekarte* für die Zeichnung des Kartennetzes mit seinen →*Breiten-* und →*Längengraden* (z. B. nach der →*Mercator-Projektion).* Ein B. basiert auf seinem (horizontalen) geodätischen →*Datum,* das abhängig von dem verwendeten →*Ellipsoid* und der nicht identischen Lage dessen Mittelpunktes mit dem tatsächlichen Erdmittelpunkt ist. Weltweit werden etwa 170 verschiedene Bezugssysteme benutzt, die auf lokal bestmöglich angepaßten Ellipsoiden beruhen. So verwendet z. B. das →*BSH* in seinen Karten für die →*Sportschiffahrt* das →*Europäische Bezugssystem* (Abk. ED für „European Datum"), das 1950 eingeführt wurde und auf dem internationalen Ellipsoid basiert, während für amerikanische Seekarten das „North American Datum von 1927" gilt, japanische Seekarten das „Tokio Datum" verwenden und britische Seekarten des Indischen Ozeans sich auf das „Le-Pouce-Datum" beziehen. – 2. Mit der Entwicklung der →*Satelliten-Navigation* mußten die von →*GPS-Geräten* gelieferten →*Positionen* in einem welteinheitlichen System vorgelegt werden. Durch die damit gleichzeitig gewonnene genauere Kenntnis über die Gestalt der Erde wurde für das →*Transit-Verfahren* ein neues Ellipsoid mit dem B. →*WGS 72* (World Geodetic System 1972) eingeführt. Die Satelliten-Systeme →*NAVSTAR/*→*GPS* entwickelten dann das noch genauere B. →*WGS 84* (World Geodetic System 1984). – 3. Wenn das B. einer Seekarte nicht mit dem B. eines GPS-Gerätes übereinstimmt, muß entweder das Karten-B. (z. B. ED) in den GPS-Empfänger eingegeben werden, um die von ihm angezeigten Koordinaten der →*Breite* und →*Länge* direkt in die verwendete Seekarte eintragen zu können, oder die vom GPS-Gerät im B. WGS 84 angezeigte Position darf nur mit der hierfür in der Karte unter „Bemerkungen" angegebenen →*Berichtigung* in die Seekarte eingetragen werden. Ohne Kenntnis und Berücksichtigung des B. einer Seekarte kann es zu Positionsfehlern von etwa 0,5 sm oder fast 1000 m und damit an der →*Küste* zum →*Festkommen* oder gar →*Stranden* kommen.

Bft Abk. für →*Beaufort,* die →*Windstärke* nach der →*Beaufort-Skala.*

Big Boy, der *(big boy)* Auch →*Lee-Spinnaker* genanntes →*Beisegel* auf →*Vorwindkurs,* das insbesondere von Hochsee-Rennyachten neben dem normalen →*Spinnaker* gesetzt wird. Da ein Boot nach den Regeln nur jeweils einen Spinnaker fahren darf, ist der B. B. zwar ebenfalls bauchig geschnitten, aber wie ein →*Vorsegel* gesetzt: →*Hals* am →*Vorsteven,* →*Kopf* am nicht voll durchgesetzten →*Fall,* ausreichend weit vor dem →*Masttopp,* und →*Schoten* über die →*Nock* des →*Großbaumes* als →*Ausleger.* Da das Großsegel bei dieser Segelführung aus Gründen der Regel nicht →*geborgen* werden darf, wird es oft gerefft, um die Vorsegel mit ihrer günstigeren →*Segelwölbung* nicht →*abzudecken.*

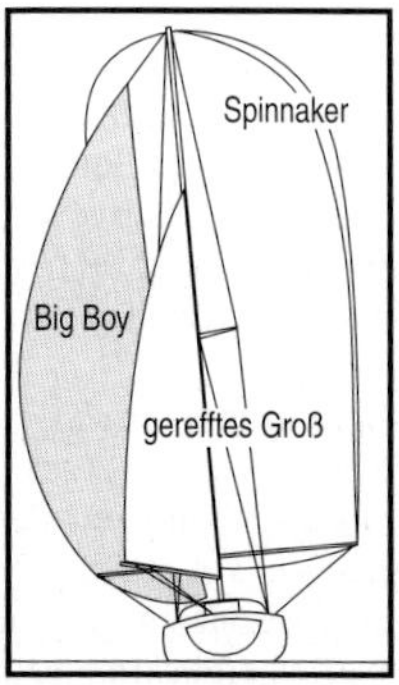

Bilancella, die *(bilancella)* Ein Kleinboot aus dem Mittelmeerraum mit einem →*Lateinsegel* und einer →*fliegend gesetzten* →*Fock.*

Bildpunkt, der *(picture point)* In der →*astronomischen Navigation* der Schnittpunkt der Erdoberfläche mit einer Verbindungslinie vom Erdmittelpunkt zum Gestirn. Der B. ist der Punkt auf der Erdoberfläche, für den das Gestirn im →*Zenit* steht.

Bilge, die („Bilsch" gesprochen) *(bilge)* Die tiefste Stelle im Bootsrumpf über dem →*Kiel* und unter den →*Bodenbrettern,* an der sich das →*Bilgewasser* sammelt, bis es von der →*Bilgepumpe* wieder →*gelenzt* wird.
(Im Englischen bedeutet *„bilge"* so viel wie „Kimm". Ein *„bilge keeler"* ist also ein →*Kimmkieler".)*

Bilgefarbe, die *(bilge paint)* Eine Kunstharz-Lackfarbe zur Konservierung des Bootsrumpfes in der →*Bilge.* Eine B. muß hohe Beständigkeit gegen mechanische Beanspruchungen haben sowie quellfest und unempfindlich gegen Öl, Fett und Benzin sein. Sie wird durch Pigmentzusatz meist in dunklen Farben angeboten.

Bilgepumpe, die *(bilge pump)* Eine →*Lenzpumpe,* deren Saugbrunnen am tiefsten Punkt der →*Bilge* liegt.

Bilgewasser, das *(bilge water)* Das (meist verschmutzte) Schwitz-, Leck- oder Spritzwasser, das sich in der →*Bilge* sammelt, ehe es durch eine →*Bilgepumpe* →*gelenzt* wird. Da das B. bei →*krängendem Boot* auf die →*Leeseite* läuft, übt es negativen Einfluß auf die →*Querstabilität,* besonders auf →*Amwindkursen,* aus. Das B. wird auf jeder →*Seewache* geprüft.

Bindereff, das *(reef band, French reef)* Die Art des →*Reffens,* bei der die Segelfläche, die das

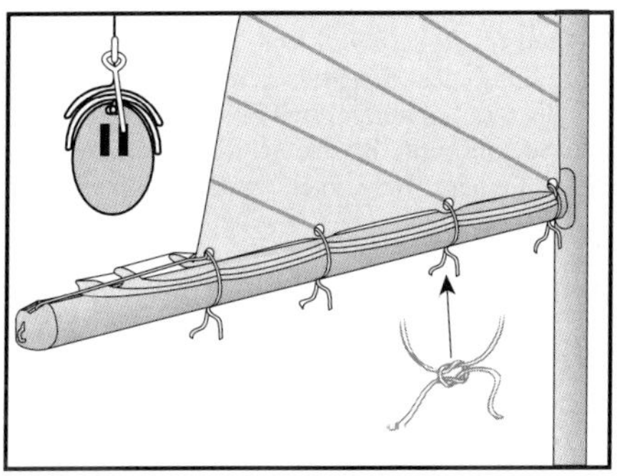

Boot nicht mehr tragen kann, nicht (wie beim →*Patentreff* oder →*Volksreff)* um den →*Großbaum* gewickelt, sondern über dem →*Unterliek* zusammengerafft und eingebunden wird (Abb.). Bei einem B. kann man mit →*Reffbändseln* oder →*Reffleine* arbeiten oder auch ein →*Hakenreff* benutzen. Vorteile eines B.: Fest angeschlagene Schotblöcke müssen nicht abgenommen und →*Schotringe* nicht gefahren werden.

binnen *(inside, inner)* Soviel wie „innen", von See bzw. vom Wasser aus betrachtet: →*binnenbords,* Binnenland, →*Binnenschiffahrt,* →*Binnenklüver,* →*Binnenfahrt* usw.

binnenbords *(inboard)* Alles, was sich innerhalb der Bordwände befindet oder ereignet, sowohl innerhalb des →*Rumpfes* und unter →*Deck* als auch an Deck innerhalb der →*Reling.*

Binnenfahrt, die *(inland sailing)* Nach der Definition des →*Deutschen Segler-Verbandes* und im Sinne seiner →*Führerscheinvorschriften* alle befahrbahren →*Binnengewässer,* die sich mit dem Geltungsbereich der →*Binnenschiffahrtsstraßen-Ordnung* und ähnlicher gesetzlicher Vorschriften decken und für die der →*A-Schein* des DSV gilt.

Binnengewässer, die *(inland waters)* Völkerrechtlich die Wasserflächen eines Küstenstaates innerhalb seiner politischen Grenzen. Geographisch die natürlichen Flüsse, Ströme, Kanäle, Seen sowie gegebenenfalls Buchten, Förden und das Wattenmeer an der →*Küste.* Schiffahrtsrechtlich das Gebiet, in dem die →*Binnenschiffahrtsstraßen-Ordnung* gilt und das seewärts bis zur Grenze des Geltungsbereiches der →*Seeschifffahrtsstraßen-Ordnung* reicht. B. sind auch der Rhein, die Mosel, die Donau, der Bodensee u. a., in denen besondere, die →*BinSchStrO* ergänzende Verkehrsvorschriften gelten.

Binnenklüver, der *(inner jib)* Wenn auf einem →*Großsegler* oder auf einer Yacht mit →*Klüverbaum* zwei →*Klüver* gefahren werden, der innere von beiden, der vor der →*Fock* und näher zum →*Mast* gesetzt ist.

Binnenschiffahrtsstraße, die *(inland waterway)* Ein →*Binnengewässer,* auf dem die →*Binnenschiffahrtsstraßen-Ordnung* gilt, sofern nicht die Rheinschiffahrtspolizeiverordnung, die Moselschiffahrtspolizeiverordnung, die Donauschiffahrtspolizeiverordnung und andere Verkehrsvorschriften gelten. Gemeinsam werden Binnenschiffahrtsstraßen, Rhein, Mosel und Donau auch als Bundeswasserstraßen bezeichnet.

Binnenschiffahrtsstraßen-Ordnung, die (BinSchStrO) Die Rechtsverordnung, die den Schiff- und Bootsverkehr auf den deutschen →*Binnenschiffahrtsstraßen* regelt. Das Schiffahrtsrecht auf den Binnenschiffahrtsstraßen ist Länderrecht. Die BinSchStrO enthält daher in ihrem ersten Teil die in allen Bundesländern einheitlich geltenden Schiffahrtsregeln und im Teil II die Sonderbestimmungen für die Binnenschiffahrtsstraßen Neckar, Main, Main-Donau-Kanal, Lahn, Schiffahrtsweg Rhein-Kleve, westdeutsche Kanäle, Saar, Ilmenau, Elbe-Lübeck-Kanal sowie Weser und Elbe bis zum Beginn des dortigen Geltungsbereiches der →*Seeschiffahrtsstraßen-Ordnung (SeeSchStrO).*

BK-Schein, der Freiwilliger →*Führerschein* des →*DSV* für große →*Küstenfahrt.* Geltungsbereich, Rechtsgrundlage und Prüfer siehe Anhang *Führerscheinwesen.*

Blasenbildung, die *(blistering)* Nach Temperaturschwankungen oder bei starker Sonneneinstrahlung entstandene Wölbungen in der →*Außenhaut* eines Bauteils aus →*GFK,* die entweder zu flachen Löchern oder zu →*Sternbrüchen* führen. Ursache: Das →*Laminat* unter der →*Deckschicht* wurde nicht einwandfrei entlüftet. Reparatur: die gereinigten Löcher mit Polyester-Spachtel schließen. B. ist auch eine typische Erscheinung der →*Osmose.*

Blauer Peter, der *(Blue Peter)* Signalflagge „Papa“ (blau mit innerem weißem Rechteck) des internationalen Flaggenalphabetes. Frühere Bedeutung: „Alle an Bord zurückkehren! Fahrzeug will in See gehen!“, wenn sie im Hafen wehte.

Blaues Band, das *(Blue Ribband)* Analog zu den Besitzern der an einem blauen Band getragenen höchsten englischen Auszeichnung, des Hosenbandordens, ist der Träger des B. B. das →*Fahrgastschiff,* das auf der Nordatlantik-Route zwischen dem Ambrose-Leuchtfeuer vor New York und den Scilly-Inseln am Eingang des Ärmelkanals den Geschwindigkeitsrekord hält. Seit 1838, als die „Great Western“ (1340 BRT) eine Durchschnittsgeschwindigkeit von 8 kn erreichte, zunächst als imaginäre, symbolische Auszeichnung verstanden, ab 1875 von der jeweiligen Trägerin als seidener blauer Wimpel im Topp des Vormastes geführt und seit 1935 auch in Form eines Pokals („North Atlantic Blue Ribbond Challenge Trophy“) verliehen. Unter den bis heute ca. 45 Trägerinnen des B. B. waren 7 deutsche, darunter die „Bremen“ (1929, 28,5 kn) und „Europa“ (1930). Letzte Trägerin des B. B. die „United States“, USA (1952–1990). Sie war 51 500 BRT groß und benötigte 3 d, 10 h, 40 min mit einer Durchschnittsgeschwindigkeit von 32,59 kn. Rekordhalter seit 1990 ist der Motorkatamaran „Sea Cat“ (England) mit 3 d, 7 h, 25 min und durchschnittlich 36,59 kn für die Distanz von 2906 sm. Den Geschwindigkeitsrekord unter Segeln hielt von 1905–1988 der Dreimastschuner „Atlantic“ (USA, Lüa 56,40 m, 1720 m^2 Segelfläche) unter Charles Barr in 12 d, 4 h mit 10,32 kn Durchschnittsfahrt. Er wurde 1988 vom französischen Trimaran „Jet Services“, gesegelt von Serge Madec und Crew, mit 7 d, 21 h, 35 min und 15,27 kn Durchschnittsfahrt unterboten. – Sinngemäß segelt man auch unter Yachten um das B. B., um das absolut schnellste Boot eines Reviers ohne →*Vergütung* einmal jährlich zu ermitteln, z. B. um das „Blaue Band der Niederelbe“.

Blaubüdel, der *(chips)* Spitzname für den →*Schiffszimmermann.*

Blaufeuer, das; Blüse, die *(e.: blue light; a.: [white] flare, flaring signal)* Ein (weißes) Flackerfeuer, das die Aufmerksamkeit auf ein Schiff oder Boot lenken soll. Das durch Entzünden einer Fackel gegebene →*Signal* wird (wurde) von →*Lotsenbooten* benutzt, um sich zu erkennen zu geben. Das deutsche Wort ist die Übersetzung des englischen Ausdrucks, der sich jedoch nur auf die Verpackung dieser (weiß abbrennenden) Feuerwerkskörper in blauem Papier bezog.

Blauwassersegeln, das *(blue water sailing, ocean sailing)* Im Seglerjargon eine Bezeichnung des →*Hochseesegelns* mit Anspielung auf die Wasserfarbe der →*Tiefsee.*

Blazer Dasselbe wie →*Blister.*

bleiben *(to be missing)* Eine persönlichere Umschreibung des Begriffes „umkommen“, sinngemäß wie „gefallen“ bei Soldaten im Kriege: Auf See vermißte Boote, Schiffe oder Personen, die von einer →*Reise* nicht zurückkommen, sind „geblieben“.

Bleib-weg-Signal Ein →*Warnsignal* nach der →*SeeSchStrO,* das bei Explosionsgefahr oder bei Unfällen mit gefährlichen Gütern gegeben wird. Es besteht aus dem →*Schallsignal* • –, das in jeder Minute mindestens fünfmal hintereinander mit zwei Sekunden Zwischenpause auszusenden ist.

Bleikiel, der *(lead keel)* Der aus Blei gefertigte →*Ballastkiel* einer →*Kielyacht.* Vorteile von einem B. gegenüber Stahl und Eisenbeton: geringerer Raumbedarf durch größere →*Dichte,* tiefer gelegter →*Gewichtsschwerpunkt,* kein Einfluß auf den →*Kompaß (→Deviation).*

Blindniet, das *(pop rivet)* Dass. wie →*Popniet.*

Blindschlagen (des Propellers), das (racing [of the propeller]) Das (teilweise) Austauchen des →*Propellers* in hohem →*Seegang* oder bei einem →*kopflastigen* Trimm des Bootes. Bei einem →*Außenbordmotor* kann B. vorkommen, wenn ein Kurzschaftmotor an einem zu hohen Heckbrett gefahren wird.

Blink, der *(long flash)* Bei der →*Kennung* eines →*Leuchtfeuers* das Aufleuchten von mindestens 2 Sekunden Dauer aus einer verhältnismäßig langen Dunkelheit bzw. aus schwachem Licht heraus. Abk.: national Blk., international LFl.

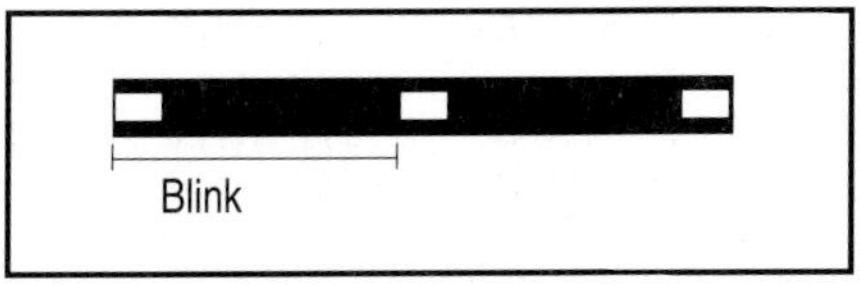

Blinkfeuer, das *(long-flashing)* Weißes oder farbiges →*Leuchtfeuer* für die verschiedenen Zwekke mit der →*Kennung* →*Blink.*

Blinksignalisieren, das *(blinker signalling)* Ein Begriff des →*Internationalen Signalbuches,* auch als →*Lichtmorsen* bezeichnet. Beim B. (auch „blinkern" genannt) werden optische →*Signale* bei →*Tage* und bei →*Nacht* im →*Morsealphabet* mit der →*Morselampe* (auch „Klappbuchse" genannt) übermittelt. Heutzutage nur noch auf kurze Entfernungen in der →*Marine* üblich.

Blister, der *(als Fachwort Neuschöpfung aus dem Englischen; zu deutsch „Blase").* Leichtwetterse-

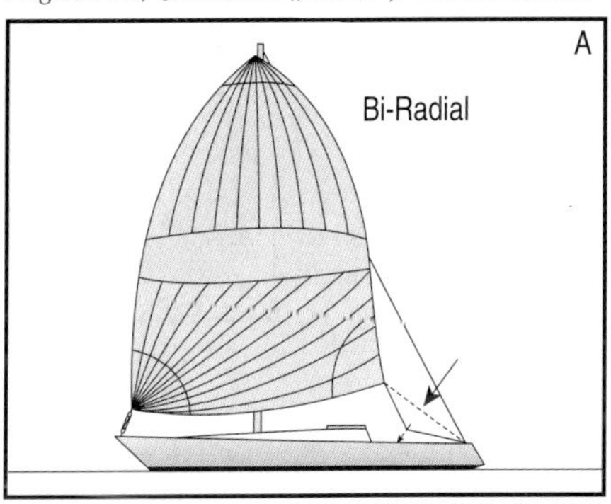

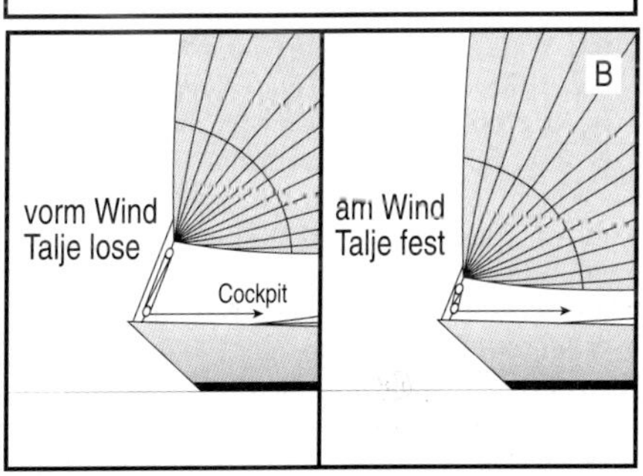

gel von etwa 90 % Spinnakerfläche, das mit dem →*Fockfall* gesetzt (A), durch eine →*Talje* am →*Hals* getrimmt und ohne Baum wie ein →*Spinnaker* geschotet wird. Tuchgewicht bis 60 m² ca. 50 g/m², ab 70 m² ca. 65 g/m². Befestigung des Halses bei →*Rollreffanlagen* durch Kugelkette oder →*Korallen* (B, C). Mit fester Halstalje am Wind bis Bft 3, mit loser Halstalje auf raumen Kursen bis

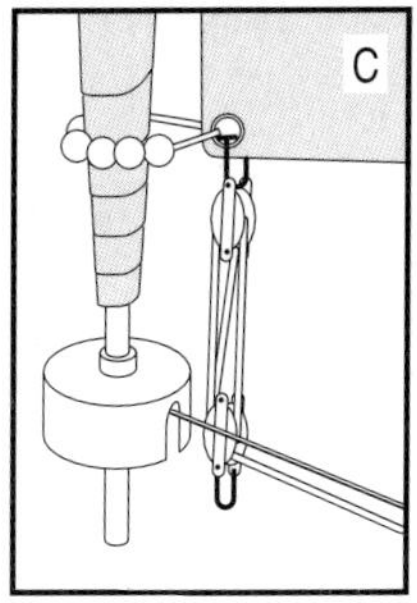

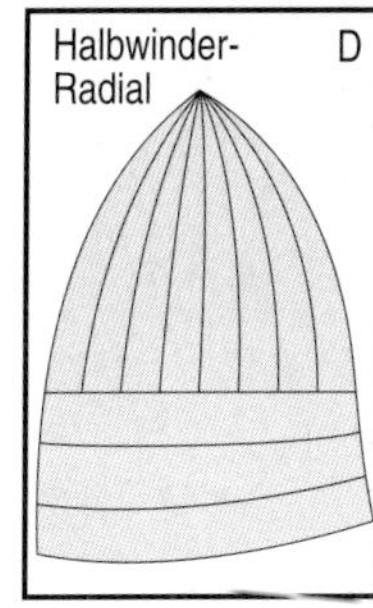

Bft 5 einsatzbereit, anschließend gegen →*Genua* auszutauschen. Zum →*Setzen* und →*Bergen* wird auch ein →*Spinnakerschlausch* benutzt. →*Segelschnitt* als Bi-Radial (A) und →*Halbwinder-Radial* (D), auch →*Blazer* genannt. Asymmetrisch in elliptischer Schnittform oder im →*Tri-Radial-Schnitt.* Flacher für höhere Windgeschwindigkeiten gearbeitet und als „Flasher" bezeichnet. Der B. wird anstelle des →*Spinnakers* hauptsächlich auf Fahrtenkreuzern mit Familiencrew benutzt.

Blitz, der *([quick] flashing [light])* Bei der →*Kennung* eines →*Leuchtfeuers* das Aufleuchten von weniger als 2 Sekunden Dauer aus einer verhältnismäßig langen Dunkelheit oder aus schwachem Licht heraus. Abk.: national Blz., international Fl.

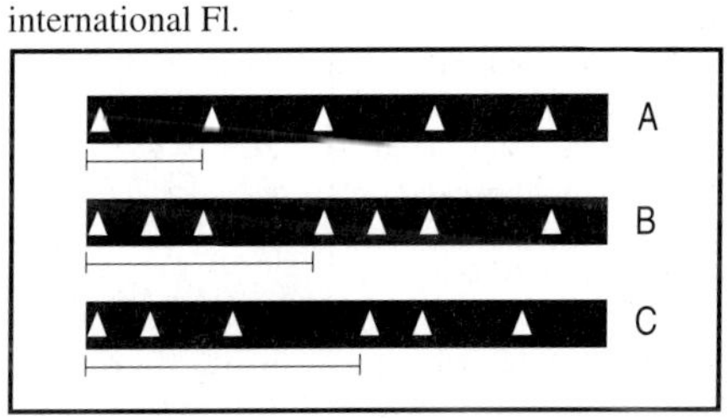

Blitzfeuer, das *(A: single-flashing – B: group-flashing – C: composite group-flashing)* Weißes oder farbiges →*Leuchtfeuer,* dessen regelmäßig wiederkehrende Lichterscheinungen höchstens 2 Sekunden oder kürzer aufleuchten und deren Verdunkelungen länger anhalten als die Lichterscheinungen: Abb. A Blitzfeuer mit Einzelblitzen, weiß. Abb. B Blitzfeuer mit Gruppen von 3 Blitzen, weiß. Abb. C Blitzfeuer mit verschiedenen Gruppen.

Blitzschutz, der *(lightning protector)* Sicherung eines Bootes gegen Blitzschlag. Ein Blitzableiter an Bord muß so hoch über →*Deck* angebracht sein, daß das gesamte Boot in seinem kegelförmigen Sicherheitsbereich liegt: 99,9 % Schutz bei ei-

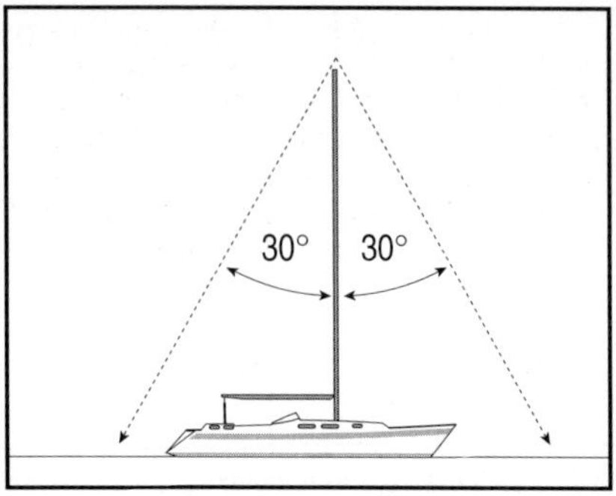

nem beidseitigen Winkel von 45°, 90 % bei einem Winkel von 60° (Abb.). In jedem Falle ist eine gut leitende Verbindung vom Blitzableiter in das Wasser, entweder vom →*Mast* zu den Kielbolzen oder von den →*Wanten* zu den →*Püttings* zu schaffen, gegebenenfalls mit Überbrückung nicht leitender Verbindungen (z. B. bei Aluminiummasten auf Kunststoffbooten), da sonst der Blitz auf seinem Weg ins Wasser den Rumpf beschädigen und insbesondere das →*Unterwasserschiff* durchschlagen und ein →*Leck* verursachen kann.

Block, der *(block)* Gehäuse unterschiedlicher Form und Größe aus Holz, Metall oder Kunststoff mit Rollen oder Scheiben zur Führung von →*Tauwerk.* Ein einzelner B. wird benutzt, um die Zugrichtung zu verändern, z. B. in einem →*Fall.* Mehrere Blöcke dienen in Verbindung mit →*Tauwerk* dazu, die Zugkraft durch →*Taljen* zu vermindern, z. B. in der →*Großschot.* Man unterscheidet ein- und mehrscheibige Blöcke, z. B. →*Steert-*, →*Violin-*, →*Doppelblöcke* u. a.

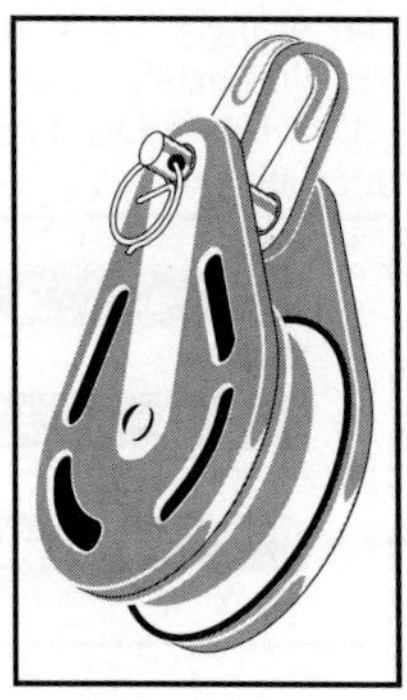

Block-Koeffizient, der *(block coefficient)* Als →*Völligkeitsgrad* der →*Verdrängung* der aufschlußreichste Hilfswert zur Charakterisierung einer Bootsform unter Fachleuten. Er wird mit CB oder δ (Delta) benannt und ist das Verhältnis des Volumeninhaltes V des eingetauchten Unterwasserschiffes oder der Verdrängung zu dem Raumrechteck oder Block aus der →*Länge* und der →*Breite* in der →*Wasserlinie sowie dem* →*Tiefgang* (Abb.) nach der Formel

$$\text{CB oder Delta} = \frac{V}{LWL \times BWL \times T}$$

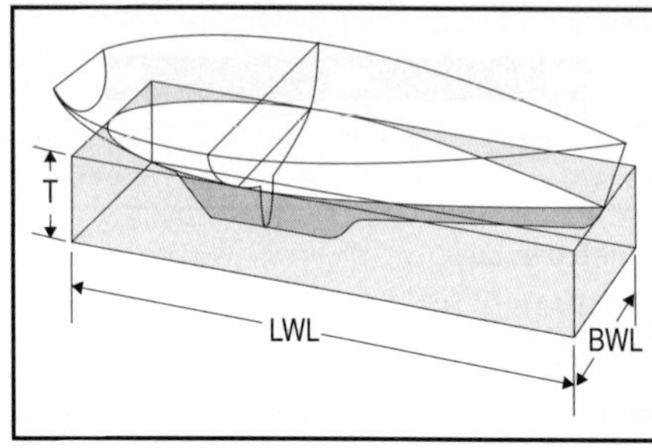

Der B.-K. für →*Yachten* liegt im allgemeinen zwischen 0,35 bis 0,55. Passagierschiffe erhalten einen B.-K. von 0,50 bis 0,65, schnelle Container-Frachter von 0,55 bis 0,75, große Tanker von 0,75 bis 0,85 und Hafenschuten von 0,80 bis 0,90. Je kleiner der B.-K., desto →*schlanker* ist das Fahrzeug. Vgl. auch →*prismatischer Koeffizient,* →*Wasserlinien-Koeffizient* u. a.

Blooper, der Moderner →*Lee-Spinnaker,* mit einer größeren Segelfläche als der →*Genua I.* Nutzbar bis 140° zum →*scheinbaren Wind* und guter Stabilisator bei jedem Wetter. Der B. mit seinem hohl geschnittenen →*Vorliek* wird wie der →*Spinnaker* ganz nach achtern geschotet (Abb.).

Blue Water Medal *(Blauwasser-Medaille)* Am 27. 2. 1923 vom →*Cruising Club of America* (CCA) gestiftete Auszeichnung, die jährlich für das beste Beispiel von Seemannschaft im Hochseesegeln verliehen wird. Die Nationenliste enthält Amerikaner, Engländer, Franzosen, Argentinier, Dänen, Schweden, Belgier und Kanadier, aber noch keine Deutschen. National sind der →*Schlimbach-Preis* und der →*Trans-Ocean-Preis* der B.W.M. vergleichbar.

BOC-Challenge *(engl.)* Nach dem Sponsor, der British Oxygen Company, benannte →*Weltregatta* für →*Einhandsegler,* die erstmalig 1982 bis 1983 mit den Etappenzielen Newport–Kapstadt–Sydney–Rio de Janeiro–Newport ausgetragen wurde. Der Sieger benötigte 159 Tage, im zweiten Rennen 1986 bis 1987 aber nur noch 134 Tage. Das BOC-C. setzte die Tradition des erstmals 1968 bis 1969 ausgetragenen →*Einhandren-*

nens um die Welt ohne Zwischenstop von und nach Falmouth (England) fort.

Boden, der *(bottom)* Der untere Teil bzw. der eingetauchte Teil des Bootsrumpfes, der Kontakt mit dem Wasser hat. Zum B. gehört die →*benetzte Oberfläche* des →*Unterwasserschiffes,* und man spricht von →*Bodenbrettern,* →*Bodenwrangen,* Bodenanstrich, Bodenventil u. a. Bei →*Gleitjollen* ist der B. unter dem →*Achterschiff* so gebaut, daß sie schon bei möglichst geringen Geschwindigkeiten hier dynamischen →*Auftrieb* erhalten und ins →*Gleiten* kommen.

Bodenbrett, das *(foot board, bottom board)* Teil eines mehrteiligen, herausnehmbaren Fußbodens auf Booten mit einer →*Bilge.* Ein B. liegt meistens auf einer →*Bodenwrange* auf.

Bodensee-Schifferpatent, das Ein amtlicher →*Führerschein* für Segel- und Motorboote auf dem Bodensee, der zum Hoheitsgebiet von Österreich, der Schweiz und der Bundesrepublik Deutschland gehört. Für den Erwerb ist der freiwillige →*A-Schein* wertvoll. Das B.-S. ist erforderlich bei Motoren von mehr als 4,4 kW (6 PS) und/oder über 12 m^2 Segelfläche. Gesetzliche Grundlage siehe Anhang →*Führerscheinwesen.*

Bodenwelle, die *(ground wave)* Im Gegensatz zur →*Raumwelle* eine im →*Seefunk* von einem Sender ausgestrahlte →*elektromagnetische* Welle, die sich nur entlang der Erdoberfläche und damit in begrenzter →*Distanz* ausbreiten kann. Die B. benutzen auch die →*Frequenzbereiche* zur *Schiffsortbestimmung über Funk.* Hier breiten sich z. B. die Signale im →*Decca-* und →*Loran-Verfahren* sowie im →*Navtex-Dienst* aus. Die über die B. nutzbare Reichweite ist zwar bei →*Tage* größer als in der →*Nacht* sowie über See wiederum größer als über Land, aber sie beträgt z. B. bei →*Loran* nur mindestens 800, höchstens 1500 sm.

Bodenwrange, die *(floor timber)* Querverband über dem →*Boden* und in der →*Bilge,* der für die Festigkeit des →*Bootsrumpfes* sorgt, als Auflage für →*Bodenbretter* und zur Befestigung der Haltebolzen eines →*Ballastkiels* dient. Auf Holzbooten mit den →*Spanten* verbunden.

Bö, die *(gust, squall)* Plötzlicher Windstoß mit größerer →*Windgeschwindigkeit,* aber kurzer Dauer. Die Gefahr besteht in einem Gewitter (Gewitterbö), beim Durchzug einer →*Warmfront* (Regenbö) oder beim Durchgang der →*Kaltfront* eines →*Sturmtiefs* mit seinem vorangehenden →*Böenkragen.* Regel: „Kommt der Regen vor dem Wind, nimm die Segel weg geschwind." (Es besteht die Gefahr einer Bö.) Oder: „Kommt der Wind vor dem Regen, kannst du dich ruhig schlafen legen." (Keine Böengefahr). In der →*Abdeckung* von Hochufern können auch →*Fallböen* auftreten.

Böenkragen, der *(line of squalls, lined squalls, arched squall)* Gewitterwolken in Form eines ausgefransten Bogens dunkler Farbe, die an einer →*Gewitterfront* auftreten und einen Teil des helleren Himmels abgrenzen. Sie werden auch als →*Cumulonimbus arcus* bezeichnet.

böiger Wind, der *(squally wind)* In der →*Wetterkunde* ein mit häufigen →*Böen* durchsetzter Wind, deren Aufeinanderfolge als →*Böigkeit* bezeichnet wird.

Böigkeit, die *(gustiness)* Geringfügig schwankende →*Windrichtung* und →*Windgeschwindigkeit* in →*Böen.* Bei Änderungen von weniger als 8 m/s spricht man von „böigem Wind", bei Unterschieden über 8 m/s von „außergewöhnlich böigem Wind".

Boje, die *(buoy)* Schwimmkörper in Kugel-, Kegel- oder Tonnenform aus Kunststoff, Gummi,

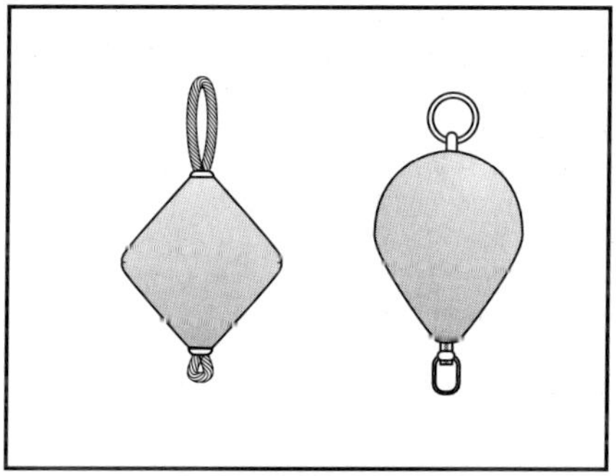

Stahlblech, Holz oder Kork, der die Lage eines Gegenstandes auf dem Grund kennzeichnet, als Endpunkt einer schwimmenden →*Leine* dient, als Markierung (z. B. als →*Bahnmarke*) benutzt wird oder als freischwimmender Auftriebskörper (→*Rettungsboje*) eingesetzt wird. Zur Bezeichnung eines →*Fahrwassers* dienen Bojen ebenso wie zur Kennzeichnung eines →*Ankerplatzes* und eines →*Liegeplatzes* in einem Bojenfeld.

Bojengeschirr, das *(ground tackle, buoy tackle)* Analog zum →*Ankergeschirr* das gesamte Zu-

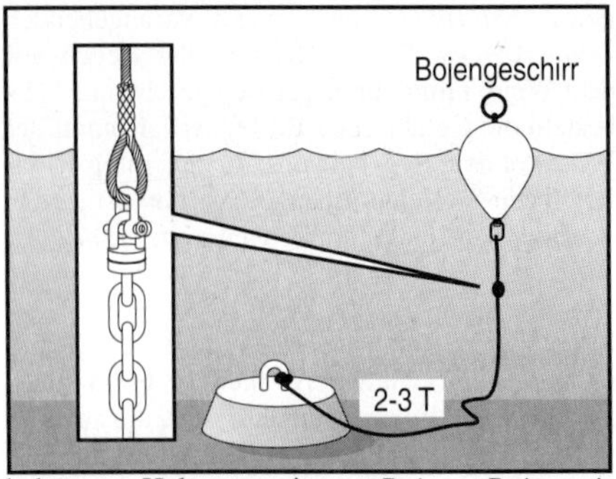

behör zur Halterung einer →*Boje:* →*Bojenstein* oder Bojenanker, Kette oder Trosse, →*Bojenreep* und →*Bojenstander* sowie Ringe und Schäkel zu deren Verbindung.

Bojenmanöver, das *(manoeuvre to pick up a buoy)* Alle Tätigkeiten, die notwendig sind, um ein Boot unter Segeln richtig an eine →*Boje* heranzuführen, damit es nach einem →*Aufschießer* so an ihr zum Stillstand kommt, daß es die Boje entweder →*bergen* oder an ihr →*festmachen* kann.

Bojenreep, das *(buoy rope)* Ein →*Reep,* das an einer →*Muring* entweder zwischen →*Boje* und Kette geschäkelt ist, oder als →*Trippleine* vom →*Anker* zu einer →*Ankerboje* führt, um den Anker gegebenenfalls mit seiner Hilfe →*lichten* zu können. Ein B. kann aus →*Faser-* oder →*Drahttauwerk* (→*Bojenstander*) bestehen. Mit einer Umlenkrolle und einem Gleitgewicht kann sich ein B. in →*Tidengewässern* (Abb.) auch dem wechselnden Wasserstand anpassen.

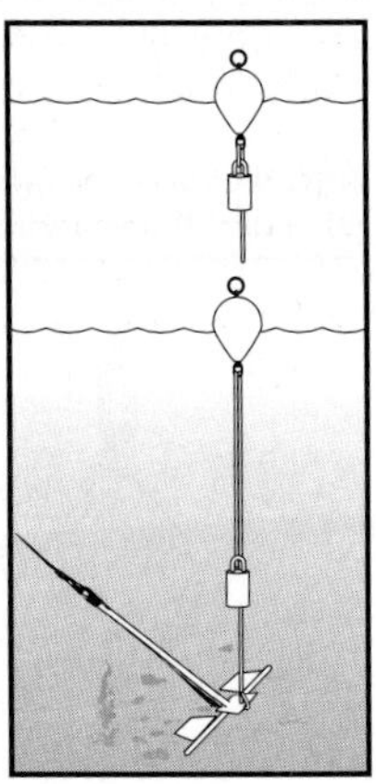

Bojenstander, der *(mooring buoy pendant)* Ein im →*Bojengeschirr* in seiner erforderlichen Länge genau bemessenes Stück →*Drahttauwerk,* das entweder als Verbindung zwischen →*Bojenstein* und →*Boje* oder zwischen einer →*Muringboje* und der Befestigung an Bord (am →*Poller*) dient.

Bojenstein, der *(buoy sinker, buoy stone)* Als Ersatz für einen (teuren) →*Anker* ein aus Eisenbeton geschütteter einfacher Block, an dem das →*Bojengeschirr* auf dem →*Grund* befestigt ist. Bei der Bemessung seiner →*Haltekraft* ist das →*Archimedische Prinzip* und die (im Vergleich zu einem Stahlanker) geringe →*Dichte* des Materials zu beachten.

Boje-über-Bord-Manöver, das *(buoy overboard manoeuvre)* Das Üben eines →*Mann-über-Bord-Manövers* mit Hilfe einer über Bord geworfenen →*Boje,* die anstelle des im Ernstfall im Wasser schwimmenden Mitgliedes der →*Besatzung* geborgen wird. Gravierender Unterschied gegenüber dem Ernstfall: Die →*Crew* segelt dieses Manöver mit vollständiger (und nicht um den Verunglückten reduzierten) Besatzung, und eine Boje ist schneller und einfacher wieder an →*Bord* zu nehmen als eine hilflose Person.

Bollwerk, das *(bulwark)* Ein durch eingerammte Pfähle mit verbindendem Holz- oder „Bohlen"-Werk gesichertes Ufer, das auch als →*Kai* oder →*Pier* dient.

Bonnet, das *(bonnet, studsail)* Verlängerungssegel oder Segelverlängerung, am Fuß eines →*Vorsegels,* eines →*Stagsegels* oder auch eines →*Luggersegels* mit einer durch →*Gatchen* führenden →*Leine* befestigt (Abb.). Mit einem B. wird beim →*Reffen* die zu große Segelfläche einfach →*abgeschlagen* oder ein Mittelwettersegel bei wenig Wind durch →*Anschlagen* des unteren Segelteils die Segelfläche vergrößert.

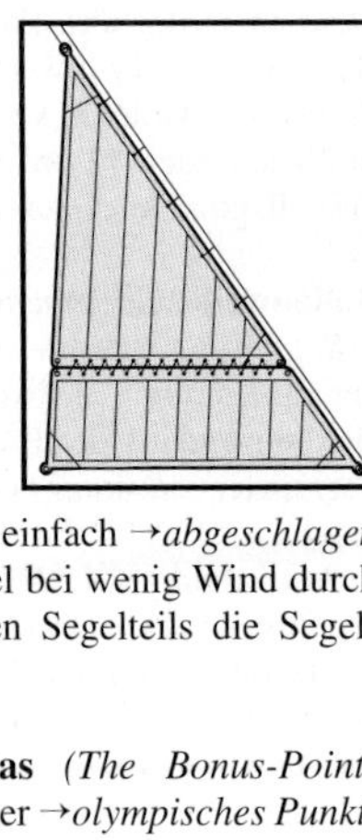

Bonus-Punktsystem, das *(The Bonus-Points Scoring System)* Das früher →*olympisches Punktsystem* genannte Bewertungsschema für die Leistung einer →*Yacht* in einer →*Wettfahrt,* z. B. für eine Meisterschaft. Das Boot mit dem besseren Platz im Ziel erhält die jeweils niedrigere Punktzahl:

1. Platz	0	Punkte
2. Platz	3	Punkte
3. Platz	5,7	Punkte
4. Platz	8	Punkte
5. Platz	10	Punkte
6. Platz	11,7	Punkte

7. Platz usw. Platz plus 6 = Punkte

Alle übrigen Yachten, einschließlich einer Yacht, die durch das Ziel geht und danach aufgibt, erhalten Punkte, berechnet nach einer Zieldurchgangsposition, welche der Zahl aller für die betreffende Wettfahrt gemeldeten Yachten plus 1 entspricht.

Booster, der Markenname eines Leichtwettersegels für →*raumen Wind,* das auch als →*Halbwinder* bezeichnet und wie eine übergroße →*Genua* gefahren wird. Unterliekslänge ca. 200 % Basis des →*Vorsegeldreiecks.* Tuchgewicht ca. 65 g/m². Als B.-DP (Double-Ply) doppelschichtig zum Auseinanderfalten mit der dann verdoppelten Segelfläche für einen →*Vorwindkurs* und als →*Passatsegel* gefertigt. Gute Alternative für →*Spinnaker,* →*Blister* oder →*Genua I* und besonders wirkungsvoll mit →*Teleskopbäumen.* Bei einer →*Rollreffanlage* wird ein Segel wie der B.-DP als →*Allrounder* bezeichnet.

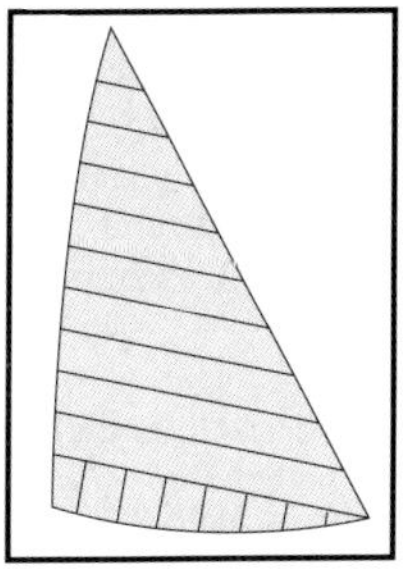

Boot, das *(boat)* Im Gegensatz zum →*Schiff* ein kleineres Fahrzeug, das im allgemeinen Sprachverständnis der Schiffahrt als Torpedoboot, Minensuchboot, U-Boot u. a. über 50 m lang sein kann, als →*Lotsenboot,* →*Rettungsboot* jedoch kürzer als etwa 20 m verstanden wird. Alle →*Jollen,* →*Yachten,* →*Motorsegler,* →*Motoryachten,* →*Seekreuzer* u. a. fallen unter den Sammelbegriff B. Für sie gelten auch die Begriffe →*Bootsausstellung,* →*Bootsbau,* →*Bootsbewegung,* →*Bootsklasse* u. a. und nur bedingt die entsprechenden Bezeichnungen der →*Schiffahrt.* Nach den Sicherheitsbestimmungen der US-Regierung ist ein B. „ein Fahrzeug, das hauptsächlich für nichtgewerbliche Zwecke gebaut und benutzt wird oder als Mietboot höchstens 6 Fahrgäste aufnehmen kann".

Bootsanhänger, der Siehe →*Trailer.*

Bootsausstellung, die *(boat show)* Verkaufsmesse für alle Zweige der Bootswirtschaft, die alljährlich im Winterhalbjahr in mehreren Zentren des Bootssportes abgehalten wird. In Deutschland findet eine B. z. B. in Hamburg, Düsseldorf, Berlin und Friedrichshafen, im Ausland in London, Paris, Genua, Amsterdam, Göteborg und New York statt.

Bootsbau, der *(boat building)* Die Art und Weise, wie man eine →*Yacht* oder ein →*Boot* baut.

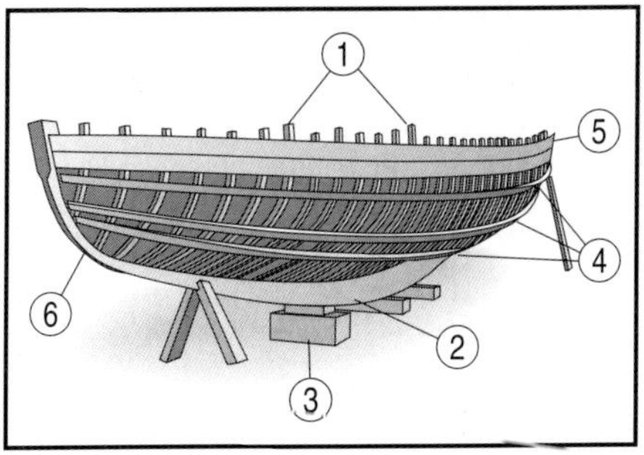

Viele Jahrhunderte lang wurde der B. ausschließlich mit Massivholz als Baumaterial betrieben, ehe Stahl, Aluminium, →*Bootsbausperrholz* und →*GFK* den traditionellen Baustoff ablösten. Beim Bau einer Segelyacht (Abb.) benutzte man gewachsene →*Spanten* (1) in kurzen Abständen. Der gebaute, d. h. aus mehreren Hölzern bestehende Kiel (2) ruhte auf Stapelklötzen (3). Vor dem Aufplanken wurden die Spanten mit „Sentlatten" (4) im Bereich der →*Senten* „ausgestrakt". Der oberste Plankengang ist der →*Schergang* (5), und der nächste der dann folgende Seitengang. Dann schließen sich der „Kimmgang" (im Bereich der →*Kimm*) und die „Bodengänge" (im →*Bootsboden*) an. Der letzte Bodengang ist der „Kielgang", der in die →*Sponung* des Kiels eingelassen ist. Auch der Vorsteven (6) hat eine Sponung. Er ist durch →*Schäftung* mit dem Kiel verbunden, oft auch zusätzlich mit einer →*Lasche* am wichtigsten →*Längsverband* befestigt.

Bootsbau-Kennzeichen, das *(Hull Identification Number, Abk. HIN)* siehe →*Schiffskörper-Kennzeichnung.*

Bootsbausperrholz, das *(marine plywood)* Ein →*Baumaterial* für die besonderen Bedingungen

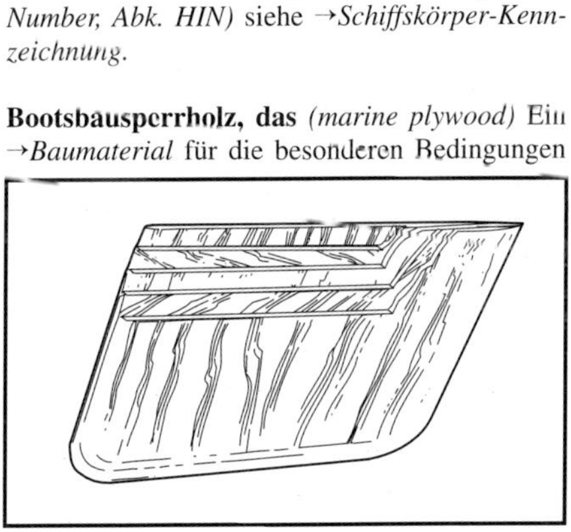

des Bootsbaus, das in Platten unterschiedlicher Dicke und mit einer unterschiedlichen Anzahl von Furnieren hergestellt wird. Die Qualität vom B. hängt auch vom Leimharz und der richtigen

Lage der Furniere zueinander ab (Abb.); sie bestätigt das Prüfzeichen des →*Germanischen Lloyd,* mit dem handelsübliches B. versehen ist.

Bootsbewegung, die *(motion of a boat)* Die Bewegungen eines fahrenden Bootes um die Längs-

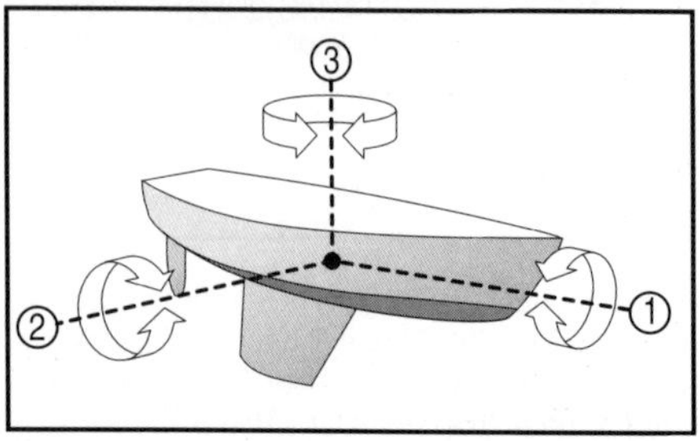

achse oder in der Hauptspantebene (Abb. 1, auch →*Rollen,* →*Schlingern* oder →*Krängen* genannt), um die Querachse oder in der Symmetrie-Ebene (Abb. 2, als →*Stampfen* bezeichnet) und um die vertikale Achse oder in der Wasserlinienebene (Abb. 3, →*Gieren* genannt). Neben diesen regelmäßigen, rhythmischen und damit weitgehend gleichmäßigen axialen Drehbewegungen gibt es unerwartete und ungleichmäßige: In der Längsachse (1) →*Überholen,* um die Querachse (2) →*Dümpeln,* →*Vertrimmen* und →*Unterschneiden.* Unregelmäßige, unerwartete und gefährliche Bewegungen in mehreren Ebenen gleichzeitig sind das →*Querschlagen* und →*Über-Kopf-Gehen.* Als B. im Sinne einer Verschiebungsbewegung gehören in Richtung der Längsachse →*Laufen* und →*Rückwärtssegeln,* in Richtung der Querachse die →*Abdrift* und in Richtung der Vertikalachse →*Leichtern* oder →*Sinken* dazu. Die B. kann auch als einmalige oder periodische →*Drehbewegung* oder als Endlage aus einer solchen definiert werden.

Bootsbrief, der *(Boat Certificate)* Ein von der Arbeitsgemeinschaft der Bootsindustrie (ARBO) in Köln herausgegebenes Dokument mit einer →*Registriernummer,* das Name und Anschrift von Bauwerft und Eigner, →*Baumaterial* und →*Hauptabmessungen* des Rumpfes sowie andere Detailangaben enthält.

Boots-Energie-Anlage, die; Boots-Energie-Box, die *(ship's battery box)* Vom →*Bundesverkehrsministerium* aus Gründen sicherer →*Lichterführung* geforderte und von der Industrie gelieferte Batterieanlage, die den Betrieb der →*Positionslaternen* unabhängig von einem Generator eine ganze Nacht lang ermöglicht. Als B.-E.-B. gilt eine wartungsarme, kippsichere Spezialbatterie von 12 V und 50 Ah in robustem Kunststoffbehälter mit eingebauter Lade- und Regelelektronik zur Aufladung aus dem 220-V-Wechselstromnetz an Land oder vom Bootsmotor mit Wechselstrom bis zu 60 W. Eine B.-E.-B. soll schwallwassergeschützt und schutzisoliert, unempfindlich gegen Luftfeuchtigkeit, mit Überladungsschutz und Ladestandsanzeige ausgestattet und mit Tragegurten für den Tansport versehen sein.

Bootsgeschwindigkeitsmesser, der *(boat speedometer)* Ein →*Fahrtmesser* (→*Log*) nach dem Prinzip des →*Staudruckmessers* für einen Meßbereich bis 15 kn, der aus einer Staudruckdüse im Bootsboden, einer Schlauchleitung zum Anzeigegerät in der →*Plicht* und einem Stabilisator für ruhige Anzeige bei starkem Seegang und geringer →*Fahrt* besteht. Die nach anderen Prinzipien arbeitenden →*Sumlog,* →*Dopplerlog,* →*Patentlog* u. a. werden nicht als „Speedometer“ wie ein B. bezeichnet.

Bootsgestell, das; Bootslagerbock, der *(cradle)* Ein aus langlebigen Materialien gefertigtes Ge-

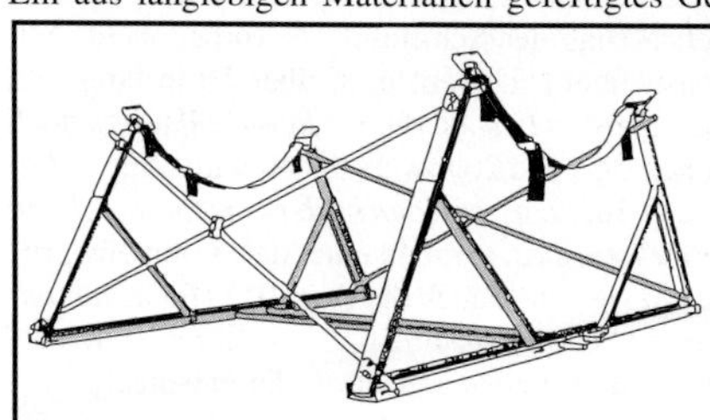

stell (Abb.) in einer standfesten Konstruktion, das sich der individuellen Form des →*Unterwasserschiffes* eines Bootes anpassen läßt. Es dient als →*Winterlager* an Land, kann jedoch auch für den Straßentransport auf einem Lkw benutzt werden.

Bootshaken, der *(boat hook, grapnel)* Stange oder →*Spiere* aus Holz oder Leichtmetall mit einem hakenförmigen →*Beschlag* als Hilfe beim →*Absetzen,* →*Verholen,* →*Bergen* oder →*Aufpicken* von Gegenständen. Auf Kleinbooten ist der B. als Mehrzweckgerät oft mit einem →*Paddel* verbunden und dient auch zum →*Ausbaumen.*

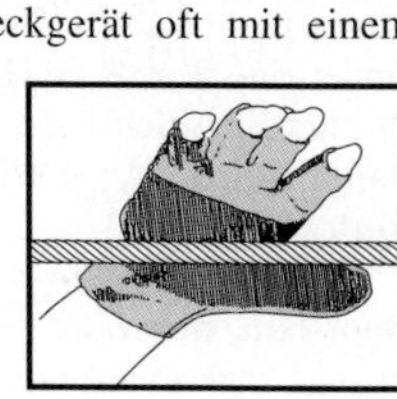

Bootshandschuh, der *(boat glove)* Für das Bedienen der →*Schot*

mit besonders widerstandsfähiger und aufgerauhter Innenfläche gearbeiteter Handschuh.

Bootskauf (Bootsverkauf), der *(buying [selling] of a boat)* Beim B. beträgt die Mindestfrist der →*Gewährleistung* sechs Monate nach Kauf, doch empfiehlt es sich, beim saisonbedingten Segelsport die Vereinbarung →*„Garantie* für sechs Monate Betriebszeit“ in den Kaufvertrag aufzunehmen.

Bootsklasse, die *(class)* Einteilung von Booten zur Normung des Bootsbaus, zur Systematisierung im →*Yachtregister* und zum →*Rennsegeln* nach unterschiedlichen Kriterien: Nach der →*Konstruktion* unterscheidet man →*Jollen-* und →*Kielbootklassen.* Bei →*Serienbooten* gibt es →*Eintyp-* und →*Einheitsklassen,* nach der Verbreitung →*nationale* und →*internationale Klassen,* nach ihrer Verwendung →*olympische Klassen* u. v. a. m. Bauvorschriften und Regattatätigkeit einer B. werden meistens von einer →*Klassenorganisation* entwickelt und gefördert.

Bootskompaß, der *(boat compass)* Ein →*Kompaß* für Boote, aber als Fachbegriff nur für einen kleinen, einfachen Hilfskompaß für →*Jollen* oder →*Rettungsinseln* benutzt, der hauptsächlich als Orientierungshilfe, nur bedingt zur →*Schiffsortbestimmung* und nicht als →*Steuerkompaß* beim →*Fahrtensegeln* geeignet ist.

Bootsmann, der *(bosun, boatswain)* 1. In der Handelsschiffahrt die Meisterposition im seemännischen Lehrberuf des →*Matrosen.* – 2. Bei der Arbeitseinteilung an Bord eines größeren Bootes die Person der →*Besatzung,* die für die Unterhaltung der seemännischen →*Ausrüstung* verantwortlich ist (vgl. →*Navigator,* →*Smut,* →*Skipper*). Der B. kann auch eine →*„bezahlte Hand“* sein.

Bootsmannsnaht, die *(herringbone seam)* Einfache Art, die Ränder eines Segelrisses zu

verbinden, ohne daß dabei die Kanten des auseinanderklaffenden Segeltuchs →*überlappen* müssen.

Bootsmannspfeife, Bootsmannsmaatenpfeife, die *(boatswain's whistle)* Eine →*Signalpfeife* aus einem ca. 8 cm langen Messingröhrchen mit kugelförmigem Schallfänger und kleinem Luftloch an unteren Ende. Mit der B. können schrille, modulierbare Töne erzeugt werden, die zu unterschiedlichen Pfeifsignalen für wichtige Arbeiten an →*Bord* komponiert wurden. Da Signale mit der B. die menschliche Stimme übertönen, dienen sie nicht nur zur großräumigen Weitergabe von Befehlen über →*Deck,* sondern auch für Anweisungen bei →*Manövern* und in →*schwerem* Wetter.

Bootsmannspfiff, der *(boatswain's call)* Ein mit der →*Bootsmannsmaatenpfeife* gegebener Befehl auf einem →*Windjammer* oder einem Schiff der →*Marine* in einer bestimmten Komposition von schrill modulierten Tönen. So gibt es einen speziellen B. für „Alle Mann“, für →*„Reise-Reise“,* für jede wichtige →*Rolle* und als „Kutterläufer“.

Bootsmannsstuhl, der *(boatswain's chair)* Sitz mit Sicherheitsgurt und Werkzeughalterung, mit dem eine Person in die →*Takelage* aufgeheißt werden kann, um dort Arbeiten an →*Mast,* Segel oder →*Beschlägen* ausführen zu können

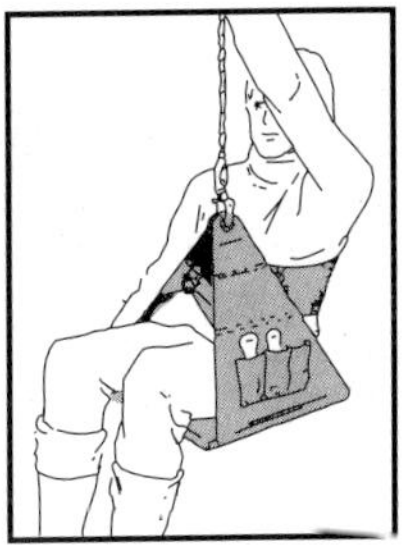

Bootsmotor, der *(boat engine, marine engine, auxiliary)* Nur ein →*marinisierter Motor* kann als B. eingesetzt werden. Als →*Einbaumotor* eignet sich am besten ein →*Dieselmotor,* während →*Außenbordmotoren* vorwiegend noch als Zweitakter gebaut werden. Über die ursprüngliche Rolle als „Flautenschieber“ oder →*Hilfsmotor* hinaus ist der B. heutzutage auf →*Seekreuzern* als alternativer Antrieb zum →*Manövrieren* unverzichtbar. Es gibt unterschiedliche Arten von →*Antriebsanlagen,* →*Kühlungen,* →*Getrieben,* →*Propellern* und sonstigem Zubehör. Fährt eine →*Yacht* mit einem B., dann gilt sie nach den →*KVR* als →*maschinengetriebenes Fahrzeug.*

Bootsrolle, die *(boat roller)* Meist aus kräftigem →*PVC* gefertigte ca. 1 m lange aufblasbare Rolle von 20 bis 30 cm Durchmesser zum sicheren Bewegen eines Bootes am Strand oder auf einer →*Rampe.*

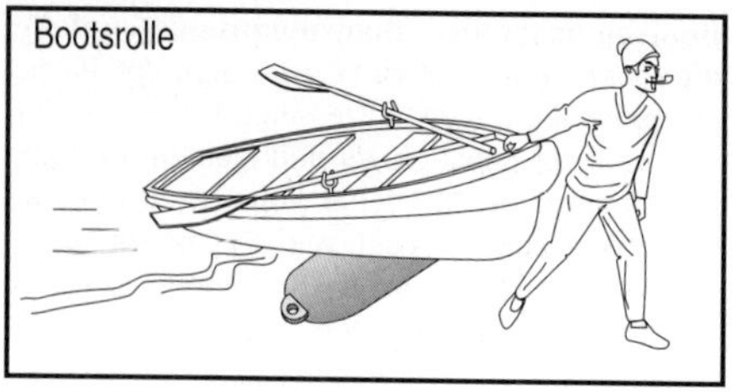

Bootstachometer, das *(speed indicator, speedometer, sumlog)* Auch als →*Sumlog* bezeichnetes

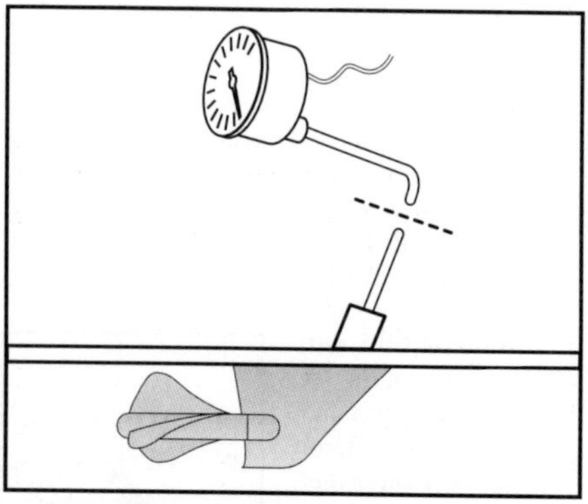

modernes →*Log,* das die →*Fahrt* eines Bootes mit einem →*Impeller* mißt. Es ist unter dem Bootsboden befestigt und ähnelt mit seinem Anzeigegerät (mit →*Analoganzeige*) einschließlich Meilenzähler einem Autotachometer.

Bora, die *(borea, aquilone, ravaio)* Ein →*Mittelmeerwind* aus Nord bzw. Nordost mit starken →*Böen,* oft kalt und trocken. Eine B. an der Ostküste der Adria von Triest bis Albanien dauert im Sommer nur durchschnittlich einen Tag und erreicht eine →*Windgeschwindigkeit* von 45 kn. Die „Bora chiara" (helle B.) weht auch bei heiterem Himmel und →*Cumuluswolken* insbesondere in den Morgenstunden kräftig und bis weit auf das Meer hinaus. Die „Bora scura" (dunkle B.) tritt mit Regen und Nebel, im Winter auch mit Schnee auf.

Bord, der *(board)* Der Bootsrand, im übertragenen Sinne auch der oberste Teil der Bordwand, in zahlreichen Wortverbindungen: 1. →*Steuerbord* und →*Backbord.* – 2. →*binnenbords* und →*außenbords.* – 3. An B., von B. und über B. gehen. – 4. →*Setzbord,* →*Waschbord* und →*Dollbord* als Bauteile und 5. →*Freibord* als Höhe des B. über der →*Wasserlinie.*

borden *(to board, boarding)* Zwangsweise an Bord kommen (oder gehen) eines Kommandos der →*Zollbehörde,* der Polizei oder der Marine für die entsprechende Kontrolle einer →*Yacht* auf See bzw. →*längsseits* gehen und →*anlegen* an einem (feindlichen) Schiff bei einer →*Abordage.*

Bordleiter, die *(boarding ladder)* Eine fest oder abnehmbar an der Bordwand befestigte Bade-

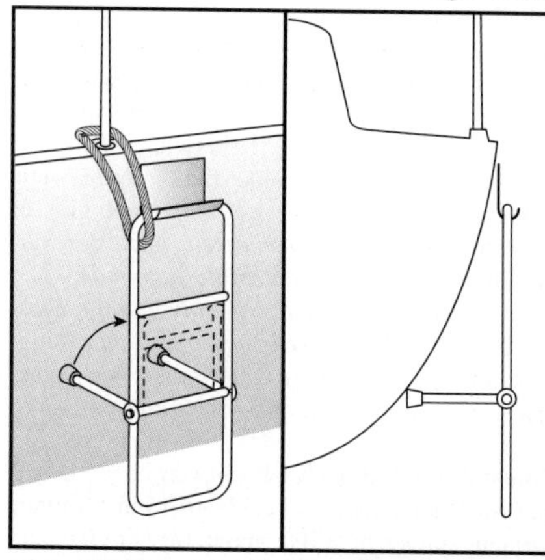

oder →*Sicherheitsleiter* (auch →*Heckleiter*), die ausreichend tief in das Wasser reicht und geeignet ist, eine schwimmende Person wieder an →*Bord* zu nehmen.

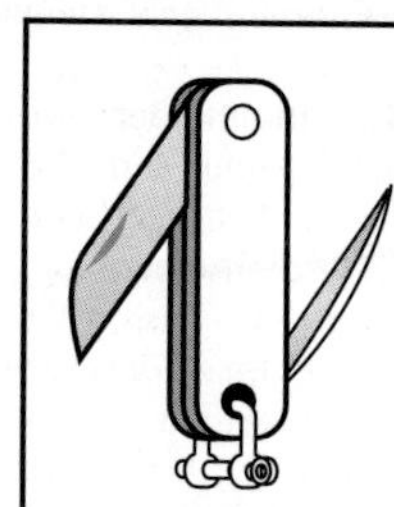

Bordmesser, das *(sailor's knife)* Ein Taschenmesser für den Gebrauch an →*Bord.* Charakteristisches Kennzeichen ist der neben der breiten Klinge beiklappbare →*Marlspieker.*

Bordmittel, die *(ship's [boat's] own means)* Bezeichnung der Selbsthilfe bei einer Reparatur auf See oder im Hafen mit den Mitteln, die man an →*Bord* zur Verfügung hat und mit der Fertigkeit der →*Besatzung* zweckdienlich einsetzen kann.

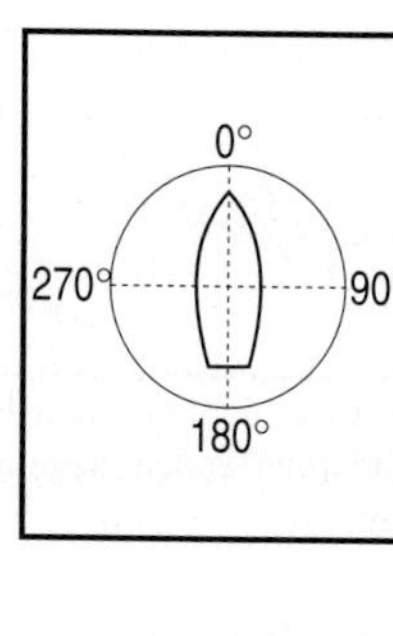

Bordpeilung, die *(bearing on the bow, relative bearing)* Eine Richtungsbestimmung in →*Graden* oder →*Strichen* von der Kielrichtung aus. Man rechnet mit 0° am →*Bug* und

180° am →*Heck* entweder je einen halben Richtungskreis nach →*Steuerbord* und →*Backbord* oder in einer vollen →*Richtungsrose* von 360°, in der z. B. →*Backbord* querab in 270° B. liegen. Die B. wird auch →*Seitenpeilung* genannt.

Bordtoilette, die *(lavatory accommodation)* Siehe →*Toilettenanlage.*

Bordwetterkarte, die *(plotting weather chart)* Eine →*Wetterkarte,* die an →*Bord* mit Hilfe von →*Stationsmeldungen* aus dem →*Seewetterbericht* angefertigt werden kann.

Bordwind, der *(relative wind, apparent wind)* Die an →*Bord* und in →*Fahrt* erkennbare →*Wind-*

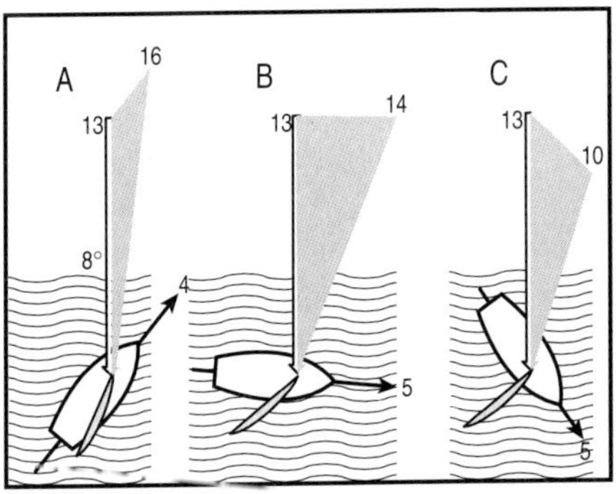

richtung, die der →*Verklicker* oder →*Stander* anzeigt. Der B. wird auch →*scheinbarer Wind* genannt. Im Gegensatz zum →*atmosphärischen Wind* auf den umgebenden Wasserflächen und an Land ändert der B. durch die Fahrt des Bootes bzw. den →*Fahrtwind* seine Richtung und Geschwindigkeit auf dem →*Kurs* eines Bootes zum Wind: Der B. ist z. B. auf einem →*Amwindkurs* (Abb. A) stärker als der →*wahre Wind,* auf →*raum-seitlichen Kursen* nahezu gleich stark (Abb. B) und auf →*raum-achterlichen Kursen* schwächer (Abb. C). Der B. erzeugt auch die →*Windkraft,* mit der das Segel als aerodynamisches →*Profil* arbeitet.

Bordzeit, die *(ship's time)* Abk. BZ. Die an Bord eines →*Seekreuzers* oder eines →*Schiffes* geltende Uhrzeit, die in ortsnaher Küstenfahrt meistens eine →*gesetzliche Zeit* (GZ), bei Transozeanreisen eine →*Zonenzeit* ist. Auf die B. beziehen sich alle Zeitpunkte im →*Logbuch,* →*Schiffstagebuch,* auf →*Seekarten* usw. Sie wird hier vereinfacht auf →*Minuten* genau und ohne →*Sekundenangaben* vierstellig geschrieben, z. B. 0415 für 04.15 Uhr. Siehe auch →*Zeitangabe.*

Borgrah, die *(spare yard)* Eine zur Reserve an Bord mitgeführte →*Rah.*

Borgstag, das *(preventer stay)* Ein zusätzliches →*Stag,* um ein überlastetes oder beschädigtes Stag zu verstärken oder zu entlasten. Das B. wurde dazu parallel geschoren und mit dem normalen Stag durch →*Zurrings* oder →*Laschings* verbunden. Der Wortbestandteil „Borg“ hat darin die Bedeutung von „Ersatz“ oder „Reserve“.

Borgtau, das *(preventer)* Eine zur Sicherung des →*stehenden Gutes* und des →*Riggs* zusätzlich geschorene →*Leine.*

Botterreff, das *(Botter reef)* Ein →*Bindereff* nach der Art einer →*Botteryacht,* bei dem eine einzige

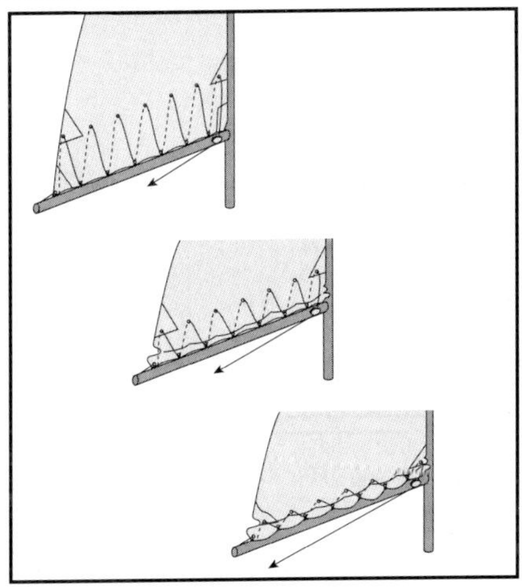

→*Reffleine* alle unteren Teile des Segels →*niederholt* und →*beschlägt.* Sie muß dazu sehr lang sein und (durch das vielfältige Durchlaufen von →*Gatchen*) sehr kräftig →*geholt werden.*

Botteryacht, die *(Botter yacht)* Verbreiteter niederländischer Bootstyp mit flachem Boden, →*Kajüte* und →*Seitenschwertern,* dessen Segelfläche meistens durch ein →*Botterreff* gekürzt werden konnte.

Bovo, der *(bovo)* Sizilianischer Küstensegler mit 2 →*Vorsegeln* sowie einem →*Lateinsegel* am vorderen und größeren sowie einem →*Gaffelsegel* am →*achteren* und kleineren →*Mast.*

Bowdenzug, der (gesprochen: Baudenzug) *(Bowden cable, Bowden wire)* Nach seinem englischen Erfinder Bowden benannte zugfeste Drähte bzw. kräftige Drahtkabel, die in flexiblen

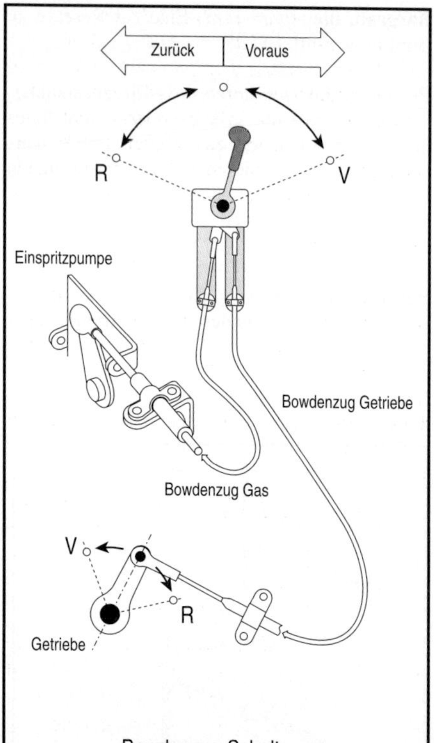

Bowdenzug-Schaltung

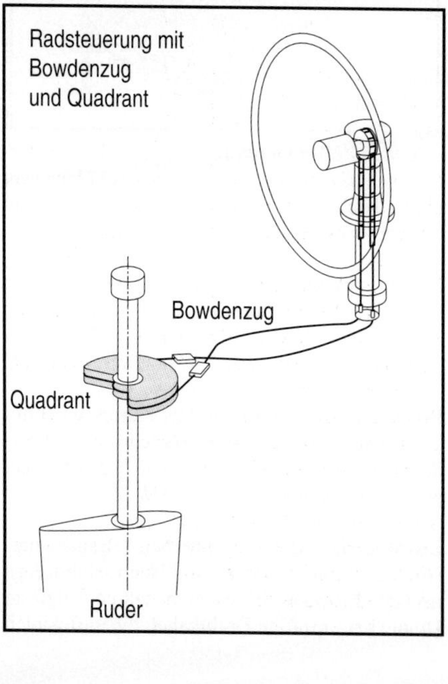

Röhren oder Schläuchen geführt werden, um relativ große Kräfte sowohl ziehend als auch drückend nicht nur geradlinig, sondern auch um Ecken und über Kanten zu übertragen. Der B. wird auf einer →*Yacht* vielfach eingesetzt: Bei der Bedienung des →*Motors* verbindet z. B. ein B. den Schalthebel in der →*Plicht* mit der Regelstange der Einspritzpumpe, während ein anderer (bei einer Einhebelschaltung kombiniert) das Getriebe bedient, ein- und auskuppelt und auf „Voraus" oder „Zurück" schaltet. Bei unsachgemäßer und hastiger Bedienung in einem →*Manöver* kann die B.-Verbindung zu den Steuerelementen abreißen oder aushaken und eine →*Havarie* oder eine →*Kollision* eintreten. Auch die Drehungen des →*Steuerrades* zum →*Ruderquadranten* werden mit einem B. übertragen.

brackig *(brackish)* Bezeichnung für altes, fauliges →*Frischwasser* in den Tanks oder für →*Seewasser,* das die Eigenschaften von →*Brackwasser* besitzt.

Brackwasser, das *(brackish water)* Gemisch von →*Frischwasser* und →*Seewasser,* d. h. von Süß- und Salzwasser, wie es z. B. im Mündungsgebiet von Strömen, im Tidenbereich der Flüsse sowie im Grundwasser der Marsch entsteht. Das B. liegt zwischen der Süßwassergrenze (mit nicht weniger als 0,5 ‰ Salzgehalt) und der Salzwassergrenze (von nicht mehr als 18 ‰ Salzgehalt). Der Bereich des B. ist in Flußmündungen durch die charakteristischen Sinkstoffe deutlich zu erkennen, denn das B. ist gleichzeitig die Absterbezone für das Süßwasser-Plankton wegen zu hohem und für das Salzwasser-Plankton wegen zu niedrigem Salzgehalt.

Bramrah, die *(topgallant yard)* Die an der →*Bramstenge* befestigte →*Rah,* an der das →*Bramsegel* gefahren wird. Großsegler mit Ober- und Unterbramsegel führen entsprechend zwei Bramrahen.

Bramsegel, das *(top gallant sail)* Bei →*Rahseglern* das unter dem →*Royal* am höchsten gelegene →*Rahsegel,* bei mehr als 5 →*Rahen* noch in →*Oberbramsegel* und →*Unterbramsegel* (Abb.) unterteilt.

Bramstenge, die *(topgallant mast)* Die obere Verlängerung der meisten dreiteiligen Segelschiffsmasten, an der die →*Bramrahen* mit ihren →*Bramsegeln* gefahren werden.

Brandbekämpfung, die *(fire fighting)* Die B. erfolgt mit →*Feuerlöschern*, die für die verschiedenen →*Brandklassen* geeignet sein müssen. Da jedoch z. B. ein →*Pulverlöscher* mit 2-kg-Füllung bei einer Spritzweite von 4 m schon nach nur ca. 10 Sekunden leergespritzt ist, muß zur Fortsetzung jeder B. mit Wasser weitergelöscht werden. Zur B. sollten mindestens zwei →*ABC-Löscher* an Bord sein, die in der Nähe der →*Pantry* und des →*Einbaumotors* gehaltert und von der →*Plicht* gut erreichbar sind.

Brandklassen, die Nach →*DIN EN 2 (3)* gibt es die B. A: Feste, glutbildende Stoffe; B: Flüssige oder flüssig werdende Stoffe; C: Gasförmige Stoffe, auch unter Druck. Nur ein →*ABC-Pulverlöscher* ist für die Bekämpfung aller drei Brandarten geeignet, so daß für den Einsatz an Bord – neben Wasser – am besten ein →*Pulverlöscher* eingesetzt wird, der Kohlendioxid als Treibgas benutzt. Sein Inhalt wirkt reaktionshemmend und erstickend und ist auch bei einem Brand der E-Anlage verwendbar.

Brandschutz, der *(fire protection)* Für den B. an Bord von →*Yachten* gibt es Richtlinien und Empfehlungen, die z. B. vom →*Germanischen Lloyd* und von der →*Kreuzer-Abteilung* des DSV herausgegeben wurden. Zum B. gehören neben (fest installierten) Warngeräten wie Wärmemeldern und Flammenmeldern die Ausrüstung einer →*Yacht* mit →*Feuerlöschern* und →*Feuerlöschanlagen* sowie mit Hilfsmitteln zur →*Brandbekämpfung* wie →*Schlagpützen*, Brechstange und Schutzdecken.

Brandung, die *(breakers, surf)* Das gefährliche →*Brechen* der Wellen beim Auflaufen auf flacheres Wasser, z. B. auf Sandbänken vor der →*Küste*, wenn der ansteigende Meeresboden die schwingende →*Orbitalbewegung* der →*Windwellen* hemmt. Diese Behinderung wirkt sich nach oben aus. In der B. werden die Wellen steiler und überstürzen sich. Die dabei frei werdende Energie wirkt mit gewaltiger Stoßkraft, die bei direktem Aufprall in der Ostsee bis zu 100 000 N/m² = 1 daN/cm² oder 1 Bar, in der Nordsee 150 000 N/m² = 1,5 daN/cm² oder 1,5 Bar und an den Ozeanküsten bis zu 300 000 N/m² = 3 daN/cm² oder 3 Bar betragen können.

Brandungsrückstrom, der *(undercurrent, back current, backwash, backset)* Eine kräftige, meistens bodennahe Strömung in der →*Brandung*, die das aufgelaufene Wasser wieder über dem →*Grund* zurückfließen läßt. Der B. ist ein gefährlicher Unterstrom, aber eine kurzzeitig nützliche Hilfe beim →*Starten* vom Strand, insbesondere bei →*auflandigem Wind*.

Brandungszone, die *(zone of breakers)* Das Gebiet einer →*Barre* oder einer →*Bank* vor einer →*Küste*, in dem durch →*Seegang* oder →*Dünung* auch bei ruhigem Wetter auf See eine →*Brandung* entsteht. Eine B. liegt fast überall in geringem Abstand vor der deutschen Ost- und Nordseeküste.

Brasse, die *(brace)* Eine Leine zur beidseitigen Richtungsänderung einer →*Rah*. Sie ist an jeder

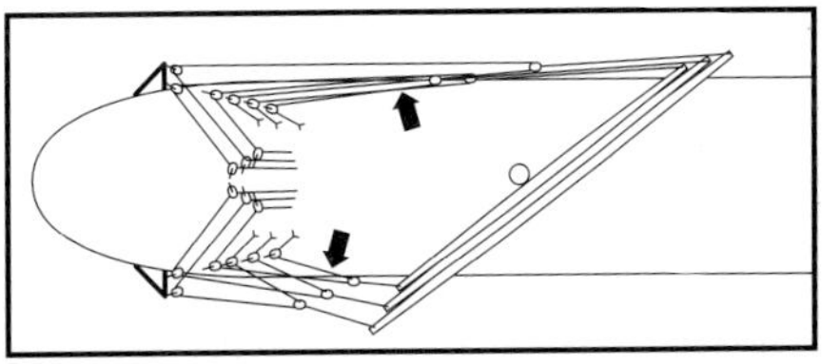

→*Nock* angeschlagen, als →*Talje* geschoren und dient entweder zum →*Anbrassen* oder zum →*Aufbrassen*. Jede B. trägt den Namen des zugehörigen Segels (z. B. Untermarsbrasse) und wird nach ihrer jeweiligen Seite (Luv-B., Lee-B., Steuerbord-B. usw.) unterschieden.

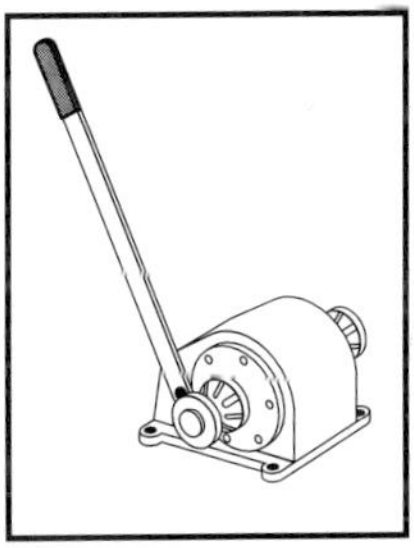

Bratspill, das *(ratchet windlass)* Ein →*Spill* mit einer waagerechten Welle („Spindel"), die (nach dem ursprünglichen Namen Bratspitt) wie ein Bratspieß gedreht wird. An beiden Enden der Achse, die über einen Zahnkranz Handhebel bewegt und durch ein →*Pall* am Zurückdrehen gehindert wird, befinden sich eine →*Kettennuß* bzw. ein →*Spillkopf* (eine →*Tautrommel)*. Ein typisches B., das jetzt in die Gruppe der →*Ankerwinden* gehört, ist eine →*Handankerwinde* (Abb.) auf Yachten.

brave Westwinde, die *(brave west winds)* Im →*planetarischen Windsystem* die ständigen Westwinde auf ca. 40° bis 60° südlicher →*Breite*, die zur Fahrt unter Segeln sowohl von Europa nach Australien als auch von dort via Kap Hoorn zurück nach Europa ausgenutzt werden. Durch den Lärm in der →*Takelage* bei ihrer hohen Windgeschwindigkeit wird die Zone der B. W. auch →*Brüllende Vierziger* („Roaring Forties") genannt.

brechen *(to break)* 1. Das Auseinanderreißen von →*Draht-* und →*Fasertauwerk* sowie von Ketten, wenn die →*Bruchlast* überschritten wird. – 2. Das Überschlagen der Wellenkämme im →*Seegang* durch den Winddruck bei größeren →*Windgeschwindigkeiten.* Das B. der Wellen beginnt im freien Seeraum ab ca. →*Windstärke 4,* in der →*Brandung* noch früher.

Brecher, der *(comber, breaker)* Eine See, die entweder durch die Gewalt des Winddrucks, durch eine Überhöhung durch die gebremste →*Orbitalbewegung* in der →*Brandung* oder beim Auflaufen auf einen flachen Strand →*brechen* kann. Einen schweren B. im →*Orkan* nennt der Seemann auch „Kaventsmann".

Breite, die *(1. latitude, 2. breath, beam)* 1. In der →*Navigation* eine geographische Koordinate, die in →*Graden* und →*Minuten* angegeben, vom →*Äquator* als Bogenstück des Ortsmeridians gerechnet wird und zur Bestimmung des →*Schiffsortes* dient. Nach →*DIN 13312* wird die Gradzahl der B. zweistellig geschrieben (zur Unterscheidung der dreistelligen →*Länge)* und mit dem Zusatz N bzw. S versehen, je nachdem, ob der mit ihr angegebene Ort →*nördlich* oder →*südlich* des Äquators liegt. Auf dem Display eines →*GPS-* oder →*Loran-Navigators* wird die gemessene B. dazu in Minuten und Hundertstel Minuten (oder noch genauer) angezeigt, z. B. so: 56 54.48 N mit der Bedeutung: B. 56° 54,48' N. – 2. Ein Maß der →*Hauptabmessungen:* als „Breite über alles" (Büa) die größte Breite an der breitesten Stelle eines Bootes über der Außenkante der →*Außenhaut,* aber im allgemeinen ohne →*Scheuerleiste* gemessen. Als „Breite in der Wasserlinie" (BWL) in gleicher Weise für die →*Konstruktionswasserlinie* oder in der Schwimmebene des segelklaren Bootes angegeben. Die BWL ist durch unterschiedlichen →*Trimm* veränderlich.

Breite in der Wasserlinie, die *(beam of waterline)* Die →*Breite* eines Schiffes in der betreffenden →*Schwimmwasserlinie,* in der →*Yachtbau-Nomenklatur* (siehe Anhang) mit BWL benannt. Sie hat Einfluß auf die →*Formstabilität.*

Breite über alles, die *(beam over all)* Die größte →*Breite* eines Schiffes, in der →*Yachtbau-Nomenklatur* auch als „Breite auf Außenkante Außenhaut" bezeichnet und mit dem Buchstaben B benannt. Abk. →*Büa.*

Breitengrad, -kreis, -parallel *(parallel of latitude, circle of latitude)* Parallel zum →*Äquator* verlaufender Kleinkreis auf der Erdkugel, der Orte gleicher →*geographischer Breite* miteinander verbindet. In der →*Navigation* vereinfacht →*Breite.*

Breitenverhältnis, das Siehe →*relative Breite.*

Breitfock, die *(running square sail [on a yard], square foresail)* Einfaches →*Rahsegel,* das in der Vergangenheit auf größeren Fahrtenyachten über längere Distanzen an einer →*Rah* an der Vorderkante des →*Großmastes* gesetzt wurde, um achterliche

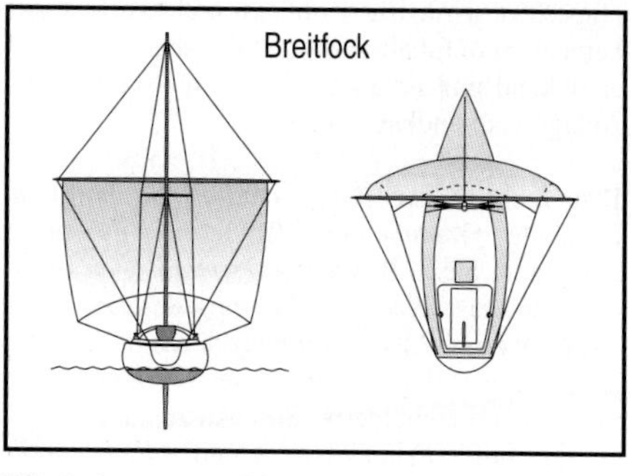

Winde konstanter Richtung und gleicher Stärke, z. B. im →*Passat,* auszunutzen. Heute benutzt man anstelle der B. eine →*Doppelfock.*

Bremsbandwinde, die *(brake-band winch, brake-shoe-winch)* Eine →*Fallwinde* für →*Drahttauwerk,* die mit einer Reibungs- oder Backenbremse ausgestattet ist und das Abstoppen des

durchlaufenden →*Falls* beim →*Bergen* eines Segels erlaubt. Das Bremsband wird durch einen Handgriff betätigt.

Brigantine, die *(brigantine)* Zweimastiger Großsegler, dessen vorderer →*Mast* (→*Fockmast*) mit

Brigantine

→*Rahsegeln* und dessen achterer Mast (→*Groß-mast*) mit →*Schratsegeln* getakelt ist (Abb.). Auch →*Schunerbrigg* genannt.

Brigg, die *(brig)* Zweimastiger Großsegler, dessen Masten (im Gegensatz zur →*Brigantine*) voll getakelt, d. h. nur mit →*Rahsegeln* ausgerüstet sind.

Brigg

Brise, die *(breeze)* Ein mäßiger, gleichmäßig mit einer →*Windgeschwindigkeit* von ca. 5 bis 20 →*Knoten* wehender Seewind, der sich gut als Segelwind eignet. Abgestuft spricht man von „leichter B." (→*Windstärke* 2), „schwacher B." (→*Beaufort* 3), „mäßiger B." (Beaufort 4) und „frischer B." (Beaufort 5). „Es brist auf", wenn die Windgeschwindigkeit zunimmt.

Broker, der (engl.) Bezeichnung eines Maklers, Vermittlers oder Agenten, der z. B. in der Yachtversicherung, beim Verkauf von Yachten oder für Dienstleistungen in Häfen tätig ist.

Brook, der; Brooke, die (Plur. Brooken) *(web-sling, belt grip)* Ein starker Gurt zum Unterfangen von beweglichen Ausrüstungsteilen an Bord und zu ihrem sicheren →*Festmachen.* B. werden oft von →*Tauwerk* gehalten. In ein B. oder Brookgeitau wird nach dem →*Abschlagen* der →*Segel*

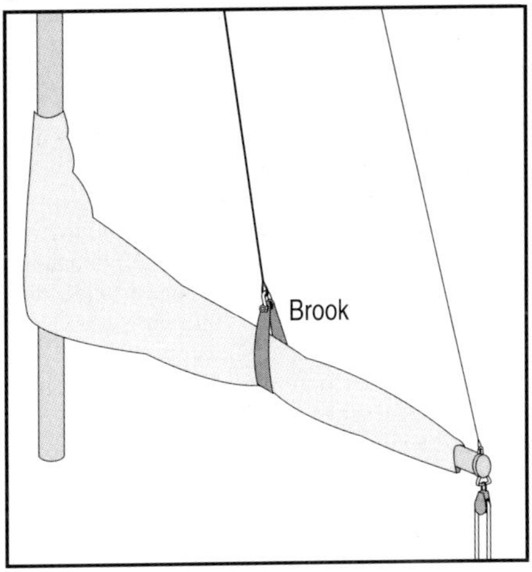

ein schwerer →*Großbaum* gehängt und mit dem →*Großfall* abgefangen, damit er sich nicht durchbiegen kann (Abb.). →*Zurrbrooken* sichern ein →*Beiboot* in den →*Davits.* Brookstropps dienen zum Heben von (schweren) Lasten.

Bruce-Anker, der *(Bruce anchor)* Ein →*Leicht-anker* mit drei →*Flunken,* die zu einer breiten

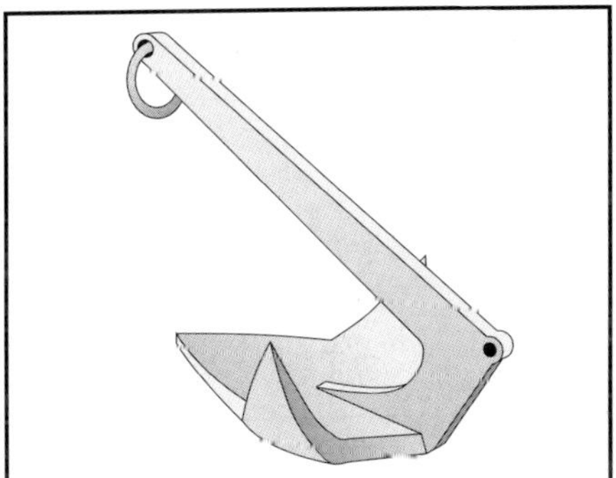

Schaufel geformt sind. Er ist ein Kompromiß zwischen dem →*Danforth-Platten-Anker* und dem →*Pflugschar-Anker.* Der B.-A. kann sich in hartem wie weichem →*Grund* gut eingraben, doch ist sein vergleichbar leichteres Gewicht nicht immer vorteilhaft.

Bruchlast, die *(maximum load, tensible breaking strength)* Die Belastung, die ein Bau- oder Ausrüstungsteil aushalten kann, bis es →*brechen* muß. Im allgemeinen spricht man von einer „Nutzlast" für den normalen Gebrauch (100 %), von der „Prüflast“ (200 %), einer somit doppelten Sicherheit, während die „Bruchlast“ (400 %) eine vierfache Sicherheit darstellt bzw. enthalten kann.

Bruchspannung, die *(breaking load, abbrev. BRL)* Sie ist sinngemäß die →*Bruchlast,* die bei Faser- und Drahtseilen *(→Fasertauwerk* und →*Drahttauwerk)* ermittelt wird.

Brücke, die *(1. bridge, 2. jetty, pier, quay)* 1. In der →*Schiffahrt* eine Kurzform für „Kommandobrücke“, die ursprünglich nur ein verbindender, von Stützen getragener und von →*Backbord* nach →*Steuerbord* reichender Gang war. – 2. Auf Pfählen ruhender und vom Ufer in das Wasser vorgetriebener Anlegesteg zum →*Festmachen.* – 1. (und 2.) in ursprünglicher Bedeutung ein Bauwerk für Verkehrswege, z. B. über eine →*Wasserstraße.*

(bewegliche) Brücke mit Durchfahrtshöhe *(opening bridge with vertical clearance)* Zeichen aus →*Karte 1* im Anhang.

(feste) Brücke mit Durchfahrtsbreite *(fixed bridge with horizontal clearance)* Zeichen aus →*Karte 1* im Anhang.

Brückendeck, das *(bridge deck)* 1. In der →*Schiffahrt* das →*Deck,* das sich an die →*Brücke*

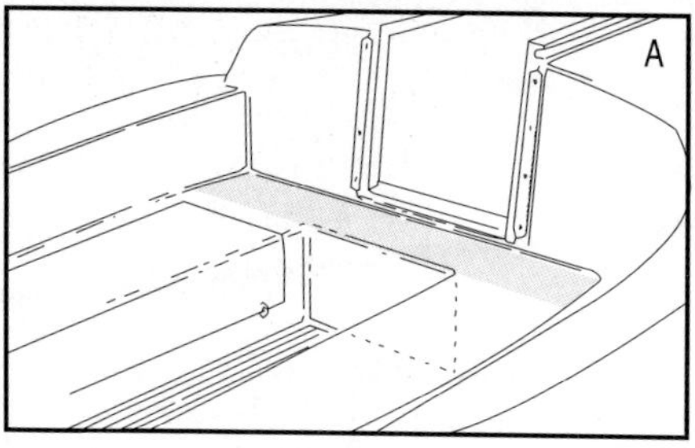

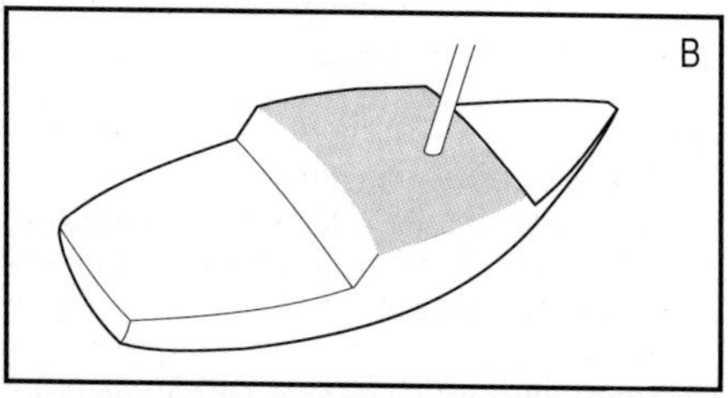

anschließt und auf gleicher Höhe mit ihr liegt. Es trug früher das →*Kartenhaus.* Heute ist das B. eine großflächige, mehrräumige Kommandozentrale mit Steuerstand, Kartenraum, Lotsenkammer, Funkraum u. ä. – 2. Auf Yachten das kurze, durchlaufende →*Deck* zwischen dem →*Kajütaufbau* und der →*Plicht* (Abb. A). Das B. dient der Erzielung größerer Querfestigkeit für den →*Rumpf* und ist gleichzeitig oft der Platz für die →*Großschotschiene* und den →*Kompaß.* – 3. Für die →*Vermessung* nach der früheren →*IOR-Formel* war das B. eine Decksform, wenn der Kajütaufbau →*querschiffs* von einer Bootsseite zur anderen reicht und die →*Außenhaut* gleichzeitig die Kajütseitenwand darstellt, aber →*Vordeck* und →*Achterdeck* tiefer liegen (Abb. B).

Brückendurchfahrtshöhe, die *(clearance or headroom under bridges)* Für eine →*Yacht* mit ei-

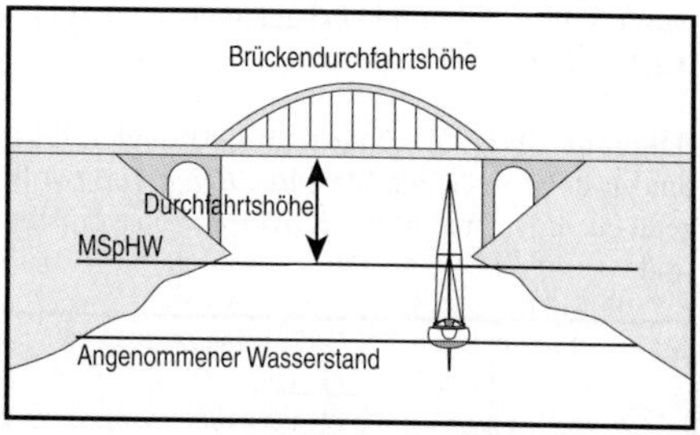

ner oft erheblichen Höhe des →*Mastes* über →*Deck* ist die Kenntnis einer →*Durchfahrtshöhe* unter einer festen oder beweglichen, aber geschlossenen →*Brücke* von großer →*seemännischer* Bedeutung. Eine B. ist daher nicht nur in der →*Seekarte,* sondern auch auf Tafeln und in Sichtweite der zu passierenden →*Brücke* angegeben, so daß man diese Angaben zum gefahrlosen Passieren mit der →*Takelungshöhe* vergleichen kann. Die dort (meistens in Meter) angegebene B. bezieht sich auf den →*Wasserstand* bei →*mittlerem Springhochwasser,* also den höchsten Wasserstand, und nicht auf das →*Kartennull,* den niedrigsten möglichen Wasserstand. Liegt die bekanntgegebene B. (z. B. 20 m) über dem Betrag Masthöhe plus →*Antennen* plus →*Freibord* (z. B. 15 + 2 + 2 m = 19 m), wird man bei der Brückendurchfahrt somit immer mehr als den errechneten Spielraum von einem Meter haben.

„Brüllende Vierziger“, die Siehe →*Roaring Forties.*

Brummelhaken, der *(Inglefield clip)* Ein →*Clip,* der als Schnellverbindung für Leinen und insbesondere als →*Flaggenclip* dient.

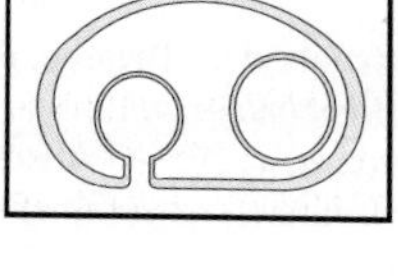

Bruttoraumgehalt, der *(gross tonnage)* Das Gesamtvolumen aller geschlossenen Räume eines Schiffes, angegeben in m^3 (Kubikmeter). Nach dem B. wird die →*Bruttoraumzahl* ermittelt, indem man das Volumen mit einem schiffstypischen Faktor, der zwischen 0,22 und 0,32 liegt, multipliziert und damit keine Maßeinheit mehr, sondern eine feste Größe erhält, z. B. für eine als →*Seeschiff* registrierte Yacht „CORMORAN BRZ 26". Der B. hat auch Bedeutung für die Zeit, in der eine →*leckgeschlagene* Yacht tatsächlich →*sinkt* und untergeht. Diese Gefahr besteht nach verbreiteter Seglermeinung schon, wenn das eingedrungene Wasser dem (bekannten) Gewicht des Ballastkieles entspricht, z. B. 4 t = 4000 Liter. Tatsächlich verliert eine havarierte Yacht jedoch erst ihre Schwimmfähigkeit *(→Tragfähigkeit),* wenn der gesamte B. mit Wasser gefüllt ist. Da er bei einer 12-m-Yacht mindestens 20 m^3 beträgt, bleibt eine havarierte Yacht somit gut das Fünffache jener Zeit schwimmfähig, die von der Crew nach dem →*Ballastgewicht* befürchtet wurde, und ein sinkender Seekreuzer muß daher von einer Crew nicht kopflos (in das →*Rettungsfloß)* verlassen werden, sondern kann mit seinen →*Lenzpumpen* sehr lange Zeit über Wasser gehalten werden.

Bruttoraumzahl, BRZ, die *(gross tonnage, GT)* Seit 1991 neue Größe für die →*Tonnage-Vermessung* nach dem am 18. 7. 1982 weltweit in Kraft getretenen Schiffsvermessungs-Übereinkommen. Die BRZ ist nicht mehr eine Maßzahl wie die frühere Bruttoregistertonne, sondern eine absolute Größe, die aus dem →*Bruttoraumgehalt* (in Kubikmeter) und einem (von der Schiffsgröße abhängigen) Faktor (zwischen 0,22 und 0,32) errechnet wird. Die →*Nettoraumzahl* ist für →*Yachten* unbedeutend.

BRZ Abk. für →*Bruttoraumzahl.*

BS Abk. nach →*DIN 13312* für →*Beschickung für Strom* (engl. *correction for current).*

BSH Abk. für →*Bundesamt für Seeschiffahrt und Hydrographie.*

Büa *(b. o. a.)* Abkürzung für →*Breite über alles,* eine →*Hauptabmessung.*

Buchstabenflagge, die *(alphabetic flag)* Eine →*Flagge,* die im →*Flaggenalphabet* des →*Internationalen Signalbuches* einen Buchstaben bezeichnet, z. B. →*Alfa* oder →*Bravo.* Eine B. leitet auch jeden Buchstaben dieses Lexikons ein.

Bucht, die *(1. bay, 2. bight, 3. camber of beam)* 1. Im Verlauf der →*Küste* ein Zurückweichen des

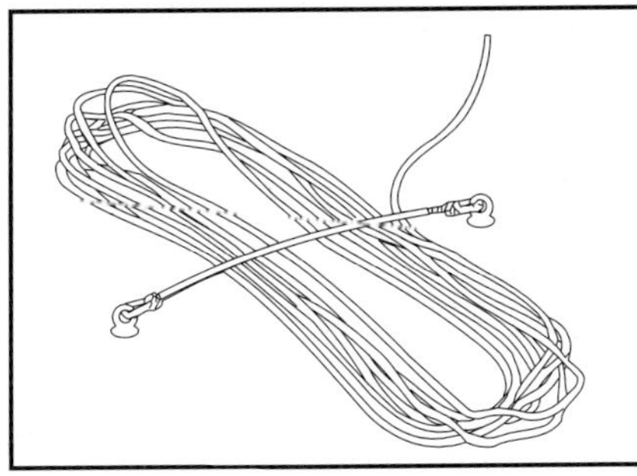

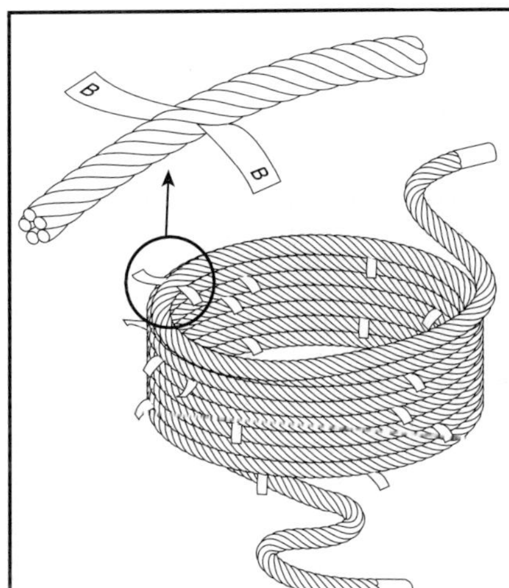

Ufers ins Binnenland. – 2. Bei →*Tauwerk* ein Ring, z. B. einer „in Buchten" →*aufgeschossenen Leine.* – 3. Als →*Balkenbucht* die Deckswölbung in Querschiffsrichtung, auch kurz „B." genannt.

Buchtspleiß, der *(cut splice)* Anstelle eines →*Langspleißes* wird der →*Tampen* jeder →*Leine* ein Stück von dem anderen Tampen entfernt eingespleißt, so daß zwischen beiden →*Spleißen* eine →*Bucht* oder ein (ovales) →*Auge* entsteht (Abb. A). Ein B. dient zum Umfassen einer →*Spiere* oder eines →*Wants,* für deren gegebene Durchmesser der Schlitz angepaßt wird. – Als B. bezeichnet man auch ein Auge, das seitlich an ein →*Tau* gespleißt ist, z. B. an einem →*eingeliekten* Segel (Abb. B.).

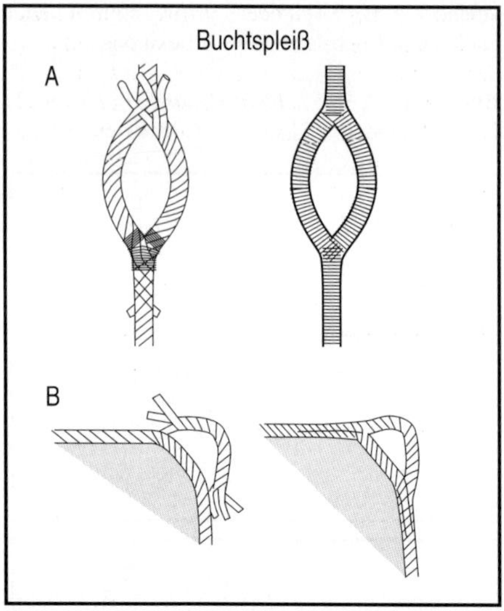

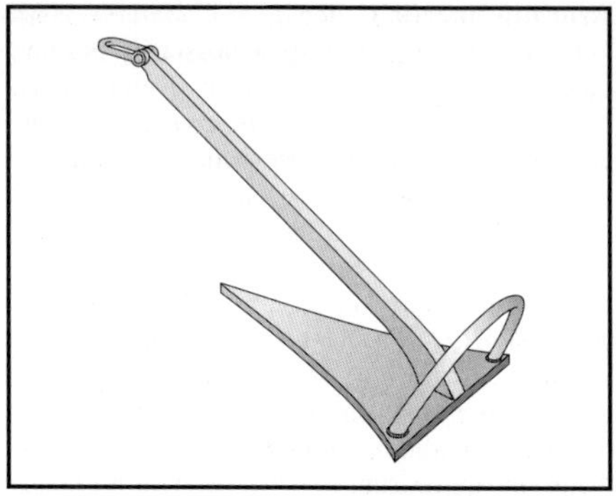

Yachtanker, der keine beweglichen Teile hat. Der charakteristische Bügel soll – wie ein Rad mit Unwucht – die massive →*Flunke* bei Grundberührung immer zum Boden drehen, so daß sie sich zuverlässig eingraben kann. Vergleichbar dem →*Bruce-Anker* sollte er verhältnismäßig schwerer als ein Pflugscharanker gewählt werden.

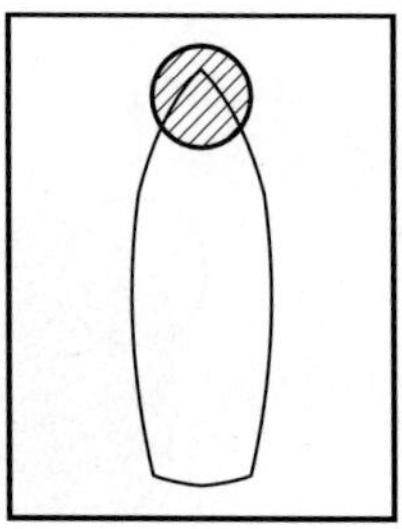

Bug, der *(1. bow, head, 2. tack)* 1. Das vordere, weitgehend spitz zulaufende Ende eines Bootes. B. ist nicht als Bauteil (wie →*Vorsteven*), sondern sowohl horizontal wie vertikal als vorderster Bereich des →*Vorschiffes* anzusehen. So ergeben sich viele →*Bugformen.* Ggt.: →*Heck.* 2. Begriff der bis 1992 gültigen →*Wettsegelbestimmungen:* Man sprach bei den →*Ausweichregeln* von →*Steuerbordbug* und →*Backbordbug* entsprechend der Seite, über der die Segel stehen bzw. die →*Schoten* geführt sind. Yachten können „auf gleichem B.“ (Abb. A) oder „auf entgegengesetztem B.“ (Abb. B) segeln. Sie gehen beim →*Wenden* „auf den anderen Bug“.

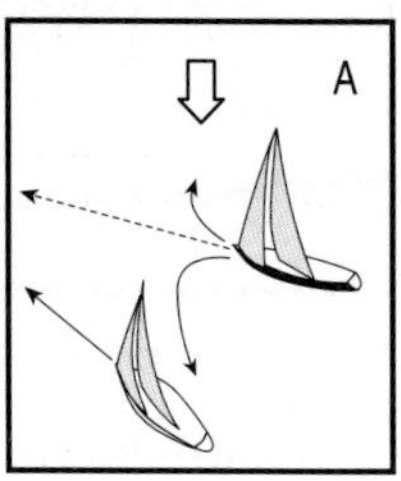

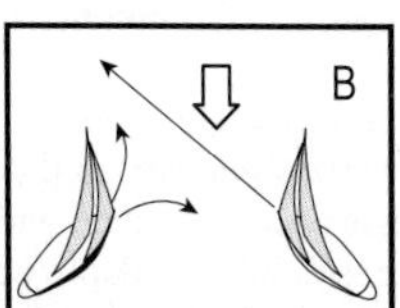

Bügelanker, der *(half-hoop anchor)* Ein von der →*Seeberufsgenossenschaft* anerkannter und als →*Anker* mit hoher Haltekraft eingestufter

Bugfangleine, die *(bow painter)* Am →*Vorsteven* eines →*Beibootes* in einem zugfesten →*Beschlag* angeschlagenes →*Ende,* mit dem ein →*Dingi* nachgeschleppt oder festgemacht wird.

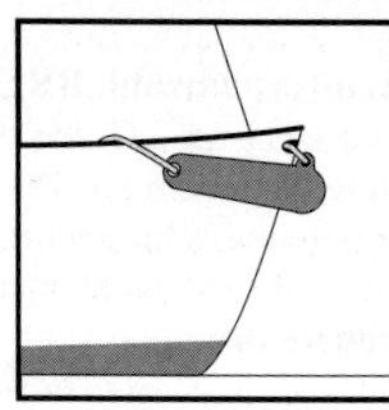

Bugfender, der *(bow fender)* Ein beidseitig um den →*Bug* laufender →*Fender,* dreifach aufgehängt (in der Mitte am →*Vorsteven*) und aus Gummi, Plastik oder →*Tauwerk* gefertigt, um Stöße am →*Vorschiff* aufzufangen.

Bugform, die *(bow shape)* Die für besondere Bedingungen der →*Tragfähigkeit* und der →*Seefähigkeit* des →*Rumpfes* gestaltete Form des →*Bugs.* Nach der Länge des →*Überhangs* und dem Bau des →*Vorstevens* unterscheidet man z. B. →*Löffelbug,* →*Klipperbug* u. a.

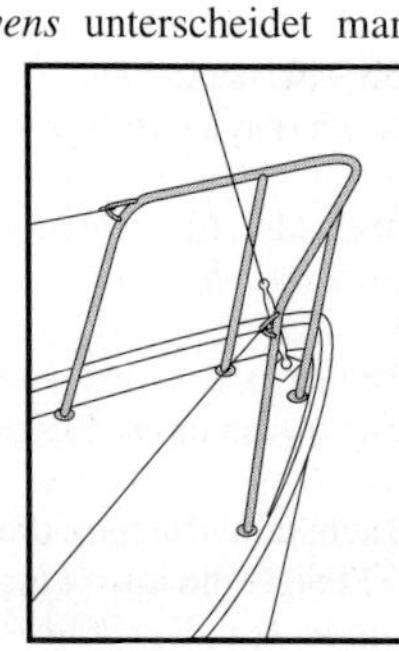

Bugkorb, der *(pulpit)* Eine fest auf dem →*Bug* montierte Kanzel aus nicht rostendem Metallrohr, an der die →*Seereling* endet. Die senkrechten Stützen des B. folgen der ausladenden Richtung des →*Vorschiffes*

(Abb.), um der →*Crew* beim →*Segelwechseln* am →*Vorstag* unter allen Bedingungen ausreichende Sicherheit zu geben.

Bugpropeller, der; Bugschraube, die *(bow or forward propeller)* Bezeichnung für ein →*Bugstrahlruder* auf →*Yachten.* B. können →*hydraulisch* oder elektrisch mit 12 V oder 24 V betrieben werden. Für die Effektivität einer B. ist nicht die in →*Kilowatt* angegebene Leistung ihres (Elektro-)Motors, sondern die Schubkraft maßgebend. Sie wird neben der Motorleistung auch durch die Widerstände im Tunnel und durch die Form des →*Propellers* bestimmt. Mit einem leichtgewichtigen Kunststoffpropeller kann die höchste →*Drehzahl* und damit Höchstschubkraft schneller und mit geringerem Aufwand an Energie erreicht werden. Da die Schubkraft im Gegensatz zu einer normalen →*Schiffsschraube,* die beim Rückwärtsarbeiten des Motors nur 50 % der Nutzleistung erbringt, bei einer B. in beiden Richtungen (nach →*Backbord* und →*Steuerbord)* gleich sein soll, wurden spezielle Propellerformen (auch zur Vermeidung von →*Kavitation* und Lärm) entwickelt. Als Elektromotore werden umkehrbare Gleichstrommotore benutzt, die einige Minuten lang kontinuierlich mit voller Leistung laufen können. Je kleiner der Durchmesser des Tunnels ist, desto näher zum →*Steven* kann er eingebaut werden, desto geringer ist der Widerstand in →*Fahrt* und desto weniger können Fremdkörper oder Schmutz eindringen. In gleicher Weise einsetzbar sind querschiffs angeordnete →*Heckschrauben* oder Heckpropeller.

Bugsee, die *(bow wave)* Von Seeleuten bevorzugte Benennung der →*Bugwelle,* d. h. das am →*Vorschiff* aufgeworfene →*brechende Wasser,* wenn ein Boot in →*Fahrt* mit dem →*Bug* das Wasser teilt. Die B. ist wie die →*Hecksee* in Form und Größe ein Anzeichen für den →*Wasserwiderstand.*

Bugspriet, das *(bow sprit)* Eine kurze, kräftige und fest am →*Bug* eingebaute →*Spiere* in Längsschiffsrichtung, die als Unterbau für den →*Klüverbaum* dient. Heute benutzt man ein B. auch als →*Ankerhalterung* oder zur Erleichterung des Anbordgehens.

Bugstrahlruder, das; Bugruder, das *(bow thruster, bow thrust drive, lateral thrust drive, bow propeller, bow jet)* Auch →*Bugpropeller* oder →*Querstrahlruder* genannte, am Steuerstand bediente Manövrierhilfe zum →*Anlegen.* Als B. wird ein →*querschiffs* im →*Unterwasserschiff* des →*Bugs* eingebauter Tunnel bezeichnet, in dem sich ein →*Propeller* dreht. Er wird mit elektrischer oder hydraulischer Energie betrieben, von der →*Plicht* aus bedient und hilft, beim →*Anlegen* oder →*Ablegen* dem →*Vorschiff* kurzzeitig einen seitlichen Schub zu versetzen. Der Markt liefert unterschiedliche Modelle, auch senkrecht unter dem →*Steven* ausfahrbare Propeller und waagerechte Wasserstrahlpumpen zur Hilfe beim →*Manövrieren.*

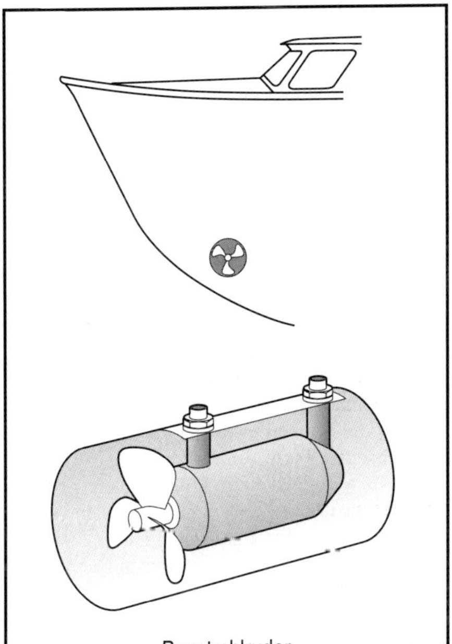
Bugstrahlruder

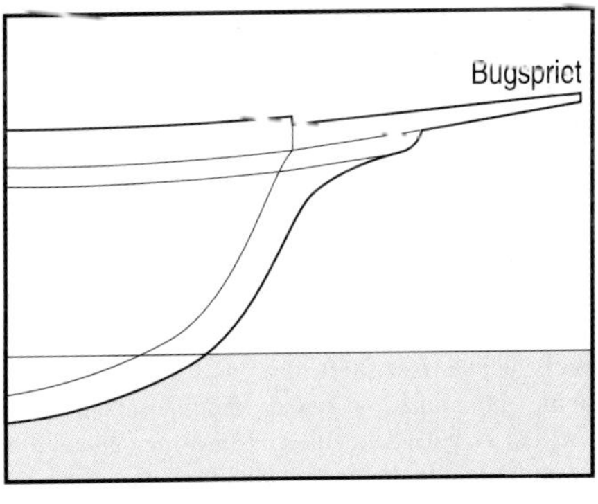

Bugwelle, die *(bow wave, „mustache")* Der am →*Bug* entstehende vordere Teil des Wellen-

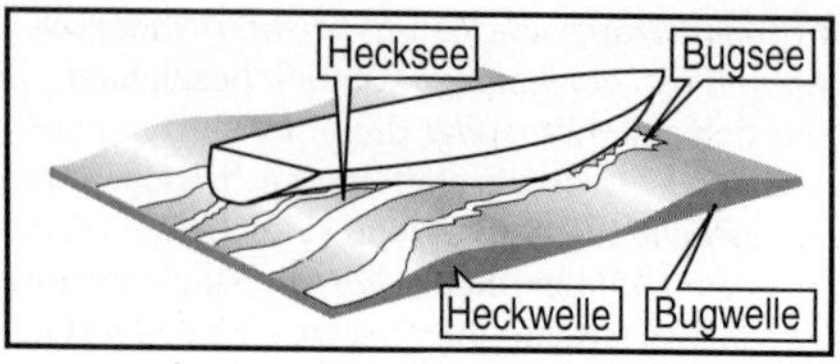

systems, der bei einem Boot in →*Fahrt* entsteht und besonders bei höheren Geschwindigkeiten sichtbar wird. Die B. breitet sich als Querwelle seitlich aus (Abb.) und bewegt sich mit dem fahrenden Boot fort. Ein →*Verdränger* bleibt auch bei Höchstfahrt in die von B. und →*Heckwelle* begrenzte Länge des von ihnen erzeugten Wellensystems eingebettet, so daß die erreichbare maximale →*Rumpffahrt* durch die →*Länge* in der Wasserlinie berechnet werden kann. →*Gleitboote* verlassen ihr Wellensystem mit →*hydrodynamischem Auftrieb;* die B. fällt dann bis in die Höhe des →*Mastes* zurück, und das →*Vorschiff* liegt dann vor und über der Bugwelle.

Buhne, die *(groyne, jetty)* Ungefähr im rechten Winkel zum Ufer in ein Gewässer hineingebautes Schutzwerk aus Holz, Steinen, Stahl oder anderen Materialien, um die zerstörende Kraft der →*Brecher* zu mindern, die Strömung vom Ufer abzuweisen, die Wasserbewegung zu beruhigen oder das Absetzen von Sinkstoffen wie →*Schlick,* →*Sand* u. a. zu fördern. In Flußgebieten wird eine B. auch als „Stack" bezeichnet. Das landseitige Ende einer B. heißt „Buhnenwurzel", das wasserseitige „Buhnenkopf". Die zwischen Buhnen und Ufer liegende Wasserfläche ist das „Buhnenfeld".

Buhnenbake, die *(beacon fixed on a groyne)* Ein Stangenseezeichen in Form einer →*Bake* am Kopf einer →*Buhne.* Eine B. wird aufgestellt, wenn der seewärtige Teil einer Buhne („Buhnenkopf") in →*Tidengewässern* bei hohem Wasserstand unter der Wasseroberfläche liegt und nicht erkennbar ist.

Buhne, Stack *(groyne)* Siehe →*Zeichen* und Abkürzungen in der →*Karte 1* (INT 1) Anhang.

Buleine, die; Bulin, die *(bowline)* Leine an der jeweiligen →*Luvkante* eines Rahsegels, die zum vorlichen →*Mast* führt, um das →*Vorliek* auf einem →*Amwindkurs* besser durchzusetzen. Der Zug der B. wird dabei über →*Bulinspruten* auf die gesamte Länge des →*Lieks* übertragen.

Bulinsprut, das; Bulinspriet, das *(bowline bridle, foregirt, spar bowline)* Die Verteilung des Zugs einer →*Bulin* oder →*Buleine* über ein →*Sprut* auf das →*Luvliek* eines Rahsegels, um dieses für den →*Amwindkurs* stärker durchzusetzen (Abb.)

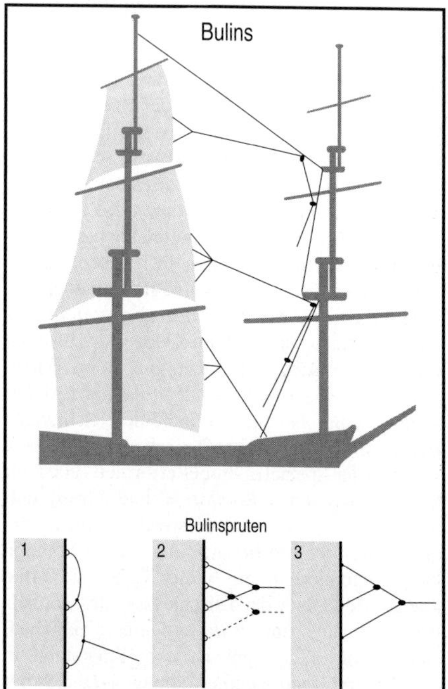

Bullauge, das *(bullseye, bull's eye [engl. = Bullenauge])* Meist rundes, wasserdicht verschließbares und oft durch eine Blende zusätzlich gegen Seeschlag gesichertes Fenster in der Kajüt- oder Bordwand.

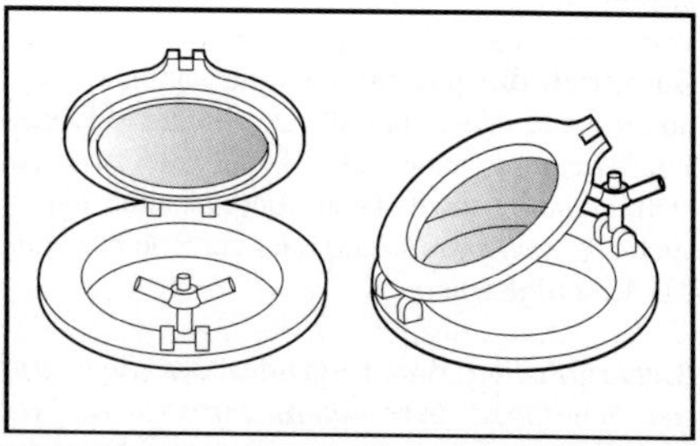

Bullenstander, der *(bull pendant)* Auf →*Vorwindkursen* von der →*Nock* des →*Groß-*

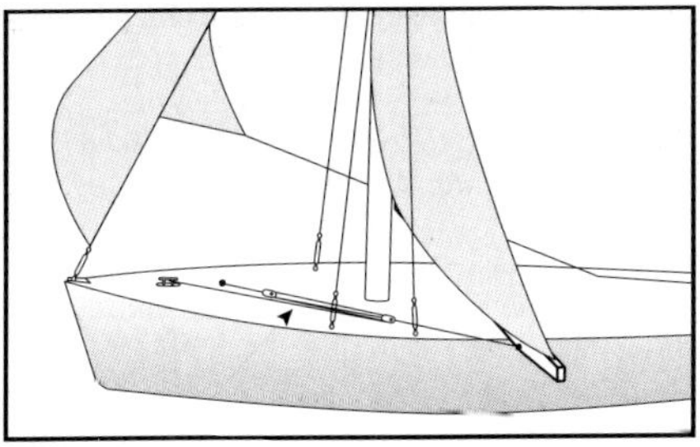

baumes zu einem →*Beschlag* auf dem →*Vorschiff* einfach (als →*Stander*) geschorene kräftige →*Leine.* Sie soll das unbeabsichtigte Übergehen des Segels beim →*Schralen* des Windes, →*Gieren* des Bootes oder einem Fehler des →*Rudergängers* sichern. Um die Vorrichtung auch bei Belastung in ihrer Länge zu verändern, wird eine →*Bullentalje* mit dem B. verbunden (Abb.).

Bullentalje, die *(bull tackle)* Eine →*Talje* zwischen →*Bullenstander* und →*Vordeck.* Auf einem

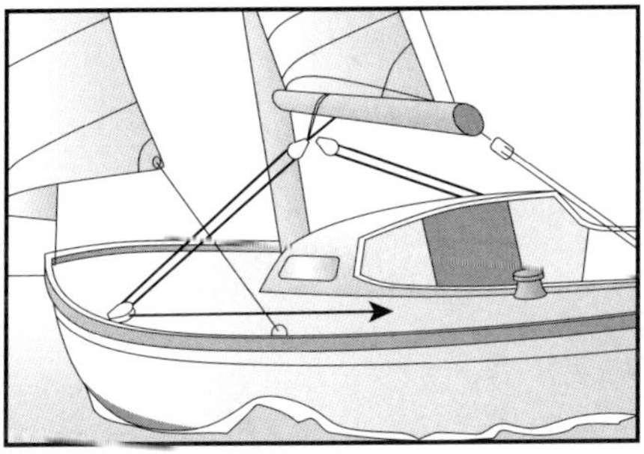

Seekreuzer kann die B. auch gleichzeitig die Aufgabe eines →*Baumniederholers* übernehmen (Abb.) Sie wird beidseitig von der →*Plicht* aus bedient.

Bundesamt für Post und Telekommunikation, das (BAPT) Im Zuge der Trennung der Deutschen Bundespost in drei Unternehmensbereiche in Mainz neu errichtete Behörde. Das →*BAPT* unterhält Außenstellen in Bremen, Hamburg, Kiel, Berlin, Freiburg, Koblenz, München, Münster und Rostock, die auch den Prüf- und Abnahmedienst im →*Seefunk* vornehmen. Die Hoheitsaufgabe „Erteilen von Genehmigungen im →*Seefunkdienst*" wird zentral von der BAPT-Außenstelle Hamburg, Sachsenstraße 12 – 14, 20097 Hamburg, Telefon (040) 23655-0 vorgenommen.

Bundesamt für Schiffsvermessung, das Frühere Bundesbehörde, jetzt siehe →*Bundesamt für Seeschiffahrt und Hydrographie.*

Bundesamt für Seeschiffahrt und Hydrographie (BSH) *(Federal Maritime and Hydrographic Agency)* Am 1. 7. 1990 wurden das bisherige →*Deutsche Hydrographische Institut* (→*DHI*) und das →*Bundesamt für Schiffsvermessung* zum neuen BSH zusammengelegt, das die Aufgaben der beiden bisherigen Behörden übernahm. Zu seinen Aufgaben gehören u. a. Angelegenheiten des →*Flaggenrechts,* der →*Schiffsvermessung,* der Herausgabe →*amtlicher Sportschiffahrtskarten,* →*Seekarten* und →*nautischer Veröffentlichungen,* die Prüfung nautischer Instrumente sowie die Berechnung der →*Gezeiten.* Das BSH hat seinen Sitz in der Bernhard-Nocht-Straße 78, 20359 Hamburg und in 18146 Rostock.

Bundesamt für Zulassungen in der Telekommunikation, Abk. BZT mit Sitz in der Talstraße 34–42, 66119 Saarbrücken, Telefon (0681) 59 80. Das BZT prüft alle serienmäßig hergestellten und angebotenen Funkanlagen und stattet sie mit einem BZT-Zulassungszeichen aus. Es besagt, daß der Hersteller dem BZT einen Prototyp zur Prüfung vorgelegt hat und daß das Amt den Serientyp für den Gebrauch an Bord von Seeschiffen als geeignet befunden hat. Geräte ohne →*BZT-Zulassungszeichen* dürfen auf deutschen Yachten (in deutschen Gewässern) nicht betrieben werden.

Bundesflagge, die *(German flag)* Die in einem →*Flaggenzertifikat* so genannte →*Nationale* der Bundesrepublik Deutschland.

Bundesoberseeamt, das Das B. ist eine Bundesbehörde im Geschäftsbereich des Bundesministers für Verkehr mit Sitz in Hamburg. Seine Verwaltungsaufgaben werden vom →*BSH* wahrgenommen. Nach dem →*Seeunfalluntersuchungsgesetz* (SeeUG), § 5 u. a. ist das B. ein „Widerspruchsausschuß", der (als zweite Instanz) über „Widersprüche" gegen den →*Spruch eines Seeamtes* in der Besetzung eines Vorsitzenden (mit der Befähigung zum Richteramt), eines Ständigen Beisitzers und drei ehrenamtlichen Beisitzern entscheidet. Nach § 21 SeeUG kann das B. in einem „Widerspruchsbescheid" einen Seeamts-Spruch bestätigen (auch zu Ungunsten des Widersprechenden), ändern oder andere Entscheidungen für oder gegen einen Beteiligten treffen. Einzelheiten seiner Arbeit sind im Abschnitt 2 der „Geschäftsordnung der Seeämter" (GOSeeÄ) enthalten. Gegen die Entscheidung des B., die den Beteiligten als „Widerspruchsbescheid" zugestellt wird, kann (als dritter Instanz) Klage beim Verwaltungsgericht Hamburg eingelegt werden.

Bureau Veritas, das Die →*Klassifikationsgesellschaft* in Frankreich.

bürgerliche Dämmerung, die *(1. civil dawn; 2. civil dusk)* 1. Die Zeit der abnehmenden Dunkelheit vor Sonnenaufgang von einer Tiefe des Sonnenmittelpunktes von 6° unter dem wahren →*Horizont* an bis zum Sonnenaufgang. 2. Sinngemäß die Zeit der abnehmenden Helligkeit von Sonnenuntergang bis zu einer Tiefe des Sonnenmittelpunktes von 6° unter dem wahren Horizont. Die b. D. ist kürzer als die →*astronomische* und die →*nautische Dämmerung*. Zeittafel siehe unter →*Dämmerung*.

Bürzel, der *(croup, rump)* Eigentlich die Schwanzwurzel der Vögel, im →*Yachtbau* ein Fachwort für Verdickungen und profilierte

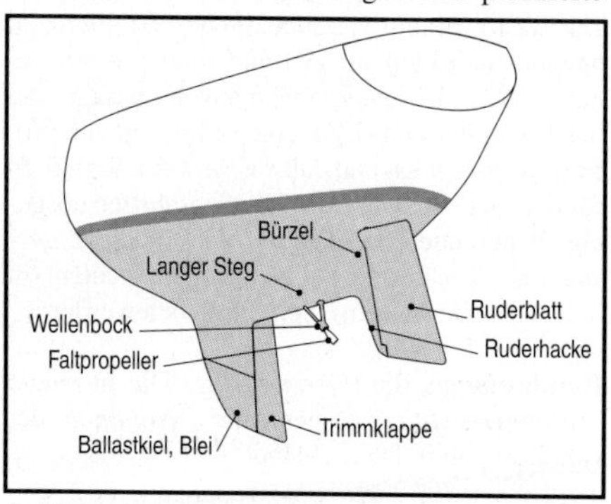

Anhänge aus →*hydrodynamischen Gründen* (Abb.). Ein B. ist z. B. ein verdickter Bereich an der →*Ruderleitflosse* und →*Ruderhacke* bei Verwendung eines →*Verdrängerruders* oder im →*achteren Teil* des →*Stegs* oder →*Eselrückens,* der Verbindung zwischen →*Skeg* und →*Kielflosse.* Für das spitz auslaufende achtere Teil eines →*Ballastkiels* trifft die Bezeichnung B. am besten zu. Auch der nach →*achtern* spitz auslaufende, bombenförmige →*Ballast* eines →*Ballastkiels* oder →*Flossenkiels* wird (im Wortsinn treffend) B. genannt.

Bussole, die *(box compass)* Aus dem Französischen entlehnte altertümliche Bezeichnung für einen primitiven →*Kompaß* auf Schiffen. Eine Magnetnadel aus einfachem Eisen wurde in einer Kapsel (bussola) verwahrt und zur Richtungsbestimmung in einen Strohhalm gesteckt, der in einer Schüssel schwamm.

BW Abk. nach →*DIN 13312* für →*Beschickung für Wind* (engl. leeway correction).

BWS Abk. nach →*DIN 13312* für →*Beschickung für Wind und Strom* (engl. leeway and current correction angle).

BZT-Zulassung, die Eine Betriebsgenehmigung für Funkanlagen auf →*Seeschiffen* und →*Yachten* durch das →*Bundesamt für Zulassungen in der*

BZT-Zulassung

Telekommunikation. Sie ist durch ein BZT-Zulassungszeichen ersichtlich.

C

C = Charlie Internationales Buchstabensignal, blau-weiß-rot-weiß-blau. Bedeutung: „Ja". (Bejahend oder „Die Bedeutung der vorausgegangenen Gruppe ist als bejahend zu verstehen"). Morsen: – • – • (lang – kurz – lang – kurz). Bei einer →*Wettfahrt:* Signal für Bahnänderung.

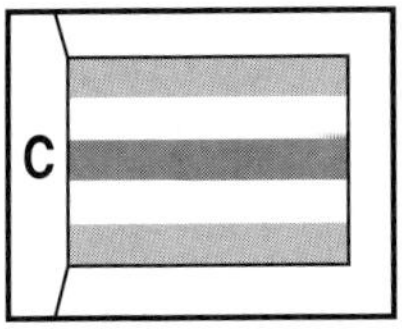

Cadet Aus →*Sperrholz* oder →*GFK* gebaute →*internationale Klasse* für junge Leute zwischen 8 und 17 Jahren. Konstrukteur: Jack Holt. Lüa 3,22 m, Büa 1,24 m, Tiefgang mit Schwert 0,76 m, Verdrängung segelf. 54 kg, Segelfl. 5,2 m².

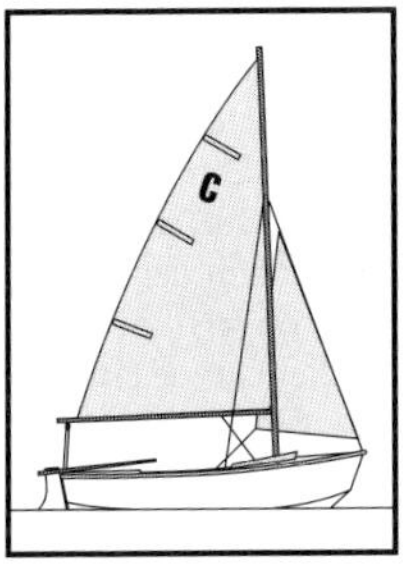

Campingplatz *(caravan site)* Zeichen in der Seekarte, siehe →*Karte 1* im Anhang.

Candela, die (cd) Die →*Basiseinheit* der Lichtstärke, die z. B. bei einem →*Leuchtfeuer,* bei →*Seenotfeuerwerk* und bei →*Positionslaternen* benutzt wird. Die neue photometrische Einheit 1 cd entspricht den alten Werten 1,107 Hefner-Kerze (HK) oder 0,981 Internationale Kerze (IK).

Carbonfaser, die *(C-Faser)* Eine aus Carboneum, der chemischen Bezeichnung für →*Kohlenstoff,* gefertigte →*Chemiefaser,* die im →*Bootsbau* vorwiegend für die Herstellung von →*Rennyachten* aus CFK, der Abkürzung für kohlefaserverstärkte Kunststoffe, benutzt wird.

Cat-Boot, das; Cat-Takelung, die *(cat boat, cat rig)* Ein einmastiges Boot ohne →*Vorsegel* und entsprechend bis dicht an den →*Bug* gerücktem →*Mast.* Die C.-T. wird bei Einmannjollen bevorzugt. Ein C.-B. kann mit einem →*Sprietsegel* wie der →*Optimist* (Abb.) oder mit einem →*Hochsegel* wie das →*Finn-Dinghy* ausgerüstet oder auch →*gaffelgetakelt* sein.

Cat-Ketsch, die *(cat-rigged ketch)* Ein →*Anderthalbmaster* mit →*Cat-Takelung* (Abb.) Der →*Besan* ist dabei nur wenig kleiner als der →*Großmast* und steht →*vorlich* vom →*Rudergänger.* Die C-K. ist in Nordamerika weit verbreitet und wird dort als →*Scharpie* gebaut.

Cat-Schuner, der *(cat-rigged schooner)* Ein →*Schuner* mit →*Cat-Takelung,* d. h. ein Zweimaster ohne →*Vorsegel.* Diese bei uns weitgehend unbekannte Takelung ist häufig an der amerikanischen Ostküste bei kleinen Yachten, Jollen und Fischerbooten anzutreffen.

Cat-Yawl, die *(cat yawl)* Ein →*Anderthalbmaster* mit →*Cat-Takelung.* Der zweite, kleinere Mast steht dabei hinter dem →*Ruder(gänger).*

CCA = Cruising Club of America Der 1922 gegründete führende amerikanische Segelclub für das Renn- und Fahrtensegeln mit dem Sitz in New York, N. Y., USA. Er veranstaltet das →*Bermuda-Rennen,* hat die →*CCA-Formel* entwickelt und vergibt jährlich die →*Blue Water Medal.*

CCA-Formel, die *(CCA rating rule)* Vermessungsformel für Hochseeyachten nach den Regeln des →*CCA,* die bis zur Einführung der →*IOR-Formel* 1970 für →*Hochseeregatten* in der westlichen Hemisphäre gebräuchlich war. Sie war gleichbedeutend mit der →*RORC-Formel* in Europa und entsprach national der →*KR-Formel* in Deutschland.

C-Division, die *(C Division)* Die →*Internationale Klasse* der →*C-Katamarane.*

CE, CE-Kennzeichen (Abk. für Communauté Européenne) Das CE- oder Konformitätskennzeichen ist die Gewähr dafür, daß ein elektrisches Gerät überhaupt auf dem europäischen Markt vertrieben werden darf. Mit dem CE-Zeichen müssen z. B. →*Loran-,* →*Navtex-* und →*GPS-Empfänger* ausgestattet sein. Für Sendeanlagen wie z. B. zum →*UKW-Seefunk* ist zusätzlich ein →*BZT-Zeichen* erforderlich.

Centi- (c) Faktor 0,01 (10^{-2}) im →*Internationalen Einheitensystem.* Beispiel: 1 cm = 1 Zentimeter = 0,01 m.

C-Faser, die *(carbon fibre)* Abk. für →*Carbonfaser* oder →*Kohlenstoffaser,* die durch Pyrolyse aus Polyacrylnitril hergestellt und wegen ihrer großen Steifigkeit als Armierung im →*kohlefaserverstärkten Kunststoff* benutzt wird. Optimale Eigenschaften für den →*Bootsbau* erhält man durch die Kombination mit →*Glasfasern* oder →*Aramidfasern.* Wegen des hohen Steifigkeits-Gewichtsverhältnisses der C-F. ist es möglich, bei ihrer Verwendung in einer →*Verbundbauweise* Werkteile mit einer etwa drei- bis neunmal höheren Steifigkeit als →*Stahl,* →*Aluminium* oder →*Titan* zu fertigen. Die C-F. wird zur Herstellung von →*Masten* eingesetzt.

CFK Abk. für →*kohlenstoffaserverstärkter Kunststoff* zur Unterscheidung von →*glasfaserverstärktem Kunststoff (→GFK)* und →*faserverstärktem Kunststoff (→FVK),* siehe dort.

Channel Race Eine in jedem ungeraden Jahr gesegelte →*Hochseeregatta* über 240 sm im Ärmelkanal von Portsmouth über das Feuerschiff Royal Sovereign zur Le-Havre-Leuchttonne und zurück in den Solent. Das C. R. gehört auch zu den Rennen um den →*Admiral's Cup* und wird dann mit doppelter Punktzahl bewertet.

Charterboot, das *(chartered boat, bareboat [charter])* Ein →*Seekreuzer,* den man unter eigener →*nautischer* Verantwortung entweder zur individuellen Kurswahl oder zum →*Flottillensegeln* →*chartern* kann. Als (juristisch haftbarer) →*Kapitän* gilt auf einem C. die Person, die den Chartervertrag unterschrieben hat.

chartern *(to charter, to hire)* Ein fahrklares Boot mit seiner gesamten →*Ausrüstung* für eine bestimmte Zeit gegen Entgelt mieten. Hauptsächlich werden →*Seekreuzer* verchartert, meistens in →*Bareboat-Charter,* selten mit →*bezahlten Händen* an Bord. Der Chartervertrag enthält u. a. Vereinbarungen über die Versicherung, die Haftung, Schadensregulierung und Ersatz verlorener Ausrüstungsteile und andere Klauseln, die man genau prüfen sollte.

Chemiefaser, die *(synthetic fibre)* Synthetische Faser, die auch als →*Kunstfaser* bezeichnet wird und zur Herstellung von →*Fasertauwerk (→Tauwerk)* und →*Segeltuch* benutzt wird. Die C. hat die →*Naturfaser* abgelöst. Die wichtigsten Rohmaterialien der C. sind →*Polyamid,* →*Polyester,* →*Polypropylen* und →*Polyethylen.* Bekannte Markennamen sind →*Perlon,* →*Nylon,* →*Trevira,* →*Dacron,* →*Kevlar* u. v. a.

Chief, der (= Chef, der) *(chief)* In der Großschiffahrt übliche Kurzbezeichnung für den leitenden Ingenieur. An Bord von Yachten sinngemäß der Mann, der den Bootsmotor und die technische →*Ausrüstung* betreut.

China-See-Rennen *(China Sea Race)* Seit 1962 zweijährlich ausgetragene →*Hochseeregatta* über 600 Seemeilen von Hongkong nach Manila über das Chinesische Meer. Der Start erfolgt im Frühjahr. Die schnellste der etwa 50 teilnehmenden →*Yachten* ist ca. 3 Tage unterwegs.

Chinesisches Luggersegel, das *(Chinese lug)* Eine aus der chinesischen Einflußsphäre stammende →*Takelage,* auch als Dschunkensegel bezeichnet. Das C. L. ragt wie ein normales →*Luggersegel* nach vorn über den →*Mast* hinaus und eliminiert die störenden Masteinflüsse. Es ist jedoch mit →*durchgehenden Latten* gefertigt und behält als →*Lattensegel* die gewünschte Form immer bei. Der Mechanismus erscheint nur auf den ersten Blick kompliziert; ein C. L. läßt sich schnell und einfach →*trimmen,* →*schoten* und →*reffen.* Durch seine aerodynamischen Vorteile wurde es in jüngster Zeit auch auf kleinen →*See-*

kreuzern erfolgreich benutzt. Am Ende jeder →*Lattentasche* greift eine für diesen Segelteil eigene →*Schot* an (Abb.). Zwei Schoten vereinigen sich immer zu zwei Holetaljen und laufen dann zum →*Deck.* Auch achtere →*Ausleger* sind üblich, um einen besseren Zugwinkel für die →*holenden Parten* zu erhalten. Beim →*Reffen* können beliebig viele der zwischen den Latten liegenden Segelteile so weit zusammengefaltet werden, daß die Segellatten übereinander liegen. Das C. L. wird sogar bei einer →*Schunertakelung* benutzt.

Chronometer, das (der) *(chronometer, time keeper)* Sehr genau gehende Uhr, die in besonderem

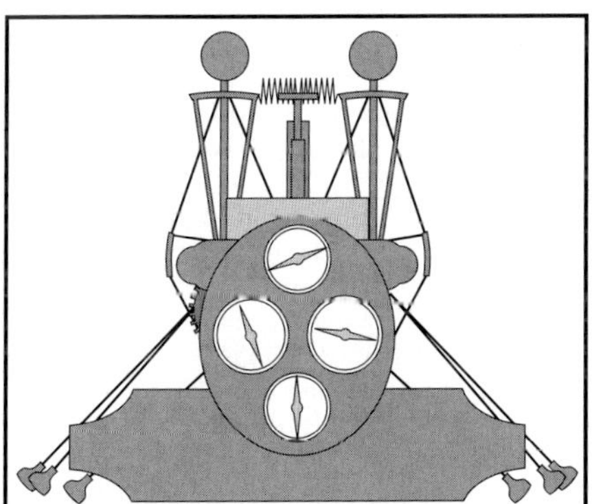

Gehäuse →*kardanisch* aufgehängt untergebracht ist und konstant →*UTC* (Weltzeit) bzw. früher →*MGZ* (Mittlere Greenwich-Zeit) anzeigt. Ein C. hält seinen Gang konstant bei und wird nicht gestellt; Stand und Gang werden nur rechnerisch bei der →*Schiffsortbestimmung* berücksichtigt. Abb. zeigt ältestes C. Jetzt dienen Quarzuhren als C., und die genaue →*Zeit* erhält man regelmäßig durch →*Zeitzeichen.*

Chronometergang, der *(chronometer rate, watch rate)* Die Änderung des →*Chronometerstandes* in 24 Stunden.

Chronometerstand, der *(chronometer correction, chronometer reading)* Die Zeitspanne, die zur Ablesung eines →*Chronometers* algebraisch addiert werden muß, um →*UTC* (koordinierte Weltzeit, früher →*MGZ)* zu erhalten. Siehe auch →*Stand.*

Cirrocumulus *(cirrocumulus)* Eine →*Schäfchenwolke* als Anzeichen einer →*Warmfront* oder einer zerfallenden →*Störung.*

Cirrostratus *(hohe Schichtwolke)* Ein hoher, feiner Wolkenschirm mit oder ohne Sonnenring, der

mit einer geschlossenen Eisnadelbewölkung schlechtes Wetter anzeigt. Vorläufer einer →*Warmfront* mit Regen.

Cirrus *(cirrus)* Eine →*Federwolke* in Form langer, über 6000 m hoch ziehender Schneefahnen, die ein →*Tief* ankündigen (Abb.).

C-Katamaran *(C-catamaran)* Als →*internationale Klasse* anerkannter →*Katamaran* für zwei Mann Besatzung. Lüa 7,62 m, Büa 4,27 m, Segelfl. 27,88 m². Kleinere Kats gehören zur →*A-* bzw. →*B-Division,* größere sind →*D-* und →*E-Katamarane.*

Clip, der *(Inglefield clip)* Eine Schnellverbindung des →*laufenden Gutes* mit Teilen von Segeln oder →*Takelage* (Abb.), die ohne Klapp- oder Schraubteile arbeitet. Auch „Brummelhaken" genannt.

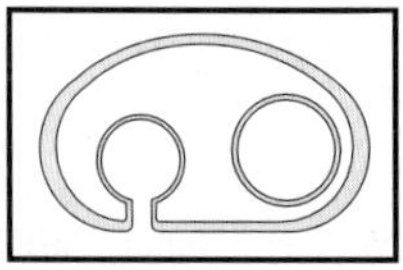

Club der Kreuzer-Abteilung e.V. Ein überregionaler Verbandsverein des →*Deutschen Segler-Verbandes* für Fahrtensegler. Mit seiner Zugehörigkeit ist gleichzeitig die Mitgliedschaft in der →*Kreuzer-Abteilung* verbunden. Der C. d. K. hat weder Liegeplätze noch Clubhaus, bietet aber in vielen (ausländischen) Revieren Gastliegeplätze an.

Clubstander, der *([club] burgee)* Ein →*Stander* mit den Farben und Zeichen des Segelclubs, dem der →*Eigner* angehört. Er wird im Masttopp gefahren und oft als →*Verklicker* benutzt.

cN (gesprochen: Zenti-Newton) Bei der Beurteilung von →*Fasertauwerk* aus →*Chemiefasern* ein Maß für die →*Reißkraft,* die in ihrer Beziehung zu →*tex* für die Darstellung der →*Reißfestigkeit* von Garn-Rohstoffen wie →*Polyamid,* →*Polyester,* →*Aramid* u. a. benutzt wird. Durch die Verwendung des cN (0,01 N) anstelle des N (Newton) erhält man für die Reißfestigkeit heutzutage ungefähr die gleichen Zahlenwerte wie früher für das Maß „Reißlänge". Als Bezeichnung der →*Reißfestigkeit* von →*Tauwerk* ist →*daN* (→*Deka-Newton)* üblich.

cN/tex (gesprochen: Zenti-Newton durch tex) Ein Maß für die →*feinheitsbezogene Reißkraft,* mit der man die physikalischen Eigenschaften der →*Garn-Rohstoffe* in der Herstellung von →*Tauwerk* aus →*Chemiefasern* vergleichen kann. So hat z. B. eine endlose hochfeste →*Polyester-Faser* einen Wert von 82 cN/tex (Centi-Newton durch tex), die →*Aramid-* bzw. →*Kevlar-Faser* jedoch von 190 cN/tex. Kevlar kann also die doppelten feinheitsbezogenen Kräfte wie Polyester aufnehmen. Das bedeutet für die Praxis: Eine 12-mm-Kevlar-Leine hat eine weitaus höhere →*Reißfestigkeit* als eine 12-mm-Polyester-Leine (neben anderen Vorteilen im praktischen Einsatz an Bord).

Cockpit, das *(cockpit)* Der mit einer Vertiefung im →*Deck* gebaute und auf Yachten meistens →*achtern* liegende Sitz- und Arbeitsraum für die →*Besatzung,* auf →*Jollen* auch der gesamte, nicht eingedeckte Bereich des Bootes. Im Deutschen auch →*Plicht* genannt.

Coffeegrinder *(engl., deutsch „Kaffeemühle")* Ein System für (zwei oder mehrere) →*Schotwinschen,* die über eine (meistens mittschiffs angeordnete) Antriebssäule mit zwei großen, vertikal arbeitenden Drehkurbeln fernbedient werden können. Das Gestänge verläuft unter dem Plichtboden oder innerhalb eines →*Brückendecks* (Abb.). C. werden auf großen →*Rennyachten* eingesetzt, wo mehrere Mitglieder der →*Crew* in stehender Position mit Muskelkraft die →*Energie* für jederzeitiges schnelles →*Dichtholen* und →*Trimmen* der →*Schoten* sorgen können und am eigentlichen Platz zum →Segeltrimmen nicht stören. Wo heutzutage →*energiebetriebene Hilfsmittel* in einer →*Wettfahrt* erlaubt sind, werden C. auch mit hydraulischem oder elektrischem Antrieb eingesetzt und dann mit Knopfdruck bedient.

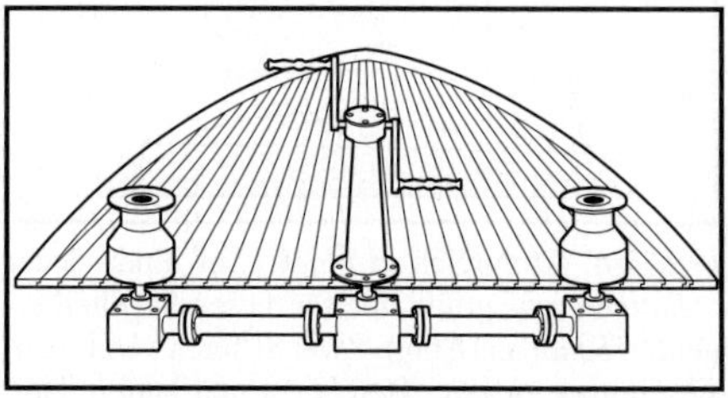

Colin Archer; Colin-Archer-Spitzgatter, der Der am 22.7.1832 in Larvik, Norwegen geborene und am 8.2.1921 verstorbene →*Bootsbauer* und →*Konstrukteur* gilt mit seinem Namen als Synonym für besonders →*seefähige* →*Seekreuzer.* Er entwarf und erbaute eine Vielzahl von →*Lotsenbooten* und →*Rettungsbooten* aus →*Eiche* und mit →*Gaffeltakelung* und →*Spitzgatt,* die auch in winterlichem →*Sturm* und →*Seegang* vor der rauhen →*Küste* seines Heimatlandes noch sichere und →*handige* Fahrzeuge blieben. Mehrere von ihnen dienten von etwa 1930 bis 1950 den frühen →*Transozeanseglern* als zuverlässige →*Langfahrtyachten.* Abb. siehe unter →*Spitzgatter.*

Consol-Funkfeuer, das *(consol)* Frühes System der →*Funknavigation,* das mit einfachen Rund-

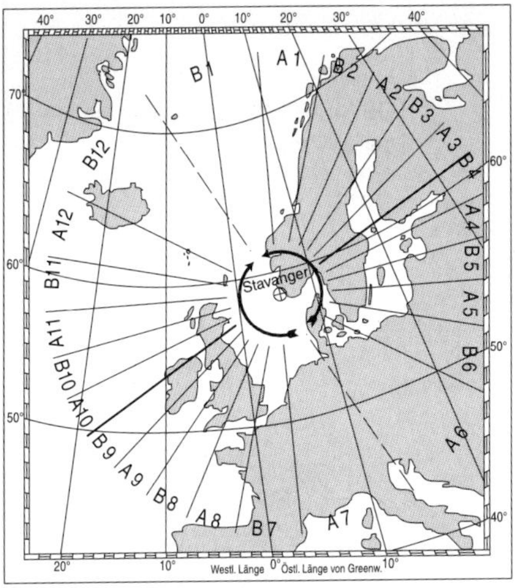

funkempfängern ohne automatische Schwundregelung zur Standortbestimmung benutzt wurde. Ein C.-F. war z. B. von 1942 bis 1985 in Stavanger (Norwegen) in Betrieb. Es sandte als →*Drehfunkfeuer* Signale mit einer Punkt- und Strichkennung aus, die eine Mindestreichweite von 1200 sm hatten. Beim Beobachten der Signale erkannte man durch den Wechsel von Punkten zu Strichen oder umgekehrt, in welcher →*rechtweisenden* Richtung man sich zum Ort des C.-F. befand. So war auch außerhalb des Bereiches der →*terrestrischen Navigation* eine genaue →*Schiffsortbestimmung* mit einer Art →*Kreuzpeilung* möglich. C.-F. werden jetzt nicht mehr betrieben.

Consol-Navigation, die *(consol navigation)* Methode der →*Funknavigation* mit Hilfe von →*Consol-Funkfeuern.*

Contender Sportliche Einmannjolle mit →*Trapez,* sehr schnelle →*internationale Klasse.* Lüa 4,88 m, Büa 1,44 m, Tiefg. Rumpf 0,15 m, mit Schwert 1,29 m, Verdr. 104 kg, Segelfl. 10,90 m^2.

Corioliskraft, die *(Coriolis force)* Nach dem französischen Mathematiker Gustave-Gaspard Coriolis (1792–1843) benannte Beschleunigungskraft, die jeden sich bewegenden Körper durch die Erddrehung in seiner Bewegungsrichtung ablenkt. In der →*Navigation* und Wetterkunde wichtig für das →*Barische Windgesetz* und für die →*Meeresströmungen.* Durch die C. kommt es z. B. zum Nordostpassat (Abb. A) nördlich und zum Südostpassat (Abb. B) südlich des Äquators in der →*Passatzone.*

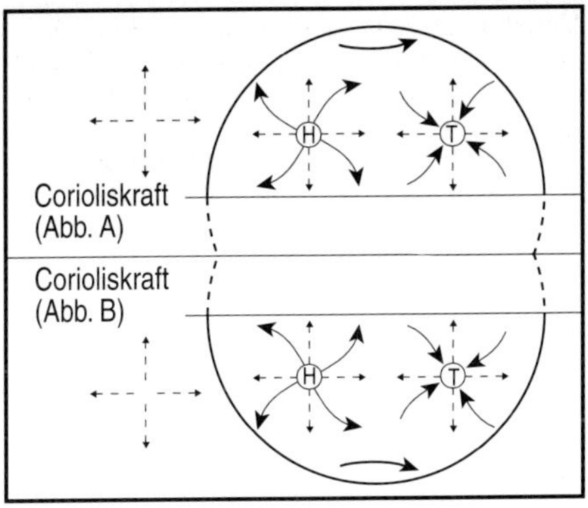

COSPAS-SARSAT-Seenot-System, das Internationales Gemeinschaftssystem zum →*Überleben auf See* und zur Rettung aus →*Seenot,* das von den USA, Rußland, Kanada, Frankreich, Japan und Norwegen betrieben wird. Derzeit arbeiten zwei russische COSPAS- und drei amerikanische SARSAT-Satelliten. (SARSAT = Search and Rescue Satellite Aided Tracking.) Die auf Polarbahnen umlaufenden Satelliten können →*EPIRB-Signale* von allen Punkten der Erde aufnehmen und weitergeben (im Gegensatz zu den geostationären Satelliten des →*Inmarsat-Systems,* das den Globus nur von 70° Nord bis 70° Süd abdeckt). Die COSPAS-SARSAT-Satelliten empfangen die von einer →*Seenotfunkboje* auf den Frequenzen 121,5 MHz, 243 MHz und 406 MHz ausgestrahlten Funksignale und geben sie an 9 weltweit verteilte Bodenstationen weiter, die innerhalb von wenigen Minuten den Unfallort auf allen Weltmeeren auf bis zu 3 Seemeilen genau bestimmen können. Von ihnen wird der →*SAR-Dienst* zur Rettung der →*Besatzung* eingesetzt.

COSPAS-SARSAT-EPIRB Eine →*Seenotfunkbake,* die in einem →*Seenotfall* automatisch (durch einen hydrostatischen Mechanismus nach dem Aufschwimmen) oder manuell aktiviert werden kann und mit ihrer schiffseigenen Kennung (auch als →*MMSI* bezeichnet) sowohl auf der Flugfunkfrequenz 121,5 MHz ein →*Analogsignal* als auch auf der →*Seenotfrequenz* 406 MHz ein →*Digitalsignal* übermittelt. Eine LCD-Anzeige und ein zusätzliches Lichtsignal zeigen den Sendebeginn an. Eine C.-S.-E. in kompakten Abmessungen wiegt ca. 2 kg. Die von ihr übermittelte →*Position* des →*Notfalls* kann von der Rettungsleitstelle mit einer Genauigkeit von etwa zwei →*Seemeilen* und einer Verläßlichkeit von etwa 90 % bestimmt werden. Ihre Alternative für die →*Seenotausrüstung* ist die →*Inmarsat-EPIRB.*

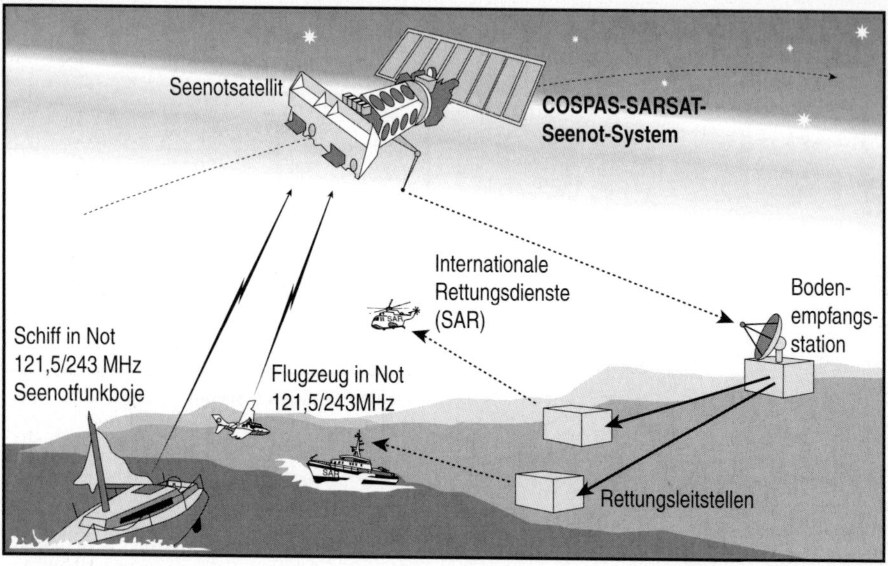

Costituto in Arrivo, das Eine für die Dauer von 12 Monaten befristete Aufenthaltserlaubnis für eine →*Yacht* in Italien entsprechend den Bestimmungen der dortigen →*Zollbehörden.* Das C. i. A. wird nach Vorlage der Bootspapiere und der Pässe der →*Crew* im →*Port of Entry* ausgestellt und ist wie ein →*Permit of Navigation* bei An- und Abmeldungen in einem italienischen →*Hafen* vorzulegen.

Cover sail (engl.), siehe →*Überschlagsegel.*

CQR-Anker, der *(CQR-anchor)* Nicht nur in England als Abkürzung für „Coastal Quick Release" gebräuchliche Typenbezeichnung für einen →*Pflugscharanker.* Die Buchstaben „C. Q. R." könnten auch Initialen des bekannten Erfinders von →*Ankern,* Carlos Quincey Rudd, sein oder einfach für die Aussprache des Wortes „secure" („sicher") stehen.

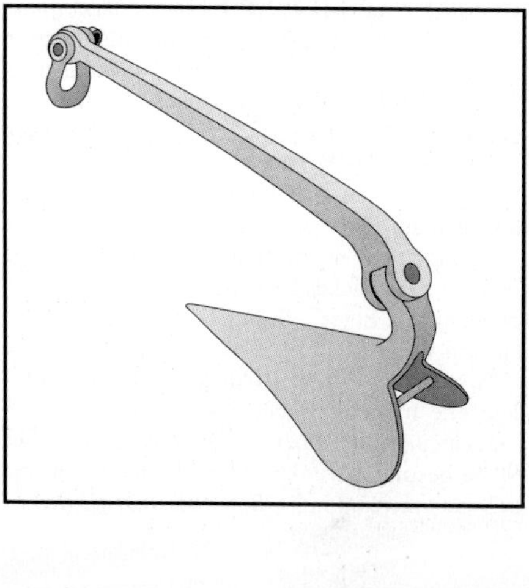

Crew, die *(crew)* Aus dem Englischen übernommene Bezeichnung für die gesamte →*Besatzung* eines Sportbootes. In England selbst ist dieses Wort nur als Bezeichnung des →*Vorschotmannes* (auf →*Jollen)* üblich.

Cruising Club of America siehe →*CCA.*

Cruising Log, das Eine meistens auf die Dauer eines Jahres befristete Aufenthalts- und Fahrerlaubnis für eine →*Yacht* in den →*Hoheitsgewässern* eines ausländischen Küstenstaates. Ein C. L. wird in einem →*Port of Entry* ausgestellt, ähnlich wie ein →*Permit of Navigation* oder →*Costituto in Arrivo.*

C-Schein, der Freiwilliger Führerschein des →*DSV* für das Führen einer Yacht auf allen Revieren der Welt im Bereich der →*Seefahrt.* Geltungsbereich, Rechtsgrundlage und Prüfer im Anhang →*Führerscheinwesen.* Die C-Scheine, die vor dem 31.12.1993 ausgestellt wurden, können in den →*Sporthochseeschifferschein* umgeschrieben werden.

C-STAR Abk. für **Carlsberg Singlehanded Transatlantic Race,** das von der Brauerei Carlsberg seit 1988 in Fortsetzung des →*OSTAR* gesponserte →*Einhand-Atlantik-Rennen* von Plymouth, England, nach Newport, USA.

Cumulus *(cumulus)* Eine flache →*Haufenwolke,* die besonders nach einer →*Flaute* Wind ankün-

digt. Sie begleitet in Höhen zwischen 300 bis 800 m schönes Wetter. Beim Aufquellen zu größeren Formen können C.-Wolken auch →*Böen* verursachen oder →*Schauer* bzw. Gewitter ankündigen.

Cumulus congestus *(geballte Haufenwolke)* Eine →*Haufenwolke,* die in kurzer Zeit zu großer Mächtigkeit wächst und mit ihrer Spitze die Ver-

eisungszone erreicht. Sie bringt →*böigen Wind* und kann sich zu einer →*Cumulonimbus* oder →*Schauerwolke* entwickeln.

Cumulonimbus *(cumulonimbus)* Eine →*Schauerwolke,* oft mit →*Böen* und Gewitter. Sie zeigt meistens eine →*Kaltfront* an und dehnt sich vertikal in größere Höhen aus.

Cunningham-Kausch, die *(Cunningham hole)* Eine simple, aber effektive Einrichtung zur Verringerung des →*Bauches* im Segel: Durch eine

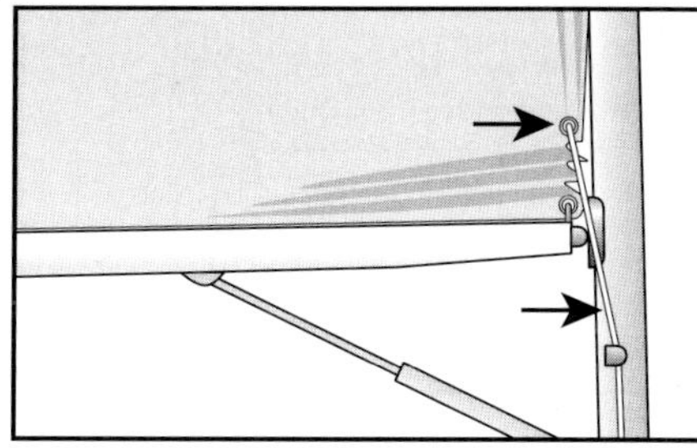

→*Rundkausch* im →*Vorliek* des Segels ist ein kurzes →*Ende* geschoren, der „Cunningham-Stropp". →*Holt* man ihn dicht und damit die C.-K. bei einem →*Großsegel* (Abb.) bis dicht an den →*Großbaum* heran, dann flacht sich die Segelwölbung ab, und ihr Scheitelpunkt verlagert sich mehr zur Windanschnittskante. Das Segel verbessert dadurch seine Leistungen auf einem →*Amwindkurs* und vor allem bei →*auffrischendem Wind.* Die nach Briggs Cunningham aus New York benannte Einrichtung wurde bereits 1854 zur Verbesserung der Segeltechnik entwickelt. Sie geriet in Vergessenheit, wurde 100 Jahre später wiederentdeckt und gehört heute zur Standardausrüstung vieler Yachtsegel.

Curry-Klemme, die *(cam cleat)* Nach seinem Erfinder Manfred Curry benannter →*Beschlag,* um eine →*Schot* nicht an einer →*Klampe* →*belegen* zu müssen, sondern durch Festklemmen in jeder gewünschten Position halten zu können (Abb.). Die C.-K. hat zwei gegeneinander bewegliche, federnd gelagerte Backen, die ein →*Ende* bei Zugbelastung halten, aber durch einfaches Hochreißen sofort wieder freigeben.

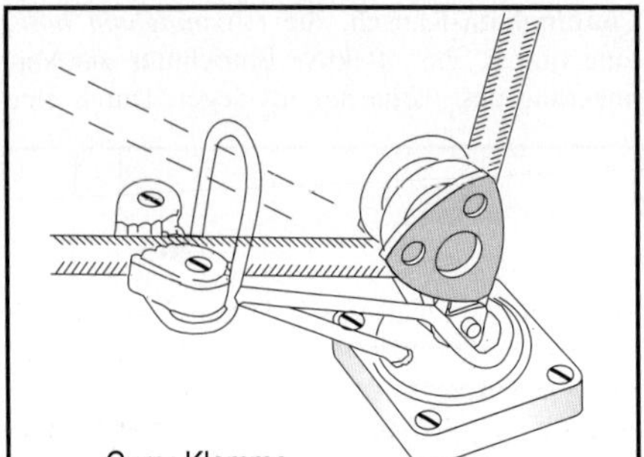
Curry-Klemme

CW Abk. für **Continuous Wave.** Bezeichnung eines unmodulierten Trägers, auf dem im Wetterfunk in →*Morsetelegrafie* getastet wird.

CWL Veraltete Abkürzung für →*Konstruktionswasserlinie.*

D

D = Delta Internationales Buchstabensignal, gelb-blau-gelb. Bedeutung: „Halten Sie frei von mir, ich manövriere unter Schwierigkeiten." Morsen: – • • (lang–kurz–kurz).

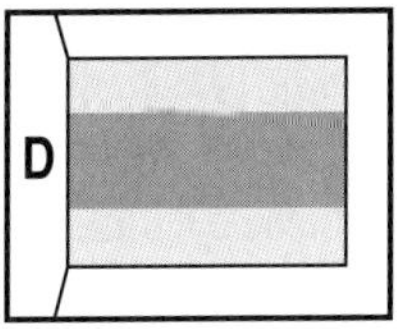

Dacron Markenname für →*Polyesterfasern* amerikanischer Produktion (DuPont) zur Herstellung von →*Fasertauwerk* und →*Segeltuch.*

Daddeldu *(that will do)* Die Verballhornung des englischen Ausdrucks mit der Bedeutung von „erledigt, fertig" wurde auf deutschen Schiffen zur Ablösung der →*Wache* benutzt: „Verfang Roer un Utkiek, daddeldu de Wach!" In Kurzfassung hieß es auch einfach: „Daddeldu!" Joachim Ringelnatz brachte dieses Wort als Name für seinen →*Seemann* „Kuttel Daddeldu" in die Literatur ein.

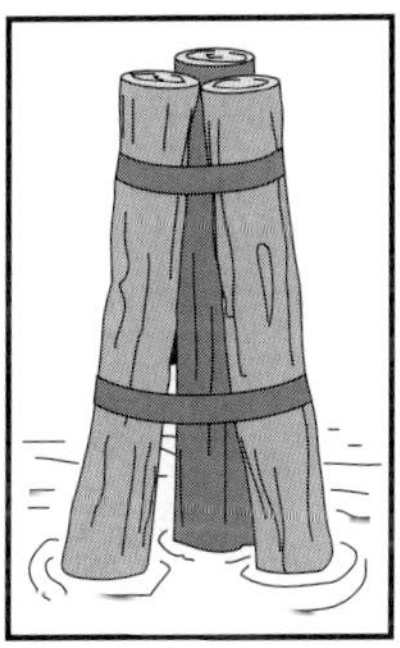

Dalben, der (Dukdalben, der) *(pile mooring, dolphin)* Wahrscheinlich nach dem Herzog von Alba „Duc d'Albe" benannte Pfahlgruppe aus mindestens 3, meistens 7 zur Mitte geneigten starken Einzelpfählen, die zum →*Anlegen* und →*Festmachen (→Deviationsdalben),* als Fenderwerke vor einer Kaimauer oder als →*Seezeichen* dienen. Alba hatte seine Schiffe in niederländischen Gewässern während der dortigen Befreiungskriege um 1567 an solchen Pfahlgruppen festmachen lassen. Sprachlich ist auch eine Beziehung zu →*Dückdalben* möglich.

Dalben, Pfahl *(dolphin, post, pile)* Zeichen aus →*Karte 1* (INT 1) im Anhang.

Dämmerung, die *(twilight, dawn)* Die von der geographischen →*Breite* des Beobachters abhängige Zeit der nicht vollständigen Dunkelheit nach Sonnenuntergang und vor Sonnenaufgang. Die D. ist in niedrigen Breiten (zum →*Äquator)* kürzer und in höheren Breiten (zum Nordpol) länger als bei uns. Man unterscheidet eine Morgen- und eine Abenddämmerung sowie nach der Tiefe des Sonnenmittelpunktes unter dem →*Horizont* eine unterschiedliche Dauer für die →*bürgerliche,* →*nautische* und →*astronomische Dämmerung.*

Dämmerungseffekt, der *(sky wave effect)* Ein Begriff der →*Funknavigation* für die Beeinträchtigung von →*Funkwellen* durch Höhenänderung der Ionosphäre während der →*Dämmerung* und in der Nacht. Der D. wirkt sich als Fehler bei einer

Dauer der bürgerlichen Dämmerung
(Morgendämmerung u. Abenddämmerung in Stunden u. Minuten)

Seegebiet:	Jahreszeit:	1.1.	1.3.	1.5.	21.6.	1.7.	1.9.	1.11.
1. 65°N (Mittelnorwegen u. Island)		1.24	0.50	1.14	0	0	0.55	0.56
2. 55°N (Nordsee u. Ostsee)		0.45	0.36	0.43	0.58	0.56	0.38	0.39
3. 40°N (Mittelmeer)		0.30	0,27	0.29	0.33	0.33	0.28	0.28
4. 15°N (Passatroute auf d. Nordatlantik)		0.23	0.22	0.22	0.24	0.24	0.22	0.22
5. 0° (Seegebiet Äquator)		0.22	0.21	0.21	0.22	0.22	0.21	0.22

→*Funkpeilung,* insbesondere bei einem →*Rahmenpeiler,* durch die Überlagerung von →*Bodenwellen* und →*Raumwellen* aus.

Dämmerungszone, die *(twilight zone)* Der ständig wechselnde Bereich der Erdoberfläche, in dem eine →*Dämmerung* herrscht. Die D. muß in der →*Funknavigation* hinsichtlich des →*Dämmerungseffektes* beachtet werden.

Dampfer, der *(steamer, steamship)* Ursprünglich die Bezeichnung für ein mit Dampfmaschine und Kohlenfeuerung betriebenes →*Schiff* im Gegensatz zu einem →*Segelschiff.* Heute spricht man statt eines D. von Motor- oder Turbinenschiff bzw. von Container- oder Massengutfrachter, von Tankern o. ä. Fahrzeugen.

Dampferhandbuch, das *(pilots [pl.])* Ein vom →*Deutschen Hydrographischen Institut* 1905, 1913 und 1928 sowohl für den Atlantischen Ozean wie 1937 für den Indischen Ozean herausgegebenes Wegehandbuch für Schiffe mit Maschinenantrieb, das das jeweilige, vorher veröffentlichte →*Segelhandbuch* ersetzte. In den Neuauflagen seit 1952 bzw. 1962 wird dieses D. nur noch →*Handbuch* des betreffenden →*Ozeans* oder „Ozeanhandbuch" genannt. Ein D. enthielt alle nautischen Angaben für die →*Kurswahl* eines →*Dampfers* über See und beschrieb die Seegebiete, für die kein →*Seehandbuch* herausgegeben wurde.

Dampferlaterne, die *(masthead lantern, masthead lamp)* Eine ursprünglich auf den →*Dampfer* bezogene Bezeichnung für die →*Topplaterne* eines →*Maschinenfahrzeuges* mit einem →*Leuchtwinkel* von 225°. Bei Fahrten unter Motor muß auch eine Segelyacht eine „D." führen.

Dampferlicht, das *(masthead light)* Das weiße →*Topplicht,* das auf einem →*Maschinenfahrzeug*

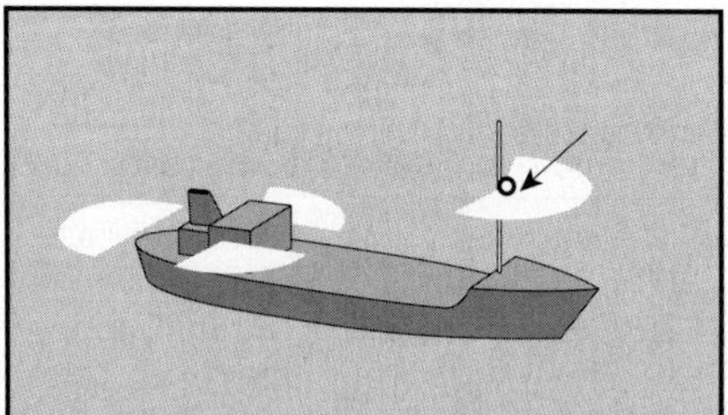

nach den →*KVR* von vorn bis 112,5° nach jeder Seite scheinen und mindestens 5 sm weit sichtbar sein muß. Es wird mit der →*Dampferlaterne* gezeigt. Das bei einem Maschinenfahrzeug über 50 m Länge gesetzte zweite D. heißt englisch „(after) range light".

Dampfertrack, der *(shipping lane)* Eine Straße des Seeverkehrs. Ein D. folgt meistens dem →*Großkreis* und stellt die kürzeste Verbindung zwischen Häfen oder →*Landmarken* unter Berücksichtigung der günstigsten jahreszeitlichen Bedingungen dar. Mehrere D. werden in einem →*Verkehrstrennungsgebiet* vorbeigeführt. Yachten sollten sich nur mit einem →*Radarreflektor* einem D. nähern oder ihn kreuzen.

Danforth-Anker, der *(Danforth anchor)* Erster und vielfach kopierter Typ eines →*Leichtankers*

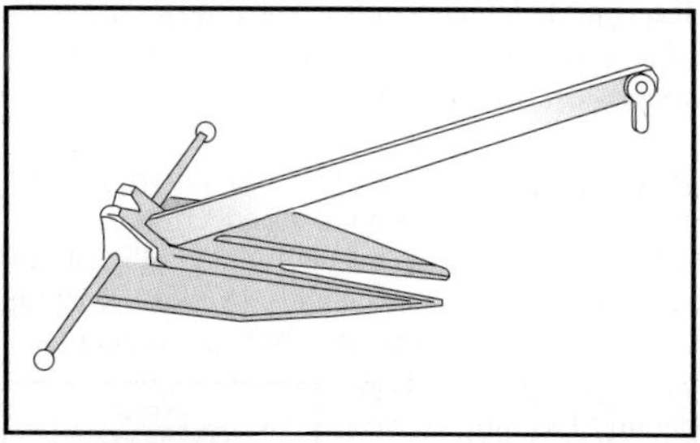

mit hoher Haltekraft. Ein D.-A. hat großflächige, scharfe →*Flunken,* deren Spitzen dicht beieinander liegen, und einen quer zum Schaft durch das Kreuz geführten und mit den Flunken verbundenen Stock. Der D.-A. kann (je nach Ankergrund) eine Haltekraft bis zum 100-fachen seines Gewichtes erzielen.

daN Abk. für →*Deka-Newton,* ein Maß für die →*Reißfestigkeit* von →*Tauwerk.*

Darrgewicht, das *(moisture content)* Bei →*Massivholz,* z. B. →*Mahagoni,* →*Teak* u. a. das →*spezifische Gewicht* von Holz ohne Wasser, ein künstlich im Trockenofen hergestellter Zustand.

DAS Abk. für **Distress Alert System** (Seenot-Alarmruf-System).

Datum, das; geodätisches Datum *(geodetic (datum)* Bezeichnung für ein →*Bezugssystem* der →*Seekarte,* das auf einem bestimmten mathematischen Modell der Form der Erde (z. B. als →*Ellipsoid* oder →*Geoid)* beruht. Bis zum Beginn der →*Satellitennavigation* wurde für deutsche Karten das ab 1945 entwickelte →*Europäische Bezugssystem* (European Datum) benutzt, das auf dem

Internationalen Ellipsoid beruhte. Die →*Transit-Satelliten-Navigation* benutzte das →*WGS 72* mit einem neuen →*Ellipsoid,* während das →*GPS-* und →*Navstar-System* auf dem noch genaueren Karten-Datum →*WGS 84* beruht, das in die GPS-Empfänger eingegeben ist.

Datumsgrenze, die *(date line)* Mit örtlichen Abweichungen der →*Meridian* 180°. Gegenüber der →*UTC* ist die Ortszeit auf 180° östlicher →*Länge* um 12 Std. voraus, auf 180° westlicher Länge jedoch um 12 Std. zurück. Der Zeitunterschied an der D. beträgt also 24 Std. = 1 Tag. Überschreitet man die D. von →*Ost* nach →*West,* so tritt dasselbe Datum zweimal auf (Merkregel: „Von Ost nach West, halt Datum fest"). Segelt man von West nach Ost, so ist ein Tag zu überspringen („Von West nach Ost, laß Datum los").

Davisquadrant, der *(Davis' staff, back-staff)* Ein vom britischen Seefahrer und Entdecker John

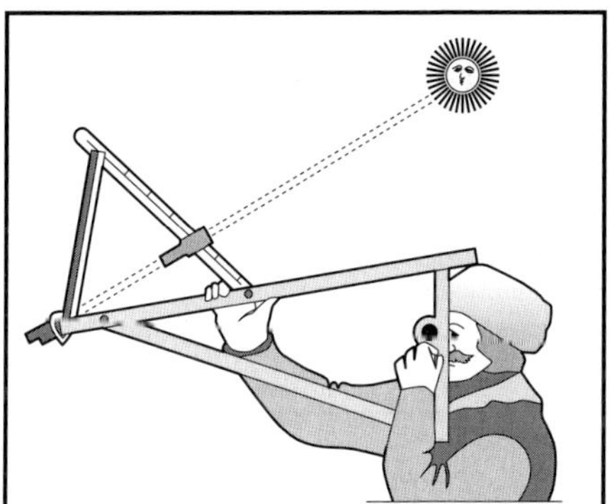

Davisquadrant

Davis (1550–1605) entwickeltes Navigationsgerät für die Messung der →*Höhe* eines Gestirns bis 45° mit geschickter Anwendung der Reflexionsbeobachtung (Abb.). Im Gegensatz zum →*Jakobsstab* wird hierbei das Auge nicht mehr durch Blendung gereizt und ermüdet nicht bei dem Versuch, →*Gestirn* und →*Horizont* gleichzeitig zu erfassen.

Davisstraße, die *(Davis street)* Nach ihrem Entdecker John Davis, der auch den →*Davisquadranten* erfand, benanntes Seegebiet westlich von Grönland zwischen 65°–70° N und 54°–65° W.

Davit, der *(davit)* Einfache, schwenkbare, kranartig gebogene und senkrecht stehende Vorrichtung zum →*Fieren* und →*Hieven* von Lasten

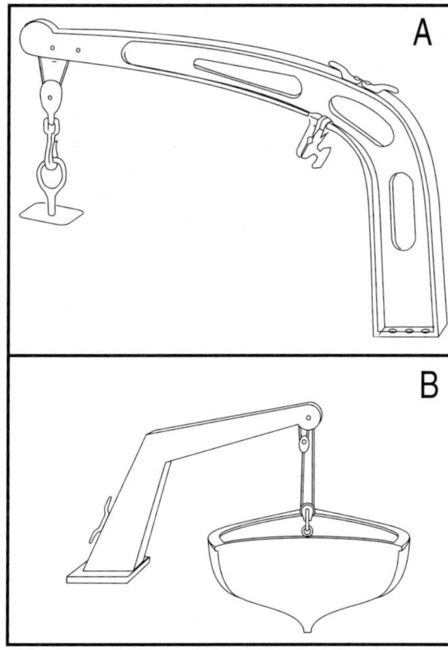

(Abb. A), z. B. eines →*Beibootes,* des →*Fallreeps* oder eines →*Ankers.* Meistens sind zwei Davits am →*Heck* über dem →*Spiegel* (auf größeren Yachten) angebracht (Abb. B). Zum Aussetzen eines →*Dingis* hilft die →*Schwerkraft,* zum Einsetzen dienen →*Taljen* oder →*Winden.*

Daycruiser, der *(daycruiser)* Wörtlich „Tageskreuzer". Hauptsächlich bei Motorbooten benutzte Bezeichnung für ein Boot mit kleiner Kajüte und begrenzter Übernachtungsmöglichkeit, für einen Kompromiß zwischen Sportboot und →*Kreuzer.* Als Segelboot →*Daysailer* genannt.

Daysailer, der *(daysailer)* Wörtlich „Tagessegler". Ein Kompromiß zwischen →*Jolle* und

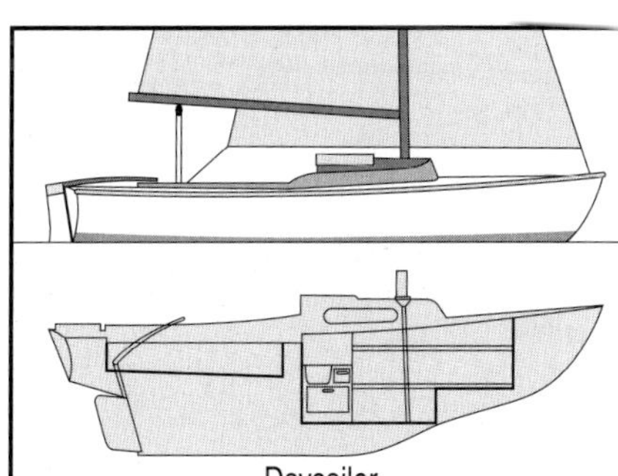

Daysailer

→*Kreuzer:* Charakteristisch ist die sehr große →*Plicht* und die kleine →*Kajüte.* Ein D. kann sowohl ein →*Schwertboot* als auch ein →*Kielboot* oder →*Kielschwerter* (Abb.) sein.

Deca-(da). Faktor 10 bei Maßangaben des →*Internationalen Einheitensystems.* Beispiel: 1 daN = 1 Deca-Newton = 10 N.

Decca, Decca-Verfahren, das *(decca)* Methode der →*Funknavigation* im →*Langwellenbereich.* D.-Empfänger empfangen die auf 4 Frequenzen gesendeten Impulse von einem Haupt- und 3 Nebensendern, messen die Phasendifferenz und zeigen sie für die entsprechenden Hyperbelfelder mit Farb-, Buchstaben- und Zahlenangaben in einer →*Decca-Karte* an. Es bestehen zahlreiche D.-Ketten an europäischen und außereuropäischen Küsten. Moderne Empfänger auf →*Yachten* zeigen fortlaufend die Koordinaten →*geographischer Breite* und →*geographischer Länge* an. Die Benutzung von →*Decca-Karten* entfällt dabei.

Decca-Karte, die *(decca chart)* Eine →*nautische Hilfskarte,* die die Hyperbelnetze des →*Decca-Verfahrens* für das betreffende Seegebiet in farbigen Kurvenscharen enthält und speziell für die →*Funknavigation* herausgegeben wurde.

Deci- (d) Faktor 0,1 im →*Internationalen Einheitensystem.* Beispiel: 1 dl = 1 Deciliter = 0,1 l.

deci tex, Abk. dtex, gesprochen Dezitex. Gebräuchliche und geeignetste Bezeichnung der →*Feinheit* für →*Chemiefasern* und →*Garne* zur Herstellung von →*Fasertauwerk* und →*Segeltuch.* Der →*Titer* in dtex ist durch das →*Gewicht* in Gramm von 10.000 m →*Faser* bzw. →*Garn* gekennzeichnet. 1 dtex entspricht der Einheit 0,1 →*tex* im →*Internationalen Einheitensystem.* Für die Bezeichnung von Spinnkabeln wurde die Einheit Kilo tex (ktex = 1000 tex) festgelegt, die dem Gewicht in Gramm von 1 m →*Seil* entspricht.

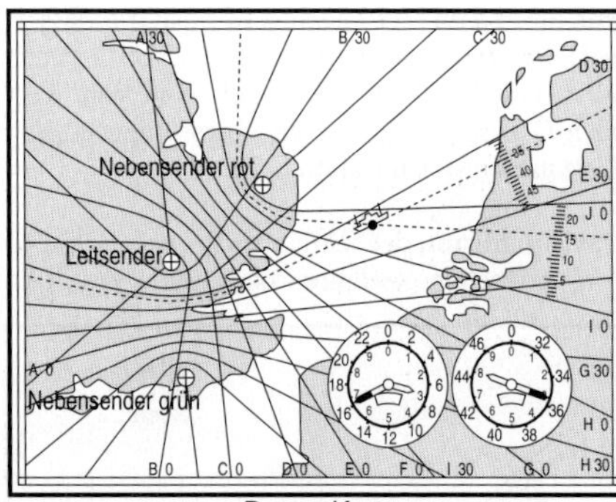

Decca-Karte

Deck, das *(topside, deck)* Als „Deckel" die obere Abschlußfläche des Bootsrumpfes, korrekter als →*Oberdeck* bezeichnet, weil auf größeren Yach-

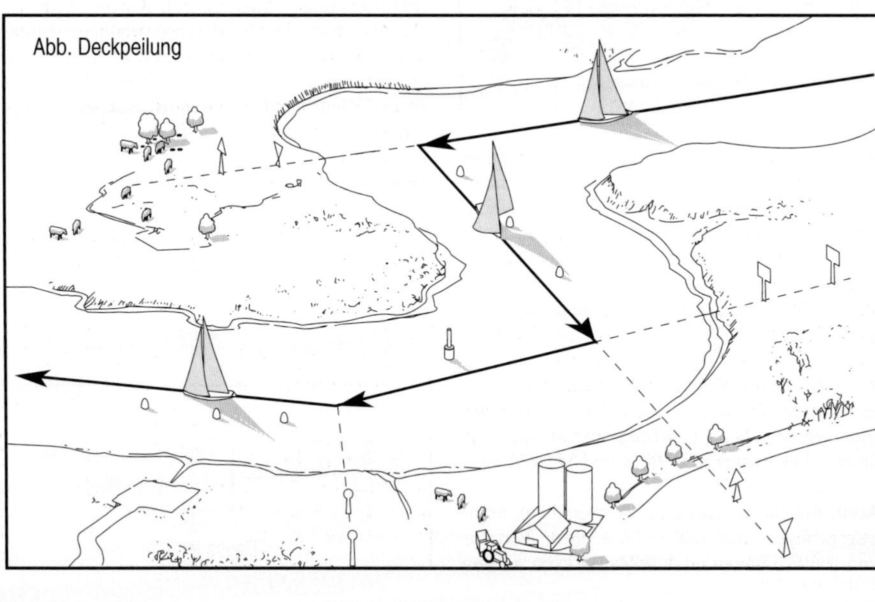
Abb. Deckpeilung

ten oder Schiffen die über diesem liegenden Flächen ebenfalls als D. bezeichnet werden, z. B. →*Backdeck*, →*Hüttendeck*, →*Zwischendeck*, →*Brückendeck* u. a. Der Begriff wird auch nur für Teilbereiche des Hauptdecks benutzt, z. B. →*Vordeck*, →*Achterdeck* u. a. und findet sich in vielen Bezeichnungen (z. B. →*Glattdecker)*.

Deckauflager, das *(strengthening of the deck)* Beim Bootsbau aus →*GFK* Versteifungen des →*Rumpfes* im Bereich des →*Decks*, die meistens aus einlaminiertem Kernmaterial gefertigt sind. Sie ersetzen die Deckstringer oder →*Balkweger* im Holzbootsbau.

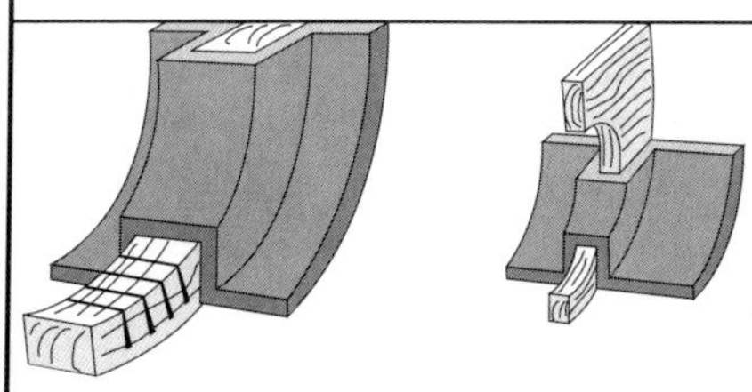

Deckauflager

Deckenkompaß, der *(overhead compass)* Ein →*Steuerkompaß*, der an der Decke oder unter dem Kajütdach angebracht, von unten ablesbar und gegebenenfalls mit einem Spiegel versehen und durch Linsen verstärkt ist.

Deckpeilung, die *(1. transit bearing, 2. leading line, range)* 1. Eine →*Standlinie* in der →*terrestrischen Navigation*. 2. Man spricht von einer D., wenn 2 →*Landmarken* in gleicher Linie liegen, so daß z. B. eine →*Bake* eine andere oder ein →*Feuer* ein anderes „deckt". Liegen die Objekte einer D., die meistens eine Ansteuerung markieren, nicht in Deckung", so zeigt die Stellung der hinteren Marke oder des sogenannten „Oberfeuers" die Seite an, zu der sich das Boot außerhalb der D. befindet (siehe Abb.), und die vordere Bake oder das sog. „Unterfeuer" die Richtung, in die man den →*Kurs* ändern muß, um in die D. einzusteuern. Um das →*Auswandern* deutlicher erkennen zu können, sind die Feuer oder →*Toppzeichen* einer D. in unterschiedlichen Höhen angebracht.

Decksbelag, der *(deck sheating, covering)* Rutschfeste, wasserdichte Platte aus →*PVC* oder anderen (Misch-)Werkstoffen mit unterschiedlich genoppter Oberfläche, die auf das →*Deck* geklebt wird und für größere Standsicherheit sorgt. Das wetterbeständige, verschleißfeste Material bleibt auf jedem Untergrund aus →*GFK*, Stahl oder Holz geschmeidig, reißt nicht ein und bleibt auch bei Nässe stumpf und trittfest.

Decksbucht, die *(round [or camber] of deck [...of beam])* Die Wölbung des →*Decks* in Querschiffsrichtung, auch →*Balkenbucht* genannt. Die D. soll das Ablaufen des Wassers erleichtern und die Standfestigkeit bei →*krängendem Boot* verbessern.

Deckschicht, die *(gelcoat)* Die äußere Harzschicht bei einem Bootsrumpf aus →*GFK*, die alle folgenden →*Laminate* schützt. Sie ist nur ca. 0,5 mm dick und wird als Feinschicht zuerst in die Form gestrichen. Vor der Weiterarbeit muß diese →*Feinschicht* einwandfrei ausgehärtet sein.

Deckschwabber, der *(deckswab)* Ein →*Dweidel*, der im Handel gekauft oder aus alten Tauwerkstücken selbst gefertigt werden kann und zum Reinigen des →*Decks* benutzt wird.

Decksform, die *(deck form, deck shape)* Die spezielle Art und Weise, in der das →*Deck* aus Gründen besserer Festigkeit, größerer Wohnlichkeit oder mehr Seefähigkeit auf einer Yacht gestaltet ist. Man spricht z. B vom →*Backdeck*, →*Brückendeck* und →*Hüttendeck*, von einem →*Glattdeck*, →*Kajütdeck* u. a., um die D. im einzelnen zu kennzeichnen.

Deckshaus, das *(deckhouse)* Bei größeren Yachten ein auf →*Deck* stehender Aufbau, bei kleineren →*Seekreuzern* auch die höher über das →*Deck* aufragenden Räume (z. B. →*Doghouse)*, die nicht von →*Bord* zu Bord reichen. Heutzutage läuft auch ein (flacher) →*Kajütaufbau* in ein sich anschließendes D. aus.

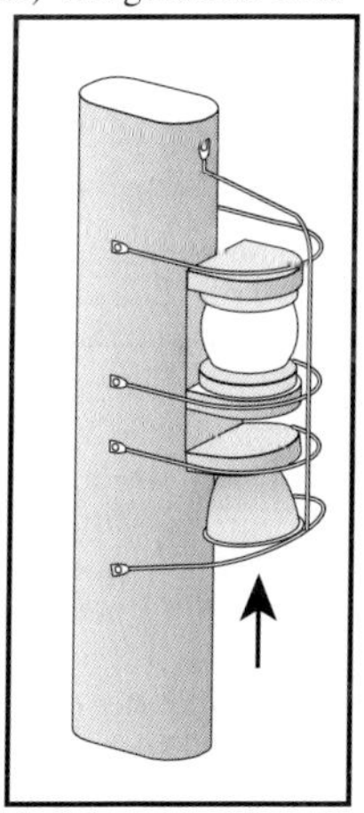

Deckslampe, Decksleuchte, die *(floodlight, deck lamp)* Eine unter der →*Saling* oder am →*Mast* über dem →*Vor-*

schiff befestigte →*Lampe,* um den Arbeitsplatz an →*Deck* während der Dunkelheit beleuchten zu können.

Deckslicht, Decksglas, das *(deck glass, sky light)* Kleines, begehbares Oberlicht im →*Deck,* das aus trittsicherem, prismatisch angeschliffenem Glas besteht und für genügend Tageslicht in der →*Kajüte,* insbesondere bei einem →*Glattdecker* sorgt.

Deckslog, das *(taffrail log)* Ein →*Schlepplog* oder →*Patentlog*, dessen Anzeigegerät auf der →*Heckreling* befestigt ist.

Decksplan, der *(deck plan)* Bei einem →*Linienriß* die Detaildarstellung des →*Decks* in einer

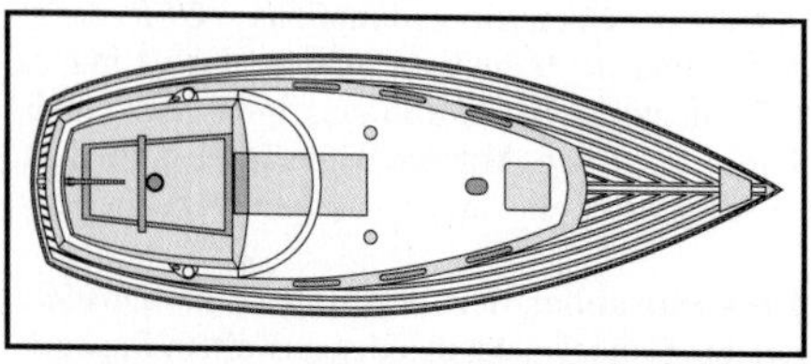

Aufsicht. Aus dem D. ist die Lage der →*Plicht,* die Anordnung der →*Winden,* →*Leitösen,* die Position des →*Mastes* u. a. zu erkennen.

Deckssprung, der *(sheer of the deck)* Der gewölbte Deckslinienverlauf in Längsschiffsrich-

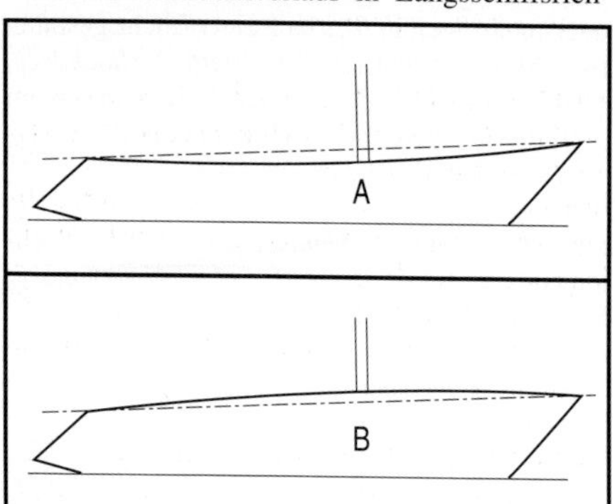

tung, von der Seite betrachtet, im Gegensatz zu einem geraden →*Decksstrak.* Man spricht von einem „positiven" D. oder →*Sprung,* wenn der →*Freibord* in der Mitte *(→mittschiffs)* kleiner als an →*Bug* oder →*Heck* ist (Abb. A), und umgekehrt von einem →*„negativen" Sprung* (Abb. B).

Decksstrak, der *(sheer line)* Der Deckslinienverlauf eines Bootes, von der Seite betrachtet (Abb.). Der D. kann ein weitgehend gerader →*Strak* oder

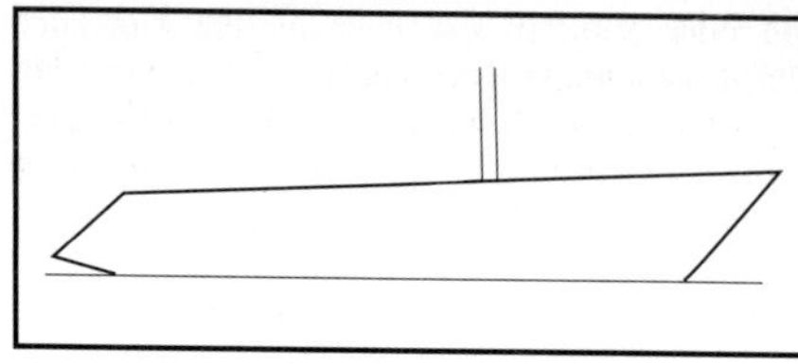

auch ein gewölbter Kurvenverlauf sein, den man →*Deckssprung* nennt. Weiter kann sich der D. entweder nur auf das →*Hauptdeck* oder auch auf die →*Decks* der Aufbauten beziehen. Der D. wird (nicht korrekt) manchmal auch als „Scherlinie" bezeichnet.

Deckung, die *(matching of pointers [matching of a transit bearing])* Zwei Objekte oder →*Land-*

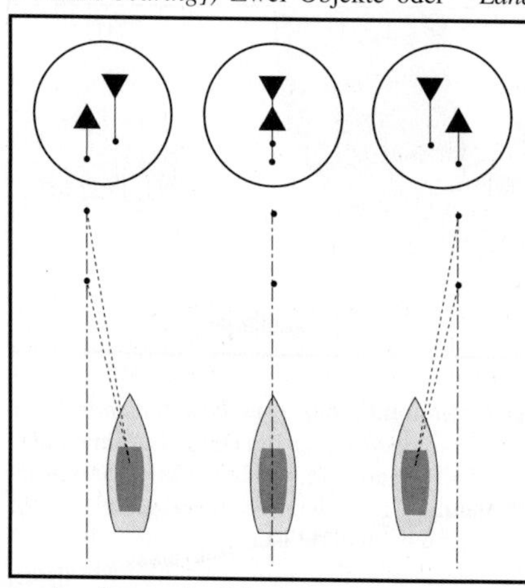

marken liegen „in D.", wenn sich beide in einer Richtung vom Beobachtungsort befinden und die Verlängerung ihrer Verbindungslinie durch das Auge des Beobachters geht (Abb.). Dies trifft z. B. bei einer →*Deckpeilung* zu.

DD Kurzbezeichnung für „Desmodur" und „Desmophen" als Rohstoffe für →*Polyurethan,* die als Bindemittel zur Herstellung von Anstrich- und Beschichtungsstoffen dienen. Sog. „DD-Lacke" der Farbenfabriken Bayer waren die ersten dieser Anstrichmittel, die in ähnlicher Zusammensetzung heute auch von anderen chemischen Werken als Rohstoffe geliefert werden.

Deich, der *(dyke, levee)* Siehe Zeichen in der →*Karte 1* im Anhang.

Deka-Newton, Abk. **daN** Ein Maß für die →*Reißfestigkeit* von →*Tauwerk.* 1 daN = 10 N im →*In-*

ternationalen Einheitensystem entspricht etwa einem →*Kilogramm* bzw. einem (früheren) Kilopond und ist daher eine für die auch in daN angegebene →*Bruchlast* oder →*Bruchspannung* ein verständlicher Wert.

Deklination, die *(1. declination, 2. variation)* Wörtl. „Abweichung": 1. Auf ein Gestirn bezogen sein Winkelabstand vom Himmelsäquator bis zu seinem Abweichungsparallel und von 0° bis 90° nach Süden und Norden gerechnet. – 2. Der horizontale Winkel, um den die Kompaßnadel durch ihre Richtung zum →*magnetischen Nordpol* von der →*rechtweisenden* Nordrichtung abweicht, auch →*Mißweisung* genannt. Diese D. ist örtlich und zeitlich nicht konstant und muß in der Nähe des →*Schiffsortes* der jeweiligen →*Seekarte* entnommen werden.

Deklinations-Ungleichheit, die *(declination inequality)* Ein Begriff der →*Gezeiten,* der sich auf eine Änderung der →*Deklination* (1) von Sonne und Mond bezieht. Eine D.-U. äußert sich in unterschiedlichen Höhen von →*Hochwasser* und →*Niedrigwasser* in →*Tidengewässern.*

Dekoder, der *(decoder)* Apparat zum Dekodieren, d. h. Entschlüsseln von Funksignalen. Ein →*Morse-Dekoder* setzt →*Morsezeichen* in ihre Buchstaben und damit in eine von jedermann ohne Kenntnis des →*Morse-Alphabetes* lesbare alphanumerische Laufschrift um. Zusatzgeräte wie der →*Navtex-Dekoder* drucken diese Informationen unverlierbar auf einem Papierstreifen aus. Video-Dekoder zeigen sie nur auf einem Bildschirm an. Die Lesbarkeit kann für einen D. durch →*atmosphärische* oder *elektromagnetische Störungen* beeinträchtigt werden.

Dellenbough-Koeffizient (DK), der *(Dellenbough coefficient [DC])* Ein empirisch ermittelter Wert, der die Berechnung des →*Verdrängungsschwerpunktes* und der Wasserlinien-Trägheitsmomente für jeden →*Krängungswinkel* überflüssig macht. Mit dem DK in Krängungsgraden und der Wasserlinienlänge in Metern kann man sich einen Eindruck von der →*Stabilität* einer Yacht verschaffen. Für die Ermittlung dient die Formel:

$$DK = \frac{p \times AS \times (H + 0{,}4 \times T)}{GM \times V}$$

Hierin sind p der Winddruck im Segel von 4,88 dN/m^2 bei dichtgeholten →*Schoten* und →*Windstärke 4* →*Beaufort,* AS die effektiv größte Segelfläche am Wind in m^2, H der →*Segelschwerpunkt* über der →*Wasserlinie* in m, T der →*Tiefgang* in m, GM die →*metazentrische Höhe* in m und V die →*Verdrängung* in Kilogramm. Ermittelte Werte in Grad sind nur zum Vergleich nützlich. Erhält zum Beispiel ein →*Seekreuzer* von 9 m LWL einen DK von 15°, ist er →*steif* und hat eine gute →*Stabilität.* Ergibt der DK hingegen 25°, ist er →*rank.* Ein DK von 20° ergibt für einen →*Seekreuzer* dieser Größe einen optimalen Wert. Die o.g. Formel, für den D.-K. auch (englisch) DC geschrieben, benutzen Yachtkonstrukteure auch in abgewandelter oder vereinfachter Form, wenn sie mit Vergleichswerten von anderen Yachten, deren →*Stabilität* ihnen bekannt ist und die sich bewährt hat, eine eigene Neukonstruktion überprüfen wollen.

Delta-Anker, der *(Delta anchor)* Ein →*Leichtanker* nach den Erfahrungen des →*Danforth-Ankers* mit ungefähr gleicher Haltekraft. Der geteilte Schaft ist starr mit einer einzigen breiten →*Flunke* verbunden, die im Bereich des Querstocks seitlich weit auslädt.

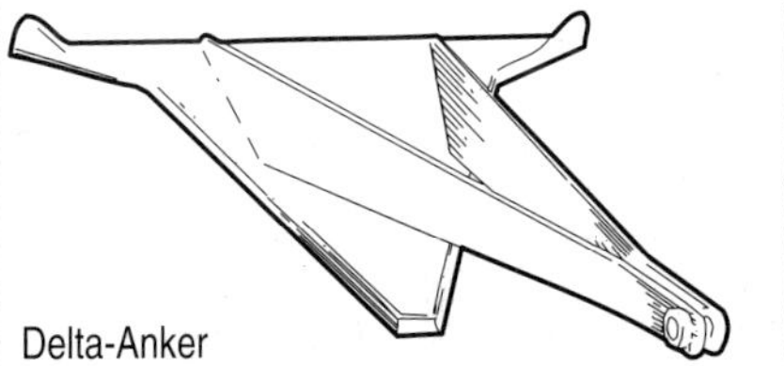
Delta-Anker

Demijohn, der *(demi-john)* Aus dem Französischen „Dame-jeanne" (deutsch: „Dame Johanna") ins Englische übernommene und eingedeutschte Bezeichnung einer großen Korbflasche oder eines kleinen umflochtenen Glasballons, Inhalt von 5 bis 50 Liter, in dem an Bord Wasser und Wein aufbewahrt oder in der →*Schiffahrt* auch flüssige Chemikalien und Säuren transportiert wurden.

Deplacement, das *(displacement)* Die →*Verdrängung* eines Bootes, d. h. (nach dem →*Archimedischen Prinzip)* das Gewicht des von ihm verdrängten Wassers. Das D. einer Yacht wird in Kilogramm (kg) oder metrischen Tonnen (t) angegeben und setzt sich aus dem Eigengewicht des Bootes, dem Gewicht seiner segelklaren Ausrüstung einschließlich Wasser, Brennstoff usw. und dem Besatzungsgewicht zusammen.

Depot-Verfahren, das *(depot procedure)* Eine Bauart im Bootsbau aus →*GFK.* Der Bootsrumpf wird dabei aus Innen- und Außenschale gefertigt und der Raum zwischen beiden Schalen mit →*Polyurethanschaum* ausgefüllt, der gleichzeitig als →*Auftriebskörper* dient. Der →*Bootsrumpf* bleibt dabei leicht, widerstandsfähig und verwindungssteif.

Depression, die *(1. depression, trough, 2. dip of the horizon)* 1. In der →*Wetterkarte* oder der →*Wettervorhersage* ein →*Tiefdruckgebiet.* – 2. In der →*Navigation* die →*Kimmtiefe* (d. h. der Winkel zwischen dem sichtbaren und dem scheinbaren →*Horizont).* Die D. ist abhängig von der →*Augenhöhe* und (geringfügig) auch von den Temperaturverhältnissen.

Derivationswinkel, der *(derivation angle)* Der Winkel, um den ein drehendes Boot durch das weit vom Drehpunkt entfernt liegende →*Ruder* und durch die Zentrifugalkraft mit seiner Längsachse von der an den →*Drehkreis* gelegten Tangente abweicht. Der D. ist bei einem →*Manöver* zu beachten, weil hierbei das →*Heck* außerhalb der Bahn dreht, die der Drehpunkt des Bootes beschreibt.

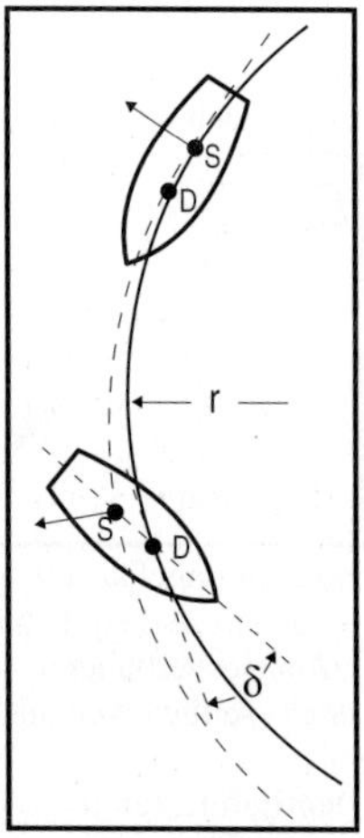

Deutsche Bucht *(German Bight)* Der südöstliche Teil der Nordsee, im Süden und Osten vom Festland, im Westen von 5° östlicher Länge und im Norden vom Breitengrad 55°30' begrenzt, mit einem Meeresgebiet von ca. 52000 km². Der südöstliche oder innere Teil der D. B. wird Helgoländer Bucht oder das „Nasse Dreieck“ genannt, weil es mit den Seiten Borkum–Cuxhaven und Cuxhaven–List auf Sylt von je ca. 130 km Länge und der dritten Seite Sylt–Borkum von ca. 195 km ein gleichschenkliges, rechtwinkliges Dreieck bildet.

Deutsche Gesellschaft zur Rettung Schiffbrüchiger / DGzRS) *(German Lifeboat Institution)* 1865 gegründetes und durch freiwillige Beiträge und Spenden unterhaltenes Seenot-Rettungswerk, das an der deutschen →*Küste* ca. 50 Rettungsstationen mit Seenotkreuzern und -rettungsbooten besitzt. Der Sitz der Gesellschaft und die Seenot-Leitstelle befinden sich in Bremen.

Deutsche Meisterschaft, die *(German National Championship)* Vom →*DSV* jährlich ausgeschriebene und von einem Segelclub durchgeführte →*Regatta,* deren Sieger den Titel „Deutscher Meister“ für das betreffende Jahr erhält. Eine D. M. wird nur in →*olympischen,* →*internationalen,* →*nationalen* und →*anerkannten ausländischen Klassen* ausgetragen. Sind ausländische Segler zu einer D. M. zugelassen, wird sie als „Internationale D. M.“ ausgeschrieben. Die Teilnehmerzahl kann begrenzt werden.

Deutscher Boots- und Schiffbauerverband (DBSV) *(German Boat- and Shipbuilding Federation)* Vereinigung der deutschen Bootsbauer-Innungen sowie der Firmen des industriellen Bootsbaus, des Bootshandels und der Zulieferer-Industrie mit dem Sitz in 20355 Hamburg, Jungiusstraße 18. Der DBSV ist Mitglied in der internationalen Berufsorganisation ICOMIA.

Deutscher Hochseesportverband „Hansa“ e. V. (DHH) 1925 gegründeter gemeinnütziger Verein zur Heranbildung des seglerischen Nachwuchses. Der DHH ist dem →*DSV* angeschlossen und unterhält Yachtschulen in Glücksburg, Prien am Chiemsee, Lindau am Bodensee und Elba im Mittelmeer. Die Geschäftsstelle befindet sich in 20148 Hamburg, Rothenbaumchaussee 58.

Deutscher Motoryachtverband (DMYV) Dachverband der deutschen Motorbootclubs mit Sitz in 47119 Duisburg, Vinckeufer 12–14. Der DMYV übernimmt die Aufgaben für die Motorbootfahrer, die der →*Deutsche Segler-Verband* für die Segler wahrnimmt.

Deutscher Segler-Verband (DSV) 1888 gegründeter Dachverband von deutschen Segelclubs. Er hat seinen Sitz in 22309 Hamburg, Gründgensstr. 18 und ist Mitglied der →*International Sailing Federation (→ISAF).* Er versteht sich als Vertreter der Interessen des Freizeit- und Breitensportes, des Leistungs- und Wettsegelns, des Jugend- und Fahrtensegelns und gibt freiwillige →*Führerscheine (→A-Schein,* →*BR-Schein* u. a.) heraus. Sein höchstes Organ ist der →*Seglertag.* Er wird von einem Präsidium und einem →*Seglerrat* geleitet und gliedert sich in zahlreiche Landesverbände. Der DSV gibt die →*Wettfahrtregeln Segeln (→WR)* in deutscher Sprache heraus.

Deutscher Wetterdienst, der Zum D. W., →*Geschäftsfeld Seefahrt,* gehört das jetzt unter diesem Namen in 20304 Hamburg, Postfach 301190 erreichbare frühere →*Seewetteramt.* Es arbeitet jetzt auch unter der Kurzbezeichnung „Seewetterdienst".

(früheres) Deutsches Hydrographisches Institut (DHI), siehe →*BSH.*

Deviation, die *(deviation)* Die →*Ablenkung* der Nadel eines →*Magnetkompasses* durch magnetische Einflüsse des Bootes. D. kann nicht nur durch benachbarte Eisenmassen (Motor, →*Ballastkiel,* →*Ruderanlage),* sondern auch durch elektrische Leitungen, elektronische Geräte u. ä. erfolgen. Die D. ändert sich von Zeit zu Zeit, insbesondere nach längerem Aufenthalt im →*Winterlager* und längerer Hafenliegezeit. Darum muß die D. nicht nur in einer →*Deviationskurve* ermittelt und in einer →*Deviationstabelle* festgehalten, sondern durch häufige →*Deviationsbestimmung* kontrolliert werden. Den Wert der D. bezeichnet man mit dem Formelzeichen δ. Er wird bei einer →*Kursbeschickung* berücksichtigt. Nimmt die D. größere Werte an, muß der →*Kompaß* →*kompensiert* werden. In der Norm →*DIN 13312,* Navigation, ist die D. spezifiziert als →*Magnetkompaßdeviation* bzw. →*Magnetkompaßablenkung* (Abk. Abl), und die →*Funkdeviation* wird als →*Funkbeschickung* bezeichnet. Die Benennung „Ablenkung" ist in DIN 13312 nicht enthalten, und insoweit ist die frühere wie heutige Benutzung des Begriffes D., der ja auch mit der englischen und internationalen Bezeichnung *„deviation"* identisch ist, ganz selbstverständlich.

Deviationsbake, die *(beacon for compass adjustment)* Eine →*Bake,* die mit mehreren Bakenpaaren an Land in der Nähe der →*Küste* aufgestellt ist. Eine D. wird von einem →*Deviationsdalben* angepeilt und dient durch ihre bekannte Position und die →*rechtweisende Richtung* zum Aufstellen einer →*Deviationstabelle* oder zum →*Kompensieren* des →*Kompasses.*

Deviationsbestimmung, die *(swinging ship, compass calibration)* Die Feststellung, der →*Deviation* durch Vergleich der →*Kompaßpeilungen* mit den →*rechtweisenden Peilungen.* Dazu legt sich ein Boot an einen →*Deviationsdalben* und peilt die entsprechenden →*Deviationsbaken* an. Die D. dient zur Aufstellung einer →*Deviationstabelle.* Auch beim Durchlaufen einer →*Deckpeilung* ist eine (einfache) D. möglich.

Deviationsdalben, der; Deviationstonne, die *(deviation bollard, swinging buoy)* Fester Liegeplatz im Hafen, auf →*Reede* oder vor der →*Küste,* um die →*Deviation* nach bestimmten →*Landmarken* (z. B. →*Deviationsbaken)* zu bestimmen.

Deviationsdalben *(deviation dolphin)* Zeichen aus →*Karte 1* im Anhang.

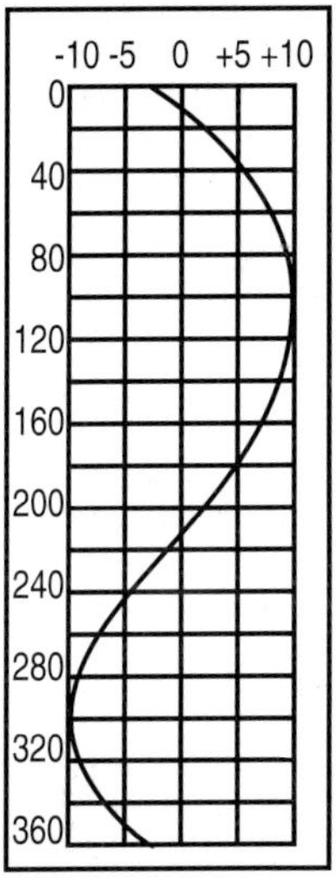

Deviationskurve, die *(deviation curve [curved line graph])* Die graphische Darstellung der →*Deviation* in einem Koordinatensystem. Dabei wird der Wert der Deviation „Delta" als Ordinate in Graden (plus oder minus) für den jeweiligen →*Kompaßkurs* eingetragen, der auf der Abszissenachse von 0° bis 360° festgelegt ist (Abb.). Aus der mehr oder weniger regelmäßigen D. oder dem „Deviationsdiagramm" kann man für jeden Kurs die entsprechende Deviation ablesen, die gegebenenfalls noch einmal in der →*Deviationstabelle* zusammengestellt wird.

Deviationstabelle, die *(deviation table)* Die Zusammenstellung der aus einer →*Deviationskurve* ersichtlichen Werte der →*Deviation* („Delta") für die →*Kursbeschickung.* Eine D. kann entweder als →*Ablenkungstafel* für den Eingang mit dem gesteuerten →*Kompaßkurs* (→*Magnetkompaßkurs)* oder auch als →*Steuertafel* mit dem Eingang aus dem →*mißweisenden Kurs* aufgestellt werden.

Deviationswinkel, der *(angle of deviation)* Der mit dem griechischen Buchstaben δ („Delta") bezeichnete Winkel, um den die Nadel des →*Magnetkompasses* durch Bordeinflüsse gegenüber der →*magnetischen Nordrichtung* abweicht.

DGPS-Referenzstation, die Das amerikanische →*GPS-System* liefert über sein →*Standard Positioning System* weltumspannend eine Genauigkeit von ca. 100 m nicht nur für die →*Navigation* in der →*Schiffahrt,* sondern auch in der Luftfahrt und für Dienste auf dem Lande. Mit einer bodengestützten Zusatzkomponente, einem sog. Differentialsystem, kann die Genauigkeit der Navigation erheblich verbessert werden. Hierzu werden die erforderlichen Korrekturdaten von →*Differential-Referenzstationen,* kurz DGPS-Referenzstationen genannt, über Funk ausgestrahlt. Gleichzeitig wird dabei durch eine Integritätsprüfung vor möglichen Systemfehlern gewarnt. In Deutschland hat die Wasser- und Schiffahrtsverwaltung des Bundes in Wustrow (an der Ostseeküste) und auf Helgoland zwei DGPS-R. mit einer Reichweite von jeweils 100 →*Seemeilen* errichtet, die die Korrekturdaten ermitteln und verbreiten. Mit einem hochwertigen DGPS-Zusatzempfänger liegt die Genauigkeit der Positionsbestimmung zwischen 1 m und 3 m (z. B. für die Seevermessung und die Baggerei). Mit einem einfacheren Bordempfänger liegt sie noch zwischen 3–10 m. Wustrow (auf Frequenz 314,5 kHz) und Helgoland (auf 313,0 kHz, beide mit einer Bitrate von 200 Bit/s) sind Bestandteile eines weltweiten Netzes von DGPS-R., die ihren Sendebetrieb nach einem →*IALA-Standard* im →*Seefunkfeuer-Band* (283,5–315 kHz) mit 200 Bit/s aufgenommen haben.

MgK	MgP	mwP	δ	Bemerkungen
2	294	290	-4	
14	293	290	-3	
25	292	290	-2	
39	291	290	-1	
50	290	290	0	
61	291	290	-1	
79	292	290	-2	
90	293	290	-3	
110	295	290	-5	
122	296	290	-6	
135	297	290	-7	
146	286	290	+4	offenbar falsche Peilung
155	294	290	-4	
170	290	290	0	
181	288	290	+2	
190	286	290	+4	
202	285	290	+5	
212	284	290	+6	
225	-----	290	----	Peilung ausgefallen
240	280	290	+10	
262	283	290	+7	
271	285	290	+5	
280	287	290	+3	
291	288	290	+2	
300	289	290	+1	
311	291	290	-1	
322	292	290	-2	
331	293	290	-3	
342	294	290	-4	
351	294	290	-4	

Deviationstabelle

(früheres) DHI, Abk. für Deutsches Hydrographisches Institut, siehe →*BSH.*

Diagonalbauweise, die *(diagonal planking, moulded plywood)* Art der →*Beplankung* eines Bootes aus →*Massivholz* oder →*Bootsbausperrholz.* Bei der D. verlaufen die →*Planken* oder Furniere in zwei oder mehr Lagen übereinander und kreuzen sich in einem Winkel von 90°, wobei sie schräg nach vorn oder hinten in die →*Kielsponung* hineinlaufen. So entstehen feste Bootskörper mit leichten →*Spanten.*

diagonal-karweel *(diagonally carvel)* Eine Art der →*Diagonalbauweise,* bei der eine Schicht der →*Planken* wie bei der →*Karweelbauweise* waagerecht gelegt ist und die andere Schicht in einem Winkel von 45° zu ihr läuft.

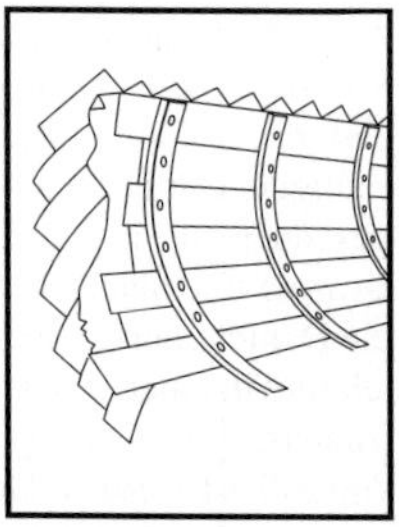

Diagonalnaht, die *(diagonal mitre seam)* Die Mittelnaht eines →*Großsegels* oder →*Vorsegels* mit →*Laschenschnitt* oder →*Diagonalschnitt.*

Diagonalschnitt, der *(mitre-cut)* Der Verlauf der →*Bahnen* in einem →*Großsegel* oder →*Vorsegel,* bei dem die Mittelnaht in Richtung des Schotzuges zum →*Schothorn* verläuft und die Bahnen in Richtung auf das →*Unterliek* und →*Achterliek* auslaufen. Auch →*Laschenschnitt* genannt.

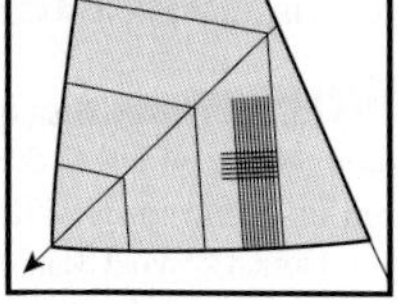

Diamant-Takelung, die *(diamond rig)* Eine →*Abstagung* des →*Mastes,* bei der die →*Toppwanten* nicht über die →*Nock* der oberen →*Saling* zum →*Deck* (A, C), sondern an den Untermast geführt sind (B). Die →*Wantenspanner* sind dabei am Mastbeschlag der unteren Saling befestigt. Aerodynamische Vorteile werden durch das Risiko aufgehoben, das Toppwant im Gefahrenfalle von Deck aus nicht erreichen zu können.

dicht *(leak-proof, close, tight)* Seem. für „geschlossen (machen)". Ein Boot ist d., wenn es kein Wasser macht. Ein →*Schott* wird d. gemacht, wenn man es schließt. Die →*Schot* wird d. geholt, wenn man den Winkel zwischen →*Großbaum* und →*Längsschiffsrichtung* (immer weiter) schließt.

Auch im Sinne von „stark“, wenn man d. gerefft hat. Man segelt d. →*beim Wind,* wenn der Winkel zwischen Wind- und Kursrichtung so weit wie möglich geschlossen ist.

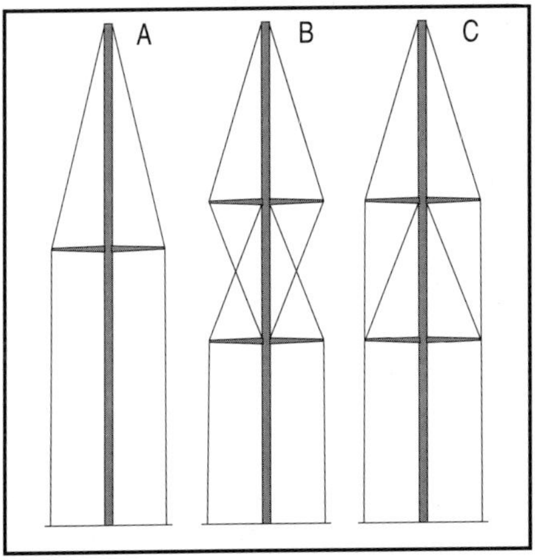

Diamant-Takelung

Dichte, die *(density)* Das spezifische Gewicht, angegeben in g/cm³, oder allg. das Vermögen eines Stoffes, seine Moleküle zusammenzuhalten, z. B. bei der →*Seewasserdichte.*

dichten *(to caulk, to stop a leak)* Eine →*Leckstelle* wieder wasserdicht machen, bei Rissen und Nähten durch →*Kalfatern,* im Falle einer →*Havarie* durch →*Lecksegel,* Leckstützen o. ä.

dichtholen *(1. to haul tight, 2. to heave strands in splicing)* 1. Eine →*Schot* durchholen oder steif setzen. – 2. Die →*Kardeele* beim →*Spleißen* an den Tauwerkskörper heranholen.

dick, „dicke Luft“ *(thick, dense)* Auf das Wetter bezogen: „Es wird d. “ bedeutet, es wird →*diesig.* Auf ein Manöver bezogen: „Es kommt d.“: Eintreten eines Gefahrenzustandes.

diesig *(misty)* Beschreibung geringer Sichtbehinderung, dasselbe wie →*dunstig.*

Dieselmotor, der *(Diesel engine)* Von Rudolf Diesel (1858–1913) erfundene Verbrennungskraftmaschine, in deren Zylinder (im Unterschied zum →*Ottomotor)* reine Luft angesaugt und im Augenblick höchster Verdichtung Leichtöl als Dieselkraftstoff eingespritzt wird, das sich selbst entzündet. Man unterscheidet ein Viertakt- und Zweitakt-Arbeitsverfahren. Der D. nutzt die im Kraftstoff enthaltene Energie mit dem größten Wirkungsgrad aus.

Differential-GPS, das; DGPS *(Differential Global Positioning System)* Ein Verfahren der →*Satelliten-Navigation,* um die vom Betreiber des →*GPS-Systems,* dem US-Verteidigungsministerium, im →*Standard Positioning System* für den zivilen und kostenlosen Benutzer auf nur 100 m Genauigkeit künstlich verschlechterten Satellitensignale zu korrigieren. Dabei werden von →*DGPS-Referenzstationen* (speziellen DGPS-Bodenstationen), die an exakt vermessenen Positionen stehen, die Fehler jedes Satellitensignals (z. B. ungenaue →*Ephemeriden,* Laufzeitfehler in der →*Ionosphäre* und →*Troposphäre* sowie Uhrenfehler der Satelliten) gemessen, korrigiert und an die mit speziellen DGPS-Geräten ausgerüsteten Schiffe gesendet. Durch die Fehlerkorrektur in den Bodenstationen und Verarbeitung der Korrekturdaten in den Bordempfängern erhält man einen →*Schiffsort* mit einer Genauigkeit von weniger als einem Meter. Für →*Yachten* ist der DGPS-Aufwand (noch) nicht lohnend.

Differential-Referenzstation, die Siehe →*DGPS-Referenzstation.*

digital *(digital)* Von engl. „digit“ = Ziffer oder Stelle (in einer Zahl). Der Ausdruck kennzeichnet die zahlenmäßige oder numerische Darstellung stetig veränderlicher Größen oder anderer Informationen, die z. B. durch ein →*Speedometer,* ein →*Echolot,* ein →*Windmeßgerät* o. ä. gegeben werden. Dabei unterscheidet man zwischen →*Digitalanzeige* und →*Analoganzeige.*

Digitalanzeige, die *(digital readout, digital indicator)* Die Ziffernanzeige bei einem Meßverfahren. Mit einer D. kann man den Wert genauer ablesen; aber dabei wird nur eine Zahl angegeben, und man muß oft zwischen den Werten interpolieren. Demgegenüber kann man bei einer →*Analoganzeige* einen theoretisch unendlich viel feineren Meßwert entstehen sehen und ablesen.

Digitales Selektivrufsystem Siehe →*(digitales) Selektivrufsystem.*

DIN *(German Engineering Standards)* Kennzeichnung für die Richtlinien des Deutschen Normenausschusses, z. B. für die Leistungsmessung eines Motors nach DIN im Gegensatz zu SAE.

DIN 13312 Deutsche Norm für →*Navigation,* mit Begriffen, Abkürzungen, Formelzeichen und graphischen Symbolen.

DIN 60001 Deutsche Norm für die Herstellung von →*Filament-Seilgarn.*

DIN 83305 Deutsche Norm für Faserseile, die Machart für →*Fasertauwerk.*

DIN 83329 Deutsche Norm für die Verarbeitung von →*Polypropylen* zu einem →*Monofil-Seilgarn.*

DIN 83330 Deutsche Norm für die Verarbeitung von →*Filament-Seilgarn* aus →*Polyamid.*

DIN 83331 Deutsche Norm für die Verarbeitung von →*Filament-Seilgarn* aus →*Polyester.*

DIN EN 0000 Eine →*EN-Norm,* die in das deutsche Normenwerk übernommen werden mußte und die gleichwertige →*DIN-Norm* (mit einer Doppelbezeichnung) ersetzt.

DIN EN 2 (3) Europäische und deutsche Norm für →*Brandklassen.*

DIN EN 393 Europäische und deutsche Norm für →*Schwimmhilfe 50 N.*

DIN EN 395 Europäische und deutsche Norm für →*Rettungsweste 100 N.*

DIN EN 396 Europäische und deutsche Norm für →*Rettungsweste 150 N.*

DIN EN 399 Europäische und deutsche Norm für →*Rettungsweste 275 N.*

DIN EN ISO 10240 In dieser „harmonisierten →*EN-Norm"* wird bestimmt, wie Inhalt und Umfang eines →*Handbuches* für Eigner und Schiffsführer gestaltet sein muß, das einer →*Yacht,* die nach der →*EG-Richtlinie* für Sportboote gebaut wurde, beim Kauf mitgegeben werden muß.

DIN ISO 0000 Eine →*ISO-Norm,* z. B. für Teile zum →*Yachtbau,* die in das deutsche Normenwerk →*DIN* übernommen wurde.

Dinette, die *(dinette)* Sitzraum in der →*Kajüte* mit 2 Bänken zu beiden Seiten eines →*querschiffs* stehenden Tisches, im allg. für 4 Personen. Eine D. kann in eine Doppelkoje verwandelt werden,

indem man entweder den Tisch auf die Ebene der Sitzpolster absenkt oder die Sitzfläche auf die Höhe der Tischplatte hochlegt und die hierfür passend gearbeiteten Polster entsprechend umlegt.

Dingi, das *(dinghy)* Kleines →*Beiboot,* das entweder mit →*Riemen* oder mit einem →*Außenborder* bewegt wird oder auch ausschließlich zum Segeln eingerichtet sein kann. Auch als Klassenbezeichnung üblich, z. B. für das →*Finn-Dinghy.*

Diode, die *(blocking diode)* Elektronisches Bauelement, das als elektrisches Ventil zur Gleichrichtung des Stromflusses benutzt wird. Eine D. ist z. B. zwischen zwei Batterien geschaltet: Sie erlaubt hier das Laden beider Batterien durch die Lichtmaschine des Bootsmotors, ermöglicht aber nur das Entladen der Bordbatterie bei Benutzung der →*Positionslaternen,* Kajütlampen u. a. Dadurch ist die Starterbatterie auch in einem →*Notfall* immer voll geladen.

Diolen *(diolen)* Markenname für →*Polyesterfasern* deutscher Produktion (Glanzstoff), die zur Herstellung von →*Fasertauwerk* und →*Segeltuch* benutzt werden.

Diopter, der *(azimut device)* Visiervorrichtung auf einem →*Peilkompaß* zur Richtungsbestimmung eines Objektes. Ein einfacher D. wird mit einem Steg über einen →*Flachglaskompaß* gesetzt. Andere →*Peildiopter* sind mit Ring zum Aufsetzen und mit Prisma, Sonnenblende und Schattenstift versehen.

dippen *(to dip)* Das kurzzeitige →*Niederholen* der →*Nationale* und Wiedervorheißen als Gruß von einem Fahrzeug zum anderen auf See. Im allgemeinen grüßt das auslaufende das einlaufende Boot, der Überholer das überholte und das fahrende Boot den Ankerlieger.

Dirk, die *(topping lift)* Dünne →*Leine* zum Halten des →*Großbaumes.* Eine D. verläuft von der →*Nock* des Groß- oder →*Besanbaumes* zum →*Masttopp* (oder auch nur bis zum Mastbeschlag der oberen →*Saling)* und hält den Baum beim →*Reffen* mit einem Bindereff oder beim →*Segelbergen* waagerecht. Eine D. dient zum „Andirken".

Dirkwaage, die; Dirkwirbel, der *(swivel [lift bolt])* Drehbarer →*Beschlag* an der →*Baumnock,* an dem oben die →*Dirk* und unten die →*Schot* angeschlagen werden kann.

Disqualifikation, die *(disqualification)* Beim →*Rennsegeln* der Ausschluß eines Wettfahrtteilnehmers wegen einer Regelverletzung nach den →*WR.* Ein Boot erhält nach einer D. entsprechend dem Punktsystem eine Wertzahl, die um eine Ziffer höher als die Zahl der gemeldeten Boote liegt.

Distanz, die *(distance)* 1. Die Entfernung zwischen 2 Orten, z. B. 2 →*Schiffsorten,* 2 →*Landmarken* oder auch von Landmarke zu Schiffsort und umgekehrt, gemessen in →*Seemeilen.* – 2. Der zurückgelegte Weg eines Bootes zwischen 2 Orten, ebenfalls in sm ausgedrückt. Dabei unterscheidet man eine →*Großkreis-Distanz* und eine →*loxodromische Distanz,* je nach Art der →*Seekarte,* die man benutzt.

D-Netz-Notruf, der In europäischen Gewässern kann in Küstennähe im Falle von →*Seenot* ein →*Notruf* auch über ein Mobiltelefon abgesetzt werden. Unter der Nummer 124 124 erreicht man im D-Netz direkt die deutsche →*Seenotleitstelle* und die →*DGzRS* in Bremen.

Dock, das *(dock, wharf)* Einrichtung für den Bau oder die Reparatur von Schiffen, die entweder als →*Trockendock* mit einer durch ein Docktor verschließbaren, in das feste Land hineingebauten Kammer oder als →*Schwimmdock* gebaut ist, welches das gesamte Schiff bis über den →*Kiel* hinaus aus dem Wasser hebt.

Dockhafen, der *(dock harbour)* Durch eine →*Dockschleuse* abgeschlossener Hafen.

Dockschleuse, die *(lock, tide lock)* Eine →*Schleuse,* die wie ein →*Dock* mit nur einem Torpaar oder mit doppelt kehrenden Toren ausgerüstet und nur bei gleichhohen Wasserständen innen und außen für den Verkehr zu benutzen ist.

Doghouse, das *(amerikanisch; deutsch: „Hundehütte")* Nach →*achtern* in Richtung auf die

→*Plicht* erhöhter →*Kajütaufbau,* um auch in einer niedrigen Kajüte einen Platz mit ausreichender →*Stehhöhe* zu schaffen.

Dollbord, das *(gunwale)* Bei einem offenen Boot der verstärkte obere Rand, in dem die →*Dollen* befestigt werden oder in dem die →*Rundseln* eingelassen sind, auch →*Setzbord* genannt.

Dolle, die *(thole-pin, rowlock, oarlock, swivel rowlock)* Auch →*Riemengabel* genannte Metallklaue, die in das →*Dollbord* gesteckt wird und in der die →*Riemen* beim →*Pullen* bewegt werden, z. B. in einem →*Dingi.* Auch einfache Holzpflöcke können in Arbeitsbooten als D. dienen.

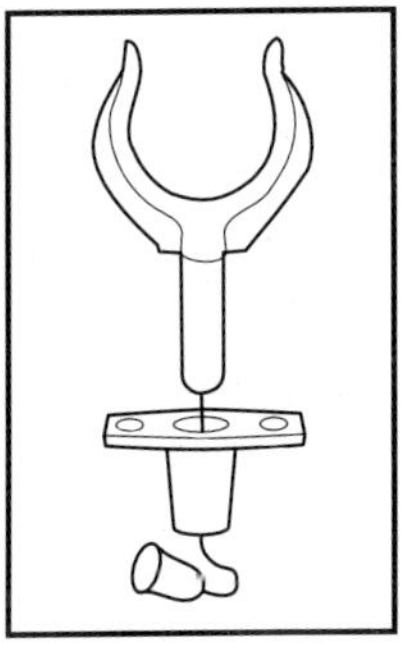

Doodshofd, das; Dodshooft, das *(dead block, heart)* Auch Stagblock genannter, aus →*Pockholz*

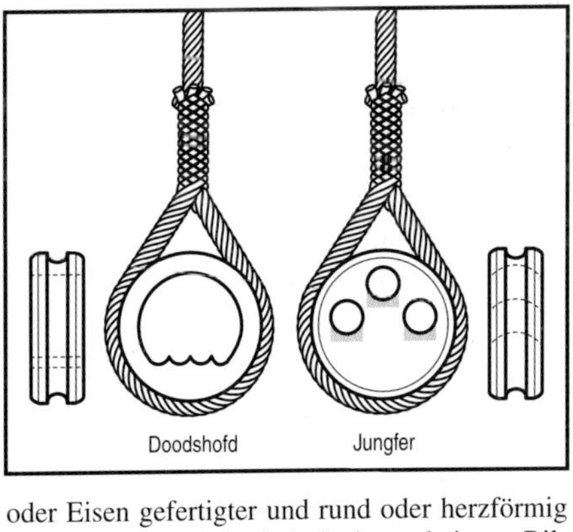

oder Eisen gefertigter und rund oder herzförmig geformter Durchlaß mit drei eingearbeiteten Rillen für ein →*Taljereep,* das zum Durchsetzen von

→*Wanten* und →*Stagen* anstelle von →*Spannschrauben* dient. Ein D. ist wie eine →*Jungfer* eine Art →*Block* ohne →*Scheiben,* jedoch meist kleiner und leichter (Abb.).

Doppelblock, der *(double block)* Zweischeibiger →*Block* mit nebeneinanderliegenden Rollen gleichen Durchmessers (A). Ein D. empfiehlt sich nur, wenn in einer →*Talje* alle →*Parten* parallel laufen. Ein D. wird als →*Violinblock* (B) bezeichnet, wenn die beiden Scheiben untereinander liegen und unterschiedlichen Durchmesser haben.

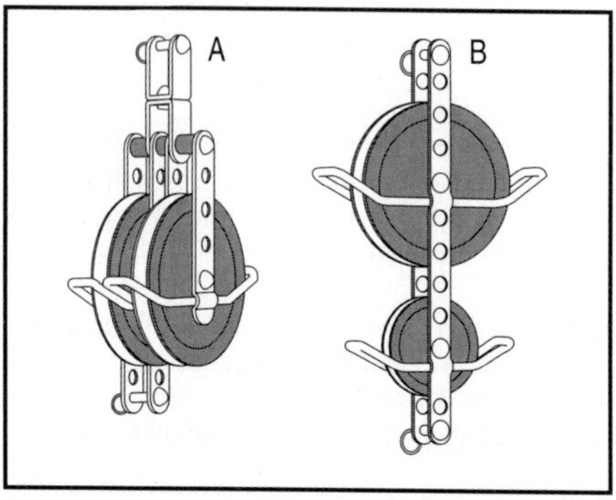

Doppelboden, der *(double bottom)* Die Bezeichnung des Plichtbodens als über dem →*Boden* liegender zweiter wasserdichter Außenhaut. Beim Bau von →*Jollen* aus →*GFK* ist der Raum zwischen Außenhaut und Plichtboden als →*Auftriebskörper* ausgeschäumt, so daß mit dem Begiff „D.“ besondere Festigkeit und Sicherheit verbunden werden.

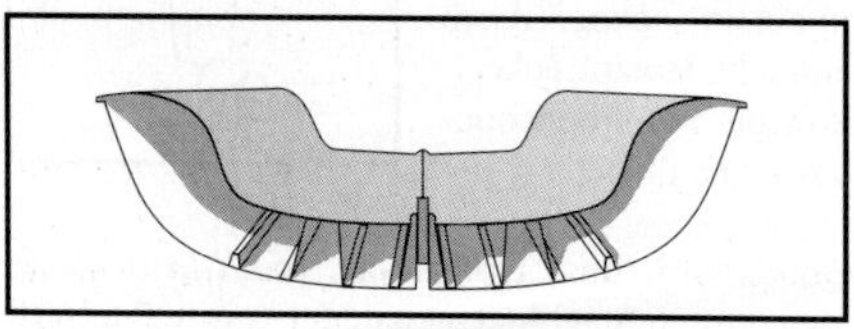

Doppelbugboot, das *(double-bowed boat)* Ein Boot mit identischen Enden und einem →*Ruder* sowohl →*vorn* als auch →*achtern,* so daß jedes Ende sowohl als →*Bug* wie als →*Heck* dienen kann. Ein D. ist z. B. die →*Proa,* bei der der →*Auslegerrumpf* oder Schwimmer neben dem Hauptrumpf immer in →*Luv* liegen muß und deren →*Takelage* das Schwenken der Segel um 180° erlaubt. Das Manöver des →*Wendens* erfolgt praktisch bei →*halbem Wind* (Abb.): Anlaufen mit Wind von Steuerbord (1). Fieren der →*Schoten,* bis die Segel im Wind stehen (2) und das Boot gestoppt hat. Dichtholen zum bisherigen →*Bug,* dem neuen →*Heck* und praktisch auf Gegenkurs (3), den →*Ausleger* weiterhin in →*Luv,* die Fahrt fortsetzen. Ein D. darf nicht mit einem →*Doppelender* verwechselt werden.

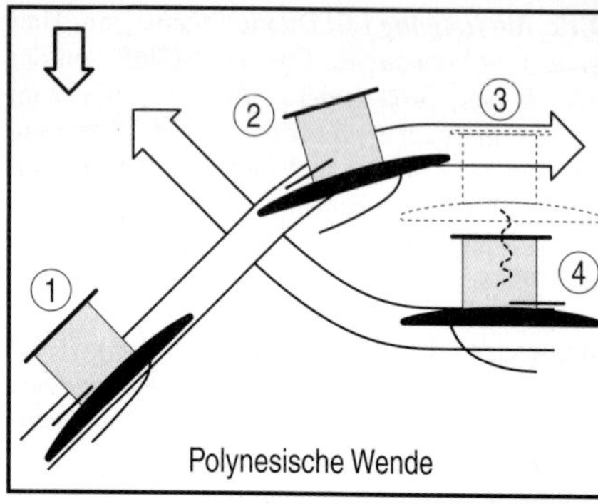

Polynesische Wende

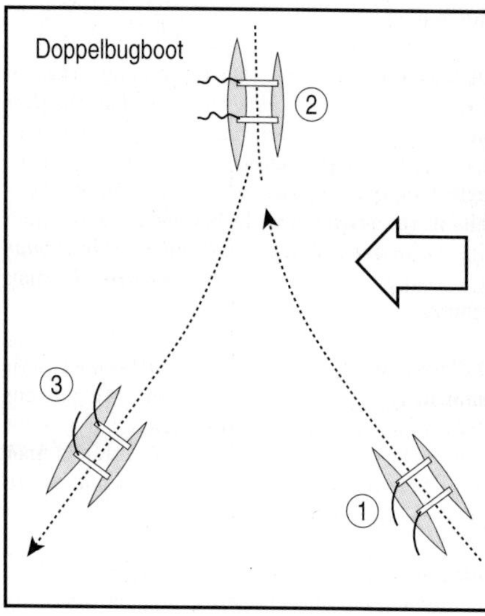

Doppelbugboot

Doppelender, der *(double-ended craft)* Ein Boot mit →*Spitzgattheck,* bei dem sich die Formen von →*Bug* und →*Heck* zwar ähneln (Abb.), aber nicht wie bei einem →*Doppelbugboot* austauschbar sind.

doppelfarbige Seitenlaterne, die *(two-coloured lantern)* Eine →*Positionslaterne,* die kleine →*Fahrzeuge* unter 20 m nach den →*KVR* anstelle von zwei →*Seitenlaternen* fahren dürfen. Die d. S. zeigt an →*Steuerbordseite* mit dem vorgeschriebenen →*Leuchtwinkel* von 112,5° grünes und an der →*Backbordseite* rotes →*Licht.* Sie spart dabei die sonst notwendige zweite →*Lampe* in der zweiten →*Laterne.* In den →*KVR,* Regel 21 wird die d. S., wie sie im Fachhandel genannt wird, offiziell als „→*Zweifarbenlaterne,* die über der Längsachse geführt wird", bezeichnet.

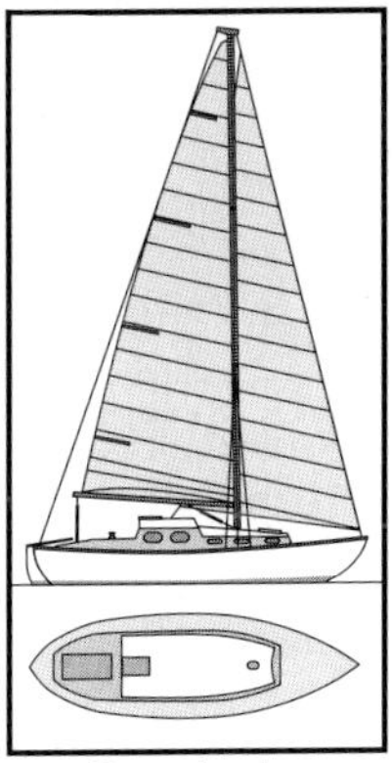

Doppelender

Doppelflechtung, die *(e.: double plaited rope, a.: double braided)* Eine Machart für →*Schotmaterial* aus →*geflochtenem Tauwerk.* Dabei besteht die Leine aus einem Kerngeflecht und einer zweiten Flechtung, dem Mantel (Abb.). Die Herstellung muß so sorgfältig erfolgen, daß beide Bestandteile der Leine gleichmäßig →*arbeiten.* Liegt keine Kernflechtung unter dem Mantel, bezeichnet man die Machart als →*Hohlflechtung.*

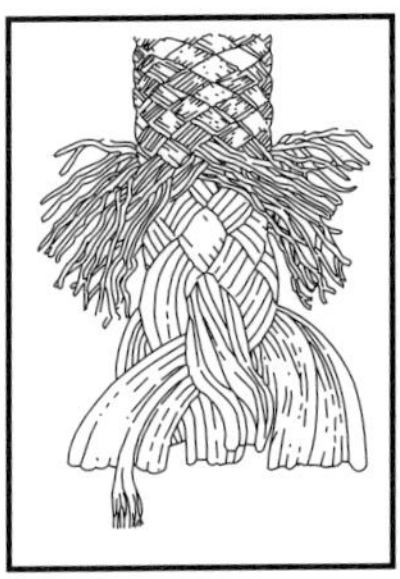

Doppelfock, die *(twin jib)* Bezeichnung für 2 flächengleiche →*Vorsegel,* die →*ausgebaumt* als →*Passatsegel* auf einem →*Vorwindkurs* gesetzt werden. Sie werden von Fahrtenseglern hauptsächlich in der →*Passatzone* benutzt und mit einem →*Doppelfockbaum* gefahren. Bei →*Rollreffsegeln* läßt sich auch der →*Allrounder* als D. fahren.

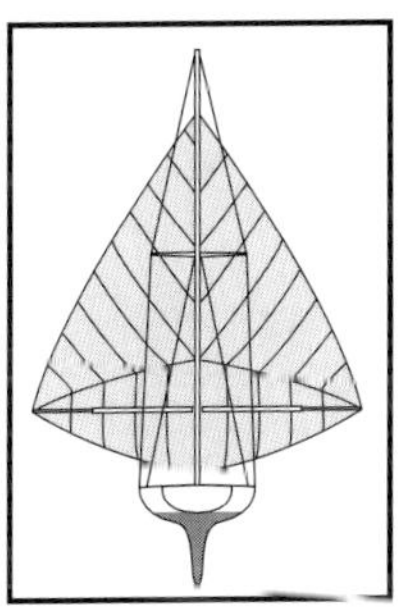

Doppelfockbaum, der *(twin-jib boom)* Eine gerade →*Spiere* oder ein →*Baum,* der auf jeder Bootsseite zum Ausbaumen einer →*Doppelfock* ausgebracht und durch →*Vorholer* und →*Achterholer* in einem Winkel von ca. 20° →*vorlicher* als →*querab* gehalten wird.

Doppelglas, das *(binocular)* Ein Fernglas für den Bordbetrieb. Der Name wurde im Gegensatz zu älteren „einäugigen" oder monokularen Fernrohren der frühen Segelschiffahrt gewählt, weil ein D. ein Okular für jedes Auge hat. Die Leistung eines D. wird durch 2 Zahlenwerte ausgedrückt: Die erste Zahl gibt die Vergrößerung, die zweite den Objektivdurchmesser in mm an. Das typische „Nachtglas" hat eine Optik von 7 × 50, d. h. eine siebenfache Vergrößerung bei 50 mm Objektivdurchmesser. Bei Vergrößerungen über 7 stören die Bootsbewegungen beim →*Ausguck;* bei kleineren Vergrößerungen werden die Ziele nicht genug herangeholt. Bei einem Objektivdurchmesser von z. B. 100 ist das Sichtfeld zwar erweitert, aber es läßt sich durch die unruhige Basis des Beobachters an Bord nicht mehr ausnutzen.

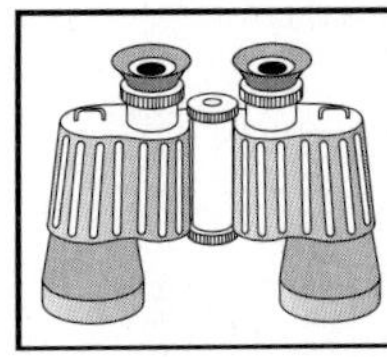

Doppelkeep, die *(double groove, twin groove)* Eine zweite →*Keep,* die neben der ersten liegt und in einem →*Mast* für das Einführen des →*Treisegels* dient oder beim →*Doppelkeep-Profilstag* das →*Setzen* eines zweiten Vorsegels vor dem →*Bergen* des ersten erlaubt.

Doppelkeep-Profilstag, das *(twin grooved luff stay for headsails)* Ein zweiteiliger →*Beschlag* aus →*Aluminium,* der in voller Länge über das →*Vorstag* geklemmt oder gezogen wird. Er macht aus einem normalen →*Stag* (1) nicht nur ein →*Profil* (2), sondern erlaubt auch, daß man ein zweites Vorsegel in eine →*Keep* (3) einziehen und setzen kann, solange noch das erste arbeitet.

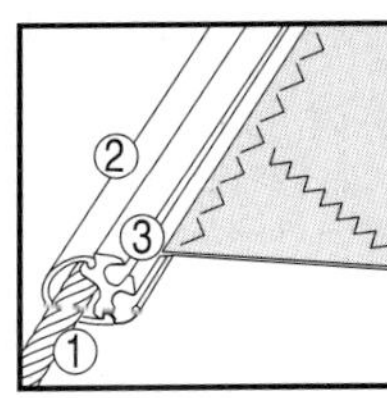

Doppelkieler, der *(twin-keel hull)* Ein kleiner →*Seekreuzer,* der anstelle eines →*Mittelkieles* mit 2 →*Kimmkielen* gebaut ist.

Doppelknickspant *(double chine)* Eine →*Spantform,* die einen →*Knickspant* so weit wie möglich dem →*Rundspant* annähert. D. wird häufig für Yachten aus →*Stahl* und für den Selbstbau benutzt. Bei →*Jollen* wird die D.-Form auch „Schipjack" genannt.

Doppelkreuzpoller, der *(cross-head bollard)* Ein →*Beschlag,* der das →*Belegen* einer →*Leine* in zahlreichen Variatio-

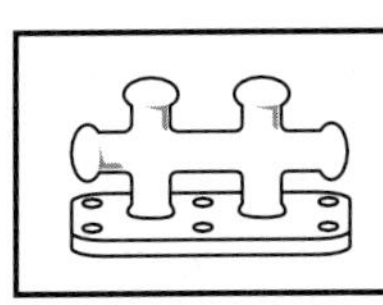

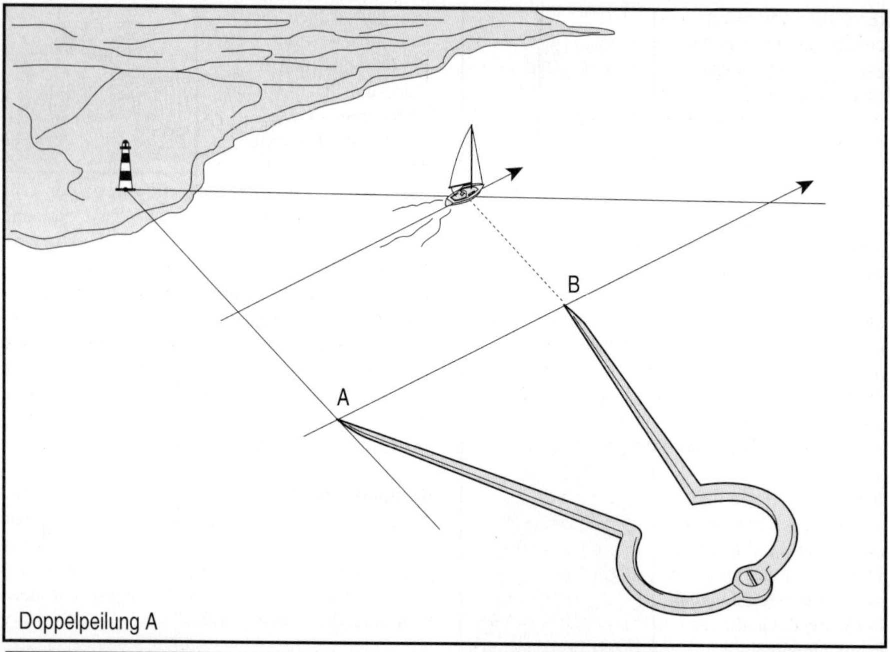

Doppelpeilung A

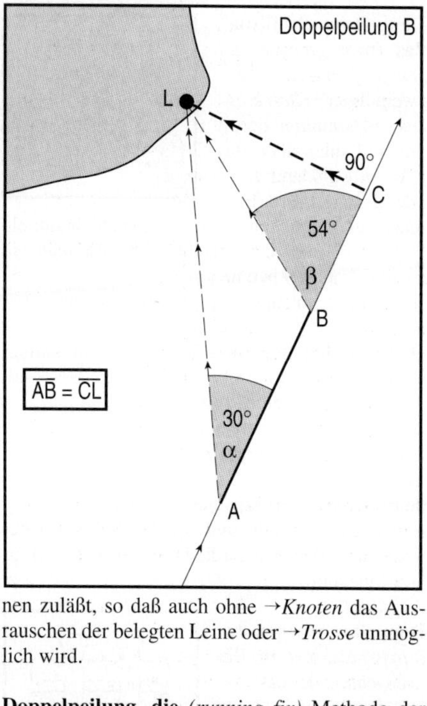

Doppelpeilung B

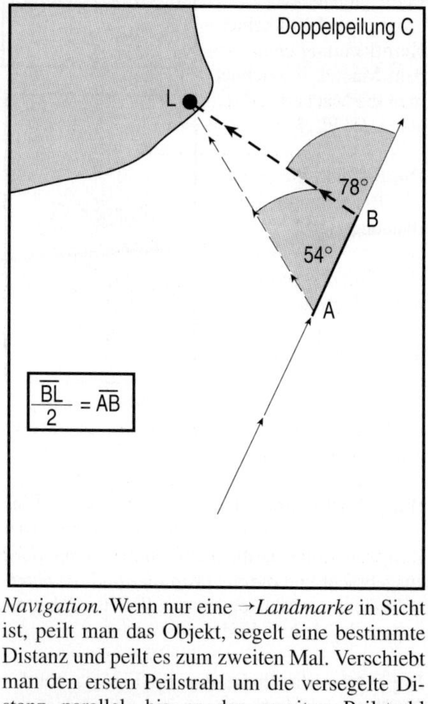

Doppelpeilung C

nen zuläßt, so daß auch ohne →*Knoten* das Ausrauschen der belegten Leine oder →*Trosse* unmöglich wird.

Doppelpeilung, die *(running fix)* Methode der →*Schiffsortbestimmung* in der →*terrestrischen Navigation.* Wenn nur eine →*Landmarke* in Sicht ist, peilt man das Objekt, segelt eine bestimmte Distanz und peilt es zum zweiten Mal. Verschiebt man den ersten Peilstrahl um die versegelte Distanz parallel, bis er den zweiten Peilstrahl schneidet, erhält man den wahren →*Schiffsort*

(Abb. A). Eine besondere Art der D. ist der →*doppelte Bugwinkel.* Benutzt man bestimmte Winkel (der →*Seitenpeilung),* erhält man bei einer D. zusätzlich die →*Distanz* zum angepeilten Objekt: In Abb. B ist sie bei einer Querabpeilung so groß wie die zwischen der 1. und 2. Peilung durchlaufene Strecke. In Abb. C ist die zwischen der 1. und 2. Peilung gesegelte Distanz so groß wie der halbe Abstand zum Objekt zum Zeitpunkt der 2. Peilung. Auch die →*Vierstrichpeilung* ist eine D. mit ausgewählten Winkeln.

Doppelpoller, der *(double-head bitt, double-head bollard)* Ein →*Beschlag* mit 2 neben- bzw. hintereinander angeordneten →*Pollern,* der das →*Belegen* einer →*Leine* wie bei einer →*Klampe* ohne zusätzliche →*Knoten* erlaubt. Noch sicherer arbeitet man mit einem →*Doppelkreuzpoller.*

Doppelrose, die *(duplex card)* Bei einem modernen Yacht- oder Kugelkompaß eine 360°-Teilung der →*Kompaßrose,* die waagerecht auf der Kreisscheibe und senkrecht am Rand des Gehäuses (meistens mit Gegenrichtung) aufgezeichnet ist. Bei einer D. kann man den Kompaß (der mit mehreren →*Steuerstrichen* ausgerüstet ist) aus waagerechten und senkrechten Blickwinkeln und von allen Seiten als Steuerkompaß benutzen.

Doppelrumpfboot, das *(catamaran)* Ein Boot, das aus 2 gleichen Rümpfen gebaut ist (→*Katamaran)* oder aus einem Hauptrumpf mit Schwimmer besteht (→*Proa*). Beide Rümpfe sind durch ein →*Brückendeck* oder nur durch →*Spieren* verbunden.

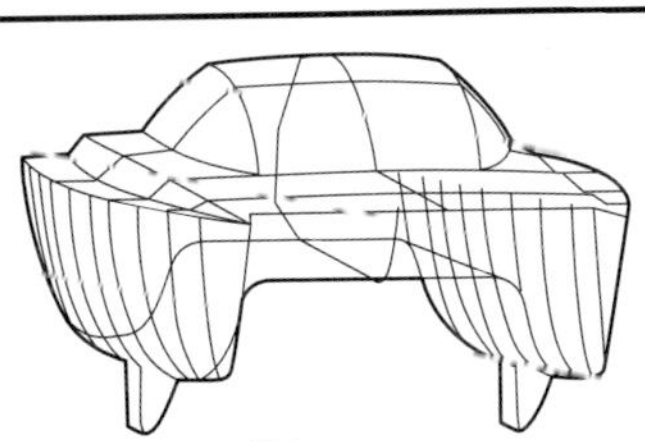

Katamaran

Doppelschäkel, der *(double [swivel] shackle)* Zwei →*Schäkel,* die mit ihren geschlossenen Bügelseiten fest oder drehbar (mit einem Wirbel) verbunden sind und sich an den beiden anderen Seiten durch Schäkelbolzen öffnen lassen.

Doppelschalenbau, der *([double] monocoque construction)* Eine Bezeichnung für den Bootsbau aus →*GFK,* wenn die Rumpfschale oder die Deckschale aus 2 Teilen laminiert und so zusammengefügt ist, daß die beiden glatten →*Gelcoat-Schichten* außen an der Gebrauchsseite liegen. Eine →*Jolle* mit →*Doppelboden* hat z. B. einen Rumpf mit D.

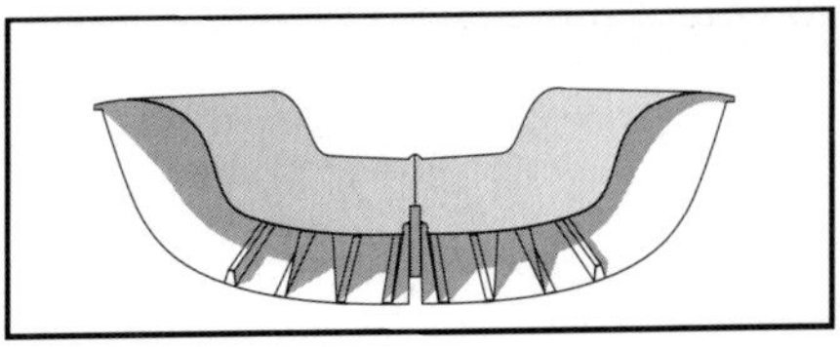

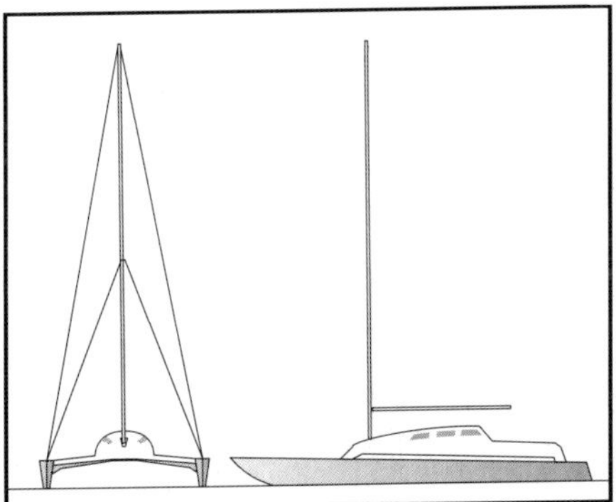

Doppelrumpfboot

Doppelsignal, das Handliches →*Seenotfeuerwerk* mit einem Tagsignal aus orangefarbenem Rauch und einem Nachtsignal aus Rotfeuer, Brenndauer 18 bis 20 s, Helligkeit 18 000 →*Candela.*

Doppelstander, der *(split flag, burgee)* Eine schwalbenschwanzförmig ausgezackte →*Flagge,* deren Form mit der spitz auslaufenden Ober- und Unterkante im →*Flaggenalphabet* nur für die →*Buchstabenflaggen* →*„Alfa"* und →*„Bravo"* benutzt wird.

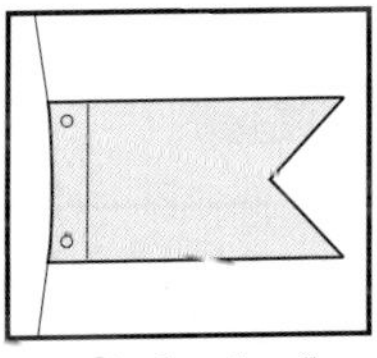

doppelter Bugwinkel, der *(doubling the angle of the bow)* Zweimalige Peilung desselben Objektes mit einer →*Seitenpeilung,* wobei der erste Peilwinkel z. B. 30° und der entsprechende zweite Peilwinkel 60° oder doppelt so groß wie der erste Winkel ist. Der Abstand vom Objekt während der zweiten Peilung ist dann genauso groß wie die zwischen der ersten und zweiten →*Peilung* zurückgelegte Distanz. Es gibt noch andere Sonderformen dieser →*Doppelpeilung.*

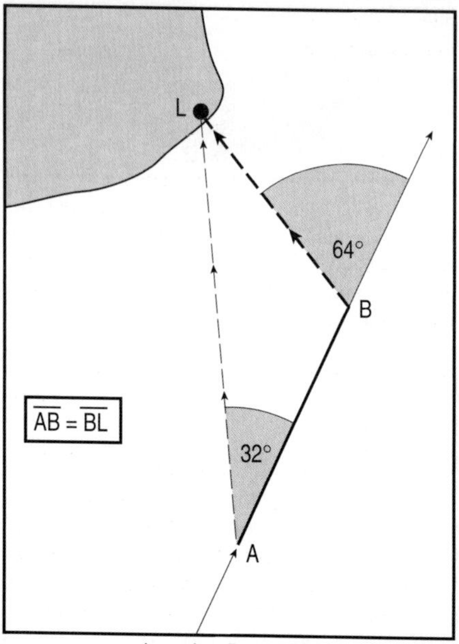

doppelter Bugwinkel

doppelter Palstek, der *(bowline on the bight)* Man legt eine →*Leine* doppelt und erhält wie

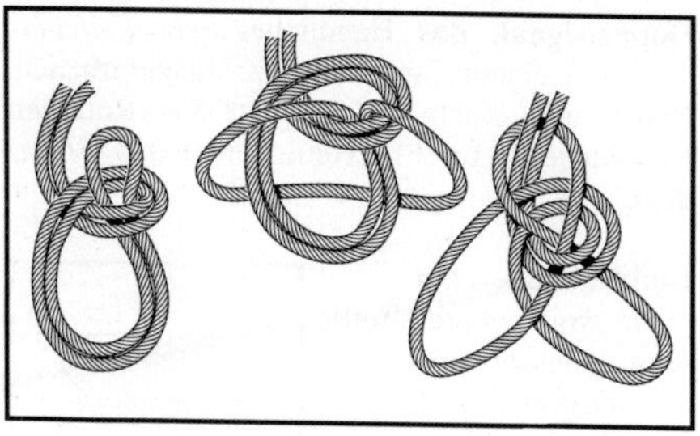

beim einfachen →*Palstek* ein nicht slippendes, aber leicht lösbares →*Auge* in einem →*Tampen.* Der d. P. schneidet (um den Körper gelegt) bei Zugbelastung weniger ein und kann mit den auseinandergezogenen Augen auch als →*Bootsmannsstuhl* oder bei einer Rettung zum Hindurchstecken je eines Beines beim →*Heißen* einer Person benutzt werden.

doppelter Schotstek, der *(double sheet bend)* Ein →*Knoten* zum Verbinden zweier unterschiedlich dicker →*Enden,* bei dem im Gegensatz zum (einfachen) →*Schotstek* das schwächere Ende zweimal um das Auge des stärkeren Tampens gelegt wird.

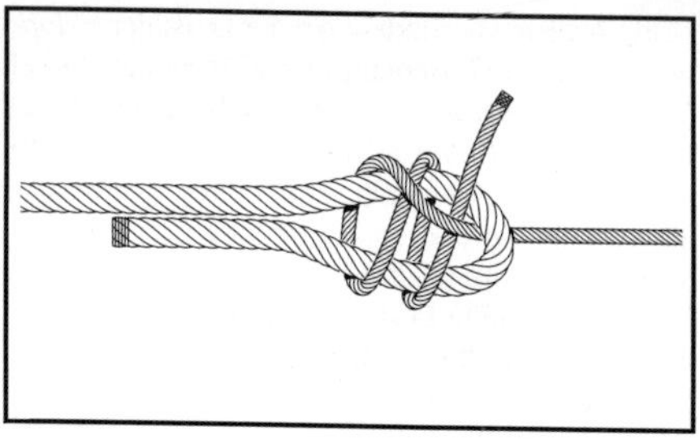

Doppelung, Dopplung, die *(doubling)* Stellen an einem →*Segel,* an der →*Außenhaut* des Bootsrumpfes, an einer →*Spiere* o. ä., wo das benutzte Material in doppelter Anzahl von Lagen bzw. mit doppelter Stärke verarbeitet wurde, um die Festigkeit zu vergrößern.

Doppelwinkelmesser, der (Dreiarm-Transporteur) *(station pointer, three-arm protractor)*

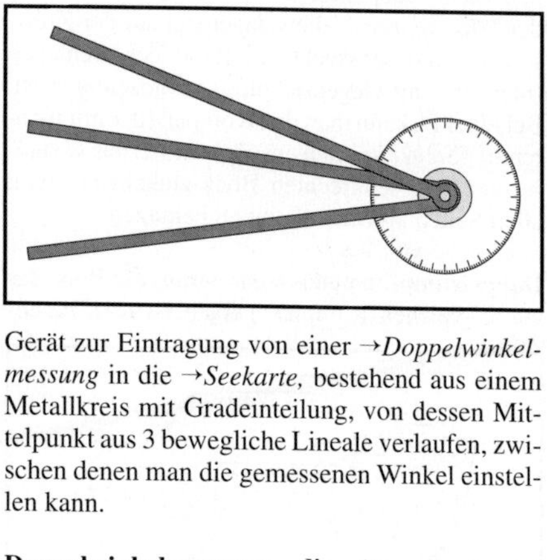

Gerät zur Eintragung von einer →*Doppelwinkelmessung* in die →*Seekarte,* bestehend aus einem Metallkreis mit Gradeinteilung, von dessen Mittelpunkt aus 3 bewegliche Lineale verlaufen, zwischen denen man die gemessenen Winkel einstellen kann.

Doppelwinkelmessung, die *(two horizontal angles)* Methode der →*terrestrischen Navigation* zur →*Schiffsortbestimmung* mit dem →*Sextanten* durch annähernd gleichzeitige Messung von 2 →*Horizontalwinkeln* zwischen mindestens 3 →*Landmarken.* Genaueste Ortsbestimmung ohne mögliche Fehler durch den →*Magnetkompaß.*

Dopplereffekt, der *(Doppler effect)* Zuerst 1849 vom österr. Physiker Christian Doppler beschriebener Effekt der Verschiebung der Tonhöhe bei einer sich bewegenden Schallquelle, die von einem stehenden Beobachter registriert wird: ein hoher Ton bei Annäherung, ein tiefer Ton bei wachsender Entfernung zwischen Schallquelle und Beobachtungspunkt. Der D. von elektromagnetischen Wellen wird z. B. in der →*Satelliten-*

Navigation zur →*Schiffsortbestimmung* mit Hilfe von →*Navigationssatelliten,* in der →*Doppler-Navigation* in einem Verfahren der →*Koppelnavigation* mit Hilfe des →*Doppler-Radargerätes* sowie bei Sonar- und Log-Geräten benutzt. Es findet auch beim →*Doppler-Peiler* Anwendung.

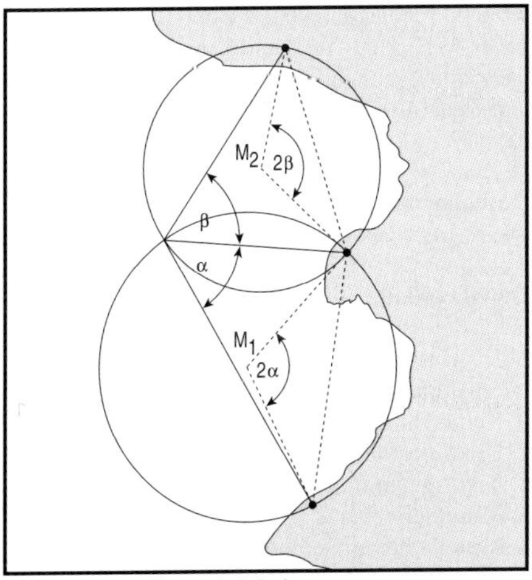

Doppelwinkelmessung

Doppler-Log, das *(Doppler log)* Ein Gerät zum Messen der →*Fahrt* nach dem Prinzip des →*Dopplereffekts.* Es besteht aus (bei einem →*Seekreuzer* wegen der →*Krängung)* je einem Sender (auf jeder Bootsseite), der innen im Bootsrumpf unter der →*Konstruktionswasserlinie* angebracht ist und ein Ultraschallsignal nach voraus ausstrahlt. Das Signal wird nach ca. 1 m bzw. einer halben Bootslänge von kleinen Bläschen oder kleinen Partikeln im Wasser, z. B. →*Plankton,* in bzw. in der Nähe der →*Grenzschicht* reflektiert und vom Empfänger an der gleichen Position an Bord wieder aufgenommen. Da sich das Boot in dieser Zeit in Richtung auf das Reflektionsteilchen bewegt, ist die →*Frequenz* des reflektierten Signals höher als des ausgesendeten Signals, und sie erhöht sich mit wachsender Bootsgeschwindigkeit. Aus der Differenz zwischen Sende- und Empfangsfrequenz errechnet das D.-L. die zurückgelegte Distanz und die Geschwindigkeit des Bootes.

Doppler-Navigation, die *(Doppler navigation)* Hauptsächlich von Flugzeugen, selten von Seeschiffen in Küstennähe benutztes Verfahren der →*Koppelnavigation,* um die →*Geschwindigkeit* über Grund und die →*Abdrift* mit Hilfe des →*Dopplereffekts* zwischen gesendeten und reflektierten elektromagnetischen Wellen über das →*Doppler-Radargerät* zu ermitteln. In der Schiffahrt wird die D. hauptsächlich mit dem →*Doppler-Peiler* und mit →*Doppler-Sonar* betrieben.

Doppler-Peiler, der *(Doppler [radio] direction finder)* Ein →*Funkpeiler* mit einem um eine vertikale Achse gedrehten Rundstrahler, bei dem die Peilung durch Frequenzänderung durch den →*Dopplereffekt* zum Sender gewonnen wird.

Doppler-Radar, das *(Doppler radar)* Spezielles →*Radargerät,* das es durch kontinuierliche und impulsgetastete Abstrahlung elektromagnetischer Wellen gestattet, im Rahmen der →*Doppler-Navigation* →*Geschwindigkeit* und →*Abdrift* mit Hilfe des →*Dopplereffekts* zu bestimmen.

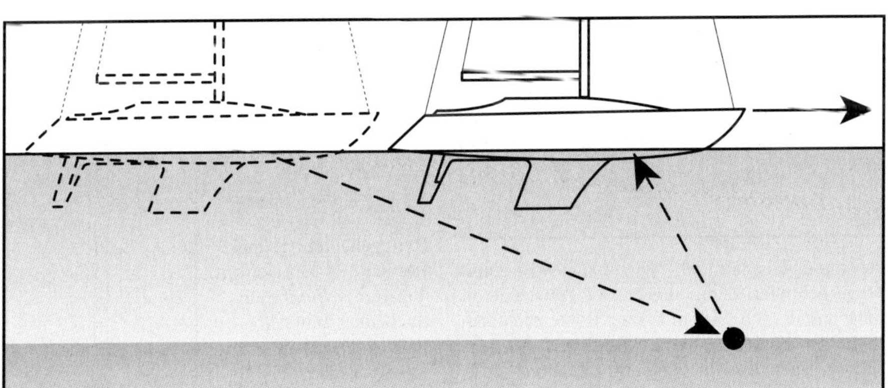
Doppler-Log

Doppler-Sonar, das *(Doppler sonar)* Ähnlich der →*Doppler-Navigation* für Flugzeuge die Benutzung des →*Dopplereffekts* bei einer →*Sonar-Anlage,* um hauptsächlich bei großen, beladenen Tankern in den Fahrwassern der Küstenreviere sicher navigieren zu können. Dabei werden 2 weit voneinander getrennte, an Bug und Heck montierte Sonaranlagen eingesetzt.

Dorade-Lüfter, der *(Dorade ventilator)* Nach der amerikanischen Hochseeyacht DORADE be-

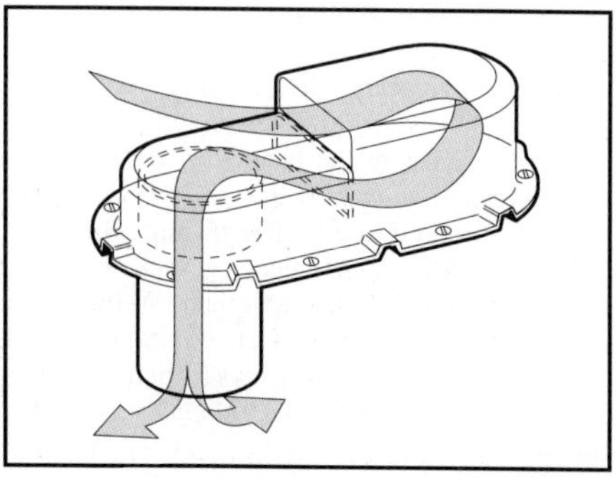

nannter →*Drucklüfter,* bei dem →*Hutze* oder Lüfterkopf seitlich zu dem durch das Deck geführten Luftschacht versetzt sind und eingedrungenes Spritzwasser durch kleine →*Speigatten* wieder aus dem D.-L. zum Deck ausfließen kann, ohne daß Feuchtigkeit mit der Frischluft in die Innenräume gelangt.

Dory, das *(dory)* Kleines, leichtes und plattbodiges Fangboot der Neufundlandfischer, das aus drei Bodenplanken und vier Seitenplanken

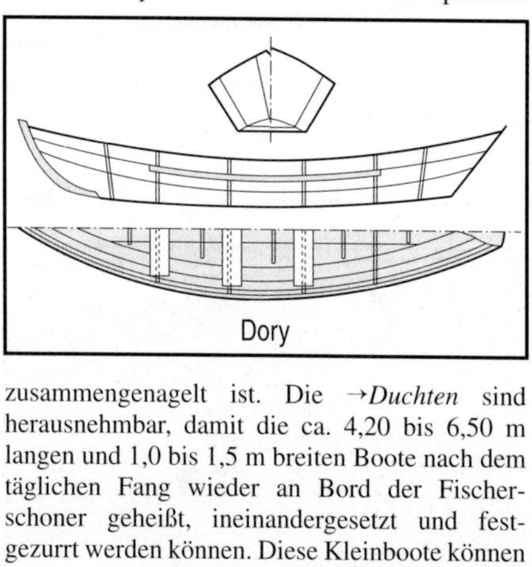

Dory

zusammengenagelt ist. Die →*Duchten* sind herausnehmbar, damit die ca. 4,20 bis 6,50 m langen und 1,0 bis 1,5 m breiten Boote nach dem täglichen Fang wieder an Bord der Fischerschoner geheißt, ineinandergesetzt und festgezurrt werden können. Diese Kleinboote können bis zu ca. 1 t Fisch laden, sind mit einem kleinen, dreieckigen Segel ausgerüstet, besitzen aber weder →*Steckschwert* noch →*Ruder,* weder →*Eindeckung* noch →*Luftkästen.* Ein D. hat schon 1867 den Atlantik überquert. Mit einer größeren Yacht in Dory-Form segelte 1953 der Finne Olavi Givikoski über den Nordatlantik. Er verließ mit dem 11,0 m langen und 2,50 m breiten, schonergetakelten Boot „Turquois“ am 15. 6. 1953 New York und kam auf seiner Fahrt nach Hause entlang Neufundland und über Irland, den Kanal und Den Helder auch nach Wilhelmshaven.

Dosenbarometer, das *(aneroid barometer)* Dass. wie →*Aneroidbarometer,* siehe dort.

Douglas-Skala, die *(Douglas scale)* Beschreibung der Dünung ähnlich der →*Beaufort-Skala* für →*Wind* und →*Seegang,* 1929 in Kopenhagen international eingeführt:

0: Keine Dünung
1: Niedrige, kurze Dünung
2: Niedrige, mittellange Dünung
3: Mittelhohe, kurze Dünung
4: Mittelhohe, mittellange Dünung
5: Mittelhohe, lange Dünung
6: Hohe, kurze Dünung
7: Hohe, mittellange Dünung
8: Hohe, lange Dünung
9: Unregelmäßige, durcheinanderlaufende Dünung

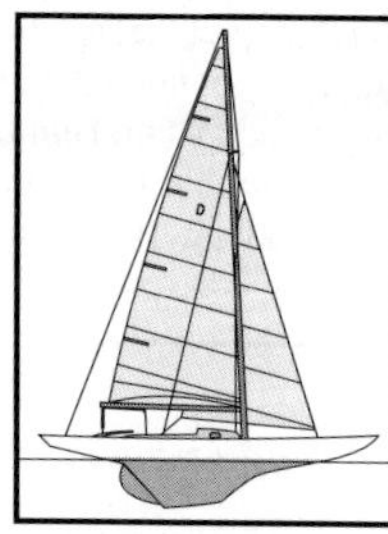

Drachen *(dragon)* Von Johan Anker (Norwegen) konstruiertes und früher in Holz, jetzt in →*GFK* gebautes Dreimann-Einheits-Kielboot mit →*Spinnaker,* anerkannte →*internationale Klasse* und von 1948 bis 1972 →*olympische Klasse.* Lüa 8,90 m, Büa 1,94 bis 1,97 m, Tiefg. 1,20 m, Verdr. segelf. 1,7 t, Segelfl. 26,6 m^2.

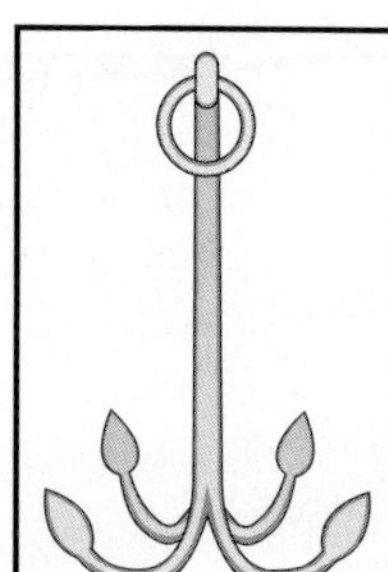

Draggen, der *(grapnel)* Kleiner →*Anker,* der mit 4 starren →*Flunken* als Suchanker zum Aufpicken verlorener →*Ankerketten,* als →*Klappdraggen* oder →*Faltanker* wegen seiner platzsparenden Form hauptsächlich zum →*Ankern* auf →*Jollen* benutzt wird.

Drahtseilhülse, die *(wire rope socket, patent eye)* Hülse aus weichem Metall, die über den →*Tam-*

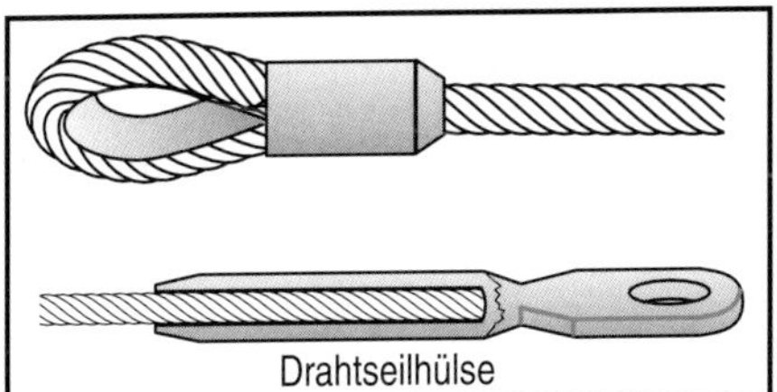

Drahtseilhülse

pen von →*Drahttauwerk* geschoben und mit der Druckzange, z. B. beim Anfertigen eines →*Auges* ohne →*Augspleiß,* zusammengedrückt wird. Auch für →*Endbeschläge* oder →*Terminals* an einem →*Fallenschäkel* o. ä. werden längere Hülsentypen benutzt, die mit einem Keil befestigt werden.

Drahtseilklemme, die *(wire [rope] grip, wire clamp)* Eine U-förmige Vorrichtung zum Zusammenfügen von 2 →*Enden* →*Drahttauwerk* mit Hilfe von Muttern und Gewindebolzen. Nur für den →*Havariefall* an Bord empfehlenswert (Abb.).

Drahtspleiß, der *(wire splice)* Ein →*Spleiß* im →*Drahttauwerk,* der als →*Augspleiß* durch Pressungen abgelöst wurde, die das gleiche Ergebnis bei geringerem Aufwand erbringen.

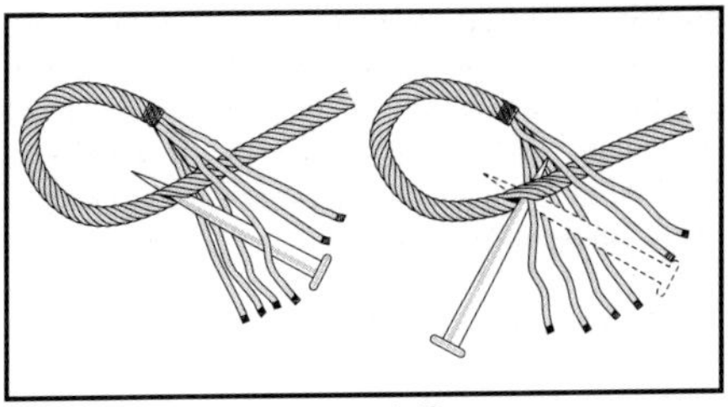

Drahtspleiß

Drahttauwerk, das *(wire rope, wire cable)* An Bord wird für →*stehendes* und →*laufendes Gut*

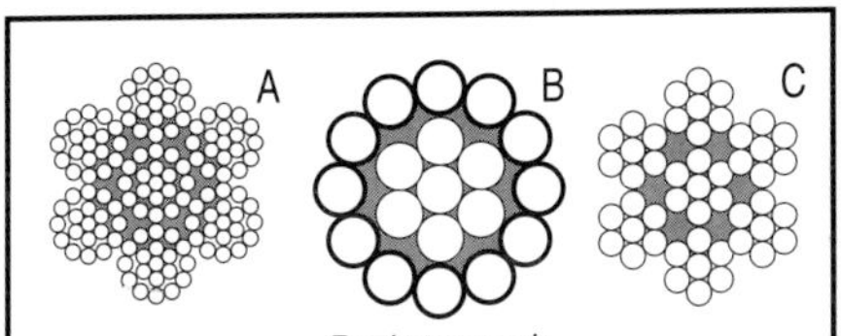

Drahttauwerk

D. unterschiedlicher Verarbeitung benutzt, das durch 2 Zahlen gekennzeichnet ist: Die erste gibt die Anzahl der →*Litzen* oder →*Kardeele,* die zweite die Anzahl der →*Einzeldrähte* pro Litze an. So bedeuten z. B. 7 x 19, daß das D. aus 7 Litzen je 19 Einzeldrähte besteht (A). Im einzelnen verwendet man: 7 x 7 als →*stehendes Gut* mit mittlerer Korrosionsgefahr (C), größerem →*Reck* als 1 x 19, aber größerer Flexibilität. →*Spleißen* ist leicht und einfach möglich. Demgegenüber eignet sich 1 x 19 nur für die ausschließliche Verwendung als →*stehendes Gut* mit größerem Kor-

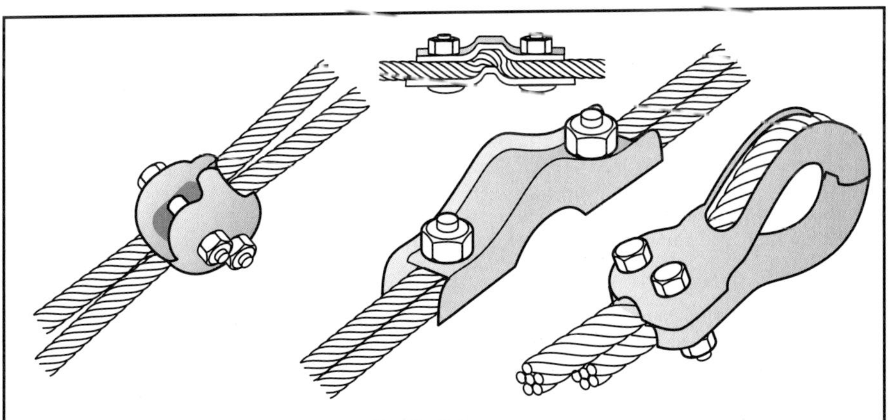

Drahtseilklemme

rosionswiderstand, geringerer Flexibilität und schwierigeren Spleißarbeiten (B). Das 7 x 19-D. wird als laufendes Gut benutzt. Es hat nicht so viel Reck wie 7 x 7, dafür größere wünschenswerte Flexibilität bei gleichzeitig geringerem Korrosionswiderstand.

Drallnagel, der *(e.: barbed ring nail, a.: serrated nail; grip fast)* Ein aus Silikonbronze gefertigter

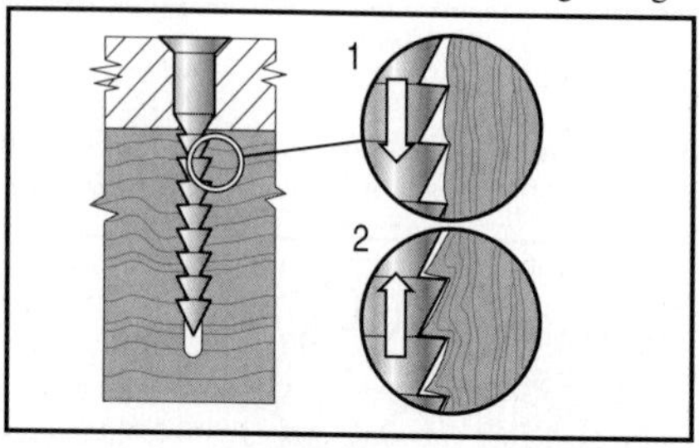

und von →*Klassifikationsgesellschaften* zum Holzbau zugelassener Nagel, der über seine Länge aus einer Vielzahl konusförmiger Verdünnungen und Verdickungen besteht, die beim Einschlagen das Holz auseinanderdrücken, beim Herausziehen oder Trennen der Verbindung aber wie Widerhaken wirken.

Drehbewegung (einer Yacht), die *(rotary motion, gyration, rotation)* Man unterscheidet verschiedene Arten der →*Bootsbewegung* um die Hauptachsen einer →*Yacht:* Eine *einmalige* D. um die Längsachse heißt →*Krängung,* um die Querachse →*Trimm* und um die Vertikalachse →*Kursänderung.* Die *periodische* D. um die Längsachse heißt →*Schlingern* oder →*Rollen,* um die Querachse →*Stampfen* oder →*Setzen* und um die Vertikalachse →*Gieren.* Dabei kann ein Boot →*luvgierig* oder →*leegierig* sein. Unter →*Schlingern* wird auch oft die zusammengesetzte Bewegung aus →*Rollen* und →*Stampfen* verstanden. Die *Endlage* einer einmaligen D., die zu einem neuen →*Gleichgewicht* führt, heißt nach einer Drehung um die Längsachse →*Schlagseite,* um die Querachse (neue) →*Trimmlage,* die dann als →*kopflastig,* →*steuerlastig* oder →*gleichlastig* bezeichnet werden kann, und um die Vertikalachse neuer →*Kurs.*

Drehfähigkeit, die *(turning ability)* Die Fähigkeit eines Bootes, einen →*Drehkreis* zu fahren. Sinngemäß dasselbe wie →*Wendigkeit.*

Drehflügelpropeller, der *(fethering propeller, reversible propeller)* Ein →*Propeller* mit zwei

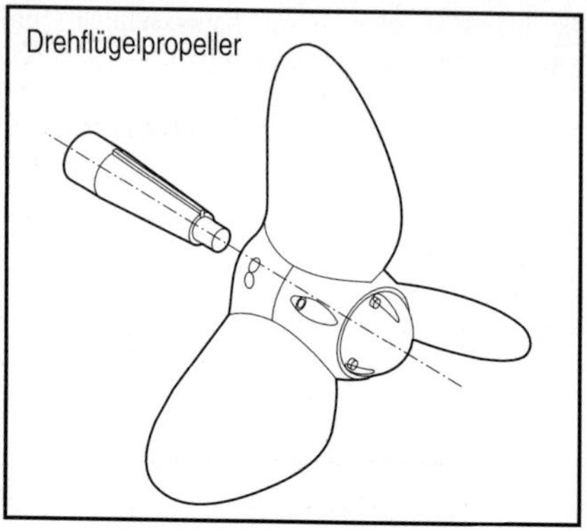

oder drei Flügeln, die ihre Antriebsstellung für →*Fahrt* →*voraus* oder →*achteraus* durch das Schwungmoment erhalten, das durch die Drehbewegung der eingekuppelten →*Schwanzwelle* entsteht. Nach dem Abstellen des →*Motors* klappen die Propellerflügel selbsttätig in eine strömungsgünstige Stellung beim Segeln.

Drehfunkfeuer, das *(omnirange)* Ein →*Funkfeuer* mit umlaufenden →*Leitstrahlen,* aus denen die Richtung vom Beobachtungsort zum Sender direkt erkannt werden konnte und das Einhalten eines →*Kurses* bei einer →*Zielfahrt* möglich war. Ein Verfahren der →*Funknavigation* mit D. war das im Mittelwellenbereich arbeitende →*Consol-Verfahren.*

Drehkreis, der *(e.: turning circle; a.: speed circle)* Allg. der Kreis, den ein Boot mit einer bestimmten →*Fahrt* und einem bestimmten →*Ruderwinkel* beschreibt. Übl. Definition: Der Kreis mit dem kleinsten Radius, den ein Boot bei größter →*Ruderlage* fahren kann. Dabei ist die Bahnkurve des D. der Weg des →*Schwerpunktes* oder →*Drehpunktes,* während das →*Achterschiff* durch einen →*Derivationswinkel* außerhalb der Kurve dreht. Der D. bestimmt die →*Drehfähigkeit* bzw. die Dreheigenschaften eines Bootes und ist auch von der Lage des →*Ruders* und vom →*Lateralplan* abhängig.

Drehpunkt, der *(turning point)* Der Punkt, um den sich ein →*Boot* beim Bedienen des →*Ruders* dreht und der die →*Drehfähigkeit* wie das →*Steuermoment* bestimmt. Der D. ist der →*Gewichtsschwerpunkt,* doch ist bei einem →*Drehkreis* auch der →*Derivationswinkel* zu beachten.

Drehreff, das *(roller reef, roller reefing gear)* Eine Vorrichtung zum →*Reffen,* bei der das Ver-

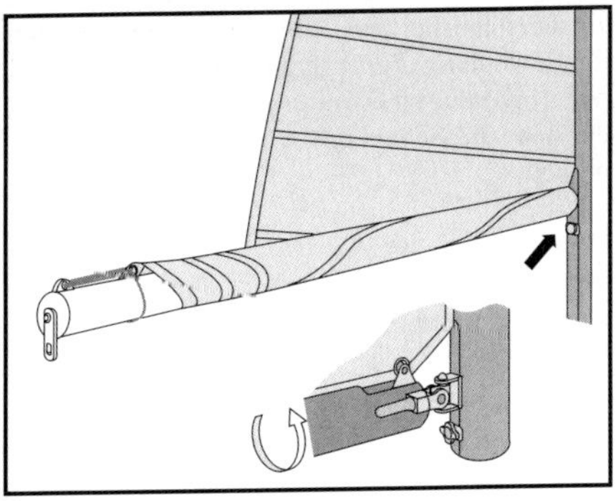

kleinern der Segelfläche durch Aufwickeln des ungenutzten Segeltuchs auf den →*Großbaum* erfolgt. Die Drehung geschieht bei einem →*Patentreff* durch Kurbel und Mechanik am Großbaum hinter dem →*Mast,* beim sog. →*Volksreff* weniger aufwendig mit Drehkurbel vor dem Mast. Bei einem →*Bindereff* wird der Großbaum nicht gedreht.

Drehstromtide, die *(e.: rotary tidal stream; a.: rotary tidal current)* Während einer →*Tide* ändert

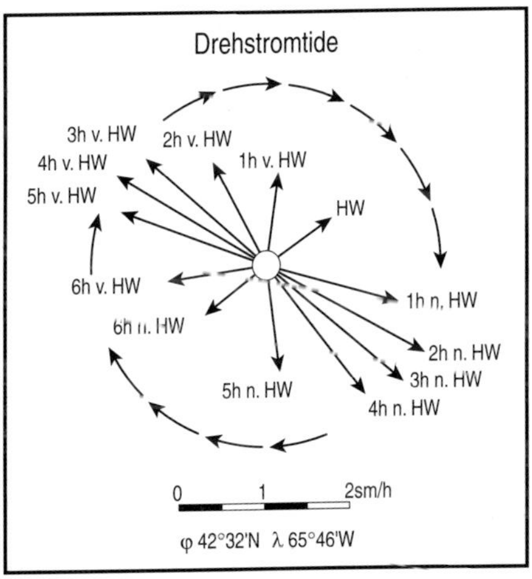

sich die →*Stromrichtung* rund um die →*Kompaßrose* bei gleichzeitiger Änderung der →*Stromstärke.* Auch tritt gegenüber der →*gleichgerichteten Tide* kein →*Stillwasser* ein. Eine D. tritt vor der →*Küste* auf. Ihre Daten sind in einer →*Stromrose* (Abb.), ihrer charakteristischen →*Stromfigur* vermerkt, die auch an den betreffenden →*Positionen* der →*Seekarte* abgedruckt ist.

Drehungsrichtung, die *(direction of twist)* Bei der Herstellung von →*Fasertauwerk* die schrau-

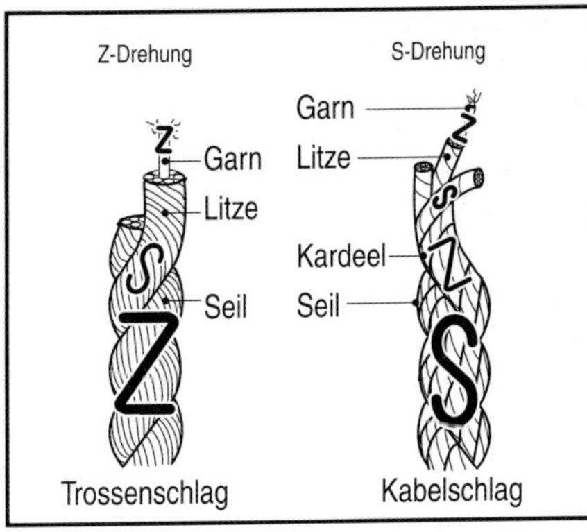

benlinienförmige Steigungsrichtung (Abb.) 1. der →*Fasern* im →*Garn,* 2. der →*Garne* in einer →*Litze,* 3. der Litzen in einem →*Seil* mit →*Trossenschlag* (als Endstufe, links) oder in einem →*Kardeel* (als Halberzeugnis) sowie 4. die D. der Kardeele in einem Seil mit →*Kabelschlag* (als Endstufe, rechts). Eine D. wird nach DIN 60 900 als →*S- und Z-Drehung* bezeichnet. Die Tabelle zeigt die D. für →*gedrehte Faserseile* in der Machart A (→*Trossenschlag,* dreilitzig), B (Trossenschlag, vierlitzig) und C (→*Kabelschlag).*

Drehungsrichtung für	Seil-Machart A und B	C
Fasern im Garn	Z	Z
Garne in der Litze	S	S
Litzen im Seil	Z	–
Litzen in dem Kardeel	–	Z
Kardeele im Seil	–	S

Drehsinn, der *(direction of spin)* Richtung der Drehbewegung eines rotierenden Körpers, z. B. des →*Propellers* auf seiner →*Welle,* von dem als „außen“ oder „oben“ definierten Punkt aus betrachtet.

Drehzahl, die (Abk. 1/min) *(speed) (rpm)* Anzahl der Umdrehungen rotierender Körper in einer bestimmten Zeit, z. B. D. der →*Propellerwelle* pro Minute.

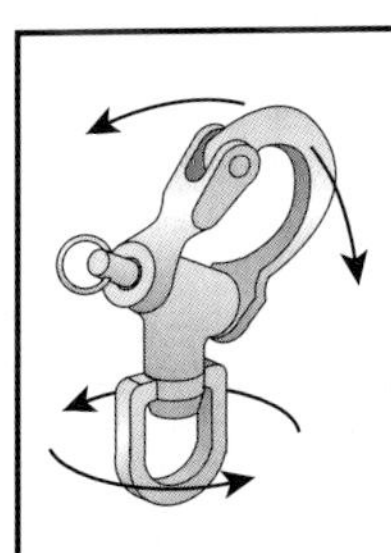

Drehzapfen-Schnappschäkel, der *(trunnion snap shackle)* Auch →*Kardanschäkel* genanntes, in mehreren Ebenen drehbares und leicht lösbares Verbindungsglied zwischen →*Tauwerk* und →*Blockwerk.*

dreiachsige Webart, die *(tri-axial weave)* Eine →*Webart* für →*Segeltuch,* bei der jeweils zwei Reihen von →*Kettfäden* beidseitig von →*Schußfäden* in Winkeln von 60° nach oben und unten gekreuzt werden. Die d. W. verwendet →*Kevlar* und bewirkt einen kontrollierten →*Reck.* Gleichzeitig erhöht sie die Haltbarkeit eines →*Segels.* In d. W. ist auch das →*Gatorback-Segeltuch* gefertigt.

Dreiblatt-Faltpropeller Ein →*Faltpropeller,* bei dem sich nicht zwei, sondern drei →*Propellerflügel* mit ihren Flächen in Fahrtrichtung nach →*achtern* legen, wenn der →*Einbaumotor* →*unter Segeln* nicht arbeitet. Sie bilden dabei eine offene Pyramide (Abb.) mit einem zwar etwas größeren Strömungswiderstand wie bei einem Zweiblatt-Faltpropeller, aber nur etwa 15 % gegenüber einem Dreiblatt-Festpropeller. Mit richtig geformten Propellerflügeln kann ein D.-F. vorwärts wie rückwärts die gleiche Schubkraft wie ein Dreiblatt-Festpropeller entwickeln und sich ihm sowohl in →*Fahrt* als auch beim →*Manövrieren* als ebenbürtig erweisen. Er erreicht dabei fast die doppelte Schubkraft wie ein Zweiblatt-Faltpropeller.

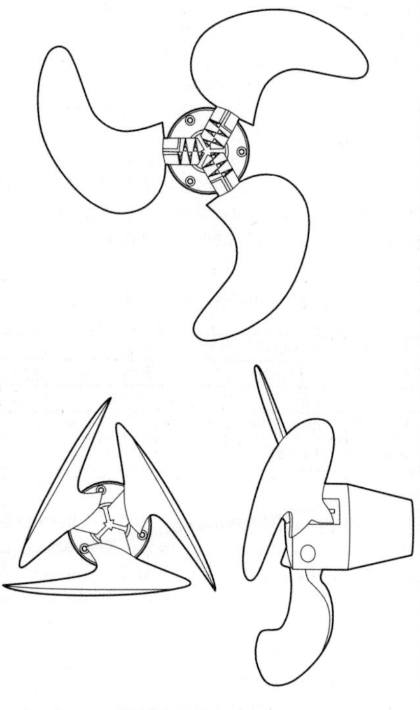

Dreiblatt-Faltpropeller

Dreieckskurs, der *(triangular [race] course)* Die übliche →*Bahn* zum →*Rennsegeln* mit anteiligen und ausreichenden →*Distanzen* für den →*Amwind-,* →*Raumschots-* und →*Vorwindkurs.* Nur bei einem →*olympischen Kurs* lassen sich die 3 →*Bahnmarken* so genau auswählen, daß man bei jeder →*Windrichtung* den gleichen D. segeln kann.

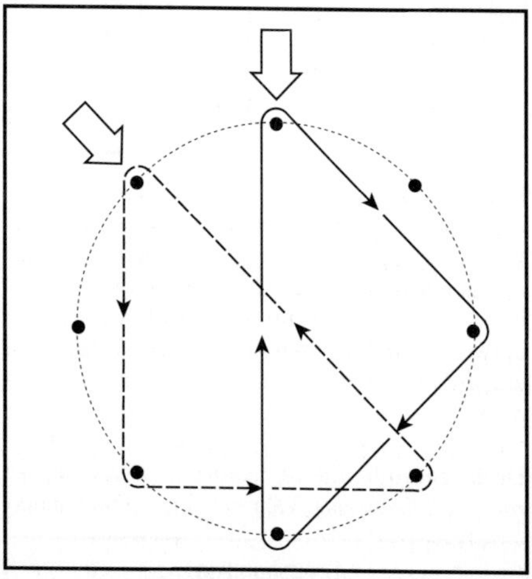

Dreifarbenlaterne, die (Dreieinigkeitslaterne, die) *(three-coloured lantern)* Eine →*Laterne,* die ein →*Rundumlicht* zeigen kann. Durch unterschiedlich farbige Linsen strahlt sie jedoch die vorgeschriebenen →*Seitenlichter* und das →*Hecklicht* aus einem Gehäuse und in den vorgeschriebenen →*Leuchtwinkeln* aus: Von →*recht voraus* bis 22,5° (zwei →*Strich*) →*achterlicher* als querab nach →*Steuerbord* das grüne →*Steuerbordlicht,* von →*recht voraus* bis 22,5° (zwei Strich) achterlicher als querab nach →*Backbord* das rote →*Backbordlicht* und im verbleibenden achterlichen Sektor das weiße Hecklicht. Die D. dürfen nach Regel 21 →*KVR* alle Segelfahrzeuge von weniger als 20 m Länge an oder nahe der Mastspitze führen.

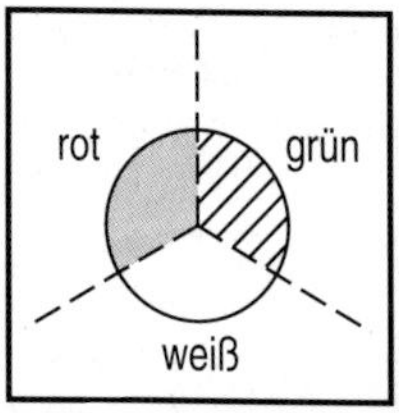

Dreikant-Toppsegel, das *(triangular topsail, gaff topsail)* Ein →*Gaffeltoppsegel* bei der →*Gaffeltakelage,* dessen →*Fall* über den →*Masttopp* und dessen →*Schot* über die →*Gaffelnock* führt. Der →*Hals* des Segels ist mit einer langen →*Leine* verbunden, die am →*Mast* entlang zum →*Deck* führt und dort belegt ist.

Dreikieler, der *(bilge keeler)* Ein →*Seekreuzer,* der mit einem Mittelkiel und →*Kimmkielen* gebaut ist. Ein D. empfiehlt sich nur, wenn die erforderliche →*Lateralfläche* nicht ausschließlich durch Kimmkiele erreicht wird und die Dreipunktlagerung des Bootsrumpfes sowohl beim Trockenfallen im →*Watt* als auch beim →*Trailern* günstiger ist als bei einem Boot mit Kimmkielen.

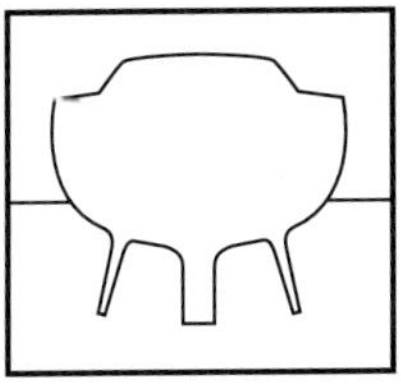

Dreimaster, der *(1. three-masted ship, 2. three-cornered hat)* 1. Eigentlich unseemännische Bezeichnung (siehe 2.) für ein dreimastiges Segelschiff, das mit einer unterschiedlichen Kombination von →*Rahsegeln* und →*Schratsegeln* als Dreimast-Gaffelschuner, Dreimast-Toppsegelschuner o. ä. bezeichnet wird. Auch eine →*Bark* oder ein →*Vollschiff* ist ein D. in diesem Sinne. – 2. Bezeichnung eines dreieckigen Hutes („Dreispitz") im 18. Jahrhundert durch Seeleute.

Dreimast-Gaffelschuner, der *(three-masted fore-and-aft-schooner)* Ein Gaffelsegler mit 3 →*Masten,* der an den nahezu gleich hohen Fock-, Groß- und Besanmasten →*Gaffelsegel* und an den →*Stengen* →*Gaffeltoppsegel* fährt.

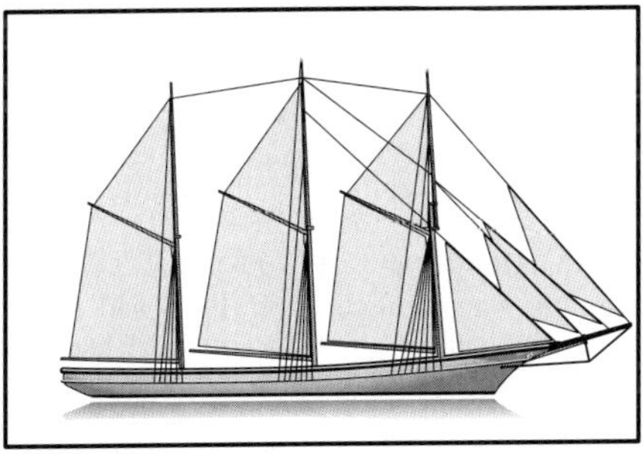

Dreimast-Rahschuner, der *(three-masted square-rigged schooner)* Ein dreimastiges Segelschiff, das im Gegensatz zum →*Dreimast-Gaffelschuner* am →*Fockmast* anstelle des →*Gaffeltoppsegels* 2 oder 3 →*Rahsegel* fährt, →*Marssegel* und →*Bramsegel.*

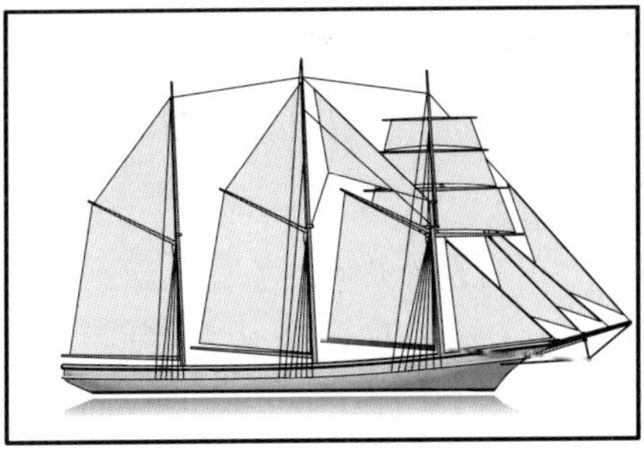

Dreimast-Stagsegelschuner, der *(three-masted staysail schooner)* Ein dreimastiger →*Schuner,* der nur am →*Besan* ein übliches Hoch- oder Gaffelsegel mit Baum, am →*Fockmast* und am →*Großmast* hingegen →*Stagsegel* und →*Treisegel* fährt.

dreischäftig *(three-stranded rope)* Ein →*Ende,* das aus 3 →*Kardeelen* besteht und im →*Trossenschlag* gefertigt wurde.

Dreißig-Siebziger, der (30:70) Analog zum →*Fifty-Fifty (50:50)* ein →*Motorsegler,* bei dem die →*Fahrt* mit ca. 70 % durch die Motorenanlage und nur zu 30 % durch die Segel erreicht wird bzw. die Fahreigenschaften unter Segel und Motor im gleichen Verhältnis 30:70 verteilt sind.

Dreivierteltakelung, die *(three-quarter rig)* Ein →*Vorsegeldreieck,* das nur bis auf ca. Dreiviertel der Masthöhe geführt ist, im Gegensatz zur →*Topptakelung* bis zur Mastspitze. Eine D. benutzen hauptsächlich Rennkielyachten, z. B. →*Drachen,* →*Soling,* →*Starboot,* seltener →*Seekreuzer.*

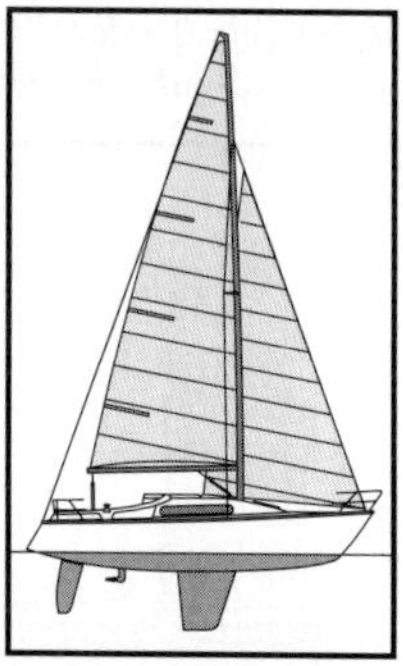

Dreivierteltonner-Klasse, die *(Three-quarter Ton Class)* Vom früheren →*Eintonner* abgeleiteter Name für →*Seekreuzer* mit einem damaligen →*IOR-Rennwert* von 24,5 Fuß (7,47 m). Eine Yacht der D.-K. hatte ca. folgende →*Abmessungen:* Lüa 10,30 m, LWL 7,60 m, Büa 2,90 m, Ballast 2,5 t, Verdr. 5,0 t, Segelfl. 45 m². Die Klassenbezeichnung sagte nichts über das tatsächliche Bootsgewicht aus. Die Klasse ist ausgelaufen. Regatten werden seit 1994 nicht mehr veranstaltet.

Dreivierteltonner-Pokal, der *(Three-quarter Ton Cup)* Seit 1974 ausgesegelte →*Regatta* in der früheren →*Dreivierteltonner-Klasse.* Eine Nachfolgeklasse nach →*ILC* gibt es nicht.

Dreiviertelwind, der *(quartering wind, quarter wind)* Allgemeine, aber nicht korrekte Bezeichnung für einen Kurs zum →*atmosphärischen Wind,* der zwischen →*halbwinds* und →*vor dem Wind* liegt. Eigentlich ein Wind aus der →*Vierung* (Luvvierung) auf das →*achtere „Viertel“* des Bootsrumpfes. Heute besser →*raum-achterlicher Wind* genannt.

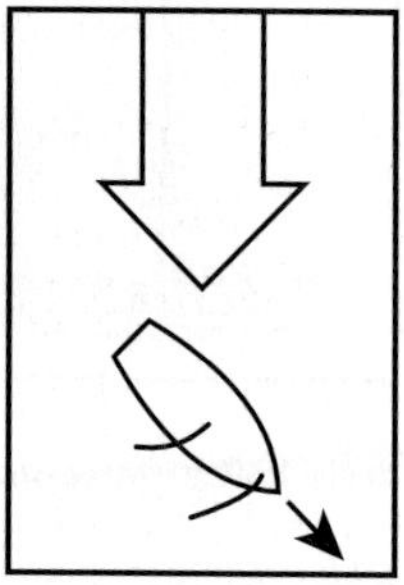

Drift, die *(drift, drift current)* 1. Eine Oberflächenströmung im Wasser, die durch gleichmäßige, langanhaltende Windeinwirkung entstanden ist, auch →*Driftströmung* genannt. – 2. Durch →*Strom* oder →*Wind* bewirktes Treiben eines Schwimmkörpers (Boot, Holzscheit, Flaschenpost o. ä.) in einer bestimmten Richtung, vgl. auch →*Abdrift.*

Drifter, der *(drifter)* Ein →*Beisegel* für leichtes Wetter, das bei einem →*Seekreuzer* als →*Vorsegel* auf →*Amwindkursen* oder →*raumen Kursen* gefahren wird; Segeltuchgewicht ca. 30 bis 50 g/m².

Driftströmung, die *(drift current)* Ein →*Strom* an der Oberfläche der See oder eines Binnengewässers, der durch den →*Wind* und nicht durch die Schwerkraft (Gefälle) oder andere Einflüsse hervorgerufen wird. Die größte und bekannteste D. ist die →*Westwinddrift* auf der Südhalbkugel rund um den ganzen Erdball.

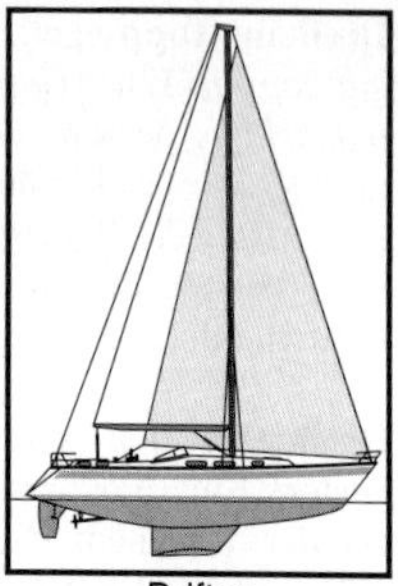

Drifter

Dringlichkeitsmeldung, die *(urgency message)* Im →*Dringlichkeitsverkehr* kann eine mit dem →*Dringlichkeitszeichen* eingeleitete Meldung über →*UKW* z. B. bei →*Mann über Bord,* zur Anforderung von →*Schlepperhilfe* bei Ausfall des Motors vor einer →*Untiefe* oder im Falle einer →*Havarie* abgesetzt werden. Eine D. wird mit dem Anruf „An alle Funkstellen“ eingeleitet. Nur beim Ersuchen um funkärztliche Beratung wird ein bestimmter Empfänger angerufen.

Dringlichkeitsverkehr, der *(urgency communication)* Im →*Seefunk* und insbesondere im →*Sprechfunk* mit →*UKW* wird der D. mit dem →*Dringlichkeitszeichen PAN PAN* eingeleitet, wenn äußerste Gefahr für →*Schiff* und →*Besatzung,* aber noch kein →*Notfall* besteht. Der D. wird auf dem UKW-Sicherheitskanal 16 nur angekündigt und auf einem bekanntgegebenen Arbeitskanal formlos abgewickelt. Unter D. fällt auch eine funkärztliche Beratung, wenn es sich um einen dringenden Fall handelt.

Dringlichkeitszeichen, das („PAN PAN“) *(urgency signal)* Das im →*Seefunk* international vorgeschriebene D. besteht aus den dreimal gesprochenen Worten PAN PAN (pann pann). Es wird im →*Dringlichkeitsverkehr* jeder →*Dringlichkeitsmeldung* vorangestellt.

Dritthandtalje, die *(luff tackle)* Eine →*Arbeitstalje* mit einem einscheibigen losen und einem zweischeibigen festen →*Block,* mit der man die →*Kraft* verdreifachen kann.

Droopy Foot *(engl.; wörtl.: hängendes Unterliek)* Bei einem modernen →*Segelschnitt* ein →*Großsegel,* das an einem nicht parallel zur →*Wasserlinie* verlaufenden, nach achtern hängenden →*Großbaum* gefahren wird.

Druck, der *(pressure)* Die senkrecht auf eine Fläche wirkende →*Kraft,* die im→*Internationalen Einheitensystem* in →*Pascal,* →*bar* oder →*Newton/m²* gemessen wird. Umrechnungen zu früheren gesetzlichen Einheiten, auch zum englischen →*F.p.s.-System:* 1 bar = 1,02 kp/cm² = 1,02 at = 750 mm Hg = 750 Torr = 0,99 atm = 29,530 in. Hg = 2088,55 lb/sq ft = 14,5 lb/sq in (p. s. i.) oder 1 kg/cm² = 98066 N/m² = 14,22 lb/sq in oder 1 lb/sq in = 6894,76 N/m² = 0,070 kg/cm². Der Wasserdruck wächst linear mit der →*Wassertiefe,* der →*Winddruck* mit dem Quadrat der →*Windgeschwindigkeit.* Siehe weiter auch →*statischer D.,* →*dynamischer D.,* →*hydrodynamischer D.,* →*Staudruck,* →*Luftdruck* u. a.

Druckgefälle, das *(pressure gradient)* In der Wetterkunde der Unterschied im →*Luftdruck* zwischen 2 Orten. Je stärker der Luftdruckunterschied und damit das D., desto größer ist die →*Windgeschwindigkeit.*

Drucklüfter, der *(cowl ventilator)* Ein →*Lüfter* oder →*Zulüfter,* dessen Öffnung (z. B. bei einer →*Windhutze)* so gedreht werden kann, daß der →*Fahrtwind* →*Frischluft* in die →*Kajüte* oder andere Räume hineindrückt. Ein D., der auch als →*Sauglüfter* (→*Ablüfter)* arbeiten kann, ist der →*Dorade-Lüfter.*

Druckpunkt, der; Druckmittelpunkt, der *(centre of effort, centre of pressure)* Der Punkt einer angeströmten Fläche, in dem man die Summe aller angreifenden Kräfte konzentriert ansetzt, z. B. der →*Segeldruckpunkt* an den vom Wind angeströmten Segeln oder der →*Lateraldruckpunkt* an den vom Wasser angeströmten Unterwasserflächen des Rumpfes. Im Gegensatz zum →*Schwerpunkt* verändert der D. seine Lage mit jeder Änderung der Kraft und der Kraftrichtung.

Dschunke, die *(junk)* Sammelbezeichnung für ein meist mehrmastiges chinesisches Segelschiff, das ein →*chinesisches Luggersegel* an jedem Mast führt.

Dschunkensegel, das *(Chinese lug)* Ein →*chinesisches Luggersegel,* das auf vielen seefähigen →*Dschunken* bis in die Gegenwart gefahren wird und ab 1960 auch auf kleinen →*Seekreuzern* er-

folgreich erprobt wurde. Bekannte Sportboote mit D. sind die „Jester", die mehrmals einhand den Atlantik überquerte, und die zweimastige „Galway Blazer", die um die Welt segelte.

DSC-System, das (Abk. für Digital Selective Calling) Dass. wie →*Digitales Selektivrufsystem.*

DSC-Notalarm, der Ein →*Seenotsignal,* das im →*Digitalen Selektivrufsystem* (siehe auch digitales →*Selektivrufsystem)* auf dem →*DSC-Notkanal* ausgestrahlt wird. Position und Uhrzeit des →*Notfalls* können automatisch oder von Hand zusätzlich eingegeben werden.

DSC-Notkanal, der Die →*Seenotfrequenz,* auf der ein →*DSC-Notalarm* ausgelöst wird. Hierzu dient die →*Frequenz* 2187,5 kHz auf →*Grenzwelle* und der Kanal 70 auf →*UKW.*

DSV Abk. für →*Deutscher Segler-Verband.*

Ducht, die *(thwart)* Eine Bank in einem offenen Boot. Eine →*Querducht* dient als Sitz für die Personen, die in einem →*Dingi* mit den →*Riemen* arbeiten oder →*pullen.* Auf →*Seekreuzern* benutzt der →*Rudergänger* oft eine →*Kompaßducht.* Bei →*Jollen* dient eine D. auch als wichtiger Querverband des Bootskörpers, mit der dann der →*Schwertkasten* verbunden ist.

Dückdalben, der *(pile dolphin, mooring cluster)* Von Duc d'Albe, Herzog von Alba, franz. gespr. „Dück·dal·be" stammender, seit 1567 in den Niederlanden benutzter Begriff für gegeneinander geneigte, schräg eingerammte Pfähle, die als Pfahlgruppe zur Fahrwasserbegrenzung an Brücken, Schleusen und anderen Wasserbauwerken oder zum Festmachen von Schiffen im Hafen oder im Strom dienen. Abb. siehe →*Dalben.*

dümpeln *(to surge)* Unregelmäßige, bei Windstille oder wenig Wind, in →*Fahrt* oder vor →*Anker* nur durch →*Seegang,* →*Dünung* oder →*Schwell* verursachte →*Bootsbewegung* in der Längsschiffsebene oder um die Querachse. In Fahrt bezeichnet man die gleichartige Bewegung als →*stampfen.*

Dünen, Sandhügel *(dunes, sandhills)* siehe →*Karte 1* (INT 1) im Anhang.

Dunst, der *(mist, haze, damp)* Trübung der Atmosphäre durch „Verdunstung" (Wasserdampf) und kleinste Staubteilchen, in der Wetterkarte als liegende Acht, dem mathematischen Zeichen für „unendlich" dargestellt, weil bei D. die Kimm ins Unendliche entrückt scheint. Man unterscheidet 4 D.-Stufen mit entsprechender →*meteorologischer Sichtweite* und dem entsprechenden (in Klammern angegebenen) →*Sichtwert:* 1–2 km (0,001 bis 0,025) sehr starker D. – 2–4 km (0,025 bis 0,15) starker D. – 4–10 km (0,10 bis 0,5) mäßiger, 10–20 km (0,5 bis 0,7) schwacher D.

Dünung, die *(swell)* Durch lange, gleichmäßige und flach gewölbte →*Wellen* gekennzeichnete Schwingung der Wasseroberfläche, in die eine →*Windsee* nach dem Nachlassen oder Aufhören der Windeinwirkung übergeht bzw. wenn (oder nachdem) die Wellen aus dem Wirkungsbereich von →*Wind* oder →*Sturm* herauslaufen (konnten). D. kann auch als Vorläufer von neuem Wind oder als Anzeichen entfernter Windgebiete gewertet werden. D. und →*Windsee* bilden zusammen den →*Seegang.* Zur Beschreibung der D. benutzt man die →*Douglas-Skala.*

Duplex, Duplex-Verkehr, der *(duplex)* Betriebsart im →*Seefunkdienst,* bei der beide Partner gleichzeitig sprechen und hören können. Hierfür sind zwei →*Frequenzen* erforderlich, die auf →*Grenzwelle* und →*Kurzwelle* als Sende- und Empfangsfrequenzen getrennt sind. Im →*UKW-Verkehr* gibt es bestimmte →*Kanäle,* die international mit zwei Frequenzen vergeben sind, so daß zur Verkehrsabwicklung nur ein einziger Sprechweg geschaltet werden muß. D. ist technisch aufwendiger als →*Simplex* und →*Semi-Duplex.* Die Geräte sind entsprechend teurer.

DuraKore *(Trade Mark)* Handelsname für Platten (für den Innenausbau) und Leisten (für die →*Leistenbauweise*) aus →*Balsa(hirnholz),* die beidseitig mit Hartholzfurnieren nach den Normen für →*Bootsbausperrholz* geklebt sind. D. ist ein besonders für Einzelbauten (On-Off) geeignetes Material in einer speziellen →*Sandwich-Bauweise.* Es wird in Form schmaler Leisten (ähnlich der →*Leistenbauweise*) als Kernmaterial über einfache, nach dem Bau zu entfernende →*Spanten* mit einer →*Epoxid-Mischung* zu einem formsteifen Bootsrumpf verklebt und anschließend innen wie außen mit einem →*Laminat* aus →*Glasfaser,* →*Kevlar* oder →*Kohlefaser* überzogen. Bei Booten über 7 m Länge eine preiswerte Bauweise.

durchdrehen *(to build a chapel, to chapel)* Das unbeabsichtigte und ungewollte →*Überstaggehen* eines Bootes, bei dem die →*Vorsegel* →*back stehen.* Es tritt durch Fehler des →*Rudergängers* ein.

durchgehende Latten, die *(full-length battens)* Lange →*Segellatten* in →*Lattentaschen,* die vom →*Achterliek* bis zum →*Vorliek* verlaufen, um den →*Bauch* des Segels für alle Windstärken optimal einstellen zu können. Mit d. L. sind oft →*Gaffelsegel* und →*Chinesische Luggersegel,* selten auch →*Hochsegel* ausgestattet.

durchgelattetes Großsegel *(e.: full-battened mainsail; a.: mainsail with full-length battens)* Ein modernes →*Lattensegel,* früher auch als →*Großsegel* mit →*durchgehenden Latten* bezeichnet. Vorteile gegenüber normalem Großse-

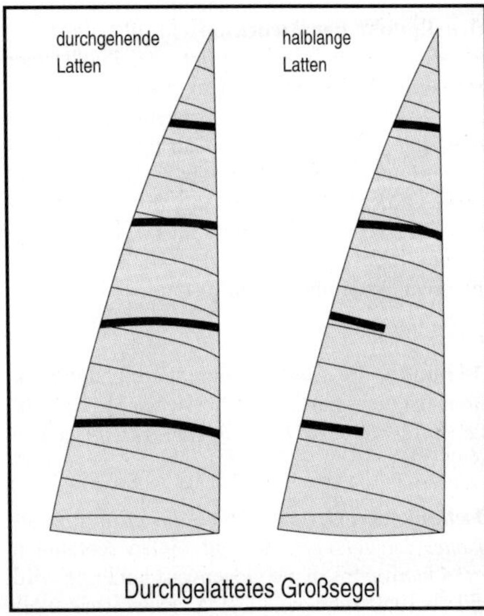

Durchgelattetes Großsegel

gel: Mehr Segelkraft auf →*Amwindkursen* durch besseres aerodynamisches →*Segelprofil,* auf →*Raumschotskursen* durch ca. 5 % mehr Segelfläche; längere Lebensdauer sowohl des Profils wie des Materials, weil das Segel beim →*Setzen,* →*Bergen* und →*Wenden* nicht schlägt; späteres →*Reffen,* da sich die →*Segelwölbung* bei zunehmender →*Windgeschwindigkeit* nicht vertieft; leichteres Segelbergen durch →*Auffangleinen* und ohne →*Zeisinge.* Außerdem kann ein gut getrimmtes Segel ohne →*Cunningham-Kausch* und →*Abflacher* gefahren werden. Nachteile: Mehrpreis ca. 30%; schwieriger Transport an und von Bord durch die ständig eingelegten Latten sowie schwierigeres Setzen und Bergen, wenn keine speziellen →*Mastrutscher* benutzt werden.

durchgelattetes Vorsegel, das *(e.: full-battened staysail; a.: staysail with full-length battens)* Ein →*Lattensegel* im →*Vorsegeldreieck,* das vorwiegend als →*Selbstwendefock* gefahren wird, weil es sein →*aerodynamisch* günstiges Profil bis an den →*Mast* behalten und gleichzeitig mehr →*Segelfläche* nutzbringend einsetzen kann. Sinngemäß gelten die gleichen Vor- und Nachteile wie beim →*durchgelatteten Großsegel.*

durchhängen (durchsacken) des Vorstags *(sagging forestay)* Entstehende →*Lose* im →*Vorstag,* entweder durch geringe Neigung des →*Mastes* nach →*vorn* oder durch →*Reck* im →*Drahttauwerk.* Das D. bewirkt, daß sich die Segelwölbung in der →*Fock* verändert.

durchholen *(to haul through, to haul over)* Die →*Lose* einer durchhängenden →*Leine* bis zum Steifkommen einholen.

durchkentern *(to finish bottom-up, to finish up side-down)* Nach dem →*Kentern* das Weiterdrehen des Bootes, bis das →*Deck* waagerecht auf dem →*Wasserspiegel* schwimmt und der →*Mast* senkrecht zum →*Grund* steht. Zum D. neigen viele →*Jollen.*

durchsetzen *(to set up the standing rigging)* Steifsetzen des →*stehenden Gutes* mit →*Wantenspanner,* →*Achterstagstrecker* und anderen Spannvorrichtungen. Sinngemäß auf das →*laufende Gut* bezogen das Steifholen einer →*Leine,* entweder durch →*Einfallen,* mit einer →*Winde* oder einem →*Hebelstrecker.*

Durchzug, der *(1. rail, 2. passage of a depression)* 1. Bei einer →*Seereling* ein zweiter Drahtstander zwischen →*Handlauf* und →*Fußreling.* – 2. Bei einem →*Tief* das Passieren (der Fronten des Tiefs) über den Beobachtungsort.

steifsetzen

Duroplaste, die Oberbegriff nach DIN 7724 für →*Kunststoffe,* die nur durch chemische Erwärmung und ohne Wärmezufuhr zu formen sind. D. sind z. B. →*Polyester-* und →*Expoxidharze,* die im Bootsbau aus →*GFK* verwendet werden. D. sind teurer herzustellen als →*Thermoplaste,* doch lassen sich kleinere Schäden, z. B. im →*Deck* und in der →*Außenhaut,* auch selbst reparieren. Nach dem Aushärten erhalten D. ihre endgültige Form.

Düse, die *(slot)* Verengung bei einem Strömungsverlauf. An Bord besteht eine →*Düsenwirkung* oft mehrfach und muß sowohl beim Wind wie beim Wasser beachtet werden: Bei Verengung des Strömungsquerschnitts erhöht sich in einer D. die Strömungsgeschwindigkeit, und dabei vermindert sich der Druck. Eine wirksame Düsenwirkung setzt jedoch stabile Wandungen voraus, die durch ein Segel nur bedingt und begrenzt gegeben sind.

Düseneffekt, der *(slot effect of the wind [in narrows])* Die →*Düsenwirkung* in der Natur, wie sie sich beim →*Segeln* auf →*See* durch Verengung der Strömungsgeschwindigkeit der Luft, dem dadurch bedingten Zunehmen der →*Windgeschwindigkeit* und dem (damit im Quadrat) wachsenden →*Winddruck* in →*Luv* und →*Lee* sowie innerhalb von →*Meerengen* auswirkt. Ein D. ist weitflächig in vielen Revieren (auch durch ein →*Barogramm)*

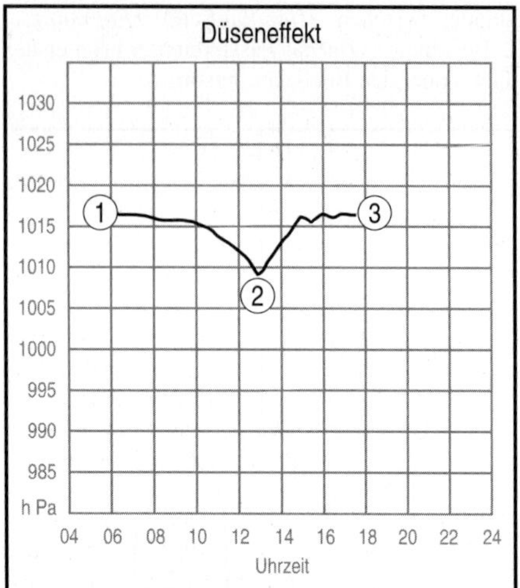

1. Santa Cruz 1017
2. zwischen Teneriffa u. Gran Canaria 1009
3. Pasito Blanco 1017

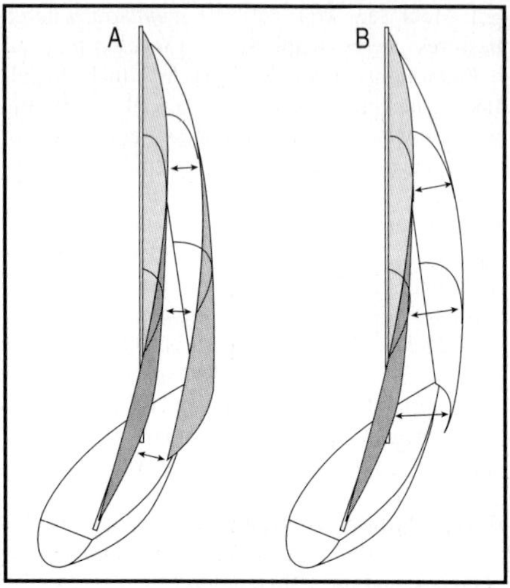

nachweisbar, gefährlich auf engem Raum z. B. bei West- oder Ostwind in der Straße von Bonifacio oder in der Straße von Gibraltar und sogar zwischen den Kanarischen Inseln Teneriffa und Gran Canaria, wo man auf einem West- oder Ostkurs aus zuerst völliger Abdeckung (Abb., Pos. 1) urplötzlich in einen →*stürmischen Wind* des →*Passats* kommt (2), der (mit wieder steigendem Luftdruck, Pos. 3) genauso plötzlich abflaut.

Düsenwirkung, die *(slot effect)* 1. In der Natur ist die D. vorhanden, wenn die Wasserfläche durch Hochufer von Inseln o. ä. eingeengt wird (Abb.). Dadurch vergrößert sich die Geschwindigkeit des →*atmosphärischen Windes,* und das Segeln in einer solchen →*Düse* kann gefährlich werden. 2. Eine D. entsteht, wenn ein Boot an der →*Pier* im →*Strom* festgemacht hat. Durch den geringeren Wasserdruck bei schnellerer Wasserströmung in der →*Düse* zwischen Boot und Pier kann es ungewollt gefährlich gegen die Kaimauer schlagen, wenn es nicht mit →*Vor- und Achterspring* sicher festgemacht ist. – 3. Durch die D. besteht beim Passieren eines Ufers oder eines anderen Bootes in →*Fahrt* (sinngemäß wie unter 2.) die Gefahr einer →*Kollision* breitseits. – 4. In der →*Segeltechnik* kennzeichnet der Versuch, die D. auszunutzen, das Bestreben richtiger Schotführung (Abb.): Durch richtiges Trimmen von →*Großsegel* und →*Fock* versucht man eine →*Düse* zu schaffen, um die Vortriebskraft der Segel nicht nur durch die größere Luftgeschwindigkeit zwischen ihnen, sondern auch durch die zunehmende Druckdifferenz zwischen der →*Luvseite* des →*Großsegels* und der →*Leeseite* der Fock zu steigern. – 5. Auch die zusätzliche Benutzung des →*Tallboy* im Schlitz zwischen Groß- und Vorsegel soll die D. ausnutzen. Der Schlitz ist bei wenig Wind schmal (A) und muß bei frischem Wind (B) verbreitert werden, z. B. durch Änderung der →*Holepunkte.*

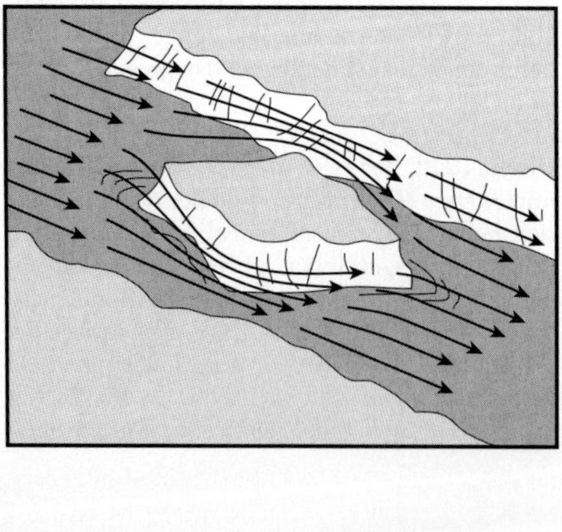

dwars *(athwart)* quer, querab, rechtwinklig zur →*Kielrichtung.*

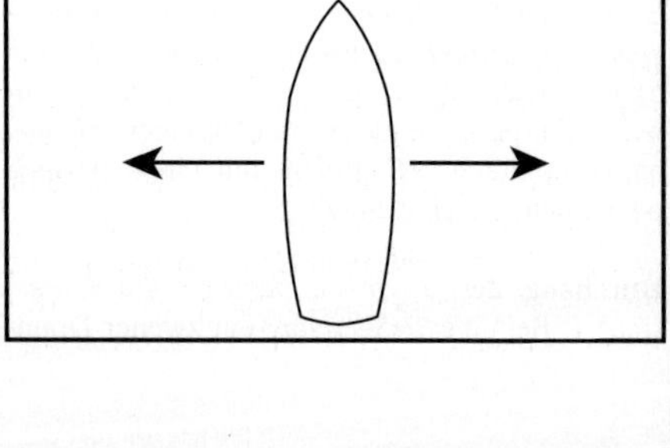

Dwarsdriewer, der *(crank, cranky boat)* Wörtlich ein „Quertreiber“. Der Begriff wird aber nur scherzhaft für einen Besserwisser an Bord benutzt oder für ein schlecht konstruiertes Boot mit großer →*Abdrift,* das entweder einen zu kleinen →*Lateralplan* oder zu großen Windfang an seinen →*Aufbauten* hat.

Dwarslinie, die *(line abreast)* Bei einer →*Geschwaderfahrt* gleicher →*Kurs* mit gleichem Abstand nebeneinander auf gleicher Höhe. Bei der D. liegt z. B. der →*Bug* jedes Bootes →*dwars* zum anderen Boot.

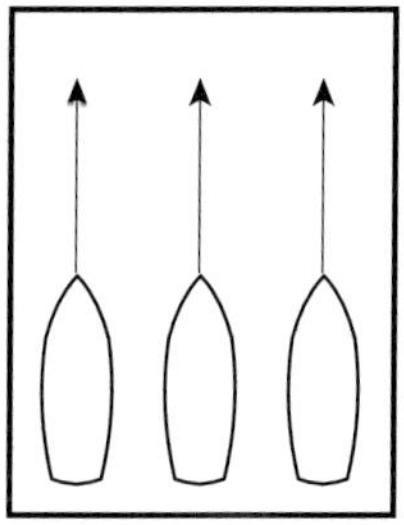

Dwarssee, die *(athwart sea)* Quersee. →*Seegang* mit →*Wellen,* deren →*Wellenberge* und →*Wellentäler* parallel zur →*Kielrichtung* und deren →*Fortpflanzungsrichtung* rechtwinklig zur Mittschiffsebene liegt.

Dwarswind, der *(beam wind)* Ein →*atmosphärischer Wind,* der →*dwars* weht, auch →*halber Wind* genannt.

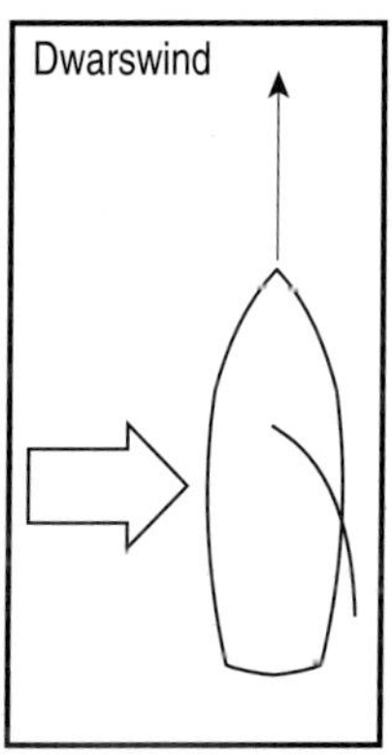

Dweidel, Dweil, der *(swab, deck swab)* An einem Besenstiel befestigter Büschel aus Lappen oder Tauwerksfasern zum Deckwaschen, auch →*Deckschwabber* genannt.

Dyas Von Heinz Stöberl konstruiertes und in Deutschland aus →*GFK* gebautes Zweimann-→*Kielboot,* als →*Nationale Klasse* anerkannt. Lüa 7,17 m, Büa 1,94 m, Tiefg. 1,10 m, Verdr. segelf. 580 kg, Segelfl. 22 m².

Dynamik, die *(dynamics [pl.])* Die Kraft der Bewegung oder die Lehre von den bewegenden Kräften. Dieser Teilbereich der Mechanik ist mit dem Gebiet der →*Hydrodynamik* für den im Wasser schwimmenden →*Bootsrumpf* und mit dem Gebiet der →*Aerodynamik* für die Windkräfte an den →*Segeln* wichtig. Als „dynamisch“ werden auch die Kräfte in der Bewegung eines Bootes u. ä. im Gegensatz zu dem Begriff „statisch“ (für die Kräfte in Ruhe) bezeichnet.

dynamischer Auftrieb, der *(dynamic pressure, ...lift)* Der →*Auftrieb* durch die Kräfte in der Bewegung im Gegensatz zum →*statischen Auftrieb.* D. A. können nur →*Gleitjollen* erhalten, wenn sie durch geringe →*Verdrängung* und große →*Segelfläche* bei hoher →*Windgeschwindigkeit* über ihre →*Rumpffahrt* hinaus beschleunigt werden und ihr →*Geschwindigkeitsgrad* größer als R = 4,5 bis 5 wird. Für →*Verdränger* gelten in →*Fahrt* und im →*Stand* die Gesetze des →*statischen Auftriebs.* Der →*Gleitzustand* ist der Beginn von d. A. Auch →*Motorboote* können natürlich d. A. erhalten.

dynamischer Druck, der *(dynamic pressure, velocity pressure)* Der zu erwartende Druck, wenn die Strömung einer Flüssigkeit zum Stillstand kommt oder der Druck, den eine Flüssigkeit durch die Kraft ihrer Bewegung ausübt (die kinetische Energie). Abhängig von der →*Dichte* des Mediums ergeben sich als d. D. oder →*Staudruck:*

Luft: q (N/m²)	= 0,6125 x v^2 (v in m/s)
	= 0,163 x v^2 (v in kn)
Seewasser: q (N/m²)	= 513 x v^2 (v in m/s)
	= 136 x v^2 (v in kn)

Dyneema *(Produktname)* Eine →*synthetische Faser,* die aus →*Polyethylen* hergestellt und mit der Faser →*Spectra* verwandt ist. D. besitzt bei einer geringen Dehnung eine große →*Bruchlast,* die an die reckarmen Werte von →*Aramid-Fasern* heranreicht, hat eine gute UV-Beständigkeit und ist seitenstabil, d. h. es läßt sich auch über eine →*Fallscheibe* von kleinem Durchmesser umleiten. D. wird daher vor allem als →*Kernmaterial* für →*Fallen* und →*Schoten* (aber vorwiegend nur auf →*Regattayachten*) eingesetzt, weil es recht teuer ist. Mit einem →*spezifischen Gewicht* von 0,95 ist der Garn-Rohstoff sehr leicht.

E

E = Echo Internationales Buchstabensignal, blau-rot. Bedeutung: „Ich ändere meinen Kurs nach Steuerbord“. Morsen: · (kurz).

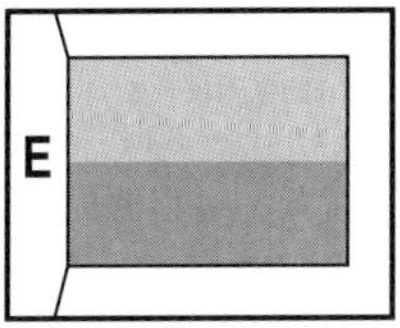

E Abkürzung für East = →*Ost* (geographische Länge).

ESB Abkürzung für →*Einseitenband.*

Ebbdauer, die *(duration of ebb)* Die Zeit vom →*Tidehochwasser* bis zum folgenden →*Tideniedrigwasser,* während der Wasserstand fällt.

Ebbe, die *(ebb tide, falling tide)* Beim Wechseln der →*Gezeit* das Fallen des →*Wasserspiegels* vom →*Tidehochwasser* zum folgenden →*Tiedeniedrigwasser.* Vielfach wird auch das Niedrigwasser selbst fälschlicherweise als E. bezeichnet.

Ebbrinne, die; Ebberinne, die Ein Wasserarm im →*Tidengebiet,* der besonders stark vom →*Ebbstrom* durchflossen wird. Meistens liegt am seewärtigen Ende der E. eine →*Barre.*

Ebbstrom, der *(e.: ebb stream; a.: ebb current)* Tidenströmung während der →*Ebbe.* An der →*Küste* und im →*Watt* ist der E. meistens seewärts gerichtet.

ECDIS Abk. für Electronic Chart Display and Information Systems, siehe →*elektronische Seekarten-Darstellungssysteme.*

Eckeneffekt (des Windes), der *(headland effect, cape effect)* Der Einfluß einer →*Huk* oder eines →*Kaps* auf →*Windrichtung* und →*Windgeschwindigkeit,* siehe →*Kapeffekt.*

Echogramm, das *(echogram)* Das auf dem Registrierstreifen eines →*Echographen* gezeichnete Bild des Meeresgrundes, aus dem man nicht nur die Tiefenangabe, sondern auch die Beschaffenheit des →*Grundes* erkennen kann. Ähnlich wie auf der Leuchtdiode eines →*Echolotes* wird harter Grund als schmaler und ein Meeresboden mit →*Schlick,* Steinen oder →*Seegras* als breiter Streifen aufgezeichnet.

Echograph, der *(echograph)* Ein →*Echolot,* das die gemessenen Wassertiefen fortlaufend und selbständig auf einem Registrierstreifen als →*Echogramm* aufzeichnet.

Echolot, das *(echo sounder)* Elektro-akustisches Gerät zum Bestimmen der Wassertiefe und der

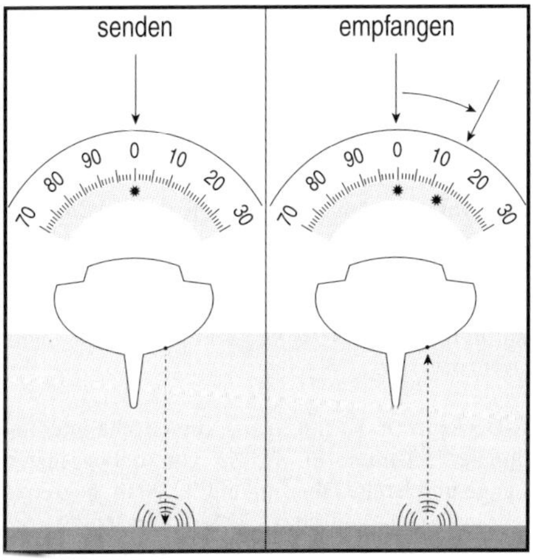

Tiefenlage von Unterwasserhindernissen, aber auch von Fischschwärmen, Eisbergen u. a. Im Prinzip wird die Zeit zwischen der Abgabe eines Schallsignals vom Boot bis zur Rückkehr seines Echos vom Meeresgrund bzw. dem georteten Unterwasser-Hindernis gemessen. Ein E. besteht aus einem Schallsender (Schwinger), der für das menschliche Ohr nicht mehr wahrnehmbare Schallimpulse kegelförmig gerichtet nach unten ausstrahlt, und dem Echoempfänger im selben Schwinger, der die reflektierten Schallimpulse auffängt. In einem angeschlossenen Anzeigegerät wird die Laufzeit der Schallimpulse (bei einer mittleren Schallgeschwindigkeit im Seewasser von 1500 m/sec bei 20 °C und 20 ‰ Salzgehalt) in elektrische Spannung umgewandelt und auf einer mit gleichmäßiger Geschwindigkeit umlaufenden Scheibe über ein kleines Neonrohr durch

Lichtblitze (in teuren Geräten auch →*digital)* angezeigt. Die Lichtblitze auf der Leuchtdiode geben nicht nur die Wassertiefe an, sondern lassen auch durch ihre unterschiedliche charakteristische Form Rückschlüsse auf die Beschaffenheit des Meeresgrundes zu. Harter Sandgrund wird z. B. als schmaler Lichtstreifen, steiniger Grund als breiter, nach oben ausgezackter Lichtstrich, weicher und schlammiger Grund als breiter, nach unten auslaufender Lichtstrich gekennzeichnet. Mit Leuchtdioden ausgerüstete Echolote haben im allgemeinen 2 Anzeigebereiche (von 0 bis 20 bzw. von 0 bis 120 m), sind mit präzise arbeitenden Servo-Motoren ausgestattet, voll transistorisiert und mit ihrem Schwinger oft in einem mit Öl gefüllten Topf gelagert, so daß sie ohne Durchbrechung der Bordwand innen ein- und ausgebaut werden können.

ED 50 Abk. für European Datum, das seit 1950 gültige Europäische →*Bezugssystem,* das seit 1945 entwickelt wurde und für die Herstellung der →*Seekarte* das Internationale →*Ellipsoid* verwendet. Vgl. →*WGS 72* und →*WGS 84.*

Edelstahl, der *(stainless steel)* Rostfreies Material zur Herstellung von →*Drahttauwerk,* →*Relingsstützen,* →*Bugkorb,* →*Heckkorb,* →*Steuerrädern* und anderer Ausrüstungsteile. Siehe ausführlich unter →*rostbeständiger Stahl* und →*Nirosta.*

E-Division (E-Katamaran), die Größte internationale →*Katamaran-Klasse* von unbegrenzter Länge und Breite, aber mit auf 92,90 m^2 begrenzter Segelfläche, mit max. 3 Mann Besatzung.

E-Glasseide, die Verspinnbarer Rohstoff, der zu →*Glasseidenmatten,* →*Glasseidengeweben* und →*Glasseidensträngen* in →*Roving-Geweben* verarbeitet wird und einen garantierten Alkaligehalt von max. 1 % hat. Die Faser nimmt praktisch kein Wasser auf und lagert bei 21 °C und 65 % relativer Feuchtigkeit kein Wasser an der Oberfläche ab. Wegen ihres Alkaligehalts von ca. 15 % und die dadurch bedingte größere Wasseraufnahme wird die sog. A-Glasseide im Bootsbau nicht benutzt.

Eichenholz, das *(oak wood)* Bekanntes und qualitativ bestes →*Massivholz* für den Bootsbau als Hartholz sowohl für →*Planken* als auch für (gewachsene) Spanten, →*Kiel* und andere →*Verbände* benutzt. Man unterscheidet bei einem →*spezifischen Gewicht* von 0,6 bis 1,0 und einem →*Darrgewicht* von 0,60 bis 0,85 zwischen Winter-, Sommer-, Spitz-, Rot-, Schwarz- und Steineiche. Schwierigkeiten in der Verarbeitung bereitet es durch krummen Wuchs (der jedoch nicht nur für Spanten, sondern auch für →*Vorsteven,* →*Achtersteven* u. a. vorteilhaft ausgenutzt wurde), durch sein hohes Schwundmaß und den Gerbsäuregehalt.

Eichung, die *(calibration, gauging)* Einstellen der Genauigkeit und Ermitteln möglicher Meßfehler. Bei einem →*Fahrtmesser* oder →*Log* wird die E. durch →*Meilenfahrt,* bei einem →*Echolot* durch eine Kontrollmessung mit dem →*Handlot* vorgenommen.

Eigner, der *(owner)* Der Eigentümer eines Bootes, im →*Rennsegeln* vom →*Schipper,* →*Steuermann* bzw. →*Rudergänger* hinsichtlich der →*Meldung* und →*Preisverteilung* zu unterscheiden. Im allgemeinen ist jedoch der E. auch der →*Skipper* einer →*Yacht* und damit ganz selbstverständlich auch der verantwortliche →*Fahrzeugführer.*

Eimerbagger, der *(bucket dredger)* Siehe →*Bagger.*

Einbaum, der *(dugout [canoe])* Verbreiteter Bootstyp primitiver Völker, der meistens aus einem mit Hilfe des Feuers ausgehöhlten Baumstamm hergestellt wird. Die Bordwände werden gegebenenfalls durch Querhölzer (→*Decksbalken)* verstärkt oder durch Holzteile zum Erhalt eines größeren →*Freibords* erhöht. Ein berühmter E. war die „Tilikum", mit der Johannes Voß von 1901 bis 1904 die Erde umsegelte, ein anderer die „Liberia", mit der Hannes Lindemann 1956 den Atlantik überquerte.

Einbaumotor, der *(inboard engine, inboard motor, inboarder, inboard auxiliary)* Auf einem →*Seekreuzer* fast ausschließlich ein →*Dieselmotor* mit angemessener →*Leistung* (ca. drei →*Kilowatt* pro 1000 kg →*Gewicht* oder →*Verdrängung)* und günstigem →*Leistungsgewicht.* Er kann mit unterschiedlichen →*Antriebsformen* installiert werden und dient über seine Aufgabe als →*Hilfsmotor* hinaus zum sicheren →*Manövrieren* in Häfen sowie zum →*Anlegen* und →*Ablegen* unter →*Motor.*

einbinden *(1. to tie in [a reef], – 2. to tie in stopp, – 3. to make a round seizing)* Bei einem →*Bindereff* das Einschlagen und →*Zurren* der

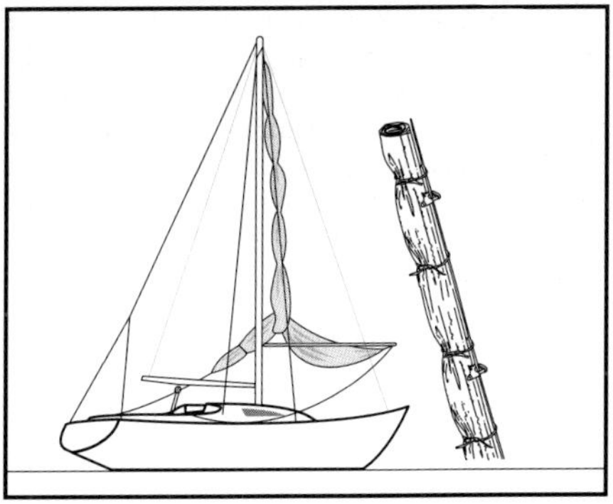

nach dem →*Reffen* unbenutzten unteren Segelteile mit Hilfe von →*Reffbändseln* oder einer →*Reffleine.* 2. Ein →*Vorsegel* oder einen →*Spinnaker* nach dem →*Auftuchen* durch →*Reißgarne* sichern, um das gesetzte Segel durch →*Ausreißen* zu einem bestimmten Zeitpunkt zum Stehen zu bringen. 3. In →*patentgeschlagenem Tauwerk* ohne die Möglichkeit eines →*Augspleißes* eine Kausch mit Hilfe von →*Takelgarn* sicher befestigen.

einbooten *(to embark)* Das Anbordgehen mit einem →*Beiboot,* wenn eine Yacht auf →*Reede* oder vor →*Anker* liegt.

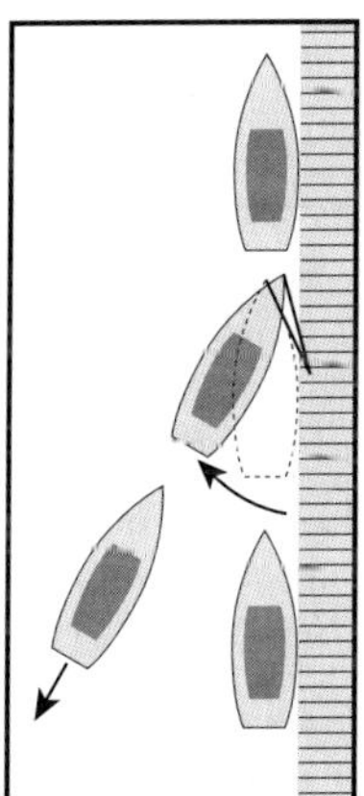

eindampfen *(to inch forward, to steam in, pushing-off manoeuvre with auxiliary)* Beim →*Ablegen* mit Motor (besonders bei begrenztem Raum nach →*achtern)* nach dem Einnehmen aller Leinen bis auf die vordere →*Spring* langsame Vorwärtsfahrt bei entsprechender →*Ruderlage,* um das →*Vorschiff* an der →*Pier* zu halten, während das →*Achterschiff* →*abscheren* kann, bis das →*Heck* in freiem Wasser liegt und das Boot mit →*Achterausfahrt* seinen →*Liegeplatz* verlassen kann.

eindocken *(to float in, to dock in)* In ein →*Dock* gehen, z. B. zu Reparaturarbeiten. Ein Boot wird statt dessen →*aufgeslippt.*

Eineinhalbmaster, der *(dandy-rigged boat, one-and-a-half master)* Eine als →*Ketsch* oder →*Yawl* getakelte →*Yacht,* deren zweiter →*Mast* deutlich niedriger als ihr →*Großmast* mit entsprechend wesentlich kleinerer →*Segelfläche* ist.

einfallen *(to swig, to swig up)* Einsetzen der Körperkraft beim →*Durchsetzen* einer Leine durch

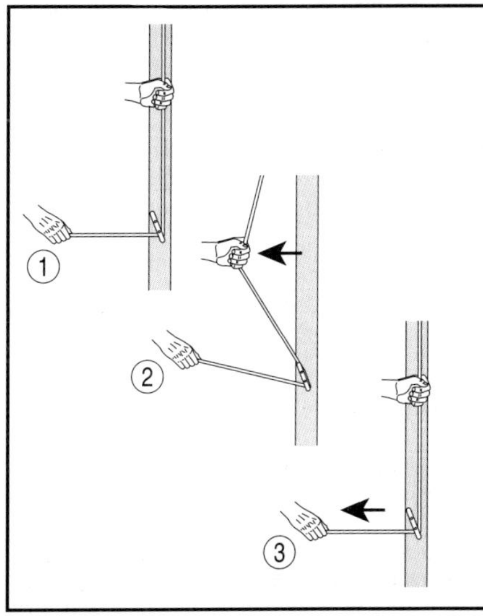

Zug mit einer Hand quer zur Laufrichtung der Leine bei gleichzeitigem Festhalten des Tampens mit der anderen Hand (1), Einholen der gewonnenen →*Lose* am Tampen bei gleichzeitigem Nachgeben der Zughand (2) quer zur Zugrichtung und Wiederholen der Bewegungen, nachdem die Hand am Tampen nachgefaßt hat und das Ende zum neuerlichen E. kurzzeitig belegt ist.

eingedeckt *(decked)* Im Gegensatz zum →*offenen Boot* ein mit →*Deck* gebautes Fahrzeug, das entweder nur seitlich oder nur →*vorn* e. sein kann. Es wird dann als „halbgedecktes" Boot bezeichnet. Ist es mit einem umlaufenden Deck versehen (Abb.), nennt man es „voll eingedeckt".

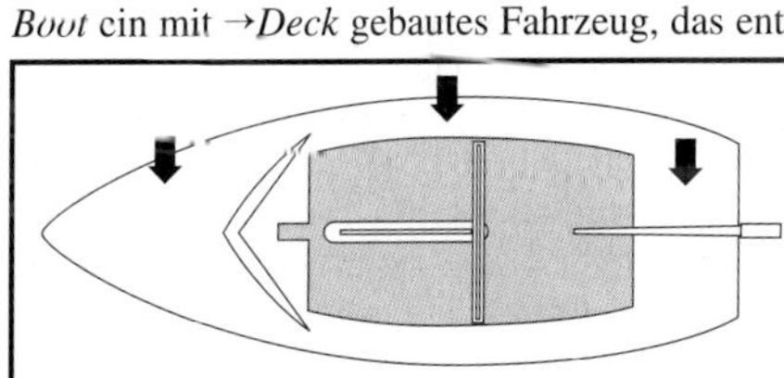

eingefahren *(able [crew])* Eine →*Crew* ist e., wenn die Besatzung untereinander harmoniert und mit allen Teilen der Bootsbedienung voll vertraut ist. Ein Boot ist e., wenn alle Bedienungselemente erprobt und funktionsfähig sind.

einhand *(single-handed, wörtl. eigentlich neben „einhändig“ auch „allein“, „ohne fremde Hilfe“, „auf eigene Faust“)* Nach der Sicherheitsregel „eine Hand, das Boot zu walten, die andere, sich festzuhalten“ die Bezeichnung für alles, was ein Segler allein oder als →*Einhandsegler* machen kann. Der Begriff e. findet im allgemeinen nur auf →*Seesegler* mit →*Seekreuzern* Anwendung. Die ebenfalls einzeln gesegelten →*Jollen* auf →*Dreieckskursen* wie z. B. das Finn-Dinghy werden richtiger als →*Einmannboote* benannt.

Einhand-Atlantik-Rennen *(Single-handed Transatlantic Race)* Seit 1960 alle 4 Jahre von England nach Amerika über den Nordatlantik gesegelte →*Hochseeregatta* von →*Seekreuzern* mit →*Einhandseglern.* Siehe →*C-STAR* und →*OSTAR.*

Einhandboot, das *(single-hander, single-handed boat)* Ein →*Seekreuzer,* der nur von einer Person gesegelt wird und so eingerichtet ist, daß man →*einhand* Segel setzen und bergen kann. Ein E. ist für längere Törns mit einer →*Selbststeueranlage* ausgerüstet. Eine →*Jolle* wie z. B. das Finn-Dinghy wird nicht als E., sondern als →*Einmannboot* bezeichnet.

Einhandregatten, Einhandrennen, die *(single handed offshore races)* Es werden neben den ersten →*Wettfahrten* dieser Art, dem →*Einhand-Atlantik-Rennen* und dem →*Einhandrennen* um die Welt, zunehmend mehr (oft von wechselnden →*Sponsoren* veranstaltete und von →*Profis* gesegelte) E. ausgetragen, die hier auch aus einem anderen Grunde nicht weiter erwähnt werden sollen: Eine mehr als 20 m, im Falle der im OSTAR 1976 gestarteten dreimastigen „Club Méditerranée“ sogar 72 m lange →*Einhandyacht* muß für einen wochenlangen Seetörn als →*unterbemannt* gelten und stellt (wie zahlreiche Beispiele von →*Kollisionen* zeigen) sogar für größere →*Schiffe* eine Gefahr dar. Außerdem verstößt ein →*Einhandsegler,* der nicht (ständig) auf →*Wache* ist bzw. sein kann, fortwährend gegen die Grundsatzregeln 5 und 6 der →*KVR.* Diese Art des →*Rennsegelns* halte ich daher nicht für förderungswürdig.

Einhandrennen um die Welt *(Single-handed Round the World Race)* Erstmals 1968 gesegelte →*Hochseeregatta* der →*Einhandsegler,* die der Engländer Robin Knox-Johnston in der →*Ketsch* „Suhaili“ gewann. Er startete am 14.6.1968 in Falmouth (England) und kehrte nach Passieren des →*Kaps* der Guten Hoffnung und des Kaps →*Hoorn* nach 313 ununterbrochenen Segeltagen am 21.4.1969 wieder dorthin zurück. Seit 1982 wird dieses Rennen als →*BOC-Challenge* ausgetragen.

Einhandsegler, der *(single-handed [cruising] yachtsman)* Ein Segler, der einen →*Seekreuzer* →*einhand* bedient und dabei allein für alle seemännischen und nautischen Arbeiten sorgen muß. Auch ein E. ist auf einem →*Einhandboot* an die strengen Bestimmungen der →*Seestraßenordnung* für ständigen →*Ausguck* gebunden.

Einhandzirkel, der *(single-hand dividers)* Ein entsprechend geformter →*Stechzirkel,* der es dem

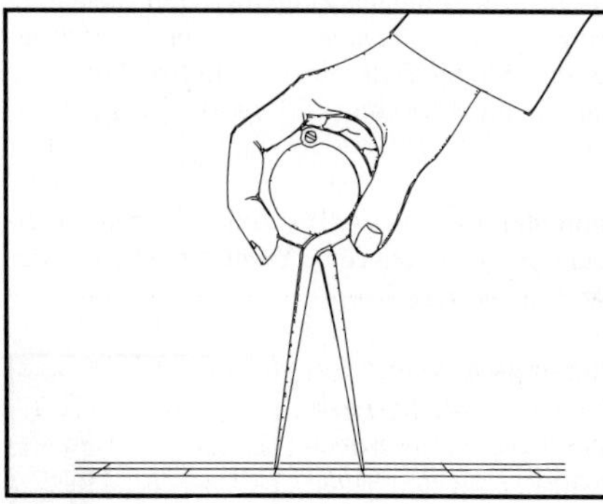

→*Navigator* erlaubt, Distanzen aus der →*Seekarte* →*einhand* abzugreifen und sich mit der anderen Hand an einem →*Handgriff* oder einer →*Handleiste* festzuhalten.

Einheitensystem, das *(SI-System, Système International d'Utilités)* Siehe →*Basiseinheit* und →*Internationales Einheitensystem.*

Einheitsklasse, die *(one-design-class)* Eine Bezeichnung für den →*Vermessungsmodus* einer →*Klasse.* Der Begriff E. besagt, daß alle Boote nach den einheitlichen Zeichnungen eines Konstrukteurs gebaut sind. Die →*Bauvorschriften* einer E. sind für alle Teile des Bootes, die seine →*Fahrt* betreffen, sehr eng gefaßt. Die für mögliche Baufehler gegebenen Toleranzen sind gering. Die meisten →*internationalen Klassen,* →*nationalen Klassen,* →*Eintypklassen* und →*anerkannte ausländische Klassen* sind Einheitsklassen; nur wenige von ihnen sind →*Konstruktionsklassen.*

einholen *(to haul in)* Eine →*Leine* oder einen Gegenstand von →*außenbords* nach binnenbords →*holen.* Auch die →*Flagge* vom →*Topp* des →*Mastes* oder →*Flaggenstock* in Richtung zum →*Deck* holen und dort sichern. Sinngemäß bei →*Fockeinholer* und →*Spinnakereinholer* gebraucht.

Einholer, der *(inhaul)* Leine zum →*Einholen* einer schweren →*Trosse* bzw. ein entsprechend →*angeschlagenes* und →*geschorenes Ende* zum Durchholen der →*Lose* beim →*Bergen* oder Bedienen eines Segels, z. B. →*Schothorn-Einholer.* Im Gegensatz zum →*Ausholer* immer von außen nach innen, auch auf den Gegenstand selbst bezogen, benutzt.

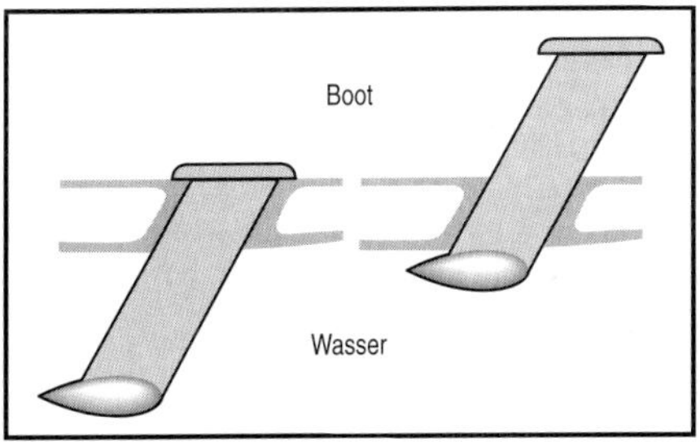

Einholekiel, der *(retractable keel)* Eine →*Kielflosse,* die nicht starr und ständig am Bootsboden befestigt ist, sondern bei Bedarf (z. B. beim →*Trailern)* so weit in den Bootsrumpf aufgeholt werden kann, bis der Wulstkiel den Bootsboden erreicht. Mit einem E. sind z. B. die Klassen „Tempest" und „Zugvogel" ausgestattet. Ein auch in →*Fahrt* höhenverstellbarer Flossenkiel wird meistens →*Hubkiel* genannt.

einklarieren *(to clear in, to make entry)* Erledigen der Formalitäten beim →*Einlaufen* in den ersten (ausländischen) →*Zollhafen* zur →*Zollabfertigung* sowie zur Paß- und Gesundheitskontrolle. Ggt.: →*ausklarieren.*

einkommen *(to draw, to come in, to get in)* Vom Boot in →*Fahrt* auf den →*Wind* bezogen: Er kann z. B. von →*Steuerbord* „einkommen". Vom stillliegenden Boot vor →*Anker* oder im Hafen auf ein fahrendes Boot bezogen, das e. statt →*einlaufen* kann.

Einkomponentenlack, der *(one-component varnish)* Eine Beschichtung mit einem Anstrichmittel, das streichfertig geliefert und nicht erst durch Zusammengeben von →*Stammlack* und →*Härter* angerührt werden muß. Der E. erfordert sorgfältig abgestimmte Feuchtigkeitsverhältnisse beim Trocknen, sorgfältige Lagerung und schnellere Verarbeitung als ein →*Zweikomponentenlack.*

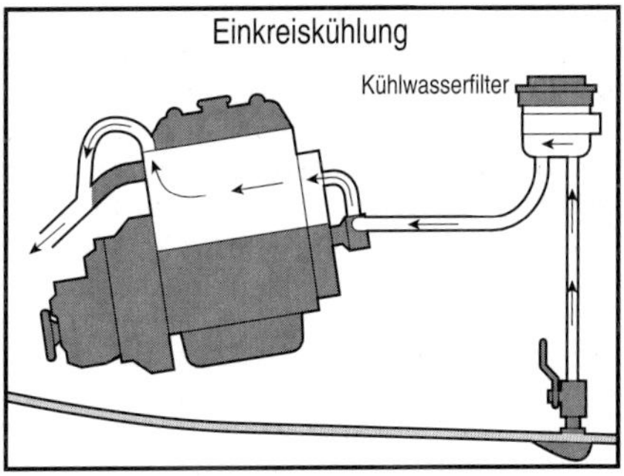

Einkreiskühlung, die *(salt-water cooling system, sea-water cooling)* Auch →*Seewasserkühlung* genannte einfache →*Kühlung* des →*Bootsmotors,* bei der das umgebende Wasser von →*außenbords* direkt angesaugt, nach Passieren des Kühlwasserfilters (Seewasserfilters) mit einer →*Kühlwasserpumpe* (→*Impellerpumpe)* durch den →*Motor* geleitet und anschließend über die →*Abgasleitung* wieder nach außen abgegeben wird. Aufwendiger ist die →*Zweikreiskühlung.*

einlaufen *(to make port)* Mit einem Boot von See kommend unter Segel oder Motor in einen Hafen hineinfahren.

Einlaufhafen, der *(port of entry)* Ein →*Zollhafen* zum →*Einklarieren.*

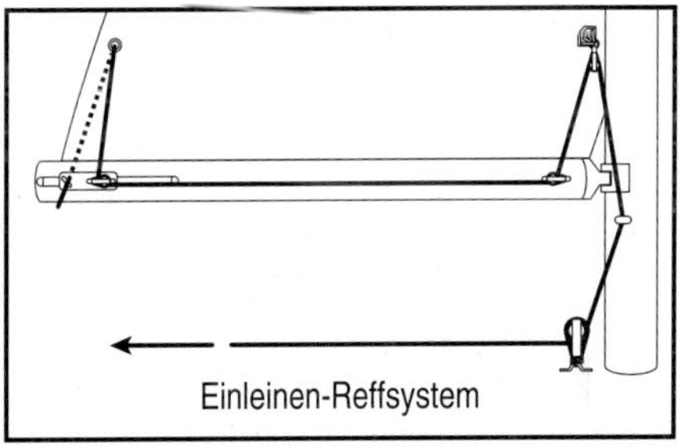

Einleinen-Reffsystem, das *(single line jiffy reefing system, single line slab reef)* Eine →*Reffeinrichtung* für das →*Großsegel,* die nach dem Prinzip des →*Smeerreffs* oder →*Schlappreffs* arbeitet, aber zum Unterschied nur über eine einzige →*Reffleine* bedient wird (Abb.). Sie verläuft von einer Seite der →*Baumnock* durch die →*Refföse* am →*Achterliek* zu einer →*Umlenkrolle* an der anderen Seite des →*Großbaumes,* dann an diesem entlang zu einer Umlenkrolle nahe dem →*Lümmelbeschlag,* aufwärts zu einem →*Block* in der Refföse des →*Vorlieks* und schließlich über einen Umlenkblock an →*Deck* zu →*Leinenstopper* und →*Winsch* am Rande der →*Plicht.* Zum Reffen wird das →*Großfall* bis zu einer vorbestimmten Marke gefiert und dann die Reffleine →*dichtgeholt.* Da bei einem E.-R. sehr viel →*Reibungswiderstand* in den 5–6 Umlenkstationen überwunden werden muß, kann es nur für kleine Großsegel auf →*Seekreuzern* bis ca. 10 m Länge benutzt werden. Sicherer und mit weniger Kraft arbeitet man, wenn man beim Reffen Vorliek und Achterliek mit getrennten Reffleinen zum Baum →*holt.* Unter Benutzung guter und größerer →*Blöcke* lassen sich dann Großsegel bis ca. 60 m² Fläche aus der →*Plicht* reffen.

einlieken *(to bolt, to rope [a sail])* Das Befestigen von →*Tauwerk* als →*Liektau* an der Kante eines Segels, damit man es entweder in eine →*Keep* einziehen kann oder gegen Überbelastung, z. B. bei einem →*Sturmsegel,* sichert.

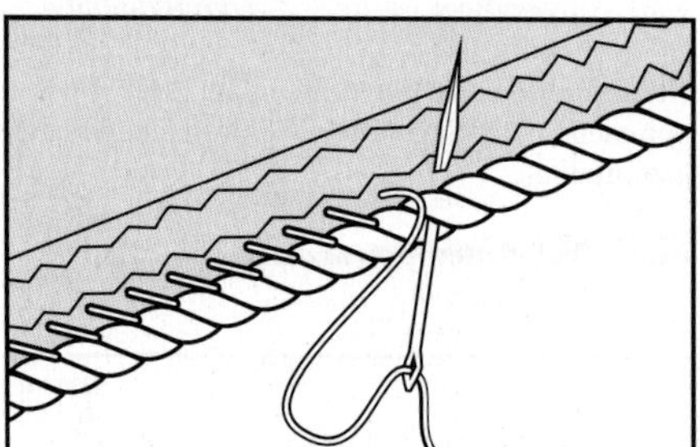

Einmannboot, das *(one-man-boat)* Eine →*Jolle,* die in ihrer Größe (mit ihren →*Hauptabmessungen)* und ihrer Bedienungseinrichtung für nur einen Segler eingerichtet ist. Das olympische E. ist z. B. das Finn-Dinghy. Ein →*Seekreuzer* mit nur einem Mann als →*Besatzung* wird demgegenüber als →*Einhandboot* bezeichnet.

Einmaster, der *(one-masted boat, single sticker)* Ein Boot mit einem einzigen →*Mast,* im Gegensatz zum →*Anderthalbmaster* oder →*Zweimaster.* Ein E. kann nach der Höhe seines →*Vorsegeldreiecks (→Topptakelung, →Dreivierteltakelung)* und nach der Anzahl der →*Vorsegel (→Slup, →Kutter, →Cat)* geriggt sein.

Einminutenregel, die *(one-minute-rule)* Beim →*Rennsegeln* nach den →*WR,* Regel 30.1 durch Setzen der Flagge →*„India"* bekanntgemachte Regelung, daß eine Yacht, die innerhalb dieser angezeigten Minute auf die Bahnseite der Startlinie gerät, danach über eine der beiden Startlinienverlängerungen und nicht über die Startlinie selbst ins Startvorfeld zurückkehren muß, bevor sie startet.

einmündendes Fahrwasser, das Eine →*Fahrwasserbezeichnung* nach der →*SeeSchStrO,* bei der ein e. F. an der →*Steuerbordseite* des durchgehenden Fahrwassers durch grüne →*Tonnen* mit einem waagerechten roten Band und an der →*Backbordseite* des durchgehenden Fahrwassers durch rote Tonnen mit einem waagerechten grünen Band sowie →*Toppzeichen* wie ein →*abzweigendes Fahrwasser* (Abb. dort) gekennzeichnet ist.

einpicken *(to pick in)* Im Gegensatz zum →*Anstecken* und →*Einschäkeln* das Einhaken einer →*Leine* in ein Segel oder einen Gegenstand mit Hilfe von Karabinerhaken oder das Erfassen mit dem →*Bootshaken.*

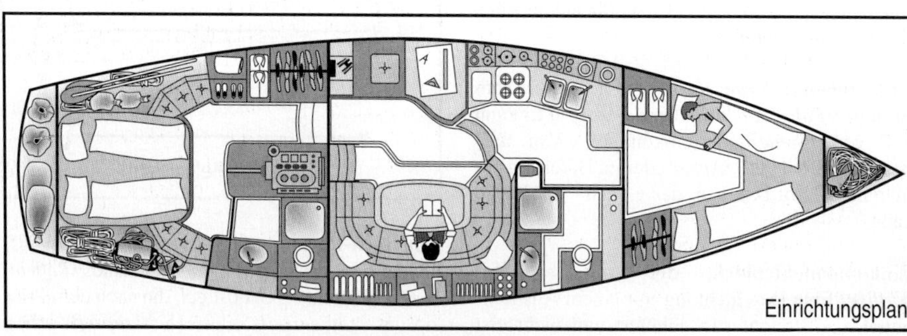
Einrichtungsplan

Einrichtung, die *(accomodation)* Sammelbezeichnung für alle eingebauten und lose mitgeführten Teile an Bord, die zum Wohnen, Essen und Schlafen dienen und hauptsächlich in der →*Kajüte* liegen. Im Gegensatz dazu bezeichnet die →*Ausrüstung* alle Gegenstände, die im weitesten Sinne der sicheren →*Fahrt* dienen.

Einrichtungsplan, der *(accomodation plan)* In Ergänzung des →*Linienrisses* die Darstellung der Räume unter →*Deck* in einer Aufsicht. Aus dem E. kann man Lage und Größe von →*Kojen*, →*Pantry*, →*Stauraum* und die anderen Teile der →*Einrichtung* erkennen.

einschäkeln *(1. to shackle in, 2. to bend a chain cable)* 1. Verbinden von Bau- oder Ausrüstungsteilen durch →*Schäkel*, z. B. ein →*Fall* mit dem →*Kopf* des Segels, eine →*Leine* mit einem →*Block* u. ä. – (2. Dazu gehört auch das Verbinden des →*Ankers* mit der →*Kette*, für das es im Englischen ein gesondertes Fachwort gibt.)

einscheibiger Block, der *(single block)* Im Gegensatz zum →*Doppelblock* ein →*Block* mit einer

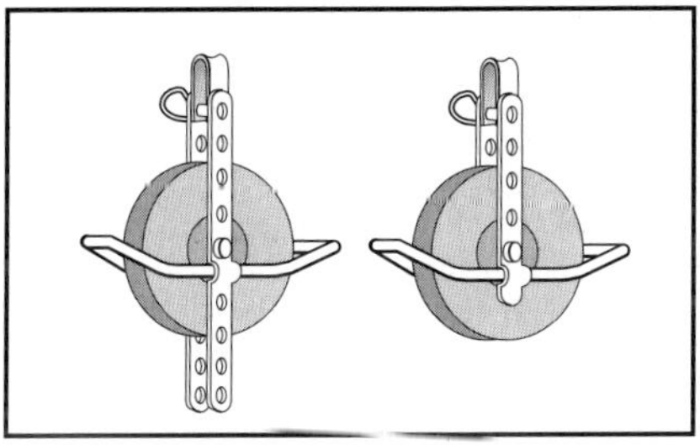

einzigen Umlenkrolle. Ein e. B. kann mit und ohne →*Steert*, als →*Klappblock* oder →*Knarrblock* gefertigt und aus unterschiedlichem Material hergestellt sein.

einscheren *(1. to reeve in [a rope], 2. to sheer in)* 1. Eine →*Leine* durch →*Kauschen* stecken oder ein →*Ende* durch einen →*Block* ziehen, z. B. für eine →*Talje*. – 2. In den richtigen →*Kurs* einer →*Deckpeilung* oder hinter mehreren Booten in deren →*Kiellinie* eindrehen. Vgl. auch →*abscheren* und →*ausscheren*.

einschiffen *(to embark, to go on board)* Sich an Bord eines Bootes (oder Schiffes) vor Beginn einer →*Reise* begeben. Der Begriff e. wird vorwiegend nur für Fahrgäste gebraucht. Die →*Crew* →*mustert an*.

einschleusen *(to lock in)* Das Einlaufen in eine →*Schleuse* zum Schleusen. Beim normalen Schleusenbetrieb muß ein Boot mit dem E. warten, bis das Ausschleusen beendet ist.

Einseitenband, das *(single sideband)* Die E.-Technik, auch →*ESB* oder →*SSB* genannt, bietet im Gegensatz zur →*Zweiseitenband-Technik* die Vorteile eines geringeren Abstandes der →*Trägerfrequenz* voneinander und eine optimalere Ausnutzung der Sendeleistung. Im Seefunkdienst sind dem E. und seinen →*Frequenzen* folgende Bezeichnungen der →*Modulation* (alte Bezeichnungen in Klammern) hinzugefügt. Sendeart H3E (A3H) bedeutet E. mit vollem →*Träger*, wobei 50 % der Leistung in den Träger gehen und 50 % für die Modulation und damit die Klangqualität übrig bleiben. – R3E (A3A) bedeutet E. mit vermindertem Träger, d. h. ca. 30 % Leistung für den Träger und ca. 70 % Leistung für die Modulation. Sendeart J3E (A3J) heißt E. mit unterdrücktem Träger, d. h. 5 % Leistung für den Träger und ca. 95 % Leistung für die Modulation.

einsetzen *(1. to set, 2. to house, to step a mast, 3. to hoist in [a boat])* 1. Bei der →*Bootsbewegung* das Eintauchen des →*Vorschiffs* in die See. Beim →*Stampfen* kann ein Boot unterschiedlich „einsetzen". – 2. Einen →*Mast* aufstellen. – 3. Ein →*Beiboot* in die →*Davits* hängen.

einsteuern *(to steer into a port)* Beim →*Einlaufen* die Arbeit des →*Rudergängers* und →*Navigators*.

Zum E. gehört die Auswahl der richtigen →*Landmarken*, →*Feuer* und →*Seezeichen*, die Berücksichtigung einer →*Deckpeilung*, von →*Strom* und Wind und die Einhaltung des →*Fahrwassers* bis zur Hafeneinfahrt.

Eintonnerklasse, die *(one ton class)* Eine →*Konstruktionsklasse*, die nach der früheren →*IOR-Formel* einen →*Rennwert* von max. 27,5 Fuß oder 8,38 m erhält (ab 1984: 30,5 Fuß oder 9,30 m).

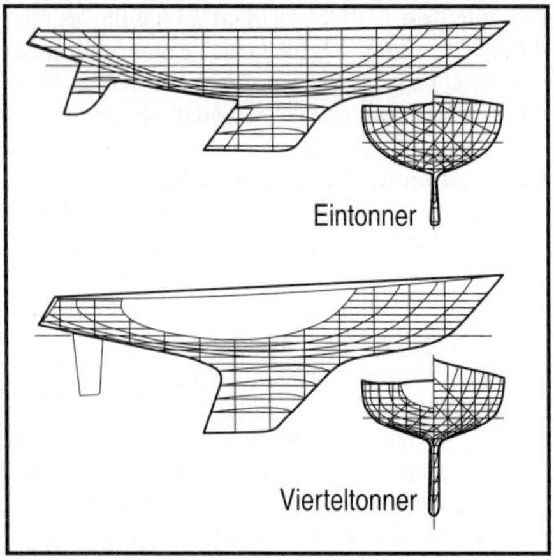

Die Bezeichnung E. sagt nichts über das →*Gewicht* eines Bootes aus; denn Boote der E. hatten eine →*Verdrängung* von ca. 6,3 t bei einer →*Lüa* von ca. 11,00 m, einer Büa von ca. 3,00 m und ca. 55 m² Segelfläche. Von der E. wurden die →*Viertel-*, →*Halb-* und →*Dreivierteltonner-Klassen* mit einem ähnlich fixierten Rennwert abgeleitet. Die Klasse ist ausgelaufen. Die Nachfolgeklasse heißt →*ILC 40.*

Eintonner-Pokal, der *(one ton cup)* Der ursprüngliche E.-P. wurde als „Coupe Internationale du Cercle de la Voile de Paris" 1898 in Frankreich gestiftet und bis 1962 (hauptsächlich in der 6-m-R-Klasse) 50mal vergeben. 1965 stiftete ihn der französische Club unter seinem alten Namen für vergütungslose Rennen von →*Seekreuzern* in →*Regatten* vor der →*Küste* neu. Er wurde zuerst in der →*RORC-Formel* und ab 1970 bis zum Auslaufen der Klasse in der →*IOR-Formel* ausgesegelt.

eintörnen *(to turn in)* Auf die Kraft einschwingen, die ein →*Boot* im Wasser auf seiner Position hält. Wenn bei wenig →*Wind* der →*Anker* gefallen und →*Kette* gesteckt ist, benötigt das Boot einige Zeit zum E. in die Windrichtung. Beim →*Ankern* im →*Strom* erfolgt das E. auf die resultierende Kraft von Wind und Strom (Abb.), die bei einem →*Seekreuzer* durch seinen tiefen →*Lateralplan* hauptsächlich vom Strom bestimmt wird, während sich ein Motorboot mit höheren →*Aufbauten* weitgehend in Windrichtung e. wird.

Eintypklasse, die Eine Bauserie oder →*Klasse,* die nach dem gleichen →*Riß* und den gleichen →*Bauvorschriften* auf einer Werft (oder mehreren Werften) gebaut wird. Der →*DSV* verleiht den Status einer E., wenn eine →*Klassenvereinigung* arbeitet und eine Mindestanzahl von Booten der E. im Besitz von Mitgliedern der dem DSV angeschlossenen Vereine ist und für die Aufnahme dieser Boote in das →*Yachtregister* des DSV gesorgt ist.

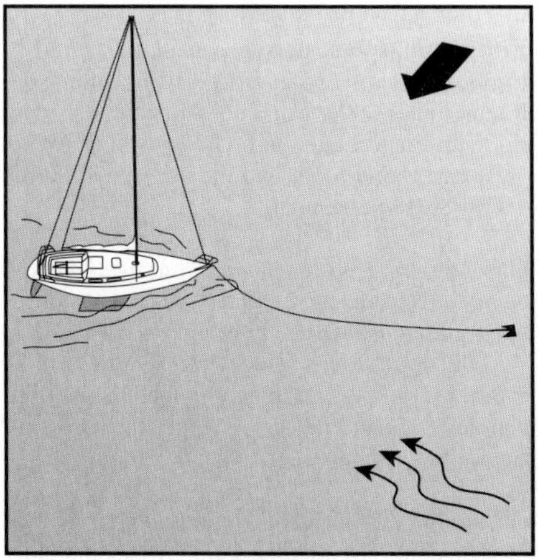

eintörnen

Einzelbau, der; Einzelanfertigung, die *(on-off-production)* Der →*Bootsbau* nach den individuellen Wünschen des →*Eigners,* für den meistens der →*Konstrukteur* die detaillierten →*Risse* liefert. Als E. werden vorwiegend →*Langfahrtyachten* und →*Rennyachten* mit einem beabsichtigten optimalen →*Rennwert,* z. B. nach der →*Formel 23* gebaut.

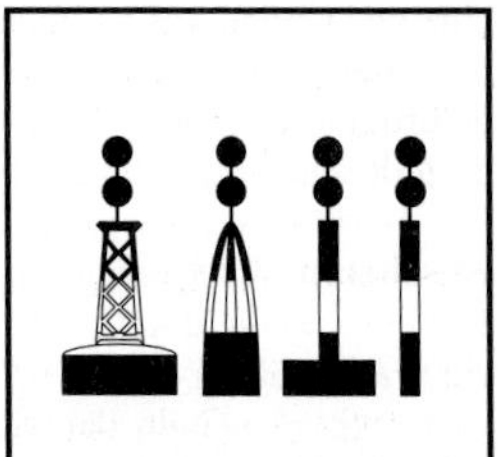

Einzelgefahr-Zeichen, das *(isolated danger mark)* Schwarz-Rot waagerecht gestreifte →*Baken-* oder →*Spierentonnen* mit zwei schwarzen →*Bällen* als Toppzeichen kennzeichnen im →*Betonnungssystem „A"* eine →*Gefahrenstelle* geringer Ausdehnung.

Einzelvermessung, die *(individual measurement, special rating)* Die prinzipielle Form der →*Vermessung,* von der nur in Ausnahmefällen abgegangen wird. Sie entfällt z. B. bei Serienbauten vieler →*internationaler* und →*nationaler Klassen,* bei denen nur eine →*Typenprüfung* der Bauform durch den →*Vermesser* stattfindet und das erste Boot der Serie vermessen wird, während dann die Bauwerft die Verantwortung übernimmt und bei den nachfolgenden Booten nur Stichprobenvermessungen stattfinden. Auch bei Booten einer →*Eintypklasse* garantiert die Bauwerft die Einheitlichkeit der Boote ohne E.

Eisenbeton, der *(ferro-cement)* Werkstoff zum Bau eines →*Betonbootes.*

„Eiserner Gustav" Volkstümliche Bezeichnung für →*Selbststeueranlage.*

Eisyacht, die *(ice boat, ice yacht)* Ein aus kreuzförmigem Rahmen gebauter und auf drei kurzen

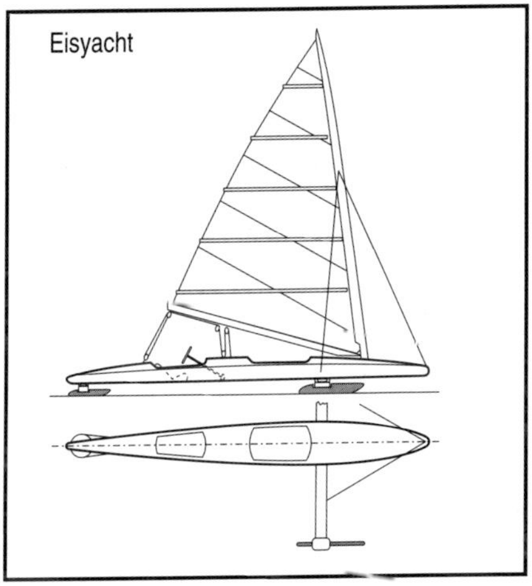

Stahl- oder Bronzekufen laufender →*Segelschlitten,* dessen bewegliche Kufe mit dem Steuerrad verbunden ist. Eine E. kann ähnlich wie eine →*Sandyacht* eine höhere Geschwindigkeit als eine →*Jolle* oder →*Yacht* erreichen. Es gibt verschiedene E.-Klassen mit einer Crew von 1 bis 2 Mann.

Elbe-Lübeck-Kanal, der 60 km lange Schifffahrtsverbindung von Lauenburg nach Lübeck mit einem erlaubten Tiefgang von 2,00 m und einer Brückenhöhe von 4,20 m. Bedingt durch die erlaubte Höchstgeschwindigkeit von 10 km/h für →*Kleinfahrzeuge* und →*Sportboote* und 7 Schleusen beträgt die Mindestfahrzeit ca. 10 Stunden.

Elbe-Seitenkanal, der Schiffahrtsweg von der Oberelbe bei Artlenburg zum Mittellandkanal, 113 km lang, mit 53 m Wasserspiegelbreite, 4 m Wassertiefe und 2 Schiffshebewerken.

„Elefantenhaut", die *(wrinkled skin)* Runzel- und Faltenbildung in der →*Außenhaut* eines

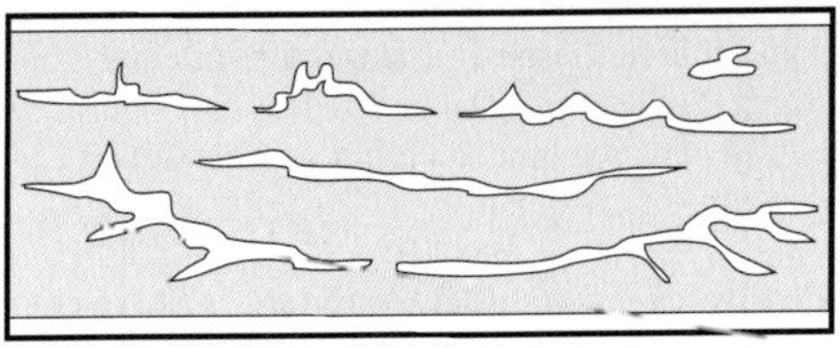

→*Rumpfes* aus →*GFK,* bei der man flache, aber breite Rillen mit Auffaltungen über einen weiten Bereich der →*Deckschicht* fühlen kann, die eingebrochen oder geschrumpft ist. Ursache: Das Bauteil wurde in zu kalten oder zu nassen Räumen verarbeitet; das →*Harz* enthielt nicht genügend →*Härter;* oder die →*Laminate* wurden zu schnell übereinandergelegt, bevor die Deckschicht oder der →*Gelcoat* zu gelieren begonnen hatte. Eine Reparatur ist notwendig.

elektrischer Marina-Anschluß, der (*e.: current wiring connection from the marina to the yacht;*

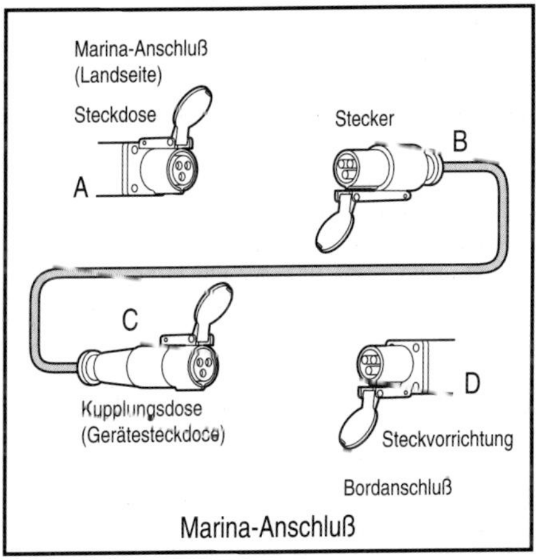

a.: load wiring with special plugs and socket for marinas) Um die möglichen Gefahren beim Umgang mit elektrischem Landstrom und insbesondere von Starkstrom am →*Liegeplatz* einer Yacht in einer →*Marina* zu beseitigen, sind landseitig dreiadrige Versorgungskabel verlegt, die den Strom nur über spezielle Steckerverbindungen mit flexiblen dreiadrigen Leitungen in das Bordnetz einspeisen. Den typischen Marina-Anschluß (die Landseite) zeigt die Steckdose (Abb. A) mit dem dazugehörigen Stecker des Bootskabels (Abb. B). Das andere Ende des Verbindungskabels trägt die Kupplungsdose (die Gerätesteckdose) in Abb. C, die mit der Steckvorrichtung an Bord (Abb. D) verbunden wird. Alle modernen Serienboote führen diesen Bordanschluß an einer günstigen Stelle an →*Deck,* so daß eine laufende Landstromentnahme auch bei geschlossenen Luken gewährleistet ist.

Elektrolog, das, Elektroniklog, elektrisches Speedometer *(electronic speedometer)* Ein mo-

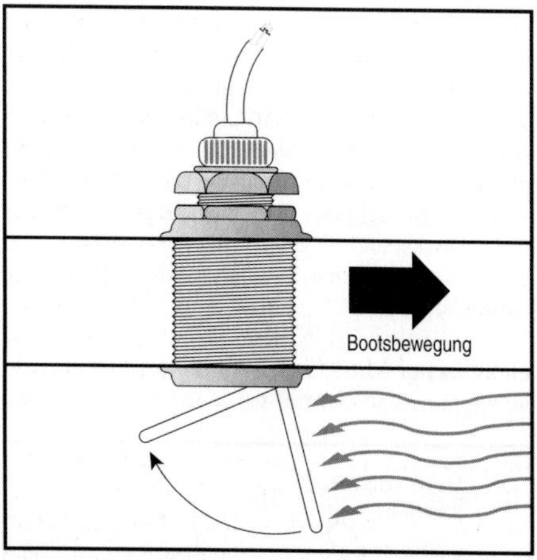

dernes →*Log,* das mit einem Geber unter dem Bootsboden arbeitet, dessen fingerartiger Fühler durch den Widerstand bei der →*Fahrt* durch das Wasser nach hinten geschwenkt wird und der den dabei entstehenden Wasserdruck auf elektrischem Wege dem Anzeigegerät in der →*Kajüte* oder in der →*Plicht* übermittelt. Die →*Fahrt* wird direkt, meistens →*analog* und durch eine →*Fahrtlupe* gegebenenfalls überdeutlich angezeigt. Ein →*Meilenzähler* kann zusätzlich installiert werden.

Elektrolyse, die *(electrolysis)* Elektrochemische Zersetzung, die durch →*Seewasser* und seine gute Leitfähigkeit als Elektrolyt verursacht wird. Dabei entstehen durch die galvanischen Ströme zwischen den Metallen am →*Bootsrumpf* oder in der →*Ausrüstung* oder →*Takelage,* die das Seewasser ständig oder zeitweilig leitend verbindet, Korrosion oder Zersetzung, die das unedlere, in der →*galvanischen Spannungsreihe* tiefer stehende Metall angreift. Um E. zu verhindern, benutzt man zur Ausrüstung gleiche Metalle, z. B. →*Beschläge* mit ihren Befestigungen nur aus →*Bronze,* →*rostfreiem Stahl* o. ä. bzw. an einem Mast aus →*Aluminium* nur entsprechende Metallteile. Wenn jedoch am →*Unterwasserschiff* z. B. eines →*Stahlbootes* auf einen →*Propeller* aus Bronze nicht verzichtet werden kann, bringt man in seiner Nähe →*Opferanoden* mit niederer Wertigkeit als →*Stahl* an, damit nur dieses Metallteil zersetzt und nicht der gesamte Bootsboden angegriffen werden kann. Auch bei der Benutzung von →*Unterwasserkupferbronze* muß die E. beachtet werden.

elektromagnetische Welle, die Siehe →*Welle (elektromagnetische W.)*

elektronische Navigation, die *(electronic navigation)* Ein Teilgebiet der →*technischen* Navigation oder diejenigen Verfahren, in denen elektronische Hilfsmittel eine bestimmende Rolle spielen. Das Zeitalter der e. N. begann mit →*Consol* und →*Radar* und führte über →*Decca,* →*Loran* und →*Omega* zu →*GPS* sowie weiter zur →*elektronischen Seekarte* und zu →*integrierten nautischen Anlagen.*

Elektronische Seekarten-Darstellungssysteme *(Electronic Chart Display and Information Systems, abbr. ECDIS)* Optische Darstellung von Angaben auf einem Bildschirm, die einer →*Seekarte* ähnelt. Die seekartentypischen Einzelheiten werden aus einer handelsüblich auf einer CD oder als Diskette gelieferten Datensammlung in digitalisierter Form bezogen. So lassen sich alle relevanten Angaben aus einer Vielzahl von klassischen Papier-Seekarten für ein bestimmtes Seegebiet einschließlich von Informationen aus den →*Seehandbüchern* mit Knopfdruck abrufen und mit beliebiger Vergrößerung auf einen Bildschirm bringen. Außerdem können auf jeder gespeicherten elektronischen Seekarte der →*Schiffsort* (mit →*Loran* oder →*GPS)* und die über →*Radar* gewonnenen Informationen gleichzeitig dargestellt werden. Die Anbieter von →*ECDIS* dürfen nur Daten benutzen, die mit dem →*WGS 84* übereinstimmen und aus den Datensammlungen der amtlichen Hydrographischen Dienste (in Deutschland: →*BSH)* stammen. Außerdem müssen sie den von der →*IMO* entwickelten Normen für ECDIS entsprechen. Ohne volle Kenntnis der begrenzten Leistungsfähigkeit der E.S.-D. und ihrer möglichen Fehler kann eine „elektronische Seekarte" in Verbindung mit einem genauen Navigationsverfahren (wie z. B. →*GPS)* eher eine Gefahr als eine Hilfe der →*Navigation* bedeuten.

Elektrospill, das *(electric capstan)* Ein →*Ankerspill,* auch zum →*Verholen,* das auf größeren Yachten anstelle eines →*Kurbelspills* benutzt und über die Lichtmaschine des Motors oder die Bordbatterie gespeist wird.

Elevation, die *(elevation)* Wörtl. „Erhebung, Erhöhung". In der →*terrestrischen Navigation* als (geographische) →*Höhe* über →*Normal Null* (z. B. eines →*Leuchtfeuers),* in der →*astronomischen Navigation* als Winkelabstand eines →*Gestirns* gegen den wahren →*Horizont* benutzt. In der →*Satelliten-Navigation* die (ebenfalls in Winkelgraden angegebene) Höhe eines →*GPS-Satelliten* über dem Horizont. Abhängig von der Position und der Qualität der Antenne können GPS-Satelliten bereits zur →*Schiffsortbestimmung* →*akquiriert* werden, sobald ihre E. mehr als 5° (standardmäßig: 10°) über dem Horizont liegt.

Ellipsoid, das *(ellipsoid [of rotation])* Allg. ein elliptisch geformter Körper, wie ihn auch die Erd-

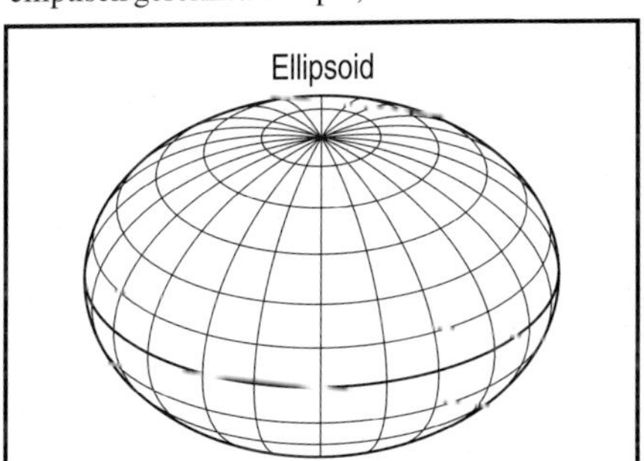

kugel darstellt, die man wegen ihrer ständigen Drehung als Rotationsellipsoid bezeichnet. Gegenüber einem →*Geoid* zeigt ein E. der Erde nicht nur eine genauere Form, sondern diese wurde auch ständig besser vermessen und der tatsächlichen Form der Erde angepaßt. So gibt es heutzutage mehrere und spezielle Ellipsoide als Grundlage für die Herstellung von →*Seekarten,* auf denen z. B. das →*Europäische Bezugssystem,* das →*WGS 84* und das →*WGS 72* beruhen.

Elmsfeuer, das *(Saint Elmo's fire)* Besonders bei Gewitterneigung wahrnehmbare Lichterscheinung am →*Masttopp* sowie an →*Baum-* und →*Rahnocken.* Diese büschelförmige elektrische Entladung mit rötlich-violettem Licht, die bei abergläubischen Seeleuten die unterschiedlichste Deutung fand, wurde nach dem Schutzpatron der romanischen Seeleute San Elmo oder Sankt Elmus benannt.

eloxieren *(to make an eloxal or oxide layer)* Aus „elektrolytisch oxidiert" zusammengesetztes Kurzwort für die Herstellung einer oxydischen Schutzschicht auf Metallen, insbesondere →*Aluminium,* in einem elektrolytischen Verfahren, das in Deutschland „Eloxal"-, in Amerika „Alumilite"-Verfahren genannt wird. Dabei bildet sich durch →*Elektrolyse* bestimmter Lösungen, z. B. Schwefel-Oxal- oder Chromsäure, auf der Oberfläche der Metallteile, die als Anoden in der Lösung liegen, eine Oxidschicht, die sich durch organische Farbstoffe färben und durch Nachbehandlungsverfahren verdichten läßt und als Schutz gegen →*Korrosion* und Abrieb, als dekorativer Überzug und zur elektrischen Isolation dient. Insbesondere bei →*Mast* und →*Baum* üblich.

Emaille-Lack, der *(enamel varnish)* Eine in vielen Farbtönen erhältliche hochwertige Kunstharzfarbe für alle Überwasserteile, die besonders hitzebeständig (bis 120 °C) sein kann.

EMVG Abk. für das „Gesetz über die elektromagnetische Verträglichkeit von Elektrogeräten" aller Art, das seit 1989 u. a. das Maß der Störstrahlung regelt, die ein Gerät abgeben oder aufnehmen darf. Seit dem 1.1.1996 müssen auch die elektrisch betriebenen Sende- und Empfangsanlagen auf Yachten wie z. B. →*UKW-Seefunkgeräte* und →*Navtex-Empfänger* den EMV-Richtlinien entsprechen, deren Innehaltung durch das →*CE-Kennzeichen* nachgewiesen ist.

EN (Abk. für Europäische Norm) Für alle Bereiche des Segelsportes, den →*Yachtbau* und die Teile der →*Ausrüstung* können neben EN die Normen →*DIN,* →*ISO,* →*IEC* und andere gelten.

EN 1095 Europäische Norm für →*Sicherheitsgurte.*

Endbeschlag, der *(true lock)* Aus rostfreiem Stahl hergestelltes, formschönes und zuverlässiges Paßstück, das als →*Terminal* direkt auf das

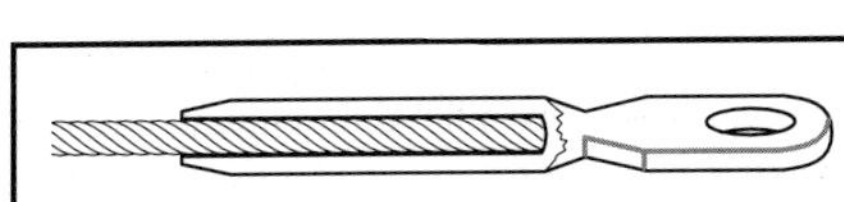

Seilende (den →*Tampen* von →*Drahttauwerk)* geschoben und dann mit einer Walzmaschine dauerhaft befestigt wird (→*Walzterminal).* Ein E. kann auch durch Gewinde sicher verschraubt werden (→*Gewindeterminal).* Ein E. ist leichter als eine Seilhülse und schneller aufzubringen als ein →*Augspleiß* oder →*Kauschenspleiß,* so daß er hauptsächlich zur Verbindung des →*stehenden Gutes* mit den →*Püttings* des Rumpfes und des →*laufenden Gutes* mit →*Mast* und Segel dient. Ein E. kann für jeden speziellen Zweck als →*Aug-,* →*Ball-* oder →*Gabelterminal* gefertigt werden.

Ende, das *(end, rope)* Bezeichnung eines abgepaßten Stückes →*Tauwerk* vom Durchmesser einer →*Leine.* Dabei wird das letzte Stück auf beiden Seiten vom E. →*Tampen* genannt.

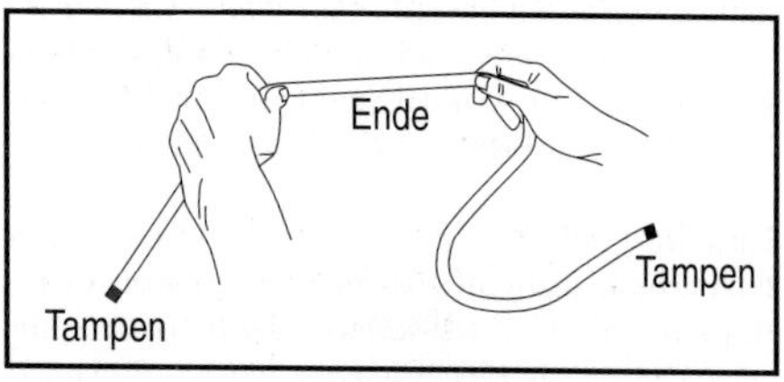

Endlosfaser, die *(fibre)* Rohstoff zur Herstellung von →*Fasertauwerk* aus →*Chemiefasern,* der maschinell unaufhörlich und ohne Ende herstellbar ist. Er wird erst bei der Weiterverarbeitung zum →*Garn* in die erforderlichen →*Längen,* z. B. auf einer Spule, geschnitten. E. werden als →*Monofilament* und →*Multifilament* eingesetzt und finden als →*Kernmaterial* von Tauwerk Verwendung, wo sie als Garne zu →*Litzen* verflochten sind oder als Bündel parallel liegen. Aber auch ein →*Mantel* kann mit ihnen →*geflochten* oder →*geschlagen* werden. Endlosfasern haben glatte, harte Oberflächen. Sie sind hochfest und dehnungsarm, aber weniger griffig als →*Stapelfasern.* Die E., die den Charakter von Seide hat, wird als →*Multifilament* zu Endlosgarn weiterverarbeitet und dient dann hauptsächlich als Grundbestandteil von →*Fasertauwerk* mit hoher →*Reißfestigkeit,* z. B. bei →*Ankerleinen aus* →*Polyamid-Endlosgarn,* hochfest.

Endstabilität, die *(final stability, ultimate stability)* Der Bereich auf einer →*Stabilitätskurve,* in dem bei entsprechender Neigung oder →*Krängung* des Bootes das →*Stabilitätsmoment* oder die Fähigkeit zum Wiederaufrichten aus der geneigten Lage am größten ist. Bei →*Jollen* oder →*Katamaranen* (C) tritt die E. sehr früh ein; denn sie haben durch ihre →*Formstabilität* eine größere →*Anfangsstabilität.* Demgegenüber zeichnen sich →*Kielyachten* durch eine geringere Anfangsstabilität, aber eine große E. aus. Boote mit ausreichend tiefem →*Flossenkiel* (A) können sich durch ihren tiefen Außenballast aus jeder Lage wieder aufrichten, während Jollen und Katamarane nach Überschreiten der E. →*kentern.* Diese Gefahr besteht auch für →*Kimmkieler* mit nicht ausreichender E. (B).

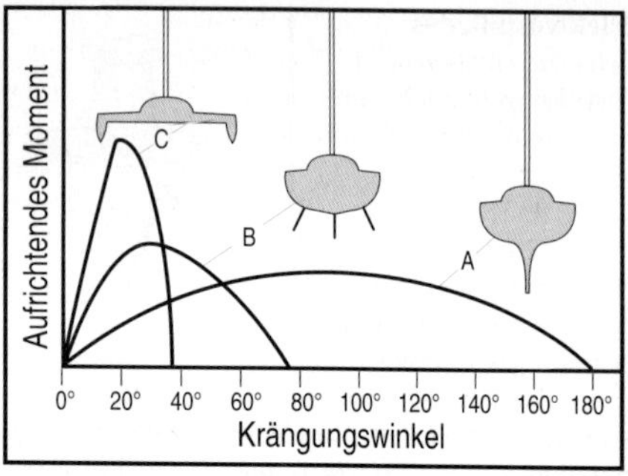

energiebetriebenes Hilfsmittel *(stored power, device from stored energy)* Beim →*Rennsegeln* waren nach den früheren →*IWB* bis 1996 ausdrücklich nur mit Muskelkraft betriebene mechanische Hilfsmittel wie z. B. →*Schotwinden* und →*Fallwinden* erlaubt. Ein e. H., das z. B. von einer elektrischen Batterie gespeist oder von einem Kraftstoffmotor betrieben wurde, war verboten. In den ab 1997 gültigen →*WR* wird statt dessen unter dem Stichwort →*Handbetrieb* (Regel 52) klargestellt, daß das →*stehende* und →*laufende Gut* eines Bootes und seine →*Spieren* und alle beweglichen Teile des →*Rumpfes* ausschließlich von Hand eingestellt und bedient werden dürfen.

englische Meile, die *(statute mile)* Nur bei Geschwindigkeitsangaben von Booten unter Motor benutzte Längeneinheit, die sorgfältig von der →*Seemeile* (sm) zu unterscheiden ist:
1 statute mile = 1,609 km = 0,869 sm = 5280 ft
1 Seemeile (sm) = 1,151 statute mile = 6076 ft
= 1852 m 1 km = 0,621 statute mile.

englische Tonne, die *(long ton, abbr. l.t.)* Sie entspricht 2240 lbs (→*englische* Pfund) = 1016 kg = 1,016 t (metrische →*Tonne).*

englisches Pfund, das *(lb; pl. lbs)* Einheit für Gewicht und Masse. 1 Pfund = 16 Unzen (oz.) = 0,454 kg.

entern *(1. to go aloft, 2. to grapple, to board)* 1. In der oder in die →*Takelage* eines Segelschiffes klettern, nach oben auch „aufentern", nach unten auch „niederentern" genannt. – 2. Früher auch auf ein →*Bord* an Bord liegendes feindliches Schiff klettern, wenn man sich mit Enterhaken herangeholt hatte, um es gewaltsam zu stürmen. Die →*Besatzung* wurde dabei oft mit Enterbeil oder Entermesser niedergemacht.

Entlastungsstrafe, die *(exoneration by penalty)* Beim →*Rennsegeln* kann ein →*Boot,* das die Regel 31,1 der →*WR* (Berühren einer →*Bahnmarke*) verletzt hat, sich freiwillig eine E. auferlegen. Hierzu muß es sich so bald wie möglich von allen anderen Booten freisegeln und unverzüglich eine 360°-Drehung mit einer →*Wende* und einer →*Halse* segeln.

entmasten *(to dismast)* Den →*Mast* brechen oder verlieren, z. B. im →*Sturm,* in einer →*Kreuzsee* oder bei einer →*Havarie.*

Entwarnung, die *(cancellation)* Aufhebung einer →*Sturmwarnung,* wenn in den folgenden 6 bis 12 Stunden keine neuerlichen →*Windgeschwindigkeiten* in der Stärke eines →*Sturmes* zu erwarten sind.

entwässern *(to drain)* Beim Außerdienststellen eines Bootes (z. B. im →*Winterlager)* das Entfernen allen Wassers aus Tanks, Rohrleitungen usw., um die Gefahr der →*Korrosion* und des Einfrierens zu verhindern

EP Chemische Kurzbezeichnung nach DIN 7728 für →*Epoxidharz* als Basis für Anstrichmittel oder den Bootsbau aus →*GFK.*

EP-Anstrich, der *(epoxy coating, epoxy paint)* Bewährtes Anstrichmittel auf →*Epoxidharz-Basis,* das hauptsächlich als →*Zweikomponenten-Lack* geliefert wird. Ein EP-A. ist ein widerstandsfähiger Schutz für hart beanspruchte Teile von →*Außenhaut,* →*Deck* und →*Aufbauten.* Er kann auch in Verbindung mit →*Glasseidenmatten* für einen absolut wasserdichten Schutzbezug mit hoher Festigkeit und Elastizität sorgen.

Ephemeriden, die (ephemeris, pl. ephemerides) Die (in des Wortes ursprünglicher Bedeutung) „von Tag zu Tag" bzw. heutzutage für eine bestimmte Zeitspanne vorausberechneten Angaben von Gestirnspositionen für die →*astronomische Navigation,* die im →*Nautischen Jahrbuch* oder einem Nautical Almanac veröffentlicht werden. In der →*Satelliten-Navigation* die genauen Positions- und Bahndaten jedes einzelnen Satelliten, die im →*Almanach* nur für die gesamte Satelliten-Konstellation und mit geringerer Genauigkeit angegeben sind.

EPIRB Abk. für Emergency Position Indicating Radio Beacon, deutsch →*Seenot-Funkbake.*

EPIRB COSPAS-SARSAT Eine →*Seenotfunkbake,* die nach dem →*COSPAS-SARSAT-Seenot-Satellitensystem* arbeitet, auch →*COSPAS-SARSAT-EPIRB* genannt, zur Unterscheidung von einer →*EPIRB Inmarsat.*

EPIRB Inmarsat Eine →*Seenotfunkbake,* die als →*L-Bandbake* bzw. →*Inmarsat E* im gleichnamigen Satelliten-Kommunikationssystem zur Alarmierung in einem →*Seenotfall* eingesetzt wird, zur Unterscheidung von der →*EPIRB COSPAS-SARSAT.* Siehe hierzu →*Inmarsat EPIRB.*

Epoxidharz, das *(epoxy resin)* Ein in flüssiger und lösungsmittelfreier Form lieferbares Kunstharz, das durch Zugabe eines →*Härters* mit Abgabe von Wärme aushärtet. Der Vorteil von E. gegenüber →*Polyesterharz* liegt in der geringeren Volumenschrumpfung von nur 1 bis 2 %, wodurch man bei großer Spannungsfreiheit eine hohe Maßgenauigkeit im Fertigteil erzielt. Die mechanischen Werte eines →*Laminates* mit E. sind besser, jedoch müssen höherer Preis, längere Aushärtezeit und hohe →*Viskosität* dafür als Nachteile in Kauf genommen werden.

Epoxidprimer, der *(epoxy primer)* Eine →*Grundierung* als Rostschutz für Stahlboote, die aus Zinkstaub besteht, der mit →*Epoxidharz* gebunden ist.

Erdmagnetismus, der *(geomagnetism)* Der →*Magnetismus* des Erdballs. Der E. ist die Voraussetzung für die →*Navigation* mit einem →*Magnetkompaß.* Dabei zeigt die frei aufgehängte Magnetnadel in Richtung der Linien des großen Erdmagnetfeldes. Der durch entsprechende Farbe „rot" gekennzeichnete Nordpol der Magnetnadel stellt sich aus Gründen der Anziehung ungleichnamiger Pole in Richtung auf den magnetischen Nordpol ein, der praktisch „blau" und damit magnetisch südpolar ist, während sich die blau gekennzeichnete andere Spitze der →*Kompaßnadel* in Richtung des antarktischen Magnetpols einpendelt, der „rot" oder magnetisch nordpolar ist. Von den erdmagnetischen Elementen eines Ortes ist für den Segler hauptsächlich die →*Mißweisung* von Bedeutung, weil die magnetischen und geographischen Pole nicht an den gleichen Orten liegen.

erstes Viertel, das *(first quarter)* Sog. „Halbmond“ bei zunehmendem Mond, wenn Sonne und Mond im rechten Winkel zueinander stehen. In →*Tidengewässern* die Zeit der →*Nipptide.*

Erweiterte Serienbauüberwachung (durch den GL) Siehe (erweiterte) →*Serienbauüberwachung.*

Eschenholz, das *(ash wood)* Ein durch seine Zähigkeit und Elastizität und für viele hölzerne →*Ausrüstungsteile* benutztes Material, z. B. für →*Klampen,* →*Bootshaken,* →*Flaggenstock,* →*Gräting* o. ä.

Eselshaupt, das *([lower] mast cup)* Kräftiger, brillenförmiger Beschlag, der auf einem →*Segelschiff* den →*Topp* eines →*Pfahlmastes* mit einer →*Stenge* verbindet.

Eselsrücken, der *(kick-down, bustle)* Auf einem →*Seekreuzer* mit vom →*Ruder* getrennter →*Kiel-*

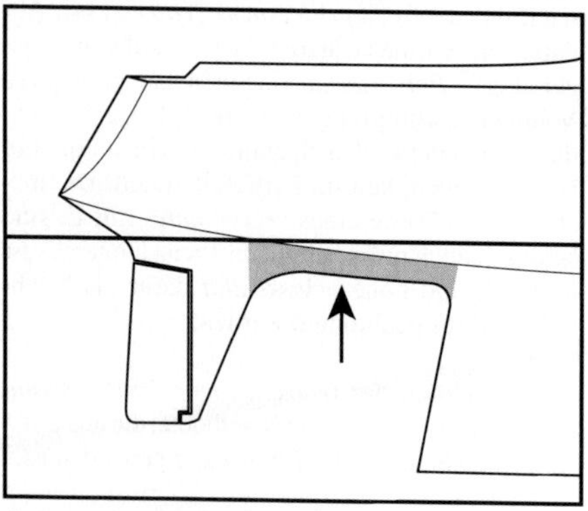

flosse die unter dem →*Boden* zum →*Skeg* gebaute, oft profilierte oder unten abgerundete Verbindung geringerer Tiefe. Ein E. soll das Umströmen des Wassers von einer Bootsseite zur anderen in →*Fahrt* verhindern. Er stellt ein wichtiges Teil des →*Lateralplanes* dar, insbesondere bei Rennyachten nach →*IOR.* Für den E., der im →*Yachtbau* eine profilierte Verdrängerhacke ist, benutzt man auch die Bezeichnung →*Steg* oder →*Bürzel.*

Etmal, das *(day's run, nautical day)* Dauer eines (astronomischen) Tages sowie die in dieser Zeit von 24 Stunden über →*Grund* zurückgelegte →*Distanz* in →*Seemeilen.* Man berechnet ein E. von einem Mittagsbesteck zum anderen, d. h. von →*Mittag* 12.00 Uhr bis zum folgenden Tage mittags 12.00 Uhr. Der Zeitraum eines E. umfaßt jedoch nur auf Kursen von Nord nach Süd und Süd nach Nord genau 24 Stunden. Da der Zeitpunkt des Mittagsbestecks von der geographischen →*Länge* abhängt, ist ein E. bei Fahrten mit Westkurs länger, bei Fahrten mit Ostkurs kürzer als 24 Stunden. In der modernen Zeit der →*Funknavigation* kann ein E. auch für einen vollen Tag von 00.00 Uhr bis 24.00 Uhr gerechnet werden. Auch als Maß für die Geschwindigkeit des →*Stromes* wird ein E. (von 24 Std.) benutzt.

Euler-Knicken, das; Eulersche Knickgleichung (en), die *(Euler buckling, Euler's formulae)* Um die Knicklast, z. B. von →*Mast,* →*Baum* oder →*Spinnakerbaum,* zu berechnen und eine entsprechende Sicherheit bei einer Mastbiegung oder gegen Schäden durch Druck oder Druckspannung einer →*Spiere* vorzusehen, benutzt man die E. K.

$$F_k = \pi^2 E I / s^2$$

Hierin ist der Querschnittskennwert I das →*Trägheitsmoment* in bezug auf die Querschnittshauptachse (das →*Mastprofil)* und s (unter Bordverhältnissen = 1) die Knicklänge (z. B. zwischen →*Deck* und →*Topp).* E = Elastizitätsmodul des Werkstoffes, z. B. →*Aluminium.*

EU-Richtlinie für Sportboote, die Die „Richtlinie 94/25/EG des Europäischen Parlamentes und des Rats über die Angleichung der Rechts- und Verwaltungsvorschriften der Mitgliedstaaten über Sportboote“, wie sie offiziell heißt, wurde am 16.06.1994 verabschiedet und damit in Kraft gesetzt. Seit dem 16.06.1996 wird sie endgültig angewandt. Übergangsfristen laufen am 16.06.1998 ab. Die EU-Richtlinie gilt für alle →*Boote* und →*Yachten* von 2,5 bis 24 m →*Länge* außer für →*Charterboote,* die mit (bezahlter) →*Crew* vermietet werden und zugleich der kommerziellen Personenbeförderung dienen. Sie gilt u. a. nicht für →*Segelsurfbretter* und für Eigenbauten, sofern diese nicht innerhalb von 5 Jahren auf den Markt gebracht werden. Das →*CE-Zeichen* bescheinigt, daß ein Boot den EU-Richtlinien entspricht. In ihnen sind auch →*ISO-Normen* enthalten, aus denen vielfach durch Umschreiben →*EN-Normen* gemacht wurden. Die EU-R. enthält eine Vielzahl von technischen Anforderungen an die →*Bauweise,* die Sicherheitseinrichtungen und die Handhabung eines Bootes, darunter auch an die →*Schiffskörper-Kennzeichnung.*

Europäisches Bezugssystem 1950, ED 50, das *(European Datum 1950, abbr. ED 50)* Eines von mehreren Bezugssystemen für eine →*Seekarte,* bei dem die Erde als lokal (hier: für die europäischen Gewässer) bestangepaßtes →*Ellipsoid* erfaßt und das Kartennetz hierzu gezeichnet wurde. Das E. B. 50 ist als →*Kartendatum* im Kopf jeder deutschen Seekarte vermerkt. Bei Benutzung des →*WGS 84* in einem →*GPS-Gerät* müssen die ausgewiesenen Positionen geringfügig berichtigt werden, um mit der Karte übereinzustimmen. Die entsprechenden Korrekturwerte (z. B. 0,05 Minuten weiter →*nordwärts* und 0,08 Minuten →*ostwärts)* sind unter „Bemerkungen" angegeben.

Europe Von Jack Roland konstruierte und aus →*GFK* und/oder formverleimtem Sperrholz gebaute →*anerkannte ausländische Klasse,* die sich als Einmann-Rennjolle aus der →*Moth* entwickelte. Lüa 3,35 m, Büa 1,38 m, Tiefg. Rumpf 0,14 m, mit Schwert 1,00 m, Verdr. segelf. min. 60 kg, Segelfl. 7 m².

Ewer, der *(wherry boat, sailing barge)* Altes, flachbodiges Segelfahrzeug der Nordseeküste, das zum Fischfang (Fischer-E.) oder für den Lastentransport (Fracht- oder „Dreuch"-E.) diente.

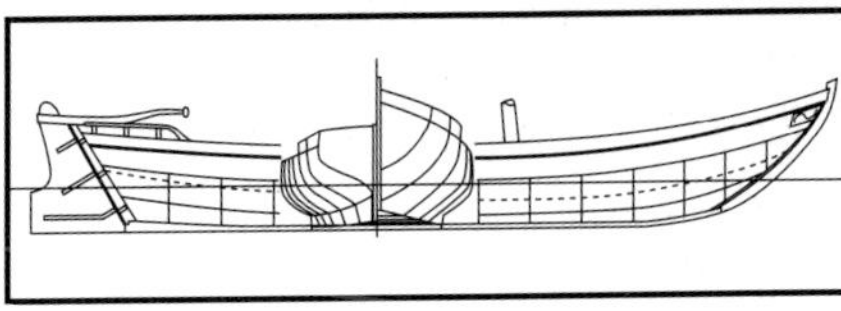

ex *(ex)* Lateinische Präposition „aus", die als Hinweis auf frühere Namen des gleichen Schiffes benutzt wird, z. B. „Sturmwind" ex „Möwe".

Experte, der *(expert, specialist)* Gutachter oder Sachverständiger, der z. B. im Falle einer →*Havarie* vor der Schadensregulierung von einer Versicherungsgesellschaft herangezogen wird.

F

F = Foxtrot Internationales Buchstabensignal weiß mit rotem Rhombus, Bedeutung: „Ich bin manövrierunfähig; treten Sie mit mir in Verbindung." Morsen: · · – · (kurz–kurz–lang–kurz).

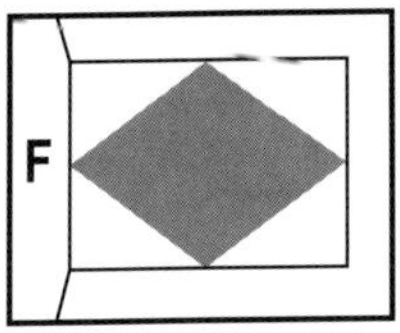

F 1 B Wichtige Abk. für die →*Sendeart* →*Frequenzmodulation,* mit der Funkfernschreiben im →*Seefunkdienst* übermittelt werden. Auch ein →*Selektivruf* im →*Digitalen Selektivrufsystem* wird mit F1B ausgestrahlt.

F 1 C Im →*Seefunk* die →*Sendeart* →*Frequenzmodulation* zur Faksimile-Aussendung Schwarz-Weiß und zur Aufzeichnung in →*Wetterfax-Empfängern* (Wetterkarten-Druckern).

Faden, der *(fathom)* Veraltetes Längenmaß, das im englischen Maßsystem noch für die Bestimmung der Wassertiefe benutzt wird: 1 Faden = 6 Fuß = 1,83 m. Die Maßeinheit bezeichnet die Länge eines Fadens zwischen den Fingerspitzen der zu jeder Seite ausgestreckten Arme. Irgendeine Beziehung zur →*Seemeile* oder →*Kabellänge* besteht nicht, obgleich 1 Faden = ca. 1/100 kbl oder ca. 1/1000 sm ist.

Fadensonde, die *(telltale)* Dicht am →*Vorliek* beidseitig angenähtes kurzes Stückchen →*Garn* zur optischen Kennzeichnung einer →*laminaren* oder →*turbulenten Strömung.* Eine F. soll das Segel auf den richtigen →*Anstellwinkel* trimmen helfen. Eine F. wird auch →*Trimmfaden* oder →*Windfaden* genannt.

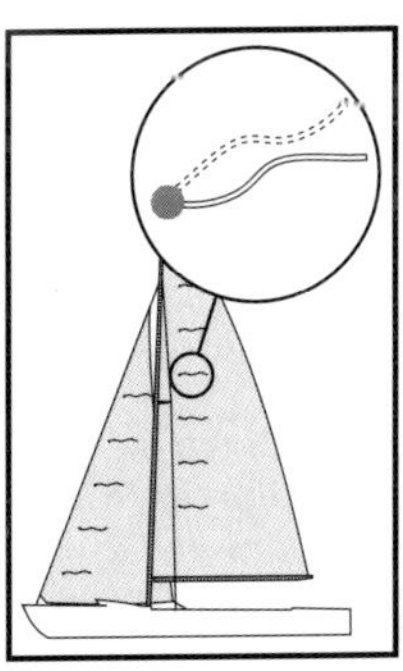

fahrbares Viertel, das *(navigable quadrant)* Wenn man in Zugrichtung eines →*Sturmtiefs,*

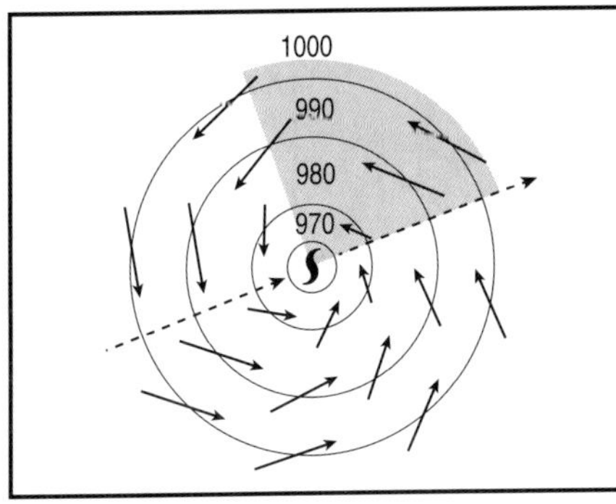

→*Orkans* oder →*Hurrikans* blickt, das links vor dem Zentrum liegende Viertel oder der linke vordere („IV.") →*Quadrant,* der neben dem →*gefährlichen Viertel* liegt. Bei Annäherung eines Tiefs o. ä. versuche man, in das f. V. zu gelangen oder hierin zu bleiben. (Diese Angaben für die →*meteorologische Navigation* gelten nur für die Nordhalbkugel.)

Fähre, die *(ferry, ferryboat)* Im Binnenland ein einfaches Fahrzeug für den Personen- oder Fahrzeugverkehr, das die beiden Ufer eines Gewässers nach Fahrplan überquert. Eine F. kann mit eigenem Motor, über (unterseeische) Ketten oder von Hand mit Seilen (über dem Wasser) betrieben werden. Sie hat im allgemeinen kein →*Wegerecht.* Große, seetüchtige Fähren verbinden viele Küstenstaaten in →*Ostsee,* →*Nordsee* und →*Mittelmeer.* Sie unterscheiden sich kaum noch von einem Fahrgastschiff.

Fähre *(ferry)* Zeichen in der →*Seekarte,* siehe →*Karte 1* (INT 1) im Anhang.

fahren *(1. u. 2.: rope runs through blocks; 3. u. 4.: to carry, 5. to sail, to serve afloat)* Seemännischer Ausdruck mit verschiedenen Bedeutungen: 1. Bei einer →*Talje* oder anderen Teilen des →*laufenden Gutes* „fährt" ein →*Ende* (und „läuft" nicht) durch einen →*Block.* – 2. Singgemäß fährt der →*Ruderschaft* durch den →*Ruderkoker.* – 3. Verschiedene Ausrüstungsteile, die an Bord im Gebrauch sind, werden „gefahren". Man „fährt"

z. B. zwei →*Anker,* ein doppeltes →*Achterstag,* zwei Paar →*Unterwanten* o. ä. – 4. Wenn ein Boot Segel →*gesetzt hat,* dann „fährt" es diese, z. B. die →*Genua,* den →*Besan* o. ä. – 5. Ein Seemann „fährt" zur See oder ein Segler ist „befahren", wenn er mehrere →*Fahrten* mitgemacht hat. – 6. Demgegenüber „fährt" das Boot nicht, sondern es „läuft", z. B. 5 kn.

Fahrenheit-Gradskala, die *(Fahrenheit scale)* Die in den angloamerikanischen Ländern benutzte Temperaturskala, die von dem 1686 in Danzig geborenen und 1736 in Holland gestorbenen Gabriel Daniel F. festgelegt wurde. Der Eispunkt wird dabei mit 32°, der Siedepunkt des Wassers mit 212° bezeichnet. 0 °F entsprechen 17,8 °Celsius, 100 °F als Körpertemperatur des Menschen 37,8 °C. Umwandlung gängiger Werte siehe Abb.

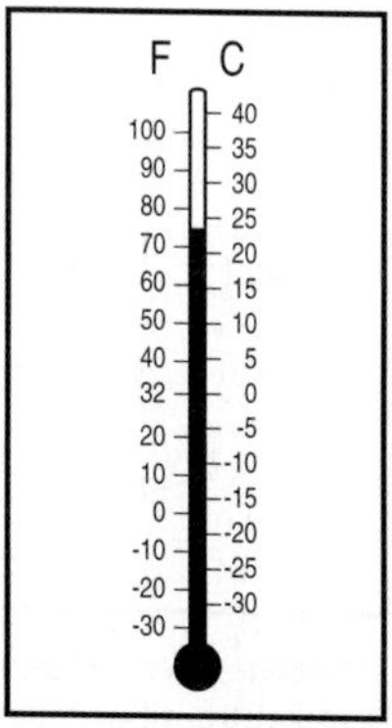

Fahrensmann, der *(seafaring man)* Ausdruck für einen Seemann, der „gefahren" ist, sinngemäß auch für einen „be-" oder „erfahrenen" Segler.

Fahrlässigkeit, die *(act of negligence)* Ein juristischer Begriff, der z. B. bei Abwicklung einer →*Havarie* oder →*Strandung* durch eine →*Versicherung* sowie in der →*Verschuldenshaftung* oder in einer →*Seeamtsverhandlung* (in Verbindung mit →*Seemannsbrauch)* relevant sein kann. Auf die Führung einer →*Yacht* bezogen, bedeutet F. das Außerachtlassen der im Verkehr erforderlichen Sorgfalt in einem objektiven, typisierten Maßstab (vgl. § 276, Abs. I S. 2 BGB). Als →*grobe Fahrlässigkeit* gilt, wenn die im Verkehr erforderliche Sorgfalt in besonders schwerem Maße verletzt ist (s. § 521 BGB) und der Handelnde nicht beachtet hat, was jedem hätte einleuchten müssen.

Fahrregeln, die *(steering and sailing rules)* Die in den →*KVR* vorgeschriebenen →*Ausweichregeln* und ihre Ergänzungen.

Fahrrinne, die *(channel, navigable passage)* Die natürlich entstandene oder künstlich verbreiterte bzw. vertiefte Rinne in Küstengewässern, die meistens als →*Fahrwasser* mit entsprechender →*Betonnung* oder →*Befeuerung* gekennzeichnet ist. Der Segler sollte sie, soweit möglich, meiden und der →*Berufsschiffahrt* überlassen.

Fahrt, die *(speed, [way, voyage])* Die Bootsgeschwindigkeit, ausgedrückt in →*Seemeilen* pro Stunde (sm/h) und bezeichnet als →*Knoten* (kn): 1 sm/h = 1 kn. Die F. wird entweder direkt (z. B. mit einem →*Log)* gemessen oder aus der Zeit berechnet, die das Boot für das Durchfahren einer bekannten Strecke (z. B. in der →*Meilenfahrt)* benötigt. Der Begriff F. wird auch als Kommando für das Einstellen der betreffenden Fahrtstufe eines Motors (→*„halbe Fahrt",* →*„langsame Fahrt")* sowie sinngemäß für eine „Reise" (z. B. →*Langfahrt)* genutzt. Die →*KVR* enthalten den Begriff →*„in Fahrt",* die →*Navigation* kennt die →*Fahrt über Grund* und →*Fahrt durchs Wasser.* Ein Boot kann F. →*voraus* oder F. →*achteraus* machen und ein Segler einen Führerschein für →*Binnenfahrt* o. ä. erwerben.

Fahrtbereich, der *(range of sailing, region of navigation)* In den →*Klassifikations- und Bauvorschriften* des →*Germanischen Lloyd* (GL) für →*Yachten* festgelegte fünf →*Fahrtgebiete,* die gleichzeitig den fünf Typen von →*Segelbooten* nach der Terminologie des →*GL* entsprechen: F. I: Uneingeschränkte →*Fahrten* fern von Küsten, bei denen das →*Boot* völlig auf sich allein gestellt ist und in der Lage sein muß, jeden →*Notfall* allein zu bewältigen. (Für →*Hochseeyachten* und →*Langfahrtyachten.)* – F. II: Fahrten entlang der →*Küste* in einem Seegebiet 200 sm von der →*Küstenlinie* entfernt. (Für →*Seekreuzer.)* – F. III: Fahrten entlang der Küste in einem Seegebiet 20 sm von der Küstenlinie entfernt. (Für →*Küstenkreuzer.)* – F. IV: Tagesfahrten zwischen nahegelegenen →*Häfen* entlang der Küste, nicht mehr als 3 sm von der Küstenlinie entfernt. (Für →*Jollen* und →*Jollenkreuzer.)* – F. V: Fahrten auf →*Binnenrevieren* und Tagesfahrten im →*Wattgebiet* nicht weiter als 0,75 sm von der Küstenlinie entfernt. (Für Jollen und offene Kleinboote.)

Fahrt durch das Wasser, die nach →*DIN 13312*
Fahrt durchs Wasser, Abk. **FdW** *(speed made good through the water)* Die geschätzte oder gemessene Geschwindigkeit eines Bootes, bezogen auf das Wasser. Diese →*Fahrt* wird mit →*Fahrtmessern,* →*Log,* →*Speedometer* o. ä. gemessen und in →*Knoten* angegeben. Erst mit Berücksichtigung von →*Strom* und →*Abdrift* wird daraus die →*Fahrt über Grund* ermittelt.

Fahrtenkreuzer, der *(cruising yacht)* Ein →*Kreuzer* mit (oft) eingeschränktem Fahrtbereich, der zwar selbstaufrichtend wie ein →*Kielkreuzer,* aber nicht →*seegängig* wie ein →*Seekreuzer* ist. Der Fahrtbereich eines F. ist durch Konstruktion und Größe meistens auf Reviere an der →*Küste* beschränkt.

Fahrtensegeln, das *(cruising)* Der Bereich des Segelsportes, der sich (im Gegensatz zum →*Rennsegeln)* mit →*Langfahrten* und →*Wanderfahrten* befaßt. Für das F. wurden →*Fahrtenwettbewerbe* entwickelt. Es gibt dafür →*Fahrtenkreuzer* und →*Seekreuzer,* und der Segler kann für die →*Fahrtgebiete* freiwillige →*Führerscheine* erwerben.

Fahrtenseglertreffen, das *(meeting of cruising yachtsmen)* Jährlich von der →*Kreuzer-Abteilung* veranstaltetes mehrtägiges Treffen von →*Fahrtenseglern.* Ein F. wird in wechselnden →*Häfen* abgehalten.

Fahrtenwettbewerb, der *(cruising competition)* Jährlich von der →*Kreuzer-Abteilung* für die Bereiche →*See,* →*Binnen/Küste* und Jugend ausgeschriebene Wettbewerbe für →*Fahrtensegler.* Dazu müssen das →*Logbuch* der Reise, →*Wetterkarten* und andere Unterlagen der →*Navigation* eingereicht werden. Jährlich werden über 100 Bewerber mit Plaketten in Gold, Silber und Bronze ausgezeichnet und ihre Namen in den →*Nautischen Nachrichten* veröffentlicht.

Fahrtgebiet, das *(reach [region] of voyage)* Das Seegebiet für eine →*Fahrt.* In der →*Sportschifffahrt* unterscheidet man das F. gemäß dem →*Führerschein;* Zur →*Binnenfahrt* gehören alle →*Binnengewässer.* Zur →*Revierfahrt* zählt man alle →*Küstengewässer* bis zur →*Hoheitsgrenze.* In die →*Küstenfahrt* ist die gesamte Ostsee, die Gewässer zwischen Nord- und Ostsee, die →*Nordsee* bis 61° N und der gesamte Ärmelkanal bis zur Linie Lizard Point-Isle d'Quessant einbezogen. Alle anderen Fahrtgebiete rechnen zum Bereich →*Seefahrt.*

Fahrtlupe, die Zusatzgerät für ein →*Elektrolog,* das die Ableseskala ungefähr um das Dreifache spreizt (sinngemäß zum Begriff „Zeitlupe", wenn der zeitliche Ablauf gedehnt wird). Mit der F. lassen sich auch geringfügige Geschwindigkeitsschwankungen deutlicher erkennen, wenn man z. B. die →*Schotführung* oder den →*Segeltrimm* verändert bzw. eine →*Trimmklappe* o. ä. bedient.

Fahrtmesser, der *([hydrodynamical] speedometer)* Ein Gerät zum Anzeigen und Bestimmen der →*Fahrt,* das als →*Staudruckmesser* arbeitet, oft auch →*Speedometer* genannt. Anders als ein F. arbeitet ein →*Log* (→*Handlog,* →*Relingslog* u. a.) sowie ein →*Sumlog* mit einfacheren mechanischen Mitteln oder ein →*Doppler-Log* mit größerem elektronischem Aufwand.

Fahrttabelle, die *(revolution [speed] table)* Eine graphische oder tabellarische Gegenüberstellung der Umdrehungszahlen des →*Propellers* zur korrespondierenden →*Fahrt* in →*Knoten* (seltener in km/h). Eine F. wird durch →*Meilenfahrt* aufgestellt und gilt nur für die →*Fahrt durchs Wasser.*

Fahrt über (den) Grund, die; Abk. **FüG** *(speed made good over the ground)* Der in →*Knoten* angegebene Betrag einer Ortsveränderung pro Stunde, die auf den →*Grund* der See bzw. die Erdoberfläche bezogen ist. Abhängig vom →*Strom* und anderen Einflüssen kann die F. ü. G. schneller oder langsamer als die →*Fahrt durchs Wasser* sein.

Fahrtwind, der *(head wind, dead wind)* Der durch die →*Fahrt* entstehende Gegenwind, richtiger der Gegenwind mit der →*Windgeschwindigkeit* der →*Fahrt über Grund.* Der F. und der →*atmosphärische Wind* sind die beiden Komponenten, die Richtung und Geschwindigkeit des relativen →*Bordwindes* bestimmen. Sie sind im →*Winddreieck* zusammengestellt. Der F. ist damit mitbestimmend für die →*Windenergie,* mit der ein Boot an seinen Segeln arbeiten kann. Auf einem Kreuzkurs (A) kommt es durch den F. zu einem stärkeren Bordwind (13 + 4 kn), vor dem Wind (B) zu einem schwächeren (13 - 3 kn) Bordwind, als tatsächlich der atmosphärische Wind W_a außerhalb des Bootes (13 kn) weht.

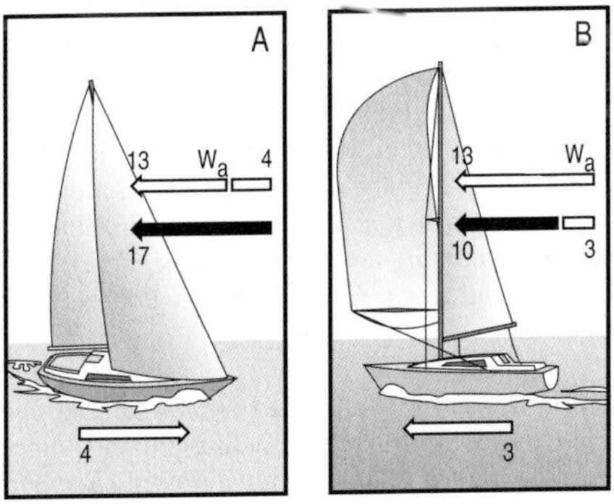

Fahrwasser, das *(channel, ship channel, fairway)* Die Teile der Wasserfläche einer →*Seeschifffahrtsstraße* o. ä., die durch →*Tonnen*, →*Baken*, →*Pricken* oder andere →*Seezeichen* gekennzeichnet ist bzw. auf denen regelmäßig ein durchgehender Schiffsverkehr stattfindet. Das F. hat eine größere Ausdehnung als eine →*Fahrrinne.*

Fahrwasserbezeichnung, die *(channel buoys and lights)* Die Kennzeichnung eines →*Fahrwassers* durch entsprechende →*Betonnung* und →*Befeuerung.*

Fahrwassermitte, die *(fairway mid channel)* Die mittlere Linie eines →*Fahrwassers,* die weder →*einlaufend* noch →*auslaufend* überschritten werden darf, auch wenn sie nicht durch →*Mittelfahrwassertonnen* ausdrücklich gekennzeichnet ist.

Fahrwasserseite, die *(port hand or starboard hand [in a channel])* Man unterscheidet die

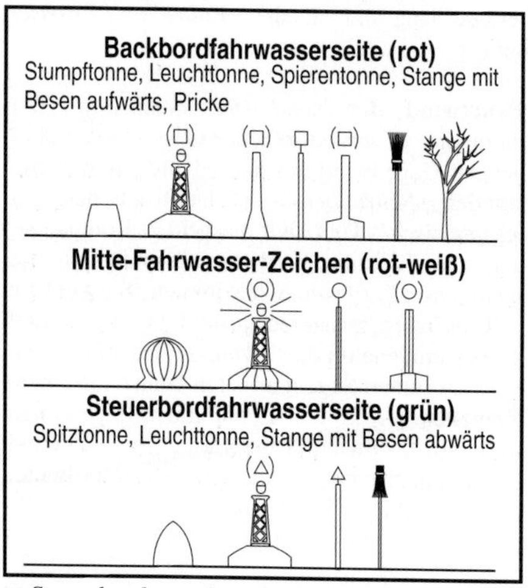

→*Steuerbord-* und →*Backbordfahrwasserseite* entsprechend der Seite, die ein von →*See* kommendes Boot an →*Steuerbord* und →*Backbord* hat. Die F. ist durch →*Fahrwassertonnen* und durch ihre Kennzeichnung mit Ziffern erkennbar. Die Zählung beginnt von See aus. Bei Benutzung eines →*Fahrwassers* ist die rechte F. einzuhalten. Die →*Betonnung* eines →*abzweigenden Fahrwassers* und eines →*einmündenden Fahrwassers* siehe dort.

Fahrwassertonne, die *(fairway buoy, channel buoy)* Eine →*Tonne* zur Bezeichnung eines →*Fahrwassers,* oft mit einem →*Toppzeichen.* Für die Art der Kennzeichnung einer F. gilt das →*Betonnungssystem „A".*

Fahrzeug (1), das *(vessel, craft)* Sammelbegriff der →*Internationalen Regeln von 1972 zur Verhütung von Zusammenstößen auf See,* der jetzigen →*Kollisionsverhütungsregeln* und der früheren →*Seestraßenordnung* für alle Arten von Wasserfahrzeugen. Ein →*Schiff,* eine →*Yacht,* ein →*Boot,* ein →*Dingi* ist also ebenso ein F. wie ein →*Fischereifahrzeug* oder eine →*Fähre.* Ein F. mit Maschinenantrieb heißt in diesen Regeln →*Maschinenfahrzeug.* Auf jedem F. gibt es einen verantwortlichen →*Fahrzeugführer.*

Fahrzeug (2), das *(vessel, craft)* Nach den Begriffsbestimmungen der →*Binnenschiffahrtsstraßen-Ordnung (→BinSchStrO)* ist ein F. ein Binnenschiff, einschließlich eines →*Kleinfahrzeugs* und einer →*Fähre,* eines schwimmenden Gerätes und eines →*Seeschiffs.* Die Bestimmungen für →*Binnenschiffahrtsstraßen* unterscheiden außerdem ein →*Fahrzeug mit Maschinenantrieb,* ein →*Fahrzeug unter Segel,* ein →*Kleinfahrzeug* und ein →*Sportboot.*

Fahrzeug mit Maschinenantrieb, das *(power-driven craft)* Nach der →*BinSchStrO* ein →*Fahrzeug* mit eigener, in Tätigkeit gesetzter →*Maschine.* Die Ausnahmen zu dieser Bezeichnung betreffen kein →*Sportboot.*

Fahrzeug unter Segel, das *(vessel under sail)* Nach der →*BinSchStrO* ein →*Fahrzeug,* das nur unter →*Segel* fährt. Benutzt es seinen →*Motor,* gilt es als →*Fahrzeug mit Maschinenantrieb.*

Fahrzeug vor Anker, das *(vessel at anchor)* Nach den →*KVR* muß ein F.v.A. unter 50 m Länge ein weißes →*Rundumlicht* dort führen, wo es am besten gesehen werden kann. Auf →*Yachten* wird die dazu benutzte →*Vollkreislaterne* üblicherweise auf dem →*Topp* des →*Großmastes* gefahren. Ein F.v.A. wird auch →*Ankerlieger* genannt.

Fahrzeugführer, der *(captain, master, skipper)* Im Text der →*KVR* der verantwortliche →*Schiffsführer,* in der →*Schiffahrt* auch →*Schiffer* oder →*Kapitän* und auf →*Yachten* →*Skipper* genannt. Nach § 4,4 der →*Verordnung zu den Internationalen Regeln zur Verhütung von Zusammenstößen auf See* muß ein verantwortlicher F. bestimmt werden, wenn dieser nicht feststeht und mehrere Personen der →*Besatzung* zur Führung des Fahrzeugs berechtigt sind. Auf einer →*Yacht* ist ganz selbstverständlich der →*Eigner* auch der F., es sei denn, er besitzt nicht den →*Amtlichen Sportbootführerschein See.* In diesem Falle kann nur er allein ein Mitglied der →*Crew,* das diesen Befähigungsnachweis besitzt, zum F. bestimmen. Auf einer →*Charteryacht* wird diejenige Person als verantwortlicher F. angesehen, die den Chartervertrag unterzeichnet hat. Anders als bei einem F. oder Kapitän in der Berufsschiffahrt gründet sich die Verantwortung und Befehlsgewalt eines Yachtskippers im Innen-Verhältnis nicht auf gesetzliche Grundlagen, sondern allein auf stillschweigende oder ausdrückliche Übereinkunft aller Mitsegler. Diese haben sich als „freiwillig eingegangene Gefahrengemeinschaft mit der Entscheidungsperson" ihres F. für die Zeit vom →*Ablegen* bis zum →*Festmachen* einverstanden erklärt. Verweigert ein Segler dem F. in dieser Zeit die notwendige Mitarbeit oder Hilfe im Interesse der Schiffahrtssicherheit, muß der F. die →*Reise* abbrechen. Für den Störenfried können sich dann strafrechtliche Folgen (Nötigung nach § 240 StGB, gefährlicher Eingriff in den Schiffsverkehr nach § 315 StGB und unterlassene Hilfeleistung nach § 330 c StGB) und zivilrechtliche Schadensersatzansprüche mit finanziellen Konsequenzen wegen des Abbruchs der Reise ergeben.

Fäkalientank, der *(sludge tank)* Ein Bestandteil der →*Toilettenanlage* zum Schutz der Gewässer. Ein F. kann aus →*Edelstahl* oder Kunststoff gefertigt sein und wird in seinen Abmessungen den Gegebenheiten einer →*Bordtoilette* angepaßt. Gefüllt wird der F. direkt vom →*Yacht-WC,* die Entsorgung erfolgt entweder durch die Pumpstation in einer →*Marina* oder auf →*hoher See* mit eigener Pumpe in das Meer. Ein F. muß mit Hilfe von Sanitärflüssigkeit geruchsfrei gehalten und durch entsprechende Ventile sicher be- und entlüftet werden.

Fall, das (1); Fall, der (2) *(1. halyard, 2. rake)* 1. Ein →*Ende* aus →*Fasertauwerk* oder →*Drahttauwerk* zum →*Setzen* eines Segels. Jedes F. ist nach dem Segel benannt, das es bedient, z. B. →*Großfall,* →*Fockfall* u. a. Ein F. wird an einer →*Klampe* belegt oder läuft über eine →*Fallwinde.* Es kann durch →*Einfallen* gestreckt und durch einen →*Fallentlaster* unterstützt werden. – 2. Die Mastneigung in →*Längsschiffsrichtung* zur Senkrechten. Man bevorzugt einen F. nach →*achtern* von 2 bis 5°. Mit diesem F. läßt sich zur Korrektur des →*Richtungsgleichgewichtes* die Lage des →*Segeldruckpunktes* im Verhältnis zum →*Lateraldruckpunkt* verändern. Bei mehrmastigen Booten nimmt der Mastfall von vorn nach achtern zu.

Fallbö, die *(down gust, white squall)* Besonders in →*Lee* gebirgiger Küsten über die Bergkämme oder aus Talschluchten herausstoßende plötzliche →*Bö,* die in →*Starkwind-* oder →*Sturmstärke* und mit gefährlicher unerwarteter Richtungsänderung auftritt. Eine F. ist auch am →*Ankerplatz* gefährlich.

Fallenschäkel, der *(halyard shakle)* Ein →*Schlüsselschäkel* mit Durchbrechung des Bügels, in die

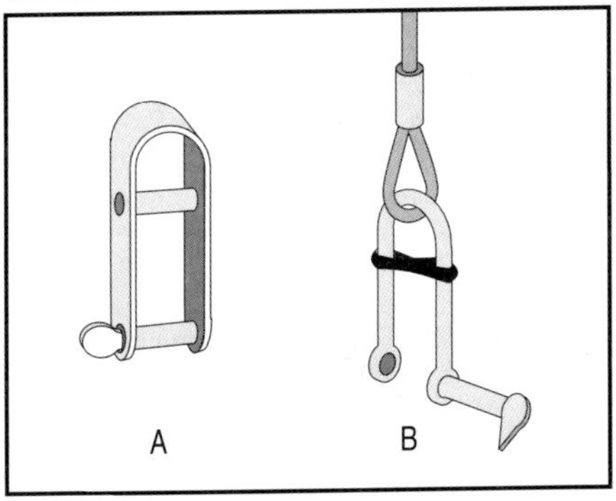

das →*Fall* mit einem →*Ballterminal* eingelassen ist. Die Verbindung ist besser als mit →*Schäkel* und →*Kauschenspleiß.* Ein F. hat immer einen Innenbügel (A), damit er stets fest mit dem Fall verbunden bleibt. Gegebenenfalls wird hierzu ein Bändsel (B) gezurrt.

Fallenstopper, der *(halyard stopper)* Eine Hebelklemme mit gezahnter Backe (Abb.), unter der

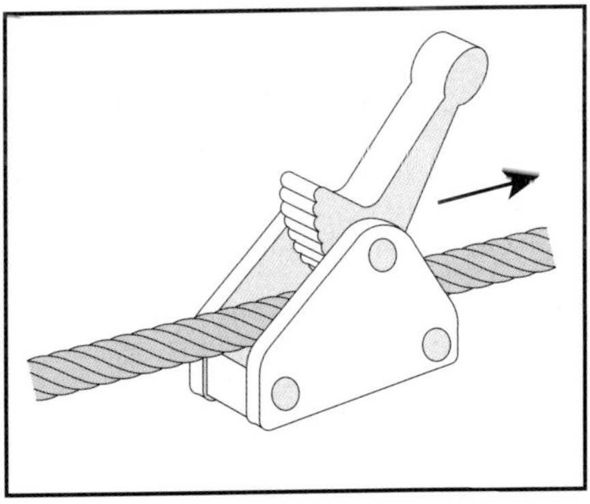

das durchlaufende →*Fall* eingelegt ist. Ein F. ersetzt die →*Klampe* zum →*Belegen,* die immer hinter einer →*Winsch* angeordnet ist, und →*be-*

kneift die →*Leine* bereits vor der Winsch. Dadurch lassen sich mehrere Fallen, →*Schoten,* →*Reffleinen* und anderes →*Tauwerk* annähernd gleicher Stärke nacheinander über eine einzige, meistens auf dem →*Kajütdach* neben der →*Plicht* montierte Winsch bedienen, weil diese durch das einfache Stoppen mit dem F. schnell wieder frei wird. Bei einem modernen F. kann die →*Leine* auch bei niedergedrücktem Hebel geholt werden. Er muß nur beim →*Losgeben* aufgestellt werden.

Fallentlaster, der *(halyard lock)* Eine in der Führung eines →*Falls* in der Nähe des →*Masttopps* liegende Sperre, auch „Fallriegel" genannt (Abb.).

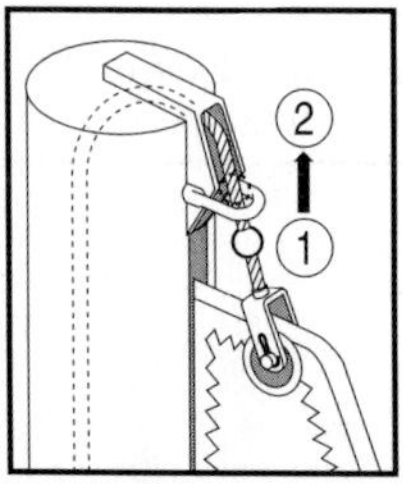

Der F. besteht aus einem →*Ballterminal* (1) im Fall dicht über dem →*Kopfbrett* (3) und einem Bügelbeschlag an der Kante des →*Mastes,* der die Belastung anstelle der →*Fallwinde* oder →*Klampe* übernimmt. Dadurch wirkt sich ein mögliches Recken des Falls nicht auf den →*Segeltrimm* aus. Bei einem →*Vorsegel* kann das →*Vorliek* nicht seitlich durchsacken. Der Stauchdruck auf den Mast wird vermindert.

Fallreep, das *(manrope, rope ladder, gangway)* Ursprünglich als Kommando „Fall Reep!" der Befehl, ein →*Reep* zum Anbordklettern außen an der Bordwand entlangzuhängen.

Daraus wurde der immer komfortablere Aufgang, vom Seefallreep mit Tauwerk und Holzstufen, auch →*Jakobsleiter* genannt, bis hin zu einer Treppe (Abb.), oft mit →*Handlauf* und einer Plattform über der Wasseroberfläche zum sicheren Übersteigen aus einem →*Beiboot.*

Fallriegel, der *(halyard hook)* Dasselbe wie →*Fallentlaster,* mit unterschiedlicher Konstruktion auch Fallsperre, Fallhaken oder Fallschloß genannt.

Fallscheibe, die *(halyard sheave)* Eine Scheibe oder Rolle, um ein →*Fall* im →*Masttopp* an seinem höchsten Punkt umzulenken und zum →*Deck* zurückzuführen. Eine F. ist in einem →*Scheibengatt* angeordnet und soll einen größtmöglichen Durchmesser haben.

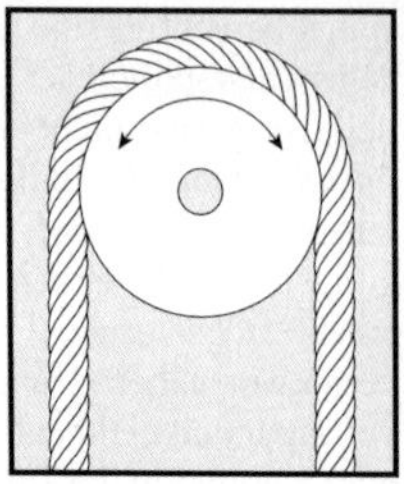

Fallschirm-Leuchtrakete, die *(parachute light)* Ein offizielles →*Signal* (in Rot), das nach Anlage IV der →*KVR* einen →*Notfall* anzeigt und die Notwendigkeit einer →*Hilfeleistung* bei →*Seenot* in einem weiten Umkreis bekanntgibt. Handelsüblich wird eine F.-L. als →*Fallschirmsignalrakete* bezeichnet. (Beschreibung siehe dort.)

Fallschirmpatrone, die *(parachute cartridge)* Eine (extrem lange) →*Leuchtpatrone* des Kalibers 4, die aus einer →*Signalpistole* abgeschossen wird, um ein →*Signal* in einer der →*Signalfarben* auf See etwa 300 m hoch für eine Leuchtdauer von etwa 30 Sekunden mit einer Lichtstärke von 20 000 →*Candela* zu zeigen.

Fallschirmsignalrakete, die *(parachute rocket flare, parachute sky rocket)* Ein mit einem Fallschirm ausgerüstetes erlaubnispflichtiges →*Signalmittel* der Klasse „T 2" in Rot zur Abgabe von →*Notsignalen* in einem →*Seenotfall.* Es kann länger in der Luft schweben als eine normale →*Signalrakete* und hat die gleiche Leuchtwirkung wie ein Signal, das mit einer →*Fallschirmpatrone* aus einer →*Signalpistole* gegeben wird. Eine F. wird von Hand gezündet und löst nach einer Steighöhe von 300 m einen roten Stern aus, der 40 s lang mit einer Helligkeit von 35 000 cd (→*Candela*) brennt und bei Nacht ca. 25 sm weit sichtbar ist.

Fallwind, der *(fall wind, katabatic wind)* Gefährlicher Wind an einem →*Hochufer,* der größere →*Windgeschwindigkeit* als der Bodenwind hat, weil die Höhenströmung plötzlich und ungehin-

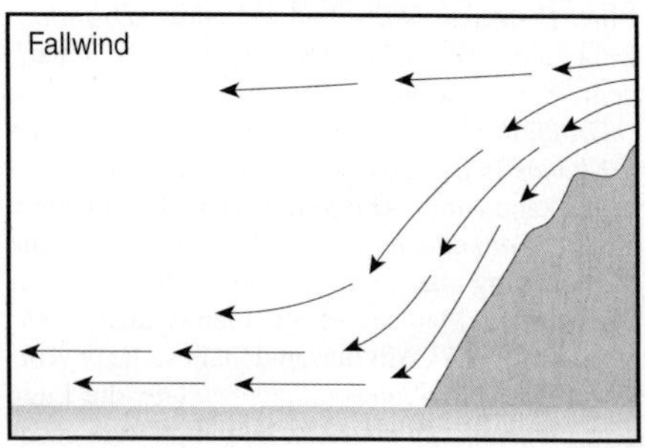

dert nach unten durchbrechen kann. Als gefährlicher F. gelten →*Bora,* →*Mistral* im Mittelmeer.

Fallwinde, die *(halyard winch)* Hilfsmittel zum schnellen Setzen und Bergen eines →*Segels,* bei →*Drahtfallen* werden hauptsächlich →*Bremsbandwinden,* bei →*Fasertauwerk* einfachere

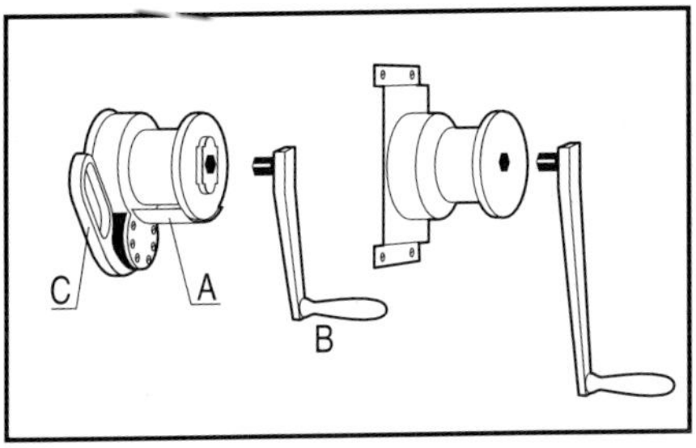

→*Streckerwinden* benutzt. Die Trommel ist zu entsprechender Drahtaufnahme von ca. 15 m (bei 6 mm Durchmesser) bis 25 m (bei 3 mm Durchmesser) geeignet, nach unten durch einen Drahtfangbügel (A) gesichert, um das Abspringen des Drahtseils von der Windentrommel zu verhindern, mit einer abnehmbaren Windenkurbel (B) versehen und besitzt ein Bremsband (C) mit Handhebel für eine Backenbremse und gegebenenfalls eine Nachstreckerscheibe, um die letzten Törns nicht in die darunterliegenden Wicklungen fest hineinzuziehen, sondern das Steifsetzen auf einer getrennten schmalen Nebenscheibe vorzunehmen. Das →*Untersetzungsverhältnis* 1:1 wird nur bei sehr großen Winden bis auf ca. 5:1 verändert. Eine F. hat den Vorteil, daß das Deck um den Mast immer aufgeräumt ist; Draht hat geringere Dehnung als Tauwerk und benötigt weniger Platz. Der Nachteil einer Drahtfallwinde: Das Durchsetzen eines Segels geht nicht so schnell wie mit einer →*Durchholwinde* und Fasertauwerk.

Faltanker, der *(folding anchor)* Auch →*Klappdraggen* genannter platzsparender →*Anker* für Kleinboote, dessen 4 →*Flunken* sich schirmartig auseinanderfalten oder beiklappen

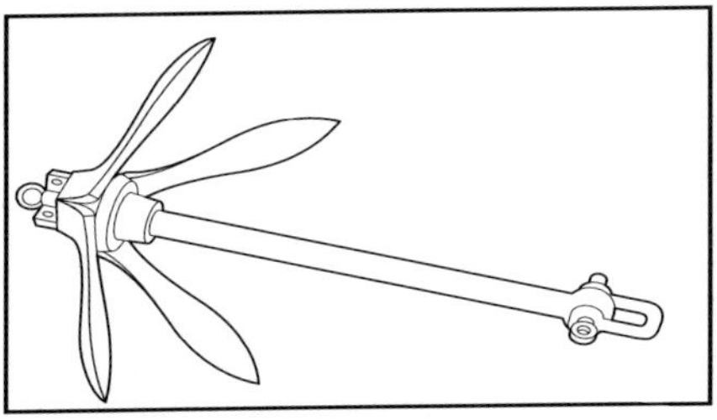

und in beiden Positionen durch einen Ring verriegeln lassen.

Faltfuß, der *(shelffoot)* Die heutigen →*Segel* können von ihrem Mittelteil bis zum →*Kopf*

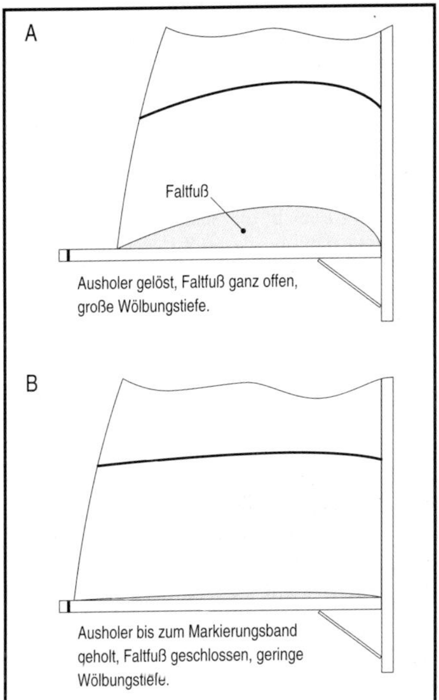

Faltfuß

durch die Kurvenformung von →*Vorliek* und →*Mastliek,* die Anordnung der →*Bahnen* und den →*Reck* des Segeltuches beim →*Trimmen* nur wenig verändert werden. Der →*Ausholer* kann dann nur noch die →*Segelwölbung* im Bereich über dem →*Fußliek* regulieren, d. h. (sogar beim Runden einer →*Wendemarke* in einer →*Wettfahrt)* schnell einen →*Bauch* von z. B. 20 % (auf einem →*Raumschotskurs)* beseitigen und das Segel (für einen →*Amwindkurs)* flach trimmen helfen. Besitzt ein →*Großsegel* eine als waagerechte Bahn am →*Unterliek* angenähte Tasche, auch (engl.) →*Shelffoot* genannt (Abb.), kann sie eine große Wölbungstiefe stabilisieren (A), wenn diese „Fußtasche" bei Entlastung des Ausholers offen ist, und sich zu einem F. zusammenfalten (B), wenn man den →*Unterliekstrecker* bis zum Markierungsband anholt.

Faltpropeller, der *(folding propeller)* Ein →*Propeller* für →*Seekreuzer* mit →*Einbaumotor,* des-

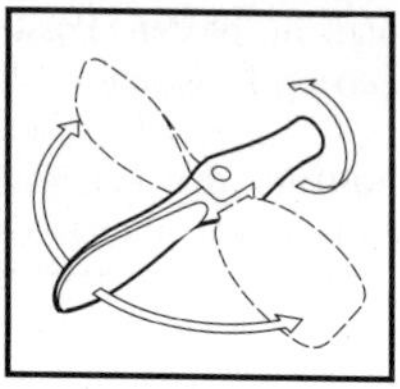

sen Flügel unter Segeln durch den Fahrtstrom in Verlängerung der Propellerachse zusammenklappen (1) und sich bei Drehung der Propellerwelle und laufendem Motor selbsttätig durch Zentrifugalkräfte und Schubwirkung auseinanderfalten (2). Zweiblatt-Faltpropeller erhalten ihre beste Schubkraft im Bereich unterer und mittlerer →*Drehzahl* der →*Propellerwelle* (1000–3000 U/1). Darüber hinaus stagniert sie. Außerdem erreicht die Schubkraft rückwärts im allgemeinen nur bis ca. 60 % der Schubkraft vorwärts. Ein gut konstruierter →*Dreiblatt-Faltpropeller* erreicht demgegenüber (vorwärts wie rückwärts) etwa die gleiche Schubkraft wie ein Dreiblatt-→*Festpropeller* und natürlich eine größere als ein Zweiblatt-F., wobei sich (beigeklappt) der Strömungswiderstand erst ab ca. 4 →*Knoten* linear zu vergrößern beginnt.

Fancywork (engl.) = Zierknoten, Liebhaber- und Verzierungsarbeiten Sammelbezeichnung

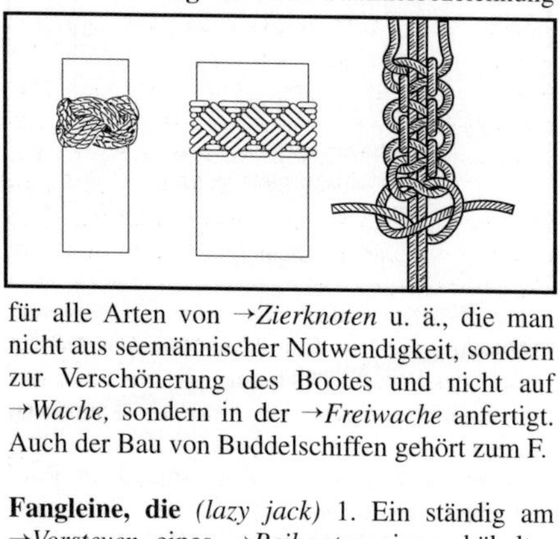

für alle Arten von →*Zierknoten* u. ä., die man nicht aus seemännischer Notwendigkeit, sondern zur Verschönerung des Bootes und nicht auf →*Wache,* sondern in der →*Freiwache* anfertigt. Auch der Bau von Buddelschiffen gehört zum F.

Fangleine, die *(lazy jack)* 1. Ein ständig am →*Vorsteven* eines →*Beibootes* eingeschäkeltes →*Ende,* mit dem das Boot nachgeschleppt oder →*festgemacht* wird. – 2. Mit einer doppelten →*Dirk* verbundene Segeltuchgurte oder →*Stropps,* die bei langen und leichten →*Großbäumen* nach dem →*Bergen* der Segel angelegt werden, um Baum und Segeltuch zu halten. Eine F. kann auch als →*Faulenzer* bezeichnet werden.

Farbenstrak, der *(cove strip, ribbon line)* Die Grenzlinie zwischen dem (meistens in unterschiedlichen Farben gehaltenen) →*Unterwasserschiff* und dem →*Überwasserschiff,* auch →*Wasserpaß* genannt. Der F. liegt immer über der →*Konstruktionswasserlinie,* damit auch bei Wellengang am →*Liegeplatz* nur der mit →*Antifouling* behandelte Teil des Bootes mit dem Seewasser in Berührung kommt. Man bevorzugt für den F. wegen der Schmutz- und Ölreste auf dem Wasserspiegel dunkle Farben.

Farbentferner, der *(paint remover)* Vom Handel angebotenes, aber nur bei Holz- und Metallbooten empfehlenswertes Hilfsmittel zum radikalen Aufweichen alter Farb- bzw. Lacküberzüge, die man anschließend mit dem →*Spachtelmesser* abschieben kann. Die Endbehandlung erfolgt durch einen →*Reiniger.*

Farbsignalbeutel, der *(colour distress signal bag)* Ein →*Notsignal* als Hilfe bei einem →*Mann-über-Bord-Manöver.* Der vom Schwimmer aktivierte Farbstoff ergibt einen orangefarbigen Fleck auf der →*Wasseroberfläche,* der sich von der Unfallstelle aus nach →*Lee* ausbreitet und nicht nur diese selbst, sondern auch die →*Windachse* zur Erleichterung des Rettungsmanövers deutlich kennzeichnet.

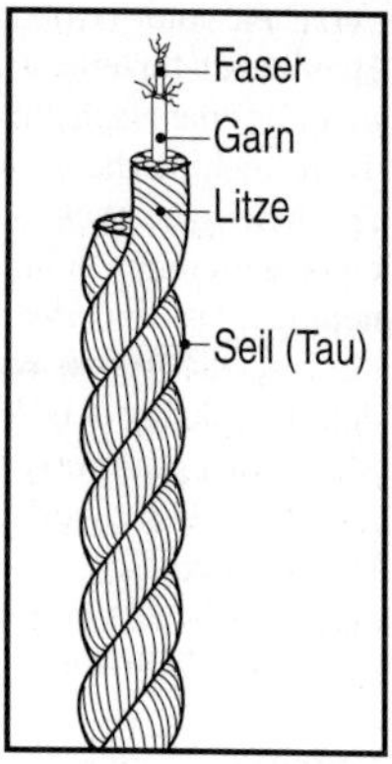

Faser, die *(e.: fibre, thread, a.: fiber)* Das Ausgangsmaterial, aus dem das →*Tauwerk,* die →*Segel* und auch die Elemente des Bootsbaus aus →*GFK* gefertigt sind. Man unterscheidet unterschiedliche →*Faserstoffe* und verschiedene →*Fasertypen.* Bei der Herstellung von →*Fasertauwerk* werden →*Endlosfasern* und →*Stapelfasern* zuerst zu →*Garnen* verarbeitet, ehe in weiteren →*Verseilstufen* als Halberzeugnisse →*Litzen* und/oder →*Kardeele* und als Endstufe →*Seile* entstehen.

Faser-Harz-Spritzverfahren, das *(moulding method with spray gun [depositing chopped fibres and resin])* Eine Arbeitsmethode im →*Bootsbau* aus →*GFK* im Gegensatz zum →*Handauflegeverfahren:* „Gehäckselte" Glasseide wird mit →*Polyesterharz* zusammen auf einen Formkörper gespritzt (Abb.). In der Mitte des Spritzgerätes wird der Glasseidenstrang in kleine Teile geschnitten und vom Luftstrom auf die Form geworfen. An jeder Seite liegt eine Düse, die jeweils die gleiche Menge von Harz und →*Härter* auf der einen bzw. Harz und →*Beschleuniger* auf der anderen Seite auf die gleiche Stelle der Form spritzt. Das Verfahren bedingt etwas höhere Investitionen und erreicht bei gleicher Schichtdicke nicht die Festigkeit wie das Handauflegeverfahren.

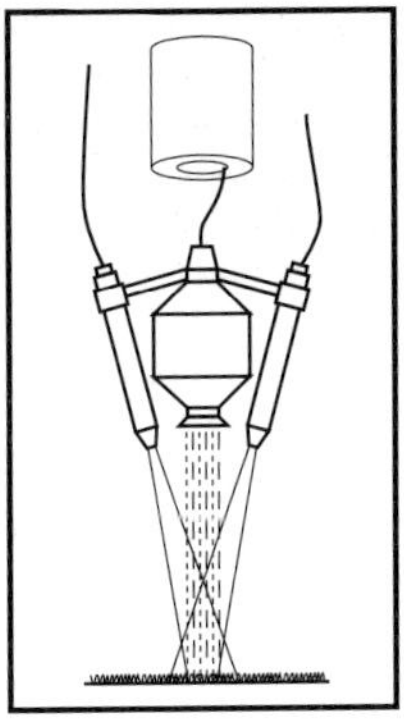

Faserseil, das *(e.: fibre rope; a.: fiber rope)* Sammelbezeichnung nach →*DIN 83305* für →*Fasertauwerk.* Die DIN-Norm enthält im Teil 1: Übersicht; im Teil 2: Begriffe und im Teil 3: Anforderungen an die →*Seile,* aus denen das Yachttauwerk gefertigt ist.

Faserstoff, der *(fibrous material)* Das Material, aus dem die →*Faser* zur Herstellung von →*Fasertauwerk* besteht. Man unterscheidet bei →*Pflanzenfasern* den F. →*Hanf,* →*Sisal,* →*Manila,* →*Flachs* und →*Baumwolle,* bei →*Chemiefasern* den F. →*Polyamid,* →*Polyester,* →*Polypropylen,* →*Polyethylen,* →*Aramid* u. a. Aus jedem F. können unterschiedliche →*Fasertypen* hergestellt werden.

Fasertauwerk, das *(e.: fibre rope; a.: fiber rope)* Alle →*Leinen* und →*Trossen,* die aus →*Naturfasern* oder →*Chemiefasern* hergestellt sind (im Gegensatz zum →*Drahttauwerk).* Nach der Machart von F. unterscheidet man →*geschlagenes* und →*geflochtenes Tauwerk* aus mehreren →*Fasertypen.*

Fasertype, die *(type of fibre or thread)* Die oft nach →*tex* bewertete →*Chemiefaser,* die als Grundmaterial zur Herstellung von →*Fasertauwerk* und zur Weiterverwendung in →*Garn (*→*Filament-Seilgarn)* dient. Man unterscheidet die F. →*Monofilament,* Abk. Monofil, →*Multifilament,* Abk. Multifil und →*Splitfilm,* z. B. aus →*Polypropylen,* der zu Streifen geschnitten und nach weiterer Behandlung gezwirnt wird. Jede F. kann aus den →*Faserstoffen* →*Polyamid,* →*Polyester,* →*Polyethylen,* →*Aramid* u. a. hergestellt werden. Die F. von →*Pflanzenfasern* werden nach ihrer Herstellungsform als →*Spinnfaser-Seilgarne* bezeichnet.

faserverstärkter Kunststoff (FVK) *(fibre reinforced plastics)* Ein Werkstoff, der wie →*glasfaserverstärkter Kunststoff* bei der Verarbeitung aus →*Polyesterharz* oder →*Epoxidharz* in einem Verfahren der chemischen →*Polymerisation* entsteht, aber anstelle oder neben →*Glasfasern* auch →*Aramidfasern* oder →*Kohlenstoffasern* als Armierungsmaterial enthält. Aus diesem Grunde ist der Begriff FVK, z. B. bei der Baubeschreibung einer →*Yacht* oder in einer →*Serienbaubescheinigung* des →*GL,* von dem früher allein benutzten Kürzel →*GFK* zu unterscheiden. Ein FVK mit Aramidfasern (Markennamen →*Kevlar,* →*Tawron)* hat den Vorteil hoher Festigkeit und eines etwa doppelten E-Moduls (d. h. eines günstigeren Steifigkeitsverhältnisses) gegenüber →*Glasfasern,* so daß relativ leichtere Boote entstehen können. Kohlenstoffasern oder →*C-Fasern* (mit einem dreifachen E-Modul von Glasfasern) werden bei FVK eingesetzt, wenn besonders große Steifigkeit bei einer →*Verbund-Bauweise* verlangt wird. Das innere Gefüge von Werkstücken aus speziellen FVK sollte durch Bohrungen oder Fräsungen nicht gestört werden.

fassen *(to take hold [of], to grasp)* Im Sinne von greifen, packen: Der →*Anker* hat „gefaßt". Im Sinne von fangen: Eine →*Leine* erfassen und →*holen.* Ein Boot „faßt an", wenn es z. B. beim →*Abbringen* vom Grunde zu schleppen beginnt. Auch „Essen f." (als →*Backschafter),* „Schnaps f." (bei →*Besanschot an)* sind gebräuchlich. Von einem →*Frischwassertank* sagt man auch, er „faßt" 100 Liter.

Faßtonne, die *(cylindrical or barrel buoy)* Ein schwimmendes →*Seezeichen* von zylindrischer Form, dessen Längsachse horizontal liegt. Sie kann z. B. als Festmachetonne, zur Kennzeichnung von →*Warngebieten* (mit der Beschriftung „Warngebiet" oder „Warn-G.") oder der gemessenen Meile *(*→*Meilentonne)* mit der Beschriftung „Meile" und anderen Zwecken dienen. Mit rotem, liegendem Kreuz bezeichnet die F. ein →*Sperrgebiet.*

Fastnet-Rennen, das *(Fastnet Race)* Erstmals 1925 gesegeltes internationales zweijährliches Hochseerennen (in ungeraden Jahren) über 605 sm mit Start in Cowes, durch den Ärmelkanal bis

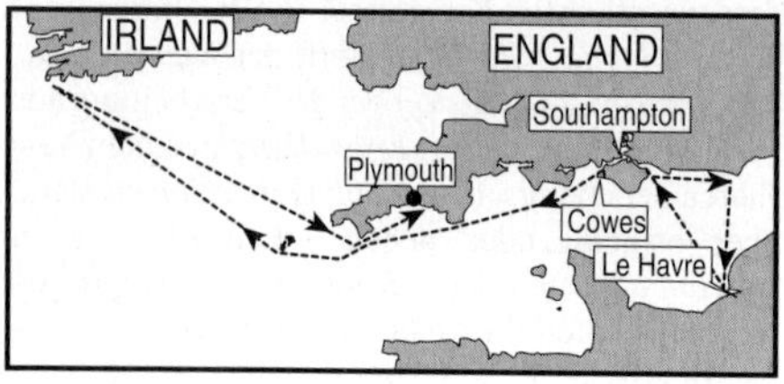

zu den Scilly-Inseln, zum Fastnet-Felsen vor der irischen Südküste und zurück zum Ziel in Plymouth. Beim →*Admiral's Cup* wird die Plazierung in diesem Rennen dreifach gewertet.

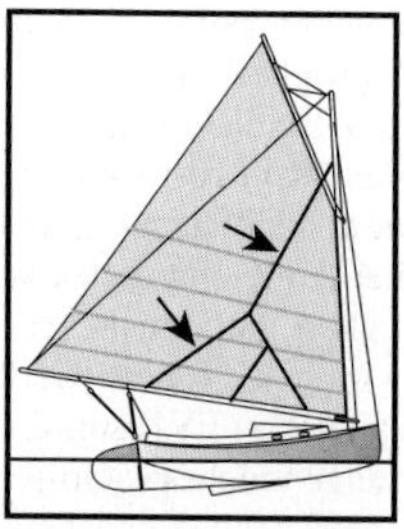

Faulenzer, der *(lazy jack)* Eine meist doppelt geschorene und oft in breites Segeltuch auslaufende →*Fangleine,* die den →*Großbaum* und das aufgetuchte Segel in Verbindung mit einer meist doppelten →*Dirk* im Hafen oder vor →*Anker* hält. Ein F. erfüllte dabei zwei Aufgaben: Als Baumaufholer den nur an seiner →*Nock* und mit der →*Dirk* gehaltenen (langen) →*Großbaum* an mehreren Punkten seines Mittelteiles vor dem Durchhängen zu bewahren und gleichzeitig als →*Auffangleine* oder →*Fangleine* das Segel beim →*Bergen* daran zu hindern, an Deck zu fallen oder weggeweht zu werden. Heutzutage dient ein F. auf →*Seekreuzern* nur noch der letzteren Aufgabe.

fauler Boden, der *(foul bottom)* Ein bewachsenes →*Unterwasserschiff,* mit dem übernommenen englischen Adjektiv „foul" gekennzeichnet, wenn es vorher nicht mit „Anti-Fouling" behandelt war oder diese nicht mehr wirkt.

fauler Grund, der *(foul bottom)* Unreiner Meeresboden, der entweder aus Steinen und Felsen oder aus →*Schlick* und →*Schlamm* besteht und kein guter →*Ankergrund* ist.

faule Küste, die *(foul coast)* Eine unreine und gefährliche →*Küste,* vor der z. B. eine →*Bank,* ein →*Riff,* eine →*Barre,* ein →*Sand* oder andere Arten von →*Untiefen* mit und ohne →*Brandung* liegt.

FAX-Verfahren, das *(FAX-method, -procedure, -system)* Drahtloses Übermittlungsverfahren für →*synoptische Wetterkarten* zu Booten oder Schiffen, die hierfür mit einem →*Wetterfax-Empfänger* ausgerüstet sind. Über den →*Seewetterbericht* hinaus erhält der Navigator oder Bordmeteorologe vollständige Informationen über die →*Wetterlage* und ihre Entwicklung mit →*Wettersymbolen,* →*Isobaren,* →*Fronten* usw., die eine →*Wetternavigation* erlauben.

FD *(FD)* Abkürzung für →*Flying Dutchman.*

FEC Abk. für **Forward Error Correcting** (Vorausgehende Fehler-Korrektur) Im →*Funkfernschreibsystem* →*SITOR* wird durch den Einsatz von FEC mit Hilfe von mathematischen Operationen versucht, die falsch übermittelten Zeichen in einem →*Navtex-Empfänger* zu berichtigen. Gelingt dieses nicht, werden sie als falsch markiert. FEC kann von einem Sender an einen einzelnen Empfänger (engl. „selective") oder an mehrere Empfänger gleichzeitig (engl. „broadcast") gesendet werden. Der bzw. die Empfänger benötigen dabei keine Sendeanlagen.

FED Abk. für **Forward Error Detecting** (Vorausgehende Fehler-Entdeckung) Beim →*SITOR-Funkfernschreibverfahren* zum Betrieb von →*Navtex-Empfängern* wird durch den Einsatz von FED geprüft und erkannt, ob die empfangenen Gruppen von Zeichen fehlerfrei sind. Im Zweifel wird mit →*ARQ* vom Sender eine Wiederholung angefordert oder zur Klärung →*FEC* eingesetzt.

Federklemme, die *(spring clip)* Eine nachgiebige, einer →*Dolle* ähnelnde Halterung für den →*Bootshaken.*

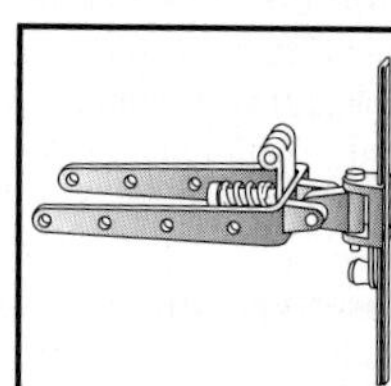

Federreffer, der *(spring reefing gear)* Einfache →*Reffeinrichtung* für →*Jollen,* bei der der →*Großbaum* axial zum →*Reffen* gedreht werden kann, wenn man den Federdruck im →*Lümmelbeschlag* durch Zug in Richtung auf die →*Baumnock* überwindet.

Federwolke, die *(cirrus)* Sehr hohe, aus Eisnadeln bestehende Wolkenform, die für das Wettergeschehen erst bedeutungsvoll wird, wenn der →*Luftdruck* fällt. Eine F. zeigt eine →*Warmfront* oder ein heranziehendes →*Tief* an.

Fehlerdreieck, das *(e.: cocked hat; a.: triangle of error)* Ein Dreieck, das sich in der Navi-

gation ergibt, wenn sich drei →*Standlinien* nicht in einem Punkt schneiden. Je kleiner das F., desto geringer wirkt sich eine Ungenauigkeit von →*Peilungen* auf den →*Schiffsort* aus, der dann in dem durch die Schnittpunkte des F. gezogenen Fehlerkreis angenommen wird.

Fehlweisung, die *(compass error)* Bei einem →*Magnetkompaß* die algebraische Summe von

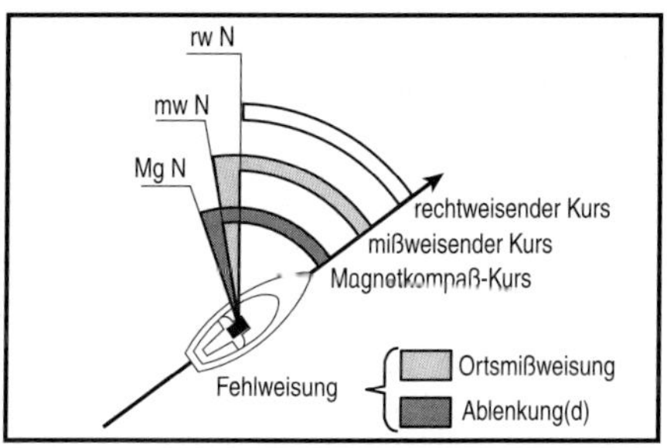

→*Ablenkung* (→*Deviation)* und →*Mißweisung* (→*Deklination),* die bei der →*Kursberichtigung* angebracht werden muß.

feinheitsbezogene Reißkraft, die Sie wird im →*Internationalen Einheiten System* (→*SI System)* dadurch ausgedrückt, daß man die in →*Newton* (N) gemessene Reißkraft durch die Feinheit von →*Faser* oder →*Garn* in Tex (→*tex*) dividiert. Wählt man anstelle des Newton das Centi Newton (→*cN*), so erhält man ungefähr den gleichen Zahlenwert wie für die früher benutzte Reißlänge (Rkm). Mathematisch wird die f. R. als $1 \frac{\text{cN}}{\text{tex}}$ dargestellt, zu lesen als Zenti Newton durch tex, auch wenn sie bei der Bewertung der physikalischen Eigenschaften von →*Garn-Rohstoffen* häufig einfacher als →*„cN/tex"* dargestellt ist. So wird z. B. die Überlegenheit von →*Kevlar* (Aramid) mit einer f. R. von 190 über →*Polyester* (82) oder →*Polypropylen* (74) deutlich.

Feinschicht, die *(gelcoat)* Die bei der Herstellung eines Formteiles aus →*GFK* erste Schicht, die in die →*Form* eingestrichen wird und später die →*Deckschicht* an der Außen-seite des Bootes bildet. Sie schützt durch ihre Elastizität die folgenden →*Laminate* gegen mechanische und chemische Einflüsse. Später können →*Haarrisse,* →*Blasenbildung,* →*Weißbruch* und andere Schäden anzeigen, daß die F. nur von geringer Qualität ist, beim Bau Fehler gemacht wurden und bald entsprechende Reparaturen erforderlich sein werden.

Feluke, die *(Feluca)* Zweimastiger Frachtensegler des Mittelmeerraumes mit →*Lateinersegel.* Er wurde auch von Zollbehörden, Schmugglern und Seeräubern benutzt, die z. B. den Einhandsegler Joshua Slocum 1895 dort jagten. Die größten Boote sind →*vorn* und →*achtern* eingedeckt, haben einen geraden →*Steven* und ein →*Spiegelheck.* Die Hauptabmessungen: Lüa max. 15 m, Büa ca. 4 m, Tiefg. 1,80 m, Segelfl. 95 m², Tragfähigkeit 12 t. Größere und dreimastige Küstensegler im Mittelmeer sind →*Schebecken.*

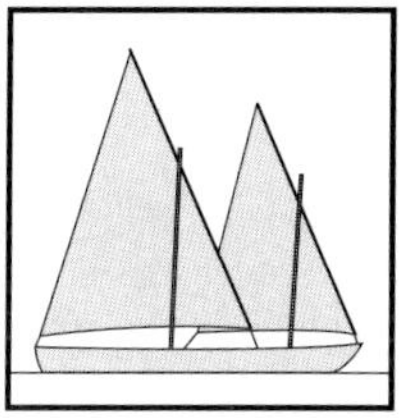

Fender, der *(fender)* Ein aus (meistens) elastischen Materialien gefertigtes und scheuerfestes

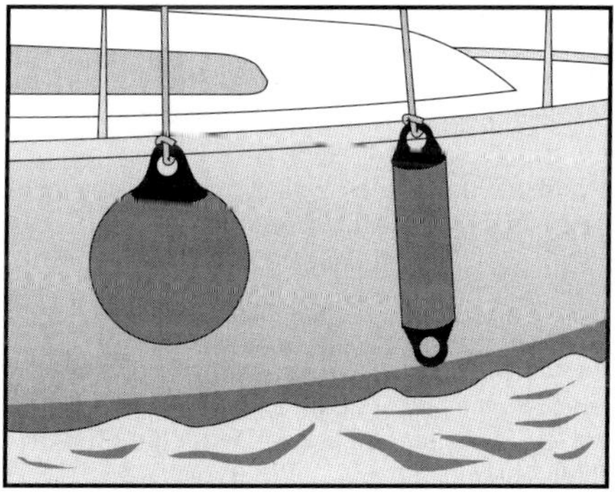

Schutzpolster, das die →*Außenhaut* eines Bootes an seinem →*Liegeplatz* bei Berührung mit anderen Booten oder der →*Pier* schützen und beim →*Anlegen* mögliche Stöße mildern soll. Nach ihrer Verwendung unterscheidet man z. B. →*Bugfender,* nach ihrer Form Langfender und Rundfender, nach ihren Materialien Gummi- oder Kunststoff-Fender.

Fenderbrett, das *(fender plank, fender spar)* Eine kurze, durch eine →*Fangleine* gehaltene Plan-

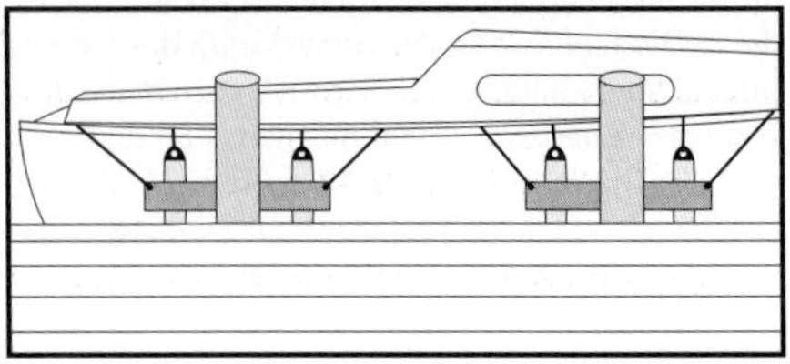

ke, die zwei →*Fender* an der →*Außenhaut* eines Bootes miteinander verbindet bzw. den Zwischenraum zwischen ihnen überbrückt. Man benutzt ein F. an →*Dalben* oder →*Pfählen* und beim →*Schleusen.*

Fenderöse, die *(fender eye[let])* Ein Beschlag mit →*Auge,* der an →*Deck* o. ä. zum Anstecken des Endes eines →*Fenders* plaziert werden kann.

Fensterkiel, der *(fin keel with hole [window])* Ein →*Wulstkiel,* der nicht an einer →*Kielflosse* befestigt, sondern nur durch schmale, senkrechte Stützen vorn und achtern mit dem →*Bootsboden* verbunden ist, während der Zwischenraum wie ein Fenster offenbleibt. Der F. wurde von Warwick Collins zum →*Tandemkiel* weiterentwickelt.

Fernanzeige, die *(remote indication)* Bei einem Meßgerät wie →*Fahrtmesser,* →*Echolot,* →*Windmesser* u. a. ein Anzeigegerät, das nicht am Ort des Meßvorganges selbst (z. B. am Bootsboden oder am Masttopp), sondern am Ende eines elektrischen Übertragungsweges (z. B. in der →*Plicht)* liegt.

Fernbedienung, die *(remote control)* Fernsteuerung der Arbeit eines Gerätes an Bord, z. B. des →*Motors* oder →*Ruders* mit elektrischem oder mechanischem Übertragungsweg.

Fernkompaß, der *(remote [indication] compass)* Ein →*Kompaß* mit (mehreren) Ablesemöglichkeiten, deren Stellen von seinem Aufstellungsort entfernt liegen.

Ferrimagnetismus, der *(ferro-magnetisme)* Ein dem bekannten →*Magnetismus* (korrekt: Ferromagnetismus, fester oder permanenter →*Magnetismus)* ähnlicher Zustand spontaner Magnetisierung, der durch bestimmte Materialien, z. B. →*Ferrite* erzeugt wird und charakteristisch für eine →*Ferritantenne* ist.

Ferrit, das *(ferrite)* Magnetische Keramiken, die aus einer Verbindung von Eisenoxid (F_2O_3) und zweiwertigen Metallionen (MeO) bestehen und als Spulenkerne in der Funktechnik dienen, z. B. in einer →*Ferritantenne* oder in einem →*Ferritstab.* Sie werden hauptsächlich zur Erhöhung der Trennschärfe benutzt.

Ferritantenne, die (Ferritstab, der) *(ferrite aerial, ferrite antenna)* Eine insbesondere für

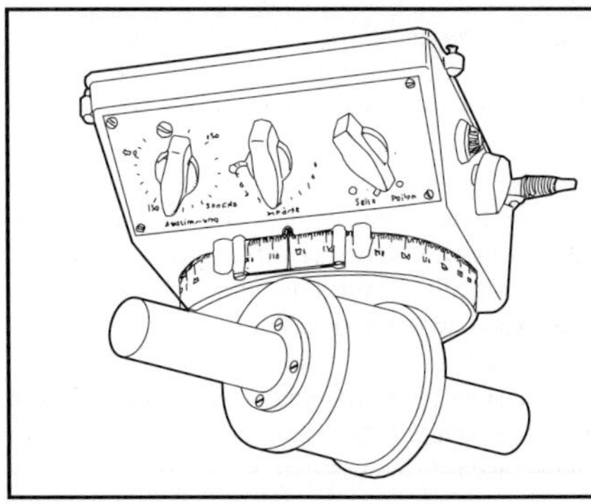

Mittel- und Langwellen benutzte Rahmenantenne kleinen Durchmessers für einen →*Funkpeiler,* deren metallischer Leiter auf einen waagerechten Stab aus →*Ferriten* gewickelt war. Eine F. wurde hauptsächlich bei →*Handfunkpeilern* und richtungsempfindlichen Empfängern benutzt, weil der Stab nicht so sperrig wie eine →*Drehrahmenantenne* oder der →*Kreuzrahmen* bei einem →*Goniometer* ist. Man beachte, daß die F. in der Minimumstellung mit ihrer Längsachse in Richtung auf das →*Funkfeuer* zeigt.

Ferritstab, der *(ferrite rod aerial)* Eine →*Ferritantenne* oder Ferritstabantenne, mit der →*Peilsonden* oder →*Handfunkpeiler* arbeiteten.

Ferrozement, der *(ferro-cement)* Werkstoff zum Bau eines →*Betonbootes.*

„fest!“ *(1. avast!, vast!, 2. moored)* 1. Kommando beim →*Hieven,* →*Heißen* oder →*Holen* mit der Bedeutung „Halt!“, „Stop!“. 2. Auch ein Boot, das →*festgemacht* hat, liegt f.

feste Part, die *(fixed part, standing part)* 1. Bei der →*Schot,* bei einem →*Fall* o. ä., die als →*Jolltau,* →*Talje* o. ä. geschoren sind, derjenige Teil der Leine, der →*festgemacht* ist oder an dem die Last hängt. Auch →*stehende Part* im Gegensatz zur →*holenden Part* genannt, mit der man arbeitet. – 2. Sinngemäß bei einem →*Knoten* oder →*Stek* der Teil der Leine, der nur als Basis für die um ihn gelegten →*Törns* mit der →*losen Part* dient.

festes Seezeichen, das *(land marker)* Fest gegründete →*Seezeichen,* die an Land (→*Leuchttürme)* und im Wasser (→*Bake,* →*Dalben,* →*Pricke,* →*Stange)* stehen können. Im Gegensatz dazu sind →*schwimmende S.* im Revier →*verankert.*

Festfeuer (F.), das *(fixed light)* Ein →*Leuchtfeuer,* das ein weißes oder farbiges →*Licht* von gleichbleibender Stärke und Farbe zeigt.

festkommen *(1. to run aground, to run ashore. – 2. to foul an obstruction)* 1. Durch →*Auflaufen* oder →*Aufbrummen* auf →*Grund* geraten und →*manövrierunfähig* festsitzen, bis das →*Abbringen* erfolgreich war. – 2. Beim →*Rennsegeln* oder nach einer →*Kollision* an einer anderen →*Yacht* z. B. mit →*Rigg* oder →*Schoten* hängenbleiben bzw. mit einem →*Dalben,* einer →*Tonne* oder einer →*Reuse* →*unklar* kommen.

Festmacheboje, die *(mooring buoy)* Im oder vor einem Yachthafen verankerte →*Boje* mit entsprechenden Fangringen, Greifstangen o. ä., an denen man →*festmachen* kann.

festmachen *(to moor, to make fast, to tie up)* Ein Boot an seinem →*Liegeplatz* im Hafen, am →*Steg,* →*Dalben,* →*Boje* o. ä. so durch →*Festmacher* →*vertäuen,* daß es unter allen Bedingungen von Wind und Seegang ortsfest und sicher liegt. Dazu benutzt man →*Vorleine* und →*Achterleine,* die vordere und achtere →*Spring* sowie notfalls eine →*Querleine* und fährt gegebenenfalls den →*Anker* aus. Auch das →*Bergen* und →*Beschlagen* eines Segels sowie das →*Belegen* einer Leine wird als f. bezeichnet.

Festmacher, der *(1. mooring line, mooring hawser, 2. line runner)* 1. Starke →*Enden* oder →*Trossen* mit oder ohne eingespleißten →*Augen* zum →*Festmachen.* Neben →*Tauwerk* aus →*Chemiefasern* wird auch →*Herkules-Tauwerk* als F. benutzt. Für die notwendige Elastizität können Anlegefedern, →*Festmacher-Dehnungsstander* o. ä. in den F. gelegt werden. – 2. Ein Mann, der ein Boot an Land →*festmacht.*

Festmacher-Dehnungsstander, der *(elastic mooring pendant)* Aus kräftigem Gummi oder Metall gefertigter →*Stander,* der durch und um ei-

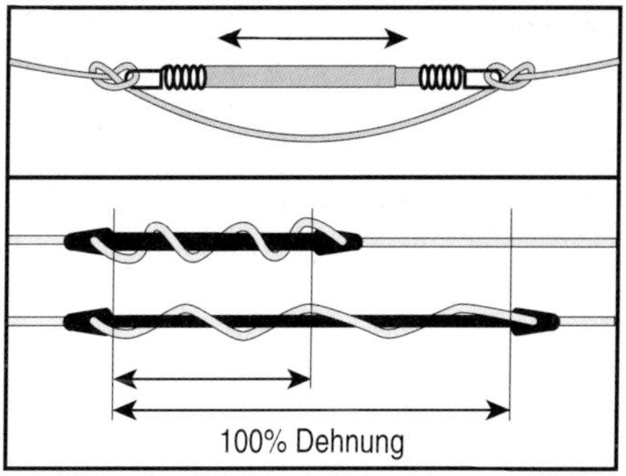

nen →*Festmacher* gelegt ist, um die Stoßbelastung im →*Seegang* und durch →*Schwell* besser abzufangen. Der F.-D. dehnt sich bei Belastung um bis zu 100 % und liefert gegebenenfalls eine →*Sollbruchstelle,* nach deren Zerstörung sich der Festmacher verlängert. Ein F.-D. wird auch (nicht ganz korrekt) „Ruckfender" oder „Ruckdämpfer" genannt.

Festmachetonne *(mooring buoy)* Zeichen aus →*Karte 1* (INT 1) im Anhang.

Festpropeller, der *(fixed [pitch] propeller)* Ein →*Propeller,* dessen Flügel nicht (wie bei einem →*Faltpropeller)* im Ruhezustand an den Schaft angeklappt oder (wie bei einem →*Verstellpropeller)* bei →*Fahrt* unter →*Segeln* strömungsgünstig gedreht werden können. Der durch einen F. verursachte Fahrtverlust ist von der Anströmgeschwindigkeit abhängig. So beträgt er z. B. bei einem Propeller mit 38 mm Durchmesser und 33 mm →*Steigung* bei 7 →*Knoten* Fahrt 2 % oder 0,14 kn, bei 5 kn Fahrt 4 % oder 0,2 kn und bei 3 kn Fahrt 10 % oder 0,3 kn, doch wächst der Fahrtverlust bei geringen Geschwindigkeiten von 2 kn auf 35 % oder ca. 0,7 kn und bei 1 kn sogar auf über 50 % und 0,5 kn an. Diese im Test mit einem 10-m-Seekreuzer gemessenen Werte lassen zwar eine geringe Bremswirkung erkennen, doch macht der F. die möglichen Nachteile durch bessere Leistungen beim →*Manövrieren,* z. B. beim →*Rückwärtsarbeiten,* wieder wett.

Festruder, das *(fixed rudder)* Ein mindestens oben und unten mit seinem Schaft fest am Bootsrumpf gelagertes →*Ruderblatt,* im Gegensatz zu einem →*Balanceruder* oder →*Schweberuder.* Bei einem F. muß der →*Rudergänger* relativ viel Kraft aufwenden. Ein F. kann (wie beim →*Spitzgatter,* Abb., und →*Plattgatter)* außen angehängt sein und vom →*Kiel* zum →*Deck* reichen, aber auch nur unter dem Bootsboden an einem

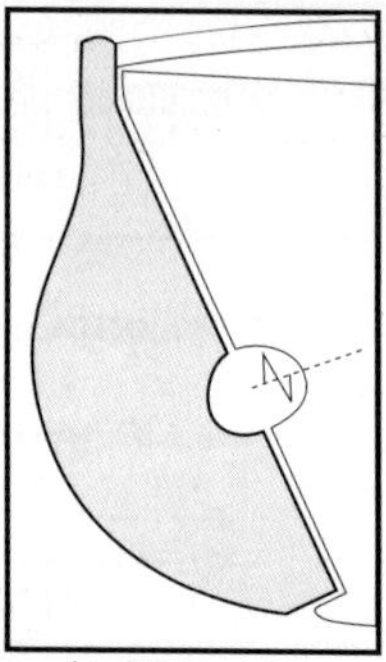

→*Leitkopf* oder der →*Kielflosse* selbst arbeiten. Dann wird es auch als →*Langkielruder* bezeichnet. Als unteres Spurlager eines F. dient meistens die →*Ruderhacke.*

(sich) feststampfen *(in irons)* Ein Zustand des Bootes beim →*Stampfen,* in dem das Boot keine →*Fahrt* mehr macht. Man entkommt dieser gefährlichen Situation, die meistens beim →*Wenden* eintritt, wenn man mit →*backgesetzter Fock* über Stag geht oder durch entsprechenden Gewichtstrimm das →*Vorschiff* entlastet.

Feststoffweste *(polyethylene foam life jacket, [rigid] foam type life jacket)* Eine →*Rettungsweste,* die zur persönlichen Sicherheitsausrüstung gehört und ihren Träger nach den →*SOLAS-Bestimmungen* 24 Stunden lang über Wasser halten muß. Nach →*DIN 393* eine →*Schwimmhilfe* 50 N, nach →*DIN 396* eine eingeschränkt ohnmachtssichere →*Rettungsweste* 100 N, die (im Gegensatz zu einer aufblasbaren →*Rettungsweste)* einen Feststoffwerkstoff enthält, der den geforderten →*Auftrieb* von 50 bzw. 100 →*Newton* erzeugt. Hierzu kann eine F. ganz aus weichem, flexiblem →*PE-Schaum* (mit einem →*spezifischen Gewicht* von 0,92–0,96 und ohne jede Wasseraufnahme) gefertigt, mit ihm gefüllt oder aus →*Hartschaum* hergestellt sein. Eine mit einer F. kombinierte aufblasbare Rettungsweste (z. B. der Kategorie 100 N) muß immer mindestens 50 N Auftrieb mit dem benutzten Feststoff erzeugen. Enthält eine F. ein Granulat aus mehr als 150 Einzelteilen, muß dieses in sechs verschiedenen, ungefähr gleichgroßen Kammern untergebracht sein. Eine F. wird vor allem von →*Jollenseglern* bevorzugt, die beim →*Kentern* und →*Wiederaufrichten* ihres Bootes (z. B. in einer →*Regatta)* nur kurzzeitig im Wasser liegen und dabei noch beweglich bleiben müssen. Früher wurde eine F. mit →*Kapok* gefüllt oder aus breitstreifig geschnittenem →*Kork* mit einer Tragkraft von (früher) 8 kg, (ca. 80 N) gefertigt.

Fetch *(engl.)* Der engl. Begriff ist unter →*Windbahn* und →*Windwirkstrecke* sowie insbesondere

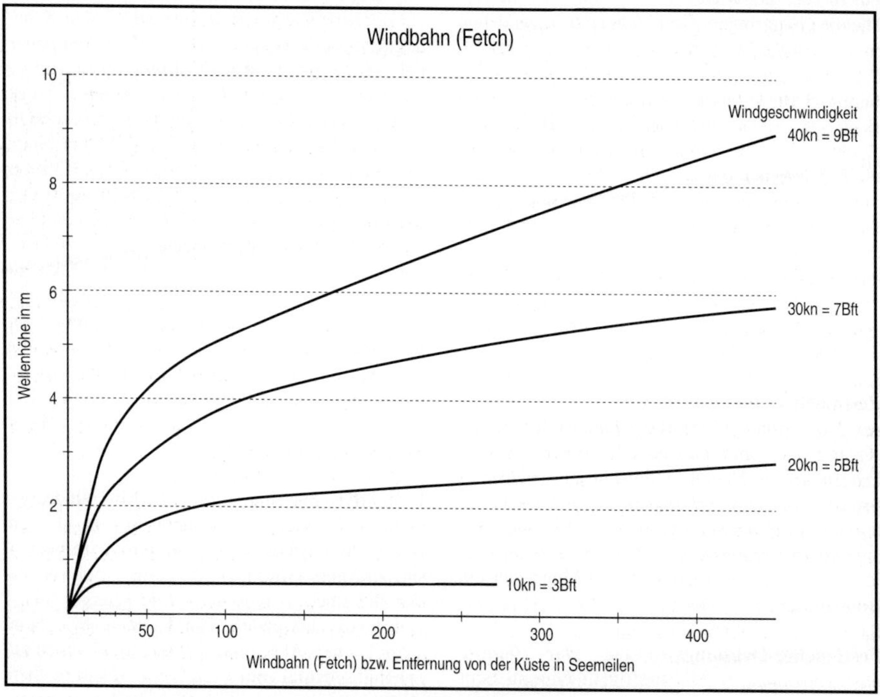

im Einfluß von →*Windstärke* und Wirkdauer des Windes auf den →*Seegang* ausführlich erläutert. Unter „Fetch" versteht man dabei nicht, wie oft fälschlich beschrieben, z. B. bei →*Nordwestwind* in der →*Nordsee* die Distanz von ca. 500 sm von den Shetlands bis zur Elbmündung oder z. B. bei →*Südostwind* in der Adria die Distanz von ca. 700 sm von der Straße von Otranto bis Venedig, sondern immer nur die Entfernung bzw. den Bereich, den der Wind von der →*Luvküste* bis zu unserem →*Schiff* inmitten dieses Reviers durchweht. F. ist andererseits auch nur die Distanz, die z. B. bei einem →*Tief* mit Kern über der Doggerbank (in der Mitte der Nordsee) von einer →*Luvküste* bis zu diesem Wettergebilde verbleibt, bei Südwestwind also von der englischen Ostküste aus nur etwa 250 sm. An der Nordseite des Tiefs (mit z. B. Nordost-Winden) bildet sich dann ein F. mit einer ebenso kurzen Windbahn aus entgegengesetzter Richtung.

Feudel, der *(deck cloth, mop, scouring clout)* Seemännischer Ausdruck für ein Wischtuch aus grobem Gewebe zum Reinigen von →*Deck* oder Fußboden, das ähnlich wie ein →*Dweidel* oder →*Schwabber* benutzt wird.

Feuer, das *(1. light, 2. fire)* 1. Bezeichnung für alle →*Leuchtfeuer,* die der →*Navigation* bei Nachtfahrten an der →*Küste* und im →*Fahrwasser* dienen. Der Begriff F. stammt aus der Frühzeit der Schiffahrt, als noch offene Feuer an markanten Punkten zur Warnung und Ortsbestimmung dienten. Bestandteil der Begriffe →*Feuerschiff,* →*Feuerhöhe,* →*Leitfeuer,* →*Blitzfeuer* u. v. a. – 2. Im Sinne von Brand jedes F. an Bord.

Feuerbuch, das *(Admiralty list of lights)* Einfache Kurzbezeichnung für das →*Leuchtfeuerverzeichnis* des betreffenden Segelreviers.

feuergefährlich *(combustible, [highly] inflammable)* Eine Substanz, deren Flammpunkt unter 21 °C liegt. F. sind nicht nur die flüssigen (Benzin, Öl) oder gasförmigen Stoffe (Propan, Butan) selbst, sondern auch die Dämpfe, die sich bei der entsprechenden Temperatur bilden und entzünden können, z. B. im Motorenraum oder am Tankeinfüllstutzen.

feuerhemmend *(fire retarding)* Ein schwer entflammbares Material, mit dem Bauteile an Bord geschützt werden können, um den Durchgang eines Feuers mindestens 30 Minuten zu verhindern.

Feuerhöhe, die *(elevation)* Die Höhe der Lichtquelle eines →*Leuchtfeuers* über dem →*Meeresspiegel* bei mittlerem Wasserstand, in Gezeitengewässern über dem mittleren →*Hochwasser.* Die F. ist im →*Leuchtfeuerverzeichnis* angegeben.

Feuer in der Kimm *(light dipping the horizon)* Bezeichnung des Augenblicks, in dem ein

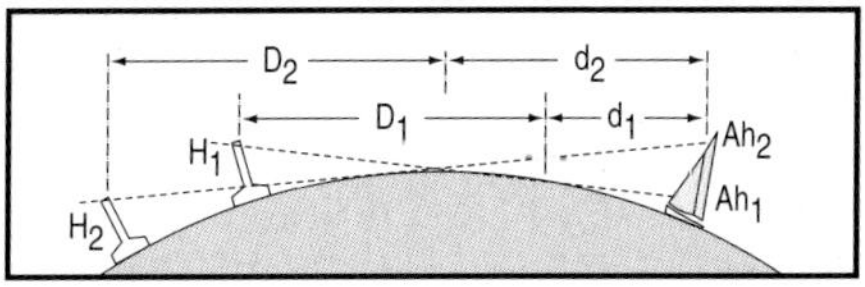

→*Leuchtfeuer* genau in der →*Kimm* liegt, d. h. am →*Horizont* entweder in oder außer →*Sicht* kommt. Aus der →*Feuerhöhe H* (in m) und der →*Augenhöhe Ah* des Beobachters (in m) läßt sich bei klarer →*Sicht* der geometrische Abstand nach der Formel: Distanz in sm =

$$2{,}075\ (\sqrt{\text{Feuerhöhe}} + \sqrt{\text{Augenhöhe}})$$

ermitteln. Danach ist z. B. ein 34 m hohes Leuchtfeuer, das ein Rudergänger auf seinem Platz (mit 2 m Augenhöhe) in der Kimm sichtet, noch 15 sm entfernt.

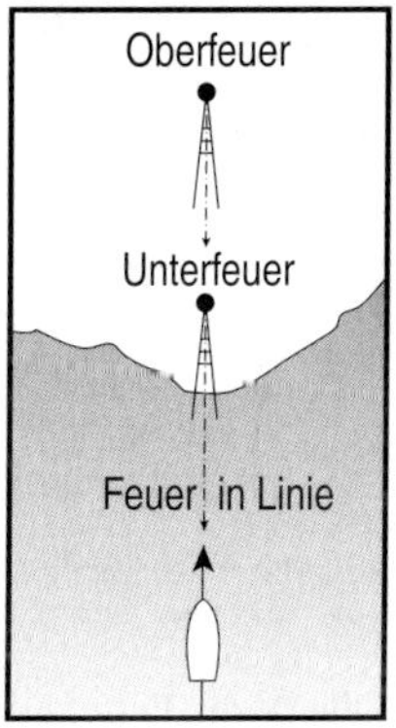

Feuer in Linie *(lights in transit, lights in line)* Bei einer befeuerten →*Deckpeilung* der Zeitpunkt, wenn →*Oberfeuer* und →*Unterfeuer* in →*Deckung* liegen und das Boot sich dabei genau in der Richtung des Einlaufkurses bzw. der Deckpeilung befindet.

Feuerlöscher, der *(fire extinguisher)* Mit Kohlendioxid (CO_2) und Bromochloridfluromethan (BCF) oder Pulver gefüllte Behälter, die speziell für die Bekämpfung von Bränden fester oder flüssiger Stoffe sowie von Feuern dienen, die in Gegenwart elektrischer Spannungen entstanden. F. gehören zum →*Brandschutz* an Bord. Zur →*Brandbekämpfung* werden sie verschiedenen →*Brandklassen* (A, B und C) zugeordnet, doch erfüllt ein →*ABC-Löscher* als Pulverlöscher am besten die Bedingungen, die an einen F. an Bord von →*Yachten* gestellt werden. F. haben nur eine recht kurze Wirkdauer. Man bedenke daher, daß der beste F. bei →*Feuer* auf See eine →*Pütz* für Löschwasser von →*außenbords* sein kann.

Feuerlöschanlage, die *(fire extinguishing plant, fire extinguishing installation)* Fest eingebaute und durch →*Fernbedienung* auslösbare Anlage aus mehreren →*Feuerlöschern,* die insbesondere im Motorenraum und auf großen Yachten installiert ist.

Feuerlöschdurchlaß, der *(fire-fighting opening, fire-extinguishing excess hole)* Ein F. dient zur

Brandbekämpfung in einem Motorraum. Eine etwa 5 cm breite runde Öffnung zur →*Kajüte* ist mit einer Schutzkappe abgedeckt, die aus einer nicht brennbaren flexiblen Membrane besteht. Dieser F. wird bei einem Brand mit dem Mündungsstück eines tragbaren →*Feuerlöschers* durchstoßen (Abb.), so daß Feuerlöschmittel in den Motorraum ohne begleitenden Zutritt von Luft und Sauerstoff eingespritzt werden können.

Feuerschiff, das *(light vessel, light ship)* An einem schiffahrtswichtigen Punkt verankertes, deutlich gekennzeichnetes Schiff, das bei Dunkelheit und unsichtigem Wetter ein →*Leuchtfeuer* zeigt und →*Nebelsignale* gibt. Viele F. wurden in jüngerer Zeit durch unbemannte →*Leuchttürme* mit →*Fernbedienung* und Großtonnen ersetzt.

Feuerwehr-Rettungsschlinge, die; Feuerwehrstek, der *(fireman's safety bend, fireman's life saving bend)* Im amtlichen Fragenkatalog zur Prüfung für den →*Sportbootführerschein See* geforderter →*Knoten,* der eigentlich nur eine Rettungsschlinge mit einem →*Palstek* zum →*Bergen* bewußtloser Personen in einem →*Notfall* ist. Man legt hierzu eine →*Leine* in einer →*Bucht* über den Nacken, führt auf der einen Seite den →*Tampen,* auf der anderen die spätere →*holende Part* unter den Armen hindurch zum Rücken und kreuzt sie dort in der Art eines →*Überhandknotens* (Abb.). Dann führt man beide →*Enden* zur Brust nach vorn und verbindet sie dort mit einem →*Palstek.* Auch bei Arbeiten im Mast und zur Sicherung eines Seglers, der in einem →*Bootsmannsstuhl* arbeitet, läßt sich diese Sicherung verwenden.

Fiberglas, das *(fibreglass, fiberglass)* Angloamerikanische Bezeichnung für glasfaserverstärkte Kunststoffe, auch →*GFK* genannt.

fieren *(1. to lower, 2. to veer, to slacken)* 1. Ein Segel, eine →*Spiere,* einen →*Anker* o. ä. herunterlassen. Ggt.: →*heißen* oder →*hieven.* Das F. kann →*Hand über Hand* oder auch als →*gebremstes Fieren* erfolgen und mechanisch wie bei einer Bremsbandwinde zu stoppen sein. – 2. Das Nachgeben eines belasteten →*Endes,* meistens Hand über Hand, z. B. mit einem →*Festmacher* oder einer →*Schot.* Ggt.: →*holen.*

Fifty-Fifty (engl.) *(Halb und Halb; Fünfzig-Fünfzig)* Bezeichnung eines Motorseglers mit gleich guten Eigenschaften unter Segel und Motor. Mehr Segelanteil hat ein →*Seekreuzer* mit Hilfsmotor.

Filament, das; Filament-Seilgarn, das *(filament)* Wörtlich „staubfeiner Faden" zur Anfertigung von Seilgarnen aus →*synthetischen Fasern (→Chemiefasern)* in der Herstellungsform von F.-Seilgarn (nach DIN 60 001) zur Unterscheidung von →*Spinnfaser-Seilgarn* aus →*Pflanzenfasern.* F.-S. aus →*Polyamid* (DIN 83 330) und →*Polyester* (DIN 83 331) wird zu →*Multifilamenten* weiterverarbeitet. Aus dem →*Faserstoff* →*Polypropylen* entsteht nach DIN 83 329 u. a. ein →*Monofil-Seilgarn.*

Fingerling, der *(pintle)* Fingerförmiger Lagerzapfen am →*Ruder* oder an der →*Ruderhacke,* der in den entsprechenden →*Augbeschlag* paßt und zu den Ruderbeschlägen gehört.

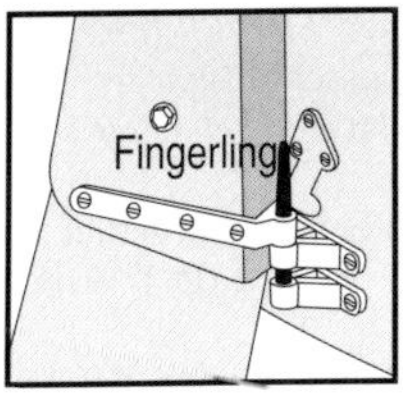

Finish, das (engl.) **(Endbearbeitung)** Soviel wie „der letzte Schliff", d. h. der letzte oder fertige Anstrich bei der Bootsüberholung, die Feinst- oder Fertigbearbeitung beim Bootsbau oder die letzte Schicht beim →*Schleifen* und Polieren. Auch im →*Rennsegeln* wird der Zielkampf oft als F. bezeichnet.

Finn-Dinghy Von Richard Sarby konstruierte und in →*GFK*, →*Sperrholz* oder →*Massivholz* gebaute Einmannjolle, als →*internationale Klasse* anerkannt und seit 1952 →*olympische Klasse.* Lüa 4,50 m, Büa 1,51 m, Tiefg. Rumpf 0,15 m, mit Schwert 0,85 m, Verdr. segelf. ca. 150 kg. Segelfl. 10 m².

Fireball Von Peter Milne konstruierte und aus →*GFK* und/oder →*Sperrholz* gebaute Zweimannjolle mit →*Trapez* und →*Spinnaker,* anerkannte →*internationale Klasse.* Lüa 4,93 m, Büa 1,35 m, Tiefg. Rumpf 0,13 m, mit Schwert 1,24 m, Verdr. segelf. 90 kg, Segelfl. 13,4 m².

Fisch, der (Fischung, die) *(king plank)* Die Mittelplanke in Längsschiffsrichtung bei einem echten oder imitierten →*Stabdeck,* an der die parallel zum →*Schandeck* verlaufenden Decksplanken oder Stäbe enden.

Fischereifahrzeug, das *(fishing vessel, fishery vessel)* Ein Berufsfahrzeug, das mit unterschiedlichen Fanggeräten arbeiten kann und nach Regel 26 →*KVR* besonders bezeichnet ist. Es ist bei Tage durch ein →*Stundenglas* und gegebenenfalls durch einen →*Kegel,* Spitze oben, in Richtung des Fanggerätes kenntlich. Ein Boot unter →*Segeln* muß einem F. ausweichen.

Fischereikarte, die *(fishery chart)* Eine →*Seekarte,* die außer dem üblichen Karteninhalt weitere, für die Fischerei wichtige Angaben enthält, darunter z. B. auch über die Beschaffenheit des →*Grundes.*

Fischereizone, die *(zone of fisheries)* Ein über die →*Hoheitsgewässer* und ihre →*Anschlußzone* hinausgehender Meeresstreifen, in dem die →*Freiheit* der Meere für ausländische →*Fischereifahrzeuge* eingeschränkt oder aufgehoben ist.

Fischerlicht, das *(fishing lights, working lights)* Bei der →*Lichterführung* die typischen Lichter, die ein fischendes Fahrzeug nach den →*KVR* auf See zeigen muß. Als F. werden insbesondere die beiden →*Rundumlichter* Grün und Weiß und Rot über Weiß bezeichnet.

Fischermann, der *(fisherman)* Bezeichnung eines Fischereifahrzeuges oder eines Berufsfischers. Der Begriff F. wird aber auch für ein →*Stagsegel* benutzt, das bei einer →*Ketsch* wie bei einem →*Schuner* an dem zwischen den Toppen geführten Stag gefahren wird und den durch andere Segel nicht ausgefüllten Raum ausnutzt.

Fischermann-Stagsegel, das *(fisherman's staysail, mule, main backstaysail)* Andere Bezeichnung für das →*Fischermann* genannte →*Stagsegel* für das →*Genickstag.*

Fischerstek, der *(fisherman's bend)* Auch „Englischer Knoten" genannte Verbindung zweier →*Enden* von geringer Dicke durch einfache →*Überhandknoten* in den →*Tampen.* Ein F. wird für eine kurzzeitige Verbindung von →*Stropps* benutzt.

Fischreuse, Fischwehr *(fish trap, fish weir)* Zeichen aus →*Karte 1* im Anhang.

Fischstaken *(fishing stakes)* Zeichen aus →*Karte 1* (INT 1) im Anhang.

Fitt (Fid), das *([cant] fid, splice bar)* Ein längerer, dickerer →*Marlspieker* zum →*Spleißen* von dicken →*Enden* oder →*Trossen.*

Fitting, das (Fittings, die), engl. *(Beschlag, der, Beschläge, die)* Meist nur im Plural gebrauchte Sammelbezeichnung für alle →*Beschläge,* Kleinteile, Armaturen u. a., die zur →*Ausrüstung* und →*Einrichtung* gehören und die der Yachtausrüster liefert.

Fix, das *(engl.)* Begriff für einen →*wahren Schiffsort* oder →*Besteck.* Ein F. wird durch mindestens zwei →*Standlinien* bestimmt und in der Seekarte mit einem Kreisbogen um ihren Schnittpunkt sowie entsprechender Uhrzeitangabe bezeichnet.

Flachglaskompaß, der *(flat-glass compass)* Ursprünglich nur die Bezeichnung für einen größe-

ren →*Magnetkompaß,* der als →*Schwimmkompaß* gebaut war und als →*Steuerkompaß* oder →*Peilkompaß* benutzt wurde. Ein F. hat eine flache Deckplatte und erlaubt das Aufsetzen eines →*Peildiopters* oder einer →*Peilscheibe.* Bei Jollenkompassen wird die Bezeichnung auch für Modelle mit sehr flachem Kompaßkessel benutzt, die jedoch eine äußere →*kardanische Aufhängung* benötigen, weil anders die →*Kompaßrose* beim →*Krängen* des Bootes nicht genügend Bewegungsfreiheit besitzt. Nach dem Prinzip dieser Flachbauweise arbeiten auch moderne →*Steuerkompasse,* deren Rose seitlich und von oben abgelesen werden kann und bei denen ebenfalls ein →*Peilaufsatz* zu benutzen ist.

Flachmann, der *(flatman)* In der Bordsprache ein flachgeschnittener →*Spinnaker,* entweder ein Sturmspinnaker oder ein Spi für →*raum-vorliche* bis raum-seitliche Kurse. Ein F. ist oft mit →*Sternschnitt* gearbeitet.

Flachreff, das Siehe →*Abflacher.*

Flachs, der *(flax);* **Flachstuch, das** *(flax canvas)* Die Faser eines Leinengewächses, das dem daraus gefertigten Tuch *(→Leinen)* seinen Namen gab. Das →*Segeltuch* aus F. besaß außergewöhnliche Festigkeit bei verhältnismäßig geringer Dehnung und war relativ wenig empfindlich gegen Witterungseinflüsse, so daß es bis zur Verwendung von →*Baumwolle* (ab 1851, dem Sieg der AMERICA im ersten →*America's Cup)* fast ausschließlich als →*Leinwand* für die Herstellung der →*Segel* diente.

Flachwassergebiet *(shallow water area)* Siehe →*Karte 1* (INT 1) im Anhang.

Flackerfeuer, das *(flaring light, flare-up-light)* Ein mit behelfsmäßigen Fackeln (von Fischern oder Lotsenbooten) gegebenes Signal, um die Aufmerksamkeit zu erregen. Oft ist ein F. auch nur das Abbrennen von öl- oder fetthaltigen Putzlappen in einer offenen Schale ohne →*nautische Bedeutung.*

Flagge, die *(flag, colours)* Rechteckiges, ein- oder mehrfarbiges, auch verschiedenfarbig gemustertes Stück Tuch, das an einer Schmalseite (der →*Heiß)* →*eingeliekt* und am oberen Ende des →*Lieks* mit einem Auge aus Tauwerk, am unteren mit einem Wirbel oder Knebel, gegebenenfalls auch mit →*Flaggleinen-Schäkel* versehen ist. Es gibt für jeden Buchstaben eine →*Buchstabenflagge,* die zum →*Flaggenalphabet* gehört. Man unterscheidet außerdem →*Nationalflaggen,* →*Rennflaggen,* →*Protestflaggen,* →*Hausflaggen* und andere. Im Gegensatz zu einer Fahne wird die F. immer an einer →*Flaggleine* gefahren und mit ihr →*gesetzt* und →*niedergeholt.* Den richtigen Umgang mit einer F. nennt man →*Flaggenführung,* die Berechtigung zur Führung der Bundesflagge weist man durch das →*Flaggenzertifikat* nach. Einzelne oder mehrere Flaggen können ein →*Flaggensignal* darstellen, dessen Bedeutung im internationalen →*Signalbuch* niedergelegt ist. Wichtige Einflaggensignale findet man in diesem Segler-Lexikon am Anfang jeder Buchstabenreihe. Hier ist insbesondere auch jede F. genannt, die zur Signalgebung bei →*Regatten* benutzt wird.

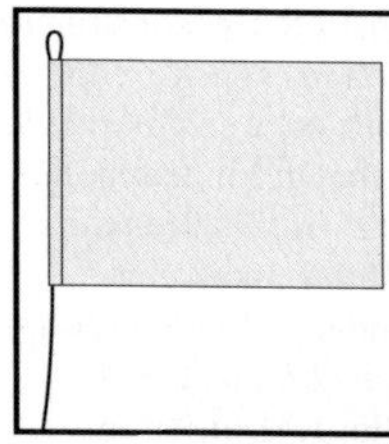

Flagge der Kreuzer-Abteilung, die An der →*Steuerbord-Saling* mit dem Charakter einer →*Hausflagge* gesetztes Erkennungssignal für Mitglieder der →*Kreuzer-Abteilung:*

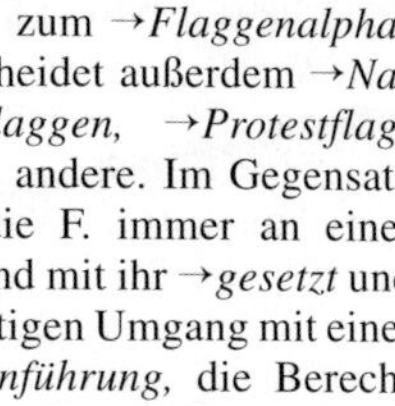

Auf weißem Grund 2 breite rote Diagonalstreifen mit einliegendem schwarzem Diagonalstreifen und einem schwarzen unklaren →*Anker* auf gelbem ovalem Grund im Zentrum. Im Ausland wird die F. d. K. an der →*Backbord-Saling* gesetzt, weil der Platz an der Steuerbordsaling dann der →*Gastlandflagge* vorbehalten bleibt.

Flagge in Schau, die *(flag with a wheft, flag with a waft)* Ein einfaches →*Notsignal.* Dazu wird in das Tuch der →*Nationale,* die an ihrem üblichen Platz (z. B. am →*Flaggenstock* am →*Heck)* gefahren wird, ein →*Überhandknoten* geschlagen (Abb.).

Flaggenalphabet, das *(alphabetical flags)* Alle →*Flaggen,* →*Stander,* →*Doppelstander* und →*Wimpel,* die zum Signalisieren nach dem →*Internationalen Signalbuch* dienen (Abb. unten). Zum F. mit den 26 →*Buchstabenflaggen* werden auch 10 →*Zahlenwimpel,* der →*Antwortwimpel* und 3 →*Hilfsstander* gerechnet.

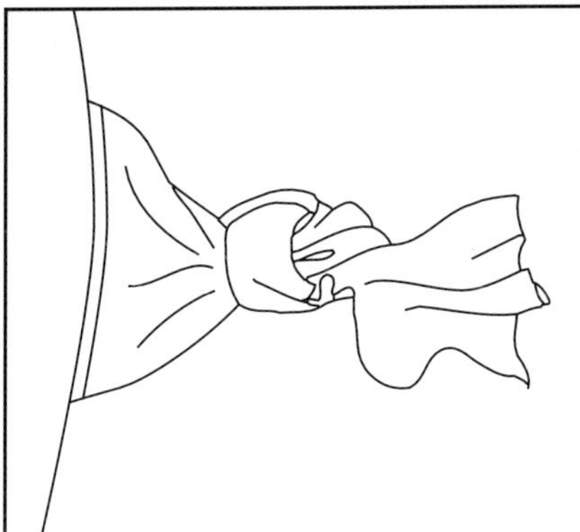

Flagge in Schau

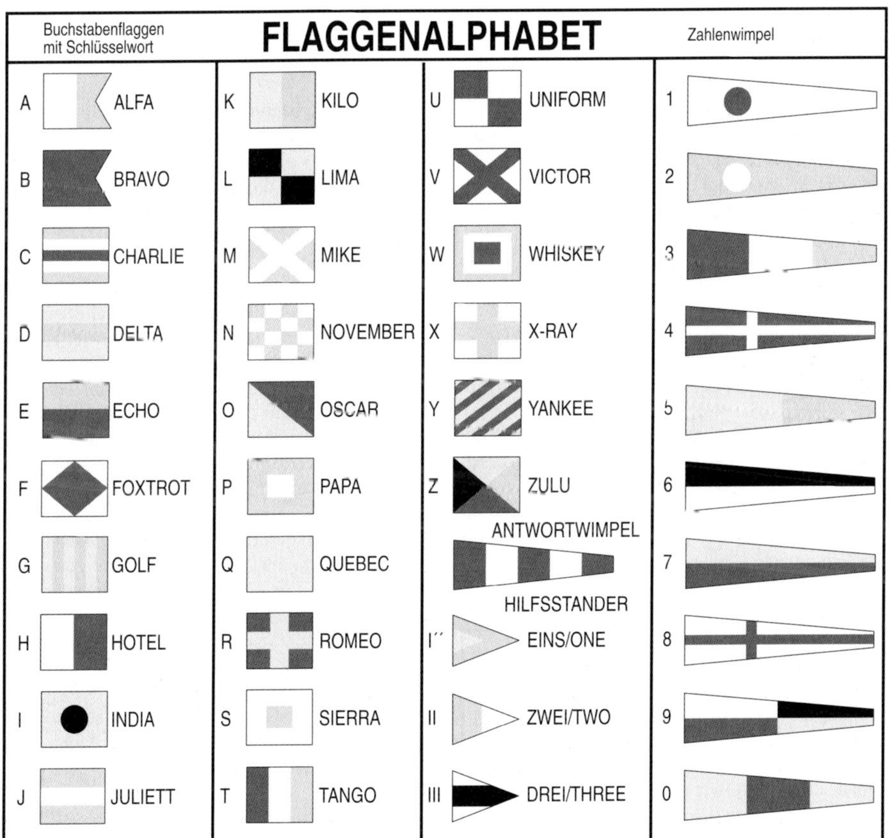

Flaggenclip, der *(flag shackle, Inglefield clip)* Metallhaken, die am →*Tampen* einer endlosen →*Flaggleine* und beidseitig am →*Liektau* einer →*Signalflagge* angeschlagen sind, um das knotenfreie An- und Abstecken der →*Flaggen* zu gestatten.

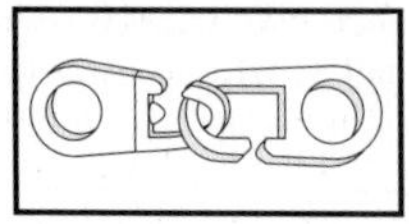

Flaggenbreite, die (Flaggentiefe, die) *(hoist)* Die an der →*Flaggleine* gemessene Höhe einer →*Flagge,* auch →*Heiß* genannt. Die F. ist die Flaggenhöhe am Flaggenstock.

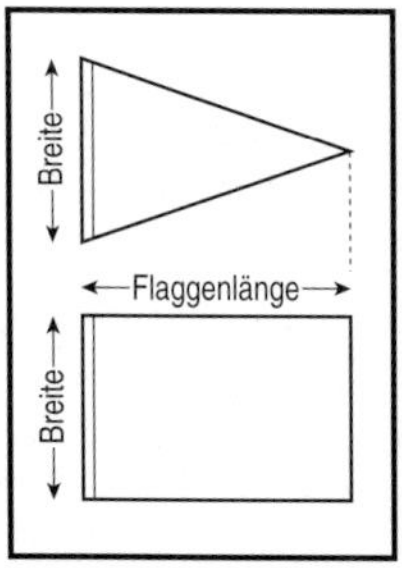

Flaggenlänge, die *(fly [of a flag])* Der auswehende Teil einer →*Flagge.*

Flaggenführung, die *(flag etiquette)* Durch Rechtsvorschriften, Dienstanweisungen oder nur nach traditionellem Brauch geregelte Gepflogenheiten für das →*Setzen* und →*Führen* von →*Nationalflaggen,* →*Hausflaggen* u. a. In der Regel werden →*Flaggen* nicht auf See und bei schlechtem Wetter (um nicht das internationale →*Notsignal* vorzutäuschen, wenn zwei Flaggen unter einer Saling wehen), sondern nur in Nähe der →*Küste* und bei Begegnung mit anderen Fahrzeugen zum →*Dippen* beim →*Flaggengruß* gesetzt. Man fährt die →*Nationale* bei →*Jollen* und kleineren →*Yachten* am →*Flaggenstock* am →*Heck,* bei größeren Yachten auch am oberen Drittel des →*Großsegel-Achterlieks,* bei →*Gaffeltakelung* an der →*Gaffel* des →*Großsegels,* bei einer →*Ketsch* oder →*Yawl* im Topp des →*Besanmastes.* Flaggen des Gastlandes wird man an der →*Steuerbord-Saling* setzen, die →*Flagge der Kreuzer-Abteilung* im Inland an der Steuerbord-, im Ausland an der →*Backbord-Saling.* Zur F. gehört auch die →*Flaggenparade,* →*Flaggentrauer* und →*Flaggengala.*

Flaggengala, die *(flag dressing, dressed full)* Bei festlichen Anlässen flaggen Yachten vor →*Anker* und im Hafen „über die →*Toppen*". Dazu setzen sie abwechselnd zwei →*Flaggen* und einen →*Wimpel* des →*Flaggenalphabetes* in gleichen Abständen vom →*Vorsteven* über den →*Masttopp* bis zur →*Nock* des →*Großbaums,* bei mehrmastigen Booten über alle Masten. Die →*Nationale* wird dabei als Toppflagge neben dem →*Stander* gesetzt.

Flaggengruß, der *(flag dipping, flag salute)* Begegnende Fahrzeuge begrüßen einander durch →*Dippen* der →*Nationale.* Die zuerst grüßende Yacht →*holt* ihre →*Flagge* halb nieder und →*heißt* sie erst wieder vor, wenn die andere nach dem Dippen ihre Flagge wieder gesetzt hat. Es grüßt das →*fahrende* ein stilliegendes Boot, ein →*einlaufendes* das im Hafen liegende Boot, ein auslaufendes das einlaufende und ein →*überholendes* das →*überholte Boot.* Kriegsschiffe werden immer zuerst gegrüßt.

Flaggenmast, der *(signal[ling] mast)* Ein hoher →*Signalmast* an Land mit einer →*Gaffel,* an der die →*Nationale* gehißt wird, und einer breiten →*Rah* zum Setzen der Gastlandflaggen ausländischer Yachten. Der F. eines Clubs zeigt im Masttopp den →*Clubstander.*

Flaggenmast, Signalmast *(flagstaff, signalmast)* Zeichen aus →*Karte 1* im Anhang.

Flaggenparade, die *(coulours)* Das im Hafen von allen Booten gemeinsame →*Setzen* und →*Einholen* der →*Nationale* und anderer →*Flaggen.* Die F. findet vom 1.5. bis 30.9. um 08.00 Uhr, in den übrigen Monaten um 09.00 Uhr mit dem →*Vorheißen der Flaggen* statt, bei dem man sich nach dem →*Flaggenmast* des örtlichen Segelclubs, nach Kriegsschiffen oder der größten Yacht richtet. Das gemeinsame →*Niederholen* erfolgt bei Sonnenuntergang. Ist die →*Crew* zu diesem Zeitpunkt nicht an Bord, holt sie ihre Flaggen vorher ein. Versäumnisse bei der F. gelten als Mißachtung der →*Flaggenführung.*

Flaggenrechtsgesetz, das Das vom Bundesminister für Verkehr am 26.10.1994 bekanntgemachte und im BGBl I Nr. 75 vom 3. November 1994 in seiner Neufassung veröffentlichte Gesetz enthält die Befugnisse zur Führung der →*Bundesflagge* und zur Erteilung eines →*Flaggenzertifikates.* Es regelt sowohl das Flaggenrecht der →*Seeschiffe* wie die Flaggenführung der Binnenschiffe und enthält in seiner →*Flaggenrechtsverordnung* auch die Grenzen der →*Seefahrt.*

Flaggenregister, das Ein beim →*BSH* geführtes Register, in das alle →*Fahrzeuge* eingetragen werden, für die ein →*Flaggenzertifikat* ausgestellt wurde.

Flaggensignal, das *(flag signal)* Die Benutzung von →*Flaggen* des →*Flaggenalphabetes* zu einer optischen Verständigung über weite Entfernung, nach dem →*Internationalen Signalbuch,* den →*Internationalen Wettsegelbestimmungen* oder anderen Vorschriften. Die wichtigsten Informationen werden als →*Einflaggen-Signale,* ausführlichere Angaben als →*Zwei- oder Dreiflaggen-Signale* übermittelt. Jede entsprechende Zusammenstellung ist eine →*Heiß.* Die →*Signalflaggen* müssen (außer bei der →*Flaggengala)* nach Beendigung des Signal-Austausches eingeholt werden. Die wichtigsten →*Einflaggen-Signale* sind unter den entsprechenden Buchstaben dieses Buches genannt.

Flaggenstell, das *(set of flags)* Ein Flaggensatz oder ein →*Stell* der →*Flaggen,* zu dem alle →*Buchstabenflaggen,* →*Zahlenwimpel,* →*Antwortwimpel* und →*Hilfsstander* des →*Internationalen Signalbuches* gehören.

Flaggenstock, der *(flagstaff [flagpole])* Ein kurzer Holz- oder Metallstab, der oben mit dem →*Flaggenknopf* abschließt und gerade oder schräg in einem →*Flaggenstockhalter* steht, um daran z. B. die →*Nationale* zu setzen.

Flaggenstockhalter, der *(flagstaff [flagpole] socket)* Ein →*Beschlag* für den →*Flaggenstock.*

Flaggentrauer, die *(to half-mast the flag)* In der Tradition der →*Flaggenführung* wird als Zeichen der Trauer die →*Nationale* bei langem →*Flaggenstock* →*halbstocks* gesetzt, an einer →*Flaggleine* halb niedergeholt gefahren, mit kurzem Flaggenstock ein Trauerflor über der gesetzten Flagge geführt. Auch der →*Stander* wird dazu bis in Höhe der →*Saling* niedergeholt. Man zeigt nur im Hafen oder vor Anker F., in Fahrt nur, wenn sich ein Toter an Bord befindet.

Flaggenzertifikat, das *(flag certificate)* Amtlicher Ausweis für ein →*Seeschiff,* dessen Rumpflänge (→*Lüa;* LOA) 15 m nicht übersteigt und das einem deutschen →*Eigner* gehört. Das F. wird vom →*Bundesamt für Seeschiffahrt und Hydrographie* (BSH) ausgestellt und ist international gültig. Mit ihm wird die Berechtigung zur Führung der →*Bundesflagge* nachgewiesen. Unerläßlich ist das F. bei Fahrten in französischen See- und Küstengewässern. Das F. ist 8 Jahre gültig und kann verlängert werden. Zu den Unterlagen der Eintragung gehören der Kaufvertrag der →*Yacht,* die wichtigsten technischen Daten sowie zwei Fotos mit dem Namen des →*Heimathafens* am →*Heck* und dem gut sichtbaren Schiffsnamen.

Flaggleine, die *(flag line, flag halyard)* Eine dünne, vorgereckte und geflochtene →*Leine* zur →*Flaggenführung.*

Flaggleinenwirbel, der *(dasher swivel block)* Ein kleiner →*Wirbelschäkel* oder Schnäpper zum →*Anstecken* einer →*Flagge* an die →*Flaggleine,* um das Vertörnen bei gesetzter Flagge zu vermeiden.

Flaschenpost, die *(bottle post, drift bottle)* Wasserdicht verschlossene Flasche mit einer schriftlichen Mitteilung, die früher hauptsächlich im Seenotfall ins Wasser geworfen und dem Weitertransport durch die Meeresströmung überlassen wurde. Seit Beginn des 19. Jahrhunderts wird die F. auch für wissenschaftliche Untersuchungen, z. B. Erforschung von Meeresströmungen benutzt. Eine gefundene F. muß abgeliefert werden, damit man ihre Nachricht auswerten kann.

Flasher Dasselbe wie →*Blister.*

flattern (flappen, schlagen) der Segel *(the sails flap, flog)* Im Gegensatz zum →*Killen der Segel* die völlige Entlastung des Segels von jeglichem →*Winddruck,* indem man es entweder bei einem →*Aufschießen* oder beim →*Stoppen* eines Bootes mit →*Dwarswind* und voll →*aufgefierten Schoten* genau in Richtung der →*Windachse* bringt. Damit ist der „Windmotor" praktisch auf „Leerlauf" „geschaltet". Die Windströmung wird nicht mehr von einem →*aerodynamischen Profil* abgelenkt. Die Luft kann ungehindert an beiden Seiten des Segels entlangfließen und erzeugt keine →*Vortriebskraft* mehr.

Flaute, die – flau *(calm, weak, dull)* Windstille oder nur leiser Zug, in der →*Beaufort-Skala* 0 und 1 mit einer mittleren →*Windgeschwindigkeit* bis 1 m/s bzw. 2 kn. Völlige F. wird auch als →*Totenflaute* bezeichnet, wie sie z. B. in den →*Kalmen* vorherrscht.

Flechting, die; Flechtung, die *(capelage)* Die um den →*Topp,* die →*Stenge* und den →*Untermast* eines →*Segelschiffes* gelegten →*Augen* der aus schwerem →*Drahttauwerk* gefertigten →*Wanten* und →*Pardunen.* Sie waren als →*Legel* gearbeitet, hatten die Form eines →*Hufeisenspleißes* und wurden auch Flechtinglegel (Abb.) genannt.

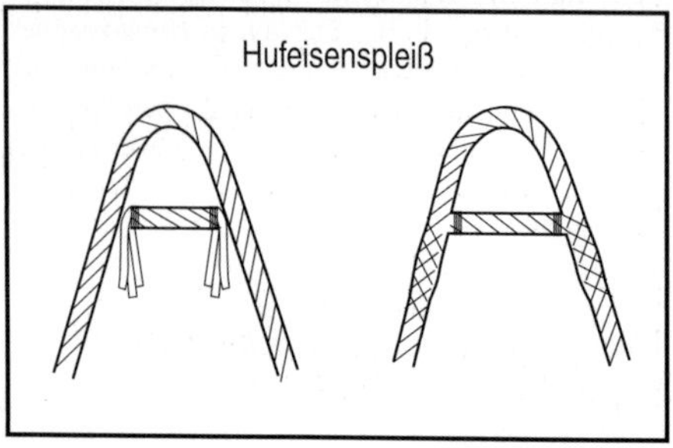

Flechting aufsetzen, eine F. legen *(to capeler)* Die →*Augen* des immer mit zwei →*Parten* geschorenen →*stehenden Gutes* um einen →*Mast* oder eine →*Stenge* legen.

Fleetnet (engl.; wörtl. etwa „Flottennetz") Abk. für einen Dienst im →*Inmarsat-C-System,* mit dem das einmalige Absetzen einer Meldung an bestimmte Inmarsat-C-Anlagen möglich ist, z. B. von einer →*Reederei* an alle weltweit eingesetzten Schiffe. Mit F. können auch die Daten eines einzelnen Schiffes (z. B. →*Kurs,* →*Fahrt* und bestimmte Betriebszustände) vom Sitz einer Reederei abgefragt werden.

Fleischhaken, der *(meat hook, cowtailed rigging)* Bei altem oder überlastetem →*Drahttauwerk* gebrochene Einzeldrähte oder →*Litzen,* die herausstehen und die Hände verletzen können, wenn man beim →*Fieren* und →*Holen* nicht mit Bordhandschuhen arbeitet.

Flettner-Rotorschiff, das *(Flettner rotorship)* Ein →*Rotorschiff* mit einer von Anton Flettner (1885–1961) entwickelten „Segelmaschine". Sie nutzte von 1924–1931 den →*Magnuseffekt* an einem vom →*Wind* angeströmten rotierenden Aluminiumzylinder (einem →*Rotor),* der von einem relativ schwachen →*Motor* gedreht wird, zum Antrieb eines →*Schiffes* aus. Das erste F.-R. war 1924 der Küstenfrachter „Buckau". 1925 segelte auch eine →*Rotoryacht.* Mit seinem alternativen oder kombinierten Antriebssystem war das F.-R. eine frühe Form des →*Motorsegelns,* die sich jedoch nicht durchsetzte.

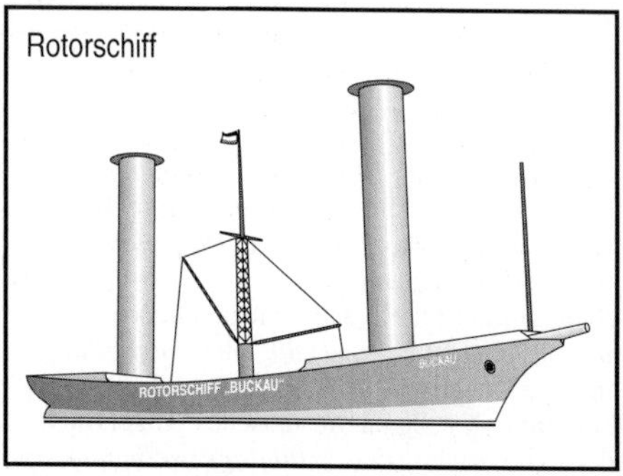

Flettner-Rotoryacht Siehe →*Rotoryacht.*

Flettner-Ruder, das *(Flettner rudder, Flettner fin)* Ein →*Balanceruder,* das mit einem Hilfsruder, der frühen Art einer →*Trimmklappe,* an sei-

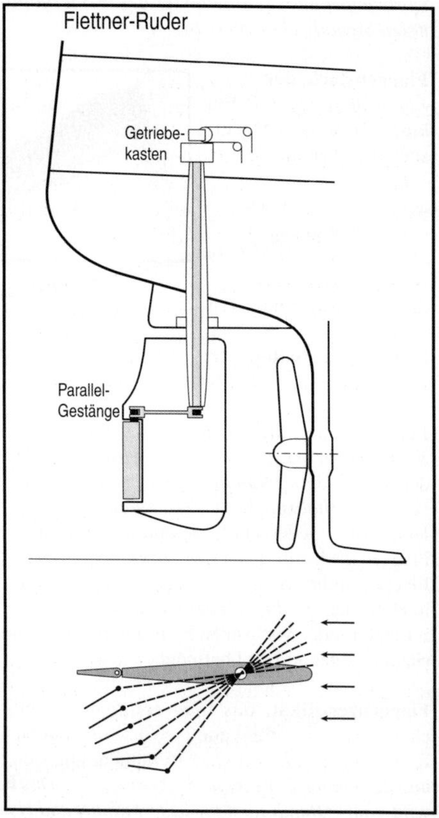

ner →*achteren* Kante ausgestattet war (Abb.). Um eine bestimmte →*Ruderlage* zu erreichen, mußte man – meistens allein von Hand – auch auf einem großen →*Schiff* nur das Hilfsruder bedienen und ersparte damit den Einsatz einer teuren →*Rudermaschine.* Das F.-R. bescherte Anton Flettner zwischen 1920 und 1930 hohe Lizenzgebühren, die er in die Entwicklung des →*Rotorschiffes* investieren konnte. Das F.-R. setzte sich jedoch nicht durch, weil es nur für das →*Manövrieren* auf See, aber weniger in einem →*Fahrwasser* geeignet war.

flexibler Mast, (der) *(flexible mast)* Ein elastischer, biegsamer →*Mast,* der auf →*Rennyachten* Teil des →*flexiblen Riggs* ist und auf →*Rennjollen* sowohl mit als auch ohne →*Mastverstagung* (z. B. beim →*Finn-Dinghy)* benutzt wird. Wenn er bei leichtem Wetter und auf →*Raumschotskursen* gerade steht (A), gibt er dem →*Segel* seine volle →*Segelwölbung* mit großer, vorn liegender →*Wölbungstiefe,* während er bei hartem Wetter und auf der →*Kreuz* durch →*Dichtholen* der →*Schot* peitschenförmig gebogen wird (B) und dabei die Segelwölbung vermindert und das Segel →*abflacht.*

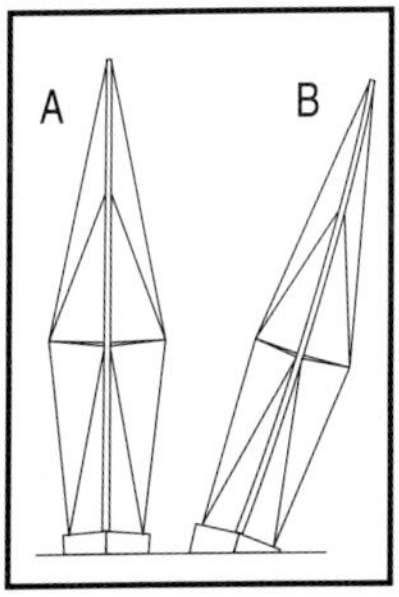

flexibles Rigg, das *(flexible rig)* Bei →*Rennyachten* und →*Rennjollen* ein „weicher" biegsamer →*Mast* mit einer elastischen, regulierbaren →*Verstagung,* um dem Segel in leichtem Wetter und bei viel Wind sowie auf der →*Kreuz* und dem →*Raumschotskurs* den jeweils optimalen Stand zu geben. Seekreuzer fahren demgegenüber ein steifes Rigg, bei dem zum entsprechenden →*Segeltrimm* andere Hilfsmittel wie →*Abflacher,* →*Ausholer,* →*Achterstagspanner* o. ä. benutzt werden. Das f. R. erlaubt es hauptsächlich einem →*flexiblen Mast* ohne starre Fesselung durch →*Wanten* und →*Stagen,* die gewünschte Biegung einzunehmen.

fliegend, fliegen lassen *(to let fly, flying)* Ausdruck für eine Verbindung von Teilen mit nur wenigen, meist Eckpunkten zum Boot oder zur Takelage: Beim →*„fliegenden Trapez"* ist der hoch über dem Wasser stehende →*Vorschotmann* nur an einem Punkt befestigt; eine „fliegend gesetzte Fock" verzichtet auf →*Stagreiter* und ist am →*Vorliek* nur mit →*Hals* und →*Kopf* angeschlagen; sinngemäß ist der →*Spinnaker* f. gesetzt. Im Gefahrenfalle läßt man eine →*Schot* bewußt →*ausrauschen* und das Segel fliegen.

fliegender Fisch *(flying fish, Exocoetus volitans)* Hauptsächlich in →*tropischen* und subtropischen

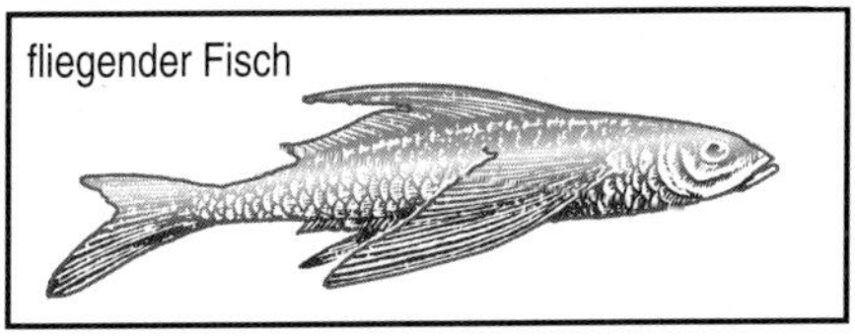

Gewässern (einschließlich des →*Mittelmeers)* vorkommende Fischart(en) mit langen, tragflügelähnlichen Brustflossen, die zwischen 10 und max. 50 cm lang sein können. Sie durchbrechen die →*See* mit beachtlicher Geschwindigkeit (20–25 kn) und segeln bis zu 100 m weit und im →*Seegang* oft mehr als 2 m hoch über dem →*Wasserspiegel.* Oft landen sie dabei ungewollt an →*Deck* einer →*Langfahrtyacht.*

Fliegender-Fisch-Segler, der *(flying fish yachtsman, flying fish sailor)* Ein →*Segler,* der lieber in warmen Gewässern (des europäischen Südens oder näher am →*Äquator)* segelt, wo →*fliegende Fische* leben, als in den kalten Heimatrevieren.

fliegendes Trapez, (das) *(flying trapeze)* Vorrichtung bei schnellen Jollen und →*Kielyachten,*

um den beim →*Ausreiten* fest mit dem Boot verbundenen →*Vorschotmann* mit seinem →*lebenden Ballast* →*fliegend* einzusetzen. Das f. T. besteht aus einem auf ca. dreiviertel Masthöhe neben dem →*Vorstagbeschlag* an jeder Seite befestigtem →*Ende* →*Drahttauwerk,* das unten an einem →*Trapezring* angeschäkelt ist, während ein →*Gummistropp* von dort bis zum →*Deck* den Trapezdraht in Ruhestellung entlang von →*Mast* oder

→*Want* hält. Der mit einem →*Trapezgürtel* ausgerüstete Vorschotmann kann sich, an →*Deck* sitzend, an den →*Trapezdraht* haken und dann, an der Außenkante des Bootsdecks stehend, gestreckt in voller Länge weit über den Bootsrand hinauslehnen, so daß er sein Gewicht optimal für die →*Stabilität* der →*Jolle* einsetzt.

Flieger, der *(jib topsail)* Bei →*Yachten* mit →*Kuttertakelung* das vordere und am höchsten gesetzte →*Vorsegel,* das am F.-Fall und über dem →*Klüver* gesetzt wird.

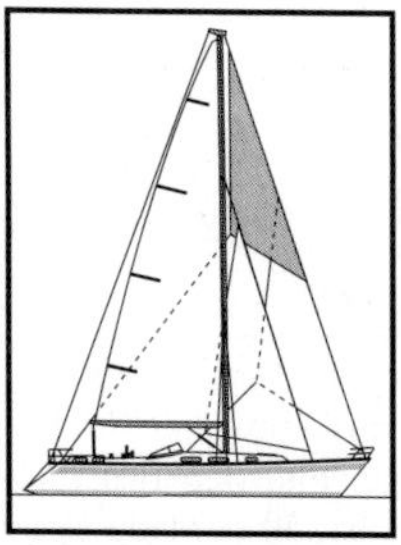

Flindersstange, die *(Flinders bar)* Nach dem Engländer Matthew Flinders benannte Einrichtung zur →*Kompensation* eines →*Magnetkompasses,* die er erstmals als Kapitän der Slup „Investigator" auf seiner Entdeckungsreise 1801 entlang der australischen Küste praktisch erprobte: Um die →*Deviation* zu vermindern, werden Kugeln unterschiedlicher Größe aus Weicheisen auf einer Stange um den Kompaß plaziert, die dort bei jeder neuen →*Kompensation* geringfügig verschoben werden können. Anstelle der F. in der →*Schiffahrt* benutzt man auf →*Yachten* →*Kompensationsmagnete.*

Flögel, der *(dog vane, wind pennant)* Eine aus festem Material, aus Segeltuch oder einer Kombination von beiden angefertigte, sich flügelartig in Richtung des relativen →*Bordwindes* drehende Vorrichtung am →*Masttopp.* Mit einem F. kann man sowohl Richtung wie Stärke des Windes erkennen, auf den die →*Segel* zu →*trimmen* sind. Bei deutschen Fischern früher aus Holz geschnitzt, in Holland als feste Arme mit Segeltuch wie ein →*Verklicker* gebaut, auf Großseglern auch als →*Windbüdel* mit einem trichterförmigen Windsack (Windbeutel) aus Segeltuch gefahren.

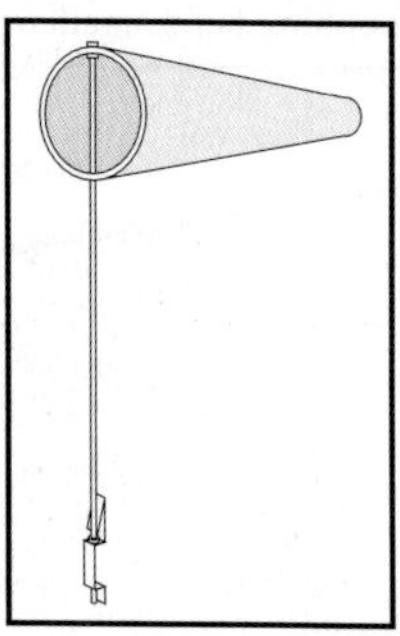

Floater (engl.) Deutsch „Gelegenheitsarbeiter". Bezeichnung eines extrem leichten →*Spinnakers* mit multiradialem Schnitt aus →*Segeltuch* von etwa 20 g/m² für →*Windstärke* 2 und weniger Wind.

Floß, das *(raft)* In der modernen Schiffahrt einfacher, unsinkbarer und ungedeckter Feststoff-Schwimmkörper, der an Bord als Rettungsfloß mitgeführt wird und zu den →*Seenotrettungsgeräten* gehört.

Flossenkieler, der *(fin keeler)* Ein →*Kielboot,* das mit einer →*Kielflosse* unter dem Bootsrumpf gebaut ist. Für ausreichende →*Gewichtsstabilität* sorgt ein angehängter →*Wulstkiel.* Als F. sind z. B. schnelle Rennyachten („Tempest", „Star" u. a.), aber auch zahlreiche →*Seekreuzer* gebaut.

flott *(afloat, floating)* „Schwimmend" im Gegensatz zu →*aufgelaufen* oder auf →*Grund* geraten. Sinngemäß benutzt man die Bezeichnung „Flotten" für kleine Auftriebskörper, die Netze schwimmfähig erhalten, oder faßt unter dem Begriff „Flotte" alle schwimmenden Einheiten zusammen, die z. B. die „Handelsflotte" oder „Kriegsflotte" umfaßt.

Flottille, die *(flotilla)* Urspr. spanisch (flotilla), dann französisch und später eingedeutscht. Wörtl. „kleine Flotte": Früher nur Verband gemeinsam operierender kleiner Marinefahrzeuge (U-Boot-F., Minensuchboot-F.) unter Führung eines F.-Chefs. Jetzt auch im →*Fahrtensegeln* mit →*Charterbooten* beim →*Flottillensegeln* gebräuchlich.

Flottillensegeln, das *(flotilla cruising)* Gemeinsames, programmiertes, meist mehrwöchiges →*Fahrtensegeln* mit →*Charterbooten* unter Führung eines ortskundigen →*Skippers* auf einem Führerboot. Hauptsächlich in ausländischen Revieren üblich. Vorteil: Auch eine weniger erfahrene →*Crew* kann in unbekannten Gewässern sicherer segeln und in Gemeinschaft mit anderen →*Seekreuzern* →*nautische* Erfahrungen sammeln.

flottmachen *(to float, to set afloat* Ein →*aufgelaufenes Boot* wieder zum freien Schwimmen bringen, entweder durch →*Abbringen* vom Grunde oder durch →*Leichtern.*

Fluchtluke, die *(escape hatch)* Ein ausreichend dimensioniertes →*Luk* oder →*Skylight,* das den Durchstieg einer Person in einem Notfall erlaubt und sich dazu mit seinem Deckel um 180° drehen bzw. vollständig öffnen läßt.

Flügelkiel, der *(wing keel, winglets on the keel)* Um 1900 vom amerikanischen Konstrukteur

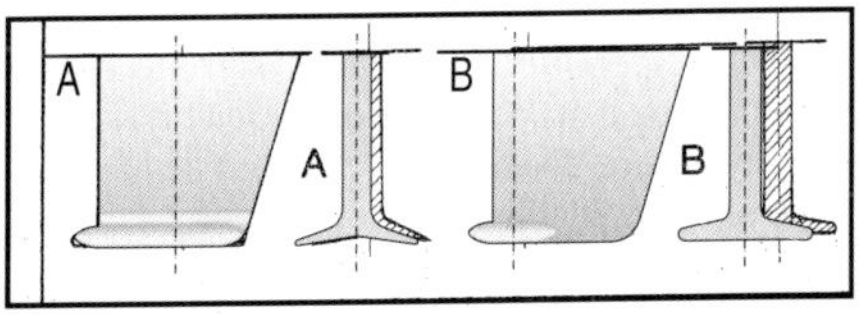

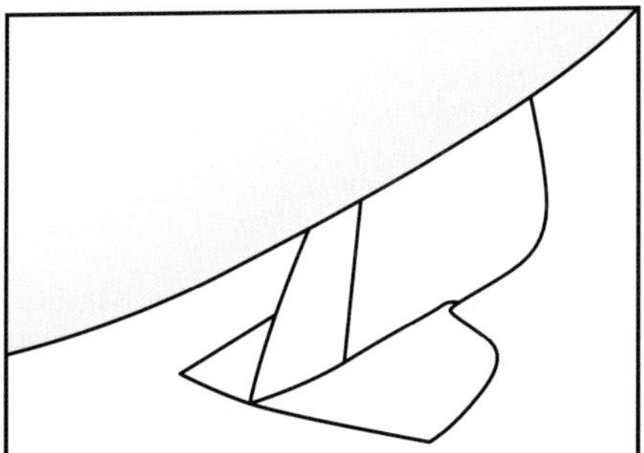

Flügelkiel

Nathanael Greene Herreshoff entwickelte und 1985 von dem Australier Ben Lexcen zusammen mit dem Holländer Dr. Oussanen neu erfundene seitlich abstehende Flügel an der Sohle der →*Kielflosse.* Diese Form des →*Ballastkieles* wurde erstmalig bei den →*Regatten* um den →*America's Cup* 1987 auf der siegreichen →*Rennyacht* „Australia II" eingesetzt. Anfangs baute man die Flügel, die auch im Flugzeugbau als Endplatten an den →*Tragflächen* den Druckausgleich um die Flügelenden verhindern, über die ganze Länge von Unterkante →*Kiel* (Abb. A). Um den →*induzierten Widerstand* zu vermindern, beschränkt man jetzt die Flügellänge auf den →*achteren Teil* (Abb. B). In der →*12-m-R-Klasse* wurde die Flügelbreite bis auf die →*Breite über alles* ausgedehnt. Der F. verringert die →*Abdrift* bei kleinem →*Wasserwiderstand* und bringt den →*Gewichtsschwerpunkt* in eine tiefere Lage. Er hat aber nur bei definierten Bedingungen Vorteile. Bei falscher Anordnung können erhebliche Nachteile auftreten, z. B. beim →*Stampfen* im →*Seegang.*

Flügelsegel, das *(wing sail)* Ein →*Starrsegel,* das in der bisher ausgereiftesten Form der →*Katamaran* „Stars and Stripes" 1988 bei der Verteidigung des →*America's Cup* führte.

Fluidkompaß, der *(liquid compass)* Ein →*Magnetkompaß,* dessen Kompaßkessel mit einem leichten Öl gefüllt ist und in dem die →*Kompaßrose* schwimmt. Auch →*Schwimmkompaß* oder Flüssigkeitskompaß genannt.

Flunke, die *(fluke)* Die spaten- bzw. schaufelförmige Hand eines →*Ankers,* die sich in den →*Grund* gräbt. Es gibt Anker mit nur einer F. (z. B. →*Pflugscharanker),* mit zwei Flunken (z. B. →*Stock-* und →*Danforth-Anker)* und sogar mit vier Flunken (z. B. →*Draggen).*

Flüssiggas, das *(liquified gas)* Unter den Namen Butan und Propan an Bord von Yachten zum Kochen benutzte und europaweit erhältliche Produkte der Petrochemie mit einem Heizwert von ca. 13 kWh je Kilogramm F. Die Flammentemperatur beträgt ca. 1900 °C. Es gelten folgende Verhältnisse: Für →*Propan* ergibt 1 Liter F. bei einer

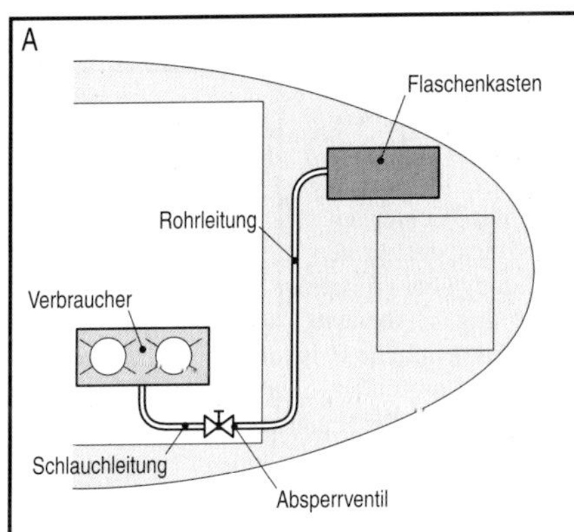

Flüssiggas-Anlage

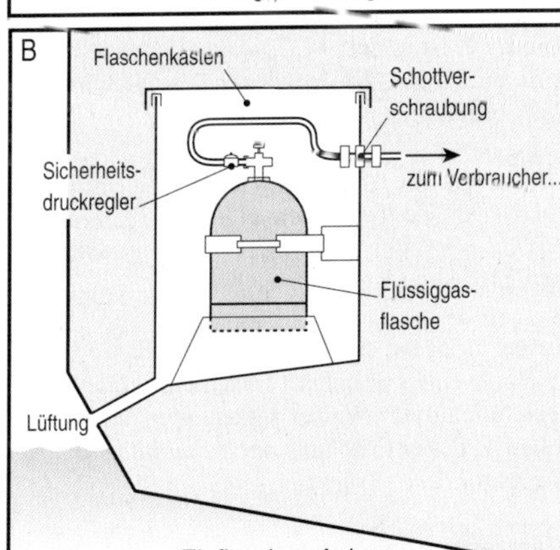

Einflaschen-Anlage

Lufttemperatur von 20 °C und 8 bar Druck 260 Liter Propangas. Für →*Butan* ergibt 1 Liter F. bei 20 °C und 1 bar Druck 220 Liter Butangas. Für seine Verbrennung benötigt F. große Mengen Sauerstoff, z. B. 12 m^3 für 1 kg Propan. Das bedeutet, daß für die einstündige Zubereitung eines Mittagessens auf einem Gaskocher die gesamte Luftmenge in der →*Kajüte* eines 10-m-Seekreuzers ausgetauscht werden muß. Das von Natur aus ungiftige, geruch- und farblose F. Propan ist 1,55mal, das F. Butan bis 2,1mal schwerer als Luft. Unverbranntes Gas sammelt sich – der Schwerkraft folgend – daher immer an den Bodenbrettern und in der →*Bilge* und bildet bereits bei einem Anteil von nur 1,5 % (bis ca. 9 %) ein explosives Gemisch. Außerdem besteht in einer geschlossenen Kajüte (durch den verdrängten Sauerstoff) Erstickungsgefahr für die (schlafende) Crew. Bei der Benutzung von F. an Bord (Abb. A und B) sind daher strenge Sicherheitsrichtlinien zu beachten.

Flüstertüte, die *(megaphone, speaking trumpet)* Korrekt →*Megaphon* oder →*Sprachrohr* genannter Trichter mit Mundstück, der zur Verständigung über größere Entfernungen benutzt wird. Eine einfache F. ist oft mit einem →*Mundnebelhorn* kombiniert, eine moderne F. hat Transistorverstärker für Batteriebetrieb.

Flut, die *(flood, high tide)* Beim Wechsel einer →*Gezeit* das Steigen des Wasserspiegels vom →*Tideniedrigwasser* bis zum folgenden →*Tidehochwasser.* Der auf Zeit und Höhe bezogene Verlauf der F. ist in der →*Tidenkurve* dargestellt. Oft wird auch das Tidehochwasser fälschlicherweise als F. bezeichnet.

Flutdauer, die (Steigdauer, die) *(duration of flood)* Der Zeitraum von einem →*Tideniedrigwasser* bis zum folgenden →*Tidehochwasser,* auch als „Steigdauer" bezeichnet.

fluten *(to flood, to flow, to stream)* Einen Raum an Bord, einen Behälter (Tank), ein →*Dock* o. ä. absichtlich unter Wasser setzen oder mit Wasser füllen, z. B. zur Erhöhung der →*Stabilität* oder zur Korrektur des →*Trimms.*

Flutgrenze, die *(high-water mark, tidal line)* In einem →*Tidengewässer* der Ort, bis zu dem der Wasserspiegel im Rhythmus der →*Gezeiten* und in Abhängigkeit von der →*Tide* steigt und fällt. Die F. liegt z. B. in der Elbe bei Wehr und Schleuse Geesthacht.

Fluthafen, der *(tidal harbo[u]r)* Ein offener Hafen im →*Tidegebiet,* auch Tide- oder Hochwasserhafen genannt, der nur bei ausreichend hoch angestiegenem Wasserstand (zur Zeit des →*Tidehochwassers)* angelaufen werden kann.

Flutstrom, der *(e.: floodstream; a.: flood current)* Die Strömung der →*Tide* während der →*Flut.* Der F. ist in Küstennähe im allgemeinen landwärts gerichtet.

Flutstrom, Ebbstrom *(flood tide stream, ebb tide stream)* Zeichen aus →*Karte 1* im Anhang.

Flutstromgrenze, die *(tidal border area)* In Flüssen, die in ein →*Tidengewässer* münden, die Stelle, bis zu der ein →*Flutstrom* reicht. Sie liegt, wenn sie nicht (wie z. B. auf der Elbe) durch ein Wehr oder andere, von Menschenhand geschaffene Wasserbauwerke gegeben ist, immer flußabwärts der →*Flutgrenze.*

Flutwelle, die *(1. tidal wave, 2. tsunami)* Eine Welle auf der freien See, die eine wesentlich längere →*Wellenperiode* als →*Windsee,* →*Dünung* oder →*Brandung* hat. 1. Die Welle der →*Gezeiten* mit einer Wellenperiode von ca. 12 h 25 min, die an ihren Auswirkungen mit →*Ebbe* und →*Flut* nur mittelbar als F. erkannt wird. – 2. Meistens im Pazifik durch Seebeben, unterseeische Vulkanausbrüche o. a. hervorgerufene F., auch →*Tsunami* genannt. Diese F. hat eine Wellenperiode von ca. 5 bis 10 min und richtet durch ihre große →*Wellenlänge* und außerordentlich schnelle →*Wellengeschwindigkeit* beim Eintreffen auch an sehr weit entfernten Küsten große Schäden an.

Flux-Gate-Kompaß, der; auch Fluxgate-Kompaß *(Flux Gate compass; earth inductor compass)* Ein Erdinduktions-Kompaß, der mit einer induktiven Meßsonde die Richtung der Horizontal-Komponente des →*Magnetfeldes* der Erde ermittelt und sie auf einem Anzeigegerät an einem anderen Ort darstellt. Er arbeitet wie ein →*Magnetkompaß,* der die Richtung mit einer Magnetnadel anzeigt. Ein solcher Kompaß wird hauptsächlich auf →*Yachten* aus →*Stahl* benutzt, auf denen die Meßsonde in ca. 2 m Abstand vom Bootsrumpf (am →*Großmast* oder →*Besanmast)* weitgehend frei von →*Deviation* befestigt wird und die Richtung auf mehrere Tochterkompasse (→*Peilkompaß*, →*Steuerkompaß*) in der →*Plicht* oder in der →*Kajüte* gleichzeitig übertragen werden kann. Die hierfür erforderliche elektrische Energie ist gering. Ein F.G.-K. ist ein elektrischer →*Magnetkompaß,* der nach dem ersten Serientyp dieser Art einer englischen Firma benannt ist.

Flybridge, flying bridge, fly-bridge (engl., wörtlich „fliegende Brücke") 1. Fachausdruck für einen hochliegenden offenen Steuerstand (auf dem Dach des →*Steuerhauses*) einer →*Motoryacht.* – 2. Auf einem Tanker eine leichte, auf Stützen ruhende und von →*achtern* nach →*vorn* gebaute Laufbrücke (Verbindungsbrücke) über ein Überflutdeck, amerikanisch auch catwalk genannt.

Flying Dutchman Von U. van Essen konstruierte und aus →*Sperrholz* oder →*GFK* gebaute, seglerisch anpruchsvolle Zweimannjolle, als →*internationale Klasse* anerkannt und seit 1960 →*olympische Klasse.* Lüa 6,05 m, Büa 1,68 m, Tiefg. Rumpf 0,13 m, mit Schwert 1,12 m, Verdr. segelf. 165 kg, Segelfl. 17 m².

Flying Junior Von U. van Essen konstruierte, aus →*GFK* gebaute und als Vorstufe für den →*Flying Dutchman* entwickelte Zweimannjolle.

FM Abk. für das Verfahren der →*Frequenzmodulation,* bei dem die →*Frequenz* eines Trägers im Takte der Niederfrequenz geändert wird.

Fock, die (Stagfock) *(jib, forestaysail)* Im ursprünglichen Wortsinn ein „Zieher", d. h. ein auf dem Vorschiff gesetztes Segel im Gegensatz zum →*Besan,* dem „Treiber". Die F. ist auf den üblichen, als →*Slup* getakelten Jollen und Yachten das einzige →*Vorsegel* vor dem →*Großsegel.* Auf größeren →*kuttergetakelten* Booten ist die F. das untere bzw. →*achtere* von zwei Vorsegeln. Korrekter müßte die F. →*Stagfock* genannt werden, weil sie

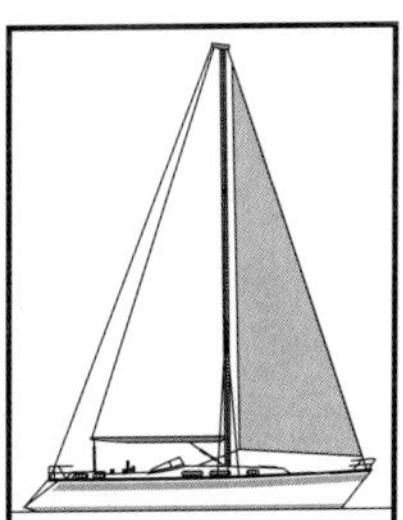

durch →*Stagreiter* mit dem →*Fockstag* verbunden oder fliegend hinter einem →*Stag* gefahren wird. Die ursprüngliche F. war und ist das unterste →*Rahsegel* am →*Fockmast* eines mehrmastigen Segelschiffes, in ähnlicher Form auf Yachten auch als →*Breitfock* gefahren. An Bord benennt man die F. (entsprechend ihrer Größe) als „Fock 1", „Fock 2" usw. oder für bestimmte Zwecke als →*Sturmfock,* →*Rollfock.* Die genauen Größen einer F. 1, F. 2 im Vergleich zu →*Genua* oder →*Sturmfock* siehe unter →*Vorsegelgröße.*

Fockbaum, der *(jib pole)* Eine →*Spiere,* an der das →*Unterliek* einer →*Fock* angereiht oder in deren →*Keep* es eingezogen ist, damit das jetzt als →*Baumfock* bezeichnete Segel beim →*Wenden* ohne Bedienung der →*Fockschot* selbsttätig übergehen kann. Ein F. darf nicht länger als der größte Abstand zwischen →*Fockstag* und →*Mast* sein und wird nur mit einer, beim →*Kreuzen* ständig →*belegter Schot* gefahren.

Fockeinholer, der (Fockniederholer, der) *(jib inhaul, jib down haul)* Eine am →*Kopf* der →*Fock* angeschlagene →*Leine,* damit man beim →*Bergen* des Segels die oberen Teile schnell und sicher zum →*Deck* holen und dort sichern kann. Der F. führt am →*Vorsegel* entlang bis zum Stevenbeschlag und reicht gegebenenfalls mit der →*holenden Part* bis in die →*Plicht.*

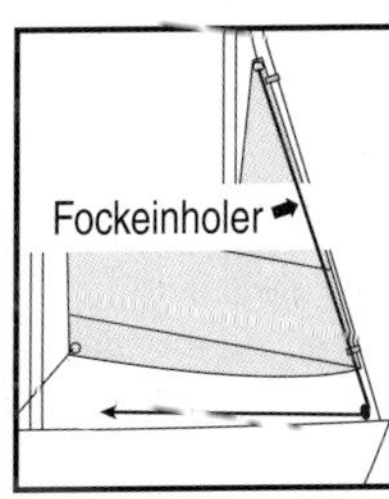

Fockfall, das *(jib halyard)* Das →*Fall* zum Setzen der →*Fock.*

Fockhals, der *(jib tack)* Die vordere, untere Ecke der →*Fock,* die an einem →*Beschlag* am →*Bug* →*angeschlagen* wird.

Fockmast, der *(fore mast)* Auf allen zwei- und mehrmastigen Yachten und Segelschiffen der vordere Mast, der nur bei einer →*Schuneryacht* kleiner als der →*Großmast* ist. Beachte: Bei einem →*Anderthalbmaster* heißt der vordere Mast „Großmast".

Fockroller, der *(furling gear [for jib])* Ein →*Beschlag* aus einer Rolle, mit dem man die →*Fock* um das →*Vorstag* wickeln und auf jede gewünschte Fläche verkleinern oder ganz aufrollen kann. Ein F. arbeitet entweder nur mit einer einzigen Zugleine (zum Eindrehen der

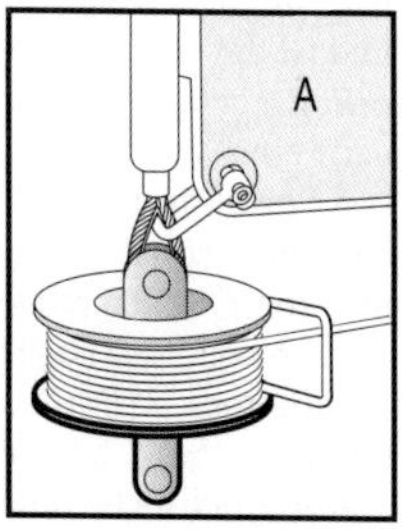

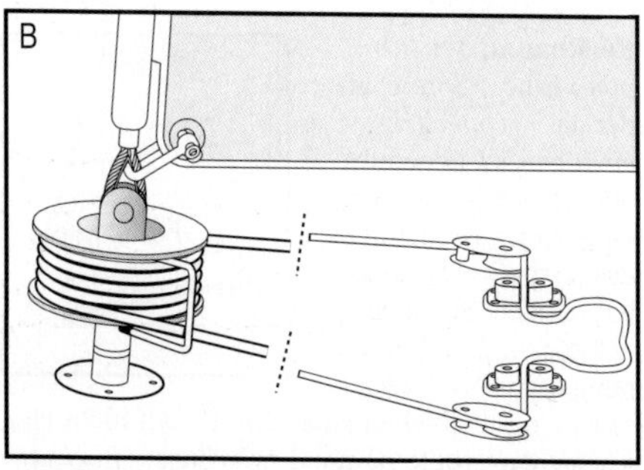

→*Rollfock,* Abb. A) oder mit zwei →*holenden Parten* (zum Ein- und Entrollen sowie zu jeder beliebigen Arretierung, Abb. B). Ein wichtiger Bestandteil des F. ist ein Wirbel im Vorstag dicht am Mastbeschlag, damit sich das Stag beim Einrollen der Fock um die eigene Achse drehen kann.

Fockschot, die *(fore sheet, jib sheet)* Eine auf jeder Bootsseite und damit doppelt geführte →*Schot* zum Bedienen der →*Fock.* Die F. ist am →*Schothorn* angeschlagen und führt über →*Fockschotleitösen* in die →*Plicht* bis in Reichweite des →*Vorschotmannes.* Es ist immer nur die →*Leeschot* durchgesetzt.

Fockschotbeiholer, der *(barber hauler, bull rope)* Ein →*Beiholer* mit einer →*Kausch* o. ä., durch die die →*Fockschot* läuft. Der F. dient dazu, den →*Holepunkt* aus Gründen der →*Segeltechnik* zu verändern und wird hauptsächlich auf Rennjollen (hier auch →*Barber-Hauler* genannt) gefahren.

Fockschotholepunkt, der *(jib sheet hauling point)* Der Punkt auf dem →*Seitendeck,* zu dem die richtige Zugrichtung der →*Fockschot* bei optimaler Stellung der →*Fock* führt. Einfache →*Jol-*

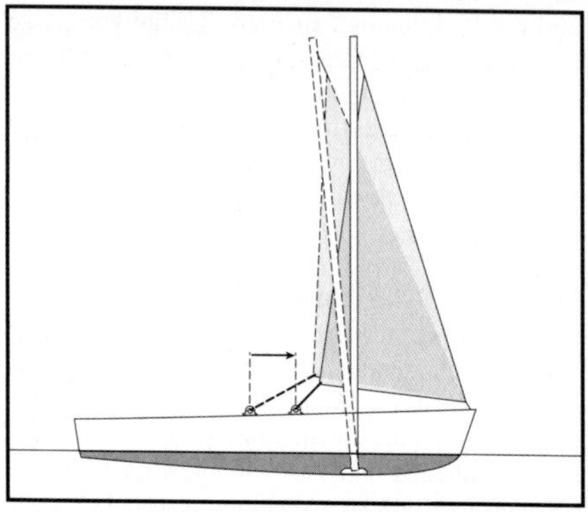

len benutzen für ihr einziges Vorsegel oft nur einen einzigen F. mit einem →*Augbolzen* als fester →*Fockschotleitöse.* Sie müssen dann gegebenenfalls den Abstand zwischen Segelhals und →*Deck* verändern, wenn die Lage des F. bei einem ausgerefften →*Vorsegel* nicht mehr stimmt. Rennjollen und →*Seekreuzer* benutzen →*Fockschotleitschienen,* um den F. für jedes Segel und jeden →*Kurs* zum Wind sowohl längs- wie querschiffs verändern zu können. Bei leichtem Wetter liegt der F. (in Anbetracht der →*Düsenwirkung)* mehr binnenbords, bei schwerem Wetter mehr nach außen. Für eine Veränderung des F. sorgt auch der →*Fockschotbeiholer.*

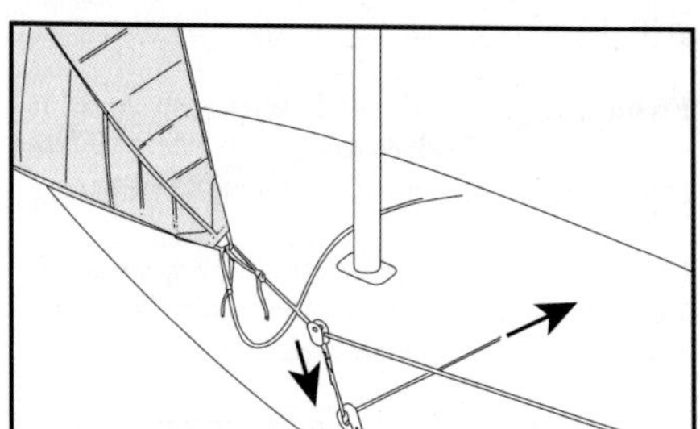

Fockschotbeiholer

Fockschotleitöse, die *(jib fairlead)* Die Führung für die →*Fockschot,* um für jedes →*Vorsegel* und

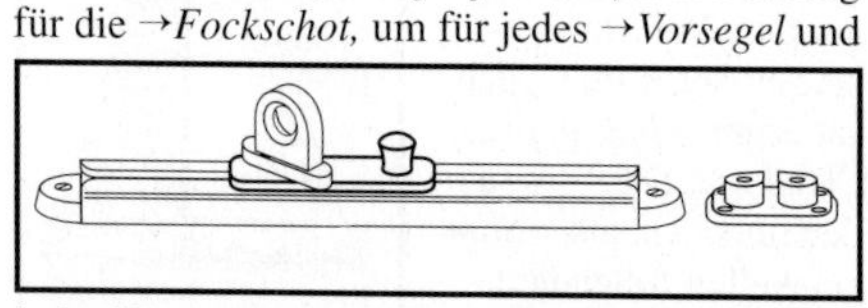

jedes Wetter den richtigen →*Fockschotholepunkt* zu geben. Die einfachste F. ist ein →*Augbolzen* auf dem →*Seitendeck.* Üblich sind jedoch auf einer →*Fockschotleitschiene* verschiebbare Ösen, die sich beliebig arretieren lassen. Auf größeren

Yachten mit großflächigen Segeln wird anstelle der F. ein →*Leitblock* gefahren.

Fockschotleitschiene, die *(track for foresail sliders)* Eine Schiene für das Verstellen der →*Fockschotleitöse* beim →*Trimmen* der →*Fockschot.* Leitöse oder →*Leitblock* sind auf →*Rutschern* oder →*Schlitten* befestigt.

Fockstag, das *(forestay, jibstay)* Bei einer →*Sluptakelung* das vordere, oft doppelt geschorene →*Stag,* an dem eine →*Fock* gefahren wird. Das F. kann dabei auch als →*Vorstag* bezeichnet werden. Bei einer →*Kuttertakelung* das im →*Vorsegeldreieck* gesetzte Stag weit hinter dem →*Klüverstag,* das dann „Vorstag" genannt werden kann.

Föhn, der *(foehn)* Ein für süddeutsche Segelreviere gefährlicher →*Fallwind,* der durch die Alpen als Wetterscheide zwischen einem südlich liegenden →*Hoch* und einem nördlichen →*Tief* entsteht. Der F. bringt durch die Windströmung (vom Hoch zum Tief) über die Bergkette Warmluft mit hoher Geschwindigkeit bei klarer Sicht in das Seengebiet des nördlichen Alpenvorlandes.

Folge, die Bei einem →*Leuchtfeuer* im Wechsel der →*Lichterscheinung* die Zeit vom Beginn einer Erscheinung (z. B. →*Blink* oder →*Blitz)* bis zum Eintritt der nächsten. Bei einer →*Gruppenkennung* die Zeit bis zum Eintritt der nächsten gleichen Erscheinung derselben Gruppe.

Formschwerpunkt, der *(centre of buoyancy)* Auch →*Verdrängungsschwerpunkt* genannter und im Querschnitt des Bootsrumpfes gedachter Punkt, in dem die →*Auftriebskraft* wirksam ist. Bei einer →*Jolle* liegt der F. unter dem →*Gewichtsschwerpunkt,* bei einem →*Kielboot* liegt er im allgemeinen darüber. Der F. kann durch die entsprechende →*Spantform* bei einer →*Krängung* seitlich unterschiedlich weit auswandern (Abb. A). Die Lage des F. bei gekrängtem Boot bestimmt das

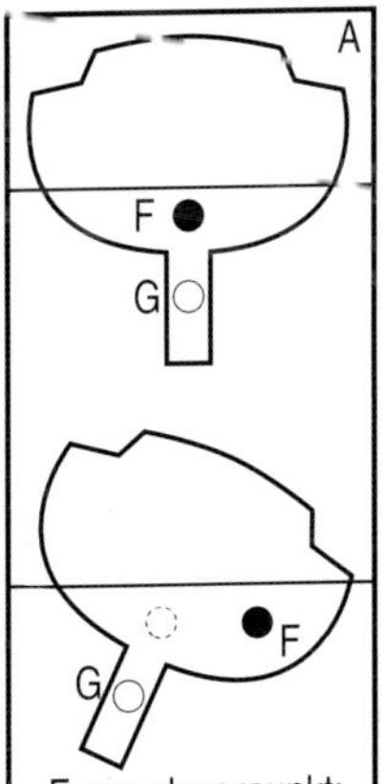

Formschwerpunkt: Veränderung querschiffs

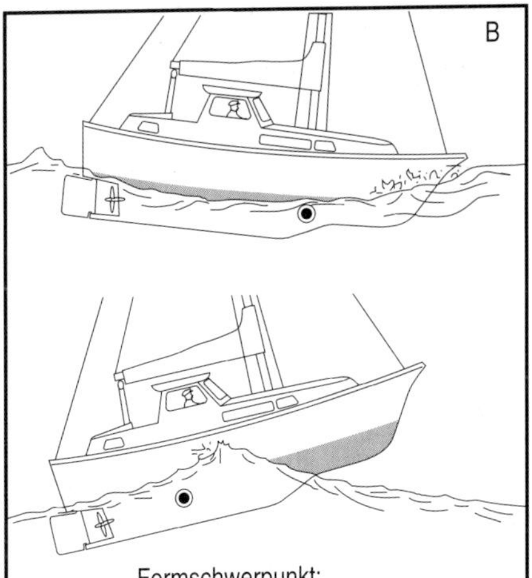

Formschwerpunkt: Veränderung längsschiffs

→*Metazentrum,* und über die →*metazentrische Höhe* lassen sich Rückschlüsse auf die →*Stabilität* eines Bootes ziehen. Der F. verändert seine Lage auch →*längsschiffs* (Abb. B), z. B. bei einer Fahrt im →*Seegang* und ein- bzw. austauchendem Vor- und Achterschiff.

Formstabilität, die *(hydrostatical stability, stability by form)* Die →*Stabilität* eines Bootes, die

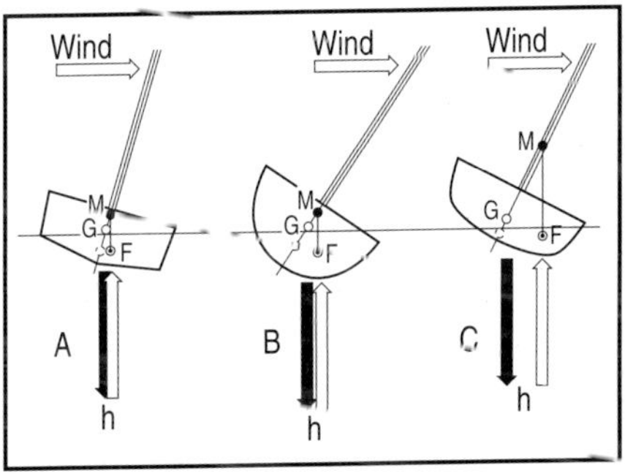

(im Gegensatz zur →*Gewichtsstabilität)* hauptsächlich von seiner Form, dem Bootskörperquerschnitt oder →*Spantenriß* und dem Weg abhängig ist, in dem der →*Formschwerpunkt* beim →*Krängen* seitlich auswandern kann. Dabei wird die F. aber nicht (nur) von der →*Breite über alles,* sondern von der →*Breite in der Wasserlinie* und damit der →*Spantform* bestimmt: Solange der →*Gewichtsschwerpunkt* G unter dem →*Metazentrum* M liegt, besteht ein →*aufrichtendes Moment:* In der Abb. ist das →*Knickspantboot* A ein →*steifes* Boot mit großer F. Das →*Rundspantboot* B mit einem Kreisbogenspant hat (bei gleicher Breite über alles) eine geringere F.; es →*krängt* schnell, und die →*metazentrische Höhe* (der Abstand M von G) bleibt klein. Eine →*Jolle* mit dem üblichen Kelchspant (C) ist zwar etwas →*ranker* als A, besitzt aber eine größere F. als B. Denn bei ihm wächst mit zunehmender Krängung die metazentrische Höhe (M über F) und damit die aufrichtende Kraft.

formverleimtes Sperrholz, das *(moulded plywood)* In →*Diagonal-Bauweise* über einem rundspantigen Kern drei- bis fünfschichtig kochfest verleimte →*Furniere* aus →*Bootsbausperrholz,* die einen sehr leichten und sehr festen dünnwandigen Bootsrumpf in jeder beliebigen Form entstehen lassen. Für das Anheften oder Anpressen der Furniere gibt es unterschiedliche mechanische oder pneumatische Verfahren. Nicht nur →*Jollen,* sondern auch →*Seekreuzer* werden aus f. S. gebaut.

Formwiderstand, der *(form resistance)* 1. Ein Teil des →*aerodynamischen Widerstandes,* der am →*Segel* und der →*Takelage* des fahrenden Bootes hauptsächlich durch die Form von →*Wanten,* →*Salingen* sowie des →*stehenden* und →*laufenden Gutes* entsteht. Der F. ist bei kleinen Anstellwinkeln (auf →*Amwindkurs)* gering und erreicht →*vor dem Wind* seinen größten Wert. – 2. Auch der dynamische oder →*Wellenwiderstand,* den der Bootsrumpf bei seiner Fahrt durch das Wasser überwinden muß und der sich durch die Form des Wellensystems zeigt, das ein Boot bei seiner Fahrt erzeugt, und in der Wirbelbildung seines →*Kielwassers,* wird F. genannt. – 3. Der F. ist in beiden Medien von der →*Dichte* abhängig und wächst mit dem Quadrat der Geschwindigkeit.

Fortpflanzungsgeschwindigkeit, die *(wave velocity)* Auch als →*Wellengeschwindigkeit* bezeichneter Zusammenhang zwischen →*Wellenperiode* und →*Wellenlänge,* die aber nicht als →*Geschwindigkeit* im Sinne von →*Strom,* sondern als Fortbewegung der geometrischen Figur, in der sich die Wasserteilchen während der →*Orbitalbewegung* der Wellenschwingung befinden, zu verstehen ist. Als Maßeinheit der F. dienen →*Knoten* oder Meter pro Sekunden.

F.p.s. system Engl. Abk. für Foot, Pound, Second, das englische Maßsystem, das jahrhundertelang auf Fuß (= 0,305 m), Pfund (lbs = 0,4536 kg) und Sekunde mit den entsprechenden Verbindungen untereinander basierte. Es wurde bisher nur teilweise durch das →*Internationale Einheitensystem* abgelöst.

Fractional Rig (engl.) Ein →*Rigg* mit einem nicht zum →*Topp* geführten, sondern →*verkürzten* Vorsegeldreieck, d. h. nur zum oberen Bereich des →*Großmastes* reichenden →*Vorstag.* Im Gegensatz zu →*toppgetakelt* z. B. eine →*Siebenachtel-Takelung* oder eine →*Dreiviertel-Takelung.*

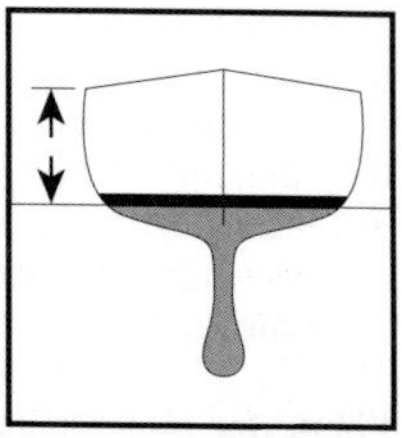

Freibord, der *(freeboard)* Das an der Bordwand ermittelte vertikale Maß, um das das →*Oberdeck* frei über der Wasseroberfläche liegt (Abb.). Man spricht von einem „vorderen" F. (am →*Bug* gemessen), einem „achteren" F. (am →*Heck),* einem „geringsten" F., der bei Booten mit normalem →*Sprung* meistens auf halber Bootslänge liegt, einen „Mindestfreibord", von dem Sicherheit, →*Seefähigkeit* und →*Schwimmwasserlinie* abhängen, und anderen Freibordhöhen. Nur mit ausreichendem F. ist ein →*Seekreuzer* wirklich →*seetüchtig.*

Freibordhöhe, die *(freeboard depth)* Die von der →*Wasserlinie* bis zum →*Deck* gemessene Höhe der Bordwand, die vom Beladungszustand des Bootes und dem →*Deckstrak* oder →*Sprung* abhängt.

Freibordhöhe (bei einer Rettungsweste) Sie ist nach →*DIN EN* 395, 396 und 399 für die →*Rettungswesten* 100 N, 150 N und 275 N mit mindestens 80 bzw. 100 mm Abstand zwischen der über Wasser gehaltenen Mundecke eines Über-Bord-Gefallenen und der Wasseroberfläche vorgeschrieben und wird durch ein bestimmtes Testverfahren unter einer Meßbrücke ermittelt.

Freibordmarke, die *(freeboard mark, Plimsoll's mark)* Da die →*Freibordhöhe,* die vom Ladezustand und damit einer wechselnden →*Verdrängung* abhängt, die →*Seefähigkeit* eines Schiffes mitbestimmt, sind alle Handelsschiffe mit einer F. (Abb.) an jeder Seite und auf halber Schiffslänge ausgestattet. Die in Deutschland 1908 gesetzlich eingeführte F. gibt (unter einem Decksstrich) an, wie weit z. B. ein Frachtschiff entsprechend der Jahreszeit und dem befahrenen →*Seegebiet* vollgeladen (oder „eingetaucht abgeladen") werden darf. Hierbei bezeichnet der Kreis (mit den Buchstaben der →*Klassifikationsgesellschaft,* die diese

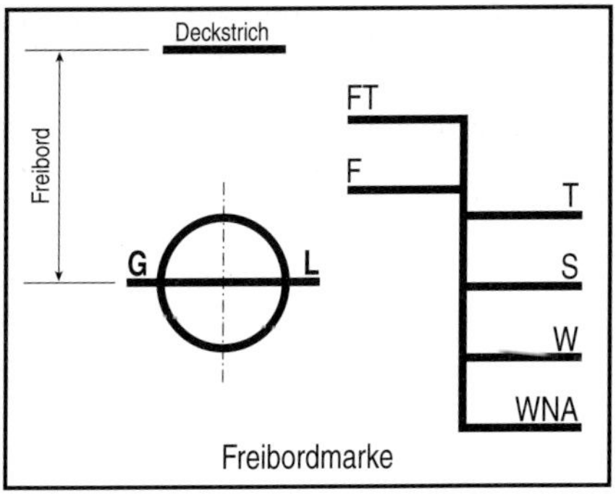

F. bestimmt hat, hier →*Germanischer Lloyd),* den erforderlichen →*Freibord* im Sommer und im →*Seewasser* (mit Linie „S", auch „Sommerfreibord" genannt). „W" bezeichnet die Tiefladelinie im Winter, „WNA" für den Nordatlantik, beide mit mehr Freibord. Bei Fahrten in den →*Tropen* („T"), in →*Frischwasser* („F") oder in tropischem Frischwasser („FT") darf die →*Freibordhöhe* weiter abnehmen. Die F. wird auch →*Plimsoll-Marke* nach dem Namen eines britischen Parlamentsabgeordneten genannt, der für ihre gesetzliche Einführung in England sorgte.

freies Meer, das; Freiheit der Meere, die *(freedom of the seas)* Die See außerhalb der →*Hoheitsgrenze* eines Küstenstaates. Als „mare librum" ist das „freie Meer" überall und für jedermann Ausland.

Freihalten, das; freihalten *(keeping clear, to keep clear)* 1. Seem. allgemein sich fernhalten, z. B. von einem →*Kai* durch Ausbringen von →*Fendern,* oder sich →*klar* halten, z. B. genügend Abstand halten von einer →*Huk* beim Steuern eines →*Kurses* oder auch einen ausreichend großen Abstand zwischen sich und einem anderen Fahrzeug legen, z. B. beim →*Ausweichen.* – 2. Begriff der →*Wettfahrtregeln,* der in zahlreichen Einzelregeln benutzt wird, z. B. in den wichtigen Regeln 10–13 für das →*Wegerecht* bei der Begegnung von Booten. Hier bedeutet F.: Ein Boot hält sich frei von einem anderen, wenn das andere Boot seinen →*Kurs* segeln kann, ohne Maßnahmen zum →*Ausweichen* ergreifen zu müssen und wenn bei →*überlappenden* Booten mit →*Wind von der gleichen Seite das* →*Leeboot* den Kurs ändern könnte, ohne sofort →*Berührung* mit dem →*Luvboot* zu bekommen.

freikreuzen *(to claw a boat off [the lee-shore])* Bei →*auflandigem Wind* das oft notwendige und im →*Seegang* schwierige Bestreben, vor einer →*Leeküste* durch einen →*Kreuzkurs* Raum nach →*Luv* zu gewinnen und damit die Distanz zu einer gefährlichen →*Küste* zu vergrößern.

freisegeln (von) *(to steer [to sail] clear off)* Beim →*Rennsegeln* eine taktische Grundregel für das Bestreben, schnell aus dem durch andere Boote gestörten Windbereich der →*Abdeckung* herauszukommen und den →*atmosphärischen Wind* ungehindert ausnutzen zu können. Das F. ist besonders nach dem →*Start* oder beim Segeln im →*Pulk* wichtig.

Freistellungsschein, der *(freight release)* Ein Papier der →*Zollbehörde* für →*Eigner,* die ohne →*Zollabfertigung* im Küstenbereich →*anlegen* dürfen, wenn sie außer Waren des freien Verkehrs nur abgabenfreie Betriebsstoffe, Reisemitbringsel und abgabenfreies Reisegerät der →*Besatzung* mitführen. Der F. wird von einer →*Zollstelle* ausgestellt.

Freiwache, die *(watch below, off-watch, off-duty)* Freizeit zwischen abgelaufener und nächster →*Wache* oder wachfreier Teil der →*Besatzung.*

Freiwächter, der *(1. man off-watch, 2. dayman)* 1. Ein Besatzungsmitglied, das →*Freiwache* hat oder (2.) durch besondere Aufgaben an Bord auf See (als →*Navigator* oder als →*Smut)* immer →*wachfrei* ist.

freiwilliger amtlicher Führerschein Während der →*Sportbootführerschein Binnen* und der →*Sportbootführerschein See* gesetzlich verordnete und somit →*amtliche* (Pflicht-)Führerscheine sind und alle vom →*DSV* herausgegebenen freiwilligen →*Führerscheine* nur z. B. für das →*Rennsegeln* nützlich sind und von Vereinsmitgliedern auf eigenen Wunsch erworben werden können, nehmen als f. a. F. der →*Sportseeschifferschein* und der →*Sporthochseeschifferschein* eine Zwitterstellung ein. Sie werden zwar nach behördlichen Richtlinien erteilt, sind aber keine Pflichtführerscheine wie die oben genannten →*Sportbootführerscheine,* denen sie nur als (gesetzlich verordnete) Qualifikation entsprechen.

Frequenz, die *(frequency)* Anzahl der sich während einer Sekunde periodisch wiederholenden Schwingungsvorgänge jeder Art. Die Einheit der F. ist das →*Hertz* (Hz). Bei →*Schallsignalen* unterscheidet man hörbare F. und →*Ultraschall-Frequenz,* auf die das menschliche Ohr nicht mehr anspricht. In der Funktechnik werden die →*Funkwellen* oder →*Hertzschen Wellen* in mehrere →*Frequenzbereiche* (Frequenzbänder) für die speziellen Zwecke der Nachrichtenübermittlung unterteilt und in 1000 Schwingungen pro Sekunde als →*Kilohertz* (kHz), in Millionen Schwingungen pro Sekunde als →*Megahertz* (MHz) angegeben.

Frequenzbereich für Radar, der *(frequency range [of] radar)* Der international vereinbarte und zugeteilte Bereich für die Ortung mit →*Radar.* Es gibt zahlreiche F. f. R., die jeweils mit zwei bestimmten Frequenzwerten angegeben sind, z. B. „3-cm-Schiffsradargeräte für →*Frequenzen* von 9300 bis 9500 MHz". Die niedrigen Land- und Seeziele werden wegen des Einflusses der Bodenreflexion am besten mit →*Kurzwellen* erfaßt. Die Radargeräte von Küstenstationen, die Seeziele erfassen wollen, wie auch Bordstationen, die die Küste orten, arbeiten nur im Mikrowellenbereich zwischen 2900 MHz bis 9500 MHz.

Frequenzbereich für Rundfunk, der *(frequency band broadcasting)* Zwischen zwei bestimmten Frequenzwerten vereinbarter und international zugeteilter Bereich für die Zwecke des Rundfunks. Die Frequenzbereiche sind:

Langwellen (LW)	100 kHz –	300 kHz
Mittelwellen (MW)	300 kHz –	1600 kHz
Kurzwellen (KW)	4000 kHz –	30 MHz
Grenzwellenbereich	1605 kHz –	5,95 MHz
international	5,95 MHz –	26,1 MHz
Fernsehband I	48 MHz –	68 MHz
Ultrakurzwellen (UKW) über 30 MHz		
Tonfunk	87,5 MHz –	104 MHz
Fernsehband III	175 MHz –	223 MHz

Frequenzbereiche für Schiffsortbestimmung über Funk, die *(frequency range for radio or electronic navigation)* Zwischen zwei bestimmten Frequenzwerten vereinbarter und international zugeteilter Bereich für die Schiffsortbestimmung über Funk. Im einzelnen senden:

Seefunkfeuer	von 285 kHz bis 325 kHz
Flugfunkfeuer	von 160 kHz bis 415 kHz
Loran C	von 90 kHz bis 110 kHz
Decca	von 192 kHz bis 363 kHz
Consol (früher)	von 70 kHz bis 129 kHz
Omega (früher)	auf 10,2 kHz und 13,6 kHz

Frequenzbereiche für den Seefunkdienst, die *(frequency range for maritime radio service)* Die →*Frequenzen* für den →*Seefunk* liegen (bzw. lagen):

auf Mittelwelle (MW)	von 415 bis 535 kHz
auf Grenzwellen (GW)	von 1605 bis 4000 kHz
auf Kurzwellen (KW)	von 4 bis 27,5 MHz
auf Ultrakurzwellen (UKW)	von 156 bis 174 MHz

Frequenzmodulation (MF), die *(frequency modulation)* Vorwiegend bei →*UKW* verwendete →*Modulation,* bei der die Trägerfrequenz im Rhythmus der Sprachschwingungen verändert wird. Die F. bietet bessere Hörqualität, weil man Amplitudenstörungen im Empfänger aufheben kann.

frische Brise, die *(fresh breeze)* Auch →*Vollzeugbrise* genannte →*Windstärke* 5 nach der →*Beaufort-Skala* mit einer →*Windgeschwindigkeit* von 8–10,7 m/s, 29–38 km/h oder 16–21 kn und einem →*Winddruck* von 40–72 N/m^2.

Frischwasser, das *([domestic] fresh water)* Süßwasser aus Quellen oder Wasserleitungen, im Gegensatz zu →*Seewasser* und →*Speisewasser,* auch „Wasser für Küchenzwecke" genannt, mit dem →*spezifischen Gewicht* 1. Für eine →*Langfahrt* muß ein Boot ausreichenden Vorrat an F. mitnehmen. Für →*Hochseeregatten* sind bestimmte →*Frischwassermengen* und Unterbringung in →*Frischwassertanks* vorgeschrieben. Auch das Flußwasser wird (z. B. bei der →*Vermessung)* als F. bezeichnet und behandelt.

Frischwassererzeuger, der *(freshwater generator, water maker)* Für die Entsalzung des →*Seewassers* zur Gewinnung von →*Frischwasser* wird in der →*Schiffahrt* hauptsächlich das Prinzip der Verdampfung benutzt und hierfür die (sonst ungenutzte) Abgaswärme vorteilhaft eingesetzt. Auf Yachten, auf denen diese Energie nicht zur Verfügung steht und auch nur Tagesmengen bis zu 100 l für eine →*Crew* von max. 15 Personen erzeugt werden müssen, erfolgt demgegenüber die Wasserentsalzung nach dem Prinzip der Umkehr-Osmose auf der Basis der Membranfiltration: Mit einem Betriebsdruck von ca. 55 →*bar* wird das vorgefilterte Rohwasser durch ein dickes, vielschichtiges Membranmodul gepreßt, um die ca. 3,5 g Salze aus einem Liter Seewasser zu entfernen und dafür Trinkwasser zu gewinnen. Mit einem handbetriebenen F. kann man mit leichtem Hebeldruck und ca. 30 Hebelbewegungen pro Minute etwa 4 Liter Trinkwasser in der Stunde erzeugen – eine Arbeit für die Wache und ausreichend für eine persönliche Tagesration. Eine batteriebetriebene Anlage liefert mit 12 V und 4 A etwa 5 Liter pro Stunde, mit 12 V und 8 A etwa 15 Liter. Auf vielen →*Langfahrten* und insbesondere einer →*Weltregatta,* bei der das Trinkwasser für die 12köpfige →*Crew* ein vermeidbarer →*Ballast* sein muß, ist ein F. heutzutage unverzichtbar, weil zur Energieerzeugung neben einem Diesel-Generator ja auch →*Windgeneratoren,* →*Wellengeneratoren* und →*Solargeneratoren* dienen können.

Frischwassermenge, die *(fresh water quantum)* Die lebensnotwendige Menge →*Frischwasser,* die ein Boot für die →*Besatzung* mitnehmen muß, kann beim →*Rennsegeln* auch gleichzeitig (unerwünschter) →*Ballast* sein. Die Regeln für eine →*Transatlantik-Regatta* schreiben daher Mindestmengen vor, z. B. 75 Liter pro Mann, auf mindestens zwei separate Tanks (jeder mit Absperrhahn) aufgeteilt, plus 8 Liter pro Mann in zusätzlichen unzerbrechlichen Behältern. Für die Teilnahme am Transpazifik-Rennen verlangt man z. B. mindestens 60 Liter pro Mann, ein Drittel davon in Form von Getränken und zwei Drittel in Tanks, aber nie mehr als zwei Drittel des gesamten Tankvorrats in einem Behälter.

Frischwassertank, der *(fresh water tank)* Ein meistens über dem →*Kiel* eingebauter Behälter für →*Frischwasser* aus geeigneten Materialien (Metall, Kunststoff oder Gummi). Ein F. muß mit einer Fülleitung (von →*Deck* aus wasserdicht verschließbar und deutlich bezeichnet), einer Luftleitung (die Öffnung höher als der Einfüllstutzen) und einer →*Lenzleitung* (im →*Lenzbrunnen)* ausgerüstet sein. Jeder F. sollte durch ein →*Handloch* zugänglich, mit einer →*Peilverschraubung* für den Peilstock oder einem Schauglas versehen und inwendig gegebenenfalls mit →*Schlagschotten* gebaut sein. Durch den Einbau eines F. dürfen →*Trimm* und →*Stabilität* eines Bootes auch bei unterschiedlicher Füllung nicht ungünstig beeinflußt werden.

Front, die *(front)* Grenzzone zwischen Luftmassen unterschiedlicher Temperatur, in der meistens ein stärkeres Wettergeschehen, Drehen des Windes u. a. stattfindet. Wenn warme gegen kalte Luft strömt, spricht man von einer →*Warmfront,* wenn kalte gegen warme Luft vordringt von einer →*Kaltfront.*

Frontenauflösung, die *(frontolysis)* Eine →*Front* schwächt sich ab und löst sich auf, wenn sie in den Bereich eines →*Hochdruckgebietes* gelangt.

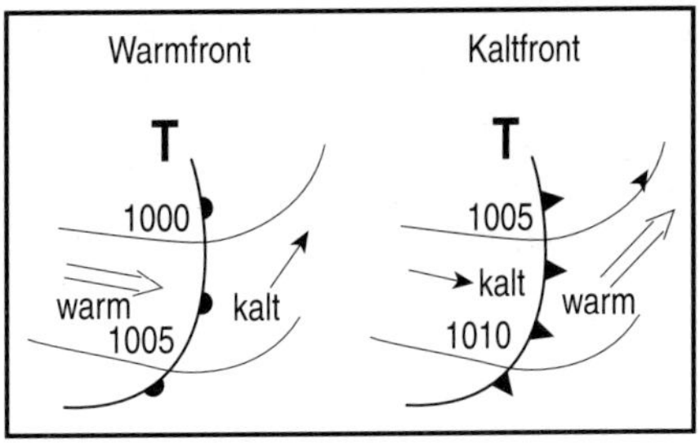

Frontenbildung, die *(frontogenesis)* Eine →*Front* bildet sich, wenn Luftmassen unterschiedlicher Temperatur gegeneinander strömen.

Frontenverlagerung, die *(movement of fronts)* Die aus dem Wetterbericht erfahrene oder aus der Betrachtung aufeinanderfolgender →*Wetterkarten* ersichtliche Verlagerung einer →*Front.* Eine F. ist die Folgeerscheinung komplizierter, voneinander abhängiger Änderungen von →*Luftdruck* und →*Luftströmungen.*

Frontgewitter, das *(frontal thunderstorm)* Ein →*Gewitter,* das an der →*Kaltfront* eines →*Tiefdruckgebietes* auftritt und zur Klasse der →*Wirbelgewitter* gehört. F. entstehen an der Grenze von kalten gegen warme Luftmassen und ziehen weit über Land und Meer, im Gegensatz zu →*Wärmegewittern,* die im Rahmen der täglichen Temperaturperiode mehr örtlich entstehen und schnell vergehen.

Froude, William (28.11.1810 bis 4.5.1897) Britischer Schiffbauer und Physiker, der um 1870 nach systematischen Schleppversuchen mit Schiffsmodellen erkannte, daß der →*Wasserwiderstand* eines Boots- und Schiffsrumpfes in einen wellenbildenden (→*Wellenwiderstand)* und einen zähigkeitsbehafteten (→*Reibungswiderstand)* Anteil zerfällt. Aus diesen Versuchen entstanden die nach ihm benannte →*Froudesche Zahl,* seine Reibungsformel und das Ähnlichkeitsgesetz für den Wellenwiderstand.

Froudesche Zahl, die *(Froude's number; speed-length ratio)* Die von →*Froude* geschaffene Kennzahl für die Ähnlichkeit des Wellenbildes, die ein Maß für die Geschwindigkeitsgröße bzw. den →*Geschwindigkeitsgrad* eines Bootes oder Schiffes darstellt. Sie besagt am Modell wie in der Praxis, daß das gleiche Wellenbild auftritt, wenn das Verhältnis des Quadrates der Geschwindigkeit zur →*Länge* in der →*Schwimmwasserlinie* gleich groß ist und bedeutet, daß z. B. ein Modell im Maßstab 1:100 mit 1/10 derjenigen Geschwindigkeit geschleppt werden muß, die das tatsächlich zu bauende Boot erreichen soll. Die F. Z. ist in Deutschland die dimensionslose Form dieses Verhältnisses und wird für jede beliebige Prüfzahl „n" durch

$$F_n = \frac{v_S}{\sqrt{g \times L}}$$

ausgedrückt, wobei v_S die Geschwindigkeit in m/s, L die Länge in der Schwimmwasserlinie in m und g die Konstante der Erdbeschleunigung = 9,81 m/s² ist.

Frühlingsanfang, der *(vernal equinox)* Auf der Nordhalbkugel der 21. März als der Tag, an dem die Sonne auf ihrer scheinbaren jährlichen Bahn den →*Frühlingspunkt* erreicht hat. An diesem Tag geht die Sonne genau im →*Osten* auf und im →*Westen* unter. Der →*Tagbogen* ist am F. gleich dem →*Nachtbogen,* die →*Deklination* ist 0°.

Frühlingspunkt, der *(vernal equinox; first point of aries)* In der →*astronomischen Navigation* der Punkt des Himmelsäquators, über den die Sonne am 21. März von der Südhalbkugel zur Nordhalbkugel wandert. Der F. ist der wichtigste Bezugspunkt für die Fixsterne am Himmel.

Frühnebel, der *(fog at dawn)* Nebel mit einer →*Sicht* unter 1000 m, der sich durch nächtliche Abkühlung bildet und meistens vor der →*Küste* auftritt. F. löst sich mit steigender Sonne auf.

Frühstart, der *(start too early)* Beim →*Rennsegeln* das Übersegeln der →*Startlinie* vor dem →*Startsignal.* Jeder F. hat einen →*Rückruf* zur Folge. Ein zu früh gestartetes Boot muß umkehren und die Startlinie nach den →*Wettfahrtregeln* noch einmal durchsegeln. Es gelten die Regeln 29 der →*WR für* →*Starten* und →*Rückrufe* und die Regel 30 für →*Startstrafen.*

F/T; F/T-Dienst *(radio telegraphy service, radio or wireless telegraphy)* Wichtige Abk. im →*Seefunk* und →*Wetterfunk* für Funktelegraphie (im →*Morsealphabet),* die z. B. im →*Jachtfunkdienst* und im →*Nautischen Funkdienst* benutzt wird. Der Abk. folgt eine Angabe der entsprechenden →*Frequenz* und der →*Sendeart,* z. B. →*A1A.* Eine andere Art der Nachrichtenübermittlung ist der →*R/T-Dienst.*

Führerschein, der *([Yacht Master] Certificate)* Befähigungsnachweis für die Führung eines Segelbootes in dem entsprechenden →*Fahrtgebiet.* Der →*Sportbootführerschein See* und der →*Sportbootführerschein Binnen* sind vom Gesetzgeber verordnete und im Auftrag des Bundesministeriums für Verkehr erteilte →*amtliche Führerscheine,* ohne die eine Yacht in den betreffenden Fahrtgebieten nicht geführt werden darf. Sie gelten auch als staatliche Befähigungszeugnisse in ausländischen Gewässern. Der →*Sportseeschifferschein* und der →*Sporthochseeschifferschein* sind →*freiwillige amtliche Führerscheine* mit einem staatlich garantierten Standard für das Führen von Yachten auf der →*hohen See.* Jeder andere F. des →*Deutschen Segler-Verbandes* ist ein „freiwilliger" F. mit nur interner Bedeutung im Verbandswesen.

Führerscheinvorschrift, die Zusammenstellung von Geltungsbereich, Prüfungsverfahren, Lehrinhalten u. a. Einzelheiten für den Erwerb eines →*Führerscheins.* Siehe Anhang Führerscheinwesen.

Führerscheinwesen, das Alle →*amtlichen* und →*freiwilligen* →*Führerscheine,* die in Deutschland erteilt werden, sind mit ihren Namen, den gesetzlichen Grundlagen, Geltungsbereichen, Mindestalter und Prüfern nach dem aktuellen Stand des Redaktionsschlusses im Anhang **Führerscheinwesen** aufgeführt.

Füllstoff, der *(filler)* Ein Material, um die mechanischen Eigenschaften eines →*Laminates* beim Bootsbau aus →*GFK* zu verbessern und die Fertigungskosten zu verbilligen. Der Anteil des F. darf jedoch nicht höher als 20 % sein. Da gehärtetes →*Polyesterharz* transparent ist, werden lichtspendende →*Luken* und →*Oberlichter* ohne F. laminiert. Ein F. dient auch zur Erhöhung der →*Viskosität* und verhindert die Abriebgefahr.

Funboard, das Internationale Bezeichnung für ein spezielles →*Segelsurfbrett,* mit dem auch Kursrennen und Slaloms, aber keine →*Dreiecksregatten* (auf einem →*olympischen Kurs)* gesegelt werden. Generell ist ein F. ein Segelsurfbrett, das vom →*Wasserspiegel* abheben, also fliegen kann. Standardmäßig ist es mit gleitender Mastschiene und Fußschlaufen, aber ohne (oder voll in den →*Schwertkasten* einziehbarem) →*Schwert* ausgestattet.

Fünfmastbark, die *(five-masted bark)* Ein *→Fünfmaster,* bei dem die vorderen vier Masten *→voll getakelt* sind, während der fünfte (achtere) Mast *→Schratsegel* fährt.

Fünfmastbark

Fünfmaster, der *(five-masted vessel)* Ein Segelschiff mit 5 Masten, die wahlweise mit *→Rahsegeln* und *→Schratsegeln* getakelt sein können. Dabei werden nur der erste *→Fockmast* und der zweite *→Großmast* einheitlich, die folgenden *→Masten* jedoch unterschiedlich bezeichnet: Bei einem Fünfmastvollschiff (z. B. der „Preussen" der Hamburger Reederei Laeisz) heißt der 3. Mittel- oder Laeisz-Mast, der 4. Achter- und der 5. Kreuzmast. Bei einer Fünfmastbark, einem Fünfmastschuner und einer Fünfmastschunerbark heißt der 3. Mast Mittelmast, der 4. Kreuz- und der 5. Besanmast.

Fünfmastvollschiff, das *(five-masted full-rigged ship)* Ein *→Fünfmaster,* der an allen Masten *→voll getakelt* ist (Abb.), d. h. *→Rahsegel* fährt.

Fünfmastvollschiff

505er Von John Westell konstruierte *→internationale Klasse,* sehr schnelle Zweimannjolle mit *→Trapez* aus *→GFK* oder *→formverleimtem Sperrholz.* Lüa 5,05 m, Büa 1,88 m, Tiefg. Rumpf 0,17 m, mit Schwert 1,24 m, Verdr. segelf. ca. 135 kg, Segelfl. 16,3 m^2.

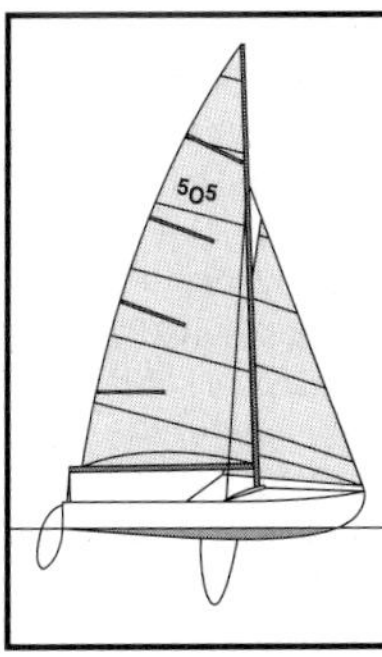

15-m^2-Jollenkreuzer Als *→nationale DSV-Verbands-Klasse* anerkannte *→Konstruktionsklasse* zum Renn- und Wandersegeln mit freigestelltem Baumaterial. Lüa max. 6,50 m, Büa ca. 1,90 bis 2,30 m, Tiefg. Rumpf 0,20 m, mit Schwert 1,30 m, Verdr. segelf. min. 500 kg, vermessene Segelfl. 15 m^2, tats. Segelfl. ca. 20 m^2.

50-Fuß-Yacht, die *(fifty-footer)* Eine mit 40,5 Fuß *→IOR* vermessene *→Rennyacht* für *→Dreieckskurse,* die mit montierbarer Inneneinrichtung auch als größte Gruppe unter *→IMS* bei *→Hochseeregatten,* z. B. im *→Admiral's Cup,* starten kann. Lüa ca. 16,00 m, Segelfläche ca. 150 m^2, Crew 15 Segler.

Funkausrüstung, die *(wireless equipment)* Art der *→Funkeinrichtung* und Anzahl der Funkgeräte, die nach den *→SOLAS-Bestimmungen* für *→funkausrüstungspflichtige* (Kauffahrtei-) *→Schiffe* entsprechend der befahrenen *→Seegebiete* (z. B. *→A 1* oder *→A 2)* vorgeschrieben sind. Eine *→Funkausrüstungspflicht* für *→Yachten* besteht nicht.

Funkausrüstungspflicht, die Eine Pflicht für Art und Umfang der *→Funkausrüstung* entsprechend dem Verkehr in den *→Seegebieten →A 1, →A 2* bzw. *→A 3* besteht für alle *→Fahrgastschiffe* und alle *→Frachtschiffe* mit einer *→Bruttoraumzahl* (BRZ) von 300 und mehr. Eine F. für *→Yachten,* die in der privaten wie gewerblichen *→Sportschiffahrt* eingesetzt sind, besteht nicht.

Funkazimut, das *(true radio bearing)* Als Ergebnis einer *→Funkpeilung* die *→rechtweisende Großkreispeilung* eines *→Funkfeuers.* Ein F. ergibt sich aus der mit einem *→Funkpeiler* bestimmten rohen *→Funkseitenpeilung,* an die die *→Funkbeschickung* angebracht wird, und der Addition des *→rechtweisenden Kurses.*

Funkbake, die *(radio marker, radio beacon)* Abweichend von der Definition einer *→Bake* die offizielle Bezeichnung einer beweglichen Funkstelle des *→Seefunkdienstes,* die nicht als *→Seefunkstelle* arbeitet. Eine F. soll mit ihren (meist automatischen) Aussendungen auf *→Rettungsflößen* oder *→Rettungsbooten* oder schwimmend als *→Seenotfunkbake (→Seenotfunkboje)* die Such- und Rettungsmaßnahmen erleichtern. Sie arbeitet in der *→Sendeart →A2A.*

Funkbeschicker, der *(compensator)* Elektrische oder mechanische Einrichtungen direkt am

→*Funkpeiler,* um die eine →*Funkpeilung* verfälschenden Bordeinflüsse auszuschalten und eine →*Funkbeschickung* unnötig zu machen.

Funkbeschickung, die *(calibration of direction finder [DF])* Berücksichtigung der Ablenkung, die eine →*Funkpeilung* durch Bordeinflüsse, z. B. →*Wanten,* →*Seereling,* →*Antennen* und andere Metallmassen an Bord erfährt. Der auf jedem Kurs unterschiedliche Fehler wird, ähnlich wie bei einer →*Deviationsbestimmung,* als Differenz zwischen optischer →*Peilung* und →*Funkpeilung* von 10° zu 10° ermittelt und in eine →*Funkbeschickungstabelle* oder *-kurve* eingetragen. Die F. ist platzgebunden und auch für den →*Handpeilkompaß* erforderlich, der daher immer am gleichen Platz an Deck oder in der Plicht benutzt werden muß. Die F. erhält ein Vorzeichen, das wie bei der →*Kursbeschickung* angebracht wird.

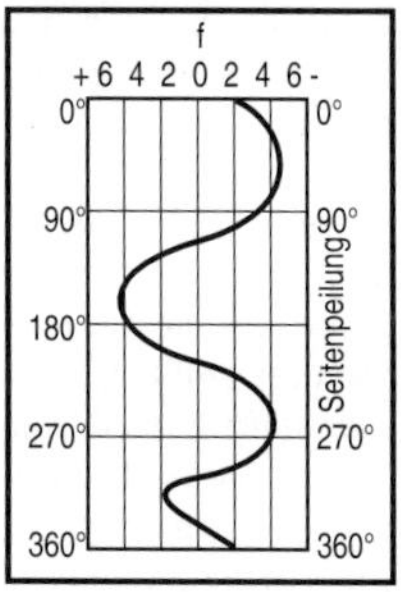

Funkboje, die *(emergency position; indicating radio beacon)* Hauptsächlich als →*Seenotfunkboje* gebaute Schwimmkörper mit einem Kleinsender, Batterien als Stromquelle und selbsttätiger Einschaltvorrichtung. Auch in der →*Wetterkunde,* der →*Meereskunde* u. ä. wird die F. zur Übermittlung von meteorologischen und ozeanographischen Daten benutzt.

Funkdeviation, die *(radio deviation)* Benennung der →*Funkbeschickung* in →*DIN 13312,* Navigation.

Funkeigenpeilung, die *(ship borne radio direction finding)* Die übliche Art der aktiven →*Funknavigation* an Bord mit der Richtungsbestimmung für ein →*Funkfeuer* durch einen →*Funkpeiler.* Im Gegensatz dazu ist z. B. im →*Seenotfall* die Ortung einer →*Seenotfunkboje* durch schwimmende oder ortsfeste Stationen eine →*Funkfremdpeilung.*

Funkeinrichtung, die *(wireless installation)* Die Gesamtheit der →*Seefunkgeräte,* die für den →*Seefunkdienst* zur Verfügung stehen (können). Hierzu gehören neben den (einfachen) →*UKW-,* →*GW-* und →*KW-Sendern* und Empfängern z. B. die Geräte für den →*GMDSS-Seenot- und Sicherheitsverkehr* mit dem →*Digitalen Selektivruf* (DSC) in UKW-DSC- und GW-DSC-Anlagen, →*Inmarsat-EPIRBS* und →*Radar-Transponder* (→*SART)* sowie →*Navtex-Anlagen* und →*Wetterkartenschreiber.* Für →*Yachten* ist eine so umfassende →*Funkausrüstung* nicht vorgeschrieben. Sie sind als →*Vergnügungsyachten* nicht →*funkausrüstungspflichtig* und können ihre F. so einfach wie möglich oder nach eigenen Wünschen auswählen.

Funkelfeuer, das (Fkl.) *(quick light, Abk. Q)* Ein →*Leuchtfeuer,* das einfaches oder schnelles →*Funkeln* (SFkl.) sowie unterbrochenes F. (Fkl. unt.) zeigen kann. Durch ihre auffallende und einfache →*Kennung* sind besonders wichtige Navigationshilfen wie →*Gefahrenstellen* mit F. ausgestattet. Abb. A: F. mit dauerndem Funkeln (continuous quick). Abb. B: Funkelfeuer mit Gruppen von Funkeln (group quick). Abb. C: Unterbrochenes F. (interrupted quick).

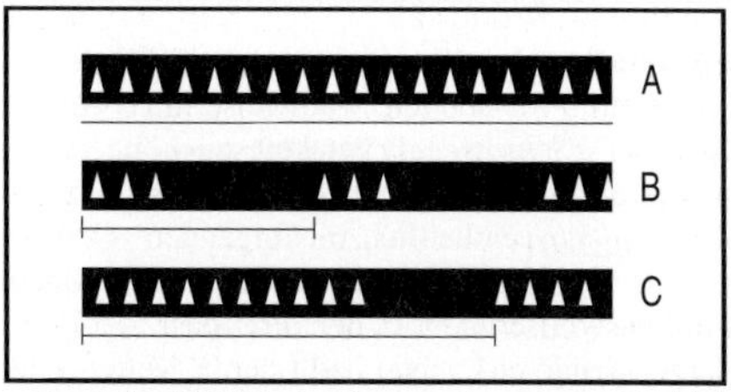

Funkeln, das (Abk. Fkl.) *(quick light, Abk. Q)* Die →*Kennung* eines →*Feuers* mit einer Folge von 50 oder 60 →*Blitzen*/min, auch „einfaches Funkel(n)“ genannt, →*Schnelles Funkeln* wird als eine Folge von 100 oder 120 Blitzen/min definiert. Kardinale Zeichen des →*Betonnungssystems „A“* sind durch F. bezeichnet.

Funker, der *(wireless operator, operator)* Ein Mitglied der →*Crew,* das als F. arbeiten und die →*Funkeinrichtungen* einer →*Seefunkstelle* bedienen darf. Mit dem →*Allgemeinen Betriebszeugnis für Funker* und den →*Funkelektronikzeugnissen* I und II dürfen z. B. alle →*Sprech-Seefunkstellen* und alle →*Funkeinrichtungen* des →*GMDSS* (auch in der →*Schiffahrt* bzw. „auf Kauffahrteischiffen“) bedient werden. Diese drei →*Funkzeugnisse* schließen auch das →*Allgemeine Sprechfunkzeugnis* ein. Andere Betriebszeugnisse für F., z. B. das →*Beschränkt gültige Betriebszeugnis für Funker I* oder das B. g. B. für Funker II nach der Verordnung für Seefunkzeugnisse vom 17.6.1992 berechtigen nur zum Bedienen von Funkeinrichtungen des →*GMDSS* für →*UKW* und zur Teilnahme am öffentlichen wie nichtöffentlichen →*Seefunkdienst* auf →*UKW,* →*GW* oder →*KW.* Ein Segler, der ein →*Allgemeines Sprechfunkzeugnis* oder ein →*UKW-Sprechfunkzeugnis* besitzt, darf als Bordfunker mit der entsprechenden Funkausrüstung einer →*Yacht* arbeiten, aber →*GMDSS-Anlagen* nicht bedienen. Fällt der F. durch →*Mann über Bord,* Krankheit oder Verletzung (im Falle einer →*Havarie)* aus, darf jedermann an Bord in seiner Vertretung auch ohne Befähigungszeugnis eine →*Notmeldung* abgeben und einen →*Seenot-Funkverkehr* führen.

Funkfehlweisung, die *(DF deviation, quadrantal errors)* Richtungsablenkung der Funkstrahlen durch Bordeinflüsse, die durch eine →*Funkbeschickung* ermittelt und berücksichtigt werden. Andere →*Funkstrahlablenkungen* lassen sich nicht korrigieren, aber vermeiden.

Funkfeuer, das *(radio beacon)* In Küstennähe angelegter und in der →*Seekarte* mit RC. bezeichneter Funksender. F. senden ihre Zeichen auf unterschiedlichen →*Frequenzen* und mit verschiedener →*Kennung* ununterbrochen. Man unterscheidet →*Kreisfunkfeuer,* →*Richtfunkfeuer,* →*Drehfunkfeuer* u. a. Wenn man ein F. mit einem →*Funkpeiler* anpeilt, erhält man eine →*Funkstandlinie.*

Funkfeuerkennung, die *(radio beacon identification)* Die von einem →*Funkfeuer* gesendete →*Kennung* in Form von →*Morsebuchstaben,* die in der →*Seekarte* oder →*Funkortungskarte* jeweils hinter dem Namen aufgeführt ist. Gruppen mit 2 Buchstaben sind üblich, aber auch Kennworte möglich.

Funkfremdpeilung, die *(shore to ship hearing)* Passive →*Funknavigation,* bei der ein Bordsender durch Landstationen gepeilt und die Richtung der →*Funkpeilung* dem Boot oder Schiff durch Funk übermittelt wird. Bei Zusammenarbeit mehrerer Peilstellen kann auch der →*Schiffsort* übermittelt werden. Auf Yachten selten oder nur im Falle der →*Seenot* gebräuchlich, wenn auf diese Weise die Lage einer →*Seenotfunkboje* geortet wird.

Funkhorizont, der *(radio horizon)* Grenze des Bereiches, in dem eine Sende- bzw. Empfangsstation mit direkten Strahlen zu erreichen ist. Der F. wird vorwiegend auf kürzere Wellen bezogen und ist von atmosphärischen Bedingungen und ihrem Einfluß auf die Brechung der Funkstrahlen abhängig.

Funknavigation, die *(radio navigation, wireless n., electronic n.)* Bestimmung des →*Schiffsortes* und (teilweise) des →*Kurses* mit Hilfe elektromagnetischer oder →*Funkwellen,* die von Land aus z. B. durch →*Funkfeuer* gesendet und an Bord z. B. über →*Funkpeiler* empfangen werden. Hilfsmittel der F. sind →*Kreisfunkfeuer,* →*Richtfunkfeuer* und →*Drehfunkfeuer.* Zu aufwendigen Verfahren der F. gehört die →*Hyperbel-,* →*Radar-* und →*Satelliten-Navigation.*

Funkortung, die *(radio location, radio location fixing)* Standortbestimmung durch →*Funknavigation.*

Funkortungskarte, die *(radio navigation chart)* Eine →*nautische Hilfskarte* in →*gnomonischer Projektion* für die →*Funknavigation,* in der die →*Großkreise* als gerade Linien erscheinen, so daß eine →*Funkstandlinie* ohne →*Loxodrom-Beschickung* ebenfalls als gerade Linie eingetragen werden kann. Für die →*Funkortung* mit Hilfe von →*Consol-Funkfeuern* oder →*Decca-Ketten* konnten früher auch →*Seekarten* mit eingedruckten Netzen als F. benutzt werden.

Funkpeiler, der *(radio direction finder)* Funkempfangsgerät, das es durch Ausnutzung der

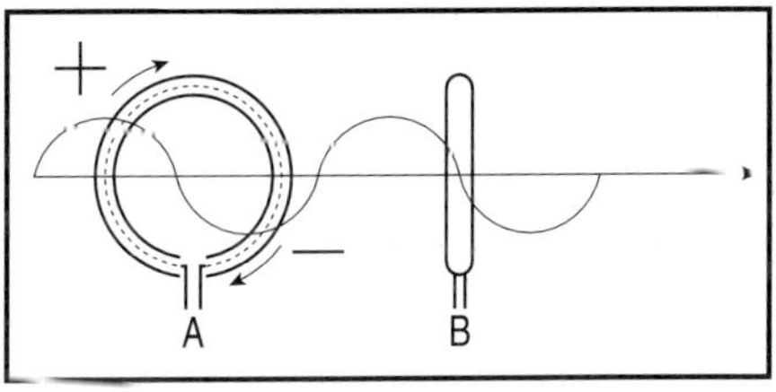

Richtwirkung einer →*Antenne* ermöglicht, die Einfallsrichtung elektromagnetischer Wellen an Bord zu ermitteln und danach den →*Schiffsort* zu bestimmen. Durch →*Peilung* mindestens zweier, an bekannten Orten sendender →*Funkfeuer* erhält man 2 →*Funkstandlinien* und aus ihrem Schnittpunkt den Schiffsort nach →*Funkpeilung.* Der gerichtete Empfang erfolgt beim klassischen F. durch eine drehbare →*Rahmenantenne* oder durch einen feststehenden Kreuzrahmen mit →*Goniometer,* bei einfachen Geräten wie dem →*Handfunkpeiler* auch durch einen →*Ferritstab.* Man kann die Richtung des →*Funkfeuers* über das Minimun in einer →*Minimumpeilung* abhören oder in einem optischen Anzeigegerät mit einem →*Sichtfunkpeiler* messen. Die Minimumpeilung kann durch Drehen des Rahmens oder der Suchspule im Goniometer von Hand oder (wie beim

Radiokompaß) auch automatisch erfolgen. F. als Geräte der →*technischen Navigation* wurden ab ca. 1975 von Einrichtungen der →*Hyperbelnavigation* abgelöst. Derzeit sind nur noch Handfunkpeiler im Einsatz, insbesondere zu einer →*Ansteuerung*.

Funkpeilung, die *(radio direction finding)* Bestimmung der Richtung eines →*Funkfeuers* mit

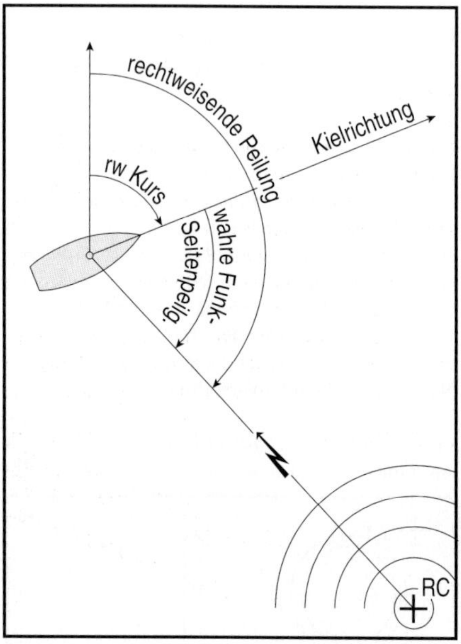

Hilfe des →*Funkpeilers,* um eine →*Funkstandlinie* zur Schiffsortbestimmung zu erhalten. Dazu dreht man die →*Rahmenantenne* oder den →*Ferritstab* mit der Hand, um das →*Minimum* zu ermitteln. Es wird an der Rahmenantenne erreicht, wenn die Rahmenebene senkrecht zur Senderrichtung steht, beim Ferritstab, wenn seine Längsachse in Senderrichtung zeigt. Bei einer Vollkreisdrehung erhält man 2 Maxima und 2 Minima, aber zumindest die Seite, auf der der Sender liegt, ist bei fast jeder →*Peilung* eindeutig bestimmt. Als F. wird nicht nur die Arbeit mit dem Funkpeiler, sondern auch ihr Ergebnis, der →*Funkstandort* bezeichnet.

Funkseitenpeilung, die *(relative bearing)* Die auf die Längsschiffsrichtung oder die →*Seitenpeilung* bezogene und in Graden genannte Richtung eines Senders.

Funksprechdienst, der *(radio communication)* Ein früher dreimal täglich von den →*Küstenfunkstellen* Norddeich Radio und Kiel Radio unterhaltener Dienst, der Telegramme an die Besatzungen von Booten und Schiffen übermittelte.

Funkstandlinie, die *(radio line of position)* Eine Kurve auf der Erdoberfläche, auf der eine an Bord durch →*Funknavigation* meßbare Größe, ein Winkel, ein Entfernungsunterschied o. a. konstant bleibt.

Funkstandort, der *(electronic fix, radio fix)* Ein durch →*Funknavigation* bestimmter →*Schiffsort.*

Funkstille, die *(silence period; Abk.: SP)* Bezeichnung des zweimal stündlichen Zeitraumes von je 3 Minuten, in dem für die Sicherheit des menschlichen Lebens auf See von jeder →*Seefunkstelle,* die auf →*Grenzwellen* und im →*Sprechfunk* arbeitet, die →*Notfrequenz* 2182 kHz abgehört wird. Die F. beginnt jeweils um x Uhr 00 und um x Uhr 30 →*UTC.* Alle →*Funker* müssen während der F. mit Ausnahme von →*Not-,* →*Dringlichkeits-* und →*Sicherheitssendungen* nur hörbereit bleiben. Für Seefunkstellen auf →*Mittelwellen* gilt die F. auf der Notfrequenz 500 kHz zweimal stündlich je 3 Minuten, beginnend um x Uhr 15 und x Uhr 45 UTC. Auf →*UKW* gibt es keine F., weil für Notmeldungen ständig der Kanal 16 (156,8 MHz) zu schalten ist.

Funkstrahlablenkung, die *(direction finder deviation)* Über die →*Bordablenkung* (durch die Rückstrahlfelder des Bootes, die auf einen →*Funkpeiler* wirken, eine →*Funkpeilung* beeinflussen und durch →*Funkbeschickung* ausgeglichen werden) durch Fremdeinwirkung hinausgehende Beeinflussungen einer Funkpeilung, z. B. durch den →*Dämmerungseffekt* oder →*Nachteffekt* und durch die wilde Ablenkung. Man vermeidet die F., indem man z. B. in der Dämmerung (am Sendeort!) keine Funkpeilungen macht und keine Funkfeuer benutzt, die weit im Binnenland stehen, weil beim Übergang des Funkstrahles von Land auf See eine Wegablenkung möglich ist.

Funkverkehr, der *(radio or wireless communication or contact)* Siehe →*Seefunk* und →*Seefunkverkehr.*

Funkwellen, die *(radio waves, Hertzian waves)* Auch als →*Hertzsche Wellen* bezeichnete Schwingungsvorgänge des elektromagnetischen

Bereich	Frequenzen	Wellenlängen	Bezeichnungen	
4	3– 30 kHz	100 km– 10 km	Myriameterwelle	VLF
5	30– 300 kHz	10 km– 1 km	Kilometerwelle	LF
6	300–3000 kHz	1000 m–100 m	Hektometerwelle	MF
7	3– 30 MHz	100 m– 10 m	Dekameterwelle	HF
8	30– 300 MHz	10 m– 1 m	Meterwelle	VHF
9	300–3000 MHz	1 m– 1 dm	Dezimeterwelle	UHF
10	3– 30 GHz	1 dm– 1 cm	Zentimeterwelle	SHF
11	30– 300 GHz	1 cm– 1 mm	Millimeterwelle	EHF

Funkwellen

Feldes, die sich mit Lichtgeschwindigkeit von 300 000 km/s ausbreiten und dabei eine bestimmte →*Wellenlänge* oder →*Frequenz* haben. Unter ihnen sind →*Bodenwellen,* die sich längs des Erdbodens ausbreiten, der Beugung der Erdoberfläche folgen und im →*Langwellenbereich* als Kilometerwellen über 1000 km weit, im →*Mittelwellenbereich* als Hektometerwellen 100-1 000 km weit und als Dekameterwellen im →*Kurzwellenbereich* 10–100 km weit reichen. Außerdem gibt es →*Raumwellen,* die sich als freie elektromagnetische Wellen ausbreiten, aber von der →*Ionosphäre* reflektiert werden, so daß im Kurzwellenbereich Reichweiten über die ganze Erde erzielt werden. Dazwischen liegt die →*Grenzwelle,* deren F. gerade noch reflektiert werden. Tabelle mit den Bereichen der Frequenzen und den Bezeichnungen der Wellenlängen siehe oben.

Funkzielfahrt, die Die →*Ansteuerung* eines →*Funkfeuers* auf einem direkten →*Kurs.* Eine F. ist auch über sehr weite →*Distanzen* möglich und besonders empfehlenswert, wenn der →*Magnetkompaß* ausgefallen, seine →*Ablenkung* (die →*Deviation)* unbekannt oder Gebiete unsicherer →*Mißweisung* zu passieren sind. Das Boot bewegt sich dabei auf dem →*Großkreis* und läuft das Ziel auf dem kürzesten Weg an.

Fuß, der *(foot)* Englisches Längenmaß, das in der Sportschiffahrt und im →*Bootsbau* verbreitet ist:

1 Fuß = 30,5 cm
1 Fuß = 304,8 mm
1 Fuß = 12 Zoll

Fußblock, der *(snatch block)* Ein →*Block,* dessen Bake aufgeklappt oder dessen →*Scheibengatt* geöffnet werden kann, um ein →*Ende* einzulegen oder herauszunehmen. Ein F. wird hauptsächlich bei →*Schoten* benutzt, um bei Bedarf eine →*Part* herauszunehmen und (aus Gründen der Reibungsverminderung) dabei nicht die gesamte Leinenlänge ausscheren zu müssen.

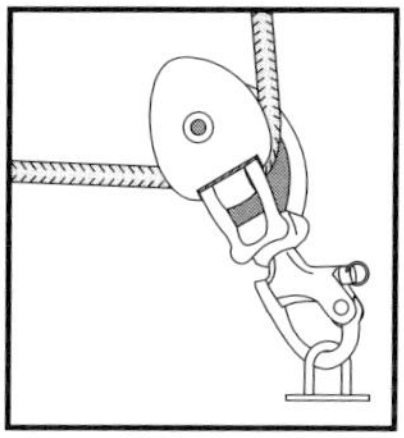

Fußblock

Fußleiste, die; Fußreling, die *(toerail, washrail)* Die untere Begrenzung einer →*Seereling,* die als Winkelleiste aus Aluminium oder Stahl bzw. aus Holz gefertigt ist und von vorn bis achtern auf die Kante des →*Schandecks* gesetzt wird. Sie ist (auch gegen seitliche Belastung) trittfest verankert und mit Löchern oder Schlitzen versehen, damit man auch an jeder beliebigen

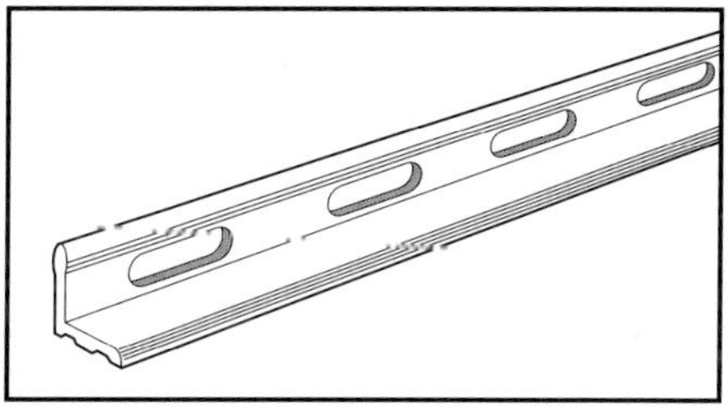

Stelle z. B. →*Leitblöcke* anschäkeln, →*Bullenstander* anschlagen oder →*Niederholer* befestigen kann. Die Ausnehmungen sind gleichzeitig →*Wasserpforten* für übergekommenes Spritzwasser.

Fußliek, das *(foot rope, foot)* Das →*Unterliek* eines Segels, auch →*Baumliek* genannt, wenn es mit einer →*Spiere* verbunden ist.

Fußpferd, das *(horse; foot rope of a yard)* Ein Drahtstander an der Unterseite einer →*Rah*

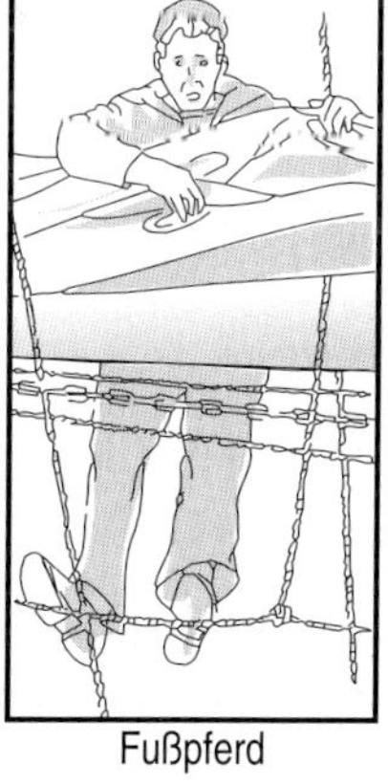

Fußpferd

(Abb.), auf dem die Seeleute beim Arbeiten an den Segeln stehen. Das Wort F. wird aus „Peerd" oder „Pferd" für ein Drahtende gebildet. Neben dem F. gab es entlang der Rah oder auf seiner Oberkante zum Festhalten das Handpferd.

Fußrah, die *(e.: jack yard; a.: club)* Eine kurze →*Spiere* am Unterliek eines Segels, z. B. an der →*Stagfock.* Die F. wird auf einem →*Seekreuzer* für eine selbsttätige bzw. selbstwendende →*Fock* benutzt und reicht dann vom →*Schothorn* nur über einen bestimmten Bereich des →*Unterlieks.* Eine F. wird als →*Fockbaum* bezeichnet, wenn sie ungefähr so lang wie das Unterliek ist.

FVK Abk. für →*faserverstärkte* Kunststoffe im Gegensatz zu →*glasfaserverstärkte* Kunststoffe *(→GFK),* siehe dort.

G

G = Golf Internationales Buchstabensignal, gelb-blau-gelb blau-gelb-blau. Bedeutung: „Ich brauche einen Lotsen.“ (Wenn dieses Signal von einem Fischereifahrzeug gegeben wird, das sich auf einem Fangplatz nahe einem anderen befindet, bedeutet es: „Ich hole Netze ein.“) Morsen: – – • (lang – lang – kurz).

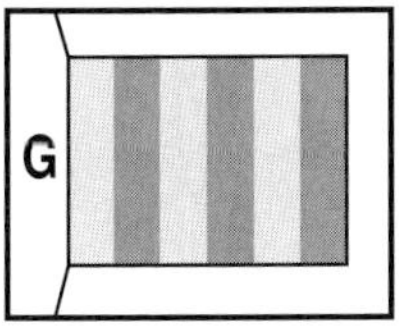

GZ Abkürzung für →*gesetzliche Zeit.*

Gabelpinne, die *(tiller crutch)* Bis zur Erfindung des →*Pinnenauslegers* benutzte →*Ruderpinne,* die aus zwei, bis zur vollen Bootsbreite ausladenden, querschiffs verbundenen Armen bestand, um auch beim →*Ausreiten* das →*Ruder* legen zu können.

Gabelterminal, das (der) *(claw terminal)* Ein →*Walz-* oder →*Gewindeterminal,* das in eine Ga-

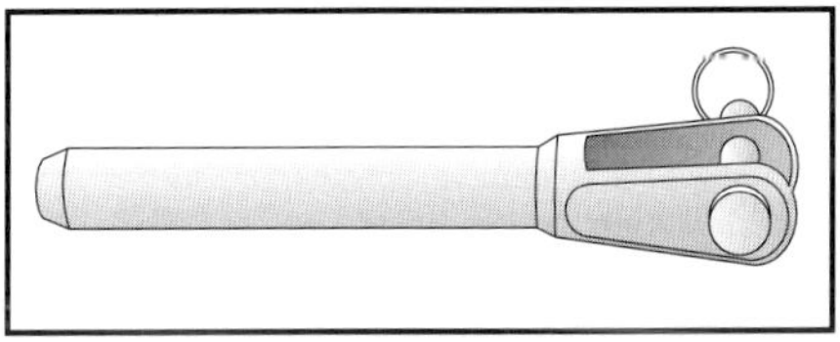

bel mit Bolzen und Splint ausläuft. In einem G. läßt sich ein →*Augterminal,* ein →*Augspleiß* (mit und ohne →*Kausch)* oder die entsprechende Pressung einer Seilhülse befestigen.

Gaffel, die *(gaff)* Ein →*Rundholz* oder eine bewegliche →*Spiere,* die sich aus der →*Lateinerrah* entwickelt hat und zum Hinausstrecken des oberen Teiles eines →*Gaffelsegels* dient. Eine G. kann an einem Flaggenmast auch als „Flaggengaffel“ benutzt werden. Das obere äußere Ende der G. wird meistens nicht „Gaffelnock“, sondern wie der hieran befestigte Teil des Segels →*Piek* genannt. Das mit dem Mast verbundene Ende der G. nennt man wegen seiner Gabelform →*Gaffelklau* oder →*Gaffelschuh.* Eine moderne Form der G. ist die →*Steilgaffel* beim →*Gunterrigg,* eine Weiterentwicklung die →*Spreizgaffel.* Jede G. wird nach dem dazugehörigen Segel benannt, z. B. Großgaffel, Besangaffel o. ä.

Gaffelcat, die *(gaff cat)* Ein einmastiges Boot mit →*Gaffelsegel* ohne →*Vorsegel.*

Gaffelketsch, die *(gaff ketch)* Eine →*Ketsch* mit →*Gaffeltakelung.* Das →*Großsegel* ist in jedem

Falle ein →*Gaffelsegel,* der →*Besan* kann entweder Gaffel- oder →*Hochsegel* führen.

Gaffelklau, die *(gaff jaw)* Die gabelförmige Holz- oder Metallklaue der →*Gaffel,* die den →*Mast* umschließt. Sie ist vorn durch ein →*Ende* verschlossen.

Gaffelkutter, der *(gaff cutter)* Ein →*Kutter* mit →*Gaffeltakelung.*

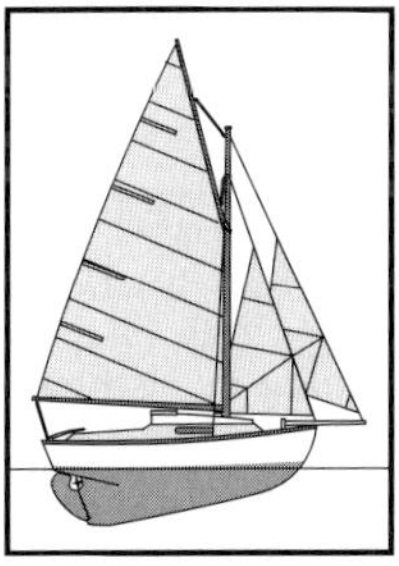

Gaffelpiek, die *(gaff peak)* Das äußere obere Ende der →*Gaffel,* an dem die →*Piek* eines →*Gaffelsegels* angeschlagen ist. Auch die →*Schot* eines →*Gaffeltoppsegels* führt über die G. Allgemein wird auch der Teil des Segels an der G. mit dem gleichen Begriff bezeichnet, weil er mit dem →*Piekfall* gesetzt wird.

Gaffelschuh, der *(gaff shoe, gaff jaw)* Eine verbesserte Form der →*Gaffelklau:* Der G. ist ein →*Beschlag,* der den →*Mast* röhrenförmig umschließt und zwar vertikal beweglich ist, aber die Gaffel unlösbar mit dem Mast verbindet.

Gaffelsegel, das *(gaff sail)* Ein viereckiges →*Schratsegel.* Das →*Unterliek* wird durch den

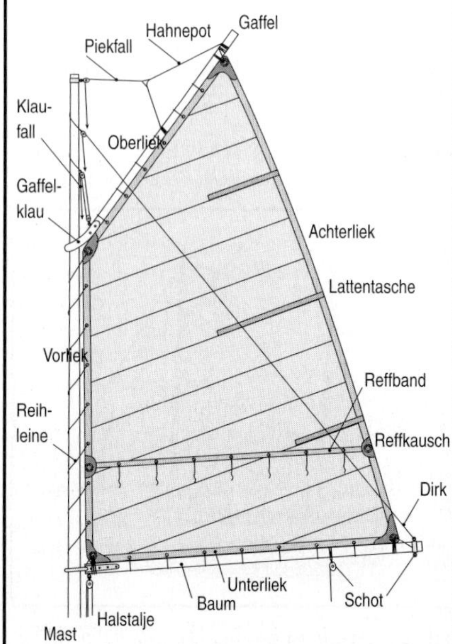

Gaffelsegel

→*Großbaum* gehalten. Das obere oder →*Gaffelliek* ist in eine →*Gaffel* eingezogen oder an ihr →*angereiht.* Die →*Lieken* eines G. heißen Vor- oder Mastliek, Baumliek, Achterliek und Ober- oder Kopfliek, die Ecken →*Piek,* →*Klauohr,* →*Hals* und →*Schothorn.* Das G. ist durch sein günstiges Seitenverhältnis einem →*Hochsegel* oder →*Bermudasegel* an Wirksamkeit nicht unterlegen, aber durch die Handhabung mit Piekfall und Klaufall zum →*Setzen* und →*Bergen* ist es unhandlicher. Der Vorteil des kürzeren Mastes bei einem G. führte zur Benutzung der →*Guntertakelung* insbesondere bei →*Trailerbooten.* Muß man ein G. →*reffen,* benutzt man auf →*Jollen* oder →*Yachten* das übliche →*Bindereff* mit →*Reffbändseln.* Ein größeres G. wird (bzw. wurde) hingegen mit →*Geitauen* gerefft, wie sie in ähnlicher Weise auch auf →*Rahseglern* zum Verkleinern und →*Bergen* der Segelfläche dienten.

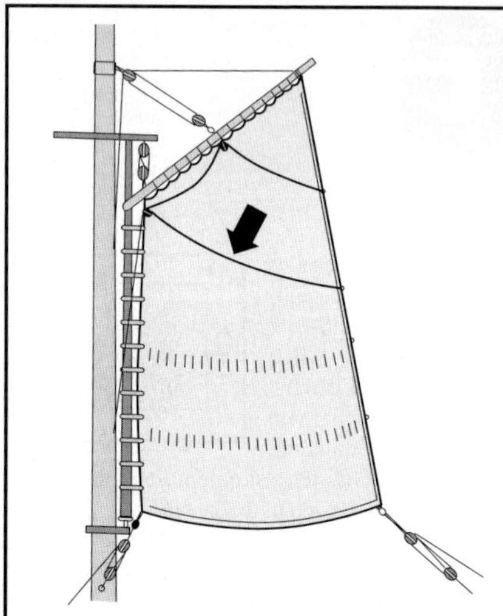

Geitaue

Gaffelslup, die *(gaff sloop)* Eine →*Slup* mit →*Gaffeltakelung.*

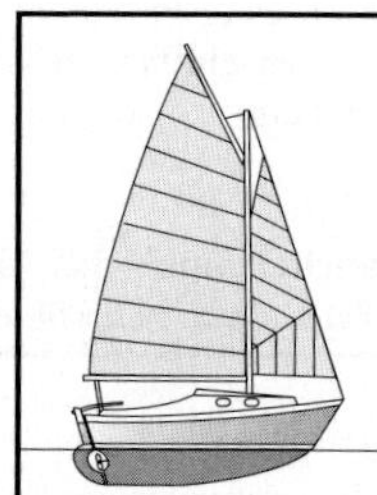

Gaffelschuner, der *(gaff schooner, fore-and-aft schooner)* Ein →*Schuner* mit →*Gaffeltakelung.* Über dem →*Großsegel,* das am →*achteren Mast,* dem →*Großmast* gefahren wird, und dem →*Schunersegel* am vorderen →*Fockmast* können auch →*Gaffeltoppsegel* gesetzt werden.

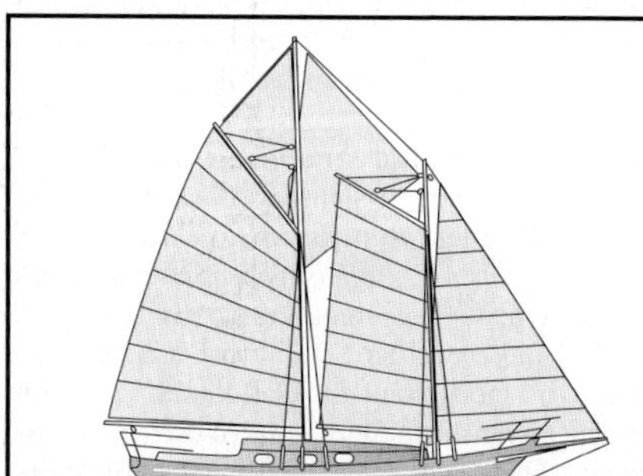

Gaffeltakelung, die *(gaff rig, fore-and-aft rig)* Ein →*Rigg* mit →*Gaffelsegel(n).* Die G. ist seit

1930 weitgehend durch die →*Hochtakelung* oder →*Bermudatakelung* verdrängt worden.

Gaffeltreisegel, das *(gaff trysail)* Ein viereckiges →*Sturmsegel* ohne →*Baum,* dessen →*Oberliek* mit einer →*Gaffel* verbunden ist. Ein G. steht besser als ein entsprechendes →*Hochsegel* und erzeugt (neben dem Vorteil der u. U. günstigeren Lage des →*Segeldruckpunktes)* mehr Segelkraft.

Gaffelyawl, die *(gaff yawl)* Eine →*Yawl* mit →*Gaffeltakelung.* Das →*Großsegel* ist in diesem

Falle ein →*Gaffelsegel,* der →*Besan* kann nicht nur Gaffelsegel, sondern auch →*Hochsegel* oder →*Sprietsegel* (Abb.) führen.

Galgen, der *(boom crutch, gallows)* Breites, querschiffs über der →*Plicht* aufgerichtetes

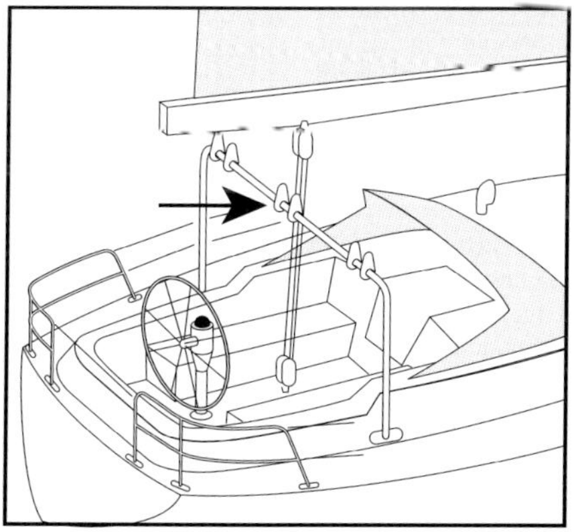

Gerüst als →*Baumstütze.* Ein G. dient nicht nur im Hafen als Auflager für den →*Großbaum,* sondern auch auf See während des →*Reffens* mit einem →*Bindereff* oder nach dem Setzen eines →*Treisegels.* Als G. können auch die heutzutage nahe dem →*Heck* hoch über Deck von Bord zu Bord errichteten Geräteträger für →*Radar-,* →*Navtex-,* →*GPS-* und →*Inmarsat-Antennen* bezeichnet werden, an denen auch Plichtzelte und Sonnensegel befestigt sind.

Galion, das *(head)* Ein Vorbau am →*Vorsteven* zur Lagerung des →*Bugspriets.* Auf alten Segelschiffen war dort der Abort.

Galionsfigur, die *(figure head)* Eine unter dem Galion angebrachte Verzierung, die entweder mit dem Schiffsnamen in Zusammenhang steht oder zur Besänftigung böser Wind- oder Wassergeister dienen sollte. Als G. dienten hauptsächlich Brustfiguren von Frauen oder Göttinnen, Wesen aus der Tier- oder Fabelwelt sowie einfache Schnitzereien. Der Brauch erlosch mit dem Aussterben hölzerner Segelschiffe.

Gallone, die *(gallon)* Angloamerikanisches Raummaß, das z. B. für die Leistungsangabe einer →*Lenzpumpe,* den Inhalt eines Tanks oder den Brennstoffverbrauch eines Motors angegeben wird. Man muß zwischen der englischen „Imperial Gallon" von 4,55 Litern und der amerikanischen „Winchester Gallon" von 3,78 Litern unterscheiden.

galvanische Spannungsreihe, die *(galvanic series)* Reihenfolge der Metalle entsprechend ihrem elektrischen Potential, wenn die Gefahr der →*Elektrolyse* besteht und sie durch →*Seewasser* als Elektrolyt verbunden sind. Der Grad der Zerstörung durch →*Korrosion* hängt von der Stellung der Metalle in der g. S. ab. Das jeweils unedlere Metall am anodischen Ende der Reihe wird dabei von dem edleren Metall an der kathodischen Seite angegriffen. Das „Sozialgefüge" der Metalle von edel bis unedel: Gold, Graphit, Platin, Titan, Silber, Monel, Nickel, Blei, Edelstahl, Rotguß (Zinnbronze), Bronze, Kupfer, Zinn, Messing, Schiffbaustahl, Aluminiumlegierungen und Zink. Das unedelste Metall Zink wird daher als →*Opferanode* benutzt.

Gammel, der *(unsold fish)* Ursprünglich minderwertiger, für die menschliche Ernährung unbrauchbarer Teil eines Fischfanges (von dänisch „gammel" = alt). Übertragen Ausdruck für alles, was an Bord verdorben, unbrauchbar und alt ist, nicht nur auf den Proviant bezogen.

Gang (des Chronometers) Siehe →*Chronometergang.*

Gang, der *(1. rate, 2. strake, 3. gang)* Oft gebrauchtes Wort oder Wortbestandteil. Der deutsche oder englische Ursprung ist nicht immer eindeutig zu erkennen, z. B. bei →*Gangspill* und →*Gangway.* – 1. Die Änderung des →*Standes* eines →*Chronometers* oder einer Borduhr in 24 Stunden. Bei einem positiven G. geht die Uhr nach oder verliert, bei einem negativen G. geht sie vor oder gewinnt. – 2. Bei einem aus →*Planken* gebauten Bootsrumpf oder aus Stäben gefertigtem →*Stabdeck* ist jede neue Lage ein G. – 3. Englisch als „Gäng" gesprochen ein Trupp.

Gangbord, das *(gangboard)* Auf einem →*Seekreuzer* der auf →*Deck* von Beschlägen frei gelassene Passiergang von der →*Plicht* zum →*Vorschiff.* Auch deutsches Wort für →*Gangway* als →*Laufsteg* zwischen Boot und Land.

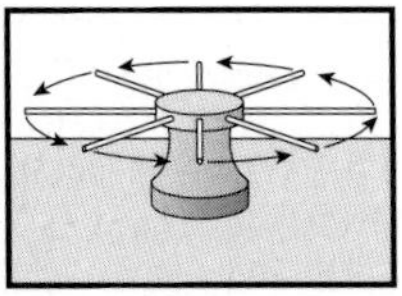

Gangspill, das *(capstan)* Ein →*Spill* mit vertikaler Achse, in dessen Spillkopf →*Spillspaken* waagerecht eingesteckt werden. Damit werden die Hebelarme zum Drehen durch die dazu im Kreise gehenden Seeleute nicht nur länger, es ist auch ein Rundgang mehrerer Leute hintereinander ohne Behinderung möglich. Bei dieser oft langwierigen und stumpfsinnigen Arbeit zum →*Hieven* der Ankerkette, zum Durchholen eines →*Festmachers* beim →*Verholen* o. ä. wurden früher (Gangspill-) →*Shanties* gesungen.

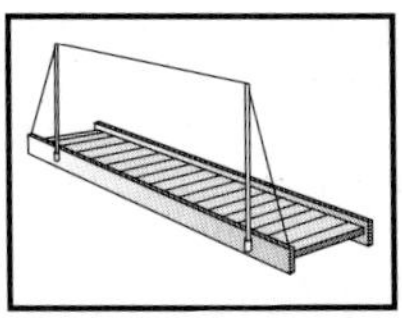

Gangway, die (engl.) *(d.: Gangbord)* Englische Bezeichnung für →*Laufsteg,* insbesondere eine mit einem Handlauf versehene Laufbrücke zwischen Boot und Land. Im Deutschen wird eine G. als →*Stelling* oder →*Gangbord* bezeichnet.

Garage, die *(garage)* Trittsichere Schutzkappe auf dem →*Kajütdach,* unter die das →*Schiebeluk* beim Öffnen hineingeschoben wird.

Garantie(leistung), die Bürgschaft, z. B. beim Bootskauf, siehe →*Gewährleistung.*

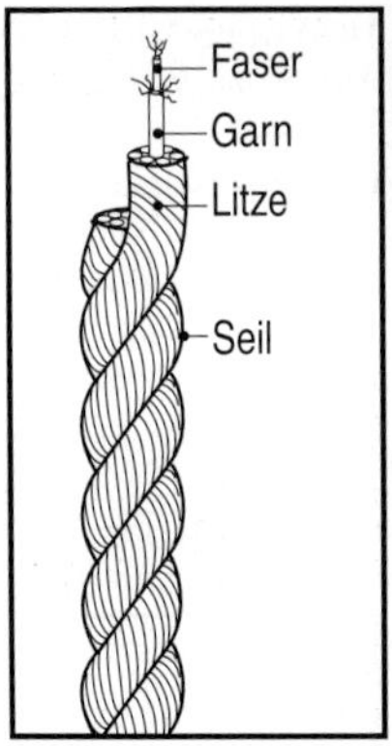

Garn, das (Zwirn, der) *(yarn, thread)* Aus einer Anzahl →*Fasern* zusammengedrehter Faden, der als kleinste Einheit zur Herstellung sowohl von →*Tauwerk* als auch →*Segeltuch* dient. Ein G. ist im allgemeinen →*rechtsgeschlagen* oder im →*Z-Schlag* gefertigt und kann aus ca. 150–15 000 Fasern bestehen. Nach Dicke und Einsatz unterscheidet man →*Segelgarn,* →*Takelgarn,* →*Kabelgarn* u. a. Bei der Herstellung von →*Fasertauwerk* wird das G. zu →*Litzen* geschlagen, den auffallenden Elementen eines →*Kardeels* oder →*Seils.*

Gast, der *(man [signalman])* Allg. ein Seemann mit einer bestimmten Aufgabe, die ihn von anderen Arbeiten freistellt, z. B. Steuermannsgast, Signalgast, Kochsgast o. ä. Das Wort G. wird sowohl im Sinne einer Qualifikation (kein Lehrling, sondern ein Geselle) als auch auf die Tätigkeit einer entsprechenden Wachstation bezogen. Ein G. ohne Aufgaben und Tätigkeit ist ein →*Badegast.*

Gastlandflagge, die *(courtesy flag)* Die Nationalflagge eines fremden Landes, das eine →*Yacht* besucht. Die G. in der Größe 30 x 45 cm wird an der →*Steuerbord-Saling* in den entsprechenden →*Hoheitsgewässern* gesetzt.

Gat, Gatt, das *(1. hole, gut, 2. tuck)* 1. Seemännischer Ausdruck für „Gasse, Loch, Tor, Lücke, (enge) Öffnung" o. ä. So ist z. B. das Kattegat die Verbindung zwischen zwei Meeresteilen, ein →*Seegat* die Meerenge zwischen Inseln, ein →*Speigat* der Durchlaß für übergekommenes Spritzwasser und ein →*Hellegat* der kleine Stauraum mit engem Luk, z. B. als Bootsmanns-Hellegat auf einem größeren Schiff. – 2. Seemännische Bezeichnung für das →*Heck* oder das „Hinterteil" eines Bootes, das z. B. die Form eines →*Plattgats* oder →*Spitzgats* haben kann. Auch die

Hecklastigkeit kann mit G. bezeichnet werden: Man sagt, „das Boot liegt im Gat“, wenn es →*achterlastig* ist.

Gatchen, Gatjen, das *(head hole, small eylet, metal grommet)* Verkleinerungsform für →*Gat:*

So sind z. B. →*Reffgatchen* in das Segel genähte kleine, durch →*Ösen* geschützte Öffnungen, durch die die →*Reffleine* bei einem →*Bindereff* gezogen wird. Andere G. findet man in einem Segel oder einer →*Persenning,* auch eingestanzt (Abb.), zum Durchzug der →*Reihleine.*

Gatorback-Segeltuch, das *(tri-axial weave, Gatorback sail cloth)* Das am 19.3.1991 für die Fir-

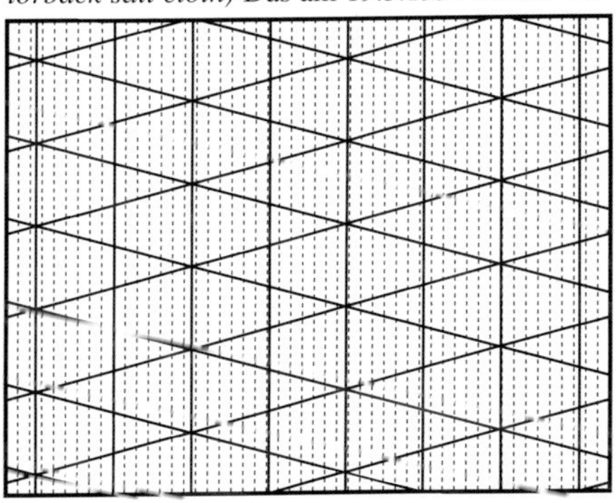

ma North Sails in Amerika patentierte →*Segeltuch* aus →*Kevlar* erinnert in seinem äußeren Erscheinungsbild an einen Alligatorrücken, auf den sich sein Name bezieht (Abb.): Ein auffälliger zusätzlicher Kevlar-Verstärkungsfaden verläuft nicht nur in kurzem Abstand quer zur Bahn (als →*Schuß),* in ähnlicher Distanz verstärken auch diagonal gekreuzte Fäden das Tuch in Richtung der →*Kette.* Das G.-S. erhöht die Haltbarkeit und vermindert gleichzeitig das Verziehen eines →*Segels* aus Kevlar.

gebaggertes Gebiet (mit Solltiefe) *(dredged area [with maintained depth])* Zeichen aus →*Karte 1* (INT 1) im Anhang.

geblieben (sein) *(1. a vessel is missing – 2. to be posted as missing)* Dass. wie vermißt oder →*verschollen* sein. 1. Ein →*Schiff* ist g., wenn es seinen Bestimmungshafen nicht erreicht hat und nach seiner letzten Nachricht eine bestimmte Zeit verstrichen ist. – 2. Bevor die →*Seeverschollenheit* mit rechtlichen Konsequenzen erklärt wird, muß eine Person oder ein Schiff als g. registriert sein.

gedrehtes Faserseil, das *(laid rope)* Sammelbegriff nach DIN 83305 für →*Faserteile,* die durch →*Verseilen* von →*Garnen* zu →*Litzen* (erste Verseilstufe) und von →*Litzen* zu →*Seilen* (mit der Endstufe im →*Trossenschlag* oder in →*Z-Drehung)* gefertigt oder (wie oben) von Garnen zu Litzen. Litzen zu →*Kardeelen* und in 3. Verseilstufe mit Kardeelen zu Seilen im →*Kabelschlag* oder in →*S-Drehung* hergestellt werden. Alternative: →*geflochtenes Faserseil.*

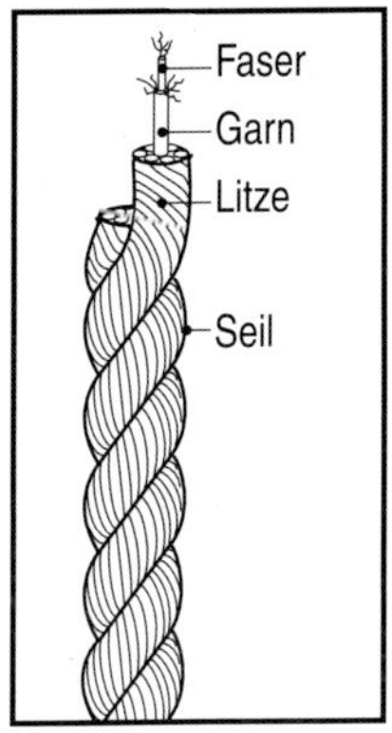

gedeckt *(decked)* Ein Boot mit →*Deck,* im allg. mit →*Vordeck* und →*Achterdeck* sowie mit Seitendecks, aber nicht mit einer →*Kajüte.*

Gefährdungshaftung, die Ein juristischer Begriff, der z. B. für die Kfz-Haftpflichtversicherung (und auch in anderen Fällen des Straßenverkehrs sowie beim Betrieb von Eisenbahnen und Straßenbahnen), aber nicht für eine →*Haftpflichtversicherung* für ein Wassersportfahrzeug gilt. Eine G. beruht auf dem aus der Lebenserfahrung gewonnenen Grundsatz, daß derjenige, der mit einer entsprechenden Erlaubnis eine gefährdende Betätigung ausübt und daraus einen persönlichen Nutzen zieht, für alle Schäden aufkommen muß, die er anderen dabei zufügt. Eine G. setzt weder ein Verschulden noch ein rechtswidriges Verhalten voraus, und die Tat selbst wird weder als rechtswidrig noch als schuldhaft angesehen. Beispiel der Praxis: Zwei Autos kollidieren. Die Fahrer tauschen ihre Versicherungsadressen aus. Die Versicherungen regulieren die Schäden. Rammt hingegen z. B. auf der Elbe eine Yacht die andere, die bei dieser →*Kollision* ein gefährliches →*Leck* erhält, gilt dieses Prinzip der G. nicht, sondern das der →*Verschuldenshaftung,* nach dem die →*Haftpflichtversicherung* nicht unbedingt eintreten muß.

Gefahrengebiet, das *(danger area)* Ein Seegebiet in den →*Hoheitsgewässern* oder auf dem →*freien Meer,* das durch Anordnung staatlicher Behörden mit zeitlicher Begrenzung oder auf Dauer für gefährlich erklärt wird. Ein G. ist entweder in der →*Seekarte* als solches bezeichnet (z. B. als →*U-Boot-Weg)* oder wird in den →*Nachrichten für Seefahrer* bzw. →*Nautischen Nachrichten* für Fahrtensegler von Fall zu Fall mit seinen Grenzen bekannt gegeben. Ein G. kann auch durch →*Tonnen* markiert sein. Als G. wird auch ganz allgemein ein →*nautisch* gefährliches Gebiet bezeichnet, z. B. mit →*unreinem Grund,* von dem man sich mit einem →*Gefahrenwinkel* oder einer →*Gefahrenpeilung* freihält. Gefährliche Gebiete sind z. B. militärische Übungsgebiete, Munitionsversenkungsgebiete, Schüttstellen für chemische Abfallstoffe und Ankergebiete für Tanker, tiefgehende Schiffe u. a.

Gefahrengrenze, die *(clearing line)* Die als →*terrestrische Standlinie* gegebene und als Warnlinie dienende Begrenzung eines →*Gefahrengebietes.*

Gefahrenkreis, der *(dangerous circle)* In der →*Navigation* die durch einen Abstandskreis gegebene und mit einem Gefahrenwinkel zu kontrollierende Begrenzung eines →*Gefahrengebietes.* Der G. kann durch einen →*Horizontalwinkel* oder einen →*Höhenwinkel* gegeben sein.

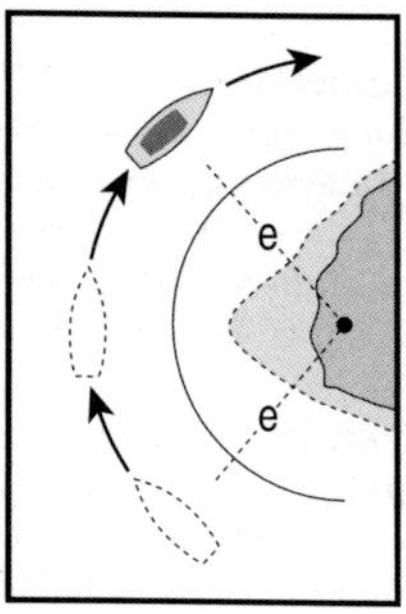

Gefahrenlinie, die *(danger line)* Die durch eine →*Deckpeilung* oder als Richtung zwischen zwei

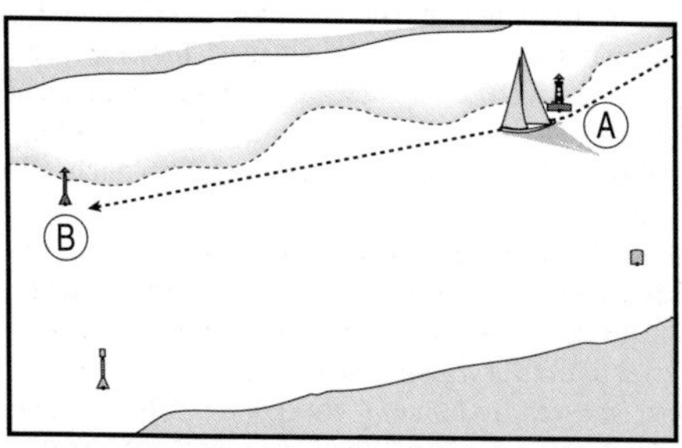

→*Landmarken* bestimmte →*Standlinie,* die zu überschreiten gefährlich ist. Eine solche ist z. B. in einem →*Fahrwasser* durch den Tonnenstrich gegeben, an dem das Boot von A nach B entlangsegelt.

Gefahrenpeilung, die *(danger bearing)* Peilrichtung zu einer →*Landmarke* oder einem anderen Objekt, die als →*Gefahrengrenze* (zu- oder abnehmend) weder über- noch unterschritten werden darf, ohne das Boot auf seinem →*Kurs* zu gefährden.

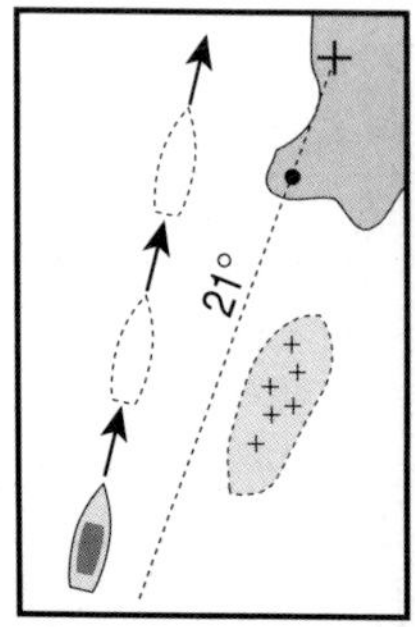

Gefahrenstelle, die *(hazard)* Ein Gebiet begrenzter Ausdehnung auf →*See* und vor der →*Küste,* in

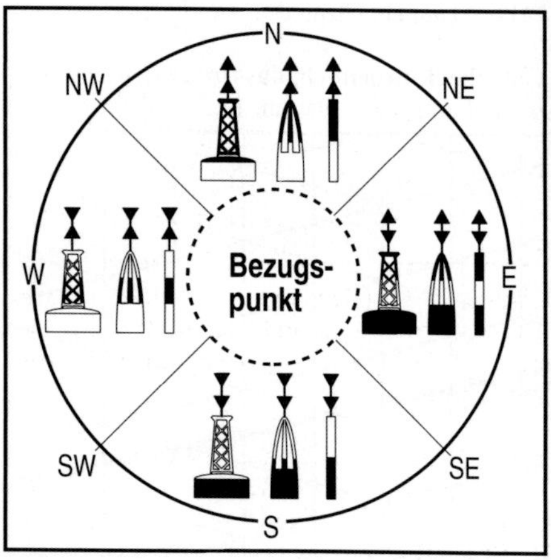

dem der →*Schiffahrt* eine Gefahr durch ein →*Wrack,* eine →*Untiefe,* ein →*Riff* oder ein anderes unsichtbares →*Hindernis* droht. Eine G. wird im →*Betonnungssystem „A"* durch →*Tonnen* nach dem →*Kardinalsystem* bezeichnet, doch gibt es auch →*Einzelgefahr-Zeichen.*

Gefahrenwinkel, der *(danger angle)* 1. Ein rechnerisch aus der →*Seekarte* ermittelter und am →*Sextanten* eingestellter →*Höhenwinkel* oder →*Horizontalwinkel,* der beim Passieren einer gefährlichen →*Küste* laufend kontrolliert wird. Solange er größer oder kleiner als der entsprechende G. ist, besteht die befürchtete Gefahr nicht. – 2. Auch der auf der →*Seekarte* bei einem →*Leuchtfeuer* durch zwei Richtungen gegebene und durch farbiges Licht markierte Sektor, in den von See aus nicht

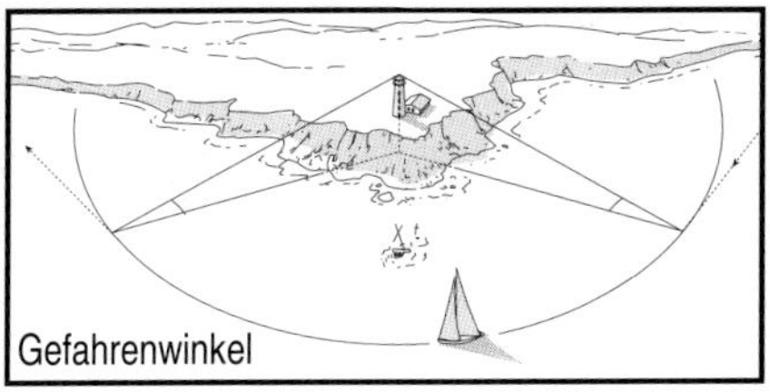

hineingesegelt werden darf, wird als G. bezeichnet.

gefährliches Viertel, das *(dangerous quadrant)* Bei einem →*Orkan-* bzw. →*Sturmtief* der in Zug-

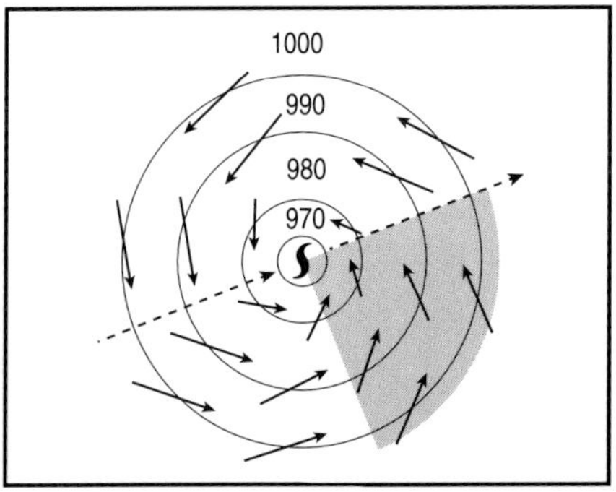

richtung rechts und vorn vor dem Zentrum gelegene Quadrant. Man muß das g. V. vermeiden bzw. auf →*Backbordbug* beidrehen, wenn man von ihm erreicht wird.

geflochtenes Faserseil, das *(plaited rope)* Sammelbegriff nach DIN 83305 für →*Seile* aus →*Fasertauwerk,* die durch →*Seilflechten* oder durch Umflechten eines →*Seilkernes* mit →*Garnen* oder →*Litzen* entstehen. Alternative: →*gedrehtes Faserteil.*

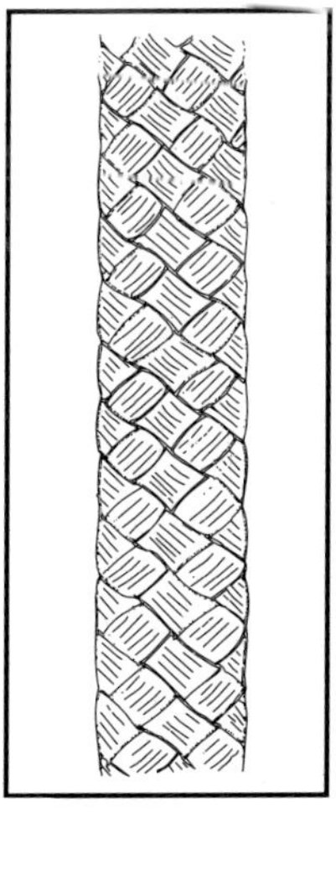

geflochtenes Tauwerk, das *(plaited rope, braided rope)* Im Gegensatz zum →*geschlagenen Tauwerk* wird es aus mindestens 8, höchstens 16 →*Litzen* maschinell →*geflochten.* G. T. hat bei gleichem Material und Durchmesser geringere Bruchfestigkeit, ist aber dafür geschmeidiger und neigt weniger zur Bildung von →*Kinken.* G. T. wird vorwiegend für →*Schoten* benutzt, die am meisten beansprucht und ständig wechselnden Belastungen in →*Schotklemmen* ausgesetzt sind. Man unterscheidet jetzt zwischen →*Kern-Mantelgeflecht,* →*Spiralgeflecht,* →*Rundgeflecht* und →*Quadratgeflecht* mit acht →*Litzen.*

Gegenkommer, der *(meeter, meeting vessel)* Ein Fahrzeug, das auf →*Gegenkurs* liegt oder sich auf annähernd entgegengesetztem →*Kurs* nähert.

Gegenkurs, der *(opposite course, counter course)* Ein →*Kurs,* der um 180° entgegengesetzt verläuft.

Gegenpeilung, die *(counter bearing, reciprocal bearing)* Die um 180° entgegengesetzte →*Peilung.*

Gegenruder, das *(contra-guide rudder, contra rudder)* Diejenige →*Ruderlage,* die der augenblicklichen auf der Gegenseite entspricht (z. B. von 20° →*Steuerbord* auf 20° →*Backbord).* Man legt G., um eine vorhandene Drehtendenz aufzuheben oder um eine →*Kursabweichung* zu korrigieren. Als G. wird auch das Bestreben bezeichnet, die →*Luvgierigkeit* durch Leeruder oder die →*Leegierigkeit* durch Luvruder zu beseitigen. Kurzzeitiges G. oder Stützen des beabsichtigten Kurses mit Hilfe des Ruders heißt →*Stützruder,* z. B. beim →*Halsen.*

Gegenstrom, der *(counter current, foul tide, eddy)* Die dem →*Kurs* entgegengesetzte Richtung des →*Stromes.* Auch ein der Hauptstromrichtung entgegengesetzter →*Neerstrom* wird als G. bezeichnet.

Gegenwind, der *(head wind, dead wind)* Wind von vorn. Exakter: Der →*atmosphärische Wind,* der aus der Richtung kommt, in die man gelangen will, oder der dem eigenen →*Kurs* genau um 180° entgegengerichtet ist. Der durch die →*Fahrt* erzeugte →*Fahrtwind* wird nicht als G. verstanden.

gegißter Ort, der *(dead reckoning position, estimated position)* Angenommener oder geschätzter →*Schiffsort,* den man bei einem →*Koppelkurs* unter Berücksichtigung der durch das →*Log* gegebenen Fahrt und unter Beachtung möglicher Einflüsse von →*Abdrift,* →*Strom* o. ä. als wahrscheinlichsten Standort für eine bestimmte Zeit erhält. Im offiziellen Navigationsvokabular →*DIN 13312* wurde der traditionsreiche Navigations-Ausdruck „g. O." gestrichen, weil dabei niemand genau weiß, ob es sich um einen →*Koppelort* oder einen →*Loggeort* handelt. In jedem Falle befindet man sich hier wie dort auf einem „angenommenen" Schiffsort.

Gei, die *(boom vang, guy vang)* Ein über eine →*Talje* laufendes Ende, mit dem ein →*Davit* oder

ein →*Baum* seitlich bewegt oder an einer unabsichtlichen Bewegung gehindert wird. Auch der →*Baumniederhalter* ist praktisch eine G., wie aus dem Vergleich der englischen Begriffe hervorgeht und wenn er wie in Abb. gefahren wird.

Geitau, das; (Gei) *(guy, brail)* Eine →*Leine* zum →*Reffen* und →*Bergen* eines →*Rahsegels* (Abb. A). Ein G. greift am →*Schothorn* an und führt zur →*Nock* einer →*Rah.* Es dient zum „Aufgeien" des Segels, das während der Zeit des Hochholens „in

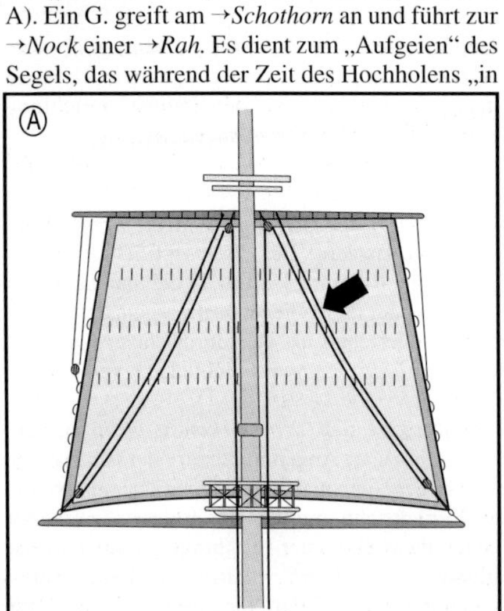

Geitaue

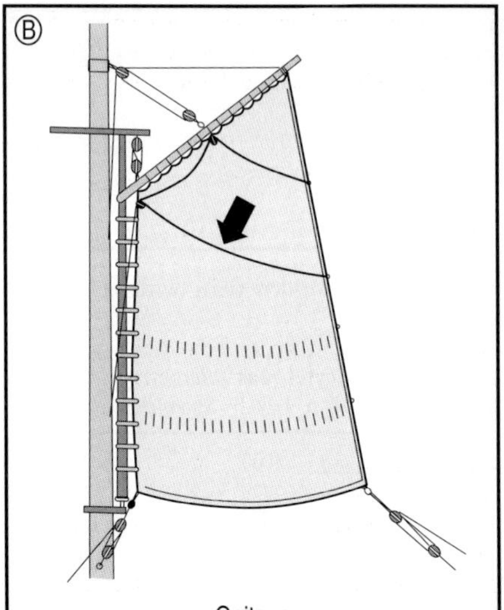

Geitaue

der Gei" hängt. Den eigentlichen Bauch des Rahsegels ziehen dabei die →*Gordings* zusammen, die deshalb auch Bauchgordings genannt werden. Auf einem →*Rahsegler* werden zahlreiche Geitaue eingesetzt, die nach den betreffenden Segeln benannt werden, z. B. Großgeitau oder Vor-Untermars-Geitau. Mit (mehreren) Geitauen wird auch ein →*Gaffelsegel* gerefft (Abb. B). Ihre →*festen Parten* sind dazu am →*Achterliek* befestigt. Von dort verlaufen sie zum Gaffelliek (oft auch zum Mastliek) und mit ihren →*holenden Parten* weiter zum Deck. Mit Hilfe der Geitaue konnte man ein Gaffelsegel auf See im oberen Bereich (teilweise) reffen oder (im Hafen) das gesamte Segel in Richtung zum Mast →*auftuchen.*

Geigen, das *(rhythmic rolling)* Eine →*Bootsbewegung,* die besonders bei →*achterlichem Wind* als →*Krängung* nach →*Luv* und nach →*Lee* auf-

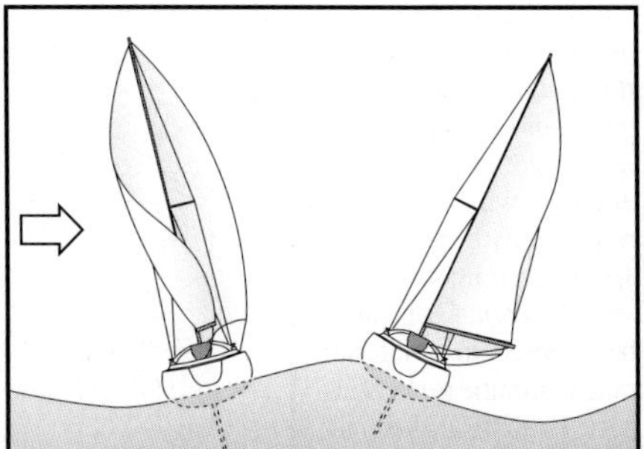

tritt. Besonders durch die ausgebaumten Segel beim →*Schmetterlingssegeln* ist diese Pendelbewegung noch gefährlicher als das →*Rollen.*

gelber Teer, der *(yellow tar, Stockholm tar)* Dasselbe wie →*Stockholm Teer.*

Gelcoat, der (engl.) *(Feinschicht, Deckschicht)* Die äußere Harzschicht eines Bauteils aus →*GFK,* die bei der Fertigung zuerst in die Form gestrichen wird. Von der Qualität dieser →*Feinschicht,* die die folgenden →*Laminate* gegen alle äußeren Einflüsse schützt, hängt der Wert des Bootes in hohem Maße ab.

Generator, der *(generator)* Rotierende Maschine, die mechanische Energie in elektrische Energie umformt. An Bord werden zur Stromerzeugung neben der an den →*Motor* gekoppelten Lichtmaschine und einem getrennt installierten Dieselgenerator auch →*Windgeneratoren,* →*Wellengeneratoren* und →*Schleppgeneratoren* benutzt.

Genickstag, Knickstag, das *(triatic stay)* Das →*Stag,* das die Toppen der beiden →*Masten* einer →*Schuneryacht* und einer →*Ketsch* miteinander verbinden kann.

Gennaker, der Ein →*Vorsegel* als Mischung aus →*Genua* und →*Spinnaker,* das erstmalig bei den →*Regatten* um den →*America's Cup* 1987 vor Fremantle in Australien eingesetzt wurde. Der Hals des G. wird dazu an einem speziellen Gennakerbaum gefahren, einer Art →*Bugspriet,* der ausgefahren und zur Seite geschwenkt werden kann.

Genua, die *(genoa)* Ein →*Beisegel* für leichtes und mittleres Wetter, das auf einem →*Amwindkurs* wie →*Raumschotskurs* gefahren wird. Die G. ist nach dem Revier im Mittelmeer benannt, wo der Schwede Sven Salen 1928 diese weit →*überlappende* große →*Fock* zum ersten Mal benutzte. Bei einer Leichtwetter-G. beträgt das →*Segeltuchgewicht* ca. 50 bis 150 g/m², bei einer Mittelwetter-G. ca. 100 bis 160 g/m². Die genauen Abmessungen einer G. I, G. II und G. III siehe →*Vorsegelgröße.*

Genuaschot, die *(genoa sheet)* Die →*Schot* der →*Genua,* die nicht nur über einen →*Leitblock* auf →*Deck,* sondern in einigen →*Klassen* auch über einen →*Genuaschot-Ausleger* geführt werden darf.

Genuaschot-Ausleger, der *(genoa sheet led to the main boom)* Der →*Großbaum* ist nach den

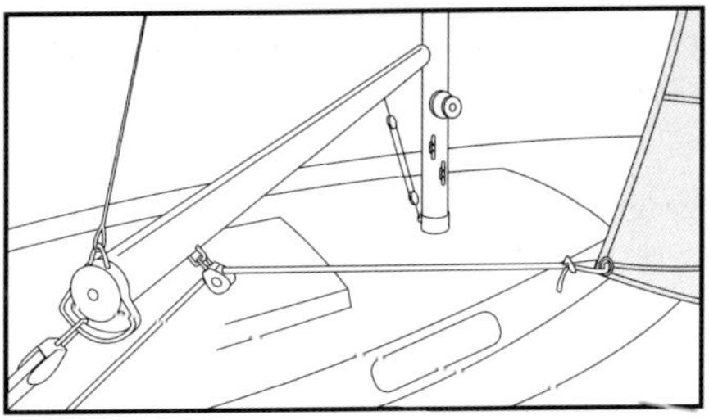

→*Wettsegelbestimmungen* ein verbotener, aber nach der →*IOR-Formel* erlaubter →*Ausleger.* Bei einer →*Hochseeregatta* darf über ihn die →*Genuaschot* geführt werden, um das Segel auf bestimmten Kursen optimal zu →*trimmen.* Dazu ist in der Nähe der →*Nock* ein →*Block* angeschlagen, der auch verstellbar gehaltert ist.

Genua-Stagsegel, das *(genoa staysail)* Ein kleines, zusätzliches →*Beisegel* für leichtes Wetter, das sowohl auf einem →*Amwindkurs* wie auf →*raumen Kursen* unter der →*Genua,* gegebenenfalls auch unter dem →*Reacher* o. ä. gefahren wird. Segeltuchgewicht von ca. 90–220 g/m².

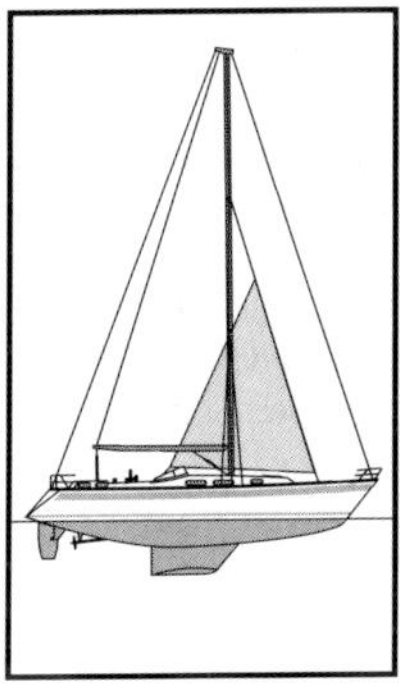

geographische Breite, die *(geographical latitude)* Bezugsgröße zur Bestimmung eines →*Schiffsortes,* bezogen auf das Koordinatensystem der Erdoberfläche. Die Null-Koordinate der g. B. ist der Äquator. Die Zählung der Breitenparallele erfolgt von dort aus von 00° bis 90° nach →*Nord* und →*Süd.* (Nach →*DIN 13312* „Navigation" sind alle Gradzahlen der g. B. zweistellig zu schreiben.)

geographische Länge, die *(geographical longitude)* Bezugsgröße zur Bestimmung eines →*Schiffsortes,* bezogen auf das Koordinatensystem der Erdoberfläche. Die Null-Koordinate der g. L. ist der durch die Sternwarte von Greenwich laufende, willkürlich festgelegte Halbkreis. Die Zählung der 360 →*Meridiane* erfolgt von hier aus von 000° bis 180° nach →*Ost* und →*West.* (Nach →*DIN 13312* „Navigation" sind alle Gradzahlen der g. L. dreistellig zu schreiben.)

geographischer Nordpol, der *(geographical north pole)* Der Endpunkt der Erdachse, der die →*geographische Breite* 90° N hat und als Fixpunkt für →*rechtweisend Nord* gilt. Die Nordrichtung am →*Magnetkompaß* weist demgegenüber zum →*magnetischen Nordpol.*

geographischer Südpol, der *(geographical south pole)* Der Endpunkt der Erdachse, der die →*geographische Breite* 90° S hat. Der g. S. ist vom →*magnetischen Südpol* zu unterscheiden.

geographische Sichtweite, die *(geographical range)* Die von der →*Augenhöhe* abhängige Ent-

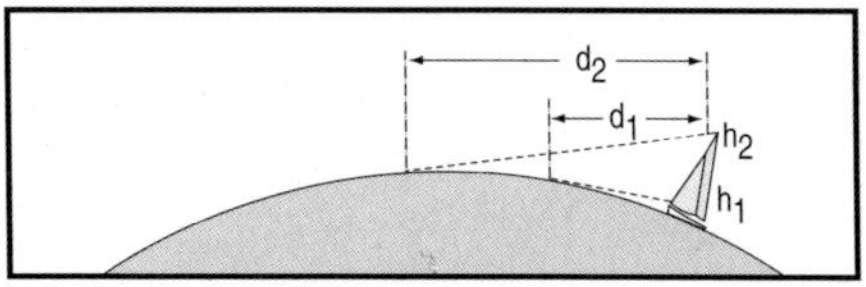

fernung, aus der man ein in der →*Kimm* liegendes Ziel unter Berücksichtigung von →*Strahlenbrechung* und Erdkrümmung gerade noch sehen kann. Sie ermittelt sich nach der Formel 2,075 x $\sqrt{h}$, durch die man die g. S. in →*Seemeilen* erhält, wenn man die Augenhöhe „h“ in Metern einsetzt. Die g. S. beträgt z. B. bei einer Augenhöhe von 2 m (in der →*Plicht* eines →*Seekreuzers,* h_1) 2,9 sm (d_1). Sie wächst bei einer Augenhöhe von 3 m (an →*Deck)* auf 3,6 sm und vergrößert sich entsprechend weiter (bei h_2 auf d_2), wenn die →*meteorologische Sichtweite* dazu ausreicht.

Geoid, das *(geoid)* Von einem →*Rotationsellipsoid* abweichende Form der Erdoberfläche, bei der die Erdfigur ungefähr in Höhe des mittleren Meeresniveaus *(→Normalnull)* verläuft und alle Erhebungen über dem Meeresspiegel ausgeglichen sind. Da ein G. zur Anfertigung von →*Seekarten* nicht geeignet ist, wurden mit ständig verbesserter Meßgenauigkeit →*Ellipsoide* der Erde zur Kartenherstellung benutzt. Bei weltweit einsetzbaren Navigationssystemen wie z. B. →*GPS* oder →*Navstar* müssen G. und →*Ellipsoid* auch weltweit möglichst gut übereinstimmen.

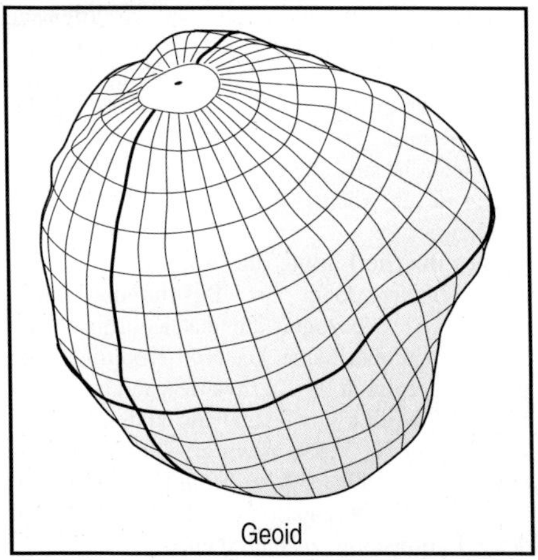

Geoid

Germanischer Lloyd, der (GL) *(German Lloyd)* 1867 gegründete deutsche Klassifikations-

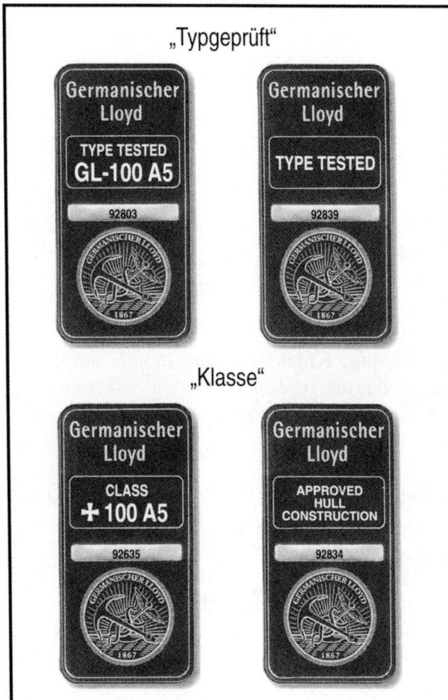

GL-Plaketten

gesellschaft für Schiffe und Yachten, die eine freiwillige →*Bauaufsicht* übernimmt, damit ein Boot eine entsprechende →*Klasse* erhalten kann. Der GL gibt auch →*Bauvorschriften* heraus, deren überwachte Innehaltung durch das Zeichen →*„Typgeprüft“* an Bord ausgewiesen wird. Auch →*Ausrüstungsvorschriften,* z. B. für →*Anker,* Prüfvorschriften für →*Bootsbausperrholz,* Richtlinien für den Einbau von Flüssiggasanlagen auf Yachten u. a. werden vom GL herausgegeben.

Geschäftsfeld Seeschiffahrt im →*Deutschen Wetterdienst* ist jetzt die offizielle Bezeichnung für das frühere →*Seewetteramt* am alten Standort 20359 Hamburg, Bernhard-Nocht-Straße 76.

Geschirr, das *(gear)* Alle Teile der →*Ausrüstung* für eine mehrteilige seemännische Einrichtung, z. B. →*Ankergeschirr,* →*Rudergeschirr* u. a.

geschlagenes Tauwerk, (das) *(laid ropes)* Aus →*Kardeelen* rechts oder links herum gedrehtes →*Fasertauwerk* oder →*Drahttauwerk,* das man →*spleißen* kann. G. T. ist nicht so weich und →*lehnig* wie →*geflochtenes Tauwerk.* G. T. wird heutzutage korrekter als →*gedrehtes* →*Faserseil* bezeichnet. An seine Stelle ist die →*Quadratflechtung* getreten.

geschlossene Reede *(enclosed roadstead, shut roadstead)* Siehe →*Reede.*

geschlossener Hafen, der *(locked harbour)* Eine Hafenanlage, die von der See durch eine →*Schleuse* getrennt ist, so daß in ihrem Hafenbecken immer der gleiche Wasserstand herrscht und die festgemachten Boote und Schiffe vor jeder Änderung des →*Wasserspiegels* während einer →*Tide* und jeder →*Strömung* bei →*Flut* und →*Ebbe* geschützt sind.

Geschwindigkeit, die *(1. speed, 2. velocity)* 1. Als →*Fahrt* eine Ortsveränderung in einer bestimmten Zeit ohne Berücksichtigung der Richtung. Die G. wird dann in →*Knoten,* seltener in →*Seemeilen* pro Stunde (sm/h), Kilometer pro Stunde (km/h) oder Meilen pro Stunde (mph) angegeben. – 2. Als →*Windgeschwindigkeit* oder G. des →*Stromes* in Meter pro Sekunde (m/s) oder Knoten angegebene Größe einer Ortsveränderung in einer bestimmten Zeit unter gleichzeitiger Berücksichtigung der entsprechenden Richtung. Man spricht von Höchst-, Reise- und Dauergeschwindigkeit, faßt die G. in einem →*Geschwindigkeitsdiagramm* o. ä. zusammen und ermittelt sie exakt durch entsprechende Meßgeräte wie →*Log,* →*Windmesser* o. ä.

Geschwindigkeitsdiagramm, das *(velocity [vector) diagram)* Meistens in einem →*Polardiagramm* oder in einem →*Vektordiagramm* dargestellte Geschwindigkeiten in den entsprechenden Richtungen. Ein G. kann z. B. die Fahrtleistungen einer Yacht für verschiedene Kurswinkel zum →*atmosphärischen Wind* angeben. Ein anderes G. ist die →*Windrose* für die vorherrschende, richtungsabhängige Windgeschwindigkeit. Ein solches G. erhält auch jede nach →*IMS* vermessene Yacht, um ihre individuelle →*Leistungsfähigkeit* auf allen Kursen zu dokumentieren.

Geschwindigkeitsgrad, der Bewertungsmaßstab für die von verschieden großen Yachten erzielte unterschiedliche →*Geschwindigkeit.* Der G. wird entweder als →*relative Geschwindigkeit* auf die →*Wasserlinienlänge* oder auf die →*Froudesche Zahl* bezogen und mit „R“ bezeichnet.

Geschwindigkeitsmesser, der *(speedometer)* Gerät zum Messen der →*Geschwindigkeit.* Die unterschiedlichen Typen sind als →*Fahrtmesser,* →*Speedometer,* →*Schlepplog,* →*Patentlog,* →*Sumlog,* →*Doppler-Log,* →*Relingslog* für die Fahrtbestimmung eines Bootes sowie als →*Anemometer* für die →*Windgeschwindigkeit* gesondert aufgeführt. Sowohl die G. für die →*Fahrt* als auch für den Wind benutzen als Bezugsgröße einheitlich →*Knoten* (Abk. →*kn).* 1 kn = 0,514 Meter pro Sekunde (m/s) = 1,852 Kilometer pro Stunde (km/h).

Geschwindigkeitsparallelogramm, das *(parallelogram of velocity)* Wie das →*Parallelogramm*

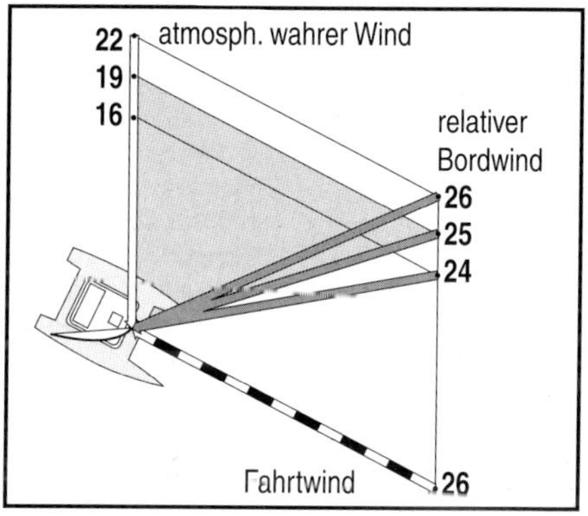

der Kräfte die Darstellung von →*Geschwindigkeiten.* Ein G. kann z. B. die →*Windgeschwindigkeit* in bezug auf das fahrende Boot zeigen und nachweisen, wie der relative →*Bordwind* aus →*atmosphärischem Wind* und →*Fahrtwind* entsteht. Praktisch ergibt sich ein immer neues und unterschiedliches G. mit wechselndem →*Kurs* zum gleichen atmosphärischen Wind durch die unterschiedliche →*Fahrt* des Bootes und seinen Kurs.

gesegelte Zeit, die *(elapsed time)* Die tatsächlich in einer →*Wettfahrt* vom Durchsegeln der →*Startlinie* bis zur →*Ziellinie* benötigte Zeit. Die g. Z. kann nach →*IMS* mit einem →*Handicap,* früher bei →*IOR* mit einem Zeitberichtigungsfaktor, nach dem →*Yardsticksystem* oder einem an-

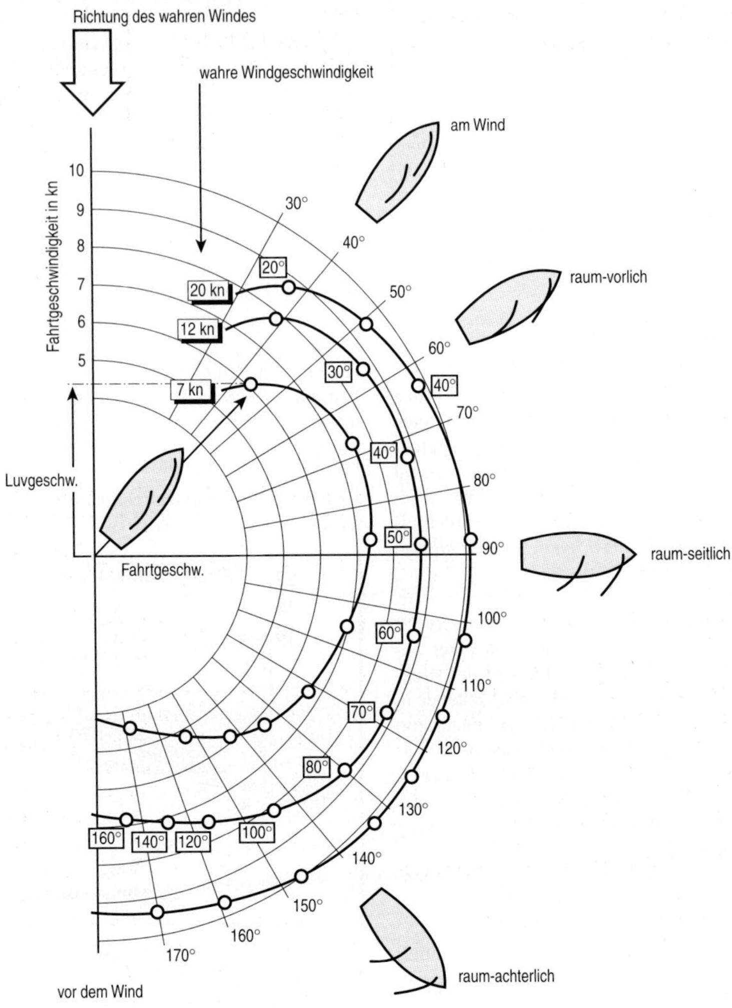

Geschwindigkeitsdiagramm

deren Handicap in die →*berechnete Zeit* umgewandelt werden, nach der dann (meistens) die Preisverteilung und die Zuerkennung von Punkten nach dem entsprechenden →*Punktsystem* erfolgt.

Gesenk, das *(female mould)* Neuere Bezeichnung für eine →*Matrize* oder →*Negativform,* d. h. denjenigen Teil eines Preßwerkzeuges, der die Hohlform enthält.

gesetzliche Zeit, die Angabe der →*Zeit* im →*Seefunkverkehr,* im →*Wetter- und Warnfunk* u. a. G. Z. ist die gültige gesetzliche Landeszeit, die im Winter in Deutschland →*MEZ (*→*UTC* + 1 Stunde), im Sommer eine Sommerzeit (MEZ + 1 h oder UTC + 2 h) ist. Abkürzung →*GZ.*

Gesundheitsamt, Krankenhaus *(health office, hospital)* Zeichen aus →*Karte 1* im Anhang.

gewachsener Kiel *(housed ballast keel)* Bezeichnung einer profilierten →*Kielflosse,* die ein integrierter Bestandteil des →*Rumpfes* ist und in die der →*Bleiballast* von innen eingelegt oder eingegossen ist. Ein g. K. kann ggf. auch nur bis zum halben →*Tiefgang* des Bootes reichen und einen außen angebolzten →*Ballastkiel* haben, so daß sein Innenraum für →*Kraftstoff-* oder →*Wassertanks* benutzt werden kann. Ein g. K. (sowohl aus →*GFK* wie aus →*Stahl)* ist qualitativ hochwertiger als ein →*Flossenkiel* und dementsprechend auch meistens nur Bestandteil einer teureren →*Yacht.*

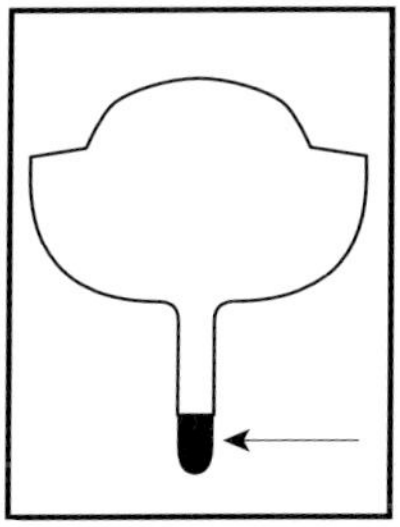

Gewährleistung, Garantie(leistung), die *(1. warranty, 2. guaranty)* 1. Beim Bootskauf die Bürgschaft des Verkäufers gegenüber dem Käufer, daß das →*Boot* mit seiner →*Ausrüstung* frei ist von Rechten und Ansprüchen, die ein Dritter gegen den →*Eigner* geltend machen könnte, und keine Mängel bestehen, die den Wert des Bootes wesentlich mindern. – 2. Die Haftung des Verkäufers eines →*Bootes* oder eines →*Ausrüstungsteiles* für Mängel, die nach dem Kauf bzw. der Inbetriebnahme auftreten. Nach dem BGB beträgt die Mindestfrist der G. sechs Monate nach Kauf, doch empfiehlt sich im (saisonbedingten) Segelsport die Vereinbarung einer Frist von (mindestens) „sechs Monate Betriebszeit" in entsprechenden Verträgen. Für Mängel an Yachten aus →*GFK,* der als Werkstoff kein vorgefertigtes Produkt für den →*Bootsbau* wie →*Stahl* oder →*Aluminium* ist, und insbesondere für Fehler in der Fertigung des →*Rumpfes,* z. B. →*Osmoseschäden,* bieten Werften für ihre Neubauten eine G. bis zu fünf Jahren an.

Gewicht, das *(weight [gravity])* Wird bei einem Boot das G. angegeben, so ist darunter das segelklare oder Eigengewicht zu verstehen, jedoch ohne zusätzliche →*Ausrüstung,* mit leeren Tanks und ohne →*Besatzung.* Das G. ist immer geringer als die →*Verdrängung,* so daß sich (mit entsprechender Zuladung) der →*Gewichtsschwerpunkt* verändert.

Gewichtsschwerpunkt, der *(centre of gravity)* Der →*Schwerpunkt,* den man sich als Angriffspunkt aller auf den Bootsrumpf wirkenden Gewichte vorstellt. Der G. behält seine Lage bei jeder →*Krängung* bei, doch kann er auf →*Jollen* durch den →*lebenden Ballast* der Besatzung oder durch die Arbeit im →*fliegenden Trapez* verändert werden. Er liegt bei einem →*Kielboot* (Abb.) unter, bei einem Schwertboot über dem →*Formschwerpunkt* (F).

Gewichtsstabilität, die *(stability by weights)* Die durch den →*Ballast* und die Lage des →*Gewichtsschwerpunktes* gegebene →*Stabilität,* die auch vom →*Tiefgang* abhängt.

Gewindeterminal, das *(threader [shroud] terminal)* Ein Endbeschlag in Form eines →*Augterminals* oder →*Gabelterminals,* der ohne kompliziertе Werkzeuge an Bord auch von Hand auf den →*Tampen* eines →*Drahtseils* aufgebracht werden kann. Eine →*Schraubhülse* wird auf das →*Tauwerk* gesteckt, mit einem Konus der Tampen verdickt und dann das →*Auge* oder die Gabel mit einer Kontermutter aufgeschraubt und festgezogen. Die Bruchlast eines G. ist um ca. 50 % größer als die des Tauwerks. Bei Verwendung eines neuen Innenkonusses kann das gleiche →*Terminal* mehrfach benutzt und nach Entfernen des alten Endbeschlages am gleichen Tampen ein neues G. befestigt werden.

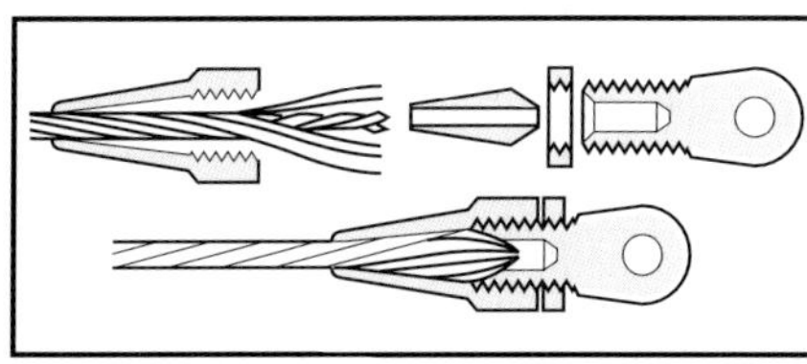

Gewitter, das *(thunderstorm)* Wettererscheinung, die mit elektrischen Entladungen durch Blitze sowie →*Schauern* und →*Böen* einhergeht. Ein aufkommendes G. ist durch die Bildung einer typischen →*Gewitterwolke* bei der heftigen Aufwärtsbewegung feuchtwarmer Luft zu erkennen und ist oft eine Begleiterscheinung einer →*Kaltfront,* deren Herannahen sich oft durch →*Wetterleuchten* anzeigt. Die verbleibende Entfernung zu einem G. kann man durch die Ermittlung der Zeit zwischen dem sichtbaren →*Blitz* und dem hörbaren →*Donner* mit Hilfe der →*Schallgeschwindig-*

keit (3 s = 1 km; 5 s = 1 sm) zuverlässig feststellen: Bei 15 Sekunden Zeitunterschied ist das G. dementsprechend noch 5 km oder 3 sm entfernt. Man unterscheidet →*Frontgewitter* und →*Wärmegewitter.*

Gewitterbö(en), die *(thunder-gust, thunder-squall, black squall, squall)* Gefährliche und kräftige Windstöße an einem →*Frontgewitter,* die meist vor Beginn des Gewitterregens und beim Passieren des →*Böenkragens* oder →*Gewitterkragens* auftreten.

Gewitterkragen, der; Gewitterfront, die *(arched squall, line of squalls, lined squalls)* Schwarzgrauer Wolkenvorhang, der sich deutlich vom bewölkten, aber helleren Himmel abhebt. Der →*Wind* erreicht beim Passieren des G. oder →*Böenkragens* seine größte Stärke. Hinter ihm fallen die stärksten →*Niederschläge.* Dann setzt sich die →*Kaltluft* durch.

Gewitternase, die In einem →*Barogramm* die auffallende Darstellung des Durchzugs des

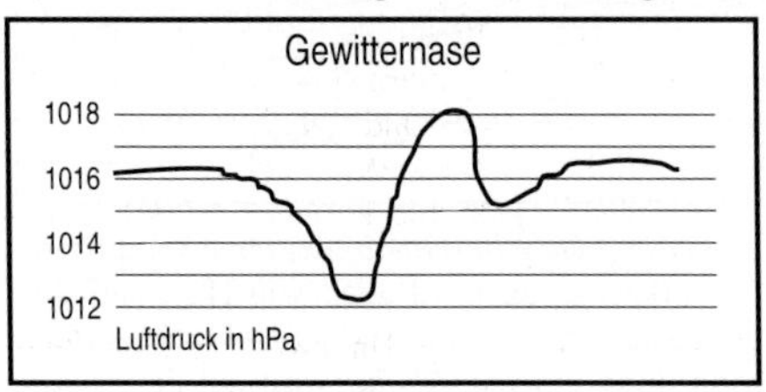

→*Böenkragens* einer →*Kaltfront* bei einem →*Frontgewitter.* Die Form der G. wird dabei in einer Kurve durch starkes Fallen des →*Luftdrucks* vor, einen unmittelbaren deutlichen Luftdruckanstieg beim und einen geringeren Luftdruckfall nach dem Durchzug der →*Gewitterfront* bestimmt. Ein anhaltender leichter Druckanstieg schließt sich an.

Gewitterschauer, der *(thunder-shower, thunder-gust)* Niederschlag großer Intensität und kurzer Dauer (etwa 15–20 Minuten) während eines →*Gewitters,* der oft aus Hagel besteht und mit →*Gewitterböen* verbunden ist.

Gewitterwolke, die *(thunder cloud)* Auch →*Cumulonimbus* genannte →*Wolke* mit einer Vertikalausdehnung bis ca. 10 km Höhe. Je höher die Obergrenze der amboßförmigen G. in der →*Atmosphäre* liegt, um so stärker sind die Niederschläge und um so kräftiger die elektrischen Entladungen.

gewittrig *(thundry)* Bei einer →*Wetterlage* mit →*Schauern* vereinzelte elektrische Entladungen.

Gezeit, die *(tide)* Das durch die Anziehungskraft von Sonne und Mond erzeugte periodische Fallen und Steigen des Wassers in einer →*Tide.*

Gezeitenkalender, der *(tide calendar)* Auch →*Tidenkalender* genanntes, vom →*BSH* jährlich neu herausgegebenes Tabellenwerk im Taschenformat, das die vorausberechneten →*Hoch-* und →*Niedrigwasserzeiten* für die Deutsche Bucht und deren Flußgebiete enthält. Der G. ist ein Auszug aus der →*Gezeitentafel* und immer auf die →*gesetzliche Zeit* bezogen, also auch auf die mitteleuropäische Sommerzeit.

Mai				
Tag	H.W.		N.W.	
	Zeit	Höhe	Zeit	Höhe
1	08 45	2,2	02 58	0.0
	21 03	2,5	15 23	0,2
2	09 53	2,3	04 09	-0,1
	22 05	2,6	16 29	-0,1
3	10 48	2,4	05 07	-0,1
	22 57	2,7	17 23	-0,1
4	11 35	2,5	05 57	-0,1
	23 47	2,7	18 12	0,0
5	-- --	--	06 42	-0,2
	12 18	2,6	18 56	-0,1
6	00 31	2,7	07 21	-0,2
	12 55	2,6	19 33	-0,1
7	01 11	2,6	07 53	-0,1
	13 28	2,6	20 08	-0,1
8	01 48	2,6	08 23	0,0
	14 04	2,6	20 45	-0,1

Gezeitenstrom, der *(tidal stream)* Auch →*Tidenstrom* genannter, regelmäßig mit →*Ebbe* und →*Flut* seine Richtung wechselnder →*Strom* in →*Tidengewässern,* dessen genaue Richtung und Stärke im →*Gezeitenstrom-Atlas* enthalten ist.

Gezeitenstrom-Atlas, der *(tidal stream atlas)* Eine Sammlung von Gezeitenstromkarten, die Richtung und Stärke des →*Tidenstromes* für bestimmte →*Bezugsorte* und die entsprechenden Stunden vor und nach der →*Hochwasserzeit* enthalten.

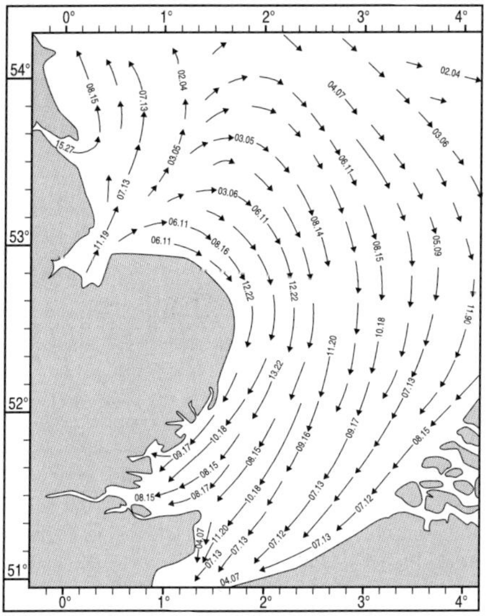

Gezeitenstrom-Atlas

Gezeitentafeln, die *(tide tables)* Vorausberechnete Tabellen, die für verschiedene →*Bezugsorte* die

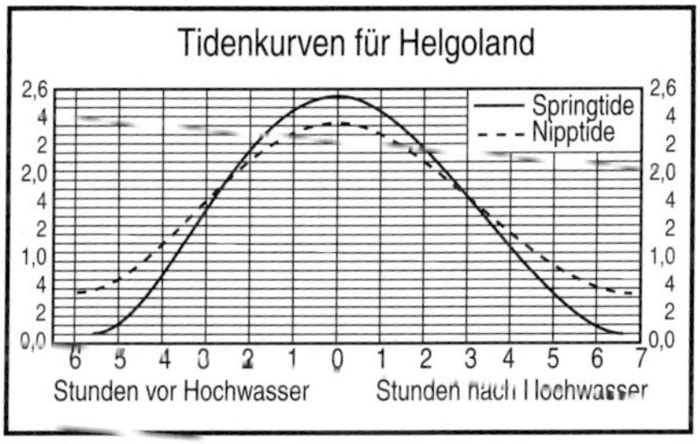

Zeiten für →*Hochwasser* und →*Niedrigwasser* und die →*Tidenkurven* angeben. Für →*Anschlußorte* lassen sich die konstanten →*Gezeitenunterschiede* entnehmen. Sie werden in Deutschland vom →*Bundesamt für Seeschiffahrt und Hydrographie* herausgegeben, doch genügt für Sportboote der entsprechend kleinere →*Gezeitenkalender.*

Gezeitenunterschiede, die *(tidal differences)* Verbesserungen, die man sowohl an den →*Hoch-* und →*Niedrigwasserzeiten* wie an den →*Hoch-* und →*Niedrigwasserhöhen* eines →*Bezugsortes* anbringen muß, um die entsprechenden Zeiten und Höhen einer →*Gezeit* für einen →*Anschlußort* zu erhalten.

GFK *(GRP)* Gebräuchliche Abkürzung für →*glasfaserverstärkte Kunststoffe,* wie sie im Bootsbau benutzt werden; im Gegensatz zu „nicht armierten“ Kunststoffen, aus denen man z. B. Haushaltsgefäße, Benzinkanister, Eimer und andere Behälter herstellt. Je größer der Anteil →*Glasseide* an einem GFK-Bauteil, desto größer die Festigkeit, desto besser die Qualität, aber auch desto höher der Preis. Bei einem →*Laminat* aus →*Glasseidenmatten* beträgt der Glasanteil 28 %, bei einem →*Glasseidengewebe-Laminat* 55 % und bei einem →*Rovinggewebe-Laminat* 45 %.

GFK-Streifenbau, GFK-Leistenbau, der *(strong plank system)* siehe →*Leistenbau* aus →*GFK.*

Ghoster (engl.) Deutsch „Geistersegel“ oder „Windsucher“. Bezeichnung einer sehr leichten, voll geschnittenen →*Genua* aus 60–100 g/m² →*Segeltuch* für →*Windstärke* 2 und weniger Wind.

Gien, die *(gien)* Schweres Hebezeug aus einem dreischeibigen →*Block* und einem →*Doppelblock* mit →*Steert* zum →*Heißen* und →*Fieren* besonders schwergewichtiger →*Ausrüstungsteile* oder Lasten auf einem traditionellen →*Segelschiff.* Eine G. mit Gienblock und Gientalje wurde auch zum →*Katten* eines →*Stockankers* unter den →*Kattdavit* benutzt und hieß dann dementsprechend →*Kattgien.*

gieren *(to yaw, yawing)* Ungewolltes, wiederkehrendes Ausscheren eines Bootes aus dem gesteu-

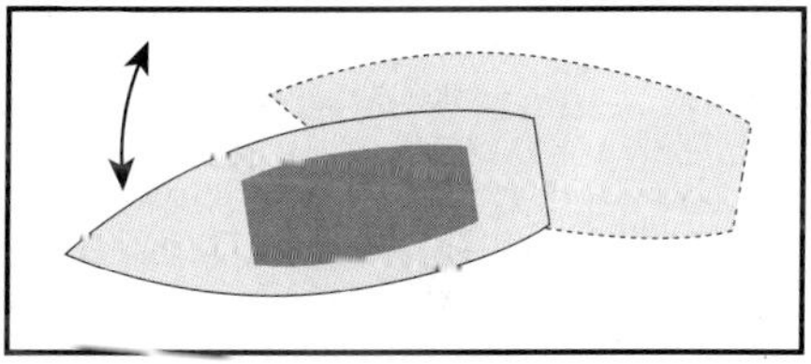

erten Kurs als Folge einer Drehbewegung (Drehschwingung) um die durch den Drehpunkt verlaufende senkrechte Achse. Das G. tritt periodisch zu beiden Seiten nach →*Steuerbord* und →*Backbord,* hauptsächlich bei →*Vorwindkursen* oder →*achterlicher See* auf. Wenn das Boot das Bestreben hat, auf Kursen (z. B. →*am Wind* oder →*raumschots)* nach →*Luv* zu drehen, auch als →*luvgierig,* oder bei der Tendenz, nach →*Lee* abzufallen, als →*leegierig* bezeichnet.

Giga-(G) Faktor 10^9 im →*Internationalen Einheitensystem.*

Gillung, die *(1. counter, 2. roach)* 1. Am →*Achterschiff* die Form des unteren Bereiches des →*Überhangs* von der →*Wasserlinie* bis zum →*Heck,* die in der Seitenansicht gerade oder gewölbt, in Längsschiffsrichtung schmaler oder breiter sein kann. – 2. Bei Segeln, die oben schmaler sind als unten, die Abweichung von der Senkrechten an den Segelseiten, z. B. die →*Achterlieksrundung.*

Gillungsspant, der *(transom frame, cant frame)* Ursprünglich der →*Spant* an der →*Gillung,* in der

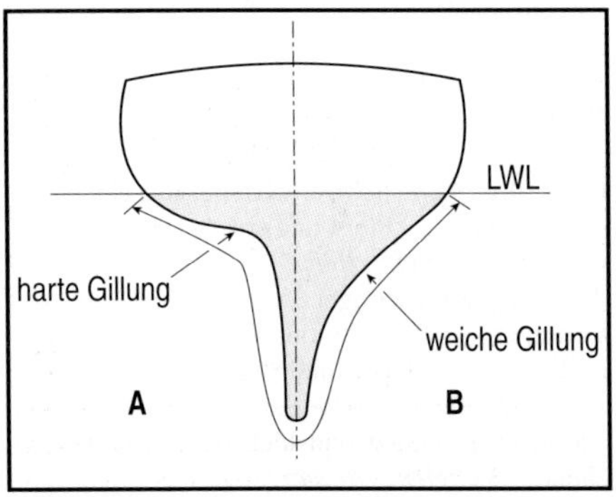

neuzeitlichen →*Konstruktion* von →*Yachten* auch auf die unterschiedliche Rundung oder Wölbung des →*Hauptspantes,* z. B. bei →*S-Spantform* bezogen. So kann man z. B. beim Bau eines Bootes mit S-Spant die →*Spantform* im →*Unterwasserschiff* schmäler oder breiter zeichnen. Eine harte →*Gillung* (Abb. A) begünstigt die Geschwindigkeit, eine weiche Gillung (Abb. B) die Wohnlichkeit an Bord und →*Seefähigkeit.* Je härter die Gillung im G., desto größer wird die Umschlingungsdifferenz zwischen →*Gurtmaß* und →*Kettenmaß.*

Gimcrack-Koeffizienten, die *(Gimcrack coefficients)* Aus einer Versuchsreihe mit der einer (damals olympischen) 6-m-R-Yacht ähnelnden „Gimcrack" (LWL 7,24 m, BWL 1,98 m, Segelfläche 40,3 m², Abb.), die durch Modellschleppversuche ergänzt wurden, bestimmte der Amerikaner K. M. S. Davidson 1933 die G.-K. für die Berechnung der →*Vortriebskraft* und der →*Krängungskraft* in Abhängigkeit vom →*Krängungswinkel.* Er schuf damit erstmalig die Grundlage für die Vorausberechnung der möglichen →*Fahrt(leistung)* einer →*Yacht* in ihrer tatsächlichen (späteren) Größe nur aufgrund von Versuchsergebnissen mit Modellen von 1,2 bis 1,8 m Länge. Die (aus der graphischen Darstellung ersichtlichen) „Gimcrack"-Segelbeiwerte helfen bei der Ermittlung der relativen Vorteile unterschiedlicher Rumpfformen aus den Ergebnissen von →*Modellversuchen* in einem →*Schlepptank.* So beträgt z. B. der Vortriebskraftbeiwert CR zur Reproduktion der Vortriebskraft einer gegebenen Segelfläche bei einer bestimmten →*Windgeschwindigkeit* nach der hierzu gebräuchlichen aerodynamischen Formel bei 5° Krängung 0,457 und bei 25° Krängung 0,307, während man den Krängungskraftbeiwert CK mit 1,54 bei 5° und mit 0,902 bei 25° Krängung verwerten kann. Obwohl die G.-K. auf einer →*Slup* mit einer →*Dreiviertelbtakelung* und nicht →*überlappendem* →*Vorsegel* sowie einem dazu passenden Rumpf ermittelt wurden, sind sie im →*Yachtbau* bis in die Gegenwart mit Erfolg angewendet worden.

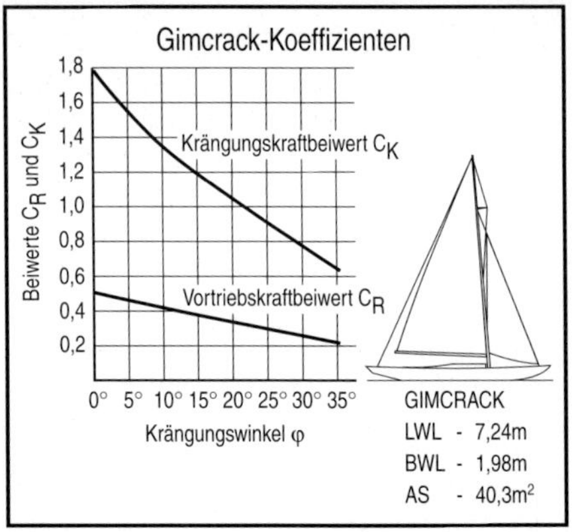

Gischt, der (auch: die) *(spray, foam, froth)* Das Spritz- oder Sprühwasser, das bei starkem oder stürmischem Wind von den Köpfen der →*Brecher* hoch und über das →*Deck* geweht wird.

gissen *(to estimate by guess, to make the dead reckoning)* Vermuten oder schätzen, hauptsächlich in der →*Navigation* für den →*gegißten Schiffsort,* der auf vermuteten und wahrscheinlichen Unterlagen (→*Fahrt,* →*Kurs),* aber nicht exakter Ortsbestimmung beruht.

GL Abkürzung für →*Germanischer Lloyd.*

GL-Klassenzertifikat siehe →*Klassenzertifikat.*

Glas (1); **ein Glas** (2); **vier Glas** (3) *(1. glass; 2. one bell; 3. four bells)* 1. Seem. Kurzform für

→*Fernglas* oder →*Nachtglas* sowie für →*Wetterglas* oder →*Barometer.* – 2. Zeitmaß für eine halbe Stunde entsprechend dem Durchlauf einer →*Sanduhr* vom oberen „Glas“(gefäß) in das untere. Es wurde durch →*glasen* angezeigt, und die →*Glasenglocke* wurde dabei geschlagen, wenn das →*Stundenglas* (das eigentlich nur ein Halbstundenglas ist) auf den Kopf gestellt wurde. – 3. Die abgegebene Meldung „vier Glas“, wenn der Sand zweimal durch jedes der beiden Glastrichter gelaufen war, bedeutete den Ablauf von vier halben oder der ersten beiden Stunden einer →*Wache* und stellte eine Zeitspanne von zwei Stunden dar. Sie wird auch auf einer →*Glasenuhr* um jeweils 0200, 0600, 1000, 1400, 1800 und 2200 durch vier Glockenschläge eines Laufwerkes angezeigt.

glasen *(to strike the watch bell)* Anschlagen der Schiffsglocke nach Ablauf jeder halben Stunde mit einer ungeraden Schlagzahl und nach jeder vollen Stunde durch Doppelschläge. Jede →*Wache* beginnt das G. mit 1 Glas (z. B. 08.30 Uhr) und endet mit 8 Glas (z. B. um 12.00 Uhr). Der Ablauf der Zeit wurde früher durch das →*Stundenglas* gemessen, das alle halbe Stunde nach dem G. umgedreht wurde.

Glasenglocke, die *(watch bell)* Im allgemeinen die →*Schiffsglocke,* die nahe beim →*Rudergänger* hängt und nach Durchlauf jedes →*Glases* mit korrektem →*Glasen* angeschlagen wurde.

Glasenuhr, die *(bell clock, [quartz] striking clock)* Eine Kajüt- oder Wanduhr mit einem Glockenwerk, das die halben und vollen Stunden wie beim →*Glasen* mit den entsprechenden Einzel- und Doppelschlägen anzeigt. Moderne G. sind quartzgesteuert.

Glasfaser, die *(e.: glass fibre; a.: filament, fiber of glass)* Das Ausgangsprodukt von →*Glasseidenmatten,* →*Glasseidengeweben* und →*Roving-Geweben,* dem Armierungsmaterial im Bootsbau aus →*GFK:* Die G. ist ein zu dünnen Glasseidenfäden in einem Düsen-Zieh-Verfahren ausgezogenes Glas von hoher Elastizität, großer Zugfestigkeit und geringer Dehnung.

glasfaserverstärkter Kunststoff, der (GFK) *(e.: glass reinforced plastic[s] [GRP]; a.: fiberglass reinforced plastic[s] [FRP])* Vorwiegend benutztes Material für den →*Bootsbau* und insbesondere für die →*Serienfertigung* von →*Yachten* und →*Schiffen* bis ca. 30 m Länge. Im Gegensatz zu →*Holz* oder →*Stahl* ist GFK ein Werkstoff, der

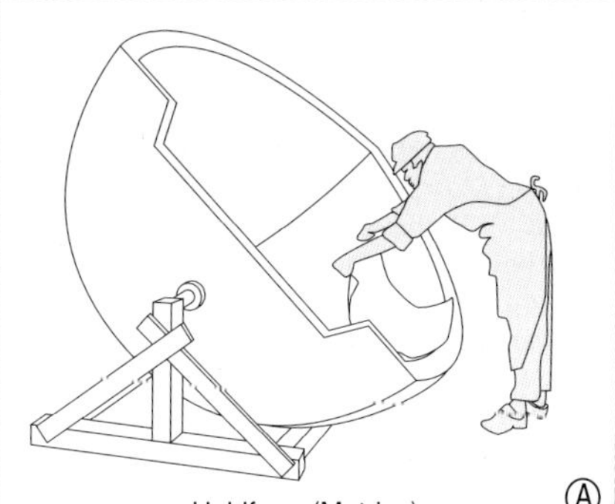

Hohlform (Matrize) Ⓐ

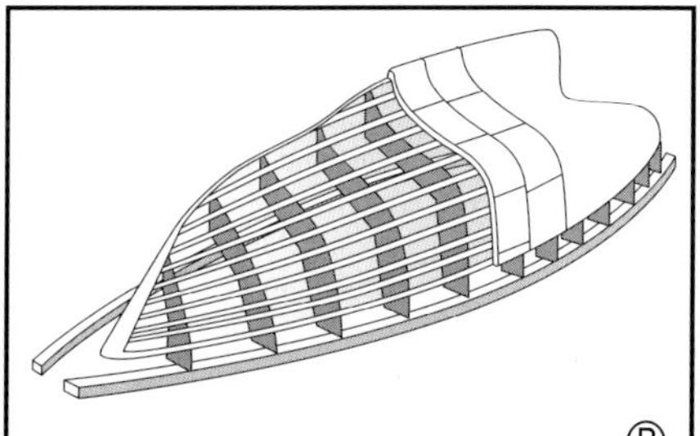

Positivform (Patrize) Ⓑ

erst beim Verarbeiten entsteht. Als Grundmaterial dient z. B. →*Polyesterharz,* das schichtweise in →*Laminaten* mit Armierungsmaterialien aus →*Glasfasern* verklebt wird und sich im chemischen Verfahren der →*Polymerisation* zu einem festen Werkstück bildet. Der Kontaktaufbau der Laminate erfolgt hauptsächlich im →*Handauflegeverfahren* oder im (oft mit ihm kombinierten) →*Faser-Harz-Spritzverfahren* meistens in einer hohlen Mutterform (→*Matrize,* Abb. A), die eine genaue Abformung der späteren Bootsform ist. Seltener wird über eine Positivform (→*Patrize,* B) gearbeitet, aus der jedoch ebenfalls eine Hohlform gefertigt wird. Auch in der →*Sandwich-Bauweise* bevorzugt man eine Positivform. Mit GFK läßt sich jeder in einer speziellen Form gewünschte →*Bootsrumpf* in einer beliebigen Art der Verformbarkeit mit großer Festigkeit und von geringem Gewicht sowie seewasserbeständig, witterungsfest, wartungsarm und absolut wasserdicht herstellen. Nur bei Verarbeitungsfehlern kann →*Osmose* auftreten. Anstelle von Polyesterharz kann auch →*Epoxidharz* verarbeitet werden, das selbst den Vorteil höherer Festigkeit und dazu noch den größerer Füllbarkeit bietet, d. h. einen höheren Glasanteil für weitere zusätzliche Festigkeit erlaubt. Benutzt man →*Aramidfasern* oder →*Koh-*

lenstoffasern als Armierungsmaterial, spricht man nicht mehr von GFK, sondern von →*FVK,* der Abk. von →*faserverstärktem* Kunststoff.

Glasseidengewebe, das *(e.: plain weave glass cloth; a.: fiber glass cloth)* Aus den Garnen der textilen →*Glasfaser* gefertigte Gewebe mit den Bezeichnungen Ge 100 = 100 g/m² bis Ge 390 = 390 g/m². Sie werden anstelle einer →*Oberflächenmatte* im Bootsbau aus →*GFK* benutzt, haben aber nicht die Festigkeit eines →*Roving-Gewebes,* das ab Ro 500 = 500 g/m² beginnt und über Ro 600, Ro 900 u. a. bis Ro 1250 = 1250 g/m² führt.

Glasseidenmatte, die *(e.: chopped strand mat; a.: fiber glass mat)* Regellos geschichtete →*Glasfasern* von 54 mm Länge, die zu Matten unterschiedlicher Dicke für das →*Handauflegeverfahren* chemisch gebunden sind. Die Bezeichnung Ma 150 besagt 150 g/m², Ma 300 = 300 g/m². Beide Fabrikate sind nur spinngeteilt. Die sog. „Standardmatte" Ma 450 mit einem Gewicht von 450 g/m² hat in einem →*Laminat* annähernd gleiche Festigkeit in allen Richtungen. Die Preßmatte Ma 600 = 600 g/m² wird nur in Pressen verwandt.

Glasseidenroving, der *(e.: roving fabric; a.: fiber glass roving)* Im Bootsbau aus →*GFK* aus Glasspinnfäden zu einem endlosen, ungedrehten Fadenstrang zusammengefaßter →*Roving,* aus dem →*Roving-Gewebe* gefertigt werden.

Glattdecker, der *(flush decker)* Ein Boot mit einem →*Deck,* das überall auf gleicher Ebene liegt,

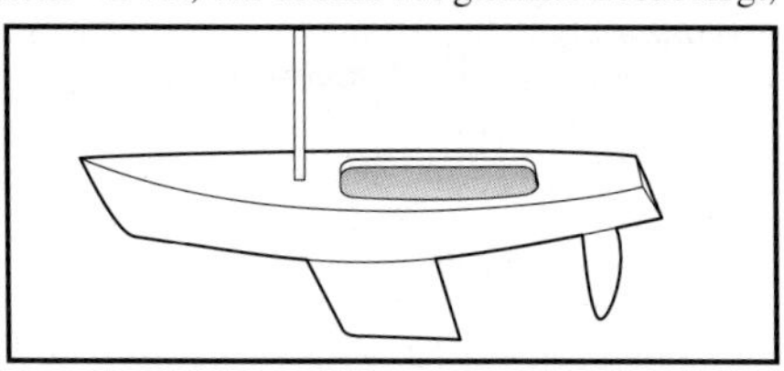

im →*Achterschiff* nur durch die →*Plicht* unterbrochen wird und keinen →*Kajütaufbau* trägt. Vorteil eines G.: größere Sicherheit bei Decksarbeiten. Ein Glattdeck haben meistens nur Yachten, die auch ohne →*Aufbauten* ausreichende →*Stehhöhe* in der →*Kajüte* haben. Die Wohnräume unter Deck erhalten bei einem G. ihr Licht nur durch lichtdurchlässige →*Luken,* →*Deckslichter,* →*Skylights* oder →*Bullaugen.*

gleichgerichteter Tidenstrom, der *(e.: rectilinear tidal stream; a.: reversing tidal current)* Der charakteristische →*Gezeitenstrom* in →*Prielen* und Flußmündungen, der bei →*Ebbstrom* nahezu entgegengesetzt zum →*Flutstrom* setzt. Vor der →*Kenterung* des →*Stromes* tritt für eine bestimmte Zeit →*Stillwasser* ein. Ein g. T. ist aus einer →*Stromfigur* zu erkennen. (Ggt. →*Drehstromtide.)*

Gleichgewicht, das *(balance, equilibrium)* Bei der Bewegung eines Bootes unter Segeln entstehen viele Kräfte und Momente, die sich bei gleichbleibender Geschwindigkeit das G. halten müssen. Alle Tätigkeiten, Überlegungen und Maßnahmen, die als →*Segeltechnik* oder →*Seemannschaft* u. ä. bezeichnet werden, und denen letztlich alle Teile des →*Bootsrumpfes* und der →*Ausrüstung* im einzelnen dienen, haben nur den Zweck, das G. z. B. hinsichtlich →*Kursstabilität,* →*Längsstabilität,* →*Querstabilität* u. ä. zu erhalten oder ein gestörtes G. mit →*Bordmitteln* wieder herzustellen.

gleichlastig *(on even keel, level trim)* Ein Boot schwimmt g., wenn es in bezug auf seine →*Konstruktionswasserlinie,* die im allgemeinen durch den →*Wasserpaß* gekennzeichnet ist, waagerecht schwimmt, also weder →*vorlastig* noch →*achterlastig* →*getrimmt* ist.

gleichnamig *(same named)* Als g. werden z. B. die durch gleiche Farbe gekennzeichneten magnetischen Pole gleichen Namens bezeichnet (der „rote" oder „blaue" Pol), oder auch die Korrekturen z. B. bei der →*Kursverwandlung,* die das gleiche Vorzeichen haben.

Gleichtaktfeuer, das (Glt.) *(isophase, abbr. iso)* Ein →*Leuchtfeuer,* das abwechselnd →*Lichter-*

scheinungen und Verdunkelungen gleicher Zeitdauer zeigt (Abb.).

Gleit-Antifouling, die Kupferhaltige →*Antifouling* mit Graphit, deren Endanstrich zum Erzielen höchster Gleitgeschwindigkeit geschliffen werden muß. Eine G. wird hauptsächlich bei →*Gleitjollen* benutzt.

Gleitboot, das *(planing craft, glider)* Ein Boot, das →*Gleitfahrt* erzielen kann.

gleiten *(to plane, to skim)* Im Gegensatz zum →*statischen Auftrieb* eines Bootes nach dem →*Archimedischen Prinzip* und als →*Verdränger* der Fahrtzustand mit (teilweise) →*dynamischem Auftrieb.* Beim G. hebt sich eine sehr leichte →*Jolle* mit viel →*Segelfläche* bei großer →*Windgeschwindigkeit* und guter →*Segeltechnik* mit ihrem →*Vorschiff* auf und über die →*Bugwelle* und verläßt das von seinem →*Rumpf* erzeugte Wellensystem. Ein →*Gleitboot* verdrängt beim G. weniger Wasser als seiner →*Verdrängung* entspricht. Nur sehr breite Boote mit einem flachen →*Boden* und dem damit auf einer kleineren →*benetzten Oberfläche* wirkenden, verminderten →*Reibungswiderstand* sind gute Gleitboote. Hydrodynamisch exakter (aber bei Seglern nicht gebräuchlich) ist dieser Zustand als „Halbgleiten" (wie bei Motorbooten) zu bezeichnen, weil zwar der →*Geschwindigkeitsgrad* (R = 4,5) eines Verdrängers überschritten, aber volles hydrodynamisches Gleiten noch nicht (erst ab R = ca. 10) mit Segeln erreicht wird. Beim →*Anspringen* zur Gleitfahrt, die nur auf →*raumen Kursen* erreicht wird, fällt der relative →*Bordwind* plötzlich weit →*vorlicher* ein, so daß die →*Crew* nicht nur ihr Gewicht nach →*achtern* bringen, sondern auch die →*Schoten* sorgfältig bedienen muß, wenn das

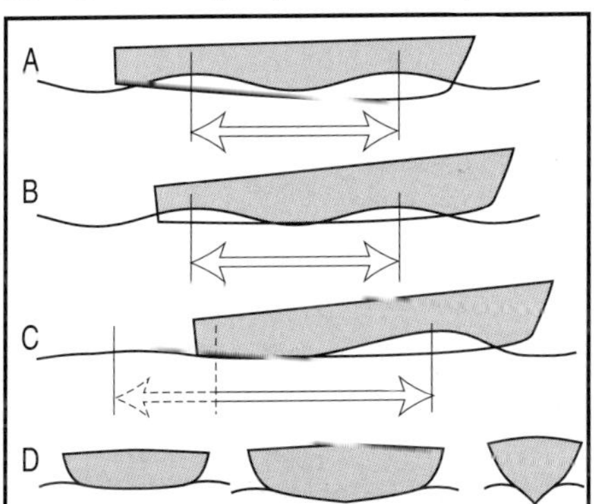

G. länger als wenige Sekunden anhalten soll. Die Abb. zeigen: A →*Rumpffahrt.* B Überschreiten der Rumpffahrt. C →*Gleitfahrt.* D Spantform eines →*Gleitbootes* im Vor-, Mittel- und Achterschiff (v. r. n. l.).

Gleitfahrt, die *(planing speed)* Die →*Fahrt* eines Bootes, die beim →*Gleiten* erreicht wird. Die G. liegt (oft weit) über der →*Rumpffahrt.*

Gleitgewicht, das *(sliding [anchor] weight)* Ein Ballastgewicht, mit dem man bei höherer Belastung des →*Ankergeschirrs* durch →*Seegang* oder wachsende →*Windgeschwindigkeit* die Haltekraft des →*Ankers* vergrößern kann. Auch →*Ankergewicht* oder Reitgewicht genannt.

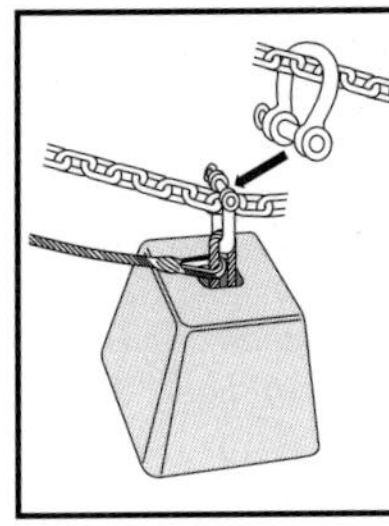

Gleitjolle, die *(planing dinghy)* Eine →*Jolle,* deren →*Bootsrumpf* so konstruiert und deren →*Gewicht* so leicht ist, daß sie ab ca. →*Beaufort* 4 bis 5 →*gleiten* kann. Als G. kann man z. B. den →*Flying Dutchman,* das →*Finn-Dinghy,* den →*470er* und andere →*nationale* und →*internationale Jollenklassen* bezeichnen.

Gleitnut (für Segel im Mast), die *(grooved sail track)* Dass. wie →*Hohlkehle,* →*Keep* oder →*Göhl.*

Gleitschiene, die *(sail track, mast track)* Eine →*Leitschiene* für →*Schlitten,* →*Rutscher* o. ä., doch hauptsächlich auf die Metallschiene an →*Mast* und →*Baum* angewandt, auf die die →*Lieken* des →*Großsegels* gezogen werden, anstatt sie in eine →*Keep* zu ziehen oder →*anzureihen.*

Gleitsitz, der *(sliding seat)* Auf →*Jollen* mit geringer →*Formstabilität* →*querschiffs* zur jeweili-

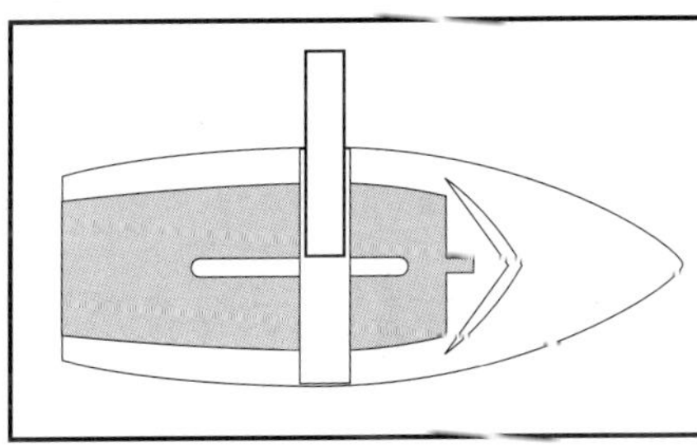

gen →*Luvseite* verschiebbar angeordnete →*Planke,* auf der der →*Rudergänger* (ähnlich wie beim zeitlich später entwickelten →*fliegenden Trapez* der →*Vorschotmann)* außerhalb des Bootsrumpfes sitzen kann. Er sorgt damit für einen größeren →*Hebelarm* und somit ein größeres →*aufrichtendes Moment* bei gleichem Gewicht des →*lebenden Ballastes* als mit normalen →*Ausreithilfen.* Mit einem G. ist z. B. das internationale →*Segelkanu* ausgerüstet.

GLI Abk. für German Lifeboat Institution, die internationale Bezeichnung für die →*Deutsche Ge-*

sellschaft zur Rettung Schiffbrüchiger, Abk. DGzRS, mit Sitz in Bremen.

Global Maritime Distress and Safety System (Abk. **GMDSS)** *(Deutsch: Weltweites maritimes Seenot- und Sicherheitssystem)* Ein →*Satelliten-Kommunikationssystem* für den Kontakt →*Schiff–Land,* mit dem an →*Bord* Alarm- und Sicherheitsmeldungen abgegeben oder ausgelöst werden können, die in wenigen Sekunden ihren Empfänger erreichen und über das →*digitale Selektivrufsystem* weltweite →*Seenotmaßnahmen* auslösen können. Das →*GMDSS* ist seit dem 1.2.1992 zugelassen. Es wurde von der →*IMO* entwickelt. Die entsprechenden Bestimmungen sind in der Neufassung des Kapitels IV (Funkverkehr) der →*SOLAS-Bestimmungen* enthalten. Eine →*Ausrüstungspflicht* mit GMDSS besteht nur für →*Fahrgastschiffe* und →*Frachtschiffe* mit einer →*Bruttoraumzahl* 300 und mehr. Für die privat oder gewerblich betriebene →*Sportschiffahrt* besteht keine Ausrüstungspflicht. Ihre Teilnahme am GMDSS ist freiwillig, doch ist dafür ein gesondertes →*Betriebszeugnis* erforderlich, z. B. das →*Beschränkt gültige Betriebszeugnis für Funker I (→UKW-Betriebszeugnis I)* oder das →*UKW-Betriebszeugnis II.* Das →*Allgemeine* oder das →*UKW-Sprechfunkzeugnis* berechtigen nicht zum Bedienen der GMDSS-Anlagen, zu denen auch das →*Digitale Selektivruf-System* mit dem →*DSC-Notalarm* und die →*Inmarsat-EPIRB* Seenotfunkbake gehört. Das GMDSS erlaubt zwar weltweit den schnellen Einsatz von Rettungsmitteln in einem Seenotfall, doch sollten Yachtsegler das System eher mit Vorbehalten sehen und Eigner (zumindest vorerst) auf die teure Ausrüstung ihrer Yacht (außer dem neuen DSC-UKW-Funk und den verbesserten →*EPIRBS)* verzichten.

Global Positioning System (weltweit einsetzbares Ortungssystem) siehe →*GPS-Satelliten-Navigationssystem.*

Glocke, die *(bell)* Ein Schallsignalgerät, das auf →*Glockenbojen,* als Nebelglocke und als →*Schiffsglocke* nach dem gleichen Prinzip, aber in unterschiedlicher Ausführung selbsttätig arbeitet oder von Hand betrieben wird. Eine G. muß nach den →*KVR* zur →*Ausrüstung* eines Schiffes ab 12 m Länge gehören. Bei →*Yachten* von 12–20 m Länge muß der Glockenmund mindestens 200 mm, über 20 m Länge mindestens 300 mm betragen. Nach Regel 35 KVR muß bei verminderter →*Sicht* auf einem →*Fahrzeug* vor Anker mindestens jede Minute etwa fünf Sekunden lang die G. rasch geläutet werden.

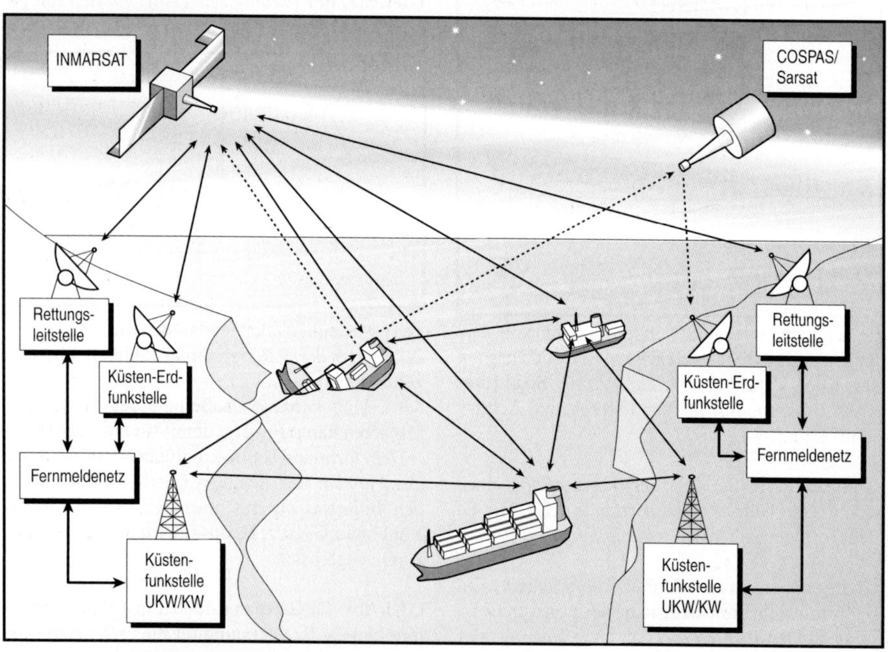

Glockenbeschlag, der *(cup fitting, bell-shaped fitting)* Ein auf einer →*Leitschiene* befestigter glockenähnlicher →*Beschlag,* in den das entsprechende Endstück einer →*Spiere* eingesetzt werden kann. Der →*Spinnakerbaum* wird am →*Mast* z. B. in einen G. angeschlagen, der im Gegensatz zum →*Pistonbeschlag* weiter und sicherer um das verjüngte Endstück der Spiere faßt.

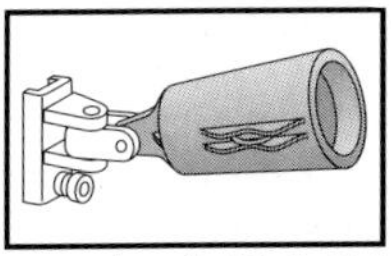

Glockentonne, die *(bell buoy)* Ein schwimmendes →*Seezeichen,* das mit einer Glocke und mehreren losen Klöppeln ausgerüstet ist, die das Läutewerk durch die Bewegung im →*Seegang* betätigen.

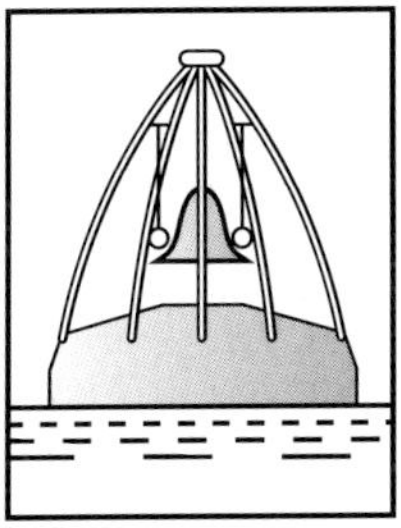

Glonass, GLONASS *(GLObal NAvigation Satellite System)* Ein →*Akronym* für das global einsetzbare →*Satelliten-Navigationssystem,* das die frühere Sowjet-Union 1982 zu installieren begann und das heutzutage von Rußland mit 24 Satelliten (wie →*GPS)* betrieben wird. Im Gegensatz zu dem sehr ähnlichen →*GPS-Verfahren* werden die Satellitensignale jedoch nicht (wie in →*SPS)* künstlich verschlechtert, so daß einem Benutzer von G. die volle Zentimeter-Genauigkeit zur Verfügung steht, die man sonst nur mit →*Differential-GPS* erhält. Bordempfänger, die GPS und Glonass gleichermaßen empfangen und verwerten können, sind technisch aufwendig und teuer.

elektrische Glühlampe, die *(incandescent electric lamp)* Eine →*Lampe* in einer →*Laterne,* bei der das Licht von einem Körper ausgestrahlt wird, der durch elektrischen Strom erhitzt ist. Man unterscheidet Kohlenfadenlampen, Metalldrahtlampen, Einfach- und Doppelwendellampen. Eine Sonderform ist die →*Halogen-Glühlampe.*

GMDSS (Abk. für **Global Maritime Distress and Safety System,** siehe dort.)

gnomonische Karte, die *(gnomonic chart)* Eine →*Großkreiskarte,* die durch eine →*gnomonische Projektion* entsteht und auf der jeder →*Großkreis* als gerade Linie erscheint.

gnomonische Projektion, die *(gnomonic projection)* Perspektive Projektion der Erdoberfläche vom Mittelpunkt der Erde aus auf eine die Erdoberfläche berührende Ebene. Auf der so entstehenden →*Großkreiskarte* erscheint ein →*Großkreis* (als kürzeste Verbindungslinie zwischen zwei Punkten auf der Kugeloberfläche) als Gerade, so daß die g. P. hauptsächlich für →*nautische Hilfskarten,* →*Funkortungskarten* und →*Großkreiskarten* sowie zur →*Navigation* in hohen →*Breiten* benutzt wird.

Göhl, die *(groove, fillet)* Alte, aber noch in Norddeutschland gebräuchliche Bezeichnung einer →*Hohlkehle* oder →*Keep.*

Gong, der *(gong)* Ein Gerät zur Abgabe eines →*Schallsignals* bei verminderter →*Sicht* nach Regel 35 →*KVR,* technisch beschrieben in Anlage III. Ein →*Fahrzeug* vor Anker von mehr als 100 m Länge muß auf dem →*Vorschiff* die →*Glocke* läuten und unmittelbar darauf auf dem →*Achterschiff* etwa 5 Sekunden lang den G. rasch schlagen. Mit diesen beiden unterschiedlichen →*Schallsignalanlagen* wird akustisch auf die (große) Länge des →*Ankerliegers* aufmerksam gemacht.

Goniometer, das *(goniometer)* Allgemein ein Instrument zur Winkelmessung. In der →*Funknavigation* in der Gruppe der →*Funkpeiler* ein Gerät, bei dem anstelle der drehbaren →*Rahmenantenne* ein senkrecht feststehender Kreuzrahmen tritt, während das G. zur Richtungsbestimmung zwischen Kreuzrahmen und Empfänger geschaltet wird. Ein G. besteht aus 2 rechtwinklig zueinander angeordneten feststehenden Feldspulen und einer zwischen ihnen angeordneten, von Hand drehbaren Suchspule, mit der man die gleichen →*Funkpeilungen* wie mit einer drehbaren →*Rahmenantenne* ausführen kann.

Goniometer-Peilung, die *(Bellini Tosi direction finding)* Eine →*Funkpeilung* mit einem →*Goniometer.* Sie hat den Vorteil, daß der Kreuzrahmen als →*Antenne* fest und unbeweglich (z. B. auf dem →*Masttopp)* montiert werden kann und die Richtungsbestimmung durch eine von Hand betätigte, drehbare Suchspule im →*Goniometer* erfolgt, das Teil des Empfangsgerätes (in der Kajüte), aber zwischen Kreuzrahmen und Empfänger geschaltet ist.

Gording, die *(buntline, leech line)* Eine ähnlich wie ein →*Geitau* geschorene Leine zum →*Aufho-*

len und Zusammenziehen eines →*Rahsegels* beim →*Reffen* oder →*Bergen* (→*Festmachen*). Eine G. greift auf etwa Drittellänge einer →*Rah* an, wo der →*Bauch* des Segels hängt. Man nennt sie daher auch „Bauchgording" und bezeichnet sie nicht nur nach dem →*Segel,* für das sie geschoren ist (z. B. Großbauchgording), sondern dort auch noch mit Innen-, Mittel- und Außengording. Holt die G. ein →*Seitenliek* nach innen, nennt man sie Nockgording.

Gösch, die *(1. Jack; 2. inset in a flag)* 1. An einem →*Flaggenstock* am →*Bug* gesetzte →*Flagge,*

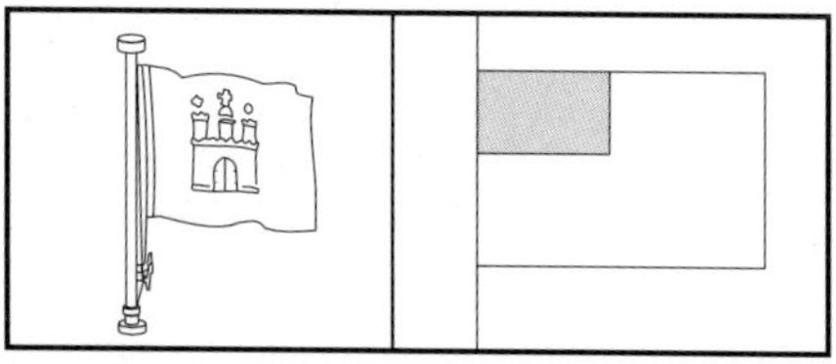

die entweder eine verkleinerte →*Nationale* ist oder die Farben des Bundeslandes oder der Stadt trägt, in denen das Boot beheimatet ist. 2. Als G. wird auch die obere innere Ecke bezeichnet, wenn die (am Göschstock) gesetzte Flagge hier in verkleinerter Form die Nationalflagge enthält.

GPS-Satelliten-Navigationssystem, das *(Global Positioning System)* Seit 1991 mit jetzt 25 Sa-

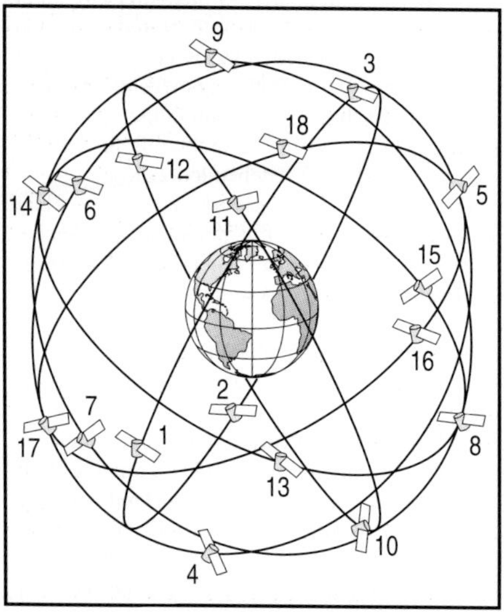

telliten installiertes Navigationssystem, das überall in der Welt alle 2 Sekunden den exakten →*Schiffsort* nach →*Breite* und →*Länge* mit einer Genauigkeit von 15 m auf einem Bildschirm angibt. Es löste das →*Transit-Satelliten-Navigationssystem* ab. Die mit GPS angezeigten →*Positionen* basieren auf dem →*WGS 84,* einem →*Bezugssystem* für ein spezielles →*Ellipsoid,* das mit dem →*Geoid* der Erdgestalt so gut wie möglich übereinstimmt. GPS-Geräte ermöglichen eine umfassende →*Wegpunkt-Navigation,* lassen sich mit einem →*Video-Plotter* verbinden, aber zeigen nur Standorte nach dem →*Standard Positioning Service* an, die mit einer geringen künstlichen Fehlerdistanz versehen sind. Diese können mit →*Differential-GPS* (→*DGPS*) korrigiert werden. In der weltweiten Schiffahrt ist GPS das fast ausschließlich benutzte Navigationssystem, das noch mit →*Radar* gekoppelt werden kann, wenn man (in der Nähe von →*Küste* und →*Hafen*) zur Sicherheit zusätzlich →*terrestrisch* navigieren muß.

Grad, der *(degree)* Mathematisch-physikalische Maßeinheit. 1. Winkelmaß: Ein Grad (1°) ist der 90. Teil eines rechten Winkels. Er entspricht 60 Minuten (') oder 3600 Sekunden ("). – 2. Einheit der Temperaturskala. Bei Celsius liegt der Nullpunkt beim Übergang des Wassers vom festen zum flüssigen Zustand und der 100 °C-Punkt beim Übergang vom flüssigen in den Gaszustand. Das Maß von 1 °C ist der hundertste Teil auf der Celsiusskala. Der Grad Celsius (°C) ist auch nach Einführung des →*Internationalen Einheitensystems* als →*Basiseinheit* zugelassen.

Gradient, der *([pressure] gradient)* Der Anstieg einer Größe oder das Gefälle. Z. B. der →*barometrische G.* oder Druckg. als Gefälle des →*Luftdrucks* in einer bestimmten Richtung, der Temperaturg. als Abnahme von Wärme oder Kälte in einer bestimmten Richtung. Der G. wird auch als →*vertikaler* oder horizontaler →*Windgradient* für die Abnahme der Windgeschwindigkeit mit der Entfernung zum Kern eines →*Tiefs* oder in der →*Grenzschicht* der Luft über dem →*Wasserspiegel* benutzt.

Gradrose, die *(card graduated in degrees)* Kompaßrose mit 360°-Teilung und den →*Hauptstrichen* N = 0° oder 360°, E oder O = 090°, S = 180°, W = 270°, im Gegensatz zur →*Strichrose.*

Gräting, die *([lath-]grating, open steel flooring)* Gitterartiger Rost aus Holzlatten oder Hartgummi, seltener aus Metall, um auf den Sitzplätzen oder dem Fußboden der →*Plicht* einen trockenen sowie im Boden einer →*Gangway* dazu noch einen sauberen Untergrund zu haben. Eine G. kann auch zum Trocknen von →*Tauwerk,* als Schutz über einem →*Skylight* oder als Plattform im Motorraum dienen.

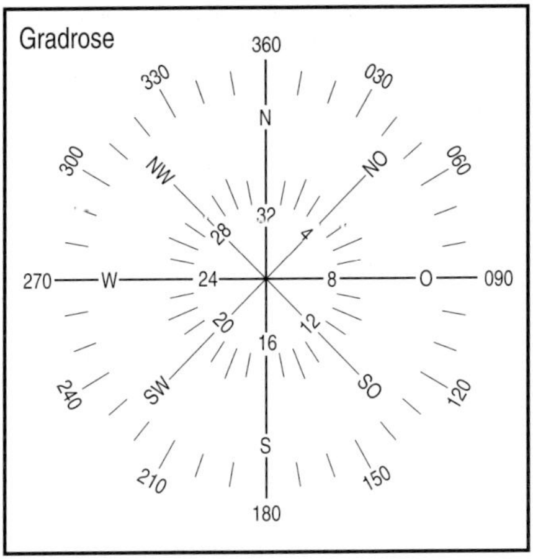

Graupel, der *(soft hail)* Im Gegensatz zum →*Hagel* ein Niederschlag mit Eiskörnchen unter 5 mm Durchmesser, die sich aus Wasserteilchen bildeten, die der aufsteigende Luftstrom in größere Höhen emporgeführt hatte.

Greenwicher Stundenkreis, der *(Greenwich hour circle)* In der →*astronomischen Navigation* die Projektion des →*Nullmeridians* auf die →*Himmelskugel.*

Greenwicher Stundenwinkel, der (Abk. **Grt, GHA**) *(Greenwich hour angle)* In der →*astronomischen Navigation* der Winkel am oberen →*Himmelspol* zwischen dem Greenwicher →*Stundenkreis* und dem Stundenkreis eines Gestirns. Er wird vom →*Greenwicher Stundenkreis* von 000° bis 360° im Sinne der →*scheinbaren Drehung* der →*Himmelskugel* nach →*Westen* gezählt.

Greenwicher Stundenwinkel des Frühlingspunktes, der (Abk. **Grt** a, **GHA** a) *(Greenwich hour angle of Aries)* Winkel am oberen →*Himmelspol* zwischen dem →*Greenwicher Stundenkreis* und dem →*Stundenkreis* des →*Frühlingspunktes,* gezählt vom Greenwicher Stundenkreis von 000° bis 360° im Sinne der →*scheinbaren* Drehung der →*Himmelskugel* nach →*Westen.*

Greenwicher wahrer Mittag, der *(Greenwich up parent noon)* Die Mitte eines Erdtages. Der Zeitpunkt des Durchgangs der wahren Sonne durch den →*Nullmeridian* von Greenwich.

Gregale, der (ital.) *(gregale)* Starker →*Nordostwind,* der im Winter im Zentrum des südlichen Mittelmeers auftritt. Der aus Richtung Griechenland kommende →*Mittelmeerwind* wird an der südfranzösischen Küste Grégal, im Tyrrhenischen Meer Greco und in der Levante auch Gregolia genannt.

Greifbagger, der *(grab dredger)* Siehe →*Bagger.*

Greifboje, die *(grip buoy, grasp buoy)* Eine leichte, mit einem Handgriff versehene →*Boje,* die meistens vor der eigentlichen →*Muringboje* oder →*Ankerboje* liegt und mit einem kurzen Leinenvorlauf verbunden ist, der nach dem →*Aufpicken* der →*G.* an Bord belegt oder mit seinem →*Auge* nur über einen →*Poller* geworfen wird.

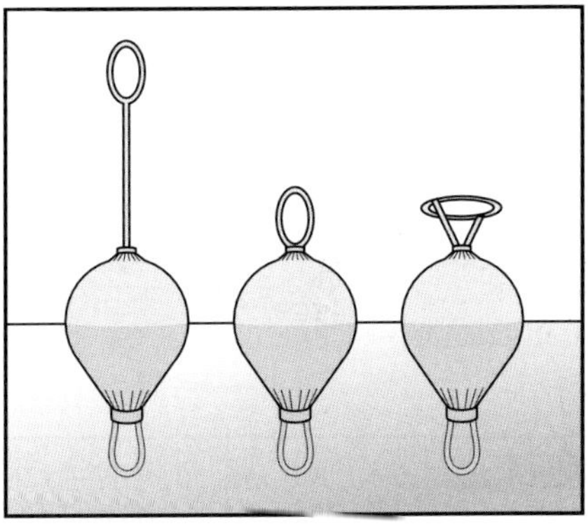

Greifleine, die *(grab line, life line)* Eine auf →*Jollen* längsschiffs unter der →*Scheuerleiste* durch entsprechende →*Beschläge* befestigte Handleine, die das →*Aufrichten* nach dem →*Kentern* ermoglicht, wenn man den Mittelknoten löst, und das Anbordklettern erleichtert.

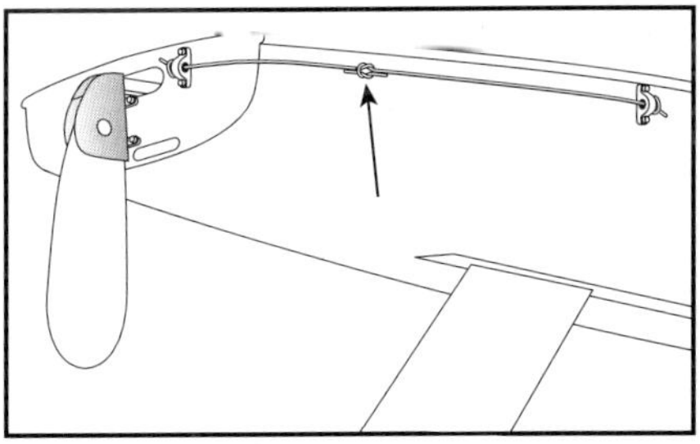

Grenzmaß, das Bei einer →*Konstruktionsklasse,* z. B. den →*Katamaranklassen* oder →*Jollenkreuzern* eine →*Hauptabmessung,* die nicht überschritten werden darf. Als G. werden hauptsächlich die Lüa, Segelfläche und Verdrängung gewählt.

Grenzschicht, die *(boundary layer)* Die Schicht bzw. der Bereich, in dem sich zwei Medien berühren. Den Segler interessiert insbesondere die G. zwischen der Luft und dem Wasserspiegel, zwischen der Luft und dem Segel sowie an der

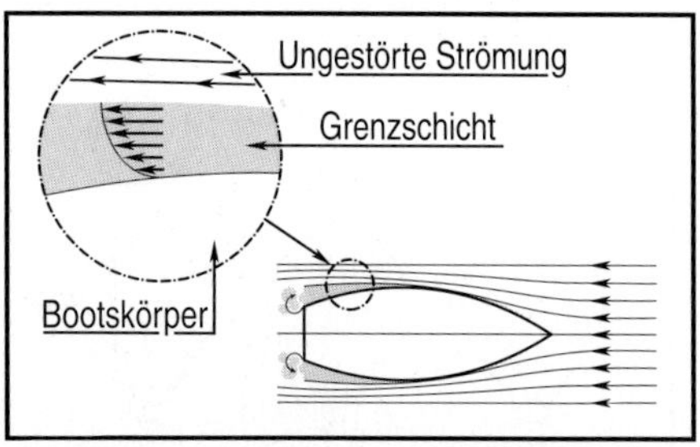

→*Außenhaut* des durch das Wasser bewegten Bootskörpers. Die Bewegung des weniger dichten Mediums kann hier →*laminar* oder →*turbulent* sein, und damit kann die G. unterschiedliche Dicke haben, von der z. B. der →*Reibungswiderstand* des Bootsrumpfes im Wasser oder der →*Formwiderstand* des Segels sowie der vertikale →*Windgradient* abhängen. Auch der unterschiedliche Rauhigkeitsgrad der Oberfläche hat Einfluß auf die G.

Grenzwelle, die *(critical frequency)* Elektromagnetische Welle mit einer →*Frequenz* von 1,6 bis 4 MHz im Grenzbereich zwischen →*Kurzwelle* und →*Mittelwelle,* in dem die Funkwellen gerade noch als →*Raumwellen* von der Ionosphäre reflektiert werden. Die G. wurde hauptsächlich für den →*Seefunkdienst* mit →*Sprechfunk* im Nahverkehr für die küstennahen Seegebiete mit mittleren Reichweiten zwischen 200 und 500 sm benutzt.

Gridkompaß, der *(grid compass)* Steuerkompaß, bei dem der →*Kurs* durch einen Außenring mit Gitternetz eingestellt werden kann. Liegt dieser Kurs am →*Kompaß* an, befinden sich die Parallellinien der Kuppel in Deckung mit dem Gitter der →*Rose,* und man hat beim →*Steuern* nur darauf zu achten, daß diese Linien parallel bleiben.

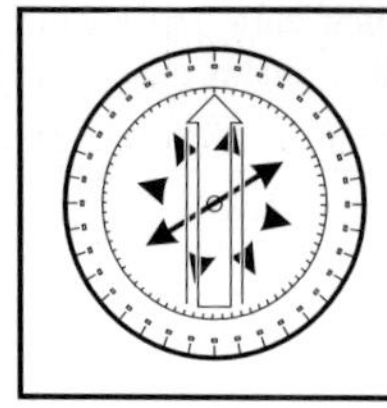

Grobe Fahrlässigkeit, die Juristischer Begriff, siehe →*Fahrlässigkeit.*

Großbaum, der *(main boom)* Die bewegliche →*Spiere,* die zum Ausstrecken des →*Unterlieks* eines →*Großsegels* bei einer →*Schrattakelung* dient. Ein →*Rahsegler* kennt keinen G.

Großer Bär, der *(the Great Bear, Big Dipper, Great Dipper)* Prägnantes Sternbild am nördli-

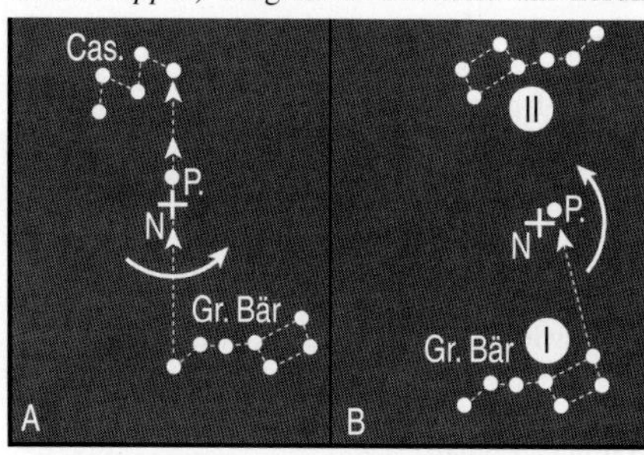

chen Nachthimmel (Abb. A), auch Großer Wagen genannt. Verlängert man den hinteren Kasten des Wagens, der von den Sternen Dubhe und Merak gebildet wird, um das Fünffache ihres Abstandes voneinander in Richtung →*Zenit,* trifft man auf den →*Nordstern* oder →*Polaris* (Abb. B), der für die →*astronomische Navigation* wertvoll ist. An dem Weg, den der G. B. im Verlaufe einer →*Nacht*

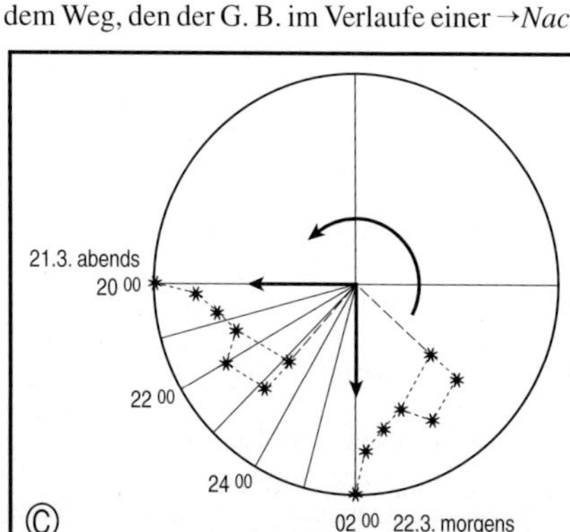

um den Nordstern als Kreismittelpunkt zurücklegt, kann man die ungefähre Uhrzeit ablesen, wenn man die Deichselspitze dabei als Zeigerspitze und das Himmelsgewölbe als gewaltige Uhr benutzt, die sich allerdings entgegengesetzt zum üblichen Uhrzeigersinn dreht. Beginnend mit einem beliebigen Fixpunkt zu einer gegebenen Zeit, z. B. Deichsel nach links um 2000 Uhr (am 21.3.), durchläuft der G. B. in 6 Stunden und bis 0200 (am 22.3.) einen Viertelkreis, wobei sich die dazwischenliegenden Stunden an der sich verändernden Stellung seiner Sterne schätzen lassen (Abb. C).

Großfall, das *(main halyard)* Das →*Fall* am →*Großmast* zum Setzen des →*Großsegels.*

Großkreis, der *(great circle)* Die kürzeste Verbindungslinie zwischen 2 Punkten auf der Erdoberfläche, auch →*Orthodrome* genannt (Abb.

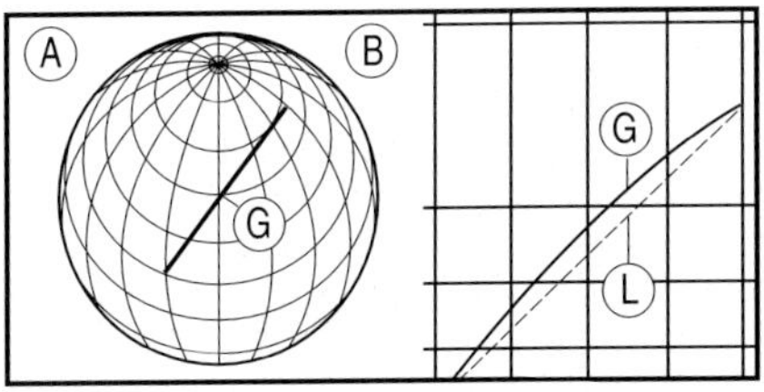

A.) Ein G. wird in Seekarten nach →*gnomonischer Projektion* als Gerade, nach →*Mercator-Projektion* als Kurve (B) dargestellt. In der Abb. bezeichnet „G" den Großkreis und „L" die →*Loxodrome.* Jeder →*Meridian* und auch der →*Äquator* ist ein G.; entsprechend sind unendlich viele andere Möglichkeiten von Großkreislagen in allen Schnittrichtungen durch die Erdkugel denkbar, unter der Voraussetzung, daß der Erdmittelpunkt in der Ebene des Schnittes liegt, dessen Schnittlinie auf der Oberfläche ein G. ist.

Großkreisdistanz, die *(great circle distance)* Weglänge zwischen zwei Orten auf dem beide verbindenden →*Großkreis,* den eine →*gnomonische Karte* als Gerade liefert.

Großkreiskarte, die *(great circle chart, gnomonic chart)* Eine vom →*Bundesamt für Seeschiffahrt und Hydrographie* zusätzlich zu den →*Seekarten* herausgegebene →*nautische Hilfskarte,* auf der jeder →*Großkreis* als gerade Linie erscheint. Sie entsteht als →*gnomonische Karte* durch die perspektive Projektion der Erdoberfläche vom Erdmittelpunkt aus auf eine die Erdkugel berührende Ebene und dient zum →*Großkreissegeln.*

Großkreissegeln, das *(great circle sailing)* Die Wahl von →*Kurs* und Weg über einen →*Großkreis* in Verbindung mit einer →*Großkreiskarte.*

Großmast, der *(mainmast)* Der große Hauptmast eines Bootes, bei einem →*Eineinhalbmaster* der vordere, bei einem →*Schoner* der achtere und bei einem →*Dreimaster* und mehrmastigen Schiffen der zweite →*Mast* von vorn hinter dem →*Fockmast.*

Groß(mast)achterstag-Segel, das *(main backstaysail, mule)* Auch →*Fischermann-Stagsegel* genanntes →*Beisegel,* das z. B. bei einer →*Ketsch* den Raum zwischen →*Großmast* und →*Besan(mast)* oberhalb des →*Großsegels* ausfüllen kann.

Großschot, die *(mainsheet)* Das durch mehrere →*Blöcke* geschorene →*Ende,* mit dem das

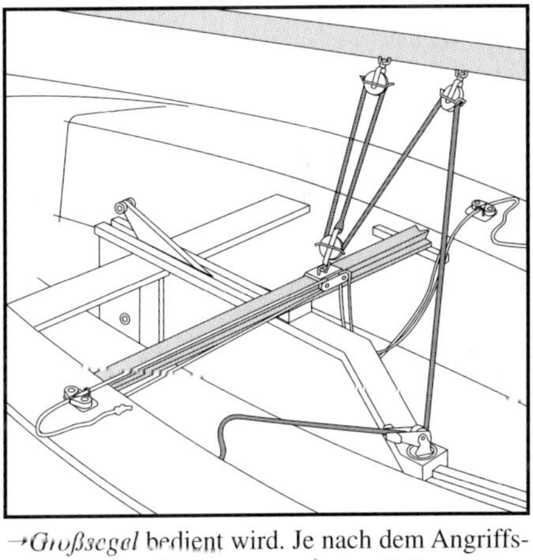

→*Großsegel* bedient wird. Je nach dem Angriffspunkt am →*Großbaum* und der Halterung an →*Deck* oder in der →*Plicht* unterscheidet man eine →*Mittelschot* oder eine →*Heckschot.* Die G. kann fest oder mit einem →*Schotring* bzw. →*Schotrack* beweglich am Großbaum befestigt sein und auf Deck an einem →*Leuwagen* oder auf einer →*Großschotleitschiene* laufen. Als unterer →*Block* wird meistens ein →*Fußblock* oder →*Klappblock* gewählt, um bei leichtem Wetter die Anzahl der →*Parten* verringern zu können.

Großschotleitschiene, die *(main sheet horse [...track])* Querschiffs, oft kreisbogenförmig in der →*Plicht* oder über das →*Deck* angeordnete Leitschiene, über die der Zug der →*Großschot* immer möglichst senkrecht auf den Bootsrumpf übertragen wird. Mit einer G. kann das →*Großsegel* in jeder Stellung ohne →*Verwindung* gefahren werden. Der →*Fußblock* ist auf einem arretierbaren Schotwagen oder →*Traveller* befestigt, der über die ganze Bootsbreite wandern kann.

Großschotwagen, der *(traveller)* Eine kleine Laufkatze, d. h. ein rollengelagerter, auch unter

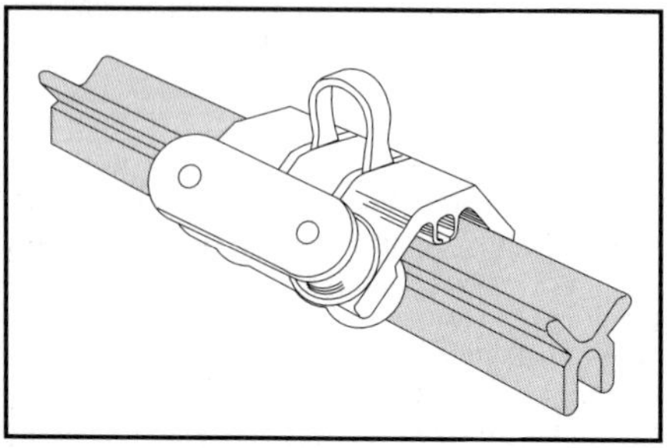

Belastung gleitender →*Beschlag,* der →*querschiffs* auf der →*Großschotleitschiene* läuft und durch Stopper in jeder beliebigen Position angehalten werden kann. An ihm ist der →*Fußblock* der →*Großschot* befestigt.

Großsegel, das *(mainsail)* Das am →*Großmast* gesetzte →*Schratsegel,* das entweder mit losem →*Unterliek* gefahren wird oder das fest mit dem →*Großbaum* verbunden ist. Das G. kann als →*Hochsegel,* →*Gaffelsegel,* →*Treisegel,* gegebenenfalls auch mit einer →*Spreizgaffel* oder als →*Rollreffgroßsegel* gefahren werden. Bei einem →*Rahsegler* ist das G. das an der unteren →*Rah* des Großmastes geführte Segel.

Großsegel mit durchgehenden Latten siehe →*durchgelattetes Großsegel.*

Großsegelkopfbrett, das *(mainsail headboard)* Verstärkung am →*Kopf* eines →*Großsegels,* an der das →*Großfall* angeschlagen wird. Ein G. wird nicht nur aus Holz, sondern auch aus Metall oder Kunststoff angefertigt. Die räumliche Ausdehnung des G. ist nach den Bauvorschriften mancher →*Klassen* begrenzt, da von ihm die →*Achterlieksrundung* abhängig sein kann.

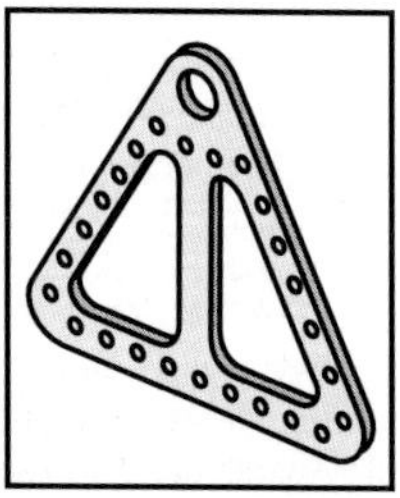

Großstagsegel, das *(main staysail)* Ein →*Stagsegel,* das vor dem →*Großmast* gefahren wird. Mit einem G. bezeichnet man hauptsächlich die bei mehrmastigen Schiffen, z. B. einem →*Stagsegelschuner,* zwischen →*Fockmast* und Großmast gesetzten Stagsegel.

Großtoppsegel, das *(main top sail)* Bei der →*Gaffeltakelung* das am →*Großmast* über der →*Gaffel* gesetzte →*Toppsegel,* das dreieckig oder viereckig sein kann.

Grummet-Stropp, der *(grommet [ring], grummet)* Ein Ringstropp, der entweder aus den →*Kardeelen* als endloser Ring gedreht wird oder durch Einspleißen eines →*Tampens* in den anderen entsteht.

Grund, der *(bottom)* Der Meeresgrund oder der Boden jedes Gewässers, den ein Boot befährt. Seine Beschaffenheit ist aus der →*Seekarte* ersichtlich und als →*Ankergrund,* bei einer →*Grundberührung* oder für die Auswahl des →*Grundgeschirrs* bedeutungsvoll. Eine →*Grundprobe* kann gegebenenfalls mit dem →*Handlot* genommen werden. Wenn der →*Seegang* den G. aufwühlt, entsteht eine →*Grundsee.*

Grundberührung, die *(grounding, touching the ground [bottom])* Jede, meist ungewollte Verbindung von →*Kiel* oder →*Schwert* mit dem →*Grund.* Eine →*Jolle* kann durch →*Anheißen* des →*Schwertes* und durch →*Staken* mit dem →*Bootshaken* wieder →*flott* werden, eine →*Kielyacht* muß man →*krängen* und/oder →*leichtern,* um sie nach dem →*Aufbrummen* wieder →*abbringen* zu können. Bei einer G. auf →*Legerwall* oder auf →*faulem Grund* hilft oft nur →*abbergen* oder →*abschleppen.*

Grundgeschirr, das *(ground tackle)* Hauptsächlich alle Teile einer →*Muring,* aber neben der Gesamtheit des →*Bojengeschirrs* auch das →*Ankergeschirr* mit allen Geräten, die zur zeitweiligen oder dauerhaften Verbindung des Bootes mit dem →*Grund* dienen.

Grundgesetz des DSV, das Die vom →*Seglertag* am 4.11.1973 beschlossene Satzung des →*Deutschen Segler-Verbandes,* mit der er im Vereinsregister des Amtsgerichts Berlin-Charlottenburg unter Nr. 1503 eingetragen ist. Das G. enthält unter anderem die Aufgaben des →*Seglertages* und die Pflichten des →*Seglerrates.*

Grundierung, die *(primer, prime coat)* Spezieller Vorstrich aus Kunstharz-, Chlorkautschuk- und Epoxid-Steinkohlenteer-Kombinationen für Boote aus →*Holz,* →*Kunststoff,* →*Stahl* und →*Aluminium.* Eine G. dient für bessere Haftung der Folgeanstriche oder als wasserbeständige Schicht über einem porenhaltigen Untergrund.

Grundprobe, die *(bottom sample)* Ein mit dem →*Handlot* aufgeholter Bestandteil des →*Grundes.* Die G. ist z. B. für eine Entscheidung über den →*Ankergrund* wichtig.

Grundsee, die *(ground swell)* Kurze, steile und überbrechende Welle, die bis auf den →*Grund* reicht. Eine G. entsteht, wenn eine aus tiefem Wasser kommende hohe See auf flachere Stellen, z. B. eine →*Untiefe,* →*Barre* oder →*Bank* aufläuft. Eine G. wühlt den Meeresgrund auf und ist mit Sand durchsetzt.

Gruppenkennung, die *(group distinction of lights)* Bei der →*Kennung* eines →*Leuchtfeuers* der nicht einzeln, sondern in Gruppen erfolgende Wechsel der →*Lichterscheinung.* Man spricht z. B. von einem →*Blitzfeuer mit Gruppen von Blitzen* oder d. Blz. (3) bzw. int. Fl (3), wenn man ein Blitzfeuer mit Gruppen von 3 Blitzen ausgemacht hat. Zu einer →*Wiederkehr* können jedoch auch verschiedene Gruppen gehören, z. B. 2 + 1.

Gummistropp, der Ein kurzer →*Stropp* aus geflochtenen Gummilitzen mit mechanisch gefer-

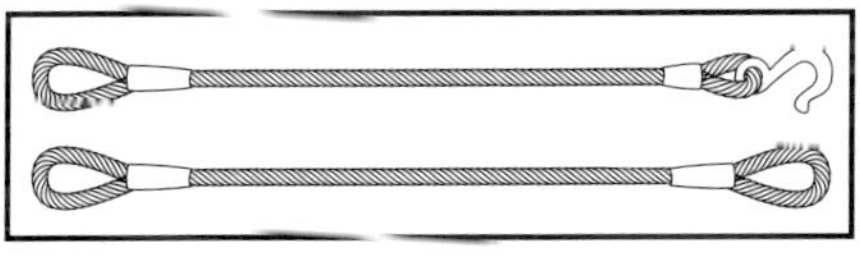

tigten oder geknoteten →*Augen* bzw. mit Haken und Ösen. Ein G. dient hauptsächlich zum →*Zurren* von Segeln und Ausrüstungsteilen.

Gummifender, der *(rubber fender, inflatable fender)* Aus Gummi und in hellen Farben gefertigter →*Fender,* der mit einer Einfederung von ca. der Hälfte seines Durchmessers den →*Bootsrumpf* auch bei schweren Stößen vor Beschädigung schützt. Ein G. ist schwimmfähig.

Gunter-Schuner, der *(gunter-schooner)* Ein →*Zweimaster* mit →*Gunter-Takelung* am →*Fockmast* und →*Großmast.*

Gunter-Takelung, die *([sliding] gunter rig)* Weiterentwicklung der →*Gaffeltakelung.* Die nach dem im 17. Jahrhundert lebenden Erfinder des Rechenschiebers Edmund Gunter benannte →*Takelung* wird auch →*Huari-Takelung* genannt. Die relativ lange Steilgaffel ist durch einen →*Gaffelschuh* mit einem kurzen Mast verbunden und kann weitgehend senkrecht so hoch über den Masttopp gebracht werden, daß sich die G. optisch kaum von der →*Hochtakelung* unterscheidet. Die G. wird hauptsächlich bei →*Jollen* benutzt, die mit dem →*Trailer* transportiert werden und deren Mastlänge daher begrenzt ist.

Gunter-Schuner

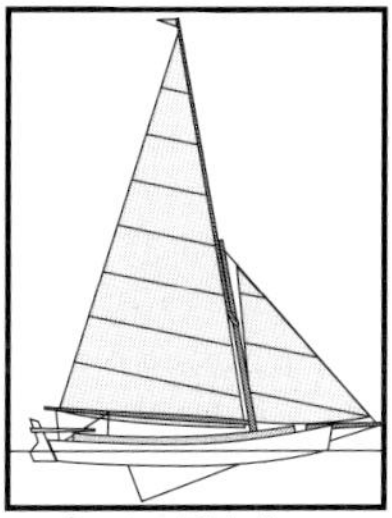

Gunter-Takelung

Gurt, der; Gurtmaß, das *(girth)* Der →*Schmiegenumfang* eines Yachtrumpfes (1), der bei der →*Vermessung* nach →*IOR* vom →*Deck* auf der einen Seite unter dem Rumpf hindurch bis zum

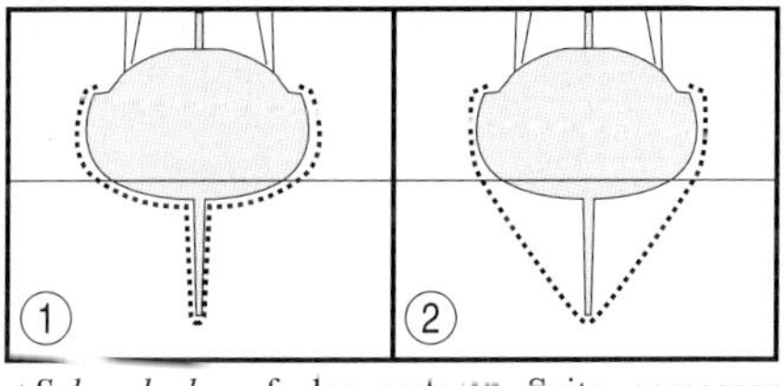

→*Schandeck* auf der anderen Seite gemessen wurde. Man bestimmte ihn hauptsächlich am →*Überhang* an ausgewählten →*Gurtstationen.* Das Gurtmaß konnte auch als →*Kettenumfang* (2) ermittelt werden.

Gurtstation, die; Gurtmeßstelle, die *(girth station)* Die Position auf dem →*Vorschiff* oder →*Achterschiff,* an der nach der früheren →*IOR-Vermessung* von Oberkante →*Schergang* auf der einen zum entsprechenden Punkt auf der anderen Bootsseite das →*Gurtmaß* genommen wurde.

Gut, das *(1. rigging, gear, ropes; 2. goods)* 1. Bezeichnung für alles →*Tauwerk* der →*Takelage,* unterteilt in →*stehendes* und →*laufendes Gut.* – 2. Sammelbezeichnung im Sinne von Ladung und →*Ausrüstung,* z. B. in „Leergut", „Stückgut".

H

H = Hotel Internationales Buchstabensignal, weiß-rot. Bedeutung: „Ich habe einen Lotsen an Bord.“ Morsen: • • • • (kurz – kurz – kurz – kurz).

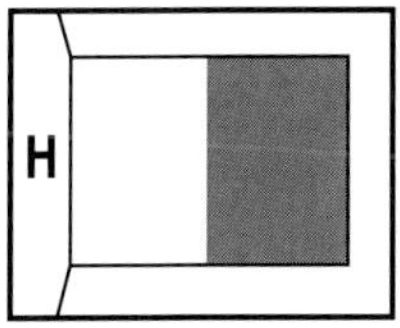

Haarriß, der *(hairline crack)* Optisch wenig auffallende, aber folgenschwere Beschädigung eines Bauteiles aus →*GFK*. Ursache: Zu dünne →*Deckschicht,* zu frühes Auftragen des ersten →*Laminates,* zu geringe Festigkeit der gesamten Wandstärke, Stoßbeanspruchungen und zu geringe Elastizität.

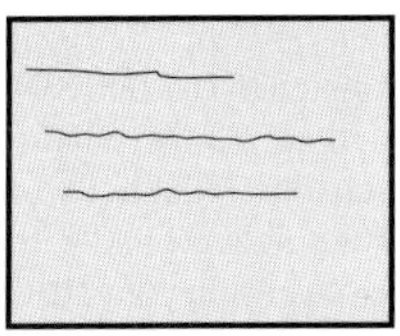

Hacke, die *(rudder shoe, rudder heel)* Das achtere untere Ende eines →*Kiels* oder einer →*Kielflosse,* auch →*Ruderhacke* genannt, weil hier ein →*Festruder* sein unteres Lager findet und gleichzeitig das →*Ruderblatt* bei →*Grundberührung* gegen Beschädigungen geschützt wird. Die H. kann auch unter dem →*Schraubenbrunnen* hindurch weit nach →*achtern* reichen.

Hafen, der *(e.: harbour; a.: harbor; port)* Eine natürlich entstandene oder künstlich geschaffene Wasserfläche, in der Schiffe einen sicheren →*Liegeplatz* oder →*Ankerplatz* finden. Ein H. ist mit →*Molen,* →*Piers,* →*Dalben* und →*Brücken* ausgestattet. Nach dem Einfluß der →*Gezeiten* gibt es →*Tidehafen* und →*Dockhafen,* nach der Zweckbestimmung Handelshafen, Yachthafen und Kriegshafen, nach der geographischen Lage Binnen- und Seehafen.

Hafenamt, das *(harbour board, harbour office)* Sitz der →*Hafenbehörden* und des →*Hafenkapitäns.*

Hafenamt *(harbour-master's office)* Zeichen aus →*Karte 1* im Anhang.

Hafenarzt, der *(health officer)* Der Leiter des medizinischen Dienstes eines →*Hafens,* der beim →*Einklarieren* und →*Ausklarieren* mitwirkt.

Hafenbehörden, die *(port authority)* Die staatlichen Dienststellen, die für Ordnung im →*Hafen* und für die Abfertigung von Schiffen beim →*Einklarieren* und →*Ausklarieren* verantwortlich sind. Hierzu gehören die →*Hafenpolizei,* der →*Hafenarzt* und die →*Zollbehörde.*

Hafeneinfahrt, die *(harbour entrance)* Die meistens durch →*Molen* geschützte und nachts durch ein →*Hafenfeuer* bezeichnete Zufahrt in einen →*Hafen.* Hier endet auch das →*Fahrwasser,* das die H. mit der freien See verbindet.

Hafenfeuer, das *(port light)* Ein →*Feuer,* das meistens auf einer →*Mole* installiert ist, um die →*Hafeneinfahrt* bei →*Nacht* zu bezeichnen.

Hafengebühr, die; Hafengeld, das *(harbour dues, port charges)* Gebühr, die zur Benutzung von Hafenanlagen zu entrichten ist. Siehe →*Liegegeld.*

Hafenhandbuch, das *(harbour handbook)* Analog zum →*Seehandbuch* des →*BSH* (für die Berufsschiffahrt) eine Beschreibung der Küsten mit ihren Häfen und genauen Hafenplänen für die besonderen Bedingungen des →*Fahrtensegelns.*

Hafenkapitän, Hafenmeister, der *(harbour master)* Die von der entsprechenden Stadt oder Gemeinde mit der Verwaltung eines Hafens betraute Person, die einen →*Liegeplatz* zuteilt, →*Hafengebühr* erhebt und bei jedem →*Einlaufen* in einen fremden Hafen zuerst aufgesucht werden sollte.

Hafenplan, der *(harbour plan)* Zu den vom →*BSH* herausgegebenen →*Seekarten* gehörende →*Sonderkarte,* die Pläne für Häfen in größerem Maßstab als 1:30 000 abbildet. Für die Sportschiffahrt speziell erarbeitete H. sind im →*Hafenhandbuch* enthalten.

Hafenpolizei, die *(harbour police, port police)* Die Behörde, die beim →*Einklarieren* und →*Aus-*

klarieren für die Paßkontrolle verantwortlich ist und die Einhaltung der Hafenordnung überwacht.

Haff, das *(lagoon, bay, gulf, freshwater lake)* Eine durch eine →*Nehrung* weitgehend geschlossene oder durch Inseln mit nur schmalen Durchfahrten von der See getrennte Bucht, z. B. das Kurische H. im früheren Ostpreußen oder das Kleine H. in der Odermündung. Auf diesen wettergeschützten Revieren gelten die erleichterten Bestimmungen der →*Wattfahrt.*

Haftung, die (eines Yachteigners) *(liability)* Im Gegensatz zur H. eines Reeders in der →*Schifffahrt* haftet der →*Eigner* einer →*Yacht* unbeschränkt mit seinem gesamten Vermögen für Schäden, die er im Zusammenhang mit seinem Boot anderen Personen oder Sachen zufügt. Die H. läßt sich nur einschränken, wenn der Eigner die Schiffsführung an eine andere Person abgibt. Empfehlenswert ist daher eine →*Haftpflichtversicherung.*

Haftpflichtversicherung, die *(third-party liability)* Sie deckt berechtigte Ansprüche dritter gegen den →*Eigner* einer →*Yacht* aufgrund eines verschuldeten Schadens und umfaßt Sach- wie Personenschäden gleichermaßen. Eine Bootseigner-H. muß nicht nur auf der Basis der vom Bundesaufsichtsamt vorgeschriebenen AHB (Allgemeine Haftpflicht-Versicherungsbedingungen) abgeschlossen sein, sondern zusätzlich enthalten: Versicherungsschutz mindestens für das europäische Ausland; einschließlich der Benutzung von →*Beibooten* und mit deutlicher Erwähnung des Einschlusses von →*Schiffer* und der gesamten →*Besatzung.*

Haftungsbeschränkung für maritime Schadenersatzansprüche, die Ein Übereinkommen der →*IMO* ist die „Konvention vom 19. November 1976 über die Beschränkung der Haftung für maritime Schadenersatzansprüche", auch „Haftungsbeschränkungsabkommen" genannt, das am 1. Dezember 1986 in Kraft getreten ist. Darin wird die Haftung eines →*Eigners,* →*Reeders,* →*Charterers* oder →*Bergers* mit einer nach Größe des →*Schiffes* abgestuften Summe begrenzt. Sie ist in Form der „Special Drawings Rights" (der sog. Sonderziehungsrechte) vereinbart und beträgt nach Art. 6 des Abkommens (gleichbedeutend mit § 486 ff HGB) z. B. für ein Schiff bis zu 500 →*BRZ* 333.000 SDR (je ca. 2,20 DM = ca. 735.000 DM) im Todesfalle und 167.000 Rechnungseinheiten (ca. 370.000 DM) für Sachschäden und sonstige Ansprüche. Die Haftungsbeschränkung ist zweischneidig: Einerseits könnte eine →*Yacht* (bzw. deren →*Haftpflichtversicherung)* für Schäden, die sie (→*grob fahrlässig*) verursacht, nur bis zu dieser Höhe in Anspruch genommen werden. Andererseits muß aber auch ein →*Seeschiff,* das z. B. eine →*Yacht* im Hafen oder am Ankerplatz beschädigt oder gar bei einer →*Kollision* versenkt, für den entstandenen Schaden nur bis zu einer entsprechenden Höchstsumme aufkommen, die oft unter dem Wert der Yacht liegt. Einen solchen möglichen →*Totalschaden* deckt dann nur (ganz oder für den Restbetrag) die →*Kaskoversicherung* der Yacht. – Die Haftungsbeschränkung der Yacht ist nach der im § 487a HGB ausgenutzten Ausnahmemöglichkeit des Art. 15 Abs. II für Schiffe unter 250 BRZ sogar auf 167.000 SDR (ca. 370.000 DM) bei Tod und auf 83.500 SDR (ca. 185.000 DM) bei Sachschäden reduziert worden. Dafür können Schiffe zahlreicher Länder, in denen noch die „Brüsseler Konvention vom 10. Oktober 1954" für einen haftenden Schadensverursacher gültig ist, sich schon mit einem Betrag von 1000 Goldfranken je BRZ (früher →*BRT),* das sind ca. 860,00 DM nach dem Stand von 1997, von allen finanziellen Verpflichtungen freikaufen. Ein italienischer Fischkutter von 50 BRZ müßte somit nur ca. 43.000 DM entrichten, wenn er das Sinken eines ca. 400.000 DM teuren 12-m-Seekreuzers im Mittelmeer verursacht hat.

Hagel, der *(hail)* Ein →*Niederschlag* in Form von Eiskörnern über 5 mm Durchmesser, die aus Wasserteilchen entstanden, welche meistens bei einem →*Gewitter* im aufsteigenden Luftstrom einer →*Haufenwolke* in größere Höhen hinaufgetrieben wurden.

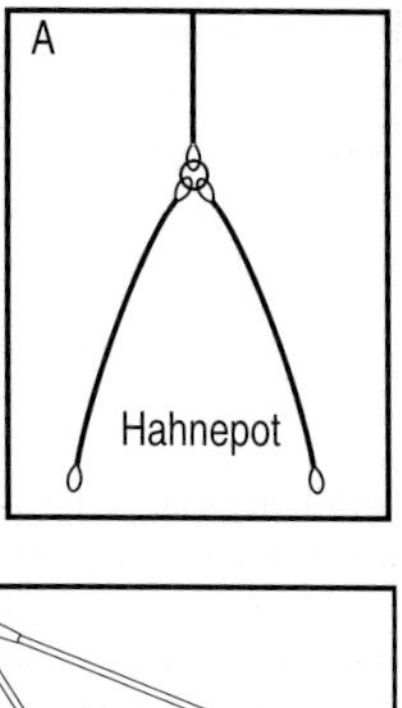

Hahnepot, die *(bridle, crow foot)* Die Verteilung einer Last oder ei-

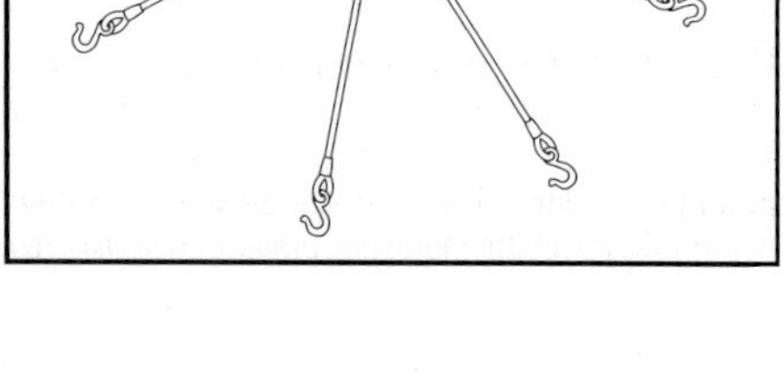

ner Kraft auf 2 →*Tampen,* die sich von dem Punkt auseinanderspreizen, an dem die →*holende* oder →*feste Part* angreift (Abb. A). Mit einer doppelten H. verteilt man z. B. beim →*Piekfall* die Belastung auf mehrere Punkte durch mit →*Hahnepotläufer* gleitend miteinander verbundene Enden. In einer H. läuft oft das →*Achterstag*. Eine moderne H. besteht auch aus mehr als zwei Strängen (Abb. B), die an verschiedenen Punkten einer Last angreifen und an einem gemeinsamen Punkt zusammenlaufen.

Hahnepotläufer, der *(crowfoot messenger, crowfoot tackle)* Ein kreisförmig gebogener →*Be-*

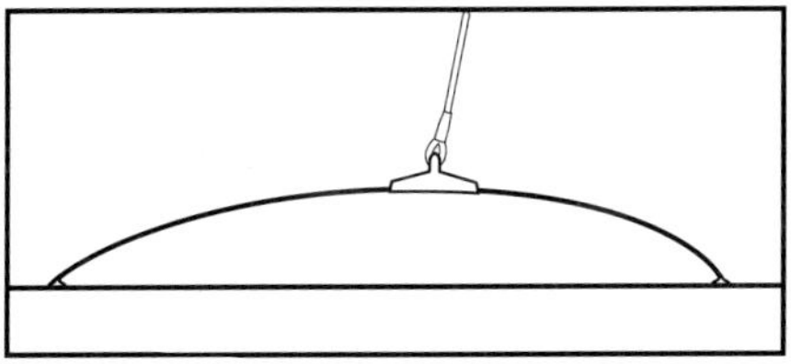

schlag, durch den das in 2 →*Tampen* auslaufende →*Ende* einer →*Hahnepot* läuft und gleichzeitig die lose oder feste →*Part* in entgegengesetzter Richtung angreift. Ein H. vermeidet die scharfe Knickbelastung der Hahnepot.

Hakenreff, das *(hook[ed] reef, French reef)* Methode zum →*Reffen,* bei der ein durch →*Gat-*

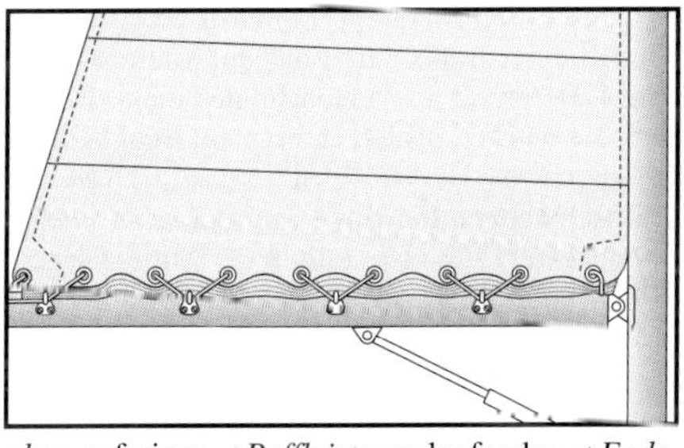

chen auf einer →*Reffleiste* verlaufendes →*Ende,* das am →*Vorliek* wie am →*Achterliek des* Segels angeschlagen ist, nach dem entsprechenden →*Fieren* des →*Segels* über →*Reffhaken* beidseits des →*Großbaumes* gehängt wird und damit das →*Unterliek* des gerefften Segels hält. Das H. ist im Prinzip ein →*Bindereff,* aber ohne Arbeit mit einzelnen →*Reffbändseln.*

Hakenschiene, die Ein →*Beschlag* zum Anschlagen z. B. eines →*Falls* an verschiedenen Punkten, um einen späteren →*Reck* des →*Tauwerks* berücksichtigen oder das entsprechende →*Segel,* →*Schwert* o. ä. für die unterschiedlichen Bedin-

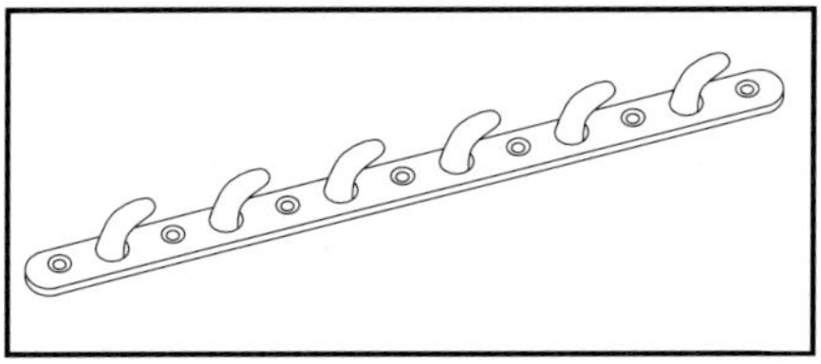

gungen besser →*trimmen* zu können. Eine H. ist oft mit →*Streckerhebel* oder →*Streckertalje* kombiniert.

Halbbalance-Ruder, das *(semi-balanced rudder)* Ein →*Halbschweberuder,* bei dem nur der

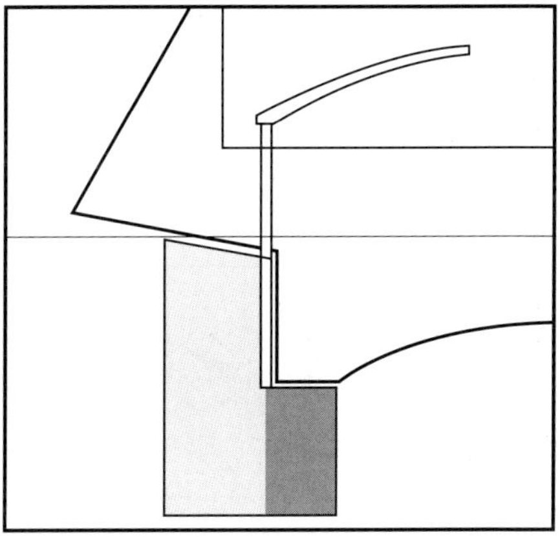

untere Teil des →*Ruderblattes* vor dem oben und in der Mitte am →*Skeg* gelagerten Ruderschaft liegt. Eine verhältnismäßig kleine Fläche reicht bereits aus, um die Biegekräfte aufzufangen, so daß nicht nur der Kraftaufwand an der →*Ruderpinne* vermindert wird, sondern auch die Abmessungen des →*Ruderschaftes* verkleinert werden können.

halber Kompaßstrich, der; halber Strich, der *(half point)* Ein Winkelmaß für das genaue →*Steuern* eines →*Kurses* nach der →*Kompaßrose* = 5,6° oder 5° 37'. Die Hälfte von einem →*Kompaßstrich (→Strich).*

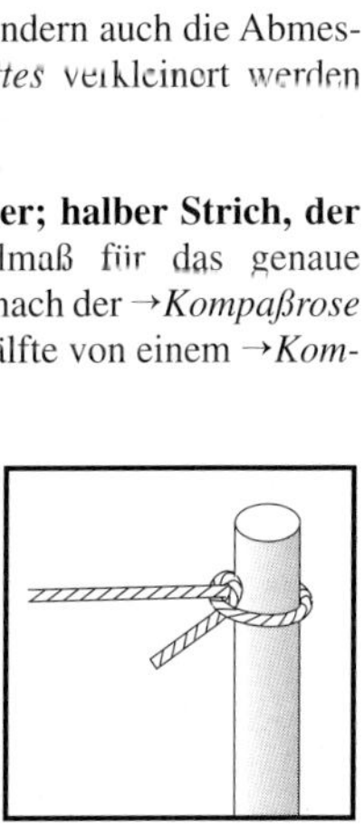

halber Schlag, der *(half hitch)* Der einfachste →*Knoten,* der aus einem →*Rundtörn* des →*Tampens* um die eigene →*feste Part* besteht. Zieht er sich allein fest, ist er ein simpler →*Stopperknoten.* Um →*Spieren* oder Gegenstände gelegt dient er auch zum →*Anstecken,* meistens doppelt gelegt als →*zwei halbe Schläge,* oder als Sicherung eines →*Rundtörns* (mit zwei halben Schlägen), eines →*Webeleinensteks,* →*Roringsteks* o. ä.

halber Wind, der, halbwinds *(wind abeam, beam wind)* Ein auf die →*Windachse* des →*atmosphärischen Windes* bezogener →*Kurs,* der weder nach →*Luv* noch nach →*Lee* führt und damit „halbwinds" zwischen Luv = oben und Lee = unten verläuft. Besser →*raumer* bzw. →*raum-seitlicher Wind* genannt.

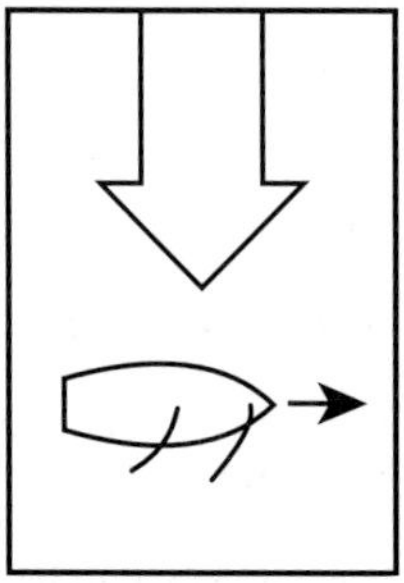

halbfester Magnetismus, der *(semi-permanent magnetism)* Die Magnetisierung des Bootskör-

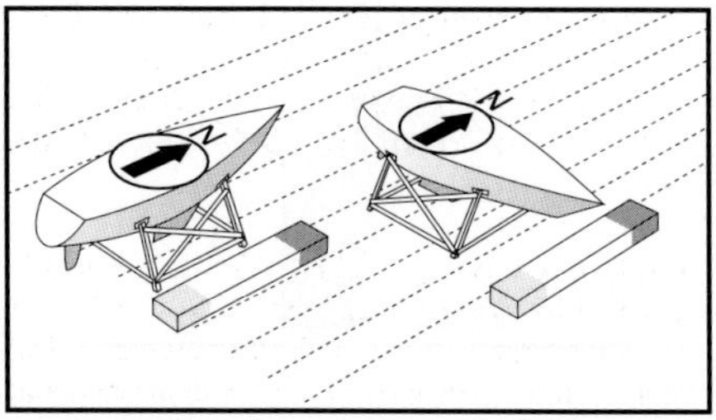

pers im →*Winterlager,* in der →*Werft* oder an seinem →*Liegeplatz,* d. h. wenn er über längere Zeit in gleicher Richtung der Induktionswirkung des erdmagnetischen Feldes ausgesetzt ist. Der h. M. verschwindet erst nach mehreren Tagen, die entsprechende Frist muß abgelaufen sein, ehe man eine →*Deviationstabelle* aufstellt, weil sonst die →*Deviationskontrolle* „Flüchtigkeitsfehler" haben wird.

Halbgleiter, der; halbgleiten *(semi-planing)* Der Zustand zwischen →*Verdrängerfahrt* (und einem entsprechenden →*Geschwindigkeitsgrad* R = 4,5) und dem echten „Gleiten" (bei einem Geschwindigkeitsgrad von ca. R = 10). Segeljollen erreichen korrekte →*Gleitfahrt* kaum und sind exakt nur als H. zu bezeichnen.

Halbkugelkompaß, der *(semi spherical compass)* Ein →*Kompaß,* der äußerlich wie ein →*Kugelkompaß* aussieht, aber einen flachen Boden hat, dessen Verkleidung man auch „Kalotte" nennt. Er wird daher auch „Kalottenkompaß" ge-

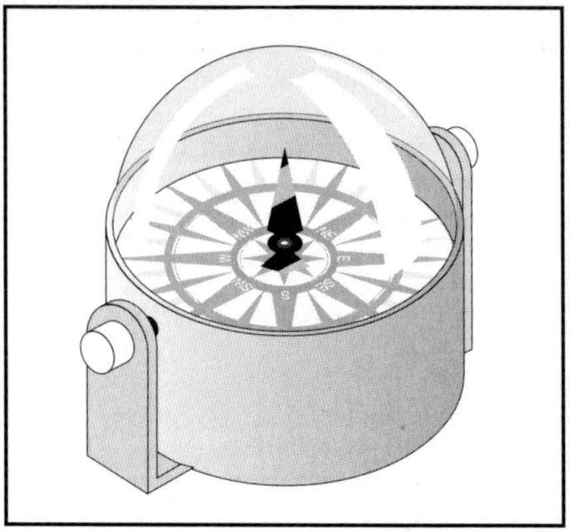

nannt. Ein H. kann extreme →*Bootsbewegungen* nicht auffangen, weil die mitschwingende →*Kompaßrose* dabei an den unteren Rand stoßen kann und in ihrer freien Schwingung gehindert wird.

halbmast, halbstocks *(half-mast)* Das Setzen der →*Nationale* am →*Flaggenstock* oder an einer Flaggengaffel auf halber Höhe zum Zeichen der Trauer. Nur mit einem Toten an Bord, bei einem Trauerfall des Eigners oder bei Landestrauer üblich.

Halbmodell, das *(half block model)* Im Maßstab 1:20 bis 1:40 nach dem →*Linienriß* angefertigtes Modell einer Bootshälfte, das auf kontrastfarbenem Untergrund als Wandschmuck dient. Früher übliches Muster, nach dem man ein Boot baute.

Halbschweberuder, das *(semi-balanced underhung rudder)* Ein oben und in der Mitte gelager-

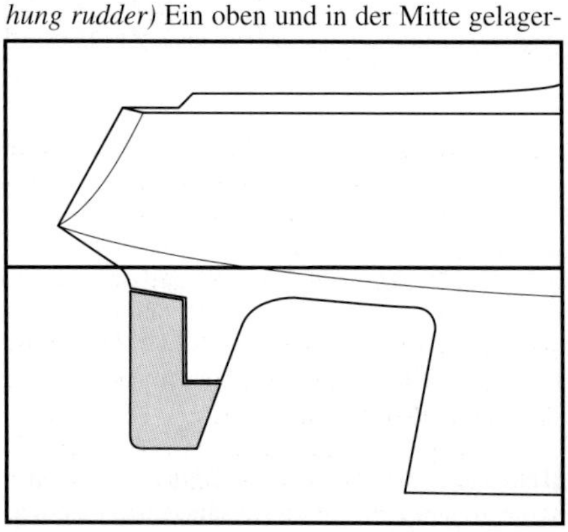

tes, in seinem unteren Teil aber frei schwebendes →*Ruder,* das meistens als →*Halbbalance-Ruder* an einer →*Ruderleitflosse* arbeitet und die Ruderkräfte durch sein längeres Spurlager nicht nur besser auffängt, sondern auch die körperliche Arbeit an der →*Ruderpinne* erleichtert.

halbstarres Segel, das *(sock sail)* Ein Segel, das in seinem vorderen Drittel aus einem sehr extrem verlängerten →*Profilmast* besteht, in dessen →*Keep* ein →*Tuchsegel* eingezogen und mit ihm zu einer aerodynamischen Einheit verbunden ist. Der Vorteil dieser Anordnung: Der schädliche Einfluß des normalen und unprofilierten →*Mastes* ist beseitigt, aber die oberen Segelteile können dennoch auf die hier im Vergleich mit den unteren Segelbereichen schnellere Luftgeschwindigkeit (mit einer gewissen →*Verwindung)* getrimmt werden. Erfolgreiche →*Takelage* im →*Kleinen America's Cup* der →*Katamarane* und erfolgreich von der „Lady Helmsman" benutzt.

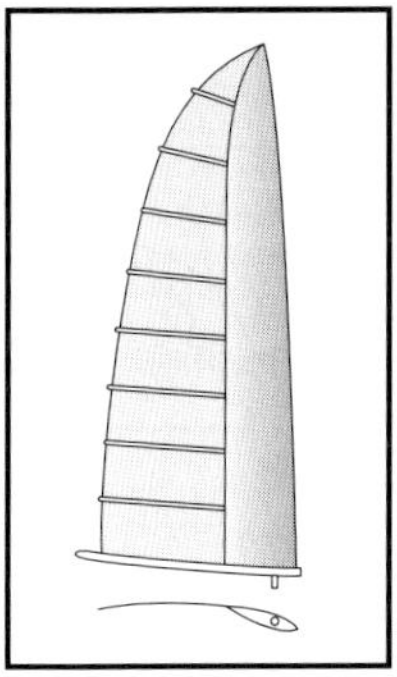

Halbtonner, der *(Half Ton Yacht)* Ein Boot der früheren →*Halbtonner-Klasse* mit ungefähr folgenden Abmessungen: Lüa 10,00 m; LWL 7,30 m; Büa 2,95 m; Tiefgang 1,75 m; Verdrängung 4,1 t; Ballastkiel 1,7 t; Großssegel 16 m², Genua 32 m², Vorsegeldreieck 21 m², Dieselmotor 20 PS.

Halbtonner-Klasse, die *(Half Ton Class)* Vom →*Eintonner* abgeleiteter Name für kleine →*Seekreuzer* mit einem metrischen →*IOR-Rennwert* von max. 6,72 m (22,0 Fuß). Die →*Klasse* ist ausgelaufen. Die Nachfolgeklasse heißt →*ILC 30.*

Halbtonner-Pokal, der *(Half Ton Cup)* 1969 vom Cercle de la Voile de Paris und der Société des Régates Rochelaises als „Coupe Internationale Atlantique" gestifteter Sonderpreis für die Klasse der →*Halbtonner.* Es werden insgesamt 5 Rennen gesegelt, von denen 2 Küsten-Wettfahrten von 20 bis 40 sm und 2 →*olympische Kurse* einfach und 1 Hochseerennen über mindestens 150 sm mit doppelter Punktzahl bewertet werden. Es besteht keine nationale Meldebeschränkung; der Pokalgewinner bestimmt das nächstjährige Wettfahrtrevier, jedoch dürfen die Rennen nur 3mal hintereinander im gleichen Land gesegelt werden. Neben der Einzelwertung gibt es einen Mannschafts-Pokal für je 3 Halbtonner desselben Landes mit der größten Punktzahl, die „Challenge Internation".

Halbwinder-Radial Leichtwettersegel für →*raume Kurse,* das die Vortriebskraft eines →*Spinnakers* mit der leichten Bedienbarkeit einer →*Genua* verbindet und im allgemeinen als →*Blister* bezeichnet wird.

halbwinds Dass. wie →*halber Wind.*

Halogen-Glühlampe, die *(Tungsten-Halogen lamp)* Eine gegenüber einer vergleichbaren →*Glühlampe* sehr kleine gasgefüllte →*Lampe* (z. B. für eine →*Positionslaterne),* die einen bestimmten Anteil an Halogen enthält. In einer H.-G. wird in einem chemischen Kreisprozeß die Kolbenschwärzung vermindert, weil verdampftes Wolfram zum Leuchtkörper zurücktransportiert wird. Eine H.-G. ist auch die Quarz-Jod-Glühlampe.

Hals (eines Segels), der *(tack)* Bei den heute üblichen →*Schratsegeln* auf →*Jollen* und →*Yachten* die vordere untere Ecke des Segels, wo sich →*Unterliek* und →*Vorliek* treffen, z. B. nach den entsprechenden Segeln →*Großsegelh.,* →*Fockh.* o. ä. genannt. Auf einem mit →*Rahsegeln* getakelten Segelschiff die untere luvseitige Ecke, die mit den →*Halsen* verbunden ist und zum →*Schothorn* wird, wenn das Schiff →*wenden* oder →*halsen* muß. Auf diese Lage des H. bezog sich der frühere Ausdruck →*Backbord-Halsen,* der identisch mit →*Steuerbord-Schoten* oder der durch die Terminologie der deutschen →*Wettsegelbestimmungen* vorherrschenden Bezeichnung →*Steuerbord-Bug* ist.

Halsen, die (Pl. von Hals, der); *(halser)* Die Leinen bzw. Taljen aus Draht- oder Fasertauwerk, die am →*Hals* (an der unteren luvseitigen Ecke) eines →*Rahsegels* angeschlagen sind und dazu dienen, das Segel nach →*vorn* zu →*holen.* Früher bezeichnete man die Segelstellung und den →*Kurs* zum Wind nach der →*Luvseite,* auf der sich der Hals eines Segels oder die Halsen befinden (z. B. „mit →*Steuerbordhalsen").* Dieses Prinzip entspricht auch heute noch der englischen Terminologie. Heute benutzt man dazu die gegenüberliegende →*Leeseite* und die dort nach →*achtern* geführten →*Schoten* (z. B. „mit →*Backbordschoten*"). Im Deutschen entspricht also die Bezeichnung „Steuerbordhalsen" dem Begriff „Backbordschoten" – und umgekehrt. Das wurde und wird oft nicht beachtet.

halsen *(gybing, wearing, jibing)* Das Wechseln der Windseite bei →*achterlichem* Wind, das im Gegensatz zum einfachen →*Schiften* immer mit einer (wenn auch nur geringfügigen) Kursänderung verbunden ist (Abb., von Pos. 1 auf Pos. 2). Im Sinne der früheren →*Wettsegelbestimmungen* beginnt eine →*Yacht* erst in dem Augenblick zu halsen, in dem das →*Unterliek* ihres →*Großsegels* bei achterlichem Wind die Mittschiffslinie kreuzt, und sie beendet das H., wenn das →*Großsegel* auf dem anderen →*Bug* voll steht. In den neuen →*Wettfahrtregeln* ist diese Definition nicht (mehr) enthalten. Wenn auch das H. auf einem langsamen, mit den langen →*Spieren* des →*Großbaums* und der →*Gaffel* ausgerüsteten →*Yacht,* bei der während des Manövers noch die →*Backstagen* beider Seiten zu bedienen waren, sehr unsympathisch war, halsen moderne Yachten und →*Jollen* um so sicherer, je schneller sie sind und je mehr das Halsemanöver gleichzeitig Teil einer →*Kursänderung* ist. Um eine →*Patenthalse* mit der Gefahr einer →*Schraube* zu vermeiden, bevorzugen viele Yachten mit →*Gaffeltakelung* ein →*Wenden statt Halsen,* während demgegenüber moderne →*Katamarane* wie frühere →*Rahsegler* ein →*Halsen statt Wenden* benutzen, wenn sie →*kreuzen.*

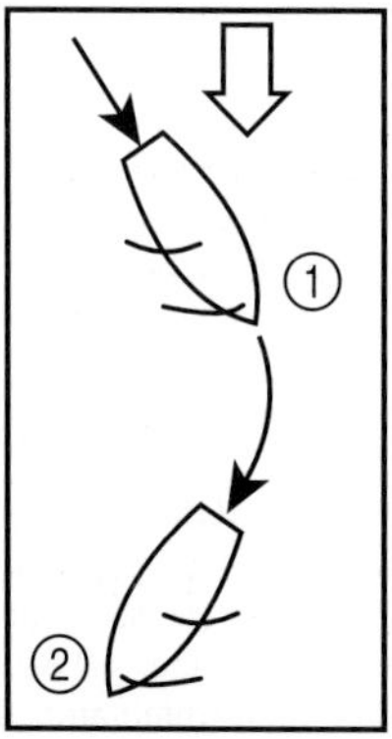

halsen statt wenden *(wearing or gybing instead of tacking)* Auf einem →*Kreuzkurs* auf den neuen →*Bug* gehen und aus Gründen der →*Seemannschaft* und →*Segeltechnik* trotz Verlust an →*Distanz* nach →*Luv* dem →*Halsen* den Vorzug vor dem →*Wenden* geben (A). Dieses Manöver (B) wird nachweislich seit 1895 nicht nur von →*Yachten* ausgeführt, wenn in schwerem Wetter das →Wenden versagt, sondern wurde auch von →*Rahseglern* bevorzugt, die nicht so hoch am Wind wie eine →*Yacht* liefen und dazu noch durch ihre schnellere Fahrt und den größeren toten Winkel zwischen dem →*wahren Wind* und dem →*Bordwind* sowie die Gefahr des →*Backschlagens* der Segel beim →*Überstaggehen* lieber risikolos mit achterlichem Wind auf den neuen Bug gingen. Das kompliziertere Manöver des →*Backhalsens* mußten →*Rahsegler* fahren, wenn der Versuch des →*Wendens* in schwerem Wetter scheiterte. Heute benutzen auch →*Katamarane,* die durch ihre schnelle Fahrt beim Wenden einen ähnlich großen toten Winkel überwinden müssen, lieber das Halsen als das Wenden. Dieses Manöver wurde früher auch als →*Kuhwende* bezeichnet.

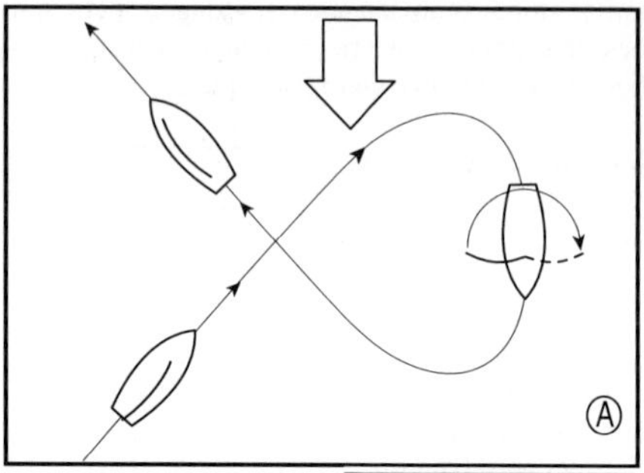

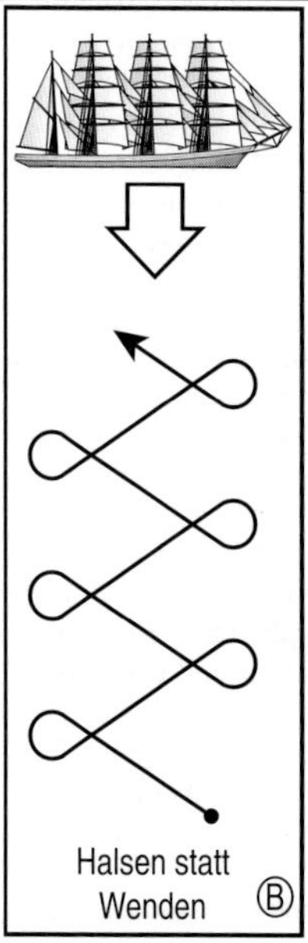

Halsstrecker, der *(tacking line)* Eine zwischen →*Hals* des Segels und einem →*Deckbeschlag* geschorene →*Streckertalje,* um nach Durchsetzen und Belegen des →*Falls* das →*Vorliek* so steif wie möglich durchzuholen.

Halstalje, die *(tack tackle)* Eine →*Talje* zwischen →*Hals* und →*Deck* zum Durchsetzen des →*Vorlieks.*

halten *(to keep, to hold, to maintain)* Seemännisch vielfach in der Bedeutung „genau", „sicher", „optimal" oder „fest" halten, z. B. einen →*Kurs* h., →*Fahrt* h., aber auch →*Ausguck* h. oder Wasser h. Auch der →*Anker* oder ein →*Festmacher* „hält".

Halterung, die *(fastening, fixing)* Vorrichtung an Bord, wo →*Ausrüstungsteile* seefest und griffbereit verstaut sind, oft als →*Rack* in der besonderen Form und Größe eines Teiles.

„Halt Wasser!“ *(„hold water!“)* Kommando zum Abstoppen eines geruderten Bootes. Dabei senkt man die senkrecht gestellten Blätter der →*Riemen* ins Wasser.

Hand, die *(hand)* Ein Mitglied der →*Crew,* gegen Entgelt als →*bezahlte H.,* für bestimmte Aufgaben z. B. als Decksh. genannt. Bei nur einem einzigen Besatzungsmitglied spricht man auch von →*einhand.* Man „leiht“ eine H., wenn es bei einer schwierigen Arbeit erforderlich ist, und mit (engl.) „all hands“ wird die gesamte Crew für ein →*Alle-Mann-Manöver* gerufen. Sinngemäß auch in →*Hand über Hand.* Auch die →*Flunke* eines →*Ankers* wird als dessen H. bezeichnet.

Handauflege-Verfahren, das *(hand lay-up moulding, contact moulding, laminating)* Lohnintensives handwerkliches Verfahren zur Herstellung von Booten aus →*GFK.* Die →*Matten,* →*Gewebe* und →*Rovings* werden mit der Hand in oder über eine →*Form* gelegt und durch Rollen oder Pinsel mit →*Harz* getränkt, angedrückt und entlüftet. Man erhält nur eine einseitig glatte Oberfläche, die im allgemeinen mit ihrer →*Deckschicht* außen liegt. Der Bootskörper besteht beim H.-V. aus mehreren übereinanderliegenden Schichten von →*Glasseiden* Materialien und →*Kunstharzen,* auch →*Laminate* genannt.

Handbetrieb, der (manual power) Ein Begriff der →*WR,* in deren Regel 52 bei Teilnahme in einer →*Regatta* festgestellt wird: Das →*stehende* und das →*laufende Gut* eines Bootes sowie seine →*Spieren* und alle beweglichen Teile des →*Rumpfes* dürfen nur von Hand eingestellt und bedient werden. Damit werden →*energiebetriebene Hilfsmittel* ausdrücklich verboten.

Handbuch des Atlantischen (Indischen) Ozeans, das Erstmals 1952 (1962) vom →*Deutschen Hydrographischen Institut* veröffentlichtes Wegehandbuch für Schiffe mit Maschinenantrieb, das das entsprechende, 1928 erschienene →*Dampferhandbuch* ablöste und bei dem das erstmals 1885 veröffentlichte →*Segelhandbuch* Pate gestanden hatte.

Handfunkpeiler, der *(hand radio direction finder)* Eine sinnvolle Kombination von →*Handpeilkompaß* und →*Funkpeiler,* mit Innenbatterien zur Stromversorgung des Empfangsgerätes und der Kompaßbeleuchtung. Die hörbare Signalkurve des Senders bis zum Nullpunkt, dem niedrigsten →*Signalkegel,* wird über einen Kopfhörer vermittelt, und die entsprechende →*Peilung* wird vom Prismenkompaß abgelesen.

Handgriff, der *(hand grip [grip])* Einzelgriff, der in der →*Kajüte* an einer erreichbaren Querwand eingelassen ist, damit die Hand bei jeder unerwarteten →*Bootsbewegung* einen sicheren Halt findet.

Handicap, das *(handicap)* Vorteil oder Ausgleich, der →*Ausgleichern* bei einer →*Wettfahrt* an →*Zeit* oder →*Distanz* gegeben wird. Das H. ist vom →*Rennwert* abhängig und wird oft durch →*Vermessung* bestimmt. Beim →*IMS-Handicap* sind die Unterschiede zwischen den theoretisch gesegelten Zeiten pro →*Seemeile* Regattakurs die H. der Yachten untereinander.

handig *(handy)* Mehrfach im Sinne von →*Hand* gebraucht: Ein Boot, das leicht zu bedienen ist, ist h.: Ebenso die Bedingungen von →*Wind* und →*Seegang* bei handigem Wetter, wenn man ohne Anstrengungen vorankommt. Auch ein geschickter flinker Segler kann h. sein.

Handlauf, der *(hand rail, guard rail)* Aus Holz oder Rohr gefertigte, auf dem →*Kajütdach* oder

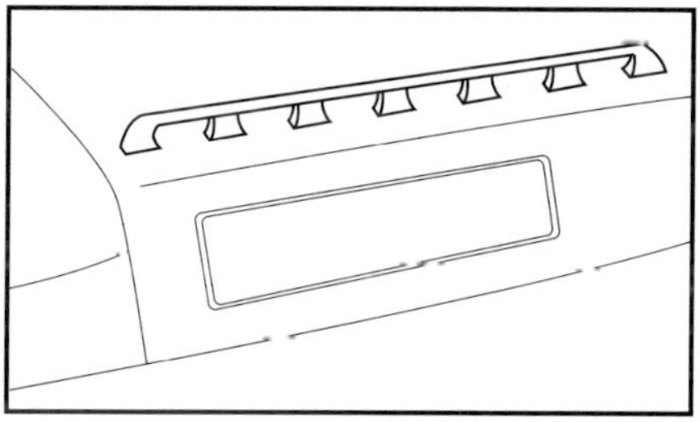

an den Außenwänden von →*Deckshäusern* sicher verankerte Griffleiste, die zum Festhalten dient. Auch der oberste Draht der →*Seereling,* der zur besseren Griffigkeit meistens mit einem Mantel aus Kunststoff versehen ist, wird als H. bezeichnet.

Handleiste, die *(accomodation rail, hand grip)* In der →*Kajüte* in Griffhöhe befestigte durchlaufende Leiste, die das Festhalten beim →*Krängen* und anderen →*Bootsbewegungen* im →*Seegang* gestattet. Um sie jederzeit in ihrer ganzen Länge

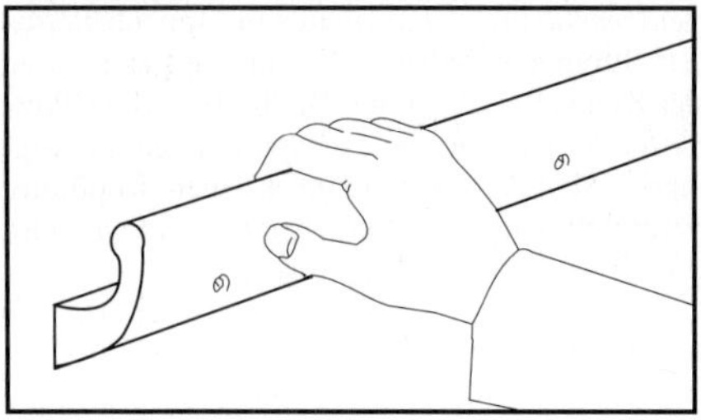

sicher anfassen zu können, ist sie nicht als →*Handlauf* mit Stegen, sondern als unten befestigte, ausladende Griffleiste gefertigt.

Handloch, das *(hand hole)* Wasserdicht verschließbare Öffnung in der Decke eines →*Brennstoff-* oder →*Wassertanks,* die kleiner als ein →*Mannloch* ist, aber ausreicht, den Innenraum des Tanks optisch zu inspizieren sowie mit der Hand reinigen oder konservieren zu können.

Handlog, das *(hand log)* 1. Veraltetes →*Log,* das die →*Fahrt* mit einer →*Logleine* mißt, die auf ei-

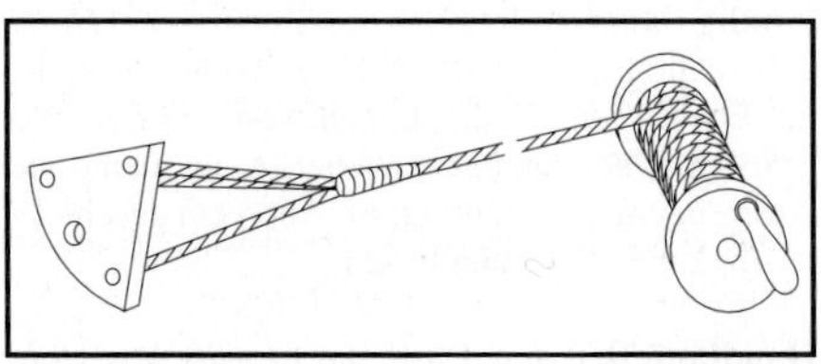

ner →*Logtrommel* aufgerollt ist und an deren →*Tampen* ein →*Logscheit* hängt; die Ablaufzeit mißt ein →*Logglas.* Die Logleine ist in Abständen von 6,84 m mit →*Knoten* markiert und hat eine Gesamtlänge entsprechend der möglichen Höchstgeschwindigkeit des Bootes. Die in der üblichen Zeiteinheit von 14 s ausgelaufenen Marken geben die Fahrt in „Knoten" an. Der scheinbar willkürlich gewählte 6,84 m-Abstand der →*Knoten* voneinander ist tatsächlich ein genaues →*nautisches* Maß: Es beruht auf der →*Meridiansekunde* entsprechend der →*Minutenstrecke* einer Seemeile oder 30,86 m, die jedoch für den Durchlauf der →*Logleine* zu lang wäre. In Deutschland wählte man daher die Zeit einer Viertelminute (15 s) und entsprechend eine Viertelstrecke (7,715 m) für die Messung, die man später auf 14 Sekunden und 7,20 m verkürzte. Da jedoch das →*Logscheit* bei diesem →*Loggen* etwas mitschleppt und erfahrungsgemäß ca. 5 % weniger →*Logleine* ausläuft, verkürzte man dieses Maß auf 95 % von 7,20 m = 6,84 m Abstand zwischen den Knoten und „eichte" somit dieses frühe Fahrtmeßgerät. Der übliche Knotenabstand an den Logleinen auf anglo-amerikanischen Schiffen beträgt demgegenüber 47 feet 3 inches oder 14,40 m bei Benutzung einer →*Sanduhr* von 28 s Laufzeit. Basierend auf einer Halbminutenstrecke einer Seemeile oder einer halben Meridiansekunde (30,86 m:2 = 15,43 m) zieht man dabei exakt die eingesparte Zweisekundenstrecke von 1,03 m ab und erhält den Knotenabstand von 14,40 m ohne Abschlag. Fast die gleichen Zahlenwerte erhält man, wenn man von der →*Meridiantertie* oder Sekundenstrecke der Seemeile ausgeht und multipliziert anstatt eine (genauere) →*Meridiansekunde* zu dividieren. 2. Das Prinzip kann vereinfacht nach Ausfall des →*Schlepplogs,* →*Speedometers,* →*Sumlogs* oder eines anderen neuzeitlichen Gerätes benutzt werden, indem man ein behelfsmäßiges Logscheit an eine ca. 30 m lange Nylonschnur hängt und (nach Abzug eines Vorlaufes) mit der Stoppuhr die Zeit mißt, die eine Leinenlänge von 25,50 m zum Auslaufen benötigt. Da diese Strecke = 50 Meridiantertien ist, ergibt sich

$$\text{Fahrt in kn} = \frac{50}{\text{Durchlauf in Sekunden}}$$

Bei einer Zeit von 10 Sekunden also:

$$\frac{50}{10} = 5 \text{ kn}$$

Handlot, das *(hand lead and line)* Einfaches Gerät zur unmittelbaren Messung der Wassertie-

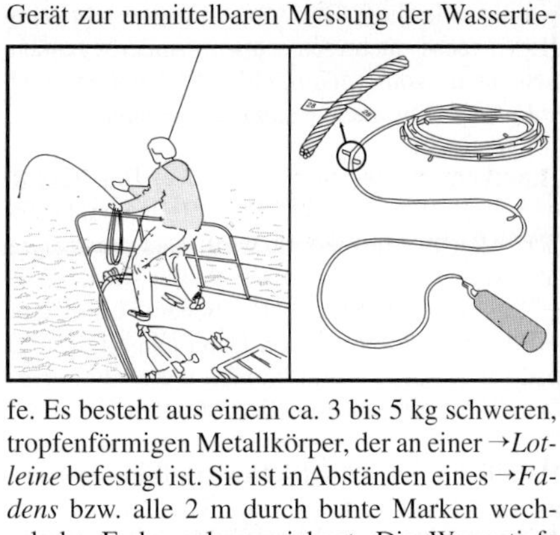

fe. Es besteht aus einem ca. 3 bis 5 kg schweren, tropfenförmigen Metallkörper, der an einer →*Lotleine* befestigt ist. Sie ist in Abständen eines →*Fadens* bzw. alle 2 m durch bunte Marken wechselnder Farbe gekennzeichnet. Die Wassertiefe wird abgelesen, wenn der Lotkörper den Meeresboden berührt und die Lotleine senkrecht steht. Durch eine Ausnehmung am Boden des Lots, die mit Lotspeise (Talg) gefüllt wird, kann man auch Bodenproben mit an Bord bringen. Heute nur noch benutzt, wenn kein →*Echolot* an Bord, die Wassertiefe für den →*Peilstock* zu groß ist oder der →*Ankergrund* geprüft werden soll.

Handnebelhorn, das *(Aerosol horn, portable foghorn)* Ein →*Nebelhorn,* das als Handwarn-

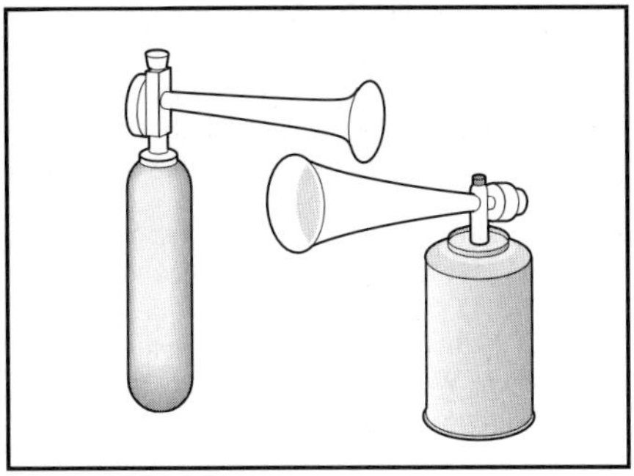

gerät mit Flüssiggas betrieben wird und ca. 500 Signale mit einer Flaschenfüllung ermöglicht. Die Leistung beträgt ca. 120 phon, die →*Tragweite* des Schalles ca. 2 →*Seemeilen.*

Handpeilkompaß, der *(hand bearing compass)* Handlicher →*Magnetkompaß,* oft mit Batterie-

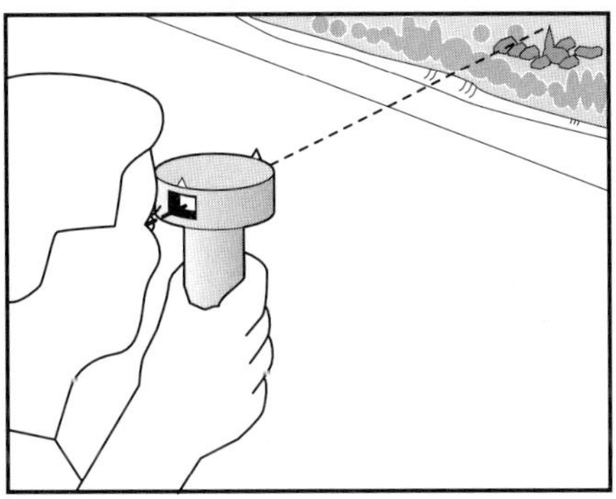

behälter im Handgriff, der mit Beleuchtung, Dämmerungsschalter, Prisma als Visiereinrichtung und Umkehrskala ausgerüstet ist, so daß er auch als →*Steuerkompaß* benutzt und in der →*Kompaßducht* gehaltert werden kann, wenn er nicht in einem Holzkasten unter Deck schlingersicher verstaut ist.

Handrotfeuer, das *(hand distress flare [signal])* Ein →*Notsignal* aus der Gruppe des →*Seenotfeuerwerks,* das nach seiner Zündung ca. 60 Sekunden lang als Handfackel mit einer Helligkeit von 20 000 →*Candela* (cd) brennt und wegen seines geringen Raumbedarfs und der geringen Anschaffungskosten mehrfach an Bord von →*Seekreuzern* und →*Jollen* mitgeführt werden sollte.

Hand-Speedometer, das *(speed wand)* Ein Plastikstab mit einer Düse am unteren Ende und einer Markierung in →*Knoten* über seine gesamte Länge, der von →*Deck* aus in das Wasser gehalten wird und als →*Staudruckmesser* die →*Fahrt* mißt. Dabei steigt der Wasserspiegel mit zunehmender Bootsgeschwindigkeit in der Röhre entsprechend höher, und die Anzeige kann direkt während der Messung von außen abgelesen werden. Das H. arbeitet als →*Pitotrohr* und wird auch als →*Logstab* bezeichnet.

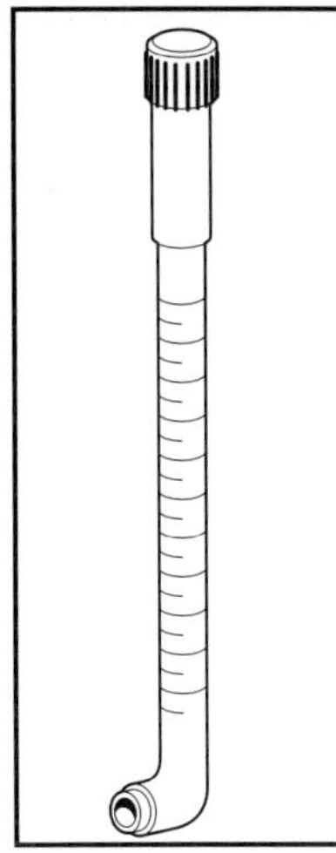

Hand über Hand *(hand over hand)* Das langsame und gleichmäßige →*Holen* oder →*Fieren* eines →*Endes,* wobei abwechselnd eine Hand schnell und ohne Pause vor bzw. hinter die andere gesetzt wird und eine von beiden abwechselnd die gesamte Last hält, im Gegensatz zum →*pullweise* arbeiten.

Hanfseele, die *(heart of a cable)* Eine →*Seele* im →*Drahttauwerk,* die als Lückenfüller zwischen den umgebenden →*Kardeelen* und zu deren Federung dient. Fettgetränkt schützt sie auch die inneren Oberflächen der Stahllitzen.

Hanftauwerk, das *(hemp rope)* Leinen aus Hanf, der in Südeuropa, Kleinasien und Nordafrika wächst und →*Fasern* bis zu 3 m Länge liefert. Früher wegen der hohen Zugfestigkeit und geringen Dehnbarkeit an Bord (außer für Schoten) am meisten verwendet. Heute durch →*Chemiefasern* ersetzt und nur noch mit kleinem Durchmesser für →*Reißgarne* benutzt. Fertigung von H. nach DIN 83325 nur noch mit drei bzw. vier →*Litzen* im →*Trossenschlag* (mit →*Z-Drehung),* im →*Rundgeflecht* und (als einziger Art von →*Tauwerk)* im →*Kabelschlag* mit →*S-Drehung,* d. h. neun →*Litzen* in drei →*Kardeelen* erlaubt.

Hanger, der *(1. topping lift; 2. pendant)* 1. Zwischen zwei Punkten unterschiedlicher Höhe geschorene Tauwerkverbindung, z. B. der →*Aufholer* des →*Spinnakerbaumes* oder die Aufhängung eines Ladegeschirrs. – 2. Ein Ende Tauwerk, das als →*Stander* zwischen zwei Beschlägen gespannt ist, z. B. als →*Bullenstander.*

hart *(hard)* Seem. Ausdruck für „stark“, „hoch“, „weit“, oft auch im Sinne von „so viel wie möglich“, z. B. bei →*hart am Wind,* →*hart Raum,* →*hart Ruder.* Aber auch allgemein üblich benutzt, z. B. als „harter →*Wind“,* „hartes →*Wetter“* u. a.

hart am Wind, hart beim Wind *(close-hauled)* So hoch wie möglich →*am Wind* oder →*beim Wind* segeln, nicht →*kneifen,* aber auf einem →*Amwindkurs* der gesegelten →*Höhe* den Vorzug vor der →*Geschwindigkeit* geben, z. B. wenn man eine Marke noch →*anliegen* will.

Hart-Antifouling, die *(hard-antifouling)* Ein bewuchshemmender Unterwasseranstrich *(→Antifouling),* bei dem das Bindemittel *(→Matrix)* im Wasser unlöslich ist und im Gegensatz zu einer →*Weich-Antifouling* nicht quillt, sondern hart bleibt. Bei einer Konservierung mit H.-A. können die Boote tage- oder wochenlang im →*Winterlager* stehen bleiben. Die Aktivierung der bioaktiven Wirkstoffe (Biozide) in der H.-A. beginnt erst im Wasser. Während hierfür früher metall-organische Zinnverbindungen benutzt wurden, verwendet man jetzt zunehmend ein H.-A. mit Teflon. In warmen Gewässern, bei starkem Algenbefall und starker chemischer Verunreinigung des Wassers verwendet man besser →*selbstpolierende* H.-A. Die alte, ausgelaugte Matrix-Schicht muß vor einem Neuanstrich mit H.-A. entweder abgeschliffen oder mit einem →*Sealer-Überzug* abgedeckt werden.

Härter, der *(temperer)* Flüssiger oder pastenförmiger Zusatz zum →*Polyesterharz,* der die chemische Reaktion der →*Polymerisation* einleitet, die zur Aushärtung der →*Laminate* im Bootsbau aus →*GFK* führt. Der H. muß auf den →*Beschleuniger* abgestimmt sein. Bei einem →*Zweikomponentenlack* ist der mit dem H. abgestimmte →*Beschleuniger* bereits im Stammlack (oder →*Matrix)* enthalten.

Härtezeit, die *(setting time, gel time, time to polimerise)* Die Zeit, die ein →*Polyesterharz* nach Zugabe von →*Härter* und →*Beschleuniger* bei entsprechender Raumtemperatur bis zur völligen Aushärtung benötigt.

hart-raum *(close reach)* Sinngemäß wie →*hart am Wind* der luvwärtige Bereich eines →*raumen Kurses,* der bereits hinter dem →*Amwindkurs* beginnt. Der Bereich h.-r. wird auch →*raum-vorlich* genannt und reicht nach →*Lee* bis zu →*raum-seitlichem* oder →*halbem Wind.*

hart Ruder *(hard over, full rudder)* Die Ruderlage, die für die →*Drehtendenz* einer Yacht die größte Wirkung hat. Sie liegt bei einem Ruderwinkel von ca. 40°, auch wenn man das →*Ruder* (wie z. B. auf einer →*Jolle)* um ca. 90° drehen könnte. Aufforderung für den →*Rudergänger:* „Ruder hart →*Backbord* (bzw. →*Steuerbord)!*“

Hartschaum, der *(rigid polyurethane foam)* Eine bestimmte Art von →*Polyurethanschaum.*

Haufenschichtwolke, die *(stratocumulus)* Graue, geschichtete Wolkendecke als Übergang von einer →*Haufenwolke* zu einer →*Schichtwolke.* Die H. ist typisch für sommerliches Hochdruckwetter mit einer mäßigen →*Brise.*

Haufenwolke, die *(cumulus)* Anzeichen einer stabilen Wetterlage, z. B. →*Landwind* und

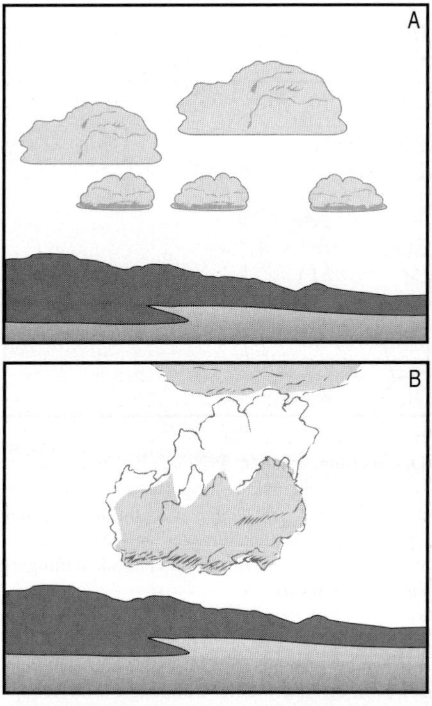

→*Seewind* im periodischen Wechsel von Tag und Nacht. Die H. ist in kleiner Form (flache Haufenwolke, Cumulus = Schönwetterwolke, Abb. A) mit mäßiger →*Brise* verbunden. Bei einer geballten H. (Cumulus congestus, B) muß man mit kräftigem und →*böigem* Wind rechnen. Die sehr hohe, ausgereifte H. wird zur →*Schauerwolke.*

Hauptabmessungen, die *(principal dimensions)* Die wichtigsten Werte, die für die Größe und Leistung eines Bootes angegeben werden (müssen). Dazu gehören:

Lüa: Länge über alles, aber nicht die größte Länge: Wörtlich genommen die Bootslänge einschließlich →*Klüverbaum,* →*Bugkorb,* überstehendes →*Ruderblatt* und mit →*Selbststeueranlage.* Um eine einheitliche „Gesamtlänge" für die Beurteilung und die →*Vermessung* festzulegen, verstehen der →*Germanische Lloyd* und der →*Deutsche Boots- und Schiffbauer-Verband* darunter die „Länge von Hinterkante →*Spiegel* bis Vorderkante →*Vorsteven* in Höhe des →*Decks.* →*Schanzkleid,* →*Scheuerleisten* und →*Beschläge* werden dabei nicht mitgemessen".

Büa: Breite über alles, auch Breite über →*Außenhaut,* d. h. ausschließlich der →*Scheuerleiste,* aber unter Beachtung des →*Seiteneinfalles.*

LWL: Länge in der Wasserlinie, genauer gesagt in der →*Konstruktionswasserlinie,* da sich die →*Schwimmwasserlinie* eines Bootes bei unterschiedlichem →*Trimm* und wechselnder →*Verdrängung* ändert.

BWL: Breite in der Wasserlinie, sinngemäß zu LWL: Dieser Wert kann (im Vergleich mit der Büa) Hinweise auf ein →*rankes* oder →*steifes Boot* bzw. die Größe der →*Formstabilität* geben.

Freibord: Dieses Maß wird als vorderer, mittlerer und →*achterer F.* angegeben. Aus der Addition von F. und →*Tiefgang* ergibt sich gegebenenfalls die für Yachten meistens nicht genannte Seitenhöhe von →*Deck* bis →*Kiel,* die auch für den Bahn- oder Straßentransport wichtig sein kann.

Tiefgang: Meistens auch als „größter T." angegebener Abstand des absolut tiefsten Punktes des →*Kiels* oder →*Ballastkiels* von der →*Konstruktionswasserlinie.* Der T. kann sich mit der →*Verdrängung* ändern.

Segelfl.: Die →*vermessene Segelfläche,* auch die →*Amwindbesegelung,* gegebenenfalls die tatsächliche Fläche des →*Großsegels* und die Fläche des →*Vorsegeldreiecks.* Die entsprechenden Angaben sind nicht einheitlich. In Prospekten wird, um eine möglichst große S. zu erreichen, oft auch die Fläche von Großsegel und →*Genua* addiert.

Gewicht: Im allgemeinen das segelklare Eigengewicht des Bootes, auch das Transportgewicht, aber nicht die →*Verdrängung.*

Ballast: Im allgemeinen das Gewicht des →*Ballastkiels,* für das jedoch das Material (Blei, Eisen, Eisenbeton o. ä.) mit seiner unterschiedlichen →*Dichte* berücksichtigt werden muß, um die tatsächliche, auch durch den →*Tiefgang* gegebene →*Stabilität* ermessen zu können.

Motor: Art und Leistung des Motors, angegeben in Kilowatt und/oder PS.

Für die Beurteilung eines Bootes werden Verhältniswerte aus diesen H. benutzt, z. B. die →*relative Breite,* →*relative Segelfläche* und →*relative Verdrängung.* Mit ihrer Hilfe lassen sich Boote annähernd gleicher Größe, aber mit unterschiedlichen Hauptabmessungen hinsichtlich ihrer Fahreigenschaften oder Fahrtleistungen vergleichen. Die Benennung der H. nach der internationalen →*Yachtbau-Nomenklatur* in EDV-Großbuchstaben finden Sie im Anhang.

Hauptdeck, das *(main deck)* Das oberste, den Bootsrumpf nach außen abschließende →*Deck,* von dem man die Höhe des →*Freibords* ermittelt und das als Bezugslinie für eine →*Vermessung* (z. B. nach →*IMS* oder der →*IOR-Formel)* dient. Das H. ist auch das oberste durchlaufende Deck.

Hauptfahrwasser, das *(main channel)* Ein →*Fahrwasser,* das voll betonnt (→*Betonnung)* und voll befeuert (→*Leuchtfeuer)* ist.

Hauptsegel, die (pl.) *(working sails)* Alle Segel, die beim normalen Segeln auf einem →*Amwindkurs* gesetzt werden können und aus Gründen des

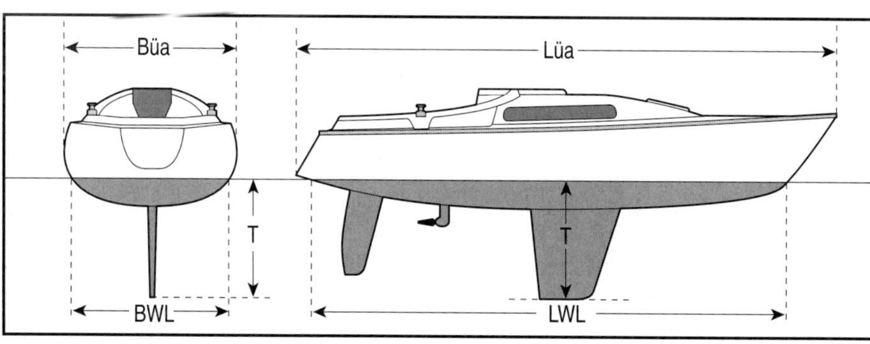

→*Richtungsgleichgewichtes* (in bezug auf das richtige Verhältnis →*Segeldruckpunkt:* →*Lateraldruckpunkt)* gesetzt werden müssen, z. B. Großsegel und Fock. Nach ihrer Form unterscheidet man →*Hochsegel,* →*Gaffelsegel,* →*Luggersegel,* →*Sprietsegel* und →*Stagsegel.* Im Gegensatz dazu können →*Beisegel* anstelle der H. (z. B. die →*Genua* für die →*Fock)* oder als Zusatzsegel neben ihnen (z. B. der →*Spinnaker* neben der →*Fock* oder bei →*Anderthalbmastern* das →*Besanstagsegel* hinter dem →*Großsegel)* gefahren werden. Die H. werden auch als →*Arbeitssegel* bezeichnet.

Hauptspant, der *(midship section)* Querschnitt durch ein Boot an seiner breitesten Stelle, die bei

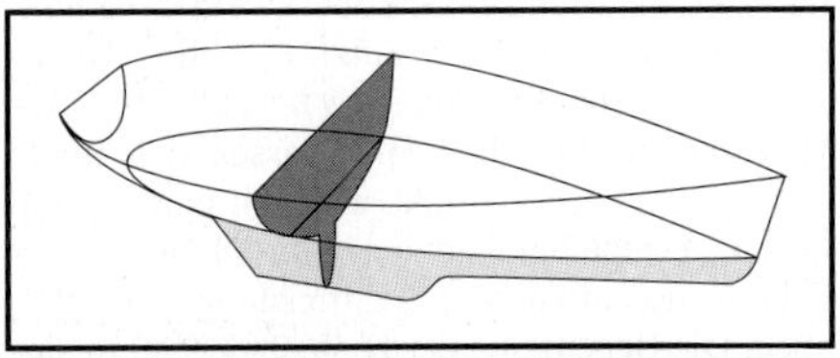

modernen Typen nicht unbedingt auf halber Bootslänge liegen muß. Der H. ist ein Teil des →*Spantenrisses,* während die Hauptspantzeichnung zum →*Bauplan* gehört und die Materialstärken aller Längsschiffsverbände, die Dicke der →*Außenhaut* und den konstruktiven Aufbau des Bootsrumpfes erkennen läßt. Im Wert des →*Hauptspant-Koeffizienten* ist nur die unter der →*Konstruktionswasserlinie* liegende Fläche des →*H.,* nicht aber das →*Überwasserschiff* berücksichtigt.

Hauptspant-Koeffizient, der *(midship section coefficient)* Der →*Völligkeitsgrad* der Hauptspantfläche, siehe dort.

Hausflagge, die *(house flag [burgee])* Die →*Flagge* der →*Kreuzer-Abteilung* und die Flagge des →*DMYV* ist eine H. im Sinne der →*Flaggenordnung,* weil sie verschiedene Fahrzeuge der gleichen Vereinigung kennzeichnet. Sie wird an der →*Saling* gefahren.

Havarie, die *(average, damage)* Unabsichtlich an einem Boot oder Schiff entstandener Schaden, der durch menschliches Fehlverhalten der Besatzung, Versagen von technischen Anlagen an Bord oder durch höhere Gewalt (Sturm, Seegang o. ä.) eingetreten ist. H. kann durch →*Kollision,* →*Leck,* →*Grundberührung,* →*Strandung,* →*Manövrierunfähigkeit,* Verlust der →*Takelage,* Feuer und Maschinenschaden verursacht werden und schließt auch Schäden an fremden Fahrzeugen, →*Seezeichen,* Hafenanlagen u. ä. ein. Die vermögensrechtliche Auseinandersetzung im Falle einer H. wird als „große Havarei" bezeichnet.

Hebel, der; Hebelarm, der *(lever, leverarm)* Ein um eine Achse drehbarer Körper; einfache Maschine z. B. beim →*Auflegen und Aufpallen* des Bootes (Abb.).

Mit einer geringen Kraft am langen Hebelarm kann man eine große Kraft am kurzen Hebelarm bewirken. Der Hebelarm ist in der →*Stabilität* als Abstand der nach unten ziehenden Schwerkraft und des nach oben wirkenden →*Auftriebs* von Bedeutung, z. B. das →*Stabilitätsmoment.* Als H. arbeitet auch eine →*Schotwinde.*

Hebelstrecker, der *(runner lever, forestay release lever)* Ein →*Beschlag,* der im Gegensatz zur

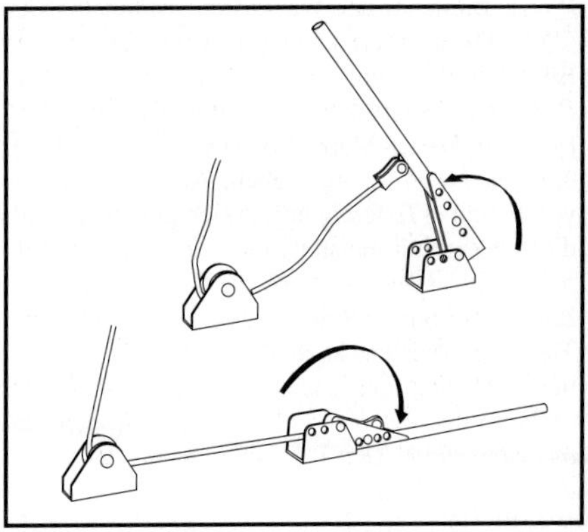

→*Streckertalje* durch Hebelwirkung das gewünschte →*Durchsetzen* von einem →*Liek* oder einem →*Want* erlaubt.

Heck, das *(stern)* Der hintere Teil eines Bootes, das Gegenstück zum →*Bug.* Der Bootsrumpf kann hier spitz zulaufen oder mit einem breiten →*Spiegel* enden, in einem →*Überhang* auslaufen oder mit dem Über- und Unterwasserschiff auf gleicher Länge abschließen, so daß sich unterschiedliche →*Heck-*

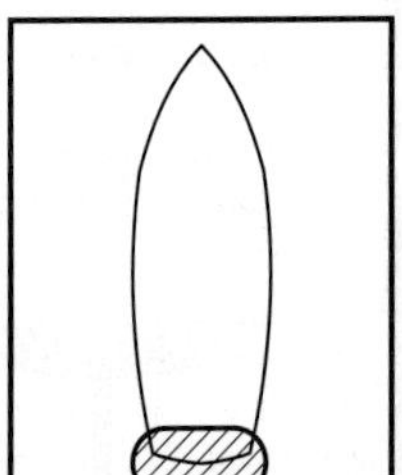

formen ergeben, die durch den Fahrbereich, die Konstruktion oder den persönlichen Geschmack bestimmt werden.

Heckanker, der *(stern anchor)* Ein →*Anker,* der an einer →*Heckleine* ausgebracht wird, wenn das Boot in engem →*Fahrwasser* vor 2 Ankern liegen muß, weil es nicht →*schwojen* darf, oder mit dem →*Bug* zur →*Pier* liegt und das →*Heck* nur mit einem Anker gehalten werden kann.

Heckform, die *(shape of the stern)* Unterschiedliche Form des →*Achterschiffs,* die bereits vor dem eigentlichen →*Heck* beginnen muß, um dem Bootsende die durch →*Tiefgang* oder →*Tragfähigkeit* bedingte oder aus Gründen der →*Seefähigkeit* gewünschte H. zu geben. Man unterscheidet ein konventionelles und verkürztes →*Yachtheck,* ein schräges oder gerades →*Plattgatt,* ein →*Spiegelheck,* →*Spitzgattheck* und →*Kanuheck.* Der →*Yachtbau* aus →*GFK* erlaubt die Gestaltung immer neuer, modernerer und für spezielle Zwecke geeigneterer Heckformen, z. B. das →*Schaufelheck* mit einer aus der verlängerten Außenhaut des Unterwasserschiffes geformten Badeplattform, die wiederum als →*Stufenheck* mit dem Bootsrumpf integriert wurde. Auch die Bezeichnung einer H. als „negativer" oder „positiver" Spiegel bzw. die Kombination dieser Benennung ist möglich.

Heckkorb, der *(pushpit)* Der aus Stahlrohr gebaute feste achtere Abschluß der →*Seereling,* der mindestens ca. 1,0 m vor dem →*Heck* beginnt und an der Kante des →*Achterschiffs* fest mit dem →*Deck* verankert ist. Er dient gleichzeitig wie der →*Bugkorb* auf dem →*Vorschiff* als Endbeschlag für →*Handlauf* und →*Durchzug* der →*Reling.*

hecklastig *(down by the stern)* Der →*Trimmzustand* eines Bootes, bei dem seine Längsachse nach

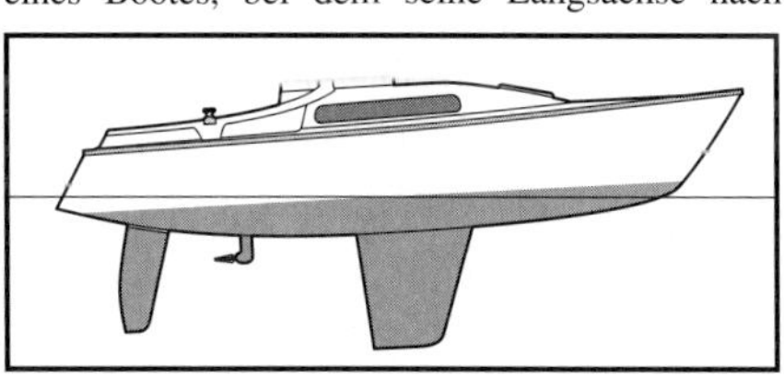

→*achtern* geneigt ist und das →*Heck* über die →*Konstruktionswasserlinie* hinaus tiefer eintaucht, auch →*achterlastig* oder →*steuerlastig* genannt.

Hecklaterne, die *(poop lantern, stern light)* Eine →*Laterne,* die über der →*Kiellinie* am →*Heck* des Bootes fest angebracht ist, mit ihrer Petroleum- oder elektrischen →*Lampe* ein Licht mit einer →*Mindesttragweite* von 2 sm zeigt, den Bedingungen der vertikalen →*Lichtverteilung* entspricht und den für das →*Hecklicht* vorgeschriebenen →*Schein* mit einem →*Leuchtwinkel* von 135° zuläßt. Bei Verwendung einer →*Dreifarbenlaterne* auf Segelfahrzeugen von weniger als 20 m Länge übernimmt diese auch die Aufgaben der H.

Heckleine, die *(stern rope, stern line)* Ein →*Festmacher,* der in →*Kielrichtung* nach →*achtern* ausgebracht ist, wenn das Boot achtern an einer →*Boje,* einem →*Dalben,* einem →*Pfahl* oder auch vor einem →*Heckanker* liegt.

Heckleiter, die *(stern [boarding] ladder, poop ladder)* Eine →*Bordleiter,* die als →*Sicherheitsleiter* mit beiklappbarem Unterteil am →*Heck* befestigt ist.

Hecklicht, das *(stern light)* Ein weißes →*Licht,* das mit der →*Hecklaterne* gezeigt wird und nach

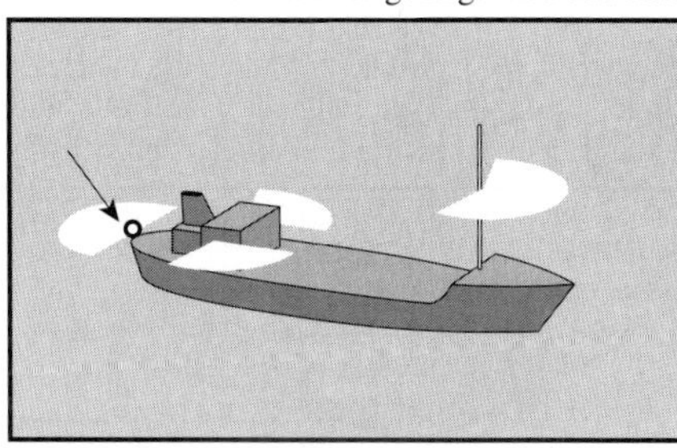

den →*KVR* und anderen Bestimmungen zur →*Lichterführung* von →*recht achteraus* 67,5 Grad (6 →*Strich)* nach jeder Seite scheinen und mindestens 2 sm weit sichtbar sein muß.

Heckplattform, die *(stern platform, transom platform)* Eine an das →*Heck* angebaute und von Bauteilen aus rostfreiem Stahl frei über dem Wasser gehaltene Standfläche mit einer integrierten →*Gräting,* die als Badeplattform dient. Sie ist oft mit einer →*Heckleiter* verbunden, so daß sie auch zur Aufnahme eines Geretteten nach einem →*Mann-über-Bord-Manöver* dienen kann. Auch ein →*Beiboot* kann (hochkant) anstelle einer Aufhängung in →*Davits* einen Platz auf einer H. finden. Eine in den Bootsrumpf integrierte H. wird zum →*Schaufelheck* oder →*Stufenheck.*

Heckschot, die *(stern sheeting system)* Führung der →*Großschot* von der →*Baumnock* zum →*Heck.* Insbesondere bei kleinen →*Jollen* oder

→*Seekreuzern* üblich, wenn der begrenzte Platz in der →*Plicht* die Anordnung einer (segeltechnisch vorteilhaften) →*Mittelschot* verhindert. Der →*Großbaum* muß bei einer H. kräftiger gebaut sein, weil der gesamte →*Schotenzug* an der →*Nock,* seinem äußersten Ende wirkt.

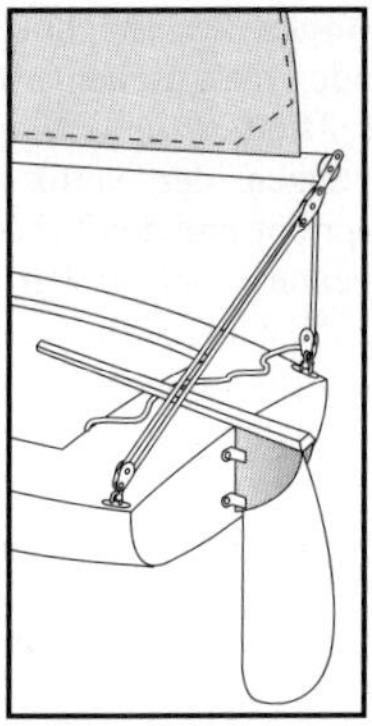

Heckstrahlruder, das; Heckpropeller, der; Heckschraube, die *(stern thruster, lateral stern thrust drive)* Zur Erleichterung des →*Manövrierens,* insbesondere beim →*Anlegen,* →*querschiffs* im →*Unterwasserschiff* nahe am →*Heck* eingebauter Tunnel mit einem elektrisch oder hydraulisch angetriebenen →*Propeller.* Ein H. ist ein →*Querstrahlruder,* das wie ein →*Bugpropeller* arbeitet. Weitere Einzelheiten siehe dort.

Heckwelle, die *(stern wave)* Durch die Fahrt des Bootes am →*Heck* entstehende Querwelle, die sich schräg nach →*achtern* ausbreitet und sich mit

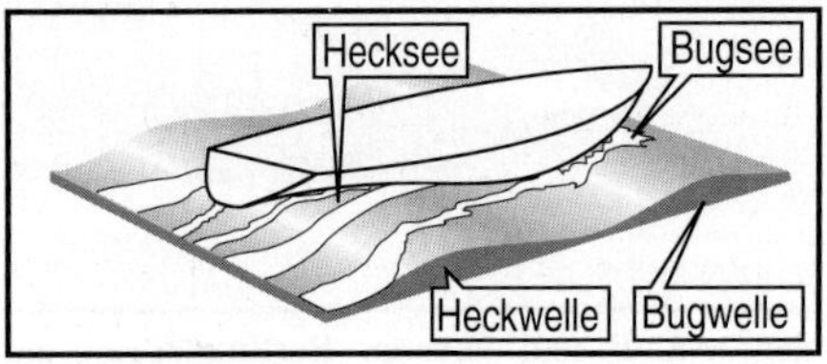

dem Boot bewegt. Sie ist praktisch der hintere Wellenberg in dem →*Wellensystem,* das ein Boot in →*Verdrängerfahrt* erzeugt und das sich um so deutlicher ausprägt, je näher ein Boot einer →*Fahrt* mit einem →*Geschwindigkeitsgrad* von R = 4,5 kommt.

Heimathafen, der *(home port, port of registry)* Bei Schiffen und größeren Yachten, die in das →*Schiffsregister* eingetragen sind, der betreffende →*Hafen,* der auch am →*Heck* geführt wird. Yachten geben statt dessen nur die Initialen ihres →*Yachtclubs* an.

Heimatwimpel, der *(homeward bound pennant)* Ein überlanger, schmaler →*Wimpel,* den ein Boot nach einer →*Langfahrt* auf der Heimreise oder vom Einlaufen in die →*Küstengewässer* bis in den Heimathafen im →*Großtopp* führt. Seine Länge ist von der Zeit der Abwesenheit oder der seit dem Verlassen des Heimatreviers zurückgelegten →*Distanz* abhängig.

Heimreise, die *(return voyage, homeward trip)* Die →*Rückreise* einer →*Yacht* vom Ziel einer Fahrt zum →*Heimathafen,* im Gegensatz zur →*Ausreise.*

Heiß, die *(hoist)* 1. Die Höhe einer →*Flagge,* am →*Flaggenstock* entlang gemessen. – 2. Mehrere Signalflaggen, die als Gruppe an einer →*Flaggleine* übereinander gesetzt werden. – 3. Die entlang des →*Vorlieks* gemessene Höhe eines Segels vom →*Hals* zum →*Kopf.* – 4. Die mittschiffs gemessene Höhe eines →*Rahsegels.* – 5. Die Gesamtheit aller miteinander verbundenen Gegenstände bei jedem Vorgang des →*Heißens.*

Heißauge, das *(hoisting pad, pad eye)* Ein hochbelastbares →*Auge* zum →*Heißen* des gesamten Bootes. Einzeln in der Nähe des →*Gewichtsschwerpunktes* angebracht, meistens jedoch →*vorn* und →*achtern* befestigt.

heißen, hissen *(to hoist)* Mit einem →*Ende* oder einer →*Talje* einen Gegenstand in die Höhe ziehen, z. B. ein →*Beiboot* an den →*Davit,* eine →*Flagge* an die →*Saling* o. ä. Das entsprechende Kommando lautet: „Heiß auf!", das auch zum →*Setzen* eines Segels angewandt wird. Wenn dabei etwas bis zu seinem üblichen höchsten oder richtigen Punkt geheißt werden soll, z. B. eine Flagge, nennt man es →*vorheißen* (bis an die →*Flaggengaffel* o. ä.), und auf das Kommando: „Heiß Flagge!" wird bei der →*Flaggenparade* die →*Nationale* gehißt. Soll nur ein Teilweg aufgeholt werden, so spricht man von →*anheißen,* z. B. beim →*Schwert.*

„Heiß auf!" *(„hoist!")* Kommando zum →*Heißen* oder →*Hissen.*

Hekto- (h) Faktor 100 im →*Internationalen Einheitensystem.* Beispiel: hl = Hektoliter = 100 l.

Hektopascal, das Seit 1983 in der →*Wetterkunde* benutzte →*meteorologische* Einheit nach dem →*Internationalen Einheitensystem,* die →*Millibar* für die Angabe des →*Luftdrucks* ersetzt hat. 1 hPa = 100 Pascal ist physikalisch = 1 mbar, so daß sich (außer der Benennung) keine Änderungen von Millibar-Skalen oder -Einteilungen ergeben.

Hellegatt, Helgatt *(store room)* Ein kleines →*Gatt,* genau als „Höllenloch" Bezeichnung für kleine, sehr weit vorn oder sehr tief im Schiff liegende Stauräume für spezielle Ausrüstungsteile, z. B. Bootsmannsh., Laternenh., Farbenh. o. ä. genannt. Ein H. ist oft nur auf großen →*Yachten* anzutreffen.

Helling, die *(building berth, slipway, launching way)* Der mit einer Neigung zum Wasser erbaute Bauplatz eines →*Schiffes,* von dem der →*Stapellauf* erfolgen kann. Alle →*Seeschiffe* liegen auf einer H. rechtwinklig zum Wasser, →*Binnenschiffe* laufen →*quer ab,* weil sie wegen ihrer →*Länge* und mit geringerem →*Freibord* sonst Schaden nehmen könnten. Auch die →*Slipanlage* oder →*Rampe* ist im Prinzip nichts anderes als eine H. Die H. wurde früher auch der Helgen genannt.

Herausforderungspreis, der *(challenge prize)* Ein →*Regattapreis,* der neben den →*Klassenpreisen* als →*Sonderpreis* gegeben und z. B. durch 3 aufeinanderfolgende Siege oder durch 3 Siege außer der Reihe endgültig gewonnen werden kann.

Herkules-Tauwerk, das *(Hercules rope)* Handelsname für →*Fasertauwerk,* das um eine Drahtseele geschlagen ist.

Herrensegler, der *(yachtsman, amateur sailor)* Ein Sportsegler, der das Segeln nur als Sport und nicht als →*„bezahlte Hand“,* als Beruf oder zum Gelderwerb betreibt. Ein →*Amateur* im Sinne der früheren →*Wettsegelbestimmungen.*

Hertz *(cycles per second [c/s])* Maßeinheit der →*Frequenz,* nach dem deutschen Physiker Heinrich Hertz (1857 bis 1894) benannt. 1 Hertz (Hz) = 1 Schwingung/s. 1 Kilohertz (1 kHz oder 10^3 Hz) = 1 000 Schwingungen/s, englische Bezeichnung 1 kc. 1 Megahertz (1 MHz oder 10^6 Mz) = 1 000 000 Schwingungen/s, englische Bezeichnung 1 mc. 1 Gigahertz (1 GHz oder 10^9 Hz) = 1 000 000 000 Schwingungen/s, englische Bezeichnung 1 gc. Die Umrechnung von →*Frequenz* (in kHz) in Wellenlänge (in m) erfolgt nach der Formel

$$\frac{300\,000}{\text{Frequenz in kHz}} = \text{Wellenlänge in m}$$

und von Wellenlänge (in m) in Frequenz (in kHz) nach der Formel

$$\frac{300\,000}{\text{Wellenlänge in m}} = \text{Frequenz in kHz}$$

Beispiel: Der →*UKW-Kanal 16* hat die Frequenz 156,8 MHz. Welches ist die Wellenlänge?
– Vorbereitung: 156,8 MHz ergeben 156 800 kHz.
Lösung:

$$\frac{300\,000}{156\,800} = 1{,}913 \text{ m}$$

Der Kanal 16 arbeitet mit 1,913 m oder im 2-m-Band. Beispiel: Umrechnung der Wellenlänge von 1,913 m in die entsprechende Frequenz:

$$\frac{300\,000}{1{,}913} = 156\,821 \text{ kHz} = 156{,}8 \text{ MHz}$$

Hertzsche Welle, die Siehe →*Welle (Hertzsche Welle).*

Heuer, die *(wages)* Urspr. der Mietlohn, heute der Arbeitslohn der Seeleute. Die H. wird als festes Entgelt in einem Heuervertrag festgelegt und nach einem Heuertarif gezahlt. Das mit dem Begriff →*heuern* verbundene Anwerben einer Crew ist in der Sportschiffahrt sinngemäß in der →*Heuerstelle* enthalten, in der Berufsschiffahrt jedoch weitgehend auf den Begriff →*anmustern* übergegangen.

Heuerbaas, der *(shipping master)* Ein heute kaum noch benutzter Begriff für einen Vermittler von Arbeitsplätzen auf Schiffen.

Heuerbüro, das *(shipping office)* Eine →*Heuerstelle* für Seeleute, die ein →*Heuerbaas* unterhält.

heuern *(to hire)* Das Anwerben einer Besatzung in der Berufsschiffahrt und auch das Suchen und Verpflichten einer →*Crew* auf Seekreuzern durch die →*Heuerstelle.*

Heuerstelle, die Eine unverbindliche Vermittlungsstelle für Seesegler, die von der →*Kreuzer-Abteilung* eingerichtet ist, um Wünsche nach Mitseglern (von Eignern) und Heuern (von Mitseglern) zu vermitteln. Die H. ist sinngemäß ein →*Heuerbüro,* doch wird vom Eigner natürlich keine →*Heuer* gezahlt.

Heultonne, die *(whistle buoy)* Mit einem Heuler oder einer Pfeife ausgerüstete →*Bakentonne,* die durch ihre Vertikalbewegung oder →*Tauchschwingung* im →*Seegang* selbsttätig Schallzeichen gibt.

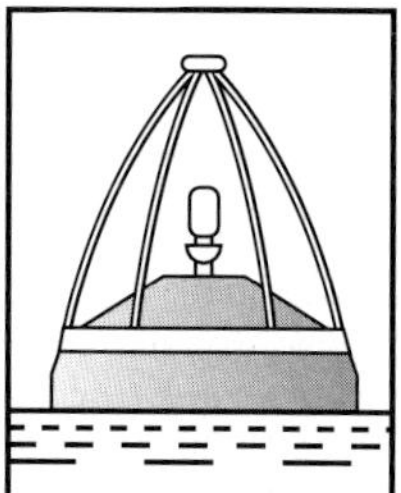

hieven *(to heave, to hoist, to lift)* Das Hochziehen, Aufwinden oder Heißen einer an einem Tau bzw. Seil aufgehängten Last mit Hilfe einer Winde. An Bord einer Yacht spricht man meistens nur vom H. des Ankers beim →*Ankerlichten.*

Hilfeleistung, die *(assistance)* Juristischer Begriff aus dem internationalen Bereich von Seerecht und →*Versicherung.* H. liegt vor, wenn man einem fremden →*Boot* in →*Seenot* behilflich ist oder wenn die eigene →*Yacht,* ihre →*Crew* oder die →*Ausrüstung* durch die Hilfe Außenstehender aus einer Seenotlage gerettet werden. Zur H. gehören das →*Abbringen vom Grunde,* die Begleitung im Falle einer →*Havarie,* Abgabe oder Aufnahme eines verletzten Mitglieds der →*Besatzung,* Hilfe bei →*Mann über Bord* oder Feuer. Besteht die H. im →*Abschleppen,* entsteht bei der Übergabe der →*Schlepptrosse* der international übliche „open contract", der auf der Basis „no cure, no pay" abgeschlossen gilt: ein Leistungsvertrag auf der Grundlage „kein Erfolg – keine Bezahlung". Durch →*Bergung* oder →*Abschleppen* wird kein Eigentum an dem geretteten Fahrzeug erworben. Der Berger hat lediglich ein Pfandrecht an der geborgenen Sache bis zur Höhe des von ihm geforderten Lohnes, der gegebenenfalls nach Abschluß der H. durch ein Schiedsgericht bestimmt werden kann.

Hilfsbesegelung, die *(auxiliary sails)* Die Segel einer mit einem starken Motor ausgerüsteten

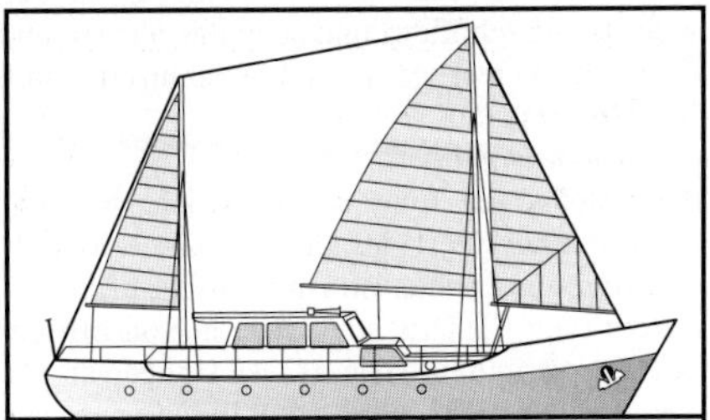

Yacht, die nur als →*Stützsegel* bei →*Dwarssee* dienen, bei günstigem Wind zusätzlich zum Motor oder an seiner Stelle dem Boot →*Fahrt* verleihen oder bei seinem Ausfall das Boot manövrierfähig halten.

Hilfskompaß, der Kleinerer →*Kompaß* für →*Jollen,* der nicht zur →*Kurswahl* oder →*Schiffsortbestimmung,* sondern nur als Orientierungshilfe z. B. bei →*Nebel* benutzt wird. Ein H. als →*Jollenkompaß* ist meistens mit einer →*taktischen Rose* ausgerüstet. An Bord größerer Yachten nur als Reservekompaß üblich.

Hilfsleistungslohn, der *(payment for assistance, payment for rescue)* Die Bezahlung von Fremdleistungen im Falle von →*Seenot.* Ein gesetzlicher Anspruch auf H. besteht nur, wenn tatsächlich ein Fall von →*Hilfeleistung* im Sinne des HGB und bei einer Situation von →*Seenot* vorliegt. Seenot ist dabei eine tatsächlich bestehende oder bei verständiger Beurteilung annehmbare Gefahr für →*Schiff* und →*Besatzung,* die von der →*Crew* nicht mit eigenen Mitteln überwunden werden kann. H. muß z. B. gezahlt werden, wenn eine →*festgekommene* und damit →*manövrierunfähig* gewordene →*Yacht* →*abgeschleppt,* d. h. →*freigeschleppt,* bei einer →*Havarie* geholfen, an Bord einer anderen Yacht ein →*Feuer* gelöscht oder ein (verletztes) Mitglied einer fremden →*Besatzung* übernommen wurde. Die Höhe des H. richtet sich dabei nach den Aufwendungen des Helfers, seinen ausgesetzten Gefahren und eventuell erlittenen Schäden sowie dem Wert des eingesetzten Fahrzeugs. Der H. darf den Wert der geretteten Gegenstände nicht übersteigen und wird allgemein mit weniger als einem Drittel angesetzt. Ein Anspruch auf H. besteht nicht, wenn eine Yacht z. B. in einer →*Flaute* liegt und von einem anderen →*Fahrzeug* (der →*Schiffahrt,* der →*Sportschiffahrt* oder der →*DGzRS)* als →*Schlepper* bis in den nächsten Hafen mitgenommen wird. Ein gegenteiliges Urteil des Amtsgerichtes Hamburg-Blankenese 1990 gegen die 7 m lange GOLDEN YEARS, für ein 25 sm langes „Mitnehmen am Haken" auf der Weser durch ein Boot der DGzRS an diese 1808,00 DM zu zahlen, dürfte daher unrichtig sein, auch wenn dieser →*Schlepplohn* als „technische Hilfeleistung" eingeklagt wurde.

Hilfsmotor, der *(auxiliary [engine])* Der kleine →*Außenborder* oder →*Einbaumotor* geringer Leistung, der auf einem →*Seekreuzer* mit einer vollwertigen →*Takelage* für eine ausreichende →*Reisegeschwindigkeit* bei →*Flaute* und befriedigende Manövrierfähigkeit ohne Segel beim →*Anlegen* oder →*Ablegen* oder zum →*Einsteuern* sorgt. Die erwünschte →*Geschwindigkeit* mit einem →*Geschwindigkeitsgrad* von ca. R = 3,0 wird mit einer Motorleistung von ca. 3 kW oder 4 PS je 10 m² Segelfläche bzw. je Tonne →*Verdrängung* erreicht.

Hilfsstander, der *(repeater, substitute)* Zweifarbiger →*Stander* im →*Flaggenalphabet* des →*Internationalen Signalbuches,* der zur Wiederholung eines Buchstabens in der gleichen Gruppe an der gleichen →*Heiß* dient. Es gibt 3 H., von denen der 3. H., allein gesetzt, gleichzeitig als →*Zollzeichen* beim →*Fahrtensegeln* dient.

Hilfsruder, das *(servo rudder)* Eine meistens durch eine →*Windfahne* einer →*Selbststeueranlage* bediente schmale →*Trimmklappe,* die an der Achterkante des →*Ruderblattes* befestigt ist und mit →*Gegenruder* durch sehr geringen Kraftaufwand das →*Ruder* legen und damit das Boot auf dem gewünschten →*Kurs* halten kann.

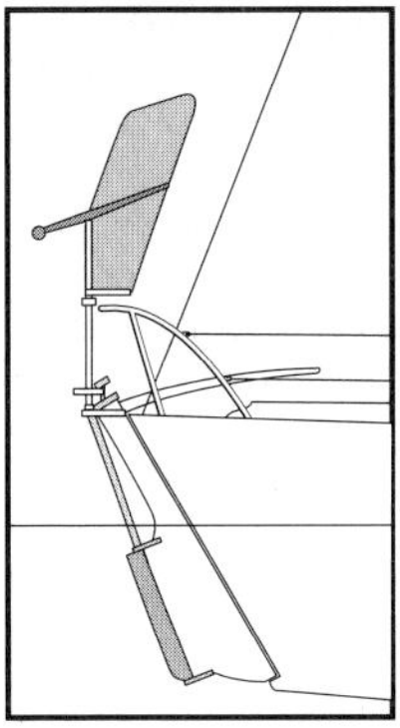

Himmelsäquator, der *(celestial equator)* Der →*Großkreis* der Himmelskugel, dessen Ebene senkrecht zur Erdachse steht und einen 090°- Abstand zum nördlichen und zum südlichen →*Himmelspol* hat.

Himmelskugel, die *(celestial sphere)* Eine gedachte Kugel von unendlich großem Durchmesser, in dessen Mittelpunkt die Erde steht. Die am Himmel sichtbaren Himmelskörper denkt man sich praktisch auf die Innenwand dieser Kugel projiziert.

Himmelsmeridian, der *(celestial meridian)* Großkreis der →*Himmelskugel* durch die →*Himmelspole,* →*Zenit* und →*Nadir.*

Himmelspole, die *(celestial poles; celestial north pole; celestial south pole)* In der →*astronomischen Navigation* die Schnittpunkte der verlängerten Erdachse mit der →*Himmelskugel.* Der Himmelsnordpol liegt dabei im →*Zenit* des →*Nordpols* der Erde, der Himmelssüdpol im Zenit des Erdsüdpols.

HIN, Abk. für Hull Identification Number, siehe →*Schiffskörper-Kennzeichnung.*

Hindernis, das *(obstruction)* 1. Beim →*Rennsegeln* ein Boot in →*Fahrt* oder →*vor Anker* oder ein anderer Gegenstand wie z. B. eine →*Boje,* →*Buhne,* →*Anleger* o. ä., der mindestens eine Bootslänge entfernt ist und eine →*Yacht* zu einer →*Kursänderung* zwingt, um von dem H. →*freibleiben* oder es passieren zu können. – 2. Ein übliches Schiffahrtsh. kann z. B. als →*Bagger* sichtbar oder, wenn es unter dem →*Wasserspiegel* liegt, als →*Gefahrenstelle* gekennzeichnet sein.

Hirnholz, das *(cross-cut timber, end-grain timber)* Quer zur Faserrichtung geschnittenes →*Massivholz,* das besonders druckfest und verwindungssteif ist. Es findet daher, in schmalen Streifen geschnitten, als Füllmaterial Verwendung, z. B. aus leichtem →*Balsa-Holz* in →*Balsa-Sandwich.*

H-Jolle Als →*nationale Klasse* anerkannte älteste →*Konstruktionsklasse* in →*Rundspantform,* Baumaterial des Rundspantrumpfes freigestellt, →*Takelung* wahlweise mit →*Gaffel-* oder →*Hochsegel.* Lüa 6,20 m, Büa 1,80 m, Tiefg. Rumpf 0,20 m, mit Schwert 1,20 m, Verdr. segelf. min. 190 kg, vermessene Segelfl. 15 m^2, tatsächlich ca. 18 m^2.

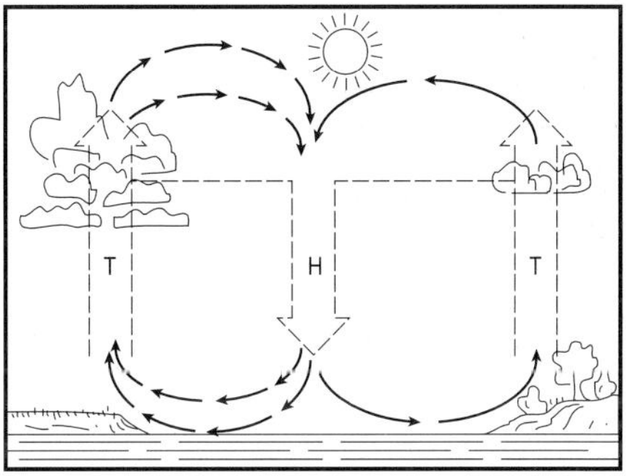

Hochdruckgebiet, das (Hoch) *(anticyclone)* Gebiet hohen →*Luftdruckes* mit geringem →*Druckgefälle,* kleinen →*Windgeschwindigkeiten* im Zentrum, nicht oder nur gering bewölktem Himmel und trockenem Wetter.

hoch am Wind *(close-hauled, close to the wind)* Sinngemäß ein →*Amwindkurs* wie →*hart am Wind,* auf dem man vor allem →*Höhe* laufen will.

hochbordig *(high-freeboarded)* Ein Boot mit einem relativ hohen →*Freibord.*

Hochdruckkeil, der *(wedge)* Gebiet relativ hohen →*Luftdrucks,* das sich keil- oder zungenförmig von einem zentralen →*Hochdruckgebiet* erstreckt. Die Wettererscheinungen in diesem Hochausläufer sind die gleichen wie in einem Hoch, aber von geringerer Dauer, weil sich der H. meistens schneller bewegt.

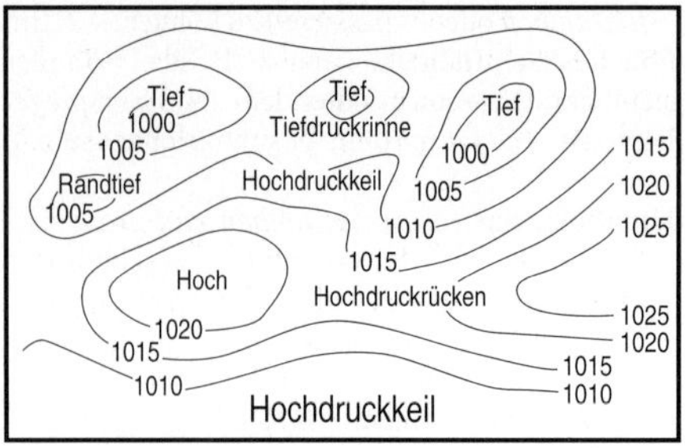

Hochdruckrücken, der *(ridge)* Ein schmales Gebiet mit relativ hohem Luftdruck, das zwei →*Hochdruckgebiete* wie ein Streifen miteinander verbindet.

Hochgeschwindigkeitsfahrzeug, das *(High Speed Craft)* Bezeichnung für ein →*Fahrzeug* bzw. →*Maschinenfahrzeug* im Sinne der →*KVR,* das Geschwindigkeiten von mehr als 25 →*Knoten* laufen kann und daher besonders ausgerüstet (z. B. mit →*Nachtsichtgeräten* und →*Radartransponder)* und zur Unterscheidung von der normalen →*Schiffahrt* speziell gekennzeichnet sein muß. Als H. gelten z. B. die als →*Katamarane* gebauten →*Fähren,* die auf der Ostsee und im Ärmelkanal eingesetzt sind.

Hochsee, die *(high seas, further off shore)* Alle Seegebiete, die sehr weit von der →*Küste* entfernt sind. Siehe auch →*hohe See.*

Hochseefahrt, die; Hochseesegeln, das *(sailing further offshore, ocean sailing)* Sowohl das Segeln auf der →*hohen See* wie auf der →*Hochsee,* auch als →*Blauwassersegeln* bezeichnet. Der Übergang zum →*Ozeansegeln* oder →*Transozeansegeln* ist fließend. Für die H. kann man den →*Sporthochseeschifferschein* erwerben.

Hochseeregatta, die (*offshore race)* Eine →*Seewettfahrt* für →*Seekreuzer,* die in →*Ausgleichsklassen* nach der →*IOR-Formel* oder ohne Vergütung in →*Tonnerklassen* und auf Kursen segeln, die auf der freien See über Distanzen zwischen 200 sm und ca. 700 sm liegen und als →*Bahnmarken* →*Feuerschiffe,* →*Tonnen,* Inseln mit →*Leuchttürmen* oder markante Landmarken haben. Eine bekannte H. ist z. B. das Bermuda Race, Fastnet Race, Gotland runt, das Skagen-Rennen u. a. Hochseerennen über größere Distanzen werden als →*Transozean-Regatten* bezeichnet.

Hochseeyacht, die *(ocean going yacht)* Ein →*Seekreuzer,* der nach →*Konstruktion,* Bauweise und →*Ausrüstung* zum →*Hochseesegeln* geeignet ist.

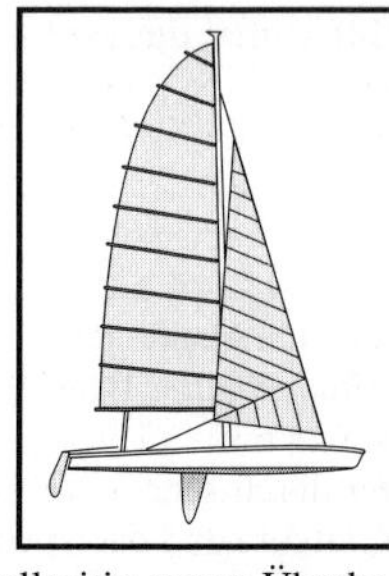

Hochsegel, das *(jib-headed mainsail)* Im Gegensatz zum →*Gaffel-,* →*Lugger-* oder →*Sprietsegel* ein dreieckiges Segel, das an bzw. hinter dem →*Mast* an einem →*Fall* gefahren wird. Dieses greift im →*Kopf* in einer einzigen →*Kausch* an, die durch ein →*Kopfbrett* allseitig gegen Überbelastung gesichert ist. Das →*Achterliek* wird durch mehrere →*Segellatten* (auf unterschiedlichen Höhen) nach →*achtern* ausgespreizt. Mit Hilfe von →*durchgehenden Latten* kann man dem H. die optimale Form eines →*aerodynamischen Profils* geben und damit die Segelfläche im Verhältnis zu allen anderen →*Schratsegeln* am besten ausnutzen (Abb.). Das H. wird auch Bermuda-Segel und die →*Hochtakelung* dementsprechend →*Bermuda-Takelung* genannt.

Hochspannungsleitung mit Sicherheitsdurchfahrtshöhe *(power transmission line with safe overhead clearance)* Zeichen in der →*Seekarte,* siehe →*Karte 1* im Anhang.

Hochtakelung, die *(jib-headed rig, masthead rig)* Die →*Takelung* mit →*Hochsegeln* oder Bermuda-Segeln, in der Anfangszeit ihrer Ausbreitung im internationalen Yachtsport (nach ca.

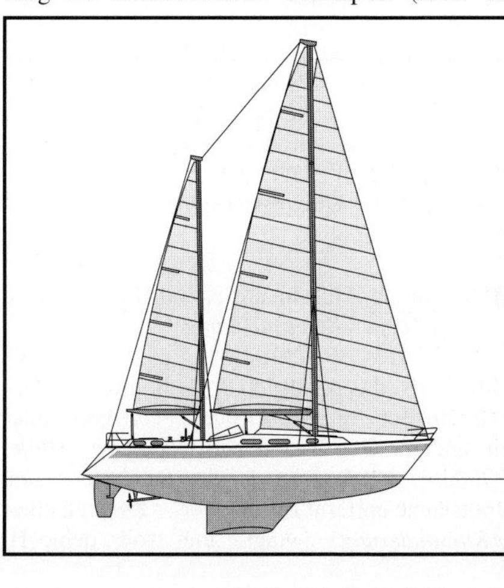

1920) auch →*Marconi-T.* genannt. Sie löste die →*Gaffeltakelung* ab und verdrängte auch fast vollständig die →*Lugger-* und →*Spriettakelung.* Die H. stammt von den Bermuda-Inseln mit vorherrschend leichten Winden, die den Einsatz leichter Masten erlaubten, aber gleichzeitig auch maximale →*Takelungshöhe* mit Rücksicht auf den →*Windgradienten* erforderten. Die Abb. zeigt eine →*Schoneryacht* mit H. Vorn →*Fockmast* mit →*Schonersegel* und →*Fock,* achtern →*Großmast* mit →*Großsegel.*

„hoch und trocken" *(high and dry, hard and fast)* Übliche Bezeichnung für ein Boot, das (nicht nur bei →*Ebbe)* gestrandet ist und nicht mehr im Wasser liegt. Auch Bezeichnung für das →*Winterlager* oder den →*Liegeplatz* auf einem Bootsparkplatz an Land.

Hochwasser, das *(high water, high tide)* Eintritt des höchsten Wasserstandes als →*Tidenhochwasser* beim Übergang vom Steigen zum Fallen zwischen →*Flut* und →*Ebbe.*

Hochwasserhöhe, die *(height of high water)* Die auf →*Kartennull* bezogene Höhe einer →*Gezeit* bei →*Hochwasser.*

Hochwasserzeit, die *(time of high water)* Tag und Uhrzeit, zu denen das →*Hochwasser* eintritt.

Hogging *(hogging)* Englischer Begriff für →*Kielaufbuchtung,* wenn ein Boot beim Segeln im Seegang auf dem →*Wellenberg* liegt. Auch →*Katzenrücken* genannt.

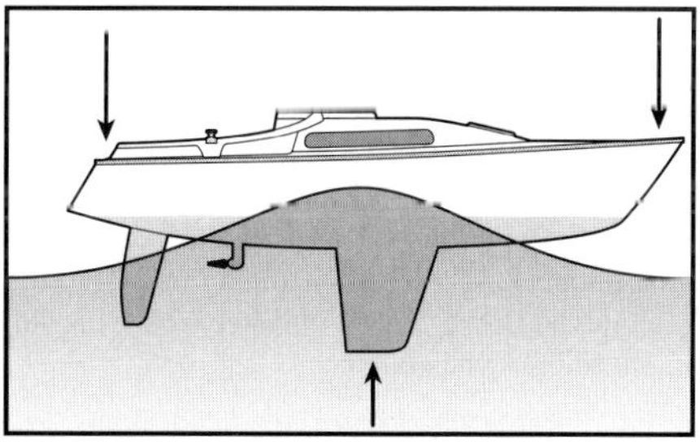

Höhe der Gezeit, die *(height of tide)* Der auf →*Seekartennull* bezogene Wasserstand im →*Tidengewässer.*

Höhe (eines Gestirns), die *(1. apparent altitude, 2. true altitude)* 1. Der gemessene Winkel zwischen einem Gestirn und der →*Kimm,* auch →*Kimmabstand* genannt. – 2. Der Winkel am Erdmittelpunkt zwischen einem Gestirn und dem →*wahren Horizont.* Dabei sind die →*Höhenparallaxe* und die →*Kimmtiefe* berücksichtigt.

Höhe laufen, Höhe halten *(pointing high)* So →*hoch am Wind* wie möglich laufen, ohne dabei an →*Fahrt* einzubüßen.

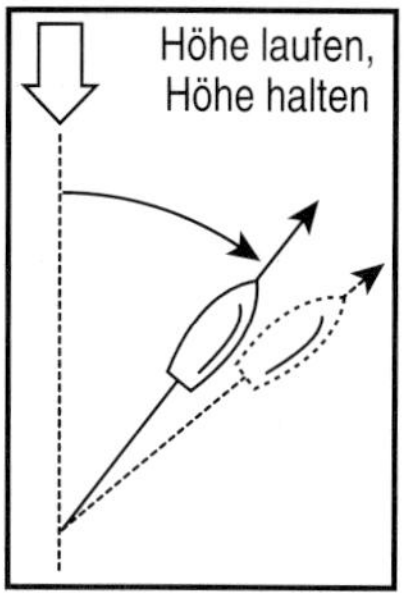

Höhe halten, (mehr) Höhe laufen, höher halten Als Meßwert dieses Begriffes dient allgemein der Winkel zwischen →*Windrichtung* und Richtung des →*Kurses* (Abb. a, A), z. B. mit 4 Strich = 45° angegeben. Unlogisch wird man, wenn eine Yacht höher an den Wind geht (z. B. auf 35° an den Wind), aber sich dabei der Meßwert (von 45 auf 35) verkleinert. Von dem →*Luvweg* und einer Senkrechten zur →*Windachse* (Abb. a, B) scheint man dabei auszugehen. Tatsächlich ist in der Terminologie der alten segelnden Seefahrer die →*Höhe* (Abb. a, C) ein Meßwert zwischen →*Lee* = unten und →*Luv* = oben (Abb. b). Gegenüber den Griechen, die nur etwa 14 Strich an den Wind gehen oder besser 22° „hoch" halten konnten, segelten die Kolumbus Schiffe bereits „höher" (Abb. c). Die Wikinger gingen mit ihren Langschiffen bereits 8 Strich und wiederum „höher" an den Wind (Abb. d), die →*Klipper* (Abb. e) liefen wiederum „höher", und ihnen gegenüber hält eine →*Yacht* am höchsten (Abb. f). Anstatt „mehr Höhe", von unten gerechnet, zu sagen, sollte man daher von einem „kleineren Winkel zum Wind" (auf die Windachse bezogen) oder einem größe-

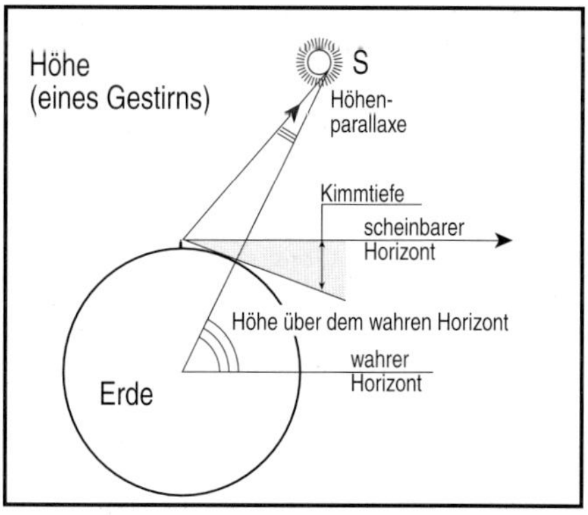

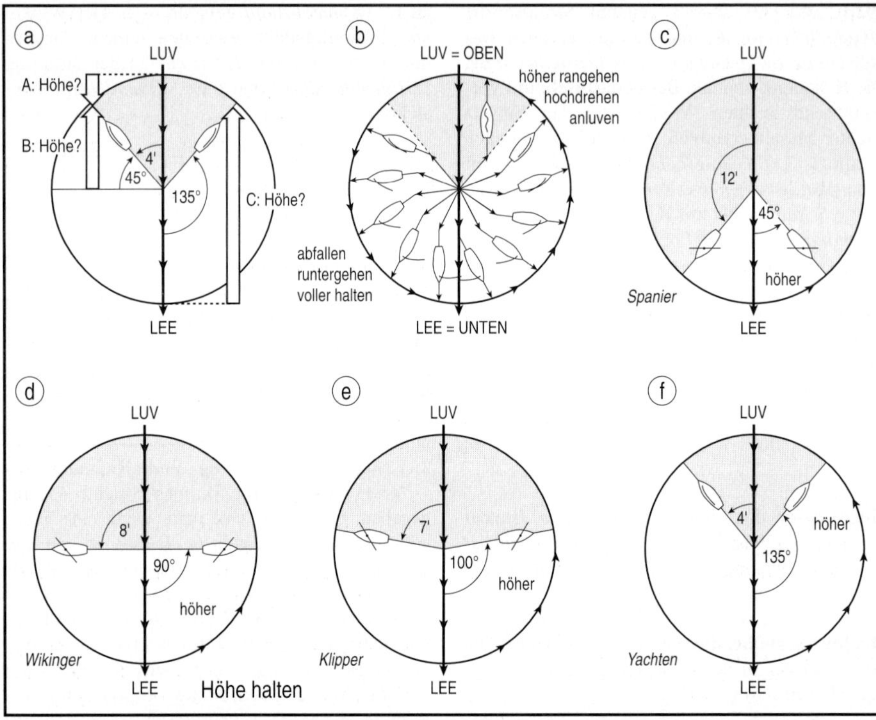

ren „Luvweg" bzw. einer größeren →*Luvgeschwindigkeit* sprechen (siehe auch Abb. zu →*Luvbegriff* und →*Kreuzwinkel*). Auch das Gegenteil von „höher rangehen" oder →*anluven,* nämlich „runtergehen" oder →*abfallen,* bezieht sich ja auf diesen unteren Punkt der Windachse oder →*Lee.*

Höhe über NN *(altitude)* Abstand einer Horizontalebene oder eines Punktes von →*Normalnull,* auch als Höhe über dem mittleren Meeresspiegel verstanden.

hohe See, die *(high sea, deep sea)* Alle Meeresgebiete, die nicht zu den →*Hoheitsgewässern* zählen und juristisch als →*freies Meer* gelten.

Hoheitsgebiet, das *(maritime territory)* Die zwischen der →*Staatslandgrenze* und der →*Hoheitsgrenze* eines Küstenstaates liegende Drei- oder Zwölf-Meilen-Zone vor der →*Küste,* abhängig von den entsprechenden gesetzlichen Bestimmungen des Küstenstaates.

Hoheitsgewässer, die *(territorial waters)* Die längs der Küste eines Staates mit einer →*Seegrenze* liegenden Teile des Meeres, die sich von seiner →*Hoheitsgrenze* bis landwärts zur →*Küste* erstrecken. Sie gehören zum entsprechenden Staatsgebiet und unterstehen der Hoheit einschließlich des Luftraumes über und dem Meeresgrund unter dem H. wie das sich anschließende Festland.

Hoheitsgrenze, die Die Grenze des Hoheitsgebietes eines Küstenstaates gegen die offene See. Sie liegt nach klassischer internationaler Rechtsauffassung 3 sm oder 5556 m seewärts der →*Staatslandgrenze,* doch ist jeder Staat international berechtigt, die H. nach eigenen volkswirtschaftlichen und Sicherheitsinteressen festzulegen und die Breite der →*Hoheitsgewässer* bis auf 12 sm selbst zu bestimmen.

Höhenmethode, die *(intercept method, altitude azimuth)* Verfahren der →*astronomischen Navigation,* eine →*Standlinie* aus der gemessenen →*Höhe* eines Gestirns zu bestimmen. Die Auswertung erfolgt durch Vergleich der tatsächlich gemessenen Höhe mit der für den angenommenen →*Schiffsort* zum Zeitpunkt der Beobachtung errechneten Höhe mit Hilfe der →*H.O. Tafeln,* z. B. →*H.O. Nr. 249.*

Höhenparallaxe, die *(parallax in altitude)* Der Winkel an einem Gestirn zwischen Beobachter und Erdmittelpunkt. Sie muß bei der →*Beschickung* zur wahren →*Höhe* eines Gestirns angebracht werden.

Höhenpunkt, Höhe in Metern *(spot height, height in metres)* Zeichen aus →*Karte 1* im Anhang.

Höhenwinkel, der *(vertical sextant angle)* Der mit einem →*Sextanten* oder einem anderen Meß-

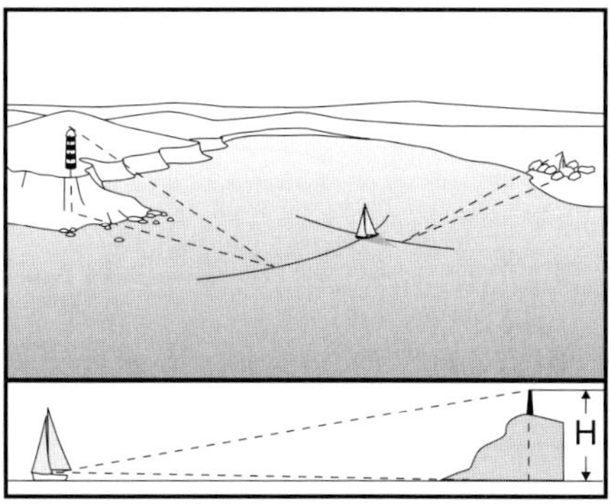

gerät ermittelte Winkel, unter dem ein Objekt bekannter Höhe (ein →*Leuchtturm,* eine →*Landmarke* o. ä.) einem Beobachter erscheint und zur Abstandsbestimmung dient. Nach den Formeln

$$\text{Distanz (in sm)} = \frac{13}{7} \times \frac{H}{m}$$

$$\text{oder} = 1{,}86 \times \frac{H}{m}$$

in denen H die Höhe des Objektes in Metern und m der gemessene Höhenwinkel in Minuten (Bogen) ist, erhält man eine kreisförmige Standlinie um das Objekt mit der Distanz in Seemeilen als Radius und benötigt nur noch einen zweiten H. zu einem anderen Objekt oder eine →*Peilung* für einen →*wahren Schiffsort.*

höhere Gewalt, die *(act of God, act of providence, vis major)* Ein Begriff des →*Schiffahrtsrechts* und der →*Versicherung* für Umstände und Ereignisse, die für →*Skipper* und →*Besatzung* unvorhersehbar und unabwendbar waren und mit eigenen Kräften oder →*Bordmitteln* nicht gemeistert oder verhütet werden konnten. Als h. G. können Einwirkungen durch Naturgewalten (→*Orkan,* schwerer →*Seegang)* gelten, die eine →*Havarie* verursachten und zum →*Stranden* oder →*Sinken* einer →*Yacht* führten, aber auch Kriegsereignisse oder Piratenüberfälle, die außerhalb der Ordnung einer normalen →*Schiffahrt* liegen.

Hohenzollernknoten, der Ein Zierknoten, der zum →*Fancywork* gehört und in Bändseln (Pfei-

fenbändseln) verwendet wird. Man nimmt das Bändsel doppelt, legt den →*Tampen* in Form einer Acht auf die flache Hand, bekneift ihn zwischen Daumen und Handkante und legt dann das Bändsel weiter durch die Buchten, immer abwechselnd über und unter die Parten.

hohl *(hollow, concave)* Eine konkave Linie im →*Hauptspant* oder →*Spantenriß* oder eine →*Wasserlinie* im →*Linienriß* eines →*Bootes,* die nicht als einmal gekrümmte Kurve oder konvexe, runde oder volle Linie verläuft, z. B. im Linienriß einer Yacht mit Klippersteven.

hohle See, die *(hollow sea, chopping sea)* Wellen mit besonders steilen Kämmen und →*Brechern,* die hauptsächlich beim Übergang vom tiefen zum flachen Wasser und bei starkem Seegang auftreten, z. B. bei einer →*Grundsee.*

Hohlflechtung, die *(plaited rope without central core; multiplaited)* Eine Machart für →*Tauwerk* aller Art, nicht nur in der Stärke von →*Leinen,* sondern auch von →*Trossen.* Dabei werden die →*Kardeele* nicht →*geschlagen,* sondern paarweise ohne Kern →*geflochten* (Abb.). Für →*Ankerleinen,* →*Schlepptrossen* und →*Festmacher* hat sich die Kombination von Fasern aus →*Polypropylen* und →*Polyester* bewährt. Die H. wird jetzt nach DIN 83305 →*Quadratgeflecht* genannt.

Hohlkammerbaum, Hohlkammer-Großbaum *(main boom with inboom-furling)* Ein →*Großbaum,* der sich in einem Hohlkasten dreht und dabei auch das mit einem →*Drehreff* aufgerollte →*Großsegel* aufnehmen kann. Es wird dazu von der →*Plicht* aus mit einer →*Reffleine* bedient, die (im Gegensatz zu einem →*Rollreff)* eine →*Reff-*

trommel mit waagerechter Drehachse bedient. Unter dem Handelsnamen „Sailtainer" auch als →*Roll(en)großbaum* bezeichnet.

Hohlkammermast, der *(mast with hollow chamber, trade name „stoway mast")* Ein →*Mast* aus

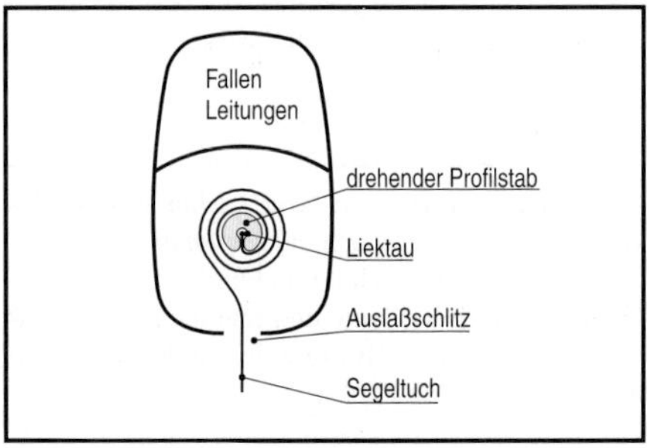

→*Aluminium,* in dessen Innerem eine →*Rollreffanlage* für ein →*Rollreff-Großsegel* arbeitet. Ein H. hat an seiner Achterkante die übliche →*Nut* zum Austritt des Segels. Er ist inwendig geteilt. Im vorderen Drittel werden →*Fallen,* elektrische Leistungen für →*Topplicht* und Antennenkabel geführt (Abb.).

Hohlkehle, die *(groove, fillet, hollow chamber)* Schlitz mit trichterförmiger Ausnehmung in einem →*Mast,* einer →*Spiere* oder einem →*Profilstag,* in den das mit einem →*Liektau* genähte Segel eingezogen werden kann. Dass. wie →*Keep.* Auch →*Göhl* genannt.

Hohlmast, der *(hollow mast, box mast)* Im Gegensatz zum →*gewachsenen* oder →*Vollmast* aus Holz und zur Unterscheidung von einem →*gebauten Mast* ein innen bis zur dünnen Wandung ausgehöhlter Mast mit den Vorteilen eines leichten →*Toppgewichtes* und den Voraussetzungen für die Entwicklung der →*Hochtakelung,* heute hauptsächlich aus →*Aluminium* gefertigt.

Hohlspleiß, der Ein spezieller →*Spleiß* im →*geflochtenen Fasertauwerk* mit und ohne →*Seele,* z. B. in einer hohlgeflochtenen →*Polyethylen-Leine.* Erforderliches Werkzeug eine Ahle oder ein →*Marlspieker,* die zwei Queröffnungen schaffen, durch die der →*Tampen* durchgesteckt wird. Dann wird die →*Spleißnadel* längs der Leine durch den inneren Hohlraum ca. 20 bis 30 cm weit geschoben, ehe sie wieder austritt und der Tampen abgeschnitten wird. Je größer die Zugkraft, desto fester hält der äußere Mantel den innen liegenden Tampen fest.

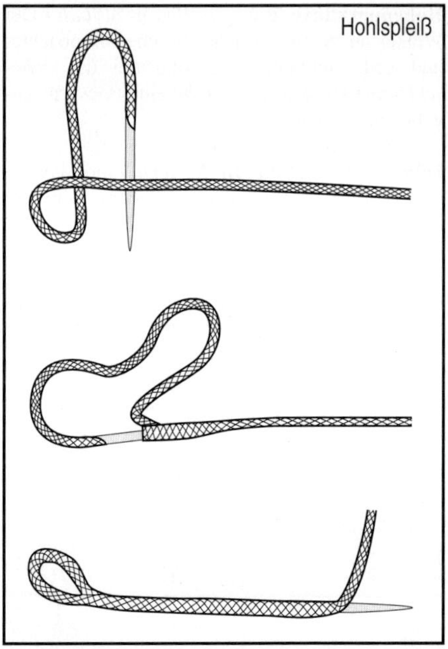

Holebändsel, das *(hauling lanyard)* Ein →*Bändsel* zum Herausziehen eines Gegenstandes, z. B. das H. an einer →*Segellatte.*

Holebug, der *(fetching tack, long tack, slant tack)* Auch →*Streckbug* genannter langer und günstiger →*Schlag,* auf dem man beim →*Kreuzen* nicht nur Distanz nach →*Luv* (→*Luvraum,* →*Luvweg*) gewinnt, sondern auch gleichzeitig dem Ziel unmittelbar näher kommt, es →*holen* kann. Ein H. ergibt sich nur, wenn das Ziel nicht genau in Windrichtung oder in der →*Windachse* liegt, z. B. beim →*Aufkreuzen* in engen Revieren oder wenn sich auf einem →*Dreieckskurs* die Richtung des →*atmosphärischen Windes* nach dem →*Start* änderte. Die Regel lautet dann: H. immer zuerst, damit man bei neuerlicher, ungünstiger Richtungsänderung des Windes so weit wie möglich in Luv und

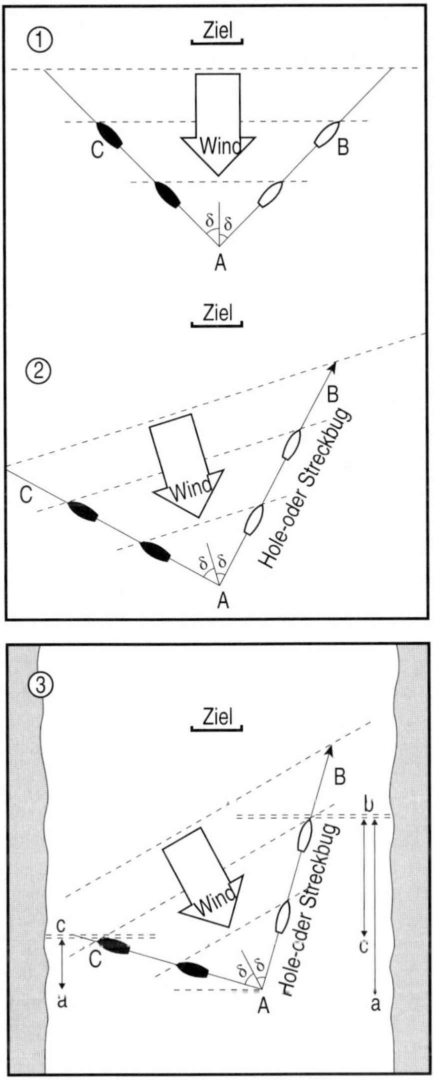

gleichzeitig so nahe wie möglich bei →*Bahnmarke* oder →*Ziellinie* steht. Abb. 1 zeigt, daß beide Boote gleiche →*Höhe* laufen. In Abb. 2. führt der →*Schlag* des weißen Bootes näher an das Ziel. Abb. 3 zeigt die unterschiedliche Distanz auf dem H. (a–b) und auf dem anderen Bug (a–c) zum Ziel.

holen *(1. to haul, to pull; 2. to fetch)* 1. Seemännischer Ausdruck für „ziehen", z. B. Bestandteil von →*einholen*, →*aufholen* u. a. sowie der Substantive →*Niederholer*, →*Beiholer* u. a. Die Art des Ziehens bezeichnet man als →*pullweises Holen* oder →*Hand-über-Hand-Holen*. – 2. Seglerausdruck für „erreichen", „fassen": Man kann z. B. eine →*Huk* oder eine →*Bahnmarke* holen. Eine positive alternative Bewertung eines Kreuzschlages in bezug auf Richtung und →*Distanz* zum Ziel gibt auch der →*Holebug* an.

holende Part, die *(running part, hauling part)* Bei einem →*Fall*, einer →*Schot* o. ä., die als →*Talje* geschoren sind, das Ende, das man →*holt*, im Gegensatz zur →*festen Part*, die →*angeschäkelt* ist oder an der beim →*Heißen* die Last hängt.

Holepunkt, der *(hauling point)* Der Punkt an →*Deck*, zu dem der optimale →*Schotenzug* eines

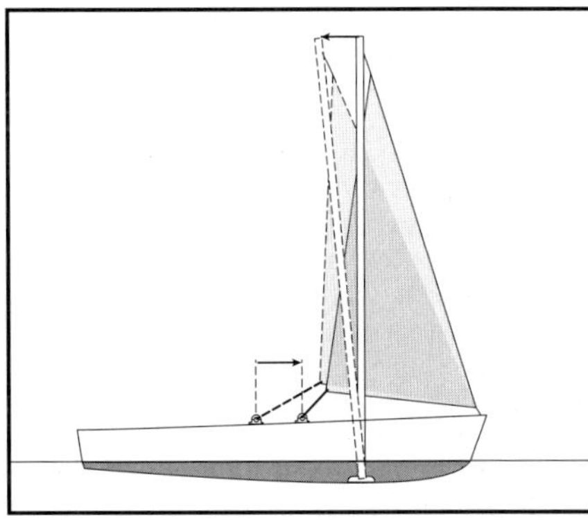

→*Vorsegels* verläuft. Er liegt ungefähr in Richtung der Winkelhalbierenden am →*Schothorn* des entsprechenden Segels und muß bei Benutzung mehrerer Vorsegel daher verstellbar auf einer →*Leitschiene* angebracht sein. Am H. befindet sich eine →*Leitöse* oder ein →*Leitblock*, oft nur ein →*Augbolzen*, um die →*Schot* vom H. zur →*Klampe* oder →*Schotwinde* →*holen* und →*belegen* zu können.

Holz, das *(wood)* Siehe →*Massivholz* und →*Bootsbausperrholz*.

Homing *(engl.)* Eine →*Zielfahrt*. Der Begriff wurde ursprünglich nur in der →*Funknavigation* als direkte Ansteuerung eines →*Funkfeuers* an einer →*Küste* oder einer →*Seenotfunkbake* auf →*hoher See* gebraucht. In der →*Wegpunktnavigation* ist H. eine Primitivlösung, bei der man seine →*rechtweisende Peilung* zu einem →*Wegpunkt* steuert und dabei →*Mißweisung*, →*Deviation* (und mögliche →*Beschickung für Wind und Strom)* unbeachtet läßt. Man erreicht sicher sein Ziel, aber der →*Kurs über Grund* kann in einer Hundekurve verlaufen.

H. O. Nr. 249 *(H. O. No. 249)* Übliche Kurzbezeichnung für die in der →*astronomischen Navigation* auf →*Langfahrten* vielfach benutzten amerikanischen Höhen- und Azimut-Tafeln (engl. *tables of computed altitude and azimuth*), die nach dem Hydrographic Office der USA benannt waren und seit ca. 1995 unter der Bezeichnung →*PUB.NO. 249* herausgegeben werden.

Hopperbagger, der *(hopper dredger)* s.→*Bagger.*

Horizont, der *(horizon)* Der →*sichtbare H.* oder die →*Kimm* ist der Umkreis eines Beobachters, in dem sich Himmel und Erdoberfläche zu berühren scheinen. Man unterscheidet davon in der →*astronomischen Navigation* den →*scheinbaren H.*, der um den Wert der →*Kimmtiefe* über dem sichtbaren H. liegt und als Horizontale zum Lot bis zum Himmelsgewölbe verstanden wird, d. h. wenn die Erde keine Kugel, sondern eine Scheibe wäre. Auf den wahren H., dessen Ebene durch den Erdmittelpunkt geht, werden Gestirnsbeobachtungen bezogen. Radar-H. und Funk-H. (Radio-H.) bezeichnen die →*Reichweite* zwischen Sender und Empfangsstation. Ein künstlicher H. wird bei Höhenmessungen ohne →*sichtbaren H.* benutzt.

Horizontalschnitt, der *(cross-cut, horizontal-cut)* Der Schnitt z. B. eines →*Großsegels,* bei

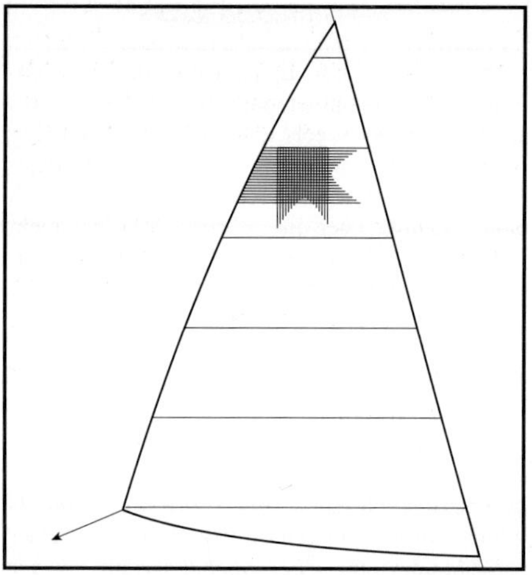

dem die →*Bahnen* horizontal ausgelegt sind. Die →*Schußfäden* im Gewebe liegen dabei parallel zu den Kraftlinien im →*Achterliek.* Die Nähte liegen dabei so günstig, daß man durch entsprechende →*Überlappung* des Segeltuches die günstigste →*Segelwölbung* sehr einfach herstellen kann.

Horizontalwinkel, der *(horizontal angle)* Der mit einem →*Sextanten* oder einem anderen Meß-

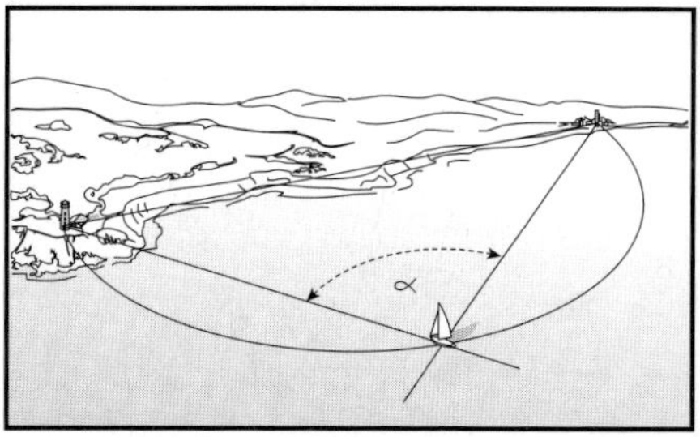

gerät ermittelte horizontale Winkel, unter dem ein Beobachter 2 Landmarken sieht. Er kann auch mit der →*Peilscheibe* als Unterschied der relativen →*Bordpeilung* zweier gleichzeitig sichtbarer Objekte ermittelt werden und dient in der →*terrestrischen Navigation* entweder mit einem zweiten H. (zu einem dritten Objekt) oder einem →*Höhenwinkel* zur →*Schiffsortbestimmung* ohne →*Magnetkompaß* und seiner möglichen Fehlanzeige (Abb.).

Horizontparallaxe, die (HP) *(parallax in horizon, HP)* In der →*astronomischen Navigation* bei der Beobachtung der →*Höhe* eines Gestirns der Spezialfall der →*Höhenparallaxe,* wenn sich das Gestirn im →*scheinbaren Horizont* befindet und die Höhe über dem scheinbaren Horizont h'= 0 ist.

Horn, das *(horn, clew)* Die Ecke eines Segels, Wortbestandteil z. B. in →*Schothorn,* →*SprietHorn* u. a., aber auch in der klassischen Seemannssprache das ohne nähere Bezeichnung „die H." genannte Kap Hoorn zur Unterscheidung vom klassischen →*„Kap",* dem Kap der Guten Hoffnung.

Hostalen PPN Markenname für →*Polypropylenfasern* deutscher Produktion (Hoechst), die zur Herstellung von →*Fasertauwerk* aus →*Chemiefasern* dienen.

Hostalen Markenname für →*Polyethylenfasern* deutscher Produktion (Hoechst), die zur Herstellung von →*Fasertauwerk* aus →*Chemiefasern* dienen.

HO-Tafeln, die *(tables of computed altitude and azimuth)* Bezeichnung der früheren amerikanischen Höhentafeln →*H. O. Nr. 249* für die →*astronomische Navigation,* die seit ca. 1995 als →*PUB.NO.249* herausgegeben werden. Zur Auswertung von Gestirnsbeobachtungen geht man mit der →*Rechenbreite* und der →*Rechenlänge* eines →*Koppelortes* ein.

Hovercraft *(Hovercraft)* Ein Schwebe- oder Luftkissenboot, das als echtes Amphibienfahrzeug über Land und Wasser eingesetzt werden kann, während ein „Hovermarine" Steueranlagen im Wasser behält und nicht über Land fahren kann. Einsatz in großen Einheiten z. B. als Schnellfähren über den Ärmelkanal.

H. P. *(Abk. für horse power)* Engl. Einheit für die Leistung, z. B. eines →*Hilfsmotors* auf der vergleichbaren Basis
1 H.P. = 1,01387 PS = 0,7457 kW

HSC / V = > 25 kn Internat. Abk. für „High Speed Craft with speed of more than 25 knots", siehe →*Hochgeschwindigkeitsfahrzeug.*

Huari-Takelung, die *(a.: houari-rig, e.: gunter rig)* Im frühamerikanisch-indianischen Seefahrtgebiet entwickelte Steilgaffel-Takelung, siehe →*Gunter-Takelung.*

Hubkiel, der *(lifting keel)* Dem →*Steckschwert* vergleichbare Einrichtung, um eine →*Kielflosse*

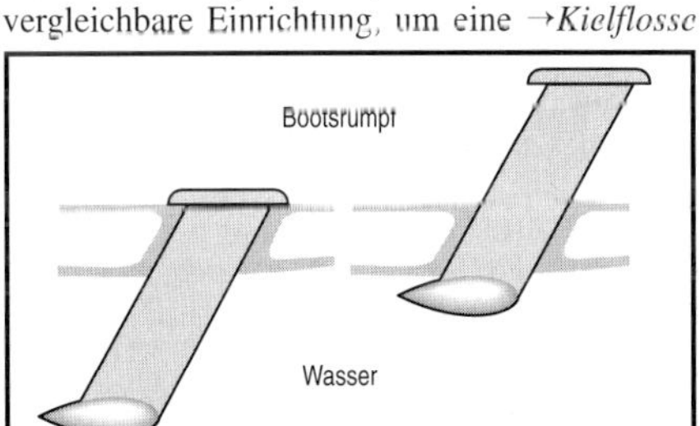

mit oder ohne →*Wulstkiel* in einen entsprechenden wasserdichten Kielkasten →*aufholen zu können.* Man benutzt diese Bezeichnung auch bei →*Kielschwertern.* Demgegenüber spricht man von →*Einholekiel,* wenn das Heben und Senken nur an Land und aus Gründen eines bequemeren Transportes auf dem →*Trailer* erfolgt.

Hubkieler, der *(yacht with lifting keel)* Im Gegensatz zu einem →*Kielschwerter* und einer

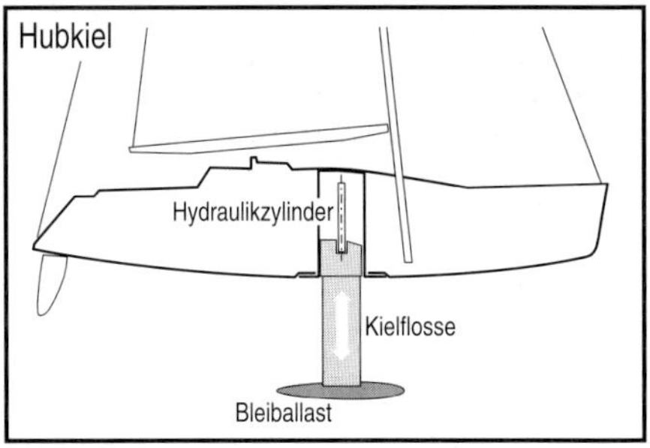

→*Schwenkkielyacht* ist ein H. einer →*Kielyacht* ebenbürtig, wenn sein →*hydrodynamisch* optimal geformter →*Hubkiel* auf vollen →*Tiefgang* gefiert ist (Abb.). Bei einem etwa 12,50 m langen →*Seekreuzer,* der als H. gebaut ist und bei z. B. 3,90 m →*Büa* einen Rumpftiefgang von ca. 1,00 m hat, kann die einziehbare →*Flosse* mit dem angehängten →*Ballastkiel* von etwa 4 t hydraulisch oder elektrisch bis zur halben Kajüthöhe in ihren Kielkasten angehoben und bis zu einem Kieltiefgang von über 2,00 m stufenlos gefiert werden. Ein H. kann mit einem →*Hubruder* gebaut werden.

Hubruder, das *(lifting rudder)* Meistens ein geringfügig vorbalanciertes →*Festruder,* bei dem der untere Teil des →*Ruderblattes* mit einer Zugstange senkrecht in den Schlitz eines →*Profilruders* aufgeholt und eingezogen werden kann. Mit einem H. sind vornehmlich →*Hubkieler,* →*Schwenkkieler* und →*Kielschwerter* ausgestattet.

Hufeisenspleiß, der *(horseshoe splice)* Zwischen eine in Form einer →*Bucht* gelegte bzw. fast

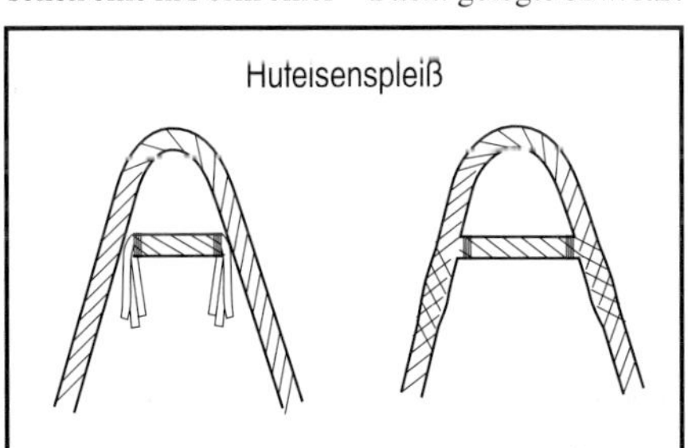

in Gegenrichtung geführte →*Leine* wird ein kurzes →*Ende* derart eingespleißt, daß die Form eines Hufeisens entsteht (Abb.). Der dem →*Buchtspleiß* verwandte H. oder Spannspleiß wird am stehenden →*Rigg* gebraucht, wenn die

Richtung von →*Wanten* oder →*Stagen* für ein →*Bändsel* zu weit voneinander abweicht.

Huk, die *(head)* Haken, Ecke oder (gekrümmter) Vorsprung an einer →*Küste.*

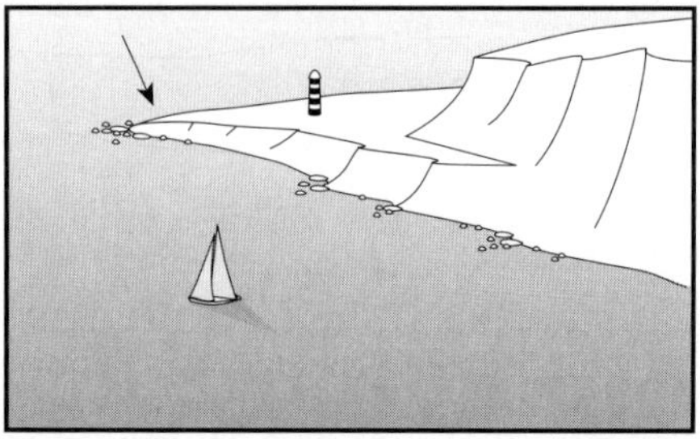

Hulk, die *(hulk)* 1. Bezeichnung eines abgetakelten alten Schiffes, das im Hafen, am →*Dalben* oder an der →*Boje* als →*Wohnschiff,* Lagerraum oder Werkstatt dient. 2. In der Hansezeit ein mit →*Rahsegel* und →*Lateinsegel* ausgerüstetes Handels- oder Kriegsschiff.

Hundekoje, die *(quarter berth)* Im →*Achterschiff* unter Deck zwischen den Wänden von

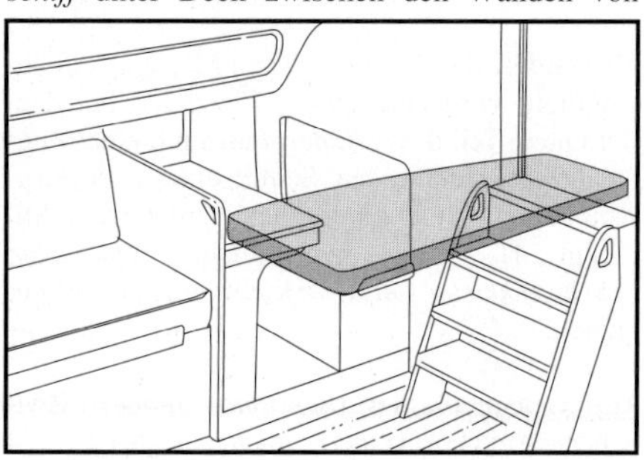

→*Bordwand* und →*Plicht* eingebaute Koje, in die man nur von dem frei neben dem →*Niedergang* liegenden Kopfende aus hineinkriechen kann. Sie gehört meistens dem →*Navigator,* der von der Plicht aus schnell erreichbar sein muß, und ihr Kopfende ist daher oft als Sitzbank hinter dem →*Kartentisch* gebaut.

Hundekurve, die *(dogleg(ed) curve; dog's way through the current)* Der für einen Hund typische Schwimmweg von einem Ufer eines fließenden Gewässers zu einer gewählten Position auf dem anderen Ufer. Ohne dabei den herrschenden →*Strom* beachten und etwas gegen die →*Stromversetzung* tun zu können, hat der Hund dabei unbeirrt seinen beabsichtigten →*Landeplatz* im Visier und läuft dabei mit diesem Kurs (Hunde-

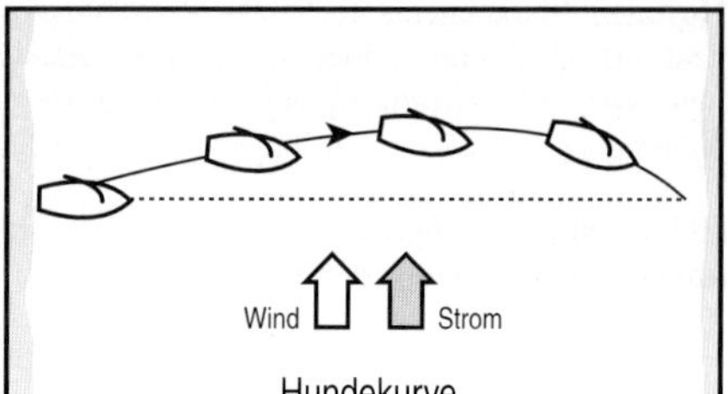

Hundekurve

schnauze in →*Recht-Voraus-Richtung)* notgedrungen einen Kurvenweg →*über Grund,* der am anderen Ufer zunehmend gegen den Strom führt. Eine solche H. wird in manchen Lehrbüchern der →*Navigation,* z. B. beim →*Homing* mit →*GPS* auf einen →*Wegpunkt,* zum Schreckgespenst einer künstlich-komplizierten Kurswahl gemacht, ohne dabei korrekt festzustellen, daß ja die entsprechende Schwimmleistung eines Hundes in keiner Beziehung zur Fahrtleistung einer →*Yacht* steht, der für die Hunde-Versetzung notwendige starke →*Strom* nur in (begrenzten) →*Tidengewässern* meßbar ist und eine Yacht unter Segeln auf ihren vorwiegend gewählten →*raumen Kursen* und unter Motor sehr selten mit starken und einseitigen →*Querab-Kräften* von Wind und Strom rechnen muß. Bei einer →*Funkzielfahrt* oder einem Kurs auf einen →*Radar-Transponder (→SART)* im Falle von →*Seenot* ist die →*rechtweisende* Direktansteuerung auf ein geortetes Ziel ohne Rücksicht auf eine mögliche Hundekurve ohnehin geboten. Denn eine (durch den vielleicht etwas längeren, aber sicheren Weg) verbundene (geringfügige) Zeitverzögerung ist eher in Kauf zu nehmen als mögliche Fehler bei einer (notwendigen) →*Kursverwandlung* für die Ansteuerung des Ziels mit einem →*Magnetkompaßkurs.*

Hundewache, die *(1. middle watch; 2. dog watch)* 1. Bei der Zeiteinteilung der →*Wache* nach der deutschen Terminologie die →*Mittelwache* von 00.00–04.00 Uhr, auf die Nachtzeit bezogen, in der nur „die Hunde wachen", auch „Friedhofswache" genannt. – 2. Nach englischer Terminologie die Kurzwachen von 16.00–18.00 und 18.00–20.00 Uhr, auch „1. dog watch" und „2. dog watch" oder im Deutschen „Erster Plattfuß" und „Zweiter Plattfuß" genannt. Das fälschlicherweise mit „Hund" übersetzte englische Wort bedeutet nämlich auch (als Verb) „auf dem Fuße folgen", und der Begriff „dog watch" meint, „the watches are dogged", d. h. die beiden kurzen Wachen „folgen einander auf dem Fuß".

Hundsfott, der *(becket, block eye)* Der Bügel oder das →*Auge* unter einem Einzel- oder →*Doppelblock,* an dem die →*stehende Part* einer →*Talje* angeschäkelt oder angeschraubt werden kann.

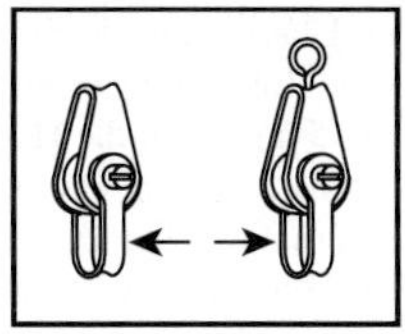

Hüsing, die *(houseline)* Sehr dünnes →*Tauwerk* bis max. 5 mm Durchmesser, allgemein dreischäftig →*geschlagen* und zum →*Betakeln,* →*Bekleiden* oder als →*Bändsel* benutzt.

Hurrikan, der *(hurricane)* Tropischer →*Wirbelsturm,* der in den Monaten Juli bis Oktober im westlichen Nordatlantik und der Karibik auftritt.

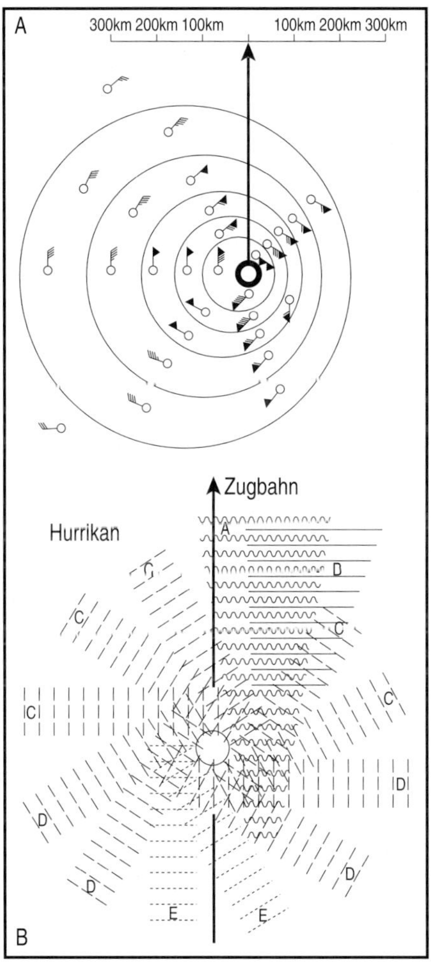

Die Abb. zeigen die räumliche Ausdehnung eines H. mit Windrichtung und →*Windgeschwindigkeit* (A) sowie die entstehende →*Windsee* und ihre Überlagerung zu einem →*Seegang* mit gefährlicher →*Kreuzsee* (B). In einem H. erreicht der →*Wind* Geschwindigkeiten bis zu 150 →*Knoten.* Der Druckabfall in der Nähe seines Kerns kann 40 hPa in 20 min betragen. Ein H. kann einen Durchmesser von bis zu 1000 sm erreichen, sein eigentlicher Kern, das →*Auge* des Orkans, jedoch nur 15–40 sm. Der →*Seegang* mit →*Wellenhöhen* von bis zu 20 m läuft dem H. meistens weit voraus.

Hurrikan-Vorwarnung, die *(tropical advisory)* Eine ratgebende Warnung aus dem Hurrikan-Vorwarnzentrum in Florida, USA, die besagt: Ab jetzt muß mit Hurrikans gerechnet werden, bleiben Sie auf Funkempfang. Nach dieser ersten Warnstufe kann es zur →*Hurrikan-Wachbereitschaft* an Bord kommen. Die Lage ist danach latent gefährlich.

Hurrikan-Wachbereitschaft, die *(hurricane watch)* Diese zweite Warnstufe bei Hurrikan-Gefahr besagt: Innerhalb von 24 Stunden kann ein →*Hurrikan* mit Windstärken über 12 Bft ein Seegebiet bedrohen. Ein existierender Hurrikan tobt zwar in der näheren Umgebung, aber das eigene Seegebiet ist noch nicht betroffen.

Hurrikan-Warnsignal, das *(hurricane warning)* Diese dritte Warnstufe aus dem Hurrikan-Vorwarnzentrum in Florida, USA, benachrichtigt alle Fahrzeuge in dem betroffenen Seegebiet, daß sie direkt von einem →*Hurrikan* bedroht sind, der sie innerhalb der nächsten 24 Stunden erreichen wird.

Hütte, die *(poop [hutch])* Der sinngemäß wie das →*Backdeck* bis zum →*Heck* und auf beiden Bootsseiten bis zur Außenhaut reichende →*Aufbau* der →*Achterkajüte,* in der Segelschiffahrt auch „Poop" genannt. Früher lagen hier die Wohnräume der Schiffsoffiziere, während auf dem →*Hüttendeck* der Steuerstand war.

Hüttendeck, das *(poop deck)* Das begehbare Dach der →*Hütte,* ein über dem eigentlichen →*Oberdeck* liegendes →*Achterdeck.*

Hybridgewebe, das Im →*Bootsbau* aus →*GFK* oder →*KFK* die Kombination von verschiedenen Faserarten in einem Gewebe. H. bestehen z. B. aus →*Aramidfasern* und →*Kohlenstoffasern,* die große →*Steifigkeit* und Schlagzähigkeit garantieren, aus Kohlenstoffasern mit →*Glasfasern* oder aus →*Aramidfasern* mit Glasfasern.

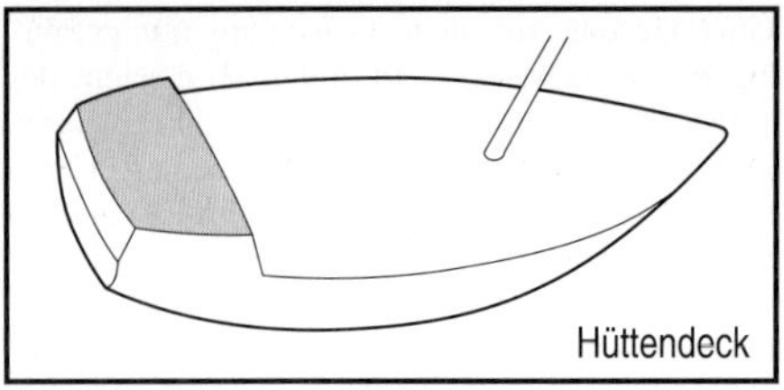

Hybridmaterial, das, Hybridverfahren, das Wörtlich „Bastard" oder „Mischling", im →*Bootsbau* die Verbindung von →*GFK* mit Furnieren aus →*Holz* oder von →*Kohlefasern* mit →*Glasfasern.* Dabei werden die unterschiedlichen Materialien schichtweise eingesetzt, z. B. eine Lage aus Kohlefasern, eine Lage aus Glasfasern und wieder eine Lage aus Kohlefasern oder, wie in der →*Integralbauweise,* abwechselnde Schichten von Holz und →*Epoxid-Harz,* auch HEP genannt.

Hydraulik, die *(hydraulics [pl.])* Sammelbezeichnung für technische Aggregate, die zur Kraftübertragung in flüssigkeitsgefüllten Leitungssystemen durch Fortpflanzung des Drucks dienen. In der Bordtechnik wird die H. z. B. für die →*Ruderanlage* benutzt. Oft fällt der hydraulischen Anlage die Arbeitsfunktion, die Regelfunktion aber der Elektrik zu, z. B. bei einem →*Spill.*

Hydrodynamik, die *(hydrodynamics [pl.])* Sinngemäß zur →*Aerodynamik* ein Teilgebiet der Strömungslehre, das sich mit dem Wasser und der Strömung anderer inkompressibler (unverdichtbarer) Medien beschäftigt.

hydrodynamischer Druck, der *(dynamic pressure)* Der Wasserdruck, der zusätzlich zum →*hydrostatischen Druck* nur durch die Strömungsgeschwindigkeit erzeugt wird. Als Druck auf das in Fahrtrichtung offene Ende eines Rohres auch →*Staudruck* genannt, mit dem ein →*Hand-Speedometer* oder ein ähnlicher →*Fahrtmesser* die Geschwindigkeit des Bootes anzeigt.

hydrodynamischer Auftrieb, der *(dynamic lift)* siehe →*dynamischer Auftrieb.*

hydrostatischer Antrieb, der *(hydraulic boat transmission)* Ein Bootsantrieb, bei dem die üblich starre Verbindung zwischen Motor und Propeller zur Übertragung der Drehbewegung durch eine flexible Rohrleitung ersetzt ist. Der Motor treibt dabei eine Pumpe an, die Hydrauliköl durch eine Rohrleitung zu einem Ölmotor leitet, der möglichst nahe am Propeller die Propellerwelle bewegt. Ein Umsteuerschieber in der Leitung kann die Strömungsrichtung ändern und damit zum Umsteuern des Propellers oder für seinen Stillstand im Leerlauf sorgen. Vorteile gegenüber üblichen Getrieben und Propellerwellen: Bei gleich gutem Wirkungsgrad billiger und leichter; bei meistens konstruktiv gegebener Position des Propellers und Neigung der Propellerwelle kann der Motor an jedem beliebigen Platz, z. B. auch im Vorschiff, in der Bilge der →*Kajüte* oder in der →*Achterpiek* hinter und über dem Propeller mit den entsprechend verlegten Rohrleitungen eingebaut werden.

hydrostatischer Auftrieb, der *(buoyancy)* Die Kraft, die einen →*Verdränger* sowohl in →*Fahrt* als auch am →*Liegeplatz* schwimmfähig erhält. Ein →*Halbgleiter* gewinnt über hydrostatischen →*Auftrieb* in →*Verdrängerfahrt* hinaus →*hydrodynamischen Auftrieb,* wenn der entsprechende →*Geschwindigkeitsgrad* erreicht wird.

hydrostatischer Druck, der *(static pressure)* Von der Wassertiefe abhängiger und linear mit ihr wachsender Druck des darüberliegenden Wassers, ausgedrückt in →*Bar.* Der Wasserdruck auf 1 m Wassertiefe beträgt ca. 0,1 Bar, auf 10 m Tiefe ca. 1,0 Bar.

Hydrographie, die *(hydrography)* Beobachtung und Beschreibung der physikalisch-geographischen Gegebenheiten des →*Meeres* und der →*Küste,* insbesondere für die Bedingungen der →*Nautik.*

Hygrograph, der *(hygrograph)* Dem →*Barograph* oder →*Echograph* vergleichbares Gerät, das selbsttätig den →*Gang* der →*relativen Luftfeuchtigkeit* aufzeichnet.

Hygrometer, das *(hygrometer)* Anzeige-Instrument für die →*relative Luftfeuchtigkeit.*

Hyperbel, die *(hyperbola)* In der →*Funknavigation* Linien gleichen Unterschieds sphärischer Entfernungen auf der Kugeloberfläche der Erde. In der Geometrie der Ebene oder Planimetrie Linien gleichen Entfernungsunterschiedes von 2 Brennpunkten, in denen in der →*Hyperbelnavigation* die Sender einer →*Hyperbelkette* stehen.

Hyperbelkette, die *(hyperbolic chain)* Ein Leitsender und 3 Nebensender, die im →*Langwellen-*

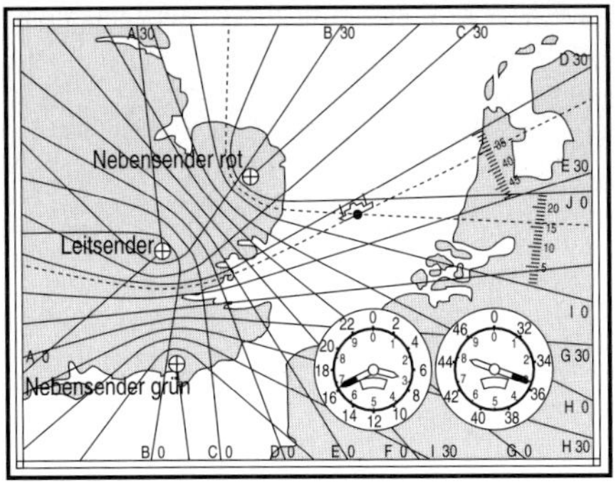

bereich 2 Frequenzen mit einer Phasendifferenz synchron ausstrahlen und deren Standlinie gleicher Phasendifferenz eine →*Hyperbel* ist. Der Schiffsort ergibt sich aus dem Schnittpunkt der 3 vom Leitsender und je einem Nebensender der Kette festgelegten →*Hyperbeln.* Die Abb. zeigt die H. des →*Decca-Verfahrens.*

Hyperbelnavigation, die *(hyperbolic navigation)* Eine Methode der →*Funknavigation,* die →*Hyperbelstandlinien* und →*Hyperbelketten* benutzt. Derzeit das →*Decca-,* →*Loran-,* früher auch das →*Omega-Verfahren.*

Hyperbelstandlinie, die *(hyperbolic line of position)* Eine →*Standlinie* mit gleichem sphärischem Entfernungsunterschied zu 2 Punkten der Erdoberfläche.

I

I = India Internationales Buchstabensignal, gelb-schwarz. Bedeutung: Ich ändere meinen Kurs nach Backbord.“ Morsen: • • (kurz – kurz). Beim →*Rennsegeln* nach Regel 4 der →*Wettsegelbestimmungen:* „Die 1-Minuten-Frist vor dem Startsignal hat begonnen.“

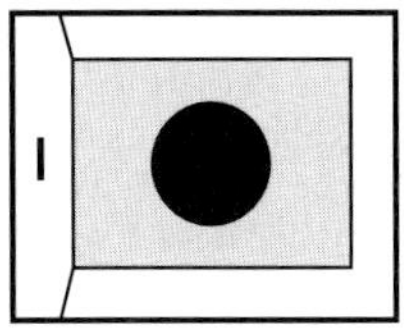

IALA (Abk. für **International Association of Lighthouse Authorities**) Internationaler Seezeichenverband mit Sekretariat in Paris für die weltweite einheitliche Versorgung aller →*schiffbaren* Gewässer mit optischen und akustischen →*Seezeichen.* Die IALA, in der auch Vertreter des Bundesverkehrsministeriums verantwortlich mitarbeiten, gibt ein Internationales Seezeichen-Wörterbuch mit den einheitlich definierten gängigen Fachbegriffen für die Verständigung der in der →*Nautik* tätigen Fachleute aller Länder heraus. Zum Verantwortungsbereich der IALA gehören auch das →*Betonnungssystem A* und →*Betonnungssystem B.*

Identifizierung, die *(identification)* Die Gleichheit zweier Objekte feststellen, z. B. in der →*Navigation* die Identität zwischen einem Objekt der →*Seekarte* mit der in →*Sicht* befindlichen →*Landmarke.*

IEC (Abk. für **International Electronical Commission**) Die Internationale Elektrotechnische Kommission mit dem Sitz in Genf sorgt für die weltweite Vereinheitlichung auf elektrotechnischem Gebiet. Die Ergebnisse ihrer Arbeit werden (ähnlich der →*ISO)* als Internationale Normen veröffentlicht.

IF-Boot (Internationales Folkeboot) In →*GFK* gebautes und geringfügig verändertes →*Nordisches Folkeboot* mit 4 Kojen, →*Spinnaker* und einer Rennbesatzung von 3 Personen. Konstrukteur Tord Sunden, Werft Marieholms Bruk (Schweden). Lüa 7,85 m, Büa 2,25 m, Tiefg. 1,21 m, Verdr. segelf. 2,5 t, Segelfl. 26 m^2.

IHO Abk. für **International Hydrographic Organization,** siehe dort.

ILC; ILC-Regeln Abk. für **International Level Class Rule** nach →*IMS,* dem komplexen wissenschaftlichen Vermessungssystem zur Ermittlung von →*Zeitvergütungen* für Segelyachten. Die Rennyachten einer ILC-Klasse (z. B. →*ILC 30* oder →*ILC 40)* segeln mit dem gleichen →*Handicap* und ohne Zeitvergütung gegeneinander. Die ILC-R. haben die frühere Einteilung in →*Tonner-Klassen* abgelöst.

ILC 25 Nachfolgeklasse der →*Vierteltonner.*

ILC 30 Nachfolgeklasse der →*Halbtonner,* in der Weltmeisterschaften ausgesegelt werden. Nach den →*ILC-Bestimmungen* hat eine Yacht der „ILC 30 Racing Class“ etwa folgende →*Hauptabmessungen* gemäß →*IMS-Vermessung:* Lüa (LOA) 8,6 bis 9,6 m; Büa (IMS MB) 2,8 bis 3,3 m; Tiefgang (IMS DHKO) 1,4 bis 2,0 m; Verdrängung (IMS DISP) 2000 bis 2700 kg; Freibord (IMS FF) 1,05 m.

ILC 40 Nachfolgeklasse der →*Eintonner,* in der Weltmeisterschaften ausgesegelt werden. Nach den →*ILC-Bestimmungen* hat eine Yacht der „ILC 40 Racing Class“ etwa folgende →*Hauptabmessungen* gemäß →*IMS-Vermessung:* Lüa (LOA) 11,5 bis 12,5 m; Büa (IMS MB) 3,4 bis 4,0 m; Tiefgang (IMS DHKO) 1,8 bis 2,6 m; Verdrängung (IMS DISP) 5000 bis 6250 kg; Freibord (IMS FF) 1,25 m. Grenze der positiven Stabilität. 120°.

ILC 46 Nachfolgeklasse der →*Zweitonner.* Nach den →*ILC-Regeln* hat eine Yacht der „ILC 46 Racing Class“ etwa folgende →*Hauptabmessungen* gemäß →*IMS-Vermessung:* Lüa (LOA) 13,4 bis 14,5 m; Büa (IMS MB) 3,8 bis 4,3 m; Tiefgang (IMS DHKO) 2,0 bis 2,8 m; Verdrängung (IMS DISP) 6700 bis 8500 kg; Freibord (IMS FF) 1,33 m.

ILC Maxi Rennyachtenklasse nach den →*ILC-Regeln* mit folgenden Hauptabmessungen: Lüa

(LOA) 20,5 bis 25 m; Büa (IMS MB) 5,0 bis 6,5 m; Tiefgang (IMS DHKO) 2,9 bis 4,1 m; Verdrängung (IMS DISP) 21 000 bis 35 000 kg; Freibord (IMS FF) 1,7 m.

IMCO *(Inter-Governmental Maritime Consultative Organization)* Als „zwischenstaatliche beratende Schiffahrts-Organisation" eine weltweite, der UN angeschlossene Körperschaft mit dem Sitz in London. Die IMCO regelte von 1959 bis 1982 die Probleme der internationalen Schiffahrt, z. B. mit den →*Kollisionsverhütungsregeln,* dem →*Internationalen Signalbuch,* der Sicherheit auf See und der →*Verkehrstrennungsgebiete.* Seit 1982 lautet der Name „Internationale Seeschiffahrts-Organisation", abgekürzt →*IMO.*

IMO *(International Maritime Organization)* Abkürzung für „Internationale Seeschiffahrts-Organisation", die seit Ende 1982 die Aufgaben der →*IMCO* übernommen hat. Die Beschlüsse der IMO werden auch vom →*BSH* verwertet und bekanntgegeben.

IMO-Notfall-Indikator Zu den Beschlüssen der →*IMO* gehört ein Indikator für einen →*Seenotfall,* um in kürzester Form die Art des →*Notfalls* auf einer →*Seenotfrequenz* z. B. von einer aktivierten →*Inmarsat-EPIRB-Seenotfunkbake* zu erfragen und an die an den Rettungsmaßnahmen beteiligten →*SAR-Schiffe* oder -Flugzeuge weiterzugeben. Mit einer Zifferntaste eingegeben bedeuten:

IMO-Indikator	Notfallart/	Nature of distresse
1	Feuer, Explosion	fire, explosion
2	Wassereinbruch	flooding
3	Kollision	collision
4	Grundberührung	grounding
5	Kentergefahr	danger of capsizing
6	Schiff sinkt	sinking
7	manövrierunfähig	disabled, adrift
8	Notfall, allg.	undesignated
9	Schiff aufgegeben	abandoning ship
10	Funktionstest (nur durch Werkstatt)	

Diese Ziffern können z. B. auf einer →*Remote Control Unit* einer →*Inmarsat-EPIRB* wahlweise durch Fingerberührung eingetastet werden.

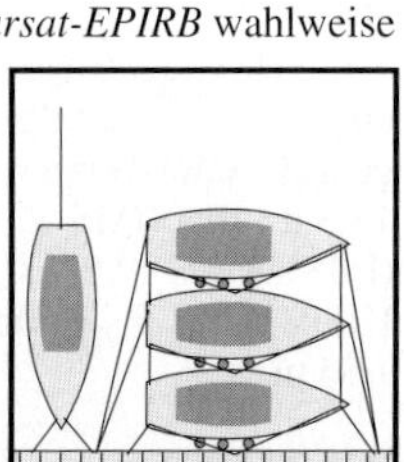

im Päckchen liegen *(to lie in a packet, to lie in a trot)* Längsseits →*festmachen* an einem anderen Boot, um dadurch einen Übergang zu einem →*Kai* oder einer →*Pier* zu erhalten. Sinngemäß das Festmachen mehrerer Boote längsseits aneinander, wenn kein anderer →*Liegeplatz* im →*Hafen* zur Verfügung steht. Unter solchen Umständen muß jedes Innenboot dem Liegen im Päckchen zustimmen, doch kann es sich dafür gegebenenfalls in die Position des Außenbootes verholen. Müssen mehrere Yachten i. P. l., sollten die größeren innen und die kleineren außen festmachen, und jede von ihnen muß (neben den →*Festmachern* zum inneren Nachbarboot) eine eigene →*Vorleine* und eine eigene →*Achterleine* zum Ufer führen. Als Überweg der Besatzung über ein fremdes →*Deck* gilt im allgemeinen das →*Vorschiff,* auf dem die fremde →*Crew* am wenigsten gestört wird.

Impeller, der *(impeller)* Im Gegensatz zum →*Propeller* ein schraubenartiges Rad, das keine Kraft (zur Fortbewegung eines Körpers, z. B. als Schiffsschraube) abgibt, sondern von den äußeren Strömungskräften angetrieben wird. Die dabei erzeugte Kraft wird an ein Anzeigegerät weitergegeben.

Impellerlog, das *(impeller [speed] log)* Ein →*Fahrtmeßgerät,* bei dem die durch den Fahrtstrom erzeugten Umdrehungen eines Propellers, in dieser Funktion richtiger →*„Impeller"* genannt, auf mechanischem oder elektrischem Wege auf ein Anzeigegerät übertragen werden, z. B. beim →*Schlepplog* oder →*Sumlog.*

Impellerpumpe, die *(impeller [bilge] pump)* Eine →*Lenzpumpe,* bei der sich ein →*Impeller* mit flexiblen Blättern in einem exzentrischen Pumpengehäuse dreht. Bei gestreckten Blättern entsteht ein Vakuum in der Pumpenkammer, das Flüssigkeit ansaugt. Durch Rotation des Impellers wird diese von der Saug- zur Druckseite befördert und herausgedrückt, wenn die flexiblen Blätter mit dem exzentrischen Teil des Pumpengehäuses in Berührung kommen und den Raum verengen. Eine I. vereinigt mit einem Selbstsaugvermögen von ca. 5 m die Vorteile der

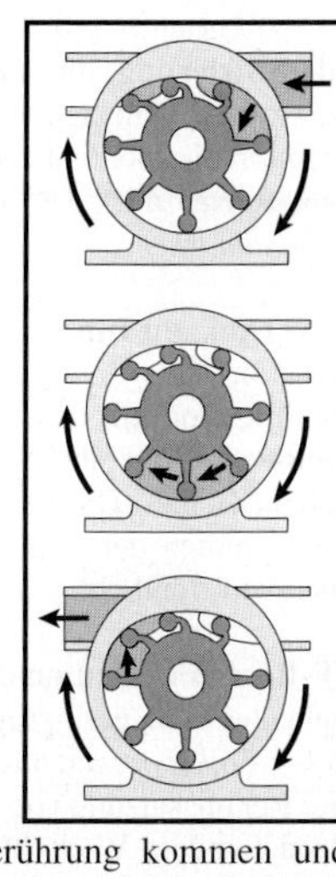

→*Verdrängerpumpe* mit der Leistung einer →*Kreiselpumpe.*

IMS Abk. für **International Measurement System.** Im Gegensatz zu →*IOR,* einer Bau- und Konstruktionsformel zum →*Rennsegeln* auf der →*hohen See,* ein Verfahren zur →*Vermessung* mit Hilfe eines Computerprogramms. Die →*IMS-Vermessung* erfolgt mit einer →*Vermessungsmaschine.* Aus den gewonnenen Daten des →*Rumpfes* errechnen Computer die theoretisch erreichbare →*Geschwindigkeit* einer →*Yacht,* aus der sich in Verbindung mit den aktuellen Daten einer →*Wettfahrt* für →*Wind* und →*Seegang* ihr →*IMS-Handicap* ergibt.

IMS-Handicap Sind beim →*Rennsegeln* nach →*IMS* die mit →*LPP* ermittelten und mit →*VPP* berechneten theoretischen Geschwindigkeiten von Yachten bekannt, kann man daraus die theoretisch gesegelten Zeiten pro →*Seemeile* Regattakurs festlegen. Die Unterschiede zwischen diesen theoretischen gesegelten Zeiten sind dann die →*Handicaps* der Yachten untereinander. Beispiel: Mit einer theoretischen Geschwindigkeit von 6 kn benötigt Yacht A 10 Minuten oder 600 Sekunden Zeit pro Seemeile Strecke. Mit einer theoretischen Geschwindigkeit von 5 kn benötigt Yacht B 12 Minuten oder 720 Sekunden Zeit pro Seemeile Strecke. Diese Handicaps in Sekunden pro Seemeile werden im Meßbrief detailliert für die unterschiedlichen Windstärken und Kurswinkel angegeben. Aus dem IMS-H. ergibt sich die →*Vergütung nach IMS* im Detail.

IMS-Profi-Crew, die Wer an Bord einer nach →*IMS* vermessenen →*Yacht* als →*Crew* für die Teilnahme an einer →*Regatta* entlohnt wird, gilt als →*bezahlte Hand,* und der →*Meßbrief* der betreffenden Yacht wird bei einer solchen Mitwirkung automatisch ungültig. Dies trifft jedoch nicht zu, wenn jemand als bezahlte Hand für die Wartung und Betreuung der Yacht regulär angestellt ist, eine Arbeit, die nicht im Zusammenhang mit der Regattatätigkeit steht, für die er (natürlich auch) eingesetzt werden darf.

IMS-Vermessung *(IMS-Measurement)* Die Vermessung nach →*IMS* erfolgt mit einer →*Vermessungsmaschine.* Sie wird auf einer Basislinie seitlich an dem an Land aufgestellten →*Rumpf* entlanggeführt und mißt (mit Laserstrahlen) in beliebigen Abständen, die der →*Vermesser* bestimmt, die Querschnitte bei zahlreichen →*Spanten.* Der Maschine angeschlossen ist ein kleiner Computer, in dem mit den gespeicherten Daten und einer Genauigkeit von ca. 3 mm ein exaktes Bild des Rumpfes entsteht. Diese Art der →*Vermessung* schließt mögliche Fehler einer manuellen Vermessung (wie früher bei →*IOR)* aus und dauert mit ca. 5–6 Stunden nicht länger als diese. Unverzichtbar ist anschließend eine Wasservermessung mit der Ermittlung der →*Freiborde,* ein →*Krängungsversuch* und die Vermessung des →*Riggs* und seiner →*Segel.* Die Daten dieser IMS-V. gehen zur Berechnung des →*Handicaps* in das →*LPP-Computerprogramm* ein und werden dort mit dem →*VPP-Computerprogramm* weiter bearbeitet, bis die entsprechenden Handicaps feststehen. Das Ergebnis einer IMS-V. ist die Tabelle der →*Leistungsfähigkeit der Yacht.*

Inbound Tracking (engl.: wörtlich etwa Einhalten eines Heimweges, →*Zielfahrt* zum Heimathafen.) In der →*Wegpunktnavigation* das Ansteuern eines →*vorausliegenden* →*Wegpunktes* von einer beliebigen →*Position* auf See aus (Abb.). Man liest die →*rechtweisende Peilung* zu diesem Ziel ab, übernimmt sie als gewünschten →*Kurs über Grund* und verwandelt diesen zum →*Steuerkurs.* Ggs.: →*Outbound Tracking.* Eine einfache Form von I.T. ist →*Homing.*

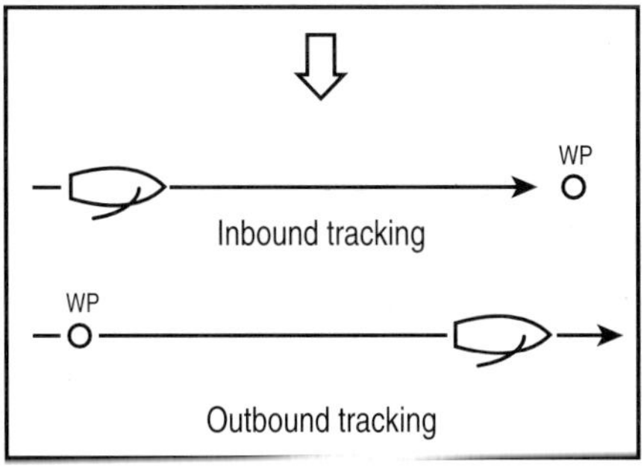

Inbusschlüssel, der *(hexagon wrench, hexagon tang)* Ein Werkzeug mit →*Sechskantkopf* zum Befestigen und Lösen von (versenkten) Inbusschrauben oder Madenschrauben, wie sie z. B. in →*Rollreffanlagen* benutzt werden.

in den Wind gehen, ...drehen *(shooting head to wind)* Das Boot in Richtung des →*atmosphärischen Windes* legen oder →*aufschießen,* z. B. zum →*Anlegen,* →*Ankern,* →*Bojenmanöver* oder einfach zum →*Stoppen.*

Index, der *(index)* Null-Marke oder Null-Anzeige einer Meßskala, z. B. am →*Sextanten,* an der

der gemessene Wert abgelesen wird. Bei einem →*Indexfehler* muß eine →*Indexberichtigung* vorgenommen werden.

Indexberichtigung, die *(index correction)* Der mit dem →*Indexfehler* gleichgroße, aber entgegengesetzte Wert, der an eine Ablesung, z. B. am →*Sextanten* angebracht werden muß, um den Indexfehler auszugleichen.

Indexfehler, der *(index error)* Unterschied zwischen dem tatsächlichen Nullwert einer Messung und der Nullanzeige des Meßinstrumentes, z. B. beim →*Sextanten.* Er muß bei der Arbeit mit dem Instrument als konstanter Fehler berücksichtigt werden und wird am Sextanten z. B. mit Hilfe der →*Kimm* ermittelt. Liegt dabei der wahre Nullpunkt außerhalb der Gradeinteilung auf dem Vorbogen, dann vermindert sich der gemessene Wert um diesen I., und die →*Indexberichtigung* muß hinzugefügt oder mit plus (+) angebracht werden. Liegt er innerhalb der Meßskala, dann wird er um diesen I. als zu groß angesehen, und die Indexberichtigung erhält ein negatives Vorzeichen.

indifferent *(neutral, indifferent, inert)* Gleichmäßig, unbestimmt, unentschieden, z. B. beim →*Gleichgewicht* oder der →*Stabilität.*

indifferentes Gleichgewicht, (das) *(neutral equilibrium)* Ein Zustand der →*Stabilität* oder des →*Gleichgewichtes,* wenn das →*Metazentrum* und der →*Gewichtsschwerpunkt* zusammenfallen und ein gekrängtes Boot (→*krängen)* keine Anstalten macht, sich aus seiner Neigung wieder aufzurichten, d. h. weder mit →*stabilem Gleichgewicht* in seine normale Schwimmlage zurückkehrt noch mit einem →*labilen Gleichgewicht* →*kentert.*

induzierter Widerstand, der *(induced resistance)* Ein Teil des aerodynamischen und hydrodynamischen Gesamtwiderstandes, der z. B. am Segel durch den Druckunterschied zwischen →*Luv-* und →*Leeseite* des Segels ausgelöst wird und durch das Bestreben der Luft gekennzeichnet ist, um den →*Kopf* und das →*Unterliek* herum in den Bereich des geringeren Luftdrucks auszuweichen. Der i. W. ist bei einem →*Hochsegel* mit einem großen →*Seitenverhältnis* gering und nimmt mit vermindertem Seitenverhältnis und bei einem →*Gaffelsegel* zu. Er tritt sinngemäß auch im Wasser an →*Kiel* und →*Schwert* auf.

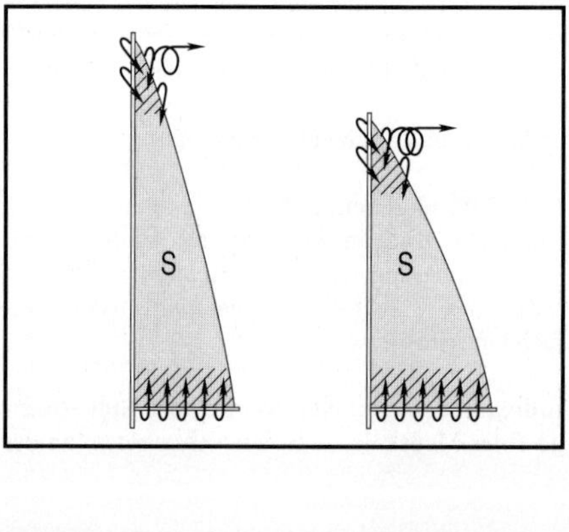

INMARSAT Abk. für **International Maritime Satellite Organization,** die Internationale Seefunksatelliten-Organisation, die den →*Seefunkdienst* über geostationäre Satelliten mit Schiffen auf dem Atlantischen, Pazifischen und Indischen Ozean aufnehmen kann, wenn sie mit entsprechenden Schiffs-Erdfunkstellen ausgerüstet sind. I. darf nur von einem →*Funker* betrieben werden, der das →*Allgemeine Betriebszeugnis für Funker* oder ein anderes →*Betriebszeugnis für Funker* besitzt. Ein →*Allgemeines Sprechfunkzeugnis* oder das →*UKW-Sprechfunkzeugnis* reichen hierfür nicht aus.

Inmarsat A; Inmarsat B usw.; Inmarsat mit Buchstaben Kennzeichnung der Dienste, die vom →*Inmarsat-System* ausgeführt werden und gleichzeitige Bezeichnung der entsprechenden Arten der Empfangsgeräte für den Benutzer:

A: (analog) Telefon, Telex, Telefax, Daten, (langsame) Bildübertragung
B: (digital) Telefon, Telex, Telefax, Daten
C: (digital) Telex, Daten. (Schließt →*„Fleetnet“* und →*„Safetynet“* ein.)
D: Messenger- und Pager-System (mit D+)
E: Seenotalarmierung (mit L-Band-Satelliten-Seenotfunkbaken).
M: (digital) Telefon, Telefax, Daten
P: Telefon (Mobilfunk), Anschluß von Fax und Datengeräten via →*Interface* möglich. Einbau von GPS-Empfängern.

Inmarsat-M-Geräte über →*Inmarsat* 3 werden bevorzugt auch von Yachten benutzt, weil sie handlich und preisgünstig sind. Alle genannten Verbindungen können weltweit hergestellt werden.

Inmarsat 1; Inmarsat 2; Inmarsat 3; Inmarsat mit Ziffern Satelliten der International Maritime Satellite Organization der ersten, zweiten bzw. dritten Generation, die auf geostatischen Positionen stehen und für mit Buchstaben bezeichnete Dienste, z. B. →*Inmarsat E* oder →*Inmarsat M* benutzt werden. Ihre →*Frequenzen* liegen im 1,6-GHz-Bereich.

Inmarsat EPIRB Eine →*Seenotfunkbake,* die einen →*Seenotalarm* über den geostationären →*Satelliten-Seefunkdienst* des →*Inmarsat-Systems* im 1,6-GHz-Bereich senden kann. Sie ist nur für funkausrüstungspflichtige (Handels-)→*Schiffe* vorgeschrieben bzw. zugelassen und kann von →*Yachten* freiwillig nur eingesetzt werden, wenn ein Mitglied der →*Crew* an Bord das entsprechende →*Seefunkzeugnis* besitzt. Eine I. E. mit einem Gewicht von 5–10 kg ist neben dem im →*L-Band* mit 1,6 GHz arbeitendem →*Seenotsender* mit einem →*GPS-Empfänger* und einem →*SART (→Radar-Transponder)* einschließlich der elektrischen Energiequellen ausgestattet. Alle Einrichtungen der →*Bake* können über ein (mit 50 m Kabellänge abgesetztes Fernbedienteil, engl. →*Remote Control Unit)* kontrolliert, gesteuert und mit zusätzlichen aktuellen Daten des →*Seenot-* oder →*Havariefalles* versorgt werden. Sie können nach den Ziffern des →*IMO-Notfall-Indikators* direkt eingegeben werden. Eine I. E. sendet automatisch in 15, in kurzen Zeitabständen aufeinanderfolgenden Sendezyklen unterschiedlicher Dauer 48 Stunden lang, bleibt dann für die Fernbedienung *(→RCU)* aktiviert. Mit ihren Leistungen ist die I. E. zwar einer →*COSPAS-SARSAT-EPIRB* überlegen, aber in der Anschaffung auch teurer.

Innenballast, der *(internal ballast, inside ballast)* Früher ausschließlich als derjenige →*Ballast* verstanden, der zusätzlich zum →*Ballastkiel* oder →*Außenballast* im Innern des Rumpfes (z. B. in der →*Bilge)* gefahren wurde. Heute auch bei einem Bootsrumpf aus →*GFK* der von innen bis zum →*Kiel* eingehüllte Ballast, im Gegensatz zu einem von außen angesetzten →*Flossenkiel.*

Innenborder, der *(inboard motor, inboarder)* Ein eingebauter Hilfsmotor, im Gegensatz zum →*Außenborder.*

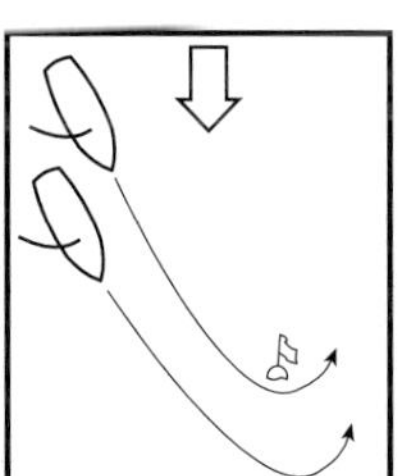

Innenposition, die *(the inside berth)* Beim →*Rennsegeln* und dem →*Runden* einer Bahnmarke durch mehrere →*überlappende Boote* die Position unmittelbar neben der Bahnmarke. Ein Boot mit I. kann unter bestimmten Bedingungen von den außenliegenden Yachten →*Raum* zum Passieren oder Runden der Marke verlangen.

in Sicht *(in sight)* Ein Objekt, z. B. eine →*Landmarke,* kommt i. S., wenn es nach der →*geographischen Sichtweite* gerade über der →*Kimm* erscheint oder entsprechend der →*meteorologischen Sichtweite* und dem →*Sichtigkeitsgrad* der Luft (z. B. bei starkem →*Dunst)* deutlich ausgemacht werden kann.

Integralbauweise, die *(integral construction, integral building)* Eine moderne →*Leichtbauweise,* auch abgek. HEP genannt, bei der die →*Außenhaut* eines →*Bootsrumpfes* aus kreuzweise gelegten Furnierschichten besteht, die mit →*Epoxidharz* verklebt sind. Die I. ist eine moderne →*Verbundbauweise* aus holzfaserverstärktem Epoxidharz, in der ein →*Kasko* mit eingebauten →*Verbänden* auch zum Selbstausbau geliefert wird.

Integrierte nautische Anlagen, die; integrierte Navigation, die *(Integrated Navigation System, abbr. INS)* Die Kombination und elektronische Verbindung z. B. von →*Log,* →*GPS,* →*Autopilot,* →*Radargerät* und einer →*elektronischen Seekarte* sowie die übersichtliche Darstellung deren Werte und Bilder auf einem Videoplotter. Dabei kann die Zentraleinheit solcher Anlagen durch einsteckbare Module mit den →*Seekarten* praktisch aller Seegebiete geladen werden. Umfangreiche i. n. A. dienen in der →*Schiffahrt* vorzugsweise für einen Ein-Mann-Betrieb auf der →*Brücke,* doch ist die oben genannte Kombinati on auch auf →*Yachten* üblich.

Interface *(engl.)* Im Deutschen als →*Schnittstelle* bezeichnete elektronische Verbindung.

International Catamaran Challenge Trophy Auch →*Kleiner America's Cup* genannter Herausforderungspreis für →*Katamarane* der →*C-Klasse,* der jährlich ausgesegelt wird.

International Hydrographic Organization, IHO Die internationale Organisation mit Sitz in Monaco hat die in der →*Karte 1/INT 1* zusammengestellten, für ein Weltseekartenwerk bestimmten internationalen Zeichen, Abkürzungen und Begriffe der →*Seekarte* herausgegeben, die seit 1982 für die entsprechenden →*Hydrographischen Institute* aller Länder als verbindlich gelten. Die →*INT-Nummern* der Einzelkarten für dieses internationale Seekartenwerk sind bereits festgelegt. Da es jede Nummer nur einmal gibt, ist die nationale Nummer (des →*BSH)* unterschiedlich. So gibt es z. B. neben der „INT 1474 Westerschelde" noch die deutsche Seekarte D 208 (und eine holländische Karte) für das gleiche Seegebiet. INT-Nummern werden auch nur für solche Karten vergeben, die für die internationale →*Schiffahrt* wichtig sind. So wird z. B. die D 88 niemals eine (zusätzliche) INT-Nummer erhalten.

International Measurement System (engl.) Das →*Internationale Vermessungs-System* ist unter seiner Abk. →*IMS* erläutert.

International Sailing Federation siehe →*ISAF.*

internationale Klasse, die *(International Class)* Eine →*Bootsklasse,* die in mindestens 5 Ländern und auf 2 Kontinenten verbreitet ist und von der →*IYRU* (seit 1.8.96 →*ISAF)* den Status einer i. K. erhalten hat. Man unterscheidet bei einer i. K. die „Kategorie 1", wenn sie von der ISAF verwaltet wird, und die „Kategorie 2", wenn eine internationale →*Klassenvereinigung* die Verwaltungsaufgabe übernimmt. Alle Änderungen der Vorschriften einer i. K. müssen von der ISAF genehmigt werden. Den Status einer i. K. haben z. B. Drachen, Soling, Tempest, FD, Finn, Vaurien, 470er, Contender, Tornado, Flying Junior, Moth, 420er, A-Cat und die →*ILC-Klassen.*

Internationale Regeln von 1972 zur Verhütung von Zusammenstößen auf See, die *(International Regulations for Preventing Collisions at Sea)* Die in der Bundesrepublik Deutschland bis November 1989 als →*Seestraßenordnung* verordneten Bestimmungen, die nicht nur das →*Wegerecht* auf See regeln. Ihre amtlichen Kurzbezeichnungen →*Kollisionsverhütungsregeln (→KVR)* und →*Internationale Regeln* sind seit 19.11.1989 in allen Verordnungen und Vorschriften für den Seeverkehr an die Stelle der alten Bezeichnung →*SeeStrO* getreten, ohne deren bisherigen Inhalt wesentlich zu verändern.

Internationale Regeln, die *(International Regulations for Preventing Collisions at Sea)* Neue amtliche Kurzform für die →*Internationalen Regeln von 1972 zur Verhütung von Zusammenstößen auf See,* die seit 19.11.1989 benutzt wird.

internationale R-Klassen *(International R-Classes)* Von der →*IYRU* verwaltete und nach der „International Rule" vermessene →*Kielyachten,* die nach der Formel

$$R = \frac{L + 2d + \sqrt{S} - F}{2{,}37}$$

für die wichtigsten →*Hauptabmessungen* bewertet werden. Die entsprechenden 6-m-R- und 8-m-R-Klassen waren bis 1936 →*olympische Klassen.* Nach einer veränderten Formel wurden ab 1949 die 5,5-m-R-Yachten vermessen. Von 1962 bis 1987 wurden die Rennen um den →*America's Cup* in der 12-m-R-Klasse ausgetragen.

Internationaler Bootsschein für Wassersportfahrzeuge, der *(International Card)* Ein vom →*Deutschen Segler-Verband,* vom →*Deutschen Motoryachtverband* und vom ADAC ab 1989 erteiltes Dokument, das EU-einheitlich den Grenzverkehr mit Sportbooten erleichtern soll. Zur Ausfertigung muß der →*Eigner* den Erwerb der →*Yacht* glaubhaft machen. Der →*Bootsschein* befreit Mitglieder von →*DSV-* und →*DMYV*-Mitgliedsvereinen in Verbindung mit ihrem Personalausweis auch von der „amtlichen Kennzeichnung von Kleinfahrzeugen auf Bundeswasserstraßen".

Internationaler Schiffssicherheitsvertrag (ISSV) siehe →*Schiffssicherheitsvertrag, Internationaler.*

Internationales Einheitensystem, das *(SI System, Système International d'Utilités)* Die Grundlage des →*SI-Systems* sind die sieben →*Basisgrößen* und →*Basiseinheiten:*

Basisgröße	Basiseinheit	Kurzzeichen
Länge	Meter	m
Masse	Kilogramm	kg
Zeit	Sekunde	s
elektr. Stromstärke	Ampere	A
thermodynamische Temperatur	Kelvin	K
Lichtstärke	Candela	cd
Stoffmenge	Mol	mol

Dazu gibt es abgeleitete Basiseinheiten oder abgeleitete Größen, z. B. die nachfolgenden, die in diesem Buch benutzt werden:

Größe	Definition	Name	Zeichen
Kraft	$1\,\frac{m \cdot kg}{s^2}$	Newton	N
Druck, mechanische Spannung	$1\,\frac{m \cdot kg}{s^2 \cdot m^2} = 1\,\frac{N}{m^2}$ 100 000 Pascal = 10^5 Pa	Pascal Bar	Pa bar
Energie, Arbeit Wärmemenge	$1\,\frac{m \cdot kg \cdot m}{s^2} = 1\,N \cdot m$	Joule	J
Leistung	$1\,\frac{m \cdot kg \cdot m}{s^2 \cdot s} = 1\,\frac{N \cdot m}{s} = 1\,\frac{J}{s}$	Watt	W
Feinheit von Fasern und Garnen	$1\,\frac{g}{1000\,m}$	Tex	tex

Ist die Einheit für einen bestimmten Zweck zu groß oder zu klein, so können dezimale Teile oder ein Vielfaches der Einheiten benutzt werden:

		Teile	Vorsätze	Kurzzeichen
das	Zehntel	(10^{-1} fache)	= Dezi	d
	Hundertstel	(10^{-2} fache)	= Zenti	c
	Tausendstel	(10^{-3} fache)	= Milli	m
	Millionstel	(10^{-6} fache)	= Mikro	µ
	Milliardstel	(10^{-9} fache)	= Nano	n
	Billionstel	(10^{-12} fache)	= Piko	p
	Billiardstel	(10^{-15} fache)	= Femto	f
		Vielfache		
das	Zehnfache	(10^1 fache)	= Deka	da
	Hundertfache	(10^2 fache)	= Hekto	h
	Tausendfache	(10^3 fache)	= Kilo	k
	Millionenfache	(10^6 fache)	= Mega	M
	Milliardenfache	(10^9 fache)	= Giga	G
	Billionenfache	(10^{12} fache)	= Tera	T

Die hier genannten Vorsätze dienen gleichzeitig als Aussprache ihrer Kurzzeichen, z. B. daN = Deka Newton = 10 N oder dtex = Dezitex = 0,1 tex.

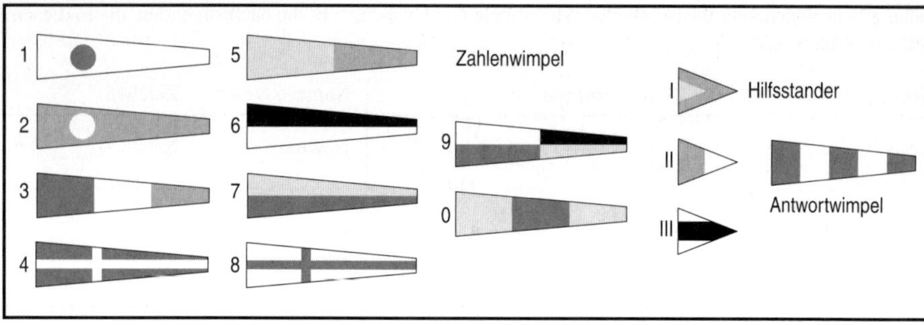

Internationales Signalbuch Abk. **ISB** *(International Code of Signals)* International gültige Sammlung von Signalen, die unter Verwendung von →*Buchstabenflaggen,* →*Zahlenwimpeln* (Abb.) und →*Hilfsstandern* (Abb.) des →*Flaggenalphabetes,* mit Blinksignalen oder Lichtmorsen, mit Schallsignalen oder Tonmorsen, durch Sprechen über →*Megaphon* oder andere Lautsprecher, nach einer einheitlichen Buchstabiertafel mit Telegrafiefunk, Sprechfunk und Signalisieren mit Hand- oder →*Winkerflaggen* abgegeben und in ihrer einheitlichen Bedeutung im ISB aufgesucht werden können. Der am 1.4.1969 in Kraft getretene neue Code enthält auch einen ärztlichen Abschnitt. Die →*Einflaggensignale* sind mit dem Schlüsselwort entsprechend dem Alphabet in diesem Lexikon aufgeführt.

Internationale Wettsegelbestimmungen, die *(International Racing Rules)* Die →*Wettsegelbestimmungen (→IWB)* der →*IYRU* wurden ab 1997 von den →*Wettfahrtregeln Segeln (→WR)* der →*International Sailing Federation (→ISAF)* abgelöst. In dem neuen vereinfachten Regelwerk wurde z. B. auch das Wort →*Yacht* generell gestrichen und durch das Wort →*Boot* ersetzt.

Internationale Zeichen, Abkürzungen und Begriff in der Seekarte *(International Nautical Symbols, Abbreviations and Terms, used on Charts)* siehe →*„Karte 1"* („INT 1") und →*INT-Karte.* Auszug im Anhang.

INT-Karte *(chart with international nautical terms, international nautical terms used on charts)* Kennzeichnung einer →*Seekarte,* die vom →*BSH* nach den →*Internationalen Zeichen, Abkürzungen und Begriffen,* die in der →*Karte 1* (INT 1) vereinbart wurden, verantwortlich bearbeitet und herausgegeben wird. INT-Karten sind deutsche Seekarten internationalen Stils, die das BSH z. B. von der deutschen →*Küste* selbst als sogenannter Produzent herausgibt. Das BSH druckt jedoch auch INT-Karten, die von ausländischen hydrographischen Diensten hergestellt sind und fremdländische Küsten betreffen, gegebenenfalls modifiziert nach. In allen INT- wie nationalen →*Seekarten* der deutschen Küste werden künftig nur noch Internationale Zeichen und Abkürzungen (d. h. in Englisch) dargestellt, außer z. B. die Angaben für →*Leuchtfeuer,* die in jeder Karte zusätzlich durch eine Tabelle „International (Englisch)/Deutsch" übersetzt werden. Texthinweise verbleiben auf allen BSH-INT-Karten in Deutsch bzw. werden zweisprachig in Deutsch und Englisch aufgeführt. Die aktuelle Entwicklung der →*Seekarte* in der Zukunft ist den →*Nachrichten für Seefahrer* (NFS) zu entnehmen.

Inversion, die *(inversion)* Im Gegensatz zu den normalen Verhältnissen (kältere Luft mit wachsender Erdentfernung) die Zunahme der Lufttemperatur mit der Höhe, aber bis auf ca. 300 m über dem Erdboden begrenzt und daher auch Bodeninversion genannt. In dieser I.-Schicht tritt Hochnebel auf, und die Boden-I. ist in Ausstrahlungsnächten (bei einem →*Hoch)* häufig mit Strahlungsnebel verbunden, der durch Sonneneinstrahlung in den Vormittagsstunden bald abgebaut wird.

Ionosphäre, die *(ionosphere)* Oberer Teil der →*Atmosphäre* in über 80 km Höhe, an deren untersten Schicht, der Heaviside-Schicht, elektromagnetische Wellen ab ca. 2 MHz reflektiert werden, so daß ein →*Funkverkehr* in der →*Kurzwelle* über Ozeane und Kontinente möglich ist.

IOR-Formel *(International Offshore Rule)* Aus der englischen →*RORC-* und der amerikanischen

→*CCA-Formel* entwickelte und seit 1969 benutzte internationale →*Ausgleichsformel* für seetüchtige Rennyachten. Die IOR-Regeln sind sehr umfangreich und verhältnismäßig kompliziert, die Ermittlung des →*Rennwertes* ist praktisch nur mit einem Computer möglich. Der Meßbrief für die Yacht einer →*IOR-Klasse* besteht aus 2 Computer-Blättern, die alle Meß- und Rechenwerte sowie den international in →*Fuß* angegebenen →*Rennwert* und den früher sog. →*Zeitberichtigungsfaktor* (als Zeitmultiplikationsfaktor) enthalten. Bei der Beurteilung eines Rennwertes in Fuß oder Meter beachte man, daß es sich hierbei nicht um die Lüa oder LWL bzw. andere →*Hauptabmessungen,* sondern um das mit einem Längenmaß angegebene Ergebnis einer komplizierten Berechnung auf Grund einer umfangreichen →*Vermessung* handelt. →*Seekreuzer* von ca. 6,00 bis ca. 22,00 m Länge über alles können nach IOR vermessen werden und einen Rennwert von 16 Fuß (4,88 m) bis 70 Fuß (21,34 m) erhalten. Da man in einem Rennen über gleiche Distanz durch die zu unterschiedlichen →*gesegelten Zeiten* kein 7-m-Boot mit einem 20-m-Boot vergleichen kann, wurde die gesamte IOR-Skala in 8 →*IOR-Klassen* unterteilt, in denen der entsprechende Ausgleich erfolgt. Aber auch die Form einer Regatta Boot gegen Boot ohne Ausgleich oder Vergütung, wie sie z. B. in den →*Tonner-Klassen* und in den entsprechenden Regatten erfolgte, war möglich. Die IOR-Formel hat von 1970 bis ca. 1995 die Entwicklung des →*Yachtbaus* mitbestimmt. Sie wurde von dem komplexen wissenschaftlichen →*IMS-Vermessungssystem* zur Ermittlung von Zeitvergütung in einer →*Wettfahrt* abgelöst. Da die Vermessungsvorschriften von →*IMS* hinsichtlich →*Segel,* →*Rigg* und Schwimmlage und auch ihre Vorschriften für die →*Segelführung* und das →*Trimmen* einer Yacht während der Wettfahrt weitgehend identisch mit den bekannten →*IOR-Regeln* sind, sollen ihre hier genannten Einzelheiten (als Teil der Technikgeschichte des Yachtsegelns) erhalten bleiben.

IOR-Klassen, die *(IOR-Classes)* Nach der →*IOR-Formel* wurden die Yachten entsprechenden →*Klassen* zugeteilt, in denen sie mit →*Zeitvergütung* gegeneinander segelten. Die 8 früher gültigen Klassen, ihre Rennwertgrenzen und die ungefähren typischen Hauptabmessungen eines Bootes in den entsprechenden Klassen zeigt die Tabelle.

IOR-Regeln, die *(International Offshore Rules)* Das umfangreiche Regelwerk zur →*IOR-Formel,* das teilweise in →*IMS* übernommen wurde.

IRCPS Abk. für **International Regulations for Preventing Collisions at Sea,** die Internationalen Kollisionsverhütungsregeln, im Deutschen →*KVR* genannt.

ISAF Abk. für **International Sailing Federation.** Der Weltseglerverband, der von 1907 bis 1996 unter dem Namen →*IYRU* (International Yacht Racing Union) tätig war, arbeitet seit dem 1.8.1996 als ISAF mit unveränderten Zielen. Anschrift: 27 Broadwall, Off Stamford Street, Waterloo, London SE1 9PL, Telefon 00 44/1 71/ 9 28 66 11, Fax 00 44/1 71/4 01 83 04.

Isländer, der Aus nicht entfetteter, dicker Schafwolle gestrickter Pullover, der kaum Feuchtigkeit aufnimmt, sehr warm hält und früher hauptsächlich von Hochseefischern getragen wurde. Von ihnen übernahmen ihn Seesegler und Seeleute.

ISO (Abk. für **International Organization for Standardization)** Internationale Organisation für Normung mit Sitz in Genf, in der die nationalen Normungsinstitute aus etwa 100 Ländern zusammenarbeiten. Es ist Ziel der ISO, durch weltweit einheitliche Normen den internationalen Austausch von Gütern zu erleichtern sowie die Zusammenarbeit auf wissenschaftlichem, technischem und ökonomischem Gebiet über die Ländergrenzen hinaus zu aktivieren. Zur Aufgabe der

Klasse	Rennwertgrenze	mögliche Hauptabmessungen des Bootes				
		Lüa	LWL	Büa	Verdr.	Segelfl.
I	33,0–70,0 Fuß = 10,05–21,34 m	22,20 m	19,90 m	5,95 m	36,4 t	230,0 m^2
II	29,0–32,9 Fuß = 8,84–10,02 m	13,50 m	9,30 m	3,60 m	10,3 t	65,0 m^2
III	25,5–28,9 Fuß = 7,77– 8,81 m	11,50 m	8,50 m	3,20 m	6,5 t	60,0 m^2
IV	23,0–25,4 Fuß = 7,01– 7,74 m	10,80 m	8,00 m	3,10 m	5,0 t	45,0 m^2
V	21,0–22,9 Fuß = 6,40– 6,98 m	10,00 m	6,90 m	2,75 m	3,6 t	36,0 m^2
VI	19,0–20,9 Fuß = 5,79– 6,37 m	9,00 m	6,50 m	2,60 m	3,0 t	32,0 m^2
VII	17,5–18,9 Fuß = 5,31– 5,76 m	7,50 m	5,80 m	2,20 m	1,4 t	28,0 m^2
VIII	16,0–17,4 Fuß = 4,88– 5,30 m	6,50 m	5,60 m	2,10 m	1,0 t	20,0 m^2

ISO gehört auch die internationale Normung sowohl von Maßen und Gewichten als auch von Management, Produktion, Wartung, Montage, Qualitätssicherung, Design, Entwicklung und anderer Bereiche. So gilt z. B. die Norm ISO 10087 bei der →*Schiffskörper-Kennzeichnung,* und ISO 3166 enthält den internationalen Buchstaben-Code der Länder. Auch das →*BSH* besitzt ein Zertifikat mit dem Inhalt, daß seine →*nautischen Veröffentlichungen* und sein →*Seekartenwerk* den Forderungen von ISO 9001 entsprechen. Nationale deutsche Normen sind als →*DIN* veröffentlicht.

Isobare, die *(isobar)* Linie gleichen →*Luftdrucks* in einer →*Wetterkarte.* Die Verbindung der Orte

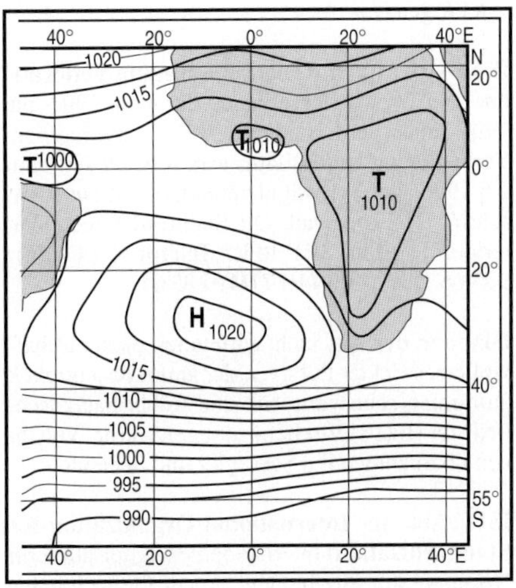

gleichen Luftdrucks ergibt die Verteilung der →*Hoch-* und →*Tiefdruckgebiete* und damit die Übersicht der →*Wetterlage.* Die Abb. zeigt eine Isobarenkarte für den Südatlantik.

Isobaren-Regel, die *(rule of thumb)* Die Faustregel, daß die Isobaren in Richtung der ausgestreckten Hand liegen, wenn man die rechte Hand so waagerecht vom Körper nach vorn hält, daß der Daumen in Windrichtung (mit dem Wind) zeigt. Dann liegt ein →*Hoch* rechts und ein →*Tief* links der Hand. Oder umgekehrt: Wenn man bei bekannter Isobaren-Richtung (auf einer →*Wetterkarte)* die Finger der rechten Hand über eine Isobare legt, dann weist der Daumen in Windrichtung.

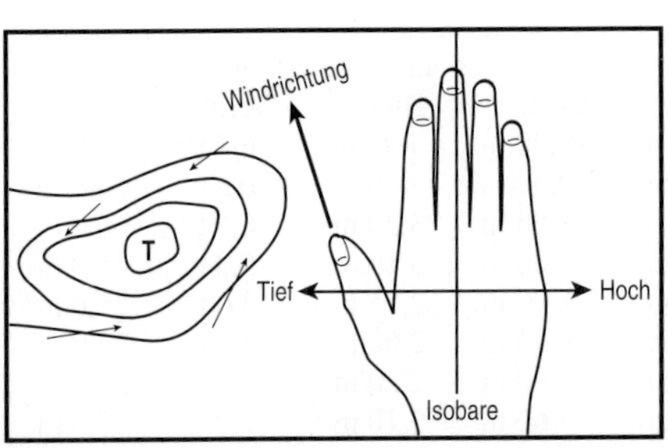

Isobathe, die *(depth conture, isobath)* Linie gleicher →*Wassertiefe.*

Isochrone, die *(isochrone)* Linie gleicher Zeiten.

Isodyname, die *(isodynamic line)* Linie gleicher erdmagnetischer Horizontalfeldstärke.

Isogone, die *(e.: isogonal, a.: isogonic)* Linie gleicher erdmagnetischer →*Mißweisung.* Die I. 0° heißt Agone.

Isohaline, die *(isohaline)* Linie gleichen Salzgehalts des →*Seewassers.*

Isotache, die *(isotache)* Linie gleicher →*Windgeschwindigkeit* in Höhenwetterkarten.

Isotherme, die *(isotherme)* Linie gleicher (oder gleicher mittlerer) Temperatur, meistens für einen

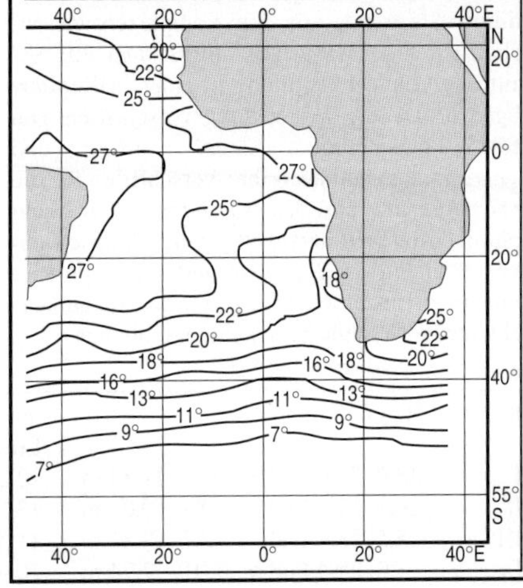

bestimmten Zeitraum und sowohl auf die Luft- als auch auf die Wassertemperatur bezogen. Die Abb. zeigt Isothermen des Oberflächenwassers im Südatlantik.

Isolator, der *(insulator)* Nichtleitender Körper aus Porzellan oder →*Kunststoff,* der eine Antenne oben und unten elektrisch von anderen Teilen des Bootes oder der Takelage trennt. An Bord als →*Abspann-I.* oder →*Kunststoff-I.* in das →*Achterstag* gesetzt.

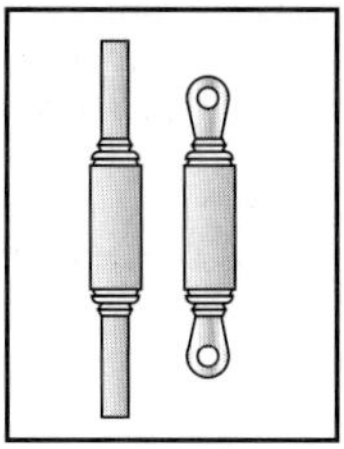

IWB Abk. für die früheren →*Internationalen Wettsegelbestimmungen.*

IYRU Abk. für „International Yacht Racing Union", den 1907 in London gegründeten und 1919 wiedergegründeten internationalen Seglerverband. Er bestand aus einem ständigen Ausschuß oder „permanent committee" und Unterausschüssen für die →*Internationalen Wettsegelbestimmungen,* für Bauvorschriften der →*internationalen Klassen* u. a. Er vergab die Welt- und Europameisterschaften und beschloß die →*olympischen Klassen.* Mitglied der IYRU war der →*Deutsche Segler-Verband.* Der Weltseglerverband nennt sich seit dem 1. 8. 1996 „International Sailing Federation" *(→ISAF)* mit Sitz in London. Die ISAF hat alle Aufgaben der früheren IYRU übernommen. Sie gibt auch die ab 1997 gültigen →*Wettfahrtregeln Segeln (→WR)* heraus.

J

J = Juliett Internationales Buchstabensignal, blau-weiß-blau, Bedeutung: „Ich habe Feuer im Schiff und gefährliche Ladung an Bord; halten Sie gut frei von mir.“ Morsen: • – – – (kurz–lang–lang–lang).

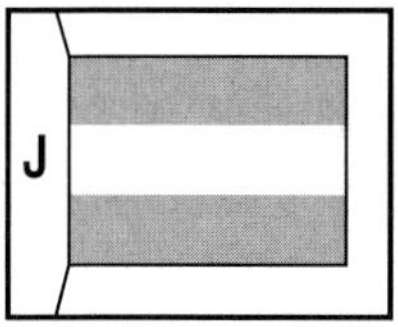

J 3 E Wichtige Abk. für eine →*Sendeart* im →*Seefunk* und →*Wetterfunk.* Sie bedeutet im →*R/T-Dienst:* →*Amplitudenmodulation,* →*Einseitenband* mit unterdrücktem Träger und weist damit auf die gesprochene Übermittlung von Informationen hin (im Gegensatz zu →*A 1 A* im →*F/T-Dienst).* J 3 E wird auch im →*Sprechfunk* auf →*Grenzwellen* und →*Kurzwellen* benutzt.

Jacht, die siehe →*Yacht.*

Jachtgebräuche, die siehe →*Yachtgebräuche.*

Jachtheck, das siehe →*Yachtheck.*

Jachtregister, das siehe →*Yachtregister.*

„Jachtfunkdienst Nord- und Ostsee“, der Vom →*BSH* herausgegebenes →*Seebuch,* das Auszüge aus dem →*„Nautischen Funkdienst“* enthält und für →*Yachten* bestimmt ist, die mit einem →*Funkpeiler* arbeiten sowie mit einem Rundfunkempfänger und einem →*Sprechfunkgerät* ausgestattet, aber nicht im gesetzlichen Sinne „ausrüstungspflichtig“ sind. Der J. enthält alle erforderlichen Angaben über Küstenfunkstellen und deren Sonderdienste sowie über →*Funkverkehr,* →*Funkortung* und →*Wetterfunk.* Das beschriebene Gebiet reicht von 4° Ost (Hoek van Holland) bis 30° Ost und schließt im Norden mit der →*geographischen Breite* 65,5° Nord ab. Seit 1977 wird auch ein „J. Mittelmeer“ herausgegeben.

Jackstag, das *(jack stay)* Ursprünglich eine auf einer →*Rah* an →*Augbolzen* frei von der →*Spiere* befestigte Metallstange, an der das →*Rahsegel* angeschlagen wurde. In gleicher Form ist der

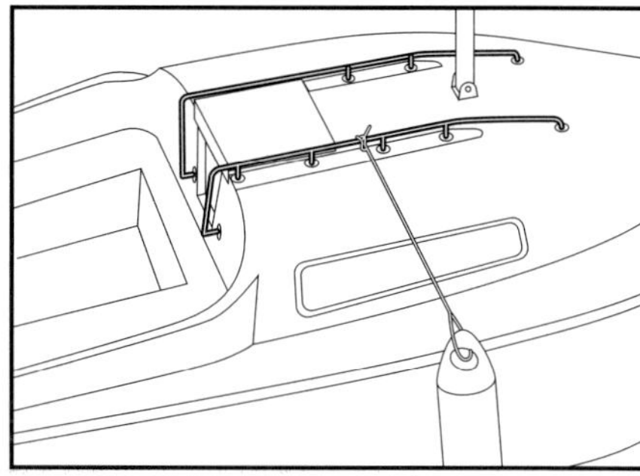

→*Handlauf* auf dem →*Kajütdach* ein J., das den →*Fendern* als Halterung dient.

Jager, der *(flying jib)* Nur bei einer Yacht mit →*Klüverbaum* und daran gefahrenen zwei →*Klüvern* die Bezeichnung für den →*Außenklüver.* Ein J. ist neben der →*Fock* (als →*Stagsegel)* und dem →*Binnenklüver* praktisch das dritte, bis zur →*Stenge* gefahrene →*Vorsegel,* über dem (bis zum →*Masttopp)* noch der →*Flieger* gesetzt wurde. Bei drei Vorsegeln wird das außen und oben gesetzte Stagsegel anstatt Flieger jedoch auch J. genannt.

jährliche Änderung, die *(annual change)* Die auf den Zeitraum eines Jahres bezogene Änderung der magnetischen →*Mißweisung,* die in der →*Seekarte* zusammen mit dieser in dem entsprechenden Seegebiet unter jeder →*Richtungsrose* angegeben ist.

Jakobsleiter, die *(Jacob's ladder, jack ladder)* Unseemännisch eine „Strickleiter“ genannt, mit Seitenteilen aus →*Tauwerk* und Trittflächen aus Holz. Die J. wurde wahrscheinlich nach der Himmelsleiter benannt, die von der biblischen Gestalt Jakob im Traum erblickt wurde. Eine J. dient zum

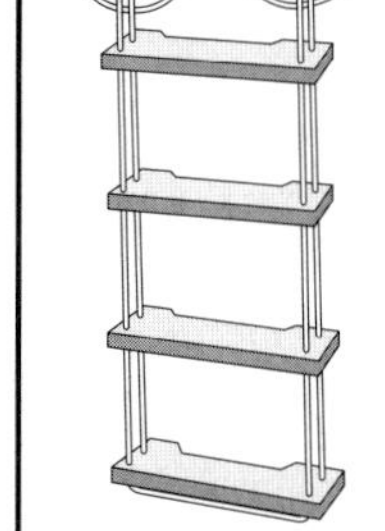

→*Aufentern* und Niederklettern an Bordwänden, z. B. als Bordleiter bei einem →*Mann-über-Bord-Manöver.* Sie wird auch als →*Seefallreep* zur Übernahme und zum Absetzen des Lotsen benutzt.

Jakobsstab, der (*Jacob's staff, sea quadrant*) Vor Erfindung des →*Sextanten* gebrauchtes einfaches Instrument zur Messung von Gestirnshöhen. Der J. bestand aus einem Längsstab, der mit Gradeinteilung markiert war, und einem darauf verschiebbaren Querholz. Die Bezugsrichtung für die Höhenwinkelmessung war die →*Kimm.*

Janmaat, der *(able-bodied seaman)* Scherzname für einen Berufsseemann auf Segelschiffen, für einen Matrosen, der vor dem Mast fährt.

J-Klasse, die *(J-class)* Eine →*Bootsklasse* nach der (verbesserten) „Universal Rule" von 1906, nach der die Herausforderer und Verteidiger für die Rennen um den →*America's Cup* in den Jahren 1930, 1934 und 1937 gebaut wurden. Die Bauformel der J-K. lautet:

$$R = 0{,}18\,\frac{L \times \sqrt{S}}{\sqrt[3]{D}}$$

Der →*Rennwert „R"* wird aus der Länge L, der Segelfläche S und der Verdrängung D ermittelt. Boote der J-K. waren die größten je gebauten Rennyachten. So hatte die „Ranger" z. B. eine Lüa von 41,5 m, eine Büa von 6,36 m, einen Tiefgang von 4,57 m und trug 701 m^2-Segelfläche bei einer →*Kuttertakelung.*

Jockeybaum, der *(jockey pole)* Ein →*Auslegerbaum,* der nur als →*Fockbaum* oder →*Spinnakerbaum* am →*Mast* befestigt werden darf. Die →*WR* schränken seine Benutzung ein.

JOG *(JOG)* Abk. für →*Junior Offshore Group.*

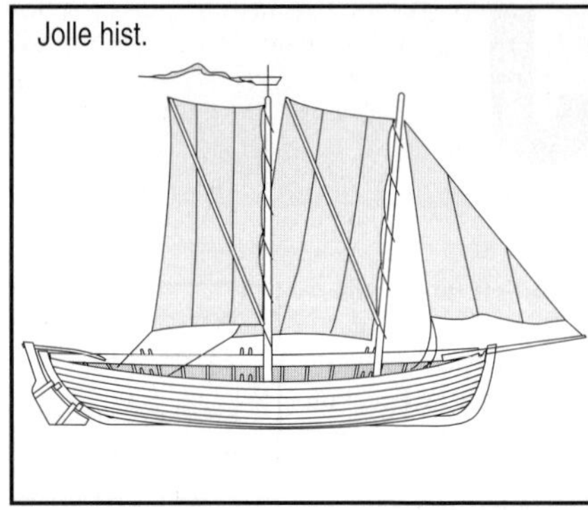

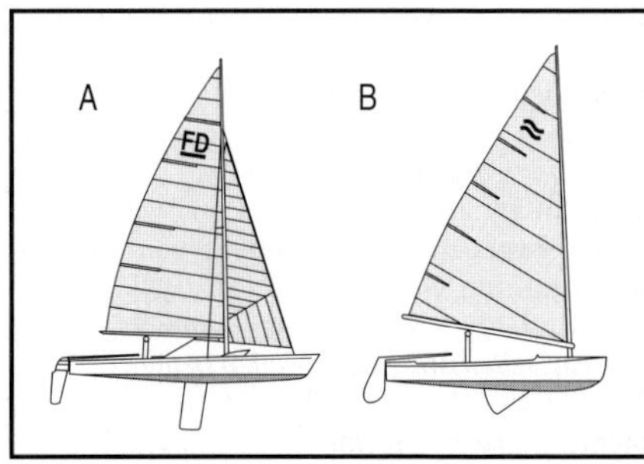

Jolle, die *(dinghy, [open] centreboarder)* Ursprünglich kleines, offenes, flachbodiges Strandfischerboot (Abb.) oder →*Beiboot,* das auf Kriegs- und Handelsschiffen neben der größeren →*Barkasse* und dem kleineren →*Dingi* zum Rudern und Segeln benutzt wurde. Daraus entwikkelt im Unterschied zum →*Kielboot* oder zur

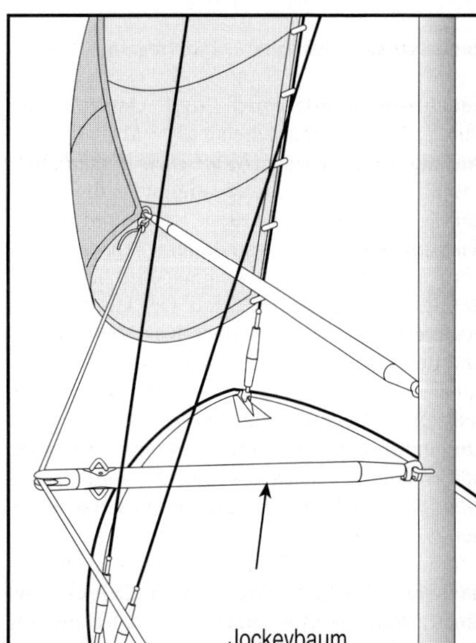

→*Yacht* ein leichtes kenterbares, offenes oder eingedecktes →*Schwertboot* mit flachem Boden und entsprechender →*Segelfläche* hauptsächlich als →*Slup* (A) oder →*Cat* (B) getakelt und wahlweise mit →*Hochsegel,* →*Gaffelsegel,* →*Luggersegel,* →*Sprietsegel* o. ä. ausgestattet. Es gibt →*nationale* und →*internationale J.-Klassen* und mit Kajüte auch →*Jollenkreuzer.* Eine J. ist →*formstabil,* wird mit →*Ausreithilfen* und →*fliegendem Trapez* gefahren und kann bei ausreichenden und richtig angeordneten →*Auftriebstanks* nach dem →*Kentern* wieder →*aufgerichtet* werden.

Jollenhose, die
(jolly ducks [pl.])
Bis unter die Achseln reichende und sowohl Brust wie Nierenbereich auf dem Rücken schützende strapazierfähige Hose mit Trägern und entsprechenden Brust- und Hosentaschen.

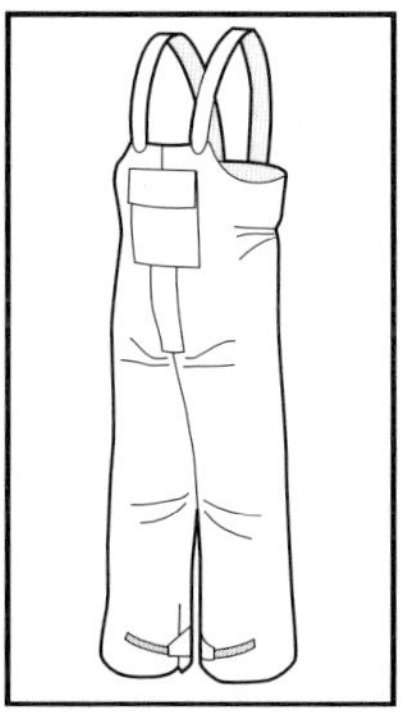

Jollenkompaß, der
(flat-glass compass) Ein kleiner →*Flachglaskompaß,* oft mit →*taktischer Rose,* der als →*Hilfskompaß* zur Orientierungshilfe auf einer →*Dreiecksbahn* oder bei Wanderfahrten im →*Nebel* dient.

Jollenkreuzer, der *(cruising centreboarder)* Größeres →*Schwertboot* mit →*Kajüte.* Der Segler und Konstrukteur Harry Wustrau setzte 1910 mit seinem Boot „Kurz und gut" den Urtyp des Jollenkreuzers als erster auf das Wasser. Nach dem Ersten Weltkrieg führte der damalige DSV zwei Jollenkreuzer-Klassen von 25 m² und 30 m², der damalige Deutsche Segler-Bund zwei andere mit 20 m² und 30 m² Segelfläche ein. Daraus wurden die Klassen 15, 20 und 30 m². Es entstanden zwar kenterbare, aber sehr formstabile, bequeme und komfortable Typen, die zum Renn- und Fahrtensegeln gleichermaßen geeignet waren und benutzt wurden:
Der 15-m²-J., Segelzeichen P, mit Lüa max. 6,50 m, Büa min. 1,85 m, Takelungshöhe max. 7,50 m, Kajüthöhe min. 1,00 m, in Massivholz, der ca. 1960 durch den 6-m-Sperrholz-J. abgelöst wurde: Lüa max. 6,00 m, Büa max. 2,20 m, vermessene Segelfläche max. 13,00 m². Der 20-m²-J., Segelzeichen R, Lüa max. 7,75 m, Büa min. 2,15 m, Segelfläche max. 20 m², min. 2 Kojen. Wettfahrt-Crew 3 Mann, den der 7-m-Sperrholz-J. ca. 1960 ablöste: Lüa max. 7,00 m, Büa max. 2,40 m, vermessene Segelfläche max. 16,00 m². Der 30-m²-J., Segelzeichen B, mit einer Lüa max. 9,00 m. J. wurden in vielen hundert Einheiten gebaut und stellten die größten →*nationalen Klassen* des →*DSV* dar.

Jollen-Terminal, das
(dinghy terminal)
Eine leichte, einfache →*Seilhülse,* mit der ein →*Endbeschlag* durch nur wenige Umdrehungen in ein →*Want,* →*Stag* o. ä. sicher eingearbeitet werden kann.

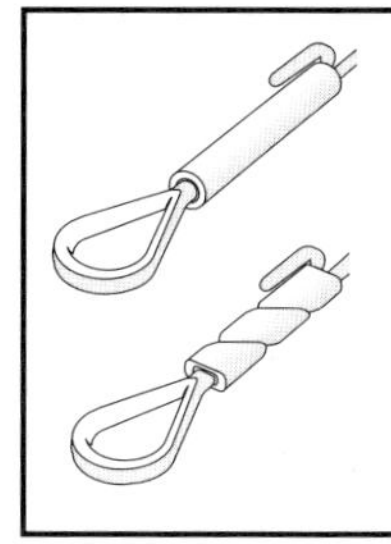

Jolltau, das
(whip, whip runner)
Einfachste Art, mit Hilfe eines →*Blocks* die Zugrichtung von →*Tauwerk* ohne Kraftersparnis umzulenken. Ein J. ist z. B. die →*Mastfallscheibe* für das →*Großfall* oder →*Fockfall,* die Umlenkrolle für die →*Dirk* oder →*Flaggleine* u. ä.
Erst wenn das J. zum →*Klappläufer* umgebaut wird, kann man die Kraft vergrößern.

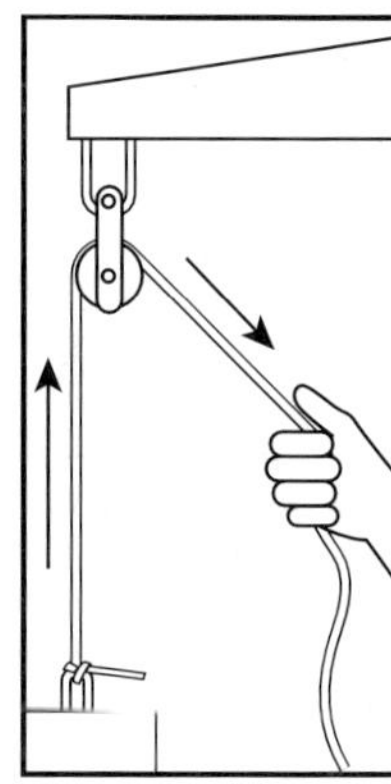

Journal, das *(journal, log)* Früher übliche Bezeichnung des →*Schiffstagebuches.* Auf einem →*Seekreuzer* gilt das →*Logbuch* in ähnlichem Sinne als J.

JR-Formel, die *(Jollen-Rennwert-Formel)* 1949 von Gramberg entwickelte, verhältnismäßig einfache →*Ausgleichsformel* für →*Jollen* und →*Jollenkreuzer* mit einer Lüa von ca. 4 bis 9 m und einem entsprechenden JR-Wert zwischen 9 und 15. Die Zeitvergütung innerhalb einer JR-Klasse (z. B. von 10,0 bis 10,99) erfolgt in Abhängigkeit vom Rennwert und der gemessenen Windgeschwindigkeit. Heute weitgehend durch die →*Yardstick-Formel* abgelöst.

Jugendboot, das Eine →*Jolle,* die größer als ein →*Jüngstenboot* und kleiner als eine →*Rennjolle* oder →*Wanderjolle* bzw. ein Juniorenboot ist. Ein internationales J. ist der „Cadet".

Jugendkutter, der Robustes, relativ langes, offenes und ungedecktes →*Schwertboot* mit →*Luggersegeln,* →*Gaffel-* oder →*Hochsegeln* und →*Ketschtakelung,* auch für eine →*Crew* von 10 Mann zum →*Pullen* mit →*Riemen* eingerichtet und von →*DSV*-Clubs und der Bundesmarine als Ausbildungsboot benutzt.

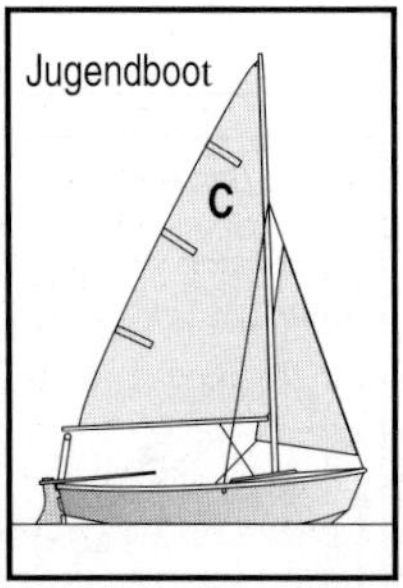

jumpen *([to] jump = springen, hüpfen, überspringen)* Deutsch ausgesprochenes englisches Wort, häufig anstelle von „springen" benutzt: Man „jumpt" z. B. beim →*Anlegen* an Land, zum Baden über Bord, von der →*Kajüte* an →*Deck* oder in die →*Takelage.*

Jumpstag, das *(jumper [stay])* Einfaches oder doppeltes →*Stag* an der Vorderkante und in der oberen Hälfte des →*Großmastes,* das vorwiegend bei →*Dreiviertel-* oder →*Siebenachtel-Takelung* benutzt wird, um insbesondere bei einem →*Achterstag* dem →*Masttopp* ausreichende Sicherheit zu geben. Am Angriffspunkt des →*Vorstags* ist die →*Jumpstagspreize* befestigt, während der untere Teil des J. am Mastbeschlag der →*Saling* endet.

Jumpstagspreize, die *(jumper stay spreader, jackstay strut)* Ein der →*Saling* ähnlicher Beschlag, der entweder mit nur einem Arm in Längsschiffsrichtung über die vordere Mastkante hinaus reicht oder an gleicher Stelle mit 2 Armen 30 bis 40° zur Längsschiffsrichtung angestellt und (je nach Bootsgröße) 10 bis 30 cm lang ist, um einen ausreichend großen Winkel für das über die J. geführte →*Jumpstag* zu geben.

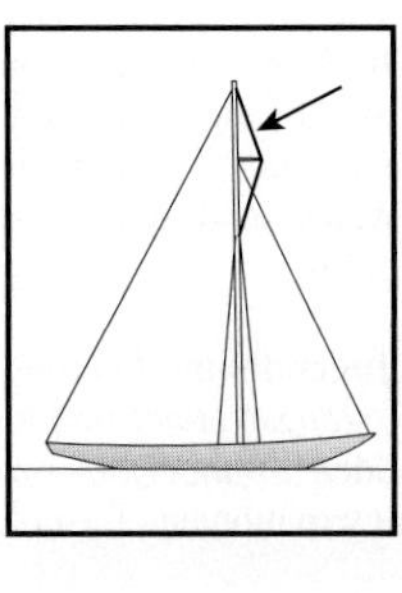

Jungfer *(deadeye)* Eine breite Holzscheibe, innen offen (1) oder mit (meistens) drei Löchern (2), die wie eine große →*Rundkausch* in die Wanten eingespleißt wurde und anstelle eines dreischeibigen Blocks zur Führung eines →*Taljereep* dient, als es noch keine →*Wantenspanner* oder →*Spannschrauben* gab und das →*stehende Gut* auf einem Großsegler mit Jungfern und Taljereep durchgesetzt werden mußte. Die untere J. wurde durch ein in der →*Keep* liegendes Stahlband gehalten, mit dem sie am →*Püttingeisen* angeschlagen war.

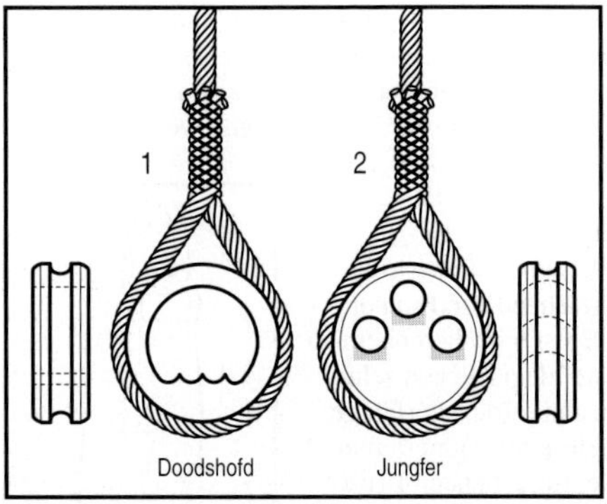

Jungfernfahrt, die *(maiden trip, maiden voyage)* Die erste Fahrt eines Bootes nach der Übernahme durch seinen →*Eigner.*

Jungmann, der *(e.: novice, brass bounder; a.: seaman apprentice)* Der erste Grad auf der früheren Stufenleiter zum →*Matrosen* nach der Zeit als →*Schiffsjunge.* Kein Junge mehr, aber noch kein Mann wie ein →*Leichtmatrose* oder →*Vollmatrose.*

Jüngstensegelschein, der Ein vom →*DSV* 1973 eingeführter freiwilliger →*Führerschein* für Kinder zwischen 7 und 14 Jahren zur Führung von →*Jollen* bis max. 10 m² mit den notwendigen Elementar-Kenntnissen in →*seemännischen* Arbeiten, Yachtbedienung und Yachtführung sowie Gesetzeskunde.

Jüngstenboot, das Eine →*Jolle* für die besonderen Bedingungen des Segelns von Kindern unter 10 Jahren, d. h. mit simpler Segeleinrichtung, einfachen →*Beschlägen* und großer →*Stabilität,* z. B. die internationale →*Optimist-Jolle* (Abb.).

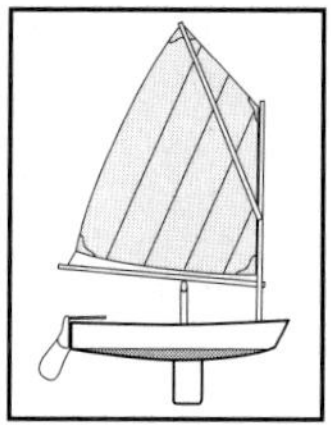

Juniorboot, das Eine →*Jolle,* deren Größe und Segelfläche den besonderen Bedingungen eines noch nicht Erwachsenen hinsichtlich größerer →*Stabilität,* geringerer Segelfläche, besserer →*Handigkeit* u. a. entspricht, z. B. der →*Flying Junior* (Abb.).

Junior Offshore Group, die 1950 in England gegründete Hochseesegler-Junioren-Gruppe, die seit 1951 in den damals neuen RORC-Klassen IV und V Seeregatten mit von ihr herausgegebenen Sicherheitsbestimmungen für Kleinstseekreuzer veranstaltete und sowohl den Bootsbau wie den Segelsport auf See entscheidend beeinflußte. Anlaß der Gründung war die Teilnahme der „Sopranino" außer Konkurrenz am Santander-Rennen 1950. Langjähriger Vorsitzender der JOG war John H. Illingworth. Die LWL der JOG-Yachten betrug 5,00 bis 6,20 m; begrenzt waren Masthöhe und Plichtgröße, Lukenflächen u. a., vorgeschrieben waren Mindestfreibord, Auftriebskörper, Lüfter, Seeventile, Kojenlängen, Seereling und zahlreiche Teile einer Mindest-Ausrüstung für Nautik und Sicherheit.

Jury, die *(jury)* (d. wörtl. Preisrichterkollegium bei Sportveranstaltungen.) Auf das →*Rennsegeln* bezogen und nach den →*Wettfahrtregeln Segeln* (→*WR)* eine Kommision von →*Schiedsrichtern,* deren Entscheidungen mit einfacher Mehrheit gefällt werden und gegen die keine →*Berufung* möglich ist. Eine J. kann auch international besetzt sein. – Im eigentlichen deutschen Wortsinn wird auch der Vergabeausschuß für den →*Schlimbach-Preis,* für den →*Trans-Ocean-Preis* und die →*Trans-Ocean-Medaille* als J. bezeichnet.

Jütt, die *(shearlegs on deck, dead man)* Bei einem →*Klappmast* als Winkelhebel auf den Mastfuß gesetzte →*Spiere* von der Länge der Vorsegelbasis, an der zum Mastlegen das →*Vorstag* angeschlagen wird, während gleichzeitig eine →*Talje* die Verbindung zum Bugbeschlag herstellt. Beim Auffieren der Talje bleibt die Mastabstützung nach vorn unverändert erhalten, und

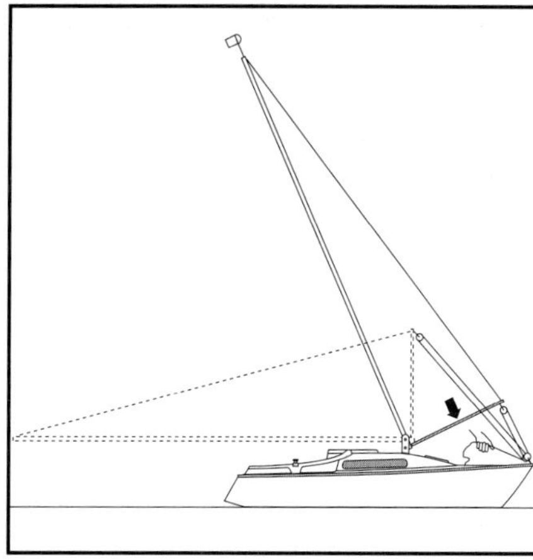

auch der Winkel zwischen Talje und Hebel ändert sich (wenigstens zuerst) kaum. Eine zweibeinige J., die mit ihren Fußpunkten z. B. an den →*Püttingeisen* der Wanten jeder Seite befestigt ist, vermeidet das mögliche seitliche Ausscheren des Mastes beim Legen noch besser. Dazu kann bei einem →*Fahrtenboot* auch der (verlängerte) →*Bugkorb* benutzt werden. Eine J. wird auch →*toter Mann* genannt.

K

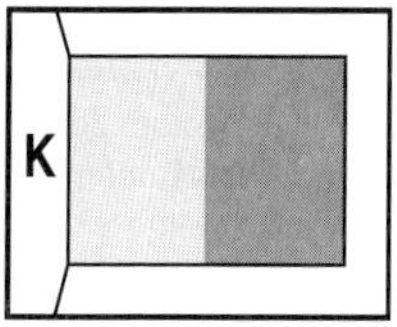

K = Kilo, Internationales Buchstabensignal, gelb-blau. Bedeutung: „Ich möchte mit Ihnen in Verbindung treten." Oder eine Aufforderung zur Übermittlung. Morsen: – • – (lang–kurz–lang).

kabbelig (kabbelige See) *(choppy sea)* Der Zustand einer See, wenn →*Kabbelwasser* herrscht. Er wird auch als →*Kabbelung* bezeichnet und entsteht in freiem Wasser bei sich kreuzenden Richtungen von Wind und →*Strom.*

kabbeln *(to rise against the sea)* Eine →*Windsee* durch →*Gegenstrom,* eine alte →*Dünung* durch →*Dwarswind* oder die natürliche Ausbreitung des →*Seegangs* oder von Wellen, die andere Boote oder Schiffe erzeugt haben, durch eine →*Spundwand* o. ä. stören. Dabei entsteht →*Kabbelwasser.*

Kabbelung, die *(ripple, rippling, [current] rips)* Die Kräuselung der Wasseroberfläche durch das Zusammentreffen unterschiedlicher →*Stromrichtungen.* Besteht dieser Zustand einer →*kabbeligen See* ständig, dann ist er in der →*Seekarte* mit kleinen Wellensymbolen als →*Stromkabbelung* eingetragen.

Kabbelwasser, das *(choppy water, choppy sea)* Ein unregelmäßiger Zustand der Wasseroberfläche, der die einzelnen Wirkungsrichtungen von →*Seegang,* →*Dünung,* →*Schwell* sowie von →*Bugwellen* und →*Heckwellen* passierender Schiffe nicht genau erkennen läßt.

Kabel, das *(cable)* 1. Alte Bezeichnung einer →*Trosse* aus →*Drahttauwerk* (seltener aus →*Fasertauwerk),* die aus →*Kabelgarn* und im →*Kabelschlag* gefertigt sein konnte und in →*Kabellängen* geliefert wurde. – 2. Übliche Bezeichnung von Elektro- und Telefonleitungen, die unter dem Wasser verlegt sind. In ihrer Nähe sind Warntafeln (am Ufer) aufgestellt oder entsprechende →*Tonnen* ausgelegt, und es besteht ein Verbot des →*Ankerns.*

Kabelgarn, das *(rope-yarn)* Im Gegensatz zum →*Garn,* das zur Anfertigung von →*Segeltuchen* benutzt wird, die Bezeichnung der kleinsten, aus einer Anzahl Fasern zusammengedrehten Einheit, die zur Herstellung von →*Kardeelen* in →*Fasertauwerk* benutzt wird.

Kabelgat, das *(cable stage, rope store)* Auf größeren Fahrzeugen der in der →*Vorpiek* oder →*Achterpiek* gelegene Stauraum für altes, ausgemustertes oder neues, unbenutztes →*Tauwerk.*

Kabellänge, die *(cable, cable length)* Nautisches Längenmaß von 185,2 m oder $^{1}/_{10}$ Seemeile. Offizielle Abkürzung: kbl.

Kabelleger, der *(e.: cable ship – a.: cable layer)* Spezialschiff zum Verlegen und zum Aufholen sowie zur Kontrolle unterseeischer →*Kabel.* Ein K. ist nach den →*KVR* als →*manövrierbehindertes Fahrzeug* bezeichnet und muß nach einem internationalen Vertrag in mindestens 1 sm Abstand passiert werden.

Kabelschlag, der *(cable lay, cable laid rope)* Eine Methode zur Herstellung von gedrehtem oder →*geschlagenem* →*Tauwerk* und die Bezeichnung einer →*Verseilstufe,* bei der 3 dreilitzige →*rechtsgeschlagene* oder in →*Z-Drehung* gefertigte →*Kardeele* mit →*S-Drehung* zu einem einzigen (→*linksgeschlagenen)* stärkeren →*Faserseil* (aus 9 Litzen) vereinigt werden (Abb.). Beim neuzeitlichen →*Verseilen* von →*Fasertauwerk* wird der K. nur noch (nach DIN 83325) für →*Hanftauwerk* zugelassen. Alle →*Chemiefasern* werden bevorzugt nur durch →*Seilflechten* verarbeitet.

Kabeltonne, die *(cable buoy, telegraph buoy)* Eine durch den Buchstaben „K" oder die Worte „Kabel", „Pipeline" oder „Pipe" in Schwarz gekennzeichnete gelbe Tonne (ggf. mit gelbem, liegendem Kreuz), die Unterwasserkabel, Rohrleitungen und Trassen kennzeichnet.

Kabine, die *(cabin, stateroom)* Früher auf Fahrgastschiffen übliche Bezeichnung für den Wohnraum eines Fahrgastes, zum Unterschied von der →*Kammer* der Schiffsoffiziere und dem →*Logis* der Besatzung. Heute sind alle drei Personengruppen in „Kammern" untergebracht. An Bord einer →*Kreuzeryacht* gibt es keine K., sondern nur eine →*Kajüte.*

„Kaffeemühle", die *(coffee grinder)* Scherzbezeichnung für eine große Doppelkurbel-Schot-

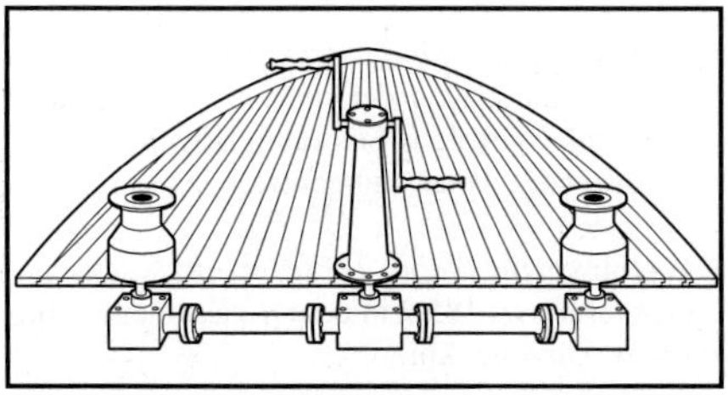

winde auf großen Rennyachten, z. B. bei →*Regatten* um den →*America's Cup.* Eine K. arbeitet meistens mit Fernbedienung, verstellbarer →*Untersetzung* bzw. →*Übersetzung* und wird aus Gründen geringsten →*Windwiderstandes* oft unter →*Deck* bedient.

Kahn, der *(barge, wherry, lighter)* Ein nicht seetüchtiges Flußschiff mit und ohne eigenen →*Antrieb* für den Fracht- und Lastverkehr, meistens mit geringem Tiefgang und flachem Boden und als Last-, Fracht-, Schlepp-, Elbkahn o. ä. bezeichnet.

Kahnschiffer, der *(waterman, lighter man, master of a boat)* Der verantwortliche Führer eines →*Kahns,* der ein entsprechendes Patent hat.

Kai, der *(quay)* Durch Mauerwerk, Betonteile, Stahlwände oder Pfähle befestigte, in einem Ha-

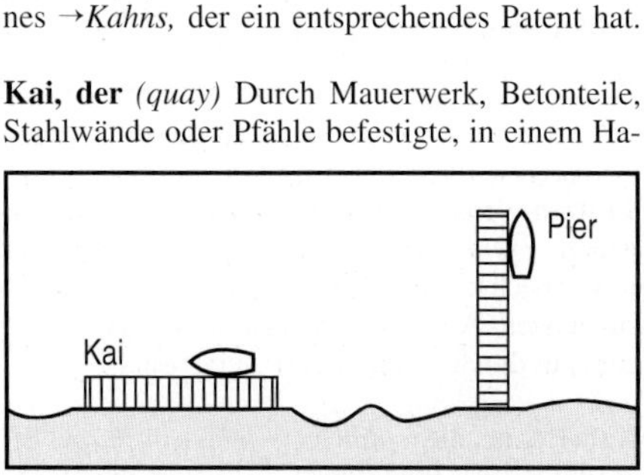

fen oder an einem Fluß an tiefem Wasser gebaute Uferanlage mit weitgehend senkrechter Begrenzung, an der Schiffe zum Laden und Löschen anlegen können. Für den Verkehr auf dem K. dienen Schienenstränge, Kräne und Eisenbahnwagen sowie eine feste Ladestraße für den Kraftverkehr. Wer einen Platz am K. benutzt, muß Liegegebühren als Kaigeld (→*Hafengeld)* entrichten. Im Gegensatz zu einer →*Pier* ist ein K. immer eine parallel zum Ufer errichtete Anlegestelle (Abb.)

Kajüte, die *(cabin, [saloon])* Der Koch-, Wohn- und Schlafraum der Besatzung unter dem →*Deck,* auf kleinen Booten mit einem →*Kajütaufbau,* um die notwendige Sitz- oder →*Stehhöhe* zu erhalten. Je nach ihrer Lage im Boot auch als →*Vorderkajüte* oder →*Achterkajüte* bezeichnet. Boote mit K. werden →*Kreuzer* genannt.

Kajütaufbau, der *(cabin trunk, coach roof, raised cabin)* Vom begehbaren →*Deck* eingerahmter →*Aufbau,* um auf kleinen Booten die erforderliche →*Stehhöhe* in der →*Kajüte* zu erhalten. Sein oberer Abschluß ist das →*Kajütdeck.*

Kajütdeck, das *(coach roof)* Das begehbare Dach des →*Kajütaufbaus,* der im Normalfall nur

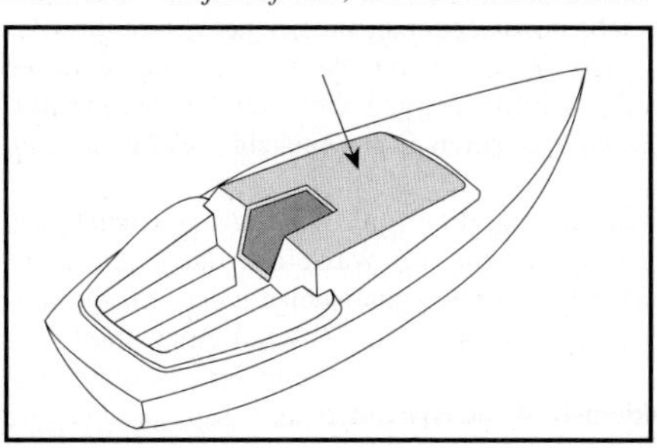

→*mittschiffs* vor der →*Plicht* liegt und sowohl die begehbaren →*Seitendecks* als auch das →*Vordeck* freiläßt.

kalandern *(to calender)* Eine Qualitätsverbesserung des →*Segeltuchs,* das hierzu zwischen mehreren beheizten Rollen durchläuft, um den →*Reibungswiderstand* zu vermindern.

kalfatern, kalfaten *(to caulk, calk)* Heute (beim Bootsbau aus →*GFK)* weitgehend überholte, früher wichtigste Tätigkeit zum Abdichten der Nähte in den hölzernen →*Gängen* der →*Außenhaut* und des →*Decks.* Mit einem Kalfateisen oder einem Kalfathaken wurde geteertes →*Werg* eingeschlagen und bei großen Öffnungen noch „verpicht", d. h. mit Pech ausgegossen. Heute benutzt man, wenn das K. erforderlich sein sollte, elastische Kalfatkitte unterschiedlicher Zusammensetzung und mit verschiedenen Handelsnamen.

kalibrieren *(to gauge, to size)* Wörtlich „eichen, einen Abstand prüfen, ein bestimmtes Maß einhalten". Im →*Seefunk* zur Abstimmung eines →*Senders* oder in der →*Ausrüstung* einer →*Yacht* in bezug zu einer kalibrierten →*Ankerkette* benutzt, die auf eine →*Kettennuß* passen muß.

Kalme, die (Kalmen) *(calm, [calms])* Völlige →*Windstille,* die hauptsächlich im Innern von →*Hochdruckgebieten* sowie bei schwachem Luftdruckgefälle auf Binnengewässern auch in der Nacht auftritt. Die großräumigen Gebiete konstanter K. heißen →*Kalmengürtel.*

Kalmengürtel, der *(doldrums, belt of calms, horse latitudes)* Ein weiträumiges Gebiet in der Nähe des Äquators, das sich durch viel →*Kalme* und schwache, veränderliche Winde auszeichnet, weil kaum Unterschiede im →*Luftdruck* bestehen. Der K. in der äquatorialen Tiefdruckrinne zwischen dem afrikanischen und dem südamerikanischen →*Tief* erstreckt sich über etwa 5 Breitengrade und verlagert sich mit dem Sonnenstand während des Nordsommers bis ca. 10° N, während des Südsommers bis ca. 5° S. Wegen der aufsteigenden Luftbewegung ist das Wetter wolkig und regnerisch, der Luftdruck in den →*Passatzonen* nördlich und südlich des K. höher als im K. selbst. Von deutschen Seeleuten wird der K. auch als →*Mallungen,* von englischen als →*Doldrums* bezeichnet.

Kalottenkompaß, der *(skull-cap [magnetic] compass)* Ein →*Magnetkompaß,* der nur äußer-

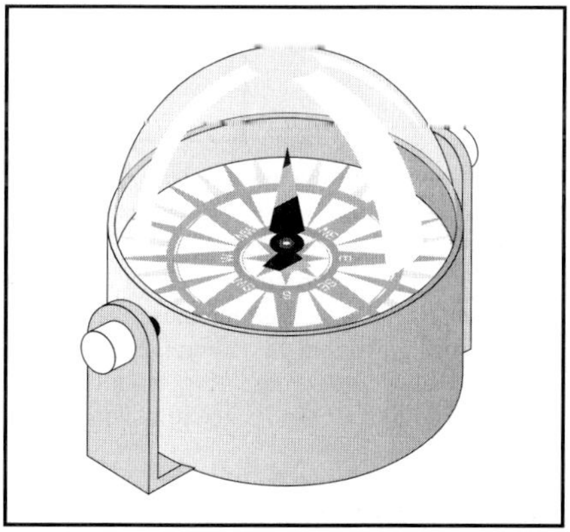

lich wie ein →*Kugelkompaß* aussieht, tatsächlich aber ein Pseudo- oder Halbkugelkompaß ist. Der →*Kompaßkessel* unter der Kugel hat einen flachen Boden und erlaubt der →*Kompaßrose* nur eine begrenzte vertikale Neigung, so daß er oft nur mit →*kardanischer* oder halbkardanischer Aufhängung benutzt werden kann. Er ist anfällig für Turbulenzen und nicht reparierfähig.

Kaltfront, die *(cold front)* In der →*Wetterkunde* die Grenze einer vordringenden →*Kaltluftmasse* an der Rückseite eines wandernden →*Tiefs,* die sich mit ihrer schweren Luft unter die vorhandene wärmere Luft schiebt und diese in die Höhe hebt. Bei starker Bewölkung kommt es dabei meist zu schauerartigem, oft mit →*Gewitter* verbundenem Regen, der mit starken →*Böen* und Änderungen der →*Windrichtung* verbunden sein kann. Nach Durchzug einer K. steigt der →*Luftdruck,* die →*Sicht* bessert sich.

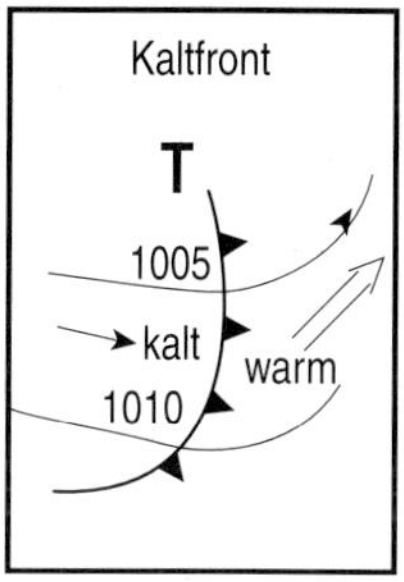

Kaltluftmasse, die *(cold air mass)* Nach ihrer →*Temperatur* bezeichnete →*Luftmasse,* die im Vergleich zu ihrer Umgebung „kalt" ist. K. bedeutet für die →*Wetterentwicklung:* Wind mit →*Böen;* gute →*Sicht;* Neigung zu →*Schauern.* Eine K. ist meistens polarer Herkunft.

Kammer, die *(1. cabin, stateroom, 2. [lock] chamber)* 1. Die abgeschlossenen Wohnräume auf einer größeren →*Yacht* und auf einem →*Schiff,* in der Berufsschiffahrt sowohl für Offiziere und Mannschaften als auch für Passagiere. Man unterscheidet Einzel- und Doppel-, Innen- und Außenkammer. – 2. Ein abgeschlossener Raum im allgemeinen, für einen bestimmten Zweck, z. B. die K. einer →*Schleuse,* eine Kühlkammer o. ä.

Kammschiene, die Ein →*Beschlag* aus hochwertigem Stahl von ca. 30 cm Länge mit 10 bis 15

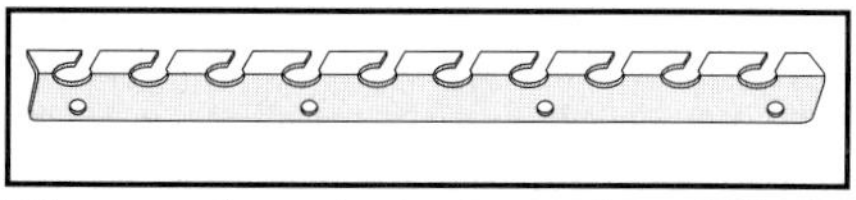

Zähnen, an denen der in einen →*Augspleiß* oder eine →*Augpressung* auslaufende →*Tampen* eines →*Falls* angehakt werden kann. Dadurch erspart man das →*Belegen* und kann zwischen mehreren Befestigungspunkten nach den Gesichtspunkten des →*flexiblen Riggs* oder zum Ausgleich eines

→*Recks* wählen. Eine K. ist oft mit einem →*Kammspanner* verbunden.

Kammspanner, der Ein →*Hebelstrecker* oder Streckerhebel, an den der →*Tampen* des →*Endes,*

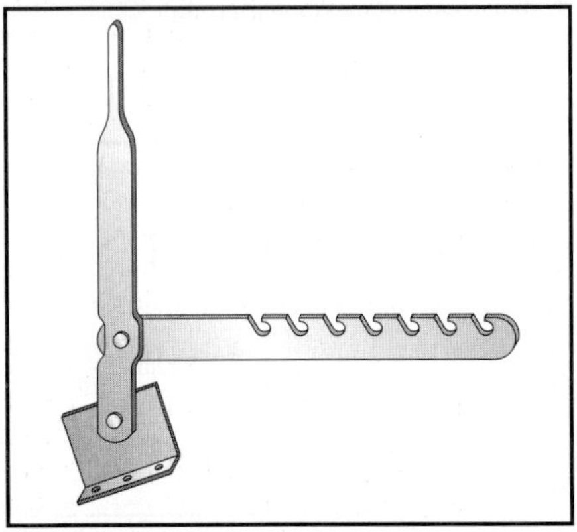

das gespannt werden soll, nicht an einem einzigen Haken oder →*Auge,* sondern wahlweise an mehreren Positionen einer →*Kammschiene* gehaltert und dann gespannt werden kann.

Kanal, der *(1. channel – 2. canal – 3. channel – 4. flue drain)* 1. Eine natürliche, offene Wasserstraße, die sich zwischen zwei Inseln oder Festland und Insel deutlich zu einem (relativ) schmalen Durchlaß verändert, z. B. der Englische K. oder „Ärmelkanal". – 2. Ein künstlicher, von Menschenhand geschaffener Wasserlauf, z. B. der →*Elbe-Lübeck-Kanal,* →*Elbe-Seitenkanal* – 3. In der Funktechnik die in Gruppen zusammengefaßten und als K. bezeichneten einheitlichen →*Frequenzbänder.* – 4. Ein gebauter Durchlaß für →*Zuluft,* →*Abluft* o.ä. bei der Belüftung der Räume eines →*Bootes* oder zum Ablauf von Wasser.

KANAL RADIO Kennzeichnung einer →*KüFuSt* des Revier- und Hafenfunkdienstes, die z. B. der Verkehrsregelung im Bereich des →*Nord-Ostsee-Kanals* einschließlich der →*Schleusen* dient. Die beiden Wörter sind ihrem geographischen Namen angehängt, z. B. Kiel K. R. Für die ständige Sprechfunkverbindung mit der NOK-Verkehrszentrale gibt es mehrere KüFuSt, z. B. mit den Namen „Kiel Kanal I", „Kiel Kanal II" usw. für die jeweiligen Einzelstrecken.

Känguruh-Start, der *(Australian Handicap)* Eine Form des →*Starts* bei einer →*Wettfahrt* nach dem →*Yardstick-System,* bei dem die Startzeit des →*Nullbootes* (als physikalisch langsamster →*Yacht* mit der größten →*Yardstick-Zahl)* festgelegt wird. Alle folgenden Boote starten ihrer Yardstick-Zahl entsprechend später. Die genauen Folgezeiten werden von der →*Wettfahrtleitung* berechnet und bekanntgegeben. Vorteile beim K.-S.: Die Spannung wächst zum Ende der Wettfahrt, da theoretisch alle Teilnehmer der →*Regatta* gleichzeitig die →*Ziellinie* erreichen könnten und sich dann vor dem →*Zieldurchgang* ein Kampf Boot gegen Boot ergibt. Der Durchlauf durch das →*Ziel* entspricht der Plazierung.

Kanu, das *(canoe)* Indianisches Wort für einfaches Kleinboot, ursprünglich sowohl mit Baumrinden wie Tierhaut, später mit Segeltuch bezogen. Aus dem Kanusport mit den modernen Bootstypen „Kajak" und „Kanadier" entwickelte sich das →*Segelkanu* mit →*Einheitsklassen* und →*Deutschen Meisterschaften.* Im →*Yachtbau* spricht man von →*Kanubug und* →*Kanuheck* nach den in der Form ähnlichen Bootsenden.

Kanubug, der *(canoe bow, tumble home bow)* Ein in seinem oberen Bereich senkrecht auslaufender, d. h. optisch einfallender →*Vorsteven,* der ähnlich wie beim →*Seiteneinfall* der →*Außenhaut* die →*Hauptabmessung* über →*Deck* verkürzt. Wie das →*Kanuheck* nach dem typischen Bootsende eines →*Kanus* genannt.

Kanuheck, das *(canoe stern)* In der Aufsicht einem →*Kanu* vergleichbare →*Heckform,* bei der das →*Achterschiff* in einen kurzen →*Überhang* spitz zuläuft und das fest an der →*Kielflosse* befestigte Ruder unter dem →*Heck* nur bis zur →*Wasserlinie* reicht.

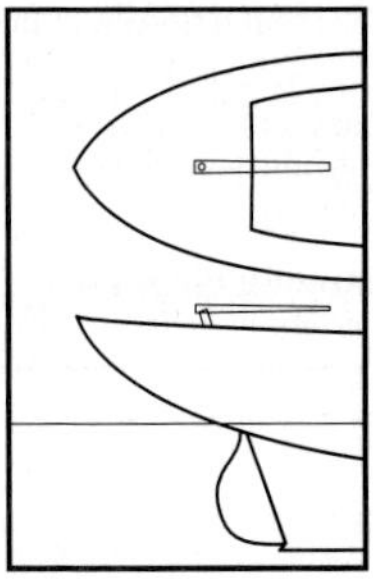

Kap, das *(cape)* Markante Landspitze, aber im Gegensatz zur →*Huk* mit einem Hochufer (z. B. das „Kap Arkona") und insbesondere als Felsspitze bezeichnet. Das berühmteste K. ist das „Kap der Guten Hoffnung", das mit dieser Kurzform zum Begriff geworden ist, während das zweite berühmte K. der Welt, das „Kap Hoorn", unter Seeleuten als „die Hoorn" bezeichnet wird.

Kapeffekt, der *(headland effect to the wind, cape effect)* Der K. oder →*Eckeneffekt* bewirkt an einer (flachen) →*Huk* eine Richtungsänderung des →*Windes,* weil der Wind zuerst in →*Luv* einer

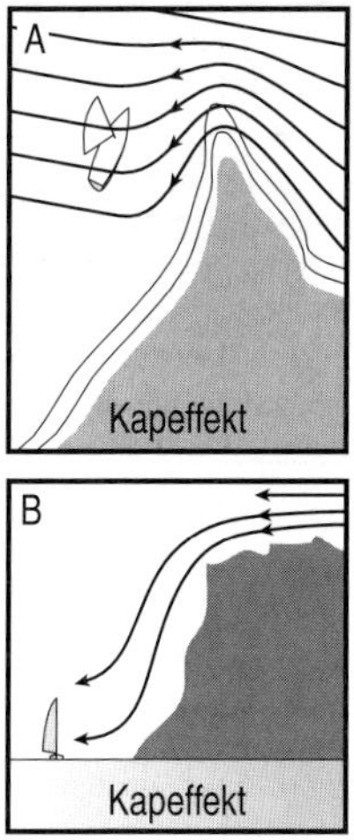

Landspitze der Küstenlinie folgt und nach ihrem Passieren wieder in die ursprüngliche Windrichtung zurückkehrt (Abb. A). Weil sich der Strömungsquerschnitt der Luft dabei verengt, verstärkt sich die Windgeschwindigkeit, und →*leewärts* des Kaps kann der Wind sogar kurzzeitig in Gegenrichtung wehen. Ist die Landspitze ein (oft bis weit über 100 m) steil ansteigendes →*Kap,* wird der Wind an dessen Luvseite noch zusätzlich in die Höhe gelenkt, so daß die Windgeschwindigkeit weiter wächst, weil sich der Strömungsquerschnitt der Luft auch in der Vertikalen verringert hat (Abb. B). So kehrt der Wind an der →*Leeseite* der Küste mit starken →*Fallwinden* wieder in Wassernähe zurück. Es entstehen →*Fallböen,* die ihre Richtung auch durch topographische Einflüsse der Küste und zusätzliche horizontale wie vertikale Wirbel fortlaufend ändern und (je nach Windstärke des Tages) um 2 – 3 Bft über der Windgeschwindigkeit auf freiem Wasser liegen. Vor dem Passieren eines →*Kaps* sollte man daher gegebenenfalls entweder die Segel →*reffen* oder einen sicheren Abstand wählen, um eine →*Havarie* zu vermeiden.

Kapitän, der *(captain, master)* Heute übliche, aber als Titel rechtlich nicht geschützte Bezeichnung für den verantwortlichen Führer eines →*Schiffes* (oder sinngemäß eines Flugzeuges als Flugkapitän). Früher als →*Schiffer* mit der Verantwortung für den seemännischen und nautischen Bereich bezeichnet, im Gegensatz zum Befehlshaber der eingeschifften bewaffneten oder Militärbesatzung, der „Kapitän" hieß, ohne die heute mit dieser Benennung verbundene Kommandogewalt über die Gesamtheit aller nautischen Befehlsbereiche zu besitzen. Die englische Bezeichnung „master" knüpft noch an die Tradition des Schiffers als des erfahrensten Seglers an, der die Probleme an Bord am besten bewältigt und jede Situation optimal „meistert". In der →*Schiffahrt* sind anstelle der früheren →*Patente* seit 1970 (in der revidierten Fassung von 1991) →*Befähigungszeugnisse* getreten, z. B. „AG" als Kapitän mit der Befugnis zum Führen von Fracht- und Fahrgastschiffen jeder Größe in allen Fahrtgebieten (früher: „A 6, Kapitän auf Großer Fahrt"). Der Dienstgrad „Kapitän zur See" in der Bundesmarine entspricht demjenigen eines Obersten in Heer oder Luftwaffe und ist nicht gleichbedeutend mit einem verantwortlichen Bordkommando. Hier ist der „Kommandant" der →*Schiffsführer,* auch wenn er noch nicht den Dienstgrad eines K. hat oder mehrere (z. B. Korvetten- oder Fregatten-)„Kapitäne" in Offiziersstellungen mit an Bord sind. Der nach der →*Sportbootführerscheinverordnung* zu bestimmende „verantwortliche →*Fahrzeugführer*" ist an Bord von →*Yachten* mit den gleichen Rechten und Pflichten eines K. wie in der Schiffahrt ausgestattet. Er wird im Ausland auch in jedem amtlichen Papier, das er z. B. beim →*Einklarieren* ausfüllen muß oder als →*Cruising Permit* erhält, als K. bzw. „Captain" bezeichnet. Übernimmt ein →*Eigner* nicht gleichzeitig auch die Rechte und Pflichten als K., kann nur er allein einen anderen Segler als K. seines Schiffes einsetzen und bestimmen. Auf →*Charteryachten* wird (für eine mögliche Haftung im Schadensfall) derjenige als K. angesehen, der den Chartervertrag unterzeichnet hat. Er hat sich dann auch nach dem →*SeeUG* als K. für eingetretene →*Seeunfälle* zu verantworten, falls die Chartercrew nicht einen anderen Segler zum K. gewählt, dieser die (mit allen Rechten und Pflichten verbundene) Wahl angenommen und sie rechtsverbindlich im Logbuch vermerkt hat.

Kapok, der; Kapok-Rettungsweste, die *(capoc, capok; capok [life-]vest)* Fruchtwolle des im tropischen Klima Südostasiens heimischen Kapok-Baumes (Ceiba pendranta). Das baumwollähnliche leichte Material, das gegen Nässe unempfindlich ist, wurde zum Ausstopfen von →*Schwimmwesten,* als Füllstoff für kleine →*Fender* sowie als Füllmaterial für Kissen und Matratzen an Bord benutzt. Bis zur Einführung von aufblasbaren Schwimmwesten aus Gummi(stoff) und später synthetischen Kunststoffen für die Herstellung von →*Rettungswesten* wurden →*Feststoffwesten* ausschließlich aus K. oder →*Kork* gefertigt.

Kappe, die *(cap, hood)* Das Verdeck über einem →*Niedergang,* meistens aufklappbar oder aufschiebbar und zum Schutz gegen →*überkommendes Wasser* mit einem →*Süll* rund um den Einstieg versehen. Mit K. als Kurzform wird auch die →*Spritzkappe* (Abb.) bezeichnet.

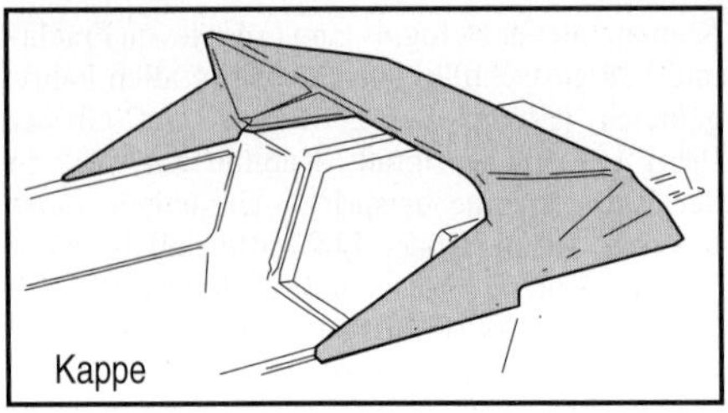

kappen *(to cut)* Bewußtes, gewaltsames Trennen einer Verbindung, die sich anders nicht oder nicht schnell genug (meistens im Falle von →*Havarie* oder Gefahr) auf üblichem Wege durch →*Abschäkeln,* →*Abstecken* o. ä. lösen läßt. Es kann erforderlich sein, eine →*Schlepptrosse,* die →*Ankerleine* oder ein →*Want* nach einem →*Mastbruch* zum Einholen oder Aufgeben des →*Geschirrs* zu k., so daß ein entsprechendes Kappbeil, Kappmesser, ein Bolzenschneider o. ä. bei einer →*Langfahrt* zur →*Ausrüstung* gehören muß. In der Segelschiffahrt mußten notfalls sogar ein Mast oder alle Masten gekappt werden, damit sich ein durch Verrutschen von →*Ballast* oder →*Ladung* überliegendes Schiff wieder →*aufrichten* konnte. Hierzu kappte man eine →*Part* des →*Taljereeps* zwischen den →*Jungfern,* die die →*Wanten* spannten, weil dieses die am leichtesten verletzliche Stelle der →*Takelage* war, und bevorzugte das K. der Abstagung für den Obermast oder die →*Stenge,* um mit einem →*Notrigg* am →*Untermast* manövrier- und segelfähig bleiben zu können.

Karabinerhaken, der *(snap hook, spring hook)* Ein einfaches Verbindungsglied zwischen Leinen und Takelageteilen, dessen Öffnung einen Federverschluß hat. Wenn ein K. an Sicherheitsgurten verwandt wird, sollte der schmale Teil abgeschlossen oder mit einer eingearbeiteten →*Rundkausch* versehen sein, damit die Leine beim geöffneten Federverschluß nicht herausrutschen kann.

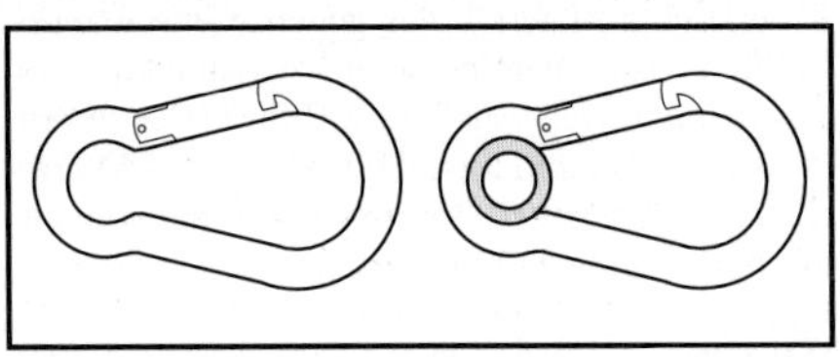

Kardangehänge, das *(gimbals)* Schlingersichere Vorrichtung aus 2 drehbar gelagerten, waagerechten Ringen um den →*kardanisch* aufgehängten Gegenstand. Die Ringe sind mit den Zapfen ihrer Pendelachse ineinander, aber um 90° zueinander versetzt gelagert.

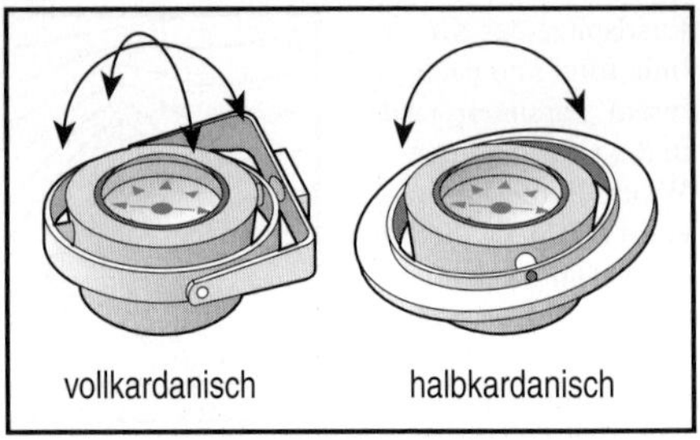

Kardangelenk, das *(universal joint, cardan joint)* Eine nach seinem Erfinder Cardano genannte Kreuzgelenk-Verbindung für Teile einer →*Welle,* die nicht geradlinig verlaufen kann, sondern winklig geführt werden muß.

kardanische Aufhängung, die *(gimbals, gimbaled)* Halterung in einem →*Kardangehänge* zum Zwecke gleichbleibender horizontaler Lage, wie sie z. B. für den →*Kompaß,* eine offene →*Lampe,* den →*Primuskocher* o. ä. an Bord notwendig ist, damit diese Ausrüstungsteile die →*Bootsbewegungen* nicht mitmachen müssen. Bei einer halbkardanischen Aufhängung wird nur eine Neigungsbewegung durch ein vereinfachtes →*Kardangehänge* ausgeglichen, meistens die →*Krängung.*

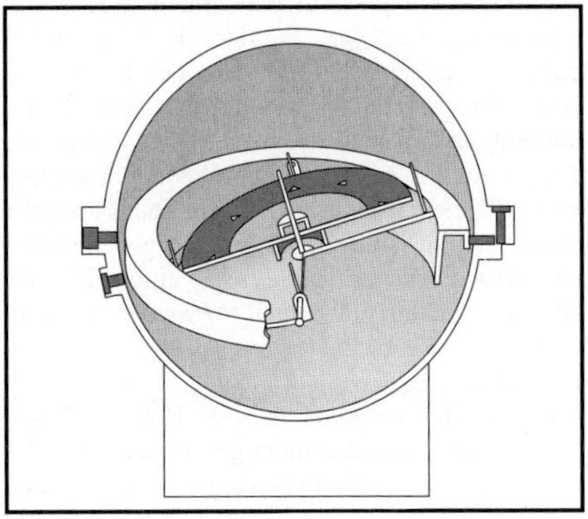

Kardanschäkel, der Ein nach zwei Seiten drehbar gelagerter →*Schäkel,* in einfacher Ausführung zur Verwendung an einer →*Fußreling,* in moderner Konstruktion als →*Drehzapfenschäkel* auch für andere Zwecke gedacht. Der Verschluß kann

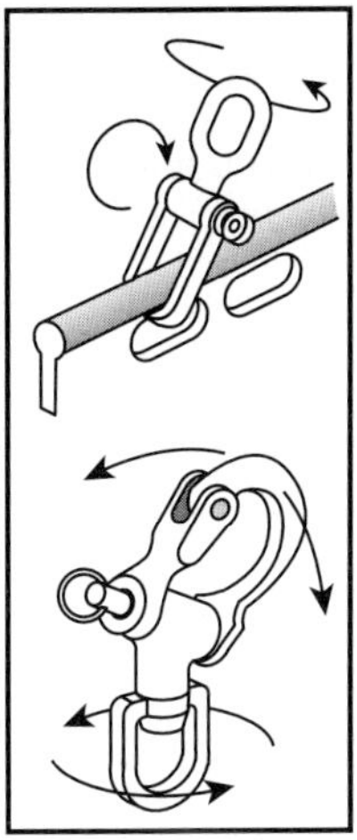

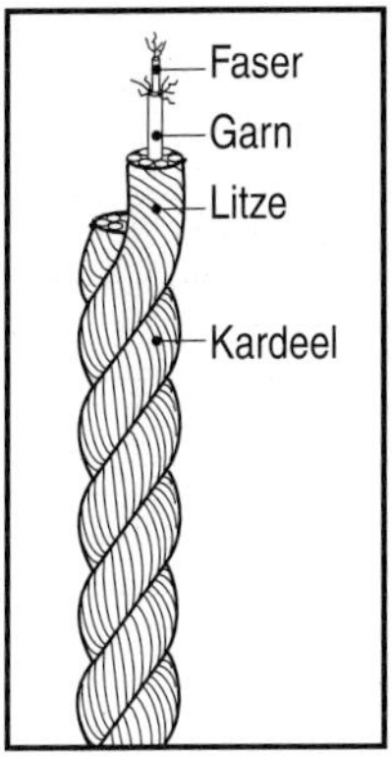

Kardeel

◁ Kardanschäkel

wie ein →*Schraub-* oder →*Schnappschäkel* arbeiten.

Kardeel, das *(strand)* Aus drei (in →*S-Drehung* geschlagenen) →*Litzen* in entgegengesetzter →*Z-Drehung* gefertigtes Halberzeugnis von →*Fasertauwerk,* das als deutlich sichtbarer Strang zur Herstellung von →*Trossen* dient, die aus jeweils drei Kardeelen in wiederum entgegengesetzter Z-Drehung im →*Kabelschlag* hergestellt werden.

Kardeelschlag, der Die zweite →*Verseilstufe,* in der drei bis vier →*rechtsgeschlagene* →*Kabelgarne* oder →*Litzen* zu →*linksgeschlagenen* →*Kardeelen* gedreht oder verdrillt werden.

Kardinalsystem, das *(cardinal system)* In den →*Betonnungssystemen* „A" und „B" die Richtungsbezeichnung von →*Gefahrenstellen* mit einer entsprechenden →*Betonnung* und →*Befeuerung.* Das wichtigste Unterscheidungsmerkmal der hierzu benutzten →*Tonnen* beliebiger Art (z. B. →*Leucht-,* →*Baken-* und →*Spierentonnen)* sind bei Tage schwarze, doppelte Kegeltoppzeichen mit unterschiedlicher Anordnung sowie eine ebenfalls unterscheidbare waagerechte Unterteilung des schwarz-gelben Anstrichs. Bei Nacht geben weiße →*Funkelfeuer* mit einfachen oder →*schnellen Funkeln* und unterschiedlicher →*Kennung* an, in welchem →*Quadranten* die bezeichnete großflächige Gefahrenstelle liegt (Abb.). Nordquadrant: 2 →*Toppzeichen* mit den Spitzen nach oben. Tonnenfarbe Schwarz über Gelb. Gegebenenfalls weißes Feuer. Kennung: Funkel oder schnelles Funkel. – Ostquadrant: 2 Toppzeichen übereinander mit den Spitzen voneinander weg. Tonnenfarbe schwarze Teile über und unter einem gelben Band in der Mitte. Gegebenenfalls weißes Feuer, Kennung: Funkelgruppe von 3 →*Funkeln,* denen eine Pause folgt. – Südquadrant: 2 Toppzeichen übereinander mit den Spitzen nach unten. Tonnenfarbe Schwarz unter Gelb. Gegebenenfalls weißes Feuer, Kennung: Funkelgruppe von 6 Funkeln, denen unmittelbar ein →*Blink* und dann eine Pause folgt. – Westquadrant: 2 Toppzeichen übereinander, deren Spitzen zueinander zeigen (→*Stundenglas).* Tonnenfarbe schwarzes Teil in der Mitte zwischen einem gelben Band unterhalb und oberhalb. Gegebenenfalls weißes Feuer, Kennung: Funkelgruppe von 9 Funkeln, denen eine Pause folgt. Zum K. gehören auch Tonnen zur Bezeichnung einzelner Gefahrenstellen geringerer Ausdehnung. Farbe: Schwarz mit einem breiten waagerechten roten Band (Abb. B). Sie können Baken- oder Spierenform haben. Das wesentliche Kennzeichen ist das Doppelball-Toppzeichen. Wenn erforderlich, wird weißes Licht mit der →*Blitzgruppe* 2 (Blz. [2]) als Kennung benutzt. Neue Gefahrenstellen werden durch Doppeltonnen (Abb. C) bezeichnet, d. h. 2 Tonnen gleicher Art nebeneinander. Nicht zum K. gehören →*Sonderzeichen.*

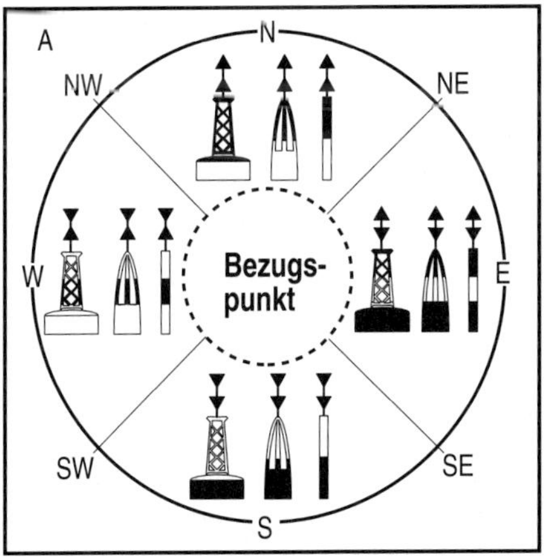

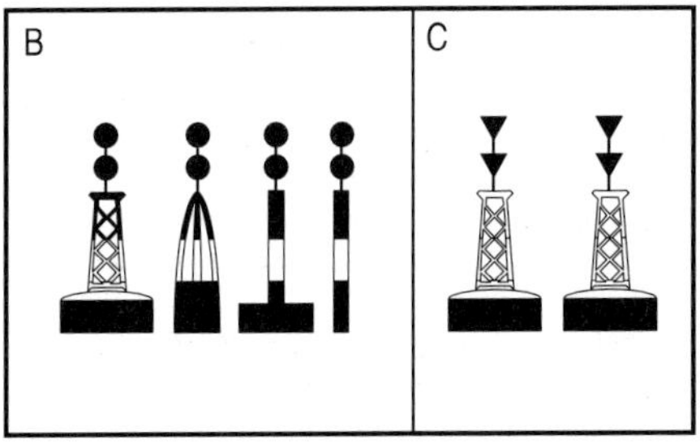

Karte, die *(1. chart - 2. map -3. ticket)* 1. Als Kurzbezeichnung an Bord von →*Yachten* aus-

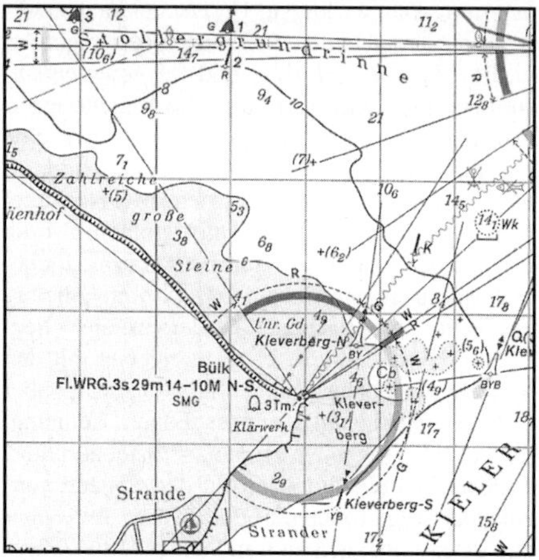

schließlich die →*Seekarte,* in der am →*Kartentisch* mit dem →*Kartenzirkel* gearbeitet wird, die im →*Kartenhaus* oder Kartenraum im →*Kartenschrank* aufbewahrt wird und auf ein →*Kartennull* bezogen ist. – 2. Auch eine Land- oder Straßenkarte. – 3. Auch die Fahrkarte ist natürlich eine K.

„Karte 1", die („INT 1") Eine 96seitige mehrfarbige Druckschrift im DIN-A-4-Format, die vom →*Bundesamt für Seeschiffahrt und Hydrographie* in Hamburg herausgegeben wird und sämtliche, in internationalen wie nationalen →*Seekarten* verwendeten →*Zeichen, Abkürzungen und Begriffe* enthält. Die K. 1 basiert auf den „Chart Specifications of the International Hydrographic Organization (IHO)", die auf der XII. Internationalen Hydrographischen Konferenz in Monaco 1982 in Kraft gesetzt wurde. Die offizielle internationale Bezeichnung für die K. 1 lautet: „INT 1, Symbols, Abbreviations, Terms used on Charts." Einige der für die →*Sportschiffahrt* wichtigsten Begriffe in Deutsch und Englisch wurden als zusätzliche Stichwörter im SEGLER-LEXIKON aufgenommen. Ein Auszug aus der K. 1 befindet sich im Anhang.

Kartendatum, das; geodätisches Datum, das *(chart datum, geodetic datum)* Das →*Bezugssystem,* auf dem die →*Navigation* mit der →*Seekarte* beruht. In Deutschland wurde bislang das →*Europäische Bezugssystem ED 50* (European Datum 50) benutzt. Die Standardnavigation mit →*GPS* beruht auf dem K. →*WGS 84.* Um die von einem GPS-Gerät angezeigten →*Schiffsorte* auf eine deutsche Seekarte korrekt zu übertragen, müssen die unter „Bemerkungen" genannten Berichtigungen der Positionen benutzt werden. Sinngemäß ist z. B. beim „North American Datum 1927", bei „Clarke 66" für USA und Kanada und „Clarke 80" für Afrika zu verfahren.

Karten für die Sportschiffahrt, die Vom →*BSH* herausgegebene Serien von →*Seekarten* für die deutsche Ostseeküste und angrenzende Gebiete, die aus mehreren Blättern im Format DIN A 2 bestehen, in einer Klarsichthülle mit Beiheft vertrieben werden und neben speziellen →*Küstenkarten* (im Maßstab von z. B. 1: 50000 bis 1: 20000) →*Pläne* (z. B. im Maßstab 1: 25000 bis 1: 3000) von →*Häfen* und →*Yachthäfen* enthalten. K. f. d. S. werden auch von privaten Anbietern hergestellt und vertrieben.

Karten für Sonderzwecke *(special sea or navigation charts)* Die neben den →*Seekarten* vom →*BSH* herausgegebenen →*Großkreiskarten,* Seegrenzkarten, Topographische Karten des Seegrundes, →*Karten für die Sportschiffahrt,* →*Leerkarten,* Übungskarten und →*Plotting Sheets.*

Kartenhaus, das *(chart house)* Begriff aus der frühen Segelschiffahrt, als nur die →*Karte* für das entsprechende Seegebiet in einem (kleinen) →*Deckshaus* lag, der →*Steuermann* jedoch im Freien arbeitete.

Kartenkurs, der (Abk. KaK) *(track, abbr. TR)* Nach →*DIN 13312* ist der K. der Winkel zwischen

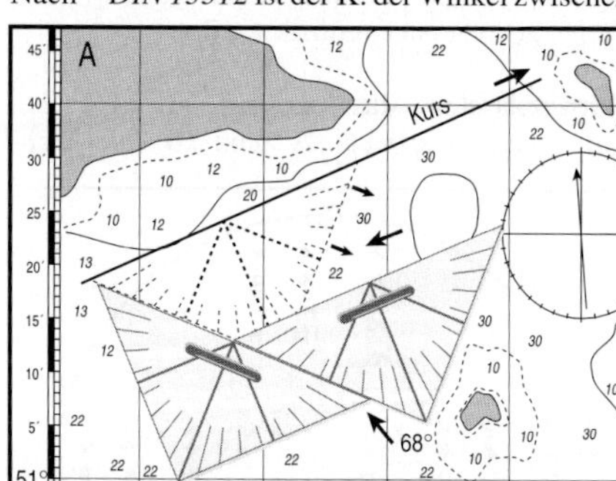

→*rechtweisend* Nord (engl.: True North) und der der Navigationskarte entnehmbaren beabsichtigten Richtung des →*Weges* über Grund. Der K. wird mit Hilfe eines →*Kursdreieckes* (Abb.) in die Karte eingezeichnet.

Kartenlicht, das Kleines handliches Gehäuse mit Batterie und Lampe, oft mit →*Kartenlupe* kombiniert. Mit dem K. kann man in der Nacht ohne Kajütbeleuchtung die →*Seekarte* lesen.

Kartenlupe, die *(chart magnifier)* Vergrößerungsglas mit Fassung und Handgriff zum besseren Erkennen kleingedruckter Abkürzungen und Symbole in der →*Seekarte,* oft mit eingebauter Beleuchtung zum direkten Aufsetzen auf die Kartenfläche →*Kartenlicht* genannt.

Kartennull (KN), das *(chart datum)* Die Nullebene, auf die die Tiefenangaben einer →*Seekarte* bezogen sind. In Gewässern mit Gezeiten ist K. (z. B. an der deutschen Nordseeküste, an Ems, Jade und Weser) gleich dem örtlichen mittleren Spring-Niedrigwasser, während die Tiefen auf der Elbe und ihren Nebenflüssen auf das mittlere Niedrigwasser bezogen sind. Das →*Seekartennull* ist international nicht einheitlich festgelegt, aber die Abweichungen sind geringfügig. Da die Genauigkeit der →*Lotungen* in der Praxis ohnehin mit wachsender Tiefe abnimmt, werden größere Wassertiefen nicht mehr auf ein K. bezogen; es ist auf Seekarten nur im Bereich der →*Küsten* von Bedeutung.

Kartenplotter, der *(chart plotter)* Ein →*elektronisches Seekarten-Darstellungsgerät,* Abk. auch →*ECDIS,* bei dem auf Datenträgern (z. B. CD-ROM, Kassette oder Diskette) gespeicherte →*Seekarten* auf einem Bildschirm dargestellt werden können. Erhält der K., auch Videoplotter genannt, von einem Navigationsempfänger (z. B. →*GPS* oder →*Loran)* über eine entsprechende →*Schnittstelle* fortlaufend die Daten der aktuellen →*Position,* die mit einem erkennbaren Zeichen (Kreis, Quadrat oder Schiffssignatur) auf der benutzten →*elektronischen Seekarte* angezeigt wird, lassen sich auch der anliegende →*Kurs* über Grund und die gelaufene →*Fahrt* sowie z. B. der Kurs zum nächsten →*Wegpunkt* und die verbleibende Zeit der Reise ablesen. Für die möglichen Vergrößerungen der elektronischen Seekarte ist ein gut auflösender LCD-Bildschirm wertvoll. Denn die Genauigkeit eines K. (eines Video-Plotters) wird durch die Bildpunktgröße des Monitors bestimmt. Beträgt sie z. B. 0,3 mm, ergibt sich für eine →*Seekarte* mit dem →*Maßstab* 1: 200 000 eine Ungenauigkeit von 60 m. Bei einer ungenauen Digitalisierung kann die Positionsdifferenz auch doppelt so groß sein. K. haben den Vorteil, daß der abgelaufene Weg des Schiffes dargestellt und gespeichert, Positionsmarken gesetzt und →*Peilungen* wie →*Distanzen* gemessen werden können. Sie können jedoch auch eine nicht vorhandene Sicherheit vortäuschen und dürfen daher nur neben der offiziellen (Papier-)Seekarte zur Überprüfung des →*Standortes* und keineswegs zum →*Ansteuern* einer →*Küste* oder eines →*Hafens* benutzt werden.

Kartenschrank, der *(chart locker)* Der Platz, wo die →*Seekarten* aufbewahrt werden. Er liegt meistens unter dem →*Kartentisch,* entweder waagerecht mit aufklappbarer Tischplatte oder mit senkrechten Schiebefächern, die die vorhandene

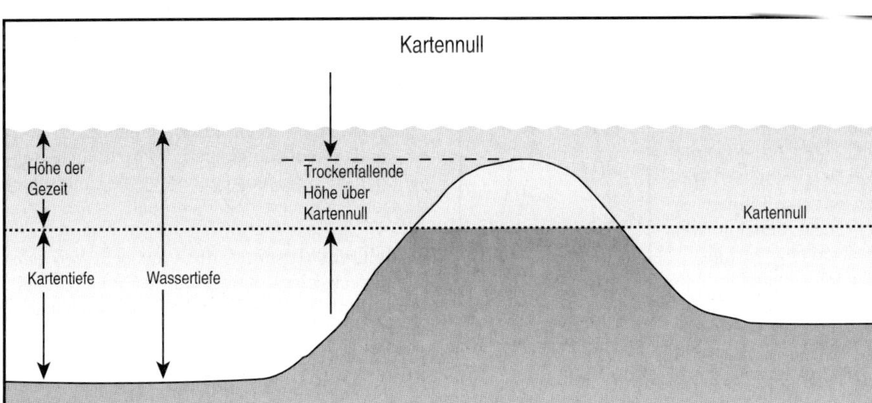

Bootsbreite weitgehend ausnutzen. Trotz Raumenge in der →*Kajüte* sollte man einen (wenn auch winzigen) K. vorsehen.

Kartentiefe, die *(charted depth)* Tiefenangabe in der →*Seekarte,* die auf →*Kartennull* bezogen ist. In Revieren mit →*Gezeiten* ergibt sich die zu erwartende Wassertiefe bzw. der angenommene Wasserstand aus der Addition der K. mit der →*Höhe der Gezeit.*

Kartentisch, der *(chart table)* Der Arbeitsplatz des →*Navigators,* der in der →*Kajüte* neben dem

→*Niedergang* liegt. Er muß zum Arbeiten mit der →*Seekarte* ausreichend groß und zum Schutz des →*Kartenzirkels,* →*Kursdreieckes* und anderer →*nautischer Instrumente* mit →*Schlingerleisten* versehen sein. Sein Unterbau dient meistens als →*Kartenschrank.* Über ihm befinden sich das →*Kompaßrack* und Halterungen für andere →*Navigationsgeräte.*

Kartenzirkel, der *(chart dividers [pl]* Ein für die Arbeit an der →*Karte* geschaffener Stechzirkel (A), der seine besondere Form auch als →*Einhand(karten)-zirkel* erhalten hat (B), damit man zum →*Abgreifen* von →*Kursen* und →*Distanzen* die (gehärteten) Spitzen mit den Fingern einer Hand beliebig weit spreizen oder zusammendrücken kann, während man sich mit der anderen festhält.

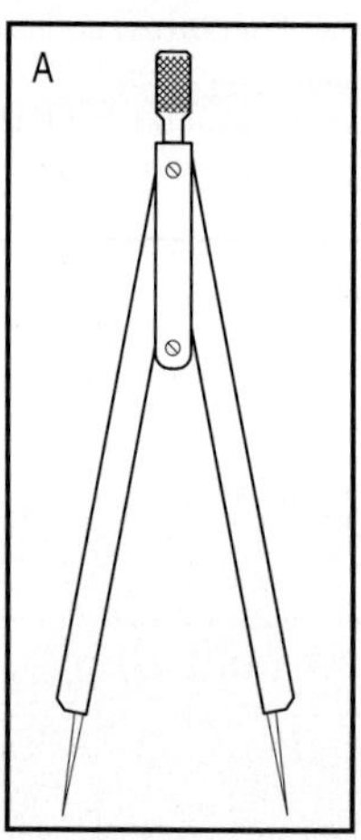

karweel *(carvel [work])* Auch →*kraweel* genannte Bauweise aus Holz mit unmittelbarer Verbin-

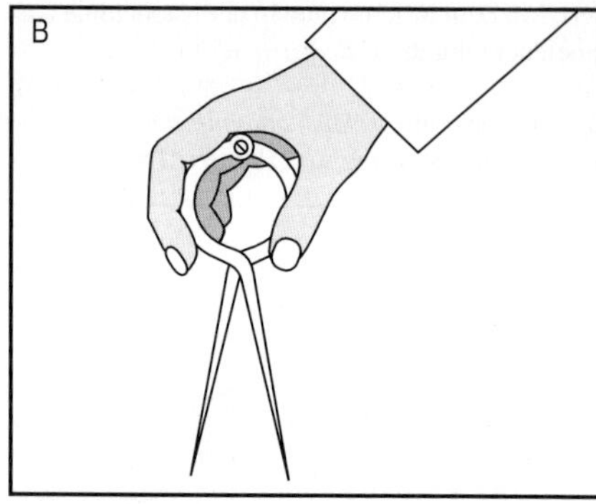

Einhand(karten)zirkel

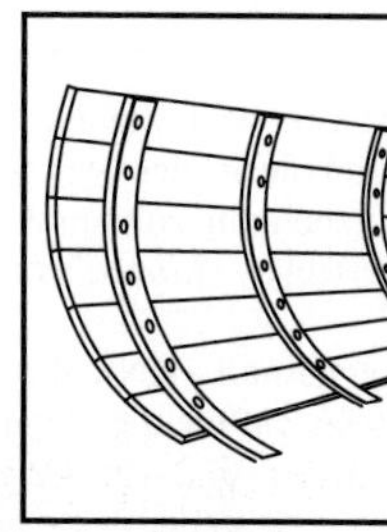

karweel

dung der →*Planken* zu einer glatten →*Außenhaut* im Gegensatz zur →*Klinkerbauweise.*

Kasko, der *(body, hull)* Ursprünglich spanisch = Schiffsrumpf. Im →*Bootsbau* allgemein der nackte →*Rumpf,* wie er auch für den Selbstausbau angeboten wird. Im Sinne der →*Kasko-Versicherung* auch als eine →*segelklare* →*Yacht* verstanden, die (im Gegensatz zum →*Schiff* als Beförderungsmittel von Personen und Gütern) keine Ladung fährt.

Kasko-Versicherung, die *(hull insurance)* Eine →*Versicherung* zur Abdeckung aller direkten Schäden an einer →*Yacht.* Die K.-V. gehört zum Bereich der Transport-Versicherungen, in der Prämie und Bedingungen mit den Versicherern weitgehend frei zu vereinbaren sind. Wichtige Bestandteile des Vertrages sind Vereinbarungen über →*Fahrtgebiete,* Winterlagerzeit und Sicherheit bei →*Kollisionen* mit festen oder schwimmenden Gegenständen, →*Festkommen,* →*Sinken,* Bruch des →*Mastes* und Reißen von →*stehendem* und →*laufendem Gut* ohne Einschränkung von Wetter- und Windbedingungen. Man beachte hinsichtlich der Schadensregulierung die Unterschiede nach →*Neuwert,* →*Zeitwert* und →*Marktwert.*

Kastell, das *(castle)* Aufbau auf dem Vor- oder Achterdeck eines Kriegsschiffes im 15. Jhdt., meistens als Vorderk. oder Achterk. bezeichnet.

Kat *(cat)* Kurzbezeichnung für einen →*Katamaran,* gegebenenfalls auch für die Kat- oder →*Cat-Takelung.*

Katalysator, der *(catalyst)* Er löst z. B. als →*Härter* eine chemische Reaktion aus, die zur →*Polymerisation* oder Aushärtung der →*Laminate* im →*GFK-Bootsbau* führt. Ein solcher K. muß vor der Verarbeitung kühl und dunkel aufbewahrt werden, da er sich bei Einwirkung von Licht und Wärme zersetzt.

Katamaran, der *(catamaran)* Ein →*Doppelrumpfboot,* das im modernen Segelsport aus den leichten, aber seetüchtigen Fahrzeugen der Polynesier übernommen und entwickelt wurde. Die Benennung geht auf einen südindischen Begriff zurück, der ein aus „zusammengebundenen Stämmen" bestehendes Fahrzeug bezeichnet. Ein K. kann durch die einem →*Kielboot* oder einer →*Jolle* überlegene →*Querstabilität* schneller als ein →*Einrumpfboot* segeln, weil er trotz seiner großen Breite mit seinen schmalen Rümpfen oder →*Schwimmern* nur einen geringen →*Reibungswiderstand* und →*Wellenwiderstand* überwinden muß, doch kann er gerade wegen dieser vorteilhaft hohen Geschwindigkeit nicht die gleiche →*Höhe* wie ein langsameres Boot laufen. Obwohl mit dem „Tornado" ein K. 1976 erstmals zur →*olympischen Klasse* erklärt und der Bau durch die in A-, B-, C- und D-Divisionen eingeteilten →*Konstruktionsklassen* der K. erleichtert wurde, sind sie nach wie vor in einer Minderheit. Auch →*Seekreuzer* können als K. gebaut sein. Sie haben sich als →*seetüchtig* auch bei →*Atlantik-Regatten* oder bei →*Weltumsegelungen* bewährt und halten hier die Rekorde aller schnellsten Reisen. Sinngemäß zu einem K. erfand man den Ausdruck →*Trimaran* für ein →*Mehrrumpfboot* (mit einem größeren Haupt- oder Mittelrumpf und 2 wesentlich kleineren Seitenrümpfen oder Schwimmern). Eine Sonderform des K. ist die →*Proa,* die zwei unterschiedlich lange und breite Rümpfe hat und als →*Doppelbugboot* gesegelt wird.

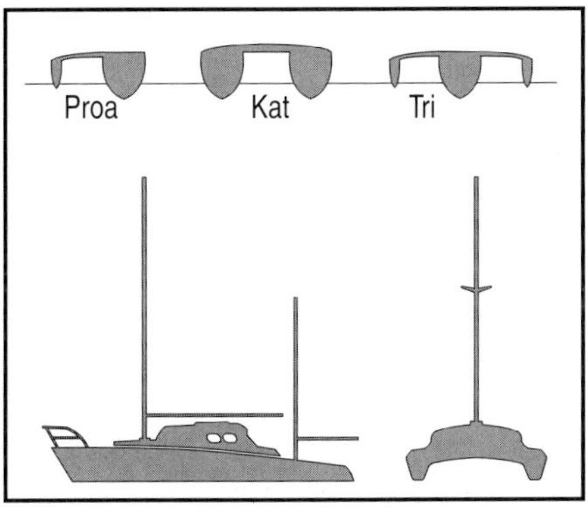

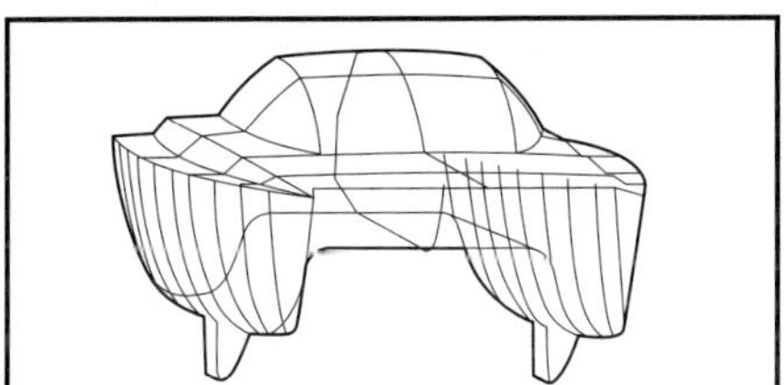

Katamaran

Kathodenschutz, der *(cathodic [corrosion] protection)* Die Benutzung von →*Opferanoden* aus Zink oder Magnesium an einem →*Stahlrumpf* in der Nähe des aus Bronze gefertigten →*Propellers,* um die Zersetzung durch →*Elektrolyse* denjenigen Metallteilen zu überlassen, die in der →*Galvanischen Reihe* als die unedleren zuerst angegriffen werden. Ein K. ist überall dort erforderlich, wo Bau- oder Ausrüstungsteile aus verschiedenen Materialien gefertigt sind und benachbart benutzt werden.

Kattanker, der *(kedge, backing anchor, small anchor)* Beim →*Verkatten* eines →*Ankers* der vor dem Hauptanker ausgebrachte zweite, leichtere Anker.

Kattblock, der *(cat block)* Ein besonders zugfester mehrscheibiger →*Block,* an dem der →*Katthaken* zum →*Katten* eines →*Stockankers* befestigt ist.

Kattdavit, der *(cat davit)* Ein →*Davit* oder →*Kranbalken,* der am →*Bug* eines traditionellen →*Segelschiffes* zum →*Katten* eines →*Stockankers* dient.

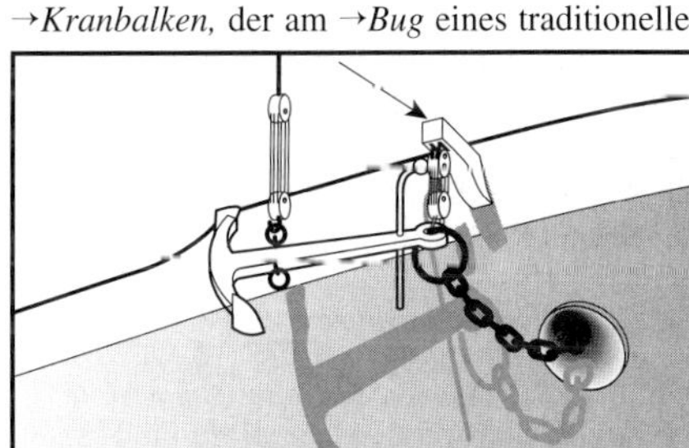

katten *(to cat)* Nach dem →*Ankerlichten* den vor der →*Klüse* hängenden →*Stockanker,* der nicht wie ein →*Patentanker* in diese eingeholt werden kann, mit Hilfe von →*Kattblock* und →*Kattläufer* unter den →*Kattdavit* aufholen.

Kattgien, die *(cat gien)* Eine schwere →*Talje* mit mehrscheibigen →*Blöcken,* um einen →*Stockan-*

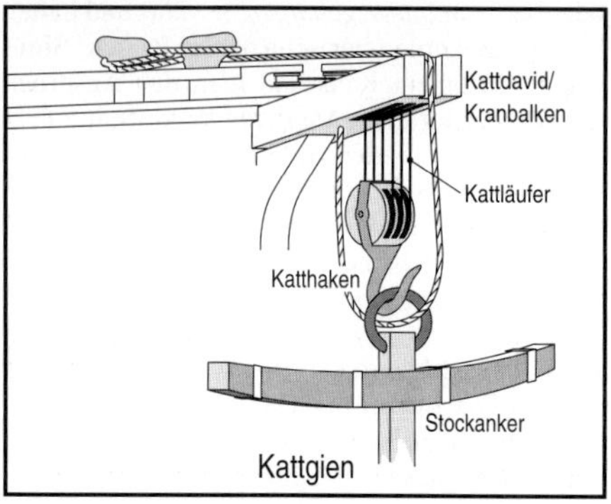

ker unter den →*Kattdavit* oder →*Kranbalken* zu →*katten. Mit einer großen* →*Gien* wurden auf traditionellen →*Segelschiffen* schwergewichtige Ausrüstungsteile an und von Bord geholt und bei Beschädigungen auch die →*Schraube* augewechselt.

Katthaken, der *(cat hook, catting hook)* Ein hochbelastbarer, großer Haken an einem →*Kattblock* zum Einpicken des Ringes eines →*Stockankers* beim →*Katten* zu einem →*Kattdavit* oder →*Kranbalken.*

Kattläufer, der *(cat fall)* Zugfestes →*Tauwerk,* das im →*Katt-Takel* oder in der Katt-Talje zwischen dem Kopf des →*Kranbalkens* und dem →*Kattblock* beim →*Katten* oder Aufkatten des Ankers →*läuft.*

Katt-Takel, der; Katt-Talje, die *(cat tackle)* Eine auf →*Segelschiffen* benutzte →*Talje* zum Aufholen eines →*Stockankers* an einen →*Kranbalken.* Zu ihr gehört der →*Kattblock,* der →*Kattläufer* und die Scheiben im Kopf des →*Kranbalkens.*

Kattun, der *(callico, cotton, print)* Ein →*Segeltuch,* bei dem ursprünglich die →*Kettfäden* aus Hanf und die →*Schußfäden* aus →*Baumwolle* bestanden. K. dient(e) als Material für die Herstellung kleiner →*Segel,* für die →*Marssegel* eines →*Rahseglers* und für →*Sonnensegel.* Später allgemein auch die Bezeichnung eines leichten, bedruckten Baumwollstoffes in →*Leinwandbindung.*

Katzenpfote, die *(1. cats paw)* – 1. Bezeichnung eines Knotens mit 2 Augen in der →*Bucht* eines →*Endes,* in die der Haken einer →*Talje* gelegt wird, um etwas anzuheißen. Auch →*Kurze Trompete* genannt. – 2. Leichte Kräuselwellen, die auf einer spiegelglatten See nach einer →*Flaute* die nächste →*Brise* oder Gebiete mit einem leichten Windhauch anzeigen.

Katzenrücken, der *(hogging, broken back)* Eine Ausbuchtung des →*Decks* durch zu straff gespannte →*Wanten,* die gleichzeitig bei einem bis zum →*Kiel* geführten →*Mast* zu einer Durchbuchtung des Bodens führen kann.

Kausch, die *(thimble)* Aus nichtrostendem oder verzinktem Stahlblech, Messing, Bronze, Kunststoff o. ä. gefertigte Öse als rund-, spitz- oder herzförmige Metalleinlage mit rillenförmigem Querschnitt für →*Faser-* oder →*Drahttauwerk.* Eine K. soll ein

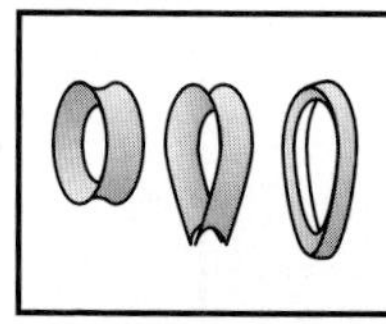

→*Auge* in einem →*Tampen* gegen →*Schamfilen* sichern und das →*Anstecken* eines →*Schäkels,* Bolzens, Hakens o. ä. oder nur den Durchzug eines →*Reeps* erleichtern. Früher mußte eine K. →*eingespleißt* werden; heute ist neben dem →*Kauschenspleiß* die →*Kauschenpressung* oder auch die Befestigung durch ein einfaches →*Augbändsel* möglich. Im Gegensatz zu einer →*Segelöse* oder →*Öse* liegt eine K., sofern sie nicht voll von →*Tauwerk* umfaßt wird, immer nahe eines Taulieks, z. B. als →*Rundkausch.*

Kauschenpressung, die Die →*Pressung* eines →*Auges* mit gleichzeitig dauerhaft befestigter

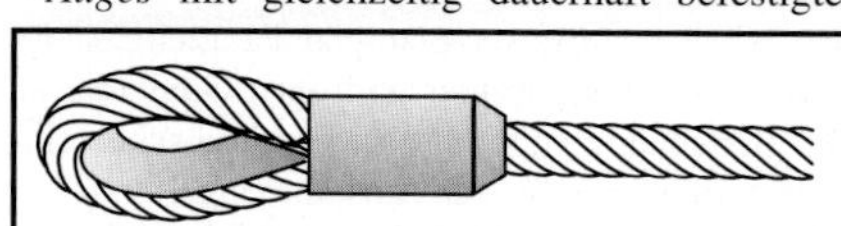

→*Kausch.* Wie bei einer normalen →*Augpressung* werden Kupferpreßhülsen (mit Kauschen aus rostfreiem Stahl für rostfreie Seile) und Aluminium-Preßhülsen (mit verzinkten Kauschen für verzinkte Drahtseile) benutzt.

Kauschenspleiß, der *(thimble [eye] splice)* Ein →*Augspleiß,* in den eine →*Rundkausch* oder →*Herzkausch* eingearbeitet ist, um das →*Auge*

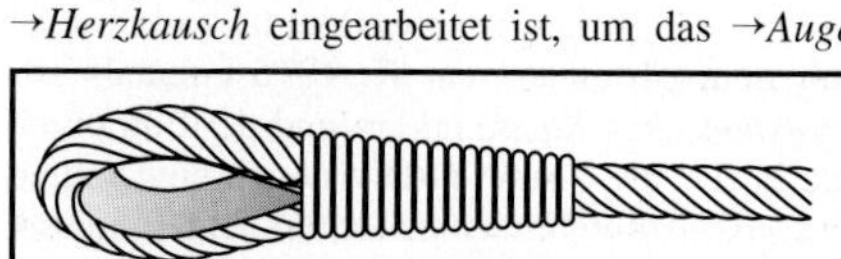

ohne Gefahr des →*Schamfilens* mit einem →*Schäkel* oder Haken zu verbinden.

Kaventsmann, der *(heavy comber, dollop)* Sprachlich ein „Prachtstück", in →*Seemannschaft* und →*Ozeanographie* eine besonders hohe →*Welle,* die durch Überlagerung von Wellensystemen, in einer →*Kreuzsee* oder in einem →*Seegang* entstehen kann, wenn →*Wind* und →*Strom* einander entgegengerichtet sind. Ein K. ist auch eine über das →*Deck* →*brechende See,* ein →*Brecher,* der das Boot zudeckt.

Kavitation, die *(cavitation [cavity])* Ein Hohlsog oder eine Hohlraumbildung mit Wasserdampffüllung am →*Propeller,* die durch die schlagartige Kondensation der Dampfbläschen an bestimmten Stellen den Werkstoff des Propellers beschädigt oder zerstört. Die K. ist strömungstechnisch bedingt und besonders an dicht unter der →*Wasserlinie* liegenden und schnell laufenden Propellern zu beachten. Über die Anfressungen des Propellerrandes hinaus vermindert sie auch die Schubwirkung.

KdW *(CTW)* Abk. nach →*DIN 13312* für →*Kurs durchs Wasser.* Engl. unterschieden in gekoppelt: *course to steer* = CTW oder beobachtet = *course steered.*

Keep, die *(groove, sillet)* Rille, Hohlkehle, Kerbe, Nut oder nur Einschnitt, Vertiefung, nach der niederdeutschen Herkunft an Bord mehrfach benutzt: 1. Die K. im →*Mast* oder →*Baum,* in die man die mit einem →*Liek* versehene Kante des →*Segels,* z. B. das →*Mastliek* bzw. →*Baumliek,* zum →*Anschlagen* des Segels einzieht. – 2. Die Ausnehmung in einer →*Fallscheibe,* in der →*Rolle* eines →*Blocks* oder am Blockgehäuse, in die man das →*Ende* einlegt oder unter der es hindurchlaufen kann. – 3. Die spiralförmig um →*geschlagenes Tauwerk* zwischen den einzelnen →*Kardeelen* liegende Rille. – 4. Der Einschnitt, den ein Gegenstand (eine →*Spiere,* ein →*Block* o. ä.) erhalten hat, damit man einen →*Stropp* daran halten kann. – 5. Siehe auch →*Doppelkeep* in einem →*Doppelkeep-Profilstag.*

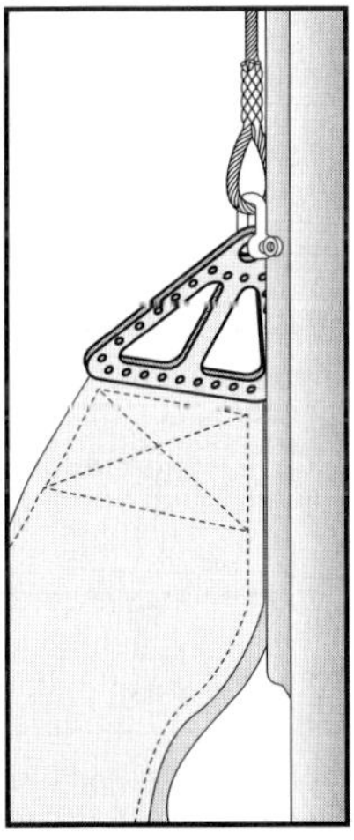

Kegel, der (*black cone, cone [black conical shape]*) Ein allseitig als Dreieck erkennbarer Signalkörper, der durch die Richtung seiner Spitze (nach oben oder nach unten) allein oder in Verbindung mit anderen Signalkörpern grundsätzlich weit sichtbare und schnell erkennbare Informationen gibt: 1. Im →*Kardinalsystem* bei der Richtungsbezeichnung, wobei er als Doppelkegel als →*Toppzeichen* der entsprechenden →*Tonnen* deren Lage in einem →*Quadranten* zu der Gefahrenstelle angibt. – 2. Einen K. mit der Spitze nach unten führt eine →*Yacht* nach den →*KVR,* wenn sie sichtbar unter →*Segeln* fährt, aber dazu noch mit Motorkraft läuft. –3. Durch 2 K. mit den Spitzen zueinander, einem auch als →*Stundenglas* genannten Signalkörper, wird ein →*Fischereifahrzeug* bezeichnet. Fischende Fahrzeuge führen außerdem den K. mit der Spitze nach oben zur Kennzeichnung der Richtung des Fanggerätes (→*KVR,* Regel 26). Nach Anlage I, Ziffer 6 der KVR muß ein K. eine Grundfläche mit einem Durchmesser von mindestens 0,60 m und eine Höhe wie sein Durchmesser haben.

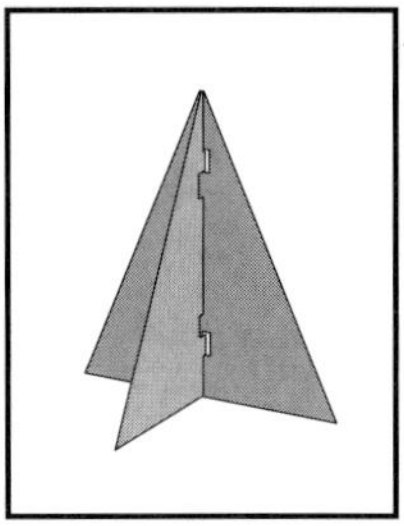

Kelvin, K, das Eine →*Basiseinheit* des neuen Internationalen Einheitensystems (SI), die thermodynamische Temperaturen nach dem Namen des englischen Physikers William Thomson benennt, der als Lord Kelvin geadelt wurde. Der Ausgangspunkt der K.-Skala ist der absolute Nullpunkt –273,15 °C. Der Nullpunkt der Celsius-Skala liegt also bei einer absoluten Temperatur T = 273,15 K, und 1 K entspricht somit 1 °C. Die Gefriertemperatur des Wassers (= 0 °C) hat einen Wert von 273,15 K, die Siedetemperatur (= 100 °C) von 373,15 K.

Kemalstab, der Nach dem Araber Al Kemal benannter und aus der Frühzeit orientalischer Schiffahrt stammender, entsprechend markierter Stab, mit dem man den →*Höhenwinkel* eines Gestirns ähnlich wie mit dem →*Jakobsstab* messen konnte. Als einfaches Navigationsgerät auch auf kleinen →*Seekreuzern* zur Ortsbestimmung in der →*terrestrischen Navigation* für →*Landmarken* zu benutzen, deren Höhe bekannt ist. Ein ca. 30 cm

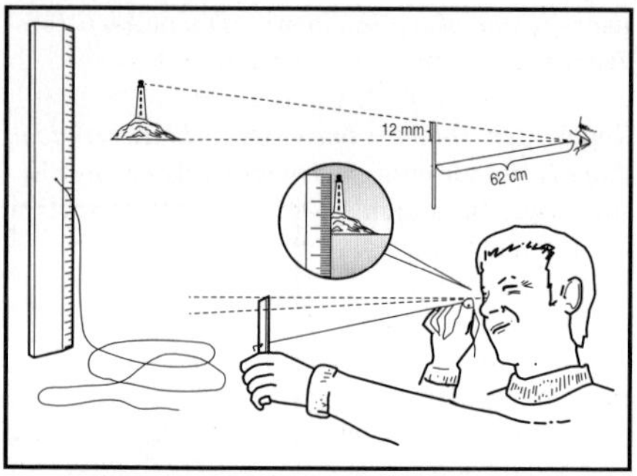

langes Lineal wird dazu in der Mitte durchbohrt und eine armlange Leine eingesteckt, in der mit einer Knotenmarke der genaue Abstand Auge – Stab von 62 cm markiert wird. Man mißt dann die Objekthöhe in Millimetern und erhält den Abstand vom Objekt in Seemeilen nach der Formel

$$\text{Abstand in sm} = \frac{\text{Höhe des Objektes in Metern}}{\text{gemessene Höhe in mm x 3}}$$

Wird z. B. ein Leuchtturm mit einer bekannten Höhe über dem →*Wasserspiegel* von 18 m mit dem K. mit 12 mm Höhe gemessen, dann ist der Abstand von ihm 18 : 36 = 0,5 sm.

Kennwert, der *(ratio)* Ein grundlegender Verhältniswert, für dessen Ermittlung die Hauptdaten der →*Yachtkonstruktion* wie →*Länge über alles,* →*Länge in der Wasserlinie,* →*Breite über alles,* →*Breite in der Wasserlinie,* →*Tiefgang,* →*Segelfläche* und →*Verdrängung* als Entwurfsparameter benutzt werden. Sie gehen in entsprechende Formeln ein, deren Verhältniswerte dimensionslose Zahlen ergeben. Die wichtigsten Kennwerte sind anschließend genannt.

Kennwert Bewegungs-Komfort *(Motion Comfort Ratio)* Nach einer von Ted Brewer entwickelten (langen) Formel, in die →*Verdrängung* in Beziehung zu →*Länge* und →*Breite* gesetzt wird, ergibt sich ein höherer →*Kennwert* für eine →*seefreundliche Yacht* mit gutmütigen Bewegungen in rauher See und ein niedriger mit mehr unsympathischen →*Bootsbewegungen* wie →*Rollen,* →*Stampfen,* →*Gieren* oder →*Tauchen.*

Kennwert Länge in der Wasserlinie/Breite *(LWL/Beam Ratio)* Auch →*relative Länge* oder →*Längenverhältnis* genannter →*Kennwert,* der aussagt: Mit der gleichen →*Segelfläche* (als Antriebskraft) wird das längere schmalere Boot (Abb. A) schneller segeln als das kürzere breite

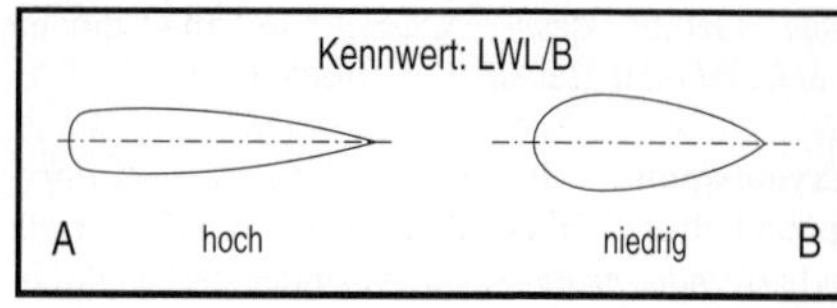

(Abb. B), wenn beide die gleiche →*Verdrängung* haben. Das kürzere breite Boot hat mehr →*Formwiderstand* und →*Wellenwiderstand* zu überwinden als die längere →*Yacht.* Dieser K. belegt die alte Seglerweisheit: →*Länge* läuft.

Kennwert Segelfläche/Verdrängung *(Sail Area/Displacement Ratio)* Auch →*relative Segel-*

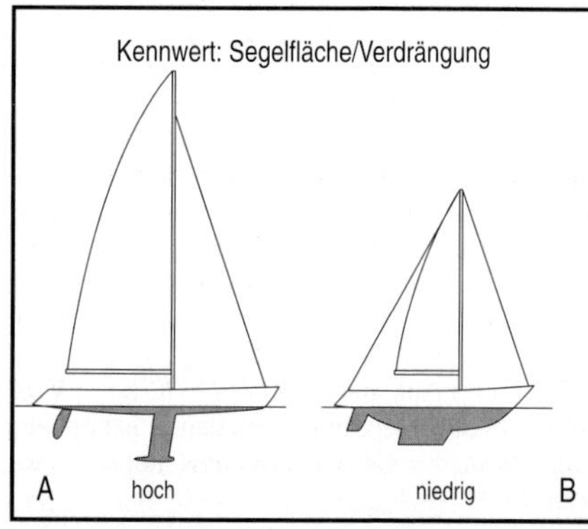

fläche genannter Verhältniswert, der beim →*Yachtentwurf* Auskunft über die →*Segelfläche* (aus →*Großsegel* und Fläche des →*Vorsegeldreicks)* und ihre →*Vortriebskraft* (als „Windmotor“) gibt. Leichte →*Rennyachten* (Abb. A) erhalten einen hohen, →*Langfahrt-Yachten* mit großem Bewegungs-Komfort (Abb. B) einen niedrigen Wert.

Kennwert Verdrängung/Länge *(Displacement/Length Ratio)* Auch →*relative Verdrängung*

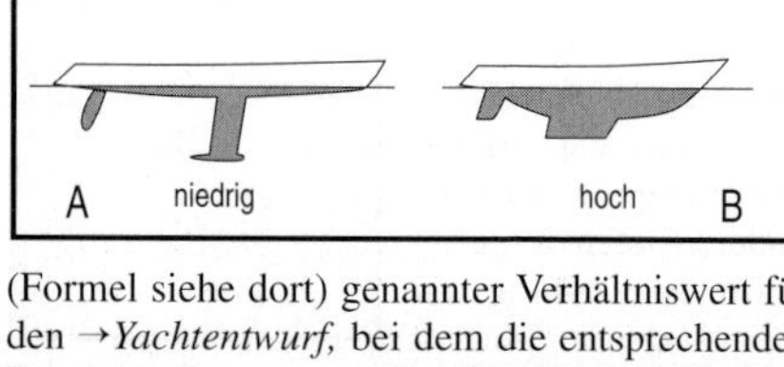

(Formel siehe dort) genannter Verhältniswert für den →*Yachtentwurf,* bei dem die entsprechenden Parameter benutzt werden. Je höher das Verhältnis, desto größer ist das Volumen des →*Rumpfes* unterhalb der →*Wasserlinie.* Es ergibt sich eine dimensionslose Zahl mit einem niedrigen Wert (zwischen ca. 100 für →*Leichtdeplacementsboote* oder Leichtverdränger, s. Abb. A) und ca. 300 für →*Langfahrtyachten* mit gutem Seeverhalten und ausreichend Bewegungskomfort (Abb. B). Ein niedriger K. deutet auch auf eine →*Rennyacht,* ein hoher K. auf eine Fahrtenyacht mit viel Wohnkomfort hin, während ein mittlerer K. typisch für heutige Serienyachten ist.

Kennung, die *(light characteristic, indentification)* Bei einem →*Leuchtfeuer* der charakteristische Verlauf einzelner →*Lichterscheinungen,* durch die es seine Identität angibt. Zum →*Ausmachen* muß zuerst die Art des Aufleuchtens (z. B. →*Blink* oder →*Blitz),* dann die →*Gruppenkennung* (z. B. Gruppe 2) ermittelt und dann die →*Wiederkehr* als Dauer der K. durch Auszählen oder mit Stoppuhr festgestellt werden.

kentern *(1. [to] capsize; [to] turn turtle, 2. tide turns, 3. + 4. capsize)* In seiner sprachlichen Bedeutung „umschlagen“: 1. Ein Boot „kentert“, wenn es sich „über seine Kante“ auf die Seite legt, d. h. querschiffs um 90° neigt. Ein →*Kielboot* richtet sich aus dieser, durch →*Seegang,* zu viel →*Segelfläche,* durch →*Böen* oder andere Ursachen bewirkte Kenterung durch seine →*Gewichtsstabilität* selbst wieder auf. Eine →*Jolle* kann nach dem K. nur wieder aufgerichtet werden, wenn sie mit ausreichenden, richtig plazierten →*Auftriebstanks* oder →*Kenterschläuchen* ausgestattet ist. – 2. Die →*Tideströmung* „kentert“, wenn sie vom →*Flutstrom* zum →*Ebbstrom* (oder umgekehrt) umschägt, d. h. ihre Richtung um ca. 180° ändert. – 3. Sinngemäß spricht man von einem K. des Windes, z. B. beim Richtungswechsel des Monsuns von der alten in die neue Hauptrichtung. – 4. Auch der →*Kreuzknoten* kann unter Belastung k., wenn man scharf an den Parten einer Leine zieht.

kentern und wiederaufrichten *(capsize and righting)* Während sich ein gekentertes →*Kielboot* mit einer →*selbstlenzenden Plicht* nach

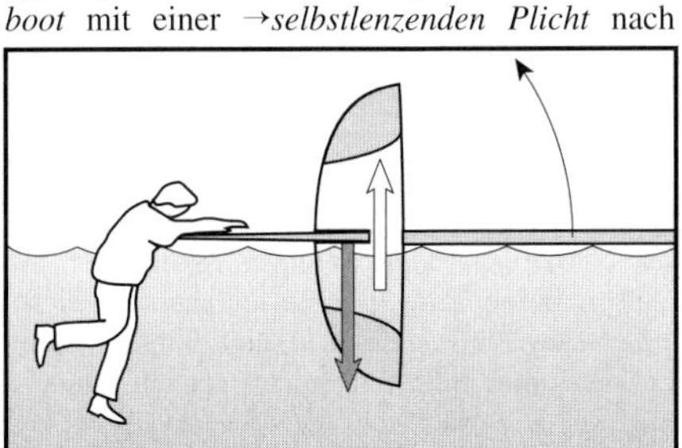

Überschreiten des →*Kenterwinkels* selbst wiederaufrichtet (oft nur nach Bruch des →*Mastes,* wenn es sich von einer Überlastung befreit hat), läßt sich eine →*Jolle* nur bei guter →*Seemannschaft* wiederaufrichten. Die Voraussetzungen dazu sind: Sie muß so leicht sein, daß ihr Schwertkastenschlitz nach dem →*Kentern* ausreichend weit über der Wasserhöhe liegt. Die →*Auftriebstanks* müssen so bemessen und angeordnet sein, daß der →*Gewichtsschwerpunkt* des Bootes auch nach dem Kentern in einer kielnahen Ebene und der →*Formschwerpunkt* in einer decksnahen Ebene liegt, damit man durch Arbeit am Schwert für ein wirksames →*aufrichtendes Moment* sorgen kann. Die Methoden des Wiederaufrichtens variieren mit der Anzahl der →*Crew,* dem Bootstyp und den Wetterbedingungen.

Kenterpunkt, der *(1. point of vanishing stability – 2. change of the tide)* 1. Der Punkt auf der →*Stabi-*

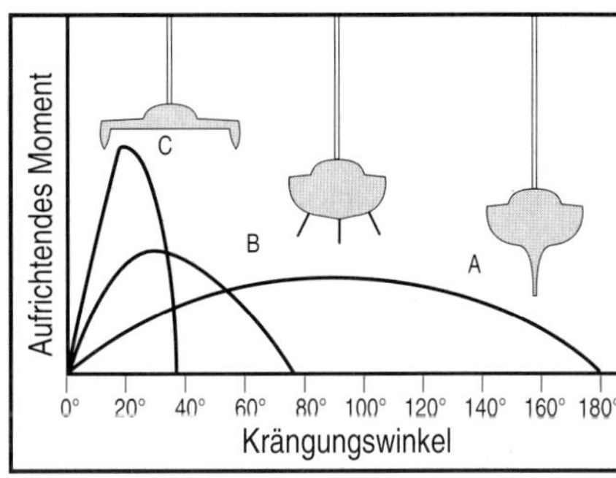

litätskurve, in dem der →*Kenterwinkel* erreicht ist. Die Abb. zeigt den K. eines →*Seekreuzers* (A), bei dem die Hebelarmkurve der →*statischen Stabilität* die Abszissenachse mit dem →*Krängungswinkel* bei 180° schneidet, während der Schnittpunkt bei einem →*Kimmkieler* (B) bereits bei ca. 75° und bei einem →*Katamaran* (C) sogar schon bei ca. 35° ersichtlich ist. In der Praxis liegt der Zeitpunkt der →*Kenterung* noch früher, da die positive →*Stabilität* (deren Grenze z. B. in der →*IL 40-Klasse* bei 120° liegt) nach Überschreiten des Kurven-Maximums schnell abnimmt. Das geschieht auf einer →*Jolle,* wenn die →*Crew* ungewollt bei wachsender Krängung mit ihrem →*lebenden Ballast* auf die →*Leeseite* übergeht oder Wasser im Boot (bei einem →*Seekreuzer),* verrutschende Ausrüstungsteile u. a. die optimalen Bedingungen der Stabilitätskurve schnell verschlechtern. – 2. Der Zeitpunkt auf der →*Tidenkurve* eines Beobachtungsortes, an dem die Kurve der Strömungsgeschwindigkeit durch den Nullwert geht und der Strom →*kentert.*

Kenterschäkel, der *(Kenter shackle)* Nach seinem Erfinder Kenter benannter →*Schäkel* in Form von zwei Hälften eines →*Kettengliedes,* die sich mit Hilfe diagonal verlaufender Stifte zusammenstecken lassen. Mit einem K. werden die →*Kettenlängen* einer →*Ankerkette* miteinander verbunden.

Kenterschlauch, der (*buoyancy bag, air bag)* Etwas irreführende Bezeichnung für schlauchförmige, luftgefüllte →*Auftriebskörper,* die unter dem Seitendeck von →*Jollen,* z. B. dem →*Finn-Dinghy,* befestigt werden, um nach dem Kentern das →*Wiederaufrichten* zu erleichtern. Sie dienen also nicht dem →*Kentern,* sondern geben dem →*Boot* nach dem Umwerfen größeren Auftrieb und damit der Besatzung größere Sicherheit.

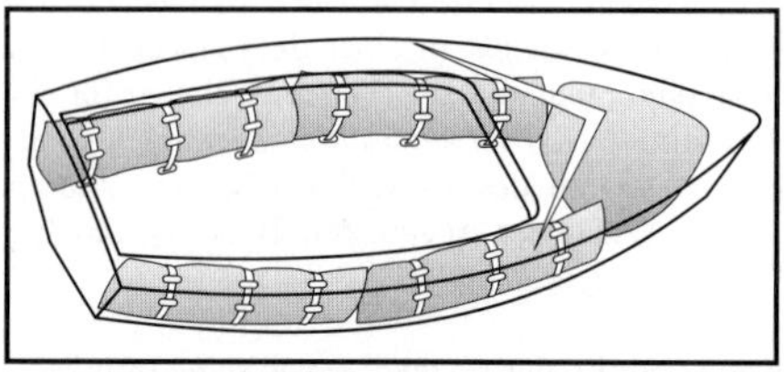

kentersicher; Kentersicherheit, die *(capacity to withstand a knockdown)* Unter K. versteht man die Fähigkeit eines →*Seekreuzers* (einer →*Kielyacht),* das →*Kentern* und insbesondere das →*Querschlagen* bis zum Kentern verhindern zu können. Die K. ist hauptsächlich von der →*Querstabilität* abhängig. Sie wird jedoch von mehreren Elementen der →*Yachtkonstruktion* beeinflußt und in der Praxis durch einen →*Krängungsversuch* geprüft. Der Begriff „K." berichtigt die früher (und nach wie vor benutzte) Bezeichnung →*unkenterbar,* die sich beim praktischen Umgang mit →*Seekreuzern* in →*schwerem Wetter* als unzutreffend erwiesen hat.

Kenterung längsschiffs, die *(pitchpole)* Das →*Kentern* einer →*Yacht* um die Querachse, also die Drehung des →*Hecks* über den →*Bug,* auch →*Über-Kopf-Gehen* genannt. Im allgemeinen bewahrt eine große →*Längsstabilität* eine Yacht vor einem solchen Unfall, doch ist er auf einem →*Vorwindkurs* in schwerem Wetter mit zuviel →*Segelfläche* und bei gleichzeitiger sehr →*hoher See* nicht ausgeschlossen.

Kenterwinkel, der *(upsitting angle)* Der Krängungswinkel, bei dem ein Boot →*kentert.* Man spricht von einem statischen K., wenn ein Boot

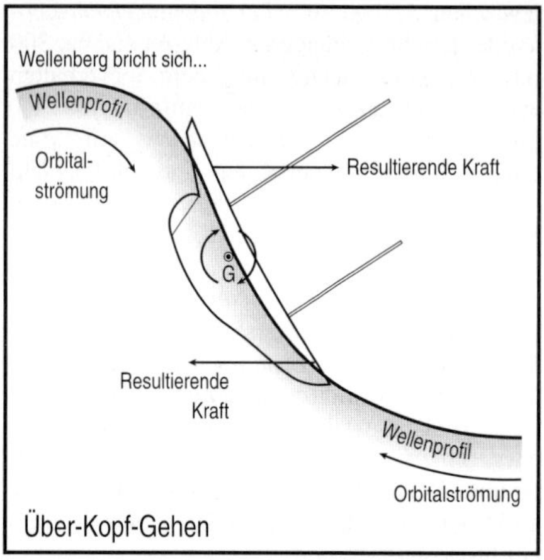

Kenterung längsschiffs

mit langsam anwachsendem →*Krängungsmoment,* z. B. zunehmender →*Schlagseite* durch Wassereinbruch o. ä., kentert (was in der Sportschiffahrt selten ist) und einem dynamischen K., wenn der →*Kenterpunkt* z. B. bei einfallender Bö durch plötzlich stark wachsendes Krängungsmoment erreicht wird.

Kern (von Tauwerk), der; Seil-Kern, der *(heart [of a rope], rope core)* Bezeichnung für das innere Geflecht von →*Tauwerk,* das möglichst geringe →*Dehnung* und hohe →*Reißfestigkeit* haben soll. Der K. besteht meistens aus einem Bündel miteinander verflochtener, schlank gedrehter oder auch parallel liegender dicker →*Garne,* die reckarm und reißfest sind. Für den entsprechenden Verwendungszweck an Bord ist jeder K. mit dem passenden →*Mantel* als äußerem Geflecht umgeben.

Kern-Mantelgeflecht, das *(kern mantle plait)* Der →*Kern* eines →*Seils* als überwiegend kraft-

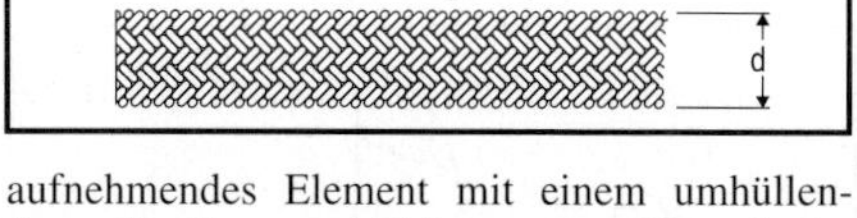

aufnehmendes Element mit einem umhüllenden, die Form stabilisierenden →*Mantel,* der aus →*Garnen* oder →*Litzen* geflochten ist (Abb.). Beide Teile müssen annähernd gleiche →*Dehnung* und →*Zugfestigkeit* haben, damit sie sich unter Belastung nicht trennen können. Ein K.-M. wird auch →*Doppelflechtung* genannt.

Kernmaterial, das (*core of sandwich, foamed material, slab of honeycomb)* Schubsteife Abstandshalter zwischen zwei →*Laminaten* im →*GFK-Bootsbau,* die z. B. in der →*Sandwich-Bauweise* verwendet werden. Außerdem druckfestes, elastisches Stützmaterial für →*Längsversteifungen* oder zur Aufnahme örtlicher Beanspruchungen in →*Unterzügen* und →*Decksauflagen.* Für den Bootsbau sind Schaumstoffe, Waben und Wellkerne aus →*GFK* oder phenolharzgetränktem Papiermaterial gebräuchlich.

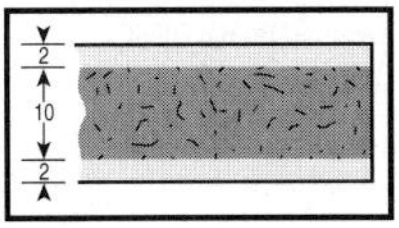

Ketsch, die; Ketsch-Takelung, die *(ketch, ketchrig)* Ein →*Anderthalbmaster* mit →*Schratsegeln,* bei dem (im Gegensatz zum →*Schoner)* der vordere Mast der größere ist. Der hintere, oft nur wenig niedrigere →*Besan* steht dabei *vor* dem →*Ruder,* wobei man sich bei einem →*Segelriß* auf das →*Ruderblatt* oder den →*Ruderschaft* beziehen kann, auf See aber auf den →*Ruderstand* oder auf den Platz des →*Rudergängers* beziehen muß. Aus Gründen der →*Riggvorteile* wurde zur Unterscheidung der K. von einer →*Yawl* auch die Definition eingeführt, daß bei einer K. der Besanmast, „mit seiner Vorderkante vorlich vom achteren Punkt der →*Konstruktionswasserlinie*" stehen muß. Das K.-Rigg war die typische Takelage kleiner Küstensegler, die nur durch Unterteilung der Segelfläche →*handig* bleiben. Man unterscheidet neben der hochgetakelten K. die →*Gaffelk.* und →*Spreizgaffelk.*

Kette, die *(1. chain, chain cable – 2. warp chain – 3. chain)* 1. Bezeichnung der →*Ankerkette,* die aus Kettengliedern mit und ohne Steg bestehen kann, in verschiedenen →*Kettenlängen* geliefert wird und in entsprechendem, den Ausrüstungsbestimmungen des →*Germanischen Lloyd* folgendem Kettendurchmesser zur →*Ausrüstung* eines →*seefähigen* Bootes gehört. – 2. In der Weberei der →*Kettfaden,* z. B. bei →*Segeltuch* die in Bahnrichtung, d. h. in Längsrichtung des Gewebes verlaufenden Fäden, im Gegensatz zu den →*Schußfäden* in Querrichtung. Die Laufrichtung der K. wird insbesondere beim →*Segelschnitt* beachtet. – 3. Eine Gruppe von gemeinsam gesteuerten Haupt- und Nebensendern in der →*Funknavigation,* z. B. als →*Hyperbelketten.*

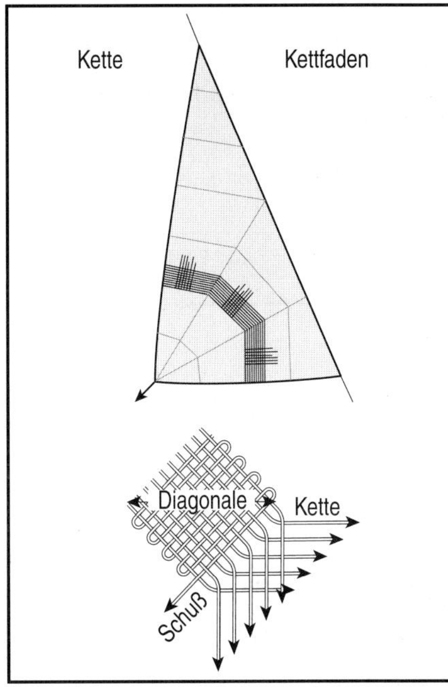

Kettendurchlauf, der *(chain pipe, chain locker pipe)* Eine verschließbare Decksöffnung für die →*Ankerkette,* die nicht nur den →*Kettenkasten* wasserdicht macht, sondern auch ein schnelles →*Anstecken* der Kette an den →*Anker* ermöglicht.

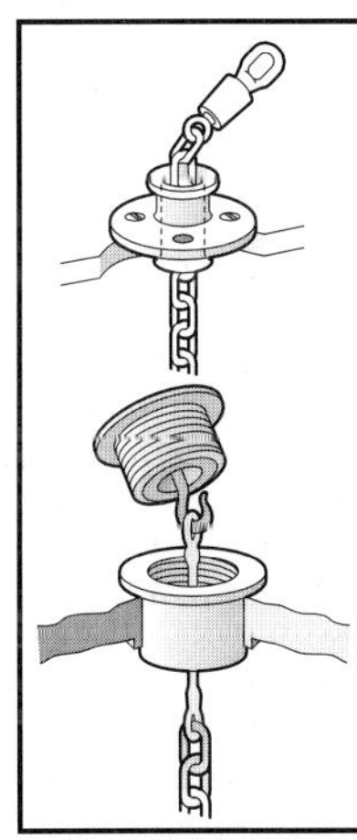

Kettenglied, das (*chain link, link [of a chain])* Der Durchmesser eines K. beträgt je nach →*Verdrängung* eines →*Seekreuzers* 6 bis 12 mm und bestimmt auch das von seiner Länge abhängige →*Gewicht* einer →*Ankerkette,* das z. B. bei einem K. von 6 mm Durchmesser 0,75 kg/m, bei 8 mm bereits 1,35 kg/m und bei 10 mm immerhin 2,25 kg/m beträgt. Die Überlegenheit einer Ankerkette über eine →*Ankertrosse ist* z. B. durch die Anzahl der →*Kettenglieder* in einer →*Kettenlänge* belegt. Man ermittelt die Anzahl der Kettenglieder pro Meter nach der Formel

$$\frac{1000}{\text{Gliedlänge minus zweimal Glieddicke in mm}}$$

und erhält dann z. B. bei einem 6-mm-K. 52, bei einem 8-mm-K. 42 und bei einem 10-mm-K. 36 Kettenglieder pro Meter. So besteht eine 30 m lange Ankerkette von 8 mm Dicke z. B. aus der bemerkenswerten Anzahl von 1260 Einzelgliedern, die für eine unerreichbar große Elastizität in der Ankerverbindung sorgen.

Kettenhaken, der *(chain hook, cable hook)* Ein mit einem kurzen →*Ende* verbundener zugfester

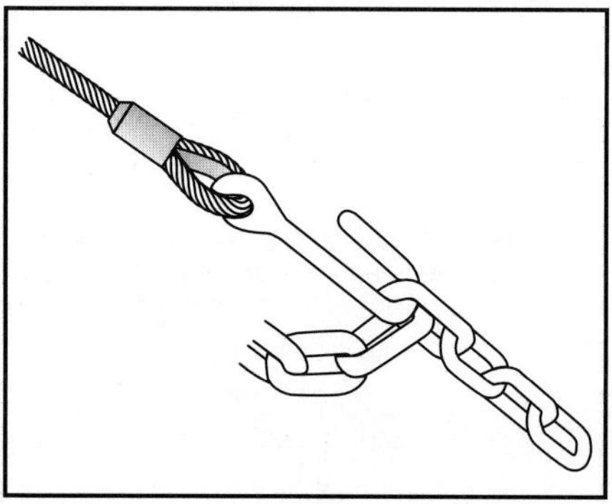

Stahlhaken, der in ein →*Kettenglied* →*eingepickt* wird, um →*Winsch* oder →*Spill* nach dem →*Ankern* zu entlasten (Abb.). Der →*Tampen* wird an einem →*Poller* →*belegt.* Mit einem K. verhindert man auch das harte Einrucksen der Kette beim →*Schwojen* und im →*Seegang* am →*Ankerplatz.*

Kettenkasten, der *(chain locker)* Ein →*Stauraum* für die →*Ankerkette,* der möglichst unter der →*Wasserlinie* und unter Beachtung des →*Trägheitsmomentes* vom →*Bug* entfernt liegen sollte. Er ist dann über ein Rohr mit dem →*Kettendurchlaß* im →*Deck* verbunden, doch oft auch mit dem →*Ankerkasten* kombiniert.

Kettenklaue, die *(throat of a chain)* Ein stählerner Klauenbeschlag (Abb.), der zur Entlastung von →*Winsch* und →*Spill* auf die →*Ankerkette* gesteckt werden kann. Der Vorteil gegenüber einem →*Kettenhaken:* Die K. kann beim Nachstecken der →*Kette* mit einer →*Fangleine* abgehoben und wieder neu eingesetzt werden, auch wenn die Befestigungspunkte außer Handreichweite vor dem →*Bug* liegen. Mit einer K. wird auch das harte Einrucksen der Kette beim →*Schwojen* und im →*Seegang* lautlos abgefedert.

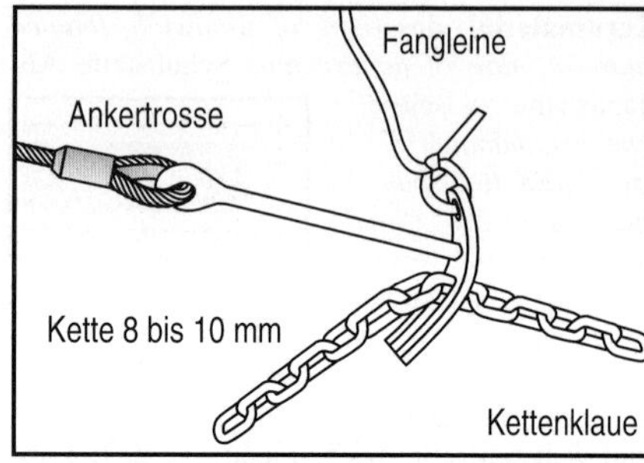

Kettenkurve, Kettenlinie, die *(catenary)* Die Form, wie die →*Ankerkette* am →*Ankerplatz* zwischen →*Anker* und →*Bug* durchhängt oder die Kurve, die sie dabei bildet (Abb.). Eine richtige K. ist für einen →*Ankerlieger* aus zwei Gründen wichtig: Zum einen muß sie für einen horizontalen Zug am →*Ankerschaft* sorgen, damit sich der Anker tiefer eingraben kann, wenn das →*Ankergeschirr* stärker belastet wird. Zum anderen sorgt eine K. mit größerem Durchhang auch durch die in den →*Kettengliedern* gegebene Elastizität dafür, daß ein Schiff →*vor Anker* den Bewegungen im →*Seegang* sicher folgen kann und der Anker nicht →*ausbricht.* Die optimale K. erreicht man mit einer →*Kettenlänge,* die der vierfachen →*Wassertiefe* entspricht.

Kettenlänge, die *(shackle, short)* Die Länge einer →*Ankerkette* zwischen zwei Verbindungsschäkeln von 12½ bzw. 15 →*Faden* = ca. 25 m. Die Gesamtlänge der Ankerkette bestand früher aus mehreren K., die durch →*Kenterschäkel* miteinander verbunden waren. Die in den →*Ausrüstungsvorschriften* genannte K. ist als (empfohlene) →*Länge* der →*Ankerkette* zu verstehen, die im Fachhandel auch als Meterware abgegeben, aber im allgemeinen als K. von 60 m hergestellt wird.

Kettennuß, die *(chain grab, cable lifter)* Eine der Form eines Kettengliedes angepaßte Ausnehmung in der Trommel einer →*Ankerwinde* oder eines →*Spills,* in die beim →*Ankerlichten* oder -hieven sich jedes Glied der Kette einlegen und festhalten kann.

Kettenspleiß, der *(chain splice)* Die Verbindung einer →*Ankerleine* mit einem →*Kettenvorlauf* in Form eines →*Langspleißes,* die am besten mit →*Tauwerk* aus achtlitzigem →*Quadratgeflecht* vorgenommen wird. Dabei werden die vier Paare →*Litzen,* von denen zwei in →*S-Drehung* und zwei in →*Z-Drehung* →*geschlagen* sind, in der

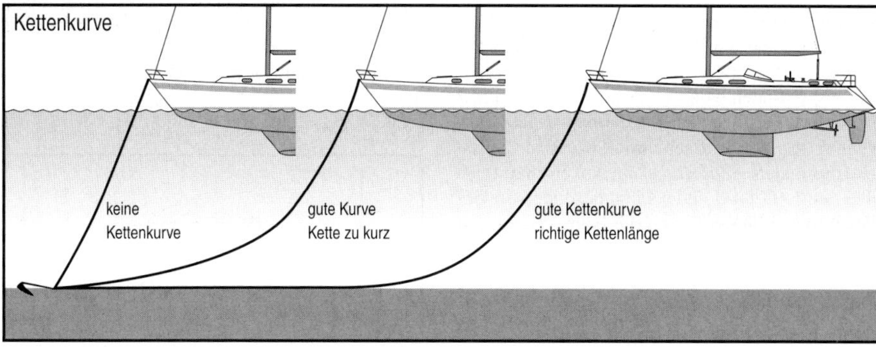

Länge von zwölf →*Kettengliedern* entflochten und dann abwechselnd, sich kreuzend, die

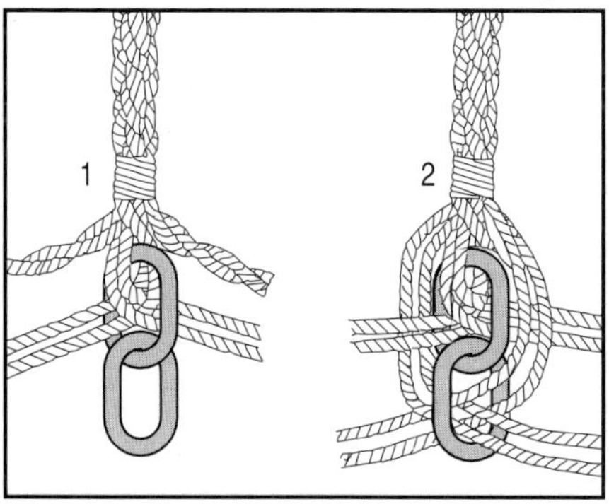

→*S-Litzenpaare* in das 1., 3., und 5. usw., die Z-Litzenpaare in das 2., 4. und 6. usw. Kettenglied ein- und festgezogen. Zum Schluß werden alle →*Tampen* verschweißt oder betakelt und mit dem Rundeisen →*verzurrt* (Abb.).

Kettenstek, der (*chain knot or bend*) Ähnlich wie beim →*Pollerknoten* legt man mit der →*Ankerkette* zwei bis drei →*Törns* um einen →*Poller* (Abb.) oder ähnlichen →*Beschlag* auf dem →*Vorschiff,* holt dann die →*lose Part* als →*Bucht* unter der Kette hindurch und legt sie über den Poller. Es

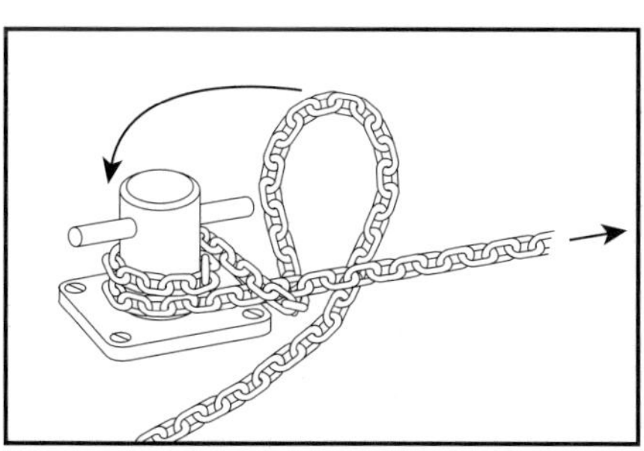

ist nur mit dem K. möglich, die Befestigung auch bei anhaltend starkem Zug wieder zu lösen oder →*Hand über Hand* mehr Kette zu →*stecken.*

Kettenstopper, der (*riding chock, chain stopper*) Ein fest mit dem →*Deck* verbundener →*Beschlag,*

in den die →*Ankerkette* eingelegt werden kann, um die Belastung des →*Ankergeschirrs* vor einem →*Poller* oder anstelle einer →*Klampe* aufzufangen. Auch eine →*Teufelsklaue,* eine →*Kettenklaue* und ein →*Kettenhaken* können als K. dienen.

Kettenumfang, der (*chain girth*) Im Gegensatz zum →*Gurtmaß* (Abb. 1) bei der →*Vermessung* einer →*Yacht* die direkte Umschlingung →*querschiffs,* bei der die hohlen Stellen der →*Gillung* durch eine Gerade überbrückt werden (2). Durch

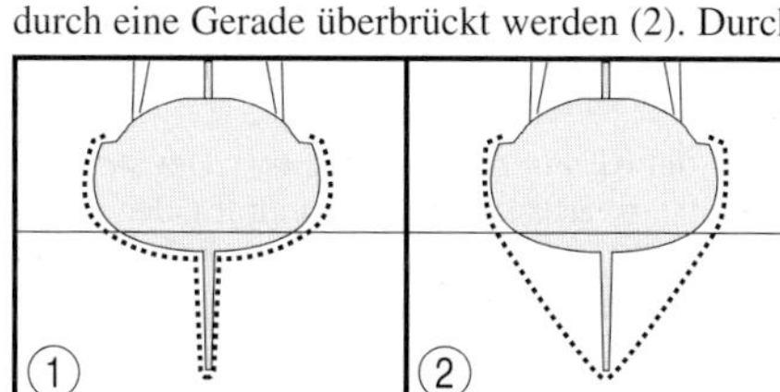

das erhaltene „Kettenmaß" werden Boote mit füligerer →*Spantform* bei sonst gleicher →*Länge* und →*Segelfläche* für das →*Rennsegeln* belohnt.

Kettenvorlauf, der *(chain fore-runner, chain foregoer)* Eine kurze →*Kettenlänge* zwischen →*Anker* und →*Ankertrosse,* wenn ein →*Seekreuzer* aus Gründen von →*Gewicht* und →*Ballast* nicht ausschließlich mit einer →*Ankerkette* arbeitet. Der K. sorgt mit seinem Gewicht für anhaltend optimalen →*Zugwinkel* am Ankerschaft (parallel zum →*Grund)* und schützt besonders in Gebieten mit →*faulem Grund* die beim →*Schwojen* am Ankerplatz über unsichtbare Fremdkörper, Hindernisse o. ä. rutschenden Teile des →*Ankergeschirrs* gegen →*Schamfilen.* Der K. hat sinngemäß die gleiche entlastende Wirkung wie ein →*Ankergewicht* oder →*Gleitgewicht.*

Kevlar Markenname von DuPont für eine gelbliche →*Chemiefaser,* die als Langketten-Polymer durch →*Polymerisation* gewonnen wird. Die K.- Faser hat die fünffache Festigkeit von →*Tauwerk* aus →*Stahl* gleichen Gewichtes. Wenn K. für →*Segeltuch* oder Tauwerk allein benutzt wird, verliert es seine Leistungen durch die Einwirkung ultravioletter Strahlung relativ schnell. Unter einem schützenden Mantel UV-beständiger Materialien kann es seine Vorteile (größere Festigkeit bei geringem Gewicht) aber ohne Alterung uneingeschränkt einsetzen. K. wird im Bootsbau aus →*FVK,* insbesondere für →*Rennyachten,* und für die Herstellung von →*Fasertauwerk* benutzt, bei dem es auf extrem hohe Zugfestigkeit bei gleichzeitig geringster Dehnung (→*Reck)* ankommt. Für →*Fallen* wird ein K.-Kern mit →*Polyesterfasern* ummantelt, für →*Spinnakerschoten* dient eine Umflechtung aus →*Polypropylen* als Schutz.

KFK Abk. für →*kohlenfaserverstärkter Kunststoff* (auch →*CFK)* zur Unterscheidung von →*glasfaserverstärktem Kunststoff (*→*GFK)* und →*faserverstärktem Kunststoff* (→*FVK),* siehe dort.

Kettfaden, der *(warp)* Bei →*Segeltuch* der in Längsrichtung verlaufende Faden, auch einfach →*Kette* genannt.

Kiel, der *(keel [careen, bottom])* Der unterste Mittellängsverband des Bootsrumpfes, der an den Bootsenden mit →*Vorsteven* und →*Achtersteven* bzw. →*Spiegel* verbunden ist und das Rückgrat des Bootsrumpfes bildet. In Verbindung mit dem K. spricht man vom →*Loskiel* und der →*Kielflosse,* vom →*Kielballast* und →*Ballastkiel.* Boote mit einem Ballastkiel werden als →*Kielboote* im Gegensatz zu →*Schwertbooten* bezeichnet.

Kielaufbuchtung, die *(hogging)* Nur bei glatter See trägt das Wasser einen Bootsrumpf überall gleichmäßig und so, wie es der Konstrukteur wünscht. Wenn im →*Seegang* die →*Wellenlänge* größer als die Bootslänge ist, wird der

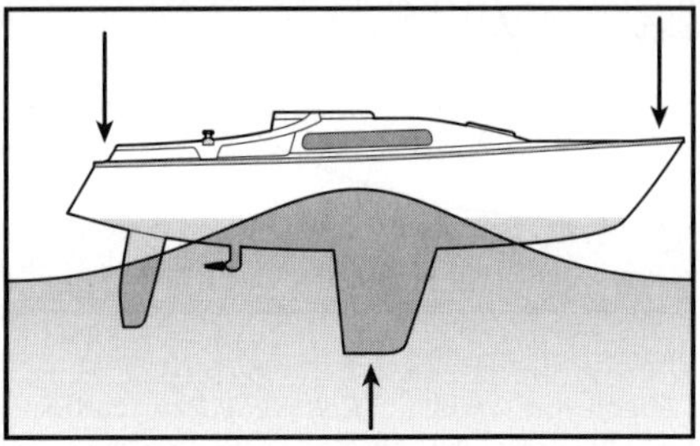

Bootsrumpf auf dem →*Wellenberg* nur mittschiffs gehalten. Der →*Kiel* wird dann (geringfügig, aber meßbar) wie ein →*Katzenrücken* nach oben gebogen, während die wenig unterstützten Enden und →*Überhänge* nach unten hängen. Das Gegenteil ist →*Kieldurchbuchtung.*

Kielballast, der *(fixed ballast, solid ballast)* Der →*Ballast,* durch den ein Kielboot seine →*Gewichtsstabilität* erhält und zwar →*kentern,* aber sich anschließend selbst wieder →*aufrichten* kann. Er kann sowohl in gebaute →*Mittelkiele* oder →*Kimmkiele* von innen eingebracht oder als →*Wulstkiel* an der Unterkante der →*Kielflosse* befestigt werden. Der →*Ballastanteil* am Gesamtgewicht des Bootes wird in Prozenten angegeben.

Kielbolzen, der *(keel bolt)* Lange und kräftige →*Bolzen,* die den →*Ballastkiel* als →*Außenbal-*

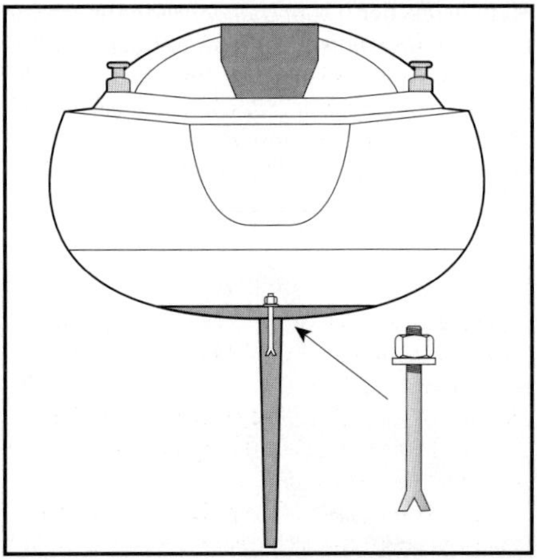

last mit dem eigentlichen →*Kiel* verbinden und hier halten. Sie werden besonders bei →*Grundberührung* belastet und sollten nach unten herausziehbar befestigt sein, weil man sie zur Kontrolle möglicher Korrosion in Jahresabständen ziehen, begutachten und gegebenenfalls erneuern muß.

Kielboot, das *(keel boat, keeled boat)* Ein Boot mit einem →*Ballastkiel,* der entweder in ein Rundspant-Kielboot mit S-Schlag eingebaut ist oder als →*Kielflosse* (→*Flossenkiel)* unter dem eigentlichen →*Kiel* hängt. Boote können entweder mit nur einem →*Mittelkiel,* mit zwei →*Kimmkielen* oder als →*Dreikieler* gebaut sein, um gegenüber einem →*Schwertboot* selbstaufrichtend zu bleiben. Ein K. wird auch kurz als →*Yacht* bezeichnet.

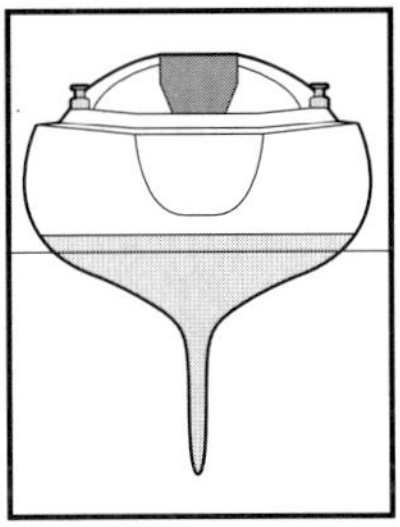

Kieldurchbuchtung, die *(sagging)* Im Gegensatz zur →*Kielaufbuchtung* der Durchhang des

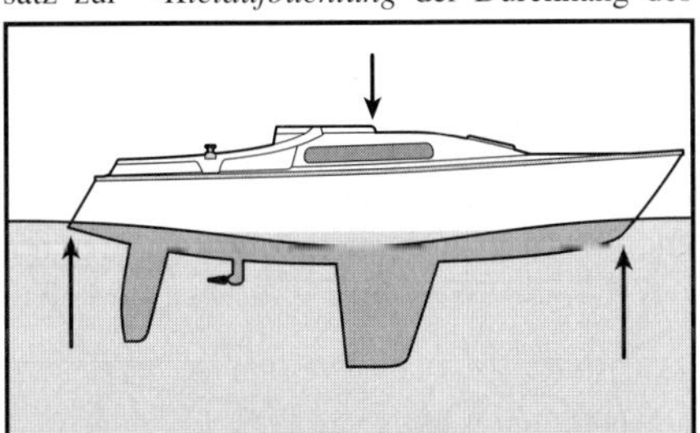

Kiels, wenn sich bei ungefähr übereinstimmender →*Wellenlänge* und Bootslänge →*Bug* und →*Heck* auf den Wellenbergen befinden und der Rumpf nur an den Enden, aber nicht in der Mitte vom Wasser getragen wird. Der Konstrukteur stellt diese geringfügige Senkung durch eine gewisse Elastizität des Rumpfes in Rechnung. Gefährlich wird sie nur bei Booten mit langen →*Überhängen.*

Kielkühlung, die *(keel cooling)* Korrekter als „Kielrohrkühlung" bezeichnete Methode, das entlang von Rohren am →*Unterwasserschiff* in der Nähe des →*Kiels* vorbeiströmende →*Seewasser* zur fortlaufenden Kühlung des Umlaufkühlwassers bei einer indirekten →*Kühlung* des →*Bootsmotors* auszunutzen. Die Vorteile der K.: Man kann bei dieser Art einer →*Zweikreiskühlung* auf die sonst nötige Durchbrechung der →*Außenhaut* für den äußeren Kühlkreislauf und einen Kühlwasserfilter verzichten. Die →*Kühlwasserpumpe* bewegt das Umlaufkühlwasser im geschlossenen inneren Kreislauf der →*Kühlung.* Sie saugt das abgekühlte →*Frischwasser* z. B. aus der →*Steuerbord-Rohrseite* der K. an, drückt es in einen Ausgleichsbehälter am üblichen Platz eines →*Wärmetauschers* auf dem Motor und läßt es zur →*Backbordseite* weiterfließen. Von hier aus durchläuft es das zweite Kielrohr, kühlt sich ab und kehrt über eine Verbindung →*querschiffs* an die →*Impellerpumpe* zurück. Nachteile der K.: Bewuchs kann die Wärmeleitfähigkeit vermindern. Für die →*Konstruktion* einer K. rechnet man 0,5 mm Rohrdurchmesser pro →*Kilowatt* →*Leistung* des →*Bootsmotors* und als Rohrlänge an jeder Seite 75 % →*Länge* in der Wasserlinie. Beispiel: Ein 12-m-Seekreuzer mit einer →*LWL* von 10 m und einem 40-kW-Motor (ca. 55 PS) benötigt ein Kühlrohr von 20 mm Innendurchmesser und 7,50 m Länge an jeder Seite.

Kieler Woche, die *(Kiel Week)* Seit 1882 mit wenigen Unterbrechungen (in den Jahren der beiden Weltkriege) gesegelte, älteste deutsche und bedeutendste europäische Regatta-Woche. Die →*Dreiecksbahnen* lagen in den ersten Jahrzehnten auf der Innenförde. Die Wettfahrten wurden zuerst von der Seebadeanstalt, ab 1890 vor Kitzeberg gestartet. Seit 1893 starteten die größeren Yachten vor Laboe und segelten Kurse in der Außenförde, darunter auch die 1893 erstmalig gesegelte Wettfahrt Kiel–Eckernförde–Kiel. Der zunehmende Schiffsverkehr auf der Kieler-Förde und die wachsenden Felder führten dazu, die Bahnen immer weiter vor die Außenförde auf die Ostsee hinaus zu verlegen, wo heute auf mehreren →*olympischen Kursen* alle wichtigen, hauptsächlich →*internationalen Klassen* um Tagespreise, →*Wanderpreise* und →*Herausforderungspreise* kämpfen. Die Hochseeyachten segeln gleichzeitig →*Wettfahrten* in der westlichen Ostsee, z. B. um den Senatspreis. Auf dem Revier der K.W. wurden die Segelregatten der Olympischen Spiele 1936 und 1972 ausgetragen.

Kielflosse, die *(fin, fin keel)* Die bei einem →*Kielboot* unter dem eigentlichen →*Kiel* befestigte Stahlplatte, die einem →*Flossenkieler* die notwendige

→*Lateralfläche* gibt und an deren Unterkante gleichzeitig (möglichst tief) der →*Ballast* in Form eines →*Wulstkiels* befestigt ist, wenn das Gewicht der Kielflosse selbst für die nötige →*Gewichtsstabilität* nicht ausreicht. Die K. kann nicht nur in Form eines →*Mittelkieles,* sondern auch als →*Kimmkiel* arbeiten.

Kielform(en), die *(shape or design or outline of the keel)* Man kann bei Betrachtung des →*Lateralplanes* und der Formgebung gegen →*Abdrift* und →*Leeweg* zwischen →*Langkiel* (A) und gemäßigtem (B) oder extremen →*Kurzkiel* (C, D) unterscheiden. Ein Kurzkieler kann mit einem →*gewachsenen Kiel* gebaut sein, in den der →*Ballast* eingelegt oder unter dessen Kielstummel ein →*Ballastkiel* untergebolzt ist, oder eine unter dem Rumpf befestigte →*Kielflosse* mit einem Ballastprofil haben, die auch zu einem →*Flügelkiel* geformt sein kann. Besondere K. sind →*Kielschwert,* →*Schwenkkiel* und →*Hubkiel* zur Verminderung des →*Tiefgangs* in flachem Wasser oder zur Erleichterung des →*Trailerns.* Bei einer Ansicht der →*Unterwasserform* im →*Querschnitt* unterscheidet man neben dem vorherrschenden starren Mittelkiel und den Kielschwert-Typen mit einem beweglichen Teil des →*Kiels* noch →*Kimmkieler* und →*Dreikieler*. Die Entwicklung weiterer K. ist möglich.

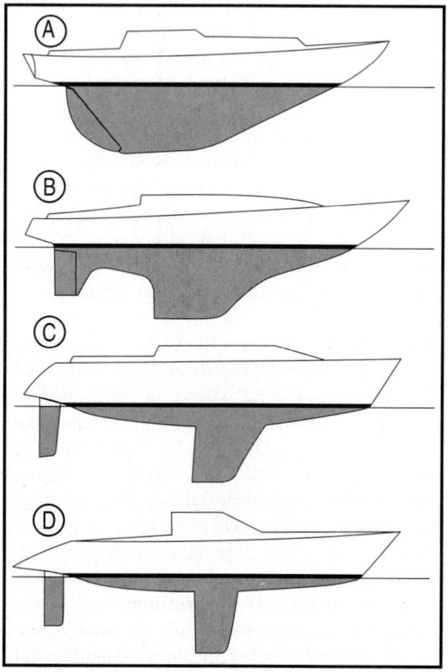

Kielholen, das *(1. careeing, 2. keel-haul)* 1. Den →*Kiel* seitlich →*aufholen,* um eine Seite des →*Unterwasserschiffes* besichtigen, reinigen, streichen oder reparieren zu können, ohne das Boot →*aufslippen* zu müssen. Dazu wird z. B. das →*Großfall* an einem Beschlag an Land →*angeschlagen* und an Bord →*durchgeholt,* so daß das Boot so weit wie möglich →*krängen* kann (Abb.). – 2. In der Zeit der Segelschiffahrt harte Disziplinarstrafe, bei der ein Besatzungsmitglied an einer Leine von einer Bootsseite zur anderen unter dem →*Kiel* hindurchgezogen wurde und sich dabei durch den scharfkantigen →*Bewuchs* des Bootes lebensgefährlich verletzen oder sogar ertrinken konnte.

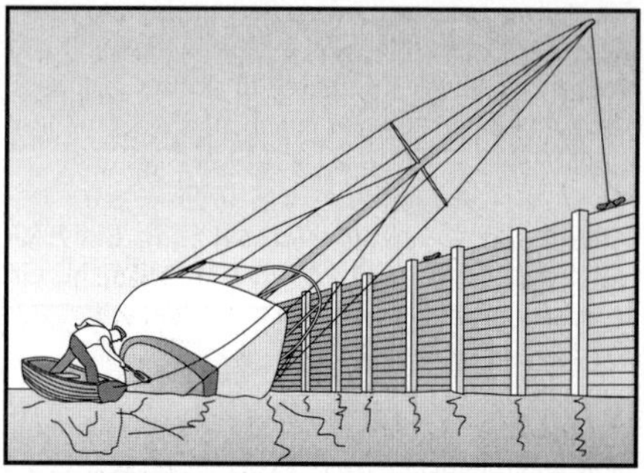

Kielklappe, die *(keel flap)* Bei getrennter Anordnung von →*Kielflosse* und →*Ruder* ein ruderähnlich beweglicher Teil des Unterwasserschiffes, der mit einer Fläche von ca. 15 bis 20 % der Kielflosse bei einem (konstanten) →*Anstellwinkel* von ca. 5° besonders auf →*Amwindkursen* die →*Abdrift* verringern soll. Mit kleinerer Fläche auch als →*Trimmklappe* bezeichnet.

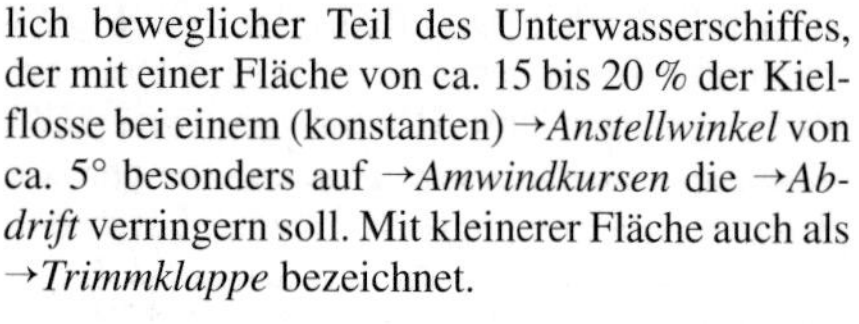

Kielkreuzer, der *(keel cruiser)* Ein →*Kielboot* mit →*Kajüte,* das als spezieller Typ nach seinem Fahrbereich benannt wurde bzw. wird, z. B. als →*Seekreuzer* oder →*Schärenkreuzer.*

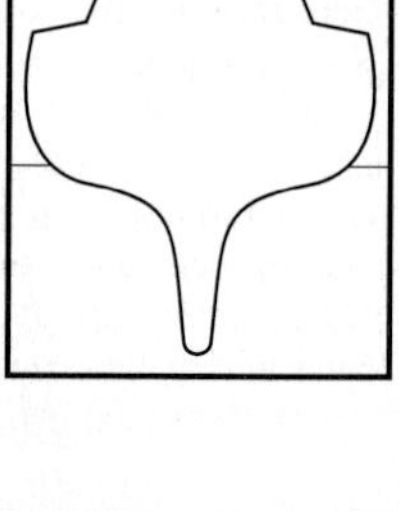

Kiellinie, die *(line ahead, keel line, middle line)* Schiffslängsachse in Verlängerung des →*Kiels.* Auch Begriff für den möglichen →*Kurs* einer →*Flottille:* In K. fahren oder segeln (*to sail line ahead)* bedeutet, wenn mehrere Yachten im Gänsemarsch hintereinander herlaufen.

Kielschwein, das *(keelson, carlin)* Eine Verstärkung des →*Kiels* durch einen Längsträger über den →*Bodenwrangen,* insbesondere bei Booten aus →*Holz,* →*Stahl* und →*Aluminium* und hauptsächlich im Bereich des →*Mastfußes,* um den auf weitgehend einen Punkt bezogenen Druck der →*Takelage* auf einen größeren Bereich der Längs- und Querverbände zu verteilen. – Auch ein Badegast wird scherzhaft ein K. genannt. Sprachl. kommt K. von „Kielschwelle".

Kielschwert, das *(drop keel, centreboard)* Ein →*Schwert,* das bei einem →*Kielboot* zum Ansteuern flacher Gewässer oder auf →*Raumschotskur-*

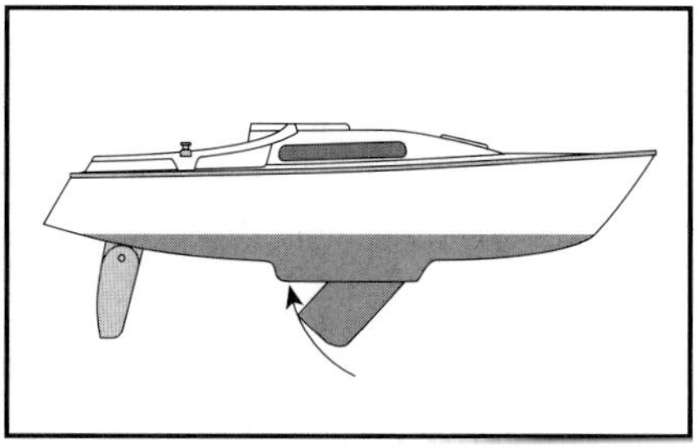

sen ganz in den gebauten →*Kiel (→Ballastkiel, →Flossenkiel)* aufgeholt werden kann und gefiert auf →*Amwindkursen* für eine größere →*Lateralfläche* sorgt.

Kielschwerter, der *(keel and centreboard boat)* Ein Kompromiß zwischen →*Kielboot* und →*Schwertboot.* Besonders für flachgehende →*Küstengewässer* und bei Rennen bzw. →*Langfahrten* mit vorwiegend →*Raumschotskursen* ein empfehlenswerter Bootstyp.

Kielschwertkreuzer, der *(keel and centreboard cruiser)* Ein →*Kielschwerter,* der eine →*Kajüte* besitzt und sich als (eingeschränkt) →*kentersicherer* →*Fahrtenkreuzer* zum Renn- und Fahrtensegeln auf See- und Binnenrevieren eignet.

Kieltasche, die *(keel pocket, wake pocket)* Ein etwa 10 cm breiter, →*querschiffs* gerichteter Tunnel an der Oberseite eines →*Ballastkieles* zum →*Trimmen* eines neu gebauten →*Seekreuzers* auf die optimale →*Schwimmwasserlinie* (Abb.). Die

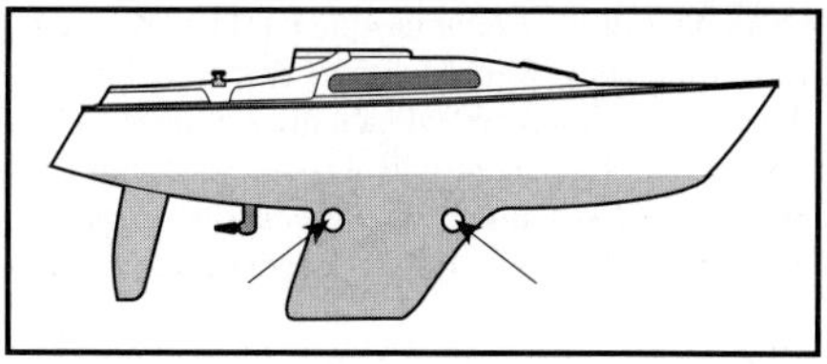

K. wird vor dem →*Stapellauf* mit leichtem Material (→*Holz)* gefüllt und versiegelt und kann bei notwendiger Trimmänderung entweder →*vorn* oder →*achtern* zur Korrektur die gleiche Füllung wie der übrige →*Bleikiel* erhalten.

Kielwasser, das *(wake, wash)* Die von Größe und Fahrt des Bootes und dem Zustand der See abhängige, deutlich sichtbare Spur verwirbelten Wassers, die ein Boot bei seiner →*Fahrt* durch das Wasser in Kielrichtung hinterläßt. Es wird in schwerem Wetter und beim →*Lenzen* vor dem Sturm auch als Schutzfläche vor hoher, überbrechender See benutzt.

Kielyacht, die *(keel yacht)* Ein →*Kielboot,* auch nur als →*Yacht* bezeichnet.

Kiel-Zugvogel Aus Vollholz, →*Sperrholz* oder →*GFK* gebautes Zweimann-Kielboot in →*Knickspantbauweise* des Konstrukteurs Ernst Lehfeld, als →*nationale Klasse* anerkannt. Lüa 5,80 m, Büa 1,88 m, Kielgewicht 140 kg. Verdr. segelf. min. 340 kg, Segelfl. 17 m². Segelzeichen Zugvogel mit Punkt.

killen (des Segels) *(shaking [of a sail], the sails are spilling [wind])* Ein Zustand des →*Segeltrimms,* wenn die Segel nicht mehr (eben) voll stehen (d. h. ein gleichmäßiges →*aerodynamisches Profil* haben), sondern das Tuch „lebendig" wird und in schnellem rhythmischem Wechsel am →*Achterliek* wie eine →*Flagge* auszuwehen beginnt oder am →*Vorliek* einfällt und wieder ausweht. Dieser Zustand des K. kann unabsichtlich durch den →*Reck* eines (älteren) Segels, durch mangelhaften →*Segelschnitt* und ungleichmäßige →*Segelwölbung* bei einem neuen Segel oder durch die Wahl eines zu →*bauchigen* Segels bei zu großer →*Windgeschwindigkeit* (insbesondere an der →*Kreuz)* auftreten. Man kann andererseits die Segel auch bewußt k. lassen, wenn man bei →*böigem Wind* oder mit zu viel →*Segelfläche* nur einen Teil des Segels aerodynamisch nutzen darf und gezwungen ist, die überschüssige Windenergie ungenutzt aus dem Segel zu „schütteln". Dies kann besonders beim →*Rennsegeln* und insbesondere mit →*Einmannjollen* auf der Kreuz erforderlich sein, wenn man auf dem anschließenden Raumschotskurs wieder die gesamte Segelfläche voll ausnutzen will. Das K. darf nicht mit dem →*Flattern* oder →*Schlagen* der Segel bei einem →*Aufschießer* o. ä. verwechselt werden.

Kilo- (k) Faktor 1000 (10^3) im →*Internationalen Einheitensystem.* Beispiel: 1 kW = Kilowatt = 1000 W.

Kilogramm, das (kg) *(kilogram)* Die →*Basiseinheit* der Masse im →*Internationalen Einheitensystem* (SI). 1 kg entspricht einem Tausendstel Kubikmeter Wasser im Zustand seiner größten Dichte bei 4° C. Der Prototyp eines Kilogramms aus Platin-Iridium wird in Paris aufbewahrt. Von den →*Hauptabmessungen* eines Bootes werden →*Gewicht* und →*Verdrängung* meistens in kg angegeben.

Kilopond, das (kp) *(kilopond)* Alte Einheit der →*Kraft,* die im →*Internationalen Einheitensystem* (SI) keine →*Basiseinheit* mehr ist. Sie wurde durch die neue Einheit der Kraft „Newton" (N) abgelöst und wird wie folgt umgerechnet:

1 N	= 0,10197 kp	Faktor 0,1
1 kp	= 9,80665 N	Faktor 10
1 N m	= 0,10197 kp m	Faktor 0,1
1 kp m	= 9,80665 N m	Faktor 10
1 N/m^2	= 0,10197 kp/m^2	Faktor 0,1
1 kp/m^2	= 9,80665 N/m^2	Faktor 10

Demgegenüber ist die neue Basisheinheit für den früher in kp/m^2 angegebenen Druck (z. B. den →*Wasserdruck)* das →*Bar.* Die entsprechenden Umrechnungen siehe dort.

Kilowatt, das (kW) *(kilowatt)* Die Leistungseinheit →*Watt* = 1 Nm/s vertausendfacht:
1 kW = 1,35962 PS. Mit Faktor 0,736 sind alle Leistungsangaben in →*PS* zu multiplizieren, um die kW-Werte zu erhalten. Dementsprechend muß man die kW-Angaben z. B. für →*Außenborder* oder Einbaumotoren mit 1,36 multiplizieren, um (zum Vergleich) die früher üblichen PS-Werte zu erhalten.

Kimm, die *(1. chine, bilge, 2. visible horizon)* 1. Der Übergang des schrägen oder waagerechten →*Bootsbodens* in die weitgehend senkrechte Bordwand oder →*Außenhaut* des Überwasserschiffes. Der →*Spant* besitzt hier den kleinsten Krümmungs-Radius. (Abb. A, 65 cm) im Vergleich zu anderen Spantenradien des Überwasserschiffes (90) und des Unterwasserschiffes (105).

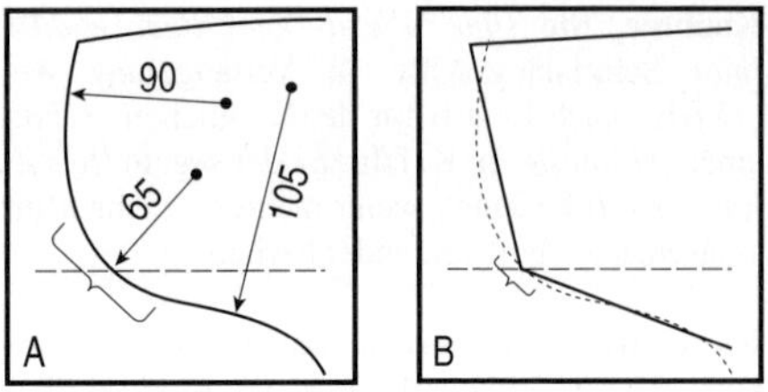

Die K. kann entweder bei einem →*Rundspantboot* mit einer harten oder weichen →*Kimmrundung* gebaut oder wie bei einem →*Knickspantboot* eckig sein. Man spricht dann von einer „weichen" (A) oder „harten" (B) Kimm. – 2. Auf See der natürliche →*Horizont,* d . h. die sichtbare Linie, in der sich Himmel und Wasser treffen. Die →*Kimmentfernung* ist von der →*Augenhöhe* des Beobachters abhängig. Die in dieser Augenhöhe gedachte Ebene ergibt den →*scheinbaren Horizont.* Der Winkel zwischen ihm und dem natürlichen Horizont wird →*Kimmtiefe* genannt.

Kimmabstand, der *(apparent altitude)* Die Höhe über der →*Kimm,* die z. B. in der →*astronomischen Navigation* für ein Gestirn mit dem →*Sextanten* gemessen wird.

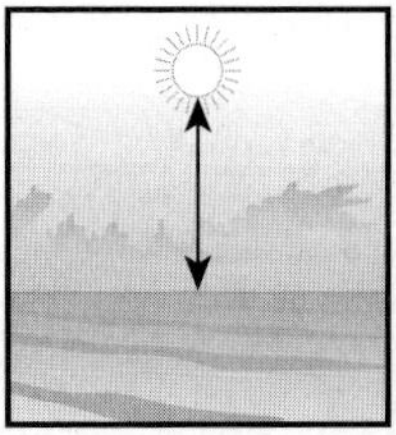

Kimmentfernung, die *(horizon range, distance of [visible] horizon).* Der von der →*Augenhöhe*

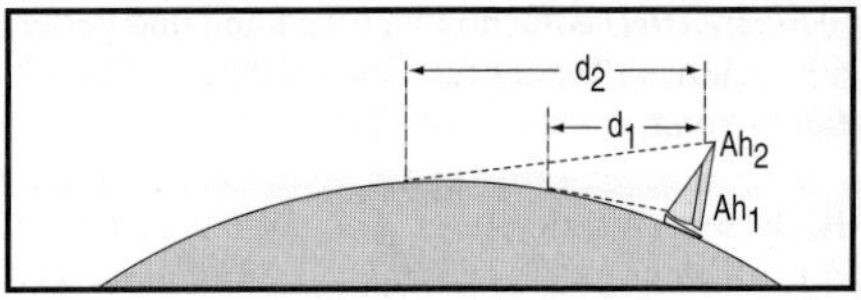

abhängige Abstand eines Beobachters von der →*Kimm.* Die K. läßt sich nach der Formel

$$e = 2{,}075 \text{ x } \sqrt{Ah}$$

ermitteln, wobei „e" die Kimmentfernung in sm und „Ah" die Augenhöhe in m ist. So beträgt die K. z. B. bei 1 m Ah (s. Abb., Ah_1) in einer Jolle 2 sm (d_1), bei 2 m Ah (in der Plicht eines Seekreuzers) 3 sm, bei 3 m Ah (von Deck aus) 3,5 sm und bei 5 m Ah (aus dem Mast, Ah_2) 4,5 sm (in der Abb. d_2). Früher mußte man die Werte für die verschiedenen →*Augenhöhen* den →*Nautischen Tafeln* entnehmen. Jetzt kann man sie über die gegebene Formel mit dem Taschenrechner ermitteln.

Kimmkiel, der *(bilge keel)* Im Gegensatz zum →*Mittelkiel* nicht unter dem eigentlichen →*Kiel,*

sondern an jeder Bootsseite in der Nähe der →*Kimm* eingebauter oder als →*Kielflosse* befestigter →*Ballastkiel.* Kimmkiele können bei einem →*Doppelkieler* entweder für sich allein für die nötige →*Lateralfläche* und →*Gewichtsstabilität* sorgen oder auch zusätzlich zu einem →*Mittelkiel* bei →*Dreikielern* arbeiten. Der →*Ballast* wird entweder von innen eingebracht oder von außen befestigt.

Kimmkielschwein, das (*bilge keelson)* Das in der Nähe der →*Kimm* gebaute →*Kielschwein* eines →*Kimmkiels.*

Kimmkieler, der (*bilge keeler)* Ein →*Seekreuzer,* der anstelle eines →*Mittelkieles* mit zwei →*Kimmkielen* gebaut ist. Sie können dem Boot entweder allein (als →*Doppelkieler)* oder auch zusätzlich zu einem Mittelkiel (als →*Dreikieler)* sowohl die nötige →*Gewichtsstabilität* als auch die trotz geringeren Tiefgangs gleiche erforderliche →*Lateralfläche* geben. Ein K. ist besser →*trailerbar* und bleibt beim Trockenfallen während des Segelns im →*Watt* immer aufrecht stehen.

Kimmrundung, die *(turn of bilge, round of bilge)* Auch Kimmradius genannter Grad der Krümmung in der →*Kimm* eines →*Rundspantbootes.* Eine „harte“ Kimm (A) mit einem kleinen Radius und einer scharfen Rundung bedeutet große →*Anfangsstabilität* und ist besonders bei →*Jollen* mit →*Formstabilität* zu erkennen. Demgegenüber haben →*Kielyachten* mit →*Gewichtsstabilität* einen größeren Kimmradius (B), der auf eine geringere Anfangsstabilität hinweist.

Kimmschwert, das (*bilge board)* Ein →*Schwert,* das nicht, wie meistens üblich, als →*Mittelschwert* durch den Kiel, sondern in der Nähe der →*Kimm* auf jeder Seite durch den Bootsboden gefiert wird. Jollen mit Kimmschwertern haben durch den fehlenden →*Schwertkasten* in der Mitte der →*Plicht* mehr Platz, aber bei →*Krängung* strömt meistens Wasser durch den seitlichen →*Schwertkastenschlitz* in das Boot, wenn dieser nicht bis zum *Deck* reicht. Kleine und besonders breite Jollen (z. B. der Scow-Klassen) sind mit K. ausgerüstet.

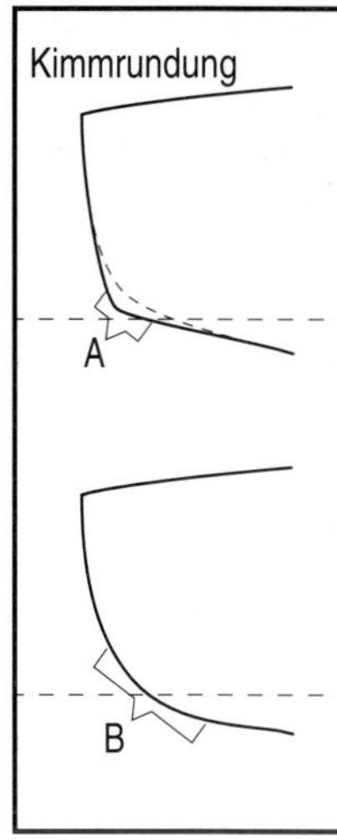

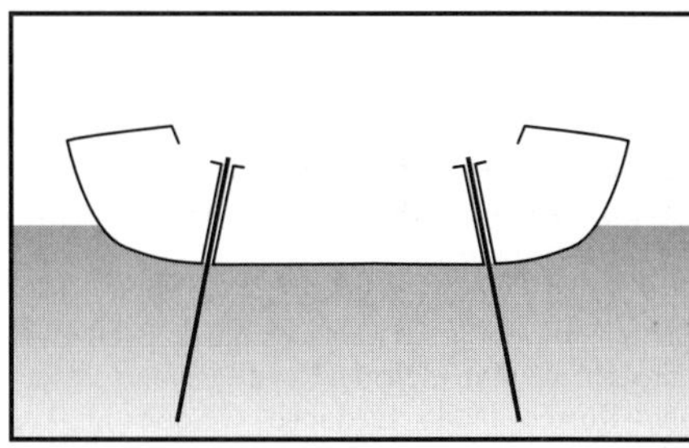

Kimmtiefe, die *(dip of horizon)* Der Winkel zwischen der Blickrichtung eines Beobachters zur →*Kimm* und dem →*scheinbaren Horizont.* Da dieser Sehstrahl von der →*Augenhöhe* abhängig

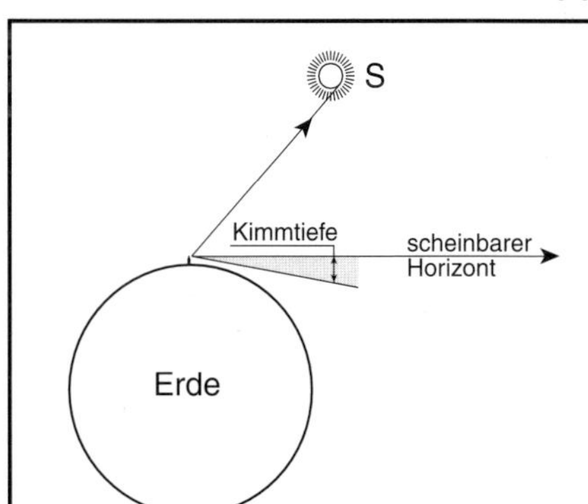

sowie atmosphärischen Bedingungen der Strahlenbrechung unterworfen ist, muß die K. (auch in der →*terrestrischen Navigation)* z. B. als Berichtigung eines gemessenen →*Höhenwinkels* beachtet werden. Früher mußte man die Werte für die K. den →*Nautischen Tafeln* entnehmen. Jetzt kann man sie auch nach der Formel

$$Kt \text{ (in Grad)} = 1{,}78 \times \sqrt{Ah} \text{ (in m)}$$

mit dem Taschenrechner ermitteln. Man erhält dann z. B. für eine Augenhöhe von 2 m (in der →*Plicht)* 2,52° und für eine Ah von 10 m (auf der →*Brücke* eines Frachters) 5,63°.

kinetische Energie, die *(kinetic energy)* Allgemein die Bewegungsenergie (E) eines Massenkörpers nach der Formel

$$E = \frac{1}{2} m \cdot v^2,$$

in der m = Masse und v = Geschwindigkeit sind. Da auch der →*Wind* sowohl Masse (der Luft) als auch eine →*Windgeschwindigkeit* besitzt, enthält er eine bestimmte meßbare k. E., die man als →*dynamischen Druck* oder →*Staudruck* bezeichnet, wenn sie auf die Volumenseinheit der Luft bezogen wird. So ergibt sich für die k. E. des Windes als Staudruck (q) und für die Windgeschwindigkeit (v) in m/s:

$$q = 0{,}6125\ v^2\ (N/m^2)$$

Bei einem Boot in →*Fahrt* ist v die an Bord meßbare und auf dem gleichen Revier bei verschiedenen Kursen unterschiedliche Geschwindigkeit des relativen →*Bordwindes.*

Kink, der *(kink [nip])* Ein durch die Drehspannung im →*geschlagenen Tauwerk* entstandener →*Törn* oder sogar →*Rundtörn,* der sich nicht mehr von selbst →*enttörnt,* wenn die Leine ausläuft. Ein →*Ende* mit →*Kinken* ist →*unklar,* weil es nicht mehr durch einen →*Block* fahren kann. Bei →*Drahttauwerk* führt die Kinkenbildung zu einem Bruch der →*Litzen* und zu →*Fleischhaken.* Beim →*Manöver* muß man an →*Deck* im wahrsten Sinne des Wortes „aus den Kinken" treten, um nicht beim Auslaufen einer →*Leine* oder →*Trosse* mit Armen oder Beinen mitgerissen zu werden. Beste Vorsorge gegen Kinkenbildung ist richtiges →*Aufschießen* eines Endes.

Kinnbacken-Block, (Kinnbackblock), der *(snatch block)* Auch →*Fußblock* oder →*Klappblock* genannter →*einscheibiger Block* mit aufklappbarer Backe, die das Einlegen einer →*Part* ermöglicht, ohne daß man das gesamte →*Ende* →*ausscheren* muß.

Kirche *(church)* Zeichen aus →*Seekarte* (INT 1). Siehe →*Karte 1* im Anhang.

Klabautermann, der *(hobgoblin; bogy man)* Sagengestalt aus der Seemannswelt, die als guter Geist eines Schiffes gilt. Der Name stammt von „Kalfatermann", einem heimlichen Helfer des Schiffszimmermannes insbesondere bei Sturm und Havarie zur Leckdichtung, doch benutzt der K. den Kalfathammer auch zum mahnenden Schlagen gegen die Bordwand, wenn er von der Besatzung schlecht behandelt wird oder die Crew nicht ihre Pflicht tut.

Klampe, die *(1. cleat, 2. fairled, chock, 3. leg cleat)* 1. Fest geschraubter oder verbolzter →*Beschlag* zum →*Belegen* von →*Tauwerk,* aus unterschiedlichem Material (Metall, Kunststoff, Holz), unterschiedlicher Form und vielfältiger Konstruktion. Eine K. ist immer für waagerechten Zug ausgelegt und kann wahlweise an →*Deck,* am →*Mast,* an anderen Plätzen und in anderen Ebenen montiert werden mit der ein-

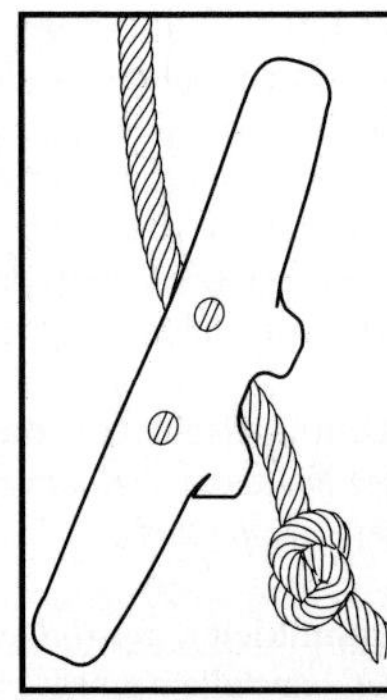

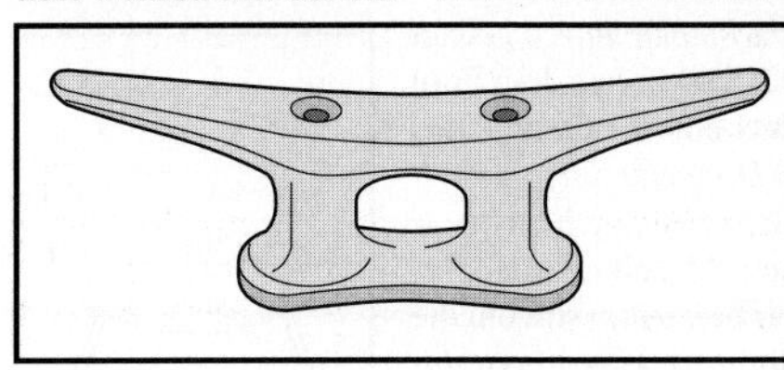

zigen Bedingung, daß die Laufrichtung des →*Endes* in der gleichen Ebene wie die K. liegt. – 2. Als →*Lippklampe* wird die nicht zum Belegen, sondern nur zum Durchlauf gedachte offene Leitöffnung bezeichnet, die mit der K. nur die beiden, aber in der Mitte getrennten, nur an den Seiten befestigten Arme gemein hat. – 3. Sinngemäß sind auch die K. genannten, der Bootsform angepaßten Stützklötze für ein →*Beiboot* an →*Deck* keine →*Belegklampen.*

Klappblock, der (*1. whip block, 2. snatch block)* 1. Der Block in einem →*Klappläufer.* – 2. Ein →*Kinnbacken-Block,* der nicht mit starrem Gehäuse gebaut, sondern einer aufklappbaren Backe eingerichtet ist und hauptsächlich als →*Fußblock* verwandt wird.

Klappdraggen, der *(folding anchor)* Ein vierflunkiger →*Draggen,* dessen Flunken auseinandergeklappt und durch einen drehbaren Ring arretiert (A) werden können, wenn man ihn benutzt, aber auch entlang des Stocks gefaltet (B) und durch den gleichen Ring festgehalten werden, wenn man ihn an Bord ver-

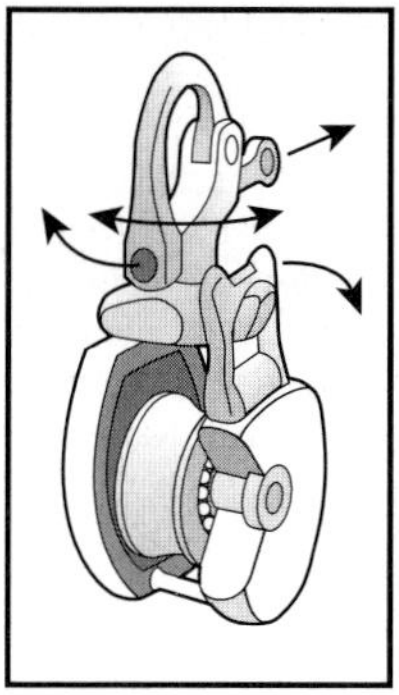

Klappblock

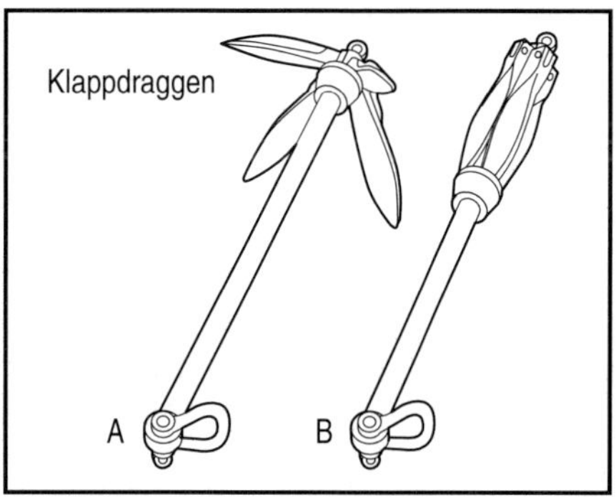

staut. Der K. hat eine noch geringere Haltekraft als ein →*Stockanker* und nur einen Bruchteil derjenigen eines →*Leichtgewichtsankers.*

Klappläufer, der *(burton fall, whip)* Die kleinste, einfachste →*Talje* mit einem losen einscheibigen →*Block.* Dabei ist die →*stehende Part* des →*Läufers* an einem festen Punkt angeschlagen, während die →*Last* am losen Block hangt. Wenn dabei die →*holende Part* noch über einen festen zusätzlichen Block läuft (wie es an Bord meistens die Regel ist), dann hat dieses für die im Verhältnis 1 : 2 gesparte →*Kraft* keine Bedeutung. Ein K. findet z. B. bei der als →*Heckschot* geschorenen →*Großschot* einer →*Jolle* mit der festen

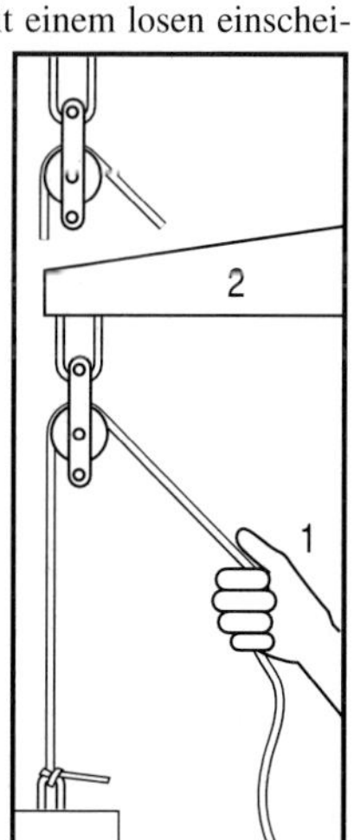

Part und der Umlenkrolle auf dem →*Spiegel* und dem losen Block am →*Großbaum* Verwendung.

Klappmast, der *(lowering mast, hinged m., [tabernacle m.])* Ein mit dem →*Fuß* auf →*Deck*

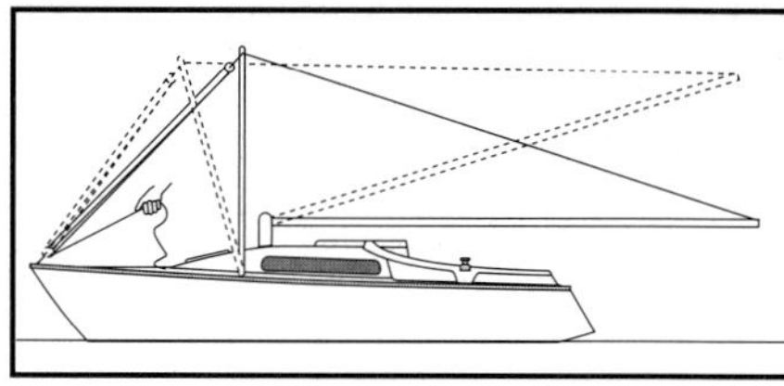

gesetzter und durch →*Mastbacken* gehaltener Mast, der zum Beiklappen (d. h. zum →*Mastlegen* mit Hilfe einer →*Jütt)* eingerichtet ist und sich beim Passieren niedriger Brücken niederlegen läßt.

Klappstufe, die Beiklappbare Trittfläche (ca. 50 x 100 mm) in Aluminium oder Bronze als Ersatz

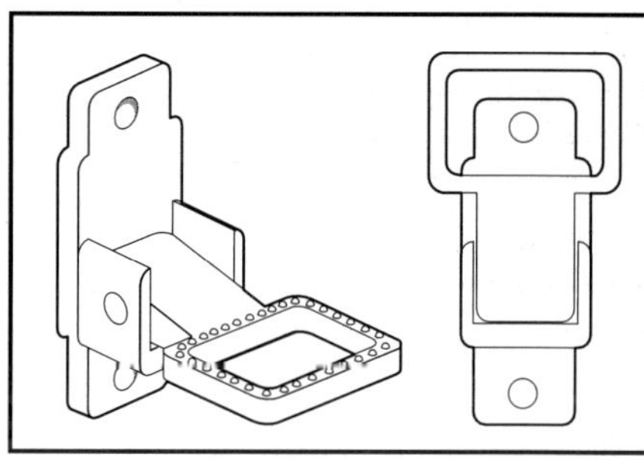

für eine →*Bordleiter* bei Booten mit hohem →*Freibord.*

klar *(1. clear – 2. ready – 3. to clear, to prepare – 4. fair – 5. clear)* Ein vielfach allein oder in unterschiedlichen Verbindungen gebrauchtes Wort: 1. Im Sinne von „aufgeräumt“, „in Ordnung“ gebracht!, „aufgeklärt“: Im Kommando „Klar Deck überall!“, Klar Schiff!“. – 2. Als Vorbereitungs- oder Ausführungskommando im Sinne einer Bereitschaft: „Klar zum Wenden!“, „Klar zum Halsen!“ o. ä. – 3. Als Vorbereitungskommando, mit dem ein bestimmter Arbeitsablauf eingeleitet wird: „Klarmachen zum →*Ankern,* →*Anlegen“ u. a.* – 4. Im Sinne von „sauber“, „frei von“ (Wolken): klares Wetter, klarer Himmel, es klart auf. – 5. Im Sinne von „aus dem Wege sein“ oder „aus dem Wege halten“: Boote sind klar voneinander, nachdem die →*Überlappung* beendet ist, oder man bleibt auf seinem →*Kurs* von einer →*Huk* o. ä. klar.

klar achteraus *(clear astern)* Nach der Definition der →*WR* ist ein →*Boot* k. a., wenn sich sein →*Rumpf* und seine in normaler Lage befindliche →*Ausrüstung* hinter einer Geraden befindet, die →*querab* zum achterlichsten Punkt des Rumpfes oder der in normaler Lage befindlichen Ausrüstung eines anderen Bootes verläuft. Das andere Boot ist dann →*klar voraus.* Der Begriff k. a. ist jedoch nicht anwendbar auf Boote, die mit →*Wind von entgegengesetzter Seite* segeln, außer es gilt an →*Bahnmarken* oder →*Hindernissen* Regel 18.

klarieren (*1. to clear [in or out], 2. to disentangle, to render)* 1. Ein Boot bei den Hafenbehörden zum →*Einklarieren* an- oder →*Ausklarieren* abmelden. – 2. Eine Leine durch →*Blöcke,* →*Augen* o.ä. klarlaufend machen, die →*Kinken* aus ihr entfernen, einen festgekommenen →*Anker* befreien o. ä. im Sinne von „zu neuem Gebrauch in Ordnung bringen".

klar voraus *(clear ahead)* Nach der Definition der →*WR* ist ein →*Boot* k. v., wenn sich sein

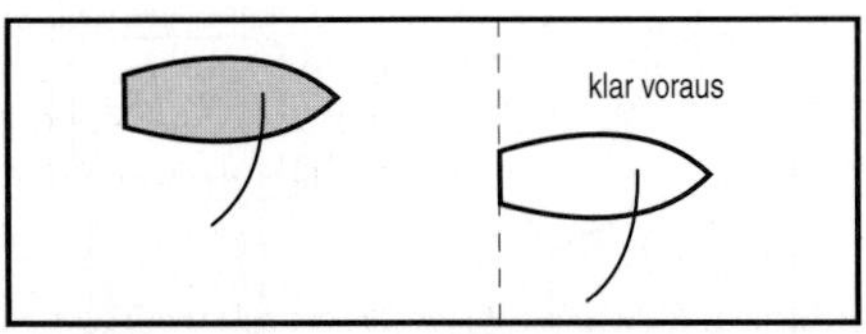

→*Rumpf* und seine in normaler Lage befindliche →*Ausrüstung* vor einer Geraden befindet, die →*querab* zum →*vorlichsten Punkt* des Rumpfes oder der in normaler Lage befindlichen Ausrüstung eines anderen Bootes verläuft. Das andere Boot ist dann →*klar achteraus.* Der Begriff k. v. ist jedoch nicht anwendbar auf Boote, die mit →*Wind von entgegengesetzter Seite* segeln, außer es gilt an →*Bahnmarken* und →*Hindernissen* Regel 18.

„Klar zum Halsen" *(„Stand by to gybe!")* Sinngemäß wie →*„Klar zum Wenden!"* das Vorbereitungskommando zum →*Halsen.* Das →*Schiften* des →*Großbaumes* und das Übergeben der →*Vorsegel* erfolgt erst auf das Kommando →*„Rund achtern!".*

„Klar zum Wenden!" *(„stand by to back")* Mitteilung für den →*Vorschotmann* zur Vorbereitung des →*Überstaggehens,* hauptsächlich als Aufforderung, die →*belegte Schot* von der →*Klampe* oder aus der →*Tauklemme* zu nehmen und aus der Hand zu →*fahren.* Auf dieses Kommando werden gegebenenfalls auch die aufgefierten →*Schoten* →*dichtgeholt,* und das Boot geht für eine ausreichend lange Zeit auf einen →*Amwindkurs,* um den beim →*Wenden* durch das Mitdrehen des →*Bordwindes* entstehenden toten Winkel möglichst klein zu halten und zum Manöver ausreichend →*Fahrt* zu bekommen. Rückmeldung der →*Crew* durch „Klarzeigen" oder die Worte: „Ist klar zum Wenden". Die Freigabe der →*Leeschot* erfolgt, wenn der Rudergänger beim →*Wenden* die →*Pinne* nach →*Lee* legt, auf sein Kommando →*„Ree!".*

Klasse, die *(class, rate, [rated→GL])* 1. Gütebezeichnung einer →*Klassifikationsgesellschaft,* z. B. des →*Germanischen Lloyd* hinsichtlich der Bauausführung (mit Bauaufsicht) und der Einhaltung der entsprechenden →*Bauvorschriften.* Mit einem →*Klassenzertifikat* erhöht sich der Wert eines Bootes, und es vermindert sich oft die Prämie für die Versicherung. – 2. →*Bootsklasse.*

Klassenboot, das *(class boat)* Das Boot eines bestimmten Typs, der die vom →*DSV* aufgestellten Richtlinien erfüllt und einen →*Klassenstatus* als →*internationale Klasse,* →*nationale Klasse,* →*anerkannte ausländische Klasse* oder →*Eintypklasse* erhalten hat. Klassenboote haben Anspruch auf Führung eines →*Yachtregisters,* →*Vermessung* und Zulassung zu Verbandsregatten. Sie werden von →*Klassenvereinigungen* betreut.

Klassen-Emblem, das Eine in der →*Plicht* oder an anderer, ganz gut sichtbarer Stelle befestigte Plakette mit eingestanzter Nummer, die auf ein vorhandenes →*Klassenzertifikat* hinweist und vom →*Germanischen Lloyd* verliehen wird.

Klassenorganisation, Klassenvereinigung, die *(class organization)* Interessengemeinschaft von →*Seglern* einer →*nationalen Klasse* oder →*internationalen Klasse,* die nach den Ordnungsvorschriften des →*DSV* bzw. der →*ISAF* aufgebaut ist und arbeitet. Eine K. ist für die entsprechenden →*Bauvorschriften,* →*Meßbriefe* sowie organisatorische Aufgaben verantwortlich.

Klassenpreis, der In seinem Wert von den eingegangenen →*Meldegeldern* bestimmter Preis, der sich sowohl auf einen Tagessieg wie auf die Gesamtwertung mehrerer →*Wettfahrten* in einer →*Regatta* beziehen kann. Im allgemeinen vergibt man einen K. für 1 bis 3 gemeldete Yachten, zwei Klassenpreise für 4 bis 6 gemeldete Yachten usw., wenn nicht ein anderer Schlüssel bei größeren Feldern gewählt wird.

Klassenstatus, der *(state of class, class rule)* Die Bedingungen, die eine →*Bootsklasse* erfüllen muß, um vom →*Deutschen Segler-Verband* anerkannt zu werden. Gleichzeitig ist der K. das Privileg, das eine →*Klasse* mit Registrierung, →*Vermessung* und Zulassung zu →*Regatten* des DSV in Anspruch nehmen darf. Einen K. haben nur →*internationale,* →*nationale,* →*anerkannte ausländische* und →*Eintypklassen.*

Klassenvereinigung, die Siehe →*Klassenorganisation.*

Klassenzeichen, das *(character or symbol of class, character or symbol of classification)* Symbol, Ziffer oder Buchstabe, die im oberen Teil des →*Großsegels* als Unterscheidungszeichen geführt werden und die →*Bootsklasse* kennzeichnen. Auch das äußere Zeichen eines →*Klassenzertifikates* wird oft als K. bezeichnet.

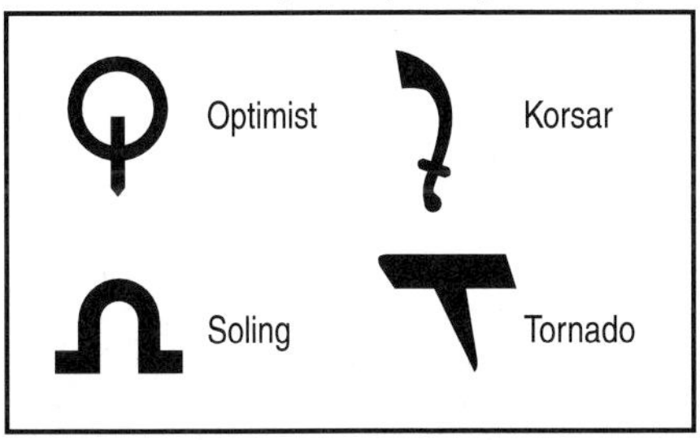

Klassenzertifikat, das *(class certificate, classification certificate)* Bescheinigung des →*Germanischen Lloyd* oder einer entsprechenden ausländischen →*Klassifikationsgesellschaft,* daß eine Yacht hinsichtlich →*Konstruktion,* Material, Arbeitsausführung und →*Ausrüstung* nach den entsprechenden Vorschriften gebaut ist. Äußerlich sichtbares Zeichen eines K. ist die Plakette „Class 100 A 5". Das K., z. B. „ + 100 A 5 SEGELYACHT", dokumentiert den hohen Sicherheitsstandard des Bootes gegenüber Dritten und wird z. B. von Versicherern durch niedrigere Prämien honoriert. Zur Aufrechterhaltung der Klasse sind alle fünf Jahre Besichtigungen durch den GL erforderlich.

Klassifikationsgesellschaft, die *(Classification society)* Eine hauptsächlich von Reedern, Schiffswerften und Versicherungsgesellschaften getragene, allgemein private, aber behördlich anerkannte und international respektierte Organisation, die →*Bauvorschriften* für sichere Seeschiffe (und →*Seekreuzer)* erläßt und Bauaufsichten im Rahmen einer Gütekontrolle übernimmt. Hierfür erteilt sie eine →*Klasse.* Die deutsche K. ist der →*Germanische Lloyd* (GL). Ihm entspricht in den USA das (staatliche) American Bureau of Shipping (ABS), in Großbritannien →*Lloyd's Register of Shipping* (LR) und →*Lloyd's Register of Yachts,* in Frankreich das →*Bureau Veritas* (BV) und in Skandinavien →*Det norske Veritas* (DNV). Jede K. erteilt auch ein →*Klassenzertifikat für* →*Yachten.*

Klassifikations- und Bauvorschriften für Wassersportfahrzeuge, die *(regulations for classification and building of yachts)* Vom →*Germanischen Lloyd* (GL), der deutschen →*Klassifikationsgesellschaft,* herausgegebene →*Bauvorschriften,* in denen nicht nur Normen für die Verbände des →*Rumpfes* und des →*Ruders,* →*Schotten,* →*Deck,* Fenster und →*Luken,* sondern auch der sicherheitstechnischen →*Ausrüstung* enthalten sind. Die K. u. B. unterscheiden zwischen fünf Typen von →*Segelbooten* und fünf →*Fahrtbereichen,* für die sich diese →*Bootstypen* eignen.

Klau, die *(throad [of a gaff])* Gabelförmiger Beschlag an der →*Gaffel.* Die K. verbindet die Gaffel gleit und schwenkbar mit dem →*Mast.* Hier greift das →*Klaufall* an.

Klaufall, das *(throad halyard)* Bei der →*Gaffeltakelung* das →*Fall,* mit dem der am Mast liegende Teil des Segels gesetzt wird. Die →*feste Part* ist an der →*Klau* angeschlagen.

Klauohr, das *(throad nock)* Die obere vordere Ecke eines →*Gaffelsegels,* wo sich das →*Mastliek* mit dem →*Gaffelliek* verbindet.

Kleid, das *(cloth)* Ein zugeschnittenes Stück Segeltuch, das zum Schutz dient, z. B. als →*Relingskleid,* als Bezug für den →*Kompaß,* die Ankerwinsch und andere Ausrüstungsteile. Sinngemäß auch im Wort →*Schanzkleid* enthalten. Der Begriff K. wird auch für die →*Bahnen* benutzt, aus denen ein Segel gefertigt ist.

Kleidkeule die, Kleedkeule, die *(1. serving mallet; 2. stitch mallet, heaver)* Hammerförmiges Werkzeug zum →*Bekleiden* von Tauwerk, um die →*Marlleine* um einen →*Schmarting* zu legen. Der

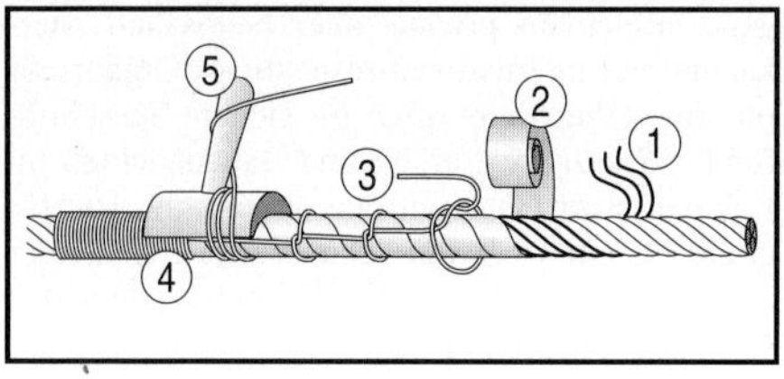

Handgriff ist entweder als Stielgriff (Abb. 5) oder als (korkenzieherähnlicher) Quergriff gefertigt.

Kleiner America's Cup (*International Catamaran Challenge Trophy)* Der in Anlehung an den „Großen" →*America's Cup* für →*Katamarane* der C-Klasse gegebene internationale →*Herausforderungspreis.*

Kleinfahrzeug, das *(light boat, small boat)* Nach der →*BinSchStrO* ein →*Fahrzeug,* dessen Schiffskörper ohne Ruder und →*Bugspriet* eine Höchstlänge von weniger als 20 m aufweist. Als K. gilt auch ein →*Segelsurfbrett.* Den Begriff „K." gibt es in den →*KVR* nicht. Dort sind statt dessen Längenbegrenzungen angegeben, z. B. in Regel 22 (→*Tragweite* der Lichter) oder Regel 33 (Ausrüstung für →*Schallsignale*) „ein Fahrzeug von weniger als 12 m Länge". Die →*SeeSchStrO* faßt in ihrem § 10 diese „Fahrzeuge von weniger als 12 m Länge" unter „Kleine Fahrzeuge" zusammen. Statt einer in drei Verordnungen unterschiedlichen Bezeichnung der K. wäre ein einheitlicher Sammelbegriff sinnvoller.

Klima, das *(climate)* Die von der →*geographischen Breite* abhängigen und durch Meeresströmungen, Abstand von der →*Küste,* der →*Höhe über NN,* Vegetation u. a. Faktoren abhängigen, ganzjährig vorherrschenden meteorologischen Bedingungen eines Ortes oder Gebietes, die nur durch den Rhythmus der Jahreszeiten und den wechselnden Zustand des →*Wetters* verändert werden.

Klimanavigation, die *(climatic routing)* Eine →*meteorologische Routenplanung* (z. B. für eine Atlantiküberquerung bei der →*Atlantic Rally for Cruisers)* mit einer langfristigen Vorhersage für →*Witterung* und →*Klima* (mehr als 10 Tage) und für ein bestimmtes Ozeangebiet. Zu den →*nautischen Hilfsmitteln* der K. gehören →*Monatskarten,* →*Pilot Charts* und →*Routeing Charts* mit den →*Windrosen* der mittleren Windverhältnisse und den Richtungspfeilen für die →*Strömung.* Die K. hatte zur Zeit der Segelschiffe eine große praktische Bedeutung, da von ihr die Wahl des →*Seewegs* und die Dauer einer Reise abhing.

Klinkerbauweise, die *(clinker work, clinker built, clinker planking)* Die im →*Bootsbau* aus Holz (→*Mahagoni,* →*Eiche* u. a.) oft verwandte und älteste Bauweise, einen Bootsrumpf mit Planken zu fertigen, die sich dachziegelförmig →*überlappten.* Die langen Reihen der Kupfernieten im Rand jeder Planke schufen auch ohne feste →*Spanten* einen im Vergleich mit der →*Karweel-Bauweise* verwindungssteifen Bootskörper. Durch den guten Einfluß der K. auf die →*Längsfestigkeit* wird sie auch heute noch im Bootsbau aus →*GFK* imitiert.

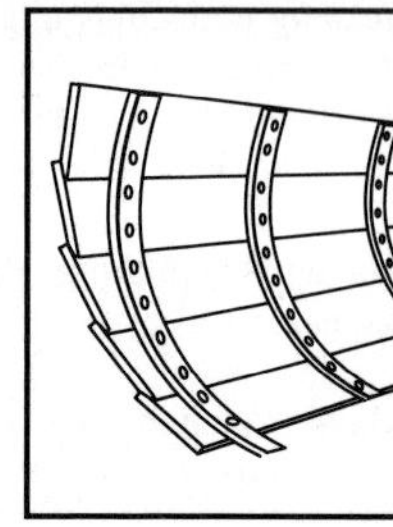

Klinometer, das *(clinometer)* Ein Neigungsmesser, der oft am →*Querschott* einer →*Kajüte* angebracht ist, um die →*Krängung* eines →*Bootes* anzuzeigen. Das K. mißt dabei den Winkel zwischen der Vertikalen in Ruhelage und beim →*Überliegen* entweder durch ein Pendel oder nach dem Prinzip einer Wasserwaage.

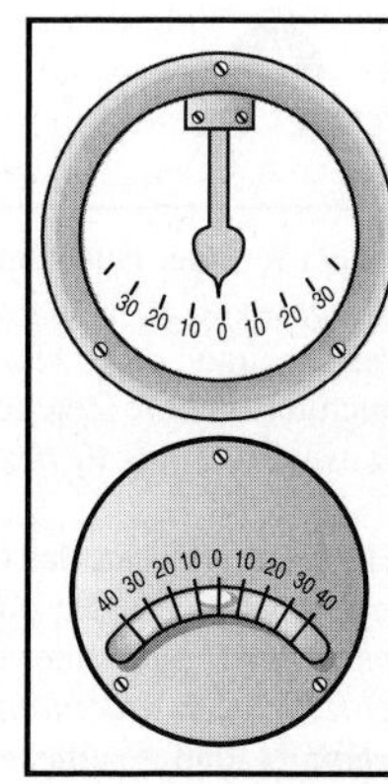

Klint *(cliff, rock)* Skandinavische Bezeichnung einer →*Klippe,* z. B. Møns Klint, Stevns Klint.

Klippe, die *(cliff, rock)* Eine Felsenküste, der gefährliche, über oder unter dem →*Wasserspiegel* liegende, hoch aufragende oder sich weiter vor die →*Küste* erstreckende Felsmassen vorgelagert sind. Die unter Seglern bekannteste, durch ein Leuchtfeuer gekennzeichnete K. ist der Fastnet-Rock, die Wendemarke des zweijährigen →*Fastnet-Rennens.*

Klippe, Fels *(rock)* Zeichen aus →*Karte 1* (INT 1) im Anhang.

Klipper, der *(clipper)* Der schnelle Typ eines Segelschiffes im 19. Jahrhundert, der ausschließlich

auf Geschwindigkeit ausgelegt war. K. segelten zur Zeit des Goldrausches von der amerikanischen Ostküste rund um Kap Hoorn zur Westküste und umgekehrt. Sie verkehrten als „Teeklipper" im China- und Australienhandel. K. waren nach dem Prinzip →*„Länge läuft"* wie schlanke Lineale ausgelegt. Das charakteristische Kennzeichen der K., die als →*Vollschiff* getakelt waren, ist der →*Klipperbug* oder Klippersteven. Der Rumpf zeichnet sich durch →*scharfe* Enden, →*hohle Wasserlinien* im Vor- und Achterschiff, eine kleine →*relative Breite* mit einem Breitenverhältnis von ca. 0,20 und eine →*Spantform* mit großer →*Aufkimmung* aus. K. erreichten Geschwindigkeiten von 14 – 20 →*Knoten* und legten die Strecke von China nach England im sogenannten „Teerennen" in ca. 100 Tagen zurück. Einer der berühmtesten K. war die „Cutty Sark" (Länge 64,80 m, Breite 11,0 m, Segelfläche 2970 m², Tiefgang 6,10 m, Verdrängung 1970 t), die jetzt im Museumsdock in Greenwich bei London liegt.

Klipperbug, der *(clipper bow, fiddle bow)* Eine →*Bugform,* bei der der →*Vorsteven* nicht (wie beim →*Löffelbug)* nach innen gewölbt oder konkav ausladend geformt ist. Ein so nach Art der →*Klipper* geformter Steven läuft auch auf →*Yachten* meistens in einen →*Bugspriet* aus und ist oft mit einem wenn auch nur kurzen →*Klüverbaum* versehen.

Klüse, die *(hawse, hole, pipe)* Eine runde oder ovale Öffnung im →*Schanzkleid,* in der →*Außenhaut* oder im →*Deck* zum Durchführen von →*Leinen* (→*Festmachern)* oder Ketten (der →*Ankerkette).* Ein Wulstrand (aus →*GFK,* →*Edelstahl* oder →*Teakholz)* verhindert auch bei seitlicher Führung einer Leine (z. B. der →*Spring)* das →*Schamfilen.* Nach Lage und Zweck gibt es z. B. →*Ankerklüsen* (Kettenrohrklüsen), Bug- und Heckklüsen, Decksklüsen an einem →*Klüsenrohr* sowie Verholklüsen.

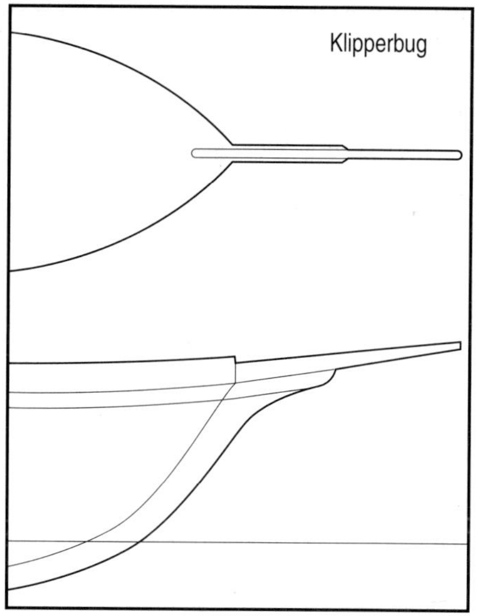

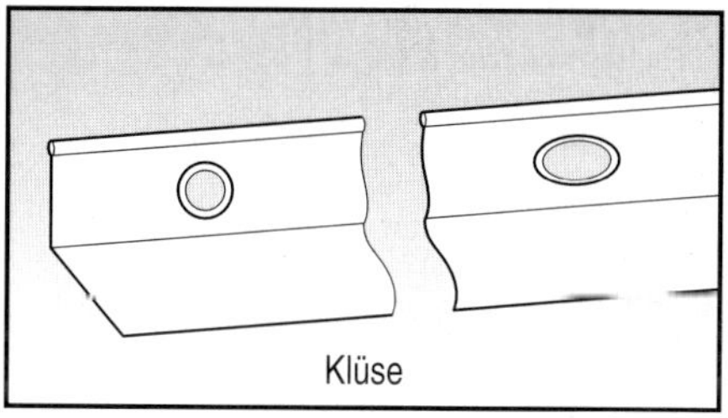

Klüsenrohr, das *(hawse pipe)* Ein kurzes Rohr, das die →*Ankerklüse* in der Außenhaut mit der →*Decksklüse* verbindet und in das der →*Stock* eines →*Plattenankers* oder →*Patentankers* nach dem →*Ankerlichten* eingezogen wird, bis die →*Flunken* außen an einem Klüsenpolster anliegen. Das früher nur auf Schiffen zur Führung der →*Ankerkette* benutzte K. wird jetzt auch auf (größeren) →*Seekreuzern* (aus →*GFK* oder →*Stahl)* direkt in den →*Vorsteven* eingebaut, wo (anstelle der Halterung des Ankers auf einer →*Bugrolle)* z. B. ein →*Danforth-Anker* jederzeit →*klar zum Fallen* sicher gehaltert werden kann.

Klüver, der *(jib)* Bei →*Yachten* mit →*Kuttertakelung* das vordere, von der →*Fock* am →*Klüverstag* oder →*Vorstag* gefahrene Vorsegel, oft mit seinem →*Hals* am →*Klüverbaum* angeschlagen.

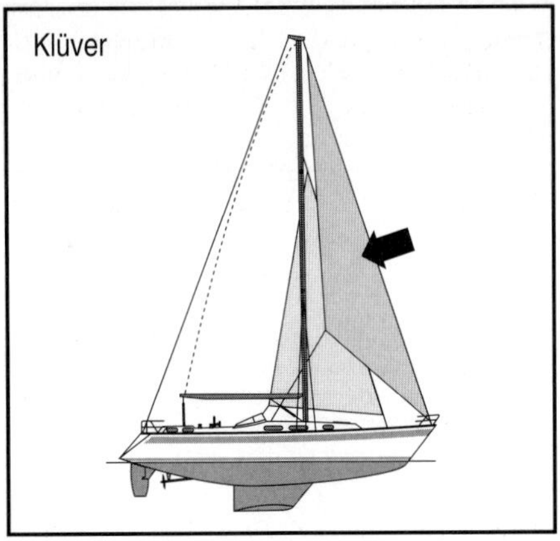

Klüverbaum, der *(jib boom, head-boom)* Eine über den →*Vorsteven* nach vorn hinausragende, weitgehend waagerechte, feste →*Spiere,* die ihre Unterlage meistens auf einem →*Bugspriet* hat oder dieses verlängert und oft auf einem →*Klipperbug* liegt. Auf →*Yachten* selten und hauptsächlich bei →*Kuttertakelung* gebräuchlich, wenn am →*Klüverstag* vor der →*Nock* des K. bis zum Mast der →*Klüver* als vorderstes →*Vorsegel* gefahren wird.

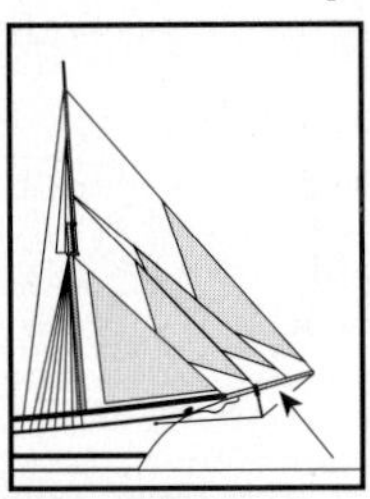

Knaggen, der; Knagge, die *(1. dog, catch; 2. rudder stop)* 1. Allg. ein Klumpen, ein Zapfen, eine Verdickung des →*stehenden Gutes,* um etwas gegen das Herunterrutschen zu sichern, oder Teil einer sicheren Auflage. – 2. Dementsprechend eine Einrichtung, um die Drehung des →*Ruders* über den größten →*Ruderwinkel* hinaus zu verhindern, entweder durch K. an der Außenhaut des Unterwasserschiffes oder an einem Teil der →*Ruderanlage.*

Knarrblock, der *(ratchet block)* Ein →*Block* mit geriffelter →*Scheibe,* die während ihrer Drehbewegung beim →*Holen* ein knarrendes Geräusch erzeugt und selbsttätig sperrt, sowie der Zug der →*holenden Part* nachläßt.

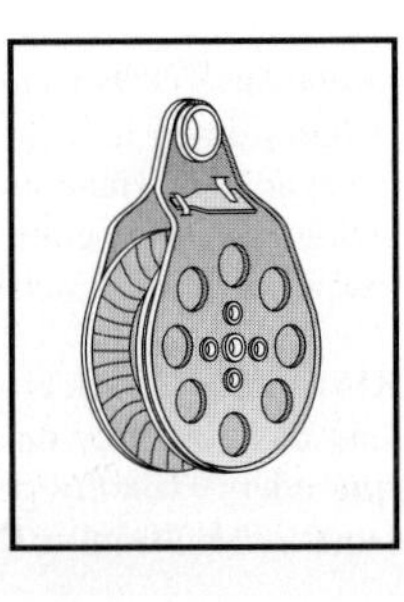

Knarrpoller, der *(sheet ratchet bitt)* Eine →*Schotwinde* ohne Handkurbel, mit der man die →*Fockschot* in einer Richtung leicht durchholen kann und die (wie ein →*Knarrblock)* selbsttätig sperrt, wenn der →*Schotenzug* in entgegengesetzter Drehrichtung wirkt.

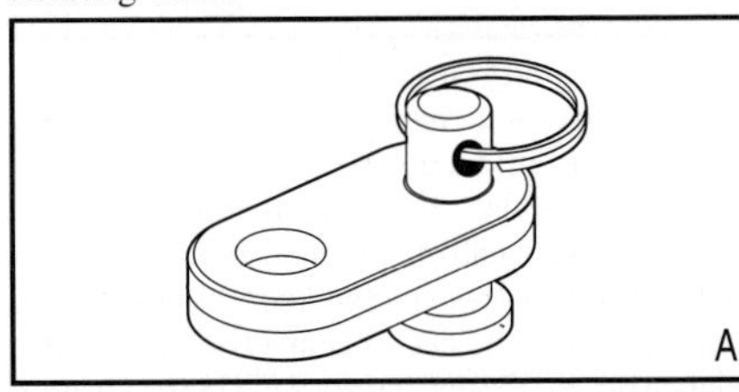

Knebel, der *(1. toggle; 2. toggle bolt; 3. toggle plate; 4. toggle joint)* Eine auch unter der gebräuchlichen Bezeichnung →*Toggle* aus einem Knebelbolzen und einer Knebelplatte (Abb. A) bestehende Knebelverbindung, um z. B. ein zu kurzes →*Want* oder →*Stag* geringfügig bis zum →*Püttingeisen* zu verlängern oder ein Kniegelenk (B) zur Umlenkung der Kraftrichtung zu schaffen. Werden in der Knebelplatte beide Bolzen um 90° zueinander versetzt angeordnet, erhält man eine dreidimensionale Gelenkverbindung.

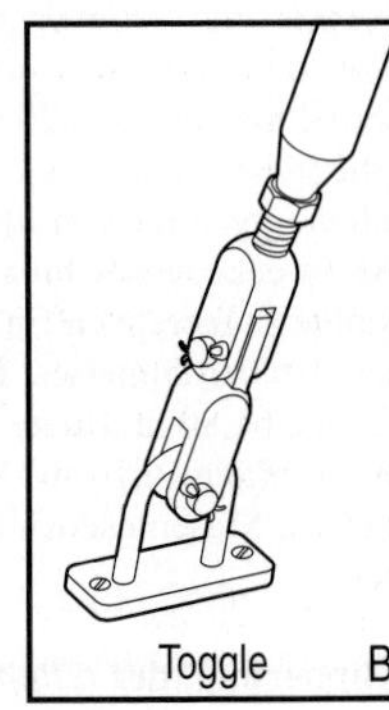

kneifen *(pointing high)* So →*hart am Wind* segeln wie möglich, d. h. der →*Höhe* den Vorzug vor der →*Fahrt* geben, um z. B. in der letzten →*Distanz* einer →*Kreuz* eine →*Marke* noch →*anliegen* zu können. Auch „knüppeln" genannt.

Kneifklampe, die *(jam cleat)* Eine →*Klampe* verbesserter Form für die besonderen Bedingungen der →*Schotführung:* Ein Arm ist länger als der andere und schafft damit einen sich schnell zum Befestigungspunkt hin verjüngenden Raum über die

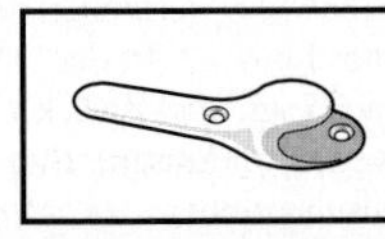

Grundplatte, so daß die →*Leine* schon beim ersten →*Törn* sicher festgehalten wird. Die gleiche Aufgabe erfüllen auch →*Tauklemmen.*

Knickspant, der *(hard chine)* Eine beim Bootsbau aus →*GFK* nicht mehr häufig benutzte Spantform mit einer eckigen →*Kimm,* die früher beim

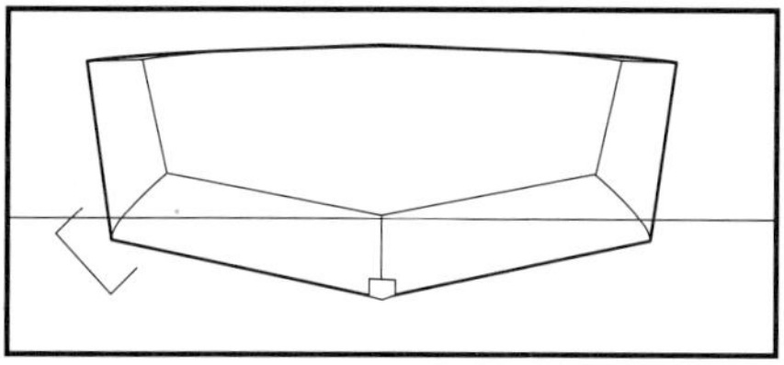

Bootsbau aus Massivholz und →*Bootsbausperrholz* viel benutzt wurde, weil ein Boot mit einem K. einfacher als mit einem →*Rundspant* zu bauen war. Auch als →*Doppelknickspant* verbreitet.

Knie, das *(knee, bracket)* Ein Bauteil oder ein Winkelbeschlag, der den Bootsrumpf in einer Ecke verstärkt oder zwei annähernd senkrecht aufeinander stoßende Bauteile miteinander verbindet. Ein K. kann aus Holz, als Winkelprofil aus Stahlblech oder auch aus Hartschaum mit →*GFK* bestehen.

Kniegelenk, das *(knee joint, toggle joint)* Die Verbindung einer drehbaren, aber winklig unterbrochenen Welle, z. B. in der Kraftübertragung einer großen Winde („→*Kaffeemühle"*) oder in anderen Aggregaten mit mechanischer Kraftübertragung.

kn Abkürzung für →*Knoten* als →*Seemeilen pro Stunde.*

Knockdown *(Engl.)* Internationaler Begriff für das →*Querschlagen bis zum Kentern,* siehe dort.

Knoten, der *(1. knot, 2. knot, 3. bend, hitch)* 1. Mit der Abk. „kn" die Maßeinheit für die Bootsgeschwindigkeit, die →*Fahrt* (durch das Wasser). 1 Knoten (kn) entspricht 1 Seemeile pro Stunde (sm/h), das sind 1852 m/h oder 0,5 m/s. Die Benennung stammt von den K. in der →*Logleine,* die beim →*Loggen* mit dem →*Handlog* während des Ausrauschens der Leine durch die Hand liefen. – 2. Im ursprünglichen Sinne von 1. eine Kombination von →*Augen,* →*Buchten* und →*Rundtörns,* durch die man den →*Tampen* steckte, um einen K. zu erhalten, z. B. als →*Achtknoten* oder einen anderen →*Stopperknoten.* – 3. Hauptsächlich →*Stek* genannt, die jederzeit lösbare Verbindung zweier Enden z. B. als →*Schotstek,* die Befestigung beim →*Festmachen* z. B. als →*Webeleinenstek,* die Verbindung von Leinen und Gegenständen z. B. beim →*Anstecken* mit dem →*Balkenstek* u. a.

Knotenfestigkeit, die; Knotenreißfestigkeit, die *(breaking strength of knots)* Die Höchstzugkraft einer durch →*Knoten* oder →*Steke* aus zwei oder mehr →*Enden* geschaffenen Leinenverbindung im Gegensatz zu einer ungetrennten Endlosleine. Die K. ist abhängig vom →*Garn-Rohstoff,* aus dem die Leine hergestellt ist, und von deren →*Reibungswiderstand.* Während →*Tauwerk* aus →*Naturfasern* (mit geringer →*Reißfestigkeit)* einen großen Reibungswiderstand besitzt, der sich beim Schlagen z. B. eines →*Kreuzknotens* vorteilhaft auf die K. auswirkt, beginnen die Leinen aus →*synthetischen Fasern* durch ihre glatte Oberfläche in einer Knotenverbindung schon bei geringer →*Zuglast* zu rutschen und lösen den →*Stek* selbsttätig auf. Man muß daher bedenken, daß die K. bei Leinen aus →*Polyamid* nur 65 %, aus →*Polyester* nur 60 % und aus →*Aramid* sogar nur 40 % ihrer →*Bruchlasten* beträgt.

Koeffizient, der *(coefficient)* Allgemein gebrauchter mathematischer Ausdruck für Faktor oder Beizahl, der nicht nur in der →*Aerodynamik* und →*Hydrodynamik,* sondern auch in der →*terrestrischen Navigation* (Deviations-K.) und in der →*Funknavigation* gebraucht wird.

kohlefaserverstärkter Kunststoff, der (KFK, CFK) *(carbon fibre reinforced plastics)* Ein →*faserverstärkter Kunststoff* (FVK), bei dem (anstelle von z. B. →*Glasfasern)* die durch Pyrolyse aus Polyacrylnitril hergestellten →*C-Fasern* zur Armierung benutzt werden. Bei Einsatz von KFK ist es möglich, Verbundkonstruktionen mit einer etwa drei- bis neunfach höheren Steifigkeit als bei der Verwendung von →*Titan,* →*Stahl* oder →*Aluminium* herzustellen. KFK wird daher auch beim Bau von →*Masten* eingesetzt.

Kohlenstoffaser, die *(carbon fibre)* Auch →*Carbonfaser* oder →*C-Faser* genannte →*Chemiefaser,* die durch Pyrolyse aus Polyacrylnitril hergestellt wird. Die K. wird im →*Bootsbau* hauptsächlich für →*Rovings* oder Bänder eingesetzt, wenn hohe Steifigkeit verlangt wird. Wird eine →*Yacht* mit K. gefertigt, nennt man das Baumaterial →*kohlefaserverstärkten Kunststoff,* abgek. →*KFK* oder →*CFK,* zur Unterscheidung von →*glasfaserverstärktem Kunststoff,* Abk. →*GFK.*

Das Material sollte nur für anspruchsvolle Bauteile benutzt und in seinem inneren Gefüge nicht durch Bohrlöcher, Bolzen, Schrauben und Nieten gestört werden.

Koje, die *(berth, bunk [pipe berth])* Der Schlafplatz an Bord. Man unterscheidet ein fest eingebautes Bett, entweder als →*Hundekoje* oder →*Lotsenkoje,* in denen man auf See bei allen →*Bootsbewegungen* jederzeit wie in einem „Verschlag" (im ursprünglichen Wortsinn) ausruhen kann. Die →*Sofakoje* dient bei Tage zum Sitzen und wird erst mit einem →*Kojenbord* eine sichere →*Seekoje.* Die →*Rohrkoje* (meistens im →*Vorschiff* und auch als →*Segelkoje* benutzt) ist beiklappbar. Eine Hängematte wird nicht als K. gerechnet. Eine →*Schlingerkoje* ist auf →*Yachten* nicht üblich. Dafür hat sich die am Tage als Tisch mit Sitzbänken benutzte →*Dinette* bewährt, die man nachts in eine Doppelkoje verwandeln kann.

Kojenbord, das *(bunk board)* Eine herausnehmbare hölzerne Planke, die auf See die offene Seite einer →*Sofakoje* abschließt und den Schläfer gegen Herausrutschen sichert, wenn diese Öffnung bei gekrängtem Boot auf der →*Leeseite* liegt. Statt des K. kann auch nur ein →*Kojensegel* benutzt werden.

Kojensegel, das *(canvas weather screen)* Auch →*Leesegel* genanntes →*Kleid* aus Segeltuch, das auf See entlang der offenen Seite einer →*Koje* gespannt wird und im Hafen unter dem Polster verstaut werden kann.

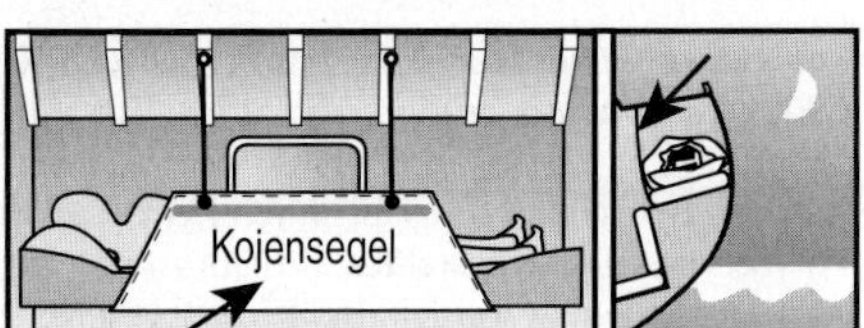

Koker, der *(1. trunk – 2. mast tabernacle)* Allg. Köcher, Rohrhülse, Gehäuse o. ä. 1. Als →*Ruderkoker* ein wasserdichtes Rohr zwischen →*Deck* oder →*Plichtboden* und dem →*Kiel* oder →*Achtersteven,* durch das der das →*Ruderblatt* und die →*Ruderpinne* verbindende →*Ruderschaft* geführt ist. – 2. Als →*Mastkoker* sinngemäß das vom →*Deck* bis zum →*Kiel* verlaufende wasserdichte Gehäuse, in dem ein →*Steckmast* stehen kann.

Kokostauwerk, das *(coir rope, coir hawser)* Aus der steifen, groben Faser der Kokosnußschale gewonnenes →*Tauwerk,* das leicht und elastisch sowie billig und beständig gegen Verrotten durch Nässe ist. Eine schwimmfähige →*Trosse* aus K. kann leicht aufgepickt werden und wurde früher vorwiegend als Schlepptrosse benutzt. Heute dient K. nur noch zur Anfertigung von Matten, →*Tausendbeinen* und ähnlichem Schutz gegen →*Schamfilen;* sonst ist es durch →*Polypropylen*-Tauwerk abgelöst worden.

Kolbenfederverschluß, der *(piston spring joint)* Bei einem →*Patentschäkel,* einem →*Schnappschäkel* und einem →*Stagreiter* benutzter Verschluß zum Einpicken von →*Tauwerk* und →*Beschlägen.* Im Gegensatz zum Schraubbolzen eines normalen →*Schäkels* öffnet sich der K. durch Betätigung eines Federbolzens und schließt sich durch einfaches Zuschnappen. Ein K. wird auch bei einem →*Spinnakerbaumbeschlag* eingesetzt.

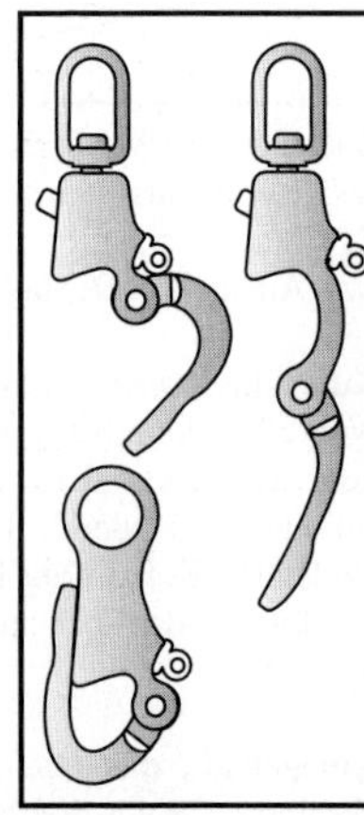

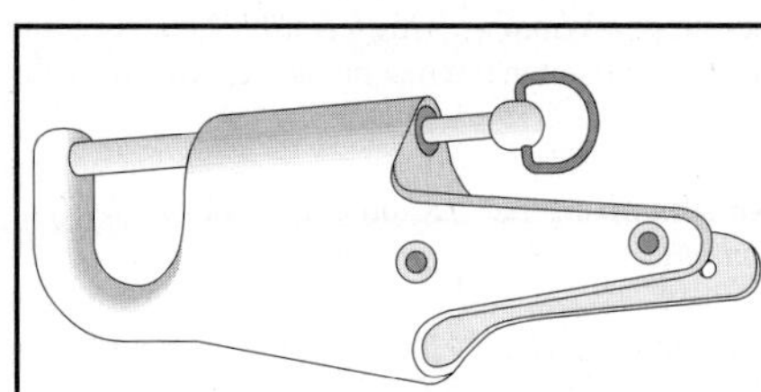

Kolbenpumpe, die *(piston pump)* Eine →*Bilgenpumpe,* die als einfache →*Verdrängerpumpe* arbeitet. Im Gegensatz zu einer →*Membranpumpe* muß sie immer senkrecht eingebaut sein.

Kolderstock, der *(whipstaff, vertical tiller)* Ein vertikaler Steuerhebel im Sinne eines →*Pinnenauslegers,* der im Mittelalter entwickelt und insbesondere auf Yachten mit →*Mittelplicht* gelegentlich benutzt wurde. Der Vertikalhebel mit seinem Drehpunkt über dem Kopf der →*Pinne* steckt unbefestigt in einem einförmigen Gelenk, das man „Werbel" nennt.

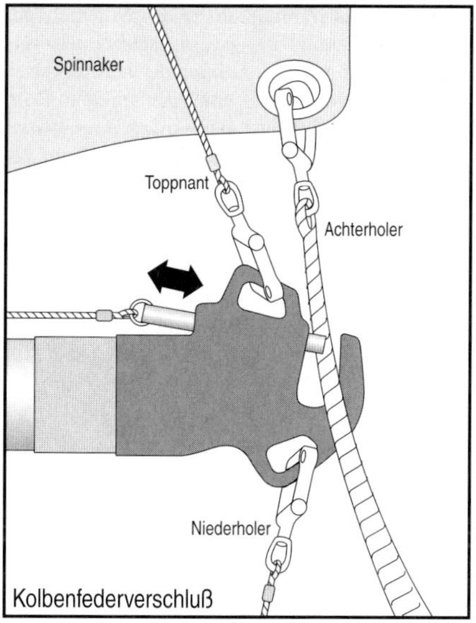

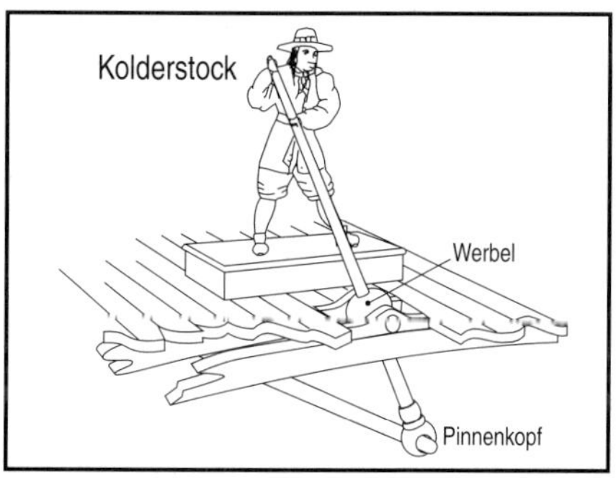

Kollision, die *(collision)* Ein Zusammenstoß oder eine Berührung von Fahrzeugen auf See untereinander oder von Booten mit der →*Pier* bzw. mit →*Tonnen,* →*Brücken* o. ä., die jedoch immer Schaden verursachen muß und damit gegebenenfalls im Sinne einer Haftpflicht verstanden wird. Eine Berührung von Booten beim →*Rennsegeln* wird daher nicht K. genannt. Nach einer K. müssen die beteiligten Schiffe oder Boote so lange in der Nähe bleiben, wie eine Hilfeleistung erforderlich sein könnte. Um eine K. zu vermeiden, muß man auf →*Kollisionskurs* durch mehrfache →*Kollisionspeilung* feststellen, ob die →*Peilung* steht. Notfalls muß man durch ein →*Manöver des letzten Augenblicks* eine K. zu verhindern trachten.

Kollisionskurs, der *(collision course)* Die Richtung, die zwei Fahrzeuge auf See steuern, wenn sie unter Beibehaltung von →*Kurs* und →*Fahrt* den Schnittpunkt ihrer →*Kurslinien* zu gleicher Zeit erreichen. Man liegt auf K., wenn die →*Peilung* steht und sich die Entfernung verringert.

Kollisionspeilung, die *(collision bearing)* Die auf einem →*Kollisionskurs* vorgenommene →*Peilung* des möglichen Kollisionsgegners, die in bezug auf die Richtung der →*Bordpeilung* konstant bleibt oder „steht" und damit anzeigt, daß

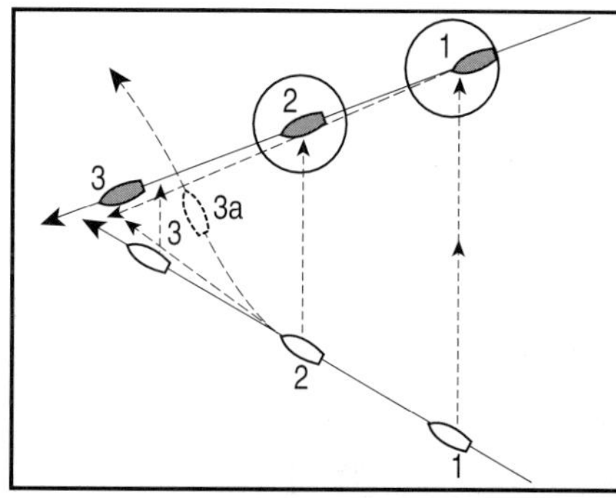

sich der Abstand beider Fahrzeuge voneinander laufend vermindert und die Gefahr einer →*Kollision* besteht.

Kollisionsverhütungsregeln, die; Abk. **KVR** *(International Regulations for Preventing Collisions at Sea)* Seit dem 19. 11. 1989 amtliche Kurzbezeichnung für die frühere →*Seestraßenordnung,* die deutsche Fassung der →*Internationalen Regeln von 1972 zur Verhütung von Zusammenstößen auf See.* Derzeit gilt die durch Beschluß der 18. Vollversammlung der →*IMO* in London vom 4. November 1993 geänderte Fassung.

Kollisionsschott, das *(collision bulkhead)* Das auch oft auf →*Seekreuzern* wasserdicht eingebaute vordere →*Querschott,* das den Bootsrumpf bei Verletzung der →*Außenhaut* im →*Bug,* z. B. durch eine →*Ramming,* uneingeschränkt schwimmfähig erhalten soll. Der Raum bis zum →*Vorsteven* ist dann nur von oben durch das →*Vorluk* zugänglich und wird als Stauraum für Leinen und →*Fender* genutzt.

Kombüse, die *(galley)* Die (auf größeren Fahrzeugen) in einem eigenen Raum untergebrachte Küche an Bord, auf →*Yachten* durch ihre Lage in der →*Kajüte* besser →*Pantry* genannt.

„Komm (langsam) auf!“ *(„Ease the helm!“)* Kommando für den →*Rudergänger,* den →*Ruderwinkel* langsam zu verkleinern und die →*Pinne* ohne Hast wieder in Mittschiffsposition zu bringen.

Kompaß, der *(compass)* Wichtigstes Gerät der →*Navigation,* mit dem man die Himmelsrichtung

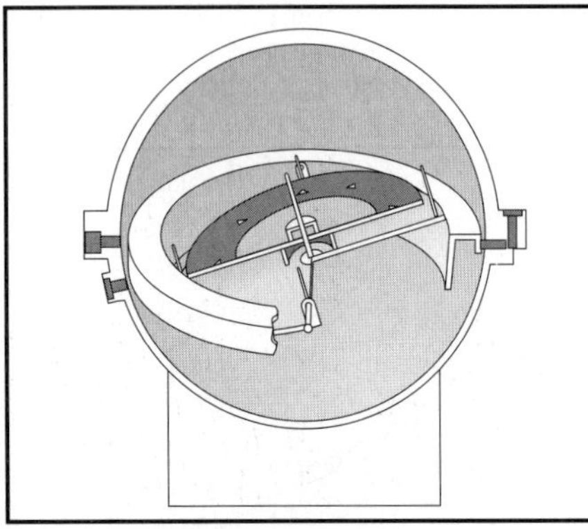

Kompaßrose mit Windrose, die Magellan 1519 benutzte

bestimmen kann bzw. das die entsprechende horizontale Bezugsrichtung auf der Erdoberfläche anzeigt. An Bord von Yachten wird ausschließlich der →*Magnetkompaß* verwendet. Er nutzt die Richtwirkung des erdmagnetischen Feldes auf Ring- oder Stabmagnete aus, die an der Unterseite der →*Kompaßrose* befestigt sind. Die Kompaßrose ruht mit ihrem Mittelpunkt drehbar auf der →*Kompaßpinne* und stellt sich mit ihrer magnetischen Achse immer in die →*magnetische N-Richtung* ein, die von der →*geographischen N-Richtung* um die →*Mißweisung* abweicht. Der K. ist →*kardanisch* oder →*halbkardanisch* aufgehängt, damit er durch die →*Krängung* nicht gestört wird, und er ist ausschließlich als →*Schwimmk.* gebaut. →*Magnetk.* werden durch die magnetischen Felder von Eisenteilen an Bord beeinflußt. Ihre Fehlanzeige wird →*Magnetkompaßdeviation* oder *Magnetkompaßablenkung* genannt und muß bei großen Werten →*kompensiert* werden. Nach der Konstruktion unterscheidet man zwischen →*Kugel-,* →*Kalotten-,* →*Flachglas-,* →*Projektions-* und →*Reflexions-Kompaß.* Nach der nautischen Anwendung →*Steuer-,* →*Peil-,* →*Handpeil-,* →*Boots-* und →*Hilfs-Kompaß.* In Spezialausführung ist der →*Grid-K.* für den Segler entwickelt worden. →*Kreisel-* und Astro-K. werden auf Yachten nicht benutzt.

Kompaßducht, die *(compass thwart)* Eine verschiebbare und zu entfernende →*Querducht* in der →*Plicht,* die hauptsächlich als Halterung für den →*Kompaß* dient. Sie wird nur ausgebracht, wenn der →*Rudergänger* tatsächlich einen →*Kompaßkurs* und nicht nur nach den Segeln oder nach Landmarken steuern muß.

Kompaßhaus (Nachthaus), das *(binnacle)* Stabiles Gehäuse für größeren →*Kompaß* mit innenliegender Beleuchtungseinrichtung und Mitteln zum →*Kompensieren,* zum Schutz gegen Seeschlag und als Sicherung gegen Tritt- oder andere Schäden. Ein kleines K. ist die →*Kompaßhaube.*

Kompaßhaube, die *(helmet, binnacle hood, top)* Schutzkappe aus nichtmagnetischem Material mit Beleuchtung, hauptsächlich für den →*Steuerkompaß* auf der →*Kompaßducht* benutzt.

Kompaßkessel, der *(compass bowl, ... chamber)* Aus unmagnetischem Material gefertigter Innenteil eines →*Kompasses,* der bei einem →*Schwimmkompaß* mit einem leichten Öl zur Schwingungsdämpfung der →*Kompaßrose* gefüllt ist.

Kompaßkontrolle, die *(checking of the compass)* Vergleich einer bekannten Richtung, z. B. einer →*Deckpeilung (*auch bei →*Deviationsbaken)* oder einer errechneten Richtung (z. B. beim →*Schattenazimut der Sonne)* mit der →*Kompaßpeilung,* um magnetische Störeinflüsse in der →*Kompaßzone* und damit eine veränderte →*Deviation (*→*Ablenkung)* oder (in Gebieten unsicherer →*Mißweisung)* die tatsächliche →*Fehlweisung* des Kompasses zu ermitteln. Eine K. sollte auf See bei jeder möglichen Gelegenheit vorgenommen werden.

Kompaßkurs, der *(steered course, compass course)* Der als →*Kurswinkel* zwischen Kielrich-

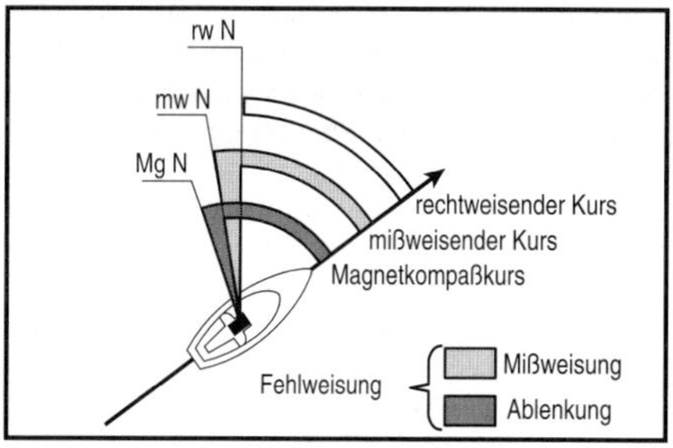

tung und der magnetischen Nordrichtung tatsächlich am →*Magnetkompaß* gesteuerte →*Kurs.* Abkürzung nach →*DIN 13312: MgK (→Magnetkompaßkurs).*

Kompaßnord *(compass north)* Die vom →*Kompaß* angezeigte Nordrichtung, die bei einem →*Magnetkompaß* um die →*Fehlweisung* (als algebraische Summe aus →*Mißweisung* und →*Deviation)* von der →*rechtweisenden Nordrichtung* abweicht. Abkürzung nach →*DIN 13312:* MgN (→*Magnetkompaß-Nord).*

Kompaßpeilung, die *(compass bearing)* Bei einem →*Magnetkompaß* die auf die magnetische N-Richtung bezogene Peilung, die durch Anbringung der →*Fehlweisung* für den während der Peilung anliegenden →*Kompaßkurs* in die →*rechtweisende Peilung* verwandelt werden kann. Die K. heißt nach →*DIN 13312* →*Magnetkompaßpeilung.*

Kompaßpinne, die *(pivot of the compass)* Senkrechte Achse mit einer feinen Spitze, auf der die →*Kompaßrose* mit ihrem Mittelpunkt drehbar gelagert ist.

Kompaßrack, das *(compass rack)* Ein →*Rack* (z. B. in der →*Kajüte)* für den herausnehmbaren →*Peil-* oder →*Steuerkompaß,* der im Gebrauch an

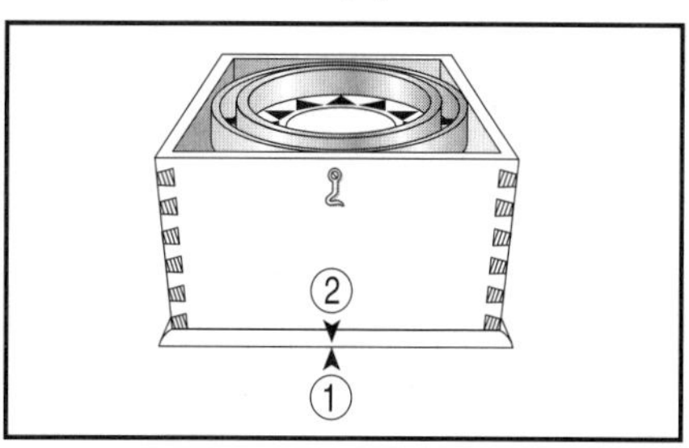

einem anderen Platz steht. Neben dem →*Schlingerbord* ist eine Markierung sowohl am Rack (1) wie am Kompaß selbst oder an seinem Kasten (2) wichtig, damit sich die →*Deviation* bei Nichtgebrauch nicht ändern kann.

Kompaßrose, die *(compass card)* 1. Kreisscheibe, die als →*Richtungsrose* heute überwiegend

mit 360°-Teilung (Gradrose), früher mit Unterteilung in →*Strich* benutzt wurde. An der Unterseite der K. sind Magnetstäbe befestigt, damit sich der 0°-oder N-Punkt immer auf den magnetischen Nordpol und der 180°- oder S-Punkt der K. auf den magnetischen Südpol richten kann. Moderne Kompasse sind oft mit einer →*Doppelrose* oder einer →*taktischen Rose* gebaut. – 2. In Seekarten eingedruckte →*Richtungsrosen* mit 360°-Teilung, die auf →*rechtweisend N.* ausgerichtet sind und gleichzeitig die örtliche →*Mißweisung* mit ihrer →*jährlichen Änderung* enthalten.

Kompaßsäule, die *(binnacle stand)* Separater, aus unmagnetischem Metall gefertigter Ständer für den →*Kompaß,* vor dem →*Rudergänger* errichtet und auf größeren Yachten sowie bei →*Radsteuerung* Bestandteil des →*Steuerstandes.*

Kompaßstrich, der *(point of the compass, rhumb)* Eine Maßeinheit der →*Kompaßrose,* deren Vollkreis in 32 →*Striche* von je 11,25° oder 11¼° oder 11° 15' unterteilt ist. Sie werden auch als „Hauptstriche" bezeichnet, die ein →*Moses* früher gelegentlich der Reihe nach fließend aufsagen mußte. Um eine ähnliche Unterteilung der Richtungen wie bei einer →*Gradrose* zu erreichen, sind auf einer neueren →*Strichrose* auch alle 32 →*halben Striche* und 64 →*Viertelstriche* verzeichnet, also insgesamt 128 mögliche →*Kursrichtungen* in Abständen von 2,8° voneinander.

Kompaßzone, die *(compass zone)* Derjenige horizontale und vertikale Bereich um einen →*Magnetkompaß,* in dem sich keine Geräte befinden dürfen, die die Anzeige beeinflussen könnten. Die K. gilt nicht nur für den Arbeits-, sondern auch für den Stauplatz des Kompasses, das →*Kompaßrack.* Die K. muß nicht nur von Metallteilen, sondern auch elektrischen Leitungen und anderen Navigationsgeräten wie →*Echolot,* →*Funkpeiler* o. ä. freibleiben. Ihre Größe hängt vom Kompaßtyp ab.

Kompensationsmagnet, der *(compensator, compensation magnet)* Kleine, unter dem →*Kompaßkessel* verschiebbar befestigte Magnetstäbe zum →*Kompensieren* bei übergroßer →*Deviation.* Ein K. ist bei jedem qualitativ guten →*Steuer-,* →*Peil-* oder →*Handpeilkompaß* für Yachten einfach mit einem Schraubenzieher zu verschieben.

kompensieren; Kompensation, die *(to compensate, to adjust)* Ausgleich der →*Deviation* durch künstliche kleine Magnete im Kompaßgehäuse oder in der Nähe des →*Kompasses,* die bei einem zu großen →*Deviationswinkel* (Ablenkungswinkel) die störenden Kräfte aufheben.

Kompensierer, der *(compass-adjuster)* Ein nautischer Fachmann, der den schädlichen Einfluß magnetischer Eisenteile auf den →*Kompaß* durch den Einsatz von →*Kompensationsmagneten* aufhebt und nach dem →*Kompensieren* eine →*Deviationstabelle* aufstellt.

Komponente, die *(component)* Eine Teilkraft als Bestandteil eines Ganzen. Vielfältig und nicht nur mathematisch bezogen. In bezug auf einen Stoff unterscheidet man z. B. →*Einkomponenten-* und →*Zweikomponenten-Lacke,* in bezug auf die →*Windkraft* am →*Segel* die K. des →*Auftriebs* und →*Widerstandes,* in die sich die →*Gesamtkraft des Windes* zerlegen läßt, oder in der Sektorzerlegung den →*atmosphärischen Wind* und den entgegengesetzt zur →*Fahrt* gerichteten →*Fahrtwind,* die den →*Bordwind* beeinflussen.

Komposit-Bauweise, die *(composit building)* Eine aus zwei Materialien kombinierte Bauweise, ursprünglich eine →*Beplankung* aus →*Holz* mit →*Spanten* aus →*Stahl,* später eine Außenhaut aus →*Bootsbausperrholz* mit Beschichtung aus →*GFK.* Heute unter dem Begriff Hi-Tech z. B. die Verbindung von →*Aramid* (→*Kevlar)* mit →*Kohlenstoffasern,* wie sie in einem →*Hybridgewebe* vereinigt sind oder als →*Hybridmaterial* verarbeitet werden. Als K. gelten auch die →*Verbundbauweise* und die →*Intergralbauweise.*

Kondensation, die *(condensation)* Übergang eines Körpers vom gasförmigen zum flüssigen Aggregatzustand durch Abkühlung unter die Kondensationstemperatur, beim Wettergeschehen z. B. von Wasserdampf zu Wasser in den verschiedenen Formen des →*Niederschlags,* aber auch als Schwitzwasserbildung in einer (geschlossenen) →*Kajüte.*

konservieren *(to conserve, to preserve)* Pflegen und erhalten des Bootskörpers, aller Teile des →*stehenden* und →*laufenden Gutes* der →*Takelage* sowie der →*Ausrüstung.* Das K. geschieht durch den →*Anstrich,* durch den sinnvollen Einsatz von Fett und Öl für alle rollenden und gleitenden Teile sowie durch →*Schutz* gegen →*Schamfilen* und erfolgt durch Mittel der Bootspflege und durch Vorsorge gegen →*Elektrolyse.*

Konstrukteur, der (Yachtkonstrukteur) *(designer, yacht designer)* Der Fachmann, der am Computer bzw. Zeichentisch eine →*Yacht* in allen Einzelheiten →*konstruiert* und entwirft. Er ist der geistige Schöpfer eines Bootes. Seine Arbeit ist urheberrechtlich geschützt und darf ohne sein Einverständnis nicht weiterbenutzt werden. Zu seiner Tätigkeit gehört u. a. die Anfertigung eines →*Linienrisses* und eines →*Segelrisses.* Grundlage des Entwurfs ist oft ein bestimmter →*Rennwert* des von einem →*Eigner* erteilten Bauauftrages.

Konstruktion, die *(1. construction – 2. design)* Bei der Übertragung dieses Begriffes ins Englische oder aus dem Englischen muß beachtet werden: 1. Mit dem im Deutschen vergleichbaren Begriff werden nur der Bau, das Bauwerk und die Bauweise (z. B. leicht oder schwer, qualitativ gut oder minderwertig) bezeichnet. – 2. Demgegenüber wird die im Deutschen als K. ausgeführte zeichnerische Gestaltung des Entwurfes vom →*Konstrukteur* als „design" verstanden, worunter jedoch alle technischen Details einschließlich der Berechnungen und nicht nur die generelle Formgebung und die Anordnung von Einzelheiten im Plan zu verstehen sind, die als „Layout" bezeichnet werden.

Konstruktionsklasse, die *(open design class)* Eine →*Bootsklasse,* für die nur Grenzmaße wie maximale →*Segelfläche,* maximale →*Länge über alles,* Mindest-→*Gewicht* und andere →*Hauptabmessungen* vorgeschrieben sind, während der Konstrukteur bezüglich der →*Rumpfform,* Anordnung des →*Riggs* und in allen Details frei entscheiden kann. Innerhalb einer K. segeln alle Konstruktionen verschiedener Konstrukteure ohne Ausgleich gegeneinander. K. können →*internationale Klassen* (z. B. Moth und →*IOR-Klassen)* oder →*nationale Klassen* wie die 15-m²-, 16-m²- und 20-m²-→*Jollenkreuzer* sein.

Konstruktionstiefgang, der *(load draught, load draft, design draft)* Der vom →*Konstrukteur* berechnete und aus der →*Konstruktionszeichnung* ersichtliche →*Tiefgang,* der in der Praxis in Abhängigkeit von der →*Schwimmwasserlinie* meistens größer als der K. ist.

Konstruktionswasserlinie, die (KWL, CWL) *(load waterline, design waterline)* Die in der →*Konstruktionszeichnung* nach Berechnungen für das →*segelklare Boot* eingezeichnete →*Schwimmwasserlinie,* die aber beim Schwimmen des Bootes im →*Frischwasser* oder →*Seewasser,* mit voller →*Ausrüstung* oder auch bei unterschiedlichem →*Trimm* von der tatsächlichen Wasserlinie abweichen kann. In der Praxis gibt es viele Schwimmwasserlinien, die sogar im Seegang annähernd die →*Länge über alles* erreichen können. Siehe auch →*Hauptabmessungen.*

Konstruktionszeichnung, die *(1. design – 2. work-shop drawing)* 1. Die vom Konstrukteur für den →*Bootsbau* gelieferte Unterlage, die aus →*Linienriß,* →*Spantenriß,* →*Segelriß* u. a. besteht. – 2. Die eigentliche Bauzeichnung, die alle Materialangaben, Abmessungen, Stücklisten und Einzelheiten der Fertigung enthält.

konstruktiver oder wirtschaftlicher Totalverlust *(constructive or economic write-off)* Im Gegensatz zum absoluten →*Totalverlust* ein →*Totalschaden,* bei dem die vereinbarte Versicherungssumme ausgezahlt wird, weil die Kosten für die Reparatur (z. B. nach einer →*Strandung)* oder der Betrag für die Wiederbeschaffung einer →*aufgegebenen* →*Yacht* den Versicherungswert übersteigen. Bei einem k. T. werden die Rechte des Versicherers und des Versicherungsnehmers nach dem Zeitpunkt des →*Abandon* bestimmt bzw. in einer →*Abandonerklärung* festgeschrieben.

Koordinaten *(coordinates)* Bezugsgrößen in entsprechenden Systemen, um die Lage eines Punktes auf einer Linie, in einer Ebene, auf einer gewölbten Fläche oder im Raum eindeutig zu bestimmen. – 1. In der →*terrestrischen Navigation* werden die K. z. B. durch →*Peilung* einer →*Landmarke* und den gemessenen →*Abstand* von ihr auf der →*Seekarte* bestimmt. – 2. Im →*Polardiagramm* werden z. B. die Beiwerte für den →*Auftrieb* und →*Widerstand* beim Messen der →*Luftkraft* an einem Segel als Abstand von einem festen Bezugspunkt und dem entsprechenden Winkel dargestellt, der auf eine feste Bezugsrichtung bezogen wird. – 3. Auf der Erdoberfläche ist jeder Punkt durch die →*geographische Länge* und →*geographische Breite* fixiert. – 4. Sphärische Koordinaten bezeichnen sinngemäß dazu den Ort eines Gestirns, der durch seinen →*Stundenwinkel* (als Winkel am Himmelspol, seine sphärische „Länge") und durch die Abweichung als Winkelabstand vom Himmelsäquator (analog zur „Breite" auf der Erde) angegeben ist.

koordinierte Weltzeit, die (*Universal Time Coordinated)* Abk. UTC. Vom internationalen Büro für die Zeit aus den Angaben von Atomuhren berechnete Zeitskala. Sie ist die Grundlage der Aussendungen von →*Zeitzeichen* und der →*gesetzlichen Zeit.* Bis zum 1. 1. 1983 wurde sie als →*mittlere Greenwicher Zeit* (MGZ) angegeben.

Köperbindung, die *(twill canvas, twill)* Eine →*Webart* für →*Leinwand,* →*Segeltuch* und →*Glasseidengewebe,* bei der der →*Schußfaden* zuerst über zwei →*Kettfäden* hinweg und dann unter einem Kettfaden hindurch verläuft, ehe er wieder zwei Kettfäden überspringt. Die K., auch Kreuzköper genannt, wird beim →*Bootsbau* aus →*GFK* vorwiegend für Formteile mit Rundungen benutzt, weil sie sich schmiegsamer verarbeiten läßt und gleichzeitig für eine größere Festigkeit des →*Laminates* sorgt.

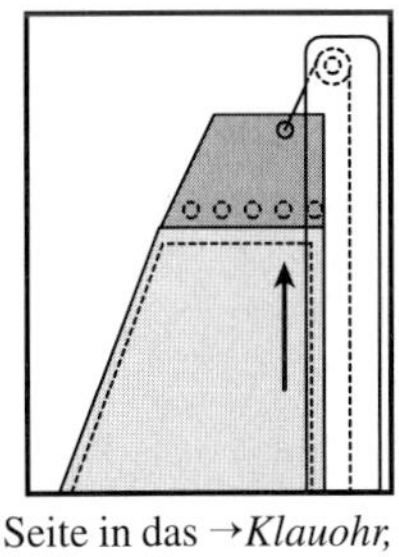

Kopf, der *(1. head; 2. tiller head; 3. rudder head)* 1. Bei einem →*Hochsegel* die obere Ecke, an der das →*Fall* angeschlagen oder →*angeschäkelt* wird. Bei einem →*Gaffelsegel* der gesamte obere Bereich in der Nähe des →*Gaffellieks,* der an einer Seite in das →*Klauohr,* an der anderen in das →*Nockohr* oder die →*Piek*

übergeht. – 2. Die Spitze der →*Ruderpinne,* wo die Hand des →*Rudergängers* liegt oder der →*Pinnenausleger* befestigt ist. – 3. Der obere Teil des Ruderschaftes, auf dem die →*Ruderpinne* ansetzt oder der →*Ruderquadrant* befestigt ist. – 4. Sinngemäß in vielfältiger Anwendung für die Spitze einer →*Pier,* einer →*Brücke,* eines →*Anlegers* u. ä.

Kopfbrett, Kopfplatte *(head board)* Eine Verstärkung aus Holz, Metall oder Kunststoff am →*Kopf* hauptsächlich des →*Großsegels.* Neben der Aufgabe, den Zug des →*Falls* gut zu verteilen, beeinflußt das K. auch die →*Achterlieksrundung* und ist daher (wenn die →*Bauvorschriften* nichts anderes angeben) in seinem waagerechten Maß auf 3 % der Baumlänge begrenzt. Ein K. kann daher unterschiedliche Formen haben.

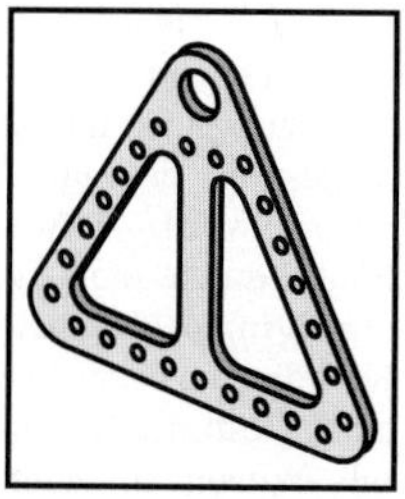

kopflastig *(down by the head)* Ein Boot ist k., wenn es nicht auf oder parallel zu seiner →*Konstruktionswasserlinie* schwimmt, sondern vorn tiefer eintaucht oder →*vorlastig* getrimmt ist.

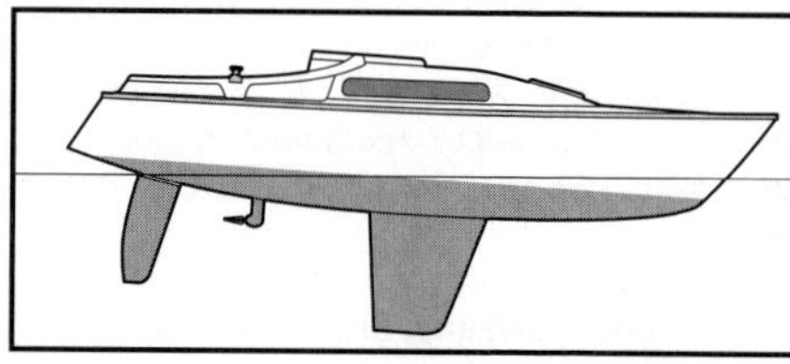

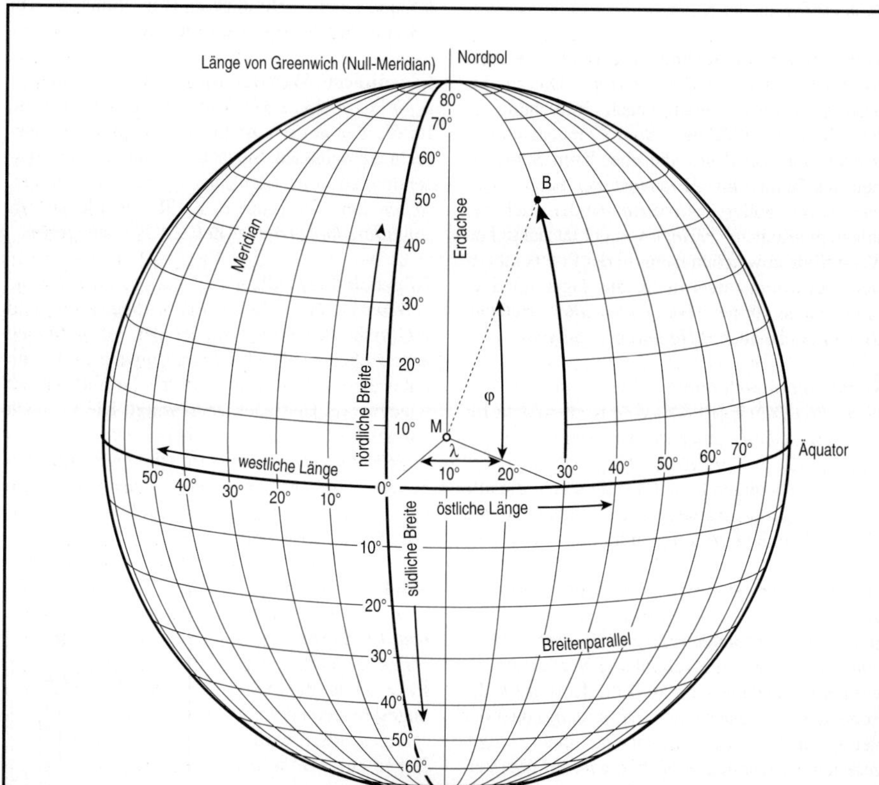

Koordinatensystem der Erde

Kopfschlag, der *(bitter)* Beim →*Belegen* eines →*Endes* an einer →*Klampe* oder einem →*Belegnagel* der letzte, sich bekneifende Schlag, bei dem der →*Tampen* unter dem letzten →*Törn* liegt und selbsttätig fester gezogen wird, je mehr die Zugbelastung der belegten Leine wächst.

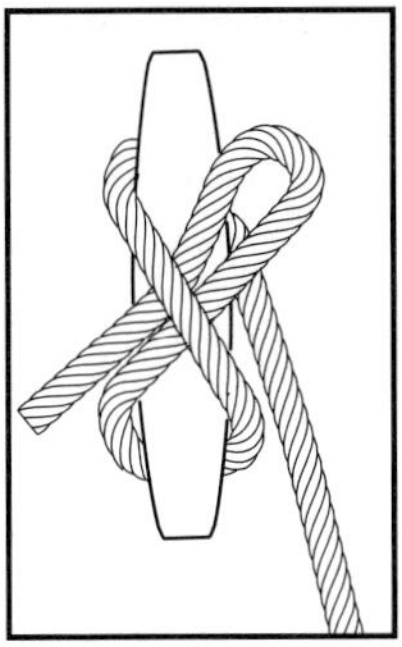

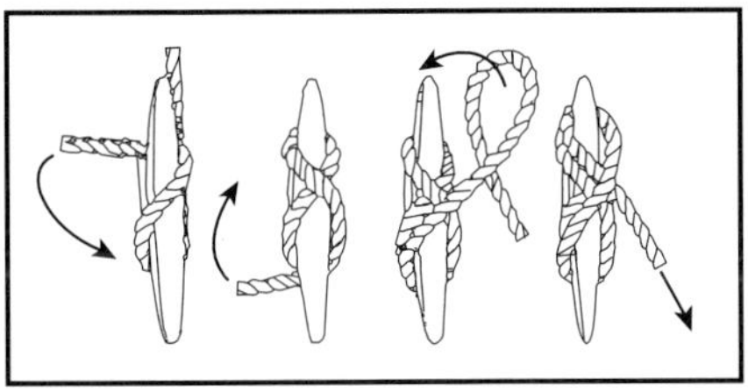

Ein K. sollte immer mit einem →*Slipstek* verbunden werden, damit er sich (insbesondere, wenn das belastete Tauwerk naß geworden ist) im Falle der Gefahr schnell lösen läßt.

koppeln *(to keep the dead reckoning)* Eintragen jedes gefahrenen →*Kurses* mit der vom →*Log* o. ä. gegebenen →*Fahrt* (durch das Wasser) und der entsprechenden Zeit (gegebenenfalls unter Berücksichtigung von →*Abdrift* und →*Strom* und somit →*Kurs* und →*Fahrt über Grund)* in die →*Seekarte.* Das K. erfolgt mit Hilfe von →*Kursübertrager* oder →*Kursdreieck* und einem Bleistift, so daß der →*gegißte* oder →*Koppelort* jederzeit mit einer Zeitangabe sichtbar ist. Anstelle dieser zeichnerischen →*Koppelnavigation* ist auch →*Koppelrechnung* möglich.

Koppelkurs, der *(combined course)* Der beim →*Koppeln* mit Hilfe von Bleistift und →*Kursdreieck* o. ä. in die →*Seekarte* eingetragene →*rechtweisende Kurs,* an dem bei einer →*Kursänderung,* beim →*Wachwechsel* und beim Bestimmen eines →*wahren Ortes* der entsprechende →*gegißte Ort* mit seiner Zeitangabe eingezeichnet wird. Der gesteuerte →*Kompaßkurs* wird in Klammern hinter den jeweiligen rechtweisenden oder →*Kartenkurs* gesetzt (Abb.). Der K. wird nach dem Gebrauch der Seekarte mit dem Radiergummi entfernt.

Koppelnavigation, die *(dead reckoning navigation)* Das →*Koppeln* mit den Faktoren →*Kurs,*

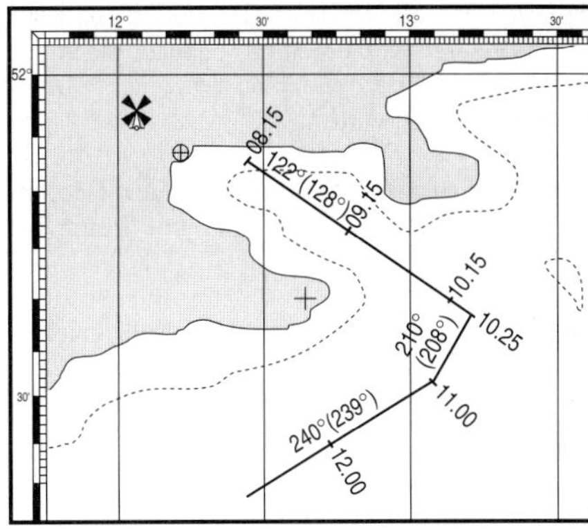

Koppelkurs

→*Fahrt* und Zeit, so daß die Position eines Bootes jederzeit durch einen →*Koppelort* aus der →*Seekarte* ersichtlich ist. Der durch die K. ermittelte →*gegißte Schiffsort* liegt vom →*wahren Ort* um die →*Besteckversetzung* entfernt, aus der sich Richtung und Geschwindigkeit einer durch →*Strom,* →*Wind* und →*Abdrift* gegebenen →*Versetzung* ergibt, die man bei dem weiteren →*Koppelkurs* berücksichtigen wird.

Koppelort, der *(dead reckoning position)* Der →*gegißte Ort*, den man auf einem →*Koppelkurs* erhält, wenn man richtig →*koppelt.* Er liegt vom →*wahren Schiffsort* um die →*Besteckversetzung* entfernt und ist ein →*unsicherer Schiffsort* in einem eng- oder weiträumigen Fehlerbereich, den ein →*Navigator* richtig einschätzen können muß. Auf der →*Seekarte* wird der K. durch einen Querstrich auf der Kurslinie dargestellt.

Koppelrechnung, die *(dead reckoning)* Im Gegensatz zur zeichnerischen Darstellung des →*Koppelkurses* beim →*Koppeln* in der →*Seekarte* die rechnerische Ermittlung der →*geographischen Koordinaten* eines →*Koppelortes* aus denen eines vorhergehenden →*gegißten* oder →*wahren Ortes.* Diese K. erfolgt durch Aufrechnen von Breiten- und Längenunterschied bzw. →*Abweichung* aus den gesteuerten Kursen und bewältigten →*Distanzen* mit Hilfe einer Gradtafel.

Korallen, die *(bull's eyes)* Wie Perlen an der kurzen →*Reihleine* eines →*Mastlieks* oder dem Verschluß der →*Gaffelklau* aufgereihte Holzkugeln, die die anstelle von →*Legeln* benutzten →*Enden* gleitfähiger machen, wenn das → *Mastliek* nicht mit einer durchlaufenden Reihleine am Mast angeschlagen ist. K. werden nur benutzt, wenn das Segel nicht in einer →*Keep* oder an einer →*Mastschiene* gefahren wird.

Korallenmeer, das *(coral sea)* Meeresgebiet im westlichen Pazifischen →*Ozean* mit Tiefen bis 4668 m.

Korallenriff, das *(coral reef)* Aus Kalkskeletten von →*Korallentieren* aufgebaute mächtige Kalksteinablagerungen in den Weltmeeren. Riffbildende →*Korallen* benötigen reines, mindestens 20 °C warmes Meerwasser, genügend Licht und wenig Wassertiefe (max. 30 m). Korallenbauten wachsen jährlich 5 bis 30 mm. Nach der Form eines K. unterscheidet man Atoll, Saumriff und Wallriff. Das größte K. ist das Barrier Reef vor Australien.

Korallentier, das; Koralle, die *(coral)* Meistens nur in der Kurzform bezeichnete Klasse von Nesseltieren mit etwa 6000 Arten, die in großen Kolonien in warmen Meeren leben und Bauten wie Korallenbänke oder →*Korallenriffe* errichten.

Kork, der; Kork-Schwimmweste, die *(cork; cork [(life-)]jacket)* Leichte, elastische Rinde der in Spanien und Algerien heimischen Korkeiche (Quercus suber). Aus K. hergestellte →*Feststoffwesten* nahmen zwar mehr Stauraum als →*Kapok-Schwimmwesten* ein und waren beim Tragen unbequem, dienten jedoch bis zur Einführung von aufblasbaren →*Rettungswesten* jahrhundertelang als sicherste persönliche →*Rettungsmittel.*

Korrosion, die *(1. corrosion – 2. electrolytic corrosion)* 1. Durch chemische Vorgänge; 2. durch →*Elektrolyse* oder elektrochemische Einflüsse bewirkte Veränderungen an der Oberfläche von Metallen, z. B. am →*Stahl* eines Bootsrumpfes oder an einem →*Beschlag* und seinen Schrauben oder Bolzen entstandener →*Rost.*

korrosionsbeständig *(corrosion resistant, [... proof])* Ein Material, das nicht durch →*Korrosion* gefährdet ist, z. B. →*Nirosta.*

korrosionsbeständiger Stahl, der *(stainless steel)* Durch Zusätze von (meistens) 18 % Chrom, 8 % Nickel und Kleinmengen Molybdän, Mangan u. a. geschaffene Legierungen von →*Stahl,* die nicht rosten können und an Bord die Materialien für hochwertige →*Beschläge* und die Teile des →*stehenden Gutes,* aber auch Teile der →*Pantry* und der →*Ausrüstung* sind. K. S. wird auch als →*Nirosta* bezeichnet.

Korrosionsschutz, der *(1. anti-corrosive paint – 2. cathodic corrosion protection)* 1. Schutz gegen chemisch bedingte →*Korrosion* (durch →*Rost)* mit entsprechenden schützenden Beschichtungen, z. B. →*Mennige,* →*Grundierungen* und andere, hauptsächlich →*PUR-Anstriche.* – 2. Schutz gegen →*Elektrolyse* durch Befestigung von →*Opferanoden* an gefährdeten Stellen, z. B. bei einem Rumpf aus →*Stahl* in der Nähe eines →*Propellers.*

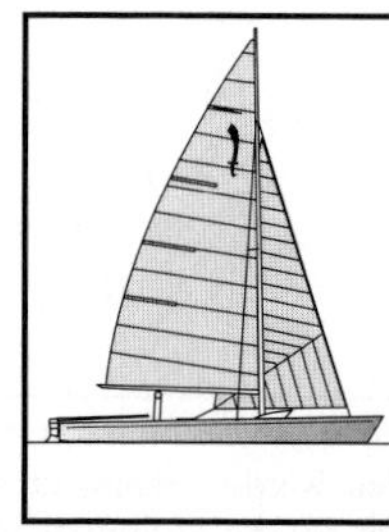

Korsar Von Ernst Lehfeld konstruierte Zweimann-Rundspant-Jolle mit →*Trapez,* die aus →*Sperrholz* oder →*GFK* gebaut wird und als →*nationale Klasse* anerkannt ist.
Lüa 5,00 m, Büa 1,73 m, Tiefg. Rumpf 0,15 m, mit Schwert 1,00 m, Verdr. segelf. min. 110 kg, Segelfl. 11,5 m², Segelzeichen: rotes Korsarenschwert.

Kraft, die *(1. power; 2. force; 3. effort)* Aus Masse und Beschleunigung abgeleitete physikalische Größe, die im →*Internationalen Einheitensystem (SI)* in Newton (N) ausgedrückt wird:

1 N	= 0,10197 kp	= 0,1
1 kp	= 9,80665 N	= 10
1 N m	= 0,10197 kp m	= 0,1
1 kp m	= 9,80665 N m	= 10
1 N/m²	= 0,10197 kp/m²	= 0,1
1 kp/m²	= 9,89665 N/m²	= 10

Dabei ist auch 1 N m = 1 J = 1 W s und 1 N/m² = 1 Pa. Im technisch-wissenschaftlichen Bereich von Segelsport und Bootsbau wird mit der K. z. B. in der →*Aerodynamik* und →*Hydrodynamik* gearbeitet. Man spricht z. B. von der →*Windkraft,* der →*Auftriebskraft,* der →*Krängungskraft* u. v. a. Dabei wird die Summe aller angreifenden Teile im →*Druckpunkt* konzentriert gedacht, z. B. im →*Segeldruckpunkt* für die Wind- und im →*Lateraldruckpunkt* für die Wasserkraft. Der Begriff K. kennt kein einheitliches englisches Pendant; er wird in bezug auf Energie und Leistung wie 1, von Stärke und Gewalt wie 2 und als Kraftaufwand und Anstrengung wie 3 verstanden und angewandt.

Krähennest, das *(crow's nest)* Wie ein Nest verkleideter, heute überdachter, allseitig umschlossener und oft beheizter Stand für den →*Ausguck.* Das K. war schon auf Schiffen des Mittelalters als einfacher →*Mastkorb* vorhanden, gewann neue Bedeutung auf Walfang- und Fischerei-Fahrzeugen und ist auf modernen, großen Fahrzeugen mit weit →*achtern* liegender →*Brücke* sogar mit Bedienungselementen für Motor bzw. Maschine und →*Verstellpropeller* ausgestattet.

Kran mit Tragfähigkeit *(crane with lifting capacity)* Zeichen aus →*Karte 1,* Anhang.

Kranbalken, der *(cat head)* Ein robuster, aus Holz oder Metall gefertigter und sicher mit dem

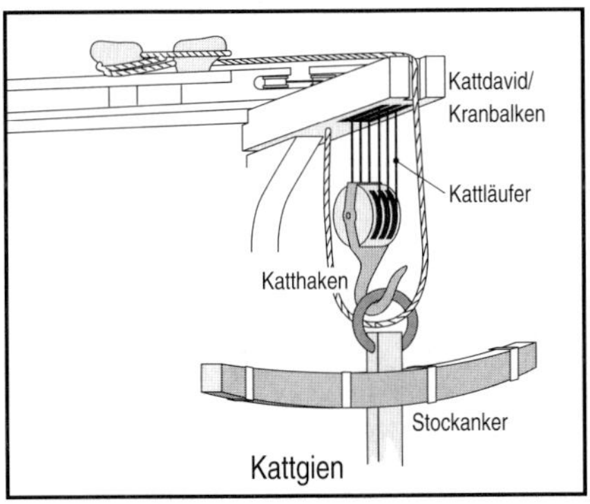

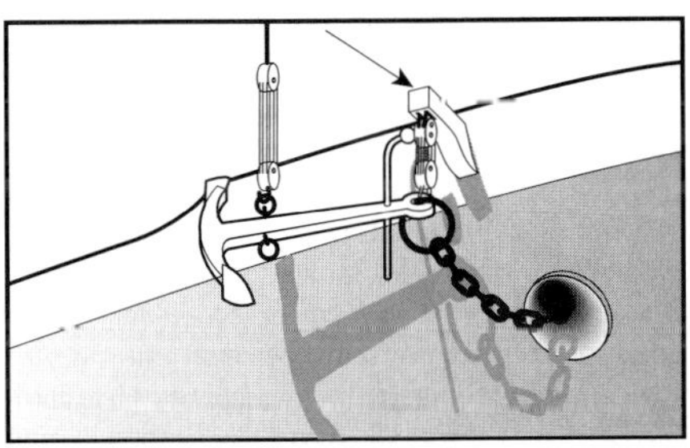

Rumpf verbundener →*Davit,* zu dem man einen vor der →*Klüse* hängenden →*Stockanker* aufholen oder →*katten* kann, ehe er sich an Deck bringen und in seiner →*Ankerhalterung* verstauen läßt. Der galgenähnliche →*Ankerdavit* hat in seinem Kopf mehrere Scheiben für den →*Kattläufer* bzw. die →*Kattalje,* die den Anker →*katten* soll. Anschließend wird das unten hängende Kreuz des →*Stockankers* mit einer Leine oder →*Talje* umfangen bzw. „gefischt" und mit Hilfe dieser „Fischtalje" zum →*Zurren* an das →*Schanzkleid* herangeholt oder über die →*Reling* an Deck genommen.

Krängung, die; krängen *(heeling; to heel)* Sich neigen, nach einer Seite überlegen oder überlie-

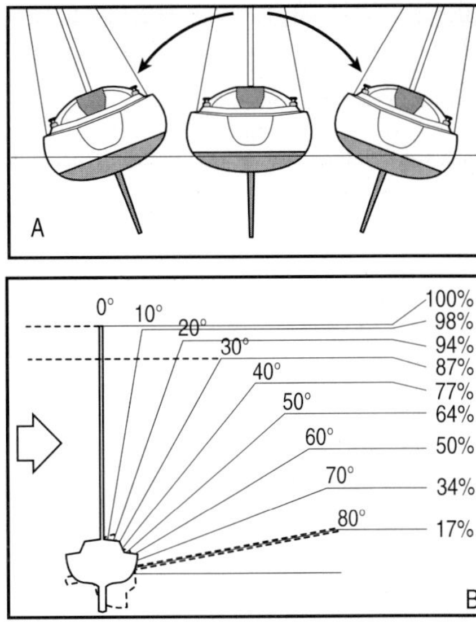

gen. Als K. wird nur eine kurzzeitige, aber auch eine kurzzeitig anhaltende Neigung des Bootes um seine Längsachse verstanden (Abb. A), die durch eine →*Krängungskraft,* hauptsächlich durch →*Wind* erfolgt. Wechselndes wiederholtes K. und →*Aufrichten* in →*Fahrt,* hauptsächlich durch →*Seegang* bedingt, wird als →*Bootsbewegung* erfaßt und als →*Schlingern* bezeichnet. Eine durch ein →*Leck* oder durch schlecht gestaute oder übergegangene Ladung entstandene anhaltende Schräglage bezeichnet man als →*Schlagseite.* Wechselbeziehungen bestehen zwischen K. und →*Abdrift:* Je größer die K., desto größer wird auch die Abdrift. Ebenso beeinflußt die K. die Leistung des Segels: Je größer die K., desto kleiner wird die dem Wind dargebotene Fläche. Abb. B zeigt die der →*Windkraft* angebotene Fläche (in Prozent) für die entsprechenden Krängungswinkel (in Grad) und somit die Verluste, die man nur verhindern kann, wenn man ein Boot →*aufrecht* segelt und dazu ggf. rechtzeitig die Segel →*refft.*

Krängungsgewicht, das *(inclining weight).* 1. Ein Gewicht, das bei einem →*Krängungsversuch* am äußeren Ende des waagerecht ausgebrachten Krängungsarmes befestigt wird. – 2. Beim →*Abbringen* vom Grunde notwendiger, möglichst schwerer Teil der →*Ausrüstung,* um mit dem vorhandenen Hebelarm des →*Großbaumes* oder →*Spinnakerbaumes* eine möglichst große →*Krängung* des Bootes zu erreichen. Neben dem (mit Wasser gefüllten) →*Beiboot,* dem Werkzeugkasten, gefüllten Kanistern o. ä. ist auch ein Mitglied der →*Crew* auf der →*Baumnock* ein brauchbares K.

Krängungskraft, die *(heeling force)* Eine →*Kraft,* die zu einer →*Krängung* führt, z. B. der

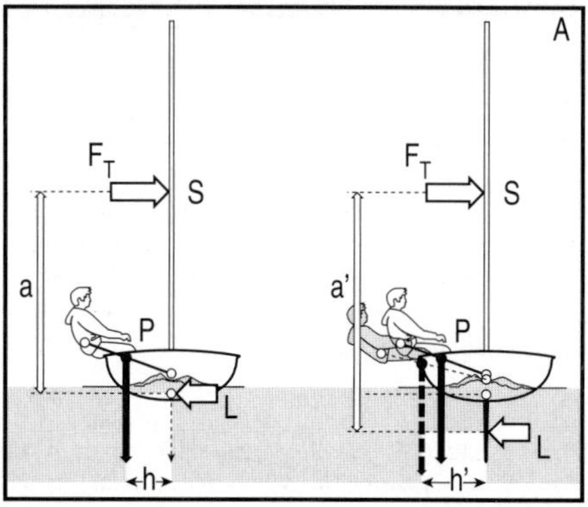

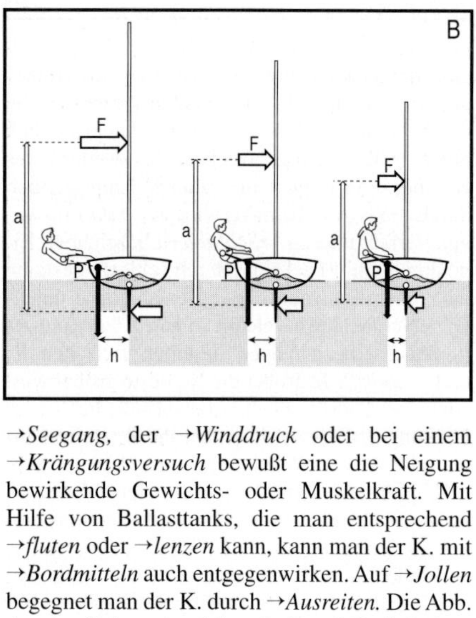

→*Seegang,* der →*Winddruck* oder bei einem →*Krängungsversuch* bewußt eine die Neigung bewirkende Gewichts- oder Muskelkraft. Mit Hilfe von Ballasttanks, die man entsprechend →*fluten* oder →*lenzen* kann, kann man der K. mit →*Bordmitteln* auch entgegenwirken. Auf →*Jollen* begegnet man der K. durch →*Ausreiten.* Die Abb. A zeigt links, wie sich auf einer Jolle bei einer Windkraft F_T im →*Segeldruckpunkt* S das krängende Moment a über dem →*Lateraldruckpunkt* L (bei aufgeholtem Schwert) durch das Gewicht P eines einzelnen Seglers auf der hohen Kante und das aufrichtende Moment h ausgleichen läßt. Auf der rechten Abb. ist das Schwert gefiert. Durch den somit tiefer eingetauchten Teil des Bootsrumpfes (und seines Lateraldruckpunktes L) vergrößert sich das krängende Moment (a'), und es bedarf bei gleicher Windkraft F_T im Segeldruckpunkt S eines zusätzlichen lebenden Ballastes, um dafür auch das aufrichtende Moment (h') zu vergrößern, damit die Jolle weiter aufrecht segeln kann. Die ergänzende Abb. B zeigt, wie sich eine größere Windkraft F (oder eine größere Takelungshöhe) auf das →*Krängungsmoment* a auswirken und wie man bei gleicher Schwertführung durch Ausreiten für ein größeres aufrichtendes Moment h sorgen muß.

Krängungsmoment, das *(heeling moment)* Bei der →*Krängung* das Produkt aus →*Krängungskraft* (im →*Segeldruckpunkt*) und deren Abstand von der entsprechenden Bezugsachse, die durch den →*Lateraldruckpunkt* verläuft und nicht, wie oft fälschlicherweise angenommen wird, in der Wasseroberfläche liegt. Das K. muß durch das →*aufrichtende Moment* ausgeglichen werden, damit ein Boot nicht →*kentert.* Es läßt sich, wenn dieses bei wachsender →*Windgeschwindigkeit* nicht durch →*Reffen* vermindert werden kann, auf →*Jollen* nur durch Anheißen oder Aufholen des →*Schwertes* verkleinern – eine insbesondere von unerfahrenen Seglern oft nicht verstandene Sicherheitsmaßnahme. Man berechnet das K. aus Winddruck W auf Segelfläche AS mal Hebelarm hKR nach der Formel

$$MKR = W \cdot AS \cdot hKR$$

Bei →*Krängung* wird in die Formel

$$MKR = W \cdot AS \cdot hKR \cdot \cos^2 \varphi$$

noch der →*Krängungswinkel* mit φ eingesetzt. Das krängende Moment aus Segelfläche mal Winddruck wird durch den Winkel φ verkleinert.

Krängungsversuch, der *(heeling experiment, inclining experiment)* Messung der →*Anfangsstabilität* und des →*aufrichtenden Momentes* durch einen praktischen Versuch, bei dem ein →*Krängungsgewicht* querschiffs an einem Hebelarm (z. B. dem →*Spinnakerbaum)* ausgebracht und mit einem physikalischen Pendel bestimmter Länge (das z. B. am Kajütdach in Schiffsmitte befestigt ist) der Krängungswinkel durch Ermittlung des Pendelausschlags an einer Meßlatte in einem Eimer gemessen wird. Ein normales →*Klinometer* ist dafür zu ungenau; aber je länger das Lot, desto genauer ist ein K. auch ohne komplizierte Geräte. Ein K. ist z. B. bei einer →*Vermessung* nach →*IMS* vorgeschrieben, da eine Yacht nur mit ausreichender →*Stabilität* auch ihre durch →*Länge* und →*Segelfläche* möglichen Leistungen erreichen kann. Andererseits soll nicht übermäßige →*Anfangsstabilität* durch größeres Kielgewicht auf Kosten gefährlich leichter Bauweise des →*Rumpfes* erreicht werden.

Krängungswinkel, der *(angle of heel[ing], heeling angle, tilting angle)* Der Winkel zum →*Was-*

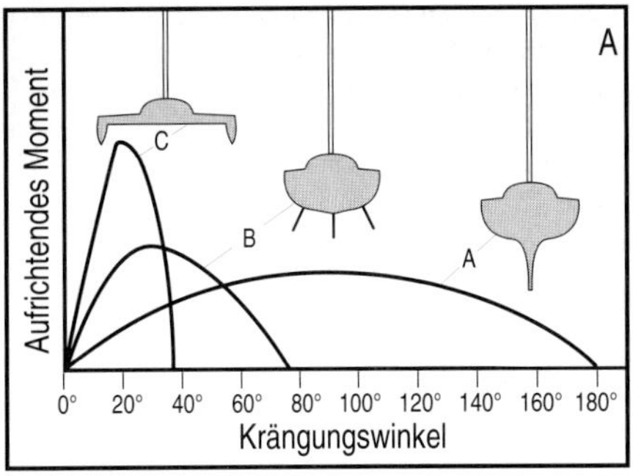

serspiegel, um den sich eine →*Yacht* zur Seite neigt. Er wird in der →*Yachtbau-Nomenklatur* mit dem Kürzel PHI oder dem gleichnamigen griechischen Buchstaben bezeichnet und in der Abszisse einer →*Stabilitätskurve* von 0° bis 180° aufgetragen, um das →*Stabilitätsmoment* in Abhängigkeit von der →*Krängung* aufzuzeichnen (Abb. A). Eine →*Yacht,* die bei einem K. von 90° noch ein genügend großes →*aufrichtendes Moment* besitzt, gilt als →*hochseetüchtig.* Der bei einem normalen Wasserspiegel gemessene K. von z. B. 45°, bei dem eine Yacht mit →*Gewichtsstabilität* die größte aufrichtende Kraft entwickelt (B), kann bei ihrem zusätzlichen Überliegen an einer hohen →*Welle* von nochmals 45° jedoch schon zu einer →*Kenterung* führen (C). Denn dann verdoppelt sich ihre Neigung. Der →*Gewichtsschwerpunkt* G wandert über den →*Verdrängungsschwerpunkt* B hinweg nach →*Lee,* und der K. des →*Stabilitätsumfanges* wird überschritten. Der aufrichtende Hebelarm wird negativ, und die Yacht →*kentert.*

Kraweel-Bauweise, die *(carvel building)* Auch →*Karweel* genannte Bauweise aus →*Holz* (Massivholz), bei der die →*Planken* mit ihren Kanten oder Stößen so aufeinandergesetzt und aneinandergefügt sind, daß ein →*dichter Bootsrumpf* mit glatter →*Außenhaut* entsteht.

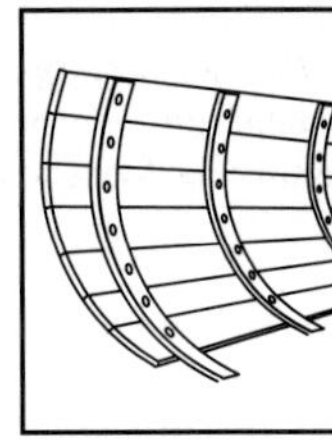

Die K.-B. bevorzugt neben festen auch eingebogene →*Spanten* und wurde gegenüber der →*Klinkerbeplankung* bevorzugt, obwohl sie teurer und komplizierter ist. Eine Abart der K.-B. ist die →*Leistenbauweise,* eine Weiterentwicklung die →*Diagonal-Kraweel-Beplankung.*

Krebsscherensegel, das *(crab's claw sail)* Eine in der Südsee gebräuchliche Segelform, die dem

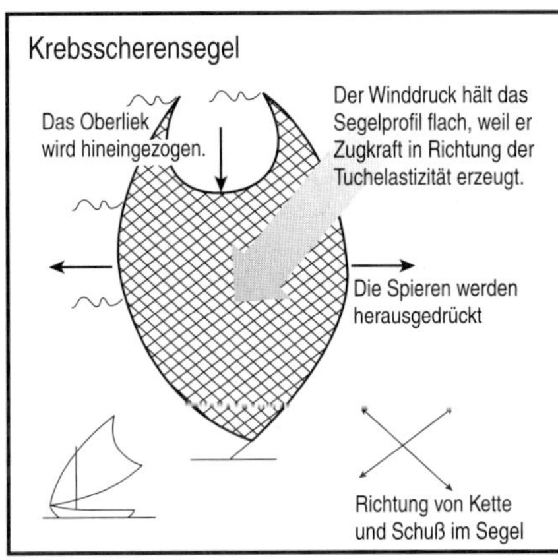

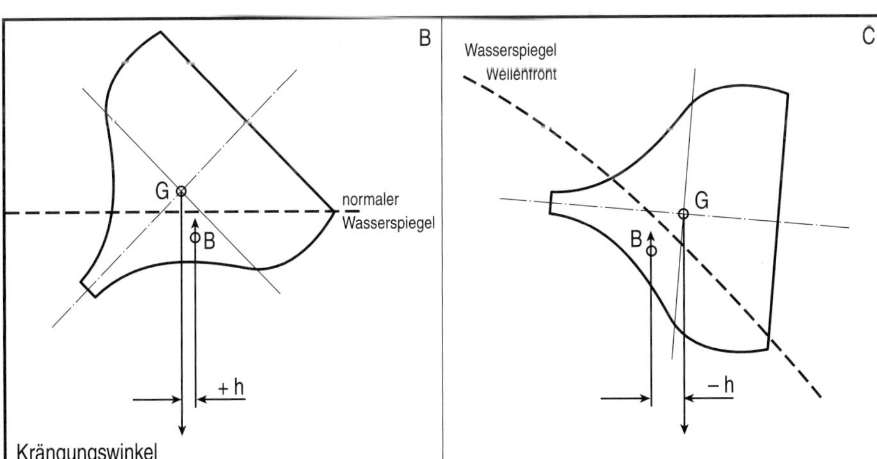

→*Luggersegel* ähnelt und (bei →*Anstellwinkeln* von 60° bis 160° zum →*scheinbaren Wind)* →*aerodynamisch* die →*Hochtakelung* übertrifft. Die langen →*Lieken* des Segels werden bei einem K. von zwei gebogenen →*Spieren* gehalten, die am →*Bug* zusammenlaufen. Diese Delta-Form eines →*Tragflügels* hat sich auch bei einem →*Flügelkiel* bewährt.

Kreiselkompaß, der (*gyro compass*) Im Gegensatz zum →*Magnetkompaß* ein →*Kompaß,* der das Beharrungsvermögen eines Kreisels im Zusammenwirken mit Erddrehung und Schwerkraft zur Anzeige der Nord-Süd-Richtung ausnutzt. Nach dem von Anschütz 1908 entwickelten Prinzip wird seit 1925 das Zweikreisel-System benutzt, bei dem die Kreisel mit einer Drehzahl von ca. 20 000 U/min rotieren müssen. Da die hierfür notwendigen technischen Voraussetzungen auf einer Yacht (meistens) nicht gegeben sind, wird der dem Magnetkompaß überlegene K. nur in der Berufsschiffahrt verwandt.

Kreiselpumpe, die *(rotary pump)* Eine →*Lenzpumpe,* die ihre Flüssigkeit mit einem →*Impeller,* d. h. sich in einem (weitgehend) kreisförmigen Gehäuse drehenden Schaufelrad bewegt, im Gegesatz zur →*Hand-* oder →*Stiefelpumpe* bzw. zur →*Membranpumpe.* Eine K. wird immer mit elektrischer Energie betrieben.

Kreiselsextant, der *(gyro sextant)* Ein →*Sextant,* bei dem die Lotrichtung und dementsprechend ein (waagerechter) künstlicher →*Horizont* durch die stabilisierende Hilfe eines Kreisels angezeigt wird. Mit einem K. lassen sich auch bei unsichtiger →*Kimm* Höhenwinkel messen.

Kreisfunkfeuer, das (*non-directional radio beacon)* Ein →*Funkfeuer* mit einem Sender, der seine Signale nach allen Richtungen und mit gleicher Feldstärke ungerichtet ausstrahlt. K. unterscheiden sich durch eine →*Kennung* mit →*Morsezeichen,* die im Wechsel mit anderen Peilsignalen (z. B. Dauerstrichen) auf den →*Frequenzen* 255 bis 450 kHz ausgestrahlt werden.

Kreuzballon, der *(balloon jib)* Vor der Einführung der →*Genua* die Bezeichnung eines großflächigen, etwas bauchig geschnittenen Vorsegels für den →*Kreuzkurs* bei leichter →*Brise,* der das →*Großsegel* weiter →*überlappte* als die größte →*Fock.*

kreuzen *(1. beating [to windward]; 2. cruising; 3. to cross [over])* 1. Das Segeln zu einem Ziel in →*Luv,* das man nicht direkt gegen die Windrichtung, sondern nur auf einem →*Amwindkurs* mit wechselnden →*Kreuzschlägen* auf dem einen oder dem anderen →*Bug* erreichen kann. Das Wechseln der Windseite auf diesem Zickzackkurs heißt →*wenden.* Liegen dabei Start und Ziel nicht genau in der Windachse (z. B. in einem →*Fahrwasser),* dann ergibt sich ein bevorzugter Schlag, auch →*Holebug* oder →*Streckbug* genannt, auf dem man dem Ziel schneller oder unmittelbar näher kommt. Diesen Kreuzschlag, auch das „lange Bein" genannt, wählt man immer zuerst, damit ein ungünstiges →*Schralen* des Windes keine Nachteile beim K. bringt. Sinngemäß ist auch ein →*Kreuzen vor dem Wind* möglich, doch versteht man K. immer selbstverständlich als Amwindkurs. – 2. Auf einem →*Seekreuzer,* →*Fahrtenkreuzer* o. ä. der Aufenthalt in einem großräumigen Seegebiet und das Absegeln mehrerer kürzerer oder längerer Distanzen zwischen verschiedenen Häfen oder →*Ankerplätzen* im Verlauf einer →*Langfahrt.* – 3. Im Sinne von „überqueren" z. B. eines →*Fahrwassers* oder der →*Kurslinie* eines anderen Bootes. Dieses K. sollte in einer Fahrrinne schnell und auf dem kürzesten Wege, bei einem Boot im →*Kielwasser* oder hinter dem →*Heck* erfolgen.

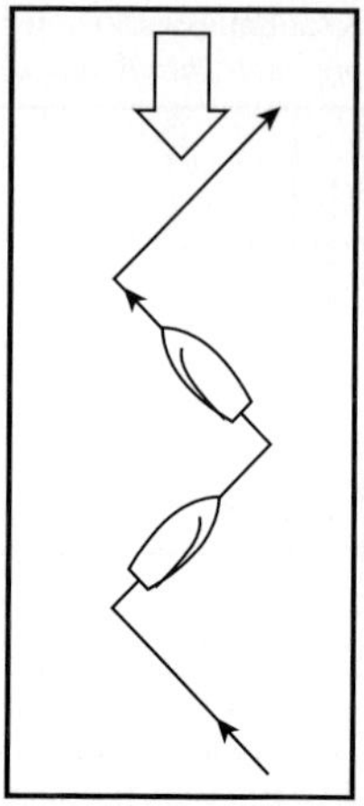

kreuzen vor dem Wind *(changing tacks before the wind, tacking downwind)* Analog zum →*Kreuzen* nach →*Luv* ein Zickzackkurs mit wechselnden →*Schlägen* nach →*Lee,* bei dem der Wechsel der Windseite durch →*Halsen* erfolgt. K. v. d. W. ist sicherer als ein →*Vorwindkurs,* insbesondere wenn man das Ziel nur →*platt vor dem Wind* erreichen kann; denn dann wird das →*Gieren* oder →*Geigen des Bootes* vermindert, und die Gefahr einer →*Patenthalse* besteht nicht. Auch →*Beisegel* wie →*Spinnaker* oder →*Besanstagsegel* können auf den wechselnden →*raum-achterlichen Kursen* beim K. v. d. W. vorteilhaft gesetzt werden.

Kreuzer, der *(cruiser, cruising yacht, cabin cruiser)* 1. Eine →*Jolle* oder →*Yacht,* die mit einer →*Kajüte* gebaut ist und das Wohnen an Bord über eine längere Zeit, z. B. auf einer Kreuzfahrt gestattet. Nach dem Typ unterscheidet man →*Jollenkreuzer* oder →*Kielkreuzer,* nach dem Fahrbereich →*Seekreuzer,* →*Fahrtenkreuzer,* nach der Konstruktion →*Seefahrtkreuzer,* →*Schärenkreuzer* u. a.

Kreuzer-Abteilung, die *(Cruising Association)* Ein Ausschuß im Arbeitskreis Freizeit- und Breitensport des →*Deutschen Segler-Verbandes* mit der Aufgabe, das Fahrtensegeln auf Binnen- und Seegewässern zu unterstützen und zu fördern. Segler können als Mitglied eines dem DSV oder DMYV oder ADAC angeschlossenen Wassersportvereins oder über den →*Club der Kreuzer-Abteilung* beitreten. Die K.-A. gibt →*Nautische Nachrichten für Fahrtensegler* und →*Hafenhandbücher* heraus, veranstaltet →*Fahrtenwettbewerbe* und unterhält →*Stützpunkte für Fahrtensegler* sowie eine →*Heuerstelle.* Ihre Mitglieder führen die →*Flagge der Kreuzer-Abteilung.*

Kreuzertrimaran, der *(cruising trimaran, trimaran cruiser)* Ein seefähiger →*Trimaran* mit

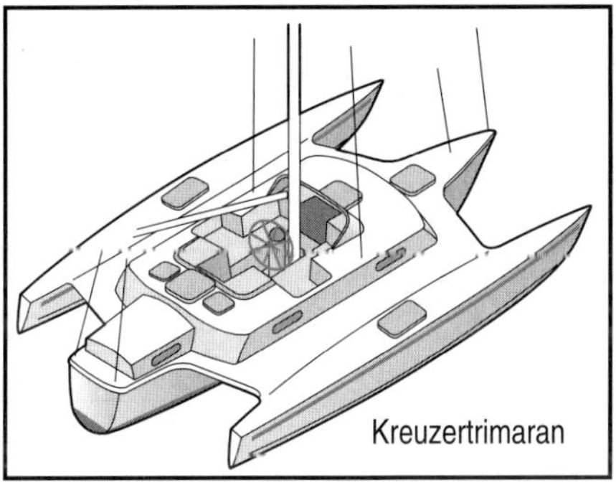

→*Kajüte.* Ein →*Seekreuzer,* der als Mehrrumpfboot gebaut ist.

Kreuzeryacht, die *(cruiser yacht)* Ein →*Kielboot* (das man auch nur kurz als →*Yacht* bezeichnet), wenn es mit einer →*Kajüte* gebaut ist, sinngemäß das gleiche wie ein →*Seekreuzer.*

Kreuzknoten, der *(reef knot)* Eine Verbindung von zwei →*Tampen* gleicher Dicke durch zwei →*Überhandknoten,* bei der die →*Parten* jedes Tampens gegeneinander und auf derselben Seite aus der →*Bucht* des anderen Tampens herausfahren. Eine einfache und vielfach benutzte Verbindung, die aber auch als →*Altweiberknoten* mißlingen kann. Ein K. kann auch →*kentern.*

Kreuzpeilung, die *(cross bearing)* Bestimmung des →*Schiffsortes* mit Hilfe des Schnittpunktes

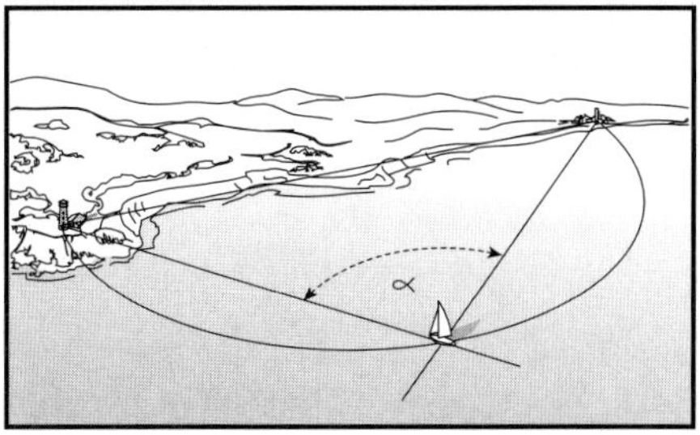

von zwei oder drei →*Peilungen.* Mit dem Schnittpunkt der →*Peilstandlinien* erhält man einen →*wahren Ort.* Je mehr die Peilrichtungen nicht nur in der →*terrestrischen,* sondern auch in der →*Funknavigation* im rechten Winkel zueinander liegen, desto zuverlässiger wird die K. Zur Schiffsortbestimmung mit nur zwei →*Objekten* kann eine K. auch mit einem →*Horizontalwinkel* (Abb.) verbunden werden.

Kreuzpoller, der *(mooring bitt, cross bitt, staghorn)* Ein →*Poller* in Form eines Kreuzes, d. h. mit Querarmen gleicher Stärke, um die man auch eine →*Trosse* wie an einer →*Klampe* belegen kann. Oft paarweise als →*Doppelkreuzpoller* längs- oder querschiffs angeordnet.

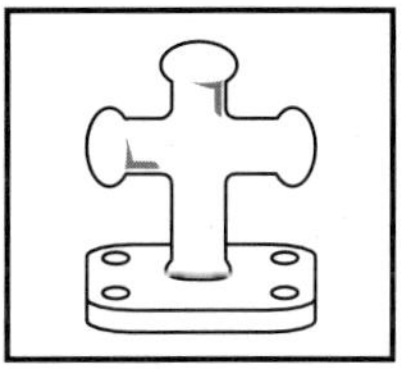

Kreuzmast, der *([main] mizzen; jigger mast)* Der achtere Mast auf einem →*Fünfmast-,* →*Viermast-* und →*Vollschiff* sowie der vorletzte Mast auf einem →*Fünfmast-* und →*Viermast-Schoner.* Die anglo-amerikanischen Bezeichnungen lauten (übersetzt) →*Besanmast,* gegebenenfalls bei →*Viermastern* und →*Fünfmastern* als vorderer und achterer Besan unterschieden, so daß die Benennung einfacher als im romanischen Seefahrtsbereich ist, wo offensichtlich die Halterung des Kruzifixes dem Mast den Namen gab.

Kreuzrahmen, der *(cross coil areal [antenna])* Der auf dem →*Masttopp,* an →*Deck* oder anderswo errichtete Antennenrahmen mit zwei feststehenden, gegeneinander verdrehten Rahmenschleifen mit gleicher Fläche und Anzahl der Windungen. Der K. ist Teil des →*Goniometer-*

Peilers, dessen drehbare Spule sich im Empfänger und damit weitab vom K. befindet.

Kreuzschlag, der *(1. board – 2. tack – 3. cross-lay)* Die im Zickzack beim Kreuzen abwechselnd

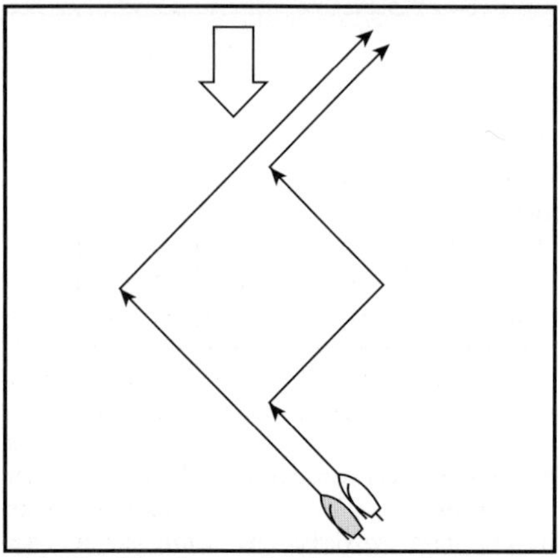

auf →*Backbordbug* und →*Steuerbordbug* gesteuerten →*Kurse,* um ein Ziel in →*Luv* zu erreichen. Man kann beim →*Kreuzen* zwischen kurzen und langen →*Schlägen* wählen.

Kreuzsee, die *(cross sea)* Ein →*Seegang,* der durch zwei sich kreuzende oder winklig gegeneinanderlaufende Wellenrichtungen entsteht. K. kann in freiem Wasser durch eine →*Windsee* entstehen, die eine →*Dünung* kreuzt, oder in begrenzten Revieren auftreten, wenn der Seegang der Küstenformation folgen muß und der →*überlandige Wind* einen anderen, direkten Einfluß auf die Wellenbildung ausübt.

Kreuzstrecke, die (*beat)* Die Distanz nach →*Luv,* auf der man →*kreuzen* muß oder die man nur durch →*Aufkreuzen* bewältigt und auf der zahlreiche →*Kreuzschläge* gesegelt werden müssen.

Kreuzwinkel, der *(beat angle)* In der →*Handicap-Tabelle* einer nach →*IMS* vermessenen Yacht der →*optimale Amwindkurs,* auf dem bei einer bestimmten →*Windstärke* und mit einem gegebenen →*Kurswinkel* die größte →*Luvgeschwindigkeit* erreicht wird (Abb.). Er kann z. B. für die Yacht CORMORAN wie folgt ermittelt werden:

Windgeschw.	8 kn	12 kn	16 kn	20 kn
Kreuzwinkel	43,8°	41,9°	42,1°	42,6°
Luvgeschw.	885,3	796,8	771,4	765,2

Die Luvgeschwindigkeit ist in s/sm (Sekunden pro Seemeile) angegeben und stellt gleichzeitig das →*Handicap* für die jeweiligen Kurswinkel

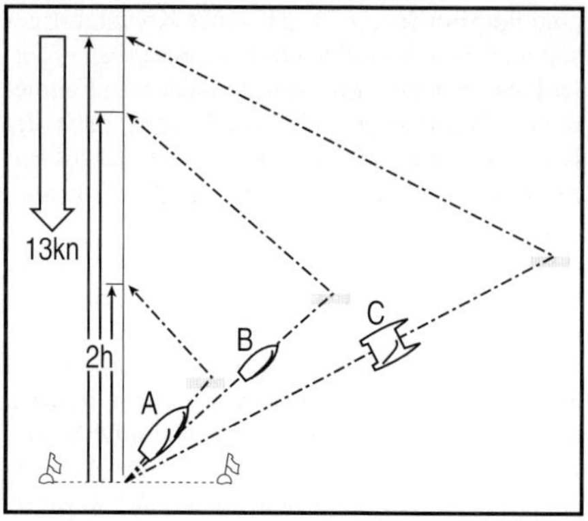

dar. Neben dem →*optimalen Kreuzwinkel* für den →*Amwindkurs* gibt es auch einen →*optimalen Kreuzwinkel vor dem Wind.*

KR-Formel, die Als „Kreuzer-Rennwert-Formel" bis 1970 gebräuchliche nationale Bau- und Vergütungsformel für →*Seekreuzer,* die 1969 durch die weltweit geltende →*IOR-Formel* abgelöst wurde. Im November 1985 wurde das →*IMS* als internationales Ausgleichssystem parallel zur IOR angenommen. Es löste diese Formel bis zur Mitte der neunziger Jahre vollständig ab.

krimpen, krimpender Wind *(to back, backing wind, backing)* Ein →*Rückdrehen des Windes,* d. h. eine Änderung der Windrichtung entgegen dem Uhrzeigersinn. Das K. wird immer nur auf den →*atmosphärischen* oder →*wahren Wind* bezogen. Ggt: →*ausschießen* oder →*rechtdrehen.*

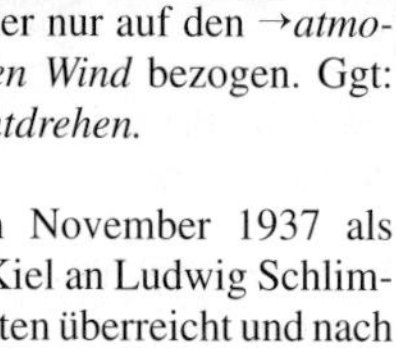

Kronenkompaß, der Im November 1937 als Ehrengeschenk der Stadt Kiel an Ludwig Schlimbach für seine Atlantikfahrten überreicht und nach dessen Tod seit 1953 als →*Schlimbach-Preis* jährlich als einmaliger →*Wanderpreis* für die herausragende →*seemännische Leistung* im →*Hochseesegeln* verliehen. Seit 1992 kann er unter der Doppelbezeichnung „Schlimbach-Preis – Kronenkompaß des Kieler Yacht-Clubs" nicht nur an aktive deutsche →*Hochseesegler,* sondern auch an Ausländer und daneben an Einzelpersonen, Clubs oder Organisationen verliehen werden, die sich besondere Verdienste, z. B. für die Verständigung unter Segelnationen, erworben haben.

„Küchenbude“ Ein zeltähnlicher Aufbau über der →*Plicht* von →*Jollen* und →*Seekreuzern* mit relativ hohen Seitenwänden und einer dem →*Sonnensegel* ähnlichen flachen Dachkonstruktion über dem →*Großbaum.* Eine „K.“ kann im Hafen und bei Regenwetter den Wohn- und Aufenthaltsraum schützend erweitern.

KüFuSt Offizielle Abk. für →*Küstenfunkstelle.*

KÜG *(COG)* Abk. nach →*DIN 13312* für →*Kurs über Grund (engl. course over ground).* Als KüG$_k$ *(COA)* wird der →*Koppelkurs* →*über Grund* bezeichnet *(engl. course to make good, course to advance).*

Kugelbake, die *(beacon with a spherical topmark)* Eine Bake mit einem →*Ball* als →*Toppzeichen.* Die markanteste K. vor Cuxhaven ist gleichzeitig das Wahrzeichen der Stadt.

Kugelfender, der *(spherical fender, globular f.)* Ein Rundfender im Gegensatz zum Langfender

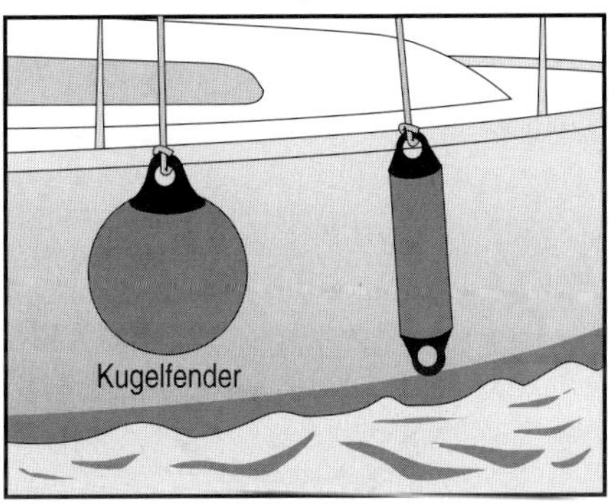

und einem birnenförmigen →*Fender,* der hauptsächlich unter dem ausladenden →*Vorschiff* wertvoll ist.

Kugelkompaß, der *(spherical compass)* Ein →*Magnetkompaß,* der als →*Schwimmkompaß* gebaut und als →*Steuerkompaß* eingesetzt wird, ausgerüstet mit →*Kompensationsmagneten* und wahlweise an Bord an-, auf- und eingebaut, z. B. in der →*Kompaßducht.* Ein echter K. besteht aus einer Vollkugelkonstruktion, d. h. nicht nur einer erhabenen Glashalbschale, sondern auch einem unter der →*Kompaßrose* liegenden halbkugelförmigen →*Kompaßkessel,* und muß daher vom →*Kalottenkompaß* unterschieden werden. Er ist häufig mit mehreren →*Steuerstrichen* und oft mit →*Doppelrose* ausgerüstet und benötigt bei ausreichender Größe keine zusätzliche →*kardanische Aufhängung.*

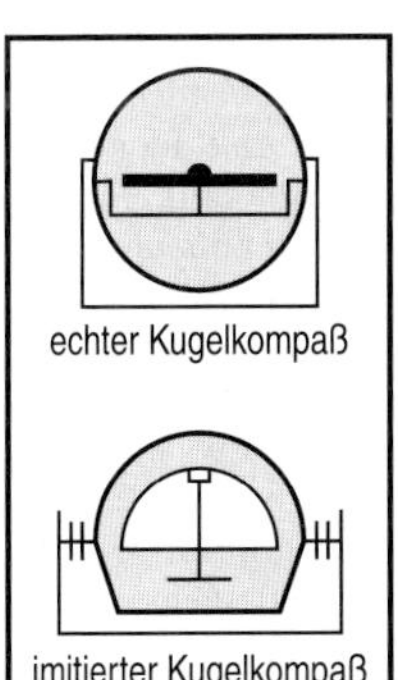

Kugel(sperr)ventil, das *(ball valve)* Ein →*Seehahn* oder →*Seeventil* mit einem kugelähnlichen Verschluß, an dessen Hebelstellung sich der Zustand „offen“ (in Richtung der Leitung) und „geschlossen“ (Stellung quer zur Leitung) unverwechselbar ablesen läßt. Ein K. (am besten aus Rotguß gefertigt) hat nur wenige mechanische Teile und daher einen geringen Verschleiß.

Kühlte, die *(air, breeze, gale)* Bezeichnung der →*Windstärke* auf deutschen →*Segelschiffen* in der Zeit der →*Rahsegler.* Die verschiedenen Grade der K. beruhen auf dem →*Windkältegefühl,* das heißt: Je mehr der Wind „kühlt“, desto mehr „weht es“ und dementsprechend größer ist die →*Windgeschwindigkeit.* Man bezog die K. auch direkt auf die Segel, die dabei gesetzt oder geborgen wurden. Insoweit entsprechen die folgenden Grade der K. weitgehend der →*Beaufort-Skala,* die erst später in England eingeführt wurde: 1. flaue K.; 2. schlappe K., kleine K.; 3. labbere K.; 4. – 5. Bramsegelkühlte (die größte Windstärke zum Führen der →*Bramsegel);* 6. mäßige K. oder Marssegelkühlte (bei der man die →*Marssegel* nicht →*refft);* 7. frische K. (→*Marssegel* reffen); 8. steife K. (gereffte Marssegel); 9. schwerer Wind; 10. Sturm.

Kühlung (des Bootsmotors), die *(cooling system of the engine)* Eine Luftkühlung ist bei einem →*Bootsmotor* auf →*Yachten* (wegen der damit verbundenen Lärmbelastigung) selten. Bei der bevorzugten →*Wasserkühlung* kann man zwischen einer →*Einkreiskühlung* oder →*Seewasserkühlung* und einer aufwendigeren →*Zweikreiskühlung* mit einem →*Wärmetauscher-Kühlsystem* wählen. Wegen dieser Arten der K. muß ein Auto- oder Industriemotor aufwendig →*marinisiert* werden, ehe er an →*Bord* und auf See eingesetzt werden kann.

Kühlwasserpumpe, die *(cooling water pump)* Meistens eine →*Impellerpumpe,* die das zur →*Kühlung* eines →*Bootsmotors* benutzte →*Seewasser* sowohl bei einer →*Einkreiskühlung* wie

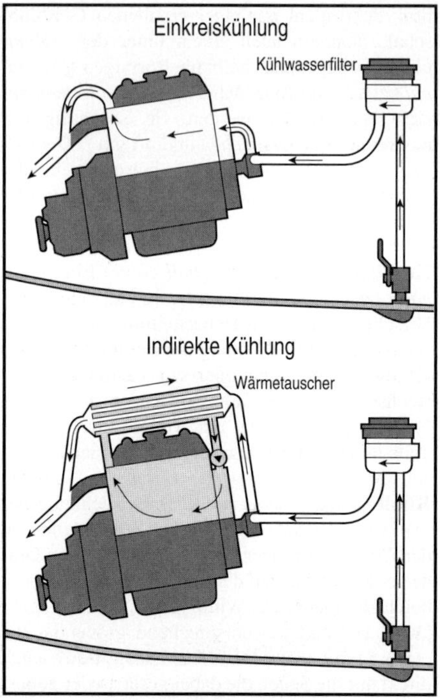

Kühlung (des Bootsmotors)

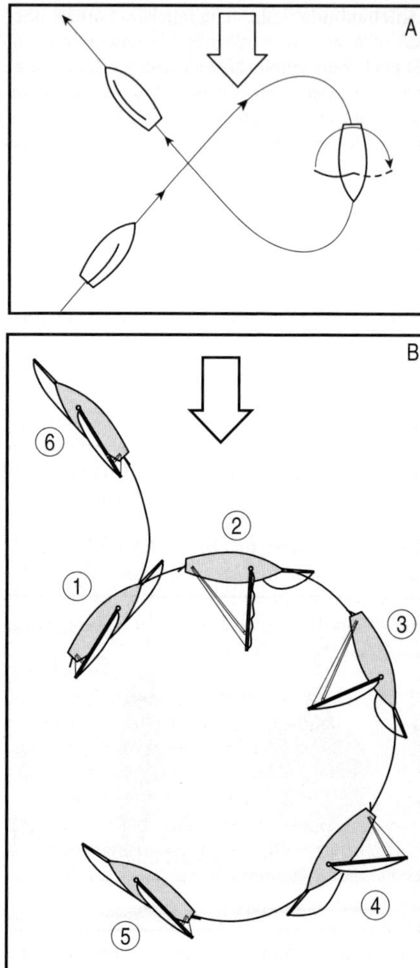

Halsen statt Wenden

einer →*Zweikreiskühlung* über einen Kühlwasserfilter von →*außenbords* ansaugt und durch die Kühlrohre pumpt. Nur bei einer →*Kielkühlung* und einer →*Außenhautkühlung* bewegt sie das Umlaufkühlwasser im inneren Kühlkreislauf.

Kugeltonne, die *(spherical buoy)* Eine →*Tonne,* die die Form einer Kugel hat und sich deutlich von einer →*Spitztonne* und einer →*Stumpftonne* unterscheidet. Sie bezeichnet z. B. die Fahrwassermitte (Farbe: rote und weiße senkrechte Streifen) oder das Fahrverbot für Maschinenfahrzeuge vor Badegebieten (weiß mit gelbem Kreuz).

Kuhwende, die *(wearing instead of tacking)* Aus älterer Zeit stammender Begriff, um ein Schiff, das auf einem →*Amwindkurs* segelt, beim Versagen des →*Wendens* in schwerem Wetter durch →*Abfallen,* →*Halsen* und wieder →*Anluven* (Abb. A) in einem engen →*Drehkreis* →*auf den anderen Bug* zu legen. Nach der Verhaltensweise einer Kuh, die ihre Sinnesorgane am Kopf nie mutwillig in das Wetter hält, sondern dem Wind immer den →*Achtersteven* zukehrt und dafür lieber den längeren Weg beim Wechseln der Windseite geht, nannte man auch dieses schwerfälligere Manöver auf dem längeren Weg eine K., doch ist der Wortteil „Wende" im Sinne von „Umdrehen" nicht mit dem „Wenden" = „Überstaggehen" identisch. Auch eine Identität mit der aussprachegleichen Neuschöpfung →*Q-Wende* besteht nicht. Die K. wird bereits im „Seglers Handbuch" von der Redaktion Wassersport (Berlin 1895) für Yachten mit der damaligen →*Gaffeltakelung* erläutert (Abb. B) und auch für den bekannten →*Rahsegler* „Pamir" im Jahre 1924 von H. Burmester in seinem (veröffentlichten) Tagebuch einer Kap-Hoorn-Reise beschrieben: „Versagt bei Rahschiffen bei mehr als 6 →*Beaufort* das →*Wenden,* kommt nur das →*Halsen* zur Anwendung, das die Skandinavier recht treffend als ‚Kuhwende' bezeichnen.“ In der neueren deutschen Segelliteratur wird die K. z. B. 1939 in der Zeitschrift „Yacht“ sowie (z. B. 1938, 1954, 1970, 1974 und bis in die Gegenwart) in deutschen und dänischen Segler-Lexika beschrieben. In dieser Form segelt man sie auch als Schwerwetter-Manöver nach wie vor und nicht nur an der deutschen Ostseeküste. Die K. ist ein sicheres und gefahrloses Manöver, weil sich dabei die →*Windkraft* an den geführten Segeln auf ca. 30 % vermindert.

Kulmination, die *(culmination, transit)* Als obere K. der höchste und als untere K. der tiefste Stand eines Gestirns während seiner täglichen Bahn und seiner scheinbaren Drehung um die Erde. Bei den Sternen fällt K. genau, bei Sonne und Mond nur annähernd mit dem Durchgang durch den →*Meridian* zusammen, doch dient insbesondere die obere K. der Sonne beim Meridiandurchgang auf Ozeankursen in O-W- oder W-O-Richtung zu einer sehr einfachen Bestimmung der →*geographischen Länge.* Bei Sonne, Mond und Planeten ist nur die obere K., nur bei zirkumpolaren Gestirnen ist auch die untere K. sichtbar.

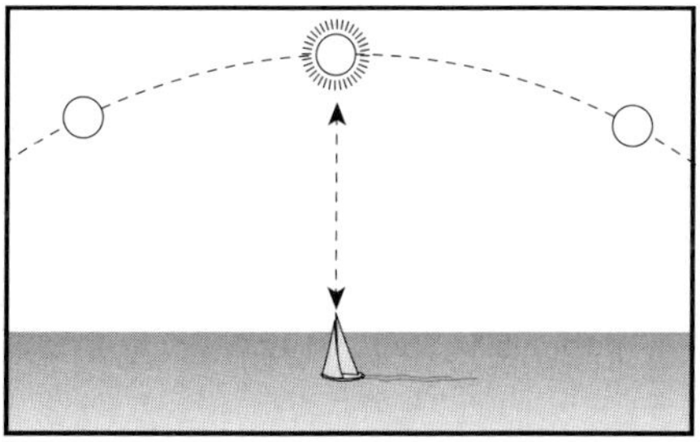

Kunstfaser, die *(synthetic fibre)* Aus Stoffen wie →*Polyamid,* →*Polyester* und →*Polypropylen* gewonnener oder als →*Glasfaser* hergestellter Rohstoff, der zur Anfertigung von →*Fasertauwerk,* →*Segeltuchen* und dem →*Armierungsmaterial* im Bootsbau aus →*GFK* benutzt wird. Nach →*DIN 83305* wird die K. auch als →*synthetischer Faserstoff* bezeichnet.

Kunststoff, der *(plastic)* Durch Polyaddition, →*Polykondensation* und →*Polymerisation* künstlich hergestellte Stoffe aus Makromolekülen organischen Ursprungs, die auch als Werkstoffe für den Bootsbau aus →*GFK,* als →*Korrosionsschutzmittel* und zur Anfertigung von →*Ausrüstungsteilen* aller Art dienen.

Kunststoffisolator, der *(plastic isolator)* Ein →*Isolator,* der den als Antenne benutzten Teil des →*Achterstags* elektrisch gleich gut, aber technisch besser als ein →*Abspannisolator* trennt. Der Isolationskörper besteht aus hochwertigem Kunststoff. Die Befestigungen mit →*Walzterminals* oder →*Augpressungen* passen zu den üblichen →*Terminals.* Bruchlast ca. 3000 – 9000 kg.

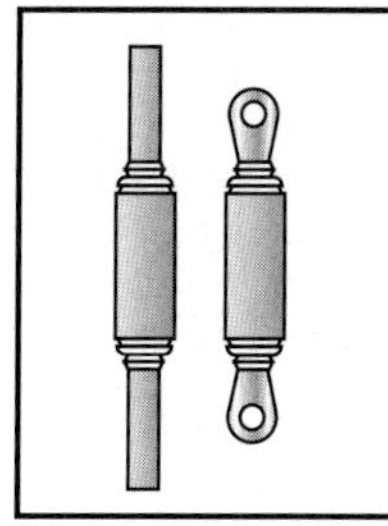

Kunststoff-Streifenbau, GFK-Leistenbau, der *(strong plank system)* Siehe →*Leistenbauweise aus GFK.*

Kurs, der *(course)* Die Richtung, die ein Boot steuert oder in die es segelt. Der K. kann auf die

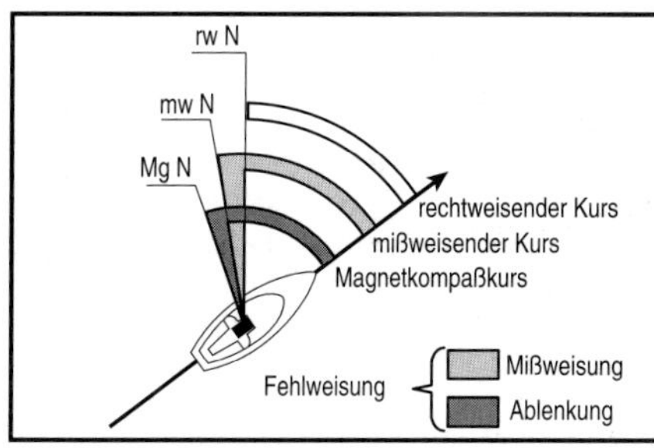

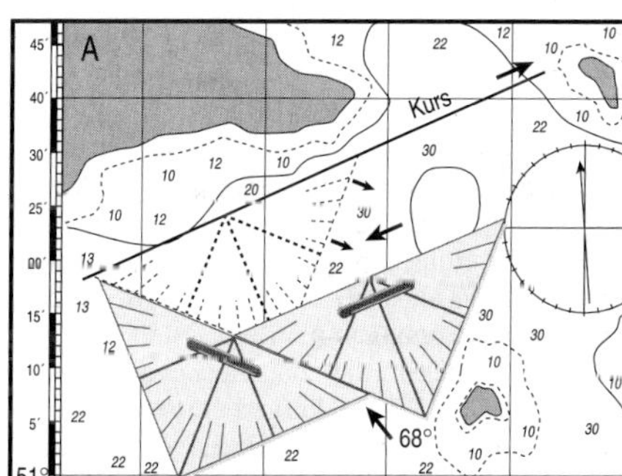

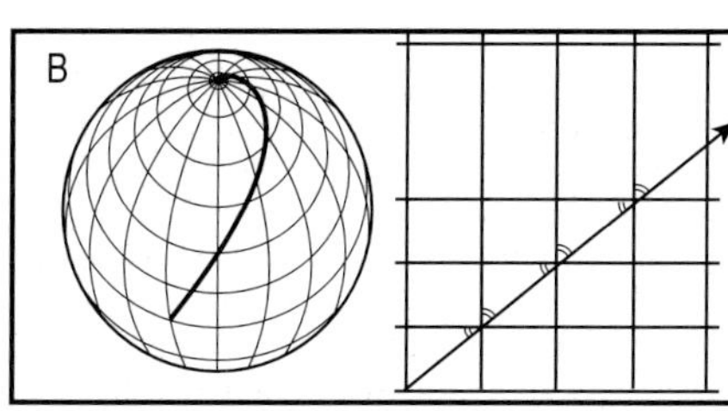

→*Windrichtung,* auf eine geographische Richtung oder auf die Umgebung bezogen werden: 1. Entsprechend dem →*Kurswinkel* zur →*Windachse* des →*atmosphärischen Windes* unterscheidet man z. B. einen →*Kreuzkurs,* einen K. mit →*halbem* oder →*dreiviertel Wind.* – 2. Bei einem Kurswinkel zum relativen →*Bordwind* spricht man von einem →*Amwindkurs* sowie von →*raumen Kursen.* – 3. Mit einem Kurswinkel zu der in →*Graden,* →*Strichen* o. a. angegebenen geographischen Richtung (A) unterscheidet man den →*rechtweisenden,* →*mißweisenden* und →*Magnetkompaßkurs.* – 4. In bezug auf die Umgebung ist der →*Kurs durch das Wasser* vom →*Kurs über Grund,* in der →*Navigation* der →*Kartenkurs* vom →*Steuerkurs* zu unterscheiden. – 5. Auf einer →*Seekarte* ist der eingezeichnete K. (B) eine →*Loxodrome* im Gegensatz zum →*Großkreiskurs.* – 6. Weiter spricht man von einem →*olympischen Kurs* und einem →*Dreieckskurs* beim →*Rennsegeln* sowie von →*Luvkurs,* →*Leekurs* u. a. Kursbezeichnungen.

Kursablage, die; Kursversatz, der *(cross track error, abbr. XTE)* Bei der →*Satelliten-Navigation* mit →*GPS* und der Benutzung von →*Wegpunkten* der über eine →*Kursabweichungsanzeige* dargestellte Standort seitlich-senkrecht vom ursprünglich gesteuerten und geplanten →*Kurs.*

Kursabweichungsanzeige, die *(Course Deviation Indicator, abbr. CDI)* In der →*Wegpunktnavigation* mit →*GPS* die genaue Darstellung der →*Kursablage* in Richtung (z. B. „rechts“) und Distanz (z. B. „0,18 sm“).

Kursberichtigung, die (Kursbeschickung, Kursverbesserung) *(correction of course)* Die Verbesserung eines →*Kurses* nach Beendigung der →*Kursverwandlung.* Zur K. gehört die Berücksichtigung von →*Abdrift* und →*Stromversetzung* durch die entsprechenden →*Beschickungen* für Wind oder/und →*Strom.* Eine K. kann auch (vorbeugend) einem (konstanten) Steuerfehler des →*Rudergängers* dienen, z. B. durch dessen häufiges →*Anluven,* insbesondere bei Nacht.

Kursbeständigkeit, die *(steadiness, course keeping quality)* Die Fähigkeit eines Bootes, den gewünschten und eingeschlagenen →*Kurs* weitgehend ohne Hilfe durch das →*Ruder* beizubehalten und sich auf seinem Weg weder durch die →*See* noch durch den →*Wind* beirren zu lassen. Die K. wird auch „Kursstetigkeit“ genannt.

Kursdreieck, das *(1. protractor – 2. plane sailing triangle)* Von dem Navigationslehrer Otto Fulst

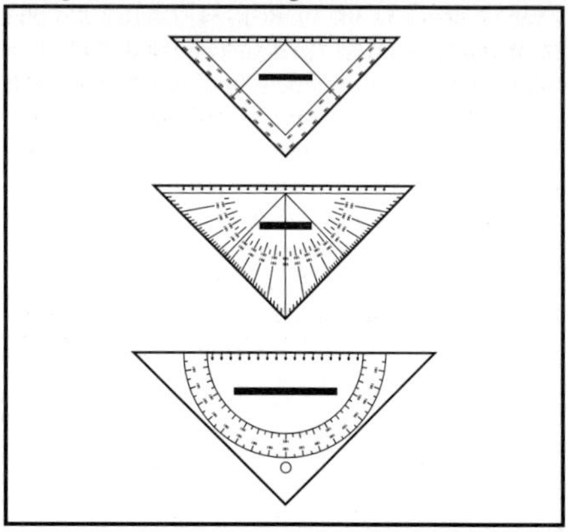

(1865 – 1945) entwickeltes und seit 1902 benutztes Instrument eines durchsichtigen, rechtwinkligen Dreiecks mit Winkeleinteilung vom 1° bis 360° und seinem Nullpunkt in der Mitte der Hypotenuse. Kursdreiecke werden meist paarweise benutzt, an einen →*Meridian* angelegt und dienen zum Einzeichnen von →*Kursen* und →*Peilungen,* gegebenenfalls mit Hilfe der Parallelverschiebung. In anderen Ländern benutzt man hauptsächlich →*Kursübertrager* oder →*Kurslineale.*

Kurs durch das Wasser, der *(course steered [... to steer])* Der auf das Wasser bezogene Win-

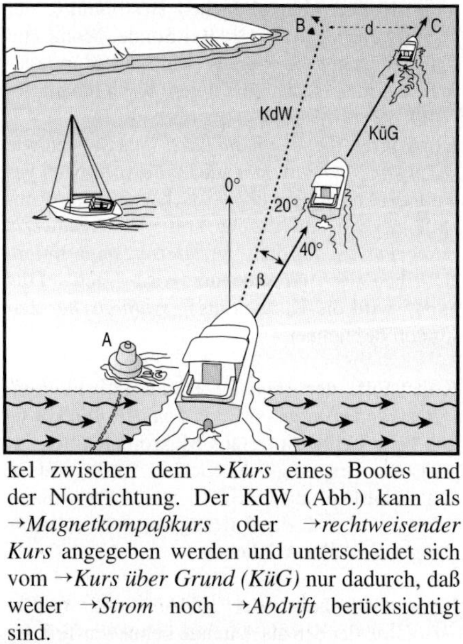

kel zwischen dem →*Kurs* eines Bootes und der Nordrichtung. Der KdW (Abb.) kann als →*Magnetkompaßkurs* oder →*rechtweisender Kurs* angegeben werden und unterscheidet sich vom →*Kurs über Grund (KüG)* nur dadurch, daß weder →*Strom* noch →*Abdrift* berücksichtigt sind.

Kurshalter, der *(course keeping vessel, steady vessel)* Nach der Regel 17 der →*KVR* ein Fahrzeug, das nach den →*Ausweichregeln* →*Wegerecht* hat und daher →*Kurs* und Geschwindigkeit beibehalten muß. Nur wenn das →*ausweichpflichtige Boot* nicht ein →*Ausweichmanöver* beginnt, darf der K. von sich aus ein →*Manöver des letzten Augenblicks* einleiten, um einen Zusammenstoß zu verhindern.

Kurslineal, das (Parallel-Lineal) *(parallel rulers)* Ein aus zwei durchsichtigen, miteinander

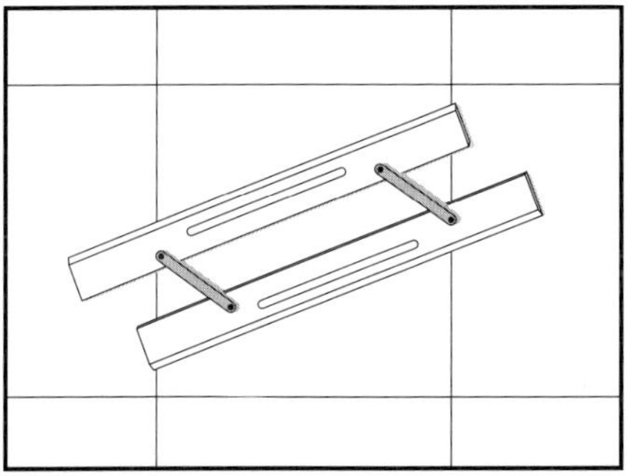

ausklappbar verbundenen Linealen bestehendes Gerät, mit dem man ohne Hilfe von →*Kursdreieck* und →*Kartenzirkel* durch ein- oder mehrfache Parallelverschiebung sowohl den →*Kurswinkel* von der nächst erreichbaren →*Richtungsrose* (→*Mißweisungsrose)* der →*Seekarte* als auch die →*geographische Breite* über eine Verbindung mit dem Kartenrand entnehmen kann. Auch Einzellineale, die an einem Ende mit dem Mittelpunkt einer Vollkreis-Richtungsrose, einer Millimetereinteilung an allen Kanten sowie ergänzenden Angaben der →*Beaufort-Skala,* der →*Wellenhöhen* und einer →*Weg-Zeit-Rechnung* ausgestattet sind, werden als K. oder →*Kursübertrager* bezeichnet.

Kurslinie, die *(course line)* 1. Der in der →*Seekarte* eingezeichnete geradlinige Weg (richtiger: Soll-Weg) eines Bootes, insbesondere bei einem →*Koppelkurs.* An der K. werden Distanzen gemessen und Zeiten für den →*gegißten Ort* eingetragen. 2. In der →*Wetterkunde* die Zugrichtung eines →*Tiefdruckgebietes,* die besonders bei einem →*Sturmtief* oder →*Orkantief* für nautische Entscheidungen wichtig ist.

Kurslupe, die *(compass magnifier)* Eine mit dem Flachglas-Kompaß im Bereich des Steuerstriches fest verbundene Linse, die einen Bereich von ca. 20° auf der Kompaßrose zum besseren Kurshalten für den Rudergänger mehrfach vergrößert. Auch →*Steuerlinse* genannt.

Kurssignal, das *(course signal, cross whistle)* Nach den →*KVR* mit dem →*Horn* o. ä. gegebenes Schallsignal, um auf eine durch ein Maschinenmanöver veränderte oder durch →*Ruderlage* bewirkte Kursänderung aufmerksam zu machen. Ein kurzer Ton bedeutet z. B.: „Ich ändere meinen Kurs nach →*Steuerbord",* 2 kurze Töne: „Ich ändere meinen Kurs nach →*Backbord",* 3 kurze Töne: „Meine Maschine geht rückwärts".

Kursstabilität, die *(directional stability)* Auch →*Kursbeständigkeit* oder Richtungsstabilität genannte Fähigkeit eines Bootes, den →*anliegenden* →*Kurs* möglichst lange ohne Korrektur durch das →*Ruder* beizubehalten. Die K. ist hauptsächlich von der Form des →*Unterwasserschiffes* bzw. dem →*Lateralplan* abhängig: Ein Boot mit langem →*Kiel (→Langkieler),* großer Lateralplanfläche, einem völligen →*Vorschiff,* tiefem →*Vorfuß* und →*achterlastigem* →*Trimm* hat gute K., eine →*Yacht* mit kurzem →*Kiel (→Kurzkieler),* mit →*Schwert,* →*vorlastigem* →*Trimm* und flachem Boden besitzt geringere K. Unabhängig davon beeinflußt auch die →*Segel-* und →*Schotführung* die K., z. B. durch eine nicht korrigierte →*Luvgierigkeit* oder →*Leegierigkeit.*

Kurs über Grund, der *(course made good, true track)* Der auf den →*Grund* bezogene Winkel

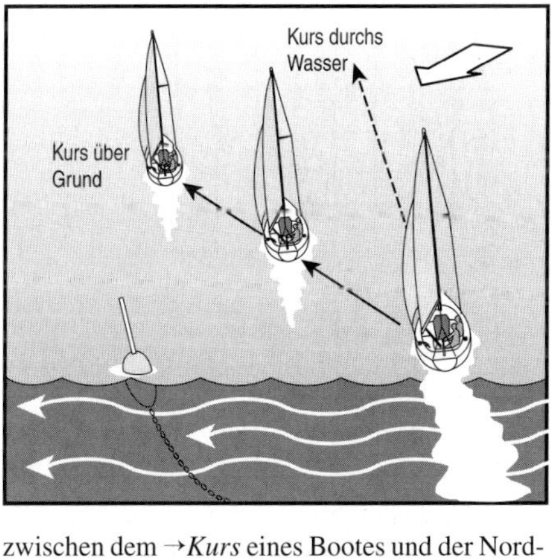

zwischen dem →*Kurs* eines Bootes und der Nordrichtung. Er kann als →*Magnetkompaßkurs* oder →*rechtweisender Kurs* angegeben werden und unterscheidet sich vom →*Kurs durch das Wasser* durch die Berücksichtigung von →*Strom* und →*Abdrift.*

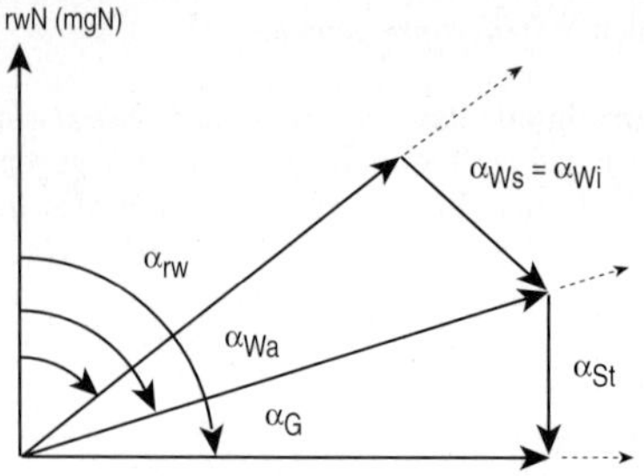

α_{rw} = Kurs unter Segeln (Eigenrichtung)
α_{Ws} = Windset* = α_{Wi}
α_{Wa} = Kurs durchs Wasser
α_{St} = Stromrichtung
α_G = Kurs über Grund
α_{Wi} = Abdrift (-winkel)

* Versetzungsrichtung durch Wind

Kurs über Grund

Kursübertrager, der *(1. chart protractor – 2. course protractor – 3. station pointer)* In unterschiedlichen Modellen für den →*Yacht-Navigator*

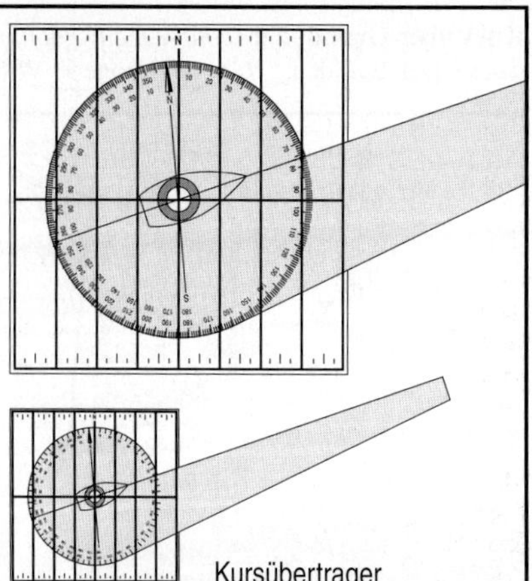

Kursübertrager

entwickelte einfachere (→*einhand-*) und komplizierte Geräte, um einen →*Kurs* in die →*Seekarte* einzutragen oder aus ihr entnehmen zu können, z. B.: 1. Ein aus einer →*Kompaßrose* mit einem relativ langen, beweglichen Arm bestehendes Instrument, das zum Ablesen des →*Kurswinkels* wie ein →*Kursdreieck* an einen →*Meridian* angelegt werden muß. – 2. Ein durchsichtiges, großflächiges Quadrat mit Gradeinteilung an den Kanten, einem zur Punktmarkierung offenen Mittelpunkt und einer Unterteilung in zahlreiche Planquadrate, das sinngemäß wie ein →*Kursdreieck* benutzt wird. – 3. Ein Doppeltransporteur oder Doppelwinkeltransporteur, mit dem man nicht nur den →*Kurs*, sondern auch eine →*Peilung* direkt eintragen kann. Mit drei Armen erlaubt er sogar die schnelle Kennzeichnung eines →*wahren Ortes* aus zwei →*Horizontalwinkeln* mit einem einzigen Gerät und in nur einem Arbeitsgang.

Kursverwandlung, die *(conversion of course)* Die Anbringung von →*Magnetkompaßablenkung* oder →*-deviation* (nach der →*Ablenkungs-* oder →*Steuertafel)* sowie der →*Mißweisung* bei der Verwandlung eines →*rechtweisenden Kurses* in einen →*Magnetkompaßkurs* und umgekehrt. Nach der K. unterliegt der →*Kurs* noch der →*Kursbeschickung,* ehe er als →*Kartenkurs* eingetragen oder dem →*Rudergänger* als →*Steuerkurs* gegeben werden kann.

Kurswinkel, der *(course angle, track angle)* Der Winkel zwischen dem →*Kurs,* d. h. der Kielrichtung des Bootes, und einer Bezugsrichtung. Diese kann entweder die →*Windachse* des →*atmosphärischen Windes,* die Richtung des relativen →*Bordwindes* oder die geographische Richtung sein. Der K. kann entweder in Graden oder Strichen nach der →*Kompaßrose* oder →*Richtungsrose* angegeben werden.

Kurs zum Wind, der *(points of sailing)* Der →*Kurs* einer Yacht kann auf den →*atmosphä-*

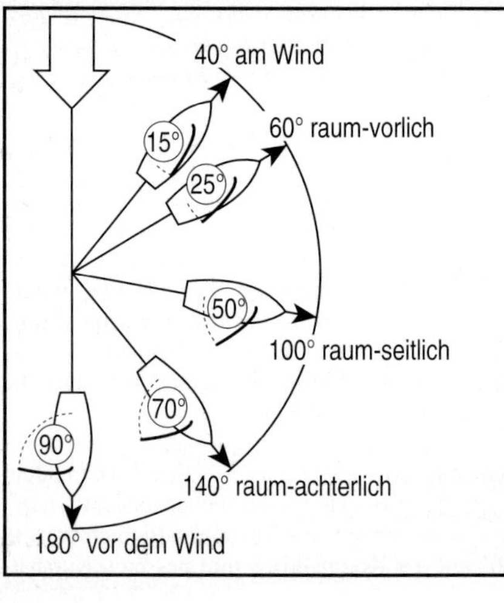

rischen Wind oder auf den →*Bordwind* bezogen werden. Bei Bezug auf den atmosphärischen oder →*wahren Wind* benutzt man den durch die →*Windachse* gezogenen Halbkreis für jeweils einen →*Bug* zur Kennzeichnung und spricht z. B. bei 90° von →*halbem Wind,* während bei Wind genau von →*achtern* die Benennung →*vor dem Wind* üblich ist. Auf den relativen →*Bordwind* bezogen dient die →*Segelstellung* (der Winkel zwischen Kielrichtung und Großbaum) zur Kennzeichnung des entsprechenden Kurses zum Wind (Abb.): Dabei unterscheidet man generell zwischen einem →*Amwindkurs* und →*raumen Kursen* und teilt den weiten Bereich „raum" in →*raum-vorlich,* →*raum-seitlich,* →*raum-achterlich* oder →*vor dem Wind* entsprechend den in der Abb. genannten Winkeln in der Segelstellung und Winkeln zur Windachse ein. Die →*Ausweichregeln* nach den →*KVR* und das →*Wegerecht* nach den →*WR* beziehen sich ebenfalls auf den K. z. W., z. B. in den Definitionen →*Wind von der entgegengesetzten Seite,* →*Wind von der gleichen Seite* sowie →*Wind von Steuerbord* bzw. →*Wind von Backbord.* Mit diesen Begriffen wurden die früheren Bezeichnungen für einen K. z. W. wie z. B. auf →*Backbordbug* oder mit →*Steuerbordhalsen* in den entsprechenden Regelwerken gestrichen.

Kurze Trompete, die *(cat's paw)* Ein →*Stek* zum →*Anstecken* eines →*Endes,* insbesondere wenn eine Last an einem Haken befestigt werden soll. Dabei wird eine →*Bucht* seitlich auseinandergezogen und drei bis vier Umdrehungen in jede der entstandenen Querbuchten gedreht. Diese steckt man auf den Haken. Die K. T. wird auch „Katzenpfote" genannt.

Kurzkieler, der Umstrittene und nicht genau definierbare Bezeichnung für einen →*Seekreuzer,* dessen →*Ballastkiel* nahe dem →*Gewichtsschwerpunkt* konzentriert und dessen →*Lateralplan* dementsprechend verkürzt ist. Bei einem K. ist das →*Ruder* von der →*Kielflosse* getrennt und unter dem →*Heck* angebracht. Heutzutage werden fast alle Seekreuzer als K. gebaut, weil sie dadurch leichter, schneller und wendiger, aber trotzdem nicht weniger →*seetüchtig* als →*Langkieler* sind.

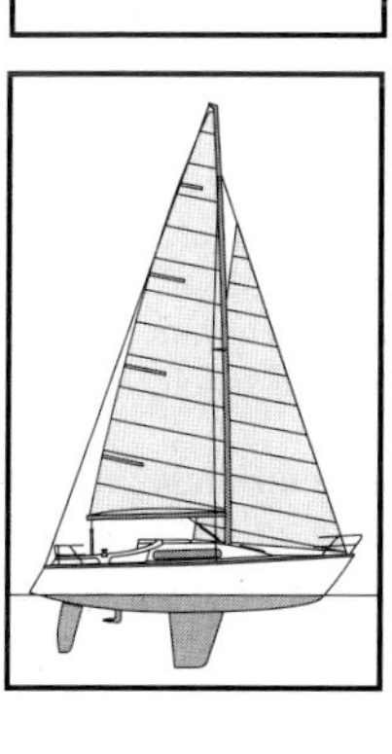

Kurzspleiß, der *(short splice)* Bruchsichere und dauerhafte Verbindung zweier gleichartiger →*Enden* durch →*Spleißen.* Im Gegensatz zum →*Langspleiß* werden die →*Kardeele* beider →*Tampen* nur kurz aufgedreht und nur ca. 3 – 5-mal gegen den Schlag miteinander verflochten. Das mit einem K. verbundene Tauwerk kann nicht durch →*Blöcke* laufen, weil es dann zu dick ist (Abb.).

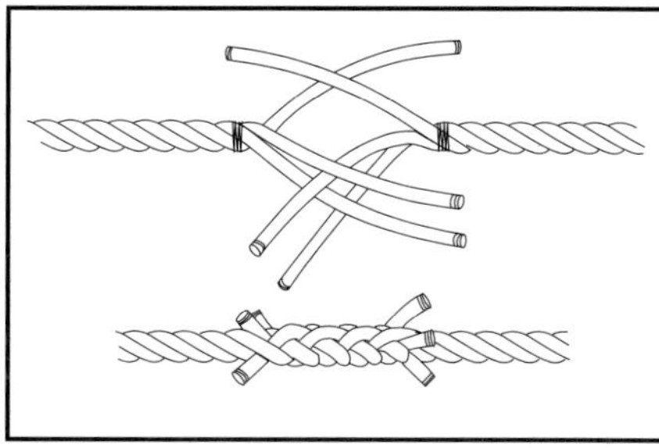

kurzstag (hieven) *(to heave short, hove short)* Die →*Ankerkette* so weit →*hieven,* bis sie nahezu senkrecht vom →*Anker* zum →*Bug* führt. Sie nimmt dabei die Richtung eines (kurzen) →*Stags,* z. B. des verlängerten →*Vorstags* ein. Der Anker wird zuerst k. gehievt, bevor man ihn →*lichtet.*

Kurzwelle, die *(short wave)* Elektromagnetische oder →*Funkwelle* der →*Frequenz* 4 – 30 MHz und der Wellenlänge 10 – 75 m. Durch diese →*Raumwelle* konnte man früher bei ausreichender Senderleistung im →*Seefunkdienst* über jede beliebige Erdverbindung mit der Heimatfunkstelle in Verbindung treten. Heutzutage dient die K. nur noch zum →*Sprechfunkdienst* über weite Entfernungen von →*Schiff* zu Schiff.

Kurzwellenbereich, der *(short wave band)* Die →*Kurzwelle* im Bereich von 4–22 MHz, auf der der →*Seefunkdienst* in der Funktelegrafie und Funktelefonie abgewickelt werden kann.

Küste, die *(coast [shore])* Im allgemeinen Sprachgebrauch das Übergangsgebiet vom Festland zum Meer, d. h. ein Grenzgebiet, das sowohl Festlandsflächen wie landnahe Inseln und die dazwischenliegenden Meeresteile (z. B. das →*Watt*) umfaßt und korrekter →*Küstengebiet* genannt wird. Nautisch ist die K. die auf Seekarten eingezeichnete Grenzlinie des Wasserstandes bei mittlerem →*Tidenhochwasser.* Spricht man von der Länge der K., dann ist die Länge der →*Uferlinie* gemeint. Sie ist in der Bundesrepublik Deutschland z. B. an der →*Nordsee* 1155 km lang, wobei 636 km auf die Festlandküste und 519 km auf die Inselküsten entfallen, und verteilt sich mit insgesamt 597 km auf Schleswig-Holstein und 558 km auf Niedersachsen.

Küstenfahrt, die *(coasting, coasting navigation)* Ein Begriff für die Fahrterlaubnis in der →*Seeschiffahrt,* die Fahrten längs den →*Küsten* der Nordsee zwischen allen Plätzen des Festlandes und der vorgelagerten Inseln sowie der Ostsee entlang der schwedischen Küste umfaßt. In der →*Sportschiffahrt* versteht man darunter den wesentlich größeren Fahrbereich der gesamten Ostsee, der Gewässer zwischen Nord- und Ostsee, der Nordsee bis 61° Nord und des gesamten Ärmelkanals sowie außerhalb dieser Grenzen alle Küstengewässer der Welt innerhalb eines 12-sm-Bereiches.

Küstenfunkstelle, die *(coast station)* Eine ortsfeste Funkstelle für den →*Seefunk.* Eine K. ist immer an dem Wort „Radio" hinter dem Ort erkennbar, der gleichzeitig ihre →*Position* angibt. Mit Beginn der →*INMARSAT-Dienste* wurde die Anzahl der KüFuSt weltweit vermindert.

Küstengebiet, das *(coastal region)* Ein Gebiet an der →*Küste* ohne genaue Land- und seewärtige Abgrenzung. Es umfaßt das →*Küstenland* und in der →*Nordsee* das →*Wattgebiet,* die Inseln, Halligen, →*Sunde* sowie den →*Vorstrand.*

Küstengewässer, die *(coastal waters, inshore waters)* 1. Landläufig das Meeresgebiet eines Küstenstaates bis zu seiner →*Hoheitsgrenze.* Dabei gehören sowohl die Eigengewässer (an der deutschen →*Küste* der Nordsee z. B. das →*Wattenmeer* zwischen Festland und Inseln) wie das →*Küstenmeer* zum K. – 2. Im Sinne der Verordnung über den Erwerb von →*Sportseeschiffer-* und →*Sporthochseeschifferscheinen* versteht man dagegen unter K. die Gewässer aller Meere bis zu 30 →*Seemeilen* Abstand von der Festlandküste sowie die Seegebiete der Ost- und Nordsee, des Kanals, des Bristolkanals, der Irischen und Schottischen See, des Mittelmeeres und des Schwarzen Meeres. Nach dem →*Flaggenrechtsgesetz* gehören diese K. in das Gebiet der →*Seefahrt.*

Küstenkarte, die *(coast chart)* Eine →*Seekarte* im Maßstab 1:30 000 bis 1:300 000 zum Ansteuern des Landes und zur →*Küstenfahrt,* zum Einlaufen in schwierige →*Fahrwasser,* →*Buchten* und Häfen sowie zum Aufsuchen von →*Ankerplätzen.* In die K. sind oft →*Pläne* mit kleinerem Maßstab eingedruckt, damit man an einigen Stellen mehr Einzelheiten erkennen kann.

Küstenland, das *(coastal area, seabord)* Das durch Deiche, Dünen und Geesthöhen geschützte Festland an der →*Küste,* dessen →*seewärtige Grenze* die →*Küstenlinie* ist.

Küstenlinie, die *(shoreline)* Die seeseitige Grenzlinie des →*Küstenlandes* auf dem Festland und den Inseln vor der →*Küste.*

Küstenmeer, das *(coastal waters, inshore waters)* Das allg. drei →*Seemeilen* bzw. 12 sm breite Meeresgebiet vor der →*Küste* eines Staates zwischen der →*Staatslandgrenze* und der →*Hoheitsgrenze,* in dem bereits die nationalen Gesetze und Verordnungen gelten. Das deutsche K. wurde durch die Proklamation der Bundesregierung am 1. Januar 1995 auf bis zu 12 Seemeilen ausgeweitet. In diesem Gebiet gelten jetzt z. B. die →*Vorfahrtsregeln* der →*Seeschiffahrtsstraßen-Ordnung (→SeeSchStrO),* die einige →*Ausweichregeln* der →*KVR* aufheben.

Küstenschiffahrt, die *(coastal navigation, coasting trade)* Die Schiffahrt in Nähe der →*Küste.*

Küstenströmung, die *(coastal current)* Durch Wind und Tide verursachte Wasserströmung parallel zur →*Küste* außerhalb der →*Brandungszone.*

Küstenverkehrszone, die *(inshore traffic zone)* In einem →*Verkehrstrennungsgebiet* der Bereich zwischen dessen landseitiger Grenze und der →*Küste,* das für die →*Küstenschiffahrt* in beiden Richtungen und somit auch für die →*Küstenfahrt* von Segelyachten bestimmt ist. Die K. dürfen nach Regel 10 (d) der →*KVR* nur →*Fahrzeuge* von weniger als 20 m Länge, Segelfahrzeuge und fischende Fahrzeuge benutzen sowie alle anderen Fahrzeuge auf dem Weg zu oder von einem in der K. gelegenen Ort.

Küstenwache, die *(Coast Guard)* Nach Vorbildern in anderen Ländern (insbesondere in den USA) seit 1994 auch in Deutschland geschaffene Einrichtung zur Überwachung der →*Küstengewässer* im Gebiet der Nord- und Ostsee durch

See- und Luftfahrzeuge. Unter der gemeinsamen zusätzlichen Bezeichnung „K." operieren alle Fahrzeuge der für die Überwachungs- und Vollzugsdienste zuständigen Bundesbehörden wie z. B. Bundesgrenzschutz, Zoll, Fischereiaufsicht und Schiffahrtsverwaltung. Die Schiffe der K., die auch Umweltaufgaben wahrnehmen, führen die Bundesfarben sowie die Aufschrift „Küstenwache" an der Bordwand und werden durch ein gemeinsames Logo am Schornstein bzw. an den Aufbauten gekennzeichnet. Sie sind ununterbrochen auf →*UKW-Kanal 16* empfangsbereit. Die Arbeit der K. koordinieren die Küstenwachzentren Nordsee in Cuxhaven und Ostsee in Neustadt/Holstein.

Kutter, der (*1. smack, 2. cutter)* 1. Kleines, seetüchtiges Fischereifahrzeug, das mit einer Lüa

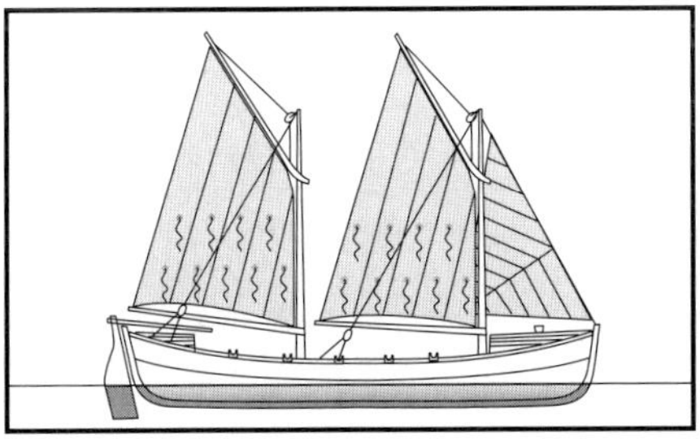

zwischen 10 und 30 m in vielen nordeuropäischen Ländern benutzt wird. Meistens mit →*Kuttertakelung.* Seit 1900 hauptsächlich mit Motor und →*Stützsegel.* Konstruktives Vorbild für eine →*Kutteryacht.* – 2. Beiboot von Kriegsschiffen, das mit 10 bis 14 →*Riemen* zum →*Pullen* und mit 2 →*Luggersegeln* in →*Ketschtakelung* zum Segeln eingerichtet ist, auch →*Jugendkutter* bei Segelclubs.

Kuttertakelung, die *(cutter rig)* Vorwiegend von →*Fahrtenkreuzern* benutzte →*Takelage,* bei der die →*Segelfläche* je zur Hälfte auf →*Großsegel* und →*Vorsegel* verteilt und letztere noch in →*Fock* und →*Klüver* unterteilt ist. Beide können für jedes Wetter in unterschiedlichen Größen relativ einfach gesetzt und gewechselt werden. Zur „klassischen" K. gehörten ein →*Gaffel-Großsegel* und →*Toppsegel* sowie hoch oben im →*Vorsegeldreieck* ein →*Flieger.*

Kutteryacht, die *(cutter yacht)* Im Stile seetüchtiger Fischkutter gebauter →*Fifty-Fifty,* der als →*Anderthalbmaster* mit langem →*Lateralplan* und großer →*Verdrängung,* oft als →*Doppelender*

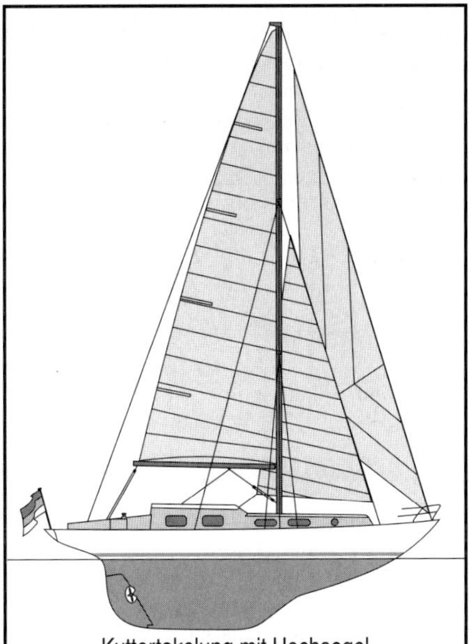

Kuttertakelung mit Hochsegel

Kuttertakelung mit Gaffelsegel

mit →*Deckshaus* gebaut wird. Wohnliche, →*kursstabile* und sichere, aber langsame Yacht. Abmessungen z. B.: Lüa 11,00 m, LWL 10,00 m, Büa 3,50 m, Tiefg. 1,50 m, Verdr. 12,5 t, Ballast 4,0 t, Segelfl. 30 m², 90-PS-Dieselmotor, 6 bis 8 Kojen (Abb. folgende Seite).

KVR Abk. für die amtl. Kurzbezeichnung →*Kollisionsverhütungsregeln,* ausführlich und korrekt →*Internationale Regeln von 1972 zur Verhütung von Zusammenstößen auf See* in der zuletzt geänderten Verordnung vom 19.11.1989. In ihrem Inhalt entsprechen die KVR der früheren →*Seestraßenordnung (SeeStrO).*

KWL Abk. für →*Konstruktionswasserlinie.*

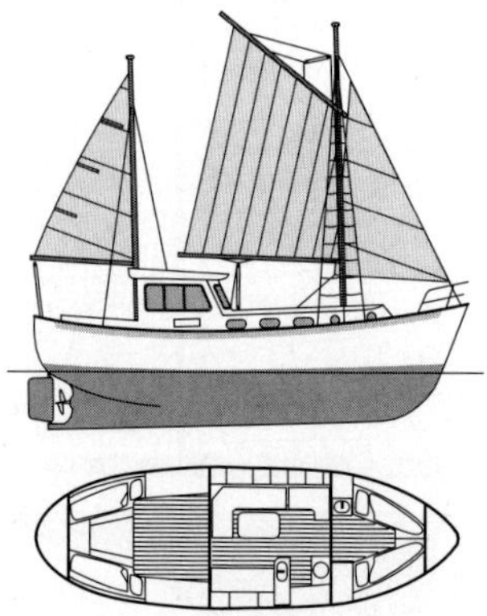

Kutteryacht

L

L = Lima Internationales Buchstabensignal, gelb-schwarz. Bedeutung: „Bringen Sie Ihr Fahrzeug sofort zum Stehen.“ Morsen: • — • •

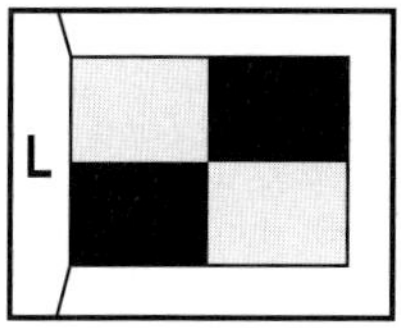

(kurz – lang – kurz – kurz). Beim →*Rennsegeln* ein Wettfahrtsignal nach den →*Wettfahrtregeln.* Bedeutung: „Kommen Sie in Rufweite“ oder „Folgen Sie mir“.

labiles Gleichgewicht, das; labil (*unstable equilibrium)* Der Zustand, wenn z. B. eine →*Jolle* durch den →*Winddruck* auf den Segeln oder andere äußere Einflüsse nicht mehr in ihre Ausgangslage zurückkehren kann, weil die →*Stabilität* fehlt. Auch eine Situation, wenn das →*aufrichtende Moment*

(durch →*Formstabilität,* mit Hilfe von →*lebendem Ballast* oder dem →*fliegenden Trapez)* nicht ausreicht, ein →*stabiles Gleichgewicht* herzustellen, so daß das Boot →*kentert.*

labsalben, lappsalben *(to tar down, to slush down)* Das →*stehende* und →*laufende Gut,* →*Beschläge* und andere Teile der →*Takelage* „mit dem Lappen salben“, d. h. Tauwerk mit Teer und →*Spieren* mit Fett einschmieren und alle Teile durch Konservieren vor →*Korrosion* und →*Verrotten* schützen.

Labskaus, das *(lobscouse, scouse)* Seemannsgericht, das an Land aus Pökelfleisch, Kartoffeln, Zwiebeln und Salzgurken zubereitet wird, an Bord aus Fleisch und Resten aller Art besteht. Nur der Smut und der liebe Gott wissen genau, was im L. alles enthalten ist.

Lage, die *(1. position, situation, 2. target angle, aspect, 3. trim)* 1. Allg. die Situation in bezug auf das Wohlbefinden von Boot und Besatzung, das Verhalten von Wind und See sowie die Sicherheit in bezug auf Seeraum, Kompaßkurs, Wassertiefe u. a. Der Skipper fragt z. B. die Wache: „Wie ist die Lage?“ – 2. Die Richtung und Peilung auf ein anderes Boot und der Winkel, den dessen Kursrichtung zu einem Peilstrahl bildet, z. B. zur Feststellung eines →*Kollisionskurses.* Sie wird geschätzt und in Graden

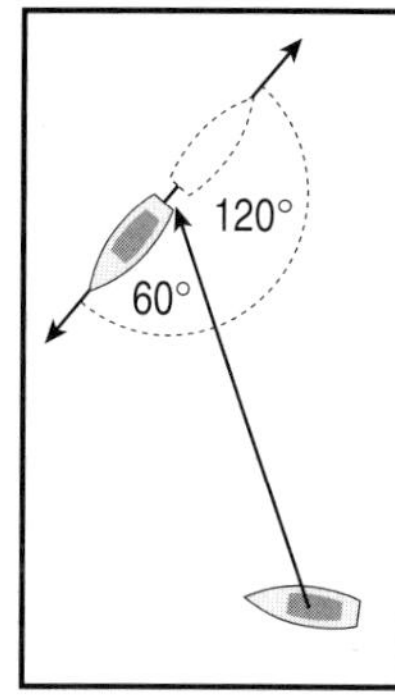

angegeben, z. B. „Lage 60“ (Abb.). – 3. Die →*Trimmlage* eines Bootes. Z. B. muß ein →*achterlastiges Boot* wieder in die richtige L. gebracht werden. – 4. Sinngemäß auch →*querschiffs* die aufrechte Schwimmlage. Bei anhaltender →*Krängung* spricht man von „Lage schieben“.

Lagune, die (*lagoon, sea lake)* Durch Dünen, Riffe u. a. schmale Landstriche von der See abgegrenztes Revier mit weniger Seegang, flacherem Wasser (→*Brackwasser)* und Landschutz. Der Begriff L. wird hauptsächlich auf das Seegebiet um Venedig bezogen. In der Ostsee wird eine L. auch →*Haff* genannt.

Laken, das *(sheet)* Ausdruck für →*Segel,* z. B. bei „platt vor dem Laken“ auf einem →*Vorwindkurs.*

lamelliert, lamellieren *(lamellar, lamellated, to laminate)* Aus mehreren Schichten verleimt, z. B. Platten aus →*Bootsbausperrholz.* Um eine gewünschte Form oder Rundung bei großer Festigkeit zu erhalten, lassen sich (auch von Amateuren) →*Spanten,* →*Pinnen* und Teile der Einrichtung und Ausrüstung l., aus optischen Gründen sogar aus verschiedenfarbigen Holzarten.

laminare Strömung, die *(laminar flow)* In der Strömungslehre der →*Aerodynamik* und →*Hydrodynamik* eine stationäre, glatt anliegende Strömung, die z. B. an einem →*Segel* mit →*optimalem Anstellwinkel* beidseitig über die ganze Breite

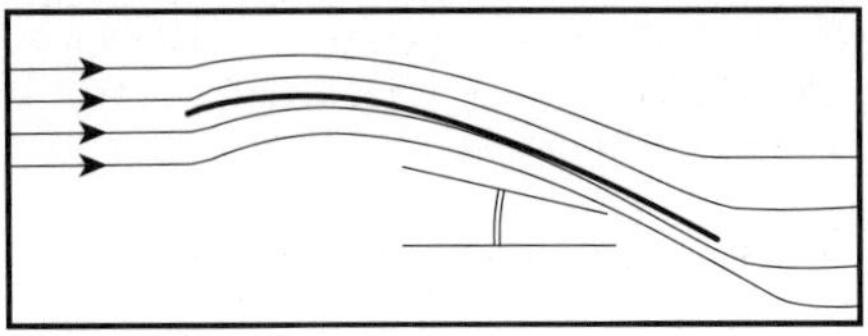

vom →*Vorliek* zum →*Achterliek* herrscht und durch die eng anliegenden →*Fadensonden* optisch angezeigt wird. Nur mit einer l. S. kann ein →*aerodynamisches Profil* seine volle Leistungsfähigkeit entfalten. Beim Übergang in →*turbulente Strömung* vermindern sich die Nutzkräfte und vergrößern sich die Widerstände.

Laminat, das *(laminate, lamination, lamina [pl. -nae or -nas])* Das mit einem zur →*Polymerisation* fähigen Harzgemisch getränkte Faser-Armierungsmaterial aus →*Glasseidenmatten,* →*Glasseidengeweben,* →*Roving-Geweben* oder ähnlichem. Je nach der Dicke des Glasfasermaterials hat ein Laminat eine Dicke von maximal 1 mm, d. h. eine →*GFK-Außenhaut* von 4 mm besteht aus ca. 4 bis 6 Laminaten.

laminieren *(to laminate)* Ein →*Laminat* aus →*Polyesterharz* oder →*Epoxidharz* und →*Glasseidenmatten* oder →*Rovinggeweben* fertigen.

Lampe, die *(lamp)* Die elektrisch oder mit Petroleum betriebene Leuchtquelle mit einer →*Positionslaterne,* mit der man bei Nachtfahrten die vorgeschriebenen →*Lichter* zeigen kann.

Landeffekt, der *(land effect)* Landeinwirkung bei einer →*Funkpeilung.* Ablenkung des Peilstrahls beim Übergang der →*Funkwellen* von Land auf See bzw. umgekehrt, insbesondere bei einem nicht senkrechten Auftreffen auf die →*Küste.*

landen *(to land)* 1. Mit dem Boot das Land erreichen und dort →*festmachen,* um (über eine →*Landungsbrücke)* Personen →*auszubooten* oder Güter →*anzulanden.* 2. Mit einer →*Jolle* einen Strand ansteuern und dort sinngemäß wie an einen Steg →*anlegen.* Nach dem L. wird das Boot weiter →*aufgeholt,* bis es wieder →*ablegen* oder →*starten* will. 3. Sinngemäß im militärischen Bereich Truppen mit Kleinbooten oder Spezialfahrzeugen an eine →*Küste* bringen.

Landeskenner, der *(Maritime Identification Digit, Abk. MID)* Die Länderkennzahl in der →*Seefunkstellenrufnummer (→Maritime Mobile Service Identity)* des →*Digitalen Selektivruf-Systems* (DSC). Sie ist dreistellig und z. B. für

Deutschland	211 und 218
Dänemark	219
Schweden	265
Norwegen	257
Niederlande	244

Außer bei →*Küstenfunkstellen* nimmt sie die ersten drei Stellen in der neunstelligen →*MMSI* ein.

Landfall, der; Land machen; Land sichten *([to make] landfall)* Sichten und Erkennen der →*Küste* nach einer längeren →*Reise* über See, z. B. durch →*Landmarken.* Man „macht einen guten Landfall“, wenn man den vorgesehenen Ansteuerungspunkt erreicht.

Landfeste, die *(shore fast, stern fast, bow fast)* Allg. jeder →*Festmacher,* mit dem ein →*Boot* nach einer →*Landung* eine sichere Verbindung zum Liegeplatz, z. B. einem →*Kai,* herstellt. Als L. gelten dabei →*Vorleine,* →*Achterleine* und →*Springleinen.* Insbesondere ist die L. eine →*Heckleine,* die →*vor Anker* auf einem begrenzten →*Ankerplatz* als zusätzliche Sicherung zum →*Ufer* ausgefahren und dort →*belegt* wird.

Landgang, der *(1. leave, 2. gangway)* 1. Im Sinne von Landurlaub ein Anspruch für jedes Besatzungsmitglied außer der (Hafen- oder Anker-) →*Wache,* soweit es die Sicherheit des Bootes zuläßt, an Land zu gehen. – 2. Der Verbindungssteg zwischen Boot und Land am →*Liegeplatz* oder zwischen zwei Booten untereinander, auch →*Gangway* genannt.

„Land in Sicht!“ *(„Land-ho!“)* Ruf und Meldung, wenn auf einer →*Langfahrt* wieder eine →*Küste* gesichtet wird.

Landmarke, die *(landmark)* Von See aus gut sichtbarer und unverwechselbarer Punkt an der →*Küste,* der zur →*Schiffsortbestimmung* in der →*terrestrischen Navigation* benutzt werden kann. Eine natürliche, markante L. kann ein Einzelbaum, ein Gehölz, eine Huk, ein Hügel o. ä., eine künstliche L. ein Schornstein, Sendeturm, Kirchturm, Windrad, eine Bake, Mühle o. ä. sein.

(auffällige) Landmarke *(conspicuous landmark)* Zeichen aus →*Karte 1* im Anhang.

Landratte, die *(landlubber, landman)* Abfällige Bezeichnung eines Nicht-Seemannes durch einen →*Fahrensmann* bzw. eines Landbewohners durch einen Seefahrer.

Landung, die; Landen, das *(landing, arrival)* Das →*Anlegen* an einem →*Kai* oder einer →*Brücke,* die fest, oder an einem →*Schlengel* oder →*Ponton,* die schwimmend mit dem →*Land* verbunden sind und auch als →*Landungsbrücken* bezeichnet werden. Zur ordnungsgemäßen L. gehört eine Landverbindung mit →*Festmachern* oder mit einer →*Landfeste.*

Landungsbrücke, die *(landing stage, landing pier, jetty, pontoon)* Eine fest gegründete und dann meistens senkrecht zum →*Ufer* errichtete →*Brücke* zum →*Landen* oder ein →*Schwimmsteg* oder →*Schlengel,* der parallel vor dem Ufer liegt und bei wechselndem Wasserstand (z. B. in →*Tidengebieten)* zur →*Landung* dient.

Landwind, der *(offshore wind, landbreeze)* Durch thermische Einflüsse bei starker Sonnen-

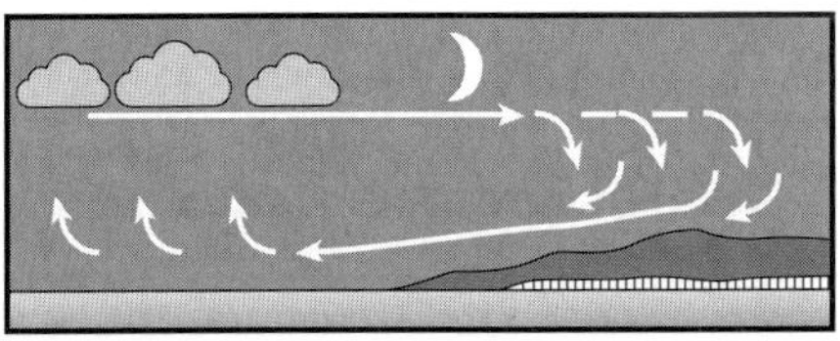

einstrahlung an der →*Küste* in der Regel nur nachts auftretender →*ablandiger Wind* geringer →*Windgeschwindigkeit,* der am Tage durch den →*Seewind* abgelöst wird.

Länge, die *(length)* 1. Im →*Internationalen Einheitensystem* (SI) eine Basisgrößenart mit

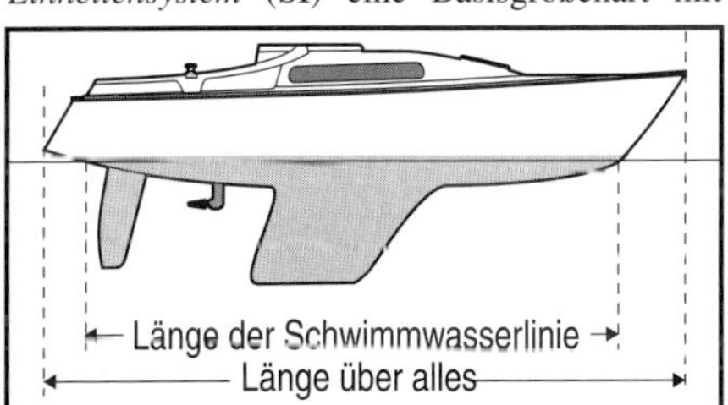

der Einheit „Meter" und seinen dezimalen Vielfachen und Teilen. Andere Längeneinheiten sind z. B. →*Seemeile,* →*Kabellänge,* →*Faden,* →*Fuß,* →*Zoll.* 2. Eine der Abmessungen bzw. →*Hauptabmessungen* eines Bootes, z. B. die →*Lüa,* die L. in der Konstruktionswasserlinie, die L. über Deck u. a. 3. Bei der →*Vermessung* eines Bootes die L. in einer Vermessungsebene oder der in Meter oder Fuß angegebene →*Rennwert,* z. B. bei einer →*12-m-R-Yacht,* der aber kein tatsächliches Längenmaß gemäß 1. ist.

Länge, astronomische, die *(observed longitude)* Der Winkelabstand eines Gestirns vom Frühlings- oder Widderpunkt, rechtläufig von 0° – 360° auf der Ekliptik bezeichnet.

Länge, geographische, die *(longitude)* Der in Grad gemessene sphärische Winkel am Erdpol zwischen dem (Null-)→*Meridian* von Greenwich und dem Ortsmeridian, bis 180° nach Ost oder West bezeichnet. Dementsprechend gibt es eine →*östliche* und →*westliche Länge.* Gradzahlen der g. L. sind dreistellig zu schreiben, z. B. 010° E oder 004° W.

„Länge läuft" Im Sinne des →*Geschwindigkeitsgrades* die Feststellung, daß ein Boot desto

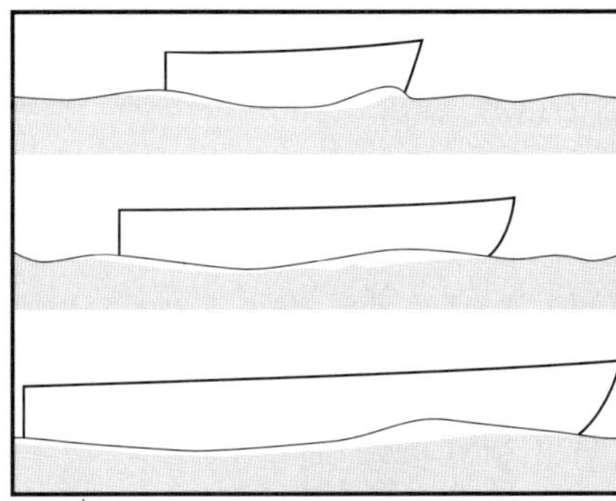

schneller segeln kann, je länger es in der →*Konstruktionswasserlinie* oder →*Schwimmwasserlinie* ist.

Länge über alles, die *(length overall)* Eine →*Hauptabmessung* des Bootes. Abk. →*Lüa (LOA).*

Längen-Breiten-Verhältnis, das *(length-to-beam-ratio)* Dasselbe wie →*Längenverhältnis* und →*relative Länge.*

Längenunterschied, der *(difference of longitude)* In der →*astronomischen Navigation* die Differenz der →*(geographischen) Länge* zweier Orte, ausgedrückt als sphärischer Winkel am Pol zwischen den →*Meridianen* und in Grad. Der L. kann auch als Zeitmaß ausgedrückt und als →*Zeitunterschied* bezeichnet werden.

Längen-Verdrängungs-Verhältnis, das *(length-to-displacement-ratio)* Dasselbe wie →*relative Verdrängung.*

Längenverhältnis, das (relative Länge) *(1. length to beam ratio, 2. beams to length)* 1. Das

Verhältnis der →*Länge* eines Bootes zu seiner →*Breite,* bezogen auf die entsprechenden Werte der →*Hauptabmessungen.* Bei einer Lüa von 9,00 und einer Büa von 3,00 m ist das L. = 3 oder 3 : 1. Das L. dient sinngemäß wie das →*Breitenverhältnis* oder die relative →*Breite* zur Charakterisierung eines Bootsrumpfes. Besser und genauer erfolgt es durch den Längenkoeffizient oder →*Völligkeitsgrad* der Spantflächenskala. – 2. Auch die Anzahl der „Breiten" auf die „Länge" wird als L. verstanden, wenn man z. B. von „3 Breiten" bei einem Längen-Breiten-Verhältnis L : B = 3 spricht.

Lange Trompete, die *(sheepshank)* Ein →*Verkürzungsstek,* bei dem man ein →*Auge* legt, um die durchhängende →*Bucht* mit ihrem oberen Teil hineinzustecken und anschließend um die untere Bucht den gleichen →*Kopfschlag* legt. Die Verbindung hält nur bei anhaltendem Zug.

Lange Wache, die *(long watch)* Dieser →*Wachtörn* für zwei Segler als →*Crew* enthält lange Tag- und kurze Nachtwachen:

0000 – 0400 Uhr	Segler A
0400 – 0800 Uhr	Segler B
0800 – 1400 Uhr	Segler A
1400 – 2000 Uhr	Segler B
2000 – 2400 Uhr	Segler A, usw.

Die Zeit der →*Freiwache* am Tage beträgt hierbei je sechs Stunden, und die vierstündigen →*Nachtwachen* wechseln.

Langfahrtenyacht, die *(ocean cruising yacht)* Nach den →*Klassifikations- und Bauvorschriften für Yachten* des →*Germanischen Lloyd* ein →*Seekreuzer* für einen uneingeschränkten →*Fahrtbereich* auf →*hoher See* und fern von→*Küsten.* Eine L. muß, völlig auf sich allein gestellt, jeden möglichen →*Notfall* allein bewältigen können. Oft ist eine L. als →*Langkieler* gebaut.

Langkieler, der *(long keeler, keel yacht with long lateral area)* Umstrittene und nicht genau definierbare Bezeichnung für einen →*Seekreuzer* mit langem →*Lateralplan,* der (einschließlich →*Ruderblatt)* ungeteilt über die ganze Länge des →*Unterwasserschiffes* vom →*Bug* zum →*Heck* verläuft. Ein L. ist zwar →*kursstabil,* aber dafür hat er eine größere →*Verdrängung* als ein →*Kurzkieler* und schlechtere →*Manövriereigenschaften.*

Langkielruder, das *(fixed rudder)* Ein →*Festruder,* das an der →*achteren* Kante des →*Totholzes* hängt und mit dem →*Unterwasserschiff* des →*Langkielers* eine →*hydrodynamische* Einheit bildet. Ein L. muß bei der Bewertung der →*Lateralfläche* voll mitgerechnet werden.

Längsfestigkeit, die *(longitudinal strength)* Die Festigkeit oder Steifheit eines Bootsrumpfes →*längsschiffs.* Sie wird durch →*Längsspanten* und →*Stringer* verbessert und ist nur bei langen →*Überhängen* problematisch.

Langspleiß, der *(long splice)* Eine dauerhafte und bruchsichere Verbindung zweier →*Enden* aus →*Fasertauwerk* oder →*Drahttauwerk* durch →*Spleißen,* bei der die →*Kardeele* beider →*Tampen* weiter als beim →*Kurzspleiß* und mit sich verjüngenden →*Litzen* so sinnvoll verflochten werden, daß die Verbindungsstelle nicht dicker als das normale Tauwerk ist und ungehindert durch →*Blöcke* geschoren werden kann.

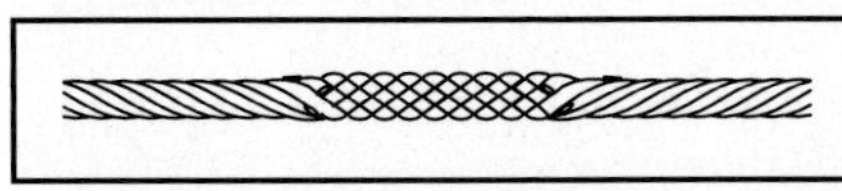

Längsriß, der *(longitudinal elevation)* In einem →*Linienriß* der →*Aufriß,* der den Bootsrumpf in einer seitlichen Projektion zeigt. Dabei liegt das →*Vorschiff* im allgemeinen rechts. Man unterscheidet eine Außen- und eine Innenansicht als vertikalen →*Längsschnitt* in der Kielebene.

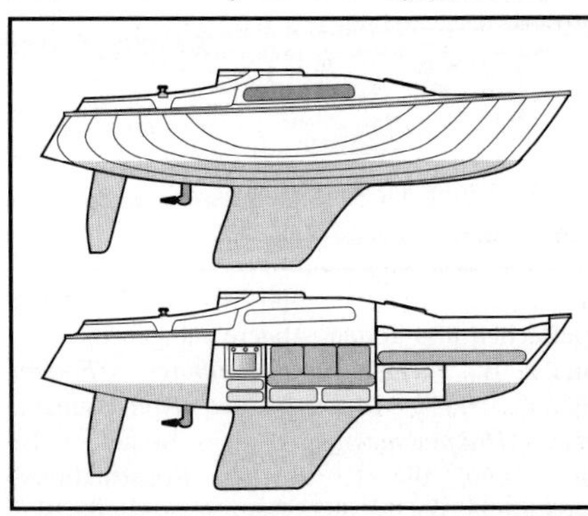

Längssaling, die *(trestle tree)* Im Gegensatz zur →*querschiffs* geriggten →*Saling* (z. B. auf einer →*Yacht)* kurze →*längsschiffs* und beiderseits am →*Untermast* eines →*Rahseglers* gehalterte Auflage für den →*Mars* (Abb.). Längs- und Dwars- oder Quersalinge sind dabei zu einem festen Verbund vernutet und mit dem Mast verbolzt. Die Vorderkante einer L. ist oft abgerundet. Mit einer L., über die das →*Vorstag* zum →*Masttopp* geführt wurde, war auch ein →*Peitschenmast* geriggt.

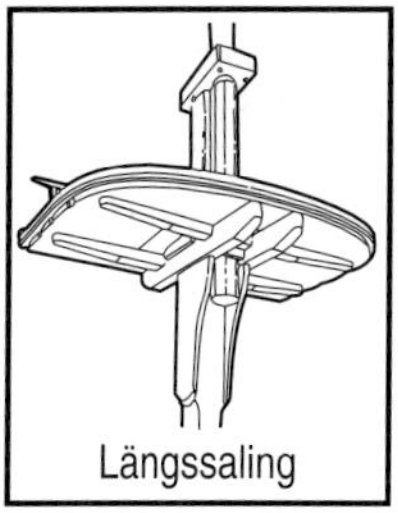

Längsschnitt, der *(longitudinal section)* Ein in der Symmetrie-Ebene →*längsschiffs* aufgeführter

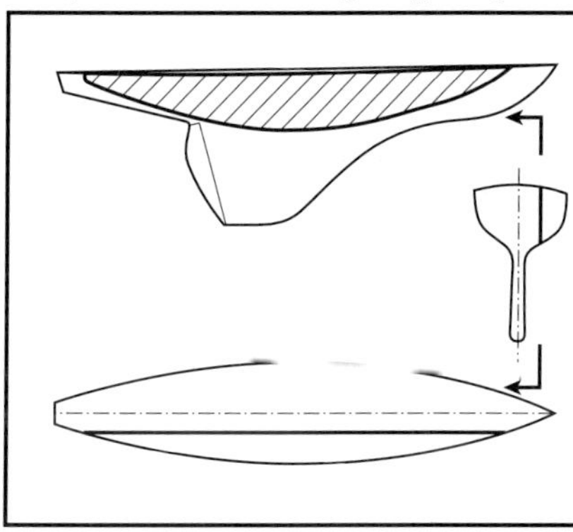

vertikaler →*Schnitt* durch den Bootskörper. Ein L. erscheint in einem →*Längsriß* als Kurve und charakterisiert den Schlankheitsgrad der Bootsenden. Im →*Linienriß* sind immer mehrere Längsschnitte eingezeichnet.

längsschiffs, längs *(fore-and-aft, longitudinal)* In Längsrichtung bzw. Kielrichtung und annähernd parallel dazu von →*vorn* nach →*achtern,* im Gegensatz zu →*querschiffs.*

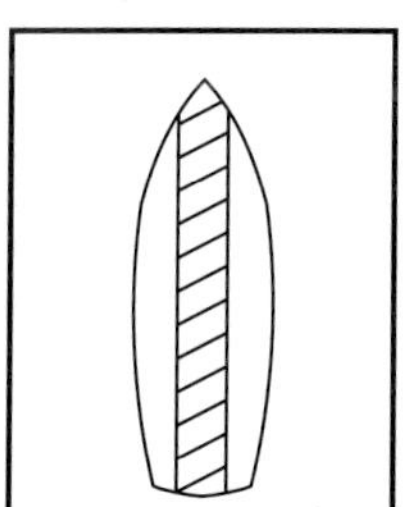

Längsschott, das *(longitudinal bulkhead)* Ein →*Schott,* das ein Boot oder einen Teil von ihm →*längsschiffs* teilt, im Gegensatz zum →*Querschott.*

längsseits (kommen) *([to come] alongside)* Entlang der Seite; Seite an Seite; längsschiffs außenbords. Man kann l. kommen, gehen, liegen, laufen, schleppen, überholen u. a.

Längsspant, der *(longitudinal frame, hog frame, stringer)* Ein verstärkender Bauteil oder →*Spant,* der nicht →*querschiffs,* sondern →*längsschiffs* eingebaut ist. Auch →*Stringer* oder Seitenstringer genannt, weil er wie diese die →*Längsfestigkeit* verbessert.

Längsstabilität, die *(longitudinal stability)* Die →*Stabilität* eines Bootes →*längsschiffs.* Die L. ist im Vergleich zur →*Querstabilität* sehr groß, aber damit auch gefährlich, weil sich eine Überlastung des →*Riggs* weder durch eine Neigung (→*Krängung)* zeigt noch durch sie vermindert werden kann. So kann es auf →*raumen Kursen* mit großer L. zu Mastbruch oder →*Havarie* an Segeln und Takelage kommen. Bei zusätzlichem hohen →*Seegang* kann auf einem solchen Kurs auch die L. nicht ausreichen, um eine →*Kenterung* längsschiffs oder das →*Über-Kopf-Gehen* zu verhindern. Tragische Beispiele hierfür sind die Tzu Hang, die Sandefjord und Teilnehmeryachten am →*Fastnet-Rennen* 1979, die mit dem →*Heck* nach vorn über den →*Bug,* also um die Querachse gekentert sind.

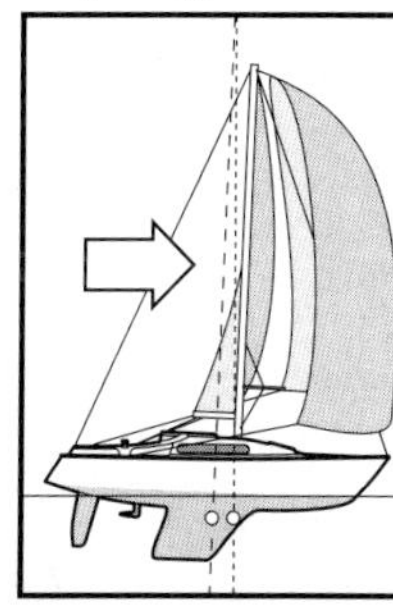

Längsverband, der *(longitudinal structure)* Bauteile →*längsschiffs,* die für ausreichende Längsfestigkeit sorgen. Dazu gehören →*Längsschotten* und →*Längsspanten,* der →*Kiel* mit →*Kielschwein* und das →*Deck.*

Längsversteifung, die *(longitudinal strengthening)* Im Bootsbau aus Holz oder Metall das als →*Stringer* bezeichnete Bauteil. Im Bootsbau aus →*GFK* besteht eine L. aus →*Kernmaterial* und Profilen, die von →*Laminaten* eingeschlossen und mit dem Bootsrumpf verbunden sind.

Langwelle, die *(long wave, low frequency, kilometric wave)* Elektromagnetische oder →*Funkwelle* der →*Frequenz 100 – 300 kHz* und Wellenlängen von 1000 – 3000 m. Die L. ist eine →*Bodenwelle* mit einer von der Senderleistung und anderen Faktoren abhängigen Reichweite. Sie be-

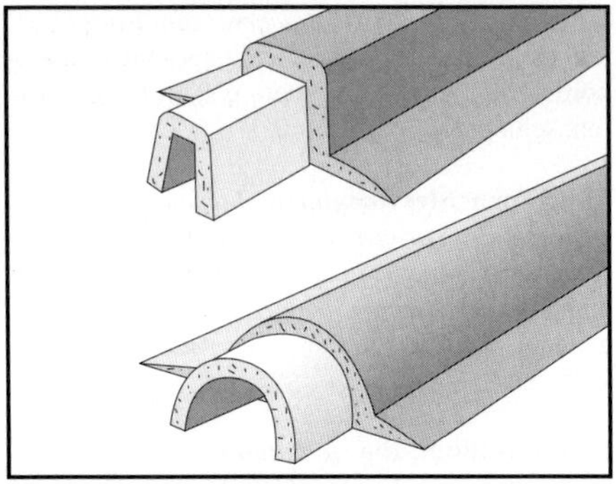

Längsversteifung

trägt z. B. bei →*Navtex* bewußt nur ca. 200 sm, bei →*Loran* jedoch bei Tage und über Land ca. 1000 sm, über See ca. 1500 sm, bei Nacht aber nur ca. 800 bzw. 1500 sm.

Langwellenbereich, der *(range of low frequency)* Im →*Seefunkdienst* und in der →*Funknavigation* benutzter, begrenzter →*Frequenzbereich für Schiffsortbestimmung über Funk,* z. B. das →*Decca-Verfahren* (70 – 140 kHz), →*Loran* (90 – 110 kHz) sowie das frühere Verfahren →*Consol* (70 – 129 kHz) Im L. wird auch →*Navtex* (auf einheitlich 519 kHz) verbreitet.

Lasche, Laschung *(strap, scarf [scarph])* Das Verbinden eines aus zwei Teilen bestehenden Trä-

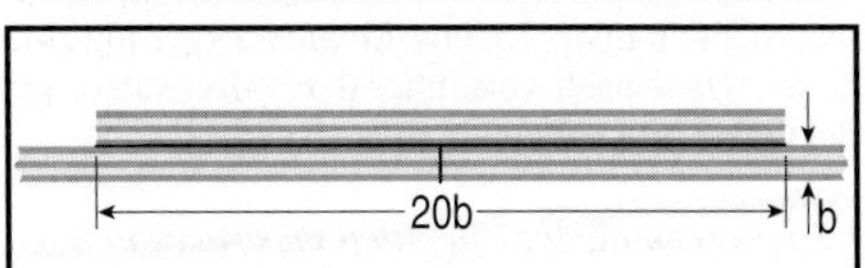

gers oder Verbandes, z. B. eines →*Kiels* oder einer →*Planke* aus Holz beim Bootsbau, die gleiche Materialstärke haben und deren Enden in voller Breite auf- oder gegeneinander liegen und sich überlappen. Auch die Reparatur einer gebrochenen →*Spiere* im Falle einer →*Havarie,* indem man →*überlappende* seitliche Verstärkungen daneben →*lascht.* Eine L. kann einfach oder doppelt, mit Haken oder Zapfen, aus Holz, Blech oder Tauwerk usw. gefertigt werden und wird oft mit →*Bordmitteln* hergestellt.

laschen *(1. to lash, to strap, 2. to scarf, to strap)* 1. Seefest zurren von Ausrüstungsteilen, indem man sie mit Tauwerk an Beschlägen oder Teilen von →*Takelage,* →*Deck* oder →*Einrichtung* unbeweglich und unverlierbar haltert. – 2. Bauteile durch Überlappung oder Zusammenfügung mit Hilfe einer →*Lasche* oder Laschung verbinden.

Laschenschnitt, der Segelschnitt mit einer →*Lasching,* d. h. einer →*Diagonalnaht* in Richtung

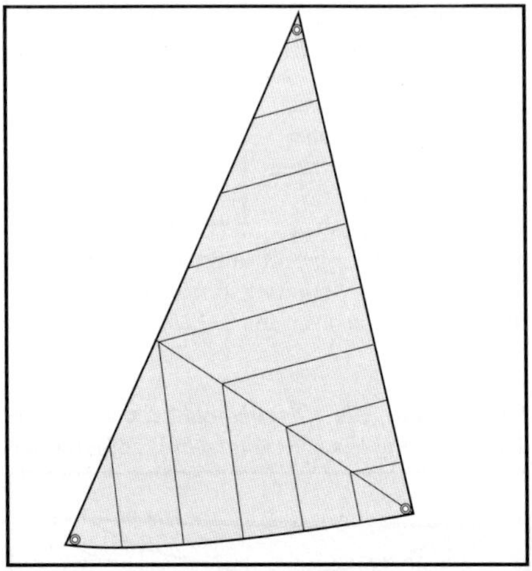

des Schotzuges, anders als beim →*Horizontalschnitt* und beim →*Strahlenschnitt* eines Segels.

Lasching, die *(lashing)* 1. Segeltuchdoppelung bei einem →*Vorsegel* oder →*Stagsegel,* die vom →*Vorliek* zum →*Schothorn* in Richtung des →*Schotzuges* verläuft, z. B. beim →*Laschenschnitt.* – 2. Das Verbinden von Beschlägen mit Hilfe von →*Taljereep,* →*Bändseln,* →*Tauwerk* u. ä., um Gegenstände vom →*Bootshaken* bis zum →*Beiboot* an Deck →*seefest* zu →*zurren.*

Laser Von Bruce Kirby konstruiertes und aus →*GFK* gebautes →*Einmannboot* mit →*Steckschwert,* 1974 als →*internationale Klasse* anerkannt. Lüa 4,24 m, Büa 1,37 m, Tiefg. Rumpf 0,11 m, mit Schwert 0,80 m, Verdr. min. 65 kg, Segelfl. 7,10 m². Die 1994 geschaffene Hochleistungsjolle „L. 4000" hat die Abmessungen Lüa 4,64 m, Büa 1,50 – 2,30 m, Großsegel 10,8 m², Vorsegel 3,9 m², Gennaker 17,2 m². Ein für sie geschaffenes „Laser Power"-Ausgleichssystem soll auch leichten Besatzungen oder von Paaren gesegelten Booten Chancengleichheit beim →*Rennsegeln* geben.

Last, die *(1. store, room – 2. resistance, load – 3. last)* 1. Stauraum für Proviant, Tauwerk u. a. Teile der →*Ausrüstung.* – 2. In der Mechanik im Sinne von Belastung, z. B. bei einer →*Talje* oder →*Winde* die L. an einem Lastarm im Gegensatz zu

Kraft und Kraftarm. – 3. Altes Ladungs- bzw. Frachtmaß, z. B. 1 L. = 2 t oder 1 L. = 17 Kantjes Heringe = 1666 kg.

Lastigkeit, die (lastig) *(trim [down by])* Die Schwimmlage eines Bootes in →*Längsschiffsrichtung* bzw. in bezug auf die horizontale Querachse, auch der Trimm oder die →*Trimmlage* genannt. Ein Boot kann →*vorlastig,* →*achterlastig,* →*gleichlastig,* →*topplastig* sein.

Lateinrah, die *(lateen yard)* Lange, leicht gebogene und sich an den Enden verjüngende →*Spiere,*

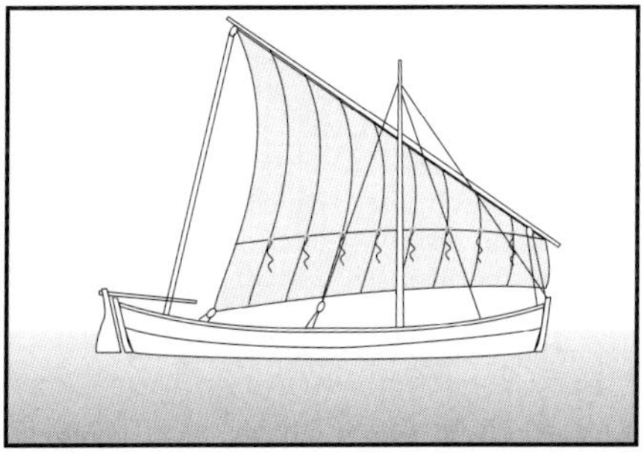

die das →*Lateinsegel* trägt. Sie wird auch →*Rute* genannt, weil sie zwar vor dem →*Mast* bzw. an seiner →*Leeseite* geführt wird, aber im Sinne der eigentlichen →*Rah* weder waagerecht noch in der Mitte aufgehängt ist. Die L. ist arabischen Ursprungs, und das →*Rigg* der frühen Kulturen im Roten Meer, Persischen Golf und östlichen Mittelmeer dürfte der Ursprung sowohl der späteren →*Rahsegler* sein, wie sich die L. auch unstreitig über das →*Luggersegel* zum →*Gaffelsegel* weiterentwickelt hat.

Lateinsegel, das *(lateen sail)* Dreieckiges Segel, das an einer langen, gebogenen →*Spiere* gefahren wird, die in einem Winkel von 45° vom Bug nach →*achtern* reicht und auf ca. einem Drittel ihrer Länge am relativ kurzen →*Mast* gesetzt ist. Sie wird auch lateinische Rah oder →*Lateinrah* genannt. Das L. entwickelte sich zum →*Luggersegel* und →*Gaffelsegel.* Es gehört bereits zu den →*Schratsegeln* und ist kein →*Rahsegel* im Sinne dessen Bedeutung.

Lateintakelung, die *(lateen rig)* Eine →*Schrattakelung* mit einem →*Lateinsegel* und einer →*Lateinrah.* Der →*Hals* des Segels ist auf dem →*Vorschiff* befestigt. Ein typisches →*Leichtwetterrigg,* bei dem ein →*Reffen* schwierig ist. Mehrmastige Boote mit L. heißen z. B. →*Felucke* und →*Schebecke.*

lateral *(lateral)* Wörtl. seitlich, von der Mittel- oder Längsachse abgewandt. In dieser Bedeutung in →*Lateralplan,* →*Lateralfläche,* →*Lateralsystem* u. a. benutzt.

Lateraldruckpunkt, der *(centre of pressure)* Der →*Druckpunkt* der →*Lateralfläche.* Wie der

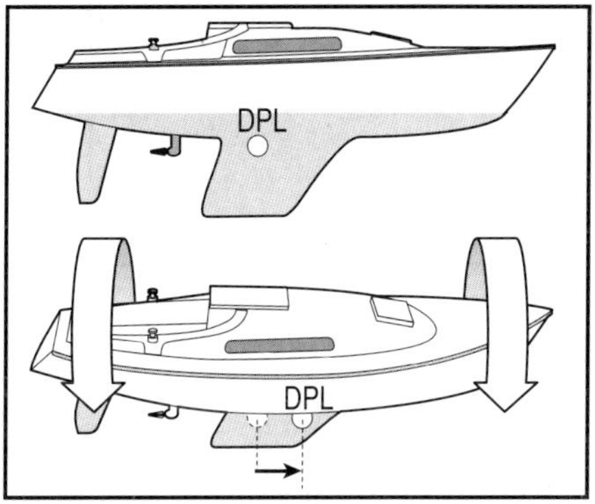

→*Segeldruckpunkt* hat er keine feste Position, sondern bewegt sich. Wenn der →*Rumpf* bei einer →*Krängung* seine Lage zur Wasserströmung ändert (Abb.), wandert der L. nach →*vorn.* Der L. liegt auf einem →*Amwindkurs* vor dem →*Lateralschwerpunkt* und wandert →*raumschots* weiter nach achtern.

Lateralfläche, die *(lateral area)* Die Seitenfläche des →*Unterwasserschiffes,* die einen wirksamen seitlichen Widerstand gegen die →*Abdrift* erzeugen muß. Sie wird im Yachtbau auch →*Lateralplan* oder →*Lateralplanfläche* genannt.

Lateralplan, der (Lateralplanfläche, die) *(lateral plan [area])* Die Fläche des Unterwasserschiffes unter der →*Konstruktionswasserlinie,* wie sie z. B. im →*Längsriß* genau gegeben ist. Diese seitliche Widerstandsfläche im Wasser steht in enger Beziehung zur →*Segelfläche.* Auch →*Kielflosse,* →*Schwert,* →*Ruder,* →*Ruderleitflosse* u. a. sind Teile des L. und können ihn gegebenenfalls verändern helfen.

Lateralschwerpunkt, der *(centre of lateral resistance)* Der geometrische Schwerpunkt der →*Lateralfläche* oder des →*Lateralplanes.* Man bestimmt ihn, indem man die Lateralfläche aus steifer Pappe ausschneidet und auf der Spitze einer Nadel so ausbalanciert, daß sie zu keiner Seite kippt und in jeder Lage im Gleichgewicht bleibt. Einfacher ist, dieses Pappstück an mehreren Punkten aufzuhängen und den L. als den Schnitt-

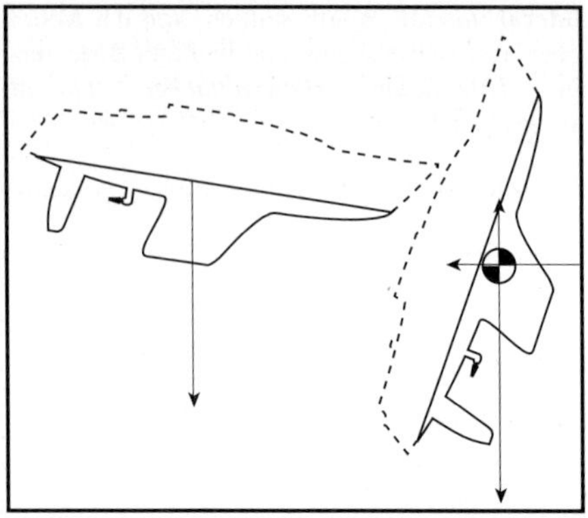

punkt verschiedener Lote zu ermitteln. Bei der →*Konstruktion* arbeitet man mit der Position von L. und →*Segelschwerpunkt* sowie Erfahrungswerten für ihre Abstände voneinander. Da das Unterwasserschiff keine Fläche, sondern ein Profilkörper ist, der in →*Fahrt* und bei →*Krängung* nie gleichmäßig angeströmt wird, bestimmt nicht der L., sondern der wandernde →*Lateraldruckpunkt* das →*Richtungsgleichgewicht* des Bootes.

Lateralsystem, das *(lateral system)* Ein Begriff aus dem →*Betonnungssystem „A"* für die →*Seitenbezeichnung* eines →*Fahrwassers.* Bei dem seit 1977 gültigen L. ist die Form einer →*Tonne* genauso bedeutungsvoll wie ihre Farbe: Rechteckige Tonnen mit rotem Anstrich und rotem Licht (Abb. 1) liegen an der →*Backbordseite* des Fahrwassers, Tonnen mit konischer (spitzer) Form, grünem Anstrich und grünem Licht (Abb. 2) an der →*Steuerbordseite.* Weicht die Tonnenform hiervon ab, wenn z. B. eine →*Spiere* oder eine →*Bakentonne* benutzt wird, dann wird sie mit einem →*Toppzeichen* ausgestattet, das die entsprechende Form hat und auch die entsprechende Farbe trägt: Rot für rechteckig und Grün für konisch. Durch das L. kann die Betonnungsrichtung in jedem Fall genau festgelegt werden. Sie ist die Hauptrichtung einer Hafenzufahrt, eines Flußgebietes oder eines anderen Wasserweges, von See kommend. Gegebenenfalls kann sie durch eine zusätzliche Beschriftung der Tonnen erkennbar sein. Dann liegen ungerade Nummern (1, 3, 5 usw.) an der Steuerbordseite des Fahrwassers bzw. auf den grünen Tonnen und gerade Ziffern (2, 4, 6 usw.) an der Backbordseite bzw. auf den roten Tonnen. Befindet sich das Fahrwasser auf See, dann verläuft die Bezeichnungsrichtung im Uhrzeigersinn um die Landmassen. Die →*Befeuerung* ist gleichfarbig (grün an Stb., rot an Bb.), die →*Kennung* unterschiedlich. Zum L. gehören auch Mitte-Fahrwasser-Zeichen (Abb. 3) mit roten und weißen senkrechten Streifen in Kugelform oder als Baken bzw. Spieren, gegebenenfalls mit einem roten →*Ball* als →*Toppzeichen* und weißem Licht. Kennung: →*Gleichtaktfeuer (Glt./Iso)* oder →*unterbrochenes Feuer (Ubr./Oc).* Sie zeigen tiefes Fahrwasser an, kennzeichnen Mittellinien (z. B. von →*Deckpeilungen)* und Fahrwassermitten (zwischen der Bb.- und der Stb.-Fahrwasserseite). Durch ihre senkrechten Streifen und zusätzlich durch den weißen Farbanteil unterscheiden sie sich von den Tonnen, die Gefahren und →*Hindernisse* bezeichnen und zum →*Kardinalsystem* gerechnet werden.

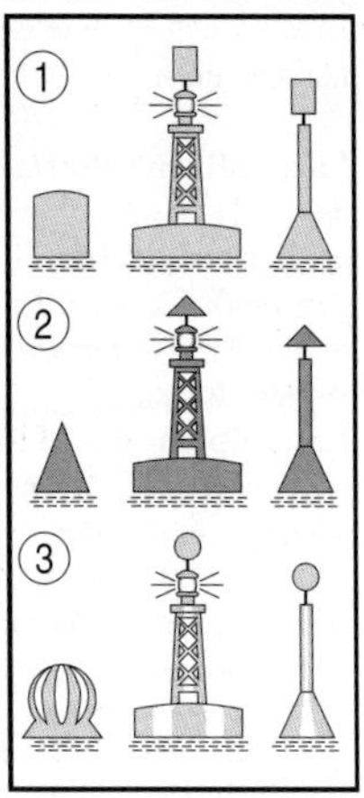

Laterne, die (Positionslaterne) (*navigation lantern)* Ein Gehäuse mit einer →*Lampe* als Lichtquelle und einem mit Linsen versehenen Ausschnitt, das den Zulassungs- und Prüfungsbedingungen des BSH für →*Positionslaternen* hinsichtlich der vertikalen und horizontalen →*Lichtverteilung,* der →*Mindesttragweite* u. a. entspricht und für den entsprechenden Verwendungszweck an Bord richtig gehaltert werden kann. Man →*setzt* eine L. oder „bringt sie aus", um mit ihr die gesetzliche Bestimmung der →*Lichterführung* zu erfüllen und ein nach den →*KVR* gefordertes →*Licht* zu führen oder zu zeigen. Entsprechend ihrer Verwendung unterscheidet man →*Topplaternen,* →*Seitenlaternen,* →*Hecklaternen,* →*Signallaternen,* →*Vollkreislaternen* u. a.

Latte, die *(batten, lath)* Dünne, elastische Leiste, ursprünglich nur aus Holz, in jüngerer Zeit auch aus Kunststoff, die an Bord vielfältig benutzt wird, z. B. als →*Spreizlatte* oder →*Segellatte* in einer →*Lattentasche* eines normalen und eines →*Lattensegels,* als →*Straklatte* bei der Anfertigung eines →*Linienrisses* o. a.

Lattenpegel, der *([lath] water mark)* Eine aus Stahl, Leichtmetall oder Kunststoff gefertigte, ca.

12 bis 16 cm breite Pegellatte an einem Uferpfahl oder einer Hafenwand, die den Wasserstand an diesem Ort anzeigt. Der Nullpunkt der Maßeinteilung (Pegelnullpunkt) liegt bei allen Pegeln im →*Küstengebiet* auf →*„Normalnull* minus 5,00 m", d. h. eine Wasserstandsanzeige zwischen 7,3 und 7,4 bedeutet, die Wassertiefe beträgt hier ca. 7,35 m und liegt damit 2,35 m über NN.

Lattensegel, das *([full] battened sail)* Ein am →*Mast* gefahrenes Segel (→*Großsegel, Schunersegel),* das nicht nur mit kurzen, das →*Achterliek* aussteifenden, sondern zahlreichen langen →*Segellatten* vom →*Vorliek* bis zum →*Achterliek* gehalten wird. Die Latten liegen in →*Lattentaschen* und können hier so eingebunden werden, daß sie dem weichen Segeltuch die gewünschte, veränderliche Wölbung eines halbstarren →*Tragflügels* geben. Lattensegel waren früher bei →*hochgetakelten* und →*gaffelgetakelten* →*Jollenkreuzern* und →*Rennjollen* üblich. Sie werden jetzt nicht nur auf →*Katamaranen,* sondern zunehmend mehr auf →*Seekreuzern* benutzt, wo sie sich in Verbindung mit →*Fangleinen* (→*Faulenzern)* auch sicher →*reffen* und →*bergen* lassen. Vor- und Nachteile siehe →*durchgelattetes Großsegel* bzw. →*durchgelattetes Vorsegel.*

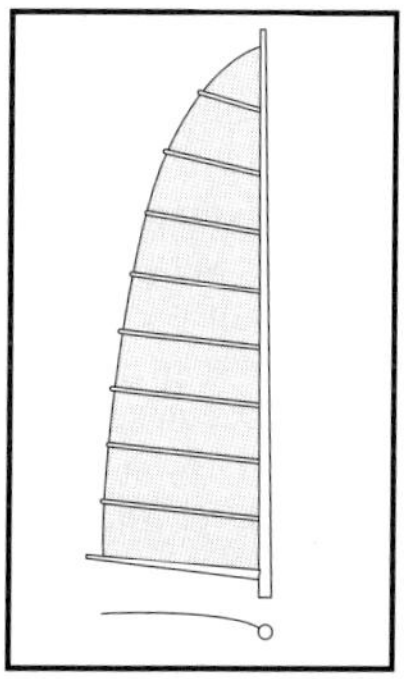

Lattentasche, die *(batten pocket)* Ungefähr senkrecht zum Achterliek eines Segels auf dieses

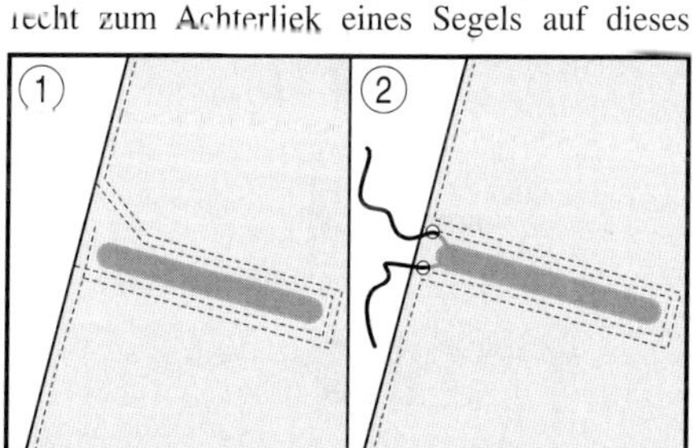

genähte Tasche, die entweder (1) durch ihren Verschluß die →*Segellatte* selbst hält oder (2) durch →*Bändsel* gegen das Herausrutschen zu verschließen ist. Zum Entleeren der Taschen beim →*Reffen* sind die Segellatten oft mit einem →*Holebändsel* versehen.

laufen *(to run)* Seemännische Bezeichnung der Bewegung eines Bootes anstatt „fahren": Man läuft ein oder aus, gegenan oder achteraus, schwer oder leicht, ein Boot läuft 5 →*Knoten,* der Motor läuft ruhig oder regelmäßig, ein →*Manöver* läuft klar, man läuft längs der →*Pier* u. v. a.

laufender Palstek, der *(running bowline)* Ein →*Palstek,* mit dem man ein →*Auge* nicht am →*Tampen,* sondern in einer →*stehenden Part* herstellen kann. Man formt dabei eine Art Nase wie bei einem →*Slipstek* (Abb.).

laufendes Gut, das *(running rigging)* Alles →*Tauwerk,* das zum Setzen, Bedienen und Bergen der Segel sowie anderer Teile in der →*Takelage* dient und über Blöcke, Scheiben, Rollen o. ä. läuft, z. B. →*Fallen,* →*Schoten,* →*Dirken,* →*Flaggleinen,* →*Niederholer,* →*Achterholer,* →*Beiholer,* →*Aufholer,* →*Ausholer,* →*Abflacher,* →*Cunningham*-Leine u. a.

laufen lassen *(to let go)* Etwas schnell →*fieren* oder wegfieren, loswerfen oder fallen lassen, z. B. ein →*Fall,* einen →*Festmacher* oder ein anderes Ende, um der daran hängenden oder ziehenden →*Last* möglichst schnell nachzugeben. Auch auf die →*Riemen* bezogen, wenn beim →*Pullen* eine Engstelle passiert werden muß.

Läufer, der (laufende Part, die) *(1. [tackle], fall – 2. runner)* 1. Bei einer →*Talje* o. ä. sowohl die →*holende Part* als auch das →*Ende,* das zwischen den →*Blöcken* und über die Rollen →*läuft.* 2. In der früheren Groß- und Segelschiffahrt ein Bote („Läufer Deck"), der an Bord Anweisungen oder Meldungen übermittelte.

Laufsteg, der *(gangway)* Je nach Bootsgröße etwa 2,00 m lange Laufplanke aus →*Massivholz* oder →*Aluminium,* die als trittsichere Verbindung vom Boot zum Land an einem →*Liegeplatz* eingesetzt wird. Als L. kann auch eine →*Stelling* dienen.

lavieren, Lavieren *(to beat, beating)* Veralteter Ausdruck für →*kreuzen,* aber noch für die Bewältigung einer schwierigen (Kreuz-)Strecke in engem →*Fahrwasser* mit geringer Wassertiefe, ungünstigem Wind, Gegenstrom u. ä. benutzt.

Lazy Jack(s) Dass. wie d. →*Faulenzer.* Unter der englischen Bezeichnung versteht man in Deutsch-

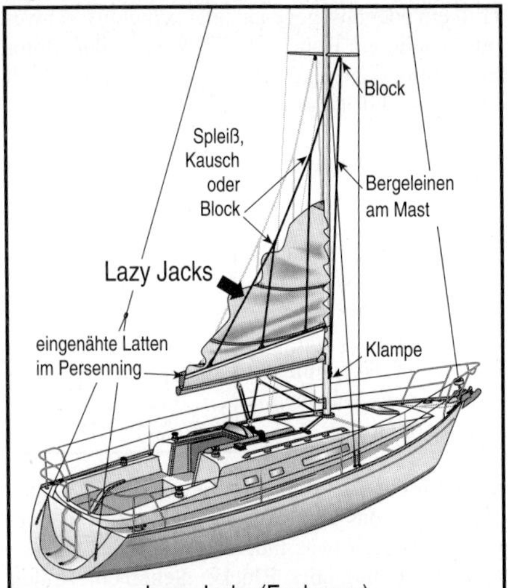

Lazy Jacks (Faulenzer)

land die jetzt beidseitig vom →*Topp* zum →*Großbaum* geführten →*Auffangleinen* zum sicheren →*Reffen* und →*Bergen* von →*durchgelatteten* Großsegeln. Sie verzweigen sich mehrfach in Art einer →*Hahnepot* (Abb.) und nehmen das Großsegel mit seinen Latten in ganzer Länge wie eine grobmaschige Netztasche auf, wenn es beim →*Reffen* in den →*seemännisch* oder →*segeltechnisch* gewünschten Stufen zusammenfällt.

lebendes Werk, das *(live work, quick-work)* Das →*Unterwasserschiff* des →*Rumpfes* von der →*Konstruktionswasserlinie* bis Unterkante →*Kiel.* Ggt. →*totes Werk.*

lebender Ballast, der *(weight of the crew [for balancing])* Das Gewicht der →*Crew,* das aus Gründen der →*Stabilität* oder auch für den →*Trimm* bei →*Jollen* und →*Kielbooten* eingesetzt werden kann. Für die Arbeit mit l. B. stehen →*Ausreithilfen* und das →*fliegende Trapez* zur Verfügung. Die Wirksamkeit des l. B. noch durch →*Ballastkleidung* zu vergrößern, ist durch entsprechende Vorschriften begrenzt.

lebendig, *1. lively [boat], easy steered; 2. easy sail; 3. easily steered, 4. lively)* 1. Ein Boot ist l., wenn es leicht steuerbar ist und schnell dem →*Ruder* gehorcht. – 2. Ein Segel ist l., wenn es an der Grenze des →*Killens* steht und in einem sehr kleinen →*Anstellwinkel* gefahren wird. – 3. L. wird ein Boot gesteuert, wenn es →*hart am Wind* segelt und seine Segel ebenfalls l. sind. – 4. Auch ein sich in hohem Seegang mit →*Stampfen* und →*Schlingern* bewegendes Boot wird als l. bezeichnet.

Leck, das *(leak, leakage)* Undichtigkeit des Bootsrumpfes, durch die Wasser von außen eindringen kann. In einem Bootsrumpf aus →*GFK* tritt ein L. hauptsächlich bei Durchbrechungen des Unterwasserschiffes (an einer →*Stopfbuchse* oder einem →*Seeventil)* auf. Auch bei →*Kollision* oder durch →*Havarie* kann ein L. entstehen.

Leckschraube, die *(drain plug, bottom plug, bleed cock)* Durch einen Stopfen (aus Holz, Metall, Hartgummi oder Kunststoff) mit oder ohne Gewinde verschlossene Öffnung, um Schwitz- oder Restwasser aus einem →*Rumpf* oder einer →*wasserdichten* Abteilung, z. B. dem →*Auftriebstank* einer Jolle, zu entfernen. Eine L. ist bei →*Schlauchbooten,* die in →*Davits* gefahren werden, und bei Jollen in den →*Heckspiegel* eingebaut. Insbesondere bei →*Trailerbooten,* die man nach dem →*Aufslippen* und vor dem Straßentransport →*lenzen* muß, ist die L. für einen Seetörn gegen unbeabsichtigtes Herausdrehen besonders sorgfältig zu sichern.

Lecksegel, das *(collision mat, fothering [sail])* Im ursprüngl. Wortsinn ein Segel (→*Vorsegel*

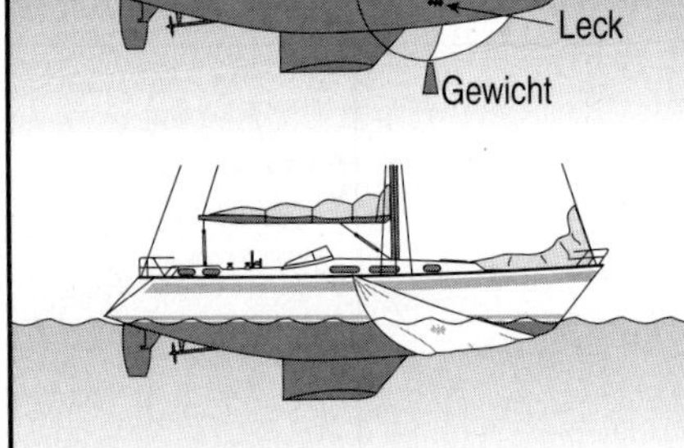

oder ein Stück Segeltuch), das eingefettet und im Falle einer →*Havarie* von außen über ein entstandenes →*Leck* gezogen wurde. Ein L. dient dazu, um Wassereinbruch zu stoppen, das Boot zu →*lenzen* und das Leck von innen zu dichten. Eine moderne Form des L. ist z. B. ein entsprechend gefertigter stabiler Regenschirm, der von innen durch ein Leck geschoben, aufgeklappt, angezogen und dichtend verspannt werden kann.

Leckstopfen, Leckstopfbeutel *(leak(age) stuffing box, collision mat)* Sorgfältig zusammengeschnürte oder in einen Beutel gepackte weiche Ausrüstungsteile (Kissen, Polster u. ä.), die in ein →*Leck* gepreßt werden können, um den Wassereinbruch, z. B. nach einer →*Kollision* oder einer →*Havarie,* mit →*Bordmitteln* zu stoppen. Als L. können auch Holzkeile dienen, wenn man einen beschädigten →*Seehahn* dichten muß. Der Handel liefert jetzt auch L. aus Kunststoffen, die weich in ein Leck gedrückt werden, sich im Wasser ausdehnen und unter Wasser aushärten.

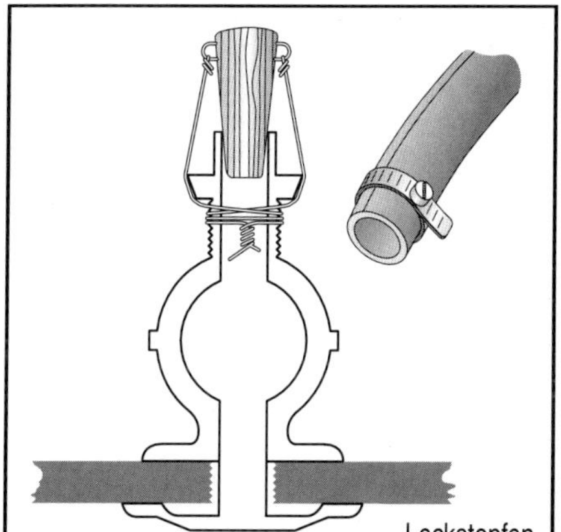

Leckstopfen

Lee, die (das) *([to] leeward, down wind)* Die Richtung, in die der Wind weht. Das Gegenteil ist →*Luv.* Der Begriff L. wird vielfach gebraucht, z. B. in →*Leeküste,* →*Leeyacht,* →*leegierig* sowie in übertragenem Sinne auch in →*Leetide.* Auch als Zusatzbezeichnung für Teile an →*Bord* benutzt, z. B. →*Leewant,* →*Leeschot,* →*Leereling.*

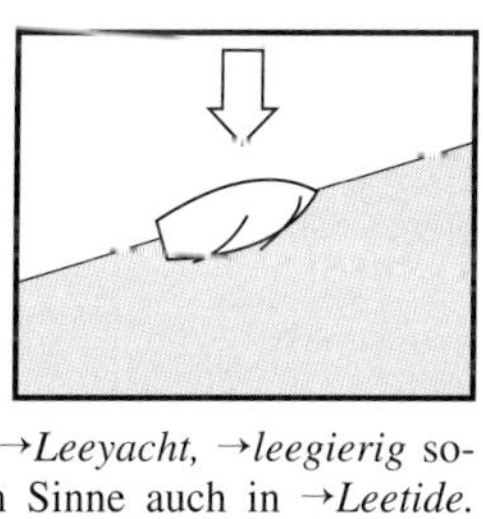

Lee (und Luv) nach den Wettfahrtregeln *(leeward [and windward])* In den Definitionen der →*WR* ist die →*Leeseite* eines Bootes diejenige Seite, die dem Wind abgewandt ist oder, wenn es im Wind liegt, abgewandt war. Segelt es jedoch direkt →*vor dem Wind* oder →*tiefer als vor dem Wind,* ist die Leeseite die Seite, auf der sich sein →*Großsegel* befindet. Die andere Seite ist seine →*Luvseite.* Wenn zwei Boote mit →*Wind von der gleichen Seite* →*überlappen,* so ist das auf der Leeseite des anderen liegende Boot das →*Leeboot.* Das andere ist das →*Luvboot.*

Leeabstand, der *(blanket lee)* Die →*leewärtige* Entfernung von einer →*Küste,* einem anderen Boot oder einem Seeschiff. Man wählt den L. so weit, daß man nicht →*bekalmt* wird oder in der →*Abdeckung* liegt.

Leebegriff, der Siehe hierzu →*Luvbegriff.*

Leeboot, das *(leeward boat)* Begriff der →*WR* anstelle der in den früheren →*IWB* benutzten Bezeichnung →*Leeyacht.* Nur wenn zwei →*Boote* mit →*Wind von der gleichen Seite* →*überlappen,* ist das Boot auf der →*Leeseite* des anderen liegende Boot das →*Leeboot.* Das andere ist das →*Luvboot.*

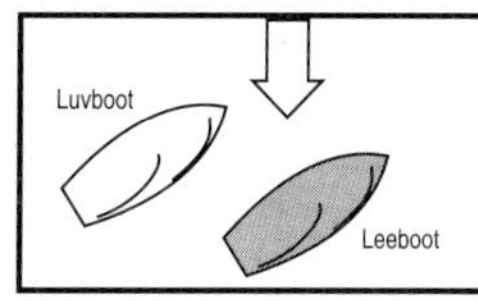

Leebord, das – Leebrett, das *(leeboard)* Ein festes oder klappbares Brett entlang der Außenseite einer →*Koje.* Ein L. verwandelt jeden Schlafplatz in eine →*Seekoje.* Ist das L. aus Segeltuch gefertigt, wird es auch →*Leesegel* genannt.

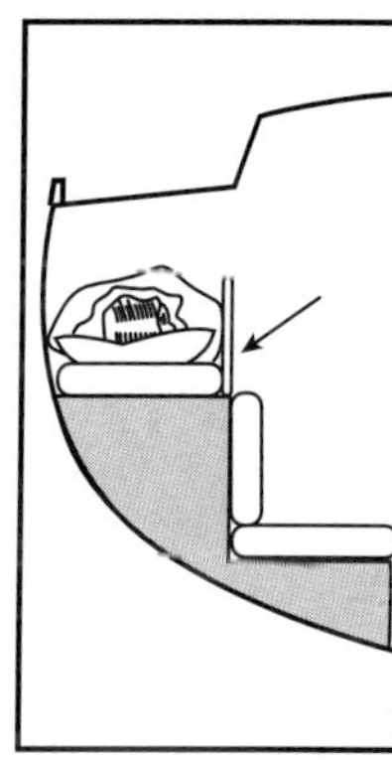

Leebug, der *(lee bow, [lee bowing a tide])* Beim Segeln in →*Tidengewässern* ein →*Kurs,* bei dem die Richtung des →*Stromes* gegen die →*Leeseite* des Bootes gerichtet ist. Man wählt bei jedem Kurs nach →*Luv* nach Möglichkeit immer (zuerst) den L. oder läuft mit L., weil man dabei größere →*Höhe* halten kann und mehr →*Luvraum* gewinnt bzw. die Schoten weiter →*auffieren* und mehr →*Fahrt* laufen kann als mit →*Luvbug.*

Leegeschwindigkeit, die *(boat's speed made good to leeward)* Analog zur →*Luvgeschwindigkeit* die auf Kursen nach →*Lee* tatsächlich in Richtung der →*Windachse* und auf ein Ziel in

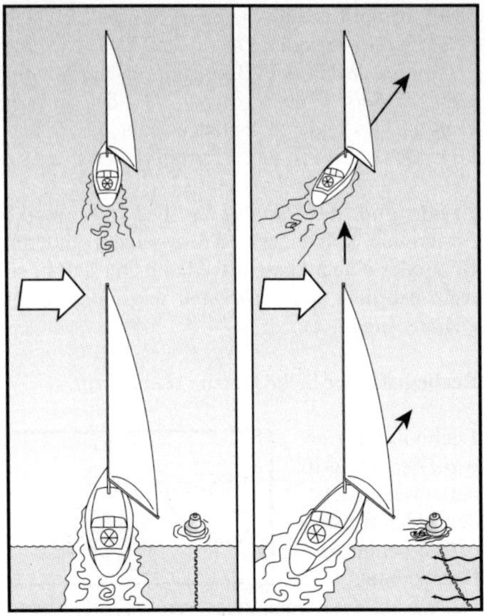

Leebug

→*Lee* erzielte Geschwindigkeit (→*über Grund).* Die größte L. erreicht man auf dem optimalen →*raumen Kurs* mit einem →*Kurswinkel* von ca. 10° bis 30° zum reinen →*Vorwindkurs.* Sie wird bei →*IMS* als →*optimaler Kreuzwinkel* für den →*Vorwindkurs* angegeben.

leegierig *(lee helm)* Das Bestreben eines Bootes, mit dem →*Bug* nach →*Lee* zu drehen oder zu →*gieren* und ohne Bedienen von →*Schot* und →*Ruder* →*abzufallen.* Bei leichtem Wetter ist jedes Boot meistens l. Hält diese Tendenz jedoch auch bei frischer Brise an, muß man die Leegierigkeit mit Hilfe von →*Schwertführung,* →*Krängung,* →*Trimm,* Segelführung und ggf. Änderung der →*Takelage* ausgleichen, damit das Boot in hartem Wetter in jedem Falle etwas →*luvgierig* wird.

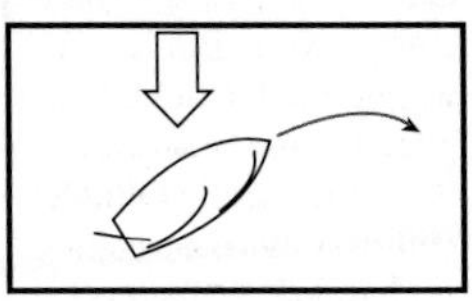

Leeküste, die *(leeward shore, lee shore)* Eine →*Küste,* die vom Boot aus in →*Lee* liegt und auf die der Wind weht. Man vermeidet die zu dichte Annäherung an eine L. bei →*auflandigem Wind,* weil man dabei gefährlich auf →*Legerwall* geraten kann und die Gefahr der →*Strandung* besteht, wenn man sich nicht →*freikreuzen* kann. Darum hält man sich, wenn man wählen kann, lieber an der →*Luvküste* auf.

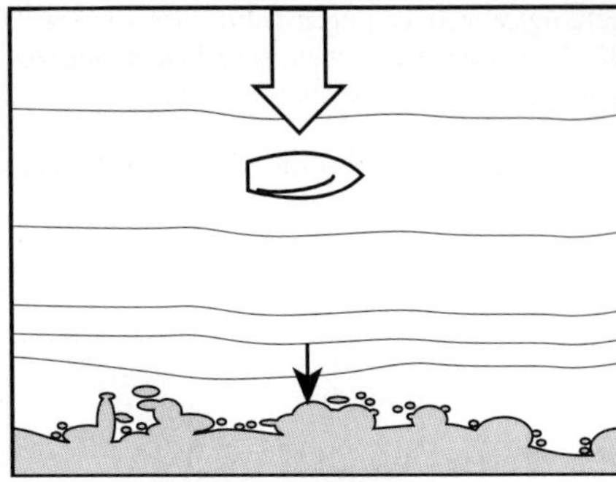

Leeküste

Leeliek, das *(leech, leach)* Das in →*Lee* liegende →*Liek* oder Seitenliek eines Segels, z. B. beim →*Spinnaker,* wo es nach dem →*Schiften* zum →*Luvliek* wird.

Lee machen *(to give a lee)* Das Boot so →*luvwärts* eines Gegenstandes, Schwimmers o. ä. (zum Beispiel bei →*Mann über Bord)* legen und halten, daß an seiner →*Leeseite* ein (weitgehend) windgeschützter Bereich mit geringerem →*Seegang* entstehen kann.

Leemarke, Leeboje, die *(lee mark, leeward mark)* Beim →*Rennsegeln* die am weitesten in

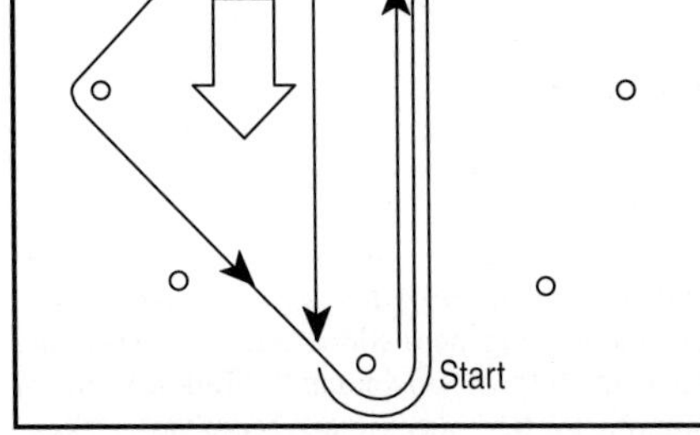

→*Lee* ausgelegte →*Bahnmarke,* an der in einem →*olympischen Kurs* oder →*Dreieckskurs* auch die →*Startlinie* liegt. Hier beginnt immer die →*Kreuz* zur →*Luvmarke.*

Leereling, die *(lee rail)* Die in →*Lee* liegende →*Seereling,* deren →*Relingsstützen* beim →*Überliegen* eines Bootes im Wasser stehen können. Sie ist dann kein Schutz für den Weg von der →*Plicht* zum →*Vorschiff.*

Leerkarte, die *(plotting sheet)* Eine →*Mercator-Karte* zur zeichnerischen Darstellung eines

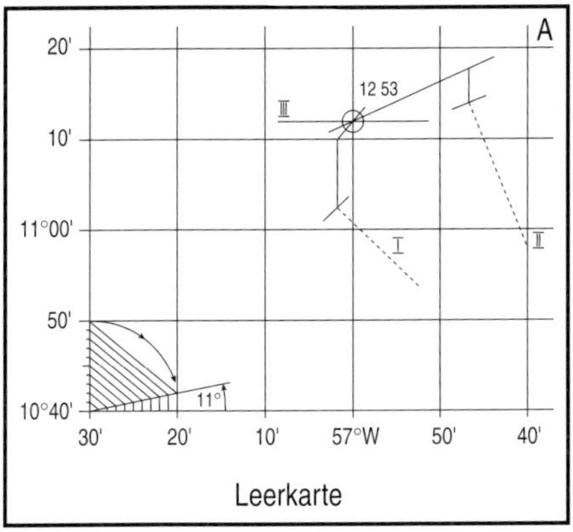

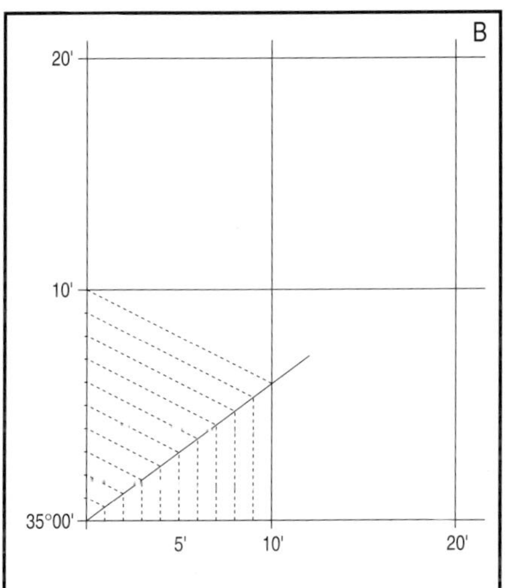

→*Koppelkurses* und der durch →*astronomische Navigation* oder andere Verfahren gewonnenen →*wahren Schiffsorte* außerhalb des Bereiches von →*Küstenkarten.* Wie der Name sagt, handelt es sich um eine leere →*Seekarte* mit dem eingezeichneten Gitternetz für eine bestimmte →*geographische Breite,* bei der jedoch nur die Breitengrade und Breitenminuten genannt sind. Die Längengrade kann man sich für das jeweilige Ozeangebiet selbst beziffern. Abb. A zeigt eine L. mit einem Schiffsort nahe der Karibikinsel Barbados, Abb. B eine mit Bordmitteln konstruierte L. für das Seegebiet der Azoren.

Leeschot, die *(lee sheet)* Bei einem Vorsegel die jeweils an der →*Leeseite* des Bootes geführte →*Schot,* mit der das Segel bedient wird. Sie wird nach dem →*Wenden* zur (unbenutzten) →*Luvschot.*

Leesegel, das *(studding sail)* 1. In der →*Segelschiffahrt* die nicht ganz korrekte Bezeichnung

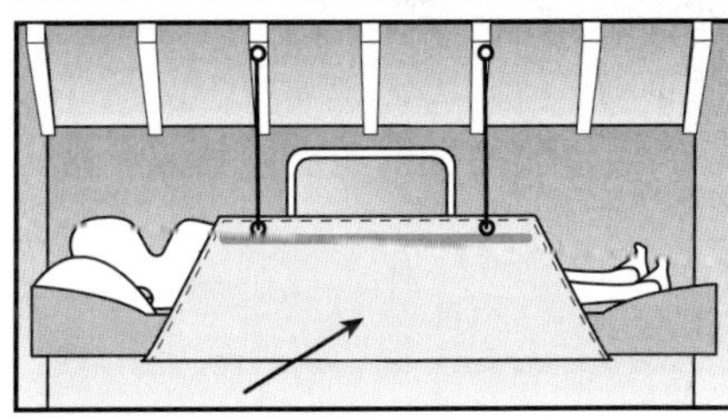

für bei leichtem Wind zusätzlich in →*Luv* und →*Lee* an Leesegelspieren der →*Rahen* gesetzte →*Beisegel.* 2. Auf einem →*Seekreuzer* auch Kurzform für ein →*Leebord* aus →*Segeltuch,* durch das der Schläfer in einer →*Seekoje* gegen Herunterfallen geschützt wird.

Leeseite, die *(leeward side, lee side)* Die Seite, die in →*Lee* liegt. Die dem Wind abgekehrte oder Mit-Wind-Seite. Die Seite, auf der ein Boot sein →*Großsegel* führt. Die entgegengesetzte Seite ist die →*Luvseite.*

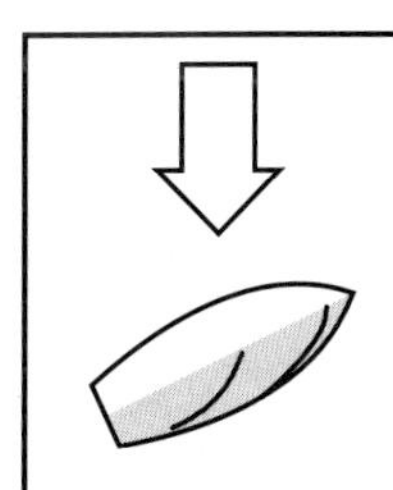

Eine L. kann ein Boot, ein Bootssteg, ein Segel, ein →*Fahrwasser,* Hindernis, eine Insel o. ä. haben.

Lee-Spinnaker, der *(„Big Boy")* Vom Rennsegler der →*Tonner-Klassen* und unter der →*IOR-Formel* entwickeltes zusätzliches bauchiges, großflächiges Vorsegel für →*raum-achterliche Kurse,* das die Bestimmungen der →*IWB* (Regel 64) umgeht, nach der jeweils nur ein →*Spinnaker* neben dem →*Großsegel* gefahren werden darf. Der L. wird an der →*Leeseite* im →*Vorsegeldreieck* mit →*Hals* am Bug und →*Kopf* am Fall, aber sonst →*fliegend gesetzt* und die →*Schot* über die →*Nock* des →*Großbaumes* als erlaubter →*Ausleger* weitgehend lose gefahren. Weil das Großsegel dabei im Rennen nicht geborgen werden darf, →*refft* man es, damit es den L. nicht →*abdeckt.*

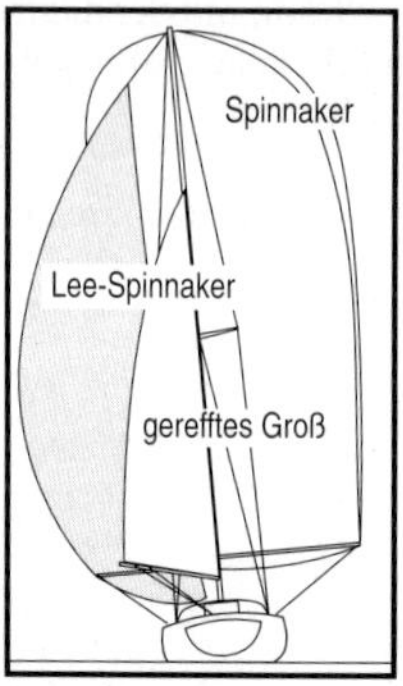

Leetide, die *(lee tide)* Mit dem Wind laufende →*Tide,* bei der →*Strom* und →*Wind* gleichgerichtet sind. Die Folge ist eine Abflachung der Wellenkämme, die weitgehende Entmachtung der →*Brecher* und Bildung von langen, nur mäßig hohen →*Wellen.* Abb. A kein Strom, B mäßiger, C starker Strom.

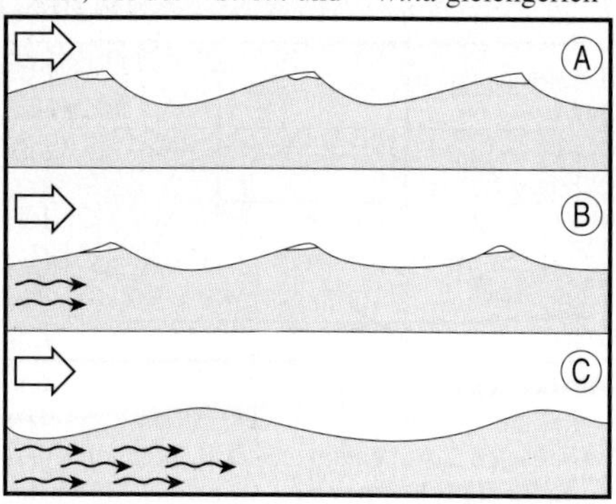

Leewant, das *(lee shroud)* Das in →*Lee* liegende →*Want,* das insbesondere auf einem →*Amwindkurs* weitgehend entlastet ist und schlaff hängt. Hier kann im Fall einer →*Havarie* eine Reparatur der →*Takelage* vorgenommen werden.

leewärts *(alee, leeward, under the wind)* In Richtung nach →*Lee.* Man kann z. B. ein anderes Boot oder →*Obkjekt l.* →*querab peilen,* sich l. des beabsichtigten →*Kurses* befinden oder l. überlaufen werden. Eine leewärtige Yacht wird auch →*Leeyacht* genannt. Die →*KVR* sprechen in Regel 12 von einem leewärtigen Fahrzeug, dem ein →*luvwärtiges* Fahrzeug ausweichen muß.

Leeweg, der *(leeway)* Die durch →*Wind* verursachte Kursversetzung nach →*Lee,* auch →*Abdrift* genannt. In einem entsprechenden →*Vektordiagramm* der →*Windversetzung* nach →*DIN 13312 „Navigation"* wird die Richtung des L. als →*Windset* und der Betrag der Versetzungsgeschwindigkeit als →*Winddrift* bezeichnet (Abb. siehe →*Abdriftwinkel).*

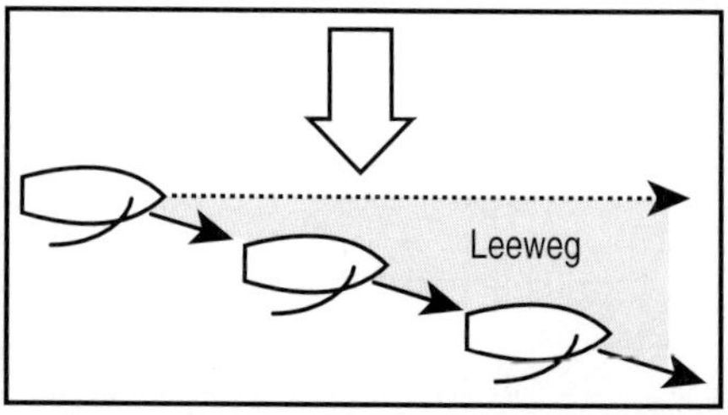

Leeyacht, die *(leeward yacht)* Ein Begriff der früheren →*IWB* für die →*Wegerechtsregel.* Er wurde durch die Bezeichnung →*Leeboot* ersetzt.

Legde, die Niederung oder flaches Gebiet im →*Watt,* wo das Wasser bei →*Ebbe* nicht völlig abfließt. Eine L. kann auch das Quellgebiet einer →*Wattrinne* sein.

Legel, der (Lägel, Lögel) *(1. cringle, 2. drift hoop)* 1. Kleiner, in das →*Liek* eines Segels eingedrehter →*Stropp* aus Tauwerk. In das so entstandene →*Auge* (A) kann auch eine →*Kausch* gesetzt werden, z. B. am →*Hals* eines Vorsegels oder am →*Achterliek* an der →*Reffleiste.* – 2. Hölzerner Mastring zur Halterung des Mastlieks (→*Luvlieks)* eines Gaffelsegels anstelle einer →*Reihleine* (B). – 3. Vorgänger des →*Stagreiters* als brillenartiges Drahtauge, das am →*Vorliek* angenäht ist und das →*Stag* (unabnehmbar) umfaßt.

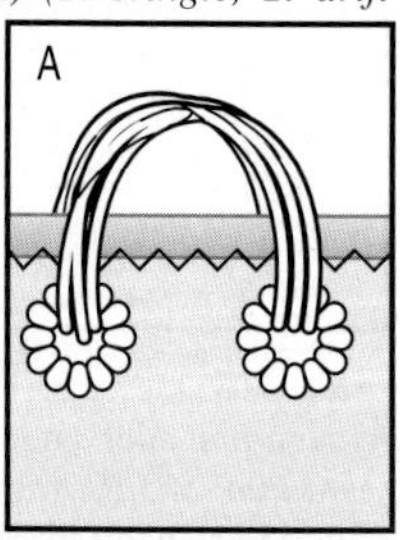

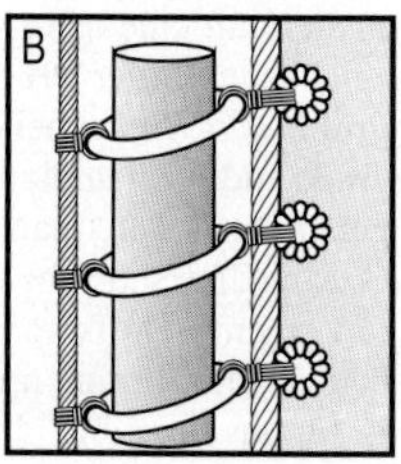

Legerwall, der *(lee shore)* Die nahe →*Küste* in →*Lee,* eine gefährliche →*Leeküste.* Gerät man bei

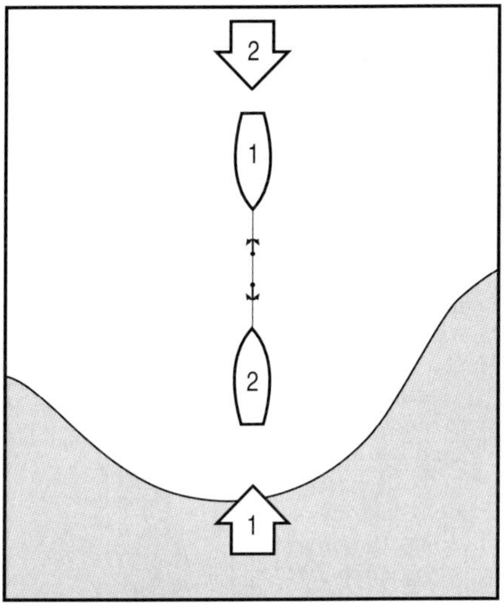

→*auflandigem Wind* auf L. zu nahe an eine →*Sandbank* oder flache Stelle und kann man sich nicht mehr →*freikreuzen,* dann besteht die Gefahr einer →*Strandung.* Auch beim →*Ankern* muß man beachten, daß man am →*Ankerplatz* (1) nicht durch Winddrehung (2) auf L. geraten kann (Abb.).

lehnig *(1. flexible, 2. weak)* 1. Auf →*Tauwerk* bezogen biegsam, geschmeidig, weich. Bei →*Drahttauwerk* wünschenswert, bei →*Fasertauwerk* (oft) Alterungserscheinung. – 2. Auf ein Boot und die Festigkeit des Rumpfes bezogen eine Alterungserscheinung im Sinne von weich, mit schwachen, überlasteten →*Längs-* und →*Querverbänden.*

Leichtanker, der (Leichtgewichtanker) Im Sinne der Ausrüstungsempfehlungen des →*GL* ein

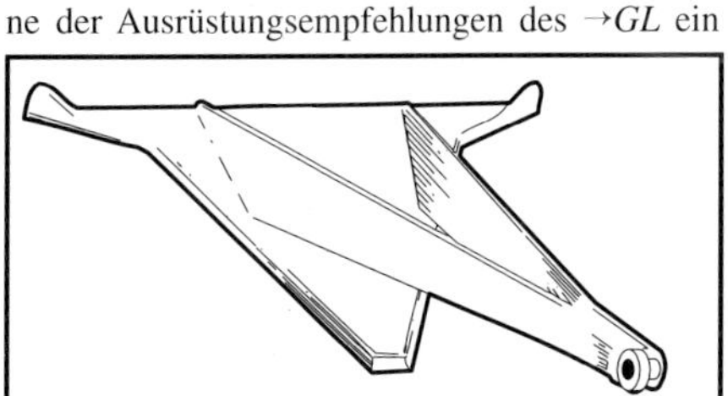

→*Patentanker* mit hoher Haltekraft, die hauptsächlich von der Form und weniger vom Gewicht abhängt. Ein L. ist z. B. der →*Danforth-,* →*Pflugschar-* oder →*CQR-,* der Platten-, →*Stokes-* und →*Delta-Anker.* Ein L. hält mindestens das Vierzigfache seines Gewichts, während ein →*Stockanker* nur das Zehnfache hält.

Leichtbauweise, die *(light-weight construction)* Bau eines →*Bootsrumpfes* aus leichten Baumaterialien wie →*Bootsbausperrholz,* →*Aluminium* oder →*GFK,* um Gewicht zu sparen bzw. bei einem vorgeschriebenen Mindestgewicht den →*Ballastanteil* vergrößern zu können. Bei der L. kann man zwischen „Stoffleichtbau" und „Formleichtbau" unterscheiden: „S." bewirkt eine Verminderung von Masse (Gewicht) durch den Einsatz leichterer Materialien bei gleicher oder höherer Festigkeit, z. B. →*Aluminium* statt →*Stahl* oder →*Kohlefaser* statt →*Glasfaser.* „F.", z. B. in der →*Sandwich-Bauweise,* führt schon an sich zu einer Masseverminderung, so daß nur durch Maßnahmen der →*Konstruktion* für eine möglichst gleichmäßige Verteilung der Spannung (Belastung) an allen Stellen gesorgt werden muß. Die L. setzt sich die Herstellung eines →*Leichtdeplacementsbootes* ohne Beeinträchtigung von Festigkeit und Gebrauchswert zum Ziel.

Leichtdeplacement, das *(light displacement)* Geringe →*Verdrängung* eines Bootes bei einer gegebenen, vergleichbaren Länge. Die meisten der modernen →*Seekreuzer* sind →*Leichtdeplacementsboote.* Der Begriff „L." ist nicht identisch mit „Leichtbau".

Leichtdeplacementsboot, das *(light displacement cruiser, [...boat])* Seetüchtige Kreuzeryacht,

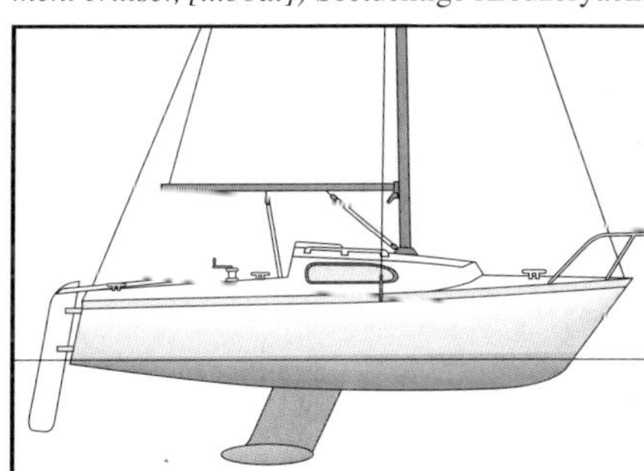

die bei gleichem Materialaufwand mehr Innenraum bietet, leichteres Gewicht hat und schneller segelt als ein Boot mit großer →*Verdrängung.* Ein L. erhält seine Sicherheit auf See durch einen größeren →*Freibord,* einen tieferen →*Ballastkiel* an einer schmalen →*Kielflosse,* einen relativ hohen →*Ballastanteil* und durch Verzicht auf große →*Überhänge.* Die hohe Belastung des →*Rumpfes* setzt eine besonders kräftige und sinnvolle, aber nicht zu schwere Bauweise voraus, die erst durch →*Bootsbausperrholz,* →*Aluminium* und →*GFK* möglich wurde.

leichte Brise, die *(gentle breeze, light breeze)* Windstärke 3 der →*Beaufort-Skala* mit einer Windgeschwindigkeit von 7 – 11 →*Knoten.*

leichtern *(to lighten)* Die →*Verdrängung* eines Bootes und seinen →*Tiefgang* durch Abgabe der Besatzung oder von Gewichten der →*Ausrüstung* vermindern, z. B. beim →*Abbringen* vom Grunde.

Leichtmatrose, der *(ordinary seaman)* Frühere Berufsbezeichnung für einen →*Seemann* auf einem →*Segelschiff* oder überhaupt in der →*Schifffahrt.* Ein L. war noch kein seebefahrener →*Vollmatrose,* aber auch kein →*Jungmann* mehr. Dem Namen nach wurde er noch nicht genug für „voll", d. h. auch (körperlich) schwer genug befunden, doch war es oft genug nur die geringere →*Heuer,* die ihn von einem Vollmatrosen unterschied. Seitdem 1984 in Deutschland die Ausbildung zum →*Matrosen* eingestellt wurde, gibt es die Bezeichnung L. nicht mehr.

Leine, die *(line, rope, cord)* Sammelbezeichnung für alle Arten von →*Tauwerk* an Bord. Nach dem unterschiedlichen Umfang reicht eine L. vom →*Bändsel* bis zur →*Trosse.* Nach dem Verwendungszweck unterscheidet man →*Schleppleine,* →*Flaggleine,* →*Vorleine* u. a., nach dem Material →*Perlonleine,* →*Kokosleine,* nach der Machart →*rechtsgeschlagene,* →*linksgeschlagene* oder →*geflochtene Leinen.* Nach den Deutschen Normen ist jede L. ein „Seil". Alle Einzelheiten sind unter DIN 83305 ff. festgelegt.

Leine auf Slip (legen) *(to double up lines)* Eine →*an Bord* belegte Leine um einen →*Beschlag* an

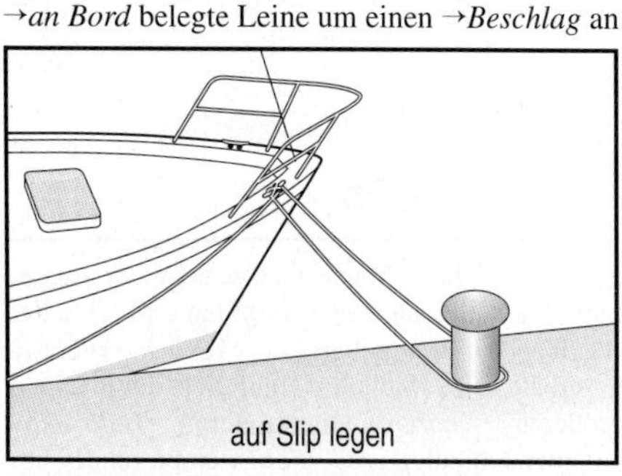

Land führen und wieder →*an Deck* →*festmachen.* Eine →*auf Slip* gelegte Leine kann, z. B. beim →*Ablegen,* seemännisch sicher von Deck aus losgeworfen und eingeholt werden.

Leinen, das *(linen)* Sammelbezeichnung für gewebtes Tuch, das ursprünglich aus →*Flachs* und später aus →*Baumwolle* hergestellt wurde und heutzutage sowohl aus →*Naturfasern* wie →*synthetischen Fasern* (→*Chemiefasern)* gefertigt wird. An Bord als →*Leinwand* bezeichnet und für viele Zwecke wie z. B. →*Segeltuch* und →*Leinwanddecks* benutzt.

Leinenspanner, der *(line tensioner)* Moderner →*Beschlag* mit einem Spannhebel hinter einer →*Curry-Klemme,* der zum Durchsetzen einer →*Leine* benutzt wird. Er dient z. B. zum Spannen eines →*Falls,* wenn man nicht mit einer →*Winde* arbeiten will.

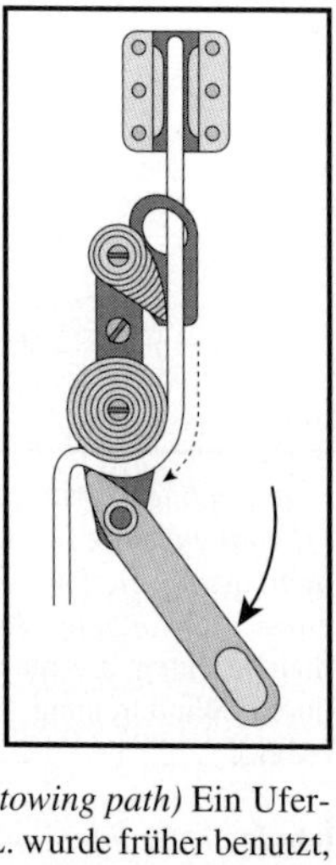

Leinenstopper, der *(line stopper)* Siehe →*Fallenstopper* oder →*Schotenstopper.*

Leinpfad, der *(tow-path, towing path)* Ein Uferpfad zum →*Treideln.* Ein L. wurde früher benutzt,

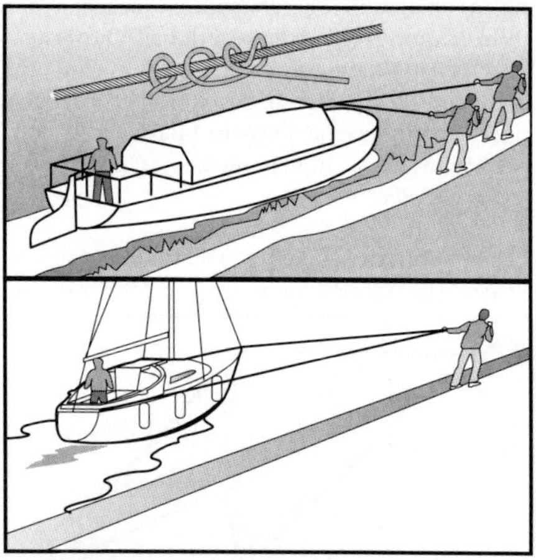

wenn Boote oder Kähne auf einem Fluß von Mensch oder Tieren gezogen wurden.

Leinwand, die *(canvas)* Sammelbegriff von →*Segeltuch,* das aus →*Leinen* gefertigt und nicht nur zur Fertigung von →*Segeln,* sondern auch für →*Leinwanddecks* benutzt wurde bzw. wird. Nach dem →*Segeltuchgewicht* unterscheidet man feine und grobe L. (für →*Persenninge),* nach der →*Webart* →*Leinwandbindung,* →*Köperbindung,* →*Atlasbindung* und →*dreiachsenförmige* oder →*Gatorback-Webart.*

Leinwandbindung, die *(linen canvas)* Die ursprünglichste und einfachste →*Webart,* die nicht mehr nur für →*Leinwand,* sondern jetzt auch für →*Glasseidengewebe* benutzt wird. Bei der L. verläuft der →*Schußfaden* abwechselnd unter und über einem →*Kettfaden.* Beim →*Bootsbau* aus →*GFK* werden Gewebe mit L. vorwiegend im →*Handauflegeverfahren* benutzt, weil sie sich schnell mit →*Harz* durchtränken und leicht verarbeiten lassen.

Leinwanddeck, das *(canvas-covered deck, canvased deck, canvas deck)* Das →*Deck* eines →*Bootes,* das mit →*Leinwand* bespannt, mit einem Leinwandkleber befestigt und anschließend gestrichen ist. Ein L. war für ein Boot aus →*Holz* die billigste, aber gleichzeitig wasserdichteste Bauausführung.

Leistenbauweise, die *(strip planking, edge fastening)* Methode des →*Bootsbaus* aus →*Holz,* für

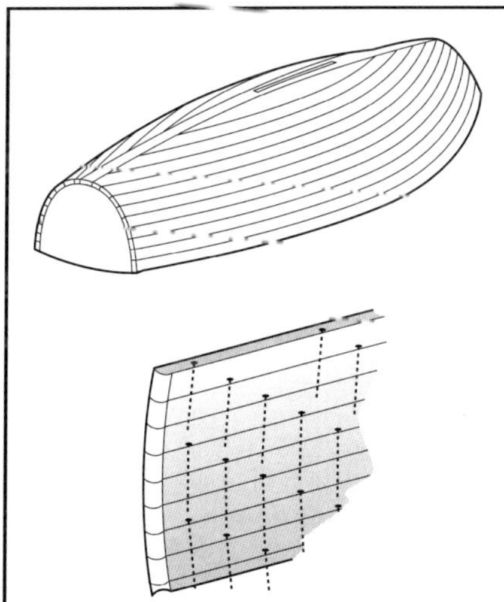

Leistenbauweise

die 1922 ein deutsches Patent erteilt wurde. In der L. wurden bis ca. 1970 vorwiegend kleine Selbstbau-Segelboote aus genormten schmalen →*Planken* (Breite etwa 1,5mal ihre Dicke) gefertigt, die man über →*Spanten* oder →*Mallen* auch in der zweiten Dimension und damit in derjenigen Form biegen konnte, die ihnen die →*Außenhaut* eines →*Rundspanters* vorschreibt. Die Plankenstöße der maschinell hergestellten Leisten wurden dabei vernagelt und verleimt. Man bevorzugte einen Überkopf-Bau (Abb.) und plankte (auch wegen des besseren Aussehens) vom →*Deck* zum →*Kiel.* Nach dem Glätten der →*Außenhaut* ergab sich ein sehr robuster und homogener Bootsrumpf, ähnlich wie aus →*formverleimtem Sperrholz.*

Leistenbauweise aus GFK, die *(strong plank [trade name])* Vom deutschen Ingenieur Dieter Comes 1992 entwickeltes Verfahren für den Selbstbau von Booten nach Art der →*Leistenbauweise,* aber anstelle von →*Holz* mit Streifen aus einem maschinell gefertigten →*GFK-Verbundbau-Werkstoff.* Die Strong-Plank-Leisten werden für Boote bis etwa 10 m →*Lüa* im Format 36x17 mm, bis 15 m mit 46x22 mm geliefert und bestehen aus einer lasttragenden GFK-Außenschicht mit Kernwerkstoffen *(→PVC-Hartschaum)* im Innern wie bei der →*Sandwich-Bauweise.* Sie werden über ein →*Mallengerüst* aufgebracht und untereinander mit →*Polyester-* oder →*Epoxid-Harz* verklebt. Nach dem →*Spachteln* der Außenhaut erhält diese ein zusätzliches →*Laminat* mit der schützenden →*Feinschicht (→Gelcoat).*

Leistung, die *(power, output)* Die Arbeit einer →*Kraft* in einer →*Zeiteinheit,* die ursprünglich in Kilopondmeter pro Sekunde (kpm/s) und Pferdestärke (PS), aber heute in Watt (W) und Kilowatt (kW) mit folgender Beziehung zueinander angegeben wird.

	kpm/s	PS	HP	W	kW
1 kpm/s	1,0	0,013	0,013	9,807	0,010
1 PS	75,0	1,0	0,986	735,499	0,735
1 HP	76,04	1,014	1,0	745,700	0,746
1 W	0,102	0,001	0,001	1,0	0,001
1 kW	101,972	1,360	1,341	1000,0	1,0

Die L. wird durch den Buchstaben N ausgedrückt und an Bord hauptsächlich als Antriebsleistung für Motor und Segelfläche verstanden. Man unterscheidet z. B. eine indizierte L., effektive L. und dementsprechend nach →*DIN,* →*SAE* u. a.

Leistungsbereitschaft der Crew, die *(performance, efficiency of the crew)* Die physiologische L. eines Seglers, der zur →*Besatzung* gehört, hängt neben seiner allgemeinen Kondition auch von den Reserven ab, die er während des →*Tages* und in der →*Nacht* von sich aus, durch größere Willensanstrengung und gegebenenfalls in Le-

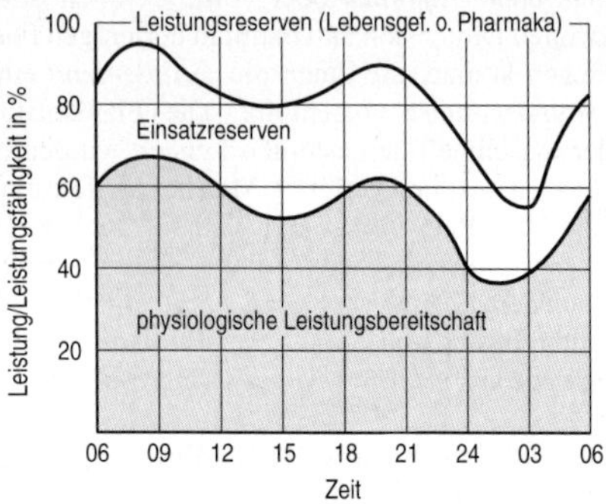

Leistungsbereitschaft

bensgefahr oder mit Hilfe von Pharmaka einsetzen kann. Die Abb. zeigt eine Kurve der L. im Tagesverlauf, die insbesondere im Falle einer →*Havarie* und der Beseitigung ihrer Schäden zu beachten ist.

Leistungsfähigkeit, Leistungstabelle (einer Yacht) *(performance package of a yacht)* Ursprünglich für das →*IMS-Vermessungssystem* entwickeltes Programm, um in einer →*Regatta* für die teilnehmenden →*Yachten* möglichst genaue →*Handicaps* für alle möglichen →*Kurse* zum Wind und jede →*Wetterbedingung* zu errechnen. Mit den dazu benutzten Werten läßt sich auch die L. jedes →*Seekreuzers* zum →*Fahrtensegeln* ermitteln, wenn man die →*hydrodynamischen Widerstände,* das →*Segeltragvermögen* und die →*Segelfläche* zueinander in Beziehung setzt und daraus den resultierenden →*Vortrieb* sowie die →*Querkraft* ermittelt. Die Abb. zeigt einen Ausschnitt aus einer solchen Leistungstabelle mit folgenden Werten: VTW = Geschwindigkeit des →*wahren Windes;* BTW = Einfallswinkel des wahren Windes; VAW = Geschwindigkeit des →*scheinbaren Windes;* BAW = Einfallswinkel des scheinbaren Windes; V = →*Fahrt* des Bootes in →*Knoten;* VMG = →*Luvgeschwindigkeit* des Bootes; HEEL = →*Krängungswinkel* in Grad; REEF = Segelfläche in Prozent (1 = 100); FLAT = →*Segelwölbung* in Prozent des →*Abflachens;* CL = Vortriebskoeffizient; S bzw. J = schneller mit →*Spinnaker* oder →*Fock.* Zur L. gehört außerdem eine Analyse der →*Stabilitätskurve* und ein entsprechendes →*Geschwindigkeitsdiagramm.*

Leistungsgewicht, das *(power to weight ratio, weight per horsepower)* Bei einem Motor das Verhältnis Gesamtgewicht (in kg) geteilt durch →*Leistung* (in PS), seit 1978 in →*Kilowatt.* Für diese kennzeichnende Größe einer Verbrennungskraftmaschine wurde die →*relative Segelfläche* als charakteristische Größe für die Windkraftmaschine entwickelt, die das Segel praktisch als →*aerodynamisches Profil* ist. Hier wird das entsprechende L. durch das Verhältnis Segelfläche zu Bootsgewicht ermittelt.

Leitblock, der *(fairlead block, leading block)* Ein Wegweiserblock zum Umlenken der Zugrichtung einer →*Leine,* z. B. am →*Holepunkt* der →*Fockschot.* Ein L. ist oft verstellbar auf einer →*Leitschiene* befestigt.

Leistungsdiagramm

VTW	BTW	VAW	BAW	V	VMG	HEEL	REEF	FLAT	CL
6.0	46.3	9.85	25.2	4.895	3.382	6.0	1.000	1.000	1.961 J
6.0	50.0	9.98	26.5	5.196	3.340	6.3	1.000	1.000	1.957 J...
6.0	100.0	7.98	47.4	6.432	-1.117	5.4	1.000	1.000	2.438 S...
6.0	150.0	3.19	110.8	4.034	-3.494	0.7	1.000	1.000	1.645 S...
6.0	170.0	2.76	158.0	3.320	-3.270	0.1	1.000	1.000	0.465 S
6.0	175.0	2.76	169.1	3.237	-3.225	0.1	1.000	1.000	0.195 S
6.0	180.0	2.79	180.0	3.185	-3.185	0.0	1.000	1.000	-0.049 S

Geschwindigkeiten, Krängungswinkel, Reff-, Abflach- und Liftfaktoren bei verschiedenen Windgeschwindigkeiten und Windwinkeln

VTW	=	wahre Windgeschwindigkeit	HEEL	=	Krängungswinkel
BTW	=	wahrer Windwinkel	REEF	=	% der Segelfläche (1 = voll)
VAW	=	scheinbare Windgeschwindigkeit	FLAT	=	% des Abflachens (1 = voll)
BAW	=	scheinbarer Windwinkel	CL	=	Lift coefficient
V	=	Bootsgeschwindigkeit	S	=	Spinnaker schneller
VMG	=	Geschwindigkeit gegen Wind	J	=	Fock schneller

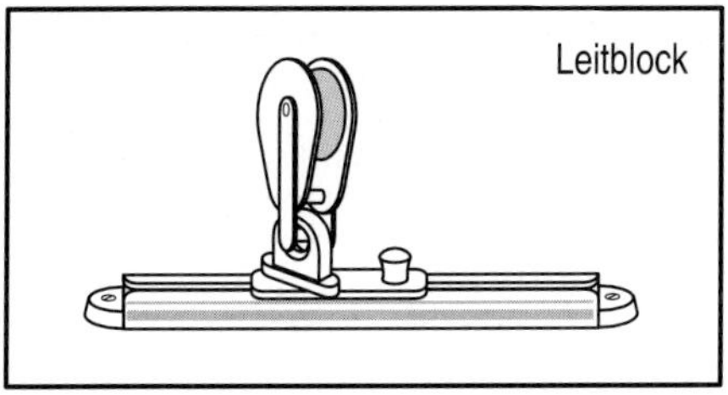

Leitfeuer, das (Lt-F./Dir) *(leading light, sectorial light)* Ein einzelnes →*Leuchtfeuer,* das ein

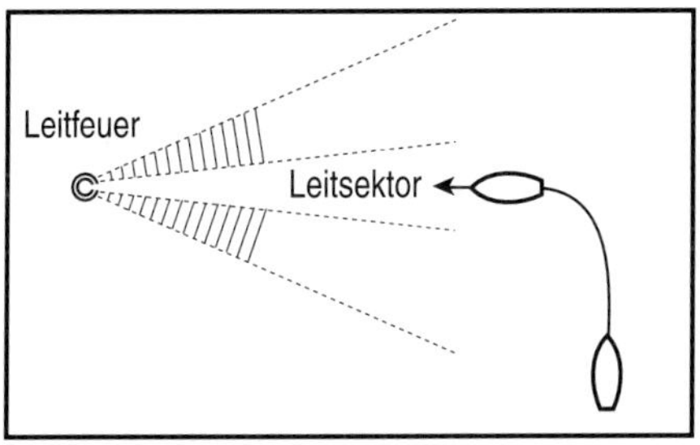

→*Fahrwasser,* eine Hafeneinfahrt oder eine →*Durchfahrt* bezeichnet. Ein L. hat einen →*Leitsektor* (vorzugsweise mit einem weißen Festfeuer) und →*Warnsektoren* auf beiden Seiten, die an der →*Steuerbordseite* des Fahrwassers z. B. grünes →*Festfeuer* und an der →*Backbordseite* rotes Festfeuer haben.

Leithaken, der *(fairlead hook)* Ein →*Beschlag* in Form eines seitlich offenen →*Auges,* der zum Führen der →*Spinnakerschot* dient und oft am →*Heck* angebracht ist.

Leitkopfruder, das *(skeg rudder)* Ein →*Ruder,* dessen →*Skeg* bis zur Unterkante des →*Ruderblattes* reicht und dessen →*Ruderschaft* hier wie bei einem →*Festruder* durchlaufend aufgehängt ist.

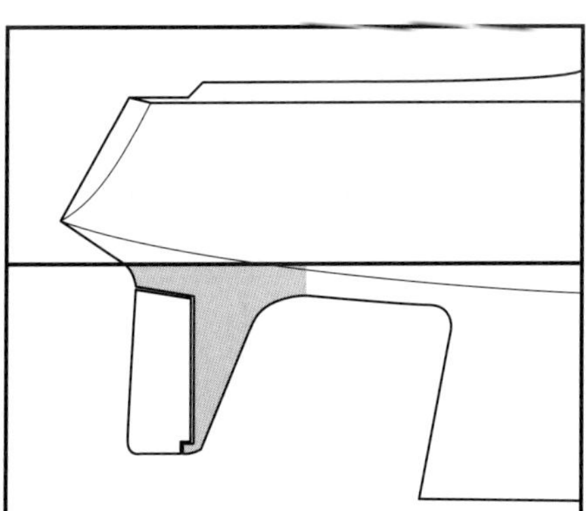

Leitmarke, die *(Moiré effect light, variable arrow mark)* Ein →*Leitfeuer* für den „beleuchteten Moiré-Rasterschirm" *(→Radarschirm),* auf dem sich bei Tag und Nacht die Leitlinie als senkrechte schwarze Linie zeigt. Außerhalb der Leitlinie zeigt ein Pfeil die Richtung der →*Kursänderung* an, die durchzuführen ist, um wieder auf die Leitlinie zurückzukehren.

Leitöse, die *(fairlead eye, guide loop)* Ein fest an →*Deck* montiertes oder mit einem →*Schlitten* auf einer →*Leitschiene* gleitendes →*Auge* zum Führen einer →*Leine,* z. B. der →*Fockschot.*

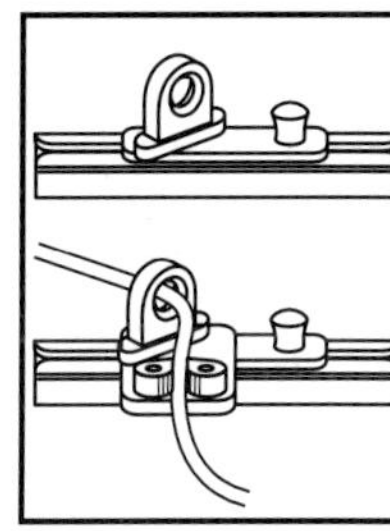

Leitschiene, die *(track, slide-bar)* Zum →*Trimmen* der Segel und zur Führung der →*Schoten* wichtiger →*Beschlag* in zahlreichen Ausführungen (Abb.): Als →*Flachschiene* mit getrenntem Unterlegstreifen, rohrförmig wie das Oberteil eines →*Leuwagens,* als T-Schiene, als Kastenschiene und als →*X-Schiene* vorwiegend für den →*Großschotschlitten.* Material auch für die →*Schlitten* →*Aluminium* und →*Nirosta* (rostfreier Stahl), seltener Bronze.

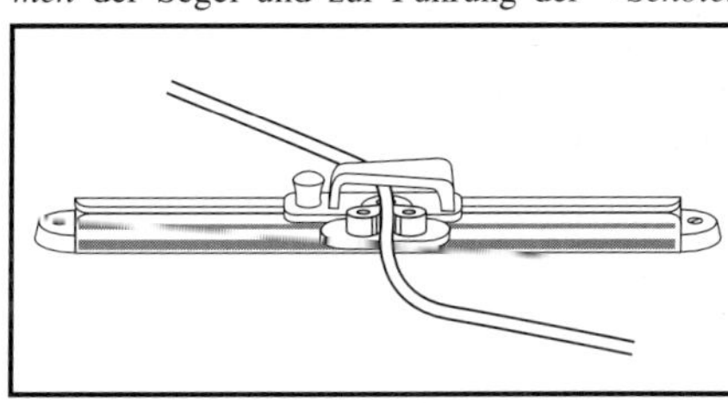

Leitsektor, der *(leading sector)* In einem →*Leitfeuer* der meistens durch ein weißes Feuer bezeichnete befahrbare →*Sektor,* der seitlich durch →*Warnsektoren* verschiedener →*Kennungen,* durch Verdunkelungen oder abgeschwächtes Licht begrenzt wird.

Leitstrahl, der *(1. leading beam; 2. aidwave, equisignal zone)* 1. Der in eine bestimmte Richtung ausgestrahlte Lichtstrahl eines →*Leitfeuers,* auch die Grenzlinie zwischen →*Leitsektor* und

→*Warnsektor.* – 2. Durch →*Richtfunkfeuer* bzw. →*Consol-Funkfeuer* bestimmte Richtung in der →*Funknavigation* oder die strahlende Energie, die auf einen engen Leitsektor beschränkt ist.

Leitwagen, der *(horse, deck horse)* Auch →*Leuwagen* genannter niedriger breiter Bügel aus

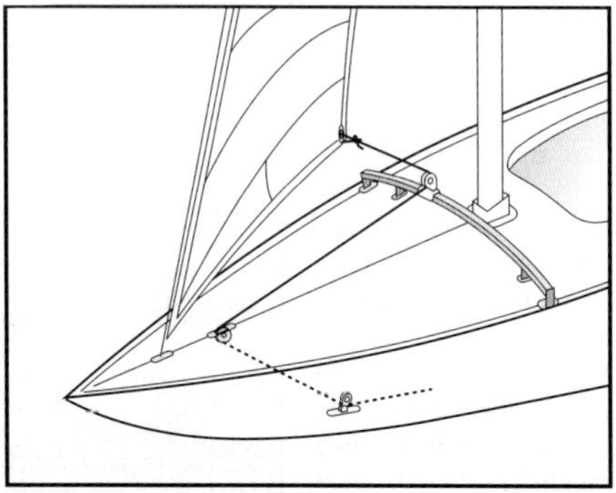

Rundeisen, der querschiffs auf dem →*Reitbalken,* über der →*Pinne,* auf dem →*Achterdeck* oder vor dem →*Mast* auf dem →*Vordeck* zur Führung der →*Großschot* oder der →*Fockschot* bei einer →*Baumfock* befestigt ist. Auf ihm läuft der mit Ring oder →*Schäkel* befestigte →*Schotblock* beim →*Wenden* selbsttätig von einer Bootsseite zur anderen, ohne daß sich der →*Segeltrimm* ändert. Stopper können das seitliche Auswandern des Segels begrenzen und für optimale Bedingungen an der →*Kreuz* bei →*leichtem* und →*schwerem Wetter* sorgen. Auf modernen →*Yachten* wird anstelle des L. eine Gleitschiene, →*Leitschiene* oder →*Großschotschiene* mit →*Traveller* und →*Travellerleinen* benutzt.

lenz, lens (*1. dry, 2. empty)* Seem. 1. trocken, 2. leer als Zustandsbezeichnung nach dem →*Lenzen* oder →*Ausösen* der →*Bilge* bzw. dem Entleeren eines Tanks. Beide können „lenz bis auf Restwasser" sein.

Lenzbrunnen, der *(drain well, drain sump)* Die tiefste Stelle eines →*Brennstoff-* oder →*Wassertanks,* an der die →*Lenzleitung* beginnt und von wo aus man gegebenenfalls den gesamten Tankinhalt lenzen kann. Wenn mit einer →*Lenzpumpe* gearbeitet wird, auch →*Pumpensumpf* genannt.

lenzen (lensen) (*to free a boat, to pump out water)* Ein Boot →*lenz* pumpen (mit der →*Lenzpumpe),* ausösen (mit dem →*Ösfaß)* oder →*leersegeln* (mit Hilfe von →*Lenzklappen,* →*Selbstlenzern* oder →*Lenzventilen).* Auf größeren Yachten ist eine spezielle Lenzleitung nötig, um die →*Bilge* zu lenzen.

lenzen (vor dem Sturm) *(to scud, scudding)* Im Sturm mit kleinsten Segeln →*vor dem Wind* laufen oder vor →*Topp und Takel* treiben. L. vor dem →*Sturm* ist nur sicher, solange die →*Wellengeschwindigkeit* bzw. die →*Orbitalgeschwindigkeit* die →*Fahrt* nicht übersteigt, weil sonst die Gefahr des →*Querschlagens* besteht. Dies soll gegebenenfalls der →*Lenzsack* verhindern, doch ist das →*Beidrehen* ein sichereres Manöver.

Lenzklappe, die *(transom flap)* Durch eine Klappe mit Gummistropp verschließbare Öffnung im →*Spiegel.* Durch eine L. kann aus der →*Plicht* einer →*Jolle* das übergekommene Spritzwasser selbsttätig wieder nach →*außenbords* fließen, oder man kann nach dem →*Aufrichten* eines →*gekenterten* Bootes das →*Cockpit* wieder →*lenz* segeln.

Lenzleitung, die *(bilge [pipe] line)* Im →*Lenzbrunnen* beginnende und durch einen →*Lenzkorb* geschützte Rohrleitung zur →*Lenzpumpe.* Auch die →*wasserdichte Plicht* hat eine L., um das übergekommene Spritzwasser auch bei →*Krängung* wieder abfließen zu lassen.

Lenzkorb, der *(pump strainer)* Feinmaschiger Schmutzfilter vor der →*Lenzleitung* im →*Pumpensumpf* oder →*Lenzbrunnen* der →*Bilge* oder eines Tanks, auch →*Saugkorb* genannt.

Lenzpumpe, die *(bilge pump)* Eine Pumpe zum →*Lenzen,* insbesondere der →*Bilge.* Man unterscheidet →*Membranpumpen,* →*Kolbenpumpen,* →*Kreiselpumpen* u. a., die auf einem →*Seekreuzer* mit einer →*Lenzleitung* verbunden sind und entweder von Hand oder elektrisch betrieben werden. Die L. wird meistens in der →*Plicht* gehaltert, muß leicht bedienbar sein, darf nicht verstopfen und soll ausreichende Förderleistung haben.

Lenzsack, der *(driving anchor)* Auch →*Treibanker* genannter, aus Segeltuch gefertigter, durch einen kräftigen Stahlring vorn offen gehaltener länglicher Sack mit kleiner Endöffnung, der ursprünglich beim →*Lenzen* das →*Heck* in Windrichtung halten und ein →*Querschlagen* verhindern sollte. Auf →*Yachten* auch über den →*Bug* ausgebracht, in jüngster Zeit auch aus anderen Materialien hergestellt, aber in seinem Sicherheitswert umstritten.

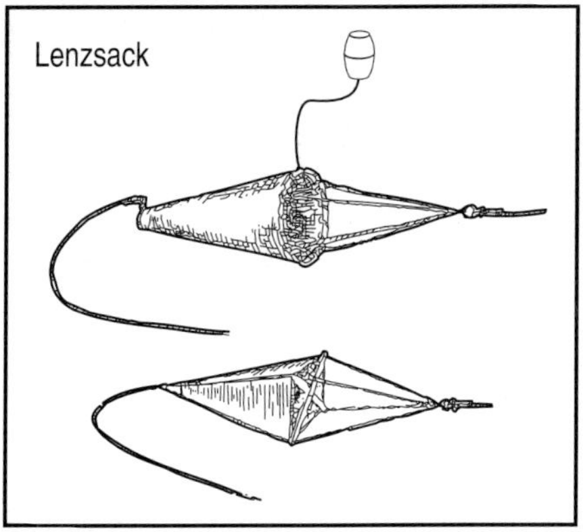

Lenzventil, das *(1. self bailer, 2. drain valve)* 1. Röhrenförmiger Beschlag oder dreieckige Klappe, die als →*Selbstlenzer* im Bootsboden einer

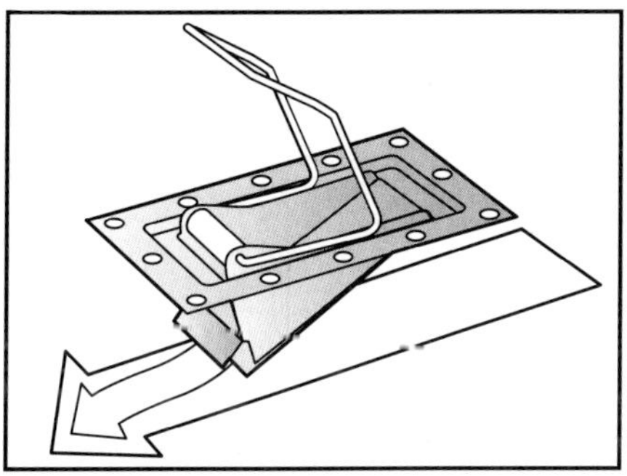

→*Jolle* befestigt ist. Wenn man das L. mit einem Fußtritt oder Handgriff öffnet, drückt man eine geöffnete Röhre oder keilförmige Klappe in das Wasser, und die Strömung unter dem Boden saugt die Plicht leer. Das L. →*lenzt* nur bei ausreichender →*Fahrt* und muß im Stand geschlossen werden, damit das Wasser nicht auf umgekehrtem Weg in das Boot eindringen kann. – 2. Ein Bodenventil in einem Tank oder am tiefsten Punkt einer Leitung, um das Restwasser entfernen zu können; wichtig beim →*Einwintern* des Bootes.

letztes Viertel, das *(last quarter)* Sog. Halbmond bei abnehmendem Mond, wenn die Mondsichel Teil des kleinen Buchstabens „a" ist und Sonne und Mond im rechten Winkel zueinander stehen. In Tidengewässern die Zeit der →*Nipptide.*

Leuchtfeuer, das *(e.: light, beacon – a.: blinker)* Navigationshilfe für die Nachtfahrt an der →*Küste* und im →*Fahrwasser* sowie zur Bezeichnung von →*Untiefen* und zur Warnung vor →*Wracks.* Nach der →*Kennung* unterscheidet man →*Festfeuer* mit gleichbleibenden und →*Taktfeuer* mit wechselnden Lichterscheinungen (z. B. als →*Gleichtaktfeuer,* →*Wechselfeuer,* →*Blinkfeuer* u. a.). Nach ihrer unterschiedlichen Bauart gibt es fest gegründete →*Leuchttürme,* schwimmende →*Leuchttonnen* und →*Feuerschiffe,* nach ihrem Zweck für eine zuverlässige Schiffsortbestimmung benutzt man →*Leitfeuer,* →*Richtfeuer,* →*Torfeuer* u. a. Ihre Reichweite hängt von der →*Feuerhöhe,* der Stärke der Lichtquelle und dem →*Sichtigkeitsgrad* der Luft sowie der →*Augenhöhe* des Beobachters ab. Alle entsprechenden Angaben für die eines Reviers sind im →*Leuchtfeuerverzeichnis* enthalten.

Leuchtfeuerkennung *(light description)* mit Art der **Kennung** *(character)*, **Farbe** *(colour)*, **Wiederkehr** *(period)*, **Höhe** *(elevation)* und **Nenntragweite** *(nominal range)* als Zeichen in der →*Seekarte* siehe →*Karte 1* (INT 1) im Anhang. Beispiel einer L.: International: (Name)

Sealand Fl(3)WRG. 15s 21m 15–11M.

Das ist gleichbedeutend mit National: (Name)

Seeland Blz.(3)w/r/gn. 15s 21m 15–11sm

und heißt: **Art der Kennung** Blitzfeuer mit Gruppen von drei Blitzen; **Farben** Weiß, Rot und Grün für die verschiedenen Sektoren; **Wiederkehr** als Zeit vom Eintritt der Taktkennung von 3 Blitzen und Verdunkelung bis zum Wiedereintritt der gleichen Taktkennung 15 Sekunden; **Feuerhöhe** als Höhe der Lichtquelle über der Bezugsfläche 21 Meter; **Nenntragweite** Weiß 15 Seemeilen, Grün 11 Seemeilen, Rot zwischen 11 und 15 Seemeilen.

Leuchtfeuerverzeichnis, das *([Admiralty] List of Lights)* Durch Deckblätter, Nachträge und Neuauflagen ständig auf dem aktuellen Stand gehaltenes Verzeichnis aller →*Leuchtfeuer* eines Gebietes mit Angabe von →*Position,* →*Kennung,* →*Tragweite,* →*Sichtweite,* →*Feuerhöhe* und anderer, für die →*Navigation* wichtiger Merkmale. Ein deutsches L. wird vom →*BSH* seit dem 1. 1. 1992 nur noch für die Ostsee und die östliche Nordsee herausgegeben.

Leuchtkugel, die *(very light ball, fire ball)* Herkömmlicher Ausdruck für ein →*Sternsignal,* das (in verschiedenen →*Signalfarben)* mit einer →*Leuchtpatrone* aus einer →*Signalpistole* abgeschossen wird.

Leuchtpatrone, die *(very light cartridge)* Eine in den Farben Weiß, Rot und Grün benutzte →*Si-*

gnalpatrone mit Kaliber 4 für eine →*Signalpistole,* mit der eine →*Leuchtkugel* oder ein →*Sternsignal* mit einer Lichtstärke von 30000 →*Candela* bis etwa 100 m hoch in den Himmel geschossen werden kann, um ein entsprechendes →*Signal* zu geben, z. B. in Rot für →*Seenot.* Eine L. gehört zum „Gefahrengut", für dessen Transport (an Land) es gesetzliche Auflagen gibt.

Leuchtsignalpistole, die *(flare pistol)* Dass. wie →*Signalpistole* oder →*Sternsignalpistole.*

Leuchttonne, die *(lighted buoy)* Schwimmendes →*Seezeichen,* das (weniger zuverlässig als ein

fest gegründetes →*Leuchtfeuer)* mit einer bestimmten →*Kennung* an einer wichtigen Stelle des →*Fahrwassers* oder als →*Ansteuerungstonne* liegt. Die Lichtquelle wird von eigener Energie gespeist. Eine L. dient nur zur Orientierung und nicht zur Ortsbestimmung, weil sie vertreiben, verlöschen oder in ihrer →*Sichtweite* durch Seegang beeinträchtigt werden kann.

Leuchtturm, der *(lighthouse)* Landfestes Seezeichen, das ein →*Leuchtfeuer* trägt und mit anderen Signalanlagen für die Schiffahrt ausgerüstet sein kann. Bei Tage dient es als →*Landmarke.* Die Höhe des Turmes, die →*Kennung* und Beschreibung enthält das →*Leuchtfeuerverzeichnis.*

Leuchtturm *(lighthouse)* Abkürzung in der →*Seekarte* siehe →*Karte 1* im Anhang.

Leuchtwinkel, der *(light sector, sector of light)* Der Ausschnitt einer →*Laterne* , um ein →*Licht* im vorgeschriebenen Winkel zu zeigen. Bei einer

→*Seitenlaterne* beträgt der L. z. B. 112,5°, bei einer →*Hecklaterne* 135°, bei einer →*Topplaterne* 225° und bei einer →*Rundumlaterne* 360°. Ein →*Attest* des →*BSH* bestätigt den richtigen L. einer →*Laterne.*

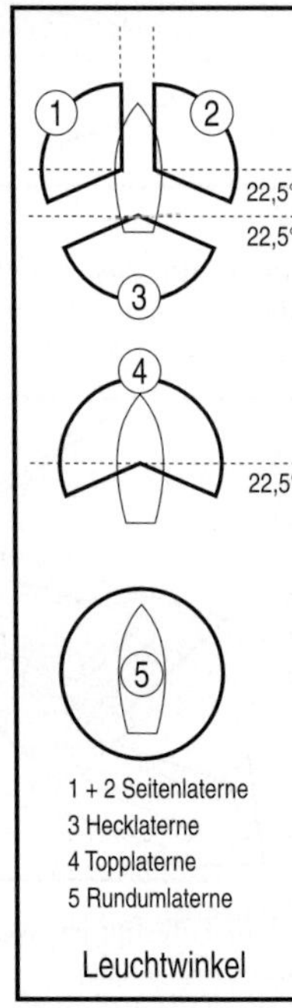

Leuchtwinkel

Leuwagen, der *(1. horse, 2. scrubber with stick)* 1. Breiter Rundstahlbügel zur Führung des Decksblocks einer →*Schot,* auch →*Leitwagen* genannt.– 2. Schrubber und Stiel zum Reinigen des →*Decks* und des →*Unterwasserschiffs.*

Levante, der *(Levant)* Ein →*Mittelmeerwind* aus östlicher Richtung.

Libeccio, der Ein Westsüdwestwind des nordwestlichen Mittelmeeres. Vorherrschender →*Mittelmeerwind* für Nordkorsika und den Golf von Ligurien. Er verursacht im italienischen Küstenrevier eine hohe See.

Libelle, die *(water level, spirit level)* Wasserwaage, die bei nautischen Präzisionsinstrumenten mit Spezialflüssigkeit gefüllt ist, um die Lotrichtung z. B. beim →*Libellensextanten* anzuzeigen.

Libellensextant, der *(bubble sextant)* Ein →*Sextant* mit eingebauter Wasserwaage, die zur Vermeidung von Meßfehlern durch Verkantungen die senkrechte Haltung des Instruments (bei der Messung sichtbar) anzeigt.

Licht, das *(light)* 1. Sichtbare elektromagnetische Welle mit einer Wellenlänge zwischen 0,78 x 10^{-4}

cm und 0,36 x 10^{-4} cm und einer gleichförmigen Ausbreitungsgeschwindigkeit (Lichtgeschwindigkeit) von ca. 300000 km/s. – 2. Ein optisches Signal, mit dem ein Fahrzeug z. B. bei der →*Lichterführung* seinen →*Kurs,* seine Größe oder seine Arbeit anzeigt. Ein L. wird mit einer →*Laterne* gezeigt, in der eine →*Lampe* brennt.

Lichter führen *(to carry lights)* L. **führen** heißt, sie entsprechend den →*KVR* ständig und unter bestimmten Bedingungen auch unbegrenzte Zeit lang anzuschalten und hierzu die entsprechenden →*Laternen* an Bord mitzuführen, im Gegensatz zum →*Lichter zeigen.*

lichten *(to weight, to lift, to heave up)* Etwas leicht machen, hieven, heben, hochziehen, vom Grunde aufholen, insbesondere den →*Anker.*

Lichterführung, die *(setting of navigation lights, carrying of lights).* Die durch die →*Kollisionsverhütungsregeln,* →*Seeschiffahrtsstraßen-Ordnung* und →*Binnenschiffahrtsstraßen-Ordnung* vorgeschriebenen →*Lichter,* die von Sonnenuntergang bis Sonnenaufgang und am Tage bei unsichtigem Wetter auf See und im →*Fahrwasser* von Booten und Schiffen geführt werden müssen, um Zusammenstöße (→*Kollisionen)* und →*Havarien* zu verhindern. Man unterscheidet bei der L. →*Seitenlichter,* →*Topplicht,* →*Hecklicht,* Schlepplicht, →*Rundumlicht* und Funkellicht. Für alle Lichter ist eine bestimmte →*Tragweite* (zwischen 1 sm und 6 sm) vorgeschrieben. Um allen Bedingungen der L. zu entsprechen, unterliegen die →*Laternen* aller →*Yachten* und →*Boote,* mit denen die →*Lichter* gezeigt werden, in den Bereichen der →*Küstenfahrt* und →*Seefahrt* einer Baumusterprüfung durch das →*Bundesamt für Seeschiffahrt und Hydrographie.*

Lichter löschen *(to douse lights)* Die →*Laternen* ausschalten.

Lichterscheinung, die *(light characteristic)* Zur →*Kennung* eines →*Leuchtfeuers* der durch Verdunkelungen, Abschwächungen oder Wechsel entstehende charakteristische Takt, der als →*Schein* länger als die Verdunkelung anhält (z. B. beim →*unterbrochenen Feuer)* oder gleich lang wie diese (z. B. beim →*Gleichtaktfeuer)* wirkt, beim →*Blitz* für ein Aufleuchten von max. 2 Sekunden Dauer und bei einem →*Blink* von mehr als 2 Sekunden Dauer sorgt. Der entsprechende Wechsel wird als →*Folge* und →*Wiederkehr* bezeichnet.

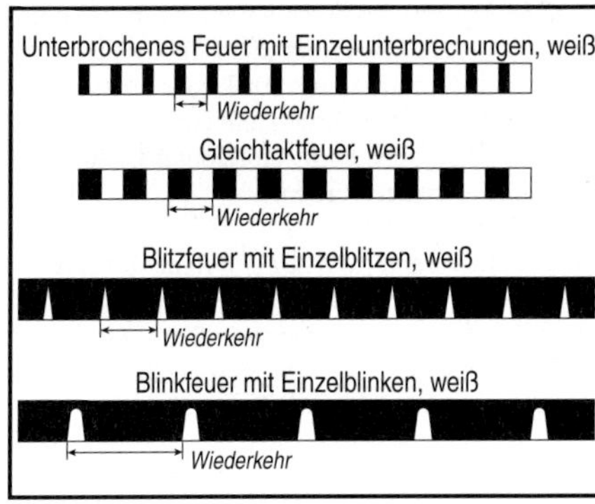

Lichterscheinung

Lichter zeigen *(to display lights)* siehe →*(ein) Licht zeigen.*

Lichtmorsen, das *(Morse lamp signalling, blinker signalling)* Ein Begriff des →*Internationalen Signalbuches,* auch →*Blinksignalisieren* genannt. Beim L. werden optische →*Signale* bei →*Tage* und bei →*Nacht* auf kurze Entfernung im →*Morsealphabet* mit der →*Morselampe* übermittelt. Heutzutage nur noch in der →*Marine* üblich.

Lichtstärke, die *(light intensity)* Wichtiges Kriterium für die →*Sichtweite* z. B. eines →*Leuchtfeuers,* einer →*Seenotleuchte,* eines →*Nachtrettungslichtes* und der →*Positionslaternen.* Die L. wird in →*Candela* (cd) angegeben.

Lichtverteilung, die *(distribution [of navigation] lantern, dispersion [of lights])* Ein Prüfwert

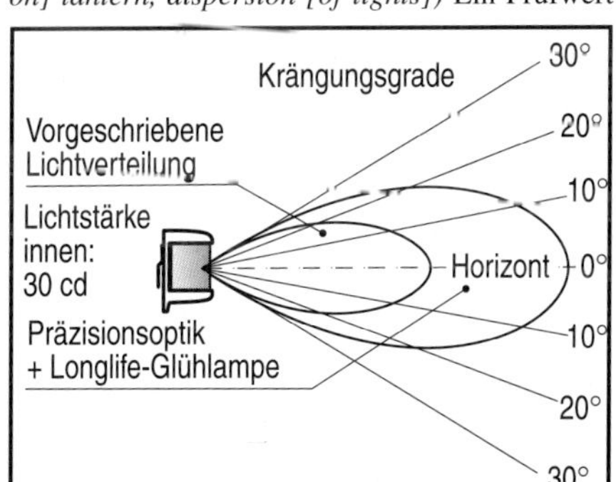

bei der Zulassung von →*Positionslaternen* durch das →*BSH,* bei dem eine bestimmte vertikale Ausstrahlung des →*Lichtes* in dem vorgeschriebenen →*Leuchtwinkel* gefordert wird, damit auch bei →*Krängung* noch für eine ausreichende →*Trag-*

weite gesorgt ist. Bei einer Neigung von 10° müssen mindestens 80 %, bei 20° mindestens 50 % und bei 30° mindestens 20 % der Horizontal-Lichtstärke erreicht werden, andererseits darf das 1,2fache der absoluten Horizontal-Lichtstärke nicht überschritten werden.

(ein) Licht zeigen *(to display a light)* Im Gegensatz zum →*Lichter führen* bedeutet es, eine angezündete →*Laterne* mit einem weißen →*Licht* oder eine elektrische →*Lampe* gebrauchsfertig zur Hand haben und rechtzeitig hochhalten und →*zeigen,* um eine →*Kollision* entsprechend den →*KVR* zu verhindern.

Liegegeld, das *(demurrage, quayage)* Die Gebühren, die für einen kurzfristigen oder ständigen →*Liegeplatz* an den →*Hafenmeister* zu zahlen sind. Sie richten sich nach der →*Länge* des Bootes und der Anzahl der →*Liegetage.*

liegen *(to lie, to be berthed)* Seem. der Gegensatz zu →*laufen,* d. h. nicht in →*Fahrt* sein. Ein Boot liegt vor →*Anker,* an der →*Boje,* auf →*Reede,* an einem →*Liegeplatz,* auf dem →*Strom,* im →*Dock* o. ä. Man zahlt →*Liegegeld* für →*Liegetage* und muß bei Schlechtwetter →*überliegen.*

Liegeplatz, der *(berth)* Die der →*Länge* eines Bootes angepaßte Stelle, an der es kurzfristig oder längere Zeit liegen kann. Der L. kann an einer →*Pier,* an einem →*Steg,* an der →*Boje,* bei Jollen auch an Land auf einem →*Bootswagen,* →*längsseits* oder mit →*Bug* oder →*Heck* zum Steg, in einem →*Stand* zwischen →*Pfählen* oder Dalben, in Tidengewässern an einem →*Schlengel,* frei gewählt oder vom →*Hafenmeister* vorgeschrieben sein. Am L. muß das Boot gegen alle Windrichtungen gesichert und durch →*Festmacher* auch im →*Strom* unbeweglich gehalten werden.

Liegetag, der *(lay days [pl.])* Die Zeit (meistens in Kalendertagen), für die →*Liegegeld* an einem →*Liegeplatz* zu entrichten ist.

Liek, das *(edge [of a sail], leach rope)* Allgemein die Kante eines Segels, z. B. →*Vorliek,* →*Achterliek,* →*Unterliek,* →*Mastliek* u. a. Insbesondere auch eine Segelkante, die nicht durch Segeltuch-Dopplungen verstärkt, sondern mit einem →*Liektau* zum Einziehen in eine →*Keep* oder →*Hohlkehle* versehen ist oder eine eingearbeitete →*Drahtliek* (z. B. in der →*Fock* oder →*Genua)* zum Schutz gegen →*Reck* und als bessere Windanschnittskante erhalten hat. Um einem L. für die →*optimale Leistung* des Segels die richtige Spannung zu geben, benutzt man →*Ausholer,* →*Cunninghamstropp,* →*Vorliekstrecker* u. a.

lieken (anlieken) *(to rope [a sail])* Ein Segel mit einem →*Liek* versehen, unter Verwendung von →*Liektau,* Liekgarn und einer Lieknadel.

Liektau, das *(bolt rope)* Das Material (z. B. aus →*Tauwerk),* das als Verstärkung an einem →*Liek*

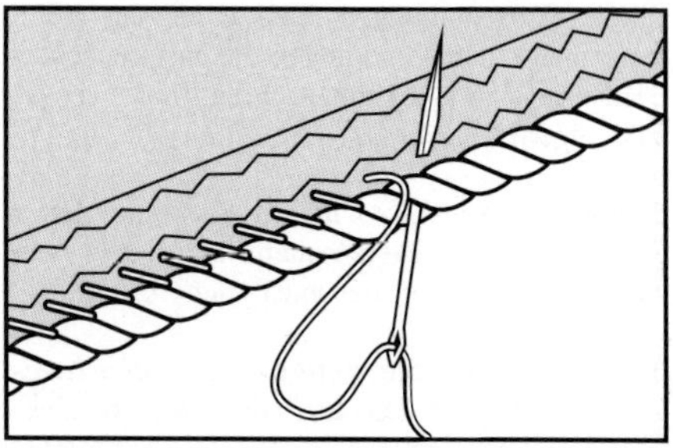

angenäht wird, um ihm eine größere Festigkeit (z. B. bei einem →*Sturmtreisegel)* zu geben oder es zum Einziehen in eine →*Keep* (an →*Mast* und →*Baum)* geeignet zu machen.

Limbus, der *(limb)* Der Bogenrand des →*Sextanten,* an dem die gemessenen Grade abgelesen werden.

Linie, die *(1. line; 2. „the line", equator)* 1. Im Sinne einer Geraden Wortbestandteil in →*Kiellinie* oder →*Dwarslinie.* – Englisches Längenmaß = 0,1 →*Zoll* oder inch. – 2. „Die Linie" ist der Seemannsausdruck für den Äquator, auf dem die →*Linientaufe* vollzogen wurde und wo alle Gestirne den gleichen →*Tag-* und →*Nachtbogen* haben, so daß (auf die Sonne bezogen) Helligkeit und Dunkelheit (bei sehr kurzer Dämmerung) immer von gleicher Dauer sind.

Linienfahrt, die *(1. line shipping, liner trade; – 2. regular line traffic)* Frachtschiffahrt auf festgelegten Routen mit genauen Fahrplänen, z. B. im Containerdienst. Ggs. →*Trampschiffahrt.* – 2. Fahrgastschiffahrt nach Fahrplänen im Kurzstreckeneinsatz, an der →*Küste* z. B. auf der Kieler Förde, auf den →*Binnenrevieren* z. B. am Bodensee. Dabei müssen z. B. auf dem Bodensee nach den dortigen „Ausweich- und Fahrregeln" alle „Vergnügungsfahrzeuge" *(→Yachten)* den „Vorrangschiffen" (Fahrgastschiffen, →*Schleppern,* →*Fischerbooten),* die einen grünen bzw. weißen Ball gesetzt haben, ausweichen.

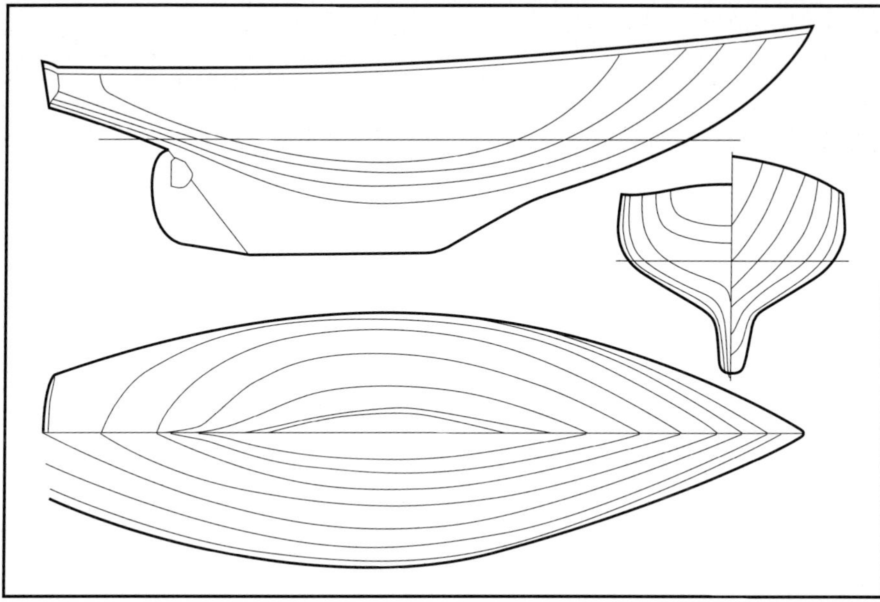

Linienriß, der *(lines plan, lines drawing)* Die Konstruktionszeichnung für die äußere Form eines Bootsrumpfes, die mindestens aus 3, meistens aus 4 Rissen besteht: Der →*Längsriß* zeigt die Rumpfform in verschiedenen →*Längsschnitten,* der →*Spantenriß* die Umrißlinien in mehreren senkrechten, querschiffs verlaufenden (Konstruktionsspant-)Ebenen, die aber nur halbseitig dargestellt werden (in der rechten Hälfte, vom →*Hauptspant* ausgehend, die →*Spantenkonturen* des →*Vorschiffs,* in der linken die des →*Achterschiffs).* Weiter gehört zum L. der →*Wasserlinienriß* mit den Bootskonturen in mehreren horizontalen Ebenen, wobei die →*Konstruktionswasserlinie* als theoretische Schwimmebene des (ausgerüsteten) Bootes betont ist, und der →*Sentenriß,* der die Umrißlinien in Schnittebenen darstellt, die zur Mittellängsebene geneigt sind und ungefähr radial zur →*Kimm* verlaufen. Ein L. wird im Maßstab 1:10 bis 1:100 gezeichnet und durch den →*Segelriß,* den →*Einrichtungsplan,* →*Decksriß* sowie den eigentlichen →*Bauplan* mit detaillierten Materialangaben ergänzt.

Linienschiff, das *(1. ship of the line; 2. battleship; 3. liner)* 1. Ursprünglich ein Kriegsschiff, das mit anderen in →*Kiellinie* oder →*Dwarslinie* kämpfte. – 2. Allgemein ein schwerbewaffnetes Schlachtschiff. – 3. Fracht- oder Fahrgastschiff, das in der →*Linienschiffahrt* eingesetzt ist. Es fährt im Liniendienst nach festem Fahrplan auf immer gleicher Route.

Linienschiffahrt, die *(liner trade, regular line shipping)* In der →*Schiffahrt* der Verkehr von Fracht- und/oder Fahrgastschiffen auf festgelegten Routen und nach genauen Fahrplänen, z. B. Fährverbindungen und Containerdienste – im Gegensatz zur →*Trampschiffahrt,* einem Gelegenheitsverkehr.

Linienstürme, die *(line storms, equinoctial storms)* Dass. wie →*Äquinoktialstürme.*

Linientaufe, die *(christening of sailors on crossing the line)* Seemannsausdruck für →*Äquatortaufe.*

Linksdrehen (des Windes) (*to haul to left, to haul against the sun)* Richtungsänderung des →*atmosphärischen Windes* gegen den Uhrzeigersinn. Der Begriff wird hauptsächlich im Wetterbericht benutzt und auch →*Rückdrehen* oder →*Krimpen* genannt.

linksdrehend(er Wind) (*against the sun, anticlockwise)* Richtungsänderung entgegen dem Uhrzeigersinn, auf den →*atmosphärischen Wind* bezogen auch →*rückdrehend* oder →*krimpend* genannt. An Bord bezieht man sich auf den relativen

→*Bordwind,* dessen Richtungsänderungen →*schralen* und →*raumen* nicht mit l. verwechselt werden dürfen.

linksgängig *(left handed)* Meistens auf den →*Propeller* angewandte Bezeichnung der Drehrichtung links herum, wenn man von →*achtern* auf die Welle blickt.

linksgeschlagenes Tauwerk, das *(left-handed rope, back-handed rope)* Eine Machart von →*Tauwerk,* wenn die →*Kardeele* als die auf den ersten Blick sichtbaren Elemente eines im →*Kabelschlag* gedrehten →*Seils* entgegengesetzt der Drehrichtung eines Korkenziehers oder bei seitlicher Betrachtung in →*S-Drehung* von links oben nach rechts unten verlaufen. L. T. muß entgegengesetzt zum Uhrzeigersinn →*aufgeschossen* werden.

Lippe, die *(lip, fairboard)* Ein →*Beschlag* mit Randverstärkung oder ein einfacher Einschnitt in einer →*Fußreling* oder in einem →*Schanzkleid.* Eine L. dient zur Führung einer →*Trosse* oder →*Leine* von →*binnen-* nach →*außenbords* und ist oft in der Art einer halboffenen →*Klüse* gefertigt.

Lippklampe, die *(chock, snatch cleat, [roller] fairlead)* Ein →*Beschlag,* der von jeder Seite zur

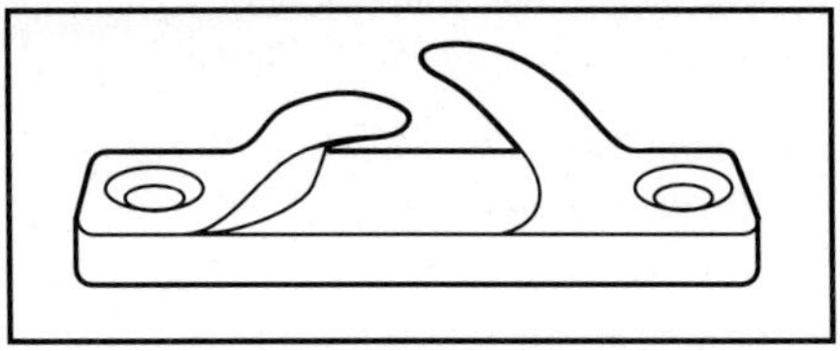

Mitte verlaufende Zapfen hat, zwischen denen z. B. ein →*Festmacher* eingelegt werden kann. Er liegt dort unbeweglich wie an einer →*Klampe* und sicher wie in einer →*Lippe.*

Litze, die *(lace, cord, braid, tape, strand)* Ein Produkt der ersten Verseilstufe in der Herstellung von →*Tauwerk,* bei der ein →*rechtsgeschlagenes* →*Garn* (in →*Z-Drehung)* zu einer →*linksgeschlagenen* L. (in →*S-Drehung)* wird. Eine L. ist ein Halberzeugnis beim →*Verseilen.*

Ljungström-Rigg, das *(Ljungstroem rig)* Vom Schweden Fredrik L. 1935 zum ersten Mal prak-

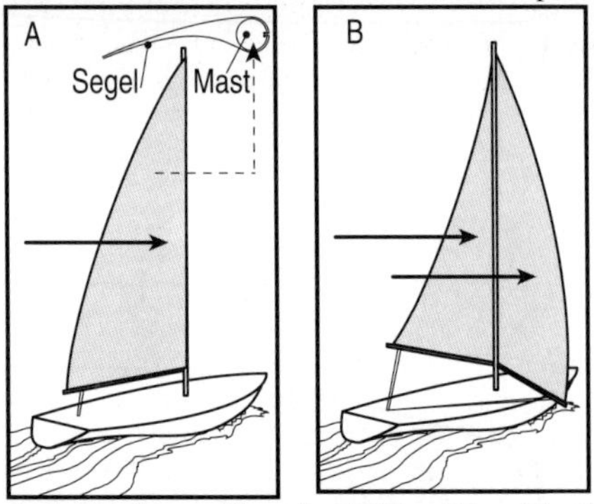

tisch erprobtes →*Rigg,* das 1936 auf dem 22-m²-Schärenkreuzer „Aeolus" und vom 4,2-t-Seekreuzer „Grazia" u. a. benutzt wurde. Es löst das Problem des glatten, strömungsgünstigen Anschlusses des →*Segels* an den →*Mast* durch ein aus zwei identischen Teilen bestehendes →*Doppelsegel,* das den →*Mast* einschließt, und einem aus zwei Hälften bestehenden, starren und ausklappbaren Großbaum. Segelt man →*am Wind* (A), dann liegen beide Segel aufeinander, und das Rigg arbeitet wie bei einem →*Catboot* mit einem einzigen normalen →*Hochsegel.* Auf einem →*Vorwindkurs* (B) werden durch Auseinanderklappen des Großbaumes beide Segel getrennt und beidseitig aufgefiert, so daß man die doppelte Segelfläche erhält. Zum →*Reffen* wurde der →*Mast* axial gedreht und ein Teil der Segelfläche auf ihn aufgewickelt. Durch den ununterbrochenen Übergang des Mastes in das Segel wie bei einem →*Profilmast* oder →*Profilsegel* wurde die →*Leeströmung* am Großsegel verbessert und damit mehr →*Luftkraft* als bei einem gleich großen, mit →*Keep* oder →*Rutschern* befestigtem Hochsegel erzeugt.

Lloyd's Register of Shipping Größte Gesellschaft für Schiffsklassifikation (analog zum deutschen →*Germanischen Lloyd)* und bekannte britische Versicherungsgesellschaft. 1716 gegründet und zuerst in einem Caféhaus in London von Edward Lloyd betrieben. Ab 1734 werden Schiffslisten, ab 1834 wird ein Registerbuch aller Kauffahrteischiffe der Welt veröffentlicht. Hier werden alle Schiffe verzeichnet, die nach den speziellen Vorschriften von Lloyd's gebaut sind. Für Yachten erschien erstmalig 1878 →*Lloyd's Register of Yachts.*

Lloyd's Register of Yachts, das Erstmals 1878 von der Klassifikations- und Versicherungsgesellschaft Lloyd's (Register of Shipping) veröffentlichte Liste mit Yachten, die bei Lloyd's versichert und nach den speziellen Bauvorschriften für Yachten in Holz gebaut waren. Die ersten Bauvorschriften für Stahlyachten erschienen 1888, seit 1906 arbeitete Lloyd's mit dem →*Bureau Veritas (*Frankreich) und dem →*Germanischen Lloyd* Bauvorschriften für Rennyachten aus, die 1908 von der damaligen →*International Yacht Racing Union* für die →*R-Klassen* nach dem Qualitätsstandard A1 veröffentlicht wurden. Seit 1934 wurden die Yachten um den →*America's Cup* von Lloyd's klassifiziert, in der 75. Ausgabe von L. R. o. Y. 1963 waren erstmals über 10 000 Yachten mit ihren Detailangaben enthalten. Die Amerika-Ausgabe wurde erstmals 1903 vom New Yorker Büro von Lloyd's veröffentlicht und enthält die entsprechenden Detailangaben von kanadischen und US-amerikanischen Yachten.

Löffelbug, der *(spoon bow)* Ein löffelartig (im Gegensatz zum →*Klippersteven)* nach außen ge-

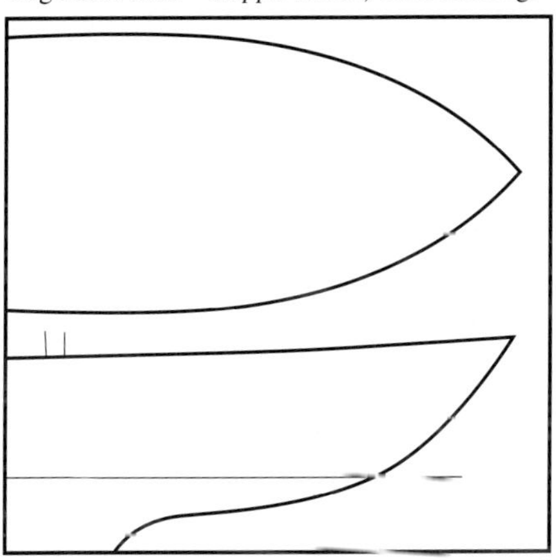

wölbter →*Vorsteven,* bei →*Schärenkreuzern* und →*Seefahrtskreuzern* in einen langen →*Überhang* auslaufend, heute nur noch gemäßigt über die →*Wasserlinie* ausladend.

Log, das *(log; speed log)* Gerät zum Messen der →*Fahrt* eines Bootes oder der Geschwindigkeit des →*Stromes,* vom Ankerplatz aus. Es gibt einfache, aufwendige (mechanische) und komplizierte (elektronische) sowie billige und teure Fahrtmeßgeräte vom →*Relingslog* und →*Handlog* über das →*Patentlog,* das man als →*Schlepplog* oder →*Sumlog* erhalten kann, bis zu einem →*Speedometer,* das als →*Stevenlog* die Fahrt mit einem →*Staudruckmesser* mißt.

Logbuch, das (*log, boat's log book)* Das Boots- oder Schiffstagebuch, das in der Berufsschiffahrt gesetzlich vorgeschrieben ist, oft für verschiedene Bereiche getrennt (als Funk- oder Maschinen-Tagebuch) geführt wird und bei Verhandlungen vor dem →*Seeamt* als Beweismittel dient. Auf Yachten wird das →*Logbuch für die Yacht* und das →*Logbuch für die Charteryacht* auch als Bewertungsgrundlage für den →*Fahrtenwettbewerb,* als Seemeilenbestätigung für den Erwerb eines →*Führerscheins* und damit über den Beweis einer korrekten Schiffsführung hinaus zur persönlichen Erinnerung benutzt.

Logbuch für die Yacht *(yacht's log[book])* Für die besonderen Bedingungen des →*Fahrtensegelns* herausgegebenes →*Logbuch* für →*Seekreuzer.* Es ist in →*meteorologisches,* →*nautisches* und technisches Tagebuch für ca. 30 Tage unterteilt, kann täglich den →*Wetterbericht* aufnehmen, →*Luftdruck* und →*Lufttemperatur* im Tagesverlauf graphisch darstellen und neben Angaben der →*Segelführung* und der Motorbenutzung auch alle →*Manöver,* →*Sichtungen,* →*Peilungen* u. ä. vermerken. Nach den ausgewählten →*Wegpunktkoordinaten* läßt sich täglich der (vorbereitet) Segelplan und mit den Daten der →*Wegpunktnavigation* der Tagesweg in vorbereitete Spalten eintragen. In seinem Vorspann bietet das L.f.d.Y. die Möglichkeit, eine Vielzahl von Daten für die →*Crew* und die →*Ausrüstung* einzutragen und auf beigefügten Formularen →*Seemeilenbestätigungen* abzugeben.

Logbuch für die Charteryacht *(yacht's log [book] for bareboat charter)* Ein spezielles →*Logbuch,* das über die Angaben in einem →*Logbuch für die Yacht* hinaus noch eine Prüfliste der →*Ausrüstung* bei der Übernahme einer →*Charteryacht* und den Vordruck eines entsprechenden Protokolls, einen Mustervertrag für die vertragliche Haftungsbeschränkung der →*Charterer* untereinander sowie gesetzliche Vorschriften enthält.

loggen *(to log)* Die →*Fahrt* eines Bootes mit dem →*Log* messen.

Loggeort, der *(dead reckoning position)* Nach →*DIN 13312* „Navigation" ist der L. ein →*Koppelort* ohne Berücksichtigung der Einflüsse des →*Stroms,* aber mit Berücksichtigung aller anderen vorhersehbaren Einflüsse. (Sprachlich könnte man davon ausgehen, daß die Bezeichnung „L." vorrangig etwas mit dem

→*Log* oder →*Loggen,* also mit der →*Fahrt* des Bootes und der aus seinem →*Meilenzähler* ablesbaren →*Distanz* bis zu einem →*Schiffsort* und einem bestimmten →*Zeitpunkt* zu tun hat.)

Logger, der *(drifter [herring-, motor-, sailing-])* Fischereifahrzeug, als →*Anderthalbmaster* oder →*Zweimaster* getakelt und unter Segeln auch Lugger genannt. Seit 1900 unter Motor für den Fang mit Treib- oder Schleppnetz, gegebenenfalls auch mit der Ringwade eingesetzt.

Logglas, das *(log glass)* Eine Sanduhr mit 14 Sekunden Laufzeit zur Arbeit mit dem →*Handlog.*

Logleine, die *(log line)* Sowohl beim →*Handlog* wie beim →*Schlepplog* oder →*Patentlog* benutzte, gemarkte oder ungemarkte, in jedem Falle geflochtene →*Leine,* die die Propellerdrehungen ohne Vertörnen auf die →*Loguhr* übertragen und sich nicht ausrecken kann (Abb.).

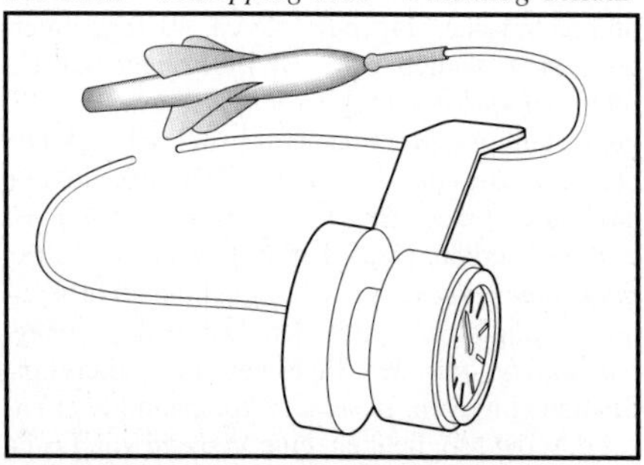

Logscheit, das *(log chip)* Als Bestandteil des →*Handlogs* ein aufrecht stehendes, unten beschwertes und meistens mit einer →*Hahnepot* befestigtes Brettchen mit ausreichend großer Widerstandsfläche, um zum Ausrauschen der →*Logleine* einen Wasserwiderstand zu bieten.

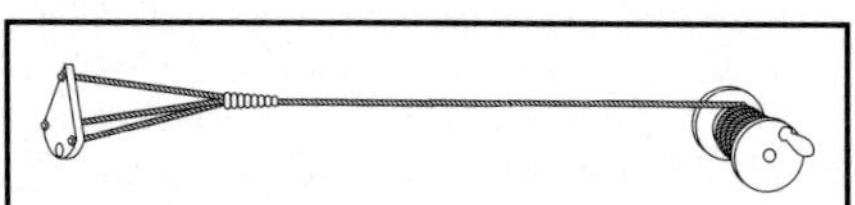

Logstab, der *(speed wand)* Ein einfaches →*Log* auf der Basis eines →*Staudruckmessers,* das als durchsichtiger, armlanger Kunststoffstab gebaut ist. Man hält den L. mit seinem unteren Teil ins Wasser, die offene Düse in Fahrtrichtung und liest an einer Strichmarkierung die →*Fahrt* in →*Knoten* direkt ab. Der L. ist wie das →*Handspeedometer* ein →*Pitotrohr.*

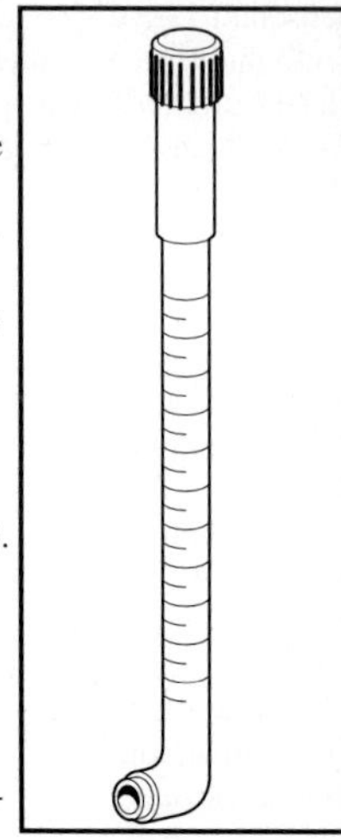

Logstab

Loguhr, die *(log indicator, log register)* Ein Zählwerk, das bei einem →*Patentlog* die durch die →*Logleine* übertragenen Propellerdrehungen registriert und als →*Distanzen* in →*Seemeilen* sowie (oft) auch als →*Fahrt* in →*Knoten* anzeigt.

Loran (Akronym für **Lo**ng **Ra**nge **N**avigation). Ein Verfahren der →*Hyperbelnavigation* im Bereich der →*Langwelle,* das im Zweiten Weltkrieg von den USA entwickelt wurde und zuerst nur militärischen Zwecken in den Seegebieten vor der amerikanischen →*Küste* diente. 1956 wurde das ursprüngliche System „Loran A“ durch das verbesserte „Loran C“ mit einer bis auf 1000 sm vergrößerten Reichweite abgelöst. Nach Erprobung der Senderkette Cape Fear (Carolina Beach, als Hauptsender) mit Jupiter Inlet (Florida) und Martha's Vineyard (Massachusetts) als Nebensendern in den Jahren 1958 und 1959 begann der weltweite Ausbau mit zahlreichen weiteren Senderketten. Eine L.-Kette besteht aus einem Hauptsender (M = Main) sowie drei bis fünf Nebensendern (mit den Buchstaben V, W, X, Y und Z bezeichnet). Sie senden auf der →*Langwelle* mit der international geschützten →*Frequenz* von 100 kHz Impulse aus, die sich durch die Gruppenperiode des Signals (Group Repetition Interval, GRI), die zwischen 50 und 100 Millisekunden betragen kann, unterscheiden. Ein L.-Empfänger identifiziert die Sender, registriert die Laufzeiten der ausgesandten Impulse und zeigt den Schnittpunkt von zwei Hyperbeln als →*Standort* an. Bis ca. 1970 mußte man in einem L.-Empfänger die Senderbezeichnung mit der Impulsgruppenperiode und die (um eine bestimmte Anzahl von Millisekunden verschobene) →*Kennung* der Nebensender von Hand einstellen. Ein Zählwerk zeigte dann automatisch die Laufzeit und damit die Ziffer von zwei Hyperbel-Standlinien an, die man sich aus einem Netz sich kreuzweise überlagernder, in unterscheidbaren Farben auf eine spezielle Loran-→*Seekarte* aufgedruckter Hyperbelscharen heraussuchen mußte. Der Schnittpunkt der beiden angezeigten →*Hyperbel-Standlinien* war der

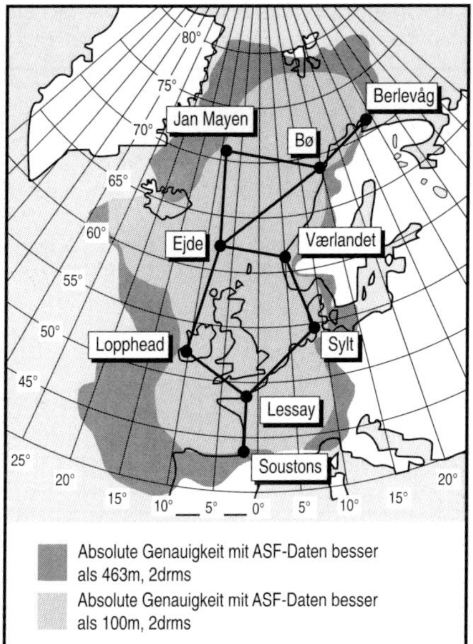

Loran-C-System

→*Schiffsort.* Durch die Entwicklung von Mikroprozessoren wurde es möglich, diese Arbeit im Empfänger selbst auszuführen und direkt den →*Schiffsort* nach →*Breite* und →*Länge* in Grad, Minuten und Hunderstel Minuten sowie mit einer Genauigkeit von ca. plus/minus 200 m anzuzeigen. L. dient derzeit neben →*GPS* aus Gründen einer sicheren →*Navigation* als einziges zukunftssicheres zusätzliches Verfahren und wird daher weiter ausgebaut. So hat ein von Deutschland und fünf weiteren europäischen Ländern betriebenes **N**ordwest-**E**uropäisches **L**oran-C-Funknavigations-**S**ystem (Abk. NELS) seine Sendetätigkeit am 1.7.1996 mit einer Bedeckung von der Biskaya bis zur Arktis (Abb.) aufgenommen.

Lose, die *(1. slack, slackness (to slacken); 2. to haul taut)* Das Durchhängen einer →*Leine.* Ein →*Ende* hat L., wenn es nicht →*durchgesetzt* ist. 1. Man kann einem →*steif* durchgesetzten Ende, z. B. einem →*Festmacher,* L. geben, indem man es →*schrickt.* – 2. Man kann z. B. bei einer →*Schot* die L. →*durchholen* und sie steif →*durchsetzen.*

lose *(1. loose, 2. slack, 3. movable)* Mehrfach gebraucht im Sinne von 1. nicht befestigt, nicht fest. – 2. Schlaff, mit →*Lose.* – 3. Beweglich als lose →*Part.*

Loskiel, der *(false keel, shoe of a keel)* Profilierte, auswechselbare Holzplanke unter einem eingebauten →*Kiel,* die den Bootsrumpf bei Grund- oder Bodenberührung vor Beschädigungen schützen soll. Ein L. ist insbesondere bei →*Kimmkielern* oder bei trailerbaren →*Kielbooten* empfehlenswert.

loses Unterliek, das *(loose footrope, loose footed)* Das →*Unterliek* eines →*Großsegels* oder einer →*Baumfock,* das nicht, wie üblich, über seine ganze Länge in eine →*Keep* eingezogen oder →*angereiht* ist, sondern lediglich mit →*Hals* und →*Schothorn* am →*Baum* angeschlagen ist. Ein l. U. hat aerodynamische Vorteile, weil es seine →*Segelwölbung* vom →*Kopf* bis zum Unterliek ungehindert beibehalten kann. Es wird bei einem →*Rollreff-Großsegel* vorteilhaft ausgenutzt, das dadurch auch seine stufenlos verkleinerte Fläche auf einem →*Amwindkurs* optimal flach →*trimmen* und →*raumschots* vorteilhaft bauchig einstellen kann.

loswerfen *(to cast off [the moorings], to let go [a sheet])* Völliges Lösen einer Verbindung von seinem →*Beschlag,* z. B. eines →*Festmachers* am →*Liegeplatz,* der →*Vorleine* zu einer →*Boje,* der →*Schleppleine* von einem →*Poller* oder der →*Fockschot* auf der →*Leeseite* beim →*Wenden.*

Lot, das *(lead; founding lead; founder)* Meßgerät zur Bestimmung der Wassertiefe. Einfache Geräte zur unmittelbaren Tiefenmessung sind der →*Lotstock* und das →*Handlot* für geringe Wassertiefen. Aufwendige Messungen erfolgen mittelbar mit dem →*Echolot,* dem →*Echographen* oder dem →*Elektrolot* zum Anzeigen kleiner und großer Tiefen gleichermaßen.

loten *(to sound, to cast the lead)* Die Wassertiefe mit einem →*Lot* messen, z. B. mit dem →*Hand-*

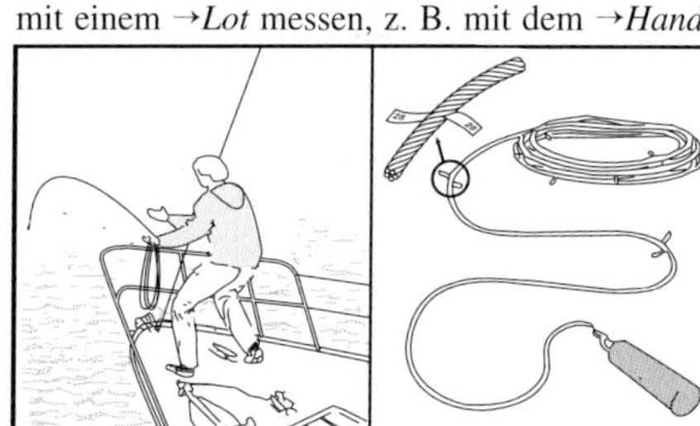

lot, →*Echolot* u. a. Der richtige Lotwurf insbesondere bei schneller Fahrt muß gelernt sein.

Lotkörper, der *(lead)* Ein schlankes, tropfenförmiges Gewicht mit einer Ausnehmung für die →*Lotspeise* am Boden, das mit einer →*Lotleine* zum →*Loten* der Wassertiefe auf den Meeresgrund hinabgelassen wird.

Lotleine, die *(lead line, sounding line)* Die mit bunten Leinenstückchen und Knotenschnüren markierte Leine des →*Handlots.* Über dem →*Lotkörper* oder Lotblei beginnend ein schwarzer (2 m), weißer (4 m), roter (6 m) und gelber (8 m) Flicken, dem eine Schnur mit einem Knoten oder Lederstreifen mit einem Loch (10 m) folgt. Anschließend wieder schwarzer (12 m), weißer (14 m), roter (16 m) und gelber (18 m) Flicken und Schnur mit zwei Knoten oder Lederstreifen mit zwei Löchern bis 20 m Wassertiefe und dann entsprechend weiter.

Lotse, der *(pilot)* Von den Behörden zugelassener ortskundiger Berater, der berufsmäßig Schiffe von See aus über die →*Seeschiffahrtsstraßen* in die Häfen oder auf umgekehrtem Wege wieder hinausbegleitet. Er gehört nicht zur →*Besatzung,* wird von einer Lotsenstation mit einem →*Lotsenboot* eingesetzt und ist durch Lotsenflagge oder Lotsensignale erkennbar. Für Sportboote besteht kein Lotsenzwang.

lotsen *(to pilot [out, in])* Die Arbeit eines →*Lotsen* verrichten; auf Sportbooten nicht berufsmäßig und nicht mit Zwang, sondern hilfsbereite Wegweisung für revierunkundige (Gast-)Boote. Man kann jemanden ein-, aus-, stromauf oder stromab lotsen.

Lotsenboot, das; Lotsenfahrzeug, das *(pilot boat; pilot vessel)* Ein Fahrzeug zum Übersetzen eines →*Lotsen.* Im Lotsendienst führt es nach den →*Kollisionsverhütungsregeln* ein weißes und ein rotes →*Rundumlicht* senkrecht übereinander, in →*Fahrt* zusätzlich →*Seitenlichter* und →*Hecklicht,* vor →*Anker* Lotsenlichter und →*Ankerlichter* oder →*Ankerball.*

Lotsenkoje, die *(pilot berth)* Eine →*Seekoje* mit klappbarem, hölzernem →*Leebord,* die auf Yachten meistens hinter und über einem Sofa liegt, so daß Sitz- und Schlafplätze unabhängig voneinander benutzt werden können.

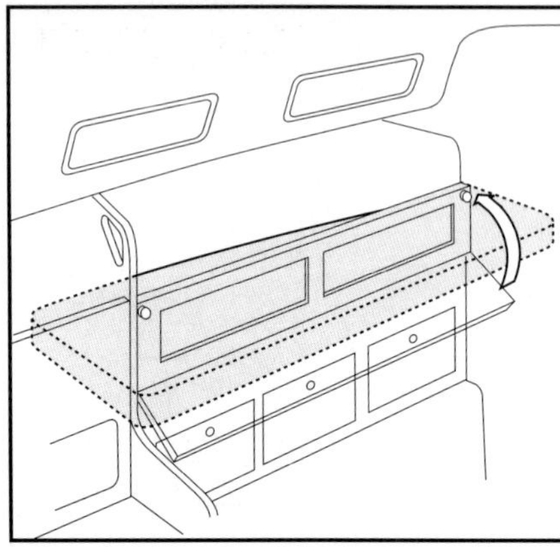

Lotspeise, die *(arming [of a lead])* Weicher Talg, den man in die Vertiefung am unteren Ende des →*Lotkörpers* eindrückt, damit bei der Arbeit mit dem →*Handlot* während des Aufsetzens auf den Meeresgrund eine Bodenprobe haften bleibt, aus der man die Beschaffenheit des →*Ankergrundes* erkennen kann.

Lotstandlinie, die *(line of soundings)* Eine →*Standlinie,* die durch zahlreiche →*Lotungen* in bestimmten Zeitabständen gewonnen wird und bei einer charakteristischen, schnellen Änderung der Wassertiefe zuverlässig, sonst nur als Kontrolle zur →*Schiffsortbestimmung* benutzt werden kann. Man trägt die Lotungen auf einem Papierstreifen auf und paßt sie in der Nähe des →*gegißten Ortes* (des →*Koppelortes* bzw. →*Loggeortes*) oder einer durch →*Peilung* oder →*Abstandsbestimmung* gewonnenen Standlinie in die Seekarte ein.

Lotstock, der *(sounding pole, sounding stick)* Ein ca. 5 m langer Holz- oder Aluminiumstab mit einer Meter-Markierung und 2-Dezimeter-Teilung zum →*Loten* oder →*Peilen* der Wassertiefe, auch →*Peilstock* genannt. An Bord einer Yacht ist meistens der →*Bootshaken* als →*L.* markiert. Die Benutzung des L. ist nur bei langsamer →*Fahrt* möglich.

Lotung, die *(sounding)* Sowohl die Arbeit mit dem →*Lot* wie das Ergebnis beim →*Loten,* die

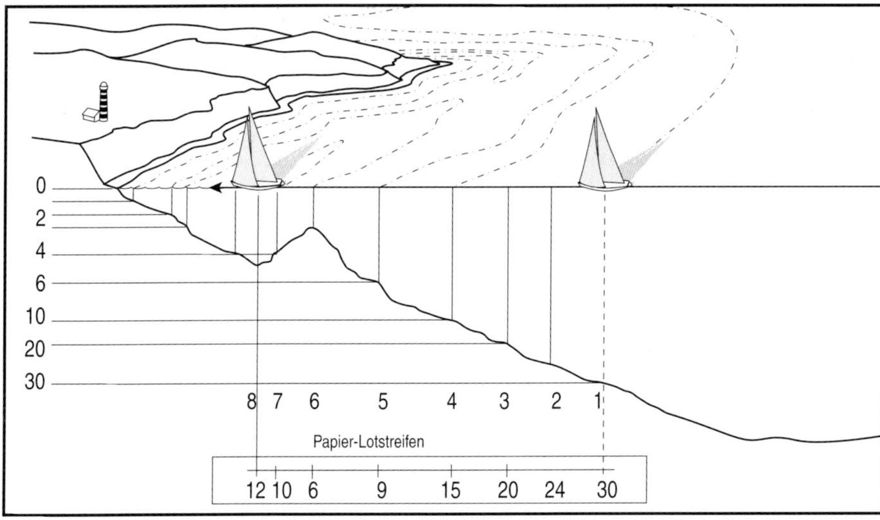

Lotstandlinie

auch zur Anfertigung einer →*Lotstandlinie* führen kann. Die bei einer L. auf dem →*Vorschiff* gemessene Wassertiefe wird →*ausgesungen,* damit sie der →*Rudergänger* oder →*Navigator* in der →*Plicht* hören kann.

Lotwerfer, Lotwurf *(leads man, heaving of the lead)* Der Mann auf dem →*Vordeck,* der das →*Handlot* mit dem Ruf „Wahrschau Lotwurf!" ausbringt. Insbesondere bei schneller →*Fahrt* muß dabei der →*Lotkörper* weit nach →*achtern* schwingen, ehe er auf dem Rückschwung weit nach →*voraus* freigegeben wird, damit der Lotkörper auf dem Grund und die Lotleine →*auf und nieder* steht, wenn der Lotwerfer an Bord an die gleiche Position gekommen ist und die Tiefe genau ablesen kann.

Low-Point-Punktsystem, das *(Low Point Scoring System)* Eine →*Punktwertung* beim →*Rennsegeln,* bei dem jede →*Yacht,* die bei einer →*Wettfahrt* durchs Ziel geht und danach weder ausgeschlossen wird noch aufgibt, folgende Punkte erhält:

Zieldurchgangsposition	Punkte
1. Platz	1
2. Platz	2
3. Platz	3
4. Platz	4

und so weiter, Punkte gleich Platz.
Alle übrigen Yachten, die aufgegeben haben oder ausgeschlossen wurden, erhalten die Punkte, die der Zahl der gemeldeten Yachten plus 1 entspricht. Für die →*Wertung* einer →*Regatta* kann neben dem L.-P.-P. jetzt nur noch das →*Bonus-Punktsystem* benutzt werden. Für das L.-P.-P. ist die englische Bezeichnung gebräuchlicher als der ins Deutsche übersetzte Begriff →*Niedrigpunktsystem.*

Loxodrome, die *(loxodrome, rhumb line)* Auch „Kursgleiche" genannte Linie auf der Erdober-

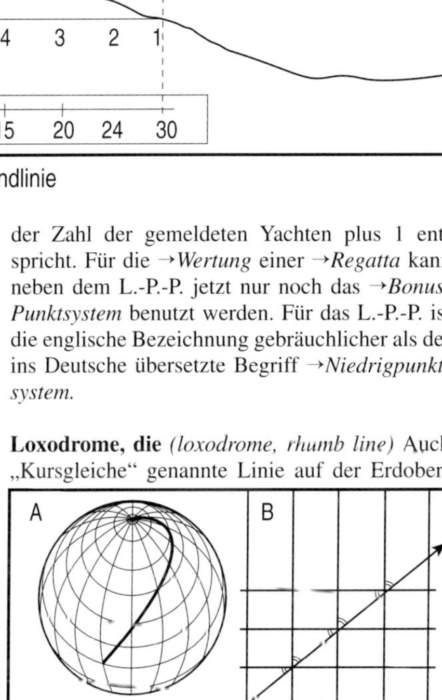

fläche, die alle →*Meridiane* unter dem gleichen Winkel schneidet. Die L. ist auf der Erdoberfläche eine Kurve, die sich den Polen als Spirale nähert (A), ohne sie zu erreichen, erscheint aber nach der →*Mercator-Projektion* in der →*Seekarte* als gerade Linie (B). Die L. ist die bevorzugte Darstellung eines →*Kurses* in den üblichen, von der Schiffahrt benutzten gemäßigten Breiten. In Polnähe ist sie unbrauchbar; hier benutzt man die →*Orthodrome* als bevorzugten Kurs.

loxodromische Distanz, die *(rhumb line distance)* Weglänge zwischen zwei Orten auf der

Erde entlang der beide verbindenden →*Loxodrome,* wie sie die →*Seekarte* in der üblichen →*Mercator-Projektion* als Gerade liefert.

LP (Abk. für **Luff-Perpendicular**) (*engl.*) **LP-Maß** Bei der Vermessung eines →*Segels* die Senkrechte auf das →*Vorliek* eines →*Vorsegels* bis zum →*Schothorn.* Bei der Bewertung der →*Vorsegelgröße* hat z. B. die →*Genua I* ein LP- oder Lotmaß von 150 % der Basis des →*Vorsegeldreiecks* mit einer entsprechenden maximalen →*Überlappung.*

LPP Abk. für **Lines Processing Program.** Ein Computerprogramm im Internationalen Vermessungssystem →*IMS,* um die an →*Rumpf* und →*Rigg* einer →*Yacht* auftretenden Kräfte und Widerstände zu bestimmen und aus diesen Werten und den Ergebnissen der →*IMS-Vermessung* (mit hoher Genauigkeit) die in einer →*Wettfahrt* zu erwartende Geschwindigkeit einer →*Yacht* vorhersagen zu können. Dabei werden z. B. die Segelbedingungen in fünf verschiedenen Schwimmlagen angenommen (mit →*Krängung* bis 25°); es wird das Verhalten des Rumpfes im →*Seegang* untersucht und das Tiefertauchen mit →*Ausrüstung* und →*Crew* festgestellt. Die detaillierte Berechnung des →*Handicaps* erfolgt anschließend mit dem →*VPP* (Velocity Prediction Program).

LSB Abk. für **Lower Side Band**. Bezeichnung des unteren Seitenbandes einer →*Einseitenband-Aussendung.* Das LSB wird als Betriebsart eines Wetterfunkempfängers auf den →*Frequenzen* 30 kHz bis 30 MHz benutzt.

Luftfeuchtigkeit, die *(humidity, moisture, vapo[u]r)* **Luftfeuchtigkeitsmesser, der** *(psychrometer)* Siehe →*relative Luftfeuchtigkeit.*

Lüa (*LOA*) Abk. für die →*Hauptabmessung* →*Länge über alles.*

Luftdruck, der *(air pressure)* Der durch das Gewicht der →*Luft* bedingte und in →*Hektopascal (hPa)* angegebene atmosphärische Druck. Als „Normaldruck" gilt 1013 hPa. Alte Maße sind →*Millibar,* →*Millimeter* u. a. In Millimeter Quecksilbersäule sind 1000 hPa = 1000 mb = 750 mm = 29,53 Zoll bzw. 1013 hPa = 1013 mb = 760 mm = 29,92 Zoll für den mittleren L. oder Normaldruck. Für den meteorologischen Gebrauch wurde die Einheit „Millibar" für den Luftdruck 1983 ersetzt durch →*Hektopascal (hPa).* 1 Hektopascal (= 100 Pascal) ist physikalisch gleich 1 Millibar.

Lüfter, Lüftung (*ventilator, ventilation)* Die Belüftung der Räume unter →*Deck,* die Zuführung von Frischluft in den Motorraum und die Luftzirkulation bei unbenutztem Boot am →*Liegeplatz* wird bei einfachen Lüftern durch das Prinzip der Schwerkraft (kalte Luft sinkt nach unten, warme Luft steigt nach oben) und

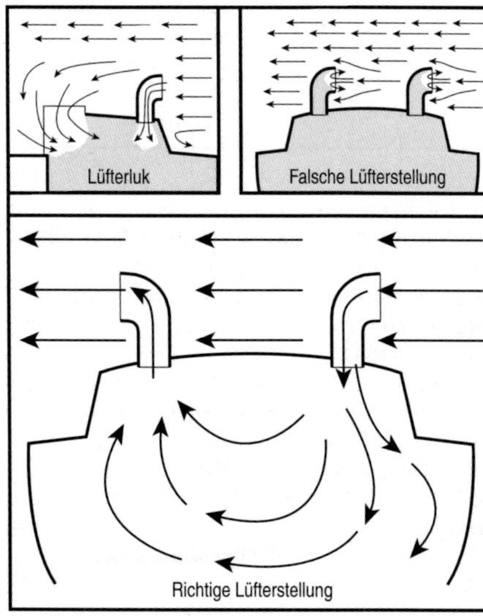

mit Hilfe des Windes, bei aufwendigen Lüftern mit Hilfe von elektrischer Energie besorgt. In keinem Fall darf dabei mit der Luft Spritzwasser in die Wohnräume gelangen. Die meisten L. für Motorräume sind mit senkrechten Schächten versehen, wobei die →*Zulüfter* mit einem langen Rohr bis zum Boden reichen und die →*Ablüfter* nur einen kurzen Rohrstutzen unter der jeweiligen Decke bzw. dem →*Kajütdach* haben. Man unterscheidet →*Drucklüfter* und →*Sauglüfter* oder →*Venturi-Lüfter,* →*Lüfterhutzen* oder →*Windhutzen* am Oberdeck, →*Dorade-Lüfter,* →*Pilzkopf-Lüfter* u. a. Sie alle müssen drehbare Öffnungen haben und so eingestellt werden, daß man jederzeit und unter allen Bedingungen eine wirksame Lüftung erreicht. An windstillen Tagen oder in den Tropen benutze man zusätzlich einen →*Windsack* zur L. über einem →*Luk.*

Lüfterrosette, die *(louvre)* Senkrecht binnenbords an Türen o. ä. oder an der Kajütseitenwand eingelassene Luftklappe (Schlitze oder Schieber), die durch einfache Drehung geöffnet oder verschlossen werden, aber nicht spritzwassergeschützt für ständige Lüftung der entsprechenden Räume sorgen kann.

Lüfterhutze, die *(cowl hood, ventilator head)* Auch →*Windhutze* genannter, ohrmuschelförmiger Aufsatz, der drehbar auf einen Luftschacht gesetzt ist, um in die jeweilige Windrichtung gestellt werden und eine ausreichend große Luftmenge einfangen und ableiten zu können.

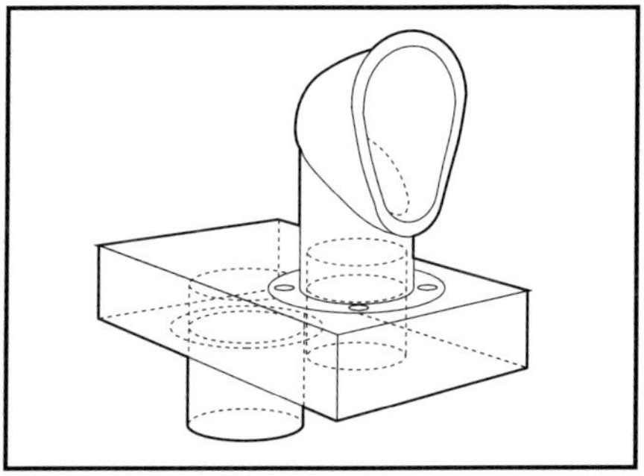

Luftmasse, die *(air mass)* In der →*Wetterkunde* die Luft, die auf ihrem oft langen Weg vom Ursprungs- zum Beobachtungsort oberhalb der Bodensicht sich in allen Teilen gleichmäßig entwickelt hat. Nach ihrer Herkunft unterscheidet man polare, tropische oder gemäßigte, nach ihrer Temperatur im Vergleich zur Umgebung kalte oder warme L.

Luftspiegelung, die *(mirage, looming)* Atmosphärische Erscheinung insbesondere an heißen Sommertagen und bei Annäherung an eine →*Küste.* Durch Brechung der Lichtstrahlen in verschiedenen erwärmten Luftschichten und bei günstiger Strahlenbrechung werden außerhalb der →*geographischen Sichtweite* und hinter dem →*Horizont* liegende Objekte hochgehoben und erscheinen dem Beobachter näher, als sie tatsächlich sind. Dadurch wird das Schätzen von Entfernungen erschwert und durch das Umkehren der Ansichten auf dem Kopf sogar unmöglich gemacht. Diese L. wird auch →*Fata Morgana* genannt.

Luftwiderstand, der *(air resistance, windage, [wind] drag)* Die unerwünschten Kräfte des →*Windes* und der Luft, die als →*aerodynamische Widerstände* am Segel als dem „Windmotor" auftreten und als →*induzierter Widerstand,* →*Reibungswiderstand* und →*Formwiderstand* bezeichnet werden, sowie der Form- und Reibungswiderstand der Luftströmung am Mast, am →*stehenden* und →*laufenden Gut,* am →*Überwasserschiff* und der →*Crew.* Auf Kursen nach →*Luv* ist der L. der Bewegung des Bootes entgegengerichtet; er vermindert dadurch die →*Fahrt.* Bei →*achterlichem Wind* sind der aerodynamische Widerstand von Segel, Bootsrumpf und Takelage in Fahrtrichtung gerichtet; der L., den das Boot dem Wind bietet, wirkt sich dann auf die Fahrtleistung günstig aus. L. ist auch durch die →*Fahrt* des Bootes zu überwinden und am →*Fahrtwind zu erkennen.*

Lugger-Catboat, das *(lugger cat)* Ein einmastiges Boot ohne →*Vorsegel* mit →*Luggertakelung.* Das →*Großsegel* ist ein →*Luggersegel.*

Luggersegel, das *(lug sail)* Ein aus dem →*Lateinsegel* entstandenes viereckiges →*Schratsegel,* dessen →*Oberliek* an einer steilen →*Rah* angeschlagen ist. Das entweder →*stehende* oder →*lose* bzw. dippende L. entwickelte sich aus dem Lateinsegel (demgegenüber nur der vordere und untere Segelteil fehlt, mit dem es aber das einzige →*Fall* gemeinsam hat) und wandelte sich zu dem nur hinter dem →*Mast* gefahrenen →*Gaffelsegel* mit der von 2 Fallen gehaltenen →*Gaffel.*

Luggersegel, festes, (das) *(standing lug [sail])* Ein →*Luggersegel,* bei dem der →*Hals* an →*Deck* angeschlagen ist und die →*Rah* beim →*Wenden* oder →*Halsen* nicht →*gedippt* wird, so daß das Segel auf einem Bug *vor,* auf dem anderen *hinter* dem →*Mast* liegt, im Gegensatz zum →*losen Luggersegel.*

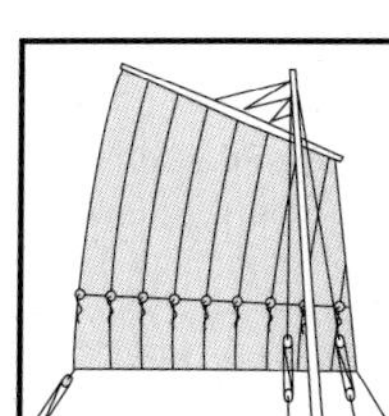

Luggersegel, loses, (das) *(dipping lug)* Ein →*Luggersegel,* bei dem der →*Hals* im Gegensatz zum →*festen Luggersegel* in einen →*Hakenbeschlag* an →*Deck* eingepickt ist. Er wird dann bei jedem →*Wenden* oder →*Halsen* gelöst, damit die →*Rah* →*gedippt* werden und das Segel immer an der →*Leeseite* des →*Mastes* hängen kann. Auch „dippendes" Luggersegel genannt.

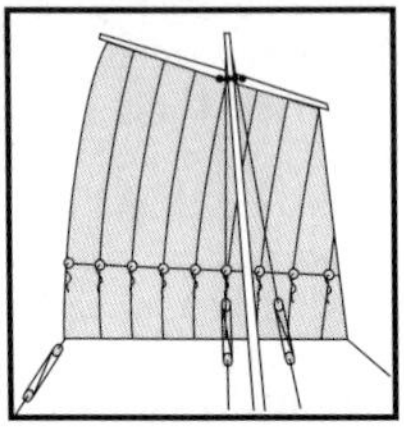

Luggertakelung, die *(lug sail rig)* Ein Boot mit einem →*Luggersegel,* wie es für →*Segeldingis* o. ä. auch heute noch benutzt wird und früher für Fischerboote o. ä. üblich war. Der →*Baum* ist nicht unbedingt Bestandteil der L. Im Gegenteil ist das →*lose Unterliek* dominant.

Luk, das *(hatch [hatchway, hatch cover])* Eine durch einen →*Lukendeckel* verschließbare Öffnung im →*Deck,* die gleichzeitig als Passagiergang dient und zum Schutz gegen Wasser mit einem →*Lukensüll* umgeben ist. Man unterscheidet ein →*Klappluk* (auf dem →*Vordeck)* und ein →*Schiebeluk* (auf dem →*Kajütdeck* über dem →*Niedergang* zur →*Kajüte)* sowie runde, ovale, viereckige, transparente u. a. Formen von L. und →*Lukendeckel.*

Luke, die *(hatchway, hatch)* Im Gegensatz zum →*Luk* die wesentlich größere Ladeluke oder auch die mit einer Tür versehene Niedergangsluke auf einem Frachter, in weitaus größeren Dimensionen als in der Größe eines →*Mannlochs.*

Lukendeckel, der *(hatch cover)* Die gegen Seeschlag von oben und gegen Überfluten und Hochreißen nach unten gesicherte Abdeckung eines →*Luks* oder einer Luke. Der L. eines →*Schiebeluks* wird →*Schiebeklappe* genannt und bei geöffnetem Luk einsatzbereit in einer →*Garage* geschützt.

Lukensüll, das *(hatchway coaming)* Die wasserdicht mit dem entsprechenden →*Deck* verbundene hochkantige Umrandung eines →*Luks,* über das der →*Lukendeckel* faßt oder mit der er verbunden ist. Ein L. dient zur Abwehr von Wasser bei geöffnetem Luk.

Lümmel, der *(gooseneck, derrick-pin)* Ursprünglich kräftiger, am inneren Ende von →*Spieren (z. B. →Großbaum)* oder analog am unteren Ende von Ladebäumen gelenkig befestigter Bolzen, der im →*Lümmellager* am →*Mast,* →*Ladebaum* o. ä. abnehmbar befestigt war. Oft als hakenförmig gebogenes Eisen in Form eines Schwanenhalses ausgebildet. L. und L.-Lager ermöglichen eine Bewegung der entsprechenden Spiere in allen Richtungen, d. h. ihr Senken, Heben und Schwenken um diesen Drehpunkt. Daraus entwickelte sich der →*Lümmelbeschlag* aus leichteren, sinnvolleren und oft komplizierteren Elementen für den gleichen Zweck.

Lümmel auf Jollen

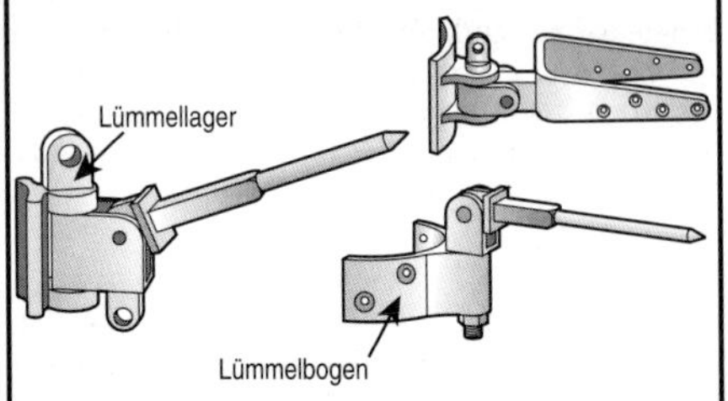

Lümmelbeschlag, der *(gooseneck [fitting])* Im Gegensatz zum →*Nockbeschlag* der →*Beschlag* am inneren Ende des →*Großbaumes,* der jede beliebige Bewegung in 2 Ebenen erlaubt. Ursprünglich nur ein →*Lümmel* als hakenförmig gebogenes Eisen am →*Baum,* der in einen entsprechenden →*Augbolzen* am →*Mast* paßte. Bei →*Jollen* heute noch ein sinnvoll geformter fingerlanger „Lümmelbolzen", der in einer waagerechten Ausnehmung des Mastes ruht, und daraus schließlich die gesamte Einrichtung des L., bei dem das →*Lümmellager* immer am Mast liegt und der L. ein verbindendes Teil zwischen →*Mast* und →*Baum* ist.

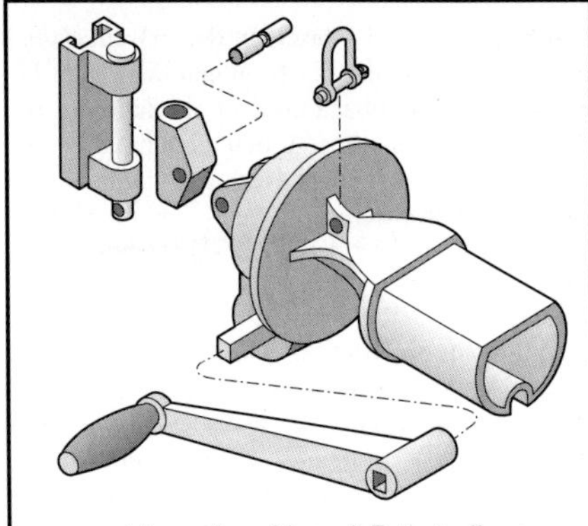

Lümmelbeschlag mit Patentreff

Lümmellager, das *(derrick-pin)* Ein →*Beschlag* am →*Mast,* der zur Aufnahme des →*Lümmel* dient und dessen Bewegung in 2 Ebenen erlaubt.

Lupolen Markenname für →*Polyäthylenfasern* deutscher Produktion (BASF), die zur Herstellung von →*Fasertauwerk* aus →*Chemiefasern* benutzt werden.

Luv, die (das) *([to] windward, up wind)* Die Richtung, aus der der Wind kommt. Die gegen

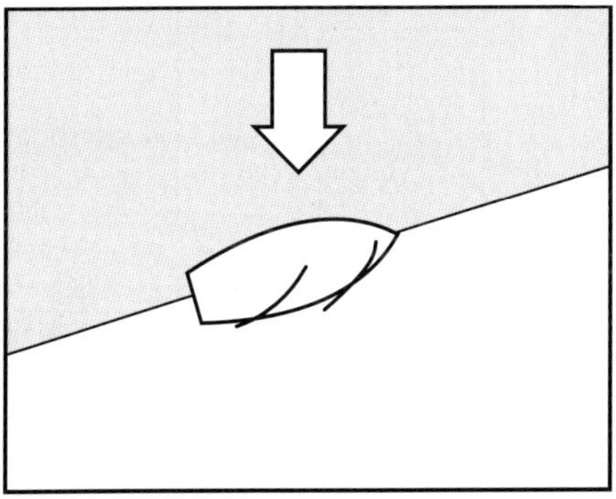

den Wind gerichtete Richtung. Das Gegenteil ist →*Lee.* Der Begriff wird vielfach gebraucht, z. B. in →*luven,* →*Luvseite,* →*luvgierig,* →*luvwärts* sowie in übertragenem Sinne auch in →*Stromluv* u. v. a. Auch Zusatzbezeichnung für das →*stehende* und →*laufende Gut,* z. B. →*Luvwant,* →*Luvschot* u. a.

Luv (und Lee) nach den →*Wettfahrtregeln* *(windward [and leeward])* Siehe →*Lee (und Luv) nach den* →*WR.*

Luvbegriff, der Viele Begriffe zum →*atmosphärischen Wind* beziehen wir seit der Zeit der frühen Seefahrer auf die →*Vierung* oder Windvierung (Abb. A), bei der durch Luv = oben und Lee = unten sowie die Senkrechte zur Windachse, die durch die →*See* zu erkennen ist, eine Einteilung in vier Viertel möglich ist. Während man die →*Höhe* zum Wind (siehe dort) von Lee = unten rechnet, werden alle Luv- und Lee-Begriffe von einem Kurs →*halbwinds,* d. h. halbwegs zwischen Luv und Lee gerechnet: →*Luvweg,* →*Luvstrecke,* →*Luvdistanz* (Abb. B), →*Luvgeschwindigkeit* (Abb. C) und →*Luvmachen* unter Segeln oder mit Motor (Abb. D). Sinngemäß sind die Begriffe der Wortfamilie „Lee“ zu verstehen.

Luvboot, das *(windward boat)* Begriff der →*WR* anstelle der in den früheren →*IWB* benutzten Be-

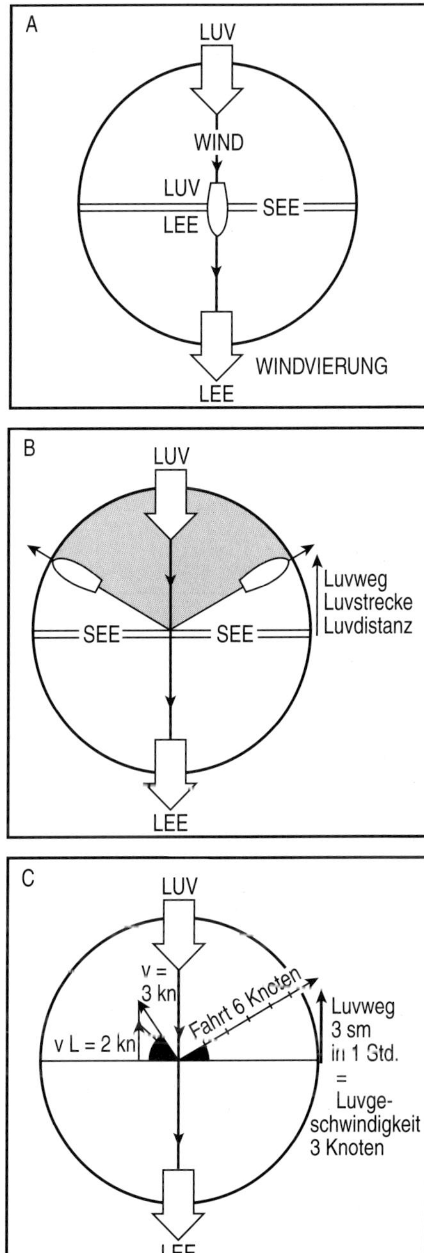

Luvbegriffe A–C

zeichnung →*Luvyacht.* Nur wenn zwei →*Boote* mit →*Wind von der gleichen Seite* →*überlappen,* gibt es ein →*Leeboot,* das an der →*Leeseite* des

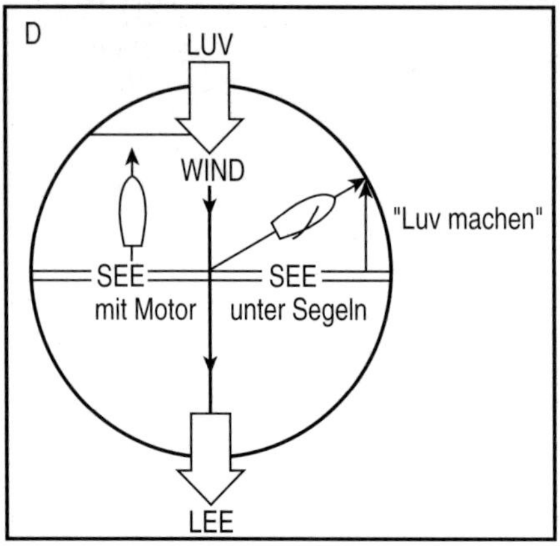

Luvbegriff D

anderen Bootes liegt. Dieses wird damit zum →*Luvboot.*

Luvbrandung, die *(weather or windward surf)* Der bei →*Strom* an der in →*Stromluv* liegenden

Seite einer →*Boje* o. ä. erkennbare weiße Wellenkragen, aus dessen Lage man (bei gleichzeitiger möglicher →*Krängung* der Tonne nach →*Stromlee)* Richtung und Stärke einer →*Strömung* (→*Tidenstrom,* →*Flutstrom* u. a.) erkennen kann.

Luvbug, der *(weather bow [to weather-bow])* Man läuft mit L., wenn beim Segeln im →*Strom* die Stromrichtung oder →*Tide* auf die →*Luvseite* des Bootes trifft. Diese im Gegensatz zum →*Leebug* ungünstige Konstellation bewirkt, daß man weniger →*Höhe* halten kann und weniger →*Luvraum* gewinnt.

luven *(to luff)* Eine Kursänderung in die Richtung, aus der der Wind kommt, d. h. höher an den

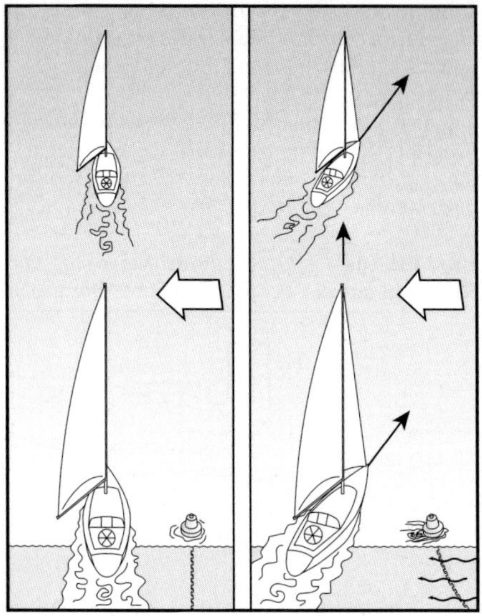

Luvbug

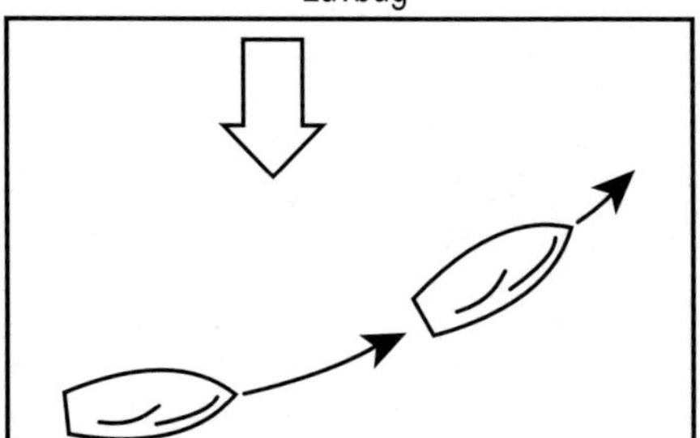

Luven

Wind bis in den Wind hinein zum →*Aufschießen.* Der Beginn des L. oder geringfügiges L. nennt man auch →*anluven.* Das Gegenteil ist →*abfallen.*

Luvgeschwindigkeit, die *(speed made good to windward)* Die beim →*Aufkreuzen* tatsächlich in bestimmter Zeit nach →*Luv* gewonnene Distanz, die sich aus →*optimaler Höhe* und →*optimaler Geschwindigkeit* ergibt: Eine →*Jolle* (B) läuft bei großer →*Höhe* zwar geringere →*Fahrt,* doch ist ihre L. nur wenig kleiner als z. B. bei einem →*Katamaran* (C) mit großer Geschwindigkeit, aber wesentlich geringerer Höhe. Die nur wenig unterschiedliche L. ist letztlich durch die Struktur des relativen →*Bordwindes* oder →*scheinbaren Windes* bedingt.

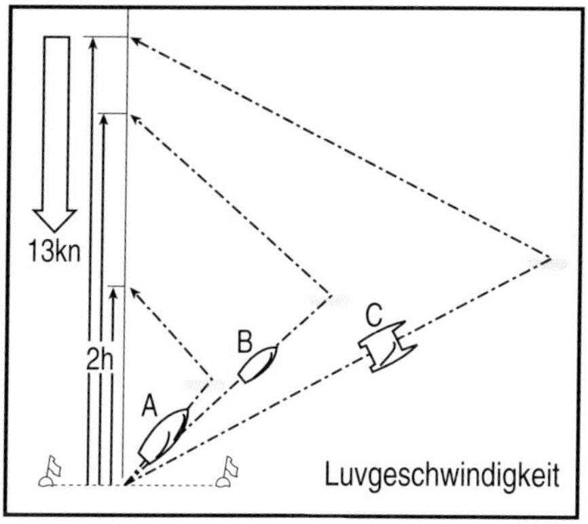

luvgierig *(weather helm)* Das Bestreben eines Bootes, mit dem →*Bug* nach →*Luv* zu drehen oder zu →*gieren* und ohne Bedienen von →*Ruder* und →*Schot* →*anzuluven.* Auf einem →*Amwindkurs* soll ein Boot (auch aus Sicherheitsgründen) erst ab →*Windstärke 4* etwas l. sein; damit ist es bei leichtem Wind meistens →*leegierig.* Entsteht Luvgierigkeit auch zu anderen Zeiten und auf anderen →*Kursen,* dann können →*Krängung,* falsche Führung des →*Schwertes* oder →*killende Segel* die Ursache sein. Ein l. Boot muß dann mit dem →*Ruder* auf Kurs gehalten werden. Wenn Luvgierigkeit durch einen falschen Abstand des →*Segelschwerpunktes* vom →*Lateralschwerpunkt* entsteht, muß man sie durch Änderung des (Längs-) →*Trimms* oder Änderung der →*Takelage* korrigieren.

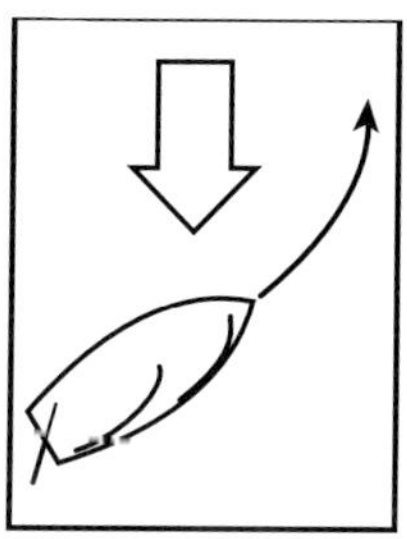

Luvhöhe, Luvabstand *(distance to windward)* Die direkte Strecke in Windrichtung (auf der →*Windachse* gemessen), die ein Boot beim →*Aufkreuzen* zu einem Ziel in →*Luv* bewältigen muß. Starten Boote in einer →*Wettfahrt* von einer →*Startlinie,* die genau senkrecht zur Richtung des →*atmosphärischen Windes* ausgelegt ist, so ist ihr Luvabstand gleich (Abb. A und B). Nur wenn eine Begrenzungsboje der Startlinie →*luvwärtiger* als die andere liegt, vermindert sich der L. um diesen Unterschied nach →*Luv* (Abb. C). Es kann sogar vorkommen, daß die Entfernung von der →*Luvmarke* (als Kreisbogen gemessen) kleiner ist, wo der Luvabstand größer ist. Der →*Luvweg* ist jedoch nur von der Luvhöhe abhängig (Abb. D).

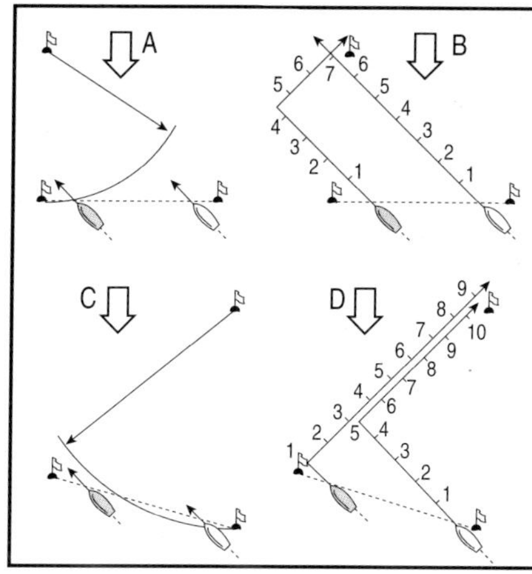

Luvkampf, der *(luffing match)* Beim →*Rennsegeln* der nach den →*WR* (und den hierfür im einzelnen geschaffenen Regeln 11, 17.1 und anderen) erlaubte Versuch einer →*Leeyacht,* eine →*Luvyacht* durch →*Luven* zu behindern. Dabei geht die →*luvwärtige Yacht* das Risiko einer →*Kollision* ein, weil sie ausweichpflichtig ist und die →*leewärtige Yacht* →*Wegerecht* hat.

Luvküste, die *(weather shore)* Eine →*Küste,* die vom Boot aus in →*Luv* liegt und die man anläuft, um

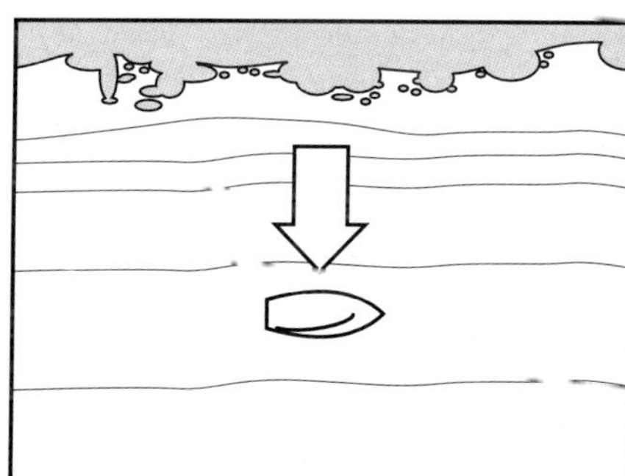

z. B. an ihrer →*Leeseite* zu →*ankern.* Im Gegensatz zur →*Leeküste* ist ein Boot an einer L. durch den →*ablandigen Wind* immer in sicherer →*Lage.*

Luvliek, das *(luff)* Das in →*Luv* liegende →*Liek* eines Segels, z. B. bei einem →*Spinnaker,* bei dem L. und →*Leeliek* wechseln, und bei einem viereckigen →*Gaffelsegel,* wo das →*Mastliek* auch als L. bezeichnet wird. Auch bei →*Rahsegeln* findet die Bezeichnung L. Anwendung.

Luvmarke, Luvboje, die *(windward mark, weather mark)* Beim →*Rennsegeln* die am weitesten

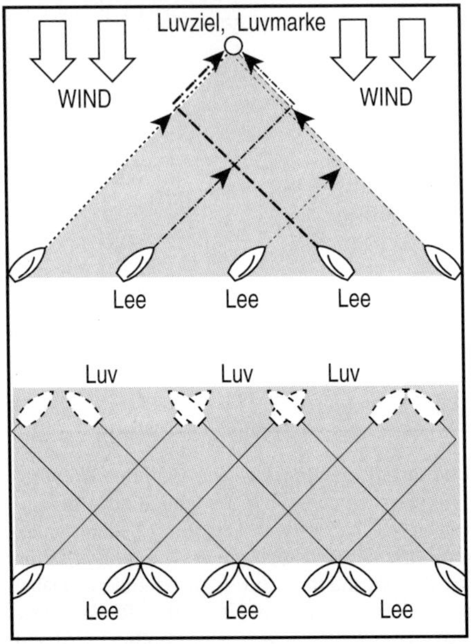

in →*Luv* ausgelegte →*Bahnmarke,* an der in einem →*olympischen Kurs* oder →*Dreieckskurs* auch das →*Ziel* liegt. Die L. liegt immer am Ende einer →*Kreuz.*

Luvraum, Luvweg, der *(distance made good to windward)* Die beim →*Kreuzen* tatsächlich nach →*Luv* gewonnene Distanz. Sie ist bei wertgleichen Booten und Besatzungen in gleichen Zeiten gleich, unabhängig davon, ob sie auf →*Backbordbug* oder →*Steuerbordbug* segeln und längere oder kürzere →*Schläge* mit der gleichen Anzahl von →*Wenden* wählen.

Luvrecht, das *(right to luff)* Nach den →*WR* das genau fixierte Recht einer →*Leeyacht,* eine Yacht oder mehrere Yachten →*luven* zu dürfen. Es besteht insbesondere vor dem →*Start.*

Luvreling, die *(weather rail)* Die in →*Luv* liegende →*Seereling,* die man bei →*krängendem* Boot auf seinen Weg von der →*Plicht* zum Vorschiff benutzt. Entsprechend werden andere Benennungen für Ausrüstungs- und Einbauteile wie Luvanker, Luvklampe, Luvkoje usw. benutzt, die abwechselnd in einer günstigen oder ungünstigen Position liegen.

Luvschot, die *(weather sheet)* Bei einem →*Vorsegel* die in →*Luv* geführte und unbenutzte Schot, die nach dem →*Wenden* ausreichende →*Lose* erhalten muß. Sie wird nur beim →*Backsetzen* der Fock →*angeholt.*

Luvseite, die *(windward side, weatherside)* Die Seite, an der →*Luv* liegt. Die dem Wind zugekehrte, die „windige" Seite. Eine L. kann ein Boot, ein Segel, ein →*Fahrwasser,* ein Bootssteg, eine Insel, ein Hindernis o. ä. haben, bei denen dann gleichzeitig eine →*Leeseite* entsteht, die der L. gegenüber liegt.

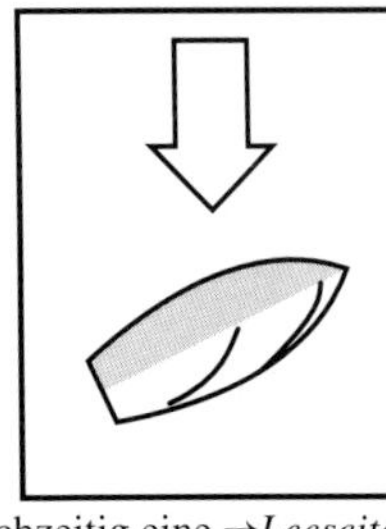

Luvtide, die *(weather tide, windward tide)* Gegen den Wind gerichtete →*Tide,* bei der der →*Strom*

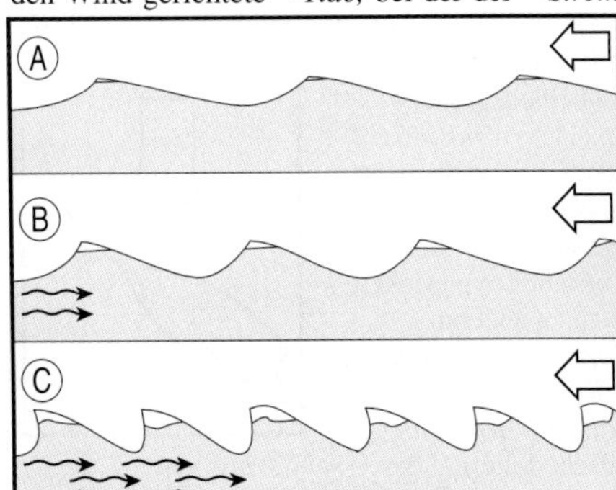

gegen den →*Wind* steht. Die Folge ist eine steilere See und ein gefährlicherer →*Seegang* mit kurzen, hohen →*Wellen.* Abb. A: Windwellen ohne Strom; B: Windwellen bei geringem Gegenstrom; C: Steiler Seegang bei starkem Strom gegen den Wind.

Luvwant, das *(weather shroud)* Das in →*Luv* liegende →*Want,* das weitgehend allein für die seitliche →*Abstagung* des →*Mastes* sorgt. Bei einer →*Havarie* kann es durch →*Wenden* zum unbelasteten →*Leewant* werden.

luvwärts *(to windward, aweather, weathermost)* In Richtung nach →*Luv.* Man kann ein Hindernis l. umsegeln, ein anderes Boot l. überholen, und von mehreren Yachten kann sich eine (am meisten oder am weitesten) l. der anderen befinden, die dann zur →*Luvyacht* wird. Nach den →*KVR* muß das luvwärtige Fahrzeug dem →*leewärtigen* ausweichen, wenn beide den →*Wind von derselben Seite* haben.

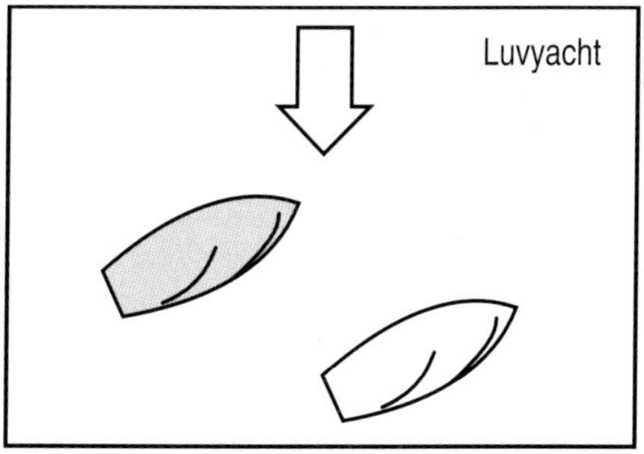

Luvyacht, die *(windward yacht)* Wenn zwei Yachten den Wind von derselben Seite haben und keine klar →*achteraus* liegt, dann ist die →*luvseitige* von beiden die Luvyacht, die andere ist die →*Leeyacht.*

Lux Der bei einer Lichtstärke von 1 →*Candela* (cd) auf eine Fläche von 1 m^2 senkrecht und gleichmäßig auftreffende Lichtstrom als Einheit der Beleuchtungsstärke.

M

M = Mike (Aussprache „Maik“) Internationales Buchstabensignal, blau-weiß. Bedeutung: „Meine Maschine ist gestoppt, ich mache keine Fahrt durchs Wasser“.

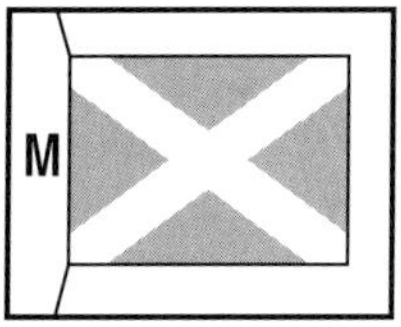

Morsen: – – (lang–lang). Beim →*Rennsegeln* nach den →*Wettfahrtregeln* als Wettfahrtsignal mit der Bedeutung: Der Gegenstand, der dieses Signal zeigt, ersetzt eine →*Bahnmarke.*

mbar Abkürzung für →*Millibar* (veraltet).

Maat, der *(1. mate; 2. petty officer)* Allg. Gehilfe, Genosse, Kamerad: 1. Der →*Steuermann* auf alten (englischen) Segelschiffen war der Erste M. oder des Schiffers M. (first mate, master’s mate). Der Bootsmannsmaat war der Gehilfe des Bootsmanns, der Zimmermannsmaat der Gehilfe des Zimmermanns. Seeleute, die miteinander an einer →*Back* aßen oder zu einer →*Backschaft* gehörten, waren „Backsmaate“. – 2. In der Bundesmarine ein Unteroffizier mit der Dienstbezeichnung „Bootsmannsmaat“ o. ä.

Machart, die *(design, make, type, style)* Die Art und Weise, in der ein Bau- oder Ausrüstungsteil in seinen Einzelheiten „gemacht“ ist, auch als →*Konstruktion* bezeichnet. Bei →*Tauwerk* unterscheidet man z. B. die M. 1 x 19 bzw. 7 x 19 oder 7 x 7 als Angabe, aus wieviel Drahten oder →*Litzen* das entsprechende →*Drahttauwerk* gefertigt ist. Bei einem →*Segelschnitt* ist eine M. z. B. im →*Horizontalschnitt* bzw. →*Radialschnitt* oder in →*Mylar-Sandwich* möglich. Die M. unterliegt einer laufenden Weiterentwicklung in Materialien und Entwurf.

machen *(to make)* Vereinfachte seemännische Bezeichnung für mehrere Tätigkeiten, z. B. Land m. = Land sichten, Wasser m. = eine undichte Stelle haben oder →*lecken,* weiter →*Fahrt m.,* →*Luv m.* oder →*festmachen.*

Macker, auch Makker, der *(1. team mate, 2. sledge, fore hammer)* 1. Auf Personen bezogen der Partner oder Kamerad, auch der Gehilfe, mit dem man an Bord zusammenarbeitet. Auf Fahrzeuge bezogen ein Boot, das einem anderen hilft oder eine Aufgabe gemeinsam löst. – 2. **Maker, gesprochen „Moker“:** Ausdruck für einen schweren Hammer oder Vorschlaghammer. Wenn alles nichts nützte, sagte man: „Dann gib den Maker her!“

Mackerschaft, die *(ships in company)* Die lose Verbindung zwischen zwei oder mehreren →*Yachten* und deren →*Crews,* wenn sie „mackern“, d. h. →*Kurse* zu fremden →*Küsten* und →*Distanzen* auf →*hoher See* als →*Macker* gemeinsam segeln.

Magnet, der *(magnet)* Metallkörper, der magnetisierbare Gegenstände aus Eisenlegierungen anzieht und um sich ein magnetisches Feld erzeugt. Auch Bezeichnung für Stoffe, die sich aufgrund ihrer →*Magnetfelder* anziehen oder abstoßen. Ohne zusätzliche Bezeichnung versteht man unter einem M. im engeren Sinne nur Gegenstände mit permanentem →*Magnetismus.*

Magnetfeld, das; magnetische Feldstärke, die *(magnetic field, magnetic force)* 1. Der Wirkungsbereich eines →*Magneten* sowie Größe und Richtung des →*Magnetismus.* Ein M. kann auch durch Elektromagnetismus entstehen, z. B. entlang elektrischer Leitungen (an Bord) oder beim Betrieb von elektrischen oder elektronischen Geräten (z. B. →*Lot,* →*Log*), die daher mit entsprechenden Schutzabständen außerhalb der magnetischen Störzone eines →*Magnetkompasses* angebracht oder betrieben werden müssen.

magnetischer Äquator, der *(magnetic equator, line of no dip, aclinic line)* Die →*Isokline* mit der →*Inklination* Null oder die Linie größter Totalintensität des Erdmagnetismus. Beide Linien des m. Ä. verlaufen in bezug zum →*terrestrischen Äquator* unregelmäßig.

magnetischer Meridian, der *(magnetic meridian)* Die Richtung, in die sich eine frei bewegliche Magnetnadel einpendelt oder die von →*Ablen-*

kung freie magnetische Nordrichtung. Magnetische Meridiane sind z. B. die →*Isogonen* oder die Linien gleicher →*Mißweisung,* mit einem in bezug auf den rechtweisenden →*Meridian* sehr unregelmäßigen Verlauf.

(erd)magnetischer Nordpol, der *(geomagnetic north pole)* In Angleichung an die geographische

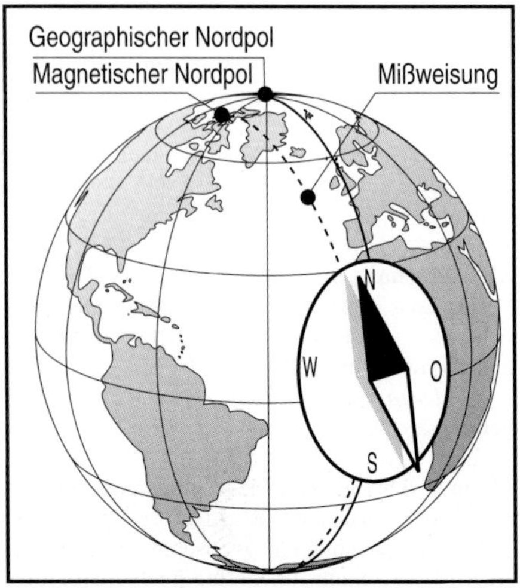

Benennung der →*Magnetpol* des →*erdmagnetischen Feldes,* der sich in der Nähe des Nordpols in der Arktis befindet. Da er das Ende der Magnetnadel unseres →*Magnetkompasses* mit →*rotem Magnetismus* anzieht, ist es ein blauer Pol nach dem physikalischen Gesetz, daß sich ungleichnamige Pole anziehen; er besitzt damit Südmagnetismus. Die Lage des erdmagnetischen Nordpols ist nicht konstant. Er verändert seine Position auf ca. 75° Nord, 100° W langsam, so daß nicht nur die →*Mißweisung* als Unterschied zwischen →*magnetisch Nord* und →*rechtweisend Nord* zu beachten ist, sondern auch ihre jährliche Änderung, die auf der →*Seekarte* unter der entsprechenden →*Richtungsrose* verzeichnet ist.

magnetisch Nord *(magnetic north)* Die von einem →*Magnetkompaß* nach Berücksichtigung der →*Magnetkompaßablenkung* angezeigte Nordrichtung, d. h. die Richtung auf den magnetischen Nordpol. Sie wird auch als →*mißweisend Nord* im Gegensatz zu →*rechtweisend Nord* bezeichnet.

magnetische Störung, die *(1. magnetic interference – 2. magnetic disturbance)* 1. Störung der Anzeige durch die im Bordbetrieb ungewollt und unbeabsichtigt in die Nähe des →*Magnetkompasses* gebrachten →*Magnete* oder die Ablenkung durch das →*Magnetfeld* eines anderen Bordgerätes, z. B. →*Lot,* →*Log* o. a. – 2. Geophysikalisch bedingte Störung des →*erdmagnetischen Feldes* und damit eine fehlerhafte Anzeige des →*Magnetkompasses,* z. B. in Gebieten unsicherer →*Mißweisung,* die in der →*Seekarte* verzeichnet sind. Sie liegen z. B. in zahlreichen Bereichen des →*Schärengebietes* Skandinaviens.

Magnetismus, der *(magnetism)* Die Eigenschaft eines →*Magneten,* magnetische Stoffe oder andere Magneten anzuziehen oder abzustoßen. Man unterscheidet zum Verständnis eines Magnetkompasses zwischen „rotem M.", wenn sich ein freischwebend aufgehängter Magnet nach Norden hin einstellt, und „blauem M.", wenn er sich nach Süden richtet. Der →*Erdmagnetismus* ist der M. des Erdkörpers, bei dem die Erde als gigantischer Magnet zu verstehen ist. Man unterscheidet festen oder permanenten, →*halbfesten* und flüchtigen M., je nach der Wirkdauer und Intensität der magnetischen Kräfte.

Magnetkompaß, der *(magnet [magnetic] compass)* Ein →*Kompaß,* der die Richtungskraft des

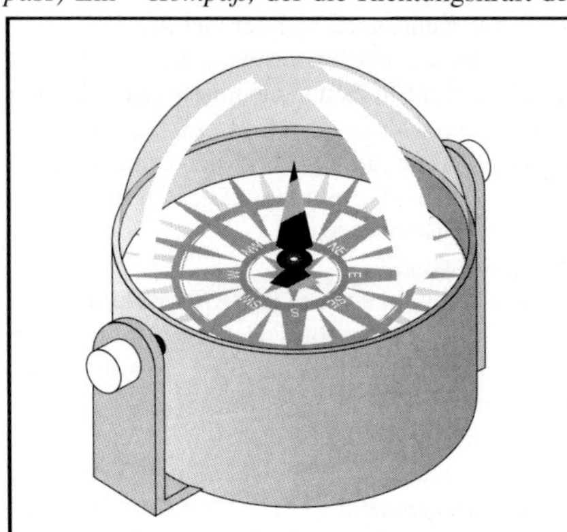

erdmagnetischen Feldes auf Stab- oder Ringmagnete ausnutzt, die an der Unterseite der →*Kompaßrose* befestigt sind. Die Rose ruht mit ihrem Mittelpunkt drehbar auf der →*Kompaßpinne* und stellt sich mit ihrer magnetischen Achse in Richtung auf den →*magnetischen Nordpol* ein, die von der →*rechtweisenden Nordrichtung* um die →*Mißweisung* abweicht. Der M. kann durch die Magnetfelder anderer Eisenteile an Bord gestört werden. Diese Abweichung nennt man →*Magnetkompaßablenkung* oder →*Magnetkompaßdeviation.* Große Werte müssen →*kompensiert* werden.

Magnetkompaß, elektrischer, der Gerät zur magnetischen Richtungsbestimmung, bei dem der Magnetkompaß nicht direkt abgelesen, sondern die Lage der Magnetnadel zu einem entfernten Anzeigegerät übermittelt wird. Das eigentliche Kompaßelement ist dabei mit einem Geber verbunden. Die Übermittlung der Kompaßrichtung erfolgt durch ein Übertragungssystem mit einem Drehmelder im Anzeigeteil. Ein verbreiteter elektrischer Magnetkompaß ist der →*Fluxgate-Kompaß.*

Magnetkompaßablenkung, Magnetkompaßdeviation, die, Abk. **Abl** *(deviation, abbr. Dev)* Nach der Definition in →*DIN 13312* der Winkel zwischen →*mißweisend Nord* (magnetic north) und →*Magnetkompaß-Nord* (compass north), ausgehend von mißweisend Nord nach Osten mit der Benennung E (Vorzeichen plus), nach Westen mit der Benennung W (Vorzeichen minus). Wenn die offizielle Abkürzung **Abl** als →*Ablenkung* ausgesprochen wird, ist dies nicht korrekt, ebensowenig wie das Bestreben in Schulen unverständlich ist, mit dieser Benennung den in der Seefahrt eingeführten (und offiziell auch in der Luftfahrt geltenden), jetzt sogar international einheitlichen Begriff →*Deviation* zu ersetzen.

Magnetkompaßfehlweisung, die Abk. **MgFw** *(compass error [correction, abbr. CE]).* Die Summe aus →*Magnetkompaßablenkung* und →*Mißweisung.*

Magnetkompaßkurs, der Abk. MgK *(compass course)* Begriff der →*Navigation* nach →*DIN 13312.* Winkel zwischen →*Magnetkompaß-Nord* und der →*Rechtvoraus Richtung* des Fahrzeugs. Dasselbe wie der in der Sportschiffahrt noch übliche Begriff →*Kompaßkurs.*

Magnetkompaß-Nord, Abk. MgN *(compass north,* abbr. *CN)* Begriff der →*Navigation* nach →*DIN 13312* zur Unterscheidung von Kreiselkompaß-Nord. Dasselbe wie →*Kompaßnord.*

Magnetkompaßpeilung, die Abk. MgP *(compass bearing)* Dasselbe wie →*Kompaßpeilung.*

Magnetpole, die *(magnetic poles)* Diejenigen Stellen eines →*Magneten,* an denen die Feldlinien des →*magnetischen Feldes* besonders gebündelt auftreten. M. kommen nur paarweise vor und werden nach der Art ihrer magnetischen Ladung als „roter" und „blauer" Pol bezeichnet. Der →*magnetische Nordpol* ist ein „blauer" Magnetpol des erdmagnetischen Feldes.

Magnuseffekt, der *(Magnus effect)* Nach dem Berliner Physiker Heinrich Gustav Magnus 1852

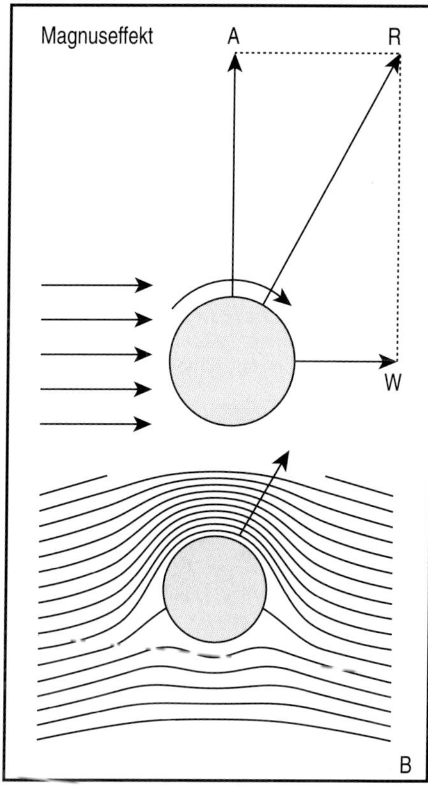

benannter →*aerodynamischer Effekt,* nach dem ein zylindrischer →*Rotor,* dessen Achse senkrecht zur Richtung strömender Luft (zur →*Windrichtung)* steht, durch die Druckunterschiede zu beiden Seiten (ähnlich wie bei einem →*Tragflügel)* eine Kraft erzeugt (Abb.). Um mit ihr einen nutzbaren Schub zu erzeugen, muß der Zylinder oder →*Rotor* von einem →*Motor* in eine anhaltende Rotation mit ausreichenden Umdrehungen pro Minute versetzt werden. Der M. wurde von 1924 bis 1931 im →*Flettner-Rotorschiff* und in einer →*Rotoryacht* in die Praxis von →*Schiffahrt* und →*Segelsport* umgesetzt.

Mahagoni-Holz, das *(mahogany wood)* Ein →*Massivholz,* das hauptsächlich für →*Planken* benutzt wurde. Die Arten werden nach der Herkunft bezeichnet, z. B. Tabasco-, Honduras-, Sapeli- und Grand-Bassam-Mahagoni mit einem

→*spezifischen Gewicht* von 0,50 bis 1,0, einem →*Darrgewicht* von 0,49 und einem Schrumpfwert von ca. 2 %.

Mahlsand, der *(quick sand)* Wassergesättigter, gleichförmiger Sandboden einer →*Sandbank,* der beim Trockenfallen in →*Tidengewässern* zur Zeit des →*Niedrigwassers* durch die lockere Verbindung der einzelnen Sandkörner nur geringe Tragfähigkeit hat und mit dem Hochwasser sehr schnell in eine noch weichere Wasser-Sand-Mischung übergeht. Der M. ist für Schiffe und Boote gleichermaßen gefährlich, weil er festgekommene Fahrzeuge in kurzer Zeit so weit einspült, daß sie nicht oder nur mit Fremdhilfe wieder abzubergen sind.

Mahlstrom, der *(maelstrom, whirl pool)* Der →*Strom* über einem →*Mahlsand,* der ein festgekommenes Boot mit seinen gefährlichen Wirbeln einspült.

Maling, die *(painting)* Seglerwort für Malen, Malerei, Maler- und Anstricharbeiten.

Mall, das (*e.: mould, a.: mold)* Wiederverwendbare Schablone für →*Spanten* aus Holz oder Stahl, die zum Aufbringen der →*Beplankung* provisorisch auf dem →*Kiel* gehaltert und nach dem Fertigstellen des →*Rumpfes* wieder entfernt wird. Diese Mallen werden dann gegebenenfalls gegen feste oder eingebogene Spanten oder andere →*Verbände* ausgewechselt. Zur →*Vermessung* eines Bootes werden auch Kontermallen benutzt.

mallen (im Bootsbau) *(e.: to mould; a.: to mold)* Beim Bau eines Bootes mit →*Mallen* oder in der →*Vermessung* mit „Kontermallen“ arbeiten.

mallen (des Windes) *(baffling, confusing, bewildering)* Wörtlich „verdreht“, „verkehrt“, „verwirrt“. Auf den →*Wind* bezogen wiederholte Änderung der →*Windrichtung,* insbesondere bei →*flauem* Wind. Der Wind „mallt“, wenn er plötzlich aus einer unerwarteten Richtung kommt oder unstetig und unbeständig in der Windrichtung ist, z. B. in den →*Mallungen.*

Mallkante, die *(e.: moulding edge, moulded line; a.: molded line)* Die an der →*Außenhaut* anliegende Kante eines →*Malls,* die gleichzeitig die Außenkante des →*Spants* und damit die Bezugskante für das im →*Spantenriß* angegebene Maß der →*Konstruktion,* auch der →*Vermessung* ist. Zwar ist nach wie vor grundsätzlich die M. die *In-*

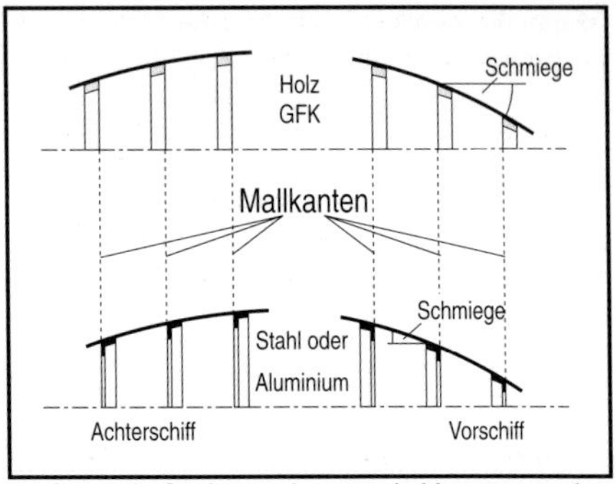

nenkante Außenhaut, aber es wird heutzutage bereits vielfach der →*Linienriß* auf *Außenkante* Außenhaut gezeichnet, besonders bei Booten aus →*GFK.* Als M. wird auch die am Bootsrumpf anliegende Kante eines →*Kontermalls,* einer Außenschablone bezeichnet.

Mallungen, die *(belt of calms, doldrums)* Von deutschen Seeleuten geprägte Bezeichnung für den →*Kalmengürtel* oder die →*Doldrums,* d. h. die windstillen Zonen auf der Erde in der Nähe des Äquators im Atlantischen, Indischen und Pazifischen Ozean. Hier herrscht tiefer Luftdruck mit aufsteigenden Luftmassen bei geringer →*Windstärke* und unstetiger →*Windrichtung,* und der Wind →*mallt.* Die M. liegen zwischen den →*Passatzonen.*

Manilatauwerk, das *(manila ropes, manila cordage)* Aus der →*Naturfaser* einer wilden philippinischen Bananenart (Abaca), die hellbraun, hart, glatt und bis zu 3 m lang wird, →*geschlagenes* sehr kräftiges, geschmeidiges und widerstandsfähiges Tauwerk. M. wird heute neben der →*Chemiefaser* nur noch selten als →*Fasertauwerk* benutzt. Fertigung nach DIN 83322 nur noch mit drei bzw. vier →*Litzen* im →*Trossenschlag* (mit →*Z-Drehung)* erlaubt.

Mannloch, das *(manhole)* Wasserdicht verschließbare Öffnung in der Decke eines Brennstoff- oder Wassertanks, durch die ein Mann einsteigen kann. Ein M. dient dazu, den Tank von innen zu inspizieren, zu reinigen und zu konservieren. Auf einer →*Yacht* erfüllt ein →*Handloch* den gleichen Zweck.

Mannschaft, die *(crew)* Die →*Besatzung.* Früher wurden nur die →*Matrosen* (zur Unterscheidung der →*Offiziere)* und die →*Seeleute,* die im Logis vor dem Mast wohnten (im Gegensatz zu →*Kapitän* und →*Steuermann* im →*Achterschiff)* als M. bezeichnet. Beim →*Teamsegeln* können auch mehrere Boote zu einer M. gehören.

Manntau, das *(manrope, life line)* 1. Ein →*Strecktau,* das in schwerem Wetter →*längs* →*Deck* gespannt wird, damit sich die →*Mannschaft* auf dem Weg zum →*Vorschiff* oder bei Decksarbeiten festhalten kann. Ein M. wird auch zum Festhalten bei Außenbordarbeiten senkrecht oder waagerecht entlang der Bordwand gehängt. – 2. Ein Haltetau oder Klimmstag, das auf dem →*Bugspriet* zum Festhalten der →*Crew* angeschlagen ist. – 3. Die von dem Stander zwischen den →*Davits* herabhängenden griffigen →*Enden,* wenn man in die gefierten Rettungsboote herabgleiten muß.

Mann-über-Bord-Manöver, das *(man-overboard manoeuvre)* Ein komplexes Manöver zum Wiederfinden, Anlaufen und Anbordnehmen eines bei Decksarbeiten oder durch Unachtsamkeit außenbords gefallenen Besatzungsmitgliedes. Es ist vom →*Boje-über-Bord-Manöver* zu unterscheiden, weil die Rettung z. B. auf einem →*Zweimannboot* →*einhand* erfolgen muß und bei mehrköpfiger Besatzung ein (oft wichtiger) Mann fehlt. Zu den Prinzipien des Manövers auf einem →*Raumschotskurs* (Abb. A) gehört, nicht weiter nach →*Lee* als notwendig (2) von der Unfallstelle (1) abzulaufen, weil jedes →*Aufkreuzen* mit verminderter →*Crew* besonders schwierig ist, sondern nach einem kurzen →*Halbwindkurs* (3) durch →*Wenden* (4) (oder →*Halsen)* auf den anderen →*Bug* zu gehen, zur Unfallstelle zurückzulaufen (5) und in →*Lee* des Verunglückten (6) das Boot mit aufgefierten →*Schoten* zum Stehen zu bringen. Das →*Bergen* erfolgt am besten mit einer →*Bordleiter* oder →*Sicherheitsleiter.* Die Abb. zeigt auch, wie sich der →*Bordwind* (schwarzer Pfeil) bei unverändertem →*atmosphärischem Wind* von 12 →*Knoten* auf den Kursen eines M.-ü.-B.-M. beträchtlich ändert. Auf einem →*Amwindkurs* dreht man sofort ohne Bedienen der →*Schoten* in und durch den Wind (Abb. B), läßt das Boot →*beiliegen,* zum Verunglückten im Wasser nach →*Lee* driften und wirft gegebenenfalls die →*Rettungsleine* mit Wurfbeutel. Das älteste M.-ü.-B.-M. auf einem Amwindkurs ist die

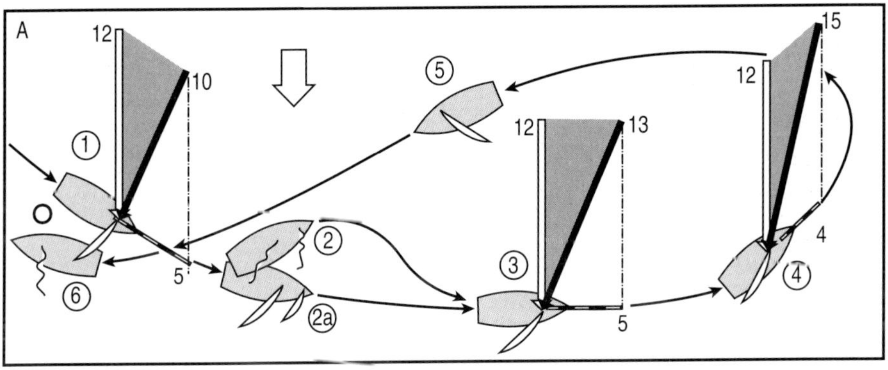

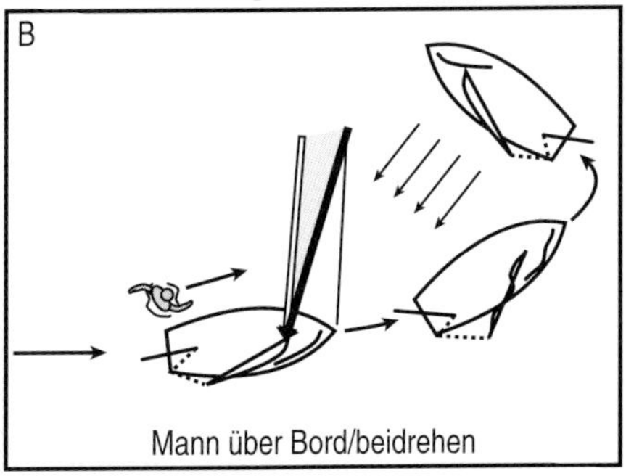

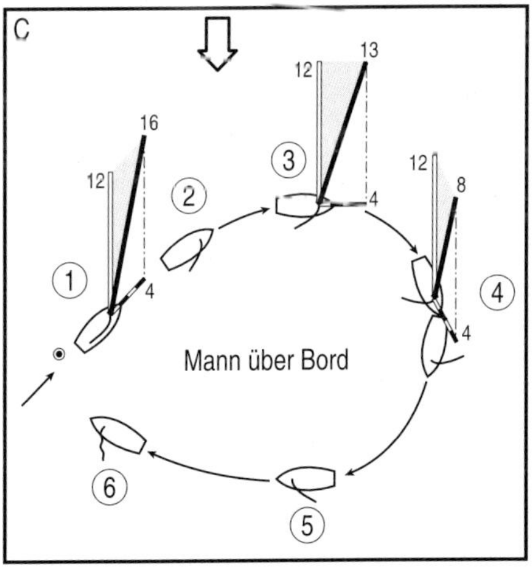

bereits zur Jahrhundertwende auf Yachten gefahrene →*Kuhwende* (Abb. C) mit sofortigem →*Halsen* auf engstem Raum und →*Aufstoppen* an der Unfallstelle. In Lehrbüchern werden immer zahlreichere und komplizierte M.-ü.-B.-M. mit abenteuerlichen Namen angeboten, auf die man sich in einem wirklichen →*Notfall* und bei einer →*Crew* unter Schockwirkung aber nicht einlassen sollte.

Manometer, das *(manometer, pressure gauge)* Instrument für Feinmessungen von Druckvorgängen, z. B. bei Gasen. Der Druck wird wie beim →*Barometer* in →*Bar* angegeben, aber als Über- oder Unterdruck gegenüber dem normalen atmosphärischen →*Luftdruck* angezeigt.

Manöver, das *(manoeuvre)* 1. Im ursprünglichen (lateinischen) Wortsinn die Sammelbezeichnung für alle Tätigkeiten an Bord mit vielfältiger Handarbeit, z. B. zur Vorbereitung und Durchführung des →*Ankermanövers* und von Segelmanövern wie →*Setzen,* →*Bergen,* →*Reffen,* Segelwechseln und Spinnaker-Manöver, auf →*Segelschiffen* als auch des →*Anbrassens,* →*Aufbrassens* u. a., die oft als →*Alle-Mann-Manöver* gefahren werden mußten. – 2. Auch die damit verbundenen Bewegungen des Bootes, denen diese Verrichtungen gelten oder mit denen sie verbunden waren, z. B. →*Ablegen,* →*Anlegen,* →*Aufschießen,* →*Wenden,* →*Halsen,* →*Mann-über-Bord,* →*Beidrehen,* →*Lenzen,* →*Ankern* u. a. Demgegenüber bezeichnet man die Bewegung des Bootes selbst und allein als →*Manövrieren.*

Manöver des letzten Augenblicks, das *(action to be taken to avoid risk of collision, action to avoid collision by manoeuvre)* Wenn auf einem →*Kollisionskurs* ein →*ausweichpflichtiges Boot* kein →*Ausweichmanöver* einleitet, darf der →*Kurshalter* ein M. d. l. A. einleiten, um einen drohenden Zusammenstoß zu vermeiden. Hierzu kann man unter Segeln entweder durch →*Auffieren* der →*Schoten* die →*Bootsgeschwindigkeit* vermindern und/oder eine Kursänderung vornehmen. Sie sollte immer vom Gegner hinweg erfolgen, d. h. bei →*Wind von entgegengesetzter Seite* nach →*Luv,* bei →*Wind von der gleichen Seite* nach →*Lee,* um nicht in ein möglicherweise verspätestes Ausweichmanöver des anderen Bootes hineinzulaufen oder einen doch noch erfolgenden Zusammenstoß wenigstens breitseits herbeizuführen. Unter Motor erfolge dieses M. d. l. A. immer mit einer Drehung nach →*Steuerbord.*

Manöver zur Vermeidung eines Zusammenstoßes, das *(action [to be taken] to avoid risk of collision by manoeuvring)* Eine Verpflichtung der →*KVR,* die wegen ihrer großen Bedeutung für die →*Sicherheit* auf See in den wichtigen Regeln 6, 7 und 8 zu Beginn dieser internationalen Vorschriften umfassend erklärt ist. Ein →*Manöver des letzten Augenblicks* muß jeder →*Kurshalter* einleiten, wenn ein ausweichpflichtiges Fahrzeug seiner Pflicht offensichtlich nicht nachkommen will. Auch eine →*Yacht* mit →*Wegerecht* kann bei einer Kollision, die sie nicht zu verhindern geholfen hat, eine Mitschuld erhalten. Sie muß dann (ggf. nach einer →*Seeamtsverhandlung)* den bei ihr entstandenen (materiellen) Schaden allein tragen, wird den Schutz ihrer →*Versicherung* verlieren und muß sogar noch Bußgeldbescheide für die Mißachtung der →*KVR* oder der →*SeeSchStrO* befürchten.

manövrierbehindert (*restricted in the ability to manoeuvre)* Ein Begriff der Regel 27 →*KVR,* der seit 1977 neben →*manövrierunfähig* gültig ist. Als m. sind z. B. Fahrzeuge anzusehen, die Seezeichen aufnehmen, Bagger- oder Vermessungsarbeiten ausführen oder mit der Übergabe von Personen und Ladung beschäftigt sind. Ein manövrierbehindertes Fahrzeug führt am Tage drei Signalkörper senkrecht übereinander, von denen der obere und untere ein →*Ball* und der mittlere ein →*Rhombus* ist. Nachts zeigt es drei →*Rundumlichter,* das obere und untere rot, das mittlere weiß. Bei Fahrt durchs Wasser oder vor Anker zusätzlich die entsprechenden →*Positionslichter* oder das →*Ankerlicht.*

manövrierbehindertes Fahrzeug, das *(vessel restricted in her ability to manoeuvre)* Begriff der →*KVR,* Regel 27, b.

Manövrieren (eines Bootes), das *(e.: manoeuvring, a.: maneuvring, handling of a boat)* Allgemein die Bewegung eines Bootes, eines Einzelschiffes oder eines Boots- oder Schiffsverbandes, insbesondere wenn keine →*Manöver* damit verbunden sind, sondern nur das →*Ruder* bedient und gegebenenfalls die →*Schoten* mit →*Fieren* und →*Holen* bedient werden müssen. Man spricht vom M. z. B. beim →*Einlaufen,* →*Ansteuern,* Andrehen u. a. und beim M. in →*Kiellinie,* →*Dwarslinie* u. a. Ein Boot muß jederzeit →*manövrierfähig* sein.

Manövriereigenschaft, die *(manoeuvring qualities [pl.])* Die Kenntnis der M., unter der man die

→*Manövrierfähigkeit* eines Bootes unter den besonderen Verhältnissen von →*Wind* und →*Seegang* versteht, ist bei jedem →*Manöver* wichtig. Die M. hängt auch von der →*Segelführung* und der →*Besatzung* ab, d. h. ob ein Boot voll oder nur bedingt →*manövrierfähig* ist.

manövrierfähig *(manageable)* Jeder Bewegung zum →*Manövrieren* fähig. Wenn man nicht die dazu notwendigen →*Manöver* einleitet oder ausführen kann, ist man →*manövrierunfähig.*

Manövrierfähigkeit, die *(manoeuvrability, manoeuvring ability)* Die Kennzeichnung der Bewegungseigenschaften eines Bootes, zu der nicht nur die →*Kursbeständigkeit* und →*Wendigkeit,* sondern auch das →*Anspringen* bei Fahrtaufnahme und die →*Stoppstrecke* unter allen Windverhältnissen gehören. Boote, die schnell auf die mit →*Ruder* und Schot gegebenen Impulse reagieren, haben eine gute M.; wenn sie gar nicht mehr gehorchen können, sind sie →*manövrierunfähig.*

manövrierunfähig *(not under control, not under command, unmanageable)* Wenn die →*Manövriereigenschaften* beeinträchtigt und ein z. B. durch die Schiffahrtsvorschriften gefordertes →*Manövrieren* unmöglich ist. Ein Boot kann durch →*Havarie* an →*Ruder,* →*Mast* oder →*Segel* oder aus anderen Gründen m. werden und hat dann zum Zeichen dieses Zustandes nach den →*KVR* am Tage zwei schwarze →*Bälle* übereinander, nachts zwei rote →*Rundumlichter* übereinander zu zeigen. Nach den →*KVR* gibt es außer m. noch →*manövrierbehindert.*

manövrierunfähiges Fahrzeug, das *(vessel not under command)* Begriff der →*KVR,* Regel 27, a.

Mantel, der; Seilmantel, der *(casing; jacket, rope sheat)* Die in unterschiedlichen Flechtarten hergestellte schlauchförmige äußere Hülle von →*Tauwerk,* die um den →*Kern* gelegt ist und ein →*Faserseil* vor Abrieb schützen soll. Ein M. in Flechtart 16fach trägt besonders zur Festigkeit einer →*Leine* bei, 8fache Flechtungen sind weniger abriebfest, aber griffiger.

Marconi-Takelung, die *(Marconi-rig)* Beim Aufkommen der →*Hochtakelung* die nicht nach der Herkunft →*Bermuda-Takelung,* sondern nach den hohen Sendemasten Marconis benannten Masten (mit den entsprechenden Marconi- bzw. Hochsegeln), die im deutlichen Gegensatz zu den wesentlich niedrigeren Masten der →*Gaffeltakelung* standen. Sinngemäß spricht man von M.-Masten, -Slup, -Schoner, -Segel, -Toppsegel u. a.

Marina, die *(marina)* Internationale Bezeichnung für einen modernen Yachthafen mit allen notwendigen Serviceeinrichtungen und modernem Komfort.

Marina-Anschluß für elektrischen Strom *(plug connection in marinas)* siehe →*elektrischer Marina-Anschluß.*

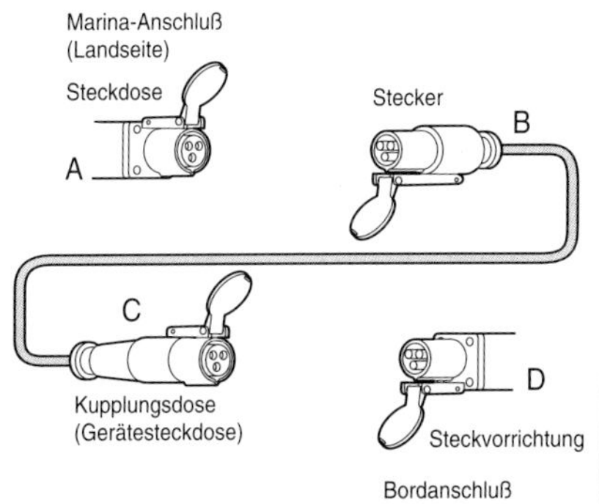

Marina-Anschluß

Marine, die *(navy)* Das Seewesen eines Staates im weitesten Sinne, d. h. sowohl die Handels-M. als auch die Kriegs-M. Im engeren Sinne nur die bewaffneten Seestreitkräfte, z. B. die Bundes-M., die Kriegs-M., die Preußische M.

Marinebarometer, das *(marine barometer)* Dasselbe wie →*Schiffsbarometer,* siehe dort.

Marineleim, der (Marineglue) *(marine glue)* Eine elastische Masse aus Gummi und Öl, die nach dem →*Kalfatern* zum Ausgießen der Nähte, insbesondere bei einem →*Stabdeck,* verwendet wird und auch bei wechselnden Temperaturen weder die Haftung zu den benachbarten Hölzern verliert noch zu hart oder zu weich wird.

marinisieren (eines Bootsmotors) *(to fit an engine for the duty at sea)* Umrüsten eines Industrie- oder Fahrzeugmotors, der an Land eingesetzt ist, für die Benutzung an →*Bord.* Dazu gehört z. B. die Installation einer entsprechenden →*Kühlung,* die Begrenzung der →*Drehzahl,* die Wahl der passenden →*Antriebsanlage* und der Austausch von Teilen, die der →*Korrosion* in den Betriebspausen des Winters ausgesetzt sind.

maritim *(maritime)* Sammelbezeichnung für alles, was See und Seeschiffahrt betrifft, z. B. m. Klima = Seeklima, m. Luftmassen = entsprechend feuchte Luft vom Atlantik.

Maritime Mobile Service Identity, Abk. →*MMSI,* Bezeichnung der →*Seefunkstellenrufnummer* im →*Digitalen Selektivrufsystem.* Sie ist neunstellig und besteht aus dem dreistelligen →*Landeskenner* (Maritime Identification Digit, Abk. MID), z. B. 211 und 218 für Deutschland, den fünf Folgeziffern zur Unterscheidung der Seefunkstelle und einer 0 (Null) als letzter Stelle (in Deutschland), zum Beispiel:

211 12345 0

Die →*DSC-Rufnummern* von →*Küstenfunkstellen* unterscheiden sich von denen der →*Seefunkstellen* durch 00 vor dem →*Landeskenner* und nur 4 Ziffern dahinter, z. B. für die Küstenfunkstelle Norddeich Radio der Deutschen Telekom:

00 211 4200.

Anhand dieser Numerik läßt sich beim Empfang eines DSC-Anrufes sofort festellen, zu welchem Land die rufende Seefunkstelle gehört oder welche →*KüFuSt* gesendet hat.

Maritime Rescue Coordination Centre, dt. Bezeichnung →*Seenotleitstelle,* Abk. →*MRCC,* siehe dort.

Maritime Rescue Sub-Centre, Abk. **MRSC.** Eine regionale Leitstelle für die Seenotrettung.

Markierungsboje, die *(dan buoy, marker [buoy])* Auch →*Schwimmflagge* genannter, mind.

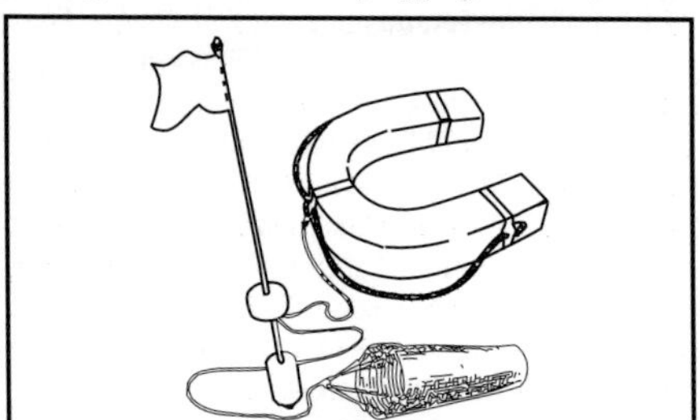

2 m hoher Flaggenstock mit einer →*Flagge* am →*Topp,* der durch einen Auftriebsbehälter schwimmfähig gehalten und durch ein Gewicht am unteren Ende in aufrechter Schwimmlage stabilisiert wird. Die M. wird beim →*Manöver* →*Mann über Bord* geworfen, um die Unfallstelle zu kennzeichnen, und ist oft mit →*Rettungsboje,* Farbbeuteln, →*Seenotleuchte* und anderen Geräten verbunden.

Marktwert, der *(market value)* Bei einer →*Kasko-Versicherung* der Preis, den das Boot im Falle eines Verkaufs erzielen würde. Im Gegensatz zum →*Zeitwert* wird er durch Faktoren wie allgemeine Wirtschaftslage, Saisonzeit, Unterhaltungskosten, konstruktive Trends u. a. beeinflußt.

marlen *(to marl, to marline)* Einen →*Schmarting* mit einer dünnen →*Marlleine* umwickeln und festhalten. Ein Segel mit →*Reihleine* und →*Marlschlag* am →*Baum* anschlagen.

Marlleine, die *(marline)* Eine Leine, die zum →*Marlen* oder als →*Reihleine* dient. Sie hält das →*Unterliek* eines →*Großsegels* am →*Großbaum* mit →*Marlschlag,* wenn es nicht in die →*Keep* oder →*Hohlkehle* eingezogen wird, und ist dazu am →*Hals* in das vorderste →*Gatchen* einge-

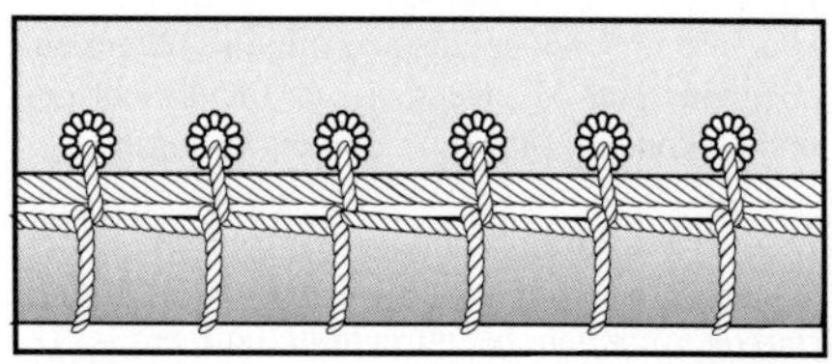

spleißt. Eine M. wird auch an der →*Gaffel* benutzt. Sie ist dann an der →*Klau* eingespleißt.

Marlschlag, der *(marling hitch)* Ein →*Rundtörn* um eine →*Spiere* mit einem →*Überhandknoten,* der sich so bekneift, daß er auch noch hält, wenn die →*Marlleine* an anderer Stelle zu viel →*Lose* erhält oder →*bricht.*

Marlspieker, der *(marline spike)* Beim →*Spleißen* und →*Marlen* sowie für andere Zwecke benutztes dornartiges Handwerkszeug aus Hartholz oder Stahl, das auch Teil eines →*Bordmessers* ist.

Marlspiekerschlag, der *(marline spike hitch, boat knot)* Ein einfacher, durch →*Bucht* und →*Auge* gebildeter, leicht lösbarer →*Knoten,* der z. B. bei dünnem, nicht griffigem Tauwerk benutzt wird, um den →*Marlspieker* als Handgriff zu verwenden und über ihn mit mehr Kraft →*holen* zu können, z. B. zum →*Ausholen* der →*Lieken* u. a. Der M. ist identisch mit dem →*Stellingstek.*

MARPOL 73/78 Akronym für (engl.) **Marine Pollution** (d. Meeres-Verschmutzung). Kurzform für „International Convention for the Prevention of Pollution from Ships", als deutsches Textwerk „Internationales Übereinkommen von 1973 zur Verhütung der Meeresverschmutzung durch Schiffe (MARPOL 73/78)" genannt. Das MARPOL-Abkommen ist für die Bundesrepublik Deutschland am 2. 10. 1983 in Kraft getreten. In der Praxis wird die Abkürzung „MARPOL 73/78" verwendet. Es enthält in zahlreichen Regeln und verschiedenen Anlagen Umweltschutzbestimmungen, die das Verbot des Ablassens von Öl, das Einleiten von Abwässern an Bord und das Verbot der Müllbeseitigung auf See betreffen. Sie gelten auch für →*Yachten* und ihre →*Besatzungen.* Zuwiderhandlungen werden von der MARPOL-Ordnungswidrigkeiten-Verordnung erfaßt und mit Geldbuße bis zu 100 000 DM geahndet. Entsorgungsmöglichkeiten für Segler gibt es in etwa 100 Häfen an der →*Küste* von Nord- und Ostsee.

Mars, der *(top, top platform, scuttle)* Nach dem germanischen Wort „maers, marse" (im Niederländischen „mars, mers") Ausdruck für „Korb": Ein Standplatz für den →*Ausguck* am →*Masttopp* des (früher niedrigen) Mastes. Bei höheren Masten wurde daraus die zu einer breiten Plattform ausgebaute Fläche der Salingpaare im oberen Teil des →*Untermastes* und am Fuße der →*Marsstenge* zum Ausspreizen der →*Stengewanten.* Darauf bezogen tragen die beiden →*Rahsegel* in der Nähe des M. die Bezeichnung →*Marssegel* und alle Teile des →*stehenden* und →*laufenden Gutes* sowie die entsprechenden →*Rahen* den kennzeichnenden Vorsatz „Mars-", z. B. Marssaling.

Marsch, die *(marsch)* Im Gegensatz zur →*Geest* ein aus Ablagerungen entstandener Schwemmlandboden, der zwischen den Inseln des →*Tidengewässers* als Seem., an den Tidenflüssen Brackm. und entlang der Küstenflüsse Flußm. genannt wird, größtenteils eingedeicht ist und eine Pflanzendecke trägt. Die See- und Flußmarschen an der deutschen Nordseeküste umfassen ein Gebiet von ca. 5500 km², von denen 3100 in Niedersachsen, 1950 in Schleswig-Holstein, 250 in Bremen und 200 in Hamburg liegen.

Marsch, Vorland *(marsh)* Zeichen aus →*Seekarte,* siehe →*Karte 1* im Anhang.

Marschfahrt, die *(cruising speed)* Die →*ökonomische Fahrt,* d. h. eine wirtschaftliche Reise oder Dauergeschwindigkeit unter Motor.

Marssegel, das *(top sail, square top sail)* Die über der untersten →*Rah* gefahrenen →*Rahsegel,* meistens in →*Obermars-* und →*Untermarssegel* (mit voller Breite bei geringer Höhe) unterteilt. Das Untermarssegel war gleichzeitig das →*Sturmsegel,* das bis zuletzt stehenblieb. Bei mehrmastigen Segelschiffen und dementsprechend mehr als einem M. erhielt es den kennzeichnenden Vorsatz des Mastnamens, z. B. Groß-Untermarssegel.

Marsstenge, die *(top mast)* Die →*Stenge,* die den →*Untermast* verlängert und dort beginnt, wo bei einem einteiligen →*Mast* der →*Mars* war.

Maschine, die *(marine engine, powerplant)* In den →*KVR* und anderen Vorschriften die Sammelbezeichnung und Kurzform für jede **Antriebsmaschine** an Bord eines →*Fahrzeugs,* das mit **Maschinenkraft** oder **Maschinenantrieb** fährt. In diesem Sinne ist auch jeder mit Vergaser- oder Dieselkraftstoff betriebene →*Motor* und jeder Elektroantrieb eine M.

Maschinenfahrzeug, das *(power driven vessel)* Im Sinne der →*KVR* ein Fahrzeug, das nicht mit Windkraft oder Muskelkraft bewegt, sondern durch eine →*Maschine* angetrieben wird. Wer unter Segeln mit Motor läuft, gilt als M. und muß dafür bei Tage über dem →*Vorschiff* einen schwarzen →*Kegel,* Spitze nach unten, setzen. Der Begriff M. ist wichtig für das →*Wegerecht.*

Maschinenkommando, das *(engine order, engine command)* Anweisung des →*Steuermannes* an das Besatzungsmitglied, das den Fahrbefehl des Motors (insbesondere bei →*Manövern*) bedient, wenn beide Tätigkeiten aus →*nautischen* Gründen getrennt ausgeführt werden. Zuerst wird die Drehrichtung des Motors, dann die Drehzahl angegeben. Üblich sind: Von „Stopp" nach „voraus langsam" und „voraus halbe" bis „voraus voll" und über „Stopp" nach „zurück langsam", „zurück halbe" und „zurück voll".

Massiv-Bauweise, die *(solid fiberglas)* Bootsbau aus →*GFK,* bei dem die Bauteile nur aus →*Laminaten* von harzgetränktem Armierungsmaterial aus →*Glasfasern* bestehen. Ohne →*Auftriebstanks* oder →*Auftriebskörper* geht ein vollgelaufener →*GFK-Bootsrumpf* in Massiv-Bauweise unter, während er in →*Verbund-Bauweise* über ausreichenden →*Auftrieb* durch das einlaminierte →*Kernmaterial* aus →*Schaumstoffen* verfügt.

Massivholz, das *(solid wood)* Natürlich gewachsenes Holz für den Bootsbau, z. B. →*Mahagoni,* →*Eiche,* →*Teak* u. a., im Gegensatz zum →*Sperrholz* oder →*Bootsbausperrholz.*

Maßstab, der *(scale)* 1. Das Verhältnis einer gezeichneten Größe (z. B. die →*Distanz* in einer →*Seekarte)* zu ihrer wirklichen Größe (z. B. der Entfernung auf See). Dabei ist das Verhältnis von z. B. 1:100 000 im Sinne eines echten Bruchs zu verstehen, und man spricht sinngemäß bei einem Maßstab 1:20 000 von einem „größeren" M. (1 cm auf der Karte = 20 000 cm oder 200 m in der Natur) und bei 1:200 000 von einem „kleineren" M. (1 cm in der Karte = 200 000 cm = 2000 m = 2 km in der Natur), obwohl die Zahlen selbst (scheinbar) das Gegenteil besagen. Man beachte, daß sich der auf einer →*Seekarte* verzeichnete M. nur auf die mittlere geographische Breite bezieht, Entfernungen immer am seitlichen Kartenrand in der Nähe des →*Schiffortes* abgenommen werden müssen und eine →*Mercator-Karte* großer Seeräume mit sehr kleinem M. in Richtung auf die unteren oder oberen Ränder immer weniger gleichmaßstäblich wird. Beispiele:

Maßstab	in der Karte	in der Natur
1 : 10 000	1 cm	100 m
1 : 20 000	1 cm	200 m
1 : 50 000	1 cm	500 m
1 : 100 000	1 cm	1 km
1 : 500 000	1 cm	5 km
1 : 1 000 000	1 cm	10 km

2. Bei Flächenmaßen bezieht sich das angegebene Verhältnis auf beide Flächenkanten, so daß z. B. bei einem Maßstab 1:10 der Vergrößerungsfaktor vom Modell zum Original (oder umgekehrt der Verkleinerungsfaktor vom Original zum Modell) das Hundertfache oder x^2 beträgt. Analog dazu werden bei Raummaßen die Vergrößerung oder Verkleinerung in der dritten Dimension mit x^3 oder bei einem Maßstab von 1:10 (auf das →*Gewicht* oder die →*Verdrängung* bezogen) vertausendfacht oder durch eintausend geteilt. – Beispiel: Ein →*Seekreuzer* mit einer Länge von 10 m, einer Segelfläche von 50 m² und einem Gewicht von 5000 kg soll als Modell im Maßstab 1:10 angefertigt werden. Seine Länge wird dann 10:10 = 1 m, die Segelfläche 50:100 = 0,5 m² und die Verdrängung 5000:1000 = 5 kg werden.

Mast, der *(mast)* Hauptteil der →*Takelage* und Voraussetzung für das Setzen der →*Segel.* Er besteht auf →*Yachten* als →*Pfahlmast* aus einem Stück, auf →*Rahseglern* aus mehreren Teilen, wobei der Untermast durch die →*Marsstenge* und diese wiederum durch die →*Bramstenge* verlängert wird. Nach dem Material unterscheidet man Holz-, Stahl-, Aluminium- und Kunststoff-Masten, wobei auf Sportbooten dem Leichtmetall der Vorzug gegeben wird. Bei Holz unterscheidet man zwischen gewachsenem und gebautem M., Voll- und Hohlm. Man kann zwischen →*Steckmast* und →*Klappmast,* einer Aufstellung auf →*Deck* oder auf dem →*Kiel,* zwischen →*flexiblem* und →*starrem M.* und unterschiedlicher →*Mastverstagung* wählen. Der einzelne M. wird auch →*Großmast* genannt, bei mehrmastigen Segelschiffen spricht man von →*Fock-,* →*Kreuz-,* →*Besan-M.* u. a. Der M. wird →*längsschiffs* durch →*Stagen* und →*querschiffs* durch →*Wanten* gehalten. Er ist hauptsächlich auf →*raumen Kursen* gefährdet, weil dann die große →*Längsstabilität* bei der Crew das Gefühl für die tatsächliche Belastung verwischt, unter der der M. besonders in →*frischer Brise,* mit →*Vollzeug* und →*Spinnaker* im →*Seegang* steht. Ein M. kann mit →*Schratsegeln* und/oder →*Rahsegeln* getakelt sein, siehe Anhang 3.

Mast, Funk-, Fernsehmast *(mast, radio-, TV-mast)* Zeichen aus →*Karte 1* im Anhang.

Mastbacke(n), die (*mast cheeks, tabernacle cheeks)* Auf →*Yachten* ca. kniehohe Seitenholme aus Holz oder Metall, die den →*Mastfuß* eines auf →*Deck* gesetzten →*Klappmastes* mit einem →*Mastbolzen* halten. Die zu einem Beschlag verbundenen M. lassen sich meistens zur Korrektur möglicher →*Luvgierigkeit* →*längsschiffs* in einem →*Mastspurlager* verschieben.

Mastbalken, der *(mast beam, beams [pl.])* Die →*Decksbalken* vorlich und →*achterlich* des Mastlochs, die durch die →*Mastfischung* zu einem kräftigen Unterbau verbunden sind.

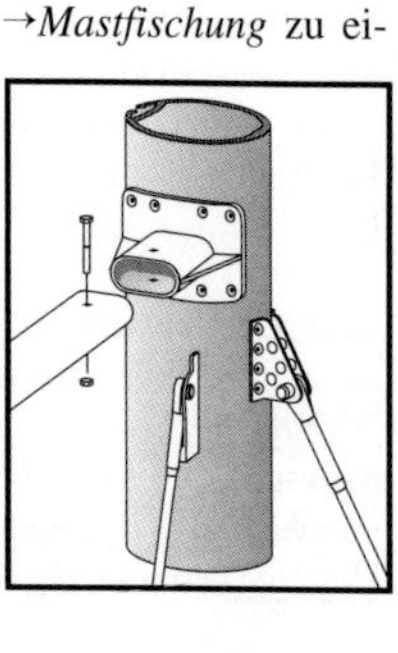

Mastbeschlag, der *(mast fitting)* Ein für den →*Mast* gebauter und an ihm befestigter →*Beschlag,* der bei geringstem Gewicht (→*Toppgewicht)* wegen der bei einer →*Havarie* oft unerreichbaren Position so zuverlässig wie möglich arbeiten soll. Zu den Mastbeschlägen gehören →*Masttoppbeschlag,* →*Mastschiene,* →*Fallwinden,* →*Fallscheiben,* →*Salings* u. a.

Mastbiegung, die *(mast bend)* Das Vermögen eines →*flexiblen Mastes,* seine gerade Haltung zugunsten einer gewollten Kurve →*längsschiffs* und →*querschiffs* zu verändern, wenn man die entsprechenden →*Beschläge* oder →*Trimmvorrichtungen* betätigt. Eine M. wird z. B. durch Anordnung und Wirkungsweise der →*Salings,* durch →*Mastkeile* im →*Mastloch,* die Art der →*Abstagung,* durch →*Mastfallregler,* →*Achterstagspanner* u. ä. sowie bei einem →*flexiblen Rigg* auch durch den →*Schotenzug* bei einem entsprechend →*bauchig* geschnittenen Segel ohne Hilfsmittel erreicht.

Mastbolzen, der *(tabernacle bolt)* Der Bolzen, der bei einem →*Klappmast* durch den →*Mastfuß* geht, in den →*Mastbacken* ruht und die Drehachse bildet, wenn der →*Mast* z. B. mit einer →*Jütt* gesetzt oder gelegt wird.

Mastducht, die *(thwart, mast thwart)* Eine →*Ducht* mit einem →*Mastloch* zur Durchführung oder einem →*Mastschlitz* zum Einfassen eines →*Steckmastes,* dessen →*Mastfuß* in einer →*Mastspur* auf dem →*Kiel* steht. Insbesondere →*Jollen* benutzen diese M. in der →*Plicht* in beliebiger Höhe bis →*Deckshöhe.*

Mastfall, der *(mast rake)* Die Neigung des →*Mastes* in →*Längsschiffsrichtung.* Bei gutem →*Trimm* sollte der Mast einen →*Fall* von 3 bis 5° nach →*achtern* haben.

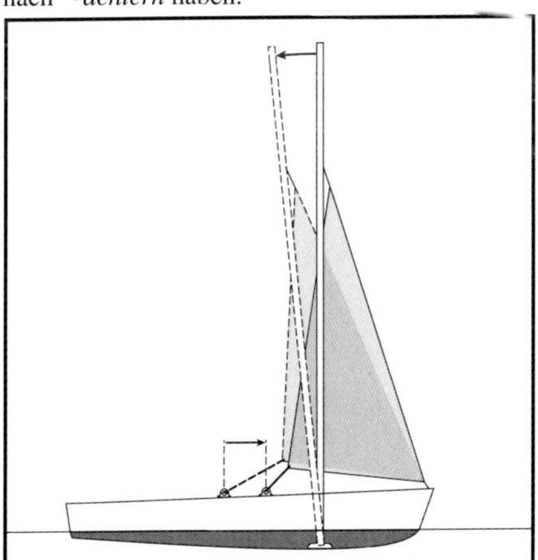

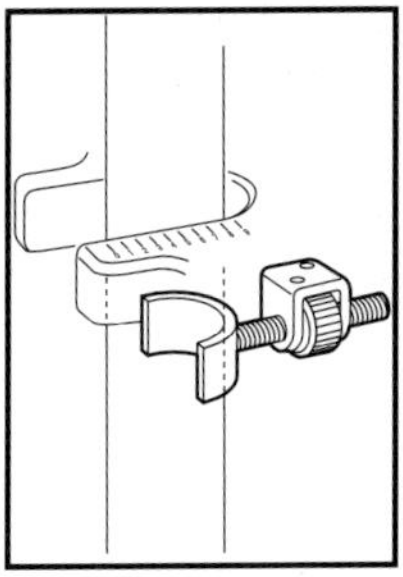

Mastfallregler, der *(mast bend controller, mast rake adjuster)* Vorrichtung in einem ausreichend groß bemessenen →*Mastloch* oder →*Mastschlitz,* mit der man bei →*Jollen* die Position des →*Mastes* in →*Deckshöhe* sowohl →*längsschiffs* als auch →*querschiffs* verändern und die gewünschte →*Mastbiegung* besser als durch →*Mastkeile* o. ä. erreichen kann.

Mastfischung, die *(mast partners, cam action mast partners)* Die neben dem →*Mastloch* →*längsschiffs* und →*querschiffs* angebrachten Verstärkungen, insbesondere bis zu den nächsten →*Decksbalken* oder →*Mastbalken.* Die entsprechenden Einzelbauteile wurden auch →*Mastschlinge* genannt.

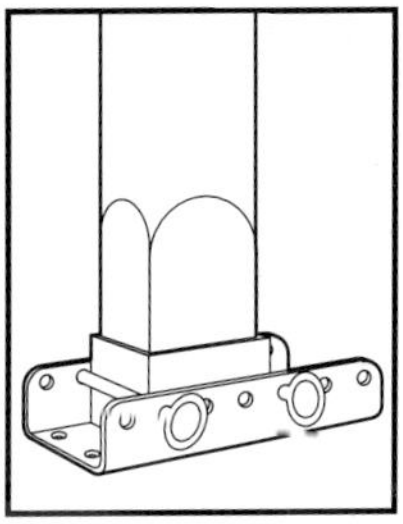

Mastfuß, der *(mast heel, mast foot)* Das untere Ende des →*Mastes,* mit dem der Mast auf →*Deck* oder auf dem →*Kiel* in einem entsprechenden →*Spurlager* mit sinngemäßer Bodenform oder zwischen →*Mastbacken* bzw. in einem →*Mastkoker* steht. Er kann allseitig flach sein bzw. in einem Zapfen, in eine längliche Ausnehmung oder in ein verlängertes Mittelteil bei kürzeren Seiten auslaufen.

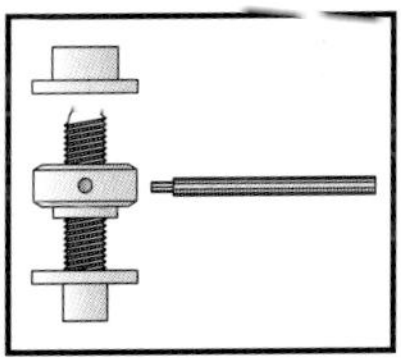

Mastheber, der *(mast jack)* Verstellbarer →*Beschlag* unter dem →*Mastfuß* auf kleinen Booten, um den →*Mast* axial zu verschieben, d. h. heben oder senken zu können und dabei gleichzeitig die →*Verstagung* zu spannen oder flexibler zu fahren.

Mastkalb, das; besser: Mastkälber, die *(hounds, mast shocks, mast-head-bolsters)* Schützende weiche Verstärkungen am →*Mast,* wo (z. B. bei einer →*Gaffeltakelung* mit →*Pfahlmast* und →*Stenge)* die →*Wanten* in einem →*Auge* um den Mast herumgelegt sind und dort sowohl sich wie diesen beschädigen können. Auch Keile oder →*Klampen,* die das Abrutschen eines →*Wants* an seinem oberen Befestigungspunkt verhindern, werden M. oder nur Kalb genannt.

Mastkeile, die *(mast wedges)* 1. Auf →*Jollen* Steckhölzer unterschiedlicher Dicke mit breiter seitlicher Krempe, um in einem →*Mastschlitz* oder in einem Mastloch den größer gelassenen Spielraum vor oder hinter dem →*Mast* auszufüllen. M. dienen auch dazu, einem flexiblen Mast in seiner Decksdurchführung die gewünschte, dem besonderen →*Trimm* angemessene Position zu geben. – 2. Bei einem →*Steckmast* auf einem →*Seekreuzer* gleichförmige längliche Hölzer mit einseitiger Krempe, um den Hohlraum zwischen Mast und →*Mastloch* möglichst nahtlos und ohne Spiel auszufüllen. Durch einen →*Mastkragen* wird diese Verbindung (weitgehend) wasserdicht gemacht.

Mastkoker, der *(mast trunk, mast tabernacle)* Ein →*Maststuhl,* der jedoch nicht auf →*Deck* steht, sondern als segmentartiger, länglicher und wasserdichter Kasten bis zu ca. 1 m unter die Decksoberkante reicht. Der →*Mastbolzen* mit kurzen →*Mastbacken* liegt gerade über Deck. Die Sicherheit der Halterung des →*Mastfußes* ist bei einem solchen →*Klappmast* größer. Ein M. wird hauptsächlich auf Binnenschiffen und nur selten auf →*Yachten* benutzt.

Mastkragen, der *(mast coat, petticoat, boot)* Eine aus →*Segeltuch* o. ä. Material gefertigte Dichtung, die den →*Mast* umfaßt und das →*Mastloch* abdichtet, wenn die →*Mastkeile* eingelassen sind.

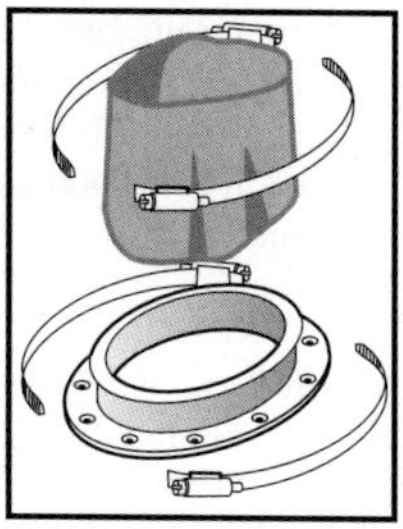

Mastlicht, das *(mast light)* Einfache, sinnvoll angeordnete →*Lampe,* die am →*Mast* oder an der →*Saling* gehaltert ist und bei nächtlichen Decksarbeiten das →*Vorschiff* beleuchten kann. Sie gehört nicht zur →*Lichterführung.*

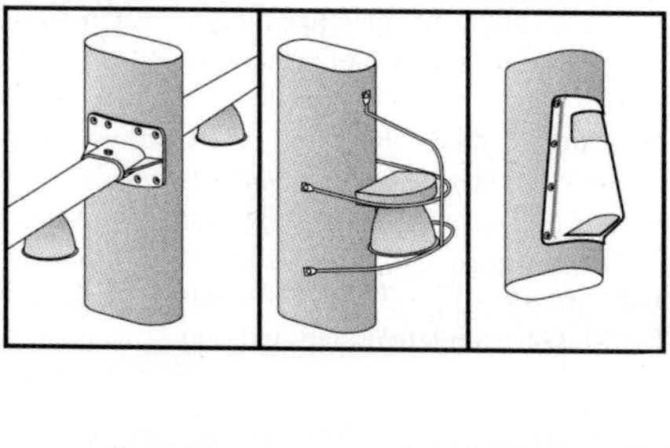

Mastliek, das *(e.: mast leech; a.: mast leach)* Das →*Liek,* das am →*Mast* befestigt wird, entweder durch eine →*Reihleine,* eine →*Hohlkehle* oder durch Rutscher an einer →*Mastschiene.*

Mastloch, das *(mast hole)* Die Öffnung im →*Deck* oder in der →*Mastducht,* in die ein →*Steckmast* eingesetzt wird, im Gegensatz zum →*Mastschlitz* mit einer offenen, durch →*Mastschelle* o. ä. zu verschließenden Seite.

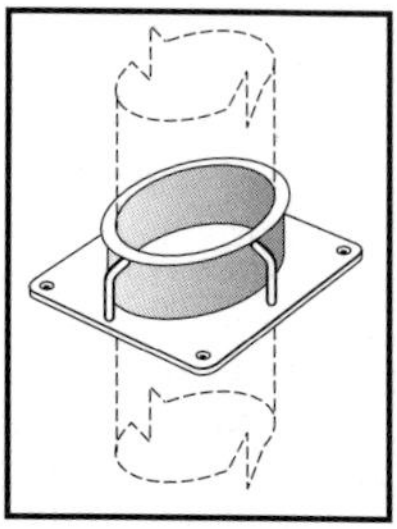

Mastprofil, das (Mastquerschnitt, der) *(mast section, mast profile)* Für die →*Mastbiegung,* die

Mastverstagung, das Gewicht und die Festigkeit des →*Mastes* ist der Querschnitt gleichermaßen wichtig. Das M. bestimmt den →*Windwiderstand,* so daß einem runden M. der Vorzug vor einem Kastenmast gegeben wird. Großer Durchmesser erlaubt aber dünnere Wandung und bedeutet geringeres Gewicht bei größerem Widerstand, während kleiner Durchmesser und notgedrungen dicke Wandung mit leichtem Gewicht und wenig Widerstand größeres Gewicht bei kleinerem Widerstand bedeuten. Kleiner Querschnitt und dünne Wandung erfordern dafür mehr →*Verstagung,* die wiederum Gewicht und Widerstand bedeuten. Es gibt daher zahlreiche sinnvolle Kompromißformen entsprechend den Erfordernissen eines starren oder →*flexiblen Riggs,* einer →*Hohlkehle* oder →*Keep,* einer →*Mastschiene* oder →*Gleitschiene* zum Anschlagen des →*Mastlieks* und mit den Vorteilen, die →*Fallen* inwendig zu führen.

Mastrutscher, der *(slide, mast track slide)* Ein mit dem →*Vorliek* verbundener, in kurzen Abständen befestigter →*Beschlag,* mit dem das →*Segel* auf bzw. in der →*Mastschiene* gleitet (Abb.).

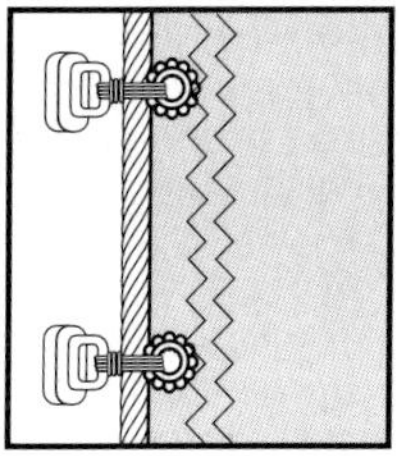

Mastschelle, die *(mast gate)* Ein →*Beschlag,* der den →*Mastschlitz* in einer →*Mastducht* verschließt und gleichzeitig die Möglichkeiten des →*Trimmens* wie mit →*Mastkeilen* erlaubt. Ursprünglich ein halbkreisförmiges Scharnierband auf bzw. in der →*Mastducht* zum Festhalten des Mastes. Daraus entwickelt ein moderner →*Mastfallregler.*

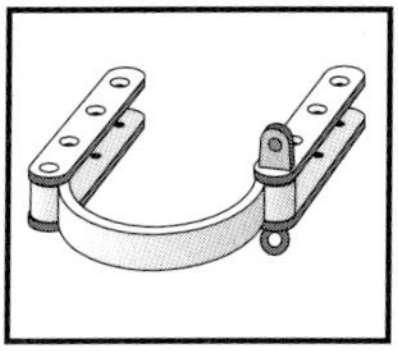

Mastschiene, die *(track, mast track)* Auch Gleitschiene oder Mastrutscherschiene genannte, vom

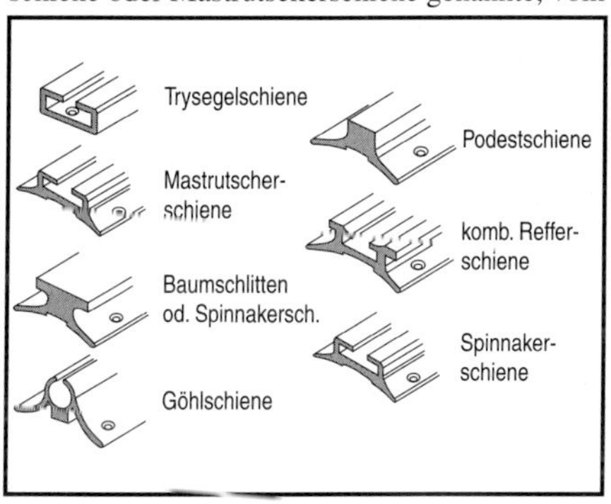

→*Masttopp* bis nahezu zum →*Deck* reichende Metallschiene, auf der die mit dem →*Mastliek* oder →*Vorliek* des Segels verbundenen →*Mastrutscher* gleiten, wenn mit dem entsprechenden →*Fall* das Segel gesetzt wird. Es gibt eine Vielzahl von Profil-, Kasten- o. ä. Mastschienen mit eingelassenen oder aufgesetzten Rutschern.

Mastschlinge, die *(mast carling)* Verstärkung unter →*Deck* entlang des →*Mastlochs* und zwischen den →*Mastbalken,* die insbesondere den Seitendruck eines →*Steckmastes* über einen weiteren Bereich sicher verteilen soll.

Mastschlitz, der *(mast gate)* Eine nach →*achtern* offene Einfassung in einem →*Decksbalken,* in einer →*Mastducht* oder im →*Deck* selbst, in der ein Mast steht. Man wählt ihn, um den →*Steckmast* einer →*Jolle* besser aufrichten und legen zu können.

Mastspur, die *(mast step, step)* Ein T- oder U-förmiger →*Beschlag* auf dem →*Kiel* oder →*Deck,* in den der entsprechend geformte →*Mastfuß* hineinfassen kann. Durch die M. ist eine Verschiebung in →*Längsschiffsrichtung* und die Befestigung in mehreren Positionen (Abb.), z. B. durch Bolzen, möglich. Auf vielen Booten ist die M. nur eine einfache Ausnehmung im →*Kielschwein,* in die der Mastfuß einzapfen kann. Für →*Rennyachten* wurden entsprechend aufwendige Mast-Spurlager-, Fußlager u. ä. für die Befestigung auf und unter →*Deck* geschaffen.

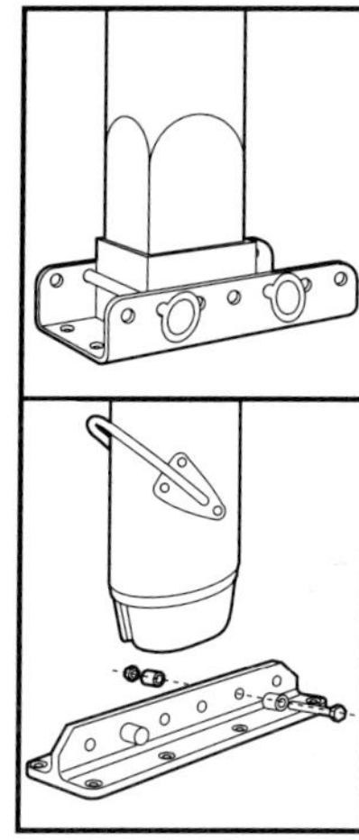

Maststufe, die *(step of a mast ladder, step of a ladder to mast)* Einzeln am Mast zu befestigende Trittstufe, um in den Mast steigen zu können. Die Einzelstufen werden an einem Aluminiummast mit →*Blindnieten* befestigt. Sie sind nicht nur bei einer →*Havarie* an Mast und Segel nützlich, sondern erleichtern den →*Landfall* und erlauben die Abstandsbestimmung mit Hilfe unterschiedlicher →*Augenhöhe.*

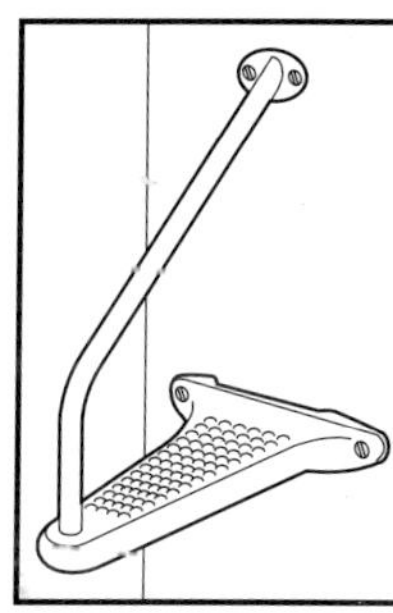

Maststuhl, der *(mast tabernacle)* Auch →*Mastbock* oder →*Mastkoker* genannte Halterung für einen →*Klappmast,* die sicher mit dem →*Deck* verbunden ist und den →*Mastfuß* hält. Der M. besteht aus 2 stählernen oder hölzernen Holmen, den →*Mastbacken,* die das Lager für den →*Mastbolzen* bilden, mit dem der →*Mast* im M. festgehalten wird.

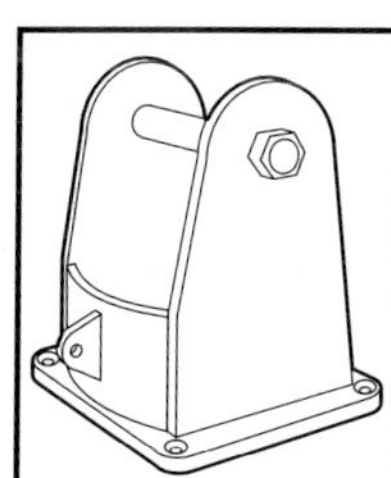

Masttopp, der *(mast head, top)* Der oberste Teil des →*Mastes,* die Spitze des sich (oft) verjüngenden oberen Teiles. Er wird auf →*Rahseglern* durch den →*Flaggenknopf* abgedeckt, während er auf →*Yachten* den →*Masttoppbeschlag* trägt. Unter ihm liegt die →*Großfall-* und →*Spinnakerfallscheibe,* bei einer →*Masttopptakelung* auch die →*Fockfallscheibe.*

Masttoppbeschlag, der *(mast head fitting)* Ein →*Beschlag* für den →*Masttopp,* der nicht nur die Befestigung von →*Achterstag,* →*Vorstag,* →*Dirk* und →*Toppwanten* gestattet, sondern noch →*Masttopplaterne,* →*Windmesser,* →*Windrichtungsanzeiger,* →*Radarreflektor* und gegebenenfalls einen →*Peilrahmen* trägt.

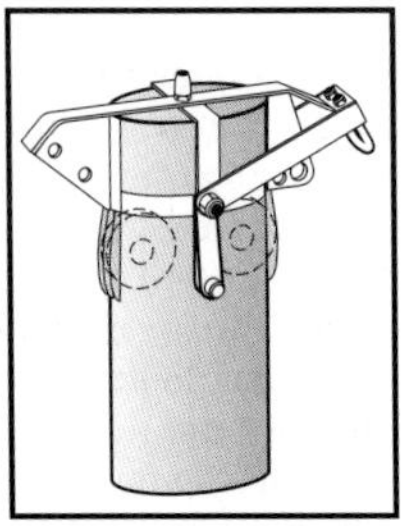

Masttopplaterne, die *(mast head lantern)* Eine als →*Dreifarbenlaterne* ausgebildete →*Laterne,* die mit dem →*Masttoppbeschlag* verbunden ist und ihre elektrische Zuleitung inwendig des Mastes hat. Auch die zum Zeigen des →*Topplichtes* bei Fahrten mit Motor erforderliche →*Positionslaterne* kann als M. gefahren werden.

Masttoppscheibe, die *(mast head sheave)* Eine →*Scheibe,* die z. B. als →*Fallscheibe* für das →*Großfall,* →*Genuafall* oder →*Spinnakerfall* (Abb.) im →*Masttopp* eingebaut ist.

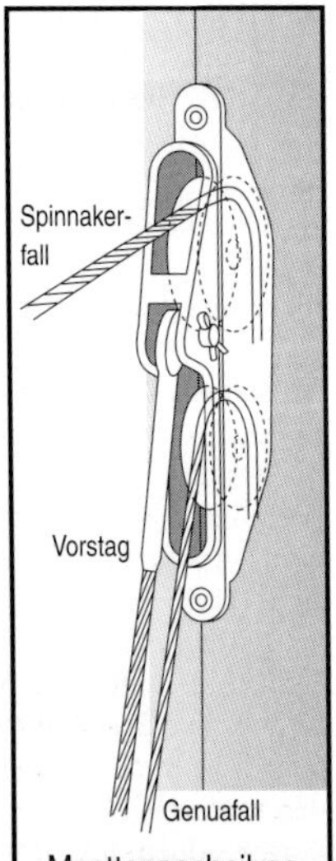

Masttoppscheiben

Masttopptakelung, die *(mast head rig)* Neuzeitliche Form der →*Hochtakelung,* bei der das →*Vorstag* bis zum →*Masttopp* geführt wird und das →*Vorsegeldreieck* die gleiche Höhe (und damit annähernd die gleiche Fläche) wie das →*Großsegel* hat. Varianten zur M. sind die →*Dreivierteltakelung,* →*Siebenachteltakelung* u. a.

Mastverstagung, die *(staying of the mast)* Im engeren Wortsinn die Art und Anzahl der →*Stagen,* die einen →*Mast* halten, z. B. →*Vorstag,* →*Fockstag,* →*Klüverstag,* →*Babystag* und →*Jumpstag* nach vorn oder →*Achterstag,* →*Backstagen,* →*Genickstag* nach achtern. Zur M. rechnet man aber auch die (→*querschiffs)* geriggten →*Wanten,* im einzelnen z. B. Ober-, Mittel- und Unterwant, Toppwant, Diamantwant u. a.

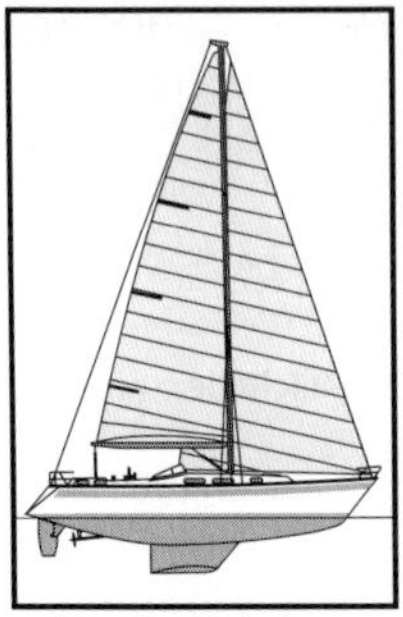
Masttopptakelung

Mastwindenfundament, das *(mast winsh base [bed])* Eine seitliche, der Größe eines Windenfundaments angemessene Verstärkung, die aus Gründen des Gewichtes so dicht wie möglich über →*Deck* oder in der Nähe des →*Mastfußes* am Mast befestigt ist.

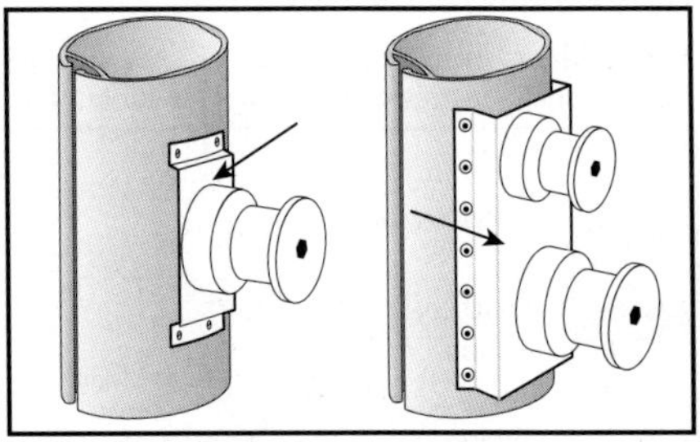

Match Races *(engl.)* In die deutschsprachigen →*WR* übernommene Bezeichnung für Match-Wettfahrten, die als Zweikämpfe Boot gegen Boot bei den →*olympischen* Segelregatten 1992 in Barcelona erstmalig und 1996 in Savannah wiederum in der →*Soling-Klasse* ausgetragen wurden.

Match-Race-Kurse Gegenüber einer Bahn mit einem →*Dreieckskurs* entfällt die →*Raumschotsstrecke,* und es wird nur →*am Wind* und →*vor dem Wind* gesegelt. Nach dem ersten →*Kreuzkurs* erhält der Verfolger auf der Vorwind-Strecke Gelegenheit, unter →*Spinnaker* wieder zum führenden Boot aufzuschließen, ehe die Mittelkreuz beginnt. Dieselbe Möglichkeit bietet dann die zweite Vorwind-Strecke, ehe auf der Zielkreuz die Entscheidung fällt (Abb.). Üblicherweise erfolgt der →*Start* →*leewärts* der →*Leemarke,* während

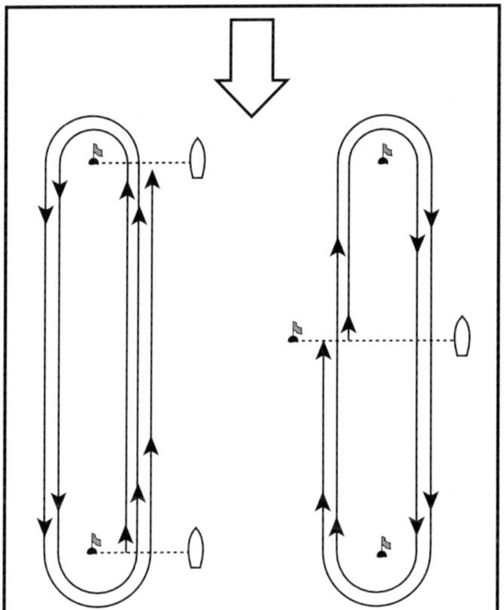

Match Race

das →*Ziel* →*luvwärts* der →*Luvmarke* liegt, doch kann durch Start und Ziel in der Mitte auch ein Tor gebildet und damit eine seitliche Ausdehnung der →*Regattabahn* eingeschränkt werden.

Match-Race-Regeln Die →*Wettfahrtregeln für Match Racing* sind Teil der →*Wettfahrtregeln Segeln* und dort im Anhang C mit den Änderungen zu ihnen enthalten. Sie betreffen u. a. die Startsignale, Strafen durch →*Bahnschiedsrichter* und die →*Wertung* sowie Maßgaben für →*Round-Robin-Serien* und Ausscheidungsrennen nach dem K.o.-System.

Match-Race-Wertung Der Sieger kann auf verschiedenste Weise ermittelt werden: 1. Das schnellste Verfahren ist das K.o.- System, bei dem die Teilnehmer paarweise ausgelost werden und der jeweilige Verlierer ausscheidet. Dabei entscheidet aber oft nicht das Können, sondern nur das Glück. – 2. Fairer ist die „Round-Robin-Runde", in der jeder gegen jeden segelt. Wer dann nach dem Modell „best of three" zwei von drei →*Wettfahrten* gewonnen hat, ist Sieger oder kommt gegebenenfalls eine Runde weiter. – 3. Ein Finale kann auch nach dem Modell „best of fife" oder (wie z. B. beim →*America's Cup)* nach „best of seven" ausgetragen werden. Hier lautete die Wertung z. B. im Jahre 1983 4:3, d. h. erst die letzte von sieben Wettfahrten brachte die Entscheidung.

Match Racing, das (engl.) Int. Begriff für einen Zweikampf im →*Regattasegeln,* insbesondere um den →*America's Cup.* Es starten nur zwei →*Yachten* direkt gegeneinander, die unmittelbare Gegner sind und nur danach trachten, den Konkurrenten am →*Start* zu behindern, ihn auf der →*Bahn* mit →*Segeltechnik* und →*Regattataktik* zu bekämpfen und vor ihm am →*Ziel* zu sein. Den Zweikampf von Mannschaften aus mehreren Booten nennt man →*Teamwettfahrten.* Die →*Wettfahrtregeln für M. R.* sind im Anhang C der →*Wettfahrtregel Segeln (*→*WR)* enthalten. Die →*Wettfahrtregeln für Teamwettfahrten* im anschließenden Anhang D.

Matrix (engl.) Grundsubstanz und Bindemittel in Farben, z. B. in einer →*Antifouling.* In einer →*Zweikomponenten-Farbe* auch der Hauptteil des Anstrichmittels, der mit dem →*Härter* verbunden wird.

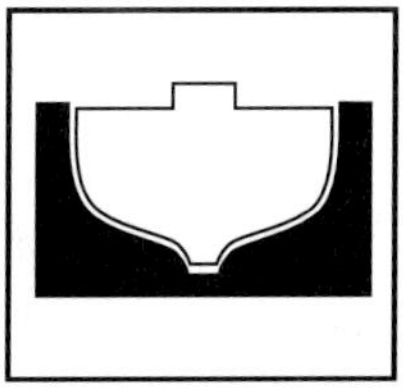

Matrize, die *(matrix, bed, lower die)* Eine Negativform bzw. Bauschale, z. B. für den Bootsbau aus →*GFK* im →*Handauflegeverfahren,* bei der das fertige Produkt mit glatter

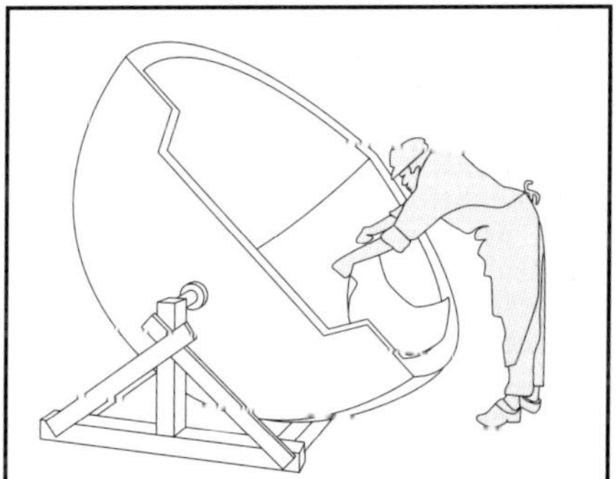

Hohlform (Matrize)

Außenwandung entformt werden kann, im Gegensatz zur →*Patrize,* mit der z. B. im →*Preßverfahren* der Gegendruck über einen maßgleichen →*Stempel* erzeugt wird. In der modernen Verfahrenstechnik wird die M. →*Gesenk* genannt.

Matrose, der *(sailor, seaman, deck hand)* Allg. (frühere) Berufsbezeichnung eines →*Seemannes* zur Unterscheidung von einem →*Bootsmann,* einem →*Schiffsoffizier* und einem →*Kapitän.* Je nach Seefahrtszeit als →*Leichtmatrose* oder →*Vollmatrose* angemustert, wurde ein M. für alle →*seemännischen Arbeiten* →*an Deck* eingesetzt.

In der gewerblichen →*Schiffahrt* gibt es seit 1984 in Deutschland keine Ausbildung mehr zum M., der seit 1983 nach einer dreijährigen Ausbildung zu einem „Facharbeiter auf Schiffen" die Berufsbezeichnung „Schiffsmechaniker" führen darf. Er kann dann in →*seemännischen* wie →*technischen* Bereichen gleichermaßen eingesetzt werden.

Matte, die *(mat)* 1. Kurzbezeichnung für die im →*Bootsbau* aus →*GFK* vorzugsweise eingesetzte →*Glasseidenmatte,* die aus regellos geschichteten Glasseidenfäden bestimmter Länge besteht und meistens chemisch gebunden ist. Zum →*Handauflegeverfahren* benutzt man neben →*Gewebe* und →*Roving* die →*Standardmatte.* – 2. Aus Segeltuchresten zusammengenähte oder aus Tauwerk geflochtene M. zum Schutz gegen →*Schamfilen* in vielfältiger Machart. Eine spezielle, rund gearbeitete Schamfilmatte ist z. B. das →*Tausendbein.*

Mauritius-Orkan, der Tropischer →*Wirbelsturm,* der in den Monaten Dezember bis März im Südteil des Indischen Ozeans vorkommt.

Mausing, die *(mousing)* Die Sicherung eines offenen Hakens mit einem →*Bändsel,* auch →*Musing* genannt. Die Arbeit heißt →*musen.*

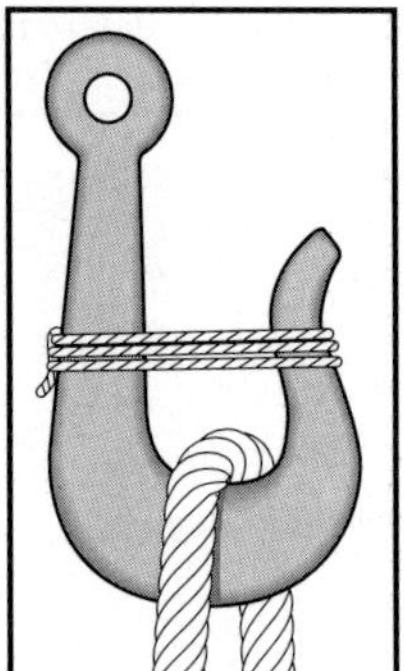

Maxi, der Ein Begriff der →*Ausschreibung* für eine →*Regatta* um die Welt. Ebenfalls ein →*Seekreuzer,* der nach →*IOR* einen →*Rennwert* von 70 Fuß hat. Das bedeutet eine →*Lüa* von ca. 22 bis 25 m, →*Büa* ca. 5,5 bis 6 m, →*Tiefgang* 3,8 bis 4 m, →*Verdrängung* ca. 31 bis 40 t und eine vermessene →*Segelfläche* von ca. 300 m². Ähnliche Abmessungen, aber eine geringere Verdrängung hat nach →*IMS* der →*ILC-Maxi* mit einem ILC-Limit 495.0.

Maximum, das *(1. maximum, 2. peak)* 1. Der größte Wert, der höchste Stand. – 2. Die Spitze auf einer Kurve.

Maximumpeilung, die In der →*Funknavigation* die Stellung einer kreisförmig drehbaren →*Rahmenantenne* eines →*Funkpeilers,* wenn die Rahmenebene auf den Sender zeigt und dieser am lautesten zu hören ist.

„MAYDAY" *(mayday)* Notruf. Im internationalen →*Seefunkdienst* und im →*Sprechfunkverkehr* festgelegtes Kennwort für einen Seenotfall. Der →*Notruf* entspricht der englischen Aussprache („meedee") des französischen Hilferufs „M'aidez!" mit der Bedeutung „Helfen Sie mir!"

„MAYDAY FINI" (gesprochen meedee fini) Schlüsselwort für die endgültige Aufhebung des →*Notverkehrs* im →*Sprechfunk* entweder durch die →*Seefunkstelle* des Havaristen oder eine →*KüFuSt.*

„MAYDAY RELAIS" (gesprochen meedee rilee) Im →*Seenotverkehr* das Schlüsselwort für die Weiterverbreitung einer über →*Seefunk* mit dem →*Notzeichen* →*MAYDAY* empfangenen →*Notmeldung.* M. R. kann sowohl von →*Seefunkstellen* wie von →*Küstenfunkstellen* gesendet werden.

Meer, das *(sea, ocean)* Die Gesamtheit der Wassermassen unserer Erde, die die Kontinente umgeben und ca. 70 % der Erdoberfläche bedecken. Die Randmeere bis zu einer Tiefe von 200 m werden auch als →*Schelfmeer* bezeichnet. Auch Binnenseen sind als M. benannt, z. B. das Steinhuder M., das Große M. u. a.

Meeresströmung, die *(sea current, ocean current)* Im Gegensatz zum →*Gezeitenstrom* oder

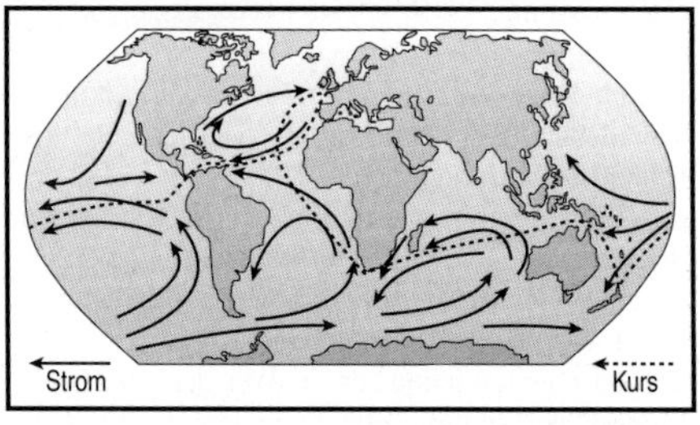

zum →*Tidenstrom* die horizontale Wasserversetzung in den Weltmeeren, unter der hauptsächlich eine Oberflächenströmung (bis ca. 200 m Tiefe) verstanden wird. Sie entsteht durch die direkte Schubkraft des Windes und nimmt nach einer Faustregel je nach →*Windbahn* und →*Windwirkdauer* ca. 5 % der →*Windgeschwindigkeit* an. Als Folge unterschiedlicher →*Seewasserdichte,* unterschiedlicher Wassertemperatur, einer Verengung des Strömungsquerschnittes bei abnehmender Wassertiefe oder bei sich neigendem oder anhebendem →*Grund* kann dieser Wert noch größer oder auch kleiner sein. Die M. bewegt sich in großen planetarischen Strömungssystemen der Ozeane analog zu den →*planetarischen Windsystemen* und ist daher (von jahreszeitlichen Schwankungen abgesehen) ganzjährig konstant in Richtung und Geschwindigkeit. Genaue Angaben enthalten die →*Monatskarten*. Weltumsegler nutzen die M. aus, wenn sie z. B. im →*Passat* mit östlichen Winden auf Westkurs den westwärts gerichteten Äquatorialströmungen in den niederen Breiten folgen oder bei einer Weltumseglung West – Ost um das →*Kap der Guten Hoffnung* und →*Kap Hoorn* im Südatlantik und Südpazifik mit Westwinden auf Ostkurs in den ostwärts gerichteten Strömen segeln. Die bekanntesten Meeresströmungen sind Golfstrom, →*Peru-* oder Humboldtstrom, Kanarenstrom u. a. Im Gegensatz zu den bekannten Oberflächenströmungen sind die Tiefen- oder Gradientströmungen mit einem Austausch von Wassermassen zwischen polaren und tropischen Gebieten bisher wenig erforscht.

Meerwasser, das *(sea water)* Das salzhaltige Wasser des →*Meeres,* zu seiner Kennzeichnung als →*Salzwasser* an Bord mit →*Seewasser* bezeichnet – zur Unterscheidung vom →*Süßwasser* des Festlandes, das an Bord →*Frischwasser* genannt wird. Die durchschnittliche →*Dichte* des Meerwassers beträgt (durch seinen Salzgehalt) 1,028, d. h. in einem Liter Wasser sind 28 g Meersalz enthalten.

Meerwasserentsalzung(sanlage), die *(desalination)* Siehe →*Frischwassererzeuger.*

Mega *(mega)* Griech. eigentlich „groß“, z. B. in →*Megaphon* = Groß-Stimme.

Mega (M) Faktor 1.000.000 (10 hoch 6) im →*Internationalen Einheitensystem.* Beispiel: 1 MHz (ein Megahertz) = 1.000.000 →*Hertz.*

Megaphon, das *(loud hailer, megaphone)* In einfacher Form trichterförmiges Sprachrohr zur Verständigung von Boot zu Boot, als Transistor-M. mit Batteriebetrieb nicht nur zum Sprechen und Hören, sondern auch zur Abgabe von →*Schallsignalen* eingerichtet. Auch →*Flüstertüte* genannt.

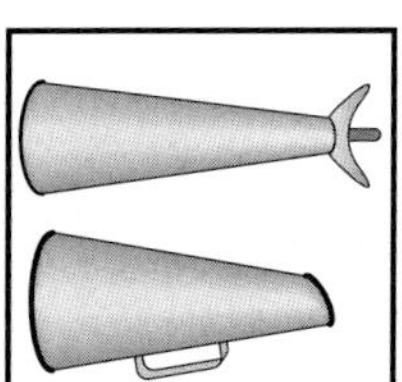

Mehrrumpfboot, das *(multihull)* Im Gegensatz zu einem Boot mit nur einem →*Rumpf* ein →*Katamaran,* ein →*Trimaran* oder eine →*Prau* (→*Proa).*

Meeresleuchten, das *(phosphorescent sea)* Nächtliches Aufleuchten des Meerwassers, hervorgerufen durch Biolumineszenz einzelliger, stecknadelkopfgroßer Geißeltierchen der Art Noctiluca miliaris und Leuchtbakterien, in denen bei Berührungen mit Luftbläschen und bei Wasserbewegungen, besonders in einem →*Wellenkamm* und in der →*Bug-* und →*Heckwelle,* Verbrennungsvorgänge mit Lichterzeugung eintreten.

Meeresspiegel, der *(sea level)* Die Oberfläche des →*Meeres.*

Meile, die *(statute mile)* Im anglo-amerikanischen Sprachraum noch übliches Längenmaß, das als →*englische M.* oder „statute mile“ 1,609 km (1760 yards = 5280 feet) beträgt. Es darf nicht mit dem nautischen Längenmaß →*Seemeile* und vor allem nicht mit dem hieraus entwickelten Wert für die →*Bootsgeschwindigkeit* oder →*Fahrt* mit Seemeilen pro Stunde oder sm/h = →*Knoten* verwechselt werden, weil im anglo-amerikanischen Raum beim Umgang mit Boots- und Schiffsgeschwindigkeiten unbedenklich beide Meßgrößen nebeneinander benutzt werden: „Knoten“ als kn = sm/h und „Meilen pro Stunde“ als mph, z. B. für →*Windgeschwindigkeiten,* Höchstgeschwindigkeiten, →*Reisegeschwindigkeiten,* →*ökonomische Fahrt* u. a.
Beachte:
1 Meile pro Stunde oder mph = 1,61 km/h = 0,869 kn = 0,45 m/s oder:
1 Knoten (kn) = 1,15 Meilen pro Stunde (mph) = 1,852 km/h = 0,514 m/s.

Meilenbake(n), die *(marker)* In Ufernähe vor tiefem, möglichst stromfreiem Wasser meistens in Deckpeilung aufgestellte →*Baken* (Richtbaken), die einen Abstand von 1 oder 1/2 Seemeile haben und die Meßstrecke für eine →*Meilenfahrt* markieren.

Meilenfahrt, die *(measured mile trip, distance run)* Sprachlich unkorrekter bzw. abgekürzter Ausdruck für die praktische Messung der →*Geschwindigkeit* eines Bootes oder Schiffes in sm/h, z. B. während der Probefahrt. Alle dabei gemessenen Werte wie →*Fahrt,* →*Leistung,* Verbrauch u. a. beziehen sich nämlich auf die Länge der

→*Seemeile* und die Geschwindigkeit in Seemeilen pro Stunde oder →*Knoten* und nicht auf die →*Meile.* Auch die →*Meilenbaken* oder →*Meilentonnen* sind dabei in Abständen von 1, ½ o. ä. Seemeile ausgelegt.

Meilen pro Stunde, mph *(miles per hour)* Anglo-amerikanisches, auch in der →*Navigation* und →*Wetterkunde* benutztes Geschwindigkeitsmaß, das sich auf die →*Meile* von 1609 m Länge und nicht, wie oft angenommen, auf die →*Seemeile* von 1852 m Länge bezieht. Bei einer falschen Umrechnung von Meilen pro Stunde oder mph in →*Seemeilen* pro Stunde oder →*Knoten* (kn) ergeben sich um 15 % zu große Werte, die insbesondere bei →*Rekordgeschwindigkeiten,* →*Spitzenböen,* →*Höchstleistungen* u. ä. ein falsches Bild und unwillkommene Gelegenheit für Trugschlüsse geben können.

Meilentonne(n), die *(marker buoy)* Im Abstand von genau 1 →*Seemeile* voneinander und in →*Deckpeilung* vor einer →*Meilenbake* ausgelegte →*Tonnen,* die die meistens 4 sm lange Meßstrecke für eine →*Meilenfahrt* markieren: Die Anlauf-, Kontroll-, Meß- und Ablauf-Meile. Es handelt sich dabei um gelbe Faß-, Leucht-, Spierentonnen oder Stangen, ggf. mit gelbem liegendem Kreuz, gelbem Feuer und der schwarzen Beschriftung „Meile".

Meilenzähler, der Integrierter Bestandteil eines →*Schlepplogs (*→*Patentlogs)* und →*Sumlogs,* bei dem die Messung der →*Fahrt* automatisch die Anzahl der durchlaufenen →*Seemeilen* ergibt, und Zusatzgerät für ein elektrisches oder elektronisches →*Speedometer,* um eine →*Distanz,* z. B. in einem →*Etmal* zu registrieren.

Meldung, die *(entering a race)* Nach den →*WR,* Regel 75–80 u. a., zur Teilnahme an einer →*Wettfahrt* gemachte Anmeldung, für die meistens ein Meldungsformular benutzt wird. Es enthält Name und Anschrift des →*Eigners* sowie →*Nationalitätenzeichen,* →*Segelnummer und* →*Unterscheidungsflagge* der →*Yacht,* ihren →*Rennwert* und Bemerkungen über das →*Rigg,* die Farbe des →*Rumpfes* und die Erklärung, daß sich der Eigner den entsprechenden →*Segelanweisungen* u. a. unterwirft, die für die →*Regatta* gelten. Ein Meldegeld, gegebenenfalls der →*Meßbrief* sind beizufügen.

Meltemi, der Nordwind mit →*Monsun*-Charakter im Ägäischen Meer. Oft tritt dieser →*Mittelmeerwind* auch in der südlichen Adria und im Ionischen Meer auf.

Membrane, die *(membrane, diaphragm)* Im ursprünglichen Wortsinn ein mitschwingendes Teilchen und somit Bestandteil zahlreicher Geräte, z. B. einer →*Membranpumpe,* eines Membransenders, eines →*Mundnebelhorns,* von Steuerventilen, Kompressoren u. a.

Membranpumpe, die *(diaphragm pump)* Eine empfehlenswerte →*Lenzpumpe,* die nicht nur (im

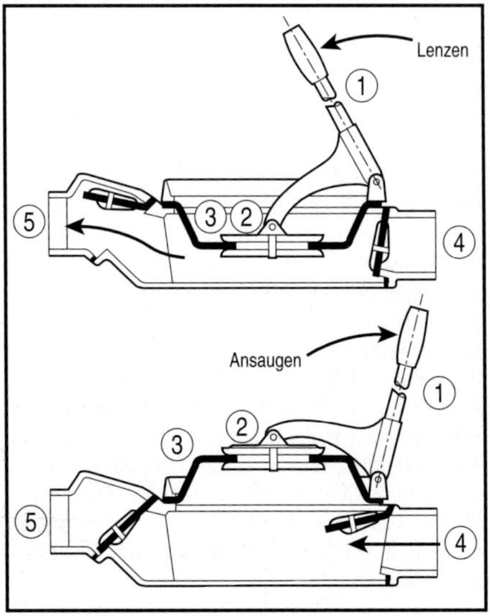

Vergleich mit einer →*Kolben-* oder →*Stiefelpumpe)* weitgehend senkrecht eingebaut sein muß, sondern (abhängig von ihrer Lage in der →*Lenzleitung)* auch schräg oder waagerecht arbeiten kann und gegen alle Fremdkörper unempfindlich ist. Ein Handgriff (1) betätigt eine runde oder ovale Metallplatte (2), die zu den Seitenkanten des Pumpengehäuses mit einer widerstandsfähigen Gummimembrane (3) verbunden ist. Beim Membran-Hub öffnet sich das bilgeseitig (4) liegende Einlaßventil, das sich bei Druck schließt, während gleichzeitig das Auslaßventil nach außenbords (5) hochklappt. Eine M. hat eine Leistung von 35 bis 90 Liter/min; Boote über 9 m →*Lüa* sollten immer die größere Lenzkapazität wählen.

Mennige, die *(red lead, iron minimum)* Orangerote, bisher unübertroffene Korrosions-Schutzfarbe mit einem Pigment, das aus Bleioxid gewonnen wird. Grundanstrich für alle entrosteten

Stahlteile an Bord, aber nicht für das →*Unterwasserschiff.*

Meon-Anker, der *(Meon anchor)* Neue Typenbezeichnung für den →*Danforth-Anker,* einen bewährten →*Leichtanker* oder →*Patentanker.*

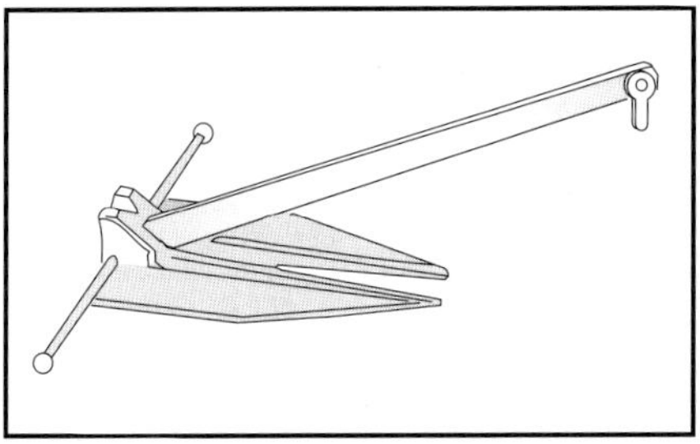

Mercatorprojektion, die *(Mercator's projection)* Winkeltreue Abbildung der Erdoberfläche auf einem Zylinder, der die Erdkugel am Äquator berührt und als „Mercator-Karte" ausgeschnitten und abgewickelt wird. Die zu den Polen zusammenlaufenden →*Meridiane* werden dabei zu parallelen Geraden, so daß mit den Breitenparallelen ein rechtwinkeliges Gradnetz mit besonderer Eignung für die →*Seekarte* gebildet wird. Eine in Richtung auf die Pole wachsende Größenverzerrung muß dabei in Kauf genommen werden.

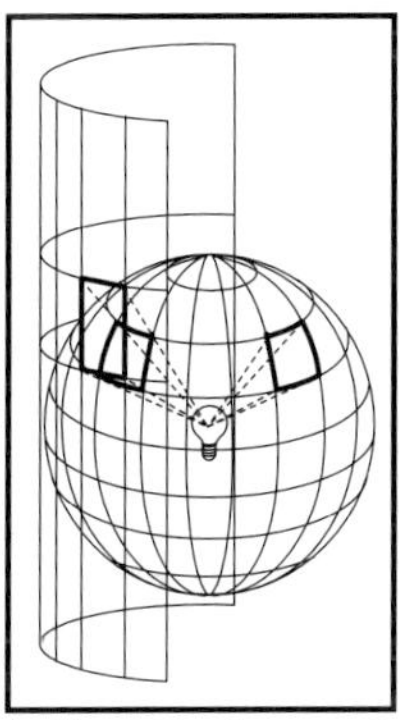

Meridian, der *(meridian)* Im ursprünglichen lateinischen Wortsinn „südlich; mittägig; gen Mittag; Mittagslinie". 1. Auf der Erde der von Nordpol zum Südpol verlaufende halbe →*Großkreis,* dessen Ebene den Erdmittelpunkt schneidet und alle Orte verbindet, in denen die Sonne beim Meridiandurchgang im →*wahren Mittag* steht und die →*wahre Ortszeit* dann 12.00 Uhr ist. Alle Punkte auf einem M. haben die gleiche Richtung →*rechtweisend Nord.* Die Gestirne erreichen beim Passieren des →*Ortsmeridians* bzw. bei der →*oberen Kulmination* ihre größte Höhe. Im →*Koordinatensystem* der Erde wird der M. von Greenwich als →*Nullmeridian* bezeichnet, von dem aus je 180 Meridiane in östlicher und westlicher Richtung gezählt werden. Der dem Nullmeridian entgegengesetzte halbe Großkreis 180° O oder W ist die →*Datumsgrenze.* Analog zum rechtweisenden M. spricht man von einem →*magnetischen Meridian,* einem Kompaßmeridian u. a. – 2. Der Himmelsmeridian ist die Projektion eines →*Ortsmeridians* an die Himmelskugel. Man spricht in der →*astronomischen Navigation* von einem →*oberen* und →*unteren M.* sowie von einem Nord- und Süd-Meridian.

Meridianbeobachtung, die *(meridian observation)* In der →*astronomischen Navigation* die Messung einer Gestirnshöhe beim →*Meridiandurchgang* mit dem →*Sextanten.*

Meridianbreite, die *(meridian altitude)* In der →*astronomischen Navigation* eine Methode der Schiffsortbestimmung, auch →*Mittagsbreite* genannt, weil sich beim →*Meridiandurchgang* eines Gestirns (z. B. der Sonne durch den oberen →*Meridian)* die →*geographische Breite* nach einer einfachen Formel aus der gemessenen →*Meridianhöhe* und dem Datum errechnen läßt.

Meridiandurchgang, der *(meridian passage, meridian transit)* Als oberer M. die sichtbare

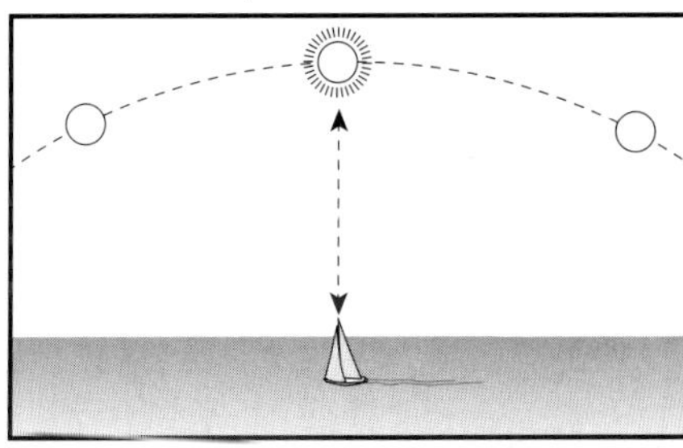

→*Kulmination* eines Gestirns oder sein Durchgang durch den →*Meridian.* Der (obere) M. z. B. der Sonne erfolgt am →*wahren Mittag,* bei einem →*Zeitwinkel* von 12 Stunden und der →*wahren Ortszeit* 12.00 Uhr.

Meridiangrad, der *(meridian degree)* Ein Bogenmaß auf der Erde: Der Erdumfang geteilt durch die insgesamt 360 →*Meridiane* oder 360°. Rechnerisch 40 000 km : 360 = 111,112 km. Die →*Seemeile* ist der 60. Teil eines M. und entspricht einer →*Meridianminute.*

Meridianhöhe, die *(meridian altitude)* Die Höhe eines Gestirns beim Durchgang durch den →*Meridian,* wenn das Gestirn →*kulminiert.* Sie ist beim Durchgang durch den →*oberen Meridian* die größte Höhe im Verlauf der täglichen Drehung des Himmelsgewölbes und wird bei der Sonne als →*Mittagshöhe* bezeichnet, aus der man die →*Mittagsbreite* errechnen kann.

Meridian-Konvergenz, die *(convergence of the meridians)* Das „Sich-gegeneinander-Neigen" der →*Meridiane* mit zunehmender →*Breite,* das durch die →*Mercator-Projektion* der →*Seekarte* aufgehoben wird, bzw. der Winkel zwischen den Meridianen. 2 Meridiane laufen am →*Äquator* parallel, sie schneiden ihn in einem rechten Winkel und verkleinern diesen Winkel zu den Breitenparallelen mit zunehmender →*geographischer Breite,* bis sie sich am →*Pol* in einem Punkte treffen.

Meridianminute, die *(meridian minute)* Die Länge einer Bogenminute auf der Erde oder der 60. Teil eines →*Meridiangrades.* Rechnerisch: 111112 m : 60 = 1852 m. Die Strecke ist 1 →*Seemeile.* Eine M. hat 60 Meridian-Sekunden.

Meridiansekunde, die *(meridian second)* Der 60. Teil einer →*Meridianminute* oder der →*Seemeile.* Rechnerisch: 1852 m : 60 = 30,86 m. Diese Distanz findet z. B. beim →*Handlog* Verwendung, weil sie 60 →*Meridiantertien* entspricht. Sie wird auch →*Minutenstrecke einer Seemeile* genannt.

Meridiantertie, die *(one-sixtieth of a meridian second)* Der 60. Teil einer →*Meridiansekunde.* Rechnerisch: 30,86 m : 60 = 0,5144 m. Dies ist auch der 3600. Teil einer →*Seemeile* oder die Strecke, die ein Boot mit einer →*Fahrt* von 1 kn in einer Sekunde zurücklegt, auch →*Sekundenstrecke* einer →*Seemeile* genannt. Die M. ist eine Maßeinheit für das →*Relingslog,* weil ein Boot so viele Meridiantertien in der Sekunde wie Seemeilen in der Stunde zurücklegt.

Meridian von Greenwich *(Greenwich meridian)* Auch →*Nullmeridian* bezeichneter, durch die Sternwarte Greenwich bei London verlaufender →*Meridian,* von dem aus die Zählung bis 180° nach Ost und West erfolgt. Die andere Hälfte des gleichen →*Großkreises* ist die →*Datumsgrenze.*

Meraklon Markenname für →*Polypropylenfasern* italienischer Produktion (PIC), die zur Herstellung von →*Fasertauwerk* aus →*Chemiefasern* benutzt werden.

Messe, die *(mess-room)* Speise- und Aufenthaltsraum der →*Besatzung.* Auf großen Schiffen gibt es eine getrennte Offiziers- und Mannschafts-M., in der →*Marine* zusätzlich Unteroffiziers-M. u. a.

Meßbrief, der *(rating certificate, measurement certificate)* Nach einer →*Vermessung* ausgestellte und durch den →*DSV* oder einen anderen →*nationalen Verband* bestätigte Bescheinigung, daß ein Boot den →*Klassenvorschriften* entspricht und als →*Klassenboot* anerkannt ist bzw. in einer →*Ausgleichsklasse* den angegebenen →*Rennwert* besitzt. Kein Boot darf ohne gültigen M. an →*Regatten* teilnehmen. Darüber hinaus ist der M. auch eine Eigentums-Urkunde gegenüber Behörden, z. B. beim Grenzübertritt. Seine Gültigkeit erstreckt sich auf die Lebensdauer des Bootes bis zu einer Änderung an →*Rumpf,* →*Rigg* oder →*Segel,* bis zur vorgeschriebenen →*Nachvermessung* oder bis zum →*Eignerwechsel.* Der äußerlich sichtbare Nachweis eines M. ist die →*Vermessungsplakette.* Dieser M. ist nicht identisch mit dem →*Schiffsmeßbrief,* der nach einer →*Schiffsvermessung* erteilt wird.

Meßmarke, die *(girth station, black band)* Ein aufgemaltes schwarzes Band oder eine andere, jederzeit auch für die Konkurrenz im →*Rennen* sichtbare Markierung hauptsächlich am →*Mast,* am →*Großbaum* oder an →*Deck* im Bereich der →*Holepunkte,* um die Positionen zu kennzeichnen, bis zu denen Segel gesetzt oder →*Lieken* gestreckt werden dürfen.

metazentrische Höhe, die *(metacentric height)* Das Maß für die →*Stabilität* bei Neigungen um kleine Winkel, z. B. die →*Anfangsstabilität* als Abstand des →*Metazentrums* vom →*Gewichtsschwerpunkt* eines Bootes. Die m. H. kann sowohl auf das Breiten-Metazentrum für die →*Querstabilität* als auch auf das Längen-Metazentrum für die →*Längsstabilität* bezogen werden und ist nicht nur von der Tiefenlage des →*Ballastes* (die die Position des →*Gewichtsschwerpunktes* bestimmt), sondern auch von der →*Spantform* und damit der möglichen Auswanderung des →*Formschwerpunktes* (mit der Auftriebsrichtung der verdrängten Wassermassen) abhängig. Je größer die m. H., desto größer ist die Stabilität. Ist die m. H. gleich Null, befindet sich das Boot in einem →*indifferenten Gleichgewicht.*

Metazentrum, das *(metacentre)* Im ursprünglichen Wortsinn „ein mitwirkender Mittelpunkt". Für die →*Stabilität* ein (gedachter) Schnittpunkt zwischen der Mittschiffsebene und der Wirkungsrichtung des Auftriebs bei einer →*Krängung.* Man

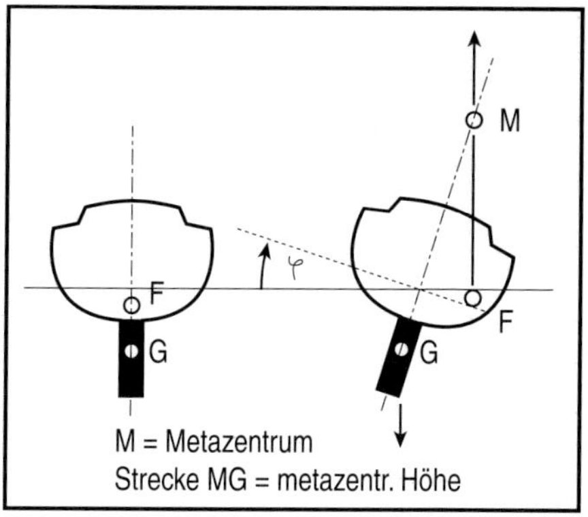

unterscheidet ein Breiten-Metazentrum in bezug auf die →*Querstabilität* und ein Längen-Metazentrum für die →*Längsstabilität* sowie ein aufrichtendes →*Stabilitätsmoment,* solange der →*Gewichtsschwerpunkt* unter dem M. liegt, und ein →*labiles Gleichgewicht* oder eine unstabile Schwimmlage, wenn das M. unter den Gewichtsschwerpunkt wandert und das Boot →*kentert.* Der Abstand des M. von dem Gewichtsschwerpunkt G wird →*metazentrische Höhe* genannt.

Meter, der *(e.: metre; a.: meter)* Eine →*Basiseinheit* im →*Internationalen Einheitensystem (SI)* für die Basisgrößen „Länge" mit dem Kurzzeichen „m", basierend auf einem Urmaß aus Platin-Iridium, das seit 1795 in Sèvres (Frankreich) aufbewahrt wird.

Meteorologie, die *(meteorology)* Die Wissenschaft der Wettererscheinungen in der Atmospäre, die sich mit der →*Wetterlage* und →*Wettervorhersage* beschäftigt, deren Erkenntnisse dem →*Wetterbericht* dienen und in der →*meteorologischen Navigation* verwertet werden. Darüber hinaus beschäftigt sich die M. mit physikalischen Erscheinungen in der Lufthülle der Erde, wie sie z. B. bei der →*meteorologischen Sichtweite* wichtig sind.

meteorologische Navigation, die *(meteorological navigation)* Planung und Durchführung einer Reise, insbesondere einer →*Langfahrt,* einer Atlantikreise oder die Überquerung eines →*Ozeans* mit einer →*Kurswahl,* die die Erkenntnisse und Erfahrungen der →*Meteorologie* verwertet. Zur m. N. gehört die Kenntnis der Lage und Bewegung von →*Hoch* und →*Tief,* die Beachtung eines →*gefährlichen* und →*fahrbaren Viertels* bei einem →*Sturmtief* oder →*Orkan,* die Ausnutzung der →*Meeresströmungen* und der →*Windrichtungen* großer →*planetarischer Windsysteme,* z. B. der →*Passate* u. v. a. Wichtige Detailangaben für diese m. N. enthalten die →*Monatskarten,* die →*Segelhandbücher,* jetzt →*Ozeanhandbücher,* die →*Pilot Charts* u. a. Veröffentlichungen des →*Bundesamtes für Seeschiffahrt und Hydrographie* und des →*Seewetteramtes,* seit 1996 unter der offiziellen Bezeichnung „Deutscher Wetterdienst, Geschäftsfeld Seeschiffahrt".

meteorologische Sichtweite, die *(meteorological range)* Siehe →*„Sichtweite, meteorologische".*

meteorologischer Äquator, der *(meteorological equator, thermal equator)* Der jeweilige Breitenparallel, auf dem die Sonne an dem betreffenden Tage am →*Mittag* im →*Zenit* →*kulminiert.* Durch die Schiefe der Ekliptik (der scheinbaren jährlichen Bahn der →*wahren Sonne* um die Erde) wandert der m. Ä. mit den Jahreszeiten. Er liegt z. B. am 21. Juni (zur Zeit unserer Sommersonnenwende) auf 23°27' N, am 22. September (bei Herbstanfang) auf dem geographischen Äquator und am 21. Dezember (zur Zeit unserer Wintersonnenwende) auf 23°27' S. Mit dem m. Ä. verschiebt sich die →*Passatzone.* Das Gebiet, über das der m. Ä. wandert, sind die →*Tropen.*

meteorologische Warnnachrichten, die *(meteorological warnings)* Siehe →*Warnnachrichten, meteorologische.*

Meterwelle, die *(metric wave)* Elektromagnetische, Hertzsche oder →*Funkwelle* mit einer Wellenlänge von 10 bis 1 m entsprechend der →*Frequenzen* 30 bis 300 MHz und der Kurzbezeichnung →*VHF,* auch →*Ultrakurzwelle* (UKW) genannt.

metrisches System, das *(metric system)* Das internationale Maßsystem, das sich auf den →*Meter* bezieht, im Gegensatz zum anglo-amerikanischen Maßsystem, das sich auf →*Fuß* u. a. aufbaut. Seine Längenmaße (m, cm, km), Flächenmaße (m^2, cm^2, km^2), Raummaße (m^3, cm^3, Liter, Hektoliter) und Gewichte (kg, g, t) unterscheiden sich deutlich vom englischen Maßsystem mit seinen Maßen und Gewichten und seinem inneren Aufbau, das mit noch deutlichen Unterschieden zwischen britischen und amerikanischen Einheiten arbeitet.

Meuterei, die; meutern *(mutiny)* Vorsätzlicher gemeinschaftlicher Widerstand mehrerer →*Besatzungsmitglieder* gegen ein Mitglied der

Schiffsführung, tätlicher Angriff und der Versuch, die Ordnung an Bord durch Gewalt zu verändern.

MEZ Abk. für Mitteleuropäische Zeit (→*UTC* + 1 Stunde), die →*gesetzliche* (Winter-)*Zeit* in Deutschland.

MGZ Abk. für →*Mittlere Greenwichzeit.*

Mikro- *(micro)* Im ursprünglichen Wortsinn „klein", z. B. in →*Mikrometerschraube,* Mikroskop, Mikrokosmos, im Gegensatz zu makro = „groß".

Mikro- Faktor 10^{-6} im →*Internationalen Einheitensystem.* Beispiel: 1 µs = 1 Mikrosekunde = 0,000001 s.

Mikrometer, der *(micro metre)* Der millionste Teil eines →*Meters* (10^{-6}) oder 1 µm = 0,000001 m.

Mikrometerschraube, die *(micrometre screw; micrometrical screw)* Feinmeßschraube an einem

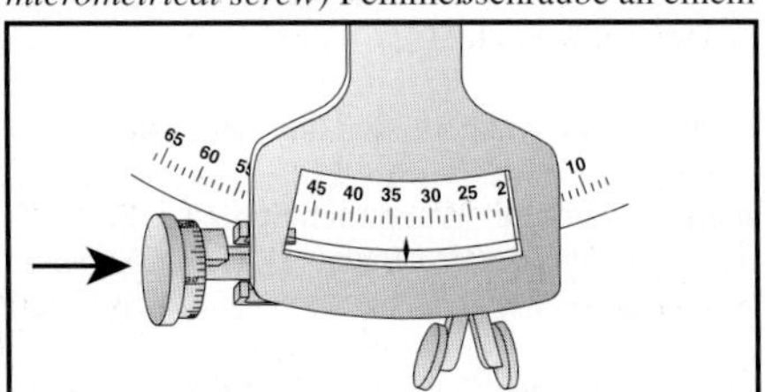

→*Trommelsextanten,* an der unter dem Gradbogen die gemessenen →*Minuten* direkt abgelesen werden können, im Unterschied zum →*Nonius-Sextanten,* wo die Bogenminuten auf dem →*Nonius* ermittelt werden müssen.

Mikrosekunde, die *(micro second)* Der millionste Teil einer →*Sekunde* oder die Zeiteinheit, in der eine elektromagnetische Welle 300 m zurücklegt. 1 µs = 0,000001 s.

Militärisches Übungsgebiet *(military exercise area)* Zeichen aus →*Karte 1* im Anhang.

Milli- (m) Faktor 0,001 (10^{-3}) im →*Internationalen Einheitensystem.* Beispiel: 1 mbar = Millibar = 0,001 Bar.

Millibar *(millibar)* Abkürzung mbar. In der →*Meteorologie* und im →*Wetterbericht* von 1930 bis 1983 gebräuchliche Einheit zur Angabe des →*Luftdrucks* als der tausendste Teil eines →*Bar.* Übliche Skaleneinteilung eines →*Barometers,* wobei 1000 mbar = 750 mm bzw. 29,5 Zoll (Quecksilbersäule) entsprechen. Die Einheit wurde 1983 ersetzt durch →*Hektopascal* (hPa). 1 hPa = 100 Pascal ist physikalisch gleich 1 mbar.

Millimeterwelle, die *(millimetric wave)* Elektromagnetische, Hertzsche oder →*Funkwelle* mit einer Wellenlänge von 1 cm bis 1 mm entsprechend der →*Frequenz* von 30 bis 300 GHz und der Kurzbezeichnung EHF.

Mindestgeschwindigkeit, die *(minimum speed)* Beim →*Rennsegeln* die in der →*Segelanweisung* direkt in →*Knoten* oder indirekt als Zeitbegrenzung bis zum Zieldurchgang angegebene und jeweils auf das erste, durch das →*Ziel* gehende Boot bezogene Geschwindigkeit, die erreicht werden muß, um die →*Wettfahrt* werten zu können. Stellt sich während der Wettfahrt heraus, daß die M. (z. B. durch →*Flaute)* nicht erreicht wird, kann die →*Wettfahrtleitung* das Rennen abbrechen.

Mindestlichtstärke, die *(minimum light intensity)* Ein Begriff der →*KVR* für die →*Lichtstärke* der vorgeschriebenen →*Lichter.* Die M. muß z. B. bei einer geforderten →*Mindesttragweite* von 1 sm 0,9 →*Candela,* bei einer →*Tragweite* von 2 sm 4,3 cd und bei 3 sm 12 cd betragen. Die M. wurde hierzu mit einem →*Sichtwert* von 0,8 und einer →*meteorologischen Sichtweite* von 13 sm berechnet.

Mindesttragweite, die *(minimum luminous range)* Analog zur →*Nenntragweite* eines →*Leuchtfeuers* der für →*Positionslichter* vorgeschriebene Mindestwert für einen Abstand, in dem eben noch ein deutlicher Lichteindruck am Auge des Beobachters hervorgerufen wird. Die M. ist u. a. von der →*Lichtstärke* der →*Lampe,* den Linsen der →*Laterne* und dem →*Sichtwert* abhängig und auch durch die Farbe der Lichter bedingt. Die nach den →*KVR* geforderte M. wird bei der Zulassung und Prüfung von →*Positionslaternen* durch das →*BSH* ermittelt.

Minimum, das *(minimum)* Kleinster Wert, geringste Größe, niedrigster Stand. Ein M. wurde z. B. während des →*Funkpeilens* durch Drehen der →*Rahmenantenne* gesucht.

Minimumpeilung, die *(aural null direction finding)* In der →*Funknavigation* die akustische Richtungsbestimmung mit einem Funkpeiler. Die

Lautstärke des angepeilten Senders vermindert sich bis zum Minimum, in dem er nur schwach oder gar nicht zu hören ist, wenn die drehbare →*Rahmenantenne* senkrecht zum Funkstrahl des Senders steht.

Minute, die *(minute)* Im ursprünglichen Wortsinn „verkleinern" und wortverwandt mit „minus, Minuent" u. a. – 1. Als Winkel- oder Bogenmaß der 60. Teil eines →*Grades,* die Minute (Bogen), Abkürzungszeichen „′" , z. B. die →*Meridianminute* als Meßeinheit für die →*Seemeile.* – 2. Als Zeiteinheit der 60. Teil einer Stunde. Abkürzung „min" und Bestandteil einer Uhrzeitangabe wie z. B. 11 23, 11.23 Uhr oder 11 h 23 min. Durch die Verbindung 1 Minute (Zeit) = 15 Minuten (Bogen) lassen sich für nautische Berechnungen Zeitwerte auch als Winkelmaße bzw. Winkel, die die Erddrehung betreffen, auch als Zeitmaß ausdrücken.

Minutenstrecke einer Seemeile, die *(meridian second)* 30,86 m oder eine →*Meridiansekunde* als Maßeinheit für das Messen der →*Fahrt* in →*Knoten* und die Benutzung des →*Handlogs.*

Mischfeuer, das *(mixed light, fixed and flashing light; alternating occulting light)* Sammelbe-

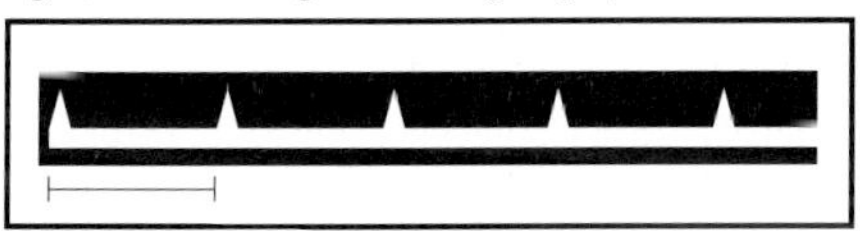

zeichnung für →*Leuchtfeuer* mit gemischter →*Lichterscheinung,* z. B. →*Festfeuer* mit →*Blitzen* (Abb.) *(fixed and flashing).*

Mischlaminat, das *(combined laminate)* Ein abwechselnd aus →*Glasseidengewebe* und →*Glasseidenmatte* bestehendes →*Laminat* im →*Bootsbau* aus →*GFK,* bei dem sich im →*Handauflegeverfahren* ein Glasanteil von 50 % nur mit besonderer Mühe erreichen läßt. Höherwertig ist ein M. aus →*Roving-Gewebe* und Matte.

mißweisende Peilung, die, Abk. **mwP** *(magnetic bearing)* Analog zum →*mißweisenden Kurs* die auf die →*mißweisende Nordrichtung* bezogene Richtungsbestimmung. Sie hat als Übergang von der →*Magnetkompaßpeilung* zur →*rechtweisenden Peilung* nur rechnerische Bedeutung.

mißweisender Kurs, der, Abk. **mwK** (magnetic course). Bei der →*Kursverwandlung* ein rechnerischer →*Kurs,* der aus dem →*Magnetkompaßkurs*

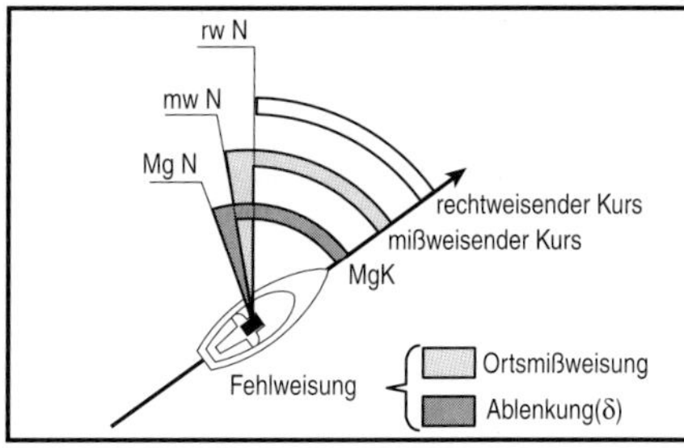

(MgK) nach Anbringung der →*Magnetkompaßablenkung* oder aus dem →*rechtweisenden Kurs* nach Berücksichtigung der →*Mißweisung* gefunden wird. Die auf →*mißweisend Nord* (mwN) bezogene Kursrichtung ist nur mit dem Steuerkurs identisch, wenn die →*Magnetkompaßablenkung* (→*Magnetkompaßdeviation*) = 0 ist.

mißweisend Nord *(magnetic North)* Die von einem →*Magnetkompaß* ohne →*Deviation* (→*Abl.*) angezeigte, auf den →*magnetischen Nordpol* weisende →*Nordrichtung,* die von →*rechtweisend Nord* um den Wert der (positiven oder negativen) →*Mißweisung* abweicht.

Mißweisung, die *(variation)* Die durch den →*Erdmagnetismus* bewirkte →*Ablenkung* der

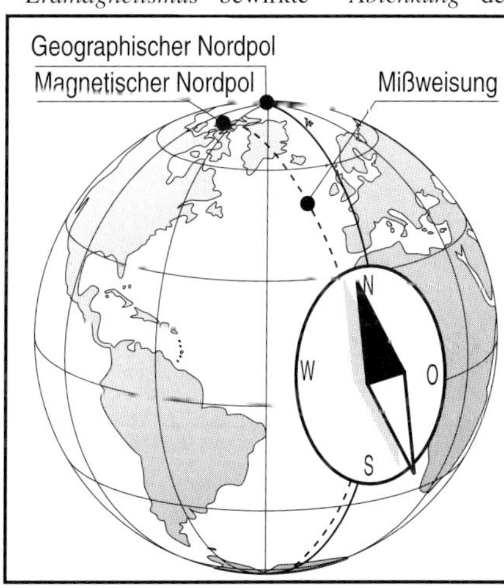

→*Kompaßnadel* von der →*rechtweisenden Nordrichtung* oder der Winkel am →*Magnetkompaß* zwischen dem (geographischen) →*Meridian* und →*magnetischen Meridian.* Die auch magnetische Deklination genannte M. kann in befahrenen Seegebieten Werte von 0° bis 60° annehmen und wird mit E (östlich) oder mit positivem Vorzeichen (+) bezeichnet, wenn das Nordende der →*Kom-*

paßnadel östlich vom geographischen Meridian liegt, und mit W (westlich) sowie negativem Vorzeichen (–) versehen, wenn die Kompaßnadel vom Meridian nach Westen zeigt. Die M. wird bei →*Kursverwandlungen* berücksichtigt.

Mißweisungsrose, die *(magnetic rose)* Auf der →*Seekarte* eingedruckte →*Richtungsrose*

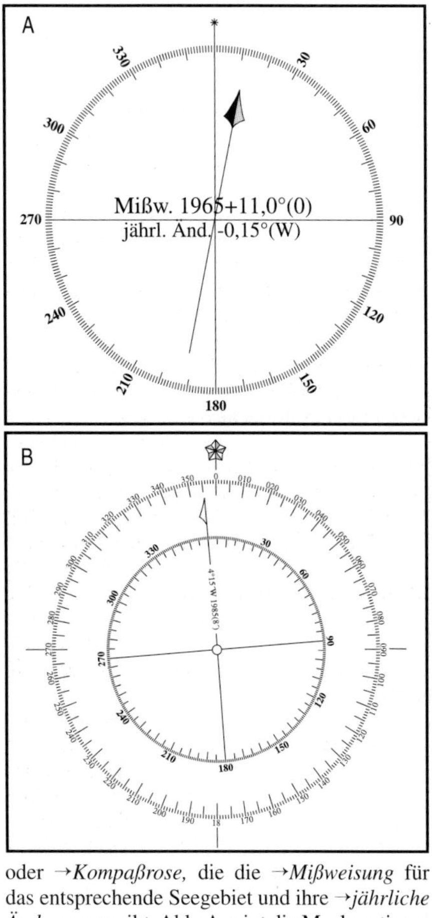

oder →*Kompaßrose,* die die →*Mißweisung* für das entsprechende Seegebiet und ihre →*jährliche Änderung* angibt. Abb. A zeigt die M. als nationales Zeichen (nach →*Karte 1).* In Abb. B wird die (ebenfalls nach →*Karte 1)* internationale M. als doppelte Kompaßrose dargestellt, die die Mißweisungsangabe nicht nur in Ziffern, sondern auch in der unterschiedlichen Stellung des Außenkreises zum Innenkreis darstellt.

Mistral, der *(mistral)* Kalter →*Mittelmeerwind,* der →*ablandig* aus Nordwest bis Nordost an der französischen Südküste, dem Seegebiet zwischen den Balearen und Korsika sowie der benachbarten italienischen Küste bis Genua, aber weniger an der durch Gebirge gut geschützten Riviera weht. Er kann durch den →*Düseneffekt* des Rhonetales kräftig auffrischen.

Mitstrom, der *(1. fair tide, 2. dead water wake)* 1. Ein →*Strom,* der in →*Fahrtrichtung* setzt. – 2. Der Unterschied zwischen der relativ höheren Wassergeschwindigkeit entlang dem fahrenden Boot und der relativ geringen Wassergeschwindigkeit des hinter dem →*Heck* mitgezogenen Wassers, auch →*Nachstrom* genannt. Er ist mit entsprechender Nachstromziffer bei Fahrten unter Motor für die richtige Auswahl des →*Propellers* zu beachten.

Mittag, der *(noon)* Die Mitte des Tages. Der Zeitpunkt des Meridiandurchganges der Sonne durch den →*Meridian* des Standortes oder eines Bezugsortes. Dabei ist der →*wahre Mittag* der Durchgang der sichtbaren (wahren) Sonne durch den →*oberen Meridian,* der →*mittlere Mittag* der Durchgang der →*mittleren Sonne* durch den →*oberen Meridian* und der Greenwicher wahre Mittag der Zeitpunkt des Durchgangs der wahren Sonne durch den →*Nullmeridian.*

Mittagsbesteck, das *(noon sight, days work)* Die Beobachtung der Sonne beim →*Meridiandurchgang* am →*Mittag,* um ein →*Besteck* zu erhalten, z. B. eine →*Mittagsbreite* und/oder →*Mittagshöhe.*

Mittagsbreite, die *(latitude by meridian passage, latitude at noon)* In der →*astronomischen Navigation* die Bestimmung der →*geographischen Breite* durch die Beobachtung des →*Meridiandurchgangs* der Sonne zum Zeitpunkt ihrer →*oberen Kulmination* in Verbindung mit dem Datum.

Mittagshöhe, die *([upper] meridian altitude, the sun's altitude on the meridian)* In der →*astronomischen Navigation* das Messen der →*Höhe der Sonne,* z. B. mit dem →*Sextanten,* beim →*Meridiandurchgang* zur Zeit ihrer →*oberen Kulmination.*

Mittagslinie, die *(meridian)* Ältere Bezeichnung für →*Meridian* als Verbindungslinie aller Punkte auf der Erde, auf denen die →*wahre Sonne* am (wahren) Mittag gleichzeitig steht und die damit identisch mit der Nord-Süd-Richtung auf der Erde ist.

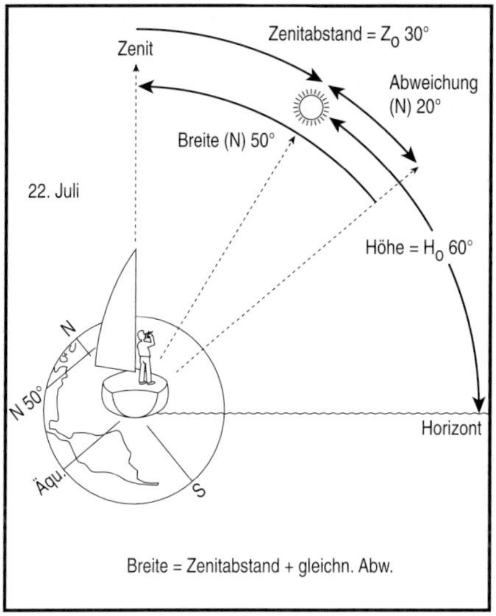

Mittagsbreite

Mittelbreite, die *(1. middle latitude)* 1. In der →*Navigation* das arithmetische Mittel zwischen zwei →*geographischen Breiten* in der →*Koppelrechnung* oder →*Besteckrechnung*. – 2. Bei der →*Vermessung* eines Segels die Breite der Fläche auf halber Höhe von →*Vorliek* und →*Achterliek*, um z. B. die →*Segelwölbung* zu kontrollieren.

mitteleuropäische Zeit, die (MEZ) *(Central European Time [CET])* Die mittlere Sonnenzeit oder Ortszeit (MOZ) für den Meridian 15° E, die in Deutschland seit 1. 4. 1893 als →*gesetzliche Zeit* gilt. Sie ist eine der 24 →*Zonenzeiten* für die entsprechenden →*Zeitzonen* der Erde.

Mitte-Fahrwasser-Tonne, die (Mittelfahrwassertonne, die) *(midchannel buoy, fairway buoy)* Weiß-rot senkrecht gestreifte Kugel-, Leucht-, Spierentonne oder Stange, gegebenenfalls mit →*Toppzeichen* (roter Ball), mit entsprechender →*Befeuerung* (Farbe: weiß, Kennung: Glt./Iso oder Ubr./Oc), die die →*Steuerbordfahrwasserseite* von der →*Backbordfahrwasserseite* in der Mitte des →*Fahrwassers* trennt.

Mittelgrund, der *(e.: middle ground; a.: centre bank)* Sandbank, Riff oder größere Untiefe, die ein →*Fahrwasser* in zwei schiffbare Arme spaltet, die sich wieder vereinigen.

Mittelgrundtonne, die *(middle ground buoy)* Den Begriff „Mittelgrundtonne" gibt es seit der Einführung des →*Betonnungssystems „A"* nicht mehr. Allgemeine Gefahrenstellen wie z. B. →*Mittelgründe* werden mit →*Seezeichen* nach dem →*Kardinalsystem* gekennzeichnet: gelbschwarze waagerecht gestreifte Leucht-, Baken-, Spierentonnen oder Stangen mit 2 schwarzen Kegeln als →*Toppzeichen*. Die Spitzen der Toppzeichen geben an, an welcher Seite das Hindernis am günstigsten passiert werden kann. Weisen die Spitzen z. B. nach oben, so passiert man die Tonne im Norden. Die Befeuerung besteht aus weißem Funkel-, weißem schnellem →*Funkelfeuer* plus →*Blinkfeuer* (bei Süd-Kardinal-Zeichen).

Mittelkiel, der *(centre keel)* Der →*Ballastkiel* bei einem →*Kielboot*, das im Gegensatz zum →*Kimmkieler*, →*Doppelkieler* oder →*Dreikieler* mit einem einzigen, gebauten →*Kiel* oder mit einem →*Flossenkiel* ausgestattet ist.

Mittelmann, Mittschiffsmann, der Bei einer →*Rennyacht* mit auf 3 Mann begrenzter →*Crew* der zweite →*Schotmann*, der nicht die →*Vorschot*, sondern die →*Großschot* bedient und beim →*Manöver* nicht auf dem →*Vorschiff*, sondern in der →*Plicht* arbeitet, z. B. beim →*Setzen*, →*Schiften* und →*Bergen* des →*Spinnakers*. Ein M. arbeitet z. B. in der →*olympischen Klasse* →*Soling*.

Mittelmast, der *(middle mast)* Der dritte →*Mast* (von vorn gezählt) auf einem →*Fünfmastvollschiff* oder einer →*Fünfmastbark* mit →*Rahsegeln* und auf einem →*Fünfmastschoner* mit →*Schratsegeln*.

Mittelmeer, das *(Mediterranean sea)* Ein nur durch die Straße von Gibraltar und den Suezkanal mit den Weltmeeren verbundenes weiträumiges Seegebiet zwischen Europa und Afrika von ca. 5° bis 36° E →*Länge* und ca. 31° bis 46° N →*Breite* mit typischen →*Mittelmeerwinden*.

Mittelmeerwinde, die *(Mediterranean winds)* Sie werden vorwiegend mit Namen bezeichnet, aus denen die →*Windrichtung* und das entsprechende Seegebiet ersichtlich sind, z. B. →*Scirocco*, →*Mistral*, →*Libeccio*, →*Tramontana*, →*Bora*, →*Levante*, →*Gregale*, →*Meltemi* u. a.

Mittelplicht, die *(centre-cockpit)* Eine wasserdichte →*Plicht*, die mehr →*mittschiffs* liegt und den Kajütraum in eine →*Vorderkajüte* und eine →*Achterkajüte* teilt. Eine M. hat den Vorteil, daß

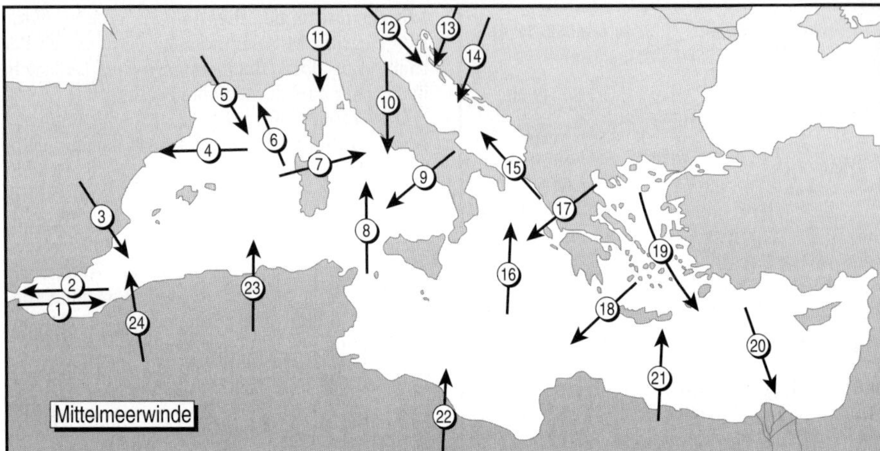

1 - Poniente/Vendaval
2 - Levante
3 - Maestral
4 - Levante/Levandada
5 - Mistral
6 - Marin
7 - Libecchio
8 - Scirocco
9 - Greco
10 - Tramontana
11 - Tramontana
12 - Maestrale
13 - Bora
14 - Bora
15 - Jugo
16 - Scirocco
17 - Gregale
18 - Gregola
19 - Meltemi/Etesien
20 - Meltemi/Etesien
21 - Scirocco
22 - Ghibli
23 - Chili
24 - Levecche

die →*Crew* weiter von den Bootsenden entfernt und mit geringerer Beeinträchtigung durch die Bootsbewegungen sitzen und arbeiten kann und das Gewicht von →*Besatzung,* →*Motor* u. a. mehr mittschiffs konzentriert und in der Nähe des →*Gewichtsschwerpunktes* liegt. Eine M. wird auch „Mittelcockpit“ genannt.

Mittelschiff, das *(middle body, mid-body)* Der Teil eines Bootes oder Schiffes, der zwischen →*Vorschiff* und →*Achterschiff* liegt.

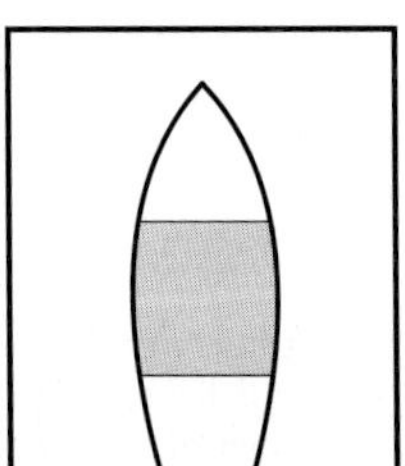

Mittelschot, die *(central sheeting system)* Die Führung der →*Großschot* in die →*Plicht* oder nach →*mittschiffs,* wo der Fußblock auf einer →*Großschotschiene* gleitet, die auf dem →*Brückendeck,* in der →*Plicht,* auf dem →*Reitbalken* o. ä. gehaltert ist. Die obere Befestigung der →*Schot* liegt auf ca. halber Baumlänge und im Gegensatz zur →*Heckschot* auch von der →*Baumnock* entfernt, mit Vorteilen geringerer →*Verwindung* des →*Großsegels,* besseren →*Segeltrimms* (z. B. bei einem →*flexiblen Rigg)* und leichterer Materialgewichte für den →*Großbaum.*

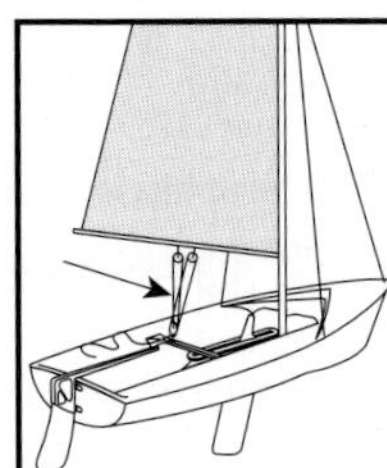

Mittelschwert, das *(centreboard, center board)* Ein →*Senkschwert* oder →*Steckschwert,* das in →*Mitte Schiff* angeordnet und durch den →*Kiel* geführt ist, im Gegensatz zu →*Kimmschwertern* oder →*Seitenschwertern.*

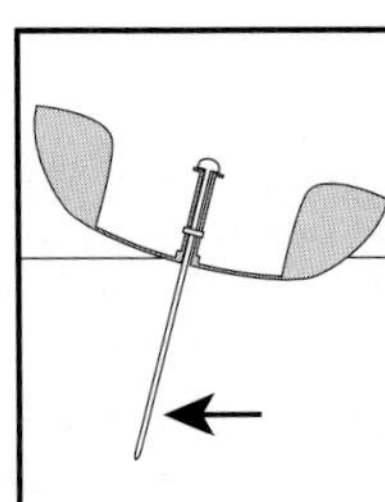

Mittelwache, die *(e.: middle watch, a.: midwatch [midnight watch, grave yard watch])* Die →*Wa-*

che von Mitternacht bis 04.00 Uhr, auch Friedhofswache, auf deutschen Schiffen oft →*Hundewache* genannt.

Mittelwasser, das *(mean water, mean tide, half tide)* In →*Tidengewässern* das arithmetische Mittel aus →*Hochwasserhöhe* und →*Niedrigwasserhöhe* sowohl einer einzelnen →*Tide* als auch eines bestimmten Zeitraumes. M. ist der Wasserstand in der Mitte zwischen einem →*Hochwasser* und dem vorhergehenden oder nachfolgenden →*Niedrigwasser.* In →*Binnengewässern* sinngemäß das arithmetische Mittel des Wasserstandes über eine längere Zeit.

Mittelwelle, die *(medium frequency wave)* Eine elektromagnetische oder →*Funkwelle* der Frequenz 300 bis 1600 kHz und der Wellenlänge 190 bis 1000 m, die als →*Bodenwelle* eine von der Senderleistung abhängige und durch die →*Funkwetterlage* bedingte mittlere Reichweite zwischen 500 und 1000 sm hat. Auf der M. senden z. B. Rundfunkstationen ihre →*Wettermeldungen* und →*Funkfeuer* ihre Peilsignale.

Mittelwellenbereich, der *(range of medium frequency)* Ein von 405 bis 535 kHz begrenzter Bereich der →*Mittelwelle,* der international dem Seefunkdienst mit der →*Funktelegrafie* zugeteilt ist.

Mitternacht, die *(midnight)* Analog zu →*Mittag* die →*Kulmination* der →*mittleren Sonne* im →*unteren Meridian,* wenn der Zeitwinkel 0 Stunden beträgt. Analog zum →*Mittag* ist der Meridiandurchgang der →*wahren Sonne* die wahre M.

Mitternachtssonne, die *(midnight sun)* Bezeichnung der in Polnähe im Sommer nicht untergehenden Sonne, wenn das Gestirn →*zirkumpolar* ist. M. tritt für eine entsprechende Anzahl von Tagen in allen Gebieten auf, die polwärts der →*Polarkreise* auf 66° 33' N- oder S-Breite liegen, im Nordsommer auf der Nordhalbkugel, im Südsommer auf der Südhalbkugel. Die Polarkreise bezeichnen analog die Gebiete, in denen im entsprechenden Winter die Sonne nicht über den Horizont aufsteigt.

Mitte Schiff, M.S. *(centre line or middle line of the ship [boat])* Die Mittellängsebene eines Bootes, die man sich →*längsschiffs* auf dem →*Kiel* und in →*Kielrichtung* senkrecht errichtet denkt, um einige Maße →*querschiffs* (z. B. aus dem →*Spantenriß)* besser entnehmen und verwenden zu können.

mittlere Fahrt, die *(intermediate trade, intercoastal navigation)* Ein →*Fahrtgebiet* der Berufsschiffahrt, das die kleine Fahrt erweitert und noch nicht die große Fahrt darstellt. Dazu gehört die Fahrt zwischen europäischen und nichteuropäischen Häfen im →*Mittelmeer* und Schwarzen Meer sowie Häfen entlang der westafrikanischen Küste nördlich 12° N einschließlich Madeira, der Kanarischen und Kapverdischen Inseln.

mittlere Greenwich-Zeit, die (MGZ) *(Greenwich mean time)* Die für den →*Nullmeridian* geltende →*mittlere Ortszeit,* der →*Zeitwinkel* der →*mittleren Sonne* für den →*Meridian* von 0° Länge und die entsprechende →*Zonenzeit.* Das →*Chronometer* zeigt (und das Zeitzeichen gibt) die MGZ an, weil in der →*astronomischen Navigation* alle Beobachtungen und Berechnungen der Sonne mit dem Zeitwinkel in Greenwich verglichen werden. Man erhält so über den →*Zeitunterschied* den →*Längenunterschied* und bei einem größeren Zeitwinkel am Beobachtungsort östliche →*Länge,* während bei einem kleineren errechneten Zeitwinkel die Länge West ist. Seit 1. 1. 1983 ist in den →*Nautischen Jahrbüchern* der astronomischen Navigation die →*Weltzeit eins* (UT1) anstelle der MGZ getreten. Die Zeitzeichen geben jetzt →*koordinierte Weltzeit* (UTC) anstelle der MGZ an. UTC und UT1 unterscheiden sich durch die vom Rotationsverhalten der Erde abhängige Korrektion DUT1.

mittlere Ortszeit, die *(local mean time)* Abk. MOZ. Zeitwinkel der →*mittleren Sonne* an einem Ort. Er unterscheidet sich von der →*Weltzeit eins* UT1 (früher: →*mittlere Greenwicher Zeit)* um den in Zeitmaß verwandelten geographischen Längenunterschied. Der Unterschied zur →*wahren Ortszeit* (WOZ) ist durch die →*Zeitgleichung* gegeben.

mittlere Sonne, die *(mean sun)* Eine zur astronomischen Zeitmessung gedachte Sonne, die sich während ihrer scheinbaren Bewegung um die Erde im Gegensatz zur wahren Sonne mit gleichmäßiger Geschwindigkeit auf dem Himmelsäquator fortbewegt. Sie bestimmt die →*mittlere Ortszeit* und unterscheidet sich von der →*wahren Sonne* um die →*Zeitgleichung.*

mittlere Sonnenzeit, die *(mean time)* Die durch die →*mittlere Sonne* bestimmte Zeit. Auf sie beziehen sich die →*mittlere Ortszeit,* →*UTC* und jede →*Zonenzeit.*

mittlerer Mittag, der *(mean noon)* Der Durchgang einer für die astronomische Zeitmessung gemittelten Sonne, die mit ganzjährig gleicher Geschwindigkeit auf dem Himmelsäquator angenommen wird, durch den →*oberen Meridian.*

mittleres Springhochwasser, das (MSpHW) *(mean high water springs)* Im Gegensatz zum →*mittleren Springniedrigwasser* der Mittelwert aus den höchsten Hochwassern eines bestimmten Zeitraumes. Das MSpHW ist z. B. für die Höhe von →*Molen,* →*Deichen,* das →*Bojengeschirr* einer →*Muring* u. a. wichtig.

mittleres Springniedrigwasser, das (MSpNW) *(mean low water springs)* Diese mittlere Springniedrigwasserhöhe einer →*Tide* oder →*Gezeit* ist der Mittelwert der (praktisch) niedrigsten Niedrigwasserhöhen über einen längeren Zeitraum. Das MSpNW bildet das →*Kartennull* zu den Tiefenangaben in deutschen →*Seekarten* als Bezugsebene an der deutschen →*Küste* der Nordsee.

mittlere Windhäufigkeit, die *(mean wind frequency)* Die z. B. in einer →*Windrose* oder in einem →*Windstern* angegebene Häufigkeit in Prozenten, mit der der Wind aus bestimmten Hauptrichtungen weht und mit unterschiedlichen Stärkegraden oder →*Windgeschwindigkeiten* während eines bestimmten Zeitraumes vorkommt.

mittschiffs *(midships, amidship)* Die Mitte des Bootes →*querschiffs* wie →*längsschiffs,* sowohl zwischen →*Vorschiff* und →*Achterschiff* als auch zwischen →*Backbord* und →*Steuerbord* gelegen. In der Längenausdehnung wird m. korrekter als →*Mitte Schiff* bezeichnet. Ausnahme: Das →*Ruder* m. legen heißt, es in Richtung Mitte Schiff zu bringen.

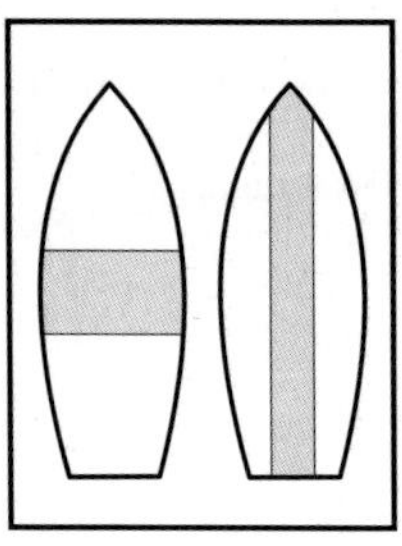

Mittzeit, die *(interval between low and high water [of tide])* in →*Tidengewässern* die zwischen →*Springzeit* und →*Nippzeit* liegende Zeitspanne. Man rechnet für jeden dieser Zeiträume ca. 4 Tage.

Mitwindkurs, der *(down wind course)* Ein auf den →*atmosphärischen Wind* bezogener →*Kurs* zum Wind, auf dem das Ziel in →*Lee* und genau in Richtung der →*Windachse* liegt. Dasselbe wie →*Vorwindkurs.*

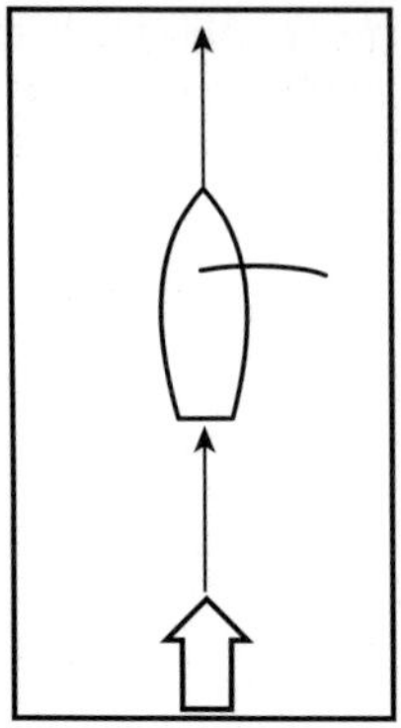

MMSI Abk. für →*Maritime Mobile Service Identity,* die →*Seefunkstellenrufnummer* im →*Digitalen Selektivrufsystem.*

Modellversuch, der *(model experiment)* In →*Schiffbauversuchsanstalten,* →*Strömungslaboratorien* und anderen Instituten mit einem →*Windkanal,* einem →*Schlepptank* oder einem →*Umlauftank* vorgenommene Messungen z. B. des Widerstandes eines Bootsrumpfes, des →*optimalen Anstellwinkels* seiner Segelfläche usw. Durch die Benutzung von Modellen in einem bestimmten →*Maßstab* vermindert man den Kostenaufwand und gewinnt durch die Ähnlichkeitsgesetze, insbesondere durch die →*Froudesche Zahl* und die →*Reynoldssche Zahl* für den Wellen- und Reibungswiderstand sowie bei Segeln unter Beachtung des →*Seitenverhältnisses* Meßdaten, die denen der großen Boote in der Praxis entsprechen. Viele hochwertige Rennyachten, z. B. die 12er für den →*America's Cup,* die →*Eintonner* und die →*Ausgleicher* für den →*Admiral's Cup* werden meistens erst nach einem M. gebaut.

Modulation, die In der Sendetechnik des →*Seefunkverkehrs* die dem Träger als einfacher Ton, Sprache oder Musik aufgegebene niederfrequente Schwingung. Die M. kann in den einzelnen Sendearten als Ton (mit →*Morsezeichen),* Sprache oder Musik sowohl im →*Einseitenband-* als auch im →*Zweiseitenband-Verfahren* ausgesendet und empfangen werden.

Mole, die *(pier, wharf, jetty, quay, mole)* Aus Stein, Stahl und Beton errichteter Damm, der eine Hafeneinfahrt gegen Seegang, Brandung, Strom und Versanden schützt. Auf dem Molenkopf ist oft ein →*Seezeichen,* auch mit einem →*Leuchtfeuer* als Molenfeuer errichtet.

Moment, das *(momentum [of a force])* Im ursprünglichen Wortsinn die Bewegung einer Kraft, eine Bewegungsgröße oder ein Impuls als Produkt aus Kraft mal Hebelarm, z. B. als →*krängendes M.,* →*aufrichtendes M.,* →*Drehmoment,* →*Rudermoment,* →*Trägheitsmoment.*

Monat, der *(month)* Neben dem Kalendermonat (zwischen 28 und 31 Tagen) unterscheidet man in der Astronomie als Zeit eines Umlaufes des →*Mondes* um die Erde den →*siderischen Monat* als voller, auf das Himmelsgewölbe bezogenen Umlauf um 360° (27 d, 7 h, 43 min 11,5 s) und den →*synodischen Monat* als Umlauf von einer →*Mondphase* bis zur Rückkehr zu derselben Mondphase, der durch die in der Zwischenzeit erfolgte Bewegung der Erde um die Sonne wesentlich länger, nämlich 29 d, 12 h, 44 min, 3 s dauert. Der anomalische Monat ist demgegenüber die Zeit zwischen zwei Monddurchgängen durch den erdnächsten Punkt der Mondbahn in seiner Bahnellipse mit 27 d, 13 h, 18 min 37 s. Der Zeitunterschied gegenüber den anderen astronomischen Monaten liegt in der Eigenbewegung der Mondbahnellipse, die in 3223,6 Tagen = 8,8 Jahren einen vollen Umlauf um die Erde als Brennpunkt ausführt. Der →*tropische Monat* ist die Dauer eines Mondumlaufes durch den Himmelsäquator bis zum darauffolgenden in gleicher Richtung mit 27 d, 7 h, 43 min, 4,6 s. Er ist kürzer als der →*siderische M.,* weil sich der Widder- oder Frühlingspunkt jährlich nach Westen verschiebt.

Monatskarte, die *(pilot chart)* Eine nautische Hilfskarte, die für ein bestimmtes großräumiges Seegebiet, z. B. den Nordatlantischen →*Ozean,* für jeden einzelnen Monat des Jahres eine genaue Darstellung der →*mittleren Wind- und Stromverhältnisse* mit einer Vielzahl von →*Windsternen* sowie Angaben über Klima und Wetter bringt. Die deutsche M. entspricht der amerikanischen →*Pilot Chart* und der britischen →*Routeing Chart,* die z. B. bei einer →*Weltumsegelung* für den Stillen Ozean benutzt werden muß, für den eine deutsche M. nicht veröffentlicht ist.

Mond, der *(moon)* Natürlicher Erdsatellit oder Erdtrabant, dessen Bewegung in einem →*Monat* mit seinen →*Mondphasen* insbesondere für →*Tidengewässer* und →*Gezeitenberechnungen* wichtig ist.

Mondalter, das *(moon's age, age of tide)* Ein Begriff der →*Gezeitenkunde* für die Zeitspanne, die seit →*Neumond* vergangen ist. Daraus leitet sich die Bezeichnung →*Alter der Gezeit* mit gleicher Bedeutung ab, aus der man die →*Springverspätung* ermittelt.

Monddistanz, die *(lunar distance)* In der →*astronomischen Navigation* mit dem →*Sextanten* gemessener Winkelabstand des Mondrandes vom Sonnenrand oder von hellen Sternen, um in Ermangelung eines →*Zeitzeichens* oder →*Chronometers* die Weltzeit →*UTC* berechnen zu können. Durch die relativ schnelle Eigenbewegung des →*Mondes* war das Messen der M. früher schwierig und ist heute durch →*technische Navigation* (elektronische Navigation) nicht mehr erforderlich.

Mondphase, die *(phase of the moon)* Die aus der Stellung des →*Mondes* zur Verbindungslinie Erde – Sonne sichtbare Erscheinungsform des Mondes während eines →*synodischen Monats,* die insbesondere für →*Gezeiten* wichtig ist: Bei Neumond steht der Mond zwischen Erde und Sonne. Er ist unsichtbar. Bei Vollmond hat er 180° oder die Hälfte der Mondbahn zurückgelegt und steht der Sonne gegenüber. In beiden Fällen herrscht →*Springzeit.* Bei einer um 90° zur Sonne erreichten Stellung spricht man vom →*ersten Viertel* oder zunehmenden Mond. Im →*letzten Viertel* steht der abnehmende Mond, wenn 270° der Mondbahn erreicht sind. In diesen Zeiten herrscht →*Nipptide.*

Mondsegel, das *(moon-sail)* Das höchste →*Rahsegel,* das an der von unten gezählten 8. Rah über →*Royal-* und →*Skysegel* auf wenigen →*Klippern* gefahren wurde.

Mondtag, der *(lunar day)* Der für eine →*Gezeit* wichtige Zeitraum von einem →*Meridiandurchgang* des Mondes zum nächsten. Ein M. ist um ca. 50 min länger als der Sonnentag, weil der Mond seine Stellung am Himmel entgegen der Erddrehung in einem →*Monat* um 360° und somit während eines Sonnentages im Mittel um ca. 12,5° ändert.

Mondtide, die *(lunar tide)* Die Teile einer →*Tide,* die von der Bewegung des →*Mondes* beeinflußt werden. Bei Vollmond und Neumond überlagern sich →*Sonnentide* und M., und es entsteht →*Springtide* (A). Bei zunehmendem und abnehmendem Mond umläuft die M. den Erdball getrennt von der Sonnentide, und es herrscht →*Nipptide* (B) (Abb.).

Monel, das *(monel)* Eine Legierung aus 60–70 % Nickel und 25–35 % Kupfer als Material für ein →*Monelniet* oder →*Blindniet,* auch Monellegierung genannt.

Monelniet, das *(monel rivet, monel alloy rivet)* Bezeichnung eines →*Blindnietes* aus Monel-Me-

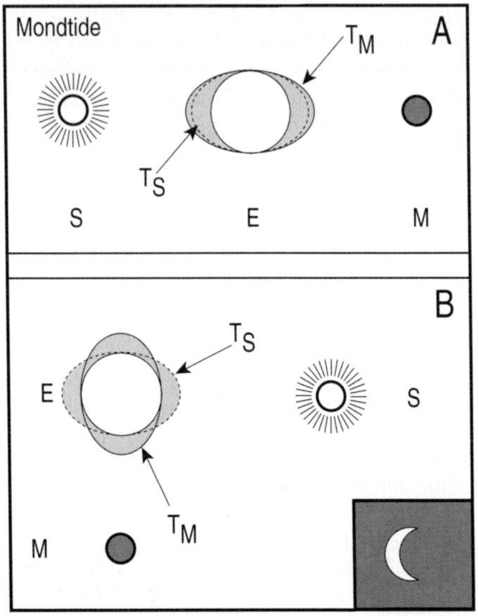

tall, das sich auch durch die Form des auftreibenden Stiftes von Blindnieten anderer Hersteller unterscheidet. Das M. wird zum →*Nieten* an nur einseitig zugängigen Stellen, z. B. am →*Mast* benutzt.

Monofilament, das; Abk. Monofil. *(monofilament)* Wörtlich ein „staubfeiner Einzelfaden", mit dem unter den →*Fasertypen* der →*Chemiefasern* eine Einzelfaser von mindestens 0,1 mm Durchmesser bezeichnet wird. Sie ist (im Vergleich zu einem →*Multifilament)* bereits relativ dick und wird daher nicht nur einzeln, z. B. zu Angelleinen aus →*Polyester,* sondern auch zu hochbelasteten →*Schleppleinen,* →*Festmachern* o. ä. mit hoher →*Reißfestigkeit,* z. B. in einem Geflecht aus →*Polyethylen-Monofil* →*verseilt.* Dickere M. heißen Borsten.

Monsun, der *(monsoon)* Ein thermischer Wind, der nach den gleichen meteorologischen Bedingungen wie →*Landwind* und →*Seewind,* jedoch nicht im halbtäglichen Wechsel (Tag und Nacht), sondern im halbjährlichen Wechsel (Sommer und Winter) und nicht in einem schmalen Bereich an der →*Küste,* sondern in weiträumigen Gebieten zwischen Ozeanen und Erdteilen herrscht. Monsungebiete sind z. B. der Nordteil des →*Indischen Ozeans,* das Chinesische Meer und der Golf von Guinea, wo der M. im Sommer vom Meer zum Land und im Winter vom Land zum Meer weht und den Rhythmus der Segelschiffahrt in den entsprechenden Richtungen bestimmt(e).

Morgendämmerung, die *(dawn)* Die Zeit von einem Stand des Sonnenmittelpunktes 18° unter dem →*wahren Horizont* bis zum Sonnenaufgang. Die Zeitdauer der M. ist von der geographischen →*Breite* und der Jahreszeit abhängig und in einem Diagramm unter →*Dämmerung* in Stunden und Minuten angegeben.

Morgengrauen, das *(crack of dawn, break of day)* Das erste unbestimmte weißliche Licht, das der →*Morgendämmerung* vorausgeht.

Morgennebel, der *(pride of the morning)* Ein leichter →*Nebel,* der gutes Wetter erwarten läßt.

Morgenrot, das *(morning red, reddening day light, sunglow)* Farbenprächtige Rotfärbung des →*Horizontes* beim Sonnenaufgang. Das M. entsteht durch Lichtzerstreuung an Wasser- und Staubteilchen in den unteren Schichten der →*Atmosphäre* und gilt wie das →*Abendrot* als Vorzeichen einer möglichen →*Wetterverschlechterung.*

Morgenwache, die (Tagwache) *(morning watch)* Die →*Wache* von 0400 bis 0800 Uhr morgens, die erste Tagwache hinter der →*Mittelwache.*

Morsealphabet, das *(Morse code, Morse alphabet)* Von Samuel Morse erfundenes Kurzzeichensystem für Buchstaben, Zahlen und Zeichen, das aus unterschiedlichen Kombinationen von kurzen und langen Impulsen mit dazwischenliegenden Pausen besteht. Das Verhältnis von kurzem Impuls (Punkt) zu langem Impuls (Strich) oder von Impuls zu Pause beträgt 1:3, der Abstand zwischen 2 Wörtern ist sieben Punkte lang. Die Benutzung des M. im Funkverkehr wird →*Morsetelegraphie,* im optischen Signalverkehr Blinkern mit der →*Morselampe* genannt.

A	·–	**N**	–·
B	–···	**O**	–––
C	–·–·	**P**	·––·
D	–··	**Q**	––·–
E	·	**R**	·–·
F	··–·	**S**	···
G	––·	**T**	–
H	····	**U**	··–
I	··	**V**	···–
J	·–––	**W**	·––
K	–·–	**X**	–··–
L	·–··	**Y**	–·––
M	––	**Z**	––··

Ein →*Morsefeuer* benutzt das M. für ein Leuchtfeuer. Auch akustisch kann man sich mit diesen →*Morsezeichen* verständigen.

Morsedekoder, der *(Morse decoder)* Ein →*Dekoder,* der die im →*Seefunk* in der →*Sendeart* →*A1A* übermittelten →*Morsezeichen* in alphanumerische Laufschrift umsetzt, so daß sie als Klartext lesbar sind.

Morsefeuer, das (Mo) *(Morse light)* Ein →*Leuchtfeuer,* dessen →*Kennung* aus Lich-

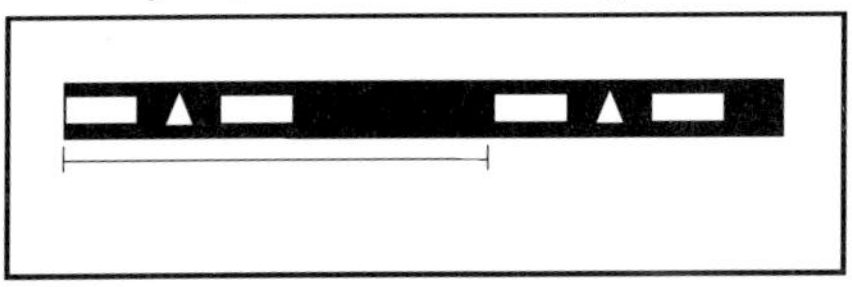

terscheinungen nach dem →*Morsealphabet* besteht. Es zeigt →*Morsezeichen* aus einzelnen oder mehreren Buchstaben oder einer Zahl. Abb. zeigt M. mit Buchstaben K als Kennung, Abk. Mo. (K).

Morselampe, Morselaterne, die *(Morse signalling light, Morse lamp, blinker light)* Eine elektrische →*Lampe,* die zum →*Morsen* eingerichtet ist, auch Klappbuchse genannt, mit der man „blinkert", wenn man →*Morsezeichen* zur optischen Nachrichtenübermittlung gibt. Eine M. ist in der Berufsschiffahrt als Tagsignallampe und Ausrüstungsteil der →*Brücke* vorgeschrieben.

morsen, Morsen, das *(1. to morse, to Morse signal, Morse signalling – 2. to flash flashing)* Das →*Morsealphabet* oder →*Morsezeichen* zur Übermittlung einer Nachricht benutzen. 1. Allgemein und für die →*Morsetelegraphie* – 2. Mit der →*Morselampe* und im optischen Signalverkehr beim Blinkern.

Morsetelegraphie, die *(Morse telegraphy, wireless telegraphy)* Von Samuel Morse 1836 entwickeltes Telegraphie-Verfahren, das im →*Seefunk* drahtlos abgewickelt wird und sich der →*Morsezeichen* bedient. Die Abgabe einer Nachricht erfolgt nach dem Kodieren in das →*Morsealphabet* manuell durch Bedienung einer Taste, die Aufnahme durch Aufschreiben der hörbar gemachten elektrischen Signale und ihre Rückübersetzung in einen Klartext. In Deutschland wurde die M. von und mit einer →*KüFuSt* am 1.10.1996 eingestellt.

Morsezeichen, das *(Morse symbol)* Die aus unterschiedlichen Kombinationen von nur 2 verschiedenen Signalwerten (Punkt und Strich) bestehenden Buchstaben, Ziffern und Zeichen des →*Morsealphabetes,* die in diesem Buch am Anfang eines jeden Buchstabens von A bis Z genannt sind. Darüber hinausgehende M. sind u. a.:

ä	·–·–	é	··–··
ö	–––·	ch	––––
ü	··––	à	·––·–

Ziffern:

1	·––––	6	–····
2	··–––	7	––···
3	···––	8	–––··
4	····–	9	––––·
5	·····	0	–––––

Im optischen Verkehr außerdem :

Anruf (aaa) ·–·–·–
bitte wiederholen (rpt) ·–·––––·–
Ende des Gebers (ar) ·–·–·
Beendigung durch den Empfänger (r) ·–·

Moses, der *(youngest hand aboard)* Bezeichnung eines (kleinen) Beibootes oder des →*Schiffsjungen* als Jüngstem der →*Crew.* M. kommt über das franz. „mousse" = Decksjunge wohl vom span. „mozo" = junger Bursche und ist mit dem bibl. M. nicht identisch, auch wenn dieser als Kleinkind in einem Binsenkörbchen lag und beide Bezeichnungen zu verbinden scheint.

Moth Aus →*Sperrholz* oder →*GFK* gebaute →*internationale Klasse,* erfolgreiche Einmann-Rennjolle. Lüa max. 3,35 m, Büa 2,25 m, Tiefg. Rumpf 0,15 m, mit Schwert 1,00 m, Vordr segelklar 35 bis 40 kg, Segelfl. max. 8 m². Als →*Einheitsklasse* Moth-Europe ab 1992 →*olympische Klasse* für Frauen.

Motor, der *(engine)* Siehe →*Bootsmotor,* →*Einbaumotor,* →*Außenbordmotor,* →*Dieselmotor,* →*Hilfsmotor,* →*Maschine.*

Motorboot, das *(power boat, motor boat, speed boat, runabout),* **Motorkreuzer, der** *(motor cruiser),* **Motoryacht, die** *(motor cruising yacht)* Auch diese Bootstypen gehören zu den →*Sportbooten* nach der →*BinSchStrO,* die als →*Verdränger* oder (mit →*dynamischem Auftrieb)* als →*Halbgleiter* und →*Gleiter* fahren können. Ihre

→*Fahrzeugführer* müssen, wie die →*Skipper* eines →*Segelbootes* mit Maschinenantrieb, den →*Sportbootführerschein Binnen* bzw. →*Sportbootführerschein See* besitzen.

Motordingi, das *(power dinghy)* Ein →*Dingi,* das für die Verwendung eines →*Außenborders* eingerichtet ist und dafür ein breiteres →*Achterschiff* mit einem →*Spiegelheck* hat.

Motorschiff, das *(motor ship, motor vessel)* Ein Fracht- oder Fahrgastschiff, das zur Personen- oder Güterbeförderung dient und mit Diesel-Motoren-Antrieb arbeitet.

Motorsegeln, das *(motor sailing)* Art des →*Fahrtensegelns* bei →*Leichtwetter,* indem man zum gesetzten (meistens nur Groß-)Segel den →*Motor* mitlaufen läßt oder beim Motoren ein (Stütz-)Segel setzt. Beim M. gilt eine →*Yacht* nach Regel 25, e →*KVR* als →*Maschinenfahrzeug* und muß sich durch das Setzen eines →*Kegels,* Spitze nach unten im freien →*Vorsegeldreieck* oder dort, wo er am besten gesehen werden kann, als solches kennzeichnen. Bei →*Nacht* muß es nach Regel 23 die Lichter eines Maschinenfahrzeugs führen und sich an dessen →*Ausweichregeln* halten.

Motorsegler, der *(motor sailer, fifty-fifty, auxiliary powered cruiser, auxiliary sailing yacht)* Eine Kreuzeryacht, die zwei wertgleiche Antriebsarten durch Motor und Besegelung besitzt und unter →*Vollzeug* in einer →*Vollzeugbrise* annähernd die gleiche →*Fahrt* wie mit Motor läuft. Der Vorteil dieser Kompromißform als →*Fifty-Fifty:* Man nutzt, wenn möglich, die Windenergie aus; man erhält in schwerem Wetter unter Motor eine nützliche →*Stützbesegelung;* ist bei →*Flaute* zeitunabhängig; erreicht seine Ziele planmäßig; kann im Falle einer →*Havarie* mit dem gleichgewichtigen Reserveantrieb arbeiten und ist beim →*Einlaufen,* →*Anlegen* o. ä. sicher manövrierfähig. Der Übergang zum →*Seekreuzer* mit Hilfsmotor einerseits oder zum →*Dreißig-Siebziger* andererseits ist fließend. M. sind meistens mit →*Mittelplicht* gebaut. Nach den →*Klassifikations- und Bauvorschriften* des →*Germanischen Lloyd (GL)* ist ein M. ein →*gedecktes Fahrzeug* mit →Aufbau und fest installierter Motorenanlage, bei dem das Verhältnis von →*Segelfläche* zur →*Verdrängung* (die →*relative Segelfläche)* größer als 2,5 ist.

Motoryacht, die *(motor yacht, power yacht)* Eine →*Yacht,* die anstelle einer Besegelung eine Motorenanlage zum Antrieb benutzt. Im Sinne des →*Deutschen Motoryachtverbandes* ist M. eine Sammelbezeichnung für alle Freizeit-Motorboote.

MRCC Abk. für **M**aritime **R**escue **C**oordination **C**entre, eine →*Seenotleitstelle.* Im Rahmen der weltweiten →*SAR-Dienste* sind an allen Küsten Leitstellen eingerichtet worden, denen →*Seenotrufe* zugeleitet und von denen Rettungsmaßnahmen koordiniert werden. Die deutsche MRCC liegt in Bremen bei der →*Deutschen Gesellschaft zur Rettung Schiffbrüchiger* (DGzRS). Für andere Seegebiete liegt eine MRCC z. B. in Punta Delgada (Azoren), Etel (Frankreich), Fort-de-France (Martinique, Karibik) und Lissabon (Portugal).

MSI Abk. für **Maritime Safety Information** Maritime Sicherheits-Informationen (MSI-Nachrichten) werden gemäß dem →*GMDSS* (Global Maritime Distress Safety System) weltweit in mehreren Sendeverfahren auf zahlreichen Frequenzen in englischer Sprache ausgestrahlt. Sie können auch durch einen →*Dekoder (→MSI-Dekoder)* in lesbaren Klartext verwandelt und ausgedruckt oder auf dem →*LCD-Bildschirm* angezeigt werden.

MSI-Dekoder, der *(Decoder for Maritime Safety Informations)* Empfänger zum Dekodieren von Wetter- und Sicherheitsmeldungen, die im →*Morseverfahren* (mit 100 Zeichen pro Minute), im →*RTTY-System* (mit 50 →*Baud)* oder im →*SITOR-System* (mit 100 Baud) übermittelt werden. Funktechnisch ist ein MSI-D. ein Signalprozessor mit automatischer Erkennung von Signalfrequenzen, Baud-Rate, Polarität und Drift, der ca. 15000 Zeichen speichern kann.

Muck, Mug, Mugge, die *(mug)* Einfache Blechtasse oder Trinkbecher an Bord, ausreichend groß, um (früher) auch die Rumration zu →*fassen.*

Mud, Mudd (Mudde) *(mud)* Allg. Bezeichnung für weichen Meeresgrund, z. B. →*Schlick* oder →*Schlamm,* der sich besonders in Buchten an der →*Küste* und in Flüssen mit geringer Wasserströmung abgelagert hat.

Multifilament, das; Abk. Multifil. *(multifilament)* (wörtlich etwa „vielfädig“) Eine →*Fasertype* unter den →*Chemiefasern* zur Herstellung von →*Fasertauwerk,* die weniger als 0,1 mm Durchmesser hat. Ein M. wird sowohl als →*Stapelfaser* wie auch als →*Endlosfaser* in Endlosgarnen verarbeitet und an Bord z. B. in →*Polypropylen-Multifil* für Leinen aller Art, aber geringen Durchmessers eingesetzt.

Mundnebelhorn, das *(foghorn)* Kleines, tütenförmiges Schallrohr mit Messingstimme (→*Membrane)* und Mundstück, das zur Abgabe von →*Nebelsignalen* oder →*Schallsignalen* mit Lungenkraft dient. Oft nur als entsprechender Einsatz in das Mundstück eines →*Megaphons* als dessen Zusatzgerät gearbeitet.

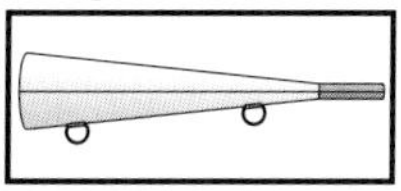

muren (vermuren) *(to moor)* Ein Boot vor eine →*Muring* legen. Am →*Ankerplatz* einen zweiten

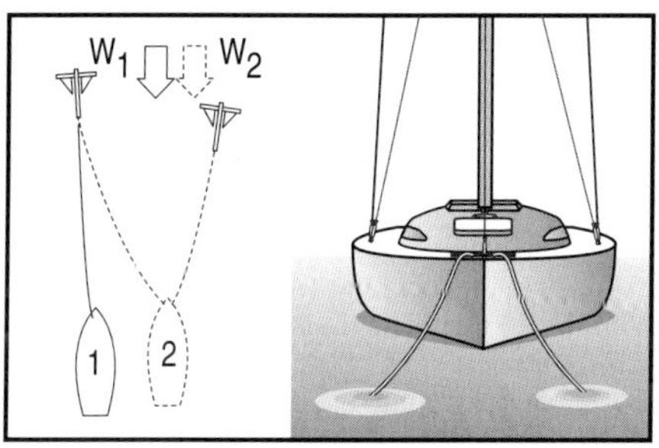

→*Anker* neben den ersten (bei Winddrehungen oder gegen →*Schwojen)* oder in →*Tidengewässern* in entgegengesetzter Richtung zum ersten Anker ausbringen (→*Bahama-Muring*).

Muring, die *(1. open mooring, dropping mooring; 2. mooring)* 1. Jede Verankerung mit 2 →*Ankern.* Man unterscheidet eine offene Muring mit 2 Ankern an getrenntem →*Ankergeschirr* nebenein-

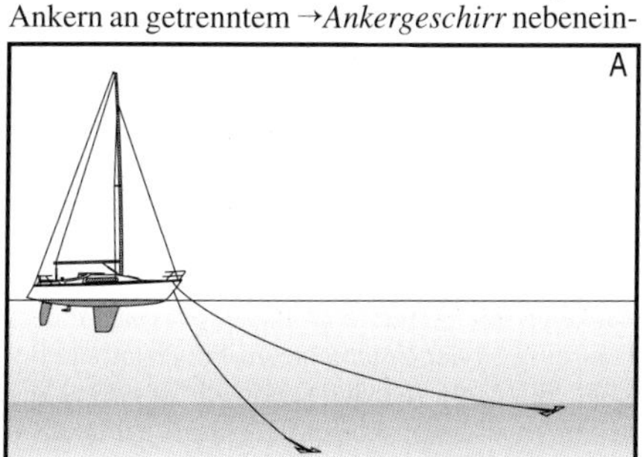

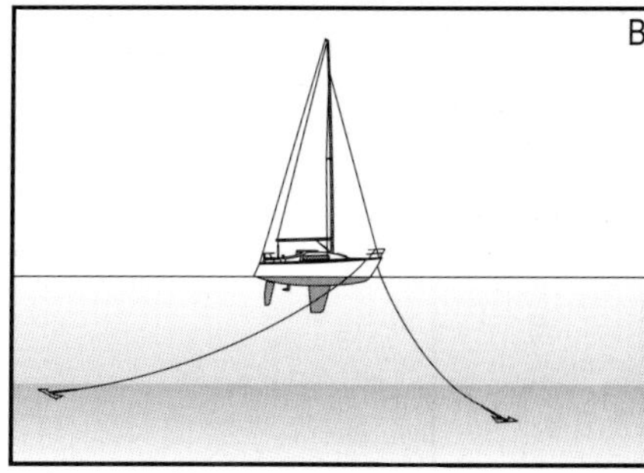

ander zur Sicherung des →*Ankerplatzes* bei Winddrehung oder zur Begrenzung des →*Schwojeraumes* (Abb. A) und eine Tidenmuring, um das Boot auch bei wechselnder Richtung des →*Stromes* am gleichen Platz zu halten (Abb. B). Dann hält bei →*Flutstrom* der eine und bei →*Ebbstrom* der andere →*Anker.* 2. Eine Art des Festliegens, die nicht als →*Festmachen* an einem →*Liegeplatz* wie →*Pier,* →*Brücke,* →*Steg* o. ä. oder als →*Ankern* bezeichnet wird, z. B. an einer →*Muringboje* im Hafen, auf Reede, im →*Strom* oder vor der →*Küste.*

Muringboje, die *(mooring buoy)* Eine →*Greifboje* am oberen Ende des →*Muringgeschirrs* (Abb.), die entweder an Bord genommen oder deren →*Bojenstander* z. B. am →*Poller* belegt wird,

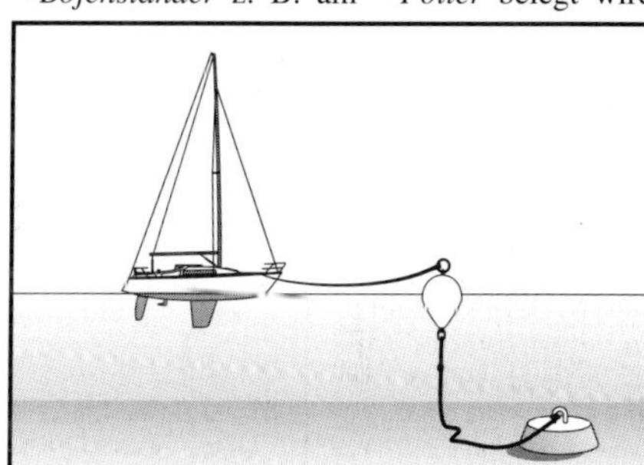

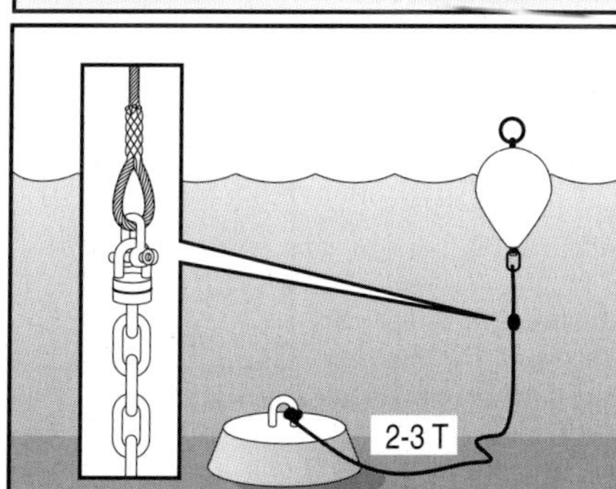

wenn man an die →*Muring* gegangen ist. Auch eine größere →*Tonne* mit →*Bojengeschirr,* an der man sich mit einer →*Muringleine* festmacht.

Muringgeschirr, das *(mooring gear)* Alle Teile, die zu einer →*Muring* gehören, neben →*Muring-*

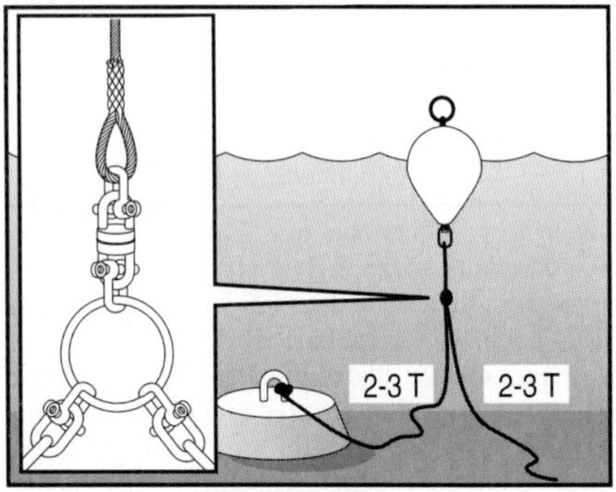

boje, →*Muringschäkel,* →*Muringstein* und →*Muringleine* auch →*Anker,* →*Kette* u. a.

Muringleine, die *(running line)* Die →*Bug-* oder →*Heckleine,* mit der man an einer →*Muringboje* festmacht. In einer →*Marina* liegt eine M. oft an jedem →*Liegeplatz* aus.

Muringschäkel, der *(mooring shackle, rocking shackle, mooring swivel)* Ein kräftiger →*Wirbelschäkel* im →*Muringgeschirr.*

Muringstein, der *(mooring clump, mooring block, sinker, killick)* Ein Betonklotz, der am Ende des →*Muringgeschirrs* im →*Grund* liegt.

musen (einen Haken) *(to mouse [a hook])* Einen offenen Haken oder eine →*Teufelsklaue* nach dem →*Einpicken* in ein →*Auge* mit einem →*Bändsel* schließen und dadurch gegen mögliches Aushaken sichern. Auch mausen, einmausen und bemusen genannt (Abb.).

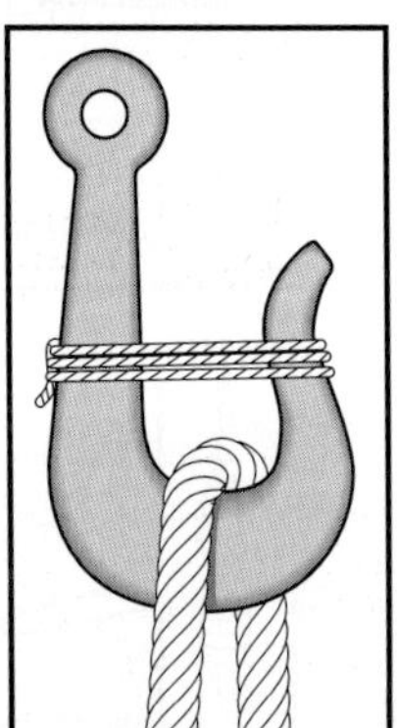

Musing, Mausing, die *(mousing)* Die Bändselung einer →*Teufelsklaue* durch →*Musen.*

mustern, anmustern *(to ship a crew)* Als Seemann mit einem Arbeitsverhältnis auf einem →*Schiff* einsteigen. Das Anmustern erfolgt vor dem Seemannsamt mit Eintragung in die Musterrolle. Die danach zu zahlende →*Heuer* wird in einem Heuervertrag festgelegt. Wenn Segler auf einer →*Yacht* anmustern, ist damit im allgemeinen nur das „Einsteigen als →*Crew*", und (meistens) ohne Entgelt gemeint. Anmustern muß jedoch auch eine →*bezahlte Hand.* Besondere Bedingungen sind dabei für eine →*Profi-Crew* und insbesondere für eine →*IMS-Profi-Crew* zu beachten, deren Mitglieder man mit einem Vertrag als →*Bootsmann* oder →*Navigator* z. B. für eine Segelsaison a. darf, aber nicht kurzzeitig nur für eine →*Regatta.*

Musterung, die *(muster, mustering, inspection)* **Musterung abhalten** *(to muster)* Allg. die Prüfung bzw. Inspektion sowohl von Personen als auch Geräten an Bord. Auf Fahrgastschiffen ist z. B. die M. der Passagiere mit Schwimmwesten vorgeschrieben. Sie ist auch auf →*Charteryachten* mit einer mehrköpfigen →*Crew* ratsam. Dabei wird gleichzeitig eine Musterung der →*Ausrüstung* und →*Sicherheitseinrichtungen* abgehalten. In der Marine hat die M. den Charakter eines Appells.

Mylar, das *(Mylar sailcloth)* Markenname einer von der amerikanischen Firma Du Pont entwickelten durchsichtigen, hauchdünnen Folie aus →*Polyester,* die für die Segelfertigung benutzt wird. M. ist nicht teurer als das ebenfalls aus der →*Polyesterfaser* gefertigte →*Dacron* und wird daher bevorzugt mit diesem zu →*Mylar-Sandwich* verarbeitet, weil die verletzliche, leichte Folie allein nur für →*Spinnaker* und →*Jollensegel* geeignet ist.

Mylar-Sandwich, das *(Mylar sandwiched sailcloth)* Die beidseitige, oft sogar mehrfache Beschichtung von →*Mylar* mit unterschiedlichen Geweben aus →*Dacron,* um weniger anfällige →*Arbeitssegel* mit geringem →*Gewicht* und großer →*Festigkeit* zu erhalten, oder die Benutzung von Mylar als Füller zwischen zwei textilen Schichten aus →*Dacron* und →*Kevlar.* Bei einem Segel aus M.-S. wird die einmal eingearbeitete →*Segelwölbung* mit genau berechneten Scheitelpunkten auch unter härtester Windbelastung nicht verändert. Extrem leicht (mit 15 g/m²) ist ein unter dem Markennamen „Temporcon" weiterentwickeltes M.-S. für →*Spinnaker,* das aus einem beidseitig Mylar-beschichteten Polyesternetz besteht. Ein Mylar-Kevlar-Sandwich ist wegen der hohen Herstellungskosten jedoch in zahlreichen →*Einheitsklassen* verboten.

N

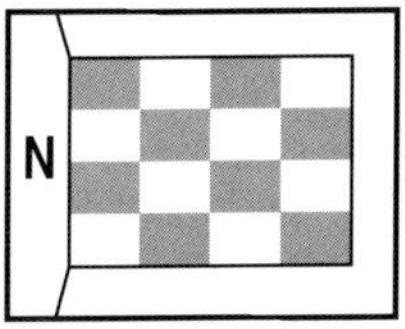

N = November Internationales Buchstabensignal, blau-weiß. Bedeutung: „Nein." (Verneinend oder „die Bedeutung der vorangegangenen Gruppe ist als Verneinung zu verstehen".) Darf nur optisch oder als Schallsignal gegeben werden. Morsen: – · (lang – kurz). – Beim →*Rennsegeln* nach den →*WR* ein Wettfahrtsignal mit der Bedeutung: „Alle Wettfahrten sind abgebrochen. Rückkehr zum Startgebiet."

NACA-Profil, das *(NACA-profile)* Vom amerikanischen National Advisory Committee for Aeronautics analog zu den sogenannten „Göttinger Profilen" systematisch entwickelte und numerierte unterschiedliche Formen von gewölbten Tragflächen und →*Profilen,* über die genaue Meßwerte hinsichtlich →*Auftrieb* und →*Widerstand* fest gehalten wurden. Sie werden z. B. für Segelwölbungen, Profilmasten, Profilsegel u. a. im entsprechenden Stadium des Entwurfs benutzt. Ihre Werte sind in einem →*Polardiagramm* festgehalten

nachlaufende See, die *(following sea)* Ein →*Seegang,* der die gleiche Richtung wie der →*Kurs* hat. Eine in Fahrtrichtung folgende →*See.* In schwerem Wetter muß man in einer n. S. →*lenzen,* gegebenenfalls mit →*Nachlaufleinen.*

Nachlaufleine, die *(tag line)* Leine oder →*Trosse,* die man bei →*nachlaufender See* nachschleppt, um das →*Heck* in Richtung der →*Brecher* zu halten, ein →*Querschlagen* zu verhindern, ein →*Überbrechen* der Kämme unter dem →*Achterschiff* zu vermeiden oder nur die →*Fahrt* zu vermindern.

Nachrichten für Seefahrer (NfS) Vom →*BSH* wöchentlich veröffentlichte und im Jahre 1998 im 129. Jahr herausgegebene „Amtliche Veröffentlichung für die Seeschiffahrt". Die NfS enthalten Unterlagen und Deckblätter für die Berichtigung von →*Seekarten,* →*Seehandbüchern* und →*Leuchtfeuerverzeichnissen* mit allen Veränderungen in der →*Betonnung* und →*Befeuerung* sowie Angaben über Schiffahrtshindernisse und Gefahrenzonen in Küstengebieten und auf See. Auszugsweise in den →*Nautischen Nachrichten* für Fahrtensegler nachgedruckt.

Nachstrom, der *(1. wake – 2. dead water)* Auch →*Mitstrom* genannt. 1. Der Reibungsnachstrom entlang der →*Außenhaut.* – 2. Das →*Kielwasser,* der →*Sog* der →*Hecksee,* wo der N. eine geringere relative Geschwindigkeit als im N. unter 1. hat.

Nachstromziffer, die *(wake factor)* Das Verhältnis der Differenz zwischen der relativen Wassergeschwindigkeit V neben dem fahrenden Boot und der geringeren relativen Geschwindigkeit V_A hinter dem →*Heck* zur Wassergeschwindigkeit im ungestörten Bereich. Die N. ist für die Propellerauswahl wichtig.

Nacht, die *(night)* Der Zeitraum vom Sonnenuntergang bis Sonnenaufgang, der von der Jahres-

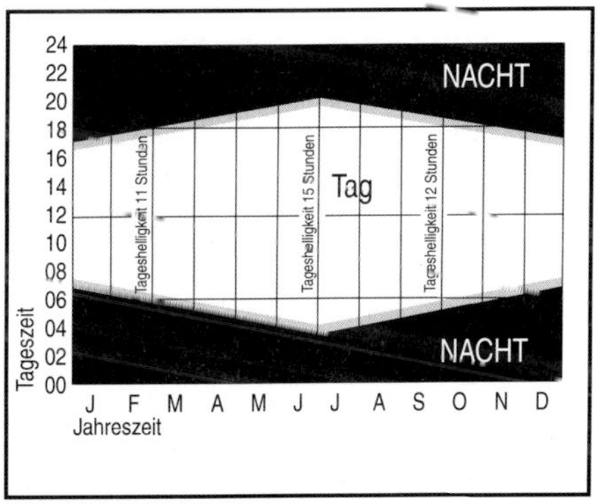

zeit und der →*geographischen Breite* abhängt. Die Abb. zeigt die Dauer der N. an der deutschen Küste. Eine längere N. herrscht auf der →*Passatroute* im Jahresverlauf.

Nachtbogen, der In der →*astronomischen Navigation* der auf der Erde unsichtbare Kreisbogen eines Gestirns bei seiner täglichen Drehung vom Untergang bis zum Aufgang. Der N. liegt nur während der auf die Sonne bezogenen →*Nacht* in der Dunkelheit. Der Mond kann sich z. B. während des →*Tages* auf dem N. befinden, wie er während der Nacht auf dem →*Tagesbogen* steht.

Nachteffekt, der *(sky wave effect)* Auch →*Dämmerungseffekt* genannte Fehlpeilung eines →*Funkpeilers,* wenn sich in der Zeit von einer Stunde vor bis zu einer Stunde nach Sonnenaufgang bzw. Sonnenuntergang am Peilort die →*Boden-* und →*Raumwellen* störend überlagern.

Nachtglas, das *(night glass, star binocular)* Ältere Bezeichnung für ein →*Doppelglas,* noch aus der Zeit stammend, als es das herausziehbare Fernrohr mit nur einem Okular verdrängte. Den Bordbedingungen optimaler Vergrößerung bei gleichzeitig größtmöglicher Ruhe (in bezug auf die Bewegungen des Beobachters und des Bootes) entspricht am besten ein „Kieker" mit der Optik 7 x 50.

Nachthaus, das - Nachthaube, die *(binnacle, nighthood)* Trittsichere Schutzhaube mit Beleuchtung der →*Rose* und Durchblickfenster, die während der →*Nacht* auf das Oberteil des →*Steuerkompasses* gesetzt wird, wenn dieser z. B. auf der →*Kompaßducht* oder →*Kompaßsäule* vor dem →*Rudergänger* steht.

Nachtrettungslicht, das *(life buoy light)* Eine →*Seenotleuchte,* die elektrisch oder chemisch be-

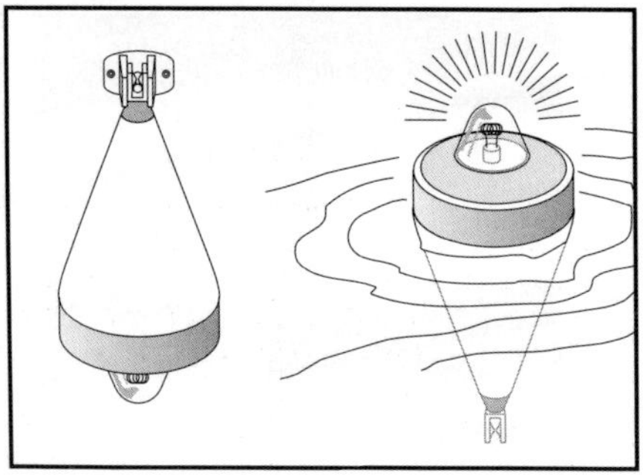

trieben wird und dabei festes Licht ausstrahlt oder Blinksignale gibt. Sie dient zur Kennzeichnung der Unfallstelle bei →*Mann-über-Bord.* Zu bevorzugen sind kopfüber gehalterte handgroße Leuchten, die sich nach dem Wurf im Wasser umdrehen und mit 3 Monozellen 2 bis 6 Stunden ununterbrochenes Licht spenden oder als Blitzleuchte mit 4 Zellen bis zu 48 Stunden lang 60 Blitze in der Minute bzw. als Blinkleuchte 30 Blinke in der Minute geben.

Nachtsehfähigkeit, die *(visual faculty at night)* Gegenüber der →*Tagsehfähigkeit* oder dem Sehen

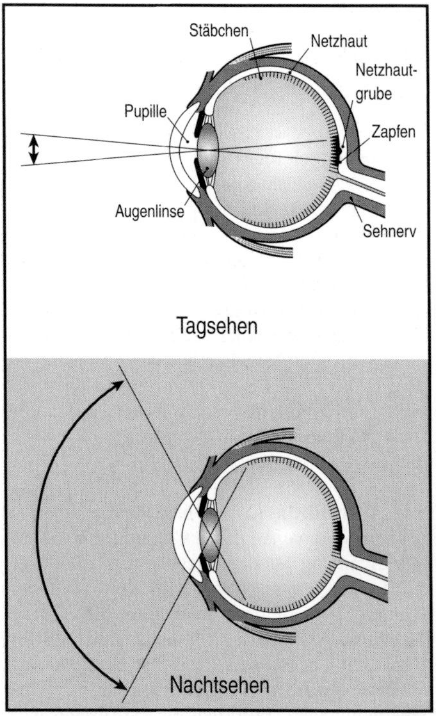

bei Tage, wenn das Bild auf der Netzhautgrube von sog. Zapfen gebildet wird (Abb.) und die Pupille sich dabei wie eine Blende zusammenzieht, arbeiten bei der N. nur noch die sog. Stäbchen im gesamten Bereich der Netzhaut. Sie sind sehr viel lichtempfindlicher und brauchen lange Zeit, bis sich ihr Sehpurpur bei Dunkelheit regeneriert hat. Je länger das Auge der Dunkelheit ausgesetzt ist, desto mehr öffnet sich die Pupille und desto besser wird die N. Während der →*Wache* einer Nachtfahrt vermeide man daher den Lichtwechsel. Denn während die Helladaption (von dunkel zu hell), z. B. beim Weg von der →*Plicht* zur →*Kajüte,* nahezu sofort erfolgen kann, dauert die Dunkeladaption auf dem umgekehrten Weg vom →*Kartentisch* zum →*Deck* eine lange Zeit: In 15 Minuten paßt sich das Auge zwar an die Dunkelheit an, aber erst nach 30 bis 45 Minuten hat das Auge die volle N. wieder erreicht. Man vermeide daher diesen Lichtwechsel oder erhelle die Kajüte wie den →*Steuerkompaß* in der Plicht mit abgedunkelten oder rotfarbigen →*Leuchten.* Die N. wird auch durch (schon zwei Gläschen) Alkohol beträchtlich eingeschränkt.

Nachtsichtgerät, das *(night vision device, infrared night vision device)* Ein →*Nachtglas* mit einem batteriebetriebenen Restlichtverstärker, das mit einem drehbaren Objektiv und damit der Möglichkeit von Vergrößerungen optische Beobachtungen bei →*Nacht* bis etwa vier →*Kabellängen* oder 800 m Entfernung in guter Bildqualität erlaubt. Eine weitere Verbesserung der →*Sicht* ist mit einem (zusätzlichen) Infrarot-Restlichtverstärker möglich.

Nachtsignal, das *(night signal)* Im Gegensatz zu einem →*Tagsignal,* das mit →*Signalkörpern* oder anderen optischen Mitteln (z. B. →*Signalflaggen)* gegeben wird, die Vermittlung von nautischen Informationen bei →*Nacht* durch weiße und/oder farbige Lichtzeichen. Ein N. kann mit der →Morselampe im →*Morsealphabet* (durch →*Lichtmorsen)* verbreitet, als (rotes) →*Notsignal* mit der →*Signalpistole* oder als →*Seenotfeuerwerk* abgegeben sowie (orangefarbig) als →*Rauchsignal* gezündet werden. Neben diesen aktiven N. gelten nach den →*KVR* auch →*Topplichter,* →*Seitenlichter,* →*Hecklichter* und andere Lichter, die uns Art und →*Lage* von →*Fahrzeugen* (z. B. →*in Fahrt)* anzeigen, als Nachtsignale.

Nachtwache, die *(1. night watch; 2. first night watch)* 1. Allg. jede →*Wache* während der →*Nacht.* – 2. Als →*Seewache* bei einem →*Seetörn* mit vierstündigem Wachwechsel die Zeit von 2000 bis 2400.

Nachtwache einer Ehepaar-Crew *(night watch of a [married] couple)* Wach- und Ruherhythmus, der die unterschiedliche →*Leistungsfähigkeit* von →Skipper und →*Crew* beachtet: Ein Mann übernimmt dabei eine verlängerte →*Mittelwache.*

Nadir, der *(nadir)* In der →*astronomischen Navigation* der um 180° zum →*Zenit* entgegengesetzte Punkt am Himmelsgewölbe, der in Richtung Schwerkraft genau senkrecht unter dem Ort des Beobachters liegt. Siehe Abb. →*nautisch-astronomisches Grunddreieck.*

Nagelbank, die *(1. fife-rail, 2. pin rail, pin rack)* Eine in vertikaler Richtung zugfeste Stahl- oder Holzbank an Bord eines →*Segelschiffes* mit eingesteckten →*Belegnägeln* zum →*Belegen* von Teilen des →*laufenden Gutes,* z. B. der →*Fallen.* Die in →*Buchten* aufgeschossenen Enden können hier →*klar zum Laufen* aufgeschossen werden und lassen sich jederzeit gut übersehen. Eine N. wird entweder 1. um den Mast oder 2. an der Innenseite eines →*Schanzkleides* angebracht.

Nahbereich, der *(close quarters, short distance, short range)* Begriff der →*Radar-Navigation.* Es ist der →*Seeraum,* den ein →*Maschinenfahrzeug* bei verminderter →*Sicht* nach der SeeStrO erreicht, wenn es ein anderes Fahrzeug →*vorlicher* als querab mit Radar ortet, ohne dessen →*Nebelsignale* zu hören oder es optisch zu →*sichten.* Es muß deshalb bei dieser „bedrohlichen Annäherung“ stoppen und mit äußerster Vorsicht →*manövrieren,* bis die →*Kollisionsgefahr* nicht mehr besteht. An Bord einer →*Yacht* wird man in einem solchen Falle einen Parallelkurs halten oder →*abdrehen.* Der N. als Kreis um das Fahrzeug ist eine, von vielen Faktoren abhängige, veränderliche Größe.

Nahezu-Aufschießer, der Ein →*Aufschießer,* der nicht genau gegen den →*wahren* bzw. →*atmo-*

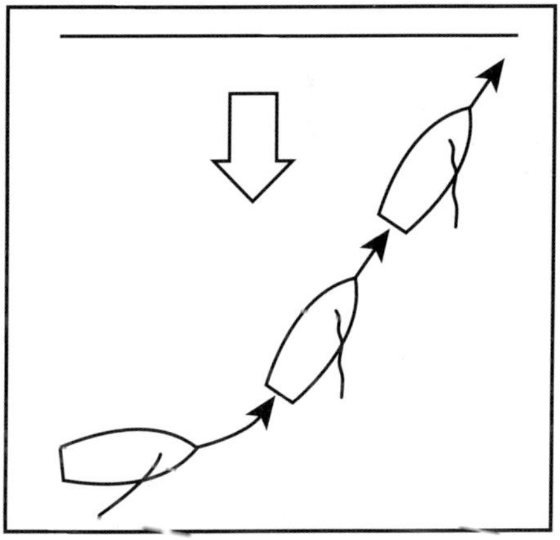

sphärischen Wind oder dessen →*Windachse,* sondern mit einer Kursabweichung von ca. 10 bis 20° erfolgt. Durch Kurswinkel und Restfahrt hält der →*relative Bordwind* →*Großbaum* und →*Fock* mit den →*Schoten* auf einer Seite, und sowohl →*Plicht* wie →*Deck* bleiben auf der anderen Seite frei für das entsprechende →*Manöver,* z. B. beim →*Anlegen,* →*Ankern* oder →*Mann-über-Bord.* Durch →*Anholen* der Schoten ist es bei einem N.-A. möglich, gegebenenfalls noch mehr →*Fahrt* zu gewinnen, wenn die Strecke zum →*Auslaufen* zu lang gewählt war, oder durch →*Abfallen* mit →*losen Schoten* die Auslaufstrecke diagonal zu verlängern bzw. im Notfall →*abzudrehen.*

Naht, die *(1. stitch, seam – 2. seam, edge)* 1. Die Verbindung der Bahnen bei einem →*Segel* in viel-

fältiger Art, z. B. als einfache, doppelte, durchgenähte, flache, runde N. oder als Mittel-, Bootsmanns-, Überlappungs-Naht o. ä. mit der Nähmaschine oder bei Reparaturen mit →*Segelhandschuh* und →*Segelnadel* sowie →*Segelgarn* ausgeführt. – 2. Der Zwischenraum zwischen den Kanten der →*Planken* eines →*Stabdecks,* auch →*Decksnaht* genannt, oder in der →*Außenhaut* bei der →*Karweelbauweise,* der als N. →*kalfatert* werden mußte.

Nano- (n) Faktor 10^{-9} im →*Internationalen Einheitensystem.*

Naßbiber, der Enganliegender Schutzanzug aus Neopren o. ä., der insbesondere von Jollenseglern

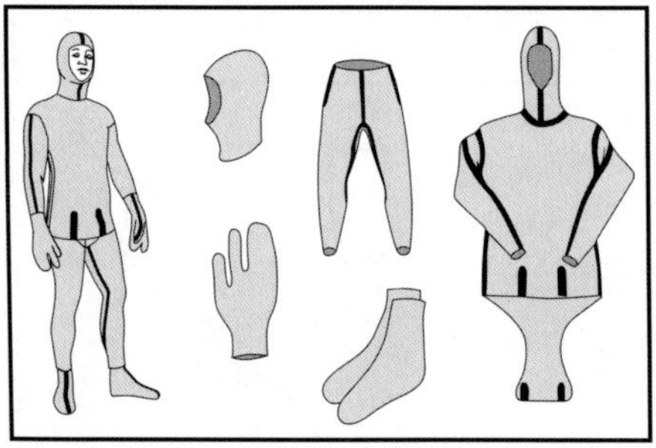

als Schutz gegen Wind und Wasser benutzt wird. Man bevorzugt ärmellose einteilige Anzüge, die gegebenenfalls durch zusätzliche Jacken und Füßlinge ergänzt werden. Unter bestimmten Wetterbedingungen ist ein kurzzeitiges Eintauchen des bekleideten Körpers vor dem Segeln vorteilhaft.

nässender Nebel, der *(wet fog)* Ein →*Nebel,* dessen trübende Wasserteilchen bereits aus kleinen, niederfallenden Regentropfen bestehen. N. N. ist ein Zeichen für Auflösung des Nebels und baldige Besserung der →*Sicht.*

Naßschleifen, das Zwischenbehandlung des →*Anstrichs* mit feinkörnigem, wasserfestem →*Schleifpapier* und reichlichem, möglichst handwarmem Wasser.

Nationale, die *(national flag, national ensign)* Kurzbezeichnung für die Nationalflagge. Sie wird z. B. am Flaggenstock (Abb.) am Heck gesetzt.

Nationalflagge

Nationale in Schau *(flag with a wheft, flag with a waft)* Sichtet man eine →*Yacht,* deren →*Nationale,* an ihrem üblichen Platz gefahren, in der Mitte einen →*Knoten* zeigt, dann ist dies ein →*Seenotsignal.*

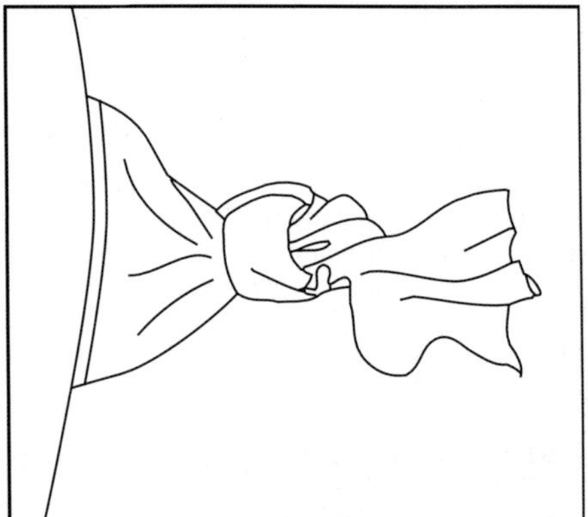

Nationale in Schau

nationale Klasse, die *(nationally organized class)* Eine vom →*DSV* anerkannte Bootsklasse, für die eine →*Klassenvereinigung* besteht. Die Anerkennung als n. K. erfolgt, wenn eine (bei →*Jollen* und →*Kielbooten* unterschiedliche) Mindestzahl von Booten registriert ist und einheitliche →*Bauvorschriften* vorliegen. Für eine n. K. zeichnet der DSV verantwortlich. Er vergibt die Baulizenzen und kontrolliert die Bauausführung. Den weiteren Weg von einer n. K. zu einer →*internationalen Klasse* schafften in Deutschland nur die →*Olympia-Jolle* 1936 und das →*12-m²-Scharpie,* doch ist deren internationaler Status inzwischen erloschen. Im allgemeinen werden nur bewährte →*Eintypklassen* als neue n. K. anerkannt.

nationale Kreuzerklasse, die Seit ca. 1925 in Deutschland in mehreren Gruppen gesegelte →*nationale Klasse* von →*Kielkreuzern,* die den →*Schärenkreuzern* ähnelt, vorwiegend auf Binnen- und Küstenrevieren gesegelt und wegen ihrer geringen →*Seefähigkeit* von den →*Seefahrt-*

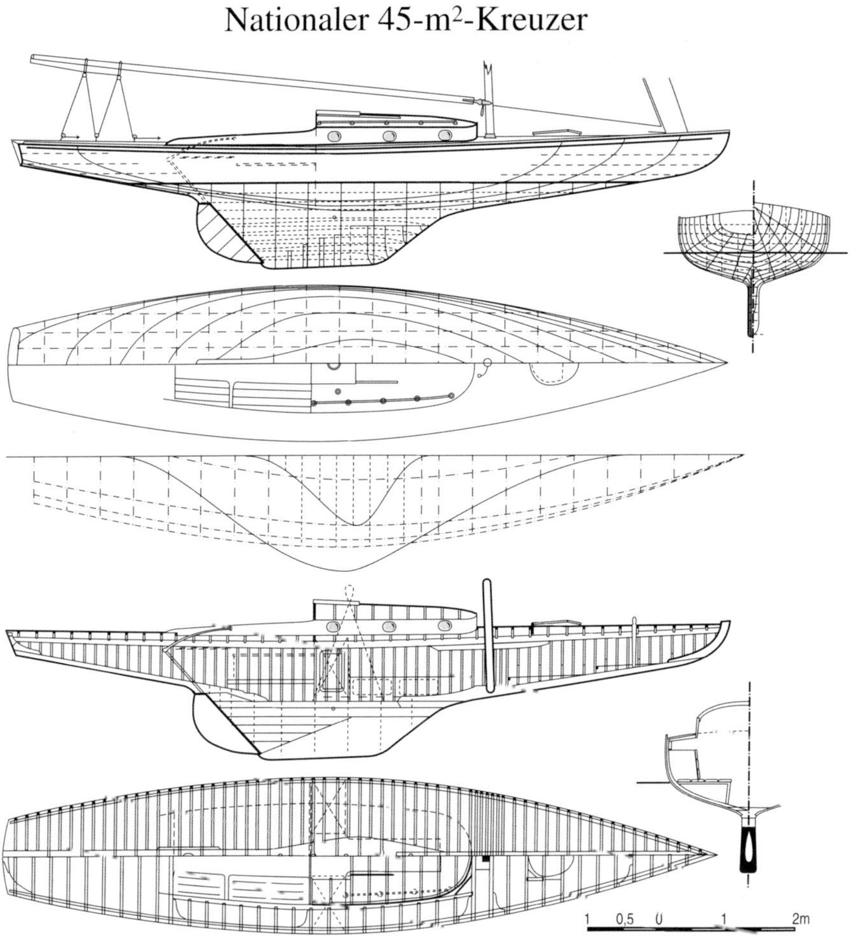

Von Artur Tiller entworfener Nationaler 45-m²-Kreuzer, Segelzeichen "P". Lüa 10,50 m, LWL 7,45 m, Büa 2,20 m, BWL 2,08 m, Tiefg. 1,20 m, ger. Freib. 0,52 m, Verdrängung 2,47 t, Bleikiel 1,17 t.

kreuzern verdrängt wurde. Es gab z. B. die n. K. mit 35 m² Segelfläche (Segelzeichen T) als kleinste und die 75-m²-Klasse (Segelzeichen O) als größte n. K., die als →*Altersklassen* ausliefen.

Nationaler Verband, der *(National Authority)* Begriff der →*WR* für die offizielle Vertretung der Segler eines Staates: In Deutschland z. B. der →*DSV*, in Österreich der ÖSV, in der Schweiz die SSV/USY. Die entsprechende Zugehörigkeit wird auf Booten →*internationaler Klassen* durch den →*Nationalitätsbuchstaben* in den Segeln gekennzeichnet.

Nationalitätsbuchstaben, die *(national letters)* N. sind Teil des →*Segelzeichens*, insbesondere in →*internationalen Klassen*, bei →*Seekreuzern* und in →*Regatten* auf ausländischen Revieren. Die →*Kennzeichnung* auf Segeln erfolgt in Übereinstimmung mit Regel 77 der →*Wettfahrtregeln* und für Boote →*internationaler Klassen* der →*ISAF* gemäß Anhang H der →*WR.* Für jedes Land bestehen die N. aus jeweils drei Buchstaben, die in entsprechender (vorgeschriebener) Größe im oberen Teil des →*Großsegels* über dem →*Klassenzeichen* und der →*Registriernummer* sowie im →*Spinnaker* gefahren werden. Beispiel: AUT = Österreich; GER = Deutschland; SUI = Schweiz. Die offiziellen N. sind im Anhang H der →*WR* enthalten und (auszugsweise) im Anhang dieses Buches abgedruckt.

National Marine Electronic Association, Abk. **NMEA** Die US-amerikanische „Vereinigung von Herstellern und Vertreibern maritimer Navigations- und Funksysteme" hat die international anerkannte Aufgabe zur Standardisierung der Datenübertragung zwischen Einzelgeräten der →*technischen Navigation* sowie anderen Bordinstrumenten, z. B. der →*Meteorologie* und der →*Kurswahl (*→*Autopilot)* übernommen. Die hauptsächlich von 1980 bis 1987 erarbeiteten, auf dem Gebiet der Elektronik den →*DIN-Normen* vergleichbaren Standards werden weltweit genutzt. Sie betreffen die →*Schnittstelle (*→*Interface),* um z. B. ein →*Radargerät* elektronisch mit einem →*Loran-,* →*Decca-* und/oder →*Satelliten-Navigationsgerät* zu verbinden. Beim Kauf und möglicher Verbindung dieser Geräte untereinander ist auf die einheitliche Standard-Bezeichnung zu achten: Bei einer →*Schnittstelle* „NMEA 0180", auch „einfaches Format" (simple data form) genannt, ist nur die Datenübertragung zwischen den Navigationsgeräten →*Loran* und/oder →*Decca* und einer →*Selbststeueranlage* möglich. Man kann dann nur die Abweichung des →*Kurses über Grund* vom →*Kurs durchs Wasser* feststellen. Geräte nach „NMEA 0182" oder „Complex Data Format" können über ihre Schnittstellen auch zusätzlich einen →*Kurs* zum →*Wegpunkt,* die →*Position* nach →*Breite* und →*Länge* und Warninformationen übertragen. Seit Dezember 1987 ist „NMEA 0183" der gebräuchliche Standard für die Übermittlung zahlreicher weiterer definierter Datentelegramme. Nicht alle Hersteller technischer Navigationsgeräte fertigen ihre Erzeugnisse nach den elektronischen →*NMEA-Standards.*

Naturfaser, die Pflanzliche Faser, die früher aus →*Hanf,* →*Manila,* →*Sisal* oder →*Kokos* zur Herstellung von →*Fasertauwerk* und aus →*Baumwolle* zur Fertigung von →*Schoten* und →*Segeltuchen* benutzt wurde.

Naturschutzgebiet *(nature reserve)* Zeichen aus →*Karte 1* (INT 1) im Anhang.

Nautik, die *(nautics [pl.], nautical affairs [pl.])* Schiffahrtskunde als Sammelbegriff aller Teilbereiche der Seefahrt, z. B. →*Navigation,* →*Seemannschaft,* →*Wetterkunde,* →*Schiffahrtsrecht,* Ladungswesen sowie bestimmter Gebiete der Mathematik, Physik, Geographie, Hydrographie, Astronomie, Psychologie und Medizin. Ein →*Nautiker* ist ein in diesen Fächern wissenschaftlich gebildeter und staatlich geprüfter Schiffsoffizier mit einem entsprechenden →*Patent,* z. B. als →*Kapitän* bzw. sinngemäß ein →*Seeoffizier* der →*Marine.*

Nautiker, der *(navigator, [mariner])* Ein →*nautisch* gebildeter Fachmann, der alle Gebiete der →*Nautik* beherrscht, eine entsprechende Qualifikation erworben hat und als nautischer Schiffsoffizier o. ä. tätig ist.

nautisch *(nautical)* Sammelbezeichnung für alles, was der →*Nautik* dient oder zu ihr gehört, z. B. n. Ausdrücke, n. →*Ausrüstung,* →*nautische Dämmerung,* →*„Nautischer Funkdienst",* →*„Nautisches Jahrbuch",* →*„Nautische Tafeln",* n. Maße, n. Meilen, Signale u. a.

nautisch-astronomisches Grunddreieck, das *(navigational triangle, celestial triangle, astronomical triangle)* Das Dreieck am Himmelsgewölbe, das in der →*astronomischen Navigation* zur Schiffsortbestimmung dient. Seine Punkte sind →*Zenit,* (Himmels-)Pol und Gestirn, seine Seiten Zenitdistanz, Poldistanz und Breitenkomplement (Polzenitdistanz), seine Winkel Azimut, Stundenwinkel und parallaktischer Winkel. Erläuterung siehe →*sphärisch-astronomisches Grunddreieck.*

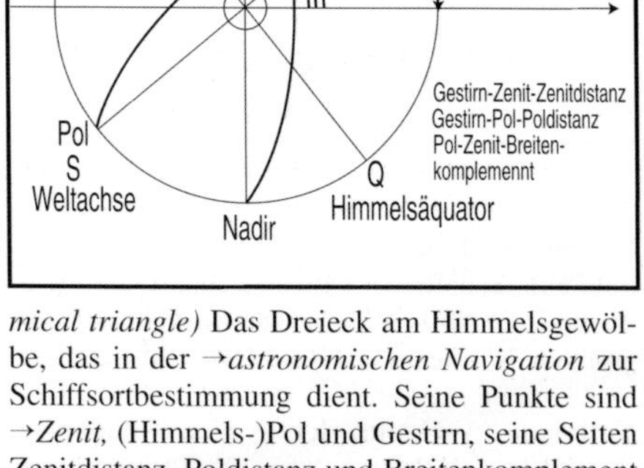

nautische Ausrüstung, die *(nautical equipment, navigational aids)* Alle Geräte und Einzelteile, die für die →*Nautik* notwendig sind. Dazu gehören neben der Navigationsausrüstung wie →*Seekarte,* →*Seebücher,* →*Kompaß,* →*Peildiopter,* →*Sextant,* →*Decca-* oder →*GPS-Navigator,* →*Lot,* →*Log* u. a. auch →*Barometer* oder →*Barograph,* →*Signalball* und →*Signalkegel,* →*Logbuch* sowie andere Teile, die nicht zur →*Decksausrüstung,* zum →*Ankergeschirr* oder zur →*Kajüteinrichtung* zu rechnen sind.

nautische Dämmerung, die *(nautical twilight)* Die Zeit der abnehmenden Dunkelheit vor Sonnenaufgang von einer Tiefe des Sonnenmittelpunktes von 12° unter dem →*wahren Horizont* an bis zum →*Sonnenaufgang.* Sinngemäß die Zeit der abnehmenden Helligkeit von Sonnenuntergang bis zu einer Tiefe des Sonnenmittelpunktes von 12° unter dem wahren Horizont. Die n. D. ist kürzer als die →*astronomische* und länger als die →*bürgerliche Dämmerung.* Ihr Licht reicht aus, um in der →*astronomischen Navigation* die Höhe eines Gestirns über der →*Kimm* zu messen.

nautische Hilfskarte(n), die *(passage planning guide)* Zum Beispiel eine →*Radarkarte* zur Ergänzung der →*Seekarte.* Als n. H. gelten nicht die →*Karten für Sonderzwecke* vom →*BSH.*

Nautische Nachrichten (NNKA) Sie werden jährlich viermal an die Mitglieder der →*Kreuzer-Abteilung* versandt und enthalten amtliche Bekanntgaben nautischer Art für die Zwecke des →*Fahrtenseglers,* außerdem Berichtigungen und Ergänzungen für die →*Hafenhandbücher,* die den →*Nachrichten für Seefahrer* entnommen oder von Seglern gemeldet sind, sowie wichtige Erfahrungen von Seeseglern in fremden Gewässern.

Nautischer Almanach *(nautical almanac)* Siehe →*Almanach.*

Nautischer Funkdienst, der *(maritime W/T-service)* Vom →*BSH* für die Berufsschiffahrt herausgegebenes dreibändiges Werk über Funkverkehr, Funkortung, Wetter- und Eisfunk sowie Revierfunk. Die entsprechenden Angaben für →*Yachten* mit nicht vorgeschriebener →*nautischer Ausrüstung* sind im →*Jachtfunkdienst* enthalten.

Nautisches Informationssystem mit elektronischer Seekarte, das *(Electronic Chart Display and Information System, abbr. ECDIS)* Auch →*elektronisches Seekartensystem* genanntes Gerät der →*Navigation,* das nicht nur die →*Seekarte* auf einem Bildschirm darstellt, sondern auch alle anderen →*nautischen* Informationen bis zu einer (nautischen) →*Warnnachricht* liefert. Bei der Arbeit läßt sich der →*Maßstab* der Karte vergrößern, so daß auch Angaben zur →*Wassertiefe,* die →*Sektoren* von →*Leuchtfeuern* und andere Details sichtbar werden. Zusätzliche Angaben, z. B. die →*Kennung* eines Feuers, lassen sich abrufen. In der elektronischen Seekarte erscheinen der beabsichtigte und der tatsächliche →*Kurs* sowie über einen Positionssensor (heute meist →*GPS)* auch der aktuelle →*Schiffsort.*

Nautisches Jahrbuch, das *(nautical almanac)* Auch „Ephemeriden" genannte, jährlich neue und amtliche Ausgabe des →*BSH* mit den für das entsprechende Jahr geltenden, nach Datum und Stunden in →*UT1* gegebenen Angaben für Orte, Stundenwinkel und andere Daten von →*Sonne,* →*Mond,* →*Planeten* und ca. 50 Fixsternen. Man benötigt das N. J. für die →*astronomische Navigation.*

Nautische Tafeln, die *(nautical tables)* Arbeitsunterlage des →*Navigators,* insbesondere für die →*astronomische Navigation,* mit einer Vielzahl von Tabellen und Einzeltafeln, Formelsammlungen, Umrechnungen, Logarithmen, für →*Tagbogen* und →*Nachtbogen,* →*Azimute,* →*Kimmtiefe* u. a.

nautische Warnnachrichten, die *(navigation warnings)* International werden wichtige n. W. über die →*KüFuSt* mit →*UKW* oder →*Navtex* ausgestrahlt und mit dem →*Sicherheitszeichen* →*SÉCURITÉ* eingeleitet. N. W. von nur örtlicher Bedeutung werden von Rundfunksendern verbreitet, in Deutschland (für die Küstengewässer) vom Deutschlandfunk und dem Norddeutschen Rundfunk. Über den Inhalt der N. W. siehe auch (nautische) →*Warnnachrichten.*

Navigation, die *(navigation)* Sammelbezeichnung für alle Vorgänge und Tätigkeiten, um ein Fahrzeug über See auf dem günstigsten (kürzesten) Weg zu einem Ziel zu führen, dabei den →*Kurs* festzulegen und den →*Schiffsort* zu bestimmen. Die N. ist ein Teilgebiet der →*Nautik* und wird an Bord vom →*Schiffer* durchgeführt, wenn kein anderer Mann der →*Crew* als →*Navigator* eingesetzt ist. Nach dem →*Seeraum* unterscheidet man N. auf dem →*Revier* (in der →*Revierfahrt),* an der →*Küste* (in →*Küstenfahrt* bis max. 30 sm Abstand), auf der freien See sowie die

Ozean-N. Nach den Methoden bzw. Hilfsmitteln die →*terrestrische,* →*astronomische* und →*technische Navigation,* →*Radar-,* →*Funk-* und →*Satelliten-N.* Sonderformen sind z. B. →*Doppler-* und →*Schall-,* →*Satelliten-* und →*Trägheits-N.* Allen Ortsbestimmungen gleich ist das Prinzip, daß mindestens 2, meistens mehr →*Standlinien* durch Beobachtung, z. B. mit dem →*Sextanten,* dem →*Funkpeiler* oder dem →*Peilkompaß* gefunden bzw. errechnet werden, um einen in der →*Koppel-N.* ermittelten →*gegißten Ort* durch einen wahren Schiffsort kontrollieren, berichtigen und dabei gleichzeitig die →*Stromversetzung* feststellen zu können. Zu den modernen Systemen der N. gehören auch →*Consol-,* →*Decca-,* →*Radar-,* →*Loran-* und →*Omega-Verfahren* u. a.

Navigation nach DIN 13312 Für die Arbeit in der →*Navigation* und insbesondere für den praktischen Umgang mit Begriffen, Abkürzungen, Formelzeichen und graphischen Symbolen wurde die Deutsche Norm →*DIN 13312* geschaffen, an der sich auch der Unterricht an deutschen →*Segelschulen* und die Darstellung des Inhaltes in den Fach- und Sachbüchern für die →*Sportschiffahrt* orientiert.

Navigationsrack, das *(navigator's rack)* Kompakte Halterung aus Holz oder Kunststoff für das

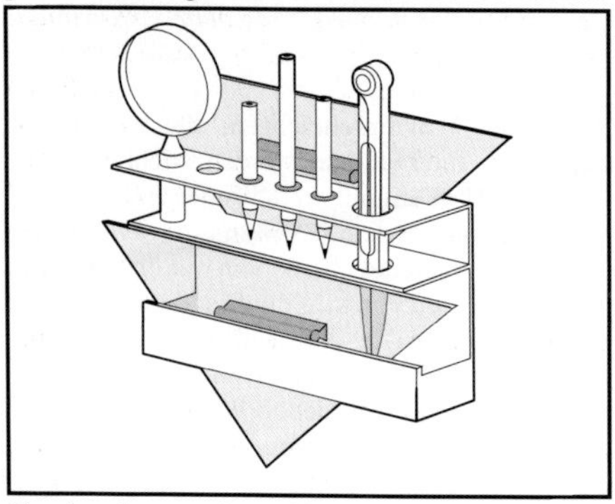

Handwerkszeug des →*Navigators* und die Arbeit am →*Kartentisch.* Im N. sind u. a. →*Kursdreieck* und →*Kartenzirkel,* →*Kartenlupe* und Bleistifte griffbereit und seefest untergebracht. In einem größeren N. finden auch →*Nautische Tafeln* und andere →*Seebücher* ihren Platz.

Navigationssatellit, der Ein Satellit zur →*Ortung,* der laufend seine eigene Position sendet und es erlaubt, über eine Messung des →*Doppler-Effektes* den →*Schiffsort* zu bestimmen. Seit 1966 wurde die ursprünglich nur für militärische Nutzung, dann aber auch für zivilen Einsatz freigegebene US-amerikanische Transit-Serie NNSS (Navy Navigation Satellit System) für die Satelliten-Navigation genutzt. Mehrere Navigationssatelliten kreisen in 1100 km Höhe in polaren Umlaufbahnen und senden alle 2 Minuten ihren genauen Standort. Ihre Bahndaten werden alle 12 Stunden am Boden neu berechnet und an den N. übermittelt. Dieses →*Transit-Satelliten-Navigationssystem* wurde seit 1991 vom →*GPS-Satelliten-Navigationssystem* abgelöst. Hierfür umkreisen jetzt 24 Navigationssatelliten auf sechs Bahnen die Erde. Sie stehen etwa 20200 km über der Erdoberfläche, sind 55° gegen den →*Äquator* geneigt und in der Äquatorebene um 60° gegeneinander versetzt. Je vier bewegen sich dabei gemeinsam auf einer Bahn. Sie senden auf den sehr hohen →*Trägerfrequenzen* f 1 = 1575,42 MHz und f 2 = 1227,60 MHz mit der von einem Code aufgegebenen →*Modulation,* d. h. einer Folge von positiven und negativen Impulsen. Die Frequenz f1 trägt dabei sowohl den C/A-Code (Clear Acquisition oder Coarse Acquisition = freier Zugang oder Groberfassung) als auch den P-Code (Protected oder Precise Code = geschützter oder Präzisionscode). Die Frequenz f 2 trägt demgegenüber nur den P-Code. Der zivile Nutzer hat nur Zugang zu dem gesendeten C/A-Code, mit dem der →*Standard Positioning Service* (SPS) oder der Standard-Ortsbestimmungsdienst des →*GPS* betrieben wird. Ein Code enthält etwa 1000 Impulse (bits oder chips genannt) von je einer →*Mikrosekunde* Dauer. Der C/A-Code kann also in einer Sekunde 1000mal gesendet werden. Das bedeutet, daß der N. 1000 x 1000 = 1 000 000 bit pro Sekunde abstrahlt, die von einem →*GPS-Empfänger* an →*Bord* empfangen und fortlaufend zur →*Schiffsortbestimmung* ausgewertet werden.

Navigator, der *(navigator)* Der Mann der Besatzung, der die →*Navigation* beherrscht, für sie verantwortlich ist und die →*nautischen Bücher* und →*nautischen Instrumente* an Bord betreut. Sein Arbeitsplatz in der Kajüte ist der →*Kartentisch.*

navigieren *(to navigate)* Ein Boot mit Hilfe der →*Navigation* sachkundig und sorgfältig führen, z. B. bei geringer →*Sicht,* in engem →*Fahrwasser,* beim →*Einsteuern,* im →*Nahbereich* u. a.

Navstar Abk. für **Navigation System for Time and Ranging,** Navigationssystem mit Zeit- und Abstandsbestimmung, dasselbe wie →*GPS-Satelliten-Navigationssystem.*

Navtex Abk. für **Navigational Warnings by Telex.** Von bestimmten →*Küstenfunkstellen* mittels automatischer Schmalband-Telegrafie auf der →*Frequenz* 518 kHz in der Sendeart →*Frequenzmodulation* (F 1 W) alle 4 bzw. 6 Stunden verbreitete →*Windwarnungen,* →*Wetterwarnungen,* →*nautische Warnnachrichten* sowie dringende Informationen, die von Yachten und Schiffen, die mit speziellen Funk-Fernschreibempfängern ausgerüstet sind, auf einem Bildschirm und/oder in gedruckter Form empfangen werden können. Warnnachrichten für die deutschen Küstengewässer bis ca. 200 sm Abstand werden für die Nordsee von der →*KüFuSt* Scheveningen und für die Ostsee von der →*KüFuSt* Stockholm verbreitet.

Navtex-Dekoder, der *(navtex decoder)* Ein →*Dekoder,* der die im →*Seefunk* in der →*Sendeart* →*F1B* übermittelten Informationen als Funkfernschreiben ausdruckt.

Navtex-Empfänger, der *(navtex receiver, weatherfax receiver)* Mit einem internen Speicher ausgestattetes Gerät für den automatischen Empfang von →*Wetterberichten* und →*nautischen Warnnachrichten,* die von Navtex-Sendern mit einer Reichweite von 400 sm ausgestrahlt werden. Die Übertragung der Meldungen erfolgt durch ein fehlerkorrigiertes Fernschreibverfahren mit der offiziellen Bezeichnung „Forward Error Correction" (FEC-B) auf den →*Frequenzen* 518 kHz (grundsätzlich nur in Englisch) und auf der Kurzwelle 4209,5 kHz (vor allem in den →*Tropen*). Es hat gegenüber der früher üblichen →*Sendeart* →*F1B* den Vorteil höherer Übertragungsgeschwindigkeit und Sendesicherheit, doch ist das Mitschreiben der Daten wie bei →*Morsezeichen* nicht mehr möglich, da die einkommenden Signale durch einen elektronischen →*Navtex-Decoder* entschlüsselt werden. Der Klartext wird entweder auf einem Papierstreifen ausgedruckt und/oder auf einem LCD-Bildschirm lesbar gemacht. N.-E. mit Drucker sind teuer und verbrauchen (ständig) ca. 0,13/0,21 A Strom. →*Video-Navtex-Empfänger* sind preiswert und haben nur einen Stromverbrauch von 0,04 A. N.-E. können mit einer →*Schnittstelle* bestückt sein und dann auch Zeit- und Positionsmeldungen im internationalen Datenformat →*NMEA 0183* empfangen. Sie müssen eine →*BZT-Zulassung* besitzen, der →*CE-Norm* und den Bedingungen des →*EMVG* entsprechen. Seit 01.03.1995 sind N.-E. auf Yachten (als Schiffe, die nicht der Schiffssicherheitsverordnung unterliegen) allgemein genehmigt.

Navtex-Meldungen, die *(navtex informations)* Die von jedem der weltweit installierten →*Navtex-Sender* für ihren jeweiligen regionalen Bereich ausgestrahlten Meldungen gliedern sich einheitlich in A: Warnnachrichten; B: Windwarnungen; C: Eismeldungen; D: Seenotmeldungen; E: Wetterberichte; F: Lotsenmeldungen; G: Decca-Meldungen; H: Loran-Meldungen; I: Omega-Meldungen; J: Satnav-Meldungen; K: GPS-Meldungen und (neben anderen) Z: zur Zeit keine Meldungen. Bis auf die Gruppen A, B und D lassen sich alle anderen Meldungen ausblenden, so daß ein →*Navtex-Empfänger* nur die für eine →*Yacht* wichtigsten Informationen speichern und darstellen muß.

N über C (November über Charlie) Internationales Buchstaben-Signal. Bedeutung: „Bin in Not; benötige dringend Hilfe."

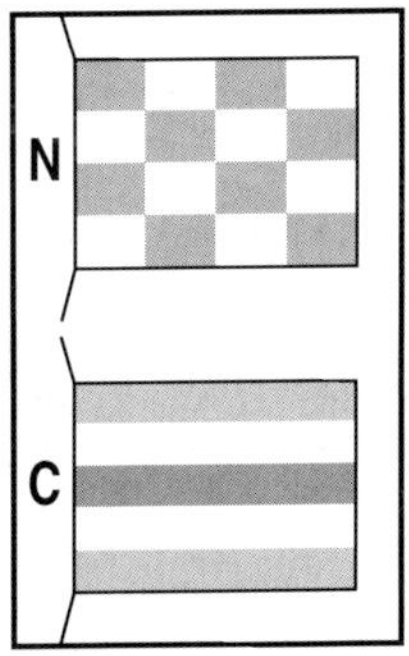

Nebel, der *(mist, fog)* Sichtbehinderung durch kondensierten Wasserdampf, der aus unzähligen, winzigen, in der Luft schwebenden Wassertröpfchen besteht. Man unterscheidet mäßigen N. mit einer meteorologischen →*Sichtweite* unter 0,5 km und einem Sichtwert von 0,000005 und schwachen N. mit einer Tagessicht von 0,5 bis 1 km und einem Sichtwert unter 0,001. Nach den Entstehungsursachen gibt es viele N.-Arten, z. B. →*Seenebel,* Hochnebel, →*Seerauch,* Bodennebel u. a.

Nebelglocke, die *(fog bell)* Eine →*Glocke,* mit der man →*Nebelsignale* abgeben kann. Neben einer →*Schiffsglocke,* die frei aufgehängt oder an einem Glockenhalter befestigt und durch ein Glockenbändsel bedient wird, kann man auf einem →*Fahrzeug* unter 12 m →*Länge* auch sogenannte „Ausschellglocken" mit Handgriff und festem Klöppel benutzen, die nicht ständig befestigt sein müssen, leichter zu verstauen sind und geringere Anschaffungskosten erfordern.

Nebelhorn, das *(fog horn)* Ein Teil der →*nautischen Ausrüstung,* mit dem nach der →*KVR* nur Fahrzeuge unter 12 m Länge →*Nebelsignale* abgeben dürfen. Nach Art der Betriebseinrichtung kann man zwischen einfachem →*Mundn.* und →*Pumpn.* wählen. Ein →*Handnebelhorn* wird mit

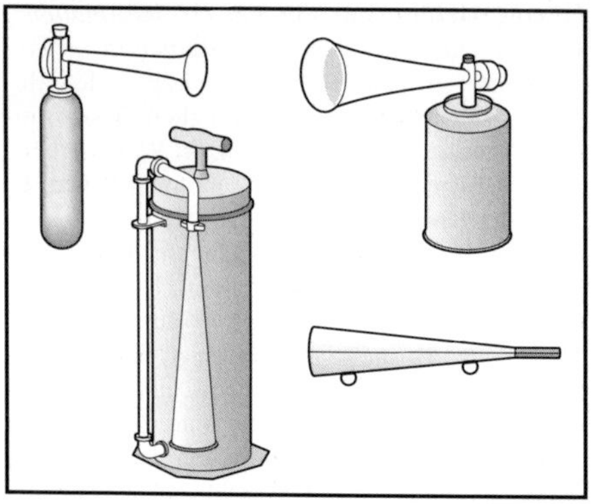

Flüssiggas, ein →*Signalhorn* elektrisch mit Kompressor betrieben. Die →*Tragweite* des Schalls auf dem Wasser sollte bei Fahrzeugen unter 20 m Länge 0,5 →*Seemeilen* betragen.

Nebelschallsignal *(fog signal)* Zeichen aus →*Karte 1* (INT 1) im Anhang.

Nebelsignale, die *(fog signals)* Schallsignale, die nach den →*KVR* und der →*SeeSchStrO* bei →*Nebel* und schlechtem Wetter, das die →*Sicht* behindert, bei Tag oder →*Nacht* gegeben werden müssen. Dabei kann man aus der Art der N. erkennen, ob ein Boot oder Schiff in →*Fahrt* ist oder →*Fahrt durchs Wasser* macht, vor →*Anker* liegt, als →*Maschinenfahrzeug,* →*Fahrzeug* unter 12 m oder →*Schleppfahrzeug* o. ä. fährt. N. müssen mit →*Nebelhorn,* →*Pfeife,* →*Glocke* und/oder →*Gong* gegeben werden. Auch →*Leuchttürme* und →*Feuerschiffe* senden N. aus. Die entsprechende →*Kennung* nach dem →*Morsealphabet* ist im →*Leuchtfeuerverzeichnis* angegeben. Die nach →*KVR,* Anlage III, vorgeschriebenen →*Signalanlagen* sind Pfeifen, Glocken und Gong.

Nebenfahrwasser, das *(secondary channel)* Ein →*Fahrwasser,* das weniger vollständig als ein →*Hauptfahrwasser* betonnt und oft nicht befeuert ist.

Nebenmeridianbreite, die *(ex-meridian altitude)* In der →*astronomischen Navigation* ein Verfahren, die →*geographische Breite* durch Messen der Gestirnshöhe (mit dem →*Sextanten)* kurz vor oder nach der →*Kulmination* oder dem →*Meridiandurchgang* zu ermitteln. Man wählt die N., wenn durch kurzzeitig verdeckte →*Sicht* des Gestirns eine →*Meridianbreite* oder →*Mittagsbreite* nicht genommen werden kann oder konnte.

Nebensender, der *(slave station)* In einer Senderkette, z. B. für das →*Decca-Verfahren,* eine Senderstation, die in einer bestimmten Position zum →*Hauptsender* angeordnet ist und auf einem Vielfachen einer Grundfrequenz dieser Senderkette seine Signale kontinuierlich, aber in jeder Minute für den Bruchteil einer Sekunde unterbrochen abstrahlt.

Neerstrom, der *(back eddy, backwash)* Der Hauptstromrichtung entgegenlaufende Strömung

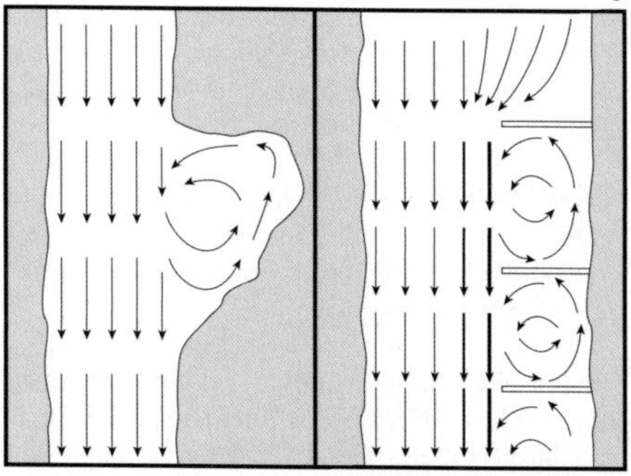

in einer →*Bucht,* einer Hafeneinfahrt oder in einem →*Buhnenfeld,* die sich bei ausreichender Wassertiefe vorteilhaft ausnutzen läßt, wenn man stromauf segelt oder motort.

negativ *(negative, minus)* Im üblichen Wortsinn verneinend; mathematisch für Größen, die kleiner als Null sind. Darüber hinaus als „umgekehrt, entgegengesetzt oder nicht vorhanden“ zu verstehen, z. B. als →*negativer Sprung,* →*negativer Spiegel* (im Sinne eines nicht vorhandenen Überhangs) benutzt.

negativer Spiegel, der Ein nicht, wie üblich, nach achtern oder außen ausladender bzw. senkrechter →*Spiegel,* sondern ein nach vorn geneigter oder einfallender Spiegel, der typisch für ein modernes →*Yachtheck* ist und oft bei Booten mit →*negativem Sprung* anzutreffen ist.

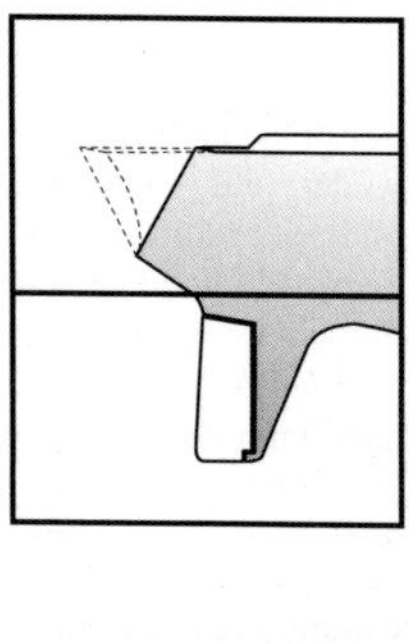

negativer Sprung, der *(reverse sheer)* Ein →*Sprung,* bei dem der →*Freibord* in der Mitte höher als an den Bootsenden ist und sich die Deckslinie nach oben wölbt. Ggt.: →*positiver Sprung.*

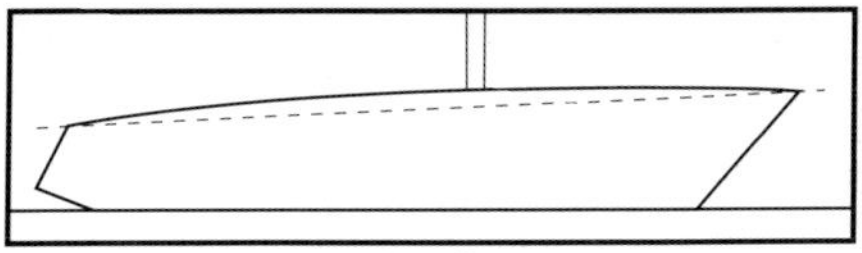

negativer Sprung

Nehrung, die *(narrow tongue of land)* Von der Strömung meistens im Anschluß an eine →*Huk* aufgeschütteter, schmaler, langer Sandstreifen. Eine N. kann (z. B. bei der Kurischen N.) viele km lang sein. Die zwischen N. und der →*Küste* liegende Wasserfläche nennt man →*Haff,* →*Lagune* u. a. Hier gelten die erleichterten Bauvorschriften für die →*Wattfahrt.*

Nenndrehzahl, die *(nominal speed, rated speed nominal r. p. m.)* Die →*Drehzahl* eines →*Motors,* für die er konstruiert ist und mit der er volle →*Leistung* abgeben soll.

Nennleistung, die *(nominal power, rated output)* Die →*Leistung,* mit der ein →*Motor* oder eine andere Maschine (an einer →*Winde,* →*Pumpe* u. a.) arbeiten soll. Sie ist gleichzeitig die Vollastleistung.

Nennspannung, die *(nominal voltage)* Die Spannung, mit der ein elektrisches oder elektronisches Gerät betrieben werden muß, um seine volle →*Leistung* zu erbringen.

Nenntragweite, die *(nominal range)* Die →*Tragweite* eines →*Feuers* oder einer →*Laterne,* die für einen mittleren →*Sichtigkeitsgrad* der Luft ermittelt wird, bei dem die meteorologische →*Sichtweite* 10 sm beträgt. Bei einem →*Feuer* ist die N. von der →*Lichtstärke* abhängig. Ihre Beziehung lautet

Nenntragweite	Lichtstärke
3 sm	15 cd
5 sm	75 cd
8 sm	480 cd
10 sm	1 400 cd
15 sm	14 000 cd
20 sm	110 000 cd
25 sm	770 000 cd
30 sm	4 900 000 cd

Der Begriff „Nenntragweite“ gilt sinngemäß auch für Schallsignale, die z. B. von Signalstationen oder Leuchttürmen als →*Nebelsignale* gegeben werden.

Nestron *(Nestron)* Markenname für →*Polypropylenfasern* britischer Produktion (ICI), die zur Herstellung von →*Fasertauwerk* aus →*Chemiefasern* dienen.

Nettoraumzahl, die *(net tonnage)* Während die frühere Nettoregistertonne durch Abzug der Betriebsräume eines →*Schiffes* aus der Bruttoregistertonne direkt ermittelt wurde, ergibt sich die N. aus einer komplizierten Berechnungsformel, in die Laderäume, Passagierräume und andere Schiffseinrichtungen eingehen. Für →*Yachten* als →*Seeschiffe* ist nur die →*Bruttoraumzahl* von Bedeutung.

Neumond, der *(new moon)* Eine →*Mondphase,* in der der Mond zwischen Sonne und Erde steht, die der Erde zugekehrte Seite des Mondes verdunkelt und der Mond daher unsichtbar ist. Bei N. herrscht in →*Tidengewässern* →*Springtide.*

Neunundvierziger (49er) Eine australische Hochleistungs-→*Jolle,* die von der →*ISAF* in der Gruppe „Dinghy, open, high performance“ für die →*Olympischen Spiele* des Jahres 2000 in Sydney erstmalig als →*olympische Klasse* bestimmt wurde. Abmessungen: Lüa 4,99 m; Büa 2,90 m; Gewicht 125 kg; Segelfläche 21,2 m^2; Spinnaker 38,0 m^2; Designer J. Bethwaite. Der 49er hat als →*Skiff* einen flachen →*Knickspant-Rumpf* ohne →*Cockpit* Die flache Arbeitsplattform an →*Deck* geht nahtlos in die verstellbaren festen →*Ausleger* über. Der →*Segeltrimm* erfolgt bereits vor dem →*Start* (und noch an Land), so daß in einer →*Wettfahrt* nur →*Vorliekstrecker,* →*Baumniederhalter* (hier „Baumniederdrücker“ genannt) und die →*Schoten* bedient werden müssen. Der 49er wird mit →*Gennaker* an einem (ausfahrbaren) →*Bugspriet* gesegelt. Beim →*Setzen* des Segels wird die →*Spiere* automatisch mit ausgefahren und beim →*Bergen* wieder mit eingeholt. Der →*Anstellwinkel* der →*Selbstwendefock* wird mit Stiften begrenzt und ihr →*Holepunkt* am →*Schothorn* verändert.

Neuvermessung, die Die erste →*Vermessung* eines Bootes, für das eine →*Einzelvermessung* vorgeschrieben ist.

Neuwert, der *(value as new)* Im Rahmen einer →*Kasko-Versicherung* der Betrag, der für die Anschaffung des neuen Bootes oder der beschädigten Ausrüstung aufgewendet werden muß. Bei einer →*Versicherung* sollte eine feste Taxe als N. vereinbart werden.

Newton, das (N) Maßeinheit für →*Kraft.* 1 N = 1 kg m/s^2.

nichtöffentlicher Seefunkdienst, der Siehe →*Seefunkdienst, nichtöffentlicher.*

Niedergang, der *(companion way)* Die Treppe an Bord, z. B. in die →*Kajüte,* die steiler, schmaler und kürzer als an Land ist. Über jedem N. liegt meistens eine →*Niedergangskappe,* auch nur →*Kappe* oder →*Schiebekappe* genannt.

Niederhalter, der *(e.: kicking strap, a.: boom vang)* Leine oder Talje, die durch einen ständigen,

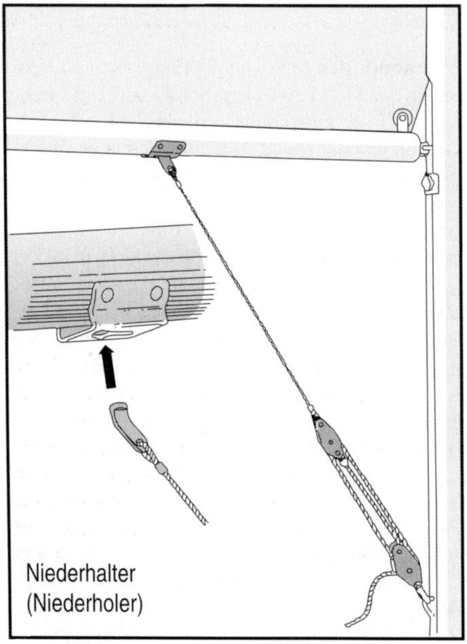

weitgehend senkrechten Zug nach unten einen Teil des Baumes in seiner waagerechten, optimalen Lage hält (→*Baumniederhalter;* →*Spinnakerbaum-Niederhalter)* oder gegen ein Herausrutschen nach oben (z. B. am →*Lümmelbeschlag)* sichert. Auch als →*Niederholer* bezeichnet.

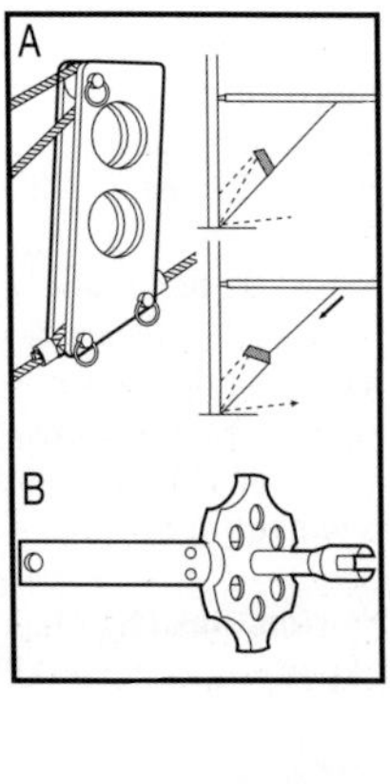

Niederhalter-Spannhebel, der *(kicker lever)* Anstelle einer →*Talje* in den →*Baumniederhalter* mit einfacher Zapfen-Befestigung gehängter kräftiger Leichtmetall-Hebel (Abb. A), der – je nach Länge – mit einer Kraftersparnis von 10:1 bis 7:1 über zwei Umlenkrollen den Niederhalter steifsetzt. Keine Gefahr der →*Lose* wie bei einer Talje und billiger als eine Niederhalter-Spindel (B).

niederholen *(1. to lower, to ride [a sail] down, 2. to haul down)* 1. Ein →*Segel* →*bergen,* es nach unten ziehen, wenn es nicht allein fällt. Gegebenenfalls dazu mit einer →*Niederholleine,* →*Einholeleine* o. ä. arbeiten. – 2. Die →*Nationale* bei der abendlichen →*Flaggenparade* n. oder beim →*Flaggengruß* halb n. und sie wieder (als Ggt.) →*heißen.*

Niederholer, der *(downhaul, tripping line)* Eine Leine, die das →*Niederholen* von Stagsegeln sicherstellt oder erleichtert, z. B. →*Fockniederholer.* Nicht korrekt z. B. bei →*Baumniederholer* für eine Aufgabe benutzt, die der →*Niederhalter* besorgt.

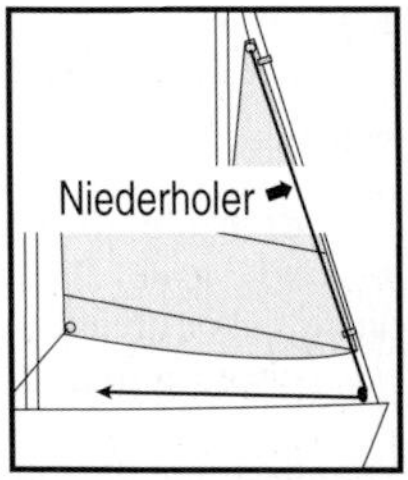

Niederschlag, der *(precipitation)* Kondensation der Luftfeuchtigkeit bis zu Gebilden, die sich nicht mehr schwebend (als →*Nebel* oder in den Wolken) halten können und in irgendeiner Form auf die Erde fallen müssen, z. B. als →*Sprühregen,* →*Nieseln,* →*Regen,* →*Schauer,* →*Hagel,* →*Graupel,* Schnee oder sich als →*nässender Nebel,* →*Tau* und →*Reif* absetzen.

Niedrigpunkt-System, das Siehe →*Low-Point-System.* Das N.P.S. hat den Vorteil einer geradlinigen Punktskala, während beim früheren →*olympischen Punktsystem* eine „gekrümmte" Punktskala verwendet wurde, die die ersten 6 Plätze zusätzlich aufwertete.

Niedrigwasser, das *(low tide, low water)* In →*Tidengewässern* der niedrigste Wasserstand in einer →*Gezeit* beim Übergang vom →*Fallen* zum →*Steigen* zwischen zwei aufeinanderfolgenden →*Tiden.*

Niedrigwasserhöhe, die *(height of low water)* Die auf →*Kartennull* bezogene Höhe einer →*Gezeit* bei →*Niedrigwasser.*

Niedrigwasserzeit, die *(time of low water)* Tag und Uhrzeit, zu denen das →*Niedrigwasser* eintritt.

Nieseln, das *(drizzle, mizzle)* Ein feiner Staubregen, der oft beim Durchzug einer →*Warmfront* auftritt, mit →*Warmluftmassen* verbunden ist und die →*Sicht* vermindert.

Niet, das *(rivet)* Ein Verbindungselement zweier Bauteile, das nur schwierig wieder zu lösen ist. Das normale N. als Kupfernagel mit einem Setzkopf, bis zu dem es z. B. bei der →*Klinkerbeplankung* zuerst fest in das Holz eingeschlagen wurde, um anschließend durch Anschlagen eines Schließkopfes und durch Gegenhalten auf der anderen Seite die endgültige Verbindung herzustellen, ist im Bootsbau aus →*Stahl* durch das Schweißen verdrängt worden. Im →*Mastbau* arbeitet man mit →*Blindniet,* →*Popniet* o. ä., die nur von einer Seite eingesetzt und festgezogen werden können.

Nietung, die; Vernietung, die *(riveting)* Eine Art der Befestigung im Gegensatz zum Schweißen, Nageln oder Schrauben. Bei der Auswahl des Materials für ein →*Niet* und seiner Abmessung müssen die Belastbarkeit, die Haltekraft und die Gefahren der →*Korrosion* beachtet werden. So benutzte man z. B. Kupfernieten bei der →*Klinkerbeplankung* aus →*Massivholz.* Am →*Rigg* und zur Halterung von Beschlägen am →*Mast* werden jetzt Nieten aus →*Aluminium,* →*Monel* oder →*Edelstahl* eingesetzt, die bei unterschiedlichen Abmessungen der Nieten (z. B. 4,8 oder 6,5 mm) bis zu maximaler Zugkraft von 500 bis 2000 kN bzw. maximaler Scherkraft von 550–2400 kN belastet werden können.

Nimbostratus *(nimbostratus)* Eine →*Regenschichtwolke* mit der Untergrenze von 500 m über See.

Nipphochwasser, das *(e.: high water neaps – a.: neap high water)* Das →*Hochwasser* zur →*Nippzeit.* Durch die halbmonatliche →*Ungleichheit* erreicht der Wasserstand hierbei seine geringste →*Hochwasserhöhe.*

Nippniedrigwasser, das *(e.: low water neaps – a.: neap low water)* Das →*Niedrigwasser* zur →*Nippzeit.* Durch die halbmonatliche →*Ungleichheit* erreicht der Wasserstand hierbei seine größte →*Niedrigwasserhöhe.*

Nipptide, die *(neap tide)* In der Gezeitenkunde die →*Tide,* die das (relativ niedrige) →*Nipphochwasser* enthält. Die N. liegt 1 bis 3 Tage nach dem ersten und letzten Mondviertel.

Nippzeit, die *(neap tide)* Die Tage nach Eintritt des ersten oder letzten Mondviertels, wenn Sonne

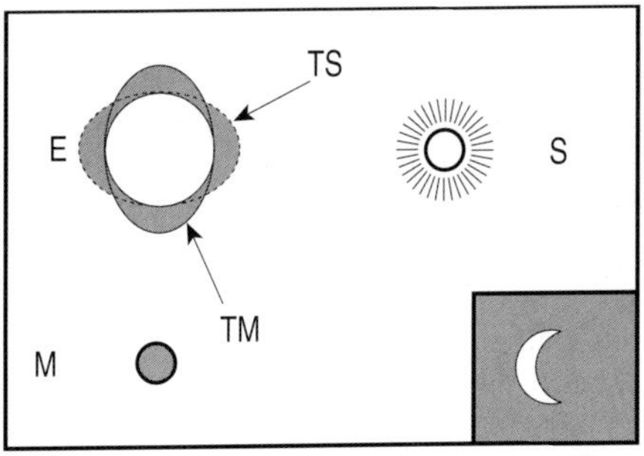

und Mond im rechten Winkel zueinander stehen. Mondflut bzw. →*Mondtide* (Abb., TM) und Sonnenflut bzw. →*Sonnentide* (TS) behindern sich hierbei und heben sich zum Teil auf. In der N. treten im allgemeinen die niedrigsten Hochwasserhöhen und die höchsten Niedrigwasserhöhen ein.

Nirosta *(stainless steel)* Handelsübliche Bezeichnung für nichtrostenden Stahl, auch als „Niro" abgekürzt, aus dem →*Schäkel,* →*Blöcke,* →*Drahttauwerk* für das →*Stehende Gut* und Bleche für Spülen o. ä. hergestellt werden. Dabei stellt N. keine Materialaussage nach DIN dar, sondern ist z. B. bei Krupp unter den Bezeichnungen V2A-, V4A- oder V4AS-Stähle nach DIN 4401 mit einem Anteil von 16 bis 20 % Chrom, 7 bis 11 % Nickel und je ca. 2 % Mangan und Molybdän festgelegt. Bei diesen allgemein verwandten Materialien hat V4A eine bessere korrosive Beständigkeit als V2A und ist dementsprechend teurer.

Nivion *(Nivion)* Markenname für →*Polyamidfasern* italienischer Produktion (Anic).

NMEA, Abk. für **National Marine Electronic Association,** siehe dort.

NNSS Abk. für **Navy Navigation Satellite System,** dasselbe wie →*Transit-Satelliten-Navigationssystem.*

Nock, die (pl.: **Nocken, die**) *(1. pole, boom head, 2. yard-arm, 3. wing of a navigating bridge)* Das freie Ende eines →*Rundholzes* oder einer →*Spiere,* z. B. →*Baumnock* (1), →*Rahnock* (2) u. a. – 3. Auf beiden Seiten eines (größeren) Schiffes über das →*Brückendeck* querschiffs hinausragendes Ende der →*Kommandobrücke,* die Brückennock. Sinngemäß auch bei Anlegesteg, Pier u. ä. die Bezeichnung für das äußere, freie Ende. Die Bezeichnung N. wird nur für (annähernd) waagerechte Teile benutzt, nicht für →*Mast* (Masttopp), Stenge u. a. und auch nicht für die →*Gaffel.*

Nockbeschlag, der Ein →*Beschlag,* der an der →*Nock* sowohl zu deren Schutz als auch zum Bewegen der entsprechenden →*Spiere* befestigt ist, z. B. zur Halterung der →*Dirk,* zur Befestigung der →*Schot.*

Nomogramm, das *(nomogram, straight-line chart, alignement chart)* Begrifflich die Darstellung funktionaler Zusammenhänge zwischen mehreren veränderlichen Größen. In der →*Gezeitenkunde* ein Kurvenblatt, um den Höhenunterschied zur →*Niedrigwasserhöhe* für einen →*Anschlußort* zu ermitteln. Einfacher als mit einem komplizierten N. arbeitet man dabei auf →*Yachten* mit der →*Zwölftelregel.*

Nonius, der *(vernier, [nonius])* Im Deutschen nach dem portugiesischen Mathematiker Pedro Nunez (1492 bis 1577), im Englischen nach dem französischen Mathematiker Pierre Vernier genannter Hilfsmaßstab zum Ablesen der Zehntel der Einheiten eines Hauptmaßstabes. Der N. wird in der Technik an einer Schieblehre, in der Nautik am →*Nonius-Sextanten* benutzt und verwertet die Tatsache, daß das Auge eine unterbrochene Linie von einer durchgehenden Linie deutlich unterscheiden kann. Ein N. verwendet z. B. 10 Teilstriche, die zusammen genau so lang wie 9 Längeneinheiten des Hauptmaßstabes sind. Man liest an der Nullposition über dem N. den Hauptmaßstab mit den ganzen Einheiten ab (in unserem Beispiel: über 16°, fast 17°) und prüft dann, welche N.-Einheit als durchgehende Linie mit dem Hauptmaßstab zusammenfällt, d. h. durchläuft (hier: 48'). Man addiert beide Werte und erhält das gemessene Bogenmaß von 16°48'.

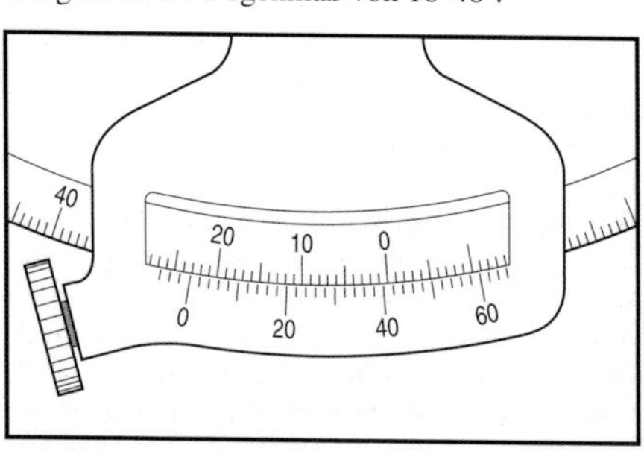

Nonius-Sextant, der *(vernier sextant)* Ein →*Sextant,* bei dem der gemessene Winkel in Graden direkt abgelesen und die Minuten-Einheiten über einen →*Nonius* ermittelt werden. Das Verstellen des Nonius zum →*Limbus* erfolgt über eine Stellschraube und ein entsprechendes Schneckengewinde. Mit guter Markierung von Gradbogen und Nonius genaue Ablesung möglich, aber Irrtümer nicht wie beim →*Trommel-Sextanten* weitgehend ausgeschlossen.

Norden, Nord *(north)* Die in der →*Richtungsrose* oder →*Gradrose* mit Null bezeichnete Hauptbezugsrichtung auf der Erde, die Richtung, in die die Nadel eines →*Magnetkompasses* zeigt und die auf der →*Kompaßrose* gegenüber allen anderen →*Himmelsrichtungen* als die wichtigste dargestellt ist. Auf den entsprechenden →*Nordpol* bezogen unterscheidet man →*geographisch* oder →*rechtweisend N.,* →*magnetisch* oder →*mißweisend N.* Zum →*nördlichen* →*Quadranten* gehören die →*Kompaßrichtungen* von NW bis NO (NE).

Nordisches Folkeboot Von Tord Sundén (Schweden) konstruiertes und aus Vollholz in →*Klinkerbauweise* gebautes →*Fahrtenboot,* auch für Regatten und Langreisen, anerkannte ausländische Klasse. Lüa 7,64 m, Büa 2,20 m, Tiefg. 1,20 m, Verdr. segelf. ca. 2,2 t, Segelfl. 24 m^2. Segelzeichen: F.

nördlich *(northern, northerly)* Im →*Norden* (liegend), im Gegensatz zu →*südlich,* z. B. n. Wind, n. Breite, n. Polarkreis, n. einer →*Untiefe* u. ä.

Nordlicht, das *(Aurora Borealis)* Nächtliche Lichterscheinung im Gebiet hoher →*nördlicher* →*geographischer Breite,* auch →*Polarlicht* genannt und dort erklärt. Im Bereich des →*südlichen* →*Polarkreises* analog als →*Südlicht* bezeichnet.

Nord-Ostsee-Kanal, der *(Kiel Canal)* 100 km lange, 1895 eröffnete Schiffsverbindung zwischen der Elbmündung bei Brunsbüttel und der Kieler Förde, die den Weg um →*Skagen* um ca. 400 sm verkürzt. Der Kanal ist im Prinzip ein Seespiegel-Kanal und besitzt seine Schleusen lediglich zur Ausschaltung der Gezeitenunterschiede zwischen Nord- und Ostsee und des Windeinflusses. Wasserspiegelbreite 162 m, Sohlenbreite 90 m, Wassertiefe 11 m. Schleusen in Brunsbüttel und Kiel-Holtenau. Yachthafen in Brunsbüttel zum Abwarten der günstigsten →*Tide* und in Kiel-Holtenau vor dem →*Einschleusen.* Liegemöglichkeiten für Yachten nur alle ca. 10 sm an erlaubten Stellen. Sportboote fahren mit eigener Kraft. Das Segeln im NOK ist verboten. Vor der Fahrt das entsprechende Merkblatt mit den →*Si-*

gnalen zum →*Schleusen* beschaffen. Die →*Fahrzeugführer* auf →*Yachten* dürfen den Verkehrsablauf nicht behindern. Bei →*unsichtigem Wetter* und bei →*Nacht* bzw. außerhalb der Tagfahrzeiten, die z. B. vom 1.6. bis 30.6. von 0230–2200 Uhr angesetzt sind, dürfen Sportfahrzeuge den NOK und seine Zufahrten nicht befahren. Die Verkehrsabwicklung erfolgt über →*Küstenfunkstellen* des Revier- und Hafenfunks im →*UKW-Bereich* (→*Kanal Radio*), die auf den einzelnen Streckenabschnitten mit „Kiel Kanal Radio" gerufen werden können.

Nordquadrant, der *(north quadrant)* Der (z. B. von einer →*Gefahrenstelle* betrachtete) →*Quadrant,* der von →*Nordwest* über →*Nord* bis →*Nordost* reicht. Im →*Kardinalsystem* der →*Betonnung* ist der N. durch zwei schwarze Doppelkegel-Toppzeichen mit den Spitzen nach oben und die Tonnenfarbe Schwarz über Gelb bezeichnet.

Nordsee, die *(North Sea)* Ca. 570 000 km² großes Randmeer des Atlantischen Ozeans mit Tiefen von weniger als 60 m im südlichen und mehr als 200 m im nördlichen Teil sowie nur 15 m auf der Doggerbank in seiner Mitte. Die N. ist ein →*Tidengewässer* mit einem mittleren →*Tidenhub* von 2,0 bis 3,75 m an der deutschen →*Küste.* Die höchste →*Wellenhöhe* beträgt 5 bis 6 m, der mittlere Salzgehalt 33 ‰, d. h. in einem Liter Seewasser sind 33 g Salz enthalten. Der südöstliche Teil der N. heißt →*Deutsche Bucht.*

Nordseewoche, die Jährliche Veranstaltung der →*Hochseesegler* mit einer →*Regatta,* zu der →*Wettfahrten* auf →*Dreieckskursen,* z. B. Rund Helgoland, und →*Zubringer-Wettfahrten* von und nach Bremerhaven, Cuxhaven und/oder Hamburg gehören.

Nordstern, der *(north star, polaris, pole star)* Auch →*Polarstern* genannter Fixstern im Sternbild des Kleinen Bären, nur um ca. 1,5° neben dem Himmelsnordpol (Abb. A) und damit bei

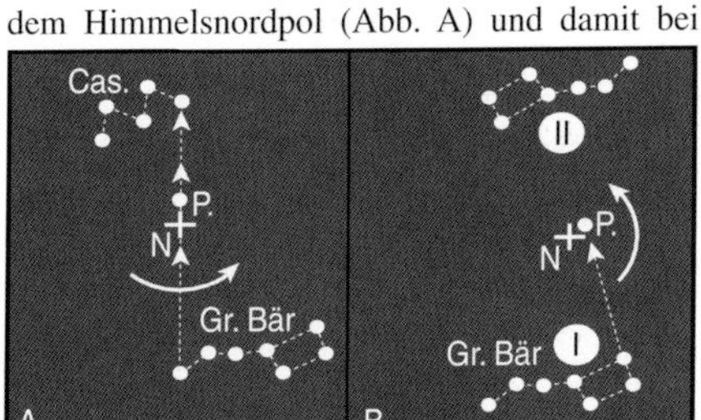

guter →*Sicht* ein optisch wichtiger Richtpunkt für →*rechtweisend Nord.* Man findet den N. halbwegs auf der Linie vom ersten Deichselstern (Alkaid) des Großen Wagens zum Anfangsstern des geschriebenen Himmels-W (der Cassiopeia) oder in der fünfmaligen Verlängerung des hinteren Kastens über dessen oberen Stern (Dubhe) hinaus. Dargestellt sind in I und II (Abb. B) Positionen des Großen Bären oder auch Großen Wagen bei seiner Bewegung um den N. im Verlauf einer →*Nacht.*

Nordstern-Azimut, das *(azimuth of the pole star)* Das →*Azimut* des →*Nordsterns,* bis auf ca. 1,5° die Richtung →*rechtweisend Nord.* Ein genaues N. kann man zur astronomischen Kompaßkontrolle beim →*Magnetkompaß* mit Korrekturen aus dem →*Nautischen Jahrbuch* benutzen.

Nordsternbreite, die *(latitude by polaris [altitude])* In der →*astronomischen Navigation* die Be-

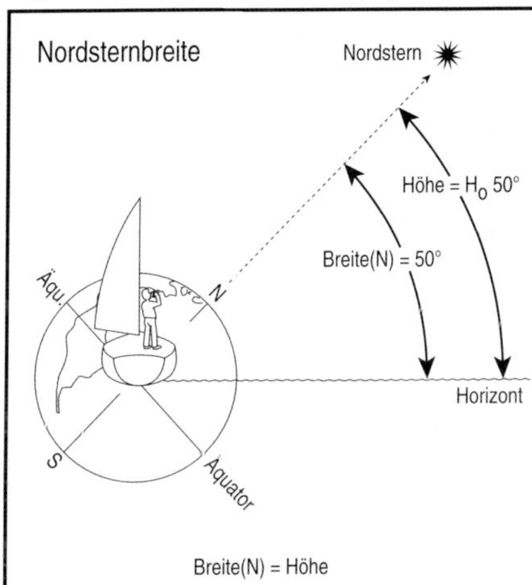

stimmung der →*geographischen Breite* aus der mit dem →*Sextanten* gemessenen →*Höhe* des →*Polarsterns.* Eine relativ einfache Methode nach der Erkenntnis, daß der →*Nordstern* nahezu am →*Nordpol* des Himmelsgewölbes steht und die Polhöhe ungefähr der →*geographischen Breite* am Ort der Beobachtung entspricht. Die gemessene Höhe ist nur um den Abstand von ca. 1,5° zu korrigieren. Die entsprechenden 3 Einzelkorrekturen sind im jährlich erscheinenden →*Nautischen Jahrbuch* enthalten, so daß die N. schnell und einfach die gewünschte →*Standlinie* ergibt.

nordwärts *(northward [norrard, nor'rard])* Nach →*Norden* (segeln), den →*Kurs* n. ändern =

in Nordrichtung z. B. →*anluven* oder →*abfallen,* im Gegensatz zu →*südwärts.*

Normalnull (NN) *(tidal datum, tidal plane of reference)* Seit 1897 gültiger Bezugspunkt für alle Höhenangaben der Landesvermessung in Deutschland. Das NN ist (nach dem Stand in den →*Gezeitentafeln* von 1996) auf eine Anzahl Höhenfestpunkte in der Nähe von Potsdam festgesetzt. Früher war es auf einen (offenbar auf der gleichen Niveaufläche gelegenen) Höhenfestpunkt an der Sternwarte Berlin bezogen. NN entspricht etwa dem Tidemittelwasser an der deutschen Nordseeküste und dem mittleren Wasserstand der Ostsee und wird in der Geographie auch als „über dem Meeresspiegel" bezeichnet. NN ist nicht identisch mit dem →*Kartennull.*

Norske Veritas, Det norske Veritas (DnV) Eine →*Klassifikationsgesellschaft* in Skandinavien.

Notbehelf, der *(makeshift, shift)* Eine Improvisation im Falle einer →*Havarie* oder eines →*Notfalls,* um gestörte Funktionen von seemännischen Geräten oder Ausrüstungsteilen bestmöglich aufrechtzuhalten oder zeitbegrenzt wiederherzustellen. Ein N. richtet sich nach Art der Havarie, der Größe der →*Yacht* und der Länge der Distanz bis zu einem →*Nothafen* und kann z. B. ein →*Notruder,* ein Stopfen für ein entstandenes →*Leck* oder der provisorische Ersatz für ein gebrochenes →*Want* sein.

Notfall, der *(case of emergency)* Durch höhere Gewalt, eigenes Verschulden o. ä. entstandene Situation an Bord, in der Notmaßnahmen eingeleitet werden müssen, weil ein Notstand besteht oder in Notwehr gehandelt werden muß. Ein N. kann z. B. →*Stranden,* →*Havarie,* →*Kollision,* das Aufsuchen eines →*Nothafens,* Feuer an Bord, →*Sinken* des Bootes u. a. sein.

Notflagge, die *(distress flag)* Ein →*Notsignal,* gegeben mit einer viereckigen →*Flagge* und einem →*Ball* darunter oder darüber. Auch die Buchstabenflaggen →*N über C (November über Charlie)* sind Notflaggen. Auf dem Bodensee: Flagge →*„Bravo".*

Notfrequenz, die *(distress frequency)* Bestimmte →*Frequenz* der drahtlosen Telegraphie und Telephonie, auf der zu bestimmten Zeiten Funkstille herrschen muß, damit ein hier gefunktes →*Notsignal* oder ein →*Notruf* aufgefangen werden kann. Nur auf der N. der →*Grenzwelle* gilt noch die Funkstille, auf jeder anderen N. wie z. B. dem →*UKW-Kanal* 16 kann der laufende Verkehr durch das →*Notzeichen* →*MAYDAY* unterbrochen und damit eine N. hergestellt werden. Als N. dient auch der →*DSC-UKW-Kanal* 70 oder 2187,5 kHz sowie die Nummer 124124 im D-Netz mit direkter Verbindung zur →*Seenotleitstelle* in Bremen.

Nothafen, der *(port of distress, port of refuge)* Ein →*Hafen,* den ein Boot im Falle einer →*Havarie* oder zum Schutz vor →*Sturm,* →*Seegang* oder einer anderen drohenden Gefahr aufsuchen muß. Auch wenn es nicht etwa erforderliche Einreisepapiere (Visum o. ä.) besitzt, muß ihm nach internationalem Recht ein Aufenthalt von mindestens 24 Stunden zur Reparatur der Schäden, zur Aufnahme von Proviant oder zum →*Überliegen* gegeben werden.

Notmast, der *(jury mast)* Nach einem →*Mastbruch* mit Hilfe einer →*Spiere* (z. B. dem →*Großbaum,* an den der →*Spinnakerbaum* →*gelascht* wird) behelfsmäßig geriggter Mast. Ein N. ist die Voraussetzung zum →*Setzen* eines →*Notsegels,* gegebenenfalls mit einem Notrigg.

Notmeldung, die *(distress message)* Eine mit dem →*Notzeichen* eingeleitete N. beginnt mit Namen und →*Rufzeichen* des in →*Seenot* geratenen Schiffes und enthält seine →*Position,* die Art des →*Notfalls* und die erbetene →*Hilfeleistung,* z. B. bei →*Feuer* an Bord oder Gefahr des →*Sinkens.* Sie kann durch zweimal ca. 10 Sekunden langes Drücken des Trägers (der →*Trägerfrequenz)* zum Aussenden eines Peilzeichens beendet werden. Eine empfangene N. muß im →*Seefunk* mit dem Schlüsselwort →*MAYDAY RELAIS* weiterverbreitet werden.

Notpinne, die *(emergency tiller)* Eine im Falle einer →*Havarie* mit →*Bordmitteln* angefertigte →*Pinne.* Bei einer →*Radsteuerung* sollte eine N. an Bord sein und der →*Ruderkopf* mit dem obersten Teil des →*Ruderschaftes* so über (oder unter) →*Deck* liegen, daß man die N. jederzeit aufsetzen und mit ihr steuern kann.

Notproviant, der *(emergency ration)* Rationen mit Wasser und Nahrungsmitteln für den →*Notfall,* die entweder ständig in der →*Rettungsinsel,* dem Rettungsschlauchboot o. ä. untergebracht sind und in kürzester Zeit mit von Bord genommen werden können.

Notruder, das *(jury rudder)* Eine im Falle einer →*Havarie* mit →*Bordmitteln* angefertigte behelfsmäßige Steuervorrichtung, z. B. nach dem Bruch des →*Ruderschaftes,* dem Verlust des →*Ruderblattes* o. ä. Ein einfaches N. ist eine →*Nachlaufleine* mit angesteckter →*Pütz,* deren Halterung am →*Heck* oder auf dem →*Achterschiff* querschiffs verändert (verschoben) werden kann.

Notruf, der *(distress call)* Ein im Falle der →*Seenot* im Funkverkehr abgegebenes →*Notsignal:* In der →*Morsetelegraphie* durch die →*Morsezeichen SOS* (· · · – – – · · ·), im →*Sprechfunk* durch das Wort →*MAYDAY* u. a. Für den N. stehen besondere →*Notfrequenzen* zur Verfügung, auf denen in jeder Stunde zweimal je 3 Minuten lang Funkstille herrscht, um einen N. empfangen zu können.

Notsegel, das *(jury sail)* Eine Besegelung, die behelfsmäßig, aber funktionssicher gesetzt wird,

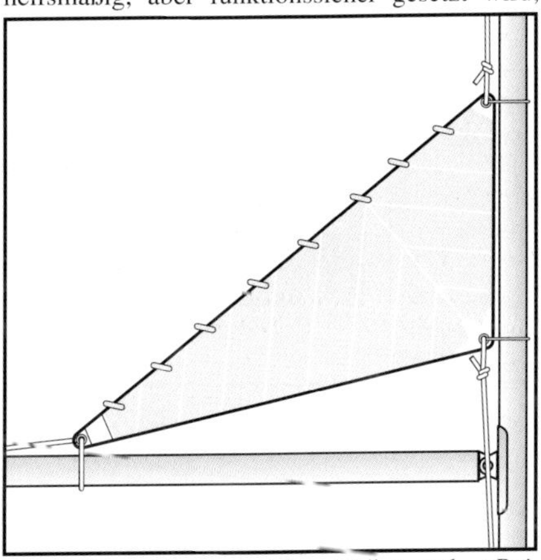

wenn die →*Hauptsegel* beschädigt und →*Beisegel* als Ersatzsegel nicht vorhanden sind. Bei Ausfall des →*Großsegels* kann man z. B. eine Mehrzweck-Sturmfock (Abb.) als N. setzen: Das Fock-Unterliek wird dabei zum Mastliek, das Achterliek zum Unterliek und das Vorliek zum Achterliek, wenn man entsprechende →*Legel* benutzt.

Notsender, der *(emergency transmitter)* Ein (transportabler) Sender, der in einem →*Notfall* gegebenenfalls selbsttätig auf der →*Seenotfrequenz* →*Notsignale* gibt, z. B. eine →*Seenot-Funkboje.*

Notsignal, das *(distress signal, mayday)* Nach der →*KVR* international vereinbarte optische und akustische Signale, mit denen man im Falle einer Gefahr für Boot und Besatzung Hilfe erbitten kann. Dazu gehören u. a. ein Dauerton mit dem →*Nebelhorn* oder einem anderen →*Nebelsignalgerät,* das →*Morsezeichen* SOS (· · · – – – · · ·) über →*Morsetelegraphie* oder mit →*Morselampe,* das Wort →*MAYDAY* über →*Sprechfunk,* das →*Flaggensignal NC* des internationalen →*Flaggenalphabetes* im Rigg, →*Seenotfeuerwerk* mit roten Handfackeln, roten Leuchtkugeln, roten Fallschirmraketen, ein orangefarbenes →*Rauchsignal* sowie das Heben und Senken der seitlich ausgestreckten Arme. Nach der →*Binnenschiffahrtsstraßen-Ordnung* ist auch kreisförmiges Schwenken einer →*Flagge* oder eines →*Lichtes* sowie anhaltendes Läuten mit der →*Glocke* zugelassen. Wer eines dieser Notsignale ohne zwingende Gründe benutzt und insbesondere ein Notzeichen für den Funkverkehr mißbraucht, wird mit Gefängnis bestraft. Alle als N. erlaubten Zeichen und Signale enthält die Anlage IV der KVR.

Notsignalgeber, der *(distress gun)* Waffenerwerb- und waffenscheinfreies handliches, preisgünstiges Signalgerät, das grüne, weiße und rote Sterne ca. 50 m hoch schießen und auch Rauch- und Knallpatronen verwenden kann. Der Signalstift ist 12,5 cm lang und wiegt 120 g. Das Mindestalter für den Erwerb beträgt 18 Jahre.

Notstopp, der *(emergency stop, crash stop)* Ein →*Manöver,* das zum →*Aufstoppen* eines Bootes im Gefahrenfalle dient. Ein N. kann z. B. zur Verhinderung einer →*Kollision* oder bei einem →*Mann-über-Bord-Manöver* notwendig werden. Auf →*Jollen* erfolgt der N. durch →*Aufschießer,* →*Auffieren* der Schoten und gegebenenfalls einem zusätzlichen →*Drehkreis,* auf →*Seekreuzern* durch →*Beidrehen* oder durch die Maschinenmanöver →*voll* zurück.

Notverkehr, der *(distress communication)* Im →*Sprechfunk* wird der N. durch eine →*KüFuSt* oder eine →*Seefunkstelle* als Leitfunkstelle abgewickelt. Sie wird nicht nur die Rettungsmaßnahmen koordinieren, sondern mit dem Schlüsselwort →*MAYDAY RELAIS* die →*Notmeldung* weitergeben, mit →*SILENCE MAYDAY* um Ruhe auf dem Notkanal bitten, mit dem Schlüsselwort →*PRUDENCE* eine bedingte Aufhebung des Notverkehrs und mit →*MAYDAY FINI* den Abschluß des Seenotfalles bekanntgeben.

Notzeichen der KVR, die *(distress signals)* Die Signale, die nach den →*KVR* „Not“ und die Notwendigkeit zur „Hilfeleistung“ bedeuten, sind in der Anlage IV der KVR detailliert und nach dem aktuellen Stand aufgelistet.

Notsignale, internationale

Rote Fallschirmleuchtrakete

Rote Handfackel

Rauchsignale orange oder aus Öl- bzw. Teertonne

Notzeichen N über C

Viereckige Flagge, Ball darüber oder darunter

Längere Signale mit Horn

Langsames Heben und Senken beider Arme

Im Sprechfunk: MAYDAY

SOS - als Morse- oder Leuchtsignal

Notzeichen, das *(distress call)* Das international im →*Seefunk* und →*Sprechfunk* vorgeschriebene N. ist das dreimal gesprochene Wort →*MAYDAY* (meedee), das dem Notanruf bei jeder →*Notmeldung* (z. B. auf →*UKW,* Kanal 16) vorangestellt wird und alle anderen →*Seefunkstellen* auffordert, jeglichen Funkverkehr sofort zu unterbrechen.

Novolen Markenname für →*Polypropylenfasern* deutscher Produktion (BASF), die zur Herstellung von →*Fasertauwerk* aus →*Chemiefasern* dienen.

Nullboot, das *(handicap yacht)* Bei einer →*Zeitvergütung,* z. B. nach dem →*Rennwertfaktor* das Boot mit einem mittleren →*Rennwert,* dessen →*gesegelte Zeit* auch gleichzeitig seine →*berechnete Zeit* ist und von dem aus die Berechnung für die anderen, kleineren und größeren Boote erfolgt.

Nullmeridian, der *(prime meridian, longitude of Greenwich)* Der →*Meridian von Greenwich* mit der →*geographischen Länge* 000°, von dem die Längenzählung nach Osten und Westen vorgenommen wird.

Nullspant, der *(midship section, main frame, midship station)* Dasselbe wie →*Hauptspant.* Der N. darf nicht mit dem →*Spant* in der Spantenanordnung verwechselt werden.

Nüstergatt, das *(limber hole)* Öffnung in einem →*Spant* und einer →*Bodenwrange* zum Ab- und Durchlauf des Wassers in der →*Bilge.* An →*Deck* und in der →*Fußreling* als →*Speigatt* bezeichnet.

Nutzlast, die (1); **Nutzfaktor, der** (2) *(1. working load, 2. duty effect)* 1. Die Belastung, die ein Teil der →*Ausrüstung,* insbesondere →*Drahttauwerk* und →*Tauwerk* aus →*Chemiefasern* sowie die →*Ankerkette,* als normale →*Arbeitslast* aushalten kann. Die →*Bruchlast* entspricht etwa 400 % der N., so daß man im normalen Arbeitsbereich mit einer vierfachen Sicherheit rechnen kann. – 2. Wenn von einem Nutzfaktor, auch: Benutzungsfaktor, die Rede ist, geht man bei der Bewertung der N. von der →*Bruchlast,* auch als →*Reißfestigkeit* oder Höchstzugkraft (bei einem →*Seil)* beschrieben, aus. Ein Nutzfaktor von 4 bzw. 8 bedeutet dann, daß eine →*Leine* mit einem Viertel bzw. einem Achtel ihrer Reißfestigkeit arbeiten soll. Beträgt diese →*Bruchlast* z. B. 1000 daN, soll die →*Arbeitslast* 1000 : 4 = 250 bzw. 1000 : 8 = 125 daN nicht übersteigen. Relevant ist der N. vor allem, wenn →*Tauwerk* für Hebezwecke benutzt wird und das →*Brechen* einer →*Leine* zu folgenschweren Unfällen führen kann.

Nylfranc Markenname für →*Polyamidfasern* französischer Produktion (Rhodia), die zur Herstellung von →*Fasertauwerk* aus →*Chemiefasern* benutzt werden.

Nylon, Bri Nylon Markenname für →*Polyamidfasern* britischer Produktion (ICI), die zur Herstellung von →*Fasertauwerk* aus →*Chemiefasern* und von →*Segeltuchen* dienen.

Nylon-Faser, die *(Nylon fiber, Nylon fibre)* Aus Adipinsäure und Hexamethylendiamin entwickelter Kunststoff für eine →*Polyamidfaser,* den anglo-amerikanische Chemiker nach elfjähriger Forschungsarbeit erfanden. Der Name entstand auf einem Flug zwischen New York und London. Wallace Hume Carothers, der für Nylon im April 1937 das grundlegende Patent anmeldete, setzte ihn aus den Buchstabenfolgen „N.Y." (New York) und „Lon" (London) der beiden durch den Flug verbundenen Städte zusammen. Die N.-F. ist jedoch auch mit einer Tragödie verbunden: Carothers beging am 29.4.1937 Selbstmord, weil er glaubte, als Wissenschaftler versagt zu haben.

O

O = Oscar Internationales Buchstabensignal, rot-gelb. Bedeutung: „Mann über Bord." Morsen: – – – (lang – lang – lang).

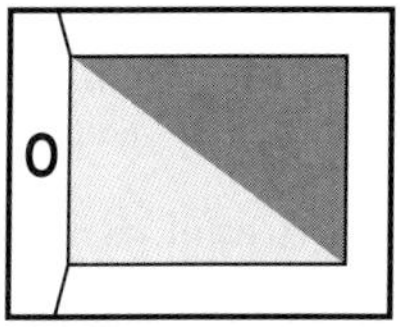

Oberbramrah, die *(upper top gallant yard)* Bei einem mit →*Rahen* getakelten →*Mast* die 5. Rah von unten, die das →*Oberbramsegel* trägt. Sinngemäß werden auch die Teile des →*stehenden* und →*laufenden Gutes* mit den entsprechenden Vorsilben bezeichnet.

Oberbramsegel, das *(upper top gallant sail)* Bei einem →*Vollschiff* oder einem mit →*Rahsegeln* getakelten →*Mast* das 5. Segel von unten gezählt.

Oberdeck, das *(upper deck)* Das →*Deck,* das den Bootsrumpf nach oben abschließt und ihm seine Festigkeit gibt. Es kann in Längs- und Querschiffsrichtung durchlaufen (bei einem →*Glattdecker)* oder auch durch einen →*Aufbau* (das →*Kajütdeck)* unterbrochen werden.

obere Kulmination, die *(upper culmination)* Bei der täglichen Bahn eines Gestirns das Erreichen

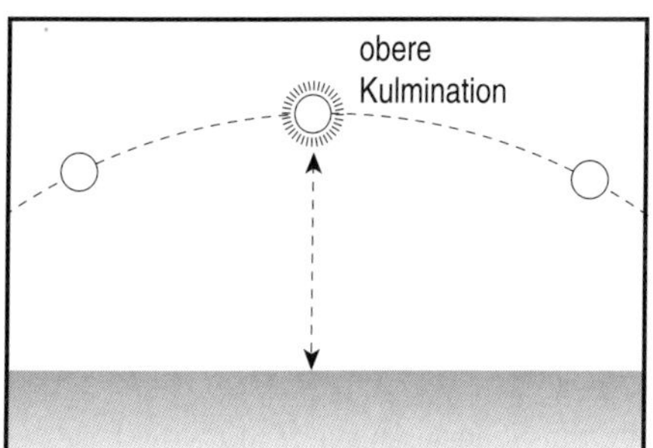

der größten →*Höhe* zur Zeit seines Durchganges durch den →*oberen Meridian* (Abb.).

oberer (Himmels-)Meridian, der *(upper meridian)* Der vom oberen Himmelspol über den →*Zenit* zum unteren Pol verlaufende Himmelsmeridian.

Oberfeuer, das *(upper range light, upper leading light)* Bei einem →*Richtfeuer* das hinter dem

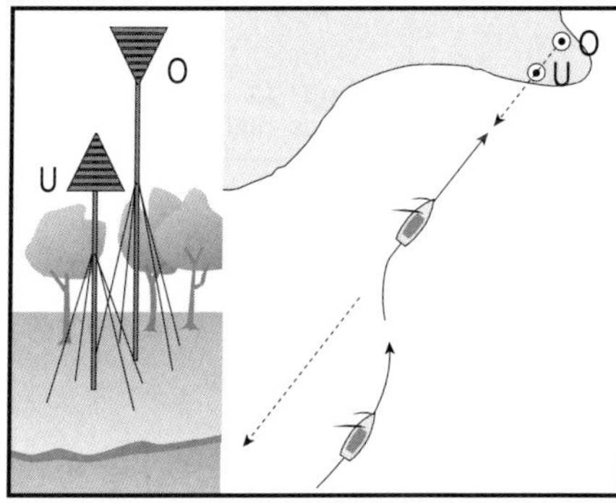

→*Unterfeuer* gelegene höhere der beiden →*Leuchtfeuer.* Die Leitlinie ist nur richtig bezeichnet, wenn Ober- und Unterfeuer beide in →*Deckung* liegen. Bei Tage kann das O. auch (mit einem entsprechenden →*Toppzeichen)* zur Oberbake (Abb.) von einem Paar →*Richtbaken* werden.

Oberfläche, die *(1. area, 2. wetted surface, 3 free surface, 4. facing)* In bezug auf ein Boot mehrfach benutzt: 1. Als Flächeninhalt, z. B. bei der O. der →*Segelfläche* – 2. Als →*benetzte O.* auf die Fläche des →*Unterwasserschiffes* bezogen, wie sie z. B. für den →*Reibungswiderstand* und beim →*Gleiten* in Betracht kommt. – 3. Als freie O. der Flüssigkeitsspiegel in einem nicht voll gefüllten Tank, der durch →*Schlingerschotten* unterbrochen werden muß, damit die im Seegang frei mitschwingenden Flüssigkeitsmassen die →*Querstabilität* nicht negativ beeinflussen. – 4. Die Abschlußschicht der Außenhaut, z. B. →*Oberflächenmatte,* oder der Inneneinrichtung (von →*Schotten,* →*Wegerung* o. ä.), insbesondere z. B. feuerhemmende O.

Oberflächenmatte, die Dünne →*Glasmatte* mit gleichmäßiger und besonders feiner Faserverteillung, die das darunterliegende →*Laminat* im →*GFK-Bootsbau* schützen soll. Sie dient nicht zur Verstärkung des Bauteils, sondern zur Verbesserung seiner →*Oberfläche,* sichert die Korrosionsbeständigkeit und erhöht die Abriebsfestigkeit. Die gleiche Aufgabe erfüllen auch →*Vliese.*

Oberflächenströmung, die *(surface current)* Die (waagerechte) Wasserbewegung in einer →*Meeresströmung,* die sich nur auf die obersten Wasserschichten bis zu einer Tiefe von max. 200 m erstreckt, durch die gleichgerichtete Luftströmung in den großen →*planetarischen Windsystemen* entsteht und auch →*Driftströmung* genannt wird. Im Gegensatz zu einer Gradient- und Tiefenströmung.

Oberlicht, das *(skylight)* In das →*Deck* oder →*Oberdeck* eingelassenes rundes oder eckiges

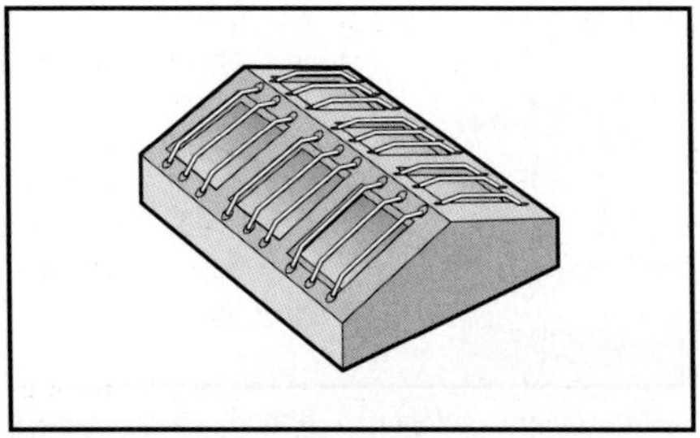

Fenster aus Decksglas zur Tageslichtbeleuchtung der →*Kajüte* o. ä. Auch kleine Aufbauten mit festen oder klappbaren Fenstern mit geringem Neigungswinkel werden als (klappbares) O. bezeichnet.

Oberliek, das *(head rope, head)* Die obere Kante eines viereckigen Segels, z. B. beim →*Gaffelsegel,* auch →*Gaffelliek* genannt.

Obermarsrah, die *(upper top sail yard)* Bei einem mit →*Rahen* getakelten →*Mast* die 3. Rah von unten, die das →*Obermarssegel* trägt. Sinngemäß werden auch die Teile des →*stehenden* und →*laufenden Gutes* mit den entsprechenden Vorsilben bezeichnet.

Obermarssegel, das *(upper top sail)* Bei einem →*Vollschiff* oder einem mit →*Rahsegeln* getakelten →*Mast* das 3. Segel, von unten gezählt. Das 5. von unten ist das →*Oberbramsegel.*

Oberrandhöhe, die *(altitude of the upper limb)* In der →*astronomischen Navigation* die mit dem →*Sextanten* gemessene und auf den oberen Rand von Sonne oder Mond bezogene →*Höhe* des Gestirns über der →*Kimm.* Sie wird bei der Berechnung der →*Standlinie* wie die →*Unterrandhöhe* auf die Mittelpunktshöhe berichtigt. Die Differenz zwischen Sonnen- bzw. Mond-Ober- und Unterrand beträgt ca. 30' oder $^1/_2$°. Sie kann daher beim →*Azimut* des Sonnenaufgangs zur →*Kompaßkontrolle* vernachlässigt werden.

Oberseeamt, das Siehe →*Bundesoberseeamt.*

Objekt, das *(1. object – 2. target)* Eine →*Landmarke* oder ein Gegenstand im Wasser, z. B. eine →*Boje,* →*Tonne* o. ä., die man →*sichtet,* →*peilt* oder →*identifiziert.* – 2. Bei der Arbeit mit einem →*Radargerät* ein Gegenstand, der die Energie der ausgestrahlten →*Funkwellen* reflektiert und dadurch auf dem →*Radarschirm* sichtbar wird.

Objektiv, das *(object-glass, objective)* Bei einem →*Doppelglas,* →*Nachtglas* o. ä. diejenige Linse, die dem →*Objekt* zugewandt ist. Im allgemeinen sind es konvexe Linsen, die die einfallenden Lichtstrahlen in einem Brennpunkt sammeln und von dort dem →*Okular* weiterleiten. Bei einer Bezeichnung „7 x 50" hat das O. einen Durchmesser von 50 mm.

offene Reede *(open roadstead)* Siehe →*Reede.*

offenes Boot, das *(open boat, undecked boat)* Ein Boot, das nicht →*eingedeckt* ist, z. B. ein →*Dingi* oder ein Beiboot.

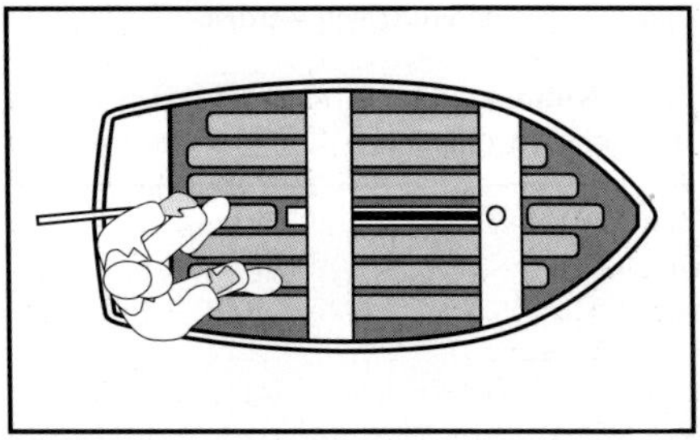

offener Hafen, der *(open port, open harbour)* 1. Ein Hafen in →*Tidengewässern,* der mit dem Außenwasser unmittelbar verbunden ist, dessen Becken Strömungen ungehindert erreichen können und der oft nur bei →*Hochwasser* angelaufen werden kann. 2. Ein Hafen, der durch keine Beschränkungen oder durch Eis geschlossen ist.

öffentlicher Seefunkdienst, der Siehe →*Seefunkdienst, öffentlicher.*

Offizier, der *(officer, licensed officer, mate)* Im Gegensatz zu einem Mitglied der →*Besatzung,* das (früher) z. B. als →*Vollmatrose* oder →*Bootsmann* gemustert war und heute in der →*Schiffahrt* als „Schiffsbetriebstechniker" arbeitet, ist ein O. eine Person mit einem staatlichen →*Befähigungszeugnis* (früher →*Patent* genannt) für die (nautische und/oder technische) Schiffsführung. Der „Erste O." oder „Leitende O." ist der offizielle Vertreter des →*Kapitäns.* Auf See muß jede →*Wache* von einem O. geleitet werden, der dann die Funktion eines →*Wachoffiziers* übernimmt und sich (z. B. bei einer →*Kollision)* vor dem →*Seeamt* als „Beteiligter" verantworten muß. Ein nautischer O. war auch der frühere →*Steuermann.*

offshore *(vom Lande entfernt, auf der hohen See)* 1. Auf die →*Windrichtung,* auf einen →*Kurs* oder ein Ziel o. ä. bezogen „vom Land ab", „von der →*Küste* weg (gerichtet)", z. B. als →*ablandiger Wind.* „Auf der freien See" in bezug auf den →*Hochsee*-Segelsport im Gegensatz zur →*Küstenfahrt.* – 2. Vom Land entfernt, vom Ufer entfernt im Sinne der Berufsschiffahrt, z. B. beim Be- und Entladen von sehr großen Tankern benutzt, die an schwimmenden verankerten Lade- und Löschbojen, an einer →*Muring,* laden oder löschen müssen. – 3. Begriff für die Bereiche der Meerestechnik, die sich mit Industrieanlagen (Bohrinseln u. ä.) weit vor der →*Küste* befassen.

Offshore Racing Council, ORC Internationale Organisation für die Veranstaltung und Kontrolle von →*Hochsee-Regatten.* Sie unterhält verschiedene Ausschüsse zur Bearbeitung von Teilaufgaben, z. B. das International Technical Committee (ITC), das die Verantwortung für (früher) →*IOR* und (jetzt) →*IMS* trägt und Regeländerungen bearbeitet, das Level Rating Class Committee mit der Betreuung der →*ILC-Klassen* (früher der →*Tonner-Klassen),* das Special Regulations Committee, das für Ausrüstung und Sicherheit verantwortlich ist, sowie Ausschüsse für →*Vermessung* und →*Zeitvergütung.* Im November 1985 hat das ORC, dem alle bedeutenden Segler-Nationen angeschlossen sind, das →*International Measurement System* (IMS) als internationales Ausgleichssystem parallel zu →*IOR* akzeptiert und seine Verwaltung übernommen. Sitz des ORC ist 19 St. James's Place, London SW1A 1NN, Tel. 00 44/1 71/6 29/87 01.

Ohnmachtssicherheit, die *(criterion for a full life-jacket)* Eine Forderung für →*Rettungswesten,*

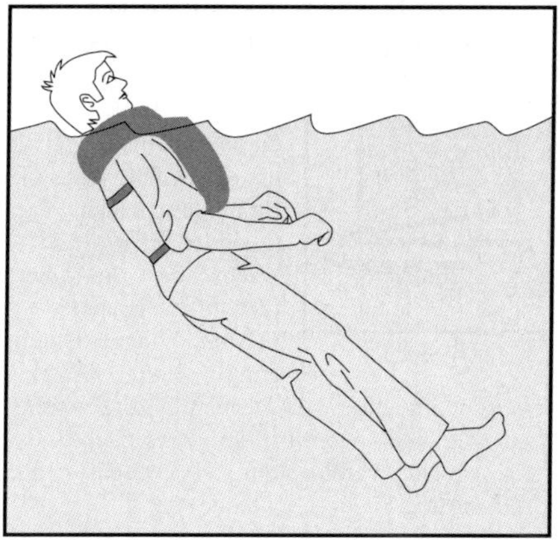

die so konstruiert und gebaut sein müssen, daß der Körper eines Schwimmers unter allen Bedingungen in Rückenlage schräg im Wasser schwimmt und dabei Mund und Nase auch im Schlaf oder bei Ohnmacht sicher über der Wasseroberfläche gehalten werden. Dabei muß ein Teil des Auftriebs als Kragen um den Hals, ein anderer unverrutschbar auf der Brust konzentriert sein.

Onion Patch Trophy *(engl.)* Vom Royal Bermuda Yacht Club 1962 gestifteter →*Wanderpreis* für eine →*Regatta* vor der amerikanischen Küste, um den seit 1964 wie beim →*Admiral's Cup* zweijährlich (in geraden Jahren) je drei →*Seekreuzer* eines Landes segeln. Die Regatta besteht aus einem 175-sm-Hochseerennen von Oyster Bay, NY, nach Newport, R.I., zwei →*olympischen Kursen* vor Newport und dem →*Bermuda-Rennen.* Der Name „Onion" geht auf den Spitznamen der Bermuda-Insulaner (wörtl. Zwiebel, Lauch) zurück.

O-Jolle (Olympia-Jolle 1936) Von Hans Stauch 1935 konstruierte und für die Olympiade 1936 als →*olympische Klasse* gebaute Einmannjolle, die zwischenzeitlich →*internationale Klasse* war und noch →*nationale Klasse* ist. Baumaterial Vollholz oder →*Sperrholz.* Lüa 5,00 m, Büa 1,66 m, Tiefg. Rumpf 0,15 m, mit Schwert 1,10 m, Verdr. segelf. min. 180 kg, Segelfl. 10 m^2.

OK-Jolle Von Knud Olsen konstruierte und aus →*GFK* oder →*Sperrholz* gebaute →*internationale Klasse.* Einmannjolle in Knickspantbauweise. Lüa 4,00 m, Büa 1,42 m, Tiefg. Rumpf 0,15 m, mit Schwert 0,95 m, Verdr. segelf. min. 85 kg, Segelfl. 8,5 m^2.

OK-Jolle

Okklusion, die *(occlusion)* Das Verschmelzen von →*Warm-* und →*Kaltfront* in einem gealterten →*Tief,* wenn die schnellere Kaltfront die Warmfront eingeholt hat. Merkmale einer O.: Beim Herannahen fallender →*Luftdruck,* wachsende →*Bewölkung* und auffrischender →*Wind,* beim Durchgang →*Böen,* →*Niederschlag* und mäßige →*Sicht,* beim Abzug →*rechtdrehender* und →*abflauender Wind,* Sichtbesserung nach vereinzelten →*Schauern* und Druckanstieg.

ökonomische Fahrt, die *(economical speed, cruising speed)* Diejenige Geschwindigkeit oder

/m	v	R	l/h	km/l	A	Zeit
1600	13,4	4,5	18,0	0,745	400	29h 50′
1850	17,9	6,0	21,0	0,77	415	23h 12′
2500	29,0	9,8	31,0	0,94	512	17h 42′
2750	**35,5**	**11,9**	**36,0**	**0,98**	**530**	**14h 55′**
3100	41,0	13,8	50,0	0,85	458	11h 10′
3500	45,7	15,3	82,0	0,56	300	6h 35′

/min = Drehzahl des Motors,
v = gemessene Geschwindigkeit Stundenkilometer;
R = Relative Geschwindigkeit;
l/h = gemessener Brennstoffverbrauch in Litern pro Stunde;
km/l = gemessene Fahrtstrecke in km, die man mit einem Liter Benzin zurücklegen kann;
A = der Aktionsradius in km bei der entsprechenden Drehzahl des Motors und einer Tankfüllung;
Zeit = die Zeit in Stunden, die man für die Bewältigung dieser Distanz benötigt.

→*Fahrt,* bei der ein Boot unter Motor mit einer bestimmten Brennstoffmenge den größten →*Aktionsradius* (Fahrbereich) hat. Die ö. F. ermittelt man, indem man mit bestimmten Drehzahlen (/min) durch die →*Meile* läuft und dabei nicht nur die Geschwindigkeit, sondern auch den Verbrauch mißt. Daraus berechnet man die Fahrstrecke pro Liter (km/l bzw. sm/l) und erhält, auf den Tankinhalt bezogen, den Fahrbereich, so daß man entweder in Form einer Tabelle (Abb.) oder graphisch den direkt auf die Motordrehzahl und indirekt auf die →*Fahrt durchs Wasser* bezogene ö. F. erkennen kann. Sie liegt bei einem →*Verdränger* im unteren, bei einem →*Gleitboot* im oberen Drehzahlbereich, in jedem Falle (je nach Motorisierung) 20 bis 40 % unter der Höchstdrehzahl.

Okoumé-(Gabun-)Holz, das *(okumé wood)* Ein im Bootsbau aus →*Massivholz* irreführend als „afrikanisches →*Mahagoni*" bezeichnetes, vergleichbar leichteres und weniger festes Holz für →*Planken* insbesondere kleiner Boote. →*Spezifisches Gewicht* 0,40 bis 0,60, →*Darrgewicht* 0,41.

Oktant, der *(octant)* Präzisionsinstrument zum Messen der →*Höhe* eines Gestirns mit dem (ein-

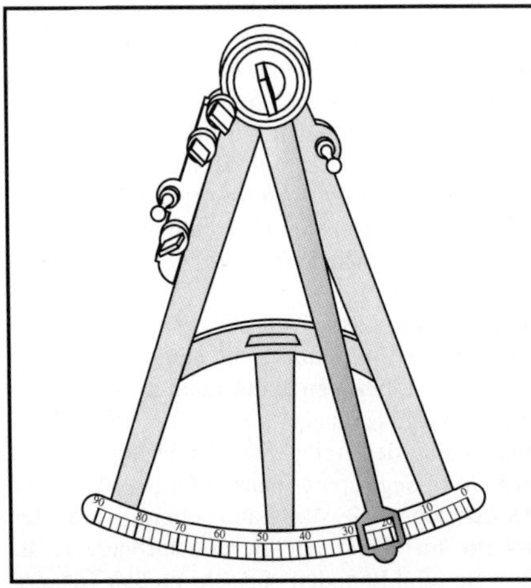

zigen) Unterschied zum →*Sextanten,* daß die Hälfte des Gradbogens (→*Limbus)* ein Achtel eines Vollkreises oder 45° (gegenüber einem Sechstel oder 60°) beträgt. Da eine Gestirnshöhe nicht über 80° betragen soll, ist ein O. in modernen Modellen gut zur →*Schiffsortbestimmung* nach →*astronomischer Navigation* geeignet und mit Meßtrommel (analog zum →*Trommelsextanten),* Spiegeln und Optik ausgestattet. Entwicklungsgeschichtlich ist der O. der Vorläufer des Sextanten. Das Prinzip der Winkelmessung wurde bereits von Newton um 1700 entwickelt. Die Abb. zeigt Hadley's Oktant von 1731.

Okular, das *(ocular, eye glass, eye piece)* Die dem Auge zugewandte Linse eines →*Doppelglases* oder Fernrohres, die die vom →*Objektiv* gesammelten Lichtstrahlen als Bild erfaßt.

Ölen (der Wellen), das *(oiling [the sea])* Eine Maßnahme der →*Sicherheit* auf See, beim →*Lenzen* vor dem Sturm oder →*Beiliegen,* den von →*Luv* anrollenden Wellen und insbesondere den →*Brechern* ihre Kraft zu nehmen. Dazu füllt man einen Ölbeutel mit ca. 2 Liter eines dickflüssigen pflanzlichen oder tierischen Öles und hängt diesen entweder an der →*Luvseite* über Bord oder befestigt ihn an der →*Nachlaufleine* in einem solchen Abstand, daß das Boot in der durch das Öl beruhigten Wasserfläche treibt. Die sehr dünne Ölschicht und ihre schnelle Ausbreitung sorgen mit der durch Molekularkräfte veränderten Oberflächenspannung des Wassers dafür, daß schon mit geringen Ölmengen ein großer Bereich relativer Sicherheit um das treibende Boot herum geschaffen werden kann.

Olympiade, die *(1. Olympiade. – 2. Olympic Games)* 1. Ursprünglich der Zeitraum von vier Jahren zwischen den →*Olympischen Spielen.* 2. Heute die Spiele selbst.

olympische Klasse(n), die *(Olympic class)* Eine →*Bootsklasse* (meist →*internationale Klasse),* die für die Segelregatten der (jeweils nächsten) →*Olympischen Spiele* ausgewählt worden ist. O. K. der Spiele 1996 in Atlanta waren für Männer →*Finn-Dinghy,* →*Laser,* →*Starboot,* →*Soling* und →*Tornado* sowie für Männer und Frauen →*470er* und →*Segelsurfer,* Typ Mistral sowie nur für Frauen →*Europe.* O. K. für die Spiele 2000 in Sydney sind dieselben Klassen außer dem →*Starboot,* das durch die Skiff-Jolle →*49er* (Neunundvierziger) ersetzt wurde. Die o. K. werden vom Weltseglerverband, der →*ISAF* festgelegt. Frühere o. K. waren z. B. →*Drachen,* →*Flying Dutchman,* →*Olympiajolle 1936* und das →*12-m²-Einheitsscharpie.*

olympischer Kurs, der *(Olympic course)* Die →*Dreiecksbahn* der olympischen →*Regatten,* die

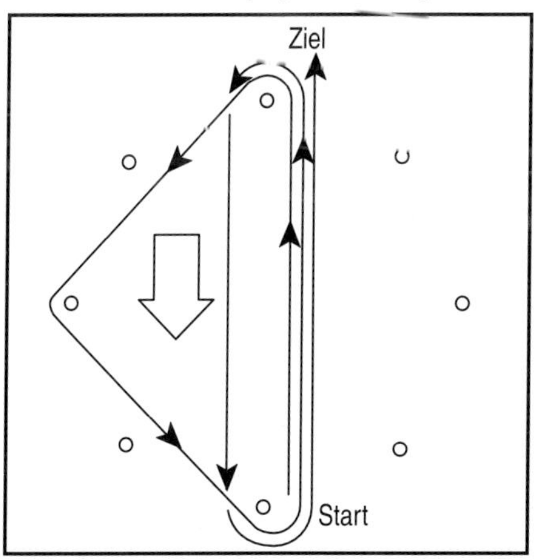

aus drei wertgleichen →*Kreuzstrecken,* einem →*Raumschotskurs* und einem →*Vorwindkurs* besteht. Dazu werden →*Bahnmarken* auf einem Kreisbogen benutzt, von denen die →*Leemarke* (und der →*Start)* sowie die →*Luvmarke* (mit der →*Ziellinie)* auf der →*Windachse* des →*atmosphärischen Windes* und die Marke des →*Raumschotkurses* auf halber →*Distanz* genau senkrecht zu ihr liegen. Wenn nicht für jede →*olympische Klasse* ein o. K. ausgelegt werden kann, segeln maximal 2 Klassen auf der gleichen →*Bahn.* Die Gesamtlänge des o. K. beträgt 11,2 sm, bei den →*Einmannbooten* 8,5 sm. Die Wertung erfolgt nur, wenn eine →*Mindestgeschwindigkeit* erreicht ist.

olympisches Punktsystem *(Olympic point system)* Früher unter diesem Namen benutztes Bewertungssystem für →*Regatten* mit der niedrigeren Punktzahl für die bessere Zieldurchgangsposition, das jetzt (unverändert) →*Bonus-Punktsystem* heißt. Der Sieger jeder →*Wettfahrt* erhält 0 Punkte. Sieger der Wettfahrtreihe oder →*Regatta,* die meistens aus 7 Rennen unter Streichung des schlechtesten Ergebnisses besteht, ist der Segler, der die geringste Punktzahl erhalten hat. Dabei wird gewertet:

1. Platz:	0	Punkte
2. Platz:	3	Punkte
3. Platz:	5,7	Punkte
4. Platz:	8	Punkte
5. Platz:	10	Punkte
6. Platz:	11,7	Punkte
ab 7. Platz: Platzzahl + 6 Punkte		

Eine →*Yacht,* die startet, aber aufgibt, erhält die Punktzahl, die dem letzten Platz nach der Ankunft der gestarteten Yachten entspricht. Eine Yacht, die nicht startet, erhält die Punktzahl für den letzten Platz der teilnehmenden Yachten. Eine durch →*Protest* ausgeschlossene Yacht erhält eine Punktzahl, die dem letzten Platz der durch das Ziel gegangenen Boote plus 10 % der Zahl der gestarteten Yachten als Strafpunktziffer entspricht. Eine andere →*Punktwertung* ist das →*Low-Point-System.*

Olympische Spiele, die *(Olympic Games; games)* Bis 394 n. Chr. im Ort Olympia im alten Griechenland alle vier Jahre veranstaltete Sportwettkämpfe. Sie werden seit 1894 ebenfalls alle vier Jahre als internationale Sportwettkämpfe weitergeführt. Zu den olympischen Sportarten gehört auch der Segelsport, der Olympiasieger in mehreren →*olympischen Klassen* ermittelt.

Ölzeug, das *(oil skin, oil clothes)* Ursprünglich mit Leinöl getränkte und damit wasserabweisend gemachte Schlechtwetterkleidung der Seeleute und Fischer, die durch moderne Regen- oder Wetterkleidung aus Gummi, Plastik oder entsprechend beschichtete synthetische Gewebe ersetzt wurde. Modernes Ö. wird ausreichend weit (zum Überziehen über Pullover und Jacken) und in auffallenden Signalfarben (gelb, orange) geliefert, damit man auch bei →*Mann-über-Bord* den Träger im Auge behalten und wiederfinden kann.

Omega-Verfahren, das *(Omega navigational system)* In der →*Funknavigation* ein jetzt eingestell-

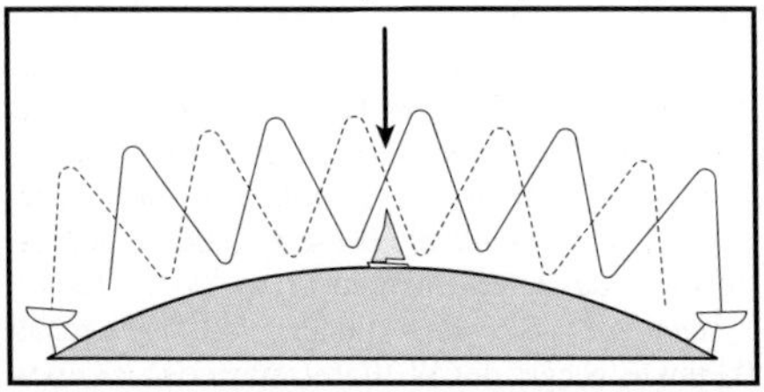

tes Verfahren der →*Hyperbel-Navigation* für große Entfernungen, bei dem nur 8 weltweit verteilte phasensynchronisierte Sender benutzt wurden. Die Signalfolgen wurden im Längstwellenbereich bei sehr niedrigen Frequenzen (10,2 und 13,6 kHz, hilfsweise 11,33 kHz) nach einem festgelegten Rhythmus ausgestrahlt, nach dem jeder Sender durch die zeitliche Lage seiner Signale zu erkennen war. In der Praxis stellte man einen Empfänger auf 2 Sender-Standlinien ein und erhielt durch →*Digitalanzeige* „Gassen" als →*Standlinien* und in jedem Fall ein „Gitter", in dem man den →*wahren Ort* durch Vergleich der Ziffern mit einer Spezialkarte erkennen konnte. Die praktische Meßunsicherheit betrug etwa ± 1 sm am Tage und ± 2 sm in der Nacht. Nach dem O.-V. konnte auch unter Wasser navigiert werden; nach ihm arbeiteten u. a. die Unterseeboote bei ihren monatelangen Unterwasserfahrten, z. B. über den Nordpol und um die Erde. Das O.-K. wurde fast ausschließlich im militärischen Bereich benutzt.

Opferanode, die *(sacrificial anode)* Kleine Zink- oder Magnesium-Platte, die an der Außenhaut eines Bootes aus →*Stahl* in der Nähe des →*Propellers* befestigt ist, um im Rahmen eines →*kathodischen Korrosionsschutzes* sich selbst anstelle des →*Propellers* durch →*Elektrolyse* zerstören zu lassen. Eine O. muß nach einer gewissen Zeit durch eine neue ersetzt werden.

Opposition, die *(opposition)* In der →*Astronomie* eine Gegenstellung, wenn Gestirne (von der Erde aus betrachtet) um ca. 180° voneinander entfernt bzw. einander entgegengesetzt stehen, z. B. Sonne und Mond bei →*Vollmond.*

optimal *(optimum)* Bestmöglich, höchstmöglich, am günstigsten. Mehrfach angewandt, z. B. auf die Leistung eines Segels (→*optimaler Anstellwinkel).*

optimale Fahrt, die *(optimum speed)* Die größtmögliche Geschwindigkeit, die eine →*Yacht* oder →*Jolle* erzielen kann. Sie ist nur bei ausreichender →*Windgeschwindigkeit,* auf →*raumen Kursen* sowie mit →*optimalem Anstellwinkel* der Segel zu erreichen und wird bei →*Verdrängungsbooten* durch die →*Länge* in der Wasserlinie begrenzt. Für ein Boot unter Motor ist es die →*ökonomische Fahrt.*

optimale Höhe (laufen) *(the course with the best distance made good to windward)* Der Kurswinkel eines Bootes in bezug auf die Richtung des →*atmosphärischen* oder →*wahren Windes,* mit dem es die größte →*Höhe* bei ausreichender →*Fahrt* und geringer →*Abdrift* segelt. Die o. H. kann von Bedeutung sein, wenn man eine →*Marke* noch gerade →*anliegen* will, ohne zu →*wenden.* Langsame Boote erreichen ihre o. H. bei einem Kurswinkel von ca. 40°, schnelle Boote erst mit 50° und extrem schnell segelnde →*Katamarane* mit noch größeren Kurswinkeln. Die →*Luvgeschwindigkeit* und der Luvgewinn sind bei dem Bestreben, o. H. zu laufen, wesentlich kleiner, als wenn ein Boot seinen →*optimalen Amwindkurs* steuert.

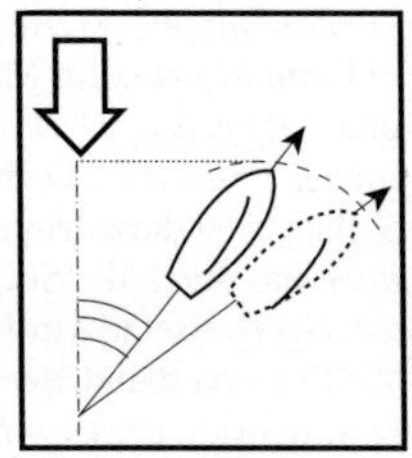

optimaler Amwindkurs, der *(optimum course with the best distance made good to windward)* Derjenige →*Kurs,* auf dem ein Boot seine optimale Leistung auf einem →*Amwindkurs,* d. h. beim →*Kreuzen* erreicht, auf die Richtung des →*atmosphärischen Windes* bzw. die →*Windachse* bezogen. Der o. A. erlaubt gleichzeitig die größte →*Luvgeschwindigkeit.* Auf einem o. A. wählt man einen Kompromiß zwischen der →*optimalen Höhe* und der größtmöglichen →*Fahrt* mit dem Ziel, eine →*Luvmarke* oder ein Ziel in →*Luv* so schnell wie möglich zu erreichen.

optimaler Anstellwinkel (Anströmwinkel), der *(optimum angle of attack, optimum angle of incidence)* Der →*Anstellwinkel,* bei dem z. B. das Se-

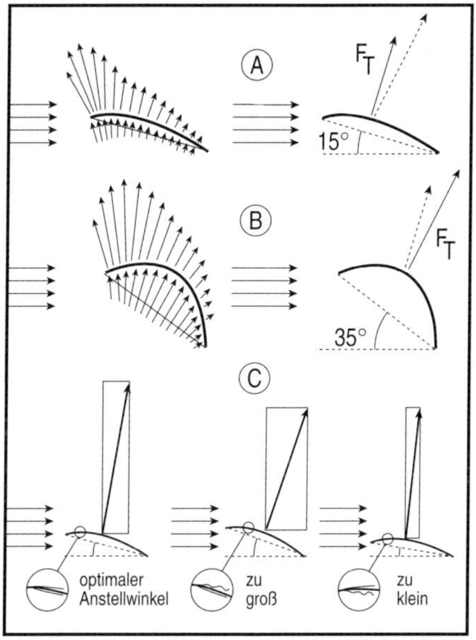

gel als →*aerodynamisches Profil* die größte nützliche →*Kraft* bei gleichzeitig geringstem →*Widerstand* erzeugt. Auch das →*Ruderblatt* hat als →*hydrodynamisches Profil* einen o. A., der von der Wölbung und Tiefe des →*Profils* und dem →*Seitenverhältnis* abhängig ist. So haben z. B. flache →*Hochsegel,* die auf einem →*Amwindkurs* gesetzt werden, mit großem Seitenverhältnis einen vorteilhaft kleinen (A) und bauchige →*Spinnaker,* die auf →*raumen Kursen* gesetzt werden, bei kleinem Seitenverhältnis einen großen o. A. (Abb. B). Auf das →*Ruder* bezogen bestimmt der o. A. die →*Dreheigenschaften* eines Bootes mit →*optimalem Ruderwinkel.* In der Praxis erkennt man den o. A. am Verhalten der →*Fadensonden* (Abb. C).

optimaler Kreuzwinkel *(beat angle)* Der →*optimale Amwindkurs* beim →*Kreuzen* (auf einem →*Kreuzkurs),* zur →*Windachse* des →*atmosphärischen* Windes (des →*wahren Windes)* gemessen. Der →*Kreuzwinkel* (Einzelheiten siehe dort) wird für eine nach →*IMS* vermessene Yacht für mehrere →*Windgeschwindigkeiten* (z. B. 8, 12, 16 und 20 →*Knoten)* ermittelt und mit der erreichbaren →*Luvgeschwindigkeit* in einem Leistungsdiagramm (Abb.), auch für das →*Handicap* vermerkt.

optimaler Kreuzwinkel vor dem Wind *(gybe angle)* In der →*Handicap-Tabelle* einer nach →*IMS* vermessenen Yacht der →*Kurswinkel* zur →*Windachse* des →*wahren Windes,* bei dem eine Yacht die größte →*Leegeschwindigkeit* erreicht und gegebenenfalls →*halsen* muß. Er ist von der →*Windgeschwindigkeit* abhängig und kann z. B. bei der Yacht CORMORAN betragen:

Windgeschw.	8 kn	12 kn	16 kn	20 kn
Halsenwinkel	142,1°	162,7°	169,2°	166,9°
Leegeschw.	796,8	563,6	498,3	445,1

Die Leegeschwindigkeit ist in s/sm (Sekunden pro Seemeile) angegeben und stellt gleichzeitig das entsprechende →*Handicap* dar.

Leistungsdiagramm

VTW	BTW	VAW	BAW	V	VMG	HEEL	REEF	FLAT	CL	
6.0	46.3	9.85	25.2	4.895	3.382	6.0	1.000	1.000	1.961	J
6.0	50.0	9.98	26.5	5.196	3.340	6.3	1.000	1.000	1.957	J...
6.0	100.0	7.98	47.4	6.432	-1.117	5.4	1.000	1.000	2.438	S...
6.0	150.0	3.19	110.8	4.034	-3.494	0.7	1.000	1.000	1.645	S...
6.0	170.0	2.76	158.0	3.320	-3.270	0.1	1.000	1.000	0.465	S
6.0	175.0	2.76	169.1	3.237	-3.225	0.1	1.000	1.000	0.195	S
6.0	180.0	2.79	180.0	3.185	-3.185	0.0	1.000	1.000	-0.049	S

Geschwindigkeiten, Krängungswinkel, Reff-, Abflach- und Liftfaktoren bei verschiedenen Windgeschwindigkeiten und Windwinkeln

VTW	=	wahre Windgeschwindigkeit	HEEL	=	Krängungswinkel
BTW	=	wahrer Windwinkel	REEF	=	% der Segelfläche (1 = voll)
VAW	=	scheinbare Windgeschwindigkeit	FLAT	=	% des Abflachens (1 = voll)
BAW	=	scheinbarer Windwinkel	CL	=	Lift coefficient
V	=	Bootsgeschwindigkeit	S	=	Spinnaker schneller
VMG	=	Geschwindigkeit gegen Wind	J	=	Fock schneller

optimaler Ruderwinkel, der *(optimum rudder angle, optimum helm angle)* Der →*optimale An-*

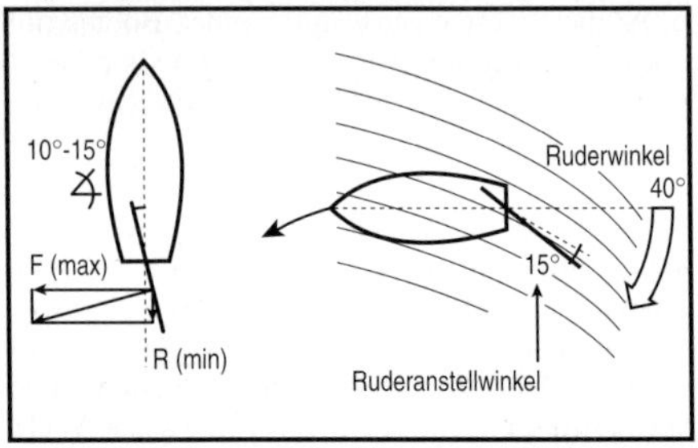

stellwinkel des →*Ruderblattes* zur Kielrichtung bzw. (während des Drehens) in Richtung des anströmenden Wassers, bei dem die größte Steuerwirkung erzielt wird und die besten Dreheigenschaften bestehen. Der o. R. wird nicht bei →*Hartruderlage,* sondern (abhängig von Profiltiefe und Seitenverhältnis des Ruderblattes) bei einem →*Ruderwinkel* von ca. 40° erzielt, der einem →*Ruderanstellwinkel* von ca. 15° entspricht (Abb.).

optimaler Vorwindkurs, der *(optimum down wind course)* Der günstigste Winkel zwischen der Richtung des →*atmosphärischen* oder →*wahren Windes* (→*Windachse)* und dem →*Kurs,* mit dem das Boot die größte →*Leegeschwindigkeit* erreicht. Dies ist in der Regel ein Umwegkurs beim →*Kreuzen* vor dem Wind, auf dem das Segel noch mit (annähernd) →*optimalem Anstellwinkel* arbeiten kann und wo der damit erzielte Geschwindigkeitsgewinn größer als die gegenüber der direkten Entfernung von →*Luv* nach →*Lee* verlängerte Distanz ist. Der o. V. ist auch von der Wahl der →*Beisegel* abhängig und liegt bei einem →*Anluven* von ca. 10° bis 30° zum →*Vorwindkurs* mit einer um 1 % bis 15 % längeren Distanz, die durch die größere →*Fahrt* mehr als aufgehoben wird. Auf diesem Kurs erreicht man die größte →*Leegeschwindigkeit.*

Optimist Aus →*Sperrholz* oder →*GFK* gebautes Ausbildungsboot für Kinder zwischen 7 und 15 Jahren, als →*internationale Klasse* anerkannt. Konstrukteur: Clark Mills. Lüa 2,30 m, Büa 1,13 m, Tiefg. mit Schwert 0,75 m, Verdr. segelf. 35 kg, Segelfl. 3,50 m² (Abb).

optische Peilung(en) Nach →*DIN 13312* Navigation gehören →*Magnetkompaßpeilung* und →*Seitenpeilung* zu den o. P., im Gegensatz zu →*Funkpeilungen* und →*Radar-Seitenpeilungen.*

Orbit *(engl.)* Umlaufbahn (z. B. eines →*Satelliten)* um die Erde.

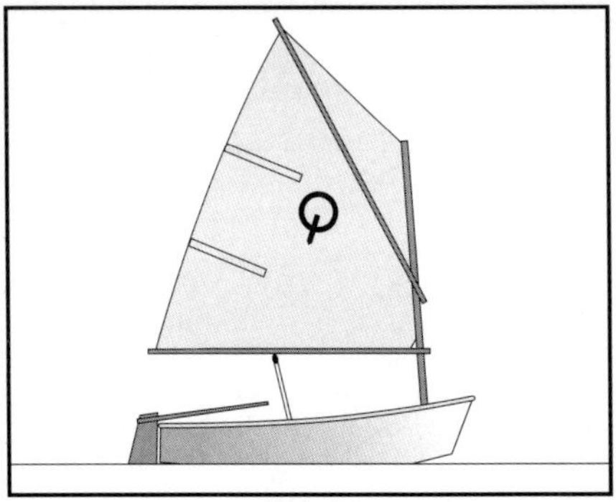

Optimist

Orbitalbewegung, die *(orbital motion)* Die nahezu kreisförmige Bewegung, die ein Wasserteil-

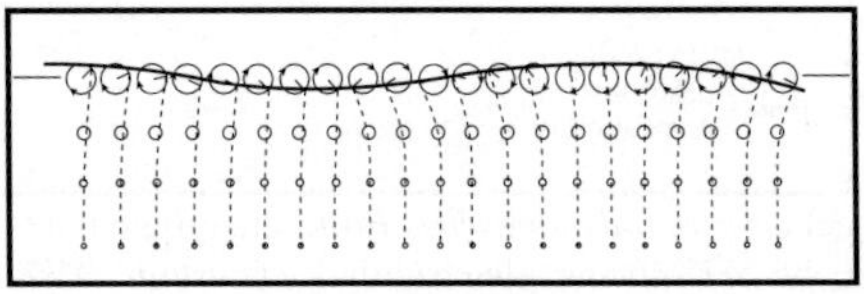

chen an der Wasseroberfläche im →*Seegang* bei den Wellenschwingungen während einer →*Wellenlänge* in vertikaler Richtung beschreibt. Sie setzt sich auch in die Tiefe (mit abnehmendem Durchmesser der Kreisbewegung) fort. Die Bewegung wird z. B. durch einen auf der See ruhenden Vogel gekennzeichnet, der sich bei dieser →*Orbitalströmung* zuerst in Richtung des Wellenzuges und dann diesem entgegengesetzt bewegt. Die O. und die →*Orbitalgeschwindigkeit* müssen beim →*Segeln* im Seegang in bezug auf die Gefahr des →*Querschlagens* beachtet werden.

Orbitalgeschwindigkeit, die *(orbital velocity)* Die Geschwindigkeit der →*Orbitalströmung,* die mit der →*Wellenhöhe* zunimmt. Sie ist besonders auf →*Vorwindkurs* gefährlich, weil sie dann die Fahrt des Bootes im →*Seegang* unmittelbar vergrößert, und stellt in sehr hohem Seegang, z. B. in den →*„Brüllenden Vierzigern",* die größte Gefahr auch für große →*Seekreuzer* und Schiffe dar.

Orbitalströmung, die *(orbital flow)* Ein räumlich begrenzter Oberflächenstrom, der durch die →*Orbitalbewegung* im Seegang entsteht. Die O. ist auf dem →*Wellenberg* in Fortpflanzungsrichtung der →*Wellen,* im →*Wellental* ihr entgegengesetzt gerichtet und auf der Vorder- und Rückseite der Wellen weitgehend neutralisiert. Beim →*Lenzen* vor dem Sturm kommt es dadurch zu einer

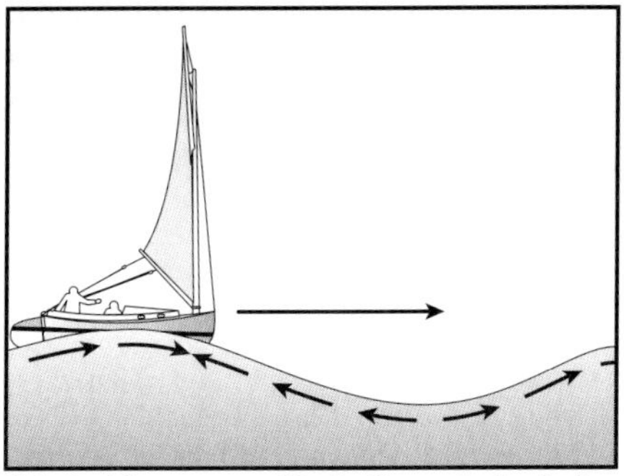

Schubwirkung am →*Heck,* die noch durch den →*Brecher* verstärkt wird, und einer Bremswirkung am →*Bug,* wenn das Boot an der →*Leeseite* der Welle liegt, und es besteht die Gefahr des →*Querschlagens,* je größer die →*Orbitalgeschwindigkeit* ist.

Ordnungswidrigkeit, die *(foul)* Die →*KVR* enthalten in ihrer →*Verordnung,* § 19 eine Zusammenstellung von 27 möglichen Verletzungen der Regeln, die von den Wasser- und Schiffahrtsdirektionen zu verfolgen und zu ahnden sind.

Oregon Pine, Douglas-Tanne, Douglas-Fichte Ein →*Massivholz* zum Belegen des →*Decks* und zur Herstellung von →*Masten* und →*Spieren,* nach seiner Herkunft von der Nordwestküste Nordamerikas benannt. →*Spezifisches Gewicht* 0,47 bis 0,80, →*Darrgewicht* 0,50, hoher Harzgehalt (ca. 9 kg pro m^3), aber Schrumpfung von über 3 %.

Orkan, der *(hurricane, violent gale)* Mit dem →*Hurrikan* sprachverwandte Bezeichnung für Windgeschwindigkeiten ab 32 m/s, 118 km/h oder 64 kn mit einem →*Staudruck* des Windes von 666 N/m^2 und dem Stärkegrad 12 nach der →*Beaufort-Skala.*

Ort aus 2 (oder mehreren) Höhen In der →*astronomischen Navigation* die übliche Methode der →*Schiffsortbestimmung.* Aus 2 Gestirnsbeobachtungen erhält man zwei →*Standlinien* (die sich möglichst in einem rechten Winkel schneiden sollten) und einen →*wahren Ort* (analog zur →*Kreuzpeilung* in der →*terrestrischen Navigation).*

Orthodrome, die *(orthodrome, orthodromic line, great circle)* Im ursprünglichen Wortsinn der geradlaufende, richtige Weg: die kürzeste Verbindungslinie zwischen 2 Orten auf der Erdober-

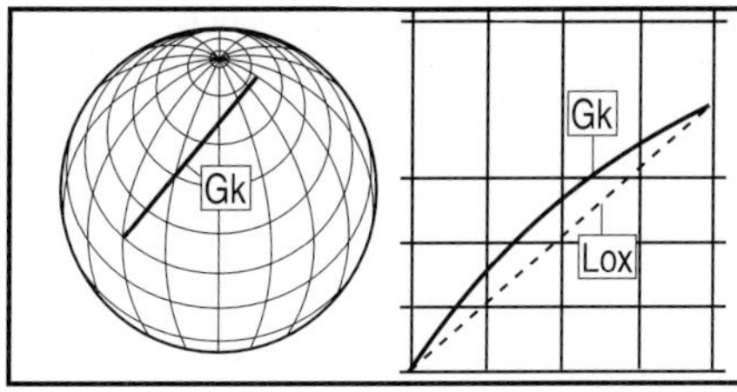

fläche, der →*Großkreis (Gk),* der sie verbindet. Die O. verläuft auf der →*Großkreiskarte* oder in →*gnomonischer Projektion* als Gerade und (im Gegensatz zur Loxodrome, Lox) auf der →*Seekarte* nach der →*Mercator-Projektion* als polwärts gekrümmte, spiralförmige Linie.

Ortsmeridian, der *(local meridian)* Der →*Meridian* eines →*Ortes* auf der Erde, auch als geographische Länge auf den Längenunterschied →*östlich* oder →*westlich* gegen den →*Nullmeridian* von Greenwich bezogen.

Ortsmißweisung, die *(variation)* Die →*Mißweisung,* durch die entsprechende Vorsilbe als ortsabhängig unverwechselbar gegenüber der →*Magnetkompaßablenkung* oder →*Magnetkompaßdeviation* gekennzeichnet. Die O. wird aus der →*Mißweisungsrose* der →*Seekarte* in der Nähe des →*Schiffsortes* für jeden Ort entnommen.

Ortsstundenwinkel, der (Abk. **LHA**) *(local hour angle)* In der →*astronomischen Navigation* der Winkel am oberen →*Himmelspol* zwischen dem oberen →*Himmelsmeridian* und einem →*Stundenkreis.* Er wird vom oberen Meridian im Sinne der scheinbaren Drehung der →*Himmelskugel* von 000° bis 360° nach →*Westen* gezählt.

Ortsstundenwinkel des Frühlingspunktes, der *(local hour angle of Aries)* Winkel am oberen →*Himmelspol* zwischen dem oberen →*Himmelsmeridian* und dem →*Stundenkreis* des →*Frühlingspunktes.* Er wird vom oberen Meridian von 000° bis 360° im Sinne der →*scheinbaren Drehung* der →*Himmelskugel* gezählt.

Ortszeit, die *(local time)* Die O. eines bestimmten Ortes unterscheidet sich von der →*Weltzeit* um den in Zeitmaß verwandelten →*Längenunterschied* gegen →*Greenwich.* Sie kann auch als →*Stand* gegenüber →*UTC* angegeben werden.

Ortung, die *(determination of line of position)* Die Bestimmung von →*Standlinien* nach verschiedenen Ortungsmethoden (z. B. der →*Funk-*

ortung, der →*Satelliten-Navigation* oder der →*Hyperbelnavigation)* und unterschiedlichen Ortungsverfahren (z. B. →*Loran,* →*Decca,* →*GPS,* →*Transit* oder →*Radar).* Wird der Ortungsmeßwert dabei an →*Bord* bestimmt, liegt eine Eigenortung (z. B. mit →*Funkeigenpeilung* oder →*Radarpeilung),* wird er an anderer Stelle bestimmt, eine Fremdortung (z. B. mit →*Funkfremdpeilung* zu einer →*EPIRB* oder zu einem →*SART)* vor. Entsprechend der Art der gewonnenen Standlinien unterscheidet man die Arten der Richtungsortung, Kreisortung und Hyperbelortung.

Ortungsfunkdienst, der Ein Bereich des →*Seefunkdienstes* zum Zwecke der →*Funkortung.*

Öse, die *(eye, eyelet)* Kleiner Metallring, der zum Durchziehen einer →*Leine* oder zum Einhängen eines Hakens in Segeltuch eingestanzt oder eingenäht ist, z. B. als →*Reffgatchen.* Oft auch als →*Rundkausch* bezeichnet, z. B. in der →*Cunningham-Kausch.*

ösen *(to bail)* Übergekommenes oder eingedrungenes Wasser wieder aus dem Boot entfernen, nicht durch →*Lenzen* mit einer →*Lenzpumpe,* sondern durch Ausschöpfen mit einem →*Ösfaß,* Topf, Eimer o. ä.

Ösfaß, das *(bailer, scoop)* Flache, breite Schöpfkelle mit Handgriff oder becherförmiges Gerät mit Griff aus Kunststoff, früher auch aus Holz oder Metall, zum →*Ösen* (ausösen).

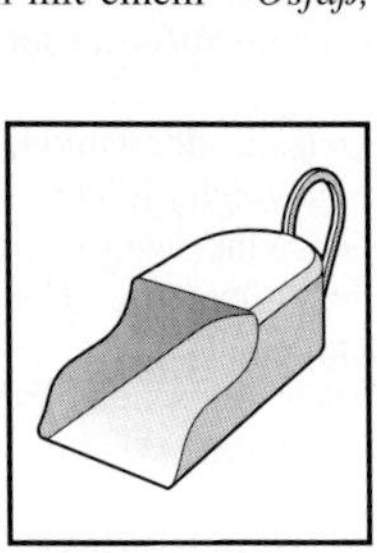

Osmose, die *(Osmosis)* Blasenbildung insbesondere im →*Unterwasserschiff* eines Bootsrumpfes aus →*GFK* nach mehrjähriger Benutzung. Die mit Wasser gefüllten Blasen haben einen Durchmesser von 1 bis 10 mm und sind Auswuchs einer interlaminaren osmotischen Quellung, bei der →*Seewasser* die →*Gelcoat-Schicht* von nur ca. 0,5 mm Dicke molekular durchdrungen und sich mit wasserlöslichen Kristallen in dem darunterliegenden →*Laminat* verbunden hat. Ursachen können Verarbeitungsfehler während des Baus, qualitativ schlechte Materialien und nicht optimale Anwendungstechnik, aber auch Fehler bei der Bootspflege sein. Zur Reparatur der O., die ein Bootseigner auch selbst machen kann, gibt es mehrere Möglichkeiten.

OSTAR Abk. für **Observer Singlehanded Transatlantic Race,** das seit 1960 vierjährlich veranstaltete und von der britischen Tageszeitung „Observer" gesponserte →*Einhand-Atlantik-Rennen* über den Nordatlantik von Plymouth, England, nach Newport, USA. Durch Wechsel des Sponsors seit 1988 →*C-STAR.*

Osten, ost *(east, orient)* Eine der vier Haupthimmelsrichtungen, die in der →*Richtungsrose* oder →*Gradrose* als Winkel von 90° zur Hauptbezugsrichtung →*Nord* im Uhrzeigersinn liegt. Zum →*östlichen* →*Quadranten* gehören die →*Kompaß*-Richtungen von NO (NE) bis SO (SE). O. wird international als →*E* abgekürzt.

östlich *(easterly, eastern, oriental)* Im →*Osten* von dem Beobachter (liegend), aus dem Osten auf den Beobachtungsort kommend, im Gegensatz zu →*westlich,* z. B. ö. →*Länge,* ö. →*Wind,* die →*Wracktonne* ö. eines →*Wracks* u. a.

östlicher Stundenwinkel, der *(meridian angle East)* Ein halbkreisiger →*Ortsstundenwinkel,* gezählt vom oberen →*Himmelsmeridian* von 000° bis 180° nach →*Osten.*

Ostsee, die *(Baltic Sea)* Ca. 400 000 km² großes Binnenmeer, das durch Belte und Sund mit der →*Nordsee* verbunden ist. Die Wassertiefe beträgt im südwestlichen Teil 15, im nordöstlichen über 150 m. Der Salzgehalt geht von 12 ‰ in der Lübecker Bucht auf 8 ‰ bei Bornholm zurück, während der Finnische Meerbusen nur noch Süßwasser führt.

Ostquadrant, der *(eastern quadrant)* Der (z. B. von einer →*Gefahrenstelle* aus betrachtete) →*Quadrant,* der von →*Nordost* über →*Ost* bis →*Südost* reicht. Im →*Kardinalsystem* der →*Betonnung* ist der O. durch zwei schwarze Doppelkegel-Toppzeichen mit den Spitzen voneinander und schwarzen →*Tonnen* mit einem breiten, waagerechten gelben Band bezeichnet.

ostwärts *(eastward, easting)* Nach →*Osten,* im Gegensatz zu nach →*Westen,* z. B. o. um →*Kap Hoorn* segeln, ein o. drehender Wind, eine →*Kursänderung* mehr o. vornehmen, die →*Distanz,* die man nach →*Osten* gutgemacht hat.

Outbound Tracking *(engl.; wörtlich: nach auswärts bestimmter Weg)* In der →*Wegpunktnavigation* das Ablaufen von einem →*achteraus* verbleibenden →*Wegpunkt* auf einem gewünschten

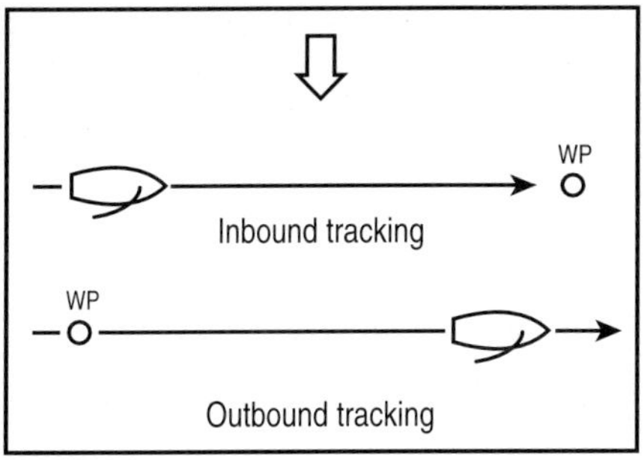

→*Kurs über Grund,* der der →*rechtweisenden Peilung* zu diesem Ausgangspunkt + 180° entspricht. (Abb.). Ggs.: →*Inbound Tracking.*

Ozean, der *(ocean)* Sammelbezeichnung für die drei, das Festland umgebenden Weltmeere, den Atlantischen, Pazifischen (Großen oder Stillen) und Indischen O.

Ozeanhandbuch, das *(ocean passages [pl.])* Ursprünglich als →*Segelhandbuch,* dann als „Dampferhandbuch" bezeichnetes und jetzt vom →*BSH* herausgegebenes →*Seebuch,* das die maritimen Naturverhältnisse der wichtigsten Ozeane enthält und die Wahl des jahreszeitlich günstigen Reiseweges erleichtern soll. Ein O. beschreibt die freien Seegebiete, die ein →*Seehandbuch* nicht erläutert. Ein O. wird durch →*Monatskarten* für das gleiche Gebiet ergänzt.

Ozeankarte, die Eine →*Seekarte* im großflächigen Maßstab von 1:5 000 000 und kleiner, an Bord auch „Übersegler" genannt, die zur Wahl des Reiseweges und zum Absetzen von Kursen und Distanzen auf großen Strecken dient.

Ozeanographie, die *(ozeanography)* Meereskunde. Die Wissenschaft der →*Meeresströmungen* sowie aller anderen physikalischen, chemischen und biologischen Vorgänge in den Wassermassen der Weltmeere sowie der geophysikalischen Erscheinungen auf und unter dem →*Grund.*

P

P = Papa Internationales Buchstabensignal, blau mit weißem Rechteck. Bedeutung im Hafen: „Alle Mann an Bord, da Fahrzeug auslaufen will.“ Bedeutung auf See, von Fischereifahrzeugen benutzt: „Meine Netze sind an einem Hindernis festgekommen.“ Morsen: • – – – • (kurz – lang – lang – kurz). – Beim →*Rennsegeln* nach Regel 26 der →*WR* das →*Vorbereitungssignal.* Bedeutung: „Die durch das Ankündigungssignal angezeigte Klasse wird in genau 5 Minuten starten.“

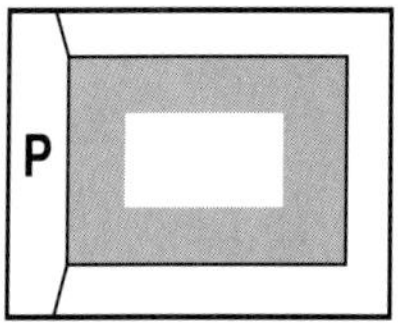

PA Gebräuchliche Abkürzung (nach DIN 7723 und 7728) für →*Polyamid.*

Päckchen, das *(1. rig, overall, 2. to lie alongside)* 1. Arbeitskleidung für den Seemann oder Segler, für besondere Zwecke auch „Takelpäckchen“, „Arbeitspäckchen“ o. ä. genannt. – 2. Wenn Boote an anderen Booten →*längsseits* →*festmachen* oder in dieser Formation →*verholen,* dann liegen oder fahren sie im P.

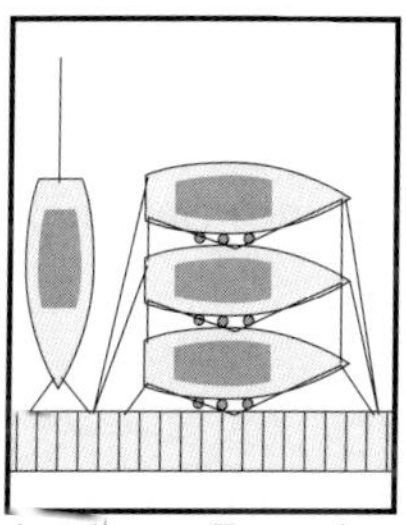

Paddel, das *([single] paddle)* Ausrüstungsteil zur Fortbewegung des Bootes mit Muskelkraft, ungefähr armlang und auf der einen Seite mit einem breiten Blatt für die Wasserarbeit, auf der anderen mit einem Handgriff versehen. Jede →*Jolle* sollte zum →*Verholen* mindestens ein →*Stechpaddel* an Bord haben. Größere →*Schwertboote* und kleine →*Seekreuzer* benutzen anstelle des Paddels einen →*Riemen.*

Paketschiff, das *(packet ship, mail boat)* Das P. entwickelte sich aus den Baltimore-Klippern und Bermuda-Schonern, die ca. 30 m lang waren und um 1800 sowohl als Sklavenfahrer als auch als Kaperfahrzeuge an der amerikanischen Ostküste segelten. Ein P. hatte zwischen 1835 und 1850

eine Länge von 35 bis 50 Metern. Es war ein schneller Allwetter-Segler, der nach einem festen Fahrplan z. B. zwischen New York (Auslaufen an jedem ersten und 16. des Monats) und London verkehrte und vornehmlich Post und Passagiere transportierte. Die Bezeichnung „P.“ ist noch im Namen der 1847 gegründeten HAPAG enthalten, der „Hamburg-Amerikanischen Packetfahrt Actien-Gesellschaft“, die diesen Segler-Liniendienst am 15.10.1848 mit ihrem ersten P. „Deutschland“ übernahm. Aus dem P. entwickelte sich um 1850 der mit 50–70 m →*LWL* längere amerikanische →*Klipper* und die 28,51 m lange →*„America“* als frühe schnelle →*Schuneryacht.*

Pall, das *([drop] pawl, click)* Sperrklinke am Radkranz einer →*Winde* oder eines →*Spills,* die in den Zwischenraum der Zähne einrastet und den Rücklauf sperrt.

Palle, die (Pallholz, das) *(1. block, 2. keel block, 3. bilge block)* 1. Stapelholz zum Aufbocken einer

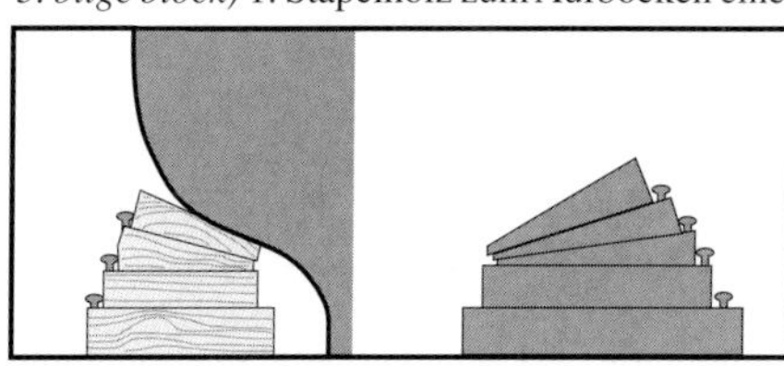

→*Yacht* auf Land oder auf dem →*Slipwagen.* Das Hochsetzen und Unterlegen neuer P. nennt man →*aufpallen,* das Heruntersetzen durch Wegnehmen von P. →*abpallen.* Dabei unterscheidet man

Kielpallen (2.), die →*Kiel,* →*Steven* und andere Teile der →*Längsverbände* unterstützen, und Kimmpallen (3.), die das Boot →*querschiffs* sichern und in der Nähe der →*Kimm* untergelegt sind.

pallhieven, pallsetzen *(to heave pawl, to pawl)* Eine →*Winsch* oder ein →*Spill* so weit drehen, bis die Sperrklinke einrastet und sich die →*Tautrommel* oder →*Kettennuß* nicht mehr zurückdrehen kann.

Palstek, der (Pahlstek) *(bowline, bowline hitch)* Ein →*Stek,* bei dem man ein →*Auge* im →*Tampen* erhält, das sich nicht zusammenzieht und zum →*Festmachen* über einen →*Poller* oder →*Pfahl* („Pal") oder als Ersatz für einen →*Sicherheitsgurt* um die Brust gelegt werden kann. Man beachte beim →*Stecken* dieses Knotens, daß das kurze Ende immer in das →*Auge* des P. einläuft. Nützlich ist auch der →*laufende Palstek,* noch sicherer der →*doppelte Palstek.* Wer den klassischen P. (Abb. A) verlernt hat, schafft den „Häkelpalstek" (Abb. B) immer und unter allen Bedingungen.

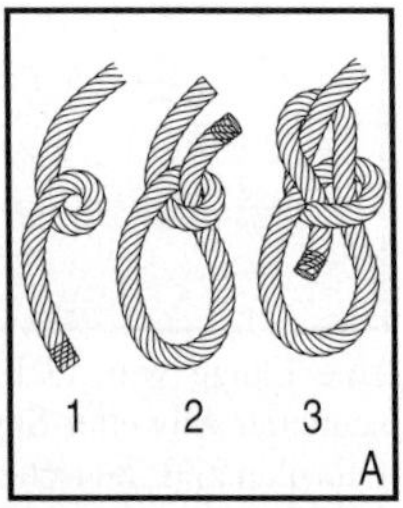

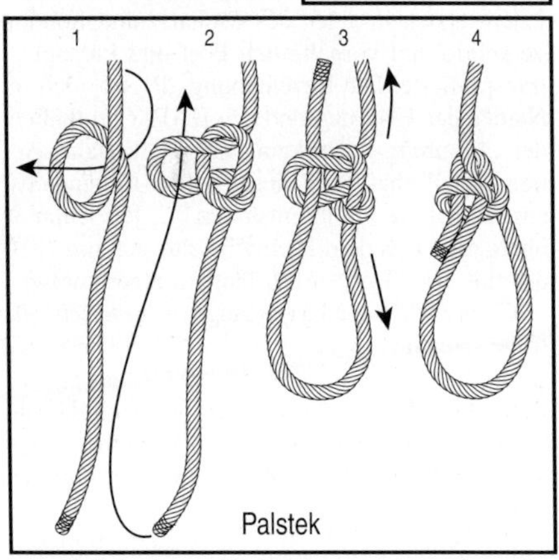

„PAN PAN" *(Pan Pan)* Im internationalen →*Seefunkdienst* und im →*Sprechfunkverkehr* festgelegtes →*Dringlichkeitszeichen.* Die dreimal gesprochenen Worte „PAN PAN" kündigen an, daß die rufende Funkstelle eine sehr dringende Meldung senden will, die die Sicherheit eines Schiffes betrifft. Dieser →*Dringlichkeitsverkehr* hat Vorrang vor jedem anderen Verkehr, ausgenommen den Notverkehr mit →*MAYDAY.*

Panamakanal, der *(Panama Canal)* Eine 81 km lange, 1914 eröffnete Wasserstraße, die den karibischen Atlantikhafen Colon mit dem Pazifikhafen Balboa verbindet. Der P. verkürzt den Weg von New York nach Japan um ca. 4000 sm. Er ist auf beiden Ozeanseiten bis ca. 13 km landeinwärts ein →*Seespiegelkanal.* Dann schließen ihn große Doppelschleusen, in die auch Sportboote einlaufen können, ab. Alle Fahrzeuge werden von einer Schleusenkammer zur anderen durch kleine elektrische Treidellokomotiven, die „Muli", bugsiert. Sohlenbreite des Kanals 92 m, Mindestwassertiefe 12,8 m. Täglich finden ca. 40 Durchfahrten statt. Jährliches Transportaufkommen ca. 120 Mio. Tonnen.

Pantry, die *(pantry, servery)* Ursprünglich Speisekammer, heute auch Anrichte für das Essen und Aufbewahrungsort für das Backsgeschirr. Die gesamte Küchensektion an Bord, auch →*Kombüse* genannt.

Parallaxe, die *(parallax)* Der Winkelunterschied und damit der Ablesefehler, der entsteht, wenn man ein Objekt von unterschiedlichen Punkten aus anvisiert. Durch diese P. kommt es zu einer Fehlablesung am →*Kompaß,* wenn der →*Rudergänger* nicht in Kielrichtung auf →*Steuerstrich* und →*Kompaßrose* blickt, sondern den Kurs seitlich von der →*Luvkante* der →*Plicht* abliest. Sinngemäß das gleiche gilt, wenn er auf →*Sicht* steuert und das Ziel über den Mast oder den →*Vorsteven* von einem seitlichen Sitzplatz aus →*voraus* nimmt. In der →*astronomischen Navigation* ist P. der Winkel am Gestirn zwischen dem Strahl zum Beobachter, der am →*Sextanten* gemessen wird, und dem Erdmittelpunkt, auf den die Messung

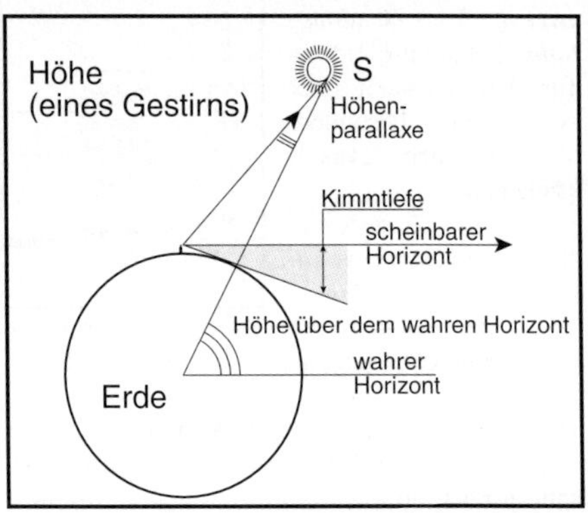

→*beschickt* werden muß, so daß ein entsprechender Korrekturwert bei der Beobachtung von Sonne und Mond an jedem →*Höhenwinkel* angebracht werden muß.

Parallel-Lineal, das *(parallel rulers)* Zeichengerät zum Arbeiten in der →*Seekarte* mit der glei-

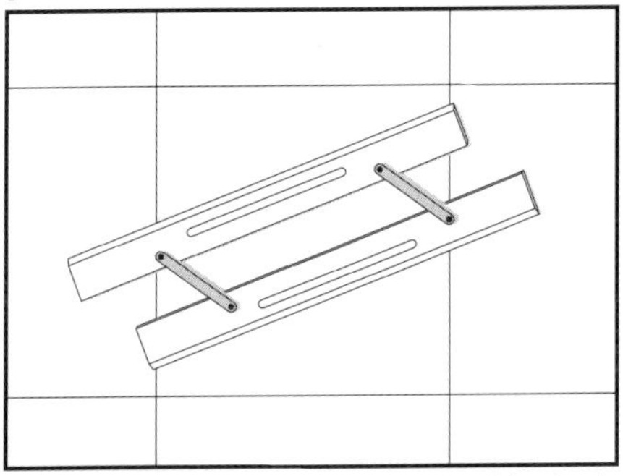

chen Aufgabe wie 2 →*Kursdreiecke:* Die durch bewegliche Verbindungsstege parallel gekoppelten Lineale können zum Eintragen oder →*Absetzen* eines →*Kurses* und auch zum Ermitteln der →*geographischen Breite* verschoben werden. Die entsprechende Richtung wird dabei an der eingedruckten →*Richtungsrose* oder →*Mißweisungsrose* bzw. an der Winkelteilung des P.-L. abgelesen. Der Vorteil: Man kann das Gerät auch nur mit einer Hand (bei Bewegungen im Seegang) halten. Der Nachteil: Eine direkte Ablesung der Richtung ist (meistens) nur durch Parallelverschiebung möglich.

Parallelogramm der Geschwindigkeiten, das *(parallelogram of velocities)* Zeichnerische Darstellung zum Zusammensetzen und Zerlegen von Geschwindigkeiten. Nur durch das P. d. G. läßt sich z. B. die (unbekannte) Resultierende aus zwei (bekannten) Geschwindigkeiten nach dem Parallelogrammsatz bestimmen. Das P. d. G. dient z. B. zum Bestimmen von Richtung und Geschwindigkeit des relativen →*Bordwindes* (Abb., schwarzer Pfeil) aus Richtung und Geschwindigkeit des →*atmosphärischen Windes* (weißer Pfeil) und des →*Fahrtwindes* bzw. der →*Fahrt* (schwarz-weißer Pfeil). Auch kann man in der Praxis aus Fahrt- und Bordwind mit Hilfe des P. d. G. Richtung und Geschwindigkeit des umgebenden atmosphärischen Windes ermitteln, z. B. zur Segelwahl vor einer Kursänderung in schwerem Wetter. Die Abb. zeigt ein P. d. G. für einen mit 26 Knoten extrem schnellen →*Katamaran* mit einem etwa 15 m hohen Rigg und bei →*Windstärke* 6 (22 Knoten) auf einem →*Am-*

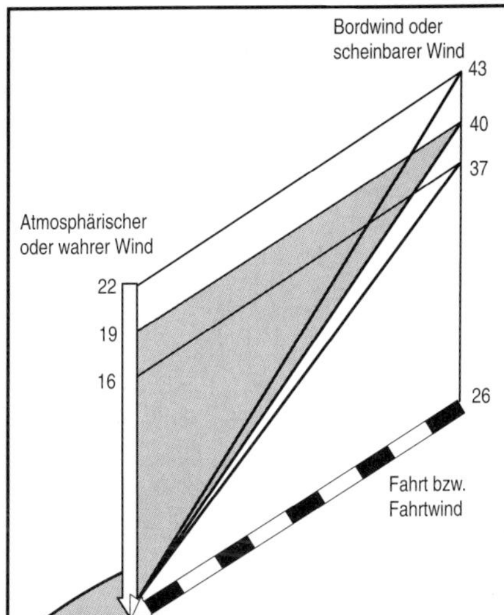

Parallelogramm der Geschwindigkeiten

windkurs mit der (nutzbaren) Geschwindigkeit des relativen →*Bordwindes* auf unterschiedlichen Höhen der →*Takelage:* Der →*Fahrtwind* von 26 kn und der →*atmosphärische Wind* von 22 kn im oberen Segelbereich erzeugen einen →*Bordwind* von 43 kn. Im unteren Segelbereich ist jedoch (durch den →*Windgradienten* bzw. die →*Grenzschicht* über der Erdoberfläche) zu gleicher Zeit nur ein →*wahrer Wind* von 16 kn wirksam. Er vermindert den Bordwind oder →*scheinbaren Wind* dabei nicht nur auf 37 kn, sondern läßt ihn auch erheblich spitzer auf das Segel treffen. Im Segel selbst entsteht dabei eine (notwendige) →*Verwindung* von ca. 10°. Ein nachdenkenswerter Extremfall für eine schnelle Yacht.

Parallelogramm der Kräfte, das *(parallelogram of forces)* Die zeichnerische Darstellung, wie sich auf Boot oder Segel wirkende →*Kräfte* zusammensetzen oder zerlegen lassen. Dabei resultiert z. B. die Gesamtkraft des Segels aus →*Querkraft* oder →*Auftrieb* und →*Widerstand* (wie sie auch in einem →*Polardiagramm* dargestellt ist), und sie läßt sich wiederum in eine nützliche →*Vortriebskraft* und eine schädliche →*Krängungskraft* zerlegen. Sinngemäß zerlegt man die resultierende Rumpfkraft in eine →*querschiffs* gerichtete Seitenkraft und einen entgegengesetzt zur Fahrtrichtung wirkenden Fahrtwiderstand. Die Abb. A zeigt, wie schon bei →*raum-vorlichem Wind* mit einem ca. 30° zur →*Mittschiffslinie* geschotetem

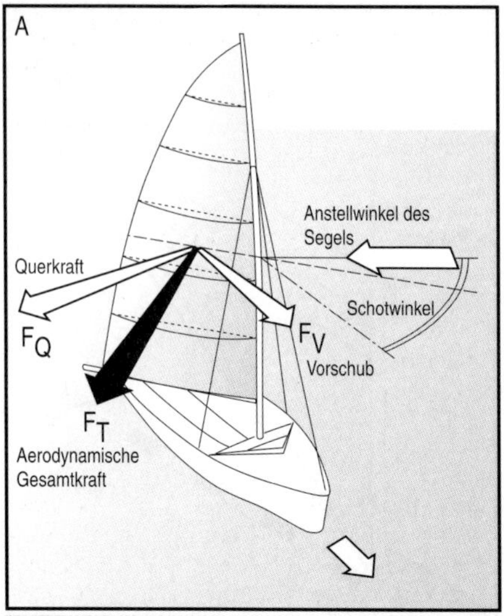

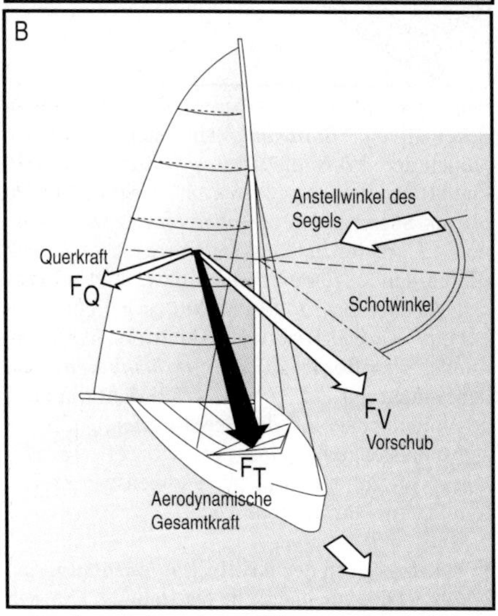

→*Großsegel,* das mit ca. 15° zum →*Bordwind* angestellt ist, ein großer Teil der am Segel erzeugten (und hier am →*Segeldruckpunkt* angetragenen) aerodynamischen Gesamtkraft F_T als Vortriebskraft F_V für den Vorschub genutzt werden kann, während die Querkraft F_Q aber noch groß ist. Mit →*Auffieren* der →*Großschot* ändert sich das P. d. K. (Abb. B), und auf einem →*Vorwindkurs* wird fast die gesamte aerodynamische Kraft am Segel in Vorschub umgesetzt.

Pardune, die *(breast backstay)* Eine Abstagung des →*Mastes* und seiner →*Stengen* schräg nach →*achtern.* Der Begriff P. wird hauptsächlich auf →*Windjammern* benutzt. Dort liegen die →*Püttings* der P. hinter denen der →*Wanten,* doch stützt eine P. den Mast hauptsächlich →*querschiffs* und nicht, wie die →*Backstagen,* das →*Rigg* in Längsschiffsrichtung ab. Wenn eine P. zum Loswerfen eingerichtet ist, nennt man sie →*Preventer.*

Parkplatz *(car park)* Zeichen in der Seekarte, siehe →*Karten* im Anhang.

Part, die *(1. part; 2. share)* 1. Bei einer →*Talje* ein →*Ende,* das durch die →*Blöcke* läuft. Dabei heißt die P., an der mit der Hand gearbeitet wird, die →*holende* und die mit dem →*Deck* oder der Last verbundene P. die →*stehende* oder →*feste Part.* Die sich zwischen den Blöcken bewegenden Teile einer Leine sind die →*laufende P.* – Bei einem →*Knoten* spricht man ebenfalls von einer P., wenn der →*Tampen* um das Ende gelegt wird und beide die Teile einer Verbindung sind. – 2. Ein Besitzanteil an einem Fahrzeug, eine Art Aktie, z. B. bei einer „Partenreederei" oder bei einem „Parten-→*Eigner".*

Pascal Im →*Internationalen Einheitensystem* die abgeleitete →*Basiseinheit* für Druck und mechanische Spannung. In der →*Wetterkunde* wird die Einheit →*Hektopascal,* Abk. hPa, für den gemessenen →*Luftdruck* benutzt.

Passat, der (Passatwind, der) *(trade wind, trades [pl.])* Ein Wind des →*planetarischen Windsystems,* der im →*Passatring* beiderseits des Äquators ganzjährig und annähernd gleichmäßig (in Richtung und Stärke) weht. Durch die Erddrehung wird der P. nach Osten abgelenkt, so daß auf der Nordhalbkugel ein Nordost-P. und auf der Südhalbkugel ein Südost-P. weht. Der P. wird von Transozean- und Weltumseglern genutzt, die in Ost-West-Richtung im Bereich des Äquators mit →*Passatsegeln* auf vorwiegend →*raumen Kursen* um den Erdball schippern.

Passatbäume, die *(jib-booms for twin-sails)* Paarweise am →*Großmast* geriggte →*Spinnakerbäume* oder →*Teleskopbäume* zum →*Ausbaumen* der →*Passatsegel.* Um das Eintauchen der →*Baumnock* beim üblichen →*Geigen* im Seegang während des Segelns vor dem →*Passat* zu vermeiden, werden die P. bis zu einem Drittel Masthöhe gesetzt und die Segel dafür mit einem hohen →*Schothorn* gefertigt. Die P. lösten die →*Breitfock* als Vorwind-Segel für lange Distanzen ab.

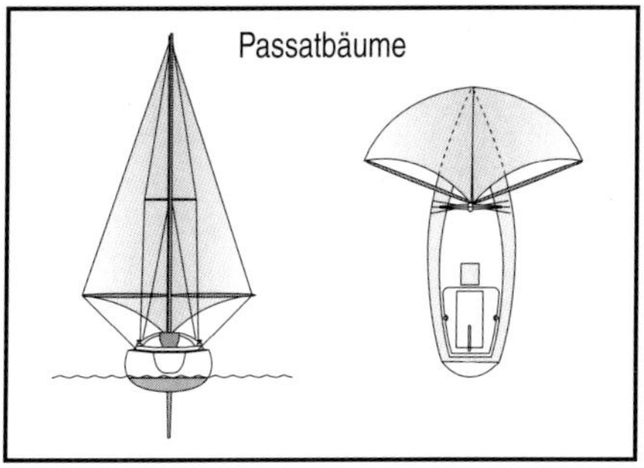

Passatring, der *(trade wind circulation)* Der äquatornahe Luftkreislauf im Rahmen des →*planetarischen Windsystems:* In den Tiefdruckgebie-

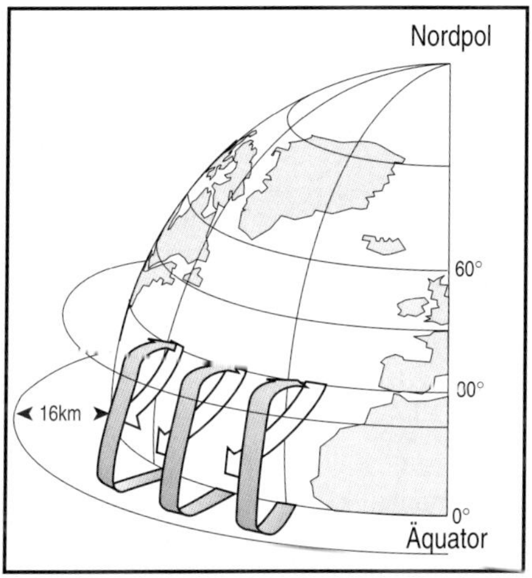

ten der →*Kalmen* bzw. →*Mallungen* steigen tropische Luftmassen am Äquator auf und fließen in großen Höhen als „Antipassat“ bis ca. 30° N und S bzw. zu den →*Wendekreisen.* In den dortigen Hochdruckgebieten der →*Roßbreiten* fällt die Luft und strömt als NO- bzw. SO-Passat, durch die Erddrehung oder →*Corioliskraft* abgelenkt, zum Äquator zurück.

Passatsegel, das Speziell für die →*raumen Kurse* im →*Passat* gefertigte Segel der →*Seekreuzer:* Früher wurde eine →*Breitfock* bevorzugt, die anstelle von →*Großsegel* und →*Vorsegeln* gesetzt wurde. Heute zieht man eine

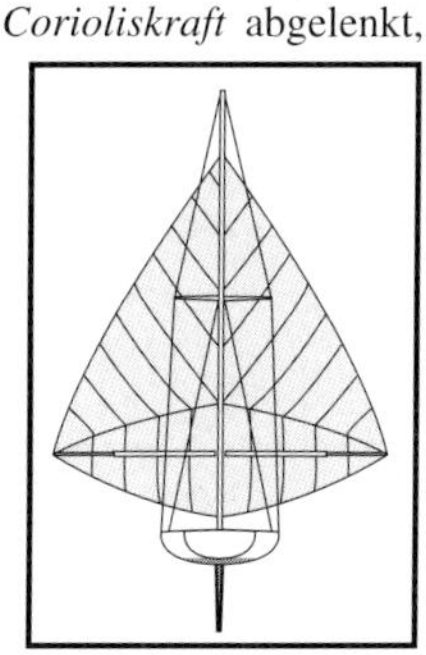

→*Doppelfock* bzw. einen Doppelspinnaker vor, deren →*Schoten* unmittelbar zur →*Pinne* geführt werden, damit sich das Boot, insbesondere bei →*Einhandseglern,* unter P. selbst →*steuern* kann. Auch der →*Allrounder* ist ein modernes P., das man sogar stufenlos aus der →*Plicht* →*reffen* kann.

Passatwindgürtel, der *(trade wind belt)* Die Bereiche des →*Passat* im Atlantischen, Pazifischen und Indischen Ozean. Die P. wandern mit den Jahreszeiten. Sie verlagern sich im Nordsommer (Abb.) weiter nach Norden (eingezeichneter Bereich für Monat Juli) und weichen im Nordwinter (gestrichelte Grenze im Januar) weiter nach Süden zurück.

Patent, das *(1. [letters] patent – 2. license, certificate)* 1. Eine durch Gesetz geschützte Erfindung, z. B. für einen →*Patentschäkel,* →*Patentanker* u. a. – 2. Frühere Bezeichnung für ein →*Befähigungszeugnis* für Schiffsoffiziere (Kapitäne, Steuerleute, Schiffsingenieure u. a.), das gleichzeitig als Gewerbebefugnis für den Dienst auf Kauffahrteischiffen diente. Ein P. konnte durch den Spruch eines →*Seeamtes* entzogen werden, wenn ein schuldhaftes Verhalten an einem Unfall nachgewiesen wurde. Die Inhaber eines P. wurden auch →*Patentträger* genannt.

Patentanker, der *(stockless anchor)* Ein im Gegensatz zum →*Stockanker* patentiertes Ankermodell, das als →*Klappanker* ohne Stock klar zum

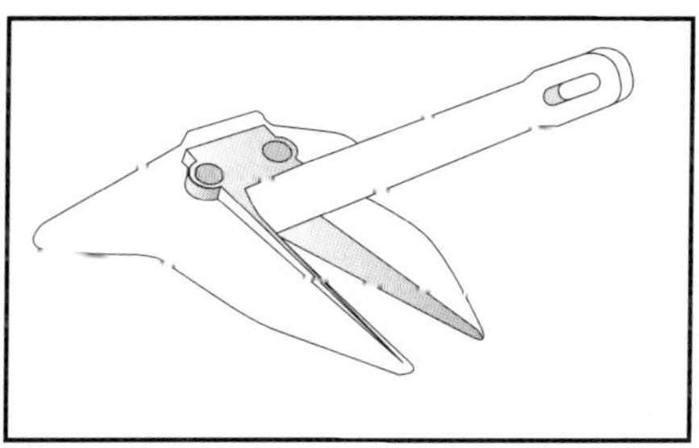

Fallen in einer →*Klüse* gefahren werden kann. Auch alle →*Leichtanker* sind praktisch P. nach neueren →*Patenten,* bei denen das →*Kreuz* ebenfalls drehbar mit dem →*Schaft* verbunden und der →*Stock* (oft) quer zu den →*Flanken* angeordnet ist. Solche modernen P. sind →*Danforth-Anker,* →*Pflugschar-Anker,* →*Stokes-Anker* u. a. Typen.

patentgeschlagenes Tauwerk, das *(plaited rope)* Ursprüngliche Bezeichnung für →*Fasertauwerk,*

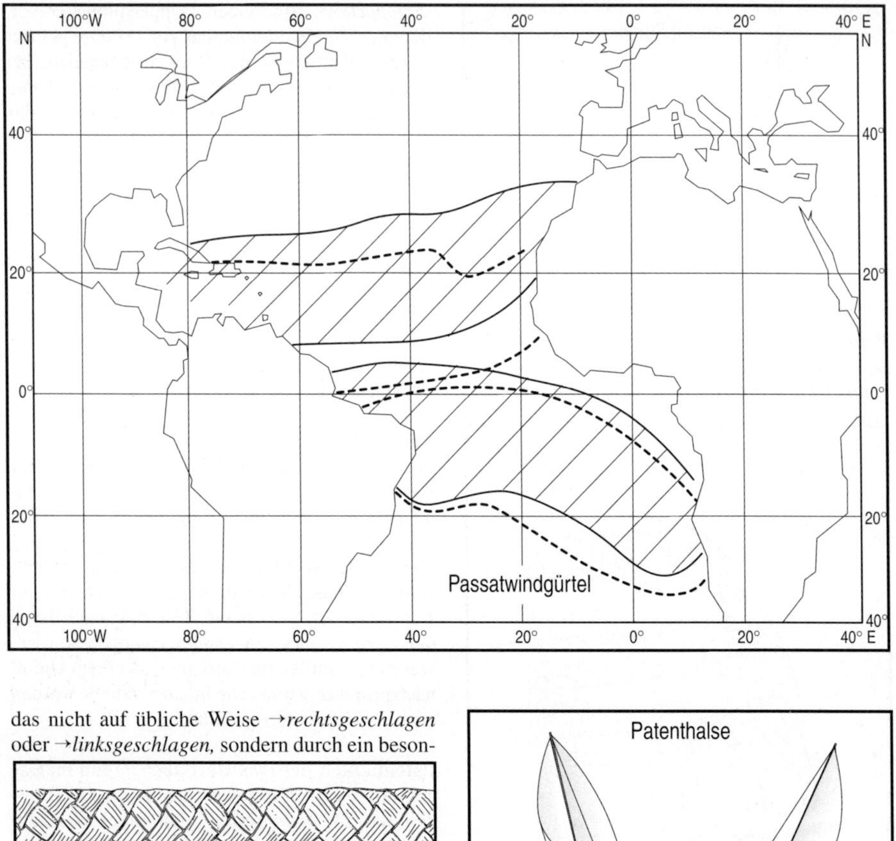

das nicht auf übliche Weise →*rechtsgeschlagen* oder →*linksgeschlagen,* sondern durch ein beson-

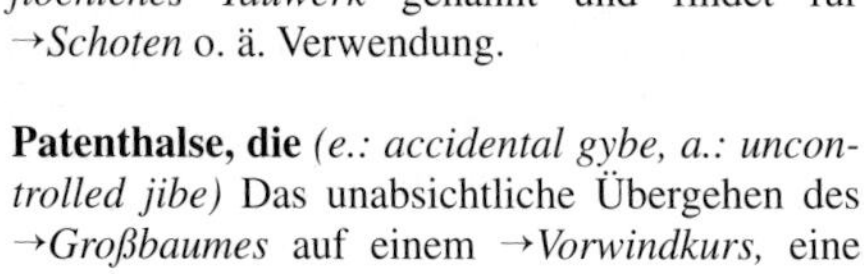

deres →*Patent* gefertigt war. Es wird heute →*geflochtenes Tauwerk* genannt und findet für →*Schoten* o. ä. Verwendung.

Patenthalse, die *(e.: accidental gybe, a.: uncontrolled jibe)* Das unabsichtliche Übergehen des →*Großbaumes* auf einem →*Vorwindkurs,* eine selbsttätige →*Halse* des Bootes, auf die die →*Crew* nicht vorbereitet ist. Die P. kommt vor, wenn bei einem unbemerkten →*Schralen* der Wind in die →*Leeseite* des →*Segels* drückt und dieses nicht nur →*back* schlägt, sondern schnell und plötzlich um 180° auf die andere Seite pendelt. Dabei kann der Großbaum die Crew durch einen heftigen Schlag verletzen, →*über Bord* werfen und die →*Spiere* auf der anderen Seite am →*Want* selbst Schaden nehmen. Eine Sicherung gegen eine P. sind eine →*Bullentalje* und ein →*Bullenstander.*

Patentlog, das *(patent log, screw log, towing log)* Ein →*Log,* das bei der Vielzahl neuzeitlicher →*Fahrtmesser* treffender als →*Schlepplog* bezeichnet wird.

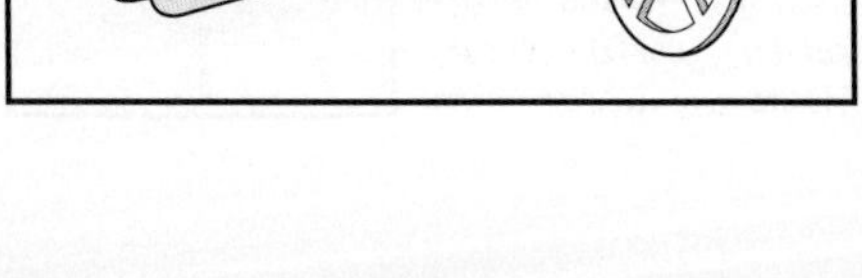

Patentreff, das *(roller reef, roller reefing gear)* Ein →*Drehreff,* bei dem eine Drehkurbel seitlich am →*Großbaum* bedient wird und der gesamte Mechanismus hinter dem →*Mast* am Baum befestigt ist. Das P. (im Gegensatz zum →*Bindereff)* arbeitet aufwendiger als das sog. →*„Volksreff"* und läßt meistens eine dreieckige Fläche über dem →*Lümmelbeschlag* ungenutzt offen.

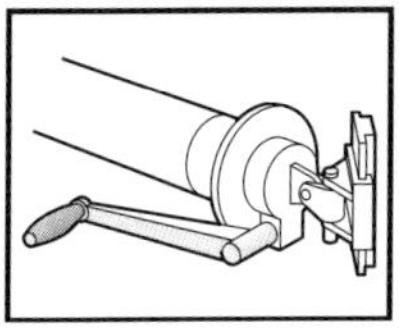

Patentschäkel, der *(patent shackle)* Ein →*Schäkel,* der nicht durch einen Gewindebolzen geschlossen wird, sondern einen patentierten →*Kolbenfederverschluß* hat, der auf den Bolzen ganz verzichten kann, ihn unverlierbar macht und damit das Verschließen erleichtert und beschleunigt, z. B. als →*Schlüsselschäkel,* →*Schnappschäkel,* →*Schotschäkel* u. a.

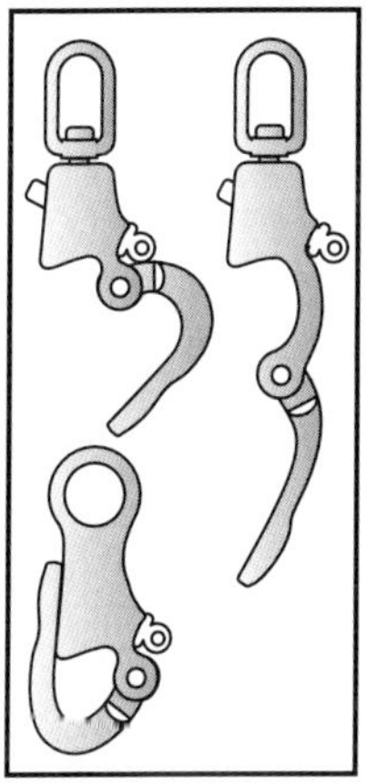

Patenttakling, der Ein Endfestiger aus flüssigem Kunststoff für →*Tauwerk* aus →*Chemiefasern,* in

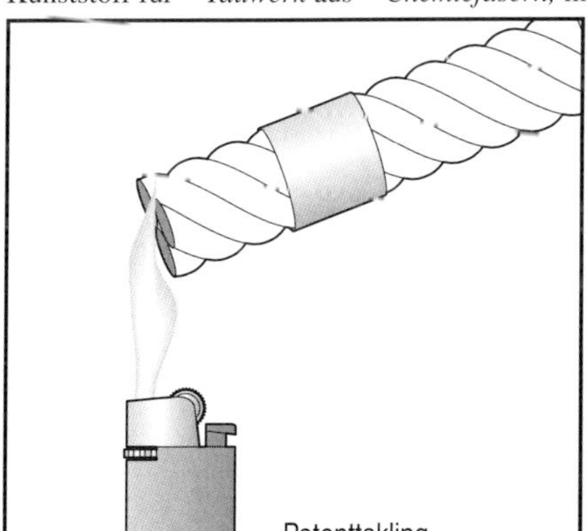

Patenttakling

den der →*Tampen* eingetaucht wird. Getrocknet entsteht eine dauerhafte, elastische Kappe, die ein Aufdrehen der →*Kardeele* verhindert und die Aufgaben eines →*Taklings* erfüllt. Sinngemäß entsteht auch ein P., wenn man die Schnittstelle verschweißt (Abb.).

Patentträger, der *(licensed officer)* Frühere Bezeichnung für den Inhaber eines →*Patentes.* Ein P. war zur Führung eines Schiffes in dem entsprechenden →*Fahrbereich* bzw. zur Besetzung der entsprechenden Position im Rahmen der →*„Schiffsbesetzungs- und Ausbildungsordnung"* (SBAO) zugelassen.

Patrize, die *(punch, counter-die)* Der Kern oder →*Stempel,* über den z. B. der Bau aus →*formver-*

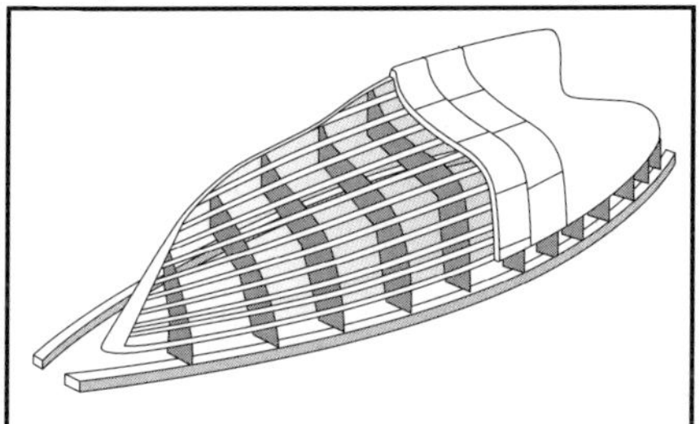

Positivform (Patrize)

leimtem →*Bootsbausperrholz* erfolgt. Der Bootsrumpf liegt dabei über Kopf. Der notwendige Anpreßdruck erfolgt oft im sog. Gummisackverfahren: Hierbei wird ein entsprechender, mit Luft oder Flüssigkeit gefüllter Behälter über die letzte, glatte und spätere →*Außenhaut* gelegt und mit einer →*Matrize* bzw. einem →*Gesenk* gleichmäßig aufgepreßt. Die P. wird auch die „positive Bauform" genannt und findet im Bootsbau aus →*GFK* (auch als Stempel im →*Preßverfahren)* Verwendung.

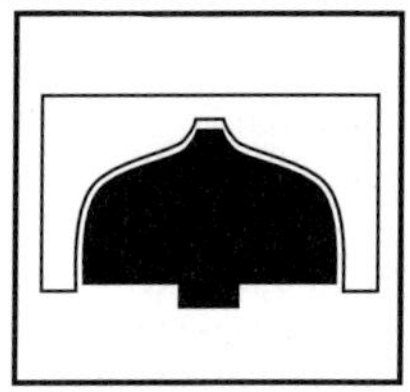

Patsch, der *(patch)* Ein auf das Segel aufgesetzter Flicken. Er soll entweder einen Riß im Segel ausbessern oder zum Schutz gegen →*Schamfilen* an einer besonders gefährdeten Stelle dienen. Ein P. kann aufgenäht oder aufgeklebt werden. Auch ein von innen gegen ein →*Leck* gesetzter und durch Leckstützbalken gesicherter Flicken oder eine von außen vorgelegte und durch ein →*Lecksegel* gehaltene Matte wird als P. bezeichnet.

PE Gebräuchliche Abkürzung (nach DIN 7723 und 7728) für →*Polyethylen.*

Pegel, der *(1. water gauge, tidal register)* 1. Gerät zum Messen des Wasserstandes, entweder zur direkten Ablesung (→*Lattenpegel),* zum schriftlichen Registrieren (→*Schreibpegel)* oder auch zur

Übertragung der Werte über längere Distanzen (→*Fernpegel).* Jeder P. hat ein einheitliches →*Pegelnull.* – 2. In der Nachrichtentechnik das logarithmische Verhältnis von Leistung, Spannung oder Strom an einem Bezugspunkt, z. B. am Anfang einer Leitung oder am Eingang einer Schaltung. Bei einem →*Sichtfunkpeiler* arbeitet man z. B. mit einem optischen und akustischen →*Signalpegel.*

Pegelbake, die Eine →*Bake,* in der ein →*Schreibpegel* aufgestellt ist.

Pegelnull (PN), das Die Bezugsebene eines →*Pegels.* An der deutschen Nordseeküste liegt das PN seit 1927 5,00 m unter →*Normalnull,* d. h. PN = NN – 5,00 m.

Peilaufsatz, der *(bearing circle)* Auf einen →*Kompaß* aufsetzbare Visiereinrichtung zum →*Peilen.* Am besten ist dazu ein →*Flachglaskompaß* geeignet.

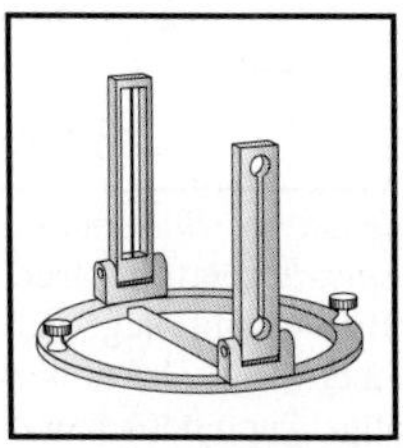

Peildiopter, der *(azimuth device)* Ein Diopter, der mit Steg oder Rigg als →*Peilaufsatz* auf einem →*Flachglaskompaß* befestigt wird und zur Richtungsbestimmung eines Objektes mit direkter Ablesung der →*Kompaßpeilung* dient.

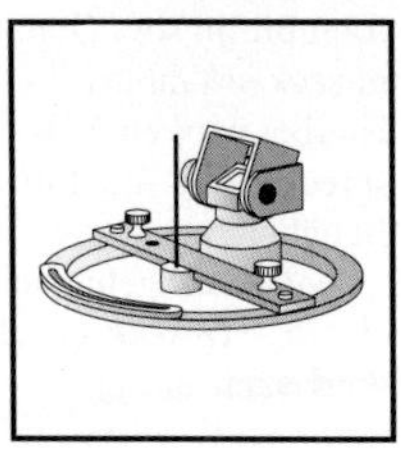

peilen *(1. to take a bearing – 2. to sound – 3. to stick a tank)* 1. Die Richtung zu einem Objekt z. B. einer →*Landmarke* feststellen, entweder mit dem →*Peilkompaß* oder der →*Peilscheibe* oder auch nur „über den Daumen". – 2. Mitunter wird auch das Messen der Wassertiefe (anstelle von →*loten)* mit p. bezeichnet, z. B. wenn man mit dem →*Peilstock* arbeitet. – 3. Den Inhalt eines Tanks in einem →*Peilrohr* mit einem →*Peilstab* messen. – 4. Sinngemäß im allgemeinen Sprachgebrauch eine →*„Lage p.",* d. h. eine Situation oder eine mögliche Gefahr in allen Dimensionen weiträumig prüfen.

Peilkompaß, der *(bearing compass)* Ein →*Flachglaskompaß,* der mit einem →*Peildiopter* ausgerüstet und zum →*Peilen* benutzt werden

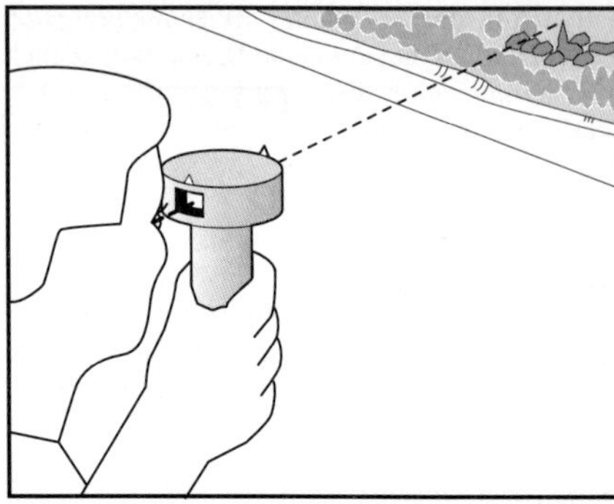

kann, wenn er allseitig frei aufgestellt ist. Auf Yachten kann auch der →*Steuerkompaß* in Verbindung mit einer →*Peilscheibe* als P. benutzt werden, doch ist ein →*Handpeilkompaß* praktischer.

Peilrahmen, der *(D. F.-frame, direction finding loop)* Rahmenartige Richtantenne eines (jetzt

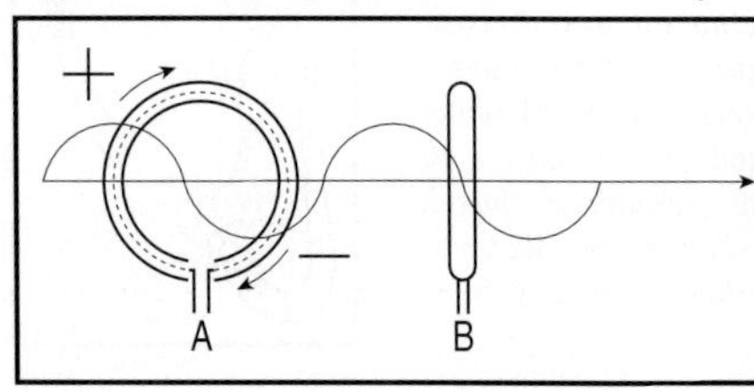

nicht mehr benutzten) →*Funkpeilers.* Ein P. konnte als →*Drehrahmenpeiler* direkt gedreht werden, bis man eine →*Minimumpeilung* (A) erhielt, oder starr als →*Kreuzrahmen* befestigt sein; das Peilhandrad drehte dann nur eine Suchspule im →*Goniometer.* B = P. in Maximumstellung.

Peilrohr, das *(sounding pipe)* Senkrechtes, an der Tankdecke unter der Peilverschraubung befestigtes und bis dicht über den Tankboden reichendes Rohr, in dem der →*Peilstab* zur Inhaltskontrolle herausziehbar hängt.

Peilscheibe, die *(pelorus)* Eine vom →*Kompaß* unabhängige, fest mit dem Boot verbundene, meist →*kardanisch* aufgehängte Richtungsrose mit Visiereinrichtung, die in der Bootslängsachse ausgerichtet ist und eine 360°-Teilung hat; sie kann auch

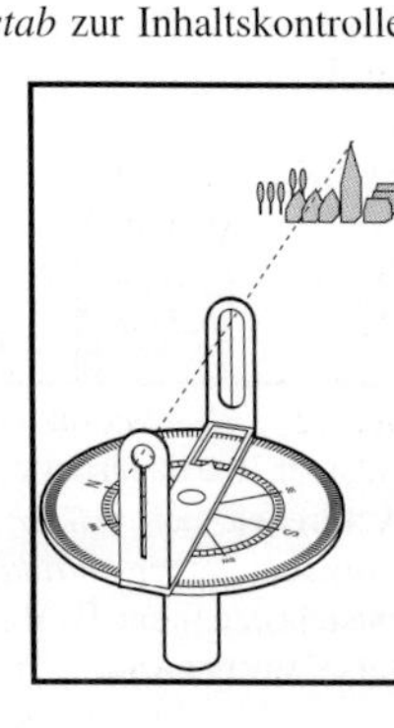

in Deckschuhen gehaltert und nach Gebrauch wieder verstaut werden. Die Richtung 0° der P. liegt recht voraus, 90° steuerbord querab, 180° recht achteraus, 270° backbord querab, so daß man ein gepeiltes Objekt bei gleichzeitiger Ablesung des →*Kompaßkurses* in einer →*Seitenpeilung* oder →*Bordpeilung* erhält, die dann in die →*Kompaßpeilung* umgerechnet werden muß. Die Richtungsbestimmung ist mit einem →*Peildiopter* auf dem →*Peilkompaß* oder einem →*Handpeilkompaß* einfacher, doch läßt sich mit der P. sicherer feststellen, ob die →*Peilung steht.*

Peilstab, der *(sounding pole, measuring rod)* Meßstab in einem →*Peilrohr,* mit dem der Inhalt eines Brennstoff- oder Wassertanks gemessen wird. Die Markierung erfolgt in Liter-Werten; bei prismatisch geformten Tanks ergeben sich unterschiedliche Peilstab-Distanzen für die gleichen Flüssigkeitsmengen. Ohne Peilrohr muß der Peilstab länger sein, als der Tank tief ist, damit er nicht hineinfallen kann. Auch der mit Dezimeter-Markierung versehene →*Bootshaken* kann zum Loten der Wassertiefe als Peilstab oder Peilstock bezeichnet werden.

Peilstandlinie, die *(line of bearing)* Eine →*Standlinie,* die aufgrund einer →*Peilung* ge-

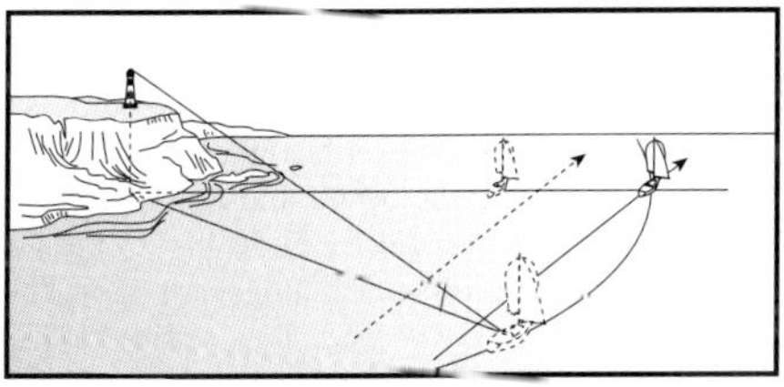

wonnen wird. Auch die →*Deckpeilung* ist eine P. Um einen →*wahren Schiffsort* zu erhalten, sind mindestens zwei Peilstandlinien oder eine P. und der aus einem →*Höhenwinkel* oder →*Horizontalwinkel* gewonnene Kreisbogen erforderlich (Abb.).

Peilstift, der *(bearing bar)* Einfacher →*Peilaufsatz,* der meistens im Zentrum der →*Kompaßrose* befestigt wird und zum →*Peilen* über den Daumen, d. h. einer nur ungefähren Richtungsbestimmung dient. Er wird auch für das →*Schattenazimut* der Sonne benutzt, wenn die (genaue) →*Peilung* auf dem Kompaß durch den Schattenstrich zu erkennen ist.

Peilstrahl, der *(bearing line)* Eine vom Beobachter ausgehende →*Standlinie,* auf der alle Objekte in einer Richtung →*peilen.* Ein P. muß nicht nur auf ortsfeste →*Objekte* zielen, sondern kann auch die Grundlage für →*nautische* Entscheidungen sein, wenn festzustellen ist, ob ein Objekt →*auswandert* oder die →*Peilung steht.*

Peilung, die *(1. bearing – 2. sounding)* 1. Richtungsbestimmung, die mit dem →*Peilkompaß* als →*Magnetkompaßpeilung* auf →*Magnetkompaß-Nord,* mit der →*Peilscheibe* als →*Seitenpeilung* (und als →*Funkseitenpeilung)* auf die →*Rechtvorausrichtung* oder mit einem →*GPS-Gerät* als →*rechtweisende Peilung* (zu einem →*Wegpunkt)* auf →*rechtweisend* Nord bezogen sein kann. Eine P. kann auch als →*mißweisende* P., als →*Azimut* oder als →*Radar-Seitenpeilung* angegeben werden. Nach der Methode →*optischer* P. gibt es z. B. →*Kreuzpeilung,* →*Doppelpeilung,* →*Versegelungspeilung,* →*Vierstrichpeilung* u. a. In der →*Funknavigation* unterscheidet man →*Fremdpeilung* und →*Eigenpeilung,* →*Minimumpeilung* und →*Maximumpeilung.* Bei einer →*Deckpeilung* wird die →*Peilstandlinie* durch 2 →*Landmarken* angegeben. – 2. Sinngemäß eine →*Lotung.*

„Peilung steht!" Verändert sich die →*Seitenpeilung* zu einem anderen Fahrzeug, das in →*Fahrt* ist,

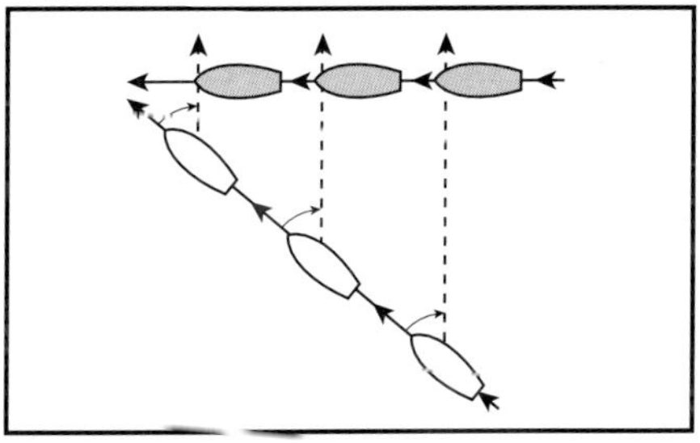

nicht und bleibt der Peilwinkel gleich, dann „steht" die Peilung. Führen beide →*Kurse* bei →*stehender Peilung* zueinander, dann liegen die Boote auf →*Kollisionskurs.* Das ausweichpflichtige Fahrzeug muß dann die entsprechende Kursänderung frühzeitig einleiten, wenn sich der Abstand zwischen den Fahrzeugen verringert, um sich von dem Fahrzeug mit →*Wegerecht* freizuhalten.

Peitschenmast, der *(whip spar, curved spar)* Bei der Einführung der →*Hochtakelung* (ab ca. 1920) ein im oberen Drittel nach →*achtern* gebogener Mast, der hier dem Verlauf einer →*Steilgaffel* folgte und dadurch gegenüber einem geraden →*Pfahlmast* des →*Bermuda-Riggs* die obere Segelbreite vergrößerte. Ein P. war ein starrer, kein →*flexibler Mast.* Er wurde nach vorn über eine

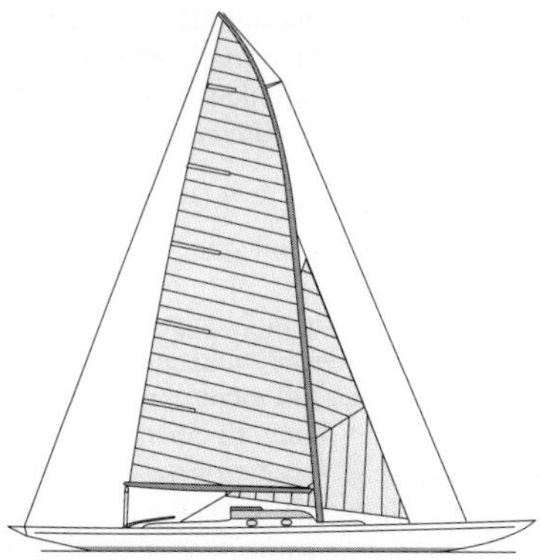

Schärenkreuzer

→*Längssaling* in Höhe des Vorsegel-Kopfes von einem (zweiten) →*Vorstag* gehalten, während der gekrümmte →*Topp* noch ein →*Jumpstag* mit →*Jumpstagspreize* trug. Mit einem P. waren z. B. die Yachten der →*Nationalen* 45-m^2-Kreuzerklasse, Segelzeichen P, die 30-m^2-→*Schärenkreuzerklasse* (Abb.), die Vertens-Kreuzer sowie die 15-m^2-Binnenfahrt-→*Jollenklasse* und die →*20-m²-Binnenfahrt-*→*Jollenkreuzerklassen* ausgestattet. Yachten mit P. führten ein (damals übliches) sehr kleines →*Vorsegel.* Seit 1945 und mit der Einführung der →*Topptakelung* sowie der Benutzung größerer Vorsegel als →*Großsegel* wird ein P. nicht mehr gebaut.

Pelikanhaken, der *(pelican hook)* Ein →*Sliphaken,* der zum Beispiel in einer →*Seereling* die

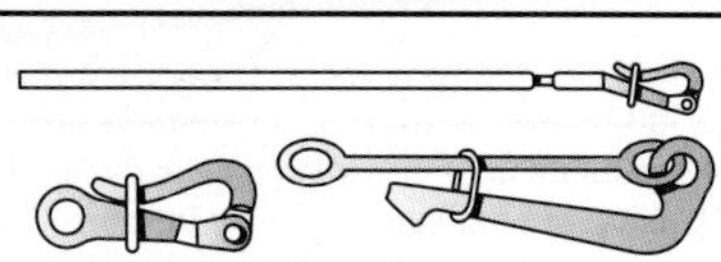

Pelikanhaken

→*Relingpforte* verschließt und diesen Durchgang nicht nur nach dem →*Anlegen,* sondern auch beim →*Bergen* eines über Bord Gefallenen schnell öffnen hilft. Er ist mit seiner Öse in einem →*Relingsauge* befestigt.

Pelikanspanner, der *(pelican adjuster)* Eine dem →*Achterstagspanner* vergleichbare Spannvorrichtung für das nur zeitweise gefahrene →*Babystag,* die sich nach dem (verbesserten) Prinzip eines →*Pelikanhakens* an einem Beschlag auf dem →*Vordeck* (Abb.) befestigen läßt. Auch für das Setzen einer →*Sturmfock* im →*Vorsegeldreieck* bei Vorsegeln mit einer →*Rollreffanlage* benutzt.

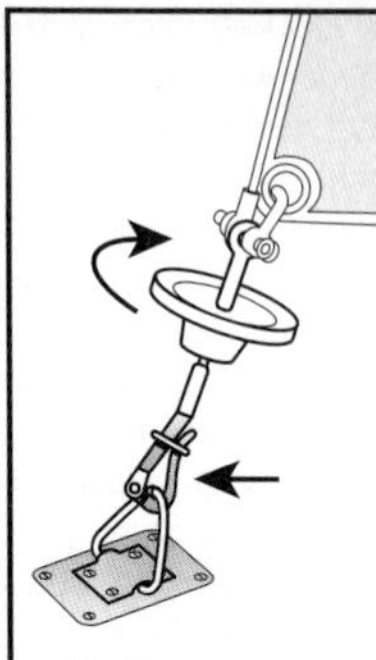

Pelikanspanner

Pelorus *(dumb compass)* Englische Bezeichnung für →*Peilscheibe* oder →*Peildiopter.*

Pendelsextant, der *(pendulum sextant)* Ein →*Sextant,* bei dem ein Pendel die Lotrichtung anzeigt; er ist in der modernen →*Navigation* durch den →*Libellensextanten* abgelöst worden.

Perigäum, das *(perigee)* Größte Erdnähe des Mondes auf seiner elliptischen Bahn um die Erde und größere →*Tideerscheinung.* (Der erdnächste Punkt wird alle 3232,6 Tage oder 8,8 Jahre erreicht.) P. bedeutet auch größte Erdnähe künstlicher Satelliten. Ggt. →*Apogäum.*

Perlon Markenname für →*Polyamidfasern* deutscher Produktion (Bayer) zur Herstellung von →*Fasertauwerk* aus →*Chemiefasern.*

Perlon-Tauwerk, das *(perlon ropes)* Fasertauwerk aus →*Polyamid* mit einem →*spezifischen Gewicht* ca. 1,1; einer Reißfestigkeit, die bei Nässe ca. 85 % der Trockenfestigkeit hat; einer Bruchdehnung von ca. 30 % und einer Wasseraufnahme (in 24 Stunden) von 20 bis 25 %. Es wird durch sein großes Dehnungsvermögen besonders gern als →*Festmacher,* →*Ankerleine,* →*Schlepptrosse* o. ä. benutzt.

Permit of Navigation, das Eine meistens auf die Dauer eines Jahres befristete Aufenthalts- und Fahrerlaubnis für eine →*Yacht* in den →*Hoheitsgewässern* eines ausländischen Küstenstaates. Ein P. o. N. wird von den →*Hafenbehörden* im →*Port of Entry* ausgestellt und enthält die wichtigsten Daten eines →*Bootes* und seiner →*Crew* sowie einschränkende Bestimmungen über Sperrgebiete, Versicherungspflicht, Crewwechsel, Vercharterung und andere gesetzliche Vorschriften. In einigen Ländern wird das P. o. N. als →*Cruising Permit,* →*Transitlog* oder →*Costituto in Arrivo* bezeichnet.

Persenning, die *(tarpaulin)* Schutzbezug aus wasserdicht imprägniertem →*Segeltuch* oder aus beschichteten Geweben aus →*Chemiefasern.* Eine P. dient zur Abdeckung von (aufgetuchten) →*Segeln,* →*Luken,* der →*Plicht* oder des ganzen Bootes, wenn dieses an seinem →*Liegeplatz* ist. Bei Benutzung einer P. insbesondere zum Schutz gegen Nässe und Regen muß für ausreichende Luftzirkulation innerhalb der abgedeckten Bootsteile gesorgt werden. P. über Segel muß man so →*zurren,* daß sie unten offen bleiben.

persönliche Schutzausrüstung *(personal protective equipment, personal safety device)* Die p. S. für →*Segler* an Bord von →*Yachten* ist durch deutsche und europäische Normen bestimmt. So enthalten z. B. die →*EN 1095* Bestimmungen für die Beschaffenheit von →*Sicherheitsgurten* (um den Leib und kreuzweise um den Oberkörper) und von →*Sicherheitsleinen* (Sorgleinen zur Verbindung des Sicherheitsgurtes mit Beschlägen an →*Deck).* In den Normen →*DIN EN 396* und 399 sind z. B. Bestimmungen für die Beschaffenheit eines →*Bergegurtes* und einer Bergeschlaufe enthalten, die mit einer →*Rettungsweste* kombiniert sein können und zum →*Heißen* einer Person dienen, die aus dem Wasser wieder →*an Deck* geholt werden muß.

Perustrom, der (Humboldt-Strom) *(Peru Current, Peruvian Current, Humboldt C.)* Eine Abzweigung der →*Westwinddrift,* die durch das →*planetarische Windsystem* entsteht und sich im Pazifik als kalte Nordströmung bis zum →*Äquator* fortsetzt, nachdem sie auf die Landmassen des südamerikanischen Kontinents traf. An der Küste von Peru vereinigt sich der P. mit der →*westwärts* gerichteten Äquatorialströmung

Petersen-Skala, die *(Petersen's scale)* Entsprechend der →*Beaufort-Skala* für die →*Windstärke* die von Kapitän Petersen eingeführte und 1939 international angenommene Benennung der →*Seegang-Skala.* (Siehe auch Tabelle „Wind und See" im Anhang).

Petroleumlampe, die *(parafin vapor lamp; parafin vapor burner)* Eine →*Lampe* für eine →*Laterne,* die aus einem Brennstoffbehälter für Petroleum und einem Docht zum Erzeugen einer Flamme besteht.

Pfadfinder, der *(path finder)* Das Boot in einer →*Wettfahrt,* das beim →*Torstart* die →*Startlinie* markiert.

Pfahl, der *(stake, pole, perch)* Nach →*INT 1* und →*Karte 1* ein (untergeordnetes) festes →*Seezeichen,* das in einem (trockenfallenden) →*Wattgebiet* als →*Lateralzeichen* eines →*Nebenfahrwassers* dort benutzt wird, wo es oft zu versetzen ist. Mit einem nach oben gerichteten →*Toppzeichen* (z. B. →*Besen,* Spitze nach oben) zeigt es die →*Steuerbord-Fahrwasserseite,* mit der Spitze nach unten (z. B. als →*Pricke)* die →*Bb-Fahrwasserseite* an.

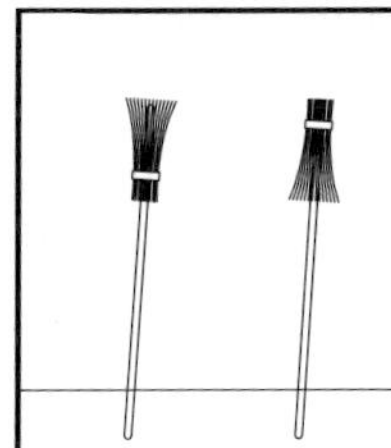

Pfahl mit Besen

Pfahlmast, der *(pole mast)* Ein →*Mast,* der nur aus einem Stück besteht, wie er auf →*Jollen* und →*Yachten* üblich ist. Auf einem →*Rahsegler* konnte die notwendige Masthöhe nur durch aneinandergesetzte Teile erreicht werden, z. B. einen P. als Untermast und die daran befestigte →*Stenge.* Ein P. kann mehrere Stengen tragen.

Pfeife, die *(whistle)* Eine nach den →*KVR* vorgeschriebene →*Schallsignalanlage* zur Abgabe der geforderten akustischen →*Signale* bei verminderter →*Sicht* sowie der →*Manöversignale* und →*Warnsignale.* Vorgegeben sind z. B. →*Frequenz* und →*Reichweite.* Alle Fahrzeuge über 12 m Länge müssen mit einer vom →*BSH* baumustergeprüften und international zugelassenen P. ausgerüstet sein, deren Tonfrequenz und Schalldruckpegel vorgeschrieben sind. Die P. eines →*Fahrzeugs* von weniger als 20 m →*Länge* muß eine Reichweite von 0,5 sm haben. Fahrzeuge von weniger als 12 m Länge können auch ein (einfaches) →*Nebelhorn* oder →*Signalhorn* benutzen.

Pferd, das; Peerd, das (einer Rah) *(foot rope)* Unter einer →*Rah* in einem solchen Abstand gespannter kräftiger Draht, auf dem die Seeleute mit den Füßen stehen und gleichzeitig mit dem Oberkörper auf den Rahen liegen konnten, wenn sie an den Segeln arbeiteten.

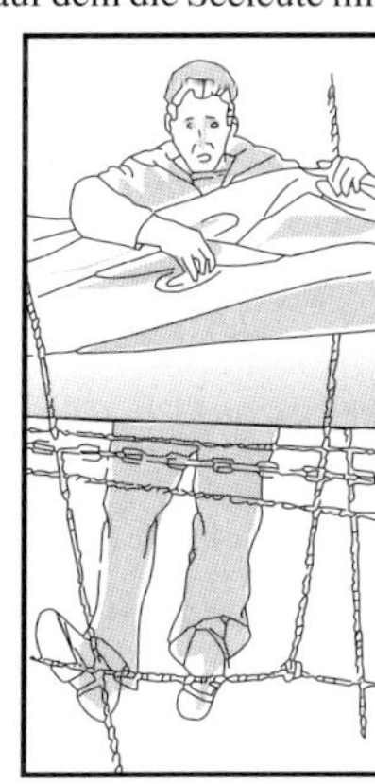

Pflanzenfaser, die *(vegetable fibre, v. thread)* Der →*Faserstoff* (nach →*DIN 60001),* aus dem Seilgarne aus pflanzlichen →*Fasern,* z. B. →*Manila* (DIN 83322), →*Sisal* (DIN 83324) oder →*Hanf* (DIN

83325) in Form von →*Spinnfaser-Seilgarnen* hergestellt sind. Seilgarne aus →*synthetischen Fasern (*→*Chemiefasern,* z. B. →*Polyamid,* →*Polyester* oder →*Polypropylen)* werden demgegenüber aus →*Filament-Seilgarnen* gefertigt.

Pflugscharanker, der *(C.Q.R.-anchor, plough-anchor)* Ein bewährter →*Leichtanker,* der mindestens eine Haltekraft des Zwanzigfachen, höchstens des Sechzigfachen seines Gewichtes hat. Er gräbt sich mit seiner einzigen, wie ein Pflug geformten →*Flunke* besonders auf hartem Sand- und Schlickboden schnell und tief ein. Der P. hat keine herausragenden Teile. Der Schaft ist seitlich weit schwenkbar, ohne daß die Flunke ausbricht.

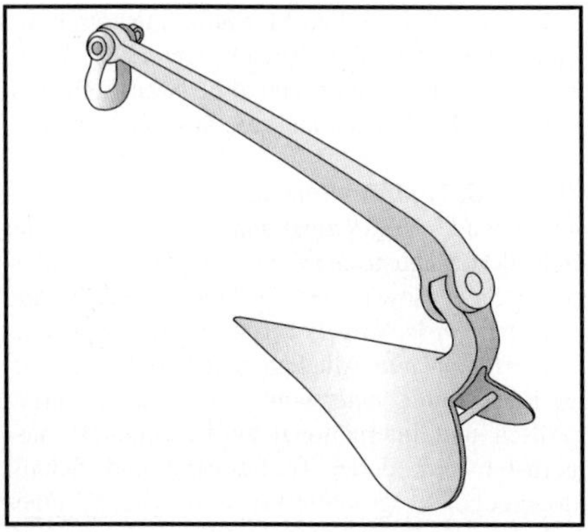

Die Abkürzung „C.Q.R." bedeutet „Coastal Quick Release" und bezeichnet einen →*Patentanker,* der sich auf Küstenfahrt schnell ausbringen läßt. Die Buchstaben können aber auch für das genauso gesprochene Wort „secure" = „sicher" stehen.

Pforte, die *(port, door, gate)* Im ursprünglichen Wortsinn eine Öffnung, ein Durchgang, eine Tür,

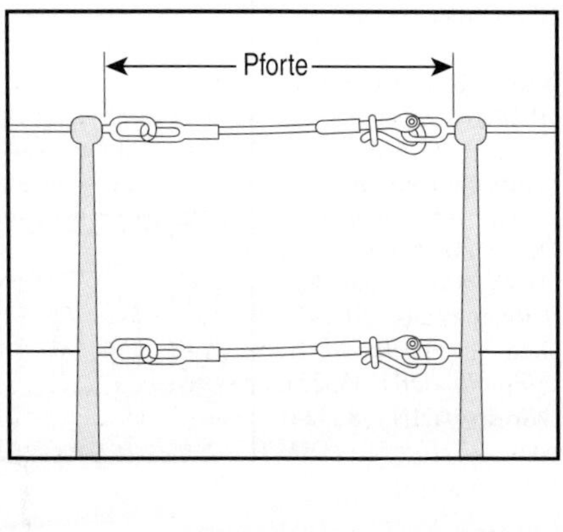

ein Tor. An Bord als →*Relingspforte* zum Durchlaß durch die →*Seereling* benutzt. Eine →*Wasserpforte* ist eine Öffnung im →*Schanzkleid.* In der Vergangenheit gab es z. B. eine Geschützpforte („Stückpforte"). In der Berufsschiffahrt spricht man noch heute von einer Lade-, Seiten- oder Heckpforte, z. B. auf einer →*Fähre.*

Pico- (p). Faktor 10^{-12} im →*Internationalen Einheitensystem.*

Piek, die *(peak)* Beim →*Gaffelsegel* der obere, →*achtere* Teil, der in das Piekhorn ausläuft, wo

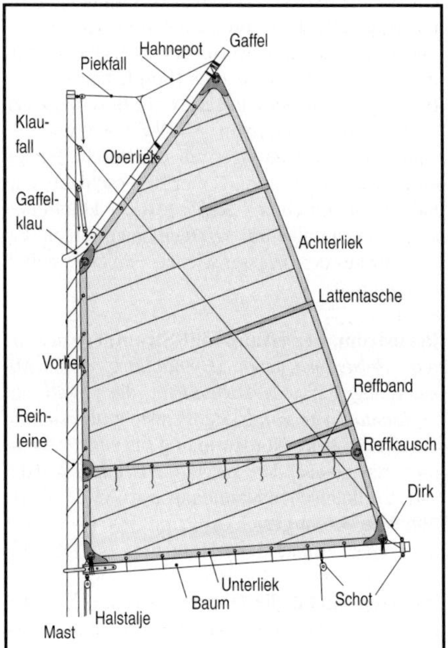

Gaffelsegel

sich →*Oberliek* und →*Achterliek* des Segels treffen. Auch dieser achtere Teil der Gaffel wird P. genannt und nicht →*Nock,* weil die Gaffel nicht (wie eine andere →*Spiere)* waagerecht, sondern schräg bis senkrecht (wie bei der →*Gunter-Takelung)* steht. – Analog dazu werden auch die in den mehr oder weniger spitz zulaufenden Schiffsenden liegenden Räume P. genannt, an Bord einer →*Yacht* z. B. die →*Vorpiek* und die →*Achterpiek,* die als →*Stauraum* dienen.

Pier, die *(pier, wharf)* Ein aus Holz, Steinen, Metall oder Beton gefertigter →*Anleger,* der auch auf Pfählen ruhen kann, damit das Wasser durch-

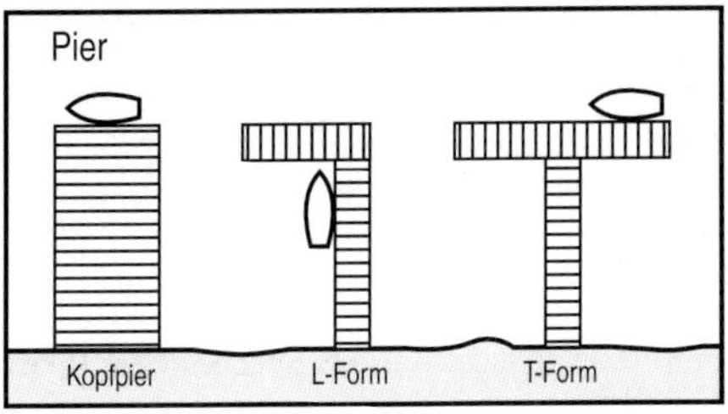

fließt. Im Gegensatz zu einem →*Kai* führt eine P. weitgehend senkrecht vom →*Ufer* hinweg (Abb.). Eine P. kann auch in T- oder L-Form gebaut sein, damit →*Fahrzeuge* an ihrem äußeren Ende, dem Kopf, festmachen können. Der entsprechende →*Liegeplatz* liegt dann an einer „Kopfpier".

Pilot, der – Pilots, die *(sprich: Pailet)* In der Schiffahrt die englische Bezeichnung für →*Lotse* und sinngemäß Bestandteil von Lotsenboot, Lotsenflagge, Lotsenstation, Lotsengebühr u. a. – In der Mehrzahl Bezeichnung für englische →*Seehandbücher* eines Seegebietes und der entsprechenden →*Monatskarten.*

Pilot Charts (die) *(a.)* Nach Daten des U. S. Naval Oceanographic Office zusammengestellte und vom Hydrographic Center, Washington herausgegebene →*Monatskarten,* die aus 12 Monatsblättern bestehen und die mittleren Wind- und Stromverhältnisse auf allen Ozeanen darstellen. Das wichtigste Symbol der P. C. ist die →*Windrose,* die für jeweils ein Fünf-Grad-Viereck eingedruckt ist. Die P. C. enthalten auch die durchschnittlichen Werte der Luft- und Wassertemperaturen, den durchschnittlichen →*Luftdruck,* die möglichen Zugbahnen von →*Wirbelstürmen* und die üblichen →*Schiffahrtstracks* auf dem →*Großkreis* zwischen den Kontinenten. Einen ähnlichen Inhalt haben die britischen →*Routeing Charts.*

Pilot Radio Kennzeichnung einer →*KüFuSt* des Revier- und Hafenfunkdienstes, die meistens auf →*UKW* arbeitet, wenn sie dem Einsatz eines →*Lotsen* dient. Die beiden Wörter sind ihrem geographischen Namen angehängt, z. B. Kiel P. R.

Pilzanker, der *(mud anchor, mushroom anchor)* Ein pilz- bzw. schirmförmiger →*Anker,* der hauptsächlich in weichem →*Ankergrund* und für Dauerliegeplätze an einer →*Muring* benutzt wird, weil er sich bei längerer Benutzung ganz in den Grund eingräbt und keine herausragenden Teile beim →*Schwojen* zum Vertörnen des →*Ankergeschirrs* führen können.

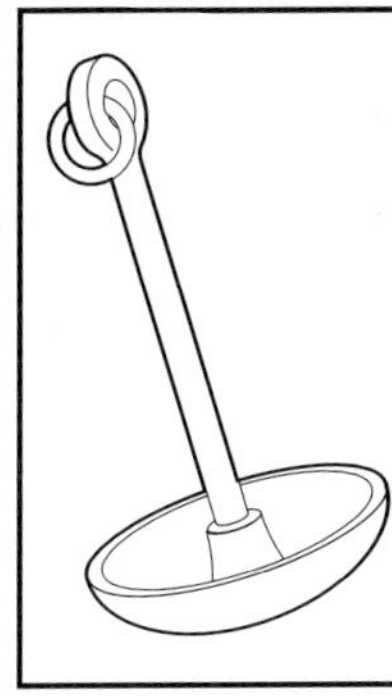

Pilzkopflüfter, der *(mushroom ventilator)* Ein →*Lüfter* mit waagerechtem, oft transparentem Schirm, dessen Kappe im Hafen unterschiedlich hoch geschraubt werden kann, wenn er geöffnet ist. Die Kappe legt sich auf See nach dem Schließen wasserdicht über einen entsprechenden →*Süllrand.*

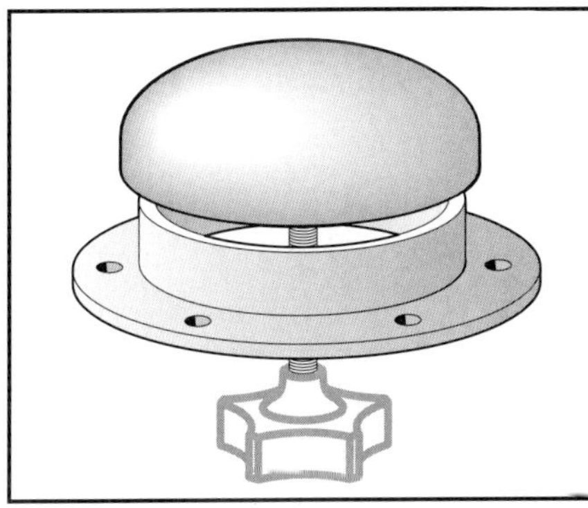

Pinasse, die (Pinaß) *(pinnace)* Ursprünglich ein kleines Fahrzeug aus dem Holz der Pinie = Kiefer, und daraus entstand ein an Bord größerer Schiffe mitgeführtes und für den Verkehr im Hafen und vor →*Anker* eingesetztes Beiboot. Eine P. war zuerst mit 6 bis 8 Ruderbänken, dann mit →*Schratsegeln* und →*Schunertakelung* und später auch (als Maschinenfahrzeug) mit Dampfmaschine ausgerüstet. Sie wurde dann „Dampfpinasse" genannt.

Pinne, die *(1. pin, 2. dab, 3. helm, tiller)* 1. Kleiner Nagel, Zwecke. – 2. Beim →*Kompaß* die spitz auslaufende Achse, auf der die →*Kompaßrose* drehbar gelagert ist. – 3. Kurzbezeichnung für die →*Ruderpinne,* mit der der →*Rudergänger* das →*Ruder* legt.

Pinnenausleger, der *(tiller extension)* Hinter dem Handgriff der →*Ruderpinne* horizontal schwenkbarer und über einen Universal-Beschlag umklappbarer Holz- oder Metallstab, der beim →*Ausreiten* in der Hand des →*Rudergängers* liegt

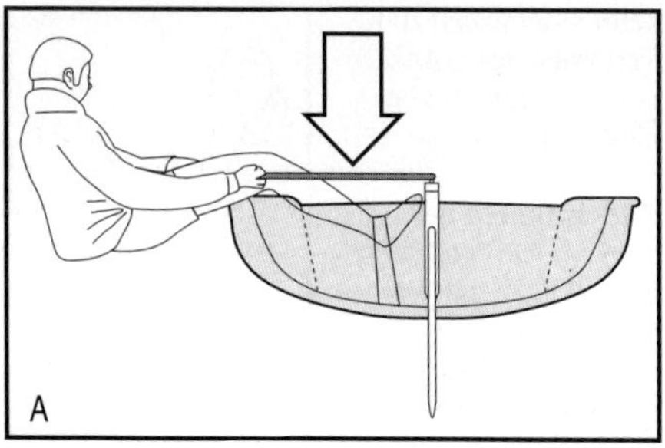

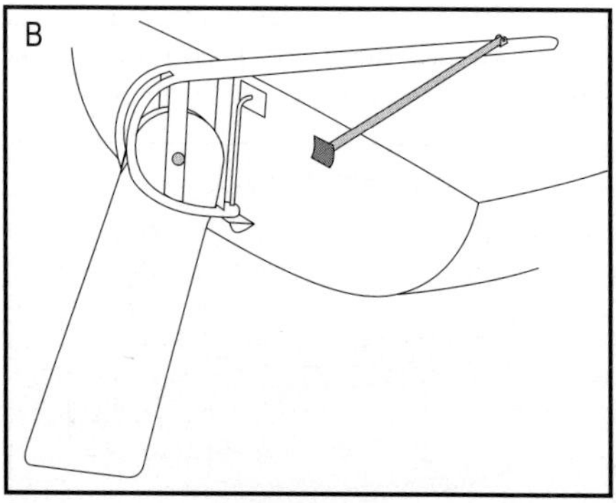

und beim →*Ruderlegen* den seitlichen Abstand zur →*Pinne* überbrückt (A). Der P. hat eine Länge von ca. halber Bootsbreite, läuft in einen Handgriff mit fingergerechter Form (B) aus und ist meistens in kurzen Abständen mit Klebeband umwickelt, damit man ihn auch in jeder gewünschten Zwischenposition längere Zeit und ohne Anstrengung festhalten kann.

Pinnkompaß, der *(traverse board, pin compass)* Eine horizontale Lochscheibe in Form einer →*Windrose,* die als Erinnerungshilfe für →*Nautiker* wie →*Rudergänger* diente, die während ihrer →*Wache* den gesteuerten →*Kurs* und die geloggte →*Fahrt* nicht aufschreiben konnten. Auf den 32 Strahlen einer →*Strichrose* waren je 8 Kreise mit kleinen Löchern eingearbeitet, in die man Holzstöpsel stecken konnte. So wurde halbstündlich der Kurs vermerkt. Unter diesem Strahlensystem war ein zweites, schachbrettartiges Lochsystem angeordnet, auf dem gleichzeitig die Fahrt auf volle →*Knoten* und Zehntelknoten mit „Pinnen" vermerkt wurde. Diese kleinen Stifte, die dem →*Kompaß* seinen Namen gaben, waren an kurzen Bändseln befestigt und hielten in den Ausnehmungen sicher fest. Auf einem P. des 19. Jahrhunderts, den oft der Zimmermann an Bord fertigte, befanden sich somit etwa 500 Einstecköffnungen.

Pirat Aus Holz, →*Sperrholz* oder →*GFK* gebaute →*Zweimannjolle,* die 1939 von Carl Martens konstruiert wurde und die verbreitetste →*nationale Klasse* ist. Lüa 5,00 m, Büa 1,61 m, Tiefg. Rumpf 0,20 m, mit Schwert 1,34 m, Verdr. segelf. min. 190 kg, Segelfl. 10 m^2. Segelzeichen: Rotes Enterbeil.

Pistonbeschlag, der Nach der englischen Vokabel piston = Kolben benannte Bezeichnung für

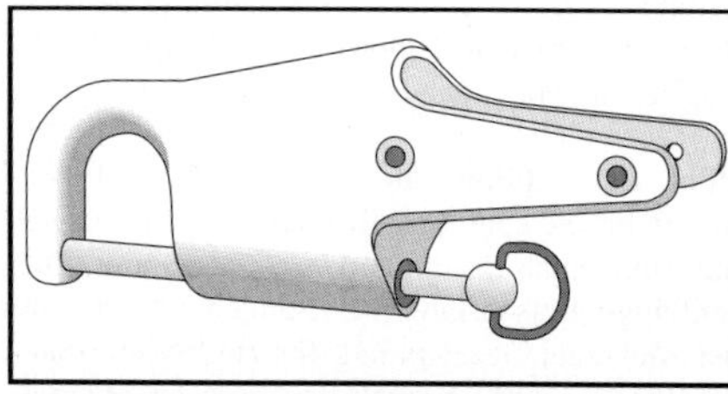

den →*Nockbeschlag* eines →*Spinnakerbaumes,* der an jeder →*Nock* gleich gearbeitet und mit einem federgelagerten, von der Baummitte aus durch eine Zugleine zu bedienenden Kolbenbolzen versehen ist. Ein P. kann sowohl in einen entsprechenden Mastbeschlag →*eingepickt* als auch mit dem →*Hals* des →*Spinnakers* oder seinem →*Achterholer* verbunden werden. Dadurch kann beim →*Schiften* der →*Spinnakerbaum* einfach →*querschiffs* verfahren werden. Im Deutschen wird ein P. als →*Kolbenfederverschluß* bezeichnet.

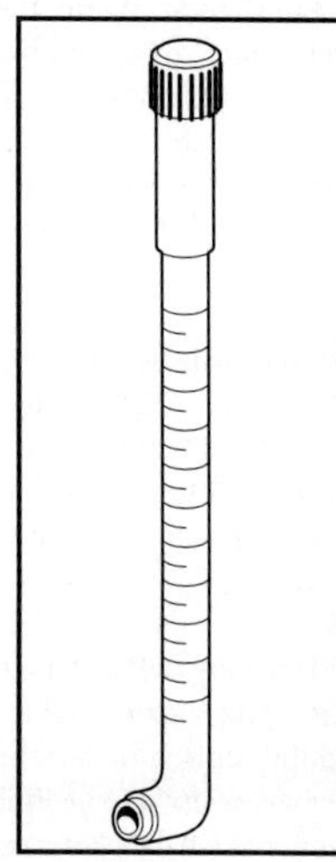

Pitotrohr, das *(Pitot's tube)* Ein nach dem französischen Physiker Henri Pitot (1695–1771) benanntes Gerät zum Messen des →*Staudrucks,* nahezu identisch mit dem →*Handspeedometer* (speed wand): Das offene Ende eines Rohres wird in Richtung der Fahrtbewegung gestellt und zeigt dann die Strömungsgeschwindigkeit oder den →*Staudruck* an. Mit entsprechenden Marken versehen kann man daran direkt die →*Fahrt* ablesen.

Plan, der *(plan)* In einer →*Seekarte* in größerem Maßstab (1:5000 – 1:50 000) abgebildete Darstellung von Häfen, Buchten, engen Fahrwasserstrecken o. ä., um wichtige Einzelheiten besser erkennen zu können. Auch als →*Plankarte* gedruckt, die nur mehrere solcher Pläne enthält.

planetarisches Windsystem, das Durch die unterschiedliche Erwärmung der Erde in der Son-

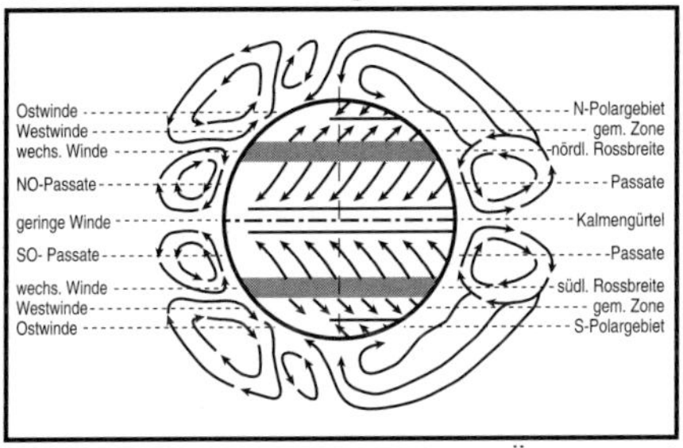

neneinstrahlung steigt die Luft am Äquator auf und fließt in größeren Höhen in Richtung auf die Pole ab. Auf ca. 30° N und S sinken die Luftmassen in den kälteren Regionen wieder zum Erdboden und fließen zum Äquator zurück. Diesen Luftkreislauf nennt man den →*Passatring.* Analog dazu fließt Kaltluft in den bodennahen Schichten von den Polen bis ca. 60° N und S, erwärmt sich dort und steigt auf, um als Höhenwind zu den Polen zurückzufließen. Dies ist der →*Polarring.* Zwischen beiden Ringen liegt auf ca. 60° bis 30° N und S der →*Westwindgürtel,* in dem sich die warmen und kalten Luftmassen vermischen und es zu mannigfaltigen Wettererscheinungen in der →*gemäßigten Zone* mit →*Hochs* und →*Tiefs* kommt. Die →*Meeresströmungen* folgen diesen von der →*Corioliskraft* abgelenkten Winden des p. W. sowohl in ihrer Richtung als auch in den entsprechenden Geschwindigkeitsanteilen.

Plankarte, die Ein vom →*BSH* herausgegebenes Kartenblatt, das nur →*Pläne* enthält, die Teile einer →*Seekarte* in größerem Maßstab abbilden.

Planke, die *(1. board, 2. thick stuff, 3. plank)* Ein Teil der aus Hölzern gefertigten →*Beplankung* und entsprechend der Dicke auch als Brett (dünner als 35 mm), als Bohle (dicker als 100 mm) bzw. als eigentliche P. (zwischen 35 mm und 100 mm Dicke) bezeichnet. Außer aus →*Massivholz* für die Außenhaut auch für das →*Deck* (Decksplanke) oder als Trittfläche überhaupt benutzt, z. B. als Laufp., als Gangbord o. ä. Man spricht auch von einem Plankengang, wenn mehrere Planken an ihrem Stoß durch →*Laschen* verbunden sind.

Plankton, das *(plankton)* Nach seinem griechischen Ursprung im Meer „umhertreibende" winzige Lebewesen, die in riesigen Kolonien wie weiße Wolken im Wasser schweben, auf der untersten Stufe der Nahrungskette von Meeresbewohnern bis zum Wal verspeist werden und eine Ortsveränderung nur durch →*Strom* vornehmen können.

Plate, die Großflächige →*Sandbank,* die vor der →*Küste,* im Mündungsgebiet von Strömen und Flüssen und vor einem →*Seegatt* liegt und bei Niedrigwasser teilweise trockenfällt. Auch Flächen des →*Watts* werden P. genannt, z. B. Pellwormer P., Marner P. u. a.

platt vor dem Wind (segeln) *(to run dead-off, to sail dead before the wind)* Einen →*Vorwindkurs* segeln, auf dem (mit →*ausgebaumtem* →*Vorsegel* oder unter →*Spinnaker)* der →*Bordwind* direkt von →*achtern* (genau in →*Kielrichtung*) einfällt. Wenn man dabei (z. B. durch einen Steuerfehler) noch →*tiefer* , d. h. →*vor dem Wind mit Wind von Lee* segelt, besteht die Gefahr einer →*Patenthalse.*

Plattboden, der (Plattbodenboot, das) *(flatboat, flat, flat-bottomed boat)* Eine →*Jolle* in →*Knickspantbauweise* mit nahezu waagerechtem Bootsboden, z. B. die →*Optimist-Klasse.* Auch eine →*Scow* gehört in die Gruppe der P.-Boote.

Plattenanker, der Ein →*Leichtgewichtsanker* nach den Erfahrungen des →*Danforth-Ankers,* der bis auf je einen, mit den Stockenden verbundenen Ball (der ein Verkanten auf dem Grunde und die Beschädigung des Bootsrumpfes beim →*Ankerlichten* verhindern soll) mit diesem nahezu identisch ist.

Plattenruder, das *(centre-plate rudder)* Ein →*Ruderblatt,* das aus einer ebenen, starr oder beweglich mit dem →*Ruderkopf* verbundenen Metall- oder Sperrholzplatte besteht. Es ist meistens mit beidseitig aufgenieteten Armen auf die →*Ruderhacke* und die anderen Beschläge am →*Heck* gehängt. Alle Jollenruder und die an einem →*Plattgatt-* und →*Spitzgatt-Heck* befestigtem Ruder sind P.

Plattgatt, das *(flat, square stern)* Eine →*Heckform,* bei der das Überwasserschiff in einen

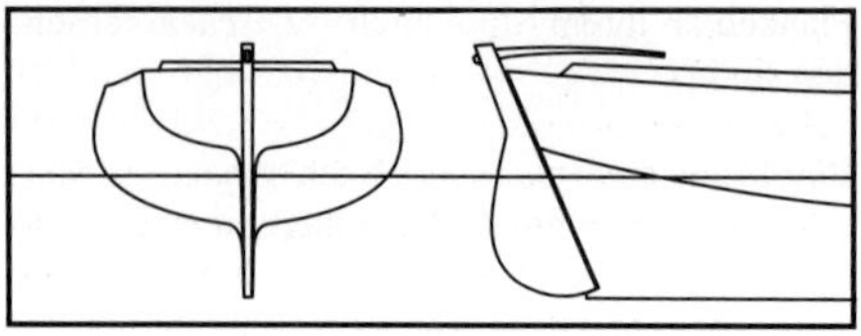

→*Spiegel* ausläuft, aber das →*Ruder* nicht nur, wie beim →*Spiegelheck,* an diesem befestigt ist, sondern an dem spitz zulaufenden →*Unterwasserschiff,* dem →*Achtersteven* entlang, bis nahe der Unterkante des →*gebauten Kiels* reicht. Das vorwiegend schräge P. war lange Zeit die bevorzugte Heckform für kleine →*Seekreuzer,* weil es praktisch ein abgeschnittenes →*Kanuheck* oder →*Yachtheck* ist, die volle Bootsbreite ohne →*Überhänge* so weit wie möglich bis zum →*Heck* reicht, das außen angehängte Ruder jederzeit überprüft oder repariert werden kann und eine von achtern auflaufende See durch den schrägen Spiegel unter den Bootsrumpf gelangen und ihn auftriebsfördernd mit anheben kann.

Platting, die *([flat] sennit)* Flechtwerk aus 3 bis 9 →*Kabelgarnen* in vielfältigen kunstvollen Mustern, als Matten zum Schutz gegen →*Schamfilen,* als Bodenbelag oder auch als Sohlen für P.-Schuhe gefertigt. Man unterscheidet flache, französische, gewöhnliche, runde, vierkantige und andere Formen.

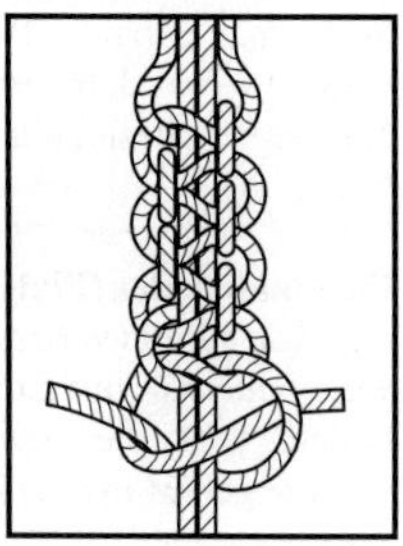

Plicht, die *(cockpit)* Der tiefer als das →*Deck* liegende und auf einem →*Seekreuzer* durch →*Setzbord,* →*Waschbord* oder →*Süll* nach außen abgegrenzte Sitz- und Arbeitsraum der →*Crew.* Man bevorzugt eine →*selbstlenzende P.,* für die man auf →*Jollen* →*Lenzklappen* und →*Selbstlenzer,* auf →*Yachten* Lenzleitungen verwendet. Im allgemeinen hat jedes Boot nur eine P., die auf Jollen bis zum →*Mast* reicht, auf →*Kreuzeryachten* nahe dem →*Heck* liegt. Auf →*Rennyachten* ist oft der Platz des →*Rudergängers* in einer →*Steuerplicht* von der eigentlichen P. getrennt. Auch eine →*Mittelplicht* wird auf bestimmten Bootstypen bevorzugt.

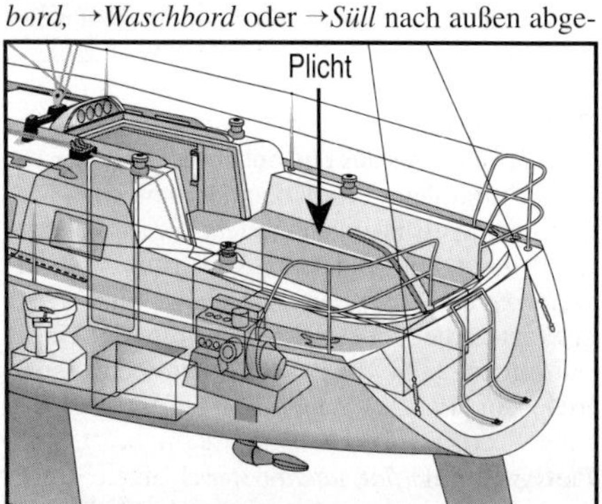

Plimsoll-Marke *(Plimsoll's mark)* Nach dem britischen Parlamentsabgeordneten Samuel Plimsoll

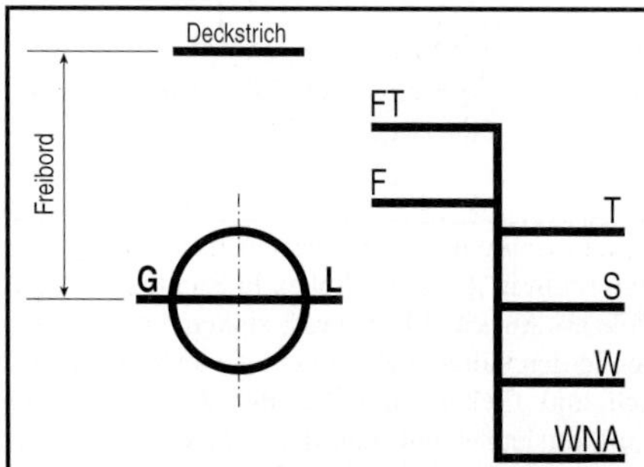

Freibordmarke

benannte →*Freibordmarke* für Handelsschiffe, die 1890 in England und 1908 in Deutschland gesetzlich eingeführt wurde. Plimsoll hatte sich in den Jahren 1875–1876 dafür besonders eingesetzt.

plotten *(to plot)* Zeichnerische Festlegung und Auswertung eines Bewegungsvorganges, der vor allem von einem fahrenden Boot auf ein anderes, sich bewegendes Schiff oder Objekt vorgenommen wird. Durch P. will man eine →*Relativbewegung* oder eine Absolutbewegung für die Annäherungsgeschwindigkeit oder beim Passieren erhalten. Das P. findet hauptsächlich in der →*Radarnavigation* statt und wird entweder direkt auf dem →*Radarschirm* oder auf einem →*Plotter* vorgenommen.

Plotter, der *(plotter)* Ein Aufsatzgerät für den →*Radarschirm,* mit dem man ein Radarbild aufzeichnen und die Positionen eines anderen Fahrzeuges in bestimmten Zeitabständen festhalten kann. Der P. erlaubt Rückschlüsse auf →*Kurs* und →*Fahrt* anderer Schiffe und insbesondere auf die Relativbewegung mehrerer bewegter →*Objekte,* um z. B. im →*Nebel* eine →*Kollisionsgefahr* mit Hilfe von →*Radar* erkennen zu können. Die Industrie liefert auch halbautomatische und vollautomatische P. sowie einfache Plotterscheiben zum Mitzeichnen.

Plotting sheet (engl.) Dass. wie →*Leerkarte,* siehe dort. Eine P.s. enthält nur unbezeichnete →*Meridiane* und →*Breitenkreise* in →*Mercator-Projektion.*

Plünnen, die *(duds, rigger's overall)* Seem. Ausdruck für Arbeitsbekleidung und hauptsächlich älteres Zeug, das im „Plünnenbüdel", dem Seeoder Zeugsack, verstaut wird, und scherzhafte Bezeichnung für Segel.

Pockholz, das (Franzosenholz) *(pock wood, lignum vitae, guaiacum wood)* Ein →*Massivholz* aus Mittelamerika mit einem →*Darrgewicht* von 1,20 (lufttrocken von 1,40). P. ist eines der schwersten und härtesten Hölzer, mit wachsartiger, wasserabweisender Oberfläche, von sehr dunkler Farbe, witterungsfest und mäßig schwindend. Es wurde in der Segelschiffahrt und in der Frühzeit des Yachtsegelns für →*Fallscheiben,* Scheiben von →*Blöcken,* für Wellenlager und →*Kauschen* verwandt.

Pockholz-Kausch, die *(bull's eye, round thimble of lignum vitae)* Auch „Ochsenauge" genannte →*Kausch* aus →*Pockholz,* die übliche Einfassung für ein →*Legel* in der →*Segelschiffahrt.*

Polardiagramm, das *(polar coordinate diagram)* Die zeichnerische Darstellung mit Polar-

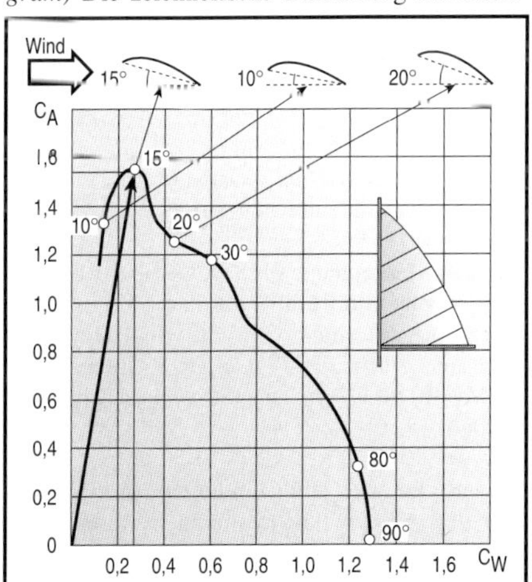

Koordinaten oder auf →*Polar-Koordinatenpapier,* bei der jeder Wert durch seinen Abstand von einem gemeinsamen Bezugspunkt, dem →*Pol,* und die Richtung einer Verbindungslinie als Winkel zu einer zweiten Bezugsgröße, die senkrecht wie die NS-Achse einer →*Richtungsrose* liegt, gekennzeichnet wird (Abb.). Das Koordinatensystem kann als Gitternetz oder mit (dem Ausschnitt von) konzentrischen Kreisen aufgebaut sein. In einem P. werden z. B. die aus →*Auftrieb* (CA) und →*Widerstand* (CW) ermittelten Werte für die →*Segelkraft* bei →*Anstellwinkeln* von 0° bis 90° aufgetragen. So kann man in einem P. Segel unterschiedlicher Wölbung mit verschiedenem →*Seitenverhältnis* miteinander vergleichen.

Polar-Koordinatenpapier, das *(polar coordinate paper)* Ein scherzhaft als „Spinne" bezeichnetes Arbeitsblatt, das in der Mitte einen konzentrischen Punkt oder →*Pol* und um ihn herum in radialer Richtung verlaufende konzentrische Kreise mit gleichem Abstand eingedruckt hat. P.-K. wird zum →*Plotten* und für andere Aufgaben benutzt und kann ganz oder nur mit einem Quadranten als Koordinatensystem für ein →*Polardiagramm* dienen.

Polarkreis, der *(polar circle)* Die geographische Begrenzungslinie der Polarzone, die durch die →*geographische Breite* 66°33'N bzw. S gegeben ist. Der P. begrenzt das Gebiet vom Pol aus, in dem →*Mitternachtssonne* herrschen kann und bis zu dem (ungefähr) der →*Polarring* des →*planetarischen Windsystems* im Jahresmittel reicht.

Polarlicht, das (Nordlicht, das) *(Aurora)* Nächtliche Lichterscheinung, die über den →*Polarkreis* hinaus nach Süden reicht. Das P. wird durch elektrische Entladung der Sonne hervorgerufen. Durch das erdmagnetische Kraftfeld, das an den Polen seine stärkste Konzentration hat, kommt es 100–1000 km über der Erde zu einem Aufleuchten in der Atmosphäre. Bei einem P. ist mit Störungen des →*Magnetkompasses* zu rechnen.

Polarring, der Der Ring des →*planetarischen Windsystems,* der über den →*Polarkreis* hinaus bis ca. 60° N bzw. S. reicht. Im P. wird Kaltluft von den Polen bis in die gemäßigten Zonen als Bodenströmung geführt, die dann in den gemäßigten Breiten erwärmt wird und als Höhenströmung zu den Polen zurückfließt. Im P. herrscht eine gleichbleibende, von den Jahreszeiten unabhängige Windrichtung ähnlich wie im →*Passatring.* Der P. verschiebt sich nur mit dem →*meteorologischen Äquator* im Nordsommer mehr nordwärts und im Nordwinter mehr südwärts.

Polarstern, der (Nordstern, der) *(Polaris, pole star, north star)* Der Stern Alpha im Sternbild des

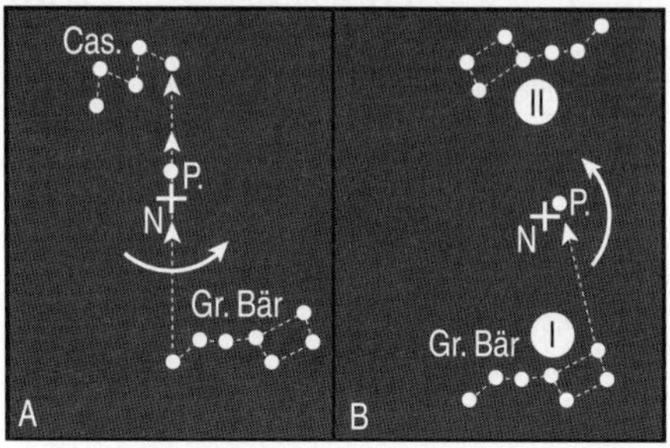

Kleinen Bären, der nur ca. 1,5° vom →*Nordpol* des Himmelsgewölbes entfernt steht und daher in der Nacht bei guter →*Sicht* ungefähr →*rechtweisend Nord* anzeigt (Abb. A). Die annähernd gleiche Stellung von Nordstern und Nordpol ist jedoch nicht ewig. Praktisch wandert der Himmelsnordpol in ca. 26 000 Jahren in einem Vollkreis um den →*Pol,* und der in unserer Zeit unbedeutende Richtungsunterschied zwischen Nordpol und Nordstern wird in ca. 2000 Jahren (wieder) 15° betragen und damit erheblich größer sein. I und II (Abb. B) Positionen des Großen Bären bei seiner Bewegung um den P. in einer →*Nacht.*

Poller, der *(bollard, bitt, snubbing post)* Fest verankerter, starker, oft pilzförmiger Pfahl aus Holz oder Metall zum Festmachen von →*Leinen* und →*Trossen.* Ein P. ist sowohl auf der →*Pier* als auch an Bord auf dem →*Vorschiff* gebräuchlich. Er wird auf einem →*Seekreuzer* mit Verankerung auf dem →*Vorsteven* richtiger →*Beting* genannt. Als →*Beschlag* wird er auch als →*Doppelpoller,* →*Kreuzpoller* o. ä. hergestellt.

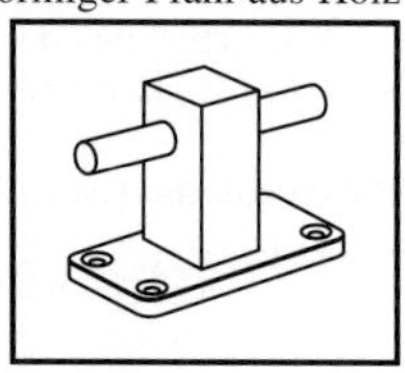

Pollerstek, der *(bollard hitch)* Ein schnell gelegter, gut haltender und leicht lösbarer →*Knoten,* der insbesondere zum →*Belegen* einer →*Schlepptrosse* an einem →*Poller* und nicht nur für →*Trossen,* sondern auch für →*Ketten* benutzt wird.

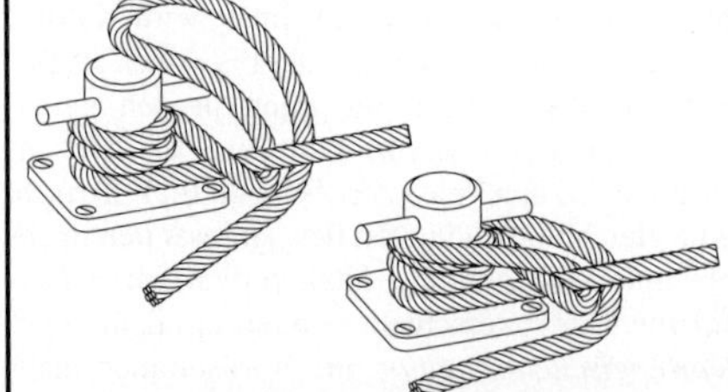

Polyamid, das (PA) Ein durch →*Polykondensation* (z. B. von Adipinsäure oder Aminosäuren) entstandener Kunststoff, der in der Regel nach der Zahl der Kohlenstoffatome seiner Grund-Monomeren als „Polyamid 6" o. ä. bezeichnet wird. P. ist die Grundlage für die z. B. unter der Bezeichnung →*Nylon* bekannt gewordene PA-6.6-Faser oder die als →*Perlon* markenrechtlich geschützte PA-6-Faser. P. ist kristallisiert und kalt reckbar. Es besitzt einen eng begrenzten Schmelzpunkt und zeichnet sich durch hervorragende mechanische Eigenschaften, insbesondere zur Erstellung von →*Polyamid-Fasern* aus.

Polyamid-Fasern, Polyamid-Fäden Chemie-Fasern, die aus →*Polyamid* nach dem Schmelzspinn- oder Extrusionsverfahren hergestellt werden. Entsprechend unterschiedlicher →*Polykondensation* als →*Perlon* (PA 6), →*Nylon* (PA 6,6) u. a. wegen Elastizität und Scheuerfestigkeit sowohl für →*Segeltuch* als auch für →*Fasertauwerk* verwandt. →*Spezifisches Gewicht* ca. 1,14. Schmelzpunkt ca. 200° C, Feuchtigkeitsaufnahme 3 bis 4 %, Reißdehnung 15 bis 70 %, relative Naßfestigkeit 80 %. P.-F. können gut gefärbt werden. Sie sind gegen Säuren empfindlich, aber haben den Vorteil, daß sie nicht verrotten und nicht quellen. Nachteilig ist eine gewisse Empfindlichkeit gegen Schamfilen und nicht immer volle Wetterbeständigkeit.

Polyamid-Tauwerk, das *(polyamide rope, polyamide fibre rope)* Die Fertigung nach DIN 83331 erfolgt für →*Seile* nur im →*Trossenschlag* (mit drei →*Litzen),* im →*Rundgeflecht,* →*Spiralgeflecht,* →*Kern-Mantel-Geflecht* und →*Quadratgeflecht* (mit acht →*Litzen*).

Polyant Markenname für Segeltuche der Dimension-Polyant GmbH in Kempen, die als P.-Yachtsegeltuche mit einem Gewicht von 100 bis 600 g/m² aus →*Polyester-Fäden,* als P.-Spinnakertuche von 30 bis 70 g/m² aus →*Polyamid* hergestellt werden.

Polyethylen, das (PE) Ein durch →*Polymerisation* des Äthylens in mehreren Verfahren hergestellter Kunststoff mit hervorragender Chemikalienbeständigkeit und ausgezeichneten elektrischen Eigenschaften. P. wird hauptsächlich für die Herstellung von Folien (Weiterverarbeitung in

Wassertanks o. ä.), Spritzgußartikeln, Rohren und Profilen nach verschiedenen DIN-Normen und für →*Polyethylen-Fasern* benutzt.

Polyethylen-Faser, die – Polyethylen-Faden, der Nach dem Extrusionsverfahren aus →*Polyethylen* schmelzgesponnener und dann längsgestreckter, als →*Monofil* bezeichneter Faden, der durch sein geringes spezifisches Gewicht zur Herstellung von →*Fasertauwerk,* Netzen u. ä. benutzt wird. Die P.-F. schwimmt auf dem Wasser, so daß sie als Nachschleppleine die größte Wirkung hat. →*Spezifisches Gewicht* 0,92–0,96, Schmelzpunkt ca, 120°C, Feuchtigkeitsaufnahme 0 %, Reißdehnung 10 bis 20 %, relative Naßfestigkeit 100 %.

Polyester-Faser, die – Polyester-Faden, der *(polyester fibre [rope])* Nach dem Schmelzspinnverfahren bzw. Extrusionsverfahren aus →*gesättigtem Polyester* hergestellte Chemiefaser, die anschließend heiß verstreckt und durch nachfolgende Wärmebehandlung schrumpfarm gemacht ist, so daß das daraus hergestellte Gewebe (→*Segeltuch)* und →*Fasertauwerk* überaus formbeständig ist. Die P. wurde 1941 von den Engländern Whinfield und Dickson entdeckt und wird seit 1945 unter den verschiedenen Markenbezeichnungen wie →*Diolen,* →*Trevira,* →*Terylene,* →*Dacron* u. a. hergestellt.

Polyester, gesättigte (PES) Hochmolekulares Veresterungsprodukt, das als →*Polyester-Faser* für die Herstellung von →*Segeltuch,* als Folie für Verpackungen und Elektro-Isolationen sowie als Spritzgußmasse Verwendung findet, im Gegensatz zu ungesättigtem Polyester (→*Polyester, ungesättigte)* für den Bootsbau aus →*GFK.*

Polyesterharz, das *(polyester resin)* Zu den Reaktionsharzen gerechnetes ungesättigtes →*Polyester,* das durch den Vorgang einer →*Polymerisation* ohne Abspaltung flüchtiger Bestandteile in einen harten, wasserklaren und auch bei Alterung die Farbe haltenden Zustand übergeht. P. wird zum Gießen und Laminieren, insbesondere im Bootsbau aus →*GFK* benutzt und ist mit Matten oder Geweben aus →*Glasfaser* Bestandteil jedes →*Laminates.* Die Verarbeitung erfordert neben handwerklichen Kenntnissen auch ein Verständnis für die Wahl der richtigen Harztype und von →*Härter* und →*Beschleuniger,* mit denen man das Entstehen des Endproduktes verarbeitungstechnisch beeinflussen kann. Nach den Ausgangskomponenten des P. kann man harte oder flexible, flammwidrige, wärmebeständige oder chemikalienfeste Endprodukte herstellen.

Polyester, ungesättigte (UP) Als Kunstharz (→*Polyesterharz)* gelieferte lösliche und schmelzbare Polyester, die in Verbindung mit →*Styrol* und auf dem Wege einer →*Polymerisation* harte, nicht schmelzende und unlösbare Endprodukte ergeben. P. wird in Verbindung mit →*Glasseidenmatten,* →*Roving-Geweben* u. a. zum Bootsbau aus →*GFK* benutzt und gehört zu den duroplastischen Kunststoffen. Es wird mit den Markennamen Palatal, Leguval u. a. angeboten und entweder drucklos im →*Handauflegeverfahren* oder mit niederem Druck im →*Preßverfahren* bzw. in Verbindung mit →*Glasfasern* im →*Faser-Harz-Spritzverfahren* verarbeitet. Dabei bedient man sich →*Polymerisations-Hilfsmitteln* wie →*Beschleuniger* u. a.

Polyester-Tauwerk, das *(polyester rope, polyester fibre rope)* Die Fertigung nach DIN 83331 erfolgt für →*Seile* nur im →*Trossenschlag* (mit drei →*Litzen),* im →*Rundgeflecht,* →*Spiralgeflecht,* →*Kern-Mantel-Geflecht* und →*Quadratgeflecht* (mit acht →*Litzen).*

Polykondensation, die Bezeichnung einer Reaktion für die Bildung von Kunststoffen, bei der Großmoleküle entstehen und kleinere Moleküle (wie z. B. Wasser und Ammoniak) frei werden. Ein chemisches Verfahren also, das auf der Abspaltung von niedermolekularen Verbindungen beruht. Im Gegensatz zur →*Polymerisation* erfolgt die Reaktion stufenweise, und der Aufbau der hochmolekularen Produkte kann beliebig oft angehalten und weitergeführt werden. Durch P. entstehen z. B. →*Polyamid,* →*Polyester* sowie Phenol- und Formaldehyd-Harze.

Polymerisation, die Ein chemisches Verfahren bei der Herstellung von Kunststoffen, bei dem die Startreaktion durch →*Polymerisations-Hilfsmittel* erfolgt. Dann entsteht ein kettenförmiges Großmolekül und z. B. aus ungesättigtem Polyester (→*Polyester, ungesättigte)* und →*Glasfasern,* in mehreren →*Laminaten* verarbeitet, ein Bootsrumpf aus →*GFK.* Im Gegensatz zur →*Polykondensation* ein Verfahren der chemischen Verknüpfung von Verbindungen, das auf der Reaktion von Doppelbindungen beruht.

Polymerisations-Hilfsmittel, die Die für die →*Polymerisation,* z. B. von ungesättigtem Polyester im Bootsbau aus →*GFK,* den technischen Ablauf der Verarbeitung und die zeitgerechte Aushärtung notwendigen Chemikalien, z. B. →*Beschleuniger,* →*Härter,* Regler, Verzögerer u. a.

Polypropylen, das (PP) *(polypropylene)* Ein thermoplastischer Kunststoff, der durch →*Polymerisation* von Propylen gewonnen wird. Er wird im Segelsport hauptsächlich als →*Polypropylen-Faser* verarbeitet.

Polypropylen-Faser, die – Polypropylen-Faden, der *(polypropylene fibre [rope])* Eine →*Chemiefaser* aus →*Polypropylen,* die nach dem Extrusionsverfahren schmelzgesponnen und längsverstreckt wird. Das Endprodukt ist ein →*Monofil* zur Herstellung von →*Fasertauwerk,* insbesondere für →*Festmacher,* →*Schlepptrossen* u. ä. Es ist schwimmfähig, jedoch hart und steif, läßt sich schwer spleißen, eignet sich nur bedingt zum →*Belegen* und hat (im Vergleich mit →*Leinen* aus anderen →*Chemiefasern)* eine geringe Bruchfestigkeit. Spezifisches Gewicht 0,90, Feuchtigkeitsaufnahme 0 %, Reißdehnung 15 bis 25 %, relative Naßfestigkeit 100 %.

Polypropylen-Tauwerk, das *(polypropylene rope, polypropylene fibre rope)* Die Fertigung nach DIN 83332 erfolgt nur im →*Trossenschlag* (mit drei →*Litzen*), als einzige →*Chemiefaser* auch im →*Trossenschlag* (mit vier →*Litzen*), als →*Rundgeflecht* und →*Quadratgeflecht* (versuchsweise nach DIN 83334 auch im →*Spiralgeflecht* und →*Kern-Mantel-Geflecht*).

Polyurethan, das (PUR) *(polyurethane)* Durch →*Polyaddition* von Isocyanat mit Polyalkohol bzw. bestimmter Gruppen von →*Polyestern* entstandener Kunststoff, der für →*Polyurethanlacke,* in der Industrie für Spezialkleber mit hervorragender Haltefestigkeit, für wärmefeste Lacke sowie Schaumstoffe und gummielastische Kleidung benutzt wird.

Polyurethanschaum, der (PUR-Schaum) *(rigid polyurethane foam)* Durch Verschäumen von →*Polyurethan* unter Kopplung mit einem Treibvorgang entstehender Kunststoff, der während seines Entstehens unter Zugabe von einem Treibgas (Kohlendioxid o. a.) in eine Zellstruktur überführt wird. Man unterscheidet mehrere Verfahren sowohl zur Herstellung von Blöcken (als →*Auftriebskörper*) als auch zum →*Ausschäumen* von Hohlräumen (als Auftriebsbehälter) und mehrere Strukturen des PUR-Schaumes, z. B. weich, halbhart und hart.

Polyurethanlack, der *(polyurethane varnish)* Aus →*Polyurethan* hergestellte Beschichtungen von flexiblen Gummilackierungen bis zu abriebfesten Metallüberzügen, die im Segelsport hauptsächlich als →*Zweikomponenten-* bzw. →*Einkomponentenlacke* für die Bootspflege benutzt werden. Dabei findet beim Einkomponentensystem die Härtung durch Zutritt von Feuchtigkeit, beim Zweikomponentensystem durch Zugabe eines →*Härters* statt. Ein P. ist auch der →*DD-Lack.*

Polyvinylchlorid, das (PVC) *(polyvinyl chloride)* Durch →*Polymerisation* des Vinylchlorids entstehender Kunststoff, der zwar einen relativ frühen Erweichungspunkt (von ca. 80 °C) hat, aber schwer entflammbar sowie chemikalienbeständig ist und darum auch an Bord vielfach benutzt wird. Ohne Weichmacherzusatz läßt sich PVC-hart kleben und schweißen, so daß es hauptsächlich für Rohre (in der →*Kombüse,* am →*Motor,* für die →*Lenzleistung)* und als →*Profil* für die →*Scheuerleiste* benutzt wird. Die Eigenschaften von PVC-weich sind in weitem Maße zu verändern, so daß hieraus Bodenbeläge, Schuhe, Folien, Kabelisolierungen u. ä. entstehen.

pönen *(to paint)* Mit Farbe arbeiten, etwas anstreichen, mit einem Anstrich versehen.

Ponton, der *(pontoon)* Geschlossener Schwimmkörper eines →*Schwimmdocks.* Kastenförmiger Hohlkörper als schwimmender Tragteil für einen Anleger in →*Tidengewässern* und an Flüssen.

Poop, die *(poop)* Der Aufbau auf dem →*Achterschiff,* in dem auf einem Großsegler die Wohnräume (der →*Offiziere*) liegen und der nach oben durch das „Poopdeck“ abgeschlossen ist. Auf einem →*Windjammer* nannte man die P. auch →*Hütte* und sinngemäß das →*Deck,* auf dem das →*Kartenhaus* stand, das →*Hüttendeck.*

Popniet, das *(pop rivet)* Ein →*Blindniet* oder Dornniet, das mit Hilfe eines Aufweitdornes von einer Seite aus mit Hilfe einer speziellen Zange an unzugänglichen Stellen einzubeziehen ist, z. B. bei einem →*Beschlag* am →*Mast.*

Port of Entry, der *(engl.)* Ein →*Einlaufhafen,* den ein →*Schiff* oder eine →*Yacht* auf kürzestem Wege durch die →*Hoheitsgewässer* anlaufen muß, um →*einklarieren* zu können. Als P. o. E. sind nur bestimmte →*Zollhäfen* benannt, die auch oft nicht ganzjährig geöffnet sind.

Port Radio Kennzeichnung einer →*KüFuSt* des Revier- und Hafenfunkdienstes, die meistens auf

→*UKW* arbeitet. Die beiden Wörter sind ihrem geographischen Namen angehängt, z. B. Hamburg P. R.

Positionslaterne, die *(navigating lantern)* Eine vom →*BSH* zugelassene →*Laterne,* mit der die gemäß →*KVR,* →*SeeSchStrO* oder →*BinSchStrO* vorgeschriebenen →*Lichter* mit ihrem →*Leuchtwinkel,* ihrer →*Mindesttragweite* und der richtigen →*Lichtverteilung* gezeigt werden können.

Als P. wird eine →*Topplaterne,* →*Seitenlaterne,* →*Hecklaterne* oder →*Signallaterne* (z. B. als →*Ankerlaterne*) bezeichnet.

Positionslichter, die (Positionslicht, das) *(running lights, regulation lights, position lights,*

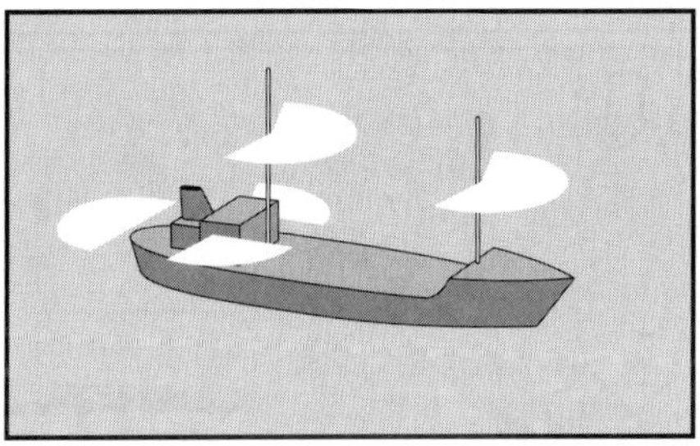

statutory lights) Die mit den →*Positionslaternen* gezeigten →*Lichter,* aus denen man nicht nur die →*Lage,* sondern auch die Art eines Fahrzeuges erkennen kann. Es gibt P. in unterschiedlichen Farben (weiß, grün, rot, gelb) gemäß den Bestimmungen der →*Lichterführung.*

Position, die *(1. position; 2. station; 3. item)* Die Stellung, die Lage, der Ort oder auch die Einzelheit: 1. Der Ort eines Fahrzeuges, z. B. der →*Schiffsort.* Die P. ist auch der Standort in bezug auf andere Fahrzeuge, die diesen durch Positionslichter angezeigt wird; dazu ist ein Boot mit →*Positionslaternen* ausgerüstet, um die →*Lage* bei Nacht erkennen zu können. – 2. Der Platz, den man z. B. in einer →*Wettfahrt* erreicht hat und den man halten will. – 3. Eine Einzelheit in einer Liste, z. B. beim →*Einklarieren.*

positiv *(positive)* Tatsächlich vorhanden, wirklich wirkend o. ä., z. B. zur Bezeichnung eines →*Sprungs* oder eines →*Überhangs* im Gegensatz zu →*negativ.*

positiver Sprung, der *(normal sheer)* Ein →*Decksprung,* bei dem der →*Freibord* in der

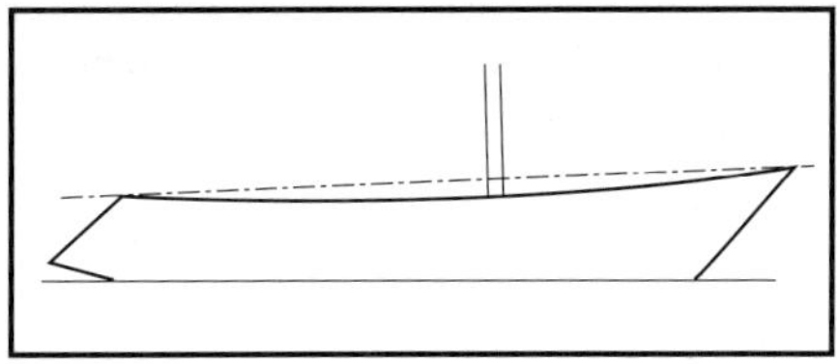

Mitte geringer als an den Bootsenden ist und sich die Deckslinie nach unten wölbt.

Postamt *(post office)* Zeichen in der →*Seekarte,* siehe →*Karte 1* im Anhang.

Pothenotsche Aufgabe, die *(3-point-problem)* In der →*terrestrischen Navigation* das beste Verfah-

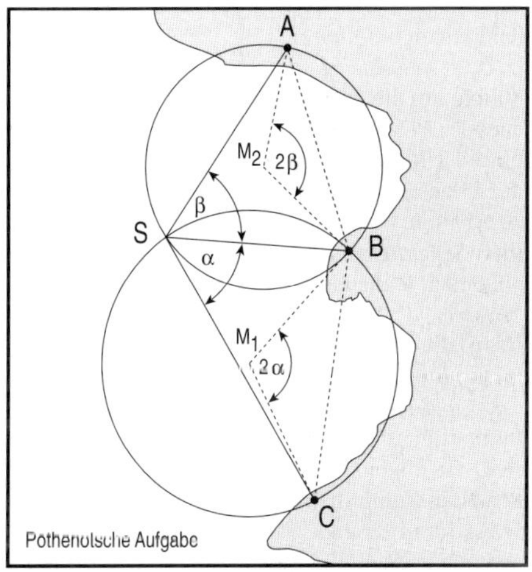

Pothenotsche Aufgabe

ren zur genauen →*Schiffsortbestimmung,* weil es unabhängig vom Kompaß ist: Anstatt 3 →*Landmarken* zu →*peilen,* mißt man den →*Horizontalwinkel* zwischen 2 →*Objekten* mit dem →*Sextanten* und erhält den →*wahren Ort* als 4. Punkt entweder durch eine geometrische Konstruktion, als Schnittpunkt von 2 Kreisbögen oder direkt mit einem Ortungskreis, einem →*Doppelwinkelmesser* o. ä. Hilfsmittel der →*Navigation* (Abb.).

PP Gebräuchliche Abkürzung (nach DIN 7723 und 7728) für →*Polypropylen.*

Prahm, der *(pram, punt, scow, barge, lighter)* Kastenförmiges Boot mit →*Plattboden* und breitem →*Bug.* Ein P. kann zum Segeln mit →*Mittelschwert* (z. B. →*Optimist*) oder mit →*Kimmschwertern* (z. B. →*Scow*) benutzt werden. Als

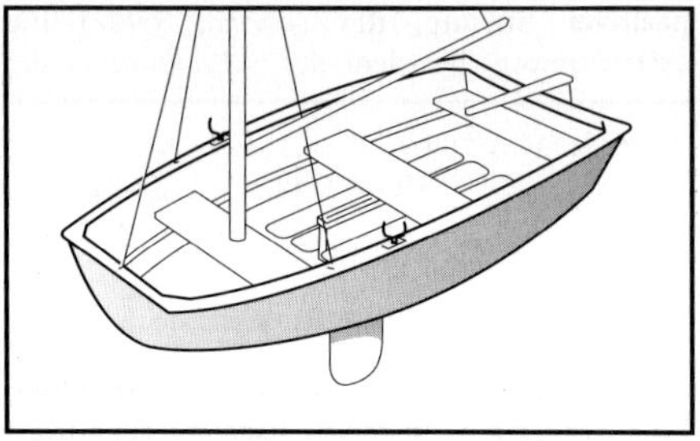

Leichter, Schute u. ä. findet ein P. auch in der Berufsschiffahrt oder als →*Beiboot* Verwendung.

Prahmbug, der (Prahmsteven, der) *(pram bow)* Eine →*Bugform* mit nahezu senkrechtem →*Vorsteven,* bei der das →*Vorschiff* in einen →*Spiegel* ausläuft. Ein P. ist nur bei kleinen →*Jollen* (z. B. →*Optimist,* →*Cadet*) üblich, um die ausreichende →*Tragfähigkeit* für die →*Besatzung* auch mit kleinster Bootslänge zu erhalten. Beim Segeln im →*Seegang* besteht bei einem P. die Gefahr des →*Feststampfens.*

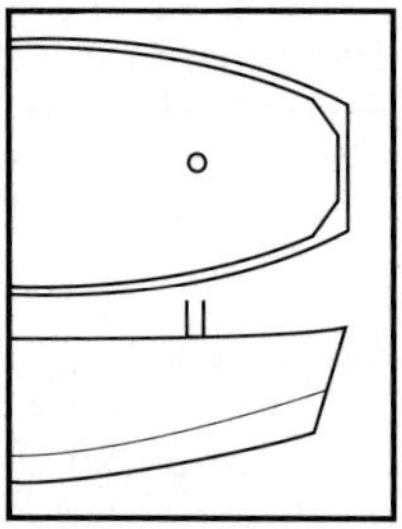

Prau, die (Proa, die) *(praw, proa, prow)* Ein →*Doppelrumpfboot* aus Indonesien und Polynesien, das einen schlanken Hauptrumpf hat, der →*Mast* und →*Segel* trägt, aber nur mit einem →*Ausleger* oder →*Schwimmer* gebaut ist. Ihre →*Segeltragfähigkeit* erhält die mit einem →*Scherensegel* geriggte P. durch →*Spreizstabilität.* Bei der klassischen P. liegt der Ausleger immer in →*Luv* (Abb. A), wo auch die →*Crew* mit ihrem Gewicht für zusätzliche →*Querstabilität* sorgen kann. Eine Bauform mit dem Schwimmer in →*Lee,* die erstmals im →*Einhand-Atlantikrennen* 1968 mit der als kleiner →*Schuner* getakelten P. CHEERS erprobt wurde (Abb. B), hat sich (trotz ihrer weiteren Starts 1972 und 1976) nicht durchgesetzt, weil der Ausleger dabei von der →*Krängungskraft* ins Wasser gepreßt wird und die →*hydrodynamischen* Widerstände zunehmen. Eine P. ist praktisch ein →*Doppelbugboot* und kann einen →*Großbaum* um 180° schwenken. So sind durch ein besonderes Manöver zum →*Wenden* (Abb. C) alle Kursänderungen wie mit jedem anderen →*Schratsegel* möglich.

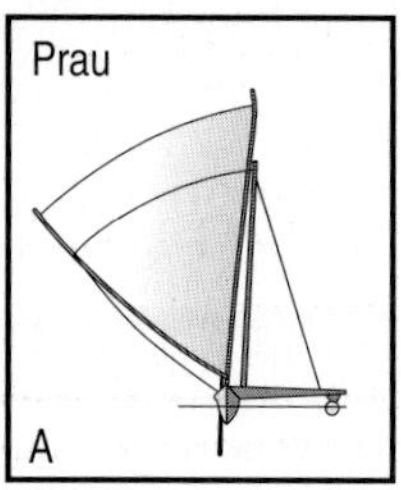

A

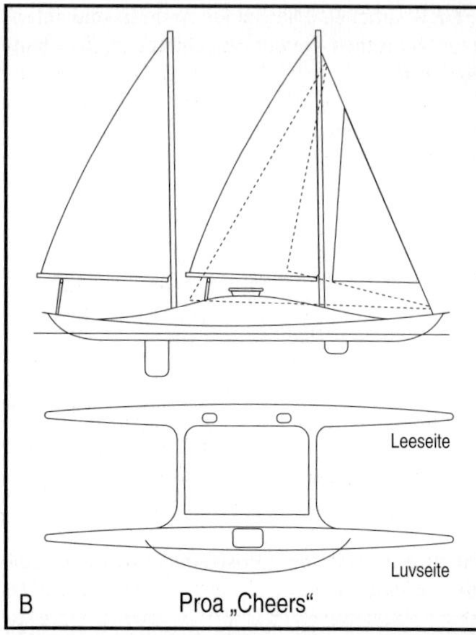

B Proa „Cheers“

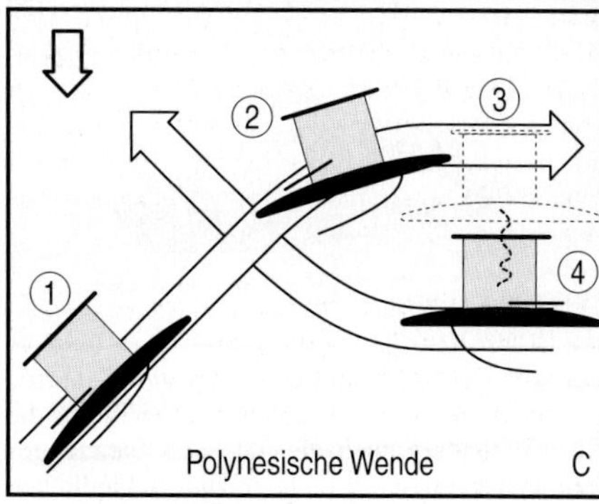

Polynesische Wende C

preien *(to hail)* Aus dem Lat. „precari“ = bitten, dem Engl. „pray“ und dem Niederl. „praaien“ dass. wie „ein anderes Schiff laut anrufen“, auch →*anpreien.* Ein solcher Anruf kann „Boot →*ahoi!*“ oder „CORMORAN ahoi!“ lauten, wenn nur die Aufmerksamkeit erregt werden soll. Man kann ein Boot aber auch in bestimmten Situationen mit den Worten →„*Mast querab!*“ oder →„*Raum!*“ preien.

pressen *(1. to crimp, to impress; 2. to press sail, to crowd sail)* 1. In der →*Marine* des Mittelalters und in der Segelschiffahrt jemanden mit Gewalt an →*Bord* holen und zum Dienst verpflichten. – 2. Zu viel Segel fahren, so daß das Boot durch die →*Windkraft* zu weit →*krängen* muß. Dieses P.

zahlt sich im allgemeinen nicht aus, da beim P. die →*Wasserwiderstände* am Bootsrumpf größer und die tatsächlich dem Wind dargebotene wirksame Segelfläche durch das →*Überliegen* kleiner wird.

Pressung, die Moderner Ersatz für den zeitraubenden und schwierigen →*Augspleiß* im →*Draht-*

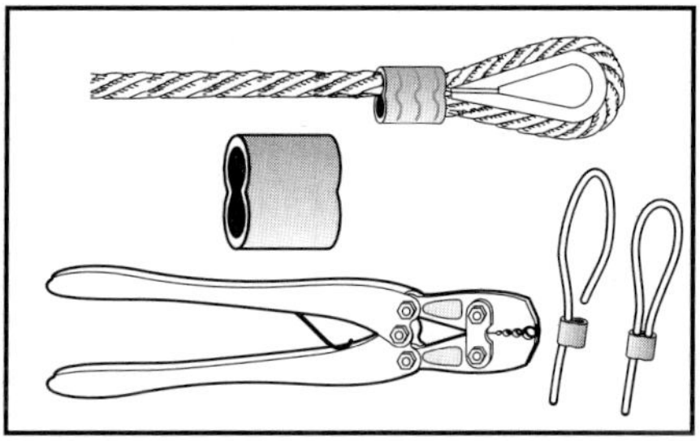

tauwerk. Zur P. benutzt man in rostfreiem Tauwerk Preßhülsen aus Kupfer, aus Gründen der →*Elektrolyse* mit →*Kauschen* aus rostfreiem Stahl. Bei verzinktem Tauwerk verwendet man Aluminium-Preßhülsen mit verzinkten Kauschen. Eine P. ist bis zu einem Seildurchmesser von ca. 8 mm begrenzt und kann nur bedingt mit →*Bordmitteln* ausgeführt werden. Man unterscheidet →*Augpressung* und →*Kauschenpressung.*

Preventer, der *(preventer guy, preventer backstay)* Eine seitliche →*Abstagung* eines →*Mastes* und einer →*Stenge* auf einem Segelschiff. Der P. wird dabei wie eine →*Pardune* →*achterlicher* als ein →*Want* zum →*Deck* geführt, er läßt sich jedoch im Gegensatz zu diesem loswerfen.

Pricke, die *(INT 1: Withy; e.: bush, prick; a.: spear)* In den weichen Meeresgrund, z. B. des →*Watts* gesteckte max. 8 m lange junge Birke oder Eiche mit ihrer Krone, die in einem →*Nebenfahrwasser* oder →*Wattfahrwasser* die →*Backbord-Fahrwasserseite* bezeichnet.

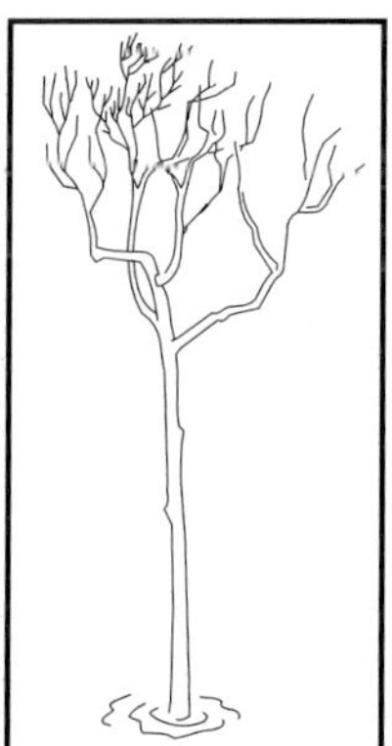

Pricker, der (Prigger) *(pricker)* Ein Werkzeug des Segelmachers, mit dem man Ösen in das Segeltuch einstechen kann. Als P. wird auch ein →*Marlspieker* bezeichnet, insbesondere ein Stahldorn zum →*Spleißen* von →*Drahttauwerk.*

Priel, der *(tidal gully, tideway)* Schmale Rinne im →*Watt,* die durch ihre →*Wassertiefe* auch bei →*Tidenniedrigwasser* noch Wasser führt. Ein P. entsteht durch das während der →*Ebbe* vom Watt ablaufende Wasser und mündet in einer →*Balje* oder in einem →*Wattstrom.* Auch bei →*Flut* wird ein P. zuerst wieder mit Wasser gefüllt. Ein →*schiffbarer* P. ist durch →*Pricken* gekennzeichnet.

Priel *(tideway)* Zeichen in der Seekarte, siehe →*Karte 1* (INT 1) im Anhang.

Primer, der *(primer)* Ein Haftgrund oder Erstanstrich, der auf die unterschiedliche Struktur der Bootsbaumaterialien abgestimmt ist: Holz ist porig und kann bei Feuchtigkeitsaufnahme faulen. Eisen ist geschlossen und kann rosten; Kunststoff-Laminate besitzen eine extreme Härte.

Primuskocher, der *(primus stove)* Nach dem Patent des schwedischen Herstellers benannter ein- oder zweiflammiger Kocher, der mit Petroleum oder Spiritus arbeitet. Der Brennstoffbehälter wird vor Inbetriebnahme von Hand mit atmosphärischer Luft aufgepumpt und unter geringen Überdruck gesetzt.

prismatischer Koeffizient, der *(prismatical coefficient)* Der →*Völligkeitsgrad* des →*Hauptspantzylinders* (φ oder C_P), früher auch Zylinderkoeffizient, Längenschärfegrad oder nur Schärfegrad genannt. Der p. K. gibt das Verhältnis der Wasserverdrängung zu einem zylindrischen Körper aus der →*Wasserlinienlänge* des Bootes und der gleichbleibenden →*Hauptspantfläche* nach folgender Formel an:

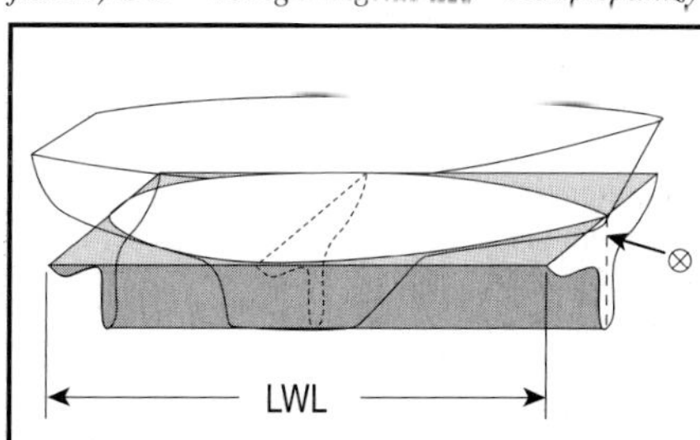

$$C_p = \frac{C_B}{C_M} \text{ oder } \varphi = \frac{V}{A_M \cdot LWL}$$

Daraus ergibt sich eine Verhältniszahl, die bei optimal gezeichneten Yachten zwischen 0,50–0,55 liegt. Ist sie größer, ähnelt die Bootsform einer Badewanne, ist sie kleiner, saugt das Boot eine beträchtliche →*Hecksee* an.

Proa, die dass. wie →*Prau.*

Profi, der (Engl. Abk. für *professional*) D. →*Berufssportler.*

Profi-Crew, die *(professional crew member)* Als →*IMS-Profi-Crew* wird ein Segler behandelt, wenn er für die Teilnahme an einer →*Regatta* entlohnt wird. Ist er schon vorher regulär (als →*bezahlte Hand)* gemustert und nimmt er an einer →*Regatta* z. B. als →*Bootsmann* oder →*Navigator* teil, gilt er nicht als P.-C.

Profil, das *(outline, profile, airfoil)* 1. In bezug auf ein Werkstoffteil sein →*Querschnitt,* z. B.

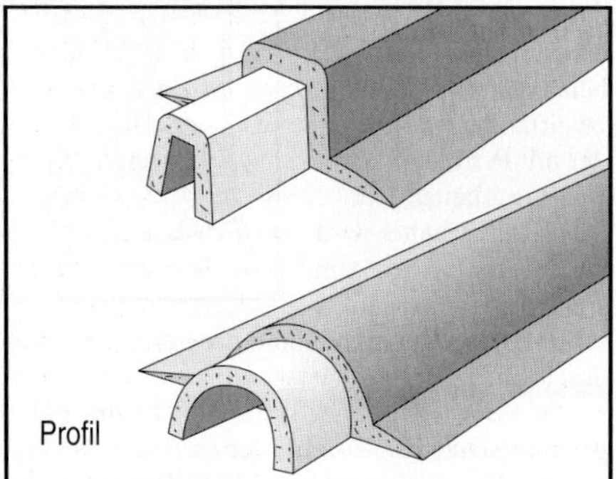

Profil

Winkel- oder Kreisbogen, T- oder U-Profil. – 2. In der →*Aerodynamik* und →*Hydrodynamik* die Form des →*Segels,* →*Ruders,* →*Schwertes* o. ä., die strömungsgünstig gewählt oder für besondere Bedingungen untersucht wurde, z. B. bei den →*NACA-Profilen.*

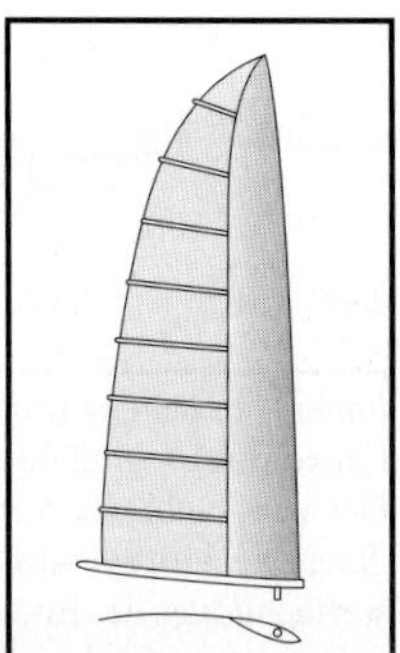

Profilmast, der *(airfoil, sectional mast)* Ein über die übliche →*Stromlinienform* des festen →*Mastes* hinaus nach achtern verlängertes Mastprofil. Ein P. ist meistens auch drehbar angeordnet und entweder Teil eines →*halbstarren Segels* oder wird mit einem →*Lattensegel* gefahren. In den üblichen →*internationalen Klassen* ist ein P. durch →*Bauvorschriften* verboten.

Profilruder, das *(1. symmetrical streamlined rudder; – 2. variable camber rudder)* Aus zwei gewölbten Außenschalen gefertigter, auch Verdrängungsruder genannter Stromlinienkörper, der hauptsächlich als →*Balanceruder,* →*Halbbalance-Ruder* oder →*Festruder* am →*Steg* oder →*Kiel* einer Renn- oder Kreuzeryacht benutzt wird. Ein symmetrisches P. (Abb. A) erfüllt seinen Zweck am besten, wenn beim →*Segeln* das →*Richtungsgleichgewicht* ausgeglichen ist, das Ruderblatt in einer Mittschiffsstellung liegt und das Ruder nicht bewegt werden muß. Ihm gegenüber hat ein dreigeteiltes P. (Abb. B), das seine Wirkungsrichtung in sich mit der eingeleiteten Drehrichtung verändert, den Vorteil, mehr →*Auftrieb* und weniger →*Widerstand* zu erzeugen und damit selbst der Ruderwirkung eines (starren) P.s überlegen zu sein.

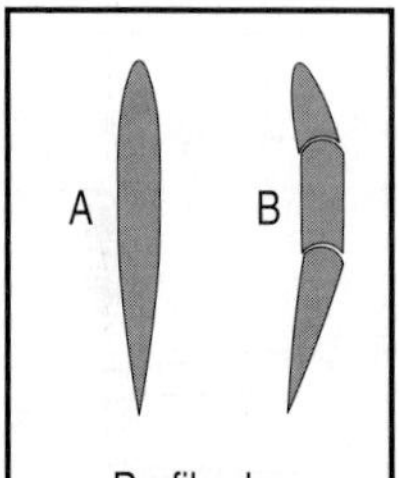

Profilruder

Profilschwert, das *(hydrofoil centreboard)* Ein →*Mittelschwert* entsprechender Dicke, das strömungsgünstig bearbeitet worden ist, damit sein →*Profil* möglichst wenig →*Wasserwiderstand* bietet. Dabei kann man die →*Anströmkante* (A) und/oder →*Ablaßkante* (B) unterschiedlich formen.

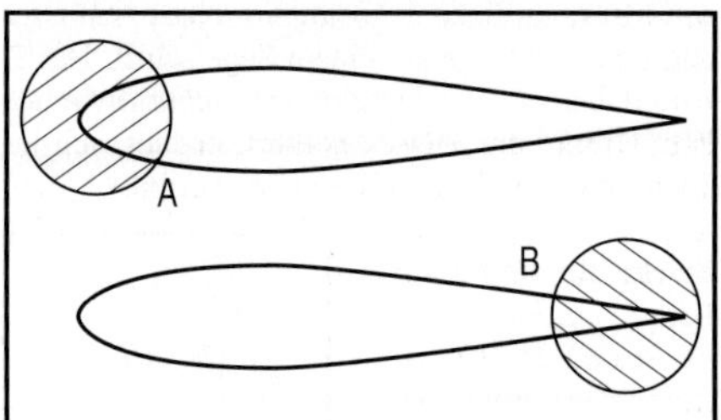

Profilsegel, das *(airfoil sail)* Im Gegensatz zum normalen →*Tuchsegel* oder zum →*Lattensegel,* die mit einem weichen oder →*halbstarren* →*Segelprofil* arbeiten, ein →*Starrsegel* in Stromlinienform mit beidseitigem konvexen und unveränderlichen Wölbungen. Sinngemäß das gleiche wie ein →*Profilschwert* und ein →*Profilstag.*

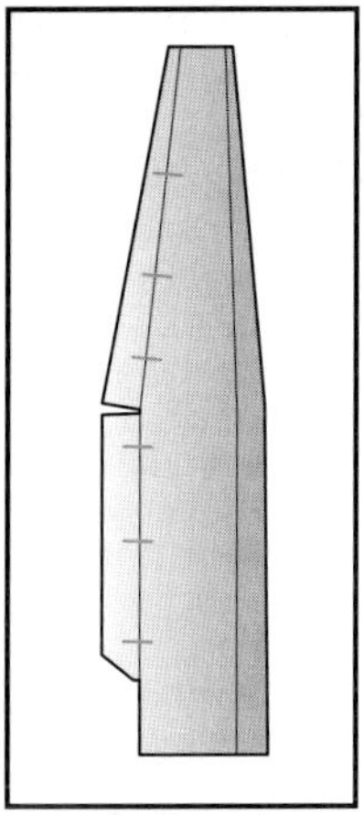

Profilsegel

Profilstag, das *(headfoil stay, airfoil headstay)* Strömungsgünstiger röhrenförmiger, meist zweiteiliger Beschlag, der aus →*Aluminium* oder →*GFK* gefertigt ist und über die gesamte Länge des →*Vorstags* gezogen oder geklemmt werden kann. Das Vorsegel ist dann nicht mit →*Stagreitern* befestigt, sondern in eine →*Keep* an der Hinterkante des P. eingezogen. Vorteile: Das →*Vorliek* kann auch ohne →*Fallentlaster* nicht durchsacken; durch das Stromlinienprofil und den direkten Übergang von der starren →*Windanschnittskante* in das →*Vorsegel* werden die Windwiderstände vermindert; das drehbare P. gibt dem wichtigen →*Vorliek* immer den gleichen →*Anstellwinkel.* Bei einem →*Doppelkeep-Profilstag* entsteht kein Vortriebsverlust, weil ein neues Vorsegel eingezogen und gesetzt werden kann, solange das alte noch steht und zieht.

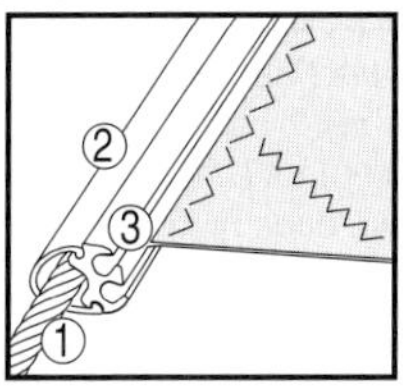

Profilwant, das *(rod rigging)* Stangenmaterial aus rostfreiem Stahl, das strömungsgünstig geformt und kaltgezogen ist, um das →*stehende Gut* aus →*Drahttauwerk* zu ersetzen. Ein P. kann stromlinienförmig oder rund geformt werden, hat eine völlig glatte, windschnittige Oberfläche, und auch bei stärkster Belastung tritt kein bleibender →*Reck* auf. Anstelle von →*Wantenspannern* sind die an den →*Püttings* befestigten →*Terminals* direkt mit Innengewinde versehen, so daß ein P. zum Durchsetzen nur gedreht werden muß. Auch für das →*Achterstag* kann das gleiche Material benutzt werden, während man für das →*Vorstag* spezielle →*Doppelkeep-Profilstagen* oder einfache →*Profilstagen* vorzieht.

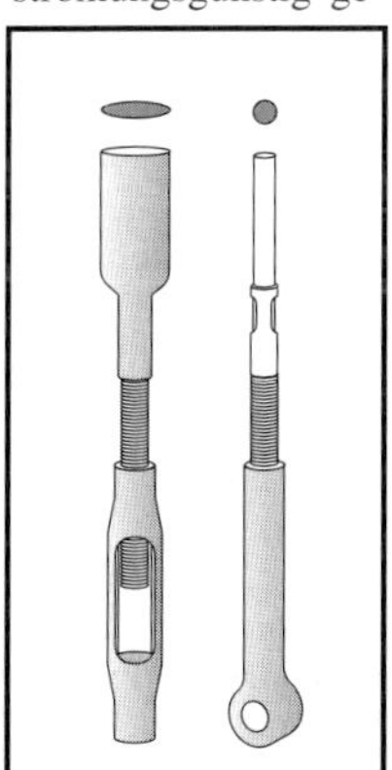

Propan(gas) Siehe →*Flüssiggas.*

Projektionskompaß, der *(photographic compass)* Ein →*Magnetkompaß,* der das Bild von →*Kompaßrose* und →*Steuerstrich* senkrecht oder waagerecht optisch an eine andere Stelle übertragen kann, so daß man z. B. nur einen Kompaß für einen oberen, äußeren und unteren, inneren Steuerstand benötigt bzw. in der →*Kajüte* den anliegenden →*Kurs* am →*Steuerkompaß* ablesen kann.

Propeller, der *(propeller, screw propeller)* Die vom Motor angetriebene Flügelschraube zur Fortbewegung als →*Maschinenfahrzeug,* die aus Bronze, Stahlguß, Nickel-Aluminium-Bronze oder aus →*Polyamid* gefertigt und mit 2 bis 4 Flügeln als fester P., als →*Faltpropeller* oder als →*Verstellpropeller* hergestellt werden kann. Man unterscheidet →*linksgängige* und →*rechtsgängige* P., die eine unterschiedliche →*Steigung* und verschiedene Durchmesser haben können. P. werden mit zwei Maßangaben bezeichnet, die oft eingestanzt sind, z. B. $9^1/_2$ x 10 bzw. 240 x 250. Hierbei stellt die erste Zahlenkombination Abmessungen in →*Zoll* und die zweite in →*Millimeter* dar, und die jeweils erste Ziffer bezeichnet den →*Propellerdurchmesser,* die zweite die →*Propellersteigung.* Ein P. erzeugt seine Vortriebskraft durch die bei der Umströmung der Propellerflügel auftretenden und →*längsschiff* in Fahrtrichtung wirkenden Kraftkomponenten, doch läßt sich der Propellerschub auch umkehren, um →*Fahrt* achteraus zu machen oder durch →*Umsteuern* des P. das Boot zu stoppen. Eine unvermeidbare Nebenwirkung kann dabei der →*Radeffekt* sein. Ein P. arbeitet auch in einem →*Strahlruder,* das daher – nach seiner Einsatzposition – z. B. auch als →*Bugpropeller* bezeichnet wird.

Propellerdurchmesser, der *(propeller diameter, diameter of the propeller)* Der vom Mittelpunkt der Propellerwelle bis zum Außenrand des Propellerflügels gemessene doppelte Radius des Kreises, den die Propellerflügel bei ihrer Drehung beschreiben. Die in den Abb. A–C gezeigten Propeller haben einen unterschiedlichen P. (von 165–360 mm), aber die gleiche →*Propellersteigung* (260 mm, D–F) und das gleiche →*Propellerflächenverhältnis.* Wenn beide Ziffern einander ähnlich sind (wie bei B/E), handelt es sich meistens um den →*Standardpropeller* für das betreffende Boot. Bei C/F ist der Schub größer, bei

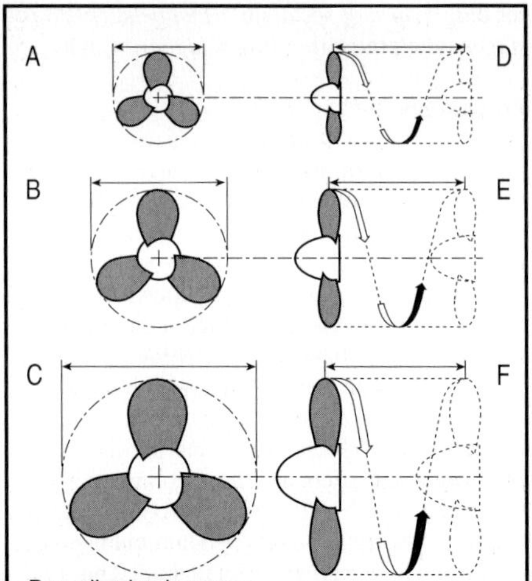

Propellerdurchmesser

A/D ist es ein P. für den „Schnellgang". P. und →*Propellersteigung* stehen immer in einem bestimmten Verhältnis zueinander.

Propellerflächenverhältnis, das *(propeller area ratio)* Das Verhältnis der Flügelfläche eines →*Propellers* zu dem mit dem →*Propellerdurchmesser* beschriebenen Kreis. Es wird in Prozenten der projizierten Flügelfläche (FA) zur vollen Kreisfläche (F) angegeben und beträgt zwischen 30 und 60 %, doch sind auch höhere Werte möglich. Das in den Abb. A–C zum Stichwort →*Propellerdurchmesser* erkennbare P. ist in allen drei Fällen gleich und beträgt ca. 35 % (FA/F = ca. 0,35). Die aus den Abb. G–I zum Stichwort →*Propellersteigung* erkennbaren Propeller haben demgegenüber ein unterschiedliches P.: G = ca. 25 %; H = ca. 35 %; I = ca. 50 %.

Propellerkappe, die *(fair water cone)* Ein Konus, der über die Propellernabe und die Welle faßt und sie nach →*achtern* strömungsgünstig abschließt.

Propellersteigung, die *(propeller pitch, pitch of a screw propeller)* Der Weg, den ein →*Propeller* bei einer ganzen Umdrehung →*längsschiffs* bzw. in Richtung der Propellerwelle zurücklegt. Dabei ist die nominelle P. die Strecke in einem festen Medium, d. h. wenn das Wasser nicht ausweichen würde. Der tatsächliche Steigungsweg ist durch den Propellerschlupf oder -slip etwas kürzer, doch wird der Verlust durch den Gewinn des →*Nachstroms* wieder etwas aufgehoben. Bei gleichem →*Propellerdurchmesser* kann man Pro-

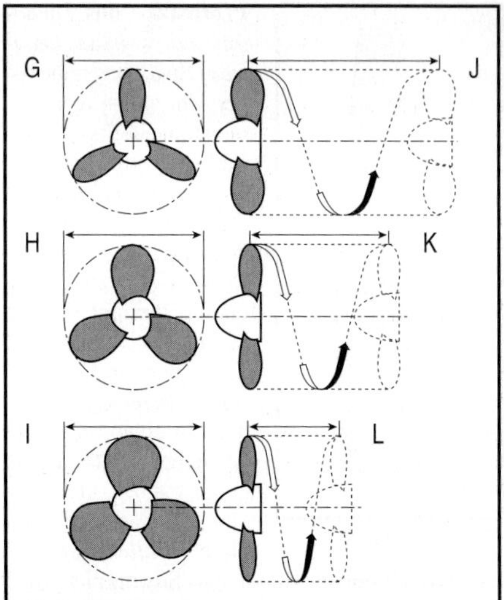

Propellersteigung

peller mit unterschiedlicher Steigung wählen: Mit einer P, die größer als der →*Propellerdurchmesser* ist (255:320, Abb. J), oder kleiner (255:200, Abb. K), doch muß dabei auch das →*Propellerflächenverhältnis* in Betracht gezogen werden, das für die Kombination G/J klein und für I/L groß ist. Im Vergleich mit dem →*Standardpropeller* liefert die Kombination I/L größere Schubkraft, während sich G/J für höhere →*Drehzahlen* empfiehlt.

Propellerwelle, die *(propeller shaft)* Eine sich drehende runde Metallstange, die die Kraft vom Motor zum →*Propeller* überträgt. Der hintere Teil dieser →*Welle* ist die →*Schwanzwelle.*

Propellerwirkungsgrad, der *(propeller efficiency, efficiency of a propeller)* Das Verhältnis der vom →*Propeller* an das Wasser abgegebenen Leistung zur tatsächlich zugeführten Antriebsleistung. Wird z. B. einem →*Propeller* eine Leistung von 10 kW zugeführt, die er in einem Vorschub von 5 kW umwandeln kann, so beträgt der P. 50 %. Der Verlust von 50 % entsteht durch Reibungs- und Wirbelwiderstände.

Protest, der *(protest)* Beim →*Rennsegeln* der Einspruch wegen Verletzung einer Regel der →*Wettfahrtregeln.* Einzelheiten über Proteste, Verhandlungen, Fehlverhalten und →*Berufungen* sind im Teil 5 der →*WR* enthalten: Ein Boot kann gegen ein anderes protestieren und →*Wiedergutmachung* verlangen. Die →*Wettfahrtleitung* kann von sich aus gegen ein Boot protestieren und entsprechende Maßnahmen von einem →*Schiedsgericht* verlangen. Und auch das Schiedsgericht kann von sich aus Maßnahmen gegen grobes Fehlverhalten treffen und Maßnahmen der Wiedergutmachung veranlassen. Will ein Boot einen P. einlegen, muß es das andere hiervon sofort während der →*Wettfahrt* verständigen, indem die Crew „Protest" ruft und bei der ersten zumutbaren Gelegenheit eine rote Flagge setzt. Die Flagge muß gesetzt bleiben, bis das Boot durchs →*Ziel* geht und die Wettfahrtleitung das Sichten bestätigt hat.

Protestflagge, die *(protest flag)* Die P. ist eine rote →*Flagge,* die ein Boot bei der ersten zumutbaren Gelegenheit setzen muß, wenn sie behaupten will, daß ein anderes Boot eine Regel der →*WR* verletzt hat.

Protestverfahren, das *(protest procedure)* Es regelt nach den →*WR,* Teil 5, Antrag und Durchführung einer →*Protestverhandlung,* die Aufgabe der Protestparteien und die Arbeit eines →*Schiedsgerichtes.*

Protestverhandlung, die *(hearing against a yacht)* Eine P. kann sowohl von einer →*Yacht* gegen eine andere als auch von einem →*Schiedsgericht* eingeleitet werden. In besonderen Fällen können Entscheidungen, die zum →*Ausschluß* einer →*Yacht* aus einer →*Wettfahrt* oder einer anderen →*Strafe* führen, auch ohne P. ausgesprochen werden.

Prüflast, die *(test load, proof load)* Eine Belastung, bis zu der ein Bau- oder Ausrüstungsteil auf seine Leistungsfähigkeit geprüft wurde. Die P. ist im allgemeinen das Doppelte (200 %) der sicheren →*Arbeitslast* oder die Hälfte (50 %) der →*Bruchlast.* Bei Drahtseilen, die aus mehreren Einzeldrähten gefertigt sind (z. B. für →*Stagen* und →*Wanten*), kann schon eine Überlastung bis zur P. zu Überdehnung und Versprödung oder zu Korrosionsschäden führen.

„PRUDENCE" (gesprochen prudans) Im →*Sprechfunk* beim Abschluß eines →*Notfalls* das Schlüsselwort für die bedingte Aufhebung des →*Notverkehrs.* P. wird gegeben, wenn z. B. ein →*Schlepper* eine →*havarierte Yacht* erreicht hat oder ein →*Seenotkreuzer* das →*Rettungsfloß* mit der →*Crew* sichtete und die akute Gefahr gebannt ist. Die endgültige Beendigung des Notverkehrs wird mit dem Schlüsselwort →*MAYDAY FINI* bekanntgegeben.

PS-Leistung, die *(horse power output)* Eine auf die Leistung eines Pferdes bezogene Einheit in der Technik, die auf das →*metrische System* umgerechnet 76,04 kgm/s, abgerundet 75 kgm/s beträgt. Der Unterschied von 1,4 % bedingte einen Umrechnungsfaktor von (metrischen) Pferdestärken in (englische) Horse Power auf der Basis

1 PS = 0,986 HP, 1 HP = 1,014 PS.

Im neuen →*Internationalen Einheitensystem* (SI) wird die →*Leistung* nicht mehr in PS, sondern in →*Kilowatt* (kW) angegeben und wie folgt umgerechnet: 1 PS = 0,7355 kW, 1 kW = 1,3596 PS. Umwandlung: PS dividiert durch 1,36 ergibt kW. kW multipliziert mit 1,36 ergibt PS.

PUB. NO. 249 Bezeichnung der amerikanischen *Sight Reduction Tables for Air Navigation,* die früher als →*HO-Tafeln* und unter der Kurzbezeichnung →*H. O. Nr. 249* herausgegeben wurden. Die PUB. NO. 249 ist ein dreibändiges Werk für die →*astronomische Navigation,* das eine Vielzahl von Tafeln mit vorausberechneten →*Höhen* und →*Azimuten (tables of altitude and azimuth)* enthält. Zur Auswertung von Gestirnsbeobachtungen geht man mit der →*Rechenbreite* und der →*Rechenlänge* eines →*Koppelortes* ein. Die Daten der PUB. NO. 249 wurden vom Nautical Almanac Office of the U. S. Naval Observatory berechnet und von der Defense Mapping Agency in 4600 Sangamore Road, Bethesda MD 20816-5003 zusammengestellt. Der Weltvertrieb erfolgt durch NOAA, den US National Ocean Service. In Deutschland sind die Höhentafeln über den Fachbuch- oder Seekartenhandel zu beziehen. Mit der PUB. NO. 249 identisch sind die in England herausgegebenen Tafeln AP 3270.

Pull, der *(pull)* Ein einzelner, meist kurzer, aber ruckartiger und kräftiger Zug an einem →*Ende,* einem →*Riemen,* auch sinngemäß ein kurzzeitiger Gasstoß mit dem Motor, z. B. als „P. →*voraus*", „P. →*achteraus*".

pullen *(to pull, to row)* Seemännischer Ausdruck für →*rudern* mit 2 →*Riemen,* z. B. in einem →*Beiboot,* →*Ruderdingi* oder im →*Jugendkutter,* im Gegensatz zum →*Wriggen,* der Fortbewegung durch Muskelkraft mit nur einem Riemen.

pullweise (holen) *(to haul pullwise)* Das →*Holen* oder →*Fieren* eines →*Endes* nicht →*Hand über Hand,* sondern mit einem →*Pull,* wobei beide Hände die Last festhalten und nach Pausen oder in Abständen zur Weiterarbeit kurz nacheinander vorgreifen bzw. nachfassen.

Pulverlöscher, der *(chemical fire-extinguisher)* Ein →*Feuerlöscher,* der gegenüber einem Gasfeuerlöscher (mit Kohlendioxid) den Vorteil größerer Spritzweite hat, während ein Schaumlöscher durch sein elektrisch leitendes Löschmittel nachteilig ist.

Pumpe, die *(pump)* Von Hand bediente, mit dem Hilfsmotor verbundene oder durch elektrische Energie betriebene Vorrichtung zum Fördern von Flüssigkeiten. Nach Bauart und Funktion unterscheidet man →*Membran-,* →*Impeller-,* Kolben- und →*Kreiselpumpen,* nach dem Verwendungszweck →*Lenz-,* Kombüsen-, →*Bilge-* und Brennstoffpumpen. Eine P. ist oft in eine →*Lenzleitung* eingebaut, die in einem →*Pumpensumpf* endet. Sie schlägt →*lenz,* wenn der entsprechende Behälter (z. B. die →*Bilge)* entleert ist. Bei der Auswahl einer P. ist die Pumpenleistung wichtig.

pumpen *(to pump)* 1. Mit einer →*Pumpe* arbeiten. – 2. Dieser Betätigung ähnlich die →*Großschot* im rhythmischen Wechsel kurzzeitig und schlagartig anholen bzw. auffieren, um die Leistung des →*Segels* als →*aerodynamisches Profil* unter bestimmten Bedingungen zu verbessern. Dieses P. ist bei →*Flaute* nach den →*Wettfahrtregeln (→WR)* verboten, aber bei einer →*Vollzeugbrise* als Bestreben, das Boot ins →*Gleiten* zu bringen, erlaubt.

Pumpensumpf, der *(pump well)* Die tiefste Stelle eines Behälters oder eines Raumes, an der die →*Lenzleistung* beginnt. Er wird im Tankbau durch einen schrägen Boden, als Sammler für das Schwitzwasser in der →*Bilge* durch ein geringes achterliches Gefälle oder auch als kleine Vertiefung im Kiel geschaffen. Hier liegt dann auch der →*Lenzkorb.*

Punktpreis, der Ein →*Regattapreis,* der neben den →*Klassenpreisen* als →*Sonderpreis* gegeben wird, um z. B. einen Gesamterfolg in einer Reihe von Starts in höchstens einem Jahr auf dem gleichen Revier oder in derselben Veranstaltung (gegebenenfalls durch besondere Berechnung der Einzelleistung) zu würdigen.

Pumpnebelhorn, das *(pumpfoghorn)* Ein →*Nebelhorn,* das mit Hand- oder Fußbetrieb durch eine Luftpumpe betrieben wird, um ausreichend laute Nebelsignale unbegrenzt lange geben zu können. Es wird nach den Vorschriften der →*See-Berufsgenossenschaft* hergestellt und ist mit einer Reservestimme ausgerüstet.

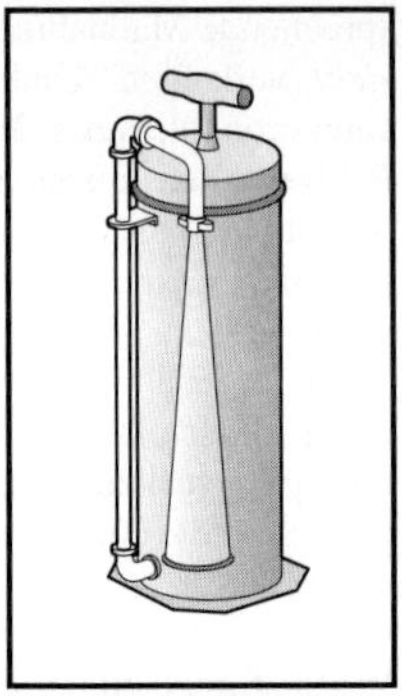

Punktsystem, das; Punktwertung, die *(scoring system)* Die sportliche Wertung einer Regatta erfolgt entweder durch das →*Bonus-Punktsystem* (früher →*olympisches Punktsystem* genannt) oder das →*Low-Point-Punktsystem (→Niedrigpunktsystem).* Beide können für alle →*Wettfahrten* einschließlich von Meisterschaften benutzt werden.

PUR Gebräuchliche Abkürzung (nach DIN 7723 und 7728) für →*Polyurethan.*

PUR-Anstriche Lufttrocknende Reaktions-Lacke auf →*Polyurethan*-Basis für alle Arten von Untergrund: Stahl, Aluminium, Sperrholz, Kunststoff und Beton. Die Verarbeitungszeit der fertigen Mischung ist auf ca. 6 bis 8 Stunden begrenzt, die Raumtemperatur muß mindestens 5°C betragen.

purren, auspurren *(to rouse out, to purr, to call the watch)* Die →*Wache* wecken, müde Schläfer aus ihrer →*Koje* treiben.

Pütting, das *(chaine plate)* Auch →*Rüsteisen* genannter →*Beschlag,* der an der →*Außenhaut,*

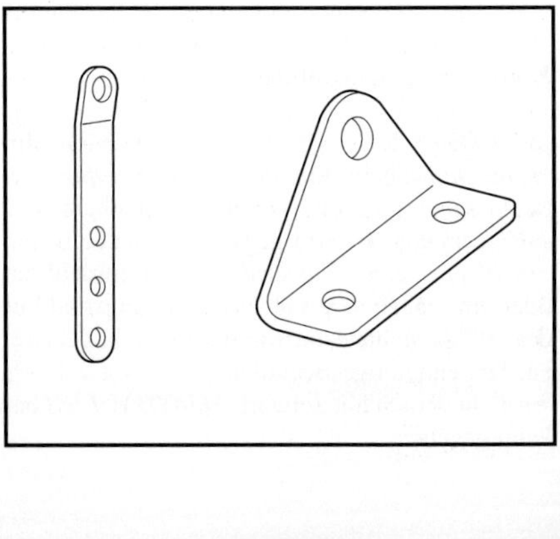

am →*Spant,* am →*Kiel* oder nur am →*Schanzkleid* sicher befestigt ist, um die →*Wanten* zu befestigen und ihren Zug auf den Bootsrumpf zu übertragen. Ursprünglich breiter Flachstahl mit einem Auge zum Befestigen der →*Wantenspanner,* heute auch fingerförmig nach unten in das →*Laminat* und oben in einen offenen Bügel auslaufend. Abb. zeigt P.-Eisen und P.-Winkel.

Pütz, die *(bucket)* Eimer für den Bordgebrauch, z. B. als →*Schlagpütz* mit Fangleine zum →*Reinschiff,* als Abfall-P. o. ä.

Pützen(leinen)knoten, der *(bucket rope knot)* Ein (Zier-)→*Knoten,* der zur Verdickung des →*Tampens* eines →*Endes* dient, an dem die →*Pütz* angeschlagen ist. Er sorgt dafür, daß die Pützenleine nicht durch die Finger rauscht, wenn man →*in Fahrt* vom Deck aus eine →*Schlagpütz* in das Wasser wirft. Auch ein →*spanischer Takling* kann als P. gesteckt werden.

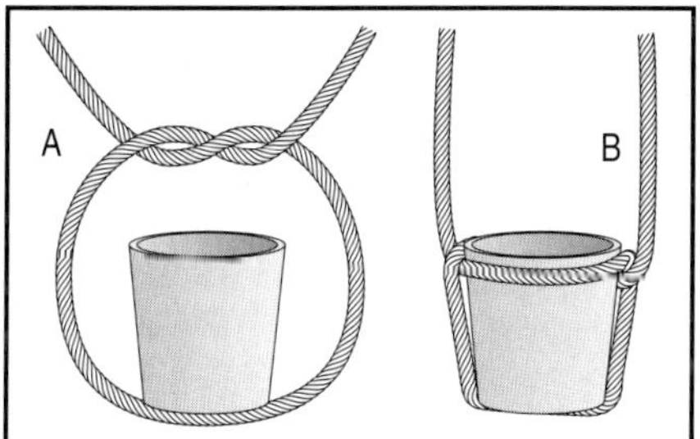

Pützenstek

Pützenstek, der *(bucket bend, bucket hitch)* Ein →*Stek,* mit dem man die →*Pütz* zum Wasserschlagen (als →*Schlagpütz)* einsetzen kann, auch wenn der Haltebügel fehlt. Dazu wird sie auf die Mitte eines zugepaßten →*Endes* gestellt (Abb. A) und über ihr ein →*Überhandknoten* geschlagen. Anschließend werden die beiden →*Parten* in der Mitte des Knotens auseinandergezogen und um den oberen Rand der Pütz gelegt (B). Mit dem →*Durchholen* der →*Tampen* festigt man die Verbindung. Mit dem P. kann man die Pütz auch aufhängen oder andere Rundteile wie (große) Dosen oder Fässer →*hieven.*

PVC Gebräuchliche Abkürzung (nach DIN 7723 und 7728) für →*Polyvinylchlorid.*

Q

Q = Quebec (Aussprache: kwie-beck) Internationales Buchstaben-Signal, gelb. Bedeutung: „An Bord ist alles gesund, ich bitte um freie Verkehrserlaubnis.“

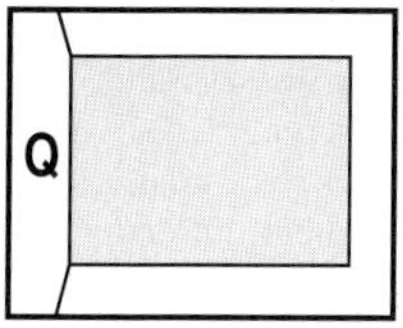

Morsen: – – • – (lang–lang–kurz–lang).

Quadrant, der *(quadrant)* Analog zum →*Sextant* oder →*Oktant* ein Viertel des Vollkreises, der

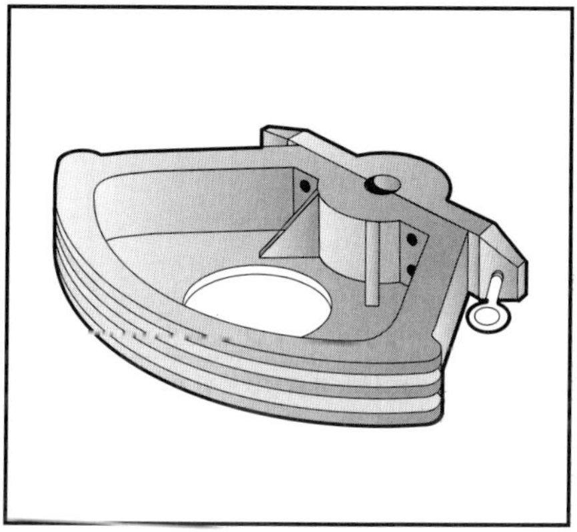

nicht nur den Gradbogen von 90°, sondern auch die Fläche zwischen ihm und den begrenzenden Radien bezeichnet. Bei der →*Betonnung* nach dem →*Kardinalsystem* spricht man z. B. von einem →*nördlichen,* →*östlichen* u. ä. Q. Bei einer →*Radsteuerung* ist auf den →*Ruderschaft* ein Ruderq. als zusätzlicher Bauteil aufgesetzt (Abb.).

Quadratgeflecht, das *(eight strand plait [plaited])* Die paarige Verflechtung von acht →*Litzen*

zu einem →*Seil* (Abb.). Um eine →*Ankerleine,* →*Schleppleine* und einen →*Festmacher* frei von →*Kinken* zu handhaben, sind zwei Paare →*Litzen* wie üblich in →*S-Drehung* und die beiden anderen ausnahmsweise in →*Z-Drehung* verseilt. Durch das für die →*Seemannschaft* jetzt bevorzugte Q. entsteht somit eine besonders handige, →*lehnige* und letztlich griffige Leine mit großer Festigkeit.

Quarantäne, die *(quarantine)* Wartefrist für ein Fahrzeug und seine Besatzung, die eine Seuche an Bord haben oder aus einem seuchenverdächtigen Hafen kommen, bevor das Boot oder Schiff einlaufen und die →*Crew* an Land gehen kann. Herrschen an Bord quarantänepflichtige Krankheiten wie Cholera, Fleckfieber, Gelbfieber, Pest, Pocken, kam es zu einem verdächtigen Todesfall oder verdächtigen Krankheiten, so muß man die →*Quarantäneflagge* setzen und an der →*Quarantänetonne* festmachen, bis die Hafenbehörden das Fahrzeug freigeben.

Quarantäneflagge, die *(quarantine flag, yellow jack)* Die gelbe Flagge „Quebec“ nach dem →*Internationalen Signalbuch* dient dazu, beim →*Einklarieren* optische →*Gesundheitsmeldungen* abzugeben. Allein gesetzt bedeutet sie: „An Bord ist alles gesund, und ich bitte um freie Verkehrserlaubnis.“ Über dem ersten →*Hilfsstander* gesetzt (der damit die Verdoppelung des Buchstabens = QQ andeutet) signalisiert sie: „Ich benötige Gesundheitsabfertigung!“ Früher hieß dies drastischer: „Mein Schiff ist seuchenverdächtig.“ In einem solchen Falle mußte das Schiff in →*Quarantäne* gelegt werden, und die gesetzte Q. zeigte jedermann diese Seuchengefahr an. In der →*Schiffahrt* werden Anfragen und Meldungen, die die Gesundheit der →*Besatzung* betreffen, jetzt auch über →*Seefunk* gegeben.

Quarantänetonne, die *(quarantine buoy)* Eine →*Faßtonne* oder →*Boje* beliebiger Form mit gelbem Anstrich zur Bezeichnung der →*Reede,* auf der ein Fahrzeug ankern muß, wenn es in →*Quarantäne* liegt.

Quarz, der *(quartz)* Material besonderer elektrischer Eigenschaft, das mit seiner Eigenfrequenz schwingt. Für jede einzelne →*Frequenz* benötigt man einen eigenen Q. Demgegenüber kann bei Einsatz eines Synthesizers ein viel größerer Bereich veränderbarer Frequenzen mit Hilfe eines einzigen hochkonstanten Quarzgenerators zum Senden und Empfangen zur Verfügung gestellt werden.

Quecksilberbarometer, das *(mercurial barometer, marine barometer)* Genaues Meßgerät des →*Luftdrucks,* das auch als →*Schiffsbarometer* oder →*Marinebarometer* →*an Bord* benutzt wurde. Die Skala dieses →*Barometers* war früher in Millimeter Quecksilbersäule geeicht. Das mit dem einzigen, schon bei normalen Temperaturen flüssigen Metall gefüllte Glasrohr des Q. mußte demgemäß eine Länge von mindestens 800 mm haben, um den höchsten gemessenen Luftdruck von 812 mm = 1083 hPa anzeigen zu können. An Bord wurde nur ein Gefäßbarometer oder Stationsbarometer benutzt, das ein gerades Glasrohr, ein verhältnismäßig weites Gefäß für das Quecksilber am unteren und eine Ableseskala für die Säulenskala am oberen Ende besitzt. Raumsparender arbeiten →*Aneroidbarometer.*

quer *(athwart)* Seitlich in rechtem Winkel zur Kielrichtung, auch →*dwars* genannt, im Gegensatz zu →*längs.*

querab *(abeam, abreast)* Richtungsangabe für eine Seitenpeilung von 90°, 8 →*Strich* von vorn oder →*achtern* und eine waagerechte Richtung senkrecht zur Längsschiffsrichtung. Ein Objekt peilt q. oder →*dwars* z. B. an →*Steuerbord.*

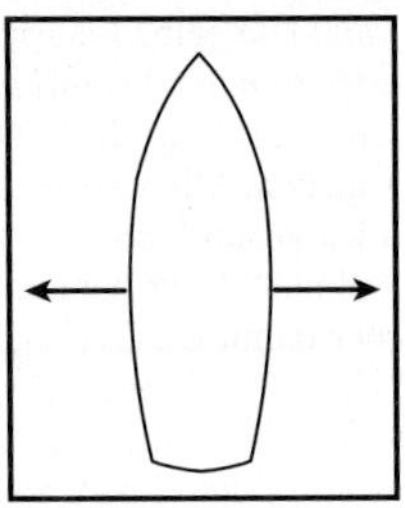

Querducht, die *(transverse thwart)* Eine gleichzeitig als Sitzbank gebaute Querversteifung von

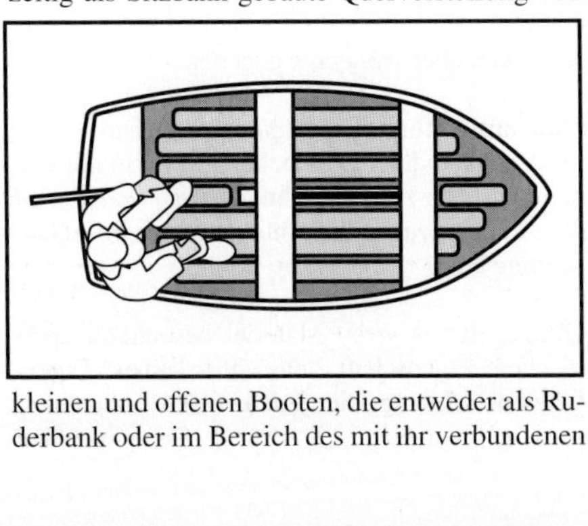

kleinen und offenen Booten, die entweder als Ruderbank oder im Bereich des mit ihr verbundenen →*Schwertkastens* auch für die Erhaltung der Querfestigkeit des Bootsrumpfes dient.

Queren des Fahrwassers *(to cross [over], to cut across [the channel])* Hierunter versteht man „ein deutliches Abweichen der allgemeinen Fahrtrichtung →*über Grund* vom Verlauf eines →*Fahrwassers*". Nach Regel 25 →*SeeSchStrO* hat ein →*Fahrzeug,* das in einem Fahrwasser fährt, →*Vorfahrt* gegenüber einem Fahrzeug, das ein Fahrwasser quert. Das →*Kreuzen* eines →*Segelfahrzeugs* im Fahrwasser ist nicht mit dem Q. gleichzusetzen. Ein →*Fahrzeug unter Segeln* darf beim →*Kreuzen* das Fahrwasser auf kurzem Weg queren, wenn dadurch vorfahrtberechtigte Fahrzeuge nicht gefährdet oder behindert werden. Ansonsten muß auch beim Kreuzen so weit wie möglich rechts gefahren werden.

querein *(abeam to)* Sinngemäß wie →*querab,* aber als Richtung von außen auf das Boot verstanden. Der →*Wind* kommt q., wenn man einen →*raumen Kurs* segelt.

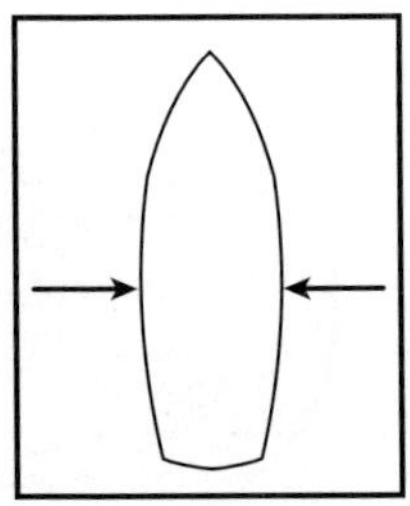

Quergleichgewicht, das *(balance)* Die aufrechte Schwimmlage eines Bootes in Querschiffsrich-

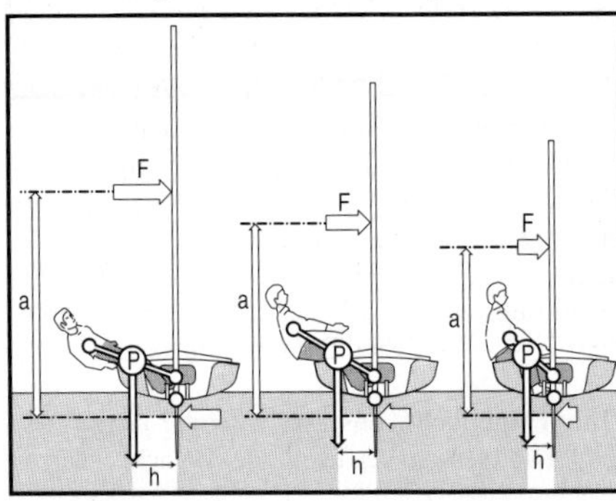

tung, die auf →*Jollen* durch Arbeit mit dem →*lebenden Ballast,* durch →*Ausreithilfen* und durch das →*fliegende Trapez* zu erhalten versucht wird, wenn →*Wind* und →*Seegang* das Boot →*krängen* wollen. Die Abb. zeigt, wie jedem größeren →*krängenden Moment (F · a)* ein entsprechend vergrößertes →*aufrichtendes Moment* (P · h) entgegengebracht werden muß, um das Q. zu erhalten.

Querkraft, die Bei der Messung von →*aerodynamischen Kräften* die senkrecht zur Windrichtung wirkende, auch als →*Auftrieb* bezeichnete Windkraft, die mit dem in Windrichtung wirkenden →*Windwiderstand* meßbar ist und zur Darstellung der aus beiden resultierenden Gesamtkraft eines →*Segels* auf einem →*Polardiagramm* dient.

Querleine, die *(cross line)* Ein zusätzlicher →*Festmacher,* der neben den diagonal →*geschorenen* →*Leinen* wie →*Spring* oder →*Vorleine* vom Boot nach →*querab* zur →*Pier* führt. Eine Q. kann auch beim →*Längsseitsschleppen* das →*Abscheren* verhindern.

Quermarkenfeuer, das *(cross marker, cross marking light)* Ein →*Leuchtfeuer,* das mit

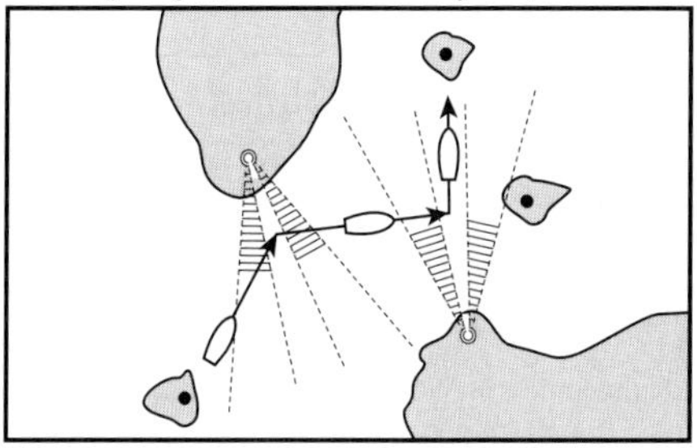

annähernd quer zum Fahrwasser gerichteten Sektoren bei einer Änderung der Fahrtrichtung die Grenzen des nutzbaren Bereichs von →*Richtfeuer* und →*Leitfeuer* bezeichnet. Gleichzeitig erteilt es durch Übergang von einer Farbe oder →*Kennung* in eine andere die Anweisung am Beginn der →*Kursänderung.*

querschiffs *(athwart ship)* In einer Linie senkrecht zur Langsschiffsrichtung oder Kielrichtung, im rechten Winkel zu →*längsschiffs.* Immer innerhalb des →*Rumpfes* oder an →*Deck* verstanden und von →*querab* zu unterscheiden.

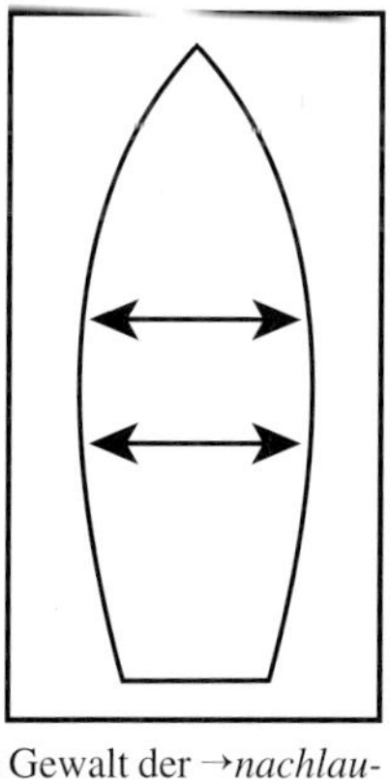

querschlagen *(to broach to)* Durch Fehler des Rudergängers oder die Gewalt der →*nachlaufenden See* bei achterlichem Wind verursachtes →*Anluven,* das immer mit extremer →*Krängung*

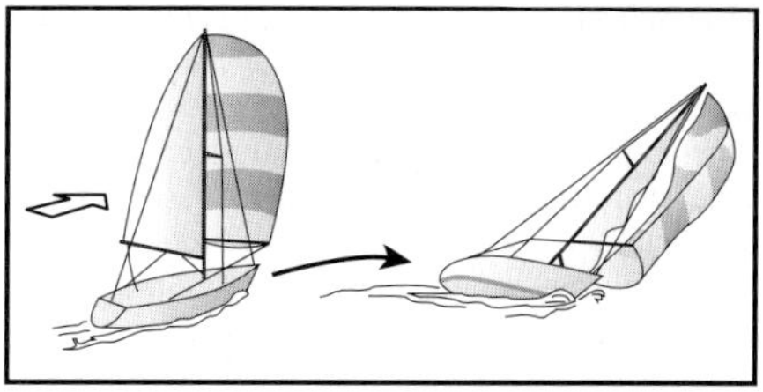

verbunden ist. Dabei kann das Boot im Wellental breitseits durch den nachfolgenden Brecher vollschlagen, kentern oder →*über Kopf gehen,* wenn nicht nur der →*Mast* bricht.

Querschlagen bis zum Kentern *(knockdown)* Durch die (plötzlichen) Einwirkungen von →*Sturm,* →*Böen,* starkem →*Seegang* (einen →*Kaventsmann)* und →*Brechern* bewirktes →*Krängen,* bis →*Mast* und →*Segel* im Wasser liegen und das →*Deck* (teilweise) überflutet ist. International unterscheidet man nach den Lehren des →*Fastnet-Rennens* 1979 „B 1 Knockdowns" bis zu einer Krängung von 90° oder „Überliegen bis zur Horizontalen" und „B 2 Knockdowns" mit einem vollen Untertauchen des →*Decks* und einer Drehung des Rumpfes um 360°, auch →*Durchkentern* genannt, bei dem zwangsläufig Mast und →*Rigg* verlorengehen müssen. Dem Vorbeugen solcher Gefahren dient das Bestreben der →*Yachtkonstruktion,* eine →*Yacht* →*kentersicher* zu machen, und man macht einen →*Krängungsversuch,* um den Grad der →*Kentersicherheit* nachzuweisen.

Querschnitt, der *(cross section, transverse section)* Im →*Linienriß* ist der →*Spantenriß* eine Zu-

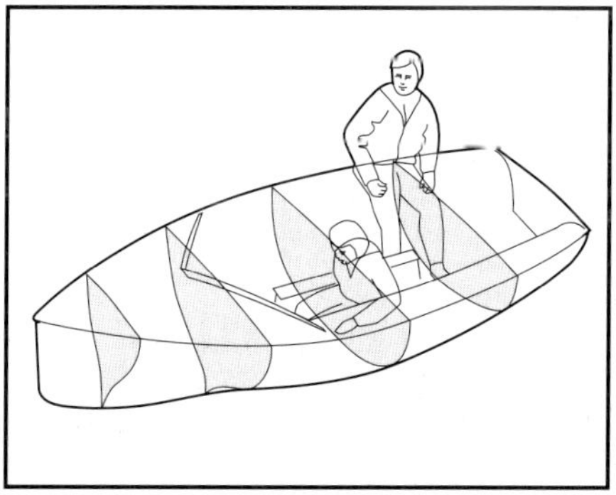

sammenstellung der Querschnitte an den einzelnen →*Spanten.* Jeder Q. ist ein vertikaler →*Schnitt* →*querschiffs* an einer genau bezeichneten Position. Der charakteristische Q. eines Bootes ist der →*Hauptspant.*

Querschott, das *(transverse bulkhead, cross-bulkhead)* Ein →*querschiffs* eingebautes →*Schott,* das unterschiedliche Räume oder Abteilungen eines →*Bootsrumpfes* trennt und gleichzeitig für eine ausreichende Querfestigkeit, besonders im Bereich des →*Mastes* sorgt. Querschotten sind auf →*Yachten* nur aus Holz gefertigt, nicht wasserdicht und mit einfachen →*Schottdurchgängen* versehen.

Querspant, der *(transverse frame)* Die übliche Bauweise mit →*Spanten,* wie sie der →*Spantenriß* zeigt und bei der die Spantebenen senkrecht zur Schiffslängsachse stehen. Wird lediglich von →*Spanten* gesprochen, versteht man darunter Q. im Gegensatz zu den →*Längsspanten.*

Querstabilität, die *(stability)* Das Vermögen eines →*Bootes,* sich gegenüber →*querschiffs* gerichteter Krafteinwirkungen durch Wind und/oder →*Seegang,* die eine →*Krängung* bewirkten, wieder aufzurichten. Die Q. ist von der →*Spantform* (→*Formstabilität)* und der Lage des →*Gewichtsschwerpunktes* (→*Gewichtsstabilität)* abhängig und wird hinsichtlich ihrer →*Anfangsstabilität* und →*Endstabilität* unterschieden. Auf →*Jollen* ist die →*Crew* bestrebt, das →*Quergleichgewicht* so weit aufrecht zu erhalten, daß ein Boot immer →*aufrecht* segeln kann.

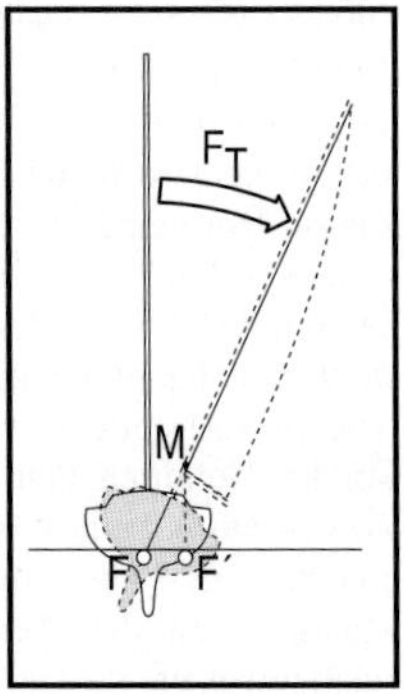

Querstrahlruder, das; Querstrahlsteuer, das *(lateral thrust propeller)* Je nach Lage im Bootsrumpf als →*Bugstrahlruder* oder →*Bugpropeller* bzw. →*Heckstrahlruder* bezeichnet, siehe dort.

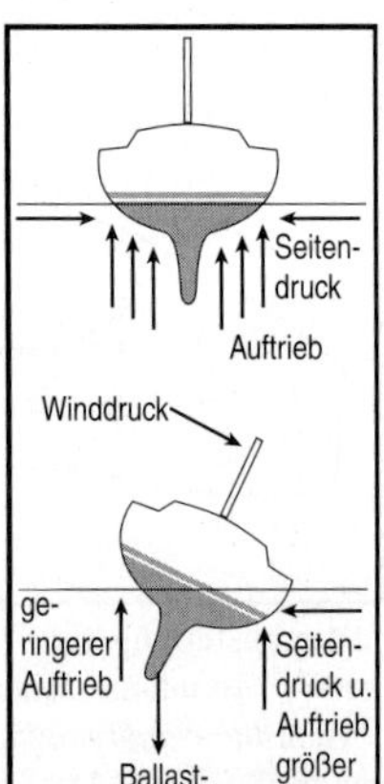

Querverband, der *(transverse structure)* Bauteil eines Bootsrumpfes, der →*querschiffs* angeordnet ist, um die unterschiedlichen Kräfte wie Seitendruck, →*Auftrieb,* →*Winddruck* u. a. auszugleichen. Zum Q. gehören z. B. →*Spant,* →*Decksbalken* und →*Bodenwrange,* die als Querträger immer in einer Spantebene liegen. Der Q. ist auch mit dem Längsverband verbunden. Abb. zeigt die auf einen Q. wirkenden Kräfte.

Q-Wende, die Irrtümlich als →*Kuhwende* mißverstandenes Manöver auf einem →*Vorwindkurs* zum Umgehen des →*Halsens* durch →*Anluven,* →*Wenden* und wieder →*Abfallen.* „Erscheint bei starkem Wind das Halsen bedenklich, so kann man sich durch die sogenannte ‚Kuhwende' helfen", hieß es 1964 im Führerschein-A-Lehrbuch zur Abb. In der Neuauflage 1970 findet sich derselbe Text zur gleichen Abb., nur heißt es jetzt: „ … kann man sich durch die sogenannte ‚Q-Wende' helfen". Ähnlich abrupt werden die Begriffe in den aktuellen Neuauflagen der „Seemannschaft" ausgetauscht: Die „Kuhwende" der 14. Aufl. 1971 wird in der 16. Aufl. 1977 zur „Kuhwende (Q-Wende)" und ab der 19. Aufl. 1985 zur alleinigen „Q-Wende" mit dem Hinweis auf die (aussprachegleiche) Form des Buchstabens als „Halse-Verhinderungs-Wende in schwerem Wetter". Die Q-Wende wird damit zu einem gefährlichen Manöver, weil sich bei ihrem Kringel nach →*Luv* die →*Windkraft* an den geführten Vorwindsegeln auf bis zu 300 % vergrößern kann (und somit akute Gefahr des →*Kenterns* besteht). Auch muß es unmöglich erscheinen, mit dieser „Q-Wende" gegen eben jenen →*Seegang* anzudrehen und in ihm →*auf den anderen Bug* zu gehen, in dem alle anderen Schiffe vom Rahsegler bis zur Jolle in dieser Situation seit Jahr und Tag genau das gegenteilige →*Segelmanöver* fahren, nämlich →*Halsen statt Wenden.*

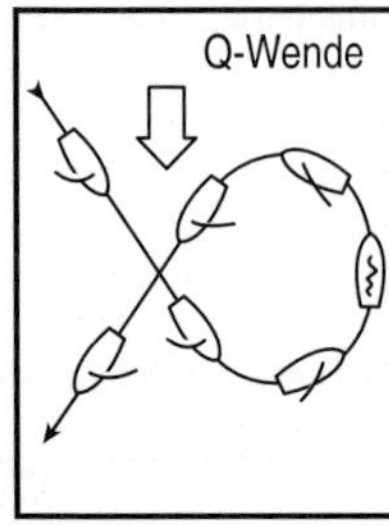

R

R = Romeo Internationales Buchstabensignal, rot mit gelbem Kreuz. Es ist Reservesignal im →*Internationalen Signalbuch* und hat keine Bedeutung für die Schiffahrt. Morsen: • – • (kurz–lang–kurz).

Rack, das *(1. rack; 2. parrel)* 1. Seefeste Halterung mit genau passendem Randgestell für

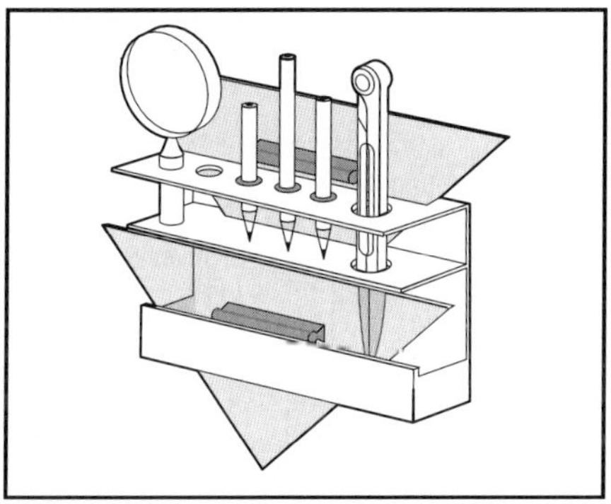

Ausrüstungsteile an Bord z. B. für →*Kompaß* (→*Kompaßrack*), →*nautische Bücher,* Geräte für die →*Navigation* (Abb.) sowie Geschirr in der →*Kombüse.* – 2. Ein →*Beschlag,* der eine →*Rah* festhält und ihre Bewegung zum →*Anbrassen,* →*Aufbrassen* und →*Auftoppen* ermöglicht.

Racon *(engl.)* Aus Silben von →*Radar* und *Beacon* (engl. = →*Bake)* gebildetes Kunstwort für eine →*Radarantwortbake,* früher einfach nur →*Radarbake* genannt.

Radar, (Radarverfahren), das *(radio detection and ranging)* Ein Verfahren der →*Navigation,* zur Vermeidung von →*Kollisionen* und zur Beobachtung der →*Windrichtung,* das die Position von →*Zielen* und Objekten nach Richtung und Entfernung mit Hilfe einer elektrischen Echomethode zu bestimmen erlaubt. Ein R.-Gerät stellt dabei den →*Radarabstand* und die →*Radarpeilung* fest

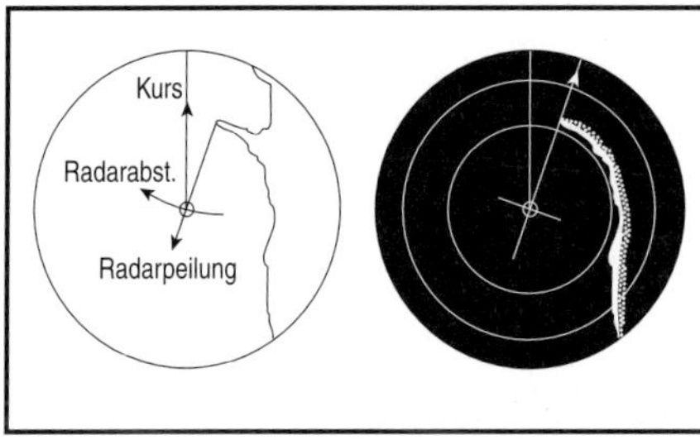

und zeigt die von den Zielen reflektierten elektromagnetischen Wellen auf einer Bildröhre oder einem Radarschirm an. Die Zielentfernung wird aus der Laufzeitmessung des reflektierten Signals bestimmt; bei einem bewegten Objekt ist der →*Dopplereffekt* die Grundlage der Geschwindigkeitsmessung. Radargeräte arbeiten im Bereich einer →*Frequenz* von 3 bis 10 GHz oder mit →*Zentimeterwellen* (10 bis 3 cm). Die genaue Raumposition wird durch ein →*Rundsicht-Radargerät* erfaßt und kann auf einem →*Plotter* aufgezeichnet werden. Die →*Radarnavigation* wird nicht nur von Schiff zu Schiff, sondern auch als Hafen- oder Küsten-R. zur Überwachung der Wasserwege und auch auf größeren →*Yachten* mit besonderen Geräten für die Bedingungen der Sportschiffahrt benutzt.

Radarabstand, der *(radar range)* Die mit Hilfe von →*Radar* ermittelte Entfernung zu einem Objekt, z. B. einer →*Landmarke,* der →*Küste,* einer →*Radarbake,* einem →*Schiff* o. ä. Da die Ausbreitungsgeschwindigkeit der →*elektromagnetischen Wellen* mit 300 000 km/s erfolgt, beträgt die Laufzeit des Radarimpulses bei einer Objektentfernung von 5 sm vom Sender bis zur Anzeige auf dem Radarschirm (einer Braunschen Röhre) nur ca. 0,000062 Sekunden (62 µs).

Radaranlage, die *(radar unit)* Bezeichnung aller technischen Meßeinrichtungen und Geräte, die für das →*Radarverfahren* notwendig sind. Eine R. besteht aus einer →*Radarantenne* (Drehantenne), dem Sender und Empfänger sowie dem Sichtgerät, das die reflektierten Sendeimpulse des umlaufenden Suchstrahls anzeigt.

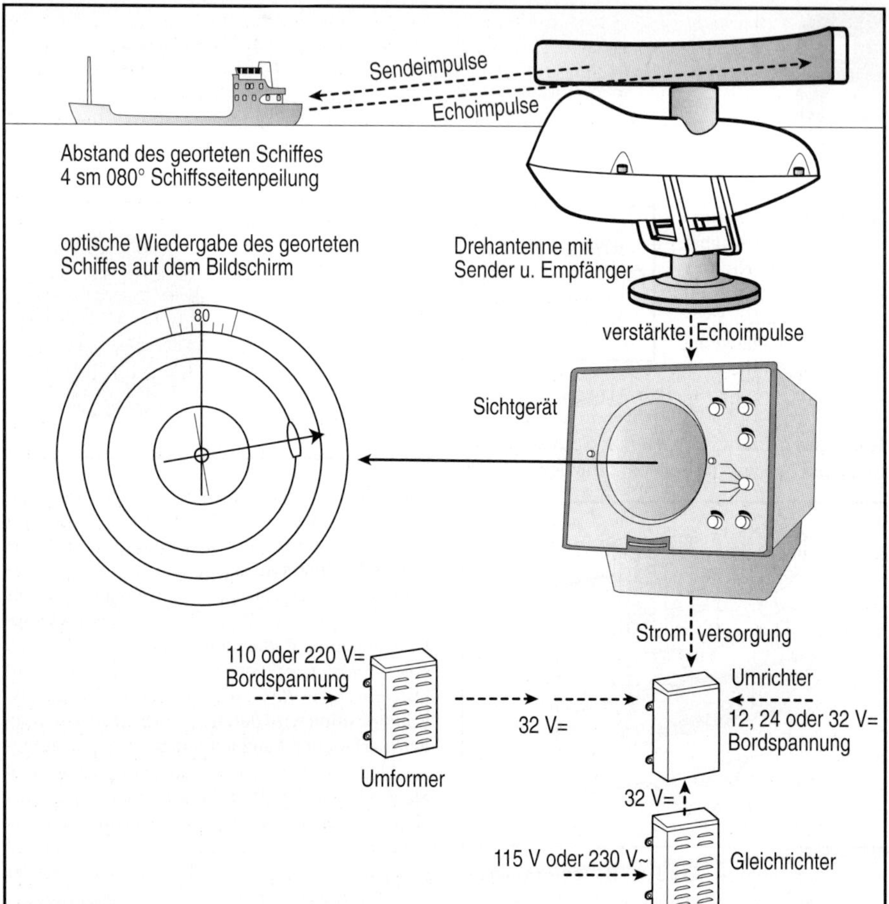

Radaranlage

Radarantenne, die *(radar scanner)* Wesentlicher Bestandteil eines →*Radargerätes,* meistens als kombinierte Sende- und Empfangs-Antenne verwandt. An Bord wird hauptsächlich eine Drehantenne, ein Schlitzstrahler oder ein schalenförmiger Reflektor benutzt.

Radarantwortbake, die *(radar transponder beacon), Abk. Racon.* In der →*Seekarte* als „Racon (D) (10 cm)" verzeichnet, mit dem gesendeten Buchstaben (hier: D) nach dem →*Morse-Alphabet* und der →*Frequenz* (hier: 10-cm-(S)-Band). Sie arbeitet wie eine →*Radarbake.*

Radarbake, die *(radar beacon)* Eine →*Bake* mit besonderen Einrichtungen, um als Hilfsmittel der →*Radarnavigation* insbesondere für Küsten- und Hafenradar zu dienen. Die R. ist mit einer Sende- und Empfangseinrichtung versehen und strahlt ein Signal mit einer →*Kennung* aus, das auf dem Bildschirm als Leuchtspur erscheint, wenn die R. Sendeimpulse einer fremden →*Radaranlage* aufnimmt. Man bezeichnet die R. auch als Abfrage- oder Antwort-Funkfeuer, weil sie nur auf einen bestimmten Sendeimpuls reagiert.

Radardetektor, der *(radar detector)* Kompaktes Frühwarngerät mit einer handlangen Rundantenne, das zuerst durch ein deutliches akustisches Signal und anschließend optisch (mit Leuchtdioden) die Annäherung eines mit →*Radar* ortenden →*Schiffes* und die Richtung seiner →*Peilung* (in dem betreffenden →*Quadranten*) anzeigt. Ein R. kann eingebaut oder als Handgerät benutzt werden und überwacht bei geringem Stromverbrauch (etwa 80–100 mA) Distanzen bis 15 →*Seemeilen,* so daß bei Gefahr einer →*Kollision* eine →*Kursänderung* eingeleitet werden kann.

Radarflagge, die *(radar flag)* Eine als →*Nationale* lieferbare →*Flagge* mit einer nichtmagnetischen Metalleinlage als (Ersatz für einen) →*Radarreflektor.* Die →*Radarreflexionsleistung* der am →*Flaggenstock* nur etwa 2 m über dem Wasser gesetzten R. ist jedoch gering.

Radargerät, das (Radarempfänger, der) *(radar receiver, radar unit)* Für die besonderen Bedingungen der →*Radarnavigation* auf →*Yachten* kann die rotierende →*Radarantenne* nur eine begrenzte Länge erhalten. Sie muß jedoch wenigstens 60 cm lang sein, um eine befriedigende horizontale Bündelung des Radarstrahls von 3,5° zu erreichen. Je länger der rotierende Antennenbalken sein kann, desto leistungsfähiger ist eine →*Radaranlage.* Im Gegensatz zu dem (in Schwarz-Weiß) auf einer Kathodenstrahlröhre dargestellten Bild, das man nur in einem abgedunkelten Raum auswerten kann, verwenden die auf Yachten benutzten →*Tageslichtradargeräte* eine synthetische und farbige Bilddarstellung, bei der die Meßwerte eines Echos zuerst →*digital* gespeichert und dann dem Rasterbild zugeordnet werden. Zur Darstellung dient nicht nur der übliche Bildschirm. Es werden auch moderne Verfahren wie LCD (Liquid Crystal Display = Flüssigkristall-Anzeige) oder TFT (Thin Film Transistor = Dünnschichttriode) eingesetzt. Bei einem Farbradar wird die Intensität der Echos mit einem Farb-Code verstärkt.

Radarhorizont, der *(radar horizon)* Der sich durch die Ausbreitung der Radarstrahlen unter Berücksichtigung der →*Refraktion* oder Strahlenbrechung zur Erdoberfläche hin ergebende →*Horizont.* Radarstrahlen werden stärker zur Erdoberfläche gekrümmt als Lichtstrahlen, weil die Brechung nicht nur durch den mit steigender Höhe abnehmenden Luftdruck erfolgt, sondern auch mit steigender →*Frequenz* abnimmt. Der R. liegt um ca. $^1/_3$ weiter entfernt als der Abstand zum optischen Horizont. Unter normalen Verhältnissen der →*Atmosphäre* ist der R. (in sm) = 2,24 x $\sqrt{h}$, wobei h die Höhe der Radarantenne in m ist.

Radarkarte, die *(radar chart, virtual PPI reflectoscope chart)* Eine →*nautische Hilfskarte,* die alle besonderen Angaben für eine →*Radarnavigation* enthält, z. B. →*Radarbaken,* →*Radarketten,* hohes →*Ufer* und andere, für →*Radar* auffällige →*Landmarken.* Eine R. geht über die Angaben einer normalen →*Seekarte* hinaus und erleichtert die Auswertung eines Radarbildes.

Radarkette, die *(radar chain)* Eine →*Senderkette* an der →*Küste,* am Ufer eines Flusses oder im Hafen, mit der einlaufende Schiffe geortet, weitergeleitet und von einer Zentrale verfolgt und erfaßt werden. Dabei können im →*Sprechfunkdienst* über →*UKW* die →*Radarstandorte* von Land zum Schiff weitergegeben oder Beratungen zur Wahl des →*Kurses* erteilt werden.

Radarnavigation, die *(radar navigation)* Eine besondere Form der →*Navigation,* zu der die Bedienung des →*Radargerätes,* die Auswertung des Radarbildes sowie →*nautische Entscheidungen* nach →*Radarpeilung* und →*Radarabstand* gehören. In der Berufsschiffahrt muß ein →*nautischer Offizier* nach internationalen Bestimmungen als Radarnavigator ausgebildet sein, um ein Schiff auch bei schlechter →*Sicht* sicher mit R. führen zu können.

Radarortung, die *(radar detection, radar location)* Die Feststellung eines →*Standortes* mit →*Radar.* In der Schiffahrt benutzt man eine zweidimensionale R. unter Verwendung von →*Radarantennen,* die in vertikaler Ebene schwach, in horizontaler Ebene jedoch stark gebündelt sind.

Radarpeilung, die *(radar bearing)* Eine →*Peilung,* die mit Hilfe eines →*Radargerätes* gewonnen und als →*Radar-Seitenpeilung* auf dem Bildschirm angezeigt wird.

Radar-Seitenpeilung, die (Abk. **RaSP**) *(relative radar bearing)* Der Winkel zwischen der Vorausanzeige und dem Peilstrahl auf dem Bildschirm des →*Radargerätes.* Es erfolgt eine halbkreisige Zählung (000° bis 180°) mit dem Zusatz →*Steuerbord* (Stb) oder →*Backbord* (Bb).

Radarrakete, die Ein →*Notsignal* für →*Seenot,* vorwiegend in küstenfernen Bereichen, das aus 2 roten Sternen, einem Fallschirm und kleinen →*Radarreflektoren* besteht und eine Unfallstelle nicht nur optisch, sondern auch auf dem Bildschirm eines →*Radargerätes* kenntlich machen soll. Erfassungsweite ca. 8 – 10 sm, Erfassungsdauer ca. 5 bis 10 min, Helligkeit der Sterne ca. 25 000 cd (→*Candela).*

Radarreflektor, der *(radar reflector)* Nach Art eines Tripelspiegels rechtwinklig zusammengesetzte Metallflächen, die allseitig einen Radar-

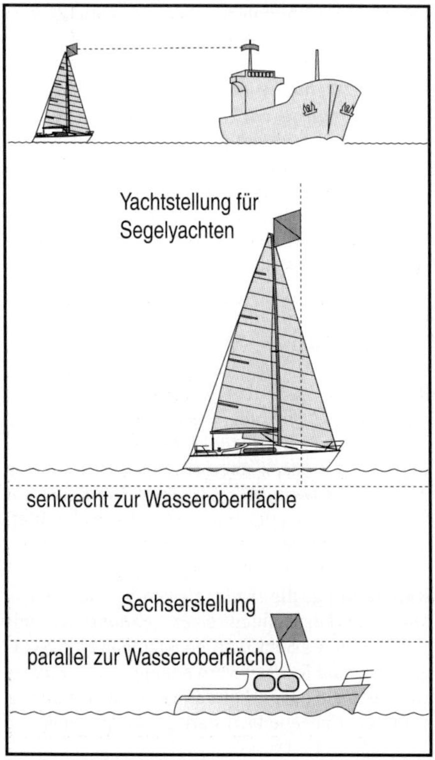

strahl in die Herkunftsrichtung reflektieren und dabei ein auffälliges Zielzeichen auf dem Bildschirm des →*Radargerätes* erzeugen. Nach Richtlinien des →*BSH* für Typenprüfung und Einbau wird ein R. hoch und so starr in einer bestimmten Stellung aufgebaut, daß die Rückstrahlung möglichst groß ist und nicht durch Aufbauten störend beeinflußt werden kann. Insbesondere Boote aus →*GFK* und Holz benötigen einen R., um bei Nacht, in unsichtigem Wetter, in der Nähe eines →*Schiffahrtstracks* und im Falle der →*Seenot* besser geortet werden zu können. Für den Anbau unterscheidet man eine →*Sechserstellung* bei kleinen Booten, Mindesthöhe 2,50 m über der →*Wasserlinie,* bei der 6 Reflexionsecken wirksam sind und für eine gleichmäßige Rundum-Rückstrahlung sorgen. In der →*Yachtstellung* sind je eine Reflexionsecke nach →*voraus* und →*achteraus* mit ausgeprägten Maxima voll wirksam, während die Restreflexion (nach→*querab)* nur der Unterstützung der ohnehin starken Rückstrahlung durch das →*stehende Gut* dient. Neue, vom Handel angebotene R.en, die aus schmalen zylindrischen Kunststoffgehäusen bestehen, in denen z. B. 44 kleine 90°-Aluminium-Winkel in je 50 mm Höhe übereinander und um 45° gedreht angeordnet sind, vergrößern mit ihrem angegebenen →*Radarquerschnitt* von 2 – 4 qm die →*Reflexionsleistung* eines (→*GFK-)*Rumpfes nicht. Wenn sie dazu noch nur dicht unter oder über der →*Saling* gesetzt werden, hängen sie auch für eine Weiterkennung als Radarziel zu tief.

Radarreflexionsleistung, die; Radarreflektorleistung, die *(target performance of a radar)* Die

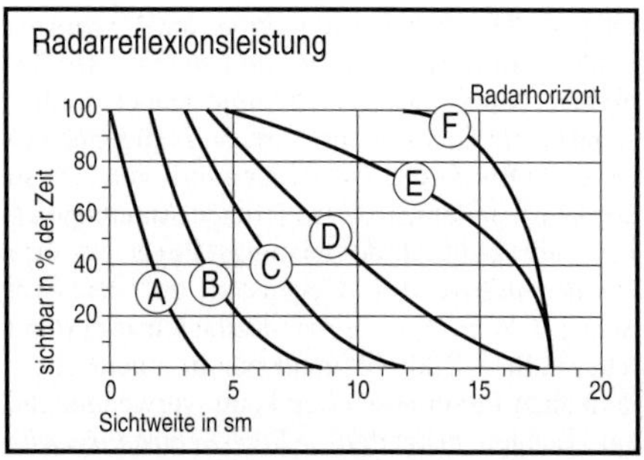

R. ist (neben der Leistung der →*Radaranlage* und der Erfahrung des Radarbeobachters) von der Größe des Radarzieles und der Kantenlänge eines →*Radarreflektors* sowie dessen richtiger →*Yachtstellung* abhängig. Das →*BSH* fordert von Radarreflektoren eine R., die mindestens einem Radarquerschnitt von 40 m² (in allen Richtungen) entspricht. Sie wird nur von Reflektoren von etwa 50 cm Kantenlänge erreicht. Die Abb. zeigt den Sichtbarkeitsbereich (in sm) von unterschiedlichen Zielen auf dem →*Radarschirm* und die tatsächliche Erfassung in Prozenten der Antennenumläufe: A: Segelyacht von 9 m Länge ergibt Radarquerschnitt von 2 m². – B: Radarreflektor, mit 30 cm Kantenlänge entspricht einem Radarziel von 20 m². – C: Stahlyacht, 24 m lang, Radarquerschnitt 80 m². – D: Frachter, 120 m lang, 1000 m². – E: Frachter, 180 m lang, 15000 m². – F: Supertanker, 300 m lang, 20000 m². Das bedeutet, daß ein →*Seekreuzer* ohne Radarreflektor wenn überhaupt, dann erst in 0,5 sm Entfernung von einem Radargerät erfaßt werden, ein kleiner Radarreflektor erst ab 1,5 sm Distanz ein zuverlässiges Ziel bieten und erst ein großer Reflektor die R. erbringen kann, die einer großen Stahlyacht oder einem Fischereifahrzeug entspricht.

Radarreichweite, die *(radar range)* Die Grenze des Bereiches, in dem ein →*Radargerät* bei der →*Radarnavigation* ein Ziel sicher erfassen kann. Die R. ist von Senderleistung und Antennengewinn sowie von den atmosphärischen Einflüssen (→*Nebel,* →*Niederschlag* u. a.) auf den →*Radarhorizont* abhängig.

Radarstandort, der *(radar fix)* Ein →*Standort,* der mit →*Radar* erhalten wird. Er kann mit eigener →*Ortung* oder über eine →*Radarkette* auch von außerhalb ermittelt werden.

Radartransponder (engl.) Ein →*Transponder* (Antwortsender), der beim Empfang eines →*Radarsignals* im 9-GHz-Bereich aktiviert wird. Er sendet dann breitbandig eigene Zeichen im 9-GHz-Radarbereich aus, die im fremden Radarbild als Echoimpulse sichtbar werden, so daß ein (mit →*Radar* im →*Nahbereich* gesuchtes) Schiff, das sich in →*Seenot* befindet oder eine →*Havarie* hat, von anderen Objekten deutlich zu unterscheiden ist. Radartransponder, die als Hand- und Einzelgeräte erhältlich sind, aber auch Bestandteil einer →*EPIRB-Seenotfunkbake* sein können, gehören zur empfohlenen Sicherheits-Ausrüstung von →*Seekreuzern* beim →*Hochseesegeln.*

Radarverfahren, das Siehe →*Radar.*

Radeffekt, der Unter Motor zu beachtende Nebenwirkung des →*Propellers,* durch die das

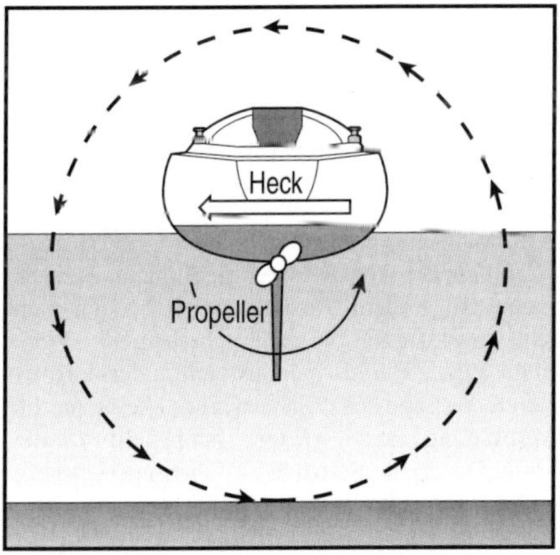

→*Heck* seitlich versetzt wird. Der R. entsteht durch den unterschiedlichen Wasserdruck, den die Propellerflügel bei ihrer Drehung im oberen bzw. unteren Bereich zu überwinden haben und wirkt sich aus, wie wenn der Proppeller dabei als Rad über den Grund laufen oder diesen berühren würde: Bei →*rechtsgängigem* Propeller wird das Heck nach →*Steuerbord* und der →*Bug* nach →*Backbord* gedreht, bei →*linksgängigem* Propeller entsprechend umgekehrt der →*Bug* nach Steuerbord und das Heck nach Backbord. Bei →*Außenbordmotoren* ist der R. durch die (geringfügig veränderte) Position der Propellerwelle weitgehend ausgeglichen, bei Einbaumotoren muß er gegebenenfalls durch leichtes →*Stützruder* beseitigt werden.

Radial Corner Fachausdruck für einen Spinnaker vom verbesserten Typ →*Radial Head.* Durch die radiale Konstruktion der →*Schothörner* ist die Belastbarkeit größer (Abb.).

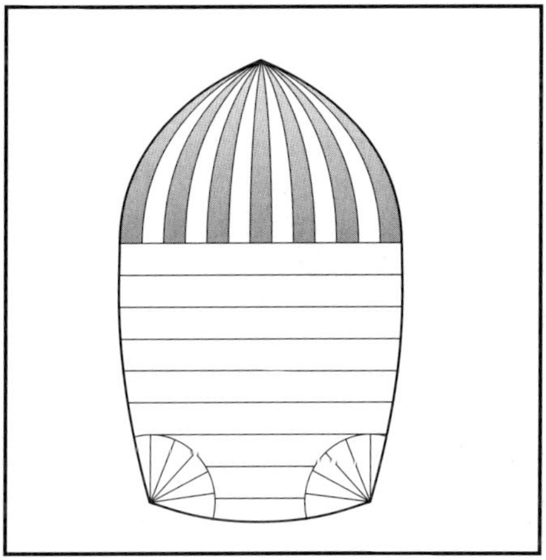

Radial Head Internationales Fachwort für einen →*Spinnaker,* der sich sowohl für →*halben* und

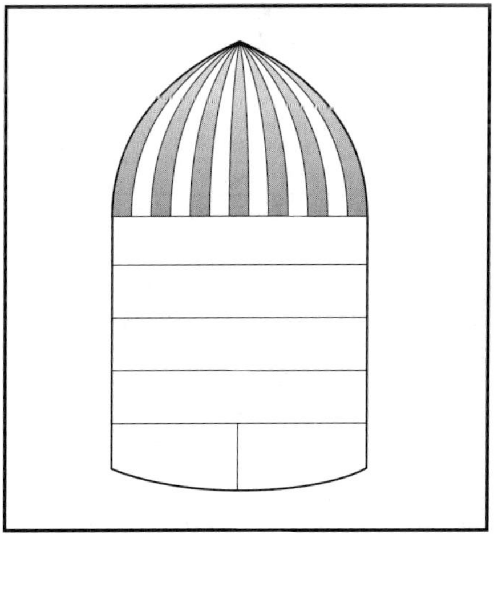

→*raumen Wind* als auch für Kurse →*vor dem Wind* eignet. Kann bis ca. 80° zum →*scheinbaren Wind* gebraucht werden. Merkmale: voller Kopf und maximale Breite in der oberen Hälfte. Durch die Konstruktion mit vertikalen Bahnen am →*Kopf* und horizontalen Bahnen im Rumpfteil besonders stabiler Stand.

Radialschnitt, der *(radial-cut)* Ein Segelschnitt, bei dem die Bahnen des →*Segeltuches* radial vom →*Vorliek* zum →*Schothorn* verlaufen und sich der Winkel zu dem →*Schußfaden* verändert; auch →*Strahlenschnitt* genannt. Mit R. werden auch →*Spinnaker* gefertigt. Siehe auch →*Biradial* und →*Triradial.*

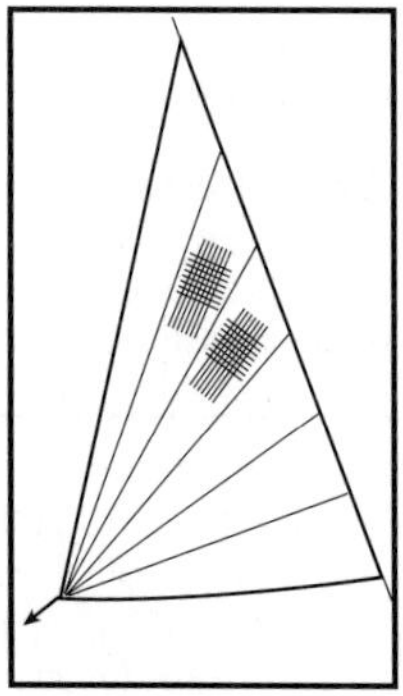

Radiohorizont, der *(radio horizon)* In der →*Funknavigation* der →*Funkhorizont* als Reich- oder Sichtweite eines Empfängers oder Senders gemäß den atmosphärischen Bedingungen. Beispiel für Berechnung bei →*UKW-Reichweite.*

Radiokompaß, der *(automatic direction finder [ADF])* In der →*Funknavigation* eine aus Rahmenantenne, Empfänger und RMI-Funkkompaßanzeiger (Radio Magnetic Indicator) bestehende Peilanlage, die →*Seefunkfeuer,* Rundfunksender im Mittel- und Langwellenbereich und andere ungerichtete →*Funkfeuer* automatisch anpeilt. Auf der Richtungsrose des Anzeigegerätes wird dabei zum Kurs am →*Magnetkompaß* die Anzeige des Funkkompasses gleichzeitig als →*Funkazimut* sichtbar angegeben.

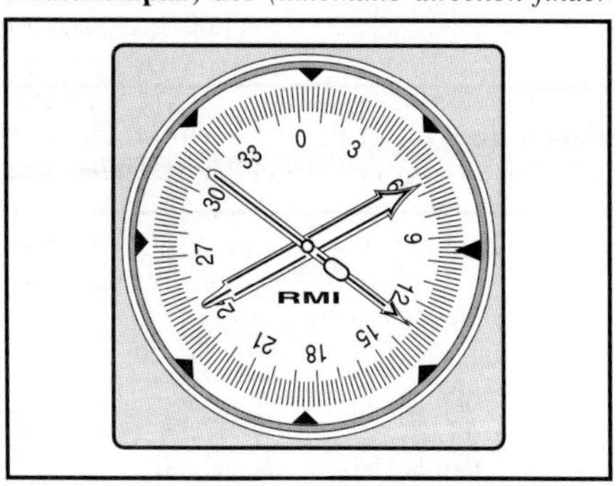

Radionavigation, die *(radio navigation)* Auch →*Funknavigation* genannter Sammelbegriff aller Verfahren zur Schiffsortbestimmung unter Benutzung von Signalen erdfester →*Funkfeuer* und anderer Radiosender.

Radiosextant, der Ein Gerät, das analog zum →*Sextanten* die →*Höhe* eines Gestirns mißt. Es arbeitet jedoch nicht optisch, bei offenem Himmel und klarer →*Kimm,* sondern ortet die elektromagnetische Strahlung hauptsächlich von Sonne und Mond auch bei bedecktem Himmel, so daß eine Ortsbestimmung nach →*astronomischer Navigation* jederzeit, auch bei schlechter →*Sicht,* möglich ist.

Radsteuerung, die *(wheel steering)* Im Gegensatz zur direkten Steuerung eines Bootes über die →*Ruderpinne* eine indirekte, bei der das Ruder über →*Steuerrad,* →*Steuerseile* und einen →*Ruderquadranten* auf dem →*Ruderschaft* bedient wird. Daneben gibt es noch andere mechanische oder hydraulische Steuereinrichtungen. Eine R. ist nur auf größeren Yachten üblich, bei denen die Muskelkraft auch bei einer sehr langen →*Pinne* nicht zum →*Ruderlegen* ausreicht, oder dort, wo durch die Lage des →*Steuerstandes* keine direkte Verbindung zum →*Ruder* hergestellt werden kann. Durch die Seilzüge, →*Taljen* und Umlenkrollen ist eine R. nie so feinfühlig wie eine →*Pinnensteuerung.*

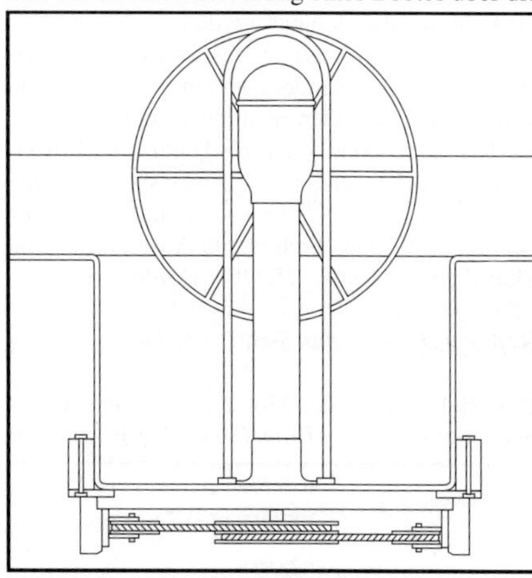

Raffee *(raffee, raffie)* Ein →*Beisegel* auf →*Rahseglern* oder bei Benutzung einer →*Breitfock,* das von den →*Nocken* der Rah bis zum →*Masttopp* gesetzt wurde und die Form eines flachen Dreiecks hatte.

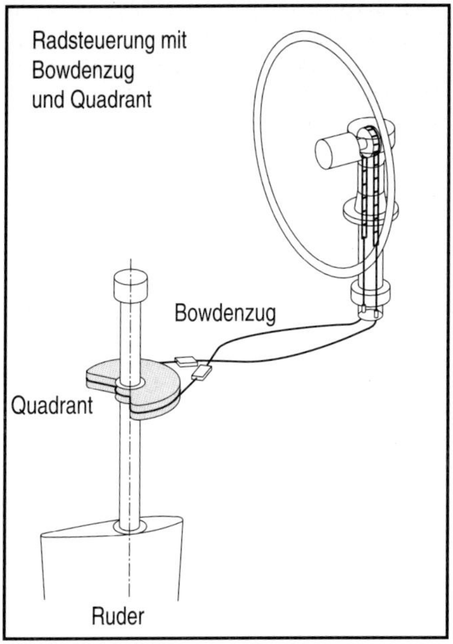

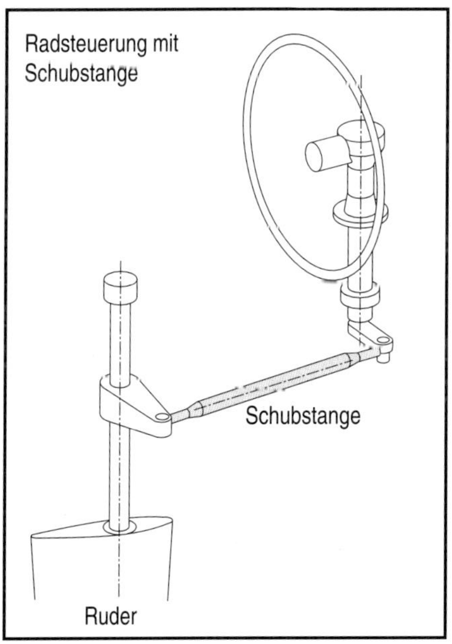

Rah, die *(yard)* Lange, kräftige →*Spiere,* die in der Mitte waagerecht an der Vorkante des →*Mastes* befestigt und seitlich schwenkbar sowie in der Höhe verstellbar auf einem →*Rack* angeschlagen ist. Auf einem →*Rahsegler* hält sie das →*Oberliek* eines →*Rahsegels.* Auf →*Yachten* wurde eine R. in dieser Bedeutung nur für eine →*Breitfock* benutzt, während die auch für →*Luggersegel* und →*Lateinsegel* so genannten „Rahen" diese Bezeichnung nur besitzen, weil sie ebenfalls (mit einem Teil) vor dem Mast geführt werden. Sie sind aber weder in der Mitte befestigt noch waagerecht oder querschiffs angeordnet und müssen als Spieren von →*Schratsegeln* deutlich von →*Rahsegeln* unterschieden werden. Früher auch „Rahe", „Rae" und „Raa" geschrieben.

Rahmenantenne, die *(loop antenna, frame antenna, loop aerial)* Ein auch Ring-, Schleifen-

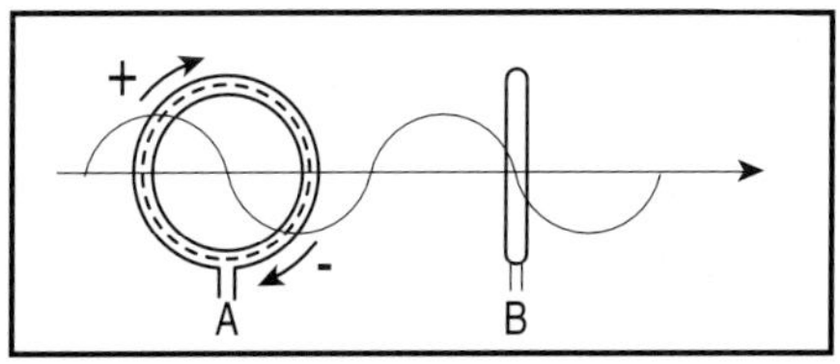

oder Loop-Antenne genannter Drehrahmen, der als Antenne für einen →*Funkpeiler* benutzt wird. Die R. besteht aus einer flachen Spule mit wenigen Windungen, die durch Drehung um ihre vertikale Achse auf das →*Minimum* orientiert wird. Man erhält das Minimum, wenn die Ebene des Rahmens senkrecht zum einfallenden Funkstrahl zeigt und er dabei parallel zu den elektromagnetischen Feldlinien steht (A). B = Maximumstellung.

Rahmenpeilung, die *(loop direction finding)* Bei einer →*Funkpeilung* die Richtungsbestimmung der von einem →*Funkfeuer* gesendeten Signale durch Drehung einer →*Rahmenantenne,* bis im Funkpeiler das →*Minimum* angezeigt wird.

Rahmenspant, der *(web frame)* Ein fester →*Querverband* aus →*Spant* und →*Decksbalken,* der an besonders belasteten Stellen des Bootsrumpfes eingesetzt wird, um die →*Querfestigkeit* zu vergrößern. Er wird hauptsächlich in Höhe des →*Mastes* bzw. des →*Brückendecks* vor der →*Plicht,* d. h. zwischen →*Vorschiff,* →*Mittelschiff* und →*Achterschiff* eingesetzt. Ein R. kann aus Metall oder (beim Bootsbau aus →*GFK*) auch aus →*laminierten* →*Profilen* hergestellt sein.

Rahnock, die *(yard arm)* Die →*Nock,* d. h. das äußere Ende einer →*Rah,* über die z. B. die →*Brassen* geführt werden.

Rahsegel, das *(square sail)* Rechteckiges Segel, das an einer →*Rah* gefahren wird (B). Die obere

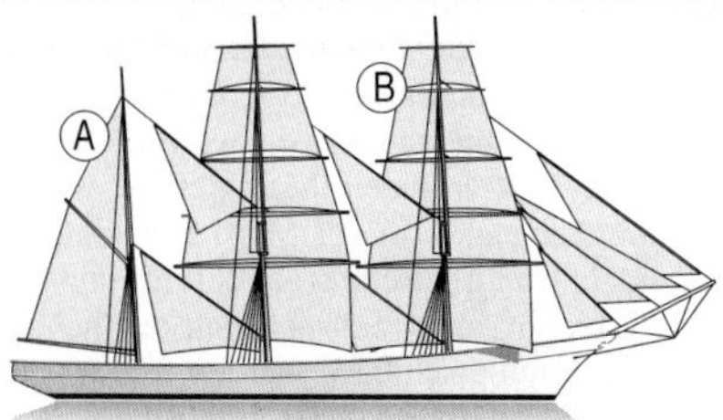

Rahsegel

Kante heißt →*Kopf,* die Seiten →*Lieken* und die Unterkante →*Fuß.* Yachten fahren keine R., außer in der Vergangenheit die →*Breitfock* für langdauernde →*Vorwindkurse* anstelle der heutigen →*Doppelfock.* Neben R. gibt es →*Schratsegel* (A).

Rahsegler, der *(square rigged vessel)* Ein mehrmastiges Segelschiff, das →*Rahen* und →*Rahsegel* führt und dessen Masten daher →*„voll getakelt"* genannt werden, im Gegensatz zu →*Schratsegeln,* z. B. bei der mehrmastigen →*Schunertakelung.*

Rahtakelung, die *(square rig)* Eine →*Takelage*

Rahtakelung

mit →*Rahsegeln* als →*Hauptsegel,* die in der Zeit der Segelschiffahrt benutzt wurde und sich in der prinzipiellen →*Seemannschaft* und →*Segeltechnik* grundlegend von der Handhabung der →*Schratsegel* unterscheidet, die →*Yachten* führen.

Ramme, die *(pile driver)* Mechanische Vorrichtung zum →*Rammen* von Pfählen, zum Eintreiben von Stahlteilen in den →*Grund* beim Bau einer →*Spundwand* o. ä. Es gibt einfache Pfahlrammen, die an Land stehen, und Schwimmrammen für die Arbeit auf dem Wasser.

rammen (Ramming, die) *(1. to run into, to run down, to ram; 2. to drive piles)* 1. Bei einer →*Kollision* in ein anderes Schiff oder Boot hineinlaufen. Mit dem →*Bug* ein anderes Fahrzeug treffen (und zum Sinken bringen). Das R. war im Kampf der Kriegsschiffe in der Frühzeit eine wichtige Waffe; dazu waren sie mit einem Rammbug ausgestattet oder mit einem Rammsteven gebaut. – 2. Das Eintreiben von Pfählen, →*Dalben* o. ä. zum →*Festmachen* des Bootes oder beim Bau einer Brücke in den →*Grund.* Dazu benutzt man eine →*Ramme.*

Rampe, die *(ramp)* Eine schiefe Ebene mit festem Untergrund, z. B. aus Holz oder Stein, die in einem Bootshafen vom Land ins Wasser führt und zum →*Abslippen* und →*Aufslippen* von Booten mit dem →*Trailer,* →*Trolley* oder anderen Typen von Bootswagen dient.

Randtief, das *(secondary depression)* Ein kleineres →*Tief,* das sich mit einer →*Front* um ein größeres Tief bewegt und sich entweder durch steigenden →*Luftdruck* auflöst oder mit fallendem Luftdruck zu einem neuen selbständigen Tief vertiefen kann.

rank *(crank, tender, top-heavy)* Ein Boot, das schnell →*krängt* oder sich schon bei geringem →*Winddruck* weit überlegt, im Gegensatz zu einem →*steifen* Boot. Die Rankheit kann durch die →*Spantform,* geringe →*Anfangsstabilität* (bei schlanken Booten), durch hochliegenden →*Gewichtsschwerpunkt,* durch großes →*Toppgewicht* o. ä. bedingt sein. R. Boote sind unbeliebt, auch wenn sie im Seegang weichere Bewegungen haben; bei →*Seekreuzern* weist ein →*Krängungsversuch* nach, ob ein Boot r. ist.

Rasmus, der *(combing sea)* Bezeichnung einer überkämmenden, harten See, insbesondere wenn sie über das Vorschiff oder das →*Deck* bricht. Wahrscheinlich aus „Erasmus", dem Schutzpatron der Seeleute, entstanden.

Rating, das *(rating)* Der →*Rennwert* einer →*Yacht,* z. B. nach der früheren →*IOR-Formel.* Er wurde im allgemeinen als Längenmaß und in →*Fuß* oder Meter angegeben. Bei der Vermessung nach →*IMS* wird das R. als →*Handicap* angegeben.

Ratschblock, der *(ratchet block)* Bequeme Eindeutschung des englischen Fachausdrucks für einen selbstsperrenden Block, korrekter als

→*Knarrblock* oder →*Block mit Knarre* bezeichnet. Er wird vor allem von →*Rennseglern* und auf →*Jollen* benutzt, weil er →*Schotklemmen* erspart.

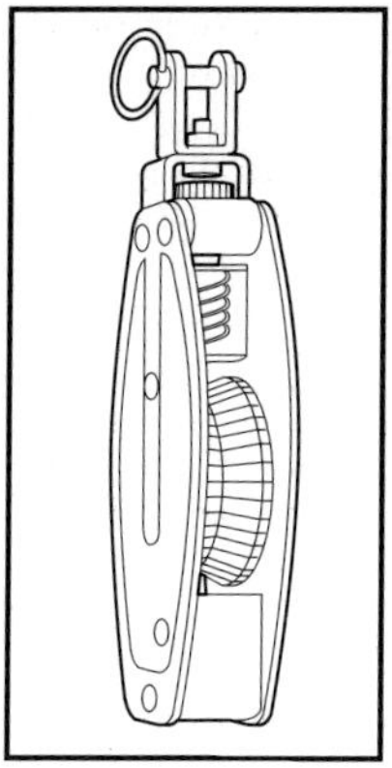

Rauchsignal, das *(smoke distress signal)* Ein schwimmendes →*Notsignal,* das sowohl bei einem →*Mann-über-Bord-Manöver* zur Kennzeichnung der Unfallstelle als auch in →*Seenot* zum Herbeirufen fremder Hilfe geworfen werden kann. Das R. in einem kleinen Behälter, der auch mit →*Rettungsbojen* verbunden sein kann, entwickelt ca. 4 Minuten lang eine kräftige, weithin sichtbare orangefarbige große Rauchwolke.

Raum, der *(searoom, offing [spacel])* Allg. der Bereich, das Gebiet, die Örtlichkeit, z. B. als (freier) →*Seeraum,* gewonnener Luvraum, sicherer Leeraum u. ä. Speziell der Sicherheits- oder Manövrierbereich, den eine Yacht unter besonderen Bedingungen einer (gewünschten oder geforderten) Änderung des →*Kurses,* bei einer gegebenen →*Windrichtung,* beim →*Rennsegeln* und nach den →*Wettfahrtregeln* zum →*Freihalten* beanspruchen darf oder will.

„Raum!" *(hailing for room)* Beim →*Rennsegeln* üblicher Zuruf, um ein anderes Boot auf das eigene →*Wegerecht* aufmerksam zu machen oder den zum →*Runden* oder →*Passieren* eines Hindernisses oder einer →*Bahnmarke* nach den →*WR* notwendigen Manövrierraum von diesem zu erhalten.

raum *(free, large, broad)* Günstig, frei, weit im Sinne von →*Raum:* Der Winkel zwischen →*Kurs* und →*Wind* oder →*Seegang* wird größer, der Wind trifft ein Segel voller, die Schoten können weiter gefiert werden, der Seeraum wird freier. Daher →*raumer Kurs,* →*raumer Wind,* raume Schot (→*raumschots),* →*raume See* u. a., weil man mehr Manövrier- oder Spielraum erhält.

raum-achterlich *(broad reach)* Ein →*Kurs* zum Bordwind, bei dem die →*Schoten* aufgefiert sind, das Segel an der Grenze des →*optimalen Anstellwinkels* steht und der wirksame Segelwind →*ach-*

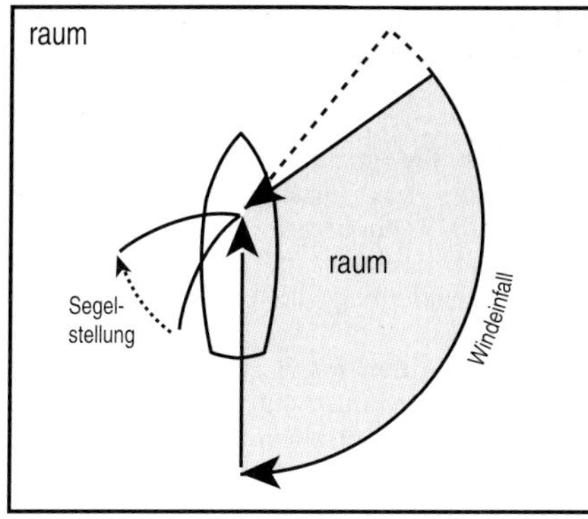

terlicher als →*querab* einkommt. Auf den →*atmosphärischen Wind* bezogen segelt man dabei mit →*Viertelwind.*

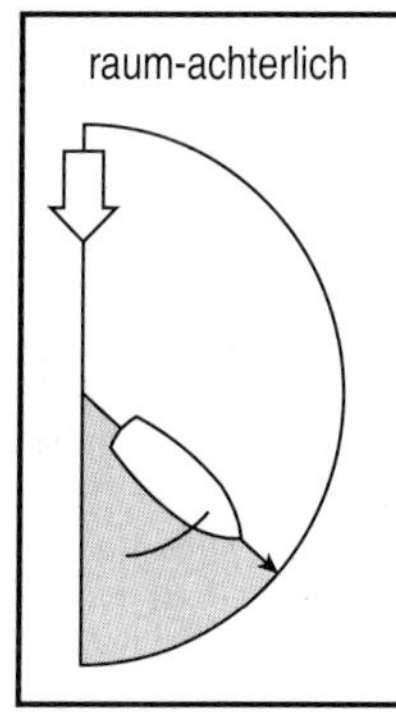

Raumballon, der *(balloon sail for reaching)* Großes Vorsegel für →*raume Kurse* und →*raumen Wind,* bauchiger geschnitten und aus leichterem Tuch als eine →*Genua.* Heute auch →*Reacher* genannt.

raumen (des Windes) *(to veer aft, veering aft, freeing shift)* Eine günstige Winddrehung (bei unverändertem Kurs), wenn der Wind etwas →*achterlicher* einfällt. Das R. kann entweder durch eine Richtungsänderung des relativen →*Bordwindes* (bedingt durch eine →*Bö)* erfolgen und nur von kurzer Dauer sein oder auch eine Richtungsänderung des atmosphärischen oder →*wahren Windes* als Ursache haben. In letzterem Falle bedeutet bei zwei Booten, die auf verschiedenem →*Bug* segeln, das

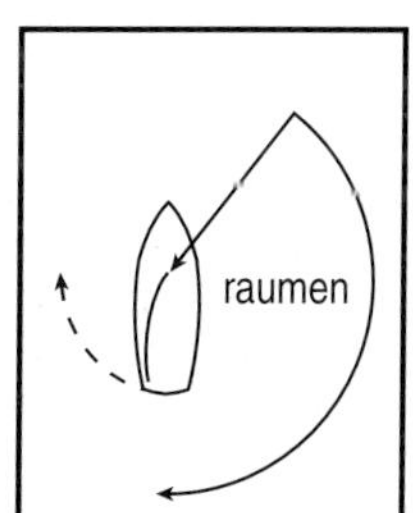

R. für eines von beiden ein →*Schralen* für das andere. Beim R. können die →*Schoten* →*gefiert* werden.

raume See, die *(fair sea, open sea, quartering sea, offing)* Ein günstiger →*Seegang* von (annähernd) →*Dwarssee* bis →*achterlicher See.* Ein offener →*Seeraum* mit großer Wassertiefe und weiter Entfernung zur →*Küste.*

raumer Kurs, der *(reach, course with the wind free, free leg)* Ein →*Kurs* mit →*raumem Wind.* Bei einer →*Wettfahrt* auf einem →*Dreieckskurs* die Strecke von der →*Luvmarke* zur →*Leemarke* über die seitlich dazu ausgelegte →*Raumschots-Marke,* auf der mit dem →*Spinnaker* gefahren und eine →*Jolle* ins →*Gleiten* gebracht werden kann.

raumer Wind, der *(free wind, large wind)* Ein günstiger Wind, der →*raum* einkommt und mit dem man nicht mehr →*am Wind* segelt. Er reicht bis zur Richtung von →*recht achteraus* oder →*vor dem Wind.* Der →*luvwärtige Bereich* wird auch mit →*hartraum* oder →*raum-vorlich,* der →*leewärtige* mit →*raum-achterlich* oder →*Backstagswind* bezeichnet. Bei r. W. kann man →*anluven* und →*abfallen* und mit oder ohne Bedienen der →*Schoten* frei manövrieren. Mit r. W. erreicht man die größte →*Fahrt.*

Raumgehalt, der *(capacity, tonnage)* Das Fassungsvermögen für den Schiffsraum, für die Ladung, für Rettungsboote o. ä. Er wurde früher als Brutto- oder Netto-R. in →*Registertonnen* angegeben. Seit 1991 wird der R. als →*Bruttoraumzahl (BRZ)* ausgedrückt.

raumschots (segeln) *(sailing free, with sheets eased [off])* Ein Boot segelt r., wenn es nicht →*am Wind* läuft und die →*Schoten* (etwas) aufgefiert sind.

Raumschotskurs, der *(reaching)* Ein →*Kurs,* auf dem die Segel für →*raumen Wind* geschotet sind. Dabei kann man mit entsprechendem →*Fieren* (Auffieren) und →*Holen* (Anholen) der →*Schoten* →*abfallen* oder →*anluven.* Zum Sammelbegriff R. gehören die Kurse mit →*raum-vorlichem,* →*raum-seitlichem* und →*raum-achterlichem* Wind und nicht nur ein Kurs mit einer →*Backstagsbrise.*

raum-seitlich *(reaching)* Ein →*raumer Kurs,* auf dem der relative →*Bordwind* ungefähr von →*querab* einfällt. Auf den →*atmosphärischen Wind* bezogen segelt man dabei annähernd mit →*halbem Wind.*

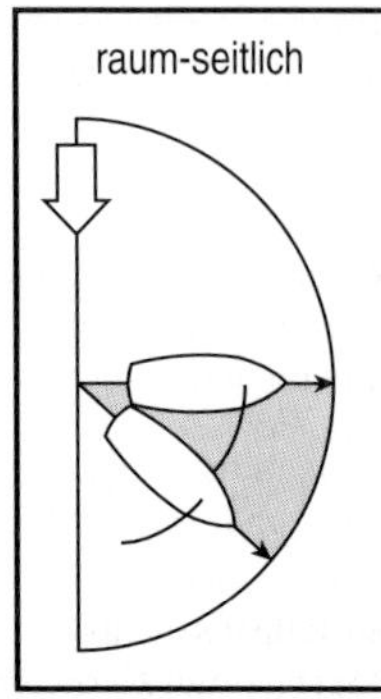

Räumte, die *(1. main sea, open sea, offing; – 2. hold capacity, stowing capacity; – 3. stowage factor, stowage rate)* 1. Aus dem Niederdeutschen „rumte“ = „freies Feld“ entstandene Bezeichnung für die offene See und das von Untiefen freie Meer. – 2. Für die Beladung noch zur Verfügung stehender freier Schiffsraum. – 3. Verhältnis von Schiffsrauminhalt zum Ladegewicht, eine wichtige Stauziffer z. B. in der →*Paketschiffahrt* unter Segeln.

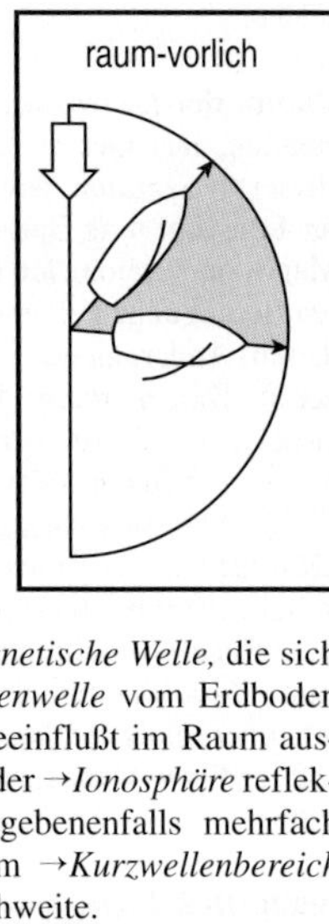

raum-vorlich *(close reach)* Ein auch →*hartraum* genannter Kurs, auf dem man nicht mehr →*aufkreuzt,* sondern mit einem →*Schrick* in den Schoten, gegebenenfalls mit dem →*Raumballon* oder →*Stern-Spinnaker,* ein Ziel ansteuert, das zwar in →*Luv* liegt, aber auf direktem Wege zu erreichen ist.

Raumwelle, die *(sky wave)* Freie →*elektromagnetische Welle,* die sich im Gegensatz zur →*Bodenwelle* vom Erdboden abhebt und von ihm unbeeinflußt im Raum ausbreitet. Eine R. wird von der →*Ionosphäre* reflektiert, kann die Erde gegebenenfalls mehrfach umlaufen und erreicht im →*Kurzwellenbereich* nahezu unbegrenzte Reichweite.

rauschen lassen *(to let go [by the run])* Ein →*Ende* (z. B. im Falle der Gefahr) freigeben und schnell durch einen →*Block,* eine →*Klüse* o. ä. auslaufen lassen. Ein →*Fall* kann auch unbeabsichtigt ausrauschen, wenn man den →*Tampen* nicht belegt hat und ihn das fallende Segel hochzieht.

Reacher, der *(reacher)* Ein →*Beisegel* für leichtes Wetter, das als →*Vorsegel* bei →*Windstärken* 2 bis 4 und auf →*hart-raumen* bis raum-achterlichen Kursen mit einem →*Segeltuchgewicht* von ca. 100 bis 160 g/m² gefahren wird. Ein R. ist praktisch eine vollgeschnittene →*Genua I* mit großer Rundung des →*Unterlieks.*

Rechenbreite, die *(computed latitude)* In der →*astronomischen Navigation* nach der →*Höhenmethode* ein Wert für den →*angenommenen Standort,* mit dem man in die →*H.O.-Tafeln* eingeht. Dazu wird die tatsächlich erreichte →*geographische Breite* auf die nächstgelegene ganzzahlige →*Breite* auf- oder abgerundet, so daß man eine günstige R. erhält. Beispiel: 34° 14,6' N auf 34° N oder 23° 48,3' N auf 24° N.

Rechenlänge, die *(computed longitude)* In der →*astronomischen Navigation* nach der →*Höhenmethode* ein Wert für den →*angenommenen Standort,* mit dem man in die →*H.O.-Tafeln* eingeht. Dazu setzt man die →*gegißte Länge* in Beziehung zum →*Greenwicher Stundenwinkel* des →*Gestirns* und verändert die Minutenwerte so, daß die daraus entstehende R. einen vollen →*Ortsstundenwinkel* ergibt. Beispiel für →*westliche Länge:* Grt = 301° 33,8', →*Länge* am →*Koppelort* 54° 24,5' W. Mit einer auf 54° 33,8' W veränderten R. erhalten wir einen Ortsstundenwinkel von 301° 33,8' minus 54° 33,8' W = ganzzahlig 247°.

recht *(right, true)* Nautisch genau, richtig, gerade, z. B. bei →*recht achteraus,* →*rechtweisend,* →*„recht so!“.*

recht achteraus *(right astern, dead astern, right aft)* Genau in Kielrichtung →*achteraus.*

rechtdrehender (rechtsdrehender) Wind *(the wind is veering)* Änderung der Windrichtung im Uhrzeigersinn, bei einer schnellen Rechtsdrehung auch →*Ausschießen* genannt.

rechte Seite des Fahrwassers *(on the right [hand] of channel)* Nach der →*BinSchStrO* beziehen sich die Begriffe „rechte Seite“ bzw. „linke Seite” des →*Fahrwassers* oder der Fahrrinne auf die Talfahrt.

Rechtsfahrgebot, das *(statute of sailing on the right [hand] [of channel])* Eine Grundregel der →*SeeSchStrO,* nach der ein →*Fahrzeug* innerhalb des →*Fahrwassers* so weit wie möglich rechts fahren muß. Bei einem →*Segelfahrzeug* können hierbei die Verhältnisse von →*Wind,* →*Strom* und →*Seegang* berücksichtigt werden.

rechtsgängig *(right-handed)* Auf die Drehrichtung des →*Propellers* angewandt im Uhrzeigersinn, wenn man von achtern auf die Propellerwelle blickt.

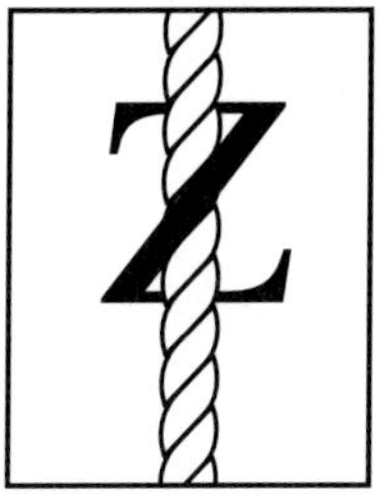

rechtsgeschlagenes Tauwerk, das *(twist rope, right-handed)* Die →*Litzen* als äußerlich sichtbare Bestandteile des →*Endes* verlaufen im Drehsinn des Korkenziehers, bei seitlicher Ansicht von rechts oben nach links unten oder in →*Z-Drehung.* Fertigung von →*Leinen,* die an Bord als →*Fallen* oder →*Festmacher* dienen bzw. nach drei Verseilstufen im →*Trossenschlag* oder →*Wantschlag* gefertigt wurden. Sie müssen beim Aufschießen in Buchten im Uhrzeigersinn gelegt werden.

„Recht so!“ *(steady! steady as she goes!, steady as you go!)* Ein →*Ruderkommando,* um z. B. nach einer →*Kursänderung* oder Drehung den im Augenblick dieses Kommandos anliegenden Kurs zu halten oder zu steuern.

recht voraus *(right ahead, dead ahead)* Genau in →*Kielrichtung* oder in →*Kursrichtung* →*voraus.*

Rechtvorausrichtung, die; Abk. **rv** *(heading, dead ahead)* Genormter Begriff der →*Navigation* als in die Horizontalebene projizierte, nach vorn orientierte Richtung der Fahrzeug-Längsachse, analog zu →*recht voraus.*

rechtweisend *(true, true heading)* Auf das Koordinatensystem der Erde (→*rechtweisend Nord)* bezogene Angaben, die „richtig“ im Sinne der →*Navigation* sind und z. B. im Gegensatz zu →*mißweisend* stehen.

rechtweisende Peilung, die; Abk. **rwP** *(true bearing)* Die auf die →*rechtweisende* Richtung bezogene und als Winkel zu →*rechtweisend Nord* angegebene →*Peilung* zu einem Objekt.

rechtweisender Kurs Abk. **rwK** *(true course)* Der auf die →*rechtweisende* Richtung bezogene und als Winkel zu →*rechtweisend Nord* angegebene →*Kurs.*

rechtweisend Nord; Abk. **rwN** *(true north)* Die auf den →*geographischen Nordpol* bezogene

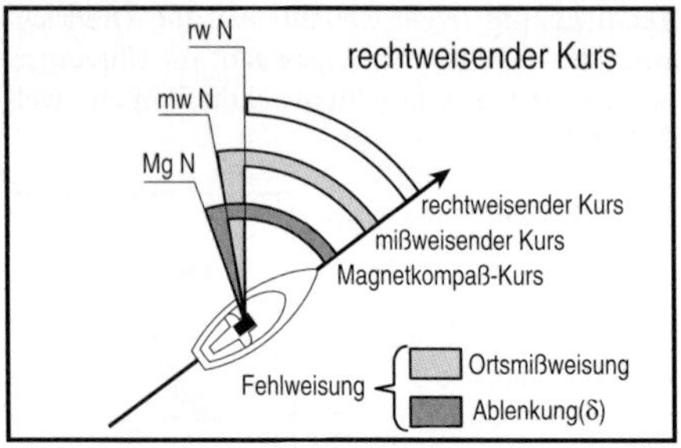

Richtung, nach der die →*Seekarte* ausgerichtet ist.

Reck, der *(strain, stretching)* Die Ausdehnung ohne Bruch, z. B. einer →*Trosse,* von →*Drahttauwerk,* von →*Segeltuch* o. ä. Bei der Abmessung von →*Stagen* und →*Wanten* muß dieser R. berücksichtigt werden; Segel und Leinen aus →*Chemiefasern* sind elastisch; sie recken sich zwar, aber kehren wieder in ihre Ausgangslage zurück.

Reckbelastung, die *(tensil strain)* Die Belastung, die z. B. eine →*Leine* und/oder ein →*Segel* erhalten kann, ohne zu reißen oder seine Form bzw. →*Wölbung* zu verlieren.

„Ree (Rhe)!" *(„lee O!")* Das zu einem einzigen kennzeichnenden Laut zusammengezogene Kommando „Ruderpinne nach Lee!", das auf größeren →*Yachten* und →*Segelschiffen* der →*Schiffer* sowohl für den →*Rudergänger* als auch für die →*Crew* gilt. Auf einer →*Jolle* oder einem →*Seekreuzer* erteilt es der Rudergänger selbst, wenn das Boot nach dem Kommando *„Klar zum Wenden!"* andreht und die →*Fockschot* losgeworfen werden soll, damit das dann →*luvgierig* werdende Boot schneller und sicherer →*über Stag geht.*

Reede, die *(roadstead, road[s])* Im ursprünglichen Wortsinn ein geschützter →*Ankerplatz* vor einem →*Hafen,* an dem Schiffe →*segelklar* gemacht werden und auf günstigen →*Wind* warten können. Heutzutage auch Ankerplatz zum →*Löschen* vor der →*Küste* mittels →*Leichter* und Warteplatz für das Entladen an einem freien →*Kai* im Hafen. Gemäß →*Seeschiffahrtsstraßen-Ordnung* sind die zu einer R. gehörenden Wasserflächen durch →*Reedetonnen* begrenzt oder von den Schiffahrtspolizeibehörden bekanntgemacht worden. Ein **Schiff auf Reede** *(roadster)* kann anstelle seines →*Ankers* auch zum →*Festmachen,* wenn vorhanden, entsprechende →*Bojen,* →*Tonnen* oder →*Dalben* benutzen. In allen Fällen heißt dies **auf Reede liegen** *(to lie in the roads).* Eine durch eine →*Huk,* eine →*Nehrung* oder einen →*Wellenbrecher* geschützte R. wird **geschlossene Reede** *(enclosed roadstead, shut anchorage),* eine dem →*Seegang* ungehindert ausgesetzte R. wird **offene Reede** *(open roadstead, open anchorage)* genannt. Neben einer **allgemeinen Reede** gibt es durch entsprechende →*Reedetonnen* besonders gekennzeichnete **Reeden für →*Fahrzeuge,* die unter →*Quarantäne* stehen,** und andere, die gefährliche Güter befördern. Sinngemäß ist eine →*Yachtreede* eine abseits eines →*Fahrwassers* oder in Hafennähe gelegene geschützte Wasserfläche, auf der →*Yachten* →*ankern* oder an →*Bojen* oder →*Dalben* festmachen können. Nach der →*SeeSchStrO* müssen sie dort (bei weniger als 12 m →*Länge)* weder →*Ankerball* noch →*Ankerlicht* setzen.

Reederei, die *(shipping company, ship owners)* Nach dem Handelsrecht eine Gesellschaft zum gewerbsmäßigen Transport von Personen und Gütern mit See- und Binnenschiffen. Da eine R. als AG, KG, OHG, GmbH o. ä. arbeiten kann, ist jeder Eigentümer an einem Schiff ein Reeder. Bei einer Partenreederei sind die Anteile an der R. in entsprechende Eigentumsanteile unterteilt.

Reedetonne, die *(roadstead buoy)* Nach der →*Seeschiffahrtsstraßen-Ordnung* eine gelbe →*Faßtonne* oder →*Leuchttonne,* die einen zum →*Ankern* bestimmten Teil der Wasserfläche, der aus der →*Seekarte* ersichtlich oder von den Schiffahrtspolizeibehörden bekanntgegeben ist, begrenzt. Für eine allgemeine →*Reede* trägt jede R. den (abgekürzten) Namen der Reede und gegebenenfalls eine Nummer. Eine R. mit einem großen schwarzen „P" kennzeichnet eine Reede für →*Fahrzeuge* mit gefährlichen Gütern, eine R. mit dem Buchstaben „Q" den Platz für Fahrzeuge, die unter →*Quarantäne* stehen. Eine →*Festmachetonne* auf einer Reede hat eine beliebige Form, aber ebenfalls gelben Farbanstrich. Sie trägt die Beschriftung „Festm." und wird auch als R. bezeichnet.

Reep, das *(rope)* Niederdeutsches Wort für Seil, im weitesten Sinne und nicht nur für →*Tauwerk* an Bord. Insbesondere für →*Enden* abgepaßter Längen und bestimmter Verwendung benutzt, z. B. als →*Taljereep,* →*Bojenreep* oder →*Smeer-*

reep und in Wortverbindungen wie →*Fallreep,* →*Reepschläger* oder →*Reeperbahn.*

Reeperbahn, die *(rope walk, rope yard)* Der langgestreckte Arbeitsplatz des →*Reepschlägers,* noch heute als Straßennamen in norddeutschen Hafenstädten erhalten.

Reepschläger, der *(rope maker, rope layer)* Früher der Seiler, ein Handwerker, der das →*Reep* anfertigte und z. B. im →*Kabelschlag* von →*Garnen* über →*Kardeele* zu →*Trossen* schlug. Sein Arbeitsplatz war die Reeperbahn.

Reff, Reef, das *(reef, reef band)* Der Teil des →*Segels,* der zum →*Reffen* eingerichtet ist oder die Art des R., auch →*Reffeinrichtung* genannt. Ursprünglich sprach man vom ersten oder zweiten R., entsprechend der unteren oder oberen →*Reffleiste,* bis zu der das Segel beim →*Reffen* zum →*Baum* →*gefiert* und mit →*Reffbändseln* eingebunden wurde; sinngemäß wird bei einem →*Patentreff* oder →*Rollreff* jede Umdrehung des Baumes oder jeder Ring als ein R. bezeichnet, wenn man von „mehreren Reffs" spricht.

Reffbändsel, das *(reef earing, reef point)* Ein in einem →*Reffgatchen* befestigtes, etwa handlanges →*Bändsel,* das zum Reffen eines →*Bindereffs* dient. R. sind dazu in Reihen parallel zum →*Unterliek* mit armlangen Abständen voneinander angeordnet. Sie können auch durch eine (durchlaufende) →*Reffleine* ersetzt werden.

Reffeinrichtung, die – Reffer, der *(reefing gear)* Arten und Vorrichtungen zum →*Reffen.* Nach dem Prinzip unterscheidet man ein →*Bindereff,* →*Rollreff* (auch bei der →*Rollfock)* und →*Smeerreep,* nach den mechanischen Vorrichtungen ein →*Patentreff,* →*Drehreff,* →*Schneckenreff,* →*Federreff* u. a.

reffen, reefen *(to reef, to shorten sail)* Zeitweiliges Verkleinern der Segelfläche, hauptsächlich des →*Großsegels,* bei wachsender →*Windgeschwindigkeit.* Um die gefährliche Arbeit des R. an →*Deck* zu vereinfachen und die Arbeitszeit zu verkürzen, wurden zunehmend moderne →*Reffeinrichtungen* entwickelt. Dabei wird das Kürzen der Segelfläche entweder durch Zusammenraffen der unteren, nicht mehr benutzten Teile oder →*Bahnen* und deren Sicherung durch →*Reffbändsel,* durch ihr Umwickeln um →*Baum* oder →*Stag* oder auf andere Art vorgenommen.

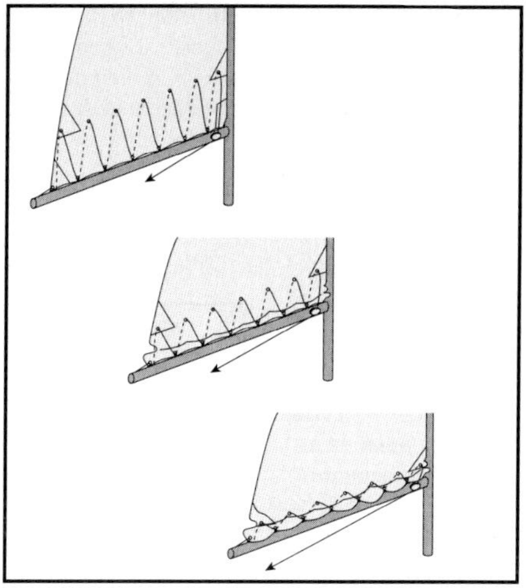

Reffgatchen, das *(grommet of a reef band, eylet of a reef band)* Ein →*Gatchen* in der →*Reffleiste,* durch das bei einem →*Bindereff* ein →*Reffbändsel* oder die →*Reffleine* gezogen wird.

Reff-Genua, die *(furling and reefing genoa)* Siehe →*Rollreff-Genua.*

Reffgrenze, die *(limit or limitation of sail area)* Beim →*Segeln* die Situation, wenn bei zuneh-

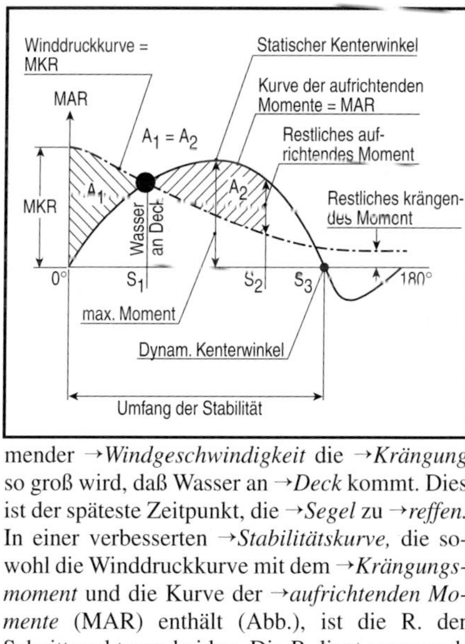

mender →*Windgeschwindigkeit* die →*Krängung* so groß wird, daß Wasser an →*Deck* kommt. Dies ist der späteste Zeitpunkt, die →*Segel* zu →*reffen.* In einer verbesserten →*Stabilitätskurve,* die sowohl die Winddruckkurve mit dem →*Krängungsmoment* und die Kurve der →*aufrichtenden Momente* (MAR) enthält (Abb.), ist die R. der Schnittpunkt von beiden. Die R. liegt zwar noch vor dem Maximum der aufrichtenden Momente, das aber gleichzeitig den statischen →*Kenterwinkel* darstellt. Dieser kann jedoch z. B. beim Einfallen einer →*Bö* oder beim →*Überholen* im Seegang ganz plötzlich erreicht werden und dann bei nicht ausreichend gereffter Segelfläche zum →*Kentern* auch eines →*Seekreuzers* führen.

Reff-Großsegel, das *(furling and reefing mainsail)* Siehe →*Rollreff-Großsegel.*

Reffhaken, der *(reefing hook)* Kleiner →*Beschlag* entlang des →*Großbaumes,* an dem eine →*Reffleine* beim →*Reffen* mit einem →*Bindereff* schnell befestigt werden kann.

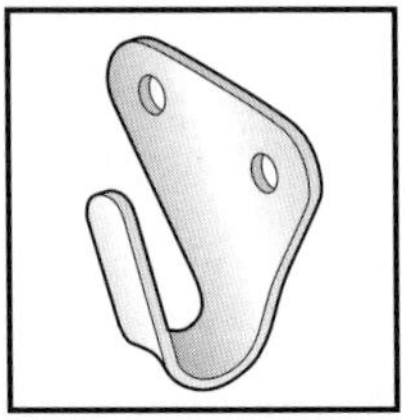

Reffkausch, die *(cringle, reef cringle)* Eine →*Rundkausch* am →*Vorliek* und →*Achterliek,* durch die eine →*Refftalje* oder (bei einem →*Smeerreep)* ein →*Reffstander* führen, um das Segel beim →*Reffen* niederholen zu können. Auf alten und großen Segeln bestand die R. aus →*Pockholz.*

Reffknoten, der *(reef knot)* Ein sicherer, aber leicht lösbarer →*Knoten,* mit dem die →*Reffbändsel* bei einem →*Bindereff* unter dem →*Baum* oder unter dem →*Unterliek* miteinander verbunden werden, um ein →*Reff* zu halten. Hauptsächlich benutzt man dazu einen →*Kreuzknoten,* gegebenenfalls mit →*Slipstek.*

Reffleine, die *(1. reefing line, reefing cord; 2. furling line)* 1. Eine →*Marlleine,* die zum →*Reffen* eines →*Bindereffs* durch die →*Reffgatchen* gezogen und um den →*Großbaum* genommen wird, wenn das Segel keine →*Reffbändsel* besitzt. Beim →*Hakenreff* besteht sie aus elastischem (Gummi-) Material, ist ständig vom →*Vorliek* zum →*Achterliek* durch die Reffgatchen gesteckt und wird dann nur seitlich an den Baum gehakt. – 2. Die Leine in der →*Refftrommel* einer →*Rollreffanlage* (Abb.). Sie verläuft vom →*Hals* eines →*Rollreffsegels* durch kleine Führungsrollen entlang der →*Fußreling* bis in die →*Plicht,* spult sich beim →*Setzen* (Ausrollen) des Segels selbsttätig auf und bewirkt beim →*Holen* und dem damit verbundenen Abspulen von der Refftrommel das Aufwickeln des Segeltuches. – 3. Beim →*Smeerreep* ist je eine R. an →*Vorliek* und →*Achterliek* befestigt, während im →*Einleinen-Reffsystem* nur eine einzige R. benutzt wird.

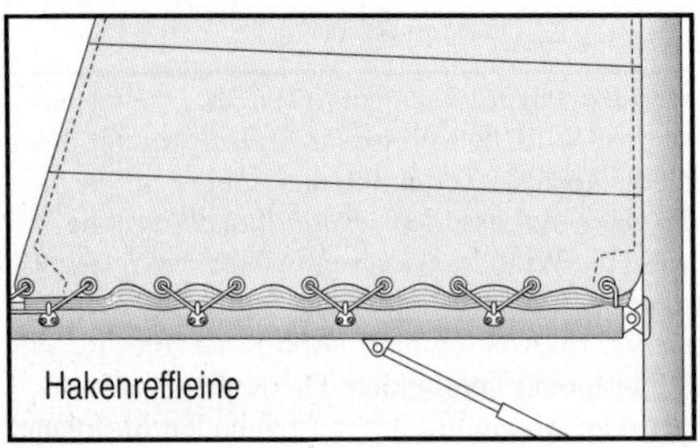

Hakenreffleine

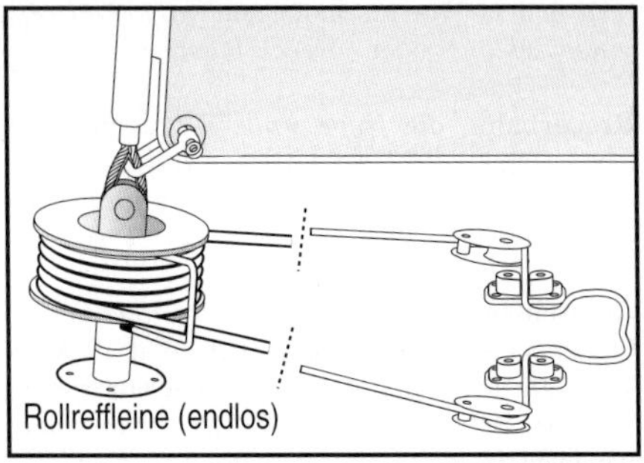

Rollreffleine (endlos)

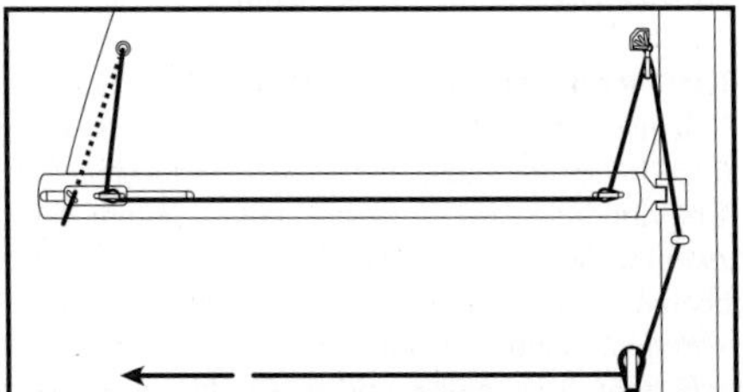

Einleinen-Reffsystem

Reffleiste, die *(reef band)* Die bei einem →*Großsegel* parallel zum →*Baum,* bei einer →*Fock* zum →*Unterliek* verlaufende, mit →*Dopplungen* gefertigte und mit →*Reffgatchen* versehene bzw. mit →*Reffbändseln* benähte Bahn, bis zu der das Segel beim →*Reffen* gefiert oder durch die die →*Reffleine* gezogen wird, wenn die R. als neues →*Unterliek* des gerefften →*Segels* dient.

Reffmöglichkeiten für Segel *(principles of reefing of sails)* Im Zeitalter der →*Rahsegler* verkleinerte man die Segelfläche waagerecht und

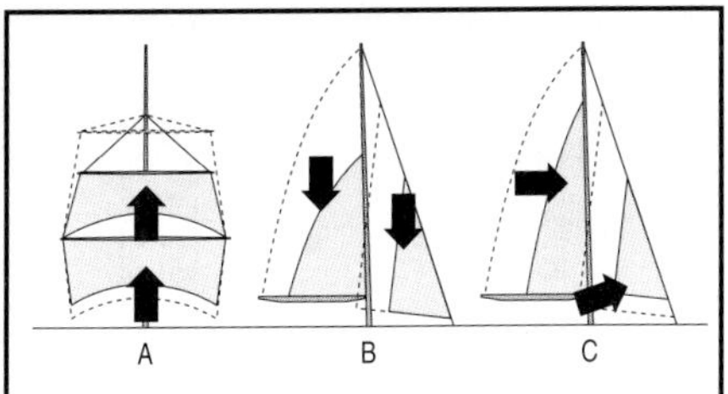

Reffmöglichkeiten

nach oben, indem man ein →*Rahsegel* →*aufgeite* und entlang der →*Rah* festmachte (Abb. A). Mit der Einführung der →*Schratsegel* reffte man die Segel (→*Großsegel* wie →*Vorsegel)* ebenfalls waagerecht, aber nach unten (B), in Richtung zum Unterliek, zuerst z. B. mit →*Bindereff,* dann mit →*Drehreff* oder →*Patentreff* und mit anderen Systemen. Die neuzeitliche Entwicklung der →*Rollreffanlagen* führte zum Reffen in Richtung zum →*Vorliek* (C), wo das Segel (stufenlos) um sein →*Vorstag* gerollt oder gewickelt und dabei gleichzeitig geborgen werden kann. In diesem Zusammenhang darf man ein →*Rollreff* (mit dem „Aufwickeln" um das Vorstag) nicht mit einem →*Drehreff* (mit dem „Aufwickeln" um den Großbaum) weder sprachlich noch technologisch verwechseln.

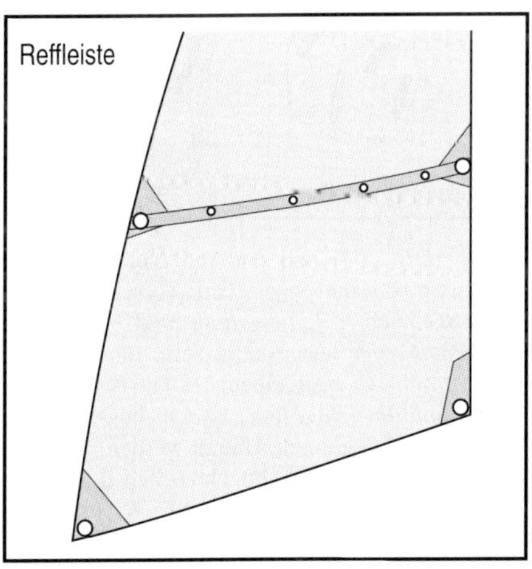

Reffschlauch, der *(reefing sleeve)* Um gegebenenfalls die Fläche eines →*fliegend* gesetzten →*Vorsegels* wie →*Spinnaker* oder →*Blister* zu verkleinern, kann man deren →*Bergeschlauch* auch als R. benutzen, indem man nur den oberen Teil des Segels abdeckt und wie in eine →*Schlauchpersenning* einrollt.

Reffstander, der *(reefing line)* Die von einer Seite des →*Baumes* durch die →*Reffkausch* zur anderen Seite geschorene kräftige Leine, z. B. bei einem →*Smeerreep,* mit der man das →*Achterliek* (und sinngemäß das →*Vorliek)* beim →*Reffen* niederholt. Der R. hält die hauptsächliche Belastung, während die →*Reffbändsel* nur das zusammengefaltete Segeltuch eines →*Reffs* gegen →*Auswehen* schützen. Zugwinkel für eine Talje ca. 45°.

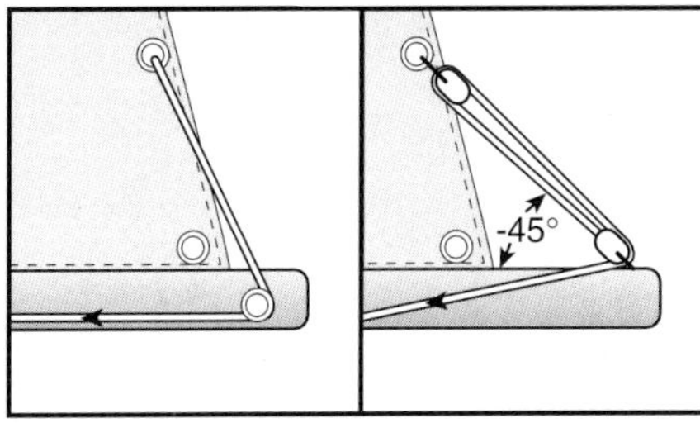

Refftalje, die *(reef tackle, reefing tackle)* Bei einem →*Bindereff* eine anstelle des →*Reffstanders* benutzte Talje, um (je nach Methode des →*Reffens)* die →*Baumnock* bis zur →*Reffkausch* im →*Achterliek* anzuholen oder das Segel entsprechend niederzuholen. Teilweise auch in Verbindung mit einem →*Smeerreep* nur am Baum entlang geführt.

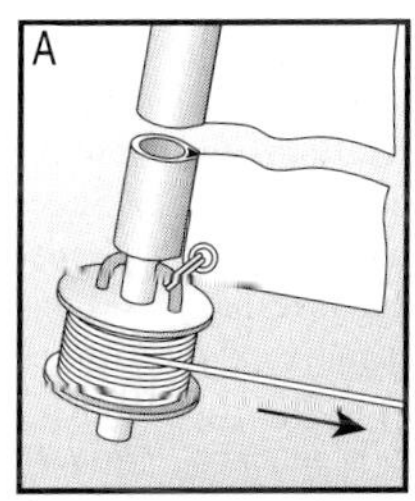

Refftrommel, die *(furling drum)* Eine starr mit dem →*Profilstag* oder dem übergezogenen Profilrohr einer →*Rollreffanlage* verbundene, unter der Zugbelastung des →*Vorstags* arbeitende und kugelgelagerte Tautrommel aus →*Edelstahl* oder (Delrin-)Kunststoff, die beim →*Setzen* eines →*Rollsegels* die →*Reffleine* aufnehmen kann und beim Einrollen oder →*Reffen* wieder abrollen läßt (Abb. A). Die Muskelkraft, die zum Durchholen der Reffleine und zum Drehen der R. notwendig ist, hängt neben der Segelgröße vom Verhältnis Profilquerschnitt zu Trommeldurchmesser ab (Abb. B). Mit einem kleinen (inneren als auch äußeren) Durchmesser der Rolle (B, 1) lassen sich nur kleine Segelflächen sicher aufrollen, mit einem größeren auch große Segel (B, 2). Bei einem Kraftarm der bis zum Außenrand der

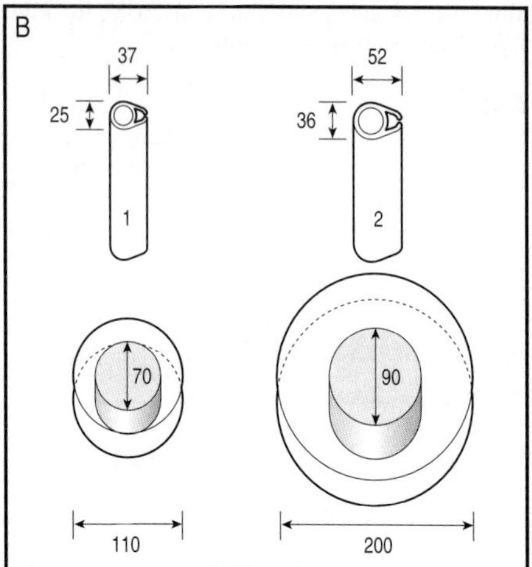

Refftrommel

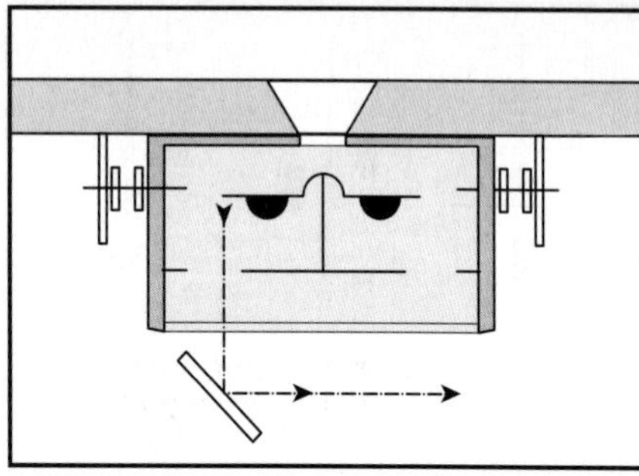

Trommel B 2 reichenden Reffleine (200 mm : 2) von 100 mm zum Lastarm des (nackten) Profilstags (52 mm : 2) von 26 mm zu Beginn des →*Reffens* kann man dabei vorteilhaft mit einem Untersetzungsverhältnis von ca. 4 : 1 arbeiten, um

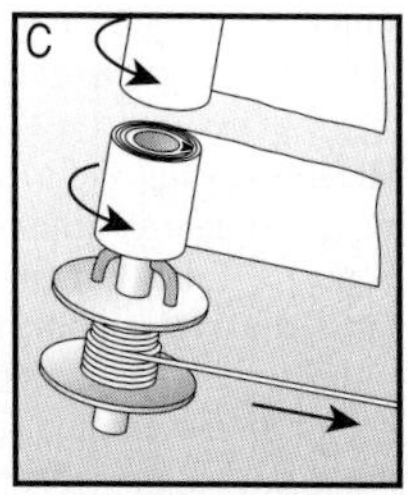

die Belastung der gesamten Segelfläche zu überwinden. Bei halb aufgerolltem Segel und somit halb abgerollter Leine (Abb. C) wird sich das Verhältnis zwar auf z. B. 80 mm Lastarm und 40 mm Kraftarm und somit 2 : 1 reduzieren. Da aber zum Schluß weniger Segelfläche eingerollt werden muß, ist trotz dieses ungünstigeren Untersetzungsverhältnisses nicht mehr, sondern zunehmend weniger Muskelkraft zum Holen der Reffleine nötig. Dennoch ist zum Bedienen einer R. z. B. an einer →*Rollreff-Genua* eine →*Winsch* unverzichtbar. Eine R. wird auch bei einem →*Rollreff-Großsegel* benutzt. Wenn sie hier durch eine Spindel mit ca. 20 Windungen ersetzt ist, besteht vom Beginn des Einrollens an ein ungünstiges Verhältnis Lastarm : Kraftarm von ca. 1 : 1, und es muß dann ein Mehrfaches an Kraft (mit Hilfe einer leistungsstarken Winde) gegenüber einer Trommel aufgewendet werden, um das gleichgroße Segel zu verkleinern.

Reflexionskompaß, der *(reflector binnacle)* Ein größerer →*Steuerkompaß,* der dem Rudergänger in der →*Plicht* das normale Bild der →*Kompaßrose* bietet und auch unter dem →*Kajütdach* in Projektion oder Reflexion abgelesen werden kann.

Reflexionsfläche, reflektierende Oberfläche, die *(reflective area, reflector)* Mit einer R. müssen

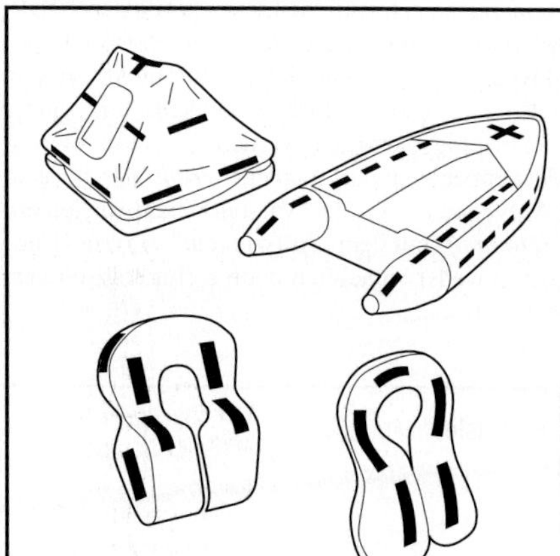
Reflexionsmaterial

nach →*DIN 396* und anderen Normen →*Rettungswesten* und nach den Vorschriften der →*SeeBG* auch →*Rettungsflöße* und →*Rettungsschwimmkörper* ausgestattet sein, damit Besatzungsmitglieder nach einem →*Über-Bord-Unfall* und →*Schiffbrüchige* bei →*Nacht* besser aufgefunden werden können. Hierzu werden →*Signalfolien* mit speziellen lichttechnischen Baustoffen auf die Oberflächen geklebt. Mit R. sind auch →*Tonnen* im →*Fahrwasser* versehen. Ihre r. O. wird dazu durch einen entsprechenden →*Anstrich* erzeugt.

Refraktion, die *(refraction)* In der →*astronomischen Navigation* die zu beachtende →*Strahlenbrechung,* mit der die aus dem Weltall kommenden Lichtstrahlen durch die Lufthülle über der Er-

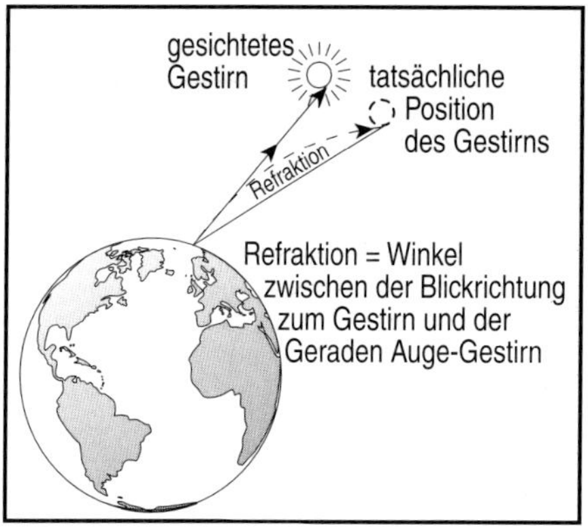

de abgelenkt werden. Dabei erfährt der Lichtstrahl beim Durchgang durch die Atmosphäre eine Krümmung, so daß ein Beobachter ein Gestirn höher sieht, als es in Wirklichkeit über dem →*Horizont* steht. Die R. ist auch von der →*Lufttemperatur,* der →*Luftfeuchtigkeit* und dem →*Luftdruck* abhängig. Sie ist unbedeutend, wenn ein Gestirn im →*Zenit* steht und nimmt in Richtung auf den →*Horizont* zu, in dessen Nähe sie einen hohen Wert von über 30' erreichen kann. Die R. muß daher als Korrektur bei der gemessenen →*Höhe* eines Gestirns beachtet und aus den →*Nautischen Tafeln* entnommen werden.

Regatta, die *(regatta [race])* Wettfahrtreihe, die aus mehreren →*Rennen* oder →*Wettfahrten* besteht. Sinngemäß spricht man von einer →*Regattabahn,* einem →*Regattapreis,* der →*Regattataktik* u. a.

Regattabahn, die – Regattakurs, der *(race course, racing course)* Der durch →*Bahnmarken*

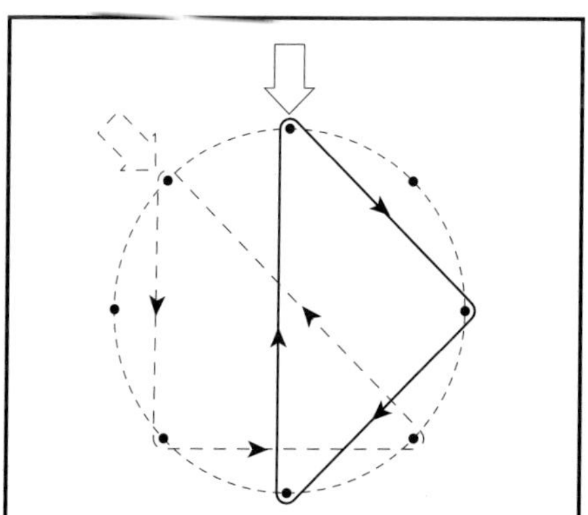

gekennzeichnete Kurs für eine →*Regatta.* Bei einem →*olympischen Kurs* besteht die R. aus einem →*Dreieckskurs* mit drei →*Kreuzkursen,* einem →*Raumschotskurs* und einem →*Vorwindkurs.* Bei einer →*Seeregatta* stellen →*Feuerschiffe,* →*Tonnen,* →*Leuchttürme* o. ä. die Bahnmarken dar.

Regattapreis, der *(prize, racing prize)* Gemäß der →*Ausschreibung* zu einer →*Regatta* jeder genannte und gegebene Preis für die Sieger und Plazierten. Ein R. soll sowohl ein Dokument für den Erfolg als auch eine Ehrung über das Alltägliche hinaus sein. Man vergibt nach den Empfehlungen der →*Wettsegelbestimmungen* zwei Kategorien von Preisen, die →*Klassenpreise* als eine Art „Pflichtpreis" des Veranstalters und →*Sonderpreise.*

Regattaregeln, die *(sailing rules, racing rules)* Als R. galten bis 1996 die →*Wettsegelbestimmungen* der damaligen →*IYRU.* Ab 1997 sind die →*Wettfahrtregeln Segeln (→WR)* der →*International Sailing Federation (→ISAF)* gültig. Die deutschsprachige Ausgabe wurde vom Deutschen Segler-Verband (→*DSV*), dem Österreichischen Segler-Verband (ÖSV) und dem Schweizerischen Segler-Verband (SSV/USY) mit ergänzenden Hinweisen und Zusätzen herausgegeben.

Regattasegeln, das *(racing, regatta sailing)* Sportlicher Wettkampf in Booten, der mit →*fliegendem Start* begonnen und mit dem →*Zieldurchgang* beendet wird. Das R. wird in →*Einheitsklassen* ohne Vergütung nach →*gesegelter Zeit* entschieden, in →*Konstruktionsklassen* mit einem →*Rennwert* für jedes Boot erst durch Umrechnung in die →*berechneten Zeiten* bewertet. Sieger einer →*Regatta* ist das Boot, das bei der entsprechenden Zahl von →*Wettfahrten* die geringste Punktzahl erhalten hat. Im Gegensatz zum →*Fahrtensegeln* ist beim R. die →*Crew* und auch die Anzahl der →*Segel* begrenzt. R. findet hauptsächlich in →*nationalen* und →*internationalen Klassen,* in →*Einheitsklassen* und in →*Konstruktionsklassen* statt.

Regattastrategie, die *(strategy in yacht racing)* Die vor einer →*Regatta* und insbesondere während einer →*Seewettfahrt* angestellten Überlegungen zur Kurswahl, insbesondere die Wahl der →*Kreuzschläge* bei der →*Wetterlage* und →*Wetterentwicklung* unter Beachtung der →*Tide,* von →*Stromkenterung,* →*Navigation* und Segelführung (Abb. S. 482).

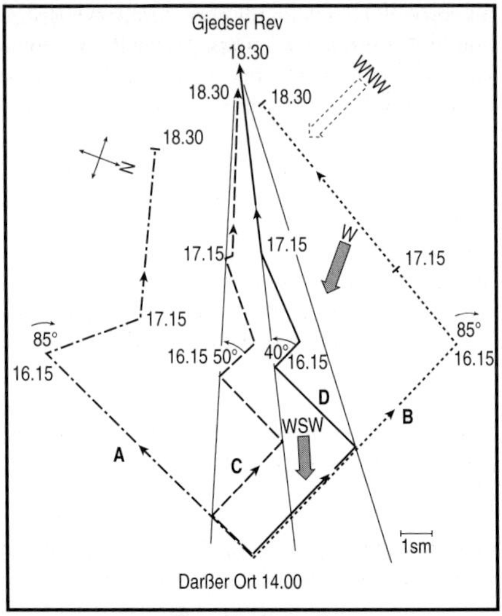

Regattastrategie

Regattataktik, die *(tactic in yacht racing)* Beim →*Rennsegeln* das Vermögen einer →*Crew,* die Leistung des eigenen Bootes durch Maßnahmen der →*Segeltechnik,* z. B. in der →*sicheren Leestellung* zu verbessern oder den Gegner zu behindern, indem man ihn →*abdeckt,* in die ungünstige Lage des →*Abwindes* bringt oder aus einer sicheren →*Wegerechtsposition* heraus am →*Runden* einer Bahnmarke hindert. Auch die Wahl einer guten →*Startposition* und das Erkennen des kürzesten Weges zum →*Ziel* gehören zur R., die geistesgegenwärtig während einer →*Wettfahrt* zu entscheiden ist, während weiträumige und vorherige Überlegungen, die Wind, Kurswahl u. ä. einschließen, zur →*Regattastrategie* gehören.

Regen, der *(rain)* Meist gleichförmiger →*Niederschlag* von längerer Dauer mit Wassertropfen, deren Durchmesser zwischen 1 mm (→*Nieseln,* Sprühregen) und 10 mm (Platzregen) schwankt. R. fällt aus höheren Wolkenschichten als →*Sprühregen* und vermindert die Sicht weniger. Kurzer, heftiger Regen wird als →*Schauer* bezeichnet.

Regenfangstellung, die *(catch-the-rain position)* Die →*Sechserstellung* bei der Halterung eines Oktaeder →*Radarreflektors* auf →*Motorbooten* und →*Motoryachten.*

Regenflage, die *(rain squall)* Dasselbe wie →*Bö,* Regenbö.

Regenschichtwolke, die *(nimbostratus)* Tiefhängende, gleichmäßige oder zerrissene graue Wolkenschicht, aus der meist gleichförmiger →*Regen* fällt.

Registertonne, die *(net ton, register ton, gross ton)* Bis 1990 gültige Maßeinheit für den →*Raumgehalt* eines Schiffes, unterteilt in Bruttoregistertonne (BRT), Nettoregistertonne (NRT) u. a. entsprechend den Vermessungsvorschriften. 1 Registertonne (RT) = 100 Kubikfuß = 2,8315 Kubikmeter (m^3). Seit 1991 gilt für die →*Vermessung* einer →*Yacht* zum Erhalt eines →*Schiffsmeßbriefes* die →*Bruttoraumzahl (BRZ).*

Registriernummer, die *(distinguishing number, sail number)* Die Nummer im →*Großsegel* eines Bootes, die seine Identität, gegebenenfalls in Verbindung mit anderen →*Segelzeichen* wie →*Nationalitätsbuchstaben* und →*Klassenzeichen,* kennzeichnet. Boote der →*nationalen* und →*internationalen Klassen* sowie von →*Ausgleichsklassen* nach →*IMS (→ILC)* erhalten sie vom →*DSV,* in dessen →*Yachtregister* diese Boote geführt sind. In →*Eintyp-Klassen* geben die →*Klassenvereinigungen* eine R. aus. Unvermessene und klassenlose Boote erhalten eine R. mit einem roten Balken unter der Zahl, die nur als Eignernachweis und für Zollformalitäten dient.

Registrierung, die (*e.: registration, registry, a.: documenting)* Die Eintragung in ein Register, bei →*Yachten* in das →*Yachtregister* des entsprechenden nationalen Verbandes, bei Yachten und Schiffen über 15 m Länge in das →*Seeschiffsregister* beim Amtsgericht des betreffenden Heimathafens, bei Yachten mit einem →*Flaggenzertifikat* in das →*Flaggenregister* des →*BSH.* Zur R. müssen →*Meßbrief,* →*Bootsbrief* oder (bei größeren Fahrzeugen) andere Eigentumsnachweise vorgelegt werden. Mit der R. erhält eine Yacht eine →*Registriernummer,* ein Schiff ein Schiffszertifikat und ein →*Unterscheidungssignal.*

Regulierleine, die *(drawing string, regulating line)* Dünne Leine im Saume des →*Achterlieks* eines Segels, die am →*Kopfbrett* befestigt ist und bis zum →*Schothorn* reicht oder dort (leicht) angeschlagen ist. Sie dient zur Straffung des →*Lieks* insbesondere bei alten, ausgereckten Segeln und stützt es, wenn das →*Segel* an der Achterkante zu →*lebendig* ist, es hier →*killt* oder das Liek nach →*Lee* umknickt und damit das →*aerodynamische Profil* ungünstig verändert.

Reibholz, das *(belting, rubbing piece)* Außenbords gehängtes oder am Kai befestigtes und zwischen Schiff und Pier liegendes Rundholz, um eine Bordwand von der Kaimauer abzuhalten und ihr Scheuern an einer Pier zu verhindern.

Reibungswiderstand, der *(frictional resistance, frictional drag)* Der bei der Fahrt durch das Wasser am Bootsrumpf und durch die Luftreibung am Segel hervorgerufene Widerstand, der Teil des →*Gesamtwiderstandes* an Rumpf und Segel ist. Der R. ist hauptsächlich von der Rauhigkeit der Oberfläche, von der Wasser- bzw. Luftgeschwindigkeit und von der Größe der (→*benetzten)* Oberfläche abhängig. Beim Unterwasserschiff sorgt der →*Bewuchs* für größeren R., und man versucht, mit →*Gleit-Antifouling* den R. auf Rennyachten so klein wie möglich zu halten. Beim Segel ist der R. hauptsächlich von der Tuchqualität abhängig, doch bei modernen Segeltuchen aus →*Polyant,* →*Terylene,* →*Dacron* o. ä. minimal.

Reichweite, die *(1. range – 2. operating range – 3. coverage)* 1. Die →*Distanz* von oder zu einem Sender, in der noch Sendeimpulse aufgefaßt oder reflektiert werden können, z. B. bei der →*Radarreichweite.* – 2. Der Fahrbereich, den ein Boot mit einer Tankfüllung unter Motor zurücklegen kann. Dabei ist der „Aktionsradius" die halbe R., mit der Rückkehr zum Ausgangshafen. Bei einem →*Seekreuzer,* der nur mit →*Windenergie* fährt, ist die R. unbegrenzt, z. B. bei einer →*Weltumsegelung.* – 3. Der Bereich, in dem nach den →*KVR,* Anlage III ein mit einer →*Pfeife* gegebenes →*Schallsignal* hörbar sein muß.

Reihleine, die; Reihbändsel, das *(lace, lacing, lacing line)* Dünne lange Leine oder mehrere kurze →*Enden* zum →*Anreihen* des →*Segels* an →*Mast* oder →*Baum,* wenn es nicht an →*Rutschern* befestigt ist oder in eine →*Keep* eingezogen wird. Sinngemäß benutzt man auch für →*Sonnensegel* o. ä. eine R., um sie an Bord zu befestigen.

Reif, der *(hoar frost)* Unmittelbare Kondensation des Wasserdampfes der Luft in Form winziger Eisnadeln während einer klaren Frostnacht an festen Gegenständen.

Reihenlotung, die *(line of soundings)* Mehrere →*Lotungen* in regelmäßigen Zeitabständen zum Zwecke der →*Schiffsortbestimmung.*

Reiniger, der *(cleaner)* Spezielle Lösungsmittel-Kombination bei der →*Bootspflege* zum Entfernen von Schmutz, Öl, Teer, Fett sowie zum Reinigen von Pinseln.

Reinschiff, das *([to] clean ship)* Das Reinigen des Bootes, z. B. nach dem →*Ankern,* im Hafen oder auf See von →*Deck* oder →*Kajüte,* mit →*Seewasser,* →*Dweil,* →*Feudel,* →*Leuwagen* und anderen Geräten. Auf größeren Booten und bei mehreren Besatzungsmitgliedern erhält jeder vor Antritt einer Fahrt seine Reinschiff-Station, die er beim R. betreut.

Reise, die *(passage, voyage, travel)* Sammelbegriff für eine Fahrt, eine Langfahrt, eine Überfahrt, die (auf einen Segler oder Seemann bezogen) immer seine tätige Mithilfe als →*Crew* bedingt und nicht auf eine Mitfahrt als →*Badegast* bezogen ist, z. B. eine R. um Kap Hoorn.

„Reise-Reise!" *(„Rise and shine!"; „Hit the deck!")* Weckruf der Besatzung beim →*Purren* der →*Wache:* Aufstehen!

Reißgarn, das Aus →*Hanf* lose geschlagenes, meist →*dreischäftiges* →*Takelgarn,* mit dem ein →*Vorsegel* oder ein →*Spinnaker* eingebunden wurde. Die Reißgarne hielten das eingebunden vorgeheißte Segel und brachen beim →*Ausreißen* durch Zug an einer →*Schot* oder einer →*Reißleine,* damit sich das Segel erst zu einem gewünschten Zeitpunkt entfalten konnte.

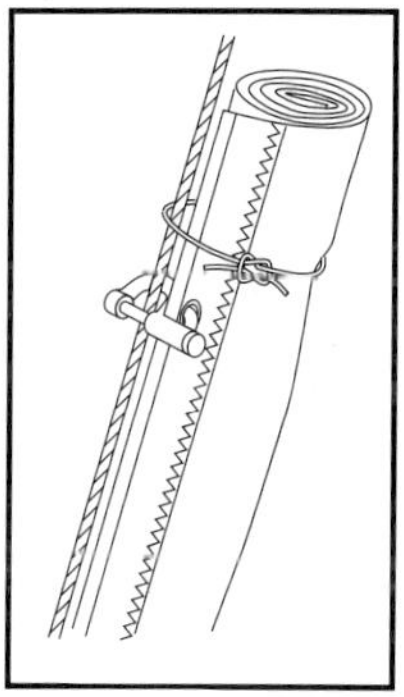

Reißfestigkeit, die (auch als Bruchkraft oder Höchstzugkraft, nach DIN für Seile als Mindestbruchkraft bezeichnet) *(1. breaking or tensile strength (of rope) – 2. tenacity (of sailcloth))* Die Widerstandsfähigkeit bis zum Reißen, auf 1. →*Tauwerk* und seine Bestandteile und 2. →*Segeltuch* bezogen und in →*Newton (N)* angegeben. Abhängig von der Feinheit der →*Chemiefaser in* →*tex* kann eine →*Faser* eine R. von 8 →*cN,* ein →*Garn* von 4 →*N* und ein →*Seil* oder Gewebestreifen von 80 →*daN* haben. Polyester →*Tauwerk* von 12 mm Dicke hat sehr hohe R. von 2800 daN.

Die →*feinheitsbezogene* R. wird in →*cN/tex* (gesprochen: Centi-Newton durch Tex) ausgedrückt.

Reißgummi, das
Anstelle von →*Reißgarn* benutztes handelsübliches Gummiband, mit dem ein →*Vorsegel* oder →*Spinnaker* eingebunden wurde, um das Segel erst nach dem →*Setzen* entfalten zu können. An die Stelle von R. ist heutzutage ein →*Bergeschlauch* oder →*Spinnakerschlauch* getreten.

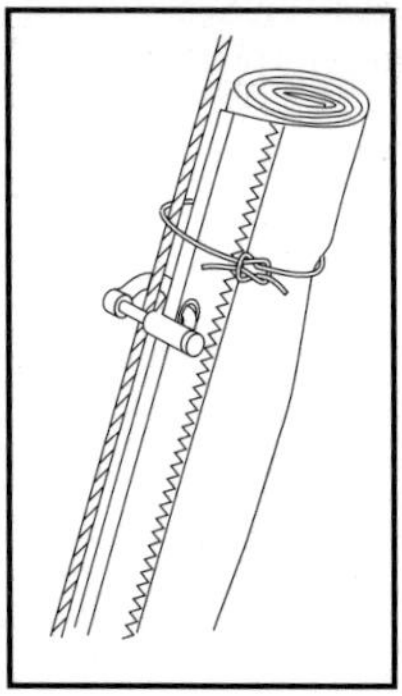

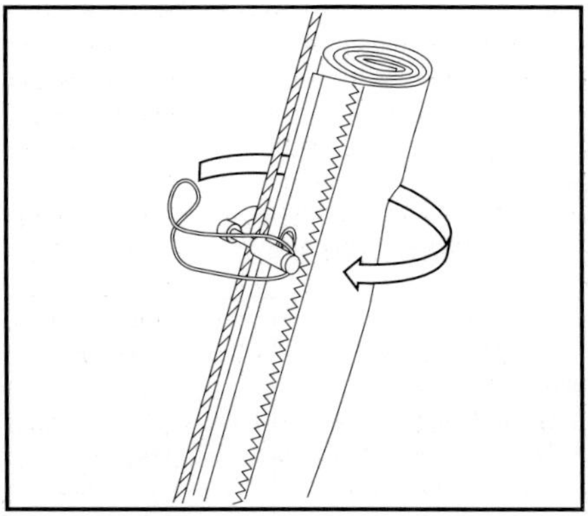

Reißlänge, die *(tensile breaking strength, ultimate tensile strength of fiber)* Bis zur Einführung des →*Internationalen Einheitensystems* die Bezeichnung der →*Reißfestigkeit* (auch →*Bruchlast* oder Bruchfestigkeit genannt) von →*Fasern* und →*Garnen,* aus denen →*Segel* und →*Tauwerk* gefertigt werden. Wenn wir lesen, daß z. B. ein Faden aus Baumwolle eine R. von 25 km hat, so bedeutet dies, daß er, unter einer Klemmstelle aufgehängt, durch sein Eigengewicht erst dann zu reißen beginnt, wenn er 25 000 m lang ist. Mit der Maßeinheit R. erhielt ägyptische →*Baumwolle* (als Qualitätsmaterial zur Segelherstellung) eine R. von 20 km, während es frühe →*Polyester-Fasern* (z. B. →*Dacron)* auf 45 km R. und →*Polyamid-Fasern* (→*Nylon)* auf 50 R. brachten. Die neue Basiseinheit →*tex* ist demgegenüber eine Größe für die Feinheit von Fasern und Garnen, die als Gewicht pro Länge definiert wird. Sie sagt somit (allein) nichts über die Festigkeit der Produkte aus. Ein direkter Vergleich zum Festigkeitsbegriff R. wird erst möglich, wenn man die in →*Newton* gemessene Reißkraft durch die in →*tex* angegebene Feinheit von Faser oder Garn dividiert. Man erhält dann als →*feinheitsbezogene* Reißkraft, ausgedrückt in →*cN/tex,* gesprochen Zenti-Newton durch tex, ungefähr die gleichen Zahlenwerte, wie sie früher in R. oder Reißkilometer (Rkm) gemessen wurden.

Reißleine, die Eine Gummileine mit mindestens doppelter Vorliekslänge, an der kurze →*Enden*

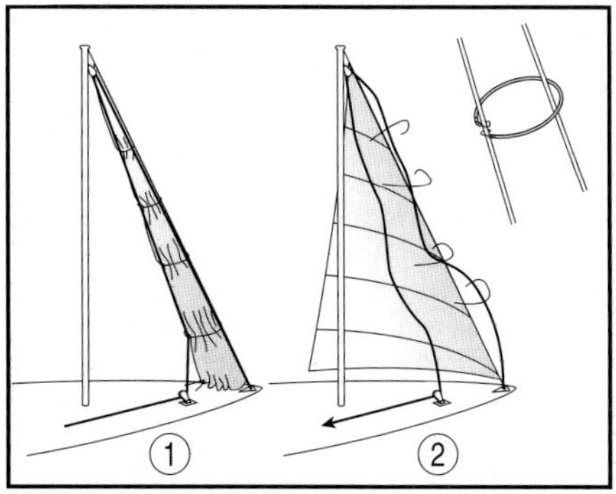

mit Hakenbeschlägen befestigt waren, um ein Segel beliebig oft →*einbinden* zu können (1). Zum →*Ausreißen* löste man die gespannte R. einfach von ihrer →*Klampe* oder →*Schotklemme* und holte sie nach dem Entfalten des Segels (2) ein.

Reitbalken, der Ein querschiffs am →*achteren Ende* des →*Schwertkastens* über die →*Plicht* verlaufender Balken, unter dem man zum →*Ausreiten* Halt für die Füße fand, bevor man →*Ausreitgurte* benutzte. Heute verläuft auf dem R. die →*Schotschiene* mit dem →*Traveller,* und der R. wird Schotbalken o. ä. genannt.

reiten *(to ride)* Hauptsächlich auf die Bewegungen eines Bootes bezogen, die es im Wellengang vor Anker macht und die an die Bewegungen von Reiter und Pferd erinnern. Man kann leicht oder schwer arbeitend vor →*Anker* r., auf offener See vor einem →*Treibanker* einen Sturm abreiten und sinngemäß eine Jolle mit Hilfe eines →*Reitbalkens* →*ausreiten.*

relativ *(relative)* Verhältnismäßig, entsprechend, bedingt. Bestandteil wichtiger Begriffe wie →*relative Peilung,* →*relativer Bordwind* u. v. a., mit denen eine Beziehung oder ein Verhältnis dargestellt oder eine Sache in ihrer Bedingtheit oder Abhängigkeit gesehen wird.

relative Bewegung (Relativbewegung), die *(relative movement, relative motion)* Die Bewegung

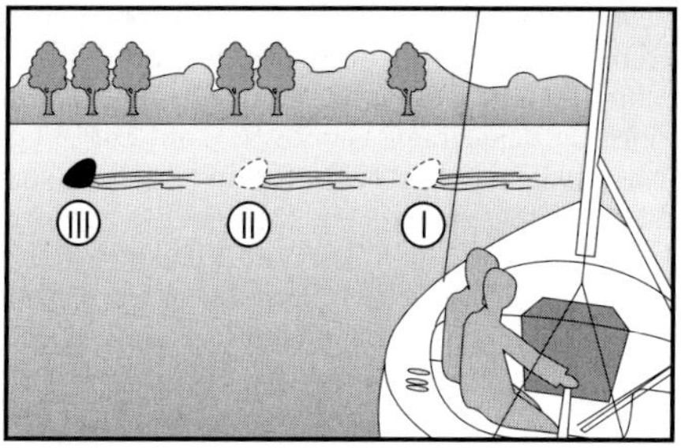

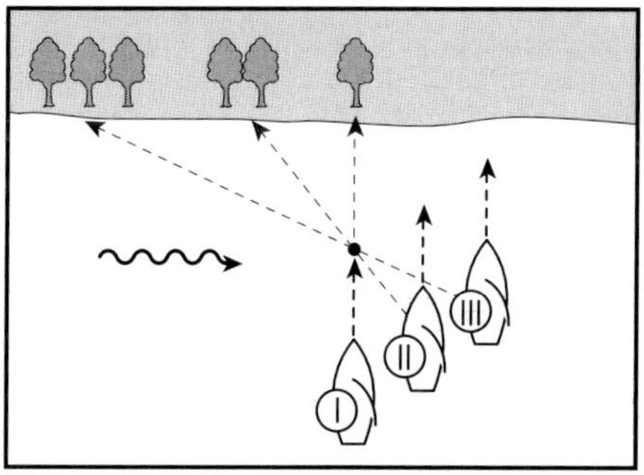

eines Fahrzeuges oder →*Objektes* in bezug auf den Standort eines anderen bewegten Objektes, z. B. auf einem →*Kollisionskurs.* Die Beobachtung der R. kann z. B. zu der Erkenntnis führen, daß das Objekt →*auswandert,* aber auch ergeben, daß die →*Peilung steht.* Man spricht auch von einer R. beim Segeln im →*Strom,* wenn ein Boot mit →*Stromversetzung* eine vor der →*Küste* verankerte →*Tonne* passiert (Abb.) und dabei durch die Peilung von Tonne und Landmarken der Eindruck einer R. oder →*Drift* der Tonne entsteht, während es sich tatsächlich um die →*Versetzung* des Bootes handelt. Eine besondere Bedeutung hat die r. B. in der →*Radarnavigation* erhalten. Hier arbeitet man beim →*Plotten* mit der „Richtung der r. B.", der →„*Geschwindigkeit* der r. B." und dem →„*Kurs* der r. B." für jedes mit einer Echoanzeige erfaßte →*Fahrzeug,* das mit den Buchstaben B, C, D usw. bezeichnet wird. Nach →*DIN 13312* versteht man unter der r. B. eines Schiffes B die Bewegung von B in dem vom Radarbild vorgegebenen Bezugssystem, in dem das eigene Schiff A ruht. Mit →*ARPA* kann die r. B. mehrerer Schiffe gleichzeitig und automatisch aufgezeichnet und ausgewertet werden.

relativer Bordwind, relativer Wind, (der) *(relative wind)* Die auf das fahrende Boot bezogene →*Windrichtung* und →*Windgeschwindigkeit,* die

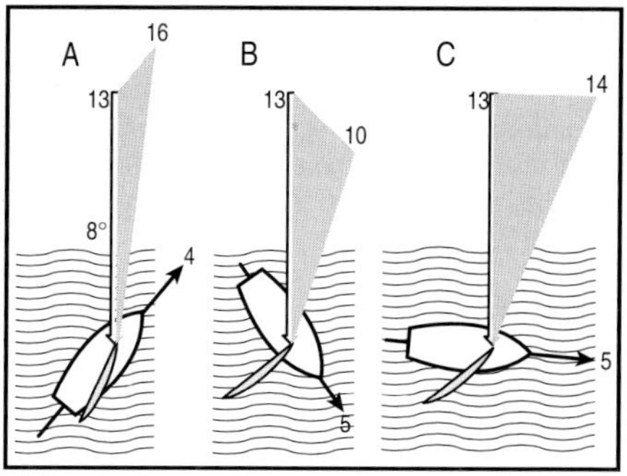

sich mit dem →*Kurs* zum →*atmosphärischen Wind* ändert. Der r. B. ist auf einem →*Amwindkurs* (A) größer und auf einem →*Vorwindkurs* (B) kleiner als der umgebende →*wahre oder atmosphärische Wind.* Er weicht auf →*raumen Kursen* (C) bis zu ca. 30° von der Richtung des atmosphärischen Windes ab und bestimmt als wirksamer Wind die Energie der Luft, mit der ein →*Segel* arbeiten kann. Seine Beziehung ergibt sich aus dem atmosphärischen Wind und der →*Fahrt* des Bootes bzw. dem →*Fahrtwind* und wird in einem →*Winddreieck* bzw. in einem →*Parallelogramm der* (Wind-)*Geschwindigkeiten* dargestellt. Der r. B. wird auch als →*scheinbarer Wind* bezeichnet.

relative Breite, die *(relative beam)* Auch →*Breitenverhältnis* genannte Beziehung der

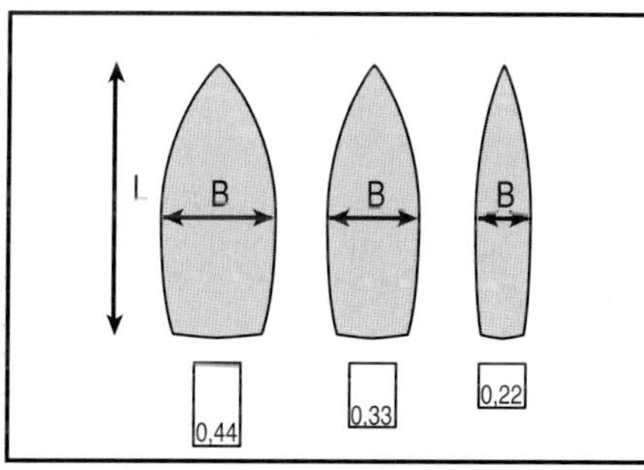

→*Hauptabmessungen* Breite zu Länge, indem man die entsprechenden Werte (in m) Breite durch Länge teilt: Bei Lüa 4,50 m und Büa 1,50 m ergibt sich B : L = 1,50 : 4,50 = 0,33. Breitere Boote ergeben größere Werte einer r. B., z. B. 0,44; schlankere erhalten kleinere Ziffern, z. B. 0,22. Die r. B. ist ein Kriterium zur Beurteilung von Bootsformen wie die →*relative Länge.*

relative Geschwindigkeit, die *(1. ground speed; 2. relative speed)* 1. Die →*Fahrt über Grund,* d. h. die Geschwindigkeit in bezug auf die Erdoberfläche unter Beachtung von →*Strom,* →*Abdrift,* →*Seegang* und mit der →*Fahrt durch das Wasser.* – 2. Die Beziehung der →*Wasserlinienlänge* eines →*Verdrängers* in →*Fahrt* auf die natürliche Fortpflanzungsgeschwindigkeit der →*Wellen* in dem von ihm erzeugten Wellensystem, auch als →*Geschwindigkeitsgrad* bezeichnet.

relative Länge, die *(relative length)* Auch →*Längenverhältnis* genannte Bezeichnung der →*Hauptabmessungen* Länge zu Breite (in m), um →*schlanke* Boote von breiten unterscheiden zu können: Bei Lüa 9,00 und Büa 3,00 m ergibt sich L : B = 9 : 3 und somit einer r. L. = 3, ein Wert für „normale" Boote. Schlankere erhalten einen geringeren Wert (z. B. 2), breitere Boote einen größeren (z. B. 4).

relative Luftfeuchtigkeit, die *(relative humidity)* Das Sättigungsverhältnis der Luft mit Feuchtigkeit , das in Prozenten angegeben wird und zeigt, wie weit die Luft mit Wasserdampf gesättigt ist. Die Luft kann trocknend wirken, je geringer die r. L. ist, so daß man 4 Bereiche unterscheidet: 0 – 50 % sehr trocken, 50 – 75 % ziemlich trocken, 75 – 90 % feucht und 90 – 100 % sehr feucht. Bei 100 % oder dem →*Taupunkt* kann die Luft keinen Wasserdampf mehr aufnehmen. Sie ist dann „naß", kann nicht mehr trocknend wirken und enthält gleichzeitig neben Wasserdampf auch Wassertröpfchen, z. B. bei →*Nebel,* →*Nieseln* u. a. Die Luft kann ab 10 °C ungefähr so viel Feuchtigkeit (Wasserdampf) in Gramm pro Kubikmeter (g/m³) aufnehmen, wie ihre Temperatur in Grad Celsius (°C) beträgt. Enthält bei einer Lufttemperatur von 28 °C 1 m³ Luft 14 g Wasser, dann besitzt die Luft damit eine r. F. von 50 %, ist halb gesättigt und kann noch die gleiche Menge von ca. 14 g Wasser pro Kubikmeter aufnehmen. Enthält sie bei gleicher Lufttemperatur 22 g Wasser pro m³, dann beträgt die r. L. 80 %. Die r. L. sagt also allein nichts über die Wasserdampfmenge aus, die die Luft noch aufzunehmen vermag. Denn bei einer Lufttemperatur von 10 °C und einer r. L. von 50 % ist die Luft ebenfalls halb gesättigt. Da sie jedoch bei dieser geringeren Temperatur überhaupt nur 10 g pro m³ Wasser aufnehmen kann, ist sie bei gleicher r. L. nur mit ca. 5 g pro m³ gesättigt. Sie kann zwar weitere 5 g aufnehmen, doch ist dies wesentlich weniger als bei 28 °C (s. o.), und sie trocknet bei gleicher r. L. weniger gut als warme Luft.

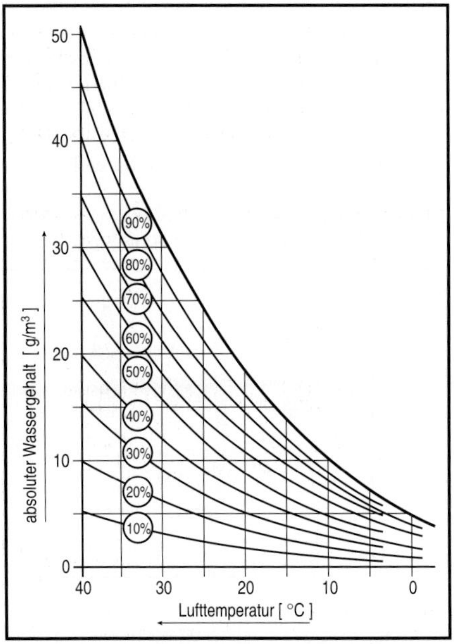

relative Peilung, die *(relative bearing)* Auch →*Seitenpeilung,* →*Schiffspeilung* oder →*Bordpeilung* genannte Richtungsbestimmung, die auf eine →*Richtungsrose* bezogen wird, bei der 000° →*recht voraus* und 180° →*recht achteraus* sowie 090° →*Steuerbord* querab und 270° →*Backbord* querab liegen. Jede Sichtung bezieht sich auf diese r. P., die zu →*Landmarken* auch mit der →*Peilscheibe* oder dem →*Peildiopter* genommen werden und in eine →*Magnetkompaßpeilung* bzw. →*rechtweisende Peilung* umgerechnet werden kann.

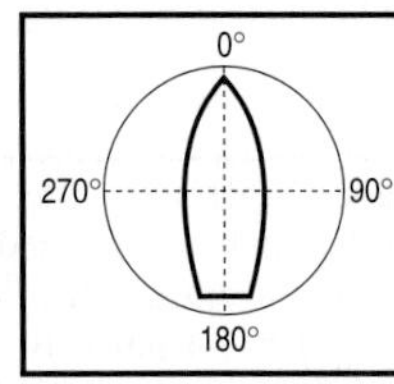

relative Segelfläche, die *(relative sail area)* Ein Kriterium für das Erkennen von Leistungen und Eigenschaften eines Bootes durch die Beziehung wichtiger Hauptabmessungen zueinander, in diesem Falle der →*vermessenen* oder →*Am-Wind-Segelfläche* zur →*Verdrängung* (zum →*Gewicht)* des Bootes nach der Formel

$$\frac{\sqrt{S}}{\sqrt[3]{D}} \quad \text{oder} \quad \frac{\sqrt{AS}}{\sqrt[3]{V}}$$

in der die Segelfläche in m² und die Verdrängung in t eingesetzt wird. Man erhält einen dimensionslosen Kennwert, der bei einer →*Rennyacht* („Tempest") ca. 6,0 – 6,5, bei einem →*Seekreuzer* („Hanseat") ca. 4,0 – 4,5 und bei einem →*Motorsegler* (einem →*Fifty-Fifty)* ca. 3,0 beträgt.

relative Verdrängung, die *(relative displacement)* Im Yachtbau üblicher Kennwert, um einen →*Verdränger* von einem →*Gleitboot (*→*Gleitjolle)* unterscheiden oder ein →*Leichtdeplacementsboot* erkennen zu können. Man setzt von den →*Hauptabmessungen* die →*Länge* (in der Konstruktionswasserlinie und in m) und das Bootsgewicht (in t) nach der Formel

$$\frac{D}{(0{,}1 \cdot LWL)^3}$$

in Beziehung zueinander und erhält bei →*Gleitjollen* („FD", „Finn-Dinghy") Werte von 1,5 – 3,0 und bei nicht gleitfähigen Jollen von über 3,5. →*Rennyachten* („Tempest") haben Werte von 3 – 5, →*Leichtdeplacementsboote* von ca. 5 – 10 und schwere →*Verdränger* von ca. 15.

Reling, die *(railing, guard rail, hand rail)* Ein offenes, aus senkrechten →*Relingsstützen* sowie waagerechten →*Handläufen* und →*Durchzügen*

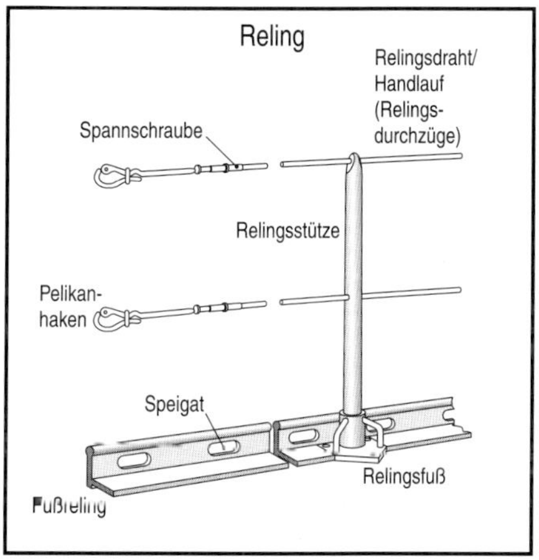

gebautes und an der Deckskante errichtetes, gut verankertes Geländer zum Schutz gegen das Überbordfallen. Sie ist meistens zwischen →*Bugkorb* und →*Heckkorb* gespannt und bietet einen ähnlichen Schutz wie das massive →*Schanzkleid,* wenn sie ein →*Relingskleid* trägt.

Relingsauge, das *(attached lifeline eye)* Ein →*Walzterminal* am Tampen des →*Relingsdrahtes,* um →*Durchzug* und →*Handlauf* entweder direkt oder über einen →*Relingsspanner* am Endbeschlag der →*Seereling* an Deck zu befestigen. Auch in Form eines doppelten Relingsauges, um zwei Enden des Relingsdrahtes, z. B. an einer →*Relingspforte* miteinander zu verbinden.

Relingsdraht, der *(lifeline)* Rostfreier Stahldraht in der Machart 7 x 7 (6 x 7 + 1), auch mit fest aufgespritztem →*PVC-Mantel.* Zur besseren Griffigkeit mit einem Seildurchmesser von 3 mm für den →*Durchzug* und 5 mm für den →*Handlauf* und einem entsprechenden Durchmesser über Mantel von 5 bzw. 8 mm empfohlen. Der R. läuft an seinen Enden in ein →*Relingsauge,* in einen →*Pelikanhaken* oder einen →*Relingsspanner* aus. Die gleiche Aufgabe erfüllen auch ummantelte Perlonseile.

Relingsfuß, der *(life line base, hand rail base)* Grundplatte mit Einsteckmuffe für die herausnehmbare →*Relingsstütze* mit einer Sicherung gegen das Herausheben, seitlichen Bügeln zum Anstecken einer →*Sorgleine* und ausreichend langen Gewindebolzen zur sicheren Verankerung im →*Deck.* Rechtwinklige, auch an der →*Fußreling* befestigte Grundplatten fangen die Druck- oder Zugkräfte bei ihrer Belastung am besten auf.

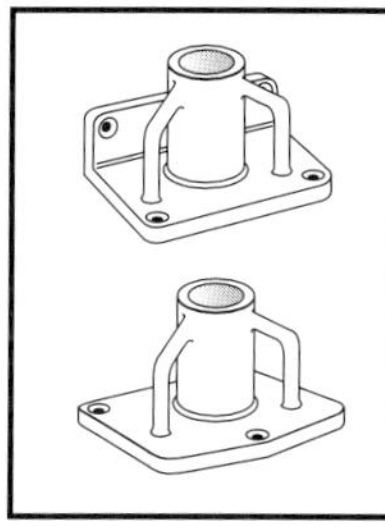

Relingskleid, das *(dodger)* Eine zugepaßte →*Persenning,* die als Schutz gegen Wind und

Wasser im Bereich der →*Plicht* an der →*Seereling* befestigt oder →*gezurrt* ist. Außen sollte zur Meldung bei →*Sichtungen* oder bei →*Seenot* der Bootsname aufgemalt sein. Im Bereich des →*Decks* müssen →*Wasserpforten* ausgespart sein.

Relingslog, das *(Dutchman's log)* Ein einfaches →*Log,* bei dem man die →*Fahrt* auf einfache Weise mit einer Stoppuhr und einer an oder unter der →*Reling* markierten Distanz messen kann. Bei einer →*Fahrt* von 1 kn legt ein Boot in einer Stunde 1 sm = 1852 m und somit 0,515 m/s

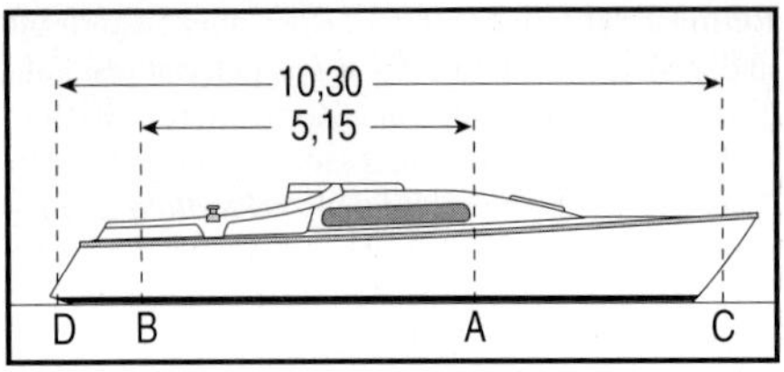

zurück. Wenn man an Bord eine Distanz des Zehnfachen oder von 5,15 m Länge zwischen den →*Relingsstützen* markiert, dann müßte ein am Bug außenbords geworfener, aber mindestens 1 m von der Bordwand entfernter kleiner Schwimmkörper (Holz, Papier o. ä.) zum Durchlaufen dieser Distanz 10 s benötigen, wenn die Fahrt 1 kn beträgt. Bei 5 s wäre das Boot 2 kn schnell, bei 2 s 5 kn usw. Durch die kurze Meßstrecke ist die Fahrtbestimmung ungenau, aber das R. ist auch zum Messen des →*Stromes* auf einem →*Ankerlieger* noch empfehlenswert. Bei vorteilhaften längeren Meßstrecken auf größeren Booten gilt die Faustfomel:

$$\frac{\text{doppelte Meterzahl}}{\text{Zeit in s}} = \text{Fahrt in kn}$$

Relingsnetz, das *(railing net)* Ein entlang der →*Reling* und besonders auf dem →*Vorschiff*

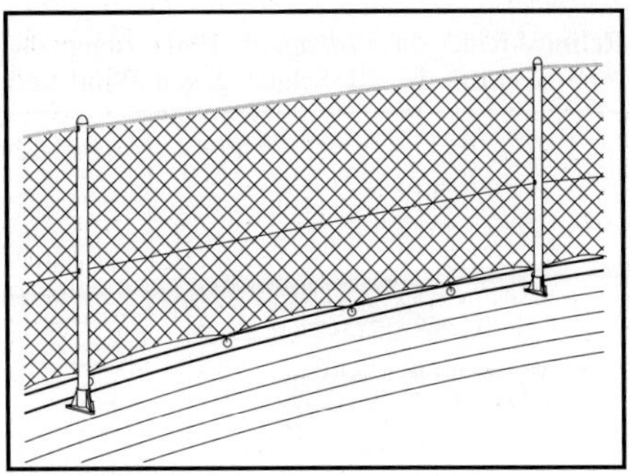

gespanntes grobmaschiges Netz. Es soll das Auswehen der Vorsegel, insbesondere vor dem →*Setzen* und nach dem →*Bergen* verhindern.

Relingspforte, die *(railing gate)* Durchgangsöffnung sowohl im →*Handlauf* wie im →*Durchzug* zwischen zwei →*Relingsstützen,* die durch Lösen eines →*Pelikanhakens* oder →*Relingsspanners* geöffnet werden kann, ohne daß die übrigen Teile der →*Seereling* ihre Spannung und Festigkeit verlieren. Am Liegeplatz bequem, auf See zum →*Bergen* eines über Bord Gefallenen lebenswichtig.

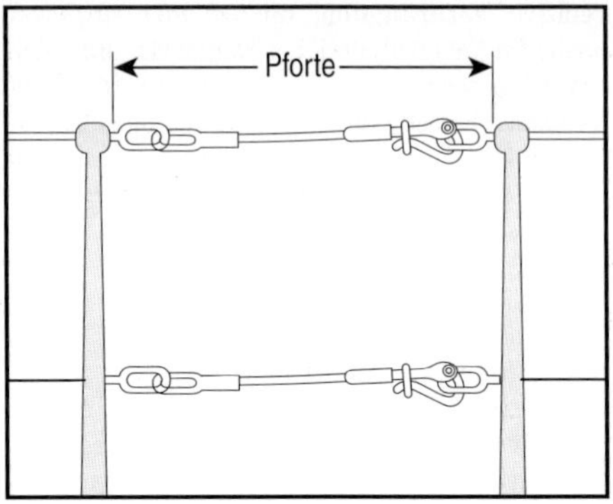

Relingsspanner, der *(railing turnbuckle)* Ein →*Wantenspanner* aus rostfreiem Stahl, der an einem Ende mit einem →*Walzterminal* ausgerüstet ist, damit ein Gewindeteil mit dem →*Relingsdraht* beim Abrüsten der →*Seereling* durch die →*Augen* der →*Relingsstützen* gezogen werden kann.

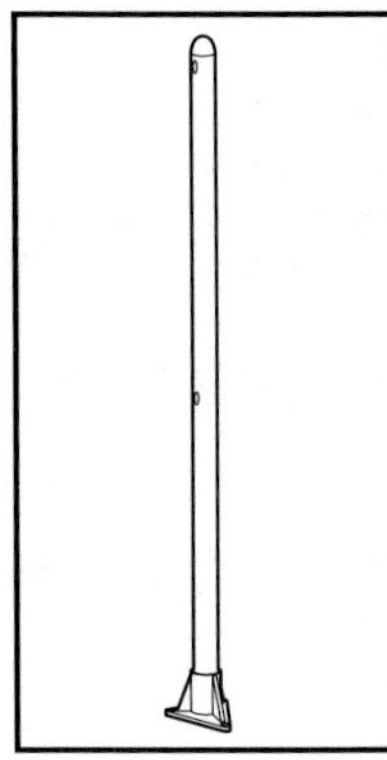

Relingsstütze, die *(rail stanchion)* Stabile, aus Metall gearbeitete, nach oben konisch verlaufende, unten direkt oder über →*Relingsfüße* sicher mit dem →*Deck* verankerte Stütze, die oben und auf halber Höhe →*Augen* für den →*Handlauf* und →*Durchzug* hat. Relingsstützen stehen mit einem Abstand von max. 2,0 m als wichtiger Teil einer →*Seereling* längs der Deckskante.

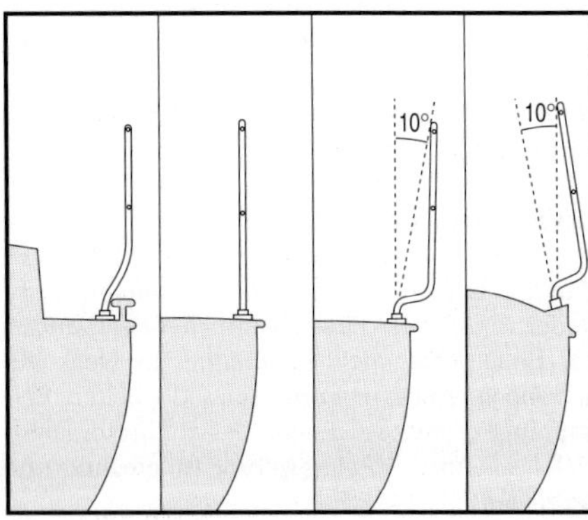

Remote Control Unit, Abk. **RCU** Eine →*Fernbedienung* bzw. ein abgesetztes Bedienteil, um sowohl Steuerbefehle (z. B. an →*Motor* oder →*Ruder)* weiterzuleiten als auch zusätzlich Meldungen und Daten von einem Gerät (z. B. einer →*Inmarsat-EPIRB-Seenotfunkbake)* zur Weiterverarbeitung aufzunehmen.

Rennflagge, die *(racing flag)* Eine viereckige →*Flagge,* die an einem kleinen →*Flaggenstock* oder am →*Verklicker* anstelle des →*Clubstanders* im →*Masttopp* gesetzt wird, wenn eine →*Yacht* an einer →*Regatta* teilnimmt.

Rennhalse, die Eine von →*Rennseglern* und hauptsächlich auf schnellen →*Jollen* bevorzugte →*Halse* von einem →*Raumschotskurs* zum anderen, bei der die →*Großschot* nicht →*Hand über Hand* durchgeholt und →*aufgefiert* wird, sondern der →*Großbaum* mit einem Griff in alle →*Parten* der →*Talje* einfach übergegeben wird. Je schneller die Fahrt bei einer R., desto sicherer ist das Manöver bei entsprechend schwächerem →*Bordwind.*

Rennjolle, die *(racing dinghi)* Eine →*Jolle,* die hauptsächlich zum →*Rennsegeln* konstruiert und gebaut worden ist. Als R. gelten z. B. die →*olympischen Klassen* →*470er,* →*Laser* und →*49er.*

Rennsegeln, das *(racing)* Kurzform für →*Regattasegeln,* einen wichtigen Teilbereich des Segelsportes, im Gegensatz zum →*Fahrtensegeln.*

Rennwert, der *(rating)* Das im allgemeinen durch eine Ziffer und eine Benennung ausgedrückte Meßergebnis für Boote, die in einer →*Konstruktionsklasse* gebaut sind bzw. das durch eine →*Vermessung* gewonnen wurde. Man findet den R., wenn man die →*Hauptabmessungen* in eine bestimmte Beziehung zueinander setzt, z. B. →*Länge* in der Wasserlinie, →*Breite,* →*Segelfläche,* →*Verdrängung* u. a., indem man bestimmte Meßpunkte schafft, zusätzliche Vermessungsebenen benutzt, oder weitere Erfahrungswerte als Multiplikatoren oder Divisoren in oft lange und komplizierte Formeln einsetzt. In der Frühzeit des →*Rennsegelns* wurde der →*Raumgehalt* einer →*Yacht* gemessen, und der R. wurde z. B. in →*Thames Tonnage* angegeben. Bekannte Rennwerte der jüngsten Vergangenheit sind die für R-Yachten sowie der KR- und →*JR-Formel,* die zuerst durch die →*IOR-Formel* und dann durch →*IMS* abgelöst sind. Auch wenn der R. in einem linearen Maß (Meter oder Fuß) angegeben wird, beachte man, daß dieser R. nicht identisch mit der tatsächlichen →*Länge* des betreffenden Bootes ist.

Rennyacht, die *(racing yacht)* Eine →*Yacht,* die hauptsächlich oder ausschließlich zum →*Rennsegeln* konstruiert und gebaut worden ist. Eine R. unter den →*olympischen Klassen* ist das →*Starboot* und der →*Soling.* Als R. gelten auch die Bewerber um den →*Admiral's Cup* und den →*America's Cup.*

Reserveauftrieb, der – Reserveverdrängung, die *(reserve buoyancy)* Auch Reserveschwimmfähigkeit, Restauftrieb oder Auftriebsüberschuß genannte zusätzliche Schwimmfähigkeit im Überwasserteil, die im Falle des →*Unterschneidens* oder bei einem →*Leck* zusätzliche Auftriebskraft bietet. Auf Yachten wurde der R. früher durch →*Überhänge* erzielt.

Rettungsbake, die *(refuge beacon)* Für Schiffbrüchige an weit vorgeschobenen Plätzen der →*Küste* aufgestellte →*Bake,* die einen über eine Leiter erreichbaren Aufenthaltsraum mit Notproviant und Trinkwasser besitzt.

Rettungsboot, das *(life boat, survival craft)* Ein seetüchtiges Boot, das im Falle der Gefahr, z. B. beim Sinken einer Yacht, die gesamte →*Crew* sicher aufnehmen und unter den Bedingungen des →*Seegangs* mehrere Tage lang beherbergen kann. Früher mit →*Riemen* oder →*Notsegel* ausgerüstet und dazu bestimmt, die nächste →*Küste* zu erreichen. Heute wird ein →*Rettungsfloß* ohne Fortbewegungsmittel benutzt, weil Suchaktionen erfolgreicher verlaufen, je näher sich ein R. an der (bekannten oder gemeldeten) Unfallstelle aufhält. Auf →*Yachten* kann auch ein →*Schlauchboot* ein R. sein.

Rettungsboje, die (Spierenboje) *(dan buoy)* Mit einem leichten Metall- oder Bambusstab und einer Flagge ausgerüsteter Auftriebskörper, der nach einem →*Mann-über-Bord-Manöver* als

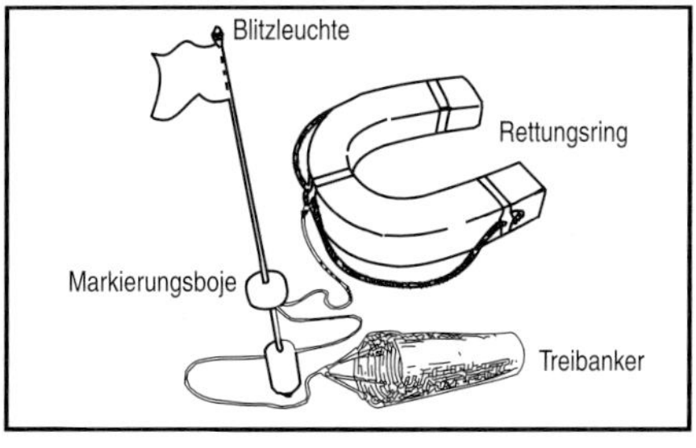

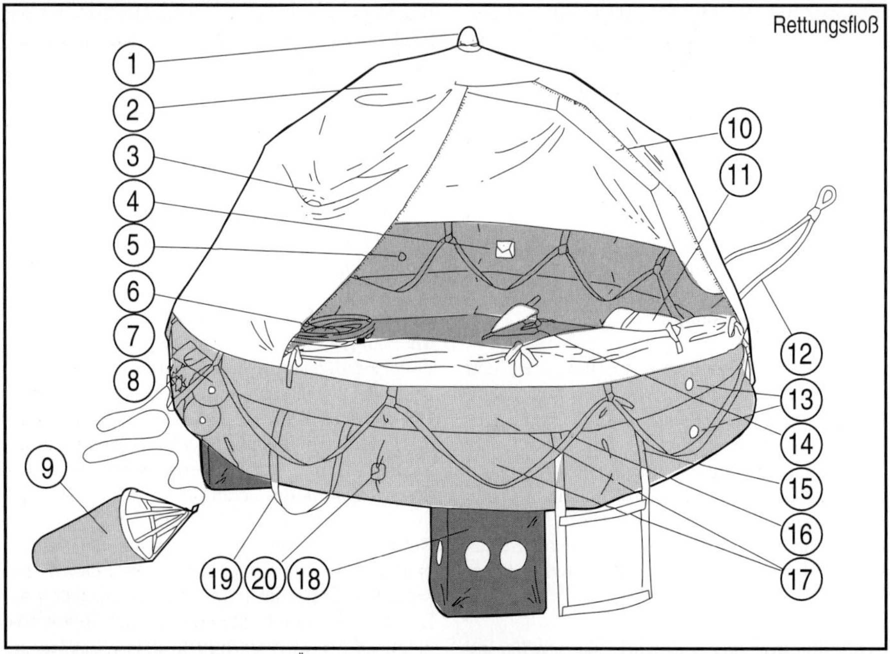

1) Außenbeleuchtung (Seewasserbatterie) 2) Äußeres Schutzdach 3) Regenwasserauffangvorrichtung 4) Inneres Schutzdach 5) Kappmesser 6) Sicherheits- und Aufblasventil 7) Paddel 8) CO_2-Gaszylinder 9) Treibanker 10) Schutzdachträger (selbstaufblasend) 11) Notausrüstung 12) Schlepphahnepot 13) Entlüftungsschrauben 14) Blasebalg 15) Einstiegsleiter 16) Äußere Sicherheitsleine 17) obere und untere Luftkammer 18) Stabilisatoren (Kenterschutz) 19) Fußgurt 20) Seewasserbatterie

→*Markierungsboje* mit Blitzleuchte ausgeworfen wird, um die Unfallstelle zu markieren und dem Schwimmer zusätzliche Rettungsmittel wie →*Rettungsring,* Farbbeutel, →*Signalmittel* u. ä. zu seiner Rettung zu überlassen. Auch als →*Schwimmflagge* (Abb.) bezeichnet.

Rettungsfloß, das *(inflatable life raft, life raft)* Aus Gummi oder speziellem, wasser- und luftdicht beschichtetem Gewebe gefertigtes Floß, das einsatzklar in einem Tragesack aus Segeltuch oder einem Kunststoffbehälter verpackt an Deck gelagert ist und sich nach Betätigung einer Reißleine in weniger als 1 Minute selbsttätig rund, oval oder mehreckig aufblasen kann. Dabei wird die Verpackung gesprengt, und es entsteht ein Schlauchfloß aus 2 übereinander angeordneten Schläuchen, mit Doppelboden, doppelwandigem Zeltdach und Schlauchstützen für das Verdeck, Einstiegsleiter, Erkennungsleuchten u. a. Jedes R. ist mit →*Treibanker,* Notproviant, →*Seenotfeuerwerk* u. a. ausgerüstet, gegebenenfalls auch mit →*Seenotfunkboje,* und wird heute als Sicherheitsausrüstung für →*Hochseeregatten* vorgeschrieben. Das Fassungsvermögen beträgt, je nach Größe, 4 bis 10 Personen.

Rettungsinsel, die Sprachlich irreführende Bezeichnung für ein überdachtes →*Rettungsfloß.*

Rettungsmittel, die *(personal buoyancy, safety equipment)* Wenn die Meldebestimmungen für Hochseeregatten R. vorschreiben, so sind darunter alle Einrichtungen für den Seenotfall zusammengefaßt, die der Sicherheit des einzelnen beim Unfall →*Mann-über-Bord* und dem →*Überleben auf See* der gesamten Besatzung nach dem Sinken des Bootes dienen, z. B. →*Schwimmflagge,* →*Rettungsboje,* →*Rettungsring,* →*Rettungsschwimmkörper,* →*Rettungsfloß,* →*Seenotfeuerwerk* u. a.

Rettungsring, der *(horseshoe life ring, ring buoy)* Ein ringförmig und geschlossener oder hufeisenförmig und offener Auftriebskörper, der in Reichweite des →*Rudergängers* einsatzbereit gehaltert ist und bei einem →*Mann-über-Bord-Manöver* ausgeworfen wird. Bei Seetörns ist er mit einer →*Schwimmflagge* oder →*Rettungsboje* verbunden, um die Unglücksstelle sichtbar zu markieren.

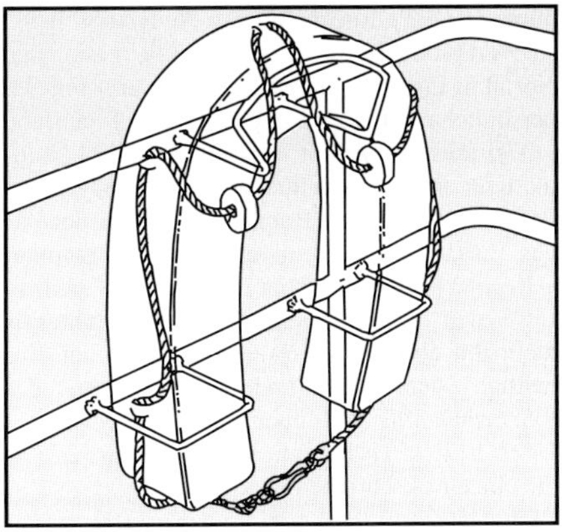

Rettungsschlinge, die *(rescue becket)* Ein insbesondere von →*SAR-Hubschraubern* im Falle von →*Seenot* eingesetztes Gerät zum →*Bergen* von

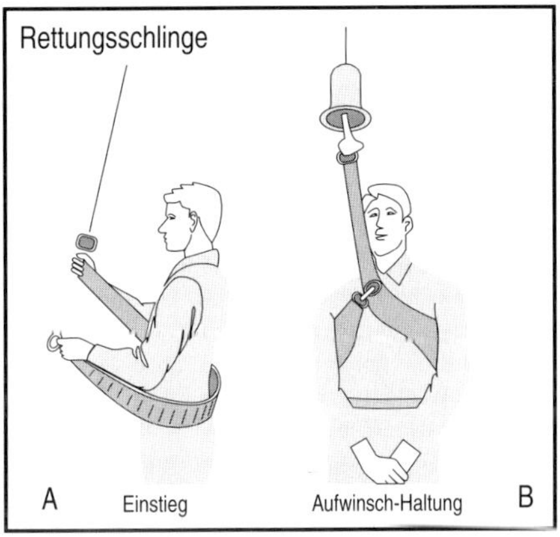

Personen. Eine R. kann offen (Abb. A) oder geschlossen herabgelassen werden. Nachdem sie angelegt und unter die Achseln gezogen ist (Abb. B), muß eine Aufwinsch-Haltung mit nach unten gestreckten Armen eingenommen werden, damit der Körper auf dem gefährlichen Weg nach oben nicht herausrutschen kann. Mit der sog. „Doppellift-Methode" ist es möglich, auch eine verletzte Person mit einem Helfer in einer einzigen R. zu bergen. Neben der R. werden von den Seenotdiensten auch sog. „Rettungsanker", „Rettungsnetze" und „Rettungstragen" für eine Hubschrauber-Rettung eingesetzt.

Rettungsschwimmkörper, der *(life-preserver, life buoy foam type, life vest)* Ein Feststoffkörper, der die Aufgaben eines →*Rettungsrings* und einer →*Schwimmweste* gleichermaßen erfüllt. Er kann leicht und gezielt zugeworfen, ohne Mühe im

Wasser über den Kopf gestreift und als witterungsbeständiger Schwimmkörper griffbereit an der →*Reling* gehaltert werden. Er ist ohnmachtssicher und gewährleistet, daß ein Schiffbrüchiger nicht herausrutschen kann. Die Halterung einer Zusatzausrüstung wie →*Rauchsignale,* Farbbeutel, Trillerpfeife oder →*Seenotfeuerwerk* ist möglich. Tragfähigkeit min. 14,5 kg.

Rettungsstation, die *(life-boat-station, life-saving-station)* Von der →*Deutschen Gesellschaft zur Rettung Schiffbrüchiger* an der deutschen →*Küste* (und sinngemäß in anderen Ländern von ähnlichen Organisationen) unterhaltene Station, die mit Seenotrettungskreuzer, Funkstelle und anderen Rettungseinrichtungen ausgerüstet ist, um Booten oder Schiffen in →*Seenot* zu helfen. An der deutschen Ostseeküste gibt es ca. 30, an der Nordseeküste ca. 20 Rettungsstationen.

Rettungsweste nach SOLAS-Bestimmungen Die internationalen Bestimmungen über Rettungswesten, wie sie in →*SOLAS*, Kap. III, Regel

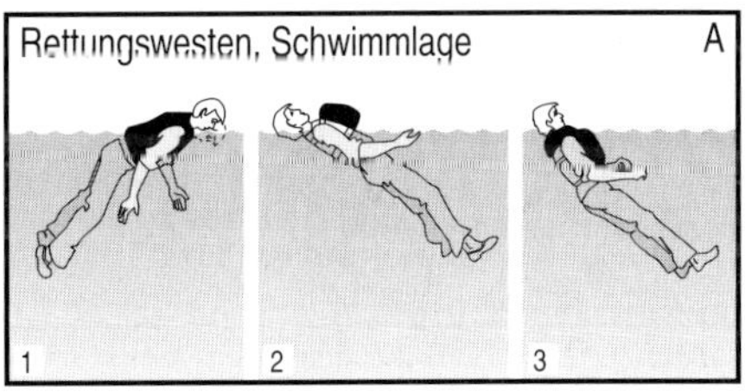

32 und im →*Schiffssicherheitsvertrag,* § 45 enthalten sind, bilden die Grundlage für die Normen →*DIN EN 393, 395, 396, 399* und z. B. für die Gestaltung der →*Rettungsweste 150 N.* In wenigen Punkten weichen sie geringfügig voneinander ab, weil sie erstrangig für die Fahrgastschiffahrt und nur sinngemäß für die Sportschiffahrt verfaßt sind. So ist nur hier noch von einer „bewußtlosen Person" die Rede (Abb. A, 1), die im Wasser aus

jeder Lage so gedreht werden muß, daß der Mund in höchstens 5 Sekunden aus dem Wasser gehoben wird (2 u. 3), und der Beschaffenheit einer →*Feststoffweste,* die es dem Träger erlaubt, aus einer Höhe von mindestens 4,5 Meter Höhe in das Wasser zu springen, ohne sich zu verletzen und ohne daß die R. verrutscht oder beschädigt wird.

Rettungswesten und Schwimmhilfen *(life jackets and personal buoyancy aids)* Für sie gibt es europäische Normen *(→EN)* in deutschen Fas-

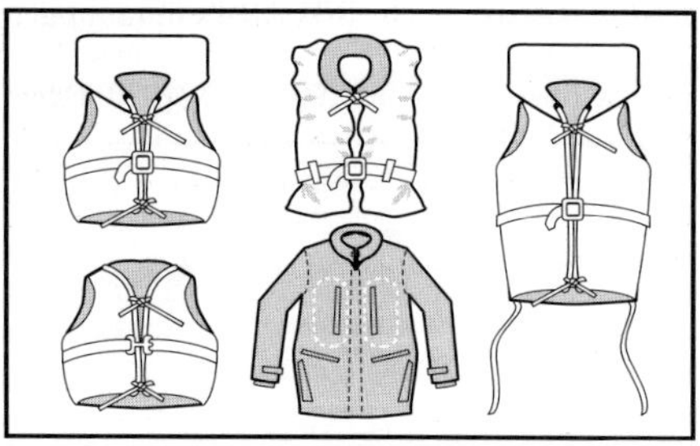

sungen *(→DIN EN)*, die den Status einer deutschen Norm *(→DIN)* haben und vorhandene DIN-Normen teilweise ersetzen. Die Normung, z. B. EN 399/ DIN EN 399 für die →*Rettungsweste 275* N, bezieht sich auf die Art des Rettungsgerätes (z. B. als Rettungsweste mit einem Mindestauftrieb von 275 N), ihre Eigenschaften, Abmessungen, Auftrieb, Kennzeichnung, Prüfung sowie ihre Eignung zur Unfallverhütung und für die Sicherheit des Benutzers. (Die europäischen Normen werden vom Europäischen Komitee für Normung *(→CEN),* Rue de Stassart 36, B-1050 Brüssel verabschiedet. Ihm gehören die nationalen Normungsinstitute aller EU-Länder an.) Für die persönliche →*Ausrüstung* gibt es vier Typen von →*Auftriebsmitteln* mit eigenen DIN-EN-Nummern für die jeweils unterschiedlichen Aktivitäten →*an Bord,* die vom Bootstyp und von der Art des Einsatzes (z. B. auf einer →*Jolle* in einer →*Regatta)* und dem Revier (z. B. vor der →*Küste)* sowie den verschiedenen möglichen Gefahrensituationen abhängen. Sie sind international einheitlich gezeichnet und reichen von der →*Schwimmhilfe 50 N* über die →*Rettungswesten 100 N* bzw. *150 N* bis zur →*Rettungsweste 275 N,* die einzeln beschrieben werden.

Rettungsweste(n) für Kinder *(life jackets for children)* Hier gelten die Normen →*DIN EN 393, 395, 396 und 399* sinngemäß mit der Abweichung, daß z. B. der Typ →*Rettungsweste 100 N* (für geschützte Gewässer), der einen Mindestauftrieb von 100 Newton für einen 70 kg schweren Erwachsenen vorschreibt, für ein z. B. 20 – 30 kg schweres Kind nur 40 N betragen muß und die R. f. K. dementsprechend in einer Kindergröße hergestellt sein kann. Andererseits muß jedoch ein Kind mit einem Körpergewicht von 20 – 30 kg, das an Bord auf →*hoher See* segelt und bei dem die →*Crew* der Erwachsenen die →*Rettungsweste 275 N* trägt, mit dem zwar auf 120 N reduzierten Auftrieb einer solchen R. f. K., aber sonst dem gleichen Westentyp und seinen DIN-EN-Anforderungen ausgerüstet sein.

Rettungsweste 100 N *(life jacket 100 N)* Persönliche Schutzausrüstung nach →*DIN EN 395* mit einem Auftrieb von nicht weniger als 100 →*Newton* für den durchschnittlichen Erwachsenen. Eine R. 100 N ist für die Verwendung in verhältnismäßig geschützten Gewässern bestimmt. Sie wird hauptsächlich als →*Feststoffweste* (aus weichem →*PE-Schaum)* wahlweise mit oder ohne Kragen hergestellt, muß eine mindestens 100 cm^2 große →*reflektierende Oberfläche* haben und mit einer an einer Schnur unverlierbar befestigten Pfeife versehen sein. Die R. 100 N muß den Mund eines entspannten Trägers, wenn er zwischen 30° und 90° nach hinten geneigt ist und sein →*Freibord* mindestens 80 mm beträgt, über der Wasserober-

fläche halten und ihn innerhalb von 10 Sekunden in diese Position drehen, wenn er über Bord gefallen ist.

Rettungsweste 150 N *(life jacket 150 N)* Persönliche Schutzausrüstung nach →*DIN EN 396* (395, 399) mit einem →*Auftrieb* von mindestens 150 →*Newton* für den durchschnittlichen Erwachsenen (mit 70 kg Körpergewicht). Eine R. 150 N ist für den Gebrauch in →*Küstengewässern* oder über der Schlechtwetterkleidung bestimmt. Die R. 150 N kann als →*Feststoffweste,* mit dem Mund oder mit Druckgas aufblasbar hergestellt werden, doch muß sie sich bei Verwendung einer Aufblas-Automatik zusätzlich mit dem Mund aufblasen lassen. Zur Pflichtausstattung der R. 150 N gehören ein mindestens 20 mm breiter →*Bergegurt* (in Brustmitte, mit Bergeschlaufe), eine 300 cm² große →*Reflexionsfläche* und eine Signalpfeife an einer Schnur. Als →*Rettungsweste für Kinder* ist bei deren Gewicht von 20 – 30 kg ein Mindestauftrieb von 60 N vorgeschrieben. Die R. 150 N muß den Kopf des Trägers so unterstützen, daß der Mund einer entspannten Person, wenn ihr Rumpf zwischen 30° und 90° nach hinten geneigt liegt, noch mit einer →*Freibordhöhe* von mindestens 80 mm über Wasser ragt, und sie muß den Träger bei einem Über-Bord-Unfall innerhalb von 5 Sekunden in diese Position bringen.

Rettungsweste 275 N *(life jacket 275 N)* Persönliche Schutzausrüstung nach →*DIN EN 399* für Hochseesegler unter extremen Bedingungen und zum Tragen über der Bekleidung für schweres Wetter. Die R. 275 N soll einen →*Auftrieb* von 275 →*Newton* für einen normalen Erwachsenen (von 70 kg Gewicht) gewährleisten, auch wenn dieser im Wasser eine schwere Schutzkleidung und dazu einen schweren Werkzeuggürtel trägt. Sie muß den Kopf ihres Trägers so drehen und unterstützen, daß bei einer entspannten Person, die zwischen 30° und 90° zur senkrechten Linie nach hinten geneigt im Wasser liegt, noch eine →*Freibordhöhe* von 100 mm bis zur Mundecke besteht. Außerdem muß sie eine Person, die nach einem Über-Bord-Unfall ins Wasser fällt oder mit nach unten gerichtetem Gesicht im Wasser liegt, innerhalb von 5 Sekunden selbsttätig in die oben genannte Schwimmlage drehen.

Rettungswesten-Leuchte, die *(life jacket water light)* Nach den →*SOLAS-Bestimmungen* muß jede R.-L. eine →*Lichtstärke* von 0,75 →*Candela* haben, aus einer Energiequelle gespeist werden, die mindestens 8 Stunden lang die Energie für diese Lichtstärke liefert und sicher an der →*Rettungsweste* befestigt sein. Ist die R.-L. eine Blitzleuchte, muß diese in einem Rhythmus von 50 →*Blitzen* in der Minute mit einer effektiven Lichtstärke von 0,75 Candela aufleuchten und mit einem von Hand zu bedienenden Schalter versehen sein.

Reuse, die *(basket, trap net)* Ein meistens von einer →*Huk* senkrecht zur →*Küste* bis ins →*Fahrwasser* reichendes, bis zu 100 m langes, zwischen Pfählen verankertes Stellnetz, das bis zum →*Grund* gespannt oder dort verankert ist und den Fisch zu einer Netzkammer am seewärtigen Ende leitet, aus der er nicht mehr entweichen kann. Das Entleeren geschieht dort mit Kescher oder durch Hieven der Netze. Beim →*Aufkreuzen* enger Fahrrinnen an der →*Küste* kann man mit einer →*Yacht* meist unbedenklich den Tonnenstrich verlassen und bis in die Nähe einer R. segeln, weil der Reusenkopf immer in (für →*Seekreuzer* ausreichend) tiefem Wasser steht.

Revier, das *(pilotage waters, estuary)* Allgemein das Mündungsgebiet eines Flusses, eine Förde oder eine ähnliche, geschützte Meeresbucht, die innerhalb der Hoheitsgewässer liegt und wo in der Berufsschiffahrt die Fahrt mit einem Lotsen vorgeschrieben, in der Sportschiffahrt die Bedingungen der →*Revierfahrt* gültig sind.

Revierfahrt, die *(estuary trading)* Die Fahrt eines Seeschiffes im →*Revier,* während der sich ein →*Lotse* an Bord befinden, ein →*Fahrwasser* eingehalten werden, meistens mit verminderter Geschwindigkeit gefahren werden und eine Vielzahl von Sicherheitsbestimmungen beachtet werden muß. In der Sportschiffahrt gilt die R. bis zur →*Hoheitsgrenze,* d. h. zur völkerrechtlichen 3-sm-Grenze und so weit sie von Seeschiffen befahren wird. Hierzu erteilt der →*DSV* den →*BR-Schein.* Unter Motor ist in der R. der amtliche →*Sportbootführerschein-See* obligatorisch.

Reynoldssche Zahl, die – Reynoldszahl, die *(Reynolds Number)* Nach dem britischen Physiker Osborne Reynolds (1842–1912) benannte und 1883 eingeführte Kennziffer in der Strömungslehre:

$$R_n = \frac{V \times L}{v}$$

Von ihr hängen die Art der Strömung in der →*Grenzschicht* und die damit verbundenen Reibungskräfte ab, die sowohl (in der →*Aerodynamik* des Segels) auf die Geschwindigkeit der Luftströmung als auch (bei der →*Hydrodynamik* des Bootsrumpfes) auf die Fahrtgeschwindigkeit der Yacht bezogen werden kann. Die Strömungsgeschwindigkeit wird als „V" bezeichnet und in m/sec eingesetzt. „L" ist die charakteristische Länge des in der Strömung liegenden Körpers bzw. der benetzten Fläche und „v" ein Koeffizient, der von der Zähigkeit und der Dichte von Luft bzw. Wasser abhängt und als „kinematische Zähigkeit" bezeichnet wird. Bei einer bestimmten R. Z. geht z. B. die Luftströmung am Segel aus einer →*laminaren* in eine →*turbulente Strömung* über. Es vergrößert sich die →*Grenzschicht,* und der →*Reibungswiderstand* nimmt zu. Sinngemäßes passiert an der →*Kielflosse,* am →*Schwert* oder am →*Ruderblatt,* bedingt durch den →*Rauhigkeitsgrad* der Oberfläche, den man darum durch →*Gleit-Antifouling* o. ä. so gering wie möglich zu halten sucht.

Rhe, Segelclub Ältester deutscher Segelclub, der am 7. 2. 1855 in Königsberg (Ostpreußen) von vorwiegend jungen Seglern mit einer eigenen „Segelzeitung des Rhe" gegründet wurde. Damit ist die Geburtsstunde des deutschen Sportsegelns markiert; denn bei der 1835 auf den Berliner Gewässern gegründeten „Tavernen-Gesellschaft" ging es nur um Korsofahrten, Blumenschlachten und Picknickfahrten. Der SC Rhe war auch bei der Gründung des →*Deutschen Segler-Verbandes* (DSV) 1888 maßgeblich vertreten und hat nach dem Ende des Zweiten Weltkrieges sein Domizil in Hamburg gefunden.

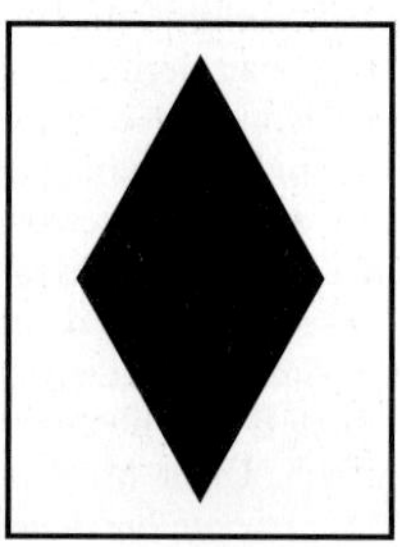

Rhombus, der (Raute, die) *(rhomb, diamond, black diamond shape)* Geometrische Figur, die z. B. als →*Signalkörper* nach den →*KVR* zur Kennzeichnung eines →*schleppenden* oder *geschleppten Fahrzeuges* dient. Nach Anlage I, Ziffer 6 der →*KVR* muß ein R. aus zwei Kegeln mit einer gemeinsamen Grundfläche bestehen. Jede Grundfläche muß einen Durchmesser von mindestens 0,60 m haben. – Rhombusförmig verlaufen auch die →*Jumpstagen* über die →*Jumpstagspreize* oder die →*Toppwanten* über die obere →*Saling* zum →*Mast* zurück, wenn sie ein gleichseitiges Parallelogramm umschreiben, das englisch „Diamond" genannt wird und von dem man z. B. die Bezeichnung →*Diamantwant* oder →*Diamantrigg* herleitet.

Richtantenne, die *(directional aerial, directional antenna)* Eine Antenne, die ausgestrahlte Funkwellen in ganz bestimmten Richtungen besonders wirksam empfängt und daher zur Richtungsbestimmung zu benutzen ist. Eine R. ist z. B. eine →*Rahmenantenne* und ein →*Ferritstab* bei einem Funkpeiler, ebenso die Drehstabantenne bei einem →*Radargerät.*

Richtbake(n), die *(leading mark[s], leading beacon[s])* Die →*Bake(n)* einer →*Deckpeilung,* auch

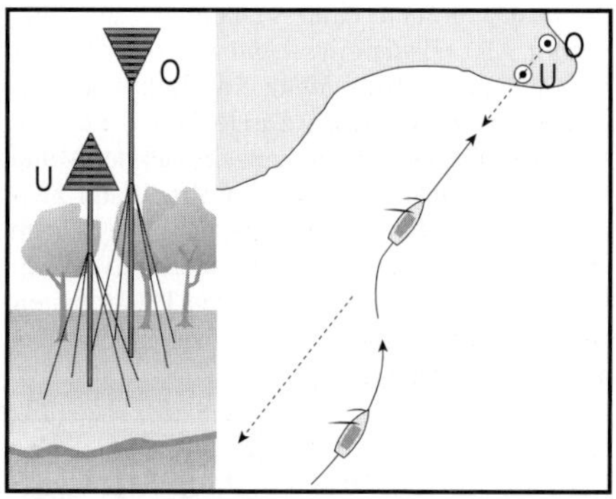

zur Unterscheidung als Ober- und Unterbake bezeichnet. Steht eine R. mit der anderen „in Linie", dann wird eine bestimmte Richtung bezeichnet. Auch eine →*Meilenbake* wird als R. bezeichnet.

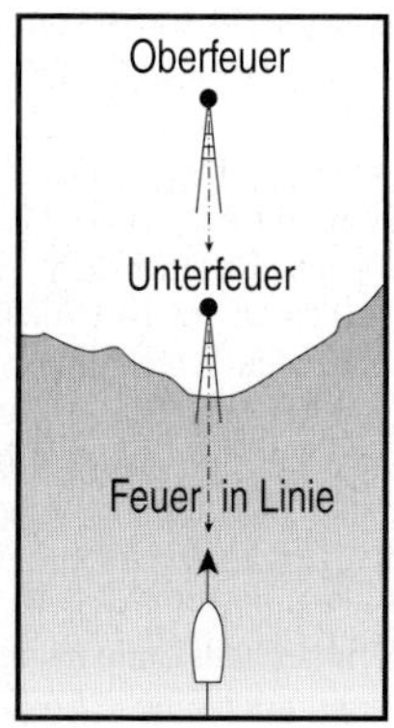

Richtfeuer (Rcht-F.), das *(leading light)* Zwei →*Leuchtfeuer,* die in kurzer Distanz hintereinanderliegen, aber als →*Oberfeuer* und →*Unterfeuer* übereinander in →*Deckung* gebracht werden können. Sie bezeichnen (mit gleicher oder unterschiedlicher →*Kennung)* in Linie die Richtung eines →*Fahrwassers,* einer →*Einfahrt* oder einer Durchfahrt. Jede Abweichung von der geforderten Kursrichtung ist durch seitliches →*Auswandern* der Feuer zu erkennen.

Richtfunkfeuer, das *(radio range)* Ein →*Funkfeuer,* das durch die Anordnung seiner Sendeantenne nur in bestimmte Richtungen strahlt und durch seine →*Leitstrahlen* Vorzugsrichtungen kennzeichnet. R. wirken sinngemäß wie optische →*Richtfeuer* und dienen z. B. einer Fahrt in einem →*Fahrwasser* bei schlechter →*Sicht.* Bei Einhalten des richtigen →*Kurses* hört man einen Dauerton (Dauerstrich). Das seitliche Verlassen der →*Deckpeilung* wird durch akustische Punkt- bzw. Strichsignale angezeigt. R. werden in deutschen Seekarten mit RD., in internationalen Seekarten mit RD bezeichnet. Die entsprechenden Angaben sind im →*Nautischen Funkdienst* enthalten.

Richtlinie 94/25/EG des Europäischen Parlamentes und des Rats... über Sportboote siehe unter →*EU-Richtlinie.*

richtiger Kurs, der *(1. proper course, 2. true course)* 1. Als Definition der →*Wettfahrtregeln* (→*WR)* ein →*Kurs,* den ein Boot in Abwesenheit der anderen Boote, auf die sich die Regel mit diesem Begriff bezieht, segeln würde, um so schnell wie möglich durchs →*Ziel* zu gehen. Vor dem →*Startsignal* hat ein Boot keinen r. K. – 2. Bei der →*Kursverwandlung* ist der →*rechtweisende Kurs* ein r. K. (im Vergleich zum →*mißweisenden Kurs),* und gegenüber dem →*Magnetkompaßkurs* wird auch der mißweisende Kurs als r. K. bezeichnet, aber natürlich nur im relativen Sinne.

Richt(ungs)licht, das *(range light)* Im Seglerjargon eine charakterisierende Bezeichnung für das zweite, →*achtere* →*Topplicht,* das →*Fahrzeuge* über 50 m Länge führen müssen und aus dessen Stellung zum vorderen Topplicht die →*Lage* des Fahrzeugs bei →*Nacht* deutlicher zu erkennen ist (Abb.). In der anglo-amerikanischen Schiffahrtssprache heißt das (achtere) R. „(after) range light" zur Unterscheidung vom „masthead light", dem vorderen Topplicht. In den offiziellen deutschen Begriffen der →*KVR* gibt es das „R." nicht, weil man es vielleicht mit →*Richtfeuer* verwechseln könnte.

Richtungsgleichgewicht, das *(sail balance)* Das Vermögen eines Bootes, ohne Bedienen des →*Ruders* einen geraden →*Kurs* zu segeln. Diese →*Kursstabilität* ist konstruktiv von der Lage des →*Segelschwerpunktes* zum →*Lateralschwerpunkt* abhängig. Es sind jedoch nicht die geometrischen Mittelpunkte der Unterwasserfläche des Rumpfes sowie der Segelfläche in der Praxis von Bedeutung, sondern statt dessen die →*Druckpunkte,* die sich zudem noch bei unterschiedlichem Anstellwinkel der →*Segel* und des aus Bootsrumpf, →*Kielflosse,* →*Schwert* o. ä. geformten Unterwasserschiffes in ihrer Lage verändern. Das R. kann nur durch →*Trimmen* (mit der →*Crew)* oder durch entsprechende Veränderungen des Segels (mit Hilfe von →*Schot,* →*Cunningham-Stropp,* Ausholer u. a.) bzw. durch die richtige Auswahl der →*Beisegel* bei jeder →*Windstärke* und auf allen →*Kursen* aufrecht erhalten werden. Wenn das R. gestört ist, wird ein Boot →*luvgierig* oder →*leegierig,* und man muß die →*Pinne* bedienen, um es mit Hilfe des →*Ruders* wieder herzustellen. Da andererseits jede →*Ruderlage* aber den →*Wasserwiderstand* vergrößert und eine →*Krängung* unterstützt, ist die Erhaltung des R. mit Mitteln der →*Segeltechnik* die Voraussetzung für sichere und schnelle Fahrt, hauptsächlich beim →*Rennsegeln.*

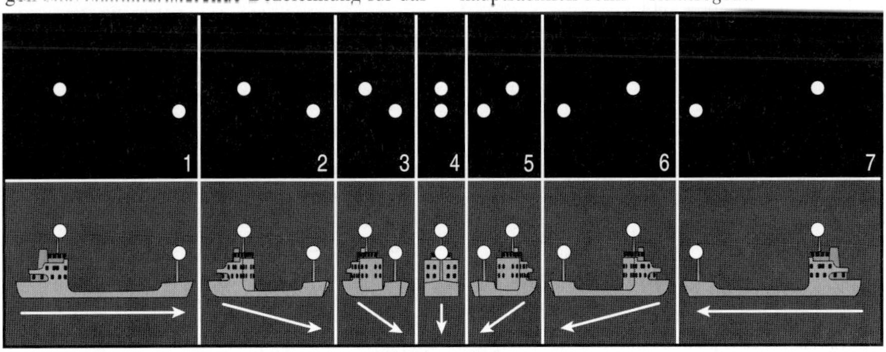

Richt(ungs)licht

Richtungsrose, die *(card [graduated in degrees])* Auch als →*Kompaßrose* bezeichnete, den

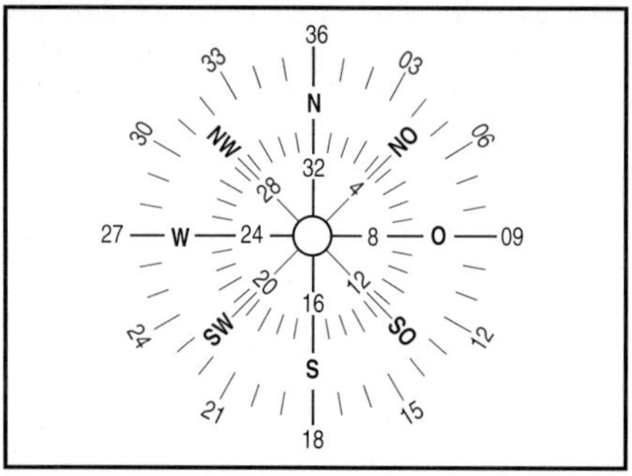

Horizont darstellende Scheibe mit einer Einteilung in →*Striche* oder →*Zehnergrade* („Dez“) zur Bezeichnung von →*Kurs,* Wind- und anderen Richtungsangaben. Eine R. sollte nicht als →*Windrose* benannt werden, weil diesem Begriff eine international andere, wichtige Bedeutung zukommt.

Riemen, der *(oar)* Ruderriemen, mit dem man (paarweise) →*pullen* oder (einzeln) →*wriggen*

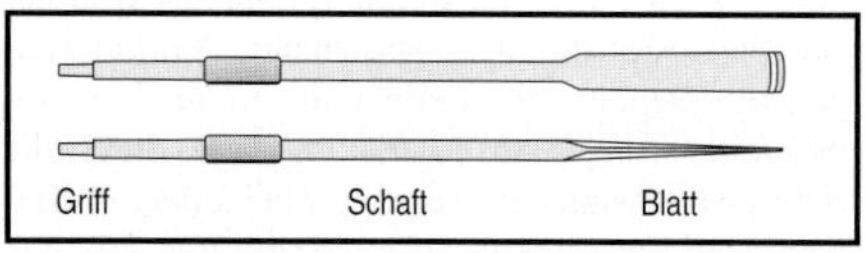

kann. Im Notfall kann ein R. auch zum →*Steuern* dienen. R. liegen in einem →*Jugendkutter* in →*Rundseln,* in einem →*Beiboot* in →*Dollen.* Ein R. hat (oft) eine Belederung an der Stelle, wo er die Bordwand berührt sowie einen Handgriff auf der einen und das Riemenblatt auf der anderen Seite.

Riemengabel, die *(boat crutch, horntype oarlock, swivel rowlock)* Auch Gabeldolle oder →*Dolle* (aber nicht „Rudergabel“) genanntes hufeisenförmiges Auflager für den→*Riemen,* drehbar im →*Dollbord* befestigt und aus Metall oder Kunststoff gefertigt. Die R. wird zum →*Pullen* eingesteckt und herausgenommen, wenn das Boot nicht als →*Ruderdingi* benutzt wird.

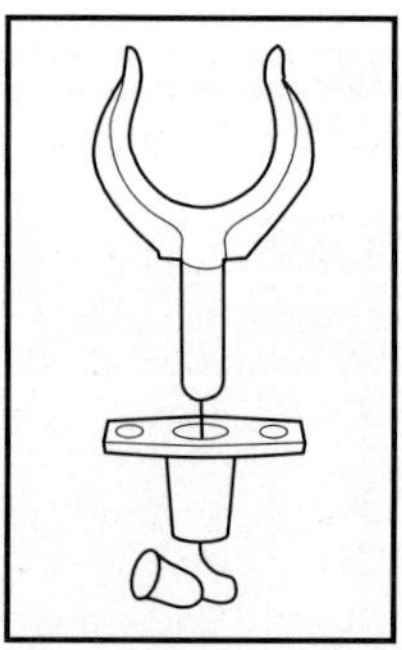

Riff, das *(reef)* Langgestreckte, schmale →*Sandbank,* auch flache Stein- oder Felsbank, die in der →*Brandungszone* vor einer →*Küste* liegt und auch bei ruhigem Wetter durch →*Brecher* erkennbar sein kann.

Rigg, das *(rig)* Bezeichnung der →*Takelage* mit allen Teilen des →*stehenden* und →*laufenden Gutes* einschließlich →*Mast* und →*Spieren.*

Riggvorteile, die *(rig allowances)* Die größere →*aerodynamische Wirksamkeit,* die ein als →*Slup* oder →*Kutter* getakelter Einmaster mit →*Hochtakelung* gegenüber anderen Takelungsarten sowie →*Anderthalbmastern* oder →*Zweimastern* hat. Die R. wurden experimentell ermittelt und in Prozenten der (vermessenen) Segelfläche z. B. in der →*RORC*- und →*CCA-Formel* angegeben. Um die R. von modernen Einmastern auszugleichen, dürfen mehr Segelfläche führen:

→*Yawl* mit →*Hochtakelung*	*4 %*
→*Kutter* mit →*Gaffeltakelung*	*6 %*
→*Gaffelkutter*	*6 %*
→*Schuner* mit →*Hochtakelung*	*8 %*
→*Yawl* mit →*Gaffeltakelung*	*13 %*
→*Ketsch* mit →*Hochtakelung*	*13 %*
→*Schuner* mit →*Gaffeltakelung*	*18 %*
→*Ketsch* mit →*Gaffeltakelung*	*20 %*

Durch diese R. wurde 1960 eine genaue Definition von →*Ketsch* und →*Yawl* in bezug auf das →*Besanstagsegel* erforderlich, die damals auf die →*Konstruktionswasserlinie* bezogen wurde. In die frühere →*IOR-Formel* wurde sie nicht übernommen. Diese kannte nur die →*Takelung* als →*Slup,* →*Yawl* und →*Schuner.*

RINA Abk. für **Registro Italiano Navale,** die italienische →*Klassifikationsgesellschaft* mit Sitz in Genua und einem deutschen Bauaufseher (Besichtiger) in Elmshorn.

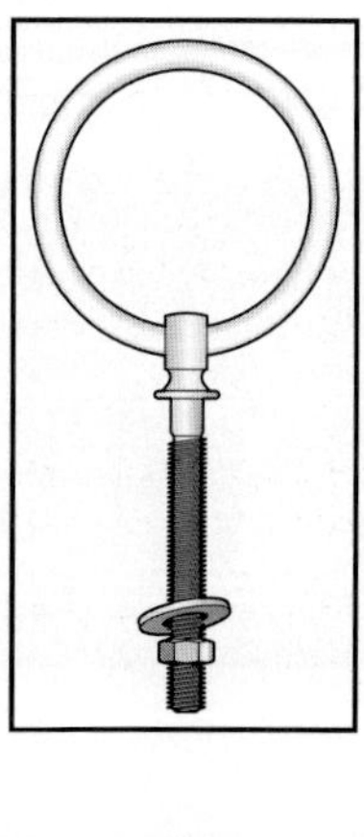

Ringbolzen, der *(ring bolt)* Ein →*Augbolzen,* der zusätzlich mit einem Ring versehen ist, um →*Leinen* zu führen oder als Befestigung für eine →*Lasching* zu dienen.

Ringstropp, der *(rope sling)* Ein aus →*Kabelgarnen* geflochtener, gedrehter oder gespleißter Tau- oder Seilkranz, der an Bord z. B. zum →*Anstecken* von →*Schäkeln* oder →*Leinen* dient.

Riplets (engl.) Bezeichnung von Folien mit schallplattenartigen Rillen, die zur Verringerung des →*Wasserwiderstandes* auf →*Rennyachten* und das →*Unterwasserschiff* geklebt werden.

Riß, der *(lines drawing, lines plan)* Kurzform für →*Linienriß,* zu dem Projektionen in allen 3 Ebenen gehören.

Rißbildung, die *(crack, getting of cracks)* In der →*Außenhaut* eines →*Rumpfes* aus →*GFK* optisch sichtbare Fertigungsfehler. Die →*Deckschicht* ist über einen weiten Bereich mit langen, verbundenen →*Haarrissen* gekennzeichnet. Ursache: Die Deckschicht ist zu dick und zu spröde; die Aushärtung erfolgte zu rasch, durch eine Überdosis →*Härter* oder bei zu großer Wärme. Andere Fehler im GFK-Bootsbau sind →*Sternbrüche,* →*Blasenbildung,* →*Weißbruch* und →*„Elefantenhaut".*

Roaring Forties (engl.) – **„Brüllende Vierziger"** Die Region der →*Westwinddrift* in den Breiten zwischen 40° und 50° S, die durch orkanartige Windgeschwindigkeiten und hohen Seegang gefürchtet sind. Nach Norden schließen sich die „Flüsternden Dreißiger" (whispering thirties), nach Süden die „Wütenden Fünfziger" (furious fifties) an.

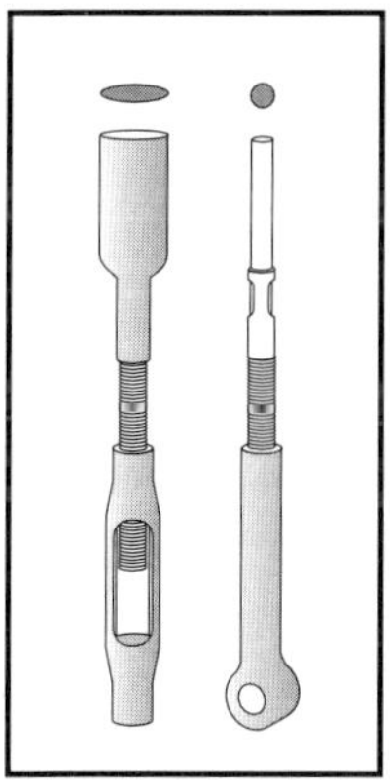

Rod Rigging (engl.) – **Stabwant** Aus gezogenem starrem Material gefertigte Teile des →*stehenden Gutes,* z. B. der strömungsgünstigen Form und des im Gegensatz zu →*Drahttauwerk* fehlenden →*Recks* als →*Profilwant* bezeichnet.

Roger! *(int.; engl.)* Im →*internationalen* →*Seefunk* das Wort für „Verstanden!"; „Richtig!" oder „Okay!"

Rohrklemme, die *(jam cleat, clam cleat)* Eine Art Klemm- oder Kneifklampe, aus Kunststoff gefertigt und in Form eines waagerechten, an der Oberkante keilförmig aufgeschlitzten Rohres gearbeitet. Eine R. dient zum Festhalten der →*Fockschot,* insbesondere auf →*Jollen,* und für →*Fasertauwerk* von 6 bis 10 mm Dicke.

Rohrkoje, die *(pipe cot, pipe berth)* Eine →*Koje* aus Stahlrohr mit einem dazwischen gespannten Segeltuchkleid, die unbenutzt beigeklappt werden kann und als Segel- oder Reservekoje hauptsächlich im →*Vorschiff* dient.

Rollbewegung in der Welle *(wave rolling)* Die →*querschiffs* gerichtete Drehbewegung, in die ein Boot im →*Seegang* versetzt wird. Bei Durchlauf des →*Wellenkamms* legt sich das Boot nach →*Lee* über, und im →*Wellental* dreht das →*aufrichtende Moment* das Boot wieder in die normale Schwimmlage zurück.

Rolle, die *(1. reel, 2. stations drill)* 1. Im üblichen Sinne aufgeschossenes oder gebündeltes Tauwerk, z. B. in einer Trossenrolle. – 2. Der Arbeitsplan, in dem der Besatzung für bestimmte Situationen des →*Notfalls* oder beim →*Manöver* genaue Aufgaben übertragen sind. Es gibt z. B. eine Bergerolle, Feuerrolle, R.→*Mann über Bord* u. a.

rollen *(to roll)* Ursprünglich eine Kombination von →*Schlingern* und →*Stampfen,* bei dem sich

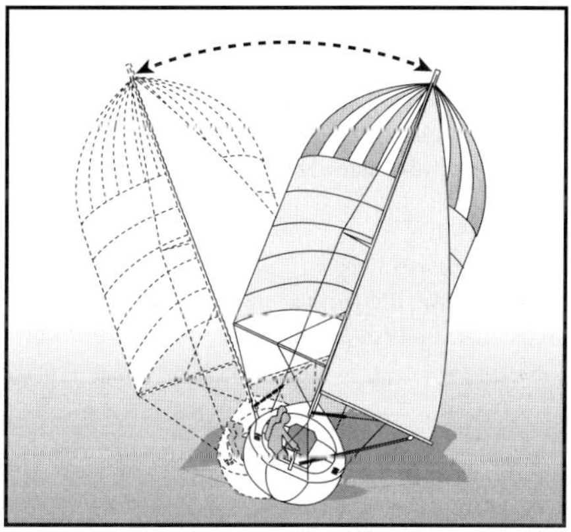

beide periodisch wiederkehrenden Bewegungen überlagerten. In der modernen Schiffahrt wird darunter ausschließlich die Bootsbewegung des →*Schlingerns,* d. h. die seitliche Bewegung um die Längsachse des Bootes verstanden.

Rollfock, die *(furling jib)* Eine →*Fock* oder ein anderes beliebiges Vorsegel (A, 1), das zur Verminderung der Segelfläche entweder beim Reffen (2) teilweise oder beim →*Segelbergen* (3) ganz aufgerollt werden kann. Hierzu wird eine →*Reffleine* benutzt, die das →*Profilstag,* in dessen →*Keep*

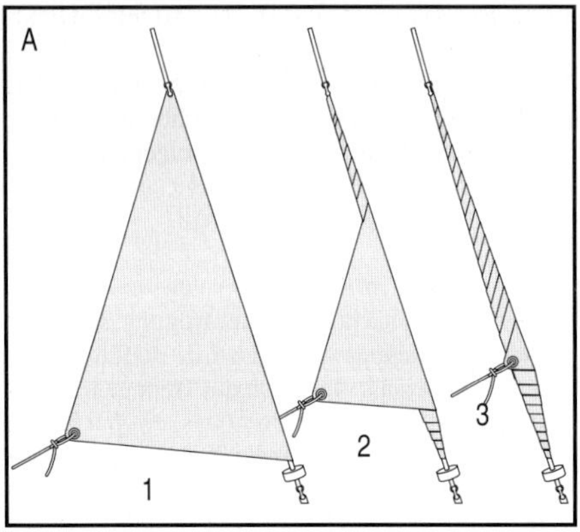

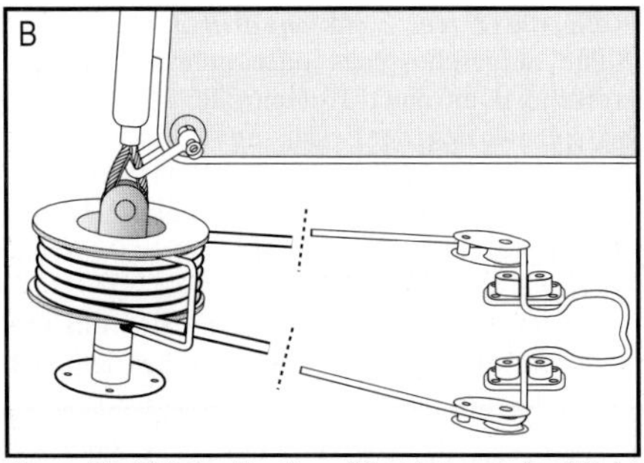

das →*Vorliek* der R. eingeführt ist, von der Plicht aus axial drehen kann. Eine R. kann auch mit zwei Trimmleinen ausgestattet sein (Abb. B), die sowohl das Aus- wie das Einrollen kontrollieren. Man findet sie auch bei der Reffanlage eines →*Rollgroßsegels* in einem →*Hohlkammermast.*

Rollperiode, die *(period of roll)* Die Dauer einer Schwingung →*querschiffs,* d. h. aus aufrechter

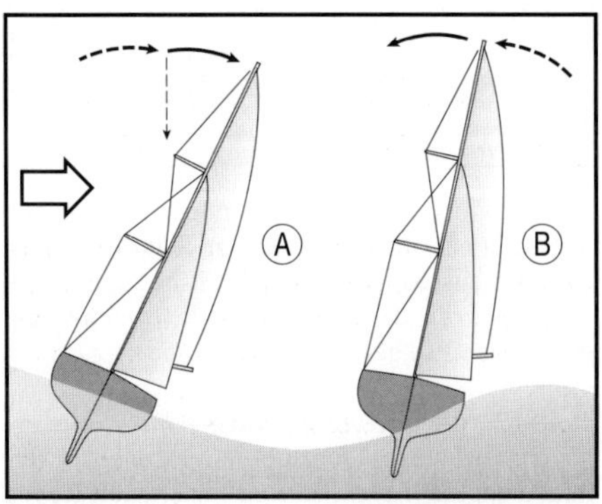

Schwimmlage zur maximalen →*Krängung* auf einer Seite (A), Rückpendeln (B) über die Senkrechte hinaus zum größten Überliegen auf der anderen Seite und in die aufrechte Schwimmlage mit senkrechter Mastposition zurück. Sie tritt im →*Seegang,* vor dem Wind unter Segeln oder in toter →*Dünung* unfreiwillig auf und kann nach der Dauer der Schwingung ein Indiz der →*Querstabilität* sein. Im Hafen kann man die R. auch künstlich durch Bewegungen von Gewichten (der an den →*Wanten* hängenden →*Crew* oder der →*querschiffs* laufenden Besatzung) erzeugen, um daraus die →*metazentrische Höhe* als Maß der Querstabilität experimentell zu ermitteln. Nach einer Faustformel ist die metazentrische Höhe (MG) in cm so hoch wie der doppelte Trägheitsradius seiner Schwingung (2r) abzüglich der Schwingungsdauer T (in Sekunden) nach der Formel

$$MG = (2r - T)^2$$

Wenn man für den Radius den Erfahrungswert von ca. 22 % der Bootsbreite einsetzt, dann ergibt sich bei einem 3 m breiten Boot und einer Schwingungsdauer von 8 s

$$MG = 132 - 8)^2 = 154 \text{ cm}$$

Beträgt die Schwingungsdauer nur 4 s, so erhält man

$$MG = (132 - 4)^2 = 164 \text{ cm}$$

Ein →*rankes* Boot hat eine kürzere R. als ein →*steifes* Boot und →*Jollen* mit →*Formstabilität* verzeichnen eine geringere Schwingungsdauer als →*Yachten* mit →*Gewichtsstabilität.* Als Erfahrungswert gilt für Jollen eine R. mit einer Schwingungsdauer von 3 bis 4 s und für Yachten von 5 bis 10 s, wobei der kleinere Wert jeweils eine große metazentrische Höhe, große Querstabilität und größere Sicherheit signalisiert als ein großer Wert, der zunehmend noch ein Anzeichen für eine Verlagerung des Gewichtsschwerpunktes nach oben (z. B. bei Überladung des Bootes, bei Wassereinbruch oder bei einem →*Leck*) sein kann.

Rollfockeinrichtung, die *(jib furling gear)* Im Gegensatz zur →*Rollreffanlage* eine Einrichtung nur zum Aufrollen einer →*Fock* beim Bergen oder Ausrollen zum →*Setzen* um ein flexibles →*Vorstag,* aber nicht zum stufenlosen →*Reffen* um ein →*Profilstag.*

Rollreffanlage, die *(roller reefing and furling system)* Aus den Hauptteilen →*Refftrommel* am →*Bug,* rohrförmiger, drehbarer Befestigung für das →*Vorliek* des Segels und Wirbel am →*Topp* bestehende mechanische Vorrichtungen zum →*Setzen,* →*Bergen* und stufenlosen →*Reffen* eines einzigen Segels für alle →*Windstärken* und alle →*Kurse zum Wind.* Man unterscheidet selbsttragende →*Profilstagen,* auf →*Stagen* aus flexiblem →*Drahttauwerk* aufgeschobene →*Profilrohre* und ähnliche Steckelemente, die sich um →*Stabstagen* oder →*Rod Rigging* drehen. Es sind R. mit einer →*Nut* und zwei Nuten in den Vorstagelementen sowohl neben- als auch hintereinander und für →*Vorsegel* wie für →*Großsegel* auf dem Markt. R. können auch in →*Hohlkammermasten* eingebaut und freitragend hinter Achterkante →*Mast* angebaut sein. Früheste R. gab es bereits um 1890. Die moderne Entwicklung ist durch die Patente des Amerikaners L. S. Stearns (1972 in den USA und 1981 in Deutschland) gekennzeichnet.

Rollreff-Genua, die *(furling and reefing genoa)* Eine →*Genua,* die an einer →*Rollreffanlage* gefahren wird und sich stufenlos auf jede gewünschte Segelfläche vergrößern und verkleinern läßt. Ausgangsgröße ist eine Genua II mit etwa 110 % deren Tuchgewichtes. Aufgenähte Segeltuchdopplungen flachen die →*Segelwölbung* bei Verminderung der Segelfläche in zunehmender →*Windgeschwindigkeit* optimal ab. Eine doppelschichtige R. wird als →*Allrounder* bezeichnet.

Roll(en)großbaum, der *(main boom with inboom-furling)* Ein →*Drehreff,* das innerhalb eines →*Hohlkammerbaumes* arbeitet. Beim →*Reffen* eines →*Großsegels* (auch mit →*Segellatten)* kann der →*Baumniederhalter* ungehindert weiterarbeiten. Ein R. (auch →*Sailtainer* genannt) ist klobig und keine Alternative zum →*Rollreff-Großsegel* in einem →*Hohlkammermast.*

Rollreff-Großsegel *(furling and reefing mainsail)* Es arbeitet an einer →*Rollreffanlage* entweder mit einem selbsttragenden →*Profilstag* hinter Achterkante Mast oder in einem →*Hohlkammermast* nach dem gleichen Prinzip wie eine →*Rollreff-Genua* (Abb. A). Bei einem an einem Profilrohr außerhalb des Mastes geführten Großsegel bleibt der gesamte Vorgang des Aus- und Einrollens (im Gegensatz zur Führung in einem Hohlkammermast) nicht nur ständig im Blick der →*Crew,* die dafür arbeitet, es sind auch nicht die aerodynamischen Nachteile durch den größeren Formwiderstand eines massigen Kastenmastes (Abb. B, 1) gegeben. Demgegenüber wird durch den Spalt zwischen Achterkante Mast und Profilstag (3) die Bedingung eines jener Göttinger Schlitzflügel-Profile erfüllt, deren überlegene aerodynamische Leistungsfähigkeit nachgewiesen ist. So erweist sich auch die Nachrüstung eines Mastes mit einem an seiner Achterkante vom →*Topp* bis zum Großbaum befestigten Rohr (2),

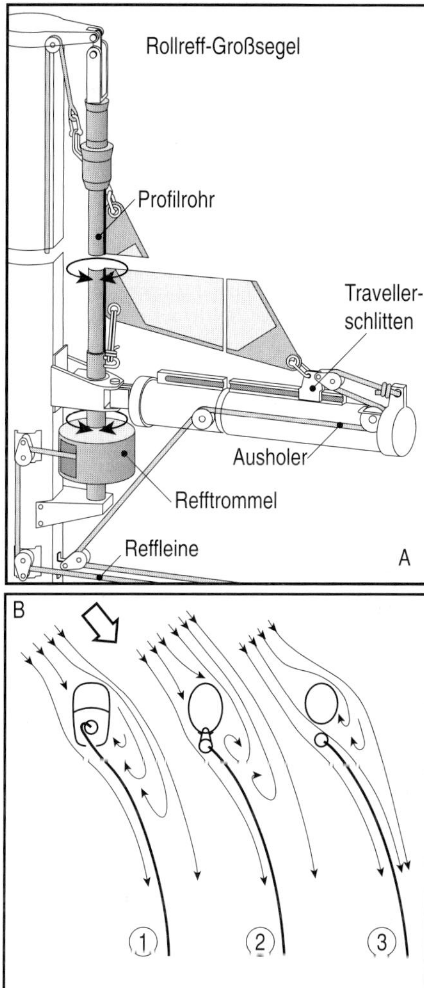

Rollreff-Großsegel

das das eingerollte Segel anstelle von (1) und (3) aufnehmen kann, als zweifach ungünstig: Segeltechnisch wird die Wirbelbildung an der Leeseite des Mastes durch den vergrößerten Formwiderstand weitflächig aktiviert, und seemännisch wird es (gerade in Situationen, in denen ein →*Reffen* notwendig ist) oft problematisch, die gewünschte Fläche des (beim Einrollen faltig gewordenen nassen) Segels in die knapp bemessene Röhre einzuholen. Ein R.-G. wird mit →*losem Unterliek* gefahren. Das →*Schothorn* ist (über eine Umlenkrolle) mit einem →*Rutscher* verbunden, der auf einer auf dem Großbaum montierten Schiene gleiten kann, wenn er mit einer (meistens innen geführten) Ausholerleine bis zur →*Baumnock* gebracht wird. Ihre →*holende Part* ist über das →*Deck* oder →*Kajütdeck* bis in die →*Plicht* geführt. Die →*Reffleine* zur →*Refftrommel* unter dem →*Lümmelbeschlag* wird vom gleichen Arbeitsplatz aus bedient, an dem zwei Leinenstopper vorlich einer Winsch angeordnet sind. Ein R.-G. läßt sich nicht nur stufenlos reffen. Man kann auch (bei voller Segelfläche oder in jedem Reffzustand) die →*Segelwölbung* der →*Windgeschwindigkeit* oder der →*Kurswahl* anpassen, wenn man sie z. B. (durch Losegeben der Ausholerleine bei belegter Reffleine) vergrößert oder das Segel mit entgegengesetzten Maßnahmen flacher trimmt.

Rollstabilität, die *(roll stability)* Sie ist eine Funktion der Rumpfform *(→Spantform)* und der senkrechten Lage des →*Gewichtsschwerpunktes* einer →*Yacht.*

Rollträgheit, die *(roll inertia)* Sie wird als Massenträgheit durch die Größe des Gewichtes von Mast und →*Rigg* und durch den Abstand des →*Gewichtsschwerpunktes* der Takelage von der Roll- oder Stampfachse der Yacht bestimmt.

RORC-Formel, die *(RORC-rule)* Rennwert-Formel des Royal Ocean Racing Club, der 1925 (als „Ocean Racing Club") in England gegründet wurde und der Initiator der wichtigsten internationalen Hochseerennen ist. Nach der mehrfach geänderten Formel, die 1969 zugunsten der →*IOR-Formel* aufgegeben wurde, segelte man die bedeutendsten →*Hochseeregatten.*

Roring, der *(anchor ring)* Zugfester Ring am →*Ankerschaft* zum →*Anstecken* der →*Ankerkette* oder am →*Kreuz* zum →*Anschlagen* der →*Trippleine* mit einem →*Schäkel* oder →*Roringstek.*

Roringstek, der *(anchor bend)* Ein →*Stek* zum Festmachen eines →*Endes* an einen →*Roring* oder zum →*Anstecken* an Ringen o. ä. Man legt zwei Rundtörns um den Ring und führt den →*Tampen* über die feste Part und durch das Innere der Törns zurück. Der Knoten kann als einfacher R. mit anschließendem →*halben Schlag* und festgemachtem Bändsel (Abb.) oder als doppelter R. geschlagen werden.

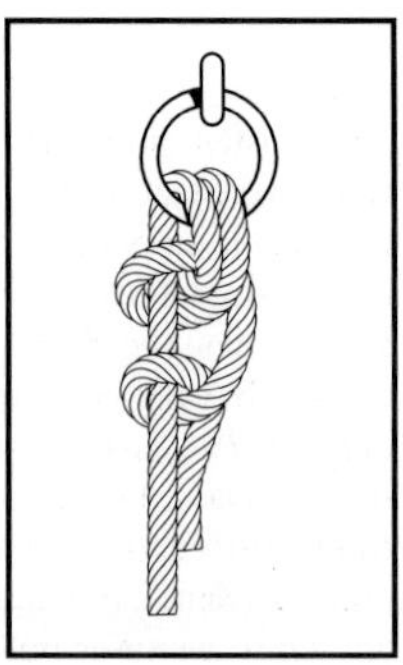

Rossbreiten, die *(horse-latitudes)* Die →*Kalmengürtel* im Bereich hohen Luftdrucks zwischen 25° – 35° N und 20° – 35° S, die auf der Nordhalbkugel nördlich und auf der Südhalbkugel südlich des →*Passatringes* liegen und sich durch umlaufende Winde und →*Windstille* auszeichnen. Die Namen erhielten die nördlichen R. offenbar durch die Pferdetransporte in die amerikanischen Kolonien im 17. und 18. Jahrhundert, bei denen in diesen Gebieten durch die verlängerte Segelzeit viele Pferde aus Nahrungsmangel verendeten und über Bord geworfen wurden. Sinngemäß übertrug man den Namen auch auf die südlichen R.

Rost, der (Eisenrost) *(rust)* Eisenoxyd, das durch Zersetzung des Stahles an feuchter Luft oder beim Angriff durch chemische Lösungen entsteht. R. hat schwarze bis braunrote Farbe und haftet locker und porig auf dem Untergrund. Da er überdies Wasser speichert, fördert R. das Weiterrosten, so daß man die Flächen entrosten und durch →*Mennige* oder Rostschutzfarben schützen muß. Auch durch Sandstrahlen läßt sich R. entfernen sowie durch Metallüberzüge (→*Spritzverzinken)* oder Kunststoffbeschichtungen kann man ein Boot aus →*Stahl* gegen R. sichern.

rostbeständig *(rust proof)* Gegen →*Rost* beständiges Eisen.

rostbeständiger Stahl, der *(stainless steel)* Stahlsorten mit Legierungen, die mindestens 12,5 % Chrom enthalten. Die Beständigkeit gegen →*Korrosion* beruht darauf, daß Chrom eine stärkere Affinität zum Sauerstoff besitzt als Eisen, sich der Sauerstoff deshalb mit dem Chrom verbindet und eine hauchdünne Chromoxydschicht bildet, die den Stahl vor weiterer Oxydation schützt. Eine weitere Steigerung der Korrosionsbeständigkeit wird durch den Zusatz von Nickel (Ni), Molybdän (Mo) und Kupfer (Cu) sowie einigen anderen Elelmenten erreicht. R.S. wird als Markenbezeichnung in bestimmter Legierung auch →*Nirosta* und allgemein →*Edelstahl* genannt.

Rotfeuer, das *(red hand flare)* Ein →*Seenot-Feuerwerkskörper,* der als →*Handrotfeuer* beschrieben ist.

Rotor, der *(rotor)* Ein Körper, der sich gleichmäßig und anhaltend (wie ein Rad) um eine Ach-

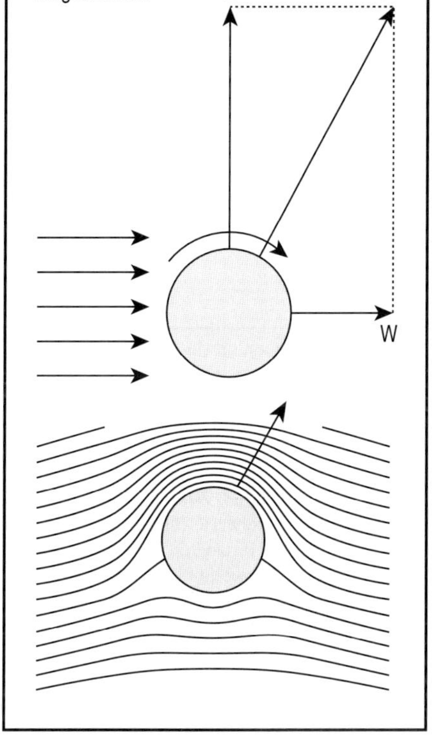

Magnuseffekt

se dreht. In →*Schiffahrt* und →*Schiffbau* synonym für den →*Flettner-Rotor,* einen vom →*Wind* angeströmten rotierenden Zylinder großer Abmessungen, an dem nach dem →*Magnuseffekt* →*aerodynamische* Kräfte für den Antrieb eines →*Rotorschiffs* und einer →*Rotoryacht* erzeugt werden können.

Rotorschiff, das *(rotor ship, rotor vessel)* Die 1920 auf der Germania-Werft in Kiel als →*Dreimasttoppsegelschuner* gebaute, aber als Frachtsegler damals unverkäufliche „Buckau" war das erste →*Flettner-Rotorschiff.* Anstelle ihrer 883 m² Segelfläche erhielt sie zwei →*Rotoren* von 15,60 m Höhe und 2,80 m Durchmesser (Abb.), deren projizierte Fläche mit ca. 88 m² nur 10 % der ursprünglichen Segelfläche betrug. Die errechnete optimale →*Drehzahl* von ca. 120 1/min (sie entspricht einer Rotor-Umfangsgeschwindigkeit von 17,6 m/s) erzielten die Rotoren mit je einem 15-PS-Elektromotor. Bei →*Windstärke* 5 – 6 erreichte die „Buckau" auf Nordsee und Ostsee mit ca. 500 t Ladung eine →*Fahrt* von 8 Knoten. – Das zweite R. war die 1926 gebaute „Barbara" (Lüa 89,30 m; LWL 85,00 m; Breite 13,20 m; Tiefgang 5,40 m; Tragfähigkeit 2830 t), die von der Hamburger Reederei Sloman bis 1931 im Mittelmeerdienst eingesetzt wurde. Sie trug drei →*Rotoren* von 17 m Höhe und 4 m Durchmesser mit je 40-PS-Elektromotoren, die als Hilfsantrieb die beiden 530-PS-Maschinen entlasten sollten. Nur unter Rotoren erreichte die „Barbara" bei einer →*Backstagsbrise* eine →*Fahrt* von 8 →*Knoten.*

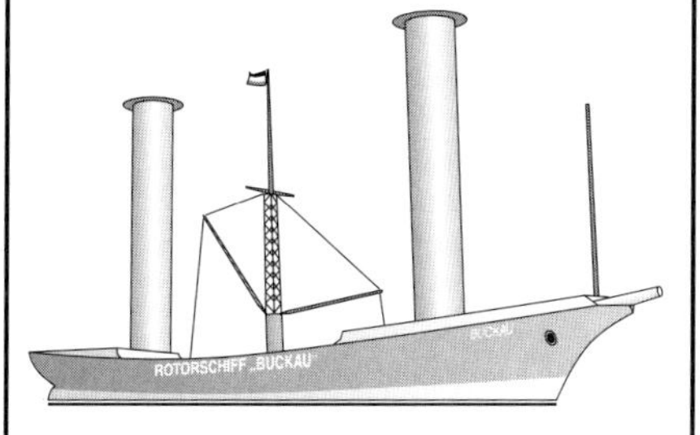

Rotorschiff

Rotoryacht, die *(rotor yacht)* Eine 1925 von Anton Flettner gebaute 11,20 m lange →*Yacht* mit einem →*Rotor* aus →*Aluminium* von 5,80 m Höhe und 1,05 m Durchmesser, der von einem 4-PS-Motor mit →*Wendegetriebe* gedreht wurde (Abb.). Mit dieser relativ geringen →*Motorisierung* erreichte der 80 kg schwere Turm bis zu 300 1/min (Umdrehungen pro Minute), und die R. konnte nicht nur die →*Fahrt* vergleichbarer Boote →*unter Segeln* halten, sie war ab →*Windstärke* 5 (ab ca. 15 →*Knoten* Wind) sogar schneller. Das Prinzip der R., eine frühe, aber andere Form des heutigen →*Motorsegelns,* setzte sich jedoch nicht durch, weil es nicht zur Ästhetik des →*Segelns* paßte und der Antrieb des Rotors als zu laut empfunden wurde.

Rotoryacht

Round-Britain-Rennen, das *(Round Britain Race)* Seit 1966 alle vier Jahre ausgetragenes Etappenrennen um die britischen einschließlich der Shetland-Inseln für →*Seekreuzer* mit zwei Mann →*Besatzung.* Start und Ziel in Plymouth und Zwangsstopp von 48 Stunden in jedem Etappenhafen. Die Abb. zeigt Kurse und Etappen, die

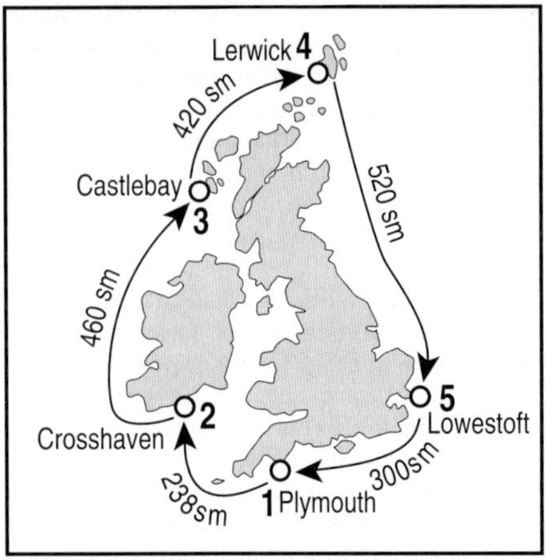

in den ersten Rennen gesegelt wurden. Sie haben sich im Laufe der Jahre mit jeder neuen Ausschreibung geringfügig verändert. In den Jahren 1976 und 1980 wurden auf diesem Kurs (mit Start und Ziel im Solent) auch Rennen mit größerer Besatzungszahl gesegelt.

Round Robin (-Runde) Beim →*Match Race* die Ermittlung des Siegers nach dem K.o.-System. Das Verfahren, bei dem die Kontrahenten paarweise ausgelost werden, wird hauptsächlich bei einer großen Zahl von Teilnehmern und in den Vorentscheidungen gewählt. Als Qualifikation ist es mehr vom Glück als von der seglerischen Leistung abhängig.

Round the World Race, das *(engl.)* Eine →*Regatta,* die sowohl von →*Einhandseglern* als auch einer mehrköpfigen →*Crew* nonstop oder mit 2 bis 4 Zwischenstopps in unregelmäßigen Abständen und von unterschiedlichen Starthäfen rund um die Welt gesegelt wird. Das erste R. t. W. R. begann 1968 in Falmouth (England) mit beliebiger Startzeit für Einhandsegler und wurde nur von einer einzigen →*Yacht,* der „Suhaili", beendet, die unter dem Engländer Robin Knox-Johnston damit auch Sieger und Gewinner eines hohen Geldpreises wurde. Die folgenden Regatten trugen die Namen ihrer Sponsoren, bis später die Yachten selbst als bezahlte Werbeträger segelten. In jüngster Zeit Start und Ziel in Newport (USA) oder Portsmouth (England). Siehe auch →*BOC-Challenge,* →*Whitbread Race* und →*Weltregatta.*

Routeing Chart *(Monatskarte)* Von der britischen Admiralität herausgegebene →*Monatskarte,* die die →*mittleren Wind- und Stromverhältnisse* auf allen Ozeanen darstellt. Für deutsche Segler sind insbesondere die Routeing Charts des Pazifischen Ozeans wertvoll, weil für dieses Seegebiet keine Monatskarten vom →*BSH* veröffentlicht worden sind. Das wichtigste Symbol einer R.C. ist die (englische) →*Windrose* (Abb.), die für jeweils ein Fünf-Grad-Viereck eingedruckt ist. Sie enthält die Mittelwerte für die →*Windstärken* nach →*Beaufort* in Prozenten für die Hauptwindrichtungen und in jeweils fünf Abschnitten einer graphischen Darstellung. Dabei bedeutet der erste, mit einem Strich dargestellte Abschnitt →*Bft* 1–3, der zweite mit einem Rechteck Bft 4, und die weiteren Symbole kennzeichnen die an der unteren Meßlatte ablesbaren Prozentwerte für Bft 5–6, Bft 7 und Bft 8–12. In den weiteren Details ihres Inhaltes entspricht die R. C. der amerikanischen →*Pilot Chart.*

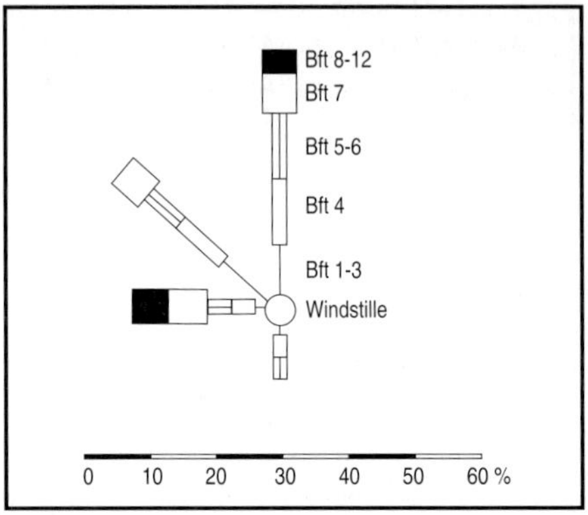

Routine, die *(routine)* Der übliche, gewohnheitsmäßige Dienstverlauf an Bord. Er ist auf See durch die →*Wachen* geregelt. Am →*Liegeplatz* o. ä. arbeitet man z. B. nach Hafen-R., Sonntags-R. u. a. Die R. wird in der Berufsschiffahrt durch Dienstanweisung geregelt, auf Yachten durch die →*Crew* vereinbart.

Route du Rhum *(franz.)* Ein →*Transatlantik-Rennen,* das im Abstand mehrerer Jahre von St. Malo an der französischen Küste zur karibischen Insel Guadeloupe über eine Distanz von 3700 sm für →*Einhandsegler* ausgetragen wird. Die Boote der Sieger waren immer →*Trimarane,* die 1978 23 Tage, 1986 jedoch nur noch 14 Tage benötigten und eine Durchschnittsgeschwindigkeit von 10,5 kn erreichten.

Roving, der *(engl.: Strähne, Vorgespinst (e.: roving)* **Rovingfaser** *(e.: roving fibre; a.: roving fiber)* Internationale Bezeichnung für einen dicken, ungedrehten Glasseidenstrang, in dem endlose Fäden parallel nebeneinander laufen, von mindestens doppelter Menge wie in den Glasseidengarnen, aus denen →*Glasseidengewebe* für den Bootsbau aus →*GFK* gefertigt werden. Rovings stellen das Verstärkungsmaterial mit den höchsten Festigkeitswerten dar. Aus den breiten, verhältnismäßig lose miteinander verwebten Fadensträngen fertigt man →*Rovinggewebe.*

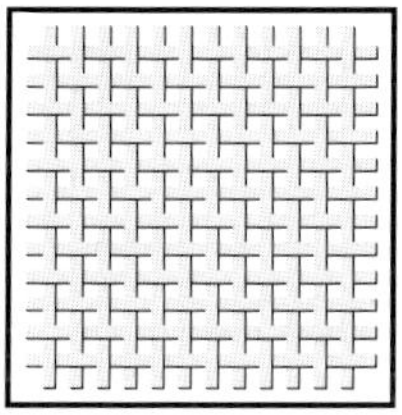

Rovinggewebe, das *(roving fabric)* Aus →*Rovings* oder →*Rovingfasern* in verschiedenen Bindungen hergestellte Gewebe, die im Bootsbau aus →*GFK* einem →*Laminat* bei einem geringen spezifischen Gewicht bessere mechanische Eigenschaften als Stahlblech verleihen. Bei gleicher →*Wichte* wie Laminate aus →*Glasmatten* und →*Glasgewebe* übertreffen sie deren Festigkeiten um das Doppelte bzw. Vierfache. Rovinggewebe sind teuer und werden z. B. im →*Handauflegeverfahren* in dem Bereich des Bootskörpers einlaminiert, der die größten Belastungen aufnehmen muß: längsschiffs und im Bereich von →*Kiel* und →*Kimm.* R. können, je nach Verteilung und Anzahl der →*Glasfasern,* unterschiedliche Festigkeiten in →*Kette* und →*Schuß* erhalten.

Royal-Segel, das *(royal sail)* Bei einem →*Rahsegler* das (von unten gezählte) 6. Segel, das an

der Royal-Rah und über dem →*Oberbram-Segel* gefahren wurde. Oft wurde dazu über der →*Bramstenge* noch eine Royalstenge gesetzt.

R/T; R/T-Dienst *(radio telephony service, radio or wireless telephony)* Wichtige Abk. im →*Seefunk* und →*Wetterfunk* für Funktelefonie und gesprochene Informationen im Gegensatz zum →*F/T-Dienst,* der Funktelegraphie im →*Morsealphabet.* Der Abk., die z. B. im →*Jachtfunkdienst* und im →*Nautischen Funkdienst* benutzt wird, folgt eine Angabe der entsprechenden →*Frequenz* und die Sendeart, z. B. →*J3E.*

RTTY Abk. für **Radio Teletype** Einfaches Funkfernschreibsystem, im Gegensatz zu →*SITOR* ohne Fehlererkennung *(→FED)* und Fehlerkorrektur *(→FEC).* Es werden digitale Wörter übertragen, jedoch ohne Kontrolle eines ordentlichen Empfangs. RTTY übermittelt mit 50 →*Baud.* Alle Meldungen können mit einem →*Navtex-* oder →*MSI-Dekoder* im Klartext lesbar gemacht werden.

Ruckdämpfer, der *(jerk, jolt, shock absorber)* Dass. wie →*Anlegefeder.*

Rückruf, der *(recall)* Startet bei einer →*Wettfahrt* eine →*Yacht* zu früh, dann wird sie zurückgerufen und muß die Startlinie noch einmal durchsegeln. Dazu wird ein optisches →*Rückrufsignal* gesetzt, ein geeignetes akustisches Hinweiszeichen gegeben und bei einem Einzelrückruf die Segelnummer der betreffenden Yacht gezeigt. Starten mehrere Yachten zu früh, dann kann ein allgemeiner R. zum nochmaligen Start der gesamten Klasse führen. Die →*Wettfahrtsignale* für alle Arten von R. enthalten die →*WR.*

Rückdrehen des Windes, das *(backing of the wind)* Änderung der →*Windrichtung* entgegen dem Uhrzeigersinn, d. h. linksdrehend, auch →*Krimpen des Windes* oder →*krimpender Wind* genannt.

Rückrufsignal, das *(recall signal)* Das Setzen des ersten Hilfsstanders aus dem →*Internationalen Signalbuch* ist nach den →*WR* ein allgemeiner Rückruf, wenn mehrere Yachten zu früh gestartet sind. Bei einem Einzelrückruf wird die Yacht durch entsprechende optische (Setzen der Signalflagge X-ray) und akustische Signale auf ihren Frühstart aufmerksam gemacht und zu nochmaligem ordnungsgemäßem Durchsegeln der Startlinie aufgefordert.

Rückseite eines Tiefs, Rückseitenwetter *(rear of depression)* Wettererscheinung nach dem Durchzug eines →*Tiefs* bzw. hinter einer →*Kaltfront* mit folgenden Merkmalen: →*böiger,* jedoch sich langsam beruhigender →*Wind;* →*Schauerwetter,* aber nachlassend; gute →*Sicht,* steigender →*Luftdruck* (im Gegensatz zu fallendem Luftdruck, aufkommendem Regen, zunehmendem

Wind und schlechterer Sicht an der Vorderseite eines Tiefs).

Rückspleiß, der *(back splice)* Dasselbe wie ein →*spanischer Takling* als Sicherung eines →*Tampens* gegen Aufdrehen der →*Kardeele.*

Rückwärtsfahrt, die (aufnehmen) *(to make stern way, to gather sternway)* Ein →*Boot* wird die R. (seemännisch richtiger: →*Fahrt achteraus)* meistens erst aufnehmen, wenn nach dem Einlegen des →*Rückwärtsganges* der →*Propeller* eine bestimmte Zeit →*rückwärtsschlagen* konnte.

Rückwärtsgang (des Motors), der *(reverse gear)* Der Gang des →*Motors* für die entgegengesetzte Laufrichtung zu →*vorwärts.* Vom →*Rudergänger* wird der R. z. B. auf das Maschinenkommando →*„Zurück langsam"* eingelegt.

rückwärtsgehen, rückwärtslaufen (lassen) Im Gegensatz zur →*Fahrt achteraus* auf den →*Motor* bezogen. Nach dem →*Maschinenkommando* →*„Zurück langsam"* wird der →*Rückwärtsgang* eingelegt. Es beginnt das →*Rückwärtsschlagen* des →*Propellers,* entweder nur bis zum →*Aufstoppen* oder für eine →*Rückwärtsfahrt* beim →*Ausweichen* oder einem →*Manöver des letzten Augenblicks.* Auf größeren →*Schiffen* kann dazu das →*Flaggensignal* →*Sierra* mit der Bedeutung „Meine Maschine geht rückwärts" gesetzt werden.

Rückwärtsschlagen des Propellers *(backing of the propeller)* Die Drehrichtung des Propellers nach Einlegen des →*Rückwärtsgangs,* wenn der →*Motor* →*rückwärts* geht.

Rückwärtssegeln, Achteraussegeln, das *(sailing backwards, sailing astern)* Fahrt über den →*Achtersteven* oder →*achteraus* tritt z. B. nach einem mißglückten →*Wenden* (1) ein, wenn ein Boot sich nach einem →*Aufschießer* und gleichzeitigem →*Stoppen* wieder befreien muß. Dabei muß die →*Pinne* entgegengesetzt zur →*Fahrt* voraus gelegt werden, so daß das →*Ruderblatt* in →*Kursrichtung* zeigt, in Pos. 2 auf den alten, in Pos. 3 auf den neuen →*Bug.* Für die nötige →*Driftgeschwindigkeit* sorgt die →*backgesetzte*

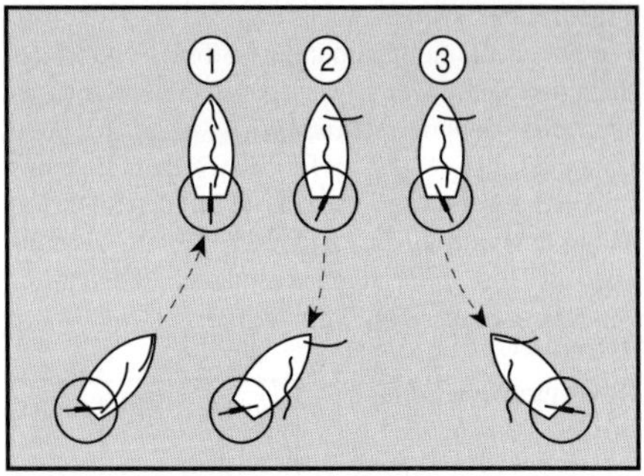

→*Fock,* auf kleinen →*Jollen* gegebenenfalls auch das backgehaltene →*Großsegel.*

Ruder, das *(rudder, helm)* Kurzbezeichnung für die gesamte →*Ruderanlage* zum →*Steuern* eines →*Bootes* und die drehbare, blattartige Fläche hierzu unter dem →*Heck.* Die Abbildungen zeigen die Konstruktionsmerkmale von Yachtrudern, die auch die Manövriereigenschaften eines Bootes, seine Lebenserwartung und die seemännische Sicherheit bestimmen. Nach dem Querschnitt der eigentlichen →*Ruderfläche* unterscheidet man →*Plattenruder* (1) und →*Profilruder* (2). Nach der Aufhängung gibt es freistehende oder →*Schweberuder* (3), →*Halbschweberuder* (4) und →*Festruder* (5). Nach Lage des →*Ruderschaftes* kann man unbalancierte Ruder (6), →*Halbbalanceruder* (7) und →*Balanceruder* (8) installieren. Als Einbauort des R. kommen das →*Heck* oder der →*Spiegel* (9), der →*Skeg* oder eine →*Ruderleitflosse (10)* und die →*Kielflosse (11)* in Frage. Nach der Bewegung durch die Hand des →*Rudergängers* gibt es eine direkte Verbindung der →*Ruderpinne* zum →*Ruderkopf* (12), die Ruderpinne am →*Ruderschaft* (13) und die →*Radsteuerung* (14) mit einer Fernbedienung des Ruders unterschiedlicher Art. R. (5) wird auch als →*Leitkopfruder,* R (11) als →*Langkielruder* bezeichnet.

Ruderanlage, die *(steering gear)* Zusammenfassende Bezeichnung des →*Rudergeschirrs* oder der →*Rudereinrichtung* mit allen Vorrichtungen, die für das Bewegen des →*Ruders* notwendig sind.

Ruderanstellwinkel, der *(rudder angle, helm angle)* Der Winkel, in dem das →*Ruderblatt* zur Strömungsrichtung des Wassers angestellt ist. Segelt das Boot in Kielrichtung und ist mit dem Ruder nur eine →*Luvgierigkeit* oder →*Leegierigkeit* auszugleichen bzw. eine Korrektur des

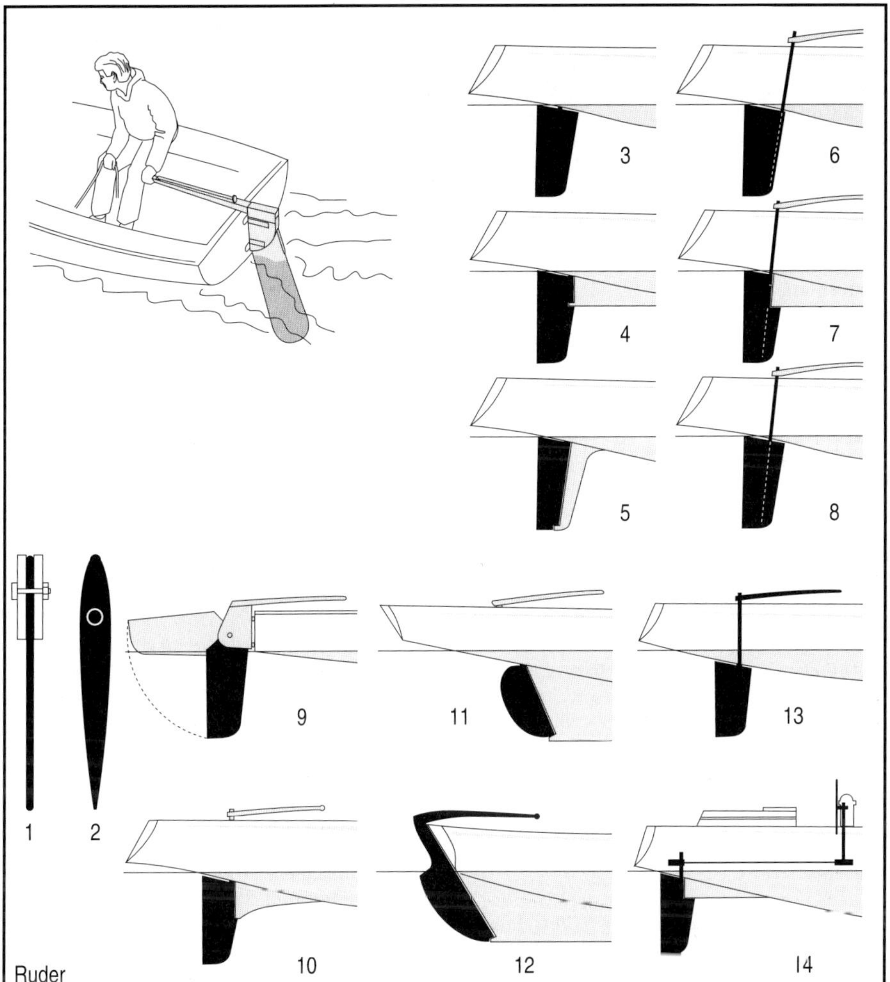

Ruder

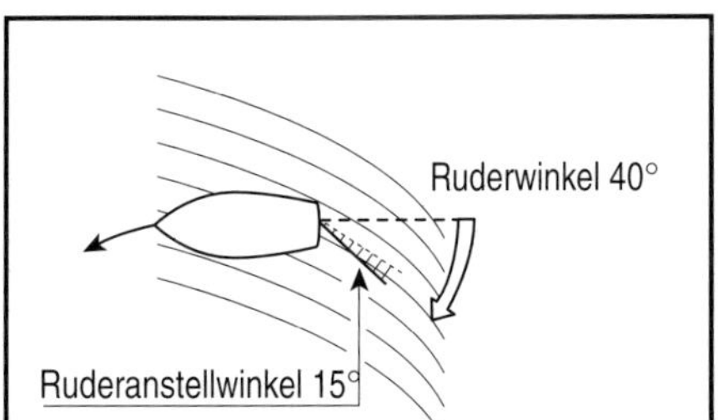

→*Kurses* vorzunehmen, ist der R. identisch mit dem →*Ruderwinkel.* Ist jedoch eine Drehung eingeleitet und bewegt sich das Boot im →*Drehkreis,* dann wird der R. um so wirksamer, je kleiner der Ruderwinkel ist, nach dem die Drehung eingeleitet wurde. Der größte Ruderwinkel ist also nicht gleichzeitig der →*optimale Ruderanstellwinkel.*

Ruderbeschlag, der *(rudder fitting, rudder irons [pl.])* Jeder →*Beschlag,* der am Boot be-

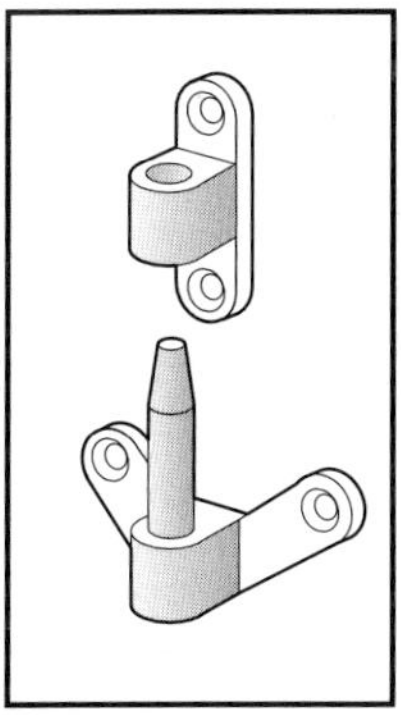

festigt ist, um das →*Ruder* drehbar aufzuhängen. Ebenfalls jeder Beschlag am Ruder, um die Verbindung zum Boot herzustellen. Eine →*Jolle* hat z. B. einen an Unterkante →*Spiegel* befestigten Metallfinger (Abb.), an dem der →*Ruderkopf* mit einem →*Auge* befestigt wird. In Deckshöhe ist (genau umgekehrt) ein →*Augbeschlag* am Spiegel angebaut, in den ein am Ruderkopf befestigter Stahlfinger paßt. Auch Federsicherungen gehören zu den Ruderbeschlägen.

Ruderblatt, das *(rudder blade, rudder plate)* Der Teil des Ruders, der gegen den Wasserdruck angestellt wird und für die eigentliche Ruderwir-

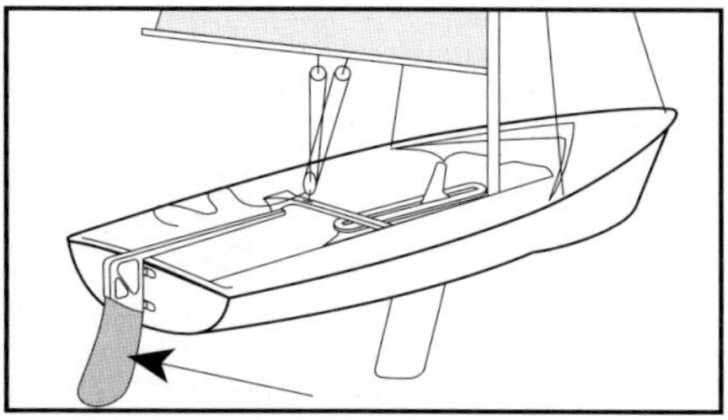

kung sorgt. Man unterscheidet z. B. bei →*Jollen* ein festes oder ein Senkruderblatt, das an der →*Anström-* und →*Ablaßkante* entsprechend abgerundet bzw. zugespitzt ist und bei schnellen Booten eine schlanke, tiefe, bei langsamen eine flache breite Form hat. Sinngemäß unterschiedlich ist die Form des R. bei einem Kielboot, wo sie als →*Festruderblatt,* →*Halbbalance-Ruder* o. ä. entsprechend geformt und gegebenenfalls als →*Profil* ausgebildet ist.

Ruderdingi, das *(rowing dinghy, pulling dinghy)* Ein →*Dingi,* das mit →*Riemen* und →*Dollen* zum →*Pullen* eingerichtet ist.

Ruderdingi

Ruderfläche, die *(rudder area, rudder surface)* Größe und Form des →*Ruderblattes,* die von der →*Aufhängung* des Ruders, dem →*Bootstyp* und seiner Fahrtgeschwindigkeit sowie der Länge der →*Ruderpinne* abhängt (Abb.). So erhalten z. B. schnelle →*Jollen* für rauhes Wasser ein langes und schlankes Ruderblatt (1), Wanderjollen ein

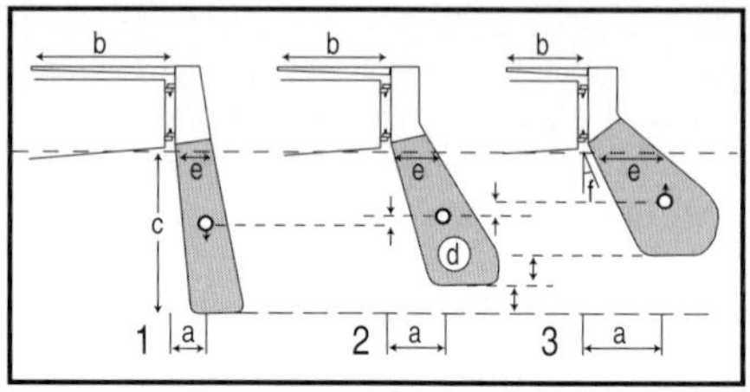

kürzeres, unten breiteres, aber in der Wasserlinie schmaleres Ruderblatt (2) und langsame Mehrzweck-Jollen für leichtes Wetter ein noch flacheres und breiteres Ruderblatt (3).

Rudergänger, der *(helmsman)* Das Mitglied der →*Besatzung,* das die →*Ruderpinne* oder das →*Steuerrad* bedient. Auf →*Jollen* ist der R. gleichzeitig der (auch gesetzlich) verantwortliche Bootsführer oder →*Schiffer* (Skipper), auf →*Kreuzeryachten* und in der Berufsschiffahrt ist der R. nur ein Mann, der →*Ruderwache* geht und das Fahrzeug nach dem vom Schiffer oder →*Steuermann* angegebenen →*Kurs* oder den entsprechenden →*Ruderkommandos* steuert.

Ruderhacke, die *(rudder shoe, rudder heel)* Schmaler, über den →*Achtersteven* hinaus nach hinten reichender kurzer Absatz, der das Spurlager für den →*Ruderschaft* eines →*Festruders* trägt. Die R. schützt gleichzeitig das →*Ruder* bei einer Grundberührung.

Ruderhavarie, die *(damage of the rudder)* Eine Beschädigung eines Teils der →*Ruderanlage,* durch die sich ein →*Boot* nicht mehr →*steuern* läßt. Bei einer R. muß mit →*Notpinne* oder →*Notruder* weitergelaufen werden.

Ruderkoker, der *(rudder trunk, rudder tube)* Röhrenförmige, wasserdichte Durchführung durch das →*Achterschiff* des →*Bootsrumpfes* für den →*Ruderschaft.* Der R. beginnt im Bootsboden und endet, je nach Lage der →*Ruderpinne,* entweder im Boden der →*wasserdichten Plicht* oder im →*Deck.*

Ruderkommando, das *(steering order, helm order)* Kommando zum Bedienen des →*Ruders.* Früher wurde das R. auf die Lage der →*Ruderpinne* bezogen, z. B. „Ruder nach →*Lee!*" Heute bezieht es sich nach internationaler Vereinbarung nur noch auf die Stellung des →*Ruderblattes,* z. B. „Ruder (nach) →*Backbord!*" Der →*Rudergänger* muß darauf achten, die →*Pinne* beim →*Ruderlegen* entgegengesetzt zu der Seite zu bewegen, wie der →*Schipper* befiehlt. Also: „Ruder hart Backbord!“ = Ruderpinne so weit wie möglich nach →*Steuerbord* legen. – „Etwas Backbord!“ = Pinne nur wenig nach Steuerbord bringen. – „Langsam nach Backbord!“ = Pinne nur behutsam bewegen. – „Stütz!“ = die eingeleitete Drehbewegung durch →*Stützruder* schnell aufheben – „Komm (langsam) auf!“ = das Ruder langsam in die Kielrichtung zurückschwenken lassen, damit die eingeleitete Drehtendenz allmählich aufhört. – „Recht so!“ = der zum Zeitpunkt des Kommandos anliegende →*Kurs* soll weitergesteuert werden. Das R. kann für einen Kompaßkurs gegeben werden („Auf 315° gehen“). Es kann auch für eine Landmarke gelten („→*Leuchtturm* →*voraus* nehmen“) oder sich auf ein anderes Fahrzeug beziehen („→*Kielwasser* Vordermann halten“). Ein übliches R. ist auch →*„Anluven!“* oder eine andere Beziehung auf den Wind.

Ruderkopf, der *(rudder head)* Der obere Teil des →*Ruders,* an dem die →*Ruderpinne* befestigt ist. Bei einem →*Senkruder* besteht der R. entweder aus einem Metallgehäuse (Abb.), in dem das →*Ruderblatt* mit →*Aufholer* und →*Niederholer* drehbar befestigt ist, oder aus entsprechenden Holzbacken und →*GFK,* die in ihrem unteren Bereich hochgezogen und so strömungsgünstig geformt sind, daß sie über der →*Hecksee* liegen. Bei einem Kiel- oder →*Schweberuder* wird auch der oberste Teil des →*Ruderschaftes,* auf dem →*Pinne* oder →*Ruderquadrant* befestigt sind, als R. bezeichnet.

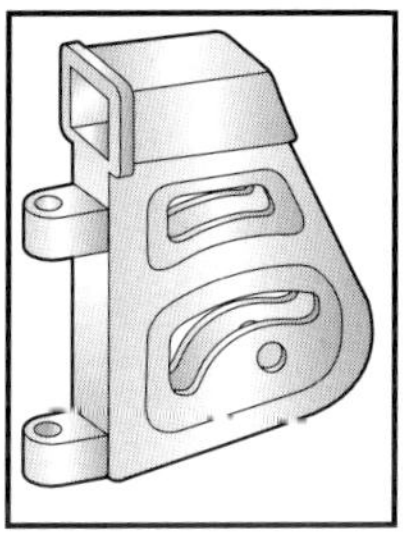

Ruderkraft, die (Ruderdruck, der) *(rudder force, rudder pressure)* Die →*Kraft,* die am →*Ruder* entsteht, wenn es in einem bestimmten →*Ruderwinkel* in das vorbeiströmende Wasser gelegt wird. Die R. ist von der Größe des →*Ruderblattes,* der Bootsgeschwindigkeit sowie der Wassertiefe, in der das Ruder arbeiten kann, abhängig und eine wichtige Komponente des →*Rudermomentes.* Die Gesamtkraft am Ruder läßt sich in eine nützliche, die Drehtendenz bewirkende Komponente „F“ und eine schädliche, nur Wasserwiderstand verursachende Komponente „R“ zerlegen (Abb.). Die günstigsten, größten Werte von „F“ und die kleinsten, unerwünschten Anteile von „R“ erhält man bei einem →*Ruderanstellwinkel* von ca. 10 – 15°.

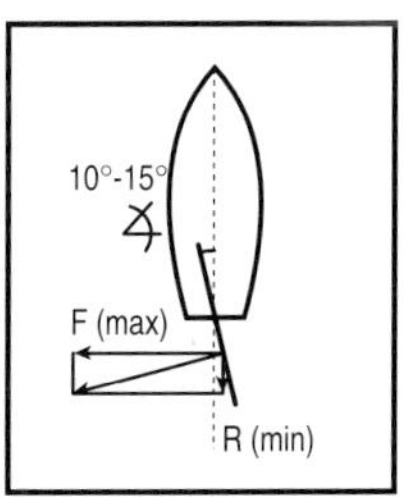

Ruderlage, die *(helm angle, rudder angle)* Die Stellung des →*Ruders* zur →*Mittschiffslinie,* die als →*Ruderwinkel* vom →*Ruderlagenanzeiger* kenntlich gemacht wird, wenn das Boot nicht mit einer →*Pinne* gesteuert wird.

Ruderlagenanzeiger, der *(rudder angle indicator, helm indicator)* Anzeigevorrichtung, damit man bei einer →*Radsteuerung* die Stellung des →*Ruderblattes* erkennen kann.

Ruder legen *(to put the helm, to put the tiller)* Bewegen der →*Ruderpinne* oder Drehen des →*Steuerrades* mit der richtigen Geschwindigkeit und in die richtige Richtung wie durch das →*Ruderkommando* angegeben. Das Legen des Ruders ist zum Gelingen eines →*Manövers,* auch mit →*Gegenruder* und →*Stützruder,* wichtig.

Ruderleitflosse, die *(skeg)* Als Schutz eines (freihängenden) →*Ruderblattes* und zur Verbesserung der →*Ruderwirkung* vor ein →*Schweberuder* gebaute Flosse, an der auch ein →*Festruder* arbeiten kann. Die R. wird auch als →*Skeg* bezeichnet und trägt auch ein →*Halbschweberuder* oder →*Halbbalanceruder.* Sie ist auf einem →*Seekreuzer* (oft) über einen →*Eselsrücken* mit dem →*Flossenkiel* bzw. der →*Kielflosse* verbunden.

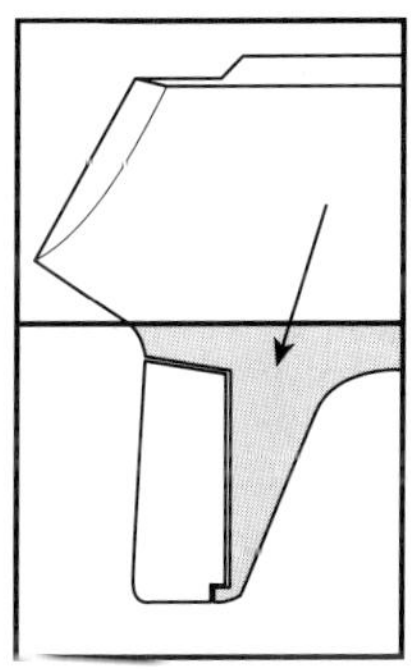

Rudermoment, das *(rudder moment, rudder torque)* Wird das →*Ruder* gelegt, so bildet es eine schräg angeströmte Fläche, in deren →*Druckpunkt* die Ruderkraft (in erster Annäherung etwa) senkrecht zur Ruderfläche wirkt. Das Produkt aus →*Ruderkraft* und dem He-

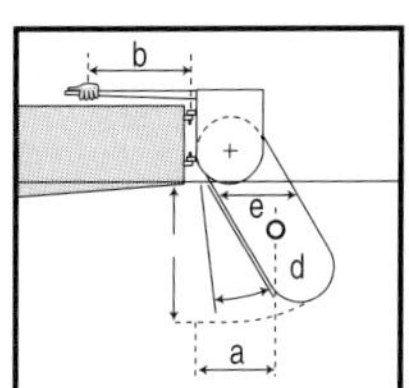

belarm „a" bis zur Mitte des →*Ruderschaftes* ist das R. oder →*Schaftmoment,* das auch an der →*Ruderpinne* (b) vom →*Rudergänger* aufgebracht werden muß, wenn er das →*Ruder* legen oder eine bestimmte →*Ruderlage* halten will. Nur wenn das R. klein ist, kann das Ruder bequem bedient werden, und es können die Abmessungen des Ruderschaftes sowie des gesamten →*Rudergeschirrs* klein bleiben, z. B. bei einem →*Balanceruder* oder einem →*Halbschweberuder.* Das →*Steuermoment* ergibt sich durch den Abstand des Ruders vom →*Drehpunkt* des Bootes, obwohl es oft ebenfalls (nicht ganz korrekt) als R. bezeichnet wird.

Ruderpinne, die *(rudder helm, tiller)* Mit dem →*Ruderkopf* verbundener einarmiger Hebel, an dessen Ende der →*Rudergänger* zum →*Ruderlegen* direkt mit der Hand oder über einen zusätzlichen →*Pinnenausleger* arbeitet. Die Länge der aus einem Metallstab oder einem Holzprofil gefertigten →*Pinne* hängt von der Größe des →*Ruderblattes* und von der →*Heckform* ab. Bei der Ausführung von →*Ruderkommandos* ist zu beachten, daß die Pinne immer entgegengesetzt zu der Richtung gelegt werden muß, in die das Boot drehen soll.

Ruderquadrant, der *(rudder quadrant)* Metallener Kreissektor, der im rechten Winkel auf den →*Ruderschaft* aufgesetzt ist (Abb. A), wenn statt der →*Ruderpinne* eine →*Radsteuerung* benutzt wird. Er hat eine ähnliche Hebelwirkung wie die →*Pinne* und besitzt zwei Rillen in seinem Umfang (B), damit die an ihm befestigten →*Steuerseile* (früher Ruderketten) bei jeder Ruderlage in immer gleichen Richtungen und Spannungen zu den →*Umlenkrollen* laufen.

Ruderschaft, der *(rudder head, rudder stock)* Die Drehachse des →*Ruders,* die bei einem unbalancierten Ruder an der Stirnseite, bei einem →*Balance-Ruder* in einem bestimmten Abstand von ihr angebracht ist und (außer bei →*Schweberudern)* von der →*Pinne* bis zum Spurlager an der →*Ruderhacke* durchläuft. Der oberhalb des →*Ruderblattes* befindliche Teil liegt bei einem nur unterhalb der →*Wasserlinie* arbeitenden Ruderblatt im →*Ruderkoker.*

Ruderwache, die *(helm watch)* Die Zeit, in der ein Besatzungsmitglied als →*Rudergänger* die →*Ruderpinne* führen und das →*Ruder* bedienen muß.

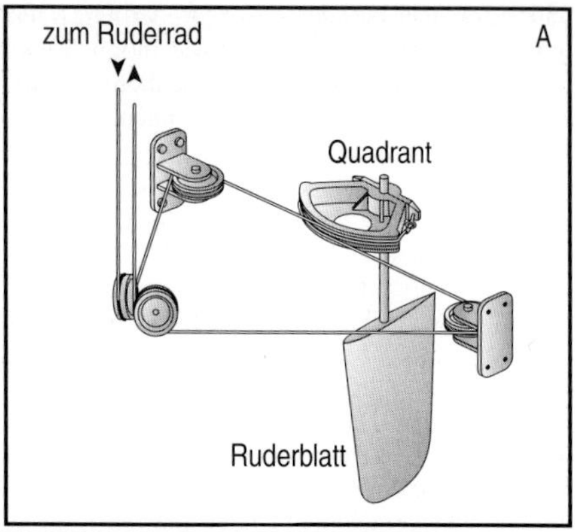

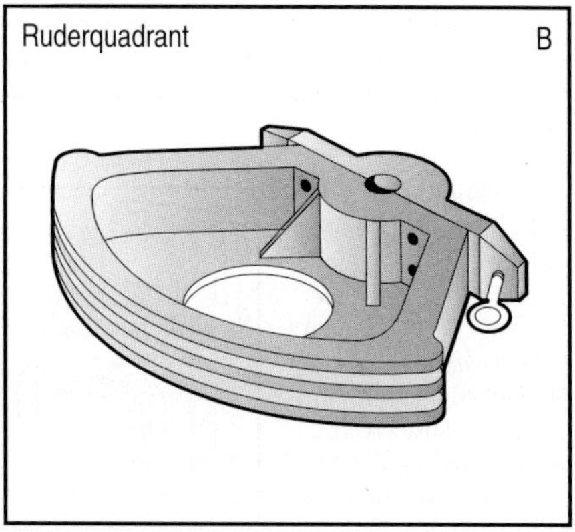

Ruderwiderstand, der *(rudder drag)* Der Fahrtwiderstand, den das Ruder beim →*Ruderlegen* bietet und der sich negativ auswirkt, wenn ein Boot lange Zeit mit →*Gegenruder* segelt, um ein mangelhaftes →*Richtungsgleichgewicht* auszugleichen, z. B. bei anhaltender →*Luvgierigkeit.*

Ruderwinkel, der *(rudder angle, helm angle)* Der Winkel zwischen →*Ruderblatt* und Richtung des →*Kiels,* der die →*Ruderwirkung* mitbestimmt. Er ist bei einer →*Pinnensteuerung* genauso groß wie der Winkel, den die →*Ruderpinne* zur →*Mittschiffslinie* bildet. Insbesondere bei einer Drehung des Bootes ist der R. nicht identisch mit dem →*Ruderanstellwinkel* zur Richtung der Wasserströmung. Jeder R. bedeutet →*Ruderwiderstand* und damit Fahrtverlust.

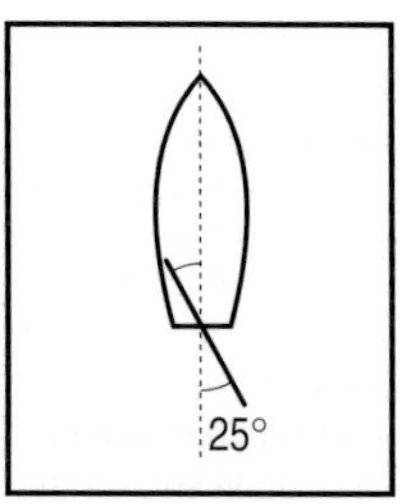

Ruderwirkung, die *(steerage)* Wird das →*Ruder* nach einer Seite um einen bestimmten →*Ruderwinkel* gelegt, dann entsteht durch das vorbeiströmende Wasser senkrecht zu dieser Ruderebene eine →*Ruderkraft* (Abb.), die sich in eine positive Querkraft („F") und eine negative Komponente des Fahrtwiderstandes („R") entgegen der Fahrtrichtung zerlegen läßt. Die quer zur Fahrtrichtung wirkende Komponente leitet die Drehbewegung des Bootes ein. Der Drehpunkt des Bootes liegt in der Schwerpunktachse ungefähr auf halber Bootslänge. Das Boot dreht mit dem Bug nach derjenigen Seite, zu der das →*Ruder* gelegt ist. Das →*Steuermoment* (→*Rudermoment)* ergibt sich aus der Größe des →*Ruderblattes* und seinem Abstand vom →*Drehpunkt* des Bootes.

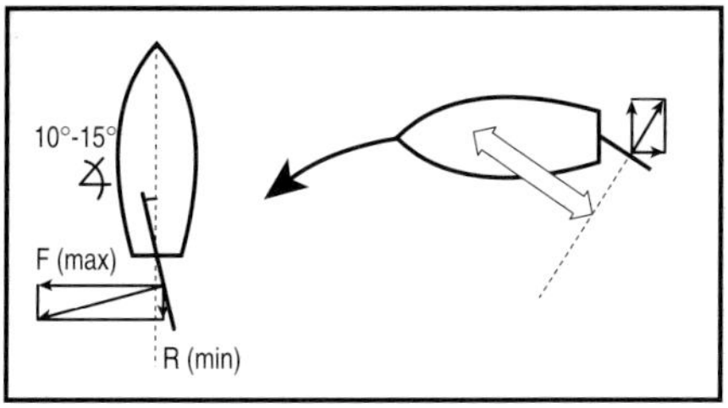

Ruderzapfen, der *(rudder pintle)* Meistens der untere →*Ruderbeschlag* am Bootsrumpf, in den das →*Ruder* mit einem →*Augbeschlag* eingehängt wird und in entgegengesetzter Richtung der obere Beschlag am →*Ruderkopf,* der in einen →*Augbeschlag* am →*Spiegel* oder an der →*Ruderleitflosse* faßt. Beide R. dürfen nicht gleich lang sein, damit das →*Ruder* beim Fehlen einer Sicherung und bei Grundberührung zwar einseitig aushaken, aber nicht verloren gehen kann.

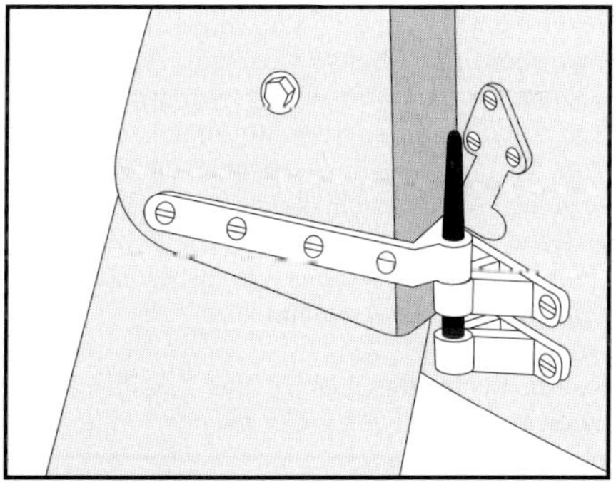

Rufnummer im GMDSS, die *(Maritime Mobile Service Identity, MMSI)* Eine neunstellige Ziffer, die aus den drei Ziffern der →*Länderkennzahl* (→*MID)* und der sechsstelligen Nummer der →*Seefunkstelle* besteht. Deutsche Seefunkstellen beginnen mit den MID-Nummern 211 und 218, deutsche →*Küstenfunkstellen* führen vor diesen MID-Nummern die Ziffern 00 und können z. B. die R. 00211 + vier Ziffern oder 00218 + vier Ziffern haben. Die R. i. G. wird vom →*BAPT,* Außenstelle Hamburg zugeteilt.

Rufzeichen, das *(call sign)* Das Kennzeichen einer Funkstelle, das zusammen mit dem Schiffsnamen eine zweifelsfreie Identifizierung als →*Seefunkstelle* oder mit einem Ortsnamen als →*Küstenfunkstelle* ermöglichen soll. Ist eine →*Yacht* im →*Schiffsregister* eingetragen, wird das Unterscheidungssignal der Registerbehörde als R. verwendet, das für deutsche Schiffe aus vier Buchstaben von DAAA bis DRZZ aus der internationalen Rufzeichenreihe besteht, z. B. CORMORAN DIGX. Ist eine Yacht nicht eingetragen, erhält sie ein R. vom →*Bundesamt für Post- und Telekommunikation (→BAPT),* das aus zwei Buchstaben (von DA bis DJ) und vier Ziffern gebildet wird, z. B. CORMORAN DB 3304. Küstenfunkstellen (und auch ihre einzelnen Kanäle) sind durch drei Buchstaben hinter ihrem Ortsnamen und dem Wort „Radio" gekennzeichnet, z. B. Norddeich Radio DAJ. Funkstellen, die am →*GMDSS* teilnehmen, erhalten zusätzlich eine →*Rufnummer* des mobilen Seefunkdienstes, Abk. →*MMSI,* die auch im terrestrischen Funkverkehr zur Kennzeichnung einer Funkstelle mit →*DSC* verwendet wird.

Rumpf, der (Bootsrumpf, der) *(hull)* Der Bootskörper mit →*Außenhaut,* →*Deck* und →*Kajütdeck,* einschließlich der →*Plicht,* aber ohne →*Takelage,* →*Ruder* und →*Segel.*

Rumpffahrt, die (Rumpfgeschwindigkeit) *(hull speed)* Im Sinne des →*Geschwindigkeitsgrades* die größtmögliche →*Fahrt,* die ein →*Verdränger* entsprechend der Wasserlinienlänge seines →*Rumpfes* laufen kann. Sie wird durch die Formel

$$R = \frac{v}{\sqrt{L}}$$

dargestellt, wobei L die Länge in m beträgt und sich ein Wert R = 2,42 als maximale Rumpffahrt ergibt, wenn man v in kn einsetzt. Man erhält dementsprechend R = 4,5, wenn v in km/h angegeben oder R = 1,25, wenn v in m/s ausgedrückt wird.

Rumpfkennzeichen, das *(Hull Identification Number)* Ein R. ist für jede neu gebaute →*Yacht*

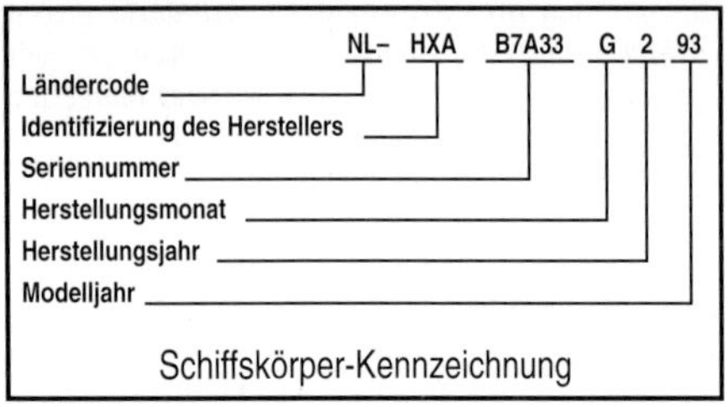

ab 1996 zwingend vorgeschrieben. Es besteht aus Großbuchstaben und Ziffern und kann z. B. so aussehen: DE-HARX67G697. Darin bedeuten DE: Länderkennzeichen für Deutschland; HAR: kodierter Name des Herstellers; X67: Seriennummer; G: Baumonat Juli; 6: Baujahr 1996 und 97: Modelljahr 1997. Weitere Einzelheiten über das R. siehe unter →*Schiffskörper-Kennzeichnung*.

„Rund achtern!" *(„gybe-Oh")* Kommando beim →*Halsen* und beim →*Schiften,* wenn der →*Groß-*

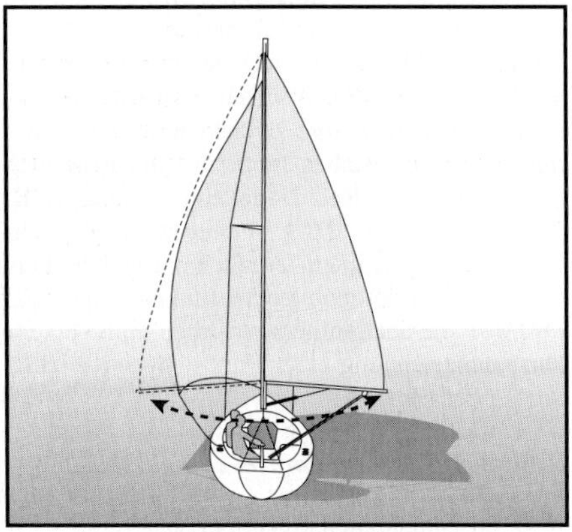

baum von der alten auf die neue →*Leeseite* über die →*Kiellinie* schwenken soll.

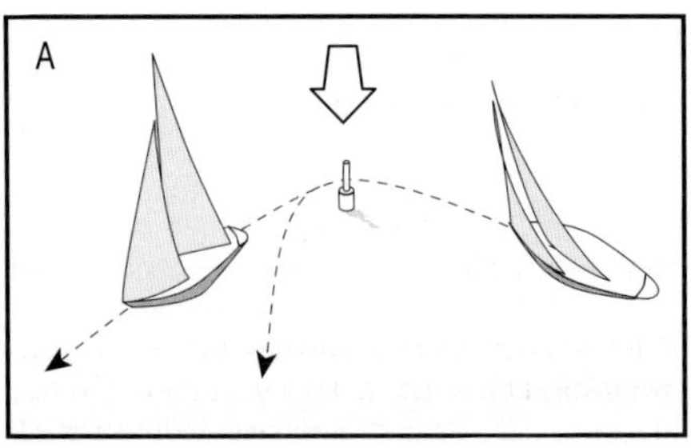

Runden einer Bahnmarke *(rounding of a mark)* Bei einer →*Regatta* nach den →*Segelvorschriften* an der richtigen Seite einer →*Bahnmarke* herumsegeln, aber diese immer mit Schotenbedienung oder Segelmanöver verbundene →*Kursänderung* auch ohne Verlust an →*Höhe* und →*Geschwindigkeit* vornehmen. Beim R. vom Kreuzkurs auf einen →*Raumschotskurs* (A) weich runden, langsam

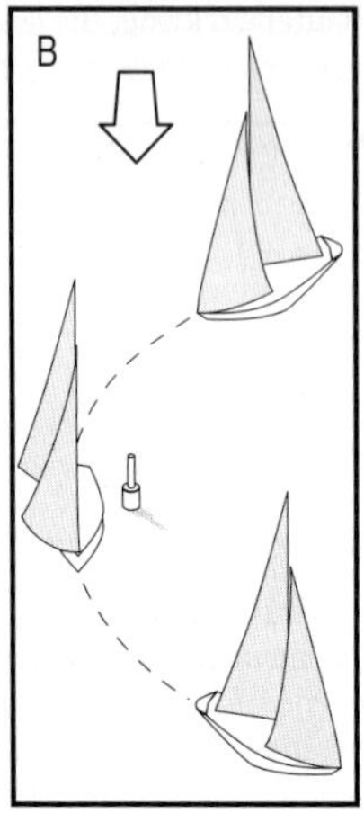

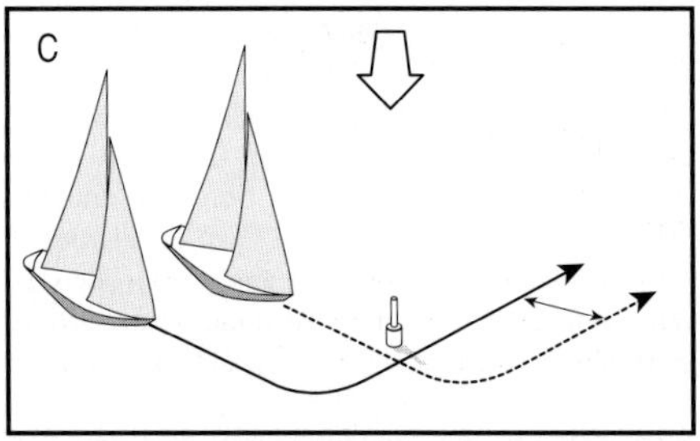

→*abfallen* und nicht hart abdrehen. Beim Wechseln eines →*Raumschotskurses* mit →*Halsen* die Segel beim R. ohne Distanzverlust nach →*Lee* übergeben (B). Beim Übergang von einem →*Raumschotskurs* zu einem →*Amwindkurs* so weit ausholen und so frühzeitig andrehen, daß der neue Kurs bereits beim R. dicht an der Bahnmarke anliegt (C) und nicht durch falsches R. kostbare Höhe verschenkt wird. Für das →*Wegerecht* beim R. e. B. gelten die →*WR,* insbesondere Regeln 18 und 19 im Abschnitt C.

Rundgeflecht, das *(braid)* Eine →*Seilflechtung* durch Verkreuzen von →*Garnen* oder →*Litzen* zu

einem schlauchförmigen →*Seil,* mit oder ohne →*Einlage* (Abb.).

Rundholz, das *(spar, round wood)* Ursprünglich „rund wie gewachsenes Holz". Bei der →*Takelage* die Bezeichnung einer →*Spiere,* →*Rah,*

→*Stenge,* eines →*Baumes,* →*Klüverbaumes,* →*Mastes,* einer →*Gaffel* o. ä. aus Holz.

Rundkausch, die *(round thimble, closed thimble)* Eine meistens kreisrunde →*Kausch,* die aus einem nichtrostenden Metall gefertigt ist und z. B. als →*Cunningham-Kausch* Verwendung findet. Sie wurde früher auch aus →*Pockholz* (als →*Pockholzkausch)* gefertigt und diente unter dem Namen „Ochsenauge" (engl. bull's eye) in der →*Segelschiffahrt* als →*Legel.*

Rundnaht, die – Rundstich, der *(round stitch)* Die besondere Art, ein →*Liektau* am →*Segel* bzw.

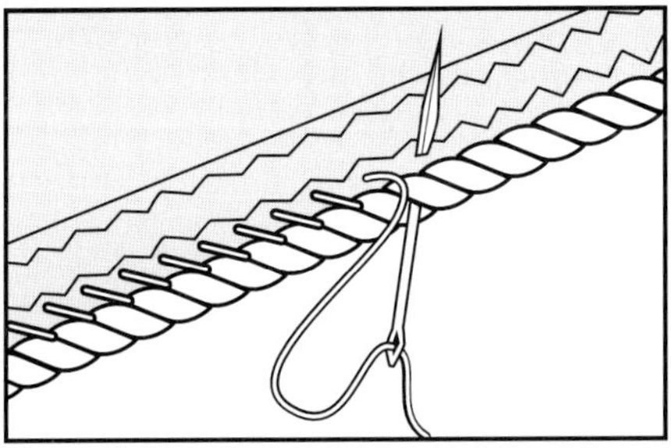

das Ende einer Lattentasche zu befestigen oder den äußeren Rand eines Segels nachzunähen.

Rundsel, die *(row lock)* Halbkreisförmig mit Metall ausgekleidete Öffnung im →*Dollbord* eines (Ruder-)Kutters, die als Widerlager zum Aufnehmen des →*Riemens* dient und nach der Benutzung durch Rundsel-Klappen (eingesteckte kleine Brettchen) verschlossen werden kann.

Rundsichtradar, Rundsuchradar *(PPI[Plan Position Indicator])* Das hauptsächlich benutzte →*Radargerät* zur →*Radarortung* und zur ständigen Überwachung des →*Seeraums* bis zum →*Radarhorizont.* Beim R. wird eine gemeinsame Sende- und Empfangs-Antenne (Drehantenne) ständig kreisförmig mit mäßiger Geschwindigkeit bewegt. Die vom Empfänger aufgefaßten Echoimpulse werden (im Gegensatz zum normalerweise dunkel abgelenkten Strahl) hell erfaßt, so daß die Radarziele als Lichtpunkte in einer kartenähnlichen Darstellung erscheinen und durch eine gewisse Speicherwirkung des Bildschirmes in der Position ihrer →*Ortung* verbleiben. Dabei können in Form eines Polar-Koordinatensystems ähnlich wie mit →*Polar-Koordinatenpapier* die Richtung nach der →*Seitenpeilung* und der →*Radarabstand* durch unterschiedlich verstellbare Kreise optisch einfach ermittelt werden.

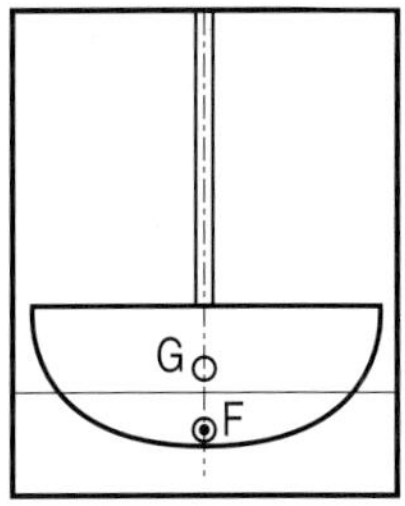

Rundspant, der *(round-bottom)* Die vorherrschende →*Spantform* mit einer runden →*Kimm.*

Rundtörn, der *(round turn)* Ein vollständiger →*Törn* mit einem →*Ende* um einen Gegenstand, eine →*Spiere,* einen →*Poller* o. ä., um z. B. die anschließenden zwei →*halben Schläge* vor dem übermäßigen Zusammenziehen zu bewahren.

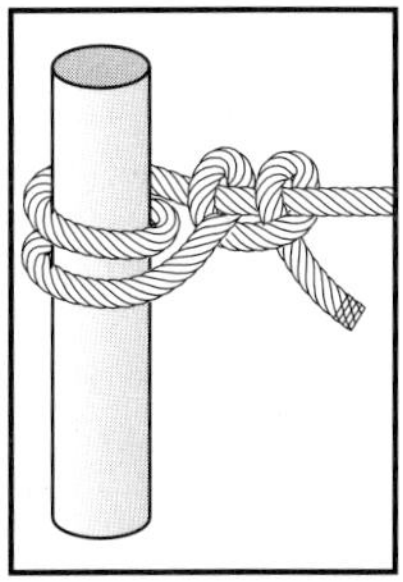

Rundtörn mit zwei halben Schlägen *(round turn with two half hitches)* Ein →*Knoten* zum →*Belegen* von Leinen und zum →*Anstecken* von dünnem →*Gut,* das sich anderenfalls zu sehr →*bekneift.*

Rundumlicht, das *(all-round light)* Ein über den ganzen Horizont („einen Horizontbogen von 360° unbehindert") sicht-

Rundumlicht

bares →*Licht,* das in einer →*Signallaterne,* auch →*Vollkreislaterne* genannt, gezeigt wird. Ein R. kann in den Farben Weiß, Rot, Grün und Blau geführt werden. Es bezeichnet dann mehrere Arten von →*Fahrzeugen.*

Rüsteisen, das *(chain plate)* Wie →*Pütting* ein Beschlag am →*Rumpf,* der die sichere Befestigung der →*Wanten,* →*Pardunen,* →*Achterstagen*

u. a. erlaubt und ihren Zug gleichmäßig auf die Außenhaut überträgt.

Rute, die *(lateen yard)* Die lange, auf dem Vorschiff angeschlagene und am →*Mast* gesetzte →*Spiere* (nicht eigentlich eine →*Rah)* des →*Lateinsegels,* ein Vorläufer der →*Gaffel.*

Rutscher, der *(slide, traveller)* Sammelbezeichnung für alle, auf →*Gleitschienen* o. ä. rutschenden oder gleitenden Beschläge, die entweder mit dem →*Segel* verbunden sind (→*Mastrutscher,* →*Baumrutscher)* oder zum Verstellen des Holepunktes auf der →*Großschotschiene (*→*Traveller)* oder der →*Fockschotschiene (*→*Leitöse,* →*Leitblock)* dienen.

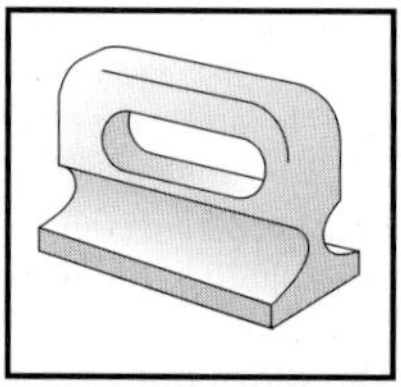

R-Yacht, die Nach einer internationalen Rennwertformel vermessene Rennyacht. Diese offenen Kielboote waren z. B. als 5,5-, 6- und 8-m-R-Yachten bis 1964 zum Teil →*olympische Klassen* bzw. stellen gegenwärtig als →*12-m-R-Yachten* Verteidiger und Herausforderer für →*America's Cup.* Der in „m" angegebene →*Rennwert* läßt keine Rückschlüsse auf die tatsächliche Größe zu; denn eine 12-m-R-Yacht kann z. B. folgende Abmessungen haben: Lüa 30,40 m, LWL 14,0 m, Büa 3,60 m, Tiefg. 2,75 m, Segelfl. 165 m², Verdr. 26,5 t.

S

S = Sierra (Aussprache: Ssi-erra) Internationales Buchstabensignal, weiß mit blauem Rechteck. Bedeutung: „Meine Maschine geht rückwärts".

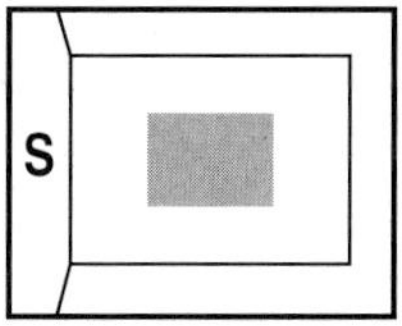

Morsen: • • • (kurz–kurz–kurz). – Bei einer →*Wettfahrt* Abkürzungssignal nach den →*WR,* das spätestens mit dem →*Ankündigungssignal* gesetzt wird und bedeutet: Die kurze Bahn ist zu segeln. – An einer zu rundenden Bahn- oder Zielmarke: Zieldurchgang zwischen der nahen Bahnmarke und diesem Boot.

S-Drehung und Z-Drehung, die *(S-twist, S- and Z-direction of twist)* Beim →*Verseilen* das in unterschiedlichen Richtungen verlaufende Verdrehen von →*Garnen,* →*Litzen* und →*Kardeelen* zu →*Tauwerk* im →*Trossenschlag* oder →*Kabelschlag* (Abb.). Nach DIN 60 900 entspricht die S-Richtung der früheren Machart von →*linksgeschlagenem* Tauwerk, die Z-Richtung einer früheren →*rechtsgeschlagenen* Leine.

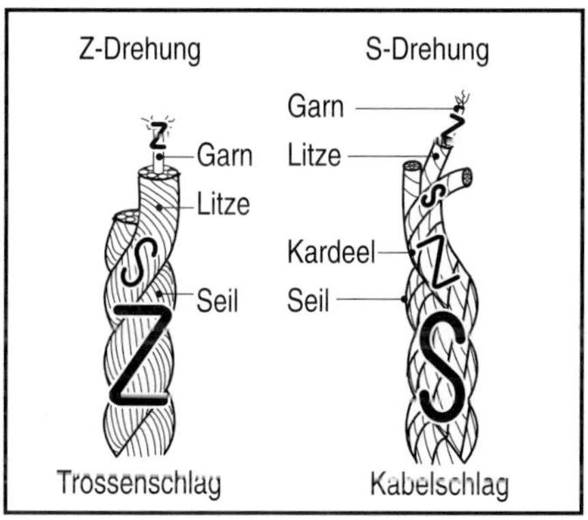

Sachverständigengutachten, das *(expert's report)* Im strittigen Fall einer →*Gewährleistung* oder zur Regelung einer →*Versicherung* die schriftliche und neutrale Bewertung des Sachverhaltes durch einen →*Sachverständigen.*

Sachverständiger, der *(expert, specialist)* Ein Fachmann, der bei einer strittigen →*Gewährleistung,* bei einer →*Schadenstaxe* oder für ein →*Schiedsgutachten* herangezogen werden kann. Man wähle entweder nur einen „amtlich anerkannten S.", der für bestimmte Tätigkeiten oder technische Bereiche z. B. vom →*Germanischen Lloyd* oder vom TÜV zugelassen ist, oder besser einen „öffentlich vereidigten und bestellten S.", der z. B. von Handwerks- und Handelskammern gemäß § 36 der Gewerbeordnung ernannt wird. Gerichte müssen für ein →*Sachverständigengutachten* zuerst einen S. aus der letzten Gruppe wählen.

sacken *(to drop, to give way)* Seem. mehrfach gebräuchlich und nicht nur im Sinne von „niedersinken" oder „durchsacken", „nach unten durchbiegen", sondern auch „in der →*Fahrt* absichtlich zurückbleiben", d. h. →*achteraus* s. oder sich s. lassen, oder beim →*Ablegen* über den →*Achtersteven* in freies Wasser treiben lassen.

SAE Abkürzung für Society of Automotive Engineers, auf deutsch: Gesellschaft der Automobilbau-Ingenieure, die in den USA den deutschen DIN-Normen vergleichbare Bestimmungen herausgegeben hat, z. B. die →*SAE-Leistung.*

SAE-Leistung, die Leistungsmessung eines Motors ohne Lichtmaschine, Lüfterrad, Wasserpumpe, Benzinpumpe, Kupplung und Auspufftopf, d. h. ohne kraftverzehrende Ausrüstungsteile, im Gegensatz zur →*DIN-Leistung* mit diesen.

Safetynet *(engl.; wörtlich etwa „Sicherheitsnetz")* Abk. für einen Dienst im →*Inmarsat-C-System,* mit dem →*nautische Warnnachrichten* oder andere Sicherheitsinformationen entweder „an alle" oder nur an die Empfangsgeräte von Schiffen weitergegeben werden, die sich in einem begrenzten, geographisch definierten Seegebiet aufhalten.

Sagging *(engl.) (Kieldurchbuchtung)* Wörtl.

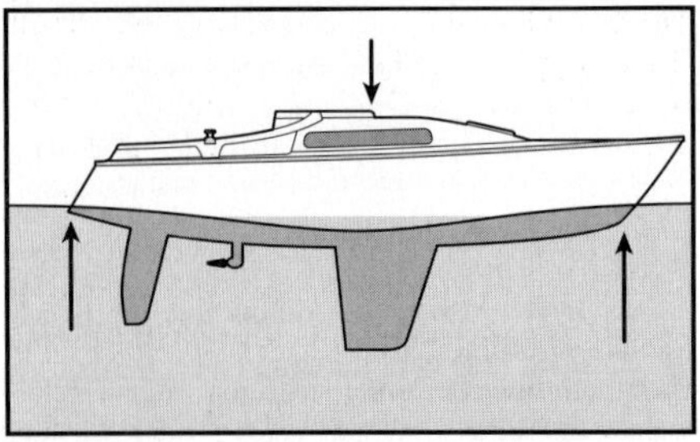

„nach unten krümmen", auch →*Kieldurchbuchtung* genannt. In bezug auf die Festigkeit eines Bootskörpers →*längsschiffs* der Fall „Boot zwischen zwei Wellenbergen" bzw. „Boot im Wellental".

Sail drive *(engl.)* Eine →*Antriebsform,* die im Deutschen →*Segelbootsantrieb* oder →*Seglerantrieb* genannt wird.

Sailtainer, der *(engl.; int.)* Kurzform für Sail(con)tainer und wörtl. „Behälter für Segel". Mit S. bezeichnet man ein (nicht korrekt als →*Rollreff* beschriebenes) →*Patentreff,* bei dem das →*Großsegel* um den →*Baum* gewickelt und dabei gleichzeitig in einem umschließenden Kasten verstaut werden kann. Der →*Baumniederholer* ist dabei am Behälter befestigt und muß bei diesem →*Drehreff* nicht abgeschlagen werden.

Saling, die *(cross-tree, spreader)* Metallprofil oder Rundholz in halber oder Drittel-Höhe beidseitig am →*Mast* befestigt, das die →*Wanten* →*querschiffs* spreizt. Durch eine S. oder mehrere Salings erhalten die Wanten einen größeren Zugwinkel am Mast. Dadurch kann auch dünnes Drahttauwerk dem Mast querschiffs die erforderliche Festigkeit geben und ein kleineres →*Mastprofil* verwandt werden. Bei einem →*flexiblen Rigg* benutzt man eine horizontal bewegliche S. Da die Länge der S. durch die Bootsbreite begrenzt ist, sind hohe Masten mit mehreren Salings, z. B. einer unteren und oberen S. ausgerüstet. Bei einem →*Rahsegler,* der nicht nur mit einem →*Pfahlmast,* sondern auch mit (mehreren) →*Stengen* gebaut ist, dient die als Standfläche für mehrere Personen verbreiterte S. gleichzeitig als

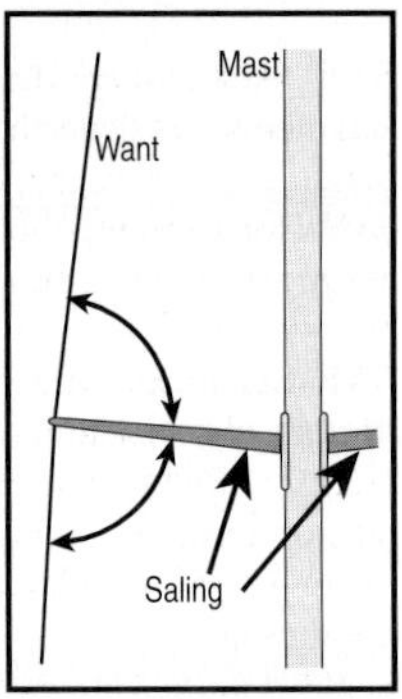

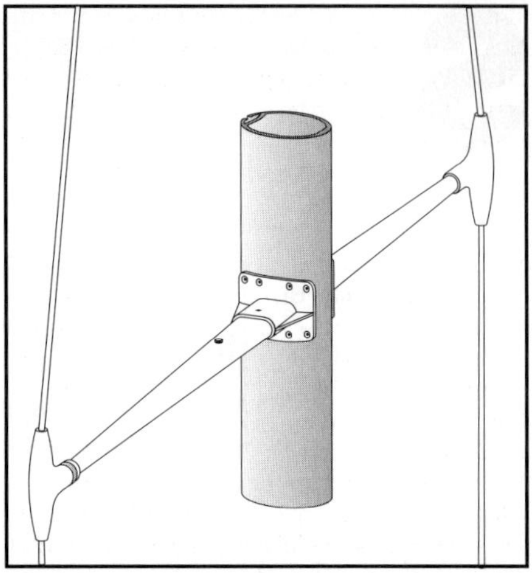

Unterbau für die Stenge bzw. als Verbindungsteil von z. B. →*Marsstenge* und →*Bramstenge.* Sie wurde dafür auch als →*Längssaling* gebaut. Der Salingwinkel (Winkel zwischen Want und Saling an der →*Salingnock,* s. Abb.) sollte oben und unten gleich sein.

Salingbeschlag, der *(spreader fitting)* Die Befestigung der →*Saling* am →*Mast.* Ein S. ist bei →*starrem Rigg* einfach, bei →*flexiblem Rigg* in unterschiedlichen Winkeln verstellbar und bei Belastung horizontal unterschiedlich schwenkbar gebaut.

Salingnock, die *(horn)* Das äußere Ende der →*Saling,* über das die →*Wanten* geführt sind. Die S. besitzt oft eine Ausnehmung, in die der Draht der Wanten fassen kann, damit auch das →*Leewant* nicht aus seiner Halterung herausrutscht, und eine →*Salingkappe* zum Schutz großer →*Vorsegel* gegen →*Schamfilen.*

Salingkappe, die *(spreader boot)* Kunststoffbezug mit Schaumstoffeinlage, der über die →*Salingnock* und die anliegenden →*Wanten* faßt, damit ein →*Vorsegel* bei der Berührung mit der →*Saling* nicht →*schamfilen* kann.

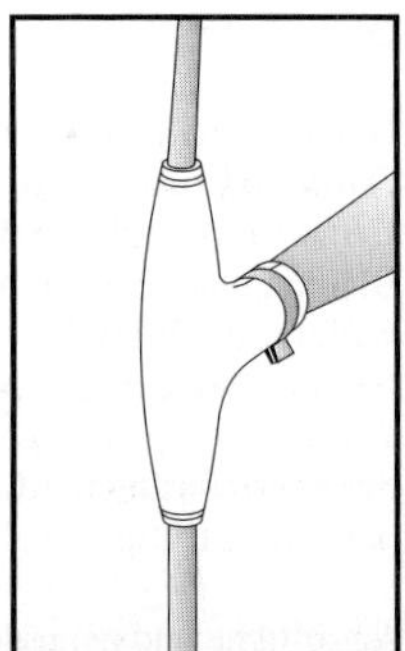

Saling-Toppnant, der *(spreader lift)* Kurzer,

von Mitte →*Saling* schräg aufwärts zum Mast führender Drahtstander, der auf größeren Yachten eine relativ lange Saling immer in der gleichen (waagerechten) Lage hält und dafür sorgt, daß die wichtigen Winkel zwischen →*Want* und Saling bzw. →*Mast* und Saling unverändert gleich bleiben.

Salzgehalt, der *(salinity, percentage of salt, salt contents)* Der Anteil von Salz im →*Seewasser.* Er beträgt in den Weltmeeren bzw. den Randmeeren zwischen 1 % (10 g Salz auf einen l Meerwasser) in der Ostsee und 4,1 % (41 g Salz auf 1000 g Meerwasser) im Roten Meer. Die Nordsee hat einen S. von 3,4 %, im Mittelmeer beträgt der S. 3,7 % (im Westen) und 3,9 % (im Osten), im Atlantik und Pazifik 3,2 %, am Äquator 3,6 %, im Indischen Ozean 3,6 % und im Persischen Golf 4,0 %. Der S. und damit die →*Dichte* des Wassers ist bei der →*Vermessung* zu beachten, weil ein Boot praktisch leichter wird oder einen geringeren →*Tiefgang* hat, je größer der S. ist.

Salzwasser, das *(salt water, sea water)* Das Wasser des Meeres, an Bord auch →*Seewasser* genannt, im Gegensatz zum →*Frischwasser,* dem Süßwasser des Festlandes. Der →*Salzgehalt* des Meerwassers ist unterschiedlich.

Sammelanruf, der *(traffic list)* Im →*Seefunkdienst* von einer →*Küstenfunkstelle* auf einem →*Arbeitskanal* zu bestimmten Zeiten verlesene alphabetische Liste mit den →*Rufzeichen* und Namen der Schiffe, für deren →*Seefunkstelle* Verkehr vorliegt. Der S. sollte von jedem →*Funker* täglich mindestens einmal abgehört werden.

Sand, der *(sand, sands [pl.])* Bezeichnung für Wattflächen im →*Küstengebiet* (z. B. Knechtsand) und von (aufgespülten) Strominseln im Elbe- und Wesergebiet (z. B. Stader Sand, Krautsand u. a.)

Sandbank, die *(sand bank, sands [pl.])* Untiefe; Teil eines Seegebietes mit geringerer als der allgemeinen Wassertiefe; durch →*Brandung* oder →*Strom* angelandeter Sand dicht vor einer →*Küste.* Im allgemeinen ist eine S. in der →*Seekarte* zu erkennen. Die →*Betonnung* oder →*Befeuerung* einer S. erfolgt nach dem →*Kardinalsystem.*

Sandküste *(sandy shore)* Siehe →*Karte 1* (INT 1) im Anhang.

Sandstrahlen, das *(sand blasting)* Bei einem Bootsrumpf aus →*Stahl* das mechanische Entrosten durch Aufschleudern von Quarzsand mit einem von Druckluft betriebenen Sandstrahlgebläse.

Sanduhr, die *(sandglass)* Bis ca. 1750, der Einführung des →*Chronometers,* das wichtige →*nautische* Gerät zum Messen der Zeit an Bord. Eine S. besteht aus zwei gleichgroßen trichterförmigen, mit ihren Spitzen aufeinander gesetzten und hier durch eine enge Passage verbundenen Glasgefäßen, die mit einer genau abgemessenen Menge feinen Sandes gefüllt sind. Dieser kann in einer bestimmten Zeit vom jeweils oberen in das untere Gefäß rinnen und somit eine gewünschte Zeitspanne anzeigen. Heutzutage wird eine S. nur noch als Eieruhr benutzt. In der →*Segelschiffahrt* der Frühzeit diente eine S. als →*Stundenglas,* das eigentlich ein Halbstundenglas war, weil es alle halbe Stunde zum →*Glasen* umgedreht werden mußte, um die abgelaufene Zeit einer →*Wache* anzuzeigen. Eine kleinere Ausführung der S. war das →*Logglas* für das →*Handlog* mit einem Sanddurchlauf von zuerst einer halben Minute, später 28 Sekunden auf britischen und als Zeitmesser von zuerst 15, später 14 s auf deutschen Schiffen für die →*Fahrt* in →*Knoten.* Beim Umgang mit einer S. war die Versuchung groß, die über dem →*Ruder* aufgehängten Gehäuse bereits vor dem beendeten Durchlauf umzudrehen und sich somit Wachzeit zu ersparen. Man nannte diese Unart beim Umgang mit einer S., die die gesamte Zeitmessung an Bord in Unordnung brachte, „Sand essen".

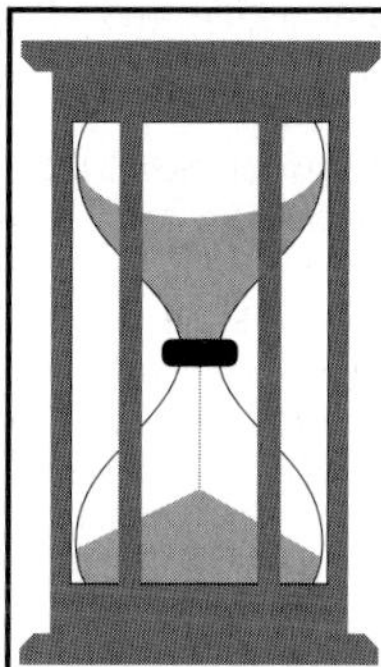

Sanduhr

Sandwatt, das *(banks of sand, sands)* Wattfläche mit festgelagertem, feinsandigem Boden (z. B. im Jadebusen), die gut begehbar ist und auf der ein Boot (anders als im →*Schlickwatt*) sicher →*trockenfallen* kann. Die Priele im S. sind flach und breit mit ebenfalls festem Grund.

Sandwich-Bauweise, die *(sandwich construction)* Bootsbau-Methode aus →*GFK:* Zwischen

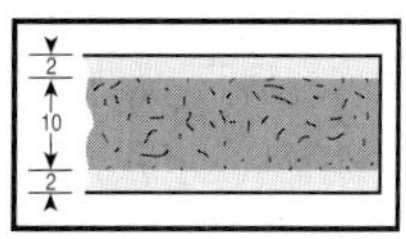

zwei Deckschichten aus massivem GFK (→*Glasmatten* und →*Roving-Gewebe*) mit großer Festigkeit ist leichtes →*Kernmaterial* einlaminiert, das für einen überall gleichen Abstand sorgt. Sehr günstiges Verhältnis von Steifigkeit des Bootskörpers zu seinem Gewicht. Gute Isolation und verwindungsfreie Konstruktion ohne Spanten oder Längsversteifungen.

Sandwich-Segel(tuch), das (*sandwiched sail [cloth])* Engl.-dt. Mischwort für ein in Art der →*Verbundbauweise* hergestelltes →*Segeltuch,* bei dem z. B. eine Folie aus →*Mylar* als Füller zwischen zwei textilen Außenschichten aus →*Dacron* und/oder →*Kevlar* liegt bzw. die Folie als →*Kernmaterial* mit textilen Geweben z. B. zu →*Mylar-Sandwich* beschichtet ist. S.-S. wird vornehmlich für Rennyachten gefertigt, wenn es auf große →*Festigkeit* bei geringem →*Segeltuchgewicht* ankommt.

SAR Abk. für Search And Rescue, deutsch: „Suche und Rettung". Internationale Sicherheits-Organisation für die Rettung von Menschen, die mit →*Booten,* →*Schiffen* oder Flugzeugen in →*Seenot* geraten sind. In Deutschland ist die →*Deutsche Gesellschaft zur Rettung Schiffbrüchiger,* in Großbritannien und den USA beispielsweise die Coast Guard Mitglied der internationalen Organisation. Im SAR-Dienst werden Rettungskreuzer, Hubschrauber, Flugzeuge und auch Fahrzeuge der →*Schiffahrt* eingesetzt. Das entsprechende Rettungssystem für die freien Ozeane heißt AMVER (Automated Mutual Assistance Vessel Rescue System).

Sargassokraut, das *(Sargasso)* Die charakteristische Erscheinung der →*Sargassosee:* Es bedeckt als eine Art Seegras in langen Streifen weite Wasserflächen, insbesondere im Zentrum des Seegebietes, während es an den Randgebieten durch den Golfstrom teilweise abströmen kann.

Sargassosee, die (*Sargasso Sea)* Das strömungsfreie, windarme und daher von Seeleuten gefürchtete subtropische Seegebiet im Nordatlantik zwischen ca. 20° bis 38° N und 30° bis 65° W. in dem das →*Sargassokraut* weitflächig die Meeresoberfläche bedeckt.

SAR-Transponder Dass. wie →*SART,* siehe dort.

SART Abk. für *Search and Rescue Transponder,* auch →*SAR-Transponder* genannt. Eine Art von →*Radarantwortbake* (→*Radartransponder*) zur Erleichterung der Radarsuche mit →*Funkzielfahrt* (→*Homing*) und Zielflug im →*SAR-Dienst.* Ein S. gehört als automatisches Radarantwortgerät zur Ausrüstung von Schiffen mit →*GMDSS* und kann in einem →*Notfall* aktiviert werden. In Fällen von →*Seenot* arbeitet ein S. mit 9,200 – 9,500 →*GHz* im X-Band (3 cm) und ist daher nur in den entsprechenden Radarbildern sichtbar. Das SART-Signal erscheint als eine Reihe von 12 auffälligen Einzel- oder Doppelpunkten wie eine unverwechselbare Perlenschnur auf dem Radarschirm. Die Sendeleistung beträgt ca. 400 Milliwatt. Mit dem Strom aus Lithium-Zellen ist ein ununterbrochener Sendebetrieb von 8 Stunden gewährleistet. Ein auf einer havarierten Yacht aktivierter Radartransponder kann von Bord eines Suchschiffes je nach dessen Antennenhöhe aus max. ca. 20 sm, ein aus einem →*Rettungsfloß* sendender S. aus max. ca. 10 sm Entfernung erkannt werden.

Satelliten-Navigation, die *(navigation by aids of satellites)* Schiffsortbestimmung mit Hilfe von →*Navigationssatelliten,* die fortlaufend ihren genauen Standort senden. Da die Satellitengeschwindigkeit und der Satellitenstandort zum Zeitpunkt des Empfangs der Funksignale bekannt ist, wird die →*relative Geschwindigkeit* des Navigations-Satelliten zum Ort des Beobachters mit →*Dopplereffekt* gemessen und die Entfernung zur Satellitenbahn durch Veränderung der Frequenz-Verschiebung der vom Navigationssatelliten ausgestrahlten Signale ebenfalls aufgrund des Dopplereffekts bestimmt. Im Prinzip genügen zwei bis drei, praktisch benutzt man mehrere Beobachtungen, deren Mittelwert als →*Schiffsort* nach Länge und Breite mit Zeitangabe gilt. Die prinzipiellen Vorteile der S.-N. gegenüber allen anderen Systemen der →*Navigation* sind: Eine weltweite Verfügbarkeit; eine jederzeitige, täglich 24-stündige Nutzung; eine völlige Unabhängigkeit gegenüber allen Wettereinflüssen und neben einer sehr genauen Bestimmung der Position die gleichzeitige Vermittlung von Geschwindigkeit und Zeit.

Satelliten-Seenotfunkbake, die *(satellite-aided survival beacon)* Eine →*Seenotfunkbake,* deren →*Seenotsignale* im →*COSPAS-SARSAT-System* mit 406-MHz-→*Funkbaken* oder in der →*INMARSAT-Organisation* mit 1,6-GHz-Funkbaken über Satelliten an eine zentrale Leitstelle des →*SAR-Dienstes* weitergeleitet werden.

Satnav Ein →*Akronym* für →*Satellitennavigation,* als Sammelbezeichnung für die Betriebssysteme →*GPS* und →*Glonass* mit ihren Anlagen benutzt.

Saugbagger, der *(suction dredger)* Siehe → *Bagger.*

Saugkorb, der *(pump strainer)* Im →*Pumpensumpf* oder →*Lenzbrunnen* ein feinmaschiger, großflächiger Drahtfilter vor der Saugöffnung der Lenzleitung, der das Blockieren der →*Lenzpumpe* durch Fremdkörper verhindert.

Sauglenzer, der *(semi-automatic bailer)* Ein →*Selbstlenzer* im Bootsboden oder eine →*Lenzklappe* im →*Spiegel,* die den Fahrtstrom ausnutzen, um die →*Plicht,* insbesondere bei einer →*Jolle,* zu →*lenzen.*

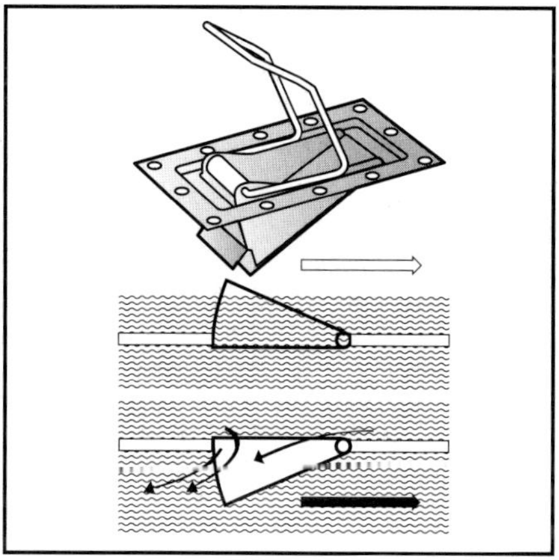

Sauglüfter, der *(suction ventilator, exhaustor)* Ein →*Ablüfter,* der durch seine Form für die Entlüftung von Wohn- und Motorenräumen mit natürlichem Luftstrom sorgt. Er kann als →*Venturi-Lüfter* (Abb.) oder auch mit elektrischer Energie als →*Ventilator* arbeiten.

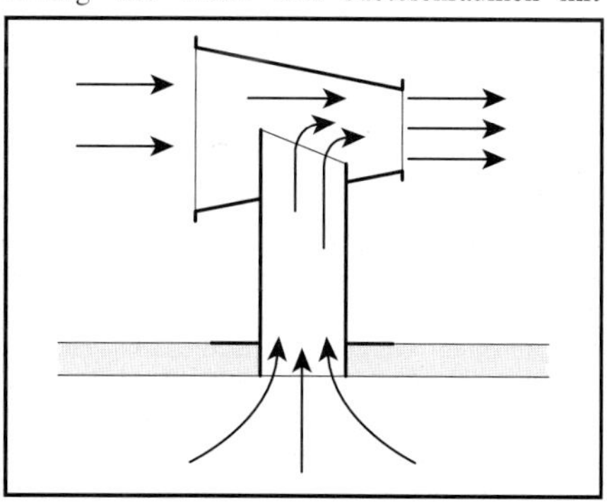

Schaden (im Bootsbau, bei Kollision), der *(1. damage, 2. detriment, 3. injury)* Einem →*Eigner* kann 1. ein allgemeiner S. an seinem Boot entstehen, für den entweder die →*Gewährleistung* oder die →*Versicherung* aufkommt, und es kann ihm daraus 2. ein (finanzieller) Nachteil erwachsen, der auch zu einer 3. (juristischen) Schädigung führen würde. Sind Art des Schadens, der Verursacher oder die Schadenssumme strittig, sollte zuerst ein →*Sachverständiger* herangezogen, ein →*Schiedsgutachten* eingeholt oder eine →*Schadenstaxe* für den Schadenersatz ermittelt werden.

Schadenstaxe, die *(damage rate, certificate of survey)* Unabhängig davon, wer z. B. im Falle einer →*Kollision* oder bei Mängeln, die unter die →*Gewährleistung* fallen, für einen →*Schaden* aufkommen muß, wird die Schadenshöhe sowie eine mögliche Wertminderung von einem →*Sachverständigen* in einer S. festgeschrieben. Sie wird z. B. von einer →*Versicherung* in Auftrag gegeben und stellt auch den Streitwert dar, an dem sich Gerichte bei der Entscheidung über eine Klage orientieren.

Schäfchenwolke, die *(altocumulus, cirrocumulus, mackeral sky)* Dünne, hohe und helle Wolke in Form kleiner Ballen, die meistens Zeichen einer nahenden →*Warmfront* ist und in langsam ziehenden Schichten schönes Wetter, in schneller ziehenden Bänken schlechtes Wetter ankündigt (Abb.).

schäften, Schäftung, die *(joint)* Die Verleimung von →*Planken* oder →*Sperrholzplatten* zu größe-

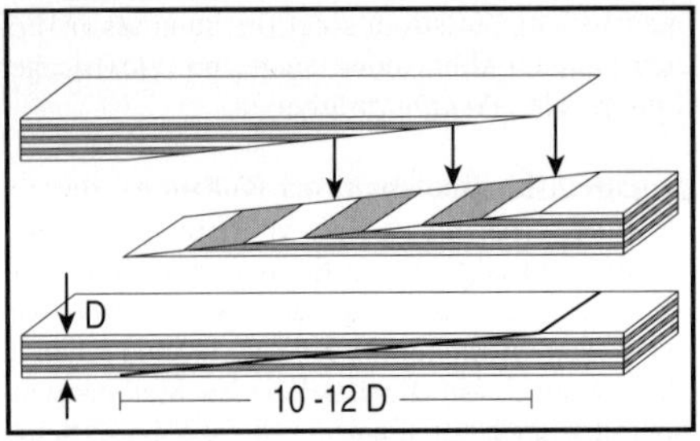

ren Längen, indem man beide Schäftflächen über die ganze Breite der Platten gleichmäßig anschärft und richtig verleimt. Die Länge der S. soll das 10- bis 12-fache der Plankendicke betragen. Sie hat gegenüber dem stumpfen →*Stoß* mit →*Lasche* den Vorteil, daß keine Verdickung des Plankenganges in Kauf genommen werden muß und Gewicht gespart wird.

Schake, die *(chain link)* Alte Bezeichnung für →*Kettenglied,* die noch in der Wortverwandtschaft zu →*Schäkel,* einer ähnlichen Verbindung, aber zum Öffnen, zum Ausdruck kommt.

Schäkel, der *(shackle)* Handlicher, unterschiedlich verschließbarer Bügel aus rostfreiem Stahl,

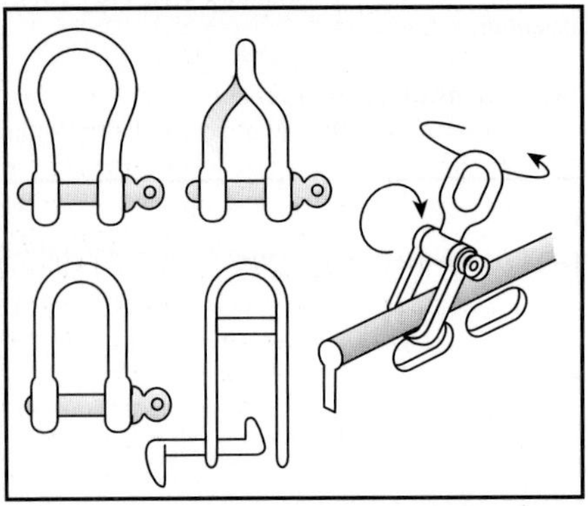

verzinktem Eisen oder Spezialbronze, der als Verbindungselement zwischen →*Blöcken,* →*Leinen,* →*Segeln,* →*Ketten* und →*Takelageteilen* aller Art dient. Die einfachsten und gebräuchlichsten S. sind →*Schraubschäkel* mit einer lichten Höhe von ca. doppelter Bügelweite und einer Bügelweite von ca. doppelter Bolzendicke (Abb.). Unterschiedliche Bauart haben →*Schlüsselschäkel,* eine andere Verschlußart besitzen →*Schnappschäkel,* speziellen Aufgaben dienen →*Wirbelschäkel,* →*Doppelschäkel,* →*Drehzapfenschäkel* u. a. Es empfiehlt sich, bei einem S. nicht mehr als ca. 40 % der Bruchlast als Arbeitsbelastung anzusetzen.

Schäkelschlüssel, der *(shackle key, shackle spanner)* Ein handliches, flaches, aus Edelstahl

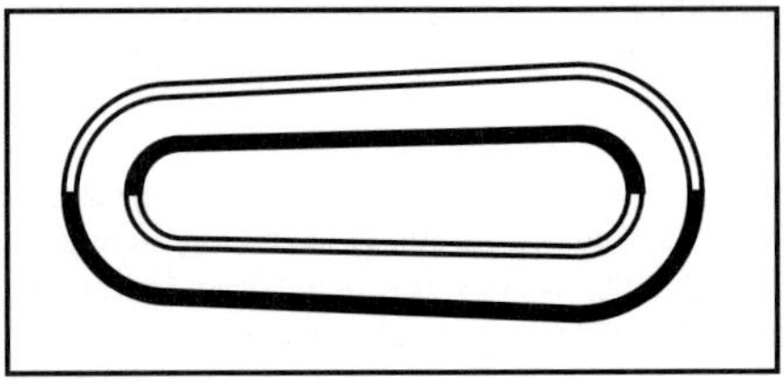

gefertigtes Werkzeug mit Schlitzkopf und Einkerbungen (Abb.), das wie ein Schraubenschlüssel zum Öffnen und Schließen von Schäkelbolzen, zum Losschrauben von Muttern, Lösen von Rutschern u. ä. Arbeiten benutzt wird. Ein S. kann auch Bestandteil eines →*Bordmessers* sein.

Schalenkreuz-Windmesser, der *(cup anemometer)* Gerät zum Messen der →*Windgeschwindigkeit* mit Hilfe eines waagerechten Kreuzes, das an seinen Enden mit halbkugelförmigen Schalen zum Auffangen des Windes ausgerüstet ist und eine senkrechte Welle bewegt, deren Drehung die →*Windgeschwindigkeit* in m/s oder kn anzeigt. Siehe auch →*Anemometer.*

schalken, verschalken *(to batten down [a hatch])* Ein →*Luk,* eine Schiebekappe über einem →*Niedergang,* ein →*Skylight* o. ä. durch Auflegen einer →*Persenning* und Festkeilen (gegebenenfalls mit Hilfe von Schalkleisten und Schalkkeilen) wasserdicht verkleiden und sicher mit dem →*Lukensüll* verbinden. Auf →*Yachten* erfolgt dieses S. in schwerem Wetter oder im Notfall, wenn die Gefahr besteht, daß die See durch die Luken bricht oder die Lukendeckel wegreißt. Auch →*Vorreiber* unter dem Lukendeckel dienen sinngemäß zum Verschalken.

Schallgeschwindigkeit, die *(sound velocity)* Bei der →*Schallortung* ist die mittlere S. in der Luft (333 m/s) gegenüber der im Wasser (1500 m/s) zu unterscheiden. Geringe Unterschiede können vernachlässigt werden; denn im Wasser nimmt die S. mit höherer Temperatur, größerem →*Salzgehalt* und höherem Wasserdruck zu, in der Luft erreicht sie bei 10 °C ca. 340 m/s, bei 20 °C ca. 350 m/s.

Schallortung, die *(sound location)* Ermittlung der Richtung, in der ein Schallsender liegt, und die Bestimmung der Entfernung zu einem →*Ziel* mit Hilfe der →*Schallgeschwindigkeit* und eines Echos. Die S. kann über Wasser (im Rahmen der →*terrestrischen Ortsbestimmung)* oder mit Unterwasser-Schallgeräten erfolgen. Sinngemäß arbeitet auch das →*Echolot* nach der Methode der S.

Schallsignal, das *(sound signal)* Mit →*Nebelhorn,* →*Nebelglocke,* Gong, →*Pfeife* o. ä. Schallsignalgeräten gegebenes akustisches Signal, um bei →*Nebel* und geringer →*Sicht* die Art eines Fahrzeuges, seinen →*Kurs* oder seine (Maschinen-)→*Manöver* anzuzeigen oder nur auf sich aufmerksam zu machen. Die Schallsignale unterscheiden sich geringfügig nach den →*KVR,* der →*SeeSchStrO* oder Binnenschiffahrtsstraßen-Ordnung. Die wichtigsten Pfeifensignale mit langen und kurzen Tönen sind nach der seit dem 1. 7. 1983 geltenden Fassung der →*KVR* (Regel 34):

–	Achtung
•	Ich ändere meinen Kurs nach Stb.
••	Ich ändere meinen Kurs nach Bb.
•••	Meine Maschine geht rückwärts
– – •	Ich will an Ihrer Steuerbordseite überholen
– – ••	Ich will an Ihrer Backbordseite überholen
– • – •	Ich bin bereit, mich überholen zu lassen
– ••••	Überholen nicht möglich; ich kann nicht überholen; ich muß das Überholen abbrechen (SeeSchStrO)
•••••	Weckruf oder „Nicht verstanden“, „Nicht einverstanden“

Schallsignale bei verminderter Sicht (Regel 35):

–	Maschinenfahrzeug, Fahrt durchs Wasser
– –	Maschinenfahrzeug, keine Fahrt durchs Wasser
– ••	manövrierunfähiges, manövrierbehindertes, tiefgangbehindertes, fischendes, schleppendes Fahrzeug oder Segelfahrzeug
– •••	geschlepptes Fahrzeug
• – •	Warnsignal eines Ankerliegers (zusätzlich zu Glocke und Gong)
– •••• / – ••••	allgemeines Gefahren- und Warnsignal (nach der SeeSchStrO)

Schallsignalanlage, die; Schallsignalgerät, das *(sound signal device or gear)* Nach den →*KVR* sind als S. Pfeifen mit bestimmten →*Frequenzen,* →*Reichweiten* und Richteigenschaften sowie →*Glocken* mit einem Mindestdurchmesser und →*Gongs* mit ausreichendem Schalldruckpegel vorgeschrieben. Die technischen Einzelheiten enthält die Anlage III der →*KVR.*

Schallwelle, die *(sound wave)* Schwingungsvorgänge in Richtung der Ausbreitung, die als „Schall“ bezeichnet werden, wenn sie mit dem menschlichen Ohr wahrnehmbar sind, und als „Ultraschallwellen“ benannt sind, wenn sie so rasch vor sich gehen, daß sie vom menschlichen Ohr nicht wahrgenommen werden können. Die →*Schallsignale* werden mit normalem Luftschall gegeben, während z. B. das →*Echolot* mit Ultraschallwelle arbeitet.

schamfilen *(chafe)* Berühren, scheuern, reiben und durch langanhaltenden Kontakt beschädigen.

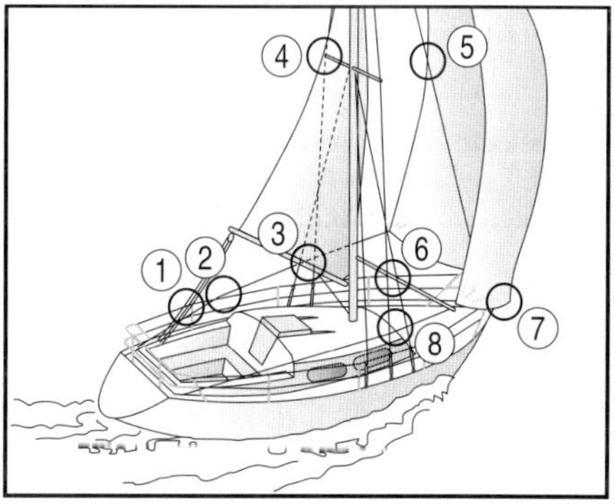

S. tritt insbesondere beim →*Festmachen* an →*Vorleine,* →*Achterleine* o. ä. oder an →*Segeln* und Teilen der →*Takelage* sowie des →*stehenden* und →*laufenden Gutes* auf. Durch S. gefährdet sind z. B. Teile von →*Großschot* (1) und →*Spinnakerschot* an der →*Seereling* (2), des →*Großbaumes* (3) am →*Want,* des Segels an der →*Saling-Nock* (4), des Spinnaker-Seitenlieks am →*Vorstag* (5), des Spinnakerbaumes am →*Want* (6), des →*Spinnaker-Unterlieks* am →*Bugkorb* (7) sowie des →*Achterholers* am Want (8). Schutz gegen S. durch Kunststoff-Ummantelung oder →*Tausendbein.*

Schandeck, das; Schandeckel, der *(gunwale, plank-sheer)* Bei einem Holzdeck die äußere, an die Bordwand anschließende und sowohl die Oberkante der →*Außenhaut* als auch die Enden der →*Spanten* abdeckende, meist aus Hartholz gefertigte Planke. Sinngemäß bei einem Boot aus →*GFK* oder →*Stahl* der das Deck seitlich abschließende Bereich, auf dem die →*Fußreling* als Schiene befestigt ist oder ein einlaminiertes Profil aus GFK die seitliche Begrenzung des Decks darstellt. Auf dem S. sind auch die Füße der →*Seereling* mit entsprechend unterfütterten Verstärkungen befestigt.

shanghaien *(to shanghai)* Jemanden zum Dienst pressen, mit Gewalt und gegen seinen Willen als Seemann anmustern. In der Vergangenheit besonders auf →*Segelschiffen* („Seelenverkäufern“) üblich, nachdem man die Auserwählten vorher betrunken gemacht hatte. Früher vor allem in chinesischen Häfen (Shanghai) verbreitet.

Schanz, die (Schanze, die) *(quarter deck)* Sinngemäß zur →*Back* (auf dem →*Vorschiff)* der Aufbau bzw. das →*Deck* auf dem →*Achterschiff.* Die S. wird durch das →*Schanzkleid* (auf alten Segelschiffen aus →*Segeltuch)* gegen Wind und Seegang geschützt. Heute ist die Bezeichnung S. nur noch auf Fahrzeugen der →*Marine* üblich.

Schanzkleid, das *(bulwark)* Im Gegensatz zur →*Reling,* die nur aus Rohrstützen und →*Drahttauwerk* mit weiten Öffnungen besteht, eine fest mit dem →*Deck* verbundene, auch über die →*Schanz* hinaus nach vorn reichende niedrige Wand (mindestens knie-, meistens hüfthoch) zum Schutz gegen Überbordfallen. Das S. muß mit →*Wasserpforten* versehen sein, um übergekommenes Spritzwasser schnell abfließen zu lassen. Ein S. ist nur in der →*Schiffahrt* und auf →*Kutteryachten* üblich.

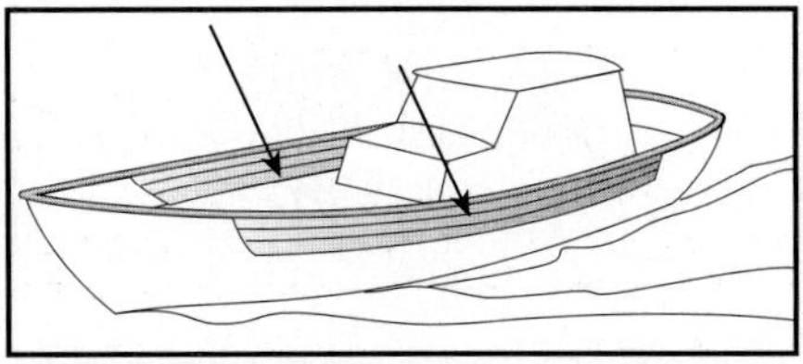

Schapp, das *(locker)* Ein Schrank, ein Spind, ein Schubfach oder auch ein kleiner Raum an Bord.

Schäre, die *(skerry)* Kleine Insel oder →*Klippe.* Der Begriff wird speziell für die weitflächigen Gruppen bewohnter und unbewohnter Inseln sowie kleinerer oder größerer Klippen im norwegischen, schwedischen und finnischen Küstengebiet gebraucht.

Schärenkreuzer, der *(skerry cruiser)* Ein um ca. 1910 in Schweden entwickelter und seit ca. 1920 in mehreren →*Internationalen Klassen* verbreiteter Typ einer →*Kreuzeryacht,* der den deutschen →*Seefahrtkreuzern* verwandt ist. Der S. hat aber noch größere →*Überhänge,* eine größere →*Takelungshöhe,* sehr schmale →*Großsegel* und kleinere →*Vorsegel* sowie einen tiefen →*Ballastkiel.* Die S. beeinflußten stark den internationalen Yachtbau und waren in Deutschland hauptsächlich in der 22-m^2- und 30-m^2-S.-Klasse verbreitet, Segelzeichen die Ziffern „22“ und „30“. Daneben gab es die Klassen der 45er, 75er und 100er Schärenkreuzer.

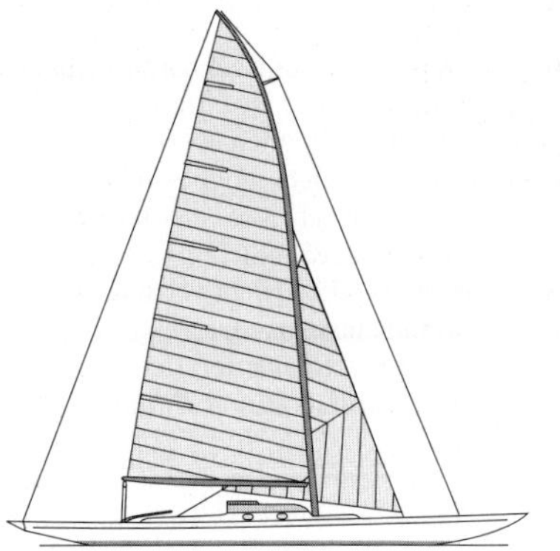

Schärenkreuzer

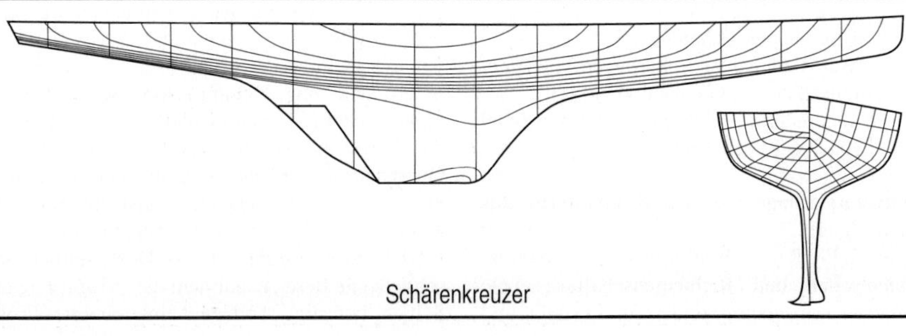

Schärenkreuzer

scharf *(lean, sharp)* In bezug auf die Bootsform „spitz zulaufend“. Man spricht z. B. von einem „scharfen“ →*Bug* und bezeichnet in einem →*Linienriß* das →*Vorschiff* als s. im Gegensatz zu →*völlig.* In bezug auf die Führung von →*Schot* o. ä. bedeutet s. „hart anholen“, „sehr dicht holen“, z. B. beim „scharf →*anbrassen*“.

Schärfegrad, der *(coefficient of fineness)* Allgemein der Bezug des Begriffes →*scharf* auf die Verdrängung, z. B. als S. des Hauptspants oder

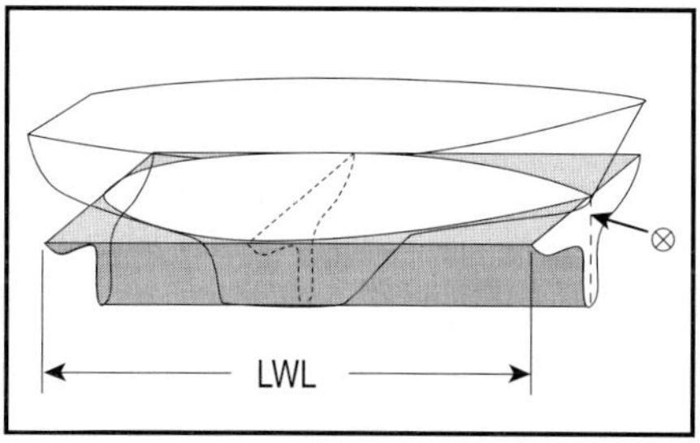

der →*Wasserlinie.* Als S. wird insbesondere der →*Prismatische Koeffizient* oder →*Zylinderkoeffizient* bezeichnet, der den →*Völligkeitsgrad der Verdrängung (CB)* mit dem →*Völligkeitsgrad der Hauptspantfläche (CM)* vergleicht. Als „wirklichen S.“ bezeichnet man auch das Ergebnis aus der Formel

$$\text{Schärfegrad} = \frac{\text{BWL}}{\text{LWL}} \cdot \text{CV} = \frac{\text{BWL} \cdot \text{CB}}{\text{LWL} \cdot \text{CM}}$$

bei der auch der →*Völligkeitsgrad der Wasserlinie* (CWP) (hier in Gestalt des Verhältnisses →*BWL* : →*LWL*) mitbewertet wird.

Scharpie, das *(sharpy, sharpie)* Englisches Lehnwort für ein in →*Knickspant-Bauweise* gebautes Boot, hauptsächlich mit →*Schwert,* wie es in

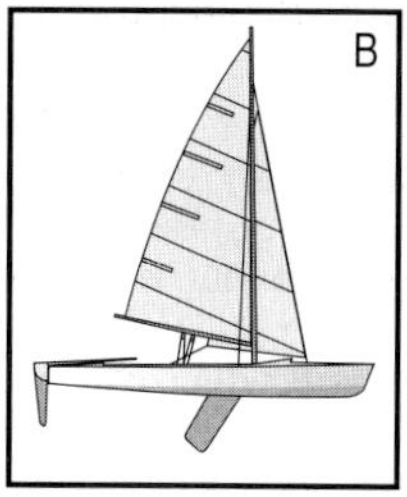

Amerika entwickelt wurde (A). Die Bauweise fand auch für Motorboote Verwendung. In Deutschland assoziiert man den Begriff mit dem 12-m²-Scharpie (B), einem 1928 von Kröger konstruierten gaffelgetakelten →*Schwertboot,* das als →*Internationale Klasse* 1956 in Melbourne zu verspäteten olympischen Ehren kam. In Nordamerika segeln noch heute Scharpies, auch zweimastig (mit Ketsch-Rigg) und als Fischerboote, z. B. zum Austernfang.

Schattenazimut, das Die →*rechtweisende* Richtung der Sonne, die durch den →*Schattenstift* am →*Magnetkompaß* gewonnen und umgerechnet wurde, um auf See eine →*astronomische* →*Kompaßkontrolle* durchzuführen. Einfacher ist das →*Azimut* des (wahren) Auf- bzw. Unterganges der Sonne zum gleichen Zweck zu benutzen.

Schattenstift, der *(e.: shadow pin, a.: stile)* Ein im Zentrum des →*Peilkompasses* oder eines →*Peilaufsatzes* befestigter senkrechter Stift, mit dessen Schatten man die Richtung der Sonne →*peilen* und ein →*Schattenazimut* bestimmen kann. Bereits bei den Wikingern ein Hilfsmittel der →*Navigation,* als Holzstab senkrecht auf einer schwimmenden Holzscheibe aufgerichtet: Er zeigte bei entsprechend gewählter Höhe während der →*oberen Kulmination* der Sonne die →*geographische Breite* durch die Schattenlänge an.

Schau, Flagge in Schau *(wheft, flag with a waft)* In der Mitte zusammengebundene oder zusam-

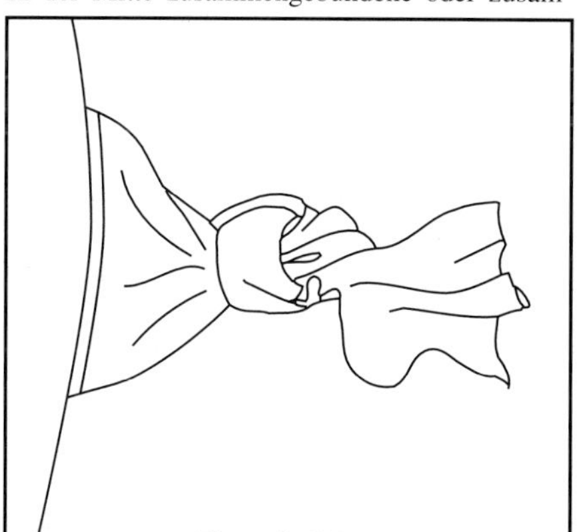

Flagge in Schau

mengeknotete Flagge (Nationale) oder mit der auswehenden Flaggenlänge (anstatt der →*Heiß*) am Flaggenstock oder an der →*Flaggleine* befestigte Flagge. Die F. i. S. wurde früher als →*Notsignal* verstanden und kann auch heute noch als Aufforderung zur Hilfeleistung gesetzt werden.

Schauer, der *(shower)* Kurzer, heftiger und reichlicher →*Niederschlag,* meistens als →*Regen-,* aber auch als Schnee- oder Hagelschauer bezeichnet.

Schauermann, der *(stevedore, lumper)* Hafenarbeiter, Stauer, Entlader, der die Ladung von und zum Schiff transportiert und mit dem Laden und Löschen beschäftigt ist.

Schauerwetter, das *(showery)* Eine Wettererscheinung, die in →*Kaltluftmassen* und an der →*Rückseite* eines Tiefs auftritt. Bei S. wechseln die Schauer mit vorübergehend auffrischendem, →*böigem Wind* und →*bewölktem* Himmel mit guter →*Sicht* ab.

Schauerwolke, die *(Cumulonimbus, Cb)* Ausgereift eine massige und dichte Wolke in Form eines

mächtigen Berges mit hoher vertikaler Ausdehnung, deren Unterschicht 100 bis 500 m über See liegt. Sie hat meistens ein eigenes Windsystem mit →*Böen* und zeigt oft →*Gewitter an.*

Schaufelheck, das *(scoop transom, scoop stern)* Eine →*Heckform* im →*Yachtbau* aus →*GFK,* bei der die Außenhaut des Unterwasserschiffes mit einem sich verjüngenden Teil der Rumpfseiten 1,00–1,50 m über das →*Heck* hinaus verlängert ist, um eine integrierte Badeplattform zu schaffen. Das wie ein großes angehängtes →*Ösfaß* wirkende offene S. fügt sich als →*Stufenheck* gefälliger in den Bootsrumpf ein.

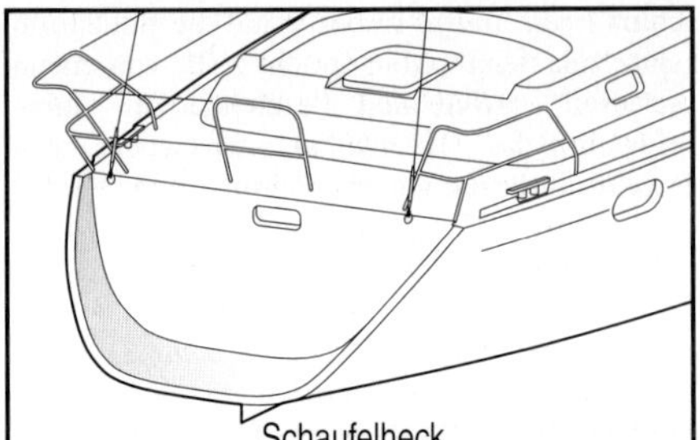

Schaufelheck

Schauglas, das *(sight glass, liquid indicator)* Schmales, senkrechtes, aus stoßsicherem Glas gefertigtes Fenster in einem Tank, auch in Form eines durchsichtigen Rohres vor der Wand eines Brennstoff- oder Wassertanks, um die Füllung ohne →*Peilstab* jederzeit ablesen zu können.

Schaumstoff, der (*polyurethane foam)* Andere Bezeichnung für →*Polyurethanschaum.*

Schaumstoff-Fender, der *(foam-filled polyethylene weighted fender)* Meistens aus zellförmigem →*Polyethylen (PE)* gefertigter →*Fender,* der leicht, stoßdämpfend und widerstandsfähig ist. Zum Beschweren benötigt er meistens zusätzliche Bleiplättchen.

Schaum-Sandwich, das *(foam sandwich)* In der →*Verbundweise* die Verwendung von →*Schaumstoff* oder Hartschaum als →*Kernmaterial.* Im Vergleich mit →*Wabensandwich* und →*Balsa-Sandwich* besitzen Schäume die geringste Festigkeit, die darüber hinaus noch vom Rohmaterial (z. B. PUR oder PVC) abhängig ist. Dafür lassen sich mit S.-S. nicht nur glatte, sondern auch gewellte Oberflächen und sich verjüngende Bauteile fertigen, die in eine →*Massivbauweise* übergehen.

Schebecke, die *(Xebec)* Dreimastige Küstensegler des Mittelmeerraumes mit zwei →*Lateinsegeln* am →*Fock-* und →*Großmast* und einem

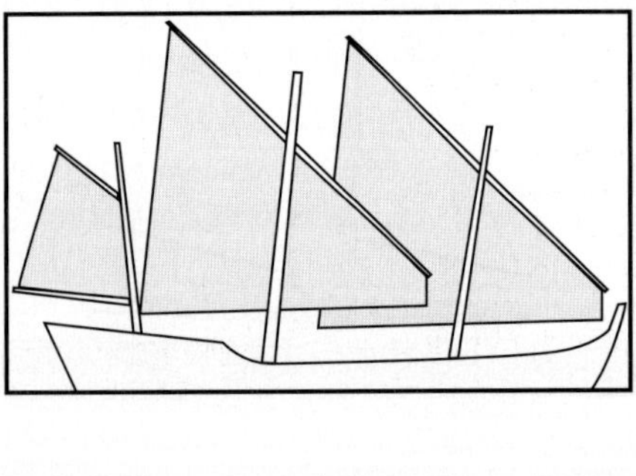

→*Gaffelsegel* am →*Besan.* In Spanien noch heute auch mit Lateinsegel am dritten Mast gefahren. Dieser größte Mittelmeersegler hat eine Verdrängung von 30 bis 60 t und in allen Anliegerstaaten ähnliche Namen. Er wurde zum Teil auch mit →*Bugspriet* und auch mit →*Stagsegel* gefahren und im 18. bis 19. Jahrhundert bis zu einer Größe von 300 bis 400 t Verdrängung gebaut. Der kleinere Zweimaster heißt →*Felucke.*

Scheel-Kiel, der *(Scheel keel)* Nach seinem Erfinder Henry Scheel, der hierfür am 16. 5. 1978

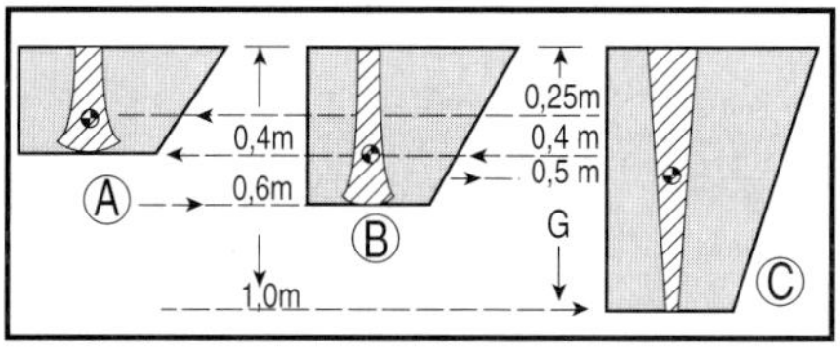

das U.S.-Patent 4.089286 erhielt, benannter →*Ballastkiel* in der in Abb. A gezeigten Form. Im Gegensatz zum →*Wulstkiel,* der – von →*vorn* oder →*achtern* betrachtet – eine stromlinienförmige, zylindrische Form hat, verdickt sich der S.-K. an der Unterkante einer tragflügelförmigen →*Kielflosse* auf deren doppelten Durchmesser und bringt dadurch den →*Gewichtsschwerpunkt* eines sowohl →*aufrecht* als auch mit →*Krängung* segelnden →*Kielbootes* tiefer unter die →*Schwimmwasserlinie.* Die →*Kraft* des →*Auftriebs* soll durch die hohlen Flanken erhalten bleiben. Vorteile: Bei gegebener →*Stabilität* geringerer →*Tiefgang* ohne Vergroßerung der →*Abdrift* (Abb. A). Bei gegebenem Tiefgang eine größere Stabilität (Abb. B). Ein Vergleich von Tiefgang T und Gewichtsschwerpunkt G zeigt einen tiefen Kiel (Abb. C) besser als den S.-K., aber den S.-K. besser als den Kiel eines →*Kielschwerters.*

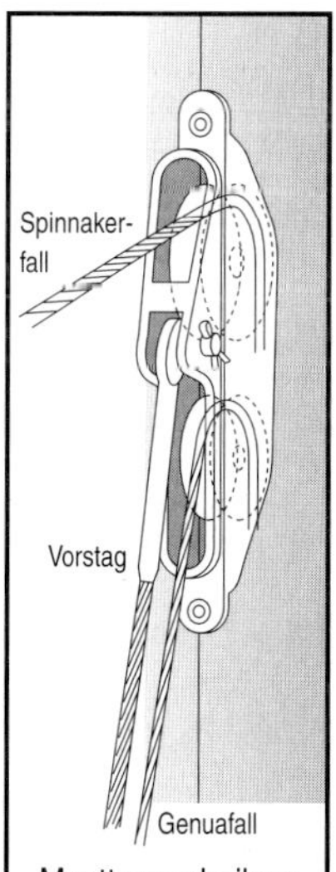

Masttoppscheiben

Scheibe, die *(sheave)* Eine Rolle zur Führung von →*Tauwerk,* entweder in der Öffnung einer →*Spiere,* dem →*Scheibengatt,* fest eingebaut (z. B. als →*Fallscheibe* oder →*Masttoppscheibe)* oder in einem →*Block* befestigt. Eine S. kann nicht nur einzeln, sondern mit mehreren Scheiben unter- oder nebeneinander in →*einscheibigen* oder →*mehrscheibigen Blöcken* angeordnet sein.

Scheibengatt, das *(sheave-hole)* Eine Ausnehmung, in der eine →*Scheibe* als →*Umlenkrolle* für →*Tauwerk* arbeitet. Die Seiten müssen so dicht

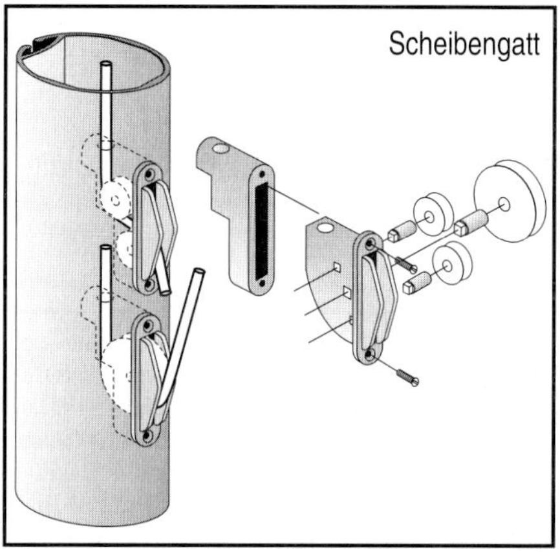
Scheibengatt

wie möglich bis an die Scheibe reichen, damit das Tauwerk nicht seitlich abrutschen kann, und das →*Gatt* muß die ganze Scheibe einschließen, damit der Zug nicht seitlich (mit der Gefahr des →*Schamfilens)* erfolgen kann.

Schein, der *(shine)* Bei der →*Kennung* eines →*Leuchtfeuers* die →*Lichterscheinung* zwischen zwei Verdunkelungen oder Abschwächungen oder zwischen zwei Lichterscheinungen anderer Farbe. Ein S. muß eine längere, mindestens jedoch gleiche Zeitdauer wie die Verdunkelungen haben.

scheinbar *(apparent, sensible)* In →*Segeltechnik* und →*Navigation* häufig benutztes Adjektiv (→*scheinbarer Horizont,* →*scheinbare Höhe,* →*scheinbarer Wind,* scheinbarer Mittag), das zur Unterscheidung des entsprechenden →*wahren* Begriffs benutzt wird. Die Bezeichnung ist mißdeutbar, da im Sinne des englischen Begriffs darunter „sichtbar“, „augenscheinlich“, „anscheinend“, „ersichtlich“, „zweifellos“ und damit etwas Tatsächliches im Gegensatz zum deutschen Wortsinn verstanden wird, der die entsprechenden, mit dem Adjektiv „scheinbar“, versehenen Begriffe als nicht gegenständlich oder nicht tatsächlich in den Bereich der Annahme zu entrücken scheint.

scheinbare Höhe (eines Gestirns), die *(apparent altitude)* Der Winkel am Auge des Beobachters

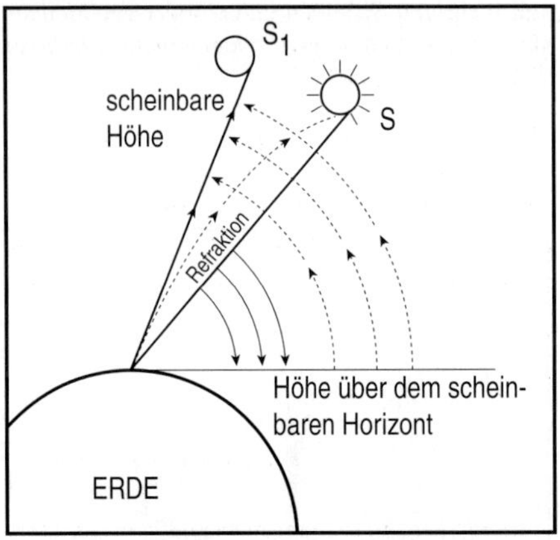

zwischen dem beobachteten Gestirn und dem →*scheinbaren Horizont* (S_1). Dies ist die mit dem →*Sextanten* gemessene, aber schon um die →*Kimmtiefe* berichtigte →*Höhe.* Da das Gestirn jedoch durch die →*Refraktion* oder →*Strahlenbrechung* (durch die Lufthülle der Erde bedingt) dabei nicht an seiner tatsächlichen Position am Himmelsgewölbe gesehen wird, wird die Messung um den Wert der Lichtbrechung noch einmal zur →*Höhe* über dem →*scheinbaren Horizont* berichtigt (S_1) ehe die Höhenbeschickung zur →*wahren Höhe* des Gestirns fortgesetzt werden kann.

scheinbarer Horizont, der *(sensible horizon, apparent horizon)* Im Gegensatz zum →*sichtbaren Horizont,* der →*Kimm,* die Blickebene, die senkrecht zum Lot durch das Auge des Beobachters bis zur Himmelskugel geht. Der s. H. verläuft parallel zum →*wahren Horizont,* der ebenfalls senkrecht zum Lot, aber durch den Erdmittelpunkt gezogen ist. Der Unterschied zwischen dem s. H. und dem →*sichtbaren Horizont* liegt in der →*Kimmtiefe,* einer atmosphärisch bedingten Strahlenbrechung tangential entlang der Erdoberfläche.

scheinbarer Wind, der *(apparent wind)* Der an Bord eines fahrenden Bootes wahrgenommene und in seiner Richtung und Stärke vom →*atmosphärischen* oder →*wahren Wind,* vom →*Kurswinkel* zu ihm und der →*Fahrt des Bootes* abhängige →*relative Wind,* der gleichzeitig als wirksamer Segelwind die Windenergie liefert, mit dem die Segel als →*aerodynamische Profile* in Verbindung mit →*Rumpf* und →*Takelage* für die Fortbe-

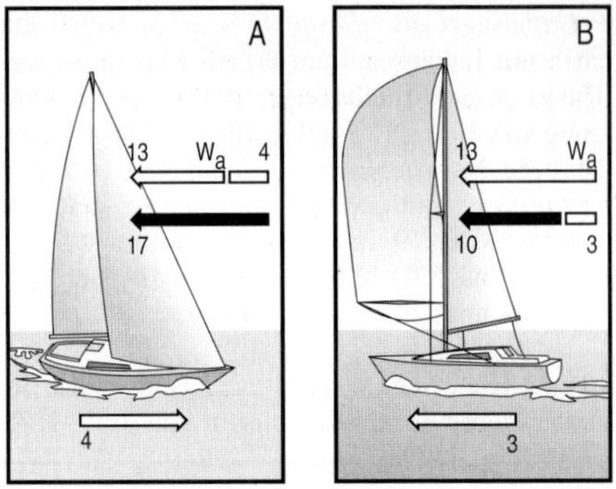

wegung des Bootes sorgen. In →*Fahrt* ist nur der s. W. in Richtung und Geschwindigkeit meßbar. Man kann aus ihm mit Hilfe der →*Fahrt über Grund* und durch das →*Parallelogramm der (Wind-)Geschwindigkeiten* den atmosphärischen Wind berechnen. Bei gleichem atmosphärischem Wind von 13 →*Knoten* auf dem Revier ist der s. W. auf einem →*Vorwindkurs* (B) mit 10 kn sehr viel schwächer und auf einem →*Amwindkurs* (A) mit 17 kn sehr viel kräftiger als der außerhalb des Bootes wehende →*wahre Wind.*

scheinbares Segel, das *(apparent sail)* Die Darstellung der Segelteile nach ihrem aerodynamischen Nutzen auf Grund der vom →*scheinbaren Wind* gelieferten Windenergie. Durch den vertikalen →*Windgradienten* arbeiten die oberen Teile jedes Segels mit einer größeren →*Windgeschwindigkeit,* verwerten somit mehr Windenergie und haben, auf die Fläche bezogen, einen größeren Nutzen als die unteren Segelteile. Abb. A zeigt ein s. S. mit seinem →*Segeldruckpunkt* CP als Kraftmittelpunkt der schraffierten Fläche, der

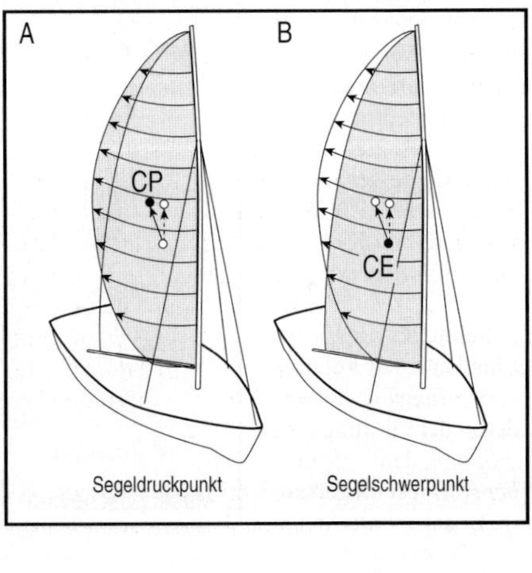

Segeldruckpunkt Segelschwerpunkt

auf einem →*Amwindkurs,* wenn das Segel als „Windmotor“ arbeitet, etwa ein Drittel der als →*Segellänge* bezeichneten Breite des Segels hinter dem Mast liegt. Muß ein s. S. auf einem →*Vorwindkurs* hingegen als „Windfang“ betrachtet werden, befindet sich der Segeldruckpunkt auf etwa halber →*Segellänge* (Breite des Segels). In jedem Falle liegt der →*Segelschwerpunkt* CE (Abb. B) des realen Segels immer tiefer und unverändert an derselben Stelle. Diese Vorstellung eines scheinbaren Segels kann beim →*Reffen* nützlich sein, wenn man entscheiden muß, wie weit man die (unteren, sichtbaren) Segelteile einbinden oder eindrehen muß, um wirklich die gewünschte Entlastung der Windkraft am →*Rigg* zu erhalten.

Schelle, die *(hose clip, collar plate)* An Bord hauptsächlich als Schlauchschelle benutztes Metallband, das zum Befestigen z. B. eines Wasser-

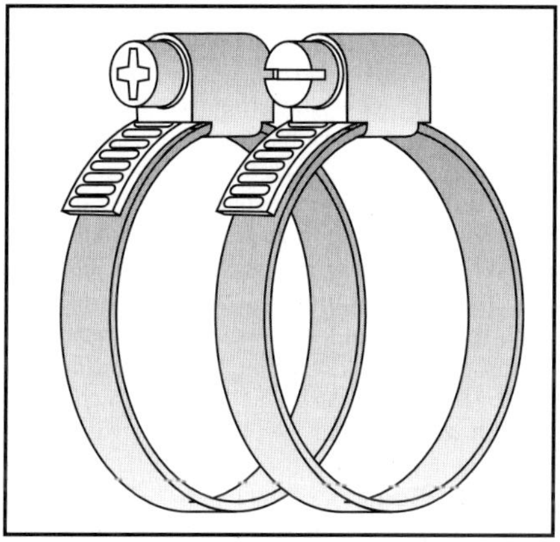

schlauches an einem Rohrstutzen außen um den Schlauch faßt und mit verschiedenen Schraubeinrichtungen so festgezogen werden kann, daß es beide Teile wasserdicht verbindet.

scheren *(to sheer)* 1. Eine →*Leine* durch einen →*Block* bzw. eine →*Leitöse* hindurchführen oder vom Boot zur →*Pier,* zum →*Anker,* zur →*Boje* o. ä. ausbringen. – 2. Im Sinne von „laufen“: Aus dem →*Kurs* ausscheren, an der Pier entlang s., längsseits s., in eine →*Deckpeilung* einscheren u. a. – 3. Als →*Abscheren* im Sinne von brechen, schneiden, z. B. bei einer →*Kollision* eine Relingstütze oder bei Bruch eines →*Schäkels* dessen Bolzen abscheren.

Schergang, der *(sheer-strake)* Der oberste →*Gang* der →*Außenhaut,* über den das →*Schandeck* faßt. Da der S. die Rumpfschale nach oben abschließt, ist er kräftiger als die übrige →*Beplankung* ausgeführt, oft mit einem →*Längsstringer* bzw. →*Deckstringer* verbunden und trägt außen die →*Scheuerleiste.*

Scherlinie, die (Decksstrak, der) *(sheer line)* Der →*Strak* der Oberkante der Außenhaut. Hier ist der Bootsrumpf mit dem →*(Haupt-) Deck* verbunden, und es sind oft zusätzliche Sicherungen für die

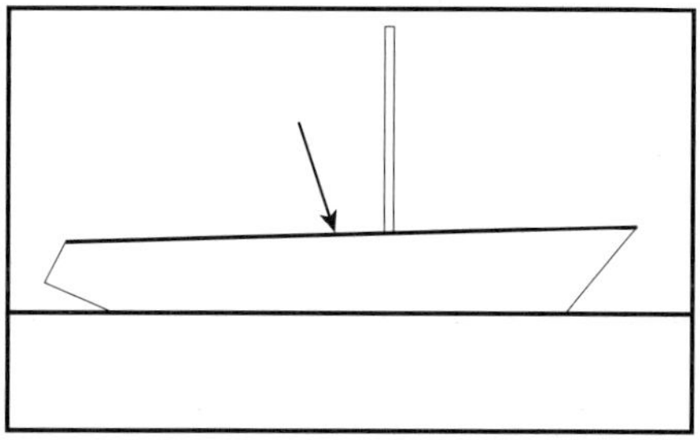

Scherfestigkeit (z. B. der →*Schergang)* eingebaut. Richtiger →*Decksstrak,* →*Deckssprung,* Sprungkurve genannt.

Scheuerdeck, das *(wood deck without covering)* Ein meistens aus →*Teak* gebautes →*Stabdeck,* das aus Gründen der Rutschsicherheit nicht lackiert ist und mit Seewasser und Bürste, gegebenenfalls auch mit Sand oder Scheuerstein („Gebetbuch“) sauber gehalten wird.

Scheuerleiste, die *(guard rail, rubbing strake)* Um das Boot in Deckshöhe umlaufende Holz- oder Gummileiste zum Schutz der →*Außenhaut* gegen →*Schamfilen* oder zur Aufnahme von Stößen beim →*Anlegen* oder →*Längsseitsliegen.* In jüngster Zeit werden auch Metallschienen benutzt, in die Hartgummiprofile eingezogen sind, die nach dem Verschleiß entfernt und durch neue ersetzt werden können.

Schichtwolke, die *(stratus)* Geschlossene, niedrige Wolkendecke mit einer Untergrenze zwischen 100 und 1000 Meter, die zu einem →*Tief* gehört.

Schiebeluk, das (Schiebekappe, die) *(sliding hatch, sliding hatchway cover)* Ein →*Luk* in der →*Kappe* eines →*Niederganges* oder auf dem →*Kajütdach,* dessen Verschluß nicht durch Klappen, sondern durch Schieben zu öffnen ist. Das S. läuft dabei meistens in eine →*Garage* (Lukengarage).

Schiedsgericht, das *(protest committee)* Ein Gremium erfahrener →*Rennsegler,* das bei einer →*Regatta* für Entgegennahme, Verhandlung und Beurteilung eines →*Protestes* und einer →*Berufung* sowie die Erteilung von →*Strafen* zuständig ist. Als S. kann entweder der →*Wettfahrtausschuß* selbst, ein von ihm eingesetzter Unterausschuß, ein getrennt davon eingesetztes S. oder eine →*Jury* tätig sein. Bei →*Match-Wettfahrten* können auch →*Bahn-Schiedsrichter* eingesetzt werden.

Schiedsgutachten, das *(arbitrator's report)* Bevor ein →*Eigner* und ein →*Bootsbauer* in einem Fall, der z. B. die →*Gewährleistung* betrifft, die Gerichte einschalten, können sie bei einem →*Sachverständigen* ein S. einholen, um den Streitfall außergerichtlich und kostengünstig wie in einem Schlichtungsverfahren zu klären.

Schiedsrichter, der *(judge)* Ein erfahrener →*Rennsegler,* der gründliche Kenntnisse der →*Wettfahrtregeln* besitzt und gegebenenfalls von einem nationalen Verband (→*DSV)* oder der →*ISAF* anerkannt sein kann. Er kann in einem →*Schiedsgericht* oder als →*Bahn-Schiedsrichter* arbeiten.

Schiemannsgarn, das *(spun yarn)* Nach dem „Schiemann" (dem →*Maat* des Bootsmannes) und seiner Tätigkeit „schiemannen" (das Tau- und Blockwerk ausbessern und für die Takelung vorbereiten) genanntes dünnes, aus 2 bis 3 Garnen gedrehtes, meist geteertes Bändselwerk mit einem Durchmesser bis ca. 5 mm für seemännische Arbeiten, z. B. das →*Betakeln* von →*Enden,* →*Bekleiden* von →*Tauwerk,* für das →*Laschen* von Ausrüstungsteilen u. a.

schießen – schießen lassen *(1. to shoot, 2. to shoot, 3. to let go)* 1. In den Wind s. oder →*aufschießen* bedeutet, das Boot gegen die Windrichtung auslaufen lassen und zum Stehen bringen, z. B. beim →*Anlegen* oder einem →*Bojenmanöver.* – 2. In der →*astronomischen Navigation* heißt, einen Stern oder die Sonne s., die →*Höhe* des Gestirns zu messen. – 3. Wenn man ein →*Ende* s. läßt, gibt man ihm völlige →*Lose,* läßt den →*Tampen* fahren. Geschieht dieses unbeabsichtigt, spricht man von →*ausrauschen.*

Schiff, das *(ship, vessel, craft, [man])* Physikalisch betrachtet ein (im Gegensatz zum →*Boot* größeres) Fahrzeug, das nach dem →*Archimedischen Prinzip* auf dem oder im Wasser schwimmt. Im Sinne des →*Schiffssicherheitsvertrages* und anderer internationaler Vereinbarungen ein Wasserfahrzeug, das zur Beförderung von (mehr als 12) Personen oder Fracht verwendet wird. In diesem Sinne unterscheidet man zwischen Fahrgastschiff, Frachtschiff, Tankschiff und Kriegsschiff, Schiffen ohne mechanischen Antrieb, Fischereifahrzeugen, Lotsenfahrzeugen und Rettungsbooten. Eine →*Yacht* als Vergnügungsfahrzeug, die nicht dem Handelsverkehr dient, ist im Sinne des Schiffssicherheitsvertrages kein S. Sie gehört auch im Sinne der →*KVR* in die Gruppe der →*Segelfahrzeuge,* der →*Fahrzeuge unter 20 m* oder →*Fahrzeuge unter 12 m,* für die erleichterte Bestimmungen der →*Lichterführung* u. a. gelten. Außerdem muß ihr verantwortlicher →*Schiffer* nicht ein →*Befähigungszeugnis,* sondern nur den →*Sportbootführerschein See* besitzen. Nach dem Fahrbereich unterscheidet man See-, Küsten- und Binnenschiffe, nach dem Antrieb Motor-, Turbinen-, Elektro-, Reaktor- und Segelschiffe, nach dem Verwendungszweck Container-, Massengut-, Kühl-, OBO-, Öl-Flüssiggas-, Tank-Schiffe u. v. a. Nach deutschem Seerecht wird ein S. definiert als „ein Hohlkörper von nicht ganz unbedeutender Größe, der fähig und bestimmt ist, auf dem Wasser fortbewegt zu werden und dabei Personen oder Sachen zu tragen." Als Mindestgröße hat ein deutsches Gericht in den 30er Jahren eine Länge von 6,40 m festgelegt. Sie kann auch relevant sein, wenn vor dem →*Seeamt* ein Unfall auf einem (zu kleinen) →*Seeschiff* nach dem →*Seeunfalluntersuchungsgesetz* (nicht) verhandelt werden soll.

Schiff auf Reede *(roadster)* Siehe →*Reede.*

Schiffahrt, die *(shipping, navigation)* Sammelbegriff für alles, was dem Betrieb eines →*Schiffes* und dem Schiffsverkehr im volkswirtschaftlichen Sinne dient. Man unterscheidet Personen- und Fracht-Schiffahrt, Binnen-, Küsten- und Seeschiffahrt, Segel- und Dampfschiffahrt sowie (als Ausnahme vom eigentlichen Sinn) die Sportschiffahrt. Die →*Seefahrt* ist einerseits ein Teilbegriff der S., andererseits reicht sie über den Begriff der S. hinaus.

Schiffahrtshindernis *(obstruction)* Zeichen aus →*Karte 1* (INT 1) im Anhang.

Schiffahrtsordnung Emsmündung, die Eine in Abweichung und Ergänzung der →*Internationalen Regeln zur Verhütung von Zusammenstößen auf See* (→*KVR)* und der →*SeeSchStrO* am 1. 10.

1989 in Kraft getretene Rechtsvorschrift für die →*Schiffahrt* im Mündungsgebiet der Ems und auf der Leda. Sie ist durch ein Abkommen zwischen der Regierung der Bundesrepublik Deutschland und der Regierung des Königreichs der Niederlande vom 22. 12. 1986 sowohl in den betroffenen deutschen wie niederländischen Hoheitsgewässern gültig.

Schiffahrtspegel, der *(tide staff)* Ein Wasserstandsmesser, dessen Nullpunkt mit dem →*Seekartennull* übereinstimmt, so daß die abgelesenen Wasserstände einer →*Tide* unmittelbar auf die Tiefenangaben der →*Seekarte* bezogen werden können.

Schiffahrtsrecht, das *(right of navigation)* Ein Teilgebiet der →*Nautik*, das auch für →*Sportboote* gilt und zu dem die Kenntnis der →*Kollisionsverhütungsregeln (→KVR)* und des →*Schiffssicherheitsvertrages*, der →*SeeSchStrO* und →*BinSchStrO*, der Aufgaben des →*Bundesamtes für Seeschiffahrt und Hydrographie*, eines →*Seeamtes*, eines →*Strandamtes*, der →*Hafenpolizei*, der →*Zollbehörden*, die Führung der →*Schiffspapiere* und andere Fachgebiete gehören. Für die Einhaltung des S. ist der →*Fahrzeugführer* verantwortlich.

Schiffahrtstrack, der *(shipping lane, shipping route)* Ein vielfach befahrener Schiffsweg (→*Track*). Ein S. folgt bei langen →*Distanzen* über →*See* dem →*Großkreis* und wird entlang der →*Küste* oft durch ein →*Verkehrstrennungsgebiet* geführt.

Schiffahrtsweg, der *(track, route)* Der meistens als Einbahnstraße vorgezeichnete Weg, den ein →*Schiff* in einem →*Verkehrstrennungsgebiet* entlang einer →*Küste* oder im Bereich einer →*Huk* nach den internationalen Übereinkommen steuern muß. Ein S. ist oft ein Tiefwasserweg, um ein →*tiefgangbehindertes Fahrzeug* von →*See* aus sicher in einen →*Hafen* zu führen. Auf →*hoher See* werden die üblichen Routen der →*Schiffahrt*, die dem kürzesten Weg oder dem →*Großkreis* folgen, →*Schiffahrtstracks* genannt.

schiffbar *(navigable [waters])* Zur Benutzung durch die →*Schiffahrt* oder durch ein →*Schiff* möglich bzw. empfehlenswert. Die Grenzen der schiffbaren Gewässer in der Nähe der →*Küste* und landwärts der →*Hoheitsgrenze* eines Staates sind durch die →*Betonnung* und →*Befeuerung* kenntlich gemacht. Da sie den Erfordernissen der →*Schiffahrt* entsprechen, stellen die Seezeichen nicht die schiffbare Grenze auch für →*Yachten* und →*Jollen* dar.

schiffbarer Halbkreis, der *(navigable semicircle)* Bei einem →*Sturmtief* oder einem →*Orkan* der (auf der nördlichen Halbkugel) links der

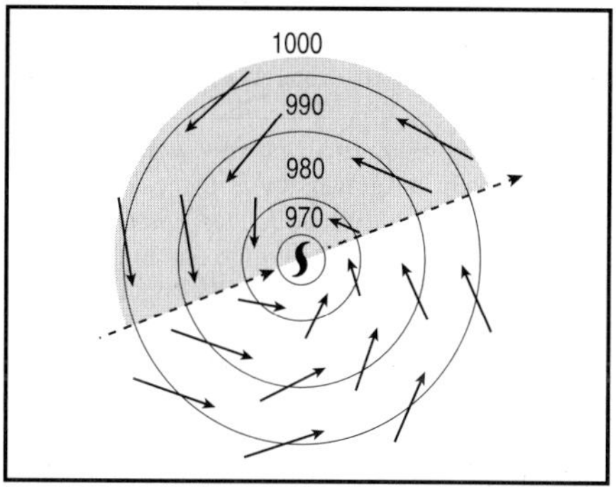

Sturmbahn gelegene Halbkreis. Der Begriff →*schiffbar* bezieht sich hier auf „empfehlenswert" im Sinne von Sicherheit und →*Seemannschaft*, wenn man die Zugbahn eines Zentrums erkennen und den eigenen Standort alternativ verändern kann.

Schiffbaustahl, der *(mild steel, shipbuilding steel)* Eine den wechselnden Beanspruchungen eines →*Schiffes* angepaßte Stahlqualität, die auch im →*Bootsbau* aus →*Stahl* benutzt wird: Die Güte St 42 (nach DIN 17100) besitzt die günstigsten Dehnungswerte, gute Schweißbarkeit und Unempfindlichkeit gegen Sprödbruch. S. wird von →*Klassifikationsgesellschaften* geprüft und in Form von →*Schiffsblech* auch für Zubehörteile wie →*Schwert*, →*Ruderblatt*, →*Kielflosse* o. ä. geliefert.

Schiffbauversuchsanstalt, die (*Shipbuilding research establishment)* Ein Unternehmen oder Institut mit einem →*Schlepptank* und anderen Einrichtungen, um insbesondere →*Widerstand* (→*Wasserwiderstand)* und →*Stabilität* von Schiffen und Booten aller Art in Modellversuchen auf der Suche nach einer optimalen →*Rumpfform* zu prüfen. In Deutschland gibt es je eine S. in Hamburg, Potsdam und Berlin.

Schiffer, Schipper, der *(master, skipper)* Der →*nautisch* und juristisch verantwortliche Führer eines →*Schiffes*, in der →*Handelsschiffahrt* →*Kapitän*, in der Marine →*Kommandant* und nur noch in der →*Binnenschiffahrt* und auf →*Yachten*

S. genannt, z. B. als →*Sportschiffer.* Die englische Bezeichnung „shipper“ gilt demgegenüber nur für einen Ablader, Verfrachter oder Verlader, während das englische Wort „skipper“ auch den Kommandanten eines kleineren Marinefahrzeuges (z. B. U-Boot o. ä.), den Kapitän eines Fischereifahrzeuges (Trawler o. ä.) bezeichnet. So ist es nicht unbedingt erforderlich, ja sogar falsch, die gute deutsche Bezeichnung S. durch einen englischen Ausdruck zu ersetzen.

Schiffsbarometer, das *(marine barometer)* Ein →*kardanisch* aufgehängtes →*Quecksilberbarometer,* dessen fast 100 cm lange Glasröhre in der Mitte stark verjüngt ist, damit das eingeschlossene Quecksilber bei den Bewegungen des →*Schiffes* nicht zu stark pumpt. Es war in gutem Licht (zum genauen Ablesen), seitlich frei beweglich, frei von Vibrationen sowie mit dem normalen Meßbereich in Augenhöhe an einem Platz aufgehängt, wo es weder Sonneneinstrahlung noch Ofenhitze beeinflussen konnten. Die beiden unteren Drittel des Barometerrohres waren in einem schützenden Holz- oder Metallrohr verborgen. Abgelesen wurden die genauen Werte am oberen Ende über einen (höhenverstellbaren) →*Nonius,* ehe sie in das →*Schiffstagebuch* eingetragen wurden. Bei ihrer Weitergabe im →*Wetterfunk* wurde jedoch eine Temperaturbeschickung, eine Schwerebeschickung (gemäß →*geographischer Breite*) und eine Beschickung auf den →*Meeresspiegel* vorgenommen. Die ersten S. als zuverlässige Meßgeräte für den →*Luftdruck* wurden am Ende des 18. Jahrhunderts gefertigt. Sie lösten die frühen Vorläufer →*Wetterglas* und →*Sturmglas* ab und gehörten bis zum Ende des 20. Jahrhunderts als →*Barometer* zu den wichtigsten Hilfsmitteln der →*meteorologischen Navigation.*

Schiffsbesetzungsverordnung, die Die SchBesV vom 4. 4. 1984 (BGBl. I S. 523), zuletzt geändert durch Verordnung vom 14. 3. 1996 (BGBl. I S. 511) regelt Befähigung und Anzahl der Personen, die als →*Besatzung* auf Fracht- und Fahrgastschiffen, Tankern, Fischerei- und Spezialfahrzeugen unter deutscher Flagge und entsprechend ihrem →*Fahrtgebiet* und ihrer →*Tonnage* arbeiten müssen. Während eine solche →*Crewliste* früher alte seemännische Berufsbezeichnungen wie „Schiffsingenieur“ und „Chief“, „Steuermann“ und „Bootsmann“, „Matrose“ und „Schiffsjunge“ enthielt, finden wir heutzutage dafür „nautischer“ oder „technischer →*Schiffsoffizier*“ und „Schiffsbetriebsoffizier“ sowie „Schiffsbetriebsmeister“ und „Schiffsmechaniker“. Die Standard-Crew selbst größter Frachter und Tanker muß nach der SchBesV nur noch ca. 15–20 Personen betragen.

Schiffsblech, das *(shipbuilding plate)* Die hauptsächlichen Dicken für →*Schiffbaustahl* zwischen 5 und 13 mm und den entsprechenden Formaten. Ihre Güte ist durch die →*Klassifikationsgesellschaften* festgelegt.

Schiffsbewegung, die *(ship's motion)* Siehe →*Bootsbewegung.*

Schiffsführer, der *(ship master, skipper)* Die Bezeichnung des →*Fahrzeugführers* nach der →*BinSchStrO.*

Schiffsführungszentrale, die Anstelle der herkömmlichen →*Brücke,* von der aus früher ein Fracht- oder Fahrgastschiff geführt wurde und auf der (auf jeder →*Wache*) neben dem →*wachhabenden* nautischen Offizier ein →*Rudergänger* und (ein oder zwei) →*Ausguckposten* ihren Dienst versahen, während gleichzeitig ein →*Schiffsingenieur* mit einem Assistenten am Fahrstand der Maschine den technischen Schiffsbetrieb kontrollierte, werden alle diese Aufgaben jetzt von einer einzigen Person in einer S. ausgeführt. Sie liegt als Kommandokanzel (wie das Cockpit eines Flugzeugs) mit Rundumsicht über oder vor der eigentlichen Brücke und bietet dem wachhabenden Offizier ganz allein und von einem Sitzplatz aus die Möglichkeit, das Schiff (mit einem →*Autopiloten)* zu steuern, den Seeraum (mit nicht nur einem →*Radargerät)* zu überwachen, die Leistung der Maschine und damit die →*Fahrt* zu regeln, den →*Schiffsort* (mit →*GPS*) regelmäßig zu bestimmen, den →*Kurs* zu plotten, über →*Seefunk* Kommunikation mit der Außenwelt zu führen, der Bahn eines →*Verkehrstrennungsgebietes* zu folgen und bei →*Kollisionsgefahr* ein Ausweichmanöver vorzunehmen. Ein Yachtskipper ist gut beraten, einem so vielbeschäftigten Mann und dem Schiff, über das er gebietet, bei einer Sichtung weiträumig aus dem Wege zu gehen.

Schiffsglocke, die *(ship's bell)* Ein nach den →*KVR* für Schiffe über 12 m Länge vorgeschriebenes →*Schallsignalgerät,* das aus korrosionsfestem Material hergestellt sein (auf →*Yachten* vorwiegend aus Messing) und in 1 m Abstand einen Schallpegel von mindestens 110 dB erzeugen muß. Der Durchmesser des Glockenmundes muß auf →*Schiffen* von 12,00 bis 19,99 m →*Länge* mindestens 200 mm betragen. In eine S., die auch als →*Glasenglocke* zum →*Glasen* dient, ist meistens der Schiffsname eingraviert. Der Klöppel kann mechanisch oder von Hand bedient werden.

Schiffsingenieur, der *(ship's engineer)* Frühere Berufsbezeichnung eines technischen →*Schiffsoffiziers* in der Kauffahrteischiffahrt, der die Antriebsanlage und die technischen Einrichtungen eines →*Schiffes* verantwortlich betreute und dazu ein staatliches →*Befähigungszeugnis* erworben hatte. Nach der →*Schiffsoffizier-Ausbildungsverordnung* jetzt als „technischer Schiffsoffizier" bezeichnet.

Schiffskörper-Kennzeichnung, die *(Hull Identification Number, HIN)* Die Europäische Norm EN

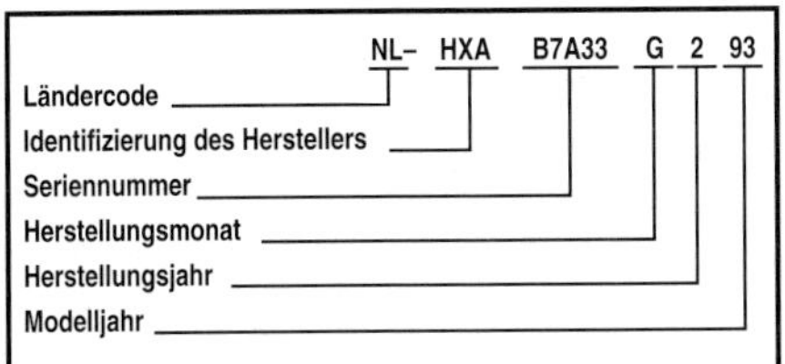

Schiffskörper-Kennzeichnung

30087, die identisch mit der →*ISO 10087* ist, hat in einem Kodierungssystem die Kennzeichnung neu gebauter Rümpfe für Kleinboote ab 2,50 m →*Länge*, →*Yachten* und →*Schiffe* festgelegt. Das sichtbar auf der Stb-Seite am →*Spiegel* oder →*Heck* und versteckt in der →*Kajüte* oder unter einem →*Beschlag* angebrachte →*Bootsbau-Kennzeichen*, international als Hull Identifikation Number oder abgekürzt als →*HIN* bezeichnet, besteht aus fünf verschlüsselten Angaben (Abb.): Dem Code des Landes (nach ISO 3166), in dem das Boot hergestellt ist; dem in jedem Land einmaligen Hersteller-Code, der aus drei Buchstaben besteht und von der zuständigen Behörde oder Organisation zugeteilt wird; der vom Hersteller selbst gewählten einmaligen Seriennummer, die aus Buchstaben und/oder Ziffern bestehen kann; dem Herstellungsmonat, für den der Code mit dem Buchstaben A für den Monat Januar beginnt und mit dem Buchstaben L für Dezember endet, in Verbindung mit dem Baujahr, das nur durch die letzte Ziffer angegeben wird, und dem Modelljahr, das durch die letzten beiden Ziffern gekennzeichnet ist. Die Zeichen müssen mindestens 6 mm hoch sein und bestehen aus Großbuchstaben in lateinischer Schrift sowie arabischen Ziffern. Die →*HIN* muß als →*Rumpfkennzeichen* angebracht sein, bevor das Schiff die Bauwerft verläßt.

Schiffsmeßbrief, der *(Tonnage Certificate)* Ein vom →*Bundesamt für Seeschiffahrt und Hydrographie* nach entsprechender →*Vermessung* einer →*Yacht* erteiltes Dokument, das für die Eintragung in das →*Schiffsregister* erforderlich ist.

Schiffsoffizier, der *(ship's officer)* Nach der →*Schiffsoffizier-Ausbildungsverordnung* ein →*nautischer* oder ein technischer S., der eine entsprechende Ausbildung durchlaufen und dafür ein →*Befähigungszeugnis* erworben hat. Er kann gemäß der →*Schiffsbesetzungsverordnung* einen Aufgabenbereich auf einem →*Schiff* übernehmen, der für den nautischen S. bis zum →*Kapitän*, für den technischen S. bis zum leitenden technischen S. führt. Sofern ein S. nicht selbst →*Eigner* ist, übt er seinen Beruf als Angestellter einer →*Reederei* aus. Auch der Schiffsarzt und der Zahlmeister fahren an Bord als S. Im Gegensatz zur Kauffahrtei-Schiffahrt wird ein S. bei der →*Marine* als „Seeoffizier" bezeichnet.

Schiffsoffizier-Ausbildungsverordnung, die In der Fassung der Bekanntmachung vom 15. 1. 1992 (BGBl. I S. 227) regelt sie den Ausbildungsweg in der →*Schiffahrt* vom Abitur oder der Fachhochschulreife bis zum →*Kapitän*, der als Diplom-Ingenieur gleichzeitig ein „Betriebsleiter im Gesamtschiffsbetrieb" ist.

Schiffsort, der *(ship's position, sea position)* Der →*gegißte* oder →*wahre Ort* als Position eines Bootes oder Schiffes auf →*See*, der durch →*geographische Länge* und →*Breite* oder in bezug auf eine →*Kurslinie* angegeben wird. Man kann den S. durch →*terrestrische*, →*astronomische* oder →*technische Navigation* (elektronische Navigation) erhalten. Jeder S. muß in der Seekarte mit einer Uhrzeitangabe versehen werden.

Schiffsortbestimmung, die *(fixing positions, position finding, determination of the ship's position)* Die Bestimmung des →*Schiffsortes* durch entsprechende Hilfsmittel der →*Navigation*, z. B. →*Handpeilkompaß*, →*Sextant*, →*Lot* u. a. mit den entsprechenden Navigationsverfahren. Eine Methode der S. war früher z. B. das Messen eines →*Höhenwinkels* (Abb.) zusammen mit einer →*Kompaßpeilung* und →*Versegelung*. Heutzutage erfolgt die S. fast ausschließlich mit →*Satelliten-Navigation* und →*Radar*.

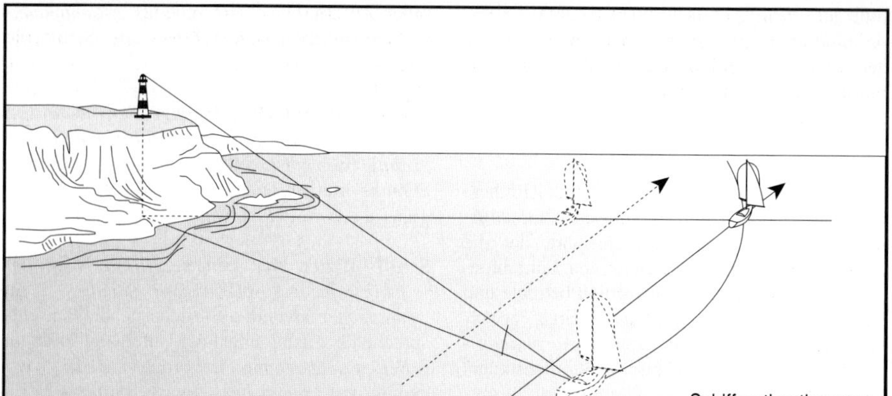

Schiffsortbestimmung

Schiffspapiere, die *(ship's papers, documents)* Zu ihnen gehören (auch auf →*Yachten* und unabhängig vom →*Fahrtbereich)* der →*amtliche Führerschein* des →*Fahrzeugführers,* ein →*Standerschein* oder das →*Flaggenzertifikat* bzw. →*Schiffszertifikat,* der →*Schiffsmeßbrief* und der Nachweis einer →*Haftpflichtversicherung,* gegebenenfalls die Waffenbesitzkarte mit einem Munitionserwerbsschein, das →*Allgemeine* oder →*Beschränkt Gültige* →*Sprechfunkzeugnis* mit der Genehmigungsurkunde für die →*Funkanlage,* das →*Schiffstagebuch* oder →*Logbuch* mit den Papieren vom →*Einklarieren* oder →*Ausklarieren* sowie bei Auslandsreisen ein →*Permit of Navigation,* →*Cruising Permit* o. ä. Dokument.

Schiffspeilung, die *(relative bearing, bearing on the bow)* Die →*Seitenpeilung* oder →*Bordpeilung,* die auf das Boot oder Schiff bezogen ist und bei der die Kielrichtung die Achse der →*Richtungsrose* markiert, mit 000° am →*Bug* und 180° am →*Heck.*

Schiffsregister, das *(Register of Shipping)* Der →*Eigner* eines →*Seeschiffes* mit einer Rumpflänge (→*Lüa, LOA)* über 15 m ist verpflichtet, dieses in ein →*Seeschiffsregister* (SSR) eintragen zu lassen. Kleinere Schiffe können auf Wunsch des Eigners eingetragen werden. S. werden bei etwa 20 deutschen Amtsgerichten an der →*Küste* und an →*Binnenwasserstraßen* geführt. Voraussetzung für die Eintragung in das S. ist eine amtliche →*Vermessung* des Schiffes, die vom →*Bundesamt für Seeschiffahrt und Hydrographie* vorgenommen wird. Nach Vorlage des entsprechenden →*Schiffsmeßbriefes* erfolgt die Eintragung in das S., und der →*Eigner* erhält ein →*Schiffszertifikat.* Es ist über das →*Flaggenzertifikat* hinaus ein gerichtlich bestätigter Eigentumsnachweis. Eine →*Yacht,* die in ein S. eingetragen ist, darf das (für sie dann überflüssige) →*Flaggenzertifikat* nicht beantragen.

Schiffsregisterordnung, die *(ships registry order)* Gesetzliche Bestimmung in der vom 25. 12. 1993 an geltenden und am 26. 5. 1994 bekanntgemachten Neufassung, die die Eintragung von →*Seeschiffen* in das →*Seeschiffsregister* (→*SSR*) oder von Binnenschiffen in das Binnenschiffsregister mit insgesamt 93 §§ detailliert regelt. Nach der S. muß ein →*Unterscheidungssignal* eingetragen und über die Eintragung eine Urkunde ausgestellt werden, die bei Seeschiffen die Bezeichnung →*Schiffszertifikat,* bei Binnenschiffen die Bezeichnung Schiffsbrief trägt.

Schiffsrumpf der *(body, hull)* Ein Schiffskörper ohne →*Einrichtung,* →*Maschine,* →*Takelage* und →*Ausrüstung,* im →*Bootsbau* auch →*Kasko* genannt.

Schiffssicherheitsvertrag, Internationaler, der *(International Convention for the Safety of Life at Sea, SOLAS)* In der gültigen Fassung am 17. Juni 1960 von 45 Schiffahrts-Nationen unterzeichnetes Übereinkommen, das als Gestz vom deutschen Bundestag beschlossen und am 6. Mai 1965 mit einer offiziellen Übersetzung der verbindlichen Texte in englischer und französischer Sprache im Bundesgesetzblatt (Teil II, Nr. 16, Seiten 465 – 824) veröffentlicht und verkündet worden ist. Der S. enthält u. a. das Internationale Übereinkommen zum Schutz des menschlichen Lebens auf See (→*SOLAS),* die Regeln zur Verhütung von Zusammenstößen auf See (→*KVR)* sowie rechtsverbindliche Begriffsbestimmungen für viele Bereiche der →*Schiffahrt* und →*Seefahrt* und ihre Entsprechungen in den internationalen Schifffahrtssprachen Englisch und Französisch.

Schiffssicherheitsverordnung, die Die am 8.12. 1986 herausgegebene SchSV regelt mit ihren Änderungen von 1987, 1991 und 1992 die nationale Anwendung der →*SOLAS-Vereinbarungen* und ergänzt diese (insbesondere für kleinere →*Seeschiffe*). Privat genutzte Yachten sind von der SchSV nicht betroffen, jedoch unterliegen ihren Auflagen alle Sportfahrzeuge, die zur gewerbsmäßigen Ausbildung (z. B. in →*Segelschulen*) oder zum gewerbsmäßigen Personentransport (z. B. im →*Chartergeschäft*) benutzt werden. Schul- und Charteryachten mit bis zu 12 Mitseglern gelten nach der SchSV, Teil C als Sonderfahrzeuge mit vereinfachten, von der →*Seeberufsgenossenschaft* verfügten Auflagen.

Schiffstagebuch, das *(log book, ship's log, ship's journal)* Das auf einem →*Schiff* gesetzlich vorgeschriebene offizielle Tagebuch, auch →*Logbuch* oder →*Journal* genannt, in das alle Daten der →*Navigation* (z. B. →*Kurse,* →*Schiffsorte,* Geschwindigkeiten, →*Kompaßkontrolle* u. a.), der →*Meteorologie* (z. B. →*Windrichtung,* →*Windstärke,* →*Seegang,* Temperatur, Luftdruck u. a.), auf Segelschiffen alle Angaben zur Segelführung sowie alle Ereignisse (z. B. Sichtungen, Begegnungen, →*Manöver,* Sicherheitsübungen u. a.) und besondere Vorkommnisse (z. B. →*Kollisionen,* →*Havarien,* Unfälle, Schäden u. a.) eingetragen werden. Das S. ist eine, täglich vom →*Schiffer* unterschriebene, öffentliche Urkunde, die auch auf →*Yachten* (z. B. bei einer →*Seeamtsverhandlung)* als Beweismittel dienen kann. In der Berufsschiffahrt benutzt man neben dem S. noch das Maschinen-, Funk-, Öl-Tagebuch u. a.

Schiffsvermessung, die *(measurement of a yacht or ship; tonnage measurement)* Vom →*Bundesamt für Seeschiffahrt und Hydrographie* auf Antrag des →*Eigners* durchgeführte amtliche →*Vermessung,* die Voraussetzung für die Eintragung der →*Yacht* in das →*Seeschiffsregister* und die Erteilung eines →*Schiffszertifikates* ist. Yachten von mehr als 24 m →*Lüa* werden nach den Regeln des internationalen Schiffsvermessungs-Übereinkommens von 1969 (London Regeln) vermessen. Sie erhalten den internationalen →*Schiffsmeßbrief* mit der Größenangabe in →*Brutto-* und →*Nettoraumzahl.* Yachten unter 24 m Lüa können wahlweise nach dem gleichen Verfahren der →*Tonnage-Vermessung* oder einem vereinfachten Verfahren vermessen werden, bei der sich die →*Vermessung* auf die Feststellung der Rumpflänge zwischen den äußersten Punkten des →*Vorstevens* und des →*Achterstevens* beschränkt. Sie erhalten dann einen zweisprachigen Schiffsmeßbrief, der nur diejenigen Identitätsmerkmale enthält, die für die Eintragung in das →*Seeschiffsregister* ausreichen.

Schiffsweg, der *(shipping lane)* Siehe →*Schiffahrtstrack.*

Schiffszertifikat, das *(Certificate of Registry)* Ein von einem →*Seeschiffsregister* (bei bestimmten Amtsgerichten in der Nähe deutscher Seeschiffahrts- und Binnenschiffahrtsstraßen) ausgestellter Eigentumsnachweis an einem →*Schiff,* mit dem auch das Recht zur Führung der →*Bundesflagge* amtlich bescheinigt wird. Für Yachten über 15 m →*Lüa* (LOA) *muß,* für solche unter 15 m Rumpflänge *kann* ein S. beantragt werden. Voraussetzung für die Erteilung des S. und die Eintragung in das →*SSR* ist die amtliche →*Vermessung* durch das →*Bundesamt für Seeschiffahrt und Hydrographie.*

Schiften, das *(gybing without altering course)* 1. Das Übergeben der Segel auf einem →*Vorwindkurs* von einer Bootsseite zur anderen, praktisch ein →*Halsen* →*platt* vor dem Wind ohne →*Kursänderung.* Der →*Rudergänger* leitet das S. durch leichtes →*Abfallen* nach →*Lee* ein, und der →*Großbaum* wird erst übergenommen, wenn das →*Segel* →*backschlägt.* Die Tendenz des →*Anluvens* auf den neuen →*Bug* wird durch →*Stützruder* ausgeglichen. – 2. Beim S. des →*Spinnakers* bleibt das Segel stehen, und nur der →*Spinnakerbaum* wird von einer Bootsseite auf die andere gebracht. Dabei wird das bisherige →*Schothorn* zum →*Spinnakerhals* und der →*Hals* zum Schothorn. – 3. Bei einem →*Luggersegel* wird auch das Legen der über den Mast nach vorn hinausragenden →*Rahnock* nach dem →*Wenden* oder in Verbindung mit dem →*Halsen* als S. bezeichnet.

Schipjack, das *(shipjack, skipjack)* Ursprünglich leichte, auch mehrmastige →*Jolle* (sogar in Form eines →*Jollenkreuzers),* die in Amerika in →*Knickspantbauweise* gebaut wurde. Daraus (in Deutschland) entwickelter Begriff für ein Boot, dessen →*Außenhaut* in Doppel- oder Dreifach-Knickspantbauweise hergestellt wurde, durch die

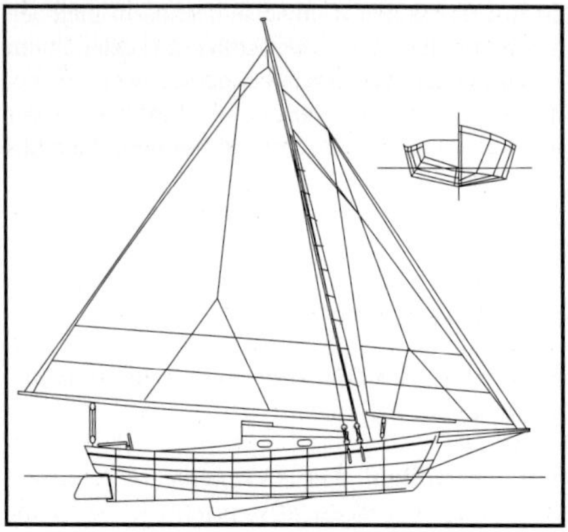

der Bootsrumpf eine annähernde runde →*Spantform* erhielt. Der Begriff S. stand dabei im Gegensatz zum →*Scharpie.*

Schipper, der *(skipper)* Dass. wie →*Schiffer.*

Schirmanker, der *(mushroom anchor)* Dass. wie →*Pilzanker.*

Schirokko, der *(sirocco, scirocco)* Mittelmeerwind, siehe →*Scirocco.*

Schlag, der *(1. tack, board, leg; 2. stroke; 3. turn; 4. hitch; 5. lay; 6. blow)* Ein vielfältig benutztes Wort: 1. Beim →*Kreuzen* die Strecke zwischen zwei →*Wendemanövern.* Dabei kann man in kurzen und langen Schlägen →*ankreuzen.* – 2. Beim →*Pullen* mit einem oder zwei →*Riemen* eine vollständige Arbeitsbewegung, praktisch von einem bis zum folgenden S. ins Wasser. – 3. Unter Motor im Sinne von →*Pull:* Man kann mit einem kurzen S. →*voraus* oder →*achteraus* gehen. – 4. Bei der Arbeit mit →*Tauwerk* einen →*Törn* um einen Gegenstand, z. B. mit einem →*halben Schlag* legen. – 5. Fachausdruck bei der Fertigung von →*Leinen,* z. B. →*Kabelschlag* oder →*linksgeschlagenes Tauwerk.* – 6. „Seeschlag“ im Sinne harter, gefährlicher Stöße durch →*Seegang,* →*Brecher,* →*Schwell* o. ä.

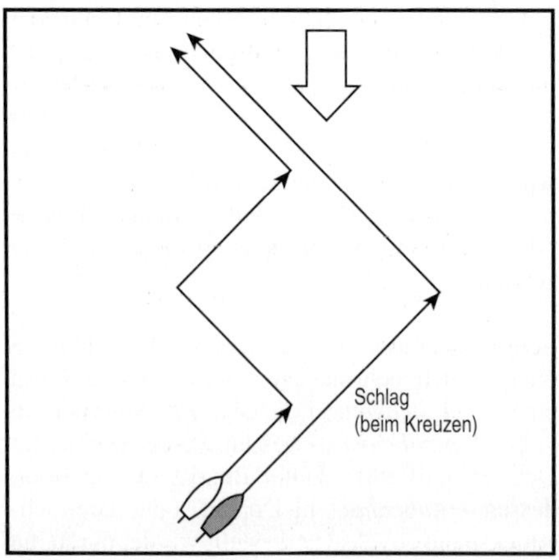

Schlagpütz, die *(draw bucket)* Eine →*Pütz* mit einer am Bügel angesteckten Fangleine und (oft) einem Bleigewicht an einer Seite des oberen Randes, die man während der Fahrt in die Wasseroberfläche tauchen (schlagen) kann, um Seewasser zum →*Reinschiff* an Deck zu holen.

Schlagschott, das *(swash bulkhead)* In Tanks aller Größen längs- und querschiffs eingebaute, mit Durchlauföffnungen versehene Platte, die das plötzliche und gefährliche Übergehen des Inhaltes bei starken →*Bootsbewegungen* verhindern soll.

Schlagseite, die *(list, lopside)* Die Endlage der →*Drehbewegung* eines →*Bootes* oder →*Schiffes* um seine →*Längsachse,* d. h. →*längsschiffs.* S. tritt mit zunehmender →*Krängung* ein und kann zum →*Kentern* führen. Ein Boot kann auch S. haben, wenn schwere Teile der →*Ausrüstung* einseitig gelagert oder nur die Tanks auf einer Bootsseite gefüllt sind. Es kann S. bekommen, wenn sein →*Ballast* verrutscht oder sich bei einem →*Leck* das eingedrungene Wasser nur auf einer Seite sammelt.

Schlamm, der *(ooze, sludge, silt)* Ein weiches, fettes, aus feinem Sand, Lehm und anderen Anteilen bestehendes Sediment, das in strömungslosen Buchten oder Hafenbecken auf dem →*Grund* abgelagert wird. S. ist ein schlechter →*Ankergrund.* Er wird in der →*Seekarte* mit „Schl.“ bezeichnet. Besonders wasserhaltigen S. nennt man →*Schlick.*

schlank *(fine, lean)* Auf die Linien eines →*Linienrisses* bezogen normal und gut geformt, nicht →*scharf,* aber auch nicht →*voll.* Über die Schlankheit der Bootsform gibt der →*Schlankheitsgrad* Auskunft.

Schlankheitsgrad, der *(coefficient of fineness, length constant)* Auch Längenkonstante genannter Verhältniswert, der zu den →*Völligkeitsgraden* gehört und das Verhältnis Länge : Verdrängung nach der Formel

$$\psi = \frac{L}{\sqrt[3]{D}}$$

darstellt. Auch das Verhältnis Länge : Breite in der →*Konstruktionswasserlinie* wird als S. bezeichnet.

Schlappreff, das *(slab reef, jiffy reef)* Eine Art des →*Reffens,* bei der z. B. das gereffte →*Groß-segel* am →*Unterliek* nur mit →*Kauschen* an →*Hals* und →*Schothorn* gehalten wird. Im Gegensatz zum →*Bindereff* wird der gereffte Teil des Segels nicht mit →*Reffbändseln* eingebunden, sondern hängt lose am →*Baum* herab. Das S. wird auf kleinen →*Seekreuzern,* beim →*Rennsegeln* und für →*Marssegel* eines →*Windjammers* benutzt.

Schlauchboot, das *(rubber boat, inflatable dinghy)* Ein aus Gummi oder beschichtetem Kunststoffgewebe gefertigtes, zusammenlegbares und bei Bedarf mit Blasebalg o. ä. aufblasbares →*Beiboot,* das auch als →*Rettungsboot* benutzt werden kann. Es ist in mehrere, voneinander abgeschottete Luftkammern unterteilt, mit Holzboden und Sitzen, ggf. auch mit einem →*Spiegel* zur Befestigung eines →*Außenborders* gebaut sowie mit →*Riemen* oder →*Paddel* ausgerüstet.

Schlauchpersenning, die *(canvas hose, hose tarpaulin)* Eine S. wird wie ein an der Naht offener Langstrumpf über ein eingerolltes →*Roll-großsegel* bzw. über eine geborgene →*Rollfock* gezogen, beim Vorheißen mit einem Reißverschluß geschlossen, bis zum →*Masttopp* geholt und dann festgemacht. Man benutzt eine S., um ein →*Rollsegel* bei mehreren →*Liegetagen* vor Schmutz und UV-Strahlen zu schützen, insbesondere in sonnenreichen Segelrevieren. In geschlossener Form (ohne Reißverschluß) wird eine S. auch als →*Spinnakerschlauch* und →*Berge-schlauch* für einen →*Blister* benutzt.

Schlechtwettergebiet, das *(trough)* Allg. Bezeichnung in einem →*Wetterbericht,* wenn der Charakter einer →*Front* nicht genau als →*Kalt-front,* →*Warmfront* oder →*Okklusion* bestimmt werden konnte.

Schlengel, der *(landing pontoon [for tidal waters])* Niedriger, begehbarer, langgestreckter Ponton zum Anlegen und Festmachen von Booten in einem →*Tidehafen.* Ein S. ist so mit Pfählen verbunden, daß er das Steigen und Fallen des Wasserstandes mitmachen kann, ohne seine Lage im Hafen zu verändern. Der S. bleibt somit immer in gleicher Position zu den festgemachten Booten. S. werden auch an Flüssen benutzt.

Schleppen; Schieben *(towing; the act of towing; pushing)* Eine Fortbewegung von zwei miteinander durch eine →*Schlepptrosse* oder direkten Kontakt an →*Heck* und →*Bug* bzw. →*längsseits* an der Bordwand verbundener →*Fahrzeuge,* die den →*KVR* unterliegt und für die insbesondere die Regel 24 mit zahlreichen Einzelvorschriften gilt. Ein Fahrzeug, das S. als Beruf betreibt und ein anderes fortbewegt, das sich aus eigener Kraft nicht fortbewegen mag oder kann, wird →*Schlepper,* Bugsierer und für spezielle Bereiche Hafen- oder auch Bergungsschlepper genannt. S. ist eine Dienstleistung, für die man finanzielle Abmachungen vor der Übergabe der →*Schleppleine* machen sollte, wenn sie von →*Yacht* zu Yacht nicht (z. B. in →*Flaute* oder bei Mangel an Kraftstoff für den Motor) freundschaftlich, kostenlos und ganz selbstverständlich erfolgt. S. ist kein →*Abschleppen* (im Sinne des →*Abbringens)* und dementsprechend juristisch keine →*Hilfeleistung,* für die ein →*Hilfsleistungslohn* zu beanspruchen ist oder gar einklagbar sein kann. Hilfeleistung liegt nur im Falle von →*Seenot* vor, aber niemals beim S. im Sinne der KVR.

schleppen *(to tug, to tow, to trawl)* Im allg. Wortsinn „etwas hinter sich herziehen" und in der →*Seemannssprache* „ein →*Schiff* durch ein anderes fortbewegen", dazu auch →*bugsieren* genannt, indem man hierzu die →*Schlepptrosse* am →*Heck* des →*schleppenden* Fahrzeugs und am →*Bug* des geschleppten Fahrzeugs festmacht. Ein Fahrzeug kann das andere →*achteraus* (1), →*längsseits* (2), →*Bord* an Bord (3) s., ein →fischendes Fahrzeug kann ein Netz s. (4). Das →*Schleppen* ist ein wichtiger Bestandteil der

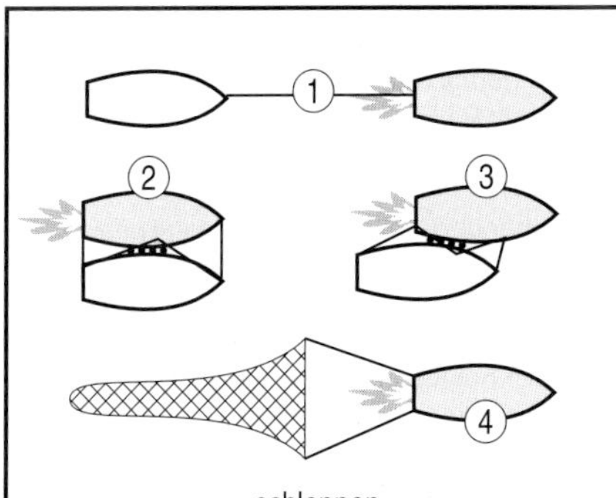

schleppen

→*KVR*. Wenn man (wie es hier und dort üblich ist) anstatt „s." auch →*abschleppen* sagt, bedenke man, daß jemand hierunter nicht das „Mitnehmen am Haken", oder einschleppen, sondern das →*Abbringen* oder gar →*Abbergen* verstanden wissen will und somit anstelle eines möglichen →*Schlepplohns* nicht nachträglich einen →*Hilfsleistungslohn* verlangen könnte.

schleppendes Maschinenfahrzeug *(towing power-driven vessel)* Ein Begriff der →*KVR*, Regel 24 mit den Rechten und Pflichten eines →*Fahrzeugs*, das zum →*Schleppen* eingesetzt ist.

Schlepper, der *(tug, tow boat)* Allgemein ein (kleineres) →*Schiff* mit starker Antriebsanlage, das speziell zum Schleppen gebaut und eingerichtet ist. Man unterscheidet Hochsee-, Hafen-, Bugsier-, Binnen- oder Flußschlepper. Sinngemäß ist im Sinne der →*KVR* auch jede →*Yacht* ein S., wenn sie als Anhang ein anderes Boot schleppt, und von beiden sind die entsprechenden Signale für einen →*Schleppzug* zu setzen. Wer einen S. benutzt, also →*Schlepperhilfe* in Anspruch nimmt, vereinbare vorher die entsprechende →*Schleppgebühr*, damit das Abschleppen juristisch nicht als →*Hilfeleistung* verstanden oder ausgelegt werden kann.

Schlepperhilfe, die (annehmen) *(towage service, [to take a tow])* Ein anderes Boot um den Dienst als →*Schlepper* bitten, z. B. durch Hochhalten eines →*Tampens*. Bei Sportbooten untereinander und bei bekannten →*Yachten* selbstverständlich und ohne Risiko. Bei einem fremden Schlepper die eigene →*Schlepptrosse* benutzen und vor Annahme der S. einen →*Schlepplohn* abmachen.

Schleppgebühr, die *(towage)* Der vereinbarte Preis, den man einem →*Schlepper* vor der Annahme von →*Schlepperhilfe* zusichert. Entfällt diese Vereinbarung einer S., könnte ein berufsmäßiger →*Schlepper* anstelle der S. einen →*Hilfsleistungslohn* beanspruchen.

Schleppgenerator, der *(tow rope generator, towing gear generator)* Ein →*Generator*, der →*in Fahrt* die Wasserkraft in elektrische Energie umwandelt. Er wird am →*Heckkorb* gehaltert und von einer Schleppleine mit Rotationskörper (ähnlich wie ein →*Schlepplog*) angetrieben. Im →*Hafen* oder am →*Ankerplatz* läßt sich bei manchen Modellen der S. in einen →*Windgenerator* verwandeln.

Schlepplohn, der *(towage dues, tugboat charge)* Der Betrag, der für eine Dienstleistung des →*Schleppens* entrichtet werden muß. Er sollte vom →*Skipper* einer Yacht in einer entsprechenden Höhe ausgehandelt oder eine entsprechende Freistellung vom S. vereinbart werden, bevor eine →*Schleppleine* übergeben wird. Ein (ggf. einklagbarer) S. ist kein →*Hilfsleistungslohn*, der nur im Falle vorausgegangener →*Seenot* beansprucht werden könnte. In seiner Höhe wird der S. nur nach den (personellen, materiellen oder Zeit-) Aufwendungen des →*schleppenden* Fahrzeugs zu bemessen sein.

Schlepplog, das *(towing log)* Früher allein übliches →*Log* für Yachten, das aus einer nach-

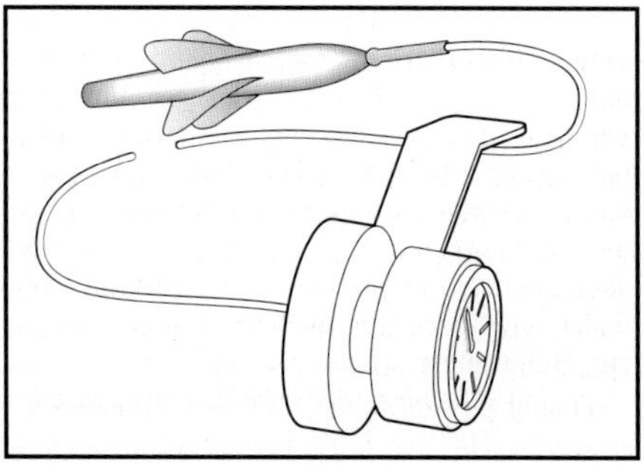

geschleppten, ca. 9,15 m (30 Fuß) langen Logleine, einem Propeller an ihrem →*Tampen* und einer an Deck gehalterten Loguhr auf der anderen Seite besteht. Ohne zusätzliche Fremdenergie registriert das S. die abgelaufene Distanz in Zehntelmeilen und zeigt auf einem separaten Gerät die Geschwindigkeit (in →*Knoten)* an. Bei verschiedenen Modellen ist auch eine Kombination →*Meilenzähler* und →*Fahrtmesser* gegeben. Das S. wird auch →*Patentlog* genannt.

Schlepptank, der (Schlepprinne, die) *(towing tank, experimental tank)* Teil eines →*Strömungslaboratoriums* oder einer →*Schiffbauversuchsanstalt*, in denen Untersuchungen über →*Widerstände*, →*Stabilität* oder andere wechselseitige Einflüsse zwischen Wasser und →*Bootsrumpf* experimentell ermittelt werden. Bei einem S. bewegt sich dabei das Modell mit der Meßstation in stehendem Wasser, während bei einem →*Umlauftank* beide stationär sind und dafür eine Wasserströmung erzeugt wird.

Schlepptrosse, die *(warp, tow rope, towing hawser)* Eine ausreichend lange, besonders kräftige und aus überall gesunden →*Kardeelen* geschlagene →*Trosse,* die hauptsächlich oder ausschließlich bei Inanspruchnahme eines →*Schleppers* verwandt wird. Man sollte immer eine eigene S. übergeben, wenn man Schlepphilfe in Anspruch nimmt, weil davon in einem Streitfall die Entscheidung abhängen könnte, ob es sich um →*Schlepperhilfe* oder →*Bergung* mit den erheblich unterschiedlichen →*Schleppgebühren* handeln könnte.

Schleppzug, der *(tug and tow)* Ein aus →*Schlepper* und Anhang bestehender Verband, der nach den →*KVR* bei Tage und bei Nacht besondere Signale zu führen hat, um seine Länge und die Verbindung der Fahrzeuge untereinander zu kennzeichnen. In der Berufsschiffahrt bilden oft mehrere Kähne einen S., aber auch ein →*Seekreuzer,* den ein →*Motorboot* einschleppt, gilt als S.

Schleuse, die – schleusen (*lock, to lock)* Wasserbauwerk mit einer Kammer oder mehreren Kammern, das den Übergang eines Bootes oder Schiffes von einem tieferen zu einem höheren →*Wasserspiegel* (oder umgekehrt) ermöglicht. Die Schleusenkammer wird durch Schleusentore gegenüber dem höheren und niedrigeren Wasserstand abgeschlossen, durch Umlaufkanäle geflutet oder gelenzt und erst einseitig wieder geöffnet, wenn der zum →*Ausschleusen* nötige Wasserspiegel erreicht ist. Boote müssen sich während des Schleusens so festmachen, daß sie bei möglichen Wasserströmungen oder Strudeln sowie den schnell eintretenden Wasserstandsunterschieden sicher →*längsseits liegen.* Dabei müssen sie gegebenenfalls die →*Festmacher* verfahren. Im →*Tidengewässer* gibt es →*Schleusenhäfen,* →*Dockhäfen* (die nur durch ein einzelnes Schleusenhaupt oder Tor vom Außenhafen mit Tideneinfluß getrennt sind) und →*offene Häfen* ohne S. Auf Binnenwasserstraßen trifft man mehrstufige Schleusentreppen und Schiffshebewerke an, bei denen ein wassergefüllter Trog Boote und Schiffe mechanisch über größere Höhen hebt oder senkt und damit mehrere Schleusen spart. Viele kleine Schleusen, die hauptsächlich Sportboote benutzen, werden von den Benutzern selbst und von Hand bedient.

Schleuse *(lock)* Zeichen in der →*Seekarte,* siehe →*Karte 1* (INT 1) im Anhang.

Schleusenhafen, der *(wet dock)* Hafen im →*Tidenrevier,* der durch eine Kammerschleuse abgeschlossen ist. Boote und Schiffe können jederzeit – unabhängig von der →*Tide* – ein- oder ausschleusen.

Schlick, der *(mud)* Besonders wasserhaltiger →*Schlamm,* ein weiches Sediment aus feinsten Ton- und Kalkteilchen, die mit organischen Tier- und Pflanzenresten vermischt sind und meistens eine schwarze Farbe sowie hohen Schwefeleisengehalt haben. S. ist nur ein zweitklassiger →*Ankergrund.*

Schlickwatt, das *(muddy land [by ebbing tide])* Im Gegensatz zum →*Sandwatt* besteht der Boden im S. aus weichem →*Schlick,* der (fast) unbegehbar und in dem das →*Trockenfallen* eines Bootes nicht ungefährlich ist. Ein →*Priel* ist tief eingeschnitten.

schlieren *(1. to slide, 2. to drag, 3. to surge)* Rutschen, gleiten, schlüpfen: 1. Eine →*Leine* kann über eine →*Klampe,* über den Kopf einer →*Winde,* über die Tautrommel eines →*Spills* o. ä. gewollt oder unabsichtlich s. – 2. Der →*Anker* kann s., wenn er nicht gefaßt hat, weil man nicht genug →*Trosse* oder →*Kette* steckte oder der →*Ankergrund* nicht genug Bindekraft hat. Man kann das S. am Vibrieren der Ankerkette erkennen. – 3. Eine an einem →*Poller* oder einer →*Klampe* nicht richtig belegte Leine schliert, bevor die letzten →*Törns* aufgelegt sind, oder man bringt sie zum S., indem man einige Törns abnimmt.

Schlimbach-Preis, der Von Kapitän Ludwig Schlimbach als →*Kronenkompaß* gegebener und vom Kieler Yacht-Club seit 1953 jährlich verliehener →*Wanderpreis* für die beste Leistung eines deutschen Hochseeseglers. Die Jury bestand bis 1992 aus je einem Vertreter des Kieler Yacht-Clubs (KYC), des Norddeutschen Regatta-Vereins (NRV), des Hamburger Segel-Clubs (HSC), des Weser Yacht-Clubs (WSC) und der Segelkameradschaft „Das Wappen von Bremen" sowie den jeweils fünf letzten Preisträgern. Nach einer umstrittenen Satzungsänderung wurde der S.-P. 1992 in „Kronenkompaß des Kieler Yachtclubs (Schlimbachpreis)" umbenannt und dabei gleichzeitig die Satzung mit den Kriterien der Preisvergabe verändert. Danach können jetzt nicht nur deutsche →*Hochseesegler* für die jährliche herausragende seemännische Leistung im →*Blauwassersegeln* ausgezeichnet werden, sondern auch Angehörige anderer Nationen. Eine Revision der S.-P.-Kriterien mit einer weitgehenden Wiederannäherung an die bis 1991 geltenden Vergaberichtlinien erfolgte 1997. Der sieben- bzw.

neunköpfigen Jury, die über die jährliche Vergabe entscheidet, gehören für jeweils fünf Jahre berufene drei Vertreter des KYC (der auch den Vorsitz führt), zwei bzw. vier Vertreter anderer Clubs und die beiden letzten Preisträger an.

Schlingerbord, das *(fiddle racks)* Eine →*Schlingerleiste,* die den Inhalt eines Bordes bei den →*Bootsbewegungen* im Seegang gegen Herausfallen sichert.

Schlingerbord, Schlingerbrett, das Höhere, meistens beiklappbare und aus Holz gefertigte Sicherung einer Koje gegen das Herausrollen des Schläfers, wenn die offene Seite in →*Lee* liegt und das Boot stark →*schlingert* oder →*krängt.* Auch aus Segeltuch gefertigt und dann als →*Kojensegel* bezeichnet. Abb. siehe →*Seekoje.*

Schlingerdämpfungssegel, das *(rolldamping sail)* Ein Segel mit einer Luvstellung, das eine aerodynamische Dämpfung der →*Rollbewegung* eines Bootes auf einem →*Vorwindkurs* erlaubt. Ein solches S. ist z. B. der →*Tallboy,* dessen →*Hals* an einem →*Tallboybaum* in →*Luv* des →*Großsegels* befestigt, in einem →*Anstellwinkel* von ca. 90° zum →*scheinbaren Wind* oder →*Bordwind* getrimmt und in möglichst kleinem Abstand zum →*Mast* gesetzt ist. Mit einem S. kann eine Yacht →*aufrecht segeln.* Die Bewegungen des →*Schlingerns* und →*Rollens* sind weitgehend eliminiert.

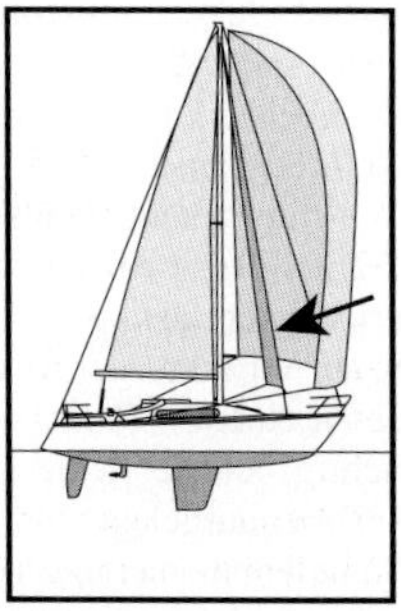

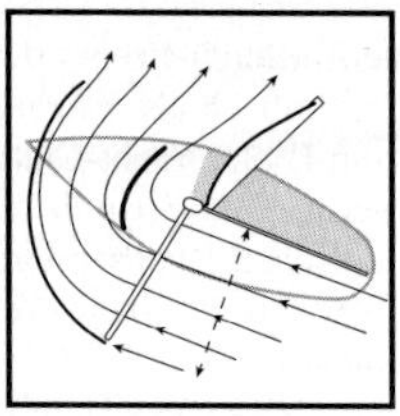

Schlingerkiel, der *(bilge keel, bilge chock)* Kurze, am →*Unterwasserschiff* in der Nähe der →*Kimm* befestigte und über einen weiten Bereich des →*Mittelschiffs* reichende Flosse, die (durch ihre →*hydrodynamischen* →*Widerstände)* aber nur →*Motoryachten* und →*Motorsegler* zur Dämpfung des →*Schlingerns* benutzen. Die →*Kimmkiele* kleiner →*Seekreuzer* haben eine ähnliche Wirkung.

Schlingerkoje, die *(swing bed, swing berth)* Eine an Fuß- und Kopfende längsschiffs aufgehängte und um die Längsachse drehbare →*Koje,* die bei der →*Bootsbewegung* des →*Schlingerns* bzw. →*Rollens* weitgehend waagerecht hängt und auch bei einer →*Krängung* des Bootes eine sichere Schlafstatt darstellt. Seitlich wird sie durch →*Schlingerborde* begrenzt.

Schlingerleiste, die *(fiddles [pl.])* Hochkant befestigte Randleiste an Eß- oder Kartentisch, die beim →*Schlingern* oder →*Krängen* des Bootes

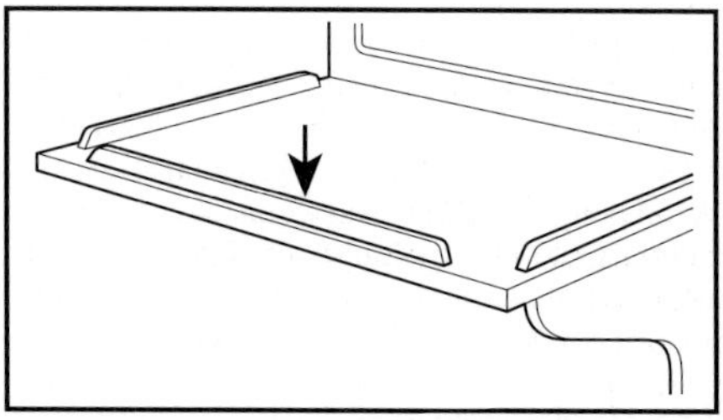

Gegenstände gegen Herunterrutschen sichert (Abb.).

schlingern *(to roll)* Die periodische Drehbewegung eines Bootes um seine, in Richtung der Wasserlinien verlaufende, annähernd waagerechte Längsachse. Man nennt diese pendelartigen Schwankungen des Bootes von →*Backbord* nach →*Steuerbord* oder von →*Luv* nach →*Lee* auch Rollschwingungen oder →*rollen.* Als Schlinger- oder Rollwinkel bezeichnet man den Winkel zwischen der senkrechten und der jeweiligen vertikalen Achse des Bootes, während die Schlinger- oder →*Rollperiode* die Zeit ist, in der ein Boot aus seiner Normallage zuerst zur einen, dann zur anderen Seite und anschließend wieder zurück in die Normallage rollt. Die Rollperiode ist abhängig

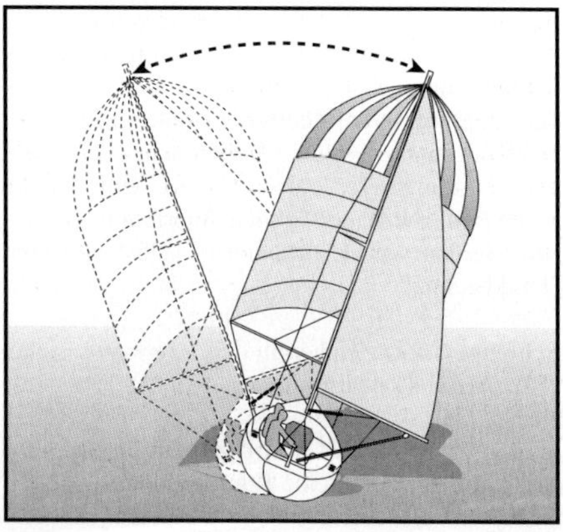

von der →*Querstabilität.* Zur Dämpfung dieser Bewegungen dienen →*Schlingerkiele* und Schlingertanks, als Schutz →*Schlingerleisten,* für größere Bequemlichkeit →*Schlingertische.* Unter Segeln schlingert ein Boot hauptsächlich auf →*raumen* und →*Vorwindkursen.* Auf anderen Kursen ist die in ihrer Bewegung identische →*Krängung* die primäre Erscheinung, während das durch seitlichen →*Seegang* verursachte S. sie nur unterstützt.

Schlingerschott, das *(shifting board)* Ursprünglich in Längsschiffsrichtung senkrecht aufgestellte Planke, die beim →*Schlingern* das Verrutschen und Übergehen der Ladung verhindern soll. Heute auch für das →*Schlingerbord* (aus Holz) oder die statt dessen verwandte Segeltuch-Sicherung benutzt.

Schlingertisch, der *(suspended table)* Ein Kajüttisch, dessen Platte auch beim →*Schlingern* des

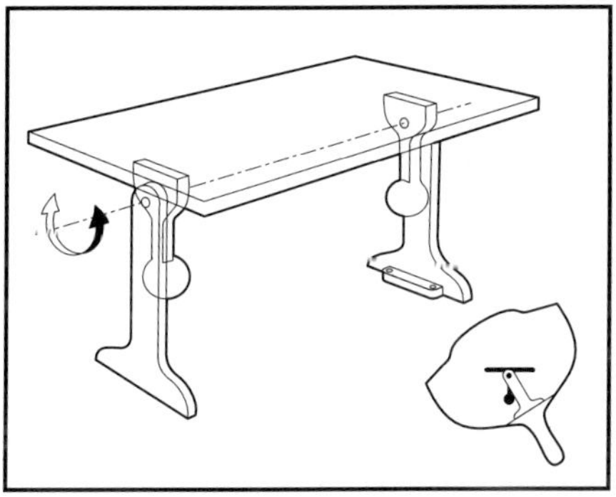

Bootes immer waagerecht hängt, weil er durch tief hängende Gewichte in den Bewegungen des Bootes mitschwingen kann und auch bei starker →*Krängung* immer für eine waagerechte Lage gesorgt wird.

Schlitten, der *(slide)* Ein waagerecht auf einer →*Leitschiene* gleitender Beschlag, der entweder nur mit einem →*Auge,* mit Rasterstift, mit Stopper ausgestattet oder mit →*Leitöse* und →*Leitblock* verbunden ist und zur Führung der →*Fockschotleitöse* dient. Im Gegensatz zum →*Rutscher* versteht man unter einem S. einen waagerecht verschiebbaren Gleitbeschlag.

Schlitzkiel, der *(slotted keel, tandem keel)* Eine in der Mitte mit einem senkrechten Schlitz versehene →*Kielflosse* kleiner →*Streckung,* deren →*Anströmkanten* abgerundet sind. Der S. ist unter dem Markennamen →*Tandemkiel* ein Patent der englischen Firma Warwick Collins und ähnelt dem →*Fensterkiel.*

Schlitzsegel, das *(slat sail)* Ein →*Beisegel,* das mit dem aerodynamischen Charakter eines Vorflügels die Strömung aktiviert und als →*Tallboy* in

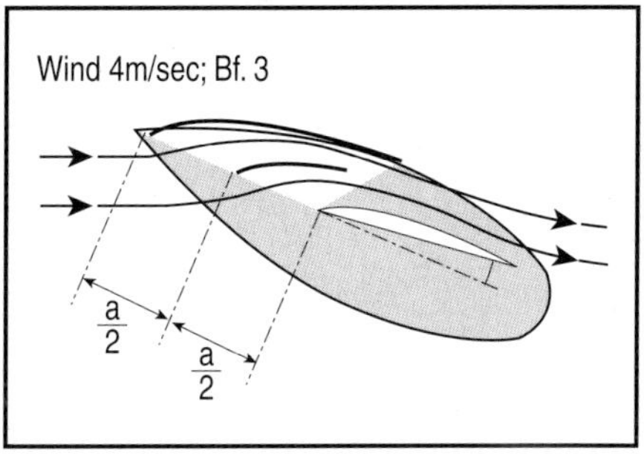

dem zwischen →*Großsegel* und →*Spinnaker* oder →*Reacher* gebildeten Luftkanal gefahren wird. Die Abb. zeigt, wie bei einer Basis des →*Vorsegeldreiecks* = a das S. mit seinem →*Hals* auf etwa halber Länge ($\frac{a}{2}$) angeschlagen ist und wie weit es bei →*Bft 3* oder 8 kn (4 m/s) →*Windgeschwindigkeit* in die →*Düse* hineinreichen darf, um die gewünschte →*aerodynamische* Wirkung zu erzielen.

Schlupf, der *(slip [of the propeller])* Der Unterschied zwischen der theoretischen Vorwärtsbewegung eines Propellers und dem tatsächlichen Weg, auf dem er sich bei Belastung im Wasser vorwärtsschraubt. Dieser Verlust an wirksamem Vortrieb wird auch als →*Slip* bezeichnet.

Schlüsselschäkel, der *(halyard shackle, key pin shackle)* Aus Rund- oder Bandstahl gefertigter Schäkel mit einer (meistens) lichteren Höhe als ein →*Schraub-* und →*Schnappschäkel.* Der Bolzen ist mit einer kleinen Nase versehen (Abb.), die ein Herausfallen aus dem Bügel verhindert. Ein Steg macht das Herausfallen des Bügels aus einer →*Kausch* unmöglich. Mit einem Loch im Bügel zum Einsetzen eines →*Ballterminals* wird der S. auch Fallenschäkel genannt.

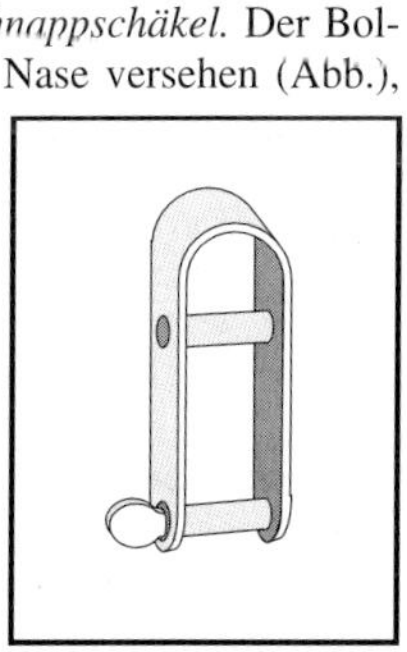

schmarten, Schmarting, der *(to parcel, parcelling)* Als Witterungsschutz eine →*Trosse* einfetten oder teeren und dann mit Segeltuchstreifen umwickeln, die mit →*Schiemannsgarn* gesichert und mit einer Kleedkeule festgezogen werden.

Schmiege, die *(bevel)* Der (beliebig schiefe) Winkel, in dem sich ein Bauteil an ein anderes „anschmiegt", d. h. es berührt, oder auch die entsprechende Rundung, die man ihm dazu geben muß.

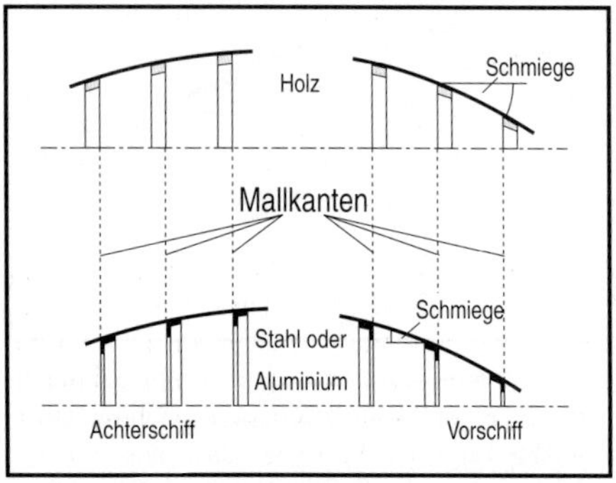

Bei einem →*Spant* muß die S. mit der ungleichmäßig gekrümmten Oberfläche der →*Außenhaut* übereinstimmen. Sie wird dabei zur →*Mallkante* gemessen, und zwar bei einem Metallspant (aus →*Stahl* oder →*Aluminium)* im Vorschiff von der Vorder-, im Achterschiff von der Achterkante aus, damit man die Schenkel der Winkelprofile auf die (wachsende) Bootsbreite auseinanderbiegen oder ausschmiegen kann. Demgegenüber mißt man hölzerne Spanten im Vorschiff von der achteren, im Achterschiff von der vorderen Mallkante aus, weil man anschließend den überstehenden Teil abarbeiten kann, bis sich die S. einschmiegt. Auch bei Kontermallen ist die S. von Bedeutung. Man mißt sie mit dem S.-Stock oder der S.-Latte, gegebenenfalls mit einer S.-Skala oder anhand einer S.-Tabelle.

Schmiegenumfang, der *(skin girth)* Ein Begriff der →*Vermessung,* z. B. nach der →*IOR-Formel,* um das →*Gurtmaß* der →*Außenhaut* nahtlos anliegend wie bei einer →*Schmiege* zu ermitteln.

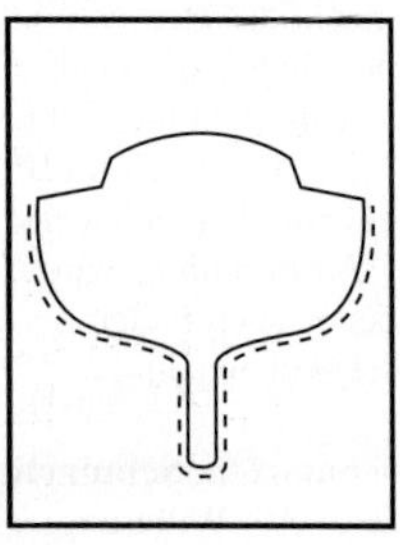

Schnappschäkel, der *(snap shackle)* Auch Patentschäkel genannte Schäkelart, die sich durch Betätigung eines Federbolzens öffnet und durch Zuschnappen schließt. Man unterscheidet S. mit festem Auge oder Wirbelauge und bei der Bügelform eine Seitenöffnung für Fallen, →*Streckertaljen* usw., und eine Toppöffnung für →*Spinnakerschoten,* →*Achterholer* u. a. Wirbelschnappschäkel sind oft mit zusätzlichen Ringen ausgerüstet, oder das Wirbelauge selbst ist als großer Ring gearbeitet, um andere →*Leinen* direkt einpicken zu können. Die einfachste Form des S. ist der →*Schwedenschäkel.*

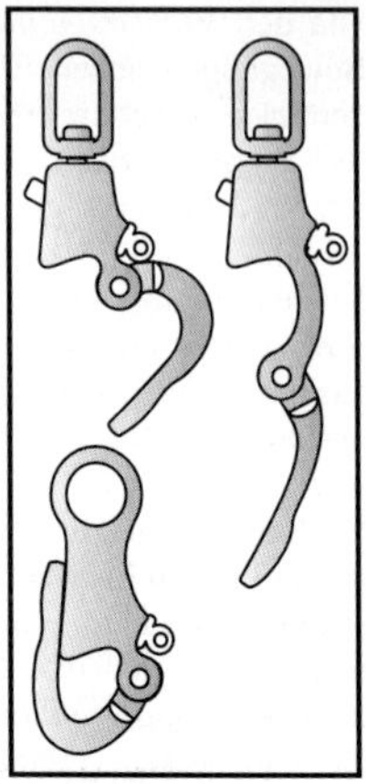

Schnapp-Wirbelschäkel, der *(swivel snap shackle)* Ein durch einen →*Wirbel* oder ein →*Wirbelauge* allseitig drehbarer →*Schnappschäkel.*

Schnau, die; Schnaue, die *(snow)* Eine →*Brigg* mit →*Schnaumast* für das →*Treisegel* an der →*achteren* Kante des mit →*Rahen* getakelten →*Großmastes.*

Schnaumast, der *(snow mast; snow trysail mast, trysail mast)* Ein parallel zum →*Mast* hinter dessen →*achterer* Kante geriggtes →*Rundholz,* das nur für das →*Anschlagen* eines →*Treisegels* dient und an dem die →*Klau* der →*Gaffel* oder ein →*Gaffelschuh* auf- und abgleiten kann. Ein S. ist in Abb. B zu →*Geitau(e)* dargestellt.

Schnautakelung, die *(snow rig)* Die →*Takelung* eines →*Mastes* mit einem →*Schnaumast* hinter dem →*Großmast,* an dem ein →*Gaffelsegel* oder ein →*Trysegel* an →*Mastringen,* →*Legeln* oder einer →*Reihleine* gefahren wird. Die S. war nicht nur auf eine →*Schnau* beschränkt.

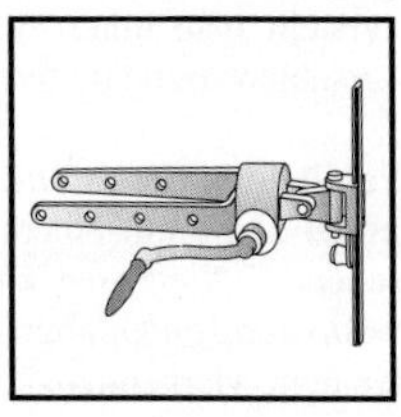

Schneckenreffer, der *(worm-wheel roller reefing)* Ein Patentreff, bei dem ein einfaches Schneckengetriebe die

Arbeit erleichtert, indem man mit einem seitlichen Drehhebel beim →*Reffen* den →*Großbaum* axial dreht, um das →*Segel* aufzuwickeln. Einfache S. mit Gabel für →*Jollen* sind durch →*Federreffer* o. a. ersetzt.

Schnelles Funkeln, das (Abk. SFkl.) (*very quick light, Abk. VQ)* Die →*Kennung* eines →*Leuchtfeuers,* das eine Folge von 100 oder 120 →*Blitzen/min* ausstrahlt, im Gegensatz zu einem →*Funkelfeuer* mit →*Funkeln.*

Schnelles Funkelfeuer (Abk. **SFkl./VQ**), **das** *(A. continuous very quick – B. group very quick – C. interrupted very quick)* Ein →*Funkelfeuer* mit

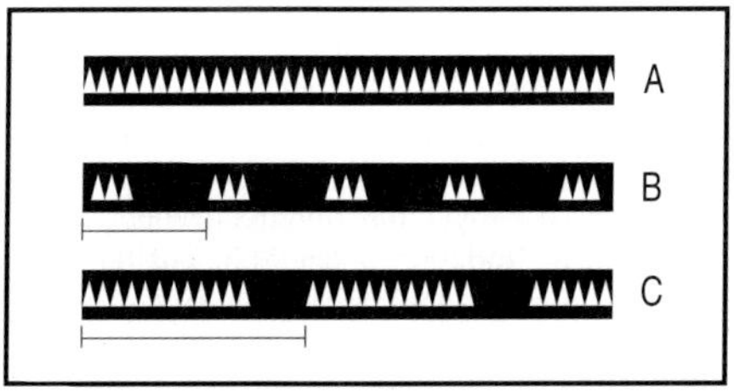

sehr schnellem dauerndem →*Funkeln* von 100 oder 120, einfarbigen oder farbigen →*Lichterscheinungen* in der Minute. Abb. A: S. F. mit dauerndem schnellem Funkeln. B: S. F. mit Gruppen von schnellen Funkeln. – Abb. C: Unterbrochenes schnelles F.

Schnitt, der (im Linienriß) *(buttock [lines])* Als Kontrolle eines →*Linienrisses* lotrecht und parallel zur →*Mittschiffsebene* durch den Bootsrumpf gelegte Längs- oder Vertikalschnitte, von denen jeder auch nur kurz S. genannt wird. Jeder S. erscheint im →*Spantenriß* und im →*Wasserlinienriß* als Gerade, im →*Längsriß* als Kurve. Er wird mit kleinen Buchstaben und von →*Mitte Schiff* beginnend benannt.

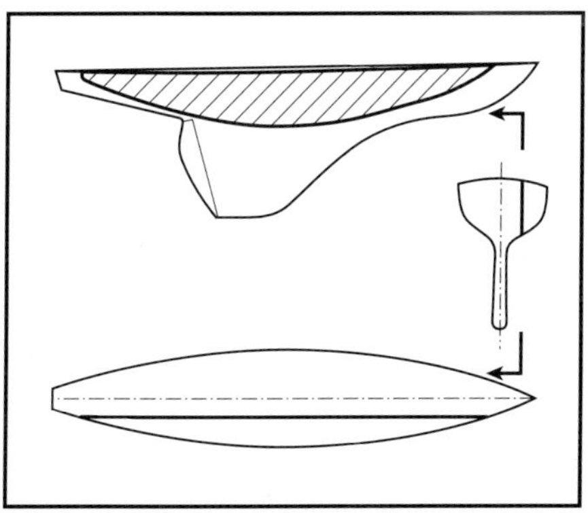

Schnittstelle, die *(interface)* Die z. B. nach den Standards der →*NMEA* gefertigte elektronische Verbindung von Geräten der →*technischen Navigation* (z. B. →*Radar* mit →*Loran).*

Schnürboden, der *(drawing loft, mould loft, laying down shop)* Großflächiger überdachter, oft Dachboden-Raum, auf dessen Fußboden der →*Linienriß* aufgezeichnet oder auch eingeritzt wird, um →*Spanten,* →*Mallen* und andere Schablonen oder Modelle im Maßstab 1:1 für ihre Herstellung anzuzeichnen.

Schoner, der Allg. auch **Schuner** genannt, in Angleichung an die Bezeichnung scooner oder schooner (gesprochen: Skuner) im Englischen. Niederländisch schoener, französisch schouner, italienisch, spanisch und portugiesisch scuna, schwedisch und dänisch skooner.

Schoner, der – Schoneryacht, die *(schooner, schooner yacht)* Eine →*Yacht* oder ein Segelschiff mit →*Schratsegeln* und 2 (oder mehreren) →*Masten,* die dann jedoch mit der Art der →*Takelage* und der entsprechenden Anzahl angegeben werden, z. B. →*Dreimast-* →*Gaffelschoner.* Als S. werden alle Yachten und Segelschiffe bezeichnet, deren vorderer Mast (im Gegensatz zur →*Ketsch* oder →*Yawl)* kleiner als oder ebenso groß wie der achtere Mast ist.

Schonerbark, die *(schooner barge)* Auch →*Barkentine* genannter →*Dreimaster,* bei dem der vordere oder →*Fockmast* →*voll getakelt* ist, während der folgende →*Großmast* und der →*Besanmast* →*Schratsegel* wie ein →*Schoner* fahren.

Schonerbark

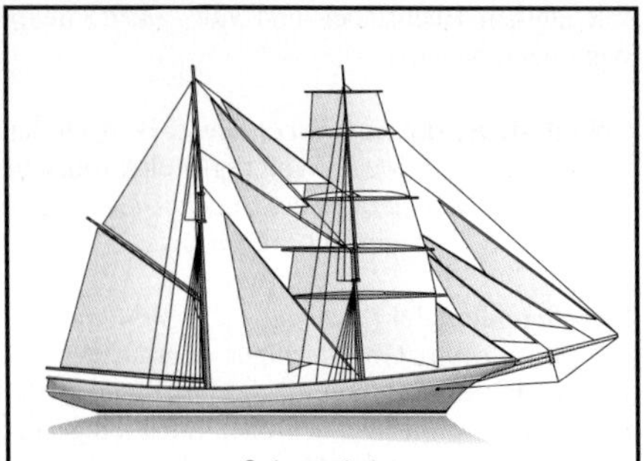

Schonerbrigg

Schonerbrigg, die *(schooner brig, brigantine)* Ein →*Zweimaster* mit →*Rahsegeln* am vorderen oder →*Fockmast* und →*Schratsegeln,* meistens →*Gaffelsegel* am →*achteren* oder →*Großmast.* Auch →*Brigantine* genannt.

Schonerketsch, die *(schooner ketch)* Eine seltene Bezeichnung für einen →*Schoner* mit 3 Masten, bei denen der achtere oder →*Besan* wesentlich kürzer als die beiden anderen Masten ist.

Schonerketsch

Praktisch ein →*Zweieinhalbmaster,* eine früher verbreitete Fischerboot-Takelung mit →*Sprietsegeln.*

Schonersegel, das *(foresail)* Das auf einem →*Schoner* am oder hinter dem →*Fockmast* gefahrene Segel, das entweder mit →*Baum* als →*Hochsegel* (auch mit durchgehenden Latten) oder als →*Gaffelsegel,* aber auch ohne Baum als →*Treisegel* oder mit →*Spreizgaffel* geschotet werden kann.

Schonertakelung, die *(schooner rig)* Die →*Takelage* eines →*Schoners,* bei der der vordere oder →*Fockmast,* an dem das →*Schonersegel* gefahren wird, kleiner oder genauso groß wie der achtere →*Großmast* mit seinem →*Großsegel* ist. Nach der

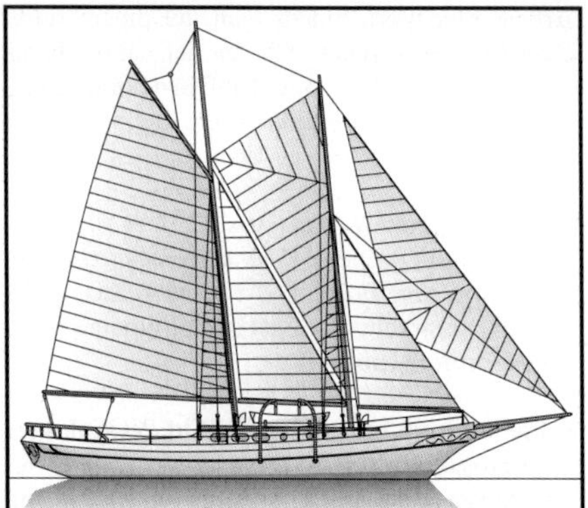

Schonertakelung

Art der Takelung des →*Schonersegels* unterscheidet man →*Spreizgaffelsch.,* →*Stagsegelsch.* oder →*Treisegelsch.,* aber auch →*Hochsegel-* oder Bermudasch., sogar mit durchgehenden Latten, sind üblich. Variationen der Sch. mit der Rah-Takelage werden →*Schonerbark,* →*Schonerbrigg* u. a. genannt.

Schoneryacht, die Siehe →*Schoner.*

Schoneryawl, die *(schooner yawl)* Ein →*Schoner,* bei dem der untere Teil des →*Großsegels* und der lange →*Großbaum* gekürzt sind und dafür ein relativ kleiner →*Besan* wie bei einer →*Yawl* aufgeriggt ist. Praktisch ein →*Zweieinhalbmaster.*

Schornstein, Flamme *(chimney, flare stack)* Zeichen aus →*Karte 1* im Anhang.

Schot, die *(sheet)* Die meistens durch →*Blöcke* geführte und als →*Talje* →*geschorene* →*Leine,* die entweder an einem →*Baum* oder am →*Schothorn* des →*Segels* selbst angreift und eine seitliche Bewegung des Segels →*querschiffs* erlaubt. Jede S. ist nach dem Segel benannt, das es bedient (→*Großschot,* →*Fockschot,* →*Spinnakerschot* u. a.). Sie kann den →*Anstellwinkel* des Segels verändern und durch entsprechendes →*Auffieren* oder →*Dichtholen* auf allen →*Kursen* zum atmo-

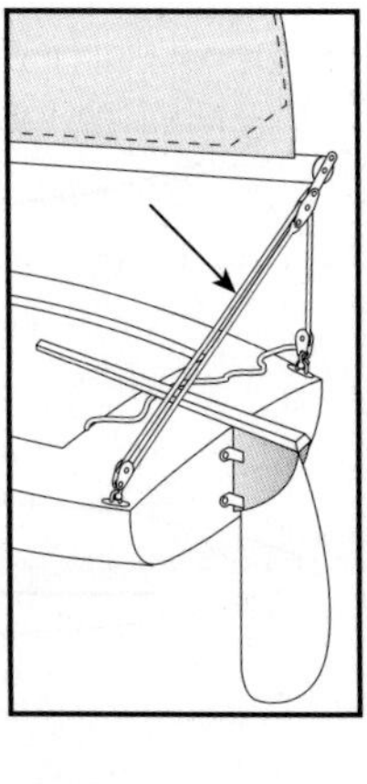

sphärischen Wind für einen →*optimalen Anstellwinkel* der entsprechenden Segel sorgen. Die S. gehört zum →*laufenden Gut,* wird durch die Führung in →*Leitösen,* →*Leitblöcken* o. ä. sowie durch ihre Befestigung in →*Schotklemmen* stark belastet und daher aus →*Polyesterfasern* hergestellt, die keinen →*Reck* haben. Eine S. muß →*lehnig* sein und einen Mantel aus Stapelfasern besitzen, damit sie griffig ist.

Schotbügel, der *(sheet bidle, sheet bracket)* Einfacher, fest mit dem →*Großbaum* verbundener Beschlag, an dem der →*Doppelblock* der →*Großschot* hängt bzw. (bei Verwendung zweier entsprechender Beschläge) je 2 Einzelblöcke zur Führung der Großschot befestigt sind. Bei dieser Anordnung läßt sich das →*Großsegel* nicht durch ein →*Patentreff,* →*Volksreff* o. ä. verkleinern, sondern es muß ein →*Bindereff* benutzt werden, oder man muß, wie auf →*Rennjollen,* auf das →*Reffen* ganz verzichten.

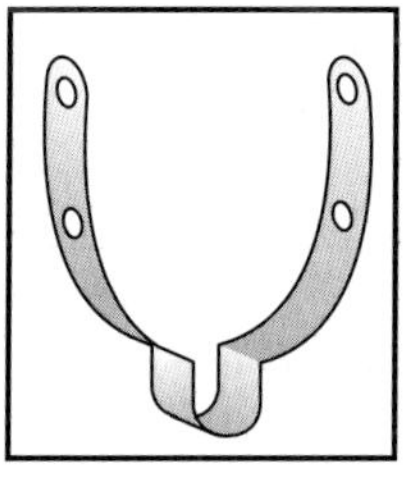

Schothorn, das *(clew, clue)* Die →*achtere* untere Ecke eines →*Segels,* wo sich →*Unterliek* bzw. →*Baumliek* und →*Achterliek* treffen. Bei einem →*Vorsegel* ist hier eine →*Schothornkausch* in das Segeltuch eingearbeitet, beim →*Großsegel* oder →*Besan* greift in der Nähe des S. der →*Schotring* an.

Schothorn-Ausholer, der *(clew outhaul)* Auf Jollen eine Leine, auf Seekreuzern eine mechanische Vorrichtung (Spindel) zum Verändern der Spannung im →*Unterliek* des Großsegels: Ausholen bis zur →*Meßmarke* oder in Richtung auf die →*Baumnock* zum Abflachen des Segels (an der →*Kreuz)* oder Lösen der Spannung, Zurückgleiten des Lieks in Richtung zum Mast und damit Gewinn einer größeren →*Segelwölbung* (auf →*raumen* Kursen). Auch →*Unterliekstrecker* genannt.

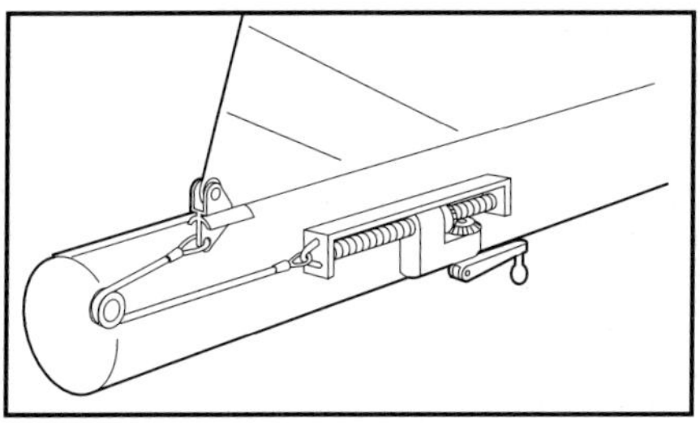

Schothorn-Einholer, der *(tricing line)* Auch als „Schothorn-Aufholer" bezeichnete →*Leine,* die bei einem →*Vorsegel* vom →*Schothorn* entlang der →*Lasche* zu einem →*Block* am →*Vorstag* und über einen weiteren Block am →*Bugbeschlag* in die →*Plicht* führt. Mit dem S.-E. kann man beim →*Wenden* den →*achteren Teil* einer großen →*Genua* nach vorn und somit das →*Achterliek* beim Übergehen des Segels vom →*Mast,* gegebenenfalls auch vom gesetzten →*Tallboy* freihalten. Der S.-E. wird nach dem Loswerfen der →*Vorschot* nur kurzzeitig angeholt und nach dem Übergehen des Segels zur anderen Seite wieder →*aufgefiert.*

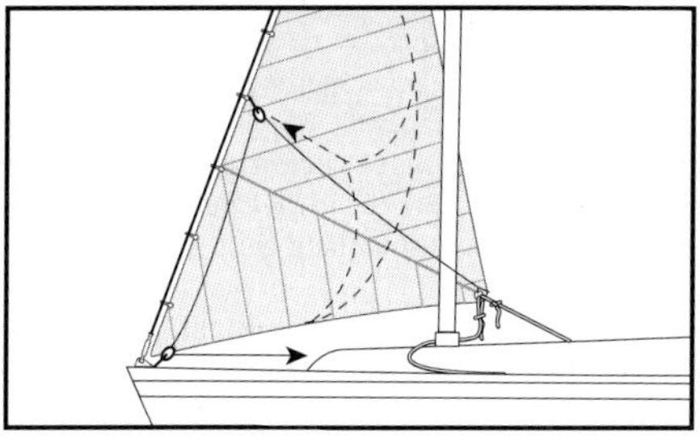

Schothornkausch, die *(clew cringle, clue cringle)* Die in das →*Schothorn* eingelassene →*Kausch,* in der bei einem →*Vorsegel* der gesamte →*Schotenzug* angreift. Bei einem, mit dem →*Unterliek* am →*Baum* angereihten →*Segel* läuft durch die S. nur die →*Ausholerleine.*

Schotklemme, die *(cam cleat, jam cleat)* Im Gegensatz zur →*Klampe,* um die eine Leine →*belegt* werden muß, eine Haltevorrichtung für die →*Schot,* die ein schnelles und sicheres Festhalten in jeder beliebigen Länge durch einfaches Hineindrücken in eine Führungsschiene erlaubt. Entweder als →*Curry-Klemme* (mit drehbaren Backen) oder als →*Tauklemme* (ohne bewegliche Teile) erhältlich.

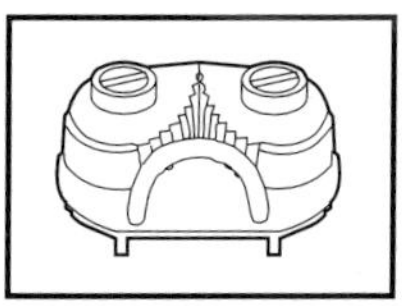

Schotmaterial, das *(line for sheets, rope for use as sheets)* Das →*Tauwerk* aus →*Chemiefasern* für die besonders hohen Belastungen einer →*Schot.* S. kann →*patentgeschlagen* oder →*geflochten* und aus →*Polyesterfasern* (z. B. →*Diolen)* gefertigt sein. Es muß ausreichend weich und geschmeidig (→*lehnig)* und von ausreichender Dicke (griffig) sein, um es auch von Hand →*holen* zu können.

Schotrah, die *(jack yard)* Bei einem →*Vierkant-Toppsegel,* das zusätzlich zu einem →*Gaffelsegel* gefahren wird, die im achteren Bereich des →*Unterlieks* angeschlagene →*Spiere,* an der die →*Schot* des Toppsegels befestigt ist. Die Schot führt von der S. über die →*Piek* der →*Gaffel* zum →*Mast* und von dort entlang zum →*Deck.*

Schotring, der *(claw ring)* Ringförmiger Beschlag, der wie eine Klaue um den →*Großbaum* faßt, an den offenen Enden mit Rollen versehen ist und zum Befestigen des Schotblocks dient (A). Im Gegensatz zum →*Schotbügel* hat der S. den Vorteil, daß er die Verbindung zum Segel immer am gleichen, meistens durch eine Rückholleine zur →*Baumnock* oder einen Abstandshalter aus Metall richtig gewählten Angriffspunkt behält, auch wenn beim →*Reffen* mit einem →*Patentreff* das Segeltuch um den Baum gewickelt wird. Um die Belastung der →*Schot* auf eine größere Strecke zu übertragen, benutzt man auch doppelte Schotringe (Schotwagen, B) oder S.-Verbindungsstege (C) zwischen 2 Schotringen. In diesem Verbindungssteg können sogar →*längsschiffs* gehalterte Scheiben für die →*Parten* der →*Großschot* liegen, so daß man auf Blöcke verzichten kann.

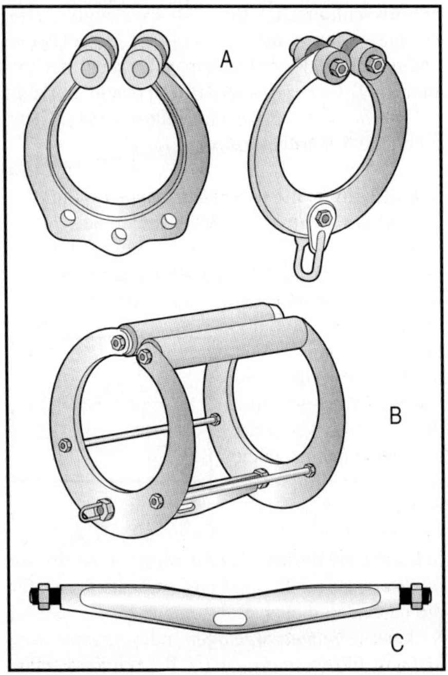

Schotschäkel, der *(clew shackle, [patent] sheet shackle)* Ein spezieller →*Schäkel* aus einem einfachen, längeren Bügel, der sich öffnen und durch einen Schraubverschluß wieder schließen läßt. Er ersetzt kleinere →*Schlüssel-* oder →*Schnappschäkel* bei dickeren →*Schoten.*

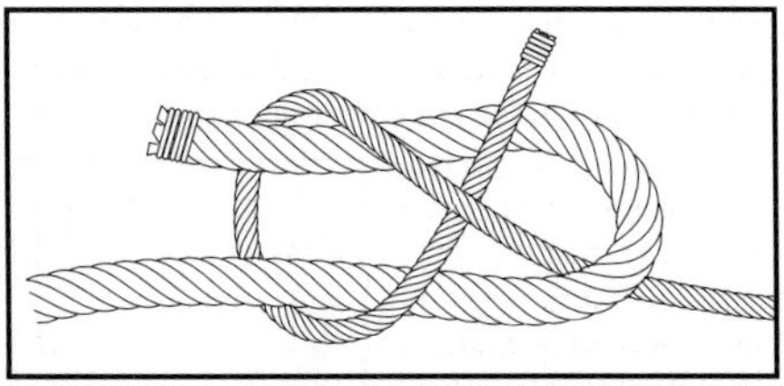

Schotstek, der *(sheet bend)* Ein →*Knoten* zum Verbinden von 2 gleichen oder unterschiedlich dicken →*Enden* mit einem festen oder einem losen →*Auge,* z. B. der →*Wurfleine* an der →*Schleppleine.* Auch zum →*Anstecken* der →*Flaggen* an die →*Flaggleine* benutzt. Sicherer als der einfache S. ist der doppelte S.

Schotstopper, der *(sheet stopper)* Ein →*Leinenstopper,* siehe →*Fallenstopper.*

Schott, das *(bulkhead)* Eine Trennwand an Bord, auf Yachten meistens querschiffs als →*Querschott* und seltener längsschiffs als →*Längsschott* angeordnet, oft mit einem →*Schottdurchgang,* der durch eine →*Schott-Tür* verschlossen wird. Mit Hilfe mehrerer hölzerner Schotten läßt sich ein Boot in unterschiedliche Räume, ein Schiff durch wasserdichte Schotten in mehrere Sicherheitsabschnitte unterteilen. Ein S. kann neben der Abgrenzung eines persönlichen Bereiches als Schutz gegen Lärm (Motorraum-Schott), zur Sicherheit (Kollisionsschott) o. ä. dienen. Weiter kann es die Quer- und Längsfestigkeit sowie die Verwindungssteifigkeit des Bootskörpers erhöhen. Daher wird ein S. insbesondere unter einem an →*Deck* stehenden Mast eingebaut.

Schottdurchgang, der *(bulkhead gap or passage).* Eine Durchbrechung für einen Passiergang durch ein →*Schott.* Der S. kann auch durch eine →*Schott-Tür* verschlossen werden.

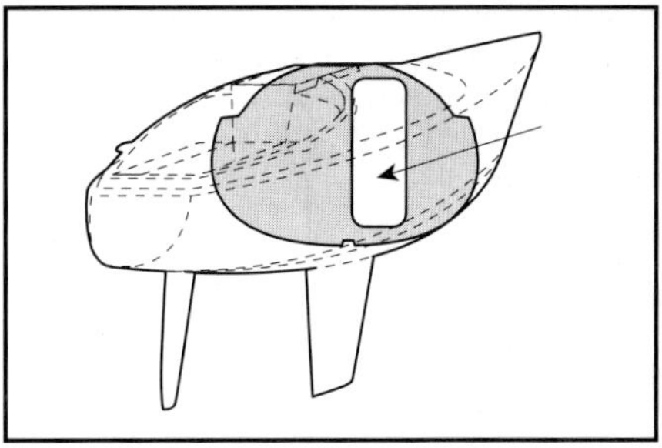

Schott-Tür, die *(bulkhead door)* Eine auf Yachten nur selten wasserdicht schließende Tür, die einen →*Schottdurchgang* sperren kann.

Schotwinde, die *(sheet winch)* Aus Manganbronze, rostfreiem Stahl, Titan und anderen leichten Metallen mit großer Korrosionsbeständigkeit und sehr hoher Festigkeit gefertigtes Ausrüstungsteil zum Durchsetzen einer →*Schot,* von →*Aufholer,* →*Niederholer* und anderen Teilen des →*laufenden Gutes,* aber auch als →*Streckerwinde* benutzt. Der Antrieb erfolgt durch Windenhebel, die (hauptsächlich oben eingesetzt) eine Drehung um 360° erlauben, während eine S. mit „Hebel unten“ nur in einem begrenzten Sektor (von ca. 90°) bewegt werden kann und man sie (wie bei einer Pumpe) immer im Leerlauf zurückdrehen muß. Die Kraftübertragung erfolgt gemäß den Hebelgesetzen, d. h. in einem Kraftverhältnis von 7 : 1, wenn die Hebellänge 7mal dem Trommelradius entspricht. Auch eine Untersetzung ist üblich, und da die Kraftersparnis auf Kosten des Weges bzw. der Zeit geht, ist eine S. meistens in beiden Richtungen drehbar, ohne →*Untersetzung* (1 : 1) im Uhrzeigersinn, untersetzt (2 : 1) gegen den Uhrzeigersinn, um größere Zugkraft und größere Schnelligkeit in einer einzigen S. zu vereinigen. Eine kleinere S. ohne Hebel ist ein →*Knarrpoller.* Mit Hebel wird sie „Pfeffermühle“, eine größere, bei der der Windenkopf wie ein →*Spillkopf* getrennt neben einer Kurbelsäule steht, auch →*„Kaffeemühle“* genannt. Auf großen Hochseeyachten werden die Spillköpfe jeder Seite auch mit einer einzigen Kurbelsäule mittschiffs durch ein Getriebe verbunden, das wahlweise geschaltet werden kann und den optimalen Einsatz von Muskelkraft und Mechanik erlaubt. Eine verbesserte S. ist die →*selbstfassende (selbstholende) Winsch.*

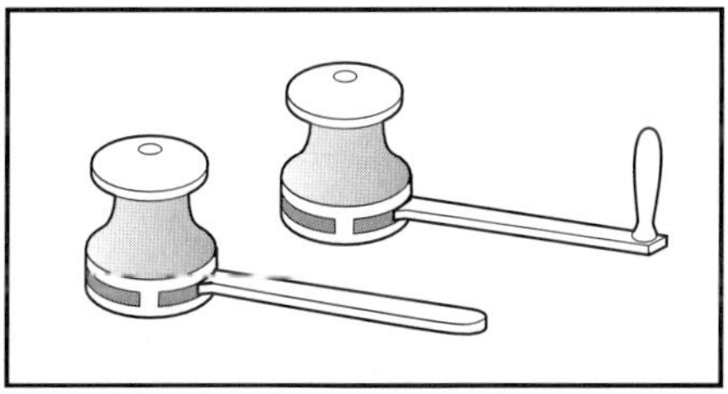

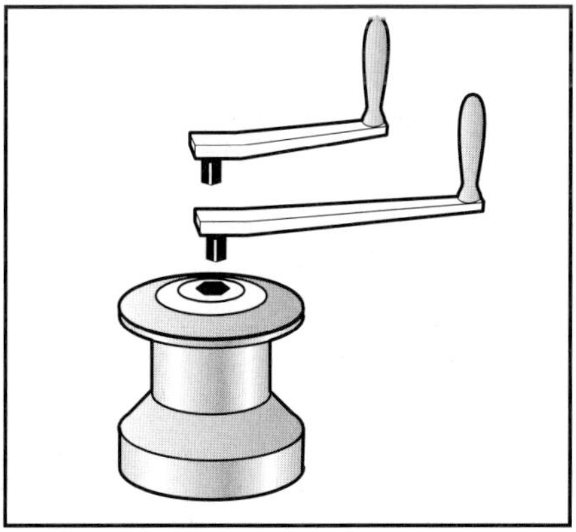

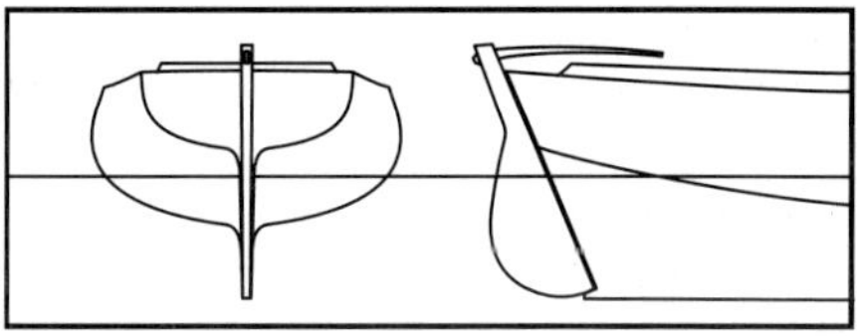

schräges Plattgatt, das *(flat stern, square stern)* Eine →*Heckform,* die besonders für kleine →*Seekreuzer* vorteilhaft ist und bei der das →*Plattgatt-Heck* in einem Winkel von ca. 30–45° von der Wasserlinie zur Achterkante Deck und am gesamten →*Achtersteven* entlang ausfällt.

schralen (des Windes) *(to draw ahead, to haul forward)* Eine ungünstige Winddrehung bei unverändertem →*Kurs,* bei der der Wind →*vorlicher* einfällt. Das S. kann entweder durch eine Richtungsänderung des wirksamen →*Bordwindes* (bedingt durch ein →*Abflauen* bei unveränderter Richtung des →*atmosphärischen Windes)* erfolgen und nur von kurzer Dauer sein oder eine Richtungsänderung des atmosphärischen oder →*wahren Windes* als Ursache haben. In

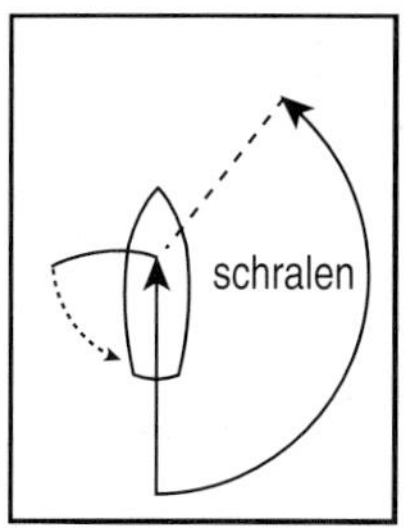

diesem Falle bedeutet bei zwei Booten, die auf der →*Kreuz* auf verschiedenem →*Bug* segeln, das S. für eines von beiden ein →*Raumen* für das andere. Auf einem →*Raumschotskurs* müssen die →*Schoten* beim S. →*dichter* geholt werden.

schraler Wind, der *(scanty wind, scrimp wind)* Ein ungünstiger Wind, der in einem spitzen Winkel und von vorn einfällt, im Gegensatz zum →*raumen Wind.*

Schratsegel, das *(fore-and-aft-sail)* Ein Segel, das →*längsschiffs* stehen und (weitgehend) senkrecht gesetzt werden kann (A), im Gegensatz zum

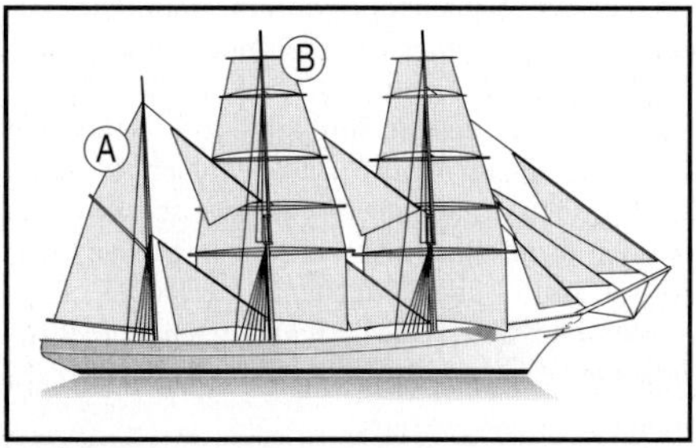

→*Rahsegel,* das →*querschiffs* und an einer waagerechten →*Spiere* gefahren wird (B). Zu den Schratsegeln rechnen alle am Mast gesetzten Segel (→*Großsegel,* →*Besan,* →*Hochsegel,* →*Gaffelsegel*), alle →*Stagsegel,* wie →*Fock,* →*Klüver,* →*Besanstagsegel* u. a. sowie auch der →*fliegend gesetzte* →*Spinnaker,* doch ist die →*Breitfock* kein S.

Schrattakelung, die *(fore-and-aft rig)* Im Gegensatz zur →*Rahtakelung* die →*Takelage,* die ausschließlich →*Schratsegel* verwendet. Alle modernen →*Jollen* und →*Yachten* benutzen die S., die man nach den unterschiedlichen Kombinationen von →*Masten* und →*Segeln* als →*Slup-,* →*Kutter-,* →*Ketsch-,* →*Yawl-* und →*Schonertakelung* bezeichnet, aber nach ihrem prinzipiellen Unterschied auch →*Gaffel-,* →*Hoch-,* →*Spriet-,* →*Lugger-* oder →*Lateintakelung* nennt. Das größte Schiff mit S. war ein →*Siebenmast-Gaffelschoner* (Abb).

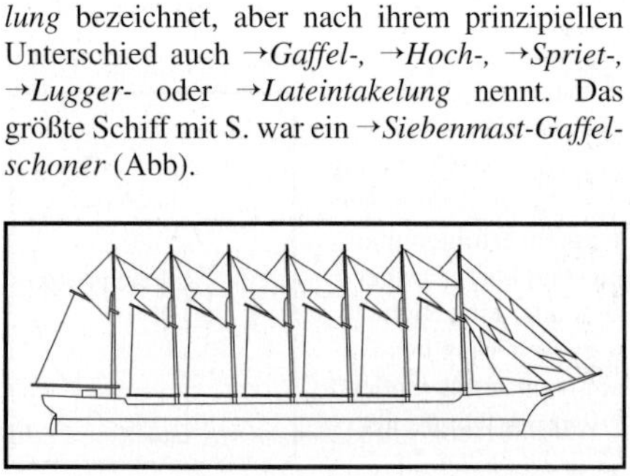

Schraube, die *(Chinese gybe)* Eine gefährliche Begleiterscheinung der →*Patenthalse* vor allem bei einem →*Gaffelsegel.* Dabei schwingt nur der →*Großbaum* zur anderen Seite, während die →*Gaffel* an ihrem Platz bleibt.

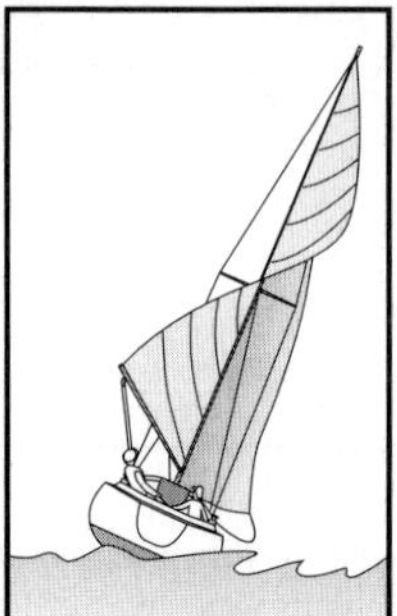

Schraube

Schraube, die *(screw propeller)* Im Sinne von Schiffsschraube eine veraltete Bezeichnung für den →*Propeller* eines →*Außenbordmotors* oder →*Einbaumotors.*

Schraubenbrunnen, der *(screw aperture, propeller aperture, propeller well)* Ausnehmung in den Bauteilen des →*Unterwasserschiffes,* die →*vorlich* vom →*Propeller* liegen (→*Kielflosse,* →*Ruderleitflosse,* →*Eselsrücken)* oder ganz allgemein der freigehaltene Raum vorlich vom →*Ruderblatt* und um den Propeller, damit der Propeller richtig arbeiten kann.

Schraubschäkel, der *(screw pin shackle)* Einfachste und gebräuchlichste Form des →*Schäkels* in gerader, geschweifter, gedrehter und Herzform. Der Schäkelbolzen ist mit einem Auge oder mit Schlitz und Senkkopf versehen.

Schrick, der *(ease, check)* Etwas Lose zum →*Schricken* einer Leine, z. B. eines →*Festmachers* oder eines →*Falls.* Das bedeutet (wie bei einem S. in die →*Schot),* eine belastete Leine ganz wenig →*fieren* und dann wieder sicher festhalten.

schricken (abschrikken) *(to check, to ease away, to pay out)* Eine belegte Leine mit wenigen Törns teilweise von ihrem →*Beschlag* lösen, dann eine Kleinigkeit →*fieren* und wieder →*belegen.* Ein ungewollter Ruck oder „Schreck“ des mit Kraft durchgesetzten Endes läßt sich dabei meistens nicht vermeiden.

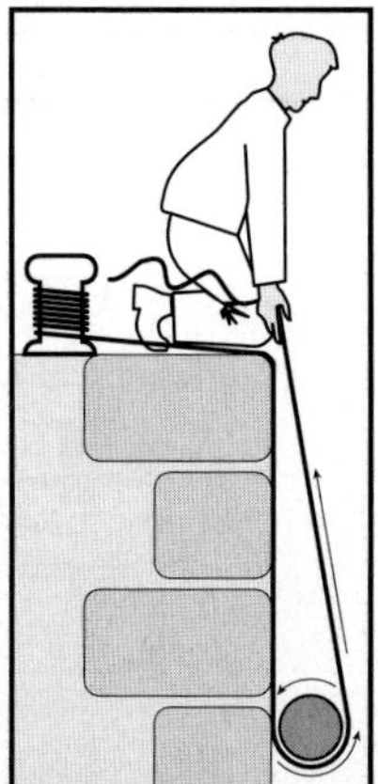

Schrottau, das *(parbuckle)* Eine Vorrichtung zum →*Heißen* von →*Spieren,* →*Rundhölzern* o. ä. in der senkrechten oder schiefen Ebene. Ein S. wirkt dabei wie ein →*Klappläufer,* d. h. man kann mit gegebener →*Kraft* die doppelte →*Last* →*holen.*

Schult, Joachim, geb. 1. 1. 1924, Kapitän und Autor. →*Trans-Ocean-Medaille,* →*Schlimbach-Preisträger.*

Schuner, der *(schooner)* Alle mit S. beginnenden Begriffe, z. B. Schuneryacht, siehe unter →*Schoner.*

Schußfaden, der – Schuß, der *(weft yarn)* Beim →*Segeltuch* der durch die Längs- oder →*Kettfäden* hindurchgeschossene Querfaden, der im allgemeinen einen geringeren →*Reck* als die Kette besitzt und bei verschiedenen Arten des Segelschnitts vorteilhaft ausgenutzt wird.

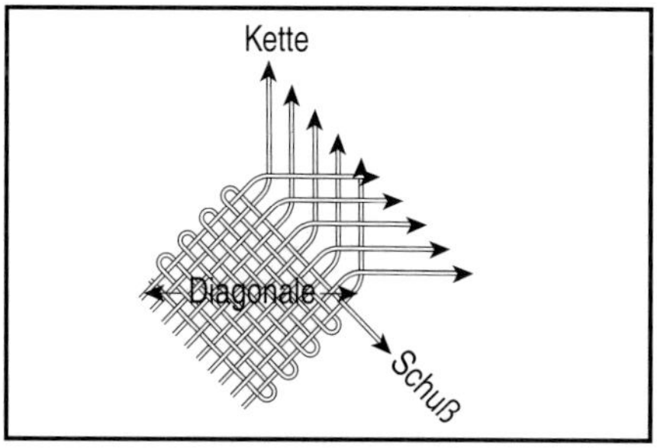

Schute, die *(barge)* Auch →*Pinte* oder →*Punt* genanntes Transportfahrzeug mit großem Laderaum, aber ohne Antrieb, z. B. als Baggerschute.

Schwabber, der – schwabbern *(swab, to swab down)* Anderer Ausdruck für →*Dweidel,* ein Reinigungsgerät aus altem →*Tauwerk* zum →*Deckwaschen.* Auch die Epauletten der höheren Seeoffiziere wurden früher von den Seeleuten scherzhaft S. genannt.

Schwalbennest, das *(swallow's nest, cubbyhole)* Kleiner, in der →*Kajüte* und hinter den Sitzbänken der →*Plicht* eingebauter, mit Rundumblenden gegen das Herausrutschen des Inhalts versehener Stauplatz.

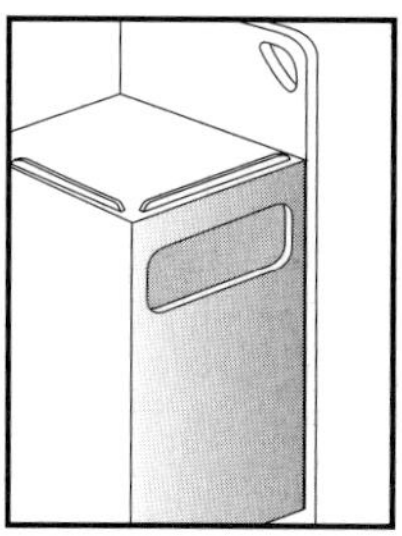

Schwanenhals, der *(return bend)* Das obere Ende eines aus dem →*Deck* nach oben führenden und meistens an der Seitenwand der →*Kajüte* befestigten Entlüftungsrohres, das gegen einen möglichen Wassereintritt mit kleinem Krümmungsradius um ca. 180° nach unten gebogen ist und dicht über Deck endet.

Schwanzwelle, die *(tail shaft, screw shaft)* Der →*achtere* Teil der nach außen führenden →*Welle,* an dessen Ende der →*Propeller* sitzt.

Schweberuder, das *(spade rudder, underhung rudder)* Ein nur in seinem oberen Spurlager befestigtes und sonst frei hängendes →*Ruderblatt.* Auch als →*Spatenruder* bezeichnet, wenn ein Teil der Ruderfläche vor dem →*Ruderschaft* liegt.

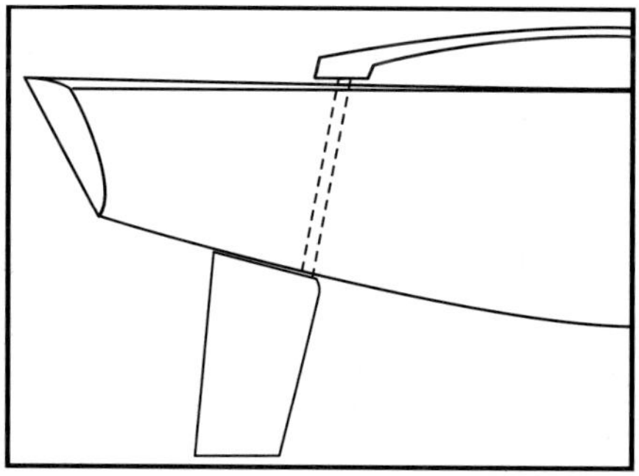

Schwedenschäkel, der Ein einfacher →*Schnappschäkel* mit fester Öse, dem →*Karabinerhaken* verwandt, dessen Bügel sich durch Druck auf einen eingelassenen Knopf öffnet. Er wird auch als →*Wirbelschäkel* hergestellt.

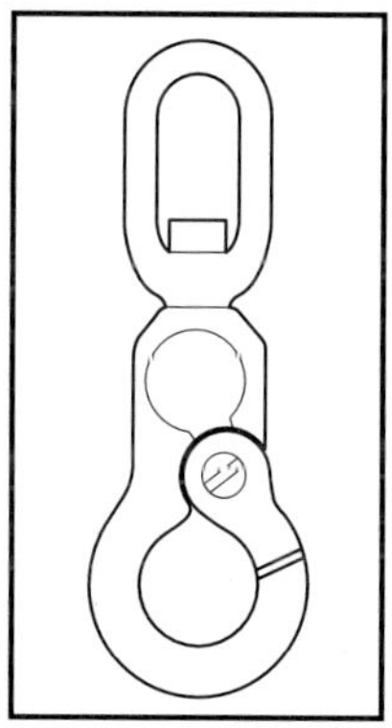

Schwedische Wache, die *(Swedish watch)* Der dreistündige →*Wachtörn* besteht aus einer überlappenden Rotation, bei der ein →*Wachgänger* zuerst als →*Ausguck* beginnt, ehe er zum →*Wachführer* wird. Beispiel:
0000 – 0130 Uhr Segler A und B
0130 – 0300 Uhr Segler B und C
0300 – 0430 Uhr Segler C und D
0430 – 0600 Uhr Segler D und E

0600 – 0730 Uhr Segler E und A
0730 – 0900 Uhr Segler A und B, usw.
Gehören nur vier Segler zur →*Crew,* verkürzt sich die →*Freiwache* auf drei Stunden.

Schweinsrücken, der *(anchor plate)* Eine hölzerne Aufklotzung auf der Reling in Form eines „Schweinerückens“ zum →*Stauen* des →*Ankers.* Darüber wird eine →*Flunke* gehakt, bevor der Anker an →*Deck* →*seefest* →*gezurrt* wird. Der S. soll der Flunke Halt geben. Er dient aber zugleich auch dem Schutz von →*Reling* und →*Schanzkleid,* wenn der Anker an Deck und nicht in einer →*Ankerklüse* gefahren wird.

Schwell, der *(swell)* Eine →*Dünung,* die in (offene) Häfen hineinläuft, den Strand an einer →*Küste* erreicht oder auch durch Ausläufer von →*Bugwellen* und →*Heckwellen* vorbeifahrender Schiffe entsteht. Stärker ausgeprägt und mit anderen Wasserwellen überlagert wird daraus →*Kabbelwasser.*

Schwenkkieler, der *(yacht with sliding keel or with [centreboard-like] drop keel)* Der S. ist praktisch ein →*Kielschwerter* mit einem →*hydro-*

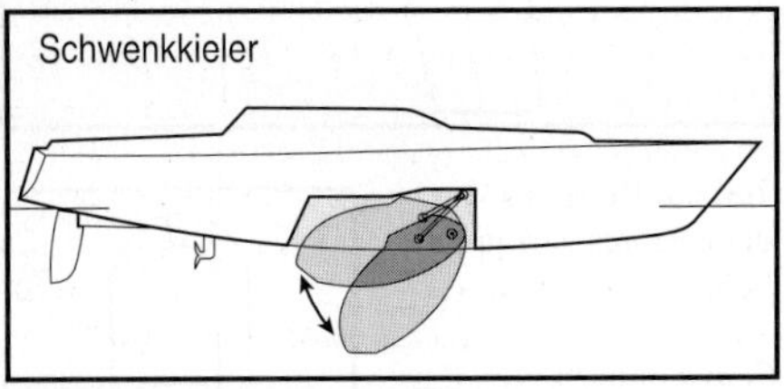

dynamisch aus Eisen oder Blei geformten →*Schwert,* das (fast) den gesamten →*Ballast* enthält. Der aus einem →*Rumpftiefgang* von etwa 1,00 m bis auf einen →*Tiefgang* mit Kiel von über 2,00 m schwenkbare →*Ballastkiel* kann über einen Schalter in der Plicht elektro-hydraulisch bewegt oder von Hand bedient werden. Ein S. kann beim Segeln in →*Wattengewässern* gefahrlos →*trockenfallen* und wird dazu auch mit einem →*Hubruder* gebaut.

Schwerpunkt, der *(centre of gravity)* Der Punkt, in dem man sich eine →*Kraft* als Summe zahlreicher Einzelkräfte für deren Berechnung und Beurteilung konzentriert denken kann. Im →*Bootsbau* und in der →*Segeltechnik* unterscheiden wir →*Gewichtsschwerpunkt,* →*Formschwerpunkt,* →*Verdrängungsschwerpunkt,* →*Segelschwerpunkt* u. a. In der Praxis hat ein →*Druckpunkt* größere Bedeutung.

Schwert, das *(centreboard, leeboard)* In einem →*Schwertkasten* absenkbare Platte zur Verminderung der →*Abdrift* eines →*Schwertbootes.* Man unterscheidet Seitenschwerter, die heute jedoch auf Yachten (außer auf einer →*Tjalk)* keine Verwendung finden, →*Mittelschwerter,* →*Kimmschwerter* und →*Kielschwerter,* nach der Art der Bedienung →*Senkschwert* und →*Steckschwert.* Jedes Senkschwert ist mit einem →*Schwertfall* ausgestattet, damit es auf jeder beliebigen Tiefe gehalten werden kann. Gegebenenfalls sorgen auch →*Aufholer* und →*Niederholer* für diese Aufgaben. Bevorzugtes Baumaterial für ein Jollenschwert heute →*Bootsbausperrholz,* aber auch Schiffbaustahl findet noch bzw. Kunststoff schon Verwendung. Bei einem →*Profilschwert* sind →*Anström-* und →*Ablaßkante* strömungsgünstig geformt. Durch unterschiedlichen →*Trimm* kann man mit dem S. auch den →*Lateraldruckpunkt* verändern und damit das →*Richtungsgleichgewicht* beeinflussen.

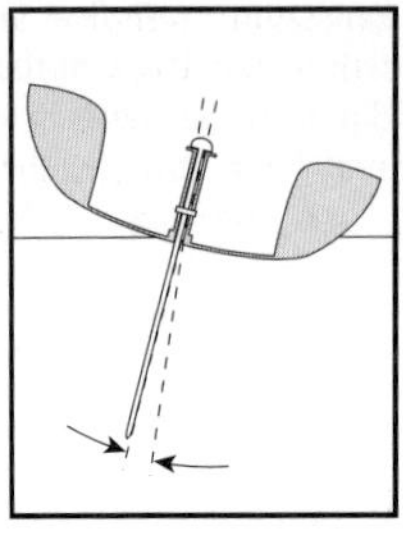

Schwertboot, das *(centreboarder, leeboarder)* Eine andere Bezeichnung für →*Jolle,* d. h. ein relativ breites, formstabiles, aber →*kenterbares Se-*

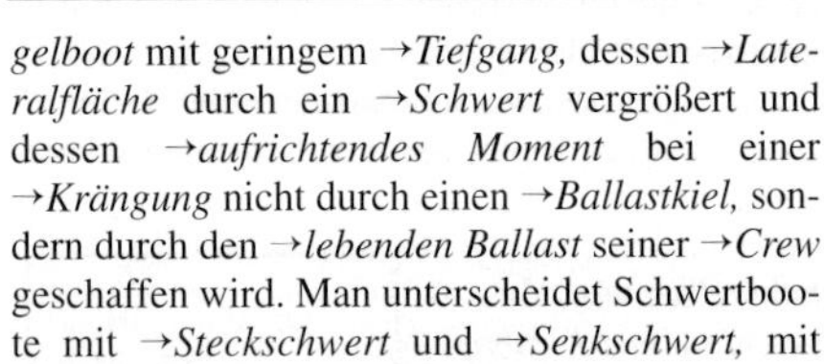

gelboot mit geringem →*Tiefgang,* dessen →*Lateralfläche* durch ein →*Schwert* vergrößert und dessen →*aufrichtendes Moment* bei einer →*Krängung* nicht durch einen →*Ballastkiel,* sondern durch den →*lebenden Ballast* seiner →*Crew* geschaffen wird. Man unterscheidet Schwertboote mit →*Steckschwert* und →*Senkschwert,* mit →*Mittelschwert,* →*Kimmschwertern* oder →*Seitenschwertern.*

Schwertfall, das *(centreboard halyard)* Das →*Fall,* mit dem man das →*Schwert* →*heißen* und →*fieren* kann. Da nur ein Metallschwert allein auf die gewünschte Tiefe sinkt, benutzt man bei Holzschwertern einen Schwertaufholer mit einem

Schwertniederholer, um das Schwert auf der gewünschten Tiefe zu halten.

Schwertkasten, der *(centreboard case, centreboard trunk)* Ein →*längsschiffs* mit dem →*Kiel* verbundener, über dem Schwertschlitz am →*Kiel*

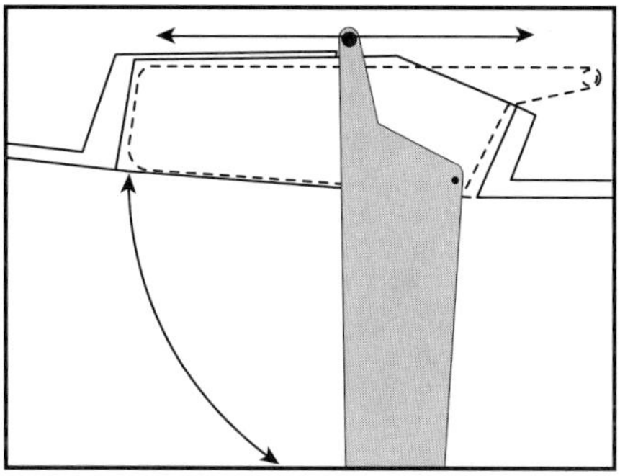

aufgebauter und bis über die →*Wasserlinie* reichender schmaler Kasten, in den das →*Schwert* aufgeholt werden kann, wenn man es nicht benutzt, und in dem auch das →*gefierte,* durch die →*Abdriftgegenwirkung* belastete Schwert mit seinen oberen Teilen ein festes und sicheres Widerlager findet. Ein S. kann entweder für ein →*Steckschwert* oder ein →*Senkschwert* eingerichtet sein. Bei einem →*Boot* mit →*Kimmschwertern* werden zwei Schwertkästen benutzt, auf jeder Seite ein S., so daß die →*Plicht* weitgehend frei bleibt.

Schwert-Zugvogel, der Aus →*GFK* oder →*Sperrholz* gebaute Zweimannjolle in →*Knickspantbauweise,* Rumpfform mit →*Kiel-Zugvogel* identisch. Konstrukteur Ernst Lehfeldt. Eine →*nationale Klasse.* Lüa 5,80 m, Büa 1,88 m, Tiefg. Rumpf 0,25 m, mit Schwert 1,10 m, Verdr. segelf. min. 230 kg, Segelfl. 15 m².

Schwesterschiff(e), das (die), *(sister ship[s], twin yacht[s])* Ursprünglich →*Schiffe* oder →*Yachten,* die als →*Einzelbauten* nach dem gleichen →*Riß* gefertigt und in allen →*Abmessungen,* nach dem →*Segelriß* und dem →*Einrichtungsplan* identisch waren. Heutzutage sind alle →*serienmäßig* gefertigten Boote der entsprechenden Baureihe praktisch Schwesterschiffe.

Schwimmdock, das *(floating dock)* Trogartiger, kastenförmiger Auftriebskörper mit hohen, festen Seitenwandungen zur Reparatur von Schiffen. Zu ihrer Einfahrt wird das S. mit Wasserballast geflutet. Nach dem Festmachen wird das S. durch Auspumpen des Ballastwassers gehoben, und der über dem Wasserspiegel liegende Dockboden dient dann als Arbeitsplattform. Hier ruht das →*Schiff* mit seinem →*Kiel* auf →*Pallhölzern.* Zum Ausdocken wird das S. wieder durch Fluten seiner Tanks abgesenkt.

schwimmendes Seezeichen, das *(floating mark)* Auf See ausgelegte und verankerte →*Tonnen,* →*Bojen* und →*Feuerschiffe,* die im Gegensatz zu →*festen Seezeichen* zur Bezeichnung von →*Fahrwassern,* →*Untiefen,* →*Wracks,* →*Sperrgebieten* und anderer →*Gefahrenstellen* dienen.

Schwimmfähigkeit, die *(buoyancy)* Ein Boot schwimmt nach dem →*Archimedischen Prinzip,* wenn sein →*Auftrieb* größer als sein →*Gewicht* ist. Die S. wird bei einem →*Kielboot* nur erhalten, solange der Bootsrumpf wasserdicht ist und bleibt. Damit die S. auch bei einem →*Leck* gewährleistet ist und ein Kielboot auch im vollgelaufenen Zustand nicht →*sinken* kann, müssen →*Auftriebstanks* eingebaut, →*Auftriebskörper* angebracht, wasserdichte →*Schotten* eingebaut oder entsprechende (unzugängliche) Räume ausgeschäumt werden, z. B. mit →*PUR Hartschaum.*

Schwimmer, der *(float)* Auftriebskörper, z. B. an der Greifleine eines Rettungsbootes, am Fähnchen eines Fischernetzes (Stehder) und an einer →*Schwimmerflagge* oder →*Spierenboje* – Bei einem →*Trimaran* die beiden kleineren Seitenrümpfe und sinngemäß bei einer →*Proa* der einzelne, wesentlich kürzer und schmaler gebaute sowie immer in →*Lee* liegende Seitenrumpf.

Schwimmflagge, die *(dan buoy)* Eine →*Spiere,* die mit einem →*Schwimmer* sowie →*Ballastgewicht* am unteren und einer Flagge am oberen Ende ausgerüstet ist. Eine S. wird bei einem Notfall →*Mann über Bord* geworfen, um die Unfallstelle weithin sichtbar zu markieren und dem Verunglückten gleichzeitig wichtige Teile zum Überleben und Wiederfinden zu übergeben, z. B. →*Rettungsboje,* →*Rauchsignal,* →*Seenotleuchte.*

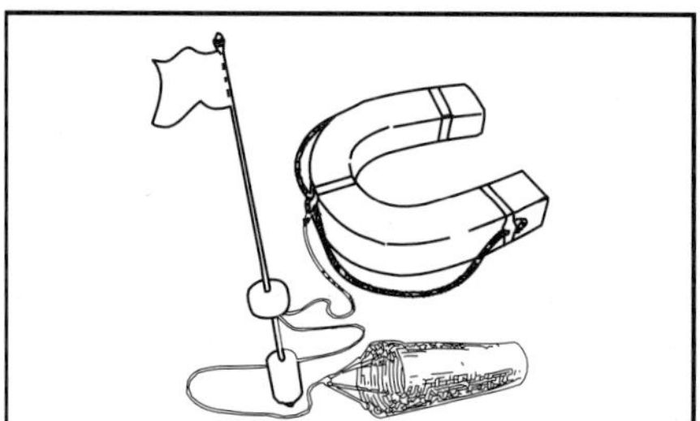

Schwimmhilfe 50 N *(buoyancy aid 50 N)* Persönliche Schutzausrüstung nach →*DIN EN 393* mit einem →*Auftrieb* von nicht weniger als 50 →*Newton* für den durchschnittlichen Erwachsenen (mit über 70 kg Körpergewicht). Eine S. 50 N ist für die Verwendung in geschützten Gewässern bestimmt, wo Hilfe in der Nähe ist und der Benutzer Schwimmer ist. Sie dient zur Ausrüstung beim →*Jollensegeln,* wo ein größeres und unförmigeres Auftriebsmittel den Benutzer behindern kann. Die S. 50 N wird hauptsächlich als →*Feststoffweste* und ohne Kragen hergestellt. Sie muß den Benutzer in einer etwa senkrechten Schwimmlage halten und darf ihn nicht in die Bauchlage kippen. Eine S. 50 N ist keine →*Rettungsweste.*

Schwimmhilfe

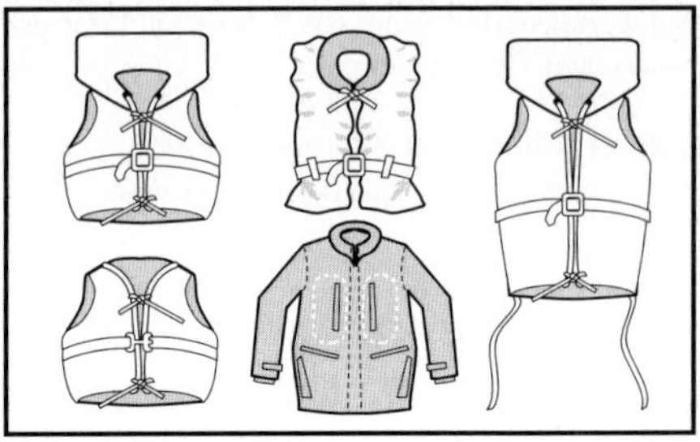

Schwimmkompaß, der *(wet compass, liquid compass)* Ein →*Magnetkompaß,* dessen →*Kompaßkessel* mit einer Dämpfungsflüssigkeit unterschiedlicher Zusammensetzung gefüllt ist, die nicht gefrieren kann. Sie dient zur Schwingungsdämpfung und setzt gleichzeitig den Druck der →*Kompaßrose* auf die →*Kompaßpinne* durch deren Auftrieb in der Flüssigkeit herab.

Schwimmsteg, -pier, -brücke *(floating bridge or pontoon or jetty)* Ein schwimmender →*Anleger,* der im Gegensatz zu einem →*Schlengel* in tidenfreiem Wasser wie ein →*Kai* oder eine →*Pier* mit einer Verbindung zum Ufer festgemacht oder verankert ist. Ein S. kann aus →*Stahl,* Beton oder Kunststoff gefertigt sein, ist meistens mit →*Pollern* oder →*Klampen* zum →*Festmachen* ausgestattet und wird auch in →*Marinas* oder →*Yachthäfen* mit großen Wassertiefen und felsigem →*Grund* benutzt.

Schwimmwasserlinie, die *(line of flotation)* Die →*Wasserlinie,* an der der →*Wasserspiegel* den →*Rumpf* berührt. Die S. ist selten die →*Konstruktionswasserlinie,* weil ein fertiges Boot mit →*Ausrüstung* und →*Crew* eine größere →*Verdrängung* hat, sie verändert sich auch durch die →*Seewasserdichte.*

Schwimmweste, die *(life vest)* Das Wort „S." gehört nicht mehr zu den offiziellen Bezeichnungen für die →*persönliche Sicherheitsausrüstung* gegen Ertrinken. Sie wurde in den →*SOLAS-Vorschriften* durch den Begriff →*Rettungsweste* ersetzt und mit den Normen →*DIN EN 395, 396 und 399* für den geforderten →*Auftrieb* in →*Newton* spezifiziert, z. B. als →*Rettungsweste 150 N.* Eine →*Schwimmhilfe 50 N* (nach →*DIN EN 393*) weist schon sprachlich darauf hin, daß sie weder eine S. alter Art noch eine →*Rettungsweste* ist.

Schwingmetall, das *(rubber bonded to metal)* Zwischen Motor und Motorenfundament befestigtes und sinngemäß unter anderen Vibrationserregern gelagertes Bauelement aus innigen Verbindungen von Gummi und Metall zur Abfederung und Schwingungsdämpfung. S. verhindert insbesondere die Übertragung von Körperschall durch Maschinen und Motoren aller Art.

Schwitzwasser, das *(sweat, condensed moisture)* Durch Kondensation entstandene Feuchtigkeit, die sich insbesondere an der Innenseite der Bordwand und an der Unterseite des →*Decks* niederschlägt, wenn das Boot zwischen den Segeltagen zugedeckt an seinem →*Liegeplatz* ist und keine ausreichende →*Lüftung* besitzt. S. entsteht durch Temperaturunterschiede zwischen Außen- und Innenluft bzw. Wasser und Raumluft, wenn z. B. in der Nacht die Außen- und damit die Flächentemperatur unter den →*Taupunkt* der Innenluft mit ihrer hohen →*Luftfeuchtigkeit* absinkt.

Schwojen, das *(swinging)* Wörtl. Schwung, Schwingung, Schwenkung, Drehung. Das S. kann am →*Ankerplatz* gefährlich werden, weil das Boot dann z. B. bei →*Fallböen* zu wechselnden Seiten →*Fahrt* aufnehmen und durch Losekommen und Wiedereinrucken der →*Ankerkette* die Festigkeit des Ankergeschirrs extrem belastet oder überlastet werden kann. Das S. kann dann nur mit einem zweiten Anker vermindert werden. Auch das schrittweise Drehen eines Schiffes an einem →*Deviationsdalben* zur →*Kompaßkontrolle* wird S. genannt.

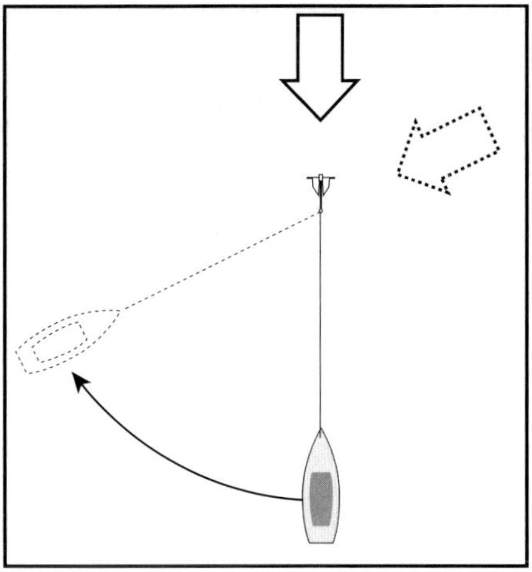

schwojen, schwoien, schwaien *(to swing)* Sich am →*Ankerplatz* oder an einer →*Muring* durch die Einwirkung des →*Windes* auf →*Überwasserschiff* und →*Takelage* oder durch den auf das →*Unterwasserschiff* wirkenden →*Strom* schwingend und pendelnd hin und her bewegen (Abb.). Auch beim →*Kentern* des Stroms schwojt ein Boot (bis in die Gegenrichtung). Man schwojt es auch, wenn man es an seinem →*Liegeplatz* mit Leinen oder einem →*Warpanker* um 180° herumholt.

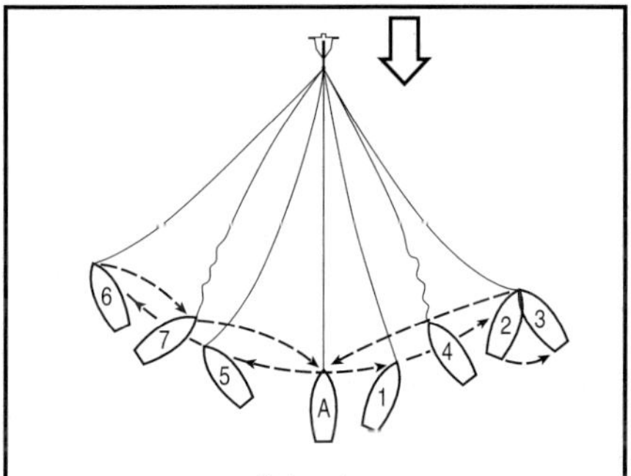

Schwojen

Schwojeraum, der *(swinging berth; berth)* Der Vollkreis, den ein Boot beim →*Schwojen* beschreibt. Der S. ist bei Benutzung einer →*Ankerkette* kleiner als bei einer Verankerung mit →*Ankertrosse.* Insbesondere in einem Bojenfeld oder an einer →*Muring* ist der S. begrenzt.

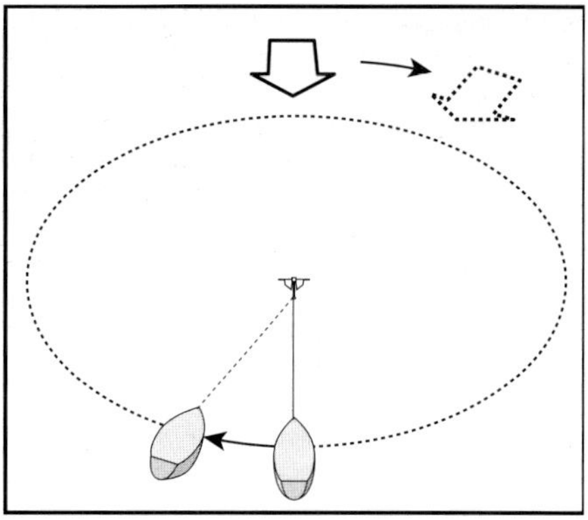

Schwojeverankerung, die *(swinging mooring)* Jede Verankerung mit nur einem →*Anker,* bei der das Boot an einer einzigen →*Kette* allseitig frei →*schwojen* kann, im Gegensatz zu einer →*Tandemverankerung* mit zwei →*Bugankern,* einer Verankerung in einem schmalen →*Tidengewässer* mit Bug- und Heckanker oder dem →*Vermuren* (auch →*Bahama-Muring* genannt), wenn ein Boot halbwegs zwischen →*Luv-* und →*Leeanker* liegt, deren Verbindungen beide zum →*Bug* führen.

Scirocco, Schirokko, der *(sirocco, scirocco)* Durch ein nordafrikanisches →*Tief* entstehender Wind, der im Süden und Osten des →*Mittelmeeres* aus südlichen Richtungen warm und trocken weht. Im Zentrum des Mittelmeerraumes tritt er aus Südost und feucht, aber noch schwach und gemäßigt auf, während er in der Adria und im Tyrrhenischen Meer frisch und kräftig weht.

Scow, die *(scow)* Typ eines →*Schwertbootes,* der sich durch extreme Breite bei gleichzeitig geringer Freibordhöhe auszeichnet. Die S. wird vorwiegend in Nordamerika gesegelt, wo sie durch ihre Geschwindigkeit beliebt ist.

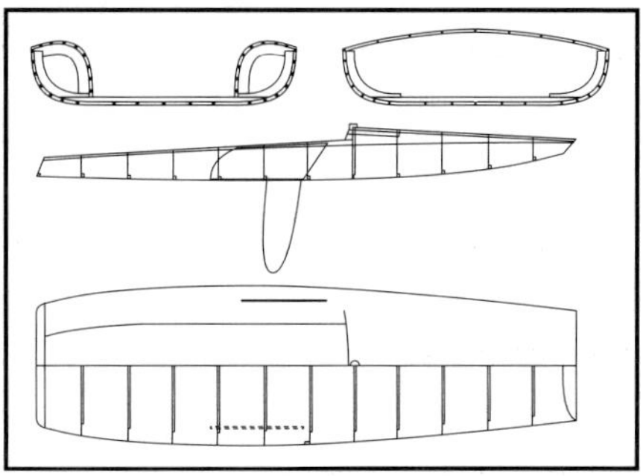

Scow-Spant, der *(scow surfboard)* Ein moderner Spantenquerschnitt für ein extrem breites Boot mit einem sehr niedrigen →*Freibord,* der sich von der üblichen →*Spantform* deutlich unterscheidet. Der S.-S. hat übergroße →*Formstabilität* und wird bei einer →*Scow* meistens mit →*Kimmschwertern* verbunden. Er wird auch von →*Windsurfern* und →*Segelsurfern* benutzt.

Scrimshaw, Scrimwork *(engl.)* Internationale Sammelbezeichnung für Bastelarbeit von Seeleuten. Sie wurde auf →*Freiwache* angefertigt, und die so entstandenen handwerklichen und künstlerischen Wertgegenstände verkaufte man nach dem Einlaufen im Hafen. Die Bezeichnungen S. werden heutzutage speziell für Schnitzereien aus Walknochen und Elfenbein sowie generell für Kunstgegenstände gebraucht, die an Land mit Bezug zum Meer hergestellt werden.

Sealer (Coat) *(engl.)* Internationales Fachwort für eine →*Grundierung,* die gleichzeitig als Versiegelung eines Unteranstrichs dient, der (wegen seiner chemischen Zusammensetzung) nicht mit dem Folgeanstrich in Berührung kommen darf.

Seamcote *(engl.)* Ein flüssiges Produkt zur Versiegelung einer →*Segelnaht,* das deren →*Garn* widerstandsfähiger gegen →*Schamfilen* macht. Für →*Großsegel,* die an den →*Wanten* anliegen, und →*Vorsegel,* die an Wanten, →*Bugkorb* und →*Seereling* scheuern, empfehlenswert.

Sechserstellung, die *(„three point suspension" attitude)* Ein vom →*BSH* empfohlener Aufbau des →*Radarreflektors* für Kleinboote und Motorboote ohne →*Takelage.* Bei der S. sind 6 Reflexionsebenen wirksam, die eine gleichmäßige Rundum-Rückstrahlcharakteristik ergeben. Bei dieser „Regenfangstellung" („catch-the-rain"-position) ist die Symmetrieachse der →*Tripelspiegel* abwechselnd jeweils um 20° aus der Waagerechten nach unten und nach oben geneigt. Der Winkel zwischen der Achse des Oktaeder-Reflektors und der Senkrechten beträgt dabei 55° (Abb.). Seekreuzer führen den Radarreflektor in der →*Yachtstellung.*

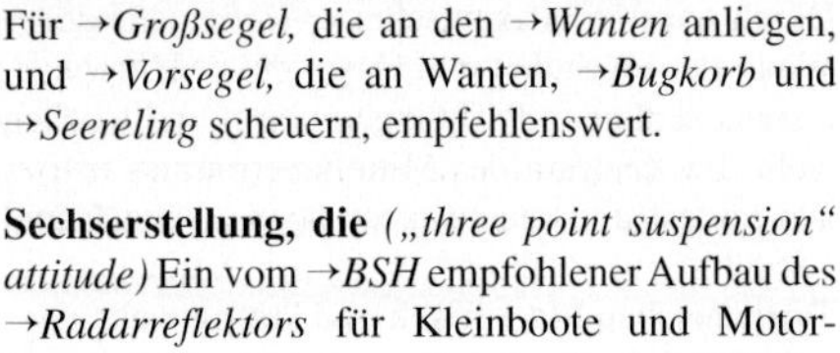

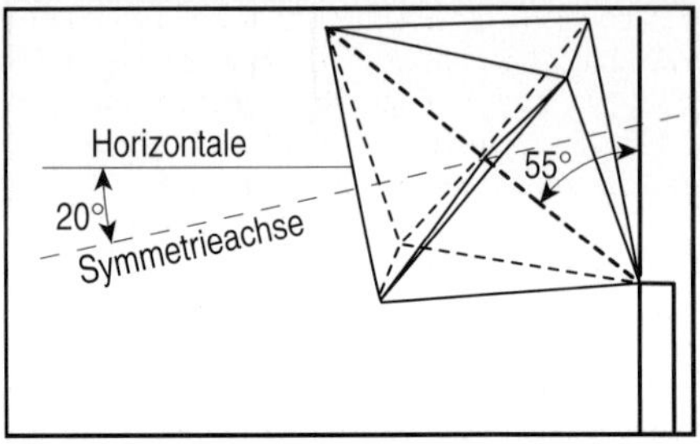

Sechskant, der; Sechskantkopf, der *(hexagon; hexagon head)* Werkzeug zum Bedienen von Schraubteilen mit sechs Kanten; Schrauben und Muttern mit S. im Gegensatz zu solchen mit →*Vierkantkopf.* Ein typisches Werkzeug mit S. ist der →*Inbusschlüssel.*

Sechsuhrkreis, der *(six-hour circle)* Der →*Stundenkreis,* der den Himmelsäquator und den →*wahren Horizont* im →*Ost-* und →*West*-Punkt schneidet.

SÉCURITÉ Im internationalen →*Seefunkdienst* vereinbartes und „ßehküriteh" gesprochenes Kennwort, um eine Sicherheitsmeldung auf einer →*Notfrequenz* anzukündigen, die anschließend auf einer anderen →*Frequenz* ausgestrahlt wird. Von einer Küstenfunkstelle werden hiermit →*meteorologische* und →*nautische* Warnnachrichten verbreitet. Von einer →*Yacht* wird „S." benutzt, um z. B. eine →*Manövrierunfähigkeit* durch →*Havarie* in der Nähe eines →*Schiffahrtstracks* bekanntzumachen.

See, die *(sea)* Ein vielfach benutztes Wort, mit dem nicht nur das Meer oder die →*hohe See,* die man befährt, sondern auch der →*Seegang* oder eine einzelne, an Deck gelangende →*Welle* bezeichnet wird. Dementsprechend gibt es eine Vielzahl von Wortverbindungen, z. B. →*Seeamt,* →*Seeanker,* →*Seemannschaft,* →*Seenot* u. a. Weiter unterscheidet man unterschiedliche Zustandsbezeichnungen wie mäßige, →*kabbelige,* →*achterliche,* schwere, hohle See u. a., auch spricht man von einer →*Grundsee,* →*Hecksee* und →*Quersee.* Tätigkeiten in Verbindung mit S. sind z. B. „in S. gehen", „auf S. bleiben" u. v. a., Eigenschaften in Beziehung zur S. sind z. B. →*seefähig,* →*seetüchtig,* →*seegängig* u. a.

Seeamt, das *([German] Marine Court, Shipping Board)* Ein nach dem § 5 des →*Seeunfalluntersuchungsgesetzes* (SeeUG) bei der Wasser- und

Schiffahrtsdirektion (WSD) Nord in den Städten Hamburg, Kiel und Rostock bzw. bei der WSD Nordwest in Emden und Bremerhaven eingesetzter Untersuchungsausschuß für die Untersuchung eines →*Seeunfalls.* Ein S. ist mit einem Vorsitzenden besetzt, der die Befähigung zu einem Richteramt besitzen muß, einem ständigen Beisitzer und drei ehrenamtlichen Beisitzern mit entsprechender Befähigung aus der Praxis der →*Schiffahrt.* Eine Untersuchung durch das S. ist ein Verwaltungsverfahren (kein Gerichtsverfahren), in dem die Ursachen und Umstände eines →*Seeunfalls* geprüft werden. Sie muß z. B. stattfinden, wenn eine ihrer Bauart nach →*seefähige* →*Yacht* auf →*See* verlorengeht (§ 3, Abs. 1, Nr. 1) oder wenn bei einem Seeunfall ein Todesfall eingetreten ist (§ 3, Abs. 1, Nr. 2). Das S. prüft dann, ob der Unfall auf Mängel in der Bauart, Ausrüstung oder Bemannung des Fahrzeuges zurückzuführen ist, Mängel im →*Fahrwasser,* der →*Seekarten* oder anderer Dienste oder Personen vorliegen bzw. das Seestraßenrecht oder die Beistandspflicht verletzt worden ist. Am Schluß der Verhandlung wird ein Spruch verkündet, der bei Sportunfällen z. B. Einfluß auf die Leistungen der Haftpflichtversicherung u. a. haben kann, wenn ein fehlerhaftes Verhalten des Bootsführers als →*Schiffer* oder seiner Crew festgestellt wird. Gegen einen nach § 17 SeeUG ergangenen →*Seeamtsspruch* kann beim →*Bundesoberseeamt* Hamburg nach §§ 21 – 22 SeeUG Widerspruch eingelegt werden. Verluste von nicht seegehenden Sportbooten in Seegewässern, z. B. von Jollen, stellen nach gültiger Rechtsauffassung keine Seeunfälle dar, so daß eine seeamtliche Untersuchung nicht stattfindet. Sie wird nur notwendig, wenn z. B. ein →*Schiff* (Seeschiff) daran beteiligt war, falls also z. B. ein Frachter eine →*Jolle* überlaufen hatte. Ob ein Untersuchungsverfahren durch das S. eingeleitet wird, wenn der eingetretene Seeunfall vom →*Eigner* und/oder →*Kapitän,* →*Schiffsführer* bzw. →*Lotsen* nach § 11 SeeUG bei dem zuständigen S. angezeigt wurde, hängt nach § 2 davon ab, ob ein öffentliches Interesse vorliegt. Hierüber entscheidet das S. selbst.

Seeamtsspruch, der *(decision or judgement of a [German] Marine Court)* Die Entscheidung eines →*Seeamtes* nach § 17 →*Seeunfallgesetz* mit dem Ergebnis eines Untersuchungsverfahrens gegen die Beteiligten an einem →*Seeunfall.* Ein S. enthält die Feststellungen über die Ursachen des Seeunfalls und die mögliche Entscheidung über ein fehlerhaftes Verhalten eines Beteiligten sowie gegebenenfalls (bei einem Segler mit einem →*Sportbootführerschein See*) die Entziehung dieser Fahrerlaubnis für Sportboote und die Anordnung eines Fahrverbotes. Ein S. ist schriftlich abzufassen und vom Vorsitzenden des Seeamtes und seinen Beisitzern zu unterzeichnen. Gegen einen S. kann Widerspruch beim →*Bundesoberseeamt* in Hamburg (als zweiter Instanz) eingelegt werden, über den ohne mündliche Verhandlung entschieden wird. Entspricht der Widerspruchsbescheid nicht den Erwartungen des vom Seeamt gemaßregelten Beteiligten, kann er dagegen beim Verwaltungsgericht Hamburg Klage erheben.

Seeamtsverhandlung, die *(Marine Court hearing)* Die Untersuchung eines →*Seeunfalls* vor einem →*Seeamt,* die mit einem →*Seeamtsspruch* abgeschlossen wird. Die entsprechenden Einzelbestimmungen enthält das →*Seeunfalluntersuchungsgesetz.*

Seeanker, der *(sea anchor, drogue)* Auch →*Treibanker* oder →*Lenzsack* bezeichnetes Ausrüstungsteil für die Sicherheit auf →*See.*

Seebeben, das *(submarine [earth-] quake, water quake, sea quake, sea tremor)* Durch unterseeische Vulkanausbrüche erzeugtes Erdbeben, das den Meeresboden erschüttern und auf →*See* →*Flutwellen* beträchtlicher Höhe erzeugen kann, die sich mehrere 1000 Seemeilen weit und mit einer Geschwindigkeit von 700–800 km/h unvorstellbar schnell allseitig ausbreiten. S. werden →*Tsunamis* genannt, weil sie hauptsächlich im Seegebiet des →*Pazifiks* entstehen.

Seebeine (haben) *(to have sea legs)* Die Fähigkeit, bei den →*Bootsbewegungen* auf →*Deck* arbeiten und über Deck gehen zu können; sinngemäß die auf einen Menschen bezogene Qualifikation für →*seetüchtig* und →*seefähig*

See-Berufsgenossenschaft, die (SeeBG) *(Mariners' Association [Ministry of Transport])* Berufsgenossenschaft der Seeleute, 1887 in Hamburg errichtete und bundesunmittelbare Körperschaft des öffentlichen Rechts. Sie ist Träger der Unfall-, Renten- und Krankenversicherung für die Beschäftigten in der deutschen Seeschiffahrt. Ihre Organe sind paritätisch mit Vertretern der Reeder und der Seeleute besetzt. Die SeeBG überwacht die Einhaltung der von ihr erlassenen Unfallverhütungsvorschriften, prüft den technischen Zustand der →*Schiffe* (Kauffahrteischiffe) und deren Ausrüstung in bezug auf die →*SOLAS-Bestimmungen* und stellt Fahrterlaubnisscheine für die deutschen Seeschiffe aus. Die SeeBG führt auch die Tauglichkeitsuntersuchungen für Seeleute durch und stellt das Seedienstzeugnis aus, das zum →*Seefahrtsbuch* gehört.

Seebücher, die *(sailing directory books)* Vom →*BSH* herausgegebene nautische Bücher, die in jeder Ausgabe N. 1 der →*Nachrichten für Seefahrer (N. f. S.)* und im →*Verzeichnis der nautischen Karten und Bücher* zusammengestellt sind. Zu ihnen gehören u. a. →*Seehandbücher,* →*Ozeanhandbücher,* →*Leuchtfeuerverzeichnisse* u. v. a.

seefähig, seegängig, seetüchtig *(1. seaworthy, 2. weatherly)* 1. Die Fähigkeit eines Bootes, die →*See* zu befahren und dort mit →*Wind* und →*Seegang* fertig zu werden. Dazu muß es ausreichend groß, mit ausreichenden →*Längs-* und →*Querverbänden* gebaut, mit der entsprechenden →*Ausrüstung* u. a. versehen sein und von seiner →*Crew* mit guter →*Seemannschaft* geführt werden. Zur Seefähigkeit eines Bootes gehört z. B. eine →*wasserdichte Plicht,* wie sie nur →*Seekreuzer* besitzen, und absolute Sicherheit gegen →*Kentern* bzw. die Fähigkeit des Wiederaufrichtens. Ein mangelhaft gebautes und unzureichend ausgerüstetes Boot ist →*seeuntüchtig,* z. B. (durch die →*Konstruktion* bedingt) eine →*Jolle* oder ein →*Schwertboot.* – 2. Die Fähigkeit eines Bootes, sich unter allen (üblichen) Bedingungen auf See zu halten, einen →*Sturm* abzuwettern und insbesondere sich von einer →*Küste* freizukreuzen, gegen die →*See* anzugehen oder gegebenenfalls nach →*Luv* →*Seeraum* zu gewinnen.

Seefahrt, die *(seafaring, sea navigation, ocean navigation)* Über den kommerziellen Begriff →*Schiffahrt* hinausgehende Bezeichnung der mit dem Befahren der See verbundenen Angelegenheiten, wie es in →*Seefahrtsbuch,* →*Seefahrtsschule,* →*Seefahrtsamt* u. a. zum Ausdruck kommt. – Im juristischen Sinne z. B. bei einem freiwilligen →*Führerschein* für Segler das Gebiet, das außerhalb der →*Küstenfahrt* liegt, wie es der C-Schein des →*DSV* für →*Seefahrt* definiert. Im § 1 des →*Flaggenrechtsgesetzes* wird ein →*Seeschiff* als „zur S. bestimmt" definiert, und in der „Flaggenrechtsverordnung (FlRV) vom 4. 7. 1990" stellen der Bundesminister für Verkehr und der Bundesminister für Justiz die „Grenzen der S." so fest: „S. beginnt danach z. B. →*seewärts* der Festland- und Inselküste bei →*mittlerem Hochwasser;* an der Verbindungslinie der Molenköpfe bei Häfen an der →*Küste* und bei Flußmündungen, die keine →*Binnenwasserstraßen* sind, an der Verbindungslinie beider →*Ufer* (z. B. an der Kugelbake von Cuxhaven für die Elbmündung). Ansonsten ist die Grenze der S. die seewärtige Begrenzung der Binnenwasserstraßen." Im Haftungsrecht gehört auch das Wattenmeer (→*Wattgebiet*) zum Gebiet der S., und wenn bei einer →*Kollision* entsprechend dem Tatort ein Zivilgericht angerufen wird, ist z. B. bei Maasholm (an der Schlei) und in einem Gebiet, das sich *nicht seewärts* der Grenze der S. befindet, das entsprechende Amts- oder Landgericht in Schleswig zuständig, bei einem Zusammenstoß **vor** der Einfahrt nach Schleimünde und somit *seewärts der Grenze der S.* jedoch der Gerichtsstandort des Beklagten.

Seefahrtkreuzer, der *(off-shore-cruiser, seagoing cruiser)* Seit ca. 1930 in mehreren →*nationalen Klassen* in Deutschland benutzte →*Seekreuzer,* die heute →*Altersklassen* sind. Die als →*Konstruktionsklassen* mit den entsprechenden Grenzmaßen gebauten Typen hatten 30, 40, 50, 60, 80, 100, 150 und 250 m² Segelfläche und trugen als Segelzeichen die entsprechenden römischen Ziffern III bis XV und XXV (Abb.)

Seefahrtsbuch, das *(discharge book, Seaman's pass port)* Das Arbeitsbuch des Seemannes, das in der Berufsschiffahrt jede Person der →*Besatzung* (→*Kapitän,* nautischer und technischer →*Schiffsoffizier,* Schiffsbetriebsmeister, Schiffsmechaniker u. a.) besitzt. Es wird vom Seemannsamt ausgestellt, ersetzt den Reisepaß und dient gegenüber der →*See-BG* als Nachweis für die geleistete Seefahrtszeit bei der Rentenversicherung.

Grenzmaße der Seefahrtskreuzer-Klassen:

Klasse	40 m²	50 m²	60 m²	80 m²	100 m²	150 m²
Takelungshöhe höchstens (m)	12,0	13,5	14,5	16,5	18,5	21,5
Wasserlinienlänge (m)	7,4	8,2	8,9	10,1	11,2	13,5
Verdrängung mindestens (t)	4,5	6,0	7,6	11,0	14,5	24,0
Tiefgang höchstens (m)	1,5	1,65	1,78	2,0	2,2	2,6
Freibord mindestens (m)	0,6	0,65	0,7	0,8	0,9	1,05

30-m²- Seefahrtkreuzer

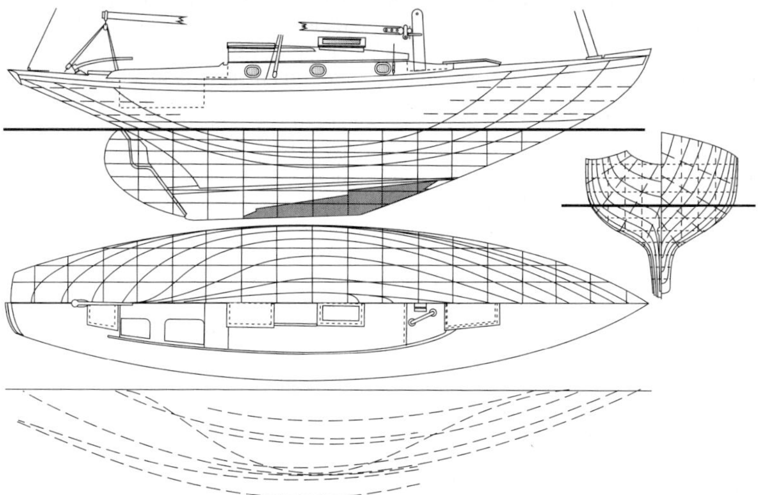

30-m²-Seefahrtkreuzer, konstruiert von Artur Tiller. Lüa 9,75 m; LWL 6,80 m; Büa 2,30 m; BWL 2,12 m; Tiefg. 1,35 m; Freibord 0,66/0,83/1,05 m; Gewicht Rumpf 2,20 t; Bleikiel 1,70 t; Verdr. 3,90 t; Stehhöhe 1,75 m.

Auf →*Yachten* hat nur eine →*bezahlte Hand* oder auf Schul- oder Charteryachten die Stammbesatzung ein S., wenn der Betrieb der Yacht gewerblichen Zwecken dient und die entsprechenden Personen dafür Entgelt erhalten.

Seefahrtschule, die *(navigation school, nautical college)* Fachhochschule zur Ausbildung von nautischen und technischen →*Schiffsoffizieren* u. ä. für die →*Schiffahrt.* Früher einheitlich, heute unterschiedlich und auch anders, z. B. als Hochschule für →*Nautik,* Seefahrtakademie, Fachhochschule →*Seefahrt* o. ä. benannt. An einer S. kann ein Sportsegler den freiwilligen amtlichen →*Sportseeschifferschein* und →*Sporthochseeschifferschein* erwerben.

Seefallreep, das *(sea ladder, rope ladder)* Eine Tau- oder →*Jakobsleiter,* d. h. aus je einem seitlichen →*Reep* und hölzernen Stufen bestehender, vertikal neben der Bordwand hängender Aufgang, wenn in hartem Wetter die Benutzung eines üblichen →*Fallreeps* nicht möglich ist.

seefest *(1. sea legs. – 2. seaworthy)* 1. Auf Personen bezogen →*Seebeine* haben, nicht unter →*Seekrankheit* leiden. – 2. Auf Yachten bezogen →*seefähig,* →*seetüchtig.*

Seefunk, der (Seefunkverkehr, Seefunkdienst) *(maritime radio)* Der Funkverkehr zwischen einer →*Seefunkstelle* (an Bord eines Seeschiffes) und einer →*Küstenfunkstelle* (z. B. Norddeich Radio) oder zwischen 2 Seefunkstellen. Der S. wird im →*Kurzwellen-,* →*Mittelwellen-,* →*Grenzwellen-* und →*UKW-Bereich* abgewickelt und dient der Übermittlung von Not-, Einlauf- und Auslauf-Meldungen, für die Übermittlung von Anweisungen von Behörden, Reedereien u. a., zur →*Funknavigation,* zum →*Sprechfunk* und für die Abwicklung von privatem Telegrafie- und Telefonie-Verkehr. Auch →*Wetterkarten* und Bordzeitungen werden in der Schiffahrt durch S. übermittelt. Der Seefunkverkehr wird in den Betriebsarten →*Duplex,* →*Semi-Duplex* und →*Simplex* abgewickelt.

Seefunkanschluß, der Von der Deutschen Telekom eingerichteter Telefonanschluß einer →*Seefunkstelle* für die Teilnahme am „öffentlichen" →*Seefunkdienst.* Schiffe mit S. erhalten eine Abrechnungskennung (z. B. DP01) sowie die internationale Kennzeichnung „CP". Mit einem S. können Verbindungen im öffentlichen Verkehr über Küstenfunkstellen in aller Welt hergestellt werden.

Seefunkdienst (Organisation) 1. Genehmigungen zum Betreiben von →*Seefunkstellen* erteilt die Außenstelle Hamburg des Bundesamtes für Post- und Telekommunikation, Abk. →*BAPT.* Sie ist auch für das Ausstellen von Seefunkzeugnissen zuständig. – 2. Für genehmigte →*Seefunkstellen* kann zur Teilnahme am →*(öffentlichen) S.* per Auftrag durch die Deutsche Telekom, Niederlassung 3 in 21071 Hamburg, ein →*Seefunkanschluß* eingerichtet und betreut werden. – 3. Genehmigte Seefunkstellen (ohne →*Seefunkanschluß)* können gegen eine geringe Monatsgebühr, die an die Bundeskasse zu zahlen ist, uneingeschränkt am →*(nichtöffentlichen) S.* teilnehmen.

Seefunkdienst, nichtöffentlicher *(maritime ship-to-ship, shore-to-ship and distress radio service)* Hierzu zählen: 1. Der über →*Seefunkstellen* abgewickelte Not-, Dringlichkeits- und Sicherheitsverkehr (der mit →*PAN PAN,* →*SÉCURITÉ* bzw. →*MAYDAY* eingeleitet wird). – 2. Der Verkehr der Seefunkstellen untereinander (Schiff – Schiff). – 3. Die Verbindung der Seefunkstellen mit →*Küstenfunkstellen* des Revier- und Hafendienstes (z. B. Port Radio). – 4. Der Empfang von Telefongesprächen und Telegrammen, die von Teilnehmern an Land bezahlt und über Küstenfunkstellen des →*(öffentlichen) Seefunkdienstes* vermittelt werden. – 5. Nicht zugelassen sind lediglich Funkverbindungen von See nach Land über KüFuSt des →*(öffentlichen) Seefunkdienstes.*

Seefunkdienst, öffentlicher Er kann nur erfolgen, wenn eine →*Seefunkstelle* auch über einen →*Seefunkanschluß* (der Deutschen Telekom) verfügt. Mit ihm können überallhin (kostenpflichtige) Telefongespräche zu Teilnehmern an Land hergestellt werden. Auch kann man uneingeschränkt am →*(nichtöffentlichen) Seefunkdienst* teilnehmen.

Seefunkfeuer, das *(maritime radio beacon)* Siehe →*Funkfeuer.*

Seefunkstelle, die *(ship station)* Bewegliche Funkstelle des →*Seefunkdienstes* an Bord eines nicht dauernd vor →*Anker* liegenden →*Fahrzeuges* in der →*Seefahrt* und →*Küstenfahrt* im Gegensatz zur →*Küstenfunkstelle.*

Seefunkstellenrufnummer im Digitalen Selektivruf-System Siehe →*Maritime Mobile Service Identity*, Abk. →*MMSI.*

Seefunkzeugnisse für den Sprechfunkdienst Das →*Bundesamt für Post und Telekommunikati-*

Seefunk-Buchstabiertafel *(maritime phonetic alphabet)*

Buchstaben

A	=	Alfa	(Alfah)
B	=	Bravo	(Brawo)
C	=	Charlie	(Tschahli)
D	=	Delta	(Deltah)
E	=	Echo	(Ecko)
F	=	Foxtrot	(Foxtrott)
G	=	Golf	(Golf)
H	=	Hotel	(Hotell)
I	=	India	(Indiah)
J	=	Juliett	(Juhliett)
K	=	Kilo	(Kilo)
L	=	Lima	(Limah)
M	=	Mike	(Meik)
N	=	November	(Nowemmber)
O	=	Oscar	(Osskar)
P	=	Papa	(Papah)
Q	=	Quebec	(Kibeck)
R	=	Romeo	(Romio)
S	=	Sierra	(Ssierrah)
T	=	Tango	(Tango)
U	=	Uniform	(Juniform)
V	=	Victor	(Wicktar)
W	=	Whiskey	(Wisski)
X	=	X-ray	(Exreh)
Y	=	Yankee	(Jengki)
Z	=	Zulou	(Suhluh)

Ziffern und Zeichen

0	=	Nadazero	(Nahdahsehro)
1	=	Unaone	(Uhnahwann)
2	=	Bissotwo	(Bissotuh)
3	=	Terrathree	(Terratrih)
4	=	Kartefour	(Kartefauer)
5	=	Pantafive	(Panntafaif)
6	=	Soxisix	(Ssockssissix)
7	=	Setteseven	(Settehssäwn)
8	=	Oktoeight	(Ocktoäit)
9	=	Novenine	(Nowehnainer)
Komma	=	Decimal	(Dehssimal)
Punkt	=	Stop	(Sstopp)

on (→*BAPT*) stellt gemäß der Verordnung über Seefunkzeugnisse vom 17. 6. 1992 für Funkanlagen auf →*Yachten* folgende S. f. d. S. aus: Ein →*Allgemeines Sprechfunkzeugnis* für den Seefunkdienst und ein →*Beschränkt Gültiges Sprechfunkzeugnis* für Ultrakurzwellen. Das →*Allgemeine Betriebszeugnis* für Funker schließt neben der Berechtigung zum Bedienen aller Sprech-Seefunkstellen auch den Gebrauch aller Funkeinrichtungen des →*GMDSS* ein. Die →*Beschränkt gültigen Betriebszeugnisse* für Funker I und II begrenzen die Betriebserlaubnis auf Sprech-Seefunkstellen für →*UKW,* schließen jedoch die Bedienung von GMDSS-Einrichtungen ein. Der Seefunkdienst mit Sprech-Seefunkstellen darf nur mit einem dieser Betriebszeugnisse ausgeübt werden.

Seegang, der *(sea, state of sea, seaway)* Die Wellenbewegungen der See, die entweder durch die →*Windsee* oder durch →*Dünung,* meistens durch beide gleichzeitig hervorgerufen und durch den →*Strom* beeinflußt wird. Ihre gleiche oder entgegengesetzte Richtung wirkt sich nur auf die S.-Höhe aus. Überlagern sie sich aus unterschiedlichen Richtungen, entsteht eine →*Kreuzsee,* in Küstennähe eine →*Kabbelsee.* Beim Übergang in flaches Wasser wird der S. zur →*Brandung.* Die Höhe des S. wird nach der →*Seegang-Skala* geschätzt, auch →*Petersen-Skala* genannt, während für die →*Dünung* die →*Douglas-Skala* gilt.

Seegangsskala, die *(sea scale)* Beschreibung der Wellenbewegung der See entsprechend der Höhe des →*Seegangs* in 10 „Stärken" von 0 bis 9, ähnlich wie die →*Windstärke* nach der →*Beaufort-Skala* bewertet wird. Beachte: Dabei muß die Seegangsstärke nicht identisch mit der (in direkte Beziehung zur →*Windstärke* gesetzten) →*Windsee* sein, weil →*Dünung* und →*Strom* für einen verhältnismäßig viel größeren oder kleineren Seegang sorgen können. Siehe Tabelle „Wind und See" im Anhang.

Seegangsenttrübung, die *(wave clutter, sea clutter)* Bei der Arbeit mit →*Radar* die Reflektierung der →*Radarwellen* durch den →*Seegang.* Es entstehen flockige Echos, die die echten Echos überlagern und somit unkenntlich machen können, so daß eine sichere →*Radarnavigation* beeinträchtigt wird. Alle →*Radaranlagen* besitzen daher einen Schalter zur S., damit solche →*Seegangsreflexe* unterdrückt werden.

Seegangskarte, die Eine der →*Wetterkarte* ähnelnde, aus →*Wettermeldungen* und nach dem →*Wetterschlüssel* gezeichnete Karte, die Linien gleicher →*Wellenhöhe* (in m oder Fuß), Pfeile für die Laufrichtung des →*Seegangs,* Angaben über die →*Wellenperiode* (in Sekunden) und den Verlauf der →*Fronten* zur Orientierung über die Abhängigkeit vom Wind enthält. Für den Segler, der nicht am →*Wetterfunk* beteiligt ist, hat die S. keine aktuelle, aber in der Planung einer Langfahrt eine wichtige →*navigatorische* Bedeutung. Dabei hilft ihm vor allem die S. in den →*Monatskarten* mit ihren wichtigen mittleren Werten für noch unbekannte Seegebiete.

Seegangsreflex, der *(sea clutter)* Durch den →*Seegang* erzeugte, für die →*Navigation* unerwünschte Echos auf dem →*Radarschirm* eines

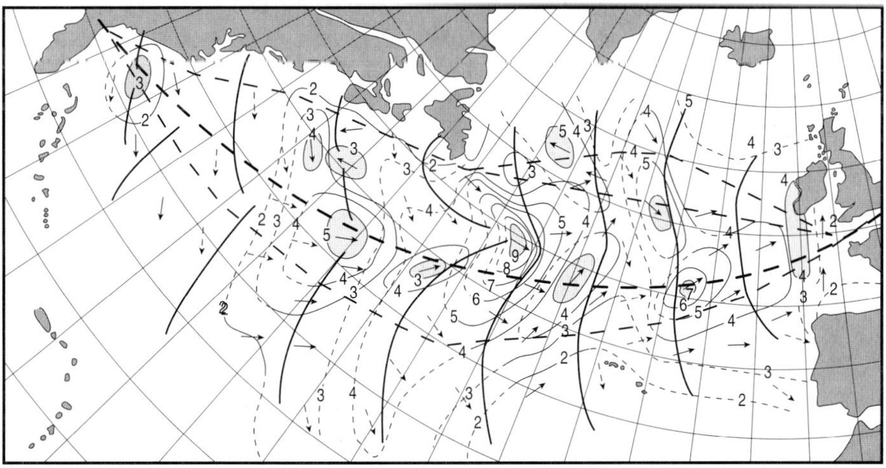

→*Schiffes,* die sich in schwerem Wetter kaum vom Echo eines Kleinfahrzeuges unterscheiden. Wegen dieser Gefahr ist die Benutzung eines →*Radarreflektors* bei Seeregatten und beim Fahrtensegeln unerläßlich.

Seegatt, das *(gut; fairway)* Ein →*Gatt* nach →*See,* d. h. eine Durchfahrt oder ein schiffbarer Durchlaß, z. B. an der deutschen Nordseeküste. Ein S. ist auch das Kattegat.

Seegebiet A 1, A 2, A 3, A 4 Siehe →*A 1,* →*A 2,* →*A 3,* →*A 4.*

Seehahn, der *(sea cock)* Wie ein Wasserhahn arbeitender, unmittelbar an der →*Außenhaut* liegender Verschluß für eine Zu- oder Abwasserleitung. Der S. ist ein Schieber, der hauptsächlich

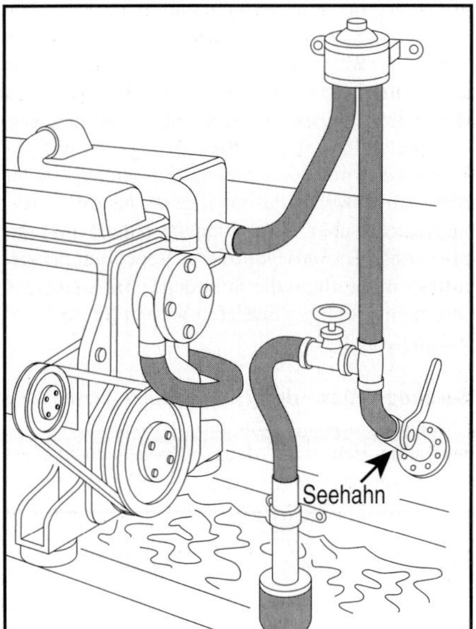

als Kugelhahn gebaut ist und nur die Hebelstellungen „offen" oder „geschlossen" hat. Armaturen aus Marelon-Kunststoff haben gegenüber einem aus Messing oder Bronze gefertigten S. den Vorzug, daß sie absolut beständig gegen →*Elektrolyse* (elektrolytische →*Korrosion*) sind, die insbesondere beim Einbau in einen →*Rumpf* aus →*Stahl* oder →*Aluminium* zu bedenken ist.

Seehandbuch, das *(pilot [book], sailing directory book)* Vom →*BSH* herausgegebenes Seebuch, das alle notwendigen Angaben für die Küstennavigation enthält und – sinngemäß wie die „Führer für Sportschiffer" – beim Befahren oder Ansteuern von Küstengewässern und Häfen hilft. Jedes S. ist ein auf ein bestimmtes großräumiges Revier beschränkter Teilband eines mehrbändigen Nachschlagewerkes. Das S. gliedert sich in die Teile A: Schiffahrtsangelegenheiten; B: Naturverhältnisse und C: Küstenkunde und Segelanweisungen. Jedes S. wird durch Nachträge berichtigt und bei Bedarf neu aufgelegt. Ein S. enthält nützliche ergänzende Angaben zur →*Seekarte.*

Seekarte, die *([sea] chart, nautical chart, bathymetric chart)* Kartographische Darstellung eines begrenzten See- oder Küstengebietes nach der winkeltreuen und flächenähnlichen →*Mercator-Projektion,* in der die →*Loxodrome* und damit die →*Kurslinie* als Gerade erscheint und alle →*Peilungen* als gerade Linien eingetragen werden können. Jeder S. liegt eine bestimmte →*Breite* zugrunde, die in vielen Fällen die →*Mittelbreite* ist. Nördlich und südlich dieser Bezugsbreite weicht das Maßstabsverhältnis geringfügig von dem angegebenen ab; Distanzen muß man daher am linken oder rechten Kartenrand etwa auf der gleichen Breite messen. Vor Benutzung einer S. muß man das →*Kartendatum* und das dort verzeichnete →*Bezugssystem* prüfen, um ggf. die Abweichungen festzustellen, die beim Eintragen von Standorten nach →*GPS* in die S. zu beachten sind. Eine S. enthält alle wichtigen Angaben für die

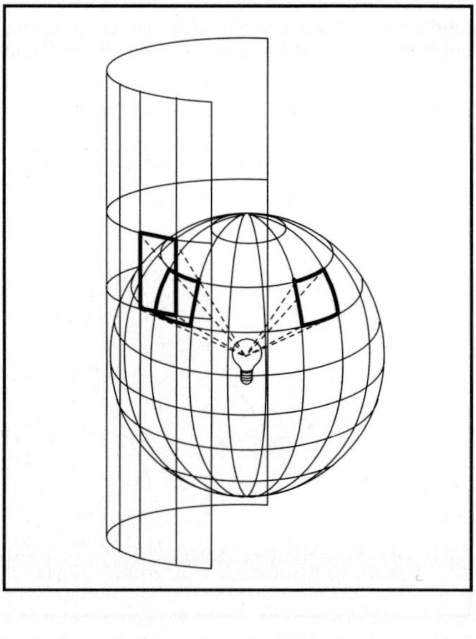

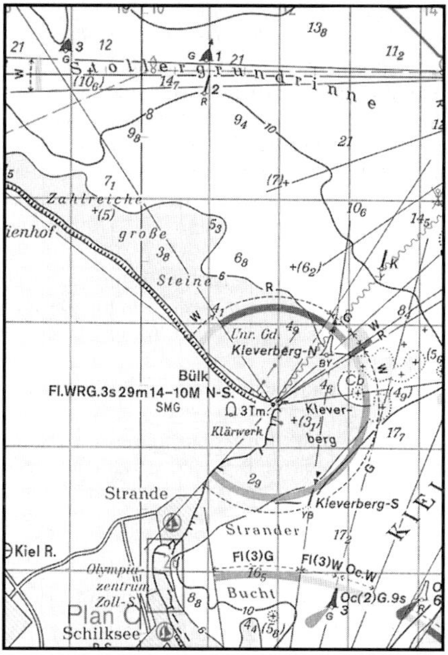

→*Navigation,* z. B. über →*Wassertiefen* und Tiefenlinien, Angaben über →*Grundbeschaffenheit,* →*Untiefen,* →*Klippen,* →*Riffe,* →*Wracks* und Unterwasseranlagen, Strömungen, Sperrgebiete, den Küstenverlauf mit →*Landmarken,* Ansteuerungslinien, →*Fahrwassern* sowie →*Seezeichen,* →*Leuchtfeuer,* →*Funkfeuer* und →*Küstenfunkstellen.* In die S. werden →*Kurse,* →*Peilungen,* →*Lotungen* und andere Messungen eingetragen und der gemessene oder →*gekoppelte* Weg eingezeichnet. Nach ihrem Zweck und Inhalt und dem dadurch bedingten Maßstab unterscheidet man →*Ozeankarten,* →*Übersichtskarten,* →*Segelkarten,* →*Küstenkarten,* →*Pläne,* →*Großkreiskarten,* →*Sportschiffahrtskarten,* →*Leerkarten,* →*Übungskarten* und andere. Die →*Monatskarten* gehören zu den →*Seebüchern.* Die S. wird vom →*BSH* herausgegeben; sie ist im →*Verzeichnis der Nautischen Karten und Bücher* nach Nummern und Seegebieten geordnet. Die Abkürzungen enthält die →*Karte 1* (INT 1). Das Datum der letzten Berichtigung ist am unteren Kartenrand links, das Datum der ersten und letzten Ausgabe am unteren Kartenrand rechts eingetragen. Die Berichtigung wird durch deutlichen farbigen Stempelaufdruck vermerkt (Abkürzungen der S. im Anhang). Im Einsatz ist jetzt auch ein →*elektronisches Seekartensystem* (ECDIS).

Seekartenberichtigung, die *([sea] chart correction)* Jede →*Seekarte* enthält am unteren Rand das Datum der Herausgabe durch das →*BSH.* In der Zeit der Benutzung eingetretene Änderungen werden durch die →*Nachrichten für Seefahrer* bekanntgegeben und müssen selbst ausgeführt oder einem →*Seekarten-Berichtigungsinstitut* übertragen werden. Man kaufe nur →*Seekarten,* die bis nahe zu dem Verkaufsdatum berichtigt sind.

Seekarten-Berichtigungsinstitut, das Eine vom →*BSH* autorisierte, in jedem größeren Hafen ansässige Firma, die den Vertrieb von →*Seekarten* und die →*Seekartenberichtigung* vornimmt.

Seekartenbezugssystem, das Siehe →*Bezugssystem.*

Seekartennull (SKN), das *([sea] chart datum)* Sinngemäß wie →*Kartennull* die Nullebene, auf die die Tiefenangaben einer →*Seekarte* bezogen

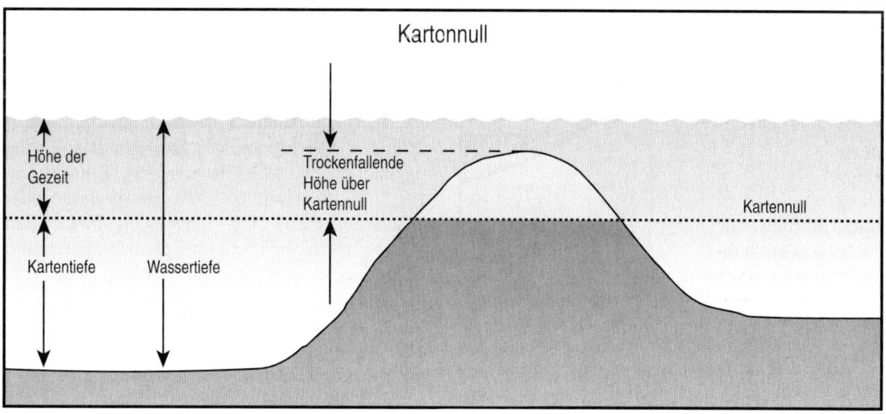

sind. Das Seekartennull ist in Deutschland örtlich verschieden und ist z. B. an Jade und Ems gleich dem örtlichen →*mittleren Springniedrigwasser,* für Elbe und Weser aber gesondert festgesetzt. Auch hat jedes Küstenland ein anderes S. für die von ihm herausgegebenen →*Seekarten* festgelegt: Belgien und die Niederlande z. B. das „örtliche mittlere niedrigere Springniedrigwasser", Norwegen, Frankreich, Spanien und Portugal das „örtlich niedrigstmögliche Niedrigwasser" und Schweden den „mittleren Wasserstand". Man kann davon ausgehen, daß die auf einer Seekarte angegebenen Wassertiefen auch bei einem besonders niedrigen Niedrigwasser immer noch verbleiben.

Seekiste, die *(sea locker, sea chest, locker seat)* Der früher übliche Koffer eines Seemannes, der sein persönliches Eigentum, seine Kleidung und Ausrüstung enthielt. Die S. diente im einfachen →*Logis* eines →*Rahseglers* auch als Sitzbank. An die Stelle der traditionellen S. trat später der →*Seesack.*

seeklar (machen) *([to get] ready for sea, [to prepare for sea])* Ein Boot zum →*Auslaufen* nach →*See* fertig machen, z. B. Teile der →*Ausrüstung* in der →*Kajüte* →*seefest* →*zurren,* an →*Deck* durch →*Laschings* gegen →*Seeschlag* sichern, alle →*Segel* →*anschlagen,* →*Seestiefel* und →*Ölzeug* anziehen, →*Seekarten* bereit legen u. v. a. m. Nur wenn ein Boot s. ist, darf es →*auslaufen.*

Seekoje, die *(pilot, berth)* Eine →*Koje* mit →*Leebord,* auch →*Lotsenkoje* genannt, die auf der →*Luvseite* eines →*krängenden* oder →*schlingernden Bootes* benutzt werden kann und in der Schläfer gegen Herunterrutschen unter allen Bedingungen sicher geschützt sind.

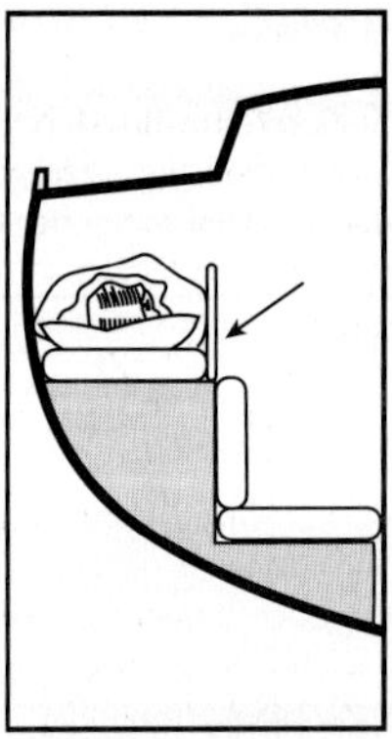

Seekrankheit, die *(sea sickness)* Durch die →*Bootsbewegungen* im →*Seegang* hervorgerufene Störungen der Gleichgewichtsorgane im menschlichen Körper. Die S. äußert sich durch Brechreiz, Schwindelgefühl, Übelkeit, Schweißausbrüche, Apathie u. a. und wird durch schlechte Luft, Tatenlosigkeit und Angstgefühl bis zum Erbrechen verstärkt. Die Anfälligkeit gegen S. vermindert sich mit längerer Fahrtzeit auf →*See.* Der Mensch ist unterschiedlich anfällig gegenüber der S., doch sind Medikamente erhältlich, die dem Brechreiz entgegenwirken, die Reizung des Gleichgewichtsorgans im Gehirn vermindern und damit jede Person der →*Crew* →*seefähig* machen können. Der beste Platz zur Verhinderung der S. ist dort, wo sich die Achsen der →*Bootsbewegungen* →*Rollen,* →*Stampfen* und →*Schlingern* kreuzen, bei einem →*Seekreuzer* mit →*Mittelplicht* zum Beispiel im Bereich des →*Brückendecks* und am →*Niedergang* zur Kajüte, ansonsten im Innenraum an der Stelle der größten →*Breite.*

Seekreuzer, der *(ocean cruising yacht, seagoing cruiser)* Allgemeine Bezeichnung für eine →*see-*

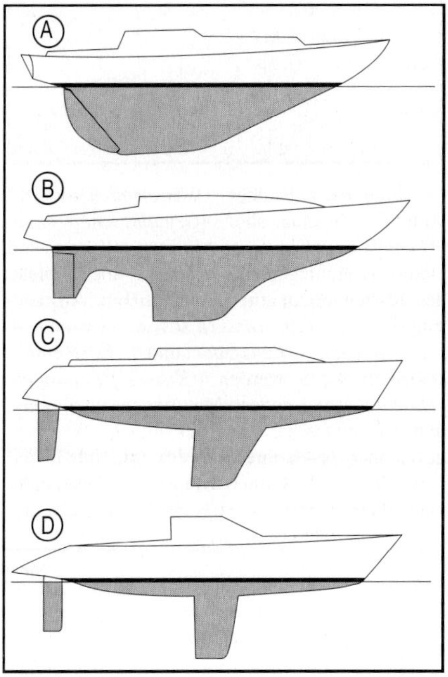

fähige →*Kreuzeryacht* zur Unterscheidung gegenüber einem →*Küstenkreuzer,* Binnenkreuzer, →*Jollenkreuzer,* →*Fahrtenkreuzer* oder →*Schärenkreuzer* mit begrenzten bzw. einer →*Langfahrtenyacht* mit unbegrenzten Fahrbereichen. Die Abb. zeigt die Entwicklung der S. vom →*Langkieler* (A, 1963, →*Längen-Verdrängungs-Verhältnis 15)* zum gemäßigten →*Kurzkieler* (B, 1972), normalem Kurzkieler (C, 1978) zum extremen Kurzkieler (D, 1981, →*Längen-Verdrängungs-Verhältnis 5).*

Seekreuzer mit Hilfsmotor, der *(auxiliary)* Im Gegensatz zu einer Segelyacht ohne Motor oder nur mit →*Außenbordmotor* ein →*Seekreuzer* mit fest eingebautem Benzin- oder Dieselmotor, der dadurch zwar schwerer und unter Segeln langsamer, aber durch eine zweite Antriebseinrichtung auch sicherer und von Windenergie unabhängiger fahren kann. Der Übergang zum →*Fifty-Fifty* wird durch das Verhältnis Segelfläche : Motorleistung bestimmt.

Seele, die *([fibre] core of a cable)* Vierschäftiges →*Fasertauwerk* und →*Drahttauwerk* wird um eine →*Litze* oder ein dünnes →*Kardeel* geschlagen, das als S. in der Mitte bleibt. Bei →*Fasertauwerk* besteht die S. aus dem gleichen Material wie das →*Ende.* Bei →*Drahttauwerk* benutzt man eine →*Hanfseele,* bei →*Herkules-Tauwerk* ist eine Stahlseele von Kardeelen aus Fasertauwerk umgeben.

Seemann, der *(seaman, sailor, mariner)* Sammelbegriff für die Berufsgruppe, die auf →*See* und in der →*Schiffahrt* arbeitet. Im engeren Sinne wird ein „einfacher S." im Decksdienst eingesetzt. Die früheren, schon auf einem →*Segelschiff* geltenden Berufsbezeichnungen wie →*Leichtmatrose,* →*Vollmatrose* oder →*Bootsmann* wurden ab ca. 1985 durch die Qualifikationen als Schiffsmechaniker, Schiffsbetriebsmeister u. a. ersetzt. Auch ein →*Kapitän* oder ein nautischer oder technischer →*Schiffsoffizier* ist als S. tätig. Die Bezeichnung →*seemännisch* gilt auch als Anerkennung für richtiges Verhalten als guter S.

Seemannsamt, das *(shipping office)* Verwaltungsbehörde, die für alle Angelegenheiten der Seeleute auf Schiffen unter deutscher Flagge zuständig ist. Ein S. wird in Deutschland durch die Landesregierungen eingerichtet; hier gibt es insgesamt 36 Seemannsämter. Im Ausland werden die Aufgaben eines S. von den deutschen konsularischen und diplomatischen Vertretungen wahrgenommen. Ein S. ist für die Musterung und Ausstellung eines →*Seefahrtsbuches,* für die Einhaltung der →*Schiffsbesetzungs-* und Ausbildungsordnung und der Richtlinien der →*SeeBG* sowie für andere Aufgaben verantwortlich.

seemännisch *(seamanlike, seamanly, nautical)* Wörtl. den →*Seemann* betreffend und zu ihm gehörig, z. B. in „seemännische Arbeiten", „seemännischer Wortschatz", →*seemännische Praxis,* →*seemännische Vorsicht* u. a. Allein gebraucht wird s. im positiven Sinne benutzt, im Gegensatz zu „nicht seemännisch" oder „unseemännisch".

seemännische Praxis, die *(seaman's [well established] practice)* Ein Begriff der →*KVR,* in deren wichtiger Eingangsregel (§ 2) von einem verantwortlichen →*Schiffsführer* alle Maßnahmen gefordert werden, die s. P. erfordern. Auf die s. P. bzw. ihre Verletzung kann sich ein →*Seeamtsspruch* und das Urteil im Prozeß mit einer →*Versicherung* beziehen. Gegen s. P. verstößt z. B., wer eine noch nicht gesunkene →*Yacht* aufgibt und zu früh in die →*Rettungsinsel* geht; wer beim →*Ablegen* Schaden anrichtet, weil noch nicht alle →*Festmacher* gelöst waren; wer durch fehlenden →*Ausguck* eine →*Kollisionsgefahr* nicht erkannt hat; wer bei Kollisionsgefahr nicht rechtzeitig ein →*Manöver des letzten Augenblicks* einleitet; wer die →*Kennung* eines →*Leuchtfeuers* falsch interpretiert oder wer vor dem →*Auslaufen* nicht die →*Seetüchtigkeit* seiner Yacht überprüfte.

Seemannsbrauch, der *(seaman's custom)* Ein Begriff, der in den wichtigen Grundregeln für das Verhalten im Verkehr, nämlich im § 3 der →*SeeSchStrO* und im § 3 der →*Verordnung zu den Internationalen Regeln von 1972 zur Verhütung von Zusammenstößen auf See* vorkommt und der in Entscheidungen eines →*Seeamtes* oder in Urteilen über Leistungen einer →*Seeversicherung* genannt wird. Zum S. gehört z. B., „die Vorsichtsmaßregeln zu beachten, die gute →*Seemannschaft* erfordert"; „mehr zu tun", als in den Regeln der →*KVR* vorgeschrieben ist; „bei der →*Navigation* alle auf dem Schiff zugänglichen Informationsquellen auszuwerten" oder ganz allgemein die nach Regel 2 der →*KVR* von jedem →*Seemann* geforderte „bewährte →*seemännische Praxis*" zu beherzigen. Ein Verstoß gegen S. kann auch als →*Ordnungswidrigkeit* erkannt und mit einer Geldbuße geahndet werden.

Seemannschaft, die *(seamanship)* Das mit theoretischer Ausbildung und praktischer Erfahrung gesammelte Berufswissen eines →*Seemannes* von der →*seemännischen* Handarbeit bis zur Fähigkeit der →*Schiffsführung* mit allen Kenntnissen und Fertigkeiten für den Umgang mit →*Booten* und →*Schiffen* auf See und im →*Hafen.* Für den →*Segler* ist die S. neben dem seglerischen Wissen und Können die Erfahrung, die es ihm ermöglicht, mit jeder Lage auf See fertig zu werden. Im engeren Sinne gehören zum Fachbereich der S. der Gebrauch von →*Tauwerk* und das Bedienen der →*Segel* mit der entsprechenden →*Decksausrüstung,* Manöver zum →*Anlegen* und →*Ablegen,* auch unter →*Motor,* Manövrieren im →*Fahrwasser,* beim Einlaufen und Auslaufen, der Gebrauch von →*Ruder* und →*Riemen,* richtiges →*Ankern* und →*Schleppen,* das Verhalten in →*Wind* und →*Seegang* bei jedem →*Wetter,* das →*Abbringen* nach dem →*Festkommen,* Eigenhilfe bei →*Havarien* und →*Maßnahmen* im →*Seenotfall.* Neben der S. andere gleichberechtigte Disziplinen der →*Nautik,* die als Ausbildungsfächer gelehrt und geprüft werden, sind →*Navigation* und →*Wetterkunde,* →*Schiffahrtsrecht* und →*Seefunk,* →*Wettsegeln* (auf →*Sportbooten)* und Ladungskunde (in der Berufsschiffahrt).

Seemannsgarn (erzählen), das *([to tell] yarn)* Sinngemäß wie „Jägerlatein" unglaubliche eigene Erlebnisse oder Geschichten vom Segeln oder von der →*Seefahrt* erzählen.

Seemeile, die *(sea mile, nautical mile)* Nautisches Längenmaß, das durch die Größe der Bogenminute auf einem Großkreis der Erdkugel = $\frac{1}{360 \times 60}$ des Erdumfanges gegeben ist. Dabei ergeben sich geringfügige Unterschiede zwischen $\frac{1}{60}$ Äquatorialgrad = 1852,010 m und $\frac{1}{60}$ durchschnittlicher →*Meridiangrad* = 1855,1 m oder als mittlere →*Meridianminute* = 1851,2 m. Durch eine Vereinbarung des Intern. Hydr. Bureau Monaco wird als „International Nautical Mile" (Internationale S.) ein Wert von 1852 m angenommen. Nur die Britische „Imperial Nautical Mile" beträgt 1853, 18 m. Aus der S. ergibt sich als Geschwindigkeit sm/h (Seemeilen pro Stunde) oder →*Knoten.* 1 sm/h = 0,5145 m/s. Die S. darf nicht mit der (britischen Land-) →*Meile* und der davon abgeleiteten Geschwindigkeit →*Meilen pro Stunde* (mph) verwechselt werden.

Seenebel, der *(sea fog)* Im Gegensatz zum →*Seerauch* die Bildung von →*Nebel,* wenn Warmluftmassen über eine kältere Wasseroberfläche strömen und es hierbei in den unteren Luftschichten zu Kondensation kommt. Der S. kann in Küstennähe auftreten, wenn Warmluft vom Land auf die kalte →*See* strömt, insbesondere im Frühjahr. S. kann bei besonderen Wetterlagen im Sommer auch auf der →*freien See* vorkommen. Der S. ist typisch im Nordatlantik westlich von Irland und auf den Neufundlandbänken, wenn über das Azorenhoch Warmluft aus den →*Roßbreiten* über die Kaltwasser des Labradorstromes strömt. Dieser Warmluftnebel kann bei sehr starker →*Kondensation* zu nässendem →*Nebel* und zu →*Nieselregen* werden.

Seenot, die *(distress [at sea])* Der Zustand eines →*Notfalls* bei einem Boot, das →*manövrierunfähig* ist, ein →*Leck* oder Feuer an Bord hat, gestrandet ist oder aus anderen Gründen in eine Gefahr geriet, aus der es sich nicht mehr aus eigener Kraft befreien kann. Im Falle der S. werden →*Notsignale* gegeben, entweder optisch, mit →*Seenotfeuerwerk,* über eine →*Seenotfunkboje* u. a. Kommt einem →*Schiffer* ein Fall von S. zur Kenntnis, hat er dem davon betroffenen Boot unverzüglich Hilfe zu leisten bzw. andere Boote oder Schiffe zu benachrichtigen. Eine im Falle der S. getroffene Vereinbarung zur Hilfeleistung, z. B. über einen →*Bergelohn,* kann gemäß HGB §§ 740 und 747 von einem Gericht auf Antrag für ungültig erklärt und abgeändert werden, wenn die unter den Bedingungen der Gefahr getroffenen (finanziellen) Vereinbarungen unbillig sind.

Seenotauftriebsgurt, der *(distress air bag)* Aus kräftigem Gummistoff gearbeiteter Schlauchkörper, der auf halber Länge mit kleinen Ballastgewichten und an den Endpunkten mit →*Kauschen* und →*Leinen* versehen ist und im Fall von →*Seenot* bzw. bei einem →*Leck* des Bootes von →*vorn* oder →*achtern* unter den Bootsboden gezogen, sicher festgezurrt und mit Luftflasche oder Blasebalg aufgepumpt werden kann, damit das Boot seine →*Schwimmfähigkeit* behält.

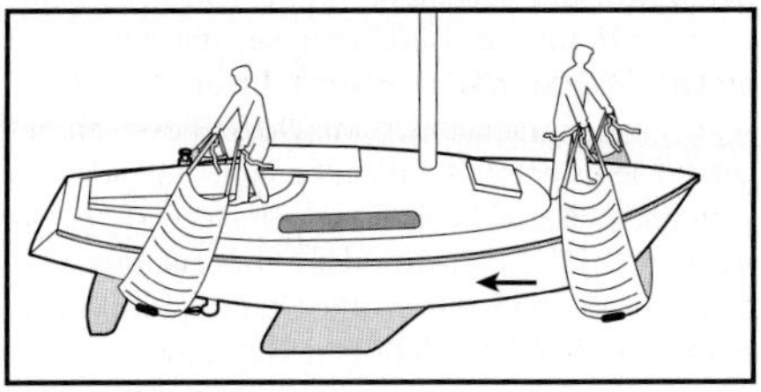

Seenotballon, der *(distress balloon)* Ein persönliches Ausrüstungsteil bei →*Mann über Bord* oder im Falle der →*Seenot:* Wenn man eine faustgroße Dose, die am Gürtel befestigt ist, mit einem Zug-

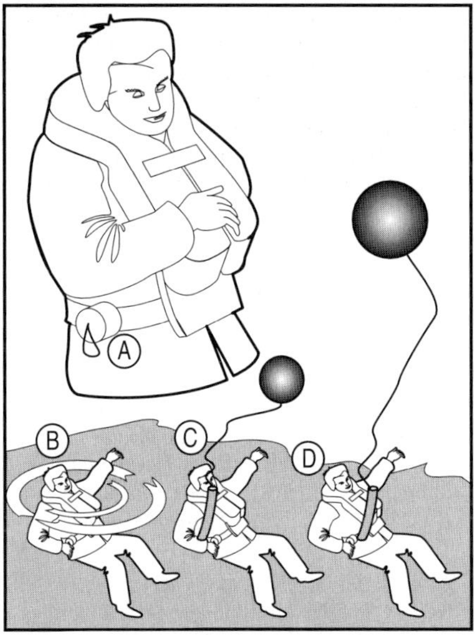

ring öffnet, wird die Hülle eines (kleinen) Fesselballons in Signalrot freigegeben, der durch Auflösung eines chemischen Präparates aufgeblasen wird und an einer Leine ca. 30 m hoch steigen kann, damit der Schwimmer auch über dem →*Horizont* erkennbar ist. Wird die Hülle des S. aus einer Metallfolie gefertigt, wirkt sie zusätzlich wie ein →*Radarreflektor,* so daß der S. bei einem →*Rettungsmanöver* auch mit →*Radar* gesucht und geortet werden kann.

Seenotfeuerwerk, das *(distress fireworks, distress flares)* Sammelbegriff für alle pyrotechnischen Feuerwerkskörper, die nur im Falle der →*Seenot* gebraucht werden dürfen, den internationalen Vorschriften entsprechen und nach begrenzter Lagerzeit ausgetauscht werden müssen. Für Sportboote auch als Satz in Plastiktaschen lieferbar, z. B. mit →*Fallschirmrakete,* →*Handrotfeuer,* →*Rauchsignal* und gegebenenfalls mit (waffenscheinpflichtiger) →*Sternsignal-Pistole.* Die Abb. zeigen, wie eine Seenot-Signalpistole geladen und abgefeuert wird.

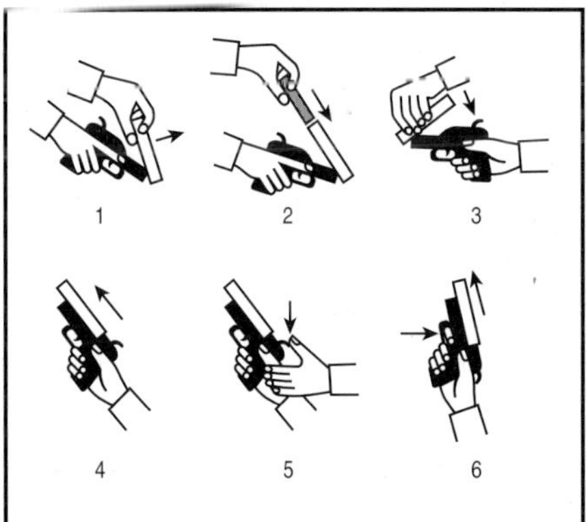

Signalpistole

Seenotfrequenz, die *(distress frequency)* Siehe →*Notfrequenz,* →*Seenotfunkboje* und →*COSPAS-SARSAT-Seenot-Satelliten-System.*

Seenotfunkbake, die Offiz. Kurzbezeichnung einer →*Funkbake* zur Kennzeichnung der →*Position* eines Falles von →*Seenot.* Dasselbe wie →*Seenotfunkboje.* Im →*Seefunkdienst* über Satelliten arbeiten →*Satelliten-Seenotfunkbaken* zur Kennzeichnung einer Notposition in Richtung Erde – Weltraum auf der →*Frequenz 406 MHz,* wenn die auf Polarbahnen umlaufenden Satelliten des →*COSPAS-SARSAT-Systems* erreicht werden sollen, und im Frequenzbereich 1645,5–1656,5 MHz zu den geostationären Satelliten von →*INMARSAT.*

Seenotfunkboje, die *(survival beacon, emergency position-indicating radio beacon)* Einfacher →*Seenotsender,* der im Falle der →*Seenot* schwimmend betriebsklar wird und →*Seenotsignale* zur →*Funkpeilung* und Zielansteuerung (→*Zielfahrt)* gibt. Einfache Geräte senden hierzu auf einer einzigen →*Frequenz.* Aufwendigere können auf mehrere →*Seenotfrequenzen* umschalten, und die teuersten Geräte können sowohl senden als auch empfangen. Eine S. ist meistens mit einer Teleskop-Antenne ausgerüstet. Sie kann auch einen Zweiton-Alarm auf 2182 kHz ausstrahlen. – Reichweite von Bord einer →*Rettungsinsel* etwa 5 sm auf →*Kanal 16* (→*UKW,* optische Reichweite), etwa auf 25 sm auf →*Grenzwelle* (2182 kHz) und bis etwa 200 sm zu einem Flugzeug auf den Frequenzen 121,5 MHz oder 243,0 MHz. Betriebsdauer mindestens 50 h.

Seenotleitstelle, die *(Maritime Rescue Coordination Centre, Abk. MRCC).* International vereinbarte regionale Zentrale für den Empfang von →*Seenotrufen* und die Koordinationen aller →*SAR-Maßnahmen.* Die →*MRCC* für Deutschland hat ihren Sitz in Bremen. Von dort werden auch die →*Seenotrettungskreuzer* der →*DGzRS* eingesetzt. Wichtige ausländische →*MRCC* liegen z. B. in Etel (für die französischen Küsten), in Lissabon (für die iberischen Küsten), in Punta

Delgada (Azoren, für den Nordatlantik) und in Fort-de-France (Martinique, für die Karibik).

Seenotleuchte, die *(man overboard light)* Ein →*Nachtrettungslicht,* das bei einem →*Mann-*

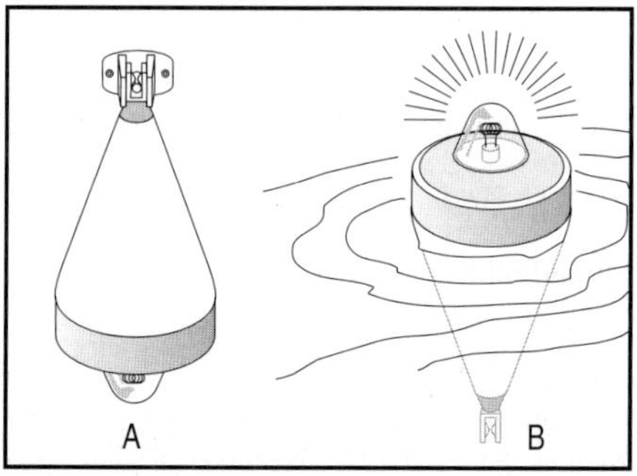

über-Bord-Manöver geworfen wird, um die Unfallstelle zu markieren. Es sendet bis zu 48 Stunden ein festes →*Licht* oder weiße →*Blitze* bzw. →*Blinke* aus. Die S. fängt automatisch an zu brennen, ist griffbereit am Arbeitsplatz des →*Rudergängers* gehaltert und wird bei Nacht unmittelbar nach dem Unglücksfall über →*Bord* gegeben. Die Abb. zeigen: A Ruhehalterung an Bord, B Leuchte schwimmt. Als →*Rettungswesten-Leuchte* ist eine S. auch unverlierbar mit einer →*Rettungsweste* verbunden. Der Fachhandel liefert darüber hinaus eine S. auch als „Notblitz“ (zur →*persönlichen Schutzausrüstung*), als „Rettungsblitzboje“ oder als „Rettungslicht“, das von der →*SeeBG* zugelassen ist und den →*SOLAS-Bestimmungen* entspricht.

Seenotproviant, der *(emergency ration)* Die „Eiserne Ration“ in einem Rettungsboot oder einer →*Rettungsinsel.* Sie besteht z. B. aus einem mit Vitaminen angereicherten Mehl-Fett-Konzentrat mit einem Nährwert für min. 5, max. 10 Tage pro Person (ca. 1 kg Masse) und min. 1,5, max. 3 l Trinkwasser in Dosen pro Person, von dem ein Teil durch Chemikalien zur Aufbereitung von →*Seewasser* in →*Frischwasser* ersetzt sein kann.

Seenotrettungsstation, die *(rescue station)* In Deutschland von der Deutschen Gesellschaft zur Rettung Schiffbrüchiger betriebene Küstenstation mit einem Seenotrettungskreuzer, der im Falle der →*Seenot* Hilfe leistet.

Seenot-Satellitensystem, das *(distress signals by aids of satellites, satellite-aided rescue system)* Mit ihm arbeiten →*Argos-Sender* sowie die Satelliten- →*EPIRBS* im →*COSPAS-SARSAT-Seenot-System* und im →*Inmarsat-E-System.*

Seenotsender, der Batteriebetriebener, handlicher und mit einer Antennenlänge von ca. 2 m sich selbst aufrichtender, schwimmfähiger →*Sprechfunk*-Sender, mit dem man im Falle der →*Seenot* auf der →*Notfrequenz* rufen und hören kann, um Rettungsmaßnahmen einzuleiten. Auch als →*Seefunkboje* für automatische Seenotsignale zu benutzen. Reichweite 30 bis 50 sm, Betriebsdauer mind. 50 Stunden.

Seenotsignal, das; Seenotzeichen, das *(distress signal)* Ein →*Notsignal,* das im Falle der →*Seenot* gegeben wird. Die Abb. zeigt die gebräuchlichsten internationalen S., z. B. als →*Flaggensignal,* →*Rauchsignal* oder im →*Sprechfunkdienst.*

Seenotverkehr, der *(distress communication)* Siehe →*Notverkehr,* →*Notmeldung* u. a.

Seepocke, die *(barnackle)* Zu den Rankenfüßern (Cirripedia) gehörender Meereskrebs, der sich mit seinem weichen kegelförmigen Kalkgehäuse auch als →*Bewuchs* am Bootsrumpf festsetzt, wenn das →*Unterwasserschiff* nicht durch →*Antifouling* geschützt ist.

Seerauch, der *(sea haze, mist)* Ein meistens schwadenförmig auftretender, nicht sehr hoch reichender →*Nebel,* der insbesondere im Sommer und bei sehr hohen Wassertemperaturen auftritt, wenn sich kältere Luft über das Wasser legt und eine starke Verdunstung an der warmen Wasseroberfläche stattfindet. Es strömt also (im Gegensatz zum →*Seenebel)* kalte Luft über warmes Wasser. Die Schwadenbildung wird durch die dabei entstehende Turbulenz der aufsteigenden und niederströmenden Luft verursacht. S. ist für Yachten und Boote gefährlich, weil er meistens nur 10 bis 20 m hoch reicht und von der Brücke eines Großschiffes kaum als Behinderung der →*Sicht* aufgefaßt wird, während man mit niedriger →*Augenhöhe* keine Sicht hat.

Seeraum, der *(sea room, offing)* Das Gebiet der freien →*See,* im Gegensatz zum →*Küstengewässer.* Insbesondere der Freiraum, den ein Boot vor einer →*Leeküste* hat bzw. den es nach →*See* zu gewinnt, wenn es sich bei →*auflandigem* Wind von →*Legerwall* freikreuzen muß. In schwerem Wetter ist z. B. →*Beidrehen* oder →*Lenzen* nur möglich, wenn ein Boot dazu genug S. hat.

Notsignale, internationale

Rote Fallschirmleuchtrakete – Rote Handfackel – Rauchsignale orange oder aus Öl- bzw. Teertonne

Notzeichen N über C – Viereckige Flagge, Ball darüber oder darunter – Längere Signale mit Horn

Langsames Heben und Senken beider Arme – Im Sprechfunk: MAYDAY – SOS - als Morse- oder Leuchtsignal

Seerechts-Übereinkommen, das *(Convention on the Law of the Sea)* Das am 17. November 1994 international in Kraft getretene S.-Ü. der UN erlaubt u. a. die Ausdehnung der →*Hoheitsgewässer* von 3 sm auf 12 sm Breite, regelt die Ausdehnung der Hoheitsgewässer sog. „Archipel-Staaten" (wie z. B. Griechenland und Indonesien), erlaubt es jedem Küstenstaat, einschließlich seines →*Küstenmeeres* eine 200 sm breite Wirtschaftszone zu beanspruchen und macht es den Küstenstaaten zur Pflicht, gegebenenfalls für die Transit-Passage zu sorgen, wenn andere Küstenstaaten durch die Ausdehnung der Hoheitsgewässer keinen Zugang mehr zu den Weltmeeren behalten (wie es z. B. bei Slowenien in der nördlichen Adria der Fall ist). Yachten müssen sich bei einer →*Hochseefahrt* gegebenenfalls über die Pflichten und Rechte der Anrainerstaaten informieren, die bei geschlossenen oder halbgeschlossenen Meeren bestehen.

Seereling, die *(guardrail)* Sammelbezeichnung für die →*Reling* eines →*Seekreuzers,* die aus →*Relingsstützen,* →*Handlauf* und →*Durchzug* aus Drahttauwerk, →*Bugkorb* und →*Heckkorb* als Abschluß an den Bootsenden, einer →*Relingspforte* und gegebenenfalls →*Relingsnetz* und

Reling

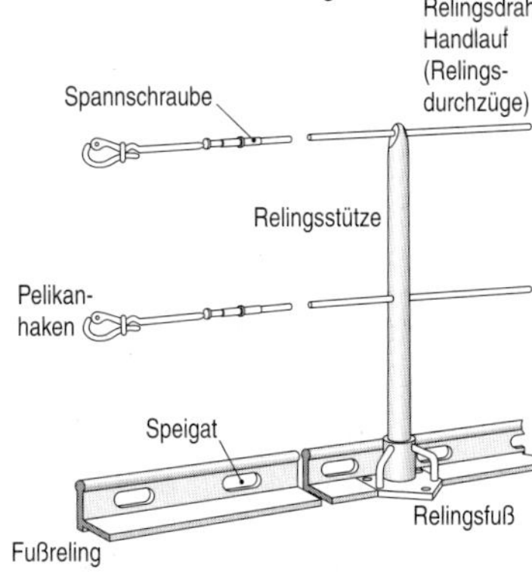

→*Relingskleid* besteht. Eine Höhe von mindestens 0,65 m wird empfohlen. Scherzhaft auch „Seezaun" genannt. Die Abb. zeigt die Bestandteile einer S.

Seesack, der *(sea bag)* Der früher übliche „Rucksack" eines →*Seemannes,* in dem er sein persönliches Eigentum, seine Kleidung und Ausrüstung transportierte. Der auch „Rehbock" genannte, aus imprägniertem Segeltuch gefertigte, ca. 80 cm hohe, meistens schmale Sack war mit Tragegurten am Boden und einem aufgenähten Tragegriff versehen und besaß →*Gatchen* im oberen Rand, durch die eine Leine zum Schnüren gezogen wurde, die mit einem Vorhängeschloß o. ä. gesichert war.

Seeschiffahrtsstraße, die *(maritime waterway, road at sea)* Im Sinne der →*Seeschiffahrtsstraßen-Ordnung* die Wasserflächen der Küstenlinie bei →*mittlerem Hochwasser* oder der →*seewärtigen* Begrenzung der →*Binnenwasserstraßen* und einer Linie von drei →*Seemeilen* Abstand von der Basislinie. Insbesondere ist eine S. nach der →*SeeSchStrO* die durchgehend durch Sichtzeichen (wie z. B. grüne →*Stumpftonnen* für die →*Steuerbord-Fahrwasserseite* und rote →*Spitztonnen* für die →*Backbord-Fahrwasserseite)* begrenzte Wasserfläche der seewärtigen Teile der →*Fahrwasser* im →*Küstenmeer.* Somit gilt das ganze Gebiet der S. als Fahrwasser, wenn nicht →*Seezeichen* oder Uferschutzwerke ein →*Hauptfahrwasser* oder →*Nebenfahrwasser* bezeichnen und den Schiffahrtsweg von der übrigen, befahrbaren Wasserfläche abgrenzen.

Seeschiffahrtsstraßen-Ordnung, die (SeeSchStrO) *(German Collision Regulations)* Polizeiverordnung für den Verkehr auf den deutschen →*Seeschiffahrtsstraßen,* die am 3. 5. 1971 neu herausgegeben worden und in der Fassung der Bekanntmachung vom 15. 4. 1987, zuletzt geändert durch Artikel 3 der Zweiten Verordnung zur Änderung seeverkehrsrechtlicher Vorschriften vom 7. 12. 1994 gültig ist. Sie enthält u. a. Schiffahrtszeichen, →*Sichtzeichen* und →*Schallsignale* der →*Fahrzeuge,* Fahrregeln und ergänzende Vorschriften für den →*Nord-Ostsee-Kanal.* Außerdem sind hier weitere schiffahrtspolizeiliche Anordnungen angeschlossen.

Seeschiff, das *(seagoing ship or vessel, seagoing or oceangoing yacht, offshore yacht, seaworthy boat or yacht)* Ein →*Schiff* (auch eine Yacht), das zur →*Seefahrt* bestimmt und →*seefähig* ist, so daß es in ein →*Seeschiffsregister* eingetragen werden kann.

Seeschiffer, der *(master, master mariner)* Der Führer eines Fahrzeuges, das auf →*See* oder im Fahrbereich der →*Seefahrt* eingesetzt wird, im Gegensatz zum →*Binnenschiffer.* In der Berufsschiffahrt und nach der →*Schiffsbesetzungsverordnung* (SchBesVO) muß der S. das →*Befähigungszeugnis* eines →*Kapitäns* besitzen. Sinngemäß ist ein S. auf Sportbooten der Inhaber eines amtlichen →*Sportbootführerscheins See* oder eines freiwilligen amtlichen →*Sportseeschifferscheins* bzw. →*Sporthochseeschifferscheins.*

Seeschiffsregister (SSR), das *(Register of Shipping)* Ein →*Schiffsregister* für →*Seeschiffe,* das die amtliche Eintragung von →*Schiffen* (auch von →*Yachten)* nach der →*Schiffsregisterordnung* bei Vorlage eines →*Schiffsmeßbriefes* vornimmt. Als Nachweis der Eintragung in das S. erhält der →*Eigner* das →*Schiffszertifikat.*

Seeschlag, der *(wash of the sea, blow of the sea)* Im Gegensatz zu →*Spritzwasser* oder einem Spritzer die See, die beim Segeln im →*Seegang* das →*Deck* erreicht. Zum S. gehört das Überbrechen der Kämme direkt über dem Boot und die Belastungen oder Zerstörungen, denen →*Aufbauten,* →*Ausrüstung,* →*Luken* u. a. durch die direkte Gewalt eines →*Brechers* ausgesetzt sind. Sie müssen gegen S. gesichert sein, z. B. durch →*Schalken,* →*Laschings* u. a. Die →*Crew* ist gegen die Gefahren des S. mit →*Rettungsgeschirr,* →*Sorgleine,* →*Sicherheitsleinen,* →*Seereling,* →*Strecktaue* u. a. zu sichern.

Seespiegelkanal, der Ein künstlicher, zwei Meeresteile verbindender Schiffahrtskanal, der keine →*Schleusen* benötigt, weil der →*Wasserspiegel* auf beiden Mündungsseiten gleich ist. Ein Seespiegel-Kanal ist z. B. der →*Suezkanal,* aber nicht der →*Nord-Ostsee-Kanal.*

Seestiefel, die *(sea boots, rubber boots)* In der Hochseefischerei bis zur Hüfte, in der Sportschiffahrt nur bis (nahe) zum Knie reichende wasserdichte Stiefel für die Arbeit an Bord, insbesondere im →*Seegang.*

Seestraßenordnung, die (SeeStrO) *(International Regulations for preventing Collisions at Sea)* Durch die dritte Verordnung vom 19. 11. 1989 zur Änderung der Verordnung zu den →*Internationalen Regeln von 1972 zur Verhütung von Zusam-*

menstößen auf See ist die frühere Kurzbezeichnung S. für die →*Internationalen Regeln* durch die Kurzbezeichnung →*Kollisionsverhütungsregeln* (→*KVR)* ersetzt worden, ohne die inhaltliche Substanz der S. jedoch gravierend zu verändern.

Seetang, Seegras *(kelp, weed)* Zeichen aus →*Karte 1* (INT 1) im Anhang.

Seetörn, der *(sea turn)* Die Zeit, die ein Boot nach dem →*Auslaufen* bis zum →*Einlaufen* auf →*See* verbringt und sinngemäß die →*Distanz,* die es während dieser Zeit auf →*See* zurückgelegt hat.

Seetüchtigkeit, die *(seaworthiness)* Für den →*Konstrukteur* einer →*Yacht* werden als Bedingungen für einen →*seegängigen* und →*seefähigen* →*Seekreuzer* angesehen: möglichst hohe →*Geschwindigkeit* auf allen →*Kursen* zur möglichen Vermeidung von schlechtem →*Wetter;* gutes Verhalten im →*Seegang* mit geringem →*Stampfen* und →*Rollen;* ausreichende →*Stabilität;* gute →*Steuer-* und →*Manövriereigenschaften.* Dazu kommen für Bau und →*Ausrüstung:* feste, wasserdichte →*Bauweise;* gute Handhabung aller Teile der →*Takelage* sowie der technischen Systeme; gute Wohnqualität zur Erhaltung der →*Kondition.* Zur S. gehört die Fähigkeit einer →*Yacht,* bei →*Sturm* einen in →*Luv* gelegenen →*Hafen* oder →*Ankerplatz* zu erreichen.

Seeunfall, der *(sea accident, accident by sea)* Ein S. liegt nach dem →*Seeunfalluntersuchungsgesetz* vor, wenn ein →*Schiff* gesunken, →*verschollen* oder →*aufgegeben* ist, einen erheblichen Schaden erlitten oder verursacht hat oder beim Betrieb eine Person getötet worden oder vermißt ist. Als S. gilt auch unterlassene →*Hilfeleistung* sowie die Gefährdung der Sicherheit der →*Besatzung* und der Sicherheit des Schiffsverkehrs. Ein S., der sich auf →*hoher See,* in fremden →*Hoheitsgewässern,* auf den →*Seeschiffahrtsstraßen* und in den →*Häfen* ereignet hat, muß von einem →*Seeamt* untersucht werden, wenn ein →*Seeschiff* beteiligt ist, das berechtigt ist, die Bundesflagge zu führen.

Seeunfalluntersuchungsgesetz (SeeUG), das Das am 1. 10. 1986 in Kraft getretene „Gesetz über die Untersuchung von Seeunfällen (Seeunfalluntersuchungsgesetz – SeeUG)“ wurde am 6. 12. 1985 verabschiedet und im BGBL. I S. 2146 veröffentlicht. Es regelt die Untersuchung eines →*Seeunfalls* (auch) mit einer →*Yacht* durch ein →*Seeamt.* Mit ihm verbunden ist eine Verordnung zur Durchführung des SeeUG, in dem die örtliche Zuständigkeit der Seeämter Kiel, Hamburg, Bremerhaven, Rostock und Emden geregelt ist.

seeuntüchtig *(unseaworthy)* Im Gegensatz zu seetüchtig, seegängig, →*seefähig* die Eigenschaft mangelnder Eignung zum Befahren der →*See.* Alle →*Jollen* oder →*Schwertboote* sind völlig und →*Fahrtenkreuzer* weitgehend s. Darüber hinaus kann auch eine unerfahrene →*Crew* durch →*Seekrankheit* oder wegen mangelnder →*Seemannschaft* s. sein oder werden.

Seeventil, das *(sea cock)* Ein meistens direkt an der →*Außenhaut* in einer Rohrleitung befestigter

Absperrschieber oder →*Seehahn,* der diese Durchbrechung des →*Bootsrumpfes* bei Bedarf sicher abdichten kann. Ein S. kann entweder einen Zulauf sperren, z. B. am Eintritt der →*Kühlwasserleitung* für den →*Motor* und für die Seewasser-Spülung der →*Toilette,* oder einen Abfluß sichern, wenn das Boot →*seeklar* gemacht wird, z. B. von einem Waschbecken oder der Spüle in der →*Pantry.* Als S. wird hauptsächlich ein Kugelventil (Kugelhahn) aus korrosionsbeständigem Material eingebaut, bei dem die Stellung „offen“ (Verschlußhebel in Leitungsrichtung) und „geschlossen“ (Hebel quergestellt) jederzeit erkennbar ist.

Seeverhalten, das *(seagoing performance)* Das Verhalten eines Bootes auf →*See,* sowohl in Bezug auf ein „angenehmes S." hinsichtlich der →*Bootsbewegung* als auch auf →*Seetüchtigkeit* und Leistung bezogen. Zum S. gehören unter anderem richtige →*Stabilität* und gute →*Manövriereigenschaften.* Ein →*Seekreuzer* mit gutem S. darf im →*Seegang* nicht zu →*rank,* aber auch nicht zu →*steif* sein.

Seeverschollenheit, die *(missing at sea)* Juristischer Begriff für ein →*Boot* oder →*Schiff* und die Personen der →*Besatzung,* die zuerst als →*überfällig* erklärt waren und dann (durch Untergang oder einen anderen Fall von →*Seenot)* als →*verschollen* gelten müssen. Das Fahrzeug kann (im Sinne einer Seeversicherung) für verloren und die →*Crew* für tot erklärt werden, wenn seit dem bekannten Zeitpunkt des Verlustes 6 Monate vergangen sind. Ist dieser Zeitpunkt nicht genau feststellbar, beginnt die Frist erst ein Jahr nach dem Datum der letzten Nachricht, z. B. dem →*Auslaufen,* doch kann ein Gericht ihn verkürzen, wenn nach anerkannter →*nautischer Erfahrung* oder aus anderen Gründen anzunehmen ist, daß das Fahrzeug schon früher verloren gegangen ist.

Seeversicherung, die *(marine insurance)* Siehe →*Versicherung,* →*Kaskoversicherung,* →*Haftpflichtversicherung,* →*Haftungsbeschränkung,* →*Abandonierung.*

Seevölkerrechtskonvention, die *(Convention on the Law of the Sea)* Nach zwei ergebnislosen Seerechtskonferenzen der United Nations 1958 und 1960 in Genf wurde 1982 nach neunjährigen internationalen Verhandlungen in Caracas, New York und Genf die →*Konvention über das Seevölkerrecht* verabschiedet. Sie ist am 17. November 1993 vom 60. Staat ratifiziert worden und konnte somit am 17. 11. 1994 als →*Seerechts-Übereinkommen* der UN in Kraft treten.

seewärts *(off, seawards)* Von der →*Küste* weg und in Richtung auf die →*See* z. B. stehen, →*laufen,* den →*Kurs* ändern oder eine Richtung bestimmen.

Seewasser, das *(sea water)* Das Salzwasser des →*Meeres* mit einem durchschnittlichen Salzgehalt von 3,5 %. Diese 35 g Salz auf einen Liter Ozeanwasser bestehen aus 27,2 g Kochsalz, 3,8 g Magnesiumchlorid, 1,7 g Bittersalz, 1,3 g Anhydrid und 1,1 g anderen Salzen. Das S. ist vor allem wegen seines hohen Kochsalzgehaltes ungenießbar und darf auch im Falle von →*Seenot* nicht getrunken werden.

Seewasserdichte, die *(density of sea water, gravity of salt water)* Das →*spezifische Gewicht* des →*Seewassers,* dessen →*Dichte* vom →*Salzgehalt* und der Temperatur abhängt. Man rechnet mit einer S. von 1,03 bis 1,04.

Seewasserentsalzung(sanlage), die *(desalination)* Siehe →*Frischwassererzeuger.*

Seewasserkühlung, die *(sea-water cooling)* Die einfachste Form der →*Kühlung* eines →*Bootsmotors,* bei der Wasser von →*außenbords* direkt angesaugt, nach Passieren eines Kühlwasserfilters (Seewasserfilters) mit einer →*Kühlwasserpumpe* durch den →*Motor* geleitet und anschließend über die →*Abgasleitung* wieder abgegeben wird. Sie wird auch →*Einkreiskühlung* genannt und muß aus Materialien bestehen, die widerstandsfähig gegen →*Seewasser* und beständig gegen →*Korrosion* sind. Größere Motoren sind meistens mit einer →*Zweikreiskühlung* ausgestattet.

Seewetteramt, das *(maritime weather office, marine meteorological service)* Eine Institution, die nach den Bestimmungen des internationalen →*Schiffssicherheitsvertrages* von einem Land zu unterhalten ist, um den →*Seewetterbericht* herauszugeben. Das S. in Hamburg erhielt nach der Verwaltungsordnung für den →*Deutschen Wetterdienst* vom 28. 3. 1996 die neue offizielle Bezeichnung →*Geschäftsfeld Seeschiffahrt im Deutschen Wetterdienst* am alten Standort 20359 Hamburg, Bernhard-Nocht-Straße 76. Inzwischen hat sich die Bezeichnung „Seewetterdienst" anstelle von S. im täglichen Sprachgebrauch eingebürgert.

Seewetterbericht, der *(shipping forecast)* Vom →*Seewetteramt* herausgegebene Übersicht über die →*Wetterlage* und Vorhersage für die →*Wetterentwicklung,* die über Rundfunksender ausgestrahlt und über →*Küstenfunkstellen* für →*Ostsee,* →*Nordsee,* →*Mittelmeer* und andere Gebiete gesendet werden. Am Beginn jedes Wetterberichtes werden →*Wind-* und →*Sturmwarnungen* abgegeben, zum Abschluß folgen →*Stationsmeldungen.* Mit einem →*Wetterfax-Empfänger* oder →*Wetterkarten-Faksimile-Schreiber* ausgerüstete Yachten können eine →*Wetterkarte* auch direkt einsehen. Mit einem →*Video-NAVTEX-Empfänger* läßt sich der S. als Text auf einem Bildschirm darstellen oder über einen normalen →*NAVTEX-Empfänger* auf Papierband ausdrucken. Über den S. hinausgehende Informationen bietet das →*Seewetteramt* in seinem →*SEEWIS-Informationsdienst* an. Alle für den S. angebotenen aktuellen Dienste, →*Frequenzen,* Sendezeiten usw. enthält der jährlich neu herausgegebene →*Jachtfunkdienst* des →*BSH.*

Seewind, der *(onshore wind, sea breeze)* Durch thermische Einflüsse bei starker Sonneneinstrah-

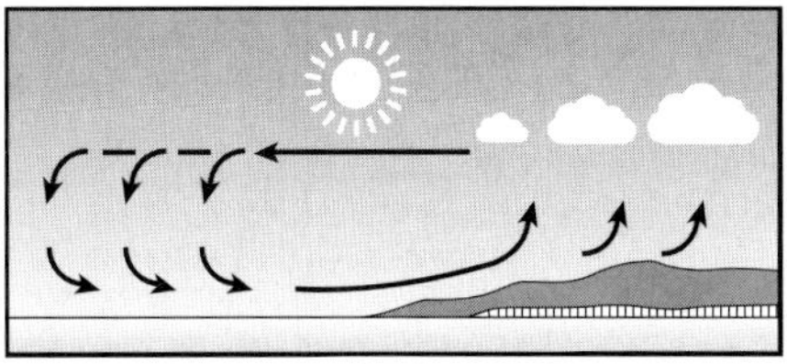

lung an der →*Küste* in der Regel nur tagsüber wehender →*auflandiger Wind* geringer →*Windgeschwindigkeit,* der seine größte Stärke mit max. Bft 4 am frühen Nachmittag erreicht und zum Abend wieder abflaut. Er wird in der Nacht durch den →*Landwind* ablöst.

SEEWIS *(Akronym für Seewetter-Informationssystem)* Das →*Seewetteramt* bietet neben dem →*Seewetterbericht* und Wettermeldungen in Textvorhersagen auch Wetterinformationen über eine Datenbank an, die täglich zweimal aktualisiert werden. Der Abruf kann über Telefon/Modem und ihre Darstellung auf PC oder Notebook erfolgen. Steht eine Bordausrüstung wie Satelliten-Telefon (→*Inmarsat*) oder Mobilfunk zur Verfügung, ist eine Aktualisierung auch während der Reise möglich. SEEWIS besteht aus der Grundsoftware mit dem Kommunikationsprogramm und ist für Nord- und Ostsee sowie das Mittelmeer zu erhalten. Es werden Lizenzgebühren für die Software und den Datenabruf erhoben.

Seezeichen, das *(sea mark, navigation mark)* Sammelbezeichnung für die Verkehrszeichen und Signalanlagen, die international einheitlich nach dem →*Kardinalsystem* oder →*Lateralsystem* an der →*Küste,* in den →*Küstengewässern* und zur Bezeichnung von →*Fahrwassern,* →*Hafeneinfahrten* u. a. als →*feste* und →*schwimmende* S. ausgebracht sind. Im Rahmen der →*Betonnung* und →*Befeuerung* können S. mit →*Toppzeichen,* →*Radarreflektoren,* (See-)Laternen, →*Glocken,* →*Heulern* u. a. versehen sein. Bei Nacht unterscheiden sich S. durch ihre →*Kennung,* bei Tage durch die Form der →*Tonne,* durch →*Toppzeichen,* durch die Anstrichfarbe und durch Aufschriften.

Seezollgrenze, die *(custom's boarder)* Die S. ist die jeweilige →*Strandlinie.* Wenn Hafenbauten in die →*See* vorspringen, wird sie durch die Gerade zwischen den Köpfen der →*Molen* gebildet. An einigen Punkten der →*Küstengewässer* bestehen geringfügige örtliche Abweichungen.

Segel, das *(sail [canvas])* Aus mehreren Bahnen →*Segeltuch* vom →*Segelmacher* genähte, meist dreieckige Fläche mit eingearbeiteter Wölbung, die an →*Masten,* →*Stagen* und →*Spieren* gesetzt wird und (auch als halbstarres →*aerodynamisches Profil)* mit Hilfe der →*Windenergie* Vortriebskraft erzeugt, durch die sich ein →*Segelboot,* →*Segelschiff,* →*Segelschlitten* oder →*Segelwagen* vorwärts bewegen kann. Prinzipiell unterscheidet man zwischen →*querschiffs* und an waagerechten →*Rahen* gefahrenen →*Rahsegeln* und →*längsschiffs* gerichteten, senkrecht gesetzten →*Schratsegeln.* Deren Form gliedert sich in →*Latein-,* →*Lugger-,* →*Spriet-,* →*Gaffel-,* →*Gunter-,* →*Hochsegel* u. a., die nach der Art der Anbringung als →*Vor-,* →*Stag-,* →*Groß-,* →*Besan-* oder →*Schonersegel* bezeichnet werden. Eine weitere Gliederung ist nach dem Gebrauch an Bord möglich, z. B. in →*Arbeitssegel* (→*Großsegel,* →*Fock* u. a.) und Beisegel (z. B. →*Spinnaker,* →*Genua,* →*Tallboy* u. a.). Die Ecken eines Hochsegels heißen →*Hals,* →*Kopf* und →*Schothorn,* die Kanten →*Vorliek,* →*Unterliek,* →*Achterliek.* Man kann für einen entsprechenden →*Segelriß* einen unterschiedlichen →*Segelschnitt* wählen und lernt, ein S. →*setzen,* →*bergen,* →*anschlagen,* →*aufheißen,* →*dichtholen,* →*auffieren,* →*reffen,* →*trimmen* u. a.

Segelanweisung, die *(sailing direction, sailing instruction)* Nach den →*WR* die entsprechenden und diese ergänzenden Angaben für die Veranstaltung einer →*Regatta,* die z. B. die →*Regattabahn,* ihre →*Bahnmarken,* die zugelassenen →*Klassen,* die →*Zeitvergütung,* →*Regattapreis* u. v. a. m. enthalten und jeder teilnehmenden Yacht ausgehändigt werden müssen. Als S. werden auch die aus den →*Segelhandbüchern* stammenden und sinngemäß in die →*Seehandbücher* übernommenen Empfehlungen bezeichnet, die für bestimmte →*Reisen* als →*nautische* Ratschläge und für die meteorologische →*Kurswahl* gegeben werden.

Segelboot, das *(sailing boat, sailing yacht, sailboat, sailer)* Ein (im Gegensatz zum →*Segelschiff)* kleines Fahrzeug, das sich durch →*Windenergie* und mit Hilfe von →*Segeln* fortbewegt.

Früher hauptsächlich als Fischerboot, heute als →*Yacht* zum →*Regatta-* und Fahrtensegeln benutzt. Ein S. ist juristisch ein →*Segelfahrzeug* und ein →*Fahrzeug unter Segel.* Seine →*Schratsegel* arbeiten als →*aerodynamisches Profil,* und in Verbindung mit seiner ausgeklügelten →*Lateralfläche* hat es bessere Segeleigenschaften, insbesondere auf einem →*Amwindkurs,* als ein →*Segelschiff* mit →*Rahsegeln,* das nur auf →*raumen Kursen* gut läuft.

Segelbootsantrieb, der *(sail drive)* Aus dem Z-Antrieb für Motorboote entwickeltes Unterwas-

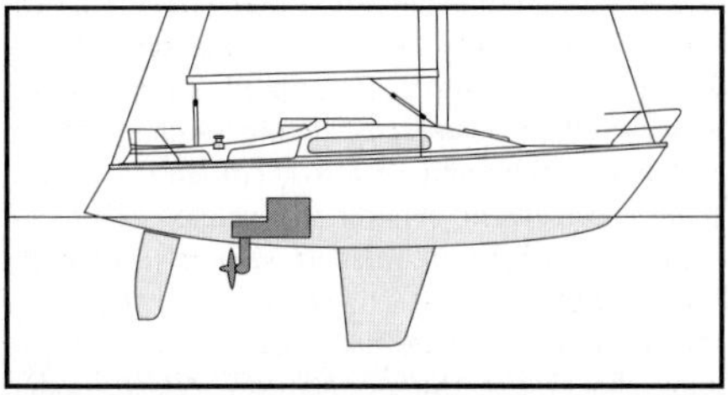

serteil mit Propeller und Winkel-Getriebe, das unter dem →*Bootsboden* zwischen →*Kielflosse* und →*Ruderleitflosse* befestigt werden und als Antriebsteil für einen Einbaumotor arbeiten kann. Vorteile gegenüber herkömmlicher Propellerwelle: relativ kleine und rechtwinklige Durchbrechung der Außenhaut. Anordnung an jeder gewünschten Stelle möglich. Verbindung mit jedem beliebigen Bootsmotor. Strömungsgünstige, kompakte Unterwasser-Einheit.

Segeldingi, das *(sailing dinghy)* Ein →*Dingi,* das mit →*Mast,* →*Großsegel,* →*Schot* und meistens einem →*Mittelschwert (→Steckschwert)* zum Segeln eingerichtet ist, aber gleichzeitig auch als →*Ruderdingi* verwendet werden kann.

Segeldruckpunkt, der *(centre of pressure of sails)* Der Kraftangriffspunkt des Segels, der keine konstante Position hat und nicht identisch mit dem →*Segelschwerpunkt* ist. Seine Lage ist von der →*Segelwölbung,* von der →*Windgeschwindigkeit* und dem →*Anstellwinkel* abhängig. Bei gleichem →*Seitenverhältnis* liegt er bei einem flachen Segel (auf den Segelschwerpunkt bezogen) höher als dieser und mehr in Richtung zum →*Vorliek,* bei einem bauchigen mehr zum →*Achterliek,* und er wandert bei einem über den →*optimalen Anstellwinkel* hinaus vergrößerten oder verkleinerten Anströmwinkel nach achtern. Daraus resultiert auch eine wachsende →*Luvgierigkeit* trotz →*Kneifens* in hartem Wetter auf einem →*Kreuzkurs.*

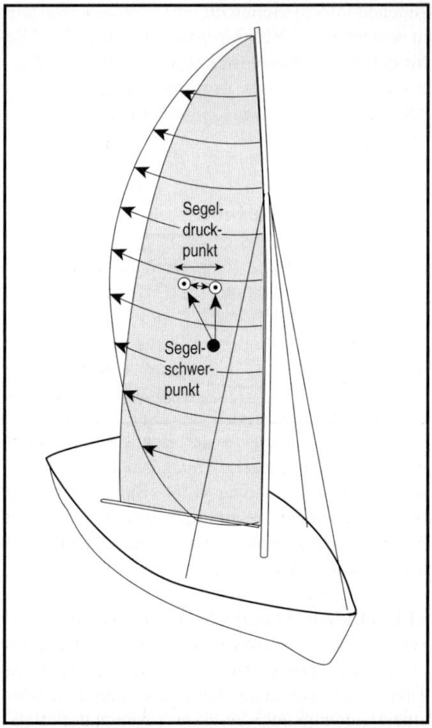

Bei einer →*Slup* und aufrechter →*Schwimmlage* liegt der S. →*am Wind* etwa 1–3 % →*Segellänge* (Distanz Vorsegelhals bis Großbaumnock, LS) hinter dem →*Mast,* bei →*halbem* Wind 5–10 % und bei →*raumen* Wind 10–20 % LS hinter dem Mast. Bei →*Krängung* auf einem →*Amwindkurs* liegt der S. bei 10° etwa 2–6 % LS, bei 20° etwa 5–12 % und bei 30° Krängung etwa 7–18 % LS hinter dem Mast. Läuft ein Boot (z. B. in →*schwerem* Wetter) unter →*Großsegel* allein, liegt der S. etwa 30–35 % LS (nur Unterlieklänge) hinter dem Mast. Läuft es dabei allein unter der →*Fock,* liegt der S. 40–45 %LS vor dem Mast, bei →*Genua* allein etwa 13–15 % LS vor dem Mast.

Segelfahrzeug, das *(sailing vessel, vessel under sails)* Nach den →*KVR,* den →*SOLAS-Verträgen* und anderen gesetzlichen Vorschriften ein →*Fahrzeug* ohne mechanischen Antrieb, das ausschließlich den Wind als Antriebsenergie benutzt, im Gegensatz zu einem →*Maschinenfahrzeug.* Für ein S. gelten besondere →*Ausweichregeln.* Rechtlich ist ein S. auch ein →*Fahrzeug unter Segel,* dessen →*Maschinenantrieb,* falls vorhanden, nicht benutzt wird. Läuft ein S. nicht nur unter Segel, sondern auch mit →*Motor,* muß es sich sowohl hinsichtlich der →*Ausweichpflicht* als auch bei der Führung der →*Lichter* und →*Signalkörper* wie ein →*Maschinenfahrzeug* verhalten. Für ein S. gelten nach den →*KVR* auch besondere Vorschriften für die →*Lichterführung.* Bei einem S. ist zwischen →*Segelschiff* und →*Segelboot* oder →*Segelyacht* (nicht nur hinsichtlich der Größe) zu unterscheiden.

Segelfläche, die *(sail area)* Der Flächeninhalt des Segels. Dabei unterscheidet man die tatsächliche S. für jedes einzelne Segel, die sich aus dem →*Segelriß* und durch das von den →*Lieken* gebildete Dreieck berechnen läßt, und die Gesamt-S., unter der man verstehen kann: Die normale Amwind-S. mit der tatsächlichen S. von →*Großsegel* und →*Fock;* die vermessene S. mit der tatsächlichen S. von Großsegel und (je nach →*Vermessungsvorschrift)* 75 %, 85 % oder 100 % des →*Vorsegeldreiecks.* Die →*Liekrundungen* werden im allgemeinen nicht mit vermessen, weil sie praktisch nur die eingearbeitete →*Segelwölbung* darstellen. Nur die von →*Segellatten* gehaltene Achterlieksrundung ist (oft) begrenzt und wird durch die →*Mittelbreite* kontrolliert. Schwarze (Vermessungs-) Bänder an →*Mast* und →*Spieren* zeigen an, bis wohin die Lieken gestreckt werden dürfen, so daß man in einer →*Regatta* jederzeit prüfen kann, ob die gemeldete und vermessene S. genau eingehalten wird

Segelflächen-Längen-Verhältnis, das *(sail area-to length-of-waterline-ratio)* Das auf die →*Wasserlinienlänge* bezogene Verhältnis erläutert die Abhängigkeit der →*Fahrt* einer →*Yacht* von ihrer →*LWL* nach der Formel

$$\frac{\sqrt{AS}}{LWL}$$

Bei einem Mittelwert von ca. 0,9 erhalten schnelle →*Verdränger* Koeffizienten von 1,0 bis 1,2 und darüber, langsame Yachten von 0,8 bis 0,6 und darunter. Die Ziffern sind Erfahrungswerte.

Segelflächen-Verdrängungsverhältnis, das *(sail area-to-displacement-ratio)* Dasselbe wie →*relative Segelfläche.*

Segelgarn, das *(seaming)* Ein aus zwei bis vier Fäden gefertigtes →*Garn* mit dem kleinsten gebräuchlichen Durchmesser, sowohl für den →*Takling* eines →*Kardeels* oder eines dünnen →*Tampens* als auch zum →*Segelnähen.* Segel aus →*Diolen* oder →*Dacron* müssen mit S. aus →*Polyesterfaser,* Spinnaker aus →*Nylon* mit S. aus →*Polyamidfasern* repariert werden. S. ist auch als →*Reißgarn* zu verwenden.

Segelhandbuch, das *(sailing directory book, sailing directions)* Bis 1905 von der →*Deutschen Seewarte,* der Vorgängerin des →*Deutschen Hydrographischen Instituts* und des jetzigen →*BSH* für den Atlantischen, Indischen und Pazifischen Ozean herausgegebenes →*Ozean-Handbuch,* das im Gegensatz zu dem später veröffentlichten →*Dampferhandbuch* auch die Segelschiffsrouten und detaillierte Angaben über die jahreszeitlich unterschiedlichen Windverhältnisse für ein →*Fahrzeug* enthielt, das ausschließlich mit →*Windkraft* segelte. Es ist jetzt als Reprint vorhanden und könnte auch in der Bibliothek des →*BSH* für Transozeanreisen von Yachten eingesehen werden.

Segelkanu, das *(sailing canoe)* Ein →*Kanu* mit Besegelung, entweder mit →*Cat-* oder →*Catyawl-Takelung.* Das S. ist ein →*Schwertboot,* aber von geringerer Breite, damit man es auch mit Doppel- oder →*Stechpaddel* bewegen kann. Das internationale Einheits-Segelkanu wird von den Kanu-Sportverbänden auch zum →*Regattasegeln* mit →*Gleitsitz* benutzt. Seine Abmessungen sind: Lüa 5,18 m, Büa 1,01 m, Gleitsitz-Ausladung 1,52 m, Segelfl. 10 m².

Segelkarte, die *(track chart)* Eine →*Seekarte* im Maßstab 1 : 300 000 bis 1 : 1 600 000, die zur Schiffsführung auf →*hoher See* dient.

segelklar, segelfertig *(ready to sail, ready for sea)* Man macht ein →*Boot* s., indem man die →*Segel* →*anschlägt,* die →*Schoten* klarmacht und dabei das →*stehende* und →*laufende Gut* auf seine Einsatzbereitschaft überprüft. Auf einer →*Bootsausstellung* bedeutet s., daß ein Boot mit Segeln und seinen entsprechenden Bedienungseinrichtungen geliefert wird. Die Bezeichnung s. ist ein Teil des Begriffes →*seeklar.*

Segelkoje, die – Segellast, die *(sail locker)* Die →*Last* für die →*Segel,* im allgemeinen im Vorschiff untergebracht, um Segel und →*Segelsack* schnell und auf kurzem Weg an und von →*Deck* bringen zu können.

Segelkraft, die *(sail power, sailing power)* Die von einem Segel tatsächlich erzeugte und meßbare Kraft, die von der →*Windkraft* (aus →*Windgeschwindigkeit* und →*Segelwölbung),* der →*Segelfläche* und den Leistungen der →*Crew* abhängt, das Segel auf einen →*optimalen Anstellwinkel* zu →*trimmen* und es beim →*Steuern* des gewünschten →*Kurses* so zu halten. Um auf allen Kursen die maximale S. zu erzeugen, benötigt man bei den gleichen Windbedingungen des Tages auf einem →*Amwindkurs* mit größerer →*Windenergie* eine kleinere Segelfläche aus schwerem →*Segeltuch,* auf einem →*Vorwindkurs* mit einem schwächeren relativen →*Bordwind* eine (ca. dreimal so) große Fläche aus entsprechend leichtem Tuch.

Segellänge, die *(length of fore triangle and main boom)* Ein Maß von →*Yachtkonstruktion* und →*Segeltechnik,* um z. B. die verschiedenen Positionen des →*Segeldruckpunktes* auf unterschiedlichen →*Kursen* zum Wind und bei zusätzlicher →*Krängung* anzugeben. Als S. ist (bei einer →*Sluptakelung)* der Abstand des Vorsegelhalses von der →*Nock* des →*Großbaumes* zu verstehen, bei einem Einzelsegel die Länge des →*Unterlieks.*

Segellatte, die *(sail batten)* Auch →*Spreizlatte* genannte, aus Holz oder Kunststoff gefertigte, in ihrer Länge durch Bau- oder →*Vermessungsvorschriften* begrenzte dünne elastische Latte, die in →*Lattentaschen* am →*Achterliek* eingesteckt und zum Ausspreizen der →*Achterlieksrundung* hauptsächlich des →*Großsegels* dient. Die Anordnung der S. ist im →*Segelriß* enthalten. Reichen alle Segellatten bis zum →*Mastliek,* dann spricht man von →*durchgehenden Latten* und entsprechend einem →*Lattensegel.*

Segelliste, die *(sailing list)* Eine früher wöchentlich bzw. monatlich herausgegebene Aufstellung, die die voraussichtlichen Abfahrtstermine in der →*Schiffahrt* im Rahmen des regelmäßigen Liniendienstes von einem Hafen aus oder von einer Reederei enthielt. Darin ist ETA als Abkürzung für „Estimated Time of Arrival" für den vorgesehenen Zeitpunkt der Ankunft bzw. ETS als „Estimated Time of Sailing" als vorgesehene Abfahrtszeit enthalten, damit die Schiffsmakler, Verlader u. a. entsprechend disponieren können. Der Begriff S. geht auf den Begriff →*segeln* zur Zeit der Segelschiffahrt zurück und wird heutzutage durch „Fahrplan" ersetzt.

Segelmacher, der *(sailmaker)* Handwerklicher Beruf zur Anfertigung von →*Segeln.* Die Fertigkeiten des S. sollte (wenigstens teilweise) auch eine Person der →*Crew* eines →*Seekreuzers* beherrschen, insbesondere den Umgang mit →*Segelmacherhandschuh,* →*Segelnadel* und das →*Segelnähen.*

Segelmacherhandschuh, Segelhandschuh, der *(sailmaker's palm)* Praktisch der „Fingerhut" des

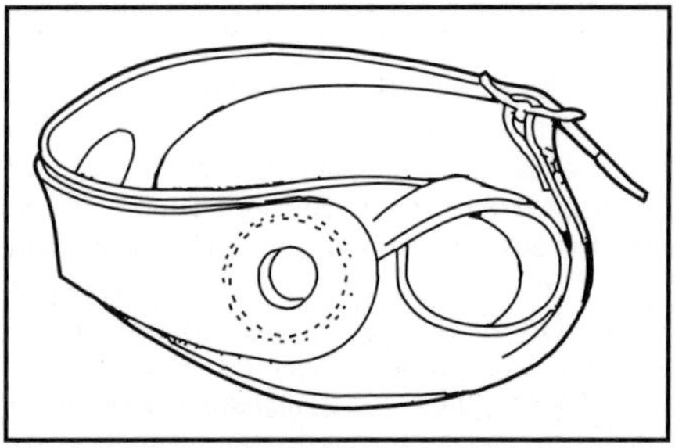

→*Segelmachers,* das Arbeitsgerät zum Segelnähen. Es besteht aus einem Lederriemen mit Daumenöffnung (Abb.), der um die Hand gelegt wird und vor dem Daumenballen eine eingearbeitete griffige Metallplatte besitzt, die als Widerlager beim Einschieben der Nadel in das (schwere) →*Segeltuch* dient.

segeln *(to sail)* 1. Im weiteren Sinne überhaupt mit einem →*Schiff* oder →*Boot,* d. h. einem Wasserfahrzeug fahren. Eine Fortbewegung, die bis zur Mitte des 19. Jh. über größere Strecken ausschließlich mit →*Windenergie* und →*Segel* erfolgte. Daraus ist bis in die Gegenwart und auch mit →*Maschinenfahrzeugen* der Begriff der Schiffsbewegung erhalten geblieben, auf →*See* Einzel- und Gesamtdistanzen zurückzulegen, z. B. zu →*versegeln,* eine →*Versegelungspeilung* zu machen, das S. im →*Großkreis,* die →*Segelorder,* →*Segelanweisung,* die →*Segelliste* u. a. 2. Im engeren Sinne „unter Segeln", im Gegensatz zu „unter Motor" oder „mit Muskelkraft" durch das Wasser →*laufen.* Die dazu notwendige handwerkliche Fertigkeit wird als →*Seemannschaft,* das seglerische Können als →*Segeltechnik* bezeichnet. Beide Teilgebiete der →*Nautik* sind bei →*Schratsegeln* und →*Rahsegeln,* bei →*Schwertbooten* und →*Kielbooten,* bei →*Seekreuzern* und →*Rennyachten* unterschiedlich.

Segelnadel, die *(sailmaker's needle, sail needle)* Eine zum →*Segelnähen* und für die Arbeit des →*Segelmachers* speziell gefertigte Nähnadel, die

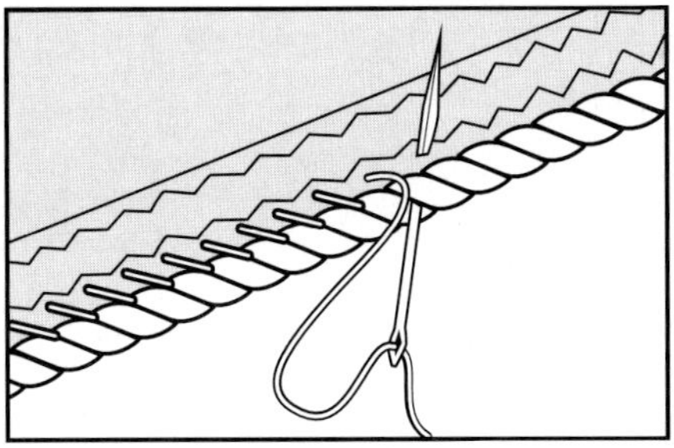

in verschiedenen Stärken, Formen und Längen benutzt wird.

Segelnaht, die – Segel nähen *(seam of sail, sail making)* Bei der Fertigung des →*Segels* benutzt

der →*Segelmacher* eine Zickzacknaht, die man zur Reparatur nur anwenden kann, wenn eine Nähmaschine an Bord ist. Andernfalls muß man mit Segelnadel und →*Segelmacherhandschuh* „kranke", d. h. durchgescheuerte Nähte oder Risse im →*Segeltuch* mit dem Flachstich, der →*Rundnaht* oder einer →*Bootsmannsnaht* ausbessern. Vielen dieser Nähte überlegen ist heute Klebeband, das nicht nur Stunden, sondern sogar Wochen und auch unter hohen Belastungen hält.

Segelnummer, die *(sail number)* Die beidseitig im Kopf des →*Großsegels* aufgenähte oder aufgeklebte →*Registriernummer,* die neben dem →*Nationalitätsbuchstaben* und unter dem →*Klassenzeichen* gezeigt wird.

Segelorder, die *(sailing orders [pl.])* In der →*Schiffahrt* der Auftrag des →*Reeders* an den →*Kapitän,* eine entsprechende →*Reise* durchzuführen. Die S. enthält die Angabe der Häfen, die anzulaufen sind, und die →*Route,* die das →*Schiff* zu →*segeln* hat. Begriff aus der Zeit der traditionellen →*Segelschiffahrt.*

Segelöse, die (Gatchen, das) *(eyelet, metal grommet)* Kleines Loch in einem →*Segel,* einer →*Persenning,* im →*Segelsack* o. ä., das umsäumt oder mit einer Metallöse (→*Kausch)* versehen ist und zur Führung einer →*Leine* (→*Reffleine* o. ä.) dient.

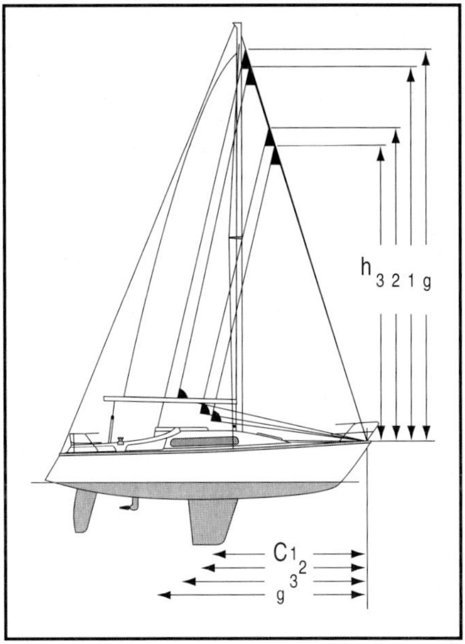

Segelriß, der *(sail plan)* Sinngemäß wie der →*Linienriß* die maßstabgerechte Zeichnung der →*Takelage* mit der Anordnung aller →*Segel.* Auf dem S. sind die Größen der Segel, die Abmessungen der →*Lieken,* die Lage der →*Holepunkte* für die →*Schotführung,* sowie (gegebenenfalls) der →*Segelschwerpunkt* zu erkennen. Aus ihm ist auch die →*Segelfläche* zu berechnen.

Segelsack, der *(sail bag)* Aus →*Segeltuch* gefertigter, der Größe des betreffenden Segels entsprechender Sack mit einem Hand- oder Fußgriff am Boden und Ösen mit Leine zum Zusammenschnüren der Öffnung, am besten mit Karabinerhaken oder →*Stagreiter* zum Befestigen des S. beim Segelwechseln an der →*Seereling.* Jeder S. kennzeichnet durch Schrift- oder Farbaufdruck, welches Segel er enthält.

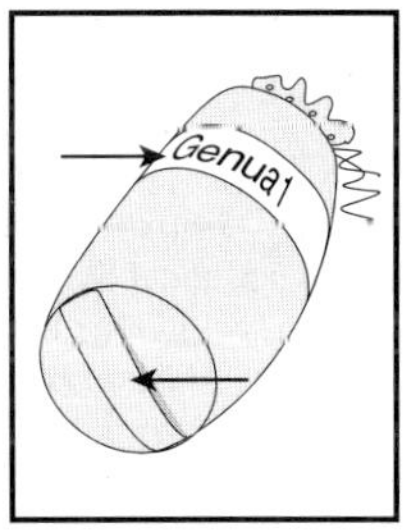

Segelschiff, das (*e.: sailing ship – a.: sail ship)* Im Gegensatz zum →*Segelboot* ein →*Schiff* mit einem Rumpf aus →*Stahl* oder →*Massivholz,* das sich durch →*Segel* fortbewegt. Bis zur Erfindung der Dampfmaschine und dem Bau von →*Dampfern* einziges Transportfahrzeug über die Weltmeere. Heute ausschließlich als →*Segelschulschiff* benutzt. Man unterscheidet ein S. nach der Anzahl der →*Masten* (vom Ein- oder →*Zweimaster* bis zum Siebenmaster) und nach der Art der →*Takelage* (z. B. →*Bark,* →*Brigg,* →*Schoner,* →*Vollschiff* u. a.), nach der für bestimmte Epochen typischen Rumpfform (→*Klipper),* nach dem Fahrtgebiet (→*Küstenschiffahrt)* sowie nach Art der Ladung (→*Frachtsegler* u. a.). Blütezeit und Abgang der Segelschiffe vom Weltverkehr lagen am Ende des 19. Jahrh. Ein altes S. ist die „Passat" im Hafen von Travemünde, die „Cutty Sark" im Marinemuseum von Greenwich und die „Pommern" als Museumsschiff in Mariehamn. Segelschiffstypen siehe im Anhang.

Segelschlitten, der *(ice-boat, ice-yacht)* Auch →*Eisyacht* genannter, auf 3 Stahl- oder Bronze-

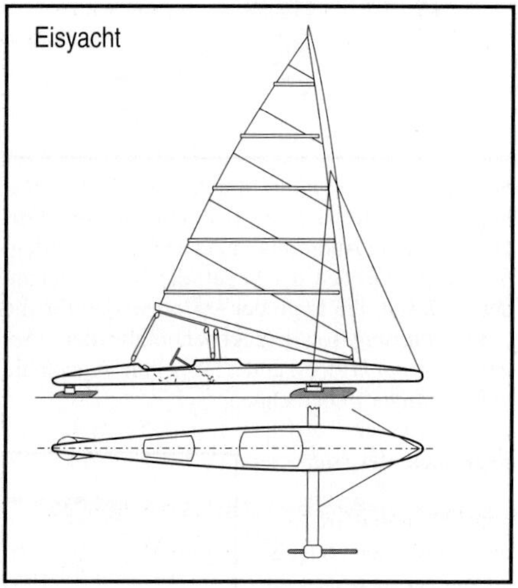

kufen laufender Schlitten mit Besegelung, der wie ein →*Segelboot* bedient wird, aber durch den geringeren →*Reibungswiderstand* auf dem Eis wesentlich mehr →*Fahrt* läuft und Höchstgeschwindigkeiten bis ca. 100 km/h erreicht. Früher wurde ein S. in der Binnen- und Küstenfischerei, heute wird er nur noch mit entsprechenden →*Klassen* zum Sportsegeln im Winter benutzt.

Segelschnitt, der *(cut of sail)* Die Art, ein Segel so zu konstruieren, zuzuschneiden und zu vernähen, daß es voll den erlaubten und gewünschten Bedingungen entspricht. Zu einem guten S. gehört die maximale →*Segelfläche,* die in allen Teilen richtige →*Segelwölbung* und die Berücksichtigung der unterschiedlichen Festigkeit von →*Kette* und →*Schuß,* z. B. in der optimalen An-

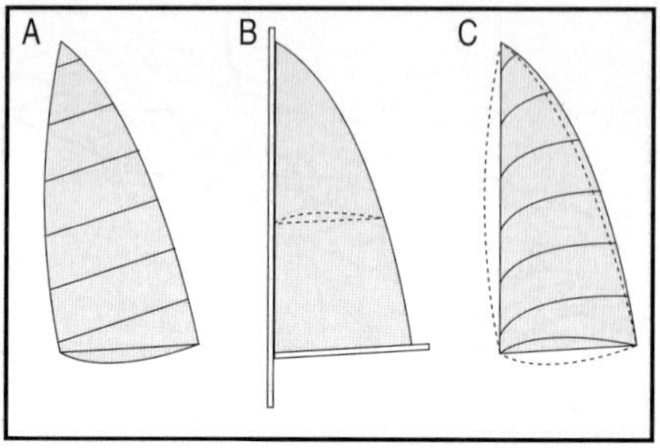

ordnung der →*Bahnen* zueinander beim →*Radialschnitt,* →*Laschenschnitt,* →*Horizontalschnitt* u. v. a. Wenn das mit runden Lieken geschnittene Segel (Abb. A) an einem geraden Mast und Baum gesetzt wird (B), erhält das Segel die gewünschte eingearbeitete Segelwölbung (C). Die Abb. D–N zeigen Beispiele eines modernen S. für →*Großsegel* und →*Vorsegel.*

Segelschuh, der *(rubber soled shoe)* Leichter, aus →*Segeltuch* gefertigter Halbschuh mit spezieller, rutschsicherer Gummisohle, der beim Segeln ausreichende Standfestigkeit für alle Arbeiten an →*Deck* und in der →*Plicht* gibt. Bei schlechtem Wetter trägt man statt dessen →*Seestiefel.*

Segelschule, die *(sailing school)* Gewerbliche Ausbildungsstätte, um das Segeln zu erlernen. Auf jeder deutschen S. kann man freiwillige →*Führerscheine* erwerben, auf zahlreichen auch auf den Erwerb des amtlichen →*Sportbootführerscheins Binnen* und des amtlichen →*Sportbootführerscheins See* vorbereitet werden.

Segelschulschiff, das *(sailing training ship, training sail ship)* Ein →*Segelschiff,* das zur Ausbildung benutzt und nicht in der gewerblichen →*Schiffahrt* eingesetzt wird. Das deutsche S. „Gorch Fock" wird von der Bundesmarine unterhalten. Nachwuchskräfte für den Beruf eines Seemannes oder eines →*Nautikers* werden auf einem S. nicht (mehr) ausgebildet.

Segelschwerpunkt, der *(centre of effort [of sails])* Der geometrische →*Schwerpunkt* der gesamten →*Segelfläche* oder der Punkt eines Einzelsegels, den man sich als Angriffspunkt aller auf den Körper wirkenden äußeren Kräfte vorstellen kann. Man kann den S. wie den →*Lateralschwerpunkt* experimentell an einem Modell oder (an einem Dreiecksegel) durch die Seitenhalbierenden ermitteln: Der S. ist ihr Schnittpunkt (Abb. A). Der Gesamt-S. von →*Großsegel* und →*Vorsegel*

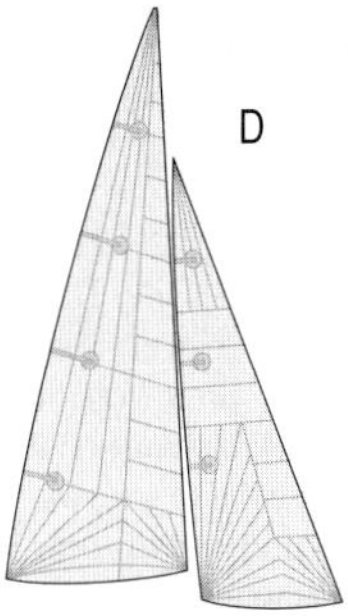

D

Die → *Hauptsegel* einer → *Slup* in einem modernen → *Segelschnitt.*

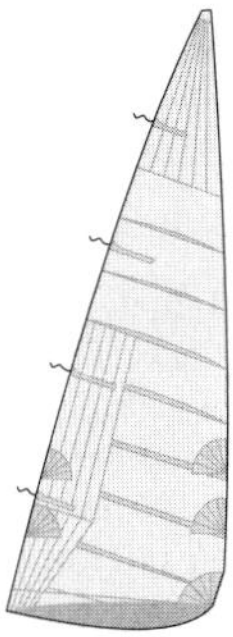

E

→ *Großsegel* im → *Horizontalschnitt* mit →*Reffgatchen*, → *Shelffoot* und einem halben →*Twoply* im → *Achterliek.*

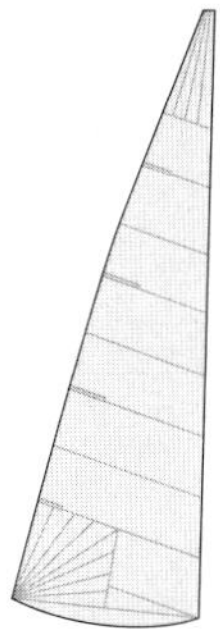

F

→ *Großsegel* im → *Horizontalschnitt* mit großflächigen radialen Ecken.

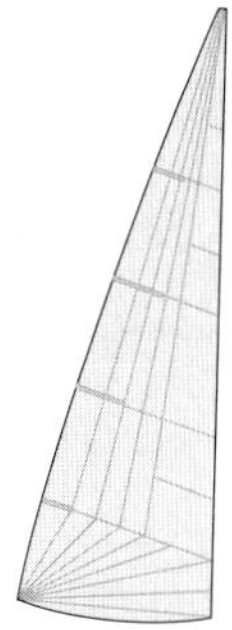

G

→ *Großsegel* mit teilweisem → *Radialschnitt.*

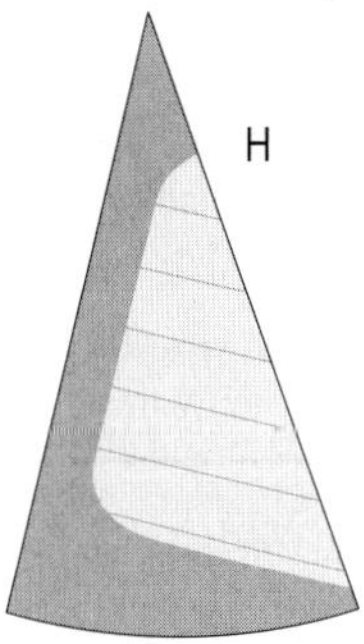

H

→ *Genua* mit → *Twoply* sowohl im → *Achterliek* wie im → *Unterliek.*

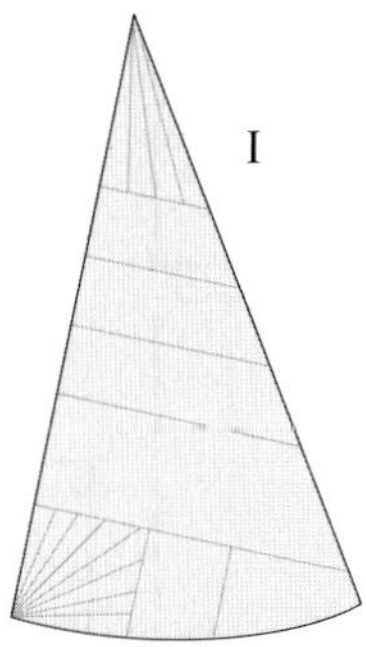

I

→ *Genua* im → *Horizontalschnitt* mit großflächigen radialen Ecken.

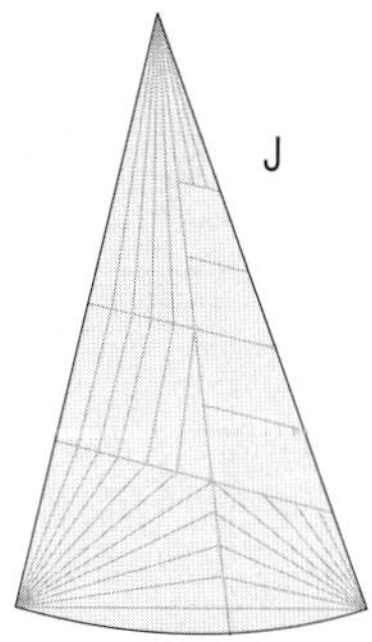

J

→ *Genua* mit teilweisem → *Radialschnitt* (Triradialschnitt).

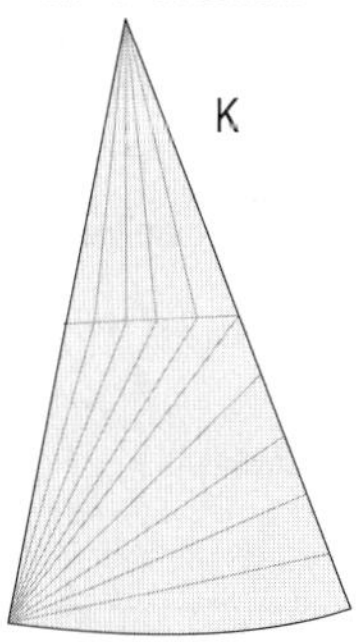

K

→ *Genua* im → *Radialschnitt* zu → *Kopf* und → *Schothorn* des Segels (Biradialschnitt).

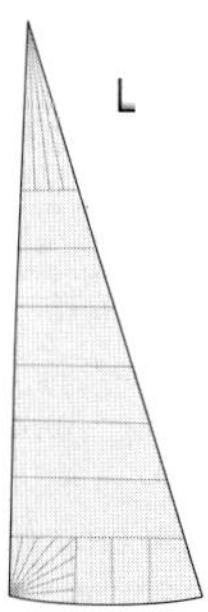

L

Eine → *Fock* als → *Arbeitssegel* im → *Horizontalschnitt* mit radialen Ecken.

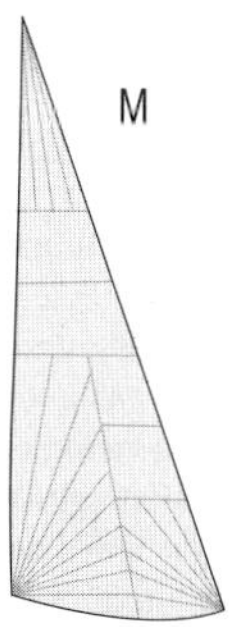

M

→ *Fock* mit → *Radialschnitt* und → *Horizontalschnitt.*

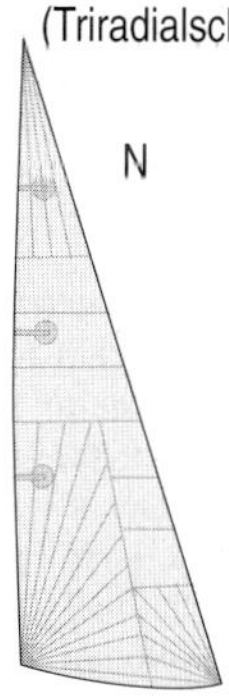

N

→ *Selbstwendefock* im → *Radialschnitt* und → *Horizontalschnitt* mit → *Segellatten.*

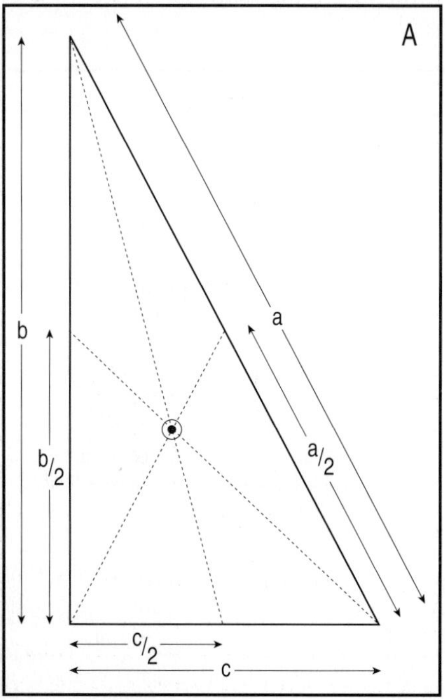

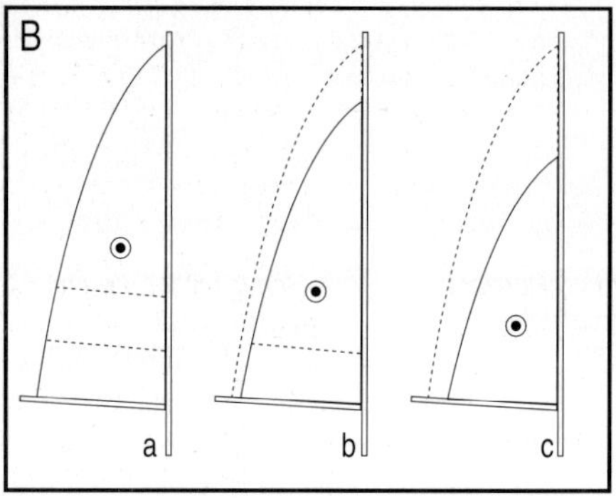

auf einem →*Segelriß* liegt auf der Verbindungslinie der beiden Einzelschwerpunkte mit einem zur Fläche umgekehrt proportionalen Verhältnis der beiden Streckenabschnitte. Bei der →*Konstruktion* eines Bootes liegt der S. →*längsschiffs* eine kurze, nach einem Erfahrungswert gewählte Strecke (ca. 5–10 % der LWL) vor dem Lateralschwerpunkt. In der Praxis ist dann für das →*Richtungsgleichgewicht* unter allen Bedingungen gesorgt. Der S. verändert seine Lage auch beim →*Reffen* (Abb. B), nicht nur horizontal, sondern auch vertikal. Der S. hat jedoch nur theoretischen Wert. Beim Segeln selbst muß man beachten, daß jedes Segel entsprechend seiner →*Segelwölbung* bei unterschiedlichem →*Anstellwinkel* und wechselnden →*Windgeschwindigkeiten* in ihrer Position nicht festliegende, sondern im Bereich um den S. herum wandernde →*Segeldruckpunkte* hat, die auf das Richtungsgleichgewicht unterschiedlich einwirken: Sie führen zu →*Luvgierigkeit* und →*Leegierigkeit.*

Segelstell, das *(suit of sails, set of sails)* Das Sortiment oder die Garnitur der →*Segel,* die eine →*Yacht* an Bord hat. Als ein →*Stell* von Segeln galten ursprünglich nur die →*Arbeitssegel.* Heutzutage wird darunter allgemein die →*Amwind-Besegelung* mit ihren →*Haupt-* und →*Beisegeln* verstanden, z. B. als →*Vorsegel* je eine →*Genua 1,* Genua 2 und Genua 3, eine →*Fock 1* und eine →*Sturmfock,* ein →*Reacher,* →*Tallboy,* →*Big Boy* (→*Lee-Spinnaker*) und eine →*Spinnaker-Genua.* Bei einer Yacht, die eine →*Regatta* nach →*IMS* segelt, besteht das erlaubte S. demgegenüber bei einer IMS-Länge von z. B. 13,00 m aus 4 großen →*Focks* (→*LPG* über 1,1 x J), 3 kleinen Focks (LPG unter 1,1 J), einem leichten Stagsegel, drei →*Spinnakern* sowie je einem →*Großsegel,* einem →*Trysegel,* einer →*Sturmfock* und einer Schwerwetterfock.

Segelstellungen, die *(points of sailing)* Die mit Hilfe der →*Schoten* regulierten Winkel zwischen

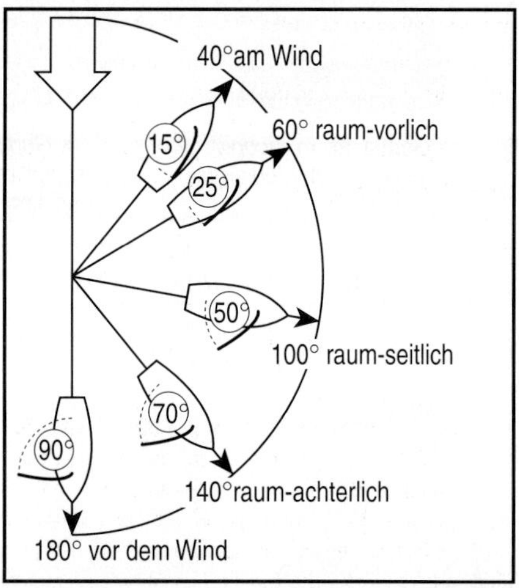

→*Mitte Schiff* bzw. der →*Längsschiffsrichtung* des Bootes und der Segelebene, z. B. am →*Großbaum.* Da das Segel selbst nach Möglichkeit immer mit →*optimalem Anstellwinkel* zum →*Bordwind* oder →*scheinbarem Wind* →*getrimmt* ist, verändern sich die S. von →*dichtgeholten* Segeln auf dem →*Amwindkurs* (ca. 15 bis 20°) über hartraum oder →*raum-vorlich* (ca. 30°), →*raum-seitlich* oder mit →*halbem Wind* (ca. 60°) bis →*raumachterlich* oder →*Backstagswind* (ca. 90°), ehe das Segel →*vor dem Wind* in ebenfalls einem rechten Winkel zur Kielrichtung steht, aber nicht mehr als →*aerodynamisches* →*Profil,* sondern nur noch als →*Windfang* arbeitet.

Segelsurfbrett, das *(sailboard)* Ein einfaches, aber unkonventionelles →*Segelboot,* das mit der →*Eintypklasse* „Mistral" zu den →*olympischen Klassen* gehört und mit dem →*Regatten* nach den →*Wettfahrtregeln*

(→*WR*) mit einigen offiziellen Änderungen, die im Anhang B verzeichnet sind, ausgetragen werden. Ein S. ist ein →*Segelfahrzeug* in der juristischen Bedeutung, d. h. es hat nach den →*KVR* die gleichen Rechte und Pflichten wie jede andere, größere →*Jolle* oder →*Yacht.* Ein S. wird hauptsächlich von einem einzigen Segler/einer einzigen Seglerin benutzt, doch kann ein (verlängertes) S. auch mit mehreren →*Masten* ausgerüstet und von mehreren Personen gesegelt werden. Ein S. von ca. 3,50 m Länge ist praktisch ein früher nur manuell zum →*Surfen* genutztes, →*hydrodynamisch* geformtes und durch Ausschäumen unsinkbar gemachtes Brett, das an einem allseitig dreh- und schwenkbaren gebogenen →*Mast* ein ca. 3–5 qm großes Segel (mit Fenster und →*Segellatten*) trägt, das mit seinem →*Vorliek* über eine Masttasche mit ihm verbunden ist. Der Mast, der weder →*Wanten* noch →*Stagen* hat, wird vom Segelsurfer an einem →*Spreizbaum* festgehalten, und das Segel wird hieran von Hand für alle →*Amwind-* und →*raumen* Kurse getrimmt. Ein schmales, in einen →*Schwertkasten*

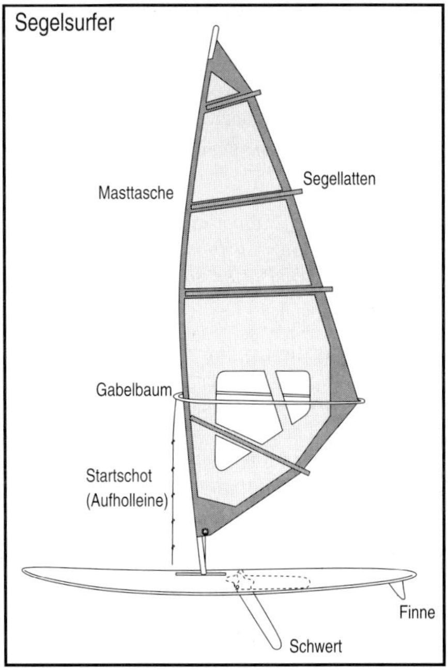

versenkbares →*Schwert* und eine kleine →*Flosse* (Finne) am →*Heck* sorgen als →*Lateralplan* für den nötigen Seitenwiderstand im Wasser und die erforderliche →*Richtungsstabilität.* Da ein S. kein →*Ruder* hat, kann es nur seinen →*Kurs* ändern, indem man hierzu die Position des →*Lateraldruckpunktes* zum →*Segeldruckpunkt* verändert: Mehr →*Mastfall* nach vorn bewirkt dabei ein →*Anluven,* mehr Mastneigung nach →*achtern* ein →*Abfallen.* Da ein S. nicht wie eine Jolle →*krängen* kann, wenn der Wind auffrischt, wird statt dessen der Mast →*querschiffs* nach →*Luv* getrimmt, so daß der Surfer praktisch unter dem Baum hängt. Ein S. wiegt ca. 15 kg, mit →*Rigg* ca. 25 kg, und sollte ein Überschußvolumen von mindestens 100 Litern zum Gewicht des Surfers haben. Das bedeutet für eine 75 kg schwere Person ein S. mit mindestens 200 daN →*Auftrieb* oder 200 Liter Brettvolumen. Das nur mit dem →*Schothorn* am Gabelbaum angeschlagene Segel ist ca. 6 m^2 groß, doch benutzen Kinder kleinere Segel (max. 3 m^2) und Frauen bzw. Jugendliche Segel von nur 3,5–4,5 m^2 Fläche. Ein S., das sich vom Wasser abheben kann, wird →*Funboard* genannt.

Segelsurfbrett mit mehreren Masten, das *(multi-mast sailboard)* Ein sehr langes →*Segelsurfbrett,* das mehrere Masten hintereinander trägt und dementsprechend von mehreren Personen gesegelt wird, die je ein →*Segel* bedienen. Die früheren →*IWB* enthielten in ihrem Anhang spezielle Regeln, die bei einer →*Regatta* mit mehrmastigen Segelsurfbrettern die üblichen Wettsegelbestimmungen ergänzten. In den seit 1997 geltenden →*Wettfahrtregeln* sind diese Zusätze nicht mehr enthalten.

Segelsurfer, der *(sailboarder)* Ein →*Segler,* der mit einem →*Segelsurfbrett* oder →*Surfbrett* segelt, auch →*Windsurfer,* Surfer oder Brettsegler genannt.

Segeltechnik, die *(sailing techniques)* Die Fertigkeiten, ein →*Boot* unter →*Segeln* unter allen Bedingungen richtig zu manövrieren, es bei jedem Wetter auf den gewünschten →*Kursen* zu einem Fahrtziel zu bringen und insbesondere beim →*Regattasegeln* die →*optimale Leistung* zu erzielen. Es gehört zur S., dem Boot mit gutem →*Segeltrimm* das beste →*Richtungsgleichgewicht* zu geben, es durch →*Ausreiten* oder mit dem →*fliegenden Trapez* weitgehend →*aufrecht* zu segeln, den →*Lateraldruckpunkt* durch →*Trimmen* mit der Besatzung und durch Führung des →*Schwertes* zu verschieben, den →*Segeldruckpunkt* durch →*Schotführung,* Änderung der →*Segelwölbung* (des →*Großsegels)* und gute Auswahl von →*Beisegeln* bestmöglich auf den Lateraldruckpunkt abzustimmen und jederzeit für die richtige →*Segelführung* zu sorgen.

Segeltragvermögen, das *(sail carrying capacity)* Das S. einer →*Yacht* wird (neben der →*Völligkeit* ihres Rumpfes) erstrangig von ihrer →*Breite* und ihrem →*Ballast* bestimmt und als →*Stabilität* bezeichnet: Bei →*Jollen* mit →*Formstabilität* versucht man, das S. durch →*Ausreiten* der Crew mit →*Ballastkleidung,* einen →*Gleitsitz* oder Arbeit im →*Trapez* zu vergrößern. Auf →*Seekreuzern* mit →*Gewichtsstabilität* sind →*Ballasttanks* im Einsatz, und es wird die auf der →*Luvseite* mit →*außenbords* hängenden Beinen sitzende →*Crew* als →*lebender Ballast* im →*Rennsegeln* eingesetzt. Ein →*Segelschlitten,* ein →*Segelwagen* und ein →*Mehrrumpfboot* erhalten ihre S. durch →*Spreizstabilität,* bei der die Wirkungszentren der →*Querstabilität* weiter auseinander liegen als bei einem →*Einrumpfboot.*

Segeltragzahl, die Ein Kriterium der →*Yachtkonstruktion* oder eines →*Yachttests* für die Segelleistung einer Yacht und die Feststellung von Leistungsdifferenzen unterschiedlicher Schiffe. Sie wird auch →*relative Segelfläche* genannt und nach der gleichen Formel

$$\frac{\sqrt{S}}{\sqrt[3]{D}} \quad \text{oder} \quad \frac{\sqrt{AS}}{\sqrt[3]{V}}$$

ermittelt. So erhält z. B. die →*Admiral's-Cup-Einheitsklasse* „Mumm" einen Wert von 4,76, der sie als schnelle Hochsee-Rennyacht ausweist. Eine →*stäbige* Hochsee-Fahrtenyacht (z. B. Typ Hallberg-Rassy) hat eine S. von 4,2–4,3. Zwischen 4,5 und 4,7 liegt die Masse der Serien-Seekreuzer für schnelle →*Küsten-* und (begrenzte) →*Seefahrt.* Kompromisse zwischen Fahrten- und →*IMS-Konstruktionen* bringen die S. auf 5,0. Ausschließlich zum →*Rennsegeln* gebaute →*Seekreuzer* liegen über diesem Wert und können als →*übertakelt* gelten. Die Gruppe der (→*untertakelten)* →*Motorsegler* hat eine S. um 4,0. Für →*Trimarane* ergibt sich die höchste S. von 6,0 und darüber.

Segeltrimm, der *(trim of sails, sail balance)* Die Arbeit der →*Crew,* das oder die →*Segel* auf dem gewählten →*Kurs* so einzustellen, daß sie als →*aerodynamische Profile* ihre →*optimale Leistung* vollbringen. Dabei arbeitet sie mit →*Cunningham-Kausch* und →*Schothornausholer,* →*Abflacher,* →*Patent-* oder →*Bindereff,* →*Niederholer* und →*Schoten,* →*Traveller* und →*Leitösen,* →*Beiholern,* →*Streckern* u. a.

Segeltuch, das *(sailcloth, canvas)* Ein früher aus Flachs, dann aus Baumwolle und jetzt aus →*Chemiefasern* gefertigtes textiles Gewebe für die besonderen Anforderungen, die an ein →*Segel* gestellt werden. Damit es keinen →*Reck* erhält, müssen ungewöhnlich feste Tuche gewählt werden, in denen die →*Schußfäden* quer zu der →*Kette* bzw. den Kettfäden unter starker Spannung gewebt werden. Seine glatte, nahezu luftundurchlässige Oberfläche mit geringem →*Reibungswiderstand* erhält das S. durch eine Nachbehandlung, die man mit dem Aufwalzen einer Appretur vergleichen kann. Üblich ist es, auch das Material, aus dem man eine →*Persenning,* einen →*Segelsack,* einen →*Seesack,* ein →*Relingskleid* o. ä. fertigt, als S. zu bezeichnen, doch handelt es sich dann um andere, meist geringere Qualität. Für die unterschiedlich große →*Segelfläche* werden entsprechende →*Segeltuchgewichte* benutzt. S. wird heute hauptsächlich aus →*Polyesterfasern* mit den Markennamen →*Polyant,* →*Dacron,* →*Terylene* u. a., aus →*Polyamidfasern* mit den Markennamen →*Perlon* und →*Nylon,* die allesamt jedoch bei jahrelanger Verwendung durch ultraviolette Sonnenstrahlen gefährdet sind, aus →*Mylar,* →*Kevlar* und anderen Materialien hergestellt sowie in Kombinationen von ihnen zu →*Sandwich-Segeltuch* und →*Hybridgeweben* gefertigt, z. B. mit →*Kette* aus →*Kevlar* und →*Schuß* aus →*Dacron* oder umgekehrt.

Segeltuchgewicht, das *(weight of sail cloth)* Das für die verschiedenen →*Hauptsegel* und →*Beisegel* und für die entsprechenden Segelgrößen unterschiedliche Gewicht des →*Segeltuchs* wird in Gewicht pro Fläche angegeben, doch ist diese Bezeichnung uneinheitlich und manchmal sogar verwirrend. So entsprechen z. B. 10 „britische Unzen" (Unzen pro Quadratyard) 8 „amerikanische Unzen" (Unzen pro Bahnbreite von 28,5 Zoll), und beide sind identisch mit 332 g pro m^2 (g/m^2) im metrischen System. Die weite Spanne der Segeltuchgewichte reicht von ca. 25 g/m^2 bei einem →*Spinnaker* für leichtes Wetter (ca. 50 m^2) über 125 bis 270 g/m^2 für eine →*Fock* von ca. 25 m^2 bis zu ca. 300 bis 360 g/m^2 für ein →*Sturm-Treisegel* von ca. 15 m^2. Die Abb. zeigt: A metrisches System (g/m^2). B britische Unzen. C amerikanische Unzen.

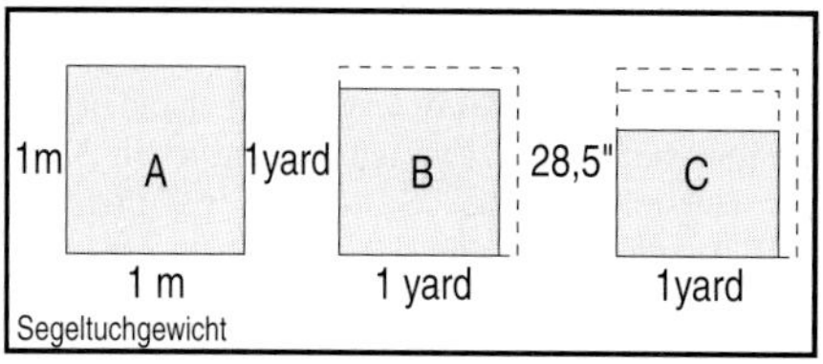

Segeltuchgewicht

Segelvermessung, die *(sail measurement)* 1. Die →*Vermessung* jedes einzelnen Segels durch geometrisches Ausmessen seiner Fläche zwischen den gegebenen Eckpunkten →*Kopf,* →*Hals* und →*Schothorn* sowie der →*Mittelbreite* oder anderer zusätzlicher Abmessungen zur gleichzeitigen Feststellung der erlaubten →*Segelwölbung.* – 2. Die Bewertung der ermittelten Segelfläche bezüglich ihres →*Wirkungsgrades,* um die →*vermessene Segelfläche* für den →*Rennwert* eines →*Ausgleichers* oder in einer →*Konstruktionsklasse* zu erhalten. So kann z. B. die Fläche des →*Vorsegeldreiecks* nur mit 75 % bewertet oder die geometrische Fläche einer →*Genua* durch ihren besseren Wirkungsgrad ohne störenden Einfluß des →*Mastes* um 30 % gegenüber dem →*Großsegel* aufgewertet werden.

Segelwagen, der Ein dreirädriger, gummibereifter, zum →*Regattasegeln* gebauter Wagen, der wie ein →*Segelboot* die →*Windenergie* am →*Segel* zur Fortbewegung ausnutzt und insbesondere am Strand und in Wüstengebieten mit hartem, ebenem Untergrund benutzt wird. S. stammen aus den Niederlanden, wo sie im Mittelalter benutzt wurden, und dienen in ihrem, an den →*Segelschlitten* erinnernden Aufbau, in unserer Zeit den Strandseglern als Sportgerät.

Segelwölbung, die (Segelbauch, der) *(camber of sail)* Das →*Profil* eines Segels, das durch die Kammertiefe (in Prozenten oder in Zehnteln zur Segelbreite) und die Lage des Scheitelpunktes (als Abstand zum →*Vorliek* oder zur →*Anströmkante)* angegeben ist. Man benutzt heute weitgehend nur ein →*Großsegel,* dessen S. sich für die besonderen Erfordernisse des →*Kreuzkurses* und des →*raumen Kurses* sowie für →*leichtes* und →*schweres Wetter* mit Hilfe von →*Cunninghamkausch,* →*Schothornausholer,* →*Halseinholer,* →*Abflacher* u. a. Hilfsmittel zum →*Trimmen* für die jeweiligen →*optimalen Bedingungen* verändern läßt.

Segelyacht, die *(sailing yacht, pleasure sailing yacht)* Nach dem Antrieb ein →*Segelboot,* nach den →*KVR* ein →*Segelfahrzeug,* für das bei weniger als 20 m Länge erleichterte Bedingungen der →*Lichterführung* u. a. gelten, und nach den →*SOLAS-Bestimmungen* eine „Vergnügungsyacht, die nicht dem Handelsverkehr dient". Nach den →*Klassifikations- und Bauvorschriften* des →*Germanischen Lloyd* (GL) ein →*gedecktes* Fahrzeug mit fest installierter Motorenanlage und →*Ballastkiel,* bei dem das Verhältnis von →*Segelfläche* zur →*Verdrängung* (die →*relative Segelfläche)* größer als 3,5 ist.

Segelzeichen, das *(sail emblem)* Dem Kraftfahrzeug-Kennzeichen vergleichbares Unterscheidungszeichen für Boote aller Größen, das im oberen Teil des →*Großsegels* beidseitig lesbar angebracht ist und aus dem →*Nationalitätszeichen,* dem →*Klassenzeichen* und der →*Registriernummer* besteht (siehe Tafel im Anhang).

Segler, der *(1. yachtsman, 2. sailer, sailing ship, sail ship)* 1. Ein Yachtsegler, der den Segelsport zum Vergnügen betreibt. – 2. Sammelbezeichnung für →*Segelfahrzeug* und diesbezüglich Bestandteil in zusammengesetzten Substantiven wie →*Motorsegler,* →*Schnellsegler* u. a.

Seglerantrieb, der *(sail drive)* Eine für →*Serienboote* viel benutzte →*Antriebsform,* bei der →*Motor,* Getriebe und →*Schwanzwelle* mit →*Propeller* eine kompakte Einheit bilden, die direkt auf dem Bootsboden montiert werden kann. Dabei wird die Propelleranlage durch eine Öffnung im →*Unterwasserschiff*, die anschließend mit Gummidichtungen verschlossen wird, nach außen geführt. Eine aufwendige Wellenanlage und das →*Stevenrohr* entfallen (Abb.).

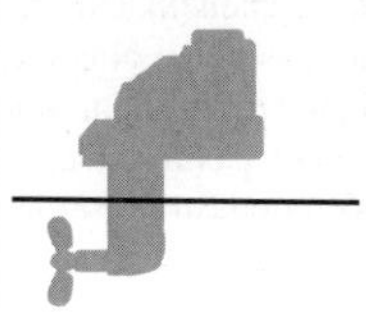
S-Antrieb (Saildrive)

Seglerkleidung, die *(clothes for sailing)* Die für jedes Wetter richtige, gesunde und zweckentsprechende Kleidung des →*Seglers* und zum →*Segeln.* Dazu gehören →*Segelschuhe* oder →*Seestiefel,* →*Ölzeug,* →*Jollenhose,* →*Naßanzüge* und Pullover für kaltes bzw. entsprechende Strickhemden und Windjacken für wärmeres, aber auch dann natürlich windiges Wetter.

Seglerlichter, die Die zusätzlich zu →*Seitenlichtern* und →*Hecklicht* von einem Segelfahrzeug in Fahrt nach Regel 25, c, der →*KVR* erlaubten, an oder nahe der Mastspitze (dem →*Masttopp*) geführten zwei →*Rundumlichter* senkrecht übereinander, wo sie am besten gesehen werden können, und zwar das obere rot, das untere grün. Sie müssen mindestens 2 Seemeilen weit sichtbar sein, doch dürfen sie nicht zusammen mit einer →*Dreifarbenlaterne* geführt werden.

Seglerrat, der Organ des →*Deutschen Segler-Verbandes,* das je zur Hälfte aus den Vorsitzenden der Landesseglerverbände und den vom →*Seglertag* gewählten Mitgliedern besteht. Er tritt turnusmäßig mindestens zweimal in jedem Kalenderjahr zusammen. Seine Rechte und Pflichten sind in den §§ 8 und 9 des →*Grundgesetzes des DSV* niedergelegt.

Seglertag, der Organ des →*Deutschen Segler-Verbandes,* das aus den Delegierten der ordentlichen Mitglieder besteht und alle 2 Jahre (in der Zeit vom 15.10. bis 30.11.) stattfindet. Seine Rechte und Pflichten sind in den §§ 6 und 7 des →*Grundgesetzes des DSV* festgelegt.

seicht *(shallow, shoal)* Flach, auf ein Gewässer mit geringer Wassertiefe bezogen.

Seil, das *(rope, cable, line)* Sammelbezeichnung für jede Art von →*Tauwerk.* Man unterscheidet nach dem Werkstoff →*Draht* und →*Fasertauwerk,* bei den Faserseilen zwischen →*Chemie-* und →*Naturfasern,* die entweder →*geflochten* oder →*geschlagen* und in mehreren →*Verseilstufen* aus →*Garnen* über →*Litzen* zu →*Kardeelen* und dann über ein S. mit →*Trossenschlag* zu Seilen mit →*Kabelschlag* gefertigt werden. Auch das Tauwerk an Bord wird (etwas abweichend vom herkömmlichen Sprachgebrauch des →*Seglers)* offiziell nach der deutschen Normenbezeichnung DIN 83305: →*Faserseile (*Teil 1: Übersicht; Teil 2: Begriffe; Teil 3: Anforderungen) behandelt und als „S." bezeichnet. Die unterschiedlichen Arten der Herstellung eines S. werden →*seilflechten* und →*verseilen* genannt.

seilflechten *(to plait)* Sammelbezeichnung nach DIN 83305 für das Verkreuzen, Verschlingen und andere Arten des Verflechtens von →*Garnen* oder →*Litzen* zu einem →*geflochtenen Faserteil* und anderen Arten von →*Fasertauwerk.*

Seilhülse, die *(rope socket)* Auch →*Terminal* genanntes Endstück für →*Drahttauwerk,* das unterschiedliche, offene oder geschlossene Form haben und im Gegensatz zum →*Spleißen* (mit Kauschenspleiß) durch Preß- oder Walzwerkzeuge einfacher befestigt werden kann.

Seilklemme, die *(rope clip)* Als →*Drahtseilklemme* zur schnellen Befestigung eines →*Endes* an

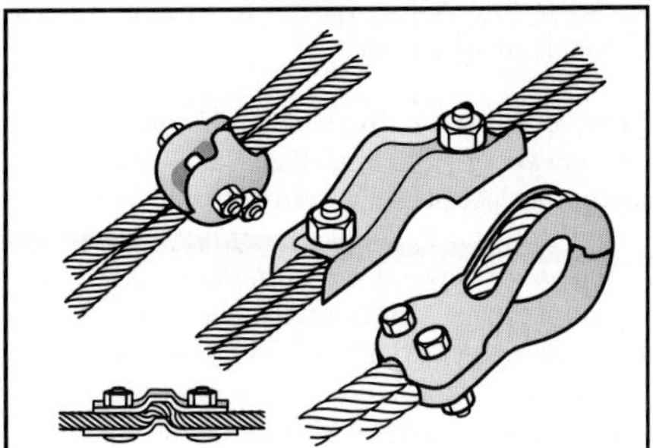

einem →*Beschlag* (einem →*Pütting)* benutzt, z. B. im Falle einer →*Havarie,* wenn →*Terminals* nicht aufgebracht werden können und →*Spleißen* zu langwierig oder unmöglich ist.

Seite, die *(side)* Nautisch vielfältig und meistens alternativ gebraucht, z. B. →*Backbord-* oder →*Steuerbord-S.,* →*Luv-* oder →*Lee-S.,* Vorder- oder Rücks. Sinngemäß sind die →*Seitenbezeichnung,* →*Seitenbestimmung,* →*Seitenpeilung,* →*Seitenlaterne* und das →*Seite pfeifen,* eine früher übliche Ehrenbezeigung in der Marine, zu verstehen.

Seite pfeifen *(to pipe the side)* Akustische Aufforderung zur Ehrenbezeigung für einen →*Offizier* der →*Marine* während seines An- und Vonbordgehens mit einem langanhaltenden schrill-modulierten Doppelton aus der →*Bootsmannsmaatenpfeife.* Auf den Pfiff „Seite" unterbrechen alle in der Nähe des →*Fallreeps* stehenden Soldaten (Unteroffiziere und Matrosen) ihre Arbeit und nehmen Haltung an. Die Offiziere grüßen.

Seitenbestimmung, die *(sensing)* In der früheren →*Funknavigation* die Prüfung der (alternativen) →*Seite* bei einer Funkpeilung mit dem →*Dreh-* oder →*Kreuzrahmen.* Die Zweideutigkeit um 180° wird durch Ankoppeln einer Hilfsantenne aufgehoben.

Seitenbezeichnung, die *(lateral system)* International übliche Kennzeichnung der →*Seite* eines →*Fahrwassers* durch →*Seezeichen,* die die →*Steuerbord-Fahrwasserseite* so eindeutig bezeichnen, daß sie nicht mit der →*Backbord-Fahrwasserseite* verwechselt werden kann.

Seitendeck, das *(side deck)* Die in Längsschiffsrichtung seitlich neben dem →*Kajütaufbau* liegenden begehbaren Flächen des Decks.

Seiteneinfall, der *(tumble-home)* Spantenkurve eines Bootes, dessen Decksbreite kleiner als die größte →*Breite über alles* ist (Abb.), die immer über der →*Breite* in der Wasserlinie liegt. Man läßt die Bordwand bei →*Seekreuzern* in ihrem oberen Bereich und im →*Mittelschiff* aus Gründen der →*Vermessung* und des geringeren →*Wasserwiderstandes* bei starker →*Krängung* oft nach innen einfallen, seitdem dies im Bootsbau aus →*GFK* leicht möglich ist.

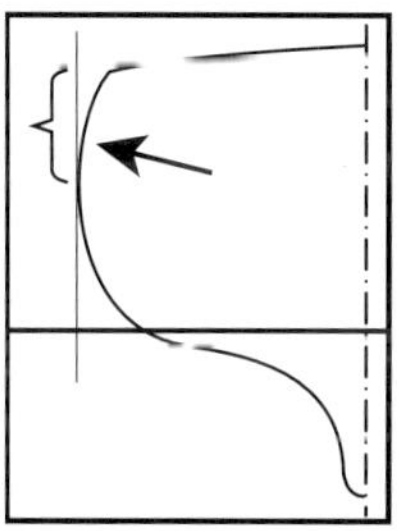

Seitenfenster, das *(side window, side light, porthole)* Fenster in der Seitenwand der →*Kajüte* oder in der Außenhaut des →*Rumpfes,* das sich öffnen läßt. Es ist mit Sicherheitsglas (gegen →*Seeschlag)* und mit →*Vorreibern* versehen. Oft gibt es zu ihm passende Metallblenden als zusätzlichen Schutz.

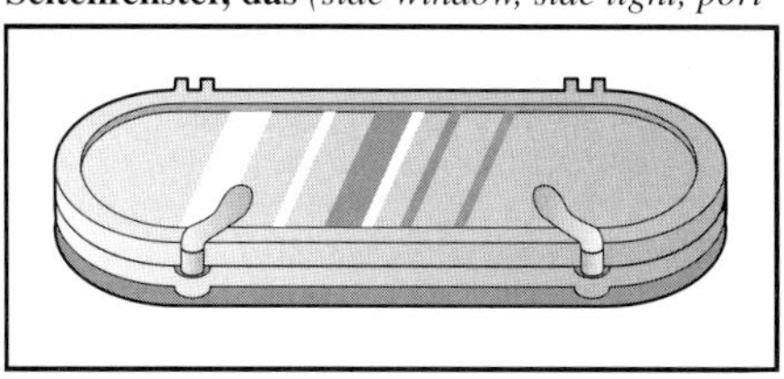

Seitenhöhe, die *(depth, [height])* Die auf halber Länge eines →*Schiffes* (seltener auf →*Yachten)* gemessene Höhe von Oberkante →*Kiel* bis zum →*Deck* bzw. die Summe von →*Tiefgang* und →*Freibord.* Im Deutschen wird der Begriff „von unten gesehen" („Höhe"), im Englischen dafür „von oben gesehen" („Tiefe").

Seitenlaterne, die *(side lantern)* Eine farbige →*Laterne,* die mindestens 1 m tiefer als die →*Topplaterne* und an der größten →*Breite* angebracht ist. Sie hat einen Sektor von →*recht voraus* bis 22,5° (2 →*Strich)* achterlicher als querab mit einem →*Leuchtwinkel* von 112,5° und zeigt unterschiedliche Farben: an →*Steuerbordseite* grünes und an →*Backbordseite* rotes →*Licht.* Die S. muß so gehaltert sein, daß sie nur auf der betreffenden →*Seite* des Fahrzeuges gesehen werden kann. Anstelle einer einzelnen S. sind auch →*Zweifarbenlaternen* oder →*doppelfarbige* S. erlaubt.

Seitenlicht, das *(side light)* Das nach den →*KVR* in den entsprechenden →*Seitenlaternen* an der →*Steuerbordseite* geführte grüne und an der →*Backbordseite* geführte rote →*Licht,* das mindestens 2 sm weit sichtbar und richtig abgeschirmt sein muß. Alle →*Fahrzeuge* unter 20 m Länge können die Seitenlichter auch in einer →*Zweifarbenlaterne* oder →*doppelfarbigen* Seitenlaterne führen.

Seitenpeilung, die *(relative bearing on the bow)* Ursprünglich und korrekt als Richtungsangabe auf einer →*Seite* zur →*Längsschiff-* oder →*Kielrichtung,* alternativ zur →*Steuerbord-* und →*Backbordseite* bezogen und in →*Strich* und später auch in Graden oder in Dez (10°) angege-

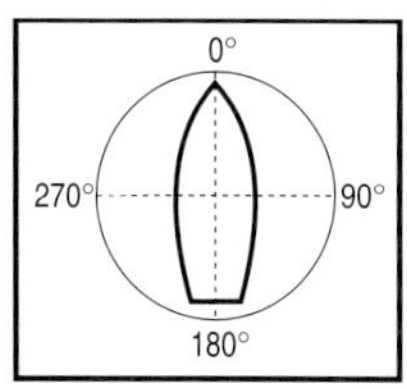

ben. Daraus als volle →*Richtungsrose* in Form einer →*Peilscheibe* mit 000° am →*Bug,* 180° am Heck und 090° nach Stb. →*querab,* sowie 270° nach Backbord querab entwickelt, was besser als →*relative Bordpeilung* oder Schiffspeilung bezeichnet wird. Nach der eigentlichen S. kann z. B. eine →*Landmarke* 3 →*Strich* Steuerbord voraus in →*Sicht* oder ein Fahrzeug 2 Strich Backbord achteraus außer Sicht kommen.

Seitenschwert, das *(lee-board)* Von älteren, größeren, flachbodigen Frachtseglern benutztes, schwenkbar an jeder →*Seite* befestigtes Schwert, das auch heute noch bei holländischen Plattboden-Yachten (z. B. einer →*Tjalk)* im Gegensatz zu üblichen →*Mittel-* oder →*Kimmschwertern* (bei →*Jollen)* benutzt wird. Ein S. benötigt keinen →*Schwertkasten,* doch ist meistens nur das →*Leeschwert* gefiert und das durch →*Krängung* nur teilweise wirksame und durch →*Seegang* gefährdete Luvschwert in den Schutz der Bordwand angeheißt.

Seitenverhältnis (eines Segels), das *(aspect ratio)* In der →*Aerodynamik* oft, aber nicht ein-

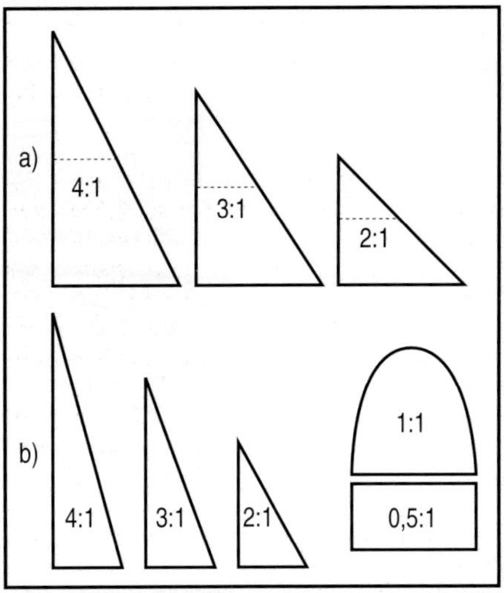

heitlich als das „Verhältnis der Segelhöhe zur mittleren Breite des Segels" definiert, nach dem z. B. Segel mit gleicher →*Segelfläche* und gleichem S., aber mit unterschiedlicher Form (als →*Hochsegel* oder →*Gaffelsegel)* auf ihre vergleichbare Leistungsfähigkeit geprüft werden können (Abb. a). In der üblichen Seglerterminologie wird S. hingegen z. B. beim →*Großsegel* als das Verhältnis von Länge des →*Mastlieks* zur Länge des →*Baumlieks* verstanden. Ein schmales, hohes und damit langgestrecktes Segel hat ein „großes" oder „hohes" S. (Abb. b), z. B. 4:1, ein breites oder niedriges ein „kleines" S., z. B. 2:1.

Sektor, der *(sector)* Als Kreisausschnitt bei →*Leuchtfeuern* der durch gleiche →*Kennung* o. ä. gekennzeichnete Winkelbereich, z. B. als →*Leitsektor,* →*Richtsektor* u. a. In der →*Funknavigation* früher ein begrenzter Bereich, der z. B. beim →*Consol-Verfahren* einheitliche Punkte oder Striche sendete.

Sektorfeuer, das Ein →*Leuchtfeuer,* das unterschiedliche →*Kennungen* (oft auch unterschiedlicher Farben) über die verschiedenen Teile des →*Horizonts* zeigt und damit →*Sektoren* angibt, die für die →*Navigation* bei →*Nacht* von Bedeutung sind. An den Grenzen eines →*Sektors* kann ein →*unsicherer* Winkel entstehen.

Sekunde, die *(second)* Abk. s. 1. Im →*Internationalen Einheitensystem* die →*Basiseinheit* für die →*Zeit.* Die Zeitlänge einer S. wird atomar definiert. – 2. Maß für das Messen von Winkeln und Bögen, das z. B. beim Bestimmen der →*geographischen Breite* und →*geographischen Länge* benutzt wird. Teil eines →*Grades* und einer →*Minute.*

Sekundenstrecke einer Seemeile, die *(one-sixtieth of a meridian second)* 0,5144 m oder eine →*Meridiantertie,* ein Maß für das Bestimmen der →*Fahrt* in →*Knoten* und die Benutzung des →*Handlogs.*

selbstaufrichtend(es Boot) *(self-righting [boat])* Ein Boot, das sich nach jeder →*Krängung* oder sogar nach einem →*Kentern* wieder allein aufrichtet, d. h. mit eigener Kraft in seine normale Schwimmlage zurückkehrt. Nur bei einem →*Kielboot* mit →*Gewichtsstabilität* ist die →*Stabilität* zum Selbstaufrichten groß genug. Der Begriff „s." wird oft fälschlicherweise als „unkenterbar" bezeichnet. Auch ein Kielboot kann wie eine →*Jolle* kentern. Aber bei einem →*Schwertboot* ist der Versuch des →*Aufrichtens* eine Arbeit der →*Crew,* die nicht unbedingt Erfolg haben muß, während z. B. an einen →*Seekreuzer* die elementare Bedingung gestellt wird, sich auch nach einem →*Über-Kopf-Gehen* selbst wieder aufzurichten.

selbstfassende (selbstholende) Winsch *(self-tailing winch)* Eine →*Winsch* mit einem flachen, an

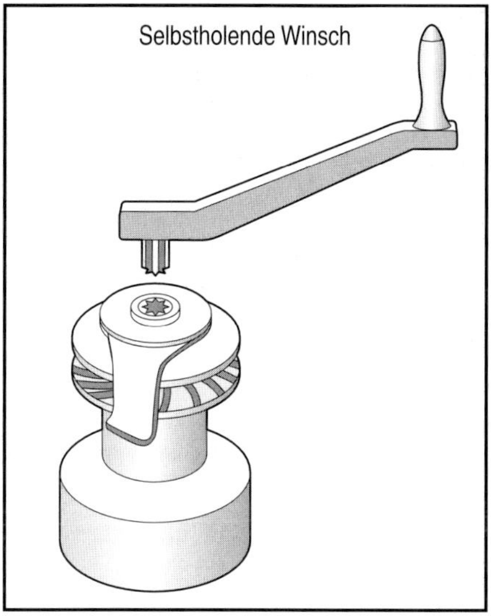

den Kanten ausgehöhlten Trommelaufsatz, in dessen geriffelten Schlitz die →*Schot* oder das →*Fall* nach 3–4 →*Törns* um die Trommel eingelegt wird. Sobald man die Winschenkurbel bedient, preßt sich die →*Leine* in den Schlitz und hält sich hier selbsttätig für einen Dreivierteltörn fest. Ist das Segel gesetzt oder getrimmt, klemmt man das →*Tauwerk* einfach in die Rille, wo es ohne →*Klampe* oder →*Schotklemme* festgehalten wird. Die deutsche Übersetzung des englischen Fachwortes ist unglücklich; denn die selbstholende W. →*holt* ja nicht allein. Diese Arbeit leistet immer noch der →*Vorschotmann* an der Kurbel. Sie erspart nur den zweiten Mann, der die durchgeholte Lose festhalten muß. Eine s. W. ist somit eine ideale Einmann-Winsch.

selbstlenzende Plicht, die *(self-bailing cockpit)* Eine →*wasserdichte Plicht,* die bei einem →*Seekreuzer* mit (sich gegebenenfalls kreuzenden)

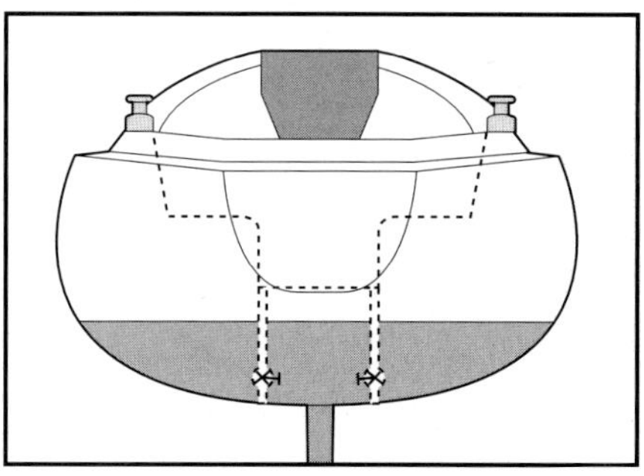

→*Lenzrohren* gebaut ist, damit übergekommenes Wasser auf jedem →*Bug* auch bei größerer →*Krängung* schnell abfließen und sich die Plicht nicht von außen füllen kann. Besteht die Verbindung zwischen Plichtboden und Außenhaut aus Gummischläuchen, die mit Schlauchschellen befestigt sind, sollte man sie durch ein →*Seeventil* abschließen können.

Selbstlenzer, der *(selfbailer)* Unterschiedlich konstruierte →*Lenzventile* im Bootsboden bzw.

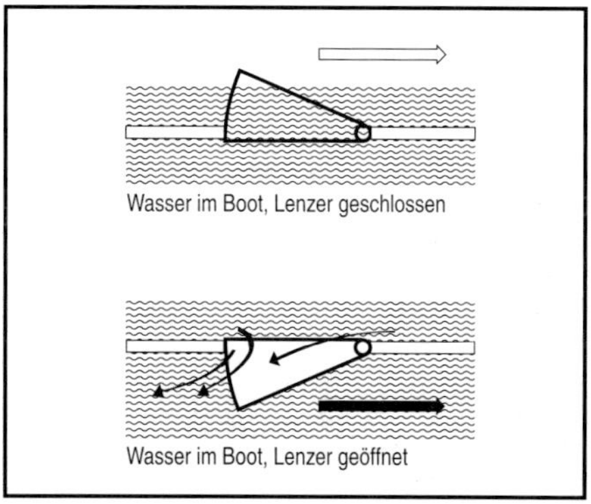

→*Lenzklappen* im →*Spiegel,* die man in →*Fahrt* öffnen kann, damit sie eine →*Jolle* selbsttätig →*lenzen.*

selbstpolierende Hart-Antifouling, die *(self-polishing copolymer antifouling, SPC-hard-antifouling)* Eine Verbesserung der →*Hart-Antifouling* als selbst-aktivierender Schutzanstrich des →*Unterwasserschiffes* gegen →*Bewuchs.* Die bioaktiven Wirkstoffe sind chemisch an ein Bindemittel *(→Matrix)* gebunden, das durch den →*Reibungswiderstand* bei der →*Fahrt* durch das Wasser weggewaschen wird. Dadurch wird nicht nur das Unterwasserschiff in Fahrt poliert, es wird auch die jeweils nächste Schicht der →*Antifouling* aktiviert und ständig eine neue, unverbrauchte Giftschicht dem Wasser dargeboten. Der s. H.-A.-Anstrich kann daher dick und ohne Rücksicht auf mögliche Farbläufer aufgetragen werden. Alle Unebenheiten des Anstrichs schleifen sich später von selbst ab. Zum Entfernen des Anstrichs genügt das Abspritzen mit einem Hochdruck-Reiniger.

Selbststeueranlage, die *(self-steering gear)* Mechanische, elektrische oder andere Einrichtung, mit der die Arbeit des →*Rudergängers* überflüssig gemacht wird. Mit einer S. kann ein Boot auch allein seinen einmal eingestellten und gewünschten →*Kurs* halten. Bei einer einfachen S. wird dabei die (Groß- oder Fock-)→*Schot* direkt zur →*Pinne* geführt, so daß die unterschiedliche Windkraft bei verändertem →*Anstellwinkel* des Segels zum →*Bordwind* das Boot →*anluven* oder →*abfallen* läßt und es immer auf den alten Kurs zurückfällt. Diese S. wird z. B. bei einem →*Passatsegel* benutzt. Eine mechanische S. arbeitet mit einer →*Windfahne,* die auf den Bordwind getrimmt wird und einen Kurs zum Wind beibehält. Die Kurskorrektur wird direkt über ein →*Windfahnenruder* oder indirekt auf eine →*Trimmklappe* an der →*Ablaßkante* des →*Ruderblattes* übertragen, die damit das Ruder legt und die eingetretene →*Luvgierigkeit* oder →*Leegierigkeit* ausgleicht. Besonders →*Einhandsegler* arbeiten mit einer S., die monatelang funktionstüchtig bleibt. Mit elektrischer Energie wird hauptsächlich ein →*Autopilot* betrieben, der jedoch nur für die Einhaltung des gewünschten →*Kompaßkurses* sorgt.

Selbstwendefock, die *(self-trimming jib)* Hohes, schlankes Vorsegel, das vor dem Mast gefahren wird (Abb. A). Das →*Vorliek* nutzt die Länge des →*Vorstags* voll aus. Das →*Achterliek* kann mit kurzen →*Segellatten* gearbeitet werden. Das →*Schothorn* ist mit einer mehrfach gelochten Aluminium-Doppelplatte ausgerüstet, damit die →*Schot* für die jeweils richtige Spannung von Achterliek und →*Unterliek* angeschäkelt werden kann. Sie gleitet querschiffs auf einem →*Leitwagen* oder einer →*Travellerschiene,* so daß die S. beim →*Wenden* wie eine →*Baumfock* ohne →*Fockbaum* selbsttätig übergehen kann und nicht bedient werden muß. Die Travellerschiene ist dabei, dem Radius des Segels folgend, horizontal gebogen und vertikal in Richtung des Schotenzugs nach vorn geneigt. Die Führung der →*Fockschot* erfolgt entweder über einen Umlenkblock am →*Bug* zur Plicht oder, wenn das →*Vordeck* frei bleiben soll (Abb. B), von einem Festpunkt an Deck (1) über eine Umlenkrolle am →*Travellerschlitten* (2) zum Schothorn (3) und einen weiteren →*Block* (4) am Traveller zu einer Umlenkrolle (5) an Deck sowie weiter zur →*Winsch* an der →*Plicht.* Dieses System läßt sich auch auf größeren →*Seekreuzern* einsetzen.

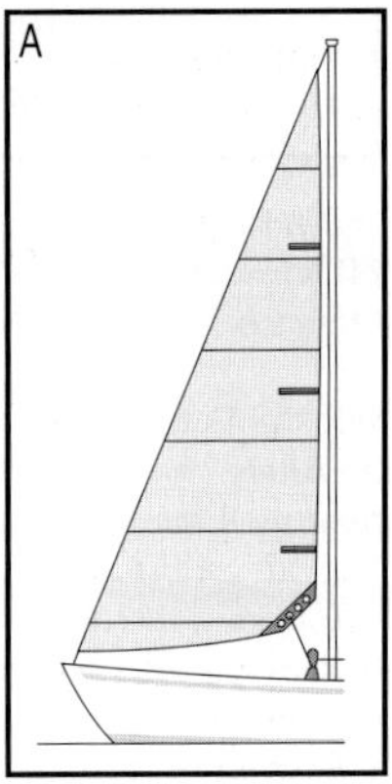

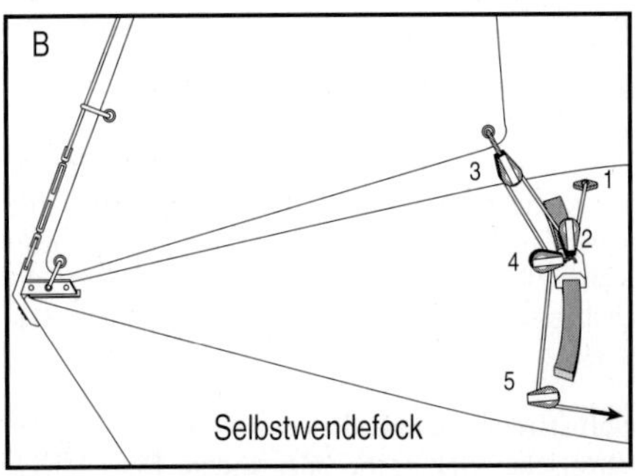

Selektivruf, der; Selektivrufverfahren, das *(selective calling system)* Mit einem S. kann eine →*Küstenfunkstelle* eine →*Seefunkstelle* auch dann über vorliegenden Verkehr informieren, wenn diese nicht besetzt ist. Sie muß dazu jedoch mit einer →*Selektivrufnummer* ausgestattet sein. Bei einer Aussendung eines S. nach dem →*DSC-* oder →*SSFC-System* werden die einzelnen Ziffern der Nummer in Tonfrequenz umgesetzt. Der →*Selektivruf-Decoder* wertet die Tonsignale aus und zeigt den Anruf bei der Seefunkstelle optisch und akustisch an. Ein S. wird sofort nach Eingang eines Funktelegramms oder einer Anmeldung für ein →*Seefunkgespräch* ausgesandt.

Selektivruf-Decoder, der *(decoder for selective calling system)* Ein →*Decoder,* der die im→*Seefunk* übermittelten Ziffern einer →*Selektivrufnummer* in ein optisches und/oder akustisches Signal verwandelt.

Selektivrufnummer, die *(selective calling number)* Die Kennungsnummer einer →*Seefunkstelle* für die Teilnahme am →*Selektivrufverfahren.* Sie besteht im →*SSFC-System* aus 5 Ziffern und im →*DSC-System* aus 9 Ziffern, die nach dem Empfang von einem →*Selektivruf-Decoder* zu einem optischen und akustischen Alarm an Bord aktiviert werden können.

(Digitales) Selektivrufsystem, das (DSC) *(Digital selective calling)* Seit 1.2.1992 zusätzlich zum →*Selektivrufsystem mit Einzeltonfolge* eingeführtes Verfahren im →*Seefunkdienst,* das Bestandteil des weltweiten →*Seenot- und Sicherheitsfunksystems* für die Schiffahrt (→*GMDSS)* ist. Teilnehmer am →*DSC-System* erhalten neunstellige

→*Selektivrufnummern,* über die auch ein →*DSC-Notalarm* ausgelöst werden kann.

Selektivrufsystem mit Einzeltonfolge (*Sequential Single-Frequency Code System)* Das im →*Seefunk* seit 1992 nur noch auf →*UKW* übliche Verfahren, um ein Schiff (eine →*Seefunkstelle)* mit einem →*Selektivruf* über vorliegenden Verkehr zu informieren. Seit dem 1. 2. 1992 gibt es dafür das →*Digitale Selektivrufsystem.*

Semaphor, das *(semaphore)* Ein Zeichengeber oder Zeichenträger, der früher für die (optische)

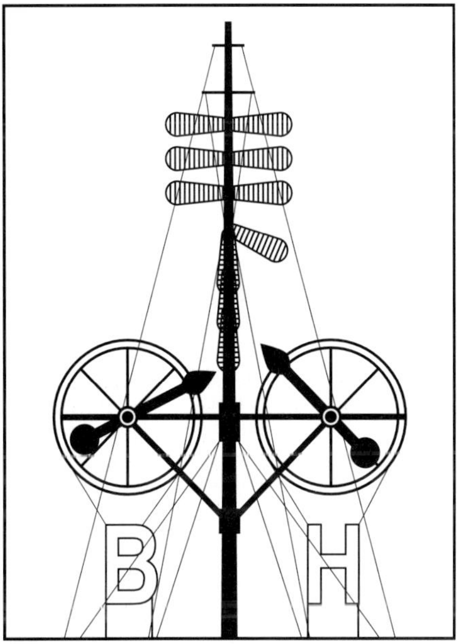

Küstentelegrafie benutzt wurde und heute nur noch als Museumsstück zur Angabe von →*Windrichtung* und →*Windstärke* verwendet wird. Das S. von Cuxhaven gibt z. B. für Borkum Riff (B) und Helgoland (H) die Windrichtung nach der Richtungsrose (NW bzw. ENE) und die Windstärke mit 2 Beaufort-Graden = 1 Flügel an, im Beispiel Bft 6 bzw. Bft 7 (3½ Flügel).

semi-custom *(engl.)* (wörtl. „halb-üblich") Gelegentl. Bezeichnung eines →*Serienbootes* mit der möglichen Verwirklichung von Sonderwünschen für den künftigen →*Eigner.*

Semi-Duplex, Semi-Duplex-Betrieb, der Eine Betriebsart des →*Seefunkdienstes* im →*UKW-Bereich.* Technisch bedingt bedeutet S.-D., daß der Verkehr auf einem →*Duplex-UKW-Kanal* stattfindet, auf dem die →*Seefunkstelle* wechselseitig verkehren kann. Betrieblich bedingt bedeutet S.-D.: Wenn auf einem UKW-Kanal ein normaler Duplex-Verkehr stattfinden kann, jedoch aus betrieblichen Gründen verlangt wird, daß die Seefunkstelle wechselseitig arbeitet. Dies ist beispielsweise im Wechselsprechverfahren mit dem Radarleitdienst notwendig und erwünscht. Beim Sprechen muß die Sprechtaste gedrückt, zum Hören muß sie jedoch losgelassen werden.

Sendeart, die *(transmitting type)* Die Hauptmerkmale für die Betriebsabwicklung im →*Seefunkdienst,* die durch genormte Kennzeichen aus drei Symbolen (Buchstabe-Ziffer-Buchstabe) ausgedrückt werden. Im →*Jachtfunkdienst* werden hauptsächlich die Kürzel →*A 1 A,* →*A 2 A,* →*J 3 E* und →*F 1 B* benutzt. Jede S. ist an bestimmte →*Frequenzen* gebunden. Die in einer speziellen S. verbreiteten Informationen können nur mit den hierzu geeigneten Empfängern abgehört bzw. aufgezeichnet werden.

Senkruder, das *(lifting rudder, lowering rudder)* Ein im →*Ruderkopf* drehbar gehaltertes

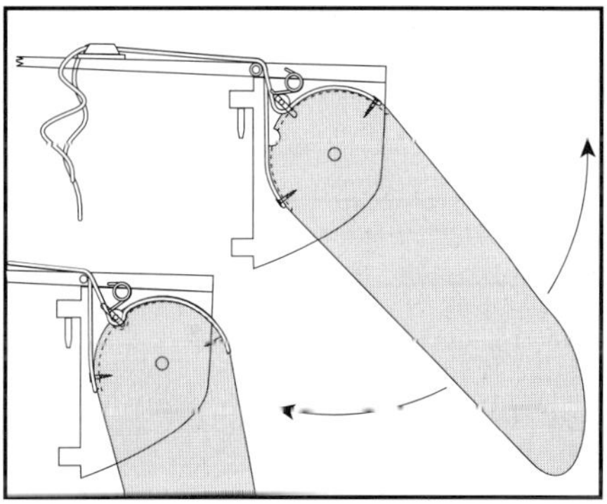

→*Ruderblatt,* das sich mit Hilfe eines →*Aufholers* und →*Niederholers* in jeder beliebigen Tiefe einstellen läßt und hauptsächlich auf →*Jollen* gebräuchlich ist, die beim Fahrtensegeln auch an flachen Stränden landen wollen. Es hat gegenüber einem →*Festruder* den Vorteil, daß man das Ruderblatt bei leichtem Wetter →*anheißen* und beim →*Landen* oder →*Ablegen* vom Strand das gesamte Ruder aus dem Wasser heben kann.

Senkschwert, das *(swinging centreboard)* Ein →*Schwert,* das (im Gegensatz zum →*Steckschwert)* drehbar um einen →*Schwertbolzen* im →*Schwertkasten* gelagert ist und mit →*Aufholer*

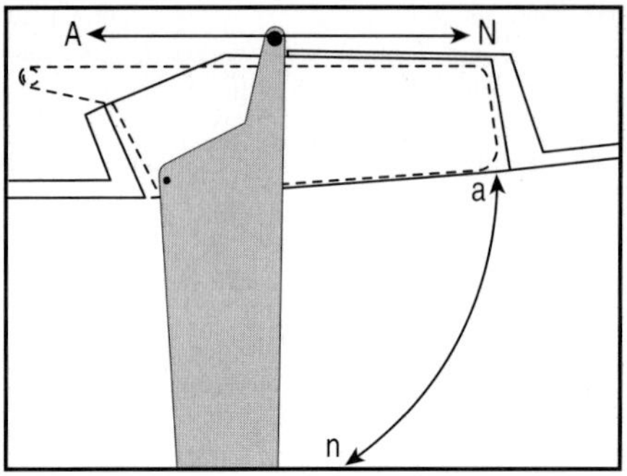

und →*Niederholer* auf jede gewünschte Tiefe eingestellt werden kann.

Sente, die *(diagonal)* In einem →*Linienriß* die zusätzliche Umriß-Kurvenlinie, die hauptsächlich

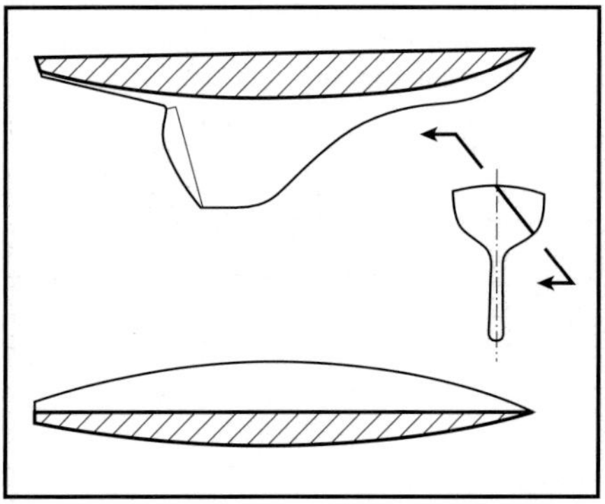

zur Kontrolle des →*Straks* der →*Spanten* gezeichnet ist. Eine S. wird von der Mittschiffsebene aus so durch den Bootsrumpf gelegt, daß sie Spanten möglichst senkrecht schneidet. Sie erscheint im →*Spantenriß* als radiale Gerade. Ihr Schnittpunkt mit der Außenhaut wird im Sentenriß, einem Grundriß unterhalb des Wasserlinienrisses, eingezeichnet. Nur wenn alle Senten als Kontrollkurven →*straken,* ist der Linienriß fehlerfrei.

Serienbau, der *(serial construction, mass production)* Die industrielle Fertigung von typengleichen →*Booten* und →*Yachten*, der Bau von →*seriengefertigten Fahrzeugen.*

Serienbaubescheinigung, die *(certificate of serial construction)* Die schriftliche Bestätigung des →*Germanischen Lloyd,* daß die mit ihr versehene Yacht zu einer Bauserie (aus →*FVK)* gehört, die in vom GL anerkannten Fertigungsräumen und nach von ihm genehmigten Zeichnungen hergestellt wurde sowie zu einer Bauserie gehört, die einer regelmäßigen Besichtigung unterliegt. Das äußere Kennzeichen der Serienbauaufsicht ist die Plakette →*„typgeprüft".*

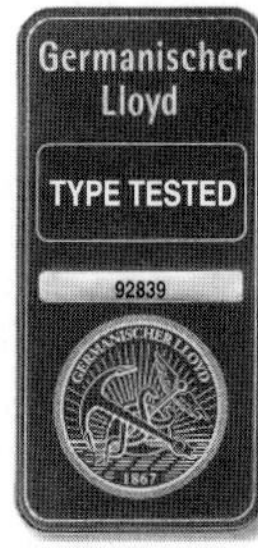

Serienbauüberwachung, die; Serienfertigungsüberwachung, die *(survey of serial construction [of GRP-boats])* Durch Prüfung der Bauunterlagen für den entsprechenden Bootstyp und regelmäßige Bauüberwachung (entweder nur für den →*Rumpf* oder für das gesamte Boot) vom →*Germanischen Lloyd* übernommene Gewährleistung, daß der Betrieb im Bootsbau aus →*FVK* für die Serienfertigung geeignet und im Sinne der GL-Vorschriften zugelassen ist. Boote mit einer S. erhalten eine →*Serienbaubescheinigung* und die Plakette →*„typgeprüft" (type tested).*

Serienbauüberwachung des Schiffskörpers, die *(survey of building of the hull)* Bei der S. eines →*Schiffskörpers* umfaßt die Prüfung den →*Rumpf* mit Innenverbänden und →*Schotten,* die →*Kielflosse* einschl. →*Bodenwrangen,* das →*Deck* mit Aufbauten und →*Plicht,* die →*Püttinge* und den Unterbau des →*Mastes,* den →*Ruderschaft* mit Lager und →*Koker,* den Ruderkörper und die Wetterdichtigkeit aller äußeren Verschlüsse. Wer sich die Anwendung der →*GL-Vorschriften* für den Schiffskörper allein bestätigen lassen will, erhält nach entsprechender Prüfung und Bauaufsicht durch den →*GL* einen Bauschein und die Plakette „Approved hull construction".

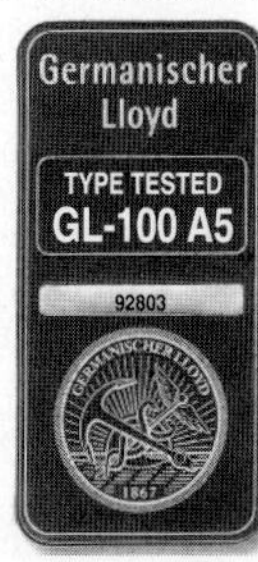

(erweiterte) Serienbauüberwachung, die Hier wird der Prototyp einer Serie vom →*GL* im Sinne einer →*Klassifikation* gemäß 100 A 5 erprobt, bis ein →*Klassenzertifikat* ausgestellt werden kann. Die Prüfungen beziehen sich auf den →*Schiffskörper* einschließlich →*Rigg,* die Maschine und elektrische Anlagen sowie die Verschlußeinrichtungen. Auch die →*Serienfertigung* unterliegt einer entsprechenden Überwachung. Boote mit einer (e.) S. erhalten die Plakette „Type tested GL 100 A 5“.

seriengefertigtes Boot, das *(stock-built boat)* Ein →*Serienbau* einer Bootsfabrik, der aber auch unter →*Serienfertigungsüberwachung* gefertigt sein und mit →*Serienbaubescheinigung* geliefert werden kann. Zwischen dem s. B. und einer →*Einzelanfertigung* besteht die Möglichkeit →*semicustom.*

Servo-Ruder, das *(servo-rudder)* Ein →*Hilfsruder,* das bei einer →*Selbststeueranlage* am →*Ruderblatt* des Bootes befestigt ist und für das Einhalten des gewünschten →*Kurses* sorgt.

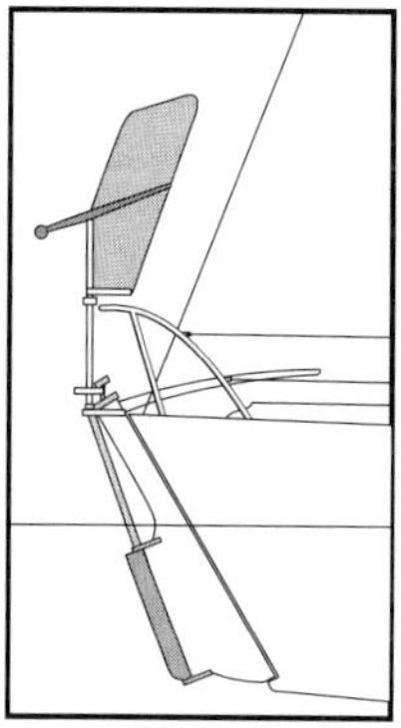

Setzbord, das *(washboard, weather board)* Auch „Schälbord“ genannte, senkrecht auf den inneren Rand des →*Seitendecks* gesetzte →*Planke,* die bei einer →*Krängung* oder im →*Seegang* überkommendes Wasser aus der →*Plicht* fernhalten und den (inneren) →*Freibord* erhöhen soll. Auch eine →*selbstlenzende Plicht* ist mit einem S. ausgestattet, das auch als →*Plichtsüll* bezeichnet wird. Ein (meistens) niedriges S. kann auch auf dem →*Schandeck* als Schutz gegen Ausrutschen dienen und wird dann (besser) →*Fußreling* genannt.

setzen *(1. to set, to send up; 2. to beach; 3. to exhibit [lights] 4. to set; 5. setting)* 1. Ein Segel mit seinem →*Fall* →*heißen.* Es kann dabei dicht, →*fliegend,* mit →*Reißbändseln* o. ä. gesetzt werden. – 2. Ein Boot auf →*Strand* s., d. h. eine Berührung mit dem →*Grund* herbeiführen, oder es von dort, von einer →*Pier* o. ä. →*absetzen,* wenn es wieder frei schwimmen und in →*Fahrt* kommen soll. – 3. Man „setzt“ z. B. bei Sonnenuntergang →*Lichter,* wenn die →*Positionslaternen* angezündet werden. – 4. Der Strom „setzt“ oder vertreibt das Boot in eine bestimmte Richtung, die durch die →*Stromversetzung* angegeben ist. – 5. Die eintauchende Bewegung des →*Hecks* analog zur Bugbewegung „→*Stampfen*“: Man sagt, das Heck „setzt“ weich oder hart ein, wenn es entsprechend in die See eintaucht. – Darüber hinaus gibt es viele weitere Wortverbindungen, z. B. eine →*Leine* →*durchsetzen* = durchholen; einen →*Kurs* auf der →*Seekarte* →*absetzen* = eintragen.

Sextant, der *(sextant)* Winkelmeßgerät zur Schiffsortbestimmung, in der →*astronomischen*

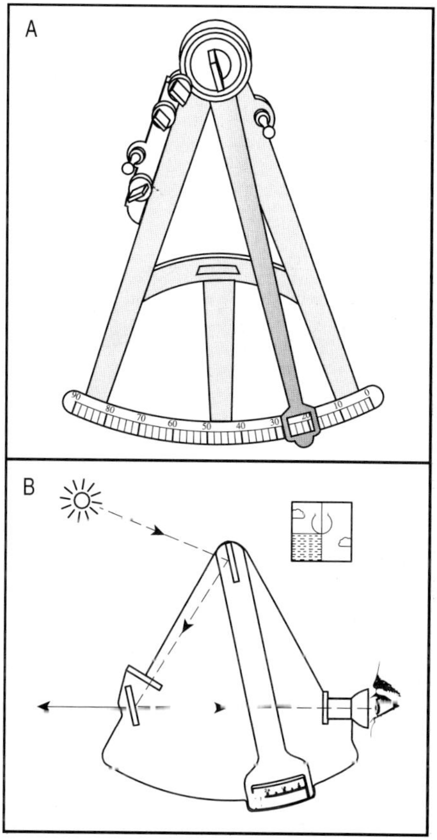

Navigation für die Höhenmessung eines Gestirns über der →*Kimm,* in der →*terrestrischen Navigation* für die Höhenmessung von Landobjekten oder die Messung des Horizontalwinkels zwischen zwei Punkten. Der Rahmen des Sextanten mit einem Gradbogen von 60° (einem Sechstel des Kreisbogens) gab ihm den Namen, doch lassen sich nach dem Spiegelungsgesetz damit Winkel bis ca. 120° messen, im Gegensatz zum →*Oktant* mit einem Achtelkreis (Abb. A). Abb. B zeigt einen einfachen S., Abb. C einen wertvollen Trommelsextanten. Beim Messen wird das Objekt

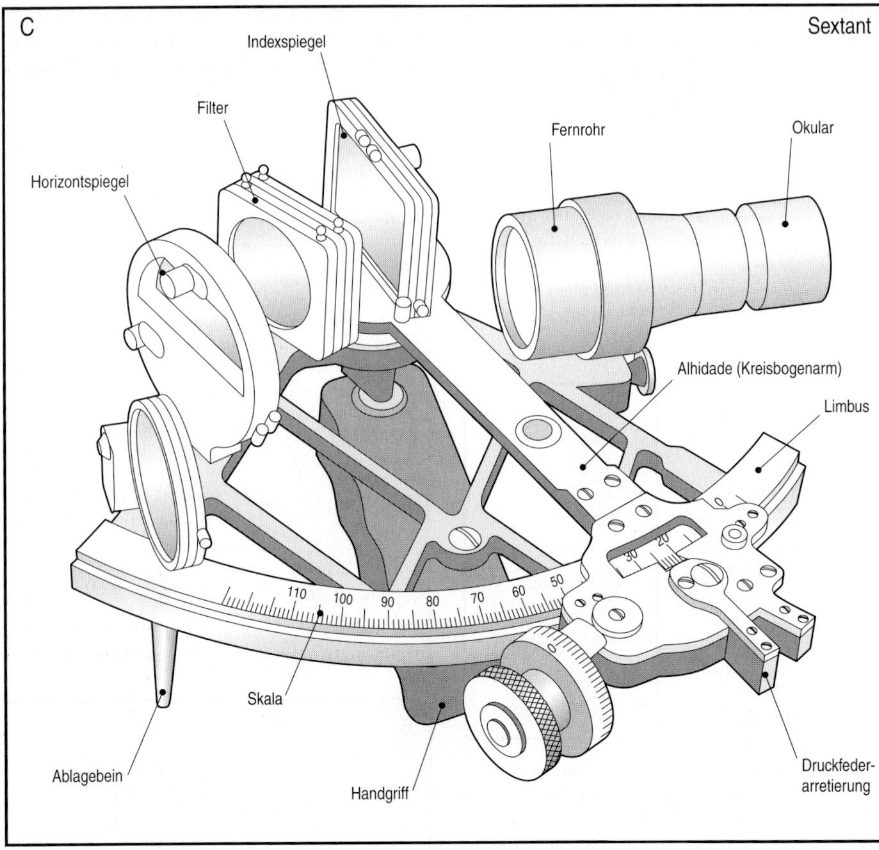

vom Auge über ein Okular oder Fernglas durch den geteilten kleinen Spiegel über den großen Spiegel angepeilt und dann durch Drehen des großen Indexspiegels mittels der →*Alhidade* mit der →*Kimm* in Deckung gebracht. Das Ablesen des gemessenen Winkels am →*Limbus* erfolgt beim →*Trommel-Sextanten* und →*Nonius-Sextanten* unterschiedlich.

SGS 85 (Abkürzung für Soviet Geodetic System 1985) Das bei der →*Satelliten-Navigation* mit →*Glonass* verwendete →*terrestrische* →*Seekarten-Bezugssystem* der früheren Sowjetunion, das von Rußland übernommen wurde. Siehe hierzu →*WGS 72* und →*WGS 84.*

Shanty *(chanty, chantey)* Rhythmischer Matrosengesang mit einem Vorsänger, um für seemännische Arbeiten mit Muskelkraft auf →*Segelschiffen* den richtigen Takt zu geben, z. B. beim Bedienen der →*Fallen,* zum →*Setzen* der Segel, beim →*Holen* einer →*Leine* oder beim Drehen des →*Gangspills* zum →*Hieven* des →*Ankers.*

Shelffoot *(engl.; wörtl. etwa „Gesimsfuß", „Regalfuß")* Internationale Bezeichnung für den modernen →*Segelschnitt* eines →*Großsegels* mit einem elliptisch geformten, waagerecht auslaufendem →*Unterliek.* Durch diese Stufe aus weichem →*Segeltuch* gewinnt man eine zusätzliche Fläche, die mit entlastetem →*Unterliekstrecker* bei wenig Wind, geringem →*Seegang* oder →*raumschots* dem Segel bereits unmittelbar über dem →*Großbaum* ein tieferes →*Profil* gibt. Durch Dichtholen des →*Unterliekstreckers* kann man das Segel →*flacher trimmen (Abb.).* Dt. →*Faltfuß* genannt.

sichere Leestellung, die *(safe leeward position)* Begriff der →*Regattataktik,* wenn zwei Boote →*am Wind* auf gleichem →*Kurs* mit einem Abstand von ca. 1 Bootsbreite segeln und die →*Leeyacht* ca. ½ Bootslänge voraus liegt. Aus

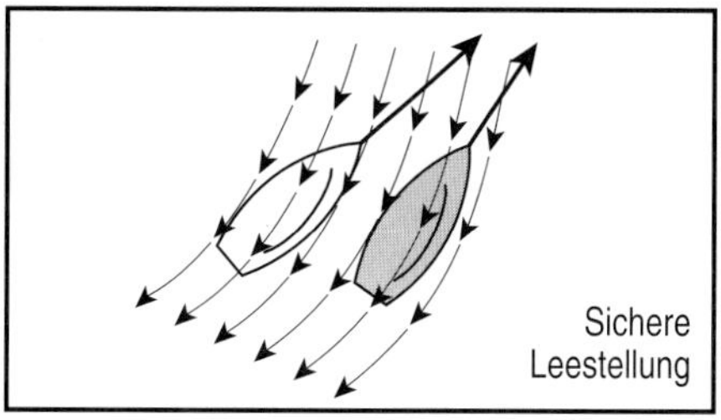

Sichere Leestellung

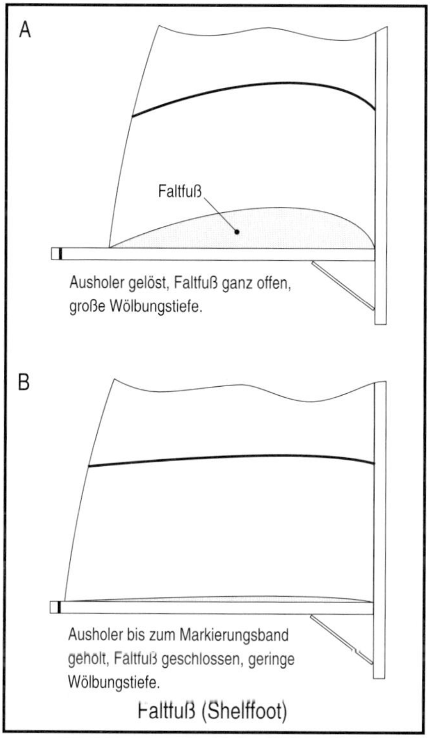

Faltfuß (Shelffoot)

Gründen der →*Aerodynamik* (Doppeldeckerwirkung) kann die Leeyacht dann mit größerer →*Windkraft* arbeiten, ihre Führung auch ohne →*Luven* halten und die →*Luvyacht* am →*Überholen* hindern.

Sicherheitsausrüstung, die *(safety equipment)* Sammelbezeichnung für alle Teile, die in Ergänzung der →*persönlichen Schutzausrüstung* der Sicherheit der →*Besatzung* dienen. Eine S. für →*Yachten* ist nach dem →*SOLAS-Übereinkommen* und dem →*Schiffssicherheitsvertrag* nicht vorgeschrieben, weil deren Regeln (Kap. I, Regel 3) „für Vergnügungsyachten, die nicht dem Handelsverkehr dienen, nicht gelten". Darüber hinaus ist die S. auch nur „für Fahrgast- und Frachtschiffe mit einer →*Bruttoraumzahl* von mehr als 500" festgelegt. Von Vereinen (z. B. der →*Kreuzer-Abteilung)* oder (internationalen) Vereinigungen (z. B. dem →*Offshore Racing Councel,* →*ORC*) herausgegebene sog. „Richtlinien" oder „Vorschriften" für die S. müssen daher nur als unverbindliche Anregungen verstanden werden, auf deren Verwirklichung höchstens bei einem →*Seeunfall* Bezug genommen wird. Wenn eine →*Yacht* nicht an einer →*Regatta* teilnimmt, bei der die S. vom Veranstalter bestimmt und geprüft wird, wird sie der →*Eigner* entsprechend dem →*Fahrtgebiet* und hauptsächlich mit →*Rettungswesten* (ggf. mit →*Bergegurt*), →*Rettungsfloß* (→*Rettungsinsel*), →*Rettungsboje* (→*Rettungsschwimmkörper*), →*Sicherheitsgurt,* →*Sicherheitsleinen,* →*Seereling,* →*Strecktauen* u. a. ausstatten. Bei der Anschaffung dieser Teile beachte man die entsprechenden →*DIN*- oder →*EN-DIN-Normen.* Fest eingebaute Teile wie z. B. →*Seeventile* und →*Lenzpumpen* gehören nicht zur S., sondern zur Sicherheitseinrichtung.

Sicherheitsgurt, der *(safety harness)* Ein kombiniertes Brust-Hüft-Schritt-Geschirr, das vorne

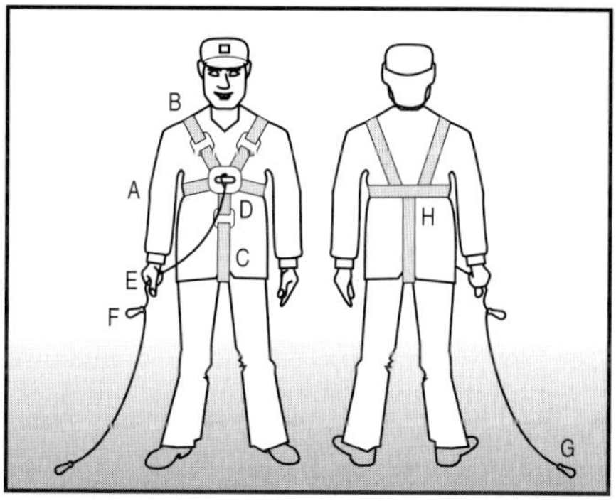

mit einem speziellen Beschlag sicher verschlossen wird und an dem die →*Sicherheitsleine* mit einem sicheren Schnellverschluß befestigt werden kann. Für den S. und seine Beschaffenheit gelten die Normen →*EN-DIN 1095*, die vom →*CEN* entwickelt wurden, und →*DIN 7925.* Danach wird der S. in drei Größen (für Personen über 50 kg, von 20–50 kg und unter 20 kg Körpergewicht) gefertigt und ist sowohl von einem →*Trapezgurt* wie einem →*Bergegurt* in Einsatz und Machart zu unterscheiden. Er hat die Aufgabe, seinen Träger bei Arbeiten an →*Deck* sicher festzuhalten, ihn vor einem →*Über-Bord-Unfall* zu schützen und ihn ggf. danach sicher wieder →*an Bord* zu holen. Ein S. muß nach Material, Konstruktion und Verarbeitung der Norm →*EN 354* entsprechen und von jedem Segler getragen werden, der zu einer →*Wache* gehört. Die Buchstaben der Abb. bezeichnen die Teile, auf die es bei einem S. besonders ankommt: A Brustgurt; B Schultergurte; C Schrittverschluß; D Verbindungsschloß; E →*Sicherheitsleine,* ggf. mit (F) Verkürzungsschlaufe; G Anschlußstück (z. B. Sicherheits-Karabinerhaken); H Hüfthöhe.

Sicherheitskurs, der *(safety course)* Der sicherste →*Kurs,* wenn ein Boot von schwerem Wetter überrascht wird oder in Gefahr gerät. Für eine →*Jolle* ist dies ein →*raumer Kurs* mit der geringsten Geschwindigkeit des →*relativen Bordwindes* und der größeren →*Längsstabilität,* für einen →*Seekreuzer* das →*Lenzen* bis zu einer bestimmten →*Wellengeschwindigkeit* und dann das →*Beiliegen.*

Sicherheitsleine, die *(safety line)* Eine in Art und Abmessungen von der →*CEN* für die Benutzung auf →*Sportbooten* entwickelte →*Leine,* deren Sicherheitsanforderungen und Prüfverfahren in der Norm →*EN-DIN 1095* festgelegt sind. In Verbindung mit dem →*Sicherheitsgurt* soll die S. bewirken, daß ihr Träger immer sicher mit dem Boot verbunden bleibt. Eine aus Materialien nach →*EN 354* gefertigte S. ist an beiden →*Tampen* mit je einem Sicherheits-(→*Karabiner*)haken ausgestattet, so daß sie gleichartig am Sicherheitsgurt wie an einem festen Punkt an →*Deck* befestigt werden kann. Sie darf (einschließlich ihrer Haken) nicht länger als 2 Meter sein. An jedem →*Sicherheitsgurt* sollte ständig eine S. befestigt sein.

Sicherheitsleiter, die *(safety ladder, boarding ladder)* Im Gegensatz zur üblichen →*Bootsleiter* oder →*Badeleiter* eine ständig am →*Heck* befestigte Leiter, die oben an einem Durchlaß der →*Seereling* endet und von einem →*Mann über Bord* im Wasser betätigt und auf ausreichende, bis unter den →*Wasserspiegel* reichende Länge ausgefahren werden kann.

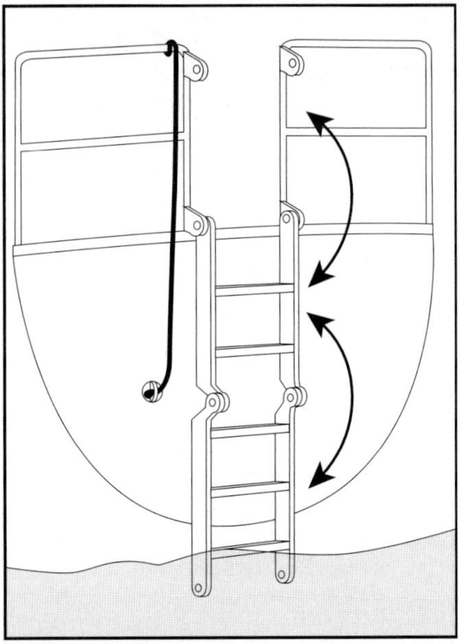

Sicherheitsmeldung, die *(safety message)* Eine im →*Seefunk* (nach Einleitung mit dem →*Sicherheitszeichen* →*SÉCURITÉ)* an alle Funkstellen verbreitete S. enthält eine aktuelle (nautische) →*Warnnachricht,* die z. B. das Verlöschen eines →*Feuers,* das Sichten eines treibenden Containers oder das Vertreiben einer →*Fahrwassertonne* zum Inhalt haben kann.

Sicherheitsnetz, das *(safety net)* Längs der →*Seereling* im Bereich des →*Vorschiffs* gezurrtes Netz (Abb.), das das Auswehen geborgener →*Vorsegel* und das Überbordfallen von Ausrüstungsteilen bei Decksarbeiten verhindert. Auch einfach in Form kreuzweise gespannter Leinen zwischen →*Fußreling,* →*Durchzug* und →*Handlauf* gefertigt.

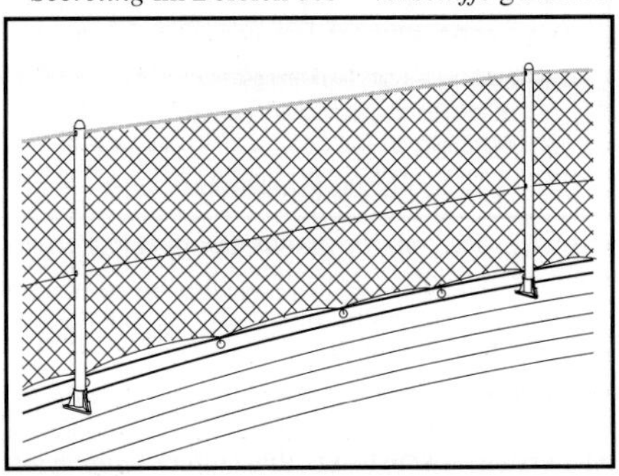

Sicherheitsverkehr, der *(safety communication)* Der S. wird im →*Seefunk* und →*Sprechfunkver-*

kehr mit dem als →*Sicherheitszeichen* dreimal gesprochenen Schlüsselwort →*„SÉCURITÉ“* eingeleitet, um allen →*Seefunkstellen* aktuelle Warnnachrichten zu übermitteln. Jede →*Sicherheitsmeldung* wird auf →*UKW* Kanal 16 angekündigt und dann auf einem →*Arbeitskanal* verbreitet. Der S. wird auch über →*Navtex* geführt.

Sicherheitszeichen, das *(safety signal)* Im →*Sprechfunk* dient das Schlüsselwort →*„SÉCURITÉ“* zur Einleitung einer →*Sicherheitsmeldung.*

Sicht, Sichtigkeit, die *(sight, visibility)* Atmosphärisch bedingte und insbesondere durch →*Nebel* und →*Dunst* beeinflußte Durchsichtigkeit der Luft, die sich auf die meteorologische →*Sichtweite* auswirkt. Man kann sie mit „gut“ oder „mäßig“ bewerten oder auch als →*diesig,* unsichtig o. ä. bezeichnen.

Sichtbarkeit, die *(visibility)* Ein Begriff der →*KVR,* Regel 20, 2 für die Anwendung der →*Lichterführung.* Danach muß ein →*Licht,* das ein →*Fahrzeug* →*führen* oder →*zeigen* muß, „sichtbar“, d.h. „im Sinne einer Beschaffenheit sein, daß man es sehen kann“. Es besteht z. B. keine S., wenn es von einem →*Segel* verdeckt wird oder wenn stärkere und bunte Lichter seine Unterscheidungsmöglichkeiten beeinträchtigen.

sichtbarer Horizont, der *(visible horizon)* Auf →*See* die →*Kimm* oder der natürliche →*Horizont,* wo Erde und Himmel scheinbar zusammentreffen. Der s. H. ist in der →*astronomischen Navigation* vom →*scheinbaren* und →*wahren Horizont* zu unterscheiden.

sichten *(to sight, to make out)* Etwas sehen, „ausmachen“, genau erkennen.

Sichtfunkpeiler, der *(visual direction finder)* Ein →*Funkpeiler,* der die Richtung der einfallenden Signale eines Funkfeuers nicht akustisch, sondern optisch (auf einer Braunschen Röhre) anzeigt, die auch mit einer →*Kompaßrose* versehen sein kann. Wie beim →*Goniometer* dient ein →*Kreuzrahmen,* dessen Längsrahmenebene in Kielrichtung liegt, als Antenne. Ein Leuchtstrich oder ein ellipsenförmiger →*Signalkegel* zeigt das Minimum (oder Maximum) an. Ein S. ist einem akustischen →*Funkpeiler* überlegen, weil das Ablesen leichter als das Abhören ist und auch bei starken Störungen und Minimumsschwankungen erfolgen kann.

Darum sind auch bereits →*Handfunkpeiler* als S. gebaut.

Sichtigkeitsgrad, der *(visibility)* Auf die meteorologische →*Sichtweite* bezogene und von den

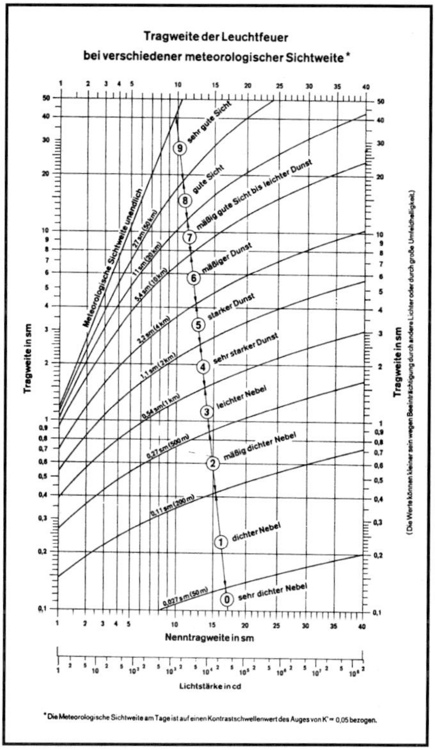

atmosphärischen Bedingungen abhängige Durchsichtigkeit (→*Sichtigkeit)* der Luft. Man unterscheidet:

meteorolog. →*Sichtweite*		Sichtigkeitsgr.	→*Sichtigkeit*
0,027	sm (50 m)	0	sehr dichter Nebel
bis 0,11	sm (200 m)	1	dichter Nebel
bis 0,27	sm (500 m)	2	mäßig dicht. Nebel
bis 0,54	sm (1 km)	3	leichter Nebel
bis 1,1	sm (2 km)	4	sehr starker Dunst
bis 2,2	sm (4 km)	5	starker Dunst
bis 5,4	sm (10 km)	6	mäßiger Dunst
bis 11	sm (20 km)	7	mäßig gute Sicht
bis 27	sm (50 km)	8	gute Sicht
bis unendlich		9	sehr gute Sicht

Zur Ermittlung des S. bei Tage müssen →*Sichtmarken* in der Umgebung des Beobachtungsortes liegen. Die Abb. zeigt die Beziehungen zwischen der →*Nenntragweite* und der tatsächlichen →*Tragweite* eines →*Leuchtfeuers* in Abhängigkeit von der meteorologischen →*Sichtweite* und dem →*Sichtigkeitsgrad.* Die tatsächliche Tragweite kann bei sehr guter →*Sicht* weit über der →*Nenntragweite* liegen und wird bei →*Dunst* und →*Nebel* weit unter ihr liegen.

Sichtmarke, die *(visible mark)* Ein Land- oder Seeziel, das mit mehreren anderen in unterschiedlichen Entfernungen und rund um den Beobachtungsort verteilt liegt und dessen Abstand bekannt ist, um die meteorologische →*Sichtweite* ermitteln zu können, z. B. →*Seezeichen,* →*Landmarken* oder andere, aus der →*Seekarte* ersichtliche markante Punkte. Durch die Erkennbarkeit naher und das Nichterkennen ferner Sichtmarken kann man die Distanz ermitteln, die man als meteorologische Sichtweite annehmen muß.

Sichtweite, geographische, die *(geographic range [of a light])* Die Entfernung, in der bei

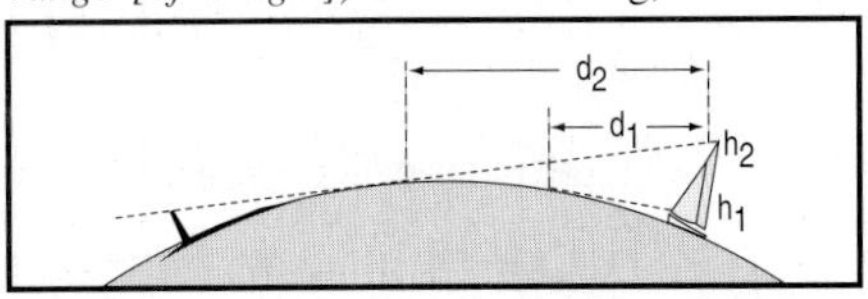

Nacht und guter →*Sicht* ein →*Leuchtfeuer,* am Tage ein →*Seezeichen* oder ein anderes See- bzw. Landziel für einen Beobachter mit bestimmter →*Augenhöhe* eben noch „in der →*Kimm*" sichtbar ist. Die g. S. ist von der Höhe des →*Leuchtfeuers* und seiner →*Nenntragweite* abhängig und wird nach der Formel $S = 2{,}075\ (\sqrt{H} + \sqrt{h})$ in →*Seemeilen* angegeben, wobei als H die →*Feuerhöhe* und für h die →*Augenhöhe* in m eingesetzt wird. In der →*Seekarte* wird die S. eines Feuers für eine Augenhöhe von 5 m angegeben. Die Abb. zeigt S. d_1 mit Augenhöhe h_1 und das Anwachsen auf d_2 mit Augenhöhe h_2.

Sichtweite, meteorologische, die *(meteorological reach of sight)* Die in →*Seemeilen* oder in →*Sichtigkeitsgraden* angegebene S, von den atmosphärischen Bedingungen des Tages oder der Nacht abhängige Entfernung, in der ein (bei Nacht beleuchtetes) Land- oder Seeziel vor dem Hintergrund des Horizonthimmels eben noch wahrgenommen werden kann. Die m. S. bestimmt insbesondere die →*Tragweite* der →*Leuchtfeuer* bei Nacht.

Sichtwert, der *(visibility, factor of visibility)* Das Maß für die Lichtdurchlässigkeit der Atmosphäre, das von den Streu- und Absorptionsverlusten abhängig ist und in direkter Beziehung zur meteoro-

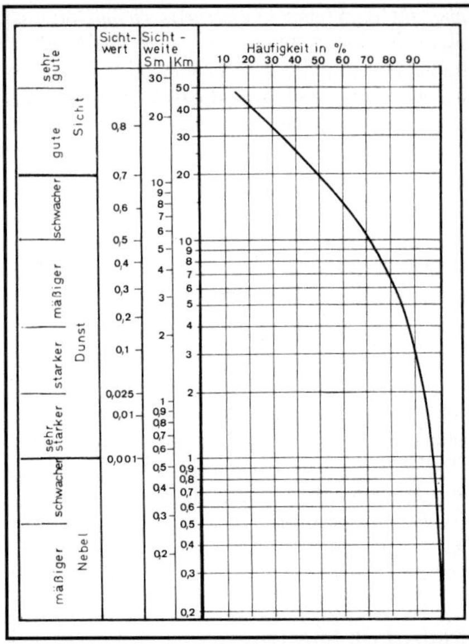

logischen →*Sichtweite* steht. Der S. wird in σ (Sigma) als das Verhältnis der im Abstand von 1 sm auf einer Ebene senkrecht zur Beobachtungsrichtung erzeugten Beleuchtungsstärke bei entsprechend getrübter Atmosphäre zu den optimalen Bedingunen bei ungetrübter Atmosphäre (Sigma = 1) bezeichnet. Die Abb. zeigt die Kurve als das Ergebnis von langjährigen Messungen des →*BSH* in der Ost- und Nordsee. Die Prozentzahlen auf der Abszisse (unten und oben) geben an, mit welcher Häufigkeit die Sichtwerte auftreten, die der auf der Ordinate (rechts) angegebenen →*Sicht* bei →*Tage* in km und sm und dem zugehörigen →*Sichtigkeitsgrad* entsprechen. Da der Durchschnitt der atmosphärischen Sichtbedingungen (gleich 50 %) bei einer Tagessicht von 24 km oder 13 sm liegt, was einem S. von 0,74 entspricht, wurde dieser für die Prüfung der elektrischen →*Positionslaternen* zugrunde gelegt. Für →*Petroleumlampen* wird sogar ein S. von 0,9 gefordert.

Sichtzeichen, das *(visual signal, visible signal)* Signalkörper, Flagge, Tafel und Licht, das zur Verkehrsregelung auf einer Schiffahrtsstraße dient.

siderisch *(sidereal)* Auf das galaktische System der Sterne bezogen, insbesondere bei Zeiteinheiten wie siderischer Tag = Sterntag, →*siderischer Monat* = Sternmonat und →*siderisches Jahr* = Sternjahr.

siderischer Monat, der *(sidereal month)* Die Zeit von 27 d, 7 h, 43 min und 11,5 s, die der Mond bei einem vollen Umlauf um die Erde von 360° benötigt, um wieder die gleiche Stellung in bezug auf die Sterne einzunehmen.

siderisches Jahr, das *(sidereal year)* Die Zeit von 365 d, 6 h, 9 min und 9,5 s, die die Erde zu einem vollen Umlauf um die Sonne von 360° in bezug auf die unendliche Entfernung zu einem Fixstern benötigt. Dementsprechend hat ein Kalenderjahr 365 d, ein Schaltjahr (ca. alle 4 Jahre) 366 d.

Siebenachtel-Takelung, die *(seven-eight-rig)* Die Takelung eines →*Seekreuzers,* bei der das →*Vorsegeldreieck* nicht bis zum →*Masttopp* (→*Topptakelung)* geführt ist, sondern das →*Fockstag* ungefähr in 7/8 der Masthöhe und meistens unter einem →*Jumpstag* angreift.

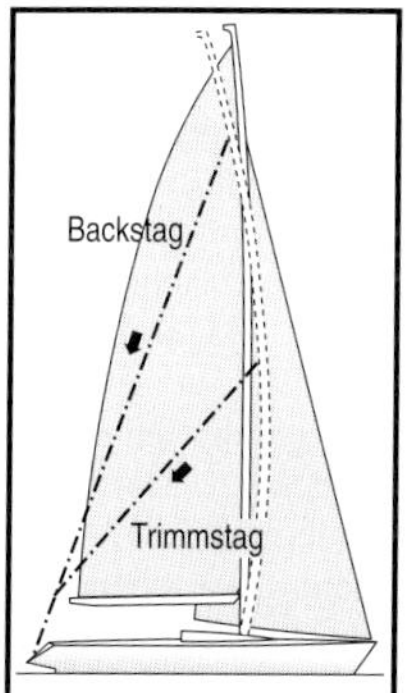

7/8-Takelung

Siebenmast Gaffelschoner, der *(seven-masted fore-and-aft schooner)* Das größte, mit sieben →*Schratsegeln* getakelte →*Segelschiff,* das letztlich an der →*Segeltechnik* scheiterte, weil so viele →*Gaffelsegel* mit ihren →*Toppsegeln* hintereinander in vertikaler Richtung nicht auf die unterschiedlichen →*optimalen Anstellwinkel* (wie bei einer →*Rahtakelage)* zu trimmen waren.

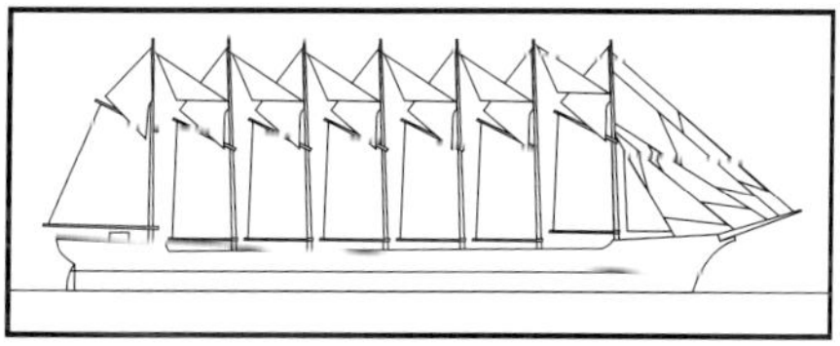

Sieben Meere, die *(seven seas)* Im Altertum die Randmeere der Länder, in denen die Perserkönige herrschten und an deren Ufer Griechen siedelten: das Mittelmeer, das Rote Meer, der Persische Golf, der Indische Ozean, das Chinesische Meer sowie die Meeresgebiete vor der ostafrikanischen und westafrikanischen Küste. Nach Rudyard Kiplings berühmter gleichnamiger Gedichtsammlung faßte man in der Neuzeit auch die Ozeane in der magischen Zahl 7 zusammen: Nord- und Südatlantik, Nord- und Süd-Pazifik, Indischer, Arktischer und Antarktischer Ozean.

Siel, das *(sewer)* Auch Deichsiel, Deichschleuse oder Schleuse genannter verschiebbarer Durchlaß in einem Deich. Ein S. erlaubt die Entwässerung des eingedeichten Landes bei Niedrigwasser und kann zum Schutz gegen das Eindringen des Seewassers bei hohem Wasserstand verschlossen werden.

Sielhafen, der Meistens kleines, aber offenes Hafenbecken im Außentief vor einem →*Siel,* das der →*Tide* ungehindert ausgesetzt ist.

Sieltor, das Der Verschluß eines →*Siels,* der meistens aus Toren besteht, die sich beim Wechsel der →*Tide* selbttätig öffnen und schließen.

Signal, das *(signal)* Optisches und akustisches Zeichen, Kennzeichen, Warnzeichen oder eine Mitteilung durch Zeichen, z. B. als →*Tagsignal,* →*Nachtsignal,* →*Schallsignal,* →*Notsignal,* →*Nebelsignal.* Physikalisch und in der Nachrichtenübertragungstechnik eine zeitabhängige magnetische oder elektrische Größe, die über praktisch unbegrenzte Entfernungen in einer bestimmten →*Frequenz* als →*Funksignal* übertragen wird. Dabei bedient man sich bestimmter Zeichen, z. B. der →*Morsesignale.*

Signalball, der *(signal ball, black ball)* Auch schwarzer →*Ball* genannter Signalkörper aus lackiertem Stahlblech bzw. wasserfestem Kunststoff, zusammenlegbar oder als Drahtgestell mit Segeltuch bezogen. Nach den →*KVR* beträgt der Durchmesser 600 mm, doch können →*Fahrzeuge* von weniger als 20 m Länge auch einen S. mit geringerem Durchmesser benutzen. Ein S. dient zur Bezeichnung eines Schiffes vor →*Anker.* Es können auch mehrere Signalbälle oder ein S. mit einem →*Rhombus* zur Kennzeichnung bestimmter Fahrzeuge dienen. Ein S. gehört zur →*nautischen Ausrüstung* eines Seekreuzers.

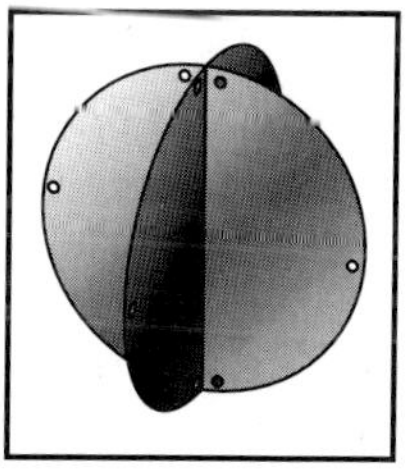

Signalbuch (Internationales), das *(international code of signals, signal book)* Sammlung der international gültigen →*Signale* für die Nachrichtenübermittlung in der →*Schiffahrt* durch →*Signalflaggen* (nach dem →*Flaggenalphabet),* mit Lichtzeichen (nach dem →*Morsealphabet),* durch Funkzeichen (in der →*Morsetelegrafie),* durch Schallzeichen (Tonmorsen) und durch →*Sprechfunk* (mit Buchstabiertafel). Entstehung: Die frühen Signalbücher in Frankreich (1818), England (1820) und in den USA (1854) wurden 1897 in Washington zum ersten Internationalen Signalbuch zusammengefaßt. Dieses S. wurde 1932 auf der Weltnachrichtenkonferenz in Madrid erweitert, 1965 durch die →*IMCO* in 9 Sprachen neu herausgegeben und ist 1969 in der jetzt gültigen Fassung in Kraft getreten.

Signalfarben für Signale auf See. Bei der Auswahl der →*Signalpatronen* für die Abgabe eines entsprechenden →*Signals* bedeuten: Rot: →*Seenotfall* (→*MAYDAY*) mit akuter Lebensgefahr, z. B. →*Sinken,* →*Feuer,* nicht beherrschbares →*Leck* u. a. – Grün: Aufforderung zur →*Hilfeleistung* (→*PAN PAN*), z. B. bei →*Ruderhavarie,* →*Motorschaden,* →*Mastbruch* u. ä. – Weiß: Achtungssignal und Warnung, z. B. bei →*Kollisionsgefahr,* zur Bezeichnung eines →*Standortes* oder nur zur Suche im Dunkeln.

Signalfolie, die *(reflective material)* Nach einem entsprechenden Beschluß der Internationalen

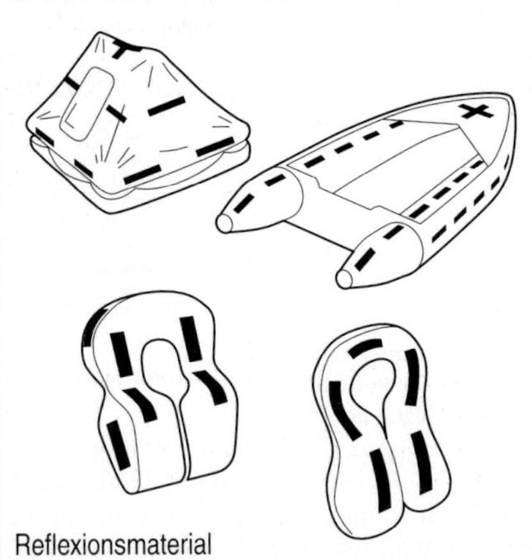

Reflexionsmaterial

Schiffahrtsbehörden vom November 1973 verfügte die →*Seeberufsgenossenschaft* am 15. 5. 1979, alle →*Rettungswesten,* →*Rettungsflöße* und →*Rettungsschwimmkörper* mit rückstrahlenden S. zu versehen. Dies sind lichttechnische Baustoffe, die eine Vielzahl von winzigen Glaskügelchen von weniger als 0,1 mm Durchmesser besitzen, die wiederum mit einer reflektierenden farbigen Grundschicht verbunden sind. Von so geschaffenen retroreflektierenden Oberflächen kann das z. B. mit einem Scheinwerfer oder einer Taschenlampe erzeugte Licht genau in die Gegenrichtung zurückgestrahlt werden, aus der es kam, und mit einer S. ausgerüstete Gegenstände können sich bei Anstrahlung mit einer starken Lichtquelle sehr weit, bei schwachem Anleuchten immer noch deutlich genug ausmachen lassen.

Signalflaggen (internationale), die *(international code flags)* Aus →*Flaggen,* Doppelstandern und →*Wimpeln* gebildetes →*Flaggenalphabet* zur optischen Nachrichtenübermittlung auf →*See* und in der →*Schiffahrt* nach dem Internationalen →*Signalbuch.* Die gebräuchlichen S. wurden 1931 geschaffen und werden seit 1934 international benutzt. Darüber hinaus benutzt in einigen Ländern die →*Marine* noch nationale S. mit einem abweichenden Flaggenalphabet für den optischen Signalverkehr von Kriegsschiffen.

Signalhorn, das *(signal horn)* Ein →*Nebelhorn* und ein Gerät zur Abgabe von →*Schallsignalen.*

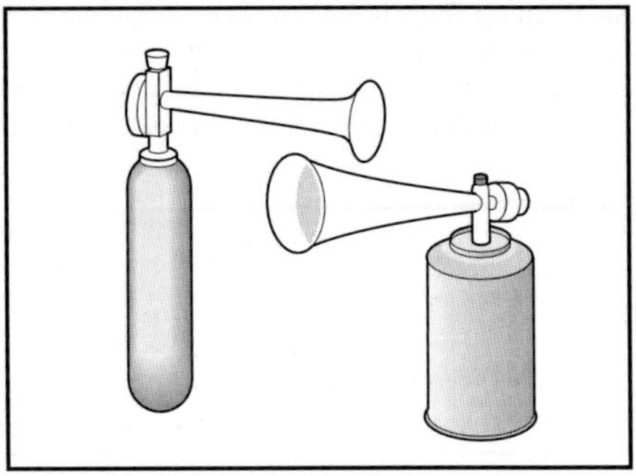

Ein einfaches S. ist das →*Mundnebelhorn,* ein aufwendigeres das S., das mit Flüssiggas und Handbetätigung (Abb.) betrieben wird; die Dose mit dem Treibsatz läßt sich austauschen. Elektrisch (12 V und 24 V) mit einem Kompressor betriebenes S. kann Schallsignale unbegrenzter Zahl abgeben. Mit einem S. dürfen nur Fahrzeuge unter 12 m →*Länge* arbeiten. Für größere Fahrzeuge werden in den →*KVR* →*Pfeifen* verlangt, die bei Fahrzeugen von weniger als 20 m →*Länge* eine →*Reichweite* von 0,5 sm haben müssen.

Signalkegel, der *(signal cone)* Als →*Tagsignal* benutzter Signalkörper (z. B. für einen →*Segler,* der mit Motor läuft), entweder zusammenlegbar aus wasserfestem Kunststoff bzw. aus lackiertem Stahlblech gefertigt oder als Segeltuchbezug mit Drahtring gearbeitet. Ein S. soll nach den →*KVR* eine Höhe von 600 mm haben, doch dürfen auf Fahrzeugen von weniger als 20 m Länge auch S. von geringerer Abmessung benutzt werden.

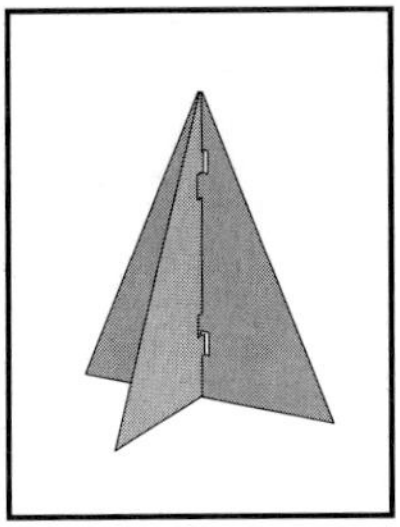

Signalkörper, der *(signal body)* Nach den →*KVR* (Anlage I, Ziffer 6) gelten →*Ball,* →*Kegel,* →*Zylinder* und →*Rhombus* als S., für die bestimmte Abmessungen vorgeschrieben sind. Sie müssen schwarz sein, damit sie als →*Tagsignale* gut zu erkennen sind, und einen senkrechten Abstand von mindestens 1,5 m voneinander haben, wenn mehrere von ihnen z. B. ein →*manövrierunfähiges* Fahrzeug bezeichnen.

Signallaterne, die *(signal lantern, signal lamp)* Eine →*Vollkreislaterne,* die als →*Ankerlaterne* im vorderen Teil des Bootes gesetzt wird, um das über den ganzen Horizont sichtbare →*Ankerlicht,* ein →*Rundumlicht,* zu zeigen. Anstelle weißen Lichtes kann eine S. auch rotes Licht zeigen, wenn sie als Fahrtstörungszeichen dienen soll.

Signalmittel, die *(pyrotechnical signalling gear)* Pyrotechnische S. für →*Yachten* darf nicht jedermann erwerben. S. der Klasse „T 1“ wie →*Handfackeln,* →*Rauchfackeln* und →*Signalraketen* dürfen nur an Personen abgegeben werden, die älter als 18 Jahre sind. S. der Klasse „T 2“ wie →*Fallschirmsignalraketen* dürfen darüber hinaus nur Personen erwerben, die einen entsprechenden „Sachkundeausweis“ besitzen oder in deren →*Sportbootführerschein* der Vermerk eingetragen ist: „Befreit nach § 1 Abs. 3 Erste Spreng V, für Signalwaffen sachkundig im Sinne von § 31 Abs. 1 WaffG“. Neu entwickelte sog. „Notsignalgeber“ gelten nicht als →*Signalpistole* und fallen als S. in die Klasse „T 1“, so daß sie von jedem Volljährigen erworben und eingesetzt werden können.

Signalpatrone, die *(signal cartridge)* Patrone für das Kaliber 4 der →*Signalpistole.* Eine als →*Leuchtpatrone* in den Farben Weiß, Rot und Grün eingesetzte S. läßt das Signal auf ca. 100 m steigen und dort mit etwa 30 000 →*Candela* aufleuchten. Eine S. gehört zum „Gefahrengut“, für dessen Transport es gesetzliche Auflagen gibt.

Signalpistole, die *(signal pistol, signal gun)* Eine S. gilt technisch und juristisch als Faustfeuerwaffe und darf daher nur mit einer Waffenbesitzkarte benutzt werden. Sie hat Kaliber 4, eine Lauflänge von 155 mm und wiegt bei einer Gesamtlänge von ca. 200–250 mm ca. 500–650 g. Eine S. hat den Vorteil, daß man sie mit einer Hand abfeuern kann, während man sich mit der anderen festhält, und mit unterschiedlichen →*Signalpatronen* sowohl normale →*Nachtsignale* als auch →*Notsignale* abgeben kann. Geladen wird die S. durch Einführen der Patrone in den aufgeklappten und mit der Mündung abwärts gerichteten Lauf, der anschließend nach unten geklappt und gesichert wird. Vor dem Abfeuern wird die S. hoch über Augenhöhe gehoben. Erst dann wird der Schlaghebel gespannt und der Abzugshebel betätigt. Mit einem Zusatzteil läßt sich eine S. auch als Leinenwurfgerät verwenden.

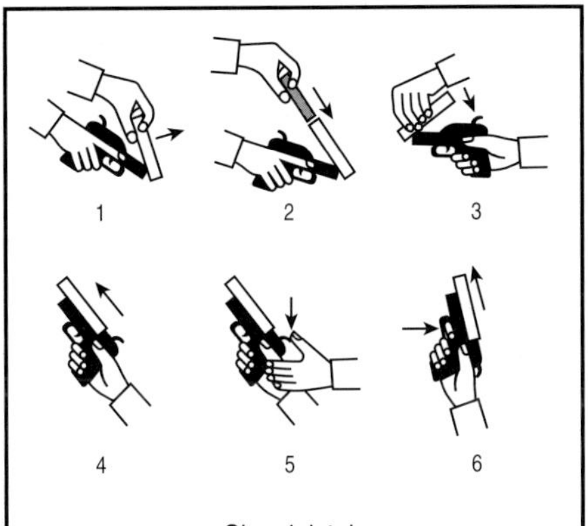

Signalpistole

Signalrakete, die *(signal rocket, rocket flare, sky rocket)* Ein →*Signalmittel* der Klasse „T 1“, die von Hand abgefeuert werden kann und eine Sichtweite (bei →*Tag* und →*Nacht*) von etwa 2 →*Seemeilen* hat. Steighöhe ca. 80 m, Brenndauer ca. 8 Sekunden, Lichtstärke 12 000 →*Candela.*

Signalspiegel, der *([daylight] signal mirror, heliograph)* Ein →*Notsignal,* auch →*Tagsignalspiegel* genannt, das nach den →*SOLAS-Bestimmungen* zur Pflichtausrüstung eines →*Rettungsfloßes* oder einer →*Rettungsinsel* gehört und ent-

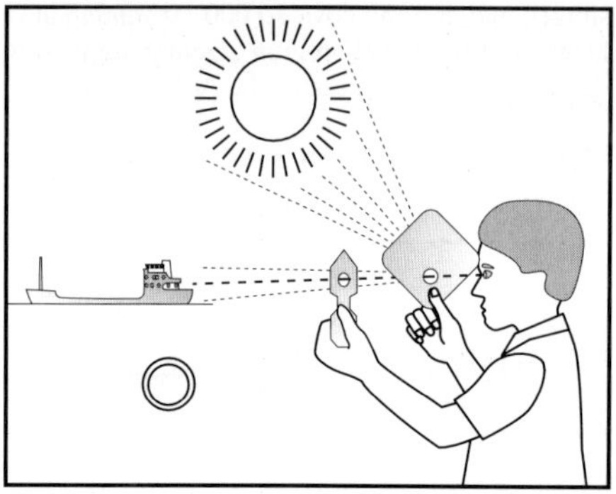

weder aus einem üblichen runden Glasspiegel von etwa 10 cm Durchmesser mit einem 1-cm-Loch im Zentrum oder aus einem handtellergroßen rechteckigen Stück polierten Edelstahls mit gleichgroßer Mittelöffnung besteht. Mit dem S. können Sonnenstrahlen in Richtung zum →*Horizont* reflektiert und gleichzeitig in einem seitlichen Winkel abgelenkt werden. Auf diese Weise ist es möglich, in →*Seenot* ein in →*Sicht* befindliches Schiff auf sich aufmerksam zu machen. Der S. kann auch mit einer Kelle an einem armlangen →*Garn* verbunden werden, um bei dieser Signalgebung das gewünschte Ziel besser anpeilen zu können. In einem →*Notfall* läßt sich ein S. auch aus dem Deckel einer Konservendose oder ähnlichen glänzenden Metallteilen herstellen.

SILENCE DETRESSE *(gesprochen silans detress)* Im →*Seenotverkehr* mit →*Sprechfunk* das Schlüsselwort zur Einhaltung der Funkstille. Im Gegensatz zu →*SILENCE MAYDAY*, das nur von der den →*Notverkehr* leitenden →*KüFuSt* oder →*Seefunkstelle* für diesen Zweck benutzt werden darf, kann jede andere mithörende Funkstelle mit dem Schlüsselwort S. D. einen Störenfried zum Schweigen auffordern.

Simplex, Simplex-Verkehr, der *(simplex)* Betriebsart im →*Seefunkdienst,* bei der nur eine →*Frequenz* oder ein →*Kanal* bzw. →*Sprechweg* für die Gesprächsabwicklung zur Verfügung steht. Beide Gesprächspartner können nur abwechselnd sprechen. Während eine →*Seefunkstelle* sendet, kann die andere empfangen, und umgekehrt. Wenn ein Gesprächspartner zu Ende gesprochen hat, muß er dieses dem anderen durch Ausdrücke wie „bitte kommen", „umschalten" oder „over" mitteilen und dann sofort die Sprechtaste loslassen, damit er den Hörweg freigibt. Dieses Verfahren erfordert mehr Übung als das →*Duplex-Verfahren.*

sinkbar *(sinkable)* Ein →*Boot* ist s., wenn es nicht mit ausreichend großen →*Auftriebskörpern* gebaut ist, die das →*Sinken* nach Entstehen eines →*Lecks* verhindern. Prinzipiell sind →*Seekreuzer* mit →*Ballastkiel* immer s., doch gibt es bereits Boote im →*Serienbau,* die sinksicher oder →*unsinkbar* gefertigt sind.

sinken *(to sink, to go down)* Eine →*Bootsbewegung* in Richtung der Vertikalachse nach unten, bei der ein Boot bei einer Wassertiefe, die größer als sein →*Tiefgang* ist, seine Schwimmfähigkeit im Sinne von →*tauchen* verliert. Dieses →*Untergehen* als langsames Fallen des Körpers in die Tiefe tritt z. B. bei Wassereinbruch ein, wenn das wachsende Gewicht und damit die →*Verdrängung* größer als der Auftrieb ist. Gerät eine Yacht während oder nach einer →*Strandung* zeitweilig oder ständig unter Wasser, so wird sie →*überflutet.* Eine gestrandete Yacht kann niemals sinken.

Sisal-Tauwerk, das *(sisal rope, sisal cordage)* Aus der →*Naturfaser* einer in Zentralamerika und Ostafrika vorkommenden Agavenart gefertigtes →*Tauwerk,* das rauh und wenig geschmeidig, aber relativ billig ist. Das S.-T. hat nur geringe Bruchfestigkeit und wurde von Tauwerk aus →*Chemiefasern* verdrängt. Fertigung nur noch nach DIN 83 324 mit drei bzw. vier →*Litzen* im →*Trossenschlag* (mit →*Z-Drehung)* erlaubt.

SI-System, das *(System International)* Siehe →*Internationales Einheitensystem.*

SITOR Abk. für Simplex Teletype Over Radio (Funkfernschreibdienst im Simplex-Verfahren) Ein Funkfernschreibsystem für →*Navtex-Empfänger* mit Fehlerkennung und Fehlerkorrektur. Die Daten werden mit 7 Bit übertragen und zweimal wiederholt. Durch eine Plausibilitätsprüfung →*FED* (Forward Error Detection) wird hierbei vom Empfänger erkannt, ob die empfangenen Gruppen von Zeichen fehlerfrei sind. Ist dies nicht der Fall, wird mit dem automatischen Ersuchen →*ARQ* so oft vom Sender eine Wiederholung angefordert, bis die Zeichen fehlerfrei übermittelt sind. Bei anhaltenden Übermittlungsstörungen wird durch mathematische Operationen mit →*FEC* versucht, eine Berichtigung zu erreichen. Gelingt dies nicht, werden die Zeichen auf dem Bildschirm an Bord als falsch markiert. Mit SITOR übermittelte Signale können auch von einem →*Wetterdekoder* in Klartext verwandelt werden. Ältere Übermittlungsverfahren arbeiten mit →*Morse-* und →*RTTY-Signalen.*

Skagen-Rennen, das *(Skaw Race)* Seit 1950 veranstaltete →*Hochseeregatta* mit einem weiträumigen Dreieckskurs über ca. 300 sm im Skagerrak, die jährlich wechselnd in Skagen (Dänemark), Marstrand (Schweden) und Hankö (Norwegen) gestartet wird. Die Durchführung übernehmen abwechselnd die Göteborger Königliche Segelgesellschaft (GKSS), der Königlich Dänische Yacht Club (KDY) und die Königlich Norwegische Segelgesellschaft (KNS). Deutsche Yachten segeln zum Start in einer →*Zubringerregatta,* dem sog. „Feuerschiff-Rennen" mit Start in Flensburg.

SKAMP (engl.) Abk. für **Station Keeping And Mobile Platform.** Ein unbemanntes Segelboot für Forschungsaufgaben auf den Weltmeeren. Es kann sich (von einem Roboter bedient) ohne Besatzung entweder auf einer bestimmten Position aufhalten (ohne zu ankern) oder vorgegebene Kurse steuern, auf denen ozeanographische und meteorologische Messungen durchgeführt werden.

Skeg, der *(skeg)* Englische Bezeichnung für →*Ruderleitflosse,* die ursprünglich nur vor ein freihängendes →*Schweberuder* gesetzt wurde, das nicht mit dem →*Kiel* oder der →*Kielflosse* verbunden war. Heute dient der S. auch als Spurlager für ein →*Festruder* oder eines zum →*Halbschweberuder* veränderten Ruderblattes, und er ist im oberen Teil (oft) mit dem →*Eselsrücken* verbunden.

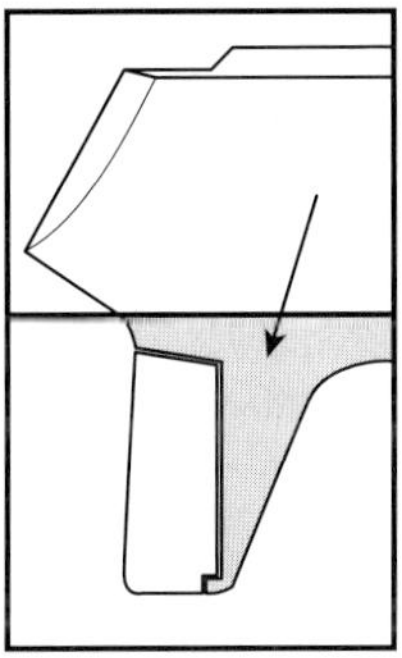

Skiff, das (engl.) Bezeichnung für ein kleines Boot, in den deutschen Sprachgebrauch als →*Rennboot* und →*Einmannboot* des Rudersportes („Einer", „Einskuller") eingegangen. Mit der Einführung des →*49ers* (Neunundvierzigers) als →*olympische Klasse,* der als S. charakterisiert wird, auch der neuartige Typ einer →*Jolle.*

Skipper, der *(skipper)* Engl. Form für →*Schipper* oder →*Schiffer.*

Ski-Yachting In den Alpenländern im Frühjahr veranstaltete kombinierte Skirennen und →*Regatten,* bei denen eine Kombinationswertung aus Segeln und Skilauf erfolgt.

Skorbut, der *(scurvy)* Mangelkrankheit durch fehlende Vitamine, im Mittelalter eine ernste Gefahr für alle Seeleute.

Skykompaß, der *(sky compass)* Aus dem Engl. übern. Fachw. für ein Gerät zur Bestimmung des →*Kurses* durch Beobachtung des →*Azimuts* der Sonne mit Hilfe der Polarisation des Himmelslichtes. Ein S. wurde früher „Pfunds Himmelkompaß" genannt. Er wird in hohen →*geographischen Breiten* benutzt, wo ein →*Magnetkompaß* nicht mehr verwendbar ist.

Skylight, das („Dachfenster") *(skylight)* Auch Ober- oder Deckslicht genanntes, weitgehend waagerechtes und aufklappbares Fenster mit süllartigem Rahmen, das auf einem →*Glattdecker* für Tageslicht in der →*Kajüte* sorgt. Es kann auch auf dem →*Kajütdeck* eingebaut sein.

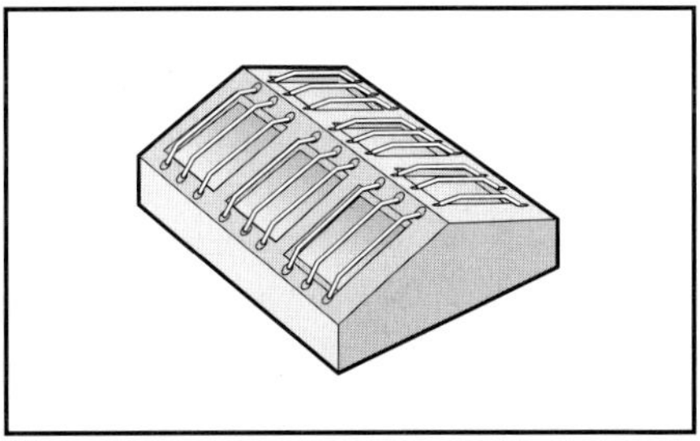

Skyline, die (engl.): der Horizont. In der →*Schifffahrt* meistens nur auf die typische Art der Küstenformation oder auf zahlreiche Bauwerke bezogen, z. B. die S. von New York.

Skysegel, das Auf einem →*Rahsegler* das an der 7. Rah (von unten gezählt) gesetzte →*Rahsegel,* das nur auf einigen →*Klippern* noch über dem →*Royal-Segel* gefahren wurde (gesprochen: „Skeisegel").

Slamming *(engl.)* Beim →*Stampfen* im →*Seegang* das harte Einsetzen des →*Vorschiffs* und sein Schlagen auf die See.

Slipanlage, die *(slipway)* Dass. wie →*Slip.*

Slip, der (Schlipp) *(slip)* 1. Eine „Aufschleppe" oder Anlage, um Boote an Land ziehen (→*aufslippen)* oder zu Wasser lassen (→*abslippen)* zu können. Ein S. besteht aus einer schiefen Ebene mit einer Neigung von 1 : 6 bis 1 : 10, die ausreichend weit in das Wasser reicht, damit Boote mit ihrem →*Tiefgang* über einen S.-Wagen schwimmen, dort befestigt und anschließend mit Rollen auf einer festen Betonfläche (Rampe) oder auf Gleispaaren mit Drahtseilen aufgeholt werden können. Sie werden anschließend über Drehscheiben oder Weichen in die Werfthalle oder ins Winterlager verfahren. Kleine Boote werden nicht über einen S., sondern eine →*Rampe* aufgeholt. – 2. Auf S. ist eine →*Leine* gelegt, wenn man sie um einen →*Poller,* durch einen →*Ring* oder einen anderen →*Beschlag* geführt, aber beide →*Tampen* an Bord belegt hat. So kann man, auch wenn das Ufer z. B. beim →*Ablegen* außer Reichweite liegt, durch Loswerfen eines →*Tampens* die →*Leinenverbindung* lösen und durch →*Holen* am anderen Tampen die Leine an →*Bord* bringen.

Slip, der (Schlupf) *(slip)* Auch →*Schlupf* genannter Vortriebsverlust am →*Propeller* als Unterschied zwischen seiner theoretischen Fortbewegung und seinem tatsächlichen Weg, wenn er im Wasser arbeitet.

Sliphaken, der *(slip hook, pelican hook)* Ein Haken, der auch unter Belastung geöffnet werden

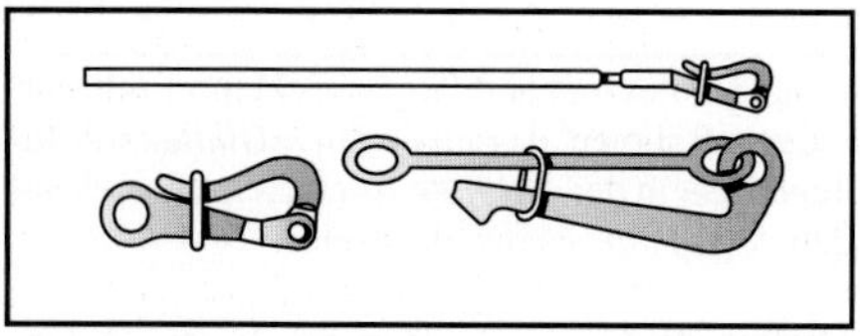

kann. Er ist z. B. in der →*Seereling* befestigt, um am →*Liegeplatz* oder im Falle →*Mann über Bord* einen Durchlaß zu öffnen, und findet in größeren Dimensionen auch auf →*Schleppern* Verwendung.

Slipleine, die *(slip rope)* Eine auf →*Slip* gelegte →*Leine,* die doppelpartig geschoren ist und sich

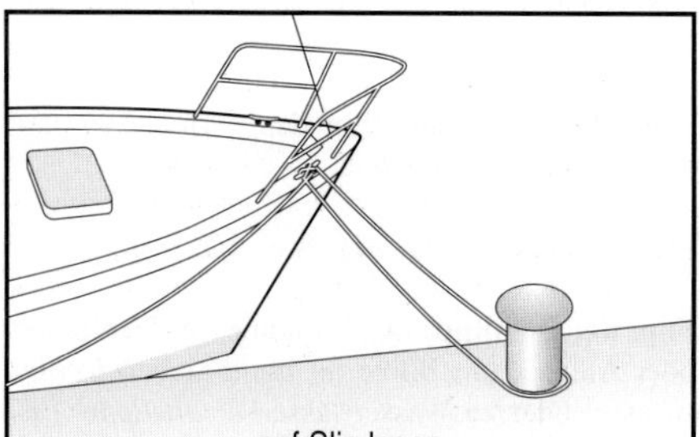

auf Slip legen

als →*Festmacher* von Bord aus so einfach wie →*seemännisch* sicher loswerfen läßt.

slippen, schlippen *(to slip)* 1. Ein Boot auf einer →*Slipanlage* aufholen oder zu Wasser bringen. 2. Eine auf →*Slip* gelegte Leine loswerfen. Einen →*Slipstek* lösen. Im Gefahrenfalle eine Leine, →*Trosse* oder Kette von ihrem →*Beschlag* freigeben, z. B. um die Verbindung zu einem →*unklaren* →*Anker* zu lösen.

Slipstek, der *(slip knot)* Beim →*Belegen* einer →*Klampe* mit einem →*Kopfschlag* oder bei einem

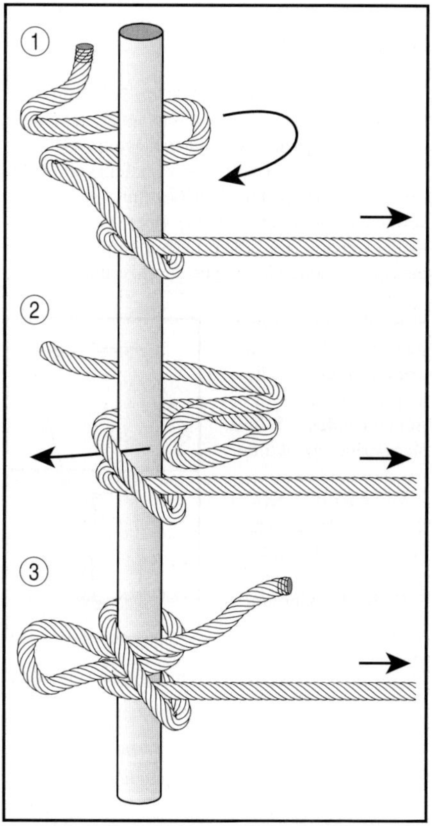

→*Webeleinenstek* (Abb.) bzw. einem →*Kreuzknoten* eine eingelegte →*Bucht* in der letzten →*Part.* Durch den dabei entgegen der Zugrichtung herausstehenden →*Tampen* ist die Möglichkeit gegeben, die Verbindung auch unter Belastung, oder wenn sie durch Nässe besonders straff zusammengezogen ist, jederzeit schnell zu lösen.

Slipwagen, der *(railway cradle)* Ein entweder auf Schienen laufender oder gummibereift auf Betonboden fahrender (dann →*Trolley* genannter)

Wagen zum Bewegen eines Bootes auf einem →*Slip* oder auf einer →*Rampe.*

Slup, die *(sloop)* Ein einmastiges Segelboot mit →*Großsegel* und nur einem →*Vorsegel,* die heute übliche Takelung von →*Jollen* und auch bei →*Kielbooten* dominierend.

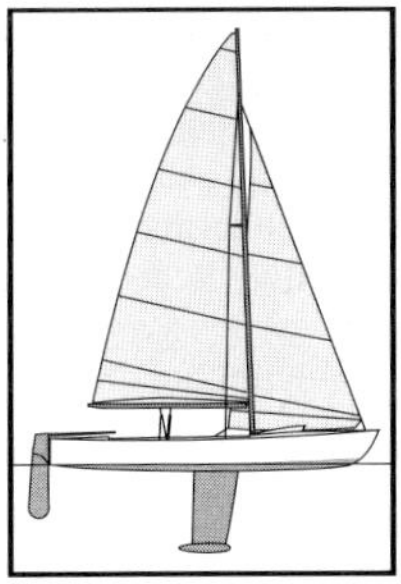

Sluptakelung, die *(sloop rig)* Eine →*Takelung* als →*Slup,* hauptsächlich mit →*Hochsegel,* früher mit →*Gaffelsegel.* Die S. gehört in die große Gruppe der →*Schrattakelung* und ist der →*Kuttertakelung* (mit 2 Vorsegeln) und der →*Cat-Takelung* (ohne →*Vorsegel*) verwandt.

Smeerreep, das (Schmeerreep, das) *(reefing pendant)* Ein →*Taljereep,* das bei einem →*Bindereff* die →*Reffkausch* am →*Achterliek* des Segels mit dem →*Großbaum* verbindet (Abb.) und das früher zum leichteren →*Holen* „geschmiert" (leicht eingefettet) wurde. Heute ist das S. meistens durch →*Refftaljen* ersetzt. Ein S. wird auch bei einem →*Schlappreff* benutzt.

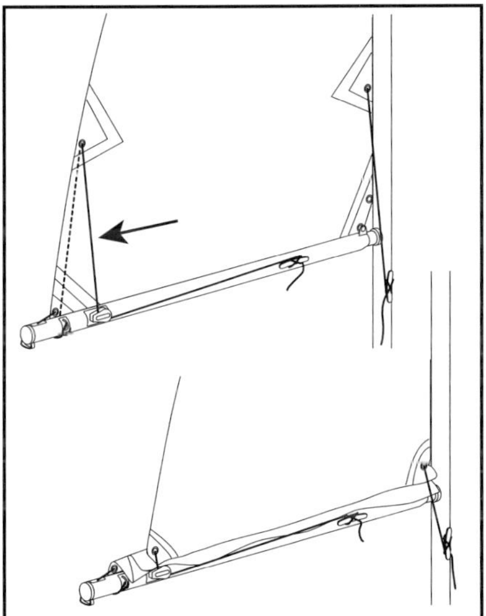

Smut, Smutje, der *(ship's cook, „doctor")* Übliche Bezeichnung für den Bootskoch. Ursprünglich war sie durch die Herkunft vom Niederdt. „smutt = Schmutz, Rauch" nicht unbedingt anerkennend gemeint, so daß sie in der →*Schiffahrt* nicht gern gesehen ist und durch „Schiffskoch" ersetzt wird.

Sog, der *(1. dead water, 2. thrust, deduction)* 1. Das Kielwasser hinter dem →*Heck,* insbesondere bei Fahrten mit →*Propeller.* Der S. entsteht als Folge der durch die Propellerumdrehung bewirkten Drucksenkung und setzt sich noch ca. 1 Bootslänge im Kielwasser fort. – 2. Die Saugkräfte, die durch die örtlichen Geschwindigkeits- bzw. Druckunterschiede bei der Umströmung von Flächen entstehen und besser Über- bzw. Unterdruck genannt werden, z. B. an einem →*Segel.* Auch die Saugkraft, die die Wasserströmung um einen Bootskörper auf einen in der Nähe befindlichen anderen Bootsrumpf ausübt, wenn z. B. im →*Strom* ein Boot längsseits der →*Pier* liegt, sich in einem Kanal 2 Fahrzeuge begegnen oder ein (kleines) Boot zu nahe an ein (großes) Schiff heranläuft.

SOLAS Abkürzung für „International Convention for the **S**afety **o**f **L**ife **a**t **S**ea", das Internationale Übereinkommen zum Schutz des menschlichen Lebens auf See, das am 17. 6. 1960 in London unterzeichnet und am 6. 5. 1965 im Bundesgesetzblatt als „Gesetz zum Internationalen →*Schiffssicherheitsvertrag"* veröffentlicht worden ist.

Solargenerator, der *(solar generator; A: photovoltaic module)* Er wandelt die Energie der Sonnenstrahlung mit Hilfe von Solarzellen direkt in elektrische Energie um und verwertet dabei nicht nur direktes Sonnenlicht, sondern auch diffuses Tageslicht. Der elektrische Strom aus der Solarzelle lädt direkt die Bordbatterie. Ein S. besteht aus zahlreichen Solarzellen, die als Halbleiter eine elektrische Fotospannung von je 0,5 Volt erzeugen: 40 bis 50 dieser, in Reihe geschalteten, etwa 0,3 mm dünnen Siliziumscheiben, die zwischen Glas und Edelstahl eingebettet sind, ergeben ein Solarzellen-Modul. Mehrere Module zusammengeschaltet bilden den S., der für unterschiedliche Leistungen ausgelegt werden kann. Für einen S.-G. gilt die Norm →*ISO 9001.* Mit einem S., der auf einem →*Seekreuzer* aus mehreren, bis zu 0,3 m² großen Modulen bestehen kann, die bei 12 V Bordspannung Nennleistungen von 30 W erreichen, lassen sich unter Segeln elektrische Geräte (Lampen, Kühlschrank) und elektronische Geräte (der Navigation) betreiben.

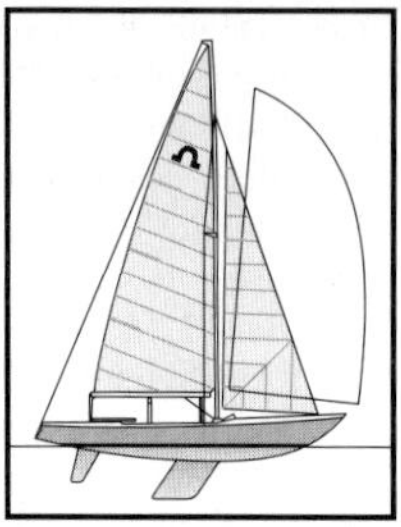

Soling Von Jan Linge konstruiertes und in →*GFK* gebautes Dreimann-Kielboot mit →*Spinnaker,* als →*internationale Klasse* anerkannt, seit 1972 →*olympische Klasse.* Lüa 8,15 m, Büa 1,90 m, Tiefg. 1,30 m, Verdr. segelf. 1,0 t, Segelfl. 21,7 m². Segelzeichen: Buchstabe Omega.

Sonar Aus dem engl. „**So**und **Na**vigation and **R**anging" entwickeltes Kurzwort für gerichtet ausgesandte Unterwasserschall- oder Ultraschall-Signale und die entsprechende Laufzeitmessung der Echos, um Richtung und Entfernung zu schwimmenden (z. B. U-Booten) oder auf Grund liegenden Unterwasserobjekten zu ermitteln. Unter Benutzung des →*Dopplereffekts* wird dieses akustische Ortungsmittel mit der Bezeichnung →*Doppelsonar* auch als wichtige Navigationshilfe verwendet.

Sonderkarte, die Eine →*Seekarte* im Maßstab 1 : 30 000 und größer (z. B. 1 : 20 000) zum Einlaufen in schwierige →*Fahrwasser,* Buchten und Häfen sowie zum Aufsuchen von Ankerplätzen, oft mit →*Plänen,* wenn der Maßstab an bestimmten Stellen noch nicht genügend Einzelheiten erkennen läßt.

Sonderklasse, die *(sonder, sonder yacht)* Eine neben den →*R-Yachten* zu Beginn des 20. Jh entstandene Rennklasse, in denen bedeutende →*Regatten* und sogar (deutsch-amerikanische) Länderkämpfe ausgetragen wurden. Yachten der S. hatten ca. 52 m² Segelfläche, eine →*Verdrängung* von 1830 kg und durften nur von →*Herrenseglern* ohne →*bezahlte Hände* gefahren werden.

Sonderpreis, der Ein bereits in der →*Ausschreibung* neben den →*Klassenpreisen* genannter →*Regattapreis,* der zusätzlich für besondere und bestimmte Leistungen gegeben wird. Man unterscheidet hierbei →*Punktpreise,* →*Herausforderungspreise,* →*Wanderpreise* und →*Nebenpreise.*

Sonderzeichen, das *(special mark)* Seezeichen nach dem →*Betonnungssystem „A",* die nicht in erster Linie der Navigation dienen, sondern besondere Gebiete oder Punkte bezeichnen, deren Bedeutung aus der Seekarte ersichtlich oder in nautischen Veröffentlichungen bekanntgemacht ist. Ihre Kennzeichen sind gelber Anstrich und, wenn vorhanden, gelbes Licht und gelbes X-Toppzeichen. Tonnen von →*Sperrgebieten* sind durch zusätzliche rote Farbbänder gekennzeichnet. S. bezeichnen Warngebiete und Warnstellen, Baggerschüttstellen, Grenzen von Wassererholungsgebieten, Kabel, Rohrleitungen und Fischereigründe. Beschriftung, wenn vorhanden: jeweilige Bedeutung in schwarzen Buchstaben.

Sonnenhöhe, die *(sun's altitude)* In der →*astronomischen Navigation* die →*Höhe* der Sonne über der →*Kimm.* Man mißt bei dem vertikalen Abstand entweder den Sonnenoberrand oder -unterrand. Dieser Kimmabstand erfährt dann eine (mehrteilige) →*Höhenbeschickung,* ehe man die →*wahre Höhe* des Sonnenmittelpunktes als astronomische →*Standlinie* erhält.

Sonnenkompaß, der Dass. wie →*Skykompaß,* siehe dort.

Sonnensegel, das *(awning)* Ein die Bootsbreite überragendes, aber zur einfacheren Handhabung

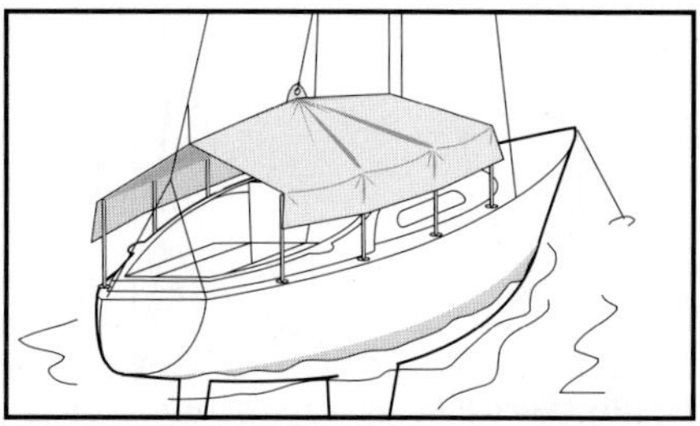

in Längsschiffsrichtung aus mehreren Teilen bestehendes, mit Zelt- oder Pagodendach gefertigtes Schutzsegel (Abb.), das Plicht und/oder Kajütdach vor starker und direkter Sonneneinstrahlung bewahrt. Es wird mit →*Spreizlatten* oder ineinandersteckbaren Zeltstäben in entsprechenden →*Lattentaschen* gehalten und von mehreren Leinen getragen, die von den Enden der Lattentaschen oder von einigen Zentralpunkten nach oben zum →*Großbaum* oder zum →*Mast* führen. Gegen einen möglichen Wärmestau sind seitliche Öffnungen und eine zentrale Firstöffnung eingebaut. Ein S. ist ein notwendiges Ausrüstungsteil für Yachten, die in →*tropischen* oder subtropischen Gewässern segeln.

Sonnentag (mittlerer), der *([mean] solar day)* Durch die ellipsenförmige Umlaufbahn der Erde um die Sonne ist der →*wahre S.,* der eine Umdrehung der Erde um ihre eigene Achse zwischen zwei aufeinanderfolgenden unteren →*Kulminationen* zeitlich erfaßt, nicht gleichmäßig. Aus diesem Grunde gilt der mittlere S. mit einer Zeit von 24 h, für den man sich eine →*mittlere Sonne* denkt, die der wahren Sonne um den Betrag der →*Zeitgleichung* entweder voraus ist oder nachläuft.

Sonnentide, die Die von der Sonnenbewegung beeinflußten Teile einer →*Tide,* die den →*Tiden-*

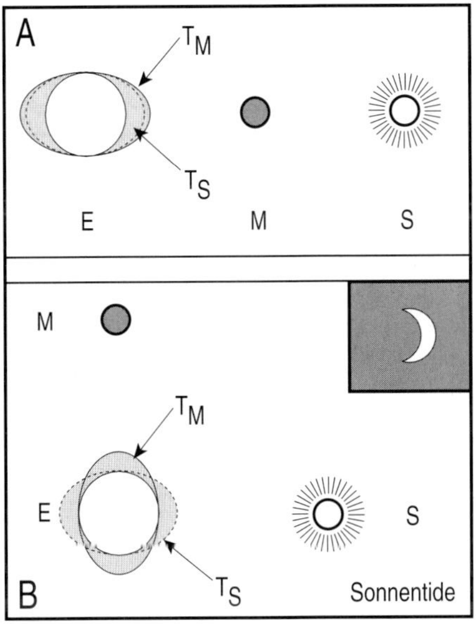

hub während der →*Springzeit* verstärken, wenn sie in gleicher Richtung zur →*Mondtide* wirken (A) und während der →*Nippzeit* abschwächen, wenn sie in rechtem Winkel zu ihr wirksam sind (B): TM = Tide Mond, TS = Tide Sonne.

Sonne schießen *(to take the sun's altitude, to shoot the sun)* In der →*astronomischen Navigation* die →*Sonnenhöhe* mit dem →*Sextanten* messen.

Sorgleine, die *(1. life line, hand line – 2. [rudder] pendant, weighing line, trailing line)* Eine Leine bzw. ein kurzes →*Ende* oder ein →*Stander,* die etwas sichern sollen. 1. Die Verbindungsleine des →*Sicherheitsgurtes* mit einem Befestigungspunkt an →*Deck;* am Ende der S. ist ein →*Karabinerhaken* befestigt, den man in einen →*Relingsfuß,* in den →*Handlauf* oder in ein →*Strecktau* einhaken kann. (Eine S. wird auch als →*Sicherheitsleine* bezeichnet, für die es →*EN-* und →*DIN-Normen* gibt). – 2. Ein kurzes Ende mit entsprechenden Sicherungsaufgaben, z. B. für den →*Anker* (Trippleine), das →*Ruderblatt,* einen →*Riemen* u. a.

SOS-Ruf, der *(SOS-call, distress-call)* Seit 1912 als internationales →*Notzeichen* im Falle der →*Seenot* sowohl als Lichtzeichen, Funkzeichen oder Schallzeichen eingeführt. Der auffallende Rhythmus von abwechselnden kurzen und langen Signalzeichen mit diesen optisch und akustisch eindringlichen Morsebuchstaben (· · · – – – · · ·, · · · – – – · · · = SOS, SOS) ist im Notfall von jedermann leicht zu geben. Erst später wurde ihnen die (unbegründete) Deutung als Abkürzung für „save our souls" („Rettet unsere Seelen!") gegeben.

Southern Cross Cup *(engl.)* Eine seit 1967 zweijährlich veranstaltete →*Hochseeregatta* vor Australien, die (ähnlich wie beim →*Admiral's Cup* und der →*Onion Patch Trophy*) aus einem 180-sm-Hochseerennen, zwei kürzeren →*Wettfahrten* an der Küste und der 630-sm-Seeregatta →*Sydney–Hobart* besteht. Es starten jeweils drei Yachten eines Landes mit einer abgestuften Einzelwertung der Rennen wie beim Admiral's Cup.

Southern Ocean Racing Conference (SORC) *(engl.)* Eine Vereinigung von amerikanischen →*Yachtclubs,* die seit 1941 jährlich im Frühjahr eine Serie von →*Hochseeregatten* unterschiedlicher Distanzen (Southern Ocean Racing Circuit genannt) vor der Küste von Florida, USA, veranstalten. 1952 wurde die Wettfahrtreihe vom nordamerikanischen Seglerverband offiziell anerkannt.

Spachtel, der (Spachtelkitt, der) *(putty, wood cement)* Weiche, aus plastischen Kunststoffen gefertigte und mit Füllstoffen angereicherte Masse, die bei der →*Bootspflege* mit dem →*Spachtelmesser* zum Glätten rauher Außenhautflächen benutzt wird. Sie kann z. B. aus →*Polyesterharz* und Talkum hergestellt werden, trocknet schnell und kann nach dem →*Schleifen* weiterbehandelt werden.

Spachtelmesser, das *(spatula, spreader, spattle)* Arbeitsgerät zum Spachteln mit breiter, scharfer

Kante, das den →*Spachtelkitt* glatt über unebenen Flächen zu verteilen erlaubt.

Spake, die *(1. bar, spike – 2. [hand] spoke)* Eine handliche, ca. 2 m lange hölzerne Speiche, die vielfältig als Hebel benutzt wird: 1. Die Handspake (Abb.) als einfacher Hebel zum Anheben von Lasten. Die Spillspake als spindelförmig horizontal in den Spatenkranz eines →*Spills* gesteckte Speiche, um das →*Gangspill* mit Muskelkraft zu drehen. – 2. Sinngemäß die Spaken des Steuerrads und die über den äußeren Rand hinausreichenden Zapfen, an denen man das Rad von Hand bedient und die ebenfalls Handspaken genannt werden.

spanischer Takling, der *(Spanish whipping, back splice)* Auch Lotsentakling oder Rückspleiß genannte Sicherung eines →*Tampens* gegen Aufdrehen der →*Kardeele,* indem man eine →*Hahnepot* (ein Kreuz) macht und die Kardeele wie bei einem normalen →*Spleiß* untereinanderlegt. Durch die eintretende Verdickung kann das →*Ende* nicht mehr durch →*Blöcke* o. ä. geschoren werden.

spanische Winde, die *(Spanish windlass)* Eine einfache Vorrichtung, um mit einer Holzrolle und

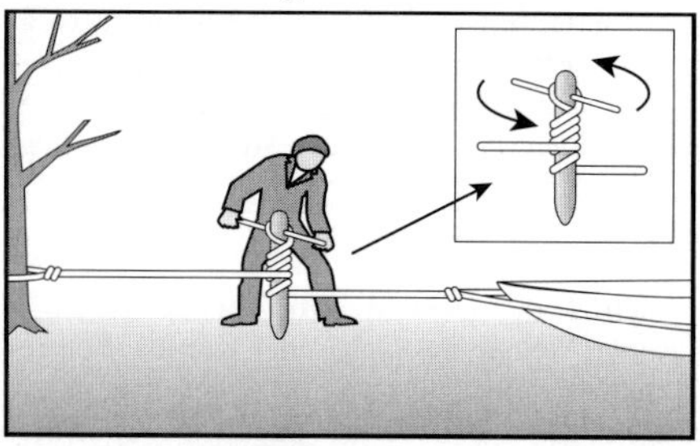

einem Drehknüppel →*(Marlspieker)* große Zugkraft ausüben zu können. Eine s. W. wird entweder beim →*Verholen,* beim →*Aufslippen* oder nur zum Zusammenholen zweier benachbarter, parallel laufender Leinen benutzt.

Spannschraube, die *(rigging screw)* Eine Schraubhülse, die zum Spannen des →*stehenden*

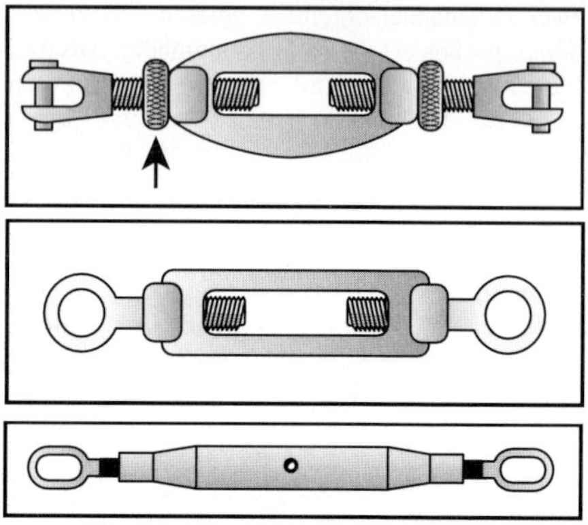

Gutes zwischen →*Wanten* bzw. →*Stagen* und den →*Püttings* befestigt wird, um mit Hilfe von 2 Schraubstiften und gegenläufigem Gewinde die zum Befestigen der Beschläge notwendige →*Lose* zu verkürzen. Dabei zieht man durch Drehung die beiden gegenläufigen Schraubstifte in eine Hülse hinein, bis die gewünschte Spannung des →*Drahttauwerkes* hergestellt ist, und sichert sie anschließend durch Kontermuttern oder Drahtenden gegen Aufdrehen. Die S. wird auch als „Spannschloß" gefertigt oder →*Wantenspanner* genannt, mit der gleichen Aufgabe am Handlauf einer →*Seereling* eingesetzt und auf →*Jollen* durch einfache →*Wantenhänger* ersetzt. Die gleiche Aufgabe kann im Falle einer →*Havarie* auch ein →*Taljereep* übernehmen.

Spannschraubenschutz, der Kurzes Schutzrohr aus Hart-PVC, das über den →*Wantenspanner* geschoben und durch eine Abdeckkappe, die mit Schlitz auf das →*Want* gedrückt und in das Rohr eingesetzt wird, einfach oder durch Verleimung verschlossen wird. Guter Schutz gegen →*Schamfilen* von →*Segel* und →*Schoten.*

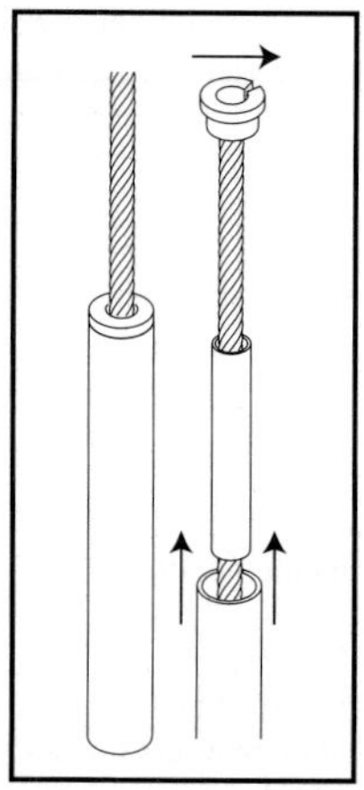

Spannung, die (Volt, Abk. V) *(voltage)* Die →*Kraft,* die den Fluß des elektrischen Stromes in einem Stromkreis bewirkt. Die übliche S. der →*Boots-Energie-Anlage* beträgt 12 oder 24 V.

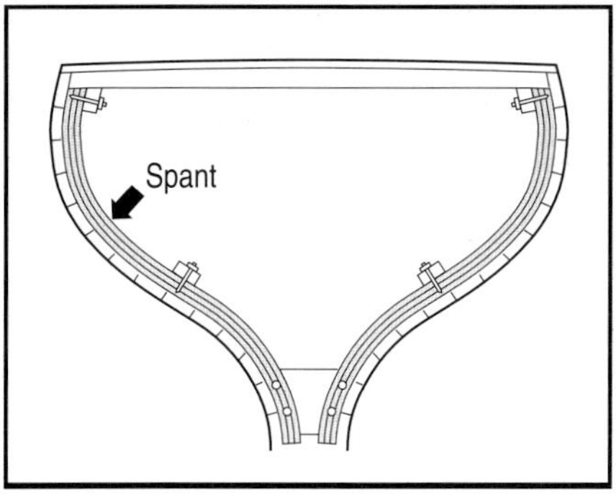

Spant, das *(frame, rib)* Rippenähnlicher Teil der →*Querverbände,* der zur Aussteifung der →*Außenhaut* dient und dem →*Boot* seine Form gibt. Im Bootsbau aus →*Massivholz* wurden ursprünglich zuerst die gewachsenen, gesägten oder →*lamellierten* S. aufgestellt und an ihnen die Außenhaut befestigt, wie es auch bei der →*Knickspantbauweise* aus →*Bootsbausperrholz* noch üblich ist. Wenn im Holzbau und in der Rundspant-Bauweise mit →*Mallen* gearbeitet wird, wird ein S. erst nachträglich eingelegt und befestigt. Bei einem →*formverleimten Sperrholzrumpf* und beim →*Bootsbau* aus →*GFK* kann man auf Spanten verzichten. Neben den üblicherweise →*querschiffs* angeordneten Spanten, die auch als →*Rahmenspanten* gefertigt sein können, gibt es auch →*Längsspanten,* die bei Holzbooten über der →*Naht* von 2 →*Planken* auch als Nahtspanten bezeichnet werden.

Spanteinteilung, die *(distribution of frames; subdivision of frames)* In Deutschland werden seit altersher die →*Spanten* hauptsächlich von hinten nach vorn gezählt, wobei man die →*Schwimmwasserlinie* (→*LWL*) in entsprechende Abschnitte einteilt, den →*Nullspant* an das →*Heck* und den letzten →*Spant,* z. B. Nr. 10 oder Nr. 20, an den →*Bug* legte. Die entsprechenden Ziffern wurden auf dem →*Längsriß* an einer Grundlinie an Unterkante →*Kiel* als Bezugsebene vermerkt (s. Abb.). In vielen angelsächsischen Ländern zählte man die Spanten dagegen immer von →*vorn* nach hinten, aber begann dabei an der →*Wasserlinie:* →*Spant* Null also vorn, Spant 10 achtern. Nach Einführung der EDV und mit den entsprechenden ersten Programmen für die →*Yachtkonstruktion,* die aus den USA stammen, setzte sich eine neue Art der S. ohne Numerierung durch: Man beginnt vorn und zählt die Entfernungen der (imaginären) Spanten als X-Maß auf der Ebene der →*LWL,* von der Spitze des →*Bugs* aus gemessen (s. Abb.). Dabei ist jetzt jeder Punkt mit dem Rechner mathematisch bestimmbar. Die vorderen Punkte oberhalb der →*LWL* werden als „+Z“, unterhalb der →*LWL* als „–Z“ bezeichnet. Die Breite wird mit „Y = 000“ angegeben. Die neuen Bezugsebenen

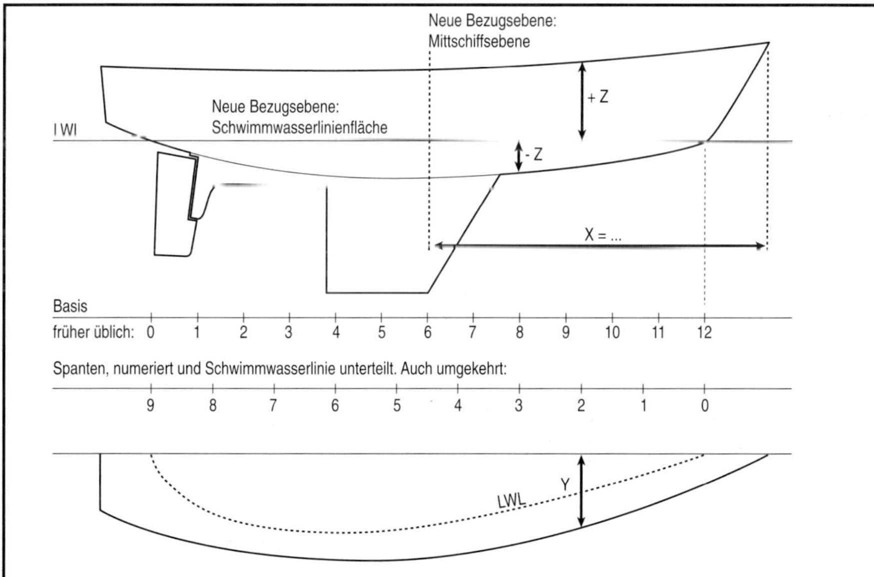

Spanteinteilung

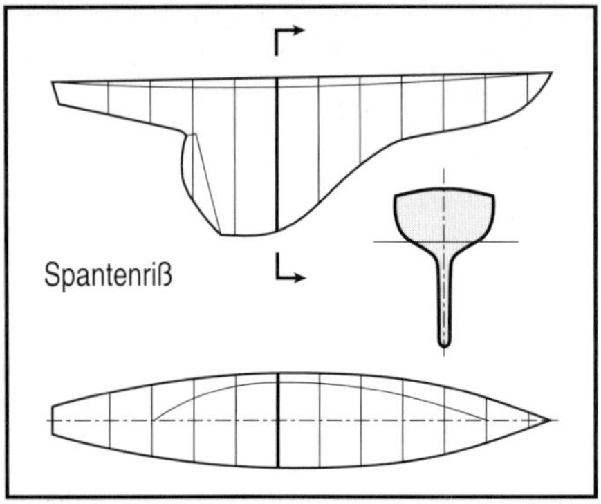

sind die →*Schwimmwasserlinienfläche* und die (früher schon benutzte) →*Mittschiffsebene*. Auf den kleineren Werften, die aus →*Holz* oder →*Stahl* bauen, ist jedoch noch die frühere S. und ihre Zählweise üblich.

Spant Null, der *(frame N. 0, frame at after [or forward] perpendicular)* Der →*Spant,* an dem die →*Spanteinteilung* bzw. Numerierung im Spantenriß beginnt. Sie erfolgt bei den Konstrukteuren uneinheitlich und beginnt sowohl →*achtern* (am achteren →*Lot,* dem Ende der →*Wasserlinie*) als auch →*vorn* (am vorderen Lot, dem Beginn der Wasserlinie), von wo aus mit 1, 2 ... usw. zum entgegengesetzten Ende gezählt wird. Je nach Lage der größten →*Breite,* der Position des →*Hauptspantes* (der auch →*Nullspant* genannt wird), erhält dieser erfahrungsgemäß Ziffernbezeichnungen zwischen 5 und 7, je nach →*Bootslänge* und Anzahl der Spanten. Müssen Spanten in einem →*Überhang* bezeichnet werden und liegen sie dabei jenseits vom S.N., erhalten sie das Negativzeichen vor der entsprechenden Ziffer. Während man aus dem →*Hauptspant* (auch in seiner etwas verwirrenden Bezeichnung als „Nullspant") und seiner Zeichnung den Querschnitt eines Schiffes mit wichtigen Hinweisen für die Konstruktion entnehmen kann, ist der S.N. ein reiner Zählspant, auch wenn er in Kurzform jetzt auch häufig als Nullspant bezeichnet wird. In der →*Yachtkonstruktion* mit EDV-Programmen gilt eine neue →*Spanteinteilung*.

Spantenarealkurve, die *(curve of sectional area)* In einem →*Linienriß* die von einer kurvenförmigen Linie begrenzte Fläche, die die →*Verdrängung* darstellt.

Spantenriß, der *(framelines, frame stations, body plan)* Ein Teil des →*Linienrisses,* der die →*Querschnittsform* des Bootes in den Positionen der →*Spanten* angibt. Der S. zeigt unsymmetrisch über dem →*Hauptspant* auf der rechten Seite die Querschnitthälften des →*Vorschiffs* und auf der linken Seite des →*Hinterschiffs.*

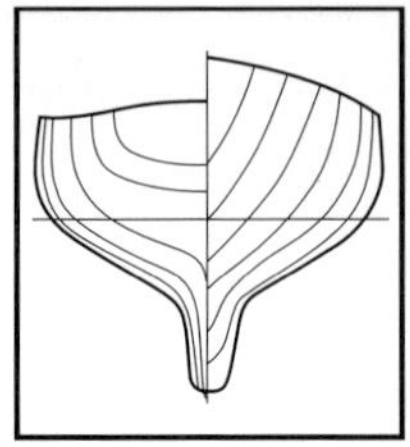

Spantfläche, die *(sectional area)* Das Maß der S. unterhalb der →*Wasserlinie* oder →*LWL* ist für den →*Reibungswiderstand* von Bedeutung. Sind bei unterschiedlicher Breite die Spantflächen von V-Spant und R-Spant gleich groß (Abb. A), ist die

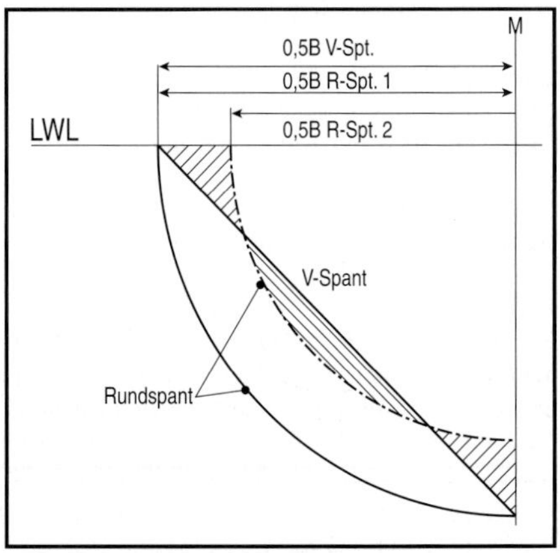

→*benetzte Oberfläche* der V-S. ca. 12 % größer. Aber dafür hat das Boot mit R-S. eine um 20 % geringere Breite. Bei gleicher Bootsbreite ist beim R-Spant die benetzte Oberfläche der S. um ca. 11 % größer.

Spantform, die *(shape or section or profile of the frames)* Die Querschnittsform eines Bootes beim →*Hauptspant,* die der →*Spantenriß* zeigt. Man unterscheidet bei →*Jollen* hauptsächlich →*Knick-S.* oder Schipjack-S., auch als →*Plattboden-S.* (Abb. A) und bei →*Rund-S.* eine kreisrunde S. (B) im Gegensatz zu einer kelchförmigen S. (C). →*Seekreuzer* und →*Kielyachten* können in V-S. (Abb. D), S-S. (E), U-S. (F), R- oder Radial-S. (G), Trapez-S. (H), Doppelknick-S. (I) und →*Seiteneinfall-S.* oder Tumble-Home-S. (J) gebaut werden. Die S. ist das wichtigste Element bei →*Konstruktion* und Bau eines →*Bootsrumpfes.* Die S.-S. wird vorwiegend bei →*Langkielern* benutzt. Aus ihr ging die V-S. hervor, die zuerst ausschließlich für →*Kurzkieler* benutzt wurde. Die

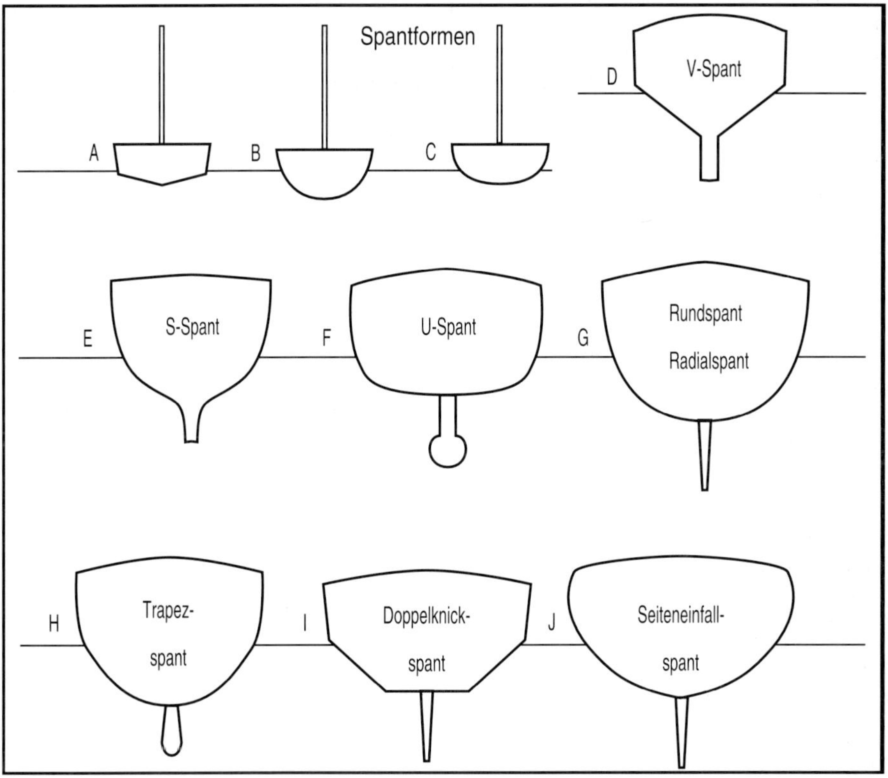

U-S. erlaubte den Bau schneller Yachten mit jedoch schlechtem Verhalten im →*Seegang.* So entstand die Radial-S. mit einer um mindestens 10 % kleineren Oberfläche des →*Unterwasserschiffes* (bei vergleichbaren Booten). Die T.-S. ergab sich aus der →*Vermessung* (insbesondere des Umfangs) nach der →*IOR-Formel.* Die von ihr abgeleitete D-S. erlaubt den Bau besonders preiswerter Seekreuzer, z. B. aus →*Stahl* und für den →*Selbstbau.* Vorteile der Seiteneinfall-S. sind die höhere Tragfähigkeit bei →*Krängung,* Nachteile der vorspringende „Bauch" beim →*Anlegen.*

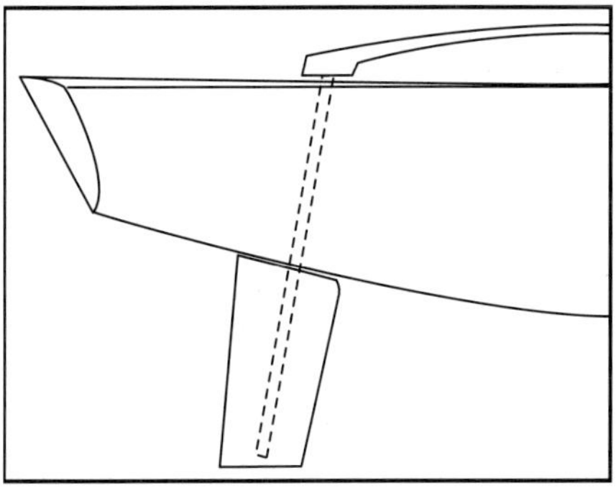

Spatenruder, das *(spade rudder)* Spatenförmiges →*Schweberuder* (Abb.), das frei unter dem Bootsboden hängt und bei dem der →*Ruderschaft* das einzige, nur obere Spurlager des Ruders darstellt. Das S. (nach der Form eines Spatens benannt) ist ein →*Balanceruder.*

Spectra, das *(Spectra sailcloth)* Ein 1987 von der amerikanischen Firma Allied Corporation entwickeltes →*Segeltuch,* das der Qualität von →*Kevlar* entspricht, sich aber unter Belastung dehnt. Es wird daher nur in →*Hybridgeweben* mit Kevlar verwandt.

Speedometer, der (das) Moderner Geschwindigkeitsmesser, der die →*Fahrt* (im Gegensatz zum →*Schlepplog* oder →*Sumlog)* nach dem Prinzip des →*Staudruckmessers* entweder elektrisch oder elektronisch mißt. Das einfachste S. ist der →*Logstab.* Ein elektronisches S. arbeitet mit einem Fühler (Abb.) unter dem Bootsboden, während

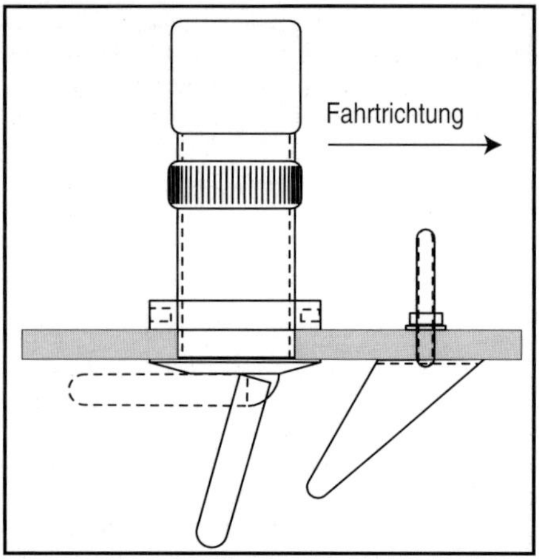

die neuesten S. als →*Doppler-Log* weder bewegliche Teile noch offene Düsen im →*Unterwasserschiff* besitzen müssen.

Speigatt, das *(scupperhole, deck drain)* Öffnung in der →*Fußreling* oder im →*Schanzkleid,* um

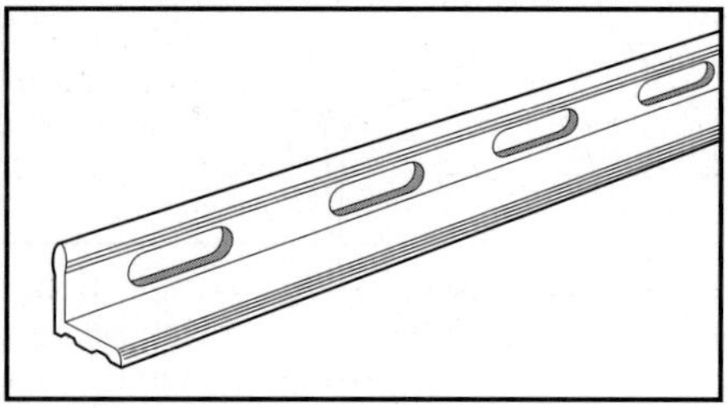

übergekommenes Spritz-, Spül- oder Regenwasser schnell nach außen abfließen zu lassen. Größere Abflußöffnungen werden →*Wasserpforten* genannt.

Speisewasser, das *(feed water)* Nicht das →*Frischwasser* als Trinkwasser für die Besatzung, sondern (in der →*Schiffahrt)* das Wasser für den Betrieb der Dampfkessel auf →*Schiffen.* Es wird zur Ausreise mitgenommen und gegebenenfalls durch Verdampfen von →*Seewasser* ersetzt.

Sperrgebiet, das *(barred zone, prohibited area)* Innerhalb der →*Hoheitsgewässer,* d. h. im Bereich der →*Seeschiffahrtsstraße* und landwärts der →*Hoheitsgrenze* liegende Wasserfläche, in der →*Schiffahrt,* Fischerei und Segelsport nicht erlaubt sind. Die Kennzeichnung dieses S. erfolgt durch →*schwimmende Seezeichen,* z. B. gelben Tonnen mit einem rechtwinkligen roten Kreuz und der Aufschrift „S". oder „Sperr-G.".

Sperrholz, das *(1. plywood, moulded plywood; 2. weldwood)* 1. Aus mehreren Furnieren →*la-*

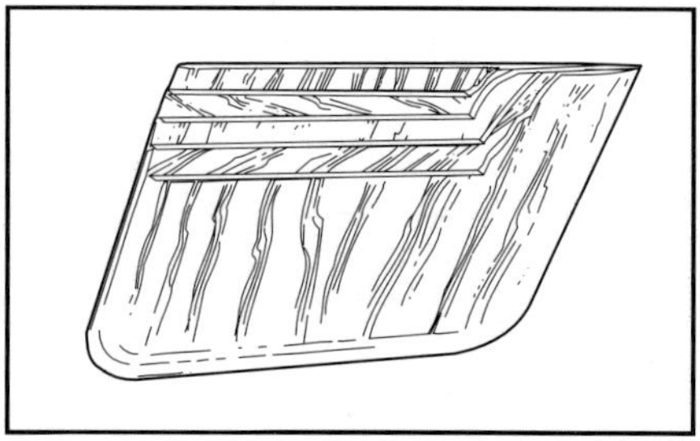

melliertes Holz, das entweder in Platten geliefert und hauptsächlich in →*Knickspantbauweise* (von Amateuren) bzw. für den Innenausbau verwendet oder in Form dünner Schichten in →*Diagonalbauweise* für einen →*formverleimten Bootsrumpf* (in Rundspantbauweise) benutzt wird. – 2. Im Bootsbau wird nur das vom →*Germanischen Lloyd* geprüfte, mit wasser- und kochfesten Leimen hergestellte →*Bootsbausperrholz* benutzt.

Sperrsignal, das *(visual barrage prohibition signal)* Optisches →*Signal,* das die Sperrung einer →*Seeschiffahrtsstraße* oder einer Teilstrecke anzeigt. Sperrsignale können bei Tage ein →*Signalball* über 2 Kegeln mit den Spitzen zueinander, bei Nacht rot-grün-weiße Lichter untereinander und (akustisch) 2 Gruppen von 3 langen Tönen sein. Bei Sperrung einer Teilstrecke: rechteckige rote Tafel mit waagerechten weißen Streifen.

Sperrwerk, das *(damming up)* Wasserbauwerk quer durch die Mündung eines Flusses im →*Tidengebiet* mit der Aufgabe, das Flußgebiet vor sehr hohen →*Tiden* (Sturmfluten) zu schützen. Ein S. kann den Wasserfluß wie ein →*Siel* vollkommen sperren, eine Öffnung für den Schiffsverkehr ständig offen halten und durch Öffnen und Schließen der anderen Verschlüsse den Wasserzufluß und -abfluß regeln.

Spezial-Antifouling, die Unterwasser-Giftfarbe für Stahl- und Aluminium-Rümpfe zur Vermeidung von →*Korrosion.* Vorher sind →*Grundierungen* erforderlich, die vor der Verwendung von kupferhaltigen Unterwasserfarben auf Metallrümpfen als Isolierung zu Verhinderung →*elektrolytischer Schäden* aufgetragen werden müssen.

spezifisch *(specific)* Kennzeichnend, arteigen, z. B. auf das →*Gewicht* bezogen.

spezifisches Gewicht, das *(specific gravity [sp. gr.])* Die relative →*Dichte* eines Stoffes verglichen mit derjenigen des →*Süßwassers,* die 1,0 beträgt. Das kennzeichnende s.G. oder die →*Dichte* ist z. B. bei

Schaumstoff	0,03
Balsaholz	0,20
Kiefernholz	0,50
Mahagoniholz	0,70
Eichenholz	0,90
Polypropylenfaser	0,90
Polyethylenfaser	0,94
Teakholz	0,95
Süßwasser	1,00
Seewasser	1,04
Polyurethanfaser	1,10
Polyesterfaser	1,38
Aramidfaser	1,41
Glasfaser	2,50
Aluminium	2,55
Titan	4,50
Eisen	7,50
Stahl	7,80
Kupfer	8,60
Silber	10,50
Blei	11,40
Gold	19,30

sphärisch *(spherical)* Kugelig, himmlisch, das Himmelsgewölbe betreffend.

sphärisch-astronomisches Grunddreieck, (das) *(astronomical triangle, celestial triangle, navigational triangle)* Das sphärische Grunddreieck zwischen dem →*Zenit,* dem oberen Himmelspol (Nord) und einem Gestirn an der Himmelskugel.

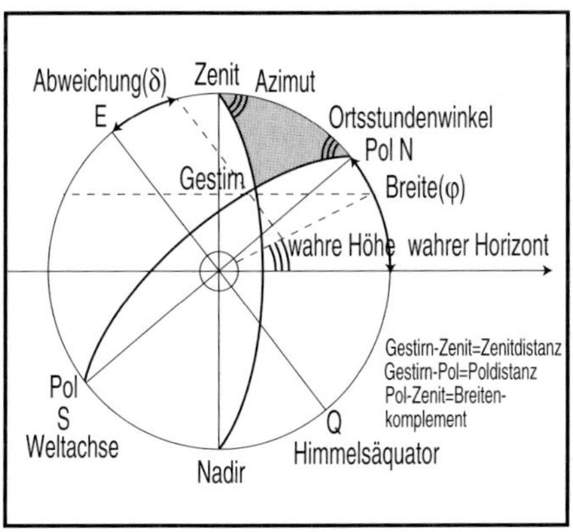

Die Seiten sind die Pol-Zenit-Distanz P Z als Komplement der geographischen Breite (φ), die Zenitdistanz (z) als Strecke Z G und Komplement der beobachteten Höhe des Gestirns (Ho) und die Poldistanz (p) als Strecke P G und Komplement der →*Abweichung* oder →*Deklination (δ)* des Gestirns. Die Winkel sind der →*Ortsstundenwinkel* (t) am Pol (P), das →*Azimut* (Az) am Zenit (Z) und der parallaktische Winkel (q) am Gestirn (G). Das Prinzip der →*astronomischen Navigation* besteht in der Praxis darin, aus 3 bekannten Stücken (Seiten oder Winkeln) mit den Mitteln der sphärischen Trigonometrie die gewünschten anderen Stücke zu berechnen. So kann z. B. die →*Abweichung* aus dem →*Nautischen Jahrbuch,* der Stundenwinkel entweder durch das →*Chronometer,* durch das →*Zeitzeichen* oder (bei vereinfachten Verfahren) durch den Zeitpunkt der →*oberen Kulmination* festgestellt sowie die →*wahre Höhe* (z. B. der Sonne) durch eine Messung mit dem →*Sextanten* und entsprechende Höhenbeschickung ermittelt und daraus die sphärischen Koordinaten des →*Schiffsortes* berechnet werden. Man kann das zum Zeichnen einer →*astronomischen* →*Standlinie* notwendige →*Azimut* z. B. mit den Ausgangswerten der →*geographischen Breite* (dem →*Koppelort),* der →*Abweichung* und dem →*Stundenwinkel* bzw. beim Höhenazimut aus Breite, Abweichung und der Höhe eines Gestirns ermitteln.

Spiegel, der *(transom)* Die bei →*Jollen* meistens senkrecht, bei →*Seekreuzern* schräg stehende

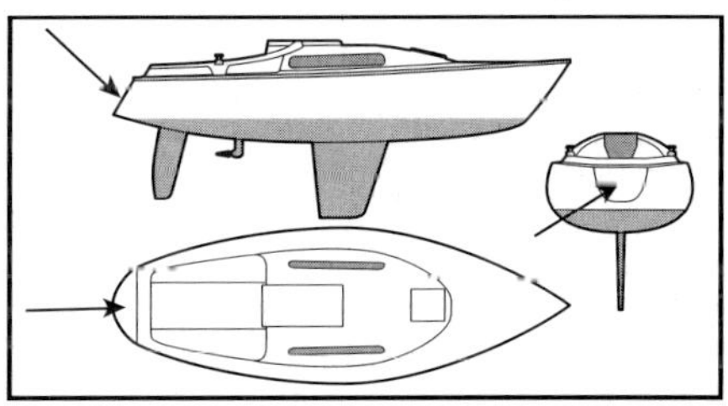

achtere Abschlußplatte eines Bootsrumpfes, der dadurch annähernd seine volle Breite bis zum →*Heck* beibehält. Ein kleinerer S. kann als Abschluß eines →*Yachthecks* dienen und als →*negativer Spiegel* in den Rumpf hineingeneigt sein. Als Passiergang am →*Liegeplatz* und als Hilfe nach einem →*Mann-über-Bord-Manöver* hat sich eine (wasserdicht schließende) Spiegelklappe (Abb.) bewährt.

Spiegelheck, das *(transom stern)* Eine →*Heckform,* bei der das →*Achterschiff* in einen →*Spiegel* ausläuft. Alle →*Jollenklassen* haben ein S., weil der →*Rudergänger* sehr nahe am →*Heck* sitzen und das Boot hier ausreichende →*Tragfähigkeit* für das Besatzungsgewicht behalten muß. Auf einem →*Seekreuzer* bezeichnet man ein S. richtiger als →*Plattgattheck.*

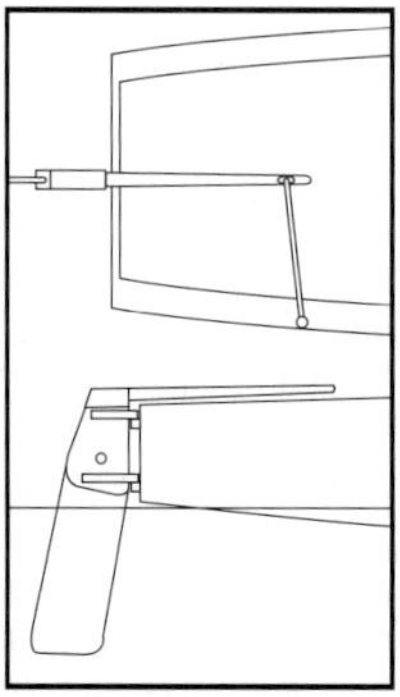

Spiegeltelegraph, der *(heliograph)* Ein →*Signalspiegel,* der zur Abgabe von →*Notsignalen* durch zielgerichtete Reflektion des Sonnenlichtes auf ein in →*Sicht* befindliches Schiff dient.

Spiere, die *(spar)* 1. Allg. Bezeichnung für ein →*Rundholz* (z. B. →*Großbaum,* →*Fockbaum,* →*Rah* u. a.) mit Ausnahme des →*Mastes.* – 2. Sammelbezeichnung für alle weiteren Stangen, z. B. die →*Backspier(e).* Diesbezüglich spricht man auch von →*Spierentonne* u. a.

Spierentonne, die (Spierenboje, die) *(1. spar buoy, pillar buoy; 2. dan buoy)* 1. Ein schwimmendes →*Seezeichen,* dessen Überwasserteil die deutlich sichtbare Form einer →*Spiere* hat. Die Stange auf dem stumpfen oder spitz zulaufenden Schwimmkörper ragt mindestens doppelt so hoch über den →*Wasserspiegel* hinaus wie eine →*Spitztonne.* Eine S. bezeichnet im →*Lateralsystem* die →*Backbord-Fahrwasserseite* und u. a. auch die Fahrwassermitte. Sie kann auch befeuert sein. – 2. Eine Spierenboje ist auch die →*Schwimmflagge,* die als →*Markierungsboje* zur Kennzeichnung einer Unfallstelle bei →*Mann über Bord* dient.

Spill, das *(A. capstan; B. windlass)* Drehbare, meistens auf dem →*Vorschiff* aufgebaute Vorrichtung zum →*Einhieven* der →*Ankerkette* oder -trosse, zum →*Verholen* u. a. Aufgaben. Im Gegensatz zur →*Winde* mit einer Tautrommel wird dabei die →*Leine* nicht aufgewunden und mit ihren →*Parten* nebeneinander aufgewickelt, sondern die →*Trossen* laufen auf der Abgangsseite lose, bei der →*Ankerkette* bis in den →*Kettenkasten* ab. Ein S. kann durch Muskelkraft (mit Hilfe von →*Spillspaken),* elektrisch (C), hydraulisch oder (in der →*Schifffahrt)* auch mit Dampf betrieben werden. Man unterscheidet 2 prinzipielle Bauweisen: mit vertikaler Welle, auch →*Gangspill* (A) oder Kurbelspill (B) genannt, oder mit horizontaler Welle, als sog. Bratspill meist (auf Yachten) mit einer Kettennuß auf der einen und einer →*Tautrommel* auf der anderen Seite ausgestattet. Die Kraftwirkung beruht beim S. auf der Reibung der in mehreren →*Törns* um den Spillkopf gelegten Trosse oder in die →*Kettennuß* einfassenden Kettenglieder, und man kann praktisch unbegrenzte Länge von Tauwerk →*holen.* Im Prinzip ist auch die →*Schotwinsch* oder der →*Knarrpoller* ein S.; im Sprachgebrauch sind die Bezeichnungen unterschiedlich, und die Begriffe werden nicht immer konsequent benutzt.

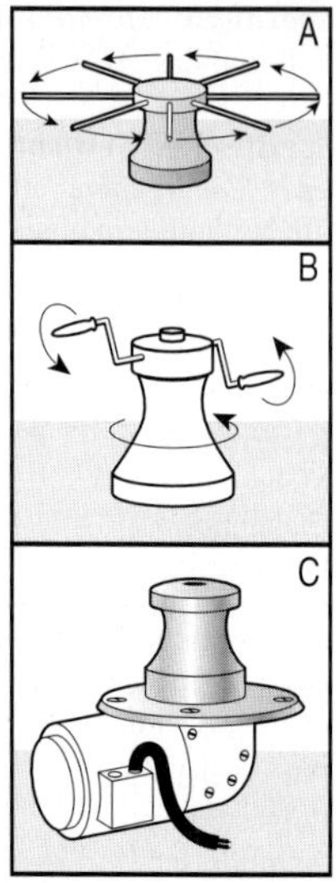

Spinnaker, der (Kurzform: **Spi**) *(spinnaker)* Ein großflächiges, ballonähnliches →*Beisegel,* das auf →*raumen Kursen* (von →*raum-vorlich* bis →*vor dem Wind)* gefahren wird. Es hat den ca. doppelten Flächeninhalt des →*Vorsegeldreiecks,* weil seine größte Breite fast doppelt so lang wie der an →*Deck* gemessene Abstand zwischen →*Mast* und →*Vorstag* (nach der früheren →*IOR-Formel* 1,8 dieses Wertes) sein darf. Außerdem arbeitet der S. außerhalb des Vorsegeldreiecks, auch wenn die Fallscheibe für das →*Spinnakerfall* hinter dem Vor-

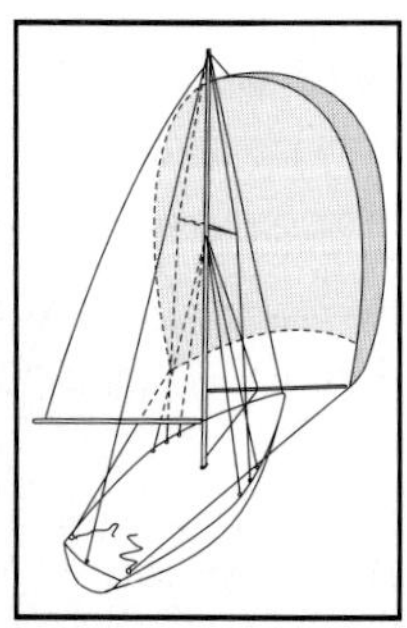

stag liegt. Der S. ist symmetrisch geschnitten und wird an der jeweiligen →*Luvseite* durch den →*Spinnakerbaum* (von ca. halber →*Unterliekslänge)* ausgebaumt. Die drei Ecken und →*Lieken* werden wie bei jedem anderen →*Vorsegel* benannt, doch wechselt ihre Bezeichnung beim →*Schiften,* wenn der Spinnakerbaum an einer Ecke, dem bisherigen →*Hals,* gelöst und an der anderen Ecke, dem bisherigen →*Schothorn,* neu angeschlagen und diese Ecke somit zum neuen →*Hals* wird. Für bestimmte S. wurden spezielle Bezeichnungen entwickelt, z. B. →*Sturmspinnaker,* →*Star-Cut,* →*Flachmann.* Ebenfalls wurden Zusatzsegel zum S. wie z. B. →*Spinnaker-Stagsegel* und →*Leespinnaker* entwickelt. Auch gibt es zahlreiche Einrichtungen, um die Bedienung des S. zu erleichtern, z. B. →*Spinnaker-Trompete* und →*Spinnakernetz.* Der englische Name S. erschien erstmalig am 18.8.1866 in einem Regattabericht von Dixon Kemp in der Zeitschrift „Field" und wurde im Septemberheft 1866 von Hunt's „Yachting Magazine" nachgedruckt. Kemp hatte am 15.8.1866 vor Ryde eine Wettfahrt des RVYC auf der Yacht „Sphinx" mitgesegelt und beschrieb den S. als ein großes neuartiges, dreieckiges und freifliegendes Segel, das auf einem Vorwindkurs gegenüber dem Großsegel bis zum Masttopp gesetzt und dessen Hals an einem am Mast befestigten Baum angeschlagen war, um es vorteilhaft weiter nach Luv zu bringen. Die Segler hatten es wegen seiner ungewohnt großen Fläche zuerst bewundernd als „Sphinx-acre" bezeichnet, aber da die Bootsleute ihre Yacht „Spinx" und das neue Segel daher einfach „Spinker" nannten, entstand – gleichsam als Spitzname? – über (gesprochen) „Spinx-aker" und „Spinker-aker" die Bezeichnung „Spinn-aker", geschrieben „Spinnaker".

Spinnaker-Achterholer, der *(spinnaker guy, spinnaker brace)* Eine →*Leine* vom →*Hals* des →*Spinnakers* (der mit dem →*Spinnakerbaum* verbunden ist) auf der →*Luvseite* des Bootes zu einer Umlenkrolle nahe am →*Heck* und von dort in die →*Plicht.* Nach dem →*Schiften* des Segels und dem Auslösen des →*Spinnakerbaum-Beschlages* wird der S.-A. zur →*Spinnakerschot.*

Spinnaker-Achterliek, das *(spinnaker leach)* Das freifliegende →*Leeliek* des →*Spinnakers,* das durch die →*Spinnakerschot* getrimmt wird. Das S.-A. wird nach dem →*Schiften* zum →*Vorliek* bzw. →*Luvliek.*

Spinnaker-Ausleger, der *(jockey pole)* Ein →*Ausleger,* auch →*Jockey-Baum* genannt, der zusätzlich zum →*Spinnakerbaum* in →*Luv* ausgebracht wird. Der S.-A. soll den →*Spinnaker-Achterholer* von den →*Wanten* freihalten und sein →*Schamfilen* verhindern. Die Länge des S.-A. ist beim →*Rennsegeln* durch die →*WR* (insbesondere Regel 50.2 und 50.3) begrenzt.

Spinnakerbaum, der *(spinnaker boom, spinnaker pole)* Eine als →*Ausleger* erlaubte →*Spiere* zum →*Ausbaumen* des →*Spinnakers* an der

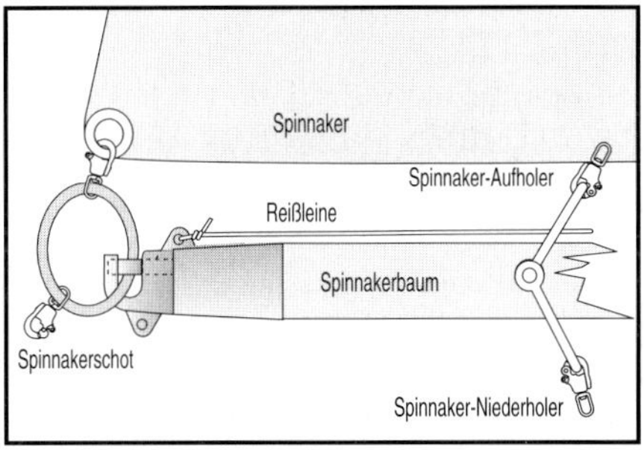

→*Luvseite.* Der S. ist an jedem Ende mit dem gleichen →*Spinnakerbaum-Beschlag* versehen. Man kann seine Stellung horizontal durch den →*Spinnaker-Achterholer* und vertikal durch den Toppnanten (nach oben) bzw. den →*Spinnakerbaum-Niederhalter* (nach unten) verändern.

Spinnakerbaum-Aufholer, der *(spinnaker boom uphaul)* Eine auf ca. halber Länge des →*Spinnakerbaumes* angeschlagene und in einem Winkel von ca. 45° zum →*Mast* geführte →*Leine,* auch →*Toppnant* genannt. Der S.-A. läßt sich in der Höhe verstellen und verändert die Höhe des Spinnakerbaumes über →*Deck* und damit auch die Position des →*Spinnaker-Unterlieks.*

Spinnakerbaum-Beschlag, der, Spinnakerbaum-Endbeschlag, der (*spinnaker boom fitting, piston end fitting)* Der →*Nockbeschlag* des →*Spinnakerbaumes.* Er ist an beiden Enden

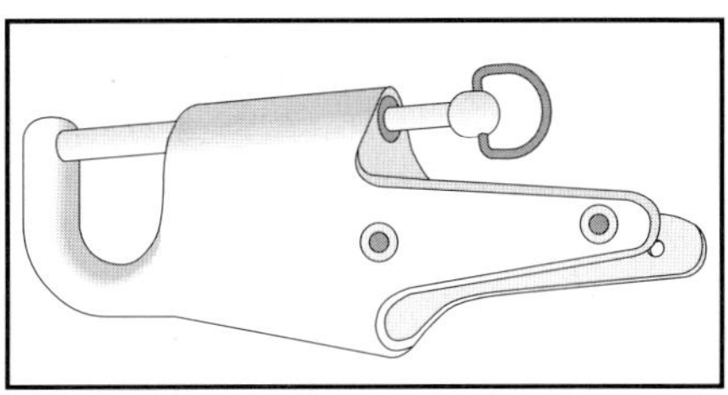

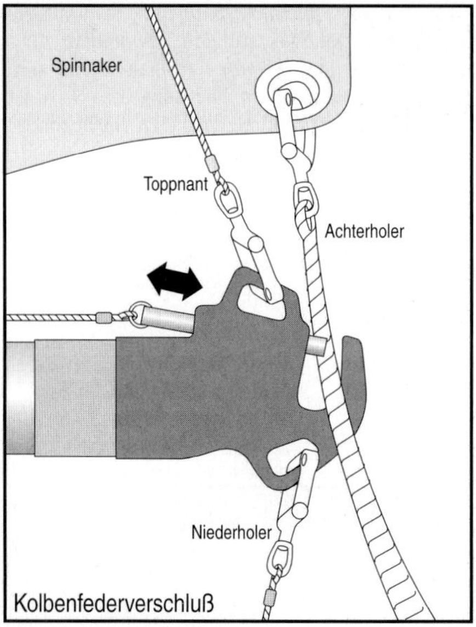

gleich, damit er wahlweise zur Befestigung am →*Mast* oder zur Halterung von →*Spinnakerhals* bzw. →*Spinnakerschot* benutzt werden kann. Als S.-B. wird hauptsächlich ein →*Kolbenfederverschluß* benutzt.

Spinnakerbaum-Niederhalter, der *(spinnaker boom downhaul)* Eine auf ca. halber Länge des →*Spinnakerbaumes* angeschlagene und mit ca. 45° zum →*Deck* oder zum →*Mast* geführte →*Leine* oder →*Talje,* die den Spinnakerbaum in seiner waagerechten Lage hält oder diese verändert, wenn man den S.-N. bedient.

Spinnakerbaum-Toppnant, der *(spinnaker boom uphaul)* Dass. wie →*Spinnakerbaum-Aufholer.*

Spinnaker-Einholer, der *(spinnaker retrieving line)* Annähernd im geometrischen Mittelpunkt des →*Spinnakers* befestigte Leine, die auch bei gesetztem Segel zum →*Deck* führt und zur Erleichterung des sicheren →*Einholens* der oberen Segelteile beim →*Segelbergen* dient. Auch →*Spinnaker-Niederholer* genannt. An seiner Stelle wird heutzutage ein →*Bergeschlauch (→Spinnaker-Schlauch)* benutzt.

Spinnakerfall, das *(spinnaker halyard)* Die Leine zum →*Heißen* und →*Fieren* des →*Spinnakers,* die am →*Kopf* des Segels angreift und von Deck oder von der →*Plicht* aus bedient wird.

Spinnakerform, die *(shape of spinnaker)* Im Laufe seiner Entwicklung hat der →*Spinnaker*

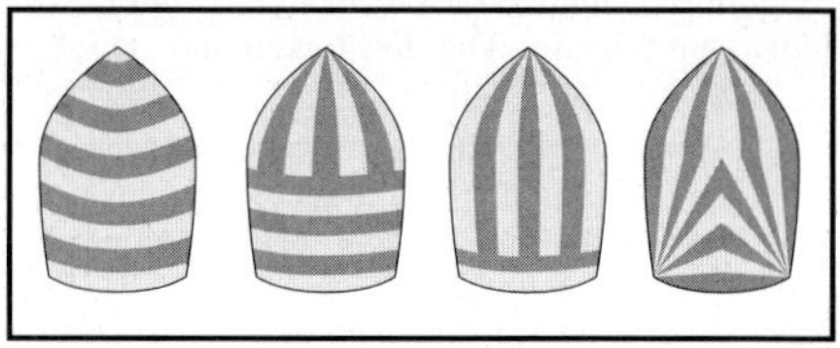

ständig verbesserte Formen erhalten, ohne daß das Prinzip der →*fliegenden Lieken* geändert wurde. Vom ursprünglich dreieckigen Segel zu einer symmetrischen Form und über den Fallschirm-Spinnaker zu gemäßigtem Ballonschnitt, mit breiten Schultern, unterschiedlich radial und waagerecht geschnittenen →*Bahnen* bis zum Sternschnitt oder →*Starcut.* Bei der Weiterentwicklung eines (zweiten) →*Lee-Spinnakers* beginnt man praktisch wieder mit der ursprünglichen Form. Moderne Spinnaker sind als →*Radial Head,* →*Radial Corner* und →*Tri Radial* geschnitten.

Spinnakergeschirr, das *(spinnaker gear)* Alle Teile und Vorrichtungen, die zum Segeln mit dem →*Spinnaker* dienen.

Spinnakerhals, der *(spinnaker tack)* Die untere, →*luvseitige* Ecke des →*Spinnakers,* die mit dem →*Spinnakerbaum* verbunden und durch den →*Achterholer* getrimmt wird. Nach dem →*Schiften* wird der S. zum →*Schothorn.*

Spinnakerkopf, der *(spinnaker head)* Die obere Ecke des →*Spinnakers,* die vom →*Spinnakerfall* gehalten wird, aber frei vor dem →*Vorstag* hängt. Der S. verändert seinen Namen beim →*Schiften* des →*Spinnakers* nicht.

Spinnaker-Leeliek, das *(spinnaker leach)* Die jeweils leeseitige Seitenkante des →*Spinnakers,* auch →*Spinnaker-Achterliek* genannt.

Spinnaker-Luvliek, das *(spinnaker luff)* Das jeweils auf der →*Luvseite* liegende →*Seitenliek* des →*Spinnakers,* auch →*Spinnaker-Vorliek* genannt.

Spinnakernetz, das *(spinnaker net)* Ein im →*Vorsegeldreieck* gesetztes weitmaschiges Leinengeflecht, das das →*Vertörnen* des →*Spinnakers* am →*Vorstag* verhindern soll.

Spinnaker-Niederholer, der *(spinnaker downhaul)* Auf der Brust *des* →*Spinnakers* in ca. ²/₃ der Höhe angenähte oder angeschlagene Leine zum

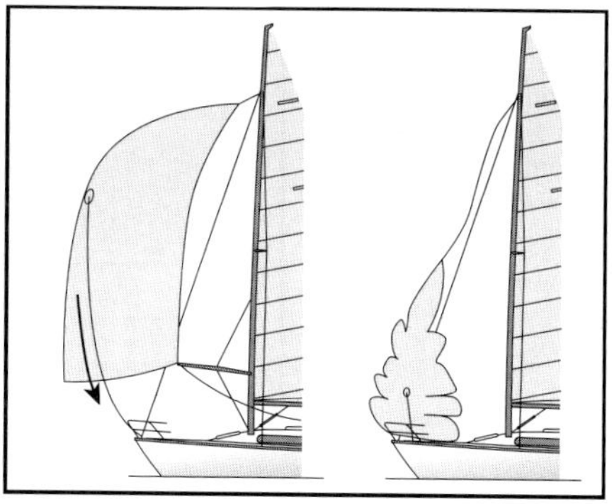

sicheren Bergen, auf Jollen durch die →*Spinnaker-Trompete* hindurch und bis zur →*Plicht* geführt, auf Seekreuzern bis zu einem Umlenk-Beschlag am Vorsteven und vom Vordeck bedient. Auch →*Spinnaker-Einholer* genannt.

Spinnaker-Schlauch, der (-Strumpf, -Spirale, -Rüssel) *(spinnaker sleeve)* Hilfsmittel zum schnellen, einfachen und sicheren Setzen oder Bergen des →*Spinnakers.* Der S.-S. besteht aus einer ringgewebten Nylonhülle, die als langer Überzug mit Hilfe von Rollen und Leinen über den Spinnaker gezogen wird, ehe man diesen als lange Wurst zum Bergen und Verstauen auf oder unter Deck fiert. Mit dem S.-S. kann man auch →*Blister,* →*Booster,* →*Halbwinder,* →*Blazer* und andere großflächige Leichtwettersegel →*setzen* und →*bergen.*

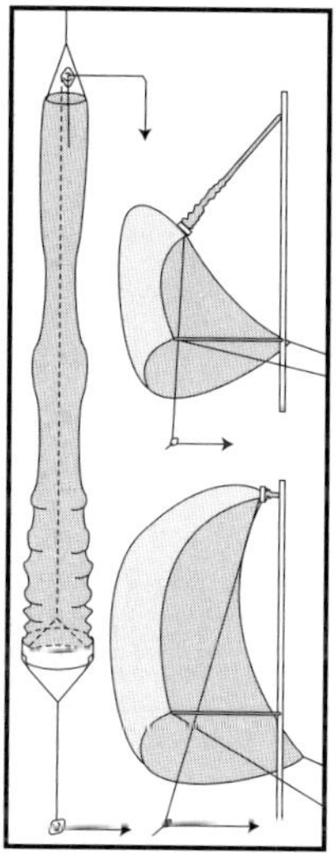

Spinnakerschot, die *(spinnaker sheet)* Die →*Schot* des →*Spinnakers.* Sie führt vom →*Schothorn* auf der →*Leeseite* außen um die →*Wanten* herum zu einer möglichst nahe am →*Heck* liegenden Umlenkrolle und wird aus der →*Plicht* bedient. Nach dem →*Schiften* des Segels wird die S. zum →*Spinnaker-Achterholer.*

Spinnaker-Schothorn, das *(spinnaker clew)* Die untere →*leeseitige* Ecke des →*Spinnakers,* die frei fliegen kann und von der →*Spinnakerschot* getrimmt wird. Nach dem →*Schiften* des Segels wird das S.-S. zum →*Hals* des Spinnakers.

Spinnaker-Stagsegel, das *(spinnaker staysail, „half-bra")* Bei einem →*Seekreuzer* für →*Hochseerennen* ein →*Beisegel* für leichtes Wetter, das als →*Vorsegel* bei →*Windstärken* 2–3 und auf →*raumen Kursen* unter dem →*Spinnaker* gefahren wird. Segeltuchgewicht ca. 50 g/m². Das S.-S. kann extreme Formen haben, vom schmalen niedrigen „Brusttuch", dem →*Spinnaker-Untersegel,* bis zum hohen, schlanken →*Tallboy.*

Spinnaker-Trompete, die *(spinnaker tube, spinnaker chute)* Unter →*Deck* liegender, am →*Bug* breitflächig-offener, röhrenförmiger Behälter aus →*GFK* oder Netzwerk, in den der →*Spinnaker* beim →*Bergen* mit Hilfe des →*Spinnaker-Einholers* hineingezogen wird. Beim →*Setzen* kann er mit dem →*Spinnakerfall* wieder herausgezogen werden, so daß ein →*Vorschotmann* dabei auf einer →*Jolle* nicht auf dem →*Vorschiff* arbeiten muß.

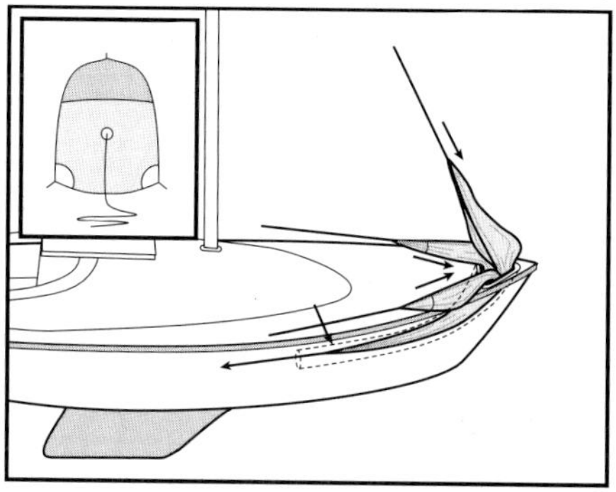

Spinnaker-Unterliek, das *(spinnaker foot)* Das untere oder →*Fußliek* des Spinnakers, das als einzige Seite dieses Segels seinen Namen auch beim →*Schiften* beibehält.

Spinnaker-Untersegel, das *(spinnaker staysail)* Ein niedriges, das →*Großsegel* weit →*überlappendes* →*Stagsegel,* das unter einem →*Spinnaker* gesetzt wird, um das →*Vorsegeldreieck* voll auszunutzen. Auch →*Spinnaker-Stagsegel* genannt.

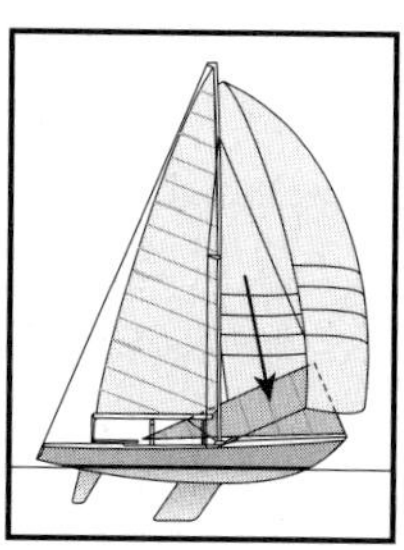

Spinnaker-Vorliek, das *(spinnaker luff)* Das in →*Luv* befindliche Seitenliek des →*Spinnakers,* das vom →*Spinnakerbaum* gehalten wird. Es wird auch als →*Luvliek* bezeichnet. Nach dem →*Schiften* ändert es seinen Namen in →*Achterliek* bzw. →*Leeliek.*

Spinnfaser-Seilgarn, das Aus →*Pflanzenfasern* wie z. B. →*Manila,* →*Sisal* oder →*Hanf* hergestellte →*Garne,* die in verschiedenen →*Verseilstufen* zu →*Fasertauwerk* weiterverarbeitet werden. Die vergleichbare Herstellungsstufe für Seilgarne aus →*synthetischen Fasern (*→*Chemiefasern)* heißt →*Filament-Seilgarn.*

Spinnwebenschnitt, der *(spider web jib)* Der →*Segelschnitt* eines →*Vorsegels,* bei dem die Segelfläche aus besonders kleinen Tuchabschnitten zusammengefügt wurde, so daß nur wenig →*Reck* entstehen kann. Der S. wurde durch den →*Radialschnitt* abgelöst.

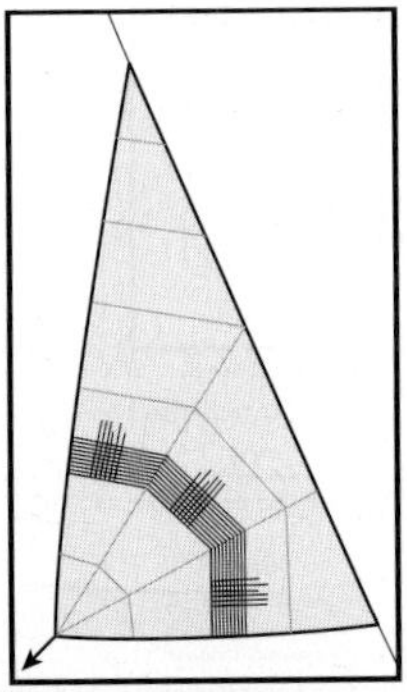

Spiralgeflecht, das; besser →**Schlinggeflecht, das** *(solid braid)* Eine

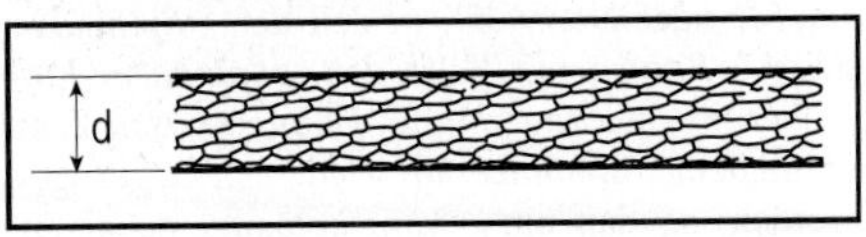

→*Seilflechtung* durch Verschlingen von →*Garnen* oder →*Litzen* zu einem schlauchförmigen →*Seil* (Abb.)

Spiskin Markenname für →*Spinnaker-Schlauch.*

Spitzenbö, die Einzelne, besonders starke Windstöße oder →*Böen,* die im →*Wetterbericht* meistens mit ihrer gefährlichen höchsten →*Windgeschwindigkeit* angegeben werden.

Spitzgattheck, das *(sharp stern)* Eine →*Heckform,* bei der das gesamte →*Achterschiff* über und unter Wasser zum Bootsende hin spitz zuläuft und das →*Ruder* jederzeit, auch im →*Havariefall,* zugänglich und ohne →*Ruderkoker* fest am →*Heck* aufgehängt ist. Hier reicht es vom Deck bis annähernd zum tiefsten Punkt des gebauten →*Kiels.* Boote mit S. werden auch →*Doppelender* genannt, weil Heck und →*Bug* die gleiche spitze Form haben. Ein →*Spitzgatter* teilt zwar auf einem →*Vorwindkurs* die von achtern auflaufende See, aber der →*Reserveauftrieb* im Heck ist nicht so groß wie beim →*Kanu-Heck* mit ähnlicher Überwasserform.

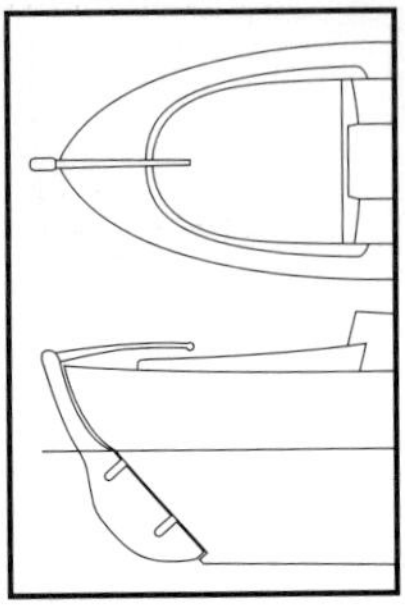

Spitzgatter, der *(sharp-sterned boat)* Ein →*Seekreuzer* mit →*Spitzgattheck,* in den Yachtbau nach dem Vorbild eines norwegischen Lotsenkutters

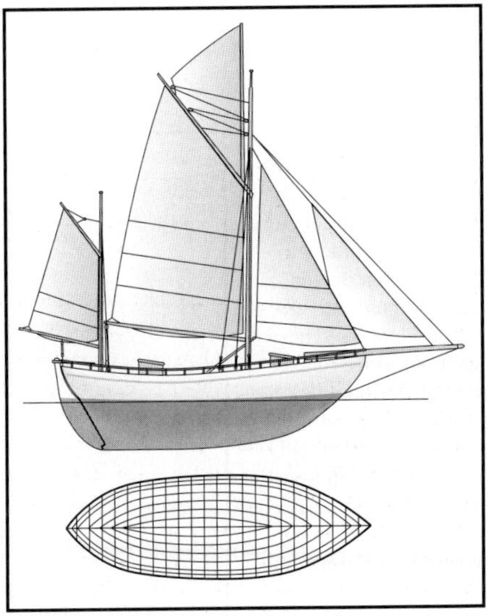

eingeführt, der von Colin Archer konstruiert wurde. Berühmt geworden durch die Atlantik-Überquerungen von Erling Tambs mit der „Teddy" und der „Sandefjord". Ein S. wird auch als →*Doppelender* bezeichnet.

Spitztonne, die *(conical buoy)* Ein schwimmendes →*Seezeichen,* dessen Überwasserteil die deutlich sichtbare Form eines Kegels mit der Spitze nach oben und einer gradlinigen oder nur leicht gerundeten Oberfläche hat. Eine S. dient im →*Lateralsystem* des →*Betonnungssystems „A"* zur Bezeichnung der →*Steuerbord-Fahrwasserseite.*

Spleiß, der (Spleißung, die) *(splice, splicing)* Bruchfeste, dauerhafte Verbindung von →*Faser-*

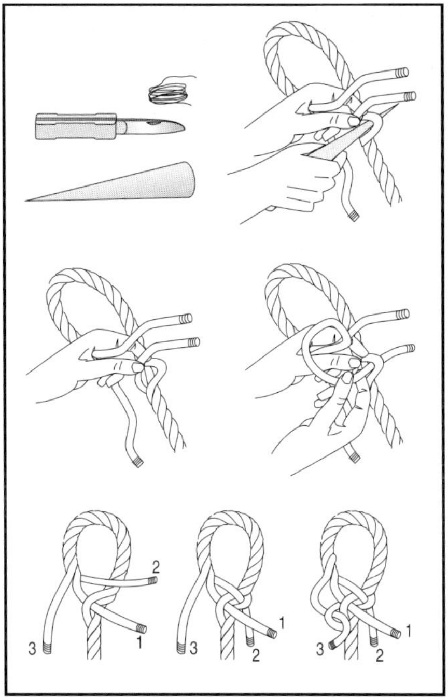

oder →*Drahttauwerk* durch Verflechten der einzelnen →*Kardeele* mit Hilfe von →*Marlspieker,* →*Fitt* (Fid) oder anderer Werkzeuge. Je öfter und länger sich die Kardeele →*bekneifen,* desto fester werden sie bei einer Zugbelastung aneinandergepreßt und desto sicherer ist die Verbindung. Man unterscheidet zwischen einem →*Augspleiß,* →*Kurzspleiß* und →*Langspleiß* vorwiegend in →*geschlagenem Tauwerk.* Aber auch →*geflochtenes Tauwerk* läßt sich spleißen. Der →*Drahtspleiß* ist weitgehend durch →*Pressungen* verdrängt worden.

Splint, der *(splint, forelock, key [bolt])* Gespaltener feiner Stift, der durch ein Loch am Ende eines →*Bolzens* gesteckt wird, um dessen Herausrutschen (z. B. bei einem →*Schäkel)* zu verhindern. Bei einem →*Wantenhänger* hat der S. meistens die Form eines Doppelringes.

Splitfilm, der *(fibrefilm)* Eine →*Fasertype,* bei der das Ausgangsmaterial zur Herstellung von →*Fasertauwerk* aus maschinell schmal geschnittenen Bändern hauchdünner Filmstreifen besteht, die miteinander verdreht sind. Die so gefertigte →*Faser* entspricht in Gewicht und →*Reißfestigkeit* der →*Stapelfaser,* hat aber geringere Abriebfestigkeit und fast keine Elastizität. S. wird zur Herstellung kurzlebigen →*Tauwerks* mit geringen Anschaffungskosten benutzt, wenn ein teurerer Preis für langlebige Qualität nicht aufgebracht werden kann oder soll.

Sponsor, der *(engl.)* (d.: Gönner, Förderer, Schirmherr). Person oder Firma, die z. B. bei einer →*Regatta* die Organisation mit allen Einrichtungen und Personen bezahlt oder mit finanziellen Zuwendungen die teilnehmenden →*Yachten* und ihre →*Besatzungen* unterstützt. Beschränkt der S. seine Leistungen auf Boot und →*Ausrüstung,* bleibt der gesponserte Segler ein →*Amateur.* Zahlt der S. jedoch einem →*Steuermann* Geld für eine →*Wettfahrt,* muß dieser als →*Profi* gelten. Das →*Sponsorenwesen* wird in den →*Wettfahrtregeln* in Regel 79 und im Anhang G „Werbung" geregelt.

Sponsorenwesen, das *(sponsorship)* D.-engl. Mischwort mit der Bedeutung Patenschaft oder Bürgschaft für →*Regatten* und →*Yachten* durch →*Sponsoren.* Durch das S. werden die →*Außenhaut* eines →*Rumpfes* und die →*Segel* sowie die Bekleidung der →*Crew* zu Werbeflächen, sofern es die →*Wettfahrtregeln,* Anhang G „Werbung" erlauben.

Sponung, die *(rabbet)* Im Bootsbau aus →*Massivholz* ein rillenförmiger Einschnitt im Balkenkiel sowie im →*Vorder-* und →*Achtersteven,* um die →*Planken* der →*Außenhaut* einlaufen zu lassen. Man konnte sie in der S. so befestigen, daß die Kanten nicht überstanden.

Sportboot, das *(sport [s] boat, yacht)* Nach der →*BinSchStrO* ein Wasserfahrzeug (→*Fahrzeug*), das für Sport- oder Erholungszwecke verwendet wird.

Sportbootführerschein Binnen, der *(yachting licence for inland waters, yacht master's certificate for inland navigation)* Durch die Sportbootführerscheinverordnung – Binnen, Sportboot-FüV-Bin vom 22. März 1989, veröffentlicht im Bundesgesetzblatt am 31. 3. 1989, vom Bundesministerium für Verkehr neu geschaffener obligatorischer Führerschein zum Führen von Segel- und Motorbooten von weniger als 15 t Wasserverdrängung und mit Motoren von mehr als 3,68 kW (5 PS) auf den →*Binnenschiffahrtsstraßen.* Der Prüfling muß hierzu Kenntnisse nachweisen, die in einem amtlichen Fragenkatalog enthalten sind und von Kommissionen geprüft werden, die vom →*Deutschen Motoryachtverband* und dem

→*Deutschen Segler-Verband* eingesetzt sind und der Rechts- und Fachaufsicht des Bundesministers für Verkehr unterstehen. Die nach der Sportboot-FüV-Bin vom 22. März 1989 erteilten gesetzlich vorgeschriebenen Sportbootführerscheine Binnen gelten auch als Führerscheine des →*Deutschen Segler-Verbandes* für die Teilnahme an →*Regatten* im Sinne der →*WR.*

Sportbootführerschein See, der *(yachting licence for coastal waters, yacht master's certificate for sea [coastal] navigation)* In Erweiterung des damaligen Motorbootführerscheins im Jahre 1974 vom Bundesverkehrsministerium eingeführter obligatorischer Führerschein zum Führen von Segel- und Motorbooten mit Motoren von mehr als 3,68 kW (5 PS) im Bereich der →*Seeschiffahrtsstraßen.* Der Prüfling muß die Kenntnisse nachweisen, die in einem amtlichen Fragenkatalog enthalten sind und von Kommissionen geprüft werden, die der Aufsicht des Bundesverkehrsministeriums unterstehen und von einem gemeinsamen Koordinierungsausschuß des →*DSV* und →*DMYV* eingesetzt werden.

Sportboothafen, Marina *(boat harbour, marina)* Zeichen aus →*Karte 1 im Anhang.*

Sportbootvermietungsverordnung, die Alle →*Charteryachten,* die zu den gewerbsmäßig vermieteten Sportbooten gehören, unterliegen nach der S. des Bundesministeriums für Verkehr vom 24. 7. 1996 der Sicherheitsaufsicht durch die zuständigen Wasser- und Schiffahrtsämter. Diese stellen (mit Besichtigungen in Zweijahres-Abständen) Bootszeugnisse aus, in denen der erlaubte →*Fahrbereich* und die nötige →*Ausrüstung* für jede Charteryacht genau festgelegt sind. Ein →*Charterer* sollte sich das gültige Bootszeugnis vor Abschluß des →*Chartervertrages* vorlegen lassen, weil ohne dieses ein Sportboot nicht vermietet werden darf.

Sporthochseeschiffer, der *(sport offshore skipper)* Ein Zeugnis, das ein Segler nach entsprechender Prüfung an einer →*Seefahrtsschule* bis zum 31. 12. 1993 erwerben konnte, wenn er das 21. Lebensjahr vollendet hatte und durch sein →*Logbuch* oder andere Bescheinigungen nachweisen konnte, daß er auf einem →*Seekreuzer* mindestens 300 sm auf →*See* gesegelt hatte. Zu den Prüfungsgegenständen gehörten →*terrestrische* und →*astronomische Navigation,* der Umgang mit dem →*Sextanten* sowie →*Seemannschaft,* Schiffahrtsrecht u. a. Das Sporthochseeschifferzeugnis war ein nur theoretisch geprüfter →*freiwilliger Führerschein,* der seit 1. 1. 1994 vom →*Sporthochseeschifferschein* abgelöst ist.

Sporthochseeschifferschein, der Ein →*freiwilliger amtlicher Führerschein* für weltweite Fahrt, der nach der „Verordnung über den Erwerb von Sportsee- und Sporthochseeschifferscheinen des Bundesministers für Verkehr vom 17.12.1992" von einer aus →*DSV* und →*DMYV* gebildeten Zentralen Verwaltungsstelle in Hamburg nach entsprechender Prüfung erteilt wird. Voraussetzungen für den Erwerb sind die Vollendung des 18. Lebensjahres, der Besitz des →*Sportseeschifferscheines,* mit dem dazu 1000 Seemeilen im Seebereich zurückgelegt sein müssen, und das Bestehen einer theoretischen (schriftlichen, ggf. mündlichen) Prüfung in →*Navigation,* →*Schiffahrtsrecht* und →*Wetterkunde,* bei der auch zehn Minuten lang die Handhabung des →*Sextanten* geprüft wird. Siehe auch →*Führerscheinwesen* im Anhang.

Sportschiffahrt, die *(yachting and motorboating)* Sammelbezeichnung für die sportlichen Aktivitäten von →*Seglern* und →*Motorbootfahrern* im Gegensatz zur →*Schiffahrt* oder Berufsschiffahrt.

Sportschiffahrtskarte, die *(yachting chart)* Eine →*Seekarte* im Kleinformat, in Deutschland vom →*BSH* als →*Karte für die Sportschiffahrt* herausgegeben. Eine S. ist speziell für die Bedürfnisse der →*Sportschiffahrt* gestaltet und enthält auch für →*Segler* und →*Motorbootfahrer* zusätzlich wichtige Angaben der →*Navigation.*

Sportschiffahrtsrecht, das Siehe →*Schiffahrtsrecht* für →*Sportboote.*

Sportseeschiffer, der Ein Zeugnis für Segler, das nach einer entsprechenden Prüfung in der →*terrestrischen Navigation,* →*Seemannschaft,* →*KVR,* →*SeeSchStrO,* →*Gezeitenkunde* u. a. bis zum 31. 12. 1993 von einer →*Seefahrtsschule* erteilt wurde. Das Sportseeschifferzeugnis war ein nur theoretisch geprüfter →*freiwilliger Führerschein,* der am 1. 1. 1994 vom →*Sportseeschifferschein* abgelöst wurde.

Sportseeschifferschein, der Ein →*freiwilliger amtlicher Führerschein* für die →*Küstengewässer,* der am 1. 1. 1994 an die Stelle des Zeugnisses zum →*Sportseeschiffer* getreten ist. Er beruht auf der „Verordnung über den Erwerb von Sportsee- und Sporthochseeschifferscheinen (Sportseeschifferscheinverordnung) vom 17. 12. 1992" des Bundesministers für Verkehr. Mit der Zulassung zur Prüfung und ihrer Durchführung wurden der →*DSV* und der →*DMYV* beauftragt, die dabei der mit der Fachaufsicht beauftragten Wasser- und Schiffahrtsdirektion Nordwest unterstehen. Für die Durchführung ihrer Aufgaben wurde eine Zentrale Verwaltungsstelle in Hamburg eingerichtet, die die Zulassung zur Prüfung regelt und den S. erteilt. Voraussetzung zum Erwerb des S. sind u. a. der →*Sportbootführerschein See* und der Nachweis, mit ihm mindestens 1000 Seemeilen im Seebereich zurückgelegt zu haben. Die Lehr- und Prüfungsinhalte sind in den „Richtlinien" zum § 2 der o. g. Verordnung enthalten, die im Verkehrsblatt, dem Amtsblatt des Bundesministeriums für Verkehr, mit ihren Änderungen und Ergänzungen veröffentlicht worden sind, z. B. VkBl. 1993, Heft 3, S. 108; VkBl 1995, Heft 7, S. 232 und VkBl 1996, Heft 20, S. 532. Es findet eine Theorieprüfung in →*Navigation*, →*Schifffahrtsrecht*, →*Wetterkunde* und →*Seemannschaft* statt und eine Praxisprüfung mit Pflichtaufgaben in →*Rettungsmanövern* und →*Radar* sowie Wahlaufgaben aus den Gebieten Seemannschaft, Wetterkunde, Navigation, Motor und elektrische Anlagen. Siehe auch →*Führerscheinwesen* im Anhang.

Sportseeschifferscheinverordnung vom 17. 12. 1992 siehe →*Sportseeschifferschein.*

Sprachrohr, das *(megaphone)* Einfache →*Flüstertüte* oder mit Batterie betriebenes und durch Transistoren verstärktes →*Megaphon* für die Verständigung auf →*See*. Ein S. kann auch schnell in ein →*Nebelhorn* und umgekehrt verwandelt werden. (Abb.)

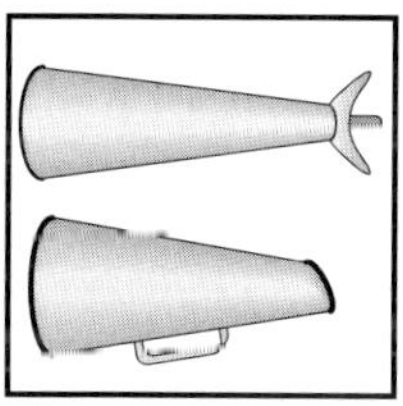

Sprechfunk, der *(radio-telephony, radio-telephone)* Die Funktelefonie zwischen Booten und Schiffen untereinander bzw. von Seefahrzeugen mit Landstellen. Der S. ist ein Teil des →*Seefunkdienstes* und darf nur mit einem →*Sprechfunkzeugnis* betrieben werden.

Sprechfunkdienst, der *(intercommunication)* Die (international geregelte) Abwicklung des →*Sprechfunks* über die entsprechenden Entfernungen in den dazu bereitgestellten →*Frequenzen:* Der Weitverkehr über beliebige Entfernungen bis zur Heimatfunkstelle wird über →*Kurzwelle* (4 MHz–27,5 MHz), der Verkehr in den küstennahen Gebieten (bis max. 500 sm) über →*Grenzwelle* (1605–4000 kHz) und der Nahverkehr im →*UKW-Bereich* auf 57 festgelegten, wählbaren Frequenzkanälen abgewickelt. Mit einer →*Reichweite* von ca. 30 sm können Hafenbehörden, Lotsenstationen, Küstenfunkstellen und begegnende Schiffe angesprochen werden.

Sprechfunkzeugnis, das (für den Seefunkdienst) *(General Ship Radiotelephone Operator's Certificate)* Auch „Allgemeines S. für den Seefunkdienst" genanntes Zeugnis, das gemäß der „Verordnung über Seefunkzeugnisse vom 17. Juni 1992" erteilt wird. Das S. ist „allgemein" im Hinblick auf alle Arten und Größen von Schiffen und auch in bezug auf die benutzten Anlagen, die auf →*Grenzwelle*, →*Kurzwelle* und →*Ultrakurzwelle* arbeiten. Wer als Segler am →*Sprechfunkdienst* nur auf →*UKW* teilnehmen will, kann statt dessen das „Beschränkt Gültige Sprechfunkzeugnis für Ultrakurzwellen" erwerben, das auch zur Teilnahme am Binnenschifffahrtsfunk berechtigt. Entsprechende Auskünfte erteilt das →*BAPT*, Außenstelle Hamburg.

Spreizbaum, der *(wishbone [boom])* Ein axial geschlitzter →*Baum*, dessen Hälften in der Art eines →*Profils* auseinander gebogen sind und an der →*Nock*, dem hinteren Ende, wieder zusammentreffen, um das →*Schothorn* des →*Segels* zu halten. Er steht meistens nicht waagerecht, sondern reicht vom →*Mast* oder →*Vorstag* schräg nach unten. Man benutzt ihn sowohl für das →*Großsegel* wie für eine →*Baumfock* mit dem Vorteil, daß ein nicht starr an einem geraden Baum befestigtes Segel mit einem →*losen Unterliek* die gewünschte →*Segelwölbung* besser einnehmen kann. Mit Hilfe eines →*Spreizbaum-Aufholers* oder →*Falls* ist es darüber hinaus noch möglich, das Segel schnell bauchiger oder flacher zu →*trimmen*. Der S. ähnelt im Prinzip der →*Spreizgaffel.*

Spreizbaum-Aufholer, der; ...-fall, das *(wishbone halyard)* Ein an der vorderen Spitze des →*Spreizbaumes* befestigtes, von hier schräg aufwärts zum →*Mast* geführtes und dann abwärts am

Mast entlang zur →*Plicht* gelenktes Ende, mit dem sich die Höhe des Spreizbaumes und sein Abstand zum Mast verändern und damit die →*Segelwölbung* flacher oder bauchiger verstellen läßt.

Spreizfock, die; Sprietfock, die *(wishbone jib, sprit jib)* Eine →*Baumfock,* deren →*Unterliek* nicht an einer →*Spiere* angeschlagen, sondern deren →*Schothorn* entweder von einem →*Spreizbaum* oder durch eine →*Spriet* gehalten wird. Beide (einfachen bzw. geteilten) →*Spieren* halbieren den Segelwinkel am Schothorn, folgen in ihrem Verlauf der Richtung einer →*Lasche* und sind am →*Fockstag* seitlich schwenkbar befestigt.

Spreizgaffel, die *(wishbone [gaff])* Eine vom amerikanischen Konstrukteur Nathaniel Herreshoff erfundene, als →*Profil* gebogene Doppel-Gaffel, die das lose dazwischenliegende →*Treisegel* an seinem →*Schothorn* hält. Im Gegensatz zum →*Spreizbaum* nur bei →*Zweimastern* zu benutzen, weil die hoch über Deck angreifende →*Großschot* zum →*Topp* des zweiten Mastes und an diesem entlang zur Plicht geführt werden muß. Die englische Bezeichnung „wishbone" bezieht sich auf einen in der Form ähnlichen Geflügel-Brustknochen.

Spreizgaffelrigg, das *(wishbone rig)* Mit der von Herreshoff erfundenen →*Spreizgaffel* erstmals von den Amerikanern Fred Fenger und Jasper Morgan 1920 für den Seekreuzer „Pinta" entwickelte Takelung für eine →*Stagsegelketsch,* die damit zu einer →*Spreizgaffelketsch* wurde: Sie nutzt den bei der Umtakelung einer gaffelgetakelten in eine hochgetakelte →*Ketsch* freigewordenen Raum dadurch aus, daß sie anstelle eines normalen →*Großsegels* ein →*Besanstagsegel* und ein →*Treisegel* fährt, das von einer Spreizgaffel gehalten wird. Handiger ist das S. bei einem →*Spreizgaffelschuner,* weil das →*Spreizgaffelsegel* hierbei nicht so groß ist und der Schotenzug zum größeren und kräftigeren Mast führt.

Spreizgaffelketsch, die *(wishbone ketch)* Eine →*Stagsegelketsch* mit →*Spreizgaffelrigg,* zuerst bekannt geworden durch die 1933 in Deutschland gebaute amerikanische „Vamarie", die an zahlreichen Hochseerennen teilnahm und bei der 7. Atlantik-Regatta 1935 den zweiten Platz belegte. Bekannteste deutsche S. war die „Senta" mit 135 m² Segelfläche, die 1936 von einer →*Gaffelketsch* zu einer S. umgetakelt wurde, mit der Rolf Schmidt seit 1950 zahlreiche →*Hochsee-Törns* segelte sowie 1953 und 1954 den →*Schlimbach-Preis* gewann.

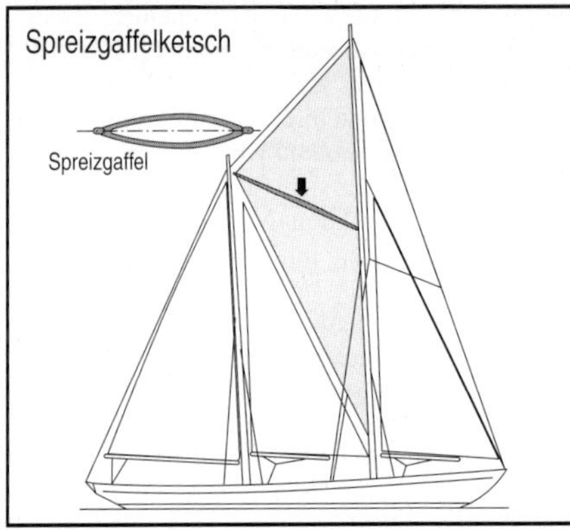

Spreizgaffelschuner, der *(wishbone schooner)* Ein →*Stagsegelschuner* mit →*Spreizgaffelsegel* am →*Fockmast.* Der Vorteil gegenüber einer →*Spreizgaffelketsch:* Alle Teile des →*Spreizgaffelriggs* können kleiner, leichter und damit sicherer sein.

Spreizgaffelsegel, das *(wishbone trysail)* Ein baumlos am Mast gefahrenes, durch seine dreieckige Form als →*Treisegel* bezeichnetes →*Großsegel* (bei einer →*Spreizgaffelketsch)* oder →*Schunersegel* (bei einem Spreizgaffelschuner), das meistens mit einer →*Mittelnaht* geschnitten ist, lose innerhalb der gebogenen →*Spreizgaffel* liegt und nur an seinem →*Schothorn* →*angeschlagen* ist.

Spreizlatte, die *(1. [sail] batten, 2. sheering batten)* 1. Eine →*Segellatte* zum Ausspreizen der →*Achterlieksrundung* eines →*Segels.* – 2. Zwischen den →*Wanten* befestigte Latten, die zum Ausspreizen und als Trittstufen anstelle von →*Webeleinen* dienen, um (auf Segelschiffen oder →*Seekreuzern)* in den →*Mast* →*entern* zu können.

Spreizstabilität, die Alle Mehrrumpfboote erhalten ihre →*Segeltragfähigkeit* durch die S., bei der der →*Gewichtsschwerpunkt* zur Vermeidung einer →*Krängung* weiter nach außen verlegt werden kann als z. B. beim →*Ausreiten*

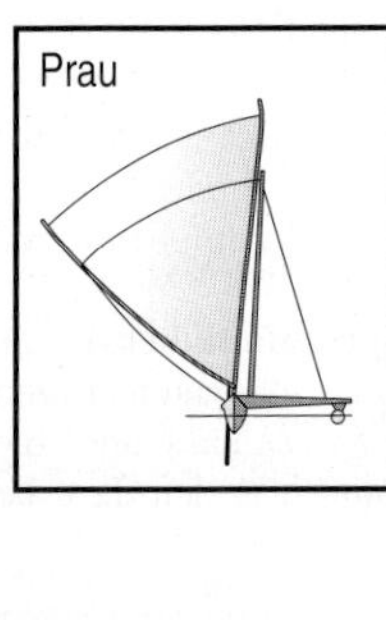

einer →*Jolle.* Die optimale Form der S. wird mit der Bauform einer →*Proa* erreicht, deren →*Ausleger* bei viel Wind austauchen und dann fliegen kann.

Spreiztrosse, die *(bridle)* Eine rund um das →*Boot* und dicht unter der →*Scheuerleiste* geführte →*Schlepptrosse,* die sich vorn vor dem →*Bug* in einer →*Hahnepot* vereinigt oder hier mit einer anderen Trosse oder Kette zu einem Bügel verbunden wird, um die Gesamtbelastung sowohl beim →*Abbringen* vom Grunde wie beim →*Abbergen* oder Abschleppen auf den gesamten Bootsrumpf zu verteilen und nicht an einem Punkte (→*Poller)* zu konzentrieren. Um das Verrutschen zu verhindern, sind vorn, mittschiffs und achtern →*querschiffs* Verbindungsleinen →*geschoren.*

Spriet, die – Sprietbaum, der *(sail sprit)* Eine →*Spiere,* die mit einer →*Klaue* oder einem →*Augstropp* am →*Mast* in der Nähe des →*Halses* des →*Sprietsegels* oder im unteren Bereich des →*Vorlieks* befestigt ist und die obere freie Segelspitze, die →*Piek,* wie eine →*Spreize* hält. Die S. ist Teil der →*Sprиettakelung* einfacher Sport- und Fischerboote. Vgl. auch →*Bugspriet.*

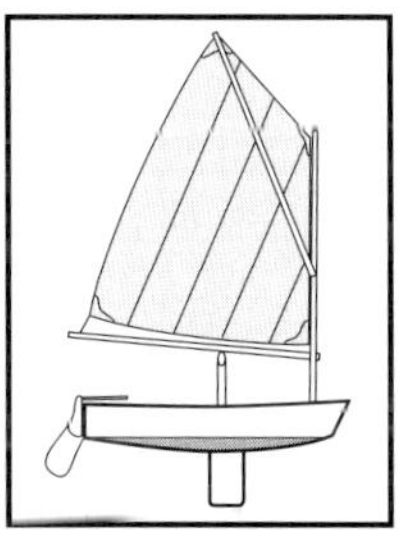

Sprietsegel, das *(spritsail)* Ein viereckiges →*Schratsegel,* das mit einer →*Reihleine* oder entsprechenden →*Bändseln* am →*Mast* →*angereiht* ist und durch eine von dort zur →*Piek* geführten und →*Spriet* genannten →*Spiere* ausgespannt wird. Die Ecken des S. heißen →*Kopf,* →*Hals,* →*Schothorn* und Spriethorn oder →*Piek,* die →*Lieken* →*Ober-,* →*Achter-,* →*Vor-* und →*Unterliek.* Letzteres kann wahlweise lose oder an einem →*Baum* gefahren werden.

Sprиettakelung, die *(sprit sail rig)* Eine →*Takelage* mit →*Spriet* und →*Sprietsegel,* die heute nur bei kleinen →*Jollen,* z. B. dem „Optimist" und anderen →*Segeldingis* üblich ist, in der Vergangenheit aber wie die vergleichbare →*Gaffeltakelung* auch mit →*Fock,* →*Klüver,* →*Toppsegel* u. a. gefahren werden konnte. Das →*Sprietsegel* kann dann auch als →*Großsegel* oder sinngemäß Sprietgroßsegel bezeichnet werden. Die Abb. zeigt eine →*Schunerketsch* von 1885 mit S.

Spring, die *(spring)* Eine Leine zum →*Festmachen,* die zusätzlich zur →*Vorleine* und →*Achterleine* geschoren wird, damit das Boot auch ohne Einflüsse von →*Wind* und →*Strom* bewegungslos parallel zur Pier liegenbleibt. Hierzu benutzt man →*Vorspring* und →*Achterspring* (Abb. s. dort).

Springhochwasser, das *(e.: high water springs; a.: springs high water)* Das →*Hochwasser,* das der →*Springzeit* am nächsten liegt.

Springniedrigwasser, das *(e.: low water springs; a.: springs low water)* Das →*Niedrigwasser,* das durch die halbmonatliche →*Ungleichheit* die größte Erniedrigung aufweist. Es gehört nicht unbedingt zur →*Springtide,* sondern kann im Gezeitengebiet eines Flusses auch zur →*Nippzeit* eintreten.

Springtide, die *(spring tide)* Die →*Tide,* die das →*Springhochwasser* enthält.

Springtidenhub, der *(spring range)* Der →*Tidenhub* der →*Springtide.*

Springverspätung, die *(lagging of spring tide; age of tide)* Bei halbtägiger →*Gezeit* der Zeitunterschied zwischen dem Eintritt des Voll- oder Neumondes und der →*Springzeit.* Bei eintägiger Gezeitenform der Zeitunterschied zwischen der größten nördlichen oder südlichen →*Deklination* des Mondes und der Springzeit. Nach jedem →*Neumond* und →*Vollmond* kommt immer →*Springzeit* vor, doch tritt diese nicht sofort, sondern erst nach Ablauf einer Verzögerungszeit ein, die man nach dem →*Alter der Gezeit* bzw. dem →*Mondalter* berechnet.

SPS, Abk. für →*Standard Positioning Service* (Standard Ortsbestimmungs-Dienst).

Springzeit, die *(springs [pl.])* In der →*Gezeitenkunde* die Tage nach Neumond oder Vollmond, in

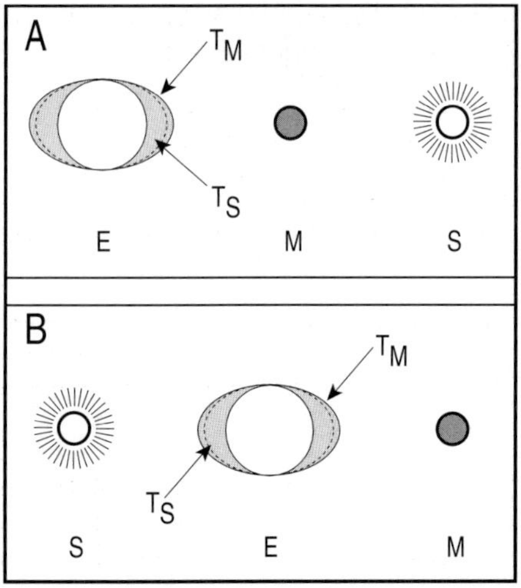

denen der Mond und die Sonne auf der gleichen Seite der Erde stehen (in Konjunktion, Abb. A), oder wenn sie einander gegenüberstehen (in Opposition, Abb. B). In dieser Zeit treten die größten Flutberge auf, und es treten im allgemeinen auch die größten →*Hochwasserhöhen* ein, in der Nordsee 1 bis 2 Tage nach Vollmond bzw. Neumond. Gegenteil: →*Nippzeit.*

Spritzkappe, die *(spray hood)* Über dem →*Kajütluk* oder anderen Decksöffnungen durch

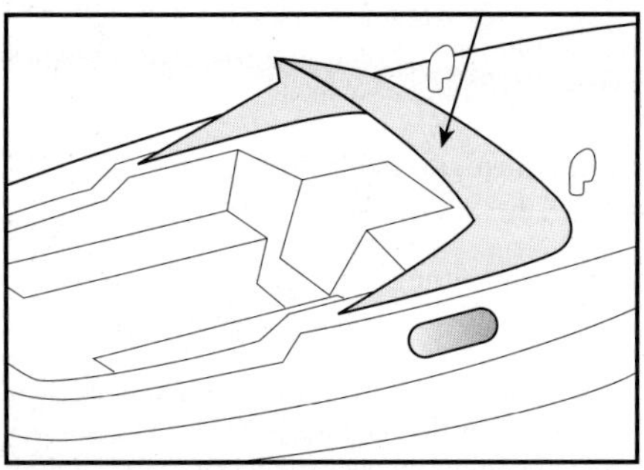

Druckknöpfe am Süll gehaltertes oder mit einem →*Tauliek* in einer →*Hohlkehle* des →*Süllrandes* befestigtes Segeltuch-Klappverdeck. Die S. soll das geöffnete Schiebeluk gegen überkommendes Spritzwasser sichern und den Passiergang in die Kajüte auch bei schlechtem Wetter offen halten.

Spritzwasser, das (Spritzsee, Spritzer) *(1. lipper, 2. spray [water], swash)* Seewasser, das durch die Bootsbewegungen im →*Seegang* oder durch den Wind an Bord kommt. Auch →*Gischt* genannt.

Spruce *(spruce)* Ein →*Massivholz* für den Bau von →*Masten,* →*Spieren,* →*Riemen* u. a., auch Schwarzfichte oder kanadische Fichte genannt, das sehr elastisch ist, gute Festigkeitseigenschaften hat und sich durch astfreie Qualität auszeichnet. →*Spezifisches Gewicht* 0,42 bis 0,55.

Sprühregen, der *(drizzle)* Feiner →*Regen* mit sehr dicht fallenden Wassertropfen von ca. 2 mm Durchmesser, der die →*Sicht* vermindert und auch →*Nieseln* genannt wird. S. tritt als →*Niederschlag* beim Durchzug einer →*Warmfront* und beim Übergang von →*Nebel* zu →*nässendem Nebel* aus sehr niedriger Wolkendecke auf.

Sprung, der (Decksprung) *(sheer [of the deck])* Der Deckslinienverlauf in der Seitenansicht bzw.

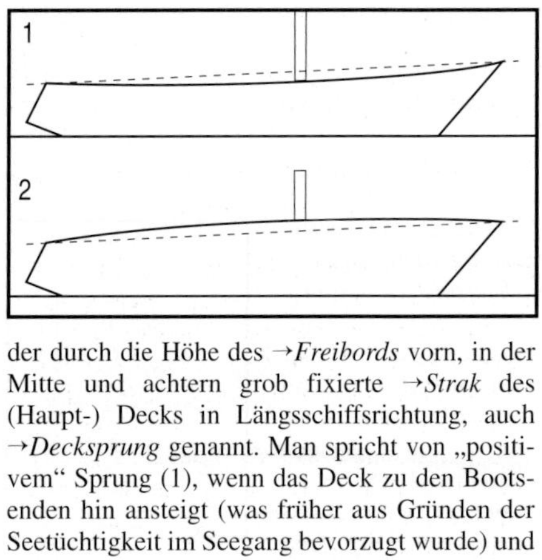

der durch die Höhe des →*Freibords* vorn, in der Mitte und achtern grob fixierte →*Strak* des (Haupt-) Decks in Längsschiffsrichtung, auch →*Decksprung* genannt. Man spricht von „positivem" Sprung (1), wenn das Deck zu den Bootsenden hin ansteigt (was früher aus Gründen der Seetüchtigkeit im Seegang bevorzugt wurde) und der →*Deckstrak* nach unten gewölbt ist, und von einem „negativen" Sprung (2), wenn aus Gründen der größeren →*Querstabilität* oder des Raumgewinns in der Kajüte der mittlere Freibord am größten und die →*Scherlinie* nach oben gewölbt ist.

Sprunglinie, die *(sheer line)* Dass. wie →*Decksstrak.*

Sprut, das; Spriet, das *(bridle)* Die spreizförmige oder zügelartige Verteilung des Zugs einer →*Leine* über (mehrere) →*Hahnepoten* auf die gesamte Länge eines →*Lieks,* z. B. auf das →*Luvliek* eines →*Rahsegels* mit →*Bulinspruten* (Abb.).

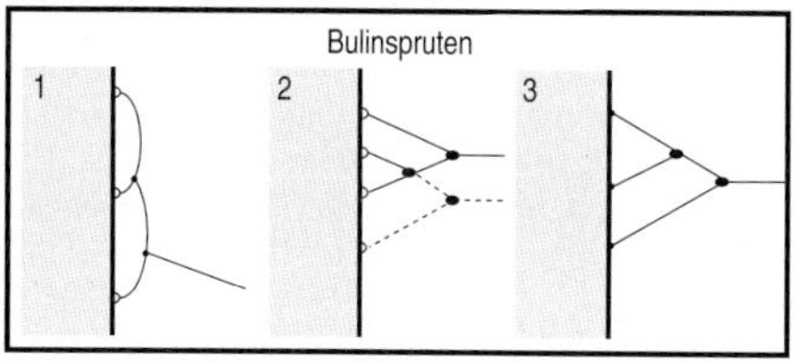

Spundwand, die *(sheet wall, pile wall, sheet-pile bulkhead)* Wasserdichte Wand aus Holzbohlen, Betonpfählen oder Stahlprofilen, die in den Boden gerammt oder gespült und durch Nut und Feder oder entsprechend konstruierte Schlösser zu einem festen Verband vereinigt sind. Eine S. dient zur Uferbefestigung bei →*Kai* oder →*Pier.*

Square-Line *(engl.)* Produktbezeichnung für →*Polyant*-Segel mit patentierten Stabilisierungs-Fäden im →*Segeltuch* in Längs- und Querrichtung.

SSFC-System, das (Abk. für Sequential Single-Frequency Code System) Dasselbe wie →*Selektivruf mit Einzeltonfolge,* das seit 1.1.1992 nur noch auf →*UKW* arbeitet.

Staatsgrenze *(International boundary)* Zeichen aus →*Karte 1* (INT 1) im Anhang.

Staatsland(es)grenze, die *(national border [of territorial waters])* Die politische Grenze, bis zu der ein Staat seine uneingeschränkte Herrschaft ausüben kann. Das Staatsgebiet reicht an der →*Küste* bis zu einer Linie, die die am weitesten vorgeschobenen, bei mittlerem →*Springniedrigwasser* trockenfallenden Flächen von Inseln (im Wattgebiet) berührt. Vor der S. liegt ein weiteres →*Hoheitsgebiet* mit Hoheitsgewässern bis zur →*Hoheitsgrenze* (Seegrenze), die 3 sm, bei einigen Ländern 12 sm seewärts der S. liegt.

stabil *(1. stable, 2. solid)* Wörtl.: dauerhaft, standfest; in zweifachem Sinne gebraucht: 1. als →*stabiles Gleichgewicht* im Sinne der →*Stabilität,* wenn ein Boot in einem Zustand verharrt oder wieder in die Ausgangslage zurückkehrt. – 2. Seltener im Sinne von „massiv“.

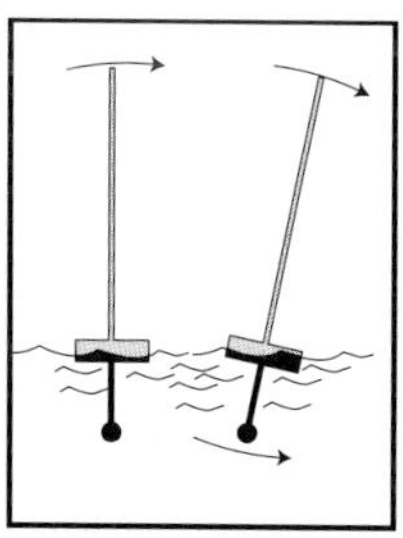

stabiles Gleichgewicht, das *(stable equilibrium)* Die Fähigkeit z. B. einer Yacht, einer auf sie einwirkenden Kraft (wie →*Winddruck,* →*Wasserströmung* oder Verlagerung von Gewichten an Bord beim Anbordkommen) Widerstand entgegenzusetzen, damit das Boot dieser Kraft nur bedingt folgt, in seiner neuen Lage in einem Gleichgewichtszustand verharrt und nach Aufheben der Kraftwirkung wieder in das alte Gleichgewicht zurückkehrt. Ein s. G. ist bei einem →*Kielboot* immer gegeben.

Stabilität, die *(stability)* Das Vermögen einer Yacht, sich aus einer →*Krängung* wieder in seine

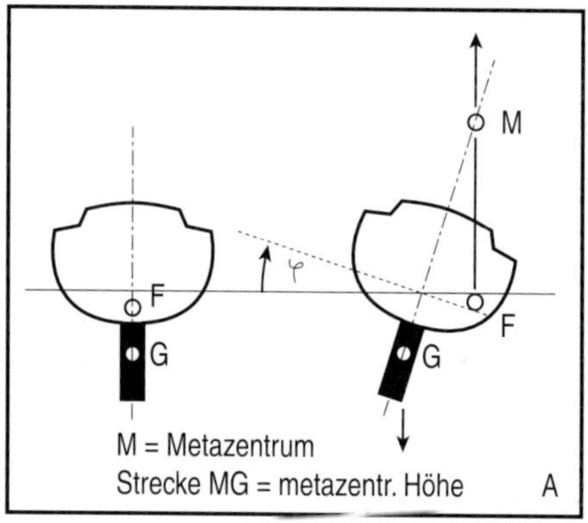

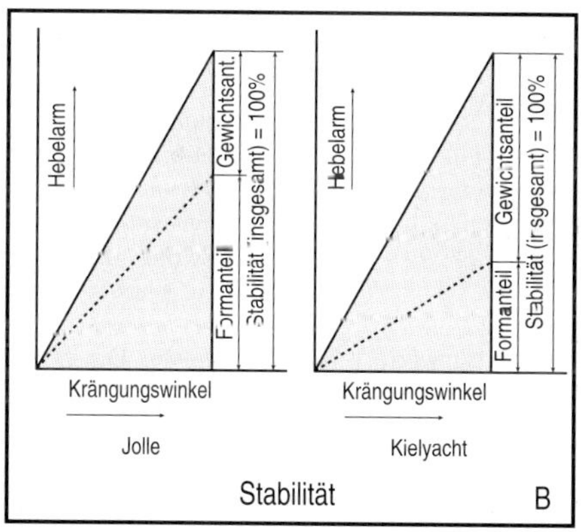

waagerechte Schwimmlage aufzurichten. Die S. hängt von der →*Spantform* und der Verteilung der Gewichte im Bootsrumpf ab. Alle →*Kielboote* mit →*Ballastkiel* sind durch ihre →*Gewichtsstabilität* →*selbstaufrichtend.* Sie haben eine kleine →*Anfangsstabilität,* aber eine große →*Endstabilität* und immer ein →*stabiles Gleichgewicht.* Ballastlose →*Jollen* verfügen nur über →*Formstabilität.* Sie neigen sich erst spät, können aber →*kentern,* wenn man die S. nicht durch das →*Ausreiten* der →*Crew* oder durch die Arbeit im →*Trapez* vergrößert. Man spricht auch von →*statischer S.* (im Gegensatz zur →*dynamischen S.)* und versteht hierunter die sich aus Kraft x Schwerpunktsweg zum Erreichen der Krängung ergebende und sie sinngemäß für das Wiederaufrichten zu leistende Arbeit. Der →*Stabilitätsumfang* eines Bootes ist aus seiner →*Stabilitätskurve* ersichtlich. Ein Maß für die S. ist die →*metazentrische Höhe* (Abb. A). Der Anteil der Formstabilität und der Gewichtsstabilität an der Gesamtstabilität ist bei Jollen und Kielbooten unterschiedlich (Abb. B).

Stabilitätskurve, die *(curve of stability)* Graphische Darstellung des →*aufrichtenden Momentes*

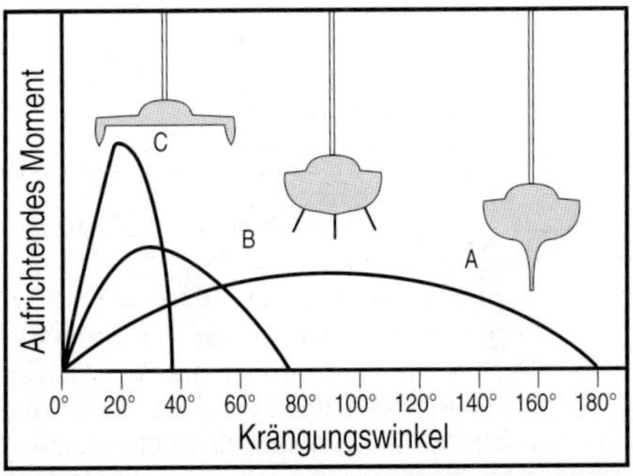

(am linken Rand oder auf der Y-Achse) bei entsprechendem →*Krängungswinkel* oder Neigungswinkel (am unteren Rand oder auf der X-Achse). Eine S. zeigt den →*Stabilitätsumfang* eines Bootes und Unterschiede in der →*Stabilität,* z. B. einer →*formstabilen* und →*kenterbaren* →*Jolle* im Vergleich mit einem →*gewichtsstabilen* und →*selbstaufrichtenden* →*Kielboot* oder die unterschiedliche →*Querstabilität* (Abb.) von Einrumpf- und →*Doppelrumpfbooten* bzw. Yachten mit Einzelkiel oder →*Kimmkielen.* Die größte Querstabilität hat ein extrem breites Boot oder ein →*Katamaran.* Sie wird bei einem Krängungswinkel von ca. 20° erreicht, doch nimmt sie dann schnell ab und führt bei ca. 40° Krängung zum Kentern. Bei einer Kielyacht bleibt das aufrichtende Moment stets positiv. Bei geringer Anfangsstabilität wächst die Stabilität mit wachsender Krängung und wird bei ca. 90° am größten.

Stabilitätsmoment, das *(moment of stability)* Der Hebelarm aus dem horizontalen Abstand zwischen dem →*Gewichtsschwerpunkt* des Bootes und dem bei einer →*Krängung* seitlich auswandernden →*Formschwerpunkt* mit der im Formschwerpunkt konzentriert gedachten →*Auftriebskraft.* Das S. als Produkt aus beiden Größen wirkt dem →*Krängungsmoment* entgegen und richtet ein Boot auf, solange es größer als dieses ist. Ein Maß für das S. und die →*Stabilität* ist die →*metazentrische Höhe.*

Stabilitätsumfang, der (großer) *([wide] range of stability)* Der Neigungswinkel eines Bootes, bis zu dem bei einer →*Krängung* noch ein →*aufrichtendes Moment* besteht. Der S. ist aus der →*Stabilitätskurve* zu ersehen, die die Hebelarme der →*Stabilität* für die entsprechenden Neigungswinkel als Abstände des →*Gewichtsschwerpunktes* von der durch den →*Formschwerpunkt* verlaufenden Auftriebsrichtung darstellt.

Stack, das (Staak, das) *(groyne, crawl, breakwater, wharf)* Eine →*Buhne,* die als Steindamm vom Flußufer quer in das Wasser hineingebaut ist, um den Strom zu regulieren. Zwischen den Stacks und außerhalb des eigentlichen →*Fahrwassers* läuft oft ein →*Neerstrom.*

Stag, das *(stay)* Das zum →*stehenden Gut* gehörende →*Drahttauwerk,* das den →*Mast* →*längsschiffs* hält. Gemäß der Richtung unterscheidet man →*Vorstag,* →*Achterstag* und →*Backstag.* Das an einem S. gesetzte Segel heißt →*Stagsegel,* z. B. die →*Stagfock* (im Gegensatz zur ursprünglichen →*Fock,* die ein →*Rahsegel* ist). Ein S., das keinen →*Pfahlmast,* sondern eine →*Stenge* stützt, ist dabei mit seinem →*Pütting* nicht an →*Deck,* sondern an einem anderen Mast befestigt. Diese Segel heißen dann →*Stengestagsegel.* Die Befestigung der Segel am S. erfolgt mit →*Stagreitern.* Wenn beim →*Wenden* (auf einem →*Segelschiff)* mehrere Stagsegel jeweils mit ihrem →*Schothorn* über das S. des nächsten Segels auf die andere Seite geführt werden mußten, dann gingen sie dabei →*„über (ein) Stag“.* So entstand dieser Ausdruck für das Wechseln der Windseite durch Wenden.

stagen *(to stay)* Die →*Stagen* von →*Masten* (und →*Stengen)* an ihren →*Püttings* befestigen und das →*Rigg* mit Hilfe der →*Spannschrauben* richtig →*abstagen.*

Stagfock, die *(stay foresail, jib foresail)* Ein →*Vorsegel,* auch nur als →*Fock* benannt (die an einem →*Stag* gefahren wird). Der ursprüngliche Begriff „Fock“ benennt das unterste Rahsegel am →*Fockmast* und kennzeichnet sinngemäß eine →*Breitfock,* die man (früher) von der S. unterscheiden mußte. Eine moderne S. ist die →*Selbstwendefock* (Abb.).

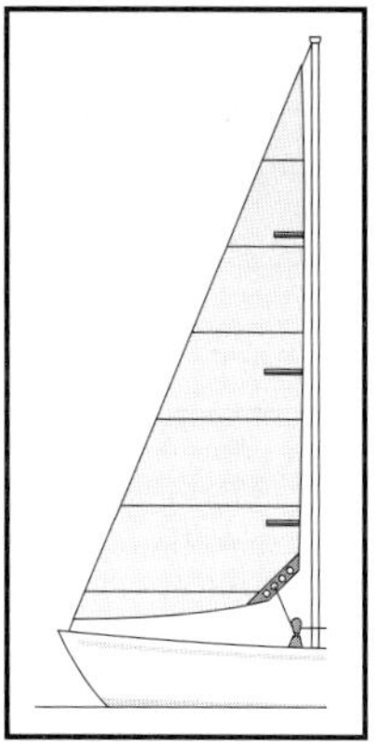

Stagsegel, das *(staysail, fore staysail)* Ein Segel, das an einem →*Stag* gefahren wird, im Gegensatz zu einem →*Rahsegel* und den →*Schratsegeln,* die mit →*Vor-* und →*Unterliek* an →*Mast* und →*Baum* befestigt sind. Eine →*Yacht* mit →*Kuttertakelung* fährt als S. (→*Stag-) Fock,* →*Klüver* und gegebenenfalls →*Flieger.* Bei einem →*Eineinhalbmaster*

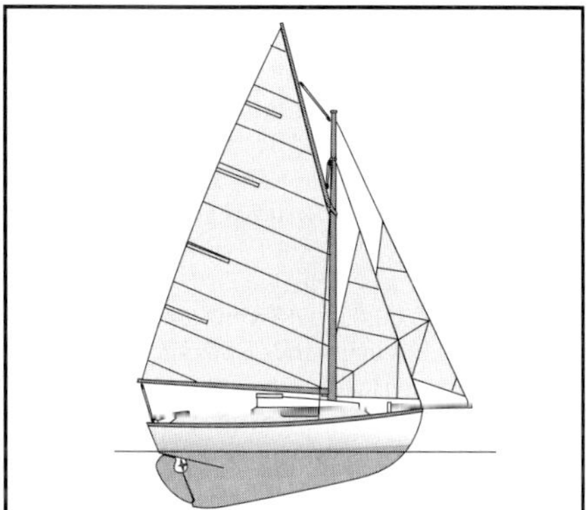

Kuttertakelung mit Gaffelsegel

wird zusätzlich ein →*Besanstagsegel* gefahren, während →*Zweimaster* (z. B. →*Stagsegelschuner)* noch speziell für die Benutzung mehrerer S. geriggt sein können.

Stagsegelketsch, die *(staysail ketch)* Zweimastige Segelyacht (richtiger →*Eineinhalbmaster),* die auf das übliche →*Großsegel* mit →*Großbaum* verzichtet und statt dessen den Raum zwischen beiden →*Masten* durch ein →*Besanstagsegel* und ein →*Treisegel* oder →*Spreizgaffelsegel* ausnutzt. Letzteres ist dann das Großsegel.

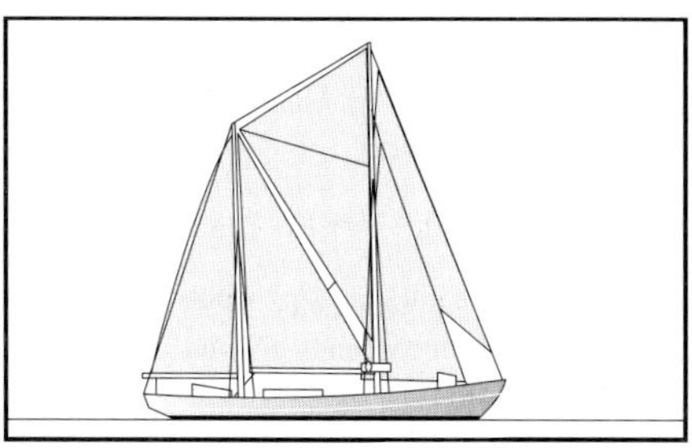

Stagsegelschuner, der *(staysail schooner)* Ein Boot mit einer →*Schunertakelage,* bei der das am

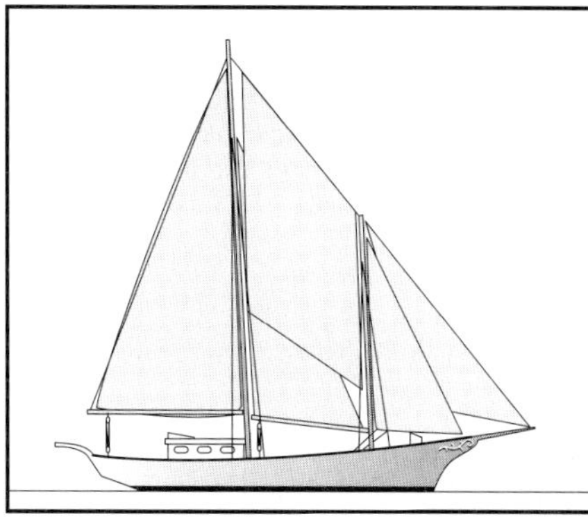

→*Fockmast* mit →*Gaffel* oder als →*Hochsegel* gefahrene →*Schunersegel* durch mehrere kleinere Segel zwischen beiden Masten ersetzt ist, z. B. das →*Großstagsegel* und ein →*Treisegel* oder →*Spreizgaffelsegel.* Die Gründe und Vorteile liegen in der aerodynamisch günstigen Unterteilung der Segelfläche und einer besseren Ausnutzung des Raumes zwischen den Masten, insbesondere bei einem extrem kleinen Fockmast.

Stagreiter, der *([jib] hank)* Einfache, hakenförmige oder kompliziertere, mit Verschluß und Fe-

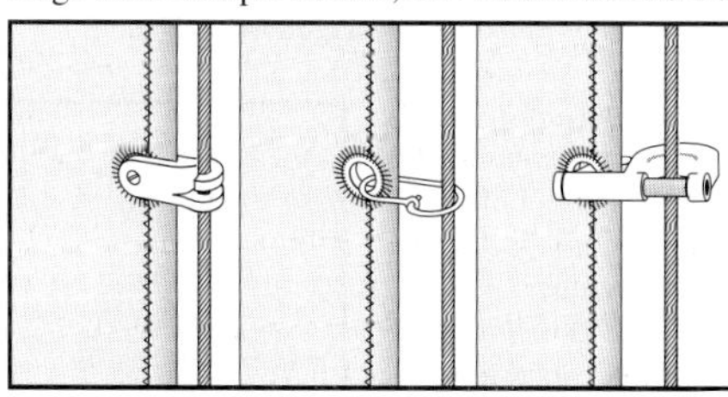

der versehene →*Beschläge* aus unterschiedlichen Materialien (→*Nirosta,* →*Bronze,* →*Nylon* u. a.), die am →*Vorliek* eines →*Stagsegels* befestigt sind und zu dessen Halterung an einem →*Stag* dienen. Da sie Windwiderstand verursachen, verzichtet man (besonders auf →*Rennyachten)* auf sie und setzt ein Stagsegel →*fliegend,* aber mit (mindestens) gleich straff gespannter →*Windanschnittskante.*

stagweise *(astay, close apeak)* Wörtl. „wie ein →*Stag*“, „parallel mit dem →*Fockstag*“ oder „in der verlängerten Richtung eines Stags". Der Begriff s. wurde ursprünglich für die →*Ankerkette* benutzt und die Richtung, wie sie ins Wasser führte. Er ist noch in →*kurzstag(s)* erhalten geblieben, d. h. „fast stagweise stehend", wenn die Kette beim →*Ankerlichten* wie die Verlängerung eines Stags in das Wasser führt.

Stahl, der *(steel)* Ein →*Bootsbaumaterial* mit den Vorteilen großer Festigkeit und den Nachteilen von →*Korrosion,* mit zusätzlich notwendiger Isolierung durch →*Rostschutz.* Die üblichen Legierungen von S. sind unter →*DIN 17006* verzeichnet, im Gegensatz zu →*rostbeständigem Stahl* nach DIN 17440.

Stahldrahtseil, das *(steel wire rope, steel hawser)* Siehe →*Drahttauwerk.*

staken (Staken, der) *(to pole, to punt; [pole, punt pole])* Eine lange Stange (gegebenenfalls auch ein →*Riemen* oder ein →*Bootshaken)* und die Arbeit mit ihr, wenn man ein Boot in flachem Wasser mit Muskelkraft bewegen will. Man setzt den S. mit einer Seite auf den →*Grund,* hält die andere fest und geht mit ihr →*längsschiffs* von →*vorn* nach →*achtern* über →*Deck.*

Stammlack, der Bei einem →*Zweikomponenten-Lack* die eigentliche Substanz für den Anstrich, die jedoch vom Härter getrennt ist und erst, mit diesem vermischt, ein streichfertiges Anstrichmittel ergibt. Die Trennung beider Bestandteile bis zur Benutzung hat sich gegenüber dem →*Einkomponentenlack* als überlegen erwiesen.

stampfen *(to pitch)* Die Bewegung eines Bootes im →*Seegang* um seine waagerechte Querachse (Abb.), bei der →*Vor-* und →*Achterschiff* abwechselnd stark ein- und austauchen. Die Heftigkeit dieser Bewegung ist abhängig von der →*Bootslänge* und der →*Wellenperiode:*

Wenn ein Boot gegen die See anläuft, kann sich ein kleines Fahrzeug in einer kurzen See feststampfen. Bei einem größeren Boot besteht in einer längeren See die Gefahr des →*Unterschneidens.*

Stampfstag, das *(martingale stay)* Ein von der →*Nock* des →*Klüverbaumes* über den →*Stampf-*

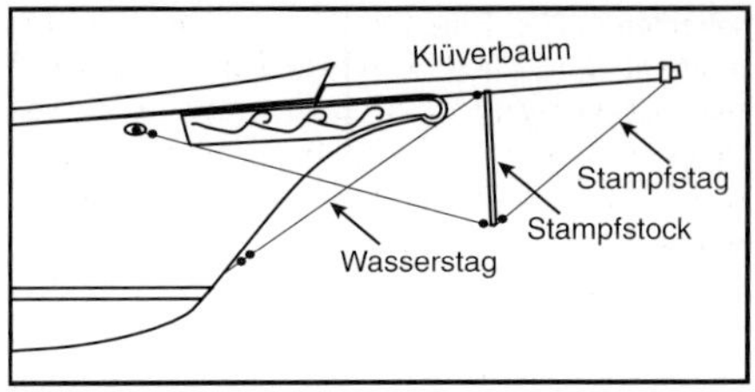

stock zum →*Bug* geführtes →*Stag,* das den Zug der →*Klüverstagen* abfängt. Auf →*Segelschiffen* werden mehrere, innere und äußere Stampfstagen für diesen Zweck benötigt.

Stampfstock, der *(martingale boom)* Am →*Klüverbaum* senkrecht zu diesem nach unten befestigte →*Spiere,* die das →*Stampfstag* abspreizt und dabei sinngemäß die gleiche Aufgabe wie eine →*Jumpstagspreize* am →*Mast* erfüllt.

Stand, der *(1. reading, chronometer correction; – 2. berth)* 1. Auf ein →*Chronometer* bezogen die Anzahl von Minuten und Sekunden, um die es gegenüber der mit einem →*Zeitzeichen* übermittelten →*Weltzeit* (→*UTC*) zurückgeblieben ist (+ = positiver S.) oder vorgeht (– = negativer Stand). Beispiel: UTC aus Zeitsignal 10.00.00, Chronometerstand 10.00.05; Differenz und Chronometerstandberichtigung minus 5 Sekunden. Auch der Unterschied zwischen einer →*Ortszeit* und der →*Weltzeit* kann mit einem S. ausgedrückt werden. Er ist dann positiv (mit einem vorausgehenden Pluszeichen) darzustellen, wenn die Ortszeit einen Vorsprung vor der →*UTC* hat, z. B. für Hamburg und die →*Mitteleuropäische* Zeit: 14:25:10 + 01:00:00 = 15:25:10. Andererseits ist die Ortszeit, die z. B. in New York hinter der gleichen Weltzeit um fünf Stunden zurückliegt, mit einem vorausgehenden Minuszeichen zu versehen, so daß sich ergibt: 14:25:10 – 05:00:00 = 09:25:10. Nach →*ISO 8601* und →*DIN EN 28 601* kann die Uhrzeit in der vorstehenden Weise oder ohne Doppelpunkte so geschrieben werden: 142510 + 0100 = 152510 bzw. 142510 – 0500 = 092510. In der →*Navigation* wird die letztere Art benutzt. – 2. Als S. oder →*Bootsstand* wird auch der →*Liegeplatz* im →*Yachthafen* bezeichnet, insbesondere wenn dabei →*Bug* oder →*Heck* zu einem →*Kai* oder einer →*Brücke* liegen und der S. durch →*Dalben* oder →*Pfähle* begrenzt ist.

Standard Positioning Service, SPS Das für die zivile Nutzung freigegebene →*Global Positioning System* (→*GPS*), früher mit einem bewußten Fehler als „CA-Code" bezeichnet. Nach einer

Erklärung der U.S. Coast Guard vom 23.3.1994 wird das mit 24 Satelliten betriebene System SPS mit der Garantie einer Genauigkeit von plusminus 100 m in 95 % aller Fälle eingehalten, solange die Sicherheitsbelange der USA nicht gefährdet sind. Im Gefahrenfalle können die Eigenschaften von GPS ohne Warnung geändert werden.

Standardpropeller, der *(standard [performance] propeller)* Der bei einem Boot für die optima-

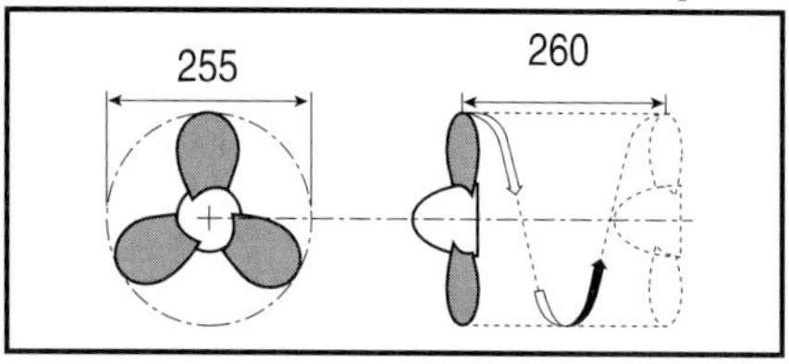

le →*Fahrt* unter Motor ausgewählte →*Propeller,* bei dem im allgemeinen die Maße für →*Propellerdurchmesser* und →*Propellersteigung* ähnlich und auch das →*Propellerflächenverhältnis* darauf abgestellt ist. Die Abb. zeigt einen S. 255:260 mit einem →*Propellerflächenverhältnis* FA/F = 0,35 oder 35 %.

Stander, der *(1. substitute, 2. burgee, 3. racing flag, 4. pendant, pennant)* Eine dreieckige Erkennungs- oder Signalflagge mit zweckentsprechendem unterschiedlichem Seitenverhältnis: 1. Als

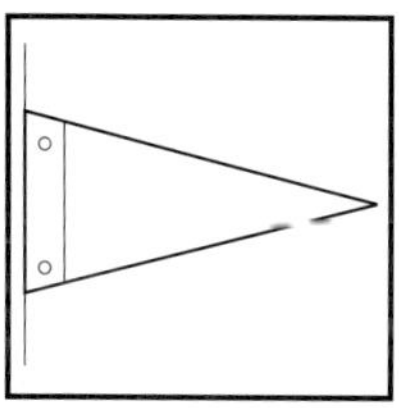

→*Hilfsstander* (Höhe: Länge = 2 : 3) im Internationalen →*Flaggenalphabet.* – 2. Als →*Clubstander* (H : L = 1 : 2) zur Kennzeichnung der Mitgliedschaft in einem Segelclub oder -verein. – 3. Als →*Rennstander* aus besonders leichtem Tuch gefertigt mit dem Charakter einer →*Windfahne* im →*Verklicker.* – 4. Über die Bedeutung als Dreiecksflagge hinaus ein Stück →*Tauwerk* begrenzter Länge für einen bestimmten Zweck, das „steht" und nicht →*„läuft",* z. B. beim →*Bullenstander.*

Standerleine, die *(pendant halyard)* Eine endlose →*Flaggleine,* an der ein über den →*Masttopp* hinausreichender →*Standerstock* angesteckt wird, um den →*Stander* oder →*Verklicker* vorzuheißen.

Standerschein, der *(burgee certificate)* Berechtigungsschein zum Führen eines →*Clubstanders,* der von dem entsprechenden Segelclub erteilt wird. Er enthält die →*Hauptabmessungen* des Bootes sowie Namen und Anschrift des →*Eigners,* wird jedoch nicht als Eigentumsnachweis anerkannt.

Standerstock, der *(burgee staff)* Ein dünner Holzstock oder Metallstab, mit dem ein Club- oder Renn-→*Stander* an der →*Standerleine* ausreichend weit über den Masttopp vorgeheißt werden kann. Mastlose Yachten benutzen als S. die →*Gösch.*

Standlinie, die *(line of position)* In der →*Navigation* die Linie, auf der das Boot steht. Man unterscheidet →*terrestrische,* →*astronomische* und →*Funk-Standlinien,* die man durch →*Peilung* von →*Landmarken,* durch die mit dem →*Sextanten* gemessene →*Höhe eines Gestirns* oder mit Hilfe elektromagnetischer →*Wellen* (durch einfache →*Funkpeilung* oder nach dem →*Consolsystem,* bzw. dem →*Loran-,* →*Decca-* oder anderen Verfahren) erhält. Eine S. kann eine Gerade, ein Kreisbogen oder eine →*Hyperbel* sein. Da eine S. immer nur einen geometrischen Ort darstellt, erhält man nur mit 2 sich möglichst weitgehend senkrecht kreuzenden, am besten mit 3 Standlinien einen zuverlässigen →*Schiffsort.*

Stangenseezeichen, das *(perch, pole marking post)* Festes →*Seezeichen,* das zur →*Seitenbezeichnung* eines →*Fahrwassers* benutzt wird. Stangen ohne Anstrich oder mit →*Besen* abwärts (A) bezeichnen dabei die →*Steuerbord-Fahrwasserseite,* Stangen mit Besen aufwärts (B) die →*Backbord-Fahrwasserseite.* S. werden nur zur Bezeichnung eines →*Nebenfahrwassers* benutzt. Da sie in den Grund gesteckt oder gerammt sind, zeigen sie eine (relativ) geringe →*Wassertiefe* und in ihrer Nähe liegende →*seichte* Stellen an.

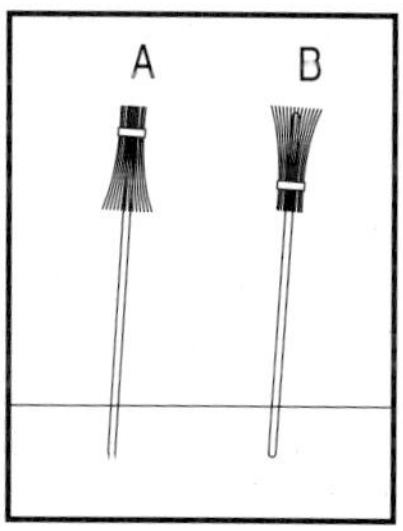

Stapelfaser, die Eine auf etwa 15 cm Länge geschnittene →*Faser,* die zu einem →*Garn* gesponnen wird, aus dem bei seiner Weiterverwendung flauschige Oberflächen entstehen. Sie sorgen bei der Herstellung eines →*Mantels* von →*Fasertauwerk* für besonders →*handige,* griffige Leinen.

Stapellauf, der *(launch, launching)* Das Zu-Wasserbringen eines neu gebauten →*Schiffes* durch

Ablauf von der →*Helling*. Den Begriff benutzt man sinngemäß auch für größere →*Yachten*, insbesondere →*Seekreuzer*, wenn sie als Neubauten von einem →*Slip* in ihr Element gleiten. Dabei sind sie jedoch oft (im Gegensatz zu einem Schiff beim S.) →*segelklar*, meistens sogar →*seeklar*.

Starboot, das Bereits 1911 von Francis Sweisgut (USA) konstruiertes Zweimann-Rennkielboot, das weltweite Verbreitung erfuhr, als →*internationale Klasse* anerkannt ist, von 1932 bis 1972 und 1980 bis 1996 →*olympische Klasse* war. Von 1911 bis 1921 mit →*Gaffeltakelung*, ab 1921 mit →*Hochtakelung* und jetzt fast ausschließlich aus →*GFK* gebaut. Lüa 6,91 m, Büa 1,72 m, Tiefg. 1,01 m, Verdr. segelf. 750 kg, Segelfl. 26,1 m². Bahnbrecher für ein →*flexibles Rigg*. Segelzeichen: Roter Stern.

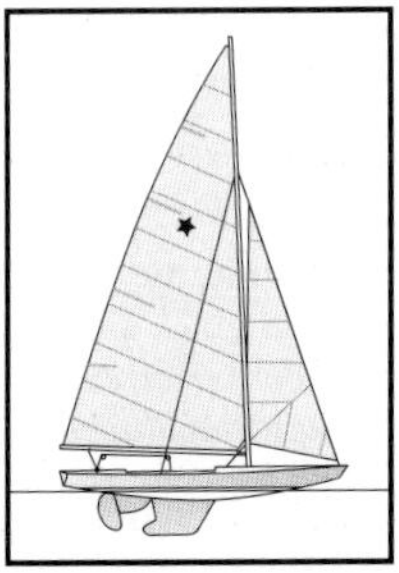

Star-Cut (Spinnaker), (Sternschnitt-Spinnaker) Ein flach geschnittener →*Spinnaker*, bei dem die →*Segeltuchbahnen*, sich langsam verbreiternd, von den Eckpunkten zum →*Segelschwerpunkt* verlaufen, so daß ein Sternzeichen entsteht.

starker Wind, der *(strong breeze)* →*Windstärke* 6 nach der →*Beaufort-Skala* mit Windgeschwindigkeiten von 22–27 →*Knoten* und einem →*Staudruck* von 11 daN/m². Bei s. W. wird →*Starkwindwarnung* gegeben.

Starkwindwarnung, die *(near gale warning)* Am Beginn eines →*Seewetterberichtes* verbreitete →*Windwarnung*, wenn mit →*steifem Wind* oder →*starkem Wind* zu rechnen ist. Eine S. betrifft →*Beaufort* 6 und 7, im Gegensatz zur →*Sturmwarnung* (ab →*Bft 8)*.

starres Rigg, das *(rigid rig)* Im Gegensatz zum →*flexiblen Rigg* eine sichere und unelastische →*Mastverstagung*, um den →*Mast* unter allen Wetterbedingungen und auf allen →*Kursen* zum Wind unverändert gerade zu halten. Die gewünschte Veränderung der →*Segelwölbung* für die optimalen Bedingungen versucht man durch →*Trimmvorrichtungen* wie →*Achterstagspanner*, →*Achterholer*, →*Abflacher*, →*Cunningham-Stropp* sowie das Auswechseln bzw. Setzen entsprechender →*Vorsegel* wie →*Drifter*, →*Reacher*, →*Genua* u. a. zu erreichen.

Starrsegel, das *(wing sail)* Ein starres →*Profilsegel*, das den schädlichen aerodynamischen Einfluß des →*Mastes* beseitigt und um seine vertikale Achse drehbar ist. Es soll die Nachteile eines am Mast gesetzten →*Tuchsegels* aufheben und ist dazu oft noch mit →*Trimmklappen* am →*Achterliek* versehen, um dem Stromlinienprofil auf jedem →*Bug* eine segelähnliche →*Wölbung* zu geben, z. B. bei der „Miss Nyltex", einer Gewinnerin des →*Kleinen America's Cup*. S. haben sich nicht durchsetzen können, weil sie nicht in der Lage sind, dem Segel auf jeder Höhe über dem Wasser einen geringfügig veränderten →*Anstellwinkel*, d. h. eine winzige, aber wichtige →*Verwindung* zu geben, die durch den →*Windgradienten* für den in der Höhe über dem Wasserspiegel zunehmenden →*atmosphärischen Wind* notwendig ist.

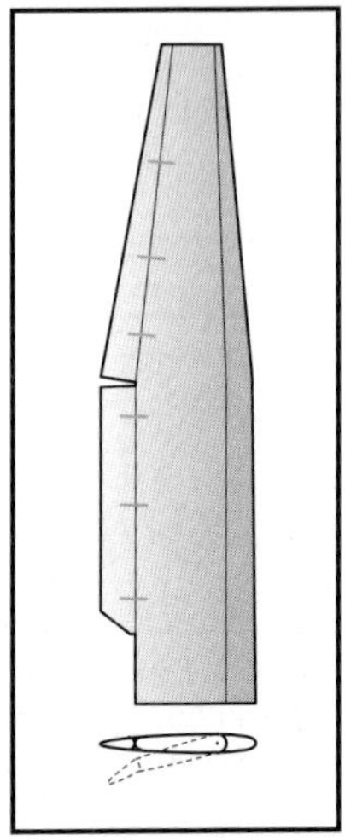

Start, der *(start, starting)* Beim →*Rennsegeln* erfolgt der S. zu einer →*Wettfahrt* von einer →*Startlinie* aus, die (möglichst genau) senkrecht zur →*Windachse* ausgelegt ist. Es wird ein „fliegender" S. benutzt, d. h. die Startlinie wird mit dem →*Startsignal* zum Übersegeln freigegeben, die Boote können ihre Startposition selbst bestimmen und für die zeitgerechte Annäherung an die Startlinie sorgen.

starten *(to start)* Beim →*Rennsegeln* (genau mit dem →*Startsignal)* in der (meistens von allen teilnehmenden Booten erstrebten) günstigen Positionen mit →*Wegerecht* in →*Luv* und möglichst in voller →*Fahrt* über die →*Startlinie* segeln. Ein Boot startet, sobald es nach dem →*Startsignal* die Linie von der richtigen Seite her mit irgendeinem Teil von Rumpf, →*Besatzung* oder →*Ausrüstung* kreuzt. Die Startzeit wird in jedem Falle vom →*Startsignal* aus gerechnet.

Startlinie, die *(starting line)* Bei einer →*Regatta* kann die S. zwischen 2 →*Bojen* als →*Bahnmarken*

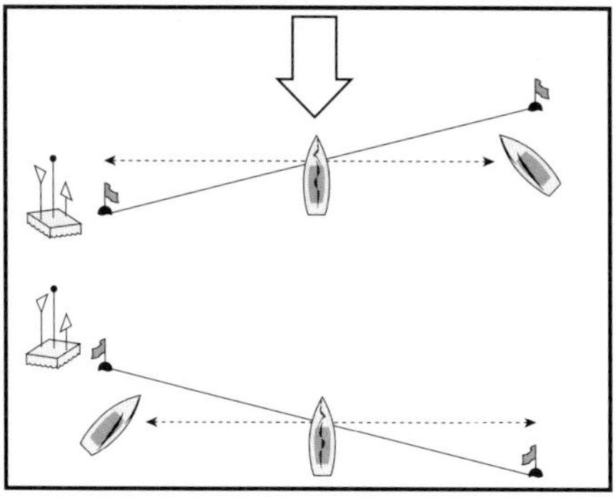

bzw. zwischen einer Bahnmarke und einem →*Mast* auf dem Startschiff liegen oder die Linie einer →*Deckspeilung* mit ortsfesten →*Baken* sein. Ein Boot prüft durch →*Aufschießen* vor dem →*Start,* ob die rechte oder linke Seite der S. bevorzugt und ein Start über →*Backbord-* oder →*Steuerbordbug* empfehlenswerter ist.

Startschiff, das *(committee boat)* Das nahe der →*Startlinie* verankerte Boot der →*Wettfahrtleitung,* auf dem das →*Startsignal* gemäß den →*WR* gegeben wird.

Startsignal, das *(starting signal)* Ein auf dem →*Startschiff* optisch und akustisch gegebenes Signal für den →*Start* einer →*Wettfahrt.* Wer vor dem S. die →*Startlinie* durchsegelt, erhält einen →*Rückruf.*

Startuhr, die *(stopwatch for yachtsmen)* Eine Armbanduhr mit Stoppuhr, deren Zifferblatt in mehrere, farblich unterschiedliche Felder unterteilt ist, damit ein →*Rennsegler* vor dem →*Start* die nach dem →*Vorbereitungssignal* und bis zum →*Startsignal* verbleibende Zeit schnell und genau ablesen kann.

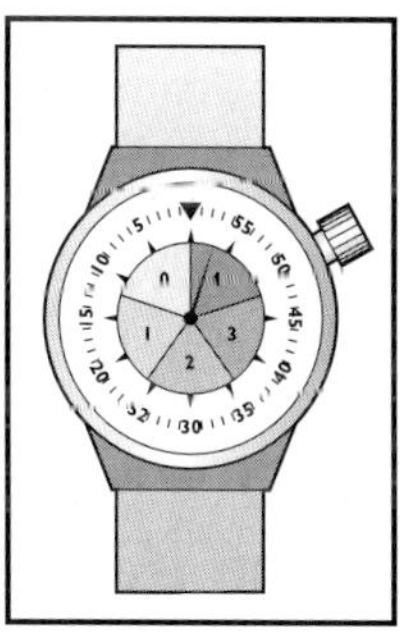

Startverschiebung, die *(postponing of the start)* Sie kann bei einer →*Wettfahrt* aus zahlreichen Gründen notwendig sein und wird durch den →*Antwortwimpel* im Flaggenalphabet des →*Internationalen Signalbuches* angezeigt. Antwortwimpel allein gesetzt bedeutet nach den →*Wettfahrtregeln:* Nicht gestartete Wettfahrten sind verschoben. – In Verbindung mit einem (darunter gesetzten) →*Zahlenwimpel* wird dabei die Zeit der S. in Stunden genau angegeben. – Antwortwimpel über der →*Buchstabenflagge* →*Alpha* gesetzt bedeutet: Nicht gestartete Wettfahrten sind verschoben. Heute keine Wettfahrten mehr. – Antwortwimpel über der Flagge →*Hotel* bedeutet: Nicht gestartete Wettfahrten sind verschoben. Weitere Signale an Land.

Startzone, die *(starting area)* Beim →*Regattasegeln* ein (meist) durch →*Bojen* gekennzeichnetes Gebiet (leewärts der →*Startlinie),* in dem sich nur Boote für den nächsten →*Start* aufhalten dürfen. Segeln andere, nicht in der gleichen →*Klasse* startende Boote in dieses Gebiet hinein und beanspruchen sie in der S. sogar das →*Wegerecht,* so können sie nach →*Protest* disqualifiziert werden.

stationär *(stationary)* In der →*Wetterkunde* Zusatzbezeichnung für ein →*Hoch,* ein →*Tief* oder eine →*Front,* wenn nahezu keine Ortsveränderung stattfindet.

Stationskreis, der Ein gezeichneter Kreis, der die geographische Lage einer Wettermeldestelle

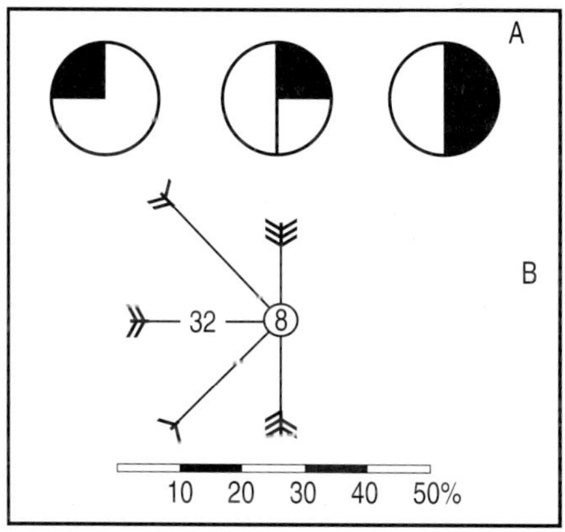

kennzeichnet. Er wird nicht zu den →*Wettersymbolen* gerechnet, die in der Wetterkarte bei Bedarf um ihn herum plaziert sind, weil er selbst zur Wiedergabe der Bewölkungsmenge mit meteorologischen Kürzeln und auch noch anderweitig, z. B. in →*Monatskarten,* benutzt wird. In der Wetterkarte bedeutet der leere S. wolkenlosen, der volle Kreis ganz bedeckten Himmel und die mit Achtelteilen gefüllten Kreise heiteren, halb bedeckten oder wolkigen Himmel (Abb. A). Eine Ziffer im S. bedeutet die Anzahl der windstillen Tage im Monatsmittel, z. B. in einer →*Pilot Chart* (Abb. B).

Stationsmeldungen, die *(reports from selected observation stations)* Im →*Seewetterbericht* die Meldungen von Stationen der →*Wetterbeobachtung* mit Angaben über die örtliche →*Windrichtung,* →*Windstärke,* →*Lufttemperatur,* →*Luftdruck* und →*Sicht.* Mit Hilfe der S. läßt sich eine →*Bordwetterkarte* anfertigen.

statisch *(static)* Ruhig, in Ruhelage, z. B. →*statischer Druck* oder (auf das Gleichgewicht bezogen) z. B. →*statische Stabilität.*

statischer Auftrieb, der *(buoyancy)* Siehe →*hydrostatischer* Auftrieb.

statischer Druck, der *(static pressure)* Der Druck auf einen Körper in Ruhelage. Der Wasserdruck bei einem Boot, das in stromlosem Wasser an seinem →*Liegeplatz* liegt oder ohne →*Fahrt* durchs Wasser nur im →*Strom* treibt. Der s. D. nimmt mit wachsender Wassertiefe zu.

statische Stabilität, die *(statical stability)* Das Vermögen eines →*Bootes,* sich bei einer →*Krängung* aus der geneigten Lage wieder aufzurichten. Als das Produkt von Kraft mal Hebelarm auch nur mit →*Stabilität* bezeichnet.

Staudruck, der *(dynamic pressure, hydrodynamic pressure)* Der Druckunterschied zwischen dem →*statischen Druck* und dem Gesamtdruck, der durch die →*Fahrt* erzeugt wird und entweder am →*Vorsteven* durch ein →*Speedometer* oder durch das in Fahrtrichtung offene vordere Ende eines Rohres (→*Logstab,* →*Staudruck-Fahrtmesser)* gemessen werden kann. Von der →*Dichte* des Mediums abhängige Werte für den S. siehe →*dynamischer Druck.*

Staudruck-Fahrtmesser, der *(pitometer log, pitot tube, speed indicator)* Ein moderner →*Fahrtmesser,* der aus einem Staurohr am Bootsrumpf unter Wasser und dem entsprechenden Anzeigegerät in der →*Plicht* besteht und den Unterschied zwischen dem →*statischen* und dynamischen Wasserdruck oder →*Staudruck* bei unterschiedlicher Bootsgeschwindigkeit mißt. Auch →*Yachtlog,* →*Bootsgeschwindigkeitsmesser* oder →*Speedometer* genannt.

stauen *(to stow, to chock)* Ausrüstungsgegenstände, Proviant (in der Berufsschiffahrt auch Ladung) vorteilhaft und →*seefest* verpacken oder lagern, d. h. platzsparend, sachgemäß und schnell erreichbar. Jedes Teil hat seinen Stauplatz (z. B. →*Seekarten* im →*Kartentisch),* eine entsprechende Halterung (z. B. das →*Rack* für den →*Kompaß)* oder seinen →*Stauraum* (z. B. die →*Segellast).*

Stauerknoten, der *(stevedore's knot)* Ein →*Stopperknoten,* der ähnlich wie ein →*halber Schlag*

mit zwei oder mehreren äußeren →*Rundtörns* geschlagen wird. Ein fülliger, leicht geschlagener und leicht zu lösender, aber nicht elegant aussehender →*Knoten.*

Stauraum, der *(stowage)* Platz zum →*Stauen,* an dem der Inhalt →*seefest* gehaltert werden kann. In der →*Kajüte* z. B. →*Schwalbennester,* →*Backskisten* und →*Racks.* Jedes Teil an Bord hat einen bestimmten S.

Stauwasser, das *(slack water)* Der relativ kurze Zeitraum in einer →*Tide,* in dem keine nennenswerte Wasserströmung herrscht. S. oder auch →*Stillwasser* tritt ein, wenn der Strom →*kentert.*

stechen, in See „stechen" *(to put to sea)* Laienhafter Ausdruck für „in See gehen".

Stechpaddel, das *(paddle)* Im Gegensatz zum Doppelpaddel ein einzelnes, wahlweise nur auf →*Steuerbord-* oder →*Backbordseite* zur Fortbewegung benutztes kurzes Paddel, das zur Ausrüstung von →*Jollen* gehört.

Steckzirkel, der *(dividers [pl.])* Wichtiges Handwerkszeug für den →*Navigator,* um →*Distanzen* aus der →*Seekarte* zu entnehmen. Im Gegensatz zu einem normalen S. (Abb. A), den man mit zwei Händen bedienen muß, haben sich an Bord →*Einhandzirkel* (Abb. B) bewährt.

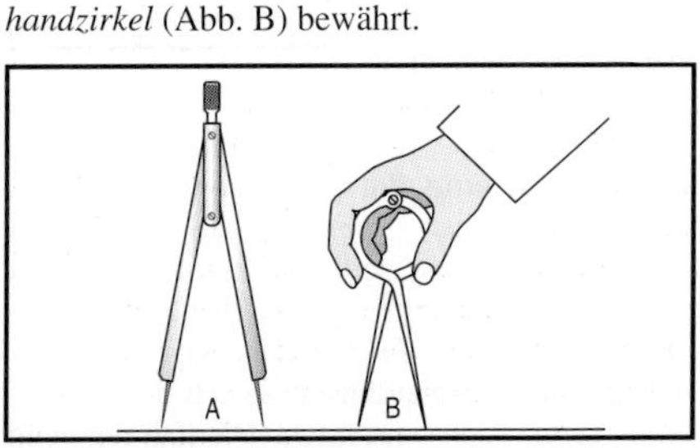

stecken *(1. to hitch a rope, 2. to tuck, 3. to pay out a chain, 4. to tie in [a reef])* Seem. vielfältig benutzt: 1. Ein →*Ende* aufstecken, indem man (mit einem →*Stek,* →*Palstek,* →*Schotstek)* ein anderes Ende →*ansteckt* (sicher befestigt), um die Leinenverbindung zu verlängern. – 2. Beim →*Spleißen* die →*Kardeele* einstecken = hineinstopfen, untereinander legen. – 3. Beim →*Ankern* mehr Kette s. = →*fieren,* ausgeben. – 4. Ein →*Reff* s., es einbinden, einlegen, eindrehen.

Stecker für Stromanschluß in einer Marina *(plug and socket in marinas)* Siehe →*elektrischer Marina-Anschluß.*

Steckmast, der *(stepped mast)* Ein durch das →*Mastloch* des →*Decks* geführter und mit seinem Fuß in einer →*Mastspur* auf dem →*Kiel* stehender Mast, im Gegensatz zu einem →*Klappmast.*

Steckschwert, das *(daggerboard)* Ein →*Schwert,* das im Gegensatz zum →*Senkschwert* nur lotrecht bewegt und in seiner untersten Stellung durch den auf dem →*Schwertkasten* aufliegenden Handgriff an seiner oberen Kante gehalten wird. Die Reibung einer Gummileine an seiner Achterkante genügt, um es auf beliebiger Tiefe festzuklemmen. Kleine →*Jollen* und Jüngstenboote bevorzugen ein S., weil es wenig Platz wegnimmt. Sein Nachteil: Wenn es in flachem Wasser auf Grund stößt, schwenkt es sich nicht selbsttätig in den Schwertkasten zurück, sondern verklemmt.

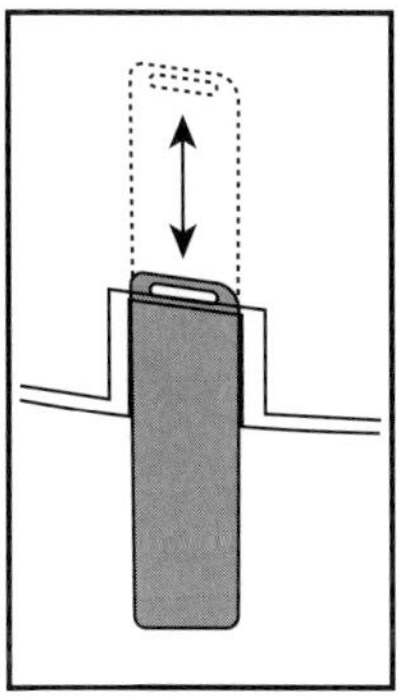

Steert, der *(tail)* Kurzes →*Ende* aus →*Fasertauwerk,* das für einen bestimmten Zweck an Bord befestigt ist, z. B. an einem →*Steertblock.*

Steertblock, der *(block with a tail, becket block)* Ein →*Block* mit einem kurzen Tauende, um ihn z. B. in einer →*Talje* zum Anschäkeln der →*festen Part* zu benutzen oder ihn bei Verwendung als (einzelner) →*Leitblock* in unveränderter Position halten und damit gegen Klappern sichern zu können. Bei einem modernen S. ist der →*Steert* an einem Bügel (→*Hundsfott,* Abb.) befestigt und nicht um das Gehäuse herum gespleißt.

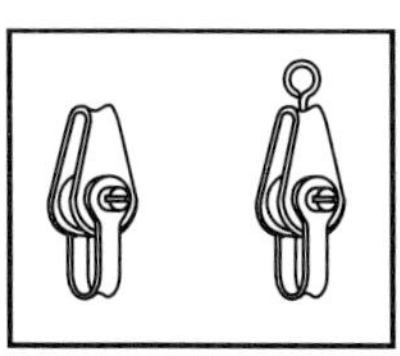

Steertspleiß, der *(tail splice)* Auch „Amerikanischer Spleiß" genannte Verbindung von →*Drahttauwerk* mit →*Fasertauwerk,* z. B. bei einem →*Fall,* das über die →*Fallscheibe* läuft und im Mastinneren aus Drahttauwerk, über die weitere Länge der Handhabung aber →*handig* aus →*Fasertauwerk* besteht. Ein S. ist schwierig zu fertigen, weil er die Faserleine an der Verbindungsstelle nicht verdicken darf.

Steg, der 1. *(jetty)*: Kurzform für Anlegesteg (→*Anleger),* Anlegebrücke (→*Brücke)* und ähnliche Liegeplätze in einem Yachthafen oder einer →*Marina.* – 2. *(gangway)*: Kurzform im Sinne von →*Laufsteg,* Laufplanke oder einer ähnlichen Verbindung vom Boot zum Land. – 3. *(cable stud)*: Mittelverbindung eines Kettengliedes an einer →*Ankerkette,* die entweder als Stegkette oder als steglose Kette gefertigt sein kann. 4. *(bustle)*: Die profilierte, oft in das →*Unterwasserschiff* integrierte Verbindung zwischen dem gebauten →*Kiel* und der →*Ruderleitflosse* oder „Skeg" mit der Aufgabe, den widerstandsfreien Wasserablauf unter dem →*Achterschiff* eines schnellen Seekreuzers zu verbessern, auch hier mehr →*Auftrieb* zu geben und dem Einsinken des Achterschiffes beim Anheben des Vorschiffes im →*Seegang* eine Gegenwirkung zu bieten (Abb.). Dieser S. wird im →*Yachtbau* auch als (profilierte) Verdrängerhacke, als →*Eselsrücken* oder als →*Bürzel* bezeichnet.

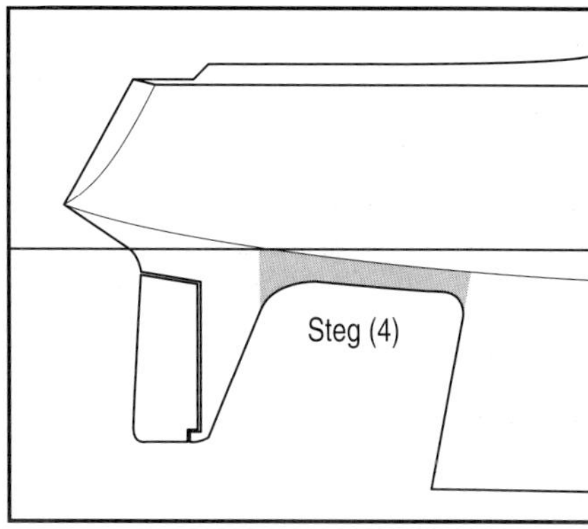

stehendes Gut, das *(standing rigging)* Das →*Drahttauwerk* und die →*Profilstagen* (aus massiven Stangen), die zur →*Takelage* gehören, nicht zum Bedienen der →*Segel* benutzt werden und bei allen →*Manövern* (im Gegensatz zum →*laufenden Gut)* stehen bleiben. Zum s. G. gehören →*Wanten,* →*Stagen,* →*Pardunen* u. a. Als Material bevorzugt man auf →*Yachten* Drahtseile mit der Konstruktion 1 x 19.

stehende Part, die *(standing part)* Bei einer →*Talje* o. ä. und bei einem →*Knoten* die →*feste Part* im Gegensatz zur →*holenden* oder →*losen Part.*

stehende Peilung, die *(collision bearing, constant bearing)* Wenn 2 Boote mit gleichem →*Kurs* und gleicher →*Fahrt* laufen, dann steht die Peilung. Führen beide Kurse zueinander, wenn die →*Peilung* steht, dann liegen die Boote auf →*Kollisionskurs,* und die →*Ausweichregeln* treten in Kraft.

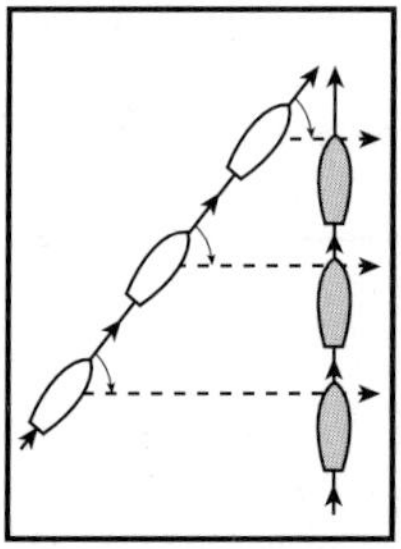

Stehhöhe, die *(headroom, ceiling height, headroom height)* Eine Angabe der →*Einrichtung,* z. B. der →*Kajüte.* Der Begriff wird uneinheitlich benutzt und meistens nicht nur als S. für „kleine Leute" (mit z. B. 1,70 m), sondern auch nur über einen begrenzten Bereich unter →*Deck* in der Nähe des →*Kajütluks* oder des →*Niedergangs* verstanden.

steif *(1. rigid, inflexible – 2. taut, taught, 3. – 5. stiff)* 1. Auf den Zustand von →*Tauwerk* bezogen = starr, nicht biegsam, das Gegenteil zu →*lehnig.* – 2. Auf den Zustand einer Tauwerksspannung angewandt = straff, stramm, im Gegensatz zu →*lose.* – 3. Auf den Zustand des →*Windes* bezogen die Kennzeichnung von →*Beaufort* 7 als →*steifer Wind,* im englischen Sprachgebrauch schon der Beginn der →*Sturmstärken.* – 4. Sinngemäß der „steife Grog", den man bei solchem Wetter trinkt, wenn man „s. vor Kälte" ist. – 5. In bezug auf die →*Anfangsstabilität* ein Boot, das sich sehr spät neigt und sehr viel Windkraft zum →*Krängen* benötigt, im Gegensatz zu →*rank.*

steifer Wind, der *(near gale)* →*Windstärke* 7 nach der →*Beaufort-Skala* mit Windgeschwindigkeiten von 28–33 →*Knoten* und einem →*Staudruck* von 17 daN/m². Bei s. W. wird →*Starkwindwarnung* gegeben.

steifholen, steifsetzen *(to sweat up)* Mit aller Kraftanstrengung, gegebenenfalls durch →*Ein-*

steifsetzen

fallen, eine Leine (z. B. ein →*Fall* oder eine →*Schot)* so weit wie möglich →*dichtholen* und sicher →*belegen.*

Steifigkeit, die; Steifheit, die *(stability, stiffness)* Im Sinne von →*steif* und auf das →*Boot* bezogen die Bewertung der →*Querstabilität,* auch im Sinne des →*Trägheitsmomentes.* Bei der Berechnung der →*Takelage* das Verhältnis von Belastung zur Längenänderung, wie es bei Steifigkeitsverfahren zur Riggberechnung ermittelt wird. Im →*Bootsbau* und insbesondere beim Aufbau einer →*Außenhaut* das Produkt aus Elastizitätsmodul und Trägheitsmoment ($S = E \cdot J$). Wenn es an der S. mangelt, müssen zusätzlich „Steifen" = „Versteifungen" an- und eingebaut werden.

Steigung, die (veränderliche) *([variable] pitch of a propeller)* Auf den →*Propeller* bezogen die verstellbare S., siehe →*Propellersteigung* und →*Verstellpropeller.*

Steilgaffel, die *(sliding gunter)* Eine →*Gaffel,* die weitgehend senkrecht gefahren wird, so daß sie den →*Mast* über den →*Topp* hinaus wie eine gleitende →*Stenge* beträchtlich verlängert. Besonders für →*Trailerboote* beliebt, weil ein praktisch wie ein →*Hochsegel*

geschnittenes →*Steilgaffelsegel* an einem relativ kurzen Mast gefahren werden kann. Eine nicht so extrem große S. benutzt auch die →*Huari-Takelung.*

Steilgaffelsegel, das *(gunter sail)* Ein →*Gaffelsegel,* das zwar 4 Kanten hat, aber durch die →*Steilgaffel* so geschnitten ist, daß der Winkel zwischen →*Mast* und →*Gaffelliek* am →*Klauohr* extrem stumpf ist und fast 180° beträgt, so daß sich ein solches →*Gunter-Segel* weder in seinem Aussehen noch in seiner aerodynamischen Wirksamkeit kaum von einem →*Hochsegel* unterscheidet.

Steilküste, Felsen *(steep coast, cliffs)* Zeichen aus →*Karte 1* im Anhang.

Stek, der *(bend, hitch, knot)* Eine Bezeichnung für seemännische →*Knoten,* bei denen die →*Tampen* durch →*Augen* oder →*Buchten* zu „stecken" sind. Zum Verbinden von Enden benutzt man z. B. →*Schotstek,* →*Stopperstek,* zum Festmachen →*Webeleinenstek,* →*Roringstek* und →*Palstek,* zum →*Anstecken* von →*Enden* →*Pützenstek* u. a.

Stell, das *(1. suit of sails – 2. set of flags)* Sinngemäß wie ein „Satz" eine Anzahl Teile, die zu einem (in der Zahl genau bekannten) mehrteiligen Gegenstand gehören: Zu einem S. Segel gehört die gesamte →*Amwindbesegelung,* zu einem S. →*Signalflaggen* gehören alle →*Buchstabenflaggen* des Flaggenalphabetes einschließlich →*Antwortwimpel,* →*Zahlenwimpel* und →*Hilfsstander.*

Stelling, die *(1. flake, [stage] 2. gangway, brow)* 1. Breites Brett, das an jeder Endseite mit 2 starken →*Enden* versehen ist und als kleine Außenbord-Stellage dient, wenn Arbeiten an der →*Außenhaut* vorgenommen werden müssen. – 2. Eine S. kann auch als Laufsteg zwischen Boot und →*Pier* am →*Liegeplatz* benutzt werden. Die Enden werden dann an →*Relingsstützen* o. ä. belegt, damit man die S. bei möglichen →*Bootsbewegungen* nicht verliert.

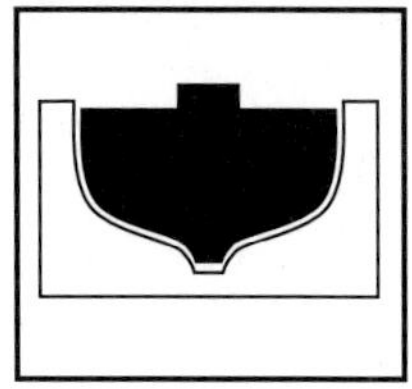

Stempel, der *(press)* Neuere Bezeichnung für eine →*Patrize,* den erhabenen Teil eines Preßwerkzeuges oder Spritzgießwerkteiles, der zusammen mit der →*Matrize* oder dem →*Gesenk* die Hohlform bildet.

Stenge, die *(top mast, upper mast)* Bei einem →*Rahsegler* oder einem →*Segelschiff* die Verlängerung des Untermastes. Ursprünglich mußte man mehrteilige Masten aus Gründen der (gewachsenen) Holzlängen fahren, später behielt man die Unterteilung in →*Pfahlmast* und Stenge(n) mit Rücksicht auf das →*Rigg* und das →*Aufriggen* bei. Auf der →*Saling* des Untermastes beginnt die →*Marsstenge.*

Steppmatte, die Mechanisch gebundene →*Glasseidenmatte,* die als Standardmatte beim →*Handauflegeverfahren* und als Verbindung zum →*Kernmaterial* in der →*Deckschicht* der →*Verbundbauweise* beim →*GFK-Bootsbau* zum Einsatz kommt.

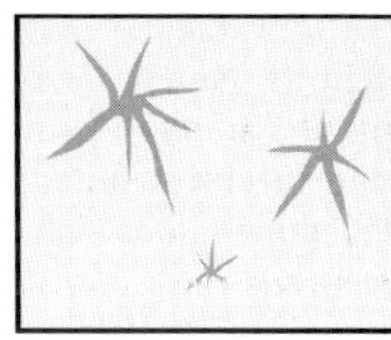

Sternbruch, der *(star[-like] crack)* Von einem gemeinsamen Mittelpunkt sternförmig in die umliegenden Bereiche verlaufende →*Haarrisse* in einem Bauteil aus →*GFK.* Ein S. ist Kennzeichen schlechter Verarbeitung und schwerer Verarbeitungsfehler. Ursache: Luftblasen waren in das →*Laminat* eingeschlossen, die nach →*Blasenbildung* bei Temperaturschwankungen aufgebrochen sind.

Sternbuchse, die *(stern-tube gland)* Die →*Stopfbuchse,* die als hinteres Lager der →*Wellenanlage* dient, aus der die →*Schwanzwelle* nach außen führt. Sie wird auch als →*Stevenrohrbuchse* bezeichnet, wenn sie mit dem →*Achtersteven* und dem Rumpf selbst verbunden ist (Abb. A), aber immer S. genannt (B), wenn sie außerhalb liegt, z. B. an einem →*Wellenbock.*

Sternfinder, der *(star finder and identifier, star globe)* In der Form von verstellbaren Suchscheiben gefertigte Sternkarten (für unterschiedliche →*geographische Breiten),* mit denen man in der →*astronomischen Navigation* die ungefähre Lage eines Gestirns besser erkennen und seine →*Höhe* bzw. sein →*Azimut* vor dem Messen mit dem

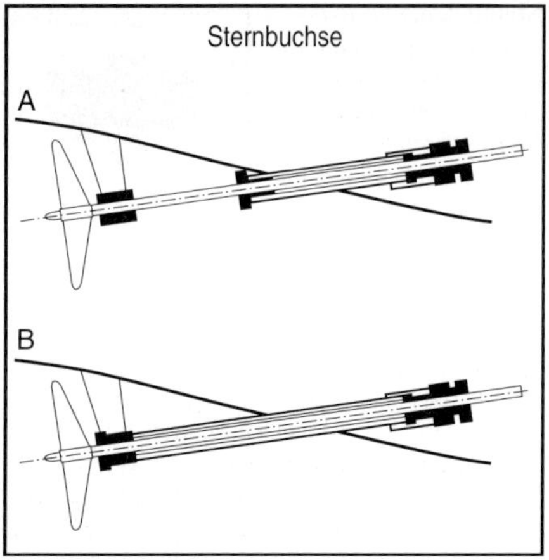

→*Sextanten* grob vorausbestimmen kann. Ältere S. ähnelten einem Globus.

Sternschnitt, der *(star cut)* Bezeichnung für den aus unterschiedlichen Tuchgewichten und Tuchqualitäten gefertigten →*Spinnaker* für den →*Halbwindkurs,* auch →*Flachmann* genannt. Beim S. laufen die Bahnen von →*Kopf,* →*Hals* und →*Schothorn* gemäß ihrer Belastung in Richtung auf die geometrische Mitte, verbreitern sich dabei und bilden sich zu dem typischen Sternzeichen aus. So kann der großflächige →*Star-Cut* wie eine →*Genua* flach →*getrimmt* und →*geschotet* werden.

Sternsignal, das *(Very light signal)* Eine →*Leuchtkugel,* die mit einer →*Leuchtpatrone* aus einer →*Signalpistole* hoch in den Himmel geschossen wurde, um in einer der →*Signalfarben* ein →*Signal* zu geben.

Sternsignalpatrone, die *(Very light cartridge)* Siehe →*Signalpatrone* und →*Leuchtpatrone.* Eine S. gilt beim Versand als „Gefahrengut", für dessen Transport es gesetzliche Auflagen gibt.

Sternsignalpistole, die *(signal pistol)* Siehe →*Signalpistole.*

Sternwinkel, der *(siderial hour angle)* In der →*astronomischen Navigation* der Winkel am oberen →*Himmelspol* zwischen dem →*Stundenkreis* durch den →*Frühlingspunkt* und dem Stundenkreis durch ein →*Gestirn.* Er wird vom Stundenkreis durch den Frühlingspunkt von 000° bis 360° im Sinne der →*scheinbaren Drehung* der →*Himmelskugel* (nach →*Westen*) gezählt.

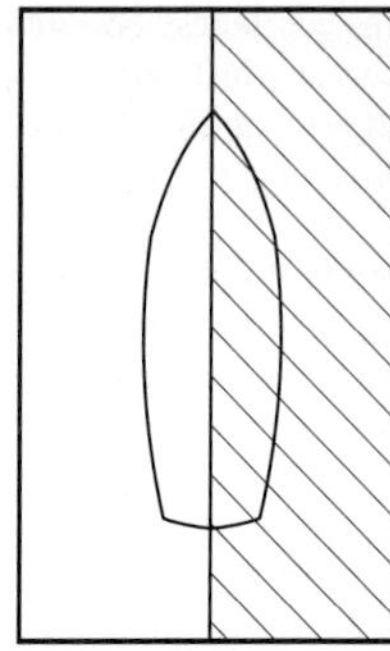

Steuerbord, das (der) *(starboard)* Rechts an Bord und rechts außerhalb vom →*Boot,* von →*achtern* nach vorn gesehen. Die Bezeichnung stammt aus der Zeit, als das →*Ruder* zum →*Steuern* noch seitlich, am oberen →*Bord,* dem S. befestigt war, während die andere Seite, der der Steuermann den Rücken zudrehte, →*Backbord* genannt wurde. Auch Zusatzbezeichnung für Ausrüstungsteile, die sich auf der rechten Hälfte der Mittellängsebene befinden, z. B. S.-Anker, S.-Koje, →*S.-Laterne,* S.-Want u. a.

Steuerbord achteraus *([on the] starboard quarter)* Ungefähre (oder in →*Graden* oder →*Strichen* angegebene genauere) Richtungsangabe für ein →*Objekt,* das sich in einem Sektor bis ca. 45°, vom →*Heck* nach →*Steuerbord* gerechnet, auf dem Wasser oder an Land in →*Sicht* befindet. Sinngemäß ist S. a. eine grobe →*Seitenpeilung.*

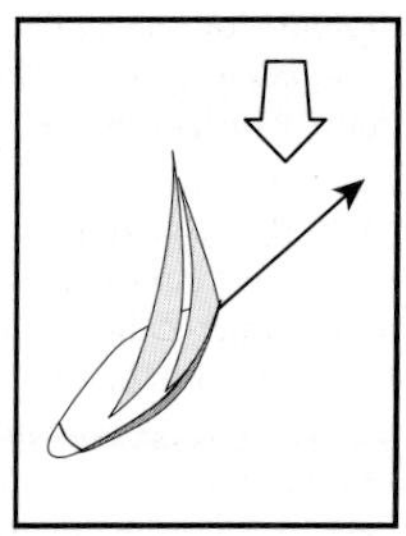

Steuerbordbug, der *(port tack)* Ein →*Boot* segelt über S., wenn die →*Segel* über der →*Steuerbordseite* stehen und mit →*Steuerbordschoten* geführt werden. Der →*Bordwind* fällt dann von der entgegengesetzten →*Backbordseite* ein, der →*Hals* der Segel liegt in Richtung →*Backbord.* Der Bezeichnung S. entspricht auch →*Backbordhalsen.* Der Begriff S. ist im Text der jetzt gültigen →*KVR* (Regel 12) und der →*WR* (Regel 10) durch die Bezeichnung →*Wind von Backbord* ersetzt worden.

Steuerbord-Fahrwasserseite, die *(starboard side of a fairway, ... of a channel)* Die für von →*See* aus einlaufende Fahrzeuge an →*Steuerbord* liegende Seite eines Fahrwassers (die auslaufend an →*Backbord* liegt). Verbindet ein →*Fahrwasser* 2 von See kommende Fahrstraßen, 2→*Seegebiete* oder durch Untiefen getrennte Wasserflächen, so ist die S.-F.- diejenige, die aus →*westlicher Richtung* (einschließlich →*Nord,* aber ausschließlich →*Süd)* kommende und mit →*östlichen Kursen* laufende Fahrzeuge an →*Steuerbord* haben.

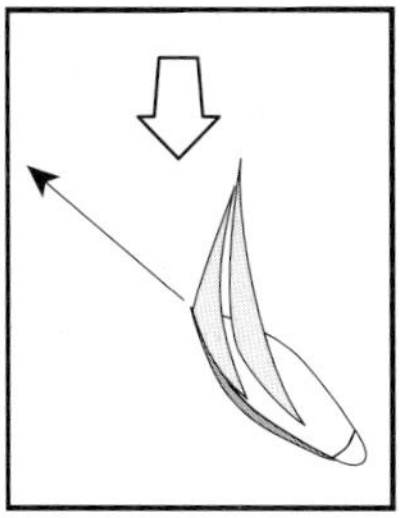

Steuerbordhalsen, die *(starboard tack)* Nur auf einem →*Rahsegler* anwendbare Bezeichnung der →*Segelstellung,* bei der der →*Hals* (oder die Halsen) der →*Rahsegel* an der jeweiligen →*Luvseite* geführt wurde, während die →*Schoten* auf der →*Leeseite* lagen. Der Begriff S. entspricht auf einer →*Yacht* also →*Backbordbug* oder →*Backbordschoten.* Der Begriff S. kehrte in die aktuelle Benennung der Segelstellung durch die sinngemäße Bezeichnung →*Wind von Steuerbord* zurück, wie sie jetzt im Text der →*KVR* (Regel 12) und der →*WR* (Regel 10) benutzt wird.

Steuerbordlaterne, die *(starboard lamp)* Die an →*Steuerbord* gefahrene Seiten- oder →*Positionslaterne,* deren →*Schein* von →*recht voraus* nach →*Steuerbord* bis zu 22,5° (2 →*Strich)* →*achterlicher* als →*querab* reicht.

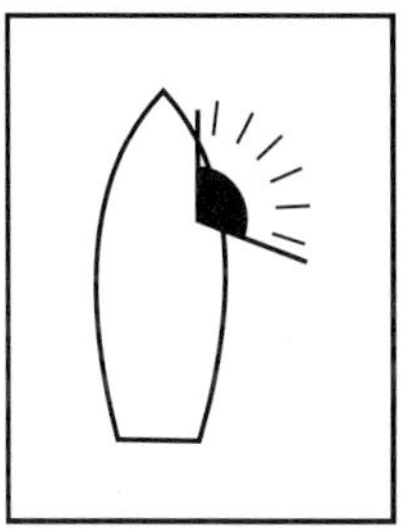

Steuerbordlicht, das *(starboard light)* Der mit der →*Steuerbordlaterne* gezeigte →*Lichtschein* mit grüner Farbe, einem →*Leuchtwinkel* von 112,5° und vorgeschriebener →*Sichtweite.*

Steuerbordschoten, die *(port tack)* Ein →*Boot* segelt mit S., wenn es auf →*Steuerbordbug* liegt, seine Segel über der →*Steuerbordseite* führt und die →*Schoten* nach →*Steuerbord* gerichtet sind. Segeln 2 Boote auf entgegengesetztem →*Bug,* dann muß sich das Boot mit S. freihalten, d. h. →*ausweichen.*

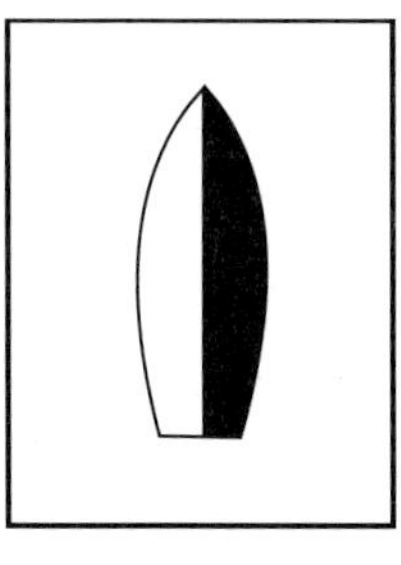

Steuerbordseite, die *(starboard side)* In Fahrtrichtung gesehen die rechte Bootsseite, die gegenüberliegende heißt →*Backbordseite.*

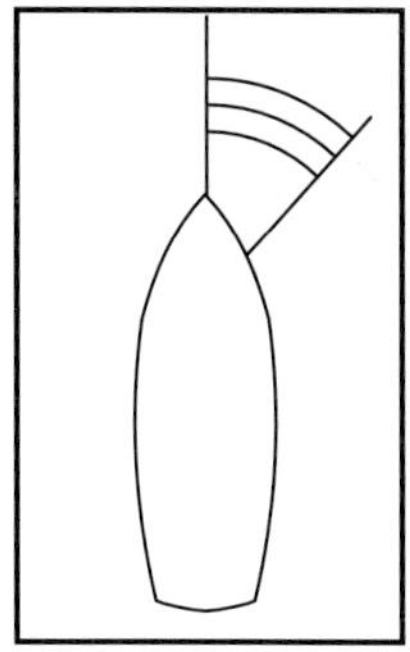

Steuerbord voraus *([on the] starboard bow)* Ungefähre (oder in →*Graden* oder →*Strichen* angegebene genauere) Richtungsangabe für ein Objekt, das sich in einem Sektor bis ca. 45°, vom →*Bug* nach →*Steuerbord* gerechnet, auf dem Wasser, an Land oder am →*Horizont* befindet. Sinngemäß ist S. v. eine grobe →*Seitenpeilung.*

Steuerkompaß, der *(steering compass)* In Sichtweite des →*Rudergängers* aufgestellter Kompaß, der oft auf einer →*Kompaßsäule,* →*Kompaßducht* oder Kompaßbank steht, entweder fest eingebaut ist oder im Hafen seinen ständigen (gleichen) Platz auf einem →*Kompaßrack* erhält. Der S. kann sowohl ein →*Flachglas-* als auch ein →*Kugelkompaß* sein.

Steuerkurs, der *(steered course, heading)* Der am →*Magnetkompaß* oder →*Steuerkompaß* anliegende →*Kurs,* der durch →*Kursverwandlung* (Kursberichtigung) in einen →*mißweisenden* und →*rechtweisenden Kurs* bzw. umgekehrt verwandelt werden kann.

steuerlastig *(down by the stern, trimmed by the stern)* Ein Boot ist s., wenn es nicht auf oder parallel zu seiner →*Konstruktionswasserlinie* schwimmt, sondern →*achtern,* im Bereich des →*Ruders* oder →*Steuerstandes,* tiefer eintaucht, d. h. →*achterlastig* oder →*hecklastig* getrimmt ist.

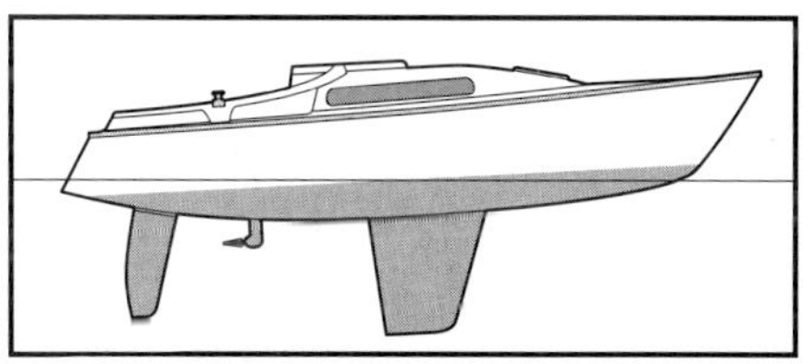

Steuerlinse, die *(magnifying lens)* Mit einem Dreibein und Gummifüßen bzw. Saugnäpfen auf einen Flachglaskompaß gesetzte oder festgeschraubte verstellbare Linse, mit der der um den →*Steuerstrich* liegende Teil der →*Kompaßrose* ca. dreifach vergrößert wird, um dem →*Rudergänger* das Kurshalten zu erleichtern. Waagerecht auf dem Kompaßglas aufliegend und fest mit ihm verbunden wird die S. auch →*Kurslupe* genannt.

Steuermann, der *(1. mate – 2. helmsman)* 1. In der Berufs- und Segelschiffahrt der wachhabende →*nautische Schiffsoffizier,* der in seiner →*Wache* die Verantwortung für das Fahrzeug trägt und dem →*Rudergänger* die Kommandos für →*Kurs* und →*Manöver* gibt. Das Wort S. sagt aus, daß der betreffende →*Seemann* die →*Navigation* gelernt hat. Der Erste S. war nach dem →*Kapitän* der höchstrangige Offizier an Bord und dessen Stellvertreter. – 2. Auf größeren →*Yachten* heute sinngemäß der Wachführer mit einem →*Führerschein.* Auf →*Jollen* sind →*Rudergänger* und Steuermann identisch. Das besagt gleichzeitig, daß die nautische und juristische Verantwortung bei demjenigen Besatzungsmitglied liegt, das das →*Ruder* führt.

Steuermoment, das *(rudder moment)* Je größer das S., desto besser ist die →*Wendigkeit* oder

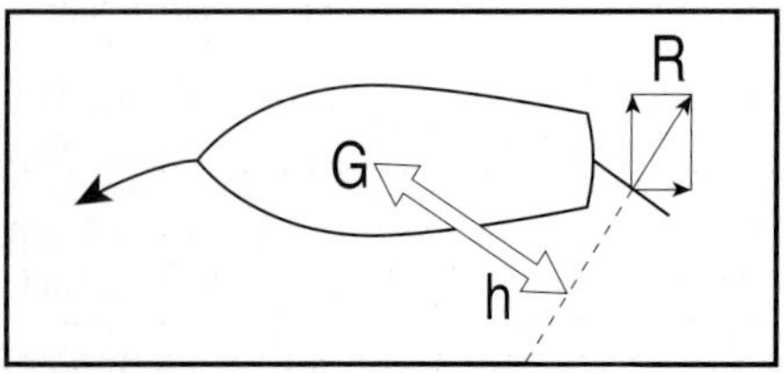

→*Drehfähigkeit* eines Bootes. Das S., das auch oft (nicht ganz korrekt) als →*Rudermoment* bezeichnet wird, ergibt sich aus der Ruderkraft „R" (Abb.) und dem Hebel „h" als Lot vom Drehpunkt des Bootes „G" auf die Richtung der Kraft „R". Bei einem →*Flossenkieler* mit seinem Ruder an der →*Kielflosse* ist der Hebelarm kurz; das Ruderblatt muß also großflächig sein, um das gleiche S. wie bei einer →*Jolle* oder einem →*Seekreuzer* mit →*Schweberuder* unter dem →*Heck* zu erreichen, bei denen der Hebelarm lang ist und das Ruderblatt eine entsprechend kleine Fläche haben kann. Das S. ist am größten bei einem kleinen →*Ruderwinkel (→Ruderanstellwinkel)* und am geringsten bei einer →*Hartruderlage* von 90°, die sich dadurch von selbst verbietet.

steuern *(to navigate, to steer, to pilot)* Die Richtung bestimmen, festlegen, herbeiführen, um mit einem Boot einen gewünschten →*Kurs* zu segeln oder ein gewähltes Fahrtziel zu erreichen. Dafür ist der →*Steuermann* verantwortlich, dazu dient ein →*Steuerrad,* gegebenenfalls eine →*Selbststeueranlage,* ein →*Steuerstand,* →*Steuerkompaß* u. v. a. m. Die Einrichtung, um einen bestimmten Kurs s. zu können, ist jedoch die →*Ruderanlage,* die der →*Rudergänger* z. B. mit der →*Ruderpinne* betätigt. Sie war im Altertum am →*Bord* der →*Steuerbordseite* befestigt. Kleinboote können notfalls auch nur mit dem →*Riemen* oder →*Stechpaddel,* große Boote im Falle einer →*Havarie* mit einem →*Notruder* steuern.

Steuerrad, das *(steering wheel)* Handrad im →*Steuerstand* oder an einer →*Steuersäule,* mit dem das →*Ruder* bei einer →*Radsteuerung* bedient wird.

Steuersäule, die *(steering pedestal)* Bei einer →*Radsteuerung* die Halterung für das →*Steuerrad,* die säulenförmig mitten in der Plicht steht und oben den →*Steuerkompaß* trägt.

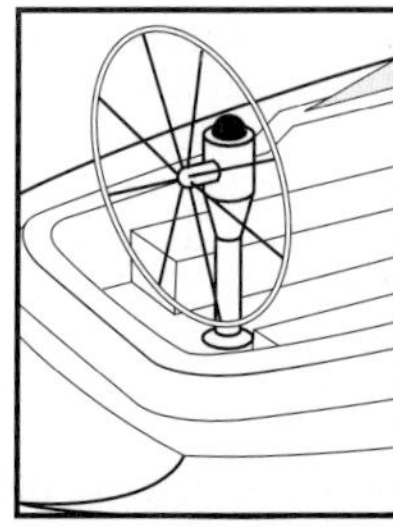

Steuerseile, die *(steering ropes, wheel steering cables)* Bei einer →*Radsteuerung* die (meistens)

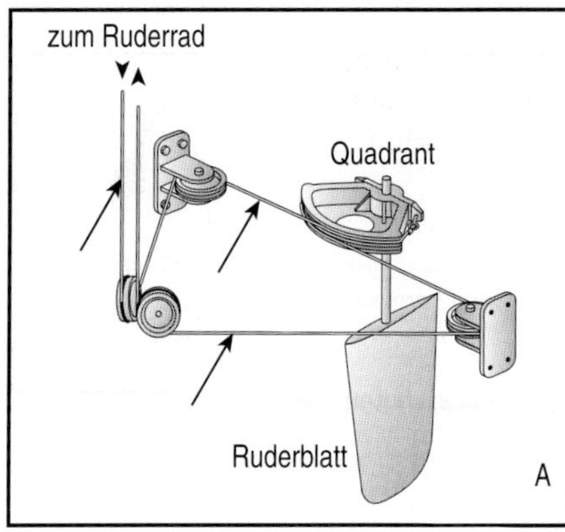

von der Steuerradtrommel durch die →*Steuersäule* bis zum →*Ruderschaft* und über einen →*Ruderquadranten* laufenden Drahtseile, mit denen das →*Ruderblatt* bewegt wird (Abb. A). Moderne Ruderanlagen benutzen zur Kraftübertragung einen →*Bowdenzug* (B) oder stabile Schubstangen (C).

Steuerstand, der *(steering position)* Der Platz, wo das →*Steuerrad* oder die →*Ruderpinne* bedient wird und der →*Rudergänger* arbeitet. Von einem S. spricht man im allgemeinen nur bei →*Radsteuerung* oder wenn der S. überdacht ist, sich in einem Steuerhaus oder (als zweiter S.) in der →*Kajüte* befindet.

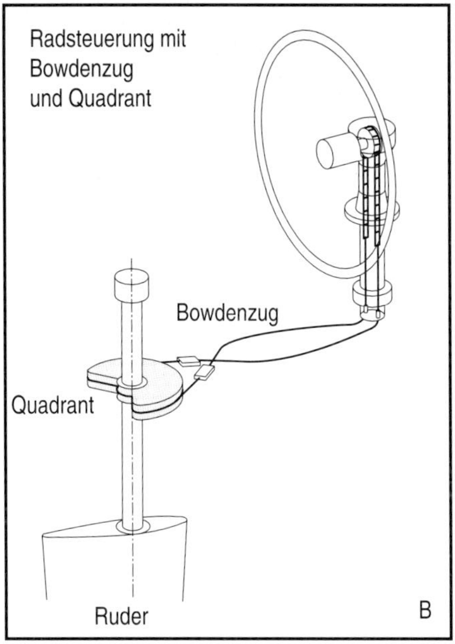

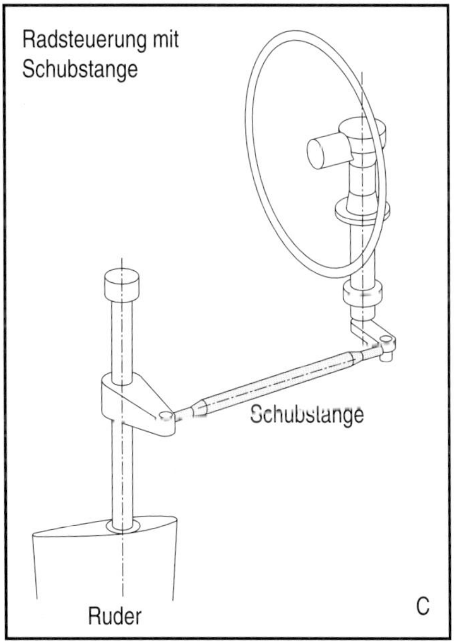

Steuerstrich, der *(lubber's line, lubber's mark, lubber's point)* Die feste, →*mittschiffs* am Kompaßkessel des →*Steuerkompasses* angebrachte Ablesemarke, an der man den →*Steuerkurs* erkennt.

Steuertafel, die *(steering table, deviation table)* Eine Zahlentafel, in die man mit dem →*mißweisenden Kurs* eingeht, um die entsprechende →*Magnetkompaßablenkung* (→*Deviation* = δ) zur Ermittlung des →*Magnetkompaßkurses* zu erhalten. Umgekehrt kann man auch mit dem gesteuerten Kurs eingehen und erhält dann die Deviation für die Umrechnung in einen mißweisenden Kurs. Die Werte für die S. entnimmt man der →*Deviationstabelle* oder der →*Deviationskurve.*

Kompaßkurs	δ	Kompaßkurs	δ
°	°	°	°
0	- 4	180	+ 2
10	- 3,5	190	+ 3,5
20	- 3	200	+ 5
30	- 1,5	210	+ 6,5
40	- 0,5	220	+ 8
50	0	230	+ 9
60	- 0,5	240	+ 10
70	- 1	250	+ 9
80	- 2	260	+ 7,5
90	- 3	270	+ 5,5
100	- 4	280	+ 3,5
110	- 5	290	+ 2
120	- 6	300	+ 1
130	- 7	310	0
140	- 7	320	- 1
150	- 5	330	- 2
160	- 3	340	- 3
170	0	350	- 3,5
180	+ 2	360	- 4

Beispiel einer Steuertafel

Steven, der *(1. [stern] post; 2. stern [post]; cutwater)* Der vordere und hintere Abschnitt des Bootskörpers bzw. derjenige Bauteil, der (am →*Heck)* den →*Kiel* mit dem →*Spiegel* verbindet. →*Vorsteven* (Abb.) und →*Achtersteven* sind im Bootsbau aus →*GFK* keine Einzelbauteile wie im Holzbootsbau, sondern integrierte Bestandteile des →*Rumpfes* mit entsprechend verstärkten →*Laminaten.*

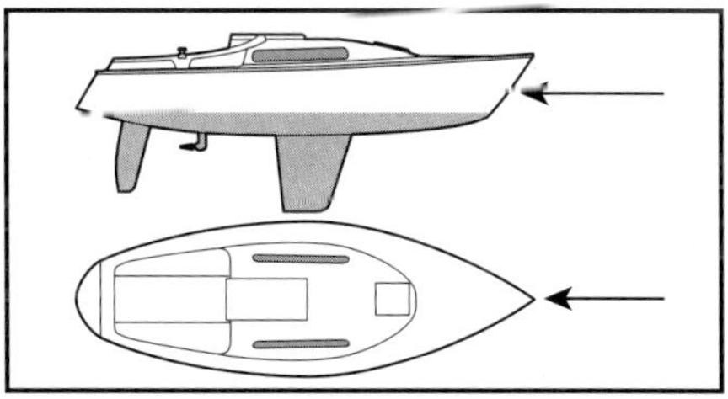

Stevenanlauf, der *(forefoot)* Der unter Wasser befindliche Übergangsteil vom Vorsteven zum

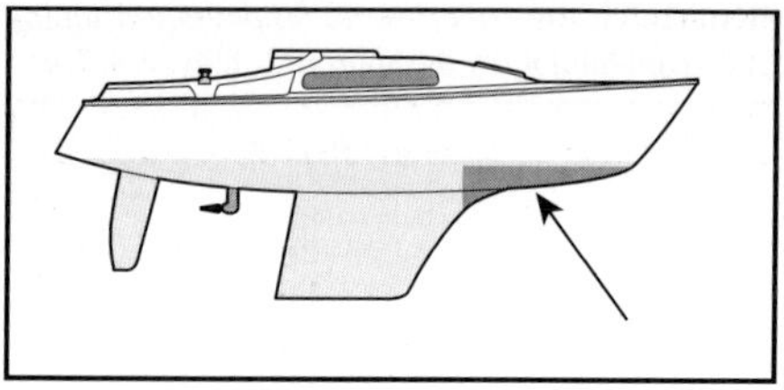

Kiel, auch →*Vorfuß* genannt (Abb.). Bei Rennyachten „stark auflaufend“, bei schnellen Seekreuzern „steiler“, bei ruhigen Fahrtenbooten „aufgebogener“ S. oder „tiefer“ Vorfuß.

Stevenbeschlag, der *(dovetail plate)* Früher die Stahlschiene, die den →*Vorsteven* (aus →*Massivholz)* vom →*Deck* bis zum →*Kiel* gegen Beschädigungen durch Reibholz o. ä. schützte. Heute im allgemeinen nur der Bugbeschlag auf dem →*Steven,* an dem →*Vorstag,* →*Fockstag* u. a. mit ihren →*Wantenspannern* verankert sind und auf dem eine Stevenrolle zur Führung von →*Ankertrosse* o. ä. gehaltert ist.

Stevenrohr, das *(stern tube, shaft tube)* Auch „Sternbuchse“ genannte Durchbrechung des

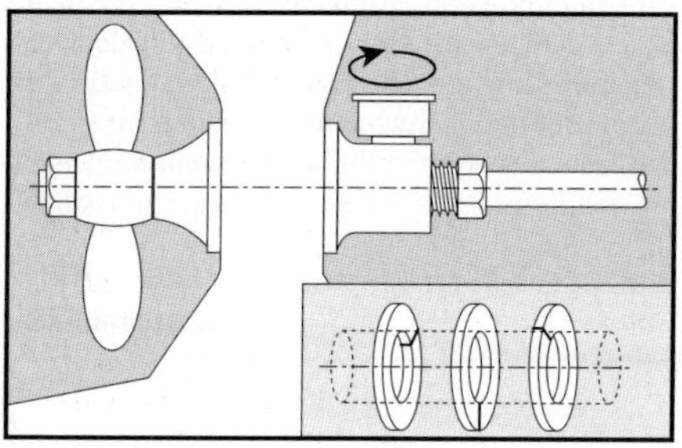

→*Achterstevens* oder Schraubenstevens für die →*Propellerwelle.* Das S. enthält die Lager der →*Schwanzwelle* und umschließt diese wasserdicht. Das S. wird als →*Stopfbuchse* gegen Wassereintritt abgedichtet (Abb.). Man spricht dann von einer „Stevenrohrbuchse“.

Stevenrohrdichtung, die *(stern tube seal)* Anstelle einer herkömmlichen →*Stopfbuchse,* die verpackt und nachgestellt werden muß, ein mit der →*Schwanzwelle* rotierendes Dichtungsteil aus Neopren und Kunststoff, das wassergeschmiert und verschleißfrei ist.

Stille, die *(1. dead-calm, 2. calmness, calm of the sea)* 1. Kurzform für →*Windstille,* z. B. im →*Seewetterbericht,* d. h. →*Beaufort* 0. – 2. Die damit verbundene →*See* ohne →*Dünung* und →*Windsee.* Beide nautisch auch „Stillte“ und die entsprechenden „Stilltengürtel“ auch →*Kalmen* genannt. Volkstümlich →*Totenflaute.*

Stillwasser, das *(slack water, slack tide)* Im →*Tidengebiet* eine Zeitspanne vor der →*Stromkenterung* mit dem Zustand stromfreien Wassers, auch stehendes Wasser oder →*Stauwasser* genannt. Je stärker der →*Strom* zur Zeit seiner größten Geschwindigkeit setzt, desto kürzer dauert das S. Als Faustregel kann gelten:

Stärkster Strom (in Knoten)	Ungefähre Stillwasserzeit (in Minuten)
1	72
2	36
3	27
4	18
5	16
6	13

Beispiel: Kann der →*Tidenstrom* mit bis zu 4 →*Knoten* setzen, dauert das S. (mit max. 0,5 kn Strom) 18 Minuten. Das S. beginnt 9 Minuten vor →*Tidenhochwasser* bzw. →*Tidenniedrigwasser* und endet 9 Minuten nach Eintritt des höchsten bzw. niedrigsten Wasserstandes.

Stockanker, der *(stock anchor)* Ein →*Anker* herkömmlicher Art, der im Gegensatz zu einem →*Leicht(gewichts)anker* nur das ca. 10fache seines Gewichtes hält, weil sich immer nur eine der beiden →*Flunken* eingraben kann, wenn der mit dem →*Schaft* verbundene Stock auf dem Grund waagerecht liegt. Auf Yachten wird er nur in verbesserter Form als →*Yachtanker* benutzt. Weitere Nachteile: Zum Einsatz muß der beigeklappte Stock erst quergestellt und befestigt werden. Beim →*Ankermanöver* und beim →*Schwojen* kann sich die Trosse daran vertörnen. Auch kann die freie Flunke beim →*Trockenfallen* in →*Tidengewässern* den Bootsrumpf gefährden.

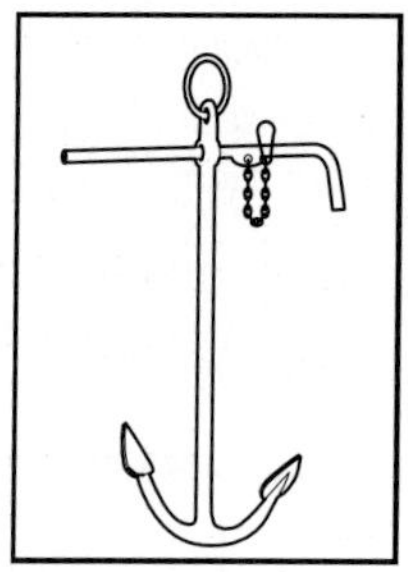

Stokes-Anker, der *(Stokes anchor)* Ein →*Leicht(gewicht)-* und →*Patentanker,* der nach Erfahrungen des →*Danforth-Ankers* entwickelt wurde (Abb.): Die Flunken sind leicht profiliert und haben anstelle des Ankerstocks (quer zum Schaft) eine ausladende, zugespitzte Form erhalten.

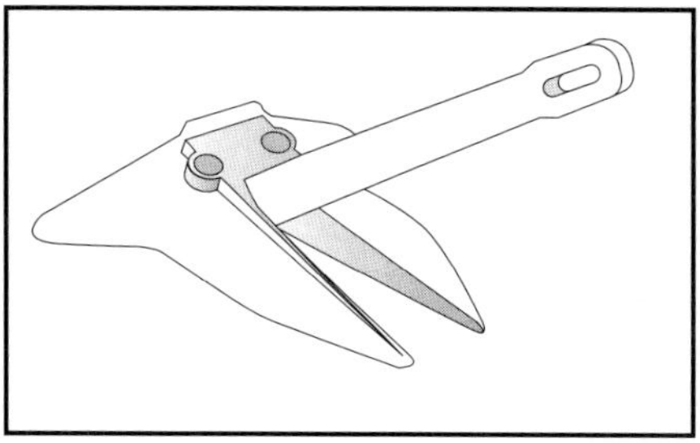

Stockholm Teer, gelber Teer, Holzteer *(Stockholm tar, vegetal tar, yellow tar)* Durch Siedetrennung (Destillation) aus Kiefernstumpen und Kiefernwurzeln gewonnener →*Teer,* der sowohl im Holzschiffbau (als Dichtungsmasse) als auch zur Behandlung von →*Tauwerk* („geteertes Tauwerk") benutzt wurde. S. T. ist praktisch ein Naturharz zur Bootspflege, aus dem früher auch das Kienöl gewonnen wurde. „Kien" war ein breiter Kiefernholzspan, der wegen seines Fettreichtums im Haushalt zum Feueranmachen benutzt wurde.

Stopfbuchse, die *(stuffing box)* Hohlzylinder zum Abdichten von Trennwänden, durch die be-

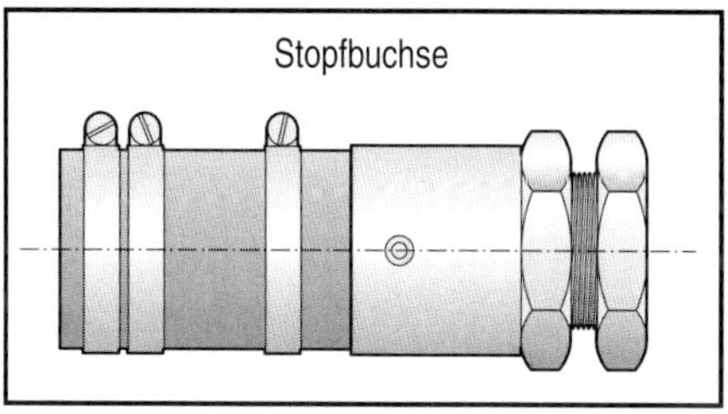

wegte Stangen oder Wellen hindurchgeführt werden müssen. Insbesondere sichert eine S. Durchbrechungen der →*Außenhaut* unter der →*Wasserlinie* (für die →*Propellerwelle* und den →*Ruderschaft)* bzw. dient auch zum Abdichten anderer, unter unterschiedlichem (Über- oder Unter-) Druck stehender Seiten oder Räume, z. B. am Durchtritt der Kolbenstangen durch die Zylinderwand eines Motors. Die S. wird mit Packungen verschiedener Materialien belegt, die sich an die bewegten Teile pressen und im Betrieb nachstellen lassen, wenn die Durchbrechung zu →*lecken* beginnt.

„Stopp!" *(Stop!)* Kommando zum →*Stoppen* einer Bewegung oder einer Tätigkeit, z. B. zum Auskuppeln des Motors (als →*Maschinenkommando).*

stoppen *(to stop, to come about, to throw out of gear)* Unterbrechen sowohl der Tätigkeit eines Menschen wie der Arbeit einer Maschine und Eingriff in die Bewegung eines Bootes durch Ausschalten der Antriebskräfte an Motor und/oder Segeln. Das eigentliche „Bremsen" durch natürliche oder maschinelle Kräfte bis zum völligen Stillstand des Bootes wird als →*Aufstoppen* bezeichnet, die dafür notwendige Distanz als →*Stoppweg.*

Stopper, der *(stopper)* Zum Abstoppen oder Entlasten benutzte Vorrichtung: Kurzes →*Ende,* das

mit →*Stopperstek* um eine →*Trosse* gelegt wird, um das Auslaufen abzustoppen, oder →*Stander* mit →*Teufelsklaue,* die über die →*Ankerkette* gelegt wird, um diese auf Dauer festzuhalten, oder ein →*Kettenstopper,* mit dem man einen →*Poller* freimachen oder ein →*Spill* entlasten kann (Abb.).

Stopperstek, der *(rolling hitch)* Ein →*Stek* zum →*Anstecken* eines dünneren →*Tampens* an einem dickeren, meistens durchgesetzten →*Ende,* das die gleiche Zugrichtung hat, oder an einer →*Spiere,* um diese abzustoppen. Man benutzt einen S., um z. B. eine →*Vorleine* an einer →*Schleppleine* (bei einem aus mehreren Booten bestehenden →*Schleppzug* mit gemeinsamer →*Schlepptrosse*) anzustecken. Die →*Parten* des →*Stoppersteks* bekneifen sich dabei.

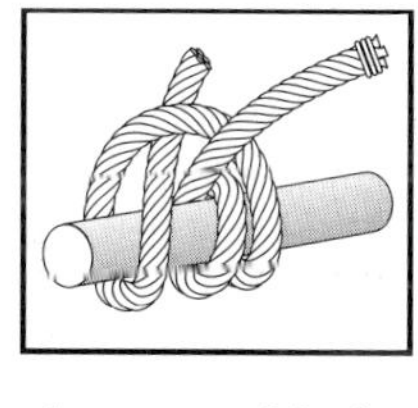

Stoppweg, der; Stoppstrecke, die *(1. stopway; 2. crash stop [way])* 1. Die Wegstrecke, die ein Boot während des →*Aufstoppens* (vom Kommando →*„Stopp"* an die Maschine bis zum Stillstand) noch in der ursprünglichen Fahrtrichtung zurücklegt. Sie gehört zu den Kenntnissen über die →*Manövriereigenschaft* eines Bootes. Der S. hängt von der Masse eines Bootes, seiner Geschwindigkeit beim →*Stoppen* und den Gegenkräften ab: Eine →*Jolle* hat einen kurzen, ein →*Kielboot* einen langen S. Beim →*Aufschießen* in kräftigem Wind ist der S. bei gleicher Ausgangsgeschwindigkeit kürzer als in leichter →*Brise.* – 2. Der S. eines großen →*Schiffes* kann auch bei einem →*Notstopp* (je nach der →*Fahrt)* 2–4 →*Seemeilen* betragen. Diese Tatsache muß beim Segeln in einem →*Fahrwasser* beachtet werden.

Stoppzeit, die *(stopping time)* Die von äußeren Einflüssen wie Wind, Seegang und Strom sowie Größe, Gewicht und Geschwindigkeit des Bootes abhängige Zeit, um den zum →*Aufstoppen* notwendigen →*Stoppweg* zurückzulegen. Unter Motorkraft wirkt sich insbesondere die unterschiedliche Leistung des Hilfsmotors bei Vorwärts- und Rückwärtsgang auf die S. aus.

Störung, die *(disturbance, perturbation)* Allg. Bezeichnung der →*Wetterkunde,* wenn sich eine →*Front* oder ein →*Tief* noch nicht voll ausgebildet haben.

Stoß, der *(butt)* Beim →*Bootsbau* aus →*Massivholz,* →*Sperrholz,* →*Stahl* oder →*Aluminium* die

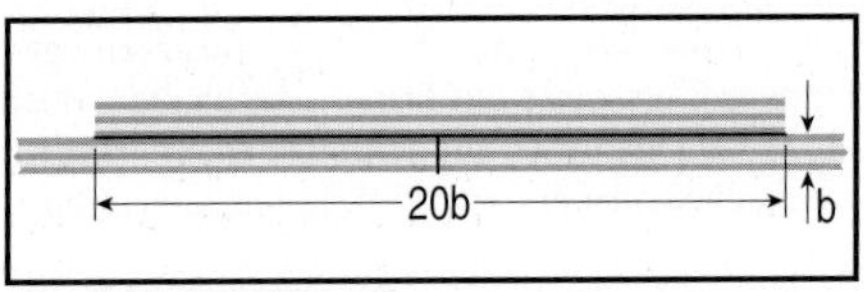

Stellen oder „Landungen", an denen die →*Planken* der Länge nach zusammenstoßen. Bei einem „stumpfen S." werden sie mit Hilfe einer →*Lasche* zusammengesetzt (Abb.), die 20mal so lang wie die Plankendicke sein soll, bei Holz können sie auch durch →*Schäftung* verleimt werden.

Strafe (für eine Regelverletzung), **die** *(penalty for infringement of a rule)* Beim →*Rennsegeln* kann eine →*Yacht* nach einem Verstoß gegen die →*WR* freiwillig eine S. annehmen, indem sie sich unmittelbar nach dem Vorfall von allen anderen →*Rennyachten* freisegelt und zwei vollständige 360°-Drehungen (720°) einschließlich von zwei →*Wenden* und zwei →*Halsen* in derselben Richtung ausführt. Als →*Ersatzstrafe* kann nach einer →*Protestverhandlung* auch eine →*Punktstrafe* (20 %) in Anspruch genommen oder verhängt werden.

Strahlenbrechung, die *(refraction)* Die Richtungsablenkung von Licht- oder Funkwellen,

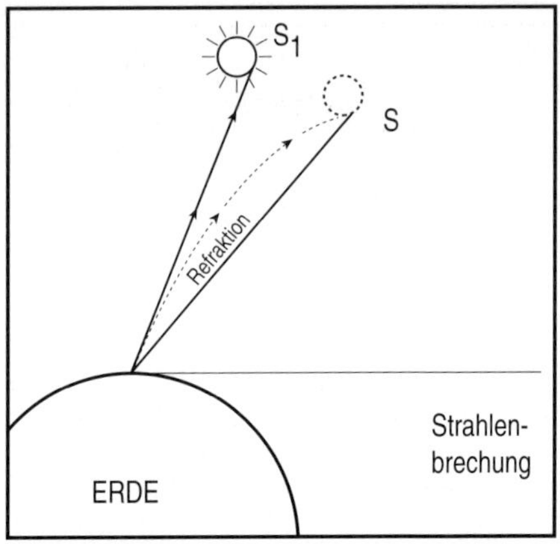

wenn sie Luftschichten unterschiedlicher →*Dichte* durchlaufen. Die astronomische →*Refraktion* ist dabei die Ablenkung, die ein Lichtstrahl beim Durchgang durch die →*Atmosphäre* erfährt (Abb.). Ein Gestirn steht nicht an demjenigen Ort des Himmelsgewölbes, an dem wir es sehen, und muß bei einer Beobachtung mit dem →*Sextanten* um die Refraktion berichtigt werden. Die S. führt im →*Seefunk* zu →*Überreichweiten* und →*Unterreichweiten.*

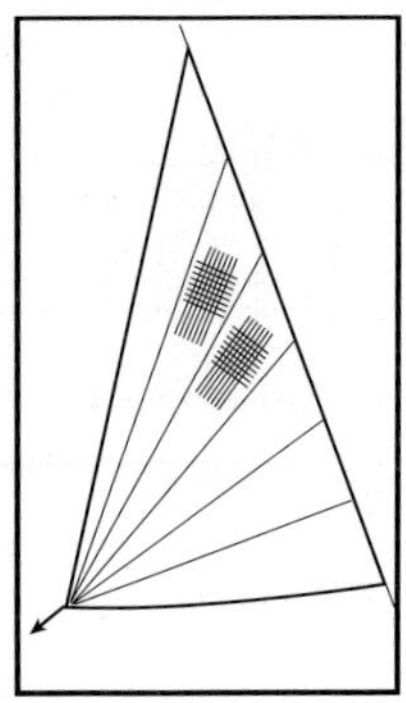

Strahlenschnitt, der *(radial cut)* Ein Segelschnitt, bei dem die Bahnen nicht wie beim →*Diagonal-* oder →*Horizontalschnitt* waagerecht oder senkrecht parallel, sondern strahlenförmig in Richtung auf die →*Baumnock* oder das →*Schothorn* verlaufen. Die Gründe für diesen S. mit sich zum →*Vorliek* verbreiternden Bahnen liegen in der unterschiedlichen Festigkeit von →*Kettfaden* und →*Schußfaden.*

Strahlruder, das *(thrust drive, lateral thrust drive)* Eine Hilfe zum →*Manövrieren,* bei der ein gezielter (Unter-)Wasserstrahl anstelle eines →*Ruderblattes* eingesetzt wird. Ein S. wird auch als →*Querstrahlruder* bezeichnet. Nach dem Einsatzort unterscheidet man →*Bugstrahlruder* (Abb.) und →*Heckstrahlruder,* nach der Bauart Tunnelstrahlruder *(tunnel thruster)*, einziehbare S. (*retracting thruster*) und ausklappbare S. *(swing thruster)*.

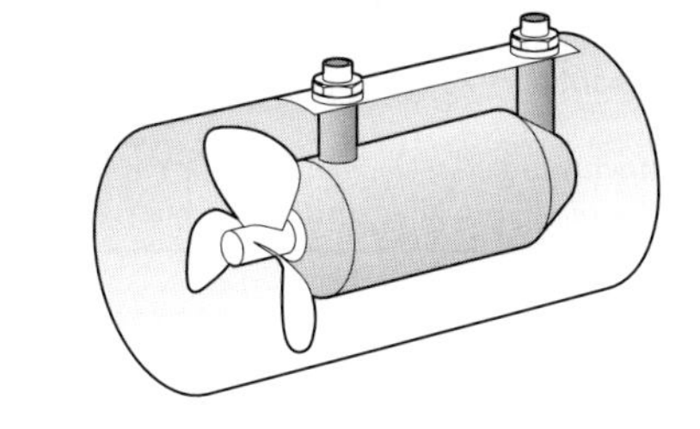

Bugstrahlruder

Strak, der *(strake, sheer)* Der fehlerfreie Kurvenverlauf der (gekrümmten) Schiffslinien, z. B. im →*Sprung,* in der →*Scherlinie* oder in den →*Wasserlinien* eines →*Linienrisses.* Man spricht von einem „guten Strak", wenn die Kurven gleichmäßig verlaufen und richtig →*straken,* in der Vermessung nach →*IOR* von „anerkannten" Straken wie von einem „geraden", „welligen" oder „flachen" S. Zum →*Ausstraken* der Linien arbeitet der Konstrukteur mit →*Strakgewichten* und →*Straklatten.*

straken, (strakende Kurve) *(to fair, to sheer [smooth curve])* Eine Kurve im →*Linienriß* „strakt", wenn ihr Verlauf zwischen möglichen Fehlerpunkten richtig ausgeglichen ist und sich mit der →*Straklatte* der gewünschte optimale Verlauf zeichnen läßt. Das Aufreißen der Linien selbst mit Hilfe der →*Strakgewichte* wird als →*Ausstraken* bezeichnet.

Strakgewicht, das *(sheer iron)* Sinnvoll geformtes gußeisernes Gewicht, das eine →*Straklatte* in der gewünschten Krümmung festhält, bis die Linie richtig →*strakt* und ausgezogen werden kann. Hierzu benötigt man ca. 10 Strakgewichte.

Straklatte, die *(sheer lath)* Flexible Latte, die sich als Kurvenlineal mit Hilfe der →*Strakgewichte* für jeden möglichen →*Strak* krümmen läßt. Je nach dem Grad des Krümmungsradius benutzt man unterschiedliche biegsame Straklatten.

Strand, der *(beach, shore, strand)* Die Sandfläche an einer Dünenküste, die seeseitig von der Strand- oder Uferlinie und landseitig von der →*Küstenlinie* begrenzt wird. Der S. verändert seine Breite je nach Wasserstand und Seegang.

Strandamt, das *(strand authority)* Frühere Behörde, die in einem bestimmten Gebiet an der →*Küste* für Rettung und Bergung bei einer →*Strandung* und für die Sicherstellung von →*Strandgut* zuständig war. Ein S. wurde von einem Strandhauptmann geleitet, dem Strandvögte zur Unterstützung zugeteilt waren. Jedes S. arbeitete nach der Strandungsordnung vom 17. 5. 1874 in der Fassung vom 2. 3. 1974, veröffentl. im Bundesgesetzbl. I Seite 469. Im Zuge des 3. Rechtsbereinigungsgesetzes vom 28. 6. 1990 wurde die Strandungsordnung mit Wirkung vom 1. August 1990 außer Kraft gesetzt.

Strandgut, das *(stranded goods, flotsam and jetsam)* Von der See an einen →*Strand* gespültes und herrenlos gewordenes Treibgut aller Art, das früher dem zuständigen →*Strandamt* gemeldet werden mußte.

Strandhauptmann, der *(wreck commissioner)* Früher der Leiter eines →*Strandamtes,* das es seit dem 1.8.1990 nicht mehr gibt.

Strandlinie, die Die 2 Meter tiefer als →*Normalnull* liegende seewärtige Begrenzungslinie des →*Strandes,* die die weitestmögliche Ausdehnung des →*Strandes* markiert und im →*Tidengewässer* ungefähr mit dem (geringsten) Wasserstand bei →*mittlerem Springniedrigwasser* übereinstimmt. Die jeweilige S. ist die →*Seezollgrenze.*

Strandräuber, der *(wrecker)* Nach einer →*Strandung* ist jede →*Yacht* nicht nur am →*Strand,* sondern auch auf vorgelagerten →*Untiefen,* →*Barren,* →*Klippen* und im flachen Wasser durch S. bedroht. S. sind auch an ungewöhnlichsten Orten sofort zur Stelle, sobald die →*Besatzung* die Yacht verlassen und der →*Eigner* sie damit scheinbar aufgegeben hat. Da heutzutage kein →*Strandvogt* mehr die Sicherung des →*Wracks* und die Verantwortung für die Abwehr der S. übernimmt, muß sich ein Mitglied der →*Crew* wenn nicht an →*Bord,* so in unmittelbarer Nähe der Strandungsstelle aufhalten, um Strandraub zu verhindern.

Strandungsrecht, Strandrecht, das Die frühere gesetzliche Regelung der →*Bergung* eines gestrandeten Bootes oder Schiffes, seiner Sicherstellung durch das →*Strandamt* und die Rückgabe von →*Strandgut* nach der →*Strandungsordnung* von 1874 in der Fassung vom 2.3.1974 wurde im Zuge des 3. Rechtsbereinigungsgesetzes vom 28.6.1990 mit Wirkung vom 1. August 1990 außer Kraft gesetzt. Nach dem jetzt hierfür gültigen Wasserstraßengesetz hat jemand, der z. B. eine vertriebene →*Tonne* am →*Strand* findet, Anspruch auf →*Bergelohn.* Und wer eine (verlassene) gestrandete →*Yacht* so versorgt, daß sie von der →*Brandung* nicht beschädigt oder vom →*Hochwasser* nicht weggespült wird, kann Ersatz für seine Aufwendungen verlangen. Für eine solche (juristisch) „Geschäftsführung ohne Auftrag" gilt normales bürgerliches Recht (nach BGB).

Strandung, die (stranden) *(stranding, grounding)* Auflaufen eines Bootes oder Schiffes auf

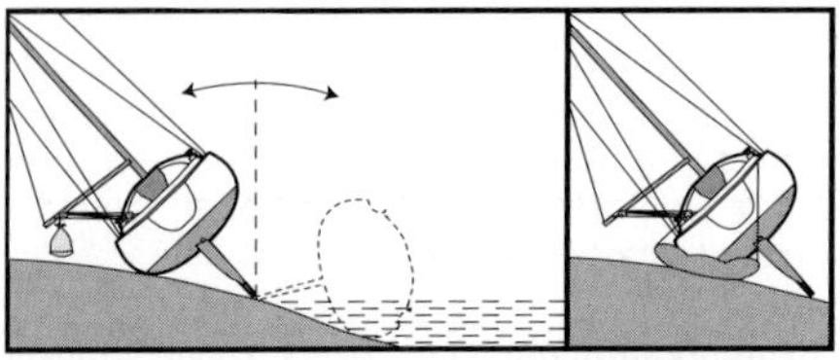

Grund, nicht nur auf einen →*Strand,* sondern auch auf Untiefen aller Art (z. B. →*Sand,* →*Bank,* →*Barre,* →*Klippe* u. a.) und jedes →*Festkommen* durch →*Havarie,* infolge Fehleinschätzung von →*Seegang,* →*Wind* und →*Strom,* durch unsichtiges Wetter, durch Fehler bei der →*Navigation* oder durch höhere Gewalt. Bei einer S. ist das →*Bergen* (wenn überhaupt) meistens nur mit fremder Hilfe möglich.

(weiche) Strandung *(beaching, deliberate or voluntary stranding)* **(absichtlich oder freiwillig) stranden** *(to beach a boat)* Eine Entscheidung des →*Skippers* oder →*Fahrzeugführers,* um eine →*Yacht* vor dem →*Sinken* zu bewahren oder vor dem →*Zerschellen* zu retten. Hierzu wählt man einen sandigen →*Strand* mit flachem →*Ufer,* von dem man das Boot nach Beseitigung der erlittenen Schäden entweder wieder nach See →*abschleppen* oder mit Spezialfahrzeugen zur Landseite →*bergen* kann.

Strandvogt, der *(wreck master)* Früher der Mitarbeiter eines →*Strandamtes* und eines →*Strandhauptmannes,* der für das →*Strandgut* an einem bestimmten Teil des →*Strandes* zuständig war.

strangpressen; Strangpressen, das *(to extrude, extrusion)* Die Herstellung von →*Profilen* oder Rohren in einem Warmumform-Verfahren, indem man die noch glühenden Metallblöcke in einen Druckzylinder schiebt und von Pressenstempeln durch die Matrizenöffnung drücken läßt. Hohlprofile werden mit einem Dorneinsatz in der Matrizenöffnung erzeugt. Durch S. werden z. B. alle →*Mastprofile* aus →*Aluminium* sowie Gummi- und Stahlprofile hergestellt. Das Verfahren ermöglicht die Fertigung auch komplizierter Voll- und Hohlprofile, die auf andere Art nicht oder unwirtschaftlicher zu fertigen wären.

Stratocumulus *(stratocumulus)* Für ein →*Hochdruckgebiet* typische niedrige schichtartige, offe-

ne Wolkendecke mit wenig Wind. Eine S. wird auch als Schicht-Haufenwolke beschrieben.

Streckbug, der *(long board, slant tack)* Wenn der →*Kreuzkurs* aus ungleichen, kurzen und langen

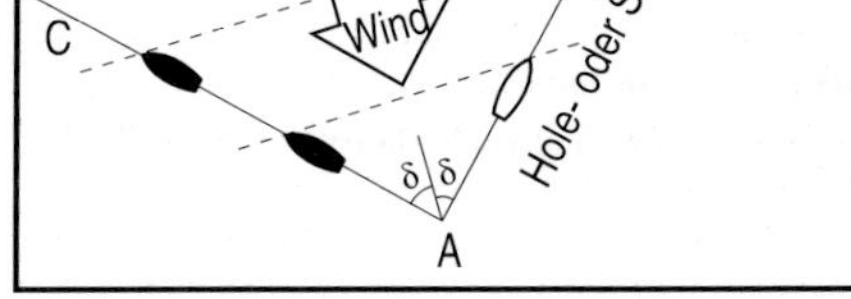

→*Schlägen* besteht, der längere Schlag, mit dem man unmittelbar →*Distanz* in Richtung auf das Ziel gutmachen kann. Er wird auch →*Holebug* genannt, weil man dabei das Ziel in →*Luv* →*holt.*

Streckerhebel, der *(tension lever)* Ein Hebel zum →*Duchsetzen* von →*Tauwerk* (z. B. eines →*Backstags,* Abb.) oder zum →*Steifsetzen* eines →*Lieks* (→*Vorliekstrecker)* anstelle einer →*Strecktalje.*

Streckung, die *(aspect ratio)* Im →*Yachtsegeln* und →*Bootsbau* das →*Seitenverhältnis* sowohl auf das →*Großsegel (*→*Mastliek:* →*Baumliek)* als auch auf das →*Vorsegeldreieck* (Höhe : Basislänge) und sinngemäß auch auf →*Ruderblatt* und

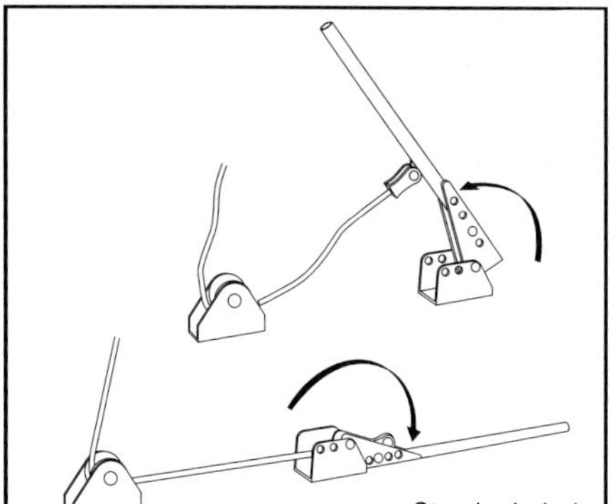

Streckerhebel

→*Kielflosse* (Vorderkante : Unterkante) bezogen. Dieses einfache numerische Verhältnis, z. B. 4:1 oder 2,5:1 mit „großer“ S. bzw. 1:1 oder 0,5:1 mit „kleiner“ S., wird in der →*Aerodynamik* und →*Hydrodynamik* anders definiert (Quotient aus →*Mittelbreite* und Höhe), doch wird auch bei Untersuchungen im Wind- und Strömungskanal (insbesondere bei anglo-amerikanischen Forschungen) meistens mit der Yacht-Terminologie der S. oder des →*Seitenverhältnisses* gearbeitet, wenn die Bezeichnung „Lambda“ (λ) angegeben ist.

Streckerwinde, die Im Prinzip eine →*Schotwinde* mit „Hebel oben“, die mit waagerecht stehender Trommel am →*Mast* oder →*Großbaum* gefahren wird. Sie dient zum Strecken des →*Falls,* wenn das Segel mit Hand aufgeheißt ist, und erleichtert (insbesondere bei kleinen Segeln) die Arbeit, die mit einer →*Fallwinde* länger dauern würde. Am Baum wird eine S. zum Bedienen des →*Unterliekstreckers,* zum Durchsetzen eines →*Smeerreeps* oder auch bei →*Abflacher* und →*Bindereff* benutzt.

Strecktalje, die *(stretching tackle, tack tackle)* Eine →*Talje,* die in die →*Heißvorrichtung* der Segel eingebaut ist, um das →*Durchsetzen* der →*Fallen* und insbesondere der →*Vorlieken* zu erleichtern. Auch als →*Vorliekstrecker* bei →*Vorsegeln* am →*Hals* und bei →*Großsegeln* am →*Großbaum* unter dem →*Lümmelbeschlag* befestigt.

Strecktau, das *(1. hand line, life line – 2. ridge rope)* 1. Neben oder anstelle der →*Seereling* längs →*Deck* gespanntes →*Manntau* zum Festhalten beim Begehen des Decks in schwerem Wetter, mit der gleichen Aufgabe wie ein →*Handlauf.* – 2.

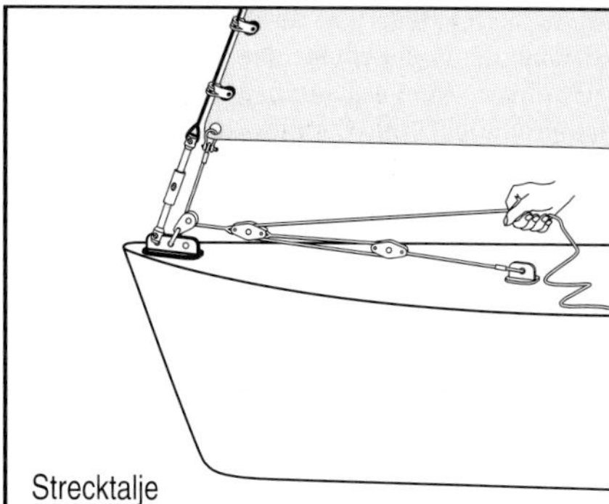

Strecktalje

Enden zum Festhalten oder Spannen eines →*Sonnensegels.*

streichen *(1. to cancel – 2. to paint – 3. to back the oars, to back water – 4. to lower, to haul down – 5. to strike [the flag])* Im Segeln mehrfach benutzt: 1. Im Sinne von „annullieren, ungültig machen“: Beim →*Rennsegeln* das Ergebnis der schlechtesten →*Wettfahrt* s., wenn z. B. 6 Rennen gesegelt, aber nur 5 gewertet werden. – 2. Im Sinne von „malen“: mit Anstrichmitteln das →*Unterwasserschiff* oder die →*Außenhaut* behandeln. Die entsprechende Farbe muß „streichfähig“ sein. – 3. Beim Rudern oder →*Pullen* die →*Riemen* gegenläufig bewegen, um →*Fahrt* →*achteraus* zu machen oder (beim S. auf der einen und „Ruder an“ bzw. „Halt Wasser“ auf der anderen Seite) auf der Stelle zu drehen. – 4. Ein Teil der →*Takelage* senkrecht →*niederholen,* z. B. (in schwerem Wetter auf einem →*Rahsegler)* eine →*Rah,* eine →*Stenge* oder ein →*Segel* s. (Demgegenüber werden →*Schratsegel* →*niedergeholt* und →*Leesegel* →*querschiffs* →*eingeholt.)* – 5. Auf eine →*Flagge,* die →*Nationale* bezogen, das Niederholen im Sinne von „sich ergeben“ vor dem Feind, wenn man an Land die weiße Flagge zeigen würde.

Streifenbauweise aus GFK, die Dass. wie →*Leistenbauweise* aus GFK, siehe dort.

Streifenbeplankung, die *(strip planking, edge fastening)* Eine →*Karweelbeplankung* mit sehr schmalen, streifenähnlichen →*Planken,* die auf festen →*Spanten* befestigt werden. Die S. ähnelt der →*Leistenbauweise,* auch aus →*GFK* mit speziellen →*Sandwich-Leisten* (Handelsname Strong Plank).

Strich, der *(point)* Bei der Einteilung des Horizontes auf der →*Strichrose* eines →*Magnetkom-*

passes älterer Bauart 1/32 des Kreisumfanges oder 11 1/4° auf der Kreisscheibe mit 360°-Teilung einer →*Gradrose.* Man erhält einen S., wenn man die Hauptrichtungen N, O (international = E), S, W bis zur Unterteilung in Achtel-Quadranten fortwährend halbiert.

Strichrose, die *(point graduated card)* Kompaßrose, die in →*Striche* eingeteilt ist und bei der

zwischen den Richtungen N, NzO, NNO, NOzN, NO usw. der Unterschied jeweils 1 Strich beträgt.

Stringer, der *(stringer)* Bei Booten aus Holz oder Metall eine Versteifung des →*Rumpfes* in Längsschiffsrichtung. Nach seiner Lage als →*Deckstringer,* →*Kimmstringer* o. ä. benannt. Im →*GFK-Bootsbau* als →*Längsversteifungen* oder →*Decksauflagen* bezeichnet, die in ihrer Lage unabhängiger und in ihrer Ausdehnung begrenzter eingesetzt werden können.

Strom, der *(current)* Kurzform für →*Tidenstrom,* aber auch für →*Strömung* (eines Flusses), →*Meeresströmung* u. a. Nautisch ist der S. der Sammelbegriff für alle Einflüsse strömenden Wassers, die vielfach (Abb.) zu erkennen sind und für die ein →*Stromdreieck* gezeichnet, die →*Stromversetzung* ermittelt oder in der →*Segeltechnik* der →*Stromwind* beachtet werden muß. – Darüber hinaus die übliche Bedeutung in der Elektrizität oder der Geographie (stromabwärts, stromaufwärts, Stromschnelle u. a.).

Stromanschluß *(electricity)* Zeichen in der Seekarte, siehe →*Karte 1* im Anhang.

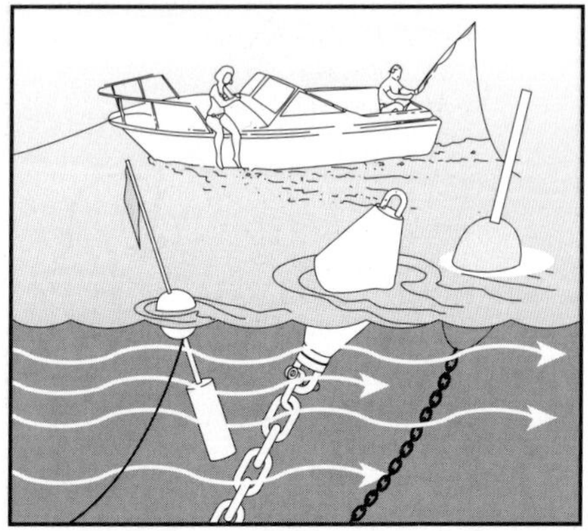

Stromanschluß von der Marina zur Yacht *(current supply from the marina to a yacht)* Siehe →*elektrischer Marina-Anschluß.*

Stromatlas, der *(tidal stream atlas)* siehe →*Gezeitenstromatlas.*

Stromaufgabe, die *(current sailing)* Die Arbeit des →*Nautikers,* mit Hilfe eines →*Stromdreiecks* die →*Stromversetzung* festzustellen oder beim →*Segeln* im →*Strom* →*Kurs* (und →*Fahrt)* →*durch das Wasser* bzw. →*Kurs* (und →*Fahrt)* →*über Grund* zu ermitteln.

Stromaufgabe 1 *(current vector diagram 1)* Eine Yacht hat mit 6 Knoten →*Fahrt* einen (nach Kursverwandlung rechtweisenden) →*Kurs durchs Wasser* von 065° gesteuert und dem →*Stromatlas* einen →*Strom* von 2 →*Knoten* entnommen, der in 180° →*setzt.* Welcher →*Kurs über Grund* muß in die →*Seekarte* eingetragen werden? Wie groß ist die →*Fahrt über Grund?* – Für eine entsprechende →*Vektorenaddition* zeichnet man einen (senkrechten) →*Meridian* und trägt am Ausgangspunkt A des →*Stromdreiecks* den (in der Länge unbegrenzten) →*Vektor* der Richtung 065° mit dem →*Kursdreieck* an. Die →*Fahrt* wird in Zentimetern daran abgetragen, und man erhält am Punkt B die Begrenzung des „Wasservektors". Hier trägt man (mit Parallelverschiebung vom Meridian) die Richtung des →*Stromes* mit 180° an und markiert die →*Stärke* des Stroms von 2 Knoten mit dem Zentimetermaß am Punkt C. So ergibt sich der „Stromvektor". Die Verbindungslinie von A nach C ist der gesuchte „Grundvektor": Die Richtung, mit dem →*Kursdreieck* gemessen, ist der gesuchte →*Kurs über Grund* von 085°. Die Geschwindigkeit, mit dem Zentimetermaß ermittelt, ist die →*Fahrt über Grund* mit 5,5 Knoten.

FdW = Fahrt durchs Wasser
KdW = Kurs durchs Wasser
WdW = Weg durchs Wasser
FüG = Fahrt über Grund
KüG = Kurs über Grund
WüG = Weg über Grund
St = Strom (Richtg. u. Geschw.)
WdS = Weg durch Strom
StV = Stromversetzung
BS = Beschickung für Strom

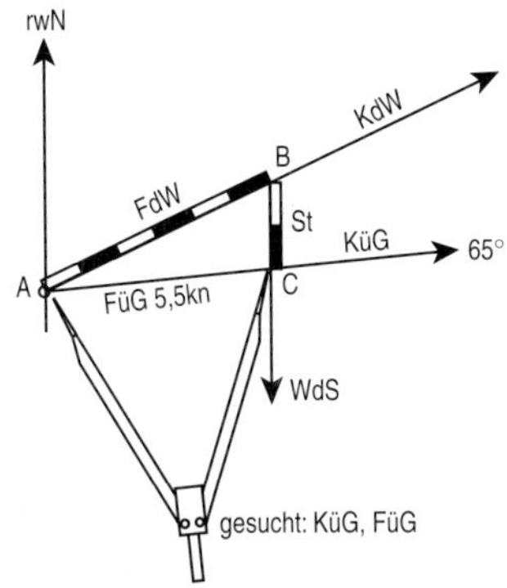

Stromaufgabe 1

Stromaufgabe 2 *(current vector diagram 2)* Eine Yacht will in einem →*Tidengewässer* mit einem →*Kartenkurs* (einem →*Kurs über Grund*) von 110° einen 20 sm entfernten Hafen erreichen. Der →*Stromatlas* zeigt hierzu einen Strom, der mit 2 Knoten in 160° →*setzt.* Sie läuft mit →*raumem Wind* eine →*Fahrt durchs Wasser* von 6 Knoten. Welchen →*Kurs durchs Wasser* muß sie steuern, und wie lange wird sie bis zu ihrem Ziel unterwegs sein? – Für eine entsprechende →*Vektorenaddition* zeichnet man einen Meridian und trägt am Ausgangspunkt A des →*Stromdreiecks* den →*Kurs über Grund* mit 100° als unbegrenzten Vektor an. Hilfsweise wird der →*Strom* ebenfalls am Ausgangspunkt A als Vektor mit 160° und mit 2 cm für die Stromgeschwindigkeit eingetragen, so daß sich bis zum Punkt B der „Stromvektor" ergibt. Die →*Fahrt durchs Wasser,* mit 6 cm in den Zirkel genommen, legt am Schnittpunkt C mit dem Kurs über Grund sowohl den „Grundvektor" wie den „Wasservektor" fest, so daß man geometrisch ablesen kann: Der gesuchte →*Kurs durchs Wasser* ist 080°, und mit der mit ca. 6,5 cm = kn meßbaren →*Fahrt über Grund* wird die Yacht bei unveränderten Bedingungen ihr Ziel in ca. 3 Stunden erreichen.

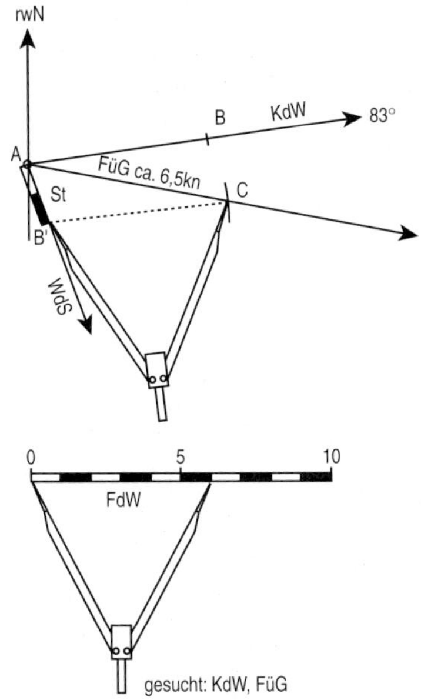

Stromaufgabe 2

Stromaufgabe 3 *(current vector diagram 3)* Eine Yacht hat um 1430 Uhr einen Hafen verlassen und mit 6 Knoten →*Fahrt durchs Wasser* einen →*Kurs durchs Wasser* von 095° gesteuert. Um 1600 ermittelt sie einen →*Schiffsort* mit einer →*Kreuzpeilung.* Sie will die →*Stromversetzung (→Besteckversetzung)* ermitteln. – Für eine entsprechende →*Vektorenaddition* trägt man am →*Meridian* des (nach →*Breite* und →*Länge* bekannten) Punktes A den Vektor 095° an und markiert mit dem in 1,5 Stunden zurückgelegten →*Weg durchs Wasser* von 9 sm den Punkt B. Den

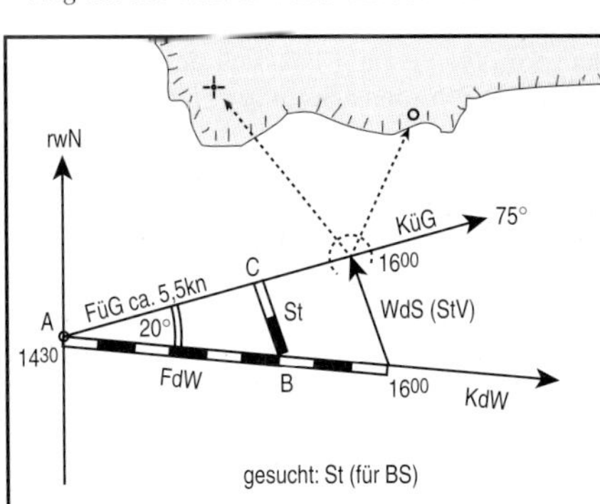

Stromaufgabe 3

→*wahren Ort* legt man nach →*Breite* und →*Länge* im Punkt C fest. Der Vektor von A über C hinaus ist jetzt der →*Kurs über Grund* von 075°, die Strecke AC der „Grundvektor", den man mit 8,25 cm mißt. Auf die Segelzeit von 1,5 Stunden bezogen ergibt sich daraus eine →*Fahrt über Grund* von 5,5 Knoten. Zwischen den Punkten B und C liegt jetzt der gesuchte „Stromvektor" in Richtung 340° und als „Weg durch Strom" 3 sm lang, mit beiden Werten auch →*Stromversetzung* genannt. Für die Ermittlung der →*Beschickung* für Strom benutzt, beträgt der entsprechende Stundenwert 2 kn in 340° oder als das Winkelmaß der Beschickung 13°.

Stromdreieck, das *(tidal triangle, vector analysis for current sailing)* In der →*Navigation* ein →*Vektordiagramm* oder eine Vektorenskizze, um

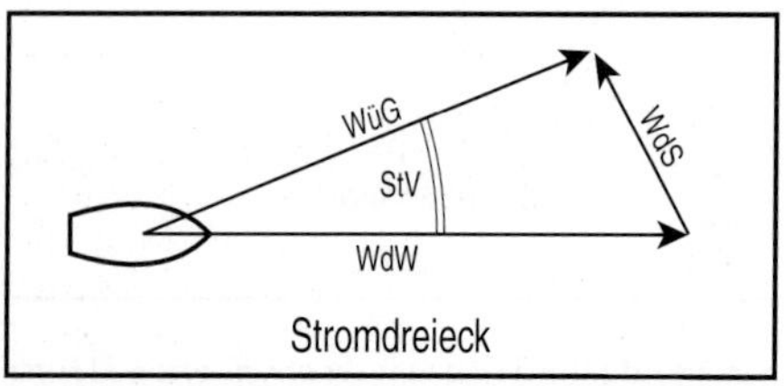

Stromdreieck

→*Stromaufgaben* mit Hilfe der Vektorrechnung zu lösen. Das S. besteht aus den Seiten →*Weg durch das Wasser,* →*Weg über Grund* und →*Weg durch Strom.* In der Grundrechnung →*Stromaufgabe 1* ergeben die Vektoren „Weg durch das Wasser" und „Weg durch den Strom" vektoriell addiert den „Weg über Grund" (Abb.). In der →*Stromaufgabe 2* gewinnt man durch die Vektoraddition in den gezeigten Einzelschritten aus dem „Weg über Grund" und dem „Weg durch den Strom" den „Weg durch das Wasser" (Abb.). In der →*Stromaufgabe 3* läßt sich der „Weg durch Strom" als →*Stromversetzung* ermitteln.

Stromfigur, die *(e.: tidal stream diagram; a.: current diagram)* Die in Form eines →*Diagramms* für die Zeit von 6 Stunden vor bis 6 Stunden nach →*Hochwasser* für einen bestimmten →*Bezugsort* nach Größe und Richtung aufgezeichneten →*Gezeitenströme.* Für Flußmündungen weicht die S. für eine →*gleichgerichtete* Tide nur wenig von einer Geraden ab (Abb.). Auf der freien →*See* hat sie für eine →*Drehstromtide* meistens die Form einer →*Stromrose,* die für Reviere mit großem →*Tidenhub* auch in die →*Seekarte* eingetragen ist.

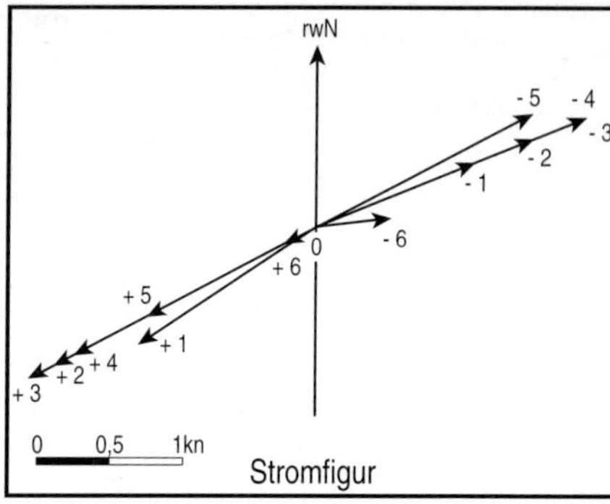

Stromfigur

Stromkabbelung, die *(tide-rips)* Eine →*kabbelige* Wasseroberfläche an Stellen, wo sich zwei unterschiedliche →*Stromrichtungen* treffen oder sich die →*Wassertiefe* plötzlich ändert. Eine S. ist in der →*Seekarte* mit kleinen Wellenlinien bezeichnet. Das entsprechende Symbol enthält die →*Karte 1.* Auf See ist eine S. besonders deutlich zu erkennen, wo starker →*Tidenstrom* →*setzt.*

Stromlee Sinngemäß wie beim →*Wind* die Richtung, in die der →*Strom* setzt. Bei einer →*Leetide*

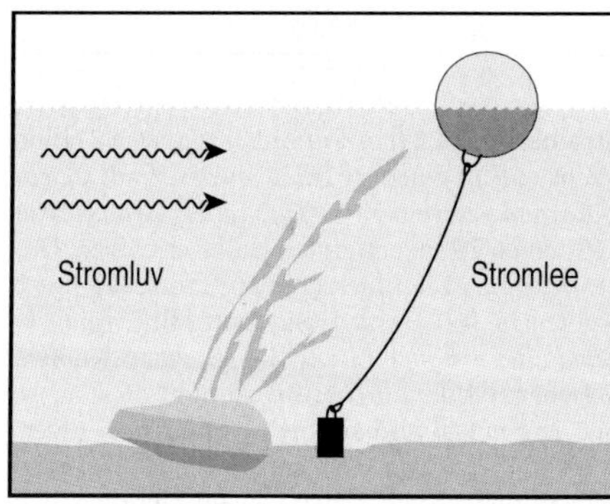

liegen dabei (Wind) →*Lee* und S. in gleicher Richtung.

stromleegierig In normaler →*Versetzung* durch den →*Strom* die Tendenz des Bootes, sowohl bei →*Voraus-* wie bei →*Achterausfahrt* mit dem →*Heck* gegen den Strom zu drehen. Ursache: →*Vorlastigkeit,* durch die dem Strom am vorderen →*Unterwasserschiff* mehr Angriffsfläche als achtern geboten wird.

Stromkenterung, die *(turn of the tide)* Das →*Kentern,* d. h. Umschlagen der Richtung der Tidenströmung vom →*Ebbstrom* auf den →*Flutstrom* oder umgekehrt. Die S. fällt in der Regel

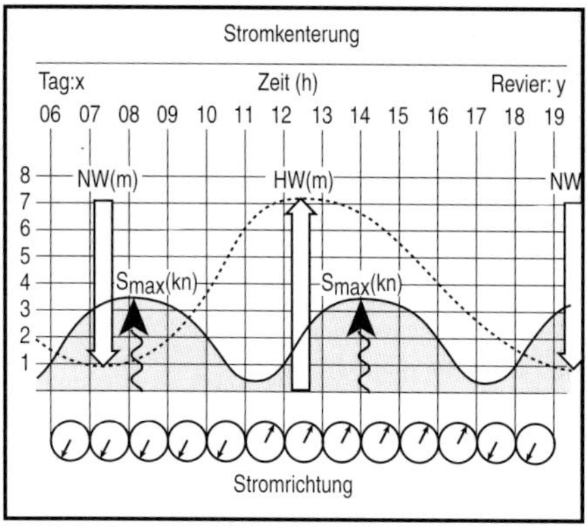

zeitlich nicht mit dem →*Hochwasser* und →*Niedrigwasser* zusammen (Abb.), sondern tritt meistens später ein. Zur Zeit der S. herrscht →*Stillwasser.*

Stromluv Sinngemäß wie beim →*Wind* die Richtung, aus der der →*Strom* kommt. Bei einer →*Luvtide* liegen dabei (Wind-) →*Luv* und S. in entgegengesetzter Richtung.

stromluvgierig In normaler →*Versetzung* durch den →*Strom* die Tendenz des Bootes, sowohl bei →*Voraus-* wie →*Achterausfahrt* mit dem →*Bug* gegen den Strom zu drehen. Ursache: →*Achterlastigkeit,* durch die dem Strom am achteren →*Unterwasserschiff* mehr Angriffsfläche als vorn geboten wird.

stromrecht (liegen) *(to ride the tide, [...the current], tide rode)* Lage eines Bootes an der →*Boje* oder vor →*Anker,* das mit dem →*Bug* gegen den →*Strom* liegt. Ein →*Seekreuzer* liegt nur bei flauem Wind und kräftigem Strom s. Abhängig von →*Windstärke,* →*Aufbauten* und Windwiderstand des →*Riggs* liegt keine →*Yacht* s., sondern nimmt immer eine Richtung ein, die bei geringer →*Lateralfläche* mehr der Windrichtung, bei großem →*Lateralplan* mehr der Stromrichtung folgt.

Stromrichtung, die *(direction of current, set of tide)* Die Richtung, in die der →*Strom* setzt, im Gegensatz zur →*Windrichtung,* nach der Richtung bezeichnet, aus der der Wind weht. So haben z. B. Nordwind und Südstrom die gleiche Richtung, und man spricht vom Strom gegen die →*Luvseite* (→*Luvbug),* gegen die →*Leeseite* (→*Leebug)* sowie (auf die Kursrichtung bezogen) von Gegenstrom bzw. Schiebestrom oder Mitstrom.

Stromrose, die *(current rose)* Ähnlich der →*Windrose* ein →*Vektor-Diagramm,* das für die

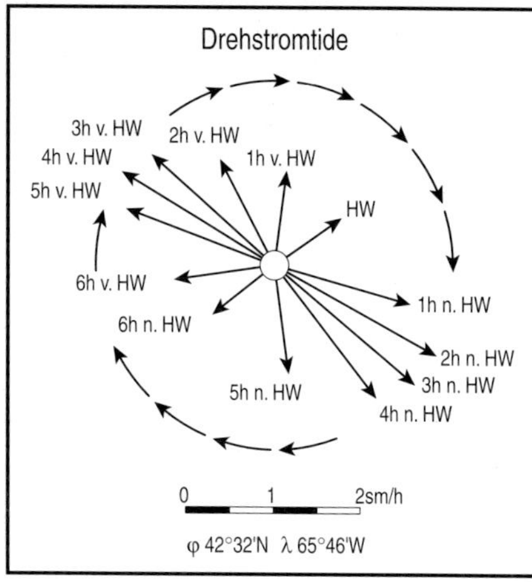

Zeit von 6 Stunden vor bis 6 Stunden nach →*Hochwasser* für einen →*Bezugsort* vor der →*Küste* den sich in Richtung und Stärke stündlich und kreisförmig ändernden →*Tidenstrom* in →*Knoten* angibt (Abb.). Die S. ist eine →*Stromfigur* für eine →*Drehstromtide,* die besonders für Gebiete mit großem →*Tidenhub* nach den dann meist auch auf der →*Seekarte* vermerkten genauen →*Daten* an →*Bord* gezeichnet werden muß, wenn man sie nicht dort bereits der Seekarte entnehmen kann.

Stromschnelle, die *(race, tide race)* Starker →*Strom,* der durch besonders deutliche →*Stromkabbelung* zu erkennen ist. Eine S. ist insbesondere während der →*Springzeit* mit beträchtlichem →*Seegang* verbunden. Sie tritt nicht nur in engen Durchfahrten, an flachen Stellen und an einem →*Kap* auf, sondern auch weit vor der →*Küste,* wo sich unterschiedliche →*Stromrichtungen* treffen. In der →*Seekarte* als →*Stromkabbelung* mit kleinen Wellenlinien bezeichnet.

Stromstärke, die (Ampere, Abk. **A)** *(current)* Die Elektrizitätsmenge, die in einer bestimmten Zeit durch einen Leiter fließt. Sie ist z. B. für die →*Boots-Energie-Anlage* und die Betriebsdauer der →*Glühlampen* in den →*Positionslaternen* von Bedeutung.

Strömung, die *(flow, current, stream)* Allgemein nicht als Luft-, sondern als Wasserströmung verstanden und im Gegensatz zum →*Tidenstrom* die →*Meeresströmungen,* →*Driftströme,* →*Ober-*

flächenströme u. a., die durch die →*planetarischen Windsysteme* erzeugt werden, oder auch die Wasserbewegungen in Flüssen. Nautisch werden alle als →*Strom* bezeichnet und einheitlich als →*Stromversetzung* behandelt.

Strömungsfaden, der Beidseitig nahe am →*Vorliek* eines Segels mehrfach in unterschiedlicher

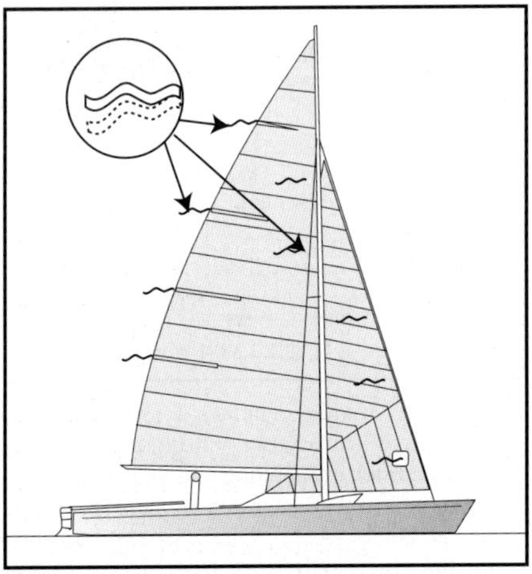

Höhe am →*Segeltuch* befestigte fingerlange Fäden oder →*Fadensonden,* die den Strömungscharakter der (unsichtbaren) Luftströmung dem Auge anzeigen. Bei richtigem, optimalen →*Anstellwinkel* des Segels und →*laminarer Strömung* schmiegen sich die Strömungsfäden sowohl an der →*Luvseite* wie an der →*Leeseite* an die Strömung an, d. h. sie liegen weitgehend glatt am Segel an. Bei zu kleinem Anstellwinkel, d. h. zu dichter →*Schotführung* und →*turbulenter Strömung* flattern sie auf der →*Luvseite,* bei zu großem Anstellwinkel flattern die →*Leefäden.*

Strömungslabor, das Für den Boots- und Schiffbau eine Einrichtung an der staatlichen Fachhochschule Kiel, die mit einem →*Umlauftank* und anderen Forschungseinrichtungen ausgerüstet ist, um das Verhalten von Boots- und Schiffsrümpfen im Wasser anhand von Modellen zu prüfen.

Stromversetzung, die *(drift)* Durch →*Strom,* d. h. →*Strömung* und/oder →*Tidenstrom* bewirkte →*Versetzung* von einem →*Loggeort* zu einem beobachteten Ort *(→wahren Ort.)* Sie läßt sich oft bei einem →*Besteck* nicht genau von den übrigen Einflüssen durch →*Abdrift* oder Steuerfehler trennen und ist (meistens nur ein) Teil der →*Besteckversetzung.*

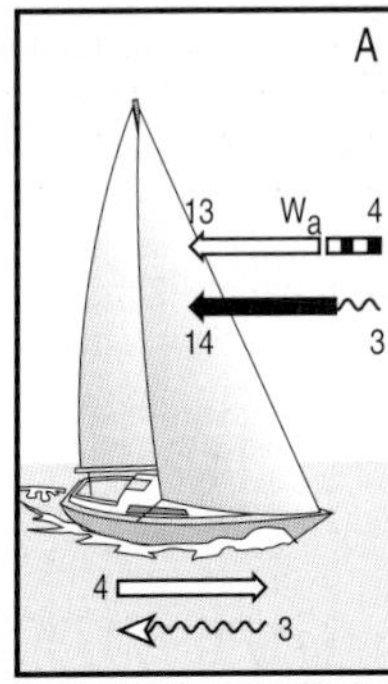

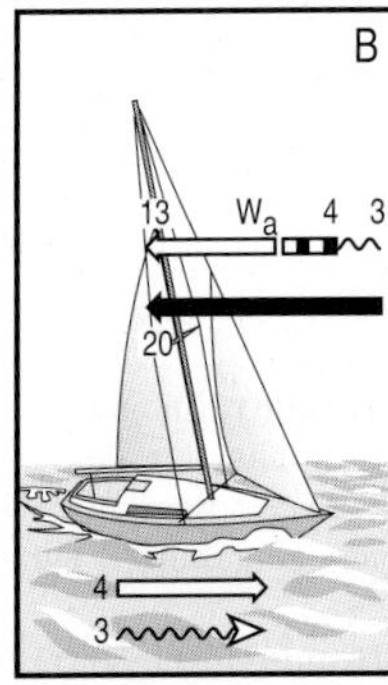

Stromwind, der *(tidewind, current-wind)* Ein →*scheinbarer Wind* oder →*relativer Bordwind,* der entsteht, weil ein Boot beim Segeln im →*Strom* noch durch die Stromkraft in einer bestimmten →*Stromrichtung* mitgenommen und dabei auch durch das sie umgebende, meist bewegte Luftmeer bewegt wird. An den Segeln spürt man den S. allein nur bei →*Flaute.* Bei einer →*Brise* vergrößert oder vermindert er durch die Beschleunigung oder Verzögerung, die das Boot durch den Strom zu seiner →*Fahrt durch das Wasser* erhält, den →*Fahrtwind* (über Grund), so daß der S. die →*Segeltechnik* und →*Seemannschaft* entscheidend beeinflussen kann. Abbildung A zeigt die Auswirkungen bei →*Gegenstrom,* 3 kn, auf →*Segelführung* und →*Seegang,* Abbildung B demgegenüber bei →*Mitstrom* nach →*Stromkenterung* und sonst gleichen Bedingungen: →*atmosphärischer Wind* 13 kn, →*Fahrt* 4 kn, →*Bordwind* 14 kn bzw. 20 kn.

Stropp, der *(strap, strop, sling)* Ein kurzes →*Ende* aus →*Fasertauwerk* oder →*Drahttauwerk,* das

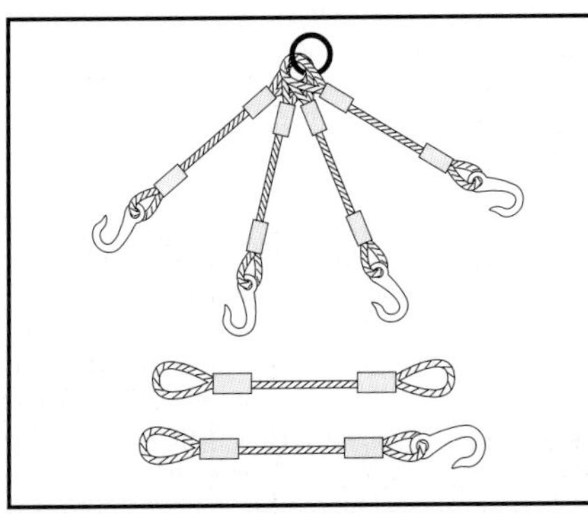

entweder als →*Augstropp* an jeder (selten nur an einer) Seite in ein eingespleißtes Auge ausläuft oder als →*Ringstropp* zu einem einzigen Ring oder Auge gespleißt oder gedreht ist. Auch als →*Gummistropp* hergestellt, z. B. in Form einer „Spinne" (Abb.), oder als →*Heißstropp.*

Stufenheck, das *(stepped transom, stepped scoop transom)* Ein →*Schaufelheck* mit (meistens) zwei

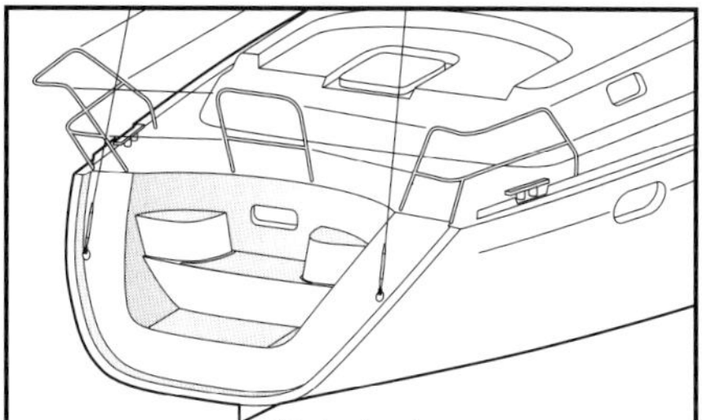

Stufenheck

abgestuften Flächen, um ohne zusätzliche lange →*Bordleiter* vom →*Achterdeck* ins Wasser steigen zu können. Der Platz unter den Stufen wird als (von innen wie außen nutzbarer) →*Stauraum* genutzt. An der Grundfläche des S. ist oft eine kurze, zwei- bis dreistufige beiklappbare →*Sicherheitsleiter* befestigt.

Stumpftonne, die *(can buoy, cylindrical buoy)* Ein →*schwimmendes Seezeichen,* dessen über Wasser sichtbarer Teil die Form eines abgestumpften Kegels oder eines stehenden Zylinders hat und (mit rotem Anstrich) die →*Backbord-Fahrwasserseite* bezeichnet.

Stundenglas, das *(1. watch-glass; 2. black shape [of two cones with points together])* 1. Eine auf Großseglern früher neben dem →*Kompaß* aufgestellte →*Sanduhr,* die von der →*Wache* alle halbe Stunde umgedreht werden mußte, wenn der Sand von einem Glaskörper in den anderen gelaufen war. Dann erfolgte das →*Glasen.* – 2. Nach der typischen Form des S. wird auch das →*Toppzeichen* eines →*Doppelkegels* mit Spitzen zueinander als S. bezeichnet.

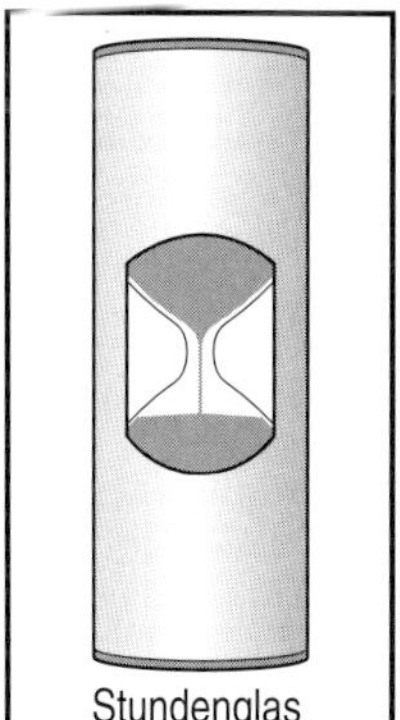

Stundenglas

Stundenkreis, der *(hour circle)* In der →*astronomischen Navigation* ein halber →*Großkreis,* der vom nördlichen zum südlichen Himmelspol verläuft. Er schneidet den →*Himmelsäquator* und die →*Deklinations-*Parallele senkrecht. Ein wichtiger S. ist der →*Himmelsmeridian,* der den →*Nord-* und →*Süd-*Punkt enthält, und der →*Sechsuhrkreis,* der senkrecht zu ihm steht. Siehe auch →*Greenwicher Stundenkreis.*

Stundenglas

Stundenwinkel, der *(hour angle)* Winkel am Erdmittelpunkt, →*sphärischer* Winkel am Himmelspol bzw. Bogenstück des Himmelsäquators zwischen dem →*Himmelsmeridian* und dem →*Stundenkreis* eines Gestirns. Wählt man als nullten Stundenkreis den Himmelsmeridian von Greenwich, den →*Greenwicher Stundenkreis,* dann erhält man den →*Greenwicher Stundenwinkel* eines Gestirns (Grt, GHA). Benutzt man den Himmelsmeridian durch den →*Frühlingspunkt* (Widderpunkt) als nullten Stundenkreis, erhält man den →*Ortsstundenwinkel* oder →*Sternwinkel* eines Fixsterns. Die Messung erfolgt in →*westlicher* Richtung von 0° bis 360° (im Drehsinn der Himmelskugel). Siehe auch →*östlicher S.* und →*westlicher Stundenwinkel.*

Sturm, der *([strong] gale, storm)* Windgeschwindigkeiten über 20 m/s, 75 km/h oder 41 kn mit einem →*Staudruck* von über 26 daN/m², die nach der →*Beaufort-Skala* mit den Stärkegraden 9–11 bezeichnet werden. Ein S. wird durch →*Sturmwarnung* bereits ab →*Windstärke* 8, →*stürmischer Wind,* bekanntgegeben.

Sturmbesegelung, die *(storm sails [pl.], storm canvas)* Die im →*Sturm* geführten und für die harten Bedingungen hoher →*Windstärken* gearbeiteten Segel. Zur S. gehören →*Sturmfock* und →*Sturmgroßsegel* mit einem entsprechenden →*Segeltuchgewicht,* kleiner →*Segelfläche* und großer Festigkeit der →*Lieken.*

Sturmflut, die *(e.: surge, am.: storm tide, storm flood)* In →*Tidengewässern* die Verbindung von →*Hochwasser* zur →*Springzeit* mit einem →*Windstau* des Wassers nicht nur durch anhaltenden, auflandigen →*Sturm.* Der Begriff S. beginnt bereits, wenn der Wasserstand um mehr als 1 m über normalem →*Springhochwasser* liegt.

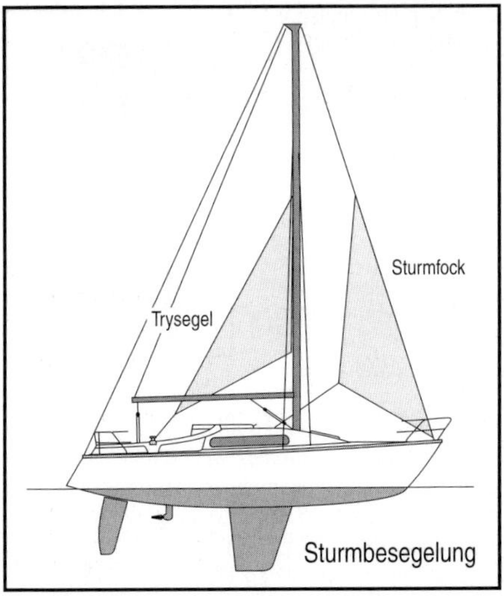

Sturmfock, die *(storm jib)* Bei einem →*Seekreuzer* ein →*Beisegel* für →*stürmischen Wind* mit einem →*Segeltuchgewicht* von 220 bis 300 g/m² für alle Kurse. Die genauen Größen einer S. und die Flächenberechnung siehe unter →*Vorsegelgröße.*

Sturmglas, das *(storm glass, weather glass)* Ein etwa 100 mm hoher Glaszylinder mit etwa 35 mm Durchmesser, der in Holz (bei Nachbildungen auch in Messing) gefaßt ist und eine Lösung aus

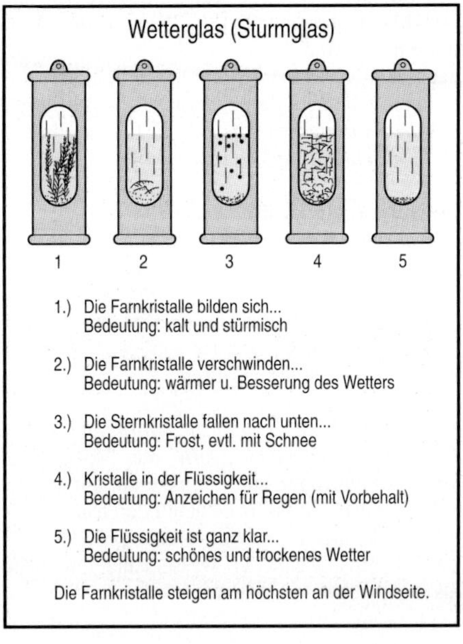

Wasser und Kupfersulfat enthält. Anhand der sich verändernden Sulfatkristalle und ihrer Verteilung im Wasser ist eine →*Wettervorhersage* möglich (Abb.): Bei →*Sturm* und Kälte bilden sich Farnkristalle (1), die bei →*Wetterbesserung* und Wärme verschwinden (2). Sternkristalle in der Flüssigkeit bedeuten Frost (3), Kleinkristalle (4) sind Anzeichen für Regen, und eine klare Flüssigkeit (5) bedeutet schönes Wetter. Am höchsten steigen die Farnkristalle an der →*Luvseite.* Das S. wurde zusammen mit dem →*Wetterglas* von 1750 bis 1850 auf den →*Transozeanreisen* der frühen →*Rahsegler* benutzt, u. a. auch auf der Reise der „Beagle" unter Fitzroy mit Darwin an Bord ab 1831. Die Abb. zeigt Fitzroys Wetterglas mit einem Thermometer (mit Celsius- und →*Fahrenheit-Skala)* in einem gemeinsamen Gehäuse. Das S. ist somit ein Vorläufer des →*Barometers.*

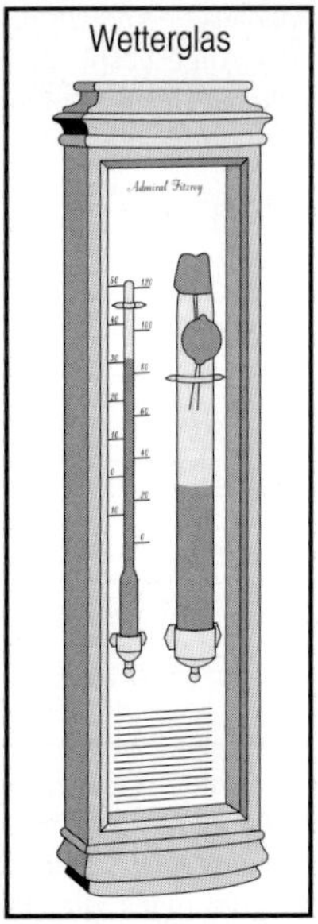

stürmischer Wind, der *(gale)* →*Windstärke* 8 nach der →*Beaufort-Skala* mit Windgeschwindigkeiten von 34 – 40 →*Knoten* und einem →*Staudruck* von 26 daN/m². Bei s. W. wird →*Sturmwarnung* gegeben.

Sturmsee, die *(storm sea)* Der durch unmittelbare Einwirkung des herrschenden Sturmes erzeugte →*Seegang,* der sich aber nur selten von anderen Kräften unbeeinflußt ausprägen kann. Die durch den →*Sturm* entstandenen Oberflächenwellen können von →*Dünung* überlagert, zu einer →*Kreuzsee* entwickelt, in der →*Brandung* gestört oder durch Einflüsse von →*Strom* und →*Hafenbauwerken* zu →*Kabbelwasser* werden. Die tatsächliche →*Windgeschwindigkeit* läßt sich nur nach der unverfälschten S. schätzen.

Sturmspinnaker, der *(storm spinnaker)* Bei einem →*Seekreuzer* zum →*Fahrtensegeln* und für →*Hochseerennen* ein →*Beisegel* für →*schweres Wetter,* das als →*Vorsegel* bei →*Windstärke* 5 bis 7 und auf →*raum-achterlichen* bis →*Vorwindkursen* gefahren wird. Der S. hat ein →*Segeltuchge-*

wicht von 50 bis 70 g/m². Er ist als →*Flachmann* mit in Höhe und Breite geringerer →*Segelfläche* und kleinerer →*Segelwölbung* als der →*Spinnaker* gearbeitet.

Sturmtief, das *(depression with very low pressure)* Ein →*Tief* oder ein →*Wirbelsturm* ab →*Windstärke* 9 nach der →*Beaufort-Skala* mit einer →*Windgeschwindigkeit* ab 21 m/s, 75 km/h oder 41 kn und mit einem →*Winddruck* von 26 daN/m².

Sturmgroßsegel (Trysegel), das *(storm trysail)* Bei einem →*Seekreuzer* und im →*Sturm* ein nicht

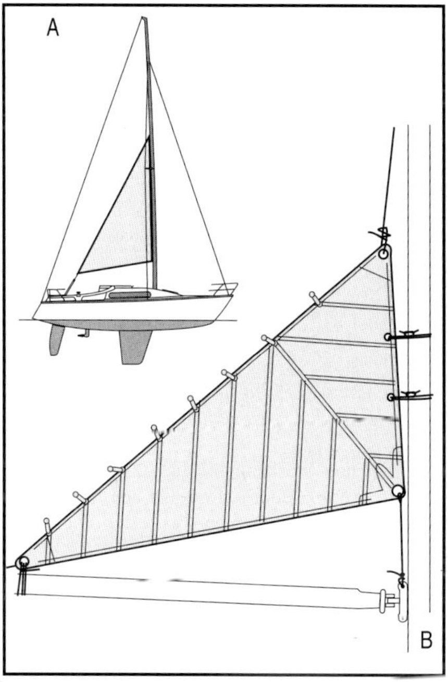

mit seinem →*Unterliek* am →*Großbaum* gefahrenes, oft vollkommen →*eingeliektes* →*Treisegel,* das nur eine kleine Segelfläche und geringe →*Segelwölbung* hat und mit einem →*Segeltuchgewicht* von 300 bis 360 g/m² das normale und →*gereffte* →*Großsegel* ersetzt (Abb. A). Notfalls kann auch eine →*Sturmfock* (Abb. B) als S. benutzt werden.

Sturmwache, die *(storm watch)* Wegen der höheren Anforderungen an die →*Leistungsbereitschaft* in schwerem Wetter verkürzt sich die Wachzeit bei einer →*Crew* aus drei Seglern auf nur je zwei Stunden:

0000 – 0200 Uhr Segler A
0200 – 0400 Uhr Segler B
0400 – 0600 Uhr Segler C
0600 – 0800 Uhr Segler A
0800 – 1000 Uhr Segler B, usw.

Dementsprechend beträgt jede →*Freiwache* nur vier Stunden.

Sturmwarnung, die *(gale warning, storm signal)* An Hafen- und Küstenstationen gesetzte optische Signale für die S. gibt es seit 1. 1. 1983 nicht mehr. Eine S. wird nur über Rundfunksender und →*Küstenfunkstellen* sowie →*Navtex* am Beginn eines →*Seewetterberichtes* verbreitet. Die S. wird (im Gegensatz zur →*Starkwindwarnung)* ab →*Windstärke* 8 gegeben.

Sturmzentrum, das *(storm center)* Das Gebiet geringsten Luftdrucks in einem Sturmgebiet im Mittelpunkt eines →*Sturmtiefs* mit relativ geringer Windgeschwindigkeit, bei tropischen Wirbelstürmen auch das Auge des →*Orkans* genannt.

„Stütz!“ *(„steady!“)* Ein →*Ruderkommando,* um kurzzeitig →*Stützruder* zu geben.

stützen *(to meet the helm)* Ein Boot mit dem →*Ruder* s. bedeutet →*Stützruder* oder →*Gegenruder* zu legen und eine Drehtendenz aufzufangen. – Darüber hinaus vielfältige, übliche Bezeichnung im eigentlichen Wortsinn des Ab-, Unter- oder Aufstützens mit oder durch →*Deckstützen,* →*Stagen,* →*Auflager,* →*Stempel,* →*Streben* u. a.

Stützsegel, das *(steadying sail, studding sail, stunsail)* Kleines, dicht geschotetes Segel, um

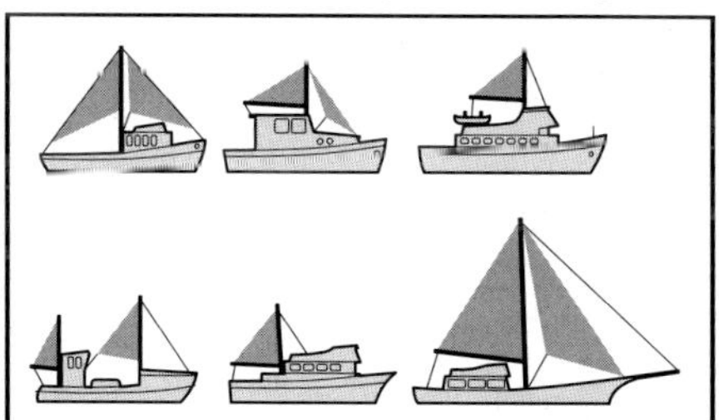

z. B. einen →*Motorsegler* beim Fahren als →*Maschinenfahrzeug* gegen heftiges →*Rollen* oder →*Schlingern* (insbesondere bei einer →*Dwarssee)* zu sichern, oder als →*Besansegel* oder →*Achtersegel* gesetzt, um einen →*Seekreuzer* an einem →*Treibanker* im Wind zu halten bzw. ihn im gewünschten Winkel zur →*See* richtig →*beiliegen* zu lassen.

Stützpunkt für Fahrtensegler *(base for cruising yachtsmen)* In fast allen deutschen Häfen der Nord- und Ostsee und vielerorts an den großen Strömen Deutschlands eingerichtete Station der →*Kreuzer-Abteilung,* die durch Flagge und Schild gekennzeichnet ist. Die örtlichen Stützpunktleiter vermitteln Gastliegeplätze für durchkommende →*Fahrtensegler,* beraten und helfen.

Stützruder, das Das →*Ruderblatt* (über die →*Ruderpinne)* auf das Kommando „→*Stütz!*" bei einer Drehung des Bootes schnell und kurzzeitig zur entgegengesetzten Seite legen, um eine zu schnelle Drehtendenz aufzufangen oder sie zu beenden, z. B. beim →*Anlegen,* beim →*Halsen* oder anderen Manövern. Lang anhaltendes Stützen des Kurses durch das Ruder wird als →*Gegenruder* bezeichnet.

Süd (Süden, der) *(south)* Eine der vier Haupthimmelsrichtungen, die in der →*Richtungsrose* oder →*Gradrose* als Winkel von 180° zur Hauptbezugsrichtung →*Nord* liegt. Zum →*südlichen* →*Quadranten* gehören die →*Kompaßrichtungen* von Südost (SO = SE) bis Südwest (SW).

südlich *(southern, southerly)* Im →*Süden* (liegend), im Gegensatz zu →*nördlich.* Man spricht z. B. von südlicher Breite und südlichem Wind, und man kann s. einer Untiefe oder s. vom Äquator segeln.

Südlicht, das *(Aurora Australis)* Nächtliche Lichterscheinung im Gebiet hoher →*südlicher* →*geographischer Breite,* auch →*Polarlicht* genannt (und dort erklärt). Im Bereich des →*nördlichen* →*Polarkreises* analog als →*Nordlicht* bezeichnet.

Südquadrant, der *(southern quadrant)* Der (z. B. von einer →*Gefahrenstelle* aus betrachtete) →*Quadrant,* der von →*Südost* über →*Süd* bis →*Südwest* reicht. Im →*Kardinalsystem* der →*Betonnung* ist der S. durch zwei schwarze Doppelkegel-Toppzeichen mit den Spitzen nach unten und die Tonnenfarbe Gelb über Schwarz bezeichnet.

südwärts *(southward [southard])* Nach →*Süden* (segeln), im Gegensatz zu →*nordwärts.* Man kann z. B. den →*Kurs* s. ändern, indem man in Südrichtung →*anluvt* oder →*abfällt.*

Südwester, der *(south-wester, sou' wester)* Seemännische Kopfbedeckung für schlechtes Wetter (das in unseren Revieren meistens mit Wind aus Südwest einhergeht), die zum →*Ölzeug* getragen wird. Der wasserabweisende, breitrandige Seemannshut ist unter Seglern größtenteils durch eine mit dem Kragen der Öljacke verbundene Kapuze ersetzt worden.

Suezkanal, der *(Suez Canal)* 1869 eröffneter, 195 km langer →*Seespiegelkanal* zwischen dem →*Mittelmeer* bei Port Said und dem Roten Meer bei Suez. Wasserspiegelbreite 365 m, Wassertiefe 20 m. Der S. verkürzt den Weg von Europa nach Indien um ca. 4000 sm. 1967 wurde der S. durch Kriegseinwirkung geschlossen. 1975 wieder eröffnet. Durch den Einfluß der →*Gezeiten* im Mittelmeer und Roten Meer können Strömungsgeschwindigkeiten bis zu 3 kn oder 1,5 m/s mit einem →*Tidenhub* von max. 1,5 m eintreten. Seit 1995 ist der S. auch das Ziel der in Istanbul beginnenden und über türkische und levantinische Häfen führenden internatioalen East Mediterranean Yacht Rallye (EMYR).

Süll, das *(coaming)* Senkrechte, wasserabweisende und dementsprechend ca. 5 bis 30 cm hohe →*Planke,* die ein →*Luk* umkleidet, eine Türschwelle erhöht und an Deck übergekommenes Wasser ableitet. Auch die Umrandung der →*Plicht* ist ein S., im Bootsbau aus →*GFK* auch mit breiterem →*Profil* und gleichzeitig als Platz für die →*Schotwinden* gebaut.

Sumlog, das Markenname für das erste →*Log,* das die →*Fahrt* durch einen kleinen, unter dem Bootsboden angebrachten Propeller (richtiger: →*Impeller)* mißt, der durch den →*Fahrtstrom* angetrieben wird. Seine Umdrehungen werden mechanisch über eine flexible Welle von 3 bis 5 m Länge auf ein Anzeigegerät übertragen, das die Fahrtgeschwindigkeit in kn oder km/h anzeigt und auch die →*Seemeilen* oder Tagesmeilen (eines →*Etmals)* zählt. Durch die Art seines Anzeigegerätes auch als →*Bootstachometer* bekannt. Bei modernen →*Impellerlogs* sind an die Stelle des Sumlog-Propellers schnelldrehende millimeterkleine Hochgeschwindigkeitssensoren getreten, deren Messungen elektronisch übertragen und ausgewertet werden.

Sund, der *(1. strait, sound; 2. the Sound)* 1. Natürliche Meerenge und Wasserstraße zwischen einem Festland und einer Insel oder Inseln, z. B. Fehmarnsund, Strelasund u. a. – 2. „Der Sund" ist der Öresund zwischen der südschwedischen Westküste und der dänischen Insel Seeland, wo im Mittelalter der „Sundzoll" von durchfahrenden Schiffen erhoben und eine „Sundliste" ihrer Passagen geführt wurde.

Surf (engl.) *(Welle, Brandung)* Die →*Brandung* vor der →*Küste,* das Brechen der Wellen auf der freien See und wenn die →*Orbitalbewegung* bei plötzlichen Tiefenänderungen auf einer →*Sandbank,* einem →*Riff* o. ä. gestört wird, und damit die Voraussetzung zum →*Surfen.* (Gesprochen: „Sörf".)

Surfbrett, das *(surf board)* 1. Flaches, breites Brett mit schmaler →*Flosse* als Plattform zum →*Surfen.* – 2. Der →*„Rumpf"* eines →*Windsurfers,* der den Segler und das →*Segel* trägt. (Gesprochen: „Sörfbrett".)

Surfen, das *(surfing, surf riding)* 1. Das Wellenreiten in der →*Brandung,* insbesondere in der langen →*Dünung* und in warmem Wasser vor der amerikanischen und australischen Pazifikküste. Dabei nutzt man die →*Orbitalbewegung* der Wellen bzw. die Wellengeschwindigkeit und die schiefe Ebene an der vorderen Seite eines →*Wellenkamms* gleichermaßen aus, um mit Hilfe der Schwerkraft und der →*Orbitalgeschwindigkeit* mit der sich bewegenden Welle in deren →*Wellental* hineinzurutschen. Ein →*Windsurfer* verwertet dabei noch zusätzlich die Windenergie. – 2. Davon abgeleitet und im →*Seegang* auch in der freien →*See* und auf →*Seekreuzer* übertragen die →*Segeltechnik,* das Boot oftmals wiederkehrend in ähnlicher Position zu halten und nach dem gleichen Prinzip auf der Vorderseite einer Welle rutschen zu lassen. Gegebenenfalls kann noch der Brechereffekt als zusätzliches Beschleunigungsmoment ausgenutzt werden. Alle drei Faktoren können die Fahrt eines →*Verdrängerbootes* kurzzeitig so weit und stark beschleunigen, daß es bei ständiger Wiederholung des S. (mit kurzzeitigen Pausen) schneller als mit seiner →*Rumpffahrt* →*über Grund* vorankommt und diese (wie eine →*Jolle* beim →*Gleiten)* geringfügig überschreitet. Da S. nur bei hohem →*Seegang* möglich ist und im Wellental jedesmal ein bemerkenswerter Fahrtverlust eintritt, ist das S. nicht ungefährlich und die Gefahr des →*Querschlagens* o. ä. niemals ausgeschlossen. (Gesprochen: „Sörfen".)

Sydney – Hobart-Rennen, das *(Sydney – Hobart Offshore Race)* Seit 1945 jährlich gesegelte →*Hochseeregatta* über 630 sm entlang der australischen Küste von Sydney nach Hobart an der Südostküste Tasmaniens. Jeweils am 2. Weihnachtstag starten weit über 100 Yachten zu einem vorwiegend mit →*raumen,* aber frischen Winden gesegelten Rennen.

synodisch *(synodical)* Vom gleichen Weg bzw. zur gleichen Stellung. In der Zeitbestimmung auf den Umlauf des Mondes und auf die Stellung von Sonne und Erde zueinander bezogen, zum Unterschied von →*siderisch.*

synodischer Monat, der *(synodical month)* Die Zeit des Mondumlaufes um die Erde bis zur Rückkehr in dieselbe Mondphase (von →*Neumond* zu Neumond) und wieder in die gleiche Stellung zur Sonne. Der s. M. beträgt 29 d 12 h 44 min 3 s.

synoptisch *(synoptical)* Übersichtlich zusammengestellt oder vom selben Gesichtspunkt aus betrachtet. Der Begriff wird hauptsächlich in der →*Wetterkunde* benutzt und auf die →*Wetterkarte* bezogen.

synoptische Wetterkarte, die *(synoptic weather chart)* Eine →*Wetterkarte,* die die →*Wetterlage* zu einer bestimmten Zeit für ein großräumiges Gebiet der Erdoberfläche anzeigt, wie sie sich praktisch aus der Sicht eines Satelliten bietet.

synthetische Faser(n), die *(synthetic fibres)* Fasern, die aus synthetischen Materialien hergestellt sind und auch als →*Chemiefasern* bezeichnet werden. Sie können (z. B. aus →*Polyamid* und →*Polyester)* entweder zu →*Tauwerk (→synthetischem Faserstoff)* verflochten und verdreht oder zu →*synthetischem Segeltuch* verwoben werden. S. F. aus Glas (→*Glasfasern)* oder Kohlenstoff (→*Carbonfasern)* dienen in unterschiedlicher →*Machart* (z. B. als →*Matten* oder →*Rovings)* zur Verstärkung anderer synthetischer Materialien (z. B. →*Polyester* oder →*Epoxid)* für den Bau von →*Schiffsrümpfen,* →*Masten* u. ä.

synthetischer Faserstoff *(synthetic fibre [material], synthetic fabric)* Nach →*DIN 83305* gehören hierzu die →*Chemiefasern* →*Polyamid* (PA), →*Polyester* (PES) und →*Polypropylen* (PP), die zur Herstellung von Seilgarnen für →*Fasertauwerk* benutzt werden.

synthetisches Material, das *(synthetic material, synthetic fabric)* Sammelbezeichnung aller im →*Bootsbau,* in der Herstellung der →*Segel* und für die Fertigung der →*Ausrüstung* benutzten, aus chemischen Kunststoffen und in unterschiedlicher →*Machart* hergestellter Materialien. So können z. B. aus dem s. M. →*Polyethylen* sowohl →*Schaumstoffe* (für →*Schwimmhilfen* und →*Rettungswesten)* als auch →*Monofile* für die Fertigung einer →*synthetischen Faser* und der Weiterverarbeitung zu →*Fasertauwerk* hergestellt werden.

synthetisches Segeltuch, das *(synthetic sailcloth)* Im Gegensatz zu →*Segeltuch* aus →*Baumwolle,* →*Flachs* oder anderen →*Naturfasern* ein →*Segel,* das aus →*synthetischen Fasern* (z. B. aus →*Polyester* mit dem Markennamen →*Dacron*) oder aus durchsichtigen Folien (ebenfalls aus Polyester mit dem Markennamen →*Mylar)* gefertigt ist. Beide chemischen Bestandteile ergeben (mit Beschichtung und gegenseitiger Verstärkung) wiederum ein neues s. S., z. B. als →*Mylar-Sandwich.*

T

T = Tango Internationales Buchstabensignal, rot-weiß-blau.
Bedeutung: „Halten Sie frei von mir, ich bin beim Gespannfischen."
Morsen: – (lang).

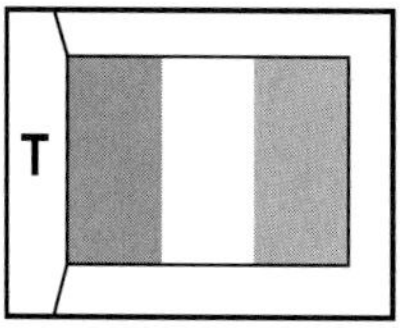

Tag, der *(1. day time; 2. day)* 1. Der Zeitraum zwischen Sonnenaufgang und Sonnenuntergang, d. h. wenn sich die Sonne über dem →*Horizont* befindet, im Gegensatz zur →*Nacht.* In diesem Sinne sind →*Tagbogen,* →*Tagsignal,* Tageslicht, Tagesanbruch, →*Tagundnachtgleiche* zu verstehen. – 2. Auf die →*Zeit* bezogen eine Drehung der Erde um ihre eigene Achse, die bei einem →*mittleren Sonnentag* 24 h 0 min 0 s, beim →*wahren Sonnentag* um die →*Zeitgleichung* kürzer oder länger ist und bei einem Sternentag 22 h 56 min 4 s beträgt. Für diese Zeitspanne gelten die Begriffe →*Tagebuch,* →*Tagesetmal,* →*Liegetag,* tägliche →*Ungleichheit,* täglicher →*Gang* u. a.

Tagbogen, der *(diurnal circle)* In der →*astronomischen Navigation* der Kreisbogen bei der täglichen Bahn eines Gestirns, der über dem →*wahren Horizont* liegt, im Gegensatz zum →*Nachtbogen,* dem unsichtbaren Teil des Abweichungsparallels, der unter dem Horizont liegt. Der T. kann bis zu 24 Stunden betragen.

Tagebuch, das *(diary)* Es wird an Bord als →*Schiffstagebuch,* →*Logbuch* oder →*Journal* geführt.

Tagesetmal, das *(day's run, day's work, 24-hour-run)* Die auf einer →*Langfahrt* in 24 Stunden zurückgelegte Distanz, die von Mittag bis Mittag gemessen und korrekter einfach →*Etmal* genannt wird. Natürlich kann man ein T. auch im Sinne des Datums zählen.

Tagespreis, der Ein →*Regattapreis,* der für einen guten Platz in einer →*Wettfahrt* und zusätzlich zu Punkt-, Herausforderungs-, Wanderpreisen u. a. als persönliche Anerkennung einer Leistung gegeben wird.

Tagmarke, die *(daylight navigation mark)* Eine nur bei →*Tag* sichtbare Hilfe für die →*Navigation,* z. B. eine →*Bake,* →*Tonne,* →*Pricke* oder ein anderes →*Stangenseezeichen.* Auch das →*Toppzeichen* eines →*Seezeichens* ist eine T. Demgegenüber gelten die mit einem →*Signalkörper* von Bord aus übermittelten →*Signale* nicht als T., sondern als →*Tagsignale.*

Tagsignal, das *(daylight signal)* Ein →*Signal,* das durch seine aktive Anwendung oder sein einfaches Zeigen eine bestimmte optische (nautische) Nachricht vermittelt. Ein T. läßt sich z. B. mit der →*Morselampe* als Tagsignallampe und mit dem →*Morsealphabet* abgeben (auch „blinkern" genannt), mit →*Winkern* und dem →*Winkeralphabet* vermitteln oder im Falle von →*Seenot* mit dem →*Tages(licht)signalspiegel* abstrah-

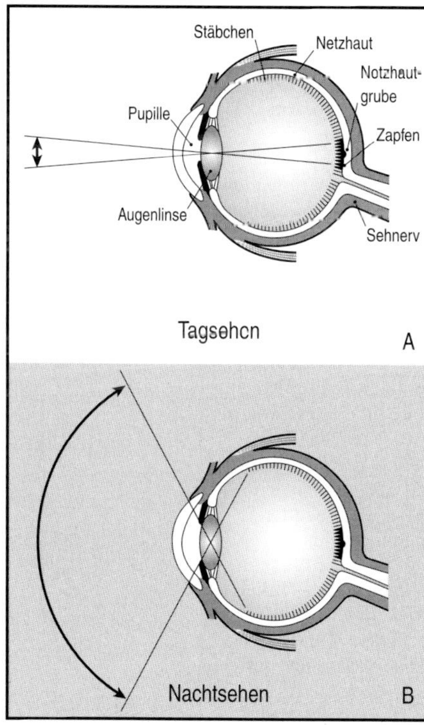

len. Auch ein →*Flaggensignal* ist ein aktives T. Als passives T. gilt eine Information, die mit einem →*Signalkörper* gegeben wird, z. B. mit einem schwarzen →*Ball* zur Kennzeichnung eines →*Ankerliegers.*

Tagsignalspiegel, Tageslichtsignalspiegel, der *(daylight signal mirror)* Auf die Reflexion des Sonnenlichtes bezogen ein →*Signalspiegel* zur zielgerechten Aussendung eines optischen →*Notsignals,* das zur Pflichtausrüstung einer →*Rettungsinsel* nach den →*SOLAS-Bestimmungen* gehört.

Tagsehfähigkeit, die *(visual faculty in broad daylight)* In hellem Licht sieht man einen Gegenstand sowohl mit dem (unbewaffneten) Auge als durch das →*Glas* am besten, wenn das Bild direkt auf das Zentrum der Netzhaut und seine Zapfen fallen kann (Abb. A). Die →*Nachtsehfähigkeit* (Abb. B) beruht demgegenüber auf der Anzahl der Stäbchen rund um die Netzhaut und ist von der ca. 30–45 Minuten dauernden Dunkeladaption bei einer Nachtfahrt abhängig.

Tagundnachtgleiche, die *(equinox)* Die Tage 21., (22.) März und (22.), 23. September, auch Frühlings- und Herbst-T. genannt, an denen die Sonnenbahn oder Ekliptik im Himmelsäquator liegt und →*Tag* wie →*Nacht* überall auf der Erde 12 h lang sind. Am →*Äquator* herrscht das ganze Jahr über diese T.

Taifun, der *(taiphoon)* Tropischer →*Wirbelsturm,* der in den Monaten Juli bis Oktober im ostasiatischen Teil der Pazifischen Ozeans auftritt.

Takel, das *(tackle)* Ausgangsbegriff für →*Takelage,* →*Takelung,* →*takeln* u. a. als ursprüngliche Bezeichnung für eine (schwere) →*Talje* und das →*Tauwerk* und →*Blockwerk,* mit dem zusammen eine Talje zur Kraftersparnis arbeitet.

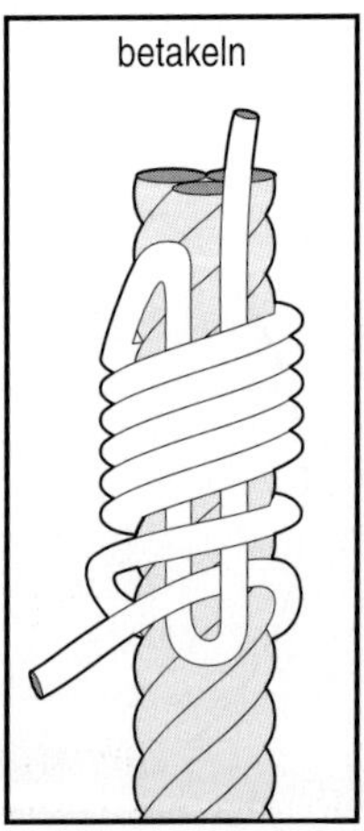

Takelage, die – Takelwerk, das *(rigging, tackling, rig)* Das gesamte →*Geschirr,* das zum Ausnutzen der →*Windenergie* an den →*Segeln* notwendig ist. Dazu gehören →*Mast(en)* und →*Spieren,* das →*stehende* und →*laufende Gut* mit dem gesamten →*Tauwerk* und →*Blockwerk,* alle →*Taljen* und sämtliche →*Beschläge.* Man kann die T. von der →*Takelung* unterscheiden.

Takelgarn, das *(yarn, whipping twine)* Aus drei bis vier →*Kabelgarnen* →*linksgeschlagenes* oder im →*S-Schlag* hergestelltes und etwas dickeres →*Segelgarn* zum Aufsetzen eines →*Taklings.*

takeln *(1. to rig – 2. to whip)* 1. Im Sinne von auftakeln: Die →*Takelage* in einen betriebsklaren Zustand bringen, →*Masten* setzen und aufriggen, das →*stehende Gut* anbringen und sichern, das →*laufende Gut* so herrichten, daß man die →*Segel* setzen kann. – 2. Einen →*Tampen* t. oder →*betakeln* heißt, einen →*Takling* aufsetzen. – 3. Wenn ein Neubau zu t. ist und dabei →*Wanten* und →*Stagen* auf die richtige Länge gebracht werden, →*Terminals* anzubringen und Arbeiten des →*Spleißens* zu verrichten sind, kann man einen Takler oder eine Taklerei mit dieser Arbeit betrauen.

Takelpäckchen, das (Arbeitspäckchen) *(rigger's overall)* Arbeitsbluse aus grobem →*Segeltuch* für die Arbeiten des →*Takelns* oder in der →*Takelage.* Diese Schutzkleidung war (und ist) hauptsächlich auf einem →*Segelschiff* erforderlich, weil vor allem →*Drahttauwerk* stark unter Fett gehalten wurde und beim →*Entern* die Gefahr der Verschmutzung groß war.

Takelriß, der (Takelplan, der) *(rigging plan)* Die den →*Segelriß* ergänzende, maßstabgerechte zeichnerische Darstellung aller Einzelheiten der →*Takelage,* insbesondere aller Längen, Durchmesser und Materialien für das →*stehende* und →*laufende Gut,* die Art der →*Taljen* und eine Stückliste aller →*Beschläge,* →*Kauschen,* →*Blöcke,* →*Rutscher* u. v. a. Der T. enthält auch die genauen Positionen, wo alle Teile der Stückliste beim →*Takeln* anzubringen sind. Auf kleinen Booten genügt auch eine Takelskizze.

Takelung, die *(rig)* Das Prinzip der →*Takelage* und der typische Unterschied in der Art und Weise, wie die Takelage aufgebaut ist bzw. arbeitet. Man unterscheidet z. B. eine →*Rah-* und →*Schrat-T.,* →*Hoch-* und →*Gaffel-T.,* →*Topp-* oder →*Dreiviertel-T.*, spricht (nach der Anzahl der →*Masten*) von einer →*Slup-* oder →*Ketsch-,* →*Yawl-* bzw. →*Schuner-T.,* bei einer T. ohne →*Vorsegel* von einer →*Cat-T.,* mit zwei Vorsegeln

		Bezeichnung	Skizze
1	2	Oberwant	
2	1	Backstag	
3	1	Vorstag	
4	2	Unterwant	
5	1	Kleines Vorstag	
6	1	Großfall	
7	1	Fockfall	
8	1	Dirk	
9	1	Großschot	
10	1	Fockschot	
11	1	Baumniederholer	
12	1	Vorliekstrecker	
13	1	Fockvorläufer	
14	1	Schäkel für Großsegelhals	

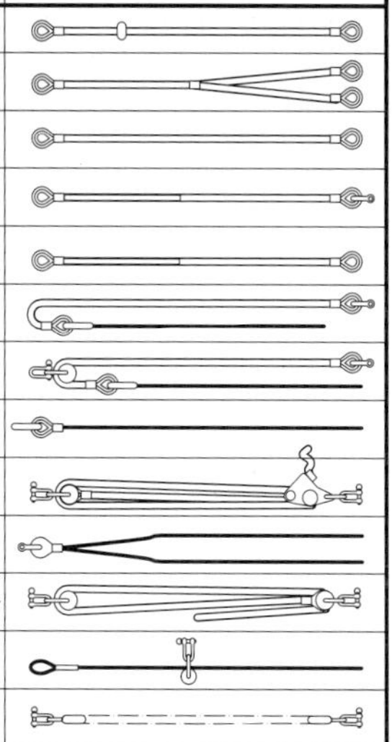

Takelriß

von einer →*Kuttertakelung* und in der →*Vermessung* von einer →*Takelungshöhe.*

Takelungshöhe, die *(height of rig)* Ein Wert bei der →*Vermessung* des →*Riggs,* z. B. nach einem →*Vermessungsmodus,* der von Oberkante →*Deck* bis zum →*Masttopp* (Oberkante Fallscheibe) gemessen wird. In bezug auf den →*Windgradienten* ist die T. oft begrenzt; aber die erlaubte T. wird in Konstruktionsklassen (fast) immer voll ausgenutzt.

Takling, der *(whipping)* Sicherung des Zusammenhaltes aller →*Kardeele* an einem →*Tampen* durch Umwickeln mit →*Takelgarn.* Das Aufsetzen kann auf mehrfache Art erfolgen: durch einen einfachen oder genähten T. (Abb. A), durch einen →*Spanischen T.* oder einen Endfestiger aus flüssigem, schnell härtendem Kunststoff. Ein T. wird

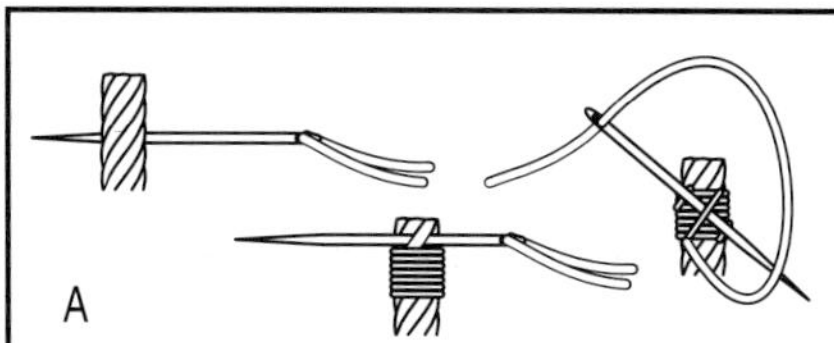

A

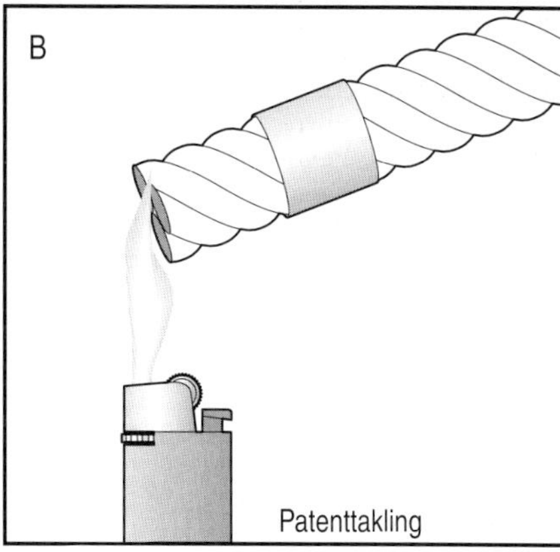

B

Patenttakling

so breit gelegt, wie das Tauwerk dick ist. Bei →*Tauwerk* aus →*Chemiefasern* kann man auf einen T. verzichten, wenn man die nur provisorisch zusammengebundenen Kardeele über einer offenen Flamme (Kerze, Feuerzeug, Abb. B) miteinander verschweißt.

Gleichtaktfeuer weiß

Taktfeuer, das *(rhythmical light, periodical light)* Ein früherer Begriff für ein →*Leuchtfeuer,* das im Gegensatz zu einem →*Festfeuer* eine in einer bestimmten →*Wiederkehr* unterbrochene

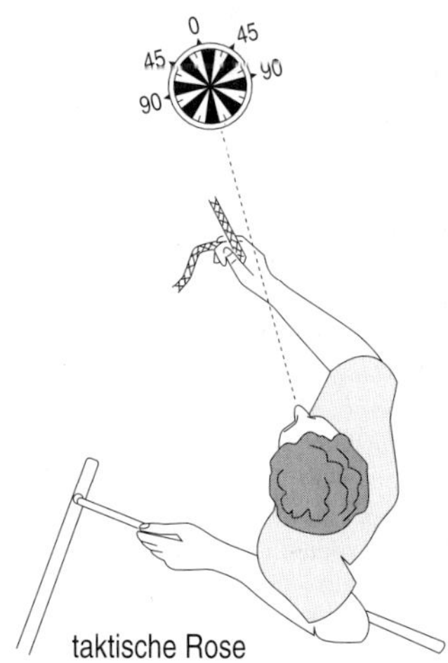

taktische Rose

→*Kennung* hat, z. B. als →*Gleichtaktfeuer* (Abb.) mit gleicher Zeitdauer von →*Lichterscheinung* und Unterbrechung.

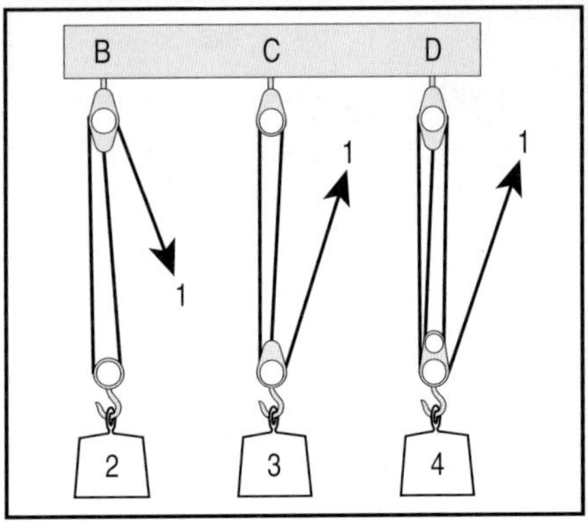

Taktiker, der *(tactician)* Bei einer →*Hochseeregatta* oder einer →*Wettfahrt* mit mehrköpfiger →*Crew* ein Segler, der für die wechselnden Entscheidungen der →*Regattataktik* verantwortlich ist.

taktische Rose, die *(coloured grid or coloured compass card)* Die Einteilung der →*Kompaßrose* bei einem →*Hilfs-* oder →*Jollenkompaß* in farbige Kreissegmente, um Kurswinkel und Gegenwinkel für Entscheidungen der →*Regattataktik* schneller deutlich zu machen (Abb.). Die Farbfelder sind auch oft auf einen Gridring aufgemalt.

Taktkennung, die *(rhythmical characteristic[s] of a light)* Bei der →*Lichterscheinung* eines →*Leuchtfeuers* der typische Wechsel zwischen Licht und Verdunkelung, den nur ein →*Taktfeuer,* nicht aber ein →*Festfeuer* hat. Die T. ist für jedes Feuer charakterisiert, z. B. bei →*unterbrochenem Feuer,* →*Gleichtaktfeuer,* →*Funkelfeuer,* →*Wechselfeuer* usw. In den neuen amtlichen Beschreibungen der →*Leuchtfeuer* wird anstelle der T. nur noch von →*Kennung* und →*Wiederkehr* als Dauer der Kennung gesprochen.

Talje, die *(tackle)* Eine Kombination von →*Tauwerk* und →*Blöcken,* um nach dem Prinzip eines Flaschenzuges mit relativ einfachen Hilfsmitteln die Arbeit zu erleichtern. Bei sinnvoller Anordnung vermindert sich die notwendige Zugkraft im Verhältnis der am Lastblock angreifenden →*Parten,* aber gleichzeitig muß für jeden „Läufer" ein ca. 10%iger Verlust an Reibung und Biegewiderstand in Rechnung gestellt werden. Man unterscheidet eine „feste", eine „laufende" und eine „holende" Part. Die wichtigste T. ist die Großschot (Abb. A), andere sind →*Strecktaljen,* →*Halstaljen,* →*Refftaljen* o. ä. Bei einer einfachen T. (B) kann man mit der Kraft = 1 die doppelte Last, bei einer „Arbeitstalje" (C) die dreifache und bei einer dreischeibigen Talje (D) die vierfache Last holen.

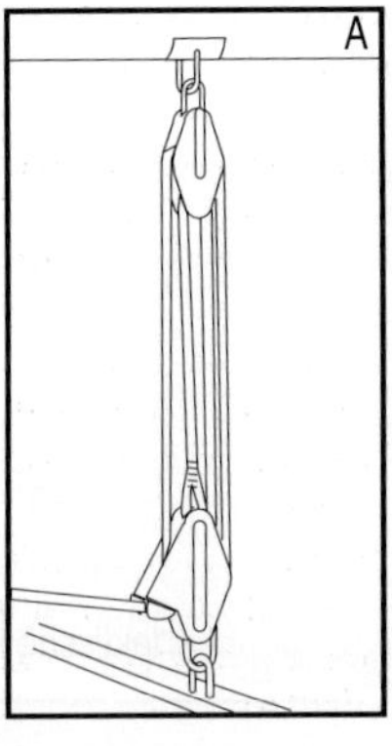

Taljereep, das *(lanyard)* Das →*Reep* oder der →*Läufer* einer →*Talje,* die aber nicht durch →*Blöcke,* sondern nur durch eine →*Kausch,* einen

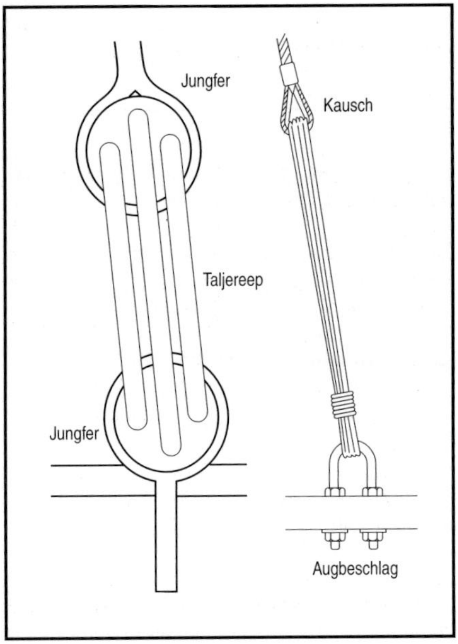

→*Augbeschlag* im →*Pütting* oder durch →*Jungfern* (Abb.) laufen und bei denen jeder Törn einzeln durchgeholt werden muß, damit alle gleichmäßig tragen. Die Sicherung dieser einfachsten Befestigung der →*Wanten* erfolgt durch den →*Taljereepsknoten.* Besonders auf Kleinbooten und im Fall einer →*Havarie,* z. B. bei Bruch des →*Wantenspanners,* übliche Befestigung.

Taljereepsknoten, der *(lanyard hitch)* Ein einfacher Knoten, der den →*Tampen* eines →*Reeps* oder einer →*Leine* verdickt, damit er nicht durch ein →*Auge* ausrauschen kann. Der T. wird z. B. bei einem →*Taljereep* benutzt, das durch eine →*Jungfer* geführt ist, oder auch bei einem →*Stropp* in einer Pütz. Man dreht die einzelnen →*Kardeele* auf und steckt sie einfach oder doppelt zusammen, holt sie dicht und schneidet sie nach dem →*Betakeln* ab.

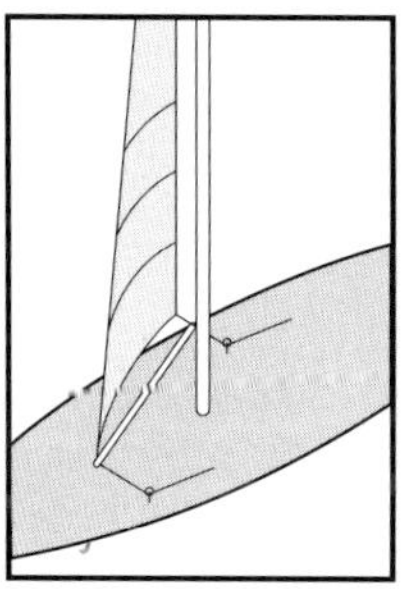

Tallboy, der (engl.) *(slatsail)* Bei einem →*Seekreuzer* für →*Hochseerennen* ein hohes, schmales →*Beisegel* für leichten bis mittleren Wind, das als zusätzliches →*Vorsegel* bei →*Windstärke* 3 bis 5 und auf →*Raumschots-* bis →*Vorwindkursen* sowohl unter dem →*Reacher* wie unter dem →*Spinnaker* und →*Sturmspinnaker* gefahren wird, um die Strömung zwischen →*Großsegel* und Vorsegeln zu aktivieren. Segeltuchgewicht ca. 50 bis 110 g/m². Vorlieklänge ca. 80 % der →*Genua*, Unterliekslänge ca. 80 % der Bootsbreite. Flach geschnitten.

Tallboybaum, der *(tallboy strut)* Eine an Vorkante →*Mast* drehbare, dem →*Spinnakerbaum* ähnliche →*Spiere*, die im →*Vorsegeldreieck* begrenzt schwenkbar ist und den Hals des →*Tallboy* nicht nur in Decksnähe hält, sondern ihn auch →*längsschiffs* verändern und →*querschiffs* verschieben kann, wenn dies aus Gründen der →*Segeltechnik* bei unterschiedlichen →*Kursen* zum Wind vorteilhaft und notwendig ist.

Tampen, der; Tamp, der (*rope's end, bitter end)* 1. Ein →*Tau*, ein (kurzes) Stück →*Tauwerk*, ein kurzes →*Ende*. – 2. Das Endstück einer →*Leine* oder →*Trosse*. Jedes Ende besitzt also zwei „Tampen".

Tandemkiel, der *(tandem keel)* Eine Art →*Fensterkiel*. Zwei profilierte →*Flossen* mit kleiner →*Streckung* und abgerundeten →*Anströmkanten* sind mit einer Verbindung an ihrer Unterkante so hintereinander angeordnet, daß zwischen ihnen ein entsprechender Schlitz bleibt. In England ist der T. eine Markenbezeichnung der Firma Warwick Collins. Man könnte ihn auch als →*Schlitzkiel* bezeichnen.

Tank, der *(tank)* Ein (eingebauter) Behälter für Flüssigkeiten, bei einem „Tankschiff" auch ein ganzer großer Raum. Man hat an Bord Brennstoff- und Wasser-T., auf Rennyachten auch Ballast-T. und Trimm-T. Die transportablen Flüssigkeitsbehälter werden (meistens) Kanister genannt.

Tartane, die *(tartana)* Einmastiger Segler des Mittelmeers mit →*Lateintakelung*, →*Stagfock* und →*Klüver*, als Frachtsegler und Fischerboot benutzt, mit hohem Freibord. Lüa 9–20 m, Büa 3–4,50 m.

Tau, der *(dew)* Als unmittelbare Kondensation des Wasserdampfes der untersten Luftschichten eine Art des →*Niederschlags* an festen Gegenständen, hauptsächlich in klaren, kalten Nächten.

Tau, das *(rope)* Im allg. Sprachgebrauch ein dickes →*Seil*, in der →*Schiffahrt* (früher) ab ein →*Zoll* Umfang und somit mehr als 8 mm Durchmesser. Heute nur noch Wortbestandteil von →*Tauwerk*, oder gelegentlich im Sinne von →*Trosse* gemeint, im Gegensatz zu →*Leine*.

tauchen, (tauchschwingen) *(to heave)* Eine →*Bootsbewegung* in der waagerechten Wasserlinienebene in vertikaler Richtung, die so lange anhält, bis das zusätzlich eingebrachte Gewicht durch den größeren Auftrieb des tiefer eingetauchten Rumpfes wieder ausgeglichen wird.

Tauchschwingungen, die *(heaving oscillation)* Periodische Auf- und Abbewegung des ganzen Bootskörpers in senkrechter Richtung, die zu den →*Bootsbewegungen* (richtiger: Bootsschwingungen) gehört. Sie tritt besonders in leichter →*Dünung* auf und wird um so unangenehmer empfunden, je schneller diese Fahrstuhl-Bewegung erfolgt (Abb.).

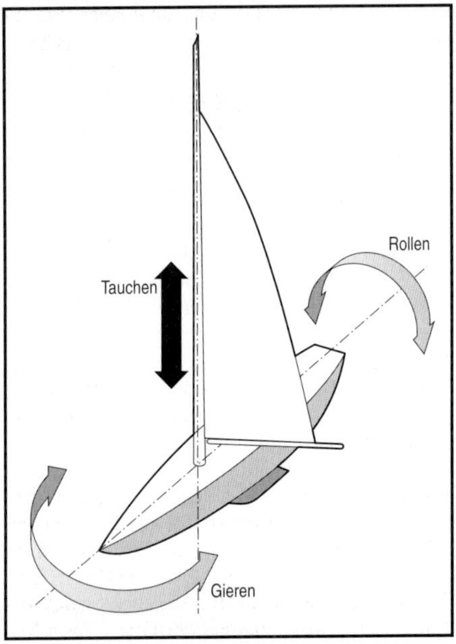

Tauchklemme, die *(clam cleat)* Eine einfache →*Schotklemme* aus Kunststoff (→*Nylon),* deren Führungsrippen zwischen kräftigen Wandungen eine Leine sofort fassen, bei anhaltender Belastung festhalten und bei stärkerem Zug in den konisch gearbeiteten Bodenteil hinunterziehen, aber auch das sofortige Lösen der Verbindung durch einfaches Hochreißen der Leine erlauben. Vielseitig für →*Schoten,* →*Fallen* oder →*Strecker* verwendbar und als Vertikal-, Horizontal- und Bügelklemmen oder liegend für eine Leinenführung an →*Deck* sowie inmitten eines kleinen →*Pollers* lieferbar.

Taupunkt, der *(dew point)* Die Temperatur, bei der eine →*relative Luftfeuchtigkeit* von 100 % durch Abkühlung erreicht wird. So entsteht →*Schwitzwasser* in der →*Kajüte,* wenn sich die (bei Tage) aufgeheizte Luft in der Nacht abkühlt, und sinngemäß tritt in der Natur die Bildung von →*Nebel* durch Abkühlung feuchter Luft ein. Der T. ist dabei eine Temperaturangabe.

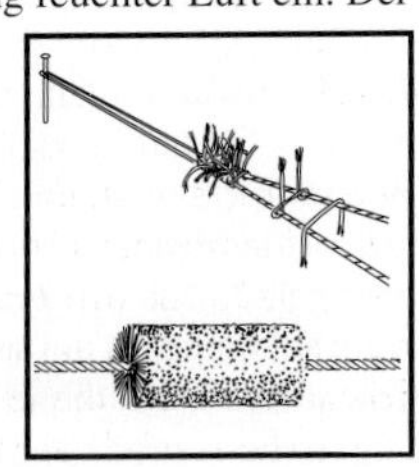

Tausendbein, das *(bagywrinkle)* Zum Schutz gegen →*Schamfilen* an →*Wanten,* →*Stagen* und anderen Teilen der →*Takelage* befestigter, in der Art kreisrunder Bürsten aus Tauwerkresten gefertigter →*„Fender“,* der den harten, zerstörenden Kontakt von →*Segel* oder →*Tauwerk* verhindern soll.

Tauwerk, das *(ropes, cables, cordage)* Sammelbezeichnung für alle an Bord benutzten →*Leinen,* →*Trossen,* →*Drahtseile,* die man wie folgt unterscheidet: Nach dem Material →*Drahttauwerk* (→*Stahlseile)* und →*Fasertauwerk.* Die Faserseile wiederum können aus →*Naturfasern* oder →*synthetischen Fasern* (→*Chemiefasern)* gefertigt sein. Als T. aus Naturfasern werden →*Baumwoll-,* →*Hanf-* (z. B. →*Manila-* und →*Sisal-*) sowie →*Kokostauwerk* bezeichnet. Zu den Chemiefasern, aus denen T. gefertigt wird, gehören →*Polyamid* (mit den Markennamen →*Nylon* und →*Perlon*), →*Polyester* (als →*Dacron* und →*Perlon*), →*Polypropylen* (als Betelon und Enkalon), →*Aramid* (als →*Kevlar* und →*Twaron*) sowie →*Polyethylen* (als →*Dyneema*). Nach der Art der Herstellung unterscheidet man bei Drahttauwerk (Abb. A) z. B. die →*Machart* 1 x 19 (für →*stehendes Gut*), 7 x 19 (für →*laufendes* Gut) und 7 x 7 (für die →*Seereling*). Aus diesen Daten geht auch hervor, ob das T. →*steif* (1 x 19) oder →*lehnig* (7 x 19) ist. Im offiziellen Sprachgebrauch fällt Fasertauwerk (B) unter die Bezeichnung →*Seil,* für deren Macharten und Fertigungsstufen die Norm →*DIN 83305* gilt. So entsteht z. B. das Material für einen →*Festmacher,* eine →*Schot,* ein →*Fall*

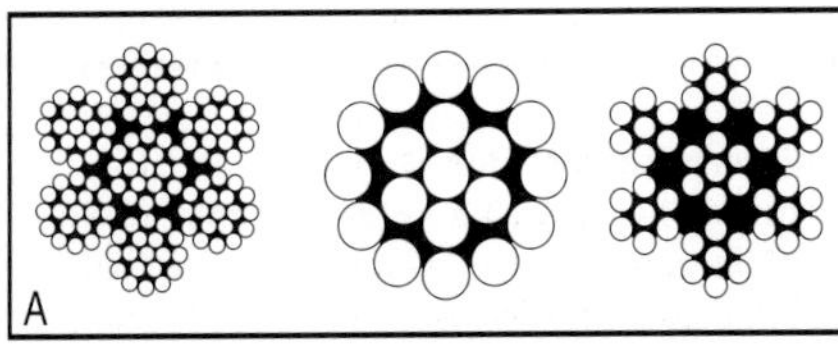
A

B

oder einen →*Strecker* aus mehreren →*Verseilstufen* durch Zusammendrehen in →*S-Drehung* oder →*Z-Drehung* zu größeren, →*geschlagenen* oder →*geflochtenen* Einheiten, ggf. als →*Kern* (mit →*Dyneema* verstärkt) mit →*Mantel* (aus →*Stapelfasern* oder →*Endlosfasern)* und in unterschiedlicher Flechtart, z. B. als →*Quadratgeflecht.* Nach →*DIN 60900* entspricht die S-Drehung der früheren Machart von →*linksgeschlagenem* T. (bis zum →*Kabelschlag),* die Z-Drehung derjenigen von →*rechtsgeschlagenem* T. (im →*Trossenschlag).* Für die Dicke von T. wird sein Durchmesser (in Millimetern), im (angloamerikanischen) Ausland oft noch sein Umfang (in Zoll) angegeben. Dickes T. wird auch als →*Trosse* oder →*Leine,* dünnes als →*Garn,* →*Takelgarn,* →*Bändselgut* u. a. bezeichnet. Die sichtbaren Teile, aus denen T. geschlagen ist, nennt man →*Kardeele* bzw. (nach DIN) →*Litzen.* Zu T., das im Handel angeboten wird, gehört die Angabe der Festigkeit (nach →*DIN 8333*), z. B. als →*Bruchlast,* angegeben in →*Deka-Newton* (daN).

TCF-System, das *(time correction factor system)* Beim →*Regattasegeln* eine →*Zeitvergütung* mit dem →*Zeitberichtigungsfaktor (time correction factor)* und einer Vorgabe Zeit pro Zeit.

Teakholz, das *(teak wood)* Aus Ostindien und Burma sowie Indonesien stammendes →*Massivholz* mit dem kleinsten Schrumpfwert aller bekannten Bootsbauhölzer, das in hohem Grade fäulnisfest und weitgehend immun gegen tierische Holzschädlinge wie Bohrmuschel u. a. ist, sich mit unverzinktem Eisen verträgt und sogar eingeschlagene rostige Nägel vor weiterer →*Korrosion* schützt. Es wurde und wird als Decksbelag benutzt, der lackiert oder ohne Farbanstrich gescheuert werden und damit rutschsicherer bleiben kann. Man unterscheidet Burma-, Rangun-, Java- und Siam-Teak mit einem →*spezifischen Gewicht* von 0,80 bis 0,96, einem →*Darrgewicht* von 0,64 und einem Schrumpfwert von 1 %.

Team-Wettfahrten, die *(team races)* Eine Sonderform des →*Regattasegelns,* bei der (meistens 2) Mannschaften aus z. B. je 3 →*Jollen* gegeneinander segeln. Mehrere Boote eines Teams dürfen dabei ein einzelnes der anderen Mannschaft mit Mitteln der →*Segeltechnik* und Zusatzregeln der →*WR, Anhang D* bekämpfen und damit in interessanten Varianten der →*Regattataktik* dafür sorgen, daß eine Mannschaft eine bessere Punktzahl *(*nach dem →*Low Point-System,* siehe

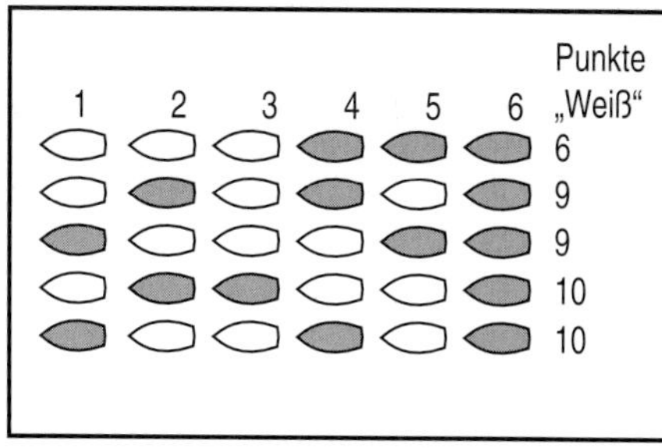

Abb.) als die andere erhält und damit Sieger wird. In allen →*Wettfahrten* siegte das Team „Weiß“ mit z. B. 6 Punkten im ersten und 10 Punkten im fünften Rennen.

Teamsegeln, das *(team sailing)* Eine nicht erlaubte Form des →*Rennsegelns,* wenn in einer üblichen →*Wettfahrt* ein Boot oder mehrere andere Boote einen bestimmten Mitbewerber →*abdecken* oder behindern, damit ein drittes, unbeteiligtes, aber daran nicht uninteressiertes Boot daraus Vorteile erhält.

technische Navigation, die; technische Navigationsverfahren, die *(technical navigation, technical navigation systems)* Im Gegensatz zur →*terrestrischen* und →*astronomischen Navigation* der Umgang mit technischen Geräten und Hilfsmitteln zur →*Schiffsortbestimmung.* Zur t. N. dienen →*Decca-,* →*Loran-,* →*Radar-* und →*Satelliten-Navigationsgeräte,* früher waren auch →*Consol-Funkfeuer,* →*Seefunk-* und →*Flugfunkfeuer* zur Ortsbestimmung durch →*Funkpeilungen* im Einsatz. Die t. N. mit dem Einsatz von →*Decca* und →*Loran C,* die Navigation mit →*GPS* und →*Radar* sowie der Umgang mit →*integrierten nautischen Anlagen* und der →*elektronischen Seekarte* wird mancherorts auch als →*elektronische Navigation* bezeichnet. Andererseits rechnet man zum Gebiet der t. N. auch z. B. den →*Magnetkompaß,* den →*Autopilot,* →*Log* und →*Lot,* weil sie eben – im Gegensatz wohl zu →*Seekarte* und →*Kursdreieck* – „technische Geräte“ darstellen. Eine bindende Systematik gibt es diesbezüglich nicht.

Teer, der *(tar)* Durch Destillation von Steinkohle (Steinkohlenteer, *coal tar),* Braunkohle *(brown tar)* und/oder Holz *(vegetal tar, Stockholm tar)* gewonnene zähe, klebrige Masse zum Vergießen von →*Stabdecks* und zum Dichten des Bootsbodens auf Holzschiffen.

Teer-Antifouling, die *(tar[ry] antifouling)* Unterwasserfarbe auf der Basis eines →*EP-Anstrichs* mit Teerpech für den Korrosionsschutz von Metall- und Beton-Booten. Auf den elastischen und abriebfesten Film wird später →*Hart-Antifouling* aufgetragen.

Teiltief, das *(secondary depression)* Eine Teilstörung am Rande eines →*Tiefdruckgebietes,* die oft von →*stürmischem Wind* oder →*Sturm* begleitet wird und sich sehr schnell bewegt.

Teleskopbaum, der *(telescop[ic] spinnaker boom, telescop pole)* Zum →*Ausbaumen* eines →*Passatsegels* oder →*Allrounders* auf etwa 70 % Länge eines üblichen →*Spinnakerbaumes* verkürzte →*Spiere,* die sich durch das teleskopartige Herausziehen ihres Innenteiles auf etwa 130 % der →*Vorsegelbasis* verlängern läßt. Der →*handigere* Umgang mit einem T. gewährleistet gleichzeitig eine sichere →*Decksarbeit.* Der im →*Rennsegeln* nicht erlaubte T. wird daher insbesondere auf →*Seekreuzern* eingesetzt, die auf →*Langfahrten* mit relativ kleiner →*Crew* unterwegs sind und dann meistens paarweise für →*Passatsegel* oder den →*Allrounder* (Abb.) eingesetzt. Beim stufenlosen →*Reffen* einer →*Rollgenua* kann ein T. auf jedes gewünschte Maß verkürzt werden.

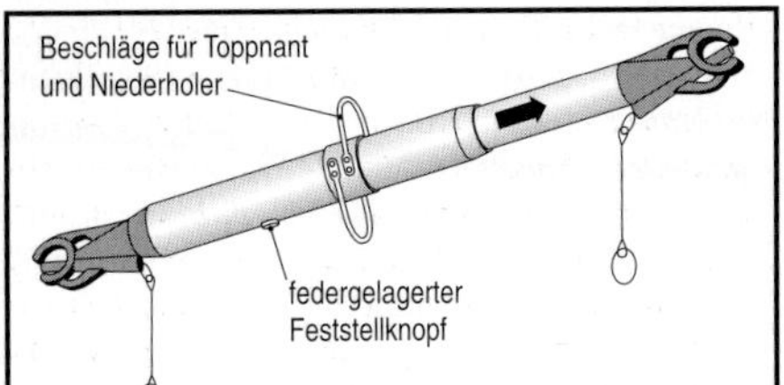

Teleskopbaum

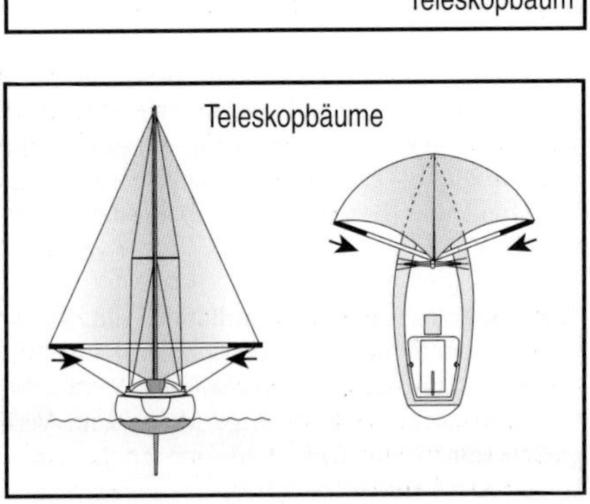
Teleskopbäume

Tempern, das *(post-curing)* Das kontrollierte Zuführen von Wärme bei der Aushärtung eines →*laminierten* Rumpfes aus →*GFK.* Bei den meisten →*Epoxidharzen* verkürzt sich dadurch nicht nur die Aushärtungszeit, es kommt auch zu einem deutlichen Festigkeitszuwachs in den getemperten Bauteilen.

Tender, der Engl. Lehnwort als Bezeichnung für →*Beiboot,* →*Tochterboot,* →*Dingi.* Ein T. dient zum Transport der →*Crew* am Ankerplatz, zum Ausfahren von Leinen und als Arbeitsboot. Er wird mit →*Riemen* und/oder →*Außenborder* bewegt, in →*Davits* oder im Schlepp mitgeführt und trägt den Yachtnamen seines Mutterschiffes an der Seite, z. B. (international geschrieben) „Tender to CORMORAN", um seine Zugehörigkeit zu dokumentieren.

Terlenka Markenname für →*Polyesterfasern* holländischer Produktion (Enka).

Terminal, das (engl.) Der →*Endbeschlag* am

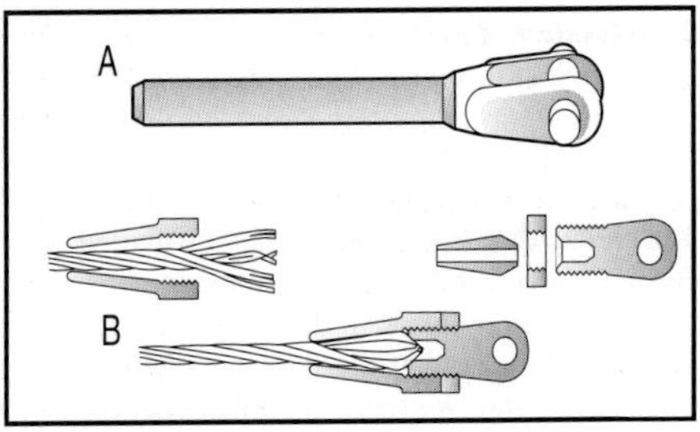

→*Tampen* von →*Drahttauwerk,* der entweder als →*Walz-T.* (Abb. A) oder als →*Gewinde-T.* (Abb. B) aufgebracht oder als Bügelseilhülse durch →*Pressung* mit dem Tampen verbunden werden kann. Nach der Form des Endstücks kann man zwischen einem →*Gabelt.* (A), Augt. (B), Ballt. u. a. wählen.

terrestrisch *(terrestrial)* Auf die Erde bezogen.

terrestrische Navigation, die *(terrestrial navigation, pilotage)* Navigation an der →*Küste* mit Hilfe von →*Landmarken* und anderen Punkten der Erde, dem →*Grund* und der auf ihm verankerten →*schwimmenden Seezeichen,* zum Unterschied zur →*astronomischen,* →*technischen,* →*elektronischen* und der früheren →*Funknavigation.* Zur t. N. gehören der →*Koppelkurs,* die Arbeit mit dem →*Stromdreieck* sowie die Ermittlung von →*Standlinien* durch →*Peilungen* zu Landmarken, Abstandsbestimmungen zu ihnen durch →*Horizontal-* und Höhenwinkelmessung, →*Doppelpeilungen,* →*Lotungen,* Messungen des →*Schalls* u. v. a. Ein wichtiges Hilfsmittel der t. N. ist die →*Seekarte.*

terrestrischer Äquator, der *(terrestrial equator)* Der →*Äquator* der Erdkugel, auch geographischer Ä. genannt, im Gegensatz zum →*Himmelsäquator.*

terrestrischer Schiffsort, der *(terrestrial position)* Ein →*wahrer* Ort, der durch →*Landmarken* und mit Methoden der →*terrestrischen Navigation* gefunden wird.

terrestrische Standlinie, die *(visual line of position)* Eine →*Standlinie,* die mit Methoden der →*terrestrischen Navigation* gewonnen wird.

Territorialgewässer, die (*territorial waters)* Eine andere Bezeichnung für die →*Hoheitsgewässer* eines Staates vor seiner →*Küste.*

Terylene Markenname für →*Polyesterfasern* britischer Produktion (ICI), die zur Herstellung von →*Fasertauwerk* und →*Segeltuch* benutzt werden.

Tetoron Markenname für →*Polyesterfasern* japanischer Produktion, die zur Herstellung von →*Fasertauwerk* und →*Segeltuch* benutzt werden.

Teufelsklaue, die *(sling dogs, devil's claw)* Rechtwinkliger Stahlbügel mit einem →*Ende* aus →*Draht-* oder →*Fasertauwerk,* der zum Halten oder →*Einholen* mit einer entsprechenden Ausnehmung über ein Kettenglied greifen kann. Eine T. kann auch als →*Kettenstopper* dienen, wenn ihre Öffnung nach dem Einlegen der Kette durch einen Überfall sicher zu schließen ist. Auch Doppelhaken, die von zwei Seiten in ein →*Auge* fassen, werden als T. bezeichnet. Sie werden jedoch nur bei Zugbelastung zusammengehalten und müssen →*bemust* werden, damit sie sich bei loser Leine nicht öffnen können.

tex (*linear density of rope yarn)* Das Gewicht in Gramm von 1000 Meter →*Faser* bzw. →*Garn* nach dem →*Internationalen Einheitensystem* (→*SI-System)* und nach dem Normblatt →*DIN 60905.* T. bezeichnet die Feinheit der →*Endlosfasern,* die als Rohstoffe der Garne (z. B. →*Polyamid,* →*Polyester,* →*Polypropylen* u. a.) für die Herstellung von →*Fasertauwerk* aus →*Chemiefasern* dienen. So bedeutet z. B. „17tex", daß 1000 Meter Garn 17 Gramm wiegen. Oder „100 tex" heißt, daß 1000 Meter Garn 100 Gramm wiegen. Bei dieser Gewichtsnumerierung besitzen feine Garne eine niedrige tex-Zahl. Die international geeignetste Bezeichnung der Feinheit erfolgt mit einem Dezimalteil von t., nämlich der Einheit →*deci tex,* geschrieben dtex.

Thames Tonnage (engl.) *(Themse-Vermessung)* Englische Vermessungsformel, die bis zur dortigen Einführung des →*metrischen Systems* auch zur (groben) Kennzeichnung der Größe einer →*Yacht* benutzt wurde. In der Formel

$$\text{Tonnen} = \frac{(L-B) \times B \times \frac{1}{2} B}{94}$$

war der Begriff L = Länge das Maß vom Bug bis zum →*Ruderkoker* im →*Deck* und B = Breite das Maß am →*Hauptspant.* →*Seekreuzer* mit einer T. T. von z. B. 5 können eine →*Verdrängung* von 2 t (→*Leichtdeplacementsboote)* bis 4,5 t (schwere Verdränger) haben, so daß die Formel im modernen Yachtbau nicht mehr anwendbar ist. Bei (älteren) Erfahrungsberichten und Prospektangaben bis ca. 1975 ist daher eine Prüfung erforderlich, ob es sich bei der Angabe „Ein 9-Tonnen-Boot" um die exakte Angabe des Gewichtes in →*Tonnen* oder nur um T. T.-Zahlen handelt.

Thermoplaste, die Sammelbezeichnung für →*Kunststoffe,* die nur durch äußere Wärmezufuhr zu verformen sind und bei Überschreiten ihres Erweichungspunktes wieder neu verformt werden und neuerlich aushärten können. T. können preisgünstiger hergestellt werden als →*Duroplaste,* doch lassen sich Schäden nur vom Fachmann reparieren. Zu den T. gehören →*Polyamide* und →*ABS-Kunststoffe.* Im →*Bootsbau* werden bevorzugt →*glasfaserverstärkte T.* eingesetzt. ·

Tide, die *(tide)* Eine →*Gezeit,* die sich aus einer →*Flut* und der nachfolgenden →*Ebbe* zusammensetzt und von einem →*Niedrigwasser* über das folgende →*Hochwasser* bis zum nächsten Niedrigwasser reicht. Sie dauert bei Halbtagstiden im Mittel einen halben Mondtag von 12 h 25 min.

Tideerscheinung, die *(range of the tide)* An einer →*Küste* ist die T. hauptsächlich durch das periodische Steigen und Fallen des Wasserstandes bei →*Flut* und →*Ebbe* sowie die dadurch verursachte →*Tidenströmung,* den →*Flutstrom* und →*Ebbstrom* zu erkennen.

Tidefluß, der Mündungsstrecke eines Flusses in einem →*Tidengewässer,* die unter unmittelbarem Einfluß der →*Tide* steht.

Tidegrenze, die Die Stelle eines Flusses in →*Tidengewässern,* bis zu der eine →*Tideerscheinung* noch bemerkbar ist.

Tidehafen, der *(tidal harbour)* Ein →*offener Hafen* oder →*Fluthafen,* der nur bei angestiegenem Wasserstand (zur Zeit des →*Hochwassers)* zugänglich ist und in dem alle festgemachten Boote und Schiffe die durch den Gezeitenwechsel bedingten Änderungen des Wasserstandes mitmachen müssen. Sie liegen dazu meistens an einem →*Schlengel* oder an einer →*Muring.*

Tiden, die Als →*Gezeiten* des Meeres allgemein die senkrechte und waagerechte Bewegung der großen Wasserkörper unserer Ozeane und ihrer Randmeere unter der Einwirkung der Anziehungskraft von Sonne und Mond und in Verbindung mit den Erdumdrehungen. Als →*Tide* ein Begriff aus der →*Gezeitenkunde.*

Tidenfall, der *(tidal fall)* Höhenunterschied zwischen einem Hochwasserstand und dem folgenden Niedrigwasserstand in einer →*Tide.*

Tidengewässer, das *(tidal waters)* Meeresteile, Küstengebiete und Flußmündungen, in denen →*Tideerscheinungen* oder Gezeitenerscheinungen auftreten, z. B. an der Küste der →*Nordsee.*

Tidenhochwasser, das *(high tide)* Der Eintritt des höchsten Wasserstandes einer →*Tide* beim Übergang vom →*Tidenstieg* zum →*Tidenfall.* Das T. wird in den →*Gezeitentafeln* auch nur als →*Hochwasser* bezeichnet.

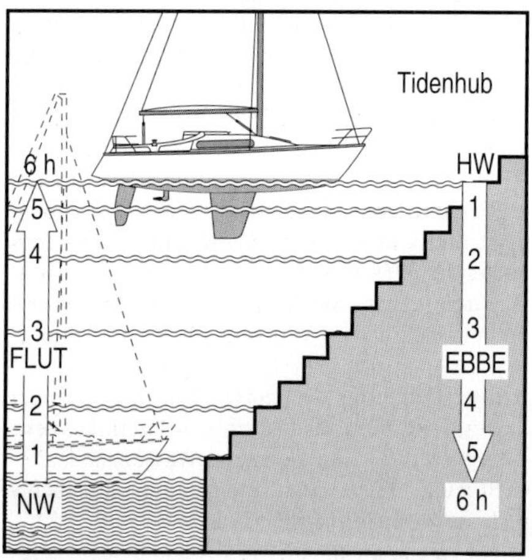

Tidenhub, der *(tidal range)* Der mittlere Höhenunterschied zwischen einem →*Hochwasser* und den beiden benachbarten →*Niedrigwassern* einer →*Tide* oder das arithmetische Mittel aus →*Tidenstieg* und →*Tidenfall.* Der mittlere T. ist an der deutschen Nordseeküste unterschiedlich groß und beträgt z. B. in der Elbmündung (bei Cuxhaven) 2,85 m, bei Hamburg 2,20 m, in der Wesermündung (beim Leuchtturm Roter Sand) 2,70 m, im Jadebusen (bei Wilhelmshaven) 3,60 m, in der Emsmündung (bei Borkum) 2,20 m, bei Helgoland 2,25 m und an der Insel Sylt 1,70 m.

Tidenkalender, der *(tide tables, tide calendar)* Vom →*BSH* jährlich neu herausgegebenes Tabellenwerk (Abb.) als Auszug aus der →*Gezeitentafel,* das die Hoch- und Niedrigwasserzeiten für die Deutsche Bucht und deren Flußgebiete für jeden Tag des betreffenden Jahres und etwa 150 Orte enthält. Für →*Bezugsorte* lassen sich die Angaben direkt aus dem T. entnehmen, für →*Anschlußorte* sind die entsprechenden →*Gezeitenunterschiede* angegeben. Das jahrzehntelang unter dem Titel „T." herausgegebene und von den Küstenbewohnern nach wie vor so genannte Kalenderwerk heißt jetzt offiziell →*Gezeitenkalender* und ist auch unter diesem Namen im Handel erhältlich.

Mai				
Tag	H.W.		N.W.	
	Zeit	Höhe	Zeit	Höhe
1	08 45	2,2	02 58	0.0
	21 03	2,5	15 23	0,2
2	09 53	2,3	04 09	-0,1
	22 05	2,6	16 29	-0,1
3	10 48	2,4	05 07	-0,1
	22 57	2,7	17 23	-0,1
4	11 35	2,5	05 57	-0,1
	23 47	2,7	18 12	0,0
5	-- --	--	06 42	-0,2
	12 18	2,6	18 56	-0,1
6	00 31	2,7	07 21	-0,2
	12 55	2,6	19 33	-0,1
7	01 11	2,6	07 53	-0,1
	13 28	2,6	20 08	-0,1
8	01 48	2,6	08 23	0,0
	14 04	2,6	20 45	-0,1

Tidenkurve, die *(e.: tidal diagram – a.: marigram)* Die zeichnerische Darstellung der Wasserstandsänderung für einen Ort im →*Tidengebiet,* in der die Zeit (mit der Dauer von →*Flut* und →*Ebbe)* als Abszisse und die zugehörigen Wasserstände in Metern (bei →*Tidenstieg* und →*Tidenfall)* als Ordinaten eingetragen sind. Die Abb. zeigt die Darstellung einer T. in den →*Gezeitentafeln.* Im allgemeinen wird eine T. für die →*Springtide* (hier: durchgezogene Linie) und für die →*Nipptide* (hier: gestrichelte Linie) gezeichnet.

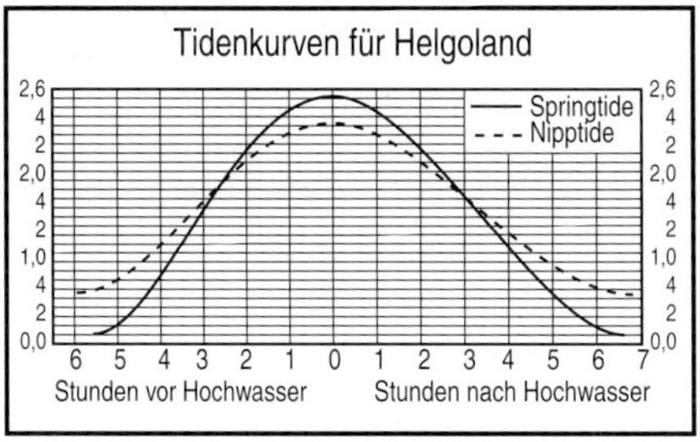

Tidenniedrigwasser, das *(low tide)* Der Eintritt des niedrigsten Wasserstandes zwischen zwei aufeinanderfolgenden →*Tiden* beim Übergang vom →*Tidenfall* zum →*Tidenstieg.* Das T. wird in den →*Gezeitentafeln* auch nur als →*Niedrigwasser* bezeichnet.

Tidenstieg, der *(tidal rise)* Höhenunterschied zwischen einem Hochwasserstand und dem vorhergehenden Niedrigwasserstand in einer →*Tide.*

Tidenstrom, der *(e.: tidal stream; a.: tidal current)* Die durch die →*Tide* verursachte und mit →*Ebbe* und →*Flut* in ihrer Richtung wechselnde Wasserströmung, die man für viele Gebiete der Erde aus einem Tidenatlas entnehmen kann. Der T. kann z. B. in der Elbmündung bei Cuxhaven bis 6,5 kn, in Stromrinnen auf dem →*Watt* 2 bis 4 kn und in der →*Deutschen Bucht* 1 bis 2 kn betragen.

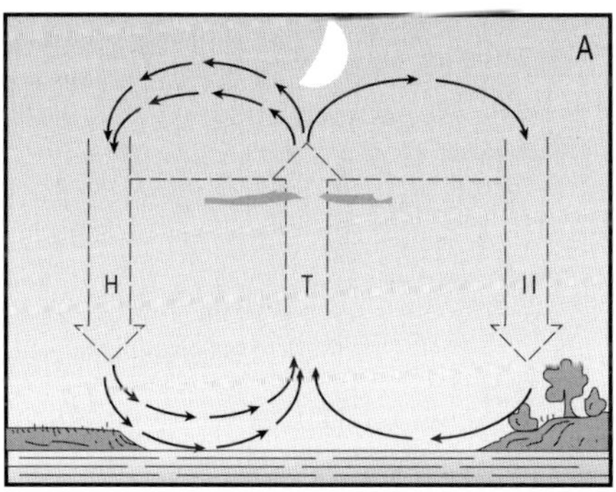

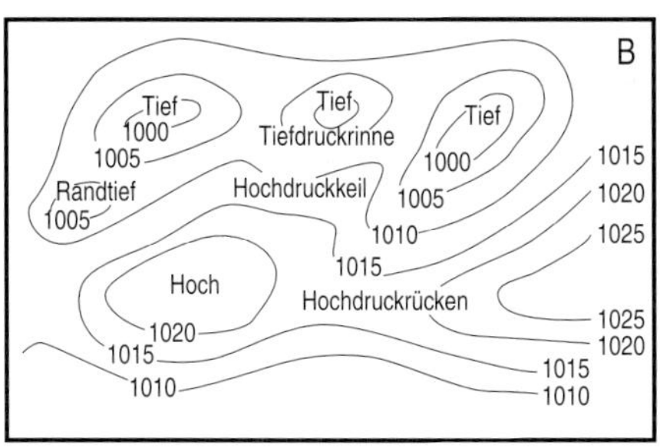

Tief, das *(cyclone, low, depression)* Bezeichnung in der →*Wetterkunde* für ein Gebiet tiefen →*Luftdruckes,* dessen Annäherung man am Aufzug hoher, sich immer mehr verdichtender Wolken, an dem Wachsen der →*Windgeschwindigkeit* und am Fallen des →*Luftdrucks* erkennt. In einem T. treten starke →*Bewölkung,* →*Niederschläge* und kräftiger →*Wind* auf. Auf der Nordhalbkugel umkreisen die Winde ein T. entgegen dem Uhrzeigersinn in Richtung auf den Kern. Nach der →*Windregel* kann man Lage und →*Kurslinie* eines T. ermitteln. Abb. A zeigt die Luftbewegung in einem T., dargestellt an einem örtlich und zeitlich begrenzten thermischen T. über der See bei Nacht mit dem dadurch entstehenden →*Landwind.* Abb. B zeigt ein T. in der →*Wetterkarte.*

Tiefausläufer, der *(trough)* In der →*Wetterkunde* die Bezeichnung einer Ausbuchtung der →*Isobaren.* In einem T. liegt oft eine →*Front* oder ein Frontausläufer mit der Gefahr →*umspringender Winde.*

Tiefdrucksystem, das *(complex of depressions)* Ein →*Schlechtwettergebiet,* über dem sich mehrere →*Tiefdruckgebiete* mit verschiedenen →*Tiefs,* →*Teiltiefs,* →*Tiefausläufern* o. ä. mit ihren →*Fronten* bewegen.

Tiefdrucktrog, der *(trough)* Ein →*Tiefausläufer,* der auf der Rückseite umfangreicher →*Tiefdruckgebiete* mit stärkeren Winden auftritt.

Tiefe in Meter und Dezimeter *(sounding in metres and decimetres)* Zeichen aus der →*Seekarte* siehe →*Karte 1* (INT 1) im Anhang.

Tiefenlinie, Angabe in Metern *(depth contour, depth im metres)* Siehe →*Karte 1,* Anhang.

Tiefenlinie, die *(fathom line, depth conture, isobath)* In der →*Seekarte* die eingezeichneten Linien gleicher →*Wassertiefe* (→*Isobathen),* die auf das entsprechende →*Kartennull* bezogen und im allgemeinen in Meter, in älteren englischen Seekarten auch in →*Faden* angegeben sind.

Tiefenwarngerät, das *(depth alarm)* Ein in ein →*Echolot* integriertes Zusatzgerät, das auf eine bestimmte →*Tiefenlinie* eingestellt werden kann und sowohl optisch als auch akustisch Warnsignale abgibt, wenn diese (z. B. bei der Ansteuerung einer →*Küste)* erreicht ist. Ein T. kann andererseits auch am →*Ankerplatz* eingesetzt werden, um die (schlafende) →*Crew* zu warnen, wenn eine eingestellte Wassertiefe sich beim →*Schlieren* des Ankers und dem Vertreiben vom Ankerplatz vergrößert oder bei einer →*Winddrehung* und einer Lage auf →*Legerwall* vermindert.

tiefer segeln als vor dem Wind *(by the lee, sailing by the lee)* Beim Segeln auf einem →*Vorwindkurs* (→*platt vor dem Wind*) den →*scheinbaren Wind* nicht direkt von →*achtern* oder von →*Luv,* sondern von derjenigen Seite erhalten, auf der sich das (ausgebaumte) →*Großsegel* befindet und die daher die →*Leeseite* ist. In dieser Situation steht das Großsegel praktisch (vielleicht noch unbemerkt) →*back,* und es kann zu einer →*Patenthalse* kommen.

Tiefgang, der *(e.: draugth; a.: draft)* Der senkrechte Abstand von Unterkante →*Kiel* bis zur →*Wasserlinie.* Bei einem →*Kielboot* wird im allgemeinen der größte T., bei einem Schwertboot der Tiefgang des →*Rumpfes* und der T. mit voll gefiertem →*Schwert* angegeben. Im allgemeinen ist der Konstruktions-T., der bei einem →*Linienriß* von der →*Konstruktionswasserlinie* ausgemessen wird, etwas geringer als der tatsächliche T. des →*seeklaren Bootes.* Der T. ändert sich mit der →*Dichte* des →*Seewassers,* die daher bei der →*Vermessung* des T. beachtet werden muß, und mit der →*Verdrängung.*

tiefgangbehindertes Fahrzeug, (das) Ein →*Maschinenfahrzeug,* das nach Regel 3 h der →*KVR* durch seinen →*Tiefgang* im Verhältnis zu der vorhandenen →*Wassertiefe* und der Breite des befahrbaren Gewässers erheblich behindert ist, von seinem →*Kurs* abzuweichen. Es zeigt nach Regel 28 KVR drei rote →*Rundumlichter* senkrecht übereinander oder einen →*Zylinder* und hat nach Regel 18 d KVR →*Wegerecht.* Ein anderes Fahrzeug, mit Ausnahme eines →*manövrierunfähigen* oder →*manövrierbehinderten,* darf die Durchfahrt eines tiefgangbehinderten Fahrzeuges nicht stören.

Tiefsee, die *(deep sea)* Die Meeresgebiete mit einer Wassertiefe von mehr als 800 m. Paradoxerweise ist meistens die →*hohe See* eine T., weil die Wassertiefe mit der Entfernung von der →*Küste* wächst, doch kann man andererseits (z. B. im →*Mittelmeer)* die T. sogar nur mit den Kenntnissen der →*terrestrischen Navigation* sicher befahren, weil sie bereits in geringem Uferabstand beginnt.

Tiefwasserweg, der *(deep-draught-route)* Ein durch →*Tonnen* in weiten Abständen bezeichneter Weg auf dem →*freien Meer (*z. B. →*Nordsee* und →*Ostsee)* für Schiffe mit großem →*Tiefgang.* Auf einem T. haben alle →*tiefgangbehinderten Schiffe* →*Wegerecht.* Ein T. wird von der →*IMO* festgelegt und ist meistens zweibahnig wie ein →*Verkehrstrennungsgebiet* angelegt. Segler sollten einen T. meiden und ihn erforderlichenfalls nur mit der →*Kielrichtung* in rechtem Winkel queren. Ein T. ist in der →*Seekarte* mit DW bezeichnet.

Titan, das *(titanium)* Ein teures Metall, das die Festigkeit von →*Stahl,* aber nur eine wenig größere →*Dichte* (4,50) als →*Aluminium* hat und daher (auch wegen seiner hohen →*Korrosionsbeständigkeit)* als Material für hochbelastete →*Beschläge,* →*Profilwanten* oder sogar →*Spieren* auf →*Rennyachten* verwandt wird.

Tjalk, die *(tjalk)* Flachbodiger Typ eines holländischen Küstenseglers, auch als →*Fahrtenkreuzer*

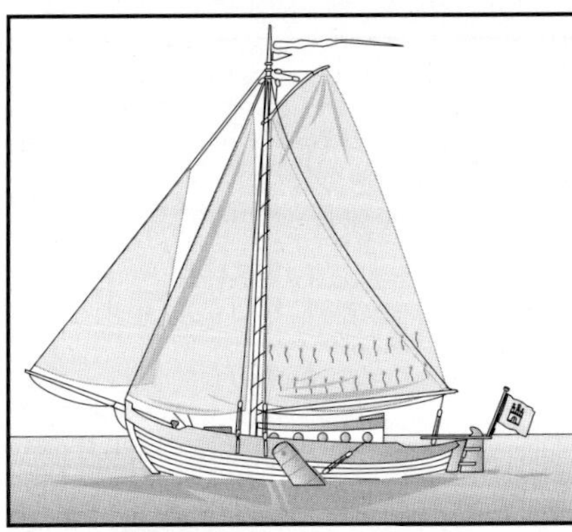

gebaut; sehr breit, mit rundem →*Bug* und →*Heck,* mit →*Seitenschwertern,* außen befestigtem →*Ruder* und kurzer, gebogener →*Gaffel.*

TMF Abk. f. →*Zeitberichtigungsfaktor.*

Tochterboot, das *(daughter boat, tender)* Ein →*Beiboot,* das auf einem →*Seekreuzer* an →*Deck* oder in den →*Davits* mitgeführt und für seemännische Arbeiten oder den Transport der →*Crew* eingesetzt wird, wenn die Yacht →*vor Anker* liegt. Auch das auf →*Seenotrettungskreuzern* mitgeführte kleinere →*Rettungsboot* mit geringerem →*Tiefgang* wird als T. bezeichnet.

Tochterkompaß, der *(repeater compass, repeater)* Ein Gerät für die Fernanzeige der Kompaßrichtungen. Auf Yachten, die mit einem →*Magnetkompaß* ausgerüstet sind, kann ein T. bei einer →*Fluxgate-Kompaßanlage* neben dem →*Steuerkompaß* als →*Peilkompaß* eingesetzt werden, und es kann sich ein T. im →*Steuerhaus,* in der →*Plicht* oder an jedem beliebigen anderen Ort aufstellen lassen.

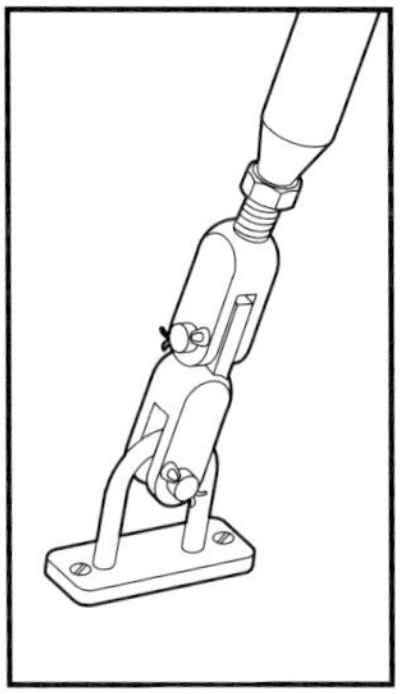

Toggle, der (engl.) (deutsch: →Knebel) Metallverbindung mit Bolzen und →*Splint,* die als spezielles Gelenkstück zwischen →*Pütting* und →*Wantenspanner* gesetzt wird. Ein T. gleicht voneinander abweichende Zugrichtungen aus, ersetzt einen →*Schäkel,* der sich bei →*Seeschlag* aufdrehen könnte und überbrückt Distanzen zwischen dem →*stehenden Gut* und seinen →*Rüsteisen,* die sich durch →*Spannschrauben* nicht mehr ausgleichen lassen. T. wird im Deutschen auch als Kniegelenk oder Knieglied *(toggle joint),* als Kniegelenkstange *(toggle link)* und als Klappbolzen *(toggle pin)* bezeichnet.

Toilettenanlage, die *(lavatory, lavatory accommodation, toilet)* Für den Einbau einer →*Bordtoilette* gibt es mehrere Möglichkeiten: Bei einem einfachen →*Yacht-WC* (Pump-WC) wird →*Seewasser* über einen durch ein →*Seeventil* gesicherten Zufluß in das Becken geleitet, und die Fäkalien werden über eine Ablaufleitung entweder direkt nach →*außenbords* oder in einen →*Fäkalientank* gepumpt. Als Spülwasser wird auch →*Frischwasser* aus der Bordanlage benutzt. Das Abpumpen kann von Hand oder elektrisch erfolgen. Zum Ansaugen des Spülwassers läßt sich auch ein Vakuum erzeugen. Chemie-Toiletten sind mit einem transportablen Fäkalientank verbunden. Sie benutzen Spülwasser aus einem eigenen Tank und Konzentrate für die Zersetzung der Fäkalien. Nach den →*IMS-Zusatzbestimmungen* ist der →*Toilettenraum* mit Abmessung und Ausstattung genau vorgeschrieben.

Toilettenraum, der *(toilet room)* Nach →*IMS* ist der T. in seiner Bauweise, Größe, der Installation von Becken, Waschbecken und Abfluß genau vorgeschrieben. Abweichungen, z. B. hinsichtlich der Kapazität des →*Fäkalientanks,* müssen auf einer Prüfliste der →*Einrichtung* vor einer →*Wettfahrt* vermerkt werden.

Tonnage, die *(tonnage)* Bezeichnung für die Größe eines →*Schiffes,* insbesondere für seinen Raumgehalt wie für seine →*Tragfähigkeit.* Für →*Yachten,* die in das →*Seeschiffsregister* eingetragen werden, gilt die →*Tonnage-Vermessung* mit dem Erhalt einer →*Bruttoraumzahl,* die nicht mehr als eine Maßeinheit, sondern als feste Größe aufzufassen ist. Dennoch entspricht sie etwa dem →*Bruttoraumgehalt,* der früher in →*Registertonnen* angegeben war.

Tonnage-Vermessung, die *(tonnage measurement)* Die →*Schiffsvermessung,* die vom →*Bundesamt für Seeschiffahrt und Hydrographie* zur Eintragung von →*seegehenden* →*Segelyachten* und →*Motoryachten* in ein →*Seeschiffsregister* vorgenommen wird. Wichtige Maße sind hierfür die →*Länge* auf Oberdeck (Abb.), die Rumpflänge und die →*Länge über alles* einschließlich →*Bugkorb,* →*Bugspriet* und Badeplattform, die Raumtiefe und die →*Aufbaulänge.* Die T.-V. ist als →*Vermessung nach dem „Vereinfachten Verfahren"* und als →*Vermessung nach den „London-Regeln"* eine sehr aufwendige und daher kostenträchtige Vermessungsmethode durch das →*BSH,* auf die Yachten daher tunlichst verzichten sollten. Sie können statt dessen die →*Vermessung „Feststellung der Länge"* mit geringerem Zeit- und Kostenaufwand vorziehen. Eigner von →*Serienyachten* haben außerdem die Möglichkeit, ihren Meßbrief für die Eintragung in das Seeschiffsregister nach einer →*Vermessung des Prototyps* zu erhalten. Einzelheiten der entsprechenden Verfahren siehe verwiesene Stichworte.

Tonne, die *(1. buoy, 2. ton; 3. register ton)* 1. Schwimmendes, auf dem →*Grund* verankertes →*Seezeichen* aus Eisen, Holz oder Kunststoff. Eine T. wird zur Kennzeichnung eines →*Fahrwassers* oder einer Gefahrenstelle ausgelegt und nach der charakteristischen Form z. B. als →*Spitz-,* →*Stumpf-,* →*Spieren-* oder →*Bakentonne* (Abb. A) bezeichnet. Nach ihrem Zweck unterscheidet man z. B. Tonnen für →*Fahrwasser,* →*Gefahrenstellen* und als →*Sonderzeichen.* Nach Art der abgegebenen Signale gibt es →*Leucht-,* →*Heul-* und →*Glockentonnen* (Abb. B). Jede T. ist durch

Zahl oder Farbgebung gekennzeichnet, damit man ihre genaue Position in der →*Seekarte* erkennen kann. Die Gesamtheit aller Tonnen wird als →*Betonnung* bezeichnet. – 2. Maßeinheit für das Gewicht ist eine (metrische) T. = 1000 kg, im Gegensatz zur englischen „long ton" = 1016 kg und zur amerikanischen „short ton" = 907,19 kg. – 3. Als Raummaß mißt die →*Registertonne* 100 Kubikfuß = 2,8317 m³. Diese T. diente früher zur Schiffsvermessung und gab mit Bruttoregistertonne (BRT) die Schiffsgröße und Nettoregistertonne (NRT) den nutzbaren Schiffsraum an. Sie wurde 1991 durch die →*Bruttoraumzahl* und →*Nettoraumzahl* abgelöst.

Topfzeit, die Die Zeit, in der das mit →*Härter* und →*Beschleuniger* angerührte →*Polyesterharz* im →*GFK-Bootsbau* vom flüssigen in den Gelierzustand übergeht. Durch unterschiedliche Dosierung von Härter und Beschleuniger wird die Topfzeit der gewünschten Verarbeitungszeit angepaßt. Besonders sicher ist die Verarbeitung, wenn man mit dem →*Zweitopf-System* arbeitet und eine immer gleiche T. wählt.

Topographie, die *(topography)* Wörtl „Ortskunde, Lagebeschreibung oder Landesaufnahme". In der →*Karte 1* Beispiele für die Darstellung der speziellen Form der →*Küste,* von →*Landmarken* im Hinterland, →*Brücken* über und →*Kabeln* unter den Wasserstraßen sowie →*Schleusen* und ähnlichen Einrichtungen an Land.

Tonnage-Vermessung

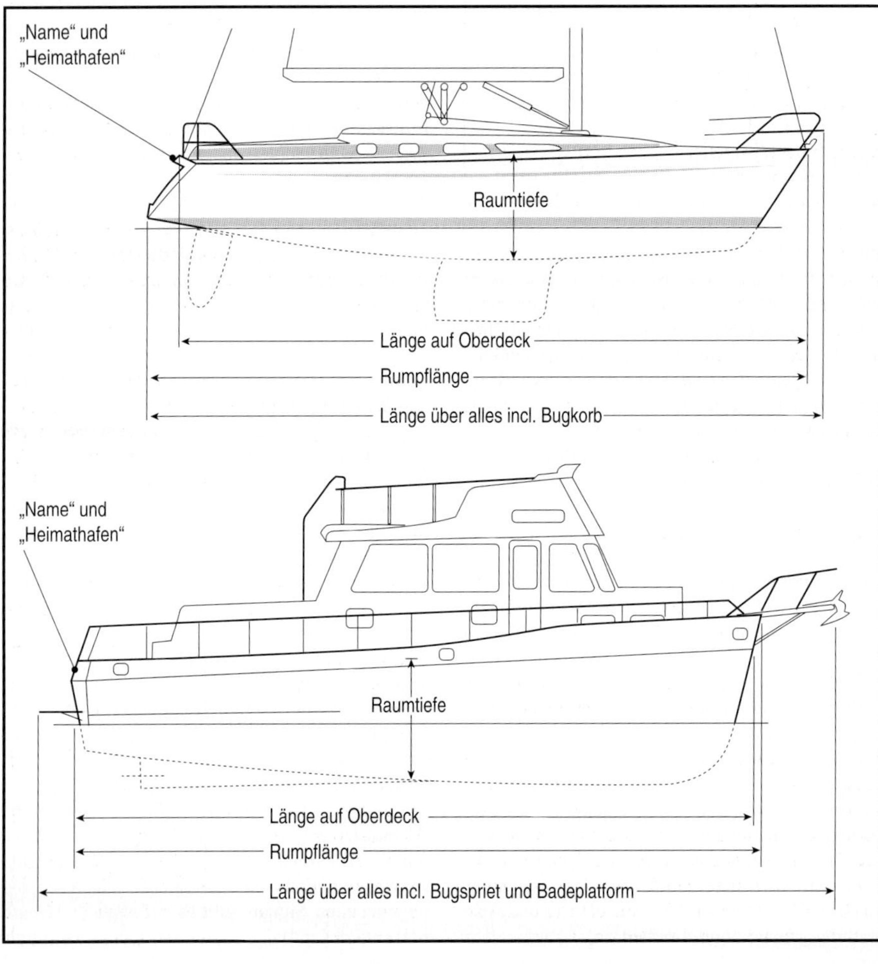

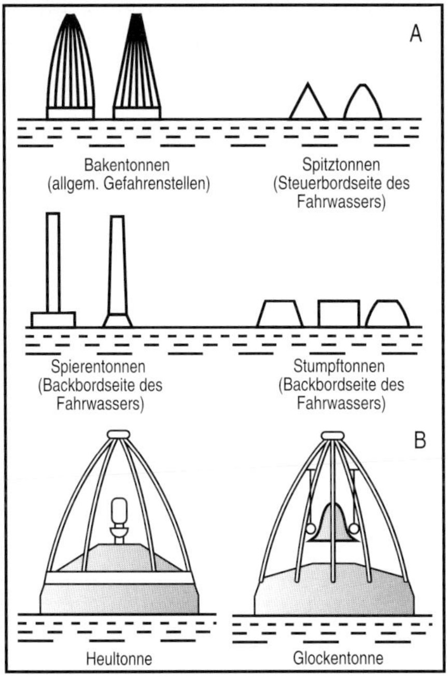

Topp, der *(masthead)* Allgemein: Spitze, insbesondere bei →*Mast* (→*über die Toppen flaggen*) und →*Stenge* (mit →*Toppsegeln*), aber auch bei →*Seezeichen* oder →*Tonnen*, die mit →*Toppzeichen* versehen sind. Ebenfalls in Verbindung mit →*Topplicht*, →*Topplaterne*, →*Topptakelung* u. a. benutzt. Bei mehrmastigen Schiffen erhält der T. den Namen des betreffenden Mastes, z. B. Vortopp (für den →*Fockmast*), Großtopp, →*Besantopp*.

topplastig *(topheavy)* Zu viel Gewicht in der →*Takelage* haben, z. B. durch einen zu schweren →*Mast*, durch zu große →*Beschläge* u. a. Da das →*Toppgewicht* die →*Krängung* vergrößert und damit u. a. →*hydrodynamische Widerstände* verstärkt, vermeidet man Topplastigkeit, auf →*Rennyachten* sogar durch die Benutzung von →*Titan* für →*Masttopp*- und Mastbeschläge.

Topplaterne, die *(mast head lantern)* Nach den →*KVR* eine →*Laterne*, die zu den →*Positionslaternen* gehört und auf →*Maschinenfahrzeugen* von 12 bis 20 m Länge mindestens 2,5 m über dem →*Schandeckel*, bei Fahrzeugen unter 12 m mindestens 1 m über den →*Seitenlaternen* angebracht sein muß. Eine T. muß eine horizontale →*Lichtverteilung* von 225° haben, und zwar von →*recht voraus* bis 22,5° (2 →*Strich*) achterlicher als →*querab* nach jeder Seite. In einer T. wird das für ein →*Maschinenfahrzeug* in →*Fahrt* vorgeschriebene weiße →*Topplicht* mit einer →*Mindesttragweite* von 6 bzw. 5 bzw. 3 bzw. 2 sm geführt. Die nach den KVR offiziell als T. bezeichnete Laterne mit ihrer (seitlich und nach vorn) begrenzten Lichtverteilung wird auf →*Yachten* meistens am →*Mast* in Höhe der (oberen oder unteren) →*Saling* geführt. Auf dem eigentlichen →*Masttopp* ist dafür eine →*Vollkreislaterne* gehaltert, die ein weißes →*Rundumlicht* führen kann, das nach Regel 23, c auf Fahrzeugen unter 12 m Länge das offizielle (sektorenbegrenzte) Topplicht ersetzen und auf Fahrzeugen unter 7 m Länge sogar allein ein Maschinenfahrzeug und/oder ein Segelfahrzeug bezeichnen kann. Auch sie muß in der Seglersprache mit (ebensolcher) Berechtigung als T. bezeichnet werden, darf sie dort oben offiziell ja auch als →*Ankerlaterne* dienen. Um solcher Doppeldeutigkeit und möglicher Verwechslungsgefahr an Bord vorzubeugen, nannte und nennt man das KVR-Topplicht im Seglerjargon ein →*Dampferlicht* bzw. die T. eine →*Dampferlaterne*.

Topplicht, das *(masthead light)* Ein weißes →*Licht*, das nach den →*KVR* von vorn bis 112,5° nach jeder Seite scheint und 2 bzw. 3 bzw. 5 sm bzw. 6 sm →*Mindesttragweite* hat. Es wird in der →*Topplaterne* gezeigt.

Toppnant, der *(topping lift)* Haltetau, das eine auf einer Seite mit dem →*Mast* verbundene →*Spiere* waagerecht hält und dabei schräg nach oben in Richtung auf den →*Topp* führt. Ein T. greift bei einer →*Rah* an deren äußerer Spitze (→*Nock*), bei einem →*Spinnakerbaum* auch in der Mitte an.

Toppsegel, das *(topsail)* Allgemein ein Segel, das im →*Masttopp* gefahren wird, bei →*Eineinhalbmastern* und →*Zweimastern* mit →*Gaffeltakelage* vonehmlich ein →*Gaffeltoppsegel* mit drei- oder vierkantiger Form.

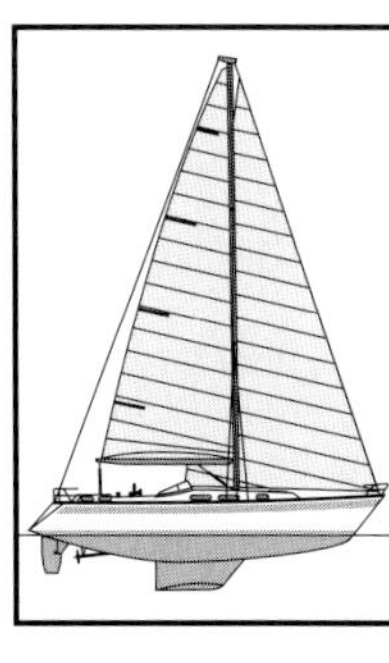

Topptakelung, die *(masthead rig)* Bei einer →*Sluptakelung* bis zum →*Topp* ausgenutztes →*Vorse-*

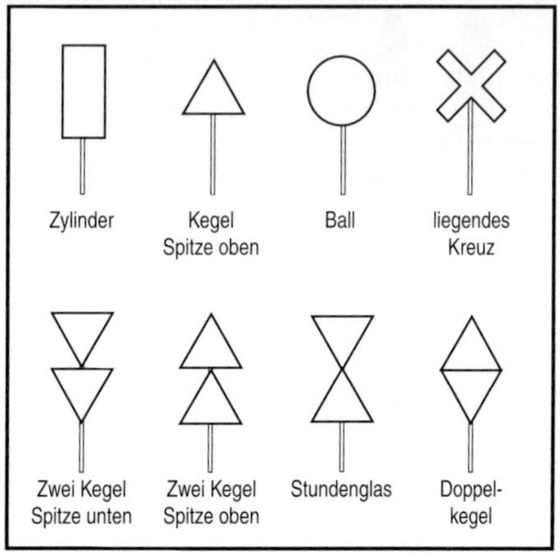

geldreieck, wie es bei modernen Seekreuzern üblich ist. Im Gegensatz dazu die →*Dreiviertel-* oder →*Siebenachtel-Takelung,* bei denen der →*Topp* nicht durch das Vorsegel belastet wird.

Topp und Takel (vor ... lenzen) *(to scud with bare poles)* Ohne Segel →*vor dem Wind* laufen und nur den Winddruck an der →*Takelage* zur →*Fahrt* benutzen oder in Kauf nehmen. Dieses →*Lenzen* v. T. u. T. ist im Sturm (oft) mit der Benutzung von →*Nachschleppleinen* und →*Treibanker* verbunden und neben dem →*Beiliegen* eine Möglichkeit, schweres Wetter auf →*See* zu überstehen.

Toppzeichen, das *(top mark)* An der Spitze (im →*Topp)* eines festen oder schwimmenden →*Seezeichens* angebrachte geometrische Figur zu dessen Unterscheidung bzw. Kennzeichnung, z. B. zur Bezeichnung von →*Fahrwassern* und von →*Gefahrenstellen* außerhalb von Fahrwassern und zu anderer Verwendung.

Torfeuer, das *(pair lights)* Zwei →*Leuchtfeuer* gleicher →*Feuerhöhe,* gleicher →*Lichtstärke* und gleicher →*Kennung,* die zu beiden Seiten eines →*Fahrwassers* rechtwinklig zur Fahrwasserachse einander genau gegenüber und von der Achse gleich weit entfernt angeordnet sind.

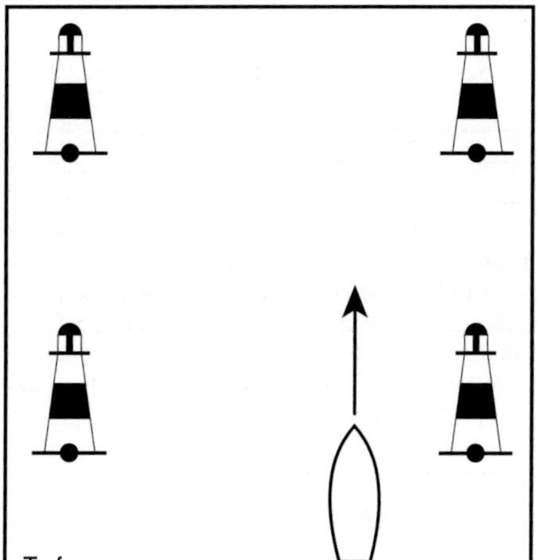
Torfeuer

Törn, der *(1. turn, lay, 2. spell)* 1. Bei der Arbeit mit →*Tauwerk* im Sinne der Drehung oder Windung um eine Achse (beim →*Belegen)* benutzt: Man legt einen T. um eine →*Klampe,* einen zusätzlichen T. um einen →*Poller* und auf einer →*Winde* einen zweiten T. über die erste Lage. Um eine →*Spiere* schlägt man einen →*Rundtörn.* Bei fehlerhafter Arbeit kann sich Tauwerk →*vertörnen.* – 2. Im Sinne der Reihenfolge beim Dienst, der Schicht, dem Turnus spricht man von einem →*Wachtörn,* Rudertörn. – 3. →*Seetörn* im Sinne von →*Reise.*

Tornado, der *(tornado)* Ein hauptsächlich an der Südküste der USA auftretender, einer →*Trombe* ähnlicher →*Wirbelsturm* mit einem Zentrum von nur 300 bis 500 Metern und einer Lebensdauer von wenigen Minuten, der jedoch auf seiner kurzen Bahn schwere Verwüstungen hinterläßt.

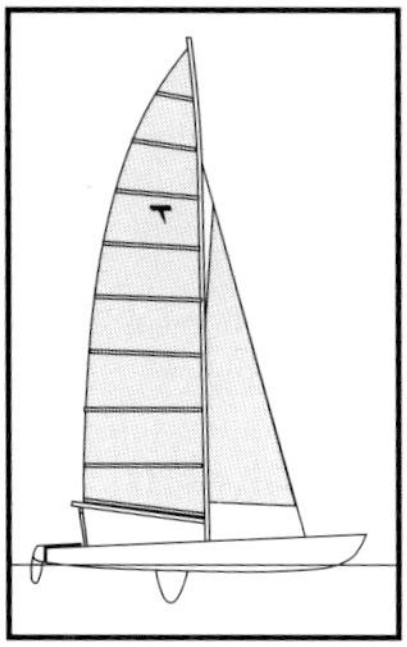

Tornado Von Rodney March 1966 konstruierte →*Katamaran-Klasse* der →*B-Disivion,* die in →*Sperrholz* oder →*GFK* gebaut wird, als →*internationale Klasse* anerkannt und seit 1976 →*olympische Klasse* ist. Lüa 6,10 m, Büa 3,05 m, Tiefg. Rumpf 0,17 m, mit Schwert 0,76 m, Masthöhe 9,45 m, Verdr. segelf. 165 kg, Segelfl. 21,8 m². Segelzeichen: T.

Torstart, der *(gate start)* Eine Möglichkeit, besonders große Felder von →*Jollen* oder →*Yachten* bei einer →*Wettfahrt* mit gleichen Chancen auf die Bahn zu entlassen. Hierbei segelt ein von der →*Wettfahrtleitung* ernannter →*Pfadfinder* etwa 10 Sekunden vor dem →*Startsignal* →*am Wind* auf →*Steuerbordbug* von der Backbord-Begrenzungsmarke auf die →*Bahn.* Er wird in →*Lee* von einem Wachboot und in seinem →*Kielwasser* von einem Torboot begleitet. Nach dem →*Startsignal* dürfen alle teilnehmenden Yachten das Kielwasser des Pfadfinders kreuzen und durch das zwischen dem →*Heck* des Torbootes und der Bahnmarke geöffnete Tor über die so entstandene →*Startlinie* zwischen beiden Punkten auf die Bahn gehen und die Wettahrt beginnen.

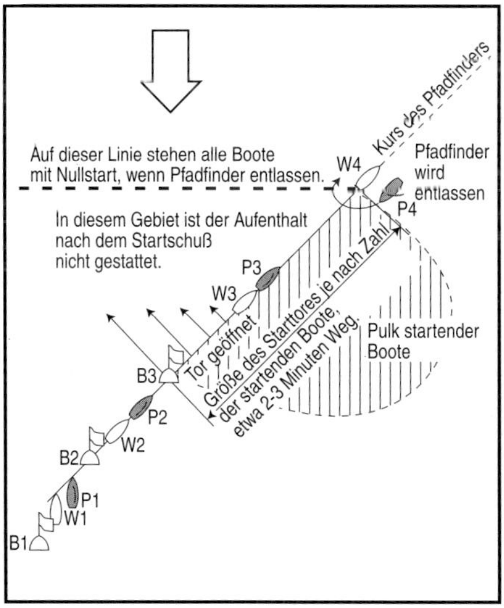

Totalschaden, der *(total write-off)* Ein T. entsteht sinngemäß bei einem →*Totalverlust* und zwingt den Versicherer, die vereinbarte Versicherungssumme auszuzahlen, sofern der T. vom Versicherungsnehmer nicht →*grob-fahrlässig* verursacht worden war.

Totalverlust, der *(1. total loss, actual total loss; – 2. constructive total loss)* 1. In der →*Seeversicherung* ist der absolute T. der völlige Verlust einer →*Yacht* (bzw. eines →*Schiffes* oder seiner Ladung), z. B. durch →*Sinken,* →*Zerschellen,* zum →*Wrack* werden oder durch Feuer zerstört sein. Mit anderen Worten: wenn die versicherte Sache dem Versicherten gänzlich verlorengegangen oder in ihrer Beschaffenheit völlig zerstört ist. 2. Man spricht von einem →*konstruktiven Totalverlust* bzw. k. →*Totalschaden,* wenn die Kosten für die Reparatur z. B. nach einer →*Kollision* oder einer →*Strandung* sowie mögliche zusätzliche Leistungen des Versicherers für die Wiederbeschaffung einer →*aufgegebenen* Yacht die vereinbarte Versicherungssumme übersteigen werden. Bei einem konstruktiven T. ist der Zeitpunkt des →*Abandon* für die Beurteilung der Rechte und Pflichten von Versicherer und Versicherungsnehmer wichtig.

tote See, die; tote Dünung, die *(dead swell)* Der kaum bewegte →*Wasserspiegel* bei völliger →*Windstille* oder →*Totenflaute.*

Totenflaute, die *(dead calm)* Völliges Fehlen eines Windzuges, →*Windstärke* 0, vollkommene Windstille, totale →*Flaute.*

tote Zone, die *(dead zone, skip)* 1. Im →*Seefunk* das Gebiet zwischen der größten Reichweite der →*Bodenwelle* und dem Empfangsbereich der →*Raumwelle.* – 2. Bei →*Radar* der engste Nahbereich, in dem ein Ziel nicht (mehr) erfaßt und auf dem →*Radarschirm* nicht dargestellt wird.

toter Gang, der *(play, lost motion, dead travel)* 1. Bei der Kraftübertragung, z. B. in einem Getriebe, der Leerlauf. – 2. Der Spielraum, den man z. B. bei einer →*Radsteuerung* überbrücken muß, bis sich das →*Ruder* nach der Drehung des →*Steuerrades* zu bewegen beginnt.

toter Mann, der *(deadman)* Bezeichnung einer →*Jütt* zum Setzen und Legen eines →*Klappmastes.*

totes Wasser, das *(dead low tide, neap tide)* Ausdruck für die schwächste →*Flut,* die →*Nipptide.*

totes Werk, das *(dead work, upper works)* Der →*Rumpf* einer →*Yacht* oberhalb der →*Konstruktionswasserlinie.* Ggt. →*lebendes* Werk.

Totholz, das *(dead wood)* Ursprünglich im Bootsbau bei einem →*Kielboot* die Füllstücke zwischen der →*Kielplanke* und dem →*Ballastkiel,* die den →*Tiefgang* eines Bootes oder seinen →*Lateralplan* vergrößern bzw. dem →*Ruder* an der →*Kielflosse* besseren Halt geben sollten. Sinngemäß bei Yachten aus GFK der Unterwasserteil schlanker Fahrzeuge, der nicht mehr für →*Tank* oder →*Stauraum* nutzbar ist und anstelle von Holz (und von außen) mit Schaumstoff (von innen) ausgefüllt und gegebenenfalls als →*Auftriebskörper* benutzt wird.

totsegeln, totdampfen *(1. to stern, 2. to fore reach)* 1. Mit der Kraft des Windes (oder des Motors) beim „Gegenan-Segeln" (-Dampfen) die Kraft des entgegengesetzt zur Fahrtrichtung stehenden (fließenden) →*Stromes* so weit überwinden, daß über →*Grund* noch Distanz in Richtung auf das Ziel gutgemacht wird. – 2. Wenn zwei Boote auf gleichem →*Kurs* segeln und eines läuft dem anderen voraus, dann hat das schnellere das langsamere „totgesegelt".

totstill *(dead calm)* Der Zustand vollkommener Windstille, wenn gar keine Luftströmung spürbar ist und (wie der Seemann sagt) „der Wind →*auf und nieder* steht".

Track, der *(track)* Die übliche Route oder der Seeweg eines →*Schiffes* vom Ausgangs- zum Bestimmungshafen. Da weitgehend alle Schiffe den gleichen, kürzesten T. zu bestimmten Ansteuerungspunkten, um eine →*Huk* herum und in einem →*Verkehrstrennungsgebiet* befahren, spricht man auch von →*Schiffahrts-T.,* Dampfer-T. u. ä. In allen amtlichen Verordnungen wird anstelle des T. von →*Schiffahrtswegen* gesprochen.

Tracking *(engl. track = Weg)* In der →*Wegpunktnavigation* das Einhalten eines gewünschten Weges, der jedoch als →*Kurs über Grund* festgehalten wird. Bei einer kursgetreuen Ansteuerung sollen seitliche Ablagen (engl. *Cross Track Error*) möglichst vermieden werden. – In der →*Radarortung* das →*Verfolgen eines Zieles (mit Radar).*

Trägerfrequenz, die Die →*Frequenz* der elektromagnetischen Schwingungen, die als „Träger" für die Aussendung von Sprache oder Musik dient. Die T. wird in einem hauptsächlich aus Spule und Kondensator bestehenden Schwingkreis erzeugt und durch einen →*Quarz* stabilisiert. In der →*Einseitenbandtechnik* beträgt der Abstand einer T. von der anderen 3 kHz, in der →*Zweiseitenbandtechnik* hingegen 6 kHz. Bei Frequenzen im Einseitenbandverfahren wird nur die T. angegeben, die um 1,4 kHz niedriger als die zugeteilte Frequenz liegt.

Tragfähigkeit, die *(load carrying capacity, [dead weight])* Bei einer →*Jolle* (oder einem →*Beiboot)* das Gewicht von Personen und Ausrüstung, das ein Boot überhaupt oder ohne Beeinträchtigung seiner →*Segeleigenschaften* noch tragen kann (oder üblicherweise tragen soll). Bei einem →*Seekreuzer* (und sinngemäß in der →*Schiffahrt)* das gesamte getragene Gewicht der Zuladung, z. B. der →*Crew* und deren persönliche →*Ausrüstung,* von →*Proviant,* →*Frischwasser,* →*Brennstoffen,* Reservetauwerk, →*Segeln* u. a. Die T. ist auf →*Langfahrten* durch die Höhe des →*Freibordes* begrenzt, der aus Gründen der Sicherheit erhalten bleiben soll. In der Schiffahrt wird die T. in tdw (tons deadweight) angegeben. Sie steht dabei in einem Verhältnis zur →*Bruttoraumzahl* bzw. →*Nettoraumzahl.* Ein Containerfrachter von z. B. 165 m Länge und 8,50 m Tiefgang, der 1160 20-Fuß- oder 575 40-Fuß-Container transportieren kann, hat bei einer BRZ 10.000 und einer NRZ 5.000 eine T. von 14.000 t. Ein Fahrgastschiff (oder Fährschiff) gleicher Länge (165 m) mit 7,50 m Tiefgang für 200 Passagiere hat bei einer größeren BRZ 29.000 (NRZ 9.000) hingegen nur eine T. von 10.000 t.

Tragflügel, der *(1. airfoil; 2. hydrofoil)* 1. Die spezifische Form des →*Segels,* die der Tragfläche eines Flugzeuges ähnelt. Der Unterschied, daß es nicht (wie in der Luft) waagerecht, sondern senkrecht angeströmt wird und nicht starr, sondern weich, halbstarr und nur selten ganz starr ist, ändert nichts an dem gleichen Prinzip, nach dem es als →*aerodynamisches Profil* aerodynamischen Auftrieb oder →*Luftkraft* erzeugt. Wichtige Kriterien eines Tragflügels sind das →*Seitenverhältnis* und seine →*Wölbung.* – 2. Waagerecht oder schräg und aus Metall gefertigt die-

nen T. auch bei →*Tragflügelbooten* dazu, einen →*hydrodynamischen Auftrieb* zu erzeugen und den gesamten Rumpf eines Bootes zur Verminderung des →*Wasserwiderstandes* über die Wasseroberfläche zu heben.

Tragflügelboot, das, Tragflächenboot *(hydrofoil craft)* Mit breiten Seitengestellen ausgerüstete →*Jollen,* an deren Rumpf stufenförmig übereinander metallene →*Tragflügel* angeordnet sind. Bei ausreichend hoher Bootsgeschwindigkeit, die nur von sehr leichten Booten mit übergroßer →*Segelfläche* erreicht wird, erhalten die Wassertragflügel →*hydrodynamischen Auftrieb,* so daß sich der Rumpf über die Wasseroberfläche heben und nur von den Tragflügeln getragen werden kann. Dadurch wird der →*Reibungswiderstand* an der →*benetzten Oberfläche* des →*Unterwasserschiffes* und der →*Wellenwiderstand* beseitigt, und zur Überwindung des verbleibenden →*hydrodynamischen Widerstandes* der Tragflügel selbst ist nur noch eine viel geringere →*Windkraft* nötig. Unter Segeln erreicht man die notwendige Antriebsleistung jedoch nur selten, und die Probleme der →*Querstabilität* wurden dabei nur in Einzelfällen gelöst. Es gibt aber bereits einen offiziellen Geschwindigkeits-Weltrekord unter Segeln mit T., den seit 1977 die „Mayfly" mit 23 kn (allerdings nur über eine Distanz von 500 m) hält.

Tragflächenboot

Trägheitsgesetz, das *(law of inertia)* Nach diesem von Newton formulierten Naturgesetz verharrt jeder Körper im Zustand der Ruhe oder einer gleichförmigen, geradlinigen und unbeschleunigten Bewegung, solange nicht äußere Kräfte auf ihn einwirken. Auf dem T. basiert die →*Trägheitsnavigation* und das →*Trägheitsmoment.*

Trägheitsmoment, das *(moment or momentum of inertia)* Der →*Widerstand* oder das Beharrungsvermögen, mit dem sich ein Körper oder eine Fläche z. B. der →*Drehbewegung* entgegensetzt. Man ermittelt das T. aus dem Produkt Masse (Fläche) multipliziert mit dem Quadrat des Abstandes von der Drehachse. So wirkt z. B. das T. der →*Wasserlinienfläche* (→*LWL-Fläche)* bei der →*Querstabilität* der →*Krängung* und bei der Längsstabilität dem →*Stampfen* entgegen. →*Yachten* mit großen Massen im →*Vor-* und →*Achterschiff* haben ein großes Beharrungsvermögen und ein ungünstiges T. beim →*Stampfen* im →*Seegang,* ein günstiges T. jedoch, wenn die Gewichte mehr →*mittschiffs* konzentriert sind. In der →*Yachtbau-Nomenklatur* wird das Breitenträgheitsmoment der →*Wasserlinienfläche,* bezogen auf die durch den Wasserlinienschwerpunkt gehende Längsachse, mit IB, und das Längenträgheitsmoment der Wasserlinienfläche, bezogen auf die durch den Wasserlinien-Flächenschwerpunkt gehende Querachse, mit IL bezeichnet.

Trägheitsnavigation, die *(inertial navigation)* Ein Verfahren der →*Navigation,* das die →*terrestrische,* →*astronomische* und →*elektronische Navigation* ergänzen kann. Der hohe Aufwand an kreiselstabilisierten Apparaturen ist auf →*Yachten* jedoch nicht möglich bzw. nicht vertretbar.

Tragweite, die *(luminous range)* Der Abstand, in dem ein →*Leuchtfeuer* bei →*Nacht,* einem gegebenen →*Sichtigkeitsgrad* der Luft und entsprechender →*Augenhöhe* des Beobachters eben noch als →*Feuer* zu erkennen ist. Sie hängt von der in →*Candela* angegebenen Lichtstärke des Leuchtfeuers ab, kann sich jedoch bei sehr guter →*Sicht* (siehe Tabelle) beträchtlich erhöhen, bei →*Dunst* und →*Nebel* aber erheblich verringern. Die T. ist nicht gleichbedeutend mit →*Sichtweite* und von →*Nenntragweite* zu unterscheiden.

Sichtigkeit Bezeichnung	in sm	Tragweite von Leuchtfeuern (mit Lichtstärke in cd) 10 sm (1.400 cd)	15 sm (14.000 cd)	20 sm (110.000 cd)	25 sm (770.000 cd)
sehr gute Sicht	27	25	30	40	50
gute Sicht	13	10	15	20	25
mäßig gute Sicht	8	8	12	14	20
mäßiger Dunst	3,5	5	6	8	10
sehr starker Dunst	1,5	1,8	2,0	2,5	3
leichter Nebel	0,4	1	1,2	1,4	1,6
dichter Nebel	0,1	0,2	0,3	0,3	0,3

Trailer, der *(Bootsanhänger, der)* Transportanhänger für den Straßentransport, der mit einem Kraftfahrzeug-Führerschein Klasse III und mit einer Höchstgeschwindigkeit von 80 km/h unter Beachtung der vom PKW-Typ abhängigen Gesamtgewichte gefahren werden darf und in unterschiedlicher Bauweise speziell für →*Jollen* und Kielboote in zahlreichen Typen vom Handel geliefert wird. Für den früher zulassungsfreien T., der nur das Kennzeichen seines Zugwagens führen mußte, wird jetzt ein eigenes Kfz-Kennzeichen verlangt. Dazu muß ein T. mit einer Tragfähigkeit von bis zu 2 t alle zwei Jahre und von 2 – 6 t sogar alle Jahre dem TÜV oder einer DEKRA-Prüfstelle vorgeführt werden.

Tramontana, die *(tramontana)* Ein kalter →*Mittelmeerwind,* der im allgemeinen aus Nordnordwest bis Nordost weht. Örtlich sind andere Bezeichnungen wie →*Mistral* üblich. Er tritt bei schönem Wetter, klarer Luft und heiterem Himmel auf.

Trampschiffahrt, die *(tramp shipping, tramping)* Schiffsverkehr zu unregelmäßigen Zeiten auf beliebigen Routen, Frachtschiffahrt nach Angebot und Nachfrage. Ggs. →*Linienfahrt.*

Transat en Double *(franz.)* Ein →*Transatlantik-Rennen* für eine Zweimann-Crew, das seit 1979 von und nach Lorient an der französischen Atlantikküste mit den Bermuda-Inseln als Wendemarke über insgesamt 11560 sm nonstop ausgetragen wird. Der siegreiche →*Trimaran* benötigte 1985 nur 22 Tage für diese Strecke, nachdem die Siegercrew des ersten Rennens noch 34 Tage unterwegs gewesen war.

Transatlantik-Rennen, das *(Transatlantic Race)* Eine →*Transozeanregatta* über den Nordatlantik. Das erste T. fand 1866 von den USA nach England mit großen Yachten (→*Lüa 33 m)* und →*bezahlten Händen* statt. Auf dem gleichen Kurs über ca. 3000 →*Seemeilen* folgten bis in die Gegenwart über 20 Rennen. 1891 kam es zum ersten →*Einhand-Atlantik-Rennen* von den USA nach England, und seit 1960 werden regelmäßig alle vier Jahre Rennen der →*Einhandsegler* von England nach Amerika gesegelt.

Transit, der *(transit)* Durchfahrt oder Durchgang (durch ein Land). In diesem Sinne Kurzbezeichnung für →*Proviant* oder →*Ausrüstungsteile,* die in bestimmten (als „Zollausland" geltenden) Geschäften oder Gebieten beim Antritt einer Auslandsreise gekauft, durch ein →*Zollzeichen* angekündigt und bereits auf der →*seewärtigen Fahrt* vor Passieren der →*Seezollgrenze* verbraucht werden dürfen.

Transitlog, das Aufenthaltserlaubnis einer →*Yacht* in ausländischen →*Hoheitsgewässern* für eine begrenzte Zeitdauer, die in einem →*Port of Entry* ausgestellt wird, ähnlich wie ein →*Permit of Navigation* oder →*Cruising Log.*

Transit-Satelliten-Navigationssystem, das Seit 1966 für die →*Schiffahrt* freigegebene und von

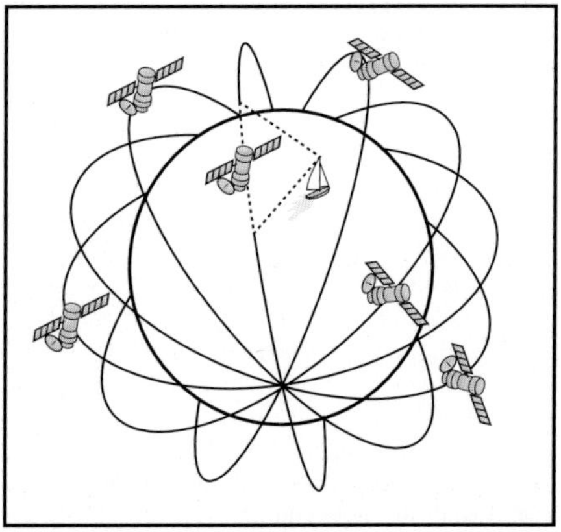

1980 bis 1996 auch auf →*Yachten* benutzte Navigationshilfe. Das Empfangsgerät an Bord zeigte die →*Koordinaten* für →*Breite* und →*Länge* auf einem Bildschirm an. Im Gegensatz zum →*GPS-Satelliten-Navigationssystem* arbeitete das T.-S.-N. nach dem →*Dopplereffekt.* Seine 6 Satelliten kreisten in festen Umlaufbahnen über den Polen auf etwa 1100 km Bahnhöhe in einer Umlaufzeit von ca. 108 Minuten um die Erde. Dadurch war nicht immer ein Satellit über dem Horizont verfügbar. Von den beiden Signalen des Satelliten enthielt das eine Daten über seine Position. Das andere wurde für die Messung des →*Dopplereffektes* verwendet. Aus Messungen und Berechnungen ergab sich der →*Schiffsort.* Die Genauigkeit betrug für eine Yacht am →*Ankerplatz* etwa 0,05 sm (ca. 100 m), für ein Schiff →*in Fahrt* bestenfalls 0,2 bis 1,0 sm. Ein →*Fix* konnte im Gegensatz zum →*GPS-System* nur alle 45 bis 90 Minuten angezeigt werden. Von einem Fix zum anderen →*koppelte* das Gerät automatisch. Da →*GPS* am 17. Juli 1995 seinen Betrieb aufgenommen hatte, wurde das T.-S.-N. Ende 1996 eingestellt.

Trans-Ocean-Medaille, die (TOM) *(Trans-Ocean-Medal)* Seit 1970 jährlich mehrfach vergebene Auszeichnung für besondere Leistungen im Hochseesegeln. Die TOM wird Ende November jeden Jahres in Cuxhaven verliehen.

Trans-Ocean-Preis, der (TOP) *(Trans-Ocean-Prize)* Vom Verein „Trans-Ocean" zur Förderung des Hochseesegelns jährlich einmal vergebener Wanderpreis für die beste deutsche Leistung bei der Überquerung von Ozeanen.

Transozeansegeln, das *(trans-ocean sailing)* Eine Form des →*Hochseesegelns* oder →*Blauwassersegelns,* bei der (mindestens) ein →*Ozean* mit einer →*Hochseeyacht* überquert wird. T. bedeutet, mindestens ca. 15–25 Tage zwischen den Kontinenten auf →*hoher See* unterwegs zu sein. Eine besondere Form des T. wird mit der →*Atlantic Rally for Cruisers* gepflegt.

Transozean-Regatta, die *(Trans-Ocean Race)* Für Seesegler in Jahresabständen regelmäßig oder unregelmäßig veranstaltete Rennen, die über Distanzen von mehr als 1000 sm laufen und von einer Seite des Ozeans (wie beim →*Transatlantik-Rennen)* zur anderen verlaufen oder weiträumige Ozeanteile (wie beim →*Transpazifik-Rennen)* überspannen. Andere Transozean-Regatten sind das →*Kapstadt-Rio-Rennen,* das →*Einhand-Atlantik-* und Einhand-Pazifik-Rennen sowie die →*Weltregatta (Round the World Race).* Wettfahrten über kürzere Distanzen oder Bahnen, die weitgehend der Küstenformation folgen, nennt man →*Hochseeregatten.* Die bekanntesten von ihnen sind das →*Bermuda-Rennen,* das →*Fastnet-Rennen,* das Sydney Hobart- und das Buenos-Aires-Rio-Race.

Transpazifik-Rennen, das *(Trans-Pac)* Erstmals 1966 gestartete →*Transozean-Regatta* von Los Angeles, Kalifornien, nach Hawaii. Zuerst zweijährlich, dann in unregelmäßigen Abständen und seit 1939 zeitversetzt zum →*Bermuda-Rennen* in jedem ungeraden Jahr ausgetragen. Distanz 2225 sm, Segelzeit Juli oder August.

Transponder, der Aus dem Englischen entlehnte Bezeichnung eines →*Antwortsenders.* Sie setzt sich aus den Wörtern „Transmitter" = Sender und „Responder" = Beantworter zusammen und wird vor allem in dem Begriff →*Radartransponder* benutzt, wo der in einem →*Seenotfall* aktivierte und in einer batteriegespeisten →*Boje* (z. B. als →*SART)* arbeitende T. fremde empfangene Radarimpulse mit einer Kette von eigenen Impulsen beantwortet, die auf dem Radarschirm des anderen (suchenden) Schiffes wie weiße Perlen auf einer Schnur erscheinen.

Trapez, das *([flying] trapeze)* Nicht korrekt auf die geometrische Figur, aber sinngemäß auf das bekannte Schwunggerät für Turnübungen bezo-

gene Vorrichtung, die aus einem →*Trapezdraht* und dem →*Trapezgürtel* besteht. Mit dem T. kann der →*Vorschotmann* auf einer →*Jolle* den →*lebenden Ballast* wirksamer zur Erhaltung der →*Querstabilität* einsetzen. Auch das →*fliegende Trapez* genannt.

Trapezdraht, der *(trapeze wire)* Der hoch am →*Mast* befestigte Drahtstander, der in →*Deckshöhe* in den →*Trapezgurt* eingehakt wird und den →*Vorschotmann* trägt, wenn er im →*fliegenden Trapez* arbeitet.

Trapezgurt, der *(trapeze belt)* Der Hüftgurt, der den →*Vorschotmann* bei seiner Arbeit im →*fliegenden Trapez* hält.

Traveller, der (engl.) *(Laufkatze, die)* Engl. Fachwort für den schnell auf der →*Travellerschiene* hin und her gehenden, im Gegensatz zu einem

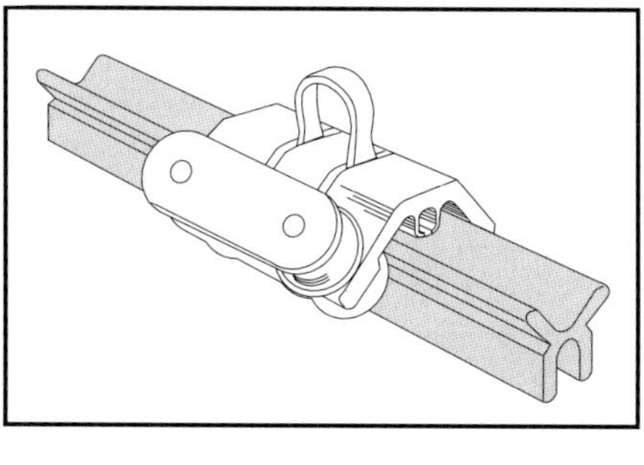

→*Rutscher* oder →*Schlitten* mit Laufrollen versehenen Beschlag, der den →*Fußblock* der →*Großschot* hält. Der T. kann nicht verkanten, wenn er beim →*Wenden* von einer Seite auf die andere läuft, und kann durch →*Travellerleinen* für den richtigen →*Segeltrimm* oder durch →*Stopper* auf jeder beliebigen Distanz bei seiner Hin- und Herbewegung →*querschiffs* arretiert werden.

Travellerleine, die *(traveller line)* Eine →*Trimmleine,* die den →*Traveller* in jeder gewünschten Position arretiert. Die T wird auf dem →*Seitendeck* durch eine →*Schotklemme* *(→Curry-Klemme)* verstellbar gehalten.

Travellerschiene, die *(traveller track)* Die entsprechend der Form und Konstruktion des →*Travellers* geformte, auf →*Jollen* querschiffs durch die →*Plicht* geführte, auf einem →*Seekreuzer* auch auf dem →*Brückendeck* befestigte Leit- oder Gleitschiene, auf der der →*Traveller* möglichst reibungslos und ungehindert hin- und herwandern kann. Die T. ist mit Stoppvorrichtungen versehen, um den Durchlauf →*querschiffs* gegebenenfalls zu begrenzen.

Travellift, der *(engl.; travelling lift[er])* Eingedeutschtes Wort für ein fahrbares Hebegerät, mit dem →*Boote* und Yachten mit und ohne →*Rigg* aus dem Wasser gehoben und beliebig weit zu einem Stellplatz an Land transportiert werden können. Ein T. besteht aus zwei miteinander verbundenen und auf Rädern laufenden, unten offenen Rahmen, unter und zwischen denen die hydraulisch angehobene Last hängt. Ein T. ersetzt einen →*Slipwagen* und eine →*Slipanlage.*

Travemünder Woche, die Eine der →*Nordseewoche* bzw. →*Kieler Woche* ähnliche Segelsportveranstaltung, die jährlich in der Lübecker Bucht ausgetragen wird.

Treibanker, der *(sea anchor, drogue)* Auch →*Seeanker* genannter trichterförmiger, an beiden Seiten offener Sack aus →*Segeltuch,* der ein Boot ohne →*Ankergrund* in schwerem Wetter mit dem →*Bug* oder →*Heck* im Wind halten und dabei eines der beiden Bootsenden in Richtung auf den →*Seegang* und die →*Brecher* legen soll. Aus den früheren Segeltuchsäcken in Form einer stumpfen Pyramide mit beidseitig offenen Enden, einer →*Hahnepot* zum Anstecken der →*Ankertrosse* auf der Seite der größeren (A) und einer →*Kausch* zum →*Anschlagen* der →*Trippleine* mit →*Boje* an

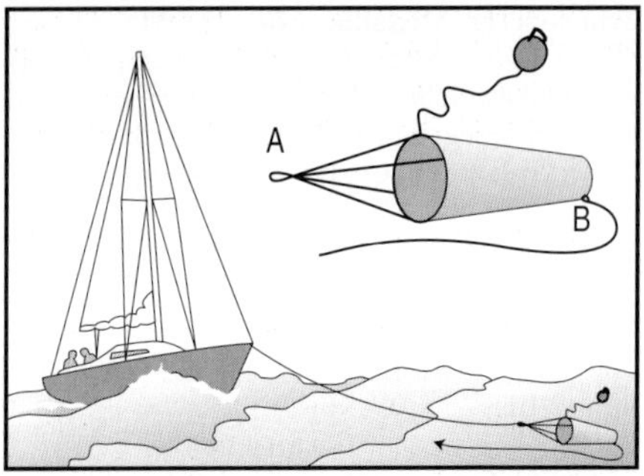

der kleineren Öffnung (B) sind eine Vielzahl von leichteren, moderneren und sinnvolleren Geräten entwickelt worden, doch ist die risikolose Benutzung des Treibankers immer noch umstritten.

treiben *(1. to rip, to drift [with the current]; 2. to drag the anchor, [the] anchor drives)* 1. Die Fortbewegung eines Bootes ohne Antrieb (weder durch →*Segel* noch durch →*Motor,* →*Riemen,* →*Stechpaddel* o. ä.), wenn es sich nur (freiwillig) durch Wind, →*Strom* oder →*Seegang* mitnehmen läßt. – 2. Ungewollt im Sinne von abtreiben, vertreiben, z. B. wenn der →*Anker* →*schliert* oder eine große →*Abdrift* entsteht.

Treiber, der *(riding sail, driver)* Das kleine →*Besansegel* einer →*Yawl,* auch ein Ausdruck für das →*Stützsegel,* das mit oder anstelle des T. gesetzt werden kann.

Treibermast, der *(jigger [mast], dandy mizzen, yawl mizzen)* Der (kurze) →*Mast* eines →*Eineinhalbmasters,* insbesondere bei einer →*Yawl* und nicht nur mit →*Hochtakelung,* sondern auch mit →*Luggertakelung* o. ä.

Treibstoff (Benzin, Diesel) *(fuel station [petrol, diesel])* Zeichen in der Seekarte, siehe →*Karte 1* (INT 1) im Anhang.

Treibwasser, das Eine Fläche verwirbelten Wassers, die durch die →*Querdrift* eines Bootes beim →*Beiliegen* an seiner →*Luvseite* entsteht und die das →*Kielwasser* als Schutz gegen hohe, überbrechende Seen erzeugt. Je breiter und tiefer der Bereich des Treibwassers, desto besser ist seine Schutzwirkung.

treideln *(to tow, to track)* Ziehen des Bootes mit Muskelkraft auf einem →*Leinpfad* am Ufer eines Gewässers entlang. Dabei muß die Schleppleine oder Treidelleine am →*Mast* oder an einem anderen Beschlag in Nähe des Drehpunktes (und nicht am →*Bug)* befestigt werden, um ungewünschte Drehmomente zu vermeiden, wenn man in engem →*Fahrwasser* den →*Kurs* mit dem →*Ruder* korrigieren muß.

Treisegel, das *(trysail)* Ein dreieckiges, ohne →*Baum* am →*Mast* gesetztes Segel, das anstelle des →*Großsegels* in schwerem Wetter gefahren wird (→*Sturm-Treisegel)* oder bei einem →*Stagsegelschuner* den nicht durch →*Stagsegel* belegten Raum hinter dem Mast ausnutzt.

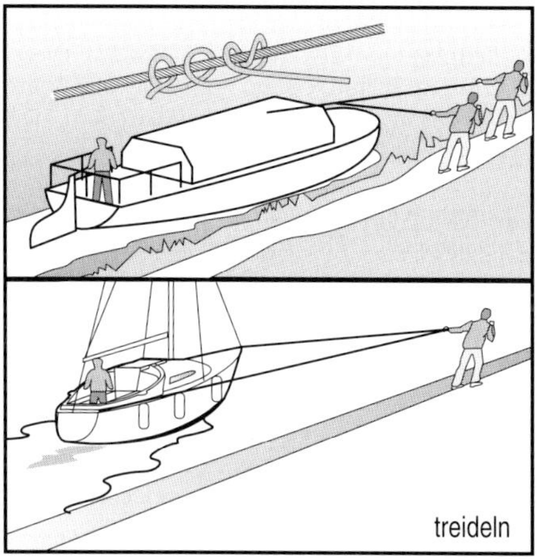
treideln

Trensgarn, das *(worming twine)* Ein →*Kabelgarn,* das zum Trensen von Tauwerk beim →*Bekleiden* benutzt wird.

trensen *(to worm [a rope])* Bei einer →*Leine* vor dem →*Bekleiden* die →*Keepen* (Rillen) zwischen den →*Kardeelen* mit →*Schiemannsgarn* (Bändselgut) ausfüllen.

Trevira Markenname für →*Polyesterfasern* deutscher Produktion (Hoechst), die zur Herstellung von →*Fasertauwerk* und →*Segeltuch* benutzt werden.

Trias Von Heinz Stöberl konstruiertes und als →*nationale Klasse* anerkanntes Dreimann-Kielboot aus →*GFK* zum Regattasegeln. Lüa 9,70 m, Büa 2,11 m, Tiefg. 1,30 m, Verdr. segelf. 1,3 t, Segelfl. 28,8 m².

Trift, die siehe →*Drift.*

Triftstrom, der siehe →*Driftströmung.*

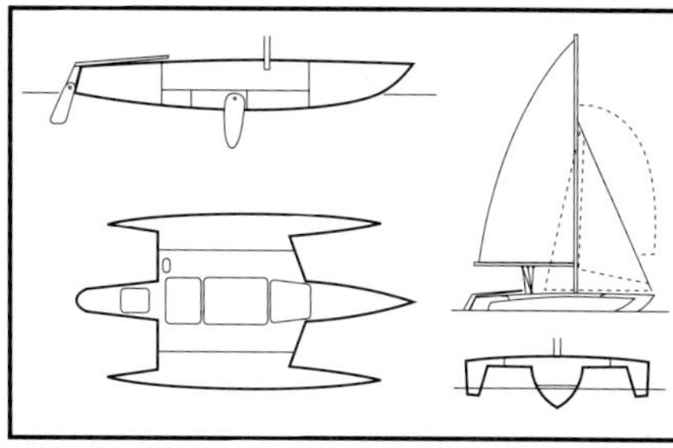

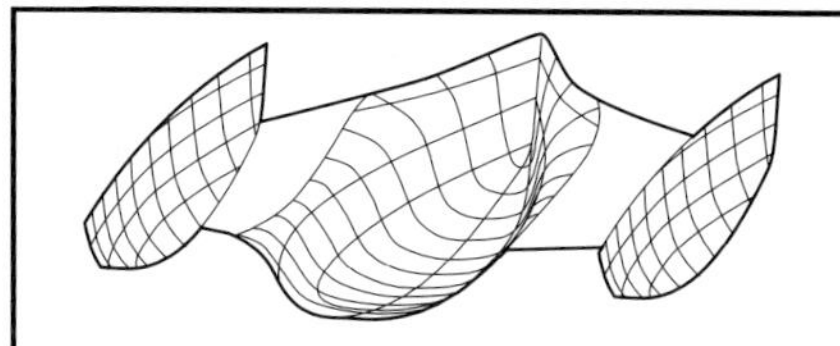
Trimaran

Trimaran, der *(trimaran)* Analog zu →*Katamaran* ein Dreirumpfboot. Der im allgemeinen längere und breitere Mittelrumpf trägt die →*Kajüte.* Die schmalen, wie →*Ausleger* gebauten und meist kürzeren Seitenrümpfe oder →*Schwimmer* sind nur →*Auftriebskörper* des flachen, starren Bootsgerüstes. Ein T. verbindet die Vorteile großer →*Stabilität* und von geringem →*Wasserwiderstand.* Kreuzertrimarane haben sich als →*seetüchtig* bewährt. Sie konnten sich auch bei →*Transatlantikrennen* durch überlegene Schnelligkeit auszeichnen, doch kommt es häufig zu Totalverlusten durch →*Kentern* ohne Möglichkeit des →*Selbstaufrichtens.*

Trimm, der (Trimmlage, die) *(trim)* 1. Die waagerechte Schwimmlage eines Bootes in Längsrichtung. Ein Boot liegt auf ebenem →*Kiel* oder gleichlastig, wenn (in ruhigem Wasser) der →*Wasserpaß* parallel zum →*Wasserspiegel* liegt und befindet sich dann in richtigem T. Man kann eine →*Jolle* mit dem Besatzungsgewicht →*vorlastig* oder →*achterlastig* →*trimmen,* dabei das →*Richtungsgleichgewicht* korrigieren oder nur den optimalen T. für einen →*Amwind-* oder →*Raumschotskurs* schaffen. Für den richtigen T. dienen auf einem →*Seekreuzer* auch Trimmtanks und auf einem Motorboot (waagerechte) →*Trimmklappen* (am →*Heck).* – Den Begriff T. auf eine horizontale Lage →*querschiffs* anzuwenden, z. B. zum Ausgleich einer →*Krängung,* ist nicht korrekt. Die Gewichtsverlagerung in dieser Richtung zur Erhaltung des →*Quergleichgewichtes* wird z. B. →*ausreiten* genannt.

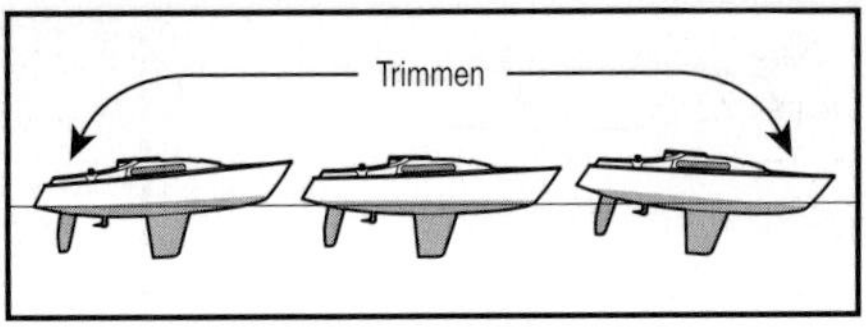

trimmen *(to trim, to tune up [a yacht]; tuning up)* 1. Im Sinne von →*Trimm* in die richtige gleichlastige Schwimmlage in Längsschiffsrichtung oder in eine gewünschte Trimmlage bringen. Dabei kann ein bestimmtes (gewünschtes oder unerwünschtes) Trimm-Moment (als Produkt von Gewicht x Hebelarm) entstehen, z. B. durch die (neue) →*Ankerkette* im →*Kettenkasten* am →*Bug,* um eine →*Steuerlastigkeit* durch das Gewicht der →*Crew* in der →*Plicht* auszugleichen. – 2. Im Sinne von einüben, erproben bzw. einsatzklar, regattafähig machen: Das ursprünglich langwierige und nur bei richtiger →*Windstärke* mögliche Einfahren der neuen Segel, das T. aller Vorrichtungen zu ihrer korrekten Bedienung und das T. der →*Crew* im Sinne eines Drills. – 3. Abstimmung des →*Segeldruckpunktes* auf den →*Lateraldruckpunkt* im Sinne eines →*Richtungsgleichgewichtes* und das T. der Segel auf ihre →*optimale Leistung* als →*aerodynamische Profile.* Dieses T. erfolgt z. B. mit →*Schot,* →*Cunningham-Leine,* →*Baumniederhalter,* →*Unterliekstrecker* und →*Achterstagspanner.*

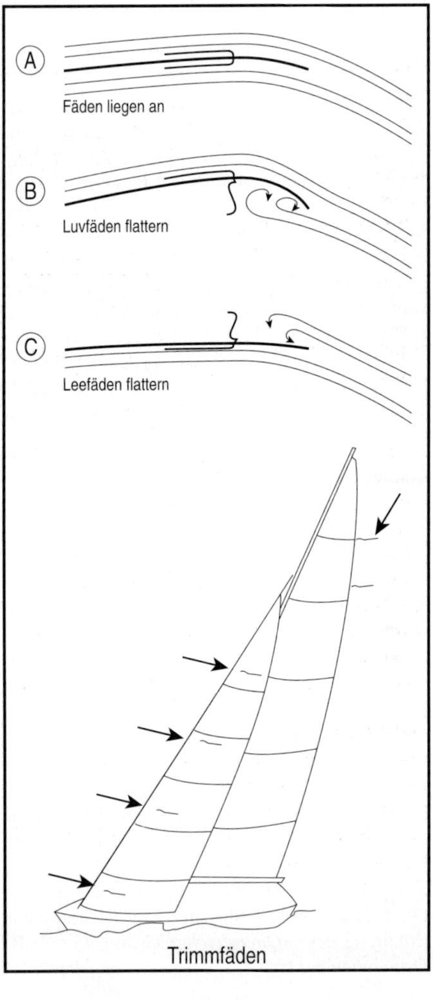

Trimmfäden

Trimmfäden, die *(telltales)* In der →*Aerodynamik* auch →*Fadensonden* genannte →*Windfäden* beidseitig hinter dem →*Vorliek* oder am →*Achterliek* eines Segels, um die unsichtbare Luftströmung in der →*Grenzschicht* anzuzeigen. T. sind etwa 5–10 cm lange Wollfäden oder schmale Streifen aus leichtem →*Segeltuch* in dunklen Farben, die bei einem →*Vorsegel* etwa 20–30 cm hinter dem →*Vorliek* auf je 20 % seiner Länge auf das Segel genäht oder geklebt sind, um den →*optimalen Anstellwinkel* anzuzeigen: Liegen sie auf beiden Seiten am Segel an (Abb. A), sind der gesteuerte →*Amwindkurs,* der →*Segeltrimm* und die Schotführung richtig. Flattern die T. auf der →*Luvseite* (B), ist das Segel zu weit aufgefiert oder man ist auf dem Kurs zu stark angeluvt. Liegen die T. auf der →*Leeseite* nicht an (C), ist das Segel zu dicht geholt oder man ist auf dem Kurs zu weit abgefallen. An einem →*Großsegel* werden T. im allgemeinen nur an der oberen Hälfe des →*Achterlieks* auf etwa 60, 70 und 80 % angenäht. Wehen sie auf Amwind- und →*Raumschotskursen* waagerecht nach achtern aus, ist das Segel auch mit seiner →*Verwindung* optimal getrimmt. Wird die Schot zu dicht geholt oder das Achterliek zu sehr geschlossen, klappen die T. nach Lee oder verschwinden auf der Leeseite des Segels. Auch →*Trimmstreifen* werden zusammen mit T. benutzt.

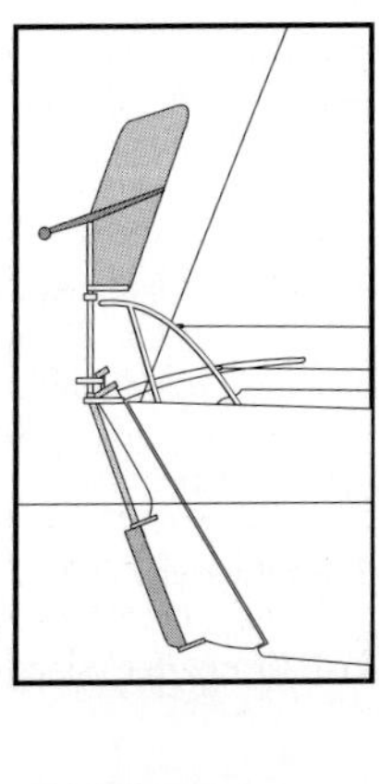

Trimmklappe am Ruder, die *(trim tab on rudder blade)* Kleine Klappe an der →*Achterkante* des →*Ruderblattes,* die durch eine Welle direkt zum →*Ruderkopf* führt oder über den →*Ruderschaft* und →*Ruderkoker* mechanisch oder elektrisch mit wenig Energie und geringem Kraftaufwand bedient werden kann. Sie dient z. B. bei einer →*Selbststeueranlage* dazu, das Ruderblatt zu bewegen, damit dieses eine →*Kursänderung* oder Kurskorrektur einleiten und das Boot →*anluven* oder →*abfallen* lassen kann.

Trimmklappe am Kiel, die *(trim tab)* Eine kleine →*Kielklappe,* die bei getrennter Anordnung

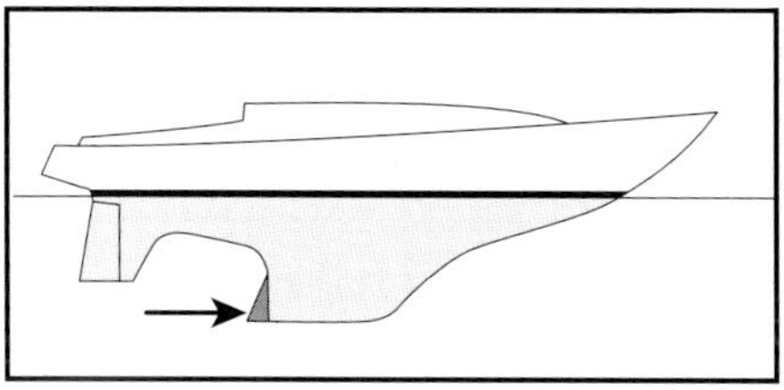

von →*Kiel* und →*Ruder* mit einer Fläche von ca. 5 bis 10 % der Kielflosse an deren Hinterkante wie ein zweites Ruder beweglich angeordnet ist, um bei einem →*Anstellwinkel* von ca. 5° die →*Abdrift* zu verringern.

Trimmstag, das *(trimming stay)* Bei der →*Mastverstagung* ein →*Stag,* das den Mast beidseitig nach →*achtern* in der Art eines →*Backstags* abstützt und oft über den gleichen →*Holepunkt* an →*Deck* bedient wird. Ein T. greift bei einer →*Topptakelung* an der unteren →*Saling* an, wobei sein Zug nach vorn vom →*Babystag* ausgeglichen wird. Bei einem →*Rigg* mit →*verkürztem Vorsegeldreick* ist seine →*stehende Part* halbwegs zwischen unterer und oberer Saling angeschlagen (Abb.). Ein T. soll die Längsbiegung des Mastes nach vorn verhindern oder kontrollieren und Kraft aus dem →*Großsegel* nehmen, wenn man dessen →*Wölbungstiefe* verändert. Es muß dabei oft große Kräfte aufnehmen.

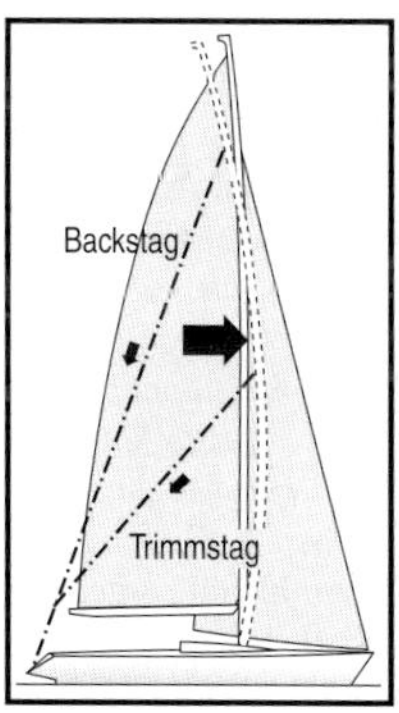

Trimmstreifen, die *(camber stripes)* Schmale Kontrollstreifen aus farbigem Tuch, die vom →*Vorliek* zum →*Achterliek* parallel zum →*Unterliek* auf ein →*Vorsegel* und →*Großsegel* genäht

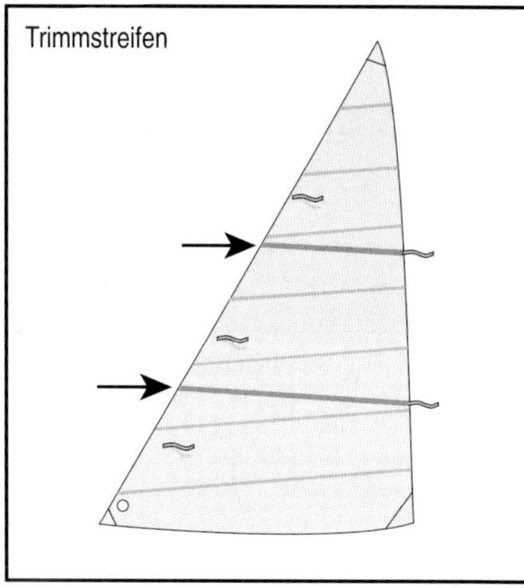

werden und auf diese Weise das jeweilige →*Profil* des Segels deutlicher markieren (Abb.). Den Verlauf der Luftströmung kennzeichnen →*Trimmfäden* oder →*Windfäden.*

Tripelspiegel, der *(corner)* Das Grundelement eines →*Radarreflektors.* Er ist im allgemeinen mit

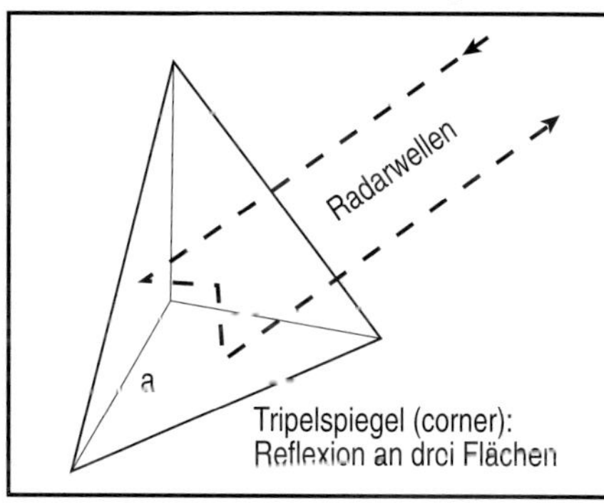

acht T. gebaut, um die auftreffenden →*Radarstrahlen* optimal zum →*Radargerät* zurückzuwerfen. Die größte Echoleistung wird vom T. erreicht, wenn seine Symmetrieachse (eine durch die Spitzen verlaufende Linie, die mit jeder Seitenfläche einen Winkel von 35° bildet, s. Abb.) genau zum Sender zeigt. Bei →*Segelyachten* ist der T. in →*Yachtstellung,* bei Motorbooten in →*Sechserstellung* möglichst hoch befestigt. Die T. werden meistens in (auch kugelförmigen) Oktaeder-Reflektoren eingesetzt.

Trippleine, die *(tripping line)* Eine →*Sorgleine* oder ein →*Bojereep,* mit der eine →*Greifboje* am

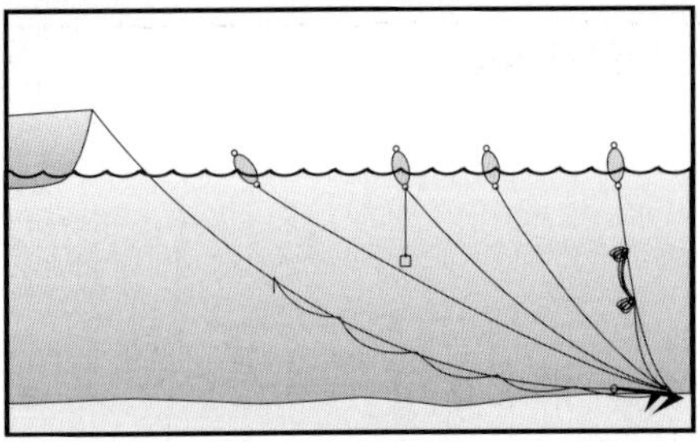

Kreuz eines →*Ankers* befestigt wird, um seine Lage unter Wasser zu kennzeichnen und ihn gegebenenfalls mit ihrer Hilfe →*lichten* zu können, wenn er beim →*Hieven* über die →*Ankertrosse* →*unklar* gekommen ist.

Tri-Radial Fachausdruck für einen →*Spinnaker* für →*Halbwindkurse.* Er ist flacher als ein →*Radial Head* geschnitten, außerordentlich stabil und mit schmalerem Rumpf für harten Wind besonders geeignet.

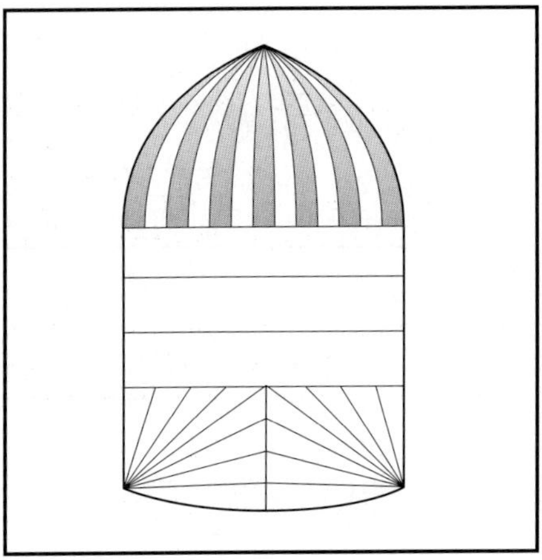

Trockendock, das *(dry dock)* Ein →*Dock,* das aus einer in das Ufer hineingebauten Kammer besteht, die nach dem Einfahren des Schiffes durch ein Docktor geschlossen, gegen das Außenwasser abgesperrt und dann leergepumpt wird. Nach Beendigung der Arbeiten wird das T. wieder geflutet, und das aufgeschwommene Schiff kann wieder auslaufen, wenn innen und außen der gleiche Wasserstand herrscht.

trockenfallen *(to come dry, to take the ground)* In →*Tidengewässern* bei →*Ebbe* auf Grund geraten bzw. das Boot für die Zeit des →*Niedrigwassers* seemännisch sicher auf Grund stellen. Man läßt ein Boot auch t., um das →*Unterwasserschiff* zu reinigen, ohne dabei eine →*Slipanlage* benutzen zu müssen. Beim T. im →*Watt* sind (außer bei →*Kimmkielern)* →*Wattstützen* erforderlich (Abb.).

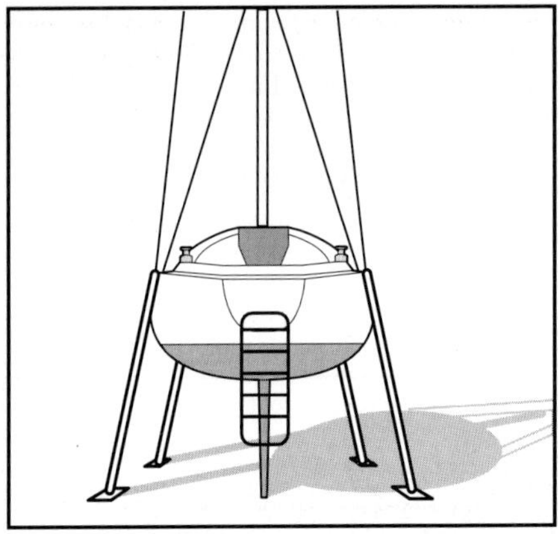

Beim T. an einem →*Kai* muß der →*Rumpf* in ständigem Kontakt mit dem →*Bollwerk* bleiben und sorgfältig durch →*Fender* geschützt sein. Bekommt die →*Takelage* bei der notwendigen Neigung nach innen Kontakt mit der Kaimauer, muß man gegebenenfalls das →*Oberwant* kurzzeitig an seinem →*Pütting* abschlagen. – 2. In der →*Seekarte* sind die Gebiete an der →*Küste,* die t. können und damit über →*Kartennull* liegen, durch unterstrichene Ziffern bezeichnet. So bedeutet z. B. die Angabe 1,5, daß die betreffende Stelle bei →*mittlerem Springniedrigwasser* 1,5 m über dem →*Wasserspiegel* liegt und somit begehbar ist.

trockenfallende Höhe über Kartennull *(drying height above chart datum)* Zeichen aus →*Karte 1* (INT 1) im Anhang. Alle Seegebiete, die ständig von Wasser bedeckt sind, werden auf deutschen →*Seekarten* weiß oder mit blauem Ton dargestellt. Wenn sie jedoch →*trockenfallen,* wie z. B. im →*Wattenmeer,* erhalten sie eine Grünfärbung. Ihre trockenfallende Höhe über →*Kartennull* wird dabei (im Gegensatz zu den Tiefenangaben mit normalen Ziffern) durch eine unterstrichene Dezimalzahl angegeben. So bedeutet z. B. 2,7, daß diese Position 2,7 m über Kartennull liegt und je nach →*Höhe der Gezeit* sichtbar und begehbar ist.

Trockenkompaß, der *(dry compass)* Ein auf Yachten wenig gebrauchter →*Magnetkompaß,* bei dem der →*Kompaßkessel* mit Luft anstelle (wie beim →*Schwimmkompaß)* mit Flüssigkeit gefüllt

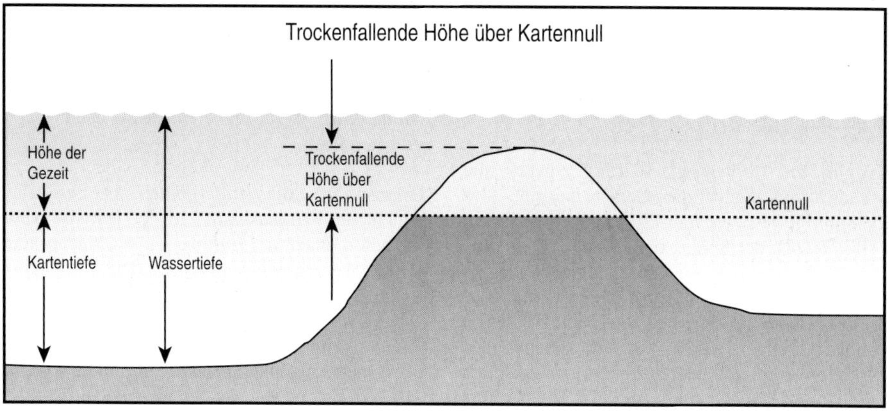

ist. Nur →*Hilfskompasse* mit voller äußerer →*kardanischer Aufhängung* sind als T. gebaut.

Trofil Markenname für →*Polyethylenfasern* deutscher Produktion (Dynamit Nobel), die zur Herstellung von →*Fasertauwerk* aus →*Chemiefasern* benutzt werden.

Trolley, der (engl.) *(Bootskarren)* Leichter, von Hand betätigter Bootstransportwagen, auch Slipwagen genannt, mit dem man →*Jollen* über eine →*Rampe* oder einen →*Slip* zu Wasser bringen oder aufslippen und in den Bootspark zurückfahren kann.

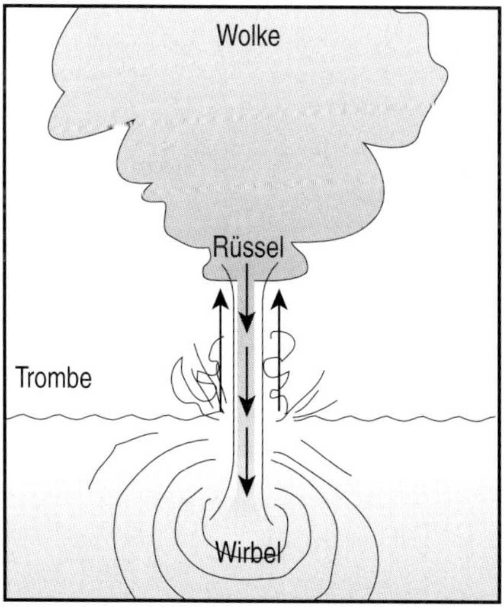

Trombe, die *(water spout)* Ein lokal begrenzter und auf eine Wirkdauer von ca. 15 Minuten beschränkter Windwirbel, den man in unseren Breiten →*Windhose* oder →*Wasserhose* nennt, da hierbei ein hosenförmiger Schlauch von einer Wolke bis zur Erd- oder Wasseroberfläche reicht und Erd- und Wasserteile mit in die Höhe saugt.

Trommel-Sextant, der *(micrometer drum sextant)* Ein →*Sextant,* bei dem die (an einem →*Nonius-Sextanten* unbeschriftete) Stellschraube zum Ablesen der Bogenminuten eingerichtet ist und der feine Zahnabstand auf dem →*Limbus* gleichzeitig 1 Grad beträgt, um den die Alhidade bei einer vollen Umdrehung der Trommelschraube = 60° bewegt wird. Die Grobmessung erfolgt durch eine Druckfeder-Arretierung. Ein T. ist teurer als ein →*Nonius-Sextant,* aber seine präzisen Messungen schließen Irrtümer weitgehend aus.

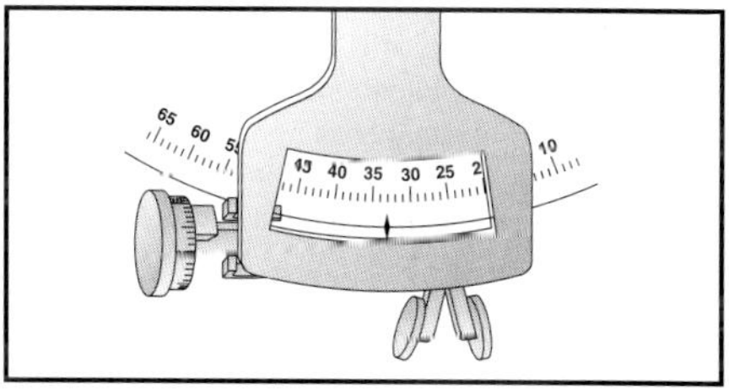

Trompete, die *(sheepshank)* Als →*Lange T.* ein →*Verkürzungsstek,* als →*Kurze T.* ein →*Knoten* zum Befestigen einer Last an einem Haken.

Trompetenbeschlag, der Bezeichnung eines speziellen →*Beschlages* für die →*Nocken* des →*Spinnakerbaumes,* der an beiden Seiten gleich ist und sich zur Befestigung am →*Mast* und an der Segelseite eignet.

Tropen, die *(tropics[pl.])* Wörtlich eigentl. „die Wende“ und daraus das Gebiet beidseits des →*Äquators* bis zum nördlichen und südlichen →*Wendekreis* der Sonne, d. h. von 23° 27' N bis 23° 27' S. Die T. bezeichnen geographisch alle Orte bzw. das Gebiet, in dem die Sonne am →*Mittag* im →*Zenit* senkrecht stehen kann. In diesem Äquatorgürtel der Erde herrscht feuchtheißes Klima mit starker Temperaturänderung zwischen →*Tag* und →*Nacht,* aber geringer Temperaturschwankung zwischen →*Sommer* und →*Winter.*

tropischer Monat, der *(tropical month)* Die Zeitdauer von einem Monddurchgang durch den Himmelsäquator bis zum nächstfolgenden Durchgang in gleicher Richtung = 27 d 7 h 43 min 4,6 s. Der t. M. ist kürzer als der →*siderische Monat,* weil sich der Widder- oder Frühlingspunkt nach →*Westen* verschiebt.

tropisches Jahr, das *(tropical year)* Die Zeitdauer des Sonnenlaufes vom Frühlingspunkt bis wieder zum Frühlingspunkt = 365 d 5 h 48 min 45,7 s. Bezüglich der Sterne ist dies ein Umlauf von 359° 59' und 9,7" oder 50,3" weniger als 360°.

Tropische Störung, die *(tropical disturbance)* Eine auf internationalen →*Wetterkarten* aus „Easterly Waves“ entstandenes →*Sturmtief* mit bereits geschlossenen →*Isobaren,* in dem die →*Windgeschwindigkeit* 33 kn erreichen kann (Bft 8).

Tropischer Sturm, der *(tropical storm, tropical revolving storm, abbr. TRS)* Im Seegebiet des →*Atlantiks* und auf niedrigen →*Breiten* zwischen den Kontinenten aus einer →*Tropischen Störung* entstandener →*Wirbelsturm* mit →*Windgeschwindigkeiten* bis 63 kn, Bft 11.

tropischer Wirbelsturm, der *(tropical cyclone)* In den →*Tropen* entstehende →*Orkane,* die aus gleichartigen Luftmassen bestehen, keine →*Fronten* wie die →*Sturmtiefs* haben, eine geringe räumliche Ausdehnung besitzen, aber durch ihre große →*Windgeschwindigkeit* über eine verheerende →*Windkraft* verfügen. Die Zugrichtungen der tropischen Wirbelstürme mit ihren regional unterschiedlichen Namen wie →*Hurrikan,* →*Taifun,* →*Zyklon,* →*Willy-Willy* oder →*Mauritius-Orkan* werden in der gefährlichen Jahreszeit überwacht und für eine entsprechende →*meteorologische Navigation* bekanntgegeben, damit man mit dem →*Kurs* das →*gefährliche Viertel* vermeiden und den →*schiffbaren Halbkreis* halten bzw. erreichen kann.

Troposphäre, die *(troposphere)* Die erdnahe Schicht der →*Atmosphäre,* in der lebhafte Vertikalbewegungen der Luftmassen stattfinden und sich das Wettergeschehen abspielt. Die T. reicht im →*Passatring* (in den →*Tropen)* bis ca. 16 km, im →*Westwindgürtel* der gemäßigten Breiten bis ca. 12 km und im →*Polarring* (im Bereich der →*Pole)* bis ca. 8 km Höhe über dem Meeresspiegel.

Trosse, die *(1. rope, 2. cable, wire)* Sammelbezeichnung für schweres →*Tauwerk* von normalerweise über 25 mm Durchmesser, das als →*Festmacher,* →*Schlepptrosse,* →*Ankertrosse* benutzt wird. Trossen können aus →*Fasertauwerk* (1) oder →*Drahttauwerk* (2) gefertigt und mit dem →*Trossenstek* verbunden werden.

Trossenschlag, der *(1. hawser lay, three-strand [hawserlaid] – 2. shroud lay)* Eine Machart von →*Tauwerk,* bei der entweder drei →*Litzen* (1) oder vier →*Litzen* (2) in →*Z-Drehung* (3) zu einem →*Seil* (→*Leinen* aller Art) gedreht oder →*geschlagen* werden. Ein →*Kardeel* (als Halberzeugnis einer →*Leine* im →*Kabelschlag)* entspricht in seinem Aufbau einem fertigen Seil im T. Bei gleichem Durchmesser hat Tauwerk mit dreilitzigem T. eine größere →*Bruchfestigkeit* als eine Leine mit vierlitzigem T. (Abb.) T. heißt nach DIN 83305 das →*Verseilen* von →*Litzen* zu einem →*gedrehten Faserseil.* Der T. mit 4 Litzen ist heute nur noch zur Herstellung von →*Polypropylen-Tauwerk* zugelasen. Früher wurde der T. mit 4 Litzen →*Wantschlag* genannt.

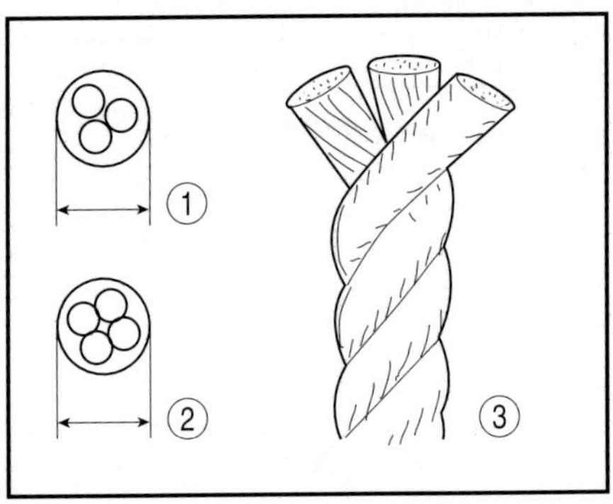

Trossenstek, der *(carrick bend)* Ein →*Knoten* zum Verbinden von 2 dicken →*Leinen* oder

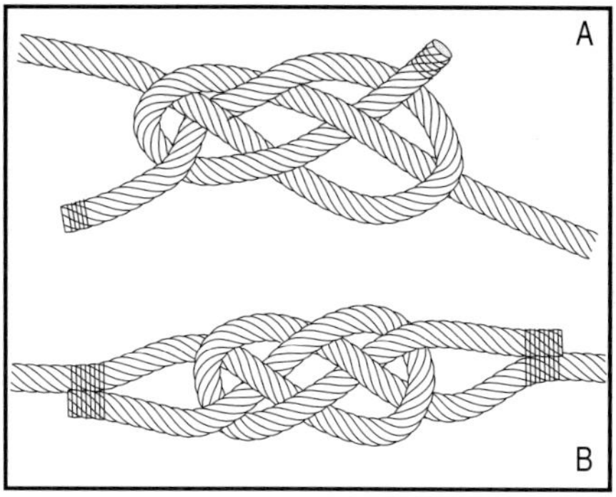

→*Trossen,* die nicht →*lehnig* genug sind, um durch andere →*Steke* verbunden werden zu können (Abb. A). Durch die aufgesetzten →*Bändsel* überschneiden sich beide →*Tampen* in Form einer Acht (B).

Troyer, der; Troier, der *(woolen jacket)* Flanellhemd, wollenes Unterhemd oder gestrickte Wolljacke ohne Knöpfe, die als Bluse oder Hemd über den Kopf angezogen wird und die Seeleute oder →*Matrosen,* insbesondere in der →*Marine,* auf der bloßen Haut trugen (bzw. tragen). Die Bezeichnung T. findet sich schon als „Troje" und „Troye" in Beschreibungen der Kleidung um 1350 in Bremen, Oldenburg und Stendal als „Wams (aus Wolle oder Leder) für Bauern", die bei Kriegszügen nicht den Brustharnisch der Ritter trugen. Das r am Schluß des Wortes hat sich erst beim Übergang vom Neuniederdeutschen ins Neuhochdeutsche dazugesellt. Heutzutage wird ein T. daher noch als besonders dicker und festgestrickter (blauer) Pullover bezeichnet.

Trysegel, das *(engl.-deutsch; gesprochen →Treisegel,* siehe dort).

Tsunami, die *(tsunami)* Aus den japanischen Wörtern tsu (Wucht) und nami (Welle) gebildete Bezeichnung für eine →*Flutwelle,* die durch ein →*Seebeben* entsteht. Sie wird von einem →*Schiff* oder einer →*Yacht* auf →*hoher See* mit einer →*Wellenhöhe* von 0,5 bis 1 m kaum bemerkt, kann aber beim Anlaufen einer →*Küste* über 10 m Höhe erreichen und beim Erreichen flachen Wassers, insbesondere in schmalen →*Buchten,* verheerende Verwüstungen anrichten.

Tuchdopplungen auf Rollreffsegeln Um beim stufenlosen →*Reffen* eines →*Rollsegels* die

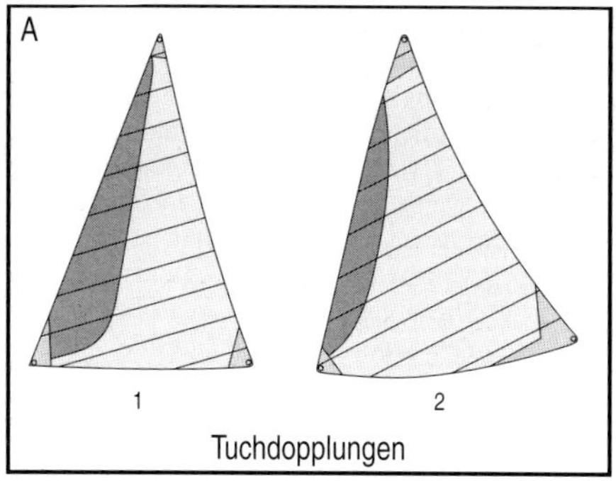

→*Segelwölbung* zu entfernen und das Segel dabei gleichzeitig abzuflachen, sind T. →*achterlich* vom →*Vorliek* in genau bemessenen Flächen (Abb. A) aufgenäht. Sie arbeiten hier im Prinzip nicht anders als z. B. ein Handtuch (Abb. B), das man beim Reffen

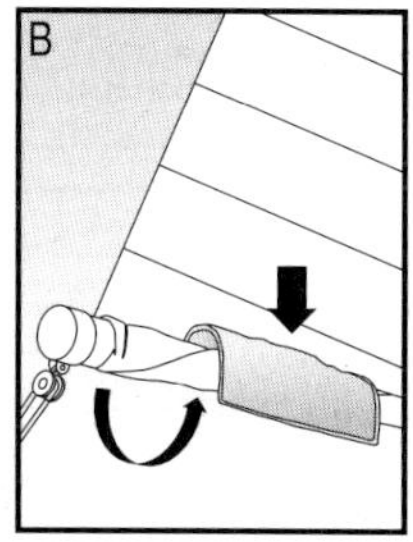

eines →*Großsegels* mit Hilfe eines →*Drehreffs* einlegt und zum Beseitigen des (störenden und gefährlichen) Bauchs im Segel benutzt. Bei einigen →*Rollreffanlagen* wird die überflüssige und hinderliche Segelwölbung auch durch mechanische Vorrichtungen an der →*Refftrommel* entfernt, die z. B. hier für einen unterschiedlichen Beginn der Profildrehung zur Vorliekhöhe sorgen.

Tuchsegel, das Ein Begriff, der nur benutzt wird, um ein Segel aus üblichem →*Segeltuch* von →*Profilsegeln,* →*Starrsegeln* oder →*halbstarren Segeln* zu unterscheiden.

turbulente Strömung, die *(turbulent flow)* In der →*Aerodynamik* und →*Hydrodynamik* eine sich ablösende Luft- oder Wasserströmung am →*Segel*

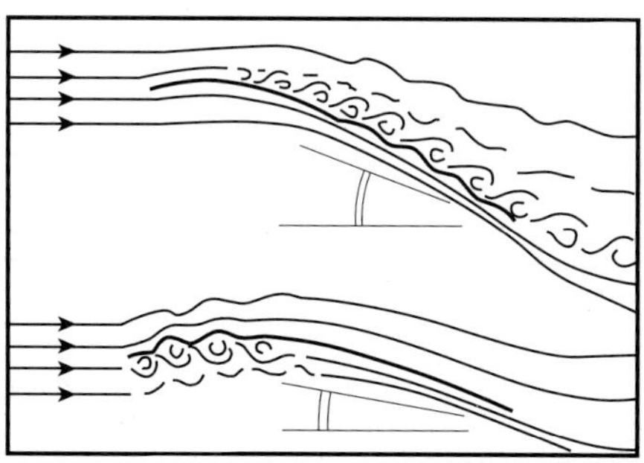

oder am →*Unterwasserschiff,* bei der sich die →*Grenzschicht* im Anschluß an die →*laminare Strömung* zwar sehr verbreitert, aber es noch nicht zum Ablösen oder Abreißen der Strömung in der →*Wirbelzone* kommt. Am Segel zeigen →*Fadensonden* an, wenn das Segel nicht mehr auf den →*optimalen Anstellwinkel* getrimmt ist und eine t. S. mit geringerer Segelkraft beginnt. Die Ablösung der Strömung erfolgt bei zu großem →*Anstellwinkel* des Segels an der →*Leeseite* und beginnt am →*Achterliek,* während die t. S. bei zu kleinem Anstellwinkel, wenn die Schoten zu →*lose* sind, an der →*Luvseite* des Segels und am →*Vorliek* beginnt.

Turbulenz, die *(turbulence)* In der →*Wetterkunde* eine ungeordnete, unstetige, der Hauptwind-

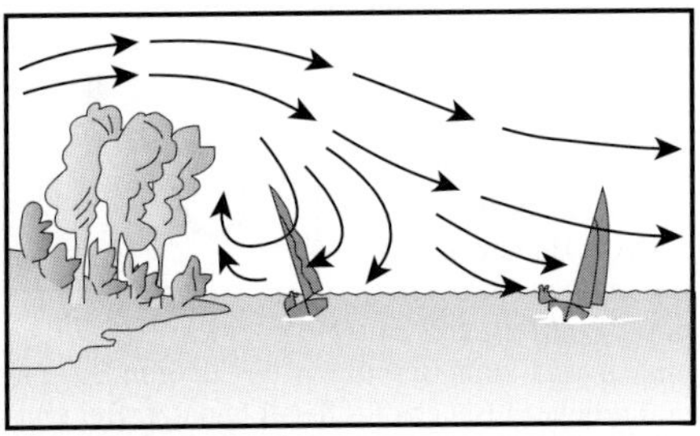

richtung entgegengesetzte, wirbelbildende Luftbewegung, die hauptsächlich in der →*Abdeckung* auftritt und für Boote, insbesondere →*Jollen,* an Steilküsten oder in →*Lee* von baumbestandenen Ufern gefährlich ist.

Türkischer Bund, der *(Turk's head)* Nutz- und Zierknoten, der durch (mehrfaches) Umflechten eines runden Gegenstandes entsteht. Dabei wird der →*Tampen* abwechselnd über und unter die bereits gelegten →*Parten* gesteckt. Der T. B. wird als →*Stopper* auf einem →*Leitwagen,* anstelle von Ledermanschetten an einem →*Riemen,* als Endfertigung am Stiel eines →*Dweils* oder nur zur Zierde der →*Pinne,* einer →*Relingstütze* u. ä. benutzt.

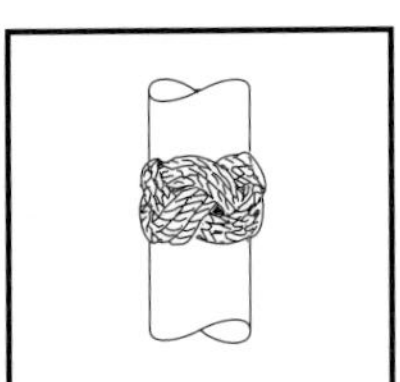

Turm, Wasserturm *(tower, water tower)* Zeichen aus →*Karte 1* im Anhang.

Twaron Handelsname für →*Aramidfasern* der Firma Akzo Nobel Fibers B.V., Arnheim.

Tweidel, der (Tweil, der) *(swab, deck swab)* Andere Schreibweise für →*Dweil, Dweidel.*

Twist Englische Bezeichnung für →*Verwindung.*

Twistfoot Bezeichnung der →*Segelmacher* für eine Naht am →*Unterliek* des →*Großsegels,* um eine aerodynamisch günstige Tasche einzunähen, siehe auch →*Shelffoot.*

Twoply *(engl.; wörtl.: Aufdopplung; doppellagig)* Am →*Achterliek* oder →*Unterliek* eines →*Großsegels* oder einer →*Genua* millimetergenau auf das eigentliche Tuch aufgebrachte zusätzliche Lage →*Segeltuch.* Ein T. unterstützt das Segel in der Lattenpartie, so daß es größer werden kann. Auch weht es trotz geringeren →*Segeltuchgewichts* nicht aus.

Twostar *(Two-handed-Transatlantic Race)* Ähnlich wie das →*OSTAR* ein →*Transatlantik-Rennen* von Plymouth (England) nach Newport (USA) für Yachten mit einer →*Lüa* von max. 25,90 m, aber einer →*Crew* von zwei Personen. Es wurde erstmals 1981 ausgetragen und seither ausschließlich von →*Trimaranen* gewonnen, 1986 in 13 Tagen mit einer Durchschnittsgeschwindigkeit von 9,43 kn.

Tyfon (Typhon), das *(tyfon [whistle])* Signal- oder →*Nebelhorn* zur Abgabe von →*Schallsignalen,* bei dem der Ton durch Druckluft, Kohlendioxyd oder Dampf erzeugt oder die →*Membrane* elektrisch oder hydraulisch bewegt wird, im Gegensatz zum →*Mundnebelhorn* oder →*Handnebelhorn. Ein* →*Schallsignalgerät* wie das T. fällt unter den Sammelbegriff →*Pfeife* nach den →*KVR.*

„Typgeprüft“

typgeprüft Eine Plakette in der →*Plicht* oder an anderer sichtbarer Stelle des Rumpfes, die eine Serienbauaufsicht durch den →*Germanischen Lloyd* nachweist und das äußere Kennzeichen für eine vorhandene →*Serienbaubescheinigung* ist. Sie kann wie das →*Klassenzertifikat* gegenüber Dritten einen bestimmten Sicherheitsstandard dokumentieren.

U

U = Uniform (Aussprache: Juni-form) Internationales Buchstabensignal, rot-weiß. Bedeutung: „Sie begeben sich in Gefahr." Morsen: • • – (kurz–kurz–lang).

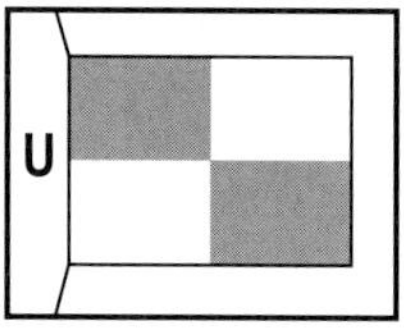

über alles *(over all, overall)* Bei Maßangaben der →*Länge* (→*Lüa*) oder →*Breite* (→*Büa*) ursprünglich im Sinne von „über alle, mit dem Rumpf fest verbundenen Teile", z. B. einschließlich →*Klüverbaum,* →*Scheuerleiste,* →*Sicherheitsleiter* u. a. Bauteile. Der Begriff wird bei den →*Hauptabmessungen* einer →*Yacht* mit Einschränkungen benutzt.

über Bord (gehen, fallen o. ä.) *(over board, [to be lost] overboard, to go over the side)* Über die Bordwand und ins Wasser fallen, z. B. ein Teil der →*Ausrüstung,* das dabei verloren gehen kann, oder ein →*Mann über Bord,* der in einem →*Manöver* →*geborgen* und wieder an →*Bord* geholt wird.

überbrechen (überkommen einer See) *([to be] pooped, to come green)* Bezeichnung einer →*See,*

die über das →*Heck* bis in die →*Plicht* bricht und mit ihren Wassermassen an →*Deck* schlägt (Abb.).

„Über die Segel!" *(„gybe-Oh")* Beim →*Halsen* in Verbindung mit oder anstelle von →*„Rund achtern!"* die Anweisung oder Ankündigung zum →*Übergehen* der Segel. Sinngemäß auch auf ein →*Vorsegel* und beim →*Wenden* zu beziehen.

über die Toppen (flaggen) *(to dress ship)* Die →*Flaggengala* von Booten bei festlichen Gelegenheiten durch Setzen aller →*Signalflaggen.* Nur im Plural gebraucht, weil (einzeln) meistens nur mehrmastige und (gemeinsam) auch mehrere einmastige Boote ü. d. T. flaggen.

überfällig *(overdue)* Im Sinne von „auf See →*verschollen",* wenn ein Boot oder →*Schiff* nach einer aus →*nautischen* Gesichtspunkten vertretbaren Zeit nach dem →*Auslaufen* weder seinen Bestimmungsort erreicht noch eine Nachricht gegeben hat oder gesichtet worden ist. Nach entsprechender Zeit von →*Seeverschollenheit* kann das Boot oder Schiff für verloren (im Sinne einer Seeversicherung) und die →*Crew* für tot erklärt werden.

überfluten *(to submerge)* Wenn eine Yacht in dem flachen Wasser vor einem →*Strand* oder auf einer →*Barre,* einer →*Bank* oder einem →*Riff* vor dem Küstensaum auf →*Grund* gerät und der gekrängte Bootskörper dabei zeitweilig oder ständig, ganz oder teilweise von Wasser bedeckt ist, wird sie überflutet. Man kann beim Ü. weder physikalisch noch juristisch von →*Sinken* sprechen. Entsprechend den Änderungen des Wasserstandes nicht nur durch die →*Gezeiten,* sondern auch durch Winddrift wird eine bei →*Hochwasser* überflutete Yacht bei →*Niedrigwasser* hoch und trocken liegen und eine bei niedrigem Wasserstand weit auf den →*Strand* geworfene Yacht bei Hochwasser überflutet werden können. Während sich beim →*Sinken* der Bootskörper bewegt, bleibt dieser beim Überfluten (notgedrungen) an

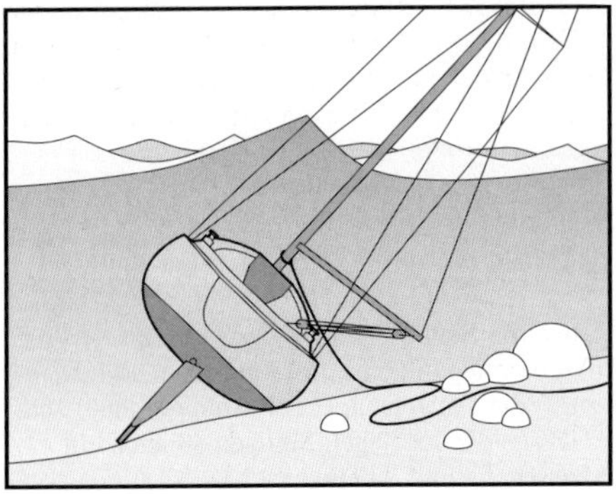

Ort und Stelle, und es bewegt sich nur das Wasser, das über ihn hinwegfließt, ihn unter Wasser setzt oder mit Wasser bedeckt.

übergehen, Übergehen, das *(1. to gybe, gybing – 2. to shift, shifting)* 1. Auf einem →*Vorwindkurs* das Herüberschwingen des →*Großbaumes* bzw. des →*Unterlieks* eines →*Segels* über die Längsachse, z. B. beim →*Halsen* auf das Kommando →*„Über die Segel!“* Der Übergang von der alten auf die neue →*Leeseite.* – 2. Das Verrutschen von Teilen der →*Ausrüstung,* von →*Ballast,* bei →*Schiffen* von Ladung o. ä. durch →*Krängen* oder wenn das Boot durch →*Rollen* sehr stark →*überholt.*

Überhandknoten, der *(overhand knot)* Eigentlich nur Teil eines →*Knotens* oder →*Spleißes.* Die

→*Tampen* werden übereinander und umeinander gelegt (A). Geschieht dieses zweimal, entsteht ein →*Kreuzknoten.* Auch der übliche Jedermann-Knoten als einfachster →*Stopper-Knoten* (B) ist praktisch ein Ü.

Überhang, der *(overhang [...forward,...aft])* Bei einem →*Rumpf* alle Teile, die →*längsschiffs* über die →*Wasserlinie* hinaus nach →*vorn* (vorderer Ü.) oder →*achtern (*achterer Ü.) reichen. Wie groß der Ü. ist, erkennt man durch die Differenz zwischen der →*Lüa* und der →*Länge* in der Wasserlinie (Abb.). In der Vergangenheit diente der Ü., z. B. bei →*Seefahrtkreuzern,* auch als →*Reserveauftrieb* und wurde positiv bewertet. Bei einem modernen →*Seekreuzer* verzichtet man auf extreme Überhänge aus Gründen der →*Seetüchtigkeit.*

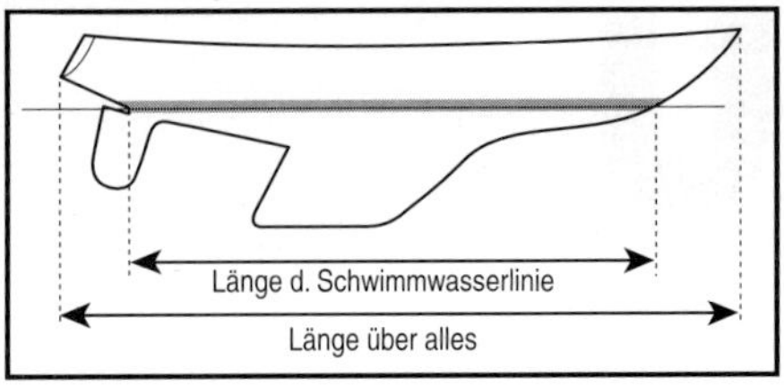

überholen *(1. to heel over, to sway – 2. to overhaul – 3. to freshen the nip, to repair – 4. to overtake, to oversail)* 1. (Auf der ersten Silbe betont:) Schwingen, schwenken oder schwanken im Sinne der →*Bootsbewegung.* Ein Boot kann stark ü., wenn es →*krängt,* →*rollt* oder →*schlingert.* – 2. (Normal betont:) Bei einer →*zublocks* gekommenen →*Talje* die →*Blöcke* durch Handanlegen an die Leine auseinanderholen. Einer →*Schot,* auch der unbenutzten →*Luvschot,* dadurch wieder mehr →*Lose* geben. – 3. Die →*Takelage* nachsehen, insbesondere das →*stehende* und →*laufende Gut* auf →*Schamfilen* überprüfen und instandsetzen, auch auf den →*Rumpf* bezogen. – 4. Im Sinne des →*Wegerechts* nach den →*WR* und den →*KVR* ein anderes Boot einholen und mit mehr →*Fahrt* vorbeilaufen.

Überholer, der; überholendes Fahrzeug, das *(overtaking vessel)* Nach Regel 13, b der →*KVR* gilt ein →*Fahrzeug* als Ü., wenn es sich einem anderen Fahrzeug aus einer Richtung von mehr als 22,5 Grad →*achterlicher* als →*querab* nähert. Da der Ü. dazu bei →*Nacht* so stehen muß, daß er nur das →*Hecklicht* des anderen Fahrzeugs, aber nicht seine →*Seitenlichter* sehen kann, nennt man diesen Hecklichtsektor auch (tagsüber) den Überholsektor (Abb.).

überkommen *(to come green)* Wenn Seewasser von außenbords an →*Deck* kommt oder in die →*Plicht* spritzt, dann „kommt es über“.

Über-Kopf-gehen *(pitchpole)* Ein Unglücksfall, wenn ein Boot bei →*achterlicher See* mit zu viel Segelfläche oder nur vor →*Topp und Takel* läuft,

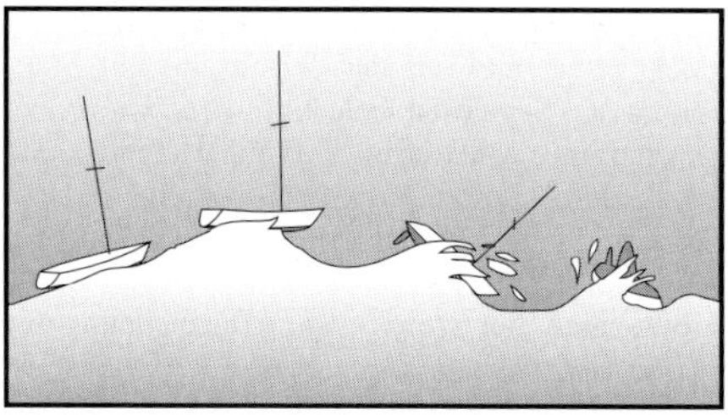

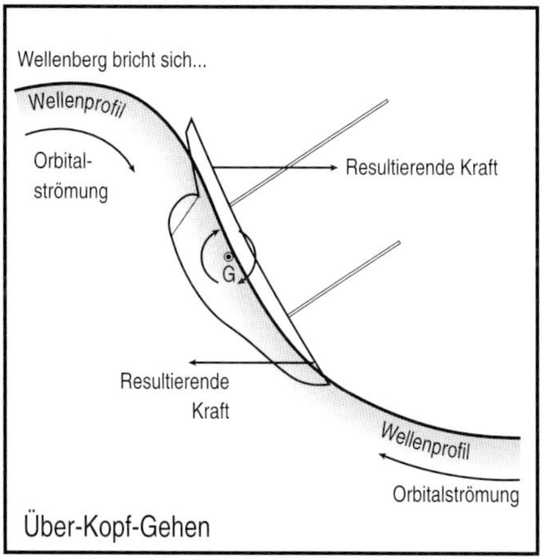

Über-Kopf-Gehen

die Brecher im hohen Seegang das →*Heck* anheben, das →*Vorschiff* dabei ins Wasser drücken und sich das Boot durch →*Anluven* und Überholen, halb überschlagend, in die See hineindreht (Abb.). Diese unerwartete →*Bootsbewegung* beim Ozeansegeln überlebten (mit Mastbruch) nur wenige Segler.

überlappen (Überlappung, die) *(to overlap)* 1. Begriff der →*WR* für das →*Wegerecht:* In Abb. A ü. beide Boote, weil keines →*klar achteraus* vom anderen liegt. Sie ü. auch (Abb. B), wenn diese Überlappung durch eine dritte, dazwischenliegende Yacht herbeigeführt wird. – 2. Wenn →*Achterliek* und →*Unterliek* eines Segels seitlich über das Vorliek eines anderen Segels hinüberreichen, dann überlappt das vordere Segel, z. B. die →*Genua* das →*Großsegel,* ein →*Besanstagsegel* den →*Besan* u. a. – 3. Bei der →*Klinkerbauweise* überlappt ein →*Plankengang* den anderen – 4. Segel werden aus →*Bahnen* gefertigt, deren Kanten sich unterschiedlich weit überdecken oder ü., damit die gewünschte →*Wölbung* in das Segel hineingearbeitet werden kann. – 5. Man kann die Ü., z. B. eines →*Vorsegels* zum →*Großsegel* berechnen, indem man das →*LP-Maß* (z. B. 6,00 m) durch die Länge des →*Vorsegeldreiecks* (z. B. 4,00 m) teilt. Man erhält dann einen Wert in Prozenten, hier: 150 %, die Größe für die →*Genua I.*

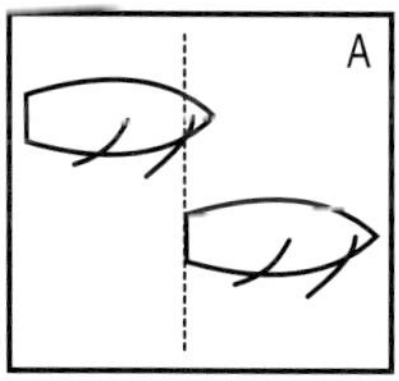

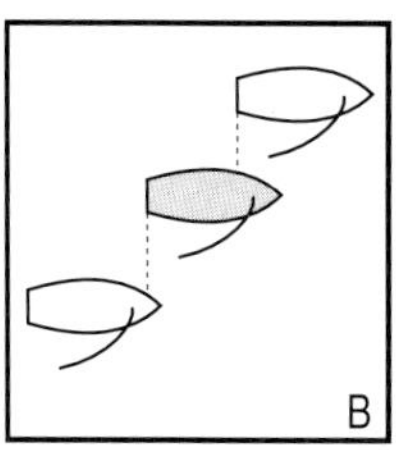

Überlappen *(overlap)* Nach der Definition der →*WR* ü. zwei →*Boote*, wenn keines von ihnen →*klar achteraus* ist oder wenn ein zwischen ihnen liegendes Boot beide überlappt. Der Begriff ist jedoch nicht anwendbar auf Boote mit →*Wind von entgegengesetzter Seite,* außer wenn an →*Bahnmarken* und →*Hindernissen* Regel 18 gilt.

Überleben auf See, das – überleben *(survival at sea, to survive)* Alle Maßnahmen, die von einer Besatzung im Falle von →*Seenot* oder nach dem Sturz einer Person →*über Bord* zur Erhaltung des menschlichen Lebens eingeleitet und angewendet werden müssen. Dazu gehört Ausrüstung und Gebrauch von →*Seenotfeuerwerk* und →*Seenotfunkbake,* der Umgang mit →*Seenotproviant* und die Kenntnis von Erfahrungen anderer, die längere Zeit auf See ü. konnten und diese in Erfahrungsberichten oder in Buchform verbreiteten.

überliegen *(1. on demurrage, to be detained)* 1. Das →*Liegen* als Unterbrechung der →*Fahrt* für eine kurze Zeit oder aus bestimmten Gründen, z. B. bei Nacht oder während eines Sturmes. Das Liegen über die vorgesehene Zeit hinaus aus bestimmten Gründen. Man kann am →*Liegeplatz,* aber auch vor →*Anker* oder auf →*Reede* ü. – 2. Das gleiche wie →*Krängen.*

Überliegezeit, die *(overlay days, days of demurrage)* Die Zeit, die über die vorgesehene →*Liegezeit* hinausgeht und für die ein Boot während des →*Überliegens* einen →*Liegeplatz* benötigt.

übernehmen *(1. to ship water, to ride wet – 2. to take over – 3. to take the watch, to take charge of)* 1. Während der →*Fahrt* oder im →*Seegang* →*Spritzwasser* ü., d. h. an →*Deck* oder in die →*Plicht* bekommen. – 2. Einen Neubau abnehmen. – 3. Die Wache ü. oder eine Funktion an Bord als →*Navigator,* →*Bootsmann,* →*Schipper* o. ä. einnehmen.

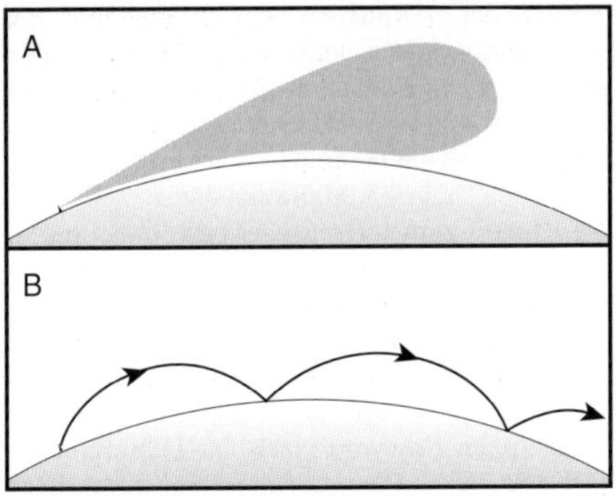

Überreichweite, die *(super refraction, overrange)* Eine Erscheinung beim Betrieb einer →*Radaranlage* und beim →*Sprechfunkdienst* im →*UKW-Bereich,* bei der die →*Funkwellen* durch →*meteorologische* Einflüsse stärker der Erdkrümmung folgen und daher auch Ziele erreicht werden, die jenseits des →*Radiohorizontes* und außerhalb der →*UKW-Reichweite* liegen (Abb. A). Ü. entsteht besonders im Sommer und bei Wetterlagen in einem →*Hochdruckgebiet,* wenn eine Warmluftschicht über kalter Bodenluft liegt oder der Temperaturunterschied zwischen warmer Luft über kaltem Seewasser mehr als 6° C beträgt. Zu mehrfacher Ü. kommt es durch Tunnelbildung (Abb. B), wenn →*Radarwellen* mehrere Male von der Erdoberfläche und den höheren Luftgrenzschichten reflektiert werden.

Überschlagsegel, das *(cover sail)* Ein →*Vorsegel,* das mit dem üblichen →*Fall* über der →*Rollfock* gesetzt und entweder für →*Leichtwetter* oder als →*Sturmfock* gearbeitet werden kann. Mit einem Tuchüberhang am →*Vorliek* wird eine Art Tasche geschaffen, die über die eingerollte Fock gelegt und auf der Gegenseite mit Stagreitern an Segelösen befestigt wird. Die dabei geschaffene wulstförmige Windanschnittskante erhält durch den Zug der →*Schot* eine nahezu aerodynamisch günstige Tropfenform. (Abb.)

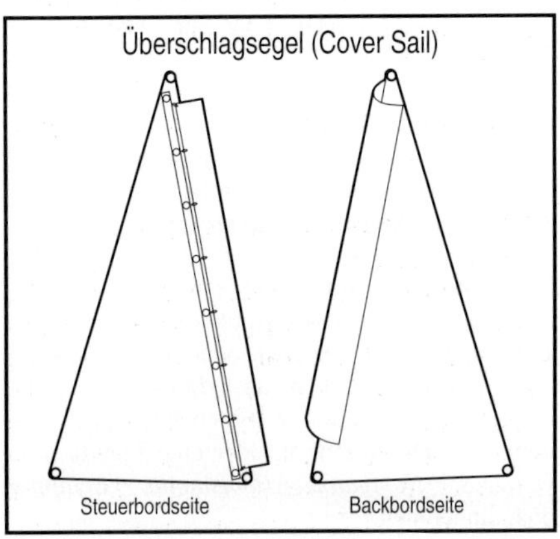

Übersegler, der *(track chart)* Bezeichnung für →*Übersichtskarten,* die noch kleinere Maßstäbe als →*Segelkarten* haben und zum Absetzen eines →*Kurses* über weite Distanzen dienen.

Übersetzungsverhältnis, das; Übersetzung, die *(increasing gearing, mechanical advantage)* Das Verhältnis der Eingangsdrehzahl zur Ausgangsdrehzahl oder das Verhältnis Kraft : Last, das z. B. bei einer →*Schotwinde* 5:1 betragen kann: 5 Kurbelumdrehungen (mit der Hand) bewirken 1 Umdrehung der Windtrommel. Gegensätzlich arbeitet ein →*Untersetzungsgetriebe.*

Übersichtskarte, die Eine →*Seekarte* im Maßstab 1:1600000 bis 1:5000000, an Bord auch →*Übersegler* genannt, die zur Wahl des Reiseweges und zum Absetzen von Kursen und Distanzen auf großen Strecken dient.

über Stag gehen, Überstaggehen *(to tack, to go about, tacking, going about)* Ältere Bezeichnung für den Wechsel der Windseite durch →*Wenden,* wenn ein Boot auf den anderen →*Bug* geht. Dabei mußten auf einem →*Rahsegler* die (mehrfach übereinander zwischen den Masten und vor dem →*Fockmast)* gesetzten →*Stagsegel* mit ihrem →*Schothorn* von der einen Seite über das →*Stag* des nächstfolgenden Segels auf die andere Seite gebracht werden, ein mit dem →*Halsen* verglichen sehr arbeitsaufwendiges Manöver. – Über den Begriff „Wenden" hinaus wird „ü. S. g." noch im Sinne von „fallen", „umfallen", „umstürzen" gebraucht: Wenn das Boot unvermutet und weit →*überholt* und Teile, die nicht →*seefest* gezurrt sind, ihren Halt verlieren oder aus ihrer Halterung stürzen, dann gehen auch sie „über Stag".

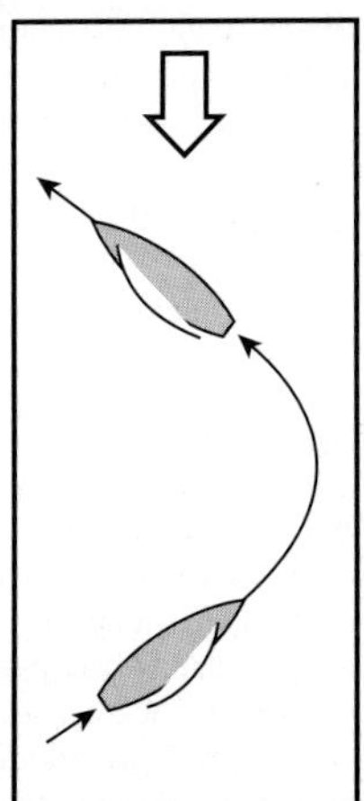

übertakelt *(overrigged, overcanvased)* Die Bezeichnung eines →*Bootes,* das entweder zu viel →*Segelfläche* oder eine zu hohe und schwere →*Takelage* führt. Rennyachten sind oft ü., während →*Seekreuzer* demgegenüber auch →*untertakelt* sein können. Kennzeichnend hierfür ist die →*relative Segelfläche* mit einem Kennwert von z. B. ca. 6,3 für die →*Tempest* und 5,9 für das →*Starboot,* die beide als ü. gelten können.

Überwasserkabel, Förderanlage *(overhead cable, overhead transporter)* Zeichen in der Seekarte, siehe →*Karte 1* im Anhang.

Überwasserschiff, das *(top sides, upper works, hull above water)* Die oberhalb der →*Wasserlinie* liegenden Teile des →*Rumpfes* einschließlich der →*Aufbauten* (Kajütaufbau, →*Deckshaus,* →*Doghouse* u. a.), auch „totes Werk" genannt, im Gegensatz zum „lebenden Werk", dem →*Unterwasserschiff.*

Ufer, das *(shore, strand)* Der Rand eines Gewässers, an der See auch allg. →*Küste* oder →*Strand* genannt.

Uferfeuer, das Meistens mehrere →*Leuchtfeuer,* die den Verlauf eines →*Ufers* kennzeichnen.

Uferlinie, die *(shore line)* Die genaue Grenzlinie zwischen trockenem und nassem →*Strand.* Sie wird im →*Tidengebiet* durch den Wasserstand bei mittlerem →*Hochwasser* bestimmt.

UHF *(Ultra High Frequency)* Der Bereich von →*Funkwellen* in der →*Dezimeterwelle* mit Frequenzen von 300 bis 3000 MHz und Wellenlängen von 1 m bis 1 dm. Wörtlich: Ultrahochfrequenz.

UKW-Bereich, der *(very high frequency, VHF [range of] ultra short wave)* Bereich der →*Ultrakurzwelle,* in dem der „Internationale UKW-Seefunk" als →*Sprechfunkdienst* im Bereich von 156–174 MHz mit einer →*Reichweite* von ca. 30 sm durchgeführt wird. Die →*Frequenz* 156,8 MHz (Kanal 16) ist die internationale Not-, Sicherheits- und Anruffrequenz für den Sprechseefunkdienst auf UKW. Die Verwendung der 57 Kanäle (01–28 und 60–88) ist international geregelt. Der Verkehr wird auf den Betriebsarten →*Duplex,* →*Simplex* und →*Semi-Duplex* abgewickelt. Die UKW-Kanäle sind international in ihrer Verwendung so klassifiziert, daß bestimmte Kanäle ausschließlich Duplex-Kanäle sind. Dann verbergen sich hinter der Kanalbenennung stets zwei Frequenzen. Andere Kanäle sind nur für den Simplex-Verkehr vergeben. Sie sind damit nur für eine einzige Frequenz eingerichtet. Der Kanal 16 arbeitet im Simplex-Verkehr.

UKW-Betriebszeugnis I Amtliche Kurzform für →*Beschränkt gültiges Betriebszeugnis für Funker I,* das weltweit zum Bedienen aller →*Sprech-Seefunkstellen* für →*UKW* sowie der →*Funkeinrichtungen* des →*GMDSS* für UKW gilt. Die Verkehrsabwicklung erfolgt in englischer Sprache. Insbesondere sind alle →*Not-,* →*Dringlichkeits-* und →*Sicherheitsmeldungen* in Englisch abzugeben. Das UKW-B. I schließt das →*Allgemeine Seefunksprechzeugnis* ein.

UKW-Betriebszeugnis II Amtliche Kurzform für →*Beschränkt gültiges Betriebszeugnis für Funker II.* Im Gegensatz zum →*UKW-Betriebszeugnis I* berechtigt es nur zum Bedienen der →*UKW-Sprechfunkgeräte* sowie zur Teilnahme am →*GMDSS* für UKW im Sende- und Empfangsbereich der (deutschen) →*Küstenfunkstellen,* d. h. im →*Seegebiet* A 1.

UKW-Reichweite, die *(VHF-range, VHF coverage)* Die Distanz, in der im →*Seefunk* im →*UKW-Bereich* noch eine →*Küstenfunkstelle* eine →*Seefunkstelle* hören oder zwei Seefunkstellen miteinander verkehren können. Der →*Radiohorizont* ermittelt sich nach der Formel 4,12 x $(\sqrt{h_1} + \sqrt{h_2})$ in km bzw. 2,22 x $(\sqrt{h_1} + \sqrt{h_2})$ in sm. Beträgt z. B. die Antennenhöhe bei einer →*KüFuSt* (h_1) 64 m und auf einer →*Yacht (h_2)* 16 m, so ergibt sich 4,12 x (8 + 4) = 49,44 km bzw. 2,22 x (8 + 4) = 26,64 sm. Unter besonderen →*meteorologischen* Bedingungen kann es zu →*Überreichweiten* oder →*Unterreichweiten* kommen. Nach der fast gleichen Formel läßt sich auch die →*Radarreichweite* ermitteln.

UKW-Seenot-Satelliten-System siehe *COSPAS-SARSAT-System.*

UKW-Sprechfunkzeugnis, das *(Radio Telephone Operator's Restricted Certificate for Very High Frequencies of the Maritime Mobile Service in the Band 156 – 174 MHz)* Exakt →*Beschränkt gültiges Sprechfunkzeugnis für Ultrakurzwellen,* dessen Inhaber den →*Seefunkdienst* nur im →*UKW-Bereich* ausüben darf. Funkanlagen mit →*Grenzwelle* und →*Kurzwelle* sowie Funkeinrichtungen des →*GMDSS* dürfen mit diesem Zeugnis nicht bedient werden. Es wird nur ein

Teil des Stoffes gelehrt und geprüft, der für den Erwerb des →*Allgemeinen Sprechfunkzeugnisses für den Seefunkdienst* verlangt wird.

Ultrakurzwelle, die *(ultra short wave)* Elektromagnetische oder →*Funkwelle* der Frequenz 30 bis 300 MHz bzw. der Wellenlänge 1 bis 10 m, auch als →*Meterwelle* bezeichnet. Der →*UKW-Bereich* wird vorwiegend für den →*Sprechfunk* benutzt. Auch als →*VHF* bezeichnet.

Ultraschall, der *(ultrasonic)* Ein vom menschlichen Ohr nicht (mehr) wahrnehmbarer →*Schall* mit einer →*Frequenz* über 20 kHz. Die Technik arbeitet mit U., z. B. das →*Echolot* an Bord.

umlaufender Wind, der *(variable wind)* Meist schwacher →*Wind* ohne bestimmbare →*Windrichtung*.

Umlauftank, der *(circulation tank)* Ein Strömungstank für Modellversuche an Boots- und Schiffsrümpfen, hauptsächlich zur Ermittlung von →*Widerstand* und →*Stabilität,* bei dem (im Gegensatz zum →*Schlepptank)* Modell und Meßeinrichtungen stationär sind und die entsprechenden Stufen der Bootsgeschwindigkeit durch die Strömung des umlaufenden Wassers simuliert werden.

Umlenkrolle, die *(guide roller)* Eine Scheibe oder Rolle, die die Richtung der →*Kraft* nur umlenkt und nicht gleichzeitig für eine Kraftersparnis im Sinne einer →*Talje* o. ä. sorgt. Eine →*Fallscheibe,* ein →*Leitblock,* ein →*Jolltau* (Abb.) u. a. sind Umlenkrollen in diesem Sinne.

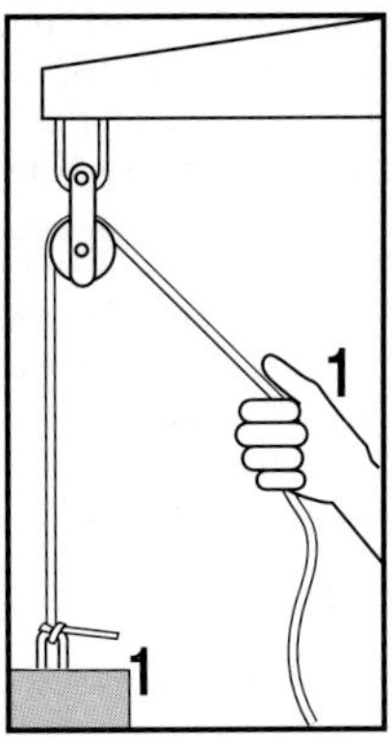

umspringender Wind, der *(shifting wind)* Bei frischem →*Wind* die plötzliche Änderung der →*Windrichtung* beim Durchzug einer →*Front.*

umsteuern (umsteuerbar) *(to reserve [reversible])* Bei unveränderter und nicht zu verändernder Drehrichtung des Motors entweder die Drehrichtung der →*Propellerwelle* durch ein →*Wendegetriebe* ändern oder mit Hilfe eines →*Verstellpropellers* eine Gegenwirkung durch entsprechendes U. herbeiführen. Das U. muß z. B. beim Übergang von →*Vorwärtsfahrt* auf →*Rückwärtsfahrt* erfolgen.

Ungleichheit, die *([tidal] inequality)* In der →*Gezeitenkunde* die astronomisch bedingte Abweichung in der Zeit und in der Höhe von dem

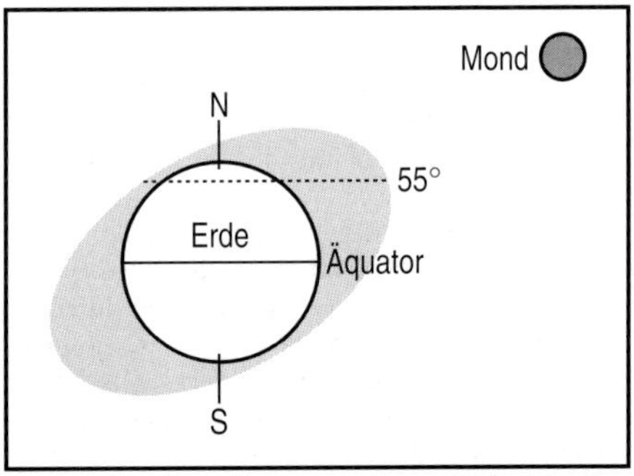

entsprechenden Mittelwert einer →*Tide.* Die tägliche U. mit unterschiedlichem Morgen- und Abendhochwasser bzw. -niedrigwasser ist auf die unterschiedliche Monddeklination, d. h. die wechselnde Position des Mondes über der Erde zurückzuführen, wenn er den Erdball umkreist. Liegt seine Bahn um den Äquator, dann haben die Hochwasser annähernd gleiche Höhe und der →*Tidenstrom* gleiche Stärke. Kreist der Mond jedoch auf einer zum Äquator geneigten Bahn um die Erde und befindet er sich entweder über der nördlichen (Abb.) oder über der südlichen Halbkugel, dann folgt einem hohen Hochwasser ein niedriges Hochwasser. Die tägliche U. nimmt nach 27,32 Tagen oder nach Ablauf eines tropischen Monats wieder den gleichen Wert an. Die Periode eines halben tropischen Monats, in dem die Hoch- und Niedrigwasserhöhen wieder die gleichen Werte erhalten, nennt man die Deklinations-U. Die Abhängigkeit der →*Tide* von der Mondphase (mit →*Springtide)* und →*Nipptide* wird halbmonatliche U. mit einer Periode von 14,77 Tagen (eines halben synodischen Monats) und die mit wachsender Annäherung des Mondes an die Erde erfolgende Zunahme des →*Tidenhubs* in Hoch- und Niedrigwasserhöhen mit Ablauf eines anomalischen Monats oder in 27,55 Tagen werden als parallaktische oder monatliche U. bezeichnet.

Universalformel, die *(universal rule)* Bau- und Vergütungsformel für →*Rennyachten* und →*Seekreuzer,* die praktisch die Kennwerte →*relative Verdrängung* und →*relative Segelfläche* vereinigt und in ihrer verbesserten Fassung von 1906 zu einem →*Rennwert* in Fuß oder Meter nach folgender Formel führt:

$$R = 0{,}18 \; \frac{L \cdot \sqrt{S}}{\sqrt[3]{D}}$$

Nach der U. wurden die von 1930 – 1937 um den →*America's Cup* kämpfenden J-Klasse-Yachten vermessen. Sie hatten einen Rennwert von 76 Fuß.

unkenterbar *(non-capsizable)* Ein Boot ist u., wenn es im eigentlichen Wortsinn nicht →*kentern,* d. h. „umkippen" kann. Man versteht unter „u." jedoch ein Boot, das sich nach einer →*Krängung* um 90° wieder selbst aufrichtet, d. h. bis zum →*Kentern* überliegen kann (bis der →*Mast* parallel zum →*Wasserspiegel* liegt oder der →*Masttopp* sogar in die See eintaucht) und das trotzdem in seine aufrechte Schwimmlage zurückkehrt. Da mehrere →*Seekreuzer* sich in →*schwerer See* jedoch nicht wieder aufgerichtet, sondern sich nach dem →*Querschlagen bis zum Kentern* weiter gekrängt und sogar um 360° gedreht haben, konnte die Bezeichnung „u." nicht aufrechterhalten werden. Man bezeichnet daher →*Kielyachten* treffender als →*kentersicher,* wenn man ihre Fähigkeit zum selbsttätigen Wiederaufrichten beschreiben will. Somit bedeuten beide Begriffe: Auch Kielyachten können kentern oder sogar →*über Kopf gehen,* aber sie bleiben unsinkbar, wenn sie eine →*selbstlenzende Plicht* haben und/oder mit →*Auftriebskörpern* ausgerüstet und durch ihren →*Ballastkiel* →*selbstaufrichtend* sind. Voraussetzung dafür ist eine →*Gewichtsstabilität* und ein →*aufrichtendes Moment* unter allen möglichen Umständen. Jollen sind nicht u., aber dafür →*unsinkbar.* Kielyachten sind nicht u., aber →*kentersicher,* doch können sie →*sinken.*

unklar *(1. not clear, foul – 2. unoperational – 3. foggy – 4. a rope rides – 5. indistinct)* Das Gegenteil von →*klar,* sowohl im Sinne von →*vertörnt,* nicht in Ordnung, nicht brauchbar, nicht betriebsfähig als auch für nicht in ausreichender →*Sicht,* nicht verständlich gemeint: 1. Der Anker kann durch seine →*Flunken* oder seinen →*Stock* mit der →*Ankerkette* u. kommen. – 2. Eine →*Fallwinde* oder →*Schotwinde* kann u. sein. – 3. Das Wetter kann u. oder →*diesig, neblig, unsichtig* werden, bis es wieder →*aufklart.* – 4. Ein →*Fall,* die →*Schlepptrosse* o. ä. läuft u. – 5. Ein →*Flaggensignal,* die →*Kennung* eines →*Leuchtfeuers* ist u.

unrein *(1. dirty, unclean – 2. foul [coast] – 3. bad holding ground)* 1. Das Gegenteil von rein oder sauber im üblichen Wortsinn – 2. Auf den Meeresboden bezogen hat eine unreine →*Küste* vorgelagerte →*Klippen,* →*Riffs,* →*Wracks* o. ä. – 3. Als unreiner →*Grund* die Bezeichnung für ein Gebiet in der →*Seekarte* mit zahlreichen, nicht im einzelnen verzeichneten großen Steinen, Seegras u. ä., die ihn zum →*Ankern* nicht geeignet machen.

unsicher *(insafe, uncertain, doubtful)* Im →*nautischen* Sinne soviel wie ungewiß, zweifelhaft, z. B. ein unsicherer →*Schiffsort* oder Gebiete unsicherer →*Mißweisung* in der →*Seekarte.*

unsicherer Winkel, der *(angle of uncertainty)* Der horizontale Winkel bei einem →*Sektorfeuer,* der an den Grenzen eines →*Sektors* entsteht und in dem die →*Kennung* unsicher ist.

unsinkbar *(unsinkable, insubmersible)* Ein selbstverständliches Gebot der →*Sicherheit* für →*Jollen,* die nicht →*unkenterbar* sind, für →*Rennkielyachten* ohne →*wasserdichte Plicht* und (nach Möglichkeit) auch für →*Seekreuzer.* Kleine Boote werden durch feste →*Auftriebskörper,* (flexible) →*Kenterschläuche* oder (eingebaute) →*Auftriebstanks* u., →*Seekreuzer* durch das →*Ausschäumen* freier, unzugänglicher Räume mit →*Hartschaum* aus →*PUR* oder anderen Produkten der Chemie. Auch wasserdichte →*Schotten* können größere →*Yachten* u. machen. Größere →*Schiffe* müssen nach den Vorschriften des →*Schiffssicherheitsvertrages* durch geeignete Bau- und Sicherheitseinrichtungen weitestgehend u. gemacht werden.

Unterbramrah, die *(lower top gallant yard)* Auf einem →*Rahsegler* normalerweise die vierte →*Rah* von unten.

Unterbramsegel, das *(lower top gallant sail)* Auf einem →*Rahsegler* normalerweise das vierte →*Rahsegel* von unten.

Unterbrochenes Feuer (Ubr., Oc), das *(occulting light)* Ein →*Leuchtfeuer,* das zu den →*Taktfeuern* gehört und weiße oder farbige Lichter-

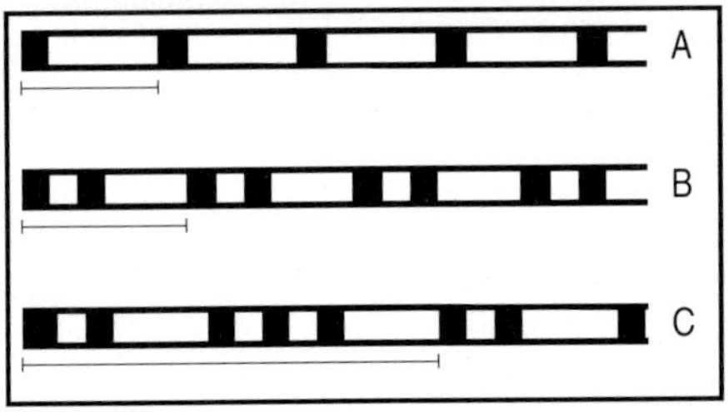

scheinungen mit relativ kurzen, regelmäßig wiederkehrenden Verdunkelungen zeigt. Dabei ist die Gesamtdauer der →*Lichterscheinung* länger als die Gesamtdauer der Verdunkelungen. Abb. A: U. F. mit Einzelunterbrechungen *(single occulting)* – Abb. B: U. F. mit Gruppen (*group-occulting*) – Abb. C: U. F. mit verschiedenen Gruppen *(composite group-occulting).*

Unterdeckspanner, der Die Halterung der →*Wantenspanner* oder Spannvorrichtungen für →*Vorstag* u. a. unter →*Deck,* sowohl aus Gründen geringeren →*Windwiderstandes* als auch zum Einsparen der →*Püttings* bei Direktübertragung der Zugbelastung auf den →*Kiel* oder die Außenhaut (Abb.) oder zur Änderung der Spannung des →*stehenden Gutes* während der →*Fahrt.*

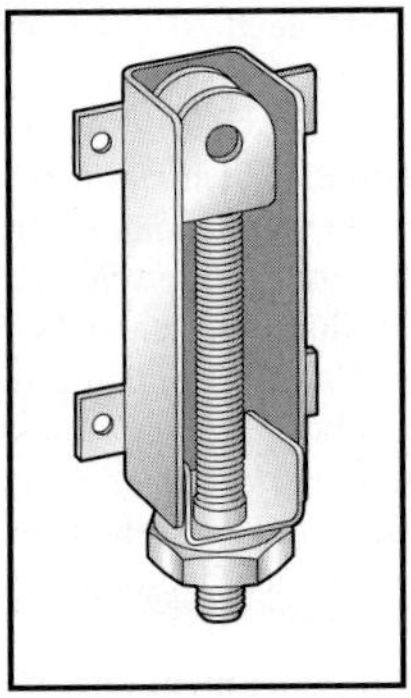

Unterfeuer, das *(lower range light)* Bei einem →*Richtfeuer* das vordere, tiefer gelegene der beiden →*Leuchtfeuer.* Die Leitlinie ist nur richtig bezeichnet, wenn beide →*Feuer* in →*Deckung* liegen.

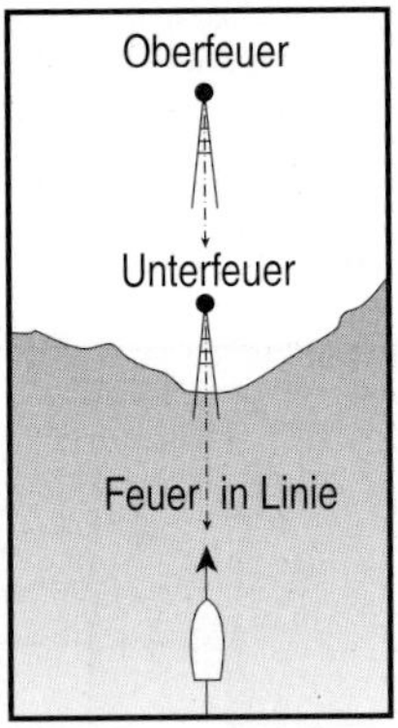

Unterliek, das *(foot)* Die untere Kante eines Segels zwischen →*Hals* und →*Schothorn.* Das U. kann auch an einem →*Baum* gefahren werden und dabei der Länge lang beispielsweise in eine →*Keep* des →*Großbaumes* eingezogen sein oder auch als →*loses Unterliek* arbeiten.

Unterliekstrecker, der *(clew outhaul)* Anderer Ausdruck für →*Schothornausholer.*

Untermarsrah, die *(lower topsail yard)* Auf einem →*Rahsegler* die zweite →*Rah* von unten.

Untermarssegel, das *(lower topsail)* Auf einem →*Rahsegler* das zweite →*Segel* von unten, das durch seine relativ kleine Segelfläche und seine niedrige →*Takelungshöhe* auch als →*Sturmsegel* dient.

Untermast, der *(lower mast)* Auf einem →*Segelschiff* der untere Teil des →*Mastes,* der durch →*Stengen* verlängert wurde.

Unterreichweite, die *(subrefraction)* Im Gegensatz zur →*Überreichweite* bei der Ausbreitung von →*Funkwellen* im →*UKW-Bereich* und bei der Arbeit mit →*Radar* die Reduzierung des

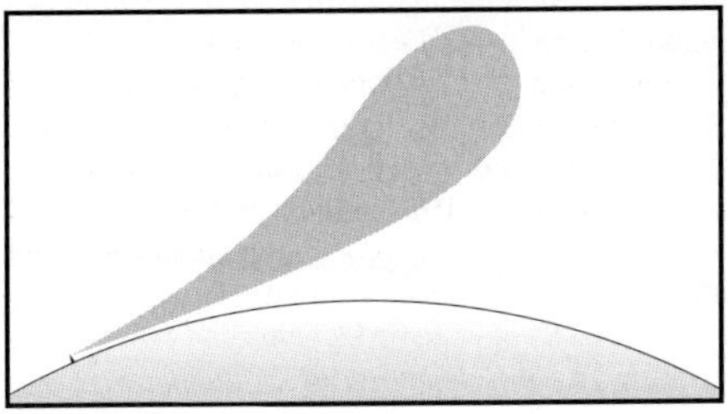

→*Radiohorizontes.* U. entsteht bei bestimmten →*meteorologischen* Gegebenheiten, wenn eine Kaltluftschicht über warme Bodenluft fließt und wenn die Luft über Seewasser mehr als 6°C kälter als das Wasser ist. Die U. kann (vor allem im Winter) bis auf zwei Drittel der theoretisch möglichen →*Reichweite* reduziert werden.

Unterscheidungsnummer, die *(sail number)* Analog zum →*Unterscheidungssignal* in der Schiffahrt die Kennzeichnung einer →*Yacht* durch eine →*Segelnummer,* die ihr vom →*(Deutschen) Segler-Verband* zugeteilt und mit der sie in das →*Yachtregister* eingetragen ist. Diese U. wird dort zusammen mit dem →*Nationalitätsbuchsta-*

ben der →*ISAF* nach Anhang H der →*Wettfahrtregeln* und dem →*Klassenzeichen* geführt. Bei →*Regatten* auf →*See* oder →*Transozean-Wettfahrten* ist es üblich, diese U. auch auf dem →*Relingskleid* jeder →*Seite* und auf →*Deck* bzw. dem →*Kajütdeck* weithin sichtbar zu führen.

Unterscheidungssignal, das *(distinguishing signal, ship's call letters)* Dem Kfz-Kennzeichen bzw. U. von Flugzeugen entsprechendes Kennzeichen jedes →*Schiffes,* unter dem es in das →*Schiffsregister* eingetragen und in der Rufzeichenliste für den optischen Signal- und Funkverkehr geführt wird. Es besteht aus 4, in Deutschland mit D beginnenden Buchstaben (oder Zahlen mit Buchstaben) und wird als →*Flaggensignal* gesetzt, im →*Seefunk* als →*Rufzeichen* gebraucht und im →*Sprechfunk* gegeben.

unterschneiden *(to duck into the waves, to undercut the waves)* Eine unerwartete und gefährliche →*Bootsbewegung,* wenn ein →*vorlastig* getrimmtes Boot beim →*Stampfen* durch die Fahrtgeschwindigkeit sehr tief eintaucht bzw. bei den →*Tauchschwingungen* (in der See) nicht wieder auftaucht. Die Gefahr des Unterschneidens besteht besonders bei Booten mit scharfem →*Vorfuß,* wenig Reserveauftrieb und bei schneller Fahrt mit →*achterlichem Wind* im Seegang.

Untersegel, das *(lower sail)* Auf einem →*Rahsegler* die an den untersten →*Rahen* gefahrenen →*Segel:* die →*Fock* am →*Fockmast,* das →*Großsegel* am →*Großmast* und das Bagien (-Segel) am →*Kreuzmast.* Ihre →*Segelstellung* wurde durch →*Halsen* und →*Schoten* korrigiert.

Untersetzungsgetriebe, das *(reduction gear, reducing gears)* Mechanische oder andere Einrichtung, um eine hohe Eingangsdrehzahl auf eine niedrige Ausgangsdrehzahl zu reduzieren, wie es z. B. bei einem →*Außenbordmotor* oder einem Einbaumotor notwendig ist, um die hohe Motordrehzahl auf eine niedrige Drehzahl der →*Propellerwelle* bzw. des →*Propellers* herabzumindern. Bei einem U. von 1:3 dreht sich der →*Propeller* mit 1/3 der Motordrehzahl, d. h. 1500 U/min des Motors werden auf 500 U/min des Propellers reduziert. Das Untersetzungsverhältnis nimmt mit dem →*Propellerdurchmesser* zu.

untertakelt *(underrigged, undercanvassed)* Bezeichnung eines →*Bootes,* das weniger →*Segelfläche* und eine niedrigere →*Takelage* trägt, als ihm seiner Größe nach aus Gründen der →*Segeltechnik* und →*Seemannschaft* zumutbar wäre. Ob ein Boot u. ist, kann man durch den Kennwert der →*relativen Segelfläche* erkennen, der bei einem untertakelten →*Seekreuzer* ca. 3,5 bis 3,0, bei →*Motorseglern* sogar nur ca. 2,7 betragen kann. →*Yachten* der →*Einhandsegler* oder →*Transozeanyachten* mit zahlenmäßig kleiner →*Crew* sind meistens u., während →*Rennyachten* auf →*Dreieckskursen* →*übertakelt* sind.

Unterwant, das; Unterwanten, die *(lower shrouds [pl.])* Die vom Ansatzpunkt der unteren →*Saling* zu →*Püttings* geführten →*Wanten,* die →*querschiffs* in der Mastebene verlaufen oder paarweise zu weiter vorn und achtern liegenden →*Rüsteisen* führen.

Unterwasseranstrich, der *(underwater painting, underwater coat)* Spezielle Farbe für die Behandlung des →*Unterwasserschiffs* gegen →*Bewuchs* oder →*Korrosion,* z. B. →*Antifouling,* →*Unterwasser-Kupferbronze,* →*Hart-Antifouling* u. a. Der U. hat bei einer →*Rennyacht* auch die Aufgabe, den →*Reibungswiderstand* im Wasser zu vermindern.

Unterwasser-Kupferbronze, die Endanstrich für Holz- und Kunststoff-Boote mit hohem Gehalt an Kupferbronze. U.-K. ist für Metallboote wegen Gefahr der →*Korrosion* nicht geeignet. Beste Wirkung als →*Antifouling* und hohe Gleitfähigkeit nach →*Naßschleifen* mit →*Schleifpapier* 220 bis 400.

Unterwasserschiff, das *(underwater hull, underbody, quick work)* Die eingetauchten und unter der →*Wasserlinie* liegenden Teile des →*Rumpfes* einschließlich →*Ruderblatt,* →*Ruderleitflosse,* →*Kielflosse,* →*Trimmklappe* und anderen, in →*Fahrt* arbeitenden oder umströmten Teilen, auch „lebendes Werk" im Gegensatz zum „toten Werk", dem →*Überwasserschiff* genannt.

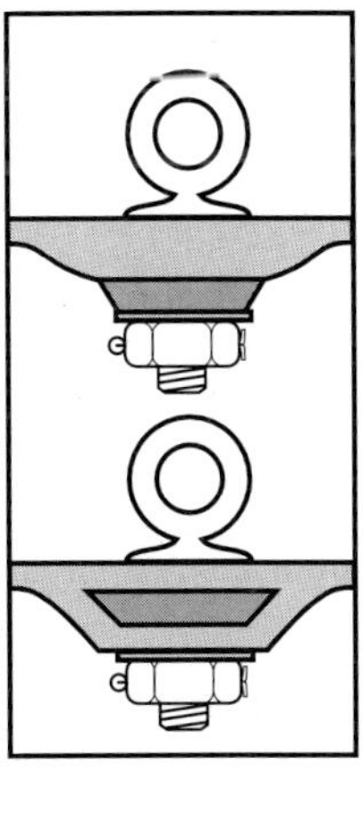

Unterzug, der *(girder, deck girder, backing block, backing chock)* Längsträger, der als →*Längsversteifung* dem Bauteil eine größere Festigkeit geben oder die besonders beanspruchten Stellen, an denen →*Beschläge* verankert sind, zusätzlich sichern soll. Im →*GFK-Bootsbau* besteht ein U. nicht nur aus dem üblichen →*Kernmaterial,* sondern auch aus einlaminierten Holz- oder Stahlblechscheiben, z. B. unter einem →*Augbolzen* (Abb.).

Untiefe, die *(shoal, shallow, flat, sandbank)* Flache oder seichte Stelle in einem Gewässer, die Gefahr zum →*Festkommen* bietet. Sie ist als →*Gefahrenstelle* nach dem (international einheitlichen) →*Kardinalsystem* oder innerhalb eines →*Fahrwassers* durch →*Einzelgefahr-Zeichen* gekennzeichnet.

Untiefenbezeichnung, die *(cardinal system)* Nach dem seit 1977 gültigen internationalen →*Betonnungssystem „A“* gibt es keine →*Untiefentonnen* mehr, die sich von →*Wracktonnen* unterscheiden. Natürliche Gefahren und andere Schiffahrtshindernisse werden nach dem →*Kardinalsystem* einheitlich als →*Gefahrenstellen* bezeichnet. Als solche kardinalen Zeichen werden →*Tonnen* beliebiger Art (→*Baken,* →*Bakentonnen* oder →*Spieren)* benutzt, weil nur das mit Doppelkegeln gebildete →*Toppzeichen* das wichtigste Unterscheidungsmerkmal bei Tage ist. Diese Tonnen (Abb. A), die die Richtung von einem Bezugspunkt markieren, sind →*nördlich,* →*östlich,* →*südlich* und →*westlich* einer →*Gefahrenstelle (*→*Untiefe)* oder eines anderen →*Hindernisses* ausgelegt. Sie unterscheiden sich durch gelbe oder schwarze waagerechte Unterteilung sowohl in der Farbe wie in der Richtung des Farbbandes deutlich von den lateralen Zeichen, die ein →*Fahrwasser* kennzeichnen. Die Doppelkegel-Toppzeichen sind immer schwarz. Die Spitzen der Toppzeichen deuten gleichzeitig an, wo sich der schwarze Anstrich befindet, so daß man bei Fehlen eines Toppzeichens aus der Lage des schwarzen Streifens den Quadranten ebenfalls erkennen kann, den die Tonne markiert. Nordquadrant: 2 Toppzeichen mit den Spitzen nach oben (Eselsbrücke: auf der Seekarte ist Nord oben). Tonnenfarbe: Schwarz über Gelb. Gegebenenfalls weißes →*Feuer.* Kennung: →*Funkel* oder →*schnelles Funkeln.* – Ostquadrant: 2 Toppzeichen übereinander mit den Spitzen voneinander weg (Eselsbrücke: sie bilden ein O = Ost). Tonnenfarbe: schwarze Teile über und unter einem gelben Band in der Mitte. Gegebenenfalls weißes Feuer. Kennung: Gruppe von 3 →*Funkeln* oder →*schnellen Funkeln.* – Südquadrant: 2 Toppzeichen übereinander mit den Spitzen nach unten (Eselsbrücke: auf der →*Seekarte* ist Süd unten). Tonnenfarbe: Schwarz und Gelb. Gegebenenfalls weißes Feuer. Kennung: Gruppe von 6 →*Funkeln* oder →*schnellen Funkeln,* denen unmittelbar ein →*Blink* und dann eine Pause folgt. – Westquadrant: 2 Toppzeichen übereinander, deren Spitzen zueinander zeigen (→*Stundenglas).* Tonnenfarbe: schwarzes Teil in der Mitte zwischen je einem gelben Band unterhalb und oberhalb. Gegebenenfalls weißes Feuer. Kennung: Gruppe von 9 →*Funkeln* oder →*schnellen Funkeln.* Das Konzept von 0, 3, 6 und 9 (Funkeln) entspricht dem Zifferblatt einer Uhr. Der bei der Kennung im Südquadranten zwischengeschaltete Blink, dessen →*Lichterscheinung* länger als 2 Sekunden sein muß, zeigt hierbei an, daß man es nicht mit Funkelgruppen von 3 oder 9 Blitzen, sondern mit einer Funkelgruppe von 6 Blitzen zu tun hat. – Einzelgefahr(en)stellen geringerer Ausdehnung werden durch schwarze Tonnen mit waagerechtem breitem rotem Band und Doppelball-Toppzeichen markiert (Abb. B). Wenn erforderlich, wird weißes Licht mit der Blitzgruppe 2 (Blz. [2]) als Kennung benutzt. Das ist dann auch die U. einer Gefahrenstelle, eines Felsens oder einer anderen Flachstelle geringerer Ausdehnung.

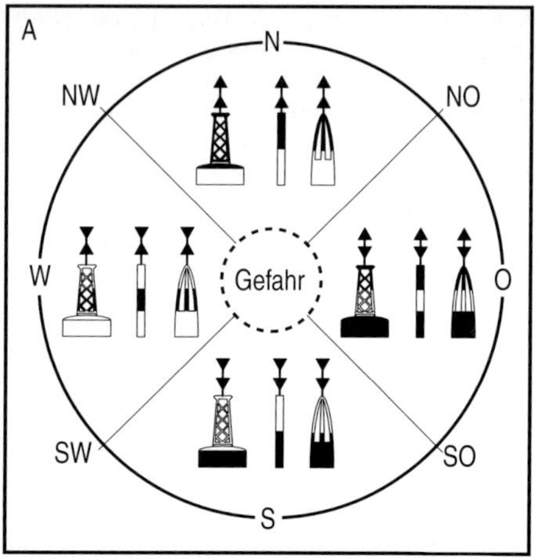

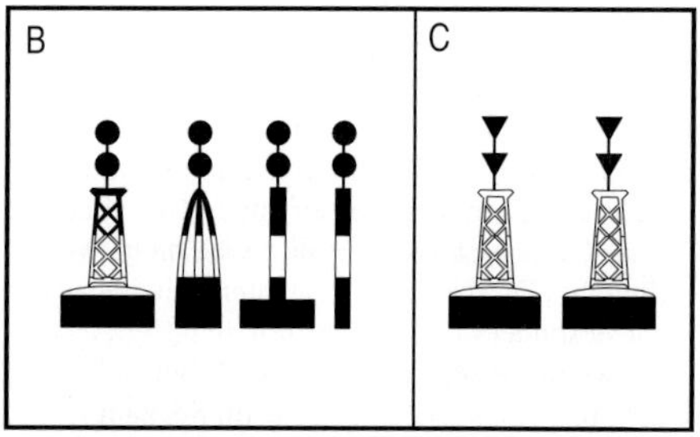

Neue Gefahrenstellen sind durch neu ausgelegte Doppeltonnen (Abb. C) gekennzeichnet.

Untiefentonne, die *(shoal buoy, shoal marker)* Nur noch im Bordgebrauch übliche Bezeichnung für eine →*Tonne,* die nach dem →*Kardinalsystem* des →*Betonnungssystems „A“* eine →*Gefahrenstelle* markiert, die durch eine →*Untiefe* gegeben ist.

Unze, die *(ounce)* Im (alten) anglo-amerikanischen Maßsystem eine Maßeinheit als Hohlmaß, Handelsgewicht, Apothekergewicht und Goldgewicht, uneinheitlich und deshalb sorgfältig zu unterscheiden: Handelsgewicht-U. = 28,35 g, flüssige U. in Großbritannien: 28,4 cm^3 oder 2,84 cl, in den USA 29,6 cm^3 oder 2,96 cl, Apotheker- und Goldgewicht: 31,10 g, auch Feinunze genannt.

UP Chemische Kurzbezeichnung nach DIN 7728 für ungesättigte →*Polyesterharze* als Basis für den Anstrichaufbau.

USB Abk. für *Upper Side Band.* Bezeichnung des oberen Seitenbandes einer →*Einseitenband-Aussendung.* Das USB wird als Betriebsart eines Wetterfunkempfängers auf den →*Frequenzen* 30 kHz und 30 MHz benutzt.

UTC Abk. für *Universal Time Coordinated* oder →*koordinierte Weltzeit.*

UT 1 Abk. *für Universal Time One* oder →*Weltzeit eins.*

V

V = Victor Internationales Buchstabensignal, weiß mit rotem Andreaskreuz, Bedeutung: „Ich benötige Hilfe." Morsen: • • • – (kurz–kurz–kurz–lang).

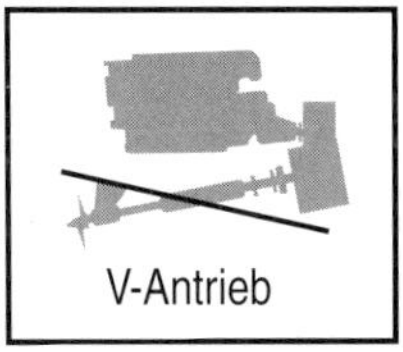

V-Antrieb, der *(vee drive)* Eine platzsparende →*Antriebsform,* bei der der vordere Teil des →*Motors* nach achtern zeigt und das Getriebe in →*vorlicher* Richtung angeflanscht ist. Es lenkt die Kraft um 180° (in Gegenrichtung) um und läßt eine kurze →*Schwanzwelle* mit →*Propeller* unter dem Bootsboden austreten (Abb.).

Vaurien Von J. J. Herbulot konstruierte und aus →*GFK* oder →*Sperrholz* gebaute Knickspant-Jolle mit →*Plattboden* für zwei Mann Besatzung, als →*internationale Klasse* anerkannt. Lüa 4,08 m, Büa 1,47 m, Tiefg. Rumpf 0,12 m, mit Schwert 0,96 m, Verdr. segelf. 95 kg, Segelfl. 8,1 m².

Vektor, der – Vektordiagramm, das *(vector, vector diagram)* Durch Pfeile dargestellte mathematisch-physikalische Größe, um Richtungen, Angriffspunkte und (in linearen Maßstäben) Kräfte, Geschwindigkeiten o. ä. zu zeigen. Ein V. ist z. B. das →*Parallelogramm* der Geschwindigkeiten in bezug auf den →*relativen Bordwind* und das →*Stromdreieck* in der →*Navigation.*

Vektorenaddition, die *(vector analysis)* Bei einer V. zeichnet man zwei →*Vektoren* aneinander, zieht die Verbindung vom Fuß des ersten zur Spitze des zweiten Vektors und liest an dieser Resultierenden die gesuchten Werte nach Richtung und Länge ab.

Velacciere *(velacciere)* Ein →*Segelschiff* des *Mittelmeeres* mit 3 →*Masten,* von denen der vordere →*Fockmast* (meistens 4) →*Rahsegel* und der →*Großmast* und →*Besan* →*Lateinsegel* tragen.

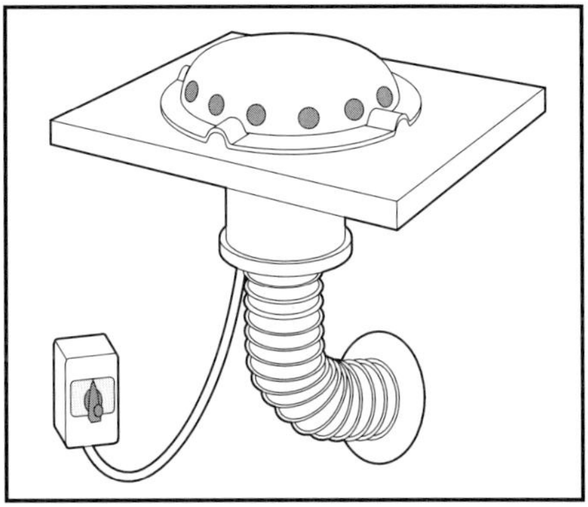

Ventilator, der *([supply] ventilator, blower)* Im Gegensatz zur natürlichen Be- und Entlüftung eines Raumes unter Deck mit →*Windhutzen* die Lufterneuerung mit elektrischer Energie und einem V., der als →*Drucklüfter* Frischluft in →*Kajüte,* Motorenräume, →*Vorpiek* o. ä. pumpt. Der Decksbeschlag eines Ventilators ist so konstruiert und geformt, daß er flach und trittfest nicht bei der Arbeit an →*Deck* stört und gleichzeitig kein →*Spritzwasser* durch die Decksdurchführung mit in das Bootsinnere leitet (Abb.).

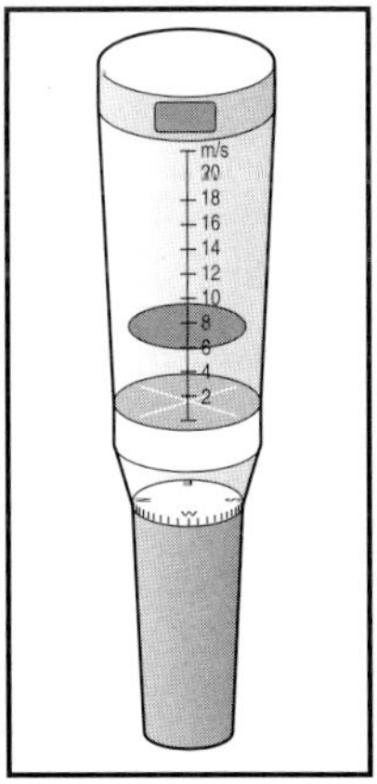

Ventimeter, das *(ventimeter)* Ein einfaches Windmeßgerät aus einem oben abgeschlossenen Klarsichtzylinder nach dem Prinzip eines →*Staudruck-(Fahrt)messers* mit einem Meßbereich von 0 bis 25 m/sec, von ca. 200 mm Höhe, 50 mm Durchmesser und 50 g Gewicht. Man hält das Gerät senkrecht und mit dem Windeinlaßstutzen in Windrichtung, so daß eine in der Mitte des Zylinders auf einer Achse gelagerte Kunststoffscheibe entsprechend der →*Windgeschwindigkeit*

hochgehoben wird und an einer seitlich am Zylinder angebrachten Skalenbeschriftung die Windgeschwindigkeit ablesbar ist. Diese kann an Hand einer am Handgriff aufgedruckten Tabelle unter Beachtung des →*Windgradienten* auf die Standhöhe des Beobachters umgerechnet werden.

Venturi-Lüfter, der *(venturi ventilator)* Ein →*Ablüfter,* der ein Rohr mit trichterförmiger Ein-

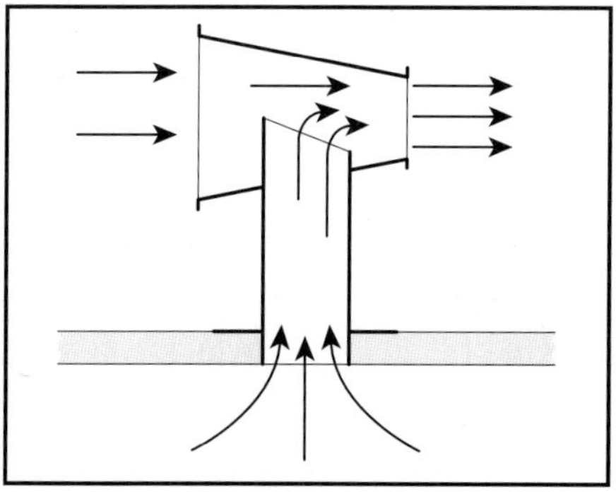

schnürung des Strömungsquerschnitts benutzt, um die verbrauchte Luft aus der →*Kajüte* oder einem Motorenraum zu entfernen. Ein V.-L. kann in Verbindung mit einer →*Windhutze* paarweise oder auch einzeln arbeiten.

Verband, der *(1. structure, structural member – 2. formation, squadron – 3. bond joint)* 1. Für die Festigkeit des →*Rumpfes* wichtige, insbesondere →*längsschiffs* und →*querschiffs* stützende und versteifende Bauteile, auch →*Längsverbände* und →*Querverbände* genannt. – 2. Mehrere Schiffe oder Boote, die im V. manövrieren, gemeinsam in →*Dwarslinie,* →*Kiellinie* oder anderen Formationen ein „Geschwadersegeln" oder V.-Segeln veranstalten. – 3. Im Sinne von „Verbindung" die Befestigung von Längs- und Querverbänden untereinander oder an der →*Außenhaut.*

Verbotszeichen, das Auf den →*See- und Binnenschiffahrtsstraßen* in Ufernähe aufgestellte viereckige Tafeln mit schwarzen Symbolen und (meistens) rotem Rand, die als Verkehrsschilder dienen. Sie sind (wie ähnliche Warn- und Hinweiszeichen) in der →*SeeSchStrO* und

→*BinSchStrO* abgedruckt und in ihrer Bedeutung nahezu identisch. V. zeigen z. B. Überholverbot, Begegnungsverbot, Ankerverbot (Abb.), Liege- und Festmacheverbot an.

Verbund-Bauweise, die *(sandwich construction)* Bootsbau aus massiven →*GFK*-Außenwandungen mit einlaminiertem →*Kernmaterial* aus leichtem, schubsteifem Material, vorwiegend als →*Sandwich-Bauweise* bekannt. Die Güte einer Verbund-Konstruktion ist hauptsächlich von der richtigen Bindung der Deckschichten aus →*Roving* oder →*Glasmatten* mit dem Kern abhängig.

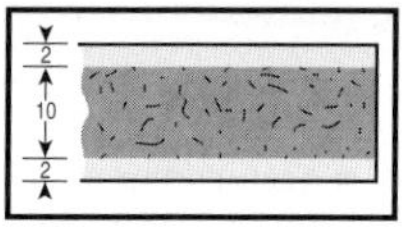

Verdoppelung der Seitenpeilung *(doubling the angle of the bow)* In der →*terrestrischen Naviga-*

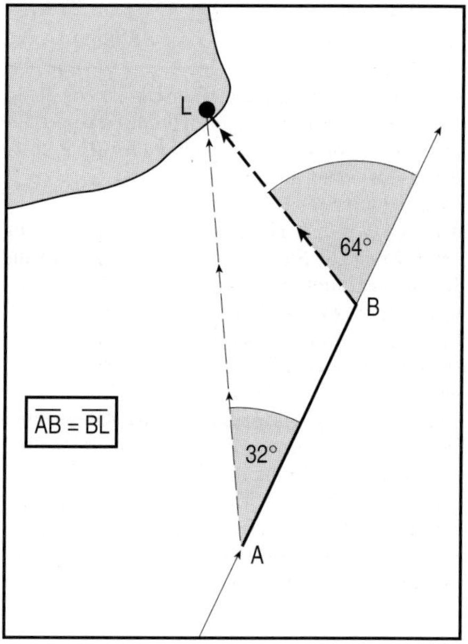

tion eine Bestimmung des →*Schiffsortes* mit nur einer →*Landmarke,* bei der die zweite →*Seitenpeilung* doppelt so groß wie die erste ist. Man erhält ein gleichschenkliges Dreieck, und die →*versegelte* →*Distanz* zwischen beiden →*Peilungen* entspricht dem Abstand von der Marke zum zweiten Peilzeitpunkt. Die V. d. S. gehört in die Gruppe der →*Doppelpeilungen* oder →*Versegelungspeilungen.* Auch die →*Vierstrichpeilung* ist eine V. d. S.

Verdränger, der – Verdrängungsboot, das *(displacement boat)* Ein Boot, das auch in →*Fahrt* immer nach dem →*archimedischen Prinzip* schwimmt und das von ihm erzeugte Wellensystem wegen seines →*Gewichtes* nicht verlassen kann. Im Gegensatz zum →*Gleitboot* hat jeder V. eine maximale →*Rumpffahrt,* die er nicht überschreiten kann. In die Gruppe der V. gehören alle →*Seekreuzer,* →*Kielyachten,* →*Motorsegler* und auch schwer gebaute oder beladene →*Jollen,* nicht aber Rennjollen, die ins →*Gleiten* kommen können.

Verdrängerpumpe, die *(positive displacement pump)* Auch Stiefel- oder →*Kolbenpumpe* genannte, von Hand betätigte, einfache →*Lenzpumpe,* deren Leistungsfähigkeit von Länge und Durchmesser des Pumpenzylinders und der Muskelkraft beim Pumpen abhängt. Das Wasser wird mechanisch unter dem Kolben in das Vakuum der Pumpe hineingehoben, während eine Gummidichtung den Rand zwischen Gehäuse und Kolben abdichtet, und durch die obere Öffnung (Abb.) herausgedrückt. Ein simples Ventil aus einem Vollgummiball sorgt im Pumpenfuß für das wechselnde Öffnen und Schließen der Pumpenkammer.

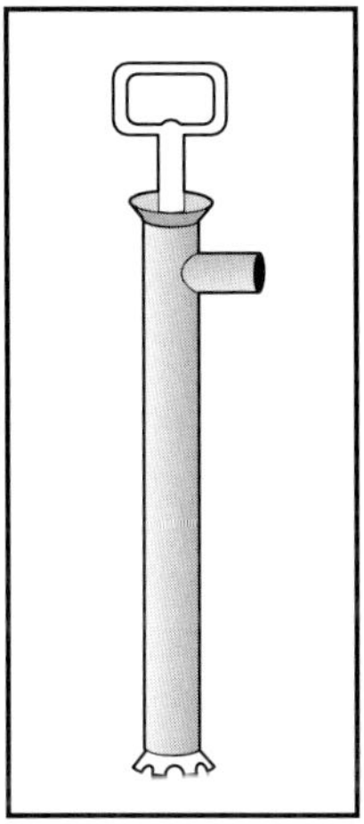

Verdrängung, die *(displacement)* Die Masse der von einem →*Boot* verdrängten Wassermenge, meistens in „t" angegeben, bzw. das Produkt aus dem Volumen und der Dichte der verdrängten Wassermenge. Man unterscheidet bei →*Yachten* das (in Prospekten angegebene oder für den Bahn- bzw. Straßentransport wichtige) Eigengewicht des Bootes und die V. einschließlich →*Crew,* →*Ausrüstung,* →*Proviant,* →*Frischwasser* und Brennstoff in den →*Tanks* u. a. Die V. ändert sich nicht nur durch unterschiedliche Beladung, sondern auch durch die →*Seewasserdichte,* was man an der veränderten Eintauchtiefe in Fluß- und Seewasser erkennen kann. Nach der →*Yachtbau-Nomenklatur* wird V. als Rauminhalt des Unterwasserteils verstanden und in m^3 angegeben.

Verdrängungsboot, das *Siehe* →*Verdränger.*

Verdrängungsschwerpunkt, der *(centre of buoyancy)* Der →*Schwerpunkt* des eingetauchten Bootsrumpfes, der sich mit dem →*Trimm* des Bootes verändert: Je nach der →*Völligkeit* des Bootsrumpfes wandert er bei →*kopflastigem* Boot nach vorn und bei →*Hecklastigkeit* nach achtern. Außerdem wandert er bei einer →*Krängung* nach der Seite des →*Überliegens* und im →*Seegang* auch nach →*vorn* oder →*achtern* aus (Abb.). Er läßt sich wie der →*Lateralschwerpunkt* zeichnerisch-experimentell ermitteln und wird auch →*Formschwerpunkt* genannt.

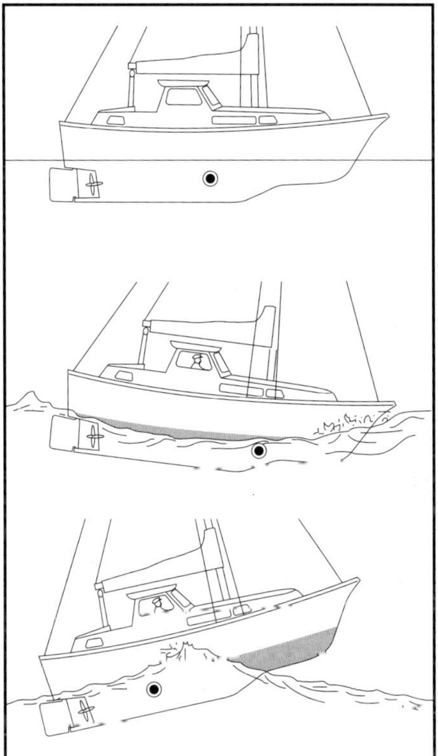
Verdrängungsschwerpunkt

Verdrängungsruder, das *(hydrofoil or streamlined or displacement rudder)* Im Gegensatz zu einem einfachen →*Ruderblatt* mit flachen Seiten ein profiliertes →*Ruder,* das etwas Volumen enthält. Die bei einem V. unverzichtbare Verdickung am →*Leitkopf* bis zur →*Ruderhacke* wird →*Bürzel* genannt.

verfahren *(1. to overhaul [to fleet] a tackle – 2. to fleet)* 1. Wenn eine →*Talje* →*zu Blocks* gekommen ist, die zu nahe gekommenen →*Blöcke* wieder auseinanderbringen oder →*überholen.* – 2. Eine →*Leine* von einem Befestigungspunkt zu einem anderen bringen, z. B. einen →*Festmacher* von einem →*Poller* auf einen anderen v., auch mit einem →*Beiboot,* oder eine →*Vorschot* von einem →*Holepunkt* zum anderen bringen.

Verfahren der Vermessung von Wassersportfahrzeugen durch das Bundesamt für Seeschifffahrt und Hydrographie siehe →*Vermessung von Wassersportfahrzeugen durch das* →*BSH.*

verfangen *(1. to spell – 2. to catch)* 1. Im Sinne von ablösen, die Vertretung übernehmen, z. B. die →*Wache* oder den →*Rudergänger,* auch nur zeitbegrenzt, während des Essens vertreten. – 2. Auf den →*Anker* o. ä. bezogen, der sich v. haben kann, wenn er →*unklar* gekommen ist.

Verfolgen (eines Zieles mit Radar), das *(trakking)* Festhalten eines durch →*Radarortung* erfaßten →*Objektes* oder →*Zieles* und optisches Nachführen der →*Radarpeilung.* Dabei werden Abstand und Richtung fortlaufend gleichzeitig bestimmt.

Vergnügungsyacht, die; Vergnügungsfahrzeug, das *(pleasure yacht, pleasure craft)* Ein Begriff der →*SOLAS-Bestimmungen* und des →*Schiffssicherheitsvertrages,* unter dem alle →*Yachten,* →*Sportboote,* →*Seekreuzer* und weitere Fahrzeuge zusammengefaßt sind, die der →*Sportschiffahrt* und nicht dem Handelsverkehr dienen. Für eine V. sind nach diesen Bestimmungen eine →*Sicherheitsausrüstung* und eine →*Funkausrüstung* nicht vorgeschrieben.

Vergütung, die *(rating)* Beim →*Rennsegeln* von →*Ausgleichern* z. B. nach der früheren →*IOR-Formel,* eine →*Zeitvergütung,* mit der man →*Yachten* unterschiedlicher Größe und mit verschiedenem →*Rennwert* vergleichen und die →*gesegelten Zeiten* in →*berechnete Zeiten* verwandeln kann.

Vergütung nach IMS *(handicap IMS)* Nach →*IMS* erfolgt eine V. „Zeit pro Seemeile", die bereits vor dem →*Start* als →*Handicap* für jede beteiligte Yacht feststeht. Beispiel: Da die „theoretischen Geschwindigkeiten" für jede nach →*IMS* vermessene Yacht bekannt sind, ist es einfach, auch die „theoretisch gesegelten Zeiten pro Seemeile" (quasi als „Sollzeiten") festzulegen. Die Unterschiede zwischen diesen „theoretisch gesegelten Zeiten" sind dann die Handicaps der Yachten untereinander. In der Praxis heißt das: Yacht ALBATROS segelt eine theoretische Geschwindigkeit von 6 Knoten, benötigt also eine Zeit von 10 Minuten oder 600 Sekunden für die Distanz von einer Seemeile. Yacht BETTINA segelt eine theoretische Geschwindigkeit von 5 Knoten. Sie benötigt eine Zeit von 12 Minuten oder 720 Sekunden pro Seemeile. Die Differenz von 120 Sekunden oder 2 Minuten ist somit die Zeitspanne, die ALBATROS der BETTINA pro Seemeile eines Wettfahrtkurses vergüten muß. Trennen nach einer Distanz von 10 sm beide Yachten z. B. 22 Minuten, wurde A. besser gesegelt. Liegen sie hingegen nur 18 Minuten auseinander, ist B. die erfolgreichere Yacht.

verholen *(1. to haul, to move – 2. to kedge)* Ein →*Boot* ohne →*Segel* und →*Motor* von einem →*Liegeplatz* zu einem anderen, zu einem →*Ankerplatz,* an einen →*Slip* o. ä. bringen (1) und es dabei nur mit →*Verholleinen,* mit →*Bootshaken,* von Hand oder nur mit dem →*Anker (2)* bewegen.

verjüngen, sich verjüngen *(to reduce, to taper [off])* Eine →*Leine* oder →*Trosse* in Richtung auf den →*Tampen* durch Abschneiden von →*Garnen* dünner machen. Das V. erfolgt, damit z. B. ein Ende mit einem →*Langspleiß* nicht dicker als der normale Durchmesser des →*Tauwerks* wird oder auch ein →*Tampen* mit einem →*Takling* noch durch Blöcke oder ein enges →*Scheibengatt* laufen kann.

verkatten (einen Anker) *(to back [an anchor])* Einen bereits ausgebrachten (Haupt-)Anker durch einen zweiten Wurf- oder Reserveanker verstärken, indem man ihn an derselben →*Kette* oder →*Trosse* ansteckt und ausbringt. Man verkattet die Anker, wenn durch →*Seegang* oder →*Sturm* der Ankerplatz →*unsicher* wird, insbesondere auf →*Legerwall* oder bei schlechtem →*Ankergrund,* doch leistet ein →*Ankergewicht* oder →*Gleitgewicht* oft die gleichen Dienste. Der am weitesten voraus liegende Anker wird dabei auch →*Kattanker* genannt. Für die von Gewicht (und Konstruk-

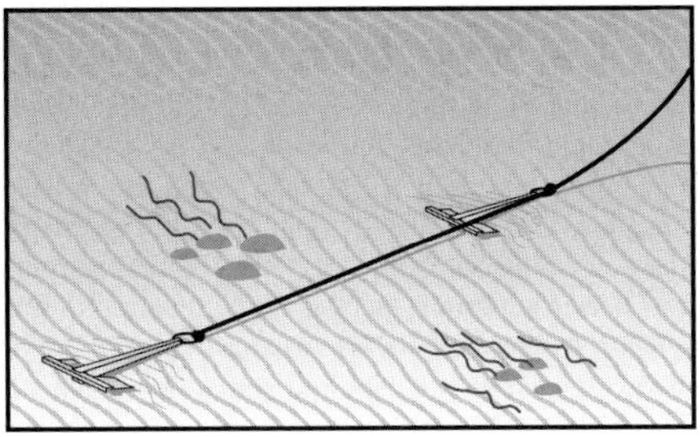

tion) der verkatteten Anker a und b abhängige Haltekraft gilt die Faustformel (Gewicht a + Gewicht b)^2 = beispielsweise $(20 + 15)^2 = (35)^2 = 1225$. Man erhält durch V. die doppelte Haltekraft wie beim →*Vermuren.*

Verkehrstrennungsgebiet, das *(traffic separation scheme)* Ein Gebiet mit sehr dichtem oder zu-

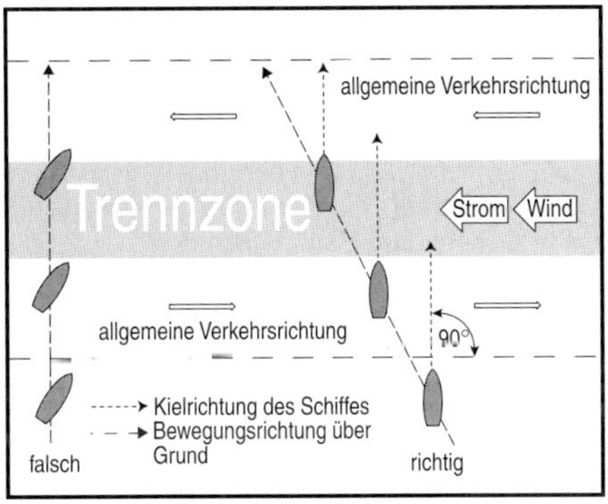

sammenlaufendem Verkehr, in dem die Verkehrsströme nach internationalen Vereinbarungen planmäßig getrennt werden. Ein V. ist in der Seekarte durch farbige Einbahnwege mit Trennlinien und dazwischenliegender, farbig getönter Trennzone gekennzeichnet. Segelboote und →*Fahrzeuge* von weniger als 20 m Länge dürfen die sichere Durchfahrt der Berufsschiffahrt, die diese Einbahnwege in der vorgeschriebenen Fahrtrichtung befahren, nicht behindern. Zuwiderhandlungen werden in Deutschland als Ordnungswidrigkeiten geahndet. Ein V. liegt z. B. beim Leuchtturm Kiel, südlich von Gedser, im Sund, bei der Ansteuerung der Elbe und in der Straße von Dover. Die Abb. zeigt das richtige →*Queren des Fahrwassers* in einem V.

verklaren *(to enter a [sea] protest)* Eine →*Verklarung* ablegen.

Verklarung, die *([shipper's] protest, sea protest)* Nicht nur in der →*Schiffahrt,* sondern auch in einem →*Seenotfall* von →*Yachten* vom →*Schiffer* im nächsten angelaufenen Hafen vor dem zuständigen Amtsgericht (im Ausland im deutschen Konsulat) abgegebener Bericht in Form einer eidesstattlichen Erklärung. Die V. enthält (gegebenenfalls mit Zeugenaussagen) die genaue Darstellung der eingetretenen Vorfälle und der getroffenen Maßnahmen und dient bei späteren gerichtlichen Auseinandersetzungen als Beweis.

Verklicker, der *(telltale, masthead fly)* Allgemein ein →*Windrichtungsanzeiger,* der aus einem

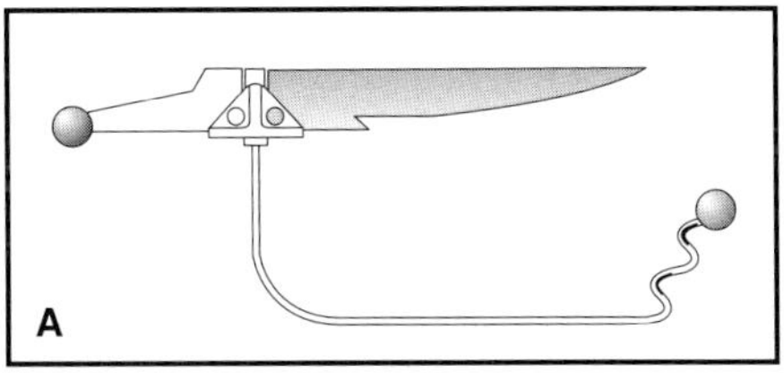

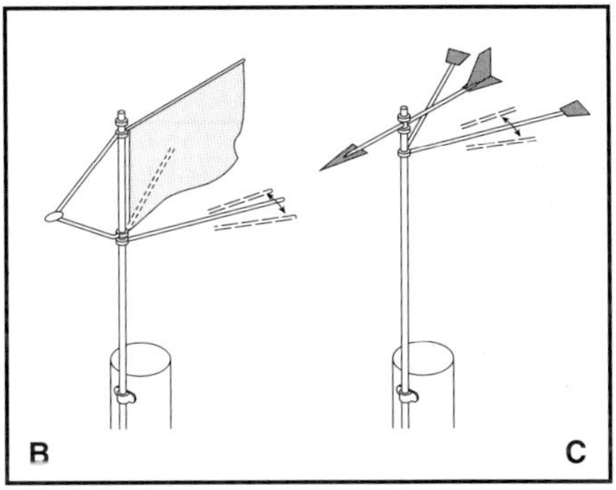

→*Flögel* auf dem →*Masttopp,* aus einfachen →*Windfäden* oder aufwendigeren Geräten (Abb. A) am jeweiligen →*Luvwant* besteht. Der typische V. ist eine Drehvorrichtung mit dem →*Stander* oder der →*Rennflagge* in oder an einem Drahtrahmen (Abb. B) gegebenenfalls auch nur ein Windpfeil mit festen Seitenarmen, die mit dem →*Windrichtungsanzeiger* (Abb. C) in Deckung stehen sollen, wenn das Boot seinen optimalen →*Amwindkurs* steuert.

verkürztes Vorsegeldreieck *(fractional rig)* Ein →*Vorsegeldreieck,* bei dem das →*Vorstag* nicht bis zum →*Topp,* sondern nur bis zu einer →*Jumpstagspreize* darunter oder zur obersten →*Saling* geführt ist. Mit einem v. V. waren früher alle →*Yachten* (z. B. →*Drachen,* →*Starboot*) geriggt, bis um ca. 1950 das →*Topprigg* (ent-

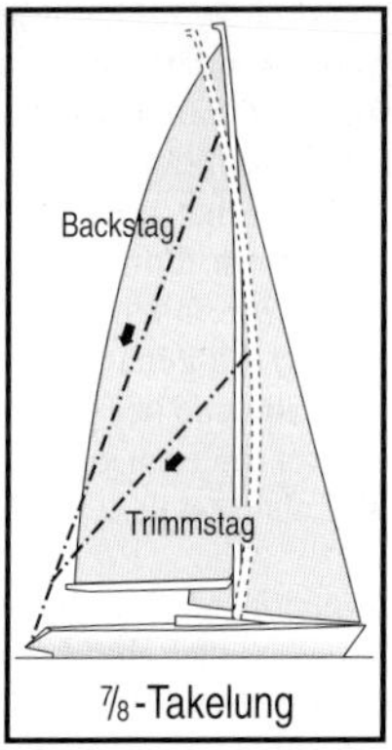

7/8-Takelung

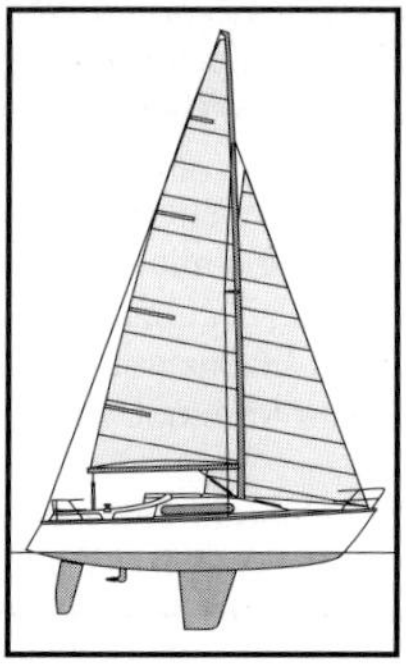

sprechend der Materialentwicklung für →*Masten*) eingeführt und ein großes Vorsegeldreieck bevorzugt wurde. Seit ca. 1980 kehrte das v. V. in Form einer →*Siebenachtel-* oder →*Dreiviertel-Takelung* zur Gestaltung eines →*Riggs* zurück, bei dem alle Trimmhilfen zur Optimierung der Segeltechnik vorrangig dem →*Großsegel* galten. Siehe auch →*Fractional Rig.*

Verkürzungsstek, der *(sheep shank)* Eine auf →*Yachten* selten benutzte Art, ein zu langes →*Ende,* auf dem Kraft steht, durch eine →*lange Trompete* (Abb.) oder eine Englische Trompete zu verkürzen. Ein V. wird auf →*Segelschiffen* benutzt, weil die →*Lose* unbenutzter Teile der →*Takelage,* z. B. der →*Backstagen* in →*Lee,* bei den →*Bootsbewegungen* oder im →*Seegang* gefährlich ist.

Vermesser, der *(measurer)* Ein technisch ausreichend qualifizierter Segler, der zur →*Vermessung* mit einer Bestellungs- oder Ermächtigungs-Urkunde des →*DSV* zugelassen ist. Man unterscheidet „allgemeine Klassenboots-Vermesser", die für alle →*nationalen* und →*anerkannten ausländischen Klassen* tätig sind, „Vermesser für Internationale Klassen" mit zusätzlicher Qualifikation und →*IMS-Vermesser.* Unter einem V. ist hier nicht ein Beauftragter des →*BSH* bei einer →*Vermessung von Wassersportfahrzeugen* oder einer →*Schiffsvermessung (→Tonnage-Vermessung)* für die Eintragung in ein →*Seeschiffsregister* zu verstehen. Auch die folgenden Begriffe betreffen in einigen Fällen den Umgang und das →*Segeln* mit einer →*Yacht.*

Vermessung, die *(measurement)* Die genaue Prüfung eines →*Klassenbootes* oder →*Ausgleichers* durch einen anerkannten →*Vermesser* und nach den entsprechenden Vermessungsvorschriften, um z. B. einen Klassennachweis zu erbringen, mit dem ein →*Meßbrief* ausgestellt werden und die →*Segelnummer* oder →*Registriernummer* erteilt werden kann. Der Vermessungsmodus für →*Einheitsklassen,* →*Konstruktionsklassen* und →*Ausgleichsklassen* ist unterschiedlich. Außerdem ist zwischen →*Einzelvermessung,* Neuvermessung und →*Nachvermessung* zu unterscheiden. Bei einer V. durch →*IMS* werden eine →*Vermessungsmaschine* und Computer mit entsprechenden Programmen eingesetzt.

Vermessung „Feststellung der Länge" Bei der →*Vermessung von Wassersportfahrzeugen durch das* →*BSH* nach § 4 Abs. 2 SchVmV ein kostengünstiges Verfahren, das ausschließlich auf der Bestätigung der →*Länge* beruht. Voraussetzung ist ferner, daß die Baunummer, die Motornummer und andere Identitätsmerkmale wie →*Tiefgang,* →*Takelage,* →*Baumaterial,* →*Verdrängung* u. a. vorliegen. Die überwiegende Mehrzahl der →*Eigner* benutzt heutzutage dieses auch beim BSH beliebteste Verfahren für die Eintragung einer Yacht in das →*Seeschiffsregister.*

Vermessung des Prototyps einer Bauserie Bei der →*Vermessung* von *Wassersportfahrzeugen durch das* →*BSH* nach § 6 SchVmV die Ausfertigung eines →*Meßbriefes* für jeden Nachbau einer →*Serie* gemäß einem entsprechenden Vertrag zwischen →*Werft* (Hersteller) und BSH sowie einer Hersteller-Bescheinigung. Eine solche Meßbrief-Ausfertigung für die Eintragung in das →*Seeschiffsregister* ist für eine Vielzahl von →*Serienyachten* und Yachttypen möglich.

Vermessung nach dem „Vereinfachten Verfahren" Bei der →*Vermessung von Wassersportfahrzeugen durch das* →*BSH* nach § 4 Abs. 1 SchVmV die Berechnung des →*Schiffskörpers* nach der Formel 0,55 x Länge auf Oberdeck x maximale Rumpfbreite x Raumtiefe zuzüglich Volumen aller geschlossenen Aufbauten. Diese Art der Vermessung wird auch →*Tonnagevermessung* genannt und ist recht kostenträchtig. Weitere Einzelheiten und Abb. siehe dort.

Vermessung nach den „London-Regeln" Bei der →*Vermessung von Wassersportfahrzeugen durch das* →*BSH* nach § 3 Abs. 1 SchVmV ein exaktes Verfahren, für das der →*Linienriß* der

→*Yacht* vorliegen muß. Es ist nur für →*Schiffe* über 24 m Länge obligatorisch. Diese Art der Vermessung ist ebenfalls eine →*Tonnagevermessung* und recht kostenträchtig. Weitere Einzelheiten und *Abb.* siehe dort.

Vermessung von Wassersportfahrzeugen durch das BSH Zur Eintragung in das →*Seeschiffsregister* ist eine →*Schiffsvermessung* durch das →*Bundesamt für Seeschiffahrt und Hydrographie (→BSH)* erforderlich. Das Internationale Schiffsvermessungs-Übereinkommen (London, 1969) über ein weltweit einheitliches Vermessungsverfahren gilt nur für →*Schiffe* über 24 m Länge. Kleinere Fahrzeuge sind jeweils nach den nationalen Vorschriften zu vermessen. Danach gibt es für den →*Eigner* einer deutschen →*Yacht* folgende Möglichkeiten: Die →*Vermessung nach dem „Vereinfachten Verfahren"* und die →*Vermessung nach den „London-Regeln"*, die beide der →*Tonnage-Vermessung* entsprechen und mit viel Zeitaufwand recht kostenträchtig sind. Die Mehrzahl der Eigner wählt daher die kostengünstigere →*Vermessung „Feststellung der Länge"*, wenn nicht bei →*Serienbooten* bereits auf eine →*Vermessung des Prototyps* Bezug genommen werden kann. Einzelheiten der entsprechenden Verfahren siehe die genannten Stichworte.

Vermessungsgebühr, die Eine →*Vermessung* durch einen →*Vermesser* zum Ausstellen eines →*Meßbriefes* sowie dessen Registrierung beim →*Deutschen Segler-Verband* (DSV) ist kostenpflichtig. Die entsprechenden Gebühren sind im Technischen Handbuch des DSV abgedruckt.

Vermessungsmaschine, die *(measurement machinery)* Die →*IMS-Vermessung* erfolgt mit Hilfe einer V., die seitlich am →*Rumpf* entlanggeführt wird und in von einem →*Vermesser* bestimmten Abständen die Spantquerschnitte mit Laserstrahlen mißt. Die ermittelten Daten werden direkt in einen Computer eingegeben und später zuerst über das →*LPP-Programm* und dann über das →*VPP-Programm* als →*Vergütung nach IMS* in zahlreiche →*Handicaps* der betreffenden Yacht (für unterschiedliche →*Windgeschwindigkeiten* und verschiedene →*Kurse zum Wind*) verwandelt.

Vermessungsmodus, der *(mode of measurement, measuring method)* Er ist abhängig vom →*Klassenstatus* und wird im einzelnen durch die Vermessungsvorschriften festgelegt. Bei →*Einheitsklassen* kann die →*Vermessung* z. B. mit Kontrollschablonen oder Kontermallen erfolgen, mit denen die Rumpfform vom →*Deck* bis zum →*Kiel* an mehreren →*Längsschiffspositionen* exakt geprüft wird. Bei →*Konstruktionsklassen* werden nur die →*Grenzmaße* kontrolliert, während bei →*Ausgleichsklassen* zur manuellen Vermessung auch die Berücksichtigung von Vergütungen (für →*Propeller* u. a.) und Bestrafungen gehört, ehe sich der aus allen Einzelheiten errechnete →*Rennwert* ergibt.

Vermessungs-Plakette, die Sie trägt die Aufschrift „DSV-Vermessungs-Plakette", ist (falls nicht anders bestimmt) an gut sichtbarer Stelle am →*Spiegel* anzubringen und befreit den Bootseigner von der Verpflichtung, bei →*Meldungen* zu →*Regatten* den →*Meßbrief* mitzusenden. Ihre Ausgabe seit 1. 1. 1975 erfolgt automatisch mit der Ausgabe des →*Meßbriefes.*

Vermessungsprotest, der *(measurement protest)* Beim →*Rennsegeln* ein nach den →*WR* erlaubter →*Protest,* wenn der Verdacht besteht, daß gegen eine korrekte →*Vermessung* oder die Nichteinhaltung von →*Bauvorschriften* einer teilnehmenden →*Rennyacht* verstoßen wurde. Zur Feststellung der Tatsachen ist jeder amtliche →*Vermesser* berufen.

vermuren *(to moor)* 1. Ein →*Boot* vor zwei →*Anker* (richtiger: zwei Buganker) legen, damit

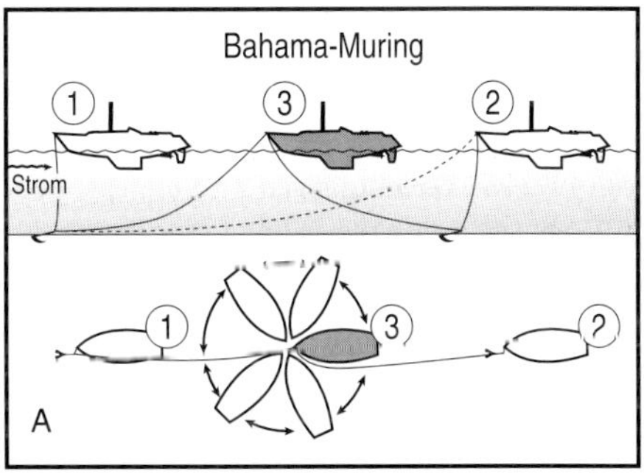

beim →*Schwojen* die beanspruchte Fläche des →*Ankerplatzes* kleiner ist, als wenn man nur vor einem →*Anker* liegt. In →*Tidengewässern* wird dabei ein Anker stromauf, der andere stromab ausgebracht, und nach einer →*Stromkenterung* trägt jeweils einer von beiden (A). Man kann den zweiten Anker auch über einen →*Muringschäkel mit* dem ersten verbinden und dann mit einer →*Ankertrosse* zum →*Bug* vor 2 Ankern liegen (B). – 2. Sinngemäß heißt auch das Ankern mit 2 Ankern voraus v., nicht nur zur Verhinderung übergroßen

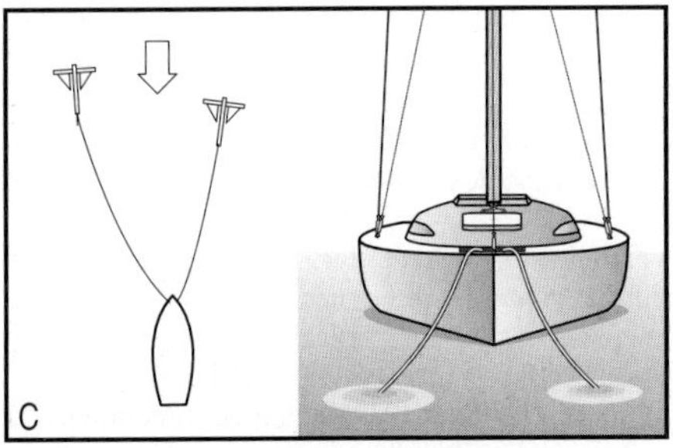

→*Schwojens,* sondern auch zur besseren Lastverteilung im Seegang, bei mehr Wind (C) oder in schlechtem Wetter. Als Faustformel für die von Gewicht (und Konstruktion) der Anker a und b abhängige Haltekraft gilt: (Gewicht a)^2 + (Gewicht b)^2 = beispielsweise $20^2 + 15^2 = 625$. Nahezu die doppelte Haltekraft erhält man, wenn man beide Anker →*verkattet.*

Verordnung zu den Internationalen Regeln von 1972 zur Verhütung von Zusammenstößen auf See Erlassen am 13. Juli 1977, zuletzt geändert am 7. Dezember 1994, bestimmt den Geltungsbereich der →*KVR,* legt Grundregeln für das Verhalten im Verkehr fest und stellt die Verantwortlichkeit des →*Fahrzeugführers,* →*Schiffsführers,* →*Schiffers* oder →*Skippers* fest. Außerdem enthält sie die Liste der →*Ordnungswidrigkeiten* (Abk.: VO zu den KVR).

verschalken, Verschalkung, die *(to secure a hatch, hatch-securing)* Ein →*Luk* gegen →*Seeschlag* sichern, siehe →*schalken.*

verschollen (sein) *([to have] disappeared, [to be] missing)* Ein →*überfälliges* →*Boot* oder →*Schiff* gilt als v., wenn Ort, Zeit und Grund seines Verlustes unbekannt sind. Nach einer bestimmten Zeit der →*Seeverschollenheit* kann sein Verlust und der Tod der →*Crew* juristisch festgestellt werden.

Verschuldenshaftung, die Die →*Haftpflichtversicherung* für eine →*Yacht* ist eine Schadensversicherung für das Risiko des Versicherungsnehmers, von einem Dritten aufgrund zivilrechtlicher Handlungsnormen in Anspruch genommen werden zu können. Sie regelt den Versicherungsfall jedoch nur bei einer V., d. h. nicht in jedem Falle, sondern nur, wenn ihrem Versicherungsnehmer z. B. bei einer von ihm verursachten →*Kollision* ein Verschulden nachgewiesen werden kann. Als Maßstab für die V. gilt (nach § 276 BGB) Vorsatz und Fahrlässigkeit. Nach der →*Gefährdungshaftung* (für Kfz.) absolut selbstverständliche und berechtigte Schadensersatzansprüche an einen Verursacher können nach § 823 BGB von der Versicherung verweigert werden, wenn dem Schädiger kein →*Vorsatz* und keine →*Fahrlässigkeit* vorzuwerfen ist. Eine Yacht, die z. B. von einer anderen (sogar im Hafen und an ihrem Liegeplatz) gerammt und beschädigt wird, wird solche Schäden allein (aus ihrer →*Kaskoversicherung*) bezahlen und dazu selbst den Verlust ihres Schadensfreiheitsrabattes in Kauf nehmen müssen.

versegeln *(to deviate from the course)* Nautisch allgemein: von einem →*Hafen* zum anderen segeln. Dabei gegebenenfalls auch vom →*Kurs* abkommen, das Ziel verfehlen o. ä. Die Tätigkeit bei einer →*Versegelung* als Voraussetzung für eine →*Versegelungspeilung.*

versegelte Standlinie, die *(advanced [retired] line of position)* Ein Begriff der →*Navigation,* wenn nur eine →*Landmarke* oder ein Gestirn in →*Sicht* ist und die zuerst gewonnene Standlinie bis zur zweiten um den Betrag der aus Zeit und →*Fahrt* gewonnenen Distanz zwischen beiden Beobachtungen parallel zur Kursrichtung mitgenommen wird (Abb.).

Versegelung, die *(deviation from the course)* Die Standortveränderung eines Bootes in der Richtung des →*Kurses* um die aus Zeit und →*Fahrt* gewonnene Distanz. Da auch eine genaue Fahrtbestimmung mit →*Schlepplog,* →*Sumlog,* →*Dopplerlog* u. a. immer nur die →*Fahrt durchs Wasser* ergibt, die aber beim →*Versegeln* wie die →*Fahrt über Grund* behandelt wird, bleibt die V. immer unsicher.

Versegelungspeilung, die *(doubling the angle on the bow)* In der →*terrestrischen Navigation* eine Methode der →*Schiffsortbestimmung,* die auch →*Doppelpeilung* genannt wird: Man →*peilt* eine

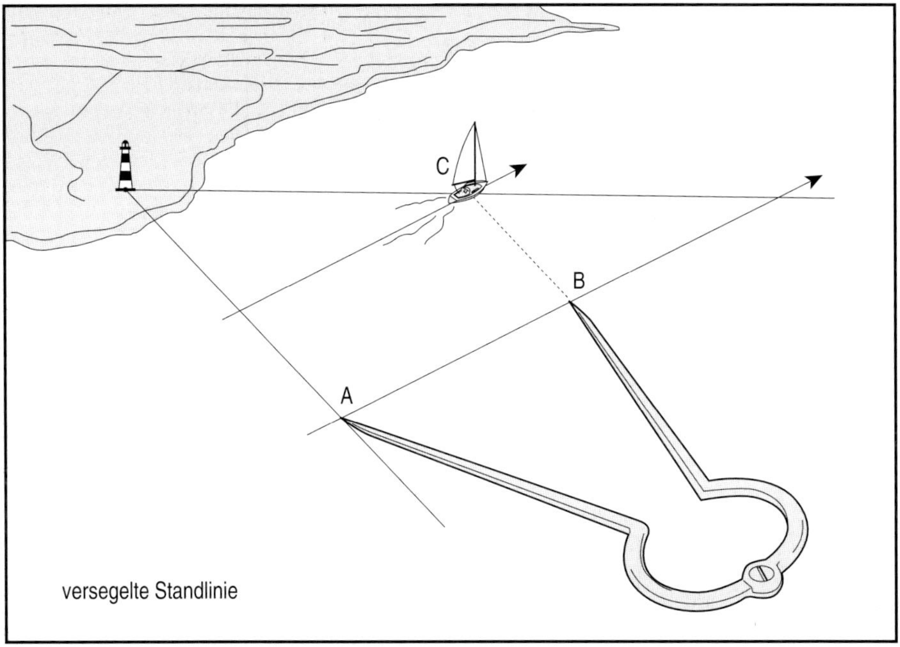

Landmarke, nimmt die erste →*Peilung* um die →*Versegelung* durch Parallelverschiebung mit und erhält seinen →*Schiffsort* mit dem Schnittpunkt der zweiten Peilung. Es wird jedoch ein →*unsicherer* Ort, weil zwar die →*Fahrt durch das Wasser* gemessen, aber nicht der →*Strom* ermittelt werden kann, so daß nur die Sonderformen der →*Verdoppelung der Seitenpeilung* und der →*Vierstrichpeilung* genauere Ergebnisse bringen.

Verseilen, das *(to lay, to strand)* Bei der Herstellung von →*Tauwerk* das schraubenlinienförmige Umeinanderdrehen von →*Garnen,* →*Litzen* oder →*Kardeelen* in →*S-Drehung* oder →*Z-Drehung* zur Herstellung eines →*gedrehten Faserseils* im Gegensatz zu →*Seilflechten.*

Verseilstufen, die Die einzelnen Phasen der Herstellung von →*Tauwerk* durch Zusammendrehen von kleinen Dimensionen zu größeren, →*geschlagenen* oder →*geflochtenen* Einheiten: 1. Stufe: →*Fasern* werden zu →*Garnen (*→*Kabelgarnen)* →*rechtsgeschlagen* oder in →*Z-Drehung* verdreht (Abb.). 2. Stufe: Die so entstandenen →*Kabelgarne* oder Garne werden →*linksgeschlagen* oder in →*S-Drehung* zu →*Litzen* gedreht. 3. Stufe: Die Litzen werden rechts herum oder in Z-Drehung zu einem →*Seil (*→*Leinen* oder →*Trossen)* geschlagen. Besteht das fertige →*Ende* dabei aus drei Litzen, dann nennt man es →*dreischäftig* und die Verarbeitung →*Trossenschlag,* besteht es aus vier Litzen, nennt man das Ende →*vierschäftig* und die Verarbeitung →*Wantschlag.* 4. Stufe: Wird ein dreilitziges →*Seil* weiterverarbeitet, nennt man dieses Halbzeugnis →*Kardeel.* Werden drei Kardeele (mit insgesamt neun →*Litzen)* noch einmal verseilt und zu einer einzigen linksgeschlagenen dickeren Trosse mit S-Drehung vereinigt, dann erhält man eine Trosse im →*Kabelschlag.*

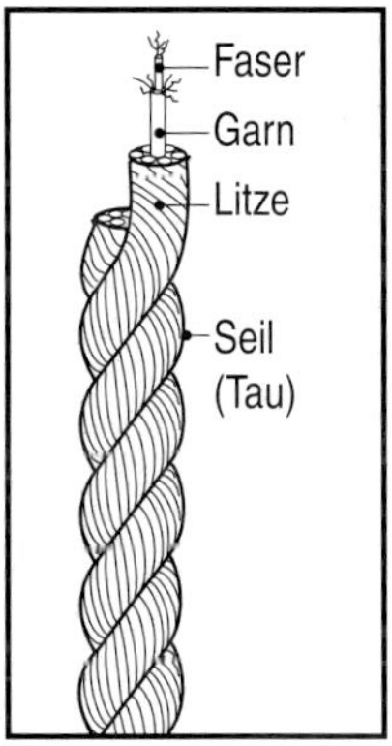

versetzen *(1. to set – 2. to drift – 3. to stagger)* Eine nautische Ortsveränderung im Sinne von verschieben: 1. Ein →*Boot* kann durch →*Meeresströmungen* oder →*Tidenstrom* versetzt werden. – 2. Es kann durch Wind oder →*Abdrift* versetzt werden. – 3. Man kann einen →*Beschlag,* die →*Holepunkte* oder nur Schraubenlöcher o. ä. v. 4. Auch ein →*Lotse* wird versetzt, wenn er mit

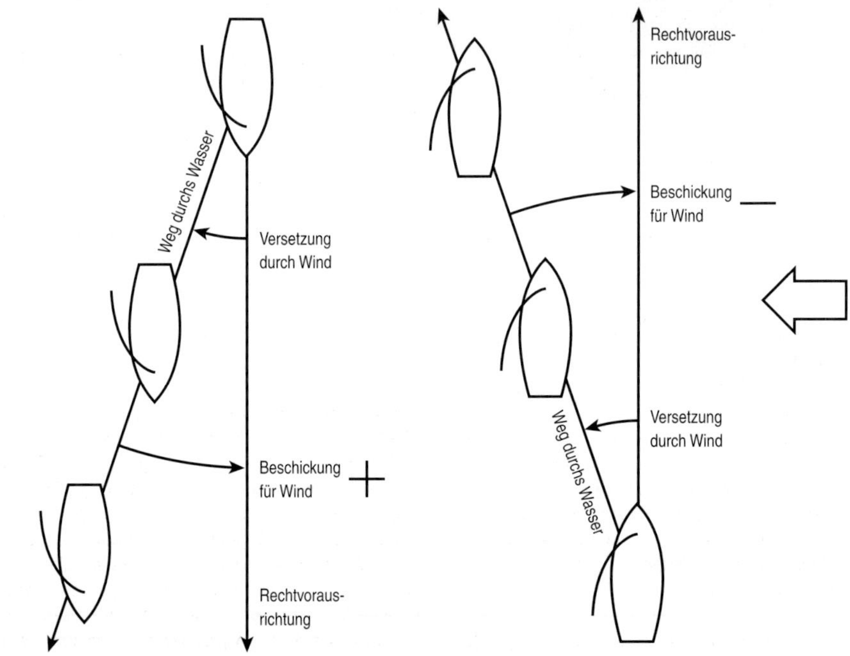

Versetzung durch Wind

dem Versetzboot zu einem Schiff gebracht oder von ihm abgeholt wird.

Versetzung, die *(1. set, current set – 2. set)* Die →*Distanz* pro Zeit, die ein →*Boot* oder →*Schiff* →*versetzt* worden ist: 1. Nur durch den →*Tidenstrom,* durch →*Meeresströmung* o. ä. →*Stromversetzung* genannt. – 2. Durch vielfältige, in ihren Anteilen unbekannte Kräfte von →*Wind* und →*Strom* als →*Besteckversetzung* bezeichnet. – 3. Nur durch den Wind: siehe →*Versetzung durch Wind.*

Versetzung durch Wind, die *(leeway)* Die Richtung der Versetzung durch Windeinfluß entspricht nach DIN 13312 „Navigation" etwa der Richtung, in die der Wind weht. Sie kann jedoch bei Segelschiffen und Schiffen mit hohen Bordwänden und Decksaufbauten erheblich abweichen. Wird sie als →*Winddrift* V_{WI} mit dem Betrag der Versetzungsgeschwindigkeit in ein →*Vektordiagramm* eingetragen, das auch die →*Fahrt* (als unter Segeln erreichte Eigengeschwindigkeit einer →*Yacht*) mit der →*Rechtvorausrichtung* darstellt, läßt sich der →*Kurs durchs Wasser* und zwischen beiden Vektoren der →*Abdriftwinkel* (Abb.) genau ermitteln, für den man dann eine →*Beschickung* in gleicher Größe mit dem entsprechenden Vorzeichen vornehmen kann: Bei V. d. W. von →*Backbord* erhält die →*Beschickung für Wind* ein positives (+) Vorzeichen, bei V. d. W. von →*Steuerbord* ein negatives (–) Vorzeichen.

Versicherung, die (abschließen) *(insurance [to underwrite])* Absicherung des →*Eigners* gegen den Verlust einer →*Yacht,* insbesondere durch →*Strandung,* →*Havarie,* →*Kollision* u. a. Unfälle, sowie gegen Brand, Einbruch, Feuer, Diebstahl sowie See- und Wetterschäden o. ä. Die V. gilt als Seeversicherung nur in bestimmten Grenzen, die insbesondere bei einer vergleichbar sehr niedrigen Versicherungsprämie zu beachten sind. Empfehlenswert sind eine →*Kasko-V.,* bei der es auf den →*Neuwert,* den →*Zeitwert* oder den →*Marktwert* der →*Yacht* ankommt, eine →*Haftpflicht-V.* und gegebenenfalls eine Insassen-Unfall-V. bei einer speziellen Yacht-Versicherungs-Gesellschaft.

verstagen *(to stay)* Die →*Takelage* richtig verspannen, einen →*Mast* mit →*Wanten* und →*Stagen* versehen und →*aufriggen.*

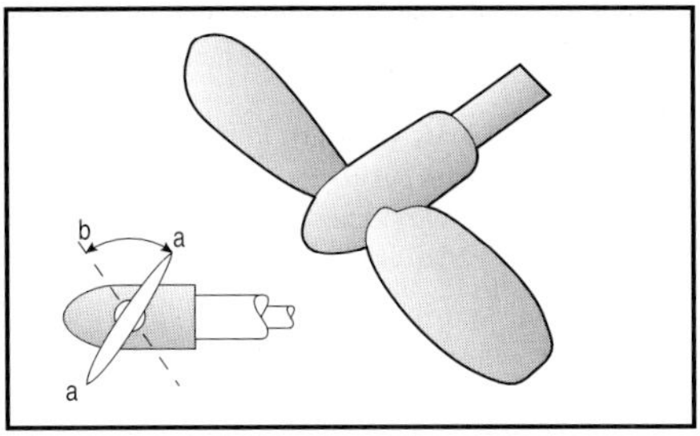

Verstellpropeller, der *(variable pitch propeller)* Von Segelyachten bevorzugter →*Propeller,* dessen →*Steigung* veränderlich ist. Die Stellung der Propellerflügel kann durch axiale Drehung senkrecht zur Propellerwelle stufenlos von „a" nach „b" verändert und damit der Propeller im Ruhezustand in eine strömungsgünstige Segelstellung gebracht werden. Auch eine Fahrtstufenregelung mit dem besten Wirkungsgrad bei unterschiedlichen Betriebszuständen (normale freie Fahrt, Fahrt gegen Wind und Strom, Schleppfahrt o. ä.) kann ohne Drehzahländerung an Motor und Propellerwelle erfolgen.

vertäuen *(to moore, to make fast)* Allg. das →*Festmachen* eines →*Schiffes* mit →*Tauen,* das heißt durch →*Landfesten,* →*Festmacher* an einem →*Steg* oder →*Kai* und durch →*Leinen* zu →*Bojen,* →*Pfählen* oder →*Muringgeschirren.* Das →*Vertäuen* wird fälschlicherweise oft nur im Sinne von →*Vierkantvertäuung* verstanden.

Vertäupoller, der *(mooring bitts [pl.], mooring bollard)* Ein zugfester →*Poller* am →*Kai,* am →*Steg* oder an Land zum →*Vertäuen.*

Vertäutonne, die *(mooring buoy)* Eine robuste →*Boje* zum →*Vertäuen,* die in oder vor einem →*Hafen* liegt und das →*Festmachen* zum →*Bug* erlaubt. Eine V. wird überall dort ausgelegt, wo das →*Ankern* verboten oder unerwünscht ist und statt dessen eine →*Muringboje* angeboten wird. Eine V. liegt auch oft in etwa eineinhalbfacher →*Bootslänge* Abstand vor einem →*Steg* oder →*Kai* und dient dann zur →*Vierkantvertäuung.*

Vertäuung, die *(moor, mooring)* Im engeren Wortsinn das Festlegen eines →*Schiffes* an seinem →*Liegeplatz* mit Hilfe von →*Tauen.* Heutzutage werden zur V. auch →*Ketten (→Ankerketten)* sowie ortsfeste →*Muringleinen* (in →*Marinas)* benutzt, die nicht zum eigenen →*Geschirr* gehören. In ihrem Zusammenhang wird die V. auch (unkorrekt) als →*Vierkantvertäuung* verstanden.

vertörnen *(to entangle, to twist)* Das Verdrehen einer →*Leine* in sich, so daß sie sich verwindet und bei starkem V. unerwünschte →*Törns* bildet, die in diesem Falle →*Kinken* genannt werden.

vertreiben *(1. to go adrift – 2. to drag)* 1. Auf ein schwimmendes →*Seezeichen* bezogen das Losreißen von seiner Verankerung und Abtreiben. – 2. Auf das Boot an einer →*Boje* oder vor →*Anker* bezogen eine Ortsveränderung mitsamt des →*Geschirrs,* z. B. wenn der Anker →*schliert.* Um dieses V. zu erkennen, werden →*Ankerpeilungen* genommen.

Verwindung, die *(twist)* Die in sich verdrehte Fläche des →*Segels,* bedingt durch den vertikalen →*Windgradienten* und die größere →*Windgeschwindigkeit* am →*Topp* im Vergleich zur langsameren Luftströmung am →*Großbaum.* Dadurch wehen die oberen Segelteile bei einer →*Takelungshöhe* von ca. 10 m um 3 bis 5° weiter nach →*Lee* aus, wenn das ganze Segel mit →*optimalem Anstellwinkel* zum relativen →*Bordwind* getrimmt ist. Diese V. um wenige Grade ist notwendig und nützlich, um über 5–10° jedoch ungünstig und daher mit einem →*Niederhalter* zu verhindern.

„Verzeichnis der nautischen Karten und Bücher" *(catalogue with all publications issued by the BSH)* Eine großformatige Druckschrift, die vom →*Bundesamt für Seeschiffahrt und Hydrographie* in Hamburg herausgegeben wird und neben den vom →*BSH* veröffentlichten →*Seekarten* auch →*nautische Karten* der Hyperbelnavigation, →*Karten für Sonderzwecke* und andere Spezialkarten enthält.

Vestalen Markenname für →*Polyethylenfasern* deutscher Produktion (Hüls), die zur Herstellung von →*Fasertauwerk* aus →*Chemiefasern* benutzt werden.

Vestalen P Markenname für →*Polypropylen-Fasern* deutscher Produktion (Hüls), die zur Herstellung von →*Fasertauwerk* aus →*Chemiefasern* benutzt werden.

Vestan Markenname für →*Polyesterfasern* deutscher Produktion, die zur Herstellung von →*Fasertauwerk* und →*Segeltuch* benutzt werden.

VHF *(very high frequency)* Der Bereich von →*Funkwellen* in der →*Meterwelle* mit Frequenzen von 30 bis 300 MHz und Wellenlängen von 10 m bis 1 m. Im Deutschen: →*UKW-Bereich.*

Video-Navtex-Empfänger, der *(navtex video receiver)* Ein →*Navtex-Empfänger,* der die weltweit ausgestrahlten →*Navtex-Meldungen* auf etwa 12 Textseiten einen Tag lang speichert und sie jederzeit beim Einschalten als Bildschirmtext ablesen läßt. V.-N.-E. zeichnen sich durch einen geringen Anschaffungspreis und einen kaum nennenswerten Stromverbrauch von ca. 0,04 A aus.

470er Von André Cornu konstruierte und aus →*GFK* gebaute Zweimannjolle, die als →*internationale Klasse* anerkannt und seit 1976 →*olympische Klasse* ist. Lüa 4,70 m, Büa 1,68 m, Tiefg. Rumpf 0,15 m, mit Schwert 1,05 m, Verdr. segelf. ca. 120 kg, Segelfl. 12,7 m^2.

420er Von Christian Maury konstruierte und aus →*GFK* gebaute Zweimannjolle, mit ca. 30000 Booten die verbreitetste →*internationale Klasse.* Lüa 4,20 m, Büa 1,63 m, Tiefg. mit Schwert 0,97 m, Verdr. segelf. ca. 110 kg, Segelfl. 10,25 m^2.

vierkant *(square)* Sowohl horizontal wie vertikal im Sinne von „rechtwinklig", vom Boot aus gesehen und auf das Boot bezogen: Ein anderes Boot lief v. zum →*Kurs,* kam v. (zur →*Querschiffsrichtung)* von vorn, die →*Rahen* wurden v. (zur →*Kielrichtung)* gebrasst, der losgerissene →*Mastbeschlag* fiel v. (zum →*Deck)* auf das →*Kajütdeck.* Er fuhr v. in die →*Pier* u. a.

vierkant brassen *(to square the yards, to brace the yards square)* Auf einem →*Rahsegler* die →*Rahen* in horizontaler Richtung waagerecht und gleichzeitig genau →*querschiffs* →*brassen.* Dies geschieht beim →*Vierkantsegeln.*

vierkant vertäuen *(to moor a vessel square, to moore with one anchor ahead [or astern] and shorefasts)* Ein Boot →*vierkant* zum →*Steg* oder →*Kai* mit zwei →*Festmacheleinen* zum Land und →*Bug-* oder →*Heckanker* (bzw. zwei →*Ankern)* zur See so festmachen, daß es mit drei oder vier →*Vertäuungen* trotz wechselnder Richtungen von →*Wind* und →*Strom* immer unverändert ruhig an seinem Platz liegt. Von v. v. spricht man auch, wenn eine →*Yacht* in einem →*Yachthafen* mit →*Heckpfählen* in einer Box liegt oder in einer →*Marina* deren →*Muringleinen* für eine →*Vierkantvertäuung* zur Verfügung stehen.

vierkant von vorn; vierkant von achtern *(dead ahead; dead astern)* Auf den →*Wind,* die →*See,* aber auch den →*Kurs* eines anderen →*Fahrzeugs* bezogen, die genau in →*Kielrichtung* einkommen.

vierkant wegsegeln *(to square away)* Mit →*Wind* und →*See* →*vierkant* von →*achtern* ablaufen.

Vierkantkopf, der; Vierkantmutter, die *(square head; square nut)* Im Gegensatz zu einem →*Sechskantkopf* ein Bolzen mit quadratischem Kopf bzw. eine entsprechend geformte →*Mutter.*

Vierkantsegeln, das *(square sailing)* Ein →*Vorwindkurs,* bei dem (starker) →*Wind* und (hohe) →*See* genau von →*achtern* kommen. Bei einem →*Rahsegler* waren beim V. →*Besan* und →*Stagsegel* geborgen und die →*Rahen* →*vierkant* gebraßt. Eine →*Yacht* kann beim V. entweder nur →*Passatsegel* (auch als →*Allrounder*) oder einen →*Sturmspinnaker* fahren.

vierkantig, Vierkant, der *(quadrangular, rectangular, quadrangle)* Auf einen Querschnitt bezogen viereckig, rechteckig, vierkantig o. ä., z. B. Bau- und Ausrüstungsteile, →*Profile,* →*Beschläge,* Materialien u. a.

Vierkanttoppsegel, das *(jackyard topsail, square-headed topsail)* Auf einer →*Yacht* mit →*Gaffeltakelung* ein nahezu rechteckiges →*Toppsegel,* dessen oberes →*Liek* an einer kurzen →*Rah* angeschlagen ist. Ein V. wird bei →*Leichtwetter* oberhalb der →*Gaffel* gefahren und bis zum →*Masttopp* vorgeheißt (Abb.).

Vierkanttoppsegelyacht, die *(jack yarder)* Eine →*gaffelgetakelte* →*Yacht* mit →*Vierkanttoppsegel.*

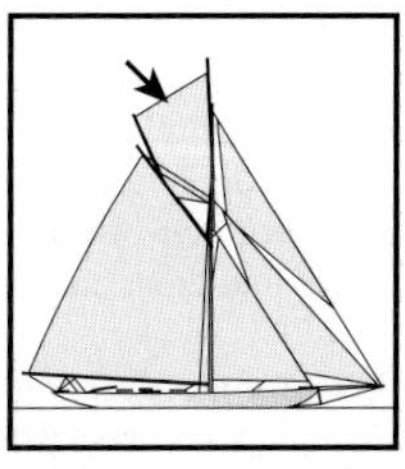

Vierkantvertäuung, die *(all-fours mooring, four arms mooring)* Eine →*Vertäuung* →*vierkant* = senkrecht zum →*Steg* oder →*Kai* mit →*Bug* oder →*Heck* zu eigenen →*Ankern,* zu ortsfesten

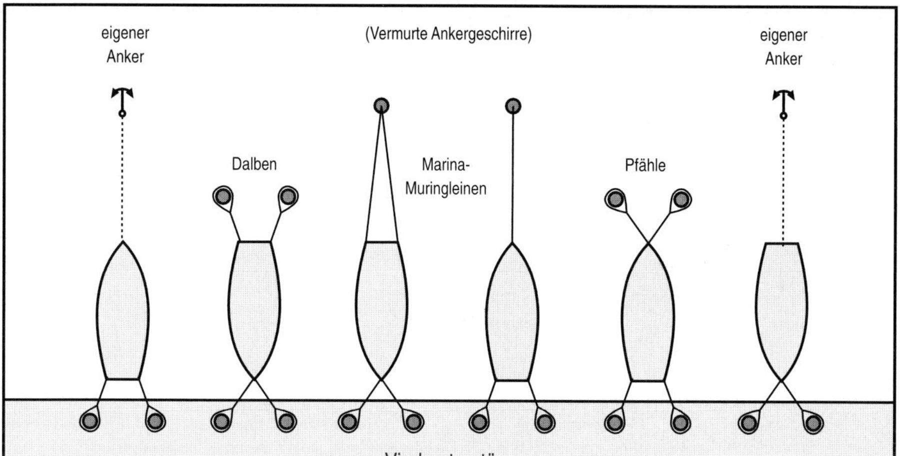

Vierkantvertäuung

→*Muringleinen,* zu →*Bojen,* →*Pfählen* oder →*Dalben* an der Außenseite und mit →*Festmacheleinen* zur Landseite. Eine V. ist heutzutage in allen modernen →*Marinas* üblich, weil sie die Schwierigkeiten beim →*Festmachen* im →*Päckchen* erspart und mehr Booten einen festen →*Liegeplatz* bietet.

Viermastbark

Viermastbark, die *(four-masted bark, [four poster])* Segelschiff mit →*Rahsegeln* am →*Fock-,* →*Groß-* und →*Kreuzmast* und →*Schratsegeln* (→*Gaffelsegel)* am →*Besanmast.*

Viermastbrigg, die *(four-masted brig)* Segelschiff mit →*Rahsegeln* an den beiden vorderen und →*Schratsegeln* an den beiden achteren →*Masten.*

Viermast-Gaffelschoner, der *(four-masted for-an-aft schooner)* Ein →*Segelschiff* mit →*Schratsegeln (→Gaffeltakelung)* an allen 4 →*Masten.*

Viermast-Stagsegelschoner, der *(four-masted staysail schooner)* Ein →*viermastiges Segelschiff*

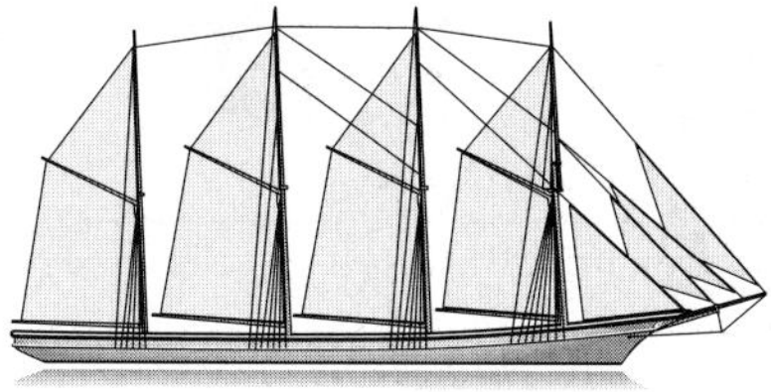
Viermast-Gaffelschoner

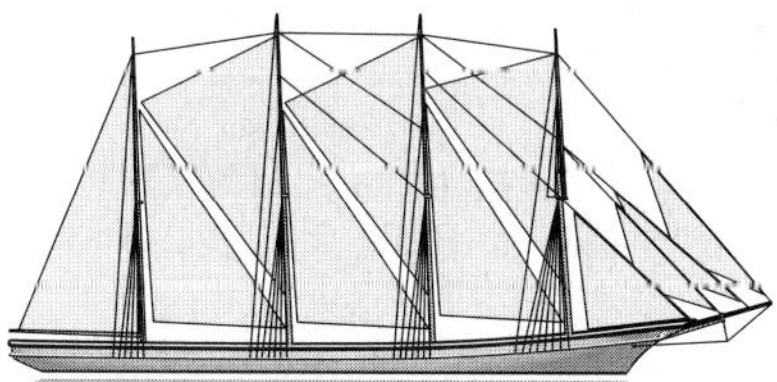
Viermast-Stagsegelschoner

Viermast-Vollschiff

mit →*Stagsegeln* an allen Masten bis auf den →*Besan.*

Viermast-Vollschiff, das *(four-masted full-rigged ship, four-masted ship)* Ein →*Segelschiff,* dessen →*Masten* →*voll getakelt* waren, d. h. durchweg →*Rahsegel* führten. Die Namen der →*Masten* waren →*Fock-,* →*Groß-,* Achter- oder Haupt- und →*Kreuzmast.*

vierschäftig(es Tauwerk) *(four-stranded [rope])* Ein →*Ende,* das aus 4 →*Kardeelen* als sichtbaren Bestandteilen gefertigt und im →*Wantschlag* geschlagen ist.

Vierstrichpeilung, die *(bow and beam bearing, four point bearing)* In der →*terrestrischen Navigation* eine →*Doppelpeilung* oder eine doppelte Bugpeilung, bei der das Objekt zuerst mit 4 →*Strich* oder in 45° gepeilt wird und die zweite →*Seitenpeilung* bei 90° oder mit dem Objekt →*querab* erfolgt (Abb.): Die zwischen der ersten (A) und zweiten (B) →*Peilung* →*versegelte* Distanz entspricht dann dem Querabstand vom Objekt D in der Position B. Sinngemäß das gleiche gilt, wenn die erste Peilung im Punkt B und die zweite Peilung im Punkt C erfolgt. Auch dann ist die Distanz B–C gleich dem Abstand B–D.

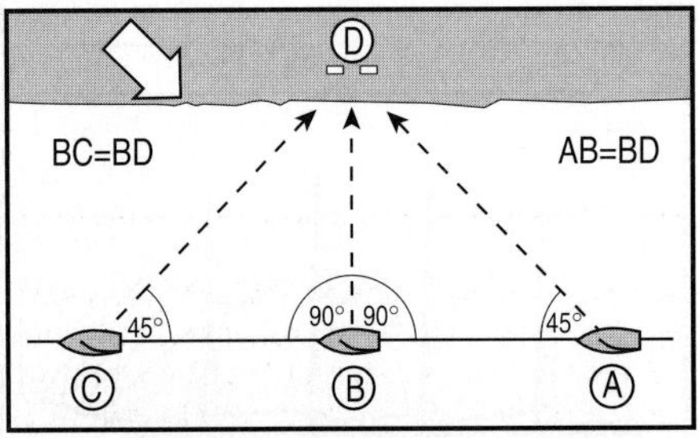

Viertelbalanceruder, das *(demisemi-balanced rudder)* Ein →*Ruder,* das sinngemäß wie ein →*Halbbalance-* oder →*Halbschweberuder* nur bis zu einem Viertel seiner Schaftlänge ausbalanciert und nur im unteren Teil schwebend aufgehängt ist. Es nähert sich den optimalen Bedingungen eines →*Leitkopfruders* mit dem Vorteil geringerer Ruderkräfte an (Abb.).

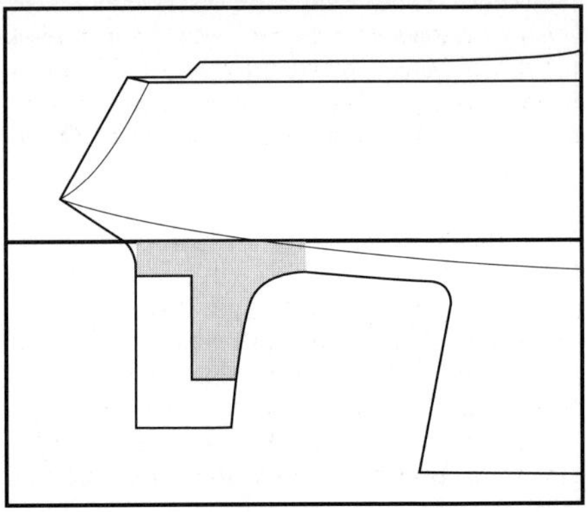

Viertelkompaßstrich, der; Viertelstrich, der *(quarter point)* Auf einem →*Rahsegler* war der →*Kompaßstrich* der kleinste Unterschied in einer Richtung, nach der ein →*Rudergänger* einen genauen →*Kurs* steuern konnte. Mit →*Schratsegeln* und einem weiter verbesserten Rigg ließen sich auch Kurse mit Zwischenwerten zuverlässig halten. So entstand der V. mit 2° 49' oder 2,8°, also ein Viertel von einem →*Strich* = 11° 15' oder $11^1/_4$° oder 11,25°. Zwischen beiden liegt der →*halbe Kompaßstrich.*

Vierteltonner-Klasse, die *(Quarter Ton Class)* Vom →*Eintonner* abgeleiteter Name für kleine →*Seekreuzer* mit einem ehemaligen →*IOR-Rennwert* von 18,5 Fuß (metrisch: 5,65 m). Yachten der V.-K. hatten ca. folgende Hauptabmessungen: Lüa 7,40 m, LWL 5,75 m, Büa 2,15 m, Verdr. 1,4 t, Segelfl. 27,0 m². Die Klasse ist ausgelaufen. Die Nachfolgeklasse heißt →*ILC 25.*

Vierteltonner-Pokal, der *(Quarter Ton Cup, [La Coupe Internationale des 15 Pieds])* 1968 von der Société des Régates Rochelaises gestifteter Wanderpreis für eine küstennahe Regattareihe in der →*Vierteltonner-Klasse,* die ursprünglich nach der →*RORC-Formel* und nach den Sicherheitsbestimmungen der →*Junior Offshore Group* ausgesegelt wurde und ab 1970 nach →*IOR* ausgetragen wurde. Der Pokal gehört seit 1995 zu →*ILC 25.*

Viertelwind, der *(quartering wind)* Ein →*Bordwind* aus der ersten →*Vierung* oder einem →*achteren* Viertel, jetzt →*raum-achterlicher* Wind genannt.

Vierung, Windvierung, die *(quarter, wind quarter, quarter of the wind)* Buchstäblich „geviertteilt", d. h. in vier Teile geteilt sein. V. wird auf die →*Windrose* bezogen, die sich in zwei Luv- und zwei Lee-„viertel" teilen läßt, und auf den Bootsrumpf aus vier „Vierteln", vom Heck aus gezählt. Der Wind aus der „Luvvierung" (zwischen →*halbwinds* und →*vor dem Wind)* seitlich auf das achtere Bootsviertel wird als „Vierungswind", früher →*Backstagbrise,* heute →*raumachterlicher Wind* bezeichnet (siehe Abb. zu →*Luvbegriff).*

Violinblock, der *(fiddle block, long tackle block)* Ein →*Doppelblock,* bei dem die →*Scheiben* nicht gleichgroß und nebeneinander, sondern von unterschiedlichem Durchmesser und untereinander angeordnet sind. Der Name geht auf die einer Violine ähnelnden Form zurück; die Konstruktion gewährleistet geringeren Windwiderstand, so daß ein V. hauptsächlich auf →*Rennjollen* benutzt wird.

Viskosität, die *(viscosity)* Im Bootsbau aus →*GFK* (den auch der Amateur bei der Reparatur seines Bootes kennen muß) die (auch von Temperaturschwankungen abhängige) Zähflüssigkeit des →*Polyesterharzes (→Epoxidharzes).* Man benötigt niedrige Viskosität (geringe Zähflüssigkeit), wenn das Harz in poröse Oberflächen eindringen soll, und hohe Viskosität (größere Zähflüssigkeit), wenn an steilen, glatten Formflächen „Tränenbildung" durch abfließendes Harz verhindert werden soll.

Viskositätsminderung, die Verdünnung eines zähflüssigen →*Polyesterharzes* durch entsprechende Zugabe von Styrol.

Viskositätsverstärkung, die Ein *dünnflüssiges* →*Polyesterharz* erhält durch Zugabe von →*Füllstoffen* die gewünschte größere Zähflüssigkeit.

Vlies, das Hauchdünne →*Oberflächenmatte* aus Stapelglasfaser, die als äußere Schutzschicht eines →*GFK-Bootsrumpfes* in →*Polyester* eingebettet wird. Vliese werden auch bedruckt zur Dekoration des Innenausbaus verwandt.

Volksreff, das *(roller reef)* Bezeichnung eines →*Drehreffs* für das →*Großsegel,* bei dem die Drehachse in Verlängerung des →*Großbaumes* durch den Mast führt und die Reffkurbel an dessen Vorderseite aufgesetzt und bedient wird. Hierbei kann auf kostspielige Beschläge (wie bei einem →*Patentreff)* verzichtet werden. Auf großen →*Yachten* wurde das V. mit eingebautem Zahnradgetriebe verteuert weiterentwickelt, um auch größere Bäume drehen, den Drehpunkt tiefer oder sogar an die Achterkante des Mastes legen zu können.

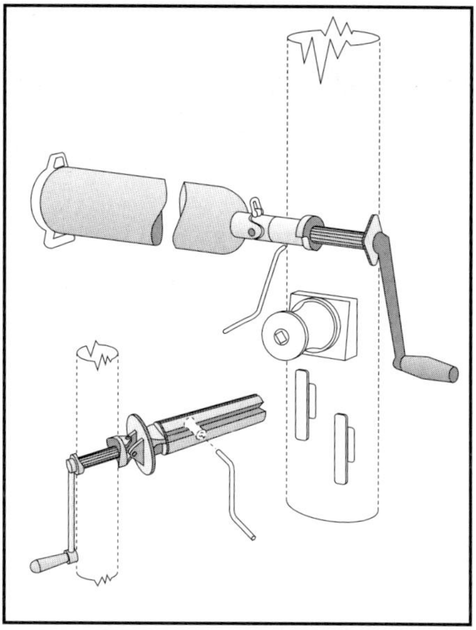

voll *(1. bluff, fully shaped – 2. full – 3. solid – 4. full, filled)* 1. Im Sinne von „völlig" auf einen →*Bug,* ein →*Heck* oder andere Bootsteile bei einem →*Linienriß* bezogen, im Gegensatz zu →*schlank.* – 2. Im Sinne von „volle Drehzahl" („Pulle"), hohe Geschwindigkeit, die höchste →*Fahrt.* – 3. Als Gegensatz zu „hohl" und im Sinne von „massiv" z. B. bei →*Vollholz.* – 4. Im Sinne von „gefüllt", z. B. auf Wind und →*Segel* bezogen, bei →*voll und bei.*

voll getakelt *(full-rigged)* Auf einem →*Segelschiff* ein →*Mast,* der nur mit →*Rahsegeln* getakelt ist. Demgegenüber ist ein nicht v. g. Mast ein solcher, der →*Schratsegel,* z. B. als →*Gaffeltakelung* führt. Ein →*Vollschiff* fährt 3 v. g. Masten.

Vollholz, das *(solid wood)* Auch →*Massivholz* genannt, zur Kennzeichnung von Baumaterial aus →*Eiche,* →*Mahagoni* u. a., im Gegensatz zum →*Sperrholz* oder →*Bootsbausperrholz.*

völlig; völlige Schiffsform *(full, fat, full-ended; fat hull)* Als v. bezeichnet man einen →*Schiffsrumpf,* der verhältnismäßig plump ist, der das durch die →*Hauptabmessungen* umschriebene Raumrechteck nahezu ausfüllt, dessen Enden ziemlich rund zulaufen und dessen →*Hauptspant* einer Kastenform ähnelt. Das Gegenteil von v. ist →*scharf* oder →*schlank.* Man spricht von einer v. S., einer v. →*Wasserlinie,* einer v. →*Spantform* und charakterisiert die Unterwasserform durch verschiedene →*Völligkeitsgrade,* die mit zunehmender Schlankheit kleiner werden und somit eine größere erreichbare →*Geschwindigkeit* des Bootes erkennen lassen.

Völligkeitsgrad, der *(fatness ratio, coefficient of fineness)* Der V. ist ein Verhältniswert, mit dem man (in Verbindung mit den →*Hauptabmessungen)* die Art eines Bootstyps, insbesondere seine →*Verdrängung* und die Form des →*Unterwasserschiffs* bestimmen und (mit anderen →*Yachten)* vergleichen kann. Dazu setzt man die (im Anhang aufgelisteten) Standard-Symbole der →*Yachtbau-Nomenklatur* mit ihren Werten in verschiedene Formeln ein und erhält als Ergebnisse dimensionslose Zahlen für die betreffenden Aussagen, die man als „günstig“, „normal“, „ungünstig“ o. ä. im Sinne der gewünschten Vergleiche einstufen kann. Die gebräuchlichen Völligkeitsgrade und ihre Berechnung sind nachstehend einzeln erläutert. Nicht genannt ist hier der sog. →*Schlankheitsgrad,* der auch „Längenkonstante“ genannt wird. Die einzelnen Völligkeitsgrade sind für den Bootsentwurf wichtig, alle voneinander abhängig bzw. stehen in einem bestimmten Verhältnis zueinander. Als →*völlig* bezeichnet man ein Boot mit großem Völligkeitsgrad (der Verdrängung). Bei zunehmender Schlankheit (und damit größerer möglicher Bootsgeschwindigkeit) werden alle Völligkeitsgrade kleiner.

Völligkeitsgrad der Hauptspantfläche, der *(midship section coefficient, midship coefficient)* Das Verhältnis der eingetauchten Hauptspantfläche (M) zu dem umschriebenen Rechteck aus →*Breite* und →*Tiefgang* nach der Formel

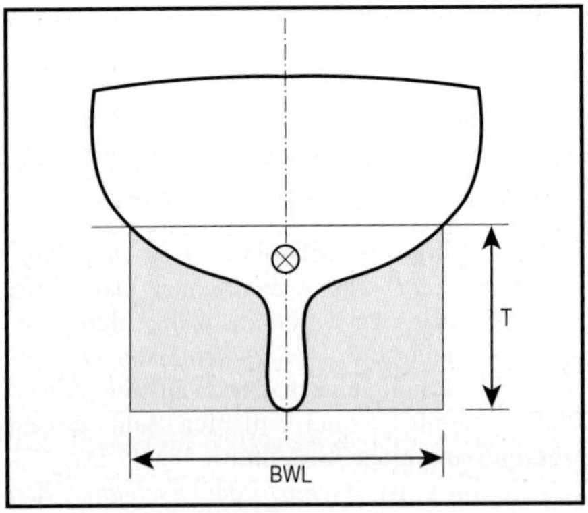

$$CM = \frac{AM}{BWL \cdot T} \quad \text{(früher } \beta\text{)}$$

Gemessen wird also von Unterkante →*Kiel* bis zur →*Wasserlinie.* Die Werte liegen allgemein zwischen 0,3 und 0,7, wobei die kleineren Werte die günstigeren sind und für scharfe Spantformen sprechen. Bei einem →*Kurzkieler* mit einer deutlich vom →*Rumpf* abgesetzten →*Kielflosse* sollte man zwei Berechnungen anstellen, einmal von Unterkante Kiel bis zur Wasserlinie, zum anderen den →*Schiffsrumpf* allein. Für letzteren erhält man Werte von 0,15–2,0, wie sie auch für →*Katamarane* zu erwarten sind. Ein kleiner CM-Wert begünstigt auch die →*Stabilität.* Außerdem erhalten Rennyachten mit →*Flossenkiel* einen kleinen, →*Seekreuzer* mit S-Spant einen größeren Wert, doch sind die Werte von →*Yachten* im Vergleich mit denen von →*Schiffen* sehr klein. Der V. d. H. wird auch anstelle von CM mit dem griechischen Buchstaben β (Beta) bezeichnet.

Völligkeitsgrad der Wasserlinie(nfläche), der *(waterline coefficient)* Auch →*Wasserlinienkoeffizient* genannter Vergleichswert für das

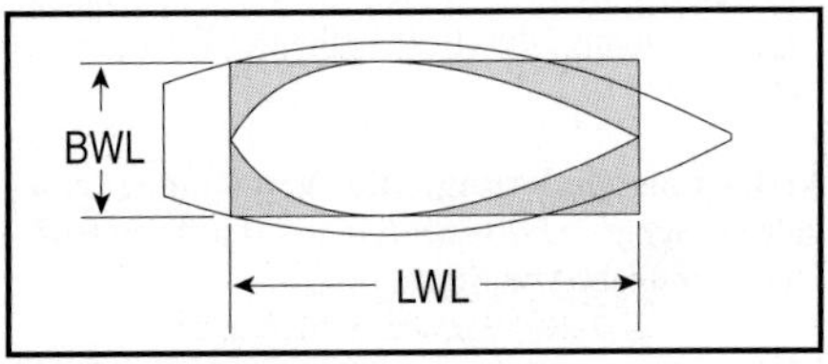

Verhältnis der Wasserlinienfläche zum umschriebenen Rechteck aus →*Länge* und →*Breite* (Abb.) nach der Formel

$$CWP = \frac{AW}{LWL \cdot BWL} \quad \text{(früher } \alpha\text{)}$$

Für das früher mit dem griechischen Buchstaben Alpha bezeichnete Ergebnis erhält man Durchschnittswerte von 0,6 bis 0,7, während Unterschreitungen bis 0,5 auf sehr schlanke und Überschreitungen bis 0,8 auf sehr →*völlige Yachten* hinweisen.

Völligkeitsgrad der Verdrängung, der *(block coefficient)* Auch →*Blockkoeffizient* genannter, früher mit dem griechischen Buchstaben Delta bezeichneter Vergleichswert zur Ermittlung des Rauminhaltes bis zur Schwimmwasserlinie (Abb.) nach der Formel

$$CB = \frac{V}{LWL \cdot BWL \cdot T} \quad \text{(früher } \delta\text{)}$$

Auch hier sollte man bei einem →*Kurzkieler* oder →*Leichtdeplacementsboot* getrennte Rechnungen

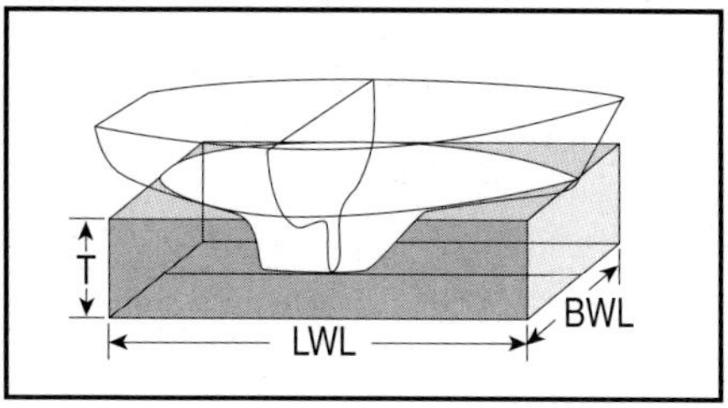

für →*Rumpf* allein und Rumpf mit Kiel vornehmen. Leichte Yachten erhalten im allgemeinen niedrige CB-Werte, die zwischen 0,2 und 0,4 liegen, schwere Schiffe können Ergebnisse bis 1,0 erreichen. Für →*Katamarane* lassen sich Werte von 0,1 errechnen, während der nur für den Rumpf eines →*Leichtdeplacementsbootes* ermittelte Wert mit 0,35 bis 0,38 relativ hoch liegen wird. Ein kleines CB begünstigt zwar die mögliche →*Fahrt* einer Yacht, doch muß auch dieser V. d. V. immer im Zusammenhang mit den anderen →*Hauptabmessungen* bewertet werden.

Völligkeitsgrad der Verdrängungskurve, der *(prismatical coefficient, longitudinal coefficient)*

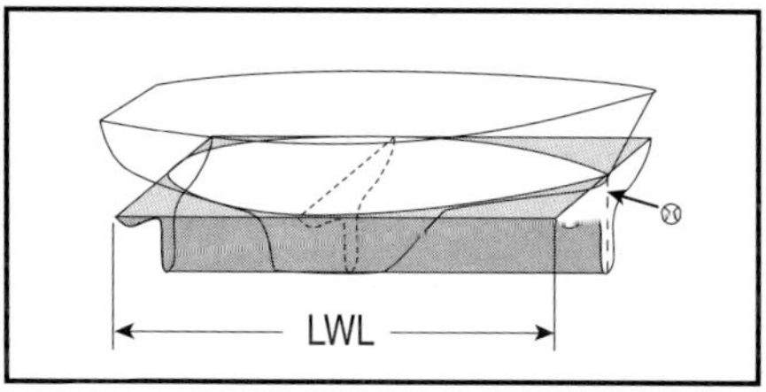

Dieser Vergleichswert ist abhängig vom →*V.* der *Hauptspantfläche* und vom →*V.* der *Verdrängung* und wird auch Völligkeitsgrad der Spantflächenskala, →*Schärfegrad* oder →*Zylinderkoeffizient* (Zylindervölligkeitsgrad) genannt. Er zeigt die Zuschärfung eines Yachtrumpfes zum →*Bug* und zum →*Heck* auf und gibt nach der Formel

$$CV = \frac{V}{LWL \cdot AM} = \frac{CB}{CM} \quad \text{(früher } \varphi\text{)}$$

an, wie groß sein wellenbildender Widerstand ist, der früher auch mit dem griechischen Buchstaben Phi benannt wurde. Eine Yacht mit schlanken Enden erreicht Werte um 0,5. Ein normaler →*Seekreuzer* erhält einen V.d.V. von 0,51–0,54. Bei viel Verdrängung an Bug oder Heck im Vergleich zu →*Mitte Schiff* errechnet man Werte um 0,7. Bemerkenswert, daß zu einer geringeren Bootsgeschwindigkeit ein niedrigerer CV-Wert gehört.

Vollkreislaterne, die *(all-round lantern)* Eine →*Positionslaterne,* die vom →*BSH* zugelassen ist, um nach den →*KVR* ein →*Rundumlicht* in den Farben Weiß, Rot, Grün oder Blau für verschiedene Arten von →*Fahrzeugen* zu →*führen* oder zu →*zeigen.* Auch eine →*Signallaterne,* die ein →*Ankerlieger* setzen muß, ist eine V. für das Führen des weißen →*Ankerlichtes.*

Vollmast, der *(solid wood mast)* Ein „gewachsener" →*Mast* aus →*Vollholz,* wie er bis zur Benutzung von wasserfesten Leimen zur Herstellung von „gebauten" Masten und vor der Verwendung von →*Aluminiummasten* auch auf Sportbooten ausschließlich gefahren wurde.

Vollmatrose, der *(able seaman, able-bodied seaman, efficient deck hand)* Früher gegenüber dem →*Leichtmatrosen* ein ausgelernter →*Matrose* und ein →*befahrener* →*Seemann* auf →*Segelschiffen* und in der →*Schiffahrt* überhaupt. Seit 1983 führt er die Berufsbezeichnung „Schiffsmechaniker" nach einer dreijährigen Berufsausbildung sowohl im seemännischen wie technischen Bereich und zur Verwendung sowohl →*an Deck* als auch in der →*Maschine.*

Vollschiff, das *([full-rigged] ship, ship rigged)* Ein →*Segelschiff,* das an allen →*Masten* →*Rahsegel* führt und dessen Masten also →*vollgetakelt* sind.

Vollschiff

voll und bei *(full and by)* Ein →*Amwindkurs,* auf dem die Segel nach einem →*Schrick* in der Schot gut voll stehen und man der schnellstmöglichen →*Fahrt* den Vorzug vor der →*optimalen Höhe* gibt.

Vollzeug, das Mit allen →*Hauptsegeln* laufen, die beim normalen Segeln gesetzt werden können oder müssen, weil sie in bezug auf die Lage des →*Segeldruckpunktes* zur Takelage des Bootes gehören. Wenn man unter V. segelt, trägt keines der Segel ein →*Reff.*

Vollzeugbrise, die Eine mäßige bis frische →*Brise* von →*Beaufort* 4 bzw. 5, bei der eine →*Yacht* →*Vollzeug* tragen und mit dieser Besegelung →*optimale Fahrt* laufen kann.

vor Anker liegen *(riding at anchor)* Ein →*schifffahrtsrechtlicher* Zustand eines →*Fahrzeugs* vor Anker, im Gegensatz zu →*festgemacht,* →*in Fahrt* oder auf →*Grund.*

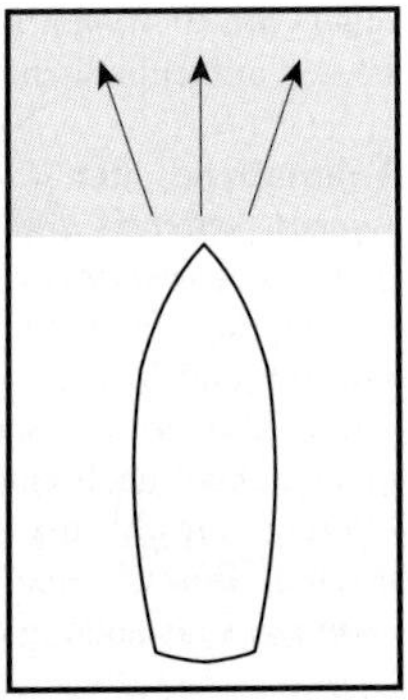

voraus *(ahead, forward)* Auf ein →*Objekt* bezogen vor dem (eigenen) Boot (liegend oder laufend). Auf das eigene Boot bezogen die Bewegung in →*Längsschiffsrichtung,* nach →*vorn,* in Fahrtrichtung. Gegensatz: →*achteraus.* Ein Boot liegt →*klar voraus;* eine →*Landmarke* peilt →*recht voraus;* man geht mit dem Motor →*voll voraus;* sichtet ein Objekt →*steuerbord voraus,* verholt eine Bootslänge v. „Voraus" liegt demnach alles, was außerhalb des Bootes und →*vorlicher* als →*querab liegt.* Innerhalb des Bootes liegt etwas →*vorn.*

„Voraus langsam!" *(ahead slowly!) Ein* →*Maschinenkommando,* bei dem der Hebel der →*Einhebelschaltung* an (oder neben) der →*Steuersäule* einer Yacht aus der Leerlaufposition in einem kleinen Winkel nach vorn gelegt wird. Im gleichen Augenblick kuppelt der Motor ein, und der Propeller beginnt sich langsam zu drehen. Über eine fühlbare Sperre weiter nach vorn gebracht erreicht man die Schalterposition →*voraus halbe (Fahrt).* Zurück in die Hebel-Ausgangsstellung wird der Motor wieder ausgekuppelt und die Motorkraft neutralisiert.

„Voraus halbe (Fahrt)!" *(half speed ahead!)* Ein →*Maschinenkommando,* bei dem der →*Vorwärtsgang* eingelegt wird, der Motor seine normale Laufrichtung erhält und der Propeller vorwärts schlägt. „V.h." kann zum →*Anlegen* oder →*Ablegen* unter Motor und bei normaler →*Marschfahrt* gegeben werden. Die dabei eingetretene →*Bootsbewegung* wird seemännisch richtiger →*Fahrt voraus* genannt.

Vorbereitungssignal, das *(preparatory signal)* Bei einer →*Regatta* das 5 Minuten vor dem →*Start* zu einer →*Wettfahrt* gegebene Signal. Die →*WR* schreiben vor, daß das V. nach dem Startsystem 1 optisch durch das Setzen der →*Signalflagge P* („Papa") und akustisch durch ein →*Schallsignal* (Böllerschuß oder mit dem Nebelhorn) gegeben wird. Nach dem Startsystem 2 wird als V. eine blaue Flagge gesetzt und ebenfalls ein Schallsignal gegeben. Vom V. an befinden sich alle Boote der betreffenden →*Klasse* nach den →*WR* in der Wettfahrt: Sie dürfen weder →*festgemacht* sein noch sich durch →*Stechpaddel* o. ä. bewegen und nur noch →*segeln.*

Vordeck, das *(fore-deck)* Die vor dem →*Mast* oder dem →*Kajütaufbau* liegenden Bereiche des →*Decks,* die oberste Abschlußfläche des →*Vorschiffs.* Das V. kann auch ein →*Backdeck* sein.

vor dem Wind *(before the wind [with the wind aft])* Mit dem (→*atmosphärischen* und →*scheinbaren)* Wind genau von achtern und weit aufgefierten →*Schoten* auf einem →*Vorwindkurs* segeln.

vor dem Wind mit Wind von Lee (segeln) *(by the lee, sailing by the lee)* Siehe →*tiefer segeln als vor dem Wind.*

Vorderkajüte, die *(forward cabin)* Bei Booten mit mehreren, getrennten Wohnräumen die vordere, im →*Vorschiff* oder unter einem →*Backdeck* liegende →*Kajüte.*

Vorfahrt, die *(right of way)* Ein Begriff, der neben den Ausweich- und Fahrregeln der →*KVR* und den →*Wegerechtsregeln* der →*WR* nur im § 25, Ziffern 1–4 der →*Seeschiffahrtsstraßen-Ordnung* vorkommt. Er wird hier für →*Fahrzeuge* benutzt, die in einem →*Fahrwasser* fahren und daher V. gegenüber Fahrzeugen besitzen, die z. B. in das Fahrwasser einlaufen, dieses →*queren,* in ihm drehen oder ihre →*Liegeplätze* bzw. →*Ankerplätze* verlassen. Wer die V. zu beachten hat, muß durch sein Fahrverhalten rechtzeitig zu erkennen geben, daß er warten wird. Er darf nur weiterfahren, wenn er übersehen kann, daß die Schiffahrt nicht beeinträchtigt wird.

Vorfahrtsregeln (der SeeSchStrO), die *(right of way rules of the German collision regulations)* Besondere →*Fahrregeln,* die nur im →*Fahrwasser,* beim →*Einlaufen* in ein Fahrwasser und beim →*Queren* des Fahrwassers gelten. Sie schreiben vor, die →*Vorfahrt* eines anderen →*Fahrzeugs* zu beachten, das im Fahrwasser fährt. Die →*Ausweichregeln* der →*KVR* sind in diesen Fällen innerhalb des →*Küstenmeeres* nicht anzuwenden.

Vorfuß, der *(fore-foot, fore-gripe)* Das →*Unterwasserschiff* eines →*Kielbootes* unter dem →*Vorschiff* und zwischen →*Vorsteven* und →*Kielflosse,* das für das weiche Eintauchen im →*Seegang,* für die →*Kursstabilität* und den →*Lateralplan*

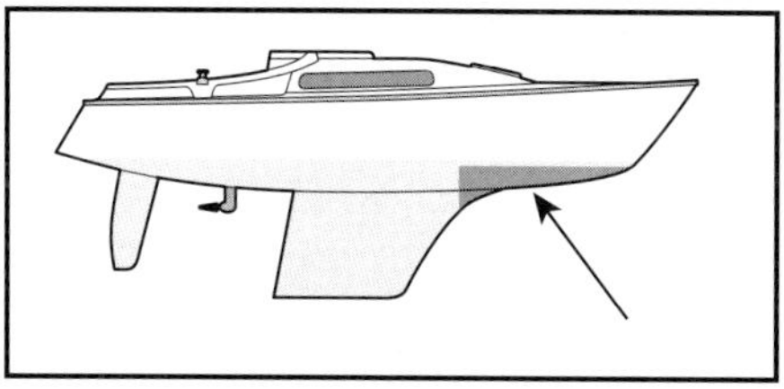

von Bedeutung ist. In der Vergangenheit war das typische Kennzeichen eines (schweren) →*Verdrängers* ein „tiefer“ V. Demgegenüber ist bei einem modernen →*Leichtdeplacementsboot* und einem →*Seekreuzer* mit →*Flossenkiel* ein relativ flacher V. charakteristisch.

Vorhaltewinkel, der *(angle of lead; drift correction angle)* Der Winkel (V) zum →*Kurs,* um den man mit Hilfe des →*Ruders* vorhalten muß, um die →*Abdrift* (A) auszugleichen oder einer →*Versetzung* (C) durch Strom zu begegnen. Um einen V. unterscheidet sich z. B. der →*Kurs durchs Wasser* vom →*Kurs über Grund.*

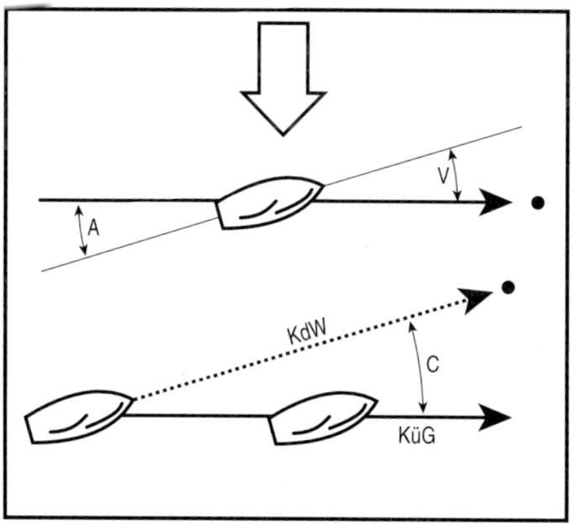

vorheißen *(to hoist)* Ein →*Segel,* eine →*Flagge,* einen →*Signalball* o. ä. ganz, bis zur höchstmöglichen Position →*heißen* (hochziehen).

vorlastig *(down by the head; bow-heavy)* Ein Boot ist v., wenn es nicht auf seiner →*Konstruktionswasserlinie* schwimmt, sondern →*vorn* tiefer eintaucht als →*achtern.*

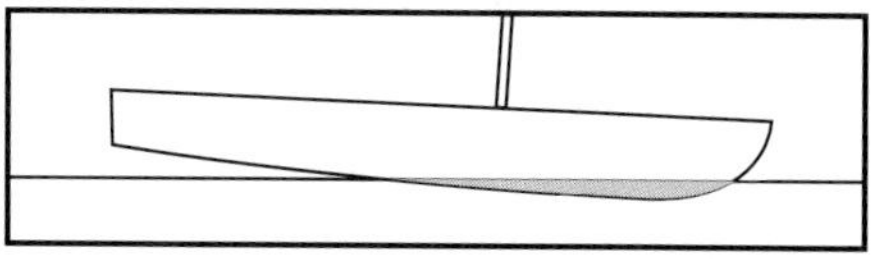

Vorläufer, der – Vorlauf, der *(1. fore-runner, stay rope – 2. foregoer)* 1. Bei einem →*Handlog* o. ä. der Teil, der vor der eigentlichen →*Logleine* ausläuft und nicht mitgemessen wird. – 2. Beim →*Ankergeschirr* ein →*Kettenvorlauf* von ca. 1 Bootslänge, der zwischen →*Anker* und →*Ankertrosse* auf dem →*Grund* liegt und zur Sicherung gegen →*Schamfilen* sowie als Stoßdämpfer für federnde Belastung zwischengeschäkelt ist. – 3. Ein V. aus →*Drahttauwerk* wird auch für →*Fallen* aus →*Fasertauwerk* benutzt. Er läuft dann im Mastinneren und über die →*Fallscheibe.* Beide Arten von →*Tauwerk* werden mit einem →*Steertspleiß* zugfest miteinander verbunden.

Vorleine, die *(fore-line, bow-line)* Der vom →*Vorschiff* und/oder vom →*Bug* nach vorn geführte →*Festmacher,* der oft in Verbindung mit einer vorderen →*Spring* wirkt.

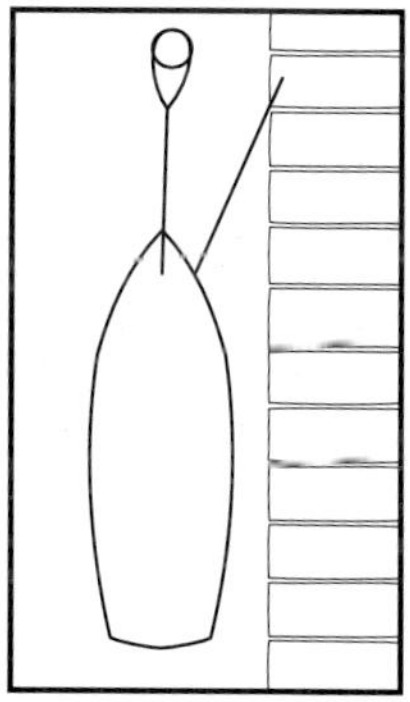

vorlich *(before the beam, forward of the beam)* Richtungsangabe auf dem eigenen Boot in bezug auf →*mittschiffs* (→*querschiffs*) und außerhalb des Bootes von →*querab* nach →*voraus.* So liegt z. B. die Halterung des →*Ankers* vorlich vom Poller, eine →*Landmarke* kann zuerst →*Steuerbord voraus* in →*Sicht* kommen und

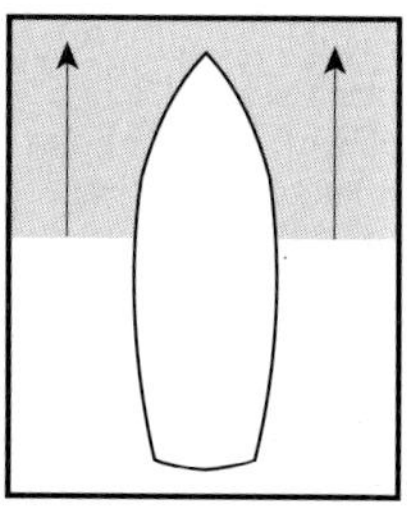

dann nach einer gewissen Zeit 2 Strich vorlicher als →*querab* liegen.

Vorliek, das *(luff, fore leach [leech])* Die vordere Kante eines →*Schratsegels,* die bei einem →*Vorsegel* mit →*Stagreitern,* bei einem →*Mastliek* mit →*Rutschern* versehen sein kann.

Vorliekstrecker, der *(luff tensioner)* Eine →*Strecktalje* zum →*Durchsetzen* des →*Vorlieks,* der wichtigen →*Windanschnittskante* eines Segels. Bei →*Vorsegeln* zwischen →*Hals*

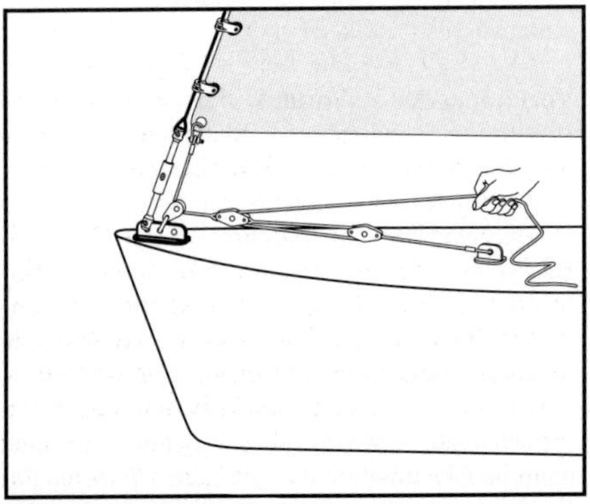

und →*Decksbeschlag,* besser in horizontaler Richtung längs →*Deck* (Abb.) als vertikal von unten nach oben zu holen. Am →*Großsegel* ist der V. unter dem →*Lümmelbeschlag* am →*Mast* →*geschoren.*

Vorluk, das *(fore hatch, forward hatch)* Ein →*Luk* auf dem →*Vorschiff* bzw. →*Vordeck,* das als (durchsichtiges) →*Klappluk* gefertigt und mit →*Vorreibern* wasserdicht zu verschließen ist. Mindestens ein V. muß an Bord die Abmessungen einer →*Fluchtluke* haben, d. h. im Gefahrenfalle (z. B. bei einem Brand in der →*Kajüte)* den ungehinderten Durchstieg von Personen erlauben.

vorn *(forward, ahead, before)* An →*Bord* in Richtung zum →*Bug* (nach v. blicken oder gehen). Aus der Fahrtrichtung kommend (Wind und →*See* kamen von v.). Der vordere Teil des →*Bootes* (→*Festmacher* v. loswerfen). Gegensatz: →*achtern.*

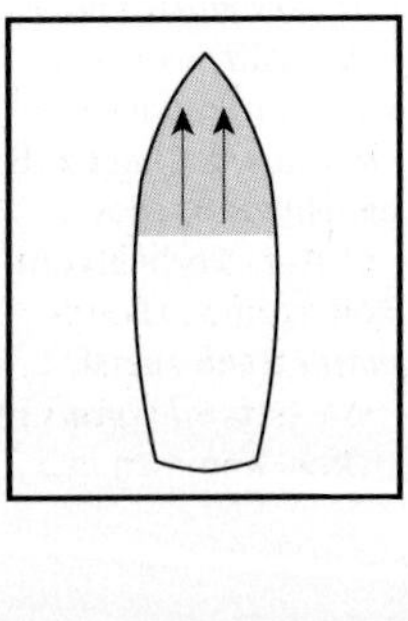

Vorpiek, die *(fore-peak, forward peak)* Der vordere Raum im →*Vorschiff* unmittelbar am →*Bug,* meistens als →*Last* für →*Tauwerk,* →*Festmacher,* →*Fender* oder als →*Ankerkasten* genutzt.

Vorreiber, der *(turnbuckle, locking bolt)* Ein- oder zweiarmiger Hebel, der eine Tür (eine Schottür) auf ihren Rahmen preßt und weitgehend wasserdicht verschließt. Auch für →*Lukendeckel* des →*Vorluks* (Abb.) benutzt.

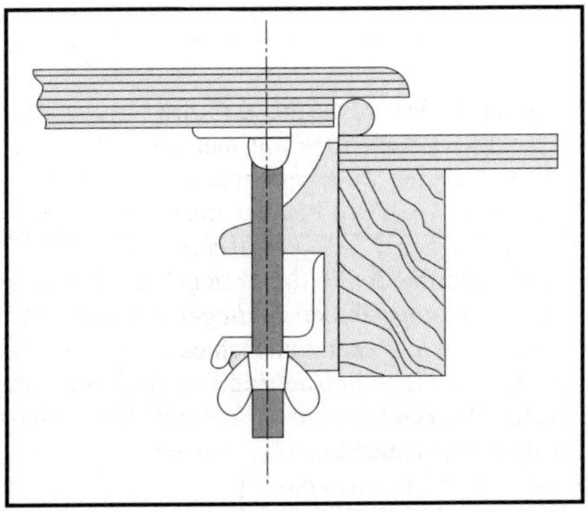

Vorsatz, der Ein juristischer Begriff, der z. B. in der →*Verschuldenshaftung* und bei der →*Haftpflichtversicherung* bedeutungsvoll ist. Dabei versteht man unter V. das Bewußtsein der Rechtswidrigkeit, die man begangen sowie das Wollen einer Handlung, dessen gefährliches Ergebnis man vorausgesehen hat. Es wird auch „direkter" und „bedingter" V. unterschieden.

Vorschiff, das *(forebody)* Der Vorderteil des Bootes von →*mittschiffs* bis zum →*Bug,* in dem die →*Breite* nach →*vorn kontinuierlich* abnimmt. Im →*Unterwasserschiff* erfolgt am →*Vorfuß* der Übergang von der →*Kielflosse* zum →*Vorsteven.*

Vorschot, die *(foresheet, headsail sheet)* Die →*Schot* der →*Vorsegel,* z. B. →*Fock, Klüver, Spinnaker,* auf einem →*Segelschiff* auch die der →*Stagsegel* vor dem →*Fockmast.*

Vorschotmann, der *(crew)* Das Mitglied der →*Besatzung,* das die →*Vorschoten* bedient und alle Arbeiten auf dem →*Vordeck* ausführt, im Gegensatz zum →*Rudergänger.*

Vorschotausleger, der Erlaubter Ausleger für das →*Ausbaumen* eines →*Vorsegels* ist nach den →*WR* nur der →*Spinnakerbaum,* auf Seeregatten aber auch der →*Großbaum,* der z. B. als →*Genuaschot-Ausleger* (Abb.) dienen kann.

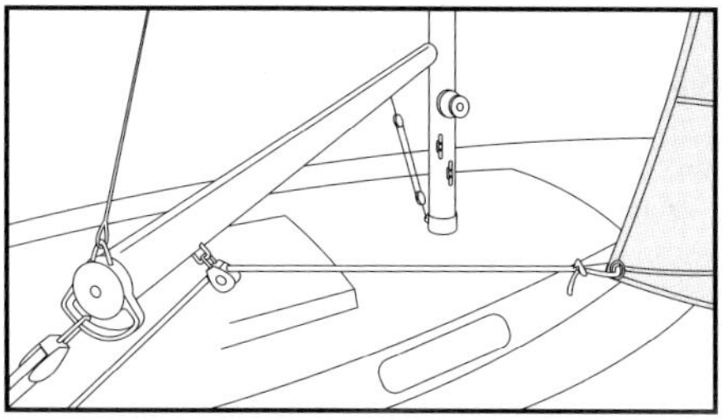

Vorsegel, das *(headsail, fore sail)* Ein vor dem →*Mast,* bei →*Yachten* mit mehreren Masten vor dem vorderen Mast gefahrenes →*Stagsegel.* Bei der →*Sluptakelung* benutzt man nur ein V., die →*Fock,* bei der →*Kuttertakelung* daneben noch ein zweites V., den →*Klüver,* gegebenenfalls sogar noch ein drittes V., den →*Flieger.* In einem →*Vorsegeldreieck* können unterschiedlich große V. gefahren werden, die (abhängig von →*Windstärke* und →*Segelstellung* oder →*Kurs* zum →*Bordwind)* verschiedene Größen und Formen haben. Von den Vorsegeln zählt die übliche Arbeitsfock oder eine mittlere →*Genua* zu den →*Hauptsegeln,* die größeren wie →*Reacher,* →*Star-Cut* oder →*Spinnaker* bzw. die kleineren wie die →*Sturmfock* zu den →*Beisegeln.*

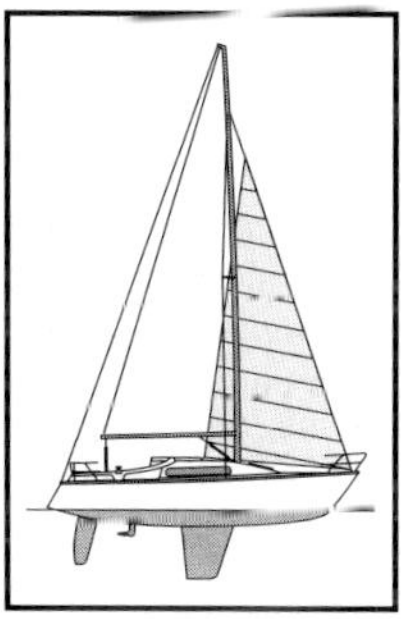

Vorsegel mit durchgehenden Latten siehe →*durchgelattetes Vorsegel.*

Vorsegeldreieck, das *(fore triangle)* Das durch →*Mast,* →*Vorstag* und →*Deck* gegebene Dreieck, in dem für jeden Wind das entsprechende →*Vorsegel* gesetzt werden kann. Bei einer →*Topptakelung* erhält man das größtmögliche V., weil man die →*Takelungshöhe* voll ausnutzt. Bei einer →*Dreiviertel-* oder →*Siebenachtel-Takelung* muß das V. entsprechend kleiner bleiben. In der →*Vermessung* wird oft nur ein Teil des Vorsegeldreiecks bewertet, z. B. 75 % oder 85 %. Bei der →*Konstruktion* einer Yacht gibt man dem größeren V. den Vorzug, weil ein im V. gesetztes Segel (bei gleicher Fläche) mehr Windkraft erzeugen kann als das →*Großsegel,* bedingt durch die nicht durch den Mast gestörte Windanschnittskante.

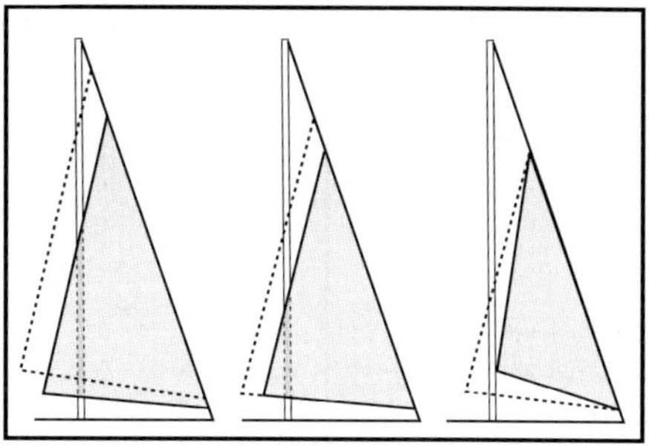

Vorsegelgröße, die *(headsail area)* Die V. ist nicht nur durch die Begriffe →*Genua* und →*Fock* gekennzeichnet. Es gibt auch Abstufungen zwischen ihnen, die durch die frühere →*IOR-Formel* bestimmt und dann zu Allgemeinbegriffen geworden sind. Ausgangspunkt ist das vermessene →*Vorsegeldreieck* mit dem Begriff „J" als Abstand zwischen Vorkante →*Mast* und Achterkante →*Vorsegelhalsbeschlag,* das Maß „I" als Länge des Mastes und das Lotmaß „L. P." als Senkrechte, die vom →*Vorliek* auf das →*Schothorn* heruntergelassen wird (Abb.). Somit ergeben sich am Beispiel eines „J"-Maßes von 4,00 m und eines „I"-Maßes von 12 m ungefähr folgende Vorsegelgrößen: Genua I 100 % max. Vorlieklänge und 150 % Lotmaß = 36 m^2 oder 150 % des Vorsegeldreiecks. Genua II 95 % max. Vorlieklänge und 140 % „J" = 32 m^2 oder 133 % des →*vermessenen Vorsegeldreiecks.* – Genua III 80 % max. V. und 130 % „J" = 25 m^2 S. oder 104 % Vorsegeldreieck. – Fock I 95 % V. und 100 % „J" = 23 m^2 S. oder 96 % Vorsegeldreieck (auch als „Arbeitsfock" oder „Selbstwendefock" bezeichnet). – Fock II 70 % max. V. und 90 % „J" = 15 m^2 S. oder 63 % Vorsegeldreieck. – →*Sturmfock* etwa 30 % V. = 7 m^2 nach der Formel „5 % von I^2". Die vergleichbaren Maße von →*Blister,* →*Spinnaker* u. a. siehe dort.

Vorsegelhalsbeschlag, der *(headsail-tack fittings)* Ein auf dem →*Bug* befestigter →*Beschlag,* an dem der →*Hals* eines →*Vorsegels* angeschlagen wird. Ein guter V. soll das Befestigen mehrerer Vorsegel ermöglichen, damit beim Wechseln von Vorsegeln beide Vorsegel gesichert werden können. Um die große Zugbelastung durch →*Fall*

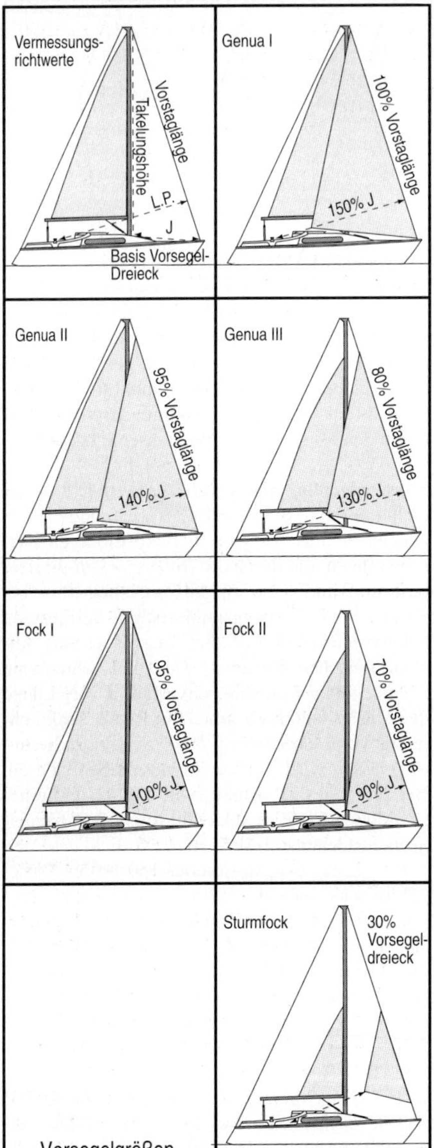

Vorsegelgrößen

und →*Vorliekstrecker* bzw. unter Windlast auszuhalten, ist ein V. oft mit dem →*Bugbeschlag* oder dem →*Stevenbeschlag* zu einer Einheit mit breitflächiger, sicherer Verankerung vereinigt.

Vorsegelmagazin, das *(headsail magazine)* Eine Vorrichtung, die →*Stagreiter* eines →*Vorsegels* dicht nebeneinander auf einer Metallschiene zu haltern. Das V. als „Vorsegelwechsler“ wird dann beim →*Setzen* des →*Segels* nur an das →*Vorstag* gehalten und die Arbeitszeit aus Gründen der →*Sicherheit* an →*Deck* sowie die Anzahl der Handgriffe auf einen Bruchteil des sonst üblichen Zeit- und Arbeitsaufwandes verkürzt.

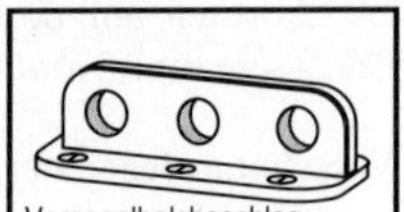
Vorsegelhalsbeschlag

Vorspring, die *(bow spring; fore spring line)* Die →*Leine,* die beim →*Festmachen* eines Bootes vom →*Bug* nach →*achtern* an Land führt. Sie soll in Verbindung mit der →*Achterspring* dafür sorgen, daß das Boot auch bei ungünstigem →*Wind* und →*Strom* immer parallel zur →*Pier* und im richtigen (Sicherheits-)Abstand liegenbleibt. Die V. benutzt man auch zum →*Eindampfen.*

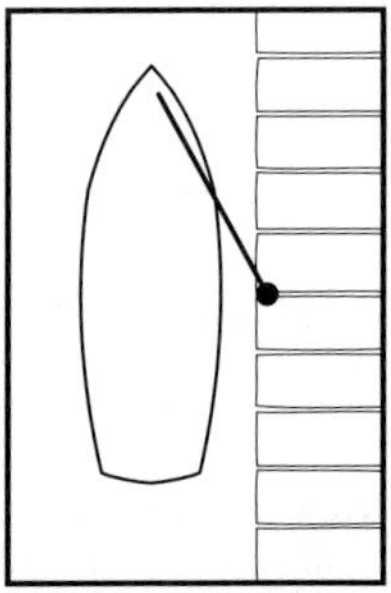

Vorstag, das *(fore stay)* Auf Yachten mit →*Kuttertakelung* das vordere →*Stag,* an dem der →*Klüver* gefahren wird, im Gegensatz zum →*Fockstag.* Bei einer →*Sluptakelung* kann man das V. auch als Fockstag (und umgekehrt) bezeichnen.

Vorstagsprofil, das *(profiled luff stay [grooved luff stay] for headsail)* Aus →*stranggepreßtem* →*Aluminium* in zwei Hälften gefertigter starrer Überzug über das →*Vorstag* mit einer einzelnen →*Hohlkehle* oder einer doppelten →*Keep.* In die Ausnehmung der strömungsgünstig geformten →*Ablaßkante* kann dann ein →*Vorsegel* ohne →*Stagreiter* eingezogen werden. Aerodynamische Vorteile: Weitgehend starre Windanschnittskante ohne störende Wirbel an den Stagreitern und strömungsgünstiger, abrißfreier Übergang der Segelfläche vom V. in das →*Vorsegel.* Abb. siehe →*Doppelkeep-Profilstag.*

Vorsteven, der *(stem, stem post)* Im Bootsbau aus →*Vollholz* der vordere, auf den →*Kiel* aufgesetzte Balken, in dessen →*Sponung* die →*Planken* einlaufen. Er wird durch einen →*Stevenbeschlag* gegen mögliche Beschädigungen geschützt. Im →*GFK-Bootsbau* sinngemäß der vorderste Teil des Rumpfes, der im Zentrum des →*Bugs* liegt, in dessen Bereich die →*Laminate* →*überlappen* und der die →*Stevenrolle* als Decksbeschlag trägt.

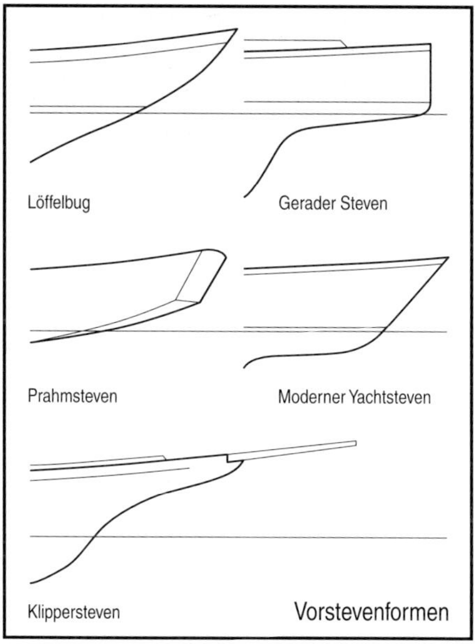

Vortrieb, der; Vortriebskraft, die *(driving force)* Derjenige Teil der vom Segel erzeugten Luftkraft, der sich tatsächlich in Richtung des gesegelten Kurses wirklich ausnutzen läßt und nicht durch die →*Krängungskraft* aufgezehrt wird. Unter sonst gleichen Bedingungen von →*Windgeschwindigkeit,* Segelwölbung, →*Boot* und →*Kurs* erzeugt ein Boot um so größere V., je weiter ein

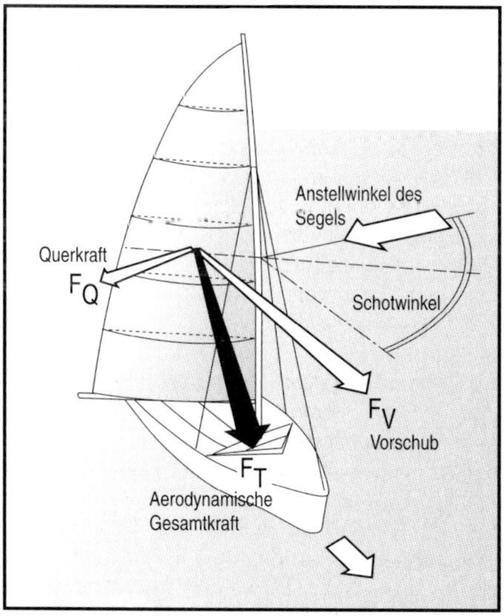

Segel →*aufgefiert* ist, die Richtung der V. in Richtung des →*Kurses* oder eine →*Rechtvorausrichtung* zeigt und je geringer dabei gleichzeitig die Krängungskraft ist. Daher erreicht ein →*Boot* seine →*optimale Geschwindigkeit* auf einem →*raumen Kurs,* bei dem das Segel als →*Tragflügelprofil* mit einem →*optimalen Anstellwinkel* arbeiten und maximale V. (Fv, siehe Abb.) erzielen kann.

Vorwindkurs, der *(run)* Ein →*Kurs* mit →*aufgefierten* →*Schoten* genau in Richtung der →*Windachse,* auf dem das →*Segel* nicht mehr als →*aerodynamisches Profil* umströmt wird, sondern weitgehend nur als Windfang arbeitet und der →*relative Bordwind* um den Betrag der →*Fahrt* schwächer als der umgebende →*atmosphärische Wind* ist. Auf einem V. werden daher die größten →*Beisegel* gesetzt, aber dennoch erreicht hier das Boot nicht die gleiche Geschwindigkeit wie bei →*Dreiviertelwind.*

VPP Abk. für **Velocity Prediction Program** Ein Computerprogramm im Internationalen Vermessungssystem →*IMS,* das eine Yacht mit seinen aus der →*IMS-Vermessung* gewonnenen und mit →*LPP* bearbeiteten Daten im Computer segeln läßt. Es ermittelt daraus z. B. den →*hydrodynamischen* Widerstand des Rumpfes sowie die Effektivität von →*Kiel* und →*Ruder* in bezug auf die →*Abdrift.* In gleicher Weise berechnet es →*aerodynamische* Werte wie z. B. die →*Vortriebskräfte* und die →*Querkräfte* der Segel. Das VPP erlaubt es darüber hinaus, auch die Realität z. B. beim →*Reffen* der Segelfläche, beim Ändern der →*Segelwölbung* mit dem →*Abflacher* oder →*Cunningham-Stropp* und deren Auswirkungen auf die →*Krängung* festzustellen. Alle diese Berechnungen werden für die verschiedenen Windeinfallswinkel bei sieben unterschiedlichen →*Windgeschwindigkeiten* (von 6–20 →*Knoten)* und für sechs verschiedene Kurse zum Wind (von der →*Kreuz* bis zu einem →*Vorwindkurs)* vorgenommen. In etwa 42 Variationen mit bis zu 12 Annäherungsrechnungen ermittelt VPP den optimalen →*Segeltrimm,* die optimale →*Krängung,* den →*Kreuzwinkel* mit der →*optimalen Höhe* und damit die theoretisch optimale →*Geschwindigkeit* des Bootes unter allen Einzelbedingungen, mit der es möglich ist, das entsprechende →*Handicap,* d. h. die theoretischen gesegelten Zeiten pro Seemeile festzulegen. Für eine solche Kurzzeitarbeit mit dem Computer würde man mit dem Taschenrechner wohl einen ganzen Monat benötigen.

W

W = Whiskey Internationales Buchstabensignal, blau-weiß mit rotem Rechteck. Bedeutung: „Ich benötige ärztliche Hilfe.“ Morsen: • – – (kurz–lang–lang).

Wabensandwich, das *(honeycomb sandwich)* In der →*Verbundbauweise* die Verwendung von künstlichen Honigwaben als →*Kernmaterial.* Kernwaben können aus gehärtetem →*Glasseidengewebe* und imprägnierter Pappe, z. B. Nomex- →*Aramid-Papier* mit geringstem →*Gewicht* bei großer →*Festigkeit* hergestellt werden.

Wache, die *(watch)* 1. Auf →*Yachten* (nur als →*Seewache)* die routinemäßigen Bordarbeiten der Besatzung, um jedem in der →*Freiwache* genügend Zeit für Schlaf und Erholung zu geben. In der →*Schiffahrt* auch als „Hafenwache“ Dienstzeit am →*Liegeplatz.* Man „geht W.“, löst die W. ab, übernimmt oder verfängt die W. mit unterschiedlicher Tätigkeit, z. B. als →*Ruderwache,* →*Ankerwache,* als →*Wachhabender* o. ä. – 2. Bei einer mehrköpfigen Besatzung die Gruppe der →*Crew,* die W. hat und auf →*Yachten* umsichtig im →*Törn* von 2 W. (als →*Steuerbord-* und →*Backbordwache)* mit je 2 bis 5 Seglern eingeteilt wird. Die Dauer einer W. kann 2, 4 oder 6 Stunden betragen und je nach Erfordernissen oder Erfahrung bei →*Tag* und →*Nacht* unterschiedlich lang sein. Auf einem →*Segelschiff* beträgt die W. einheitlich 4 Stunden mit →*acht Glas.* – 3. Auf diese Wachzeit gründen sich die Namen der W., beginnend mit der →*Mittelwache* („Hundewache“) von 0.00 bis 4.00 Uhr, der →*Morgenwache* (04.00 bis 08.00), Vormittagswache (08.00 bis 12.00), Nachmittagswache (12.00 bis 16.00), dem ersten Plattfuß oder der ersten →*Hundewache* (16.00 bis 18.00) und dem zweiten Plattfuß bzw. der zweiten Hundewache (18.00 bis 20.00) sowie der Abendwache (20.00 bis 24.00) – Der →*Navigator,* der →*Smut* oder auch der →*Schipper* gehen auf größeren →*Yachten* keine W., damit sie jederzeit einsatzbereit sind und →*gepurrt* werden können. Sonderformen der W. sind die →*Wachtörns* der →*Schwedischen Wache,* der →*Langwache* und der →*Sturmwache.*

wachfrei *(off watch, off duty)* Ein Mitglied der →*Crew,* das keine →*Wache* hat oder geht. Auf See muß jeder →*Freiwächter* nur bei einem →*Alle-Mann-Manöver* mitarbeiten.

Wachgänger, Wachhabender, der *(man of watch, watchkeeper)* Die Person der →*Crew,* die während einer →*Wache* für die →*nautisch* sichere Bootsführung verantwortlich ist. Ein W. ist der verantwortliche Vertreter des →*Schiffers* (auch auf Sportbooten). Er bleibt im Dienst, bis er von einem anderen W. ordnungsgemäß abgelöst worden ist.

Wachtörn, der *(watch allocation)* Von der Dauer einer →*Wache,* den Zeiten der Wachablösung und der Dauer der →*Freiwache* sowie der Anzahl der →*Wachgänger* abhängiger Arbeitsrhythmus auf einem →*Seetörn.* Möglichkeiten eines W. sind neben der vierstündigen See- oder Marinewache die →*Schwedische Wache,* die →*Langwache,* die →*Sturmwache* und die →*Nachtwachen einer Ehepaar-Crew.*

wahre Höhe, die *(1. observed altitude, true altitude; 2. true height)* 1. In der →*astronomischen Navigation* der nach einer →*Beschickung* der →*Höhe* erhaltene Winkel eines Gestirns über dem →*wahren Horizont,* am Erdmittelpunkt gemessen. Die w. H. unterscheidet sich von der →*scheinbaren Höhe* und von einer Höhe über dem scheinbaren Horizont. – 2. Der lotrechte Abstand eines Punktes oder einer Horizontalebene von einem bestimmten Bezugswert, z. B. in der →*terrestrischen Navigation* die Höhe eines Leuchtfeuers über →*Kartennull.*

wahre Ortszeit, die *(local apparent time)* Abk. **WOZ** Der Zeitwinkel der →*wahren Sonne* für den jeweiligen Beobachtungsort, gezählt von 0000 Uhr bis 2400 Uhr und beginnend mit dem Durchgang der Sonne durch den unteren Meridian. Die w. O. ist von der →*mittleren Ortszeit* zu unterscheiden. Die Differenz zwischen der w. O. und →*mittleren Ortszeit* (MOZ) ist die →*Zeitgleichung.*

wahrer Horizont, (der) *(true horizon, rational horizon)* Die durch den Erdmittelpunkt verlaufende Ebene senkrecht zum Lot des Beobachters als größter Kreis an der Himmelskugel. Der w. H. ist in der →*astronomischen Navigation* die Bezugs-

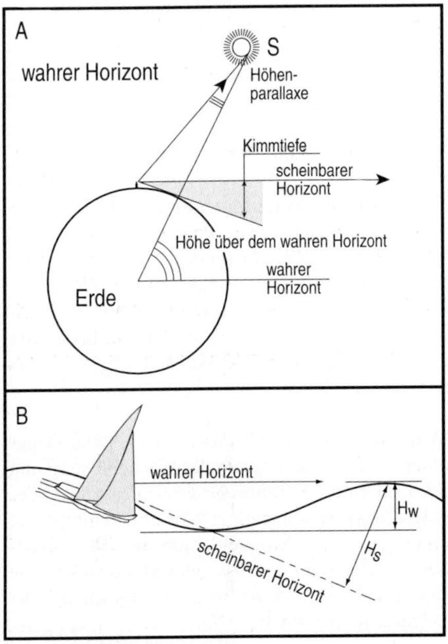

ebene für die Höhenmessung eines Gestirns (Abb. A) und vom →*scheinbaren Horizont* und der →*Kimm* (als sichtbarem Horizont) zu unterscheiden. – Man spricht auch (nicht ganz korrekt) vom w. H. beim Messen der →*Wellenhöhe* (Abb. B), bei dem es oft zu großen Schätzfehlern kommt, weil man das →*Deck* des Bootes als Horizont annimmt. Dadurch wird die →*scheinbare* Wellenhöhe (Hs) größer als die wahre Wellenhöhe (Hw). Der w. H. beim praktischen Segeln (Abb. B) entspricht dem scheinbaren Horizont in der →*astronomischen Navigation* (Abb. A).

wahrer Kurs, (der) *(e.: course made good – a.: true track)* Der in Grad ausgedrückte Winkel zwischen dem →*Weg über Grund* und der Richtung →*rechtweisend Nord.*

wahrer Mittag, (der) *(apparent noon)* Der wahre Zeitpunkt der Tagesmitte, wenn die sichtbare →*wahre Sonne* durch den oberen →*Meridian* geht und die größte →*Mittagshöhe* im Zeitpunkt der oberen →*Kulmination* erreicht wird. Vom →*mittleren Mittag* zu unterscheiden.

wahrer Ort, wahrer Schiffsort, (der) *(fix)* Der durch →*terrestrische,* →*technische,* →*elektronische* bzw. →*astronomische Navigation* ermittelte tatsächliche Standort, im Gegensatz zum →*gegißten Ort,* einem →*Loggeort* oder →*Koppelort.*

wahrer Wind, (der) *(atmospheric wind, true wind)* Die auf einen erdverbundenen Beobachtungsort (am →*Liegeplatz,* →*vor Anker,* auf einer →*Pier* o.ä.) bezogene →*Windrichtung* und →*Windstärke,* im Gegensatz zum Bezugssystem des fahrenden Bootes, auf dem der w. W. in Richtung und Stärke nur aus dem →*relativen Bordwind* und der →*Fahrt* bzw. dem →*Fahrtwind* berechnet werden kann. Der w. W. erzeugt die →*Windsee.* Siehe →*Winddreieck.*

wahre Sonne, die *(true sun, apparent sun)* Die am Himmel sichtbare Sonne, die auf einer zum →*Äquator* geneigten Jahresbahn, der Ekliptik läuft, im Gegensatz zur →*mittleren Sonne,* die mit gleichmäßiger Umlaufgeschwindigkeit auf dem Himmelsäquator angenommen wird.

wahre Sonnenzeit, die (wahre Zeit, die) *(apparent time, true time)* Die durch die Erddrehung in bezug auf die →*wahre Sonne* bestimmte Zeit, bei der 1200 Uhr als →*wahrer Mittag* bezeichnet wird. Die w. S. unterscheidet sich von der →*mittleren Sonnenzeit* um die →*Zeitgleichung,* d. h. sie schwankt im Laufe des Jahres um bis zu 16 min.

wahrnehmen *(1. to observe, 2. to take hold)* 1. Im üblichen Sinne von sehen o. ä. – 2. Seemännisch soviel wie annehmen, festhalten. Die Aufforderung: eine „Leine w.", bedeutet, sie (z. B. beim →*Anlegen)* entgegenzunehmen und festzuhalten.

„Wahrschau!" *(„Look out!", „Attention!", „Keep clear off!")* Warnruf im Sinne von „zur Warnung aufschrecken", z. B. beim →*Ausrauschen* einer →*Leine,* bei einer →*Patenthalse,* beim →*Überholen* des Bootes oder in anderen, nicht vorhersehbaren Gefahrensituationen.

wahrschauen *(to keep attention, to keep clear of [boats, etc.])* Jemanden vor einer Gefahr warnen, auf eine gefährliche Situation aufmerksam machen oder ihn nur (wenn er auf →*Freiwache* ist) benachrichtigen. Ein Wahrschau-Posten regelt den Schiffsverkehr an Engstellen verkehrsreicher Ströme, z. B. auf dem Rhein. Wahrschau-Dienste unterrichten Lotsen und Schiffsführer auf dem →*Nord-Ostsee-Kanal* über den Gegenverkehr. Wahrschau-Arbeit an den →*Luken.*

Waldeck, das *(whaledeck)* Ein stark gerundetes →*Deck,* dessen Wölbung auf beiden Seiten in die

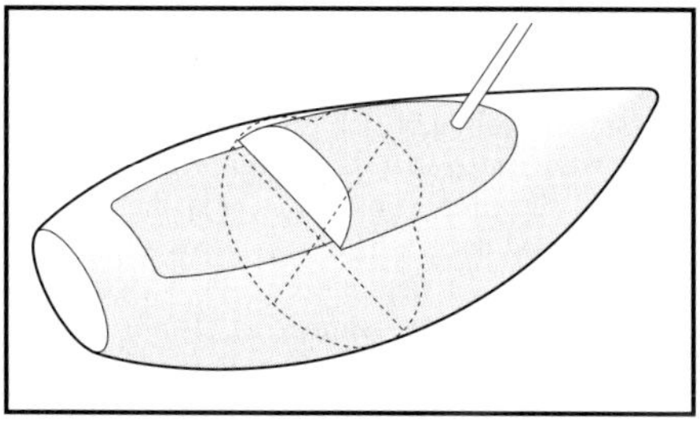

→*Bordwand* übergeht (Abb.). Früher beim Bootsbau aus Massivholz nur für das „Walboot" typisch; heute bei der leichten Verformbarkeit von →*GFK* häufiger anzutreffen.

Walkie-Talkie (engl.) Tragbares Sprechfunkgerät mit begrenzter Reichweite.

Walzterminal, das Endbeschlag für rostfreies →*Drahttauwerk,* der hauptsächlich als →*Augterminal* und →*Gabelterminal* im Kaltwalzverfahren mit einer Spezialmaschine an Bord bis zu einer

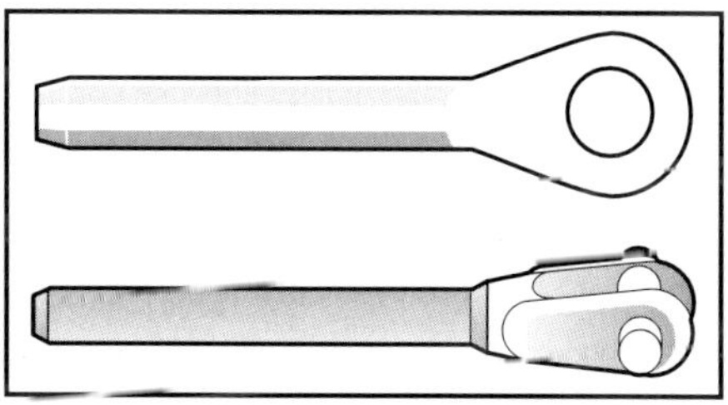

Tauwerkstärke von 10 mm Durchmesser aufgearbeitet werden kann. Die Bruchlast des Drahtseils bleibt 100%ig erhalten. Da sich das Stahlmaterial des →*Terminals* mit dem Drahtseil beim Walzvorgang homogen vereinigt, kann jeder Endbeschlag nur einmal aufgebracht und nur durch Kappen des Seils hinter dem Terminal wieder entfernt werden.

Wanderjolle, die *(cruising centreboarder)* Ein →*Schwertboot,* das robuster gebaut und schwerer als eine →*Gleitjolle* ist und für Wanderfahrten mit Übernachtung in einer Zeltkajüte (Kuchenbude) auch mit höherem →*Freibord* gebaut ist. Eine bekannte →*Klasse* einer W. ist die H-Jolle oder 15-m²-W., eine →*nationale Klasse,* die (wie alle Jollen) →*kenterbar* ist.

Wanderpreis, der *(challenge prize, challenge cup)* Ein →*Regattapreis,* der als →*Sonderpreis* nach den vom Stifter gegebenen Bedingungen erst im Laufe mehrerer Jahre endgültig gewonnen werden kann. Der berühmteste deutsche W. ist der „Felca-Preis", um den seit Jahrzehnten während der jährlichen Kieler Woche gekämpft wird.

Want, das (Wanttau, das) *(shroud)* Das →*Drahttauwerk* oder die massiven Stangen (→*Profilwanten* und →*Rod Rigging*), die zur seitlichen Verspannung des →*Mastes* dienen. Ein W. gehört zum →*stehenden Gut* und hält den Mast →*querschiffs.* Ein W. ist mit einem →*Pütting* oder →*Rüsteisen* am Rumpf befestigt und wird durch

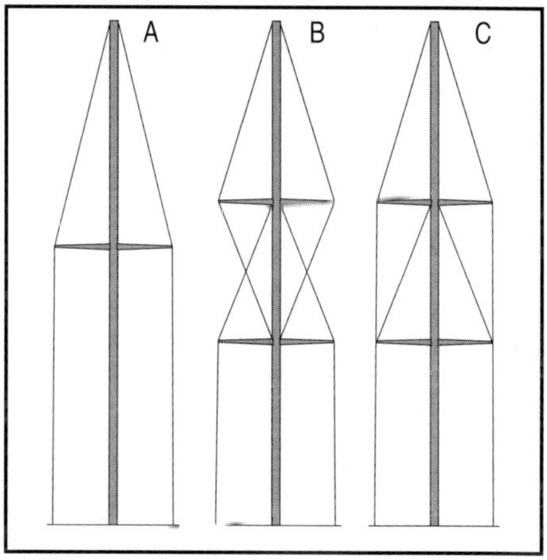

→*Wantenspanner* oder →*Spannschraube* in der notwendigen Spannung gehalten. Je nach dem Angriffspunkt am Mast unterscheidet man →*Topp-* oder →*Oberwanten,* →*Mittel-* und →*Unterwanten,* die immer paarweise →*geschoren* sind. Seildurchmesser und Bruchlast für ein W. müssen so gewählt werden, daß jedes W. seinen Teil der Gesamtbelastung einer →*Takelage* aushalten kann. Je länger dabei eine →*Saling,* über die ein W. geführt werden kann, und je größer der Winkel am →*Mastbeschlag* ist, desto größer ist die Sicherheit der seitlichen →*Verstagung* und desto geringer müssen Durchmesser und Bruchlast des W.-Materials sein. Auf größeren Masten sind die Wanten mit →*Webeleinen* zum →*Aufentern* verbunden.

Wantenhänger, der *(adjuster plate, tongue of the rigging screw, shroud terminal)* Ein →*Beschlag,* der bei →*Jollen* einen →*Wantenspanner* ersetzt. Das →*Want* oder →*Stag* wird mit seinem →*Kauschenspleiß* oder →*Terminal* direkt auf einen Bolzen gehängt, der zwischen 2 Lochscheiben unterschiedlich befestigt und durch einen →*Splint* gesichert werden kann.

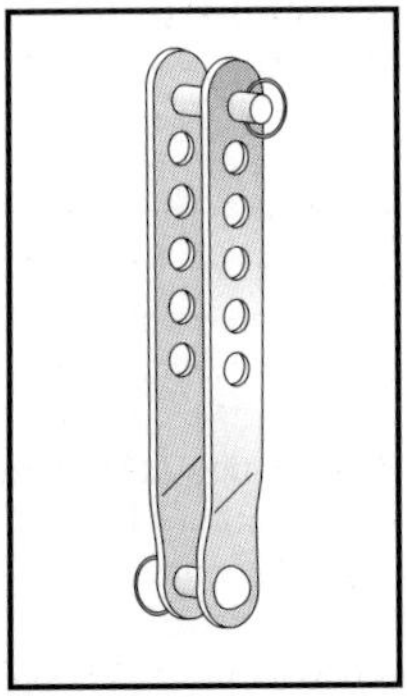

Wantenspanner, der *(rigging screw, turnbuckle)* Eine →*Spannschraube,* die zwischen →*Want* und →*Pütting* befestigt ist, um dem →*stehenden Gut* die gewünschte Festigkeit und Spannung zu geben. Da sich die gegenläufigen Schraubstifte aus der Hülse drehen können, wenn die Verbindung belastet wird, ist ein W. durch Kontermuttern oder Draht gegen unabsichtliches Aufdrehen zu sichern.

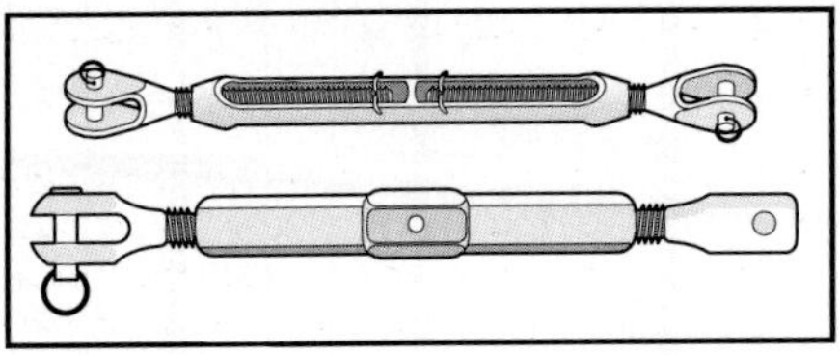

Wantschlag, der *(shroud-lay)* Die dritte Stufe des →*Verseilens,* bei der vier →*Litzen* um eine sie umschließende →*Seele* zu einer Leine mit →*Z-Drehung* →*rechtsgeschlagen* werden. Bei gleichem Durchmesser ist die Bruchfestigkeit des Tauwerks mit W. geringer als bei →*dreischäftigem* Tauwerk mit →*Trossenschlag.* Die Bezeichnung „W." ist heute nicht mehr üblich. Die Machart, die früher zur Herstellung von →*Manila-,* →*Sisal-* und →*Hanf-Tauwerk* benutzt wurde, wird heute nur noch für die Fertigung von →*Polypropylen-Tauwerk* verwendet.

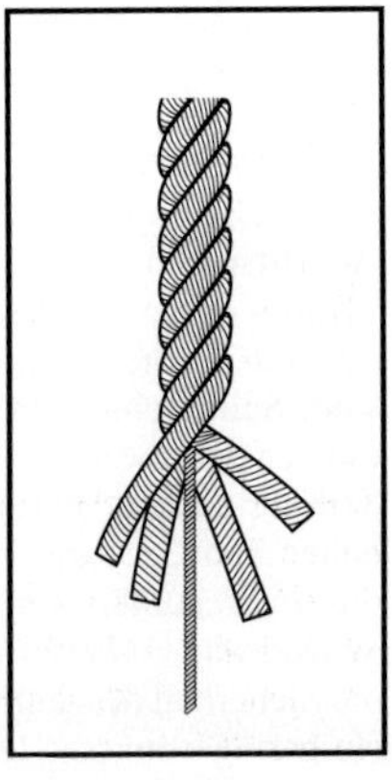

Wärmeäquator, der *(thermal equator)* Als kalorischer oder meteorologischer →*Äquator* derjenige →*Breitenkreis,* auf dem der Erde die gleiche (Wärme-)Strahlungsmenge der Sonne zugeführt wird. Der W. wandert im Rhythmus der →*Äquinoktien* und verlagert sich im Nordsommer nordwärts vom →*terrestrischen Äquator* und im Südsommer südwärts von ihm. – Als thermischer Äquator wird der wärmste →*Breitenkreis* der Erde bezeichnet. Er liegt auf ca. 10° N, wo es im Jahresmittel ca. 1 °C wärmer ist als am →*terrestrischen* Äquator. Im Monat Juli, im Hochsommer auf der Nordhalbkugel, befindet er sich jedoch auf ca. 20° N. Dementsprechend verlagern sich die typischen Wetterverhältnisse, z. B. im →*Passatring.*

Wärmegewitter, das *(thermal storm)* Ein feuchtwarmes →*Gewitter,* das durch wasserdampfreiche, schnell aufsteigende Luftbewegung im Rahmen der täglichen Temperaturperiode mehr örtlich entsteht und schnell vergeht, im Gegensatz zu einem →*Frontgewitter,* das an der →*Kaltfront* eines →*Tiefdruckgebietes* weite Distanzen über Meer und Land zurücklegt.

Wärmetauscher, der *(heat exchanger)* Ein Bestandteil der →*Zweikreiskühlung,* in dem das warme →*Frischwasser* als Umlaufkühlwasser des inneren Kühlkreislaufs eines →*Bootsmotors* fortlaufend durch →*Seewasser* zurückgekühlt wird. Üblich sind W. mit einem (spiralförmigen) Röhrensystem in kompakter Bauweise, seltener Plattensysteme. Bei →*Seekreuzern* für Langfahrten kann auch eine →*Kielrohrkühlung* oder →*Außenhautkühlung* als W. dienen.

Wärmetauscher-Kühlsystem, das *(heat-exchanger cooling system)* Auch →*Zweikreiskühlung* genannte →*Kühlung* des →*Bootsmotors,* bei der das →*Frischwasser* als Umlaufkühlwasser oder eine entsprechende Kühlflüssigkeit des inneren Kühlkreislaufes in einem →*Wärmetauscher* durch das →*Seewasser* entweder direkt oder durch einen äußeren, von einer →*Kühlwasserpumpe* (→*Impellerpumpe*) betriebenen Kreislauf gekühlt wird.

Warmfront, die *(warm front)* In der →*Wetter-*

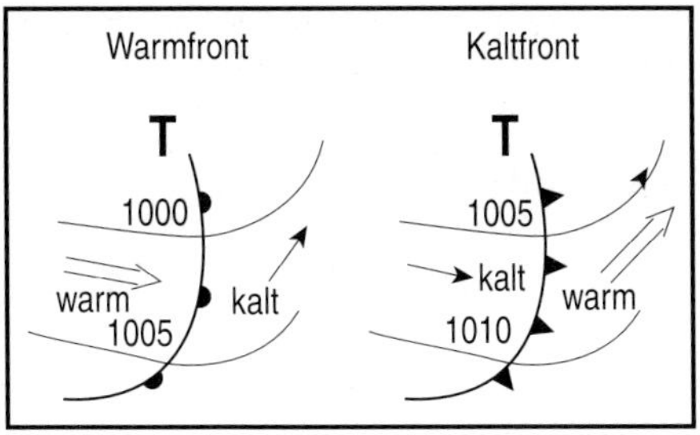

kunde die Grenze zwischen →*Warmluft* und →*Kaltluft* an der Vorderseite eines wandernden →*Tiefs,* an der wärmere Luft entlang einer Aufgleitfläche über kältere Luft strömt. Vor der W. fällt der →*Luftdruck.* Bei starker Bewölkung kommt es zu Regen oder Nieseln mit schlechter →*Sicht.* Eine W. ist oft mit →*Nebel* verbunden.

Warmluftmasse, die *(warm air mass)* Eine →*Luftmasse,* die ihrer Temperatur nach (im Vergleich zur Umgebung) „warm" ist. Sie wird nach ihrer Herkunft auch als „tropisch", „subtropisch" oder „maritim" bezeichnet. Hauptmerkmale der W.: gleichmäßige und geringe Windgeschwindigkeit, diesige Luft.

Warmsektor, der *(warm sector)* In der →*Wetterkarte* der Bereich zwischen →*Warm-* und →*Kaltfront* eines →*Tiefs.*

Warnfunk, der *(radio navigational warnings)* Im W. werden nautische →*Warnnachrichten* verbreitet, um →*Fahrzeuge auf See* zu warnen oder für die Sicherheit der →*Schiffahrt* wichtige Mitteilungen zu übermitteln. Jedes Land verbreitet im W. z. B. →*Decca-Warnnachrichten,* Nebel- und Sturmflutwarnungen, →*Sturmwarnungen* und andere Gefahrenmeldungen in der Landessprache und in englischer Sprache für die eigenen →*Küstengewässer.* Zeiten und Frequenzen für den deutschen W. sind im Abschnitt „W." des →*Jachtfunkdienstes Ost- und Nordsee* enthalten. W.-Meldungen werden auch über →*Navtex* übermittelt.

Warngebiet, das *(declared area)* Innerhalb und außerhalb der →*Hoheitsgewässer* liegende, durch →*Tonnen* oder nur ihre →*geographische Länge* und →*Breite* gekennzeichnete Wasserflächen, die ständig oder für bestimmte Zeiten für die →*Schiffahrt* gefährdet sind und in denen der Aufenthalt daher verboten ist. Zu den Warngebieten gehören Schießgebiete vor der →*Küste,* Munitionsversenkungsgebiete, Minen-Warngebiete u. v. a. Wenn ausgelegte Sicherungsboote bemerken, daß sich ein Fahrzeug in dieses W. begibt, setzt es →*Warnsignale.* Ein W. ist mit seinen Grenzen aus der →*Seekarte* zu ersehen.

(meteorologische) Warnnachrichten, die *(meteorological warnings)* Im →*Navtex-Verfahren* werden neben den (nautischen) →*Warnnachrichten* auch meteorologische W. verbreitet. Sie erscheinen an zweiter Stelle der →*Navtex-Meldungen* unter dem Kenner B, z. B. als →*Starkwindwarnung* oder →*Sturmwarnung* (engl. *gale warning*). Jede Navtex-Aussendung muß die m. W. ggf. auch als Negativ-Nachricht enthalten, so daß es ohne Vorliegen z. B. einer →*Starkwindwarnung* international heißen kann: *no gale (warning).*

(nautische) Warnnachrichten, die *(navigation warnings)* Sie enthalten Angaben über alle Gefahren, Behinderungen, Veränderungen und andere Umstände, die Einfluß auf die →*Schiffsführung* haben und im →*Warnfunk* unverzüglich verbreitet werden müssen. Zu ihnen gehören z. B. Störungen an →*Seezeichen,* neue Schiffahrtshindernisse, Sichtungen von Minen und Unregelmäßigkeiten im →*Decca-Betrieb.* Wichtige n. W. werden durch das →*Sicherheitszeichen* →*SÉCURITÉ,* vitale n. W. zusätzlich durch einen 2200 Hz-Ton von 15 s Dauer, das „Nautische Warnzeichen", eingeleitet. N. W. werden auch mit →*Navtex* übermittelt.

Warnsektor, der *(warning sector, red sector)* Bei einem →*Leuchtfeuer* oder →*Leitfeuer* die meistens durch rotes bzw. grünes Licht gekennzeichneten →*Sektoren,* in denen man außerhalb einer

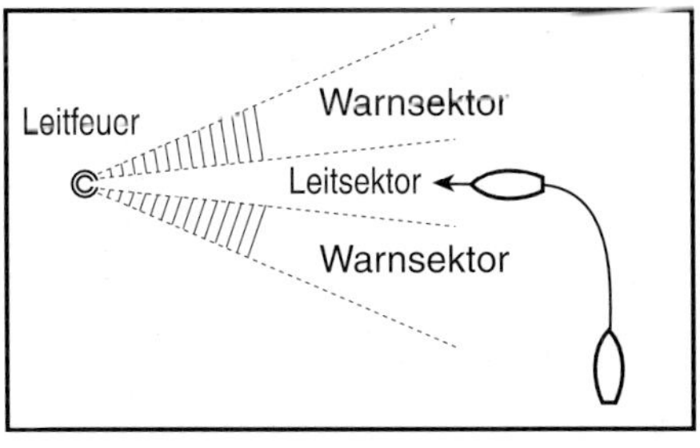

→*Deckpeilung* oder eines →*Leitsektors* steht und wo man vor dem Befahren von →*unreinem Grund,* →*Untiefen,* anderen natürlichen Gefahren und →*Hindernissen* gewarnt wird.

Warnsignal, das *(alarm signal)* Wenn Fahrzeuge einen gefährlichen →*Kurs* steuern oder ihnen Gefahr droht, warnt man sie mit den →*Flaggensignalen* „Uniform“ oder „November-Foxtrot“. Als Licht- oder Schallsignal dient der Buchstabe „Uniform“ (kurz – kurz – lang) des →*Morsealphabetes.* Durch Flackerfeuer u. ä. kann man auf dieses W. aufmerksam machen. Neben diesem internationalen W. wird auf deutschen →*Seeschifffahrtsstraßen* nach der →*SeeSchStrO* ein →*Allgemeines* (akustisches) *Gefahr- und Warnsignal* mit – • • • •, – • • • • gegeben.

Warnung, die *(warning)* 1. Im (internationalen) →*Wetterfunk* eine →*Starkwind-* oder →*Sturmwarnung,* die zu Beginn eines →*Seewetterberichtes* gegeben wird. Liegt eine solche nicht vor, wird diese Tatsache durch die Wiederholung der Worte „Keine Warnungen“ oder „No Warnings“ unmißverständlich bekanntgegeben. – 2. Im weitesten Sinn ist eine W. auch Teil einer nautischen →*Warnnachricht* im →*Warnfunk.* – 3. Optische und akustische →*Warnsignale* werden nicht im Sinne dieser W. verstanden.

Warpanker, der *(warp anchor, kedge [anchor])* Kleinerer, leichterer →*Anker,* der zum kurzzeitigen →*Ankern* bei gutem Wetter, als →*Wurfanker* oder zum →*Warpen* benutzt und auch mit dem →*Beiboot* ausgefahren werden kann.

warpen *(to warp, to kedge)* Ein Boot durch Einholen der →*Warpleine* und Auswerfen des →*Warpankers* fortbewegen oder →*verholen.*

Warpleine, die *(warp, warp line)* Leine oder →*Trosse,* die an den →*Warpanker* angesteckt und beim →*Warpen* ausgebracht und eingeholt wird.

Waschbord, das *(wash board, weather board, wash rail)* Eine senkrechte →*Planke,* hölzerne Leiste oder ein entsprechender Beschlag, der zum Schutz gegen überkommendes Wasser auf das →*Deck* gesetzt ist, z. B. unter der →*Seereling,* als →*Fußreling,* um die →*Plicht* (Plichtsüll) oder nur an Deck zur Sicherung der aufgeschossenen →*Fallen,* damit sie nicht über Bord gewaschen werden.

Wasserballasttank, der *(water-ballast tank)* Ein auf →*Rennyachten* und beim →*Hochseesegeln* nur mit Sondererlaubnis auf Backbord- und Steuerbordseite eingebauter Tank, der Ballastwasser zur Erhöhung der →*Querstabilität* und der →*Segeltragfähigkeit* führt, wenn er auf der →*Luvseite* liegt, aber auf der →*Leeseite* und auf →*raumen Kursen* →*lenz* gehalten wird. Das Trimmen erfolgt durch Überlauf oder mit Pumpen.

wasserdichte Plicht, die *(watertight cockpit)* Im Gegensatz zur offenen →*Plicht,* bei der überkom-

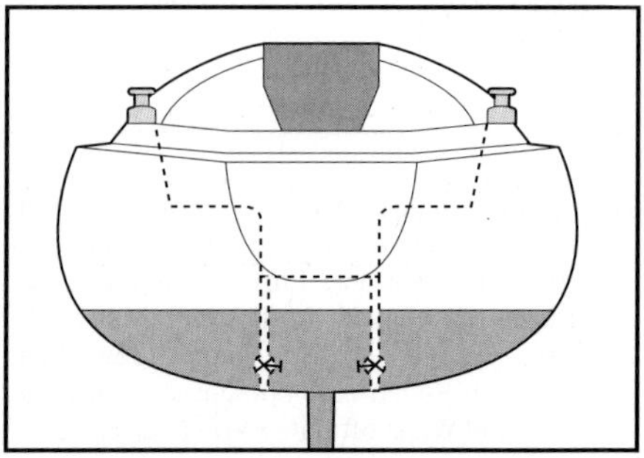

mendes Wasser in das Bootsinnere gelangt und sich in der →*Bilge* sammelt, ein zum Rumpf wasserdicht abgeschlossener Sitzraum für die Besatzung in Höhe des →*Decks.* Meistens als →*selbstlenzende* Plicht gebaut, damit das Wasser aus →*Lenzrohren,* →*Lenzklappen* oder →*Selbstlenzern* wieder abfließen kann.

Wasser halten *(to hold water)* Ein mit Muskelkraft getriebenes Boot (→*Ruderdingi,* →*Jugendkutter)* stoppen oder auf der Stelle halten, indem man die Blätter der →*Riemen* senkrecht ins Wasser hält.

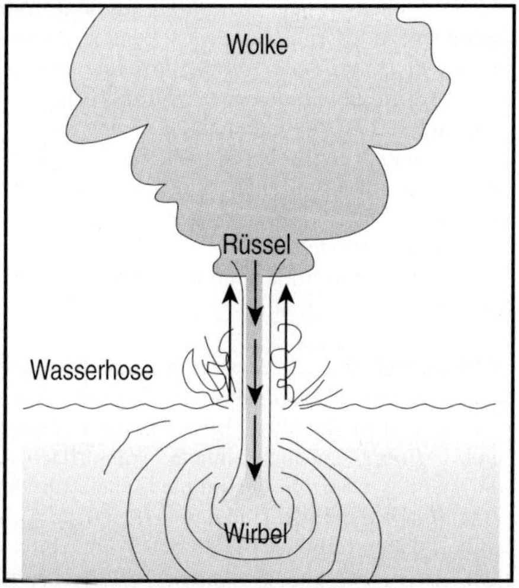

Wasserhose, die *(water spout)* Ein der →*Windhose* vergleichbarer, lokal begrenzter Wirbelsturm oder eine →*Trombe* mit einem vertikalen Luftwirbel, dessen Trichter aus einer Wolke bis zur Wasseroberfläche nach unten wächst, im Trichterkern die Wasseroberfläche nach unten drückt und am Rande Wasser nach oben zieht. Eine W. schafft für Boote eine gefährliche Situation; da sie jedoch wandert und kaum länger als 10 bis 15 Minuten wirkt, kann man ihr ausweichen.

Wasserlinie, die *(waterline, designed waterline, load waterline)* Die Linie, in der der →*Wasserspiegel* den →*Rumpf* berührt. Je nach der →*Verdrängung* kann die W. eine unterschiedliche Schwimmebene sein: Die theoretische Wasserlinien-Ebene des →*Linienrisses* wird →*Konstruktionswasserlinie* genannt (Abb.), doch gibt es durch unterschiedliches Gewicht der →*Ausrüstung* und auch durch die nicht überall gleiche →*Seewasserdichte* verschiedene Ladewasserlinien. Die Länge der W. hat Einfluß auf den →*Rennwert* eines Bootes (bei der →*Vermessung)* und die mögliche →*Rumpffahrt* für einen →*Verdränger.*

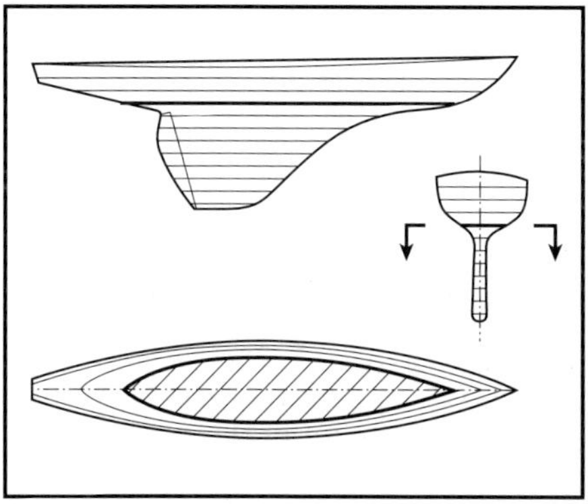

Wasserlinien-Koeffizient, der *(waterplane coefficient)* Der →*Völligkeitsgrad* der →*Konstruktionswasserlinie,* auch „Wasserlinien-Völligkeitsgrad" genannt und mit α (Alpha) oder C_{WL} bezeichnet. Der W.-K. stellt das Verhältnis der Wasserlinienfläche (A_{WL}) zu dem umschriebenen Rechteck aus der LWL (→*Länge* in der →*Wasserlinie)* und der BWL (→*Breite* in der Wasserlinie) nach der Formel

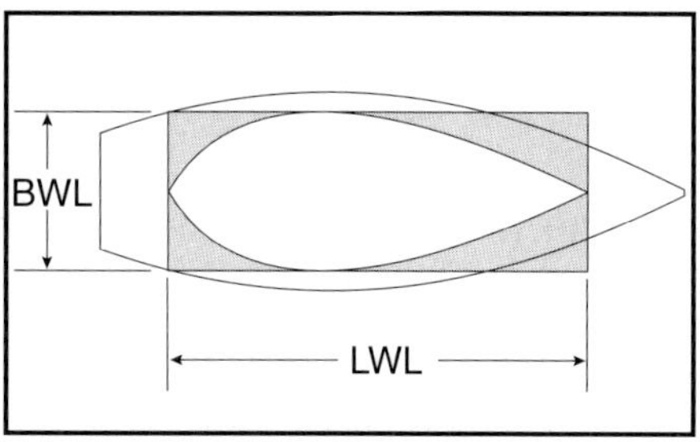

$$C_{WL} = \frac{A_{WL}}{LWL \cdot BWL}$$

dar. Boote mit →*scharfen* Enden haben eine Verhältniszahl von ca. 0,70, normale Boote von ca. 0,75 und Yachten mit →*völligen* Enden von ca. 0,80.

Wasser machen *(to make water)* Ein Boot „macht Wasser", wenn durch undichte Stellen (z. B. an der Stopfbuchse), durch undichte Nähte oder durch ein Leck Wasser in den Rumpf eindringen kann.

Wasserpaß, der *(level, cove strip, boot-top)* Breiter, meist farbiger Trennstrich zwischen →*Überwasser-* und →*Unterwasserschiff.* Er liegt oberhalb der →*Konstruktionswasserlinie* im Bereich der wechselnden Eintauchtiefe des Bootes und des schmutzführenden →*Wasserspiegels* und hat neben praktischer und dekorativer Bedeutung auch den Zweck, die Waagerechte zu markieren, damit man den →*Trimm* eines Bootes erkennen kann.

Wasserpforte, die *(wash port)* Durchlaßöffnung in der →*Fußreling* oder im →*Schanzkleid,* durch die übergekommenes Spritzwasser schnell wieder abfließen kann und nicht auf der →*Leeseite* durch sein Gewicht die unsympathische oder gar gefährliche →*Krängung* noch verstärkt. In der Berufsschiffahrt ist die Größe ihrer Öffnung vorgeschrieben; auch bei →*Relingskleidern* ist eine W. notwendig und wichtig.

Wasserschutzpolizei *(water police)* Zeichen aus →*Karte 1* im Anhang.

Wasserspiegel, der *(water level)* Die Grenzfläche des (stehenden oder fließenden) Wassers gegen die Atmosphäre oder die Ebene, bis zu der das Wasser bei unterschiedlichem Wasserstand (z. B. in →*Tidengewässern)* steigen oder fallen kann. Die Wasseroberfläche, die die →*Wasserlinie* eines schwimmenden Bootes markiert.

Wasserstag, das *(1. bobstay, 2. bobstay bar)* Ein →*Stag* vom →*Vorsteven* zum →*Bugspriet* bzw.

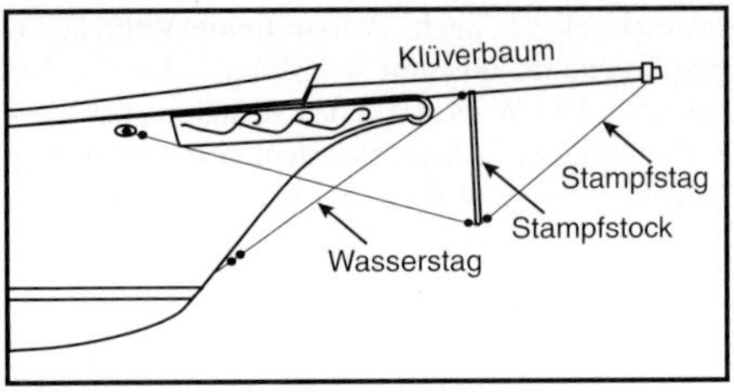

zum →*Klüverbaum* in Höhe des →*Stampfstocks,* das das Klüvergeschirr gegen den Zug der →*Klüverstagen* nach oben sichert. Um jeglichen →*Reck* zu vermeiden, fertigte man das W. meistens aus Rundeisen oder benutzte eine große W.-Kette.

Wasserstand, der *(sea level, water level)* Höhe des →*Wasserspiegels* über (plus) oder unter (minus) einer festgelegten Bezugsebene, z. B. über →*Normalnull* (NN), →*Kartennull* (KN) oder Pegelnull (PN), gegebenenfalls auch (in der Wasserstands-Vorhersage) auf das mittlere →*Hochwasser* bezogen.

Wasserstraße, die *(waterway; water highway)* Ein von der →*Schiffahrt* befahrenes und benutztes Gewässer. Man unterscheidet nach den Hoheitsrechten nationale und internationale, nach der Art künstliche und natürliche, nach ihrer Lage See- und Binnenwasserstraßen. In der Bundesrepublik Deutschland werden die nationalen, unter der Hoheit des Bundes stehenden Wasserstraßen „Schiffahrtsstraßen" genannt (z. B. „Seeschifffahrtsstraße"), und sinngemäß heißen die Rechtsvorschriften →*SeeSchStrO.*

Wassertiefe, die *(depth of water)* Der Abstand zwischen →*Wasserspiegel* und →*Grund.* Die W. ist in in- und ausländischen →*Seekarten* nicht einheitlich auf ein gleiches →*Kartennull* bezogen und wird auch unterschiedlich in →*Faden,* →*Fuß* oder →*Meter* angegeben. In →*Tidengewässern* muß die mit dem →*Lot* gemessene W. mit Hilfe der →*Tidenkurve* o. ä. beschickt werden, um die Kartentiefe bzw. die (z. B. am →*Ankerplatz)* größtmögliche oder geringste W. zu erhalten.

Wasserverdrängung, die *(displacement)* Nach dem →*Archimedischen Prinzip* die Masse des verdrängten Wassers, die gleich dem Gewicht des schwimmenden Bootes ist, auch als →*Verdrängung* oder →*Deplacement* bezeichnet und in →*Tonnen* (t) angegeben wird.

Wasserwiderstand, der *(water resistance, drag)* Die an einem Boot in →*Fahrt* und bei seiner Bewegung in Fahrtrichtung entstehende Längskraft, die als Gesamtwiderstand in mehrere Teilwiderstände zerlegt werden kann: den →*Reibungswiderstand,* der sich aus der Zähigkeit des Wassers und der Rauhigkeit des →*Unterwasserschiffes* ergibt, den →*Form-* oder →*Wellenwiderstand,* der auch ein Druckwiderstand ist und zu dem die Verluste durch ablösende Wirbel u. a. zuzurechnen sind, sowie den durch die →*Ruderwirkung* (bei Fahrt mit Motor auch durch den Propeller) bedingten →*Steuerwiderstand.* Um den W. möglichst gering zu halten, werden in →*Schiffbauversuchsanstalten* oder in →*Schlepptanks* Versuche mit Modellen durchgeführt, insbesondere von Rennyachten für den →*America's Cup* oder den →*Admiral's Cup.* Der W. kann sowohl bei einem Schwertboot wie bei einem →*Kielboot* noch durch →*Krängung* erheblich vergrößert werden.

Wasserzapfstelle *(water tap)* Zeichen in der Seekarte, siehe →*Karte 1* im Anhang.

Watt, das (Abk. **W***)* Im →*Internationalen Einheitensystem* die →*Basiseinheit* für die Leistung. Als Potenzprodukt aus den SI-Basiseinheiten dargestellt:

$$1\ W = 1\ m^2 \cdot kg \cdot s^{-3}$$

Bei der praktischen Anwendung meistens als →*Kilowatt* ausgedrückt. 1 W = 0,00136 →*PS-Leistung.* Einer alten Pferdestärke entsprechen etwa 0,75 kW. Oder umgekehrt 1 kW ist etwa 1,3 PS.

Watt, das *(muddy shallows, mud land [mud berth])* An der →*Küste* der Nordsee das Übergangsgebiet vom festen Land zum Meer, das durch die Tidebewegung bei →*Hochwasser* vom Wasser bedeckt ist und bei →*Ebbe* trockenfällt. Nach der Grundbeschaffenheit unterscheidet man →*Sand-,* →*Schlick-* und (um Helgoland ein) →*Fels-Watt.* Durch den →*Ebb-* und →*Flutstrom* werden im W. →*Baljen,* →*Priele* und →*Wattrinnen* geschaffen, die durch →*Pricken* gekennzeichnet sind und wie ein Flußsystem auch bei →*Niedrigwasser* noch ganz oder teilweise schiffbar bleiben.

Wattfahrt, die *(coasting trade on the mudlands)* Begriff einer →*Klassifikationsgesellschaft,* z. B. des →*Germanischen Lloyd,* für erleichterte →*Bauvorschriften* von Seeschiffen, die nur im →*Watt,* auf einer →*Förde,* einem →*Bodden* oder →*Haff* verkehren dürfen, wo durch geringe Wassertiefe oder Küstennähe hoher Seegang nicht entstehen kann.

Wattfahrwasser, das *(marked tideway)* Ein →*Fahrwasser,* das nicht ständig befahren werden kann, weil es bei →*Tidenniedrigwasser* streckenweise trockenfällt. Es ist nicht durch →*Tonnen,* sondern durch →*Pricken* gekennzeichnet.

Wattgebiet, das Der Küstenbereich im →*Tidengebiet* der deutschen Nordseeküste zwischen dem Festland und den vorgelagerten Inseln, der aus den mit →*Sand,* →*Plate,* →*Bank,* →*Riff,* →*Grund* u. a. bezeichneten Flächen des →*Watts* und den mit →*Priel,* →*Balje,* →*Wattrinne* u. a. bezeichneten unterschiedlichen Rinnensystemen besteht, die das Watt zergliedern.

Watt mit Niedrigwasserlinie *(intertidal area with low water line)* Siehe →*Karte 1* (INT 1) im Anhang.

Wattrinne, die Flache Rinne im Oberlauf eines →*Priels,* die in einer →*Tide* zeitweilig trockenfällt.

Wattstrom, der Sehr breite (1 sm) Wasserläufe im →*Watt* wie →*Baljen* und →*Seegatten,* die auch bei →*Niedrigwasser* Wassertiefen von über 20 m haben.

Wattstütze, die *(brace or stanchion on the mudflats)* Stelzenähnliche Balken oder Rohre, oft mit Trittstufen zum Vonbordgehen, die nach dem Aufsetzen des →*Kiels* im →*Watt* auf jeder Bootsseite in Höhe der →*Püttingeisen* angebracht und an dieser Stelle gegen Abrutschen gesichert werden. Eine beim →*Trockenfallen* mit W. gehaltene

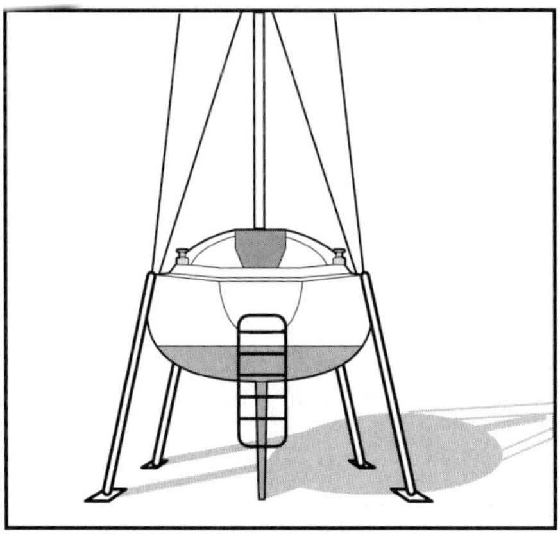

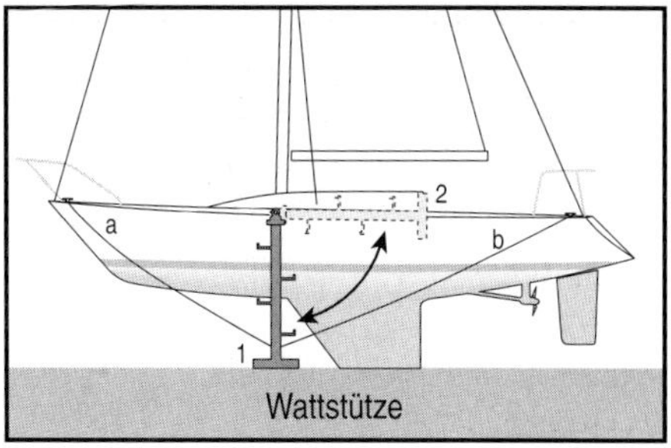

→*Yacht* kann auch mit →*Flossenkiel* ebenso wie ein →*Langkieler* nicht umfallen. Ein →*Kimmkieler* kommt auch ohne W. aus.

Webart, die *(cloth construction)* Die Art und Weise, wie →*Kettfäden* und →*Schußfäden* in →*Segeltuch,* →*Leinwand* und →*Glasseidengewebe* verlaufen und wie sie miteinander verknüpft sind. Zu den Grundtypen der W. gehören →*Leinwandbindung* und →*Köperbindung,* die auch als einfache bidirektionale Gewebe im →*Bootsbau* aus →*GFK* benutzt werden. Eine moderne →*dreiachsige* W. kennzeichnet z. B. das →*Gatorback-Segeltuch.*

Webeleine, die *(ratline)* Auf →*Segelschiffen* kurzes →*Ende* zwischen den →*Wanten* (zum „Ausweben" der Wantenzwischenräume), das man mit einem →*Webeleinenstek* an das →*stehende Gut* steckte, damit es der Besatzung beim →*Entern* in die →*Takelage* als Trittsprosse diente.

Webeleinenstek, der *(clove hitch, waterman's knot, ratlinehitch)* Ein →*Stek* zum →*Anstecken* eines →*Endes* an einer waagerechten oder senkrechten Leine, z. B. am Handlauf oder →*Durchzug* der →*Reling* bzw. als →*Webeleine,* und zum →*Belegen* von →*Festmachern* auf →*Pollern* o. ä. Meistens mit →*zwei halben Schlägen* gesichert.

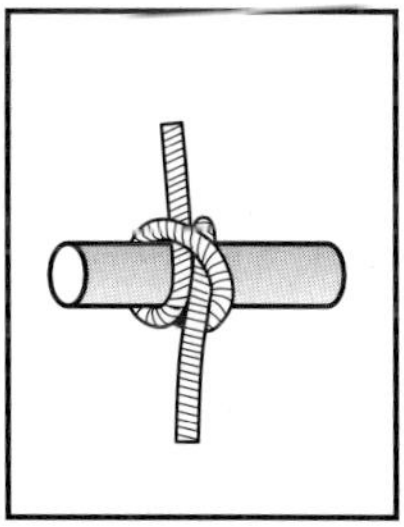

Wechselfeuer (Wchs.), das *(alternating light)* An deutschen Küsten nicht verwendetes →*Leuchtfeuer,* das weiße oder farbige Scheine wechselnd mit Scheinen einer anderen Farbe zeigt.

Weg durch das Wasser *(way through the water)* Der in eine beliebige Richtung zurückgelegte tatsächliche Weg eines Schiffes durch die Wassermassen. Bei einer →*Stromaufgabe* ist der W. d. W. ein →*Vektor,* der in einem →*Stromdreieck* die →*Fahrtrichtung* eines Schiffes und darauf auch seine →*Geschwindigkeit* darstellt. Er wird dort auch als „Wasservektor" bezeichnet. Erst in Verbindung mit dem →*Koordinatensystem* der Erde kann nach →*DIN 13312* aus dem W. d. W. eine „Richtung durchs Wasser", z. B. der (→*rechtweisende)* →*Kurs durchs Wasser* als „Winkel zwischen rechtweisend Nord und der Richtung des Weges durch das Wasser" werden.

Weg durch Strom *(set)* Die durch →*Gezeitenstrom* (→*Tidenstrom)* oder andere →*Strömungen* (→*Oberflächenströmungen)* hervorgerufene Bewegung der gesamten Wassermassen in bezug auf den →*Grund* und (nach →*DIN 13312)* in einer Richtung, in die der →*Strom* →*setzt.* Der W. d. S. ist ein →*Vektor,* der im →*Stromdreieck* einer →*Stromaufgabe* eine Richtung bestimmt, auf der auch eine →*Geschwindigkeit* dargestellt werden kann. Er wird hier auch als „Stromvektor" bezeichnet. Die Daten für den W. d. S. liefert z. B. der →*Atlas* der *Gezeitenströme* oder (als Ergebnis einer Vektorrechnung) die →*Stromversetzung* als (nach →*DIN 13312)* „Vektor vom →*Loggeort* zum beobachteten Ort".

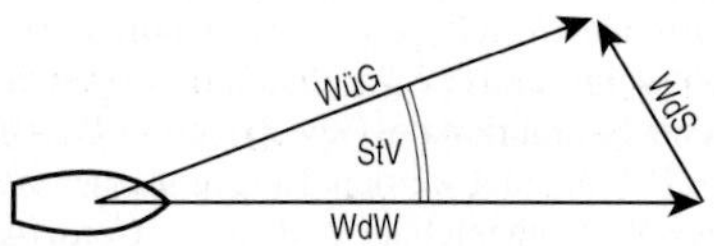

Stromdreieck

FdW = Fahrt durchs Wasser
KdW = Kurs durchs Wasser
WdW = Weg durchs Wasser
FüG = Fahrt über Grund
KüG = Kurs über Grund
WüG = Weg über Grund
St = Strom (Richtg. u. Geschw.)
WdS = Weg durch Strom
StV = Stromversetzung
BS = Beschickung für Strom

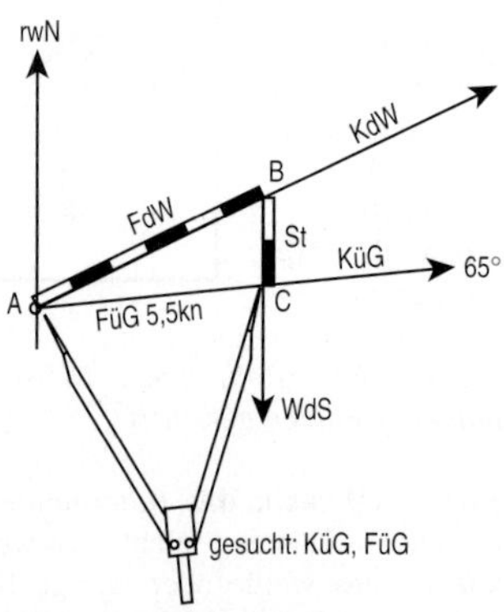

Stromaufgabe 1

Weg über Grund *(track made good)* Der auf den Meeresboden bezogene und tatsächlich →*über Grund* zurückgelegte Weg eines Schiffes. Der W. ü. G. ist ein →*Vektor,* der im →*Stromdreieck* einer →*Stromaufgabe* eine Richtung bestimmt, auf der auch eine →*Geschwindigkeit* dargestellt werden kann. Er wird auch als „Grundvektor" bezeichnet. Erst in Verbindung mit dem →*Koordinatensystem der Erde* wird nach DIN 13312 z. B. aus dem W. ü. G. eine „Richtung über Grund", die identisch mit dem →*Kurs über Grund* als „Winkel zwischen →*rechtweisend Nord* und der Richtung des Weges über Grund" ist.

Wegerecht, das *(right of way)* Ein Begriff der →*Wettfahrtregeln Segeln* (→*WR),* dem im Teil 2 „Begegnungen von Booten" der entsprechend überschriebene Abschnitt A gewidmet ist. Im Prinzip sind diese →*Wegerechtsregeln* identisch mit dem Verhalten, das auch in den →*Ausweichregeln* der →*KVR* für →*Segelfahrzeuge* untereinander gilt. Gegenüber dem Begriff →*ausweichen* in den KVR benutzen die WR jedoch den Begriff →*freihalten.* Im einzelnen gilt nach den →*WR:* Ein Boot hat Wegerecht, wenn ein anderes Boot verpflichtet ist, sich von ihm →*freizuhalten* (Regeln 10 – 13). Einige der nachfolgenden Regeln 14 – 17 schränken jedoch die Handlungen eines →*Wegerechtsbootes* in bestimmten Situationen und die anschließenden Regeln 18–22 ihre alleinige Gültigkeit an →*Bahnmarken* und →*Hindernissen* ein. Im Prinzip gilt: Regel 10. Wind von entgegengesetzter Seite: Bei Booten mit Wind von entgegengesetzter Seite muß sich ein Boot mit →*Wind von Backbord* von einem Boot mit →*Wind von Steuerbord* freihalten (Abb. A). – Regel 11: Wind von der gleichen Seite mit →*Überlappung:* Bei Booten mit Wind von der gleichen Seite, die →*überlappen,* muß sich ein →*Luvboot* von einem →*Leeboot* freihalten (Abb. B). – Regel 12: Wind von der gleichen Seite ohne →*Überlappung:* Bei Booten mit Wind von der gleichen Seite, die nicht →*überlappen,* muß sich ein Boot →*klar achteraus* von einem Boot →*klar voraus* freihalten (Abb. C). – Regel 13: Während des →*Wendens:* Nachdem ein Boot durch den Wind gegangen ist, muß es sich von anderen Booten freihalten, bis es auf einen →*Amwindkurs* abgefallen ist. Während dieser Zeit gelten die Regeln 10, 11 und 12 nicht. – Unterliegen zwei Boote gleichzeitig der Regel 13, muß sich das auf der →*Backbordseite* des anderen befindliche Boot freihalten.

Wegerechtsboot, das *(a boat, which has right of way)* Ein →*Boot,* das bei Begegnung mit einem anderen nach den →*KVR* bzw. →*WR* →*Wegerecht* hat und sich dementsprechend verhalten muß.

Wegerechtsschiff, das *(privileged ship, right-of-way-ship)* Ein im Bordgebrauch üblicher Begriff für ein →*tiefgangbehindertes Fahrzeug,* das drei rote →*Rundumlichter* senkrecht übereinander oder einen Signalzylinder führt und →*Wegerecht* beanspruchen kann. Nach § 2 Ziff. 13 der →*SeeSchStrO* ist ein W. „ein Fahrzeug, das die für eine →*Seeschiffahrtsstraße* bekanntgemachten Abmessungen überschreitet oder wegen seiner Länge oder anderer Eigenschaften gezwungen ist, den tiefsten Teil des Fahrwassers für sich in Anspruch zu nehmen.“ Die gleichen Voraussetzungen können auch für alle Wasserflächen bis zur →*seewärtigen Begrenzung* des Küstenmeeres zutreffen. Ein W. gilt dann nach den →*KVR,* Regel 3, g als →*manövrierbehindertes Fahrzeug,* doch müßte es nach Buchstabe h wohl auch ein →*tiefgangbehindertes Fahrzeug* sein.

Wegerung, die *(ceiling)* Die Innenverkleidung von Bordwänden, die aus Gründen der →*Lüftung* oft als offene oder Latten-W. ausgeführt wird und einen ausreichenden Abstand zur Bordwand läßt. Sie dient zur Abgrenzung der Einbauten und verhindert den Zutritt des →*Schwitzwassers* zum Schrankinhalt. Eine geschlossene W. aus →*Sperrholz* oder →*Kunstholz* dient darüber hinaus zum Schutz der Kojen oder Einbauten gegen →*Leck-* oder →*Bilgenwasser* bei →*krängendem Boot* und bei den →*Bootsbewegungen* im →*Seegang.*

Wegpunkt, der; Wegpunkte, die; WP *(way point)* Nach →*Breite* und →*Länge* bezeichnete, oft durch →*Tonnen* markierte →*Positionen,* die in

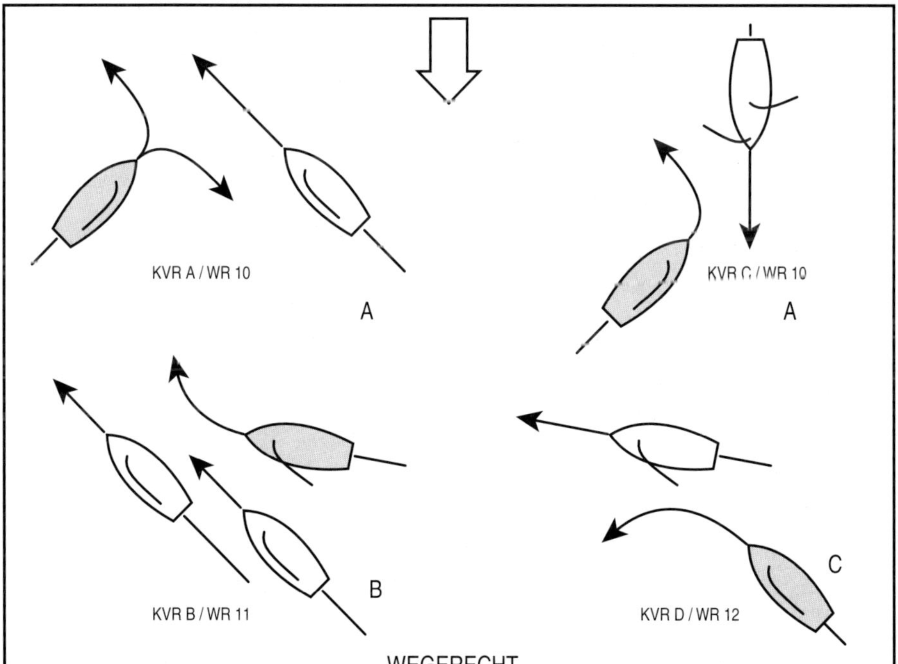

WEGERECHT

Ausweichregeln

der elektronischen →*Navigation* als Zwischenziele oder Endpunkte eines Seetörns dienen. Werden ihre →*Koordinaten* in →*Decca-*, →*Loran-* oder →*Satellitennavigationsgeräte* eingegeben, wird dort der genaue →*Kurs* zu ihnen angezeigt, den der Navigator von Hand oder mit einem →*Autopiloten* steuern lassen kann. Einige elektronische Navigationsgeräte geben akustische Signale, wenn der WP erreicht wird. Für einen längeren Seetörn lassen sich vorab viele WP speichern und nacheinander fast ohne Arbeit mit der →*Seekarte* ablaufen. Viele Seekarten enthalten bereits die Koordinaten der gebräuchlichsten Wegpunkte, die mit laufenden Nummern auch in Beiheften wie z. B. dem „W.-Atlas Ostsee" enthalten sind. Andere haben zum leichteren Aufsuchen der WP ein verdichtetes Gradnetz.

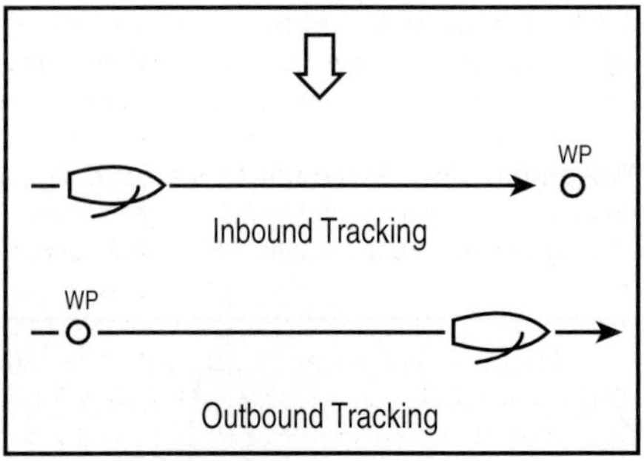

Wegpunktnavigation, die *(navigation with way points)* Eine W. erlauben alle Geräte der →*elektronischen Navigation,* die mit den entsprechenden Rechengeräten ausgestattet sind, z. B. →*Decca,* →*Loran* und →*GPS.* Die →*Wegpunkte* bieten sich auch für die Planung eines →*Seetörns* an. In der Praxis der W. unterscheidet man eine →*Zielfahrt* (homing) auf einen →*Wegpunkt,* seine kursgetreue →*Ansteuerung (→Inbound Tracking),* und das Ablaufen von einem Wegpunkt auf einem gewünschten →*Kurs über Grund (→Outbound Tracking),* wenn man eine vorgesehene Route steuert (Abb.).

Weich-Antifouling, die *(soft antifouling)* Ein Schutzanstrich gegen →*Bewuchs,* auch →*Antifouling* genannt, bei dem das Harz des Bindemittels (→*Matrix)* im Wasser aufquillt und weich wird. Wie bei der →*selbstpolierenden Hart-Antifouling* wird die W.-A. →*in Fahrt* ständig weggewaschen, und dadurch werden neue bioaktive Schichten freigelegt. Dieser Vorgang erfolgt jedoch unkontrolliert und beschleunigt sich mit der Zeit durch das Aufquellen. Da die Matrix mit dem Sauerstoff der Luft reagiert, muß das Boot spätestens 24 Stunden nach dem Anstrich mit der W.-A. zu Wasser gelassen werden, da sich sonst die Wirkungsdauer verkürzt oder ganz verlorengeht. Alte Anstrichreste müssen vor dem Neuanstrich entfernt oder mit einem →*Sealer* übergestrichen werden.

Welle, die (technisch, Schaftwelle) *(shaft)* Sich drehender, zylindrischer Maschinenteil. An Bord ist mit „W." hauptsächlich die →*Propellerwelle* gemeint, deren Durchbrechung durch den Bootsrumpf durch die →*Stopfbuchse* gesichert ist und kontrolliert werden muß.

Welle, die (Hertzsche, elektromagnetische, freie W.) *([Hertzian] wave)* Durch eine geeignete Erregung mit Hilfe von →*Antennen* hervorgerufene, zeitlich und räumlich begrenzte periodische Änderung der elektrischen und der magnetischen Feldstärke in einem Raum. Dabei ist die →*Wellenlänge* (λ) Lambda der Abstand zweier Wellenpunkte gleichen Phasenzustands in der Fortpflanzungsrichtung, also zweier Wellenberge oder Wellentäler wie bei der Wasserwelle.

Welle, die (Woge) *(wave)* Eine Wasserschwingung, die als →*Windsee* oder →*Windwelle* bezeichnet wird, wenn sie vom Wind hervorgerufen wird, als →*Dünung,* wenn die Wasserschwingung auch noch nach Aufhören der Windeinwirkung fortbesteht, und als →*Flutwelle* oder →*Tsunami,* wenn sie durch Seebeben o. ä. verursacht ist. Zur Beschreibung einer W. dienen die →*Wellenlänge,* →*Wellenhöhe,* →*Wellenperiode*

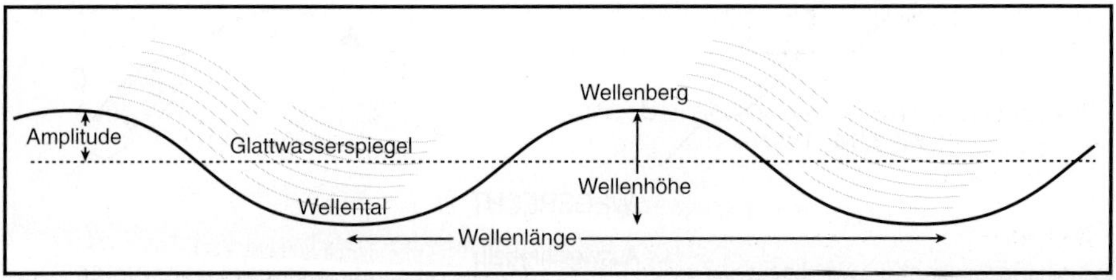

und →*Wellengeschwindigkeit.* Der höchste Punkt einer W. heißt Wellenberg oder Wellenkamm, der niedrigste Wellental.

Wellenanlage, die; Wellenabdichtung, die *(shaft installation; shaft seal, shaft packing)* Die Durchbrechung des →*Rumpfes* durch die →*Propellerwelle* muß wasserdicht gesichert sein. Eine

Wellenanlagen mit Fettschmierung

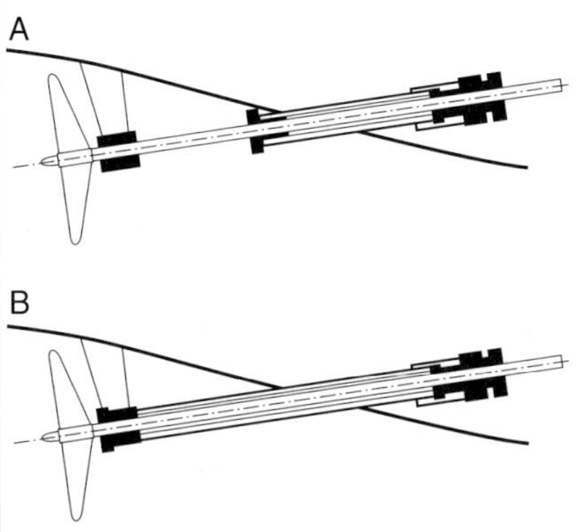

solche W. besteht bei Yachten, die aus →*GFK* oder →*Stahl* gebaut sind, aus einem →*Stevenrohr* mit Fettschmierung und einer →*Stopfbuchse* mit Simmering an seinem inneren Rand. Dieser Eintritt in die →*Bilge* kann jetzt auch durch eine wartungsfreie →*Stevenrohrdichtung* abgeschlossen werden. Abb. A zeigt ein unterbrochenes System mit einem wassergeschmierten Wellenlager am →*Wellenbock,* Abb. B die Führung des Stevenrohres bis zum Wellenbock und die →*Sternbuchse* mit diesem verbunden.

Wellenantrieb, der *(shaft drive)* Die übliche →*Antriebsform* eines →*Einbaumotors,* bei der das Getriebe hinter dem →*Motor* liegt und die →*Schwanzwelle* geradlinig zum →*Propeller* unter dem Bootsboden führt (Abb.).

Wellenantrieb

Wellenberg, der *(wave crest)* Die höchste Erhebung einer →*Welle,* auch →*Wellenkamm* genannt. Ggt.: →*Wellental.*

Wellenberuhigungsöl, das *(storm oil, wave-calming oil, sea-quelling oil)* Die gute Wirkung von organischen (pflanzlichen oder tierischen) Ölen gegen →*brechende Wellenkämme* in einem schweren →*Sturm* beruht auf den molekularen Kräften des Öls, das die natürliche Oberflächenspannung des →*Seewassers* verändert, selbst wenn die Schichtdicke kaum ein Mikrometer (oder nur $^1/_{10000}$ – $^1/_{100000}$ mm) beträgt. Zur Wellenberuhigung steckt man nach dem →*Beidrehen* am besten eine mit Lebertran gefüllte Plastikflasche, die oben und unten eine stecknadelgroße Öffnung erhalten hat, an einen →*Treibanker,* damit die Wellen vor Erreichen der Yacht geglättet werden können. Da die Dicke der Ölschicht in der Größe eines Ölmoleküls liegt und sich das Öl sehr schnell ausbreitet, genügt etwa ein halber Liter Öl pro Stunde, um den →*Brechern* einen Teil ihrer gefährlichen Kraft zu nehmen.

Wellenbock, der *(shaft strut, propeller bracket, open shaft bracket, A-bracket)* Einarmiger, zweiarmiger oder A-förmiger Beschlag unter dem →*Achterschiff,* der die →*Propellerwelle* in der Nähe des →*Propellers* festhält und unterstützt.

Wellenbrecher, der *(1. splashboard, 2. breakwave, jetty)* 1. Erhabene, von der Längsachse des Bootes zu beiden Seiten querschiffs pfeil- oder kreisförmig verlaufende Decksprofile, die auf dem →*Vorschiff* und/oder dem →*Kajütdach* von vorn übergekommenes Wasser seitlich ableiten und schnell in die See zurückfließen lassen. – 2. Feste oder schwimmende Vorrichtungen, Wasserbauwerke wie Molen o. ä., die den →*Seegang* aus Häfen, von Hafeneinfahrten u. ä. fernhalten sollen.

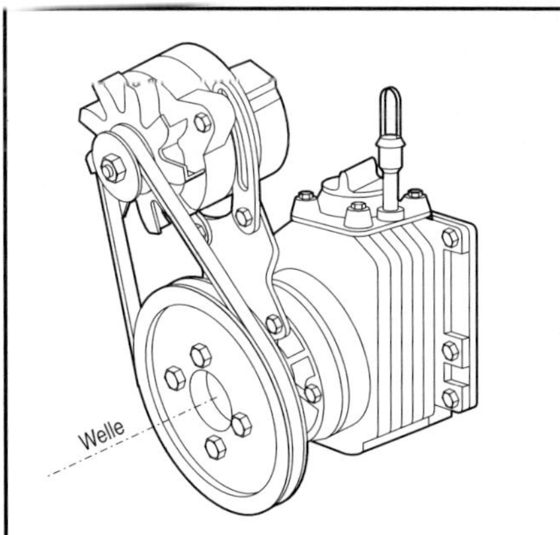

Wellengenerator

Wellengenerator, der *(shaft-driven generator, water powered electric generator)* Ein →*Generator,* der die unter Segeln mitlaufende →*Welle* des →*Motors* zur Stromerzeugung benutzen kann, wenn ein →*Festpropeller* angehängt ist. Der →*Propeller,* der hierbei wie eine Turbine arbeitet, sorgt jedoch bei einer →*Wasserlinienlänge* des Bootes von 8 m erst ab 5 →*Knoten* Fahrt für einen befriedigenden Ladestrom von 5 A, wenn er einen →*Propellerdurchmesser* von ca. 350 mm hat. (Bei einem →*Seekreuzer* von 10 m →*LWL* muß der Durchmesser sogar ca. 400 mm betragen.) Als →*Generator* dient eine normale Drehstrom-Lichtmaschine, die über eine Keilriemenscheibe mit der Propellerwelle verbunden ist (Abb.).

Wellengeschwindigkeit, die *(wave velocity)* Die Fortpflanzungs-Geschwindigkeit der Wellenschwingung, die von der →*Wellenlänge* und der →*Wellenperiode* abhängt und nicht mit der →*Orbitalgeschwindigkeit,* d. h. der Oberflächenströmung in einer →*Welle* (die zum →*Querschlagen* führen kann) verwechselt werden darf. Die W. kann z. B. bei einer Wellenlänge von ca. 100 m, einer Wellenhöhe von ca. 5 m und einer →*Wellenperiode* von ca. 8 Sekunden ungefähr 24 kn erreichen. Die größte, im →*Sturm* gemessene W. beträgt in der westlichen Ostsee jedoch nur ca. 5 kn, in der südlichen Nordsee ca. 6 kn, in der nördlichen Nordsee ca. 8 kn und im Nordatlantik ca. 10 kn.

Wellenhöhe, die *(height of wave, wave height)* Der senkrecht gemessene Höhenunterschied zwischen dem Scheitelpunkt des Wellenbergs und dem tiefsten Punkt des Wellentals. Im allgemeinen wird die W. zu hoch geschätzt, weil man sie nicht bei waagerechter Schwimmlage des Bootes und im Wellental, sondern nur in bezug auf das →*Deck* und vom →*Wellenkamm* aus ermittelt (Abb.). Die größte, im →*Sturm* gemessene W. beträgt in der westlichen Ostsee ca. 3 m, in der südlichen Nordsee ca. 6 m, in der nördlichen Nordsee 8 bis 9 m und im Nordatlantik 16 bis 18 m. (Siehe Tab. „Wind und See“ im Anhang.)

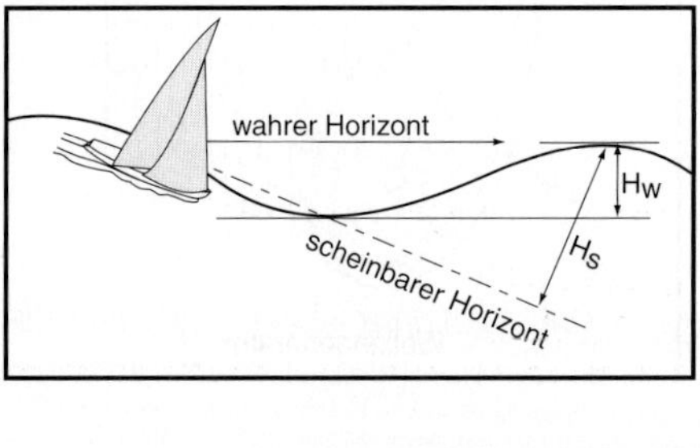

Wellenkamm, der *(wave crest)* Die höchste Erhebung einer →*Welle,* auch →*Wellenberg* genannt. Ggt.: →*Wellental.*

Wellenlänge, die *(length of wave, wave length)* 1. Die Länge einer →*Welle,* von →*Wellenkamm* zu Wellenkamm gemessen, weil die Wellenberge ausgeprägter als das →*Wellental* erscheinen. W. und →*Wellenhöhe* stehen in einem bestimmten Verhältnis zueinander, das auch als „Steilheit“ bezeichnet wird. Es beträgt bei jungen und kleinen →*Wellen* ca. 1:10 und sinkt bei längerer Windeinwirkung auf 1:20 bis 1:30. Die größte, im →*Sturm* gemessene W. beträgt in der westlichen Ostsee 55 bis 70 m, in der südlichen Nordsee 100 bis 120 m, in der nördlichen Nordsee 180 bis 200 m und im Nordatlantik 200 bis 250 m. (Siehe auch Tabelle „Wind und See“ im Anhang.) – 2. Maßeinheit im Funkverkehr.

Wellenperiode, die *(wave period)* Der Zeitunterschied oder die Schwingungsdauer zwischen 2 aufeinanderfolgenden →*Wellenkämmen,* an einem festen Beobachtungsort gemessen, bzw. der Zeitabstand zwischen dem Eintreffen 2 aufeinanderfolgender Wellenkämme am gleichen Punkt. Die W. kann nur →*vor Anker* oder von Land aus gemessen werden. Sie beträgt bei der →*Windsee* zwischen einer Sekunde und ca. 10 s und wächst wie →*Wellenhöhe* und →*Wellenlänge* mit der →*Windstärke* und der Winddauer. Die größte, im Sturm gemessene W. beträgt in der westlichen Ostsee 6 bis 7 s, in der südlichen Nordsee 8 bis 10 s, in der nördlichen Nordsee 11 bis 12 s und im Nordatlantik 12 bis 14 s.

Wellenprofil, das *(wave profile)* Die Steilheit einer →*Welle,* die von der →*Wellenhöhe* und →*Wellenlänge* abhängt, aber sich mit der →*Windgeschwindigkeit,* der Dauer der Windeinwirkung und der Länge der →*Windbahn* ändert. Eine junge →*Welle* hat ein steiles W., eine ältere ein flaches W. In einer →*Grundsee* ändert sich das W. in ein breiteres →*Wellental* mit steileren Kämmen, während es in der →*Brandung* die charakteristische Form der →*Brecher* bekommt.

Wellental, das *(wave trough, wave hollow)* Der tiefste Teil einer →*Welle.* Ggt.: →*Wellenberg.*

Weltregatta, die *(Round the World Race)* Die →*Weltumseglung* in einer →*Trans-Ocean-Regatta,* die als →*Einhandrennen* um die Welt oder als →*Wettfahrt* mit mehrköpfiger →*Crew* in wechselnden Jahresabständen ausgetragen wird. Eine

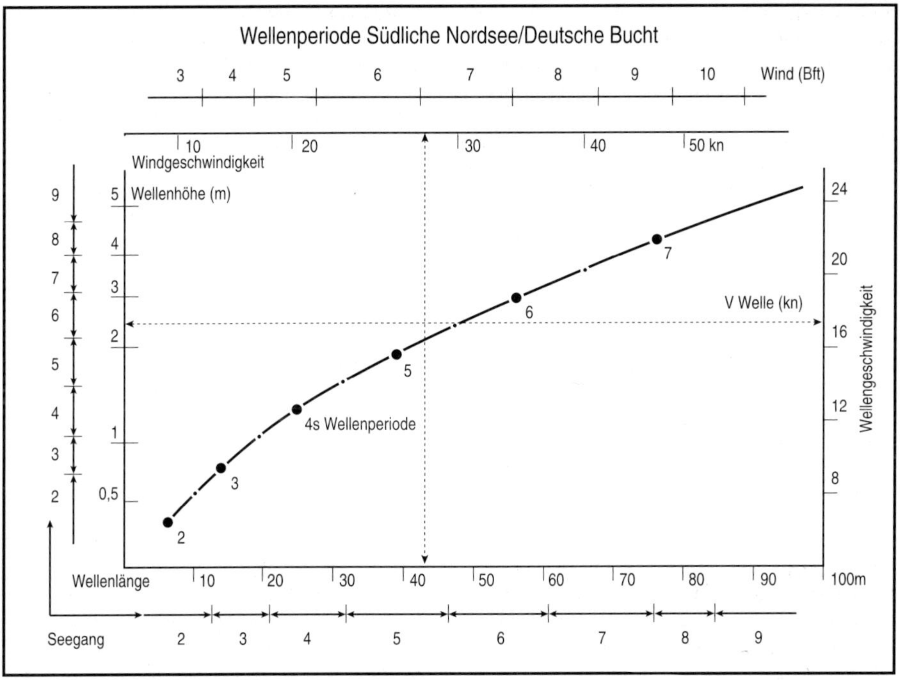

Abb. zu Wellengeschwindigkeit und Wellenperiode

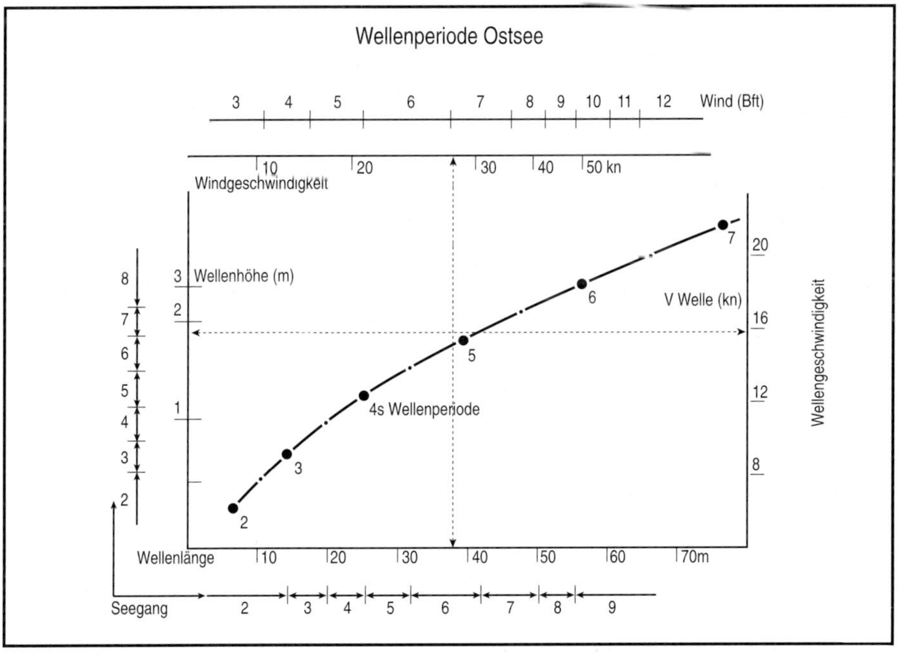

bekannte W. ist das →*BOC-Challenge* und das →*Whitbread Race*. Deutsche →*Langfahrtyachten* haben bisher nur vereinzelt an einer W. teilgenommen.

Weltumseglung, die *(circumnavigation)* Die Umrundung des Erdballs unter →*Segeln*. Eine W. wird nur als solche gewertet, wenn das Boot in seinen Ausgangshafen zurückkehrt oder die Kurslinie des auslaufenden Kurses nach der W. einlaufend kreuzt. Man unterscheidet eine W. Ost–West im →*Passatring* mit einer längeren Distanz, aber leichterem Wetter, und eine W. West–Ost im Gebiet des →*Westwindgürtels* der Südhalbkugel mit kürzerer Distanz, aber härteren Bedingungen. Auf beiden Routen nutzt man →*raume Winde* des →*planetarischen Windsystems* und die →*Meeresströmungen* aus. In Deutschland kann eine W. durch die →*Trans-Ocean-Medaille* und den →*Trans-Ocean-Preis,* international durch die →*Blue-Water-Medal* ausgezeichnet werden.

Weltzeit eins, die *(Universal Time One)* Abk. **UT 1** Die Zeit der →*mittleren Sonne,* bezogen auf den →*Nullmeridian* und gezählt ab →*Mitternacht.* Die UT 1 ist das Zeitargument im →*Nautischen Jahrbuch* für die →*astronomische Navigation* mit einer durch das Rotationsverhalten der Erde bedingten Korrektur zur →*koordinierten Weltzeit* (UTC).

Wendegetriebe, das *(reverse gear, reversing gear, reverse reduction gear)* Ein zwischen Motor und Propellerwelle geschaltetes Zahnradgetriebe, das die Drehrichtung der Propellerwelle bei unverändertem Drehsinn der Kurbelwelle (Motorwelle) umkehrt. Meistens wird durch das W. auch für die notwendige →*Untersetzung* gesorgt. Beim Umsteuern von →*Vorwärtsgang* auf →*Rückwärtsgang* ist automatisch eine Leerlaufstellung zu durchlaufen. Bei einem →*Verstellpropeller* kann man auf das (schwere und aufwendige) W. verzichten.

Wendekreis, der *(1. tropic of Cancer; 2. tropic of Capricorn)* Die Breitenparallele 23° 27 N und S als geographische Grenzlinien der →*Tropen,* deren Winkelwert durch die Schiefe der →*Ekliptik* gegeben ist. Im Gebiet zwischen dem nördlichen W. des Krebses (1) und dem südlichen W. des Steinbocks (2) kann die Sonne am Mittag im →*Zenit* senkrecht stehen. Die Sonne erreicht den nördlichen W. während unserer Sommersonnenwende am 21. Juni (dem längsten Tag) und steht während unserer Wintersonnenwende am 21. Dezember (unserer längsten Nacht) am Mittag auf dem südlichen Wendekreis im Zenit.

Wenden, das – wenden *(tacking, [going about], to tack, to go about)* Mit einer →*Kursänderung* verbundenes Segelmanöver, bei dem das →*Boot* mit dem →*Bug* durch den Wind geht und von einem →*Bug* auf den anderen dreht. Nach den früheren →*Wettsegelbestimmungen* wendet eine →*Yacht* erst von dem Augenblick an, in dem sie durch den Wind gegangen und bis auf den neuen →*Kurs* abgefallen ist: beim →*Kreuzen* bis auf einen →*Amwindkurs,* wenn sie nicht kreuzt, bis auf einen →*raumen Kurs,* auf dem ihr Großsegel voll steht. Das W. wird durch das Kommando „Klar zum Wenden" eingeleitet und nach dem Ruf →*„Ree!"* ausgeführt. Bei einem normalen W. müssen nur die →*Vorschoten* bedient werden, während die →*Großschot* allein übergeht.

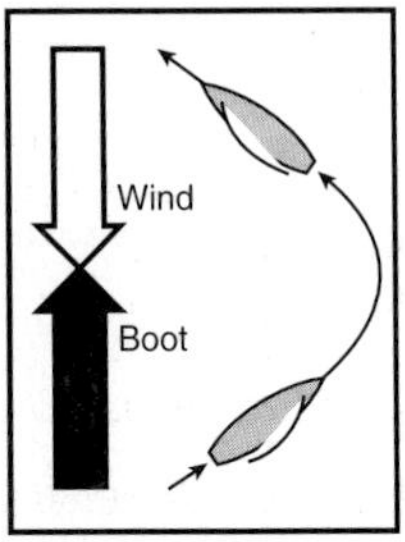

Wendigkeit, die *(handiness, manoeuvrability)* Die Fähigkeit eines Bootes, seine Fahrtrichtung nach Wunsch oder Notwendigkeit schnell zu ändern. Das Mittel zum Erreichen dieser Drehfähigkeit eines Bootes ist das →*Ruder,* doch ist die →*Ruderwirkung* weitgehend durch seine Lage am →*Bootsrumpf* sowie durch die →*Lateralfläche* bedingt. Je schmaler und tiefer der →*Lateralplan* ist und je näher am →*Heck* das Ruder liegt (wie es z. B. bei einer →*Jolle* der Fall ist), desto besser ist die Drehfähigkeit.

Werft, die *(yard, boatyard)* Der Begriff wurde ursprünglich nur für einen wassernahen Platz benutzt, wo →*Schiffe* und →*Boote* gebaut und über eine →*Slipanlage* oder mit einem →*Stapellauf* zu Wasser gebracht wurden. Heute auch für alle ohne Wasseranschluß und im Binnenland liegenden Werkstätten, Fabriken o. ä. gebraucht, die →*Jollen* und →*Yachten,* größtenteils aus →*GFK* und in Serie fertigen. Jede W. führt neben dem Neubau auch (mehr oder weniger umfangreiche) Reparaturarbeiten aus.

Werftklasse, die Von einer →*Werft* in eigener Initiative entwickelte und von ihr in Serie gebaute Bootsklasse, gegebenenfalls →*typgeprüft* oder mit einer →*Serienbaubescheinigung.* Bewährte

Werftklassen können als →*Eintypklassen* vom →*DSV* anerkannt werden.

Werttaxe, die *(valuation)* Eine Wertbestimmung, die ein →*Sachverständiger* z. B. beim Verkauf einer →*Yacht* vornimmt und in einem →*Sachverständigengutachten* detailliert festhält. Eine W. berücksichtigt nicht nur den (Neu-)Preis und den technischen Zustand eines (gebrauchten) Bootes, sie kann auch auf den „Marktwert" oder den „Zeitwert" Bezug nehmen.

Wertung, die (Punktwertung, die) *(point system)* Bewertung der Plätze, die in den einzelnen →*Wettfahrten* einer →*Regatta* ersegelt wurden, um den Sieger in der Gesamtwertung zu ermitteln. Dabei werden die ersegelten Plätze nach dem →*„Low-Point"-Punktsystem,* dem →*Bonus-Punktsystem* (dem früheren →*olympischen Punktsystem)* und der W. des →*DSV* unterschiedlich, aber nach dem gleichen Prinzip der Negativ-Punkte bewertet. Sieger ist in beiden Fällen das Boot mit der geringsten Punktzahl, wobei die Idealnote 0 Punkte beträgt:

ersegelter Platz	„Low-Point"-Punktsystem	Bonus-Punktsystem	Punktsystem des DSV (früher)
1.	1 Punkt	0 Punkte	0 Punkte
2.	2 Punkte	3 Punkte	1,6 Punkte
3.	3 Punkte	5,7 Punkte	2,9 Punkte
4.	4 Punkte	8 Punkte	4 Punkte
5.	5 Punkte	10 Punkte	5 Punkte
6.	6 Punkte	11,7 Punkte	6 Punkte
7.	7 Punkte	13 Punkte	7 Punkte
8.	8 Punkte	14 Punkte	8 Punkte
9.	9 Punkte	15 Punkte	9 Punkte
10.	10 Punkte	16 Punkte	10 Punkte usw.

Westen, West *(west)* Eine der vier Haupthimmelsrichtungen, die in der →*Richtungsrose* oder →*Gradrose* als Winkel von 270° zur Hauptbezugsrichtung →*Nord* im Uhrzeigersinn liegt. Zum →*Westquadranten* gehören die Kompaßrichtungen von SW bis NW.

westlich *(west, western, westerly)* Im →*Westen,* von dem Beobachter (liegend); aus dem Westen, auf den Beobachtungsort kommend, oft im Gegensatz zu →*östlich:* z. B. westliche →*Länge,* westlicher →*Wind,* die →*Tonne* w. einer →*Gefahrenstelle* u. a. Auch der →*wahre Ort* kann weiter w. als angenommen liegen.

westlicher Stundenwinkel, der *(meridian angle west)* In der →*astronomischen Navigation* ein halbkreisiger →*Ortsstundenwinkel,* gezählt vom oberen →*Himmelsmeridian* von 000° bis 180° nach →*Westen.*

Westquadrant, der *(western quadrant)* Der (z. B. von einer →*Gefahrenstelle* aus betrachtete) →*Quadrant,* der von →*Südwest* über →*West* bis →*Nordwest* reicht. Im →*Kardinalsystem* der →*Betonnung* ist der W. durch zwei schwarze Kegel übereinander, Spitzen zueinander, und die Tonnenfarbe Gelb mit waagerechtem schwarzem Band bezeichnet.

westwärts *(1. westward, 2. westering wind)* 1. Nach →*Westen,* im Gegensatz zu nach →*Osten,* z. B. w. um →*Kap Hoorn* segeln. – 2. Ein w. drehender Wind. Eine →*Kursänderung* mehr w. vornehmen u. a.

Westwetter, das – Westwindwetter, das *(weather of westerly type)* Wettererscheinung mit →*Tiefdruckgebieten,* die hintereinander und mit wechselndem Abstand von →*West* nach Ost ziehen und für veränderliches →*Wetter* mit →*Regen,* →*Schauern,* kurzfristiger Wetterbesserung und neuer Eintrübung im Rhythmus eines Tages sorgen.

Westwindgürtel, der *(brave westerlies, roaring forties [pl.], furious fifties [pl.])* Der zwischen →*Passatring* und →*Polarring* liegende Teil des →*planetarischen Windsystems,* in dem die augenfälligsten Wetteränderungen stattfinden. Besonders ausgeprägt ist der W. auf der Südhalbkugel, wo der Westwind ohne Behinderung durch Landmassen rings um die Erde ganzjährig wehen kann. Er wird dort von ca. 30° bis 40° S „braver Westwind", über 40° „Brüllende Vierziger" und über 50° „Wütende Fünfziger" genannt.

Wetter, das *(weather)* Durch →*Wind,* →*Luftdruck,* Lufttemperatur, Bewölkung und andere meteorologische Elemente gegebener Zustand der →*Atmosphäre* zu einem bestimmten Zeitpunkt an einem gegebenen Ort. Für die sichere Schiffsführung ist sorgfältige →*Wetterbeobachtung,* das Aufnehmen eines →*Wetterberichtes* und das Zeichnen einer →*Wetterkarte* unerläßlich.

wetterbehindert *(weatherbound)* Eine →*Yacht* ist w., wenn sie wegen schlechten →*Wetters,* →*Starkwind* und →*Sturm* oder schweren →*Seegangs* einen →*Hafen* oder →*Ankerplatz* nicht verlassen oder ein →*Ziel* nicht erreichen kann und an einem sicheren Platz →*überliegen* muß.

Wetterbeobachtung, die *(meteorological observation)* Beobachtungen über den Wetterstand an Wetterstationen zu bestimmten Zeiten, die auch als „Stationsmeldung" im →*Wetterbericht* genannt werden können.

Wetterbericht, der *(weather report, weather forecast)* Nach den →*Wetterlagen,* die von Bodenstationen oder →*Wetterschiffen* gemeldet bzw. durch Satellitenfotos gewonnen werden, in regelmäßigen Zeitabständen herausgegebene →*Wettervorhersage.* Nur →*Seewetterberichte,* zu deren Verbreitung alle Unterzeichner des →*Internationalen Schiffssicherheitsvertrages* verpflichtet sind, sind für Seesegler nützlich. Deutsche Wetterberichte werden im Klartext vom →*Deutschen Wetterdienst,* Geschäftsfeld Seeschiffahrt, in Hamburg herausgegeben und im →*Wetterfunk* über Rundfunksender, über →*Küstenfunkstellen,* mit →*Wetterfax,* im Seewetter-Informationssystem →*SEEWIS* und im Postinformationsdienst verbreitet.

Wetterfax-Empfänger, der *(weatherfax receiver with printer)* Ein W.-E. zeichnet →*Wetterkarten* auf, die von mehreren →*Wetterfunksendern* in verschiedenen Ländern in einem kombinierten →*Seitenband-System* (USB) hauptsächlich im →*Kurzwellenbereich* (HF) täglich mehrmals ausgestrahlt werden. Dabei werden die am Sendeort auf eine sich drehende zylindrische Trommel gespannten Karten mit ihren →*Wettersymbolen,* →*Isobaren* und →*Fronten* spiralig abgetastet und die dabei erfaßten hellen und dunklen Bildpunkte fotoelektrisch in elektrische →*Funksignale* verwandelt. Am Empfangsort werden diese Signale wieder in Hell-Dunkel-Werte rückübertragen und auf einer sich drehenden Empfängerwalze, die synchron mit der Senderwalze läuft, spiralig mit Schreibstift oder fotomechanisch aufgezeichnet. Spezielle W.-E. wählen automatisch den nächstgelegenen Sender und die beste Frequenz aus. Sie arbeiten mit 10–40 Volt, verbrauchen 20–50 Watt und arbeiten im Empfangsbereich von ca. 80 kHz bis 25 MHz. Bei manchen ist ein gleichzeitiger →*Navtex-Empfang* möglich. Der eingebaute Drucker benötigt etwa 10 Minuten, um eine übermittelte (am besten Boden-)Karte aufzuzeichnen.

Wetterfax-Empfangsstation an Bord *(weather facsimile receiving on board)* Neben handelsüblichen →*Wetterfax-Empfängern* mit Empfänger und Fax-Gerät in einem einzigen Gehäuse gibt es die Möglichkeit, Wetterfax-Signale im →*Fax-Verfahren* über einen normalen Rundfunkempfänger zu empfangen und die Karte in einem mit ihm direkt verbundenen kombinierten Gerät aus →*Dekoder* und Drucker darzustellen. Dekoder und Drucker können auch als Einzelgeräte mit dem Empfänger verbunden sein. – Ein Übertragungsweg über einen Computer (mit der entsprechenden Software) zum Drucker ist aber nur über die entsprechende →*Schnittstelle* möglich. – Bei Teilnahme am weltweiten öffentlichen Wetterfax-System kostet eine übermittelte Bordwetterkarte, die alle sechs Stunden aktualisiert zu empfangen ist, nicht mehr als das Papier zum Druck. Der Deutsche Wetterdienst in Offenbach sendet jedoch seine Wetterkarten über Satelliten nur verschlüsselt. Die Teilnahme an diesem Wetterfax-System ist kostenpflichtig.

Wetterfunk, der *(radio weather services)* Sammelbezeichnung für alle →*Wetterinformationen,* die für die Aufnahme und Auswertung von →*Wetterberichten* sowie die meteorologische Beratung für die →*Schiffahrt* mit allen Arten des →*Funkdienstes* vom →*Seewetteramt* und anderen Stellen des →*Deutschen Wetterdienstes,* Geschäftsfeld Seeschiffahrt, herausgegeben und verbreitet werden. Alle Angaben über den deutschen und internationalen W. sind in dem gleichlautenden Abschnitt des →*Jachtfunkdienstes* Nord- und Ostsee bzw. Mittelmeer enthalten.

Wettergalle, die *(weather dog, water gall, brewing)* 1. Sichtbares Stück eines unvollständigen Regenbogens, auch Regengalle genannt. – 2. In →*schwerem Wetter* eine Öffnung in den Wolken, die noch mehr →*Sturm* anzeigt.

Wetterglas, das *(weather glass, storm glass, barometer)* Vorläufer des →*Barometers* für die →*Wettervorhersage* auf →*See,* insbesondere bei den frühen →*Transozeanreisen* mit →*Rahseglern* im 17. Jahrhundert. Ein W. besteht aus einem tropfenförmigen, etwa 20 cm hohen Glasgefäß mit einem am Boden beginnenden gleichlangen Rüssel auf der Vorderseite und ist bis etwa drei Zentimeter über dem Ansatzpunkt des Steigrohres mit (gefärbtem) Wasser gefüllt. Ändert sich der →*Luftdruck,* der auf die ca. 10 mm^2 große Wasseroberfläche in dem Steigrohr wirkt und dementsprechend auch den Wasserspiegel im Glasgefäß leicht ansteigen oder fallen läßt, dann zeigt sich diese Luftdruckänderung in der engen Tülle deutlicher an: Steigt der Wasserspiegel, dann

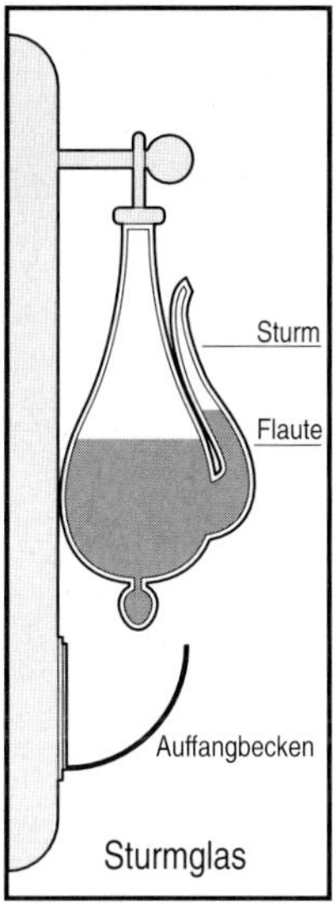

Sturmglas

sinkt der Luftdruck, und es ist mit Wetterverschlechterung zu rechnen. Sinkt der Wasserspiegel, dann bessert sich das Wetter. Sprudelt das Wasser aus der Tüllenöffnung heraus, naht ein →*Sturm.* Ist der Wasserstand in der Tülle niedriger als im Glas, herrscht eine stabile Hochdruckwetterlage. Die Anzeichen sind etwa 8 Stunden vor dem Wetterereignis zu erkennen, doch können Temperaturschwankungen die Luftdruckänderungen verfälschen. Auch ein →*Sturmglas* wird gelegentlich als W. bezeichnet. Das 1643 von Torricelli entwickelte →*Barometer* aus einer mit Quecksilber gefüllten Glasröhre, aus dem das →*Marinebarometer* entstand, steht in keiner Beziehung zum W. und kann daher auch nicht als solches bezeichnet werden, obwohl manche Seeleute auch bei ihm gelegentlich von einem W. sprechen.

Wetterkarte, die *(weather chart, weather map)* Gedruckte, gezeichnete oder gefunkte Darstellung der →*Wetterlage* für ein bestimmtes Gebiet, bei der einheitlich mit →*Wettersymbolen* gearbeitet wird, um die Einzelmeldungen der Stationen und die Lage der Wettersysteme leicht verständlich und schnell erfaßbar zu kennzeichnen.

Wetterkarten-Faksimile-Schreiber, der Dass. wie →*Wetterfax-Empfänger.*

Wetterkunde, die *(meteorology)* Die Lehre von den Witterungserscheinungen und vom Wettergeschehen, siehe →*Meteorologie.*

Wetterlage, die Abgeschlossene Übersicht über die meteorologischen Vorgänge in dem Gebiet, für das die →*Wettervorhersage* bestimmt ist, oder die sich bis zu diesem Zeitpunkt dort abspielten, wo sie das Vorhersagegebiet beeinflussen. Die W. wird auch großräumig durch eine →*synoptische Wetterkarte* dargestellt.

Wetterleuchten, das *(sheet lightning, heat lightning, streak of lightning, wild fire)* Das von hohen Wolken reflektierte Licht von Blitzen ferner →*Gewitter,* die unter dem →*Horizont* stehen, oder Blitze von Gewittern, die zwar über dem Horizont stehen, aber noch so weit entfernt sind, daß man deren Donner nicht vernimmt. Er ist nur etwa 25 km oder 14 sm weit hörbar.

Wetternavigation, die *(weather navigation, meteorological navigation)* Entscheidungen in der →*Nautik,* die bei der →*Kurswahl* auf das →*Wetter* besondere Rücksicht nehmen. Die W. ist ein Teilgebiet der →*meteorologischen Navigation,* in der mit Hilfe von Wetterprognosen die günstigsten →*Kurse* ermittelt werden. Während die W. dabei dem Kurzfristvorhersagebereich (0–72 Stunden) zugeordnet ist, spricht man bei einer →*Witterungsnavigation* von einer Mittelfristvorhersage (72 Stunden – 10 Tage) und bei einer →*Klimanavigation* von einer Langfristvorhersage (über 10 Tage) bzw. den daraus resultierenden →*nautischen* Entscheidungen.

Wetterschiff, das *(weathership)* Im Rahmen des weltweiten Netzes der World Meteorological Organization (WMO) eingesetztes Spezialschiff für die Wetterbeobachtung und Übermittlung von Wettermeldungen sowie als Such- und Rettungsschiff im Falle von →*Seenot.*

Wetterschlüssel, der *(weather key, meteorological code)* Für Sendung und Empfang von Wettermeldungen und zum Zeichnen von →*Wetterkarten* international genormte Schlüsselformen mit Zahlen- und Buchstabengruppen, die schnell in →*Wettersymbole* umgesetzt werden können und nach denen ein →*Stationskreis,* der →*Windpfeil* und die →*Fronten* mit den entsprechenden Temperaturangaben für Luft und Wasser gezeichnet

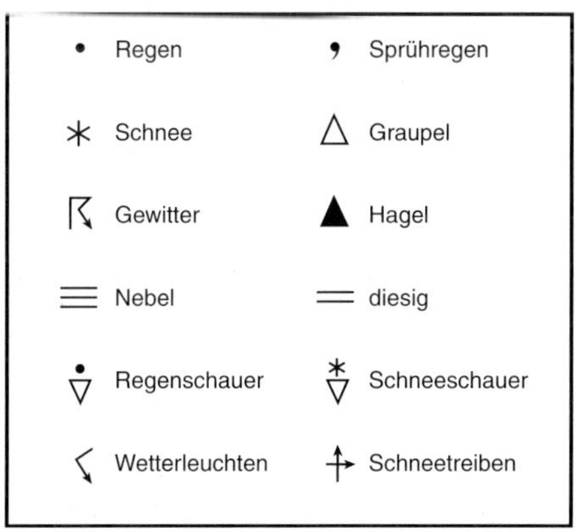

werden können. Der genaue und vollständige W. ist im →*Nautischen Funkdienst* enthalten.

Wettersymbole, die *(weather symbols)* Graphisch gestaltete meteorologische Kurzzeichen für die →*Wetterkarte,* die Zeit und Platz für die Eintragung sparen und durch ihren Symbolcharakter die Anschaulichkeit erleichtern. Sie werden im →*Wetterfunk* durch Zahlengruppen übermittelt und bestehen aus den in der Abb. genannten Zeichen. Die durch →*Windpfeile* angegebene Richtung und Stärke des →*Windes* sowie die Bewölkungsmenge im →*Stationskreis* werden wie die Darstellung der →*Fronten* im allgemeinen nicht als W. bezeichnet.

Wetterverschlechterung, die *(deterioration)* Mit Sichtrückgang und aufkommender Niederschlagsneigung verbundene ungünstige Änderung des Wetters.

Wettervorhersage, die *(weather forecast)* Die Voraussage der Wetterverhältnisse, die sich auf eine Analyse der →*Wetterlage* und die Beurteilung der möglichen Wetterentwicklung stützt. Sie wird im →*Wetterbericht* für das →*Binnenland* und gegebenenfalls die angrenzenden Küstenreviere, im →*Seewetterbericht* auch für küstenferne Seegebiete, für begrenzte Vorhersagegebiete und bestimmte, meistens auf 12 Stunden begrenzte Zeiträume gegeben. Genaue Angaben für die W. enthält der →*Jachtfunkdienst* Nord- und Ostsee bzw. Mittelmeer.

Wettfahrt, die *(race)* Ein einzelnes Rennen, das meistens Teil einer aus mehreren Wettfahrten bestehenden →*Regatta* ist. Die W. beginnt nicht erst mit dem →*Startsignal,* sondern bereits mit dem →*Vorbereitungssignal* und endet mit dem →*Zieldurchgang,* durch →*Aufgabe* oder →*Abbruch* der W. Während einer W. unterliegt jedes teilnehmende Boot den internationalen →*Wettfahrtregeln,* die das →*Wegerecht* für jede Situation einer W. regeln. Bei Meisterschaften werden 6 bis 7 Wettfahrten gesegelt, von denen man die schlechteste W. →*streichen* kann.

Wettfahrtausschuß, der *(race committee)* Der für die Durchführung einer →*Wettfahrt* oder die Abwicklung einer →*Regatta* verantwortliche Personenkreis, zu dem die eigentliche Wettfahrtleitung gehört, die für →*Start,* →*Bahnmarken,* →*Verschiebung,* →*Aufhebung* einer →*Wettfahrt* sowie Bahnabkürzung und Zieldurchgang verantwortlich ist, und das →*Schiedsgericht,* das →*Proteste* verhandelt und entscheidet. Befugnisse und Pflichten des Wettfahrtausschusses sind in den →*Wettfahrtregeln* genau festgelegt.

Wettfahrtregeln, die (Abk. **WR**) *(Racing Rules)* Nachdem der internationale Dachverband nach den →*Olympischen Spielen* 1996 von →*IYRU* (International Yacht Racing Union = Internationale Yacht-Regatta-Vereinigung) in den (mehr volksnahen) Namen „International Sailing Federation" (Internationaler Segel-Verband) mit dem offiziellen Kürzel →*ISAF* umbenannt wurde, gab er gleichzeitig unter dem Titel →*Wettfahrtregeln Segeln* ein neues Werk für das →*Regattasegeln* heraus, das ab 1997 gilt und nicht nur die bis 1996 gültigen →*Internationalen Wettsegelbestimmungen* (→*IWB)* ablöste, sondern auch deren Aufbau und Inhalt radikal veränderte. Die wichtigen Regeln für das →*Wegerecht* stehen jetzt am Anfang unmittelbar hinter den Grundregeln, während in den 15 Anhängen Einzelheiten über die →*Punktwertung,* Kennzeichnung der Segel, Werbung und Arten des Wettsegelns enthalten sind, die nur für einen bestimmten Kreis von Seglern von Bedeutung sind.

Wettfahrtregeln für Match-Racing *(Match Racing Rules)* Mit den entsprechenden Änderungen der →*WR* sind sie im Anhang C der →*Wettfahrtregeln Segeln* enthalten.

Wettfahrtregeln für Segelsurfbretter, die *(Sailboard Racing Rules)* Sie sind mit den entsprechenden Änderungen und Ergänzungen der →*Wettfahrtregeln Segeln* in deren Anhang B enthalten.

Wettfahrtregeln für Team-Wettfahrten, die *(Team Racing Rules)* Die entsprechenden Änderungen und Ergänzungen zu den →*WR* sind in deren Anhang D enthalten.

Wettfahrtregeln Segeln (*Racing Rules of the International Sailing Federation*) Alle nationalen und internationalen →*Regatten* werden nach den offiziell mit →*WR* abgekürzten W. S. ausgetragen, die von der →*International Sailing Federation* (→*ISAF)* herausgegeben und für jeweils vier Jahre (z. B. von 1997 bis 2000) festgeschrieben sind. Im Falle von Unstimmigkeiten bei der Auslegung einer Regel gilt der englische Text und nicht die gemeinsame deutsche Übersetzung des →*DSV,* des ÖSV und des SSV/USY, die zusammen in einem entsprechenden Regelbuch veröffentlicht sind. Die →*WR* traten am 1.1.1997 in Kraft und lösten die →*Internationalen Wettsegelbestimmungen (→IWB)* ab, deren Regeln in Einzelfällen überarbeitet und neu gefaßt wurden. Eine Taschenausgabe des Regelwerkes mit dem Text in englischer und deutscher Sprache sowie mit den Zusätzen des Deutschen Segler-Verbandes, des Österreichischen Segel-Verbandes und des Schweizerischen Segelverbandes ist im Fachbuchhandel erhältlich.

WGS 72 (Abk. für *World Geodetic System 1972)* Globales →*terrestrisches* →*Seekarten-Bezugssystem,* das die Erde (gegenüber dem →*Europäischen Bezugssystem)* als neues →*Ellipsoid* erfaßte und bei einem →*Transit-Satelliten-Navigationsgerät* benutzt wurde.

WGS 84 (Abk. für *World Geodetic System 1984)* Globales →*terrestrisches* →*Seekarten-Bezugssystem,* das die Erde (gegenüber dem →*WGS 72)* als weiter verbessertes →*Ellipsoid* erfaßt. Das WGS 84 wird bei →*Navstar-* und →*GPS-Geräten* verwendet. Werden zu ihnen →*Seekarten* zur Eintragung der →*Schiffsorte* benutzt, die nach dem →*Europäischen Bezugssystem* (oder einem anderen →*Datum)* gezeichnet sind, müssen die Positionen um die auf der Karte unter „Bemerkungen" verzeichneten Werte verlegt werden.

Whitbread Race *(engl.)* Nach ihrem Sponsor, der britischen Brauerei Whitbread, benannte →*Weltregatta* auf Yachten von 15 bis 25 m →*Lüa* mit mehrköpfiger →*Crew.* Die seit 1973 alle drei Jahre gesegelte →*Regatta* führte bis 1986 über eine Distanz von ca. 25.000 →*Seemeilen.* Portsmouth war Start- und Zielhafen. Die hauptsächlich gewählten Etappenorte waren Kapstadt, Sydney und Rio de Janeiro. Der Sieger der ersten Regatta 1973–74 benötigte 144 Tage, 1985–86 jedoch nur noch 117 Tage. Seit 1988 startet die →*Wettfahrt* in Southampton und führt über jetzt sechs Etappenorte erst nach 33.000 sm zum Ziel nach Southampton zurück: 1. Punta del Este (Uruguay) ca. 6300 sm; 2. Fremantle (Australien) ca. 7700 sm; 3. Oakland (Neuseeland) ca. 3400 sm; 4. rund Kap Hoorn und abermals nach Punta del Este, ca. 6200 sm; 5. Fort Lauderdale (USA) ca. 5500 sm und 6. zurück nach Southampton, ca. 3900 sm. Neben den in der →*Bauweise* unbeschränkten →*Maxis* geht auch die Einheitsklasse WOR 60 (Whitbread Offshore Rule 60) ins Rennen, für die z. B. →*kohlefaserverstärke Kunststoffe* als Baustoff verboten wurden, um die Baukosten für diese Rennyachten zu begrenzen. Trotz der unterschiedlichen See- und Wetterbedingungen auf der gesamten Distanz erreichte der Sieger 1994, die „New Zealand Endeavour", mit einer gesegelten Zeit von 120 d, 5 h und 9,3 min ein durchschnittliches →*Etmal* von 275 sm, das einer durchschnittlichen →*Fahrt* von 11,5 kn entspricht. Neuer Sponsor wird ab 2001 der schwedische Volvo-Konzern.

Wichte, die *(density)* Bisher →*spezifisches Gewicht* genanntes Verhältnis von Gewichtskraft und Volumen. Nach dem Internationalen Einheitensystem als „Produkt aus Dichte und Fallbeschleunigung" definiert und mit dem kleinen griechischen Buchstaben Gamma (γ) bezeichnet.

Widerstand, der *(resistance, drag)* Die sich der Bewegung eines Körpers entgegensetzende Kraft, die man bei einem Boot in →*Luftwiderstand* und →*Wasserwiderstand* unterteilen muß. Der physikalisch als →*Gesamtwiderstand* bezeichnete W. setzt sich aus mehreren Teilwiderständen zusammen, deren Anteile sich mit unterschiedlicher Bootsgeschwindigkeit verändern. Im einzelnen unterscheidet man zwischen →*Formwiderstand,* →*Reibungswiderstand,* →*Wellenwiderstand,* →*Ruderwiderstand,* →*induziertem Widerstand* u. a.

Wiederholerbake, die *(radar responder)* Allg. Bezeichnung für →*Antwortsender,* →*Transponder,* →*Radartransponder,* →*SART* u. a.

Wiederkehr, die *(group)* Beim Wechsel der →*Lichterscheinung* eines →*Leuchtfeuers* die Zeit vom Eintritt einer bestimmten →*Kennung* bis zu

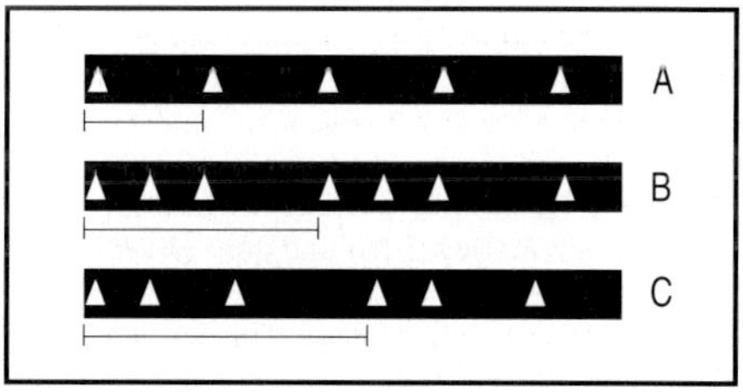

ihrem neuerlichen Beginn. Die W. ist also die Dauer der Kennung und muß beim →*Ausmachen* eines Leuchtfeuers festgestellt werden. Die Abb. zeigt die W. bei verschiedenen →*Blitzfeuern.*

Wieling, die *(pudding fender)* Um den →*Schergang* eines →*Beibootes* endlos umlaufender →*Fender,* der aus einer →*Trosse* (aus altem →*Fasertauwerk),* aus Gummi oder einem wurstähnlichen Segeltuchbezug besteht, der inwendig mit Gummi und Tauwerkresten ausgefüllt ist. Eine W. hat gegenüber einzelnen →*Fendern* den Vorteil, daß sie allseitig und ständig befestigt ist und nicht verrutschen kann.

„Willy-Willy“, Tropischer →*Wirbelsturm,* der nur selten an der Nordwestküste Australiens vorkommt.

Wimpel, der *([signaling] pendant, pennant)* Ein mit einem Höhen-Breiten-Verhältnis von 1:2,5 bis 1:4 geschnittenes längliches Flaggenzeichen, das in mehrfarbiger Kombination im →*Flaggenalphabet* als →*Zahlenwimpel* und als →*Antwortwimpel,* mit einem Seitenverhältnis von 1: 10 bei der Marine als →*Kommandowimpel* und mit einem noch extremeren Seitenverhältnis von 1:30 und mehr als →*Heimatwimpel* benutzt wird.

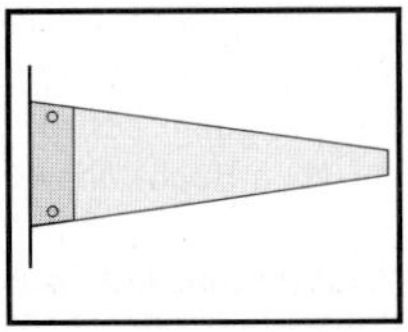

Wind, der *(wind)* Eine weitgehend horizontale Bewegung der Luft, die zwischen zwei Punkten der →*Atmosphäre* entsteht, an denen ein Luftdruckunterschied auftritt und zwischen denen ein Luftdruckgefälle vorhanden ist. Der W. weht in den bodennahen Schichten über Land und Meer, wo eine Oberflächenreibung wirksam wird, in das Gebiet tiefen Drucks hinein und aus dem Gebiet höheren Drucks hinaus. Für den Beobachter ist die Lage von →*Tief* und →*Hoch* durch die →*Windregel* von Buys-Ballot zu ermitteln. Zur Beschreibung des W. gehört die →*Windrichtung* und →*Windstärke* bzw. →*Windgeschwindigkeit.* Seine Wirkung auf das Wasser nennt man →*Windsee.*

Wind von Backbord *([sailing on] port tack)* Begriff der →*WR* (Regel 10) und der →*KVR* (Regel 12), mit dem die →*Ausweichregeln* von →*Segelfahrzeugen* untereinander gemäß der (übersetzten) englischen Definition auf die →*Luvseite* bezogen wird (Abb.). W. v. Bb ist identisch mit der alten deutschen Bezeichnung →*Backbordhalsen,* aber auch der unter Seglern (früher) mehr gebräuchlichen Benennung auf →*Steuerbordbug.*

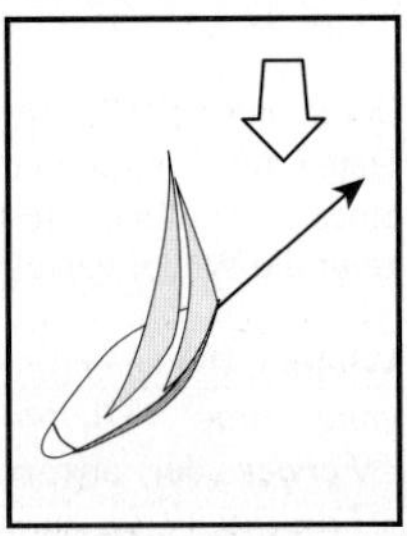

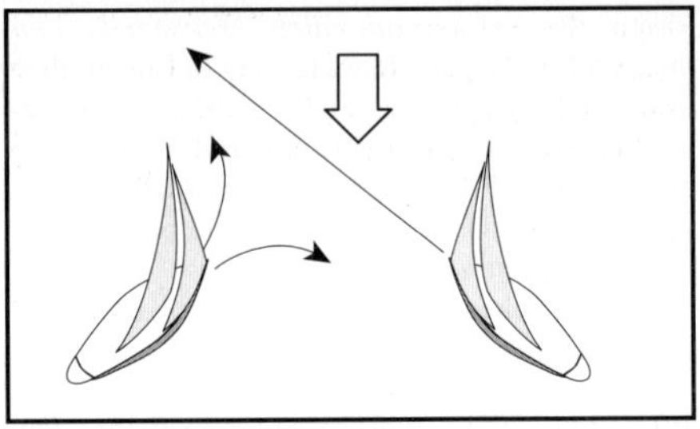

Wind von entgegengesetzter Seite *(on opposite tacks)* Begriff der →*WR* im Abschnitt →*Wegerecht.* In der Regel 10 heißt es: Bei Booten mit Wind von entgegengesetzten Seiten muß sich ein Boot mit →*Wind von Backbord* von einem Boot mit →*Wind von Steuerbord* freihalten.

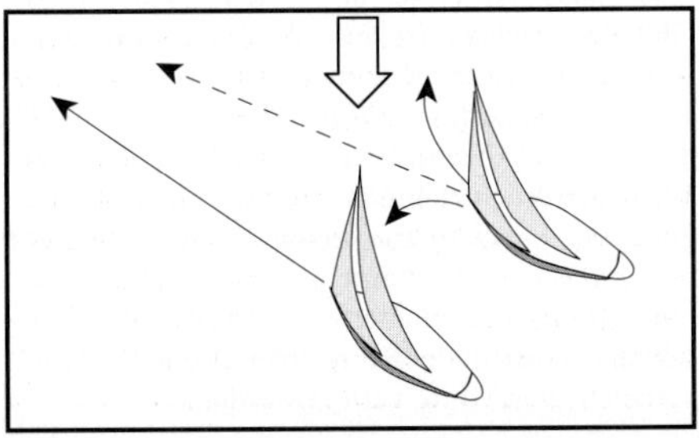

Wind von der gleichen Seite mit Überlappung *(on the same tack, overlapped)* Nach Regel 11 der →*WR* muß sich bei Booten mit Wind von der gleichen Seite, die →*überlappen,* ein →*Luvboot* von einem →*Leeboot* freihalten.

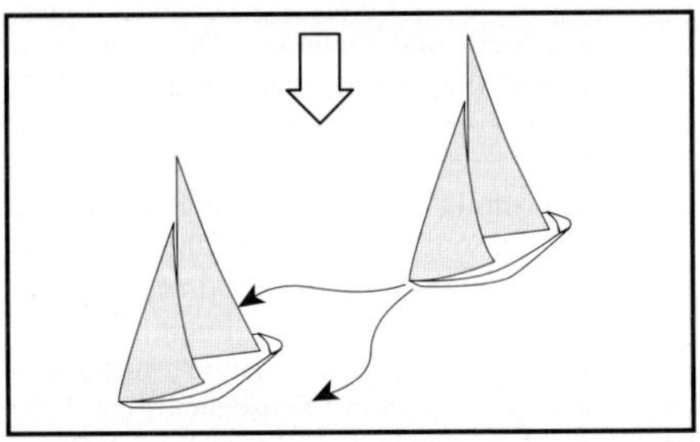

Wind von der gleichen Seite ohne Überlappung *(on the same tack, not overlapped)* Bei Booten mit Wind von der gleichen Seite, die nicht →*überlappen,* muß sich nach Regel 12 →*WR* ein Boot →*klar achteraus* von einem Boot →*klar voraus* freihalten.

Wind von Steuerbord *([sailing on] starboard tack)* Begriff der →*WR* (Regel 10) und der →*KVR*

(Regel 12), mit dem die →*Ausweichregeln* von →*Segelfahrzeugen* untereinander gemäß der (übersetzten) englischen Definition auf die →*Luvseite* bezogen wird. W. v. Stb ist identisch mit der alten deutschen Bezeichnung →*Steuerbordhalsen,* aber auch der unter Seglern (früher) mehr gebräuchlichen Benennung auf →*Backbordbug.*

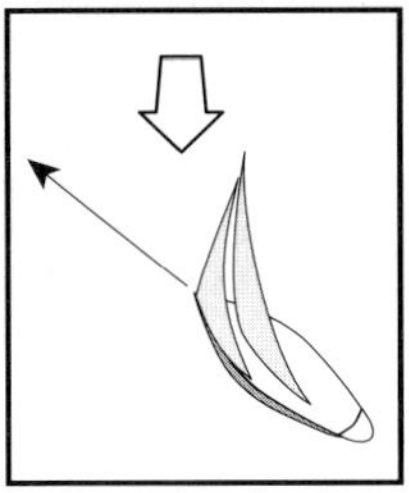

Windablenkung, die Änderung der →*Windrichtung* an einer →*Küste* durch die bei unterschiedlicher Reibung über Land und Wasser veränderte →*Luftgeschwindigkeit* in der →*Grenzschicht.* Dabei bewirkt der Übergang vom Land zum Wasser eine Ablenkung in Richtung auf die Küstenlinie bei gleichzeitiger Geschwindigkeitszunahme. Beim Windfluß vom Wasser auf das Land hat der Wind das gegenteilige Bestreben, die Küste wieder in einem weitgehend rechten Winkel zu kreuzen (Abb.) Die W. kann beim →*Renn-* und →*Fahrtensegeln* und hauptsächlich in →*Flußrevieren* vorteilhaft ausgenutzt werden.

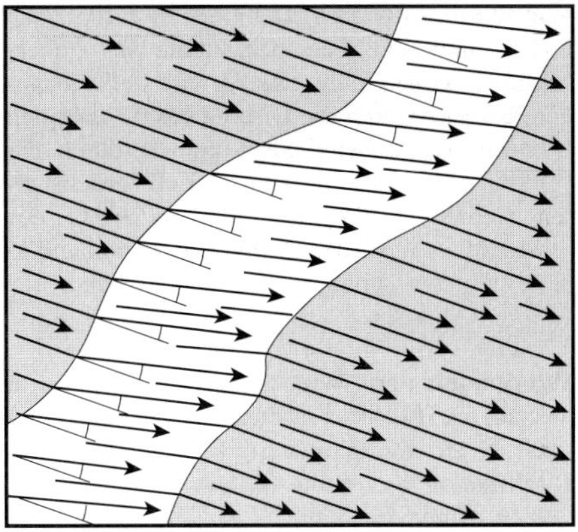

Windachse, die *(wind axis)* Die Richtung des atmosphärischen →*Windes.* Die Senkrechte zu dem von ihm als →*Windsee* aufgebauten und in Richtung der W. schwingenden Wellensystems.

Windanschnittskante, die *(leading edge)* Die →*Anströmkante* des Segels für den →*Bordwind,* das →*Vorliek* eines Segels.

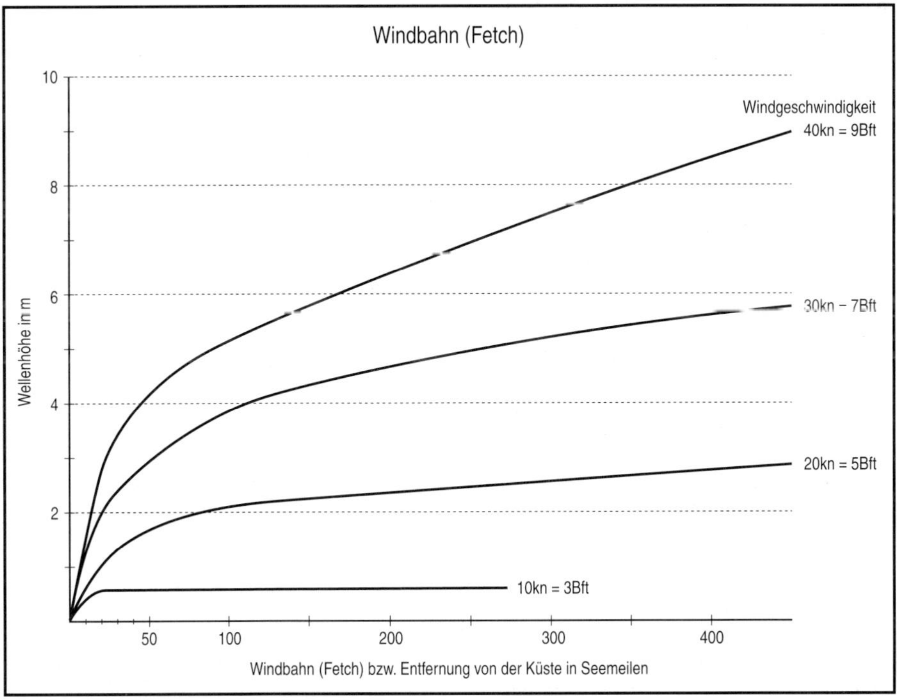

Windbahn, die *(fetch)* Der Bereich nach →*Luv,* in dem ein Wind ungehindert auf die Wasseroberfläche einwirken kann. Die W. wird in küstennahen Revieren durch die Distanz bis zur nächsten →*Luvküste,* im freien Seeraum nur durch die →*Wetterlage* bestimmt. Die W. muß berücksichtigt werden, wenn man die Windstärke des →*atmosphärischen Windes* nach dem Wellenbild der →*Windsee* schätzt. Siehe auch →*Windwirkstrecke* (→*Fetch).*

Windbüdel, der (Windbeutel) *(windbag)* Ein besonders auf Fahrtenyachten benutztes Anzeigegerät für Richtung und Stärke des →*relativen Bordwindes,* auch →*Flögel* genannt. Er besteht aus einem Trichter aus leichtem →*Flaggentuch,* der je nach →*Windstärke* aufgeblasen und gestreckt wird und dank seiner eigenartigen Form die Windrichtung und Windstärke besser erkennen läßt als ein →*Verklicker.* Da er nicht flattert, ist der Verschleiß gering.

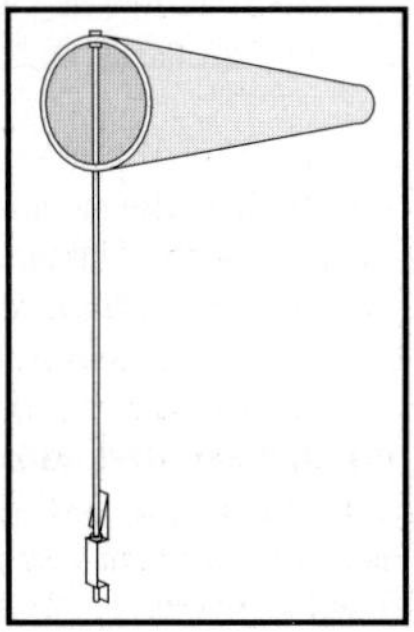

Winddiagramm, das *(anemogram)* Eine einheitliche graphische Darstellung der →*relativen* Häufigkeit und (meistens) durchschnittlichen →*Windstärke* in Verbindung mit der in Prozenten angegebenen, auf einen bestimmten Zeitraum bezogenen →*Windrichtung* für einen bestimmten Beobachtungsort oder ein begrenztes Seegebiet. Ein solches W. ist die →*Windrose* bzw. der →*Windstern* (Abb.), der in den →*Monatskarten* die entsprechenden Windverhältnisse darstellt.

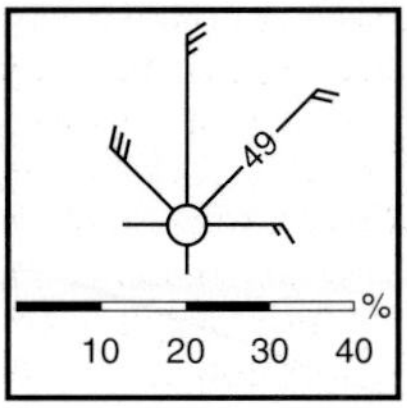

Winddrehung, die *(wind shift; hauling or veering of the wind)* Die W. kann entweder auf das segelnde Boot und damit auf den →*Bordwind* bzw. →*scheinbaren Wind* bezogen werden oder eine Richtungsänderung des →*atmosphärischen Windes* bzw. →*wahren Windes* angeben, die z. B. ein →*Wetterbericht* verbreitet. So nennt man an Bord eine W. in günstiger Richtung, bei der der Bordwind →*achterlicher* einfällt und man →*voller halten* kann, →*Raumen* und demgegenüber eine W. in ungünstiger Richtung, wenn der Bordwind spitzer einfällt, →*Schralen* des Windes. Auf die Großwetterlage bezogen, kann der Wind →*rechtdrehen,* wenn die W. im Uhrzeigersinn erfolgt. Geschieht dies schnell, spricht man auch von →*Ausschießen* des Windes. Demgegenüber bezeichnet man eine W. gegen den Uhrzeiger →*linksdrehend* oder →*rückdrehend,* seemännisch auch →*Krimpen* des Windes genannt.

Winddreieck, das *(wind triangle)* Hilfsmittel zur Bestimmung des →*atmosphärischen Windes* auf einem fahrenden Boot. Wie beim →*Parallelogramm der Geschwindigkeiten* zeichnet man →*Fahrtwind* (bzw. →*Fahrt* unter Segeln) und →*Bordwind* als mit dem Wind fliegende Pfeile in der durch die →*Windgeschwindigkeit* gegebenen Länge A–B und A–C ein. Dann verbindet man die beiden Endpunkte (B) und (C) und erhält ein Dreieck. Die dritte Seite ergibt die Seitenpeilung des →*atmosphärischen Windes* und seine →*Windstärke.* Solche Windbestimmungen sind besonders auf →*Raumschotskursen* und vor einem Übergang zum →*Amwindkurs* wichtig, weil man die Stärke des atmosphärischen Windes für die Segelwahl auf dem neuen →*Kurs* meistens unterschätzt. Auch ohne W. gilt der Erfahrungswert, daß auf einem langsamen Boot bei einem →*Amwindkurs* der →*atmosphärische Wind* 20 % schwächer als der →*Bordwind* ist, bei einem schnellen Boot sogar um 30 %. Demgegenüber ist auf einem →*Vorwindkurs* die atmosphärische Windgeschwindigkeit um 30 bis 40 % größer als der Bordwind, mit dem die Segel arbeiten.

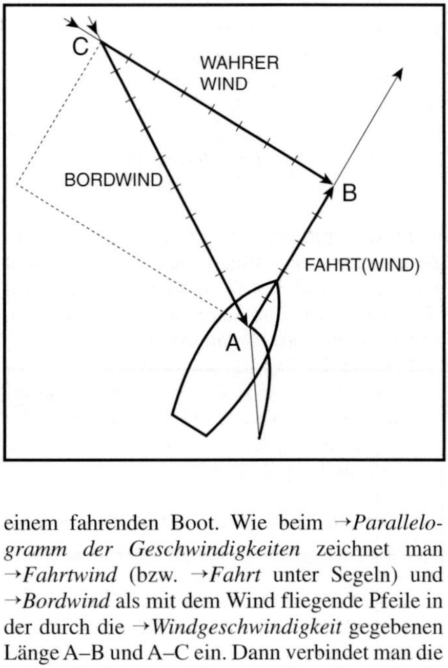

A

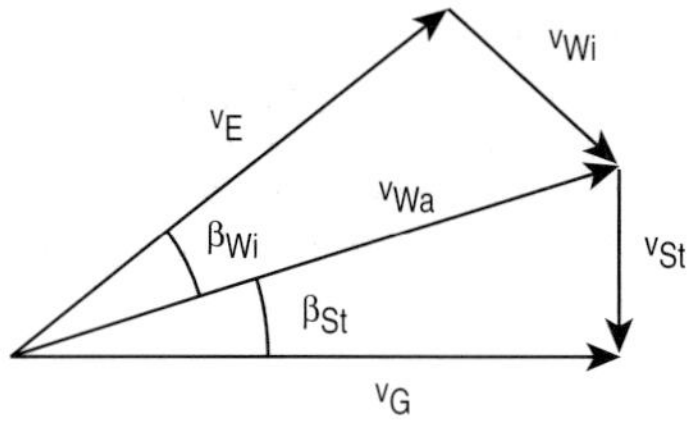

v_E = Fahrt unter Segeln (Eigengeschwindigkeit)
v_{Wi} = Winddrift* (Abdrift)
v_{Wa} = Fahrt durchs Wasser
v_{St} = Stromgeschwindigkeit
v_G = Fahrt über Grund
β_{Wi} = Beschickung für Wind
β_{St} = Beschickung für Strom

* Betrag der Versetzungsgeschwindigkeit d. Wind

Winddrift (Abdriftwinkel)

Winddrift, die Nach →*DIN 13312* „Navigation" der Betrag der →*Versetzungsgeschwindigkeit durch den Wind.* Die W. wird in einem entsprechenden →*Vektordiagramm* in der Richtung von →*Windset* dargestellt und ergibt mit Richtung und Größe der Eigengeschwindigkeit (→*Fahrtrichtung* und →*Fahrt)* des Bootes den entsprechenden →*Abdriftwinkel* bzw. als Korrektur für diese →*Versetzung durch den Wind* die notwendige →*Beschickung für Wind.*

Winddruck, der *(1. wind pressure; 2. wind load)* 1. Der →*Staudruck* des Windes, der sich aus der →*Dichte* ρ (dem →*spezifischen Gewicht)* der Luft, der Erdbeschleunigung g und der Windgeschwindigkeit v in m/s nach der Formel

$$q = \frac{1}{2} \cdot \frac{\rho}{g} v^2$$

ergibt und früher in kp/m² ausgedrückt, nach dem neuen Einheitensystem in N/m² für die entsprechende Segelfläche berechnen läßt: Mit

$q = 0{,}615 \cdot v^2$ [N/m²]

(früher: $q = 0{,}0628 \cdot v^2$ [kp/m²])

erhält man die →*kinetische Energie,* die der Wind bei einer bestimmten →*Windstärke* hat. Dabei ist zu beachten: Der W. wächst mit dem Quadrat der →*Windgeschwindigkeit,* d. h. nicht linear wie die Stufen der Windstärke (nach →*Beaufort),* sondern er verdoppelt sich z. B. beim Übergang von einer Beaufort-Stärke zur anderen (von 3 auf 4). – 2. Der W. bezieht sich an Bord immer auf den relativen →*Bordwind* und nicht auf den umgebenden →*atmosphärischen Wind.*

Winde, die; Winsch, die *(winch)* Ursprünglich ein breites, waagerechtes →*Rundholz* zum Aufwickeln von →*Leinen,* das durch seitlich eingesetzte senkrechte →*Handspaken* gedreht wurde. Daraus entwickelt eine von Hand, elektrisch oder hydraulisch gedrehte Seiltrommel mit entsprechend größerem Durchmesser und in diesem Sinne eine →*Fallwinde,* die ohne oder mit Kurbel (A, B) betätigt wird. Auch

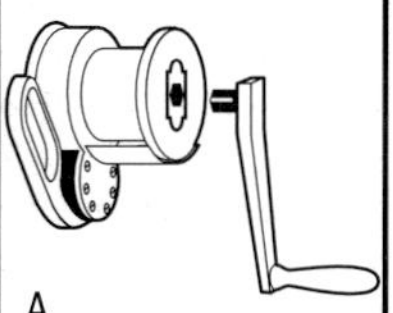

A

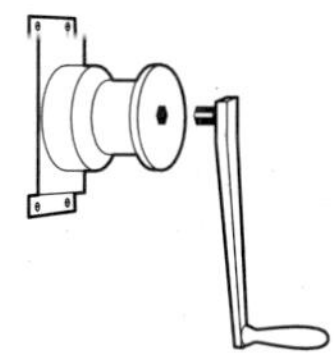

B

Bft	Wind in kn	Wind in m/s	Winddruck in N/m² = Pa
1	1 – 3	0,3 – 1,5	0,1 – 1,4
2	4 – 6	1,6 – 3,3	1,6 – 6,7
3	7 – 10	3,4 – 5,4	7,1 – 17,9
4	11 – 15	5,5 – 7,9	18,6 – 38,4
5	16 – 21	8,0 – 10,7	39,4 – 70,4
6	22 – 27	10,8 – 13,8	71,7 – 117,1
7	28 – 33	13,9 – 17,1	118,8 – 179,8
8	34 – 40	17,2 – 20,7	181,9 – 263,5
9	41 – 47	20,8 – 24,4	266,1 – 366,1
10	48 – 55	24,5 – 28,4	369,1 – 496,0
11	56 – 63	28,5 – 32,6	499,5 – 653,0
12	>64	>32,7	>657,6

Ankerwinde

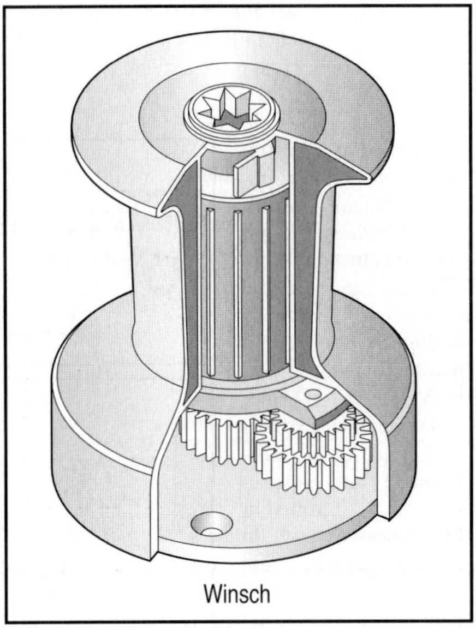
Winsch

eine →*Ankerwinde* arbeitet auf →*Yachten* noch nach dem gleichen Prinzip, doch läuft die Leine oder →*Kette* seitlich ab und dann in den →*Kettenkasten* hinein – in der gleichen Art wie bei einem →*Spill,* das mit senkrechter Welle und waagerechter →*Kettenmaß* oder →*Tautrommel* wirkt. Eine →*Schotwinsch* ist im üblichen Wortsinn keine W., sondern ein mit Handkurbel betätigtes kleines Spill, als →*Knarrpoller* für die senkrechte, einem →*Poller* ähnliche Tautrommel sehr deutlich und richtiger bezeichnet. Der Segler macht jedoch diese feinen Unterschiede nicht und bezeichnet als W. alle mechanischen Hilfseinrichtungen zum →*Holen* und →*Fieren,* die nicht als →*Taljen* arbeiten.

Windfäden, die, Windbändsel, die *(tell tales)* Schmale, fingerlange Streifen aus Spinnakertuch, die auf verschiedene Stellen am Segel, hauptsächlich am →*Vorliek,* aufgenäht werden. Sie machen den Strömungsverlauf sichtbar und erleichtern die Arbeit mit →*Großschot* und →*Traveller.* Bei einem richtig getrimmten Segel müssen W. am →*Achterliek* nach achtern und im Vorliekbereich parallel zur Segelwölbung wehen.

Windfahne, die *(vane, wind vane)* Großflächiges, meist mit einem Stabilisierungsgewicht versehenes Gerät zur Messung der →*Windrichtung.* Früher hauptsächlich an Land benutzt, aber durch elektronische Richtungsmeßgeräte weitgehend abgelöst. Eine W. an Bord ist mit einer elektrischen Fernanzeige-Vorrichtung verbunden, doch können Schlingerbewegungen die Genauigkeit der Messungen beeinträchtigen. Eine W. betätigt auch eine →*Selbststeueranlage.*

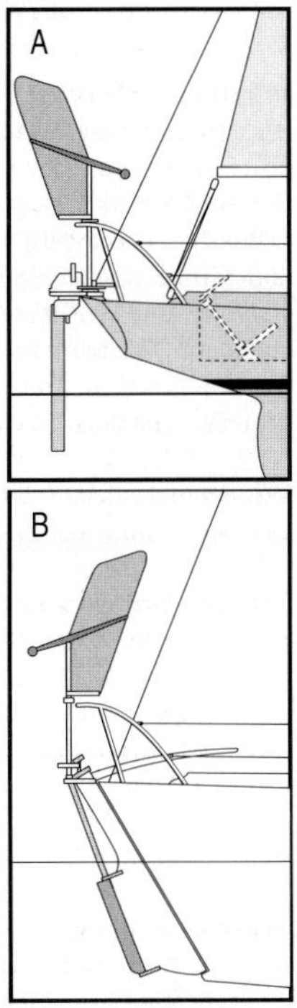

Windfahnen-Selbststeueranlage, die *(self steering vane gear)* Eine →*Selbststeueranlage* (besonders wichtig für →*Einhandsegler),* bei der eine →*Windfahne* auf den relativen Bordwind eingestellt wird, die über ein simples Hebelsystem entweder die →*Pinne* unmittelbar bewegt, den Kurs des Bootes über ein →*Windfahnenruder* direkt korrigiert (A) oder über eine →*Ruderklappe* oder ein →*Hilfsruder* indirekt das Ruderblatt über die Wasserströmung bewegt (B). Durch den großen Abstand der W.-S. vom Drehpunkt des Bootes ist das →*Steuermoment* auch bei (im Verhältnis zur Segelfläche) relativ kleinen Anlagen und auch bei geringen →*Windgeschwindigkeiten* ausreichend groß. Unentbehrliches Ausrüstungsteil für eine →*Atlantik-Überquerung,* →*Einhand-Regatta* und →*Weltumseglung.*

Windgenerator, der *(wind-driven generator)* Ein →*Generator,* der ein vom →*Wind* (sowohl in

→*Fahrt* wie im →*Hafen* oder vor →*Anker*) angetriebenes Flügelrad zur Stromerzeugung benutzt. Bei sechs Windflügeln entsprechender Flügelwölbung kann im Direktantrieb (ohne Getriebe) bei einer →*Windgeschwindigkeit* von ca. 15 →*Knoten* eine Ladeleistung von 2 A erreicht werden, ca. 50 Ah täglich. Moderne Anlagen, die an einem Mast am →*Heck* oder am →*Besanmast* gefahren werden, lassen sich auch zu einem →*Schleppgenerator* umwandeln.

Windgeschwindigkeit, die *(wind speed, wind velocity)* An Bord und an Land mit dem →*Anemometer* gemessene Geschwindigkeit des →*Windes* oder die im →*Wetterbericht* oder aus der →*Wetterkarte* ersichtliche W. Man beachte: 1. Die unterschiedlichen Maßeinheiten müssen richtig umgerechnet werden:

1 m/s = 3,6 km/h = 1,95 kn = 2,24 mph
1 km/h = 0,54 kn = 0,62 mph = 0,27 m/s
1 kn = 1,15 mph = 0,51 m/s = 1,85 km/h
1 mph = 0,45 m/s = 1,51 km/h = 0,87 kn

Merke: 1 →*Seemeile* pro Stunde (kn) ist also nicht = 1 →*Meile* pro Stunde (mph)! – 2. Die an Land gemessene W. ist nicht die Geschwindigkeit des relativen →*Bordwindes*. Sie kann sich beim Übergang von einem →*Vorwindkurs* zum →*Amwindkurs* nahezu verdoppeln und verändert sich bei jeder Kursänderung. – 3. Alle Angaben über W. in der Meteorologie beziehen sich auf eine Meßhöhe von 10 m über der Erdoberfläche. Die atmosphärische W. nimmt in freiem Seeraum, abhängig von der →*Wellenhöhe* und dem →*Windgradienten,* in der →*Grenzschicht* um bis zu 50 % zur Wasseroberfläche hin ab.

Windgeschwindigkeits-Meßgerät, das *(wind gauge)* Neben dem →*Anemometer,* das den Windweg mißt und damit eine mittlere →*Windgeschwindigkeit* angibt, zeigen Staudruckmeßgeräte mit mechanischen, elektrischen und elektronischen Anzeigevorrichtungen die →*Windstärke* →*digital* und damit wesentlich feiner an; sie registrieren sogar jede →*Bö.*

Windgesetze, die *(law of winds)* 1. Der großräumige →*Wind* entsteht durch Luftdruckunterschiede zwischen zwei Gebieten. Die Luft fließt von den Gebieten höheren Luftdrucks in die Bereiche niedrigeren Luftdrucks (Abb. A). – 2. Diese abgeschlossenen Gebiete, in denen der Luftdruck höher als in den benachbarten Bereichen ist, bezeichnet man als →*Hoch* und in der deutschen Wetterkarte mit H. Nimmt der Luftdruck ab und wird er niedriger als in dem benachbarten Bereich, dann entsteht ein Tiefdruckgebiet oder →*Tief* mit der Benennung T. – 3. Der Wind weht nicht geradlinig vom Hoch zum Tief, sondern wird durch die →*Corioliskraft* der Erdrotation abgelenkt. Auf der Nordhalbkugel weht er spiralförmig rechts herum aus dem Hoch heraus und mit Linksdrehung in das Tief hinein (Abb. B), auf der Südhalbkugel genau umgekehrt mit Linksdrehung aus dem Hoch heraus und rechts herum

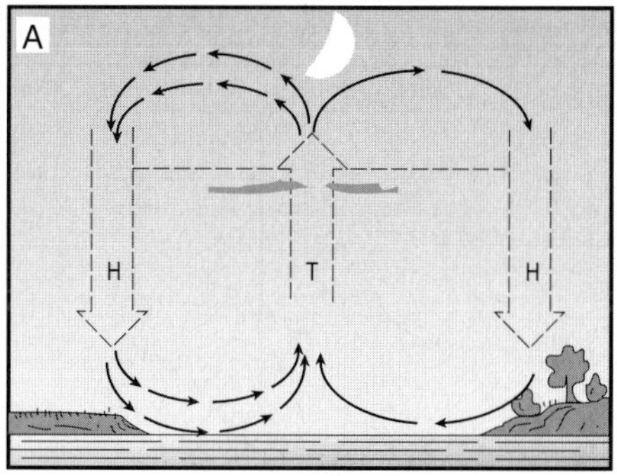

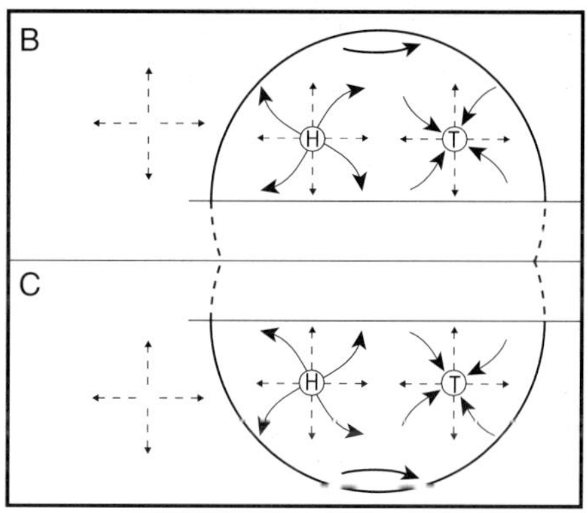

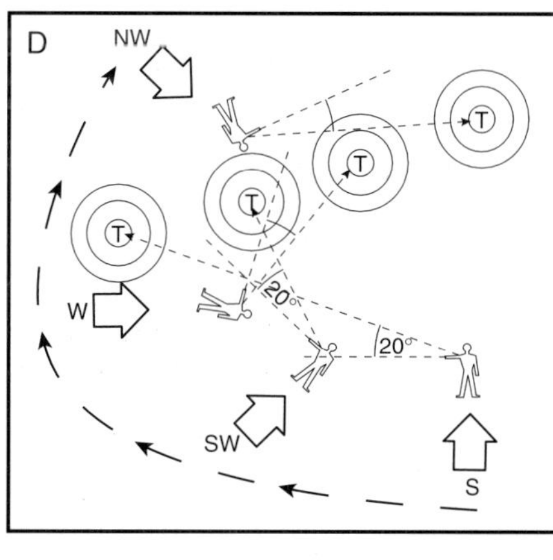

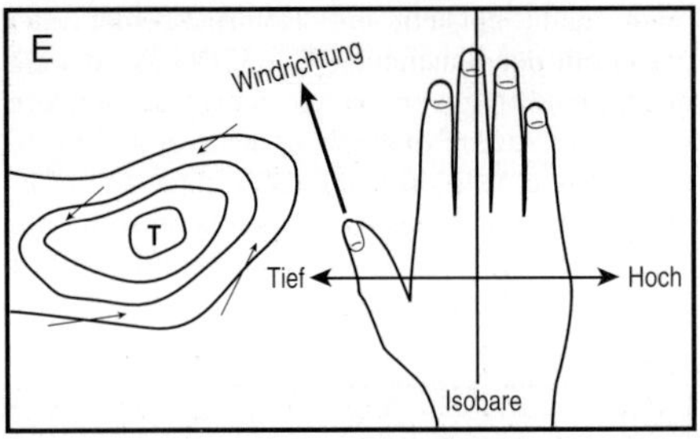

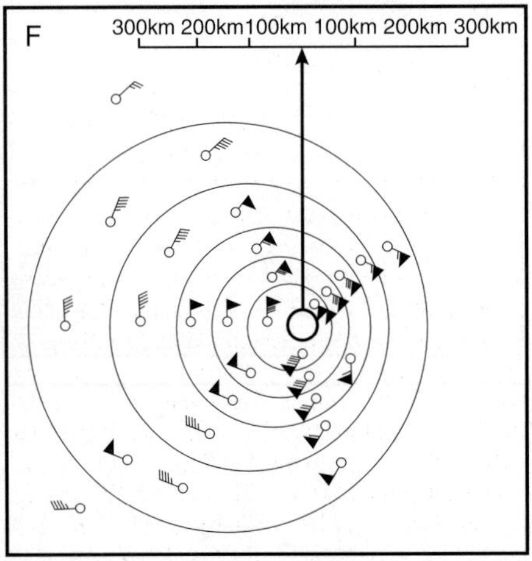

in das Tief hinein (Abb. C). Daraus folgert das →*Barische Windgesetz* des Holländers →*Buys Ballot,* das (auf den →*atmosphärischen Wind* bezogen und daher nur an Land, im Hafen oder vor Anker anwendbar) lautet: Steht man mit dem Rücken zum Wind, so liegt (auf Nordbreite) das Tiefdruckgebiet links vorn, das Hochdruckgebiet rechts hinten (Abb. D). So kann man, ohne →*Wetterbericht* und nur durch Wetterbeobachtung, z. B. die Lage, Zugrichtung und Auswanderung eines Sturmtiefs feststellen. – 4. Unterwegs und an Bord läßt es sich nur anwenden, wenn man auf einen Vorwindkurs geht oder so läuft, daß die Richtungen von relativem →*Bordwind* und atmosphärischem Wind identisch sind. Dann liegt auf der Nordhalbkugel das Tief an →*Backbord,* 2 Strich (22,5°) vorlicher als →*querab,* das Hoch an →*Steuerbord,* 2 Strich (22,5°) achterlicher als querab. – 5. Hat man Stationsmeldungen mit Luftdruckangaben erhalten und kann einige →*Isobaren* in die Wetterkarte (Abb. E) einzeichnen, dann läßt sich die atmosphärische Windrichtung durch die Daumenregel ermitteln: Legt man die rechte Hand mit den Fingern parallel über die →*Isobare,* dann liegt das Hoch genau rechts, das Tief genau links, und der Daumen zeigt in die Richtung, in die der Wind weht. – 6. Mit dem gleichen Hilfsmittel der ausgestreckten Hand kann man sich auch das →*Barische Windgesetz* veranschaulichen. – 7. Je kleiner die Isobarenabstände, d. h. je größer das Druckgefälle zwischen Hoch und Tief, desto größer ist die Windgeschwindigkeit, z. B. in einem →*Hurrikan* (Abb. F).

Windglider *(engl.)* Typenbezeichnung für die Klasse eines →*Segelsurfbretts,* die von der damaligen →*IYRU* als →*olympische Klasse* für die Olympischen Spiele 1984 ausgewählt wurde. Ein W. war aus →*GFK* mit einem Schaumkern hergestellt und hatte die Abmessungen →*Lüa* 3,9 m, →*Büa* 0,65 m, Gewicht 23 kg, Masthöhe 4,5 m, →*Segelfläche* 6,5 m².

Windgradient, der Die Zunahme der Geschwindigkeit des →*atmosphärischen Windes* mit der Höhe über der Wasseroberfläche. Der W. ist von

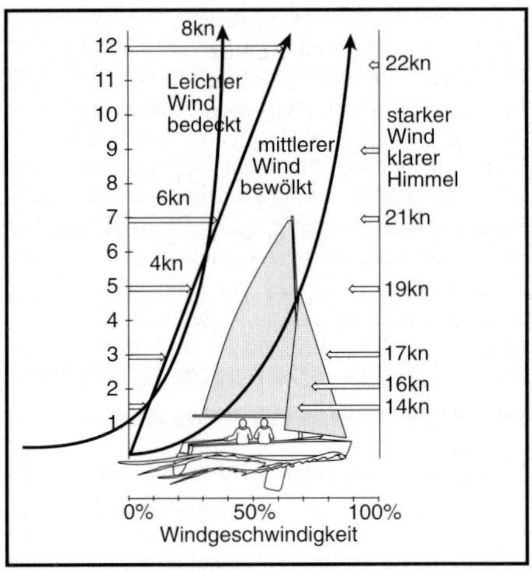

den Wetter- und Seegangsbedingungen abhängig, wird durch die Begrenzung der →*Takelungshöhe* in →*Konstruktionsklassen* und in →*Ausgleichsformeln* berücksichtigt und ist für die →*Segeltechnik,* vor allem in →*schwerem Wetter* zu beachten.

Windhose, die *(wind spout)* Ein →*Wirbelsturm* kleinerer Ausdehnung, aber möglicherweise mit noch größeren →*Windgeschwindigkeiten* (bis zu 500 km/h). Bei einer W. (Abb.) senkt sich ein hosenbeinähnlicher Schlauch, der mit der Wolke weiterzieht, aus der Wolkenschicht bis auf den Erdboden hinab. Im Randbereich der Hose herrschen schnelle, rotierende Aufwinde, während im

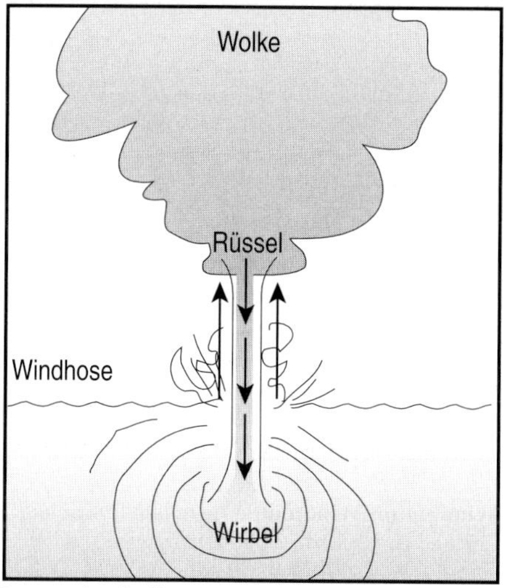

Innern durch die Fliehkräfte eine luftverdünnte Zone entsteht, die Luft nach unten nachströmen läßt. Eine W. hat in unseren Breiten einen Durchmesser von wenigen, maximal ca. 200 m, doch kann sie erhebliche Zerstörungen verursachen. Im freien Seeraum wird sie auch →*Wasserhose,* in tropischen Gebieten →*Trombe* genannt.

Windhutze, die *(cowl, hood)* Ein mit breiter Öffnung geformter, drehbarer Lüfterkopf, gegen Berührung mit →*Schoten* o. ä. aus nachgiebigem Material wie Gummi oder →*Plastik* hergestellt (Abb.), der entweder als →*Zulüfter* oder →*Drucklüfter* Frischluft unter Deck und in die →*Kajüte* leitet oder als →*Sauglüfter* oder →*Ablüfter* für das Abfließen verbrauchter Luft sorgt.

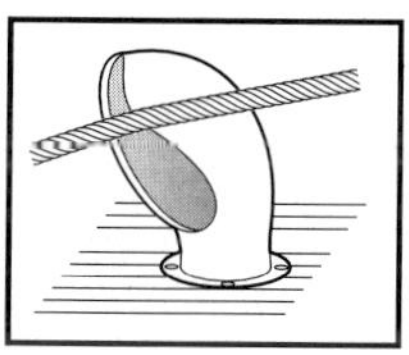

Windjammer, der *(windjammer)* Ein nach dem englischen Verb **to jam** = drücken, pressen mit Beginn der Dampfschiffahrt entstandener Spottname für einen →*Rahsegler* oder einen Großsegler, der sich dem Winddruck beugen muß und von der →*Windkraft* niedergedrückt wird, wenn er vorwärts kommen will. Heute hauptsächlich anerkennend benutzt.

Wind-Kälte-Gefühl, das *(wind chill)* Die beim Segeln zu beachtende Größe des Wärmeentzuges aus dem menschlichen Körper durch →*Windgeschwindigkeit* und Lufttemperatur. Sie ist meßbar.

Windstärke	Windgeschwindigk.	Lufttemp. an Land (in Grad Celsius)				
		25	20	15	10	5
Bft2	5kn	25	19	14	9	3
Bft3	9kn	22	16	10	4	-2
Bft4	13kn	21	15	8	2	-4
Bft5	19kn	21	14	7	0	-7
Bft6	24kn	21	13	5	-2	-9
Bft7	30kn	20	13	5	-3	-11
Bft8	37kn	20	12	4	-4	-11
Bft9	47kn	20	12	4	-4	-12
		an Bord gefühlte Temp. (in Grad Celsius)				

Man vermeidet den beträchtlichen Wärmeverlust beim Jollensegeln durch das Tragen eng anliegender zweiteiliger Schutzanzüge aus Moltopren mit unterschiedlichen Firmennamen, z. B. Naßbiber. Die Tabelle zeigt, daß man für einen längeren Kreuzschlag bei einer →*Vollzeugbrise,* den man bei einer Temperatur an Land von 15 °C startet, für ein Kältegefühl von 7 – 8 °C angezogen sein muß und im →*Passat* bei Bft 5 und einer Ausgangstemperatur von 25 °C eine Abkühlung des Körpers auf 21 °C erfrischend sein kann. Auf einer Fahrt nach Island mit 10 °C Lufttemperatur an Land besteht mit einem W.-K.-G. von 0 °C schon nach kurzer Zeit die Gefahr einer Unterkühlung.

Windkanal, der *(wind tunnel, wind channel)* Einrichtung zur Durchführung von Versuchen mit Luftströmungen und ihren Ein- bzw. Auswirkungen auf andere Körper. Bei einem W. Göttinger Bauart wird die Luft durch ein Axialgebläse im Umlauf gefördert; durch eine Strahldüse mit einem Meßquerschnitt von 940 mm konnen z. B. max. 27 m/s Strömungsgeschwindigkeit erzeugt werden. Die zu untersuchenden Modelle werden an einer Dreikomponentenwaage in einer max. 3 m langen Meßstrecke aufgehängt, und die Auftriebs- und Widerstandskräfte werden mit den entsprechenden Geräten gemessen. Die Luftströmung kann auch mit Fadenkämmen oder Rauchfäden sichtbar gemacht werden. Ein W. und seine Ausrüstung erlauben die Ermittlung der verschiedensten Einflüsse von →*Wind* auf die Wirksamkeit von Segeln, z. B. mit unterschiedlicher →*Segelwölbung,* jedoch ohne eine Kombination mit einem Bootsrumpf. Auch Eichungen von einem →*Anemometer* werden im W. durchgeführt.

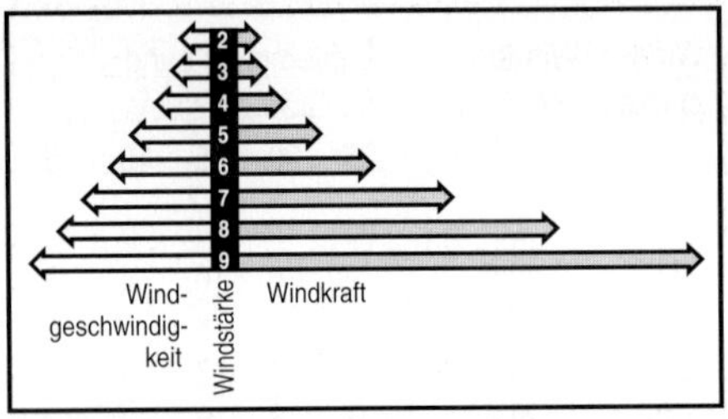

Windkraft, die *(wind force)* Die Kraft, die der Wind am Segel als einem →*aerodynamischen Profil* erzeugen kann, wenn dieses richtig in seinem →*optimalen Anstellwinkel* zur →*Windrichtung* angestellt ist. Diese W. ist von der →*Segelwölbung* und der →*Windgeschwindigkeit* abhängig und wächst nicht nur, wie der →*Winddruck,* mit dem Quadrat der →*Windgeschwindigkeit* (Abb.), sondern durch die Multiplikation mit einem Beiwert (C_T) noch über das so erhaltene Ergebnis hinaus. Nach der Formel

$$F = C_T \cdot 0{,}615 \cdot v^2 \ (N/m^2)$$

(Umrechnung in kp/m^2 mit Faktor 0,1) erhält man die durch →*Windgeschwindigkeit* und →*Segelwölbung* gegebene W., die auf die entsprechende →*Segelfläche* bezogen zur →*Segelkraft* wird. Beachte: 1. Die W. bezieht sich immer auf den relativen →*Bordwind,* dessen →*Windgeschwindigkeit* auf →*Amwindkursen* um ca. 30 % über und auf →*Vorwindkursen* um ca. 40 % unter der Geschwindigkeit des umgebenen →*atmosphärischen Windes* liegt. – 2. Mit Beiwerten (C_T) von ca. 1,5 (bei der Wirkung des Segels als „Windmotor" auf einem →*Amwindkurs)* und nur ca. 1,0 (wenn es auf einem →*Vorwindkurs* nur wie ein „Windfang" arbeitet) ergeben sich gravierende Unterschiede in der W., die unter den gleichen Bedingungen des Tages von →*Beaufort* 4 zu einer W. von 6 kp/m^2 (60 N/m^2) auf dem Amwindkurs und nur 2 kp/m^2 (20 N/m^2) auf dem Vorwindkurs führen; bei entsprechenden Kursänderungen kann sich die (nützliche wie schädliche) Windkraft also entweder verdreifachen oder auf ein Drittel vermindern.

Windmeßgerät, das *(wind gauge)* Ein Gerät zum Messen der →*Windgeschwindigkeit,* das entweder als →*Schalenkreuz-Anemometer* den Windweg oder als →*Ventimeter* den →*Staudruck* des Windes mißt. An Bord ist ein W. meistens auf dem →*Masttopp* angebracht. Es zeigt in →*Fahrt* den →*relativen Bordwind* an. Die Industrie liefert eine Vielzahl von W., auch als elektronische →*Anemometer* und Staudruckmesser sowie in Kombination mit einem →*Windrichtungsanzeiger.*

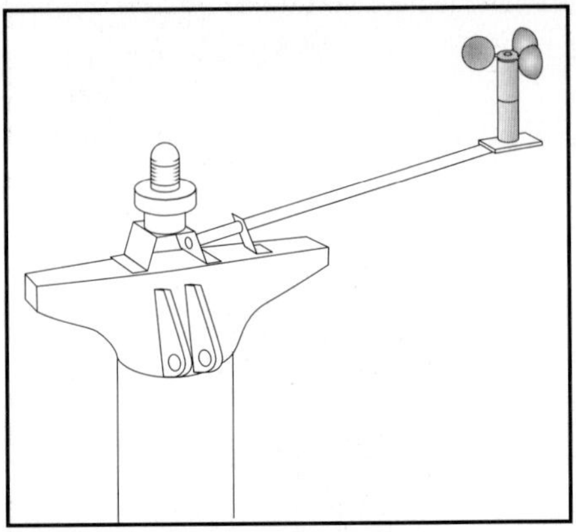

Windmotor, Windmühle *(windmotor, windmill)* Zeichen aus →*Karte 1* im Anhang.

Windnavigation, die *(wind navigation)* In der Frühzeit der Schiffahrt im →*Mittelmeer* ab ca. 1000 v. Chr. die →*Kurswahl* nach den herrschenden →*Windrichtungen,* bei den Griechen z. B. nach „Boreas" aus →*Nord,* „Euros" aus →*Ost,* „Notos" aus →*Süd* und „Zephyros" aus →*West.* Durch zunehmende Unterteilung der →*Quadranten* entstand die →*Windrose,* die z. B. Magellan 1519 für seine erste →*Weltumseglung* benutzte. Das neuzeitliche →*Transozeansegeln* mit →*Yachten* benutzt die W. für Planung und Durchführung ihrer →*Langfahrten,* die weitgehend auf →*raumen Kursen* verlaufen. Darum werden bei einer Weltumseglung auf der →*Passatroute* Generalkurse von →*Ost* nach →*West* gesegelt, während eine Erdumseglung im Bereich des →*Westwindgürtels* auf der Südhalbkugel in entgegengesetzter Richtung von West nach Ost erfolgt.

Windparallelogramm, das *(parallelogram of winds)* Ein →*Parallelogramm der Geschwindigkeiten,* in dem die →*Vektoren* durch den wahren oder →*atmosphärischen Wind,* die →*Fahrt* oder den →*Fahrtwind* sowie den →*relativen Bordwind* oder →*scheinbaren Wind* dargestellt sind. Ein W. oder →*Winddreieck* dient dazu, an Bord die Geschwindigkeit des auf dem Wasser herrschenden →*wahren Windes* zu ermitteln. Auf →*Segelschiffen* wird das W. durch Rechenscheiben ersetzt, um die gewünschten Angaben schneller und ohne Zeichnung zu erhalten. Die Abb. zeigt das W. bei der Höchstgeschwindigkeit unter Segeln mit einem →*Katamaran* und einem (konstanten) →*Fahrtwind* von 26 →*Knoten* (d. h. bei

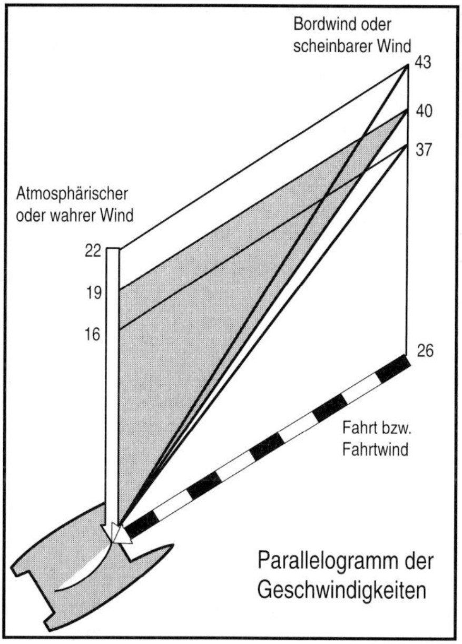

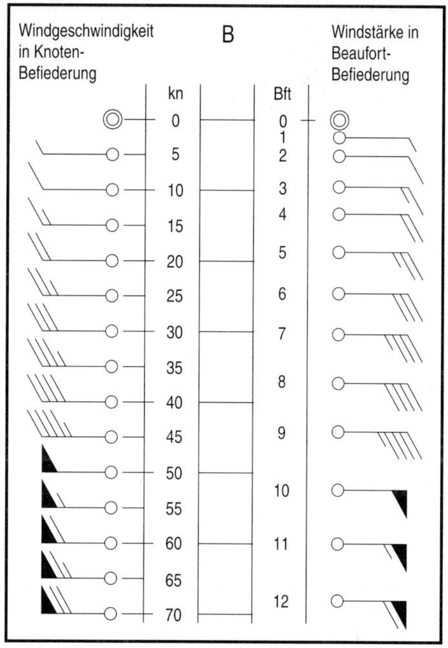

26 kn →*Fahrt*), der bei einem →*atmosphärischen Wind* von z. B. 16 kn zu einem →*Bordwind* von 37 kn führt. Während auf dem Revier nur eine →*Windgeschwindigkeit* von →*Beaufort* 4–5 herrscht, hat man an Bord das Gefühl von Bft 8, und mit dieser →*Windstärke* arbeiten auch die Segel.

Windpfeil, der *(wind arrow)* Darstellung von →*Windrichtung* und →*Windstärke* in einer →*Wetterkarte*. Wegen der Benutzung auch in →*Monatskarten* wird der W. im allgemeinen nicht zu den →*Wettersymbolen* gerechnet. Die Windpfeile flie-

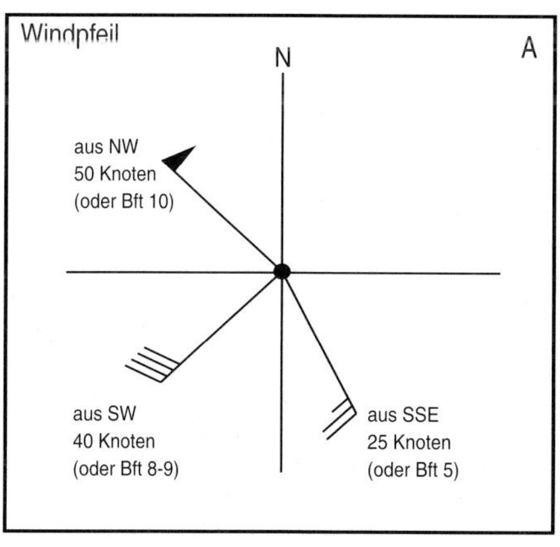

gen mit dem Wind auf den Stationskreis zu. Die Windrichtung wird durch die →*Richtungsrose*, die Windstärke durch die →*Befiederung* dargestellt (Abb. A). International üblich sind je 10 kn Windgeschwindigkeit für eine und 5 kn für eine halbe Fieder, bei 50 kn ein „Sturmwimpel". Dieses Schema (Abb. B) weicht von alten Darstellungen in Lehrbüchern nach der →*Beaufort-Skala* und von dem derzeit noch gebräuchlichen Prinzip in Wetterkarten des Deutschen →*Seewetteramtes* ab. Das Umdenken von Bft 1 bis 7 aus der Knoten-Befiederung in die Windstärken-Befiederung erfordert die Addition von 1, d. h. 2 Fiedern = 20 kn bedeuten Windstärke 5 (und nicht 4), 2½ Fiedern = 25 kn sind bereits Windstärke 6 (und nicht 5). Da der →*Winddruck* mit dem Quadrat der Windgeschwindigkeit wächst und die →*Windkraft* noch von dem →*Kurs* zum Wind abhängig ist, kann ein Mißverständnis über den W. folgenschwer sein.

windrecht (liegen) *(to be wind-rode, lying wind-rode)* Von einem Boot gebraucht, das in einem →*Tidengewässer* oder bei starkem →*Strom* vor →*Anker* oder an einer →*Boje* liegt und sich dabei →*in den Wind* und gegen den Strom legt oder bei Wind von vorn den Strom an einer Seite hat (Abb.). Ob es sich dabei w. oder →*stromrecht* legt, hängt von der relativen Stärke von →*Wind* und

Strom sowie der Form seines →*Überwasserschiffes* bzw. →*Unterwasserschiffes* ab: Eine →*Motoryacht* mit hohen →*Aufbauten* und kleiner →*Lateralfläche* und eine →*Jolle* mit angeheißtem →*Schwert* liegen meistens w., während ein →*Seekreuzer* mit →*Ballastkiel* fast immer →*stromrecht* bleibt. In →*böigem Wetter* neigt er dann zum →*Schwojen.*

Windrichtung, die *(direction of the wind, wind's direction)* Die Richtung, aus der der Wind kommt (im Gegensatz zum →*Strom,* der nach der Richtung benannt wird, in der er →*setzt).* Die W. wird entsprechend der →*Kompaßrose* mit 4 Hauptrichtungen und 32 →*Strichen* (bzw. ihren Richtungsbenennungen wie z. B. NWzN) oder 36 Teilen zu je 10° des Vollkreises angegeben, wobei N = 0, E = 09, S = 18, W = 27 und N = 36 sind. In Wetterkarten, →*Windsternen* und →*Winddiagrammen* ist die W. durch die Lage befiederter Pfeile zum Kreis der Beobachtungsstation angezeigt und gleichzeitig mit der gemeldeten →*Windstärke* gekennzeichnet. Man bestimmt die W. des →*atmosphärischen Windes* auf einem fahrenden Boot, indem man die Richtung senkrecht zur Wellenfront der anlaufenden →*Windsee,* d. h. die →*Windachse* peilt, wenn die →*Windstärke* mindestens →*Beaufort* 3 hat. Bei kleinerer Windsee (Stärke 2) muß man entlang der Wellen peilen und 90° zu diesem Wert addieren bzw. von ihm subtrahieren.

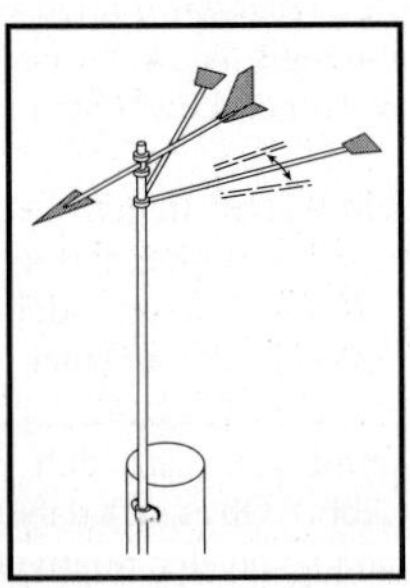

Windrichtungsanzeiger, der An Bord ein Gerät, das die Richtung des →*relativen Bordwindes* anzeigt: als →*Verklicker* nur für optische Kennzeichnung der →*Windrichtung,* auch mit einem →*Windpfeil* und Kontrollarmen für den →*optimalen Anstellwinkel* des Segels, komplizierter als →*Anemometer* mit →*Windfahne* und Fernanzeige der Windrichtung für die →*Plicht.*

Windrose, die *(1. windrose, 2. compass card, card rose)* 1. Graphische Darstellung der mittleren Windverhältnisse in einer →*Monatskarte* für

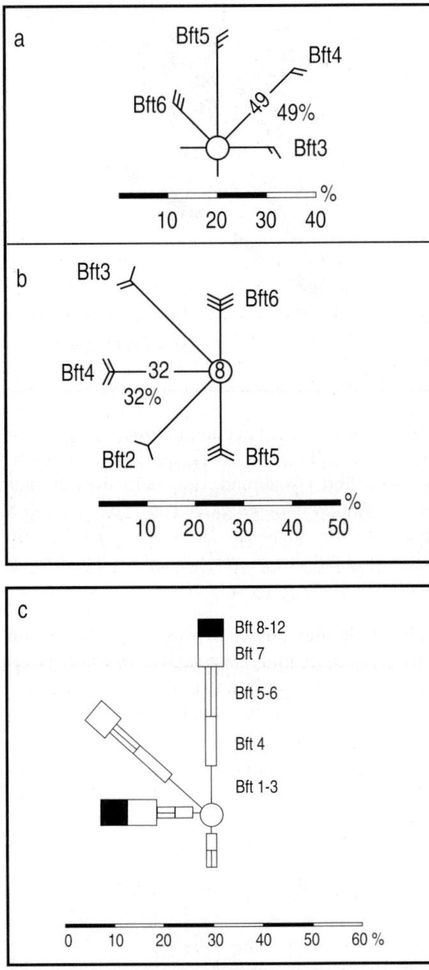

bestimmte Zeiten und begrenzte Seegebiete. Die Zahl im →*Stationskreis* gibt die Anzahl der windstillen Tage im Monatsmittel, die Länge der →*Windpfeile,* ihre →*Befiederung* und Richtung geben in Prozentpunkten an, wie die entsprechende Häufigkeit des →*Windes* ist. In modernen Darstellungen ist auch die prozentuale Häufigkeit der Bft-Stufen 1–3, 4–5, 6–7 und mehr als 8 über dem

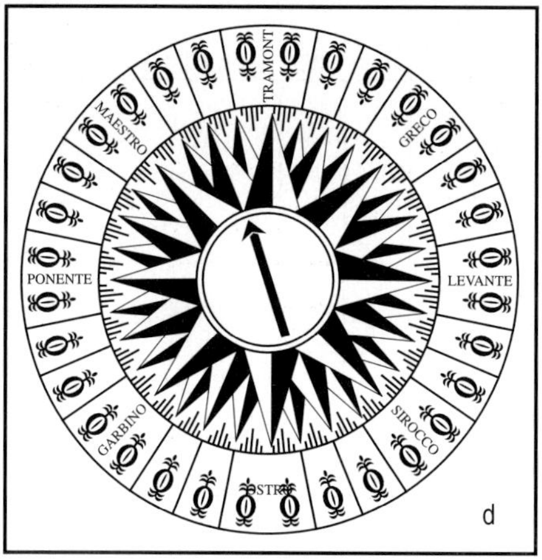

d

entsprechenden Prozent-Maßstab angegeben und der Informationswert der W. damit noch erhöht. Auch der Innenkreis enthält Informationen in Ziffern, z. B. die Anzahl der Beobachtungen, den Prozentanteil von Winden wechselnder Richtungen und den Prozentwert für Flauten. Abb. zeigt eine deutsche (a), amerikanische (b) und englische (c) W. – 2. Beim →*Kompaß* in 32 bzw. 36 Teile eingeteilte, den Horizont vorstellende Scheibe mit 4 Hauptrichtungen N, E, S, W und die entsprechenden →*Striche* oder →*Grade,* nach denen die →*Windrichtung* geschätzt oder gemessen und angegeben wird. Abb. d zeigt die historische W. von Magellan, 1519.

Windsack, der *(wind cone, wind sack, wind sail)* Ein Windfänger aus Segeltuch (Abb.), der wie eine große →*Windhutze* über ein Luk gesetzt und durch entsprechende →*Enden* zum →*Vorstag* oder Mast in seiner offenen Stellung gehalten wird. Er dient besonders in tropischen und subtropischen Gewässern sowohl in Fahrt wie im Hafen als zusätzlicher →*Drucklüfter,* der mit seiner, im rauhen Wetter nach →*Lee* gedrehten Öffnung, auch als →*Ablüfter* arbeiten kann.

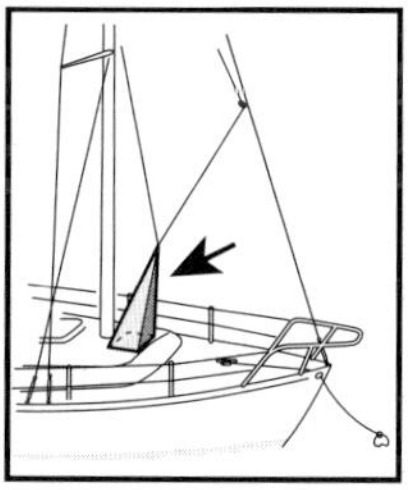

Windsee, die *(sea, wind sea)* Die durch den →*Wind* in seiner →*Windrichtung* und mit seiner →*Windstärke* verursachte und sofort beginnende Bewegung der Wasseroberfläche, die hauptsächlich eine erzwungene Schwingung des wesentlich

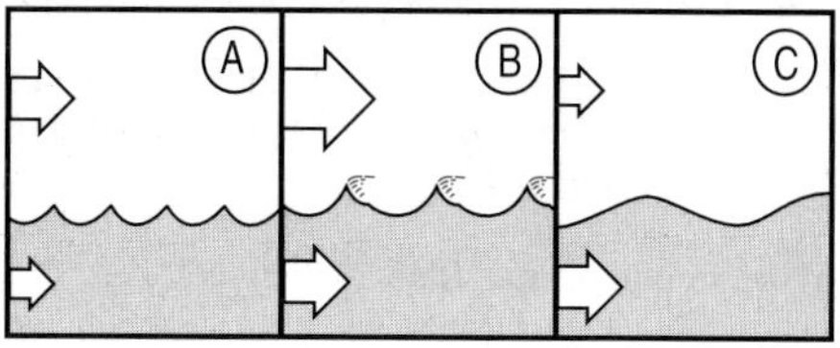

dichteren Mediums ist. Niedrigere Windsee (A) in der Anfangszeit eines frischen Windes; Übereinstimmung von →*Wellenperiode* und →*Windgeschwindigkeit* (B); zurückgebliebene →*Dünung* bei abgeflautem Wind (C). Durch andere Einflüsse wird die W. in →*Kreuzsee,* →*Sturmsee,* →*Kabbelwasser* und →*Brandung* verändert. Zu den einzelnen Stufen der →*Beaufort-Skala* wurde das →*Wellenbild* der →*Windsee* wie folgt festgelegt.

Wellenbild	Windstärke
spiegelglatte See	0
kleine schuppenförmige Kräuselwellen ohne Schaumkronen	1
ausgeprägte kurze Wellen, Schaumköpfe glasig, Kämme brechen noch nicht	2
Kämme beginnen überzukippen, vereinzelte Schaumkronen	3
Wellen werden länger, verbreitet Schaumkronen	4
Wellen ausgeprägter und länger, Schaumkronen	5
Wellen höher, größere Schaumflächen, möglicherweise schon Gischt	6
See türmt sich, Schaum legt sich in Streifen zur Windrichtung	7
mäßig hohe Wellen, doch länger werdend, Kanten der Schaumkronen verwehen zu Gischt	8
hohe Wellen, Schaum in dichten Streifen zur Windrichtung. Das „Rollen" der See beginnt, mögliche Sichtbeeinträchtigung durch Gischt	9
Sehr hohe Wellenberge mit langen überbrechenden Kämmen, sehr große Schaumflächen. See erscheint im ganzen weiß. Heftiges, stoßartiges Rollen der See. Sicht beeinträchtigt.	10
See völlig mit streifigem Schaum bedeckt, die Kanten der Schaumkämme zerstieben zu Gischt, schlechte Sicht	11
Luft erfüllt von Schaum und Gischt, See vollständig weiß, sehr schlechte Sicht	12

Hierbei sind die Verzögerung in der Zunahme der →*Windsee* bei Auffrischen des Windes, die Wassertiefe und die →*Windwirkstrecke* beim Schätzen der Windstärke zu berücksichtigen und die Tatsache zu beachten, daß die W. nicht identisch mit →*Seegang* ist. (Siehe auch Tabelle „Wind und See“ im Anhang.)

Windsemaphor, der (das) *(semaphor)* Zeichengeber oder Zeichenträger, der früher zur Angabe von →*Windrichtung* und →*Windstärke* benutzt

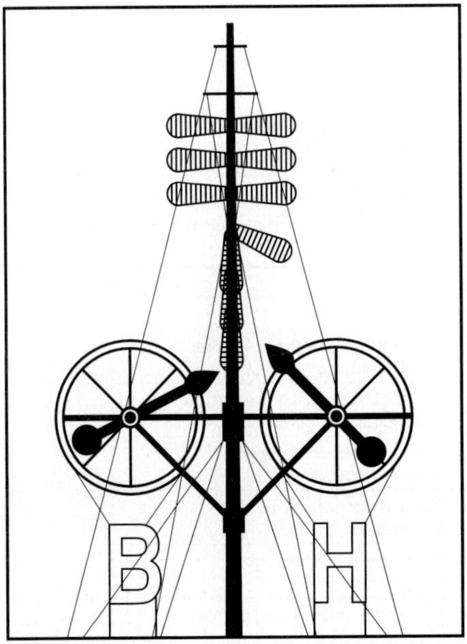

wurde. Der noch erhaltene W. von Cuxhaven zeigt z. B. (Abb.) für Borkum Riff (B) ENE-Wind von →*Beaufort* 6 und für Helgoland (H) Beaufort 7 aus NW an. Die Windrichtung gab die Richtungsrose, die Windstärke die gezeigten Flügel an; jeder Flügel bedeutete 2 Windstärken, ein halbgeheißter Flügel 1 Windstärke.

Windset, der Nach →*DIN* 13312 „Navigation“ die Richtung der →*Versetzung durch den Wind.*

Windstärke, die *(wind force, wind speed)* Vom englischen Admiral Sir Francis Beaufort 1806 vorgenommene Einteilung der Luftbewegung nach den Auswirkungen des →*Windes* auf die See und im Binnenland mit Skalenwerten von 0 bis 12, auch →*Beaufort-Skala* genannt. Die W. wurde in der modernen →*Meteorologie* in Beziehung zur →*Windgeschwindigkeit* in →*Knoten,* →*Meter* pro Sekunde und →*Kilometer* pro Stunde gesetzt und um die W. 13 bis 17 erweitert.

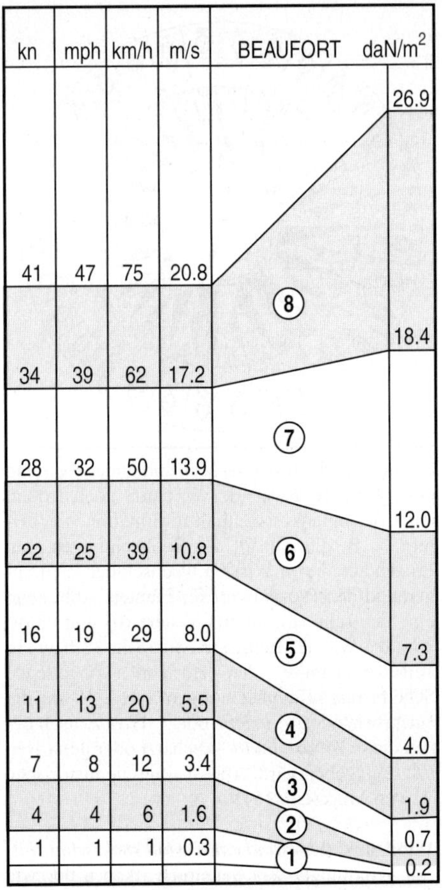

Windstau, der Von →*Windstärke,* →*Windrichtung* und Dauer der Windeinwirkung abhängige Erhöhung des Wasserstandes, nicht nur im →*Tidengebiet* an der deutschen Nordseeküste durch anhaltende SW-NW-Winde, sondern auch an der Ostseeküste durch anhaltende NE-SE-Winde.

Windstern, der *(windrose)* Ein graphisch einheitlich aufgebautes, in seinen Teilen aber veränderliches Symbol, das die Häufigkeit der verschiedenen Windrichtungen in Prozentpunkten aller Beobachtungen und die mittlere →*Windstärke* nach der →*Beaufort-Skala* darstellt. Dabei wird die Richtungsanalyse, auf die 8 Hauptrichtungen verteilt, durch die Länge der Pfeile ermöglicht, die man mit einem Prozentmaßstab (Abb. siehe →*Windrose)* messen kann. Falls der Pfeil nicht in voller Länge dargestellt werden kann, ist er unterbrochen und die Häufigkeit durch eine Prozentzahl angegeben. Die Pfeile liegen mit dem Wind in Richtung auf den Mittelpunkt-Kreis, dessen Zahl die Häufigkeit der →*Windstillen* oder schwachen, umlaufenden Winde in Prozentpunkten aller Beobachtungen zeigt. Die mittlere Windstärke wird durch die Befiederung angegeben, bei der ein halber Querstrich zwei Windstärken (auf einem deutschen W.) bedeuten. Kleine Pfeile für 1 bis 4 Prozentpunkte bleiben aus optischen Gründen unbefiedert.

Windstille, die *(calm)* Dasselbe wie →*Flaute.*

Windsurfen, (Surfen), das Segeln stehend auf einem →*Surfbrett* mit schwenkbarem →*Rigg,* das

1967 von Hoyle Schweitzer und Jim Drake zum Patent angemeldet wurde. W. ist zu einer eigenen beliebten Sportart geworden, in der auch olympische Regatten ausgetragen werden. Anstelle von W. hat sich die Bezeichnung →*Segelsurfen* (oder nur →*Surfen)* mit dem →*Segelsurfbrett* (→*Surfbrett)* durchgesetzt, die auch offiziell vom →*DSV* und in den →*Wettfahrtregeln für Segelsurfbretter (engl: Sailboard Racing Rules)* benutzt wird.

Windsurfer *(engl.)* Ursprünglich der eingetragene Handelsname für das erste serienmäßig hergestellte →*Segelsurfbrett,* das von den Amerikanern Jim Drake und Hoyle Schweitzer entworfen war. Abmessungen →*Lüa* 3,65 m, →*Büa* 0,65 m, Gewicht 27,2 kg (60 lbs), →*Segelfläche* 5,2 qm. Daraus wurde die international übliche Bezeichnung eines →*Surfbretts* mit Segel.

Windsystem, das Durch die abwechselnde Erwärmung und Abkühlung der Luft entstehende Gebiete mit physikalisch bedingter Windverteilung. Man spricht von einem →*planetarischen W.,* wenn es auf dem Erdball stationär ist und nur geringen jahreszeitlichen Schwankungen in →*Windrichtung* und →*Windstärke* unterliegt, sowie →*Landwind* und →*Seewind* bei einem örtlich begrenzten, durch den Wechsel von →*Tag* und →*Nacht* bedingten W. von prinzipiell gleicher thermischer Ursache.

Windversetzung, die Im →*Vektordiagramm* der W. von →*DIN 13312* Navigation ist die →*Winddrift* (V_{Wi}) als Versetzungsgeschwindigkeit durch

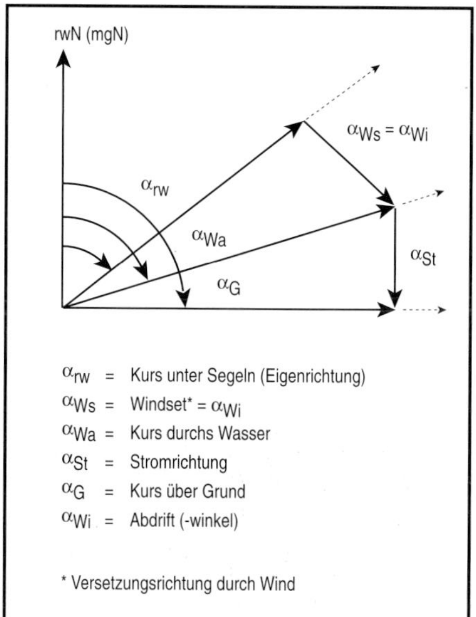

Windversetzung

den Wind und →*Windset* (Abk. WiS, Formelzeichen α_{WS}) als Versetzungsrichtung durch den Wind angegeben. Die W. wird auch kurz →*Abdrift* oder →*Leeweg* genannt, wenn sie nicht zeichnerisch bestimmt werden kann oder muß.

Windvierung, die *(wind quarter, weather quarter, quarter of the wind)* siehe →*Vierung,* →*Luv* und →*Lee.*

Windwarnung, die *(gale or storm warning)* Eine →*Warnung* vor →*Starkwind* oder →*Sturm,* die im →*Wetterfunk* gegeben wird und (gegebenenfalls auch verneinend) den →*Seewetterbericht* einleitet.

Windwirkstrecke, die *(fetch)* Die Strecke freien Seeraums, nach →*Luv,* auch →*Windbahn* genannt, über die der →*Wind* ungehindert auf die →*Windsee* einwirken kann. Bei ausreichend großer →*Wassertiefe* und ohne überlagernde, dämpfende oder verstärkende Einflüsse von →*Dünung,* →*Regen* und →*Strom* ergibt sich eine maximale Wellenhöhe in

$$m = \sqrt{0{,}13 \cdot \text{Windwirkstrecke in sm}}$$

Die W. wird im Erfahrungsaustausch auch (engl.) als →*Fetch* bezeichnet.

Winker, der *(signaller)* Ein →*Signalgast,* der das →*Winker-Alphabet* beherrscht und mit seinen →*Winkerflaggen* →*Winkersignale* übermitteln kann.

Winkeralphabet, das *(wigwag system)* Die unterschiedlichen Signalzeichen für alle Buchsta-

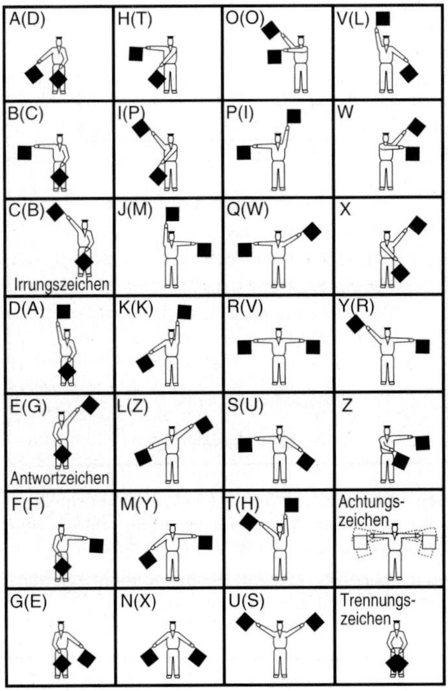

ben, die ein →*Winker* mit →*Winkerflaggen* übermitteln kann. Die Abbildung zeigt das heute bevorzugte internationale W. mit den davon abweichenden (hier eingeklammerten) →*Winkersignalen* nach dem alten nationalen deutschen W.

Winkerflagge, die *(handflag, signalling flag)* Eine kleine, einfarbig dunkle oder zweifarbige Handflagge mit kurzem Stock, mit der →*Winksignale* nach dem →*Winker-Alphabet* gegeben werden können.

winkern, winken *(to wigwag, wigwagging, waving with flags, signalling)* Das Signalisieren mit zwei →*Winkerflaggen,* mit denen ein →*Winker* einem anderen →*Fahrzeug* in →*Sichtweite* kurze Nachrichten oder →*Signale* nach dem →*Winkeralphabet* übermittelt. W. ist durch die Benutzung von →*Sprechfunk* nur noch in den Kriegsmarinen und auf kurzen Distanzen üblich.

Winkersignal, das *(semaphore signal, wigwag)* Ein →*Signal,* das ein →*Winker* übermittelt. Auch die →*Signale,* die ein →*Semaphor* (früher) mit seinen beweglichen →*Winkern* übermittelte, wurden W. genannt.

Winsch, die *(winch)* Englisch ausgesprochene Bezeichnung einer →*Winde,* siehe dort.

Winterlager, das *(winter quarter)* Der Platz, an dem man eine →*Yacht* außerhalb der Segelsaison →*auflegen* kann. Für ein W. an Land benutzt man →*Slipanlage* oder einen →*Travellift.*

Wirbelgewitter, das *(turbulent storm)* Ein →*Gewitter* an einer →*Kaltfront,* das auf der →*Wetterkarte* mit deutlichen Kennzeichen im →*Luftdruck* ersichtlich ist (zum Beispiel mit →*Isobaren* in Form des Buchstabens V) und auf See als →*Frontgewitter* auftritt. Einem →*Wärmegewitter* fehlen solche Luftdruckkennzeichen.

Wirbelschäkel, der *(swivel shackle)* Ein →*Schäkel* mit einem Wirbelauge oder drehbar verbundene →*Doppelschäkel,* die sich mit den eingespleißten Leinen drehen und somit das Vertörnen verhindern können.

Wirbelsturm, der *(cyclone, cyclonic storm)* Weitgehend auf die Tropenzonen beschränkter →*Orkan* von relativ geringem Durchmesser, aber meistens verheerenden Auswirkungen. Wirbelstürme treten in den gefährdeten Gebieten zu bestimmten Jahreszeiten auf, haben charakteristische Bezeichnungen und entsprechend der Jahresfolge kennzeichnende Namen in alphabetischer Reihenfolge. Oft weichen sie von ihrer normalen Zugbahn über See ab und verwüsten weite Landstriche auf Inseln und Kontinenten. Der →*Hurrikan* genannte W. tritt im tropischen Westatlantik und in der Karibischen See von Juli bis Oktober, der →*Taifun* im ostasiatischen Teil des Pazifik, der →*Mauritius-Orkan* im SW-Teil des Indischen Ozean und der →*Zyklon* im nördlichen Indischen Ozean auf, während →*„Willy-Willies“* an der NW-Küste Australiens vorkommen. Keinen W. gibt es im Südatlantik und im SO-Teil des Pazifiks.

Wirkungsgrad, der *(efficiency)* Das Verhältnis der zugeführten Energie zur Nutzleistung, z. B. der W. des →*Propellers.* Der W. wird in einer Dezimalzahl ausgedrückt und ist immer kleiner als 1,0.

Witterung, die *(atmospheric conditions)* Der Ablauf der →*meteorologischen* Erscheinungen ohne Beziehung zu einer bestimmten Zeit oder auf mittlere Verhältnisse, zum Beispiel in der →*Witterungsnavigation.* Demgegenüber ist →*Wetter* das Wettergeschehen zu einer bestimmten Zeit (z. B. heute vormittag) oder in einer kurzen Frist (z. B. 24 Stunden) und →*Klima* der Begriff für den durchschnittlichen Ablauf der W. an einem Ort oder in einem Gebiet der Erde.

Witterungsnavigation, die Eine →*meteorologische* Routenplanung über große Distanzen, die ein Schiff in einem Zeitraum von max. 10 Tagen durchsegelt, mit den entsprechenden mittelfristigen →*Wettervorhersagen* für die Bedingungen der →*Witterungsverhältnisse.* Zur W. gehört z. B. die Vermeidung von Schlechtwettergebieten und die Kurswahl unter den günstigsten Windbedingungen entsprechend der aktuellen Wetterprognosen.

WR Offizielle Abk. für →*Wettfahrtregeln Segeln* der →*International Sailing Federation* (→*ISAF)* mit den Zusatzbestimmungen des →*DSV,* des ÖSV und des SSV/USY. Die Periode für die aktuelle Gültigkeit der WR ist durch die anschließenden Jahreszahlen gekennzeichnet, wie z. B. **WR 1997–2000**. Änderungen erfolgen nur nach den →*Olympischen Spielen* und gelten im nachfolgenden Vierjahreszeitraum.

Wrack, das *(wreck)* Ein verloren gegebenes, manövrierunfähiges, nicht mehr einsatzfähiges Schiff, das von seiner →*Besatzung* verlassen und gestrandet oder gesunken ist, bzw. →*treibt.* Wird die →*Schiffahrt* durch ein W. behindert, können die Behörden es als ein Hindernis beseitigen lassen, oder sie müssen es als →*Gefahrenstelle* durch →*Tonnen* nach dem →*Betonnungssystem „A"* genau bezeichnen.

Wrack, sichtbares Wrack *(wreck, wreck always visible)* Zeichen aus →*Karte 1* im Anhang.

Wrackbeseitigung, Wrackbergung, die *(wreck recovery, recovery of wreck)* Ist es nicht möglich, eine →*Yacht* nach der →*Strandung* zu →*bergen,* so daß sie zum →*Wrack* wird, müssen der →*Eigner* bzw. seine Versicherung die Kosten für die W. übernehmen. Nach dem Bundeswasserstraßengesetz ist der Eigner als sogenannter „polizeilicher Störer" grundsätzlich zur W. verpflichtet, damit (gemäß § 3 der Verordnung zu den →*KVR)* „die Sicherheit und Leichtigkeit des Verkehrs gewährleistet ist und kein anderer geschädigt, gefährdet oder mehr, als nach den Umständen unvermeidbar, behindert oder belästigt wird". Für die Kosten der W. gelten jedoch die →*Haftungsbeschränkungen* für maritime Schadenersatzansprüche. Verantwortlich für die W. ist die zuständige Wasser- und Schiffahrtsverwaltung, die als Polizeibehörde zur Gefahrenabwehr auch „in Ersatzvornahme" tätig werden kann, wenn der Eigner das Wrack nicht sofort beseitigt oder beseitigen kann. Bei einer →*Seeversicherung* ist die W. durch den Versicherer meistens eingeschlossen.

Wracktonne, die *(wreck buoy, wreck marking buoy, cardinal mark)* Früher ein schwimmendes →*Seezeichen* zur Kennzeichnung eines →*Wracks.* Nach dem seit 1977 gültigen →*Betonnungssystem „A"* gibt es eine spezielle W. nicht mehr. Natürliche →*Hindernisse* (→*Untiefen)* und andere →*Gefahrenstellen* (wie z. B. ein gesunkenes →*Wrack)* werden einheitlich nach dem →*Kardinalsystem* durch →*Tonnen* (→*Bakentonnen,* →*Leuchttonnen,* →*Spierentonnen* und Stangen) bezeichnet, bei denen das schwarze Doppelkegeltoppzeichen das wichtigste Unterscheidungsmerkmal bei Tage ist.

wriggen, wricken *(to scull)* Ein →*Beiboot* mit →*Riemen,* der am →*Heck* in einer →*Wriggrundsel*

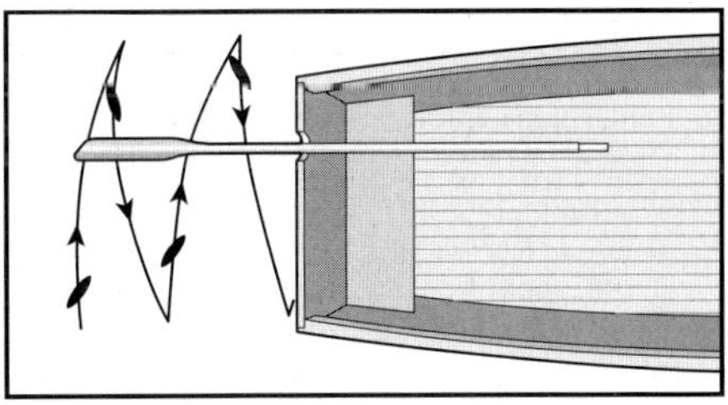

liegt, durch eine seitliche achtförmige Hin- und Herbewegung vorwärts bewegen. Auch Segelboote (→*Jollen)* und Motorboote kann man w.

Wriggrundsel, die *(sculling notch [in the transom])* Eine runde Ausnehmung mittschiffs an Oberkante →*Spiegel,* in die ein →*Riemen* beim

→*Wriggen* eingelegt wird, um als seitliches Widerlager beim Drehen zu dienen, wenn das Riemenblatt bei seinem wechselnden →*Anstellwinkel* im Wasser Schub voraus erzeugt.

Wuhling, Wuling, die *(1. rounding, woolding – 2. crowd)* 1. Das Umwickeln des →*stehenden Gutes,* alter, beschädigter →*Spieren* oder anderer Gegenstände mit →*Tauwerk,* so daß die einzelnen Rundtörns dicht nebeneinander liegen und einen breiten Ring zum Zusammenhalten oder als Schutz gegen →*Schamfilen* bilden. – 2. Ein Durcheinander von Tauwerk, das durch →*Aufschießen* oder →*Aufklaren* in Ordnung gebracht wird oder ein Gedränge von Personen, Booten o. ä. Ein falscher, nicht erkennbarer Knoten wird auch als W.-Stek bezeichnet.

Wuhlingstek, der *(lubber's bend, crowd of ropes)* Ein →*Knoten,* der nicht →*seemännisch* geschlagen ist und daher nicht halten kann.

Wulstbug, der *(bulb bow)* Eine profilierte Verlängerung des Unterwasserschiffes unter dem

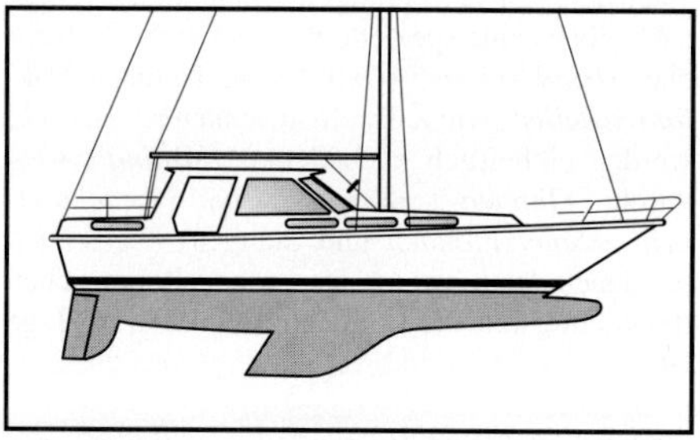

→*Bug.* Der W. verursacht eine Welle kurz vor dem Bug, die bei einer bestimmten →*Fahrt* die ungünstigsten Einflüsse der eigentlichen →*Bugwelle* vermindert. Bei den Fahrzeugen der →*Schiffahrt* und einer konstanten →*ökonomischen Fahrt* hat sich der W. als vorteilhaft erwiesen und weltweit durchgesetzt. Bei einer →*Yacht* mit wechselnder Fahrt und →*Krängung* hat sich der W. hingegen nicht vorteilhaft bewährt. Ein →*Motorsegler* mit W. ist z. B. die in kleinen Serien gebaute „Elvström 38“ (Abb.): Lüa 11,14 m, Büa 3,50 m, Tiefgang 1,50 m, Verdrängung 5,3 t, Segelfläche 54 m², Antrieb 75 PS Diesel.

Wulstkiel, der *(bulb keel)* Eine →*Kielflosse,* an deren Unterkante der →*Kielballast* aus Blei oder Eisen in Form eines Wulstprofiles befestigt ist, z. B. bei den Rennkielyachten →*„Tempest“* und →*„Starboot“.*

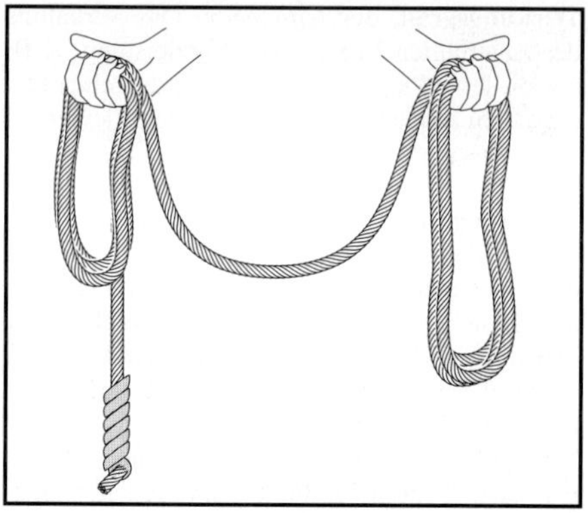

Wurfleine, die *(heaving line)* Dünne, →*lehnige Leine,* die beim →*Anlegen* oder einem anderen →*Manöver* zum Überbrücken größerer Entfernungen und zur Übergabe von →*Festmachern,* →*Schlepptrossen* o. ä. dient. Dabei ist ein →*Tampen* mit einem Wurfleinenknoten oder einem kleinen Sandbeutel beschwert und der andere Tampen an der Leine belegt, die übergeben werden soll. In der Wurfhand werden mehrere kleine Buchten, in der zweiten Hand mehrere größere →*klar zum Laufen* →*aufgeschossen.* Dann werden Wurfbeutel und kleine Buchten mit weitem Schwung geschleudert und die großen Buchten mit der anderen Hand gleichzeitig hinterher geworfen, so daß die W. in der Luft auf ihre volle Länge →*ausrauschen* und den Empfänger erreichen kann.

X

X = X-ray (Aussprache: ex-reh)

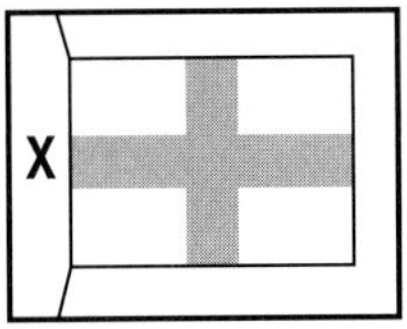

Internationales Buchstaben-Signal, weiß mit blauem Balkenkreuz. Bedeutung: „Unterbrechen Sie Ihr gegenwärtiges Vorhaben (Manöver) und achten Sie auf meine Signale.“ Morsen: – · · – (lang – kurz – kurz – lang). Beim →*Rennsegeln* nach den →*Wettfahrtregeln:* Einzelrückruf.

X-Schiene, die Eine x-förmige →*Leitschiene,* auf der ein →*Großschotwagen* oder →*Traveller* auch unter Belastung gut und leicht laufen kann, weil die Last immer auf mehrere, sich in unterschiedlichen Ebenen drehende Rollen verteilt ist und sich der Wagen daher nicht verkanten kann. Hauptsächlich für die Führung der →*Großschot* benutzt.

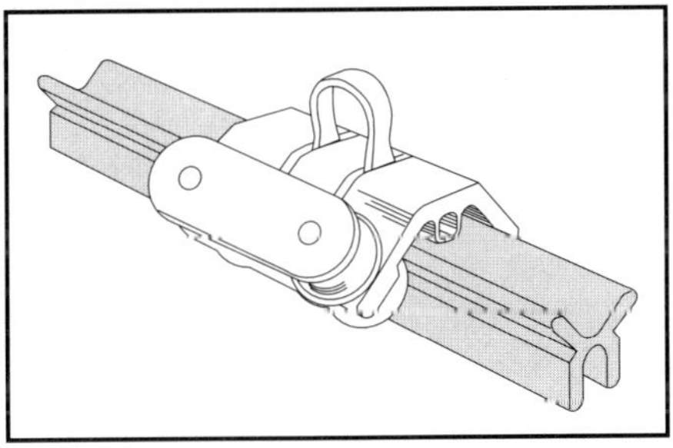

X

Y

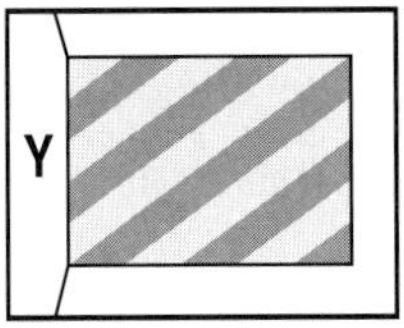

Y = Yankee (Aussprache: jen-ki) Internationales Buchstaben-Signal, gelb-rot diagonal gestreift, Bedeutung: „Ich treibe vor Anker." Morsen: – • – – (lang – kurz – lang – lang). Beim →*Rennsegeln* nach den →*Wettfahrtregeln:* Schwimmwesten sind zu tragen.

Yacht, die (Jacht, die) *(yacht)* Ein Wasserfahrzeug, das nicht dem Handelsverkehr, sondern ausschließlich dem Vergnügen, dem Sport oder der Repräsentation dient. Eine Y. unterscheidet sich praktisch und juristisch von einem →*Schiff,* das als Fahrgast-, Tankschiff o. ä. dem Handel dient, einem Fischereifahrzeug, das für den Fischfang, und einem Kriegsschiff, das für den Truppentransport oder die Landesverteidigung benutzt wird, wie es auch im →*Internationalen Schiffssicherheitsvertrag* definiert und in den →*SOLAS-Vorschriften* bestimmt ist. Nach den →*KVR* gehört eine Y. in die Gruppe der →*Fahrzeuge* von weniger als 12 m bzw. 20 m Länge oder gilt als →*Segelfahrzeug* und genießt entsprechende Erleichterungen in der →*Lichterführung* sowie in der Ausrüstung und Benutzung von →*Signalkörpern.* Fahrten mit einer Y. gehören zum Bereich der →*Sportschiffahrt,* die ein Segler mit einem →*Sportboot* betreibt. Im engeren Sinne versteht man darunter →*Segelyachten* und →*Motoryachten,* aber zwangsläufig auch →*Yachtbeiboote.* Der Begriff umfaßt also →*Jollen* und →*Schwertboote,* →*Kielyachten* und →*Seekreuzer* sowie spezielle Typen wie →*Motorsegler,* →*Fifty-Fifty* u. a. gleichermaßen. Im Rahmen des Sportes erfolgt nur eine Abgrenzung gegenüber dem (Renn-)Rudern und dem Paddeln mit Kajak und Kanadier; die Sportfahrzeuge dieser Sparten werden nicht als Y. bezeichnet.

Yacht, die (historisch) Ein kleines →*Segelschiff* im ausgehenden Mittelalter, das als Schnellsegler für die Nachrichtenübermittlung, als Fahrzeug von Piraten und Schmugglern sowie als Polizeifahrzeug diente. In der Kauffahrteischiffahrt wur-

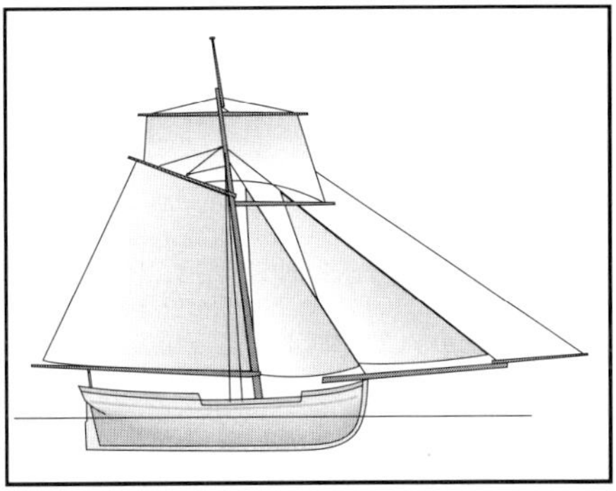

de daraus ein kleiner Küstensegler, der vor allem in Holland mit rundem Steven, →*Plattgattheck* und später mit →*Seitenschwertern* gebaut wurde. Aus den Begriffen „Jageschiff" oder „Jagt" wurde „Jachtschiff" bzw. „Jacht", in der heute noch in einigen Ländern üblichen Schreibweise, die in Deutschland im Sinne der Übernahme von Anglismen in „Yacht" umgeformt wurde. Die europäischen Seefahrernationen der Niederländer und Engländer stellten auch die ersten „Yachtsegler", während die Wiege des deutschen Yachtsportes in Königsberg (Ostpreußen) steht, wo 1855 der erste Segelklub „Rhe" gegründet wurde.

Yachtanker, der *(yacht anchor)* Ein →*Stockanker* mit zum Eingraben günstigeren, schlanken

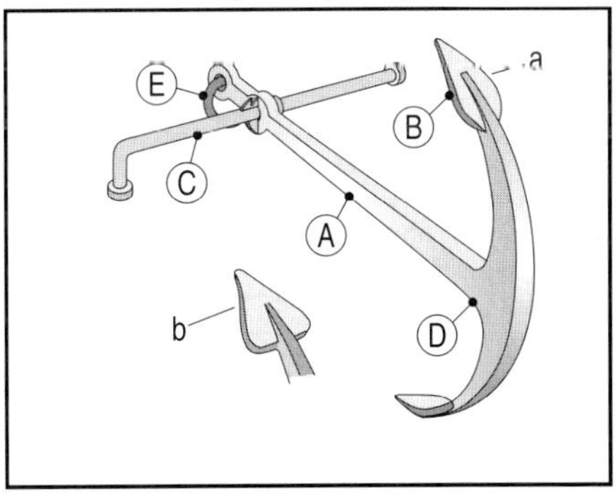

Flunken (a), die dennoch großflächiger als die ursprünglichen breiten Flunken (b) des in der Berufsschiffahrt benutzten Stockankers sind. Seine

Teile heißen Schaft (A), Flunke(n) (B), Stock (C), Kreuz (D) und Ring (E).

Yachtbau-Nomenklatur, die *(nomenclature of yacht construction, technical terms of yacht design)* Ein Auszug der Y.-N., dem Verzeichnis der nach der International Towing Tank Conference 1976 vereinbarten Standard-Symbole für Bau und →*Konstruktion* einer →*Yacht* mit den auch für EDV verwendbaren Abkürzungen ist im →*Anhang* abgedruckt.

Yachtbeiboot, das *(tender)* Ein →*Beiboot* aus →*GFK* oder ein →*Schlauchboot,* das zur Ausrüstung einer (größeren) →*Yacht* gehört und mit deren Namen gekennzeichnet ist, z. B. „Beiboot für CORMORAN", bei Auslandsfahrten besser englisch „Tender to CORMORAN". Ein B. kann mit einem →*Riemen* durch →*Wriggen,* mit zwei Riemen durch →*Pullen,* mit →*Segeln* und/oder durch einen →*Außenbordmotor* angetrieben werden.

Yachtfunkdienst, siehe →*Jachtfunkdienst.*

Yachtentwurf, der *(yacht design)* Der →*Entwurf* einer →*Yacht* beginnt mit der Festlegung von Grunddaten, die als →*Kennwerte* oder Verhältniswerte gegeben werden, z. B. dem →*Kennwert Wasserlinienlänge zu Bootsbreite*, dem →*K. Segelfläche zu Verdrängung* und anderen. Daraus ergeben sich die →*Hauptabmessungen* mit dem →*Riß* und dem →*Segelriß* der Yacht und schließlich ihre →*Konstruktion* in allen Einzelteilen, ehe mit dem eigentlichen Bau begonnen wird.

Yachtheck, das *(yacht stern)* Eine →*Heckform* mit langem Überhang und einer bis zum schmalen →*Spiegel* reichenden extrem breiten Decksfläche. Durch ein Y. kann ein Boot zwar in bewegtem Wasser seine →*Schwimmwasserlinie* günstig verlängern und auch beim →*Krängen* günstigen →*Reserveauftrieb* erhalten. Im Seegang sind diese an →*Bug* und →*Heck* gleichermaßen überhängenden Enden mit einer möglichen →*Kieldurchbuchtung* jedoch gefährlich, so daß man vom konventionellen Yachtheck (1), wie er am extremsten bei den →*Schärenkreuzern* ausgenutzt wurde, zum verkürzten oder abgeschnittenen Y. (2) bei →*Seekreuzern* gelangte, das oft mit einfallendem oder →*negativem Spiegel* abgeschlossen wird.

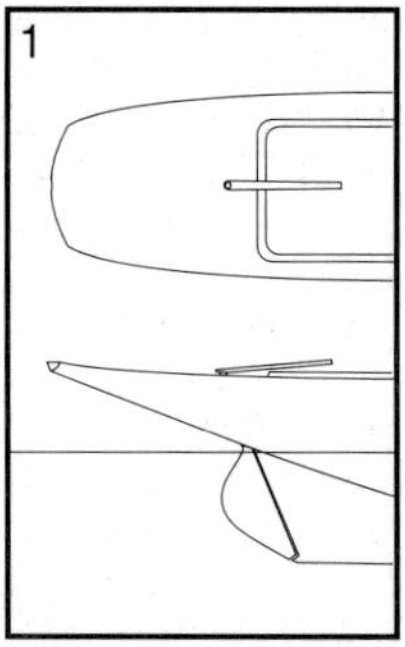
1

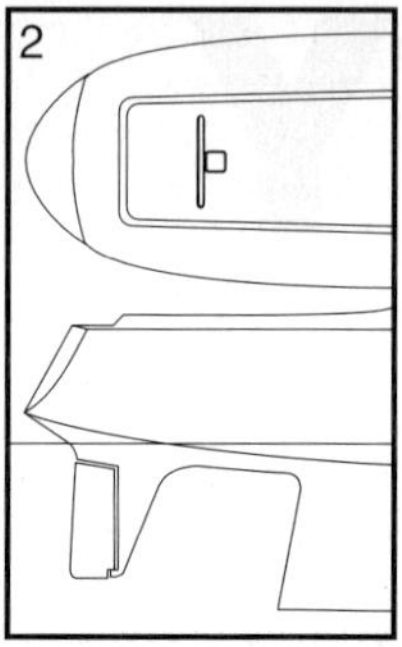
2

Yachtie, der *(engl.)* Im Seglerjargon abfälliger Ausdruck für 1. einen Aussteiger auf oder mit einer →*Yacht,* der ständig mit zu geringem Einkommen an →*Bord* lebt, seinen Lebensunterhalt mit Arbeit auf anderen Yachten oder sogar mit fragwürdigen Geschäften verdient, im Gegensatz zu einem →*Fahrtensegler* auf einer →*Langfahrtyacht* (*cruising yachtsman*). – 2. Ein überheblicher oder unerfahrener Yachtskipper bzw. Eigner – im Gegensatz zu einem Sportsegler (*yachtsman, yachtsmaster, skipper*).

Yachtlog, das *(electronic log, impeller log, Venturi-type log)* Neuzeitlicher →*Fahrtmesser* für →*Yachten,* der als →*Staudruckmesser* arbeitet

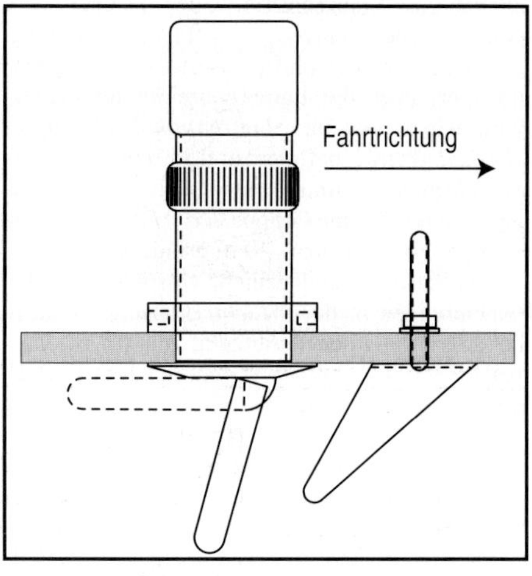

(→Speedometer), als →*Bootstachometer* einen vom Fahrtstrom angetriebenen Propeller benutzt (→*Sumlog)* oder die Fahrtgeschwindigkeit mit einem Meßfühler unter dem Bootsboden elektrisch oder elektronisch registriert (Abb.), im Gegensatz zum →*Relingslog,* →*Schlepplog* und →*Dopplerlog.*

Yachtreede, die *(roadstead for yachts)* Eine →*Reede,* die der ausschließlichen Benutzung von →*Yachten* vorbehalten ist. Sie liegt im allgemeinen abseits des →*Fahrwassers,* auf einer geschützten Wasserfläche in der Nähe eines →*Hafens* oder einer allseitig von Land umschlossenen →*Bucht* mit →*Wassertiefen* bis 10 m und gutem →*Ankergrund.* Hier können auch →*Bojen* zum →*Festmachen* (gegen entsprechendes →*Liegegeld)* ausgelegt sein. Eine →*Yacht* unter 12 m →*Länge* muß auf einer Y. nach der →*SeeSchStrO* weder →*Ankerball* noch Ankerlicht setzen.

Yachtregister, das *(yacht's register)* Die Zusammenfassung aller vom →*DSV* registrierten und betreuten →*Klassenboote,* →*Ausgleicher* und unvermessenen Boote mit Angaben über den →*Eigner,* den Bootstyp, die Abmessungen, die Motornummer u. a. Hinzu kommt eine Registriernummer. Im Gegensatz zum →*Flaggenregister* und →*Schiffsregister* hat das Y. vorwiegend interne Bedeutung für den →*Segelsport.*

Yachtstellung, die Eine starre, genau definierte Stellung des →*Radarreflektors* auf dem Mast, bei

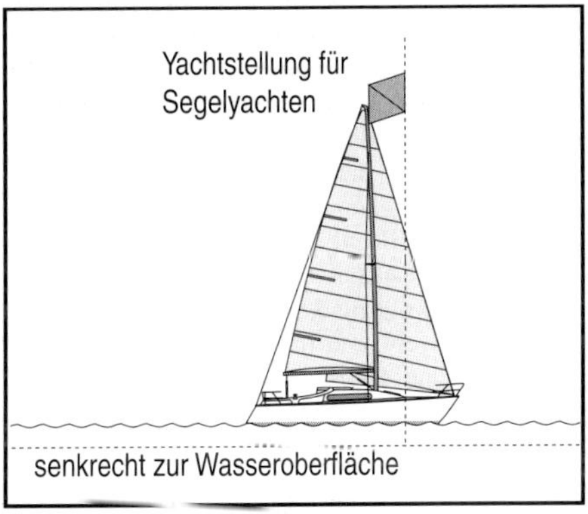

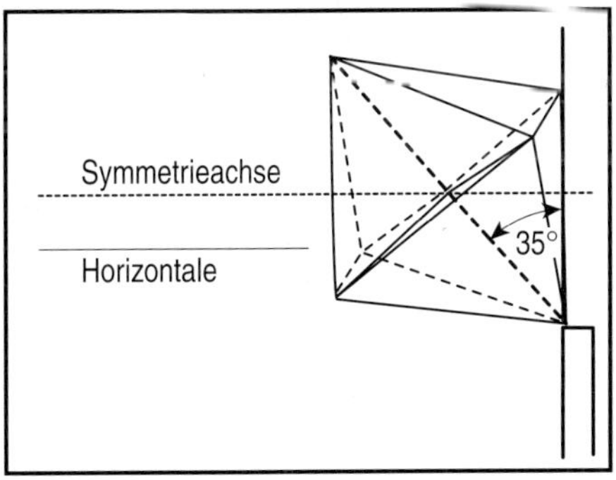

der die optimale Reflexion nach →*voraus* und →*achteraus* gerichtet ist und die seitlichen Winkelspiegel nur die Reflexion des →*stehenden Gutes* unterstützen. Damit die Hauptrückstrahlrichtung nach →*voraus* und →*achteraus* liegt, ist ein →*Tripel-Spiegel* mit seiner Symmetrieachse parallel zur Wasseroberfläche ausgerichtet. Die Achse des Oktaeder-Reflektors bildet dabei einen Winkel von 35° zur Senkrechten, und die Symmetrieachse des Tripel-Spiegels ist dabei auf den →*Horizont* gerichtet (Abb.).

Yachtsteven, der Eine moderne Form des →*Löffelbugs,* bei der die Wasserlinie so weit wie möglich nach vorn verlängert wird und das →*Vorschiff* durch den somit gewonnenen →*Reserveauftrieb* bis zur Höhe des →*Decks* viel scharfkantiger und schnittiger als bei einem Löffelbug geformt werden kann.

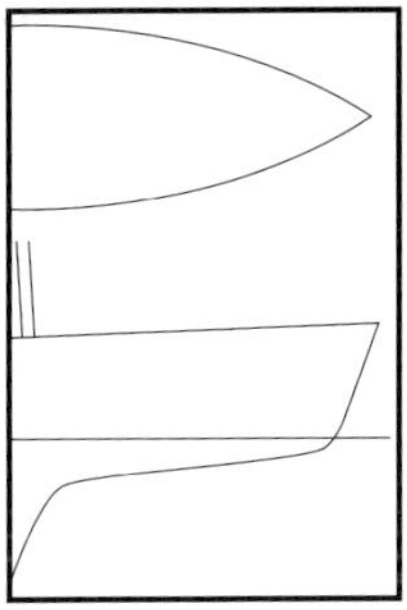

Yachttauwerk, das *(yacht rope)* Ein besonders griffiges, →*lehniges* und meistens vorgerecktes →*Tauwerk* aus →*Polyester-,* →*Polyamid-* und →*Polypropylenfasern* für die besonderen Bedingungen, die auf einer →*Yacht* an →*Fallen,* →*Schoten,* →*Festmacher* und andere →*Leinen* und →*Trossen* gestellt werden müssen.

Yacht WC, das *(lavatory, toilet)* Siehe →*Toilettenanlage.*

Yacht-Zertifikat, das *(yacht certificate)* Die Ausgabe des Y.-Z. wurde am 1. 1. 1989 eingestellt. Statt dessen wird das →*Flaggenzertifikat* und das →*Schiffszertifikat* erteilt.

Yard, das (engl.) Britisches Längenmaß: 1 Yard = 0,914 m. Mit Y. wird z. B. bei der Kennzeichnung von →*Segeltuchgewicht* gearbeitet.

Yardstick-System, das *(yardstick system).* Eine →*Zeitvergütung* mit einem empirisch gewonnenen →*Rennwertfaktor,* der als →*Yardstick-Zahl* für eine Vorgabe „Zeit pro Entfernung" leicht vergleichbar angegeben ist, so daß eine zusätzliche →*Vermessung* entfallen kann. Das Y.-S. wurde erstmalig 1951 in Portsmouth angewandt, um Boote bekannter →*nationaler* und →*internationaler Klassen* in einem gemeinsamen Rennen miteinander zu vergleichen, in dem sie als →*Ausgleichsklassen* segelten. Nach ständiger, jahrzehntelanger Beobachtung aller Wettfahrtzeiten in den verbreitetsten Klassen erhält eine schnelle Jolle eine niedrige und eine langsame Jolle eine hohe Sollzahl. Nach der Formel

$$\frac{\text{gesegelte Zeit (in Minuten) x 100}}{\text{Yardstick-Zahl}}$$

= berechnete Zeit

wird der Ausgleich vorgenommen. Die Langstone-Ausgleichstafel erlaubt das schnelle Aufsuchen der berechneten Zeiten nach der Yardstick-Zahl und den gesegelten Zeiten. So bedeutet z. B. die Yardstick-Zahl „94" für den „Flying Dutchman" im Vergleich mit der Zahl „110" für das „Finn-Dinghy", daß der FD 94 Minuten für die gleiche Strecke benötigen muß, die das Finn in 110 Minuten durchsegelt hat – und umgekehrt. Das Y.-S. ist auch eine vom →*Deutschen Segler-Verband* anerkannte Ausgleichsmethode.

Yardstick-Zahl, die *(yardstick number)* Die Soll- oder Vergleichszahl im →*Yardstick-System.* Es gibt „endgültige" Yardstick-Zahlen, die sich durch ausreichende und langjährige Erfahrungen sowie Erprobungen auf vielen Revieren der Welt als so richtig erwiesen haben, daß sie keiner Korrektur mehr bedürfen. Demgegenüber bedeutet eine „vorläufige" Y.-Z., daß sie wohl langjährig und gut erprobt ist, aber geringfügige Korrekturen dennoch möglich sind. Der →*DSV* führt in seiner Liste zum →*Regattasegeln* nach dem →*Yardstick-System* ca. 1000 →*Klassen* mit den aktuellen Yardstick-Zahlen. Interessenten können sie dort anfordern. Sie erhalten dazu Hinweise für die Ermittlung der berechneten aus der gesegelten Zeit mit dem Taschenrechner, die Berechnung einer Zeitvergütung in Abhängigkeit von der Länge der →*Bahn,* alle Sonderbestimmungen der Segelführung und die empfohlene Variante eines →*Starts,* den sog. „Känguruh-Start".

Yawl, die *(yawl)* Ein →*Eineinhalbmaster* mit →*Schratsegeln,* bei dem der auch „Treiber" oder „Trimmer" genannte →*Besanmast* wesentlich kleiner (max. 50 % der Höhe des →*Großmastes)* als bei einer →*Ketsch* ist und **hinter** dem →*Ruder* steht. Bei der Prüfung eines →*Linienrisses* wird man sich dazu auf die Position von →*Ruderblatt* und →*Ruderschaft,* beim Ansprechen eines segelnden Bootes auf den Platz des →*Rudergängers* beziehen müssen, wenn der Besan keine treffende Kennzeichnung erlaubt. In der alten →*RORC-Formel* wurde zum Bewerten der →*Riggvorteile* einer Y. auch die →*Konstruktionswasserlinie* herangezogen. Danach galt als Y., wenn der Besan „außerhalb der KWL" stand, exakt: wenn seine Vorderkante hinter dem achtersten Punkt der KWL lag. Diese Spitzfindigkeit gab es nach der früheren →*IOR-Formel* nicht mehr. Hier galt jede

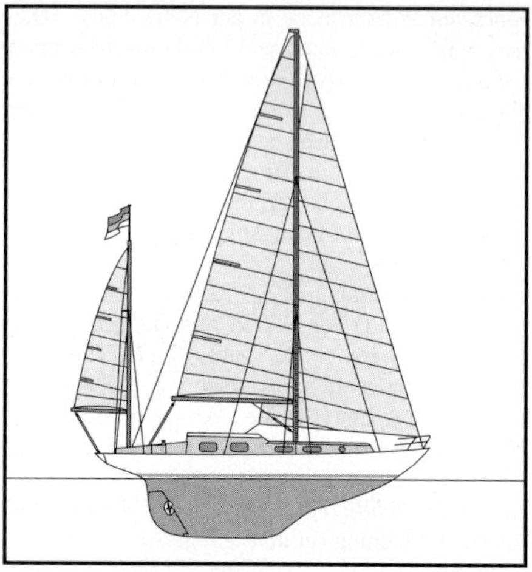

Yacht, deren achterster Mast kleiner als der vordere ist, als Y., und entsprechend blieb jede Yacht, deren achterster Mast größer als der vordere ist, ein →*Schuner.* Der Begriff →*Ketsch* kam in der früheren IOR-Formel nicht vor. Der Vorteil einer Y.: Bei leichtem Wind eine für das →*Richtungsgleichgewicht* günstige zusätzliche Segelfläche weit →*achtern,* die bei einer →*Vollzeugbrise* (wenn der →*Segeldruckpunkt* weiter nach vorn wandert) schnell und einfach geborgen werden kann; ein →*Besanstagsegel* läßt sich auf →*raumen Kursen* zusätzlich fahren; beim Einlaufen unter Segeln und in schwerem Wetter kann das Boot ohne →*Großsegel* nur mit →*Vorsegel* und Besan manövrieren.

YRF-System, das *(yacht rating factor system)* Eine →*Zeitvergütung* nach dem →*Rennwertfaktor* mit einer Vorgabe „Zeit pro Entfernung".

Z

Z = Zulu Internationales Buchstabensignal, schwarz–gelb–blau–rot. Bedeutung: „Ich benötige einen Schlepper." Morsen: – – • • (lang – lang – kurz – kurz). Beim →*Rennsegeln* nach den →*Wettfahrtregeln:* Regel 30.2 (Z-Flaggenregel) ist in Kraft.

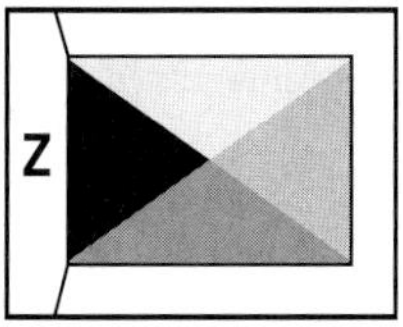

Z-Drehung, die *(z-direction of twist)* Drehungsrichtung beim →*Verseilen,* siehe →*S-Drehung und Z-Drehung.*

Zahlenwimpel, der *(numeral pendant)* Ein →*Wimpel* unterschiedlicher farbiger Kennzeichnung, mit dem man nach dem →*Flaggenalphabet* die Ziffern 1 bis 9 und 0 als →*Flaggensignal* übermitteln kann. Z. unter einem →*Antwortwimpel* bedeuten nach den →*WR* die Verschiebung des →*Starts* um die betreffende Anzahl von Stunden.

Zedern-Holz, das *(cedar wood)* Vornehmlich als „weiße" Zeder bezeichnetes →*Massivholz* mit einem geringen →*spezifischen Gewicht* von 0,40 bis 0,67, das hauptsächlich zur Beplankung von Rennjollen benutzt wurde. Es ist leicht zu bearbeiten, astrein und dauerhafter als die verwandte europäische Kiefer.

Zeichen und Abkürzungen in der Seekarte, die *(symbols and abbreviations of charts)* Auszug aus Karte 1 (INT 1) im Anhang.

Zeiser, Zeising, Seising, der *(tyer, stop, seizing)* Kurze Enden von →*Tauwerk,* Bänder oder vernähte Streifen →*Segeltuch,* mit denen sich ein aufgetuchtes Segel nach dem →*Bergen* oder vor dem →*Setzen* so „zeisen" (festschnüren, zusammenbinden) läßt, daß der Wind es nicht hochwehen kann. Auch →*Reißgarn,* →*Reißgummi* o. ä. kann als Z. benutzt werden, wenn ein Segel (z. B. der →*Spinnaker)* aufgetucht gesetzt und dann erst →*ausgerissen* werden soll.

Zeit, die *(time)* 1. Als Zeitdauer bzw. Zeitintervall ist die →*Sekunde* eine →*Basiseinheit* des →*Internationalen Einheitensystems.* Daher wird die Dauer z. B. einer →*Reise* o. ä. in Tagen (d), Stunden (h), Minuten (min) und Sekunden (s) angegeben. – 2. Als Zeitangabe die Uhrzeit, die im allgemeinen nur in Stunden und Minuten angegeben und mit (einheitlich) 4 Ziffern geschrieben wird, um z. B. den Zeitpunkt von →*Peilungen,* eines →*Schiffsortes* o. ä. zu kennzeichnen. So bedeutet z. B. 09.07 oder 0907 neun Uhr und sieben Minuten (am Vormittag), auf eine jeweilige gesetzliche Z. bezogen. – 3. Diese Zeitangabe bedarf einer ergänzenden Kennzeichnung: Beispielsweise als →*koordinierte Weltzeit (*UTC), die Grundlage der Zeitsignalaussendungen und der →*gesetzlichen Zeit* (GZ) ist, oder der →*Weltzeit eins* (UT 1), die als Zeitargument in Jahrbüchern der →*astronomischen Navigation* dient. (Bis Ende 1982 wurden beide Zeitbenennungen als →*Mittlere Greenwicher Zeit* (MGZ) zusammengefaßt.) Andere für die →*Navigation* gebräuchliche Zeitbegriffe sind →*wahre Ortszeit* (WOZ), →*mittlere Ortszeit* (MOZ), →*Zeitgleichung,* →*Bordzeit* und →*Zeitunterschied.* Die Schreibweise ist unter →*Zeitangabe* erläutert.

Zeitangabe, die *(Schreibweise).* Die übliche Schreibweise der →*Bordzeit* im →*Logbuch* und auf der →*Seekarte* erfolgt grundsätzlich vierstellig und vereinfacht ohne Sekundenangaben, auf die Minute genau. Beispiel 0415 = 4 Uhr 15 Minuten. Genauere Zeitpunkte sind mit zweistelligen Bezeichnungen für Minuten und Sekunden anzugeben. Beispiel: 10.04.27 Uhr. Gegebenenfalls darf das Wort „Uhr" weggelassen werden. – Eine Zeitspanne wird mit den Abkürzungen „h", „min" und „s" angegeben. Beispiele: Auf die Stunde genau: 4 h. – Auf die Minute genau: 4 h 33 min. – Auf die Sekunde genau: 4 h 33 min 08 s. – In Rechenschemata (beispielsweise der →*astronomischen Navigation)* sind auch andere Schreibweisen von Zeitpunkten und Zeitspannen zulässig: Beispiel: 13 – 43 – 19. Sowohl für 13.43.19 Uhr als auch 13 h 43 min 19 s.

Zeitberichtigungsfaktor, der *(time-multiplying factor, TMF)* Eine →*Zeitvergütung* z. B. nach der früheren →*IOR-Formel* mit einer Vorgabe Zeit pro Zeit, die den →*Rennwert* des Bootes und zwei empirische Konstanten enthielt. Aus einer verbesserten, seit 1.1.86 gültigen Formel ergab sich ein vierstelliger Z., der mit der →*gesegelten Zeit* multipliziert wurde, um die →*berechnete Zeit* zu erhalten. Eine Vergütung Zeit pro Zeit kann erst nach dem Zieldurchgang ausgerechnet werden und bevorzugt insbesondere bei leichtem Wetter und geringen Geschwindigkeiten die kleineren Boote. Nach →*IMS* arbeitet man jetzt mit einem →*Handicap.*

Zeitgleichung, die *(time equation)* Der Unterschied zwischen der →*wahren* und der →*mittleren Sonnenzeit,* der sich durch die ungleichmäßige Bahn der Erde um die Sonne ergibt. In den Monaten Dezember, April, Juni und September fallen beide Zeitmaße zusammen (Abb.), doch wechselt dabei die Z. (nautisch auch als „e" bezeichnet) viermal das Vorzeichen. Ihren größten positiven Wert mit 14 min 20 s erreicht die Z. am 12. Februar, den größten negativen Wert von minus 16 min 25 s am 3. November. Die Z. ist bei einem →*Schattenazimut* zur astronomischen Kompaßkontrolle zu beachten und kann aus dem →*Nautischen Jahrbuch* entnommen werden.

Zeitunterschied, der *(difference of time)* In Zeitmaßen ausgedrückter →*Längenunterschied* zwischen 2 Orten, der bei ostwärtigen Kursen zu addieren, bei westwärtigen zu subtrahieren ist. Dabei zählt

1h = 15° Länge
1 min = 15' Länge
1 s = 15" Länge
1° Länge = 4 min
1' Länge = 4 s

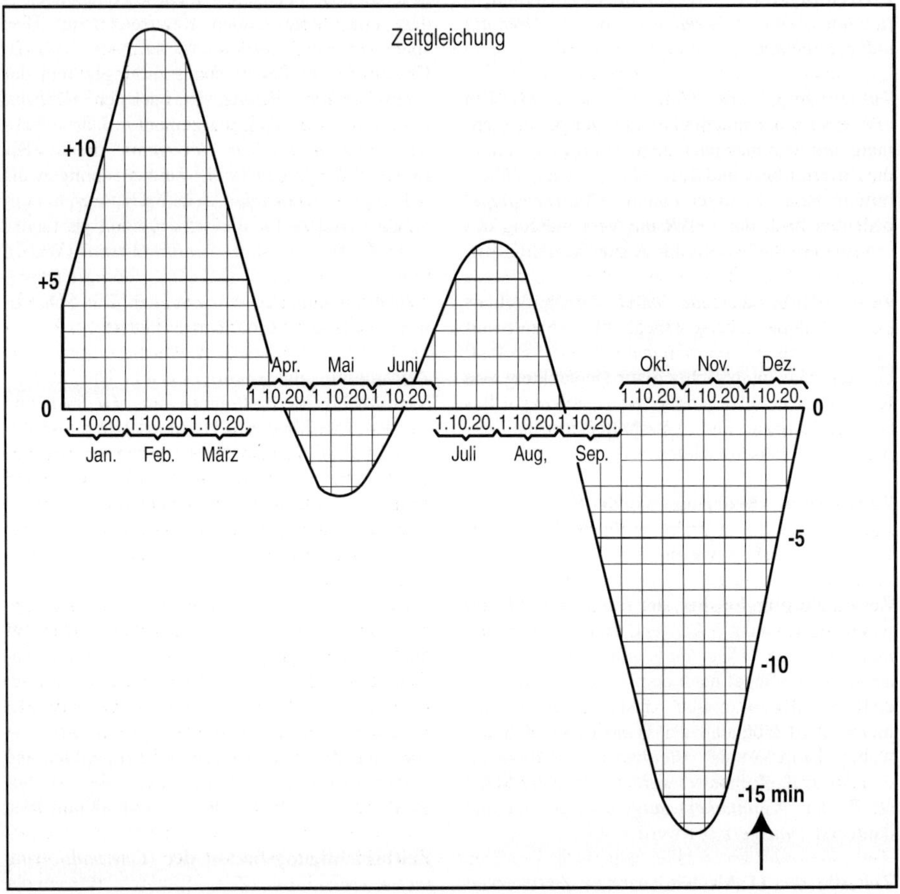

Der Z. hat hauptsächlich →*nautische* Bedeutung, weil im täglichen Leben alle Orte zu →*Zeitzonen* gehören.

Zeitunterschied der Gezeit, der *(time difference at secondary port)* Der Unterschied zwischen →*Hochwasserzeit* bzw. →*Niedrigwasserzeit* am →*Anschlußort* und →*Hochwasserzeit* bzw. →*Niedrigwasserzeit* am →*Bezugsort.*

Zeitvergütung, die *(correction of time)* Mit der →*Vermessung* eines Bootes in einer →*Ausgleichsklasse,* z. B. nach der früheren →*IOR-Formel,* war nur der →*Rennwert,* aber keine Handhabe gegeben, die in einer →*Regatta* von Booten unterschiedlicher →*Rennwerte* →*gesegelten Zeiten* miteinander zu vergleichen und sie in →*berechnete Zeiten* zur Bewertung der seglerischen Leistung zu verwandeln. Dieser Ausgleich erfolgte durch Z., die entweder als →*Zeitberichtigungsfaktor* für die Vorgabe Zeit pro Zeit, oder als →*Rennwertfaktor* für eine Vorgabe Zeit pro Entfernung (z. B. durch die →*Yardstick-Tabelle)* gegeben wurde. Nach →*IMS* vermessene Yachten erhalten ein umfassendes →*Handicap* mit ihren theoretischen Geschwindigkeiten für eine Z. untereinander.

Zeitwert, der *(replacement value)* Bei einer →*Kasko-Versicherung* der Wiederbeschaffungspreis für gleichartige neue Sachen, vermindert um einen dem Zustand (Alter und Abnutzung) entsprechenden Abzug zuzüglich etwaiger Werterhöhung durch nachträgliche Einbauten, Zusatzausrüstung oder ähnliches. Es empfiehlt sich, eine feste Taxe nach dem →*Neuwert* abzuschließen und den Z. nur zu dessen Kalkulation zu verwenden.

Zeitzeichen, das *(time signal)* Von Rundfunksendern ausgestrahlte Signale, die jeweils zur vollen Stunde die →*Zonenzeit* zur Chronometerkontrolle oder zum Einstellen der Borduhren geben. Angaben über Z. enthalten der →*Nautische Funkdienst* und der →*Jachtfunkdienst.*

Zeitzone, die *(time zone)* Das Gebiet im Bereich eines 15°-Meridians, in dem für alle Orte die gleiche →*Zonenzeit* als →*gesetzliche Zeit* gilt. In Deutschland gilt die →*MEZ* für den →*Meridian* 15° E.

Zeltplatz *(camping site)* Zeichen in der Seekarte, siehe →*Karte 1* im Anhang.

Zenit, der *(zenith)* Der genau senkrecht über dem Beobachter liegende höchste Punkt der Himmelskugel. Der andere Endpunkt des vom Beobachter zum Erdmittelpunkt gefällten Lotes heißt →*Nadir,* siehe →*sphärisch-astronomisches Grunddreieck.*

Zenitdistanz, die *(zenith distance, coaltitude)* Eine Seite im →*sphärisch-astronomischen Grunddreieck.* Der Bogen eines Vertikalkreises, gemessen vom Gestirn bis zum →*Zenit,* oder das Komplement zur →*Höhe eines Gestirns.*

Zentimeterwelle, die (SHF) *(super high frequency)* Elektromagnetische oder Funkwelle der Frequenz 3000 bis 30000 MHz (3 bis 30 GHz) bzw. der Wellenlänge 10 bis 1 cm, die vorwiegend für →*Radargeräte* in der →*Schiffahrt* benutzt wird.

Zentrifugalkraft, die *(centrifugal force)* Bei einem rotierenden Körper die nach außen gerichtete oder Fliehkraft der Massenteile, die z. B. für die →*Gezeiten,* den auf der Nord- und Südhalbkugel unterschiedlichen Drehsinn der Luftströmungen in einem →*Tief* und →*Hoch,* für die →*Corioliskraft* und die konstante Windrichtung im →*planetarischen Windsystem* sorgt. Die →*Zentripedalkraft* ist die nach innen gerichtete Gegenkraft.

Zentripedalkraft, die *(centripedal force)* Die der →*Zentrifugalkraft* entgegenwirkende, auf das Zentrum der Drehung gerichtete Kraft.

Zerschellen *(to split, to stave, to be wrecked)* Im Gegensatz zum →*Stranden,* bei dem ein (auch beschädigter) Bootsrumpf meistens durch →*Bergen* gerettet werden kann, das Zerbrechen des Fahrzeugs in Stücke und sein Totalverlust. Z. kommt vom mittelhochdeutschen *schellen* = schallend auseinanderbrechen. Ein Boot kann bzw. muß zwangsläufig z., wenn es (z. B. nach einer →*Havarie*) von Wind und See an eine →*Küste* getrieben und vor dessen →*Ufer* festgehalten wird, wo die →*Wassertiefe* größer als sein →*Tiefgang* ist. Gefahr zum Z. besteht vor allem an Felsenküsten bzw. -ufern, an Steilküsten bzw. -ufern, aber auch bei einer →*Strandung* auf einem →*Riff* oder einer →*Klippe.* Nach dem Z. gibt es kein Wrack mehr.

Ziel, das *(1. destination, 2. target, 3. finishing line)* 1. In der üblichen Wortbedeutung und allgemein im →*Fahrtensegeln* der Endpunkt einer →*Fahrt,* der Bestimmungsort einer →*Reise.* – 2.

In der →*Radarnavigation* ein geortetes Objekt, das die ausgestrahlte Energie reflektiert und ein Echo auf dem Bildschirm erzeugt. Sinngemäß im Seekrieg ein Gegner, auf den die Geschütze gerichtet werden. – 3. Beim →*Rennsegeln* der Endpunkt einer →*Wettfahrt,* die →*Ziellinie.*

Zieldurchgang, der *(finishing)* Bei einer →*Wettfahrt* der Zeitpunkt, in dem eine →*Yacht* mit irgendeinem Teil ihres →*Rumpfes* oder ihrer Ausrüstung bzw. Besatzung die →*Ziellinie* aus der Richtung der letzten →*Bahnmarke* kreuzt. Der Z. wird von der →*Wettfahrtleitung* durch ein →*Schallsignal* (z. B. mit dem →*Nebelhorn*) bestätigt.

Zielfahrt, die *(homing)* In der →*Funknavigation* die direkte Ansteuerung einer →*Seenotfunkboje.* In der →*elektronischen Navigation* die Zufahrt auf einen →*Wegpunkt.* Mit →*Radar* das Anlaufen eines →*Radartransponders* (→*SART*) in einer →*INMARSAT-EPIRB.* Eine Z. kann auch die Annäherung an ein Consolfunkfeuer auf einem Leitstrahl sein. Die gesendete Funkstandlinie wird dann zur →*Kurslinie.*

Ziellinie, die *(finishing line)* Das →*Ziel* einer →*Wettfahrt,* entweder als Linie zwischen 2 →*Bahnmarken,* in einer →*Deckpeilung* oder zwischen einer Bahnmarke und dem als Zielschiff ausgelegten Boot der Wettfahrtleitung bzw. einer →*Boje* und dem Ufer. Die Z. muß den Bestimmungen der →*WR* entsprechen und den Bedingungen des →*Zieldurchgangs* gemäß erreicht werden.

Zimmermannsstek, der *(timber hitch)* Ein →*Stek* zum →*Anstecken* eines →*Endes* an Balken oder →*Spieren,* auch →*Balkenstek* genannt.

Zinkanode, die *(zink anode, sacrifical anode)* Eine →*Opferanode* zum Schutz von →*Propeller,* →*Ruderblatt,* →*Stevenrohr* und →*Schwanzwelle* am →*Unterwasserschiff* gegen →*Korrosion.* Eine Z. enthält kontrollierte geringe Zugaben von Aluminium und Cadmium. Die genaue Zusammensetzung des Anoden-Metalls ist in der Spezifikation (Mil-Spec) der US-Marine ML-A-18001 enthalten. Sie gilt als internationale Norm für eine zuverlässige Z. und ist auf jeder daraus gegossenen Opferanode eingestanzt.

Zoll, der *(1. inch – 2. customs [pl.], duty)* 1. Englisches Längenmaß: 1 Zoll = 25,4 mm; 12 Zoll = 1 Fuß (ft). – 2. Staatliche Einfuhr- oder Ausfuhrabgabe, die nach den gültigen Zollgesetzen von Zollbeamten erhoben wird. Der →*Eigner* eines →*Seekreuzers* kann bei Rückkehr in das →*Küstengebiet* und die →*Hoheitsgewässer* von der →*Zollabfertigung* befreit werden, wenn ihm eine →*Zollstelle* einen →*Freistellungsschein* ausgestellt hat.

Zollabfertigung, die *(1. custom's clearance – 2. outclearance, to clear out – 3. to clear in, to make entry)* 1. Die Formalitäten, die vor dem →*Auslaufen* und beim →*Einlaufen* nach dem Passieren der →*Seezollgrenze* zur Überwachung des Warenverkehrs zu erfüllen sind. – 2. Die Z. bei →*seewärtigem Auslaufen* wird →*ausklarieren* genannt. Nach der Z. ist bis zum Erreichen der →*Seezollgrenze* das →*Zollzeichen 3* zu führen, wenn sich an Bord abgabenfreier Proviant befindet. – 3. Die Z. beim →*Einlaufen* von See her wird →*einklarieren* genannt. Sie ist nur in einem →*Einklarierungshafen* möglich, zu dem jedes →*Fahrzeug* mit den an →*Bord* befindlichen Waren nach dem Passieren der →*Seezollgrenze* weiterlaufen muß. Eine Verbindung zum →*Land* oder zu anderen →*Schiffen* darf vorher nicht hergestellt werden.

Zollamt *(custom office)* Zeichen in der →*Seekarte,* siehe →*Karte 1* im Anhang.

Zollbehörde, die *(customs authority)* Die in einem →*Hafen* für das →*Einklarieren* und →*Ausklarieren* verantwortliche Abfertigungsstelle, die Abgaben auf die Einfuhr bestimmter Güter erheben kann. Ihre Diensträume liegen oft im →*Hafenamt.*

zollfrei *(duty free, free of duty)* Im Wortsinn frei vom →*Zoll,* insbesondere auf Waren bezogen. Yachten können unter bestimmten Bedingungen vor einer Auslandsreise zollfreien Proviant als →*Transit* kaufen, doch müssen sie dann ein Zollzeichen führen und unverbrauchte zollfreie Waren beim →*Einklarieren* angeben. Z. eingekaufter Schiffsbedarf darf bereits auf der →*seewärtigen* Fahrt, d. h. vor dem Passieren der →*Seezollgrenze* verbraucht werden.

Zollgebiet, das *(customs area, customs district, customs waters)* Das Z. verläuft von der →*Seezollgrenze* zur Grenze des →*Küstengebietes,* dessen Begrenzungspunkte für diesen Zweck durch genaue Koordinaten festgestellt sind. Es reicht an der deutschen →*Küste* von Nord- und Ostsee über die →*Dreimeilenzone* und die →*Hoheitsgrenze* hinaus. Eine →*Yacht* muß im Z. stoppen, um eine →*Zollkontrolle* an Bord zu ermöglichen.

Zollgrenze *(customs limit)* Zeichen aus →*Karte 1 (INT 1)* im Anhang.

Zollhafen, der *(port of entry)* Ein →*Hafen* mit einer →*Zollstelle* für die →*Zollabfertigung,* auch Z. zum →*Einklarieren* und →*Ausklarieren* genannt.

Zollkontrolle, die *(customs examination, rummage)* Kontrolle der →*Zollbehörde* im →*Zollgebiet,* zu der im allgemeinen Zollboote benutzt werden. Eine →*Yacht* muß hierbei die an Bord mitzuführende →*Freistellungsbescheinigung* vorlegen.

Zollstelle, die *(custom house)* Dienststelle der →*Zollbehörde,* bei der die →*Zollabfertigung* beim →*Einlaufen* von See (→*Einklarieren*) und beim →*seewärtigen Auslaufen* (→*Ausklarieren*) vorgenommen wird.

Zollzeichen, das *(revenue flag)* Das „Z. 3" besteht bei →*Tag* aus einem weißen →*Stander* mit einem waagerechten schwarzen Mittelstreifen. Es ist der dritte →*Hilfsstander* des →*Internationalen Signalbuches.* Das Z. ist an einer →*Flaggleine* des →*Mastes* gut sichtbar zu setzen. Bei →*Nacht* wird statt dessen ein weißes →*Licht,* das mindestens 1 sm weit sichtbar sein muß, unter dem nach der →*KVR* vorgeschriebenen →*Hecklicht* mit gleichem →*Leuchtwinkel* geführt. Das Z. kann beim →*Auslaufen* an der →*Seezollgrenze* niedergeholt werden. Wird das Z. beim →*Einlaufen* von See her an der →*Seezollgrenze* gesetzt, kann die →*Zollabfertigung* auch bei einer →*Zollstelle* erfolgen, die nicht an der →*Küste* liegt.

Zonenzeit, die Abk. ZZ *(zone time, standard time, Abk. ZT).* Die →*koordinierte Weltzeit* (UTC) zuzüglich oder abzüglich eines ganzzahligen Vielfachen einer vollen Stunde. Es gibt auf der Erde 24 →*Zeitzonen.* Jede Z. entspricht näherungsweise der →*mittleren Ortszeit* der →*Meridiane,* deren →*geographische Länge* durch 15 ohne Rest teilbar sind. Jede Z. gilt jeweils für 7,5° Längenunterschied nach →*Ost* und →*West.* Die →*MEZ* ist die Z. des Meridians von 15° Ost. Die Z. des 0°-Meridians ist gleichzeitig die →*koordinierte Weltzeit* (UTC). Der Unterschied zwischen Z. und Weltzeit ist der →*Zeitunterschied.*

zublocks (zu Blocks) *(two blocks; sheave ho!; close up, chock-a-block)* Das Zusammenholen der Parten einer →*Talje,* bis ein →*Block* an den anderen stößt. Ein Segel ist z. gesetzt, wenn der →*Kopf* die →*Fallscheibe* erreicht hat, ein →*Signalball,* eine Signalflagge o. ä., wenn der Anschlag am oberen Block erreicht ist.

Zubringer-Regatta, die *(from . . . to . . . race)* Eine Seewettfahrt, die für die Teilnehmer an einer →*Hochseeregatta* ausgeschrieben wird, um die (lange) Anfahrt mit Wettfahrtcharakter zu gestalten. Eine bekannte deutsche Z. ist das Feuerschiff-Rennen von Flensburg zum Ausgangshafen des →*Skagen-Rennens* und die Regatta Kiel–Sandhamn zum Startplatz des „Gotland Rund."

Zulüfter, der *(supply ventilator, down cast ventilator)* Ein →*Lüfter* (z. B. eine →*Windhutze*), der

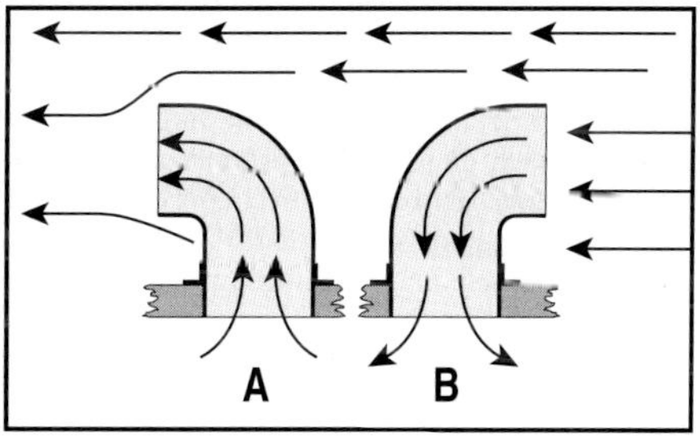

einen Raum mit Frischluft versorgt (Abb. B). Zur Lufterneuerung arbeitet er mit einem →*Ablüfter* (A) zusammen.

Zurrbrook, der; Zurrbrooken, die *(boat lashing, canvas grip)* Ein →*Brook* zum Festhalten eines in →*Davits* hängenden →*Beibootes* nach Entlastung der zum →*Heißen* benutzten →*Talje.* Z. werden hierzu meist paarweise benutzt. Das stabile, flache Gurtband wird mit →*Stropps* oder →*Bändseln* an seinen Enden →*gezurrt.*

zurren *(to seize, to lash)* Gegenstände an Bord und insbesondere an →*Deck* mit einem →*Bändsel* sicher befestigen. Man kann z. B. einen →*Bootshaken,* ein →*Beiboot* oder einen →*Anker* seefest-z. Das Z. eines →*Segels* nennt man →*beschlagen.*

Zurring, die *(lashing, seizing)* Sowohl ein beim →*Zurren* gebrauchtes →*Bändsel* oder →*Tau* als auch das fertige Ergebnis des →*Zurrens.*

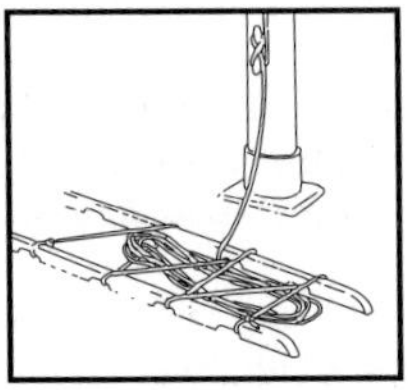

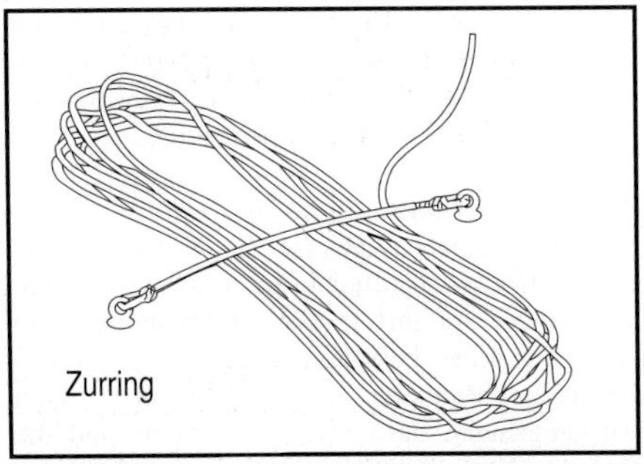

„Zurück langsam!" *(slow speed astern!)* Ein →*Maschinenkommando*, bei dem der Hebel der →*Einhebelschaltung* an (oder neben) der →*Steuersäule* einer Yacht aus der Leerlaufposition in einem kleinen Winkel nach hinten gelegt wird. Im gleichen Augenblick kuppelt der Motor ein, und der Propeller beginnt langsam rückwärts zu arbeiten. Den Schalthebel über eine fühlbare Sperre weiter nach hinten gebracht, erreicht man die Schaltposition →*zurück halbe (Fahrt)*. Zurück in die Hebel-Ausgangsstellung wird der Motor wieder ausgekuppelt und die Motorkraft neutralisiert.

„Zurück halbe (Fahrt)!" *(half speed astern!)* Ein →*Maschinenkommando,* bei dem der →*Rückwärtsgang* eingelegt wird, der →*Motor* →*rückwärtsgeht* und der →*Propeller* →*rückwärtsschlägt.* „Z. h." kann zum →*Anlegen* oder →*Ablegen* unter Motor, zum →*Aufstoppen* oder zum Aufnehmen einer →*Rückwärtsfahrt* gegeben werden. Die dabei eintretende Rückwärtsbewegung des →*Bootes* wird seemännisch richtiger →*Fahrt achteraus* genannt.

Zuwachs, der *(increment)* In der →*astronomischen Navigation* ein im →*Nautischen Jahrbuch* angegebener Schaltwert für die Minuten und Sekunden des Beobachtungszeitpunktes. Der Z. muß dem Stundenwert des →*Greenwicher Stundenwinkels* hinzugefügt werden.

20-m²-Jollenkreuzer Bereits 1920 eingeführte →*Konstruktionsklasse* zum Wandersegeln aus Holz, heute aus →*formverleimtem Sperrholz, Stahl* und →*GFK,* als →*nationale Klasse* anerkannt. 2 Kojen. Lüa max 7,75 m, Büa ca. 2,20 bis 2,50 m, Tiefg. Rumpf 0,20 m, mit Schwert 1,30 m, Verdr. segelf. min. 650 kg, Segelfl. verm. 20 m², tats. Segelfläche ca. 25 m². Segelzeichen: R.

Zweieinhalbmaster, der *(schooner ketch)* Eine →*Schonerketsch* oder →*Schoneryawl.*

Zweifarbenlaterne, die *(two-coloured lantern)* Eine →*doppelfarbige Seitenlaterne,* die die vorgeschriebenen Seitenlichter aus zwei getrennten →*Seitenlaternen* in den Farben Grün und Rot in einer einzigen →*Positionslaterne* führen kann. Eine Z. ist nach den →*KVR* bei →*Fahrzeugen* unter 20 m Länge erlaubt.

Zweikomponentenlack, der Im Gegensatz zum →*Einkomponentenlack* das Material für eine Beschichtung, bei dem beide Komponenten (→*Stammlack* und →*Härter*) getrennt geliefert werden. Beide werden erst vor Arbeitsbeginn vermischt und in ca. 4 bis 8 Stunden verarbeitet. Die Härte, Abriebsfestigkeit, Elastizität und Chemikalienbeständigkeit von Z. ist größer als bei Einkomponentenlacken, weil man aus zwei Bindemittel-Molekülen größere Bausteine für einen fest haftenden Anstrich fertigen kann.

Zweikreiskühlung, die *(fresh-water cooling system, fresh-water heat-exchanger cooling system)* Die →*Kühlung* eines →*Bootsmotors* mit einem geschlossenen Kühlkreislauf, der mit →*Frischwasser* als Umlaufkühlwasser gefüllt ist. Die Motorwärme wird in einem →*Wärmetauscher* an den Kreislauf einer →*Seewasserkühlung* abgegeben. Eine Z. ist aufwendiger als eine →*Einkreiskühlung* und wird daher vorwiegend bei großen →*Dieselmotoren* benutzt.

Zweimannboot, das *(two-man boat)* Ein →*Kielboot* oder ein →*Schwertboot,* das beim →*Rennsegeln* mit maximal 2 Personen →*Besatzung* gesegelt werden darf. Als Z. kann somit sowohl das →*Starboot* als auch der →*Flying Dutchman* bezeichnet werden.

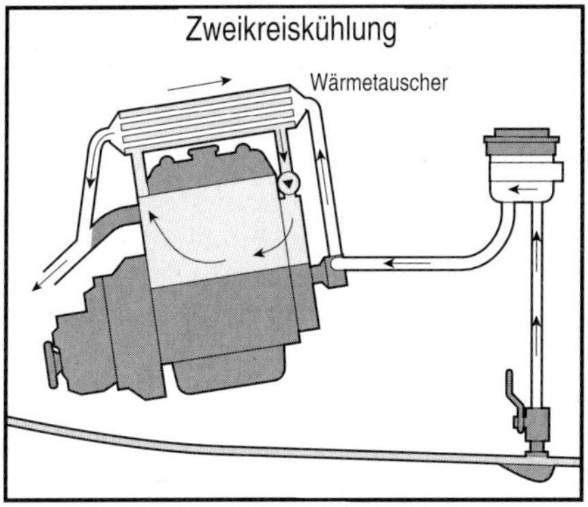

Zweimannjolle, die *(two-man dinghy)* Eine →*Jolle,* die beim →*Rennsegeln* in einer →*nationalen* oder →*internationalen Klasse* mit maximal 2 Personen →*Besatzung* gesegelt werden darf. Eine Z. ist z. B. der →*Pirat,* der →*Flying Dutchman* und der →*470er.*

Zweimaster, der *(twomaster, two-sticker)* Als →*Segelschiff* eine →*Brigg* und eine →*Brigantine,* auch →*Schonerbrigg* genannt, sowie ein →*Zweimastschoner.* Auf das →*Rigg* einer →*Yacht* bezogen spricht man von einem →*Schoner,* wenn der kürzere von beiden →*Masten* als →*Fockmast* vorlich vom →*Großmast* steht, und von einer →*Yawl,* wenn der kürzere Mast oder →*Besanmast* achterlich vom längeren Großmast steht. Die frühere →*IOR-Formel* kannte weder den Begriff des →*Eineinhalbmasters* noch den der →*Ketsch.*

Zweiseitenband-Technik, die *(double side-band method)* Eine nur bis 31.12.1981 offiziell erlaubte Sendetechnik des →*Seefunkverkehrs,* bei dem als Raum für die →*Modulation* neben der →*Trägerfrequenz* ein oberes und ein unteres Seitenband zur Verfügung stand. Wegen einer relativ schlechten Ausnutzung des Frequenzbandes und einer nicht optimalen Ausnutzung der Sendeleistung nicht mehr benutzt.

Zweistern-Signal, das *(two-star [distress] signal, double starshell distress signal)* Ein optisches →*Notsignal,* das sich aufgrund seiner kleinen Abmessungen zum Tragen an der →*Rettungsweste* eignet. Es zündet mit einer Verzögerung von 3 Sekunden 2 rote Sterne, die über 100 m hoch steigen.

Zweitonner-Klasse, die *(Two Ton Class)* Vom →*Eintonner* abgeleiteter Name für große →*Seekreuzer* mit einem früheren →*IOR-Rennwert* von 32 Fuß (9,76 m). Die Klasse ist ausgelaufen. Die Nachfolgeklasse heißt →*ILC 46.*

Zweitonner-Pokal, der *(Two Ton Cup)* Internationale Wettfahrtreihe in der →*Zweitonner-Klasse* (nur bis 1984), die sinngemäß den Bedingungen des →*Eintonner-Pokals* entsprach.

Zweitopf-System, das Für den Amateur bei Bootsbau oder Reparatur aus →*GFK* die einfachste Arbeitsvorbereitung (Abb.): Man gibt die (bei Vermischung miteinander) gefährlichen →*Härter* und →*Beschleuniger* in die getrennten Töpfe A und B und setzt beiden die gleiche Menge →*Polyesterharz* zu. Die Mischungen sind dann ungefährlich, tagelang haltbar und werden zur Verarbeitung in geringeren, gleichen Mengen in den Topf C mit immer unveränderter Topfzeit gegeben.

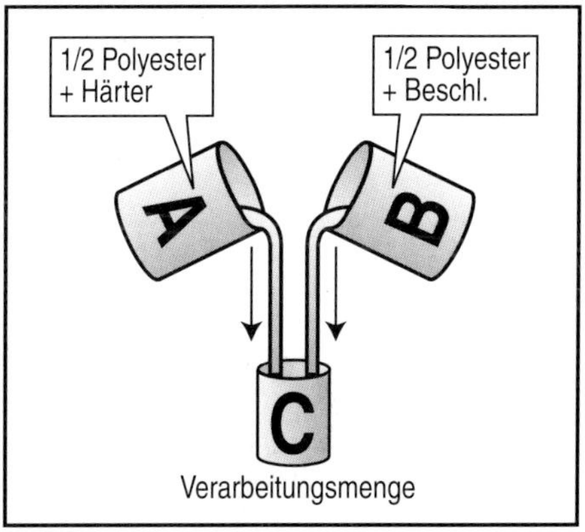

12-m²-Einheits-Sharpie Von H. Kröger (Deutschland) ca. 1930 konstruierte Zweimannjolle mit →*Gaffeltakelung* aus →*Vollholz* in →*Knickspantbauweise,* die in Deutschland vom →*Piraten* verdrängt wurde, aber in Australien so verbreitet war, daß sie 1956 →*olympische Klasse* wurde. Lüa 6,00 m, Büa 1,43 m, Tiefg. Rumpf 0,15 m, mit Schwert 0,96 m, Segelfl. 12 m².

12-m-R-Yacht, die Eine →*R-Yacht,* mit der von 1962 bis 1987 die →*Regatten* um den →*America's Cup* ausgetragen wurden. Die Yacht wird nach einer Formel konstruiert, deren Ergebnis den Wert

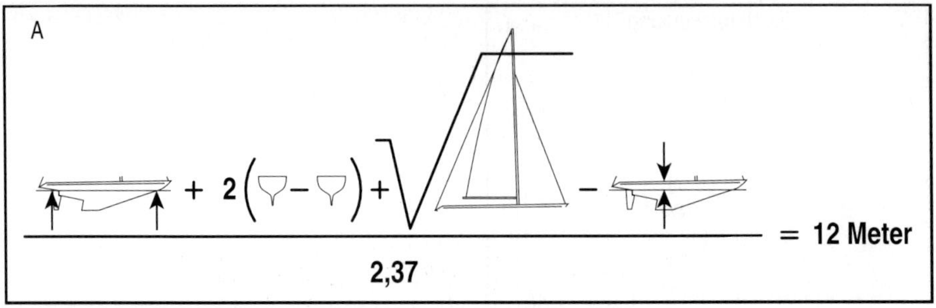

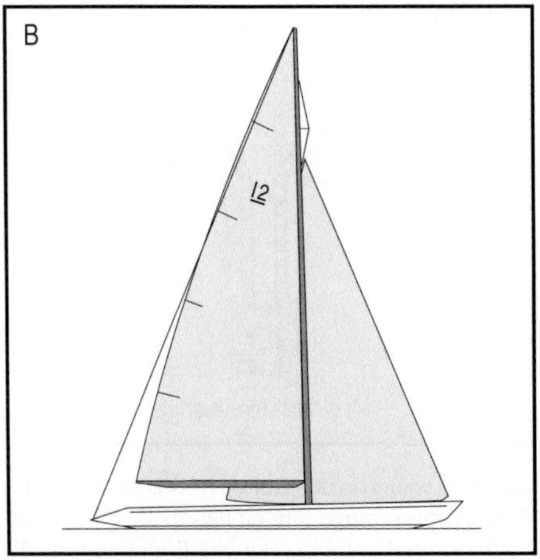

12 m erreicht. Sie lautet:

$$\frac{L + 2d + \sqrt{S} - F}{2.37} = 12 \text{ m R}$$

Dabei bedeutet (siehe Abb. A) L = Rumpflänge; d = Gurt oder auch Umfangsdifferenz (Längendifferenz) zwischen einer mittschiffs stramm um den Rumpf gespannten Schnur und einer zweiten Schnur, die der Außenhautkrümmung folgt, S = Segelfläche, F = Freibord. Das Ergebnis ist eine →*Rennyacht* von ca. 20,00 m Länge, 3,70 m Breite und 24 bis 28 t Verdrängung mit einer Amwind-Segelfläche von ca. 165 m² (Abb. B).

Zwölftelregel, die *(twelfths rule or 1, 2, 3, – 3, 2, 1, rule)* Faustformel für die Ermittlung der →*Höhe* einer →*Gezeit* oder den →Tidenfall in den sechs Stunden nach →*Hochwasser* (HW) und den →*Tidenstieg* in den darauffolgenden sechs Stunden nach →*Niedrigwasser* (NW). Man teilt hierzu den Betrag des →*Tidenhubs* in 12 Teile und weiß dann, daß das Wasser in der 1. und 6. Stunde nach HW um $^1/_{12}$, in der 2. und 5. Stunde um $^2/_{12}$ und in der 3. und 4. Stunde um $^3/_{12}$ dieses Wertes fällt, während es analog in der 1. und 6. Stunde nach NW um $^1/_{12}$, in der 2. und 5. Stunde um $^2/_{12}$ und in der 3. und 4. Stunde um $^3/_{12}$ steigt. Unterschiedlich stark ist dementsprechend auch der in diesen Zeiträumen →*setzende* →*Ebbstrom* und →*Flutstrom.* Abb. s. →*Tidenhub.*

Zyklon, der *(cyclone)* Tropischer Wirbelsturm, der in den Monaten April bis Dezember im nördlichen Teil des Indischen Ozeans vorkommt.

Zyklone, die *(cyclone, depression)* Ein →*Tiefdrucksystem* mit →*Fronten* oder ein →*Sturmtief,* auch als „Sturmzyklone" bezeichnet. Man spricht in der →*Wettervorhersage* auch von „Randzyklonen", „Zyklonenfamilien", „Zyklonenpaaren" u. a., wenn →*Tiefs* im allgemeinen gemeint sind.

Zylinder, der *(cylinder)* Ein schwarzer →*Signalkörper* in Form eines Zylinders, der nach den →*KVR* einen Durchmesser von mind. 600 mm und eine doppelt so große Höhe wie sein Durchmesser haben muß. Auf Fahrzeugen unter 20 m Länge dürfen kleinere, ihrer Größe angemessene Z. verwendet werden. Ein Z. gehört zu den Tagsignalen und dient zur Bezeichnung eines →*tiefgangbehinderten Fahrzeuges.*

Zylinderkoeffizient, der *(cylindrical coefficient)* Auch Zylindervölligkeitsgrad, →*Schärfegrad,* →*Völligkeitsgrad* der Spantflächenskala bezeichnet und als →*Prismatischer Koeffizient* erklärt.

Anhang

Nautische Maßeinteilungen (D/E)

Wind
Beaufort-Windstärken-Skala

Wind
Beaufort's Wind Scale

Bft 0	Windstille, *(naut.)* Stille	**Bft 0**	*calm*
Bft 1	leiser Zug	**Bft 1**	*light air(s)*
Bft 2	leichte *(od.* flaue) Brise	**Bft 2**	*light breeze*
Bft 3	schwache Brise, schwacher Wind	**Bft 3**	*gentle breeze*
Bft 4	mäßige Brise, mäßiger Wind	**Bft 4**	*moderate breeze*
Bft 5	frische Brise, frischer Wind	**Bft 5**	*fresh breeze*
Bft 6	steife Brise, starker Wind	**Bft 6**	*strong breeze*
Bft 7	steifer Wind	**Bft 7**	*moderate gale*
Bft 8	stürmischer Wind	**Bft 8**	*fresh gale*
Bft 9	Sturm	**Bft 9**	*strong gale*
Bft 10	schwerer *od.* starker Sturm	**Bft 10**	*whole gale*
Bft 11	orkanartiger Sturm	**Bft 11**	*storm*
Bft 12	Orkan	**Bft 12**	*hurricane*

Seegang
Petersen-Seegang-Skala

State of the Sea
Petersen Sea Scale

0	ruhige spiegelglatte See	**0**	*calm, glassy*
1	ruhige gekräuselte See	**1**	*calm, rippled*
2	ruhige *od.* schwach bewegte See	**2**	*smooth, wavelets*
3	leicht bewegte See	**3**	*slight*
4	mäßig bewegte See	**4**	*moderate*
5	grobe See	**5**	*rough*
6	sehr grobe See	**6**	*very rough*
7	hohe See	**7**	*high*
8	sehr hohe See	**8**	*very high*
9	außergewöhnlich schwere See	**9**	*phenomenal*

Dünung
Douglas-Dünungs-Skala

Swell
Douglas Swell Scale

–0	tote Dünung	**–0**	*dead swell*
0	keine Dünung	**0**	*no swell*
1	niedrige kurze Dünung	**1**	*low swell, short*
2	niedrige mittellange Dünung	**2**	*low swell, long*
3	mittelhohe kurze Dünung	**3**	*moderate swell, short*
4	mittelhohe mittellange Dünung	**4**	*moderate swell, average*
5	mittelhohe lange Dünung	**5**	*moderate swell, long*
6	hohe kurze Dünung	**6**	*heavy swell, short*
7	hohe mittellange Dünung	**7**	*heavy swell, average*
8	hohe lange Dünung	**8**	*heavy swell, long*
9	durcheinanderlaufende Dünung	**9**	*confused swell*

Genormte Abkürzungen der Navigation

nach Deutscher Norm DIN 13312 vom März 1994

Abkürzung	Deutsch	Englisch	Abbreviation
Bezugsrichtungen:			
rwN	rechtweisend Nord	true north	**TN**
mwN	mißweisend Nord	magnetic north	**MN**
MgN	Magnetkompaß-Nord	compass north	**CN**
rv	Rechtvorausrichtung	dead ahead	
Kurse:			
rwK	rechtweisender Kurs	true course[1]	**TC**
		true heading[2]	**TH**
mwK	mißweisender Kurs	magnetic course	**MC**
MgK	Magnetkompaßkurs	compass course	**CC**
StK	Steuerkompaßkurs	steering compass course	
KdW	Kurs durchs Wasser	course to steer	**C**
		course steered	
KüG	Kurs über Grund	course over ground	**COG**
$KüG_k$	Koppelkurs über Grund	course to make good	
		course of advance	**COA**
KaK	Kartenkurs	track	**TR**
$KüG_b$	beobachteter Kurs über Grund	course made good	**CMG**
		true track	**TT**
Peilungen:			
rwP	rechtweisende Peilung	true bearing	
mwP	mißweisende Peilung	magnetic bearing	
MgP	Magnetkompaßpeilung	magnetic bearing	
SP	Seitenpeilung	relative bearing	
FuAz	Funkazimut	true radio bearing	**TB**
rwFuP	rechtweisende Funkpeilung	true bearing	**P**
RaSP	Radar-Seitenpeilung	relative radar bearing	**RRB**
Beschickungen:			
Mw	Mißweisung	variation	**Var**
Abl	Magnetkompaßablenkung Magnetkompaßdeviation	deviation	**Dev**
Fw	Fehlweisung	compass error	**CE**
MgFw	Magnetkompaßfehlweisung	compass error (correction)	**CE**
BW	Beschickung für Wind	leeway correction	
BS	Beschickung für Strom	correction for current	
BWS	Beschickung für Wind und Strom	leeway and current correction angle	

[1] course = Sollkurs [2] heading = Istkurs

Geschwindigkeiten beim Segeln im Strom:

FdW	Fahrt durchs Wasser	speed through the water	**STW**
StG	Betrag der Stromgeschwindigkeit	drift	
FüG	Fahrt über Grund	speed of advance speed over the ground	**SOA** **SOG**

Richtungen beim Segeln im Strom:

KdW	Bewegungsrichtung durchs Wasser		
StR	Stromrichtung	set	
KüG	Bewegungsrichtung über Grund		

Distanzen beim Segeln im Strom:

DdW	Distanz durchs Wasser	distance to steam distance steamed
DSt	Betrag der Stromversetzung	drift distance
DüG	Distanz über Grund	distance to make good distance made good

Geographische Koordinaten:

φ	geographische Breite	latitude	**Lat**
λ	geographische Länge	longitude	**Lon**
$\Delta\varphi$	Breitenunterschied	difference of latitude	**DLat**
$\Delta\lambda$	Längenunterschied	difference of longitude	**DLon**
φm	Mittelbreite	mean latitude	**Lm**
N	Nord	north	**N**
E	Ost	east	**E**
S	Süd	south	**S**
W	West	west	**W**

Breiten werden viertelkreisig, von 00° bis 90° gezählt. Gradzahlen von geographischer Breite sind zweistellig zu schreiben. Beispiel: φ = 08° 03'S
Längen werden halbkreisig von 000° bis 180° gezählt. Gradzahlen von geographischen Längen sind dreistellig zu schreiben. Beispiel: λ = 008° 03,2'E

Orte und Linien auf der Erde:

O_l	Loggeort	dead reckoning position	
O_k	Koppelort	dead reckoning position	**DR-Pos**
O_b	beobachteter Ort	fix	**Fix**
O_r	Bezugsort, Referenzort	assumed position	**AP**
Lt	Leitpunkt, Referenzpunkt	computed point	

EQ	Äquator	equator	**EQ**
Lox	Loxodrome	rhumb line	**Rhl**
LOP	Standlinie (allgemein)	line of position	**LOP**

Versetzungen:

StV	Stromversetzung		
BV	Besteckversetzung in Polarkoordinaten	vector adjustment	
BV_k	Besteckversetzung in kartesischen Koordinaten	relative adjustment	

Zeiten:

UTC	koordinierte Weltzeit	coordinated universal time	**UTC**
UT1	Weltzeit eins	universal time one	**UT1**
GZ	gesetzliche Zeit	standard time	**ST**
WOZ	wahre Ortszeit	local apparent time	**LAT**
MOZ	mittlere Ortszeit	local mean time	**LMT**
ZZ	Zonenzeit	zone time	**ZT**
BZ	Bordzeit	ship's time	
ZU	Zeitunterschied	zone description	**ZD**
T	Meridiandurchgangszeit	meridian passage	**MP**

Astronomische Navigation:

Ze	Zenit	zenith	**Z**
Na	Nadir	nadir	**Na**
P_N	Himmelsnordpol	celestial north pole	**P_N**
P_S	Himmelssüdpol	celestial south pole	**P_S**
N	Nordpunkt	North	**N**
E	Ostpunkt	East	**E**
S	Südpunkt	South	**S**
W	Westpunkt	West	**W**
Az	Azimut	azimuth	**Az**
δ	Deklination	declination	**Dec**
t	Ortsstundenwinkel	local hour angle	**LHA**
Grt	Greenwicher Stundenwinkel	Greenwich hour angle	**GHA**
β	Sternwinkel	sidereal hour angle	**SHA**
Zw	Zuwachs	increment	**Inc**
Unt	Unterschied	difference	**d**
Vb	Verbesserung	correction	**corr**
Ib	Indexberichtigung	index correction	**IC**
Kt	Kimmtiefe	dip of horizon	**D**
h_b	beobachtete Höhe	observed altitude	**HO**
h_r	berechnete Höhe	computed altitude	**Hc**
Δh	astronomische Höhendifferenz	altitude intercept	**a**

Yachtbau-Nomenklatur

nach ITTC (International Towing Tank Conference Standard Symbols 1976)

LOA	[m]	= Länge über alles. Gemeint ist die Rumpflänge. Klüverbaum oder angehängtes Ruder sind hierin nicht enthalten.
LWL	[m]	= Länge der allgemeinen Schwimmwasserlinie. Da auch im Bootsbau unterschiedliche Verdrängungen – leer, voll – gebräuchlich sind, findet man auch die betreffende LWL-Länge mit dem dazugehörigen Tiefgang, z. B. LWL 1,8 bei 1,8 m Tiefgang.
B	[m]	= Breite auf Außenkante Außenhaut.
BWL	[m]	= Breite der Schwimmwasserlinie.
T	[m]	= Tiefgang, größter.
TR	[m]	= Tiefgang des Rumpfes bei Wattenkreuzern oder bei Kielbooten ohne Kiel.
TS	[m]	= Tiefgang mit Schwert.
F	[m]	= Freibord, allgemein.
FV	[m]	= Freibord, vorn.
FH	[m]	= Freibord, hinten.
FM	[m]	= Freibord auf 0,5 LOA, oder bei Booten mit Sprung an der niedrigsten Stelle.
V	[m^3]	= Verdrängung, d. h. Rauminhalt des Unterwasserteils der Yacht, bezogen auf Außenkante Außenhaut.
D	[t]	= Deplacement = Gewicht der verdrängten Wassermenge im Seewasser, d. h. voll ausgerüstete Yacht mit Besatzung, Effekten, Proviant und vollen Tanks. $D = V \cdot \rho$ ($\rho = 1{,}025$).
BA	[t]	= Ballast. Angabe in kg oder t und nicht in %, da diese Angabe besonders bei kleinen Booten (leer oder voll) zu erheblichen Differenzen führen kann.
AS	[m^2]	= Segelfläche. Angegeben wird die effektive größte Segelfläche am Wind, d. h. Großsegel und 150 % Genua (Genua mit 50 % Überlappung). Die einzelnen Segel werden durch eine Zahl gekennzeichnet, die auch im Segelplan auftaucht. Z. B. AS 1; 1 = Großsegel, 2 = 150 % Genua, 3 = Besan, 4 = Kreuzfock etc., mit beliebiger Festlegung.
AM	[m^2]	= Hauptspantfläche, gemessen wird der maximale Querschnitt, der meistens außerhalb von 0,5 LWL liegt.
ALP	[m^2]	= Lateralfläche gesamt, also Rumpf, Kiel und Ruder in der Seitenansicht (nicht abgewickelt).
CWP		= Völligkeitsgrad der Wasserlinienfläche.
CM		= Völligkeitsgrad der Hauptspantfläche (ohne Kiel).

CB		= Blockkoeffizient, Völligkeitsgrad der Verdrängung.
CV		= Völligkeitsgrad der Verdrängungskurve, auch Schärfegrad oder Zylinderkoeffizient genannt. Der CV-Wert ist genauer als der CB-Wert und wird vorwiegend benutzt.
M		= Metazentrum.
MB	[m]	= Metazentrische Höhe. Höhe des Breitenmetazentrums über Verdrängungsschwerpunkt (B).
MG	[m]	= Metazentrische Höhe. Höhe des Breitenmetazentrums über Gewichtsschwerpunkt (G).
PHI	[°]	= Krängungswinkel, auch mit φ bezeichnet.
h	[m]	= Hebelarm der statischen Stabilität.
MST	[Nm]	= Allgemeines Stabilitätsmoment.
MKR	[Nm]	= Krängendes Moment.
MAR	[Nm]	= Aufrichtendes Moment.
LCF	[m]	= Wasserlinienflächenschwerpunkt vor Spant 0.
B		= Verdrängungsschwerpunkt, allgemein.
LCB	[m]	= Verdrängungsschwerpunkt der Länge, bezogen auf Spant 0.
VCB	[m]	= Verdrängungsschwerpunkt der Höhe, bezogen auf Basis = Unterkante Kiel.
G		= Gewichtsschwerpunkt.
LCG	[m]	= Gewichtsschwerpunkt der Länge, bezogen auf Spant 0.
VCG	[m]	= Gewichtsschwerpunkt der Höhe, bezogen auf Basis = Unterkante Kiel.
Vo	[m/s]	= Bootsgeschwindigkeit.
FN		= Froude-Zahl $FN = \frac{V}{\sqrt{g \cdot LWL}}$ (g = 9,81)
VS	[kn]	= Bootsgeschwindigkeit.
R		= Relative Geschwindigkeit $R = \frac{V}{\sqrt{LWL}} \quad (\frac{kn}{m})$ Diese Verhältniszahl ist üblich in englischsprachigen Ländern und bei Seglern (z. B. als Rumpfgeschwindigkeit mit Vo = 2,43 $\sqrt{LWL}$) allgemein bekannt. Ingenieure und Wissenschaftler bedienen sich lieber der Froude-Zahl.
L : B		= Länge zur Breite, bevorzugt werden die Maße in der Schwimmwasserlinie, also LWL : BWL.
B : T		= Breite zum Tiefgang, bevorzugt werden die Maße in der Schwimmwasserlinie, also BWL : T.

Die Segel eines Viermast-Vollschiffes

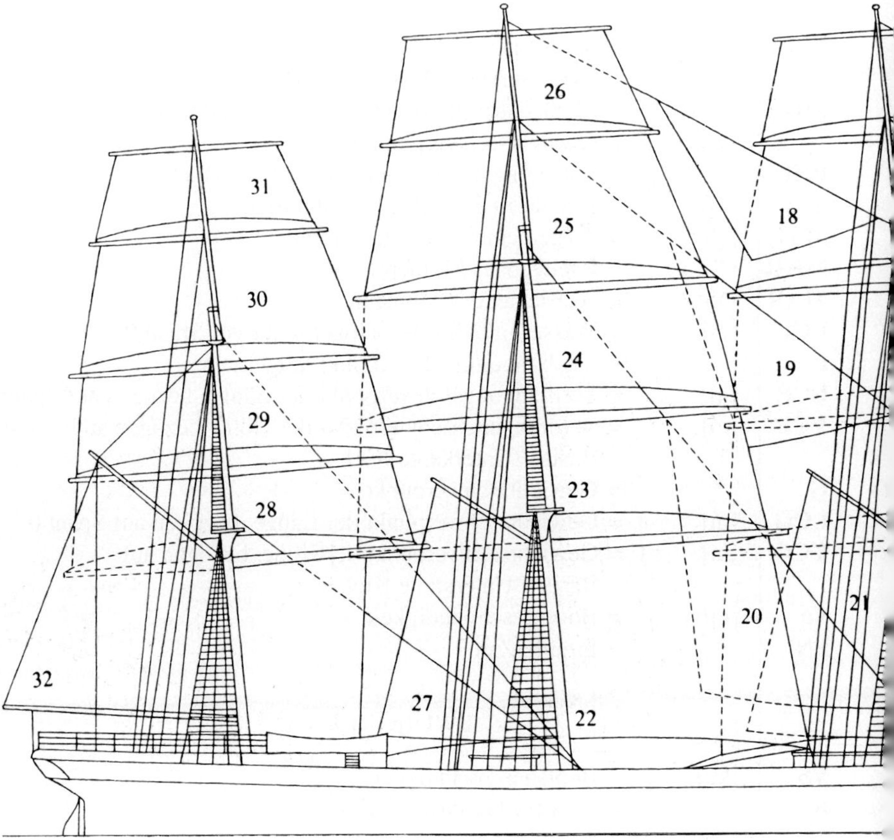

1 Außenklüver
2 Klüver
3 Binnenklüver
4 Vor-Stengestagsegel
5 Fock
6 Vor-Untermarssegel
7 Vor-Obermarssegel
8 Vor-Bramsegel
9 Vor-Royal
10 Groß-Royalstagsegel
11 Groß-Bramstagsegel
12 Groß-Stengestagsegel
13 Groß-Segel
14 Groß-Untermarssegel
15 Groß-Obermarssegel
16 Groß-Bramsegel
17 Groß-Royal
18 Achter-Royalstagsegel

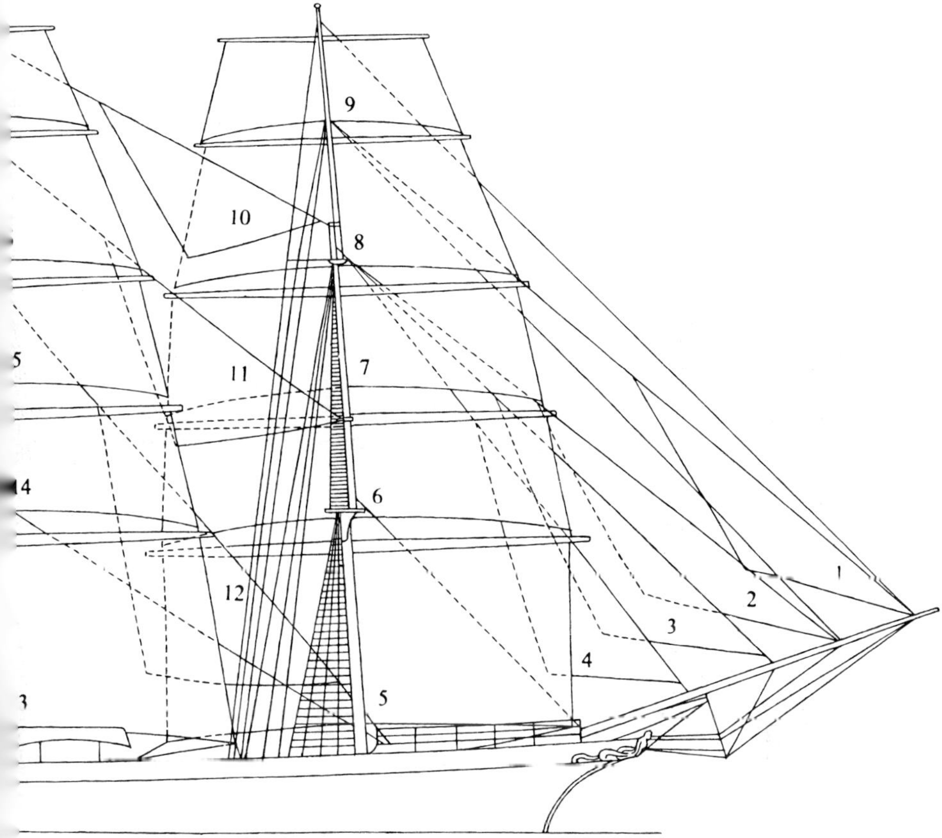

19 Achter-Bramstagsegel
20 Achter-Stengestagsegel
21 Groß-Gaffelsegel
22 Achtersegel
23 Achter-Untermarssegel
24 Achter-Obermarssegel
25 Achter-Bramsegel
26 Achter-Royal
27 Achter-Gaffelsegel
28 Kreuz-Untermarssegel
29 Kreuz-Obermarssegel
30 Kreuz-Bramsegel
31 Kreuz-Royal
32 Besan

Das laufende Gut einer Viermastbark

A

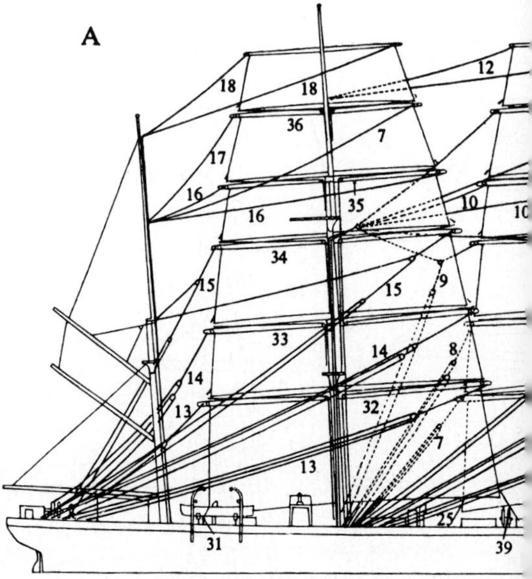

A Brassen und Schoten

1 Fockbrasse
2 Vor-Untermarsbrasse
3 Vor-Obermarsbrasse
4 Vor-Unterbrambrasse
5 Vor-Oberbrambrasse
6 Vor-Royalbrasse
7 Großbrasse
8 Groß-Untermarsbrasse
9 Groß-Obermarsbrasse
10 Groß-Unterbrambrasse
11 Groß-Oberbrambrasse
12 Groß-Royalbrasse
13 Bagienbrasse
14 Kreuz-Untermarsbrasse
15 Kreuz-Obermarsbrasse
16 Kreuz-Unterbrambrasse
17 Kreuz-Oberbrambrasse
18 Kreuz-Royalbrasse
19 Fockschot
20 Vor-Untermarsschot
21 Vor-Obermarsschot
22 Vor-Unterbramschot
23 Vor-Oberbramschot
24 Vor-Royalschot
25 Großschot
26 Groß-Untermarsschot
27 Groß-Obermarsschot
28 Groß-Unterbramschot
29 Groß-Oberbramschot
30 Groß-Royalschot
31 Bagienschot
32 Kreuz-Untermarsschot
33 Kreuz-Obermarsschot
34 Kreuz-Unterbramschot
35 Kreuz-Oberbramschot
36 Kreuz-Royalschot

B

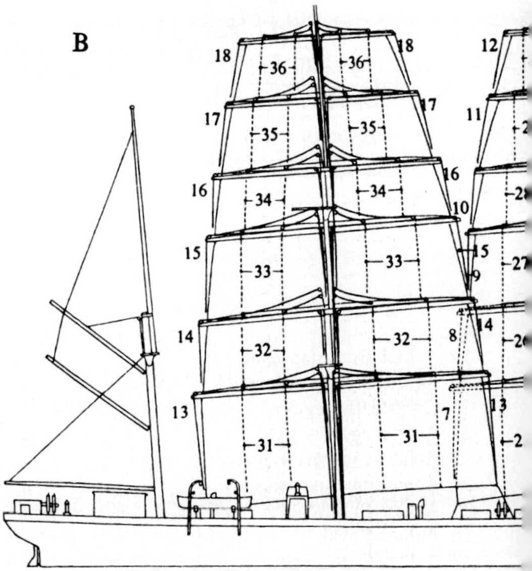

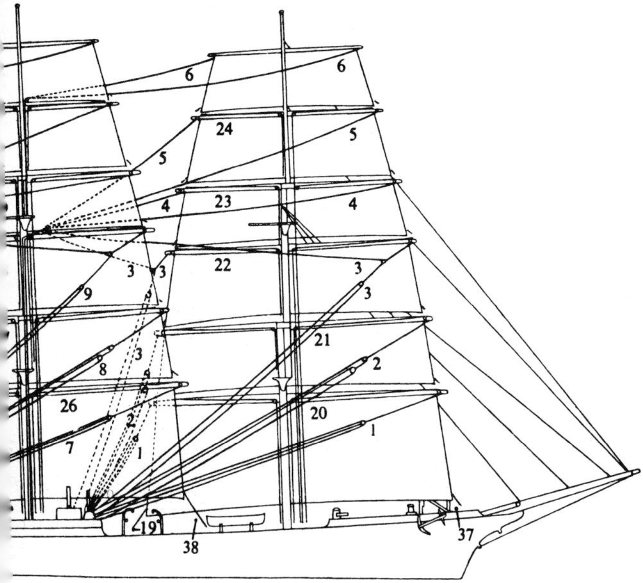

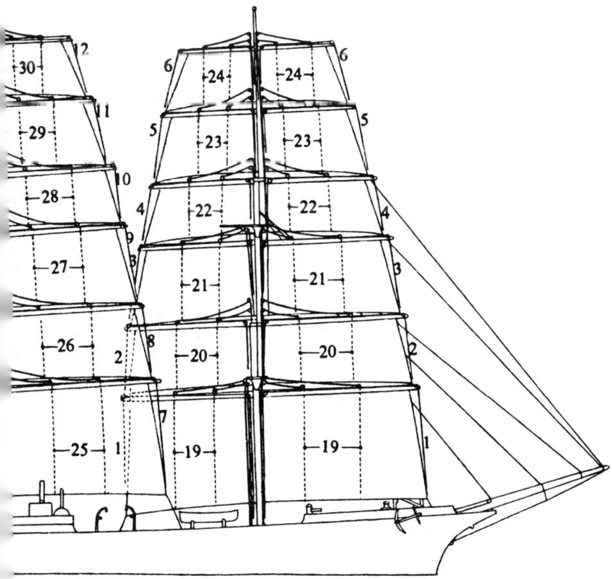

B Bauchgordinge, Geitaue und Niederholer

1 Fockgeitau
2 Vor-Untermarsgeitau
3 Vor-Obermarsgeitau oder Dumper
4 Vor-Unterbramgeitau
5 Vor-Oberbramgeitau
6 Vor-Royalgeitau
7 Großgeitau
8 Groß-Untermarsgeitau
9 Groß-Obermarsgeitau oder Dumper
10 Groß-Unterbramgeitau
11 Groß-Oberbramgeitau
12 Groß-Royalgeitau
13 Bagiengeitau
14 Kreuz-Untermarsgeitau
15 Kreuz-Obermarsgeitau oder Dumper
16 Kreuz-Unterbramgeitau
17 Kreuz-Oberbramgeitau oder Dumper
18 Kreuz-Royalgeitau
19 Fockbauchgordinge
20 Vor-Untermarsbauch-gordinge
21 Vor-Obermarsbauch-gordinge
22 Vor-Unterbrambauch-gordinge
23 Vor-Oberbrambauch-gordinge
24 Vor-Royalbauchgordinge
25 Großbauchgordinge
26 Groß-Untermarsbauch-gordinge
27 Groß-Obermarsbauch-gordinge
28 Groß-Unterbrambauch-gordinge
29 Groß-Oberbrambauch-gordinge
30 Groß-Royalbauchgordinge
31 Bagienbauchgordinge
32 Kreuz-Untermarsbauch-gordinge
33 Kreuz-Obermarsbauch-gordinge
34 Kreuz-Unterbrambauch-gordinge
35 Kreuz-Oberbrambauch-gordinge
36 Kreuz-Royalbauchgordinge

Mastbezeichnungen

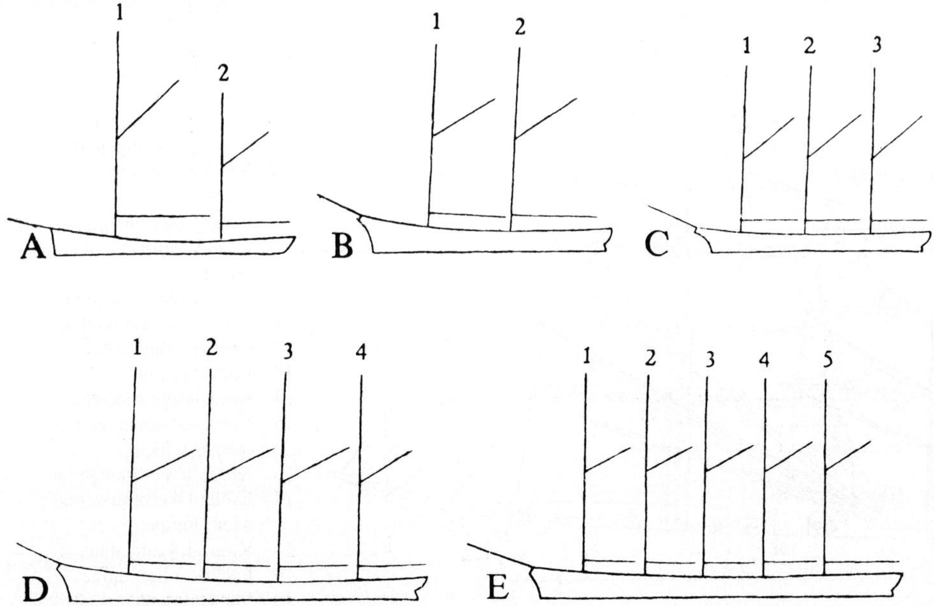

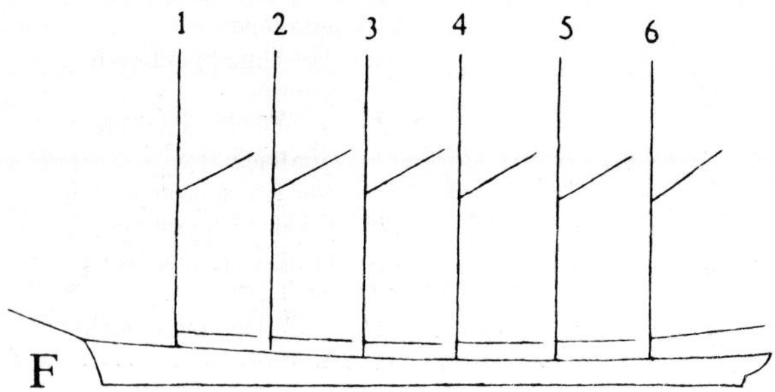

Mastbezeichnungen der Segelschiffe

1. Fockmast
2. Großmast
3. Besanmast
4. Kreuzmast
5. Achtermast oder Hauptmast
6. Mittelmast
7. Jiggermast
8. Treibermast

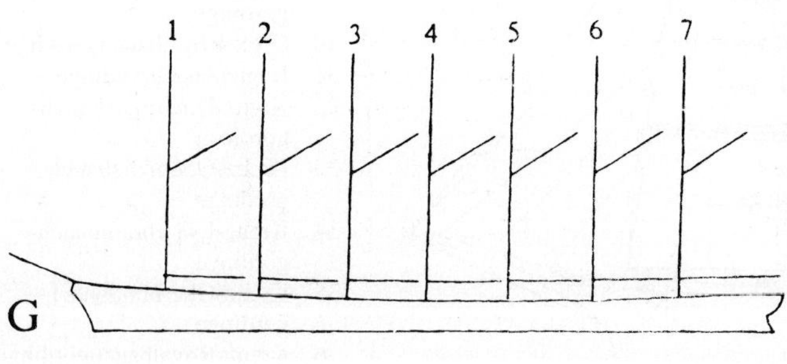

Segelschiffstypen

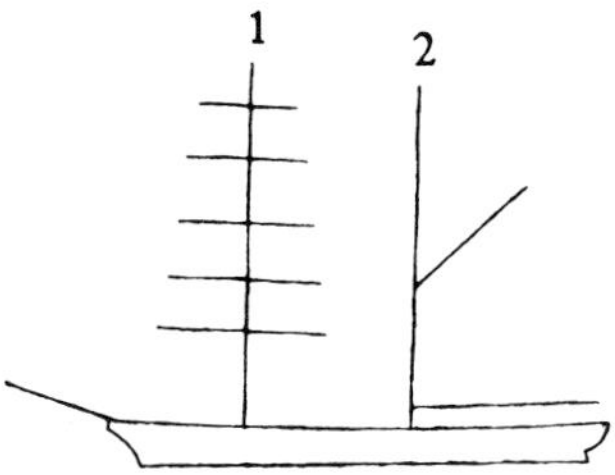

H

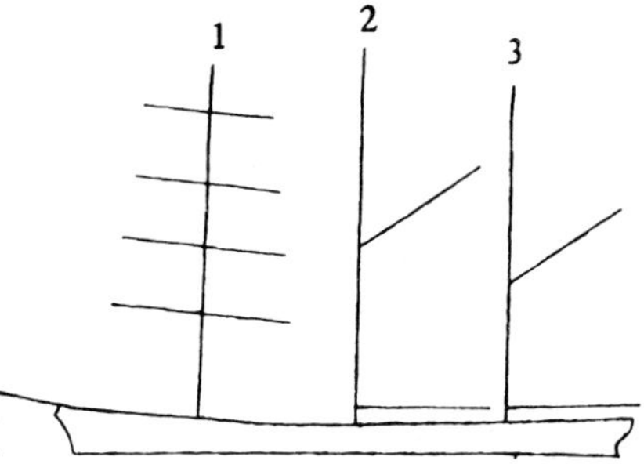

I

Segelschiffstypen entsprechend der Segelarten aus Rahsegeln und Schratsegeln an ihren Masten

A Gaffelketsch
B Gaffelschoner
C Dreimastgaffelschoner
D Viermastgaffelschoner
E Fünfmastgaffelschoner

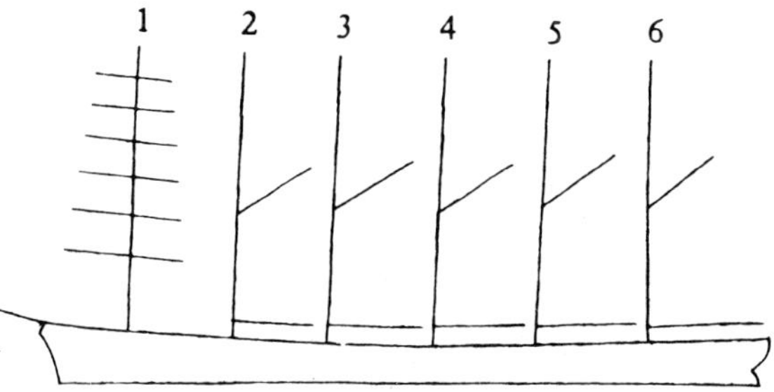

J

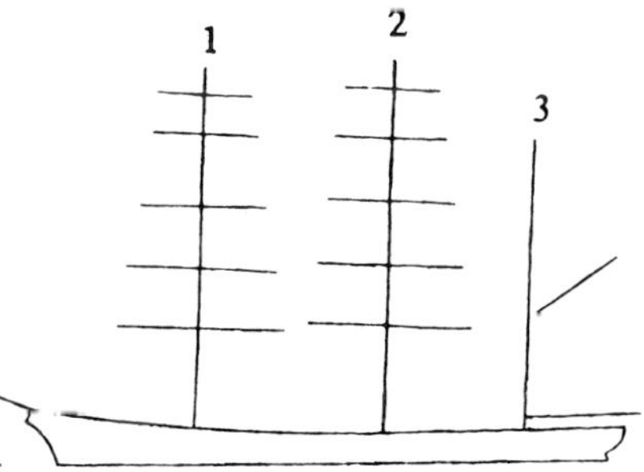

K

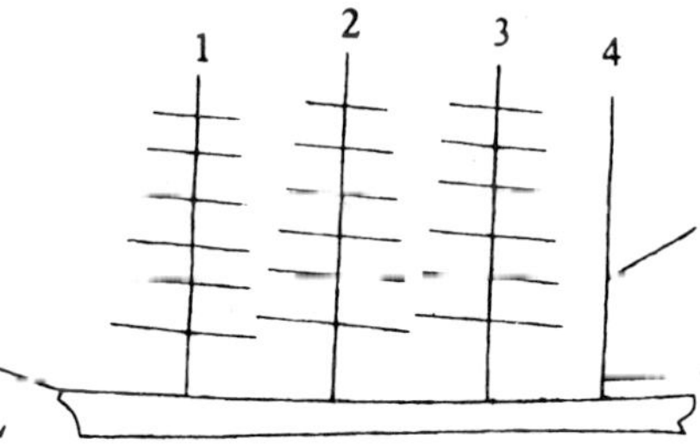

L

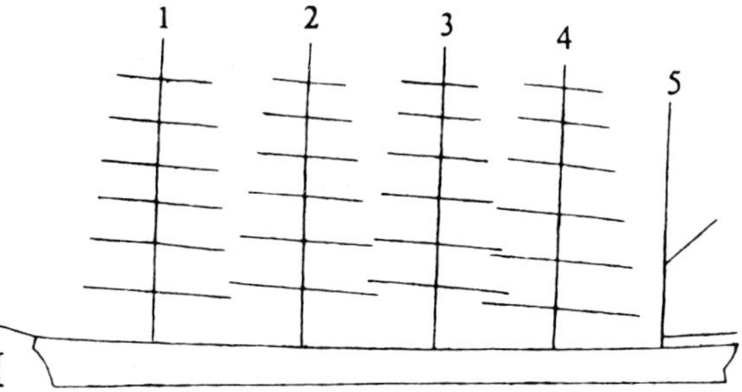

M

F Sechsmastgaffelschoner
G Siebenmastgaffelschoner
H Brigantine (Schonerbrigg)
I Barkentine (Schonerbark)
J Sechsmastschonerbark
K Bark
L Viermastbark
M Fünfmastbark

Mastbezeichnungen und Segelschiffstypen

Mastbezeichnungen der Segelschiffe

1. Fockmast
2. Großmast
3. Besanmast
4. Kreuzmast
5. Achtermast oder Hauptmast
6. Mittelmast
7. Jiggermast
8. Treibermast

Segelschiffstypen entsprechend der Segelarten aus Rahsegeln und Schratsegeln an ihren Masten

N Brigg
O Vollschiff
P Viermastvollschiff
Q Fünfmastvollschiff

Die Darstellung der Segelschiffstypen erfolgt in vier Gruppen:

A–G: Nur mit Schratsegeln getakelt.
H–J: Ein rahgetakelter Mast mit Schratsegeln an den anderen Masten.
K–M: Ein Mast mit Schratsegeln zusammen mit anderen rahgetakelten Masten.
N–Q: Nur mit Rahsegeln getakelt.

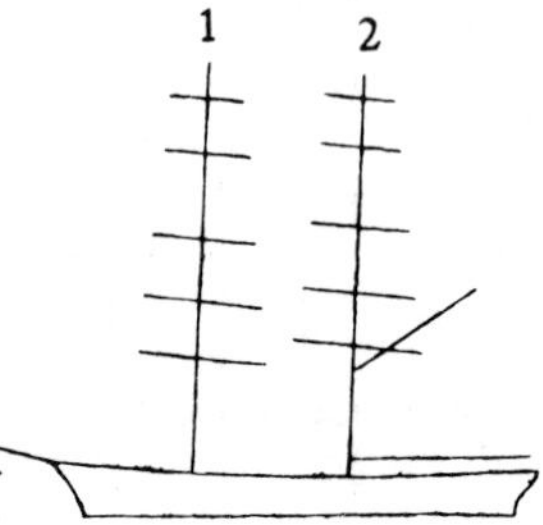

N

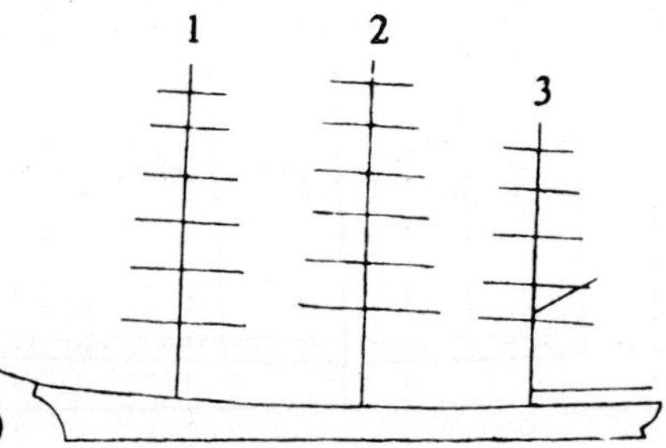

O

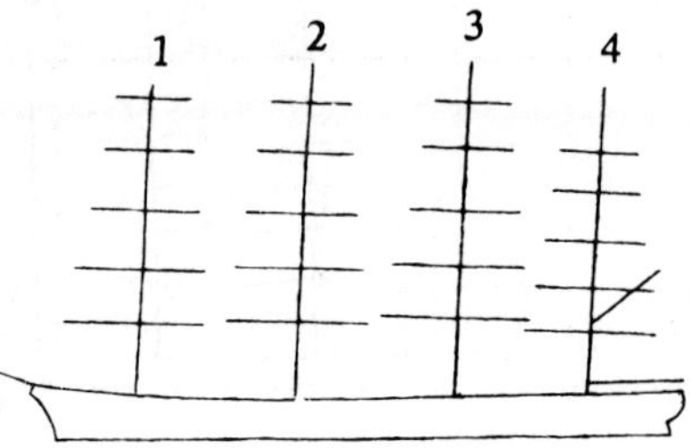

P

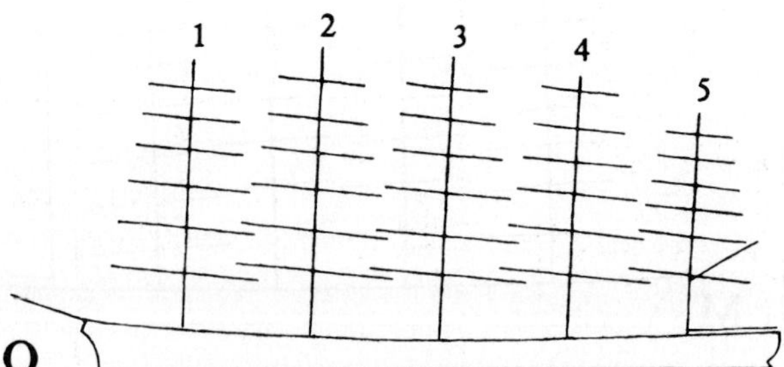

Q

Windstärke nach Beaufort	Bezeichnung der Windstärke (nach Beaufort)	Windgeschwindigkeit min/max m/s	Windgeschwindigkeit Knoten	Auswirkungen des Windes auf die See (nach Petersen)	Seegang (Windsee) nach Petersen	Bezeichnung des Seegangs (Windsee)	Wellenhöhe (m) Tiefsee (Atlantik)	Wellenhöhe (m) Flachsee (Ost- und Nordsee)	Wellenlänge (m) Tiefsee (Atlantik) nach Schumacher	Wellenlänge (m) Tiefsee (Atlantik) nach Schubart
0	Stille	0,0–0,2	1	Spiegelglatte See	0	völlig ruhige, glatte See	–	–	–	–
1	leiser Zug	0,3–1,5	1–3	Kleine schuppenförmig aussehende *Kräuselwellen* ohne Schaumköpfe	1	ruhige, gekräuselte See	0,0–0,2	0,05	bis 10	bis 5
2	leichte Brise	1,6–3,3	4–6	Kleine Wellen, noch kurz, aber ausgeprägter. *Kämme* sehen *glasig* aus und brechen sich nicht.	2	schwach bewegte See	0,5–0,75	0,6	10–17,5	15–25
3	schwache Brise	3,4–5,4	7–10	Kämme beginnen sich zu brechen. Schaum überwiegend glasig, ganz *vereinzelt* können kleine *weiße Schaumköpfe* auftreten.						
4	mäßige Brise	5,5–7,9	11–15	Wellen noch klein, werden aber länger. *Weiße Schaumköpfe* treten schon ziemlich *verbreitet* auf.	3	leicht bewegte See	0,8–1,2	1,0	17,5–25	bis 50
5	frische Brise	8,0–10,7	16–21	Mäßige Wellen, die eine ausgeprägte lange Form annehmen. Überall *weiße Schaumkämme.* Ganz vereinzelt kann schon Gischt vorkommen.	4	mäßig bewegte See	1,2–2,0	1,5	25–45	bis 75
6	starker Wind	10,8–13,8	22–27	Bildung großer Wellen beginnt. Kämme brechen und hinterlassen größere *weiße Schaumflächen.* Etwas Gischt.	5	grobe See	2,0–3,5	2,3	45–80	bis 100
7	steifer Wind	13,9–17,1	28–33	See türmt sich. Der beim Brechen entstehende *weiße Schaum beginnt sich in Streifen in die Windrichtung* zu legen.	6	sehr grobe See	3,5–6,0	3,0	80–125	bis 135
8	stürmischer Wind	17,2–20,7	34–40	Mäßig hohe Wellenberge mit Kämmen von beträchtlicher Länge. *Von den Kanten der Kämme beginnt Gischt abzuwehen.* Schaum legt sich in gut ausgeprägten Streifen in die Windrichtung.	7	hohe See	mehr als 6,0	4,0	über 125	150–200
9	Sturm	20,8–24,4	41–47	Hohe Wellenberge, dichte Schaumstreifen in Windrichtung. „Rollen" der See beginnt. *Gischt kann die Sicht schon beeinträchtigen.*						
10	schwerer Sturm	24,5–28,4	48–55	Sehr hohe Wellenberge mit langen überbrechenden Kämmen. *See weiß durch Schaum.* Schweres stoßartiges „Rollen" der See. Sicht durch Gischt beeinträchtigt.	8	sehr hohe See	bis 20	5,5	über 150	bis 250
11	orkanartiger Sturm	28,5–32,6	56–63	Außergewöhnlich hohe Wellenberge. Die Kanten der Wellenlänge werden überall zu Gischt verblasen. Sicht herabgesetzt.	9	außergewöhnlich schwere See	bis 20	–	über 175	bis 300
12	Orkan	32,7–36,9	über 64	Luft mit Schaum und Gischt angefüllt. See vollständig weiß. Sicht sehr stark herabgesetzt. Jede Fernsicht hört auf.						

Nationalitätsbuchstaben im Segel

Die internationalen Länderkennzeichen, die gemäß Regel 77 der →*Wettfahrtregeln Segeln (→WR)* beim →*Rennsegeln* in einer →*internationalen Klasse* im Großsegel geführt werden müssen. Sie sind auch die Nationalitäten-Kennzeichen aller Seekreuzer, die nur zum →*Fahrtensegeln* dienen.

Kennzeichen	Land
AHO	Niederländische Antillen
ALG	Algerien
AND	Andorra
ANG	Angola
ANT	Antigua
ARG	Argentinien
ARM	Armenien
ARU	Aruba
ASA	Amerikanisch Samoa
AUS	Australien
AUT	Österreich
BAH	Bahamas
BAR	Barbados
BEL	Belgien
BER	Bermudas
BLR	Weißrußland
BRA	Brasilien
BRN	Bahrain
BRU	Brunei Daressalam
BUL	Bulgarien
CAN	Kanada
CAY	Kaiman-Inseln
CHI	Chile
CHN	China
CIV	Elfenbeinküste
COK	Cook-Inseln
COL	Kolumbien
CRC	Costa Rica
CRO	Kroatien
CUB	Kuba
CYP	Zypern
CZE	Tschechische Republik
DEN	Dänemark
DJI	Dschibuti
DOM	Dominikanische Republik
ECU	Ecuador
EGY	Ägypten
ESA	El Salvador
ESP	Spanien
EST	Estland
FIJ	Fidschi
FIN	Finnland
FRA	Frankreich
GAB	Gabun
GBR	Großbritannien
GEO	Georgien
GER	Deutschland
GRE	Griechenland
GUA	Guatemala
GUM	Guam
HKG	Hongkong
HUN	Ungarn
INA	Indonesien
IND	Indien
IRL	Irland
ISL	Island
ISR	Israel
ISV	Amerikanische Jungferninseln
ITA	Italien
IVB	Britische Jungferninseln

Kennzeichen	Land
JAM	Jamaika
JPN	Japan
KAZ	Kasachstan
KEN	Kenia
KGZ	Kyghyzstan
KOR	Südkorea
KUW	Kuweit
LAT	Lettland
LCA	St. Lucia
LIB	Libanon
LIE	Liechtenstein
LTU	Litauen
LUX	Luxemburg
MAL	Malaysia
MAR	Marokko
MEX	Mexiko
MLT	Malta
MON	Monaco
MRI	Mauritius
MYA	Myanmar
NAM	Namibia
NED	Niederlande
NOR	Norwegen
NZL	Neuseeland
PAK	Pakistan
PAR	Paraguay
PER	Peru
PHI	Philippinen
PNG	Papua-Neuguinea
POL	Polen
POR	Portugal
PRK	Volksrep. Korea
PUR	Puerto Rico
QAT	Katar
ROM	Rumänien
RSA	Republik Südafrika
RUS	Rußland
SEY	Seychellen
SIN	Singapur
SLO	Slowenien
SMR	San Marino
SRI	Sri Lanka
SUD	Sudan
SUI	Schweiz
SVK	Slowakische Republik
SWE	Schweden
TAH	Tahiti
THA	Thailand
TPE	Taiwan
TRI	Trinidad-Tobago
TUN	Tunesien
TUR	Türkei
UAE	Vereinigte Arabische Emirate
UKR	Ukraine
URU	Uruguay
USA	Vereinigte Staaten von Amerika
UZB	Usbekistan
VEN	Venezuela
YUG	Jugoslawien
ZIM	Simbabwe

Führerscheinwesen

In Deutschland sind zum Befahren der Binnenschiffahrtsstraßen und Seeschiffahrtsstraßen mit motorisierten Sportbooten →*amtliche Führerscheine* eingeführt worden, die auch bei einem Bootsurlaub im Ausland von den dortigen Behörden für das Befahren vergleichbarer Gewässer anerkannt werden. Daneben gibt es zahlreiche →*freiwillige Führerscheine,* die von Sportverbänden oder anderen Institutionen erteilt werden und nur verbandsinterne Bedeutung haben. Die Übersicht über das deutsche Führerscheinwesen entspricht dem aktuellen Stand vom 1. Januar 1998.

Name	Vorgeschrieben für Sportboote	Geltungsbereich	Mindestalter	Rechtsgrundlage	Aussteller
Sportbootführerschein Binnen	mit weniger als 15 m^3 Wasserverdrängung und einer Maschinenleistung von mehr als 3,68 kW (5 PS) ab 1. 1. 98 mit weniger als 15 m Länge und einer Maschinenleistung von mehr als 3,68 kW (5 PS) **Ausnahme:** Auf den innerstädtischen Berliner Binnenschiffahrtsstraßen gilt Führerscheinpflicht für **alle** Boote mit Maschinenantrieb (keine kW-Freigrenze) und für Segelboote sowie Surfbretter mit mehr als 3 m^2 Segelfläche.	Binnenschiffahrtsstraßen	16 Jahre	Verordnung über das Führen von Sportbooten auf den Binnenschiffahrtsstraßen (Sportbootführerscheinverordnung-Binnen) vom 22. März 1989. Bundesgesetzblatt 1989, Teil I, Seite 536, 1102; zuletzt geändert durch § 26 der Verordnung vom 15. Dezember 1997	Prüfungsausschüsse des Deutschen Motoryachtverbandes (DMYV) und des Deutschen Segler-Verbandes (DSV)
Sportbootführerschein See	mit einer Maschinenleistung von mehr als 3,68 kW (5 PS)	Seeschiff fahrtsstraßen	16 Jahre	Verordnung über die Eignung und Befähigung zum Führen von Sportbooten auf den Seeschiffahrtsstraßen (Sportbootführerscheinverordnung-See) vom 20. Dezember 1973 und die Richtlinien für den Deutschen Motoryachtverband e.V. und den Deutschen Segler-Verband e.V. über die Durchführung der Aufgaben nach § 4 der Sportbootführerscheinverordnung-See.	Wie Sportbootführerschein Binnen

Name	Vorgeschrieben für Sportboote	Geltungs-bereich	Min-dest-alter	Rechtsgrundlage	Aussteller
Sport-schiffer-patent ab 1.1.98: **Sport-patent**	mit 15 und mehr und weniger als 60 m^3 Wasserverdrängung mit 15 und mehr und weniger als 25 m Länge	Rhein; außerhalb des Rheins auf allen nicht strek-kennach-weispflich-tigen Bin-nenschiff-fahrtsstra-ßen	18 Jahre	Rheinschifferpatent-verordnung ab 1.1.1998: Rheinpatentverordnung	Wasser- und Schiffahrts-direktionen West, Südwest, Süd
Sport-schiffer-zeugnis ab 1.1.98: **Sport-schiffer-zeugnis E**	mit 15 und mehr und weniger als 60 m^3 Wasserverdrängung mit 15 und mehr und weniger als 25 m Länge	Alle nicht strecken-nachweis-pflichtigen Binnen-schiffahrts-straßen, je-doch nicht auf dem Rhein	18 Jahre	Binnenschifferpatent-verordnung	Wasser- und Schiffahrts-direktionen Nord, Nordwest, Mitte, West, Südwest, Süd, Ost
Boden-see-schiffer-patent A	mit einer Maschinen-leistung von mehr als 4,41 kW (6 PS). Boden-see-Besuchern wird der Sportbootführerschein Binnen oder See auf Antrag für die Dauer eines Monats innerhalb eines Jahres anerkannt.	Bodensee; Erweite-rung für Hoch-rhein-strecke möglich	18 Jahre	Bodensee-Schiffahrts-Ordnung vom 1. März 1976 in der Fassung vom 29. April 1992	Landratsämter Lindau, Konstanz, Bodenseekreis
Boden-see-schiffer-patent D	mit mehr als 12 m^2 Segelfläche. Ist das Segelboot mit einem Motor von mehr als 4,41 kW Leistung aus-gestattet, ist das Boden-seeschifferpatent A auch dann erforderlich, wenn der Motor nicht betrieben wird.	Bodensee	14 Jahre	wie zuvor	Landratsämter Lindau, Konstanz, Bodenseekreis

Name	Besitz	Gewässer	Mindestalter	Grundlage	Ausgabe und Prüfer
Sportseeschifferschein	freiwillig, vom Bundesministerium für Verkehr empfohlen	Küstengewässer	16 Jahre	Verordnung über den Erwerb von Sportsee- und Sporthochseeschifferscheinen (Sportseeschifferscheinverordnung) vom 17.12.1992, BGBl. Nr. 57 vom 23.12.1992	Zentrale Verwaltungsstelle für den Sportsee- und Sporthochseeschifferschein im Deutschen Segler-Verband
Sporthochseeschifferschein	freiwillig, vom Bundesministerium für Verkehr empfohlen	Hochsee	18 Jahre	Verordnung über den Erwerb von Sportsee- und Sporthochseeschifferscheinen (Sportseeschifferscheinverordnung) vom 17.12.1992, BGBl. Nr. 57 vom 23.12.1992	Zentrale Verwaltungsstelle für den Sportsee- und Sporthochseeschifferschein im Deutschen Segler-Verband
Jüngstensegelschein	freiwillig	nur in ausgewählten begrenzten Revieren unter fachkundiger Aufsicht für Jollen bis zu 13 m² Segelfläche	Wird mit Vollendung des 17. Lebensjahres ungültig	Jüngstensegelschein-Vorschrift des Deutschen Segler-Verbandes vom 24. März 1973 in der Fassung vom 23. März 1996	DSV-Verbandsvereine und DSV-anerkannte Segelschulen
A-Schein oder Führerschein für Binnenfahrt (A)	freiwillig. Verbandsintern vorgeschrieben für Segelboote, die unter dem Stander eines Verbandsvereins des Deutschen Segler-Verbandes fahren	Binnengewässer	14 Jahre	Führerscheinvorschrift des Deutschen Segler-Verbandes vom 1. Mai 1969 in der Fassung vom 27. Mai 1990 mit den Änderungen vom 1. März 1991	Prüfungsausschüsse des Deutschen Segler-Verbandes
R-Schein oder Führerschein für Revierfahrt (R)	freiwillig. Verbandsintern vorgeschrieben für Yachten, die unter dem Stander eines Verbandsvereins des Deutschen Segler-Verbandes fahren	ortsnahe Bereiche der Küstengewässer, beispielsweise Kieler Förde	14 Jahre	Führerscheinvorschrift des Deutschen Segler-Verbandes vom 1. Mai 1969 in der Fassung vom 27. Mai 1990 mit den Änderungen vom 1. März 1991	Prüfungsausschüsse des Deutschen Segler-Verbandes

Name	Besitz	Gewässer	Mindestalter	Grundlage	Ausgabe und Prüfer
BR-Schein oder Führerschein für Küstenfahrt (BR)	freiwillig. Verbandsintern vorgeschrieben für Yachten, die unter dem Stander eines Verbandsvereins des Deutschen Segler-Verbandes fahren	Küstengewässer innerhalb eines 12-Seemeilen-Bereichs	16 Jahre	Führerscheinvorschrift des Deutschen Segler-Verbandes vom 1. Mai 1969 in der Fassung vom 27. Mai 1990 und Durchführungsvorschriften zur Führerscheinvorschrift des DSV in der Fassung vom 26.10.1996/9.6.97	Prüfungsausschüsse des Deutschen Segler-Verbandes
BK-Schein oder Führerschein für Große Küstenfahrt (BK)	freiwillig. Verbandsintern vorgeschrieben für Yachten, die unter dem Stander eines Verbandsvereins des Deutschen Segler-Verbandes fahren	Ostsee, Gewässer zwischen Nord- und Ostsee, Nordsee bis 61° nördliche Breite einschl. englische Ostküste und Kanal bis zur Linie Lizard-Point/Isle d'Ouessant und Mittelmeer	18 Jahre	Führerscheinvorschrift des Deutschen Segler-Verbandes vom 1. Mai 1969 in der Fassung vom 27. Mai 1990 und Durchführungsvorschriften zur Führerscheinvorschrift des DSV in der Fassung vom 26.10.1996/9.6.97	Prüfungsausschüsse des Deutschen Segler-Verbandes
C-Schein oder Führerschein für Seefahrt (C)	freiwillig. Verbandsintern vorgeschrieben für Yachten, die unter dem Stander eines Verbandsvereins des Deutschen Segler-Verbandes fahren	Alle Seegewässer	18 Jahre	Führerscheinvorschrift des Deutschen Segler-Verbandes vom 1. Mai 1969 in der Fassung vom 27. Mai 1990 und Durchführungsvorschriften zur Führerscheinvorschrift des DSV in der Fassung vom 26.10.1996/9.6.97	Prüfungsausschüsse des Deutschen Segler-Verbandes
Motorbootführerschein „C" für Seefahrt	freiwilliger Schein des Deutschen Motoryachtverbandes	Alle Seegewässer	18 Jahre	Führerscheinvorschrift des DMYV	Prüfungsausschüsse des Deutschen Motoryachtverbandes

Zeichen und Abkürzungen aus Karte 1 (INT 1)

Mit freundlicher Genehmigung des Bundesamtes für Seeschiffahrt und Hydrographie drucken wir hier einige Beispiele für die Darstellung von Zeichen und Abkürzungen in der →*Seekarte* nach. Die →*Karte 1* (INT 1) gehört zur selbstverständlichen Ausrüstung eines →*Seekreuzers,* dessen →*Fahrzeugführer* mit Seekarten und den vom →*BSH* herausgegebenen Informationen arbeitet.

Topographie / *Topography*

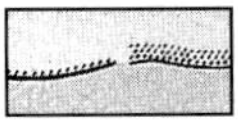

Sandküste
Sandy shore

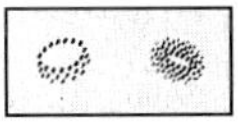

Sandhügel, Dünen
Sandhills, Dunes

Steilküste, Felsen
Steep coast, Cliffs

Sumpf, Marsch, Vorland
Marsh

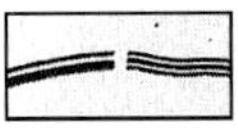

Deich
Dyke, Levee

Buhne, Stack
Groyne

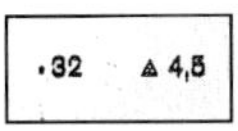

Höhenpunkt, Höhe in Metern
Spot height, Height in metres

Auffällige Landmarke
Conspicuous landmark

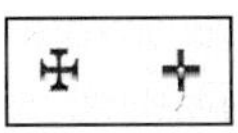

Kirche
Church

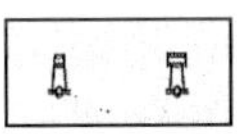

Turm; Wasserturm
Tower; Water tower

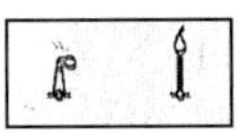

Schornstein; Flamme
Chimney; Flare stack

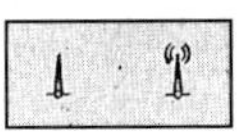

Mast; Funk-, Fernsehmast
Mast; Radio-, TV-Mast

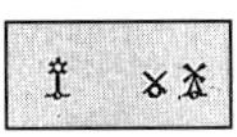

Windmotor; Windmühle
Windmotor; Windmill

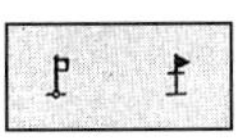

Flaggenmast; Signalmast
Flagstaff; Signalmast

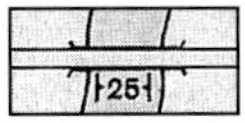

Feste Brücke mit Durchfahrtsbreite
Fixed bridge with horizontal clearance

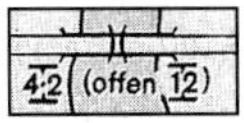

Bewegliche Brücke mit Durchfahrtshöhe
Opening bridge with vertical clearance

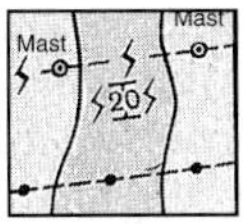

Hochspannungsleitung mit Sicherheitsdurchfahrtshöhe
Power transmission line with safe overhead clearance

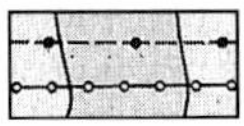

Überwasserkabel, Förderanlage
Overhead cable, Overhead transporter

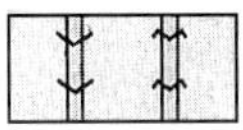

Schleuse
Lock

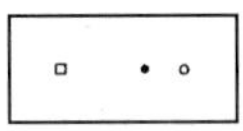

Dalben; Pfahl
Dolphin; Post, Pile

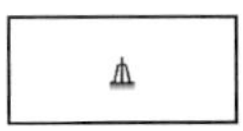

Deviationsdalben
Deviation dolphin

Beleuchtetes Objekt
Floodlighted object

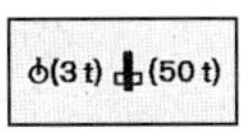

Kran mit Tragfähigkeit
Crane with lifting capacity

Hafenamt
Harbour-master's office

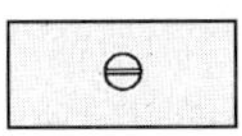

Zollamt
Custom office

Gesundheitsamt, Krankenhaus
Health office, Hospital

Postamt
Post office

Wasserschutzpolizei
water police

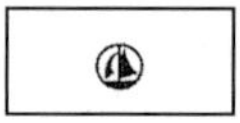

Sportbootliegeplatz, -hafen, Marina
Yacht berths, Boat harbour, Marina

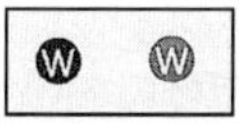

Wasserzapfstelle
Water tap

Treibstoff (Benzin, Diesel)
Fuel station (Petrol, Diesel)

Stromanschluß
Electricity

Parkplatz
Car park

Campingplatz
Caravan site

Zeltplatz
Camping site

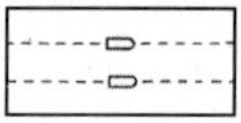

Fähre
Ferry

Hydrographie / *Hydrography*

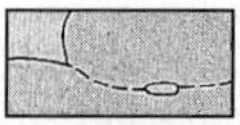

Priel
Tideway

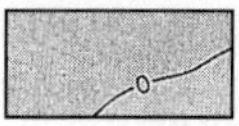

Watt mit Niedrigwasserlinie
Intertidal area with low water line

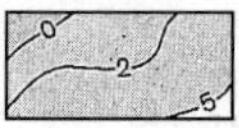

Flachwassergebiet
Shallow water area

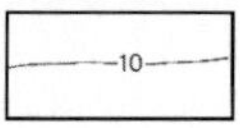

Tiefenlinie, Angabe in Metern
Depth contour, depth in metres

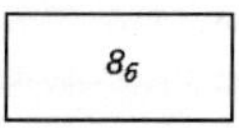

Tiefe in Metern und Dezimetern
Sounding in metres and decimetres

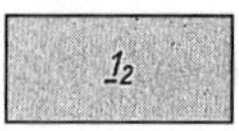

Trockenfallende Höhe über Kartennull
Drying height above chart datum

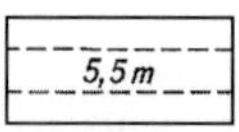

Gebaggertes Gebiet mit Solltiefe
Dredged area with maintened depth

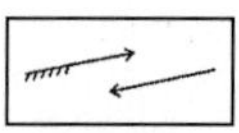

Flutstrom; Ebbstrom
Flood tide stream; Ebb tide stream

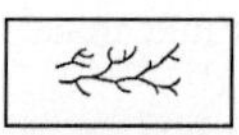

Seetang, Seegras
Kelp, Weed

Fels, Klippe
Rock

Wrack; Sichtbares Wrack
Wreck; Wreck always visible

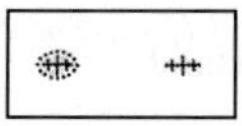

Gefährliches Wrack; Ungefährliches Wrack
Dangerous wreck; Non-dangerous wreck

Unrein
Foul

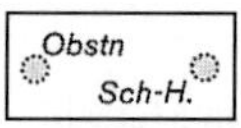

Schiffahrtshindernis
Obstruction

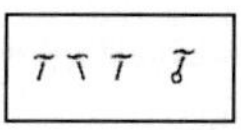

Pfähle, Rohre unter Wasser
Submerged posts, wells

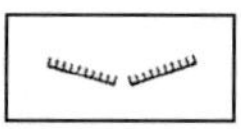

Fischstaken
Fishing stakes

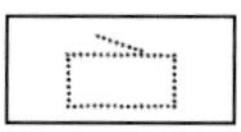

Fischreuse, Fischwehr
Fish trap, Fish weir

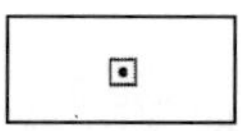

Förderanlage, Plattform
Production platform, Platform

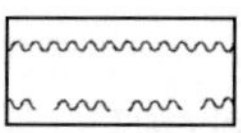

Unterwasserkabel
Submarine cable

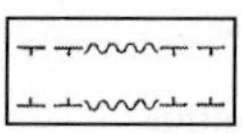

Unterwasserkabelgebiet
Submarine cable area

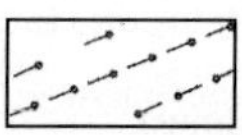

Unterwasser-Rohrleitung; Abfluß
Submarine pipe; Sewer

Navigation / *Navigation*

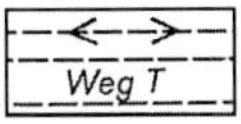

Empfohlener Kurs
Recommended track

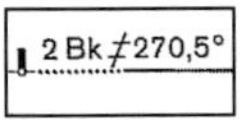

Deckpeilung; Richtlinie
Clearing line, Leading line

Verkehrstrennungsgebiet
Traffic separation scheme

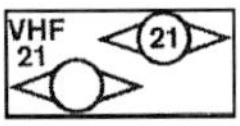

Meldestelle mit UKW-Kanal
Radio reporting point with VHF-canal

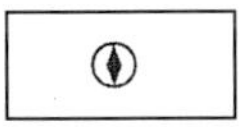

Lotsenversetzstelle
Pilot boarding place

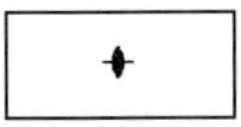

Rettungsstelle
Rescue station

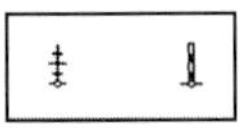

Pegel
Tide gauge

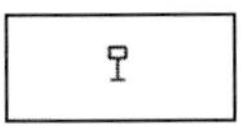

Tafel
Notice board

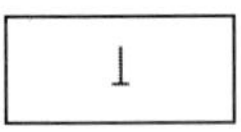

Pfahl, Stange
Stake, Pole

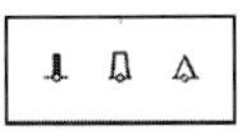

Bake
Beacon

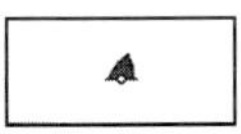

Spitztonne
Conical buoy

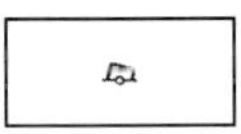

Stumpftonne
Can buoy

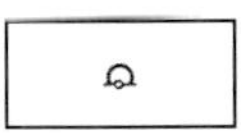

Kugeltonne
Spherical buoy

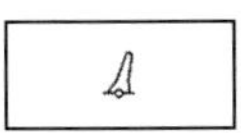

Bakentonne
Pillar buoy

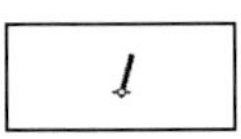

Spierentonne, Treibbake
Spar buoy, Floating beacon

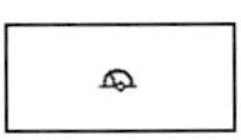

Faßtonne
Barrel buoy

Leuchttonne
Light buoy

Feuerschiff
Light-vessel

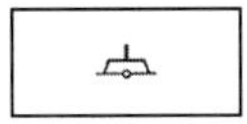

Großtonne
Super-buoy

Festmachetonne
Mooring buoy

Einzelgefahr-Zeichen
Isolated danger marks

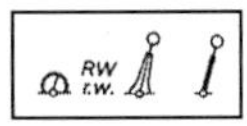

Mitte-Fahrwasser-Zeichen
Safe water marks

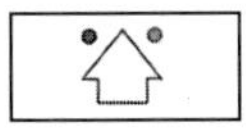

Betonnungsrichtung
Direction of buoyage

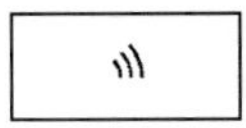

Nebelschallsignal
Fog signal

Leuchtfeuer, Leuchtturm
Light, Lighthouse

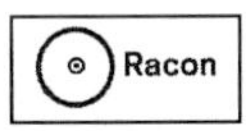

Radarantwortbake
Radar transponder beacon

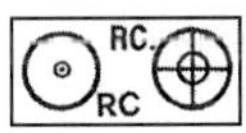

Kreisfunkfeuer
Circular radiobeacon

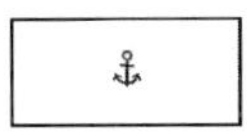

Empfohlener Ankerplatz
Recommended anchorage

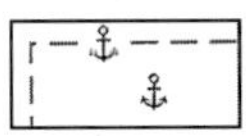

Ankergebiet
Anchorage area

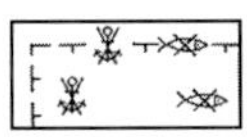

Ankern und Fischen verboten
Anchoring and fishing prohibited

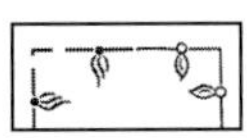

Militärisches Übungsgebiet
Military exercise area

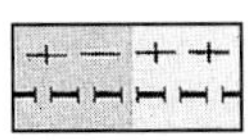

Staatsgrenze
International boundary

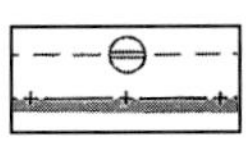

Zollgrenze
Customs limit

Leuchtfeuer / *Lights*

Lcht-Tm.	LtHo	**Leuchtturm**/*Lighthouse*
Rcht-F.	Ldg	**Richtfeuer**/*Leading lights*
Lt-F.	Dir	**Leitfeuer**/*Direction light*
Aero	Aero	**Luftfahrtfeuer**/*Aero light*
Warn-F.	RLts	**Warnfeuer**/*Air obstruction light*
Ob-F.	RearLT	**Oberfeuer**/*Rear light*
U-F.	FrontLT	**Unterfeuer**/*Front light*
N-F.	in fog	**Nebelfeuer**/*Fog light*
SMG N-Such-F.	FogDetLi	**Sichtweitenmeßgerät**/*Fog detector light*
F.	F	**Festfeuer**/*Fixed*
Ubr.	Oc	**Unterbrochenes Feuer**/*Occulting*
Glt.	Iso	**Gleichtaktfeuer**/*Sophase*
Blz.	Fl	**Blitzfeuer**/*Flashing*
Blk.	LFl	**Blinkfeuer**/*Long-flashing*
Fkl.	Q	**Funkel**/*Quick*
Fkl. unt.	IQ	**Funkel unterbrochen**/*Interrupted quick*
SFkl.	VQ	**Schnelles Funkel**/*Very quick*
SFkl. unt.	IVQ	**Schnelles Funkel unterbrochen**/*Interrupted very quick*
Mo.	Mo	**Morse**/*Morse*
w.	W	**Weiß**/*White*
r.	R	**Rot**/*Red*
gn.	G	**Grün**/*Green*
bl.	Bu	**Blau**/*Blue*
viol.	Vi	**Violett**/*Violet*
g., or.	Y	**Gelb, Orange**/*Yellow, Orange*
or.	Or	**Orange**/*Orange*
sm	M	**Seemeile**/*Seamile*
wgr.	hor	**Waagerecht**/*Horizontal*
skr.	vert	**Senkrecht**/*Vertical*
ztws.	occas	**Zeitweise**/*Occasional*
ztwl.	temp	**Zeitweilig**/*Temporary*
vrst.	intens	**Verstärkt**/*Intensified*
schw.	faint	**Schwach**/*Faint*
vrd.	obscd	**Verdeckt**/*Obscured*

Grundbezeichnungen / *Seabed Types*

Sd.	S	**Sand**/*Sand*
Sk.	M	**Schlick**/*Mud*
T.	Cy	**Ton**/*Clay*
Schl.	Si	**Schluff**/*Silt*
St.	St	**Steine**/*Stones*
K.	G	**Kies**/*Gravel*
kl.St.	P	**Kleine Steine**/*Pebbles*
gß. St.	Cb	**Große Steine**/*Cobbles*
Fls.	R	**Felsen**/*Rock*
M.	Sh	**Muscheln**/*Shells*
Grs.; Stg.	Wd	**Seegras; Seetang**/*Weed; Kelp*
f.	t	**Feinkörnig**/*Fine*
m.	m	**Mittelkörnig**/*Medium*
gb.	c	**Grobkörnig**/*Coarse*
zbr.	bk	**Zerbrochen**/*Broken*
ht.	h	**Hart**/*Hard*

Klassenzeichen und Daten von internationalen Klassen, nationalen Klassen und Eintypklassen

EINMANN-JOLLEN

Contender Internationale Klasse. Länge über alles 4,88 m, Breite 1,44 m, Tiefg. ohne/mit Schwert 0,15/1,29 m. Gewicht 104 kg, Segelfläche 10,93 m²; Baumaterial Holz oder Kunststoff.

Europe Internationale Klasse. Länge über alles 3,35 m, Breite 1,38 m, Tiefgang ohne/mit Schwert 0,14/1,00 m. Gewicht 63 kg, Segelfläche 7,00 m²; Baumaterial Kunststoff und Sperrholz.

Finn Internationale Klasse. Länge über alles 4,50 m, Breite 1,51 m, Tiefgang ohne/mit Schwert 0,15/0,85 m, Gew. 150 kg, Segelfläche 10,00 m²; Baumaterial Holz oder Kunststoff.

Laser Internationale Klasse, Länge über alles 4,23 m, Breite 1,37 m, Tiefgang ohne/mit Schwert 0,11/0,80 m, Gewicht 57 kg, Segelfläche 7,06 m²; Baumaterial Kunststoff.

Moth Internationale Klasse, Länge über alles 3,35 m, Breite 2,25 m, Tiefgang ohne/mit Schwert 0,15/1,00 m, Gewicht 40 kg, Segelfläche 8,00 m²; Baumaterial Sperrholz oder Kunststoff.

Olympiajolle (O-Jolle) Nationale Klasse, Länge über alles 5,00 m, Breite 1,66 m, Tiefgang ohne/mit Schwert 0,15/1,10 m, Gewicht 180 kg, Segelfläche 10,00 m²; Baumaterial Holz oder Kunststoff.

OK-Jolle Internationale Klasse, Länge über alles 4,00 m, Breite 1,42 m, Tiefg. ohne/mit Schwert 0,15/0,95 m, Gewicht 85 kg, Segelfläche 8,50 m²; Baumaterial Sperrholz oder Kunststoff.

Optimist-Dinghy Internationale Klasse, Länge über alles 2,30 m, Breite 1,113 m, Tiefgang ohne/mit Schwert 0,08/0,75 m, Gewicht 35 kg, Segelfläche 3,50 m²; Baumaterial Sperrholz oder Kunststoff.

EINMANN-KIELBOOTE

Monarch Eintypklasse, Länge über alles 4,90 m, Breite 1,80 m, Tiefgang ohne/mit Kiel 0,35/0,85 m, Gewicht 320 kg, Segelfläche 13,5 m²; Baumaterial Kunststoff.

Monas Nationale Klasse, Länge über alles 7,00 m, Breite 1,90 m, Tiefgang 1,10 m, Gewicht 680 kg, Segelfläche 22,00 m²; Baumaterial Kunststoff.

ZWEIMANN-JOLLEN

Conger Nationale Klasse, Länge über alles 4,98 m, Breite 1,80 m, Tiefgang ohne/mit Schwert 0,20/1,80 m, Gewicht 240 kg, Segelfläche 12,00 m²; Baumaterial Kunststoff.

Fireball Internationale Klasse, Länge über alles 4,93 m, Breite 1,35 m, Tiefgang ohne/mit Schwert 0,13/1,24 m, Gewicht 90 kg, Segelfläche 13,42 m²; Baumaterial Sperrholz oder Kunststoff.

Flying Dutchman (FD) Internationale Klasse, Länge über alles 6,05 m, Breite 1,68 m, Tiefgang ohne/mit Schwert 0,13/1,12 m, Gewicht 165 kg, Segelfläche 17,00 m²; Baumaterial Sperrholz oder Kunststoff.

Flying Junior Internationale Klasse, Länge über alles 4,03 m, Breite 1,54 m, Tiefgang ohne/mit Schwert 0,15/0,85 m, Gewicht 90 kg, Segelfläche 9,30 m²; Baumaterial Holz oder Kunststoff.

505er Internationale Klasse, Länge über alles 5,05 m, Breite 1,96 m, Tiefgang ohne/mit Schwert 0,17/1,24 m, Gewicht 127 kg, Segelfl. 16,30 m²; Baumaterial Sperrholz oder Kunststoff.

H-Jolle Nationale Klasse, Länge über alles 6,20 m, Breite 1,85–2,00 m, Tiefgang ohne/mit Schwert 0,20/1,20 m, Gewicht 190 kg, Segelfläche 15,00 m² (vermessen), tatsächliche 18,00–22,00 m²; Baumaterial Sperrholz oder Kunststoff.

Ixylon-Jolle Nationale Klasse, Länge über alles 5,10 m, Breite 1,80 m, Tiefgang ohne/mit Kimmschwertern 0,20/0,82 m, Gewicht 190 kg, Segelfläche 14,30 m²; Baumaterial Kunststoff.

Javelin Eintypklasse, Länge über alles 5,38 m, Breite 1,68 m, Tiefgang ohne/mit Schwert 0,15/1,10 m, Gewicht 150 kg, Segelfläche 15,80 m²; Baumaterial Kunststoff.

Jeton Nationale Klasse, Länge über alles 4,95 m, Breite 1,82 m, Tiefgang ohne/mit Schwert 0,15/1,12 m, Gewicht 160 kg, Segelfläche 15,55 m²; Baumaterial Kunststoff.

Korsar Nationale Klasse, Länge über alles 5,00 m, Breite 1,73 m, Tiefgang ohne/mit Schwert 0,15/1,00 m, Gewicht 110 kg, Segelfläche 11,50 m²; Baumaterial Sperrholz oder Kunststoff.

Laser II Internationale Klasse, IYRU-Jugendweltmeisterschaftsklasse, Länge über a. 4,38 m, Breite 1,42 m, Tiefgang 1,00 m, Gewicht 70 kg, Segelfläche 11,52 m²; Baumaterial Kunststoff.

Pirat Nationale Klasse, Länge über alles 5,00 m, Breite 1,61 m, Tiefgang ohne/mit Schwert 0,20/1,34 m, Gewicht 190 kg, Segelfläche 10,00 m²; Baumaterial Kunststoff.

Schwert-Zugvogel Nationale Klasse, Länge über alles 5,80 m, Breite 1,88 m, Tiefgang ohne/mit Schwert 0,25/1,10 m, Gewicht 230 kg, Segelfläche 15,00 m²; Baumaterial Sperrholz oder Kunststoff.

Tempo-Jolle Eintypklasse, Länge über alles 4,72 m, Breite 1,52 m, Tiefgang ohne/mit Schwert 0,14/0,98 m, Gewicht 80 kg, Segelfläche 12,40 m²; Baumaterial Holz oder Kunststoff.

Trainer Eintypklasse, Länge über alles 4,39 m, Breite 1,70 m, Tiefgang ohne/mit Schwert 0,13/0,98 m, Gewicht 120 kg, Segelfläche 13,01 m²; Baumaterial Kunststoff.

Vaurien Internationale Klasse, Länge über alles 4,08 m, Breite 1,47 m, Tiefgang ohne/mit Schwert 0,12/0,96 m, Gewicht 95 kg, Segelfläche 8,10 m²; Baumaterial Holz oder Kunststoff.

VB-Jolle Eintypklasse, Länge über alles 4,87 m, Breite 1,69 m, Tiefgang ohne/mit Schwert 0,20/0,70 m, Gewicht 200 kg, Segelfläche 12,50 m²; Baumaterial Kunststoff.

470er Internationale Klasse, Länge über alles 4,70 m, Breite 1,68 m, Tiefgang ohne/mit Schwert 0,15/1,05 m, Gewicht 118 kg, Segelfl. 12,70 m²; Baumaterial Kunststoff.

420er Internationale Klasse, Länge über alles 4,20 m, Breite 1,63 m, Tiefgang ohne/mit Schwert 0,14/0,97 m, Gewicht 110 kg, Segelfl. 10,25 m²; Baumaterial Kunststoff.

Windy Eintypklasse, Länge über alles 5,28 m, Breite 1,98 m, Tiefgang ohne/mit Schwert 0,14/1,35 m, Gewicht 180 kg, Segelfläche 16,21 m²; Baumaterial Kunststoff.

10-m²-Wanderjolle (Z-Jolle) Nationale Klasse, Länge über alles 5,25 m, Breite 1,70 m, Tiefgang ohne/mit Schwert 0,12/1,00 m, Gewicht 155 kg, Segelfl. 10 m² (vermessen), tatsächl. 15,40 m²; Baumaterial Kunststoff.

ZWEIMANN-KIELBOOTE

Dyas Nationale Klasse, Länge über alles 7,17 m, Breite 1,94 m, Tiefgang 1,94 m, Gewicht 580 kg, Segelfläche 22,00 m²; Baumaterial Kunststoff.

Kiel-Zugvogel Nationale Klasse, Länge über alles 5,80 m, Breite 1,88 m, Tiefgang 0,87 m, Gewicht 340 kg, Segelfläche 17,00 m²; Baumaterial Sperrholz und Kunststoff.

Sailhorse Eintypklasse, Länge über alles 6,13 m, Breite 2,14 m, Tiefgang ohne/mit Kiel 0,35/0,90 m, Gewicht 500 kg, Segelfläche 21,10 m²; Baumaterial Kunststoff.

Starboot Internationale Klasse, Länge über alles 6,92 m, Breite 1,73 m, Tiefgang 1,02 m, Gewicht 680 kg, Segelfläche 27,92 m²; Baumaterial Holz und Kunststoff.

Tempest Internationale Klasse, Länge über alles 6,68 m, Breite 1,90 m, Tiefgang 1,10 m, Gewicht 460 kg, Segelfläche 22,90 m²; Baumaterial Kunststoff.

Varianta Nationale Klasse, Länge über alles 6,50 m, Breite 2,10 m, Tiefgang ohne/mit Kielschw. 0,70/1,30 m, Gewicht 920 kg, Segelfläche 22,05 m², Baumaterial Kunststoff.

Yngling Internationale Klasse, Länge über alles 6,35 m, Breite 1,73 m, Tiefgang 1,05 m, Gewicht 630 kg, Segelfläche 14,00 m²; Baumaterial Kunststoff.

DREIMANN-KIELBOOTE

Drachen Internationale Klasse, Länge über alles 8,90 m, Breite 1,95 m, Tiefgang 1,20 m, Gewicht 1,7 t, Segelfläche 26,50 m²; Baumaterial Holz oder Kunststoff.

H-Boot Internationale Klasse, Länge über alles 8,28 m, Breite 2,18 m, Tiefgang 1,30 m, Gewicht 1,45 t, Segelfläche 24,50 m²; Baumaterial Kunststoff.

IF-Boot (Internationales Folkeboot) Anerkannte ausländische Klasse, Länge über alles 7,85 m, Breite 2,25 m, Tiefgang 1,21 m, Gewicht 2,15 t, Segelfläche 26,00 m²; Baumaterial Kunststoff.

Nordisches Folkeboot Anerkannte ausländische Klasse, Länge über alles 7,64 m, Breite 2,20 m, Tiefg. 1,20 m, Gewicht 2 t, Segelfläche 24,00 m²; Baumaterial Holz und Kunststoff.

Soling Internationale Klasse, Länge über alles 8,15 m, Breite 1,90 m, Tiefgang 1,30 m, Gewicht 1 t, Segelfläche 21,70 m²; Baumaterial Kunststoff.

Trias Nationale Klasse, Länge über alles 9,17 m, Breite 2,11 m, Tiefgang 1,30 m, Gewicht 1,3 t, Segelfläche 28,80 m²; Baumaterial Kunststoff.

JOLLENKREUZER

Fam Eintypklasse, Länge über alles 5,38 m, Breite 2,03 m, Tiefgang ohne/mit Schwert 0,23/1,42 m, Gewicht 445 kg, Segelfläche 15,20 m²; Baumaterial Kunststoff.

15-m²-Jollenkreuzer Nationale Klasse, Länge über alles 6,50 m, Breite 2,20–2,50 m, Tiefgang ohne/mit Schwert 0,20/1,30 m, Gewicht 500 kg, Segelfläche 15,00 m² (vermessen), tatsächlich 20,00 m²; Baumaterial Holz oder Kunststoff.

Hansa-Jolle Nationale Klasse, Länge über alles 5,85 m, Breite 1,65 m, Tiefgang ohne/mit Schwert 0,50/1,00 m, Gewicht 550 kg, Segelfl. 13,75 m²; Baumaterial Holz oder Kunststoff.

Lis-Jollenkreuzer Eintypklasse, Länge über alles 5,00 m, Breite 1,72 m, Tiefg. ohne/mit Schwert 0,28/1,30 m, Gewicht 170 kg, Segelfläche 12,00 m²; Baumaterial Kunststoff.

16-m²-Jollenkreuzer Nationale Klasse, Länge über alles 7,00 m, Breite 2,20–2,40 m, Tiefgang ohne/mit Schwert 0,20/1,40 m, Gewicht 600 kg, Segelfläche 16,00 m² (vermessen), tatsächlich 23,50 m²; Baumaterial Sperrholz oder Kunststoff.

20-m²-Jollenkreuzer Nationale Klasse, Länge über alles 7,75 m, Breite 2,15–2,50 m, Tiefgang ohne/mit Schwert 0,20/1,30 m, Gewicht 700 kg, Segelfläche 20,00 m² (vermessen), tatsächlich 25,00 m²; Baumaterial Holz oder Kunststoff.

Rebell MK II Eintypklasse, Länge über alles 7,60 m, Breite 2,45 m, Tiefgang 1,20 m, Gewicht 1,45 t, Segelfläche 31,25 m²; Baumaterial Kunststoff.

Shark 24 Eintypklasse, Länge über alles 7,31 m, Breite 2,10 m, Tiefgang 0,96 m, Gewicht 1 t, Segelfläche 20,80 m²; Baumaterial Kunststoff.

Sprinta Sport Eintypklasse, Länge über alles 7,00 m, Breite 2,40 m, Tiefgang 1,35 m, Gewicht 1,1 t, Segelfläche 29,00 m²; Baumaterial Kunststoff.

Sunbeam Eintypklasse, Länge über alles 6,68 m, Breite 2,15 m, Tiefgang 1,15 m, Gewicht 1 t, Segelfläche 20,00 m²; Baumaterial Kunststoff.

KIELYACHTEN

Ballad Eintypklasse, Länge über alles 9,14 m, Breite 2,96 m, Tiefg. 1,55 m, Gewicht 3,3 t, Segelfläche 44,0 m²; Baumaterial Kunststoff.

Bandholm 24 Eintypklasse, Länge über alles 7,20 m, Breite 2,30 m, Tiefgang 1,30 m, Gewicht 2,2 t, Segelfläche 23,00 m²; Baumaterial Kunststoff.

30-m²-Schärenkreuzer Internatonale Konstruktionsklasse, Abmessung etwa: Länge über alles 12,40 m, Breite 2,14 m, Tiefgang 1,50 m, Gewicht 2500 kg, Segelfläche 30 m²; Baumaterial Holz oder Kunststoff.

J 24 Internationale Klasse, Länge über alles 7,32 m, Breite 2,70 m, Tiefgang 1,22 m, Gewicht 1375 kg, Segelfläche max. 32,6 m²; Baumaterial Kunststoff.

Neptun 22 Eintypklasse, Länge über alles 6,80 m, Breite 2,40 m, Tiefgang ohne/mit Kielschwert 0,55/1,05 m, Gewicht 900 kg, Segelfl. 23,00 m²; Baumaterial Kunststoff.

KATAMARANE

A-Catamaran Internationale Klasse, Länge über a. 5,49 m, Breite 2,30 m, Tiefg. ohne/mit Schwert 0,12/0,75 m, Gewicht 75–95 kg, Segelfläche 13,94 m²; Baumaterial Kunststoff.

Dart Internationale Klasse, Länge über alles 5,48 m, Breite 2,28 m, Tiefgang 0,28 m, Gewicht 110 kg, Segelfläche 16,00 m²; Baumaterial Kunststoff.

Hobie Cat 14 Eintypklasse, Länge über alles 4,25 m, Breite 2,30 m, Tiefgang 0,20 m, Gewicht 110 kg, Segelfläche 10,96 m²; Baumaterial Kunststoff. (Ebenso **Hobie Cat 16** und **18**.)

Topcat Eintypklasse, Länge über alles 4,80 m, Breite 2,00 m, Tiefg. 0,24 m, Gewicht 105 kg, Segelfläche 11,00 m²; Baumaterial Kunststoff.

Tornado Internationale Klasse, Länge über alles 6,10 m, Breite 3,05 m, Tiefg. ohne/mit Schwert 0,17/0,76 m, Gewicht 157 kg, Segelfläche 21,80 m²; Material Sperrholz oder Kunststoff.